Dedicada a:

____

Por:

____

Fecha:

____

"CONVIÉRTETE EN UN NIÑO DE PODER EN DIOS"

Biblia de estudio de la
VIDA PLENA
PARA NIÑOS Y NIÑAS

RVC
Reina Valera
Contemporánea™

Biblia de estudio de la

VIDA PLENA

PARA NIÑOS Y NIÑAS

"Conviértete en un niño de poder en Dios"

Ilustrada por Gary Locke

life PUBLISHERS®

PATMOS

BIBLIA DE ESTUDIO DE LA VIDA PLENA PARA NIÑOS

Publicado por Editorial Patmos,
Miami, FL EUA 33169

Las notas y los artículos que hacen única esta Biblia son traducciones que corresponden a NKJV Fire Bible for Kids ©2011, publicado originalmente por Life Publishers International, 1625 N Robberson Ave, Springfield, MO 65803.

Ilustraciones originales por Gary Locke. http://thegaryartgood.blogspot.com

Traducido del inglés por Kerstin Lundquist, Patricia Weist, Adrián Aizpiri.
Diseño de portada por Adrián Romano.

ISBN 978-1-64691-165-3 Niños
ISBN 978-1-64691-166-0 Niñas

Impreso en India | *Printed in India*

CONTENIDO

ANTIGUO TESTAMENTO

NUEVO TESTAMENTO

CUADROS AL FINAL DE LA BIBLIA

ENSEÑANZA DINÁMICA

ACERCA DE LA BIBLIA DE ESTUDIO DE LA VIDA PLENA PARA NIÑOS

Quizás te preguntes, ¿por qué se llama *Biblia de estudio de la Vida Plena para niños*? En la Biblia, encontramos elementos que simbolizan el poder de Dios. El fuego es siempre un símbolo del poder y la presencia de Dios. En el Antiguo Testamento, Dios habló a Moisés desde una zarza ardiente. Y el Señor dirigió al pueblo a través del desierto con una columna de fuego.

Antes de que Jesús dejara la tierra después de su resurrección, les dijo a sus discípulos que enviaría el Espíritu Santo para darles, a todos sus seguidores, el poder para servirle. Esta promesa se cumplió el día de Pentecostés, cuando el Espíritu Santo entró en la habitación del aposento alto con el sonido de un viento poderoso. La gente empezó a hablar en lenguas y llamas de fuego se aparecieron sobre sus cabezas. Y aunque esa señal de fuego ocurrió poderosamente en ese día tan especial, el poder espiritual que Dios derramó en Pentecostés todavía está disponible para ti.

Las notas de esta Biblia se basan en la firme creencia que los niños que creen en Dios pueden experimentar hoy el mismo poder del Espíritu Santo que descendió en Pentecostés. Desde pequeños los llamamos NIÑOS PODEROSOS de Dios. Ellos viven para servir y amar a Jesús. Su poder los transforma de niños comunes a NIÑOS PODEROSOS. Nuestro objetivo al crear esta Biblia es poner en las manos de los niños herramientas que les ayuden a vivir llenos del fuego y el poder de Dios en sus corazones. ¡Qué cada niño que lea esta Biblia se convierta en un NIÑO PODEROSO!

CÓMO UTILIZAR LA BIBLIA DE ESTUDIO DE LA VIDA PLENA PARA NIÑOS

¿Has recibido una carta, tarjeta o correo electrónico de alguien especial? Sin dudas, el mensaje era muy importante para ti, porque venía de alguien querido. Dios nos ha dejado un mensaje para enseñarnos sobre sí mismo y sobre su plan para nuestras vidas. Él quería que nosotros supiéramos cuánto nos ama. El mensaje que nos dejó se encuentra en la Biblia. La *Biblia de estudio de la Vida Plena para niños* tiene recursos para ayudarte a entender el mensaje de Dios. En las páginas de esta Biblia podrás ver el amor de Dios en acción y aprender cómo Él quiere que tú vivas. Es importante no solo leer la Biblia, sino estudiarla. De este modo permitirás que la Palabra de Dios se convierta en una guía para tus pensamientos y acciones.

NOTAS DE ESTUDIO

Para ayudarte a convertirte en un NIÑO PODEROSO de Dios, esta Biblia contiene cerca de mil notas con información útil acerca de los versículos bíblicos que puedes memorizar, definiciones de palabras y otros consejos. Hay siete tipos de notas de estudio:

- **Mujeres poderosas de Dios**. Podrás leer historias de mujeres en la Biblia que demuestran gran fe en Dios. Verás cómo el Señor las ayudó en su viaje de fe.
- **Hombres poderosos de Dios.** Incluye historias de hombres en la Biblia que han demostrado gran fe en Dios. Conocerás cómo el Señor los ayudó en su viaje de fe.
- **Niños poderosos de Dios**. Leerás historias de niños en la Biblia que demostraron gran fe en Dios y su palabra. Aprende de ellos y sigue su ejemplo.
- **Promesas poderosas.** Estos versículos te enseñarán promesas que Dios ha hecho en su palabra. Memorízalas y podrás recordarlas en tu vida con Dios.
- **Palabras con poder.** Definiciones de términos que son clave en Biblia.
- **Lecciones.** Puntos interesantes sobre la vida y los acontecimientos de la Biblia que pueden ayudarte a vivir para Dios. También incluye preguntas y actividades sugeridas para ayudarte a llevar esas lecciones a la práctica.
- **Poder para vivir.** Estas notas te ayudan a entender mejor la Biblia. Te ayudan a entender como obró en el pasado y como obra en la actualidad para dar poder al pueblo de Dios.

ENSEÑANZA DINÁMICA

Esta breve sección de notas explica temas tan importantes como el carácter de Dios, la intercesión y la sanidad divina. Los artículos, notas de estudio y las referencias bíblicas proporcionan más información a cada tema.

INTRODUCCIÓN A LOS LIBROS

Cada libro de la Biblia tiene una introducción que proporciona una explicación de la configuración y los antecedentes históricos del libro. Incluye información sobre el autor y la fecha en que el libro fue escrito. Cada entrada también incluye datos curiosos sobre el libro.

ÍNDICE DE TEMAS

En muchas de las páginas de esta Biblia, verás símbolos en los márgenes próximos a una línea vertical. Cada uno de estos símbolos representa un tema o un tema de importancia. En esta sección podrás encontrar los versículos correspondientes a cada tema desde el primer libro al último de la Biblia, con sólo seguir la información en los márgenes. Los temas son los siguientes:

Bautizado en / lleno del Espíritu (comienza en Éxodo 31:1-6)

Los dones del Espíritu Santo (comienza en Éxodo 35:30-35)

El fruto del Espíritu Santo (comienza en Génesis 50:19-21)

Sanidad (comienza en Génesis 20:17-18)

La fe que mueve montañas (comienza en Génesis 15:3-6)

Ser testigo (comienza en Éxodo 10:1-2)

Salvación (comienza en Génesis 12:1-3)

Segunda Venida de Cristo (comienza en el Salmo 98:8-9)

La victoria sobre Satanás y los demonios (comienza en Génesis 3:15)

Vencer al mundo (comienza en Génesis 19:15-26)

Alabanza (comienza en Éxodo 15:1-21)

Caminar en obediencia y justicia (comienza en Génesis 5:22)

Los pequeños símbolos en el *Índice de Temas* te permitirán saber qué tema se encuentra en esos versos. Debajo de cada símbolo, o al final de cada línea vertical, hay una referencia que te llevará al siguiente versículo del mismo tema. Ver página 1705 un panorama de todos los temas.

TABLAS Y MAPAS

La *Biblia de estudio de la Vida Plena para niños* contiene varios cuadros y listas de los temas principales. Los cuadros te ayudarán a aprender más acerca de la Biblia y lo que enseña sobre temas tales como los milagros de Jesús.

GLOSARIO

El glosario, que comienza en la página 1697, define muchos términos y frases importantes utilizados a lo largo de la Biblia. El glosario te ayudará a entender el significado de las expresiones. Las escrituras entre paréntesis te ayudarán a descubrir más acerca de una palabra en una oración.

BIBLIA DE ESTUDIO DE LA VIDA PLENA PARA NIÑOS

La *Biblia de estudio de la Vida Plena para niños* se basa en la firme convicción de que todo aquel que acepta a Cristo puede tener el poder del Espíritu Santo, tal como lo narra el libro de Hechos en el capítulo dos. Ese mismo poder del Espíritu Santo que vemos obrar en la Biblia es para todo el que sigue a Jesús.

Nuestro objetivo al publicar esta Biblia es proporcionar recursos que te ayudarán a estar lleno de la presencia del Dios Todopoderoso.

Además de incluir el texto bíblico completo, tanto del Antiguo como del Nuevo Testamento, esta Biblia contiene muchas características que te ayudarán a entender la Palabra de Dios y aplicarla a tu vida.

- Más de 1200 notas de estudio
- 66 introducciones a los libros
- 12 artículos de enseñanzas bíblicas
- Plan de salvación
- Versículos de ayuda en tiempos difíciles
- Más de 100 ilustraciones originales
- Glosario
- Índice para encontrar temas
- Tabla de pesos y medidas

REINA VALERA CONTEMPORÁNEA (RVC)

En 1569, Casiodoro de Reina legó al mundo de habla castellana su insuperable traducción de los textos bíblicos, la cual llegó a ser conocida como la Biblia del Oso. Treinta años después, en 1602, Cipriano de Valera realizó la primera revisión de dicha traducción. Es interesante notar que, con el tiempo, esta revisión llegó a conocerse como la versión de Cipriano de Valera. El revisor había superado al traductor.

Con el paso de los siglos la revisión de Cipriano de Valera ha sido a su vez objeto de continuas revisiones, entre las que destacan la de 1909 y la de 1960, realizadas hace ya cien y cincuenta años, respectivamente. Surgen entonces varias preguntas: ¿Por qué se realizan dichas revisiones? ¿Cuál es la razón que lleva a realizarlas?

Tales preguntas tienen una respuesta clara y contundente. La lengua es un ente vivo y en constante proceso de cambio. Lo que ayer pudo ser comunicante, hoy puede ser poco inteligible. Es un hecho innegable que la lengua castellana, que en nuestros países de América Latina ha llegado a conocerse más como idioma español, se ha ido distanciando notablemente del habla peninsular.

No han sido pocos los lectores de la versión Reina Valera que han preguntado si sería posible contar con una revisión de esta versión clásica, sin que tal revisión pierda el carácter singular que supieron imprimirle Reina y Valera. Es decir, que la nueva revisión sea un reflejo del español que más y más va siendo reconocido como «latinoamericano».

Sociedades Bíblicas Unidas, en su deseo de responder a las demandas de los diferentes lectores de la Biblia, ha tomado en serio estas solicitudes e iniciado una nueva revisión del texto de Reina y Valera, que sin alejarse de la versión clásica pueda leerse y disfrutarse con el mismo placer y la misma devoción que la traducción y revisión de hace más de cuatro siglos.

La presente revisión de la Biblia completa representa los primeros frutos de este intento de respuesta. El Comité de Revisión ha tenido ante sí la traducción de 1569 y la revisión de 1602, y además ha cotejado ambas a la luz del texto griego, sin dejar de pensar un solo momento en el lector latinoamericano de nuestros días. Y aunque la erudición bíblica de nuestros tiempos reconoce la existencia de manuscritos griegos más antiguos, esta revisión reconoce también que tanto Reina como Valera basaron su traducción y revisión, respectivamente, en el texto griego conocido como Textus Receptus. De modo que se han respetado las lecturas de dicho texto, aunque señalando en notas al pie las diferencias más notables entre éste y los manuscritos hoy día reconocidos como de mayor antigüedad.

Al presentar la actual revisión de la Biblia, Sociedades Bíblicas Unidas confía en responder así a las expectaciones de los lectores de la versión clásica de Reina y Valera, mediante la exposición del mensaje bíblico de siempre, en el lenguaje de los hablantes hispanoamericanos de hoy.

ANTIGUO TESTAMENTO

GÉNESIS

Autor: **Moisés**
Tema: **Comienzos**
Fecha en que se escribió: **c. 1445-1405 a.C.**

COMIENZOS

Todo tiene un comienzo, ¡incluso la Biblia! Génesis es el primer libro de la Biblia, y la palabra hebrea para "Génesis" significa "en el principio". El libro de Génesis describe muchos comienzos: el comienzo del universo, de la raza humana, del matrimonio, del pecado, de las ciudades, de los idiomas, de las naciones, de Israel y del plan de Dios para restaurar su relación personal con las personas.

LO QUE ENCONTRARÁS EN EL LIBRO

Génesis se divide en dos partes. Los capítulos 1-11 nos muestran un panorama general de la historia de la raza humana desde Adán hasta Abraham. Esta historia incluye los siguientes sucesos importantes: (1) la creación por parte de Dios de todas las cosas, incluso Adán y Eva; (2) la desobediencia de Adán y Eva a Dios (el pecado y la muerte entraron al mundo); (3) la historia de Caín y Abel (la cual nos muestra que hay dos tipos de personas: los que siguen a Dios y los que no lo siguen); (4) Noé y la destrucción del mundo entero (a excepción de Noé y su familia) por medio del Gran Diluvio; y (5) la torre de Babel, donde Dios confundió los idiomas de todos los pueblos, esparciéndolos por toda la tierra, porque se rebelaron contra Él.

Los capítulos 12-50 nos cuentan acerca del comienzo de los hebreos, el pueblo escogido de Dios (también llamados "Israel"). Aprendemos acerca de la manera en que Dios obró a través de los cuatro padres fundadores (o patriarcas):

Abraham, Isaac, Jacob y José. El objetivo de Dios era atraer a Él todas las naciones de modo que pudieran volver a tener una relación personal con Él. El propósito final de Dios de enviar a un Salvador, su Hijo Jesús, quien llevaría a las personas a Dios se fundamenta en el pacto de Dios con Abraham y sus descendientes. El Génesis termina con la muerte de José, y su familia (la nación de Israel), ya viviendo en Egipto. Ahí, los israelitas llegaron con el tiempo a ser esclavos de los egipcios.

¿SABÍAS QUE...?

- Génesis fue el primer libro de la Biblia en escribirse, con la posible excepción de Job.
- Los hechos narrados en Génesis cubren un período de tiempo más largo que los hechos narrados en todo el resto de la Biblia.
- Génesis revela que el mundo y todo lo que hay en él fueron una creación de Dios y no un acto de la naturaleza.
- Génesis es un libro lleno de primicias: el primer matrimonio, la primera familia, el primer nacimiento, el primer pecado, el primer asesinato, el primer instrumento musical, la primera promesa de salvación.
- Génesis describe cómo los descendientes de Abraham finalmente llegaron a vivir en Egipto por 430 años.

La creación

Dios, en el principio, creó los cielos
y la tierra.
2 La tierra estaba desordenada y
vacía, las tinieblas cubrían la faz del abismo,
y el espíritu de Dios se movía sobre la super-
ficie de las aguas.
3 Y dijo Dios: «¡Que haya luz!»[a] Y hubo luz.
4 Y vio Dios que la luz era buena, y separó
Dios la luz de las tinieblas;
5 a la luz, Dios la llamó «Día», y a las tinie-
blas las llamó «Noche». Cayó la tarde, y llegó
la mañana. Ése fue el día primero.
6 Luego dijo Dios: «¡Que haya algo firme
en medio de las aguas, para que separe unas
aguas de otras aguas!»
7 Y Dios hizo una bóveda, y parte de las
aguas quedaron arriba de la bóveda, y parte
de las aguas quedaron abajo. Y así fue.
8 Dios llamó «cielos» a la bóveda.[b] Cayó
la tarde, y llegó la mañana. Ése fue el día se-
gundo.
9 También dijo Dios: «¡Que se junten en
un solo lugar las aguas que están debajo de
los cielos, y que se descubra lo seco!» Y así
fue.
10 A lo seco, Dios lo llamó «tierra», y al
conjunto de las aguas lo llamó «mares». Y
vio Dios que era bueno.
11 Después dijo Dios: «¡Que produzca la
tierra hierba verde, hierba que dé semilla, y
árboles frutales sobre la tierra que den fru-
to según su género, y cuya semilla esté en
ellos!» Y así fue.
12 Y así la tierra produjo hierba verde,
hierba que da semilla según su naturaleza,
y árboles que dan fruto según su género, y
cuya semilla está en ellos. Y vio Dios que era
bueno.
13 Cayó la tarde, y llegó la mañana. Ése fue
el día tercero.
14 Luego dijo Dios: «¡Que haya lumbreras
en la bóveda celeste, para que separen el día
de la noche y sirvan de señales para las esta-
ciones, los días y los años!
15 ¡Que sirvan de lumbreras en la bóveda

PROMESAS PODEROSAS

GÉNESIS 1.1

Dios, en el principio, creó los cielos y la tierra.

¿Qué significa el hecho de que Dios creó todo? Simplemente significa que le debemos nuestra vida y nuestra existencia a Dios. Él le da a toda la creación un significado y un propósito eternos.

celeste, y que alumbren sobre la tierra!» Y
así fue.
16 Y Dios hizo las dos grandes lumbreras:
el sol, para ser el rey del día, y la luna, para
ser la reina de la noche. Además, hizo las
estrellas.
17 Y las puso Dios en la bóveda celeste,
para que alumbraran sobre la tierra,
18 para que reinaran en el día y en la no-
che, y para que separaran la luz de las tinie-
blas. Y vio Dios que era bueno.
19 Cayó la tarde, y llegó la mañana. Ése fue
el día cuarto.
20 Y dijo Dios: «¡Que produzcan las aguas
seres vivos, y aves que vuelen sobre la tierra,
por la bóveda celeste!»
21 Dios creó entonces los grandes mons-
truos marinos, y todo ser vivo que repta y
que las aguas produjeron según su género,
y todo animal alado según su especie. Y vio
Dios que era bueno.
22 Y Dios los bendijo con estas palabras:
«¡Reprodúzcanse, multiplíquense! ¡Llenen
las aguas de los mares! ¡Que se multipliquen
las aves en la tierra!»
23 Cayó la tarde, y llegó la mañana. Ése fue
el día quinto.
24 Luego dijo Dios: «¡Que produzca la tie-
rra seres vivos según su género; y bestias,
serpientes y animales terrestres según su
especie!» Y así fue.
25 Y Dios hizo animales terrestres según su
género, y ganado según su género, y todo

[a]**1.3:** 2 Co 4.6. [b]**1.6-8:** 2 P 3.5.

LECCIONES **A SU IMAGEN**
(Génesis 1.26)
La Biblia nos dice que somos creados a la imagen y semejanza de Dios. ¿Qué significa eso? Significa que podemos conocer y obedecer a Dios voluntariamente. Significa que podemos tener una mente sabia, un corazón amoroso, y un deseo de hacer lo correcto. Fuimos creados con emociones, un espíritu y la habilidad de escoger. ¡Gracias a Dios por la manera en que te ha hecho a TI!

animal que repta sobre la tierra según su especie. Y vio Dios que era bueno.
26 Entonces dijo Dios: «¡Hagamos al hombre a nuestra imagen[c] y semejanza! ¡Que domine en toda la tierra sobre los peces del mar, sobre las aves de los cielos y las bestias, y sobre todo animal que repta sobre la tierra!»
27 Y Dios creó al hombre a su imagen. Lo creó a imagen de Dios. Hombre y mujer los creó.[d]
28 Y los bendijo Dios[e] con estas palabras: «¡Reprodúzcanse, multiplíquense, y llenen la tierra! ¡Domínenla! ¡Sean los señores de los peces del mar, de las aves de los cielos, y de todos los seres que reptan sobre la tierra!»
29 Y dijo Dios: «¡Miren! Les he dado toda planta que da semilla y que está sobre toda la tierra, y todo árbol que da fruto y semilla. Ellos les servirán de alimento.
30 Para toda bestia de la tierra, y para todas las aves de los cielos, y para todo lo que repta sobre la tierra y que tiene vida, toda planta verde les servirá de alimento.» Y así fue.
31 Y vio Dios todo lo que había hecho, y todo ello era bueno en gran manera. Cayó la tarde, y llegó la mañana. Ése fue el día sexto.

2 [1] Así fueron terminados los cielos y la tierra y todo lo que existe.
2 Dios terminó en el día séptimo la obra que hizo; y en ese día reposó de toda su obra.[a]
3 Y Dios bendijo el día séptimo, y lo santificó,[b] porque en ese día reposó de toda su obra.

El hombre en el huerto de Edén

4 Éstos son los orígenes de los cielos y la tierra cuando fueron creados, el día que Dios el Señor hizo la tierra y los cielos,
5 y toda planta del campo antes de que existiera en la tierra, y toda hierba del campo antes de que naciera, pues Dios el Señor aún no había hecho llover sobre la tierra, ni

PROMESAS PODEROSAS
GÉNESIS 1.28
Y los bendijo Dios con estas palabras: «¡Reprodúzcanse, multiplíquense, y llenen la tierra! ¡Domínenla! ¡Sean los señores de los peces del mar, de las aves de los cielos, y de todos los seres que reptan sobre la tierra!»
¿Qué significa el hecho de que Dios creó todo? Simplemente significa que le debemos nuestra vida y nuestra existencia a Dios. Él le da a toda la creación un significado y un propósito eternos.

PALABRAS CON PODER **EL SEÑOR DIOS**
(Génesis 2.4)
En Génesis 2:4, encontramos otro nombre para Dios: "Señor" o en el hebreo *YHWH* o *Yahvé*. "Señor" es el nombre que usa Dios para revelarse a su pueblo. Este nombre muestra que Él nos ama y se preocupa por nosotros. Estos dos nombres, "Señor Dios" muestran a Dios como el Creador todopoderoso que quiere tener una relación de amor con nosotros. ¿Cómo describirías tu relación con Dios? ¿Es Él tu Señor?

[c] **1.26:** 1 Co 11.7. [d] **1.27:** Mt 19.4; Mc 10.6. [e] **1.27-28:** Gn 5.1-2. [a] **2.2:** Heb 4.4, 10. [b] **2.2-3:** Éx 20.11.

había nadie que cultivara la tierra.
[6] Más bien, de la tierra subía un vapor, el
cual regaba toda la superficie de la tierra.
[7] Entonces, del polvo de la tierra Dios el
Señor formó al hombre, e infundió en su
nariz aliento de vida. Así el hombre se con-
virtió en un ser con vida.[c]
[8] Y Dios el Señor plantó un huerto en
Edén, al oriente, y allí puso al hombre que
había formado.
[9] De la tierra, Dios el Señor hizo crecer
todo árbol deleitable a la vista y bueno para
comer; también estaban en medio del huer-
to el árbol de la vida[d] y el árbol del conoci-
miento del bien y del mal.
[10] De Edén salía un río que regaba el huer-
to, y de allí se dividía en otros cuatro ríos.
[11] Uno de ellos se llama Pisón, y es el que
rodea toda la tierra de Javilá, donde hay oro.
[12] El oro de esa tierra es bueno, y allí tam-
bién hay bedelio y ónice.
[13] El segundo río se llama Guijón, y es el
que rodea toda la tierra de Cus.
[14] El tercer río se llama Hidekel, y es el que
corre al oriente de Asiria. El cuarto río es el
Éufrates.
[15] Dios el Señor tomó al hombre y lo puso
en el huerto de Edén, para que lo cultivara
y lo cuidara.
[16] Y Dios el Señor dio al hombre la siguien-
te orden: «Puedes comer de todo árbol del
huerto,
[17] pero no debes comer del árbol del co-
nocimiento del bien y del mal, porque el día
que comas de él ciertamente morirás.»

LECCIONES **ÁRBOL DE LA VIDA**
(Génesis 2.9)

En el huerto había dos árboles que tenían una importancia especial. El Árbol de la Vida probablemente era un símbolo de vida eterna. Un día, todo el pueblo de Dios tendrá acceso al árbol de vida. (Puedes leer acerca de esto en Apocalipsis 2:7; 22:2.) Dios usó el fruto del conocimiento del bien y del mal para probar la fe y la obediencia de Adán. Como Adán, todos tenemos que escoger si amaremos y obedeceremos a Dios o desobedeceremos sus mandamientos. ¿Qué escoges hacer tú?

[18] Después Dios el Señor dijo: «No está
bien que el hombre esté solo; le haré una
ayuda a su medida.»
[19] Y así, Dios el Señor formó de la tierra to-
dos los animales del campo, y todas las aves
de los cielos, y se los llevó a Adán para ver

PROMESAS PODEROSAS

GÉNESIS 2.18

Después Dios el Señor dijo: «No está bien que el hombre esté solo; le haré una ayuda a su medida.»

Dios creó a la mujer para ser una compañera amorosa y una ayuda para el hombre. Ella debía compartir su trabajo y ayudarlo a cumplir los propósitos de Dios.

[c]**2.7:** 1 Co 15.45. [d]**2.9:** Ap 2.7; 22.2, 14.

PODER PARA VIVIR

EL SÉPTIMO DÍA *(Génesis 2.3)*

¿Descansó Dios el séptimo día porque estaba cansado? No. Él descansó para darnos un ejemplo a seguir. Necesitamos descanso para nuestra mente, nuestro espíritu y nuestro cuerpo. Dios creó el sábado como un día de descanso y adoración. Es uno de los muchos regalos que Él nos da. ¿Cómo pasas tu día de descanso? ¿Qué cambios necesitas hacer?

qué nombre les pondría; y el nombre que
Adán les puso a los animales con vida es el
nombre que se les quedó.
[20] Adán puso nombre a todos los anima-
les y a las aves de los cielos, y a todo el gana-
do del campo, pero para Adán no se halló
una ayuda a su medida.
[21] Entonces Dios el Señor hizo que Adán
cayera en un sueño profundo y, mientras
éste dormía, le sacó una de sus costillas, y
luego cerró esa parte de su cuerpo.
[22] Con la costilla que sacó del hombre,
Dios el Señor hizo una mujer, y se la llevó
al hombre.
[23] Entonces Adán dijo: «Ésta es ahora
carne de mi carne y hueso de mis huesos;
será llamada "mujer",[1] porque fue sacada del
hombre.»[2]
[24] Por eso el hombre dejará a su padre y a
su madre, y se unirá a su mujer, y serán un
solo ser.[3,e]
[25] Y aunque Adán y su mujer andaban
desnudos, no se avergonzaban de andar así.

Desobediencia del hombre

3 [1] La serpiente[a] era el animal más
astuto de todos los que Dios el Se-
ñor había creado. Así que le dijo a
la mujer:
«¿Así que Dios les ha dicho a ustedes que
no coman de ningún árbol del huerto?»
[2] La mujer le respondió a la serpiente:
«Podemos comer del fruto de los árboles
del huerto,
[3] pero Dios nos dijo: "No coman del fruto
del árbol que está en medio del huerto, ni lo
toquen. De lo contrario, morirán."»
[4] Entonces la serpiente le dijo a la mujer:
«No morirán.
[5] Dios bien sabe que el día que ustedes
coman de él, se les abrirán los ojos, y serán
como Dios, conocedores del bien y del mal.»
[6] La mujer vio que el árbol era bueno
para comer, apetecible a los ojos, y codi-
ciable para alcanzar la sabiduría. Tomó en-
tonces uno de sus frutos, y lo comió; y le
dio a su marido, que estaba con ella, y él
también comió.
[7] En ese instante se les abrieron los ojos a
los dos, y se dieron cuenta de que estaban
desnudos; entonces tejieron hojas de higue-
ra y se cubrieron con ellas.
[8] El hombre y su mujer oyeron la voz de
Dios el Señor, que iba y venía por el huerto,

LECCIONES **LA SERPIENTE** *(Génesis 3.1)*

En la Biblia, la serpiente se identifica con Satanás. Satanás tomó control de la serpiente y la usó para tentar a la creación de Dios. ¿Cómo? La serpiente convenció a Adán y Eva que dudaran de Dios. Tanto Adán como Eva creyeron las mentiras de Satanás y desobedecieron a Dios. ¿Cuál fue el resultado? El pecado entró en la creación perfecta de Dios y todos han sufrido desde entonces. Gracias a Dios que Él no nos dejó así. Puedes ver lo que Dios ha hecho por nosotros en su poderosa promesa en Génesis 3:15.

[1]**2.23** Heb. ***Ishshah.*** [2]**2.23** Heb. ***Ish.*** [3]**2.24** Lit. *una sola carne.* [e]**2.24:** Mt 19.5; Mc 10.7-8; 1 Co 6.16; Ef 5.31. [a]**3.1:** Ap 12.9; 20.2.

PODER PARA VIVIR

DIOS EL SEÑOR DIO AL HOMBRE UNA ORDEN *(Génesis 2.16)*
Dios le dio a Adán un mandato sencillo y una elección clara: o bien creer y obedecer o dudar y desobedecer. Nosotros tenemos que hacer esa misma elección. Aunque Adán no obedeció el mandato de Dios (y todos nosotros sufrimos las consecuencias), podemos pedirle al Espíritu Santo que nos dé poder para creer y obedecer los mandamientos de Dios. Puedes encontrar algunos de sus mandamientos en Éxodo 20:1-17.

con el viento del día; entonces corrieron
a esconderse entre los árboles del huerto,
para huir de la presencia de Dios el Señor.
9 Pero Dios el Señor llamó al hombre y le
dijo:
«¿Dónde andas?»
10 Y él respondió:
«Oí tu voz en el huerto, y tuve miedo,
pues estoy desnudo. Por eso me escondí.»
11 Dios le dijo:
«¿Y quién te dijo que estás desnudo?
¿Acaso has comido del árbol del que yo te
ordené que no comieras?»
12 Y el hombre respondió:
«La mujer que me diste por compañera
fue quien me dio del árbol, y yo comí.»
13 Entonces Dios el Señor le dijo a la mu-
jer:
«¿Qué es lo que has hecho?»
Y la mujer dijo:
«La serpiente me engañó,[b] y yo comí.»
14 Dios el Señor dijo entonces a la ser-
piente:
«Por esto que has hecho, ¡maldita seas en-
tre todas las bestias y entre todos los anima-
les del campo! ¡Te arrastrarás sobre tu vientre,
y polvo comerás todos los días de tu vida!
15 Yo pondré enemistad entre la mujer y
tú, y entre su descendencia y tu descenden-
cia; ella te herirá en la cabeza, y tú la herirás
en el talón.»

Ex 7:10-12

16 A la mujer le dijo:
«Aumentaré en gran manera los dolores
cuando des a luz tus hijos. Tu deseo te lleva-
rá a tu marido,[4] y él te dominará.»
17 Al hombre le dijo:
«Puesto que accediste a lo que te dijo tu
mujer, y comiste del árbol del que te ordené
que no comieras, maldita será la tierra por
tu causa; con dolor comerás de ella todos
los días de tu vida.
18 Te producirá espinos y cardos,[c] y come-
rás hierbas del campo.
19 Comerás el pan con el sudor de tu frente,
hasta que vuelvas a la tierra, pues de ella fuiste
tomado; porque polvo eres, y al polvo volverás.»
20 El nombre que Adán le dio a su mujer
fue Eva,[5] porque ella fue la madre de todos
los vivientes.
21 Luego Dios el Señor hizo túnicas de pie-
les para vestir al hombre y a su mujer.
22 Y Dios el Señor dijo:
«Ahora el hombre es como uno de noso-
tros, pues conoce el bien y el mal. No vaya a
ser que extienda la mano, y tome también
del árbol de la vida,[d] y coma, y viva para
siempre.»
23 Entonces el Señor lo sacó del huerto de
Edén, para que cultivara la tierra, de la cual
fue tomado.
24 Echó fuera al hombre, y al oriente del
huerto de Edén puso querubines, y una espa-
da encendida que giraba hacia todos lados,
para resguardar el camino del árbol de la vida.

Caín y Abel

4 1 Adán conoció a Eva, su mujer, y ella
concibió y dio a luz a Caín, y dijo:
«Por la voluntad del Señor he adqui-
rido[6] un varón.»

[b] **3.13:** 2 Co 11.3. [4] **3.16** O, *tu voluntad será sujeta a tu marido.* [c] **3.17-18:** Heb 6.8. [5] **3.20** En hebreo este nombre se asemeja a la palabra que se usa para ***viviente.*** [d] **3.22:** Ap 22.14.

SERÁN COMO DIOS (*Génesis 3.5*)
Una manera en que Satanás nos tienta es haciéndonos creer que podemos ser como Dios. Satanás quiere que pensemos que podemos decidir nosotros mismos lo que es bueno y lo que es malo. Adán y Eva trataron de ser "como Dios" y esta acción pecaminosa los separó de Dios. Dios es el único que puede juzgar lo que es bueno y lo que es malo. Sólo Él puede mostrarte lo que es bueno o malo para tu vida.

2 Después dio a luz a Abel, hermano de Caín. Abel era pastor de ovejas, y Caín cultivaba la tierra.

3 Andando el tiempo, sucedió que Caín llevó al Señor una ofrenda del fruto de la tierra.

4 Y Abel también llevó algunos de los primogénitos de sus ovejas, de los mejores entre ellas. Y el Señor miró con agrado a Abel y a su ofrenda,[a]

5 pero no miró con agrado a Caín ni a su ofrenda. Y Caín se enojó mucho, y decayó su semblante.

6 Entonces el Señor le dijo a Caín:

«¿Por qué estás enojado? ¿Por qué ha decaído tu semblante?

7 Si haces lo bueno, ¿acaso no serás enaltecido? Pero, si no lo haces, el pecado está listo para dominarte. Sin embargo, su deseo lo llevará a ti, y tú lo dominarás.»[7]

8 Dijo entonces Caín a su hermano Abel: «Vayamos al campo.» Y sucedió que, mientras estaban ellos en el campo, Caín se levantó contra su hermano Abel, y lo mató.[b]

9 Y el Señor le dijo a Caín:

«¿Dónde está tu hermano Abel?»

Y él respondió:

PALABRAS CON PODER

OFRENDA

(Génesis 4.3-5)

Hubo dos hermanos y dos ofrendas. Abel, el pastor, le ofreció a Dios las mejores partes de su rebaño de ovejas. Caín, el agricultor, le ofreció a Dios unas frutas. Dios aceptó la ofrenda de Abel, pero rechazó la de Caín. ¿Por qué? Abel le dio a Dios lo mejor que tenía y obedeció las instrucciones de Dios. Caín también ofreció lo mejor que tenía, pero no obedeció las instrucciones de Dios. A Dios le agradan nuestras ofrendas cuando hacemos lo que es correcto según sus planes. ¿Qué puedes tú darle a Dios?

«No lo sé. ¿Acaso soy yo el guardián de mi hermano?»

10 Y el Señor le dijo:

«¿Qué es lo que has hecho? Desde la tierra, la voz de la sangre de tu hermano me pide que le haga justicia.

11 Ahora, pues, ¡maldito serás por parte de la tierra, que abrió su boca para recibir de tus manos la sangre de tu hermano!

12 Cuando labres la tierra, no te volverá a dar su fuerza. Y andarás por la tierra errante y extranjero.»

13 Caín le dijo al Señor:

«Mi castigo es muy grande para poder soportarlo.

14 Tú me echas hoy de la tierra, y tendré que esconderme de tu presencia. Errante y extranjero andaré por la tierra, y sucederá que cualquiera que me encuentre, me matará.»

15 Pero el Señor le respondió:

«Pues cualquiera que mate a Caín será castigado siete veces.»

Y el Señor puso en Caín una señal, para que cualquiera que lo encontrara no lo matara.

16 Caín salió de la presencia del Señor y habitó en la tierra de Nod,[8] al oriente de Edén.

17 Y conoció Caín a su mujer, y ella concibió y dio a luz a Enoc. Entonces edificó una ciudad, y llamó a esa ciudad Enoc, como el nombre de su hijo.

18 Y a Enoc le nació Irad. Irad engendró a Mejuyael, Mejuyael engendró a Metusael, y Metusael engendró a Lamec.

19 Y Lamec tomó para sí dos mujeres; una de ellas se llamaba Ada; la otra, Silá.

20 Ada dio a luz a Jabal, que fue el padre de los que habitan en tiendas y crían ganados.

21 El nombre de su hermano era Jubal, que fue el padre de todos los que tocan arpa y flauta.

22 También Silá dio a luz a Tubal Caín, artífice de toda obra de bronce y de hierro; y la hermana de Tubal Caín fue Noamá.

23 Dijo entonces Lamec a sus mujeres:

[6]**4.1** Heb. ***qanah***, adquirir. [a]**4.4:** Heb 11.4. [7]**4.7** O, *a ti quedará sujeto.* [b]**4.8:** Mt 23.35; Lc 11.51; 1 Jn 3.12. [8]**4.16** Es decir, ***Errante.***

«Ada y Silá, escuchen mi voz;
Mujeres de Lamec, atiendan mis
palabras.
Si soy herido, mataré a un varón;
Si soy golpeado, mataré a un joven.
24 Y si Caín será vengado siete veces,
Lamec será vengado setenta veces siete.»
25 Adán conoció de nuevo a su mujer, y
ella dio a luz un hijo, al que puso por nom-
bre Set,[9] pues dijo: «Dios me ha dado otro
hijo en lugar de Abel, a quien mató Caín.»
26 También a Set le nació un hijo, al que
puso por nombre Enós. Desde entonces co-
menzó a invocarse el nombre del Señor.

Los descendientes de Adán

(1 Cr 1.1-4)

5 1 Éste es el libro de los descendientes
de Adán. El día en que Dios creó al
hombre, lo hizo a su semejanza.
2 Los creó hombre y mujer,[a] y los bendijo.[b]
El día en que fueron creados les puso por
nombre Adán.
3 Y Adán vivió ciento treinta años, y en-
gendró un hijo a su imagen y semejanza, y le
puso por nombre Set.
4 Después de engendrar a Set, Adán vivió
otros ochocientos años, y engendró más hi-
jos e hijas.
5 Y todos los días que Adán vivió fueron
novecientos treinta años. Entonces murió.
6 Set vivió ciento cinco años, y engendró
a Enós.
7 Después de engendrar a Enós, Set vivió
otros ochocientos siete años, y engendró
más hijos e hijas.
8 Y todos los días que Set vivió fueron no-
vecientos doce años. Entonces murió.
9 Enós vivió noventa años, y engendró a
Cainán.
10 Después de engendrar a Cainán, Enós
vivió otros ochocientos quince años, y en-
gendró más hijos e hijas.
11 Y todos los días que Enós vivió fueron
novecientos cinco años. Entonces murió.
12 Cainán vivió setenta años, y engendró
a Malalel.
13 Después de engendrar a Malalel, Cainán
vivió otros ochocientos cuarenta años, y en-
gendró más hijos e hijas.
14 Y todos los días que Cainán vivió fueron
novecientos diez años. Entonces murió.
15 Malalel vivió sesenta y cinco años, y en-
gendró a Yared.
16 Después de engendrar a Yared, Malalel
vivió otros ochocientos treinta años, y en-
gendró más hijos e hijas.
17 Y todos los días que Malalel vivió fueron
ochocientos noventa y cinco años. Enton-
ces murió.
18 Yared vivió ciento sesenta y dos años, y
engendró a Enoc.
19 Después de engendrar a Enoc, Yared vi-
vió otros ochocientos años, y engendró más
hijos e hijas.
20 Y todos los días que Yared vivió fueron no-
vecientos sesenta y dos años. Entonces murió.
21 Enoc vivió sesenta y cinco años, y en-
gendró a Matusalén.
22 Después de engendrar a Matusalén,
Enoc anduvo siempre con Dios durante tres- Gn 6.9-10
cientos años, y engendró más hijos e hijas.
23 Y todos los días que Enoc vivió fueron
trescientos sesenta y cinco años.
24 Enoc anduvo siempre con Dios,[c] y un
día desapareció porque Dios se lo llevó.
25 Matusalén vivió ciento ochenta y siete
años, y engendró a Lamec.
26 Después de engendrar a Lamec, Matu-
salén vivió otros setecientos ochenta y dos
años, y engendró más hijos e hijas.
27 Y todos los días que Matusalén vivió
fueron novecientos sesenta y nueve años.
Entonces murió.
28 Lamec vivió ciento ochenta y dos años,
y engendró un hijo,
29 al que puso por nombre Noé,[10] pues dijo:
«Este niño nos hará descansar de las obras
que tenemos que hacer con nuestras manos,
por causa de la tierra que el Señor maldijo.»

[9]**4.25** Es decir, ***Sustitución.*** [a]**5.2:** Mt 19.4; Mc 10.6. [b]**5.1-2:** Gn 1.27-28. [c]**5.24:** Heb 11.5; Jud 14. [10]**5.29** Es decir, ***Consuelo,*** o ***Descanso.***

30 Después de engendrar a Noé, Lamec vivió otros quinientos noventa y cinco años, y engendró más hijos e hijas.

31 Y todos los días que Lamec vivió fueron setecientos setenta y siete años. Entonces murió.

32 Cuando Noé tenía quinientos años, engendró a Sem, a Cam y a Jafet.

La maldad de los hombres

6 1 Cuando los hombres comenzaron a multiplicarse por toda la faz de la tierra, y les nacieron hijas,

2 sucedió que los hijos de Dios vieron que las hijas de los hombres eran hermosas. Entonces tomaron mujeres para sí, las que escogieron de entre ellas.

3 Y el Señor dijo: «No va a estar mi espíritu peleando siempre con el hombre, pues él no es más que carne. Vivirá hasta ciento veinte años.»

4 En esos días había gigantes en la tierra,[a] y también después de que los hijos de Dios se unieran a las hijas de los hombres y les engendraran hijos. Éstos fueron los grandes héroes que desde la antigüedad ganaron renombre.

5 El Señor vio que era mucha la maldad de los hombres en la tierra, y que todos los planes y pensamientos de su corazón eran siempre los de hacer sólo el mal.

6 Y le pesó al Señor haber hecho al hombre en la tierra. Le dolió mucho en el corazón.

7 Y dijo el Señor: «Borraré de la faz de la tierra al hombre que he creado, lo mismo que a las bestias, los reptiles y las aves del cielo. ¡Me pesa haberlos hecho!»

8 Pero Noé halló gracia a los ojos del Señor.[b]

Noé construye el arca

9 Noé era un hombre justo.[c] En sus acciones fue perfecto, pues siempre anduvo con Dios. Éstos fueron sus descendientes:

10 Noé engendró tres hijos, que fueron Sem, Cam y Jafet. Gn 17.1-2

11 Delante de Dios la tierra se corrompió y se llenó de violencia.

12 Cuando Dios miró la tierra, encontró que estaba corrompida; de hecho, toda carne había corrompido su camino sobre la tierra.

13 Entonces Dios le dijo a Noé:

«He decidido acabar con todo ser, pues por causa de ellos la tierra está llena de violencia. ¡Yo los destruiré, junto con la tierra!

14 Hazte un arca de madera de gofer, con aposentos en ella, y recúbrela con brea por dentro y por fuera.

15 Hazla de esta manera: su longitud será de ciento treinta y cinco metros, su anchura será de veintidós y medio metros, y su altura de trece y medio metros.

16 Hazle una ventana, y termínala a medio metro de altura desde la parte de arriba. Pon en su costado la puerta del arca, y hazle un piso inferior, y un segundo y un tercer piso.

17 Yo voy a traer sobre la tierra un diluvio, y destruiré a todo ser bajo el cielo en que haya hálito de vida. ¡Todo lo que hay en la

[a]6.4: Nm 13.33. [b]6.5-8: Mt 24.37; Lc 17.26. [c]6.9: 2 P 2.5.

ENOC ANDUVO SIEMPRE CON DIOS *(Génesis 5.22)*

Enoc "anduvo siempre con Dios". Eso quiere decir que tenía mucha fe en el poder de Dios y confiaba en las promesas de Dios. Enoc se esforzó al máximo para vivir una vida santa. Vivió de esa manera aun cuando la gente a su alrededor no obedecía a Dios. ¡Qué maravilloso ejemplo! Cuando caminamos con Dios en fe y confiamos en Él, esto les muestra a los demás que vivimos para agradar y honrarlo a Él. ¡Es así que viven los NIÑOS PODEROSOS! Señala una cosa que puedes hacer ahora mismo para agradar a Dios.

PROMESAS PODEROSAS

GÉNESIS 6.9

Noé era un hombre justo. En sus acciones fue perfecto, pues siempre anduvo con Dios. Éstos fueron sus descendientes:

Noé vivía de manera piadosa y esto agradaba a Dios. Pudo vivir de esta manera debido a la gracia de Dios, su favor inmerecido, y porque tenía fe en Dios. Hoy día, nuestra salvación también se basa en la gracia de Dios y nuestra fe en Jesús como nuestro Salvador. ¡Eso sí vale la pena celebrar!

PALABRAS CON PODER

EL ARCA

(Génesis 6.14)

La palabra hebrea para "arca" significa un navío que flota. El navío que construyó Noé parecía una barcaza, pero no tenía esquinas cuadradas. Podía llevar una enorme carga. De hecho, ¡se dice que en el arca cabían 7000 tipos de animales! En otro libro de la Biblia (Hebreos 11:7), dice que el arca es un símbolo de Jesús. Eso quiere decir que así como el arca protegió a los animales del Diluvio, Jesús protege a los que confían en Él de ser castigados por sus pecados. ¿Necesitas tú ser salvo de tus pecados?

tierra morirá!
18 Pero contigo estableceré mi pacto, y tú
entrarás en el arca, y contigo tus hijos, tu
mujer, y las mujeres de tus hijos.
19 De todos los seres vivos meterás en el
arca dos de cada especie, un macho y una
hembra, para que sobrevivan contigo.
20 De las aves según su especie, de las bestias según su especie, y de todo reptil de la
tierra según su especie, entrarán contigo
dos de cada especie, para que sobrevivan.
21 Lleva contigo de todo aquello que se
puede comer, y almacénalo, pues eso les
servirá de alimento.»
22 Y Noé lo hizo así.[d] Todo lo hizo conforme a lo que Dios le ordenó.

El diluvio

7 1 Después el Señor le dijo a Noé:
«Entra en el arca, tú y toda tu casa, porque en esta generación he visto que tú eres justo delante de mí.
2 De todo animal limpio tomarás siete parejas, cada macho con su hembra; pero de los animales que no son limpios sólo una pareja, un macho con su hembra.
3 También de las aves de los cielos tomarás siete parejas, macho y hembra, para conservar viva su especie sobre la faz de la tierra.
4 Porque dentro de siete días yo haré llover sobre la tierra cuarenta días y cuarenta noches, y borraré de la faz de la tierra a todos los seres vivos que hice.»
5 Noé hizo todo en conformidad con lo que le mandó el Señor.
6 Cuando el diluvio de las aguas cayó sobre la tierra, Noé tenía seiscientos años.
7 Para protegerse de ellas, Noé entró en el arca,[a] junto con sus hijos, su mujer, y las mujeres de sus hijos.
8 Los animales limpios, y los que no eran limpios, y las aves, y todo lo que se arrastra sobre la tierra
9 entraron en el arca de dos en dos, macho y hembra, junto con Noé, tal y como Dios se lo ordenó,
10 y al séptimo día las aguas del diluvio cayeron sobre la tierra.
11 El día diecisiete del mes segundo del año seiscientos de la vida de Noé, se rompieron todas las fuentes del gran abismo y se abrieron las cataratas de los cielos,[b]
12 y llovió sobre la tierra durante cuarenta días y cuarenta noches.
13 Ese mismo día, Noé y sus hijos Sem, Cam y Jafet entraron en el arca, junto con la

[d]**6.22:** Heb 11.7. [a]**7.7:** Mt 24.38-39; Lc 17.27. [b]**7.11:** 2 P 3.6.

LECCIONES
EL DILUVIO
(Génesis 7.11-12)

Dos acontecimientos trascendentales causaron el Diluvio. Uno fue la erupción de enormes pozos subterráneos de agua, tal vez causada por terremotos y maremotos. El otro fue un fuerte y constante aguacero que duró 40 días. Como resultado, todos los seres vivientes que vivían en la tierra y que estaban fuera del arca, murieron, tanto seres humanos como animales. Fue la primera y última vez que Dios destruiría su creación. (Puedes leer más al respecto en Génesis 9:13-15.)

mujer de Noé y las tres mujeres de sus hijos,
14 así como todos los animales salvajes se-
gún su especie, todos los animales domésti-
cos según su especie, todos los reptiles que
se arrastran sobre la tierra según su especie,
toda clase de pájaros según su especie.
15 En el arca entraron, junto con Noé, y de dos
en dos, todos los seres que tenían hálito de vida.
16 Los que entraron eran un macho y una
hembra de cada ser vivo, tal y como Dios se
lo había ordenado. Después el Señor cerró
la puerta.
17 El diluvio duró cuarenta días sobre la
tierra, y las aguas subieron y levantaron el
arca, y ésta flotaba por encima de la tierra.
18 Tanto arreciaron y aumentaron las
aguas sobre la tierra que el arca flotaba so-
bre la superficie de las aguas.
19 Arreciaron tanto las aguas sobre la tie-
rra que aun los montes más altos quedaron
cubiertos.
20 Después de haber cubierto los montes,
las aguas subieron todavía siete metros más.
21 Así murieron todos los seres que pulula-
ban sobre la tierra, tanto las aves como el ga-
nado y las bestias, y todo reptil que se arrastra-
ba sobre la tierra, y todos los seres humanos.
22 Murió todo lo que había en la tierra,
todo lo que tenía en su nariz aliento de es-
píritu de vida.
23 Fueron borrados de la faz de la tierra
todos los seres que la habitaban, lo mismo
los hombres que las bestias, los reptiles y las
aves del cielo. Fueron borrados de la tierra, y
sólo quedaron con vida Noé y los que esta-
ban con él en el arca.
24 Y las aguas permanecieron sobre la tie-
rra ciento cincuenta días.

8

1 Pero Dios se acordó de Noé, y de
todos los animales y bestias que
estaban en el arca con él. Entonces
Dios hizo pasar sobre la tierra un viento, y
las aguas disminuyeron.
2 Se cerraron las fuentes del abismo y las
cataratas de los cielos, y se detuvo la lluvia
de los cielos.
3 Las aguas sobre la tierra fueron decre-
ciendo gradualmente, y al cabo de ciento
cincuenta días se retiraron,
4 y a los diecisiete días del mes séptimo el
arca se posó sobre los montes de Ararat.
5 Las aguas siguieron bajando hasta el mes
décimo, y el día primero del mes décimo

[a]**9.1:** Gn 1.28. [b]**9.4:** Lv 7.26-27; 17.10-14; 19.26; Dt 12.16, 23; 15.23. [c]**9.6:** Éx 20.13. [d]**9.6:** Gn 1.26.

DIOS SE ACORDÓ DE NOÉ *(Génesis 8.1)*

Noé obedeció fielmente todo lo que Dios le dijo que hiciera. Y luego hubo silencio. Noé no oyó la voz de Dios por 150 días. ¡150 días son 5 meses! Pero Dios no se había olvidado de Noé y su familia, y los protegió en el arca hasta que la tierra estuvo seca. Si te suceden cosas que hacen que te preguntes si Dios te ama realmente, ten confianza que Él te ama. Él todavía está obrando en tu vida. Como lo hizo Noé, ¡mantente cerca de Dios y obedece!

quedaron al descubierto las cimas de los montes.

6 Al cabo de cuarenta días Noé abrió la ventana del arca que había hecho,

7 y envió un cuervo, el cual salió y estuvo yendo y viniendo, hasta que las aguas sobre la tierra se fueron secando.

8 También dejó salir una paloma, para ver si las aguas se habían retirado de la faz de la tierra,

9 pero al no hallar la paloma donde asentarse, volvió al arca, donde estaba él, porque las aguas aún cubrían la faz de toda la tierra. Entonces Noé extendió la mano y, tomándola, la hizo entrar consigo en el arca.

10 Esperó aún otros siete días, y volvió a enviar a la paloma fuera del arca,

11 y al atardecer la paloma volvió a donde él estaba, pero ya traía en el pico una hoja de olivo. Así entendió Noé que las aguas se habían retirado de sobre la tierra.

12 Todavía esperó siete días más, y volvió a enviar a la paloma, pero ésta ya no volvió a donde él estaba.

13 El día primero del mes primero del año seiscientos uno de Noé, se secaron las aguas sobre la tierra. Entonces Noé quitó la cubierta del arca, y miró, y resultó que la superficie de la tierra se estaba secando,

14 y a los veintisiete días del mes segundo la tierra ya estaba seca.

15 Entonces Dios habló con Noé, y le dijo:

16 «Sal del arca, tú y tu mujer, y tus hijos, y las mujeres de tus hijos, que están contigo.

17 Saca a todos los animales que están contigo; a todo ser vivo: aves y bestias, y todo reptil que se arrastra sobre la tierra, y pueblen la tierra. ¡Reprodúzcanse y multiplíquense sobre la tierra!»

18 Salió entonces Noé con sus hijos, su mujer, y las mujeres de sus hijos.

19 También salieron del arca todos los animales, y todo reptil y toda ave, y todo lo que se mueve sobre la tierra, según sus especies.

20 Noé edificó un altar al Señor y, tomando de todo animal limpio y de toda ave limpia, ofreció en el altar un holocausto.

21 Al percibir el Señor ese grato olor, dijo en su corazón:

«No volveré a maldecir la tierra por causa del hombre, porque desde su juventud las intenciones del corazón del hombre son malas. Y tampoco volveré a destruir a todo ser vivo, como lo he hecho.

22 Mientras la tierra permanezca, no faltarán la sementera y la siega, ni el frío y el calor, ni el verano y el invierno, ni el día y la noche.»

Pacto de Dios con Noé

9 1 Dios bendijo a Noé y a sus hijos, y les dijo:

«Reprodúzcanse y multiplíquense: ¡llenen la tierra![a]

2 El temor y el miedo a ustedes estarán en todo animal de la tierra, en toda ave de los cielos, en todo lo que se mueva sobre la tierra, y en todos los peces del mar. Quedan en las manos de ustedes.

3 Todo lo que se mueve y tiene vida les servirá de alimento, lo mismo las legumbres que las plantas verdes. Yo les he dado todo.

4 Pero la carne con su vida, que es su sangre, no la comerán.[b]

5 Porque ciertamente yo demandaré de la vida de ustedes esa sangre; la demandaré de las manos de todo animal, y de las manos del hombre; demandaré la vida del hombre de manos del hombre, su hermano.

6 La sangre del que derrame sangre humana[c] será derramada por otro hombre, porque el hombre ha sido hecho a imagen de Dios.[d]

7 Pero ustedes, reprodúzcanse y multiplíquense;[e] procreen abundantemente y multiplíquense en la tierra.»

8 Dios habló también a Noé y a sus hijos con él. Les dijo:

9 «Miren, yo establezco mi pacto con ustedes y con sus descendientes que les nazcan después.

10 Y también con todos los seres vivos que están con ustedes: las aves, los animales y todas las bestias de la tierra que están

[e]**9.7:** Gn 1.28.

PROMESAS PODEROSAS

GÉNESIS 9.13

He puesto mi arco en las nubes, el cual servirá como señal de mi pacto con la tierra.

La próxima vez que veas un arco iris, recuerda que Dios siempre cumple sus promesas. Ya que Él nos ama, Dios ha prometido que jamás volverá a enviar un diluvio para destruir la tierra.

con ustedes, tanto los que salieron del arca
como todos los animales de la tierra.
11 Estableceré mi pacto con ustedes, y no
volveré a exterminar a ningún ser con aguas
de diluvio, ni habrá otro diluvio que destru-
ya la tierra.»
12 Dios también dijo:
«Ésta es la señal del pacto que yo establez-
co con ustedes, y con todo ser vivo que está
con ustedes, por los siglos y para siempre:
13 He puesto mi arco en las nubes, el cual
servirá como señal de mi pacto con la tierra.
14 Cuando yo haga venir nubes sobre la tie-
rra, entonces mi arco se dejará ver en las nubes
15 y me acordaré de mi pacto, el pacto que
he hecho con ustedes y con todo ser vivo,
de cualquier especie; no volverá a haber un
diluvio de aguas que destruya a todo ser vivo.
16 El arco estará en las nubes, y yo lo veré
y me acordaré de mi pacto perpetuo. Es el

HOMBRES PODEROSOS DE DIOS

NOÉ

Si en algún momento has pasado por una sequía, sabes lo difícil que es esperar a que venga la lluvia. Un hombre en la Biblia creyó que venía un fuerte aguacero aunque nunca antes había visto llover. Ese hombre fue Noé. Noé era un hombre bueno que obedecía a Dios en una época en que nadie más hacía lo correcto.

Dios estaba tan enojado con la gente desobediente y malvada en la tierra que decidió enviar un diluvio para destruir su creación. Sólo se salvaría una familia: la familia de Noé. Para salvar a Noé, sus tres hijos y las esposas de estos, Dios le dijo a Noé que construyera un enorme barco flotante llamado un arca. Le enseñó a Noé cómo construir el arca. Tenía que ser lo suficientemente grande como para que cupieran todos los animales que Dios tenía pensado salvar del Diluvio.

Dios envió dos de cada animal inmundo y siete de cada animal limpio al arca justamente antes que llegaran las aguas del diluvio. Después que Noé y su familia entraron al arca, Dios cerró herméticamente la puerta. Por 40 días y 40 noches, bajaron del cielo lluvias torrenciales y el nivel del agua subió cada vez más en toda la tierra. Pero Noé y su familia estaban a salvo dentro del arca.

Después de 150 días, el arca fue a dar en el monte Ararat. Cuando el agua se secó, Noé y su familia salieron del arca. Edificaron un altar y adoraron a Dios. Dios le prometió a Noé que jamás volvería a destruir la tierra con un diluvio. Para sellar su promesa, Dios creó un arco iris. El arco iris sigue recordándonos hoy que Dios es fiel a sus promesas.

Noé fue un poderoso hombre de Dios. Su fidelidad a Dios salvó su vida y la de su familia. ¿Cómo mostró Noé su obediencia a Dios? ¿Cómo muestras tú que obedeces a Dios?

Puedes leer acerca de Noé en Génesis 6-9.

pacto entre Dios y todo ser vivo, con todos los seres que hay sobre la tierra.»

17 Dios también le dijo a Noé:

«Ésta es la señal del pacto que he establecido con todos los seres vivos que habitan sobre la tierra.»

Embriaguez de Noé

18 Los hijos de Noé que salieron del arca fueron Sem, Cam (que es el padre de Canaán), y Jafet.

19 Estos tres son los hijos de Noé. Con ellos se pobló toda la tierra.

20 Después Noé comenzó a labrar la tierra y plantó una viña,

21 y bebió del vino, y se embriagó, y se quedó desnudo en medio de su tienda.

22 Cuando Cam, padre de Canaán, vio la desnudez de su padre, se lo dijo a sus dos hermanos, que estaban afuera.

23 Entonces Sem y Jafet tomaron ropa, la pusieron sobre sus propios hombros y, caminando hacia atrás, cubrieron la desnudez de su padre, mientras volvían el rostro para no ver la desnudez de su padre.

24 Al despertar Noé de su embriaguez, se enteró de lo que le había hecho su hijo más joven,

25 y dijo:

«Maldito sea Canaán.
Será siervo de siervos para sus hermanos.»

26 También dijo:

«Que el Señor mi Dios bendiga a Sem,
y que Canaán sea su siervo.
27 »Que engrandezca Dios a Jafet;
que habite en las tiendas de Sem,
y que Canaán sea su siervo.»

28 Después del diluvio Noé vivió trescientos cincuenta años,

29 y todos los días de Noé fueron novecientos cincuenta años. Entonces murió.

Los descendientes de los hijos de Noé

(1 Cr 1.5-23)

10 1 Éstos son los descendientes de los hijos de Noé: Sem, Cam y Jafet, quienes tuvieron hijos después del diluvio.

2 Los hijos de Jafet: Gomer, Magog, Maday, Javán, Tubal, Mesec y Tiras.

3 Los hijos de Gomer: Askenaz, Rifat y Togarmá.

4 Los hijos de Javán: Elisa, Tarsis, Quitín y Rodanín.

5 Con ellos se poblaron las costas, cada uno según su lengua y conforme a sus familias en sus naciones.

6 Los hijos de Cam: Cus, Misrayin, Fut y Canaán.

7 Los hijos de Cus: Sebá, Javilá, Sabta, Ragama y Sabteca. Los hijos de Ragama: Sebá y Dedán.

8 Cus engendró a Nimrod, quien llegó a ser el primer hombre poderoso en la tierra.

9 Éste fue un vigoroso cazador delante del Señor. Por eso se dice: «Así como Nimrod, vigoroso cazador delante del Señor.»

10 Las ciudades principales de su reino fueron Babel, Erec, Acad y Calne, en la tierra de Sinar.

11 De esta tierra salió para Asiria, y allí edificó Nínive, Rejobot, Calaj,

12 y Resén, la gran ciudad que está entre Nínive y Calaj.

13 Misrayin engendró a Ludim, Anamim, Lehabim, Naftuhim,

14 Patrusim y Casluhim, de donde salieron los filisteos, y también a Caftorim.

15 Canaán engendró a Sidón, su primogénito, a Jet,

16 y a los jebuseos, amorreos, gergeseos,

17 jivitas, araceos, sineos,

18 arvadeos, semareos y jamatitas. Después se dispersaron las familias de los cananeos.

19 El territorio de los cananeos se extendía desde Sidón, en dirección a Gerar, hasta Gaza; y en dirección de Sodoma, Gomorra, Adma y Zeboyin, hasta Lasa.

20 Éstos son los hijos de Cam, por sus familias, lenguas, tierras y naciones.

21 También tuvo hijos Sem, que era padre de todos los hijos de Éber y hermano mayor de Jafet.

22 Los hijos de Sem fueron Elam, Asur, Arfaxad, Lud y Aram.

23 Los hijos de Aram fueron Uz, Jul, Geter y Mas.

24 Arfaxad engendró a Selaj, y Selaj engendró a Éber.

25 A Éber le nacieron dos hijos. Uno de ellos se llamó Peleg,[1] porque en sus días la tierra se dividió. Su hermano se llamó Joctán.

26 Y Joctán engendró a Almodad, Selef, Jasar Mável, Yera,

27 Hadorán, Uzal, Diclá,

28 Obal, Abimael, Sebá,

29 Ofir, Javilá y Jobab; todos estos fueron hijos de Joctán.

30 La tierra que habitaron se extendía desde Mesa, en dirección de Sefar, hasta la región montañosa oriental.

31 Éstos fueron los hijos de Sem por sus familias, lenguas, tierras y naciones.

32 Éstas son las familias de los hijos de Noé por sus descendencias y naciones. De ellos se esparcieron las naciones en la tierra después del diluvio.

La torre de Babel

11 1 En la tierra todos tenían entonces una sola lengua y unas mismas palabras,

2 pero sucedió que, cuando salieron de oriente, hallaron una llanura en la tierra de Sinar y se establecieron allí.

3 Y se dijeron unos a otros: «Vamos a hacer ladrillos y a cocerlos en el fuego.» Y los ladrillos les sirvieron como piedras, y el asfalto les sirvió de mezcla,

4 y dijeron: «Vamos a edificar una ciudad, y una torre cuya cúspide llegue hasta el cielo. Hagámonos de renombre, por si llegamos a esparcirnos por toda la tierra.»

5 Pero el Señor descendió para ver la ciudad y la torre que los hijos de los hombres estaban edificando,

6 y dijo:

«Esta gente es una sola, y todos ellos tienen un solo lenguaje. Ya han comenzado su obra, y ahora nada los hará desistir de lo que han pensado hacer.

7 Así que descendamos allá y confundamos su lengua, para que ninguno entienda la lengua de su compañero.»

8 Así fue como el Señor los esparció por toda la tierra, y como dejaron de edificar la ciudad.

9 Por eso la ciudad se llamó Babel, porque allí el Señor confundió[2] el lenguaje de toda la tierra, y desde allí los esparció por toda la superficie de la tierra.

Los descendientes de Sem

(1 Cr 1.24-27)

10 Éstos son los descendientes de Sem: Dos años después del diluvio, Sem engendró a Arfaxad. Tenía entonces cien años de edad.

11 Después de engendrar a Arfaxad, Sem vivió quinientos años, y engendró hijos e hijas.

12 Arfaxad vivió treinta y cinco años, y engendró a Selaj.

13 Después de engendrar a Selaj, Arfaxad vivió cuatrocientos tres años, y engendró hijos e hijas.

[1] **10.25** Es decir, ***División.*** [2] **11.9** Compárese la palabra hebrea ***balal,*** confundir.

PODER PARA VIVIR

EDIFICANDO UNA REPUTACION *(Génesis 11.4)*

¿Qué tiene de malo construir una hermosa torre? Nada, sino que las personas no estaban simplemente construyendo una torre, sino que estaban edificando su propia reputación. Era una muestra de poder y rebeldía contra Dios. Esas personas querían gobernarse a sí mismas; no querían escuchar a Dios. Para ellas, las malas noticias fueron que Dios confundió sus idiomas y las esparció por toda la tierra. Sea lo que sea que quieras lograr, recuerda quién debe recibir la gloria.

14 Selaj vivió treinta años, y engendró a Éber.

15 Después de engendrar a Éber, Selaj vivió cuatrocientos tres años, y engendró hijos e hijas.

16 Éber vivió treinta y cuatro años, y engendró a Peleg.

17 Después de engendrar a Peleg, Éber vivió cuatrocientos treinta años, y engendró hijos e hijas.

18 Peleg vivió treinta años, y engendró a Reu.

19 Después de engendrar a Reu, Peleg vivió doscientos nueve años, y engendró hijos e hijas.

20 Reu vivió treinta y dos años, y engendró a Serug.

21 Después de engendrar a Serug, Reu vivió doscientos siete años, y engendró hijos e hijas.

22 Serug vivió treinta años, y engendró a Najor.

23 Después de engendrar a Najor, Serug vivió doscientos años, y engendró hijos e hijas.

24 Najor vivió veintinueve años, y engendró a Téraj.

25 Después de engendrar a Téraj, Najor vivió ciento diecinueve años, y engendró hijos e hijas.

26 Téraj vivió setenta años, y engendró a Abrán, a Najor y a Harán.

Los descendientes de Téraj

27 Éstos son los descendientes de Téraj: Téraj engendró a Abrán, a Najor y a Harán; y Harán engendró a Lot.

28 Harán murió antes que su padre Téraj, en Ur de los caldeos, que era la tierra donde nació.

29 Abrán y Najor tomaron mujeres para ellos. La mujer de Abrán se llamaba Saraí, y la mujer de Najor se llamaba Milca, que era hija de Harán, el padre de Milca y de Isca.

30 Pero Saraí era estéril; no tenía ningún hijo.

31 Y Téraj tomó a su hijo Abrán y a su nuera Saraí, y a su nieto Lot, hijo de Harán, y salió con ellos de Ur de los caldeos para ir a la tierra de Canaán, pero cuando llegaron a Jarán se quedaron allí.

32 Y fueron los días de Téraj doscientos cinco años; y murió Téraj en Jarán.

PROMESAS PODEROSAS

GÉNESIS 12.3

Bendeciré a los que te bendigan, y maldeciré a los que te maldigan; y en ti serán benditas todas las familias de la tierra.

Dios le dijo a Abraham que un día, todos serían bendecidos a través de él. ¿Cómo podría acontecer esto? Jesús, un descendiente de la familia de Abraham, les ofrece a todas las personas la oportunidad de tener una relación personal con Dios por fe en Él. ¡Esa es la más grande bendición de todas!

Dios llama a Abrán

12 1 Pero el Señor le había dicho a Abrán:

«Vete de tu tierra y de tu parentela, y de la casa de tu padre, a la tierra que te mostraré.[a]

2 Yo haré de ti una nación grande. Te bendeciré, y engrandeceré tu nombre, y serás bendición.

3 Bendeciré a los que te bendigan, y maldeciré a los que te maldigan; y en ti serán benditas todas las familias de la tierra.»[b]

Éx 12.29-42

4 Y Abrán se fue, tal y como el Señor le dijo, y Lot se fue con él. Abrán tenía setenta y cinco años de edad cuando salió de Jarán.

5 Tomó Abrán a Saraí, su mujer, y a Lot, hijo de su hermano, y todos los bienes que ellos habían acumulado y las personas que habían adquirido en Jarán, y salieron para ir a la tierra de Canaán. Y llegaron a la tierra de Canaán.

6 Abrán cruzó toda aquella tierra, hasta llegar a Siquén, hasta el encino de More. En aquel tiempo los cananeos habitaban esa tierra.

7 Y el Señor se le apareció a Abrán, y le dijo: «A tu descendencia le daré esta tierra.»[c]

[a] **12.1:** Hch 7.2-3; Heb 11.8. [b] **12.3:** Gá 3.8. [c] **12.7:** Hch 7.5; Gá 3.16.

Y él edificó allí un altar al Señor, que se le
había aparecido.
8 De allí se fue a un monte al oriente de
Betel, donde plantó su tienda. Al occiden-
te tenía a Betel, y al oriente a Hai. Allí edi-
ficó un altar al Señor, e invocó el nombre
del Señor.
9 De allí Abrán partió hacia el Néguev,
avanzando poco a poco.

Abrán en Egipto

10 Sucedió que hubo hambre en la tierra,
y Abrán descendió a Egipto para vivir allá,
pues arreció el hambre en la tierra.
11 Cuando ya estaba él por entrar en Egip-
to, le dijo a Saraí, su mujer:
«Mira, yo sé bien que eres una mujer de
hermoso aspecto,
12 así que, cuando los egipcios te vean, di-
rán: "Ésta es su mujer." Entonces me mata-
rán a mí, y a ti te dejarán con vida.
13 Por favor, di que eres mi hermana,[d] para
que por ti me vaya bien a mí, y por ti tam-
bién quede yo con vida.»
14 Y así sucedió. Cuando Abrán entró en
Egipto, los egipcios vieron que su mujer era
muy hermosa.
15 También la vieron los príncipes del fa-
raón, y la alabaron ante él, así que la mujer
fue llevada a la casa del faraón,
16 quien por causa de ella trató bien a
Abrán, pues le dio ovejas, vacas, asnos, sier-
vos, criadas, asnas y camellos.
17 Pero el Señor hirió al faraón y a su casa
con grandes plagas, también por causa de
Saraí, la mujer de Abrán.
18 Entonces el faraón llamó a Abrán y le
dijo:
«¿Qué es lo que me has hecho? ¿Por qué
no me aclaraste que ella era tu mujer?
19 ¿Por qué dijiste: "Es mi hermana"? ¡Pude
haberla tomado como mi mujer! Así que
aquí está tu mujer; tómala, y vete de aquí.»
20 Entonces el faraón dio órdenes a su
gente acerca de Abrán, y ellos lo echaron de
allí junto con su mujer y con todo lo que
él tenía.

Abrán y Lot se separan

13 1 Abrán partió de Egipto hacia
el Néguev, junto con su mujer
y con todo lo que tenía, y Lot
se fue con él.
2 Abrán era riquísimo en ganado, plata y oro.
3 Desde el Néguev volvió por sus jornadas
hasta Betel, hasta el lugar donde antes había
estado su tienda, entre Betel y Hai.
4 En ese lugar, Abrán había levantado an-
tes un altar. Allí invocó el nombre del Señor.
5 Lot, que andaba con Abrán, también te-
nía ovejas, vacas y tiendas.
6 La tierra no era suficiente para que pu-
dieran habitar juntos en un mismo lugar,
pues sus posesiones eran muchas,
7 así que hubo contiendas entre los pasto-
res del ganado de Abrán y los pastores del
ganado de Lot. Los cananeos y los ferezeos
habitaban entonces en esa tierra.

[d] **12.13:** Gn 20.2; 26.7.

UNA HAMBRUNA EN LA TIERRA *(Génesis 12.10)*
Simplemente porque decidimos obedecer a Dios no significa que no tendremos problemas. Fíjate lo que le ocurrió a Abram (más adelante su nombre fue cambiado a Abraham). Llegó a su nuevo hogar e inmediatamente tuvo una gran desilusión. Su esposa no podía tener hijos. Él estaba separado de todos sus familiares. Su familia enfrentó una hambruna repentina y tuvo que mudarse. No te sorprendas cuando surjan situaciones difíciles en tu vida. Muchas veces los problemas son la manera que Dios usa para enseñarnos a confiar en Él y obedecerlo.

LECCIONES **SODOMA**

(Génesis 13.12-13)

Lot tuvo la oportunidad de escoger dónde vivir, y escogió vivir cerca de una de las ciudades más malvadas de esa época: Sodoma. Tal vez pensaba que la belleza y las riquezas de Sodoma beneficiarían a su familia. Pero estaba equivocado. Lot aprendió por las malas que su familia no podía resistirse a las tentaciones malvadas de Sodoma. Esta es una buena lección para nosotros: debemos cuidarnos de no ponernos en situaciones en que podríamos ser tentados a hacer el mal. ¿Recuerdas tú un momento en que fuiste tentado a hacer el mal? ¿Qué hiciste al respecto?

8 Abrán le dijo entonces a Lot:

«No debe haber altercados entre nosotros dos, ni entre mis pastores y los tuyos, pues somos hermanos.

9 ¿Acaso no tienes ante ti toda la tierra? Te ruego que te apartes de mí. Si te vas a la mano izquierda, yo iré a la derecha; y si te vas a la derecha, yo iré a la izquierda.»

10 Lot levantó los ojos, y vio que toda la llanura del Jordán era de riego, como el huerto del Señor.[a] Era como la tierra de Egipto en dirección de Soar, antes de que el Señor destruyera a Sodoma y a Gomorra.

11 Entonces Lot escogió para sí toda la llanura del Jordán y se fue hacia el oriente. Así se apartaron el uno del otro.

12 Abrán acampó en la tierra de Canaán, en tanto que Lot fue poniendo sus tiendas hasta Sodoma y habitó en las ciudades de la llanura.

13 Pero los hombres de Sodoma eran malos y grandes pecadores contra el Señor.

14 Después de que Lot se apartó de Abrán, el Señor le dijo a Abrán:

«Levanta ahora tus ojos, y desde el lugar donde estás mira hacia el norte y hacia el sur, hacia el oriente y el occidente.

15 Toda la tierra que ves, te la daré a ti y a tu descendencia para siempre.[b]

16 Yo haré que tu descendencia sea como el polvo de la tierra. Si hay quien pueda contar el polvo de la tierra, entonces también tu descendencia podrá ser contada.

17 Levántate, recorre la tierra a todo lo largo y lo ancho de ella, porque a ti te la daré.»

18 Entonces Abrán levantó de allí su tienda y se fue a acampar en el encinar de Mamre, que está en Hebrón. Allí edificó un altar al Señor.

Abrán liberta a Lot

14 1 En los días en que Amrafel era rey de Sinar, Arioc rey de Elasar, Quedorlaomer rey de Elam, y Tidal rey de Goyín, sucedió

2 que estos reyes declararon la guerra contra Bera rey de Sodoma, Birsa rey de Gomorra, Sinab rey de Adma, Semeber rey de Zeboyin, y el rey de Bela, que es Soar.

3 Todos ellos se juntaron en el valle de Sidín, que es el Mar Salado.

4 Durante doce años habían servido a Quedorlaomer, pero en el año trece se rebelaron contra él.

5 Pero en el año catorce Quedorlaomer y los reyes que estaban de su parte fueron y derrotaron a los refaítas en Astarot Carnayin, a los zuzitas en Jam, a los emitas en Savé Quiriatayin,

6 y a los horeos en el monte de Seír. Llegaron hasta la llanura de Parán, que está junto al desierto.

7 Luego volvieron y llegaron hasta Enmispat, que es Cadés, y devastaron todo el territorio de los amalecitas, y también el de los amorreos, que habitaban en Jasesón Tamar.

8 Salieron entonces el rey de Sodoma, el rey de Gomorra, el rey de Adma, el rey de Zeboyin y el rey de Bela, que es Soar, y en el valle de Sidín presentaron batalla contra ellos,

9 es decir, contra Quedorlaomer rey de Elam, Tidal rey de Goyín, Amrafel rey de Si-

[a]**13.10:** Gn 2.10. [b]**13.15:** Hch 7.5.

PALABRAS CON PODER

ABRAM EL HEBREO
(Génesis 14.13)

Abram (más adelante su nombre fue cambiado a Abraham) es la primera persona en la Biblia al que se le llama un hebreo. Esta palabra viene de la palabra Eber, que significa "atravesar" o "cruzar". El término "hebreo" se refería a cualquier persona que era nómada, es decir, que se movía de un lugar a otro. Eso fue lo que hizo Abram cuando obedeció el mandato de Dios de dejar su hogar e ir a un nuevo país. Como cristianos, nosotros también estamos pasando de un lugar (la tierra) a otro (el cielo). ¿Qué palabras usarías tú para describir estos dos lugares?

nar, y Arioc rey de Elasar. Eran cuatro reyes contra cinco.

10 Pero el valle de Sidín estaba lleno de pozos de asfalto, así que cuando huyeron el rey de Sodoma y el de Gomorra, algunos cayeron allí. Los demás huyeron al monte.

11 Los vencedores tomaron toda la riqueza de Sodoma y de Gomorra, y todas sus provisiones, y se fueron.

12 También tomaron a Lot, sobrino de Abrán, que moraba en Sodoma, y sus bienes, y se fueron.

13 Pero uno de los que escaparon fue y se lo dijo a Abrán el hebreo, que habitaba en el encinar de Mamre el amorreo. Éste era hermano de Escol y de Aner, y estos dos eran aliados de Abrán.

14 Al oír Abrán que a su pariente lo habían hecho prisionero, armó a sus criados, los nacidos en su casa, que eran trescientos dieciocho, y los persiguió hasta Dan.

15 Y él y sus siervos cayeron sobre ellos de noche, y luego de atacarlos los persiguieron hasta Hoba, al norte de Damasco.

16 Así recobró todos los bienes, y también a su sobrino Lot y sus bienes, y a las mujeres y demás gente.

Melquisedec bendice a Abrán

17 Cuando volvía de haber derrotado a Quedorlaomer y a los reyes que estaban con él, el rey de Sodoma salió a recibirlo al valle de Save, que es el valle del Rey.

18 Entonces Melquisedec,[a] que era rey de Salén y sacerdote del Dios altísimo, sacó pan y vino

19 y lo bendijo así: «Bendito seas, Abrán, del Dios altísimo, creador de los cielos y de la tierra,

20 y bendito sea el Dios altísimo, que puso en tus manos a tus enemigos.» Y le dio Abrán los diezmos de todo.

21 Entonces el rey de Sodoma le dijo a Abrán:

«Dame las personas, y quédate con los bienes.»

22 Pero Abrán le respondió al rey de Sodoma:

«He levantado mi mano al Señor, Dios altísimo, creador de los cielos y de la tierra,

23 para jurar que no tomaré nada de lo

LECCIONES

MELQUISEDEC, REY DE SALÉN
(Génesis 14.18)

Melquisedec (lo cual significa "rey de justicia") era tanto rey de Salén (posiblemente la Jerusalén de la antigüedad) y "sacerdote del Dios Altísimo". Como Abram (más adelante su nombre fue cambiado a Abraham), Melquisedec servía al único Dios verdadero. Abram reconoció que Melquisedec era un sacerdote al darle una décima parte de lo que había conseguido en la batalla. Esta era una ofrenda de acción de gracias para agradecer la ayuda y el favor de Dios. Esta es la primera vez en la Biblia que se menciona el diezmar (el dar una décima parte de lo que recibimos).

[a] **14.18-20:** Heb 7.1-10.

que es tuyo, ni siquiera un hilo ni una correa de calzado, para que no digas: "Yo enriquecí a Abrán".

24 Solamente tomaré lo que comieron los jóvenes, y también tomarán su parte Aner, Escol y Mamre, los hombres que fueron conmigo.»

Dios promete a Abrán un hijo

15 1 Después de estos sucesos, la palabra del Señor vino a Abrán en una visión. Le dijo:

«No temas, Abrán. Yo soy tu escudo, y tu galardón será muy grande.»

2 Abrán respondió:

«Mi Señor y Dios, ¿qué puedes darme, si no tengo hijos, y el mayordomo de mi casa es ese damasceno Eliezer?»

3 También dijo Abrán:

«Mira que no me has dado descendencia. Mi heredero será un esclavo nacido en mi casa.»

4 Pero vino a él palabra del Señor, y le dijo:

«Tu heredero no será éste, sino tu propio hijo.»

5 Entonces lo llevó afuera, y allí le dijo:

«Fíjate ahora en los cielos, y cuenta las estrellas, si es que las puedes contar. ¡Así será tu descendencia!»[a]

6 Y Abrán creyó al Señor, y eso le fue contado por justicia.[b]

Gn 22.1-14

7 El Señor también le dijo:

«Yo soy el Señor. Yo te saqué de Ur de los caldeos, para darte esta tierra como herencia.»

8 Y Abrán respondió:

«Señor, mi Señor, ¿y cómo sabré que la he de heredar?»

9 El Señor le dijo:

«Tráeme una becerra, una cabra y un carnero, todos de tres años. Tráeme también una tórtola y un palomino.»

10 Abrán tomó todos estos animales, y los partió por la mitad, y puso las mitades una frente a la otra; pero no partió las aves.

11 Bajaban las aves de rapiña sobre los cuerpos muertos, y Abrán las ahuyentaba,

12 pero al caer el sol el sueño venció a Abrán, y le sobrevino el temor de una gran oscuridad.

13 Entonces el Señor le dijo:

«Debes saber que tu descendencia habitará en una tierra extraña, y que allí será es-

PALABRAS CON PODER

PACTO

(Génesis 15.18)

Un pacto es un acuerdo entre dos o más personas que se prometen algo. En su pacto con Abraham, Dios prometió "Yo seré tu Dios" (Génesis 17:7). Esta es una de las más grandes promesas en la Biblia. Significa que Dios promete guiar, proteger, conducir y galardonar a aquellos que son fieles a Él. Si creemos en Jesús como nuestro Salvador, esta promesa también es para nosotros. ¡Estas son buenas noticias! ¿Por qué no tomas un minuto para escribir una oración expresando tu agradecimiento a Dios por su promesa tan poderosa?

[a]**15.5:** Ro 4.18; Heb 11.12. [b]**15.6:** Ro 4.3; Gá 3.6; Stg 2.23.

LA FE QUE CUENTA *(Génesis 15.6)*

El Nuevo Testamento se refiere a Abraham como "el padre" de todos los que creen (lee Romanos 4:16). ¿Por qué? Porque Abram tenía el tipo de fe que agradaba a Dios. Estaba dedicado a Dios y lo mostró al obedecer a Dios. De modo que Dios aceptó la fe de Abram y se lo contó como justicia. Si nosotros queremos relacionarnos con Dios, también necesitamos tener fe en Él y recibir su perdón por nuestros pecados.

clava y la oprimirán durante cuatrocientos años.[c]

14 Pero también yo juzgaré a la nación a la cual servirán, y después de eso ellos saldrán de allí con grandes riquezas.[d]

15 Y tú te reunirás en paz con tus padres, y serás sepultado en buena vejez.

16 Y después de cuatro generaciones volverán acá; porque hasta ahora no ha llegado todavía a su colmo la maldad de los amorreos.»

17 Y sucedió que, cuando el sol se puso y ya todo estaba oscuro, podía verse un horno humeante y una antorcha de fuego, la cual pasaba entre los animales divididos.

18 En aquel día el Señor hizo un pacto con Abrán. Le dijo: «A tu descendencia le daré esta tierra,[e] desde el río de Egipto hasta el gran río Éufrates,

19 hasta la tierra de los quenitas, los quenizitas, los cadmoneos,

20 los hititas, los ferezeos, los refaítas,

21 los amorreos, los cananeos, los gergeseos y los jebuseos.»

Agar e Ismael

16 1 Saraí, la esposa de Abrán, no le daba hijos, pero tenía una sierva egipcia que se llamaba Agar.

2 Entonces Saraí le dijo a Abrán:

«Ya ves que el Señor me ha hecho estéril, así que te ruego que te allegues a mi sierva; tal vez tendré hijos de ella.»

Y Abrán atendió al ruego de Saraí.

3 A los diez años de que Abrán había habitado en la tierra de Canaán, Saraí, la esposa de Abrán, tomó a Agar, su sierva egipcia, y se la dio por mujer a Abrán, su marido.

4 Y él se allegó a Agar, y ésta concibió; y al darse cuenta de que había concebido, comenzó a mirar con desprecio a su señora.

5 Entonces Saraí le dijo a Abrán:

«¡Que mi afrenta recaiga sobre ti! Yo te di por mujer a mi sierva, y al verse encinta me mira con desprecio. ¡Que juzgue el Señor entre tú y yo!»

6 Y Abrán le respondió a Saraí:

«Pues tu sierva está en tus manos. ¡Haz con ella lo que mejor te parezca!»

Y como Saraí la humillaba, ella huyó de su presencia.

7 Pero el ángel del Señor la encontró junto a un manantial en el desierto, que es el manantial que está en el camino a Shur,

8 y le dijo:

«Agar, sierva de Saraí, ¿de dónde vienes, y a dónde vas?»

Y ella respondió:

«Estoy huyendo de Saraí, mi señora.»

9 El ángel del Señor le dijo:

«Regresa con tu señora, y ponte en sus manos.»

10 Además, el ángel del Señor le dijo:

«Voy a multiplicar tu descendencia. Llegarán a ser tantos, que no podrán ser contados.»

11 El ángel del Señor también le dijo:

«Tú has concebido, y darás a luz un hijo. Le pondrás por nombre Ismael,[3] porque el Señor ha oído tu aflicción.

12 Será un hombre indómito; luchará contra todos, y todos lucharán contra él, pero a pesar de todos sus hermanos establecerá su residencia.»

13 Como el Señor le había hablado, ella le dio este nombre: «Tú eres el Dios que ve», pues dijo: «¿Acaso no he visto aquí también al que me ve?»,

14 y al manantial lo llamó «Pozo del que vive y me ve». Ese pozo está entre Cadés y Bered.

15 Agar dio a luz un hijo de Abrán, y éste le puso por nombre Ismael.

16 Abrán tenía ochenta y seis años de edad cuando Agar dio a luz a Ismael.

La circuncisión, señal del pacto

17 1 Abrán tenía noventa y nueve años de edad cuando el Señor se le apareció y le dijo:

«Yo soy el Dios Todopoderoso. Anda siempre delante de mí y sé perfecto.

2 Yo estableceré mi pacto contigo, y haré que te multipliques en gran manera.»

Gn 26.2-6

[c]**15.13:** Éx 1.1-14; Hch 7.6. [d]**15.14:** Éx 12.40-41; Hch 7.7. [e]**15.18:** Hch 7.5. [3]**16.11** Es decir, ***Dios oye.***

³ Abrán se postró entonces sobre su rostro, y Dios habló con él. Le dijo:

⁴ «Éste es el pacto que hago contigo: Tú serás el padre de muchísima gente.

⁵ Tu nombre ya no será Abrán,[4] sino que ahora te llamarás Abrahán,[5] porque te he puesto como padre de muchísima gente.[a]

⁶ Yo haré que te multipliques en gran manera. De ti saldrán naciones y reyes.

⁷ Estableceré mi pacto contigo y con tus descendientes. Será un pacto perpetuo,[b] y yo seré tu Dios y el de tu descendencia.

⁸ A ti y a tu descendencia les daré toda la tierra donde ahora habitas, la tierra de Canaán, como herencia perpetua,[c] y yo seré el Dios de ellos.»

⁹ Dios también le dijo a Abrahán:

«Tú, por tu parte, guardarás mi pacto; tú y tu descendencia, por sus generaciones.

¹⁰ Éste es el pacto que yo hago con ustedes, y que ustedes guardarán; es decir, tú y tu descendencia: Todo varón que haya entre ustedes será circuncidado.[d]

¹¹ Ustedes circuncidarán la carne de su prepucio, como señal del pacto entre nosotros.

PROMESAS PODEROSAS

GÉNESIS 17.8

A ti y a tu descendencia les daré toda la tierra donde ahora habitas, la tierra de Canaán, como herencia perpetua, y yo seré el Dios de ellos.

Dios prometió que le daría a la familia de Abraham un lugar para vivir. Podrían decir que esta tierra era de ellos y sería un "pacto perpetuo". Dios también prometió que Él sería su Dios. Lo único que tenían que hacer era obedecerlo (mira el versículo 9). ¡Qué maravillosas promesas!

¹² A los ocho días de nacido será circuncidado todo varón que haya entre ustedes, en todas sus generaciones; lo mismo los nacidos en casa como los comprados por dinero a cualquier extranjero, y que no sean de su linaje.

¹³ Será circuncidado el que nazca en tu casa, y el que compres con tu dinero; mi pacto estará en la carne de ustedes como pacto perpetuo.

¹⁴ Todo hombre incircunciso, que no haya circuncidado la carne de su prepucio, será eliminado de su pueblo por haber violado mi pacto.»

¹⁵ Dios también le dijo a Abrahán: «A Saraí, tu mujer, ya no la llamarás Saraí. Ahora su nombre será Sara.[6]

¹⁶ Yo la bendeciré, y también te daré un hijo de ella. Sí, yo la bendeciré, y ella será la madre de las naciones, los reyes y los pueblos que de ella nacerán.»

¹⁷ Abrahán se postró entonces sobre su rostro, y riéndose dijo en su corazón: «¿Acaso a un hombre de cien años le va a nacer un hijo? ¿Y acaso Sara, que tiene noventa años, va a concebir?»

¹⁸ Y Abrahán le dijo a Dios:

«¡Dígnate permitir que Ismael viva!»

¹⁹ Pero Dios le respondió:

«Lo que he dicho es que Sara, tu mujer, te dará un hijo, y tú le pondrás por nombre Isaac.[7] Yo confirmaré mi pacto con él como un pacto perpetuo para sus descendientes.

²⁰ En cuanto a Ismael, también te he oído, y yo lo bendeciré y haré que se reproduzca y se multiplique en gran manera. Él será padre de doce príncipes, y yo lo convertiré en una gran nación,

²¹ pero mi pacto lo estableceré con Isaac, el hijo que Sara te dará el año que viene por estos días.»

²² Y cuando Dios acabó de hablar con Abrahán, se fue de allí.

[4] **17.5** Es decir, ***Padre enaltecido.*** [5] **17.5** Entendido aquí, ***Padre de una multitud.*** [a] **17.5:** Ro 4.17. [b] **17.7:** Lc 1.55. [c] **17.8:** Hch 7.5. [d] **17.10:** Hch 7.8. [6] **17.15** Es decir, ***Princesa.*** [7] **17.19** Es decir, ***Risa.***

23 Ese mismo día Abrahán tomó a su hijo Ismael y lo circuncidó, lo mismo que a todos los siervos nacidos en su casa y a todos los que había comprado con su dinero; es decir, circuncidó la carne del prepucio de todos los varones que vivían en su casa, tal y como Dios se lo había dicho.

24 Abrahán tenía noventa y nueve años de edad cuando circuncidó la carne de su prepucio.

25 Su hijo Ismael tenía trece años cuando fue circuncidado.

26 Abrahán y su hijo Ismael fueron circuncidados el mismo día.

27 Con él fueron circuncidados todos los hombres que había en su casa, tanto los siervos nacidos en casa como los que había comprado de extranjeros por dinero.

Promesa del nacimiento de Isaac

18 1 Después el Señor se le apareció a Abrahán en el encinar de Mamre, mientras él estaba sentado a la entrada de su tienda, en el calor del día.

2 Al levantar los ojos vio que allí, junto a él, había tres varones. Al verlos, rápidamente se levantó de la entrada de su tienda para recibirlos. Se postró en tierra,

3 y dijo:

«Señor, si en verdad he hallado gracia ante tus ojos, te ruego que no te apartes de este siervo tuyo.

4 Mandaré traer un poco de agua, para que ustedes se laven los pies, y luego podrán descansar debajo de un árbol.

5 Traeré también un bocado de pan, para que recobre fuerzas su corazón, y luego seguirán su camino. ¡Para eso han pasado ustedes cerca de este su siervo!»

Y ellos dijeron:

«Haz todo tal y como has dicho.»

6 Entonces Abrahán fue de prisa a la tienda de Sara, y le dijo: «Toma pronto tres medidas de flor de harina, amásala, y cuece unos panes.»

7 Luego corrió Abrahán a donde estaban las vacas y tomó un becerro tierno y bueno, se lo dio al criado, y éste se apresuró a prepararlo.

8 Tomó además mantequilla y leche, y el becerro que había preparado, y poniéndolo ante ellos se quedó a su lado debajo del árbol, mientras ellos comían.

9 Ellos le dijeron:

«¿Dónde está Sara, tu mujer?»

Y él respondió:

«Aquí, en la tienda.»

10 Uno de ellos dijo:

«Ten por seguro que volveré a ti, y conforme al tiempo de gestación Sara tu mujer tendrá un hijo.»[a]

Sara, que estaba a la entrada de la tienda detrás de él, escuchaba todo.

11 Abrahán y Sara eran ya viejos y de edad avanzada, y Sara ya no tenía lo que es costumbre en las mujeres.

12 Por eso Sara se rió consigo misma, y dijo:

«¿Después de haber envejecido voy a tener placer, si también mi señor[b] ya está viejo?»

13 Pero el Señor le dijo a Abrahán:

«¿Por qué se ríe Sara? Ha dicho: "¿Será cierto que voy a dar a luz siendo ya vieja?"

PROMESAS PODEROSAS

GÉNESIS 18.14

¿Acaso hay para Dios algo que sea difícil? En el momento indicado volveré a ti, y conforme al tiempo de gestación Sara tendrá un hijo.

¿No crees que Dios te pueda ayudar con una situación difícil? Vuelve a pensarlo. Dios quiere que entendamos que Él tiene el poder para llevar a cabo cualquier cosa que Él promete. Como dijo Jesús: "para Dios todo es posible" (Mateo 19:26).

[a] **18.10:** Ro 9.9. [b] **18.12:** 1 P 3.6.

14 ¿Acaso hay para Dios algo que sea difí-
cil?[c] En el momento indicado volveré a ti, y
conforme al tiempo de gestación Sara ten-
drá un hijo.»
15 Sara lo negó, y dijo:
«No me reí. Más bien, tuve miedo.»
Pero él dijo:
«No es cierto. Tú te reíste.»

Abrahán intercede por Sodoma

16 Aquellos varones se fueron de allí, y mi-
raron en dirección a Sodoma. Abrahán los
acompañaba.
17 Entonces el Señor dijo:
«¿Acaso voy a ocultarle a Abrahán lo que
voy a hacer?
18 ¡Si Abrahán va a ser una nación grande
y fuerte, y en él serán bendecidas todas las
naciones de la tierra!
19 Yo sé que él ordenará a sus hijos y a sus
descendientes que sigan el camino del Se-
ñor, y que sean justos y rectos, para que el
Señor cumpla en Abrahán su promesa.»
20 Entonces el Señor le dijo:
«Puesto que el clamor contra Sodoma y
Gomorra va en aumento, y su pecado se ha
agravado demasiado,
21 voy ahora a descender allá, para ver si
lo que han hecho corresponde a las quejas
que han llegado hasta mí. Si no es así, lo
sabré.»
22 Y aquellos varones se apartaron de allí, y
fueron hacia Sodoma; pero Abrahán seguía
estando delante del Señor.
23 Y se acercó Abrahán y le dijo:
«¿Acaso vas a destruir al justo con el in-
justo?
24 Tal vez haya cincuenta justos en la ciu-
dad. ¿Acaso destruirás ese lugar, y no lo per-
donarás por los cincuenta justos que estén
allí adentro?
25 ¡Lejos sea de ti hacer morir al justo con
el impío, y tratar al justo como al impío! ¡Ja-
más hagas tal cosa! ¿Acaso el Juez de toda la
tierra no debe hacer lo que es justo?»
26 El Señor respondió:
«Si dentro de la ciudad de Sodoma en-
cuentro a cincuenta justos, por ellos perdo-
naré a todos los que estén allí.»
27 Abrahán replicó y dijo:
«Aquí estoy ahora, atreviéndome a hablar
con mi Señor, aunque sólo soy polvo y ce-
niza.
28 Pero tal vez falten cinco justos para
completar los cincuenta; ¿por faltar esos
cinco destruirás toda la ciudad?»
Y el Señor dijo:
«No la destruiré, si encuentro sólo cua-
renta y cinco.»
29 Abrahán volvió a hablarle, y dijo:
«Tal vez sólo se hallen cuarenta...»
Y el Señor respondió:
«Aun por esos cuarenta no lo haré.»
30 Abrahán insistió:
«Espero que mi Señor no se enoje, si sigo
hablando; pero tal vez sólo se encuentren
treinta...»
Y el Señor respondió:
«Aun si encuentro treinta, no lo haré.»
31 Abrahán dijo:
«Aquí estoy ahora, atreviéndome a hablar
con mi Señor; tal vez sólo se encuentren
veinte...»
Y el Señor contestó:
«Aun por esos veinte, no la destruiré.»
32 Pero Abrahán volvió a decir:
«Espero que mi Señor no se enoje si ha-
blo una vez más; pero tal vez se encuentren
sólo diez...»
Y el Señor respondió:
«Aun por esos diez, no la destruiré.»
33 Cuando el Señor terminó de hablar con
Abrahán, se fue de allí; y Abrahán volvió a
su lugar.

Destrucción de Sodoma y Gomorra

19 1 Al caer la tarde llegaron los dos
ángeles a Sodoma. Lot estaba
sentado a la entrada de Sodo-
ma, así que al verlos se levantó a recibirlos. Se
inclinó hasta el suelo,
2 y dijo:

[c] **18.14:** Lc 1.37.

«Señores míos, les ruego que vengan a la casa de este siervo suyo y pasen allí la noche. Se lavarán los pies, y por la mañana podrán levantarse y seguir su camino.»

Pero ellos respondieron:

«No, sino que pasaremos la noche en la calle.»

3 Como Lot les insistió demasiado, ellos se fueron con él. Al entrar en su casa, les ofreció un banquete de panes sin levadura, y ellos comieron.

4 Pero antes de que se acostaran, los hombres de la ciudad rodearon la casa. Allí estaba todo el pueblo junto, todos los hombres de Sodoma, desde el más joven hasta el más viejo.

5 Llamaron a Lot, y le dijeron:

«¿Dónde están los varones que vinieron a tu casa esta noche? Sácalos, pues queremos tener relaciones con ellos.»

6 Lot salió hasta la puerta para hablar con ellos, pero cerró la puerta tras de sí.

7 Y les dijo:

«Hermanos míos, yo les ruego no cometer tal maldad.

8 Yo tengo aquí dos hijas mías, que no han conocido varón. Voy a sacarlas, y ustedes podrán hacer con ellas lo que mejor les parezca; pero a estos varones no les hagan nada, pues han venido a refugiarse bajo mi tejado.»

9 Pero ellos respondieron:

«¡Hazte a un lado!»

Y añadieron:

«Este extranjero vino a vivir entre nosotros, ¡y ahora quiere erigirse en juez! ¡Pues te va a ir peor que a ellos!»

Y trataron a Lot con gran violencia, y se acercaron para derribar la puerta.

10 Entonces los varones extendieron la mano y metieron a Lot en la casa con ellos; luego cerraron la puerta,

11 y a los hombres que estaban a la entrada de la casa, desde el menor hasta el mayor, los hirieron con ceguera, y éstos se cansaron de buscar la puerta.

12 Y los varones le dijeron a Lot:

«¿Todavía hay alguien más contigo? ¿Yernos, hijos, hijas? Todo lo que tengas en la ciudad, ¡sácalo de aquí!

13 Porque nosotros vamos a destruir este lugar. ¡Son ya demasiadas las quejas contra ellos, que han llegado a oídos del Señor! Por eso el Señor nos ha enviado a destruirlo.»

14 Entonces Lot salió y habló con sus yernos, es decir, los que habían tomado a sus hijas, y les dijo:

«¡Levántense, salgan de esta ciudad, que el Señor va a destruirla!»

Pero a sus yernos les pareció que Lot estaba bromeando.

15 Al rayar el alba, los ángeles apuraban a Lot y le decían:

«Levántate, y llévate a tu mujer y a tus dos hijas que tienes aquí, para que no mueras cuando la ciudad sea castigada.»

16 Pero como él se tardaba, los varones lo tomaron de la mano y, junto con su mujer y sus dos hijas, lo sacaron de la ciudad y lo pusieron fuera de ella,[a] conforme a la misericordia que el Señor tuvo de él.

17 Una vez que los sacaron, le dijeron:

«¡Corre, ponte a salvo! No mires hacia atrás, ni te detengas en toda esta llanura. ¡Huye a los montes, no sea que perezcas!»

18 Pero Lot les dijo:

«No, señores míos, por favor.

19 Puedo ver que este siervo suyo ha hallado gracia ante sus ojos. Ustedes han engrandecido su misericordia para conmigo al concederme la vida; pero yo no puedo huir a los montes, no sea que el mal me alcance y yo muera.

20 ¡Miren esa ciudad! ¡Está muy cerca y es pequeña! ¡Déjenme escapar a ella, y así podré salvar mi vida! ¿Verdad que sí es pequeña?»

21 Y él le respondió:

«Acepto esta súplica tuya. No destruiré esa ciudad, de la que me has hablado.

22 Pero date prisa y corre a ella, porque yo no podré hacer nada hasta que llegues allá.»

[a] **19.16:** 2 P 2.7.

LECCIONES **ESTATUA DE SAL**
(Génesis 19.26)

La esposa de Lot quedó convertida en una estatua de sal cuando miró hacia atrás a la ciudad de Sodoma. Ella no tomó en serio la orden específica del ángel (versículo 17). Esto nos debe servir como un ejemplo poderoso. Jesús les insta a los cristianos a que se acuerden de la esposa de Lot (Lucas 17:32) y no se apeguen a los placeres malvados del mundo. Un día Dios juzgará los caminos corruptos del mundo. El resultado será destrucción total.

Por eso esa ciudad recibió el nombre de Soar.[a]

23 Y cuando el sol comenzaba a salir sobre la tierra, Lot llegó a Soar.

24 Entonces el Señor hizo llover desde los cielos azufre y fuego sobre Sodoma y Gomorra,

25 y destruyó las ciudades y toda aquella llanura, junto con todos los habitantes de aquellas ciudades[b] y los productos de la tierra.

Éx 23.23-24

26 Pero la mujer de Lot[c] miró hacia atrás, y quedó convertida en una estatua de sal.

27 A la mañana siguiente, Abrahán se levantó y fue al lugar donde había estado hablando con el Señor,

28 y cuando miró hacia Sodoma y Gomorra, y hacia toda la tierra de aquella llanura, vio que de la tierra subía humo, como el humo de un horno.

29 Cuando Dios destruyó las ciudades de la llanura y asoló las ciudades donde Lot vivía, se acordó de Abrahán y sacó a Lot de en medio de la destrucción.

30 Pero Lot tuvo miedo de quedarse en Soar, así que salió de allí y se fue al monte, y allí se quedó a vivir en una cueva, junto con sus dos hijas.

31 Y la hija mayor le dijo a la menor:

«Nuestro padre es un anciano, y ya no hay en la tierra ningún hombre que se allegue a nosotras, como es la costumbre de toda la tierra.

32 Vamos a darle vino a nuestro padre, para que lo beba, y luego nos acostaremos con él. Así mantendremos viva la descendencia de nuestro padre.»

33 Esa misma noche le dieron a beber vino a su padre, y la mayor fue y se acostó con él, pero él no supo cuándo se acostó ella, ni cuándo se levantó.

34 Al día siguiente, la mayor le dijo a la menor: «Como sabes, anoche yo dormí con mi padre. Démosle a beber vino también esta noche, para que ahora vayas tú y te acuestes con él. Así mantendremos viva la descendencia de nuestro padre.»

35 Y esa noche también le dieron a beber vino a su padre, y la menor fue y se acostó con él; pero él tampoco supo cuándo se acostó ella, ni cuándo se levantó.

36 Y así, las dos hijas de Lot concibieron de parte de su padre.

37 La mayor tuvo un hijo, y le puso por nombre Moab, que hasta el día de hoy es el padre de los moabitas.

38 También la menor tuvo un hijo, y le puso por nombre Ben Amí, que hasta el día de hoy es el padre de los amonitas.

Abrahán y Abimelec

20 1 De allí Abrahán partió hacia la tierra del Néguev, y acampó entre Cadés y Shur. En Gerar vivió como un extranjero.

2 Allí Abrahán presentó a Sara, su mujer, como su hermana.[a] Entonces Abimelec, el rey de Gerar, envió por Sara para tomarla como mujer.

3 Pero una noche Dios visitó a Abimelec en sueños, y le dijo:

«Puedes darte por muerto, pues la mujer que has tomado ya es casada.»

4 Como Abimelec no se había acercado a ella, dijo:

[a] **19.22** Es decir, ***Pequeña.*** [b] **19.24-25:** Mt 10.15; 11.23-24; Lc 10.12; 17.29; 2 P 2.6; Jud 7. [c] **19.26:** Lc 17.32. [a] **20.2:** Gn 12.13; 26.7.

«Señor, ¿acaso también a la gente inocen-
te le quitas la vida?
5 ¿Acaso no me dijo él: "Es mi hermana"? Y
también ella dijo: "Es mi hermano". ¡En esto
yo he actuado con sinceridad de corazón, y
tengo las manos limpias!»
6 Y en sueños Dios le dijo:
«También yo sé que has actuado con sin-
ceridad de corazón. Y fui yo quien te impi-
dió pecar contra mí; por eso no te permití
que la tocaras.
7 Ahora devuélvele a ese hombre su mujer,
porque él es profeta y orará por ti. Así vivirás.
Pero si no se la devuelves, quiero que sepas
que sin falta morirás, tú y todos los tuyos.»
8 A la mañana siguiente Abimelec se le-
vantó y llamó a todos sus siervos, y clara-
mente les repitió todas estas palabras. Esto
les provocó mucho miedo.
9 Después, Abimelec llamó a Abrahán y le
dijo:
«¿Cómo pudiste hacernos esto? ¿Qué pe-
cado cometí contra ti, que has traído sobre
mí y sobre mi reino un pecado tan grande?
¡Lo que has hecho conmigo es algo que no
se hace!»
10 También le dijo Abimelec a Abrahán:
«¿En qué pensabas cuando hiciste esto?»
11 Y Abrahán respondió:
«Pues simplemente pensé que aquí no
hay temor de Dios, y que me matarían por
causa de mi mujer.
12 Aunque la verdad es que sí es mi herma-
na. Es hija de mi padre, pero no hija de mi
madre. Por eso la tomé por esposa.
13 Cuando Dios me hizo salir de la casa de
mi padre y andar errante, yo le dije: "En to-
dos los lugares a los que lleguemos, tú me
vas a hacer el favor de decir que yo soy tu
hermano."»
14 Entonces Abimelec tomó ovejas y va-
cas, y siervos y siervas, y se los dio a Abra-
hán. Además, le devolvió a Sara, su mujer.
15 Y le dijo Abimelec:
«Mira, aquí delante de ti está mi tierra;
quédate a vivir donde mejor te parezca.»
16 A Sara le dijo:
«A tu hermano le he dado mil monedas
de plata. Eso te cubrirá como un velo a los
ojos de todos los que están contigo, y ante
todos. Tu honor está a salvo.»
17 Entonces Abrahán oró a Dios, y Dios
sanó a Abimelec, a su mujer y a sus siervas, y
ellas tuvieron hijos,
18 pues por causa de Sara, mujer de Abra-
hán, el Señor había cerrado completamente la
matriz de toda mujer en la casa de Abimelec. Éx 15.26

Nacimiento de Isaac

21 1 El Señor visitó a Sara y actuó
en ella tal y como se lo había
prometido.
2 Y Sara concibió[a] y le dio un hijo a Abra-
hán en su vejez, en el tiempo preciso que
Dios le había anunciado.
3 Al hijo que le nació a Abrahán, y que
dio a luz Sara, Abrahán le puso por nombre
Isaac.
4 Abrahán circuncidó a su hijo Isaac[b] a los
ocho días de nacido, tal y como Dios se lo
había ordenado.
5 Cuando nació su hijo Isaac, Abrahán te-
nía cien años.
6 Sara dijo entonces:
«Dios me ha hecho reír, y todo el que lo
sepa se reirá conmigo.»
7 Y añadió:
«¿Quién le hubiera dicho a Abrahán que
yo, Sara, habría de amamantar hijos? ¡Pues le
he dado un hijo en su vejez!»

Agar e Ismael son despedidos

8 El niño creció, y fue destetado. El día que
Isaac fue destetado, Abrahán ofreció un
gran banquete.
9 Pero Sara vio que el hijo que Agar, la
egipcia, le había dado a luz a Abrahán se
burlaba de su hijo,
10 así que le dijo a Abrahán:
«Despide a esta sierva y a su hijo, porque
el hijo de una sierva no va a compartir la he-
rencia con mi hijo Isaac.»[c]

[a]21.2: Heb 11.11. [b]21.4: Gn 17.12; Hch 7.8.

11 Estas palabras le parecieron muy preo-
cupantes a Abrahán, por causa de su hijo.
12 Pero Dios le dijo a Abrahán:
«No te preocupes demasiado por causa
del niño ni de tu sierva. Hazle caso a Sara en
todo lo que te diga, pues por medio de Isaac
te vendrá descendencia;[d]
13 aunque también del hijo de la sierva
haré una nación, porque es descendiente
tuyo.»
14 Al día siguiente Abrahán madrugó,
tomó pan y un odre con agua, y luego de
ponérselo a Agar en el hombro, le entregó
el niño y la despidió. Y ella salió y anduvo sin
rumbo fijo por el desierto de Berseba.
15 Cuando le faltó agua al odre, tendió al
niño bajo un arbusto
16 y fue a sentarse frente a él a la distancia
de un tiro de arco, pues decía: «No quiero
ver cuando el niño muera.» Ya sentada fren-
te a él, prorrumpió en llanto.
17 Pero Dios oyó la voz del niño. Entonces
el ángel de Dios llamó a Agar desde el cielo,
y le dijo:
«¿Qué te pasa, Agar? No tengas miedo, que
Dios ha oído la voz del niño ahí donde está.
18 Vamos, levanta al niño y sosténlo de la
mano, porque yo haré de él una gran nación.»
19 Y Dios le abrió los ojos, y ella vio un
manantial; entonces fue y llenó el odre con
agua, y le dio de beber al niño.
20 Y Dios estaba con el niño, y éste creció
y se estableció en el desierto, y fue tirador
de arco.
21 Ya establecido en el desierto de Parán,
su madre tomó para él una mujer de la tie-
rra de Egipto.

Pacto entre Abrahán y Abimelec

22 Por ese mismo tiempo sucedió que Abi-
melec[e] fue a hablar con Abrahán, y lo acom-
pañó Ficol, jefe de su ejército. Le dijo:

[c]**21.10:** Gá 4.29-30. [d]**21.12:** Ro 9.7; Heb 11.18. [e]**21.22:** Gn 26.26.

SARA

Sara sólo tenía un sueño: ser madre. Pero a diferencia de muchas otras mujeres, no pudo tener hijos. Dios les había prometido a Sara y a su esposo, Abraham, que Él les daría un hijo. Pero Sara envejeció sin haber tenido hijos.

Cuando Sara tenía unos 65 años, se empezó a desesperar y decidió arreglárselas ella misma para tener un hijo. Le pidió a Abraham que tuviera un hijo con su criada, Agar. Le nació un hijo a Agar; le dieron el nombre de Ismael. Pero este hijo no era el hijo que Dios había prometido darles a Abraham y Sara.

Cuando Sara tenía 89 años, dos forasteros llegaron a visitar a Abraham. Mientras Sara les preparaba comida a los visitantes, percibió que eran ángeles de Dios que tenían un mensaje para ella: Tendría un hijo el año siguiente.

Sara se rió porque no creyó que podría tener un hijo a su edad. Pero un año después, cuando Sara tenía 90 y Abraham tenía 100, nació Isaac. Dios escogió el nombre Isaac, porque el nombre significa "risa". Cada vez que Sara veía a Isaac, recordaría que Dios siempre hace lo que ha prometido hacer.

Sara fue una poderosa mujer de Dios. Ella aprendió que Dios siempre cumple sus promesas, aun cuando parece imposible. ¿Cómo demostró Dios su fidelidad hacia Sara? ¿En qué situaciones has dudado de que Dios pueda cumplir sus promesas poderosas? ¿Cuándo te ha mostrado Dios su fidelidad?

Puedes leer acerca de Sara en Génesis 12; 16-18; 21.

«Dios está contigo en todo lo que haces.
23 Así que júrame aquí mismo, por Dios,
que no me tratarás mal a mí, ni a mi hijo ni a
mi nieto, sino que me tratarás con la misma
bondad con que te he tratado, y que harás
lo mismo con la tierra en la que habitas.»
24 Y Abrahán respondió: «Lo juro.»
25 Pero Abrahán reconvino a Abimelec
por un pozo de agua que los siervos de Abi-
melec le habían quitado.
26 Y Abimelec respondió:
«No sé quién haya hecho esto, ni tú me
lo hiciste saber, y tampoco yo lo supe hasta
hoy.»
27 Abrahán tomó entonces ovejas y vacas,
y se las dio a Abimelec, y los dos hicieron
un pacto.
28 Del rebaño, Abrahán apartó siete cor-
deras,
29 y Abimelec le preguntó a Abrahán:
«Y estas siete corderas que has apartado,
¿qué significan?»
30 Y él respondió:
«Significan que vas a recibir de mi mano
estas siete corderas, para que sirvan de tes-
timonio en mi favor de que yo cavé este
pozo.»
31 Por eso a aquel lugar lo llamó Berseba;[g]
porque allí los dos hicieron un juramento.
32 Allí en Berseba hicieron un pacto. Lue-
go se levantó Abimelec, y Ficol, el jefe de su
ejército, y juntos volvieron a la tierra de los
filisteos.
33 En Berseba Abrahán plantó un árbol ta-
marisco, y allí invocó el nombre del Señor, el
Dios eterno.
34 Y Abrahán vivió mucho tiempo en la
tierra de los filisteos.

Dios ordena a Abrahán sacrificar a Isaac

22 1 Después de esto, sucedió que
Dios puso a prueba a Abrahán,
y lo llamó: «¡Abrahán!» Y él
respondió: «¡Aquí estoy!»
2 Y Dios le dijo: «Toma ahora a Isaac, tu
único hijo, al que tanto amas, y vete a la tie-
rra de Moriah. Allí me lo ofrecerás en ho-
locausto, sobre uno de los montes que yo
te diré.»
3 Al día siguiente, Abrahán se levantó, le
puso la albarda a su asno, y se llevó consigo
a dos de sus siervos y a su hijo Isaac. Cortó
leña para el holocausto, y se dispuso a ir al
lugar que Dios le dijo.
4 Tres días después, Abrahán levantó los
ojos y a lo lejos vio el lugar.
5 Entonces Abrahán dijo a sus siervos:
«Esperen aquí, con el asno, y el niño y yo
iremos hasta ese lugar; allí adoraremos, y
luego volveremos aquí mismo.»
6 Y tomó Abrahán la leña del holocausto,
y la echó sobre Isaac, su hijo; luego, tomó
en su mano el fuego y el cuchillo, y juntos
siguieron caminando.
7 Entonces Isaac le habló a Abrahán, su
padre, y le dijo:
«Padre mío...»
Y él respondió:

[g]21.31 Es decir, *Pozo de siete*, o *Pozo del juramento*. [a]22.9: Stg 2.21.

LA PRUEBA DURA DE ABRAHAM (*Génesis 22.1*)
Abraham había pasado por muchas pruebas: dejó su hogar para ir a un lugar desconocido y creyó que un día Dios le daría un hijo. Ahora Dios le mandaba que sacrificara a aquel hijo. Dios estaba probando a Abraham. Él quería ver si Abraham amaba a Dios más de lo que amaba a su hijo. Dios también quería saber si Abraham creía realmente en el pacto que Dios había hecho con Él. Abraham hizo lo que Dios le pidió que hiciera. Pero Dios no permitió que sacrificara a su hijo. Abraham confió completamente en Dios. Pídele a Dios que te ayude a confiar en Él cada vez más.

PALABRAS CON PODER

JEHOVÁ JIREH
(Génesis 22.14)

Este nombre de Dios significa "el Señor proveerá". Este nombre nos recuerda que podemos confiar en que Dios proveerá todo lo que Él quiere para nuestra vida. A veces eso significa que tendremos que pasar por una prueba difícil como la que pasó Abraham cuando Dios le dijo que sacrificara a Isaac, su único hijo. Pero después que nos ha probado, Dios nos anima, fortalece y galardona. ¿Qué necesitas tú que te provea Jehová Jireh?

«Aquí estoy, hijo mío.»
Isaac dijo:
«Aquí están el fuego y la leña, pero ¿dónde está el cordero para el holocausto?»
8 Y Abrahán respondió:
«Dios proveerá el cordero para el holocausto, hijo mío.»
Y juntos siguieron caminando.
9 Cuando llegaron al lugar que Dios le había dicho, Abrahán edificó allí un altar, luego acomodó la leña, y atando a Isaac su hijo lo puso en el altar,[a] sobre la leña.
10 Entonces extendió Abrahán su mano y tomó el cuchillo para degollar a su hijo.
11 Pero el ángel del Señor lo llamó desde el cielo, y le dijo:
«¡Abrahán, Abrahán!»
Y él respondió:
«¡Aquí estoy!»
12 Y el ángel dijo:
«No extiendas tu mano sobre el niño, ni le hagas nada. Yo sé bien que temes a Dios, pues no me has negado a tu único hijo.»
13 Abrahán levantó entonces los ojos, y vio que a sus espaldas había un carnero, trabado por los cuernos en un zarzal. Y Abrahán fue y tomó el carnero, y lo ofreció en holocausto en lugar de su hijo.[b]
14 A ese lugar Abrahán le puso por nombre «El Señor proveerá.»[0] Por eso es que aún hoy se dice: «En un monte el Señor proveerá.» Éx 17.8-13
15 Por segunda vez, el ángel del Señor llamó a Abrahán desde el cielo
16 y le dijo:
«Yo, el Señor, he jurado por mí mismo que, por esto que has hecho, de no negarme a tu único hijo,
17 ciertamente te bendeciré; multiplicaré[c] tu descendencia como las estrellas del cielo y como la arena que hay a la orilla del mar;[d] ¡tu descendencia conquistará las ciudades de sus enemigos!
18 En tu simiente serán bendecidas todas las naciones de la tierra,[e] por cuanto atendiste a mi voz.»
19 Y Abrahán volvió a donde estaban sus siervos, y juntos se levantaron de allí y se fueron a Berseba. Allí en Berseba Abrahán se quedó a vivir.
20 Después de todo esto, le fueron a dar esta noticia a Abrahán:
«¡Fíjate que también Milca le ha dado hijos a tu hermano Najor!»
21 Su primogénito fue Uz; luego nació su hermano Buz, y luego Kemuel, padre de Aram;
22 Quesed, Jazó, Pildas, Yidlaf y Betuel.
23 Este Betuel fue el padre de Rebeca. Éstos son los ocho hijos que tuvo Milca de Najor, el hermano de Abrahán.
24 También su concubina, que se llamaba Reúma, dio a luz a Teba, Gaján, Tajás y Macá.

Muerte y sepultura de Sara

23 1 Sara llegó a vivir ciento veintisiete años,
2 y murió Sara en Quiriat Arbá, que es Hebrón, en la tierra de Canaán. Abrahán fue a llorar por Sara y a hacer duelo por ella.
3 Cuando Abrahán dejó de llorar a su muerta, fue a hablar con los hititas; les dijo:
4 «Yo soy entre ustedes un extranjero, un forastero.[a] Pero denme entre ustedes una

[b]**22.1-13:** Heb 11.17-19. [0]**22.14** Heb. ***El Señor-yireh.*** [c]**22.16-17:** Heb 6.13-14. [d]**22.17:** Heb 11.12. [e]**22.18:** Hch 3.25.
[a]**23.4:** Heb 11.13.

propiedad para sepultura,[b] y sepultaré allí a
mi muerta.»
5 Los hititas le respondieron a Abrahán:
6 «Señor nuestro, escúchanos: para noso-
tros tú eres un príncipe de Dios; sepulta a tu
muerta en el mejor de nuestros sepulcros.
Ninguno de nosotros te negará su sepulcro,
ni te impedirá que entierres a tu muerta.»
7 Abrahán se puso de pie, e inclinándose
ante los hititas, el pueblo de aquella tierra,
8 les dijo:
«Si es la voluntad de ustedes que yo se-
pulte a mi muerta, préstenme atención e
intercedan por mí ante Efrón hijo de Sojar,
9 para que me dé la cueva de Macpela, la
que tiene en los límites de su heredad. Pí-
danle que me la ceda por su justo precio,
para que yo tenga entre ustedes una sepul-
tura.»
10 Este Efrón estaba allí, entre los hititas,
pues allí vivía, así que en presencia de los
hititas y de todos los que entraban por la
puerta de su ciudad le respondió a Abrahán.
Le dijo:
11 «No, señor mío, escúchame: yo te cedo
la heredad, y te cedo también la cueva que
está en ella; te la cedo en presencia de los
hijos de mi pueblo. Sepulta a tu muerta.»
12 Entonces Abrahán se inclinó ante el
pueblo de la tierra,
13 y en presencia del pueblo de la tierra le
respondió a Efrón. Le dijo:
«Más bien, si te parece, te ruego que me
escuches. Yo mismo te daré el precio de
la heredad, y entonces sepultaré allí a mi
muerta.»
14 Pero Efrón le respondió a Abrahán, y le
dijo:
15 «Señor mío, escúchame: la tierra vale
cuatrocientas monedas de plata; ¿qué es esa
cantidad entre tú y yo? Ve y entierra a tu
muerta.»
16 Y Abrahán aceptó el precio fijado por
Efrón, y ante los hititas como testigos le
entregó a Efrón la cantidad establecida, es
decir, cuatrocientas monedas, de buena ley
entre mercaderes.
17 Así fue como la heredad que Efrón tenía
en Macpela, al oriente de Mamre, es decir,
la heredad con la cueva que estaba en ella,
más todos los árboles que había en la here-
dad y en todos sus contornos, quedó
18 como propiedad de Abrahán, teniendo
como testigos a los hititas y a todos los que
entraban por la puerta de la ciudad.
19 Después de esto Abrahán sepultó a
Sara, su mujer, en la cueva de la heredad de
Macpela, al oriente de Mamre, que es He-
brón, en la tierra de Canaán.
20 Y la heredad y la cueva que en ella había
quedó como una posesión de Abrahán para
sepultura, cedida por los hititas.

Abrahán busca esposa para Isaac

24 1 Abrahán ya era viejo, y muy
entrado en años; y el Señor
había bendecido a Abrahán en
todo.
2 Y Abrahán le dijo a uno de sus criados, el
más viejo de todos, y que era el que admi-
nistraba todo lo que tenía:
«Pon ahora tu mano debajo de mi muslo.
3 Voy a hacer que me jures por el Señor, el
Dios de los cielos y la tierra, que no tomarás
para mujer de mi hijo a ninguna de las hijas
de los cananeos, entre los cuales yo habito.
4 Más bien, irás a mi tierra, con mis parien-
tes, y allí tomarás mujer para mi hijo Isaac.»
5 El criado le respondió:
«Tal vez la mujer no quiera venir conmigo
a esta tierra. ¿Debo entonces llevar a tu hijo
a la tierra de donde saliste?»
6 Y Abrahán le dijo:
«Ten mucho cuidado de no llevar a mi
hijo allá.
7 El Señor, el Dios de los cielos, me sacó
de la casa de mi padre y de la tierra de mis
parientes; él mismo me habló, y con jura-
mento me dijo: "Esta tierra se la daré a tu
descendencia", así que él enviará a su ángel
delante de ti, y de allá tomarás una mujer
para mi hijo.

[b] 23.4: Hch 7.16.

8 Si la mujer no quiere venir contigo, quedarás libre del juramento que me has hecho. ¡Pero de ninguna manera lleves allá a mi hijo!»

9 Entonces el criado puso su mano debajo del muslo de Abrahán, su señor, y le hizo un juramento en cuanto a este asunto;

10 luego tomó diez de los camellos de su señor y se puso en camino. Llevaba consigo todos los mejores regalos que tenía su señor. Cuando llegó a la ciudad de Najor, en Mesopotamia,

11 hizo que los camellos se arrodillaran fuera de la ciudad, junto a un pozo de agua. Era la hora de la tarde en que las jóvenes salen por agua.

12 Entonces dijo:

«Señor, Dios de mi señor Abrahán, te ruego que me concedas tener hoy un buen encuentro. Ten misericordia de mi señor Abrahán.

13 Mírame aquí, junto a la fuente de agua, ahora que las hijas de los hombres de esta ciudad salen por agua.

14 Permite que la joven a quien le diga: "Por favor, baja tu cántaro para que yo beba", y que me responda: "Bebe, y también les daré de beber a tus camellos", sea la joven que tú has elegido para tu siervo Isaac. Así sabré que tú has tenido misericordia de mi señor.»

15 Sucedió que, antes de que él acabara de hablar, apareció Rebeca, que había salido con su cántaro al hombro. Rebeca era hija de Betuel, quien era hijo de Milca, la mujer de Najor, el hermano de Abrahán.

16 Esta joven era de aspecto muy hermoso, y aún virgen, pues no había conocido varón; ella bajó a la fuente, llenó su cántaro, y se dispuso a volver.

17 Pero el criado corrió hacia ella y le dijo:

«Te ruego que me des a beber un poco de agua de tu cántaro.»

18 Ella respondió:

«Bebe, señor mío.»

Y presurosa bajó el cántaro que llevaba, y le dio a beber.

19 Cuando acabó de darle de beber, dijo:

«También sacaré agua para tus camellos, hasta que acaben de beber.»

20 Y rápidamente vació su cántaro en el bebedero, y todavía corrió al pozo para sacar agua, y sacó para todos los camellos.

21 El hombre estaba admirado de ella, pero callaba, para saber si el Señor había prosperado su viaje, o no.

22 Cuando los camellos acabaron de beber, el hombre le dio a ella un pendiente de oro que pesaba cinco gramos y dos brazaletes que pesaban cien gramos,

23 y le dijo:

«Dime, por favor, ¿de quién eres hija? ¿Y habrá en la casa de tu padre un lugar donde pasemos la noche?»

24 Ella le respondió:

«Soy hija de Betuel, el hijo que Milca tuvo de Najor.»

25 Y añadió:

«Además, en nuestra casa hay paja y mucho forraje, y lugar para pasar la noche.»

26 Entonces el hombre se inclinó y adoró al Señor.

27 Dijo:

PROMESAS PODEROSAS

GÉNESIS 24.40

Entonces él me respondió: "Yo he andado siempre en presencia del Señor, así que él enviará su ángel para que vaya contigo y prospere tu camino. Y tú tomarás para mi hijo una mujer de mi familia y de la casa de mi padre."

¿En algún momento te preguntas cómo Dios te protege y te guía? Aunque parezca mentira, Él posiblemente envíe ángeles para cuidarte y guiarte. Hebreos 1:14 dice que los ángeles son "espíritus ministradores" enviados para ayudar a los creyentes. ¡Qué maravillosas noticias!

«Bendito sea el Señor, el Dios de mi amo
Abrahán, que no le negó a mi amo su miseri-
cordia y su verdad, pues me puso el Señor en el
camino a la casa de los hermanos de mi amo.»
28 Rebeca corrió a la casa de su madre, y
contó allí estas cosas.
29 Ella tenía un hermano que se llamaba
Labán, y Labán salió corriendo a ver al hom-
bre, que estaba junto a la fuente.
30 Y es que vio el pendiente y los braza-
letes en las manos de su hermana, cuando
dijo: «Así me habló aquel hombre.»

Labán salió a ver a ese hombre, y lo encontró junto a la fuente, con los camellos.

31 Entonces le dijo:

«Bendito del Señor, ¿por qué te quedas afuera? Ven que ya he preparado la casa, y lugar para los camellos.»

32 El hombre fue a la casa, y Labán desató
los camellos y les dio paja y forraje. Al hom-
bre y a quienes lo acompañaban les dio agua
para que se lavaran los pies,
33 y le sirvieron de comer. Pero él dijo:

«No comeré hasta que haya dicho lo que tengo que decir.»

Y Labán le dijo:

«Habla.»

34 El hombre dijo:

«Yo soy criado de Abrahán.
35 Y el Señor ha bendecido mucho a mi
amo, y lo ha engrandecido; le ha dado ove-
jas, vacas, plata, oro, siervos y siervas, came-
llos y asnos.
36 Sara, la mujer de mi amo, tuvo en su
vejez un hijo de mi señor, y mi señor le ha
dado a su hijo todo cuanto tiene.
37 Y mi amo me puso bajo juramento. Me
dijo: "No tomes como mujer para mi hijo
a ninguna de las hijas de los cananeos, en
cuya tierra habito;
38 más bien, irás a la casa de mi padre, con
mis parientes, y allí tomarás mujer para mi
hijo."
39 Yo le dije: "Tal vez la mujer no querrá
seguirme."
40 Entonces él me respondió: "Yo he anda-
do siempre en presencia del Señor, así que
él enviará su ángel para que vaya contigo y
prospere tu camino. Y tú tomarás para mi
hijo una mujer de mi familia y de la casa de
mi padre.
41 Así quedarás libre de mi juramento. Si vas
con mi familia, y ellos no te dan a la joven,
entonces quedarás libre de mi juramento."
42 Hoy, al llegar a la fuente, dije: "Señor,
Dios de mi señor Abrahán, si tú quieres,
prospera el camino por el cual ando.
43 Aquí estoy ahora, junto a la fuente de
agua. Permite que la joven que salga por
agua, y a la que yo le diga: 'Por favor, dame
de beber un poco de agua de tu cántaro',
44 y que me responda: 'Bebe, y sacaré tam-
bién agua para tus camellos', que sea ésta la
mujer elegida por ti, el Señor, para el hijo de
mi señor."
45 Antes de que yo terminara de hablar en
mi corazón, vi que Rebeca salía con su cán-
taro al hombro, y que bajaba a la fuente y
sacaba agua. Entonces le dije: "Te ruego que
me des de beber."
46 Enseguida ella bajó su cántaro, y me
dijo: "Bebe, y también les daré de beber a
tus camellos." Y yo bebí, y también a mis ca-
mellos les dio de beber.
47 Entonces le pregunté: "¿De quién eres
hija?" Y ella me respondió: "Soy hija de Be-
tuel, el hijo que Najor tuvo con Milca." Y le
puse un pendiente en la nariz, y brazaletes
en los brazos;
48 luego me incliné y adoré al Señor. Ben-
dije al Señor, Dios de mi señor Abrahán, por
haberme guiado por el camino de verdad
para tomar para su hijo la hija del hermano
de mi señor.
49 Y ahora, si ustedes van a tratar a mi se-
ñor con misericordia y verdad, díganmelo;
y si no, díganmelo también; así sabré a qué
atenerme.»
50 Labán y Betuel le respondieron así:

«Esto viene del Señor, y no podemos decirte ni bueno ni malo.

51 Aquí tienes a Rebeca; tómala y vete, y
que sea la mujer del hijo de tu señor, tal y
como lo ha dicho el Señor.»

52 Cuando el criado de Abrahán les oyó decir estas palabras, se inclinó hasta el suelo delante del Señor;

53 luego sacó el criado alhajas de oro y plata, y vestidos, y se los dio a Rebeca. También a su hermano y a su madre les dio cosas preciosas.

54 Luego él y los varones que venían con él comieron y bebieron, y allí pasaron la noche. Al día siguiente se levantaron, y el criado dijo:

«Envíenme a mi señor.»

55 Pero su hermano y su madre respondieron:

«Que se quede la joven con nosotros por lo menos unos diez días, y después de eso partirá.»

56 Pero él les dijo:

«Ya que el Señor ha prosperado mi camino, no me detengan más. Despídanme, y entonces volveré a mi señor.»

57 Entonces ellos respondieron:

«Llamemos a la joven, y preguntémosle a ella.»

58 Y llamaron a Rebeca, y le dijeron:

«¿Quieres irte con este varón?»

Y ella respondió:

«Sí, quiero irme con él.»

59 Y así, dejaron ir a su hermana Rebeca y a su nodriza, y también al criado de Abrahán y a sus hombres.

60 A Rebeca la bendijeron así:

«Hermana nuestra, que seas la madre de miles y miles, y que tus descendientes conquisten las ciudades de sus enemigos.»

61 Rebeca se levantó entonces, junto con sus doncellas, y montando en los camellos siguieron al criado, el cual tomó a Rebeca y se fue.

62 Isaac, que vivía en el Néguev, regresaba del pozo llamado «El que vive y me ve».

63 Era la hora de la tarde, e Isaac había salido al campo, para meditar. Pero al levantar los ojos, vio que se acercaban los camellos.

64 También Rebeca levantó los ojos, y vio a Isaac. Entonces se bajó del camello,

65 y le preguntó al criado:

«¿Quién es este varón que anda por el campo y viene a nuestro encuentro?»

Y el criado le respondió:

«Es mi señor.»

Entonces ella tomó el velo y se cubrió,

66 y el criado le contó a Isaac todo lo que había hecho.

67 Isaac tomó entonces a Rebeca por mujer, y la llevó a la tienda de Sara, su madre, y la amó. Así se consoló Isaac después de la muerte de su madre.

Los descendientes de Abrahán y Cetura

(1 Cr 1.32-33)

25 1 Abrahán tomó otra mujer, cuyo nombre era Cetura.

2 Ésta le dio a luz a Zimram, Jocsán, Medán, Madián, Isbac y Súaj.

3 Jocsán engendró a Sebá y a Dedán. Los hijos de Dedán fueron Asurim, Letusim y Leumim.

4 Los hijos de Madián fueron Efa, Efer, Janoc, Abidá y Eldá. Todos estos fueron hijos de Cetura.

5 Y Abrahán le dio a Isaac todo cuanto tenía.

6 A los hijos de sus concubinas, Abrahán les dio regalos mientras todavía vivía, y los envió hacia el oriente, a la tierra oriental, lejos de su hijo Isaac.

Muerte y sepultura de Abrahán

7 Abrahán llegó a vivir ciento setenta y cinco años,

8 y murió en buena vejez, anciano y lleno de años. Exhaló el espíritu, y fue reunido a su pueblo.

9 Sus hijos Isaac e Ismael lo sepultaron en la cueva de Macpela, que fue heredad de Efrón hijo de Sojar, el hitita, y que está frente a Mamre.

10 Esa heredad la compró Abrahán de los hititas,[a] y allí fueron sepultados Abrahán y Sara, su mujer.

11 Después de la muerte de Abrahán, Dios

[a]**25.10:** Gn 23.3-16.

PALABRAS CON PODER

DERECHO INNATO
(Génesis 25.31)

En la época bíblica, el hijo mayor tenía el derecho de heredar las pertenencias, la tierra y hasta las bendiciones espirituales de su padre. Esaú tenía el derecho de recibir todo lo que le pertenecía a su padre, Isaac. Pero vendió sus derechos de hijo mayor a su hermano, Jacob, por un plato de guiso. En vez de enfocarse en el futuro, Esaú sólo pensó en su estómago hambriento. Si tú tuvieras muchísima hambre, ¿cambiarías algo muy valioso por algo de comer? ¿Por qué o por qué no?

bendijo a su hijo Isaac, y éste se quedó a vivir
junto al pozo «El que vive y me ve».

Los descendientes de Ismael

(1 Cr 1.28-31)

12 Éstos son los descendientes de Ismael, el
hijo que Abrahán tuvo con Agar la egipcia,
sierva de Sara.
13 Los nombres de los hijos de Ismael,
nombrados por orden de nacimiento, fue-
ron: Nebayot, primogénito de Ismael; le si-
guieron Cedar, Adbel, Mibsán,
14 Misma, Duma, Massa,
15 Hadar, Tema, Jetur, Nafís y Quedemá.
16 Éstos son los hijos de Ismael, y sus nom-
bres, en el orden de sus villas y campamen-
tos: doce príncipes de sus pueblos.
17 Ismael llegó a vivir ciento treinta y sie-
te años. Después de eso exhaló el espíritu y
murió, y fue reunido a su pueblo.
18 Murió en presencia de todos sus her-
manos. Y los ismaelitas se asentaron desde
Javilá hasta Shur, que cuando se viene de
Asiria queda frente a Egipto.

Nacimiento de Jacob y Esaú

19 Éstos son los descendientes de Isaac,
hijo de Abrahán: Abrahán engendró a Isaac.
20 Isaac tenía cuarenta años cuando tomó
por mujer a Rebeca, hija de Betuel, el ara-
meo de Padán Aram, y hermana de Labán
el arameo.
21 Isaac rogó al Señor por Rebeca, su mu-
jer, porque era estéril; y el Señor escuchó sus
ruegos, y ella concibió.
22 Pero los hijos luchaban dentro de ella,
así que ella dijo:
«Si esto es así, ¿para qué estoy aquí?»
Fue entonces a consultar al Señor;
23 y el Señor le respondió:
«En tu seno hay dos naciones.
Dos pueblos serán divididos desde tus
entrañas;
un pueblo será más fuerte que el otro,
y el mayor servirá al menor.»[b]
24 Cuando se cumplieron sus días para
que diera a luz, resultó que en su vientre
había gemelos.
25 El primero en salir era rubio y todo ve-
lludo; y le pusieron por nombre Esaú.
26 Después salió su hermano, con la mano
aferrada al talón de Esaú; y le pusieron por
nombre Jacob.[1] Isaac tenía sesenta años de
edad cuando ella los dio a luz.

Esaú vende su primogenitura

27 Los niños crecieron, y Esaú fue un hom-
bre de campo y un cazador experto; pero
Jacob era un hombre tranquilo, que habita-
ba en tiendas.
28 Isaac amaba a Esaú, porque comía de lo
que cazaba; pero Rebeca amaba a Jacob.
29 Cierto día, Jacob preparó un guiso, y
Esaú, que volvía del campo, cansado,
30 le dijo a Jacob:
«Por favor, dame a comer de ese guiso
rojo, que estoy muy cansado.»
Por eso fue llamado Edom.[2]
31 Y Jacob le respondió:
«Pues véndeme hoy tu primogenitura.»
32 Esaú dijo:
«¿Y para qué me sirve la primogenitura, si
estoy a punto de morir?»
33 Jacob le dijo:

[b]**25.23:** Ro 9.12. [1]**25.26** Es decir, ***el que se aferra al talón,*** o ***el que suplanta.*** [2]**25.30** Es decir, ***Rojo.***

«Pues júramelo hoy mismo.»

Y Esaú le hizo un juramento a Jacob, y le vendió su primogenitura.[c]

34 Entonces Jacob le dio a Esaú pan y el guiso de lentejas, y Esaú comió y bebió; luego se levantó y se fue. Así fue como Esaú menospreció la primogenitura.

Isaac en Gerar

26 1 Sucedió que hubo hambre en la tierra, además de la que hubo en los días de Abrahán. Así que Isaac se fue a vivir en Gerar, con Abimelec, rey de los filisteos.

2 Y el Señor se le apareció y le dijo:

«No vayas a Egipto. Quédate a vivir en la tierra que yo te diré.

3 Habita como extranjero en esta tierra, y yo estaré contigo y te bendeciré. A ti y a tu descendencia les daré todas estas tierras, y así confirmaré el juramento que le hice a Abrahán, tu padre.

4 Multiplicaré tu descendencia como las estrellas del cielo, y a tu descendencia le daré todas estas tierras. Todas las naciones de la tierra serán bendecidas en tu simiente,[a]

5 porque Abrahán escuchó mi voz, y guardó mis preceptos, mis mandamientos, mis

Éx 19.3-6 estatutos y mis leyes.»

6 Y así, Isaac se quedó a vivir en Gerar.

7 Los hombres de aquel lugar le preguntaron acerca de su mujer, y él respondió: «Es mi hermana»;[b] y es que tuvo miedo de decir: «Es mi mujer», al pensar que tal vez los hombres del lugar lo matarían por causa de Rebeca, pues ella era de hermoso aspecto.

8 Después de que él estuvo allí muchos días, sucedió que Abimelec, el rey de los filisteos, al asomarse por una ventana vio que Isaac acariciaba a Rebeca, su mujer.

9 Entonces Abimelec llamó a Isaac y le dijo:

«¿Así que en realidad ella es tu mujer? ¿Por qué, entonces, dijiste que era tu hermana?»

Isaac le respondió:

«Es que pensé: "Tal vez por causa de ella puedo morir."»

10 Pero Abimelec le dijo:

«¿Por qué nos has hecho esto? Un poco más y alguno del pueblo hubiera dormido con tu mujer, ¡y nos habrías hecho pecar!»

11 Entonces Abimelec ordenó a todo su pueblo:

«El que toque a este hombre, o a su mujer, puede darse por muerto.»

12 Isaac sembró en aquella tierra y Dios lo bendijo, y ese año cosechó cien veces lo sembrado

13 y se hizo rico y prosperó. Tanto se engrandeció que llegó a tener mucho poder.

14 Tuvo rebaños de ovejas y manadas de vacas, y mucha servidumbre. Los filisteos lo envidiaban.

15 Todos los pozos que en los días de Abrahán, su padre, habían abierto sus criados, los filisteos los habían tapado y rellenado con tierra.

16 Por su parte, Abimelec le dijo a Isaac:

«Apártate de nosotros, pues ya eres más poderoso que nosotros.»

17 Entonces Isaac se fue y acampó en el valle de Gerar, y allí se quedó a vivir;

18 volvió a abrir los pozos de agua que en los días de Abrahán su padre se habían abierto, y que después de la muerte de Abrahán los filisteos habían cegado, y volvió a ponerles los nombres que su padre les había dado.

19 Luego los siervos de Isaac cavaron en el valle, y encontraron allí un manantial de agua viva;

20 entonces los pastores de Gerar contendieron con los pastores de Isaac, pues decían: «Esta agua es nuestra.» Por eso Isaac llamó a ese pozo «Esek»,[23] porque habían contendido con él.

21 Abrieron otro pozo, y también riñeron por él; y le puso por nombre «Sitna».[24]

22 Luego Isaac se apartó de allí, y abrió otro pozo, y ya no riñeron por él, así que le puso

[c] **25.33:** Heb 12.16. [a] **26.3-4:** Gn 22.16-18. [b] **26.7:** Gn 12.13; 20.2. [23] **26.20** Es decir, ***Contención.*** [24] **26.21** Es decir, ***Enemistad.*** [25] **26.22** Es decir, ***Lugares amplios*** o ***espaciosos.***

por nombre «Rejobot»,[5] pues dijo: «Ahora
el Señor nos ha hecho prosperar, así que
fructificaremos en la tierra.»
23 De allí, Isaac se fue a Berseba.
24 Y esa misma noche el Señor se le apa-
reció y le dijo: «Yo soy el Dios de Abrahán
tu padre. No tengas miedo, pues yo estoy
contigo; y por causa de Abrahán, mi siervo,
yo te bendeciré y multiplicaré tu descen-
dencia.»
25 Isaac edificó allí un altar, e invocó el
nombre del Señor; luego plantó allí mismo
su tienda, y sus siervos abrieron un pozo.
26 Abimelec[c] fue desde Gerar a visitarlo.
Lo acompañaban su amigo Ajuzat y Ficol, el
capitán de su ejército.
27 Y les dijo Isaac:
«¿Por qué vienen a mí, si ustedes me
odian, y hasta me echaron de entre uste-
des?»
28 Pero ellos respondieron:
«Nos hemos dado cuenta de que el Señor
está contigo. Por eso dijimos: "Que haya ahora
un juramento entre nosotros, entre tú y noso-
tros." Queremos hacer un pacto contigo,
29 de que no nos hagas ningún daño, así
como nosotros no te hemos tocado. Noso-
tros sólo te hemos tratado bien, y te deja-
mos ir en paz, y ahora tú eres bendecido por
el Señor.»
30 Entonces Isaac les ofreció un banquete,
y ellos comieron y bebieron.
31 Al día siguiente se levantaron de ma-
drugada, y el uno al otro se hicieron jura-
mentos. Luego Isaac los despidió, y ellos se
marcharon en paz.
32 Ese mismo día los criados de Isaac fue-
ron a darle buenas noticias acerca del pozo
que habían abierto, y le dijeron: «Hemos
hallado agua.»
33 Isaac lo llamó «Sebá»; de allí que el
nombre de aquella ciudad sea Berseba, has-
ta este día.
34 Esaú tenía cuarenta años cuando tomó
por mujeres a Judit, la hija de Berí el hitita, y
a Basemat, la hija de Elón el hitita,
35 las cuales fueron motivo de amargura
para Isaac y Rebeca.

Jacob recibe la bendición de Isaac

27 1 Un día, cuando Isaac ya era
anciano y sus ojos se le habían
nublado hasta perder la vista,
llamó a Esaú, su hijo mayor, y le dijo:
«¡Hijo mío!»
Y Esaú respondió:
«¡Aquí estoy!»
2 Isaac le dijo:
«Mira, ya soy viejo, y puedo morir en
cualquier momento.
3 Así que toma tus armas, es decir, tu aljaba
y tu arco, y ve al campo y caza algo para mí;
4 hazme luego un guisado, como a mí me
gusta, y tráemelo para que lo coma. Así, yo
te bendeciré antes de que muera.»
5 Mientras Isaac hablaba con su hijo Esaú,
Rebeca escuchaba. Y Esaú se fue al campo
para cazar algo y traerlo.
6 Entonces Rebeca fue a hablar con su hijo
Jacob, y le dijo:
«Acabo de oír a tu padre hablar con tu
hermano Esaú. Le dijo:

[c] **26.26:** Gn 21.22.

LOS ÁNGELES DE DIOS *(Génesis 27.19)*
Si Jacob hubiera confiado en Dios, hubiera recibido la bendición de su padre en el tiempo de Dios. Pero en vez de hacerlo, mintió dos veces y trató de conseguir la bendición a su propia manera (versículos 19-20). Jacob consiguió lo que quería, pero le costó muy caro. Por el resto de su vida, tuvo una dificultad tras otra. A los ojos de Dios, el éxito viene cuando hacemos lo correcto, sin mentir ni ser engañosos.

7 "Caza algo, y tráemelo; hazme un guisa-
do, para que yo lo coma y ante el Señor te
bendiga antes de que muera."
8 Así que, hijo mío, escúchame y haz lo
que voy a ordenarte:
9 Ve al ganado ahora mismo, y de entre las
cabras tráeme de allí dos buenos cabritos.
Con ellos haré para tu padre un guiso, como
a él le gusta.
10 Luego tú se lo llevarás a tu padre, para
que él coma y te bendiga antes de que mue-
ra.»
11 Pero Jacob le dijo a su madre:
«Si te fijas, mi hermano Esaú es muy ve-
lludo, pero yo soy lampiño.
12 Puede ser que mi padre me palpe; en-
tonces creerá que me estoy burlando de él,
y en vez de bendición recibiré maldición.»
13 Y su madre le respondió:
«Hijo mío, ¡que caiga sobre mí tu mal-
dición! Tú, hazme caso y ve a traerme los
cabritos.»
14 Jacob fue por los cabritos, y se los llevó
a su madre; y ella hizo un guisado, como le
gustaba a Isaac.
15 Luego, tomó Rebeca la ropa de Esaú, su
hijo mayor, la mejor ropa que ella tenía en
casa, y con ella vistió a Jacob, su hijo menor;
16 además, con la piel de los cabritos le cu-
brió las manos y la parte del cuello donde
no tenía vello,
17 y puso en las manos de Jacob, su hijo, el
guisado y el pan que ella había preparado.
18 Entonces Jacob fue a ver a su padre, y
le dijo:
«¡Padre mío!»
Isaac respondió:
«Aquí estoy. ¿Quién eres tú, hijo mío?»
19 Jacob le dijo a su padre:
«Soy Esaú, tu hijo primogénito. Ya hice
lo que me pediste. Así que ven y siéntate a
comer de lo que he cazado, para que me
bendigas.»
20 Isaac le dijo a su hijo:
«¿Cómo fue que tan pronto hallaste algo
que cazar, hijo mío?»
Y él respondió:
«Es porque el Señor, tu Dios, me permitió
encontrarlo.»
21 Isaac le dijo a Jacob:
«Acércate, hijo mío, que voy a palparte
para saber si eres mi hijo Esaú, o no.»
22 Jacob se acercó a Isaac, su padre, y éste
lo palpó y dijo:
«La voz es la de Jacob, pero las manos son
las de Esaú.»
23 Y no lo reconoció, pues tenía las manos
velludas como las de Esaú, así que lo ben-
dijo,
24 aunque le preguntó:
«¿Eres tú mi hijo Esaú?»
Y Jacob respondió:
«Sí, yo soy.»
25 Dijo también Isaac:
«Acércame lo que cazaste, hijo mío, para
que yo coma y luego te bendiga.»
Y Jacob le acercó el guiso, y además le lle-
vó vino, e Isaac comió y bebió.
26 Entonces Isaac le dijo:
«Ahora, hijo mío, acércate y dame un
beso.»
27 Jacob se acercó y lo besó. Cuando Isaac
percibió el olor de su ropa, lo bendijo así:
«¡Fíjense en el aroma de mi hijo!
¡Es como el aroma del campo que el
Señor ha bendecido!
28 ¡Que Dios te dé del rocío del cielo
y de las grosuras de la tierra!
¡Que te dé abundante trigo y vino!
29 ¡Que te sirvan los pueblos!
¡Que las naciones se inclinen ante ti!
¡Conviértete en señor de tus herma-
nos,
y que ante ti se inclinen los hijos de tu
madre!
¡Malditos sean los que te maldigan,
y benditos sean los que te bendi-
gan!»[a],[b]
30 Pero sucedió que, cuando Isaac acabó
de bendecir a Jacob, y apenas había salido
Jacob de la presencia de su padre, su herma-
no Esaú volvió de andar cazando.

[a]**27.29:** Gn 12.3. [b]**27.27-29:** Heb 11.20.

31 También él hizo un guisado, y se lo llevó a su padre y le dijo:

«Levántate, padre mío, y come de lo que tu hijo ha cazado, para que me bendigas.»

32 Isaac, su padre, le dijo:

«¿Y tú quién eres?»

Y él le contestó:

«Pues soy Esaú, tu hijo primogénito.»

33 A Isaac le sobrevino un gran estremecimiento, y dijo:

«¿Y quién es el que vino aquí, y trajo lo que cazó, y me dio a comer de todo ello antes de que tú vinieras? Yo le di mi bendición, y ha quedado bendito.»

34 Cuando Esaú oyó las palabras de su padre, lanzó una grande y amarga exclamación, y dijo:

«¡Bendíceme también a mí, padre mío!»

35 Isaac dijo:

«Es que vino tu hermano, y con engaños tomó tu bendición.»

36 Y Esaú respondió:

«¡Qué bien le queda el nombre Jacob! ¡Ya me ha suplantado dos veces! ¡Primero me arrebató mi primogenitura,[c] y ahora me ha arrebatado mi bendición!»

Y añadió:

«¿No has reservado una bendición para mí?»

37 Isaac le respondió a Esaú:

«Es que yo lo he puesto como señor tuyo, y le he entregado a todos sus hermanos para que sean sus siervos; además, lo he provisto de trigo y de vino; ¿qué puedo hacer ahora por ti, hijo mío?»

38 Esaú respondió a su padre:

«Padre mío, ¿acaso no tienes más que una sola bendición? ¡Bendíceme también a mí, padre mío!»

Y levantó Esaú el tono de su voz, y lloró.[d]

39 Entonces Isaac, su padre, le respondió así:

«Tendrás tu habitación en lo mejor de
la tierra,
y gozarás del rocío de los cielos de
arriba.
40 Vivirás gracias a tu espada, y servirás
a tu hermano;
y una vez que te hayas fortalecido
te quitarás del cuello su yugo.»[e,f]

Jacob huye de Esaú

41 Esaú llegó a odiar a Jacob por causa de la bendición que había recibido de su padre, y dijo en su corazón: «Ya están cerca los días de guardar luto por mi padre. Entonces mataré a mi hermano Jacob.»

42 Cuando llegaron a oídos de Rebeca estas palabras de Esaú, su hijo mayor, ella mandó llamar a Jacob, su hijo menor, y le dijo:

«Mira, tu hermano Esaú halla consuelo cuando piensa en matarte.

43 Así que hazme caso, hijo mío, y prepárate a huir a la casa de mi hermano Labán, que vive en Jarán.

44 Quédate a vivir con él por algún tiempo, hasta que se calme el enojo de tu hermano.

45 Cuando se haya aplacado la ira de tu hermano contra ti, y olvide lo que le has hecho, yo te haré volver de allá. ¿Por qué voy a perderlos a ustedes dos en un solo día?»

46 A Isaac, Rebeca le dijo:

LECCIONES: LOS ÁNGELES DE DIOS

(Génesis 28.12)

En el sueño de Jacob, él vio una escalera que bajaba del cielo, por la cual subían y bajaban ángeles. Esta visión sugiere que estos mensajeros celestiales y siervos de Dios juegan un papel importante en la guía y la protección del pueblo de Dios. Puedes buscar la palabra "ángeles" en la concordancia en la parte de atrás de tu Biblia. Al leer los versículos que se mencionan allí verás las muchas maneras en que Dios usa a los ángeles. Estos entregan los mensajes de Dios, traen respuestas a la oración, castigan a los enemigos de Dios y ayudan a los hijos de Dios durante los momentos difíciles.

---

[c] **27.36:** Gn 25.29-34. [d] **27.38:** Heb 12.17. [e] **27.40:** 2 R 8.20; 2 Cr 21.8. [f] **27.39-40:** Heb 11.20.

«Mi vida es un fastidio, por culpa de las hititas que viven en esta tierra. Si Jacob toma como mujer a alguna de estas hititas, ¿para qué quiero seguir viviendo?»

28 1 Entonces Isaac llamó a Jacob, y lo bendijo. Además, le ordenó:

«No tomes como mujer a ninguna cananea.

2 Levántate y vete a Padán Aram, a casa de Betuel, tu abuelo materno, y toma allí por mujer a una de las hijas de Labán, el hermano de tu madre.

3 ¡Que el Dios omnipotente te bendiga y haga que te reproduzcas y te multipliques, hasta que seas un gran conjunto de pueblos!

4 ¡Que Dios te dé la bendición de Abrahán,[a] a ti y a tu descendencia, para que heredes la tierra donde ahora vives, y que él le dio a Abrahán!»

5 Así despidió Isaac a Jacob, y éste se fue a Padán Aram, donde vivía Labán, que era hijo de Betuel el arameo y hermano de Rebeca, la madre de Jacob y de Esaú.

6 Esaú vio que Isaac había bendecido a Jacob, y que lo había enviado a Padán Aram para tomar de allí una mujer. También vio que, al bendecirlo, le había dado la orden de no tomar por mujer a una cananea,

7 y que Jacob había obedecido a su padre y a su madre, y se había ido a Padán Aram.

8 Esaú vio igualmente que a Isaac, su padre, no le agradaban las cananeas,

9 así que se fue a ver a Ismael y, además de sus otras mujeres, Esaú tomó allí por mujer a Majalat, que era hermana de Nebayot e hija de Ismael, el hijo de Abrahán.

Dios se aparece a Jacob en Betel

10 Jacob salió de Berseba y se fue a Jarán.

11 Al llegar a cierto lugar, se quedó allí a pasar la noche, porque el sol ya se había puesto. Tomó una de las piedras de aquel lugar y la puso como cabecera, y allí se acostó para dormir.

12 Entonces tuvo un sueño, en el que veía una escalera apoyada en la tierra, y cuyo extremo tocaba el cielo, y veía que los ángeles de Dios subían y bajaban por ella.[b]

13 En lo alto de la escalera, veía al Señor, que le decía:

«Yo soy el Señor, el Dios de tu padre Abrahán y el Dios de Isaac. A ti y a tu descendencia les daré la tierra donde ahora estás acostado.[c]

14 Tu descendencia será como el polvo de la tierra, y te esparcirás hacia el occidente y el oriente, hacia el norte y el sur. En ti y en tu simiente serán bendecidas todas las familias de la tierra.[d]

15 Date cuenta de que yo estoy contigo. Yo te protegeré por dondequiera que vayas, y volveré a traerte a esta tierra. No te dejaré ni un momento, hasta que haya hecho lo que te he dicho.»

16 Cuando Jacob despertó de su sueño, dijo: «Realmente el Señor está en este lugar, y yo no lo sabía.»

17 Sintió miedo, y dijo: «¡Qué terrible es este lugar! ¡No es otra cosa que la casa de Dios y la puerta del cielo!»

18 Por la mañana Jacob se levantó y tomó la piedra que había puesto de cabecera, la levantó como un pilar, y sobre ella derramó aceite.

19 A ese lugar le puso por nombre Betel,[6] aunque el primer nombre de esa ciudad era Luz.[7]

20 Allí Jacob hizo este voto: «Si Dios me acompaña y me protege en este viaje que ahora hago, y me da pan para comer y ropa para vestirme,

21 y me hace volver en paz a la casa de mi padre, entonces el Señor será mi Dios.

22 Esta piedra, que he levantado como pilar, será casa de Dios; y de todo lo que me des, apartaré el diezmo para ti.»

Jacob sirve a Labán por Raquel y Lea

29 1 Jacob siguió su camino, y llegó a la tierra de los orientales.

2 Se fijó, y vio en el campo

[a]**28.4:** Gn 17.4-8. [b]**28.12:** Jn 1.51. [c]**28.13:** Gn 13.14-15. [d]**28.14:** Gn 12.3; 22.18. [26]**28.19** Es decir, ***Casa de Dios.*** [27]**28.19** Es decir, ***Almendro.***

un pozo; cerca de él había tres rebaños de
ovejas, porque de ese pozo bebían los gana-
dos. Una piedra muy grande tapaba la boca
del pozo.
3 Cuando todos los rebaños se reunían, se
removía la piedra que tapaba el pozo, y se
daba de beber a las ovejas; después se volvía
a poner la piedra sobre la boca del pozo.
4 Jacob les dijo:
«Hermanos míos, ¿de dónde son uste-
des?»
Y ellos respondieron:
«Somos de Jarán.»
5 Les dijo entonces:
«¿Conocen ustedes a Labán, el hijo de
Najor?»
Y ellos dijeron:
«Sí, lo conocemos.»
6 Jacob les dijo:
«¿Se encuentra bien?»
Y ellos contestaron:
«Él se encuentra bien. De hecho, aquí vie-
ne su hija Raquel con las ovejas.»
7 Entonces él dijo:
«Como pueden ver, aún es muy de día.
Todavía no es tiempo de recoger el ganado.
Denles agua a las ovejas, y llévenlas a los pas-
tos.»
8 Pero ellos le respondieron:
«No podemos hacerlo, hasta que se jun-
ten todos los rebaños. Entonces se quitará
la piedra de la boca del pozo, y les daremos
agua a las ovejas.»
9 Todavía estaba él hablando con ellos,
cuando llegó Raquel con el rebaño de su
padre, pues ella era la pastora.
10 Raquel era hija de Labán, hermano de
la madre de Jacob, y el rebaño era de Labán.
Cuando Jacob vio a Raquel, se acercó y re-
movió la piedra de la boca del pozo, y dio
de beber al rebaño,
11 luego besó a Raquel, y sin más se echó
a llorar.
12 Entonces Jacob le dijo a Raquel que él
era sobrino de su padre, pues era hijo de Re-
beca. Ella corrió entonces a dar esta noticia
a su padre.
13 Al oír Labán estas noticias de Jacob, hijo
de su hermana, corrió a recibirlo, y lo abrazó
y lo besó, y lo llevó a su casa; allí Jacob le
contó a Labán todas estas cosas.
14 Y Labán le dijo: «Ciertamente, tú eres
de mi propia sangre.» Y Jacob se quedó con
él todo un mes.
15 Entonces Labán le dijo a Jacob:
«¿Vas a trabajar para mí de balde, sólo
porque eres mi sobrino? ¡Dime cuánto quie-
res que te pague!»
16 Labán tenía dos hijas. La mayor se llama-
ba Lea, y la menor se llamaba Raquel.
17 Los ojos de Lea eran tiernos, pero Ra-
quel tenía una bella presencia y era de her-
moso parecer.
18 Jacob se enamoró de Raquel, y dijo:
«Por Raquel, tu hija menor, yo te serviré
siete años.»
19 Y Labán respondió:
«Es mejor que te la dé a ti, y no a otro
hombre. Quédate conmigo.»
20 Así fue como Jacob trabajó siete años
por Raquel; pero le parecieron unos cuantos
días, porque la amaba.
21 Un día, Jacob le dijo a Labán:
«Mi plazo se ha cumplido. Dame a mi
mujer, para unirme a ella.»
22 Labán juntó entonces a todos los varo-
nes de aquel lugar, y ofreció un banquete.
23 Cuando llegó la noche, Labán tomó a su
hija Lea, y se la llevó a Jacob; y él se unió a ella.
24 Además, Labán le dio a su hija Lea, por
criada, a su sierva Zilpa.
25 Cuando llegó la mañana, Jacob vio que
estaba con Lea; así que le dijo a Labán:
«¿Qué es lo que me has hecho? ¿Acaso no
te he servido por Raquel? ¿Por qué me has
engañado?»
26 Y Labán respondió:
«Aquí no acostumbramos dar a la hija
menor antes que a la mayor.
27 Cumple esta semana, y se te dará tam-
bién la otra, si trabajas para mí otros siete
años.»
28 Jacob lo hizo así. Cumplió aquella sema-
na, y Labán le dio a su hija Raquel por mujer.

[29] A su hija Raquel, Labán le dio por criada
a su sierva Bilá.
[30] Y Jacob se unió también a Raquel, y la
amó mucho más que a Lea; y trabajó para
Labán siete años más.

Los hijos de Jacob

[31] Al ver el Señor que Lea era menospre-
ciada, le dio hijos; pero Raquel era estéril.
[32] Y Lea concibió y dio a luz un hijo, y le
puso por nombre Rubén,[8] pues dijo: «El Se-
ñor ha mirado mi aflicción, así que ahora mi
marido me amará.»
[33] Volvió a concebir, y dio a luz un hijo. En-
tonces dijo: «El Señor oyó[9] que yo era menos-
preciada, así que también me ha dado este
hijo.» Por eso le puso por nombre Simeón.
[34] Concibió una vez más, y dio a luz un
hijo. Y dijo: «Esta vez mi marido se unirá[0]
conmigo, pues ya le he dado tres hijos.» Por
eso le puso por nombre Leví.
[35] Todavía concibió otra vez, y dio a luz
un hijo. Entonces dijo: «Esta vez alabaré[1] al
Señor.» Por eso le puso por nombre Judá. Y
dejó de dar a luz.

30 [1] Al ver Raquel que ella no le
daba hijos a Jacob, tuvo envidia
de su hermana y le dijo a Jacob:
«¡Dame hijos, pues de lo contrario me
muero!»
[2] Jacob se enojó con Raquel, y le dijo:
«¿Acaso soy Dios, que le ha impedido a tu
vientre dar fruto?»
[3] Ella le dijo:
«Aquí tienes a mi sierva Bilá. Únete a ella.
Así ella dará a luz sobre mis rodillas, y tam-
bién yo tendré hijos de ella.»
[4] Y Raquel le dio a su sierva Bilá por mujer,
y Jacob se unió a ella.
[5] Y Bilá concibió, y le dio a Jacob un hijo.
[6] Entonces dijo Raquel: «Dios me juzgó, y
oyó también mi voz, y me dio un hijo.» Por
eso le puso por nombre Dan.[2]
[7] Bilá, la sierva de Raquel, concibió otra
vez y le dio a Jacob un segundo hijo.
[8] Y Raquel dijo: «Tremendas luchas he li-
brado[3] con mi hermana, y la he vencido.» Y
llamó a su hijo Neftalí.
[9] Al ver Lea que ella había dejado de dar a
luz, tomó a su sierva Zilpa y se la dio a Jacob
por mujer.
[10] Y Zilpa, la sierva de Lea, le dio a Jacob
un hijo.
[11] Entonces dijo Lea: «¡Llegó la buena suer-
te!», así que le puso por nombre Gad.[4]
[12] Zilpa, la sierva de Lea, le dio otro hijo
a Jacob;
[13] y Lea dijo: «¡Qué felicidad la mía! ¡Las
mujeres me considerarán feliz!» Y le puso
por nombre Aser.[5]
[14] Durante la siega del trigo, Rubén fue al
campo y encontró mandrágoras, las cuales
llevó a Lea, su madre. Y Raquel le dijo a Lea:
«Por favor, dame algunas de las mandrá-
goras de tu hijo.»
[15] Y ella le respondió:
«¿Te parece poco haberme quitado a mi
marido, que ahora quieres quitarme tam-
bién las mandrágoras de mi hijo?»
Y Raquel le propuso:
«Pues a cambio de las mandrágoras de tu
hijo, Jacob dormirá contigo esta noche.»
[16] En la tarde, cuando Jacob volvió del
campo, Lea salió a su encuentro y le dijo:
«Únete conmigo. Francamente, te he alqui-
lado a cambio de las mandrágoras de mi hijo.»
Y Jacob durmió con ella aquella noche.
[17] Y Dios oyó a Lea, y ésta concibió y le dio
a Jacob su quinto hijo.
[18] Y dijo Lea: «Dios me ha recompensado,[6]
por haberle dado mi marido a mi sierva.»
Por eso le puso por nombre Isacar.
[19] Después Lea volvió a concebir, y le dio a
Jacob su sexto hijo.
[20] Entonces dijo Lea: «¡Que bello regalo
me ha hecho Dios! Ahora mi marido vivirá[7]
conmigo, pues ya le he dado seis hijos.» Y le
puso por nombre Zabulón.
[21] Después dio a luz una hija, y le puso por
nombre Dina.

---

[28]**29.32** Es decir, ***Vean un hijo.*** [29]**29.33** Heb. ***shama.*** [30]**30.34** Heb. ***lavah.*** [31]**29.35** Heb. ***hodah.*** [32]**30.6** Es decir, ***Él juzga.*** [33]**30.8** Heb. ***niftal.*** [34]**30.11** Es decir, ***Suerte.*** [35]**30.13** Es decir, ***Feliz.*** [36]**30.18** Heb. ***sakar.*** [37]**30.20** Heb. ***zabal.***

22 Pero Dios se acordó de Raquel. La escu-
chó y le concedió tener hijos.
23 Y ella concibió y dio a luz un hijo. Enton-
es dijo: «Dios ha borrado mi vergüenza»,
24 y le puso por nombre José,[8] pues dijo:
«¡Quiera el Señor darme un hijo más!»

Tretas de Jacob y de Labán

25 Por el tiempo en que Raquel dio a luz a
José, sucedió que Jacob le dijo a Labán:
«Déjame ir, y volveré a mi lugar, a mi pro-
pia tierra.
26 Entrégame a mis mujeres y mis hijos,
por quienes te he servido, y déjame ir. Tú
bien sabes cómo he trabajado para ti.»
27 Y Labán le respondió:
«Si merezco que me trates con bondad,
quédate. Se me ha revelado que gracias a ti
el Señor me ha bendecido.»
28 Y añadió:
«Dime cuánto quieres ganar, que yo te lo
pagaré.»
29 Y Jacob respondió:
«Tú bien sabes cómo he trabajado para ti,
y cómo ha estado tu ganado conmigo.
30 Lo poco que tenías antes de mi llegada,
ha crecido en gran número. Con mi llega-
da el Señor te ha bendecido, pero ¿cuándo
haré algo también por mi propia casa?»
31 Y Labán le dijo:
«¿Qué quieres que te dé?»
Y Jacob respondió:
«No me des nada. Si quieres hacer algo
por mí, haz lo siguiente y yo volveré a cuidar
de tus ovejas.
32 Hoy pasaré por todo tu rebaño, y apar-
taré todas las ovejas manchadas y salpica-
das de color, y todas las ovejas de color os-
curo, más las cabras que sean manchadas y
salpicadas de color. Ésta será mi paga.
33 Así el día de mañana, cuando vengas a
reconocer mi paga, mi honradez responde-
rá por mí. Toda cabra que no sea pintada
ni manchada, y toda oveja entre mis ovejas
que no sea de color oscuro, se me achacará
como robada.»
34 Labán dijo entonces:
«Pues bien, que sea como tú dices.»
35 Ese mismo día, Labán apartó los ma-
chos cabríos manchados y rayados, y todas
las cabras manchadas y salpicadas de color,
y toda la que tenía en sí algo de blanco, y
todas las ovejas de color oscuro, y las puso a
cargo de sus hijos.
36 Luego puso tres días de camino entre
él y Jacob. Mientras tanto, Jacob cuidaba el
resto de las ovejas de Labán.
37 Jacob tomó entonces varas verdes de
álamo, avellano y castaño, y les quitó la cor-
teza para que se viera lo blanco de las varas;
38 luego puso las varas sin corteza en los
abrevaderos, donde las ovejas venían a be-
ber agua, y éstas se apareaban delante de las
varas cuando venían a beber.
39 Así las ovejas concebían delante de las
varas, y parían borregos listados, pintados y
salpicados de diversos colores.
40 Entonces Jacob apartaba los corderos, y
todos los oscuros y listados del hato de La-
bán los ponía entre su propio rebaño; luego
ponía aparte su hato, y no lo juntaba con las
ovejas de Labán.
41 Y cada vez que las ovejas más fuertes
estaban en celo, Jacob ponía las varas en los
abrevaderos, delante de las ovejas, para que
concibieran a la vista de las varas;
42 pero cuando venían las ovejas más dé-
biles, no las ponía. Así, las más débiles eran
para Labán, y las más fuertes para Jacob.
43 Fue así como este varón llegó a ser muy
rico, y tuvo muchas ovejas, y siervas y sier-
vos, además de camellos y asnos.

31 1 Pero Jacob se enteraba de las
habladurías de los hijos de La-
bán, pues decían: «Jacob se ha
quedado con todo lo que era de nuestro pa-
dre. Toda su riqueza la obtuvo de lo que era
de nuestro padre.»
2 Además, Jacob miraba el semblante de
Labán, y podía ver que ya no lo trataba
como antes.
3 Entonces el Señor le dijo a Jacob: «Regre-

[8] 30.24 Es decir, *Él añade.*

sa a la tierra de tus padres, con tus parientes, que yo estaré contigo.»

4 Jacob mandó llamar a Raquel y a Lea al campo donde estaban sus ovejas,

5 y les dijo:

«Me doy cuenta de que el padre de ustedes ya no me trata como antes. Pero el Dios de mi padre está conmigo.

6 Ustedes saben que yo he servido a su padre con todas mis fuerzas,

7 y que su padre me ha engañado, pues varias veces me ha cambiado la paga. Pero Dios no le ha permitido hacerme daño.

8 Si él decía: "Te voy a pagar con los pintados", entonces todas las ovejas parían corderos pintados; y si decía: "Te voy a pagar con los listados", entonces todas las ovejas parían corderos listados.

9 Así Dios le quitó al padre de ustedes el ganado, y me lo dio a mí.

10 Y resulta que, cuando las ovejas estaban en celo, yo levanté la vista, y en sueños vi que los machos que cubrían a las hembras eran listados, pintados y abigarrados.

11 Entonces el ángel de Dios me habló en sueños, y yo me dispuse a escucharlo.

12 Y me dijo: "Levanta ahora los ojos, y verás que todos los machos que cubren a las hembras son listados, pintados y abigarrados. Yo he visto todo lo que Labán te ha hecho.

13 Yo soy el Dios de Betel, donde tú ungiste la piedra, y donde me hiciste un voto.[a] Levántate ahora y sal de esta tierra, y regresa a tu tierra natal."»

14 Raquel y Lea respondieron:

«¿Acaso tenemos todavía nosotras alguna porción o herencia en la casa de nuestro padre?

15 *¿Acaso no nos considera* unas extrañas, y hasta nos vendió y se ha comido por completo nuestro precio?

16 La verdad es que todas las riquezas que Dios le ha quitado a nuestro padre, ¡son de nosotras y de nuestros hijos! Así que, haz todo lo que Dios te ha dicho.»

Jacob huye de Labán

17 Entonces Jacob se preparó y sentó a sus hijos y sus mujeres sobre los camellos,

18 luego puso en marcha todo su ganado, y todo el ganado que había adquirido, que era su ganancia de Padán Aram, y se dispuso a volver a Isaac, su padre, en la tierra de Canaán.

19 Como Labán había ido a trasquilar sus ovejas, Raquel hurtó los ídolos de su padre.

20 Jacob, por su parte, engañó a Labán el arameo al no hacerle saber que iba a fugarse.

21 Y se fugó, llevándose todo lo que tenía. Se dispuso a cruzar el Éufrates, y se enfiló hacia el monte de Galaad.

22 Al tercer día fueron a decirle a Labán que Jacob se había fugado.

23 Entonces Labán se hizo acompañar de sus parientes, y se fue tras Jacob. Después de siete días de camino, lo alcanzó en el monte de Galaad.

24 Pero esa noche Dios se le apareció en un sueño a Labán el arameo, y le dijo: «Mucho cuidado con comenzar a hablarle a Jacob bien, y acabar mal.»

25 Labán alcanzó a Jacob cuando éste había plantado su tienda en el monte, así que Labán y sus parientes acamparon en el monte de Galaad.

26 Y Labán le dijo a Jacob:

«¿Qué es lo que has hecho? ¿Por qué me engañaste y trajiste a mis hijas como prisioneras de guerra?

27 ¿Por qué te fugaste a escondidas? ¿Por qué me engañaste, y no me dijiste nada? ¡Yo te habría despedido con alegría y con cantos, con tamborines y arpas!

28 ¡Ni siquiera me dejaste besar a mis hijos y mis hijas! ¡Lo que has hecho es una locura!

29 Yo tengo poder para hacerles daño; pero el Dios de tu padre me habló anoche y me dijo: "Mucho cuidado con comenzar a hablarle a Jacob bien, y acabar mal."

30 Pero ya que tantas ganas tenías de irte a la casa de tu padre, ¿por qué me robaste mis dioses?»

[a] **31.13:** Gn 28.18-22.

31 Jacob le respondió así a Labán:
«Es que tuve miedo. Yo pensé que tal vez
me quitarías tus hijas por la fuerza.
32 Pero al que encuentres con tus dioses
en su poder, no quedará con vida. En pre-
sencia de nuestros hermanos, reconoce lo
que sea tuyo y esté en mi poder, y llévatelo.»
Pero Jacob no sabía que Raquel los había
hurtado.
33 Labán entró en la tienda de Jacob, luego
en la tienda de Lea y en la tienda de las dos
siervas, y no halló nada; entonces salió de la
tienda de Lea y entró en la tienda de Raquel.
34 Pero Raquel tomó los ídolos y los puso
bajo la albarda de un camello, y se sentó
sobre ellos; así que Labán buscó en toda la
tienda, y no los halló.
35 Y ella le dijo a su padre:
«No se enoje mi señor. Es que no me pue-
do levantar delante de ti, porque estoy con
la costumbre de las mujeres.»
Y Labán buscó los ídolos, pero no los ha-
lló.
36 Entonces Jacob se enojó, y riñó con La-
bán. Le reclamó:
«¿En qué te he faltado? ¿Cuál es mi peca-
do, para que me persigas con tanto ardor?
37 Ya que has rebuscado en todas mis co-
sas, ¿qué has hallado de todos los enseres
de tu casa? Ponlo aquí, delante de mis her-
manos y de los tuyos, ¡y que juzguen entre
nosotros!
38 Veinte años han sido los que he estado
contigo, y nunca abortaron tus ovejas ni tus
cabras, ni me comí un solo carnero de tus
ovejas.
39 Nunca te traje lo que las fieras arrebata-
ron, y si algo se robaban de día o de noche,
me hacías responsable y a mí me lo cobra-
bas.
40 De día me consumía el calor, y de noche
la helada, y el sueño se me iba.
41 Esta clase de vida he tenido en tu casa
durante veinte años. Catorce te serví por tus
dos hijas, y seis por tu ganado, y varias veces
me has cambiado la paga.
42 Si no estuviera conmigo el Dios de mi
padre, el Dios de Abrahán, el Dios a quien
Isaac temía, estoy seguro de que me dejarías
ir ahora con las manos vacías. Pero Dios ha
visto mi aflicción y el trabajo de mis manos,
y por eso te reprendió anoche.»
43 Labán le respondió a Jacob:
«Las hijas son mis hijas, y los hijos son mis
hijos; las ovejas son mis ovejas. ¡Todo lo que
aquí ves me pertenece! Pero ¿qué puedo ha-
cerles hoy a estas hijas mías, o a los hijos que
ellas han tenido?
44 Ven ahora, y hagamos un pacto tú y yo,
y que éste sea un testimonio entre nosotros
dos.»
45 Entonces Jacob tomó una piedra, y la
levantó como señal.
46 Jacob les dijo a sus parientes: «Recojan
piedras». Y ellos tomaron piedras e hicieron
un montón, y allí sobre el montón de pie-
dras comieron.
47 Labán lo llamó «Yegar Sadutá»,[39] y Jacob
lo llamó «Galaad»[40]
48 porque Labán dijo: «Este montón de
piedras es hoy testigo entre nosotros dos».
Por eso se le conoce por el nombre de Ga-
laad
49 y de Mispá,[41] pues dijo:
«Que el Señor nos vigile a ti y a mí, ahora
que nos separemos el uno del otro.
50 Si acaso humillas a mis hijas, o si tomas
otras mujeres además de mis hijas, nadie
está con nosotros, pero Dios nos ve y es tes-
tigo entre nosotros dos.»
51 Además, Labán le dijo a Jacob:
«Mira este montón de piedras y esta se-
ñal, que he levantado entre nosotros dos.
52 Que este montón de piedras y esta se-
ñal nos sirvan de testigos, de que ni tú ni yo
pasaremos más allá de este montón de pie-
dras, ni de esta señal, para hacernos daño.
53 Que el Dios de Abrahán y el Dios de
Najor, el Dios de sus padres, juzgue entre
nosotros.»
Y Jacob juró por aquel que era el temor
de Isaac, su padre.

---

[39] **31.47** Arameo, ***El montón del testimonio.*** [40] **31.47** Heb. ***El montón del testimonio.*** [41] **31.49** Es decir, ***Atalaya.***

54 Luego Jacob ofreció sacrificios en el
monte, y llamó a sus hermanos a comer
pan. Después de comer, pasaron la noche
en el monte.
55 A la mañana siguiente Labán se levantó
y besó a sus hijos y sus hijas, y los bendijo;
después de eso se fue de regreso a su lugar.

Jacob se prepara para el encuentro con Esaú

32 1 Al seguir Jacob su camino, le
salieron al encuentro ángeles
de Dios.
2 Cuando Jacob los vio, dijo: «Éste es un
campamento de Dios.» Así que a aquel lu-
gar lo llamó Majanayin.[z]
3 Jacob envió delante de sí mensajeros a
Esaú, su hermano, que estaba en la tierra de
Seír, en el campo de Edom,
4 y les dio las siguientes instrucciones:
«Díganle a mi señor Esaú de parte de su
siervo Jacob: "Hasta ahora he estado vivien-
do con Labán.
5 Tengo vacas, asnos y ovejas, y también
siervos y siervas. Envío a decir esto a mi
señor, para pedirle que me trate con bon-
dad."»
6 Los mensajeros volvieron a Jacob, y le
dijeron:
«Fuimos a ver a tu hermano Esaú, y tam-
bién él viene a recibirte. Con él vienen cua-
trocientos hombres.»
7 Jacob sintió mucho miedo. En su angus-
tia, dividió en dos campamentos a la gente
que venía con él, lo mismo que a las ovejas,
las vacas y los camellos;
8 y dijo: «Si Esaú viene contra un campa-
mento, y lo ataca, el otro campamento po-
drá escapar.»
9 *También dijo Jacob:* «Señor, Dios de mi
padre Abrahán y Dios de mi padre Isaac, tú
me dijiste: "Vuelve a tu tierra, con tus pa-
rientes, y yo te trataré bien."
10 Yo soy menor que todas las misericor-
dias y que toda la verdad con que has trata-
do a este siervo tuyo, pues crucé este Jordán

LECCIONES: EL PARTIDO DE LUCHA LIBRE DE JACOB

(Génesis 32.24-26)

Jacob tuvo un partido de lucha libre con Dios que duró toda la noche. Jacob luchó para recibir la bendición que Dios le había prometido. Y no iba a rendirse hasta que Dios lo bendijera. Tal vez nosotros no luchemos con Dios de la misma manera que Jacob, pero podemos ser tan persistentes en nuestro deseo de alcanzar a Dios como lo fue Jacob. Podemos orar, confesar nuestros pecados, y pedirle su poder. ¡El buscar a Dios siempre vale la pena! ¡El hacerlo te ayudará a hacerte un PODEROSO NIÑO DE DIOS!

solamente con mi cayado, y ahora he llega-
do a poseer dos campamentos.
11 ¡Por favor, líbrame de la mano de mi
hermano Esaú, porque le temo! ¡No sea que
venga y hiera a la madre junto con los hijos!
12 Tú has dicho: "Yo te trataré bien, y tu
descendencia será como la arena del mar,[a]
tan numerosa que no se puede contar."»
13 Esa noche Jacob durmió allí, y de lo que
le vino a la mano tomó un presente para su
hermano Esaú:
14 doscientas cabras, veinte machos ca-
bríos, doscientas ovejas, veinte carneros,
15 treinta camellas recién paridas con sus
crías, cuarenta vacas y diez novillos, y veinte
asnas y diez borricos.
16 A cada uno de sus siervos le entregó
una manada, y les dijo: «Adelántense a mí, y
dejen un espacio entre una y otra manada.»
17 Al primero le ordenó: «Si mi hermano
Esaú te encuentra y te pregunta "¿Quién es
tu amo? ¿A dónde vas? ¿Para quién es esto
que vas arreando?"
18 Respóndele: "Es un presente que tu sier-
vo Jacob te envía a ti, mi señor Esaú. Mira, él
mismo viene atrás de nosotros."»
19 Al segundo también le dio órdenes, lo
mismo que al tercero y a todos los que iban

[z]**32.2** Es decir, ***Dos campamentos.*** [a]**32.12:** Gn 22.17.

tras aquellas manadas. Les dijo: «Esto es lo
que le dirán a Esaú, cuando lo encuentren.
20 Y le dirán también: "Tu siervo Jacob
viene atrás de nosotros."» Y es que pensó:
«Voy a calmar su enojo con el presente que
va delante de mí. Después de eso lo veré
cara a cara. Tal vez me perdone.»
21 Y así, el presente avanzó delante de él,
y esa noche se quedó a dormir en el campamento.

Jacob lucha con el ángel en Peniel

22 Pero esa misma noche se levantó, tomó
a sus dos mujeres, sus dos siervas y sus once
hijos, y cruzó el vado de Jaboc.
23 Los tomó, y los hizo cruzar el arroyo,
con todas sus posesiones.
24 De modo que Jacob se quedó solo, y un
hombre luchó con él hasta la salida del sol.
25 Pero cuando ese hombre vio que no
podía vencerlo, lo golpeó en la coyuntura
de su muslo, y en la lucha el muslo de Jacob
se descoyuntó.
26 El hombre dijo:

«Déjame ir, porque ya está saliendo el sol.»

Pero Jacob le respondió:

«No te dejaré ir, si no me bendices.»

27 Aquel hombre le dijo:

«¿Cuál es tu nombre?»

Y él respondió: «Jacob».

28 Y el hombre dijo:

«Tu nombre ya no será Jacob,[b] sino Israel;[3] porque has luchado con Dios y con los hombres, y has vencido.»

29 Entonces Jacob le preguntó:

«Ahora hazme saber tu nombre.»

Y aquel hombre respondió:

«¿Para qué quieres saber mi nombre?»

Y lo bendijo allí.

30 A ese lugar Jacob le puso por nombre
«Peniel»,[4] porque dijo: «He visto a Dios cara
a cara, y sigo con vida.»
31 El sol salía cuando Jacob, que iba cojeando
de la cadera, cruzó Peniel.
32 Por eso hasta el día de hoy los israelitas no comen del tendón que se contrajo, y
que está en la coyuntura del muslo; porque
aquel hombre golpeó a Jacob en esta parte
de su muslo, en el tendón que se contrajo.

Reconciliación entre Jacob y Esaú

33
1 Jacob levantó la vista, y vio que
Esaú venía acompañado de cuatrocientos hombres. Entonces
repartió a los niños entre Lea y Raquel y las
dos siervas,
2 puso primero a las siervas y sus niños,
luego a Lea y sus niños, y por último a Raquel y a José;
3 luego él se adelantó a ellos, y siete veces
se inclinó hasta el suelo, hasta estar cerca de
su hermano.
4 Pero Esaú corrió a su encuentro y, echándose a su cuello, lo abrazó y lo besó. Y los
dos lloraron.
5 Pero al levantar Esaú la vista, y ver a las
mujeres y los niños, preguntó:

«¿Y éstos, quiénes son?»

Y Jacob respondió:

«Son los niños que Dios le ha dado a este siervo tuyo.»

6 Llegaron entonces las siervas con sus niños, y se inclinaron.
7 Luego llegó Lea con sus niños, y se inclinaron; y tras ellos llegaron José y Raquel, y
también se inclinaron.
8 Esaú preguntó:

«¿Qué te propones hacer con todos estos grupos que me he encontrado?»

Y Jacob respondió:

«He querido ganarme la buena voluntad de mi señor.»

9 Y Esaú dijo:

«Yo tengo ya demasiado, hermano mío. Lo que es tuyo, es tuyo.»

10 Pero Jacob respondió:

«¡No, por favor! Si me he ganado tu buena voluntad, acepta mi presente. El ver tu rostro es como haber visto el rostro de Dios. Tú me has mostrado tu buena voluntad.
11 Acepta, por favor, el presente que te he

---

[b] **32.28:** Gn 35.10. [3] **32.28** Es decir, *El que lucha con Dios, o Dios lucha.* [4] **32.30** Es decir, ***El rostro de Dios.***

traído. Dios ha sido muy bueno conmigo, y
todo esto es mío.»
Y tanto le insistió Jacob, que Esaú lo acep-
tó.
12 Luego dijo Esaú:
«Vamos, pongámonos en marcha. Yo iré
delante de ti.»
13 Pero Jacob le dijo:
«Mi señor sabe que los niños son débiles,
y que tengo ovejas y vacas recién paridas; si
se les fatiga, en un solo día pueden morir
todas las ovejas.
14 Ruego a mi señor adelantarse a su sier-
vo, que yo iré poco a poco, al paso del ga-
nado que va delante de mí y al paso de los
niños, hasta alcanzar a mi señor en Seír.»
15 Esaú le dijo:
«Permíteme dejar contigo parte de la
gente que viene conmigo.»
Y Jacob le dijo:
«¿Para qué hacerlo así? Muéstreme mi se-
ñor su buena voluntad.»
16 Ese mismo día Esaú volvió a Seír por su
camino,
17 y Jacob se fue a Sucot. Allí se construyó
una casa, y unas cabañas para su ganado, y
es por eso que a ese lugar le puso por nom-
bre Sucot.[5]
18 De regreso de Padán Aram, Jacob llegó
sano y salvo a la ciudad de Siquén, que está
en la tierra de Canaán, y acampó delante de
la ciudad;
19 por cien monedas[6] compró una parte
del campo[a] a los hijos de Jamor, padre de
Siquén. Allí plantó su tienda,
20 y levantó un altar, al que llamó El Elohé
Israel.[7]

La deshonra de Dina vengada

34 1 Dina, la hija que Lea le había
dado a Jacob, salió a ver a las
mujeres del lugar.
2 Y la vio Siquén, hijo de Jamor el jivita,
que era príncipe de aquella tierra, y tomán-
dola con violencia se acostó con ella y la
deshonró.
3 Pero tan atraído se sintió a Dina, la hija
de Lea, que se enamoró de la joven y trató
de ganarse su corazón.
4 Y habló Siquén con Jamor, su padre, y le
dijo: «Tómame por mujer a esta joven.»
5 Llegó a oídos de Jacob que Siquén había
deshonrado a Dina, su hija; pero como sus
hijos estaban en el campo con su ganado,
no dijo nada hasta que ellos llegaran.
6 Jamor, el padre de Siquén, fue a ver a Ja-
cob para hablar con él.
7 Cuando los hijos de Jacob lo supieron,
volvieron del campo. Y se entristecieron y
enojaron mucho, porque Siquén había co-
metido una vileza en Israel al acostarse con
la hija de Jacob. Era algo que no se debía ha-
ber hecho.
8 Jamor habló con ellos, y les dijo:
«Tan atraído se siente mi hijo Siquén por
la hija de ustedes, que les ruego que se la
den por mujer.
9 Háganse parientes nuestros. Ustedes nos
darán a sus hijas, y tomarán para ustedes a
las nuestras.
10 Quédense a vivir entre nosotros. La tie-
rra está delante de ustedes. Vivan en ella, y
hagan en ella negocios. Tomen de ella po-
sesión.»
11 Siquén también les dijo al padre de Dina
y a sus hermanos:
«Si acaso merezco que me traten con
bondad, yo les daré lo que me pidan.
12 Aumenten a cargo mío una gran dote y
muchos regalos. Yo les daré todo lo que me
pidan, pero denme a la joven por mujer.»
13 Pero como Siquén había mancillado a
su hermana Dina, los hijos de Jacob respon-
dieron a éste y a su padre con engaños.
14 Les dijeron:
«No podemos entregarle nuestra herma-
na a un hombre incircunciso. Entre noso-
tros, eso es algo vergonzoso.
15 Pero accederemos con esta condición:
si ustedes han de ser como nosotros, todos
los varones entre ustedes deben circunci-
darse.

[45]**33.17** Es decir, ***Cabañas.*** [46]**33.19** Heb. cien ***quesitas.*** [a]**33.19:** Jos 24.32; Jon 4.5. [47]**33.20** Es decir, ***Dios, el Dios de Israel.***

16 Entonces sí, les daremos nuestras hijas, y nosotros tomaremos las de ustedes; y habitaremos entre ustedes, y seremos un solo pueblo.

17 Pero si no nos hacen caso, y no se circuncidan, tomaremos a nuestra hija y nos iremos de aquí.»

18 Estas palabras les parecieron bien a Jamor y a su hijo Siquén.

19 Y no tardó el joven en cumplir con esa condición, porque la hija de Jacob le había agradado y él era el más distinguido de toda la casa de su padre.

20 Fueron entonces Jamor y su hijo Siquén a la puerta de su ciudad, y hablaron con los varones de su ciudad. Les dijeron:

21 «Estos varones vienen a nosotros en son de paz. Habitarán en el país, y harán negocios en él, pues hay en la tierra bastante espacio para ellos. Nosotros tomaremos sus hijas por mujeres, y les daremos las nuestras.

22 Pero estos hombres aceptan habitar entre nosotros con una condición: para que seamos un solo pueblo, todo varón entre nosotros debe ser circuncidado, así como ellos son circuncidados.

23 Su ganado y sus bienes, y todas sus bestias, serán nuestros; solamente tenemos que aceptar, y ellos habitarán con nosotros.»

24 Todos los que salían por la puerta de la ciudad obedecieron a Jamor y a su hijo Siquén, y circuncidaron a todo varón, es decir, a todos los que salían por la puerta de la ciudad.

25 Pero al tercer día, cuando los hombres experimentaban los dolores más graves, Simeón y Leví, que eran dos de los hijos de Jacob y hermanos de Dina, tomaron cada uno su espada y fueron a la ciudad, la cual estaba desprevenida, y mataron a todos los varones.

26 Mataron a filo de espada a Jamor y a su hijo Siquén, y luego de sacar a Dina de la casa de Siquén, se fueron.

27 Los otros hijos de Jacob se lanzaron sobre los muertos, y saquearon la ciudad, porque su hermana había sido deshonrada.

28 Se llevaron ovejas, vacas y asnos, y todo lo que había en la ciudad y en el campo.

29 También se llevaron todos los bienes que había en las casas, y se llevaron cautivos a todos sus niños y sus mujeres.

30 Entonces Jacob les dijo a Simeón y Leví:

«Ustedes me han creado un gran problema. Me han hecho odioso a los cananeos y ferezeos, habitantes de esta tierra. Con los pocos hombres que tengo, ellos se juntarán contra mí y me atacarán, y yo y mi casa seremos destruidos.»

31 Pero ellos le respondieron:

«¿Y él tenía que tratar a nuestra hermana como a una ramera?»

Dios bendice a Jacob en Betel

35 1 Dios le dijo a Jacob:

«Prepárate para ir a Betel y quedarte allí. En Betel harás un altar al Dios que se te apareció cuando huías de tu hermano Esaú.»[a]

2 Entonces Jacob dijo a su familia y a todos los que estaban con él:

«Desháganse de los dioses ajenos que hay entre ustedes; purifíquense y cámbiense de ropa,

3 y preparémonos para ir a Betel. Allí haré un altar al Dios que me respondió en el día de mi angustia, y que me ha acompañado por dondequiera que he andado.»

4 Ellos le entregaron a Jacob todos los dioses ajenos que había en su poder, y los

PALABRAS CON PODER

DIOSES AJENOS

(Génesis 35.2)

Cuando Jacob se dio cuenta de que su familia no estaba sirviendo a Dios, les dijo "desháganse de los dioses ajenos". Tenían que escoger entre los dioses falsos de sus vecinos extranjeros y el único Dios verdadero del cielo. ¿Has tomado tú la decisión de servir al único *Dios verdadero?* ¿Cuáles son algunas maneras en que puedes servirlo?

[a] **35.1:** Gn 28.11-17.

zarcillos que llevaban en las orejas; y Jacob los enterró bajo la encina que estaba cerca de Siquén.

5 Cuando salieron, el terror de Dios cayó sobre las ciudades de los alrededores, y nadie persiguió a los hijos de Jacob.

6 Jacob y todo el pueblo que estaba con él llegaron a Luz (es decir, Betel), ciudad que está en la tierra de Canaán,

7 y Jacob edificó un altar, y a ese lugar lo llamó El Betel,[8] porque allí se le había aparecido Dios cuando huía de su hermano.

8 Allí murió Débora, nodriza de Rebeca, y fue sepultada al pie de Betel, debajo de la encina, la cual fue llamada Alón Bacut.[9]

9 Una vez más, Dios se le apareció a Jacob cuando volvió de Padán Aram, y lo bendijo.

10 Le dijo Dios:

«Tu nombre es Jacob. Pero ya no te llamarás Jacob;[b] ahora tu nombre será Israel.»

Y ése fue su nombre.

11 Y Dios también le dijo:

«Yo soy el Dios omnipotente. Reprodúcete y multiplícate. De ti saldrá una nación, y reyes, y un conjunto de naciones.

12 La tierra que les he dado a Abrahán y a Isaac, te la daré a ti, y a tu descendencia después de ti.»[c]

13 Después Dios se apartó de Jacob y del lugar donde había hablado con él.

14 En ese lugar Jacob levantó una señal de piedra, y como libación derramó aceite sobre ella.

15 Al lugar donde Dios había hablado con él, Jacob le puso por nombre Betel.[d]

Muerte de Raquel

16 Después partieron de Betel. Pero aún estaban como a media legua de distancia de Efrata, cuando Raquel dio a luz,[e] y tuvo un parto difícil.

17 Entre las dificultades de su parto, la partera le dijo: «No tengas miedo, que también tendrás este hijo.»

18 Cuando Raquel exhalaba el último suspiro (pues murió), le puso por nombre Benoní;[0] pero su padre lo llamó Benjamín.[1]

19 Y Raquel murió y fue sepultada en el camino de Efrata, que también es Belén.

20 Sobre su sepultura, Jacob levantó un pilar, que hasta el día de hoy es la señal de la sepultura de Raquel.

21 Y partió Israel de allí, y plantó su tienda más allá de Migdal Edar.

22 Mientras Israel vivía en aquella tierra, Rubén fue y durmió con Bilá, la concubina de su padre. Pero esto llegó a oídos de Israel.

Los hijos de Jacob

(1 Cr 2.1-2)

Los hijos de Israel fueron doce:

23 los hijos de Lea: Rubén, el primogénito de Jacob; Simeón, Leví, Judá, Isacar y Zabulón.

24 Los hijos de Raquel: José y Benjamín.

25 Los hijos de Bilá, sierva de Raquel: Dan y Neftalí.

26 Los hijos de Zilpa, sierva de Lea: Gad y Aser. Éstos fueron los hijos que le nacieron a Jacob en Padán Aram.

Muerte de Isaac

27 Jacob fue a visitar a Isaac, su padre, en Mamre, es decir, la ciudad de Arba, que es Hebrón, donde habitaron Abrahán e Isaac.[f]

28 Isaac llegó a vivir ciento ochenta años,

29 y exhaló el espíritu siendo anciano y lleno de días. Murió y fue reunido con su pueblo, y sus hijos Esaú y Jacob lo sepultaron.

Los descendientes de Esaú

(1 Cr 1.34-54)

36 1 Éstos son los descendientes de Esaú, que también es Edom:

2 Éstas son las mujeres que Esaú tomó[a] de las hijas de Canaán: Ada, hija de Elón el hitita; Aholibama, hija de Aná, el hijo de Sibón el jivita;

[48]**35.7** Es decir, ***Dios de Betel.*** [49]**35.8** Es decir, ***La encina del llanto.*** [b]**35.10:** Gn 32.28. [c]**35.11-12:** Gn 17.4-8. [d]**35.14-15:** Gn 28.18-19. [e]**35.16:** Jer 31.15. [50]**35.18** Es decir, ***Hijo de mi tristeza.*** [51]**35.18** Es decir, ***Hijo de la mano derecha.*** [f]**35.27:** Gn 13.18. [a]**36.2:** Gn 26.34.

3 y Basemat, hija de Ismael y hermana de
Nebayot.[b]
4 El hijo que Ada le dio a Esaú fue Elifaz; el
hijo que le dio Basemat fue Reuel.
5 Aholibama le dio a Jeús, Jalán y Coré. És-
tos son los hijos que le nacieron a Esaú en la
tierra de Canaán.
6 Esaú tomó a sus mujeres, sus hijos y sus
hijas, y a todas las personas de su casa, y sus
ganados y todas sus bestias, y todo cuanto
había adquirido en la tierra de Canaán, y se
fue a otra tierra. Así se separó de su herma-
no Jacob.
7 Y es que no podían habitar juntos por-
que los bienes de ellos eran muchos; por
causa de sus ganados la tierra en donde vi-
vían no los podía sostener,
8 así que Esaú habitó en el monte de Seír.
Esaú es también Edom.
9 Éstas son las generaciones de Esaú, pa-
dre de Edom, en el monte de Seír.
10 Éstos son los nombres de los hijos de
Esaú: Elifaz, hijo de Ada, mujer de Esaú; Reu-
el, hijo de Basemat, mujer de Esaú.
11 Los hijos de Elifaz fueron Temán, Omar,
Sefó, Gatán y Cenaz.
12 Timna fue concubina de Elifaz hijo de
Esaú, y el hijo que ella le dio fue Amalec. És-
tos son los hijos de Ada, mujer de Esaú.
13 Los hijos de Reuel fueron Najat, Zeraj,

[b] **36.3:** Gn 28.9.

JOSÉ

José era el décimo primer hijo de Jacob y el nieto de Isaac. Su madre era Raquel, a quien Jacob amaba mucho. De todos sus hijos, el que Jacob más amaba era José, y sus hermanos lo sabían.

Como señal de su amor y su favor, Jacob le dio a José una hermosa túnica bordada de muchos colores. Ninguno de sus hermanos había recibido un regalo tan maravilloso. Odiaban a José y le tenían celos.

José hizo que sus hermanos se enojaran aún más con él y se mostraran aún más odiosos al jactarse de sus sueños y al usar la habilidad que Dios le había dado para entender el significado de los sueños. Les dijo a sus hermanos que sus sueños significaban que algún día él reinaría sobre todos ellos.

¡Los hermanos de José ya se habían hartado! Decidieron deshacerse de su hermano. Cuando José visitó a sus hermanos en el campo un día, conspiraron para matarlo. Pero Rubén, el mayor, sugirió que en vez de matar a José, lo lanzaran a un pozo seco y lo dejaran allí. (Rubén pensaba regresar y rescatar a José.) Los hermanos estuvieron de acuerdo y le quitaron a José la túnica. Cuando un grupo de comerciantes ismaelitas pasó por allí, los hermanos vendieron a José a estos comerciantes como esclavo. Derramaron sangre de un animal en la túnica de José, y le dijeron a su padre que los animales salvajes lo habían matado.

Pero Dios permitió que José fuera a Egipto por una razón. Algún día, José ayudaría a salvar a su familia y a Egipto. Su habilidad de interpretar los sueños contribuiría a la edificación de una nueva nación.

Estando aún muy joven, José sufrió muchas dificultades en Egipto. Pero se mantuvo fiel a Dios. ¡Él sí que era un PODEROSO NIÑO DE DIOS! ¿Cómo te habrías sentido si tú hubieras estado en el lugar de José? ¿Y si hubieras estado en el lugar de sus hermanos? ¿De qué maneras le trajo problemas a José el jactarse? ¿Cómo puedes tú hablar de tus habilidades sin jactarte de ellas?

Puedes leer acerca de José en Génesis 37:39-50.

Samá y Miza; éstos son los hijos de Basemat,
mujer de Esaú.
14 Los hijos que dio a luz Aholibama, mu-
jer de Esaú e hija de Aná, que era hijo de Si-
bón, fueron: Jeús, Jalán y Coré, hijos de Esaú.
15 Los jefes de entre los hijos de Esaú fue-
ron: Los hijos de Elifaz, el primogénito de
Esaú: los jefes Temán, Omar, Sefó, Cenaz,
16 Coré, Gatán y Amalec. Éstos son los je-
fes de Elifaz en la tierra de Edom; éstos fue-
ron los hijos de Ada.
17 Y éstos son los hijos de Reuel, hijo de
Esaú: los jefes Najat, Zeraj, Samá y Miza; és-
tos son los jefes de la línea de Reuel en la tie-
rra de Edom; estos hijos vienen de Basemat,
mujer de Esaú.
18 Y éstos son los hijos de Aholibama, mu-
jer de Esaú: los jefes Jeús, Jalán y Coré; éstos
fueron los jefes que descienden de Aholiba-
ma, mujer de Esaú e hija de Aná.
19 Éstos son los hijos de Esaú, y sus jefes.
Esaú es también Edom.
20 Éstos son los hijos de Seír el horeo, que
habitaban en aquella tierra: Lotán, Sobal, Si-
bón, Aná,
21 Disón, Eser y Disán; éstos son los jefes de
los horeos, hijos de Seír, en la tierra de Edom.
22 Los hijos de Lotán fueron Jorí y Hemán;
Timna fue hermana de Lotán.
23 Los hijos de Sobal fueron Alván, Mana-
jat, Ebal, Sefo y Onam.
24 Los hijos de Sibón fueron Ayá y Aná.
Este Aná es el que halló manantiales en el
desierto, mientras cuidaba los asnos de Si-
bón, su padre.
25 Los hijos de Aná fueron Disón y Aholi-
bama, hija de Aná.
26 Los hijos de Disón fueron: Hemdán, Es-
bán, Itrán y Querán.
27 *Los hijos de Eser* fueron: Bilán, Zaván y
Acán.
28 Los hijos de Disán fueron: Uz y Arán.
29 Los jefes de los horeos fueron: los jefes
Lotán, Sobal, Sibón, Aná,
30 Disón, Eser y Disán. Éstos fueron los je-
fes de los horeos en la tierra de Seír, según
sus mandos.
31 Los reyes que reinaron en la tierra de
Edom, antes de que los hijos de Israel tuvie-
ran rey, fueron éstos:
32 Bela hijo de Beor, rey de Edom. El nom-
bre de su ciudad fue Dinaba.
33 Cuando murió Bela, reinó en su lugar
Jobab hijo de Zeraj, de Bosra.
34 Cuando murió Jobab, reinó en su lugar
Jusán, de la tierra de Temán.
35 Cuando murió Jusán, reinó en su lugar
Hadad hijo de Bedad, el que derrotó a Ma-
dián en el campo de Moab. El nombre de su
ciudad fue Avit.
36 Cuando murió Hadad, reinó en su lugar
Samla, de Masreca.
37 Cuando murió Samla, reinó en su lugar
Saúl, de Rejobot, a la orilla del Éufrates.
38 Cuando murió Saúl, reinó en su lugar
Baal Janán, hijo de Acbor.
39 Cuando murió Baal Janán hijo de Acbor,
reinó en su lugar Hadar. El nombre de su
ciudad fue Pau; el nombre de su mujer fue
Mehitabel hija de Matred, hija de Mezab.
40 Éstos son los nombres de los jefes de
Esaú por sus linajes, lugares y nombres: Tim-
na, Alva, Jetet,
41 Aholibama, Elá, Pinón,
42 Cenaz, Temán, Mibsar,
43 Magdiel e Iram. Éstos fueron los jefes de
Edom según su lugar de residencia en la tie-
rra de su posesión. Edom es el mismo Esaú,
padre de los edomitas.

José es vendido por sus hermanos

37 1 Jacob se quedó a vivir en la tie-
rra de Canaán, donde su padre
había vivido.
2 Ésta es la historia de la familia de Jacob:
José tenía diecisiete años de edad, y apacen-
taba las ovejas con sus hermanos. El joven
José estaba con los hijos de Bilá y con los
hijos de Zilpa, las mujeres de su padre; y
José informaba a su padre de la mala fama
de ellos.
3 Israel amaba a José más que a todos sus
hijos, porque lo había tenido en su vejez; por
eso le hizo una túnica de diversos colores.

4 Al ver sus hermanos que su padre lo amaba más que a todos ellos, lo odiaban y no podían hablarle de manera pacífica.

5 José tuvo un sueño, y se lo contó a sus hermanos. Pero ellos llegaron a odiarlo aún más.

6 Y él les dijo:

«Escuchen ahora este sueño que tuve:

7 Resulta que estábamos en medio del campo haciendo manojos, y mi manojo se levantaba y se quedaba derecho, mientras que los manojos de ustedes estaban alrededor del mío y se inclinaban ante él.»

8 Sus hermanos le respondieron:

«¿Acaso vas a ser tú nuestro rey, o nos vas a gobernar?»

Y por causa de sus sueños y sus palabras lo odiaron aún más.

9 Pero José volvió a tener otro sueño, y se lo contó a sus hermanos. Les dijo:

«Resulta que tuve otro sueño. Esta vez, el sol y la luna y once estrellas se inclinaban ante mí.»

10 Y les contó esto a su padre y a sus hermanos, y su padre lo reprendió. Le dijo:

«¿Qué clase de sueño es éste que tuviste? ¿Acaso tu madre, tus hermanos y yo vendremos a postrarnos ante ti?»

11 Y sus hermanos le tenían envidia,[a] pero su padre meditaba acerca de esto.

12 Cuando sus hermanos fueron a apacentar las ovejas de su padre en Siquén,

13 Israel le dijo a José:

«Tus hermanos están apacentando las ovejas en Siquén. Ven, que voy a enviarte con ellos.»

Y José respondió:

«Aquí me tienes.»

14 Entonces Israel le dijo:

«Anda y ve si están bien tus hermanos y las ovejas, y vuelve a darme la noticia.»

Y lo envió Israel desde el valle de Hebrón, y José llegó a Siquén.

15 Mientras José andaba errante por el campo, un hombre lo halló y le preguntó:

«¿Qué buscas?»

16 José respondió:

«Estoy buscando a mis hermanos; por favor, hazme saber dónde están apacentando.»

17 Y aquel hombre le respondió:

«Ya se fueron de aquí. Pero les oí decir que iban a Dotán.»

José fue entonces en busca de sus hermanos, y los encontró en Dotán.

18 Cuando ellos lo vieron a lo lejos, antes de que él se acercara a ellos hicieron planes contra él para matarlo.

19 Se dijeron el uno al otro:

«Miren, aquí viene el soñador.

20 ¡Vamos, matémoslo ya! Echémoslo en uno de los pozos, y digamos que alguna mala bestia se lo comió. ¡Y vamos a ver qué pasa con sus sueños!»

21 Pero Rubén, al oír esto, lo libró de sus manos y dijo:

«No lo matemos.»

22 Además, para librarlo de sus manos y hacerlo volver a su padre, Rubén les dijo:

«No derramen sangre. Arrójenlo en este pozo que está en el desierto, pero no le pongan la mano encima.»

23 Así que, cuando José llegó a donde estaban sus hermanos, ellos le quitaron su túnica, la túnica de colores que llevaba puesta,

24 y por la fuerza lo arrojaron en el pozo. Pero el pozo estaba seco; no tenía agua.

25 Luego se sentaron a comer su pan. Pero al levantar la vista, vieron que de Galaad venía una caravana de ismaelitas, con sus camellos cargados de aromas, bálsamo y mirra, que llevaban a Egipto.

26 Entonces Judá les dijo a sus hermanos:

«¿Qué ganamos con matar a nuestro hermano y encubrir su muerte?

27 Vengan, vamos a vendérselo a los ismaelitas. No levantemos la mano contra él, pues él es nuestro hermano, nuestra propia carne.»

Y sus hermanos estuvieron de acuerdo con él.

28 Cuando los mercaderes madianitas pasaron por allí, ellos sacaron del pozo a José

[a] **37.11:** Hch 7.9. [b] **37.28:** Hch 7.9.

y lo vendieron a los ismaelitas por veinte
monedas de plata. Y ellos se llevaron a José
a Egipto.[b]
29 Cuando Rubén volvió al pozo y no halló
a José adentro, se rasgó los vestidos;
30 luego volvió a donde estaban sus her-
manos, y les dijo:
«¡El niño ya no está! Y yo, ¿a dónde iré?»
31 Entonces ellos tomaron la túnica de
José, degollaron un cabrito, y con la sangre
tiñeron la túnica;
32 y enviaron la túnica de colores a su pa-
dre. Se la presentaron y dijeron:
«Esto es lo que hemos hallado. Fíjate si es
o no la túnica de tu hijo.»
33 Cuando Jacob la reconoció, dijo:
«¡Es la túnica de mi hijo! ¡Alguna mala bes-
tia se lo comió! ¡José ha sido despedazado!»
34 Entonces se rasgó los vestidos, puso cili-
cio sobre sus lomos, y durante muchos días
guardó luto por su hijo.
35 Todos sus hijos y todas sus hijas acudie-
ron a consolarlo, pero él no quiso ser conso-
lado, sino que dijo:
«Bajaré al sepulcro, donde está mi hijo,
guardando luto por él.»
Y lo lloró su padre.
36 En Egipto, los madianitas lo vendieron a
Potifar, que era un oficial del faraón y capi-
tán de la guardia.

Judá y Tamar

38
1 Por esos días Judá se apartó
de sus hermanos y se fue a vivir
con un adulamita llamado Jirá.
2 Allí Judá vio a la hija de un cananeo lla-
mado Súa; y la tomó por mujer y se unió
a ella.
3 Y ella concibió y dio a luz un hijo, al que
puso por nombre Er.
4 Concibió otra vez, y dio a luz un hijo, al
que puso por nombre Onán.
5 Y volvió a concebir, y dio a luz un hijo, al
que puso por nombre Sela. Judá estaba en
Quezib cuando ella dio a luz.
6 Después Judá tomó una mujer para Er,
su primogénito. Esa mujer se llamaba Tamar.
7 Pero Er, el primogénito de Judá, era malo
a los ojos del Señor, así que el Señor le quitó
la vida.
8 Entonces Judá le dijo a Onán:
«Únete a la mujer de tu hermano, y cum-
ple con tu deber de cuñado. Levanta des-
cendencia para tu hermano.»
9 Como Onán sabía que la descendencia
no sería considerada suya, para no darle
descendencia a su hermano, cada vez que
se allegaba a la mujer de su hermano derra-
maba el semen en el suelo.
10 Este hecho le desagradó al Señor, y tam-
bién a él le quitó la vida.
11 Entonces Judá le dijo a Tamar, su nuera:
«Quédate viuda en casa de tu padre, has-
ta que crezca mi hijo Sela.»
Y es que pensó: «No vaya a ser que tam-
bién él muera, como sus hermanos.»
Y Tamar se fue, y se quedó a vivir en casa
de su padre.
12 Después de mucho tiempo murió la hija
de Súa, mujer de Judá. Después de consolar-
se, Judá fue con su amigo Jirá, el adulamita,
a Timnat, donde estaban los trasquiladores
de sus ovejas.
13 Y Tamar lo supo. Le dijeron:
«Tu suegro está yendo a Timnat, a tras-
quilar sus ovejas.»
14 Entonces ella, al ver que Sela ya había
crecido y que ella no era entregada a él por
mujer, se quitó sus vestidos de viuda, se cu-
brió el rostro con un velo, y se sentó a la en-
trada de Enayin, junto al camino de Timnat.
15 Cuando Judá la vio, pensó que era una
ramera, pues ella tenía cubierto el rostro.
16 Entonces se apartó del camino y fue ha-
cia ella, y le dijo:
«Déjame allegarme a ti.»
Y es que no sabía que era su nuera. Y ella
le dijo:
«¿Y qué me darás por allegarte a mí?»
17 Él respondió:
«Te enviaré un cabrito de mi ganado.»
Pero ella le dijo:
«Déjame una prenda, hasta que lo en-
víes.»

[18] Judá le dijo:
«¿Y qué prenda quieres que te dé?»
Y ella respondió:
«Tu sello, tu cordón, y el báculo que tie-
nes en la mano.»
Judá se los dio, y se allegó a ella, y ella con-
cibió de él.
[19] Luego se levantó y se fue; se quitó el
velo con que se cubría, y volvió a vestir sus
ropas de viuda.
[20] Cuando por medio de su amigo el adu-
lamita Judá envió el cabrito, para recobrar la
prenda, éste ya no encontró a la mujer.
[21] Les preguntó entonces a los hombres
de aquel lugar:
«¿Dónde está la ramera de Enayin, la que
estaba junto al camino?»
Y ellos le dijeron:
«Aquí no ha estado ninguna ramera.»
[22] El adulamita volvió entonces a Judá, y
le dijo:
«Ya no la encontré. Además, los hombres
del lugar me dijeron: "Aquí no ha estado
ninguna ramera."»
[23] Judá dijo:
«Pues que se quede con las prendas, para
que nadie se burle de nosotros. Que cons-
te que yo envié este cabrito, y que tú no la
hallaste.»
[24] Como tres meses después, le llegó esta
noticia a Judá:
«Tamar, tu nuera, se ha prostituido. Y el
resultado es que ha quedado embarazada.»
Entonces Judá dijo:
«¡Sáquenla y quémenla!»
[25] Pero cuando la estaban sacando, ella en-
vió a decir a su suegro:
«Fíjate, por favor, de quién son este sello,
este cordón y este báculo. Por causa del
dueño de estas cosas estoy embarazada.»
[26] Cuando Judá reconoció todo esto, dijo:
«Ella es más justa que yo, pues no le di a
mi hijo Sela.»
Y nunca más tuvo relaciones con ella.
[27] Y cuando llegó el momento de que
diera a luz, resultó que en su vientre había
gemelos;
[28] y al momento de nacer, uno de ellos
sacó la mano. Entonces la partera le tomó
la mano, le ató un hilo escarlata, y dijo: «Éste
nació primero.»
[29] Pero el niño volvió a meter la mano,
y entonces salió su hermano. Y la partera
dijo: «¡Cómo te abriste paso!» Y le puso por
nombre Fares.[s]
[30] Después salió su hermano, el que tenía
el hilo escarlata en la mano, y le puso por
nombre Zeraj.

José y la esposa de Potifar

39 [1] Los ismaelitas llevaron a José a
Egipto, y allá se lo compró a ellos
un egipcio llamado Potifar, que
era oficial del faraón y capitán de su guardia.
[2] Pero el Señor estaba con José,[a] y éste
prosperó en la casa del egipcio, su amo.

[s] 38.29 Es decir, ***apertura,*** o ***brecha.***

EL SEÑOR ESTABA CON JOSÉ *(Génesis 39.2)*
El capítulo 39 sigue contando la historia de José después que sus hermanos lo vendieron como esclavo y fue llevado a Egipto. Termina contando cómo a José lo metieron en la cárcel. Sin embargo, en el capítulo 39 dice cuatro veces que "el Señor estaba con José". Ya que José honraba a Dios y lo obedecía a pesar de estas dificultades, Dios a su vez honró a José y le dio éxito, aun como esclavo y estando en la cárcel. Dios promete guiar a los que lo honran y dependen completamente de Él. Haz una lista de cosas con las cuales quieres que Dios te ayude. Ve tachando de la lista cada una de las cosas a medida que Dios te ayuda con ella

3 Y su amo se dio cuenta de que el Señor estaba con él y lo hacía prosperar en todo lo que emprendía,

4 de modo que José se ganó su buena voluntad, y le servía, y su amo lo nombró mayordomo de su casa y dejó en sus manos todo lo que tenía.

5 Desde el momento en que José quedó a cargo de la casa y posesiones del egipcio, el Señor bendijo su casa por causa de José. La bendición del Señor estaba sobre todo lo que él tenía, lo mismo en la casa que en el campo.

6 El egipcio dejó en manos de José todo lo que tenía, y ya no se ocupaba más que de lo que tenía que comer. Y José era bien parecido y de bella presencia.

7 Después de esto, resultó que la mujer de su amo puso sus ojos en él y le dijo:

«¡Acuéstate conmigo!»

8 Pero él se negó a hacerlo, y le dijo a la mujer de su amo:

«Como puedes ver, estando yo aquí, mi señor no sabe ni lo que hay en esta casa. Ha puesto en mis manos todo lo que tiene.

9 En esta casa no hay nadie mayor que yo, ni hay nada que él me haya reservado, excepto a ti, puesto que tú eres su mujer. ¿Cómo podría yo cometer algo tan malo y pecar contra Dios?»

10 Y José hablaba con ella todos los días, pero no le hacía caso en cuanto a acostarse con ella o estar con ella;

11 pero un día entró en la casa para cumplir con sus obligaciones, y como allí no había nadie,

12 ella lo agarró de la ropa y le dijo:

«Acuéstate conmigo.»

Pero él dejó su ropa en las manos de ella, *y salió corriendo de allí.*

13 Cuando ella lo vio salir corriendo, y que había dejado su ropa en sus manos,

14 llamó a los que estaban en la casa, y les dijo:

«Miren, este hebreo que mi esposo nos ha traído quiere burlarse de nosotros. Entró adonde yo estaba, para acostarse conmigo. Pero yo grité con todas mis fuerzas,

15 y cuando él me oyó gritar, dejó su ropa en mis manos y salió corriendo.»

16 Y ella dejó a su lado la ropa de José, hasta que su esposo llegó a su casa.

17 Entonces ella le repitió lo mismo. Le dijo: «El siervo hebreo que nos trajiste, entró adonde yo estaba, para burlarse de mí.

18 Pero como yo empecé a gritar, él dejó su ropa en mis manos y salió corriendo.»

19 Cuando el amo de José oyó lo que su mujer le contaba, y que le decía: «Así me ha tratado tu siervo», se puso furioso;

20 entonces agarró a José y lo puso en la cárcel, donde estaban los presos del rey. Y allí en la cárcel se quedó José.

21 Pero el Señor estaba con él[b] y le extendió su misericordia, y le permitió ganarse la buena voluntad del jefe de la cárcel.

22 Y así el jefe de la cárcel dejó en manos de José el cuidado de todos los presos que había en aquella prisión. Todo lo que allí se hacía, lo hacía José.

23 El jefe de la cárcel no tenía que vigilar nada de lo que estaba al cuidado de José, porque el Señor estaba con José y prosperaba todo lo que él hacía.

José interpreta dos sueños

40 1 Después de esto sucedió que el copero y el panadero del rey de Egipto delinquieron contra su señor, el rey de Egipto,

2 y éste se enojó contra sus dos oficiales, es decir, contra el jefe de los coperos y el jefe de los panaderos,

3 y los puso en prisión, en la cárcel donde José estaba preso, es decir, en la casa del capitán de la guardia.

4 El capitán de la guardia puso a José a cargo de ellos, y él les servía, y ellos estuvieron en la prisión muchos días.

5 Allí en la prisión, en una misma noche, tanto el copero como el panadero del rey de Egipto tuvieron cada uno un

[a]**39.2:** Hch 7.9. [b]**39.21:** Hch 7.9.

sueño, y cada sueño tenía su propio significado.

6 Cuando José vino a verlos por la mañana, los miró y notó que estaban tristes.

7 Entonces les preguntó a esos oficiales del faraón, que estaban presos como él en la casa de su señor:

«¿Por qué tienen hoy tan mal semblante?»

8 Ellos le dijeron:

«Hemos tenido un sueño, y no hay quien lo interprete.»

Y José les dijo:

«¿Acaso no corresponde a Dios interpretar los sueños? Cuéntenmelo ahora.»

9 Entonces el jefe de los coperos le contó su sueño a José, y le dijo:

«En mi sueño, veía yo una vid delante de mí;

10 en la vid había tres sarmientos. La vid parecía brotar y arrojar su flor, y las uvas de sus racimos maduraban.

11 Yo tenía en la mano la copa del faraón, y tomaba las uvas y las exprimía en la copa, y daba al faraón la copa en su mano.»

12 José le dijo:

«Ésta es la interpretación: los tres sarmientos son tres días.

PALABRAS CON PODER

MAGOS

(Génesis 41.8)

Los magos son personas que practican las artes mágicas. Era común que hubiera magos en los palacios de los gobernantes de la antigüedad. Estos magos leían las estrellas, predecían el futuro, practicaban la magia e interpretaban los sueños. Pero como leemos en Génesis capítulo 41, su poder era limitado. Cuando Faraón les pidió que le dijeran el significado de su misterioso sueño, no pudieron hacerlo. Sólo José pudo hacerlo. ¿Por qué? Porque Dios le había dicho cuál era el significado del sueño. Sólo nuestro Dios poderoso sabe y controla todo, incluso nuestro futuro. ¿Cómo te hace sentir eso?

13 Al cabo de tres días el faraón te levantará la cabeza y te restituirá a tu puesto, y tú le darás la copa al faraón en la mano, como solías hacerlo cuando eras su copero.

14 Así que acuérdate de mí cuando recibas ese beneficio. Yo te ruego que me trates con misericordia. Haz mención de mí ante el faraón, y sácame de esta prisión.

15 Porque a mí me secuestraron de la tierra de los hebreos, y aquí no he hecho nada para que me hayan puesto en la cárcel.»

16 Al ver el jefe de los panaderos que José había hecho una buena interpretación, le dijo:

«También yo soñé que veía tres canastillos blancos sobre mi cabeza.

17 En el canastillo más alto había toda clase de manjares y pasteles para el faraón, y las aves los comían del canastillo que estaba sobre mi cabeza.»

18 José respondió, y dijo:

«Ésta es la interpretación: Los tres canastillos son tres días.

19 Al cabo de tres días el faraón te levantará la cabeza, y hará que te cuelguen en la horca, y las aves te arrancarán la carne para comérsela.»

20 Al tercer día, que era el día del cumpleaños del faraón, éste ofreció un banquete para todos sus sirvientes; y en medio de sus servidores levantó la cabeza del jefe de los coperos y la cabeza del jefe de los panaderos.

21 Al jefe de los coperos lo hizo volver a su puesto, y éste daba al faraón la copa en su mano;

22 pero al jefe de los panaderos lo mandó a la horca, conforme a la interpretación que José les había hecho.

23 Pero el jefe de los coperos, lejos de acordarse de José, se olvidó de él.

José interpreta el sueño del faraón

41 1 Dos años después, sucedió que el faraón tuvo un sueño, en el que se veía de pie, junto al río.

2 Del río salían siete vacas, muy hermosas

y gordas, que se alimentaban de los pastos.

3 Tras ellas salían del río otras siete vacas, muy flacas y feas, que se pararon a la orilla del río, cerca de las vacas hermosas,

4 ¡y las vacas flacas y feas se comían a las siete vacas hermosas y gordas! Y el faraón se despertó.

5 Pero volvió a dormirse, y la segunda vez soñó que de una sola caña crecían siete espigas, muy hermosas y llenas de trigo,

6 y que tras ellas salían otras siete espigas, delgadas y marchitadas por el viento solano;

7 ¡y las siete espigas delgadas se comían a las siete espigas hermosas y llenas de trigo! Y el faraón se despertó, y vio que sólo era un sueño.

8 Por la mañana el faraón estaba muy agitado, y mandó llamar a todos los magos de Egipto y a todos sus sabios; y el faraón les contó sus sueños, pero no había quien se los pudiera interpretar.

9 Entonces el jefe de los coperos habló con el faraón y le dijo:

«Ahora me acuerdo de que he fallado.

10 Cuando Su Majestad se enojó contra el jefe de los panaderos y contra mí, sus siervos, nos mandó a la prisión en la casa del capitán de la guardia.

11 Y en una misma noche él y yo tuvimos un sueño, y cada sueño tenía su propio significado.

12 Allí, con nosotros, estaba un joven hebreo, siervo del capitán de la guardia; y cuando le contamos nuestros sueños, él nos interpretó lo que cada uno había soñado.

13 Y resultó que todo sucedió tal y como él nos los interpretó: yo fui restituido a mi puesto, y el otro fue enviado a la horca.»

14 El faraón mandó entonces llamar a José. *Con mucha prisa lo sacaron de* la cárcel, y él se afeitó y se cambió de ropa, y se presentó ante el faraón.

15 El faraón le dijo:

«He tenido un sueño, y no hay quien lo interprete. Pero he oído decir que tú oyes un sueño y lo puedes interpretar.»

16 José le respondió al faraón:

«No depende de mí. Pero Dios dará al faraón una respuesta propicia.»

17 Entonces el faraón le dijo:

«En mi sueño, yo me veía de pie, a la orilla del río.

18 Del río salieron siete vacas muy gordas y hermosas, que se alimentaban de los pastos.

19 Detrás de ellas salieron otras siete vacas, muy flacas y feas. ¡Estaban tan flacas, que no he visto otras tan feas en toda la tierra de Egipto!

20 Y las vacas flacas y feas se comían a las primeras siete vacas gordas,

21 y éstas entraban en su panza, y nadie podía saber que las tuvieran adentro, porque se veían igual de flacas, como al principio. Entonces desperté.

22 En mis sueños también vi que siete espigas, llenas de trigo y hermosas, crecían de un mismo tallo.

23 Tras ellas crecían otras siete espigas, delgadas y marchitadas por el viento solano,

24 ¡y las espigas delgadas se comían a las siete espigas hermosas! Les he dicho esto a los magos, pero no hay quien me lo interprete.»

25 José le respondió al faraón:

«El sueño de mi señor el faraón es uno solo. Dios le ha hecho saber lo que él está por hacer.

26 Las siete vacas hermosas son siete años, y las espigas hermosas también son siete años. El sueño es uno solo.

27 También las siete vacas flacas y feas que subían tras ellas son siete años, y las siete espigas delgadas y marchitadas por el viento solano serán siete años de hambre.

28 Ésta es mi respuesta a Su Majestad: Dios ha mostrado a Su Majestad lo que él está por hacer.

29 Vienen ya siete años de gran abundancia en toda la tierra de Egipto.

30 Pero a estos les seguirán siete años de hambre. Toda la abundancia será olvidada en la tierra de Egipto, porque el hambre acabará con la tierra.

31 Por causa del hambre que vendrá, y que

será gravísima, esa abundancia quedará ignorada.

[32] El hecho de que Su Majestad haya tenido el mismo sueño dos veces, significa que Dios ha decidido hacer esto, y que muy pronto lo hará.

[33] Su Majestad debe buscarse ya un hombre inteligente y sabio, y ponerlo al frente de la tierra de Egipto.

[34] Debe también poner gobernadores al frente del país, y tomar la quinta parte de lo que produzca la tierra de Egipto durante los siete años de abundancia.

[35] Se deben almacenar todos los alimentos de estos buenos años que vienen, y bajo el control de Su Majestad recogerse y guardarse el trigo, para el sustento de las ciudades.

[36] Estas provisiones deben quedar almacenadas para el país, para los siete años de hambre que habrá en la tierra de Egipto. Así el país no perecerá de hambre.»

José, gobernador de Egipto

[37] Esto le pareció bien al faraón y a sus siervos,

[38] y el faraón les dijo a sus siervos: «¿Podremos encontrar a otro hombre como éste, en quien esté el espíritu de Dios?»

[39] A José le dijo:

«Puesto que Dios te ha hecho saber todo esto, no hay nadie tan inteligente y sabio como tú.

[40] Así que tú estarás al frente de mi casa,[a] y todo mi pueblo se someterá a lo que digas; solamente en el trono seré mayor que tú.»

[41] También le dijo el faraón a José:

«Como ves, yo te he puesto al frente de toda la tierra de Egipto.»

[42] Y el faraón se quitó su anillo de la mano, y lo puso en la mano de José; también hizo que lo vistieran con ropas de lino muy fino, y en el cuello le puso un collar de oro;

[43] después hizo que subiera en su segundo carro, y que delante de él se gritara: «¡De rodillas!»;[4] y lo puso al frente de toda la tierra de Egipto.

[44] Luego el faraón le dijo a José:

«Yo soy el faraón. Pero sin ti nadie alzará la mano ni el pie en toda la tierra de Egipto.»

[45] Y el faraón le dio a José el nombre de Safenat Paneaj, y le dio por mujer a Asenat, la hija de Potifera, el sacerdote de On. Entonces José salió para recorrer toda la tierra de Egipto.

[46] José tenía treinta años de edad cuando fue presentado ante el faraón, rey de Egipto. Y salió José de la presencia del faraón, y recorrió toda la tierra de Egipto.

[47] En aquellos siete años de abundancia la tierra produjo en grandes cantidades.

[48] Y José recogió todo el alimento de los siete años de abundancia que hubo en la tierra de Egipto, y almacenó alimento en las ciudades, y entregó a cada ciudad el alimento del campo de sus alrededores.

[49] José recogió trigo en grandes cantidades, como si fuera arena del mar, al grado de no poder contarlo, porque era incontable.

[50] Antes de que llegara el primer año de hambre, le nacieron a José dos hijos, los cuales le dio Asenat, la hija de Potifera, el sacerdote de On.

LECCIONES

JOSÉ Y SUS HERMANOS

(Génesis 42.21)

Veinte años después que los hermanos de José lo vendieron como esclavo, Dios los confrontó acerca de la manera en que habían tratado a su hermano. Tal vez seamos tentados a pensar que nos hemos salido con la nuestra cuando pecamos, pero Dios obrará en nuestro corazón y nuestra mente para mostrar nuestra culpabilidad. En ese momento, tenemos que tomar una decisión: o bien nos resistiremos a lo que Dios nos está diciendo o confesaremos nuestro pecado y haremos lo correcto. ¿Qué crees tú que sea la decisión correcta?

[a]**41.40:** Hch 7.10. [54]**41.43** ***Abrek,*** probablemente una palabra egipcia semejante en sonido a la palabra hebrea que significa ***arrodillarse.***

51 Al primogénito le puso por nombre Manasés,[5] porque dijo: «Dios me ha hecho olvidar todos mis sufrimientos, y toda la casa de mi padre.»

52 Al segundo le puso por nombre Efraín;[6] porque dijo: «Dios me hizo fructificar en la tierra de mi aflicción.»

53 Los siete años de abundancia que hubo en la tierra de Egipto llegaron a su fin,

54 y comenzaron a llegar los siete años de hambre,[b] como José lo había dicho. Y hubo hambre en todos los países, pero en toda la tierra de Egipto había pan.

55 Cuando arreció el hambre en toda la tierra de Egipto, el pueblo pedía a gritos al faraón que le diera pan. Y el faraón les dijo a todos los egipcios: «Vayan a ver a José, y hagan lo que él les diga.»[c]

56 El hambre cundía por todo el país. Entonces José abrió todos los graneros donde había trigo, y se lo vendía a los egipcios, porque el hambre arreciaba en la tierra de Egipto.

57 Y de todas partes venían a Egipto para comprar trigo de José, porque el hambre había arreciado por toda la tierra.

Los hermanos de José llegan a Egipto

42 1 Cuando Jacob vio que en Egipto había alimentos, les dijo a sus hijos:

«¿Qué hacen ahí, mirándose unos a otros?»

2 Dijo además:

«Ha llegado a mis oídos que hay víveres en Egipto. Vayan allá, y compren alimentos para nosotros, para que no muramos sino que sigamos con vida.»[a]

3 Los diez hermanos de José se dirigieron a Egipto para comprar trigo;

4 pero Jacob no envió con ellos a Benjamín, hermano de José, porque dijo: «No vaya a pasarle algo malo.»

5 Como había hambre en la tierra de Canaán, entre los que iban a comprar llegaron los hijos de Israel.

6 José era el que mandaba en el país, y quien le vendía a toda la gente de esa región, así que cuando llegaron los hermanos de José, se inclinaron ante él de cara al suelo.

7 Cuando José vio a sus hermanos, los reconoció; pero hizo como que no los conocía, y en tono áspero les dijo:

«Y ustedes, ¿de dónde vienen?»

Ellos respondieron:

«Venimos de la tierra de Canaán, para comprar alimentos.»

8 Y José reconoció a sus hermanos, pero ellos no lo reconocieron.

9 Entonces recordó José los sueños que había tenido acerca de ellos,[b] y les dijo:

«Ustedes son espías. Han venido a ver los puntos vulnerables del país.»

10 Ellos le respondieron:

«De ninguna manera, señor nuestro. Estos siervos tuyos han venido a comprar alimentos.

11 Todos nosotros somos hijos de un buen hombre. Somos gente honrada, y nunca hemos sido espías.»

12 Pero José les dijo:

«No, sino que han venido a ver los puntos vulnerables del país.»

13 Ellos respondieron:

«Nosotros, tus siervos, somos doce hermanos, hijos de un buen hombre de la tierra de Canaán. Nuestro hermano menor está hoy con nuestro padre, y el otro ya no vive.»

14 Pero José les dijo:

«¡Tal como les dije! ¡Ustedes son espías!

15 Y con esto van a ser puestos a prueba. Les juro por la vida del faraón, que no van a salir de aquí hasta que su hermano menor venga acá.

16 Envíen a uno de ustedes, a que traiga a su hermano; pero ustedes se quedarán presos. Vamos a ver si ustedes dicen la verdad; y si no, ¡por la vida del faraón, que ustedes son espías!»

17 Y José los puso a todos en la cárcel durante tres días.

[5] **41.51** Es decir, ***El que hace olvidar.*** [6] **41.52** De una palabra hebrea que significa ***fructífero.*** [b] **41.54:** Hch 7.11. [c] **41.55:** Jon 2.5. [a] **42.2:** Hch 7.12. [b] **42.9:** Gn 37.5-10.

18 Al tercer día, les dijo:

«Yo temo a Dios. Hagan esto y vivirán:

19 Si son gente honrada, dejen preso a uno de sus hermanos en la cárcel donde ahora están, y ustedes vayan y lleven alimento a su casa para mitigar el hambre.

20 Pero tráiganme a su hermano menor para probar sus palabras, y no morirán.»

Y ellos lo hicieron así,

21 pero se decían el uno al otro:

«Realmente hemos pecado contra nuestro hermano, pues lo vimos angustiarse y rogarnos, y no le hicimos caso. Por eso nos ha sobrevenido esta angustia.»

22 Rubén les respondió, y dijo:

«¿Acaso no les decía yo, que no pecaran contra el niño?[c] ¡Pero ustedes no me hicieron caso! ¡Y ahora también se nos demanda su sangre!»

23 Pero ellos no sabían que José los entendía, porque entre ellos había un intérprete.

24 Y José se apartó de ellos, y lloró. Después volvió para hablar con ellos, y de entre ellos tomó a Simeón y ante sus ojos lo aprisionó.

25 Después mandó José que llenaran sus sacos de trigo, que se les devolviera a cada uno su dinero, poniéndolo en su saco, y que les dieran comida para el camino. Y así se hizo con ellos.

26 Ellos echaron el trigo sobre sus asnos, y se fueron de allí;

27 pero cuando uno de ellos abrió su saco en el mesón, para dar de comer a su asno, vio que su dinero estaba en la boca de su saco.

28 Entonces les dijo a sus hermanos:

«¡Me devolvieron mi dinero! ¡Miren, está aquí, en mi saco!»

El corazón se les salía, y espantados se decían el uno al otro:

«¿Qué es lo que nos ha hecho Dios?»

29 Cuando llegaron a la tierra de Canaán, le contaron a Jacob, su padre, todo lo que les había sucedido. Le dijeron:

30 «Ese hombre, el señor del país, nos habló en tono muy áspero y nos trató como a espías del país.

31 Nosotros le dijimos: "Somos gente honrada, nunca hemos sido espías.

32 Somos doce hermanos, hijos de nuestro padre; uno ya no vive, y el menor está hoy con nuestro padre en la tierra de Canaán."

33 Entonces ese hombre, el señor del país, nos dijo: "Con esto voy a saber si ustedes son gente honrada: Dejen conmigo a uno de sus hermanos, tomen alimento para el hambre de sus casas, y vayan

34 a traerme a su hermano menor. Así sabré que ustedes no son espías, sino gente honrada. Entonces les devolveré a su hermano, y ustedes podrán hacer negocios en el país."»

35 Al momento de vaciar sus sacos, resultó que en el saco de cada uno de ellos estaba la bolsa con su dinero. Cuando ellos y su padre vieron las bolsas con su dinero, sintieron mucho miedo.

36 Pero su padre Jacob les dijo:

«Ustedes me están dejando sin hijos. José ya no está con nosotros, ni Simeón tampoco, y ahora van a llevarse a Benjamín. ¡Todo esto va en contra de mí!»

37 Entonces Rubén habló con su padre, y le dijo:

«Si no te devuelvo a Benjamín, puedes matar a mis dos hijos. Pon a Benjamín en mis manos, y yo te lo devolveré.»

38 Y Jacob dijo:

«Mi hijo no irá con ustedes. Su hermano ha muerto, y sólo él ha quedado. Si le pasara algo malo en el camino que van a tomar, harán que mis canas bajen al sepulcro con gran pesar.»

Los hermanos de José regresan con Benjamín

43 1 El hambre dominaba en la tierra,
2 así que al consumirse todo
el trigo que habían llevado de
Egipto, su padre les dijo:

«Regresen a Egipto, y compren algo de alimento para nosotros.»

3 Pero Judá respondió y dijo:

---

c 42.22: Gn 37.21-22.

«Ese hombre claramente nos hizo esta
advertencia: "Si no traen a su hermano con
ustedes, no volverán a verme."
4 Nosotros iremos a comprar alimentos,
sólo si tú envías a nuestro hermano con nosotros.
5 Si no lo envías, nosotros no iremos. Ese
hombre claramente nos dijo: "Si no traen a
su hermano con ustedes, no volverán a verme."»
6 Entonces dijo Israel:

«¿Por qué me hicieron ese daño, de hacerle saber a ese hombre que tenían otro
hermano?»
7 Ellos respondieron:

«Ese hombre nos hacía muchas preguntas acerca de nosotros y de nuestra familia.
Nos preguntaba: "¿Vive todavía su padre?
¿Tienen algún otro hermano?" Y nosotros
respondimos a sus preguntas. ¿Cómo íbamos a saber que él nos diría: "Traigan aquí
a su hermano"?»
8 Entonces Judá le dijo a Israel, su padre:

«Envía al niño conmigo, y nos prepararemos para partir. Así no moriremos, sino que
seguiremos con vida tú y nosotros y nuestros hijos.
9 Yo te respondo por él. Será a mí a quien
le pidas cuentas. Si no te lo devuelvo, ni lo
pongo delante de ti, para siempre seré ante
ti el responsable.
10 Si no nos hubiéramos tardado tanto, ¡ya
hubiéramos ido y venido dos veces!»
11 Entonces Israel su padre les respondió:

«Si así tiene que ser, ¡adelante! Pongan en
sus sacos de lo mejor que tenemos, y llévenle a ese hombre un regalo: un poco de bálsamo, un poco de miel, aromas, mirra, nueces
y almendras.
12 Lleven también una doble cantidad de
dinero, junto con el dinero que encontraron
en la boca de sus sacos. Tal vez fue una equivocación.
13 Tomen también a su hermano, y prepárense para volver con ese hombre.
14 Que el Dios omnipotente haga que ese
hombre se compadezca de ustedes y les devuelva a su otro hermano, y también a Benjamín. Y si he de quedarme sin hijos, ¡pues
sin hijos me quedaré!»
15 Los hermanos tomaron consigo el regalo, una doble cantidad de dinero, y a Benjamín, y se dispusieron a partir hacia Egipto. Al
llegar, se presentaron ante José.
16 Cuando José vio que Benjamín estaba
con ellos, le ordenó al mayordomo de su
casa:

«Lleva a estos hombres a mi casa, y mata
una res y prepárala, porque hoy al mediodía
estos hombres comerán conmigo.»
17 El mayordomo cumplió las órdenes de
José, y llevó a los hermanos a su casa.
18 Al ver los hermanos que eran llevados a
la casa de José, les dio miedo y dijeron:

«Nos han traído aquí por el dinero que antes fue devuelto en nuestros sacos. Nos han
tendido una trampa. Nos atacarán y nos harán sus esclavos, junto con nuestros asnos.»
19 Se acercaron entonces al mayordomo
de la casa de José, y a la entrada de la casa
hablaron con él.
20 Le dijeron:

«¡Ay, señor nuestro! En realidad, al principio nosotros vinimos a comprar alimentos.
21 Pero sucedió que, cuando llegamos al
mesón y abrimos nuestros costales, ¡ahí estaba el dinero de cada uno de nosotros, en
la boca de su costal! ¡Todo nuestro dinero,
completo! Pero lo hemos vuelto a traer con
nosotros.
22 También hemos traído más dinero para
comprar alimentos. ¡No sabemos quién
pudo haber puesto nuestro dinero en nuestros costales!»
23 El mayordomo les respondió:

«Tranquilos. No tengan miedo. Yo recibí
el dinero de ustedes. El Dios de ustedes y del
padre de ustedes habrá puesto ese tesoro
en sus costales.»

Y les entregó a Simeón.
24 Y el mayordomo llevó a los hermanos
a la casa de José. Allí les dio agua, y ellos se
lavaron los pies, y él dio de comer a los asnos
de ellos.

25 Mientras esperaban que José llegara al
mediodía, pues habían oído que allí habrían
de comer, ellos prepararon el regalo.
26 Cuando José llegó a la casa, ellos le pre-
sentaron el regalo que habían llevado a la
casa, y se inclinaron hasta el suelo delante
de él.
27 José les preguntó cómo estaban, y dijo:
«¿Cómo está el padre de ustedes, el ancia-
no de quien me hablaron? ¿Vive todavía?»
28 Ellos respondieron:
«Nuestro padre está bien, y todavía vive.»
Y se inclinaron ante él con reverencia.
29 José levantó los ojos y vio a Benjamín, su
hermano por parte de madre, y dijo:
«¿Éste es su hermano menor, de quien us-
tedes me hablaron?»
Y añadió:
«Que Dios tenga misericordia de ti, hijo
mío.»
30 Pero por causa de su hermano, José se
sintió muy conmovido; así que apresurada-
mente buscó dónde llorar. Entró entonces
en su aposento, y ahí lloró.
31 Pero se contuvo y, luego de lavarse la
cara, salió y dijo:
«Sirvan la comida.»
32 A José le sirvieron aparte, lo mismo que
a sus hermanos. También les sirvieron apar-
te a los egipcios que comían con él, porque
los egipcios no pueden comer con los he-
breos, pues para ellos es algo repugnante.
33 Los hermanos de José se sentaron delan-
te de él, según su primogenitura, de mayor a
menor y en el orden de sus edades. Y unos a
otros se miraban, totalmente atónitos.
34 José tomó de las viandas que tenía de-
lante de él, y se las dio, pero la porción de
Benjamín era cinco veces mayor que la de
cualquiera de ellos. Y ellos bebieron y se ale-
graron con él.

La copa de José

44 1 José le dio esta orden al ma-
yordomo de su casa:
«Llena de alimento los cos-
tales de estos hombres con todo lo que pue-
dan llevar, y pon el dinero de cada uno en la
boca de su costal.
2 Pon también mi copa de plata en la boca
del costal de su hermano menor, junto con
el dinero de su trigo.»
Y el mayordomo hizo lo que le ordenó
José.
3 Con la luz de la mañana los hermanos
partieron con sus asnos.
4 Habían salido ya de la ciudad, pero aún
no se habían alejado de ella, cuando José le
dijo a su mayordomo:
«Levántate y sigue a esos hombres, y
cuando los alcances les dirás: "¿Por qué han
pagado mal por bien? ¿Por qué se robaron
mi copa de plata?
5 ¿Qué, no es ésta la copa en la que bebe
mi señor, y con la que suele adivinar? ¡Está
muy mal lo que han hecho!"»
6 Cuando el mayordomo los alcanzó, les
repitió estas palabras.
7 Y ellos le respondieron:
«Señor, ¿por qué nos habla usted así? ¡Ja-
más estos siervos suyos harían tal cosa!
8 Aquí tiene usted el dinero que hallamos
en la boca de nuestros costales, y que le
trajimos desde la tierra de Canaán. ¿Cómo
habríamos de robar plata y oro de casa de
su señor?
9 Si alguno de estos siervos suyos tiene en
su poder la copa, que muera, y aun nosotros
seremos siervos suyos.»
10 Y el mayordomo dijo:
«Que sea como ustedes dicen. El que ten-
ga la copa será mi siervo, y ustedes queda-
rán libres de culpa.»
11 De prisa ellos bajaron el costal de cada
uno a tierra, y cada uno abrió su costal
12 y buscó la copa, desde el mayor hasta
el menor; ¡y la copa se encontró en el costal
de Benjamín!
13 Ellos se desgarraron sus vestidos, y cada
uno puso la carga en su asno y juntos volvie-
ron a la ciudad.
14 Cuando Judá y sus hermanos llegaron a
la casa de José, éste aún estaba allí. Entonces
se arrodillaron hasta el suelo delante de él,

15 y José les dijo:
«¿Qué es lo que han hecho? ¿No saben
que un hombre como yo sabe adivinar?»
16 Judá respondió:
«¿Qué podemos decir a mi señor? ¿Con
qué palabras podremos justificarnos? Dios ha
puesto al descubierto la maldad de estos sier-
vos de mi señor, y ahora nosotros y el que te-
nía la copa en su poder seremos sus siervos.»
17 José respondió:
«Jamás haría yo algo así. Sólo el que tenía
la copa en su poder será mi siervo. Ustedes
pueden volver en paz a su padre.»

Judá intercede por Benjamín

18 Entonces Judá se acercó a José, y le dijo:
«¡Ay, señor mío! Ruego a mi señor permi-
tir que este siervo suyo le diga unas palabras
al oído. No se enoje mi señor con este siervo
suyo. ¡Es como si yo hablara con el faraón!
19 Mi señor preguntó a estos sus siervos:
"¿Tienen ustedes padre, o algún hermano?",
20 y nosotros respondimos a mi señor: "Te-
nemos un padre, ya anciano, y un hermano
joven y todavía pequeño, que él tuvo en su
vejez. Un hermano suyo murió, y de los hijos
de su madre sólo él quedó. Su padre lo ama."
21 Mi señor dijo a sus siervos: "Tráiganme-
lo, y yo pondré mis ojos en él."
22 Y nosotros dijimos a mi señor: "El niño
no puede dejar a su padre. Si llegara a dejar-
lo, su padre morirá."

PALABRAS CON PODER

LIBERACIÓN
(Génesis 45.7)

Aunque los hermanos de José trataron de deshacerse de él, Dios usó sus acciones malvadas para el bien. José *fue vendido como esclavo y llevado* a Egipto, donde llegó a ser un gran gobernante. Salvó la vida de su familia. Además liberó a todo el pueblo de Egipto al proveer comida durante la hambruna. Dios nos libera al salvarnos de nuestros pecados cuando creemos en su Hijo Jesús.

23 Mi señor nos dijo: "Pues si su hermano
menor no viene, ustedes no volverán a ver-
me."
24 Cuando llegamos a casa de mi padre,
siervo de mi señor, le dijimos esto mismo;
25 y cuando nuestro padre nos dijo: "Vuel-
van para comprar un poco de alimento para
nosotros",
26 le respondimos: "No podemos ir. Sólo
iremos si nuestro hermano menor va con
nosotros. Porque si él no está con nosotros,
no podremos presentarnos ante ese hom-
bre."
27 Entonces mi padre, siervo de mi señor,
nos dijo: "Ustedes saben que mi mujer me
dio dos hijos.
28 Uno de ellos salió de mi presencia, y
hasta ahora no he vuelto a verlo. Estoy se-
guro de que alguna fiera lo hizo pedazos.
29 Si ahora se llevan también de mi pre-
sencia a éste, y le sucede algo malo, harán
que mis canas bajen al sepulcro por causa
de ese mal."
30 Así que, si yo vuelvo ahora a mi padre,
siervo de mi señor, y el niño no va con no-
sotros, tan apegado está mi padre al niño
31 que, cuando no lo vea, morirá. Entonces
nosotros, siervos de mi señor, haremos que
las canas de nuestro padre bajen al sepulcro
por causa de la tristeza.
32 Este siervo de mi señor se hizo respon-
sable del niño ante mi padre. Yo le dije: "Pa-
dre mío, si no te lo traigo de vuelta, yo seré
para siempre culpable ante ti."
33 Por eso, ruego a mi señor permitir que
yo me quede en lugar del niño. Yo seré sier-
vo de mi señor, y que el niño se vaya con sus
hermanos.
34 Porque ¿cómo podré volver sin el niño
a casa de mi padre? ¡Jamás podría ver el mal
que le sobrevendría a mi padre!»

José se da a conocer a sus hermanos

45 1 José ya no podía contenerse
delante de todos los que esta-
ban a su lado, así que exclamó:
«¡Que salgan todos de mi presencia!»

Así que nadie estaba con él cuando se dio
a conocer a sus hermanos.[a]
2 Y dio rienda suelta a su llanto. Y lo su-
pieron los egipcios, y también se supo en la
casa del faraón.
3 Y les dijo José a sus hermanos:
«¡Yo soy José! ¿Vive todavía mi padre?»
Pero sus hermanos no pudieron respon-
derle, porque estaban confundidos en su
presencia.
4 Entonces José les dijo:
«Acérquense a mí.»
Ellos se acercaron, y él les dijo:
«Yo soy José, su hermano, el que ustedes
vendieron a Egipto.
5 Pero no se pongan tristes, ni lamenten
el haberme vendido, porque Dios me envío
aquí, delante de ustedes, para preservarles
la vida.
6 Ya ha habido dos años de hambre en
todo el país, y aún faltan cinco más, en los
que no habrá quien are la tierra ni quien co-
seche nada.
7 Pero Dios me envió delante de ustedes,
para preservar su descendencia en la tierra
y para darles vida mediante una gran libe-
ración.
8 Así que no son ustedes quienes me
mandaron acá, sino Dios, que me ha puesto
como padre del faraón y señor de toda su
casa, y como gobernador de toda la tierra
de Egipto.
9 ¡Pero dense prisa! Vayan con mi padre y
díganle esto de mi parte: "Dios me ha he-
cho señor de todo Egipto. Ven a mí; no te
detengas.
10 Habitarás en la tierra de Gosén, y estarás
cerca de mí, junto con tus hijos y tus nietos,
tus ovejas y tus vacas, y todo lo que tienes.
11 Yo te alimentaré allí, para que no te falta
nada a ti ni a tu familia, ni a nada de lo que
tienes, pues aún están por venir cinco años
de hambre."[b]
12 Ustedes y mi hermano Benjamín lo
están viendo, que soy yo mismo quien les
habla.
13 Así que cuéntenle a mi padre de toda mi
riqueza en Egipto, y de todo lo que han visto.
¡Pero dense prisa, y traigan aquí a mi padre!»
14 Y llorando, José se echó sobre el cuello
de Benjamín, su hermano; y también Benja-
mín lloró sobre su cuello.
15 Llorando también, José besó luego a to-
dos sus hermanos, y después sus hermanos
hablaron con él.
16 La noticia llegó a la casa del faraón.
Le dijeron: «Han llegado los hermanos de
José», lo cual agradó al faraón y a sus siervos.
17 Entonces el faraón le dijo a José:
«Diles a tus hermanos que carguen sus
bestias, y que regresen a la tierra de Canaán;
18 que tomen al padre de ustedes y a sus
familias, y que vengan a mí. Yo les daré a us-
tedes lo mejor de la tierra de Egipto, y uste-
des comerán de la abundancia de la tierra.
19 Y tú, ordénales que hagan lo siguiente:
que tomen de la tierra de Egipto carros para
sus niños y mujeres, y que vengan y traigan
al padre de ustedes.
20 Y no se preocupen por sus enseres, por-
que de ustedes será lo mejor de la tierra de
Egipto.»
21 Los hijos de Israel lo hicieron así, y si-
guiendo la orden del faraón, José les dio
carros y les proveyó víveres para el camino.
22 A cada uno de ellos le dio mudas de
ropa, y a Benjamín le dio trescientas piezas
de plata y cinco mudas de ropa.
23 A su padre le envió diez asnos cargados
con lo mejor de Egipto, diez asnas cargadas
de trigo, y pan y comida para el viaje de su
padre.
24 Luego despidió a sus hermanos, y ellos
partieron. Y él les recomendó: «No vayan
peleando por el camino.»
25 Ellos salieron de Egipto y llegaron a la
tierra de Canaán, a donde estaba Jacob su
padre.
26 Y le dieron la noticia. Le dijeron: «¡José
vive todavía! ¡Es el señor de toda la tierra de
Egipto!» Pero en el fondo Jacob se afligió,
porque no les creía.

[a]**45.1:** Hch 7.13. [b]**45.9-11:** Hch 7.14.

[27] Entonces ellos le contaron todo lo que
José había dicho, palabra por palabra. Y
cuando Jacob vio los carros que José había
enviado para llevarlo, su espíritu revivió.
[28] Entonces Israel dijo: «¡Me basta con que
mi hijo José viva todavía! ¡Iré a verlo, antes de
que me muera!»

Jacob y su familia en Egipto

46 [1] Israel se puso en marcha con
todo lo que tenía. Cuando lle-
gó a Berseba, ofreció sacrificios
al Dios de Isaac, su padre.
[2] Una noche, Dios le habló a Israel en una
visión. Lo llamó por su nombre Jacob, y él
respondió:
«Aquí estoy.»
[3] Dios le dijo:
«Yo soy Dios, el Dios de tu padre. No ten-
gas miedo de ir a Egipto, porque allí haré de
ti una gran nación.
[4] Yo iré contigo a Egipto, y también te haré
volver. Y la mano de José te cerrará los ojos.»
[5] Jacob partió de Berseba, y los hijos de Is-
rael pusieron a su padre Jacob, y a sus niños
y sus mujeres, en los carros que el faraón ha-
bía enviado para llevarlo.
[6] Tomaron sus ganados y los bienes que
habían adquirido en la tierra de Canaán, y
Jacob y toda su descendencia se fueron a
Egipto.[a]
[7] Jacob llevo a Egipto a sus hijos y a sus
nietos, a sus hijas y a las hijas de sus hijos, y a
toda su descendencia. A todos ellos los llevo
consigo a Egipto.
[8] Éstos son los nombres de los hijos de Is-
rael que llegaron a Egipto: Jacob y sus hijos.
Rubén, primogénito de Jacob.
[9] Los hijos de Rubén: Janoc, Falú, Jesrón y
Carmi.
[10] Los hijos de Simeón: Jemuel, Jamín, Oad,
Jaquín, Sojar y Saúl, hijo de la cananea.
[11] Los hijos de Leví: Guersón, Coat y Me-
rari.
[12] Los hijos de Judá: Er, Onán, Sela, Fares y
Seraj. Pero Er y Onán murieron en la tierra
de Canaán. Los hijos de Fares fueron Jesrón
y Jamul.
[13] Los hijos de Isacar: Tola, Fuvá, Job y Si-
merón.
[14] Los hijos de Zabulón: Sered, Elón y Ya-
jelel.
[15] Éstos fueron los hijos que Lea le dio a Ja-
cob en Padán Aram, además de su hija Dina.
Sus hijos e hijas fueron un total de treinta y
tres personas.
[16] Los hijos de Gad: Sefón, Jaguí, Ezbón,
Suni, Eri, Arodi y Areli.
[17] Los hijos de Aser: Imna, Isúa, Isví, Beria, y
Seraj, la hermana de ellos. Los hijos de Beria:
Jéber y Malquiel.
[18] Éstos fueron los hijos que Zilpa, la sierva
que Labán dio a su hija Lea, le dio a Jacob: en
total, dieciséis personas.
[19] Los hijos de Raquel, mujer de Jacob: José
y Benjamín.
[20] En la tierra de Egipto le nacieron a José
dos hijos, Manasés y Efraín, que tuvo con
Asenat, la hija de Potifera, el sacerdote de
On.[b]
[21] Los hijos de Benjamín fueron Bela, Be-
quer, Asbel, Gera, Namán, Ehí, Ros, Mupín,
Jupín y Ard.
[22] Éstos fueron los hijos que de Raquel le
nacieron a Jacob. En total, catorce personas.
[23] Los hijos de Dan: Jusín.
[24] Los hijos de Neftalí: Yajesel, Guni, Yéser
y Silén.
[25] Éstos fueron los hijos que Bilá, la sierva
que Labán dio a su hija Raquel, le dio a Ja-
cob. En total, siete personas.
[26] Todos los descendientes de Jacob que
llegaron a Egipto fueron un total de sesenta
y seis personas, sin contar a las mujeres de
los hijos de Jacob.
[27] Los hijos que le nacieron a José en Egip-
to fueron dos. En total, los miembros de la
casa de Jacob, que llegaron a Egipto, fueron
setenta.[c]
[28] Cuando llegaron a la tierra de Gosén,
Jacob mandó a Judá que se adelantara para
pedirle a José que viniera a verlo allí.

[a]**46.6:** Hch 7.15. [b]**46.20:** Gn 41.50-52. [c]**46.27:** Hch 7.14.

29 José unció su carro y fue a recibir a Israel,
su padre, en Gosén. Cuando lo vio, se echó
sobre su cuello y lloró largamente.
30 Entonces Israel le dijo a José:
«Ahora que ya he visto tu rostro, y sé que
aún vives, ya puedo morirme.»
31 José les dijo a sus hermanos y a todos los
de la casa de su padre:
«Voy a darle la noticia al faraón. Le diré
que mis hermanos y la familia de mi padre,
que estaban en la tierra de Canaán, han ve-
nido a mí.
32 Le diré que son pastores de ovejas y ga-
naderos, y que han traído sus ovejas y sus
vacas, y todo lo que tenían.
33 Cuando el faraón los llame y les pregun-
te a qué se dedican,
34 díganle: "Desde nuestra juventud y has-
ta ahora, estos siervos tuyos nos dedicamos
a criar ganado, lo mismo que nuestros pa-
dres." Esto, a fin de que ustedes se queden a
vivir en la tierra de Gosén, porque a los egip-
cios les repugnan los pastores de ovejas.»

47 1 José fue y le dio la noticia al
faraón. Le dijo:
«Mi padre y mis hermanos
han venido de la tierra de Canaán. Ya están
en la tierra de Gosén, con sus ovejas y sus
vacas y con todas sus pertenencias.»
2 Tomó a cinco de sus hermanos, los más
jóvenes, y se los presentó al faraón.
3 Éste les dijo a sus hermanos:
«¿Ustedes a qué se dedican?»
Y ellos le respondieron:
«Estos siervos tuyos son pastores de ove-
jas, lo mismo que nuestros antepasados.»
4 También le dijeron al faraón:
«Hemos venido a vivir en esta tierra, por-
que no hay pastos para las ovejas de tus
siervos. En la tierra de Canaán el hambre se
ha agravado. Te rogamos que permitas a tus
siervos habitar en la tierra de Gosén.»
5 Entonces el faraón habló con José y le
dijo:
«Tu padre y tus hermanos han venido a ti.
6 Ahí tienes la tierra de Egipto. Haz que tu
padre y tus hermanos habiten en lo mejor
de la tierra de Gosén. Y si sabes que entre
ellos hay hombres capaces, ponlos a cargo
de mis ganados.»
7 José llevó también a Jacob, su padre, a la
presencia del faraón, para presentárselo, y
Jacob bendijo al faraón.
8 El faraón le preguntó a Jacob:
«¿Cuántos años de vida tienes ya?»
9 Y Jacob le respondió:
«Tengo ya ciento treinta años de andar
peregrinando. Pocos y malos han sido los
años que he vivido, pero aún no han llegado
a ser como los años de vida de mis padres,
en los días de su peregrinaje.»
10 Y Jacob bendijo al faraón, y salió de su
presencia.
11 Así fue como José hizo habitar a su
padre y a sus hermanos, y les dio posesión
en lo mejor de la tierra de Egipto, que es la
tierra de Ramesés, tal y como lo ordenó el
faraón.
12 Y José alimentó con pan a su padre y a
sus hermanos, y a toda la familia de su pa-
dre, conforme al número de sus hijos.
13 En ninguna parte del país había pan, y el
hambre era muy grave. Por causa del ham-
bre decayeron la tierra de Egipto y la tierra
de Canaán.
14 José recaudó todo el dinero que había en
la tierra de Egipto y en la tierra de Canaán, a
cambio del grano que de él compraban. Ese
dinero José lo depositó en la casa del faraón.
15 Cuando se acabó el dinero en Egipto y
en Canaán, todos los egipcios fueron a ver a
José y le dijeron:
«Danos pan. ¿Por qué hemos de morir
en tu presencia, sólo por haberse acabado
el dinero?»
16 Y José les dijo:
«Si se ha acabado el dinero, denme sus
ganados y a cambio de ellos les daré pan.»
17 Ellos llevaron sus ganados a José, y a
cambio de caballos, ovejas, vacas y asnos, es
decir, a cambio de todos sus ganados, José
los alimentó con pan todo aquel año.
18 Aquel año llegó a su fin, y el segundo
año fueron otra vez a verlo y le dijeron:

«No es un secreto para nuestro señor que
el dinero ya se ha acabado, y que hasta el
ganado es ya de nuestro señor. No tenemos
nada que ofrecer a nuestro señor, sino nues-
tra tierra y nosotros mismos.
19 ¿Por qué hemos de morir ante ti, no-
sotros y nuestra tierra? ¡Cómpranos a no-
sotros y a nuestra tierra, a cambio de pan!
Nosotros y nuestra tierra seremos siervos
del faraón. ¡Pero danos semilla, para que si-
gamos con vida y no muramos, ni sea aso-
lada la tierra!»
20 Así fue como José compró toda la tierra
de Egipto, y la tierra llegó a ser propiedad
del faraón, pues todos los egipcios vendie-
ron sus tierras porque el hambre se agravó
sobre ellos.
21 Al pueblo lo hizo pasar a las ciudades,
de un extremo al otro del territorio de Egip-
to.
22 La única tierra que no compró fue la de
los sacerdotes, pues ellos no vendieron su
tierra porque recibían del faraón una ración,
y comían la ración que el faraón les daba.
23 Y José le dijo al pueblo:
«Hoy los he comprado, a ustedes y a su
tierra, para que sean del faraón. Aquí tienen
semilla, para que siembren la tierra.
24 Una quinta parte de la cosecha será
para el faraón. Las otras cuatro partes serán
para ustedes, para que siembren las tierras,
y para el sustento de los que están en sus
casas y la alimentación de sus niños.»
25 Ellos respondieron:
«¡Nos has devuelto la vida! ¡Esperamos
que nuestro señor nos halle dignos de ser
siervos del faraón!»
26 Esto de dar al faraón la quinta parte de
las cosechas lo estableció José por ley has-
ta el día de hoy en toda la tierra de Egipto.
Sólo las tierras de los sacerdotes no daban
esa quinta parte, porque no eran del faraón.
27 Así fue como Israel se quedó a vivir en
la tierra de Egipto, en la región de Gosén.
Tomaron posesión de esa tierra, y se repro-
dujeron y se multiplicaron en gran manera.
28 Jacob vivió diecisiete años en la tierra de
Egipto; y los años de vida de Jacob fueron
ciento cuarenta y siete.
29 Cuando llegó el momento de su muer-
te, Israel llamó a su hijo José, y le dijo:
«Si puedo pedirte un favor, te ruego que
pongas tu mano debajo de mi muslo, y me
jures que me tratarás con misericordia y ver-
dad. ¡Por favor, no me entierres en Egipto!
30 Cuando yo duerma con mis padres, llé-
vame de aquí y sepúltame en el sepulcro de
ellos.»
Y José respondió:
«Haré lo que tú me pides.»
31 Israel le dijo:
«Júramelo.»
Y José se lo juró. Entonces Israel se inclinó
sobre la cabecera de su cama.

Jacob bendice a Efraín y a Manasés

48 1 Después de estos aconteci-
mientos, se dio aviso a José de
que su padre estaba enfermo.
Entonces él tomó consigo a sus dos hijos,
Manasés y Efraín.
2 Y cuando se le hizo saber a Jacob que
su hijo José venía a visitarlo, Israel hizo un
esfuerzo y se sentó sobre la cama.
3 Y le dijo a José:
«El Dios omnipotente se me apareció en
Luz, en la tierra de Canaán, y me bendijo
4 con estas palabras: "Yo haré que te re-
produzcas y te multipliques. Yo haré de ti
un conjunto de naciones, y esta tierra se la
daré como su herencia perpetua a tu futura
descendencia."[a]
5 En cuanto a tus dos hijos, Efraín y Ma-
nasés, que te nacieron en la tierra de Egip-
to antes de que yo viniera a ti a la tierra de
Egipto, son míos; son como mis hijos Rubén
y Simeón.
6 Los que engendres después de ellos se-
rán tuyos, pero se les conocerá en sus he-
rencias por el nombre de sus hermanos.
7 Cuando yo venía de Padán, en el camino
se me murió Raquel en la tierra de Canaán,

[a] **48.3-4:** Gn 28.13-14.

LECCIONES **LA BENDICIÓN DE JUDÁ**
(Génesis 49.10)

Jacob le dio a Judá, uno de sus hijos menores, la bendición que normalmente se le daba al hijo primogénito. Esta bendición significaba que los descendientes de Judá gobernarían a las otras tribus "hasta que venga Siloh". Esa frase quiere decir "hasta que venga el dueño del cetro". ¿Quién tiene el derecho de gobernar? Jesús, el Mesías prometido, quien fue descendiente de la tribu de Judá. Un día todas las personas lo obedecerán gustosamente.

como a media legua de distancia en dirección a Efrata;[b] y allí, en el camino de Efrata, que es Belén, la sepulté.»
8 En ese momento vio Israel a los hijos de
José, y dijo:
«Y éstos, ¿quiénes son?»
9 Y José le respondió a su padre:
«Son los hijos que Dios me ha dado aquí.»
Entonces Israel le dijo:
«Por favor, acércalos a mí, para que los bendiga.»
10 Tan pesados tenía Israel los ojos por la vejez, que ya no podía ver. Así que Israel los hizo acercarse a él, y entonces los besó y los abrazó.
11 Y le dijo a José:
«Ya no esperaba volver a verte, y sin embargo Dios me ha permitido ver también a tu descendencia.»
12 José sacó a sus hijos de entre sus rodillas, y se inclinó hasta el suelo;
13 luego tomó a los dos y los acercó a su padre. Puso a Efraín a su derecha, que era la izquierda de Israel, y a Manasés a su izquierda, que era la derecha de Israel.
14 Entonces Israel extendió su mano derecha y, aunque Manasés era el primogénito, la puso adrede sobre la cabeza de Efraín, que era el menor, y su mano izquierda sobre la cabeza de Manasés.
15 Bendijo entonces a José con estas palabras:
«Que el Dios en cuya presencia anduvieron mis padres Abrahán e Isaac, el Dios que me ha guiado toda mi vida y hasta el día de hoy,
16 el Ángel que me libra de todo mal, bendiga a estos jóvenes. Que mi nombre sea recordado por medio de ellos, junto con el nombre de mis padres Abrahán e Isaac. Y que se multipliquen grandemente en medio de la tierra.»
17 Al ver José que su padre ponía la mano derecha sobre la cabeza de Efraín, se disgustó y bruscamente tomó la mano de su padre para cambiarla de la cabeza de Efraín a la cabeza de Manasés,
18 mientras le decía a su padre:
«¡Así no, padre mío! ¡Éste es el primogénito! ¡Pon tu mano derecha sobre su cabeza!»
19 Pero su padre no quiso hacerlo así, sino que dijo:
«Ya lo sé, hijo mío; ya lo sé. También él llegará a ser un pueblo, y también será engrandecido. Sin embargo, su hermano menor será más grande que él, y su descendencia formará una multitud de naciones.»
20 Ese día Israel los bendijo[c] con estas palabras:
«Cuando Israel bendiga, dirá en tu nombre: "Que Dios haga contigo como hizo con Efraín y Manasés."»
Y puso a Efraín antes de Manasés.
21 Luego, Israel le dijo a José:
«Como puedes ver, me estoy muriendo. Pero Dios estará con ustedes, y los hará volver a la tierra de sus antepasados.
22 A ti te he dado una porción mayor que a tus hermanos, porción que con mi espada y con mi arco les arrebaté a los amorreos.»

Profecía de Jacob acerca de sus hijos

49 1 Jacob llamó a sus hijos, y les dijo:
«Júntense, que voy a hacerles saber lo que va a sucederles en los días finales.

[b] **48.7:** Gn 35.16-19. [c] **48.20:** Heb 11.21.

2 »Júntense y escuchen, hijos de Jacob;
escuchen a Israel, su padre.

3 »Tú, Rubén, eres mi primogénito,
mi fortaleza, el principio de mi vigor;
eres excelente en dignidad y en poder,
4 e impetuoso como las aguas.
Pero ya no serás el principal,
porque usurpaste el lecho de tu padre;
¡te envileciste al usurpar mi estrado!

5 »Simeón y Leví son chacales;[5]
sus espadas son armas de violencia.
6 Que no entre mi alma en sus reuniones,
ni mi honra se mezcle en su compañía,
porque en su enojo mataron hombres,
y por capricho desjarretaron toros.
7 Maldito sea su furor, tan tenaz,
y su enojo, tan implacable.
Yo los dividiré en Jacob,
y los dispersaré en Israel.

8 »A ti, Judá, te alabarán tus hermanos;
sujetarás a tus enemigos por el cuello,
y los hijos de tu padre se inclinarán
ante ti.
9 Tú, Judá, eres un cachorro de león;
tú, hijo mío, te apartaste de tu presa.
Te encorvas, te echas como león;
te asemejas a un león viejo.
¿Quién se atreverá a despertarte?[a]
10 No se te quitará el cetro, Judá;
ni el símbolo de poder de entre tus
pies,
hasta que venga Siloh
y en torno a él se congreguen los
pueblos.
11 Con tu pollino atado a una vid,
con tu borrico atado a una cepa,
lavarás tus vestidos en vino,
y en la sangre de las uvas tu manto,
12 con los ojos rojos por el vino
y los dientes blancos por la leche.

13 »Zabulón habitará en puertos de mar;
será un puerto para las naves,
y sus límites llegarán hasta Sidón.

14 »Isacar es un asno arisco
que se recuesta entre los campamentos.
15 Cuando probó lo bueno del descanso
y las delicias de la tierra,
doblegó sus hombros ante la carga
y se entregó al trabajo de esclavos.

16 »Dan juzgará a su pueblo,
como una de las tribus de Israel.
17 Dan será como una serpiente,
como una víbora junto al camino,
que muerde los talones del caballo,
y hace caer de bruces al jinete.

18 »¡Tu salvación espero, oh Señor!

19 »A Gad lo atacarán unos bandoleros,
pero él les devolverá el ataque.

20 »El pan de Aser será sustancioso;
él brindará deleites dignos de un rey.

21 »Neftalí es una cierva desatada,
madre de hermosos cervatos.

22 »José es una rama con frutos,
rama con frutos junto a una fuente,
cuyos vástagos cubren todo el muro.
23 Los arqueros lo hostilizan,
y en su odio le lanzan flechas;
24 pero su arco se queda tenso,
y los brazos se les entumecen
ante el poder del Fuerte de Jacob
(ante el nombre del Pastor, la Roca de
Israel),
25 ante el Dios de tu padre, que te
ayudará,
ante el Dios omnipotente, que te
bendecirá
con bendiciones de los altos cielos,

[5] **49.5** chacales. Según otra vocalización. TM: hermanos. [a] **49.9:** Nm 24.9.

con bendiciones del abismo profundo,
con bendiciones de los pechos y del vientre.
26 Fueron más las bendiciones de tu padre
que las bendiciones de mis progenitores.
Aun lo deseable de los montes eternos
bajará sobre la cabeza de José,
sobre la frente del príncipe de sus hermanos.

27 »Benjamín es un lobo rapaz
que por la mañana se come la presa
y por la tarde reparte los despojos.»

Muerte y sepelio de Jacob

28 Éstas son todas las doce tribus de Israel, y esto es lo que su padre les dijo al bendecirlos. A cada tribu le dio su bendición.

29 Luego les dio esta orden:

«Yo estoy por reunirme con mi pueblo. Sepúltenme con mis padres en la cueva que está en el campo de Efrón el hitita.

30 Es la cueva que está en el campo de Macpela, frente a Mamre, en la tierra de Canaán. Abrahán la compró, junto con el campo mismo de Efrón el hitita, para sepultura hereditaria.[b]

31 Allí sepultaron a Abrahán[c] y a Sara, su mujer; allí sepultaron a Isaac[d] y a Rebeca, su mujer; allí también sepulté yo a Lea.

32 El campo y la cueva que está en él, era de los hititas, pero fue comprada de ellos.»

33 Y cuando Jacob terminó de dar instrucciones a sus hijos, encogió sus pies en la cama y expiró.[e] Así fue a reunirse con sus antepasados.

50 1 Entonces José se echó sobre el rostro de su padre, y lloró sobre su cuerpo y lo besó.

2 Luego mandó a sus siervos los médicos que embalsamaran a su padre, y ellos embalsamaron a Israel.

3 Y le guardaron luto cuarenta días, porque ése era el término de luto para los embalsamados, pero los egipcios lo lloraron setenta días.

4 Al término de los días de su luto, José habló con los de la casa del faraón, y les dijo:

«Si soy digno de pedirles un favor, les ruego que hablen con el faraón en mi favor. Díganle de mi parte:

5 "Mi padre me hizo hacerle este juramento: 'Como ves, ya estoy por morirme. Quiero que me sepultes en el sepulcro que cavé para mí en la tierra de Canaán.'[a] Así que, permíteme ir a sepultar a mi padre. Luego volveré."»

6 Y el faraón dijo:

«Ve y sepulta a tu padre, conforme al juramento que le hiciste.»

7 José fue a sepultar a su padre, y lo acompañaron todos los siervos del faraón y los ancianos de su casa, todos los ancianos de la tierra de Egipto,

8 toda la casa de José, y sus hermanos, y la casa de su padre. En la tierra de Gosén se quedaron solamente sus niños, y sus ovejas y sus vacas.

9 También lo acompañaron carros y gente de caballería. La comitiva era muy grande.

10 Cuando llegaron al campo de Atad, que está al otro lado del Jordán, sus lamentos y expresiones de tristeza fueron muy grandes. José, por su parte, hizo duelo por su padre durante siete días.

11 Al ver los cananeos, que habitaban esa región, el llanto que había en el campo de Atad, dijeron: «Grande es el llanto de los egipcios.» Por eso aquel lugar recibió el nombre de «Abel Mizrayin».[8] Este lugar está al otro lado del Jordán.

12 Los hijos de Israel hicieron con él todo lo que él les había ordenado:

13 lo llevaron a la tierra de Canaán y lo sepultaron en la cueva del campo de Macpela, al oriente de Mamre,[b] la cual Abrahán le compró a Efrón el hitita, junto con el campo mismo, para que fuera sepultura hereditaria.

14 Después de sepultar a su padre, José vol-

[b]**49.30:** Gn 23.3-20. [c]**49.31:** Gn 25.9-10. [d]**49.31:** Gn 35.29. [e]**49.33:** Hch 7.15. [a]**50.5:** Gn 47.29-31. [58]**50.11** Es decir, ***Pradera de Egipto,*** o ***Llanto de Egipto.*** [b]**50.13:** Hch 7.16. [c]**50.25:** Éx 13.19; Jos 24.32; Heb 11.22.

vió a Egipto, junto con sus hermanos y con
todos los que lo acompañaron.

Muerte de José

15 Al ver los hermanos de José que su pa-
dre había muerto, dijeron: «Tal vez José nos
odia, y ahora se vengará de todo el mal que
le hicimos.»
16 Entonces mandaron a decirle:
«José, antes de que tu padre muriera,
nos pidió
17 que te dijéramos de su parte: "Te ruego
que perdones la maldad y el pecado de tus
hermanos, pues te trataron muy mal." Por lo
tanto, te rogamos que perdones ahora la mal-
dad de estos siervos del Dios de tu padre.»
Y mientras ellos hablaban, José comenzó
a llorar.
18 Además, sus hermanos fueron y se arro-
dillaron delante de él, y le dijeron:
«Aquí nos tienes. Somos tus siervos.»
19 Pero José les respondió:
«No tengan miedo. ¿Acaso estoy en lugar
de Dios?
20 Ustedes pensaron hacerme mal, pero
Dios cambió todo para bien, para hacer lo que
hoy vemos, que es darle vida a mucha gente.
21 Así que no tengan miedo. Yo les daré de
comer a ustedes y a sus hijos.»
Y los consoló, pues les habló con mucho
cariño.
22 Y José vivió en Egipto, junto con la fa-
milia de su padre, y llegó a la edad de ciento
diez años.

Nm 6.24-26

PROMESAS PODEROSAS

GÉNESIS 50.20

Ustedes pensaron hacerme mal, pero Dios cambió todo para bien, para hacer lo que hoy vemos, que es darle vida a mucha gente.

No fue que Dios hizo este mundo y luego lo abandonó. Dios sigue amando toda su creación.
Como descubrió José durante sus años en Egipto, Dios puede tomar cualquier cosa, aun las acciones dañinas de los demás, y usarla para bien.

23 Llegó a ver a los hijos de Efraín hasta
la tercera generación. También los hijos de
Maquir, hijo de Manasés, fueron criados so-
bre las rodillas de José.
24 Un día, José les dijo a sus hermanos:
«Ya estoy por morir. Pero Dios vendrá a
visitarlos, y los sacará de esta tierra para lle-
varlos a la tierra que prometió dar a Abra-
hán, Isaac y Jacob.»
25 Y José hizo que los hijos de Israel le ju-
raran, al decirles: «Dios vendrá a visitarlos.
Cuando eso sea, ustedes se llevarán de aquí
mis huesos.»[c]
26 José murió a la edad de ciento diez años,
y fue embalsamado y puesto en un ataúd
en Egipto.

ÉXODO

Autor: **Moisés**

Temas: **Rescate y redención**

Fecha en que se escribió: **C. 1445-1405 a.C.**

PARTIDA

El libro de Éxodo comienza donde termina la historia del Génesis: cuando la familia de José se instala en Egipto. 400 años después, el pueblo de Israel había llegado a ser esclavo de un rey que no conocía a José. Éxodo, que significa "salida" o "partida", cuenta la maravillosa historia de cómo Dios rescató a los israelitas de la esclavitud, y su partida de Egipto como el pueblo escogido de Dios.

LO QUE ENCONTRARÁS EN EL LIBRO

Éxodo se divide en tres secciones principales. Los capítulos 1-14 describen el plan de Dios para rescatar a su pueblo de la esclavitud. Dios escogió a Moisés para rescatar a su pueblo al enviar plagas sobre los egipcios. Estos capítulos cuentan el nacimiento de Moisés, su llamado y su preparación para ser un líder (capítulos 2-4), las diez plagas (capítulos 7-12), la Pascua (capítulo 12), y el cruzar el mar Rojo (capítulos 13-14).

Los capítulos 15-18 muestran a la nación de Israel pasando por el desierto *rumbo al monte Sinaí.* Dios guiaba a su pueblo con un pilar de fuego de noche y una nube de día. También les daba maná y codornices para comer, y agua para beber. ¡Hasta se aseguró de que sus zapatos no se gastaran! Durante esta larga caminata por el desierto, Dios le enseñó al pueblo a seguirlo.

Los capítulos restantes, 19-40, describen el pacto de Dios con su pueblo (capítulo 19), sus Diez Mandamientos (capítulo 20), y sus instrucciones en cuanto al tabernáculo y al sacerdocio (capítulos 25-31). Este libro concluye con la edificación del tabernáculo, un lugar de adoración y sacrificio donde el pueblo podía ver la gloria de Dios.

¿SABÍAS QUE...?

- El libro de Éxodo muestra el nacimiento de Israel.
- Éxodo contiene la ley de Dios, los Diez Mandamientos.
- En Éxodo vemos el increíble poder de Dios en acción cuando Él salva a su pueblo.
- Éxodo muestra lo que es la verdadera adoración.

Aflicción de los israelitas en Egipto

Éstos son los nombres de los hijos de Is-
rael que entraron con Jacob en Egipto.
Cada uno de ellos entró con su familia:
2 Rubén, Simeón, Leví, Judá,
3 Isacar, Zabulón, Benjamín,
4 Dan, Neftalí, Gad y Aser.
5 Todos los hijos que le nacieron a Jacob
fueron setenta. José ya estaba en Egipto.
6 Y murió José, y todos sus hermanos y
toda aquella generación,
7 y los hijos de Israel se reprodujeron y
se multiplicaron,[a] y aumentaron bastante
en número y en fuerza, y el país se saturó
de ellos.
8 Mientras tanto, en Egipto surgió un nue-
vo rey que no había conocido a José,[b] y le
dijo a su pueblo:
9 «Como pueden ver, el pueblo de los hi-
jos de Israel es más numeroso y más fuerte
que nosotros.
10 Así que debemos tratarlos con mu-
cha sabiduría[c] para que no sigan multipli-
cándose. Puede suceder que, en caso de
guerra, ellos también se alíen con nuestros
enemigos y peleen contra nosotros, y se
vayan del país.»
11 Entonces los egipcios pusieron sobre
los israelitas a comisarios de tributos para
que los afligieran con sus trabajos. Así los is-
raelitas construyeron para el faraón Pitón y
Ramesés, que eran ciudades de almacenaje.

[a]**1.7:** Hch 7.17. [b]**1.8:** Hch 7.18. [c]**1.10:** Hch 7.19.

MARÍA

Imagínate oír la noticia de que todos los bebecitos varones en tu ciudad van a ser matados. ¡Imagínate oír que tu mamá acaba de tener un bebé varón! Esta es la historia de María. El bebé recién nacido era su hermano Moisés.

María era una niña hebrea nacida en una época en que su pueblo era esclavo en Egipto. El faraón de Egipto mandó a que sus soldados mataran a todos los bebés hebreos para que las familias hebreas no crecieran. Pero Jocabed, la mamá de María, se negó a matar a su hijo. Escondió al bebé Moisés hasta que pudo. Pero a medida que crecía, era cada vez más difícil esconderlo.

Para salvar su vida, Jocabed le hizo un cesto de juncos en forma de cuna. Lo cubrió de brea para que no le entrara agua. Luego puso a Moisés en el cesto y lo colocó sobre el río Nilo. Le dijo a María que se quedara a la orilla del río para cuidar del niño en el cesto.

Esa era una responsabilidad bien grande para una jovencita. María ha debido tener miedo. Estaba completamente sola. ¿Qué ocurriría si los soldados encontrasen a su hermanito? Pero Dios cuidó de María así como María cuidó de su hermano.

La hija de Faraón y sus siervas se acercaron a la orilla del río. La hija de Faraón vio el cesto y les pidió a sus siervas que se lo trajeran. Cuando miró dentro del cesto, encontró a un bebé hebreo.

María reaccionó rápidamente y le preguntó a la hija de Faraón si quería que le encontrara una mujer para amamantar al bebé. Esta estuvo de acuerdo y María corrió a traerle a la hija de Faraón su propia madre, Jocabed.

María fue valiente y sabia. Obedeció a su madre y salvó a su hermanito. ¿Estarías tú dispuesto a hacer algo que te causara miedo como lo hizo María? ¿Serías lo suficientemente valiente como para confiar en el poder de Dios? ¡Esa es la marca de un verdadero PODEROSO NIÑO DE DIOS!

Puedes leer acerca de María en Éxodo 2:1-10.

12 Pero mientras más los oprimían, más se multiplicaban y crecían, de modo que los egipcios sentían temor de los hijos de Israel.

13 Por eso los egipcios sometieron a los hijos de Israel a una cruel servidumbre.

14 Les amargaron la vida y sin piedad los obligaron a hacer barro y ladrillos, y todas las labores del campo y toda clase de trabajos pesados.

15 Además, el rey de Egipto habló con Sifra y Fúa, que eran las parteras de las hebreas, y les dijo:

16 «Cuando ustedes ayuden a las hebreas en sus partos, fíjense en el sexo. Si es niño, mátenlo; si es niña, déjenla vivir.»

17 Pero las parteras temieron a Dios, y no hicieron lo que el rey de Egipto les mandó, sino que les salvaron la vida a los niños.

18 Entonces el rey de Egipto mandó a llamar a las parteras, y les dijo:

«¿Por qué han hecho esto de salvarles la vida a los niños?»

19 Y las parteras le respondieron:

«Es que las hebreas no son como las egipcias. Son mujeres robustas, y dan a luz antes de que la partera llegue a ayudarlas.»

20 Y Dios trató bien a las parteras, y el pueblo llegó a ser cada vez más numeroso y más fuerte.

21 Y como las parteras tuvieron temor de Dios, él hizo que sus familias prosperaran.

22 Pero el faraón ordenó a todo su pueblo: «Echen al río a todos los niños que nazcan,[d] pero dejen con vida a todas las niñas.»

Nacimiento de Moisés

2 1 Un hombre de la familia de Leví fue y tomó por esposa a una descendiente de Leví,

2 *que concibió y dio* a luz un hijo. Al verlo tan hermoso, lo mantuvo escondido tres meses;[a]

3 pero como no pudo esconderlo más tiempo tomó un cesto de juncos, lo calafateó con brea y asfalto, colocó allí al niño, y lo dejó en un carrizal a la orilla del río.

4 Una hermana del niño se quedó a cierta distancia para ver qué sucedería.

5 La hija del faraón bajó al río para bañarse y, mientras sus doncellas se paseaban por la ribera del río, vio el cesto en el carrizal. Entonces envió a una criada suya para que lo recogiera.

6 Cuando ella abrió el cesto, vio allí a un niño que lloraba, y le tuvo compasión. Entonces dijo:

«Este niño es de los hebreos.»

7 La hermana del niño dijo entonces a la hija del faraón:

«¿Debo ir y llamar a una nodriza hebrea, para que críe este niño por ti?»

8 Y la hija del faraón respondió:

«Sí, ve.»

Entonces la joven fue y llamó a la madre del niño,

9 y la hija del faraón le dijo:

«Llévate a este niño y críalo por mí. Yo te pagaré por hacerlo.»

La mujer tomó entonces al niño y lo crió,

10 y cuando el niño creció ella lo llevó a la hija del faraón, quien lo adoptó como su hijo[b] y le puso por nombre Moisés,[1] pues dijo: «Yo lo rescaté de las aguas.»[2]

Moisés huye de Egipto

11 Moisés creció, y un día salió a ver a sus hermanos, y los vio trabajar muy duro.[c] También vio que un egipcio golpeaba a uno de sus hermanos hebreos.

12 Moisés miró a todas partes y, al no ver a nadie, mató al egipcio y lo escondió en la arena.

13 Al día siguiente, salió y vio que dos hebreos reñían, así que le dijo al que maltrataba al otro:

«¿Por qué golpeas a tu prójimo?»

14 Y aquél respondió:

«¿Quién te ha puesto a ti como nuestro príncipe y juez? ¿Acaso piensas matarme, como mataste al egipcio?»[d]

Entonces Moisés tuvo miedo, y dijo:

[d]**1.22:** Hch 7.19. [a]**2.2:** Hch 7.20; Heb 11.23. [b]**2.10:** Hch 7.21. [1]**2.10** Heb. ***Mosheh.*** [2]**2.10** Heb. ***mashah.*** [c]**2.11:** Heb 11.24. [d]**2.11-14:** Hch 7.23-28.

«Ciertamente esto ya ha sido descubierto.»

[15] Cuando el faraón se enteró de este hecho, buscó a Moisés para matarlo; pero Moisés huyó del faraón y habitó en la tierra de Madián.[e]

[16] Mientras estaba sentado junto a un pozo, las siete hijas del sacerdote de Madián vinieron a sacar agua para llenar las pilas y dar de beber a las ovejas de su padre,

[17] pero llegaron los pastores y las echaron de allí. Entonces Moisés se levantó a defenderlas, y dio de beber a sus ovejas.

[18] Cuando ellas volvieron a donde estaba Reuel, su padre, éste les dijo:

«¿Por qué volvieron hoy tan temprano?»

[19] Y ellas respondieron:

«Un egipcio nos defendió de los pastores, y además sacó agua por nosotras y les dio de beber a las ovejas.»

[20] Reuel preguntó a sus hijas:

«¿Y dónde está ese hombre? ¿Por qué lo dejaron solo? ¡Llámenlo, para que venga a comer!»

[21] Moisés aceptó quedarse a vivir con ese hombre, y él le dio por esposa a su hija Séfora.

[22] Ella le dio a luz un hijo, y él le puso por nombre Guersón, porque dijo: «Soy un extraño,[3] en una tierra extraña.»

[23] Después de mucho tiempo murió el rey de Egipto. Los hijos de Israel gemían por causa de su esclavitud, y clamaron a Dios. Por causa de su esclavitud, su clamor llegó hasta Dios,

[24] y cuando Dios oyó sus gemidos, se acordó[f] de su pacto con Abrahán, Isaac y Jacob.

[25] Entonces Dios miró a los hijos de Israel, y los reconoció.

Llamamiento de Moisés

3 [1] Moisés cuidaba las ovejas de Jetro, su suegro, que era sacerdote de Madián, y un día llevó las ovejas a través del desierto y llegó hasta Horeb, el monte de Dios.

PROMESAS PODEROSAS

ÉXODO 2.24

y cuando Dios oyó sus gemidos, se acordó de su pacto con Abrahán, Isaac y Jacob.

¡Dios no olvida jamás sus promesas! El pueblo tuvo que esperar un largo tiempo, pero Dios cumplió su promesa en el momento exacto. Tal vez tú también tengas que esperar, pero Dios recordará las poderosas promesas que te ha hecho.

[2] Allí, el ángel del Señor se le apareció en medio de una zarza envuelta en fuego.[a] Moisés miró, y vio que la zarza ardía en el fuego, pero no se consumía.

[3] Entonces dijo: «Voy a ir y ver esta grande visión, por qué es que la zarza no se quema.»

[4] El Señor vio que Moisés iba a ver la zarza, así que desde la zarza lo llamó y le dijo:

«¡Moisés, Moisés!»

Y él respondió:

«Aquí estoy.»

[5] El Señor le dijo:

«No te acerques. Quítate el calzado de tus pies, porque el lugar donde ahora estás

LECCIONES **TIERRA SANTA**
(ÉXODO 3.5)

Cuando Dios le habló a Moisés desde la zarza que ardía, le dijo que se quitara los zapatos. ¿Por qué? Moisés se quitó los zapatos para mostrar respeto por la santidad de Dios. La santidad se refiere al hecho de que Dios es puro, perfecto y separado del pecado. Nuestro Dios santo se merece el más grande respeto y honor. Haz una lista de algunas maneras en que puedes mostrar honor y respeto por Dios. Guárdala en un lugar donde puedas leerla a menudo.

[e] **2.15:** Hch 7.29; Heb 11.27. [3] **2.22** Heb. *ger.* [f] **2.24:** Gn 15.13-14. [a] **3.2-10:** Hch 7.30-34.

PROMESAS PODEROSAS

ÉXODO 3.7

Luego el Señor dijo: «He visto muy bien la aflicción de mi pueblo que está en Egipto. He oído su clamor por causa de sus explotadores. He sabido de sus angustias".

A Dios le interesa cuando nos sentimos mal. Él oye nuestro clamor y podemos confiar en que Él nos consolará y nos ayudará. Cuando estés pasando por un momento difícil, no te olvides de pedirle a Dios que te ayude.

es tierra santa.»
6 Y también dijo:
«Yo soy el Dios de tu padre. Soy el Dios
de Abrahán, el Dios de Isaac y el Dios de
Jacob.»
Entonces Moisés cubrió su rostro, porque
tuvo miedo de mirar a Dios.
7 Luego el Señor dijo:
«He visto muy bien la aflicción de mi
pueblo que está en Egipto. He oído su clamor por causa de sus explotadores. He sabido de sus angustias,
8 y he descendido para librarlos de manos
de los egipcios y sacarlos de esa tierra, hacia una tierra buena y amplia, una tierra que fluye leche y miel, donde habitan los cananeos, los hititas, los amorreos, los ferezeos, los jivitas y los jebuseos.
9 El clamor de los hijos de Israel ha llegado
a mi presencia, y he visto además la opresión con que los egipcios los oprimen.
10 Por lo tanto, ven ahora, que voy a en-
viarte al faraón para que saques de Egipto a mi pueblo, a los hijos de Israel.»
11 Pero Moisés le respondió a Dios:
«¿Y quién soy yo para ir ante el faraón y sacar de Egipto a los hijos de Israel?»
12 Y Dios le respondió:
«Ve, pues yo estaré contigo. Y esto te servirá de señal, de que yo te he enviado: Cuando tú hayas sacado de Egipto al pueblo, ustedes servirán a Dios sobre este monte.»
13 Moisés le dijo a Dios:
«Pero resulta que, si yo voy y les digo a los hijos de Israel: "El Dios de sus padres[b] me ha enviado a ustedes", qué voy a responderles si me preguntan: "¿Y cuál es su nombre?"»
14 Dios le respondió a Moisés:
«YO SOY EL QUE SOY.»[c]
Y añadió:
«A los hijos de Israel tú les dirás: "YO SOY me ha enviado a ustedes."»
15 También le dijo Dios a Moisés:
«A los hijos de Israel les dirás: "El Señor me ha enviado a ustedes.[d] Él es el Dios de sus padres, el Dios de Abrahán, el Dios de Isaac y el Dios de Jacob." Éste es mi nombre eterno. Con este nombre se me recordará por todos los siglos.
16 Así que ve y reúne a los ancianos de Is-
rael, y diles: "El Señor, el Dios de sus padres, el Dios de Abrahán, de Isaac y de Jacob, se me apareció y me dijo: 'En verdad he venido a visitarlos. He visto cómo los tratan en Egipto,
17 y me he propuesto sacarlos de la aflic-
ción de Egipto y llevarlos a la tierra de los

PALABRAS CON PODER

YAHWEH

(ÉXODO 3.14)

Dios se dio a sí mismo un nombre personal: "YO SOY EL QUE SOY" O *YHVH*. Este nombre viene de una palabra hebrea que significa "acción". Refleja la promesa que Dios nos ha hecho de estar siempre con nosotros. Dios le dijo a Moisés: "Quiero que me conozcan como el Dios que está presente y activo". Dios también dijo que ese sería su nombre para siempre, de modo que Él también está activo y presente en la vida de nosotros. ¿Puedes pensar en tres razones por las cuales estas son buenas noticias para ti?

[b]**3.13:** Éx 6.2-3. [c]**3.14:** Ap 1.4, 8. [d]**3.15** ***Señor*** representa el nombre divino ***YHVH*** que aquí se relaciona con el verbo ***hayah,*** ser.

cananeos, los hititas, los amorreos, los ferezeos, los jivitas y los jebuseos, que es una tierra que fluye leche y miel.'"

18 Ellos oirán tu voz, y entonces tú y los ancianos de Israel irán a hablar con el rey de Egipto y le dirán: "El Señor, el Dios de los hebreos, nos ha encontrado. Por eso, ahora vamos a ir camino de tres días por el desierto, para ofrecer sacrificios al Señor nuestro Dios."

19 Yo sé que el rey de Egipto no los dejará ir, sino a la fuerza.

20 Pero yo extenderé mi mano y heriré a Egipto con todas las maravillas que allí haré. Y entonces él los dejará ir.

21 Y yo haré que los egipcios vean a este pueblo con ojos bondadosos, para que cuando ustedes salgan no se vayan con las manos vacías.

22 Al contrario, cada mujer le pedirá a su vecina y a quien viva con ella alhajas de plata y de oro, y vestidos, con los cuales vestirán ustedes a sus hijos y a sus hijas. Así despojarán a los egipcios.»[d]

4 1 Moisés respondió:

«Va a resultar que ellos no me creerán, ni oirán mi voz. Más bien, dirán: "El Señor no se te ha aparecido."»

2 El Señor dijo:

«¿Qué es lo que tienes en la mano?»

Y él respondió:

«Una vara.»

3 El Señor le dijo:

«Tírala al suelo.»

Y él tiró la vara al suelo, y ésta se hizo una culebra, de la cual Moisés huía.

4 Entonces el Señor le dijo a Moisés:

«Extiende tu mano, y toma la culebra por la cola.»

Y él extendió la mano y la tomó, y la culebra se volvió una vara en su mano.

5 «Con esto creerán que se te ha aparecido el Señor, el Dios de tus padres, el Dios de Abrahán, Dios de Isaac y Dios de Jacob.»

6 Además, el Señor le dijo:

«Mete ahora la mano en tu pecho.»

Y él metió la mano en su pecho, y resultó que al sacarla ésta estaba leprosa como la nieve.

7 Entonces dijo:

«Vuelve a meter la mano en tu pecho.»

Y Moisés metió otra vez la mano en su pecho, y al sacarla de nuevo del pecho, ésta estaba tan limpia como la otra carne.

8 «Si resulta que a la voz de la primera señal no te creen ni te obedecen, te creerán a la voz de la segunda.

9 Y si ni siquiera con estas dos señales te creen ni oyen tu voz, tomarás agua del río y la derramarás en el suelo; y el agua que tomes del río se convertirá en sangre al tocar el suelo.»

10 Entonces Moisés le dijo al Señor:

«¡Ay, Señor! Yo nunca he sido hombre de fácil palabra, ni antes ni ahora que hablas con este siervo tuyo. Y es que soy muy lento para hablar, y mi lengua es muy torpe.»

11 Pero el Señor le respondió:

«¿Y quién le dio la boca al hombre? ¿O quién hizo al mudo y al sordo, o al que ve y al que no ve? ¿Acaso no soy yo el Señor?

12 Así que anda ya, que yo estaré con tu boca y te enseñaré lo que tengas que decir.»

13 Y Moisés dijo:

«¡Ay, Señor! ¡Por favor, envía a quien debes enviar!»

14 Entonces el Señor se enojó con Moisés, y le dijo:

«¿Acaso no conozco yo a tu hermano Aarón, el levita, y sé que él habla bien? Pues él saldrá a recibirte, y al verte su corazón se alegrará.

15 Tú hablarás con él, y pondrás las palabras en su boca, y yo estaré con tu boca y con la suya, y les enseñaré lo que tienen que hacer.

16 Así él hablará con el pueblo por ti, como si tú mismo hablaras, y tú hablarás con él como si hablara yo.

17 Y con la vara que tienes en la mano harás las señales.»

Moisés vuelve a Egipto

18 Fue así como Moisés se fue, y al volver a la casa de su suegro Jetro, le dijo:

[d] **3.21-22:** Éx 12.35-36.

«Ahora voy a volver a Egipto, donde es-
tán mis hermanos. Quiero ver si aún viven.»
Y Jetro le dijo a Moisés:
«Vete en paz.»
19 En Madián, el Señor también le dijo a
Moisés:
«Anda, regresa a Egipto, pues ya han
muerto todos los que querían matarte.»
20 Entonces Moisés tomó a su mujer y a
sus hijos, y los puso sobre un asno, y volvió a
la tierra de Egipto. En su mano llevaba Moi-
sés la vara de Dios.
21 El Señor le había dicho a Moisés:
«Cuando vuelvas a Egipto, asegúrate de
hacer delante del faraón todas las maravillas
que he puesto en tu mano. Yo endureceré su
corazón, de modo que no dejará ir al pueblo,
22 pero tú le dirás al faraón: "Así ha dicho el
Señor: 'Israel es mi hijo. Es mi primogénito.'
23 Ya te he dicho que dejes ir a mi hijo,
para que me sirva, pero tú no has querido
dejarlo ir. Por eso, ahora voy a matar a tu
hijo primogénito."»[a]
24 Ya en el camino sucedió que, en una po-
sada, el Señor le salió al encuentro y quiso
matarlo.
25 Pero Séfora tomó un pedernal afilado y
le cortó el prepucio a su hijo; luego lo arrojó
a sus pies y dijo:
«A decir verdad, tú eres para mí un espo-
so de sangre.»
26 Entonces el Señor dejó ir a Moisés. Pero
ella dijo «esposo de sangre» por causa de la
circuncisión.
27 El Señor le dijo a Aarón:
«Ve al desierto, a recibir a Moisés.»
Y Aarón fue y encontró a Moisés en el
monte de Dios, y le dio un beso.
28 Allí Moisés le contó a Aarón todas las
palabras *que el Señor* le enviaba, y todas las
señales que le había dado.
29 Entonces Moisés y Aarón fueron a reu-
nir a todos los ancianos de los hijos de Israel,
30 y Aarón habló de todo lo que el Señor
le había dicho a Moisés, y ante los ojos del
pueblo hizo las señales.
31 Y el pueblo creyó. Y al escuchar que el
Señor había visitado a los hijos de Israel y
que había visto su aflicción, se inclinaron y
adoraron.

Moisés y Aarón ante el faraón

5 1 Después Moisés y Aarón se presen-
taron ante el faraón, y le dijeron:
«El Señor, el Dios de Israel, dice así:
"Deja ir a mi pueblo, para que celebren en el
desierto una fiesta en mi honor."»
2 Pero el faraón respondió:
«¿Y quién es "el Señor", para que yo le
haga caso y deje ir a Israel? Yo no conozco al
Señor, ni tampoco dejaré ir a Israel.»
3 Ellos dijeron entonces:
«El Dios de los hebreos nos ha encontrado,
así que ahora vamos a ir al desierto camino
de tres días, y allí ofreceremos sacrificios al
Señor nuestro Dios. No vaya a ser que venga
contra nosotros con peste o con espada.»
4 Pero el rey de Egipto les dijo:
«Moisés y Aarón, ¿por qué hacen que el
pueblo abandone su trabajo? ¡Vayan a cum-
plir con sus tareas!»
5 Y también dijo el faraón:
«Como pueden ver, es mucha la gente
que hay en el país, ¡y ustedes le impiden
cumplir con sus tareas!»
6 Ese mismo día el faraón dio esta orden a
los jefes de cuadrilla que tenían a su cargo al
pueblo, y a sus capataces:
7 «De aquí en adelante no le darán al pue-
blo paja para hacer ladrillo, como lo han he-
cho hasta ahora. ¡Que vayan ellos mismos a
recoger la paja!
8 Pero los obligarán a hacer la misma canti-
dad de ladrillo que antes hacían. No les redu-
zcan ni un solo ladrillo. Lo que pasa es que es-
tán ociosos, y por eso levantan la voz y dicen:
"Vayamos a ofrecer sacrificios a nuestro Dios."
9 Háganlos trabajar más todavía. Que se
mantengan ocupados y no hagan caso de
mentiras.»
10 Los jefes de cuadrilla y sus capataces
fueron a hablar con el pueblo, y les dijeron:

[a] **4.23:** Éx 12.29.

«Así ha dicho el faraón: "Ya no les voy a
dar paja."
11 Así que vayan ustedes mismos a recoger
paja donde la encuentren, pero su tarea no
se reducirá en nada.»
12 Entonces el pueblo se esparció por todo
Egipto, y en lugar de paja iban recogiendo
rastrojo.
13 Los cuadrilleros los apremiaban, y les
decían:
«Cumplan con su tarea. Hagan los mis-
mos ladrillos que hacían cuando se les daba
paja.»
14 Por su parte, los jefes de cuadrilla que
el faraón había puesto sobre los capataces
de los hijos de Israel, azotaban a éstos y les
decían:
«¿Por qué ni ayer ni hoy cumplieron con
su tarea de ladrillos, como antes lo hacían?»
15 Por eso los capataces de los hijos de Is-
rael fueron a hablar con el faraón, y se que-
jaron con él. Le dijeron:
«¿Por qué tratas así a tus siervos?
16 Paja no se nos da, y sin embargo nos or-
denan: "Hagan ladrillos." ¡Ahora resulta que
a tus siervos se les azota, cuando que el cul-
pable es tu pueblo!»
17 Pero el faraón respondió:
«Ustedes están ociosos. Tan ociosos es-
tán, que por eso dicen: "Vayamos a ofrecer
sacrificios al Señor."
18 ¡Váyanse ya a trabajar! Paja no se les va a
dar, pero la cantidad de ladrillos que deben
entregar será la misma.»
19 Los capataces de los hijos de Israel se
vieron en aprietos cuando se les dijo: «No
se disminuirá un solo ladrillo de la cantidad
que deben entregar cada día.»
20 Y como al salir de la presencia del fa-
raón encontraron a Moisés y Aarón, que los
estaban esperando,
21 les dijeron:
«¡Que el Señor los mire y los juzgue! Us-
tedes nos han hecho odiosos a la vista del
faraón y de sus siervos. ¡Les han puesto la
espada en la mano, para que nos maten!»

El Señor comisiona a Moisés y a Aarón

22 Entonces Moisés se dirigió al Señor, y le
dijo:
«Señor, ¿por qué afliges a este pueblo?
¿Para qué me enviaste?
23 Desde que yo vine para hablar en tu
nombre al faraón, éste ha afligido a tu pue-
blo, ¡y tú no lo has liberado!»
6 1 El Señor respondió a Moisés:
«Ahora verás lo que voy a hacer
con el faraón. Sólo con mano fuerte
los dejará ir, y con mano fuerte los echará
fuera de su tierra.»
2 Dios volvió a hablar con Moisés, y le dijo:
«Yo soy EL SEÑOR.
3 Me aparecí a Abrahán, Isaac y Jacob como
"Dios omnipotente",[a] pero con el nombre de
SEÑOR no me di a conocer a ellos.
4 También establecí con ellos mi pacto de
darles la tierra de Canaán, la tierra donde vi-
vieron como extranjeros.
5 Así mismo, he oído el gemido de los hi-
jos de Israel, a quienes los egipcios obligan
a trabajar, y me he acordado de mi pacto.
6 Por lo tanto, diles a los hijos de Israel:
"Yo soy EL SEÑOR. Yo los voy a librar de los
trabajos pesados en Egipto. Voy a liberarlos
de su esclavitud. Con brazo extendido y con
grandes juicios les daré libertad.
7 Los tomaré como mi pueblo, y seré su
Dios; y ustedes sabrán que yo soy el Señor,
su Dios, que los libró de los trabajos pesados
en Egipto.
8 Voy a llevarlos a la tierra por la cual le-
vanté mi mano y juré que se la daría a Abra-
hán, Isaac y Jacob. Yo les daré esa tierra en
propiedad. Yo soy EL SEÑOR."»
9 Esto mismo les dijo Moisés a los hijos de
Israel, pero ellos no le hicieron caso debido
a su espíritu acongojado y a la crueldad de
su esclavitud.
10 Entonces el Señor habló con Moisés, y
le dijo:
11 «Ve y habla con el faraón, el rey de Egip-
to. Dile que deje ir de su país a los hijos de
Israel.»

[a] **6.2-3:** Éx 3.13-15.

[12] Pero Moisés se encaró con el Señor y le respondió:

«Como sabes, los hijos de Israel no me hacen caso. Entonces, ¿cómo va a hacerme caso el faraón, si yo soy torpe de labios?»

[13] El Señor habló con Moisés y Aarón, y les dio una orden para los hijos de Israel y para el faraón, rey de Egipto: tenían que sacar de Egipto a los hijos de Israel.

[14] Éstos son los jefes de familia de sus antepasados:

De los hijos de Rubén, el primogénito de Israel, sus familias fueron: Janoc, Falú, Jesrón y Carmi.

[15] De los hijos de Simeón, sus familias fueron: Jemuel, Jamín, Oad, Jaquín, Sojar, y Saúl, que fue hijo de una cananea.

[16] Leví llegó a vivir ciento treinta y siete años. Éstos son los nombres de los hijos de Leví, según sus linajes: Guersón, Coat y Merari.

[17] Los hijos de Guersón fueron Libni y Simey, según sus familias.

[18] Los hijos de Coat fueron Amirán, Isar, Hebrón y Uziel. Coat llegó a vivir ciento treinta y tres años.

[19] Los hijos de Merari fueron Mali y Musi. Éstas son las familias de Leví, según sus linajes.[b]

[20] Amirán tomó por mujer a su tía Jocabed, la cual dio a luz a Aarón y a Moisés. Amirán llegó a vivir ciento treinta y siete años.

[21] Los hijos de Isar fueron Coré, Nefeg y Zicri.

[22] Los hijos de Uziel fueron Misael, Elzafán y Sitri.

[23] Aarón tomó por mujer a Elisabet, hija de Aminadab y hermana de Nasón, la cual dio a luz a Nadab, Abiú, Eleazar e Itamar.

[24] Los hijos de Coré fueron Asir, Elcana y Abiasaf. Éstas son las familias de los coreítas.

[25] Eleazar hijo de Aarón tomó por mujer a una de las hijas de Futiel, la cual dio a luz a Finés. Éstos son los jefes de los antepasados de los levitas, según sus familias.

[26] A este Aarón y a este Moisés el Señor les dijo: «Saquen de Egipto a los hijos de Israel en orden de batalla.»

[27] Estos Moisés y Aarón fueron los que hablaron con el faraón, rey de Egipto, para sacar de Egipto a los hijos de Israel.

[28] Cuando el Señor habló con Moisés en la tierra de Egipto,

[29] le dijo:

«Yo soy EL SEÑOR. Habla con el faraón, rey de Egipto, y repítele todo lo que yo te he dicho a ti.»

[30] Pero Moisés se encaró con el Señor y le respondió:

«Como sabes, yo soy torpe de labios, así que ¿cómo va a hacerme caso el faraón?»

7 [1] El Señor le dijo a Moisés:

«Mira, ante el faraón, tú serás como si fuera yo mismo, y tu hermano Aarón será tu profeta.

[2] Tú le dirás al faraón todo lo que yo te ordene decir, y tu hermano Aarón hablará con él para que deje ir de su país a los hijos de Israel.

[3] Yo endureceré el corazón del faraón, para multiplicar en Egipto mis señales y mis maravillas.[a]

[b]**6.16-19:** 1 Cr 6.16-19.

SERÉ TU DIOS *(ÉXODO 6.6-7)*

¿Por qué rescató Dios a los israelitas de la esclavitud? La respuesta está en estos dos versículos. Dios prometió: (1) librar al pueblo de la esclavitud; (2) adoptarlos como su propio pueblo; (3) y ser su Dios. A cambio, el pueblo prometió obedecer al que los salvó. Los israelitas no tenían el poder para hacer esto ellos mismos. Sólo Dios podía librarlos. Sólo Dios a través de la sangre de Jesús tiene el poder de librarnos del poder del pecado. ¿Has confiado tú en Él para librarte?

LECCIONES

CORAZÓN ENDURECIDO
(ÉXODO 7.3)

Faraón decidió endurecer su corazón contra Dios. Se negó a obedecer y escuchar lo que Dios le decía. Cuando Dios le habló a Faraón acerca de su rebelión y terquedad, Faraón se resistió a Dios aún más. Esta es una lección importante para nosotros. Si las personas escogen resistirse a Dios y desobedecerlo, llega un punto en que Él deja que se aparten por su propio camino de terquedad. Él no endurece el corazón de ellos; ellos mismos lo endurecen. Pídele a Dios que mantenga tu corazón suave y obediente hacia Él.

4 El faraón no les hará caso, pero yo descargaré mi mano sobre Egipto, y con grandes juicios sacaré de ese país a mis legiones, a mi pueblo, a los hijos de Israel.

5 Cuando yo extienda mi mano sobre Egipto y saque de allí a los hijos de Israel, los egipcios van a saber que yo soy el Señor.»

6 Entonces Moisés y Aarón hicieron lo que el Señor les ordenó hacer.

7 Cuando hablaron con el faraón, Moisés tenía ochenta años de edad, y Aarón ochenta y tres.

La vara de Aarón

8 El Señor habló con Moisés y Aarón, y les dijo:

9 «Si como respuesta el faraón les pide un milagro, tú le ordenarás a Aarón que tome su vara y la arroje delante del faraón, para que se convierta en culebra.»

10 Entonces Moisés y Aarón fueron a hablar con el faraón, e hicieron lo que el Señor les había ordenado: Aarón arrojó su vara delante del faraón y de sus siervos, y ésta se convirtió en culebra.

11 Pero el faraón llamó también a los sabios y hechiceros de Egipto, y con sus encantamientos ellos hicieron lo mismo:

12 cada uno arrojó su vara, y éstas se volvieron culebras; sin embargo, la vara de Aarón se tragó a las varas de ellos. Jue 6.25-32

13 Pero tal y como el Señor lo había dicho, el corazón del faraón se endureció, y no les hizo caso.

La plaga de sangre

14 Entonces el Señor le dijo a Moisés:

«El corazón del faraón está endurecido, y no quiere dejar ir al pueblo.

15 Así que ve a hablar con el faraón por la mañana, a la hora que él sale al río. Párate en la orilla y enfréntate a él. Toma en tu mano la vara que se volvió culebra,

16 y dile: "El Señor, el Dios de los hebreos, me ha enviado a decirte: 'Deja ir a mi pueblo al desierto, para que me sirva', pero hasta ahora no has querido hacer caso.

17 Por eso, así ha dicho el Señor: 'Con esto vas a saber que yo soy el Señor.' Con la vara que tengo en la mano voy a golpear el agua del río, y ésta se convertirá en sangre.[b]

18 Los peces que hay en el río morirán, y el río apestará, y los egipcios tendrán asco de beber el agua del río."»

19 El Señor le dijo a Moisés:

«Dile a Aarón que tome su vara, y que extienda su mano sobre las aguas de Egipto: sobre sus ríos, arroyos y estanques, y sobre todos sus depósitos de agua, para que se conviertan en sangre, y haya sangre por todo Egipto, lo mismo en los vasos de madera que en los de piedra.»

20 Moisés y Aarón hicieron lo que el Señor les ordenó hacer. Aarón levantó la vara y, en presencia del faraón y de sus siervos, golpeó las aguas del río, ¡y todas las aguas del río se convirtieron en sangre!

21 Así mismo, murieron los peces que había en el río, y el río mismo se corrompió de tal manera que los egipcios no podían beber de él. Por toda la tierra de Egipto había sangre;

22 pero como los hechiceros de Egipto hicieron lo mismo con sus encantamien-

[a]**7.3:** Hch 7.36. [b]**7.17:** Ap 16.4.

PALABRAS CON PODER

PLAGAS
(ÉXODO 7.20–11.10)

Una plaga es algo malo que le acontece a un grupo numeroso de personas. Dios envió diez plagas sobre Egipto para mostrar que Él estaba por encima de todo dios. Las plagas fortalecieron la fe de los israelitas y los convenció del poder y la autoridad que Dios tenía sobre todas las cosas. Hoy día ese mismo poder está disponible a todos los que creen en Dios y lo siguen.

tos, el corazón del faraón se endureció y,
tal y como el Señor lo había dicho, no les
hizo caso.
23 Al contrario, el faraón se volvió a su
casa, y tampoco a esto le dio atención.
24 Mientras tanto, para poder beber, en
todo Egipto hicieron pozos alrededor del río,
pues no podían beber de las aguas del río.
25 Así pasaron siete días, después de que el
Señor hirió el río.

La plaga de ranas

8 1 Entonces el Señor le dijo a Moisés:
«Preséntate ante el faraón y dile
que yo, el Señor, he dicho: "Deja ir a
mi pueblo, para que me sirva.
2 Si no lo dejas ir, vas a ver cómo voy a
castigar con ranas todos tus territorios.
3 El río criará ranas, y éstas entrarán en tu
casa, y en la cámara donde duermes, y se
treparán a tu cama, y se meterán a las casas
de tus siervos, y en tu pueblo, en tus hornos
y en tus artesas.
4 ¡Las ranas se treparán sobre ti y sobre tu
pueblo, y sobre todos tus siervos!"»
5 El Señor le dijo a Moisés:
«Dile a Aarón que extienda la vara que
lleva en su mano sobre los ríos, arroyos y
estanques, y que haga subir ranas sobre la
tierra de Egipto.»
6 Aarón extendió su mano sobre las aguas
de Egipto, y subieron ranas que cubrieron la
tierra de Egipto.
7 Pero los hechiceros hicieron lo mismo, y
con sus encantamientos hicieron venir ra-
nas sobre la tierra de Egipto.
8 Entonces el faraón llamó a Moisés y a
Aarón, y les dijo:
«Ruéguenle al Señor que nos quite las ra-
nas a mí y a mi pueblo. Entonces dejaré ir
a tu pueblo para que ofrezca sacrificios al
Señor.»
9 Y Moisés le dijo al faraón:
«Dígnate indicarme cuándo debo orar
por ti, por tus siervos y por tu pueblo, para
que las ranas se aparten de ti y de tus casas,
y que se queden solamente en el río.»
10 El faraón dijo:
«Hazlo mañana.»
Y Moisés respondió:
«Así se hará, tal y como lo has dicho, para
que sepas que no hay dios como el Señor
nuestro Dios.
11 Las ranas se apartarán de ti y de tus ca-
sas, y de tus siervos y de tu pueblo, y sola-
mente se quedarán en el río.»
12 En cuanto Moisés y Aarón salieron de la
presencia del faraón, Moisés clamó al Señor
en cuanto a las ranas que había mandado
sobre el faraón,
13 y el Señor actuó en conformidad con la
palabra de Moisés, pues murieron las ranas
en las casas, los cortijos y los campos.
14 Entonces las juntaron y amontonaron,
pero todo el país apestaba.
15 Y tal y como el Señor lo había dicho, en
cuanto el faraón vio que se le había dado
un respiro, endureció su corazón y no les
hizo caso.

La plaga de piojos

16 Entonces el Señor le dijo a Moisés:
«Dile a Aarón que extienda su vara y gol-
pee el polvo de la tierra, para que éste se
convierta en piojos por todo Egipto.»
17 Ellos lo hicieron así. Aarón extendió su
mano con su vara y golpeó el polvo de la tier-
ra, y éste se convirtió en piojos. En todo Egipto,
todo el polvo de la tierra se convirtió en piojos,
lo mismo en la gente como en los animales.

18 Los hechiceros hicieron también sus encantamientos para convertir el polvo en piojos, pero no pudieron, así que tanto la gente como los animales tenían piojos.

19 Entonces los hechiceros le dijeron al faraón: «Esto es obra del dedo de Dios.» Pero tal y como el Señor lo había dicho, el corazón del faraón se endureció y no les hizo caso.

La plaga de moscas

20 El Señor dijo a Moisés:

«Mañana vas a levantarte y presentarte ante el faraón, cuando él baje al río. Allí le dirás que yo, el Señor, le digo: "Deja ir a mi pueblo, para que me sirva.

21 Si no lo dejas ir, yo enviaré contra ti y contra tus siervos, y contra tu pueblo y tus casas, toda clase de moscas. Todas las casas de Egipto se llenarán de moscas, lo mismo que la tierra donde haya egipcios.

22 Ese día, pondré aparte a la tierra de Gosén, donde habita mi pueblo, para que no haya en ella una sola mosca. Así sabrás que yo, el Señor, estoy en medio de la tierra.

23 Voy a hacer distinción entre mi pueblo y el tuyo. Esta señal tendrá lugar mañana."»

24 Y así lo hizo el Señor, y toda clase de moscas fastidiosas vino sobre la casa del faraón y sobre las casas de sus siervos, y sobre todo Egipto. ¡Por causa de ellas el país quedó en ruinas!

25 Entonces el faraón llamó a Moisés y Aarón, y les dijo:

«Vayan y ofrezcan un sacrificio a su Dios aquí en el país.»

26 Pero Moisés respondió:

«No está bien que lo hagamos así, porque ofreceríamos al Señor nuestro Dios lo que para los egipcios es algo repugnante. Y si a la vista de los egipcios ofreciéramos en sacrificio lo que para ellos es algo repugnante, ¿no crees que nos apedrearían?

27 Debemos ir por el desierto camino de tres días, y allí ofreceremos sacrificios al Señor nuestro Dios, tal y como él nos diga.»

28 Entonces el faraón dijo:

«Yo los dejaré ir al desierto para que allí ofrezcan sacrificios al Señor su Dios, con tal de que no vayan más lejos. Y oren por mí.»

29 Y Moisés respondió:

«En cuanto yo salga de tu presencia, rogaré al Señor para que mañana mismo todas las moscas se aparten del faraón, y de sus siervos, y de su pueblo. Siempre y cuando el faraón no falte más a su palabra, y nos deje ir como pueblo a ofrecer sacrificio al Señor.»

30 Moisés salió de la presencia del faraón y oró al Señor,

31 y el Señor hizo lo que Moisés le pidió y alejó todas esas moscas del faraón, de sus siervos y de su pueblo. ¡Ni una sola mosca quedó!

32 Pero incluso en esta ocasión el faraón endureció su corazón y no dejó que el pueblo se fuera.

La plaga en el ganado

9

1 Entonces el Señor le dijo a Moisés:

«Preséntate ante el faraón, y dile: "El Señor, el Dios de los hebreos, dice así: 'Deja ir a mi pueblo, para que me sirva.'

2 Porque si no lo dejas ir, y sigues deteniéndolo,

3 la mano del Señor va a caer sobre los ganados que tienes en el campo, y sobre los caballos, los asnos, los camellos, las vacas y las ovejas. Será una plaga muy grave.

4 Y el Señor hará distinción entre los ganados de Israel y los de Egipto, de modo que no muera nada de lo que es de los hijos de Israel.

5 El Señor ha puesto un plazo, y ha dicho: 'Yo, el Señor, haré esto en el país mañana.'"»

6 Al día siguiente el Señor hizo todo aquello, y murió todo el ganado de Egipto, pero del ganado de los hijos de Israel no murió una sola cabeza.

7 Entonces el faraón mandó a ver, y resultó que del ganado de los hijos de Israel no había muerto un solo animal. Sin embargo, el corazón del faraón se endureció y no dejó ir al pueblo.

La plaga de úlceras

8 El Señor dijo a Moisés y a Aarón:

«Tomen de un horno puñados de ceniza, y que la arroje Moisés al cielo en presencia del faraón.

9 La ceniza se hará polvo y caerá sobre toda la tierra de Egipto, y en todo Egipto producirá sarpullido con úlceras en la gente y en los animales.»

10 Y ellos tomaron ceniza, y se enfrentaron al faraón, y Moisés arrojó la ceniza al cielo, y hubo sarpullido que produjo úlceras[a] tanto en la gente como en los animales.

11 Por causa del sarpullido, los hechiceros no pudieron enfrentarse a Moisés, porque hubo sarpullido en los hechiceros y en todos los egipcios.

12 Pero el Señor endureció el corazón del faraón y tal y como el Señor lo había dicho, no le hizo caso a Moisés.

La plaga de granizo

13 El Señor le dijo a Moisés:

«Levántate muy temprano, y preséntate ante el faraón y dile: "Así dice el Señor, el Dios de los hebreos: 'Deja ir a mi pueblo, para que me sirva.'

14 Porque esta vez voy a enviar a tu corazón, y a tus siervos y a tu pueblo, todas mis plagas, para que entiendas que no hay en toda la tierra otro dios como yo.

15 Voy a extender ahora mi mano, y a ti y a tu pueblo los heriré con una plaga, y tú dejarás de existir.

16 A decir verdad, yo te he puesto para mostrar en ti mi poder, y para que mi nombre sea proclamado en toda la tierra.[b]

17 ¿Aun así, en tu soberbia, retienes a mi pueblo y no lo dejas ir?

18 Pues mañana a estas horas haré que caiga sobre Egipto un granizo muy pesado, como nunca antes lo hubo desde que Egipto se fundó hasta ahora.

19 Así que manda recoger tu ganado, y todo lo que tienes en el campo, porque el granizo caerá sobre todo hombre o animal que se halle en el campo y que no se guarezca en casa, y morirá."»

20 Los siervos del faraón que tuvieron temor de la palabra del Señor hicieron que sus criados y su ganado se guarecieran en casa,

21 pero los que no recibieron en su corazón la palabra del Señor dejaron en el campo a sus criados y sus ganados.

22 Entonces el Señor le dijo a Moisés:

«Extiende tu mano hacia el cielo, para que en todo Egipto caiga granizo sobre hombres y animales, y sobre toda la hierba del campo.»

23 Y Moisés extendió su vara hacia el cielo, y el Señor hizo que tronara y granizara, y que cayera fuego sobre la tierra. El Señor hizo que cayera granizo sobre todo Egipto.

24 Llovió granizo, y fuego[c] mezclado con el granizo; un granizo tan grande, como nunca antes lo hubo en todo Egipto desde que el país fue habitado.

25 Y en todo Egipto ese granizo hirió todo lo que estaba en el campo, lo mismo a los hombres que a los animales. De igual manera, el granizo destrozó toda la hierba del campo y desgajó todos los árboles del país.

26 El único lugar donde no hubo granizo fue la tierra de Gosén, donde estaban los hijos de Israel.

27 Entonces el faraón mandó a llamar a Moisés y a Aarón, y les dijo:

«Esta vez he pecado. El Señor es justo, y mi pueblo y yo somos impíos.

28 Oren al Señor para que cesen esos ensordecedores truenos y el granizo. No voy a seguir deteniéndolos. Voy a dejarlos ir.»

29 Y Moisés le respondió:

«Tan pronto como yo salga de la ciudad, extenderé mis manos al Señor y los truenos cesarán. Ya no habrá más granizo. Así sabrás que la tierra es del Señor.

30 Aunque yo sé que ni tú ni tus siervos tendrán todavía temor de la presencia de Dios, el Señor.»

[a]**9.10:** Ap 16.2. [b]**9.16:** Ro 9.17. [c]**9.24:** Ap 8.7; 16.21.

31 Como la cebada estaba ya espigada, y el lino estaba en caña, tanto éste como aquélla quedaron destrozados;

32 pero el trigo y el centeno no fueron destrozados porque son productos tardíos.

33 En cuanto Moisés salió de la presencia del faraón y estuvo fuera de la ciudad, extendió sus manos al Señor, y cesaron los truenos y el granizo, y la lluvia dejó de caer sobre la tierra.

34 Pero al ver el faraón que la lluvia había cesado, lo mismo que el granizo y los truenos, se obstinó en seguir pecando, y tanto él como sus siervos endurecieron su corazón.

35 De tal manera se endureció el corazón del faraón que no dejó ir a los hijos de Israel, tal y como el Señor lo había dicho por medio de Moisés.

La plaga de langostas

10 1 El Señor le dijo a Moisés: «Preséntate ante el faraón. Yo he endurecido su corazón, y el corazón de sus siervos, para mostrarles a ellos estas señales mías,

Nm 10.29

2 y para que tú les cuentes a tus hijos y a tus nietos las señales que hice entre ellos en Egipto. Así sabrán que yo soy el Señor.»

3 Moisés y Aarón se presentaron ante el faraón, y le dijeron:

«El Señor, el Dios de los hebreos, ha dicho: "¿Hasta cuándo te negarás a humillarte delante de mí? ¡Deja ir a mi pueblo, para que me sirva!

4 Si insistes en no dejarlo ir, mañana mismo traeré langostas sobre tu territorio,

5 y éstas cubrirán la superficie de la tierra, de tal modo que no podrá verse el suelo. Se comerán todo lo que el granizo no haya dañado, lo mismo que todos los árboles frutales del campo.

6 Llenarán tus casas, y las casas de todos tus siervos, y las casas de todos los egipcios, como nunca antes lo vieron tus padres ni tus abuelos desde que nacieron hasta el día de hoy."»

Y dándose vuelta, Moisés salió de la presencia del faraón.

7 Entonces los siervos del faraón le dijeron:

«¿Hasta cuándo este hombre será para nosotros una trampa? ¡Deja que esta gente se vaya y sirva al Señor su Dios! ¿Acaso no sabes todavía que Egipto se encuentra en ruinas?»

8 El faraón volvió a llamar a Moisés y Aarón, y les dijo:

«Vayan y sirvan al Señor su Dios. ¿Quiénes son los que van a ir?»

9 Moisés respondió:

«Tenemos que ir con nuestros niños y nuestros ancianos, con nuestros hijos y nuestras hijas, y con nuestras ovejas y nuestras vacas. Se trata de nuestra fiesta solemne para el Señor.»

10 Pero el faraón les dijo:

«¡Y claro, también el Señor va a ir con ustedes! ¿Cómo creen que voy a dejarlos ir, a ustedes y a sus niños? ¡Tengan cuidado, que les puede ir muy mal!

11 Pues no será así. Vayan ahora ustedes los varones, y sirvan al Señor, ya que eso es lo que pidieron.»

Y los echaron fuera de la presencia del faraón.

12 Entonces el Señor le dijo a Moisés:

«Extiende tu mano sobre la tierra de Egipto, para que vengan las langostas y cubran todo el país, y acaben con todo lo que dejó el granizo.»

13 Y Moisés extendió su vara sobre la tierra de Egipto, y el Señor hizo que todo ese día y toda esa noche soplara sobre el país un viento del oriente; y cuando llegó la mañana, con ese viento del oriente llegaron las langostas.

14 Y se extendieron y se plantaron por todo Egipto. Vinieron en tal cantidad, que nunca antes sucedió algo así, ni sucederá después.

15 De tal manera cubrieron la superficie del país, que se oscureció la tierra.[a] Arrasaron con toda la hierba del campo, y con todos los frutos que el granizo había dejado

[a] **10.14-15:** Ap 9.2-3.

en los árboles. En toda la tierra de Egipto
no quedó nada verde en los árboles ni en la
hierba del campo.
16 El faraón se apresuró a llamar a Moisés y
a Aarón, y les dijo:
«He pecado contra el Señor su Dios, y
contra ustedes.
17 Pero les ruego que, sólo por esta vez,
perdonen mi pecado y pidan al Señor su
Dios que quite de mí al menos esta plaga
mortal.»
18 Y Moisés salió de la presencia del fa-
raón, y oró al Señor.
19 Entonces el Señor trajo de occidente un
viento muy fuerte, y barrió con las langostas
y las arrojó al Mar Rojo. ¡Ni una sola langosta
quedó en todo Egipto!
20 Pero el Señor endureció el corazón del
faraón, y éste no dejó ir a los hijos de Israel.

La plaga de tinieblas

21 El Señor le dijo a Moisés:
«Extiende tu mano hacia el cielo, para
que todo Egipto se cubra de tinieblas[b] tan
densas que hasta se puedan tocar.»
22 Y Moisés extendió su mano hacia el cie-
lo, y durante tres días todo Egipto se cubrió
de densas tinieblas.
23 En esos tres días, nadie pudo ver a su ve-
cino, ni nadie se movió de su sitio; en cambio,
todos los hijos de Israel tenían luz en sus casas.
24 Entonces el faraón mandó llamar a Moi-
sés, y le dijo:
«Vayan a servir al Señor, y lleven con us-
tedes a sus niños, con tal de que dejen aquí
a sus ovejas y sus vacas.»
25 Pero Moisés respondió:
«¡Pues hasta tú vas a darnos los animales
que debemos ofrecer al Señor nuestro Dios
como sacrificio y holocausto!
26 También nuestros ganados irán con no-
sotros. No se quedará aquí ni una sola pe-
zuña, pues tenemos que tomar de nuestros
animales para servir al Señor nuestro Dios, y
no sabremos cómo debemos servirle hasta
que lleguemos allá.»
27 Pero el Señor endureció el corazón del
faraón, y éste no quiso dejarlos ir;
28 al contrario, el faraón le dijo a Moisés:
«¡Aléjate de mí! ¡Y ten cuidado de no vol-
ver a verme! Porque si algún día vuelves a
verme, morirás.»
29 Y Moisés le respondió:
«Tal y como lo has dicho, ¡nunca más vol-
veré a verte!»

La muerte de los primogénitos egipcios

11 1 El Señor le dijo a Moisés:
«Todavía voy a traer una pla-
ga sobre el faraón y sobre Egip-
to. Después de eso, él los dejará ir de aquí, y
esa expulsión será definitiva.
2 Ve ahora y habla con el pueblo, para que
todos, hombres y mujeres, les pidan a sus
vecinos y vecinas alhajas de oro y plata.»
3 Y el Señor hizo que los egipcios vieran
al pueblo con buenos ojos. Moisés también
era tenido en alta estima en la tierra de Egip-
to, tanto a los ojos de los siervos del faraón
como a los ojos del pueblo.
4 Así que Moisés dijo:
«Así ha dicho el Señor: "A la medianoche
pasaré a través de todo Egipto,
5 y todos los primogénitos egipcios mori-
rán, desde el primogénito del faraón, que se
sienta en su trono, hasta el primogénito de
la sierva que trabaja en el molino, y también
todas las primeras crías de los animales.
6 Habrá en todo Egipto un gran clamor,
como no lo hubo antes, ni jamás lo habrá.
7 Pero entre los hijos de Israel, ni un perro
moverá su lengua contra ellos, ni contra sus
animales, para que sepan que el Señor hace
diferencia entre los egipcios y los israelitas.
8 Y todos estos siervos tuyos se humillarán
ante mí, y con el rostro inclinado delante de
mí dirán: 'Vete de aquí, tú y todo el pueblo
que te sigue'. Después de esto, yo saldré."»
Y Moisés salió muy enojado de la presen-
cia del faraón.
9 Entonces el Señor le dijo:
«Para que mis maravillas se multipliquen

[b] **10.21:** Ap 16.10.

en la tierra de Egipto, el faraón no les va a hacer caso.»

[10] Y Moisés y Aarón hicieron todos estos prodigios delante del faraón, pues el Señor endureció el corazón del faraón y no dejó salir de su país a los hijos de Israel.

La Pascua

12 [1] El Señor habló con Moisés y Aarón en la tierra de Egipto, y les dijo:

[2] «Este mes marcará el principio de los meses. Será para ustedes el primer mes del año.

[3] Hablen con toda la congregación de Israel, y díganle: "El día diez de este mes, cada uno de ustedes debe tomar un cordero por familia, según las familias de los padres."

[4] Si la familia es tan pequeña como para no comerse todo el cordero, entonces esa familia y sus vecinos más cercanos tomarán un cordero, según el número de personas. Calcularán el cordero según lo que cada persona pueda comer.

[5] El animal debe ser macho, de un año y sin ningún defecto, y lo tomarán de las ovejas o de las cabras.

[6] Lo apartarán hasta el día catorce de este mes, y toda la congregación de Israel lo sacrificará entre la tarde y la noche.

[7] Tomarán un poco de sangre y la pondrán en los dos postes y en el dintel de las casas donde lo vayan a comer.

[8] Lo comerán esa noche, asando la carne al fuego y acompañando la carne con panes sin levadura y hierbas amargas.

[9] La carne no debe estar cruda ni ser cocida en agua, sino asada al fuego, junto con la cabeza, las patas y las entrañas.

[10] No dejarán nada del cordero para el día siguiente; si algo queda hasta el día siguiente lo quemarán por completo.

[11] Deben comer el cordero vestidos y calzados, y con el bordón en la mano, y comerlo de prisa; se trata de la Pascua[a] del Señor.

[12] Esa noche yo, el Señor, pasaré por la tierra de Egipto y heriré de muerte a todo primogénito egipcio, tanto de sus hombres como de sus animales, y también dictaré sentencia contra todos los dioses de Egipto.

[13] Y cuando hiera yo la tierra de Egipto, la sangre en las casas donde ustedes se encuentren les servirá de señal, pues yo veré la sangre y seguiré adelante, y no habrá entre ustedes ninguna plaga de mortandad.

[14] »Este día deberán recordarlo y celebrarlo generación tras generación, como fiesta solemne en honor del Señor. Es un estatuto perpetuo que deben celebrar.

[15] Durante siete días comerán panes sin levadura, y desde el primer día no deberán tener levadura en sus casas, porque todo el que coma pan leudado desde el primer día hasta el séptimo, será expulsado de Israel.

[16] El primer día habrá una convocación solemne, lo mismo que el día séptimo. No se hará en ellos ningún trabajo, a no ser lo que cada uno deba preparar para comer.

[17] Deberán celebrar esta fiesta de los panes sin levadura,[b] porque fue en este día

[a] **12.1-13:** Lv 23.5; Nm 9.1-5; 28.16; Dt 16.1-2.

PODER PARA VIVIR

LA FIESTA DE PANES SIN LEVADURA *(ÉXODO 12.15-20)*

La fiesta de panes sin levadura era una fiesta que celebraba la manera en que Dios salvó a su pueblo de la esclavitud. La levadura, la cual hace que la masa del pan se levante, era un símbolo del pecado. El pan sin levadura era un símbolo de apartarse del pecado y volverse a Dios. El pueblo tenía que deshacerse de toda la levadura que había en su casa. Hicieron pan que no contenía ninguna levadura para mostrar que querían ser purificados para Dios. ¿Qué levadura, es decir, pecado, necesitas tú quitar de tu vida para Dios?

cuando los saqué a todos ustedes de Egipto. Por lo tanto, sus generaciones futuras deberán cumplir con este mandamiento como costumbre perpetua.

18 Desde el día catorce del mes primero por la tarde, y hasta el día veintiuno por la tarde de ese mismo mes primero, comerán panes sin levadura.

19 Durante siete días no deben tener levadura en sus casas. Cualquiera que coma pan leudado, sea extranjero o nacido en el país, será expulsado de la congregación de Israel.

20 No deben comer nada que tenga levadura. Dondequiera que ustedes vivan, deberán comer panes sin levadura.»

21 Entonces Moisés llamó a todos los ancianos de Israel y les dijo:

«Vayan y tomen un cordero por cada familia, y sacrifíquenlo para la pascua.

22 Tomen un manojo de hisopo y mójenlo en la sangre que deberán haber recogido en un recipiente, y unten el dintel y los dos postes con esa sangre. Ninguno de ustedes debe salir de su casa hasta el día siguiente,

23 porque el Señor pasará y herirá de muerte a los egipcios; pero, cuando él pase y vea la sangre en el dintel y en los dos postes, pasará por alto aquella puerta y no dejará que el ángel exterminador entre en las casas de ustedes y los hiera.[c]

24 »Éste será un estatuto perpetuo, que ustedes y sus hijos deberán cumplir siempre.

25 Cuando ustedes entren en la tierra que el Señor les ha prometido, deberán seguir cumpliéndolo.

26 Y cuando sus hijos les pregunten: "¿Qué sentido tiene para ustedes este estatuto?",

27 ustedes les responderán: "Se trata del sacrificio que se ofrece al Señor como *recuerdo de la pascua*, es decir, cuando en Egipto el Señor pasó por alto las casas israelitas y nos salvó la vida, pero hirió de muerte a los egipcios."»

Entonces los israelitas se inclinaron y adoraron,

28 y luego fueron y cumplieron con todo lo que el Señor les había ordenado a Moisés y a Aarón.

Muerte de los primogénitos

29 A la medianoche, el Señor hirió de muerte a todos los primogénitos[d] en la tierra de Egipto, lo mismo al primogénito del faraón que ocupaba el trono que al primogénito del que estaba cautivo en la cárcel, y a todas las primeras crías de los animales.

30 Y esa misma noche el faraón se levantó, lo mismo que todos sus siervos y todos los egipcios, y en todo Egipto hubo un gran clamor, porque no había una casa donde no hubiera un muerto.

31 Esa misma noche el faraón mandó llamar a Moisés y a Aarón, y les dijo:

«Apártense de mi pueblo, ustedes y los hijos de Israel, y vayan a servir al Señor, tal y como lo han pedido.

32 Llévense también sus ovejas y sus vacas, como lo han pedido, y váyanse. ¡Y bendíganme también a mí!»

33 Los egipcios ya se daban por muertos, así que apremiaban a los israelitas para que se dieran prisa y abandonaran el país.

34 Los israelitas, por su parte, envolvieron su masa en sábanas y se la echaron al hombro, para llevársela antes de que fermentara.

35 Además, hicieron lo que Moisés les había ordenado y pidieron a los egipcios que les dieran alhajas de oro y plata, y vestidos,

36 y el Señor hizo que los egipcios vieran a los israelitas con buenos ojos, y les daban todo lo que les pedían. Así fue como ellos despojaron a los egipcios.[e]

Los israelitas salen de Egipto

37 Los israelitas partieron de Ramesés a Sucot. Eran unos seiscientos mil hombres de a pie, sin contar a los niños.

38 Con ellos se fue toda clase de gente, y ovejas, y muchísimo ganado.

39 Como no habían tenido tiempo ni para prepararse comida cuando los egipcios los echaron fuera de Egipto, con la masa que

[b]**12.14-20:** Éx 23.15; 34.18; Lv 23.6-8; Nm 28.17-25; Dt 16.3-8. [c]**12.23:** Heb 11.28. [d]**12.29:** Éx 4.22-23. [e]**12.35-36:** Éx 3.21-22.

ıabían sacado, la cual aún no había fermen-
:ado, cocieron tortas sin levadura.
40 Los israelitas vivieron en Egipto cuatro-
:ientos treinta años,[f]
41 y el mismo día en que se cumplieron
esos cuatrocientos treinta años todo el pue-
olo del Señor salió de ese país.
42 Esa noche el Señor sacó de Egipto a los
ıijos de Israel. Por lo tanto, todos ellos y sus
generaciones futuras deben recordarla.

Éx 14.13-14

43 El Señor dijo a Moisés y a Aarón:
«Éste es el estatuto de la pascua. Ningún
extranjero podrá comer de ella.
44 Sólo comerán de ella los siervos que
ıayan sido comprados por dinero, pero sólo
después de haber sido circuncidados.
45 Pero ni los extranjeros ni los jornaleros
podrán comer de ella.
46 Debe comerse en una casa, y no se po-
drá sacar de allí nada de aquella carne, ni se
e quebrará un solo hueso.[g]
47 Así debe hacerlo toda la comunidad de
srael.
48 Pero si algún extranjero vive contigo
y quiere celebrar la pascua en honor del
Señor, todos sus hombres deberán ser cir-
cuncidados primero, y entonces podrá cele-
brarla, pues será como un israelita más. Pero
ningún incircunciso podrá comer de ella.
49 Esta misma ley se aplicará a los israelitas
por nacimiento y a los extranjeros que vivan
entre ustedes.»
50 Todos los hijos de Israel cumplieron con
o que el Señor les ordenó a Moisés y Aarón.
51 Y ese mismo día el Señor sacó de Egipto
a todos los hijos de Israel.

Consagración de los primogénitos

13 1 El Señor habló con Moisés, y
le dijo:
2 «Conságrame todo primo-
génito. Todo el que abra matriz entre los hi-
jos de Israel, lo mismo de los hombres como
de los animales, me pertenece.»[a]
3 Moisés le dijo al pueblo:
«Tengan presente este día, en que han
sido liberados de la esclavitud de Egipto.
El Señor los ha sacado de aquí con mano
fuerte; por lo tanto, no deben comer pan
leudado.
4 Ustedes salen hoy en el mes de Aviv.
5 Y en este mismo mes harán esta cele-
bración, cuando ya el Señor los haya intro-
ducido en la tierra que destila leche y miel,
es decir, en la tierra de los cananeos, hititas,
amorreos, jivitas y jebuseos, la cual prome-
tió a los padres de ustedes que les daría.
6 Durante siete días comerán pan sin le-
vadura, y el séptimo día será de fiesta en
honor del Señor.
7 Durante esos siete días se comerán panes
sin levadura, y en ninguna parte de su terri-
torio debe verse nada leudado, ni levadura.
8 Cuando llegue ese día, les contarán esto
a sus hijos. Les dirán: "Esto se hace por lo
que el Señor hizo con nosotros cuando nos
sacó de Egipto."
9 Y será para ustedes como una señal en
su mano, y como un recordatorio delante
de sus ojos, de que ustedes deben tener en
los labios la ley del Señor, pues el Señor los
sacó de Egipto con mano fuerte.
10 Por lo tanto, ustedes deben celebrar
esta ceremonia cada año, en su momento
debido.
11 »Cuando el Señor te haya introducido
en la tierra de los cananeos, y ya te la haya
entregado, conforme al juramento que a ti y
a tus padres les hizo,
12 dedicarás al Señor todo aquel que abra
matriz,[b] lo mismo que toda primera cría de tus
animales. Todos los machos serán del Señor.
13 A las primeras crías de los asnos las redi-
mirás con un cordero; pero si no las redimes
deberás romperles el cuello. También debe-
rás redimir a tu primogénito.
14 Y el día de mañana, cuando tus hijos
te pregunten: "¿Y esto qué significa?", les di-
rás: "Con mano fuerte, el Señor nos sacó de
Egipto, donde éramos esclavos.
15 Como el faraón se empecinó en no de-
jarnos ir, el Señor hirió de muerte a todos los

[f] **12.40:** Gn 15.13; Gá 3.17. [g] **12.46:** Nm 9.12; Sal 34.20; Jn 19.36. [a] **13.2:** Lc 2.23. [b] **13.12:** Lc 2.23.

primogénitos que había en Egipto, es decir, tanto a los primogénitos humanos como a las primeras crías de los animales. Por eso yo ofrezco en sacrificio al Señor todo primogénito macho, y redimo al primogénito de mis hijos.”

16 Así que esto te servirá de señal en la mano, y como recordatorio delante de tus ojos, pues el Señor nos sacó de Egipto con mano fuerte.»

La columna de nube y de fuego

17 Cuando el faraón dejó ir a los israelitas, Dios no los llevó por el camino de la tierra de los filisteos, que estaba cerca; porque pensó: «No vaya a ser que haya guerra, y el pueblo se arrepienta de haber salido y se regrese a Egipto.»

18 Más bien, Dios los hizo dar un rodeo por el camino del desierto del Mar Rojo.

De Egipto, los hijos de Israel salieron armados.

19 Moisés, por su parte, se llevó los huesos de José, pues él había hecho que los hijos de Israel se comprometieran con él cuando les dijo: «Ciertamente Dios vendrá a visitarlos. Cuando eso sea, ustedes se llevarán de aquí mis huesos.»[c]

20 Los israelitas partieron de Sucot y acamparon en Etam, que es donde comienza el desierto.

21 Durante el día, el Señor iba delante de ellos y los guiaba mediante una columna de nube; durante la noche, los alumbraba con una columna de fuego. Así podían avanzar de día y de noche,

22 y en ningún momento del día se apartó de ellos la columna de nube, ni tampoco de noche se apartó la columna de fuego.

Los israelitas cruzan el Mar Rojo

14 1 El Señor habló con Moisés, y le dijo:

2 «Di a los hijos de Israel que den la vuelta y acampen junto al mar, frente a Pi Ajirot, entre Migdol y el mar hacia Baal Sefón.

3 El faraón va a pensar que ustedes los israelitas andan perdidos en esta región, rodeados por el desierto.

4 Pero yo voy a endurecer el corazón del faraón para que vaya tras ustedes, y seré glorificado en el faraón y en todo su ejército. Así sabrán los egipcios que yo soy el Señor.»

Y ellos lo hicieron así.

5 Y cuando el rey de Egipto recibió la noticia de que los israelitas huían, su corazón y el de sus siervos se volvió contra ellos, y dijeron: «¿Cómo hemos podido permitir esto de que Israel se vaya y deje de servirnos?»

6 Enseguida el faraón unció su carro y echó mano de su pueblo,

7 tomó seiscientos de sus mejores carros de combate, y todos los carros de Egipto con sus respectivos capitanes.

8 Y el Señor endureció el corazón del faraón, rey de Egipto, y lo hizo perseguir a los hijos de Israel; pero éstos habían salido con mano poderosa.

9 Los egipcios fueron tras ellos, con toda la caballería y los carros del faraón, y con su caballería y todo su ejército, y los alcanzaron a la orilla del mar, a un costado de Pi Ajirot y delante de Baal Sefón, donde estaban acampados.

10 Cuando los hijos de Israel levantaron la vista, vieron que el faraón se acercaba y que los egipcios venían tras ellos; esto les hizo tener mucho miedo, así que clamaron al Señor

11 y le dijeron a Moisés:

«¿Acaso no había sepulcros en Egipto, que nos has traído hasta el desierto para

PROMESAS PODEROSAS

ÉXODO 14.14

Quédense tranquilos, que el Señor peleará por ustedes.

¿No te anima el saber que Dios está de tu lado? Dios pelea por sus hijos a medida que estos confían en Él y obedecen su Palabra.

[c] **13.19:** Gn 50.25; Jos 24.32.

que muramos aquí? ¿Por qué nos has hecho esto? ¿Por qué nos sacaste de Egipto?

12 Esto es lo que te decíamos en Egipto, cuando te pedimos: "¡Déjanos servir a los egipcios! ¡Es mejor que sirvamos a los egipcios, y no que muramos en el desierto!"»

13 Pero Moisés le dijo al pueblo:

«No tengan miedo. Manténganse firmes, y vean la salvación que el Señor llevará hoy a cabo en favor de ustedes. Los egipcios que hoy han visto, nunca más volverán a verlos.

14 Quédense tranquilos, que el Señor peleará por ustedes.»

Lv 16.15-22

15 Pero el Señor le dijo a Moisés:

«¿Por qué me pides ayuda? ¡Ordena a los hijos de Israel que sigan su marcha!

16 Y tú, levanta tu vara, extiende tu mano sobre el mar, y divídelo, para que los hijos de Israel lo crucen en seco.

17 Yo, por mi parte, voy a endurecer el corazón de los egipcios para que los persigan, y me glorificaré en el faraón y en todo su ejército, y en sus carros de guerra y en su caballería.

18 Y cuando me haya glorificado en el faraón, y en su caballería y carros de guerra, los egipcios sabrán que yo soy el Señor.»

19 El ángel de Dios, que precedía al campamento de Israel, se apartó de ellos y se puso en la retaguardia. Así mismo, la columna de nube que los precedía se apartó y fue a ponerse a sus espaldas,

20 entre el ejército egipcio y el campamento de Israel. Para los egipcios, ésta era una nube tenebrosa, pero a Israel lo alumbraba de noche. En toda esa noche, no se acercaron los unos a los otros.

21 Entonces Moisés extendió su mano sobre el mar, y el Señor hizo que toda esa noche el mar se retirara por causa de un fuerte viento oriental; eso hizo que las aguas se dividieran y que el mar se quedara seco.

22 Así los hijos de Israel entraron en el mar[a] y lo cruzaron en seco, con un muro de agua

PALABRAS CON PODER — TEMOR DEL SEÑOR (ÉXODO 14.31)

¿Qué significa el "temor del Señor"? ¿Quiere decir tenerle terror al Señor? No, significa que cuando el pueblo vio el poder impresionante de Dios, les asombró su gran fuerza. Aun el vislumbrar el poder del Señor y su juicio sobre el pecado nos llena de gran respeto por Él. Piensa en alguien con quien puedes hablar hoy acerca de tu Dios grande y poderoso

a su derecha y otro a su izquierda.

23 Los egipcios los siguieron. Toda la caballería del faraón, más sus carros de guerra y su gente de a caballo, entraron tras ellos hasta la mitad del mar.

24 Pero en la madrugada del día siguiente el Señor miró el campamento de los egipcios desde la columna de fuego y de nube, y trastornó su campamento:

25 a sus carros les quitó las ruedas, y a ellos los dejó en una confusión tremenda. Entonces los egipcios dijeron:

«Huyamos de los israelitas, porque el Señor pelea en favor de ellos y contra nosotros.»

26 Pero el Señor le dijo a Moisés:

«Ahora extiende tu mano sobre el mar, para que las aguas se vuelvan contra los egipcios, y contra sus carros y caballería.»

27 Moisés extendió su mano sobre el mar, y al amanecer el mar se volvió con toda su fuerza contra los egipcios, que al huir se toparon con el mar. ¡Y el Señor derribó a los egipcios en medio del mar!

28 Al volverse las aguas, cubrieron por completo los carros y la caballería del faraón, y todo su ejército que había entrado en el mar para perseguir a los israelitas. ¡Ni uno de ellos quedó con vida!

29 En cambio, los israelitas cruzaron el mar en seco, con un muro de agua a su derecha y otro a su izquierda.

[a] **14.22:** Heb 11.29.

30 Aquel día el Señor salvó a los israelitas
de manos de los egipcios, e Israel vio los cadáveres de los egipcios a la orilla del mar.
31 Y al ver el pueblo de Israel aquel gran
hecho que el Señor llevó a cabo en contra
de los egipcios, tuvo temor del Señor, y todos
creyeron en el Señor y en su siervo Moisés.

Cántico de Moisés y de María

15 1 Entonces Moisés y los hijos de
Israel elevaron este cántico[a] al
Señor. Dijeron:

Cantaré al Señor, que se ha engrandecido:
¡Ha echado en el mar jinetes y caballos!
2 El Señor es mi fortaleza y mi cántico;
¡el Señor es mi salvación![b]
Él es mi Dios, y lo alabaré;
es el Dios de mi padre, y lo enalteceré.
3 El Señor es un valiente guerrero,
y su nombre es el Señor.
4 El Señor arrojó al mar
los carros y el ejército del faraón;
¡sus capitanes más aguerridos
se hundieron en el fondo del Mar Rojo!
5 ¡Como piedras cayeron al abismo,
y el mar profundo los cubrió!

6 Señor, Señor,
¡el poder de tu diestra se ha magnificado!
¡El poder de tu diestra quebrantó al enemigo!
7 ¡Tu gran poder derribó a tus adversarios!
¡Tu ira los consumió como a hojarasca!
8 Soplaste, y se amontonaron las aguas;
las corrientes se juntaron en un montón;
¡los abismos se cuajaron en medio del mar!

9 El enemigo decía:
«Los perseguiré y los haré mis prisioneros;
¡repartiré sus despojos hasta quedar hastiado!
¡Sacaré la espada y yo mismo los destruiré!»
10 Pero soplaste, y el mar los cubrió;
se hundieron como plomo en las aguas impetuosas.

11 ¿Quién como tú, Señor, entre los dioses?
¿Quién como tú, santo y magnífico,
que realizas maravillosas hazañas
y llevas a cabo sorprendentes prodigios?
12 Extendiste tu diestra, y la tierra se los tragó;
13 en tu misericordia guías a tu pueblo redimido
y con tu poder lo llevas a tu santa morada.
14 Los pueblos lo saben, y tiemblan de miedo;
en su tierra, los filisteos se doblan de dolor.
15 Los caudillos de Edom quedan confundidos
y los valientes de Moab tiemblan de pies a cabeza;
¡todos los cananeos se acobardan!

16 Señor, ¡que les sobrevenga espanto y temor!
¡Queden mudos como piedras ante tu brazo poderoso,
hasta que haya pasado tu pueblo,
el pueblo que tú mismo rescataste!
17 Tú, Señor, los llevarás al monte donde habitas,
al lugar que has preparado, y allí los plantarás,
en el santuario que tú mismo has afirmado.
18 ¡Tú, Señor, reinas ahora y siempre!

19 Ciertamente el faraón entró en el mar,
cabalgando con sus carros de guerra y su
gente de a caballo, pero el Señor hizo que
las aguas del mar se volvieran contra ellos,
y los hijos de Israel cruzaron el mar en seco.

[a] **15.1:** Ap 15.3. [b] **15.2:** Sal 118.14; Is 12.2.

20 Entonces la profetisa María, que era hermana de Aarón, tomó un pandero, y todas las mujeres salieron danzando tras ella y tocando sus panderos.

21 Y María cantaba:

Canten en honor del Señor,
porque se ha engrandecido en gran
manera:
¡ha echado en el mar al caballo y al
jinete!

Dt 8.10

El agua amarga de Mará

22 Moisés ordenó que Israel partiera del Mar Rojo y se dirigiera al desierto de Shur. Los israelitas anduvieron tres días por el desierto sin hallar agua,

23 y cuando llegaron a Mará no pudieron beber las aguas de ese lugar porque eran amargas. Por eso le pusieron por nombre Mará.[5]

24 Allí el pueblo murmuró contra Moisés, y dijo: «¿Qué vamos a beber?»

25 Entonces Moisés pidió ayuda al Señor, y el Señor le mostró un árbol. Moisés lo echó al agua, y el agua se volvió dulce.

Allí el Señor les dio estatutos y ordenanzas, y los puso a prueba.

26 Les dijo:

«Si escuchas con atención la voz del Señor tu Dios, y haces lo que es recto delante de sus ojos, y prestas oído a sus mandamientos y cumples todos sus estatutos, jamás te enviaré ninguna de las enfermedades que les envié a los egipcios. Yo soy el Señor, tu sanador.»

Nm 12.10-15

PROMESAS PODEROSAS

ÉXODO 15.26b

Yo soy el Señor, tu sanador.

Esta promesa muestra que Dios quiere sanar a su pueblo en vez de verlo sufrir de enfermedades y dolencias. Esto sigue siendo cierto. Toda sanidad viene de Dios.

LECCIONES — EL QUEJARSE

(ÉXODO 16.2)

¿Tus padres te han dicho en algún momento que dejes de quejarte? ¡Pues Moisés quería decirles a los israelitas que dejaran de quejarse de él! Por tercera vez, le echaron la culpa de sus problemas a Moisés. Pero en realidad, estaban quejándose de Dios mismo. Parece que habían olvidado todos los grandes milagros de Dios y habían perdido su fe en su bondad y sabiduría. Cuando tú enfrentes una situación difícil, no culpes a Dios. ¡Confía en Él y depende de su ayuda! ¡Eso es mucho mejor (y más inteligente) que quejarse!

27 Luego llegaron a Elim, donde había doce manantiales y setenta palmeras, y acamparon allí, junto a los manantiales.

Dios da el maná

16 [1] El día quince del mes segundo, después de su salida de Egipto, toda la congregación de los hijos de Israel partió de Elim y se dirigió al desierto de Sin, que está entre Elim y Sinaí.

PALABRAS CON PODER — MANÁ

(ÉXODO 16.4)

¡El maná, también conocido como "pan del cielo" era la comida que Dios les mandó milagrosamente a los israelitas todos los días durante cuarenta años! Su aspecto era el de pedacitos finitos de escarcha y sabían a miel. Cada mañana, Dios enviaba el maná y el pueblo recogía lo que necesitaba. Cuando entraron en la Tierra Prometida, el maná dejó de aparecer. Hoy día, nos referimos a Jesús como "el verdadero pan del cielo" (Juan 6:32) porque Él provee todo lo que necesitamos para seguirlo. Haz una lista de algunas cosas que Él te provee todos los días.

[5] **5.23** Es decir, ***Amargura.***

2 Allí en el desierto, todos ellos murmuraron contra Moisés y Aarón,

3 y les reclamaron:

«Mejor nos hubiéramos muerto en la tierra de Egipto a manos del Señor. Allá nos sentábamos junto a las ollas de carne, y comíamos pan hasta saciarnos. Ustedes nos han sacado a este desierto para matarnos de hambre a todos nosotros.»

4 El Señor le dijo a Moisés:

«Como verás, yo voy a hacer que les llueva pan del cielo.[a] Para ver si ustedes obedecen o no mis leyes, cada uno de ustedes debe salir todos los días y recoger la porción para ese día,

5 pero el sexto día se prepararán para guardar una doble porción de lo que acostumbran recoger todos los días.»

6 Entonces Moisés y Aarón les dijeron a todos los hijos de Israel:

«Esta tarde van a darse cuenta de que el Señor los ha sacado de la tierra de Egipto,

7 y en la mañana van a ver la gloria del Señor. El Señor los ha oído murmurar contra él, porque nosotros no somos nada para que ustedes murmuren contra nosotros.»

8 Moisés dijo también:

«Por la tarde el Señor les va a dar de comer carne, y por la mañana les dará pan hasta que se harten. Porque el Señor los ha oído murmurar contra él. ¿Quiénes somos nosotros? Cuando ustedes murmuran, no murmuran contra nosotros, sino contra el Señor.»

9 Moisés le dijo a Aarón:

«Dile a toda la congregación de los hijos de Israel que se acerquen a la presencia del Señor, porque él ha oído sus murmuraciones.»

10 Y *mientras* Aarón hablaba con toda la congregación de los hijos de Israel, miraron hacia el desierto, y vieron que la gloria del Señor apareció en la nube.

11 Entonces el Señor habló con Moisés, y le dijo:

12 «He oído las murmuraciones de los hijos de Israel. Así que habla con ellos y diles que al caer la tarde comerán carne, y que por la mañana se saciarán de pan. Así sabrán que yo soy el Señor su Dios.»

13 Al caer la tarde, una nube de codornices vino y cubrió el campamento; y por la mañana el campamento estaba rodeado de rocío.

14 Pero cuando el rocío dejó de caer, sobre la superficie del desierto podía verse una cosa menuda y redonda, tan menuda que parecía escarcha sobre el suelo.

15 Cuando los hijos de Israel lo vieron, se preguntaron unos a otros:

«¿Qué es esto?»

Y es que no sabían qué era. Entonces Moisés les dijo:

«Es el pan que el Señor les da para comer.

16 Y esto es lo que el Señor ha ordenado: Que cada uno de ustedes recoja lo que pueda comer. Que recoja dos litros por persona, según el número de personas que haya en cada tienda.»

17 Los hijos de Israel lo hicieron así, y unos recogieron más, otros recogieron menos,

18 pero usando una medida de dos litros, y al que recogió mucho no le sobró, ni tampoco le faltó al que había recogido poco.[b] Cada uno recogió la cantidad suficiente para comer.

19 Y Moisés les dijo:

«Nadie debe dejar nada para mañana.»

20 Pero ellos no lo obedecieron, sino que algunos dejaron algo para el día siguiente, y eso crió gusanos y se apestó. Por eso Moisés se enojó contra ellos.

21 Los israelitas lo recogían cada mañana, cada uno según lo que habría de comer, porque con el calor del sol se derretía.

22 Pero el sexto día recogieron cuatro litros por persona, es decir, una doble ración de comida, así que todos los príncipes de la congregación fueron a decirle esto a Moisés.

23 Y él les dijo:

«Esto es lo que ha dicho el Señor. Mañana es el santo día de reposo, el reposo consagrado al Señor.[c] Cuezan hoy lo que tengan

[a]**16.4:** Jon 6.31. [b]**16.18:** 2 Co 8.15. [c]**16.23:** Éx 20.8-11.

que cocer, y cocinen hoy lo que tengan que cocinar. Todo lo que les sobre, guárdenlo para mañana.»

24 En obediencia a lo que Moisés había ordenado, ellos lo guardaron hasta el día siguiente, y no se agusanó ni se apestó.

25 Entonces dijo Moisés:

«Cómanlo hoy, porque hoy no lo hallarán en el campo. Hoy es día de reposo en honor al Señor.

26 Lo recogerán durante seis días, pero el séptimo día no lo hallarán porque es día de reposo.»

27 Como algunos del pueblo salieron a recogerlo en el día séptimo, y no lo hallaron,

28 el Señor le dijo a Moisés:

«¿Hasta cuándo se negarán a obedecer mis mandamientos y mis leyes?

29 Dense cuenta de que yo, el Señor, les he dado el día de reposo. Por eso el sexto día les doy pan para dos días. Así que el séptimo día todos deben quedarse en su lugar, y no salir de allí.»

30 Así el pueblo reposó el séptimo día.

31 A esto el pueblo de Israel lo llamó «maná».[6] Era blanco, parecido a la semilla de culantro, y su sabor era como el de las hojuelas con miel.[d]

32 Y Moisés dijo:

«El Señor ordena lo siguiente: "Llenen con esto una medida de dos litros, y guárdenlo para que los descendientes de ustedes vean el pan que yo les di a comer en el desierto, cuando los saqué de Egipto."»

33 Además, Moisés le dijo a Aarón:

«Toma una vasija, y pon en ella dos litros de maná.[e] Ponla luego delante del Señor, y ordena que se guarde para los descendientes de ustedes.»

34 Y Aarón puso el maná delante del Testimonio, para guardarlo como el Señor se lo había ordenado a Moisés.

35 Y los hijos de Israel comieron maná durante cuarenta años, hasta que llegaron a tierra habitada. Comieron maná hasta que llegaron a los límites de la tierra de Canaán.[f]

36 La medida de dos litros es la décima parte de un efa.

El agua de la roca

17 1 Conforme al mandamiento del Señor, toda la congregación de los hijos de Israel partió del desierto de Sin en jornadas cortas hasta acampar en Refidín. Pero allí el pueblo no tenía agua para beber,

2 así que todo el pueblo discutió con Moisés y le dijo:

«Danos agua. Queremos beber.»

Moisés les dijo:

«¿Por qué se pelean conmigo? ¿Por qué ponen a prueba al Señor?»

3 Pero el pueblo tenía sed, y murmuró contra Moisés, y dijo:

«¿Para qué nos hiciste salir de Egipto? ¿Para matarnos de sed a nosotros, a nuestros hijos y a nuestros ganados?»

4 Entonces Moisés pidió ayuda al Señor y le dijo:

«¿Qué voy a hacer con este pueblo? ¡Un poco más, y me matarán a pedradas!»

5 Y el Señor le dijo a Moisés:

«Adelántate al pueblo. Anda, lleva contigo a algunos de los ancianos de Israel, y llévate también la vara con la que golpeaste el río.

6 Voy a esperarte en Horeb, junto a la roca que está allí, y tú golpearás la roca, y de ella brotará agua, que el pueblo podrá beber.»

Y Moisés lo hizo así, en presencia de los ancianos de Israel,

7 y a ese lugar lo llamó Masah,[7] porque los hijos de Israel pusieron a prueba al Señor, y también Meriba,[8] por la discusión que tuvo con ellos, pues dijeron: «¿Está el Señor entre nosotros, o no está?»[a]

La guerra con Amalec

8 Amalec vino a Refidín y peleó contra Israel.

9 Entonces Moisés le dijo a Josué:

[6] **16.31** Es decir, ***¿Qué es esto?*** [d] **16.31:** Nm 11.7-8. [e] **16.33:** Heb 9.4. [f] **16.35:** Jos 5.12. [7] **17.7** Es decir, ***Prueba.*** [8] **17.7** Es decir, ***Rencilla.*** [a] **17.1-7:** Nm 20.2-13.

«Escoge nuestros mejores hombres, y sal
a pelear contra Amalec. Mañana yo estaré
sobre la cumbre del cerro, con la vara de
Dios en mi mano.»
10 Josué hizo lo que Moisés le dijo, y com-
batió contra Amalec, y Moisés, Aarón y Jur
subieron a la cumbre del cerro.
11 Mientras Moisés mantenía la mano en
alto, los israelitas vencían; pero cuando baja-
ba la mano, vencía Amalec.
12 Pero a Moisés se le cansaban las ma-
nos, así que tomaron una piedra y se la
pusieron debajo, para que pudiera sentar-
se, mientras que Aarón y Jur le sostenían
las manos, el uno del lado izquierdo y el
otro del lado derecho. Así pudo mantener
firmes las manos, hasta que se puso el sol,
13 y Josué derrotó a Amalec y a su pueblo
a filo de espada.

Jos 3.9-17

14 El Señor le dijo a Moisés:
«Escribe esto en un libro, para que se
recuerde, y dile a Josué que yo borraré por
completo la memoria de Amalec.»[b]
15 Luego Moisés levantó un altar y le puso
por nombre Adonay Nisi,[9]
16 porque dijo: «La mano de Amalec se
levantó contra el trono del Señor. Por eso
el Señor estará en guerra contra Amalec de
generación en generación.»

Jetro visita a Moisés

18 1 Jetro, que era sacerdote de
Madián y suegro de Moisés, se
enteró de todo lo que Dios ha-
bía hecho con Moisés y con su pueblo Israel,
y que el Señor había sacado de Egipto a Israel.
2 Como Moisés había enviado a Séfora, su
mujer, a la casa de Jetro, su suegro, éste la
tomó
3 junto con sus dos hijos.[a] Uno de ellos se
llamaba Guersón, porque Moisés dijo: «Soy
un extraño[10] en una tierra extraña»;[b]
4 el otro se llamaba Eliezer,[11] porque dijo:
«El Dios de mi padre me ayudó y me libró
de la espada del faraón.»
5 Acompañado de los hijos y la mujer de
Moisés, el suegro de Moisés se fue al monte
de Dios, en el desierto, que era donde Moi-
sés estaba acampando.
6 Allí le dijo a Moisés:
«Yo soy Jetro, tu suegro, y vengo a verte
con tu mujer. Sus dos hijos vienen con ella.»
7 Entonces Moisés salió a recibir a su sue-
gro, y se inclinó y lo besó, y luego de pregun-
tarse el uno al otro cómo estaban, entraron
en la tienda.
8 Allí Moisés le contó a su suegro todo
lo que el Señor había hecho por Israel y
en contra del faraón y de los egipcios, así
como todos los trabajos que habían pa-
sado en el camino, y cómo el Señor los
había librado.
9 Jetro se alegró de lo bien que el Señor
había tratado a Israel, al librarlo de manos
de los egipcios,
10 y dijo:
«Bendito sea el Señor, que los libró a us-
tedes de manos de los egipcios, y de manos

[b]**17.14:** Dt 25.17-19; 1 S 15.2-9. [9]**17.15** Es decir, ***El Señor es mi estandarte.*** [a]**18.3:** Hch 7.29. [10]**18.3** Heb. ***ger.*** [b]**18.2-3:** Éx 2.21-22. [11]**18.4** Heb. ***Eli,*** mi Dios; ***ezer,*** ayuda.

DEPENDER DE DIOS *(ÉXODO 17.11)*

Al levantar las manos a Dios, Moisés mostró que dependía de Dios para que le diera la victoria en la batalla. La fuerzas de Israel y su victoria dependía de su fe en Dios. Cuando Moisés dejó de orar, el poder de Dios dejó de fluir y los israelitas empezaron a perder la batalla. Es igual para nosotros. Si dejamos de orar y depender del poder de Dios, no seremos cristianos victoriosos. Nuestra única esperanza de victoria viene de confiar en Dios. Escríbele una oración a Dios pidiéndole que te dé el poder que necesitas para vivir para Él en victoria.

PROMESAS PODEROSAS

ÉXODO 18.11

Ahora sé que el Señor es más grande que todos los dioses, porque en este caso él los venció.

Moisés le contó a su suegro acerca del rescate poderoso de Israel de Egipto. Fue por eso que Jetro pudo decir: "Ahora sé que el Señor es más grande que todos los dioses". ¿A quién le has contado tú recientemente acerca de nuestro Dios poderoso?

del faraón. ¡El Señor libró al pueblo de ma-
nos de los egipcios!
11 Ahora sé que el Señor es más grande
que todos los dioses, porque en este caso
él los venció.»
12 Luego Jetro, el suegro de Moisés, ofreció
holocaustos y sacrificios para Dios, y Aarón
llegó con todos los ancianos de Israel para
comer con el suegro de Moisés delante de
Dios.

Nombramiento de jueces

(Dt 1.9-18)
13 Al día siguiente, sucedió que Moisés se
sentó a juzgar al pueblo, y el pueblo estuvo
delante de Moisés desde la mañana hasta la
tarde.
14 Al ver el suegro de Moisés todo lo que
éste hacía con el pueblo, dijo:
«¿Qué es lo que estás haciendo con el
pueblo? ¿Por qué te sientas tú solo, mientras
todo el pueblo se queda delante de ti desde
la mañana hasta la tarde?»
15 Moisés le respondió a su suegro:
«Es que el pueblo viene a mí para consul-
tar a Dios.
16 Cuando tienen problemas, vienen a mí;
entonces yo juzgo entre el uno y el otro, y
les doy a conocer las ordenanzas y leyes de
Dios.»
17 Pero el suegro de Moisés le dijo:
«Esto que haces no está bien,
18 pues te cansarás tú, y también se cansará
este pueblo. Este trabajo es demasiado pesa-
do para ti, y no vas a poder hacerlo tú solo.
19 Préstame atención, que voy a darte un
consejo, y que Dios te acompañe. Preséntа-
te ante Dios en lugar del pueblo, y somete a
su juicio todos los problemas.
20 Enséñales a ellos las ordenanzas y las
leyes, e indícales cómo deben conducirse, y
qué deben hacer.
21 Además, escoge de entre el pueblo al-
gunos hombres respetables y temerosos de
Dios, confiables y nada ambiciosos, y ponlos
al frente de grupos de mil, cien, cincuenta y
diez personas.
22 Que se ocupen ellos de juzgar al pueblo
en todo momento, que dicten sentencia en
cuestiones menores, y que a ti te remitan
todo asunto de gravedad. Así aligerarás tu
carga, pues ellos la llevarán contigo.
23 Si haces esto, y Dios así te lo ordena, po-
drás resistir; además, todo el pueblo volverá
tranquilo a su casa.»
24 Moisés atendió a la voz de su suegro, e

EL NUEVO PACTO *(ÉXODO 19.1)*

Dios usó el tiempo que los israelitas estuvieron en el desierto para enseñarles acerca del nuevo pacto o acuerdo que tenían con Él. Dios escogió a Israel de todas las naciones de la tierra para tener una relación especial con Él. El nuevo pacto les mostraba a los israelitas cómo tener una relación con Dios y cómo recibir su bendición. A cambio, Dios quería que ellos obedecieran sus mandamientos. ¿Cómo puedes tú mostrar a los demás que tienes una relación especial con Dios? ¿Obedeces tú sus mandamientos?

hizo todo lo que le dijo,
25 pues de entre todo Israel escogió hom-
bres respetables y los puso a cargo del pue-
blo como jefes de grupos de mil, cien, cin-
cuenta y diez personas.
26 Ellos juzgaban al pueblo en todo mo-
mento y dictaban sentencia en todo asunto
menor, y remitían a Moisés las cuestiones
difíciles de resolver.
27 Después Moisés despidió a su suegro, y
éste volvió a su tierra.

Israel en el monte Sinaí

19 1 Los hijos de Israel llegaron al
desierto de Sinaí al cumplirse
tres meses de haber salido de la
tierra de Egipto.
2 Después de salir de Refidín, llegaron al
desierto de Sinaí y acamparon en el desierto.
Acamparon allí, delante del monte.
3 El Señor llamó a Moisés desde el monte,
y Moisés subió para hablar con Dios. Y Dios
le dijo:
«Habla con la casa de Jacob. Diles lo si-
guiente a los hijos de Israel:
4 "Ustedes han visto lo que he hecho con
los egipcios, y cómo los he tomado a ustedes
y los he traído hasta mí sobre alas de águila.
5 Si ahora ustedes prestan oído a mi voz, y
cumplen mi pacto, serán mi tesoro[a] especial
por encima de todos los pueblos, porque
toda la tierra me pertenece.
6 Ustedes serán para mí un reino de sa-
cerdotes[b] y un pueblo santo.[c] Estas mismas
palabras les dirás a los hijos de Israel."»

Éx 20.1-17

7 Moisés volvió y llamó a los ancianos del
pueblo, y en su presencia expuso todas las
palabras que el Señor le había mandado
decir.
8 Todo el pueblo respondió al unísono:
«Haremos todo lo que el Señor ha di-
cho.»
Y cuando Moisés refirió al Señor las pala-
bras del pueblo,
9 el Señor le dijo:
«Voy a venir en medio de una nube es-
pesa, y desde allí hablaré para que el pueblo
me oiga mientras hablo contigo, y también
para que te crean siempre.»
Moisés refirió al Señor las palabras del
pueblo,
10 y el Señor le dijo a Moisés:
«Ve al pueblo, y santifícalos hoy y maña-
na, y haz que laven sus vestidos
11 y se preparen para el tercer día, porque
al tercer día yo, el Señor, descenderé sobre
el monte Sinaí, a la vista de todo el pueblo.
12 Tú debes poner un límite alrededor del
pueblo y decirles que se abstengan de subir

PROMESAS PODEROSAS

ÉXODO 19.4

y cómo los he tomado a ustedes y los he traído hasta mí sobre alas de águila.

¿No te parece que esta es una hermosa imagen del amor de Dios? ¡Imagínate cómo sería volar por el aire sobre alas de águilas hasta llegar a Dios mismo! Este tipo de amor nos lleva a desear obedecer a Dios y seguir sus planes

PALABRAS CON PODER

REINO DE SACERDOTES

(ÉXODO 19.6)

Parte de los propósitos de Dios para sacar a los israelitas de Egipto era hacerlos un "reino de sacerdotes" y una "nación santa". Él quería que ellos fueran diferentes a las naciones paganas a su alrededor. Si queremos seguir a Jesús, debemos ser santos en nuestro servicio y nuestra obediencia a Él. Eso quiere decir que necesitamos alejarnos de cualquier comportamiento, pensamiento o acción que no lo agrade a Él. Haz una lista de algunas acciones que agradan a Dios y pídele que te ayude a hacer estas cosas.

[a] **19.5:** Dt 4.20; 7.6; 14.2; 26.18; Tit 2.14. [b] **19.6:** Ap 1.6; 5.10. [c] **19.5-6:** 1 P 2.9.

al monte. Ni siquiera deben tocar sus límites, porque cualquiera que toque el monte, morirá.
13 Quien llegue a tocarlo, hombre o animal, será apedreado o traspasado por una flecha. No vivirá.[d] Sólo podrán subir al monte cuando la trompeta dé un toque largo.»
14 Moisés bajó del monte al pueblo, y lo santificó, y ellos lavaron sus vestidos.
15 Y Moisés le dijo al pueblo:
«Prepárense para el tercer día. No tengan ningún contacto con una mujer.»
16 Al tercer día por la mañana, hubo truenos y relámpagos,[e] y una espesa nube se posó sobre el monte, y hubo un fuerte sonido de bocina, y todo el pueblo que estaba en el campamento se estremeció.
17 Entonces Moisés sacó al pueblo del campamento para recibir a Dios, y se detuvieron al pie del monte.
18 Todo el monte Sinaí humeaba porque el Señor había descendido sobre él en fuego[f] y el humo subía como de un horno, y todo el monte se estremecía en extremo.
19 El sonido de la bocina iba en aumento, y Moisés hablaba y Dios le respondía con voz de trueno.
20 Entonces descendió el Señor sobre el monte Sinaí, sobre la cumbre del monte, y llamó el Señor a Moisés para que subiera a la cumbre, y Moisés subió.
21 Y el Señor le dijo a Moisés:
«Baja y dile al pueblo que no traspase los límites para verme, porque muchos de ellos morirán.
22 A los sacerdotes que se acercan a mí diles también que se santifiquen para que yo, el Señor, no haga en ellos ningún estrago.»
23 Moisés le dijo al Señor:
«El pueblo no podrá subir al monte Sinaí, porque tú nos has mandado poner límites al monte, y santificarlo.»
24 Y el Señor le dijo:
«Anda, baja, y sube luego con Aarón; pero ni los sacerdotes ni el pueblo deben traspasar el límite ni subir a donde estoy, para que no haga yo entre ellos ningún estrago.»

LECCIONES — LOS DIEZ MANDAMIENTOS
(ÉXODO 20.2-17)

¿Quién escribió los Diez Mandamientos? Si dijiste que fue Dios, ¡tienes razón! Dios los escribió en dos tabletas de piedra y se los dio a Moisés, quien se los leyó a los israelitas. Al obedecer los mandamientos, los israelitas mostraban su gratitud a Dios por haberlos rescatado de Egipto. También mostraban su deseo de vivir ante Él de la manera correcta. Al obedecer estas leyes, los israelitas se separaban de otras naciones que no obedecían a Dios. Escribe los Diez Mandamientos. Mira a ver cuánto tiempo te toma memorizar toda la lista.

[d]**19.12-13:** Heb 12.18-20. [e]**19.16:** Ap 4.5. [f]**19.16-18:** Dt 4.11-12.

NINGÚN OTRO DIOS *(ÉXODO 20.3)*
Este es el primer mandamiento que Dios le dio a su pueblo. Ellos tenían que adorarlo sólo a Él. Él no quería que pensaran que Él era un dios entre muchos, o el mejor de muchos dioses. Él quería que supieran a ciencia cierta que Él era y es el único Dios viviente. Nosotros tampoco debemos adorar ninguna otra cosa o persona, sino solamente a Dios. Nuestro propósito en la vida debe ser conocer y amar a Dios de todo corazón. De esa manera, el Espíritu de Dios nos dará lo que es mejor para nuestra vida.

25 Y Moisés bajó del monte y le dijo esto al pueblo.

Los Diez Mandamientos

(Dt 5.1-21)

20 1 Dios habló y dijo todas estas palabras:

2 «Yo soy el Señor tu Dios. Yo te saqué de la tierra de Egipto, donde vivías como esclavo.

3 »No tendrás dioses ajenos delante de mí.

4 »No te harás imagen, ni semejanza alguna de lo que está arriba en el cielo, ni abajo en la tierra, ni en las aguas debajo de la tierra.

5 »No te inclinarás ante ellas, ni las honrarás,[a] porque yo soy el Señor tu Dios, fuerte y celoso. Yo visito en los hijos la maldad de los padres que me aborrecen, hasta la tercera y cuarta generación,

6 pero trato con misericordia infinita a los que me aman y cumplen mis mandamientos.[b]

7 »No tomarás en vano[c] el nombre del Señor tu Dios, porque yo, el Señor, no consideraré inocente al que tome en vano mi nombre.

8 »Te acordarás del día de reposo, y lo santificarás.[d]

9 Durante seis días trabajarás y harás toda tu obra,

10 pero el día séptimo es de reposo en honor del Señor tu Dios. No harás en él ningún trabajo.[e] Ni tú, ni tu hijo, ni tu hija, ni tu siervo, ni tu criada, ni tu bestia, ni el extranjero que viva dentro de tus ciudades.

11 Porque yo, el Señor, hice en seis días los cielos, la tierra, el mar y todo lo que hay en ellos, pero reposé en el día séptimo. Por eso yo, el Señor, bendije el día de reposo y lo santifiqué.[f]

12 »Honrarás a tu padre y a tu madre,[g] para que tu vida se alargue en la tierra que yo, el Señor tu Dios, te doy.[h]

PROMESAS PODEROSAS

ÉXODO 20.12

Honrarás a tu padre y a tu madre, para que tu vida se alargue en la tierra que yo, el Señor tu Dios, te doy.

¿Qué significa honrar a tu padre y a tu madre? Significa simplemente que debes ser bondadoso y colaborador, y respetar y obedecer a tus padres. ¿Por qué no haces una lista de cosas que puedes hacer hoy para honrar a tus padres?

13 »No matarás.[i]

14 »No cometerás adulterio.[j]

15 »No robarás.[k]

16 »No presentarás falso testimonio contra tu prójimo.[l]

17 »No codiciarás[m] la casa de tu prójimo, ni a su mujer, ni a su siervo ni a su esclava, ni su buey ni su asno, ni nada que le pertenezca a tu prójimo.» Lv 20.26

El terror del pueblo

(Dt 5.22-33)

18 Todo el pueblo observaba los relámpagos y el monte que humeaba, y escuchaba el sonido de la bocina. Al ver esto, todos temblaban de miedo y se mantuvieron a distancia,

19 pero le dijeron a Moisés:

«Si tú hablas con nosotros, te escucharemos; pero que no hable Dios con nosotros, porque tal vez moriremos.»[n]

20 Moisés les respondió:

«No tengan miedo. Dios ha venido a ponerlos a prueba, para que siempre tengan temor de él y no pequen.»

21 El pueblo se mantuvo a distancia, mientras que Moisés se acercó a la oscuridad en donde estaba Dios.

22 Y el Señor le dijo a Moisés:

[a] **20.4-5:** Éx 34.17; Lv 19.4; 26.1; Dt 4.15-18; 27.15. [b] **20.5-6:** Éx 34.6-7; Nm 14.18; Dt 7.9-10. [c] **20.7:** Lv 19.12. [d] **20.8:** Éx 16.23-30; 31.12-14. [e] **20.9-10:** Éx 23.12; 31.15; 34.21; 35.2; Lv 23.3. [f] **20.11:** Gn 2.1-3; Éx 31.17. [g] **20.12:** Dt 27.16; Mt 15.4; 19.19; Mc 7.10; 10.19; Lc 18.20; Ef 6.2. [h] **20.12:** Ef 6.3. [i] **20.13:** Gn 9.6; Lv 24.17; Mt 5.21; 19.18; Mr 10.19; Lc 18.20; Ro 13.9; Stg 2.11. [j] **20.14:** Lv 20.10; Mt 5.27; 19.18; Mr 10.19; Lc 18.20; Ro 13.9; Stg 2.11. [k] **20.15:** Lv 19.11; Mt 19.18; Mr 10.19; Lc 18.20; Ro 13.9. [l] **20.16:** Éx 23.1; Mt 19.18; Mr 10.19; Lc 18.20; Ro 13.9. [m] **20.17:** Ro 7.7; 13.9. [n] **20.18-19:** Heb 12.18-19.

«Diles esto a los hijos de Israel:

"Ustedes han visto que yo les he hablado desde el cielo.

23 No harán de mí dioses de plata ni de oro.

24 Me harán un altar de tierra, y en él sacrificarán sus holocaustos y sus ofrendas de paz, sus ovejas y sus vacas. Yo vendré y los bendeciré en todo lugar donde yo haga que mi nombre sea recordado.

25 "Si me hacen un altar de piedra, que no sea de piedras labradas de cantería,[o] porque al labrar las piedras con herramientas las profanarás."

26 »No subirás a mi altar por gradas, para que al subir no se descubra tu desnudez.

Leyes para los esclavos

(Dt 15.12-18)

21 1 »Éstas son las leyes que les propondrás:

2 »Si compras un esclavo hebreo, te servirá seis años; pero en el séptimo año quedará libre y sin tener que pagar nada.

3 »Si el esclavo llegó solo, solo se irá; si tenía mujer, se irán él y su mujer.

4 »Si el amo le dio mujer al esclavo, y ella le da a éste hijos o hijas, la mujer y los hijos serán del amo, y el esclavo se irá solo.

5 »Si el esclavo dice: "Yo amo a mi señor, a mi mujer y a mis hijos, no quiero quedar libre";

6 entonces su amo lo llevará ante los jueces, lo pondrá junto a una puerta o poste, y le horadará la oreja con una lesna. Así el esclavo quedará para siempre a su servicio.[a]

7 »Si alguien vende a su hija como esclava, esta no podrá quedar libre como los esclavos varones.

8 »Si ella no le agrada a su amo, y el amo la rechaza y no la toma por esposa, se le permitirá ser rescatada, pero no podrá venderse a gente extraña.

9 »Si el amo entrega la esclava a su hijo por mujer, deberá ser tratada como se acostumbra tratar a las hijas.

10 »Si el amo toma a otra mujer por esposa, no podrá disminuir la alimentación ni el vestido ni los derechos conyugales de la primera.

11 »Si el amo no cumple con ninguna de estas tres condiciones, la mujer quedará libre y sin tener que pagar nada.

Leyes para los actos de violencia

12 »Si alguien hiere a otro y le hace morir, también morirá.[b]

13 Pero si no era su intención matarlo, sino que Dios lo puso en sus manos, entonces yo te indicaré el lugar al que podrá huir.[c]

14 »Si alguno se cree superior a su prójimo y lo mata con alevosía, lo apartarás de mi altar y también morirá.

15 »Si alguien mata a su padre o a su madre, también morirá.

16 »Si alguien secuestra a una persona y la vende, o si esa persona es hallada en sus manos, también morirá.[d]

17 Si alguien maldice a su padre o a su madre, también morirá.[e]

18 »Si algunos riñen, y uno hiere a su prójimo con una piedra o con el puño, y éste no muere pero cae en cama,

19 si se levanta y sale apoyado en su bastón, entonces el que lo hirió quedará absuelto y solamente verá que lo curen y lo indemnizará por el tiempo que haya estado sin trabajar.

20 »Si un amo golpea con un palo a su esclavo o a su esclava, y por ese golpe él o ella llegan a morir, el amo será castigado.

21 Pero si el esclavo o la esclava sobreviven uno o dos días, el amo no será castigado, porque ellos son de su propiedad.

22 »Si algunos riñen, y en su riña lastiman a una mujer embarazada, y ésta llega a abortar, pero no muere, los rijosos serán penados según lo que el marido de la mujer les imponga y los jueces decidan.

[o]**20.25:** Dt 27.5-7; Jos 8.31. [a]**21.2-6:** Lv 25.39-46. [b]**21.12:** Lv 24.17. [c]**21.13:** Nm 35.10-34; Dt 19.1-13; Jos 20.1-9. [d]**21.16:** Dt 24.7. [e]**21.17:** Lv 20.9; Mt 15.4; Mr 7.10.

23 Pero en caso de muerte, se pagará vida
por vida,
24 ojo por ojo, diente por diente,[f] mano
por mano, pie por pie,
25 quemadura por quemadura, herida por
herida, golpe por golpe.

Leyes para amos y dueños

26 »Si alguno hiere a su esclavo o a su es-
clava en el ojo, y se lo daña, por causa de su
ojo le dará la libertad.
27 »Si alguien le rompe un diente a su es-
clavo o a su esclava, por causa del diente le
dará la libertad.
28 »Si un buey cornea a algún hombre o mu-
jer, y él o ella mueren por causa de la cornada,
el buey será apedreado, y no se comerá su car-
ne, pero el dueño del buey quedará absuelto.
29 »Si desde tiempo atrás el buey acostum-
braba cornear, y llega a matar a algún hombre
o mujer, será apedreado; y si su dueño sabía
que el buey acostumbraba cornear pero no
lo mantenía sujeto, también morirá.
30 »Si como pena se le impone pagar res-
cate por su persona, tendrá que pagar el res-
cate que se le imponga.
31 La misma pena se le impondrá si el buey
cornea a un muchacho o a una muchacha.
32 Pero si el buey cornea a un esclavo o a
una esclava, entonces el dueño pagará treinta
monedas de plata y el buey será apedreado.
33 »Si alguien abre un pozo, o cava una
cisterna, y no la tapa, y ahí se cae un buey
o un asno,
34 el que cavó la cisterna indemnizará al
dueño del animal por el daño causado, pero
podrá quedarse con el animal muerto.
35 »Si el buey de alguien hiere al buey de su
prójimo y lo mata, se venderá el buey vivo y
los dueños se repartirán el dinero de la ven-
ta, y también se repartirán el buey muerto.
36 Pero si desde tiempo atrás se sabía que
el buey acostumbraba cornear, y su dueño
no lo mantenía sujeto, entonces éste repon-
drá el buey muerto con un buey vivo, pero
podrá quedarse con el buey muerto.

Leyes para la restitución

22
1 »Si alguien roba un buey o
una oveja, y los degüella o los
vende, por el buey devolverá
cinco bueyes, y por la oveja devolverá cuatro
ovejas.
2 »Si un ladrón es pillado forzando una
casa, y es herido y muere, no se culpará de
su muerte al que lo haya herido.
3 »Si el robo ocurre durante el día, el que
mate al ladrón será culpable de homicidio.
»El ladrón deberá devolver todo lo que
haya robado. Si no tiene con qué pagar, será
vendido por lo que haya robado.
4 Si es hallado con el animal robado en la
mano y aún vivo, sea un buey, un asno o una
oveja, deberá pagar el doble de lo robado.
5 »Si alguien lleva a su ganado a pacer en
un campo o un viñedo ajeno, deberá in-
demnizar al dueño con lo mejor de su pro-
pio campo y de su propio viñedo.
6 »Si alguien prende fuego para quemar
espinos, y quema un campo con mieses
amontonadas o en pie, deberá pagar por lo
que se haya quemado.
7 »Si alguien pide a su prójimo que le guar-
de plata o alhajas, y esto es robado de su
casa, si el ladrón es hallado, se le hará pagar
el doble.
8 Si el ladrón no es hallado, entonces el
dueño de la casa será llevado ante los jueces
para ver si ha metido mano en los bienes de
su prójimo.
9 »En todo caso de posesión dudosa,
trátese de un buey, un asno, una oveja, un
vestido, o cualquier otra cosa perdida, si al-
guien dice ser el dueño, el caso será llevado
ante los jueces, y la parte que los jueces de-
claren culpable deberá pagar el doble a su
prójimo.
10 »Si alguien deja un asno, un buey, una
oveja, o cualquier otro animal, al cuidado de
un amigo, y el animal muere, o es lastimado,
o robado sin que nadie lo atestigüe,
11 el amigo hará un juramento ante el
Señor de que no metió mano en los bienes

[f] **21.24:** Lv 24.19-20; Dt 19.21; Mt 5.38.

del dueño. Éste deberá aceptar el juramento
como verdadero, y el amigo no pagará nada.
12 »Si el animal le es robado, el amigo de-
berá indemnizar al dueño.
13 »Si el animal es atacado por una fiera,
presentará el animal muerto como testimo-
nio, y no pagará ninguna indemnización.
14 »Si alguien pide a un amigo que le preste
una bestia, y ésta es lastimada, o muere, debe-
rá pagar por ella, si su amigo estaba ausente.
15 »Si el dueño estaba presente, no pagará
nada.
»Si la bestia había sido alquilada, el dueño
recibirá sólo el alquiler como pago.

Leyes humanitarias

16 »Si alguien seduce a una doncella aún
soltera, y se acuesta con ella, deberá pagar
su dote y tomarla por mujer.
17 »Si el padre se niega a entregarla, el se-
ductor deberá de todos modos pagar en
plata la dote señalada para las vírgenes.[a]
18 »No dejarás con vida a ninguna hechicera.[b]
19 »Cualquiera que tenga contacto sexual
con un animal, será condenado a muerte.[c]
20 »Los sacrificios son sólo del Señor. El
que ofrezca sacrificios a otros dioses, será
condenado a muerte.[d]
21 »No engañarás ni maltratarás al ex-
tranjero, porque también ustedes fueron
extranjeros en Egipto.
22 »No afligirás a las viudas ni a los huérfanos.[e]
23 Si llegas a afligirlos, y ellos me piden ayu-
da, yo atenderé su clamor.
24 Entonces se encenderá mi furor, y yo los
mataré a espada, y las viudas y los huérfanos
serán las mujeres y los hijos de ustedes.
25 »Si prestas dinero a alguno de los po-
bres de mi pueblo, que viva contigo, no te
portarás con él como un prestamista ni le
cobrarás intereses.[f]
26 »Si recibes como prenda el vestido de
tu prójimo, deberás devolvérselo al ponerse
el sol.
27 Porque, ¿cómo podrá dormir, si eso
es lo único que tiene para cubrirse? Y si él
me pide ayuda, yo lo atenderé, porque soy
misericordioso.[g]
28 »No ofenderás a los jueces,[2] ni maldeci-
rás al príncipe de tu pueblo.[h]
29 »No retendrás las primicias de tu cose-
cha ni de tu lagar.
»Me darás tu hijo primogénito.
30 »Me darás también la primera cría de
tu buey y de tu oveja. Podrán quedarse con
su madre siete días, pero al octavo día debe-
rás entregármelas.
31 »Ustedes serán hombres consagrados
a mí.
»No comerán la carne de animales des-
trozados por las fieras[i] salvajes. Esa carne se
la echarán a los perros.

23

1 »No te dejes llevar por falsos
rumores.[a]
»No te dejes llevar por el
impío para ser testigo falso.
2 »No vayas tras las mayorías para actuar mal.
»En un litigio, no respondas a las malas
intenciones de la mayoría.
3 »No discrimines al pobre cuando pida
justicia.[b]
4 »Si encuentras el buey o el asno extra-
viado de tu enemigo, llévaselo.
5 »Si ves que el asno del que te aborrece
ha caído por el peso de su carga, no dejes de
ayudarlo. Al contrario, ayúdalo a levantarse.[c]
6 »No perviertas el derecho de los pobres
cuando pidan justicia.
7 »Aléjate de la mentira.
»No condenes a muerte al hombre justo
e inocente, porque yo no tendré por ino-
cente al malvado.
8 »No aceptes regalos, porque los regalos
impiden ver con claridad y pervierten los
actos de justicia.[d]
9 »No oprimas al extranjero. Bien saben
ustedes lo que es ser extranjero, pues ex-
tranjeros fueron en la tierra de Egipto.[e]

[a] **22.16-17:** Dt 22.28-29. [b] **22.18:** Dt 18.10-11. [c] **22.19:** Lv 18.23; 20.15-16; Dt 27.21. [d] **22.20:** Dt 17.2-7. [e] **22.21-22:** Éx 23.9; Lv 19.33-34; Dt 24.17-18; 27.19. [f] **22.25:** Lv 25.35-38; Dt 15.7-11; 23.19-20. [g] **22.26-27:** Dt 24.10-13. [2] **22.28** O, *a Dios.* [h] **22.28:** Hch 23.5. [i] **22.31:** Lv 17.15. [a] **23.1:** Éx 20.16; Lv 19.11-12; Dt 5.20. [b] **23.3:** Lv 19.15. [c] **23.4-5:** Dt 22.1-4.

10 »Sembrarás tu tierra y recogerás tu cosecha durante seis años,

11 pero el séptimo año la dejarás sin sembrar, para que de ella coma la gente pobre de tu pueblo, y los animales del campo se coman lo que quede.

»Lo mismo harás con tu viña y con tu olivar.[f]

12 »Trabajarás seis días, pero el séptimo día reposarás,[g] para que descansen tu buey y tu asno, y recobren sus fuerzas tus esclavos y los extranjeros.

13 »No invoquen con sus labios el nombre de otros dioses. Ni siquiera los mencionen.

»Cumplan ustedes con todo lo que les he ordenado.

Las tres fiestas anuales

(Éx 34.18-26; Dt 16.1-17)

14 »Celebrarás en mi honor tres fiestas en el año.

15 Celebrarás la fiesta de los panes sin levadura.[h] Tal y como yo te lo ordené, comerás panes sin levadura durante siete días en el mes de Aviv, que es la fecha establecida, porque en ese mes saliste de Egipto. Y nadie debe presentarse ante mí con las manos vacías.

16 »Celebrarás también la fiesta de la siega, es decir, de los primeros frutos de lo que hayas sembrado[i] en el campo; y al terminar el año, cuando hayas recogido los frutos de tus labores del campo,[j] celebrarás la fiesta de la cosecha.

17 »Todo varón se presentará delante del Señor su Dios tres veces al año.

18 »No ofrecerás la sangre de mi sacrificio junto con pan leudado, ni dejarás para el día siguiente la grasa del animal que me ofrezcas.

19 »Traerás a la casa del Señor tu Dios los primeros frutos de tu tierra.[k]

»No guisarás el cabrito en la leche de su madre.[l]

PROMESAS PODEROSAS

ÉXODO 23.20

Como verás, voy a enviar a mi ángel para que te preceda en el camino, y te proteja y te introduzca en el lugar que te he preparado.

¿Sabías que el Ángel de Dios te prepara el camino cuando enfrentas una nueva situación? Dios siempre está con nosotros por medio de su Espíritu, ¡así que ve en poder!

El ángel del Señor guía a Israel

20 »Como verás, voy a enviar a mi ángel para que te preceda en el camino, y te proteja y te introduzca en el lugar que te he preparado.

21 Ten mucho cuidado y escucha su voz. No le seas rebelde, porque él no les perdonará su rebelión, porque va en mi nombre.

22 »Pero si en verdad escuchas su voz y haces todo lo que yo te diga, seré enemigo de tus enemigos y afligiré a los que te aflijan.

23 »Sí, mi ángel te precederá y te llevará a la tierra de los amorreos, hititas, ferezeos, cananeos, jivitas y jebuseos, a los que voy a destruir.

24 »No te inclinarás ante sus dioses, ni los servirás, ni harás lo que ellos hacen. Al contrario, los destruirás por completo y harás pedazos todas sus estatuas.

Lv 11.44-45

25 Pero me servirán a mí, el Señor su Dios, y yo bendeciré tu pan y tus aguas, y quitaré de en medio de ti toda enfermedad.

26 »No habrá en tu tierra mujer que aborte, ni estéril. Yo haré que vivas los años que debes vivir.

27 Haré que mi terror te preceda, y que en todo pueblo donde entres su gente tiemble delante de ti, y que todos tus enemigos se doblequen ante ti.

[d]**23.6-8:** Lv 19.15; Dt 16.19. [e]**23.9:** Éx 22.21; Lv 19.33-34; Dt 24.17-18; 27.19. [f]**23.10-11:** Lv 25.1-7. [g]**23.12:** Éx 20.9-11; 31.15; 34.21; 35.2; Lv 23.3; Dt 5.13-14. [h]**23.15:** Éx 12.14-20; Lv 23.6-8; Nm 28.17-25. [i]**23.16:** Lv 23.15-21; Nm 28.26-31. [j]**23.16:** Lv 23.39-43. [k]**23.19:** Dt 26.2. [l]**23.19:** Dt 14.21.

28 Delante de ti enviaré a la avispa, para que a tu paso despeje a los jivitas, cananeos e hititas.

29 No los echaré de tu presencia en un año, para que la tierra no se quede desierta ni aumenten contra ti las fieras salvajes.

30 Los echaré de tu presencia poco a poco, hasta que te multipliques y tomes posesión de la tierra.

31 Estableceré tus fronteras desde el Mar Rojo hasta el mar de los filisteos, y desde el desierto hasta el río Éufrates. Sí, pondré en tus manos a los habitantes de la tierra, y tú los arrojarás de tu presencia.

32 »No harás alianzas con ellos ni con sus dioses.

33 »No habitarán en tu tierra, para que no te sean de tropiezo y te hagan pecar y servir a sus dioses.»

Moisés y los ancianos en el Monte Sinaí

24 1 El Señor le dijo a Moisés:

«Sube y preséntate ante mí, junto con Aarón, Nadab y Abiú, y setenta de los ancianos de Israel. Deberán inclinarse a cierta distancia,

2 pero sólo tú te acercarás a mí. Que no se acerquen ellos, y que tampoco suba el pueblo con ustedes.»

3 Moisés fue y le contó al pueblo todas las palabras y decisiones del Señor, y todo el pueblo respondió a una sola voz:

«Acataremos todas las palabras que el Señor ha pronunciado.»

4 Y Moisés puso por escrito todas las palabras del Señor, y por la mañana se levantó y al pie del monte construyó un altar y erigió doce columnas, una por cada tribu de Israel.

5 Luego envió algunos jóvenes israelitas para que ofrecieran al Señor holocaustos y becerros como sacrificios de paz.

6 Moisés tomó la mitad de la sangre y la puso en tazones, y la otra mitad de la sangre la esparció sobre el altar.

7 Tomó entonces el libro del pacto y lo leyó ante todo el pueblo, y ellos dijeron:

PALABRAS CON PODER

SANGRE DEL PACTO
(ÉXODO 24.8)

Un sello es una marca de poder que se usa en los documentos o acuerdos importantes. El sello que usó Dios para sellar su acuerdo con Israel fue la sangre de un animal. La sangre era un símbolo del hecho que Dios perdonaba el pecado del pueblo. Un animal tenía que morir para pagar la pena de muerte que es el resultado de pecar contra Dios. Jesucristo se hizo el sacrificio final para nuestros pecados cuando derramó su propia sangre en la cruz. Él hizo este sacrificio por ti. Tú puedes creer en Jesús como tu Salvador y llegar a ser uno de los NIÑOS PODEROSOS de Dios.

«Acataremos todas las cosas que el Señor ha dicho, y las obedeceremos.»

8 Luego, Moisés tomó la sangre y la roció sobre el pueblo, mientras decía:

«Ésta es la sangre del pacto[a] que el Señor hace con ustedes al darles todas estas cosas.»[b]

9 Moisés y Aarón, Nadab y Abiú, y setenta de los ancianos de Israel, subieron al monte

10 y vieron al Dios de Israel. Debajo de sus pies había algo como un embaldosado de zafiro, semejante al cielo cuando está sereno.

11 Vieron a Dios, y comieron y bebieron, porque Dios no levantó la mano contra los príncipes de los hijos de Israel.

12 El Señor le dijo a Moisés:

«Sube al monte y preséntate ante mí. Espera allá, que voy a darte las tablas de piedra con la ley y los mandamientos que he escrito para instruirlos.»

13 Moisés se levantó, junto con su siervo Josué, y entonces Moisés subió al monte de Dios.

14 A los ancianos les dijo:

«Espérennos aquí, hasta que volvamos a ustedes. Miren, Aarón y Jur se quedarán con

[a] **24.8:** Mt 26.28; Mr 14.24; Lc 22.20; 1 Co 11.25; Heb 10.29. [b] **24.8:** Heb 9.19-20.

ustedes, y quien tenga algún asunto que tra-
tar, recurra a ellos.»
15 Al subir Moisés al monte Sinaí, una
nube lo cubrió,
16 y la gloria del Señor se posó sobre el
monte y la nube lo cubrió durante seis días.
Al séptimo día, el Señor llamó a Moisés des-
de el centro de la nube.
17 En la cumbre del monte la gloria del
Señor tenía, a la vista de los hijos de Israel, la
apariencia de un fuego abrasador.
18 Y Moisés subió al monte y entró en la
nube, y estuvo en el monte cuarenta días y
cuarenta noches.[c]

La ofrenda para el tabernáculo

(Éx 35.4-9)

25 1 El Señor habló con Moisés, y
le dijo:
2 «Diles a los hijos de Israel
que tomen una ofrenda para mí. La toma-
rán de todo aquel que de voluntad y de co-
razón quiera darla.
3 La ofrenda que recibirán de ellos es la
siguiente: oro, plata, cobre,
4 azul, púrpura, carmesí, lino fino, pelo de
cabra,
5 piel de carnero teñida de rojo, piel de
delfín, madera de acacia,
6 aceite para las lámparas, especias para el
aceite de la unción y para el incienso aro-
mático,
7 piedras de ónice, y piedras de engaste
para el efod y para el pectoral.
8 Y harán un santuario en mi honor, y yo
habitaré en medio de ellos.
9 El diseño del tabernáculo y de todos sus
utensilios lo harán todo en conformidad
con todo lo que yo te muestre.

El arca del testimonio

(Éx 37.1-9)

10 »Harán también un arca de madera de
acacia, de un metro y diez centímetros de
largo, sesenta y cinco centímetros de ancho,
y sesenta y cinco centímetros de alto.

PALABRAS CON PODER

TABERNÁCULO
(ÉXODO 25.9)

El Tabernáculo era una "casa de Dios" portátil. Este lugar de adoración le recordaba al pueblo la santidad de Dios y sus reglas para vivir de la manera correcta. Fue el lugar en que Dios perdonaba los pecados basado en el sacrificio de un animal. La próxima vez que que te reúnas con la iglesia en el templo, dale gracias a Dios por perdonar el pecado hoy día basado en el sacrificio de su único Hijo, Jesucristo.

11 La recubrirás de oro puro por dentro y
por fuera, y alrededor de ella le harás una
cornisa de oro.
12 Le fundirás cuatro anillos de oro, y se los
pondrás en sus cuatro esquinas; dos anillos
en un costado y dos anillos en el otro.
13 Harás unas varas de madera de acacia, y
las recubrirás de oro.
14 Meterás las varas por los anillos en los
costados del arca, y con ellas llevarás el arca.
15 Las varas no deben quitarse del arca,
sino quedarse en sus anillos.
16 En el arca pondrás el testimonio que yo
te daré.
17 »Harás un propiciatorio de oro fino, de
un metro y diez centímetros de largo por
sesenta y cinco centímetros de ancho.
18 Harás también dos querubines de oro,
labrados a martillo, que irán en los dos ex-
tremos del propiciatorio.
19 Un querubín irá en un extremo, y un
querubín en el otro extremo, y formarán
una pieza con el propiciatorio.
20 Los querubines extenderán sus alas y
cubrirán con ellas el propiciatorio. Sus ros-
tros estarán el uno frente al otro, mirando
hacia el propiciatorio.
21 El propiciatorio lo pondrás encima del
arca, y dentro del arca pondrás el testimo-
nio que yo te daré.

[c] **24.18:** Dt 9.9.

22 Desde allí te haré saber todo lo que yo te ordene decir a los hijos de Israel. Hablaré contigo desde la parte superior del propiciatorio, de entre los dos querubines que están sobre el arca del testimonio.

La mesa para el pan de la proposición

(Éx 37.10-16)

23 »Harás también una mesa de madera de acacia, de noventa centímetros de largo por cuarenta y cinco centímetros de ancho, y sesenta y cinco centímetros de alto.

24 La recubrirás de oro puro, y alrededor de ella le harás una cornisa de oro.

25 Le harás también una moldura alrededor, de siete centímetros de ancho, y alrededor de la moldura harás una cornisa de oro.

26 Le harás cuatro anillos de oro, que irán en las cuatro esquinas que corresponden a sus cuatro patas.

27 Los anillos quedarán debajo de la moldura, para que pasen por allí las varas para llevar la mesa.

28 »Las varas las harás de madera de acacia, y las recubrirás de oro. Con ellas será llevada la mesa.

29 Harás también de oro fino sus platones, sus cucharas, sus cubiertas y sus tazones para las ofrendas de libación.

30 Sobre la mesa pondrás el pan de la proposición, que continuamente estará delante de mí.[a]

El candelero de oro

(Éx 37.17-24)

31 »Harás también un candelero de oro puro, labrado a martillo. Su pie, su caña, sus copas, sus manzanas y sus flores, serán también de oro puro.

32 De sus costados saldrán seis brazos; tres de un costado del candelero, y tres brazos del otro costado.

33 En cada uno de los seis brazos que salen del candelero habrá tres copas en forma de flor de almendro, una manzana y una flor.

34 En la caña central del candelero habrá cuatro copas en forma de flor de almendro, con sus manzanas y sus flores.

35 En los seis brazos que salen del candelero habrá una manzana debajo de cada dos brazos, es decir, tres manzanas para los seis brazos.

36 Las manzanas y los brazos deben formar una sola pieza, y ser todo ello de oro puro, labrado a martillo.

37 Le harás siete lamparillas, las cuales encenderás de modo que alumbren hacia adelante.

38 Sus despabiladeras y sus platillos deben ser también de oro puro.

39 Usarás para ello treinta kilos de oro fino, con todos estos utensilios.

40 Pon cuidado en hacerlo todo según el modelo que se te ha mostrado en el monte.[b]

El tabernáculo

(Éx 36.8-38)

26 1 »Harás el tabernáculo con diez cortinas de lino torcido, azul, púrpura y carmesí. Lo harás con querubines bellamente trabajados.

2 Cada cortina debe medir doce y medio metros de largo por dos metros de ancho, y todas las cortinas deben medir lo mismo.

3 Cinco cortinas quedarán unidas la una con la otra, y las otras cinco cortinas también unidas la una con la otra.

4 »En la orilla de la última cortina de la primera unión pondrás unos lazos de azul, y lo mismo harás en la orilla de la última cortina de la segunda unión.

5 Harás cincuenta lazos para la primera cortina, y cincuenta lazos para la orilla de la cortina en la segunda unión. Los lazos estarán contrapuestos el uno con el otro.

6 »Harás también cincuenta corchetes de oro, con los cuales enlazarás las cortinas la una con la otra, para formar un tabernáculo.

7 »Harás también once cortinas de pelo de cabra para cubrir el tabernáculo.

8 Cada cortina debe medir trece y medio

---

[a] **25.30:** Lv 24.5-8. [b] **25.40:** Hch 7.44; Heb 8.5.

metros de largo por un metro y ochenta
centímetros de ancho, y las once cortinas
deben medir lo mismo.
9 Unirás cinco cortinas por un lado, y seis
cortinas por el otro. La sexta cortina la do-
blarás en el frente del tabernáculo.
10 »Harás cincuenta lazos en la orilla de la
cortina, en el borde de la unión, y cincuenta
lazos en la orilla de la cortina de la segunda
unión.
11 »Harás también cincuenta corchetes de
bronce, los cuales meterás por los lazos, y
enlazarás las uniones para que formen una
sola cubierta.
12 La parte sobrante de las cortinas de la
tienda, es decir, la mitad sobrante de la cor-
tina, penderá a espaldas del tabernáculo.
13 Tanto los cuarenta y cinco centímetros
sobrantes de un lado de las cortinas de la
tienda como los cuarenta y cinco centíme-
tros sobrantes del otro lado de las cortinas,
penderán a uno y otro lado de los costados
del tabernáculo, para cubrirlo.
14 »Harás también para la tienda una cubier-
ta de piel de carnero teñida de rojo, y encima
le pondrás una cubierta de piel de delfín.
15 »Harás para el tabernáculo tablas dere-
chas de madera de acacia.
16 Cada tabla medirá cuatro y medio me-
tros de largo por sesenta y cinco centíme-
tros de ancho.
17 Cada tabla tendrá dos espigas, para unir
la una con la otra. Así debes hacer todas las
tablas del tabernáculo.
18 Harás las tablas del tabernáculo, que se-
rán veinte tablas para el lado sur.
19 »Harás cuarenta bases de plata, que
irán debajo de las veinte tablas: dos bases
debajo de una tabla para sus dos espigas, y
dos bases debajo de otra tabla para sus dos
espigas.
20 Al otro lado del tabernáculo, hacia el
lado norte, veinte tablas
21 con sus cuarenta bases de plata; dos ba-
ses debajo de una tabla, y dos bases debajo
de otra tabla.
22 Para el lado posterior del tabernáculo,
es decir, hacia el occidente, harás seis tablas.
23 »Harás también dos tablas para las es-
quinas del tabernáculo en los dos ángulos
posteriores;
24 las cuales se unirán desde abajo, y por
la parte alta se unirán con una bisagra; esto
mismo se hará para las dos esquinas.
25 De modo que serán ocho tablas, con
sus bases de plata, es decir, dieciséis bases;
dos bases debajo de una tabla, y dos bases
debajo de otra tabla.
26 »Harás también cinco travesaños de
madera de acacia para las tablas de un lado
del tabernáculo,
27 y cinco travesaños para las tablas del
otro lado del tabernáculo, y cinco trave-
saños para las tablas del lado posterior del
tabernáculo, al occidente.
28 Y el travesaño de en medio pasará por
en medio de las tablas, de un extremo al otro.
29 Recubrirás de oro las tablas, y harás de
oro sus anillos para pasar por ellos los tra-
vesaños. También recubrirás de oro los tra-
vesaños.
30 Y levantarás el tabernáculo según el
modelo que te fue mostrado en el monte.

LECCIONES **LA CORTINA**
(ÉXODO 26.33)

El Tabernáculo, tenía un velo (cortina) que separaba el lugar santo (donde el sacerdote oraba y daba gracias en nombre del pueblo) del lugar santísimo (donde moraba Dios). El velo era un recordatorio que un Dios santo tenía que estar separado de los hombres y las mujeres pecaminosas. Sólo el sumo sacerdote podía entrar por el velo al lugar santísimo una vez cada año. Cuando Jesús murió en la cruz, la cortina en el templo en Jerusalén se rompió de arriba para abajo en dos pedazos. Esta era una señal de que cualquiera que cree en Jesús tiene ahora acceso directo a Dios. Recuerda eso cuando ores hoy

31 »Harás también un velo de azul, púrpura, carmesí y lino torcido, bellamente trabajado y con querubines,

32 y lo pondrás sobre cuatro columnas de madera de acacia recubiertas de oro con sus capiteles de oro sobre bases de plata.

33 Pondrás el velo debajo de los corchetes, y allí, adentro del velo, meterás el arca del testimonio, y ese velo les servirá de separación entre el lugar santo y el lugar santísimo.

34 Pondrás el propiciatorio en el lugar santísimo, sobre el arca del testimonio.

35 Fuera del velo pondrás la mesa, y el candelero frente a la mesa, al lado sur del tabernáculo; y la mesa la pondrás al lado norte.

36 »Para la puerta del tabernáculo harás una cortina de azul, púrpura, carmesí y lino torcido, obra de recamador.

37 »Para la cortina harás cinco columnas de madera de acacia, las cuales recubrirás de oro, con sus capiteles de oro; y fundirás para ellas cinco bases de bronce.

El altar de bronce

(Éx 38.1-7)

27 1 »Harás también un altar de madera de acacia, de dos y medio metros de largo, dos y medio metros de ancho y uno y medio metros de alto. El altar será cuadrado,

2 y pondrás en sus cuatro esquinas unos cuernos que formarán una sola pieza con el altar, el cual recubrirás de bronce.

3 »Harás también unos calderos para recoger la ceniza, y paletas, tazones, garfios y braseros. Todos sus utensilios los harás de bronce,

4 y le harás un enrejado de bronce, a manera de rejilla, y en las cuatro esquinas de la rejilla pondrás cuatro anillos de bronce.

5 La rejilla llegará hasta la mitad del altar, y la pondrás dentro del cerco del altar, por abajo.

6 »Harás también para el altar varas de madera de acacia, y las recubrirás de bronce.

7 Las varas se meterán por los anillos, y se quedarán a ambos lados del altar cuando éste sea llevado.

8 El altar lo harás hueco y de tablas, tal y como se te mostró en el monte.

El atrio del tabernáculo

(Éx 38.9-20)

9 »Harás también el atrio del tabernáculo. Hacia el sur tendrá cortinas de lino torcido, de cuarenta y cinco metros de largo por lado.

10 Sus veinte columnas y sus veinte bases serán de bronce, y los capiteles de las columnas y sus molduras serán de plata.

11 De igual manera, a lo largo del lado norte habrá cuarenta y cinco metros de cortinas, con sus veinte columnas y sus veinte bases de bronce. Los capiteles de las columnas y sus molduras serán de plata.

12 Por el lado occidental, el ancho del atrio tendrá veintidós y medio metros de cortinas y diez columnas con diez bases.

13 Por el lado oriente, el ancho del atrio será de veintidós y medio metros.

14 De un lado de la entrada habrá siete y medio metros de cortinas, con tres columnas y tres bases.

15 Del otro lado, siete y medio metros de cortinas, con tres columnas y tres bases.

16 Para la puerta del atrio habrá nueve metros de cortinas de azul, púrpura, carmesí y lino torcido, recamadas artísticamente, con cuatro columnas y cuatro bases.

17 Todas las columnas alrededor del atrio estarán recubiertas de plata, con capiteles de plata y bases de bronce.

18 El atrio medirá cuarenta y cinco metros de largo y veintidós y medio metros de ancho en ambos lados, y dos y medio metros de alto. Sus cortinas serán de lino torcido, y sus bases de bronce.

19 Todos los utensilios para el servicio del tabernáculo, y todas sus estacas, y todas las estacas del atrio, serán de bronce.

Aceite para las lámparas

(Lv 24.1-4)

20 »Ordenarás a los hijos de Israel que te traigan aceite puro de oliva para las lámparas, para que éstas ardan continuamente.

PALABRAS CON PODER

SACERDOCIO
(ÉXODO 28.1)

Un sacerdote era alguien que trabajaba para Dios en el Tabernáculo. Ofrecía sacrificios de animales sobre el altar para expiar los pecados del pueblo. También le enseñaba al pueblo cómo obedecer la ley de Dios. Hablaba al pueblo en nombre de Dios y también hablaba a Dios en nombre del pueblo al pedirle a Dios que perdonara los pecados de su pueblo. Jesús es el sacerdote de todos los que siguen a Dios hoy día. Si creemos que Jesús murió en la cruz por nuestros pecados, podemos acercarnos a Dios y saber que Él nos oye y nos perdona.

21 Aarón y sus hijos las pondrán en orden en el tabernáculo de reunión, afuera del velo que está delante del testimonio, para que ardan delante del Señor desde la tarde hasta la mañana. Éste es un estatuto perpetuo para los hijos de Israel por todas sus generaciones.

Las vestiduras de los sacerdotes

(Éx 39.1-31)

28 1 »Harás que tu hermano Aarón y sus hijos Nadab, Abiú, Eleazar e Itamar, se presenten ante ti, para que de entre los hijos de Israel sean mis sacerdotes.

2 Harás vestiduras sagradas para tu hermano Aarón, que le confieran honra y hermosura.

3 Hablarás con todos aquellos a quienes he llenado de un corazón y de un espíritu sabio, para que hagan las vestiduras de Aarón y yo lo consagre como mi sacerdote.

4 Éstas son las vestiduras que deberán hacer: el pectoral, el efod, el manto, la túnica bordada, la mitra y el cinturón. Háganse, pues, las vestiduras sagradas para tu hermano Aarón, y para sus hijos, para que sean mis sacerdotes.

5 »Tomarán oro, azul, púrpura, carmesí y lino torcido,

6 y harán el efod bellamente trabajado, con oro, azul, púrpura, carmesí y lino torcido.

7 Deberá tener dos hombreras, las cuales se unirán a sus dos extremos.

8 El cinto que estará sobre él debe confeccionarse de la misma manera, es decir, debe estar bellamente trabajado, con oro, azul, púrpura, carmesí y lino torcido, y ser parte del mismo.

9 »Tomarás dos piedras de ónice, y grabarás en ellas los nombres de los hijos de Israel,

10 seis nombres en una piedra, y seis nombres en la otra piedra, en su orden de nacimiento.

11 Mandarás grabar en las dos piedras los nombres de los hijos de Israel, y mandarás también engarzarlas en oro. El trabajo debe hacerlo un orfebre experto en sellos y grabados.

12 Pondrás las dos piedras sobre las hombreras del efod. Serán piedras memoriales, para que Aarón lleve sobre sus hombros los nombres de los hijos de Israel y haga memoria de ellos delante del Señor.

13 Los engastes los harás de oro,

14 con dos cordones de oro fino en forma de trenza, los cuales fijarás en los engastes.

15 »Harás también el pectoral del juicio, que debe estar bellamente trabajado y hecho igual que el efod, es decir, de oro, azul, púrpura, carmesí y lino torcido.

16 El efod debe ser cuadrado y doble, de veintidós centímetros de largo y veintidós centímetros de ancho.

17 Llénalo con cuatro hileras de piedras preciosas. La primera hilera tendrá una piedra sárdica, un topacio y un carbunclo;

18 la segunda hilera, una esmeralda, un zafiro y un diamante;

19 la tercera hilera, un jacinto, un ágata y una amatista,

20 y la cuarta hilera, un berilo, un ónice y un jaspe. Todas deben estar engarzadas en oro,

21 y tener grabados a manera de sellos los nombres de los doce hijos de Israel. Cada piedra debe tener grabado uno de los doce nombres de las doce tribus.

22 »Harás también para el pectoral cordones de oro fino trenzado,

23 y en sus dos extremos le pondrás dos anillos de oro.

24 Fijarás los dos cordones de oro en los dos anillos, a los dos extremos del pectoral,

25 y pondrás los extremos de los dos cordones sobre los dos engastes, fijándolos a las hombreras del efod por la parte delantera.

26 »Harás también dos anillos de oro, los cuales pondrás a los dos extremos del pectoral, por dentro de la orilla que está al lado del efod.

27 Harás también los dos anillos de oro, los cuales fijarás por abajo de la parte delantera de las dos hombreras del efod, por delante de donde se junta con el cinto del efod.

28 Con un cordón de azul se juntarán los dos anillos del pectoral con los dos anillos del efod, para que se ajusten al cinto del efod, y el pectoral no se separe del efod.

29 Cuando Aarón entre en el santuario, llevará siempre en el pectoral del juicio, sobre su corazón, los nombres de los hijos de Israel, como memorial delante del Señor.

30 En el pectoral del juicio pondrás el Urim y el Tumim,[a] para que cuando Aarón se presente ante el Señor, lleve siempre sobre su corazón el juicio de los hijos de Israel.

31 »El manto del efod lo harás todo de azul,

32 con una abertura en el centro y por arriba, y en su derredor deberá tener un borde tejido artísticamente, a manera del cuello de un coselete, para que no se rompa.

33 Alrededor de sus orlas harás granadas de azul, púrpura y carmesí, y entre las granadas pondrás campanillas de oro,

34 es decir, una campanilla de oro y una granada, otra campanilla de oro y otra granada, hasta rodear toda la orla del manto.

35 Aarón deberá llevar puesto el efod cuando ministre, para que el sonido de las campanillas pueda oírse cuando él entre o salga del santuario, y mientras esté delante del Señor, para que no muera.

36 »Harás también una placa de oro fino, y en ella grabarás, a manera de sello, CONSAGRADO AL SEÑOR.

37 Con un cordón de azul sujetarás la placa por la parte delantera de la mitra, y allí se quedará.

38 Siempre deberá estar sobre la frente de Aarón, para que éste presente ante el Señor las faltas que los hijos de Israel hayan cometido en todo lo relacionado con las santas ofrendas que ellos consagren, y sean perdonados.

39 »Bordarás una túnica de lino, y harás también una mitra de lino, y un cinto recamado artísticamente.

40 »Para los hijos de Aarón harás también túnicas, cintos y tiaras que les confieran honra y hermosura.

41 Con todo ello vestirás a tu hermano Aarón y a sus hijos. Los ungirás, y los consagrarás y santificarás, para que sean mis sacerdotes.

42 Les harás calzoncillos de lino para que cubran su desnudez desde la cintura hasta el muslo.

43 Estas vestiduras las llevarán puestas Aarón y sus hijos cuando entren en el tabernáculo de reunión, o cuando se acerquen al altar para servir en el santuario, para que no cometan un pecado y mueran. Éste es un estatuto perpetuo para Aarón y sus descendientes.

Consagración de Aarón y de sus hijos

(Lv 8.1-36)

29 1 »Para consagrarlos como mis sacerdotes, debes hacer lo siguiente: Tomarás un becerro de la vacada y dos carneros sin defecto,

2 panes sin levadura y tortas sin levadura, amasadas con aceite, y hojaldras sin levadu-

[a] **28.30:** Nm 27.21; Esd 2.63; Neh 7.65.

ra untadas con aceite, hechas con flor de
harina de trigo.
3 Pondrás todo esto en un canastillo, y lo ofrecerás, junto con el becerro y los dos carneros.
4 A Aarón y a sus hijos los llevarás a la
puerta del tabernáculo de reunión, y los lavarás con agua.
5 Tomarás entonces las vestiduras, y vestirás a Aarón con la túnica, el manto del efod,
el efod y el pectoral, y le sujetarás el cinto
del efod;
6 luego le pondrás la mitra sobre la cabeza,
y sobre la mitra pondrás la diadema santa.
7 A continuación, tomarás el aceite de
consagrar y lo derramarás sobre la cabeza
de Aarón, y así lo ungirás como sacerdote.
8 Harás que se acerquen sus hijos, y los
vestirás con las túnicas.
9 Les sujetarás el cinto a Aarón y a sus hijos, y les atarás las tiaras, y recibirán el sacerdocio por derecho perpetuo. Así consagrarás a Aarón y a sus hijos.
10 »Después llevarás el becerro hasta el
tabernáculo de reunión, y Aarón y sus hijos
pondrán sus manos sobre la cabeza del becerro.
11 Matarás el becerro delante del Señor, a
la entrada del tabernáculo de reunión.
12 Tomarás un poco de la sangre del becerro, y con tu dedo la pondrás sobre los
cuernos del altar, y el resto de la sangre lo
derramarás al pie del altar.
13 Tomarás también toda la grasa que
cubre los intestinos, y la grasa que cubre el
hígado y los dos riñones, y la quemarás sobre el altar.
14 Pero la carne del becerro, y su piel y su
estiércol, los quemarás totalmente fuera del
campamento, pues se trata de una ofrenda
por el pecado.
15 »Tomarás uno de los carneros, y Aarón
y sus hijos pondrán las manos sobre la cabeza del carnero,
16 al cual matarás, y su sangre la rociarás
sobre y alrededor del altar.
17 Cortarás el carnero en pedazos, y lavarás sus intestinos y sus piernas, y las pondrás
sobre sus pedazos y sobre su cabeza.
18 Luego quemarás todo el carnero sobre
el altar, pues es un holocausto de olor grato[a]
en honor del Señor. Es una ofrenda quemada en honor del Señor.
19 »Tomarás luego el otro carnero, y Aarón
y sus hijos pondrán las manos sobre la cabeza del carnero,
20 al cual matarás. Tomarás un poco de su
sangre y la pondrás en el lóbulo de la oreja
derecha de Aarón, en el lóbulo de la oreja de
sus hijos, en el dedo pulgar de sus manos derechas, y en el dedo gordo de sus pies derechos,
y rociarás la sangre sobre y alrededor del altar.
21 La sangre que quede sobre el altar, y el
aceite de la unción, la rociarás sobre Aarón y
sobre sus vestiduras, sobre sus hijos y sobre
las vestiduras de éstos. Así él y sus hijos quedarán santificados, lo mismo que sus vestiduras y las vestiduras de sus hijos.
22 »Tomarás luego la grasa del carnero,
junto con la grasa que cubre los intestinos
y la grasa del hígado, y la cola, los dos riñones, y la grasa que los cubre, y la espaldilla
derecha, porque se trata de un carnero de
consagración.
23 Del canastillo de los panes sin levadura presentado al Señor tomarás una torta
grande de pan, una torta de pan de aceite
y una hojaldra,
24 y todo esto lo pondrás en las manos de
Aarón y de sus hijos, y lo mecerás delante
del Señor como ofrenda mecida.
25 Después tomarás todo esto de sus manos y lo quemarás en el altar, junto con el
holocausto, como olor grato delante del
Señor. Se trata de una ofrenda encendida
en honor del Señor.
26 »Tomarás el pecho del carnero de las
consagraciones, que es de Aarón, y lo mecerás delante del Señor como ofrenda mecida.
Esa porción será para ti.
27 Luego apartarás[3] el pecho de la ofrenda
mecida y la espaldilla de la ofrenda elevada,
es decir, lo que fue mecido y lo que fue ele-

[a]**29.18:** Ef 5.2; Flp 4.18. [13]**29.27** O, ***santificarás.***

vado del carnero de las consagraciones de Aarón y de sus hijos,

28 y todo esto les darás a Aarón y a sus hijos. Éste es un estatuto perpetuo para los hijos de Israel. Se trata de una ofrenda elevada y de los sacrificios de paz de los hijos de Israel. Es la porción que ellos elevan al Señor como ofrenda.

29 »Las vestiduras santas de Aarón las heredarán sus hijos después de él, para que con ellas sean ungidos y consagrados.

30 El hijo suyo que tome su lugar como sacerdote las vestirá durante siete días, cuando venga al tabernáculo de reunión para servir en el santuario.

31 »Tomarás el carnero de las consagraciones, y cocerás su carne en el lugar santo.

32 Aarón y sus hijos comerán la carne del carnero, y el pan que estará en el canastillo, a la entrada del tabernáculo de reunión.

33 Comerán aquello con lo que se haya hecho expiación, para consagrarlos y darles plena autoridad. Pero de esto no comerá ningún extraño, porque son ofrendas santas.

34 Si algo de la carne de las consagraciones y del pan queda para el día siguiente, lo que haya quedado lo quemarás en el fuego. No debe comerse, porque es una ofrenda santa.

35 »Harás con Aarón y sus hijos todo lo que yo te he mandado. Durante siete días los consagrarás,

36 y cada día ofrecerás el becerro del sacrificio por el pecado, para las expiaciones, y cuando hagas expiación por él deberás purificar y ungir el altar para santificarlo.

37 Durante siete días harás expiación por el altar, y lo santificarás, y será un altar santísimo. Cualquier cosa que toque el altar quedará santificada.

Las ofrendas diarias

(Nm 28.1-8)

38 »Esto es lo que debes ofrecer sobre el altar diariamente y sin falta: dos corderos de un año.

39 Uno de los corderos lo ofrecerás por la mañana, y el otro cordero lo ofrecerás a la caída de la tarde.

40 Con cada cordero ofrecerás dos litros de flor de harina, amasada con un litro de aceite de olivas machacadas. Para la libación, ofrecerás un litro de vino.

41 El otro cordero lo ofrecerás a la caída de la tarde, en olor grato, como ofrenda encendida en honor del Señor, conforme a lo hecho para la ofrenda de la mañana y para su libación.

42 Esto será el holocausto continuo para las generaciones futuras, a la entrada del tabernáculo de reunión, delante del Señor, en donde yo me reuniré con ustedes para hablarles.

43 Allí me reuniré con los hijos de Israel, y el lugar será santificado con mi gloria.

44 Santificaré el tabernáculo de reunión y el altar, y santificaré también a Aarón y a sus hijos, para que sean mis sacerdotes.

45 Yo habitaré entre los hijos de Israel, y seré su Dios.

46 Así sabrán que yo soy el Señor su Dios, que los sacó de la tierra de Egipto para habitar en medio de ellos. Yo soy el Señor su Dios.

El altar del incienso

(Éx 37.25-28)

30 1 »Harás también un altar de madera de acacia para quemar el incienso.

2 Este altar será cuadrado, de cuarenta y cinco centímetros por lado, y noventa centímetros de alto. Sus cuernos serán parte del altar mismo.

3 Recubrirás de oro puro su cubierta, todo el derredor de sus paredes y sus cuernos, y lo rodearás con una cornisa de oro.

4 Le pondrás dos anillos de oro en las dos esquinas de ambos lados, por debajo de la cornisa, para pasar por ellos las varas con que será transportado.

5 Harás las varas de madera de acacia, y las recubrirás de oro,

6 y pondrás el altar delante del velo que está junto al arca del testimonio, es decir, delante del propiciatorio que está sobre el testimonio, que es donde me encontraré contigo.

7 Y cada mañana, cuando Aarón aliste las lámparas, quemará sobre él incienso aromático.

8 También quemará el incienso al anochecer, cuando Aarón encienda las lámparas. Éste será un rito perpetuo delante del Señor por todas las generaciones.

9 No ofrecerán sobre él ningún otro incienso ni holocausto ni ofrenda; tampoco derramarán sobre él libación alguna.

10 Con la sangre del sacrificio por el pecado, una vez al año Aarón hará expiación sobre los cuernos del altar. Por todas las generaciones, una vez al año hará expiación sobre él. Este altar será muy santo en honor del Señor.»

El dinero del rescate

11 El Señor habló también con Moisés, y le dijo:

12 «Cuando hagas un recuento del número de los hijos de Israel, una vez que los hayas contado cada uno de ellos deberá darme a mí, el Señor, el rescate de su persona. Así no habrá mortandad entre ellos.

13 Todo aquel que sea contado deberá pagar cinco gramos de plata,[a] que es la mitad del peso oficial del santuario. La ofrenda al Señor será de cinco gramos de plata.

14 Todo el que sea contado y que tenga más de veinte años de edad, deberá dar esta ofrenda al Señor.

15 Al dar la ofrenda al Señor para la expiación de personas, ni el rico dará más de cinco gramos de plata, ni el pobre dará menos.

16 Recibirás de los hijos de Israel el dinero de las expiaciones, y lo entregarás para el servicio del tabernáculo de reunión. Esto será para los hijos de Israel un memorial delante del Señor, para que se haga la expiación por ellos.»

La fuente de bronce

17 El Señor le dijo también a Moisés:

18 «Harás también una fuente de bronce, con su base de bronce,[b] para lavarse. La colocarás entre el tabernáculo de reunión y el altar, y en ella pondrás agua

19 para que Aarón y sus hijos se laven las manos y los pies.

20 Para que no mueran, ellos deberán lavarse con agua al entrar en el tabernáculo de reunión, y cuando se acerquen al altar para ministrar y quemar la ofrenda encendida en honor del Señor.

21 Deberán lavarse las manos y los pies, para que no mueran. Esto será un estatuto perpetuo para Aarón y su descendencia, por todas las generaciones.»

El aceite de la unción, y el incienso

22 El Señor también le dijo a Moisés:

23 «Tomarás especias finas: seis kilos de la mejor mirra, tres kilos de canela aromática, tres kilos de cálamo aromático,

24 y seis kilos de canela, según el peso oficial del santuario, y tres litros de aceite de oliva.

25 Con esto harás un aceite aromático, es decir, un perfume, el cual será el aceite de la santa unción.

26 Con él ungirás el tabernáculo de reunión, el arca del testimonio,

27 la mesa con todos sus utensilios, el candelero con todos sus utensilios, el altar del incienso,

28 el altar del holocausto con todos sus utensilios, y la fuente y su base.

29 De este modo los consagrarás, y serán cosas santísimas; todo lo que llegue a tocarlos, quedará santificado.

30 Ungirás también a Aarón y a sus hijos, y los consagrarás para que sean mis sacerdotes.

31 Y hablarás con los hijos de Israel y les dirás: Éste será mi aceite de la santa unción, por todas las generaciones.

32 No se derramará sobre el cuerpo de

[a] **30.13:** Éx 38.25-26; Mt 17.24. [b] **30.18:** Éx 38.8.

ningún hombre, ni se hará otro aceite semejante, ni con esta composición. Es un aceite santo, y así deberán mantenerlo.

[33] Cualquiera que componga un aceite semejante, y que lo derrame sobre algún extraño, será expulsado de su pueblo.»

[34] Además, el Señor le dijo a Moisés:

«Tomarás una misma cantidad de especias aromáticas, estacte, uña aromática, gálbano aromático e incienso puro,

[35] y con todo eso prepararás el incienso aromático, bien mezclado, como un perfume, puro y santo.

[36] Una parte la molerás muy fino, y ese polvo lo pondrás en el tabernáculo de reunión, delante del testimonio, que es donde yo me mostraré a ti. Será para ustedes una cosa santísima.

[37] No harán ustedes otro incienso semejante a éste en su composición. Será para ti una cosa sagrada en honor del Señor.

[38] Cualquiera que haga otro perfume como éste para disfrutar de su fragancia, será expulsado de su pueblo.»[c]

Llamamiento de Besalel y de Aholiab

(Éx 35.30—36.1)

31 [1] El Señor habló con Moisés, y le dijo:

[2] «Mira, yo he llamado por su nombre a Besalel hijo de Uri, hijo de Jur, de la tribu de Judá.

[3] Lo he llenado del espíritu de Dios en sabiduría, inteligencia y ciencia, y en todo arte,

[4] para crear nuevos diseños y trabajar en oro, plata y bronce,

[5] y en el arte de engastar piedras preciosas y de trabajar la madera, y de realizar toda clase de trabajos.

[6] Como podrás ver, he designado también a Aholiab hijo de Ajisamac, de la tribu de Dan, y a todos los de corazón sabio les he dado la capacidad de hacer todo lo que te he mandado: Nm 27.18

[7] el tabernáculo de reunión, el arca del testimonio, el propiciatorio que va sobre ella, todos los utensilios del tabernáculo,

[8] la mesa y sus utensilios, el candelero de oro puro y todos sus utensilios, el altar del incienso,

[9] el altar del holocausto y todos sus utensilios, la fuente y su base,

[10] las vestiduras del servicio, las vestiduras santas para Aarón el sacerdote, las vestiduras de sus hijos para que ejerzan el sacerdocio,

[11] el aceite de la unción, y el incienso aromático para el santuario. Deberán hacerlo todo según lo que te he ordenado.»

El día de reposo como señal

[12] Además, el Señor habló con Moisés, y le dijo:

[13] «Tú hablarás con los hijos de Israel, y les dirás: "Ustedes deberán respetar mis días de reposo, porque es una señal entre ustedes y yo por todas las generaciones, para que sepan que yo soy el Señor, que los santifico.

[c] **30.22-38:** Éx 37.29.

LLENO DEL ESPÍRITU DE DIOS *(ÉXODO 31.3)*

En este versículo, el ser lleno del Espíritu de Dios quiere decir que Dios le dio a una persona el poder para llevar a cabo cierto trabajo. Dios les da a las personas su Espíritu, no sólo para llevar a cabo obras espirituales, sino también trabajos prácticos. En este caso, Dios le dio a "Besalel", "Aholiab" y a otros el poder que necesitaban para crear objetos y muebles especiales para el Tabernáculo. (Éxodo 25:9.) Dios nos ha dado a cada uno de nosotros talentos y habilidades únicas para que podamos marcar una diferencia en el mundo para Él. Tú puedes orar para que el Espíritu de Dios te dé dones para servirlo a Él y servir a otros.

14 Así que respetarán el día de reposo, porque es para ustedes un día santo. El que lo profane, será condenado a muerte. Sí, cualquiera que haga algún trabajo en ese día, será expulsado de su pueblo."

15 Seis días se trabajará, pero el día séptimo es día de reposo consagrado a mí; cualquiera que trabaje en el día de reposo, será condenado a muerte.[a]

16 Así que los hijos de Israel respetarán el día de reposo y lo celebrarán por todas las generaciones como un pacto perpetuo.

17 Será una señal para siempre entre los hijos de Israel y yo, porque yo, el Señor, hice en seis días los cielos y la tierra, y el séptimo día reposé.»

El becerro de oro

(Dt 9.6-29)

18 Cuando Dios terminó de hablar con Moisés en el monte Sinaí, le dio las dos tablas del testimonio, tablas de piedra escritas por el dedo mismo de Dios.

32 1 Al ver el pueblo que Moisés tardaba en bajar del monte, fueron a ver a Aarón y le dijeron:

«Anda, haznos unos dioses que vayan delante de nosotros, porque a este Moisés, que nos sacó de Egipto, no sabemos qué pudo haberle sucedido.»[a]

2 Aarón les dijo:

«Aparten los zarcillos de oro que sus mujeres, sus hijos y sus hijas llevan en las orejas, y tráiganmelos.»

3 Todo el pueblo apartó los zarcillos de oro que llevaban en las orejas, y se los llevaron a Aarón.

4 Éste los recibió de sus manos, y con un buril les dio forma, hasta hacer de ellos un becerro de oro fundido.[b] Y ellos dijeron entonces:

«Israel, ¡éstos son los dioses que te sacaron de Egipto!»

5 Cuando Aarón vio esto, levantó un altar delante del becerro y proclamó:

«¡Mañana celebraremos una fiesta en honor del Señor!»

6 Al día siguiente todos madrugaron, y ofrecieron holocaustos y presentaron ofrendas de paz, y el pueblo se sentó a comer y a beber, y comenzó a divertirse.[c]

7 Entonces el Señor le dijo a Moisés:

«Anda, baja del monte, porque el pueblo que sacaste de Egipto se ha corrompido.

8 Muy pronto se han apartado del camino que yo les señalé. Se han hecho un becerro de oro fundido, y lo están adorando, y le ofrecen sacrificios, mientras dicen: "Israel, ¡éstos son los dioses que te sacaron de Egipto!"»

9 El Señor también le dijo a Moisés:

«Ya he podido ver que este pueblo es de dura cerviz.

10 Déjame, que mi ira contra ellos se va a encender y los voy a consumir. Pero de ti haré una gran nación.»

11 Entonces Moisés oró delante del Señor su Dios, y dijo:

«Señor, ¿por qué habría de encenderse tu furor contra tu pueblo, si tú lo sacaste de Egipto con gran poder y con mano fuerte?

12 Los egipcios van a decir: "¡Dios los sacó para su mal! ¡Los sacó para matarlos en los montes y para borrarlos de la faz de la tier-

[a] **31.15:** Éx 20.8-11; 23.12; 34.21; 35.2; Lv 23.3; Dt 5.12-14. [a] **32.1:** Hch 7.40. [b] **32.4:** Hch 7.41. [c] **32.6:** 1 Co 10.7.

BUSCANDO EL FAVOR DEL SEÑOR *(ÉXODO 32.11)*

Los israelitas crearon y adoraron un dios falso. Esto hizo que Dios se enojara. Él consideró la posibilidad de destruirlos por haber hecho esta maldad. Pero Moisés oró por los israelitas de manera urgente, y Dios tuvo misericordia de ellos. ¡La oración sincera y ferviente es poderosa! Escribe algunas cosas acerca de las cuales debes orar hoy.

ra!" ¿Y por qué van a decirlo? ¡Calma el ardor de tu ira, y no cometas este mal contra tu pueblo!

13 Acuérdate de tus siervos Abrahán, Isaac e Israel, a quienes les juraste por ti mismo: "Yo multiplicaré la descendencia de ustedes como las estrellas del cielo,[d] y les daré toda esta tierra, de la cual les he hablado, para que sea su herencia para siempre."»[e]

14 Entonces el Señor cambió de parecer y ya no le hizo daño a su pueblo.[f]

15 Moisés, por su parte, bajó del monte trayendo en su mano las dos tablas del testimonio, las cuales estaban escritas por ambos lados.

16 Las tablas eran obra de Dios, lo mismo que la escritura que estaba grabada sobre las tablas.

17 Josué oyó que el pueblo gritaba, así que le dijo a Moisés:

«Hay en el campamento alaridos de guerra.»

18 Pero él respondió:

«No son voces de vencedores. Ni son voces de gente derrotada. Lo que oigo son cantos de alegría.»

19 Y cuando Moisés llegó al campamento y vio el becerro y las danzas, se encendió su enojo y, arrojando lejos de sí las tablas, las quebró al pie del monte.

20 Luego tomó el becerro que habían hecho y lo quemó en el fuego, moliéndolo hasta reducirlo a polvo, y ese polvo lo esparció sobre las aguas y se las dio a beber a los hijos de Israel.

21 Luego, le dijo a Aarón:

«¿Qué te ha hecho este pueblo, que lo has hecho cometer tan gran pecado?»

22 Aarón respondió:

«Mi señor, no te enojes. Tú sabes que este pueblo se inclina a hacer lo malo.

23 Ellos me dijeron: "Haz unos dioses que nos vayan abriendo el paso. La verdad, no *sabemos qué* pudo haberle pasado a este Moisés que nos sacó de Egipto."

24 Yo les respondí: "El que tenga oro, que lo aparte." Entonces ellos me lo dieron, yo lo eché en el fuego, ¡y salió este becerro!»

25 Al ver Moisés que el pueblo estaba desenfrenado, porque, para vergüenza de ellos ante sus enemigos, Aarón se lo había permitido,

26 se puso a la entrada del campamento y dijo:

«¿Quién está de parte del Señor? ¡Únase a mí!»

Y todos los hijos de Leví se le unieron.

27 Entonces él les dijo:

«Así ha dicho el Señor, el Dios de Israel: "Fájese cada uno de ustedes la espada al cinto, y vaya de puerta en puerta por el campamento, y mate cada uno a su hermano, a su amigo, o a su pariente."»

28 Y los hijos de Leví hicieron lo que Moisés les ordenó, y ese día cayeron a filo de espada como tres mil hombres del pueblo.

29 Entonces Moisés dijo:

«Hoy ustedes se han consagrado al Señor. Hoy el Señor les ha dado su bendición, pues cada uno de ustedes se ha consagrado en su hijo y en su hermano.»

30 Al día siguiente, Moisés le dijo al pueblo:

«Ustedes han cometido un gran pecado. Pero voy ahora a subir al monte, y hablaré con el Señor; tal vez pueda apaciguarlo acerca del pecado de ustedes.»

31 Y volvió Moisés para hablar con el Señor, y le dijo:

«Este pueblo ha cometido un gran pecado, pues se hicieron dioses de oro. Te ruego

32 que les perdones su pecado. De lo contrario, ¡bórrame ya del libro que has escrito!»[g]

33 Y el Señor le respondió:

«Borraré de mi libro al que peque contra mí.

34 Tú ve y lleva ya a este pueblo al lugar que te he dicho. Mi ángel irá delante de ti. Pero cuando tenga que castigarlos por su pecado, los castigaré.»

35 Y el Señor hirió al pueblo por el becerro que Aarón había hecho para ellos.

[d]**32.13:** Gn 22.16-17. [e]**32.13:** Gn 17.8. [f]**32.11-14:** Nm 14.13-19.

LECCIONES SU AMIGO (ÉXODO 33.11)

¡Imagínate que Dios te diga que eres su amigo! Así veía Dios a Moisés. Él era un hombre con el cual Dios hablaba cara a cara. Moisés tenía esta relación especial con Dios en parte porque estaba completamente dedicado a Dios y a sus deseos y propósitos. Moisés quería lo que Dios quería. Cada persona que sigue a Jesús debe querer conocer a Dios y sus propósitos de la misma manera. ¡Todos los NIÑOS PODEROSOS pueden ser amigos de Dios! Lo único que se necesita es un deseo de tener una amistad con Dios. ¿Cómo nos hacemos amigos de Dios? Leyendo la Biblia todos los días y hablando con Dios en oración. Trata de hacer esto todos los días.

Dios promete estar presente

33 1 El Señor le dijo a Moisés: «Anda, vete ya de aquí, con el pueblo que sacaste de Egipto, y llévalos a la tierra que prometí darles a Abrahán,[a] Isaac[b] y Jacob,[c] cuando dije: "Se la daré a tu descendencia."

2 Yo enviaré un ángel para que vaya delante de ti, y expulsaré a los cananeos y a los amorreos, a los hititas y a los ferezeos, y a los jivitas y jebuseos.

3 Esa tierra fluye leche y miel. Pero yo no iré contigo, porque eres un pueblo de dura cerviz y bien podría yo consumirte en el camino.»

4 Cuando el pueblo se enteró de esta mala noticia, se vistieron de luto y ninguno se puso sus joyas.

5 *Y es que el Señor le había dicho* a Moisés: «Diles a los hijos de Israel: "Ustedes son un pueblo de dura cerviz. Si acaso los acompañara, en cualquier momento podría acabar con ustedes." Así que, quítense ahora sus joyas, para que yo sepa lo que tengo que hacer.»

6 Y así, desde que partieron del monte Horeb los hijos de Israel se despojaron de sus joyas.

7 Moisés tomó el tabernáculo y lo plantó lejos, fuera del campamento, y lo llamó «Tabernáculo de Reunión». Todo el que buscaba al Señor iba hasta el tabernáculo de reunión, el cual estaba fuera del campamento.

8 Cada vez que Moisés iba al tabernáculo, todo el pueblo se levantaba y se quedaba de pie, a la entrada de su tienda, y seguían a Moisés con la mirada, hasta que él entraba en el tabernáculo.

9 Al entrar Moisés en el tabernáculo, la columna de nube descendía y se quedaba a la entrada del tabernáculo, y entonces el Señor hablaba con Moisés.

10 Y cuando todo el pueblo veía la columna de nube a la entrada del tabernáculo, se levantaba cada uno e iba a la entrada de su tienda para adorar.

11 Y el Señor hablaba con Moisés cara a cara, como habla cualquiera con su compañero. Después Moisés volvía al campamento, pero el joven Josué hijo de Nun, su servidor, nunca se apartaba del tabernáculo.

12 Moisés le dijo entonces al Señor:

«Mira, tú me has dicho: "Llévate de aquí a este pueblo"; pero no me has dicho a quién vas a enviar conmigo. Lejos de eso, insistes: "Yo te conozco. Sé quién eres, y te has ganado mi favor."

13 Ahora bien, si en verdad me he ganado tu favor, te ruego que me hagas saber qué planes tienes. Así sabré si en verdad me he ganado tu favor. ¡Toma en cuenta que esta gente es tu pueblo!»

14 Y el Señor le dijo:

«Mi presencia irá contigo, y te haré descansar.»

15 Pero Moisés respondió:

«Si tú no vas a venir conmigo, no nos saques de aquí.

16 ¿Cómo vamos a saber tu pueblo y yo

---

g**32.32:** Ap 3.5. a**33.1:** Gn 12.7. b**33.1:** Gn 26.3. c**33.1:** Gn 28.13.

LECCIONES

¡EL SEÑOR! ¡DIOS MISERICORDIOSO Y CLEMENTE!

(ÉXODO 34.6-7)

Moisés pidió ver la gloria de Dios. ¿Y qué le mostró Dios? Dios le mostró su carácter, su naturaleza, la manera en que se relaciona con su pueblo. Dios no le mostró a Moisés su poder; le mostró su amor, su compasión, su santidad y su justicia. Honramos a Dios y reflejamos su gloria cuando nos comportamos como Él y mostramos bondad, amor y perdón hacia otros. ¿A quién le puedes tú mostrar hoy el carácter de Dios?

que en verdad me he ganado tu favor? ¡Lo sabremos sólo si vienes con nosotros, y sólo si tu pueblo y yo somos apartados de todos los pueblos que hay sobre la faz de la tierra!»

17 El Señor le dijo a Moisés:

«Tan cierto es que te has ganado mi favor, y que te conozco por nombre, que voy a hacer lo que me has pedido.»

18 Entonces Moisés dijo:

«Te ruego que me muestres tu gloria.»

19 Y el Señor le respondió:

«Voy a hacer que todo mi bien pase delante de ti, y delante de ti voy a proclamar mi nombre, que es EL SEÑOR. Porque soy misericordioso con quien quiero ser misericordioso, y soy clemente con quien quiero ser clemente.»[d]

20 El Señor dijo también:

«Mi rostro no podrás verlo, porque nadie puede ver mi rostro y seguir viviendo.»

21 Y añadió:

«¡Mira! Aquí en la roca, junto a mí, hay un lugar. Quédate allí;

22 y cuando pase mi gloria, yo te pondré en una hendidura de la roca y te cubriré con mi mano mientras paso.

23 Después de eso apartaré mi mano, y podrás ver mis espaldas, pero no mi rostro.»

El pacto renovado

(Dt 10.1-5)

34 1 El Señor le dijo a Moisés:

«Pule dos tablas de piedra, como las primeras, y yo escribiré sobre esas tablas las palabras que estaban en las primeras tablas, las que hiciste pedazos.

2 Así que prepárate para mañana, y sube temprano al monte Sinaí. Preséntate ante mí en la cumbre del monte.

3 Que no suba nadie contigo, ni se asome nadie en todo el monte. Tampoco debe haber ovejas ni bueyes paciendo delante del monte.»

4 Moisés pulió dos tablas de piedra, como las primeras, y por la mañana se levantó y subió al monte Sinaí, tal y como el Señor se lo ordenó. En sus manos llevaba las dos tablas de piedra.

5 Y el Señor descendió en la nube, y estuvo allí con él, proclamando su nombre.

6 Luego el Señor pasó delante de Moisés, y proclamó:

«¡EL SEÑOR! ¡EL SEÑOR! ¡Dios misericordioso y clemente! ¡Lento para la ira, y grande en misericordia y verdad!

7 ¡Es misericordioso por mil generaciones! ¡Perdona la maldad, la rebelión y el pecado, pero de ningún modo declara inocente al malvado! ¡Castiga la maldad de los padres en los hijos y en los hijos de los hijos, hasta la tercera y cuarta generación!»[a]

8 Con gran rapidez Moisés bajó la cabeza hacia el suelo, y adoró.

9 Luego dijo:

«Señor, si me he ganado tu favor, quédate en medio de nosotros. Éste es un pueblo de dura cerviz, así que perdona nuestra maldad y nuestro pecado, ¡y recíbenos como tu pueblo!»

10 El Señor contestó:

«Mira, yo hago un pacto delante de todo tu pueblo. Voy a realizar maravillas nunca antes vistas en toda la tierra, ni en nación alguna. Todo el pueblo, en medio del cual tú

[d]**33.19:** Ro 9.15. [a]**34.6-7:** Éx 20.5-6; Nm 14.18; Dt 5.9-10; 7.9-10.

estás, verá las obras tan sorprendentes que yo, el Señor, haré contigo.

Advertencia contra la idolatría de Canaán

(Dt 7.1-5)

11 »Tú cumple lo que hoy te mando. Verás que voy a echar de tu presencia a los amorreos y cananeos, y a los hititas, ferezeos, jivitas y jebuseos.

12 Pero ten cuidado. No hagas alianzas con los habitantes de la tierra a la que vas a entrar, para que no te sean un tropiezo.

13 Ustedes derribarán sus altares y harán pedazos sus estatuas y sus imágenes de Asera.[b]

14 De ninguna manera te inclinarás ante ningún otro dios, porque yo, el Señor, soy un Dios celoso. Mi nombre es "Dios celoso".

15 Por lo tanto, no harás alianza con los habitantes de esa tierra, porque ustedes podrían prostituirse al ir en pos de sus dioses, y entonces ofrecerán sacrificios a sus dioses, y los invitarán a comer de sus sacrificios,

16 o casarán a sus hijas con tus hijos, y al prostituirse sus hijas por seguir a sus dioses, harán que también tus hijos se prostituyan al seguir a los dioses de ellas.

17 »No te harás dioses de metal fundido.[c]

Fiestas anuales

(Éx 23.14-19; Dt 16.1-17)

18 »Celebrarás la fiesta de los panes sin levadura.[d] Comerás pan sin levadura durante siete días, como te lo he ordenado, en el tiempo señalado del mes de Aviv; porque fue en ese mes de Aviv cuando saliste de Egipto.

19 »Todo primogénito me pertenece,[e] lo mismo que toda primera cría de tu ganado, sea de vaca o de oveja, siempre y cuando *sea macho.*

20 A la primera cría del asno la redimirás con un cordero; pero, si no lo redimes, le romperás el cuello.

»Rescatarás a todos tus hijos primogénitos.[f] Y nadie debe presentarse ante mí con las manos vacías.

21 »Seis días trabajarás, pero el séptimo día descansarás.[g] Aun si debieras arar o segar, descansarás.

22 »Celebrarás también la fiesta de las semanas, la fiesta de las primicias de la siega del trigo,[h] y la fiesta de la cosecha al terminar el año.[i]

23 Tres veces al año se presentarán todos tus varones delante de mí, tu Señor y Dios, el Dios de Israel.

24 Porque yo arrojaré de tu presencia a las naciones, y ensancharé tu territorio, y cuando subas a presentarte ante mí, el Señor tu Dios, tres veces al año, nadie codiciará tu tierra.

25 »No ofrecerás con la sangre de mi sacrificio nada que tenga levadura. Tampoco se dejará hasta el día siguiente nada del animal sacrificado en la fiesta de la pascua.[j]

26 »Llevarás a la casa del Señor tu Dios los primeros frutos de tu tierra.[k]

»No guisarás el cabrito en la leche de su madre.»[l]

Moisés y las tablas de la ley

27 El Señor le dijo a Moisés:

«Pon estas palabras por escrito, porque el pacto que he hecho contigo y con Israel tiene como base estas palabras.»

28 Y Moisés estuvo allí, con el Señor, cuarenta días y cuarenta noches. No comió pan, ni bebió agua, pero sí escribió en las tablas de piedra las palabras del pacto, es decir, los diez mandamientos.

29 Y sucedió que, cuando Moisés bajó del monte Sinaí con las dos tablas del testimonio en su mano, no sabía que, después de haber hablado con Dios, la tez de su rostro resplandecía.

30 Aarón y todos los hijos de Israel miraron a Moisés, y vieron que la piel de su rostro resplandecía, así que tuvieron miedo de acercarse a él.

[b] **34.13:** Dt 16.21. [c] **34.17:** Éx 20.4; Lv 19.4; Dt 5.8; 27.15. [d] **34.18:** Éx 12.14-20; Lv 23.6-8; Nm 28.16-25. [e] **34.19:** Éx 13.2. [f] **34.20:** Éx 13.13. [g] **34.21:** Éx 20.9-10; 23.12; 31.15; 35.2; Lv 23.3; Dt 5.13-14. [h] **34.22:** Lv 23.15-21; Nm 28.26-31. [i] **34.22:** Lv 23.39-43. [j] **34.25:** Éx 12.10. [k] **34.26:** Dt 26.2. [l] **34.26:** Dt 14.21.

31 Pero Moisés los llamó, y cuando Aarón y todos los príncipes de la congregación regresaron, Moisés les habló.

32 Después se acercaron todos los hijos de Israel, y Moisés les ordenó cumplir con todo lo que el Señor le había dicho en el monte Sinaí.

33 Y cuando Moisés terminó de hablar con ellos, se puso un velo sobre el rostro.

34 Cuando Moisés se presentaba ante el Señor para hablar con él, se quitaba el velo mientras estaba adentro, y al salir les comunicaba a los hijos de Israel lo que el Señor le había ordenado.

35 Al mirar los hijos de Israel el rostro de Moisés, veían que la piel de su rostro resplandecía; pero Moisés volvía a cubrir su rostro con un velo, hasta que entraba de nuevo a hablar con Dios.[m]

Reglas para el día de reposo

35 1 Moisés convocó a toda la congregación de los hijos de Israel, y les dijo:

«Esto es lo que el Señor les manda hacer:

2 »Seis días se trabajará, pero el día séptimo será para ustedes un día santo de reposo en honor del Señor. Cualquiera que en ese día haga algún trabajo, será condenado a muerte.[a]

3 »En día de reposo no encenderán ustedes ningún fuego en ninguna de sus casas.»

La ofrenda para el tabernáculo

(Éx 25.1-9)

4 Moisés habló con toda la congregación de los hijos de Israel, y les dijo:

«Esto es lo que el Señor dice y ordena:

5 »Recojan entre ustedes una ofrenda para el Señor. Todo corazón generoso presentará al Señor oro, plata, bronce,

6 azul, púrpura, carmesí, lino fino, pelo de cabra,

7 pieles de carnero teñidas de rojo, pieles de delfín, madera de acacia,

8 aceite para las lámparas, especias para el aceite de la unción y para el incienso aromático,

9 y piedras de ónice y piedras preciosas para engastarlas en el efod y en el pectoral.

La obra del tabernáculo

(Éx 39.32-43)

10 »Todos ustedes, los que tengan un corazón sabio, vendrán y harán todas las cosas que el Señor ha ordenado hacer:

11 el tabernáculo y su tienda, su cubierta, sus corchetes, sus tablas, sus travesaños, sus columnas y sus bases;

12 el arca y sus varas, el propiciatorio, el velo de la tienda,

13 la mesa y sus varas, y todos sus utensilios; el pan de la proposición,

14 el candelero del alumbrado y sus utensilios y lámparas, y el aceite para las lámparas;

15 el altar del incienso y sus varas, el aceite de la unción, el incienso aromático, la cortina de la puerta para la entrada del tabernáculo,

16 el altar del holocausto, su enrejado de bronce y sus varas, y todos sus utensilios; la

[m]**34.29-35:** 2 Co 3.7-16. [a]**35.2:** Éx 20.8-11; 23.12; 31.15; 34.21; Lv 23.3; Dt 5.12-14.

HACIENDO LO QUE FUE ORDENADO *(ÉXODO 35.1–40.38)*
En estos capítulos finales de Éxodo, vemos al pueblo obedeciendo y cuidando los planes de Dios para el tabernáculo. Seguir las instrucciones del Señor es un asunto serio. Debe ser nuestra prioridad máxima cuando hacemos su obra y aceptamos sus planes. Estos capítulos muestran, además, como Dios preparó a cada uno para que participara de sus planes. Nuestras contribuciones pueden ser diferentes, pero todos somos importantes para la obra de Dios. Piensa en cómo poner tus talentos y habilidades al servicio del Señor. ¡Pídele, pues, poder!

fuente con su base,

17 las cortinas del atrio y sus columnas y bases, la cortina de la puerta del atrio,

18 las estacas del tabernáculo, y las estacas del atrio y sus cuerdas;

19 las vestiduras del servicio para ministrar en el santuario, las vestiduras sagradas del sacerdote Aarón, y las vestiduras de sus hijos para su ministerio sacerdotal.»

El pueblo trae la ofrenda

20 Toda la congregación de los hijos de Israel salió de la presencia de Moisés,

21 y todos los que en su corazón quisieron hacerlo, y todos los que de voluntad se sintieron impulsados, presentaron al Señor una ofrenda para la obra del tabernáculo de reunión, para todo su servicio, y para las vestiduras sagradas.

22 Hombres y mujeres se presentaron por su propia voluntad, y llevaron cadenas, zarcillos, anillos, brazaletes y toda clase de joyas de oro. Todos ofrecían oro al Señor.

23 Todos llevaban lo que tenían: azul, púrpura, carmesí, lino fino, pelo de cabra, pieles de carnero teñidas de rojo, o pieles de delfín.

24 Llevaban al Señor todo lo que podían ofrecer: plata, bronce, y madera de acacia, para toda la obra del servicio.

25 Además todas las mujeres de corazón sabio hilaban con sus manos, y llevaban lo que habían hilado: azul, púrpura, carmesí o lino fino.

26 Todas las mujeres cuyo corazón y sabiduría las impulsó, hilaron pelo de cabra.

27 Los príncipes llevaron piedras de ónice y piedras preciosas para engastarlas en el efod y en el pectoral,

28 así como las especias aromáticas, el *aceite para las lámparas y para el aceite de la* unción, y para el incienso aromático.

29 Todos los hijos de Israel, hombres y mujeres, que por su voluntad y de corazón quisieron hacerlo, llevaron al Señor una ofrenda voluntaria para toda la obra que, por medio de Moisés, el Señor había ordenado hacer.

Llamamiento de Besalel y de Aholiab

(Éx 31.1-11)

30 Moisés les dijo a los hijos de Israel:

«Como pueden ver, el Señor ha designado a Besalel hijo de Uri, hijo de Jur, de la tribu de Judá.

31 Lo ha llenado del espíritu de Dios y le ha dado sabiduría, inteligencia, ciencia y dotes artísticas,

32 para crear diseños y para trabajar en oro, plata y bronce,

33 en el tallado y engaste de piedras preciosas, y en todo trabajo ingenioso en madera.

34 Además, a él y a Aholiab hijo de Ajisamac, de la tribu de Dan, les ha dado la capacidad de enseñar;

35 ha llenado de sabiduría su corazón, para que hagan toda clase de obra artística y creativa en los telares, y de trabajos y diseños bordados en azul, púrpura, carmesí, y lino fino.

Nm 11.24-29

36

1 »Así que serán Besalel y Aholiab los que harán todo lo que el Señor nos ha ordenado hacer, junto con todos aquellos a quienes el Señor haya dado un corazón lleno de sabiduría e inteligencia para llevar a cabo toda la obra del servicio del santuario.»

Se suspende la ofrenda

2 Moisés llamó entonces a Besalel y a Aholiab, lo mismo que a todos aquellos a quienes el Señor había llenado su corazón de sabiduría, y a quienes se sintieron movidos a presentarse para trabajar en la obra.

3 Ellos recogieron toda la ofrenda que estaba delante de Moisés, y que los hijos de Israel habían llevado para la obra del servicio del santuario, y se dispusieron a hacerla. Mientras tanto, todos los días el pueblo seguía llevando ofrendas voluntarias.

4 Era tanto lo que llevaban, que todos los maestros de obra del santuario suspendieron sus trabajos

5 y fueron a decirle a Moisés:

«El pueblo está trayendo mucho más de

lo necesario para la obra que el Señor ha ordenado hacer.»

6 Entonces Moisés mandó pregonar por el campamento:

«Que ningún hombre ni mujer traiga ni haga nada más para la ofrenda del santuario.»

Y fue así como se le impidió al pueblo ofrecer más,

7 pues tenían material abundante para hacer toda la obra, y aun sobraba.

Construcción del tabernáculo

(Éx 26.1-37)

8 De entre los que hacían la obra, todos los de corazón sabio hicieron el tabernáculo con diez cortinas de lino torcido, azul, púrpura y carmesí, con querubines bellamente trabajados.

9 Cada cortina medía doce y medio metros de largo por dos metros de ancho, y las once cortinas eran de la misma medida.

10 Cinco cortinas las unieron una con la otra, y lo mismo hicieron con las otras cinco cortinas.

11 Hicieron lazos de azul en la orilla de la cortina que estaba al extremo de la primera serie, y lo mismo hicieron en la orilla de la cortina final de la segunda serie.

12 Se hicieron cincuenta lazos en la primera cortina, y otros cincuenta lazos en la orilla de la cortina de la segunda serie. Los lazos de una correspondían con los de la otra.

13 También se hicieron cincuenta corchetes de oro, con los cuales se enlazaron las cortinas una con otra, y así se formó un tabernáculo.

14 Se hicieron también once cortinas de pelo de cabra para una tienda sobre el tabernáculo.

15 Una de las cortinas medía trece y medio metros de largo por un metro y ochenta centímetros de ancho, y las once cortinas *eran de la misma medida.*

16 Cinco de las cortinas se unieron aparte, y también aparte las otras seis cortinas.

17 Se hicieron también cincuenta lazos en la orilla de la cortina que estaba al extremo de la primera serie, y otros cincuenta lazos en la orilla de la cortina final de la segunda serie.

18 También se hicieron cincuenta corchetes de bronce para enlazar la tienda, de modo que fuese una sola,

19 y para la tienda se hizo una cubierta de piel de carnero teñida de rojo, y para la parte superior otra cubierta de piel de delfín.

20 Además se hicieron para el tabernáculo las tablas derechas de madera de acacia.

21 Cada tabla medía cuatro y medio metros de largo por sesenta y cinco centímetros de ancho.

22 Cada tabla tenía dos espigas para que se unieran la una con la otra. Así se hicieron todas las tablas del tabernáculo.

23 Se hicieron las tablas para el tabernáculo: veinte tablas para el lado sur,

24 y cuarenta bases de plata que iban debajo de las veinte tablas, es decir, dos bases debajo de cada tabla, para sus dos espigas, y dos bases debajo de otra tabla para sus dos espigas.

25 Para el otro lado del tabernáculo, al lado norte, se hicieron otras veinte tablas,

26 con sus cuarenta bases de plata, es decir, dos bases debajo de una tabla, y dos bases debajo de otra tabla.

27 Para el lado occidental del tabernáculo se hicieron seis tablas,

28 y dos tablas para las esquinas del tabernáculo, en los dos costados.

29 Éstas se unían desde abajo, y por arriba se ajustaban con una bisagra; así hizo con una y con otra en las dos esquinas.

30 Así que eran ocho tablas y dieciséis bases de plata, dos bases debajo de cada tabla.

31 Se hicieron también los travesaños de madera de acacia; cinco para las tablas de un lado del tabernáculo,

32 cinco travesaños para las tablas del otro lado del tabernáculo, y cinco más para las tablas del lado posterior del tabernáculo, es decir, hacia el occidente.

33 El travesaño de en medio se hizo pasar

por en medio de las tablas, de un extremo al otro.

34 Se recubrieron de oro las tablas, y se hicieron de oro los anillos por donde pasaban los travesaños, y también los travesaños se recubrieron de oro.

35 Se hizo también el velo de azul, púrpura, carmesí y lino torcido. Se hizo con querubines bellamente trabajados.

36 Para el velo se hicieron cuatro columnas de madera de acacia, y se recubrieron de oro. Sus capiteles eran de oro, y se fundieron cuatro bases de plata.

37 El velo para la puerta del tabernáculo se hizo de azul, púrpura, carmesí y lino torcido, recamado artísticamente,

38 con sus cinco columnas y sus capiteles, y se recubrieron de oro los capiteles y las molduras. Sus cinco bases estaban hechas de bronce.

Mobiliario del tabernáculo

(Éx 25.10-40; 27.1-8; 30.1-10)

37 1 Además, Besalel hizo el arca de madera de acacia, que medía un metro y diez centímetros de largo, sesenta y cinco centímetros de ancho y sesenta y cinco centímetros de alto.

2 La recubrió de oro puro por dentro y por fuera, y alrededor le puso una cornisa de oro.

3 Además, fundió para ella cuatro anillos de oro para sus cuatro esquinas, y le puso dos anillos en un lado y dos anillos en el otro.

4 Hizo también varas de madera de acacia, y las recubrió de oro.

5 Metió las varas por los anillos en los costados del arca, para transportarla.

6 *Hizo también el propiciatorio* de oro puro; medía un metro y diez centímetros de largo, y sesenta y cinco centímetros de ancho.

7 También hizo los dos querubines de oro, labrados a martillo, en los dos extremos del propiciatorio.

8 Un querubín estaba en un extremo, y el otro querubín en el otro extremo; los querubines en sus dos extremos formaban una sola pieza con el propiciatorio.

9 Y los querubines extendían sus alas por encima del propiciatorio y lo cubrían con sus alas; sus rostros quedaban el uno frente al otro, y miraban hacia el propiciatorio.

10 Besalel hizo también la mesa de madera de acacia. Medía noventa centímetros de largo, cuarenta y cinco centímetros de ancho, y sesenta y cinco centímetros de alto.

11 La recubrió de oro puro, y alrededor le puso una cornisa de oro.

12 Alrededor le puso también una moldura de siete centímetros de ancho, y alrededor de la moldura puso una cornisa de oro.

13 También le hizo cuatro anillos de oro fundido, y los puso en las cuatro esquinas que correspondían a sus cuatro patas.

14 Los anillos quedaban debajo de la moldura, y por ellos se metían las varas para transportar la mesa.

15 Hizo las varas de madera de acacia para transportar la mesa, y las recubrió de oro.

16 También hizo de oro fino los utensilios que habían de estar sobre la mesa, es decir, sus platones, sus cucharas, sus cubiertos y sus tazones para las libaciones.

17 Hizo también el candelero de oro puro, labrado a martillo; de oro eran también su pie, su caña, sus copas, sus manzanas y sus flores.

18 De sus costados salían seis brazos; tres de un lado del candelero, y otros tres del otro lado del candelero.

19 En uno de los brazos había tres copas en forma de flor de almendro, una manzana y una flor, y en otro brazo había otras tres copas en forma de flor de almendro, una manzana y una flor. Esto mismo había en los seis brazos que salían del candelero.

20 En la caña del candelero había cuatro copas en forma de flor de almendro, con sus manzanas y sus flores,

21 una manzana debajo de los dos brazos del mismo, y otra manzana debajo de los otros dos brazos del mismo, y otra manzana

debajo de los otros dos brazos del mismo, conforme a los seis brazos que salían de él.

22 Sus manzanas y sus brazos eran del mismo material, es decir, todo era una sola pieza de oro puro labrada a martillo.

23 Hizo también de oro puro sus siete lamparillas, sus despabiladeras y sus platillos.

24 Para hacer el candelero y todos sus utensilios usó treinta kilos de oro puro.

25 También hizo de madera de acacia el altar del incienso. Era cuadrado, y medía cuarenta y cinco centímetros de largo por cuarenta y cinco centímetros de ancho, y noventa centímetros de alto, y sus cuernos eran de la misma pieza.

26 Recubrió de oro puro su cubierta y sus paredes alrededor, y sus cuernos, y alrededor le puso una cornisa de oro.

27 Le hizo también dos anillos de oro en las dos esquinas de los dos lados, por debajo de la cornisa, para meter por ellos las varas con que había de ser transportado.

28 Las varas las hizo de madera de acacia, y las recubrió de oro.

29 Hizo también el aceite de la unción santa, y el incienso puro, aromático, es decir, semejante a un perfume.[a]

38 1 Besalel hizo de madera de acacia el altar del holocausto. Era cuadrado, y medía dos y medio metros de largo por dos y medio metros de ancho y un metro y medio de alto.

2 Hizo los cuernos para sus cuatro esquinas, los cuales eran de una misma pieza con el altar, y lo recubrió de bronce.

3 Hizo también todos los utensilios del altar; calderos, tenazas, tazones, garfios y palas; y todos ellos los hizo de bronce.

4 Para el altar hizo un enrejado de bronce, a manera de rejilla, la cual puso por debajo de su cerco, hasta la mitad del altar.

5 También fundió cuatro anillos para los cuatro extremos del enrejado de bronce, para meter las varas.

6 Las varas las hizo de madera de acacia, y las recubrió de bronce.

7 Luego metió las varas por los anillos en los costados del altar, para poder transportarlo. El altar lo hizo hueco y de tablas.

8 Con los espejos de las mujeres que velaban a la entrada del tabernáculo de reunión, hizo también la fuente de bronce y su base de bronce.[a]

El atrio del tabernáculo

(Éx 27.9-19)

9 También hizo el atrio. Por el lado sur, las cortinas del atrio medían cuarenta y cinco metros y eran de lino torcido.

10 Sus columnas eran veinte, con sus veinte bases de bronce. Los capiteles de las columnas y sus molduras eran de plata.

11 Por el lado norte, las cortinas eran de cuarenta y cinco metros, con sus veinte columnas y veinte bases de bronce. Los capiteles de las columnas y sus molduras eran de plata.

12 Por el occidente, las cortinas eran de veintidós y medio metros, con sus diez columnas y sus diez bases. Los capiteles de las columnas y sus molduras eran de plata.

13 Por el oriente, las cortinas eran de veintidós y medio metros.

14 En un lado había cortinas de siete metros, con sus tres columnas y sus tres bases.

15 Al otro lado, de uno y otro lado de la puerta del atrio, había cortinas de siete metros, con sus tres columnas y sus tres bases.

16 Todas las cortinas que rodeaban el atrio eran de lino torcido.

17 Las bases de las columnas eran de bronce, y los capiteles de las columnas y sus molduras eran de plata, lo mismo que las cubiertas de las cabezas de ellas, que también eran de plata, y todas las columnas del atrio tenían molduras de plata.

18 La cortina de la entrada del atrio estaba recamada artísticamente, de azul, púrpura, carmesí y lino torcido, y tenía nueve metros de largo y dos y medio metros de ancho, que era también su altura, como las cortinas del atrio.

19 Tenía cuatro columnas, con sus cuatro bases de bronce y sus capiteles de plata; las

[a] **37.29:** Éx 30.22-38. [a] **38.8:** Éx 30.18.

cubiertas de sus capiteles y sus molduras
también eran de plata.
20 Todas las estacas del tabernáculo y del
atrio que lo rodeaba eran de bronce.

Dirección de la obra

21 Ésta es la contabilidad del tabernáculo
del testimonio, que por orden de Moisés lle-
varon los levitas, bajo la dirección de Itamar,
hijo del sacerdote Aarón.
22 Besalel hijo de Uri, hijo de Jur, de la tribu
de Judá, hizo todas las cosas que el Señor le
ordenó a Moisés,
23 con la ayuda de Aholiab hijo de Aji-
samac, de la tribu de Dan, que era artífice,
diseñador y recamador en azul, púrpura,
carmesí y lino fino.

Metales usados en el santuario

24 Todo el oro que se empleó en la obra
total del santuario, y que fue oro ofrendado,
llegó a novecientos sesenta y cinco kilos, se-
gún el peso oficial del santuario.
25 Y la plata de los que fueron contados
en la congregación llegó a tres mil trescien-
tos diecinueve kilos y medio, según el peso
oficial del santuario.
26 Todos los mayores de veinte años que
fueron censados sumaron seiscientos tres
mil quinientas cincuenta personas,[b] y die-
ron cinco gramos de plata[c] por cabeza, se-
gún el peso oficial del santuario.
27 También se dieron tres mil trescientos
kilos de plata para fundir las cien bases del
santuario y las bases del velo, es decir, se
dieron treinta y tres kilos de plata para cada
base.
28 Con la plata que se recogió de entre
toda la comunidad se hicieron los capiteles
de las columnas, se recubrieron los capiteles
de ellas, y se sujetaron.
29 El bronce ofrendado llegó a dos mil
trescientos treinta y seis kilos con cuatro-
cientos gramos,
30 del cual se hicieron las bases de la puer-
ta del tabernáculo de reunión, el altar de
bronce y su enrejado de bronce, todos los
utensilios del altar,
31 las bases del atrio alrededor, las bases
de la puerta del atrio, todas las estacas del
tabernáculo y todas las estacas del atrio al-
rededor.

Se hacen las vestiduras sacerdotales

(Éx 28.1-43)

39 1 De azul, púrpura y carmesí
se hicieron las vestiduras del
ministerio para servir en el san-
tuario, y se hicieron también las vestiduras
sagradas para Aarón, tal y como el Señor se
lo había ordenado a Moisés.
2 Se hizo también el efod de oro con azul,
púrpura, carmesí y lino torcido.
3 Se hicieron láminas de oro, y se cortaron
hilos para entretejerlos primorosamente
con el azul, la púrpura, el carmesí y el lino.
4 Se hicieron las hombreras, para que se
juntaran y quedaran unidas en sus dos ex-
tremos.
5 El cinto del efod que iba sobre éste era
del mismo material y elaborado de la misma
manera: de oro, azul, púrpura, carmesí y lino
torcido, tal y como el Señor se lo había or-
denado a Moisés.
6 Se labraron las piedras de ónice y se mon-
taron en engastes de oro, con grabados de
sello y con los nombres de los hijos de Israel,
7 y se pusieron sobre las hombreras del
efod, como piedras memoriales para los hi-
jos de Israel, tal y como el Señor se lo había
ordenado a Moisés.
8 Se hizo también el pectoral, bellamente
trabajado, de la misma manera que el efod:
de oro, azul, púrpura, carmesí y lino torcido.
9 Era cuadrado, y doble, y medía veintidós
centímetros de largo y veintidós centíme-
tros de ancho.
10 Se engastaron en él cuatro hileras de
piedras preciosas. La primera hilera tenía un
sardio, un topacio y un carbunclo;
11 la segunda hilera tenía una esmeralda,
un zafiro y un diamante;

[b]**38.25-26:** Éx 30.11-16. [c]**38.26:** Mt 17.24.

12 la tercera hilera tenía un jacinto, un ágata y una amatista,

13 y la cuarta hilera tenía un berilo, un ónice y un jaspe. Todas las piedras estaban montadas en engastes de oro.

14 Eran doce piedras, según el número de los nombres de los hijos de Israel, y cada grabado de sello tenía el nombre de una de las doce tribus.

15 Se hicieron también sobre el pectoral los cordones de oro puro en forma de trenza.

16 Se hicieron también dos engastes y dos anillos de oro, y se pusieron dos anillos de oro en los dos extremos del pectoral.

17 Los dos cordones de oro se fijaron en los dos anillos, en los extremos del pectoral.

18 Se fijaron también los otros dos extremos de los dos cordones de oro en los dos engastes que había por delante, sobre las hombreras del efod.

19 Se hicieron también otros dos anillos de oro, los cuales pusieron en los dos extremos del pectoral, en su orilla, frente a la parte baja del efod.

20 Se hicieron además dos anillos de oro, los cuales se pusieron en la parte delantera de las dos hombreras del efod, hacia abajo, cerca de su juntura, sobre el cinto del efod.

21 Y ataron el pectoral por sus anillos a los anillos del efod con un cordón de azul, para que quedara sobre el cinto del mismo efod y no se apartara del efod el pectoral, tal y como el Señor se lo había ordenado a Moisés.

22 Se hizo también el manto del efod, tejido artísticamente, todo de azul,

23 con una abertura en el centro, como el cuello de un coselete, con un borde alrededor de la abertura, para que no se rompiera.

24 En las orillas del manto se hicieron granadas de azul, púrpura, carmesí y lino torcido.

25 Se hicieron también campanillas de oro puro, y se pusieron campanillas entre las granadas en las orillas del manto, alrededor, entre las granadas;

26 una campanilla y una granada, otra campanilla y otra granada, en las orillas alrededor del manto, para ministrar, tal y como el Señor se lo había ordenado a Moisés.

27 De igual manera, para Aarón y para sus hijos se hicieron las túnicas de lino fino, tejidas artísticamente,

28 lo mismo que la mitra de lino fino, y los adornos de las tiaras de lino fino, y los calzoncillos de lino torcido.

29 También el cinto de lino torcido, de azul, púrpura y carmesí, recamado artísticamente, tal y como el Señor se lo había ordenado a Moisés.

30 Se hizo también la placa de oro puro para la diadema santa, y se escribió en ella, a manera de sello: CONSAGRADO AL SEÑOR.

31 En ella se puso un cordón de azul para colocarla por arriba de la mitra, tal y como el Señor se lo había ordenado a Moisés.

Termina la obra del tabernáculo

(Éx 35.10-19)

32 Así concluyó la obra del tabernáculo de reunión, y los hijos de Israel hicieron todo tal y como el Señor se lo había ordenado a Moisés.

33 Y llevaron el tabernáculo a Moisés, es decir, el tabernáculo y todos sus utensilios: sus corchetes, sus tablas, sus travesaños, sus columnas, sus bases,

34 la cubierta de piel de carnero teñida de rojo, la cubierta de piel de delfín, el velo del frente,

35 el arca del testimonio y sus varas, el propiciatorio,

36 la mesa con todos sus vasos, el pan de la proposición,

37 el candelero de oro puro, sus lamparillas, las lamparillas que debían mantenerse en orden y todos sus utensilios, el aceite para las lámparas,

38 el altar de oro, el aceite de la unción, el incienso aromático, la cortina para la entrada del tabernáculo,

39 el altar de bronce con su enrejado de bronce, sus varas y todos sus utensilios, la fuente y su base,

40 las cortinas del atrio, sus columnas y sus
bases, la cortina para la entrada del atrio, sus
cuerdas y sus estacas, todos los utensilios
del servicio del tabernáculo de reunión,
41 las vestiduras del servicio para ministrar
en el santuario, las vestiduras sagradas para
el sacerdote Aarón, y las vestiduras de sus
hijos, para ministrar en el sacerdocio.
42 Los hijos de Israel hicieron todo en con-
formidad con todo lo que el Señor le había
ordenado a Moisés.
43 Y cuando Moisés vio toda la obra, y
comprobó que la habían hecho tal y como
el Señor lo había ordenado, los bendijo.

Moisés erige el tabernáculo

40 1 El Señor habló con Moisés,
y le dijo:
2 «El primer día del mes
primero harás que se levante el tabernáculo
de reunión,
3 y en él pondrás el arca del testimonio, y
la cubrirás con el velo.
4 Meterás la mesa, y la pondrás en orden;
meterás también el candelero, y encenderás
sus lámparas;
5 pondrás el altar de oro para el incienso
delante del arca del testimonio, y pondrás la
cortina frente a la entrada del tabernáculo.
6 Después pondrás el altar del holocausto
frente a la entrada del tabernáculo de reu-
nión.
7 Luego pondrás la fuente entre el taber-
náculo de reunión y el altar, y en ella pon-
drás agua.
8 Finalmente, pondrás el atrio alrededor, y
la cortina a la entrada del atrio.
9 Tomarás entonces el aceite de la unción,
y ungirás el tabernáculo y todo lo que está
en él; y lo santificarás con todos sus utensi-
lios, y será santo.
10 Ungirás también el altar del holocausto
y todos sus utensilios, y santificarás el altar, y
será un altar santísimo.
11 De igual manera, ungirás la fuente y su
base, y la santificarás.
12 Luego llevarás a Aarón y a sus hijos a la
entrada del tabernáculo de reunión, y los
lavarás con agua;
13 harás que Aarón se ponga las vestidu-
ras sagradas, y lo ungirás y consagrarás, para
que sea mi sacerdote.
14 Después harás que se acerquen sus hi-
jos, y les vestirás las túnicas
15 y los ungirás, como ungiste a su padre.
Así serán mis sacerdotes, y su unción les ser-
virá por sacerdocio perpetuo, por todas las
generaciones.»
16 Moisés hizo todo conforme a lo que el
Señor le había mandado hacer.
17 Así, el tabernáculo fue erigido en el día
primero del primer mes del segundo año.
18 Moisés ordenó levantar el tabernáculo,
asentó sus bases, colocó sus tablas, puso sus
travesaños, e hizo que se levantaran sus co-
lumnas.
19 Levantó la tienda sobre el tabernáculo,
y encima de éste puso la sobrecubierta, tal y
como el Señor se lo había ordenado.
20 Luego Moisés tomó el testimonio y lo
puso dentro del arca, y colocó las varas en
el arca, y sobre el arca puso el propiciatorio.
21 Metió el arca en el tabernáculo, ex-
tendió el velo, y ocultó el arca del testi-
monio, tal y como el Señor se lo había
ordenado.
22 En el lado norte de la cortina, fuera del
velo, Moisés puso la mesa en el tabernáculo
de reunión,
23 y sobre ella puso por orden los panes
delante del Señor, tal y como el Señor se lo
había ordenado.
24 En el lado sur de la cortina, en el taber-
náculo de reunión, frente a la mesa, Moisés
puso el candelero,
25 y encendió las lámparas delante del
Señor, tal y como el Señor se lo había or-
denado.
26 Moisés puso también el altar de oro en
el tabernáculo de reunión, delante del velo,
27 y sobre él quemó incienso aromático,
tal y como el Señor se lo había ordenado.
28 Moisés puso también la cortina a la en-
trada del tabernáculo,

29 y colocó el altar del holocausto a la en-
trada del tabernáculo de reunión, y sacrificó
sobre él holocausto y ofrenda, tal y como el
Señor se lo había ordenado.
30 Moisés puso la fuente entre el taberná-
culo de reunión y el altar, y en ella puso agua
para lavarse.
31 Y Moisés y Aarón y sus hijos se lavaban
en ella las manos y los pies.
32 Cuando entraban en el tabernáculo de
reunión, y cuando se acercaban al altar, se
lavaban, tal y como el Señor se lo había or-
denado a Moisés.
33 Finalmente, Moisés erigió el atrio alre-
dedor del tabernáculo y del altar, y puso la
cortina a la entrada del atrio. Así concluyó
Moisés la obra.

La nube sobre el tabernáculo

(Nm 9.15-23)

34 Entonces una nube cubrió el taberná-
culo de reunión, y la gloria del Señor llenó
el tabernáculo.
35 Moisés no podía entrar en el tabernácu-
lo de reunión porque la nube estaba sobre
él y la gloria del Señor lo llenaba.
36 Cuando la nube se elevaba del taberná-
culo, los hijos de Israel se movían en todas
sus jornadas;
37 pero si la nube no se elevaba, ellos no se
movían hasta que ella lo hiciera.
38 Y es que la nube del Señor estaba sobre
el tabernáculo durante el día, y durante la no-
che el fuego estaba sobre él, a la vista de todo
el pueblo de Israel, en todas sus jornadas.

LEVÍTICO

Autor: **Moisés**
Tema: **Santidad**
Fecha en que se escribió: **c. 1445-1405 a.C.**

EL PUEBLO SANTO DE DIOS

El libro de Levítico da las reglas y las instrucciones de Dios acerca de cómo vivir en santidad. Como el pueblo escogido de Dios, la nación de Israel necesitaba saber cómo ser santa y vivir para Dios. En este libro leemos cómo Él le enseñó al pueblo lo que era malo y lo que era bueno. Este libro también nos dice cómo el pueblo podía encontrar perdón de sus pecados a través de los sacrificios de animales.

LO QUE ENCONTRARÁS EN EL LIBRO

Los primeros dieciséis capítulos describen el plan de Dios para perdonar el pecado a través de los sacrificios de sangre. Este proceso se llamaba expiación, lo cual significa "cubrir" o "hacer una cobertura". Los sacrificios de sangre "cubrían" los pecados de la gente hasta que Jesús llegara a la tierra y muriera en la cruz como el sacrificio final y perfecto.

La segunda parte de Levítico (capítulos 17-27) da una lista de normas y reglas para vivir de manera santa. Vez tras vez, Dios mandaba: "Ustedes deben ser santos porque yo, el Señor su Dios, soy santo." (19:2). Dios quería que su pueblo escogido fuera diferente a los pueblos que vivían a su alrededor. Él quería que fueran santos, no sólo en su adoración, sino también en su vida diaria. La verdadera santidad significa escoger lo correcto y hacer lo que Dios desea.

¿SABÍAS QUE...?

- Las palabras hebreas para "santo" aparecen más de 100 veces en este libro.
- Dios le habla directamente a Moisés acerca de sus leyes y reglas por lo menos 38 veces.
- Una vez al año, el sumo sacerdote llevaba un chivo al desierto y lo dejaba allí para mostrar que Dios había quitado el pecado del pueblo. Esto se hacía en el Día de Expiación. Puedes leer más al respecto en el capítulo 16.

Los holocaustos

El Señor llamó a Moisés desde el taber-
náculo de reunión, y habló con él. Le
dijo:
2 «Habla con los hijos de Israel y diles:
"Cuando alguno de ustedes presente una
ofrenda al Señor, la presentará de su ganado
vacuno u ovejuno.
3 "Si su ofrenda es un holocausto vacuno,
ofrecerá de manera voluntaria un macho sin
defecto. Lo ofrecerá delante del Señor, a la
entrada del tabernáculo de reunión.
4 Pondrá su mano sobre la cabeza del holo-
causto, y le será aceptado para expiación suya.
5 Entonces degollará el becerro en presen-
cia del Señor, y los sacerdotes, los descen-
dientes de Aarón, rociarán la sangre sobre el
altar que está a la entrada del tabernáculo
de reunión, y también alrededor de éste.
6 Luego desollará el holocausto y lo corta-
rá en pedazos.
7 Entonces los hijos del sacerdote Aarón
pondrán fuego sobre el altar, y compondrán
la leña sobre el fuego.
8 Luego los sacerdotes hijos de Aarón aco-
modarán las piezas, la cabeza y la grasa de
los intestinos, sobre la leña que estará sobre
el fuego, encima del altar,
9 y enjuagarán los intestinos y las piernas, y
el sacerdote quemará todo esto sobre el al-
tar. Se trata de un holocausto. Es una ofren-
da encendida de olor grato para el Señor.
10 "Si su ofrenda para el holocausto la
toma del rebaño de las ovejas o de las ca-
bras, deberá ofrecer un macho sin ningún
defecto,
11 y degollarlo delante del Señor, al lado
norte del altar. Los sacerdotes hijos de Aa-
rón rociarán su sangre sobre el altar y alre-
dedor de éste.
12 Lo cortarán en trozos, junto con la ca-
beza y la grasa de los intestinos, y el sacer-

PALABRAS CON PODER

OFRENDA
(Levítico 1.2)

La palabra hebrea para ofrenda, *corban*, tiene que ver con un verbo que quiere decir "acercarse a". De modo que una ofrenda era un regalo con el cual las personas se acercaban a Dios para poder disfrutar de su amistad y recibir sus bendiciones. Las ofrendas se daban para expresar agradecimiento a Dios. ¿Qué tipos de ofrendas le damos a Dios hoy día?

PROMESAS PODEROSAS

LEVÍTICO 1.9b
Se trata de un holocausto. Es una ofrenda encendida de olor grato para el Señor.

Dios se agradaba cuando el sacerdote ofrecía un sacrificio en fe y obediencia. Era como una fragancia u aroma grato. ¿Puedes mencionar algunas cosas que puedes hacer que serán como un aroma grato a Dios?

IMPONER MANOS *(Levítico 1.4)*
Cuando una persona quería sacrificar un animal, apoyaba su mano en el animal para mostrar que sabía que el animal estaba tomando su lugar. El animal moría en vez de la persona que había pecado. Al ofrecer el sacrificio, la persona mostraba que quería servir a Dios. Esto es un símbolo de lo que hacemos cuando confiamos en Jesús. Reconocemos que Él tomó nuestro lugar cuando murió en la cruz. Tomamos una decisión de dejar atrás nuestra vida de pecado. Nos presentamos como sacrificios vivos a Dios. ¡Esto le agrada mucho a Dios!

dote acomodará todo ello sobre la leña que arde sobre el altar;

13 enjuagará las entrañas y las piernas, y el sacerdote lo ofrecerá todo y lo dejará arder sobre el altar. Se trata de un holocausto, de una ofrenda encendida de olor grato para el Señor.

14 "Si la ofrenda para el Señor es un holocausto de aves, su ofrenda será de tórtolas o de palominos.

15 El sacerdote la ofrecerá sobre el altar, y le quitará la cabeza y hará que arda en el altar, y exprimirá su sangre sobre la pared del altar.

16 Le quitará el buche y las plumas, las cuales echará hacia el oriente, junto al altar, en el lugar de las cenizas.

17 Partirá el ave por las alas, pero no en dos, y la dejará que se queme sobre el altar, sobre la leña que estará en el fuego. Es un holocausto. Es una ofrenda encendida de olor grato para el Señor.

Las ofrendas

2 1 "Cuando alguien ofrezca oblación al Señor, su ofrenda será de flor de harina, y sobre ella echará aceite e incienso;

2 la llevará a los sacerdotes, hijos de Aarón, y un sacerdote tomará un puñado de la flor de harina y del aceite, junto con todo el incienso, y lo quemará sobre el altar como memorial. Se trata de una ofrenda encendida, de olor grato para el Señor.

3 La parte restante de la ofrenda será para Aarón y sus hijos. Es una parte santísima de las ofrendas que se queman en honor del Señor.

4 "Cuando presentes una ofrenda cocida al horno, ésta debe ser de tortas de flor de harina sin levadura, amasadas con aceite, y de hojaldras sin levadura untadas con aceite.

5 Pero si presentas una ofrenda de sartén, *ésta debe ser de flor* de harina sin levadura, amasada con aceite;

6 la partirás en pedazos, y sobre ella echarás aceite. Se trata de una ofrenda.

7 "Si presentas una ofrenda cocida en cazuela, ésta debe ser de flor de harina con aceite.

8 La llevarás ante el Señor, es decir, ante el sacerdote, y éste la llevará al altar.

9 Allí el sacerdote tomará parte de la ofrenda como su memorial, y lo quemará sobre el altar. Se trata de una ofrenda encendida de olor grato para el Señor.

10 La parte restante de la ofrenda será para Aarón y sus hijos. Ésta es una parte santísima de las ofrendas que se queman en honor del Señor.

11 "No presentarás al Señor ninguna ofrenda con levadura ni con miel. Nada de esto se quemará ante el Señor como ofrenda.

12 Se le podrán presentar como ofrenda de primicias, pero no se elevarán sobre el altar en olor grato.

13 "Toda ofrenda que presentes la sazonarás con sal. No permitas jamás que en tu ofrenda falte la sal del pacto de tu Dios. Toda ofrenda tuya la ofrecerás con sal.

14 "Si presentas al Señor una ofrenda de primicias, tostarás las espigas verdes y ofrecerás el grano desmenuzado como ofrenda de tus primicias.

15 Pondrás sobre ella aceite e incienso. Se trata de una ofrenda.

16 El sacerdote hará arder como memorial suyo una parte del grano desmenuzado y del aceite, junto con todo el incienso. Se trata de una ofrenda encendida en honor del Señor.

Ofrendas de paz

3 1 "Cuando alguien presente ante el Señor un sacrificio de paz de su ganado vacuno, debe ofrecer un macho o una hembra sin defecto.

2 Pondrá la mano sobre la cabeza del animal ofrendado, y lo degollará a la entrada del tabernáculo de reunión, y los sacerdotes hijos de Aarón rociarán la sangre sobre el altar y alrededor de éste.

3 Luego el que ofrece el sacrificio de paz presentará como ofrenda encendida al Señor

la grasa que recubre los intestinos, toda la grasa que está sobre las entrañas,

4 los dos riñones, la grasa que recubre los riñones y los ijares, y junto con los riñones quitará la grasa de los intestinos que está sobre el hígado.

5 Los hijos de Aarón quemarán esto en el altar, sobre el holocausto que estará sobre la leña encendida. Se trata de una ofrenda de olor grato para el Señor.

6 "Si su sacrificio de paz al Señor es de ovejas, debe ofrecer un macho o una hembra sin defecto.

7 Si su ofrenda es un cordero, lo ofrecerá delante del Señor

8 poniendo la mano sobre la cabeza de su ofrenda, y después la degollará delante del tabernáculo de reunión, y los hijos de Aarón rociarán la sangre sobre el altar y alrededor de éste.

9 Del sacrificio de paz ofrecerá al Señor, como ofrenda encendida, la grasa, la cola entera con todo el espinazo, y toda la grasa que recubre todos los intestinos y las entrañas,

10 los dos riñones y la grasa que los recubre, y la grasa que está sobre los ijares, junto con los riñones, y quitará la grasa del hígado.

11 Luego el sacerdote quemará esto sobre el altar. Se trata de una vianda, de una ofrenda encendida en honor del Señor.

12 "Si la ofrenda es una cabra, la ofrecerá ante el Señor

13 poniendo la mano sobre la cabeza de la cabra, y la degollará delante del tabernáculo de reunión. Los hijos de Aarón rociarán la sangre sobre el altar y alrededor de éste.

14 De la cabra presentará al Señor, como ofrenda encendida, toda la grasa que recubre los intestinos y las entrañas,

15 los dos riñones y la grasa que recubre a éstos y a los ijares, y junto con los riñones quitará la grasa que recubre el hígado,

16 y el sacerdote quemará esto sobre el altar. Se trata de una vianda que se quema como ofrenda en olor grato para el Señor. Toda la grasa le pertenece al Señor.

17 "Éste será un estatuto perpetuo para ustedes y para sus descendientes, dondequiera que ustedes habiten. No comerán ninguna grasa ni ninguna sangre."»

Ofrendas por el pecado

4 1 El Señor habló con Moisés, y le dijo:

2 «Habla con los hijos de Israel, y diles: "Cuando alguien, sin proponérselo, peque contra alguno de los mandamientos del Señor en cuestiones que no deben cometerse, e incurra en alguna de ellas,

3 si el sacerdote ungido peca como el común del pueblo, deberá ofrecer al Señor un becerro sin defecto, como expiación por el pecado cometido.

4 Llevará el becerro a la entrada del tabernáculo de reunión y, poniendo la mano sobre la cabeza del becerro, lo degollará delante del Señor.

5 El sacerdote ungido tomará un poco de la sangre del becerro y la llevará al tabernáculo de reunión,

OFRENDA POR EL PECADO *(Levítico 4.3)*

PODER PARA ViViR

Dios toma en serio el pecado. ¡Él lo odia! A veces uno de los israelitas pecaba sin darse cuenta, así que Dios les dijo a los israelitas que podían dar una ofrenda por el pecado cuando habían pecado sin querer. Pero si una persona se disponía a pecar, eso tenía que ser castigado con la muerte. Como las personas en el Antiguo Testamento, necesitamos que Dios perdone nuestros pecados. Pero no tenemos que morir porque Jesús murió en nuestro lugar en la cruz. Lo único que tenemos que hacer es decirle que hemos pecado y que lo sentimos, y Él nos perdona.

LECCIONES FUERA DEL CAMPAMENTO

(Levítico 4.12)

Cuando el sacerdote ofrecía cierto tipo de sacrificio por el pecado, Dios le decía que tomara parte del animal sacrificado y lo sacara fuera del campamento. Esto mostraba al pueblo que sus pecados habían sido completamente quitados. Cuando Jesús murió en la cruz como el sacrificio para nuestros pecados, Él murió fuera de la ciudad de Jerusalén. Puedes leer más acerca de eso en Lucas 23:26-47.

6 mojará su dedo en la sangre, y esa sangre
la rociará delante del Señor siete veces, en
dirección al velo del santuario.
7 También pondrá el sacerdote parte
de esa sangre sobre los cuernos del altar
del incienso aromático, el cual está en el
tabernáculo de reunión delante del Señor, y
el resto de la sangre del becerro la derramará al pie del altar del holocausto, que está a
la entrada del tabernáculo de reunión.
8 Para la expiación tomará toda la grasa
del becerro, tanto la que recubre los intestinos como la que recubre las entrañas,
9 los dos riñones, la grasa que los recubre
y la que está sobre los ijares, y junto con los
riñones quitará la grasa que recubre el hígado,
10 tal y como se quita la grasa del buey del
sacrificio de paz, y el sacerdote la quemará
sobre el altar del holocausto.
11 La piel del becerro, con toda su carne
y su cabeza, sus piernas, sus intestinos y su
estiércol,
12 en fin, todo el becerro, lo llevará fuera del campamento hasta un lugar limpio,
donde se echan las cenizas, y allí lo quemará
sobre la leña encendida.
13 "En caso de que toda la congregación
de Israel peque contra alguno de los mandamientos del Señor e incurra en actos que
no se deben cometer, y resulte culpable
pero el pecado pasa inadvertido a los ojos
del pueblo,
14 una vez que el pecado cometido llegue
a ser conocido la congregación deberá ofrecer como expiación un becerro, al cual lo
llevarán ante el tabernáculo de reunión.
15 Allí los ancianos de la congregación
pondrán delante del Señor las manos sobre
la cabeza del becerro, y en presencia del Señor degollarán al becerro.
16 El sacerdote ungido llevará al tabernáculo de reunión parte de la sangre del becerro,
17 mojará su dedo en esa misma sangre, y
la rociará siete veces delante del Señor, en
dirección al velo.
18 Parte de esa sangre la pondrá sobre los
cuernos del altar que está en el tabernáculo de reunión, delante del Señor, y el resto
de la sangre lo derramará al pie del altar del
holocausto, que está a la entrada del tabernáculo de reunión.
19 Y le quitará toda la grasa y la hará arder
sobre el altar.
20 Hará con aquel becerro lo mismo que
hizo con el becerro de la expiación. Así el
sacerdote hará expiación por ellos, y obtendrán el perdón.
21 Luego llevará el becerro fuera del campamento y lo quemará, como quemó el primer becerro. Se trata de una expiación por
la congregación.
22 "Cuando un jefe peque y, sin proponérselo, infrinja alguno de los mandamientos
del Señor su Dios e incurra en cosas que no
se deben hacer,
23 tan pronto como se le haga saber que
ha pecado presentará como ofrenda un
macho cabrío sin defecto.
24 Pondrá su mano sobre la cabeza del macho cabrío y lo degollará delante del Señor,
en donde se degüella el holocausto. Se trata
de una expiación.
25 Con su dedo, el sacerdote tomará un
poco de la sangre de la expiación y la untará
sobre los cuernos del altar del holocausto, y
luego derramará el resto de la sangre al pie
del altar del holocausto,

26 y quemará toda la grasa sobre el altar, como se quema la grasa del sacrificio de paz. Así el sacerdote hará la expiación por el pecado del jefe, y éste obtendrá el perdón.

27 "Si alguien del pueblo, sin proponérselo, peca e infringe alguno de los mandamientos del Señor y comete cosas que no se deben hacer,

28 tan pronto como se le haga saber que ha pecado, presentará una cabra sin defecto como ofrenda por el pecado cometido.

29 Pondrá la mano sobre la cabeza de la ofrenda de expiación, y la degollará en el lugar del holocausto.

30 Luego el sacerdote tomará con el dedo un poco de la sangre, y la untará sobre los cuernos del altar del holocausto, y luego derramará al pie del altar el resto de la sangre.

31 Al animal ofrecido el sacerdote le quitará toda la grasa, tal y como se le quita al sacrificio de paz, y la quemará sobre el altar en olor grato para el Señor. Así el sacerdote hará expiación por el infractor, y éste será perdonado.[a]

32 "Si el infractor presenta un cordero como ofrenda por su pecado, deberá presentar una hembra sin defecto.

33 Pondrá la mano sobre la cabeza de la ofrenda de expiación, y la degollará como expiación en donde se degüella el holocausto.

34 Después el sacerdote tomará con su dedo un poco de la sangre de la expiación, y la untará sobre los cuernos del altar del holocausto, y luego derramará el resto de la sangre al pie del altar.

35 Al animal ofrecido el sacerdote le quitará toda la grasa, tal y como se hace con la grasa del sacrificio de paz, y la quemará en el altar, junto con la ofrenda encendida al Señor. Así el sacerdote hará expiación por el pecado cometido, y ese hombre será perdonado.

5 1 "Si alguien es llamado a testificar como testigo presencial de algo que vio u oyó, y peca por no denunciar ese hecho, cargará con su pecado.

2 "Si alguien toca algo impuro, como el cadáver de un animal, bestia o reptil impuro, resulta culpable y quedará impuro, aun cuando lo toque sin saberlo.

3 "Si alguien toca alguna impureza humana, cualquiera que ésta sea, y no se da cuenta, resulta culpable y, tan pronto como se dé cuenta, quedará impuro.

4 "Si alguien hace un juramento a la ligera, como los que se hacen comúnmente, y no se da cuenta de que se ha comprometido a hacer algo bueno o malo, tan pronto como se dé cuenta resultará culpable de ese juramento.

5 "Todo el que cometa alguno de estos pecados, confesará su pecado

6 y presentará al Señor una oveja o una cabra como ofrenda de expiación por el pecado cometido; entonces el sacerdote hará expiación por su pecado.

7 "Si el pecador no tiene lo suficiente para comprar un cordero, presentará al Señor dos tórtolas o dos palominos, uno de ellos como ofrenda de expiación por su pecado, y el otro como holocausto.

8 Llevará las dos aves al sacerdote, y éste ofrecerá primero la que es para expiación. Le romperá el cuello, pero sin separar por completo la cabeza,

PROMESAS PODEROSAS

LEVÍTICO 4.35b

Así el sacerdote hará expiación por el pecado cometido, y ese hombre será perdonado.

En el Antiguo Testamento, los sacerdotes tenían que ofrecer sacrificios todos los días para cubrir los pecados del pueblo. Nosotros *no tenemos que ofrecer sacrificios* de animales porque Jesús pagó el precio de nuestros pecados, una vez por todas, en la cruz. Escribe una frase dándole gracias a Él por su sacrificio amoroso.

[a] **4.27-31:** Nm 15.27-28.

LECCIONES **CONFESIÓN**
(Levítico 5.5)

Dios dijo que si alguien pecaba, tenía que confesar su pecado. ¿Qué significa confesar nuestros pecados? Significa reconocer ante Dios cuando desobedecemos su Palabra. Significa admitir ante Él que nuestros pensamientos, palabras y acciones son malas. Dios dice que tenemos que confesar nuestros pecados para poder recibir el perdón. Luego debemos apartarnos de nuestro pecado y volvernos a Dios. Toma un minuto para considerar si hay algo que necesitas confesar. Puedes hablar con Dios acerca de ello ahora mismo si quieres.

9 y sobre la pared del altar rociará un poco
de sangre de la ofrenda de expiación, y la
sangre sobrante la exprimirá al pie del altar.
Se trata de una ofrenda de expiación.
10 Con la otra ave ofrecerá el holocausto
acostumbrado. Así el sacerdote hará expia-
ción por el pecado cometido, y el pecador
será perdonado.
11 "Si el pecador no tiene lo suficiente para
comprar dos tórtolas o dos palominos, pre-
sentará como ofrenda de expiación dos li-
tros de flor de harina. Como se trata de una
ofrenda de expiación, no debe poner sobre
ella aceite ni incienso;
12 sólo la llevará al sacerdote, y éste tomará
un puñado de ella como ofrenda memorial,
y la quemará en el altar sobre las ofrendas
encendidas, en honor al Señor. Se trata de
una ofrenda de expiación.
13 Así el sacerdote hará expiación por
el pecador y por el pecado cometido, y el
pecador será perdonado. La parte sobrante
de la ofrenda será para el sacerdote, pues se
trata de una vianda."»

Ofrendas expiatorias

14 El Señor habló con Moisés, y le dijo:
15 «Cuando alguien cometa una falta y, sin
proponérselo, peque en las cosas santas del
Señor, de sus rebaños presentará al Señor un
carnero sin defecto como ofrenda por su
pecado. El precio se estimará en monedas
de plata, según el peso oficial del santuario,
16 y el pecador pagará lo que haya defrau-
dado de las cosas santas, más una quinta
parte, cantidad que entregará al sacerdote
para que éste haga la expiación con el car-
nero del sacrificio por el pecado. Así el pe-
cador será perdonado.
17 »Si alguien peca, o incurre en algo que
por mandamiento del Señor no se debe ha-
cer, aun si no sabía que hacía mal, será cul-
pable y cargará con su pecado.
18 Deberá presentar al sacerdote un car-
nero sin defecto de los rebaños, o lo que el
sacerdote estime que debe ser su ofrenda
de expiación, y éste hará la expiación por el
pecado que cometió por ignorancia, y el pe-
cado le será perdonado.
19 Se trata de una infracción, y ciertamen-
te pecó contra el Señor.»

6
1 El Señor habló con Moisés, y le dijo:
2 «Cuando alguien cometa un pe-
cado contra el Señor, y niegue haber
recibido algo que su prójimo le encomendó
o entregó personalmente, o robe a su próji-
mo, o lo calumnie,
3 o encuentre algo perdido y niegue haber-
lo encontrado y jure en falso, es decir, si peca
en alguna de esas cosas en que se suele pecar,
4 como incurrió en un pecado y en una
ofensa, deberá restituir lo robado, o reparar
el daño de la calumnia, o devolver lo reci-
bido como encomienda, o lo perdido que
haya encontrado,
5 o todo aquello por lo que haya jurado en
falso. En el día de su expiación restituirá al
dueño todo, más una quinta parte.
6 Para la expiación de su culpa, de sus re-
baños presentará al Señor un carnero sin
defecto. El sacerdote calculará su precio, y
lo recibirá para la expiación,
7 la cual realizará por él delante del Señor.
Así el pecador obtendrá el perdón por cual-
quier ofensa en que haya incurrido.»[a]

Leyes de los sacrificios

8 El Señor habló con Moisés, y le instruyó
9 que ordenara a Aarón y a sus hijos lo si-
guiente:
«Ésta es la ley para el holocausto: Éste
deberá estar sobre el fuego encendido del
altar, y arder sobre el altar durante toda la
noche y hasta el día siguiente.
10 El sacerdote se pondrá su vestidura de
lino y se cubrirá el cuerpo con sus calzon-
cillos de lino. Cuando el fuego haya consu-
mido el holocausto, removerá del altar las
cenizas y las echará junto al altar;
11 luego se quitará sus vestiduras y se pon-
drá otras ropas, y arrojará las cenizas fuera
del campamento, en un lugar limpio.
12 El fuego del altar no deberá apagarse
nunca, sino que todos los días el sacerdo-
te le echará leña, acomodará el holocausto
sobre el fuego, y quemará sobre el altar la
grasa de los sacrificios de paz.
13 El fuego del altar deberá mantenerse
siempre encendido; nunca deberá apagarse.
14 »Y ésta es la ley de la ofrenda: Los hijos
de Aarón la ofrecerán ante el altar, delante
del Señor.
15 El sacerdote tomará un puñado de la
ofrenda de flor de harina con aceite, junto
con todo el incienso que está sobre la ofren-
da, y quemará todo esto sobre el altar como
un memorial en olor grato para el Señor.
16 La parte sobrante de la ofrenda la co-
merán Aarón y sus hijos en el atrio del ta-
bernáculo de reunión, pues debe comerse
sin levadura y en un lugar santo.
17 De mis ofrendas encendidas, yo les he
dado a ellos ésta como su porción. No se
cocinará con levadura, pues se trata de una
ofrenda santísima, como lo son el sacrificio
por el pecado y el sacrificio por la culpa.
18 En lo que respecta a las ofrendas encen-
didas para el Señor, todos los hijos varones
de Aarón podrán comer de ella. Es un esta-
tuto perpetuo para ellos y sus descendien-
tes. Todo aquello que toque estas ofrendas
quedará santificado.»
19 El Señor habló con Moisés, y le dijo:
20 «Ésta es la ofrenda que Aarón y sus hijos
deberán ofrecer al Señor cuando sean ungi-
dos: dos litros de flor de harina, la mitad a la
mañana y la mitad a la tarde, como ofrenda
perpetua.
21 Se freirá con aceite en una sartén, y se pre-
sentará frita; los pedazos cocidos de la ofrenda
se ofrecerán en olor grato para el Señor.
22 Y el sacerdote descendiente de Aarón
que sea ungido en su lugar deberá presentar
una ofrenda semejante, y toda ella deberá
ser quemada. Éste es un estatuto perpetuo
del Señor:
23 Ninguna ofrenda sacerdotal se comerá,
sino que todas ellas serán quemadas total-
mente.»
24 El Señor habló con Moisés, y le dijo:
25 «Habla con Aarón y sus hijos, y diles
que ésta es la ley del sacrificio expiatorio: La
ofrenda por el pecado deberá ser degollada
delante del Señor, en el lugar donde se de-
güella el holocausto. Se trata de una ofren-
da santísima.
26 El sacerdote que presente la ofrenda
por el pecado debe comerla en el atrio del
tabernáculo de reunión, pues debe comerse
en un lugar santo.
27 Todo lo que toque la carne de la ofren-
da, quedará santificado. El vestido, o todo
aquello que la sangre llegue a salpicar, debe-
rá lavarse en un lugar santo.
28 La vasija de barro en que se cueza la
ofrenda, será quebrada; pero si se cuece en
una vasija de bronce, la vasija se restregará y
se lavará con agua.
29 La ofrenda podrán comerla sólo los va-
rones de la familia sacerdotal, pues se trata
de una ofrenda santísima;
30 pero no podrán comer ninguna ofrenda
cuya sangre sea introducida al tabernáculo
de reunión para hacer expiación en el san-
tuario, sino que la quemarán en el fuego.
7 1 »Ésta es la ley del sacrificio por la cul-
pa. Se trata de una ofrenda muy santa.
2 La víctima por la culpa se degollará

[a]**6.1-7:** Nm 5.5-8.

en donde se degüella el holocausto, y su san-
gre se rociará sobre el altar y a su alrededor.
3 De la víctima se ofrecerá toda su grasa,
la cola, la grasa que recubre los intestinos,
4 los dos riñones y la grasa que los recubre,
la grasa que está sobre los ijares, y junto con
los riñones se quitará la grasa que recubre
el hígado.
5 El sacerdote quemará todo esto sobre el
altar como ofrenda encendida en honor del
Señor. Se trata de una expiación de la culpa.
6 Podrán comer de ella todos los varo-
nes de la familia sacerdotal, pero la deben
comer en un lugar santo. Se trata de una
ofrenda muy santa.
7 Una misma ley vale para el sacrificio por
el pecado y para el sacrificio por la culpa. El
animal ofrecido será para el sacerdote que
haga la expiación.
8 La piel del animal ofrecido en holocaus-
to será para el sacerdote que presente el
holocausto.
9 Toda ofrenda que se cueza al horno, y
todo lo que se prepare en sartén o en ca-
zuela, será para el sacerdote que presente la
ofrenda.
10 Toda ofrenda seca o amasada con acei-
te será para todos los hijos de Aarón, sin
excepción.
11 »Ésta es la ley para el sacrificio de paz
que se ofrecerá al Señor:
12 Si se ofrece como sacrificio de acción
de gracias, se ofrecerán tortas sin levadura
amasadas con aceite, hojaldras sin levadura
untadas con aceite, y flor de harina frita en
tortas amasadas con aceite.
13 Con el sacrificio de acción de gracias se
presentará la ofrenda de paz acompañada
de tortas de pan con levadura,
14 y parte de toda la ofrenda se presentará
como ofrenda elevada al Señor, la cual será
para el sacerdote que rocíe la sangre de los
sacrificios de paz.
15 »La carne del sacrificio de paz que se
ofrece como acción de gracias se comerá
el mismo día en que sea ofrecida. No se de-
jará de ella nada para el día siguiente.

PALABRAS CON PODER

SACRIFICIOS

(Levítico 7.2)

Suena raro hablar de ofrecer sacrificios de animales y rociar la sangre sobre un altar, pero era así que los israelitas le decían a Dios que estaban arrepentidos de sus pecados. Estas ceremonias eran una manera importante en que los israelitas le pedían a Dios que los perdonara para poder seguir teniendo una buena relación con Él. Las ceremonias también les recordaban lo mucho que Dios odia el pecado y lo dispuesto que Él está a perdonar el pecado. Hoy día no ofrecemos sacrificios. Simplemente podemos confesarle nuestros pecados a Dios y pedirle que nos perdone. Si quieres, puedes hablar con Dios acerca de eso ahora mismo.

16 »Si el sacrificio de su ofrenda cumple un
voto, o es voluntario, se comerá el mismo día
en que se ofrezca el sacrificio, y lo que quede
de éste se comerá al día siguiente.
17 »Si del sacrificio queda carne hasta el
tercer día, ésta será quemada en el fuego.
18 »Si alguien come al tercer día carne del
sacrificio de paz, ese sacrificio no le será
aceptado al que lo ofreció, ni le será con-
tado. Será un acto abominable, y el que lo
coma cargará con su pecado.
19 »La carne que tenga contacto con al-
guna cosa impura, no deberá comerse, sino
quemarse en el fuego. Todos los que estén
puros podrán comer esa carne,
20 pero quien estando impuro coma la
carne del sacrificio de paz, que es del Señor,
será eliminado de su pueblo.
21 »Quien toque alguna cosa impura,
como la inmundicia humana, o algún ani-
mal impuro, o cualquier otra abominación
impura, y luego coma la carne del sacrificio
de paz, que es del Señor, será eliminado de
su pueblo.»
22 El Señor habló con Moisés, y le dijo:

[23] «Habla con los hijos de Israel, y diles que
no deben comer ninguna grasa de buey, ni
de cordero ni de cabra.

[24] La grasa de animal muerto, y la grasa del
animal que haya sido despedazado por las
fieras, podrá usarse para cualquier otra cosa,
menos para comer.

[25] Cualquiera que coma grasa de los ani-
males que se ofrecen al Señor como ofrenda
encendida, será eliminado de su pueblo.

[26] Dondequiera que ustedes vivan, no de-
berán comer ninguna sangre de aves ni de
bestias.

[27] Cualquiera que coma sangre, será elimi-
nado de su pueblo.»[a]

[28] El Señor habló con Moisés, y le dijo:

[29] «Habla con los hijos de Israel, y diles que
el que ofrezca un sacrificio de paz al Señor,
lo deberá presentar ante el Señor.

[30] Con sus propias manos presentará las
ofrendas que se deban quemar ante el Se-
ñor. Presentará la grasa con el pecho, para
que el pecho sea mecido como sacrificio
mecido delante del Señor,

[31] y el sacerdote quemará la grasa en el al-
tar, aunque el pecho será para Aarón y sus
hijos.

[32] Al sacerdote le darán la espaldilla de-
recha de sus sacrificios de paz, para que la
eleve como ofrenda.

[33] El sacerdote que ofrezca la sangre de los
sacrificios de paz, y la grasa, recibirá la espal-
dilla derecha como su porción.

[34] De los sacrificios de paz que ofrecen
los hijos de Israel, yo he tomado el pecho
que se mece y la espaldilla que se eleva en
ofrenda, y se lo he dado al sacerdote Aarón
y a sus hijos. Éste será un estatuto perpetuo
para los hijos de Israel.

[35] *Desde el día que yo, el Señor, los con-*
sagré para que fueran mis sacerdotes, de
las ofrendas encendidas que se me ofrecen,
asigné esta porción para Aarón y sus hijos.

[36] Desde el día que yo, el Señor, los ungí
de entre los hijos de Israel, ordené que se les
diera esta porción, como estatuto perpetuo
para todos sus descendientes.»

[37] Ésta es la ley para los holocaustos, las
ofrendas, los sacrificios por el pecado, los
sacrificios por la culpa, las consagraciones y
los sacrificios de paz.

[38] El Señor se la dio a Moisés en el monte
Sinaí, el día que en el desierto de Sinaí les or-
denó a los hijos de Israel que le presentaran
sus ofrendas.

Consagración de Aarón y de sus hijos

(Éx 29.1-37)

8 [1] El Señor habló con Moisés, y le dijo:
[2] «Toma a Aarón y a sus hijos, jun-
to con las vestiduras, el aceite de la
unción, el becerro de la expiación, los dos
carneros, y el canastillo de los panes sin le-
vadura,

[3] y reúne a toda la congregación a la en-
trada del tabernáculo de reunión.»

[4] Moisés hizo lo que el Señor le mandó, y
se reunió la congregación a la entrada del
tabernáculo de reunión.

[5] Allí le dijo a la congregación:

«Esto es lo que el Señor ha ordenado hacer.»

[6] Entonces Moisés hizo que Aarón y sus
hijos se acercaran, y los lavó con agua;

[7] luego le puso a Aarón la túnica, le ciñó
el cinto, lo cubrió con el manto, le puso el
efod, y le ajustó el cinto del efod.

[8] Luego le puso encima el pectoral, y den-
tro de éste puso el Urim y el Tumim.

[9] Después le puso la mitra sobre la cabeza,
y sobre la mitra, por el frente, colocó la placa
de oro, la diadema santa, tal y como el Señor
se lo había ordenado.

[10] Moisés tomó entonces el aceite de la
unción y ungió el tabernáculo y todo lo que
en él había, y lo santificó.

[11] *Siete* veces roció el aceite sobre el al-
tar, y ungió el altar y todos sus utensilios,
lo mismo que la fuente y su base, para san-
tificarlos.

[12] Luego derramó algo del aceite de la un-
ción sobre la cabeza de Aarón, y lo ungió
para santificarlo.

[a] **7.26-27:** Gn 9.4; Lv 17.10-14; 19.26; Dt 12.16, 23; 15.23.

13 Después hizo que los hijos de Aarón se acercaran, y les puso las túnicas, les ciñó los cintos y les ajustó las tiaras, tal y como el Señor se lo había ordenado.

14 Luego Moisés mandó traer el becerro de la expiación, y Aarón y sus hijos pusieron sus manos sobre la cabeza de ese becerro

15 y Moisés lo degolló; luego tomó la sangre y con su dedo la untó sobre los cuernos del altar y alrededor del altar, y así lo purificó. El resto de la sangre la echó al pie del altar, y santificó el altar para realizar allí la reconciliación.

16 Después Moisés tomó toda la grasa que recubría los intestinos, la grasa del hígado, y los dos riñones con su grasa, y todo esto lo quemó sobre el altar.

17 El becerro y su piel, y su carne y estiércol, Moisés los quemó fuera del campamento, tal y como el Señor se lo había ordenado.

18 Después Moisés mandó traer el carnero del holocausto. Aarón y sus hijos pusieron sus manos sobre la cabeza del carnero,

19 y Moisés lo degolló y roció la sangre sobre el altar y alrededor de éste,

20 y cortó el carnero en trozos, después de lo cual quemó la cabeza, los trozos, y la grasa;

21 luego enjuagó los intestinos y las piernas, y quemó todo el carnero sobre el altar como holocausto de olor grato para el Señor, como ofrenda encendida, tal y como el Señor se lo había ordenado.

22 Después Moisés mandó traer el otro carnero, el de las consagraciones. Aarón y sus hijos pusieron sus manos sobre la cabeza del carnero,

23 y Moisés lo degolló; tomó luego un poco de la sangre y la untó sobre el lóbulo de la oreja derecha de Aarón, sobre el dedo pulgar de su mano derecha, y sobre el dedo gordo de su pie derecho.

24 Luego Moisés hizo que los hijos de Aarón se acercaran, y untó un poco de la sangre sobre el lóbulo de sus orejas derechas, sobre los pulgares de sus manos derechas, y sobre los dedos gordos de sus pies derechos, y finalmente roció la sangre sobre el altar y alrededor de éste.

25 Después Moisés tomó la grasa, la cola, toda la grasa que recubría los intestinos, la grasa del hígado, los dos riñones con su grasa, y la espaldilla derecha.

26 Del canastillo de los panes sin levadura, que estaba delante del Señor, tomó una torta sin levadura, una torta de pan con aceite y una hojaldra, y las puso junto con la grasa y la espaldilla derecha.

27 Todo esto lo puso en las manos de Aarón y de sus hijos, y mandó que se presentara como ofrenda mecida delante del Señor.

28 Después Moisés tomó todo eso de las manos de ellos, y lo quemó en el altar, sobre el holocausto como consagración en olor grato para el Señor, como ofrenda encendida.

29 Entonces Moisés tomó el pecho y lo presentó como ofrenda mecida delante del Señor. Del carnero de las consagraciones, ésa fue la porción asignada a Moisés, tal y como el Señor se lo había ordenado.

30 Después Moisés tomó algo del aceite de la unción y de la sangre que estaba sobre el altar, y los roció sobre Aarón y sus vestiduras, y sobre sus hijos y las vestiduras de ellos, y santificó a Aarón y sus vestiduras, lo mismo que a sus hijos y a las vestiduras de ellos,

31 y les dijo Moisés a Aarón y a sus hijos: «Hiervan la carne a la entrada del tabernáculo de reunión, y cómanla allí con el pan que está en el canastillo de las consagraciones, tal y como yo lo ordené cuando dije que Aarón y sus hijos lo comieran.

32 Lo que sobre de la carne y del pan lo quemarán.

33 Durante siete días no saldrán del tabernáculo de reunión, hasta que se cumplan los días de sus consagraciones, porque serán consagrados durante siete días.

34 El Señor ordenó que se hiciera expiación por ustedes tal y como hoy se ha hecho.

35 Así que ustedes permanecerán día y noche, durante siete días, a la entrada del tabernáculo de reunión, y cumplirán con esta

ordenanza delante del Señor, para que no
mueran. Esto es lo que se me ha ordenado.»
36 Y Aarón y sus hijos hicieron todo lo que
por medio de Moisés el Señor ordenó que
se hiciera.

Los sacrificios de Aarón

9 1 A los ocho días, Moisés llamó a Aa-
rón y a sus hijos, y a los ancianos de
Israel.
2 A Aarón le dijo:
«Toma de la vacada un becerro para ex-
piación, y un carnero para holocausto, sin
defecto, y ofrécelos delante del Señor.
3 Habla luego con los hijos de Israel, y diles
que tomen un macho cabrío para expia-
ción, y un becerro y un cordero de un año,
sin defecto, para holocausto,
4 y que sacrifiquen delante del Señor un
buey y un carnero como sacrificio de paz,
y una ofrenda amasada con aceite, porque
hoy el Señor se mostrará ante ustedes.»
5 Toda la congregación llevó al tabernácu-
lo de reunión todo lo que Moisés ordenó
que se llevara, y luego fueron y se presenta-
ron delante del Señor.
6 Entonces Moisés dijo:
«Esto es lo que el Señor ha ordenado
hacer. Háganlo, y el Señor les mostrará su
gloria.»
7 A Aarón, Moisés le dijo:
«Acércate al altar, y presenta tu holo-
causto y tu ofrenda de expiación, y haz la
reconciliación con Dios por ti mismo y por
el pueblo. Presenta además la ofrenda del
pueblo, para su reconciliación con Dios, tal
y como lo ha ordenado el Señor.»
8 Entonces Aarón se acercó al altar y dego-
lló el becerro para su propia expiación.
9 *Los hijos de Aarón* le llevaron la sangre;
y él mojó en ella su dedo y la untó sobre los
cuernos del altar, luego derramó la sangre
restante al pie del altar,
10 y quemó sobre el altar la grasa con los
riñones y la grasa del hígado de la expiación,
tal y como el Señor se lo había ordenado a
Moisés,
11 pero la carne y la piel las quemó fuera
del campamento.
12 Aarón degolló también el holocausto, y
los hijos de Aarón le llevaron la sangre y él la
roció sobre el altar y alrededor de éste.
13 Entonces le llevaron el holocausto pieza
por pieza, y la cabeza, y Aarón quemó todo
esto sobre el altar.
14 Luego lavó los intestinos y las piernas,
y quemó todo esto en el altar, junto con el
holocausto;
15 ofreció también la ofrenda del pueblo,
tomó el macho cabrío que era para la ex-
piación del pueblo y, como había hecho
con el primero, lo degolló y lo ofreció por
el pecado;
16 además, ofreció el holocausto, según el
rito establecido,
17 ofreció la ofrenda, tomó un puñado de
ella, y la quemó sobre el altar, además del
holocausto de la mañana.
18 Aarón degolló también el buey y el car-
nero en sacrificio de paz, que era del pueblo,[a]
y los hijos de Aarón le llevaron la sangre y él la
roció sobre el altar y alrededor de éste;
19 tomó las grasas del buey y del carnero,
junto con la cola, la grasa que recubre los
intestinos, los riñones, y la grasa del hígado,

LECCIONES: SACRIFICIOS DE ANIMALES

(Levítico 9.8)

Es difícil para nosotros pensar acerca de matar un animal como sacrificio. Pero para los israelitas, el sacrificar animales era una buena manera de aprender que el pecado trae como consecuencia el castigo de la muerte. El animal daba su vida en lugar del pecador. El sacrificio mostraba que la persona deseaba apartarse de un comportamiento malo y volverse a Dios. Esto agradaba a Dios y Él le daba a esa persona su gracia y su perdón. Nosotros también agradamos a Dios cuando confesamos nuestros pecados y le pedimos a Dios que nos perdone.

20 y poniendo las grasas sobre el pecho del animal sacrificado las quemó sobre el altar.

21 Sin embargo, el pecho y la espaldilla derecha los meció Aarón delante del Señor, como ofrenda mecida, tal y como el Señor se lo había ordenado a Moisés.

22 Luego, Aarón levantó las manos en dirección al pueblo, lo bendijo[b] y descendió, después de hacer la expiación, el holocausto y el sacrificio de paz.

23 Entonces Moisés y Aarón entraron en el tabernáculo de reunión, y luego salieron y bendijeron al pueblo, y el Señor mostró su gloria a todo el pueblo:

24 De la presencia del Señor salió un fuego que consumió el holocausto y las grasas que estaban sobre el altar. Al ver esto, todo el pueblo alabó a Dios y se postró sobre su rostro.

El pecado de Nadab y Abiú

10 1 Nadab y Abiú, hijos de Aarón, tomaron cada uno su incensario y pusieron fuego e incienso en ellos, y ofrecieron delante del Señor un fuego extraño, que él nunca les mandó ofrecer.

2 Entonces, de la presencia del Señor salió un fuego que los quemó, y murieron delante del Señor.

3 Entonces Moisés le dijo a Aarón:

«A esto se refería el Señor cuando dijo: "Seré santificado entre aquellos que se acercan a mí, y en presencia de todo el pueblo seré glorificado."»

Pero Aarón guardó silencio.

4 Luego Moisés llamó a Misael y a Elzafán, hijos de Uziel, el tío de Aarón, y les dijo:

«Acérquense y sáquenlos del santuario. Llévenlos fuera del campamento.»

5 Y ellos se acercaron y, siguiendo las órdenes de Moisés, con túnicas y todo los sacaron del campamento.

6 Entonces Moisés le dijo a Aarón, y también a sus hijos Eleazar e Itamar:

«No se descubran la cabeza, ni se rasguen los vestidos en señal de duelo, para que no mueran ni caiga la ira de Dios sobre toda la congregación. Sólo sus hermanos, todo el pueblo de Israel, lamentarán su muerte y el incendio que el Señor ha enviado.

7 Pero ustedes, no salgan del tabernáculo de reunión, o morirán; porque el aceite de la unción del Señor está sobre ustedes.»

Y ellos hicieron lo que Moisés les ordenó.

8 El Señor habló con Aarón, y le dijo:

9 «Cuando tú y tus hijos entren en el tabernáculo de reunión, no deben beber vino ni sidra, para que no mueran. Éste es un estatuto perpetuo para sus descendientes,

10 para que puedan discernir entre lo santo y lo profano, y entre lo limpio y lo impuro,

11 y para que enseñen a los hijos de Israel todos los estatutos que el Señor les ha dado por medio de Moisés.»

[a]9.18: Lv 3.1-11. [b]9.22: Nm 6.22-26.

DESAFIANDO A DIOS *(Levítico 10.2)*

Desafiar a una persona significa estar contra esta persona. Dos sacerdotes, Nadab y Abiú, murieron porque desafiaron a Dios y desobedecieron a su Ley. Usaron el fuego que no les estaba permitido usar. Este hecho mostró que ellos no tomaron en serio la Ley de Dios. En vez de mostrar respeto por la Ley de Dios, se rieron de ella. Si deseamos seguirle al Señor, precisamos respetar Su Palabra en la Biblia y obedecerle a Él. Haz una lista de cinco cosas que a ti te gustaría hacer para obedecer a Dios.

[12] Entonces Moisés le dijo a Aarón, y también a Eleazar y a Itamar, los hijos que le habían quedado:
«Tomen la ofrenda que queda de las ofrendas encendidas al Señor, y cómanla sin levadura junto al altar. Se trata de una ofrenda muy santa,
[13] así que deben comerla en un lugar santo. Esto deben hacerlo tú y tus hijos con las ofrendas encendidas al Señor, porque así se me ha ordenado.[a]
[14] Además, tú y tus hijos y tus hijas deben comer en un lugar limpio el pecho mecido y la espaldilla elevada, porque son tuyos y de tus hijos. Por derecho les han sido dados de los sacrificios de paz de los hijos de Israel.
[15] Llevarán ante el Señor la espaldilla que se eleva y el pecho que se mece como ofrenda, junto con las ofrendas de las grasas que se queman. Por derecho perpetuo serán tuyos y de tus hijos, tal y como el Señor lo ha ordenado.»[b]
[16] Moisés preguntó entonces por el macho cabrío de la expiación, y como resultó que ya había sido quemado, se enojó contra Eleazar e Itamar, los hijos de Aarón que habían quedado, y les dijo:
[17] «¿Por qué no comieron la ofrenda de expiación en un lugar santo? Se trata de una ofrenda muy santa,[c] y el Señor se la dio a ustedes para que llevaran la iniquidad de la congregación, y para que sean reconciliados delante del Señor.
[18] Miren, la sangre no fue llevada adentro del santuario; y ustedes debían haber comido la ofrenda en un lugar santo, como yo lo ordené.»
[19] Aarón le respondió a Moisés:
«Mira, mis hijos han ofrecido hoy su expiación y su holocausto delante del Señor, ¡y es a mí a quien tenía que sucederme todo esto! ¿Le habría agradado al Señor que yo hubiera comido hoy del sacrificio de expiación?»
[20] Al oír esto, Moisés se dio por satisfecho.

Animales limpios e impuros

(Dt 14.3-21)

11
[1] El Señor habló con Moisés y Aarón, y les pidió
[2] que hablaran con los hijos de Israel y les dijeran:
«De entre todos los animales que hay sobre la tierra, éstos son los que podrán comer:
[3] »Todos los que tengan la pezuña hendida y rumien podrán comerlos.
[4] »De los que rumian o tienen pezuña no podrán comer los siguientes:
»El camello, porque rumia pero no tiene la pezuña hendida. Deben considerarlo impuro.
[5] »El damán, porque rumia pero no tiene pezuña. Deben considerarlo impuro.
[6] »La liebre, porque rumia pero no tiene pezuña. Deben considerarla impura.
[7] »El cerdo, porque tiene pezuñas, y éstas las tiene hendidas, pero no rumia. Deben considerarlo impuro.
[8] »No deberán comer la carne de estos animales, ni tocar su cadáver. Deben considerarlos impuros.
[9] »De todos los animales que viven en las aguas podrán comer los siguientes:
»Todos los que tienen aletas y escamas, y viven en las aguas del mar, y en los ríos.
[10] Pero no podrán comer ninguno de los que viven en el mar y en los ríos, y no tienen aletas ni escamas, ni ningún otro ser vivo que esté en las aguas. Deben considerarlos impuros
[11] y repugnantes. No comerán de su carne, y deberán considerar repugnante su cadáver.
[12] Todo animal acuático que no tenga aletas ni escamas, lo considerarán un animal repugnante.
[13] »De las aves, considerarán animales repugnantes y no podrán comer los siguientes:
»El águila, el quebrantahuesos, el azor,
[14] el gallinazo, toda clase de milanos,

[a] **10.12-13:** Lv 6.14-18.

15 toda clase de cuervos,
16 el avestruz, la lechuza, la gaviota, toda
clase de gavilanes,
17 el búho, el somormujo, el ibis,
18 el calamón, el pelícano, el buitre,
19 la cigüeña, toda clase de garzas, la abu-
billa y el murciélago.
20 »También considerarán repugnante a
todo insecto alado que ande en cuatro pa-
tas.
21 Pero podrán comer de todo insecto ala-
do que ande en cuatro patas, y que además
de sus patas tenga piernas para saltar con
ellas sobre la tierra.
22 »De estos insectos podrán comer toda
clase de langostas, y toda clase de grillos y
saltamontes.
23 Pero todo insecto alado que tenga cua-
tro patas deberán considerarlo repugnante.
24 »Ustedes pueden quedar impuros por
lo siguiente: Todo el que toque sus cadáve-
res quedará impuro hasta el anochecer.
25 Todo el que levante alguno de estos in-
sectos muertos deberá lavar sus vestidos y
quedarse impuro hasta el anochecer.
26 Todo animal cuya pezuña no esté hen-
dida, ni rumie, deberán considerarlo impuro.
Todo el que los toque se quedará impuro.
27 »De todos los animales que andan en
cuatro patas, deberán considerar impuro a
todo el que ande sobre sus garras. Todo el
que toque sus cadáveres quedará impuro
hasta el anochecer.
28 Todo el que levante sus cadáveres de-
berá lavar sus vestidos y se quedará impuro
hasta el anochecer. Deberán considerarlos
animales impuros.
29 »De los animales que se arrastran sobre
la tierra deberán considerar impuros a los
siguientes: la comadreja, el ratón, toda clase
de ranas,
30 el erizo, el cocodrilo, el lagarto, la lagar-
tija y el camaleón.
31 De entre los animales que se arrastran, a
éstos los deberán considerar impuros. Todo
el que los toque cuando éstos ya estén muer-
tos, se quedará impuro hasta el anochecer.
32 Todo aquello sobre lo que caiga algo del
cadáver de estos animales, ya sea un obje-
to de madera, o un vestido, o piel, o saco,
o cualquier instrumento de trabajo, deberá
enjuagarse y se quedará impuro hasta el
anochecer. Después de eso, quedará limpio.
33 Toda vasija de barro en la que caiga
alguno de ellos, quedará impura, lo mismo
que todo lo que haya dentro de ella, y se
tendrá que romper la vasija.
34 Todo alimento sobre el que caiga el
agua de tales vasijas, quedará impuro, y
toda bebida que haya en ellas será impura.
35 Todo aquello sobre lo que caiga parte
del cadáver de estos animales quedará im-
puro. El horno y los hornillos deberán ser
derribados, pues son impuros, y así deberán
ser considerados.
36 Sin embargo, las fuentes y las cisternas
donde se recoge el agua se considerarán
limpias. Sólo se considerará impuro lo que
haya tenido contacto con los cadáveres.
37 Si alguna parte de los cadáveres cae so-
bre alguna semilla que vaya a sembrarse, la
semilla se considerará limpia.
38 Pero si la semilla estaba en remojo, y
algo de los cadáveres cae sobre ella, deberán
considerarla impura.
39 »Si muere algún animal que habías
apartado para comer, el que toque su cadá-
ver se quedará impuro hasta el anochecer.
40 El que coma carne del animal muerto,
lavará sus vestidos y se quedará impuro has-
ta el anochecer. El que remueva el cuerpo
muerto, lavará sus vestidos y se quedará im-
puro hasta el anochecer.
41 »De todos los animales que se arrastran
sobre la tierra, no comerán ninguno de los
reptiles que se arrastran sobre la tierra. Son
animales repugnantes, y no se deben comer.
42 Tampoco deben comer nada de lo que
anda sobre su pecho, ni nada de lo que anda
sobre cuatro o más patas. Son animales re-
pugnantes.
43 »No se hagan ustedes también repug-

[b] **10.14-15:** Lv 7.30-34. [c] **10.17:** Lv 6.24-26.

nantes con esos animales que se arrastran. No se contaminen con ellos. No se hagan impuros por causa de ellos.

[44] »Yo soy el Señor su Dios. Por lo tanto, ustedes se santificarán, y serán santos, porque yo soy santo.[a] Así que no se contaminen con ninguno de los animales que se arrastran por la tierra.

[45] »Yo soy el Señor. Yo los he sacado de Egipto para ser su Dios. Así que ustedes deben ser santos, porque yo soy santo.»

Lv 18.1-5

[46] Ésta es la ley acerca de las bestias, de las aves, y de todo ser vivo que se mueve en las aguas, y de todo animal que se arrastra por la tierra,

[47] para establecer la diferencia entre lo puro y lo impuro, y entre los animales que se pueden comer y los que no se pueden comer.

La purificación de la mujer después del parto

12 [1] El Señor habló con Moisés, y le dijo:

[2] «Habla con los hijos de Israel, y diles:

"Cuando una mujer conciba y dé a luz un varón, se quedará impura siete días, como cuando está en los días de su menstruación.

[3] Al octavo día se circuncidará al niño,[a]

[4] pero ella continuará purificándose de su sangre durante treinta y tres días más. No podrá tocar ninguna cosa santa, ni podrá presentarse en el santuario, hasta que se cumplan los días de su purificación.

[5] "Si da a luz una niña, se quedará impura dos semanas, como cuando está en los días de su menstruación, y continuará purificándose de su sangre durante sesenta y seis días más.

[6] "Al cumplirse los días de su purificación, haya tenido un hijo o una hija, irá a la entrada del tabernáculo de reunión y presentará al sacerdote un cordero de un año, para holocausto, y un palomino o una tórtola para expiación.

[7] El sacerdote se los ofrecerá al Señor, y hará expiación por ella, y ella quedará limpia de su flujo de sangre.

"Ésta es la ley para la mujer que dé a luz un hijo o una hija.

[8] Si no tiene lo suficiente para comprar un cordero, presentará entonces dos tórtolas o dos palominos,[b] uno para holocausto y otro para expiación; el sacerdote hará entonces la expiación por ella, y ella quedará limpia."»

Leyes acerca de la lepra

13 [1] El Señor habló con Moisés y con Aarón, y les dijo:

[2] «Cuando alguien tenga alguna hinchazón, erupción o mancha blanca en la piel de su cuerpo, y éstas parezcan ser llagas de lepra, esa persona será llevada ante el sacerdote Aarón o ante alguno de sus hijos, los sacerdotes.

[3] El sacerdote examinará la llaga en la piel, y si el pelo en la llaga se ha puesto blanco y

[a] **11.44:** Lv 19.2; 1 P 1.16. [a] **12.3:** Gn 17.12. [b] **12.8:** Lc 2.24.

SÉ SANTO *(Levítico 11.44)*

PODER PARA VIVIR

Dios le dio al pueblo de Israel una larga lista de reglas acerca de la comida que podían y no podían comer. Hizo esto para ayudarlos a evitar el estilo de vida pecaminosa de las naciones impías que se encontraban a su alrededor. Hoy día Dios no nos pide que sigamos estas reglas en cuanto a la comida, pero Él todavía quiere que nos apartemos de un estilo de vida pecaminoso. Él quiere que comamos, bebamos y nos vistamos de maneras que lo honren. Como el pueblo de Israel, debemos ser santos en todo lo que hacemos. Encuentra 1 Pedro 1:15 en tu Biblia. Escribe este versículo y luego trata de memorizarlo.

PALABRAS CON PODER

LA IMPUREZA

(Levítico 13.3)

Dios le dijo a Moisés que enseñara al pueblo acerca de las cosas que eran "impuras". Él no se estaba refiriendo a cosas que estaban sucias o que necesitaban ser lavadas. Una cosa era "impura" si no cumplía con los requisitos de Dios en cuanto a pureza. Algunas de estas cosas eran lesiones y enfermedades corporales. Las leyes acerca de lo que debían hacer los israelitas en cuanto a las cosas "impuras" mostraba que Dios estaba cuidando a su pueblo. Él les dijo lo que tenían que hacer con las cosas "impuras" para que no se enfermaran, sino que fueran saludables. Haz una lista de cosas que puedes hacer para cuidar tu cuerpo y ser sano.

la llaga parece estar más hundida que la piel
de la carne, entonces se trata de una llaga de
lepra. El sacerdote la examinará, y declarará
impura a esa persona.
4 »Si en la piel de su cuerpo aparece una
mancha blanca, pero ésta no parece estar
más hundida que la piel, ni el pelo se ha
puesto blanco, entonces el sacerdote ence-
rrará a la persona llagada durante siete días.
5 Al séptimo día, el sacerdote lo examina-
rá. Si la llaga mantiene el mismo aspecto y
no se ha extendido por la piel, el sacerdote
volverá a encerrarlo siete días más.
6 Al séptimo día, el sacerdote volverá a
examinarlo. Si la llaga se ve más oscura y no
se ha extendido por la piel, el sacerdote la-
vará sus vestidos y lo declarará puro. Se tra-
taba de una erupción.
7 »Si después de haberse mostrado al
sacerdote para que lo declarara puro, la
erupción en la piel se extiende, esa persona
deberá mostrarse al sacerdote una vez más.
8 Si al examinarlo, el sacerdote ve que la
erupción se ha extendido por la piel, decla-
rará impura a esa persona. Se trata de lepra.
9 »Cuando alguien tenga una llaga de le-
pra, deberá ser llevado al sacerdote.
10 Éste lo examinará, y si aparece en la piel
un tumor blanco que haya hecho cambiar
el color del pelo, y además se puede ver la
carne viva,
11 se trata de lepra crónica en la piel de su
cuerpo. Entonces el sacerdote lo declarará
impuro, y no tendrá que encerrarlo porque
es impuro.
12 »Pero si la lepra brota y se extiende por
toda la piel, de tal modo que, hasta donde el
sacerdote pueda ver, cubre de pies a cabeza
toda la piel del llagado,
13 entonces el sacerdote lo examinará. Si la
lepra ha cubierto todo el cuerpo del llagado,
lo declarará limpio, pues toda la lepra se ha
vuelto blanca y él es limpio.
14 »El día que aparezca en él la carne viva,
será declarado impuro.
15 El sacerdote examinará la carne viva, y
lo declarará impuro. La carne viva es impura,
porque es lepra.
16 Pero si la carne viva cambia y se vuelve blan-
ca, entonces se presentará ante el sacerdote,
17 y el sacerdote lo examinará. Si la llaga
se ha vuelto blanca, el sacerdote declarará
limpio al llagado, y limpio será.
18 »Si alguien tiene un forúnculo en la piel,
y éste sana
19 y en lugar del forúnculo brota una hin-
chazón o una mancha blanca y rojiza, esa
persona será llevada ante el sacerdote.
20 Éste la examinará, y si la mancha se ve
más hundida que la piel y su pelo se ha
puesto blanco, entonces lo declarará im-
puro. Se trata de una llaga de lepra que se
originó en el forúnculo.
21 »Si el sacerdote examina la mancha, y
no se ve en ella ningún pelo blanco, ni se
ve más hundida que la piel, sino oscura, el
sacerdote lo encerrará durante siete días.
22 Si la mancha sigue extendiéndose por la
piel, el sacerdote lo declarará impuro, pues
se trata de una llaga.
23 Pero si la mancha blanca se mantiene en
su lugar, sin extenderse, se trata de la cica-

triz del forúnculo, y el sacerdote lo declarará
limpio.
24 »Cuando alguien tenga en la piel una
quemadura, y en lo sanado del fuego apa-
rezca una mancha blanquecina, rojiza o
blanca,
25 el sacerdote la examinará. Si el pelo en
la mancha se ha puesto blanco, y la mancha
se ve más hundida que la piel, se trata de
lepra que salió en la quemadura. Entonces el
sacerdote lo declarará impuro, pues se trata
de una llaga de lepra.
26 »Si el sacerdote examina la mancha, y
no se ve en ella ningún pelo blanco, ni se
ve más hundida que la piel, sino que se ve
oscura, el sacerdote encerrará al llagado du-
rante siete días.
27 Al séptimo día el sacerdote examinará la
mancha, y si ésta se ha extendido por la piel,
el sacerdote declarará impuro al llagado. Se
trata de una llaga de lepra.
28 »Si la mancha se mantiene en su lugar sin
extenderse por la piel, sino que se mantiene
oscura, se trata de una cicatriz de quemadu-
ra, y el sacerdote lo declarará limpio porque
se trata de la quemadura cicatrizada.
29 »Al hombre o a la mujer que le salga
una llaga en la cabeza, o en la barba,
30 el sacerdote deberá examinarle la llaga.
Si ésta se ve más hundida que la piel, y el
pelo se ve amarillento y delgado, el sacerdo-
te lo declarará impuro. Se trata de tiña, es
decir, lepra de la cabeza o de la barba.
31 »Si el sacerdote examina la llaga de la
tiña, y ésta no se ve más hundida que la
piel, ni hay en ella ningún pelo negro, el
sacerdote encerrará al llagado de tiña du-
rante siete días.
32 Al séptimo día, el sacerdote examinará
la llaga; si la tiña parece no haberse extendi-
do, ni hay en ella ningún pelo amarillento, ni
la tiña se ve más hundida que la piel,
33 entonces el sacerdote hará que el llaga-
do se rasure, excepto en el lugar afectado, y
encerrará al tiñoso siete días más.
34 Al séptimo día, el sacerdote examina-
rá la tiña; si la tiña no se ha extendido por
la piel, ni se ve más hundida que la piel, el
sacerdote lo declarará limpio. Entonces el
tiñoso lavará sus vestidos y quedará limpio.
35 »Si después de la purificación la tiña si-
gue extendiéndose por la piel,
36 el sacerdote la examinará, y si la tiña se
ha extendido por la piel, no tendrá que bus-
car ningún pelo amarillento, pues esa perso-
na es impura.
37 »Si el sacerdote estima que la tiña se
ha detenido, y que en ella ha salido el pelo
negro, la tiña ha sanado y el enfermo está
limpio, y así lo declarará el sacerdote.
38 »Cuando un hombre o una mujer ten-
ga manchas blancas en la piel de su cuerpo,
39 el sacerdote las examinará. Si en su piel
aparecen manchas blancas semioscuras, la
persona está limpia, pues se trata de una
irritación de la piel.
40 »Si a un hombre se le cae el pelo, es cal-
vo pero limpio.
41 Si se le cae el pelo de la frente, es calvo
pero limpio.
42 Pero si en la calva o en la antecalva tie-
ne una llaga blanca y rojiza, se trata de lepra
que brotó en su calva o en su antecalva.
43 El sacerdote lo examinará, y si la hincha-
zón de la llaga blanca y rojiza en su calva o
en su antecalva tiene el aspecto de la lepra
de piel,
44 entonces ese hombre está leproso, y es
impuro. Así lo declarará el sacerdote. Es im-
puro por la llaga que tiene en la cabeza.
45 »La persona leprosa y llagada se vestirá
de andrajos y andará con la cabeza descu-
bierta, y cubriéndose la boca gritará: "¡Impu-
ro! ¡Impuro!"
46 Mientras la llaga permanezca en él, será
impuro y vivirá solo y fuera del campamen-
to.
47 »Si aparece plaga de lepra en algún ves-
tido de lana, o de lino,
48 o en alguna urdimbre o trama de lino o
de lana, o en algún objeto de cuero,
49 en un vestido o en cuero, en urdimbre
o en trama, o en cualquier otro objeto de
cuero, y la plaga es verdosa o rojiza, se tra-

ta de plaga de lepra y el sacerdote deberá examinarla.

50 El sacerdote la examinará, y durante siete días mantendrá bajo llave la cosa plagada.

51 Al séptimo día, examinará la plaga; si ésta se ha extendido en el vestido, en la urdimbre o en la trama, en el cuero, o en cualquier otro objeto de cuero, se trata de lepra maligna y será declarada impura.

52 Se quemará el vestido, o la urdimbre o trama de lana o de lino, o cualquier objeto de cuero infectado por tal plaga, porque es lepra maligna y debe arrojarse al fuego.

53 »Si el sacerdote hace el examen y no se ve que la plaga se haya extendido en el vestido, en la urdimbre o en la trama, o en cualquier otro objeto de cuero,

54 entonces mandará que se lave el objeto donde está la plaga, y una vez más lo mantendrá bajo llave durante siete días.

55 Una vez lavada la parte infectada, el sacerdote la examinará y, si se ve que la plaga no ha cambiado de aspecto, será declarada impura, aun cuando no se haya extendido. Ya sea que la corrosión esté en el derecho o en el revés del objeto infectado, éste deberá quemarse, pues se trata de una corrosión penetrante.

56 »Si el sacerdote examina la plaga, y después de lavada ésta se ve oscura, la cortará del vestido, del cuero, de la urdimbre o de la trama.

57 Pero si ésta vuelve a aparecer en el vestido, en la urdimbre o en la trama, o en cualquier objeto de cuero, y se extiende por ellos, deberás echar al fuego aquello donde esté la plaga.

58 Pero si se lavó el vestido, la urdimbre o la trama, o cualquier otro objeto de cuero, y la plaga se quitó, se lavará por segunda vez, y después de eso quedará limpia.»

59 Ésta es la ley para la plaga de lepra en vestidos de lana o de lino, o en urdimbres, tramas, o cualquier otro objeto de cuero, para que puedan ser declarados puros o impuros.

14

1 El Señor habló con Moisés, y le dijo:

2 «Ésta es la ley para el leproso, cuando sea declarado limpio: Será llevado ante el sacerdote,

3 quien saldrá del campamento para examinarlo. Si el sacerdote ve que el leproso ha sanado de la plaga de lepra,

4 ordenará que se tomen dos aves vivas y puras, madera de cedro, grana e hisopo, para el que se purifica.

5 Luego, ordenará que una de las aves sea degollada sobre un vaso de barro con agua corriente.

6 Tomará entonces el ave viva y, con la sangre del ave que fue degollada sobre el agua corriente, mojará el cedro, la grana y el hisopo.

7 Luego rociará siete veces al que está siendo purificado de la lepra, lo declarará puro, y soltará en el campo el ave viva.

8 El que se purifica lavará sus vestidos, se rapará, se lavará con agua, y entonces quedará purificado. Después de eso, entrará en el campamento, y durante siete días vivirá fuera de su tienda.

9 El séptimo día se rapará por completo la cabeza, la barba y las cejas, y lavará sus vestidos y se bañará, y entonces será declarado puro.

10 »Al octavo día, tomará dos corderos sin defecto, una cordera de un año sin defecto, seis litros de flor de harina para ofrenda amasada con aceite, y medio litro de aceite.

11 El sacerdote que realiza la purificación presentará delante del Señor, a la entrada del tabernáculo de reunión, al que se va a purificar y a sus ofrendas.

12 Tomará un cordero y, con el medio litro de aceite, lo ofrecerá delante del Señor como sacrificio por la culpa, y lo mecerá como ofrenda mecida.

13 Luego degollará el cordero en el lugar santo, donde se degüellan los sacrificios por el pecado y los holocaustos. Tanto la víctima por el pecado como la víctima por la culpa son para el sacerdote, pues son ofrendas muy sagradas.

14 El sacerdote tomará un poco de la sangre de la víctima por la culpa, y se la untará al que se purifica en el lóbulo de la oreja derecha, en el pulgar de la mano derecha y en el dedo gordo del pie derecho.

15 Así mismo, el sacerdote tomará un poco del medio litro de aceite y lo echará sobre la palma de su mano izquierda,

16 mojará su dedo derecho en el aceite que tiene en su mano izquierda, y con su dedo esparcirá el aceite siete veces delante del Señor.

17 El aceite que le quede en la mano se lo pondrá al que se purifica en el lóbulo de la oreja derecha, en el pulgar de la mano derecha y en el dedo gordo del pie derecho, sobre la sangre del sacrificio por la culpa.

18 El aceite que le quede en la mano lo pondrá sobre la cabeza del que se purifica; y así el sacerdote hará expiación por él delante del Señor.

19 Luego ofrecerá el sacrificio por el pecado, con lo que hará expiación por el que va a purificarse de su inmundicia, y después degollará el holocausto,

20 dejando ascender sobre el altar el humo del holocausto y de la ofrenda. Así el sacerdote hará expiación por él, y lo declarará puro.

21 »Si el que se purifica es pobre, y no tiene para comprar tanto, tomará como ofrenda de reconciliación un cordero, para que sea ofrecido como ofrenda mecida por la culpa, y como ofrenda dos litros de flor de harina amasada con aceite, medio litro de aceite,

22 y dos tórtolas o dos palominos, según sus posibilidades; uno de ellos será para expiación por el pecado, y el otro para holocausto.

23 Ocho días después de su *purificación* llevará todo esto al sacerdote, a la entrada del tabernáculo de reunión, delante del Señor.

24 Entonces el sacerdote tomará el cordero de la expiación por la culpa, y el medio litro de aceite, y los mecerá como ofrenda mecida delante del Señor.

25 Luego degollará el cordero de la culpa, y tomará un poco de la sangre de la culpa, y se la untará al que se purifica en el lóbulo de la oreja derecha, en el pulgar de la mano derecha y en el dedo gordo del pie derecho.

26 Luego, el sacerdote echará un poco de aceite sobre la palma de su mano izquierda,

27 y con su dedo derecho rociará siete veces, delante del Señor, el aceite que tiene en la mano izquierda.

28 Además, el aceite que tiene en la mano se lo untará al que se purifica en el lóbulo de la oreja derecha, en el pulgar de la mano derecha y en el dedo gordo del pie derecho, junto al lugar de la sangre de la culpa.

29 El aceite que el sacerdote tenga aún en la mano lo untará en la cabeza del que se purifica, para reconciliarlo delante del Señor.

30 Ofrecerá además una de las tórtolas o uno de los palominos, según sus posibilidades;

31 uno de ellos como sacrificio de expiación por el pecado, y el otro en holocausto, además de la ofrenda. Así el sacerdote hará expiación delante del Señor por el que se purifica.»

32 Esta ley es para los que han tenido una plaga de lepra y no tienen más que dar para su purificación.

33 El Señor habló con Moisés y Aarón, y les dijo:

34 «Cuando ustedes hayan entrado ya en la tierra de Canaán, la cual yo les doy en posesión, si acaso pongo plaga de lepra en alguna casa de esa tierra,

35 el dueño de la casa se presentará ante el sacerdote y le dirá: "En mi casa ha aparecido algo que parece una plaga."

36 »Antes de entrar a examinar la plaga, el sacerdote mandará desocupar la casa, para que no se contamine todo lo que haya en ella; después de eso, el sacerdote entrará y la examinará.

37 Si al examinarla se ve que la casa tiene en las paredes manchas verdosas o rojizas, y que éstas se ven más hundidas que la superficie de la pared,

38 el sacerdote saldrá de la casa y la mantendrá cerrada durante siete días.

39 Al séptimo día, volverá y la examinará. Si la plaga se ha extendido por las paredes de la casa,

40 el sacerdote ordenará que se quiten las piedras donde esté la plaga, y que sean arrojadas fuera de la ciudad, en un lugar impuro.

41 Luego ordenará que se raspe la casa por dentro y a su alrededor, que el barro raspado se arroje fuera de la ciudad, en un lugar impuro,

42 y que las piedras que se hayan quitado se repongan con otras piedras nuevas, y que se recubra la casa con barro nuevo.

43 »Si después de arrancar las piedras y de raspar la casa, y de haberla recubierto con barro nuevo, la plaga vuelve a brotar,

44 el sacerdote irá a la casa y la examinará. Si la plaga parece haberse extendido en la casa, entonces se trata de lepra maligna y la casa será declarada impura.

45 Por lo tanto, se derribará la casa, y sus piedras y maderos, y toda la mezcla, se arrojarán fuera de la ciudad, en un lugar impuro.

46 »Cualquiera que entre en esa casa durante los días en que el sacerdote ordenó cerrarla, se quedará impuro hasta el anochecer.

47 »Cualquiera que duerma en esa casa deberá lavar sus vestidos.

»Cualquiera que coma en esa casa deberá lavar sus vestidos.

48 »Pero si el sacerdote entra a examinarla, y ve que la plaga no se ha extendido en la casa después de haber sido recubierta, declarará limpia la casa porque la plaga ha desaparecido.

49 Para limpiar la casa tomará dos aves, madera de cedro, grana e hisopo,

50 y degollará una de las aves en una vasija de barro con agua corriente.

51 Tomará luego el cedro, el hisopo, la grana y el ave viva, y los mojará en la sangre del ave muerta y en las aguas corrientes, y rociará la casa siete veces.

52 Purificará la casa con la sangre del ave, con el agua corriente, y con el ave viva, la madera de cedro, el hisopo y la grana.

53 Luego soltará el ave viva en el campo, fuera de la ciudad. Así el sacerdote hará expiación por la casa, y ésta quedará purificada.»

54 Ésta es la ley acerca de toda plaga de lepra y de tiña,

55 y de lepra del vestido y de la casa,

56 y acerca de la hinchazón, la erupción y la mancha blanca,

57 para enseñar al pueblo lo que es puro y lo que es impuro. Ésta es la ley acerca de la lepra.

Impurezas físicas

15 1 El Señor habló con Moisés y Aarón, y les dijo:

2 «Digan a los hijos de Israel que todo hombre que tenga flujo de semen, será impuro.

3 En esto consistirá la impureza de su flujo:

»Si por causa de su flujo su miembro derrama semen, o deja de derramarlo, será impuro.

4 »Toda cama en que se acueste el que tenga flujo, será impura.

»Todo aquello sobre lo que se siente, será impuro.

5 »Cualquiera que toque su cama, lavará sus vestidos, se lavará a sí mismo con agua, y quedará impuro hasta el anochecer.

6 »Quien se siente donde se haya sentado el que tiene flujo, lavará sus vestidos, se lavará a sí mismo con agua, y será impuro hasta el anochecer.

7 »Quien toque el cuerpo del que tiene flujo, lavará sus vestidos, y se lavará a sí mismo con agua, y será impuro hasta el anochecer.

8 »Si el que tiene flujo escupe sobre quien esté puro, éste lavará sus vestidos y, después de haberse lavado con agua, será impuro hasta el anochecer.

9 »Toda montura sobre la que cabalgue el que tenga flujo, será impura.

10 »Cualquiera que toque algo que haya estado debajo del que tenga flujo, será impuro hasta el anochecer.

»Todo el que lleve ese objeto lavará sus vestidos y, después de lavarse con agua, será impuro hasta el anochecer.

11 »Todo aquel a quien toque el que tiene flujo sin haberse lavado las manos, lavará sus vestidos, se lavará a sí mismo con agua, y será impuro hasta el anochecer.

12 »Si el que tiene flujo toca alguna vasija de barro, ésta deberá ser quebrada, y toda vasija de madera deberá lavarse con agua.

13 »Cuando el que tiene flujo se haya limpiado de éste, contará siete días a partir de su purificación, y lavará sus vestidos y su cuerpo en agua corriente, y entonces será limpio.

14 A los ocho días tomará dos tórtolas o dos palominos, y se presentará ante el Señor, a la entrada del tabernáculo de reunión, y se los entregará al sacerdote.

15 Entonces el sacerdote presentará uno de ellos como ofrenda por el pecado, y el otro como holocausto. Así, delante del Señor, el sacerdote lo purificará de su flujo.

16 »Cuando un hombre tenga una emisión de semen, lavará en agua todo su cuerpo y será impuro hasta el anochecer.

17 »Toda vestidura, o toda piel sobre la cual caiga la emisión del semen, deberá ser lavada con agua, y será impura hasta el anochecer.

18 »Cuando un hombre se acueste con una mujer y tenga una emisión de semen, los dos se lavarán con agua y serán impuros hasta el anochecer.

19 »Cuando la mujer tenga flujo de sangre, y éste se quede en su cuerpo, deberá estar recluida siete días. Cualquiera que la toque será impuro hasta el anochecer.

20 »Todo lo que le sirva de cama mientras esté recluida será impuro. Todo aquello sobre lo *que se siente será impuro.*

21 Cualquiera que toque su cama deberá lavar sus vestidos y, después de lavarse con agua, será impuro hasta el anochecer.

22 »Cualquiera que toque cualquier mueble sobre el que ella se haya sentado, deberá lavar sus vestidos, lavarse a sí mismo con agua, y será impuro hasta el anochecer.

PALABRAS CON PODER

DÍA DEL PERDÓN

(Levítico 16.1-34)

El Día del Perdón era el día santo más importante para los judíos. En este día, el sumo sacerdote hacía la expiación por sus pecados, por los del pueblo y de la nación. Él sacrificaba un toro por sus pecados, un macho cabrío por los del pueblo. Luego, agarraba un otro macho cabrío, imponía las manos sobre la cabeza del bicho y confesaba los pecados de la nación. Enseguida, llevaba este macho cabrío, llamado macho cabrío expiatorio, para el desierto y lo dejaba allí. Ello mostraba que los pecados del pueblo habían sido llevados para lejos. Este acto de perdón cubría sus pecados y reacercaba el pueblo a Dios. Esta ceremonia señala hacia el día en que Cristo perdonó para siempre los pecados, muriendo en la cruz. Intenta explicar a un amigo o a tus padres cómo Jesús hizo la expiación final por nuestros pecados.

23 »Quien toque lo que haya estado sobre la cama o sobre la silla donde ella haya descansado, será impuro hasta el anochecer.

24 »Si alguien se acuesta con ella y entra en contacto con su menstruación, será impuro durante siete días. Toda cama donde ella se acueste, será impura.

25 »Si la menstruación de una mujer dura más días de lo acostumbrado, o si el flujo de sangre es más abundante que de costumbre, será impura mientras su flujo persista, como cuando está en sus días.

26 »Toda cama en que ella duerma mientras tenga su menstruación, será impura como la cama donde acostumbra dormir. Todo mueble en el que ella se siente, será impuro, como cuando ella está en sus días.

27 »Cualquiera que toque alguna de estas cosas, será impuro; deberá lavar sus vesti-

dos, y lavarse a sí mismo con agua, y será impuro hasta el anochecer.

28 »Cuando la mujer quede libre de su flujo, contará siete días, y después de eso será limpia.

29 Al octavo día tomará consigo dos tórtolas o dos palominos, y los presentará al sacerdote, a la entrada del tabernáculo de reunión.

30 El sacerdote presentará uno de ellos como ofrenda por el pecado, y el otro como holocausto. Así el sacerdote la purificará delante del Señor, del flujo de su impureza.

31 »Así apartarán ustedes de sus impurezas a los hijos de Israel, a fin de que no contaminen mi tabernáculo, que está entre ellos, ni mueran por sus impurezas.»

32 Ésta es la ley para el que se vuelve impuro por tener flujo, o por tener una emisión de semen;

33 para la que tiene su menstruación y para el que tiene flujo, sea varón o mujer, y para el hombre que se acueste con una mujer en estado de impureza.

El día de la expiación

16 1 Después de que los dos hijos de Aarón se acercaron al Señor y murieron, el Señor habló con Moisés

2 y le dijo:

«Dile a tu hermano Aarón que, para que no muera, no entre en cualquier momento en el santuario detrás del velo,[a] es decir, el que está sobre el arca, delante del propiciatorio, porque yo me manifestaré allí en una nube.

3 Aarón entrará en el santuario con un becerro para expiación y un carnero para holocausto.[b]

4 Para esto, se pondrá la túnica santa de lino y se cubrirá con calzoncillos de lino, se ajustará el cinto de lino, y se cubrirá la cabeza con la mitra de lino. Éstas son las vestiduras sagradas, las cuales se pondrá luego de lavarse el cuerpo con agua.

5 »De la congregación de los hijos de Israel, Aarón tomará dos machos cabríos para la ofrenda de expiación, y un carnero para el holocausto.

6 Hará traer entonces el becerro para su propia expiación, y lo ofrecerá para su propia reconciliación y la de sus familiares.

7 Luego tomará los dos machos cabríos, y los ofrecerá al Señor, a la entrada del tabernáculo de reunión.

8 Echará suertes sobre los dos machos cabríos, una de ellas por el Señor y la otra por Azazel;

9 entonces ordenará traer el macho cabrío que le haya tocado en suerte al Señor, y lo ofrecerá en expiación,

10 mientras que al macho cabrío que le haya tocado en suerte a Azazel lo presentará vivo delante del Señor, para su propia reconciliación sobre él, y luego lo soltará en el desierto para que se vaya con Azazel.

11 »Luego, Aarón hará traer el becerro para su expiación y lo ofrecerá para su propia reconciliación y la de sus familiares, y luego degollará el becerro para su propia expiación.

12 Tomará entonces un incensario, echará en él brasas del fuego que arde en el altar delante del Señor, y dos puñados del perfume aromático molido, y lo llevará tras el velo.

13 Allí, delante del Señor, echará el perfume sobre el fuego, y el humo del perfume cubrirá el propiciatorio que está sobre el testimonio. Así, Aarón no morirá.

14 »Después de esto, Aarón tomará un poco de la sangre del becerro, y con el dedo la rociará siete veces hacia el oriente, en dirección al propiciatorio.

15 A continuación, degollará el macho cabrío como expiación por el pecado del pueblo, y llevará la sangre al interior, tras el velo,[c] y esparcirá la sangre sobre el propiciatorio y delante de éste, como lo hizo con la sangre del becerro.

16 Así purificará el santuario por causa de todas las impurezas, rebeliones y pecados de los hijos de Israel, y lo mismo hará con el tabernáculo de reunión, el cual se encuentra entre ellos y sus impurezas.

[a] **16.2:** Heb 6.19. [b] **16.3:** Heb 9.7.

17 »Nadie debe estar en el tabernáculo de reunión mientras Aarón esté dentro del santuario para hacer la expiación y hasta que él salga. Una vez que haya hecho la expiación por sí mismo, por sus familiares y por toda la congregación de Israel,

18 saldrá para hacer la expiación por el altar que está delante del Señor. Tomará un poco de la sangre del becerro y del macho cabrío, y la untará sobre los cuernos del altar y alrededor de éste;

19 luego, con el dedo rociará sobre él la sangre siete veces. Así lo santificará y lo limpiará de las impurezas de los hijos de Israel.

20 »Cuando Aarón termine de hacer la expiación por el santuario, el tabernáculo de reunión y el altar, mandará traer el macho cabrío vivo,

21 pondrá las dos manos sobre la cabeza del animal, y confesará sobre él todas las iniquidades, rebeliones y pecados de los hijos de Israel, y luego lo soltará en el desierto por medio de alguien destinado para ello.

22 El macho cabrío será soltado en el desierto, llevando sobre sí a tierra inhabitada todas las iniquidades del pueblo.

Dt 26.6-9

23 »Después de eso, Aarón irá al tabernáculo de reunión y se quitará las vestiduras de lino que llevaba puestas al entrar en el santuario, y las dejará allí.[d]

24 Luego, en el lugar santo se lavará el cuerpo con agua, y una vez que se vista saldrá para ofrecer su holocausto y el holocausto del pueblo, y para hacer expiación por él y por el pueblo,

25 y quemará en el altar la grasa del sacrificio por el pecado.

26 »El que haya llevado el macho cabrío a Azazel, lavará sus vestidos y se lavará a sí mismo con agua, y después de eso podrá entrar en el campamento.

27 Entonces se sacarán del campamento[e] el becerro y el macho cabrío inmolados por el pecado, y cuya sangre fue llevada al santuario para hacer la expiación, y se echarán al fuego su piel, su carne y su estiércol.

28 El encargado de quemar todo esto lavará sus vestidos, y se lavará a sí mismo con agua, y después de eso podrá entrar en el campamento.

29 »Éste será un estatuto perpetuo para ustedes y para los extranjeros que vivan entre ustedes: El día diez del mes séptimo deberán ayunar, y no podrán realizar ningún trabajo.

30 Ese día se hará expiación por ustedes,[f] y así delante del Señor quedarán limpios de todos sus pecados.

31 Ese día será para ustedes un día de reposo y de ayuno. Es un estatuto perpetuo.

32 La expiación la hará el sacerdote que haya sido ungido y consagrado como sacerdote en lugar de su padre. Se pondrá las santas vestiduras de lino

33 y hará la expiación por el santo santuario y por el tabernáculo de reunión, lo mis-

[c]**16.15:** Heb 9.12. [d]**16.23:** Ez 44.19. [e]**16.27:** Heb 13.11.

EN LA SANGRE *(Levítico 17.11)*
Dios dijo que los israelitas podían pagar por sus pecados ofreciendo un sacrificio de sangre de un animal. ¿Por qué quería Dios un sacrificio de sangre? Porque la sangre le da vida al animal. En vez de dar una vida humana para pagar por el pecado, Dios le dijo al pueblo que ofreciera la vida de un animal. Esto nos ayuda a entender por qué Jesús tuvo que morir en la cruz. Cuando Él derramó su sangre en la cruz, reemplazó la vida del pecador con la vida de Él. Jesús vivió sin pecado, así que su sangre proveía una cobertura perfecta para todo el pecado. ¿Por qué no le escribes una nota a Jesús dándole gracias por morir en tu lugar?

mo que por el altar y los sacerdotes, y por todo el pueblo congregado.

34 Esta expiación por todos los pecados de Israel se hará una vez al año, y será para ustedes un estatuto perpetuo.»

Y Moisés hizo todo tal y como el Señor se lo ordenó.

El santuario único

17 1 El Señor habló con Moisés, y le dijo:

2 «Habla con Aarón y sus hijos, y con todo el pueblo de Israel, y diles que esto es lo que yo, el Señor, les ordeno hacer:

3 »Todo israelita que dentro del campamento o fuera de él degüelle un buey, un cordero o una cabra,

4 y no lo lleve a la entrada del tabernáculo de reunión para ofrecerlo al Señor como ofrenda delante de su tabernáculo, será culpable, pues ha derramado sangre. Por lo tanto, ese hombre será eliminado de su pueblo,

5 a fin de que los hijos de Israel traigan al Señor los sacrificios que ofrecen en medio del campo y los presenten al sacerdote a la entrada del tabernáculo de reunión, para que ellos ofrezcan sacrificios de paz al Señor.

6 El sacerdote rociará la sangre sobre el altar del Señor, a la entrada del tabernáculo de reunión, y quemará la grasa en olor grato en honor del Señor,

7 y nunca más ofrecerán sus sacrificios a esos demonios, por los cuales se han prostituido. Éste será un estatuto perpetuo para todos sus descendientes.

8 »También les dirás que todo israelita, y todo extranjero que viva entre ustedes, que ofrezca un holocausto o sacrificio

9 y no lo lleve a la entrada del tabernáculo de reunión para ofrecérmelo, será también eliminado de su pueblo.

Prohibición de comer sangre

10 »Si algún israelita o extranjero que viva entre ustedes come sangre, yo me pondré en contra de él y lo eliminaré de su pueblo.[a]

11 Y es que la vida de todo ser está en la sangre. Yo les he dado a ustedes la sangre para que sobre el altar se haga expiación por ustedes. Por medio de la sangre misma se hace expiación[b] por ustedes.

12 Por lo tanto, digo ahora a los hijos de Israel: Ninguno de ustedes, ni ningún extranjero que viva entre ustedes, comerá sangre.

13 Todo israelita, y todo extranjero que viva entre ustedes, que cace algún animal o ave que se pueda comer, deberá derramar su sangre y cubrirla con tierra.

14 La sangre es la vida de todo ser vivo. Por tanto, digo a los hijos de Israel: No coman la sangre de ningún ser vivo, porque la sangre es la vida de todo ser vivo. Todo el que la coma, será eliminado.

15 Toda persona nacida entre ustedes, y todo extranjero, que coma algún animal que haya sido matado o despedazado por una fiera, deberá lavar sus vestidos, y lavarse a sí misma con agua, y se quedará impura hasta el anochecer. Después de eso, será declarada limpia.

16 Si no lava sus vestidos, ni se lava a sí misma, cargará con su iniquidad.»

Actos prohibidos

18 1 El Señor habló con Moisés, y le dijo:

2 «Habla con los hijos de Israel, y diles:

»Yo soy el Señor su Dios.

3 »No hagan ustedes lo que hacen los egipcios, en cuyo país vivieron. Tampoco hagan lo que hacen los cananeos, a cuyo país yo los conduzco. No sigan sus estatutos.

4 Más bien, pongan en práctica mis ordenanzas y cumplan con mis estatutos. Síganlos. Yo soy el Señor su Dios.

5 Por lo tanto, obedezcan mis estatutos y mis ordenanzas. Todo el que los cumpla, vivirá[a] por ellos. Yo soy el Señor. Dt 7.1-6

[f]**16.29-34:** Lv 23.26-32; Nm 29.7-11. [a]**17.10:** Gn 9.4; Lv 7.26-27; 19.26; Dt 12.16, 23; 15.23. [b]**17.11:** Heb 9.22.

6 »Nadie debe allegarse a ninguna parien-
ta cercana para descubrir su desnudez. Yo
soy el Señor.
7 »No descubrirás la desnudez de tu pa-
dre ni la desnudez de tu madre. Se trata de
tu madre, así que no descubrirás su desnu-
dez.
8 »No descubrirás la desnudez de la mujer
de tu padre. Se trata de la desnudez de tu
padre.[b]
9 »No descubrirás la desnudez de tu her-
mana, hija de tu padre o hija de tu madre,
nacida en tu casa o fuera de tu casa.[c]
10 »No descubrirás la desnudez de la hija
de tu hijo, o de la hija de tu hija. Es tu propia
desnudez.
11 »No descubrirás la desnudez de la hija
de la mujer de tu padre. Ha sido engendrada
por tu padre, y es tu hermana.
12 »No descubrirás la desnudez de la her-
mana de tu padre. Se trata de la familia de
tu padre.
13 »No descubrirás la desnudez de la her-
mana de tu madre. Se trata de la familia de
tu madre.
14 »No descubrirás la desnudez del her-
mano de tu padre.

»No te acostarás con la mujer del her-
mano de tu padre. Se trata de la mujer del
hermano de tu padre.[d]
15 »No descubrirás la desnudez de tu nue-
ra. Se trata de la mujer de tu hijo, así que no
descubrirás su desnudez.[e]
16 »No descubrirás la desnudez de la mu-
jer de tu hermano. Se trata de la desnudez
de tu hermano.[f]
17 »No descubrirás la desnudez de una
mujer y de su hija.

»No descubrirás la desnudez de la hija de
su hijo, ni de la hija de su hija. Eso es un acto
perverso, pues se trata de parientas cercanas.[g]
18 »No descubrirás la desnudez de la her-
mana de tu mujer, mientras ésta viva, pues
la harías su rival.
19 »No descubrirás la desnudez de nin-
guna mujer durante sus días de impureza
menstrual.[h]
20 »No tendrás relaciones sexuales con la
mujer de tu prójimo, para no deshonrarte
con ella.[i]
21 »No ofrezcas ningún hijo tuyo a Mo-
loc, para que sea quemado. No deshon-
res así el nombre de tu Dios.[j] Yo soy el
Señor.
22 »No te acostarás con un hombre como
si te acostaras con una mujer. Eso es un acto
aberrante.[k]
23 »No te allegarás a ningún animal para
deshonrarte con él.

»Ninguna mujer se pondrá delante de
ningún animal para ayuntarse con él. Ése es
un acto perverso.[l]
24 »No se contaminen con nada de esto.
Las naciones que yo estoy expulsando de
la presencia de ustedes se han corrompido
cometiendo todas estas cosas,
25 y con ello la tierra se contaminó. Pero
yo castigué su maldad, y la tierra expulsó a
sus habitantes.
26 Pero ustedes, cumplan con mis esta-
tutos y mis ordenanzas, y no cometan, ni
ustedes ni los extranjeros que habitan en-
tre ustedes, ninguno de estos actos abe-
rrantes.
27 Porque todas estas perversiones las co-
metieron los que habitaron esa tierra antes
que ustedes, y la tierra se contaminó.
28 No vaya a ser que la tierra los expulse
por haberla contaminado, como expulsó a
la gente que la habitó antes que ustedes.
29 Todos los que incurran en alguna de
estas perversiones serán eliminados de su
pueblo.
30 »Por lo tanto, cumplan con mis orde-
nanzas y no imiten las repugnantes acciones
que se practicaron allí antes de ustedes. No
se contaminen con ellas. Yo soy el Señor su
Dios.»

---

[a] **18.5:** Neh 9.29; Ez 18.9; 20.11-13; Lc 10.28; Ro 10.5; Gá 3.12. [b] **18.8:** Lv 20.11; Dt 22.30; 27.20. [c] **18.9:** Lv 20.17; Dt 27.22. [d] **18.12-14:** Lv 20.19-20. [e] **18.15:** Lv 20.12. [f] **18.16:** Lv 20.21. [g] **18.17:** Lv 20.14; Dt 27.23. [h] **18.19:** Lv 20.18. [i] **18.20:** Lv 20.10. [j] **18.21:** Lv 20.1-5. [k] **18.22:** Lv 20.13. [l] **18.23:** Éx 22.19; Lv 20.15-16; Dt 27.21.

LECCIONES

AMA A TU PRÓJIMO
(Levítico 19.18)

A veces personas que no eran israelitas vivían con el pueblo de Dios. Dios quería que los israelitas les mostraran amor a estos vecinos. Él quería que fueran bondadosos con los no israelitas. Jesús les enseñó lo mismo a sus discípulos. Lee la parábola del Buen Samaritano en Lucas 10:25-37. ¿Conoces a alguien que acaba de llegar a tu colegio o a tu vecindario? ¿Cómo puedes ser bondadoso con esa persona?

Leyes de santidad y de justicia

19 1 El Señor habló con Moisés, y
le dijo:
2 «Habla con toda la congre-
gación de los hijos de Israel, y diles:
»Ustedes deben ser santos porque yo, el
Señor su Dios, soy santo.[a]
3 »Cada uno de ustedes debe respetar a
su madre y a su padre,[b] y respetar[c] también
mis días de reposo. Yo soy el Señor su Dios.
4 »No vayan en pos de los ídolos,[d] ni ha-
gan para ustedes dioses de fundición.[e] Yo
soy el Señor su Dios.
5 »Cuando ustedes me ofrezcan como
sacrificio una ofrenda de paz, ofrézcanlo de
tal manera que yo lo acepte.
6 Lo sacrificado deberán comerlo el día
que lo ofrezcan, y el día siguiente; si algo
queda para el tercer día, deberán quemarlo,
7 pues comerlo al día tercero es una abo-
minación y no lo aceptaré.
8 Quien coma eso cargará con su maldad
por haber profanado lo que se consagró al
Señor, y será eliminado de su pueblo.
9 »Cuando coseches tu trigo, no siegues
hasta el último rincón de tu campo, ni espi-
gues la parte segada.
10 No rebusques tu viña, ni recojas las uvas
que se te caigan; déjalas para los pobres y los
extranjeros.[f] Yo soy el Señor tu Dios.
11 »No hurtes.[g]
»No engañes.[h]
»No se mientan el uno al otro.
12 »No juren falsamente en mi nombre,[i] ni
profanen así mi nombre. Yo soy el Señor, su
Dios.
13 »No oprimas a tu prójimo. No le robes.
»No retengas en tu casa, hasta el día si-
guiente,[j] el salario del jornalero.
14 »No maldigas al sordo, ni pongas tro-
piezo delante del ciego.[k] Más bien, debes
tener temor de mí. Yo soy el Señor tu Dios.
15 »No seas injusto en el juicio.
»No favorezcas al pobre ni complazcas al
poderoso.
»Trata a tu prójimo[l] con justicia.
16 »No propagues chismes entre tu pueblo.
»No atentes contra la vida de tu prójimo.
Yo soy el Señor.
17 »No abrigues en tu corazón odio con-
tra tu hermano.
»Razona con tu prójimo, para que no te
hagas cómplice de su pecado.
18 »No te vengues, ni guardes rencor con-
tra los hijos de tu pueblo.
»Ama a tu prójimo como a ti mismo.[m] Yo
soy el Señor.
19 »Cumple con mis estatutos.
»No cruces tu ganado con animales de
otra especie.
»No siembres en tu campo semillas mez-
cladas.
»No te pongas vestidos con hilos mez-
clados.[n]
20 »Si alguien se acuesta con una esclava
que ya esté desposada, pero que no haya
sido rescatada ni haya recibido la libertad,
ninguno de los dos morirá, porque ella no es
libre, pero los dos serán azotados.
21 En expiación por su culpa, el hombre
presentará un carnero al Señor, y lo llevará a
la entrada del tabernáculo de reunión.

---

[a] **19.2:** Lv 11.44-45; 1 P 1.16. [b] **19.3:** Éx 20.12; Dt 5.16. [c] **19.3:** Éx 20.8; Dt 5.12. [d] **19.4:** Lv 26.1. [e] **19.4:** Éx 20.4; 34.17; Dt 5.8; 27.15. [f] **19.9-10:** Lv 23.22; Dt 24.19-22. [g] **19.11:** Éx 20.15; Dt 5.19. [h] **19.11:** Éx 20.16; Dt 5.20. [i] **19.12:** Éx 20.7; Dt 5.11; Mt 5.33. [j] **19.13:** Dt 24.14-15. [k] **19.14:** Dt 27.18. [l] **19.15:** Éx 23.6-8; Dt 16.19. [m] **19.18:** Mt 5.43; 19.19; 22.39; Mr 12.31; Lc 10.27; Ro 13.9; Gá 5.14; Stg 2.8. [n] **19.19:** Dt 22.9-11.

PROMESAS PODEROSAS

LEVÍTICO 20.8

Cuando coseches tu trigo, no siegues hasta el último rincón de tu campo, ni espigues la parte segada.

Si el pueblo de Dios obedecía las leyes y las reglas de Dios en cuanto a vivir una vida santa, Dios "los santifica" para sí mismo. A los ojos de Él, ellos eran un pueblo especial porque le obedecían. Piensa acerca de cómo puedes obedecer a Dios y ser "separado" para Él.

22 Con el carnero de la expiación el sacerdote lo reconciliará delante del Señor por el pecado cometido, y su pecado se le perdonará.

23 »Cuando ustedes entren en la tierra y planten toda clase de árboles frutales, considerarán impuros los frutos de los primeros tres años. No deben comer sus frutos.

24 Todos los frutos del cuarto año los consagrarán al Señor entre cantos de alabanza,

25 y al quinto año ya podrán comer de sus frutos, pues yo haré que éstos aumenten. Yo soy el Señor su Dios.

26 »No coman nada con sangre.[o]

»No se dediquen a hacer predicciones ni adivinaciones.[p]

27 »No se hagan tonsuras en la cabeza, ni se corten la punta de la barba.

28 »No se hagan cortes ni marcas[q] en el cuerpo por causa de un muerto. Yo soy el Señor.

29 »No ofendas a tu hija obligándola a prostituirse,[r] para que la tierra no se prostituya y se llene de maldad.

30 »Respeten mis días de reposo, y tengan mi santuario en reverencia. Yo soy el Señor.[s]

31 »No recurran a los encantadores ni a los adivinos.[t] No los consulten ni se contaminen con ellos. Yo soy el Señor su Dios.

32 »Levántate delante de las canas. Muestra respeto ante los ancianos. Muestra temor ante tu Dios. Yo soy el Señor.

33 »No opriman a los extranjeros que habiten entre ustedes.

34 Trátenlos como si fueran sus compatriotas, y ámenlos como a ustedes mismos, porque también ustedes fueron extranjeros en Egipto.[u] Yo soy el Señor su Dios.

35 »No sean injustos en el juicio, ni hagan trampa al medir terrenos, o al pesar o medir algo.

36 Usen balanzas, pesas y medidas justas.[v] Yo soy el Señor su Dios, que los sacó de la tierra de Egipto.

37 »Cumplan con todos mis estatutos y con todas mis ordenanzas, y pónganlos en práctica. Yo soy el Señor.»

Penas por actos de inmoralidad

20 1 El Señor habló con Moisés, y le dijo:

2 «Di a los hijos de Israel que todo israelita o extranjero varón que viva en Israel y ofrezca alguno de sus hijos a Moloc, será condenado a muerte. El pueblo entero lo apedreará.

3 Yo me pondré en contra de ese hombre. Lo eliminaré de su pueblo por haber entregado sus hijos a Moloc, y por contaminar así mi santuario y profanar mi santo nombre.

4 »Si el pueblo de la tierra se desentiende de lo hecho por quien entregue sus hijos a Moloc, y no lo condena a muerte,

5 yo mismo me pondré en contra de ese hombre y de su familia, y lo eliminaré de su pueblo, junto con todos los que lo hayan imitado y se hayan prostituido yendo en pos de Moloc.

6 »Si alguien presta atención a los encantadores y adivinos, y se prostituye y va tras ellos, yo me pondré en contra de esa persona y la eliminaré de su pueblo.

7 »Ustedes deben consagrarse a mí y ser santos, porque yo soy el Señor su Dios.

[o] **19.26:** Gn 9.4; Lv 7.26-27; 17.10-14; Dt 12.16, 23; 15.23. [p] **19.26:** Dt 18.10. [q] **19.27-28:** Lv 21.5; Dt 14.1. [r] **19.29:** Dt 23.17. [s] **19.30:** Lv 26.2. [t] **19.31:** Dt 18.11. [u] **19.33-34:** Éx 22.21; Dt 24.17-18; 27.19. [v] **19.35-36:** Dt 25.13-16.

8 »Cumplan con mis estatutos, y pónganlos en práctica. Yo soy el Señor, que los santifica.

9 »Todo aquel que maldiga a su padre o a su madre, será condenado a muerte.[a] Ha maldecido a su padre o a su madre, y será el responsable de su propia muerte.

10 »El que cometa adulterio con la mujer de su prójimo será condenado a muerte,[b] junto con la adúltera.

11 »El que se acueste con la mujer de su padre ha descubierto la desnudez de su padre. Por lo tanto, los dos serán condenados a muerte y serán los responsables de su muerte.[c]

12 »El que se acueste con su nuera será condenado a muerte, junto con ella. Los dos han incurrido en una grave perversión, y serán los responsables de su muerte.[d]

13 »El que se acueste con otro hombre como si se acostara con una mujer, será condenado a muerte, junto con ese hombre. Han incurrido en un acto repugnante, y serán los responsables de su muerte.[e]

14 »El que tome como mujeres a la hija y a la madre, incurre en un acto vil. Para que no se cometan entre ustedes[f] actos tan viles, a él y a ellas los condenarán a morir quemados.

15 »El que tenga cópula con un animal será condenado a muerte, y también se matará al animal.

16 »La mujer que se allegue a un animal y tenga cópula con él, será condenada a muerte, y también se matará al animal. Los dos serán responsables de su propia muerte.[g]

17 »El que tome como mujer a su hermana, hija de su padre o hija de su madre, y vea su desnudez, y ella vea la suya, comete un acto condenable. A la vista de todo el pueblo los dos serán condenados a muerte, pues él ha visto la desnudez de su hermana, y cargará con su pecado.[h]

18 »El que se acueste con una mujer menstruosa, y descubra su desnudez, será eliminado de su pueblo,[i] lo mismo que la mujer, pues los dos han puesto al descubierto la fuente de su sangre.

19 »No descubras la desnudez de tu tía materna, ni la de tu tía paterna. Si descubres la desnudez de tu parienta, tanto ella como tú cargarán con su maldad.

20 »El que se acueste con la mujer de su tío paterno descubre la desnudez de su tío. Los dos cargarán con su pecado y morirán sin hijos.[j]

21 »El que tome como mujer a su cuñada comete un acto sucio. Ha descubierto la desnudez de su hermano, y se quedarán sin hijos.[k]

22 »Cumplan con todos mis estatutos y con todas mis ordenanzas. Pónganlas en práctica, para que no los expulse de la tierra a la que yo los llevo para que se establezcan.

23 No sigan las prácticas de las naciones que voy a arrojar de la presencia de ustedes, porque ellos cometieron todos esos actos, y me fueron repugnantes.

24 Pero a ustedes les he prometido darles posesión de la tierra de esas naciones.

PALABRAS CON PODER

SANTOS PARA DIOS
(Levítico 21.6)

Dios quería que los sacerdotes vivieran una vida santa. Él quería que se guardaran de hacer acciones impías. Dios les enseñó a vivir una vida pura que lo honraba a Él y que era conforme a sus planes. Si no lo hacían, profanaban en nombre de Dios. Estarían irrespetando su nombre. Dios también quiere que los líderes de la iglesia de hoy vivan una vida santa. Pero Él también quiere que cada persona que lo sigue viva una vida santa que lo honra. ¿Qué puedes hacer para honrar a Dios con tu vida?

[a]**20.9:** Éx 21.17; Mt 15.4; Mr 7.10. [b]**20.10:** Éx 20.14; Lv 18.20; Dt 5.18. [c]**20.11:** Lv 18.8; Dt 22.30; 27.20. [d]**20.12:** Lv 18.15. [e]**20.13:** Lv 18.22. [f]**20.14:** Lv 18.17; Dt 27.23. [g]**20.15-16:** Éx 22.19; Lv 18.23; Dt 27.21. [h]**20.17:** Lv 18.9; Dt 27.22. [i]**20.18:** Lv 18.19. [j]**20.19-20:** Lv 18.12-14. [k]**20.21:** Lv 18.16.

LECCIONES **NINGÚN DEFECTO**

(Levítico 21.17)

Dios dijo que el cuerpo de los sacerdotes no podía tener ningún defecto. ¿Estaba Dios siendo injusto o mostrando favoritismo? No. Su intención no era que esta regla se convirtiera en un insulto. Quería mostrarle al pueblo que el sacerdote debía ser saludable y tener un cuerpo que estuviera en condiciones de servir al Dios perfecto y santo. Por supuesto que la única persona completamente perfecta fue Jesús.

Es una tierra que fluye leche y miel, y yo se la entregaré a ustedes para que la posean como su herencia. Yo soy el Señor su Dios, que los ha apartado de los pueblos.

25 Por lo tanto, ustedes harán distinción entre los animales puros y los impuros, y entre las aves puras e impuras. No se contaminen ustedes con los animales, ni con las aves ni con ninguno de los reptiles, a los que he apartado de ustedes por ser animales impuros.

Dt 10.12-13

26 Ustedes tienen que serme santos, porque yo, el Señor, soy santo. Yo los he apartado a ustedes de los otros pueblos, para que sean míos.

27 »El hombre y la mujer que evoquen espíritus de muertos, o que se entreguen a la adivinación, morirán apedreados y serán los responsables de su muerte.»

Santidad de los sacerdotes

21 1 El Señor le dijo a Moisés:

«Habla con los sacerdotes hijos de Aarón, y diles que no se contaminen por ningún muerto de su pueblo,

2 a menos que se trate de un pariente cercano, de su madre o su padre, de su hijo o su hermano,

3 o de una hermana soltera y cercana al sacerdote, y que no haya tenido marido. Por alguien así podrán contaminarse.

4 Pero no se contaminarán ni se harán impuro, como cualquier hombre del pueblo.

5 »No se harán tonsuras en la cabeza, ni se recortarán la punta de la barba, ni se harán heridas[a] en la carne.

6 Se consagrarán a mí, su Dios, y no profanarán mi nombre, porque ellos me presentan las ofrendas encendidas y el pan que se me ofrece. Por lo tanto, deberán ser santos.

7 »No podrán casarse con una ramera ni con una mujer de mala fama, ni con una mujer a la que su marido haya repudiado, porque los sacerdotes están consagrados a mi servicio.

8 Ustedes deben mantenerlos santos, pues ofrecen mi pan. Para ustedes, ellos serán santos, porque yo, el Señor, que los santifico, soy santo.

9 »Si la hija de un sacerdote comienza a prostituirse, deshonra a su padre y será condenada a morir quemada.

10 »El que sea sumo sacerdote entre sus hermanos, y en cuya cabeza se haya derramado el aceite de la unción, y que haya sido consagrado para llevar puestas las vestiduras, no deberá descubrirse la cabeza ni rasgarse las vestiduras,

11 ni tampoco entrar en donde haya algún cadáver. Ni siquiera por su padre o por su madre se contaminará.

12 No podrá salir de mi santuario, ni profanarlo, porque él ha sido consagrado para mí, por el aceite de la unción. Yo soy el Señor.

13 Deberá tomar por esposa a una doncella.

14 No se casará con ninguna mujer que sea viuda, o repudiada, o de mala fama, o ramera, sino que de su pueblo tomará por mujer a una doncella,

15 para que no profane su descendencia entre su pueblo. Yo soy el Señor, que los santifico.»

16 El Señor habló con Moisés, y le dijo:

17 «Habla con Aarón y dile que, en ningún momento, ninguno de sus descendientes que tenga algún defecto podrá acercarse a mí, su Dios, para ofrecer mi pan.

[a] **21.5:** Lv 19.27-28; Dt 14.1.

18 No podrá acercarse ningún varón con algún defecto, sea éste ciego, cojo, mutilado, deforme,

19 o que tenga roto un pie o una mano,

20 o sea jorobado o enano, o que tenga una nube en el ojo, o sarna, o alguna irritación de la piel, o un testículo magullado.

21 Ningún descendiente del sacerdote Aarón podrá acercarse ante mí para presentarme las ofrendas encendidas, si tiene algún defecto. Por tener ese defecto no podrá acercarse a mí para ofrecerme el pan.

22 Podrá comer de mi pan, del alimento muy santo y de las cosas santificadas,

23 pero por tener un defecto no podrá acercarse a la parte posterior del velo ni al altar, para que no profane mi santuario, porque yo soy el Señor, que los santifico.»

24 Y Moisés les comunicó todo esto a Aarón y a sus hijos, y a todos los hijos de Israel.

Santidad de las ofrendas

22 1 El Señor habló con Moisés, y le dijo:

2 «Diles a Aarón y a sus hijos que se abstengan de las cosas santas que los hijos de Israel me han dedicado, y no profanen mi santo nombre. Yo soy el Señor.

3 »Diles que todo varón descendiente suyo que, estando impuro, se acerque a las ofrendas sagradas que los hijos de Israel consagran al Señor, será eliminado de mi presencia. Esto vale para todas sus generaciones. Yo soy el Señor.

4 »Todo varón descendiente de Aarón que tenga lepra, o tenga un derrame de semen, no podrá comer de las ofrendas sagradas hasta que esté puro.

»El que toque algún objeto de un cadáver, o el que haya tenido un derrame de semen,

5 o el que esté impuro por haber tocado algún hombre o reptil impuro, o alguna impureza de sí mismo,

6 quedará impuro hasta el anochecer y no podrá comer de las ofrendas sagradas hasta que haya lavado su cuerpo con agua.

7 En cuanto el sol se ponga quedará limpio, y entonces podrá comer de las ofrendas sagradas, porque son su alimento.

8 »Ningún sacerdote podrá comer ningún animal que haya sido matado o desgarrado por alguna fiera, pues se contaminará con eso. Yo soy el Señor.

9 »Cumplan con mis ordenanzas, para que no mueran por profanarlas ni tengan que cargar con su pecado. Yo soy el Señor, que los santifico.

10 »Nadie ajeno al sacerdocio comerá de las ofrendas sagradas, ni siquiera los huéspedes de los sacerdotes ni sus jornaleros.

11 Sólo podrán comer de las ofrendas sagradas los esclavos que los sacerdotes compren por dinero y los criados que nazcan en su casa.

12 »Si la hija de un sacerdote se casa con alguien ajeno al sacerdocio ya no podrá comer de las ofrendas sagradas.

13 Sólo podrá comer de los alimentos de su padre sacerdote si es viuda o divorciada, y si por no tener hijos vuelve a la casa paterna y vive allí como cuando era joven. Pero ningún extraño podrá comer de esas ofrendas.

14 »Si alguien, sin proponérselo, come de alguna ofrenda sagrada, devolverá al sacerdote la ofrenda sagrada más el equivalente a una quinta parte.

15 »No profanen las ofrendas sagradas que los hijos de Israel apartan para mí.

16 Si ustedes les permiten comer de esas ofrendas, los harán cargar con su pecado. Yo soy el Señor, que los santifico.»

17 El Señor habló con Moisés, y le dijo:

18 «Habla con Aarón y con sus hijos, y con todos los hijos de Israel, y diles que si algún israelita, o algún extranjero que viva en Israel, me presenta su ofrenda en pago de sus votos, o como ofrenda voluntaria para quemarla como holocausto,

19 para que yo la acepte debe ofrecerme un macho sin defecto, que puede tomar del ganado vacuno, o de sus corderos o cabras.

20 No deben presentarme ningún animal

que tenga algún defecto, porque yo no lo aceptaré.[a]

[21] »Si alguien me presenta una vaca o una oveja como sacrificio de paz, o como ofrenda voluntaria para cumplir un voto, para que yo acepte la ofrenda el animal no debe tener ningún defecto.

[22] No podrán ofrecer sobre mi altar, como ofrenda encendida, ningún animal que esté ciego, o con una pierna rota, o mutilado, verrugoso, sarnoso o roñoso.

[23] Como ofrenda voluntaria podrán ofrecer un buey o un carnero que tenga de más o de menos, pero un animal así no lo aceptaré en pago de un voto.

[24] »No me ofrezcan ningún animal con testículos heridos o magullados, rasgados o extirpados. No ofrezcan en su tierra esta clase de animales.

[25] Tampoco reciban de manos de los extranjeros animales así, ni me los ofrezcan como mi alimento, porque esos animales están defectuosos y corrompidos, y yo no los aceptaré.»

[26] El Señor habló con Moisés, y le dijo:

[27] «Cuando nazca un becerro, un cordero o una cabra, podrá quedarse con su madre siete días, pero a partir del octavo día lo aceptaré como ofrenda de sacrificio encendido.

[28] »No degüellen en un mismo día a una vaca u oveja, junto con su cría.

[29] »Cuando ustedes me ofrezcan un sacrificio de acción de gracias, deberán hacerlo de tal manera que me sea aceptable.

[30] Deberán comer la carne ese mismo día, sin dejar nada para el día siguiente. Yo soy el Señor.

[31] »Cumplan mis mandamientos. Pónganlos en práctica. Yo soy el Señor.

[32] »No profanen mi santo nombre, sino santifíquenme en medio de los hijos de Israel. Yo soy el Señor, que los santifico.

[33] Yo los saqué de la tierra de Egipto, para ser su Dios. Yo soy el Señor.»

LECCIONES **FIESTAS DEL SEÑOR**

(Levítico 23.20)

Dios dijo que en ciertos días del año el pueblo debía celebrar y adorar juntos. Estos días especiales se llamaban "fiestas del Señor". Estos días, el pueblo celebraba la bondad de Dios. Las fiestas tenían lugar en épocas específicas del año, como por ejemplo, el momento de la cosecha. Haz una lista de días especiales en los que tú celebras y adoras a Dios, tales como el Día de Acción de Gracias, la Navidad y la Pascua de Resurrección. Al lado de cada fiesta, escribe una manera en que tú y tu familia pueden celebrar ese día.

Las fiestas solemnes

(Nm 28.16—29.40)

23 [1] El Señor habló con Moisés, y le dijo:

[2] «Habla con los hijos de Israel y diles que deben proclamar mis fiestas solemnes como santas convocaciones en mi honor. Éstas son mis fiestas:

[3] »Seis días trabajarán, pero el séptimo día será de reposo y de convocación santa. No harán[a] ningún trabajo. Dondequiera que ustedes vivan será día de reposo en honor del Señor.

[4] »Las fiestas solemnes en mi honor, las convocaciones santas que ustedes celebrarán en las fechas señaladas, son las siguientes:

[5] »El día catorce del mes primero, entre la tarde y la noche, será la pascua del Señor.[b]

[6] »El día quince del mismo mes será la fiesta solemne de los panes sin levadura[c] en honor del Señor. Siete días comerán panes sin levadura.

[7] El primer día celebrarán una convocación santa, y no harán ningún trabajo de esclavos.

[8] Durante siete días me presentarán una

[a]**22.20:** Dt 17.1. [a]**23.3:** Éx 20.8-10; 23.12; 31.15; 34.21; 35.2; Dt 5.12-14. [b]**23.5:** Éx 12.1-13; Dt 16.1-2. [c]**23.6-8:** Éx 12.14-20; 23.15; 34.18; Dt 16.3-8.

ofrenda encendida, y el séptimo día celebra-
rán una convocación santa. No harán nin-
gún trabajo de esclavos.»
9 El Señor habló con Moisés, y le dijo:
10 «Habla con los hijos de Israel, y diles
que cuando ustedes hayan entrado en la
tierra que voy a darles, y cosechen su tri-
go, deberán llevar al sacerdote una gavilla
como primicia de los primeros frutos de
su cosecha.
11 El sacerdote mecerá ante mí la gavilla,
para que yo la acepte. La mecerá un día des-
pués del día de reposo.
12 »El día que ustedes ofrezcan la gavi-
lla, ofrecerán también, como holocausto
en mi honor, un cordero de un año, sin
defecto.
13 Como ofrenda encendida de olor gratí-
simo me presentarán cuatro litros de flor de
harina amasada con aceite, y como libación
un litro de vino.
14 No comerán pan, ni grano tostado,
ni espigas frescas, hasta el mismo día
en que me presenten esta ofrenda. Éste
es un estatuto perpetuo para todos sus
descendientes, dondequiera que ustedes
habiten.
15 »Deberán contar siete semanas com-
pletas a partir del primer día después del
día de reposo, es decir, a partir del día en
que ofrecieron la gavilla de la ofrenda me-
cida.
16 Contarán cincuenta días, hasta el día si-
guiente al séptimo día de reposo. Entonces
ofrecerán al Señor el grano nuevo.
17 Desde el lugar en que residan traerán
dos panes hechos con cuatro litros de flor
de harina, y cocidos con levadura, que serán
las primicias ofrecidas al Señor como ofren-
da mecida.
18 Con el pan ofrecerán siete corderos de
un año, sin defecto, un becerro del ganado,
y dos carneros. Los ofrecerán en holocausto
al *Señor, junto* con su ofrenda y sus libacio-
nes, como ofrenda encendida de olor grato
al Señor.
19 También ofrecerán como expiación un
macho cabrío, y dos corderos de un año
como sacrificio de ofrenda de paz.
20 El sacerdote los presentará delante del Se-
ñor como ofrenda mecida, junto con el pan
de las primicias y los dos corderos. Serán una
ofrenda consagrada al Señor, para el sacerdote.
21 Y ese mismo día celebrarán ustedes una
convocación santa. No harán ningún traba-
jo de esclavos. Éste será un estatuto perpe-
tuo para ustedes y sus descendientes,[d] en
dondequiera que habiten.
22 »Cuando cosechen el trigo de sus cam-
pos, no sieguen hasta el último rincón ni
recojan todas las espigas. Déjenlas para los
pobres y los extranjeros. Yo soy el Señor su
Dios.»[e]
23 El Señor habló con Moisés, y le dijo:
24 «Habla con los hijos de Israel, y diles que
el día primero del mes séptimo será para
ustedes día de reposo, en el que al son de
las trompetas deberán celebrar una santa
convocación.
25 Ese día no deben realizar ningún trabajo
de esclavos, y en mi honor presentarán una
ofrenda encendida.»
26 El Señor habló con Moisés, y le dijo:
27 «El día diez del mes séptimo será el día
de la expiación.[f] Ese día celebrarán una con-
vocación santa, y ayunarán y me presenta-
rán una ofrenda encendida.
28 Es el día de la expiación, en que se re-
conciliarán conmigo, así que ese día no ha-
rán ningún trabajo.
29 Todo aquel que no ayune ese día, será
eliminado de su pueblo.
30 A quien realice algún trabajo en ese día,
yo lo eliminaré de su pueblo.
31 Dondequiera que ustedes habiten, éste
será un estatuto perpetuo para todos sus
descendientes: No deben realizar ningún
trabajo.
32 Será para ustedes un día de reposo, y
desde el atardecer del día nueve del mes
hasta el atardecer del día siguiente deberán
ayunar y reposar.»

[d]**23.15-21:** Éx 23.16; 34.22; Dt 16.9-12. [e]**23.22:** Lv 19.9-10; Dt 24.19-22. [f]**23.26-32:** Lv 16.29-34.

33 El Señor habló con Moisés, y le dijo:
34 «Habla con los hijos de Israel, y diles que
a partir del día quince del mes séptimo, y
durante los siete días siguientes, celebrarán
la fiesta solemne de las enramadas[g] en ho-
nor del Señor.
35 El primer día habrá una convocación
santa, y no deben hacer ningún trabajo de
esclavos.
36 Durante siete días me presentarán una
ofrenda encendida, y el octavo día celebra-
rán una convocación santa, en la que me
presentarán una ofrenda encendida. Se
trata de una fiesta, así que no harán ningún
trabajo de esclavos.
37 »Éstas son mis fiestas solemnes. Para
celebrarlas, convocarán a reuniones santas
y, en el momento debido, me presentarán
ofrendas encendidas, holocaustos, ofren-
das, sacrificios y libaciones,
38 además de los donativos, votos y todas
las ofrendas voluntarias que ustedes acos-
tumbran presentarme los días de reposo.
39 »A los quince días del mes séptimo,
cuando hayan recogido ya sus cosechas,
durante toda la semana[h] harán una fiesta
en mi honor. Tanto el primer día como el
octavo serán días de reposo.
40 El primer día tomarán ramas con frutos
de los mejores árboles, es decir, ramas de
palmeras, de árboles frondosos, y de sauces
de los arroyos, y durante siete días harán
fiesta en mi presencia.
41 Esta fiesta de siete días en mi honor
la deben celebrar cada año. Es un estatuto
perpetuo para todos sus descendientes, y la
celebrarán en el mes séptimo.
42 Durante siete días todos ustedes, los
que hayan nacido en Israel, vivirán en taber-
náculos.
43 Así sabrán los descendientes de ustedes
que, cuando yo saqué de Egipto a los hijos
de Israel, los hice habitar en enramadas. Yo
soy el Señor su Dios.»
44 Así habló Moisés con los hijos de Israel
acerca de las fiestas solemnes del Señor.

Aceite para las lámparas

(Éx 27.20-21)

24 1 El Señor habló con Moisés, y
le dijo:
2 «Manda a los hijos de Is-
rael que te traigan aceite puro de oliva para
el alumbrado, para mantener las lámparas
encendidas siempre.
3 Aarón pondrá las lámparas delante de
mí en el tabernáculo de reunión, fuera del
velo del testimonio, desde la tarde hasta
el amanecer. Éste es un estatuto perpetuo
para sus descendientes.
4 Las pondrá siempre en orden delante de
mí, sobre el candelero limpio.

El pan de la proposición

5 »Tomarás flor de harina, y con ella harás
doce tortas, cada una con cuatro litros de
harina.
6 Las pondrás en mi presencia[a] sobre la
mesa de oro puro, en dos hileras de seis pa-
nes cada una.
7 Sobre cada hilera pondrás también in-
cienso puro, que aromatizará el pan como
ofrenda encendida en mi honor.
8 Se trata de un pacto perpetuo. Todos
los días de reposo, sin falta, Aarón pondrá el
pan en orden delante de mí, de parte de los
hijos de Israel.
9 Este pan será para Aarón y sus descen-
dientes,[b] por derecho perpetuo. Deberán
comerlo en un lugar santo, porque de las
ofrendas encendidas en mi honor ésta es
una ofrenda muy santa.»

Castigo para la blasfemia

10 Por esos días, un hombre que era hijo
de una israelita y de un egipcio, y que vivía
entre los hijos de Israel, salió del campamen-
to y se peleó con un israelita.
11 La israelita, madre de ese hombre, se lla-
maba Selomit, y era hija de un danita llama-
do Dibri. Y sucedió que ese hombre blasfe-
mó contra el nombre del Señor y lanzó una
maldición, así que lo llevaron ante Moisés

[g] **23.33-36:** Dt 16.13-15. [h] **23.39-43:** Éx 23.16; 34.22. [a] **24.5-6:** Éx 25.30. [b] **24.9:** Mt 12.4; Mr 2.26; Lc 6.4.

12 y lo pusieron en la cárcel, hasta tener una palabra del Señor al respecto.

13 El Señor habló con Moisés, y le dijo:

14 «Saca del campamento a ese blasfemo, para que todos los que lo oyeron maldecir pongan las manos sobre su cabeza, y toda la congregación lo apedree.

15 Habla luego con los hijos de Israel, y diles que todo el que maldiga a su Dios tendrá que cargar con su pecado;

16 que todo el que blasfeme contra mi nombre será condenado a muerte, y que toda la congregación lo apedreará. Esto vale tanto para los extranjeros como para los israelitas por nacimiento: si blasfeman contra mi Nombre, serán condenados a muerte.

17 »El que hiera de muerte a otra persona, será condenado a muerte.[c]

18 »El que hiera a un animal tendrá que restituirlo con otro animal.

19 »Al que hiera a su prójimo se le infligirá el mismo daño:

20 rotura por rotura, ojo por ojo, diente por diente.[d] Según el daño que cause a otro, será el daño que recibirá.

21 »El que hiera a un animal tendrá que restituirlo, pero el que hiera de muerte a un hombre será condenado a muerte.

22 »Un mismo estatuto se aplicará al extranjero y al israelita por nacimiento.[e] Yo soy el Señor su Dios.»

23 Y Moisés habló con los hijos de Israel, y ellos sacaron del campamento al blasfemo y lo apedrearon. Así cumplieron los hijos de Israel con lo que el Señor le había ordenado a Moisés.

El año de reposo y el año del jubileo

25 1 El Señor habló con Moisés en el monte Sinaí, y le dijo:

2 «Habla con los hijos de Israel, y diles que cuando entren en la tierra que yo les doy, la tierra deberá reposar en honor al Señor.

3 Cultivarás la tierra durante seis años, y durante esos seis años podarás tus viñas y recogerás sus frutos,

4 pero el séptimo año la tierra tendrá que reposar. Es un reposo en honor del Señor, y no debes cultivar tu tierra ni podar tus viñas.

5 No podrás cosechar lo que nazca de manera natural en tu tierra segada, ni podrás recoger las uvas de tu viñedo. Será para la tierra un año de reposo.

6 Pero durante ese reposo la tierra producirá alimento para ti y para tus siervos y siervas, y para tus criados y los extranjeros que residan contigo.

7 Todo los frutos que la tierra produzca serán para que coman[a] tus animales y las bestias salvajes.

8 »Contarás además siete semanas de años, es decir, siete veces siete años, de modo que las siete semanas de años den un total de cuarenta y nueve años.

9 Y el día diez del mes séptimo, que es el día de la expiación, ordenarás que se toque la trompeta con fuerza por todo el país.

10 El año cincuenta será declarado año sagrado, y ustedes anunciarán la libertad para todos los habitantes del país. Será para ustedes un año de jubileo, y cada uno de ustedes volverá a su familia y a su patrimonio familiar.

11 El año cincuenta será para ustedes de jubileo. No sembrarán, ni cosecharán lo que la tierra produzca de manera natural, ni vendimiarán sus viñedos.

PROMESAS PODEROSAS

LEVÍTICO 25.23

La tierra no podrá venderse a perpetuidad, porque la tierra es mía. Ustedes son, para mí, forasteros y extranjeros.

Los israelitas no eran dueños de la tierra; Dios era el dueño. De la misma manera, como seguidores de Jesús, todo lo que tenemos le pertenece a Dios. ¿Cómo estás cuidando tú las pertenencias de Dios?

[c] **24.17:** Éx 21.12. [d] **24.20:** Éx 21.23-25; Dt 19.21; Mt 5.38. [e] **24.22:** Nm 15.16. [a] **25.1-7:** Éx 23.10-11.

12 Es un año de jubileo, y será para ustedes
un año sagrado. Sólo podrán comer lo que
la tierra produzca.
13 »En este año de jubileo cada uno de
ustedes recuperará su patrimonio familiar.
14 Si venden algo a su prójimo, o le com-
pran, no se hagan trampa.
15 Una vez pasado el jubileo, comprarás de
tu prójimo según el número de años trans-
curridos, y él te venderá a ti según el núme-
ro de cosechas que haya recogido.
16 El precio aumentará o disminuirá, de-
pendiendo del número de años transcurri-
dos, porque lo que él te venderá es el núme-
ro de cosechas.
17 »No se hagan trampas el uno al otro. Al
contrario, demuestren que tienen temor de
mí, porque yo soy el Señor su Dios.
18 »Cumplan con mis estatutos y orde-
nanzas. Pónganlos en práctica, y habitarán
tranquilos en el país;
19 la tierra dará sus frutos, y ustedes co-
merán hasta saciarse y habitarán tranquilos
en ella.
20 Y si acaso se preguntan: "¿Y qué vamos
a comer el séptimo año, si no vamos a sem-
brar ni a cosechar nuestros productos?",
21 yo los bendeciré el sexto año, y la tierra
dará frutos para tres años.
22 Así en el año octavo ustedes sembrarán,
y mientras tanto comerán del fruto añejo
hasta el año noveno, y tendrán comida has-
ta que puedan cosechar.
23 »La tierra no podrá venderse a perpe-
tuidad, porque la tierra es mía. Ustedes son,
para mí, forasteros y extranjeros.
24 Por lo tanto, en toda la tierra que uste-
des posean, deberán conceder el derecho a
rescatarla.
25 *»Si tu hermano empobrece*, y vende
alguna posesión suya, su pariente más cer-
cano podrá acudir al rescate de lo que su
hermano haya vendido.
26 »Si el que vendió no tiene quien pague
el rescate, pero consigue lo suficiente para
pagarlo,
27 contará los años transcurridos desde la
venta y pagará la diferencia al comprador, y
la propiedad volverá a sus manos.
28 Pero si no consigue lo suficiente para re-
cuperar la propiedad, ésta se quedará hasta
el año del jubileo en poder del que la com-
pró, y en el año del jubileo podrá volver a
su posesión.
29 »El que venda una casa habitable en
una ciudad amurallada tendrá el derecho
de redimirla durante un año a partir de la
venta; un año será el tiempo límite para po-
der redimirla.
30 En caso de que la casa en la ciudad
amurallada no sea rescatada en el término
de un año, no quedará liberada en el jubileo,
sino que se quedará para siempre en poder
del que la compró y de sus descendientes.
31 »Las casas en aldeas no amuralladas
serán consideradas como un terreno en el
campo, y podrán ser rescatadas y quedarán
liberadas en el jubileo.
32 »En cuanto a las ciudades de los levitas,
éstos podrán rescatar en cualquier momen-
to las casas que estén en las ciudades de su
posesión.
33 Si alguien le compra a un levita, en el
jubileo saldrá de la casa vendida, o de la ciu-
dad de su posesión, puesto que las casas de
las ciudades de los levitas son la posesión de
ellos entre los hijos de Israel.
34 »Los terrenos ejidales de sus ciudades
no se venderán, porque son su posesión
perpetua.
35 »Si tu hermano empobrece y busca
tu ayuda, tú lo ampararás; vivirá contigo[b]
como si fuera un forastero y extranjero.
36 Si le prestas dinero, no le pedirás que
te pague intereses o ganancias; al contrario,
tendrás temor de tu Dios, y tu hermano vi-
virá contigo.
37 No le prestarás dinero ni víveres a la ma-
nera de los usureros.[c]
38 Yo soy el Señor su Dios, que los sacó de
la tierra de Egipto para darles la tierra de Ca-
naán y para ser su Dios.

[b] **25.35:** Dt 15.7-8. [c] **25.37:** Éx 22.25; Dt 23.19-20.

39 »Si tu hermano empobrece, y estando contigo te pide comprarlo, no lo tratarás como a un esclavo.

40 Vivirá contigo como criado y como extranjero, y te servirá hasta el año del jubileo.

41 Ese año saldrá libre de tu casa, junto con sus hijos, para volver a su familia y reintegrarse a la propiedad de sus padres.

42 Y es que ellos son mis siervos. Yo los saqué de la tierra de Egipto, así que no serán vendidos como esclavos.

43 No lo tratarás con crueldad, sino que tendrás temor de tu Dios.

44 »Si llegas a tener esclavos y esclavas, cómpralos de los pueblos a tu alrededor.

45 También podrás comprar a los hijos de los forasteros que vivan entre ustedes y a los de las familias de esclavos que nazcan entre ustedes. A ellos podrán tenerlos como su posesión,

46 y podrán dejárselos a sus hijos después de ustedes como herencia. Serán su posesión hereditaria, y para siempre serán sus esclavos, pero no serán los amos de sus hermanos israelitas, ni los tratarán con crueldad.[d]

47 »Si el forastero o el extranjero que viva contigo llega a ser rico, y tu hermano que está junto a él empobrece y se vende como esclavo a ese forastero o extranjero, o a alguno de su familia,

48 después de haberse vendido podrá ser rescatado por alguno de sus hermanos,

49 sea éste su tío o su sobrino, o un pariente cercano de su familia. Cualquiera de ellos podrá rescatarlo y, si sus medios lo permiten, hasta él mismo podrá rescatarse.

50 Hará la cuenta con el que lo compró, desde el año en que se vendió a él hasta el año del jubileo, y el precio de su venta habrá de calcularse conforme al número de años, y el tiempo que estuvo con él se calculará como si todo ese tiempo hubiera estado asalariado.

51 Si aún faltan muchos años para su rescate, del dinero por el que se vendió devolverá la cantidad correspondiente a esos años.

PROMESAS PODEROSAS

LEVÍTICO 26.12

Andaré entre ustedes, y yo seré su Dios, y ustedes serán mi pueblo.

Dios le prometió a los israelitas que caminaría entre ellos. Prometió ayudarlos y protegerlos. Recuerda que Dios también está presente y activo en la vida tuya.

52 Pero si falta poco tiempo para el año del jubileo, entonces hará un cálculo y devolverá al comprador el rescate correspondiente a esos años.

53 »Ustedes no deberán permitir que el comprador lo trate con crueldad, sino que deberá tratarlo como al que trabaja por un salario anual.

54 Si el que se vendió no es rescatado durante esos años, en el año del jubileo obtendrá su libertad, junto con sus hijos.

55 Porque los hijos de Israel son mis siervos. Yo los saqué de la tierra de Egipto. Yo soy el Señor su Dios.

Bendiciones de la obediencia

(Dt 7.12-24; 28.1-14)

26 1 »No se harán ídolos[a] ni esculturas,[b] ni levantarán estatuas, ni colocarán en su país piedras pintadas para adorarlas, porque yo soy el Señor su Dios.

2 Respetarán mis días de reposo, y mostrarán reverencia por mi santuario. Yo soy el Señor.

3 »Si ustedes siguen mis decretos, y cumplen y practican mis mandamientos,

4 yo haré que llueva a tiempo, y que la tierra produzca, y que los árboles del campo den su fruto.

5 Aún estarán cosechando su trigo cuando ya será tiempo de la vendimia, y aún estarán vendimiando cuando ya será tiempo de sembrar. Ustedes comerán su pan hasta saciarse,[c] y habitarán la tierra en tranquilidad.

[d]**25.39-46:** Éx 21.2-6; Dt 15.12-18. [a]**26.1:** Lv 19.4. [b]**26.1:** Éx 20.4; Dt 5.8; 16.21-22; 27.15.

[6] Yo haré que haya paz en la tierra, y us-
tedes dormirán sin sobresaltos, porque yo
eliminaré de su tierra los animales salvajes, y
la espada no llegará a su país.
[7] Ustedes perseguirán a sus enemigos, y
ellos caerán ante ustedes a filo de espada.
[8] Bastarán cinco de ustedes para poner en
fuga a cien; un centenar de ustedes pondrá
en fuga a diez mil, y sus enemigos caerán
ante ustedes a filo de espada.
[9] Yo les mostraré mi favor y los haré cre-
cer y multiplicarse, y afirmaré mi pacto con
ustedes.
[10] Comerán alimentos añejados, y pon-
drán aparte lo añejo para guardar lo nuevo.
[11] Yo estableceré mi residencia en medio
de ustedes, y no los rechazaré.
[12] Andaré entre ustedes, y yo seré su Dios,
y ustedes serán mi pueblo.[d]
[13] Yo soy el Señor su Dios, que los sacó de
la tierra de Egipto, para que ya no fueran sus
esclavos. Yo rompí las correas de su yugo,
para que ustedes pudieran caminar con el
rostro en alto.

Consecuencias de la desobediencia

(Dt 28.15-68)

[14] »Pero si no me oyen ni cumplen con
todos estos mandamientos míos,
[15] sino que desdeñan mis decretos, menos-
precian mis estatutos, no practican todos
mis mandamientos e invalidan mi pacto,
[16] esto es lo que yo haré con ustedes: Les
enviaré terror, extenuación y fiebre, que los
atormentarán y les consumirán los ojos. En
vano sembrarán ustedes su semilla, porque
sus enemigos se la comerán.
[17] Yo les volveré la espalda, y ustedes cae-
rán heridos delante de sus enemigos. Éstos
serán sus amos, y ustedes huirán sin que na-
die los persiga.
[18] »Si a pesar de todo esto, ustedes no me
hacen caso, yo los castigaré por sus pecados
siete veces más.
[19] Venceré la soberbia y el orgullo de us-
tedes, y haré que el cielo se vuelva como
el hierro, y que la tierra se vuelva como el
bronce.
[20] De nada servirá que agoten sus fuerzas,
porque la tierra no les rendirá ningún pro-
ducto, ni los árboles del campo les darán su
fruto.
[21] »Si ustedes siguen oponiéndose a mí, y
no quieren oírme, yo lanzaré sobre ustedes
plagas siete veces mayores que sus pecados.
[22] Además, enviaré contra ustedes bestias
feroces que les arrebatarán sus hijos y des-
truirán su ganado. A tal grado reducirán el
número de ustedes, que sus caminos que-
darán desiertos.
[23] »Si después de esto no se corrigen, sino
que siguen oponiéndose a mí,
[24] yo también me pondré en contra de
ustedes, y siete veces los heriré por sus pe-
cados.
[25] Descargaré sobre ustedes la espada de
mi venganza, para vindicar mi pacto. Si aca-
so buscan refugio en sus ciudades, yo envia-
ré contra ustedes la peste, y ustedes caerán
en manos del enemigo.

[c] **26.3-5:** Dt 11.13-15. [d] **26.12:** 2 Co 6.16.

LES VOLVERÉ LA ESPALDA *(Levítico 26.17)*

PODER PARA VIVIR

Dios tiene que apartarse del pecado. Esto es lo que Él quiso decir cuando dijo: "Les volveré la espalda." Lo entristecía apartarse del pueblo que había rescatado. Dios no disfruta de castigar a la gente. Pero si la gente se rebela y peca contra él, a Dios no le queda otra alternativa. Esta es la gran tragedia del pecado: ya que Dios es santo y justo, Él tiene que apartar la mirada del pecador. Pero esto no tiene que ocurrir. Dios nos da una elección. Si obedecemos su Palabra y buscamos ser parte de su plan, Él siempre vuelve su rostro hacia nosotros.

26 Cuando yo despedace las espigas, diez mujeres cocerán su pan en un solo horno, y les venderán el pan por peso, de modo que ustedes comerán pero no se saciarán.

27 »Si después de esto no me oyen, sino que siguen oponiéndose a mí,

28 yo descargaré mi enojo sobre ustedes, y siete veces los castigaré por sus pecados.

29 ¡Hasta se comerán la carne de sus hijos y sus hijas!

30 Yo destruiré sus lugares altos, derribaré sus imágenes, y echaré sus cadáveres sobre los cuerpos inertes de sus ídolos, y los aborreceré con toda mi alma.

31 Dejaré desiertas sus ciudades, asolaré sus santuarios, y no aspiraré la fragancia de sus delicados perfumes.

32 Asolaré también la tierra, y sus enemigos que allí habiten se quedarán pasmados.

33 A ustedes los esparciré por todas las naciones, y los perseguiré con la espada desenvainada. ¡Su tierra quedará asolada, y sus ciudades quedarán desiertas!

34 »Entonces, mientras ustedes estén en el país de sus enemigos, la tierra gozará de sus días de reposo. Mientras la tierra esté asolada, descansará y gozará de sus días de reposo.

35 Todo el tiempo que esté asolada, tendrá el reposo que no tuvo mientras ustedes la habitaron.

36 A aquellos de ustedes que sobrevivan en la tierra de sus enemigos, les infundiré tal cobardía en el corazón que huirán en cuanto oigan el sonido de una hoja al moverse; huirán como quien huye ante la espada, ¡caerán sin que nadie los persiga!

37 Tropezarán los unos con los otros, como si huyeran de la espada y aunque nadie los persiga. ¡No podrán hacerles frente a sus enemigos!

38 Perecerán entre naciones extrañas, y la tierra de sus enemigos acabará con ustedes.

39 Por causa de su iniquidad, aquellos de ustedes que sobrevivan irán muriendo en los países de sus enemigos, y por la iniquidad de sus padres morirán con ellos.

40 »Tal vez reconozcan su iniquidad, y la iniquidad de sus padres, y el hecho de haber pecado contra mí, y que además siempre se opusieron a mí,

41 y que yo también me opuse a ellos y los llevé a la tierra de sus enemigos. Tal vez se humille su corazón incircunciso y reconozcan su pecado.

42 En tal caso, yo me acordaré de mi pacto con Jacob,[e] con Isaac[f] y con Abrahán,[g] y me acordaré también de la tierra.

43 La tierra quedará entonces abandonada por ellos, y gozará de sus días de reposo al quedar desierta por culpa de ellos. Entonces ellos se someterán al castigo de sus iniquidades por haber menospreciado mis ordenanzas y por sentirse hastiados de mis estatutos.

44 Pero a pesar de todo esto, y aunque ellos se encuentren en el país de sus enemigos, yo no los desecharé ni los aborreceré al grado de consumirlos; no invalidaré mi pacto con ellos, porque yo soy el Señor su Dios.

45 Al contrario, me acordaré de ellos por causa del pacto antiguo, cuando a la vista de las naciones los saqué de Egipto para ser su Dios. Yo soy el Señor.»

46 Éstos son los estatutos, ordenanzas y leyes que, por medio de Moisés, estableció el Señor en el monte Sinaí entre él y los hijos de Israel.

Consagración y rescate[1]

27 1 El Señor habló con Moisés, y le dijo:

2 «Habla con los hijos de Israel, y diles que cuando alguien me haga un voto especial, el cálculo se hará según el número de personas que se hayan de redimir.

3 Los varones de veinte a sesenta años los calcularás en cincuenta monedas de plata, según el peso oficial del santuario;

4 las mujeres, las estimarás en treinta monedas de plata.

[e]**26.42:** Gn 28.13-14. [f]**26.42:** Gn 26.3-4. [g]**26.42:** Gn 17.7-8.

5 Los varones de cinco a veinte años los calcularás en veinte monedas; las mujeres, en diez monedas.

6 Los varones de un mes y hasta cinco años, los calcularás en cinco monedas de plata; las mujeres, en tres monedas de plata.

7 Los varones mayores de sesenta años los calcularás en quince monedas; las mujeres, en diez.

8 »Si quien hizo el voto es muy pobre para pagar el rescate calculado, deberá ser llevado ante el sacerdote para que éste fije el precio, según las posibilidades del que hizo el voto.

9 »Si se trata de uno de los animales que suelen presentarse al Señor como ofrenda, ese animal presentado al Señor quedará consagrado.

10 No podrá ser cambiado ni trocado, ni bueno por malo, ni malo por bueno. En caso de permutar un animal por otro, ambos animales quedarán consagrados.

11 »Si el animal presentado es impuro, es decir, de los que no se ofrecen al Señor, se pondrá el animal delante del sacerdote,

12 y éste determinará si el animal es bueno o malo, y prevalecerá la estimación del sacerdote.

13 Si el que presenta el animal quiere rescatarlo, deberá pagar una quinta parte más del valor calculado.

14 »Si alguien dedica su casa y la consagra al Señor, el sacerdote determinará si ésta es buena o mala, y prevalecerá la estimación del sacerdote.

15 »Si el que dedica la casa desea rescatarla, deberá pagar una quinta parte más del valor calculado, y entonces la casa será suya.

16 »Si alguien dedica al Señor una parte *de su terreno familiar, su valor* se calculará según lo que se siembre en ella. Por cada doscientos litros de semilla de cebada se pagarán cincuenta monedas de plata.

17 »Si el terreno se dedica a partir del año del jubileo, prevalecerá el valor calculado.

18 »Si el terreno se dedica después del jubileo, entonces el sacerdote calculará su valor según los años que falten hasta el año del jubileo, y el valor calculado se reducirá.

19 »Si el que dedica el terreno quiere redimirlo, deberá pagar una quinta parte más del valor calculado, y entonces el terreno será suyo.

20 »Si el que dedica el terreno no lo rescata, y éste se vende a otro, ya no podrá rescatarlo.

21 Cuando llegue el jubileo y el terreno sea liberado, quedará consagrado al Señor como tierra santa, y pasará a ser propiedad sacerdotal.

22 »Si alguien compra un terreno que no era de su herencia familiar, y lo dedica al Señor,

23 entonces el sacerdote calculará su valor hasta el año del jubileo, y ese día se deberá pagar el precio señalado. Se trata de una ofrenda consagrada al Señor.

24 En el año del jubileo el terreno volverá a ser propiedad familiar de quien lo había comprado.

25 »Todos los cálculos se harán según el peso oficial del santuario, que es el siclo de diez gramos de plata.

26 »La primera cría de los animales, sea un ternero o una oveja, no podrá ser dedicada. Se trata de un primogénito, y le pertenece al Señor.

27 »Si esta primera cría es de animales impuros, podrá ser rescatada según el valor calculado, más una quinta parte de ese valor. Si no es rescatada, se venderá según el valor calculado.

28 »No podrá venderse ni rescatarse nada que haya sido consagrado por completo al Señor. Trátese de hombres o animales, o de terrenos de su posesión, todo lo consagrado[a] por completo al Señor es una ofrenda santísima.

29 Ninguna persona consagrada por completo al Señor podrá ser rescata-

[1]**27.1-34** Las ofrendas podían ser personas (vv. 2-8), animales (vv. 9-13), casas (vv. 14-15) o terrenos (vv. 16-25), y ser rescatadas pagando el equivalente en dinero. [a]**27.28:** Nm 18.14.

da. Indefectiblemente será condenada a
muerte.
30 »El diezmo de la tierra es del Señor, lo
mismo de la simiente de la tierra como del
fruto de los árboles. Se trata de una ofrenda
consagrada al Señor.
31 »Si alguien quiere rescatar algo del diez-
mo, deberá para ello añadir la quinta parte
de su valor.
32 »El diezmo de las vacas o de las ovejas,
es decir, de todos los animales que pasan
bajo la vara, será consagrado al Señor.
33 No se verá si el animal es bueno o malo,
ni se cambiará por otro animal. En caso de
cambiarlo, tanto el primer animal como el
dado a cambio quedarán consagrados y no
podrán ser rescatados.»[b]
34 Éstos son los mandamientos que el Se-
ñor dio a Moisés en el monte Sinaí para los
hijos de Israel.

---

[a] 27.30-33: Nm 18.21; Dt 14.22-29.

NÚMEROS

Autor: **Moisés**
Tema: **Vagando por el desierto**
Fecha en que se escribió: **c. -1405 a.C.**

VAGANDO

El título del libro: Números, se refiere a los censos que se tomaron de los hombres de guerra como preparación para la guerra. Pero en realidad, Moisés escribió este libro para explicar por qué los israelitas no entraron a la Tierra Prometida después de partir del monte Sinaí. Ellos no creían en el poder de Dios, de modo que vagaron por el desierto por cuarenta años.

LO QUE ENCONTRARÁS EN EL LIBRO

En los capítulos 1-4, Dios le instruyó a Moisés que contara a los hombres de guerra en cada tribu de Israel. Pero desde el momento en que partieron del monte Sinaí para viajar a Cades (10:11), los israelitas encontraron razones para quejarse (capítulo 11). Aun María y Aarón se quejaron de su hermano, Moisés (capítulo 12). Pero las peores quejas vinieron después que Moisés envió a doce espías a explorar la tierra de Canaán (capítulo 13). Cuando sólo dos de los espías, Josué y Caleb, regresaron con un buen reporte, los israelitas se quejaron contra Dios y contra Moisés, y se negaron a entrar en Canaán (capítulo 14). Dios decidió que los israelitas que se habían quejado no entrarían en la Tierra Prometida; entre ellos, sólo entrarían Josué y Caleb.

La rebelión siguió al unirse Coré a otros líderes para quejarse de Moisés (capítulo 15). Muchas personas murieron cuando Dios castigó esta rebelión. Más tarde, Moisés se enojó tanto con las quejas del pueblo que desobedeció las instrucciones de Dios (capítulo 20). Todos los israelitas que tenían veinte años o más (excepto Josué y Caleb) murieron en el desierto. Toda una nueva generación se preparó para entrar en la Tierra Prometida (capítulos 26-36).

¿SABÍAS QUE...?

- El libro empezó a llamarse "Números" cuando se tradujo al griego y al latín.
- Dios mostró que Él no necesita un ejército grande para ganar una gran batalla.
- Los israelitas se perdieron la bendición de Dios porque no creyeron en su poder y lo irrespetaron.
- Este libro también se conoce como el "libro de la disciplina divina" ya que Dios corrigió a su pueblo cuando dudó y se quejó.

Censo de Israel en Sinaí

El día primero del mes segundo del se-
gundo año de la salida de Egipto, el
Señor habló con Moisés en el desier-
to de Sinaí. En el tabernáculo de reunión
le dijo:
2 «Levanten el censo[a] de toda la congrega-
ción de los hijos de Israel. Cuenten los nom-
bres de todos y cada uno de los varones, y
anótenlos por familias y por las familias de
sus antepasados.
3 Aarón y tú contarán a todos los israelitas
de veinte años para arriba que puedan salir
a la guerra, y los agruparán en escuadrones.
4 Con ustedes estará un varón de cada
tribu, que sea jefe en la familia de sus an-
tepasados.
5 »Éstos son los nombres de los varones
que estarán con ustedes:
»De la tribu de Rubén, Elisur hijo de Se-
deur.
6 »De Simeón, Selumiel hijo de Surisaday.
7 »De Judá, Nasón hijo de Aminadab.
8 »De Isacar, Natanael hijo de Suar.
9 »De Zabulón, Eliab hijo de Helón.
10 »De los hijos de José:
»De Efraín, Elisama hijo de Amiud.
»De Manasés, Gamaliel hijo de Pedasur.
11 »De Benjamín, Abidán hijo de Gedeoni.
12 »De Dan, Ajiezer hijo de Amisaday.
13 »De Aser, Pagiel hijo de Ocrán.
14 »De Gad, Eliasaf hijo de Deuel.
15 »De Neftalí, Ajirá hijo de Enán.»
16 Éstos eran jefes de las tribus de sus
padres y capitanes de los escuadrones de
Israel, y fueron nombrados de entre la con-
gregación.
17 Moisés y Aarón tomaron a estos varo-
nes designados por nombre,
18 *y el día primero del mes* segundo reu-
nieron a toda la congregación y fueron
agrupando a todos por familias, según las
familias de sus antepasados y según la cuen-
ta de los nombres de los mayores de veinte
años.
19 Moisés los contó en el desierto de Sinaí,
tal y como el Señor se lo había ordenado.
20 De los hijos de Rubén, el primogénito
de Israel, fueron contados todos los varones
mayores de veinte años que podían salir a
la guerra, cada uno por su nombre, descen-
dencia y familia, según las familias de sus
antepasados.
21 Los contados de la tribu de Rubén fue-
ron cuarenta y seis mil quinientos.
22 De los hijos de Simeón, fueron conta-
dos todos los varones mayores de veinte
años que podían salir a la guerra, cada uno
por su nombre, descendencia y familia, se-
gún las familias de sus antepasados.
23 Los contados de la tribu de Simeón fue-
ron cincuenta y nueve mil trescientos.
24 De los hijos de Gad, fueron contados
todos los varones mayores de veinte años
que podían salir a la guerra, cada uno por
su nombre, descendencia y familia, según las
familias de sus antepasados.
25 Los contados de la tribu de Gad fueron
cuarenta y cinco mil seiscientos cincuenta.
26 De los hijos de Judá, fueron contados
todos los varones mayores de veinte años
que podían salir a la guerra, cada uno por
su nombre, descendencia y familia, según las
familias de sus antepasados.
27 Los contados de la tribu de Judá fueron
setenta y cuatro mil seiscientos.
28 De los hijos de Isacar, fueron contados
todos los varones mayores de veinte años
que podían salir a la guerra, cada uno por
su nombre, descendencia y familia, según las
familias de sus antepasados.
29 Los contados de la tribu de Isacar fue-
ron cincuenta y cuatro mil cuatrocientos.
30 De los hijos de Zabulón, fueron con-
tados todos los varones mayores de veinte
años que podían salir a la guerra, cada uno
por su nombre, descendencia y familia, se-
gún las familias de sus antepasados.
31 Los contados de la tribu de Zabulón
fueron cincuenta y siete mil cuatrocientos.
32 De los hijos de José: de los hijos de Efraín
fueron contados todos los varones mayores

[a] **1.1-46:** Nm 26.1-51.

LECCIONES — CADA UNO JUNTO A SU BANDERA

(Números 1.52)

Cuando las tribus de Israel dejaron de marchar, eran agrupadas alrededor del Tabernáculo, el lugar de adoración portátil. Los levitas y los sacerdotes se colocaron cerca del centro del Tabernáculo, con tres tribus agrupadas en cada uno de sus cuatro lados. Esto mostraba la importancia de mantener a Dios al centro de la vida diaria. El plan de Dios era que su pueblo viviera de una manera organizada. Dios también quiere que nosotros realicemos su obra de acuerdo a un plan meticuloso para que no perdamos nuestro tiempo ni malgastemos nuestros esfuerzos. Los niños poderosos mantienen a Dios al centro de su vida. ¿Y tú?

de veinte años que podían salir a la guerra,
cada uno por su nombre, descendencia y fa-
milia, según las familias de sus antepasados.
33 Los contados de la tribu de Efraín fue-
ron cuarenta mil quinientos.
34 De los hijos de Manasés, fueron con-
tados todos los varones mayores de veinte
años que podían salir a la guerra, cada uno
por su nombre, descendencia y familia, se-
gún las familias de sus antepasados.
35 Los contados de la tribu de Manasés
fueron treinta y dos mil doscientos.
36 De los hijos de Benjamín, fueron con-
tados todos los varones mayores de veinte
años que podían salir a la guerra, cada uno
por su nombre, descendencia y familia, se-
gún las familias de sus antepasados.
37 Los contados de la tribu de Benjamín
fueron treinta y cinco mil cuatrocientos.
38 De los hijos de Dan, fueron contados
todos los varones mayores de veinte años
que podían salir a la guerra, cada uno por
su nombre, descendencia y familia, según las
familias de sus antepasados.
39 Los contados de la tribu de Dan fueron
sesenta y dos mil setecientos.
40 De los hijos de Aser, fueron contados
todos los varones mayores de veinte años
que podían salir a la guerra, cada uno por
su nombre, descendencia y familia, según las
familias de sus antepasados.
41 Los contados de la tribu de Aser fueron
cuarenta y un mil quinientos.
42 De los hijos de Neftalí, fueron contados
todos los varones mayores de veinte años
que podían salir a la guerra, cada uno por
su nombre, descendencia y familia, según las
familias de sus antepasados.
43 Los contados de la tribu de Neftalí fue-
ron cincuenta y tres mil cuatrocientos.
44 Éstos fueron los que contaron Moisés y
Aarón, con los doce jefes de Israel, uno por
cada familia de sus antepasados.
45 Todos los israelitas mayores de veinte años
que fueron contados por las familias de sus an-
tepasados, y que podían salir a la guerra,
46 fueron un total de seiscientos tres mil
quinientos cincuenta.

Nombramiento de los levitas

47 Los levitas no fueron contados entre
ellos según la tribu de sus padres,
48 porque el Señor habló con Moisés y le
dijo:
49 «La tribu de Leví será la única a la que
no contarás, ni llevarás la cuenta de ellos en-
tre los israelitas,
50 sino que pondrás a los levitas en el ta-
bernáculo del testimonio, y a cargo de to-
dos sus utensilios y de todo lo que le per-
tenece. Ellos llevarán el tabernáculo y todos
sus enseres, y acamparán alrededor del ta-
bernáculo y servirán en él.
51 Cuando el tabernáculo haya de trasla-
darse, los levitas lo desarmarán, y cuando
haya de detenerse, los levitas lo armarán; y
el extraño que se acerque será condenado
a muerte.
52 Los hijos de Israel acamparán en su res-
pectivo campamento, cada uno junto a su
bandera y en el orden de sus ejércitos,
53 pero los levitas acamparán alrededor
del tabernáculo del testimonio, para que

no venga la ira sobre la congregación de los hijos de Israel, y se ocuparán de cuidar el tabernáculo del testimonio.»

54 Y los hijos de Israel hicieron todo conforme a todo lo que el Señor le ordenó a Moisés.

Campamentos y jefes de las tribus

2 1 El Señor habló con Moisés y Aarón, y les dijo:

2 «Los hijos de Israel acamparán cada uno junto a su bandera, bajo las enseñas de las familias de sus antepasados. Acamparán alrededor del tabernáculo de reunión.

3 »Al oriente acampará la bandera del campamento de Judá, en el orden de sus ejércitos, cuyo jefe es Nasón hijo de Aminadab.

4 El cuerpo de su ejército es de setenta y cuatro mil seiscientos soldados contados.

5 »Junto a él acamparán los de la tribu de Isacar, cuyo jefe es Natanael hijo de Suar.

6 El cuerpo de su ejército es de cincuenta y cuatro mil cuatrocientos soldados contados.

7 »La tribu de Zabulón, cuyo jefe es Eliab hijo de Helón.

8 El cuerpo de su ejército es de cincuenta y siete mil cuatrocientos soldados contados.

9 »Todos los soldados contados en el campamento de Judá, que son ciento ochenta y seis mil cuatrocientos, marcharán a la vanguardia, en el orden de sus ejércitos.

10 »Al sur acampará la bandera del campamento de Rubén, en el orden de sus ejércitos, cuyo jefe es Elisur hijo de Sedeur.

11 El cuerpo de su ejército es de cuarenta y seis mil quinientos soldados contados.

12 »Junto a él acamparán los de la tribu de Simeón, cuyo jefe es Selumiel hijo de Surisaday.

13 El cuerpo de su ejército es de cincuenta y nueve mil trescientos soldados contados.

14 »La tribu de Gad, cuyo jefe es Eliasaf hijo de Reuel.

15 El cuerpo de su ejército es de cuarenta y cinco mil seiscientos cincuenta soldados contados.

16 »Todos los soldados contados en el campamento de Rubén son ciento cincuenta y un mil cuatrocientos cincuenta, y marcharán en segundo lugar, en el orden de sus ejércitos.

17 »A continuación seguirá el tabernáculo de reunión, con el campamento de los levitas, que está en medio de los campamentos. Cada uno marchará junto a su bandera, en el orden en que acampan.

18 »La bandera del campamento de Efraín estará al occidente, en el orden de sus ejércitos. Su jefe es Elisama hijo de Amiud,

19 y el cuerpo de su ejército es de cuarenta mil quinientos soldados contados.

20 »Junto a él estará la tribu de Manasés, cuyo jefe es Gamaliel hijo de Pedasur.

21 El cuerpo de su ejército es de treinta y dos mil doscientos soldados contados.

22 »Seguirá la tribu de Benjamín, cuyo jefe es Abidán hijo de Gedeoni.

23 El cuerpo de su ejército es de treinta y cinco mil cuatrocientos soldados contados.

24 »Todos los soldados contados en el campamento de Efraín son ciento ocho mil cien, y marcharán en tercer lugar, en el orden de sus ejércitos.

25 »La bandera del campamento de Dan, cuyo jefe es Ajiezer hijo de Amisaday, estará al norte, en el orden de sus ejércitos.

26 El cuerpo de su ejército es de sesenta y dos mil setecientos soldados contados.

27 »Junto a él acamparán los de la tribu de Aser, cuyo jefe es Pagiel hijo de Ocrán.

28 El cuerpo de su ejército es de cuarenta y un mil quinientos soldados contados.

29 »Seguirá la tribu de Neftalí, cuyo jefe es Ajirá hijo de Enán.

30 El cuerpo de su ejército es de cincuenta y tres mil cuatrocientos soldados contados.

31 »Todos los soldados contados en el campamento de Dan son ciento cincuenta y siete mil seiscientos, y marcharán en la retaguardia, siguiendo a sus banderas.»

32 Éstos son los ejércitos de los hijos de Israel, contados por campamentos y en el orden de sus ejércitos, según las familias de

sus antepasados. Todos ellos eran seiscientos tres mil quinientos cincuenta.

33 Sólo los levitas no fueron contados entre los hijos de Israel, tal y como el Señor se lo había ordenado a Moisés.

34 Los hijos de Israel hicieron todo tal y como el Señor se lo ordenó a Moisés. Acamparon en el orden de sus banderas, y marcharon cada uno en el orden de sus familias, según las familias de sus antepasados.

Censo y deberes de los levitas

3 1 Éstos son los descendientes de Aarón y de Moisés, de cuando el Señor habló con Moisés en el monte Sinaí.

2 Éstos son los nombres de los hijos de Aarón:[a]

Nadab, el primogénito; Abiú, Eleazar e Itamar.

3 Éstos son los hijos de Aarón que fueron ungidos como sacerdotes. Aarón mismo los consagró para ejercer el sacerdocio.

4 Nadab y Abiú murieron en presencia del Señor cuando en el desierto de Sinaí ofrecieron un fuego extraño delante de él.[b] Como ellos no tuvieron hijos, Eleazar e Itamar ejercieron el sacerdocio en lugar de Aarón, su padre.

5 El Señor habló con Moisés, y le dijo:

6 «Haz que la tribu de Leví se acerque. Diles que se presenten ante el sacerdote Aarón para que le sirvan

7 y desempeñen sus funciones, es decir, que se hagan cargo de toda la congregación delante del tabernáculo de reunión y cumplan con el ministerio del tabernáculo.

8 Diles que cuiden por los hijos de Israel todos los utensilios del tabernáculo de reunión y todo lo relacionado con ellos, y ministren en el servicio del tabernáculo.

9 De entre los hijos de Israel, los levitas quedarán totalmente a las órdenes de Aarón y de sus hijos.

10 Darás a Aarón y a sus hijos la autoridad para ejercer su sacerdocio. Si alguien ajeno al sacerdocio se acerca a mí, será condenado a muerte.»

PALABRAS CON PODER — SACERDOTES UNGIDOS

(Números 3.3)

Los hijos de Aarón fueron ungidos como sacerdotes. Durante un culto especial, Aarón vertió aceite en su cabeza (los ungió con aceite). Esto mostraba que ellos estaban apartados para el servicio a Dios. Vivían dedicados a Dios por completo. Tenían que seguir las reglas de Dios y vivir una vida santa. En el Nuevo Testamento, el apóstol Pedro les escribió palabras similares a los creyentes: "Pero ustedes son linaje escogido, real sacerdocio" (1 Peter 2:9). Si tú crees en Jesús como tu Salvador, has escogido servir a Dios. ¿Qué vas a hacer para servirlo esta semana?

11 El Señor habló con Moisés, y le dijo:

12 «Como puedes ver, de entre los hijos de Israel yo he tomado a los levitas en lugar de todos los primogénitos israelitas, así que los levitas[c] son míos.

13 De hecho, todo primogénito es mío. Desde el día en que les quité la vida a todos los primogénitos egipcios, consagré para mí a todos los primogénitos en Israel, y son míos, lo mismo hombres que animales.[d] Yo soy el Señor.»

14 El Señor habló con Moisés en el desierto de Sinaí, y le dijo:

15 «Cuenta a todos los varones hijos de Leví mayores de un mes, por familias y según el orden de las familias de sus antepasados.»

16 Moisés los contó, tal y como le fue ordenado, conforme a la palabra del Señor.

17 Los hijos de Leví, por sus nombres, fueron: Guersón, Coat y Merari.

18 Los hijos de Guersón por sus nombres y familias, fueron: Libni y Simey.

19 Los hijos de Coat, por sus familias, fueron: Amirán, Isar, Hebrón y Uziel.

20 Los hijos de Merari, por sus familias, fueron: Mali y Musi.

[a]**3.2:** Nm 26.60. [b]**3.4:** Lv 10.1-2; Nm 26.61. [c]**3.12:** Éx 32.26-29. [d]**3.13:** Éx 13.2.

Éstas son las familias de Leví, según las familias de sus antepasados.
[21] Las familias de Libni y las de Simey eran de la familia de Guersón.
[22] Todos los varones mayores de un mes que fueron contados eran siete mil quinientos en total.
[23] Las familias de Guersón acampaban en el ala occidental, a espaldas del tabernáculo.
[24] El jefe de la tribu de los guersonitas era Eliasaf hijo de Lael.
[25] En el tabernáculo de reunión, los hijos de Guersón estaban a cargo del tabernáculo, de la tienda y su cubierta, de la cortina a la entrada del tabernáculo de reunión,
[26] de las cortinas del atrio, y de la cortina a la entrada del atrio, es decir, la que estaba junto al tabernáculo y alrededor del altar, lo mismo que de las cuerdas para todo su servicio.
[27] Las familias de los amiranitas, isaritas, hebronitas y uzielitas eran de la familia de Coat.
[28] El número de todos los varones mayores de un mes era de ocho mil seiscientos, y estaban a cargo de la vigilancia del santuario.
[29] Las familias de los hijos de Coat acampaban en el ala sur, a un costado del tabernáculo.
[30] El jefe de tribu de las familias de Coat era Elisafán hijo de Uziel.
[31] Ellos estaban a cargo del arca, la mesa, el candelero, los altares, los utensilios del santuario con que ministran, y el velo con todo su servicio.
[32] El jefe principal de los levitas y jefe de los encargados de vigilar el santuario era Eleazar, hijo del sacerdote Aarón.
[33] *Las familias de* los malitas y musitas eran de las familias de Merari.
[34] Los varones mayores de un mes que fueron contados, conforme al número de todos ellos, eran seis mil doscientos.
[35] El patriarca de la tribu de Merari era Suriel hijo de Abijaíl. Ellos acampaban en el ala norte, a un costado del tabernáculo.
[36] Los hijos de Merari tenían a su cargo la custodia de las tablas del tabernáculo, sus barras, sus columnas, sus bases y todos sus enseres, con todo su servicio,
[37] las columnas que rodeaban el atrio, y sus bases, estacas y cuerdas.
[38] Moisés y Aarón y sus hijos acampaban en el ala oriente, delante del tabernáculo de reunión, y tenían a su cargo la vigilancia del santuario en lugar de los hijos de Israel. Si algún extraño se acercaba, era condenado a muerte.
[39] Todos los levitas varones mayores de un mes, que Moisés y Aarón contaron por sus familias, conforme a la palabra del Señor, fueron veintidós mil.

Rescate de los primogénitos

[40] El Señor le dijo a Moisés:
«Cuenta a todos los primogénitos de los hijos de Israel, varones mayores de un mes, por sus nombres.
[41] Toma para mí a los levitas, en lugar de todos los primogénitos de los hijos de Israel. Toma también a los animales de los levitas, en lugar de todas las primeras crías de los animales de los hijos de Israel. Yo soy el Señor.»
[42] Y Moisés contó a todos los primogénitos de los hijos de Israel, tal y como el Señor se lo había ordenado.
[43] Y todos los primogénitos varones mayores de un mes, conforme al número de sus nombres, fueron veintidós mil doscientos setenta y tres.
[44] El Señor habló con Moisés, y le dijo:
[45] «Toma a los levitas en lugar de todos los primogénitos de los hijos de Israel, y a los animales de los levitas en lugar de sus animales. Los levitas son míos. Yo soy el Señor.
[46] »Para el rescate de los doscientos setenta y tres primogénitos de los hijos de Israel, que exceden a los levitas,
[47] tomarás por cabeza cinco monedas de diez gramos de plata cada una, que es el peso oficial del santuario.
[48] Ese dinero del rescate por los que exceden se lo darás a Aarón y a sus hijos.»

49 Moisés tomó el dinero del rescate de
los que excedían al número de los redimidos
por los levitas,
50 así que de los primogénitos de los hijos
de Israel recibió un total de mil trescientos
sesenta y cinco monedas de plata, de diez
gramos cada una, conforme al peso oficial
del santuario.
51 Esa plata Moisés la entregó a Aarón y
a sus hijos, conforme a la palabra del Señor
y según lo que el Señor le había ordenado.

Tareas de los levitas

4 1 El Señor habló con Moisés y Aarón,
y les dijo:
2 «De entre los hijos de Leví cuen-
ten a los hijos de Coat por sus familias y se-
gún las familias de sus antepasados,
3 a todos los que tengan más de treinta
años, y hasta cincuenta años de edad, y
anótenlos en los grupos que servirán en el
tabernáculo de reunión.
4 Éste va a ser el oficio de los hijos de Coat
en el tabernáculo de reunión, en el lugar
santísimo:
5 Cuando el campamento haya de mudar-
se, Aarón y sus hijos vendrán y desarmarán
el velo de la tienda, y con él cubrirán el arca
del testimonio;
6 y sobre ella pondrán la cubierta de pie-
les de delfín, y extenderán un paño todo de
azul, y le pondrán sus varas.
7 Sobre la mesa de la proposición exten-
derán un paño azul, y sobre ella pondrán los
platones, las cucharas, las copas y los tazo-
nes para las libaciones; también sobre ella
estará el pan continuo.
8 Extenderán sobre ella un paño carmesí, y
lo cubrirán con la cubierta de pieles de del-
fín; y le pondrán sus varas.
9 Tomarán un paño azul y cubrirán el
candelero del alumbrado, sus lamparillas,
sus despabiladeras, sus platillos, y todos los
utensilios del aceite con que se sirve,
10 y lo pondrán con todos sus utensilios en
una cubierta de pieles de delfín, y lo coloca-
rán sobre unas parihuelas.
11 Sobre el altar de oro extenderán un
paño azul, y lo cubrirán con la cubierta de
pieles de delfín, y le pondrán sus varas.
12 Y tomarán todos los utensilios del ser-
vicio que se usan en el santuario, y los pon-
drán en un paño azul, y los cubrirán con una
cubierta de pieles de delfín, y los colocarán
sobre unas parihuelas.
13 Quitarán la ceniza del altar y extende-
rán sobre él un paño de púrpura;
14 pondrán sobre él todos los instrumentos
de que se sirve, es decir, las paletas, los garfios,
los braseros y los tazones, y todos los utensi-
lios del altar; extenderán sobre él la cubierta
de pieles de delfín, y le pondrán las varas.
15 Y cuando Aarón y sus hijos acaben de
cubrir el santuario y todos sus utensilios, y
haya de mudarse el campamento, vendrán
después los hijos de Coat para llevarlos;
pero no deberán tocar ninguna cosa santa,
para que no mueran.
»Éstas serán las tareas de los hijos de Coat
en el tabernáculo de reunión.
16 Eleazar, hijo del sacerdote Aarón, estará a
cargo del aceite del alumbrado, del incienso
aromático, de la ofrenda continua y del aceite
de la unción; es decir, estará a cargo de todo
el tabernáculo y de todo lo que está en él, así
como del santuario y de sus utensilios.»
17 El Señor habló con Moisés y Aarón, y
les dijo:
18 «No hagan que la tribu de las familias
de Coat sea eliminada de entre los levitas.
19 Para que sigan viviendo y no mueran
cuando se acerquen al lugar santísimo, de-
ben hacer lo siguiente: Aarón y sus hijos
vendrán y les darán a cada uno su oficio y
su cargo.
20 Y cuando cubran las cosas santas, no
deben entrar para ver; de lo contrario, serán
condenados a muerte.»
21 El Señor habló con Moisés, y le dijo:
22 «Levanta también un censo de los hijos
de Guersón, según las familias de sus ante-
pasados.
23 Cuenta a todos los varones mayores de
treinta años y hasta cincuenta, es decir, to-

dos los que entran en grupos para servir en el tabernáculo de reunión.

24 El oficio de las familias de Guersón para ministrar y llevar será el siguiente:

25 Llevarán las cortinas del tabernáculo, el tabernáculo de reunión, su cubierta, la cubierta de pieles de delfín que va encima del tabernáculo, la cortina de la entrada del tabernáculo de reunión,

26 las cortinas del atrio, la cortina de la puerta del atrio, que está cerca de éste y del altar alrededor, sus cuerdas, todos los instrumentos de su servicio, y todo lo que se hará para ellos. Ése será su servicio.

27 Todo el ministerio de los hijos de Guersón, en todos sus cargos y en todo su servicio, será según lo ordenen Aarón y sus hijos. Ustedes les encomendarán el cuidado de todos sus cargos.

28 Éste será el servicio de las familias de los hijos de Guersón en el tabernáculo de reunión. Su servicio estará bajo la dirección de Itamar, hijo del sacerdote Aarón.

29 »Haz también un censo de los hijos de Merari, según las familias de sus antepasados.

30 Cuenta a todos los varones mayores de treinta años, y hasta cincuenta años, es decir, a todos los que entran en grupos para servir en el tabernáculo de reunión.

31 Las obligaciones de su cargo para todo su servicio en el tabernáculo de reunión serán las siguientes: Llevar las tablas del tabernáculo, sus barras, sus columnas y sus bases,

32 las columnas del atrio alrededor y sus bases, y sus estacas y cuerdas, con todos sus instrumentos y todo su servicio. Consignarás por nombre todos los utensilios que ellos deben transportar.

33 *El servicio de las familias* de los hijos de Merari para todo su ministerio en el tabernáculo de reunión, estará bajo la dirección de Itamar, hijo del sacerdote Aarón.»

34 Moisés y Aarón y los jefes de la congregación levantaron el censo de los hijos de Coat según las familias de sus antepasados,

35 y contaron a los varones mayores de treinta años de edad, y hasta los de cincuenta años, es decir, a todos los que entraban en grupos para ministrar en el tabernáculo de reunión.

36 Los varones contados, por sus familias, fueron dos mil setecientos cincuenta.

37 Éstos fueron todos los varones contados de las familias de Coat, que ministran en el tabernáculo de reunión. Moisés y Aarón los contaron, tal y como el Señor lo ordenó por medio de Moisés.

38 Los varones contados de los hijos de Guersón, según las familias de sus antepasados,

39 mayores de treinta años y hasta de cincuenta años, es decir, todos los que entran en grupos para ministrar en el tabernáculo de reunión,

40 fueron dos mil seiscientos treinta los contados por sus familias, según las familias de sus antepasados.

41 Éstos son todos los varones contados de las familias de los hijos de Guersón, los cuales ministran en el tabernáculo de reunión, y que Moisés y Aarón contaron por mandato del Señor.

42 Los varones contados de las familias de los hijos de Merari, según las familias de sus antepasados,

43 es decir, todos los mayores de treinta años y hasta de cincuenta años, que entran en grupos para ministrar en el tabernáculo de reunión,

44 fueron tres mil doscientos, contados por sus familias.

45 Éstos fueron los varones de las familias de los hijos de Merari, contados por Moisés y Aarón según lo ordenó el Señor por medio de Moisés.

46 Todos los varones levitas que Moisés y Aarón y los jefes de Israel contaron según las familias de sus antepasados,

47 mayores de treinta años y hasta de cincuenta, es decir, todos los que entraban para ministrar en el servicio y estar a cargo de alguna tarea en el tabernáculo de reunión,

48 fueron ocho mil quinientos ochenta.

[49] Cada uno de ellos fue contado según su
oficio y según su cargo, tal y como el Señor
lo ordenó por medio de Moisés, que los
contó tal y como le había sido ordenado.

Todo impuro es echado fuera del campamento

5 [1] El Señor habló con Moisés, y le dijo:
[2] «Ordena a los hijos de Israel que
arrojen del campamento a todos los
leprosos, a todos los que padezcan de flujo
de semen y a todos los que se hayan conta-
minado por haber tocado un muerto.
[3] Que arrojen a hombres y mujeres. Que
los saquen del campamento, en el cual ha-
bito, para que no lo contaminen.»
[4] Los hijos de Israel lo hicieron así, y los
echaron fuera del campamento, tal y como
el Señor se lo había ordenado a Moisés.

Ley para la restitución

[5] El Señor habló con Moisés, y le dijo:
[6] «Di a los hijos de Israel que el hombre
o la mujer que cometa alguno de todos los
pecados con que se suele pecar contra mí,
[7] deberá confesar el pecado cometido
y compensar a la persona afectada por el
daño, añadiendo a la compensación una
quinta parte.
[8] Si la persona afectada no tiene nin-
gún pariente al que pueda resarcirse por
el daño causado, la compensación por el
agravio se me entregará a mí por medio
del sacerdote, además del carnero de la
expiación, con el cual el sacerdote hará
expiación por él.»[a]
[9] Toda ofrenda que los hijos de Israel con-
sagren para el Señor y la presenten al sacer-
dote, será del sacerdote.
[10] Lo que cada quien consagre será suyo;
lo que cada quien entregue al sacerdote,
será del sacerdote.

Ley acerca de los celos

[11] El Señor habló con Moisés, y le dijo:
[12] «Habla con los hijos de Israel y diles que
si la mujer de alguien se descarría y le es infiel,
[13] y alguien cohabita secretamente con
ella, pero su marido no se da cuenta, y ella
no es sorprendida en el acto ni hay testigos
contra ella,
[14] entonces, si al marido le sobreviene un
ataque de celos contra su mujer por ha-
berse ella mancillado, o el ataque de celos
le sobreviene aunque su mujer no se haya
mancillado,
[15] éste llevará a su mujer ante el sacerdote,
junto con una ofrenda que ella presentará,
más dos litros de harina de cebada. No debe
derramar aceite sobre ella, ni tampoco po-
nerle incienso encima, porque se trata de
una ofrenda de celos; es una ofrenda me-
morial, para tener presente el pecado.
[16] »El sacerdote hará entonces que ella se
acerque y se presente ante mí.
[17] Luego el sacerdote pondrá agua santa
en un vaso de barro, tomará un poco del
polvo que haya en el suelo del tabernáculo,
y lo echará en el agua.
[18] Hará entonces que la mujer se ponga de
pie delante de mí, le descubrirá la cabeza, y
pondrá sobre las manos de ella la ofrenda

PODER PARA VIVIR

ARROJEN LA LEPRA (*Números 5.2*)

Dios dijo que las personas con enfermedades de la piel tenían que quedarse fuera del campamento. La enfermedad los hacía impuros e inaceptables a Dios (mira Levítico 12:2; 13:3). Dios no se quedaba cerca de cualquier cosa o persona impuras. Dios no quiere que nos alejemos de personas que tienen enfermedades de la piel, pero sí quiere que nos alejemos de personas que pecan. Necesitamos alejarnos de personas que odian la verdad de Dios y aman el pecado. ¿Conoces a alguien así? Puedes orar por esa persona ahora mismo.

memorial, es decir, la ofrenda por los celos, mientras él sostiene en la mano las aguas amargas que acarrean maldición.

19 A continuación, el sacerdote la conjurará y le dirá:

"Si ninguno ha dormido contigo, si no te has descarriado de tu marido ni te has mancillado, quedarás libre de estas aguas amargas que acarrean maldición.

20 "Pero si te has descarriado de tu marido y te has amancillado, y alguien que no es tu marido ha cohabitado contigo

21 (aquí el sacerdote conjurará a la mujer bajo juramento de maldición, y le dirá): ¡Que el Señor te haga objeto de maldición y execración en medio de tu pueblo! ¡Que el Señor haga que el muslo se te caiga y que el vientre se te hinche!

22 ¡Que estas aguas que acarrean maldición penetren en tus entrañas, y hagan que el vientre se te hinche y que el muslo se te caiga!"

Y la mujer deberá responder:

"¡Amén, amén!"

23 »Entonces el sacerdote escribirá estas maldiciones en un libro y las borrará con las aguas amargas;

24 luego hará que la mujer beba las aguas amargas que acarrean maldición, y esas aguas penetrarán en ella y la amargarán.

25 Después el sacerdote recibirá de manos de la mujer la ofrenda por los celos, la mecerá delante de mí, y la ofrecerá ante el altar.

26 Luego tomará el sacerdote un puñado de la ofrenda en memoria de ella, lo quemará sobre el altar, y hará que la mujer beba las aguas.

27 Sucederá entonces, al beber las aguas, que si ella se ha mancillado y le ha sido infiel a *su marido, las aguas que acarrean maldición* penetrarán en ella y la amargarán; el vientre se le hinchará y el muslo se le caerá, y ella será objeto de maldición en medio de su pueblo.

28 Pero si la mujer no se ha mancillado, sino que está limpia de culpa, quedará libre y será fecunda.»

PALABRAS CON PODER

NAZAREO

(Números 6.2)

La palabra "nazareo" viene de una palabra hebrea que quiere decir "apartar". En el Antiguo Testamento, las personas que querían servir a Dios de una manera especial, tomaban un voto para ser nazareos. El voto duraba por meses o años o hasta la vida entera. Sansón y Samuel fueron nazareos para toda la vida (mira Jueces 13:5; 1 Samuel 1:11). Una persona que se hacía nazareo vivía una vida santa según los requisitos más estrictos de Dios. No bebía vino ni se cortaba el pelo. El voto de nazareo le enseñó a Israel que la dedicación total a Dios viene del corazón de una persona. Hoy día no tenemos que tomar un voto como nazareo para dedicarnos a Dios. Haz una lista de maneras en que puedes mostrar que estás dedicado a Él.

29 Ésta es la ley de los celos, en caso de que la mujer le sea infiel a su marido y se mancille,

30 o en caso de que el marido tenga un ataque de celos, y cele a su mujer. El marido presentará a su mujer delante del Señor, y el sacerdote aplicará en ella toda esta ley.

31 El hombre quedará libre de culpa, y la mujer pagará por su pecado.

El voto de los nazareos

6 1 El Señor habló con Moisés, y le dijo:

2 «Habla con los hijos de Israel, y diles que el hombre o la mujer que se aparte y haga voto de nazareo[1] para consagrarse a mí,

3 deberá abstenerse de vino y de sidra; no beberá vinagre de vino ni de sidra, ni beberá ningún licor de uva, ni comerá tampoco uvas frescas ni secas.

4 Todo el tiempo de su nazareato deberá abstenerse de comer de todo producto de la vid, incluso de los granillos y el hollejo.

[1]**6.2** Es decir, ***separado,*** o ***consagrado.***

[5] »Mientras dure su voto de nazareato, y
hasta que se cumpla el término de su con-
sagración a mí, no se afeitará la cabeza con
navaja. Estará consagrado a mí, y se dejará
crecer el cabello.
[6] »Mientras dure su consagración a mí, no
podrá acercarse a ninguna persona muerta.
[7] Ni siquiera podrá acercarse a su padre
o a su madre muertos, ni a su hermano o
hermana muertos, porque sobre él reposa
su consagración a mí, su Dios.
[8] Mientras dure su nazareato, estará con-
sagrado a mí.
[9] »Si alguien, de manera repentina, muere
junto a él, su consagración se habrá conta-
minado, por lo que al séptimo día, es decir,
en el día de su purificación, se rapará la ca-
beza.
[10] El octavo día llevará al sacerdote, a la
puerta del tabernáculo de reunión, dos tór-
tolas o dos palominos.
[11] El sacerdote ofrecerá uno de ellos en ex-
piación y el otro en holocausto. Así, ese día
hará expiación por el que pecó a causa del
muerto, y santificará su cabeza.
[12] Consagrará para mí los días de su na-
zareato, y presentará un cordero de un año
en expiación por la culpa; pero los primeros
días serán anulados por cuanto su nazarea-
to fue contaminado.
[13] »Ésta es la ley del nazareo para el día
que se cumpla el término de su nazareato. El
nazareo acudirá a la puerta del tabernáculo
de reunión
[14] y me presentará su ofrenda, que será
un cordero de un año, sin defecto, en holo-
causto; una cordera de un año, sin defecto,
en expiación; y un carnero sin defecto como
ofrenda de paz,
[15] más un canastillo de tortas de flor de
harina sin levadura, amasadas con aceite,
hojaldras sin levadura untadas con aceite,
con su ofrenda y sus libaciones.
[16] El sacerdote ofrecerá esto delante de
mí, y hará su expiación y su holocausto.
[17] Me ofrecerá además el carnero como

PROMESAS PODEROSAS

NÚMEROS 6.25

¡Que el Señor haga resplandecer su rostro sobre ti,

Esta bendición es una oración que hacía un sacerdote como Aarón por el pueblo de Israel. Una bendición es una oración que le pide a Dios que le dé cosas buenas a alguien. Piensa en una bendición que puedes orar por alguien hoy.

ofrenda de paz, junto con el canastillo de los
panes sin levadura, y me ofrecerá también
su ofrenda y sus libaciones.
[18] Entonces el nazareo se rapará la cabeza
consagrada a la puerta del tabernáculo de
reunión, y tomará los cabellos de su cabeza
consagrada y los echará sobre el fuego que
está debajo de la ofrenda de paz.
[19] Después el sacerdote tomará la espaldi-
lla cocida del carnero, una torta sin levadura
del canastillo, y una hojaldra sin levadura, y
las pondrá en manos del nazareo, después
de que éste se haya rapado la cabeza con-
sagrada.
[20] Luego el sacerdote mecerá todo esto
delante de mí como ofrenda mecida, ade-
más del pecho mecido y de la espaldilla se-
parada, y todo esto será una ofrenda santa
para el sacerdote. Después de esto el naza-
reo podrá beber vino.
[21] »Ésta es la ley para el que haga un voto
de nazareo, y la ofrenda que deberá presen-
tar al Señor por su nazareato, además de lo
que sus propios recursos le permitan. Todo
se hará según el voto que haya hecho, y
conforme a la ley de su nazareato.»[a]

La bendición sacerdotal

[22] El Señor habló con Moisés, y le dijo:
[23] «Habla con Aarón y sus hijos, y diles
que de esta manera bendecirán a los hijos
de Israel. Les dirán:

[a] **6.13-21:** Hch 21.23-24.

Nm 12.3-7

[24] "¡Que el Señor te bendiga, y te cuide!
[25] ¡Que el Señor haga resplandecer su
rostro sobre ti,
y tenga de ti misericordia!
[26] ¡Que el Señor alce su rostro sobre ti,
y ponga en ti paz!"

[27] »De esta manera invocarán ellos mi
nombre sobre los hijos de Israel, y yo los
bendeciré.»

Ofrendas para la consagración del altar

7 [1] Cuando Moisés terminó de levan-
tar el tabernáculo, lo ungió y lo san-
tificó junto con todos sus utensilios,
y ungió y santificó también el altar y todos
sus utensilios.
[2] Entonces los príncipes de Israel, los jefes
de las familias de sus antepasados, y los que
eran príncipes de las tribus y habían estado
a cargo del censo, presentaron sus ofrendas.
[3] Lo que presentaron delante del Señor
fueron seis carros cubiertos y doce bueyes,
es decir, un carro por cada dos príncipes, y
un buey por cada príncipe, y los ofrecieron
delante del tabernáculo.
[4] Entonces el Señor habló con Moisés, y
le dijo:
[5] «Recíbeles esas ofrendas. Serán para el
servicio del tabernáculo de reunión. Tú se
las darás a cada uno de los levitas, según lo
requiera su ministerio.»
[6] Moisés recibió los carros y los bueyes, y
se los dio a los levitas.
[7] A los hijos de Guersón les dio dos carros
y cuatro bueyes, conforme a su ministerio.
[8] A los hijos de Merari, que estaban bajo
las órdenes de Itamar, hijo del sacerdote
Aarón, les dio cuatro carros y ocho bueyes,
conforme a su ministerio.
[9] A los hijos de Coat no les dio nada, por-
que ellos debían llevar sobre sus hombros el
servicio del santuario.
[10] El día en que el altar fue ungido, los prín-
cipes llevaron ofrendas para la dedicación, y
cada uno presentó su ofrenda delante del
altar.
[11] Entonces el Señor le dijo a Moisés:
«Los príncipes presentarán su ofrenda
para la dedicación del altar, uno a la vez
cada día.»
[12] El primer día presentó su ofrenda Na-
són hijo de Aminadab, de la tribu de Judá.
[13] Ofreció un platón de plata que, con-
forme al peso oficial del santuario, pesaba
un kilo y medio, y un jarrón de plata de tres
cuartos de kilo, ambos llenos de flor de hari-
na amasada con aceite para ofrenda;
[14] una cuchara de oro de cien gramos, lle-
na de incienso;
[15] un becerro, un carnero, un cordero de
un año para el holocausto;
[16] un macho cabrío para la expiación;
[17] y dos bueyes, cinco carneros, cinco ma-
chos cabríos y cinco corderos de un año,
para la ofrenda de paz. Ésta fue la ofrenda
de Nasón hijo de Aminadab.
[18] El segundo día presentó su ofrenda Na-
tanael hijo de Suar, príncipe de Isacar.
[19] Ofreció un platón de plata que, según
el peso oficial del santuario, pesaba un kilo
y medio, y un jarrón de plata de tres cuartos
de kilo, ambos llenos de flor de harina ama-
sada con aceite para ofrenda;
[20] una cuchara de oro de cien gramos, lle-
na de incienso;

PODER PARA VIVIR

¡QUE EL SEÑOR TE BENDIGA! *(Números 6.24)*
En los versículos 24-26 de Números 6, puedes leer las bendiciones especiales de Dios para los israelitas. En esta bendición, Dios prometía estar con los israelitas y cuidar de ellos si se mantenían fieles a Él. Dios es bueno y benigno, pero exige la obediencia. ¿Quieres la bendición de Dios? Haz una lista de maneras en que puedes obedecerlo.

[21] un becerro, un carnero, y un cordero de
un año para el holocausto;
[22] un macho cabrío para la expiación;
[23] y dos bueyes, cinco carneros, cinco machos cabríos y cinco corderos de un año, para la ofrenda de paz. Ésta fue la ofrenda de Natanael hijo de Suar.
[24] El tercer día, presentó su ofrenda Eliab hijo de Helón, príncipe de los hijos de Zabulón.
[25] Ofreció un platón de plata que, según el peso oficial del santuario, pesaba un kilo y medio, y un jarrón de plata de tres cuartos de kilo, ambos llenos de flor de harina amasada con aceite para ofrenda;
[26] una cuchara de oro de cien gramos, llena de incienso;
[27] un becerro, un carnero, un cordero de un año para el holocausto;
[28] un macho cabrío para la expiación;
[29] y dos bueyes, cinco carneros, cinco machos cabríos y cinco corderos de un año, para la ofrenda de paz. Ésta fue la ofrenda de Eliab hijo de Helón.
[30] El cuarto día presentó su ofrenda Elisur hijo de Sedeur, príncipe de los hijos de Rubén.
[31] Ofreció un platón de plata que, según el peso oficial del santuario, pesaba un kilo y medio, y un jarrón de plata de tres cuartos de kilo, ambos llenos de flor de harina amasada con aceite para ofrenda;
[32] una cuchara de oro de cien gramos, llena de incienso;
[33] un becerro, un carnero, y un cordero de un año para el holocausto;
[34] un macho cabrío para la expiación;
[35] y dos bueyes, cinco carneros, cinco machos cabríos y cinco corderos de un año, para la ofrenda de paz. Ésta fue la ofrenda de Elisur hijo de Sedeur.
[36] El quinto día presentó su ofrenda Selumiel hijo de Surisaday, príncipe de los hijos de Simeón.
[37] Ofreció un platón de plata que, según el peso oficial del santuario, pesaba un kilo y medio, y un jarrón de plata de tres cuartos de kilo, ambos llenos de flor de harina amasada con aceite para ofrenda;
[38] una cuchara de oro de cien gramos, llena de incienso;
[39] un becerro, un carnero, y un cordero de un año para el holocausto;
[40] un macho cabrío para la expiación;
[41] y dos bueyes, cinco carneros, cinco machos cabríos y cinco corderos de un año, para ofrenda de paz. Ésta fue la ofrenda de Selumiel hijo de Surisaday.
[42] El sexto día presentó su ofrenda Eliasaf hijo de Deuel, príncipe de los hijos de Gad.
[43] Ofreció un platón de plata que, según el peso oficial del santuario, pesaba un kilo y medio, y un jarrón de plata de tres cuartos de kilo, ambos llenos de flor de harina amasada con aceite para ofrenda;
[44] una cuchara de oro de cien gramos, llena de incienso;
[45] un becerro, un carnero, y un cordero de un año para el holocausto;
[46] un macho cabrío para la expiación;
[47] y dos bueyes, cinco carneros, cinco machos cabríos y cinco corderos de un año, para la ofrenda de paz. Ésta fue la ofrenda de Eliasaf hijo de Deuel.
[48] El séptimo día presentó su ofrenda Elisama hijo de Amiud, príncipe de los hijos de Efraín.
[49] Ofreció un platón de plata que, según el peso oficial del santuario, pesaba un kilo y medio, y un jarrón de plata de tres cuartos de kilo, ambos llenos de flor de harina amasada con aceite para ofrenda;
[50] una cuchara de oro de cien gramos, llena de incienso;
[51] un becerro, un carnero, y un cordero de un año para el holocausto;
[52] un macho cabrío para la expiación;
[53] y dos bueyes, cinco carneros, cinco machos cabríos y cinco corderos de un año, para la ofrenda de paz. Ésta fue la ofrenda de Elisama hijo de Amiud.
[54] El octavo día presentó su ofrenda Gamaliel hijo de Pedasur, príncipe de los hijos de Manasés.

55 Ofreció un platón de plata que, según el peso oficial del santuario, pesaba un kilo y medio, y un jarrón de plata de tres cuartos de kilo, ambos llenos de flor de harina amasada con aceite para ofrenda;

56 una cuchara de oro de cien gramos, llena de incienso;

57 un becerro, un carnero, y un cordero de un año para el holocausto;

58 un macho cabrío para la expiación;

59 y dos bueyes, cinco carneros, cinco machos cabríos y cinco corderos de un año, para la ofrenda de paz. Ésta fue la ofrenda de Gamaliel hijo de Pedasur.

60 El noveno día presentó su ofrenda Abidán hijo de Gedeoni, príncipe de los hijos de Benjamín.

61 Ofreció un platón de plata que, según el peso oficial del santuario, pesaba un kilo y medio, y un jarrón de plata de tres cuartos de kilo, ambos llenos de flor de harina amasada con aceite para ofrenda;

62 una cuchara de oro de cien gramos, llena de incienso;

63 un becerro, un carnero, y un cordero de un año para el holocausto;

64 un macho cabrío para la expiación;

65 y dos bueyes, cinco carneros, cinco machos cabríos y cinco corderos de un año, para la ofrenda de paz. Ésta fue la ofrenda de Abidán hijo de Gedeoni.

66 El décimo día presentó su ofrenda Ajiezer hijo de Amisaday, príncipe de los hijos de Dan.

67 Ofreció un platón de plata que, según el peso oficial del santuario, pesaba un kilo y medio, y un jarrón de plata de tres cuartos de kilo, ambos llenos de flor de harina amasada con aceite para ofrenda;

68 una cuchara de oro de cien gramos, llena de incienso;

69 un becerro, un carnero, y un cordero de un año para el holocausto;

70 un macho cabrío para la expiación;

71 y dos bueyes, cinco carneros, cinco machos cabríos y cinco corderos de un año, para la ofrenda de paz. Ésta fue la ofrenda de Ajiezer hijo de Amisaday.

72 El undécimo día presentó su ofrenda Pagiel hijo de Ocrán, príncipe de los hijos de Aser.

73 Ofreció un platón de plata que, según el peso oficial del santuario, pesaba un kilo y medio, y un jarrón de plata de tres cuartos de kilo, ambos llenos de flor de harina amasada con aceite para ofrenda;

74 una cuchara de oro de cien gramos, llena de incienso;

75 un becerro, un carnero, y un cordero de un año para el holocausto;

76 un macho cabrío para la expiación;

77 y dos bueyes, cinco carneros, cinco machos cabríos y cinco corderos de un año, para la ofrenda de paz. Ésta fue la ofrenda de Pagiel hijo de Ocrán.

78 El duodécimo día presentó su ofrenda Ajirá hijo de Enán, príncipe de los hijos de Neftalí.

79 Ofreció un platón de plata que, según el peso oficial del santuario, pesaba un kilo y medio, y un jarrón de plata de tres cuartos de kilo, ambos llenos de flor de harina amasada con aceite para ofrenda;

80 una cuchara de oro de cien gramos, llena de incienso;

81 un becerro, un carnero, y un cordero de un año para el holocausto;

82 un macho cabrío para la expiación;

83 y dos bueyes, cinco carneros, cinco machos cabríos y cinco corderos de un año, para la ofrenda de paz. Ésta fue la ofrenda de Ajirá hijo de Enán.

84 Ésta fue la ofrenda que los príncipes de Israel presentaron para la dedicación del altar, el día en que éste fue ungido: doce platones de plata, doce jarrones de plata, y doce cucharas de oro.

85 Cada platón pesaba un kilo y medio, y cada jarrón pesaba tres cuartos de kilo; toda la plata de la vajilla pesaba veintisiete kilos, según el peso oficial del santuario.

86 Las doce cucharas de oro llenas de incienso pesaban cien gramos cada una, según el peso oficial del santuario, y todo el oro de las cucharas pesaba un kilo y doscientos gramos.

87 Todos los animales para el holocausto
fueron doce becerros, doce carneros, doce
corderos de un año, cada uno con su ofren-
da, y doce machos cabríos para la expiación.
88 Todos los animales para la ofrenda de
paz fueron veinticuatro novillos, sesenta
carneros, sesenta machos cabríos, y sesenta
corderos de un año. Ésta fue la ofrenda para
la dedicación del altar, después de que fue
ungido.
89 Cuando Moisés entraba en el
tabernáculo de reunión para hablar con
Dios, oía la voz que le hablaba desde la par-
te superior del propiciatorio, el cual estaba
sobre el arca del testimonio, entre los dos
querubines, y hablaba con él.

Aarón enciende las lámparas

8 1 El Señor habló con Moisés, y le dijo:
2 «Habla con Aarón, y dile que
cuando encienda las lámparas, las
siete lámparas deben alumbrar hacia la par-
te frontal del candelero.»
3 Y Aarón lo hizo así. Encendió las lámpa-
ras hacia la parte frontal del candelero, tal y
como el Señor se lo ordenó a Moisés.
4 Desde la base hasta las flores, el candele-
ro[a] estaba hecho de oro labrado a martillo.
Se hizo conforme al modelo que el Señor le
mostró a Moisés.

Consagración de los levitas

5 El Señor habló con Moisés, y le dijo:
6 «De entre los hijos de Israel, toma a los
levitas y haz expiación por ellos.
7 La expiación de ellos la harás de la si-
guiente manera: rociarás sobre ellos el agua
de la expiación, y pasarás la navaja sobre
todo su cuerpo; entonces ellos lavarán sus
vestidos, y así quedarán purificados.
8 Luego tomarán un novillo, junto con su
ofrenda de flor de harina amasada con acei-
te, y tomarás otro novillo para la expiación.
9 Entonces harás que los levitas se acer-
quen al tabernáculo de reunión, y reunirás
a toda la congregación de los hijos de Israel.

PALABRAS CON PODER

OFRENDA DE EXPIACIÓN Y DE HONOR

(Números 8.11)

Dios le ordenó en este pasaje dos tipos de ofrendas: el nombre de una era expiación y el nombre de la otra honor. Estas ofrendas mostraban que los pecados del pueblo habían sido perdonados y que ahora tenían comunión con Dios. Dios les dijo a los sacerdotes que mecieran parte de esta ofrenda delante del Tabernáculo. Esto era una señal de que los sacerdotes estaban dedicados a Dios. Esta parte del sacrificio era especial de la misma manera que los sacerdotes eran especiales para Dios. Tú también eres especial para Dios. Lee Salmo 119:73 para ver qué tan especial eres.

10 Y cuando hayas acercado a los levitas,
y ellos estén ante mí, los hijos de Israel pon-
drán sus manos sobre los levitas
11 y Aarón presentará a los levitas ante mí
como ofrenda de los hijos de Israel, y ellos
servirán en mi ministerio.
12 Luego los levitas pondrán sus manos
sobre la cabeza de los novillos, y ofrecerás
uno de ellos como expiación, y el otro en
holocausto en mi honor, para hacer expia-
ción por los levitas.
13 Presentarás entonces a los levitas delan-
te de Aarón y delante de sus hijos, y me los
ofrecerás como ofrenda.
14 Así apartarás a los levitas de entre los
hijos de Israel, y los levitas serán míos.
15 »Después de que los levitas hayan
sido purificados y presentados ante mí
como ofrenda, vendrán a ministrar en el
tabernáculo de reunión.
16 Porque, de entre los hijos de Israel, los
levitas estarán totalmente dedicados a mí,
en lugar de todo primogénito. Los he toma-
do para mí, en lugar de los primogénitos de
todos los hijos de Israel.[b]
17 Porque desde el día en que yo herí a to-

[a] 8.1-4: Éx 25.31-40; 37.17-24. [b] 8.16: Éx 32.26-29. [c] 8.17: Éx 13.2.

dos los primogénitos en Egipto, los santifi-
qué para mí.[c] Todo primogénito de los hijos
de Israel es mío, lo mismo de hombres que
de animales.
18 Yo he tomado a los levitas en lugar de
todos los primogénitos de los hijos de Israel,
19 y se los he dado a Aarón y a sus hijos,
de entre los hijos de Israel, para que ejerzan
en el tabernáculo de reunión el ministerio
de los hijos de Israel y los reconcilien con-
migo, para que no les sobrevenga ninguna
plaga cuando los hijos de Israel se acerquen
al santuario.»
20 Y Moisés y Aarón y toda la congrega-
ción de los hijos de Israel hicieron con los
levitas todo lo que el Señor le ordenó a Moi-
sés acerca de ellos. Eso hicieron los hijos de
Israel con los levitas.
21 Fue así como los levitas se purificaron
y lavaron sus vestidos, y Aarón los presentó
como ofrenda delante del Señor, e hizo ex-
piación por ellos para purificarlos.
22 Después los levitas fueron al
tabernáculo de reunión, para ejercer su
ministerio delante de Aarón y de sus hijos.
Todo lo que el Señor ordenó a Moisés acer-
ca de los levitas, fue hecho.
23 El Señor habló con Moisés, y le dijo:
24 «Los levitas mayores de veinticinco
años entrarán a ejercer su ministerio en el
servicio del tabernáculo de reunión.
25 Pero al cumplir cincuenta años dejarán
de ejercer su ministerio, y no volverán a ejer-
cerlo.
26 Servirán con sus hermanos en el taber-
náculo de reunión, y harán guardias, pero no
podrán ejercer más su ministerio. Esto harás
con los levitas en cuanto a su ministerio.»

Celebración de la pascua

9 1 El Señor habló con Moisés en el
desierto de Sinaí. Era el mes prime-
ro del segundo año de su salida de
Egipto. Le dijo:
2 «Los hijos de Israel celebrarán la pascua
a su debido tiempo.
3 Y ese debido tiempo es el día catorce de
este mes, entre la tarde y la noche. La cele-
brarán siguiendo todos sus ritos y todas sus
leyes.»
4 Moisés habló entonces con los hijos de
Israel para que celebraran la pascua,
5 y así lo hicieron los hijos de Israel:[a] la ce-
lebraron en el desierto de Sinaí el día catorce
del mes primero, entre la tarde y la noche,
siguiendo todo lo que el Señor le había or-
denado a Moisés.
6 Pero algunos de ellos estaban impuros
por haber tocado un cadáver, así que no
pudieron celebrar la pascua ese día. Se pre-
sentaron entonces ese mismo día ante Moi-
sés y Aarón,
7 y les dijeron:
«Nosotros estamos impuros porque to-
camos un cadáver. ¿Se nos impedirá por
eso presentar nuestra ofrenda al Señor en
su momento, junto con el resto de los hijos
de Israel?»
8 Y Moisés les respondió:
«Esperen a que el Señor me diga qué ha-
cer en el caso de ustedes.»
9 Y el Señor habló con Moisés, y le dijo:
10 «Habla con los hijos de Israel, y diles:
"Cualquiera de ustedes o de sus descen-
dientes, que se encuentre impuro por ha-
ber tocado un cadáver, o que se halle lejos,
o ausente, celebrará también la pascua del
Señor;
11 pero la celebrará el día catorce del mes
segundo, entre la tarde y la noche. Comerán
la pascua con panes sin levadura y hierbas
amargas,
12 sin dejar nada del animal sacrificado
para el día siguiente, y sin quebrarle un solo
hueso.[b] La celebrarán siguiendo todos los
ritos de la pascua.
13 Pero si alguien, estando limpio y sin en-
contrarse de viaje, deja de celebrar la pas-
cua, será eliminado de entre su pueblo por
no haber presentado en su momento la
ofrenda del Señor. Esa persona cargará con
su pecado.

[a] **9.1-5:** Éx 12.1-13. [b] **9.12:** Éx 12.46; Sal 34.20; Jon 19.36.

[14]"Si entre ustedes vive algún extranjero, y
celebra la pascua del Señor, deberá celebrar-
la siguiendo el rito y las leyes de la pascua.
Tanto los extranjeros como los nacidos en la
tierra celebrarán un mismo rito."»

La nube sobre el tabernáculo

(Éx 40.34-38)

[15]El día que el tabernáculo fue erigido, la
nube se posó sobre la tienda del testimonio
y cubrió el tabernáculo, y desde la tarde y
hasta la mañana siguiente la nube sobre el
tabernáculo parecía ser de fuego.
[16]Esto era siempre así: De día, la nube
cubría el tabernáculo, y de noche lo cubría
esa apariencia de fuego.
[17]Cuando la nube se levantaba del ta-
bernáculo, los hijos de Israel se ponían en
marcha; cuando la nube se detenía en algún
lugar, los hijos de Israel acampaban.
[18]A una orden del Señor, los hijos de Israel
se ponían en marcha; a otra orden del Señor,
acampaban; y mientras la nube permanecía
sobre el tabernáculo, ellos permanecían
acampados.
[19]Si la nube se detenía sobre el tabernácu-
lo mucho tiempo, los hijos de Israel respeta-
ban la orden del Señor y no partían;
[20]pero si la nube permanecía poco tiem-
po sobre el tabernáculo, a una orden del
Señor acampaban, y a una orden del Señor
partían.
[21]Algunas veces la nube se detenía desde
la tarde hasta el día siguiente, otras veces la
nube se levantaba por la mañana. Cuando
se detenía un solo día, o cuando se levanta-
ba por la noche, se ponían en marcha.
[22]Podían pasar dos días, un mes, o un año,
si la nube permanecía sobre el tabernáculo,
los hijos de Israel seguían acampados y no se
movían; pero si la nube se levantaba, ellos se
ponían en marcha.
[23]A una orden del Señor acampaban, y a
una orden del Señor se ponían en marcha,
siempre siguiendo las órdenes del Señor,
tal y como él lo había ordenado por medio
de Moisés.

Las trompetas de plata

10 [1]El Señor habló con Moisés, y
le dijo:
[2]«Haz dos trompetas de
plata, labradas a martillo. Ellas te servirán
para convocar a la congregación y para po-
ner en movimiento a los campamentos.
[3]Cuando se toquen, toda la congregación
se reunirá ante ti, a la puerta del tabernáculo
de reunión.
[4]Si se toca una sola de ellas, entonces se
congregarán ante ti los príncipes, es decir,
los jefes de las legiones de Israel.
[5]Cuando ustedes den el toque de alarma,
entonces se pondrán en movimiento los cam-
pamentos que estén acampados al oriente.
[6]Cuando den un segundo toque de alar-
ma, se pondrán en movimiento los campa-
mentos que estén acampados al sur; el to-
que de alarma anunciará su partida.
[7]Pero para reunir a la congregación, el to-
que de alarma será diferente.
[8]»Los hijos de Aarón, es decir, los sacer-
dotes, tocarán las trompetas. Éste será un
estatuto perpetuo para ustedes y para sus
descendientes.

NUBE Y FUEGO *(Números 9.15-23)*
Dios guió a los israelitas por el desierto. Usó una nube de día; por la noche, la nube cobraba el aspecto de fuego. Esta era una señal de que Dios estaba cuidando a su pueblo. Hoy día, Dios no nos guía por medio de una nube ni fuego. Más bien, nos guía mediante su Palabra y los consejos sabios de personas en quienes confiamos. Dios quiere que hagamos lo que es correcto basado en las verdades bíblicas. Si quieres que Dios te guíe, aparta tiempo para leer la Biblia todos los días.

9 Y cuando en su tierra salgan a la guerra contra el enemigo que los ataque, darán el toque de alarma con las trompetas, para que yo, el Señor su Dios, me acuerde de ustedes y los salve de sus enemigos.

10 »Durante sus fiestas solemnes de principio de mes, tocarán las trompetas para anunciar sus holocaustos y sus sacrificios de paz, y yo, el Señor su Dios, me acordaré de ustedes.»

Los israelitas parten de Sinaí

11 El día veinte del mes segundo del año segundo, la nube se levantó del tabernáculo del testimonio

12 y, siguiendo la orden de ponerse en marcha, los hijos de Israel partieron del desierto de Sinaí, y la nube se detuvo en el desierto de Parán.

13 Partieron por primera vez, siguiendo la orden del Señor por medio de Moisés.

14 Los primeros en ponerse en marcha fueron los ejércitos del campamento de los hijos de Judá, bajo su bandera y comandados por Nasón hijo de Aminadab.

15 El ejército de la tribu de los hijos de Isacar estaba comandado por Natanael hijo de Suar.

16 El ejército de la tribu de los hijos de Zabulón estaba comandado por Eliab hijo de Helón.

17 Los hijos de Guersón y los hijos de Merari, que estaban a cargo de llevar el tabernáculo, se pusieron en marcha después de desarmarlo.

18 Luego se pusieron en marcha los ejércitos y la bandera del campamento de Rubén, comandados por Elisur hijo de Sedeur.

19 Al mando del ejército de la tribu de los hijos de Simeón estaba Selumiel hijo de Surisaday,

20 y al mando del ejército de la tribu de los hijos de Gad estaba Eliasaf hijo de Deuel.

21 Luego se pusieron en movimiento los coatitas, que llevaban el santuario, y mientras ellos llegaban, los otros acondicionaron el tabernáculo.

22 Después se pusieron en marcha los ejércitos y la bandera del campamento de los hijos de Efraín, bajo el mando de Elisama hijo de Amiud.

23 Al mando del ejército de la tribu de los hijos de Manasés estaba Gamaliel hijo de Pedasur,

24 y al mando del ejército de la tribu de los hijos de Benjamín estaba Abidán hijo de Gedeoni.

25 A continuación, y cerrando la marcha de todos los campamentos, se pusieron en movimiento los ejércitos y la bandera del campamento de los hijos de Dan, bajo el mando de Ajiezer hijo de Amisaday.

26 Al mando del ejército de la tribu de los hijos de Aser estaba Pagiel hijo de Ocrán,

27 y al mando del ejército de la tribu de los hijos de Neftalí estaba Ajirá hijo de Enán.

28 Cada vez que se ponían en marcha, éste era el orden de los ejércitos de los hijos de Israel.

29 Entonces Moisés le dijo a su suegro, es decir, al madianita Hobab hijo de Ragüel:

«Nosotros estamos en camino, hacia el lugar que el Señor prometió darnos. Ven con nosotros, que cuidaremos de ti, porque el Señor ha prometido cuidar de Israel.» Sal 67

30 Pero Hobab le respondió:

«No puedo ir. Voy a volver a mi tierra, donde está mi parentela.»[a]

31 Moisés insistió:

«Por favor, no nos dejes. Tú conoces los lugares donde debemos de acampar en el desierto, y nos servirás de guía.

32 Si vienes con nosotros, cuidaremos de ti, así como el Señor cuidará de nosotros.»

33 Y así partieron del monte del Señor y caminaron tres días. El arca del pacto del Señor se adelantó a ellos tres días, para buscarles un lugar donde descansar.

34 Y durante el día, desde que salieron del campamento, la nube del Señor los cubría.

35 Cuando el arca se ponía en marcha, Moisés decía: «Levántate, Señor, y que tus enemigos se dispersen; ¡que huyan de tu presencia los que te aborrecen!»[b]

[a] **10.30:** Éx 18.27. [b] **10.35:** Sal 68.1.

36 Y cuando se detenía, Moisés decía:
«¡Vuelve, Señor, vuelve a las legiones de le-
giones de Israel!»

El Señor envía codornices

11 1 Y sucedió que el pueblo se
quejó a oídos del Señor, y el
Señor oyó sus quejas y ardió en
ira, y un fuego del Señor se encendió en me-
dio de ellos y consumió uno de los extremos
del campamento.
2 Entonces el pueblo pidió ayuda a Moisés,
y Moisés oró al Señor y el fuego se apagó.
3 Y Moisés llamó a ese lugar Tabera,[2] por-
que allí el fuego del Señor se encendió con-
tra ellos.
4 Pero la gente extranjera que se mezcló
con ellos sintió un apetito incontenible, y
los hijos de Israel volvieron a llorar y dijeron:
«¡Cómo nos gustaría que alguien nos diera
a comer carne!
5 ¡Cómo extrañamos el pescado que co-
míamos en Egipto! ¡Y los pepinos, melones,
puerros, cebollas y ajos que nos regalaban!
6 ¡Ahora andamos con la garganta reseca,
pues no vemos nada más que este maná!»
7 El maná se parecía a la semilla de culan-
tro; tenía un color como de bedelio,
8 y su sabor era como el del aceite nuevo.[a]
El pueblo se esparcía para recogerlo, y lo
desmenuzaba entre dos piedras o lo macha-
caba en morteros, y lo cocía en un caldero o
hacía tortas con él.
9 Durante la noche, al caer el rocío, el
maná caía también sobre el campamento.[b]
10 Moisés oyó que el pueblo lloraba por
sus familias, cada uno a la puerta de su tien-
da, y la ira del Señor se encendió en gran
manera, y también a Moisés le pareció mal.
11 Entonces Moisés le reclamó al Señor:
«¿Por qué le has hecho este mal a tu sier-
vo? ¿Por qué no soy digno de tu bondad?
¿Por qué has puesto sobre mí la carga de
todo este pueblo?
12 ¿Acaso yo lo concebí? ¿O acaso yo lo
engendré, para que me pidas llevarlo en mi
seno, como si fuera yo su madre y los es-
tuviera amamantando, hasta la tierra que
prometiste dar a sus padres?
13 ¿De dónde voy yo a sacar carne para
alimentar a todo este pueblo? Ellos lloran, y
vienen a decirme: "¡Danos a comer carne!"
14 ¡Yo solo no puedo soportar a todo este
pueblo! ¡Me es una carga demasiado pesada!
15 Si así me vas a tratar, voy a agradecerte
que me mates. Y si acaso merezco tu favor,
¡no me dejes ver mi propia desgracia!»
16 El Señor le dijo a Moisés:
«Junta a setenta ancianos de Israel, de
los que tú sepas que son ancianos y jefes
del pueblo, y llévalos hasta la entrada del
tabernáculo de reunión. Diles que esperen
allí contigo.
17 Yo descenderé y hablaré allí contigo, y
tomaré del espíritu que está en ti y lo pon-
dré en ellos, y ellos sobrellevarán contigo la
carga del pueblo. Ya no la llevarás tú solo.
18 Pero dile al pueblo que se santifique
para mañana. Ustedes van a comer car-
ne, pues han llorado ante mí y han dicho:
"¡Cómo quisiéramos que alguien nos diera
a comer carne! La verdad, ¡nos iba mejor en

[2] **11.3** Es decir, ***Incendio.*** [a] **11.7-8:** Éx 16.31. [b] **11.9:** Éx 16.13-15.

EL PUEBLO SE QUEJÓ *(Números 11.1)*
Después de sólo tres días en el desierto, los israelitas empezaron a quejarse. El viaje era difícil, y les hacía falta la comida egipcia. Olvidaron rápidamente la manera en que su Dios los había librado de la esclavitud. Sus quejas enojaron a Dios. ¿Qué haces cuando te toca hacer algo difícil? ¿Rezongas o tratas de ser agradecido por lo que Dios ha hecho en tu vida? Dios te puede ayudar a no rezongar. ¡Simplemente pídeselo!

LECCIONES ¡DEJEN DE QUEJARSE!

(Números 11.20)

Moisés tenía palabras duras para el pueblo de Israel que estaba siempre quejándose. ¡Estaban comportándose como niños malcriados! Rezongaban acerca de la comida, pero en realidad estaban rezongando acerca de Dios y su plan para ellos. Querían comer carne, de modo que Dios les dio carne, pero también los castigó al enviarles una plaga (Números 11:31-34). Las quejas muestran una falta de respeto a Dios y a otras personas. ¿En algún momento insististe en que se hicieran las cosas a tu manera? Cuando conseguiste lo que querías, ¿te sentiste contento o triste? A veces, lo peor que puede ocurrir es que te salgas con las tuyas.

PALABRAS CON PODER: EL ESPÍRITU DE DIOS

(Números 11.29)

En la época del Antiguo Testamento, el Espíritu Santo sólo venía sobre unas cuantas personas. Él les daba un poder especial para servir a Dios y hablar sus palabras. Dios puso su Espíritu sobre dos hombres: Eldad y Medad, y hablaron las palabras de Dios. Josué quería que Moisés les dijera que se callaran, pero Moisés se negó a hacerlo. Él sabía que el Espíritu de Dios les estaba mostrando lo que debían decir. Hoy día, el Espíritu de Dios todavía viene sobre las personas, y sirven a Dios de maneras especiales. Puedes leer más al respecto en Hechos 2.

Egipto!" Así que yo, el Señor, voy a darles a
comer carne.
19 Y no la comerán un día ni dos; ni cinco,
diez o veinte días,
20 sino todo un mes, hasta que les salga
por las narices, y se harten de comerla, por
haberme menospreciado. Yo soy el Señor
y estoy en medio de ustedes; pero ustedes
han llorado ante mí y han dicho: "¿Para qué
salimos de Egipto y vinimos acá?"»
21 Pero Moisés dijo:
«Este pueblo, en medio del cual estoy, llega a los seiscientos mil de a pie. ¿Y tú dices
que les darás a comer carne todo un mes?
22 ¿Acaso van a degollarse para ellos ovejas
y bueyes suficientes? ¿O van a pescarse para
ellos todos los peces del mar, para que les
alcance?»
23 Y *el Señor le respondió a Moisés:*
«¿Acaso mi mano se ha acortado? ¡Ahora
vas a ver si mi palabra se cumple, o no!»
24 Moisés salió de allí y repitió ante el pueblo las palabras del Señor; luego reunió a los
setenta ancianos del pueblo, y los hizo esperar alrededor del tabernáculo.
25 Entonces el Señor descendió en la
nube, y habló con él. Tomó del espíritu
que estaba en él, y lo puso en los setenta
ancianos; y cuando el espíritu se posó en
ellos, comenzaron a profetizar, y no dejaban de hacerlo.
26 En el campamento se habían quedado
Eldad y Medad, dos varones sobre los cuales
también se posó el espíritu. Aunque estaban entre los escogidos, no se habían presentado en el tabernáculo; sin embargo, comenzaron a profetizar en el campamento.
27 Entonces un joven fue corriendo a decirle a Moisés:
«¡Eldad y Medad están profetizando en el
campamento!»
28 Josué hijo de Nun, que era ayudante
cercano de Moisés, le dijo:
«Moisés, mi señor, ¡no se lo permitas!»
29 Pero Moisés le respondió:
«¿Acaso tienes celos por mí? ¡Cómo quisiera yo que todo el pueblo del Señor fuera
profeta! ¡Cómo quisiera yo que el Señor pusiera su espíritu sobre ellos!»
30 Y enseguida Moisés volvió al campamento, en compañía de los ancianos de Israel. Jue 4.4
31 Vino entonces del mar un viento de
parte del Señor, que trajo codornices y

las dejó caer sobre el campamento. Éstas
cubrían la superficie de la tierra hasta un día
de camino, por un lado, y un día de camino
por el otro, y se amontonaban a casi un me-
tro de altura.
32 El pueblo estuvo levantado todo ese
día y toda esa noche, y todo el día siguiente,
para recoger codornices. El que menos re-
cogió, hizo diez montones, y tendieron las
codornices alrededor del campamento.
33 Pero todavía tenían la carne entre los
dientes, todavía no la masticaban, cuando la
ira del Señor se encendió entre el pueblo y
los hirió con una plaga mortal.
34 Por eso el nombre de aquel lugar se lla-
mó Quibrot Hatavá,[3] porque allí sepultaron
al pueblo glotón.
35 De Quibrot Hatavá, el pueblo se dirigió
a Jaserot, y en Jaserot se quedó.

Murmuraciones contra Moisés

12 1 Moisés tomó por mujer a una
cusita, y por causa de ella María
y Aarón murmuraron en con-
tra de Moisés.
2 Dijeron:
«¿Acaso el Señor ha hablado sólo por me-
dio de Moisés? ¿Acaso no ha hablado tam-
bién por medio de nosotros?»
Y el Señor lo oyó.
3 Moisés era un hombre muy humilde. En
toda la tierra no había nadie más humilde
que él.
4 El Señor llamó a Moisés, Aarón y María, y a
los tres les ordenó ir al tabernáculo de reunión.
5 Allí el Señor descendió en la columna
de nube, se detuvo a la entrada del taber-
náculo, y llamó a Aarón y a María. Los dos
acudieron,
6 y el Señor les dijo:
«Escúchenme bien. Cuando haya entre
ustedes profeta del Señor, yo me apareceré
a él en una visión, y le hablaré en sueños.
7 Pero con mi siervo Moisés, que es fiel en
toda mi casa, no lo hago así,[a] Rt 3.10-11
8 sino que con él hablo cara a cara, clara-
mente y sin misterios. Él puede ver mi apa-
riencia. ¿Por qué se atreven a hablar mal de
mi siervo Moisés?»
9 Entonces el Señor se encendió en ira
contra ellos, y se fue de allí.
10 Y cuando la nube se apartó del
tabernáculo, sucedió que María estaba tan
blanca de lepra como la nieve. Al ver Aarón
que María estaba leprosa,
11 le dijo a Moisés:
«¡Ay, señor mío! ¡No hagas caer sobre no-
sotros este pecado! ¡Lo que hemos hecho es
una locura! ¡Hemos pecado!
12 ¡Pero no permitas que ella se quede
ahora como los abortivos, que al nacer tie-
nen ya medio consumida su carne!»
13 Entonces Moisés clamó al Señor, y le dijo:
«Dios mío, ¡te ruego que la sanes!»
14 Y el Señor le respondió:
«Si su padre le hubiera escupido el rostro,
¿acaso no se quedaría avergonzada durante
siete días? ¡Pues déjenla siete días[b] fuera del
campamento, y después de eso podrá vol-
ver a la congregación!»

[3] 11.34 Es decir, *Tumbas de los codiciosos.* [a] 12.7: Heb 3.2. [b] 12.14: Nm 5.2-3.

MOISÉS FUE HUMILDE *(Números 12.3)*

La Biblia dice que Moisés era el hombre más humilde de la tierra. ¿Qué significa ser humilde? Significa no ser orgulloso ni egoísta. Moisés no tenía egoísmo ni ambiciones malvadas. No confiaba en sí mismo, sino en Dios. Jesús también tenía un corazón manso y humilde. Puedes leer acerca de esto en Mateo 11:29. ¿Prefieres *ser humilde u orgulloso? Si te mantienes enfocado en Jesús, Él te* ayudará a ser humilde.

Nm 21.7-9

15 Y así María fue expulsada del campamento durante siete días, y el pueblo no siguió su marcha hasta que ella se reunió con ellos.

16 Después de eso, el pueblo partió de Jaserot para acampar en el desierto de Parán.

Misión de los doce espías

(Dt 1.19-33)

13 1 El Señor habló con Moisés, y le dijo:

2 «Envía algunos hombres para que exploren la tierra de Canaán, la cual voy a dar a los hijos de Israel. De cada tribu de sus antepasados enviarán uno de sus hombres más importantes.»

3 Desde el desierto de Parán, Moisés envió a todos aquellos hombres, conforme a la palabra del Señor. Todos ellos eran gente de importancia entre los hijos de Israel.

4 Éstos son sus nombres:

De la tribu de Rubén, Samúa hijo de Zacur.

5 De la tribu de Simeón, Safat hijo de Jorí.

6 De la tribu de Judá, Caleb hijo de Yefune.

7 De la tribu de Isacar, Igal hijo de José.

8 De la tribu de Efraín, Oseas hijo de Nun.

9 De la tribu de Benjamín, Palti hijo de Rafú.

10 De la tribu de Zabulón, Gadiel hijo de Sodi.

11 De la tribu de José: Gadi hijo de Susi, de la tribu de Manasés.

12 De la tribu de Dan, Amiel hijo de Gemali.

13 De la tribu de Aser, Setur hijo de Micael.

14 De la tribu de Neftalí, Najebí hijo de Vapsi.

15 De la tribu de Gad, Geuel hijo de Maqui.

16 *Éstos son los nombres* de los hombres que Moisés envió a explorar la tierra. A Oseas hijo de Nun, Moisés le puso por nombre Josué.

17 Al enviarlos a explorar la tierra de Canaán, Moisés les dijo:

«Vayan de aquí al Néguev, suban al monte 18 y observen cómo es la tierra, y si el pueblo que la habita es fuerte o débil, y si son pocos o muchos;

19 fíjense si la tierra habitada es buena o mala, y en cómo son las ciudades habitadas, si son campamentos o plazas fortificadas;

20 fíjense si el terreno es fértil o estéril, y si hay árboles o no. ¡Ármense de valor, y traigan algunos frutos del país!»

Era entonces el tiempo de las primeras uvas,

21 y ellos fueron y exploraron el terreno desde el desierto de Zin hasta Rejob, entrando por Jamat.

22 Luego se dirigieron al Néguev y llegaron hasta Hebrón, que es donde vivían Ajimán, Sesay y Talmay, los hijos de Anac. (Hebrón había sido edificada siete años antes de Soán, en Egipto.)

23 Llegaron hasta el arroyo de Escol, y allí cortaron un sarmiento con un racimo de uvas, el cual llevaron entre dos en un palo, y granadas e higos.

24 Como allí los hijos de Israel cortaron ese racimo de uvas, aquel lugar fue llamado valle de Escol.[4]

25 Después de explorar la tierra, volvieron al cabo de cuarenta días.

26 Al volver a Cadés, en el desierto de Parán, se presentaron ante Moisés y Aarón y toda la congregación de los hijos de Israel, y les dieron la información y les mostraron los frutos de la tierra.

27 También les dijeron:

«Nosotros llegamos a la tierra a la cual nos enviaste. Ésta ciertamente fluye leche y miel, y aquí tienes sus frutos.

28 Pero la gente que habita esa tierra es fuerte, y las ciudades son muy grandes y fortificadas; además, allí vimos a los hijos de Anac.

29 Los amalecitas habitan en el Néguev, los hititas, jebuseos y amorreos habitan en el monte, y los cananeos habitan junto al mar y en la ribera del Jordán.»

30 Caleb pidió al pueblo que se callara delante de Moisés, y dijo:

[4] **13.24** Es decir, ***valle del racimo.***

«Subamos, pues, y tomemos posesión de esa tierra, porque nosotros podremos más que ellos.»

31 Pero los que habían ido con él dijeron:

«No podemos atacar a ese pueblo, porque ellos son más fuertes que nosotros.»

32 Además, entre los hijos de Israel hablaron mal de la tierra que habían explorado, y hasta dijeron:

«La tierra que recorrimos para explorarla se traga a sus habitantes. Toda la gente que allí vimos son hombres de gran estatura.

33 Allí vimos también gigantes.[a] Son los hijos de Anac, esa raza de gigantes. Ante ellos, a nosotros nos parecía que éramos como langostas; y a ellos también así les parecíamos.»

Rebelión de los israelitas

14 1 Toda esa noche la congregación comenzó a gritar y llorar.

2 Todos los hijos de Israel se quejaron contra Moisés y Aarón, y toda la multitud les dijo:

«¡Cómo quisiéramos haber muerto en Egipto, o morir en este desierto!

3 ¿Para qué nos ha traído el Señor a esta tierra? ¿Para morir a filo de espada, y para que nuestras mujeres y nuestros niños sean tomados prisioneros? ¿Acaso no sería mejor que regresáramos a Egipto?»

4 Y unos a otros se decían:

«Designemos un capitán, y volvámonos a Egipto.»

5 Entonces Moisés y Aarón se postraron sobre sus rostros, delante de toda la congregación de los hijos de Israel,

6 mientras Josué hijo de Nun y Caleb hijo de Yefune, que eran dos de los que habían ido a explorar la tierra, se rasgaban las vestiduras

7 y hablaban con toda la congregación de los hijos de Israel. Les decían:

«La tierra que recorrimos para explorarla es una tierra sumamente buena.

8 Si el Señor se agrada de nosotros, él mismo nos introducirá a esta tierra y nos la entregará; ¡es una tierra que fluye leche y miel!

9 Así que no se rebelen contra el Señor,[a] ni tengan miedo de la gente de esa tierra. ¡Nosotros nos los comeremos como si fueran pan! No les tengan miedo, que el dios que los protege se ha apartado de ellos, y con nosotros está el Señor.»

10 Y como toda la multitud hablaba de apedrearlos, la gloria del Señor se manifestó en el tabernáculo de reunión ante todos los hijos de Israel,

11 y el Señor le dijo a Moisés:

«¿Hasta cuándo este pueblo me va a seguir rechazando? ¿Hasta cuándo no van a creerme, a pesar de todas las señales que he hecho en medio de ellos?

12 ¡Voy a castigarlos con una plaga! Pero a ti te pondré sobre un pueblo más grande y más fuerte que ellos.»

13 Pero Moisés le respondió al Señor:

«¡Fuiste tú, con tu poder, quien sacó de Egipto a este pueblo! Cuando los egipcios sepan esto,

[a]**13.33:** Gn 6.4. [a]**14.9:** Heb 3.16. [b]**14.18:** Éx 20.5-6; 34.6-7; Dt 5.9-10; 7.9-10. [c]**14.13-19:** Éx 32.11-14.

JOSUÉ Y CALEB *(Números 14.6-9)*

Dios le dijo a Moisés que enviara a doce hombres a espiar la tierra de Canaán. Cuando regresaron, diez de los espías dijeron que era una tierra mala llena de personas peligrosas. Josué y Caleb dijeron lo opuesto. Dijeron que la tierra era una tierra muy buena. Los israelitas aceptaron el reporte de los diez espías y dijeron que iban a matar a Josué y Caleb. El contradecir las cosas malas que dicen las demás personas puede intimidarnos. Pero Dios siempre honra a los que lo defienden a Él y dicen la verdad. ¿Estás dispuesto a pronunciarte por Dios?

[14] se lo dirán a los habitantes de esta tierra.
Y ellos saben que tú, Señor, estás en medio
de este pueblo. Saben que tú, Señor, te ma-
nifiestas cara a cara, que tu nube está sobre
este pueblo, y que de día vas delante de no-
sotros en una columna de nube, y de noche
en una columna de fuego.
[15] Si haces que este pueblo muera como
un solo hombre, las naciones que hayan sa-
bido de tu fama van a murmurar, y dirán:
[16] "El Señor no pudo llevar a este pueblo
hasta la tierra que les había prometido, y
por eso los mató en el desierto."
[17] Yo te ruego, Señor, que tu poder sea mag-
nificado, tal y como lo expresaste al decir:
[18] "Yo soy el Señor, lento para la ira pero
grande en misericordia. Yo perdono la ini-
quidad y la rebelión, aunque de ningún
modo tengo por inocente al culpable. Yo
visito la maldad de los padres en sus hijos,
nietos y bisnietos."[b]
[19] Por la grandeza de tu misericordia, yo
te ruego que perdones la iniquidad de este
pueblo, así como lo has perdonado desde
Egipto y hasta este lugar.»[c]

El Señor castiga a Israel

(Dt 1.34-40)

[20] Entonces el Señor dijo:
«Yo los he perdonado, tal y como lo has
pedido.
[21] Pero tan cierto como que yo vivo, y que
mi gloria llena toda la tierra,
[22] ninguno de los que vieron mi gloria y las
señales que hice en Egipto y en el desierto,
los cuales ya me han puesto a prueba diez
veces y no han querido obedecerme,
[23] llegará a ver la tierra que les prometí a
sus padres. ¡Ninguno de los que me han re-
chazado la verá![d]
[24] Sólo a mi siervo Caleb lo llevaré a la tier-
ra donde él entró. A él y a su descendencia
les daré posesión de la tierra,[e] porque en él
hay otro espíritu y porque ha decidido se-
guirme.
[25] En cuanto a los amalecitas y cananeos,
que ahora habitan en el valle, vuelvan maña-
na y diríjanse al desierto, en dirección del
Mar Rojo.»
[26] El Señor habló con Moisés y Aarón, y
les dijo:
[27] «¿Hasta cuándo oiré las murmuraciones
de esta depravada multitud contra mí? ¡Ya
he escuchado las protestas de los hijos de
Israel, y cómo se quejan de mí!
[28] Pues diles de mi parte: "Vivo yo, que voy
a hacer con ustedes lo mismo que ustedes
me han dicho al oído.
[29] En este desierto quedarán tendidos los
cadáveres[f] de todos ustedes, los mayores de
veinte años que fueron contados, los cuales
han murmurado contra mí.
[30] Ninguno de ustedes entrará en la tierra
que, bajo juramento, prometí que les daría
para que la habitaran. Sólo entrarán Caleb
hijo de Yefune y Josué hijo de Nun.
[31] Y a esos niños que ustedes dijeron que
serían hechos prisioneros, yo los introduciré
en la tierra que ustedes despreciaron, y ellos
la conocerán.
[32] En cuanto a ustedes, sus cuerpos que-
darán tendidos en este desierto.
[33] Sus hijos andarán cuarenta años[g] sin
rumbo fijo por el desierto, llevando a cues-

[d]**14.21-23:** Heb 3.18. [e]**14.24:** Jos 14.9-12. [f]**14.29:** Heb 3.17. [g]**14.33:** Hch 7.36.

PODER PARA VIVIR

¡DEJEN DE QUEJARSE! *(Números 14.29)*
Dios rescató a los israelitas y los cuidó, pero ellos siguieron quejándose de Él. Esto enfureció a Dios. Él prometió que morirían en el desierto. Sólo Josué y Caleb entrarían a la Tierra Prometida. Esta es una lección para nosotros hoy. El estar siempre rezongando puede tener consecuencias serias y tristes. ¿Sueles tú rezongar? El dar gracias a Dios es una buena manera de ahuyentar las quejas.

tas sus rebeldías, hasta que sus cuerpos sean consumidos en el desierto.

34 Cuarenta años llevarán a cuestas sus iniquidades, un año por cada día, conforme al número de los días que anduvieron explorando la tierra, y así experimentarán mi castigo.

35 Así voy a tratar a toda esta multitud perversa que se ha juntado contra mí. Serán consumidos en este desierto, y aquí mismo serán condenados a muerte. Yo, el Señor, lo he dicho."»

Muerte de los diez espías malvados

36 Los hombres que Moisés envió a explorar la tierra, y que al volver habían hecho que toda la congregación murmurara contra él, desacreditando así aquel país,

37 murieron delante del Señor por causa de una plaga y por haber hablado mal de la tierra.

38 De los hombres que habían ido a explorar la tierra, sólo Josué hijo de Nun y Caleb hijo de Yefune quedaron con vida.

La derrota en Jormá

(Dt 1.41-46)

39 Moisés comunicó todo esto a todos los hijos de Israel, y ellos se entristecieron mucho.

40 Entonces madrugaron y subieron a la cumbre del monte, pues decían: «Hemos pecado, así que estamos dispuestos a ir al lugar del cual nos ha hablado el Señor.»

41 Pero Moisés dijo:

«¿Por qué quebrantan el mandamiento del Señor? Esto tampoco les saldrá bien.

42 No suban, para que no sean derrotados delante de sus enemigos, porque el Señor no está en medio de ustedes.

43 Los amalecitas y los cananeos están allí, delante de ustedes, y ustedes morirán a filo de espada por haberse negado a seguir al Señor. Por eso el Señor no está con ustedes.»

44 Y aunque ellos se obstinaron en subir a la cima del monte, el arca del pacto del Señor, y Moisés, no se apartaron de en medio del campamento.

45 Entonces bajaron los amalecitas y los cananeos que habitaban en aquel monte, y los hirieron y los derrotaron, y los persiguieron hasta Jormá.

Leyes sobre las ofrendas

15 1 El Señor habló con Moisés, y le dijo:

2 «Habla con los hijos de Israel, y diles: "Cuando ustedes hayan entrado en la tierra que yo, el Señor, les estoy dando para que la habiten,

3 y me presenten ofrendas encendidas, holocaustos, o sacrificios de vacas o de ovejas, ya sea como voto especial o voluntario, o para ofrecerme en sus fiestas solemnes olor grato,

4 el que me presente su ofrenda deberá ofrecer dos litros de flor de harina, amasada con un litro de aceite.

5 Para la libación ofrecerán un litro de vino por cada cordero, además del holocausto o del sacrificio.

6 Por cada carnero ofrecerán cuatro litros de flor de harina, amasada con dos litros de aceite;

7 y para la libación me ofrecerán dos litros de vino, en olor grato.

EL SEÑOR NO ESTÁ CON USTEDES *(Números 14.43)*
Los israelitas dijeron estar arrepentidos de su rebelión, pero sus palabras falsas no engañaron a Dios. Hicieron caso omiso de su advertencia y fueron a la batalla sin Moisés y el arca del pacto, de modo que fueron derrotados. No es suficiente decir que confiamos en Dios; debemos mostrarlo mediante nuestras acciones. Esto significa que debemos leer la Biblia y obedecer lo que dice.

8 »"Cuando me ofrezcan como voto espe-
cial un novillo en holocausto o en sacrificio,
o como ofrenda de paz,
9 deberán presentar junto con el novillo
una ofrenda de seis litros de flor de harina,
amasada con dos litros de aceite;
10 y para la libación me ofrecerán dos li-
tros de vino, como ofrenda encendida de
olor grato.
11 »"Así se hará con cada buey, carnero,
cordero, o cabrito.
12 Se hará lo mismo con cada uno de ellos,
al margen del número de animales ofreci-
dos.
13 Así lo hará todo israelita por nacimien-
to, al presentarme una ofrenda encendida
de olor grato.
14 Y si entre ustedes habita un extranjero,
o alguien que haya estado ya mucho tiem-
po entre ustedes, cuando me presente una
ofrenda encendida de olor grato, lo hará de
la misma manera que ustedes.
15 El mismo estatuto se aplicará para uste-
des, los de la congregación, y para el extran-
jero que viva entre ustedes. Será un estatuto
perpetuo por todas sus generaciones. Delan-
te de mí, ustedes y los extranjeros son iguales,
16 así que ustedes y los extranjeros que vi-
van[a] con ustedes tendrán una misma ley y
un mismo decreto."»
17 El Señor habló con Moisés, y le dijo:
18 «Habla con los hijos de Israel, y diles:
"Cuando ustedes hayan entrado en la tierra
a la cual yo los llevo,
19 y comiencen a comer del pan de la tier-
ra, deberán presentarme una ofrenda.
20 De lo primero que amasen, presenta-
rán como ofrenda una torta; la presentarán
como ofrenda de la era.
21 *Por todas sus generaciones*, me presen-
tarán una ofrenda de la primera masa.
22 Pero si no cumplen con todos estos
mandamientos que yo, el Señor, le he co-
municado a Moisés,
23 es decir, todo lo que yo, el Señor, les he
ordenado por medio de Moisés desde el día
en que yo le di mis mandamientos para to-
das las edades,
24 si el pecado se cometió por ignorancia
de la congregación, y sin ninguna intención,
toda la congregación me ofrecerá, confor-
me a la ley, un novillo como holocausto en
olor grato, junto con su ofrenda y su liba-
ción, y un macho cabrío como expiación.
25 Entonces el sacerdote hará expiación
por toda la congregación de los hijos de Is-
rael, y el pecado les será perdonado, porque
se cometió sin ninguna intención. Ellos me
presentarán sus ofrendas y sus expiaciones,
como ofrenda encendida, por sus pecados
no intencionales,
26 y les serán perdonados a toda la con-
gregación de los hijos de Israel, y a los ex-
tranjeros que habiten entre ellos, porque se
trata de un pecado no intencional de todo
el pueblo.
27 »"Si alguien comete un pecado no in-
tencional, deberá ofrecer como expiación
una cabra de un año.
28 El sacerdote hará expiación por la per-
sona que de manera no intencional haya pe-
cado, y la reconciliará ante mí, y el pecado le
será perdonado porque no fue intencional.[b]
29 »"Una misma ley tendrán ustedes para
el que cometa algún pecado no intencional,
lo mismo si se trata de un israelita por naci-
miento que de algún extranjero que habite
entre ustedes.
30 Pero si alguien incurre en algún acto
de soberbia, y me ofende, esa persona será
eliminada de en medio de su pueblo, lo mis-
mo si es israelita por nacimiento que si es
extranjero,
31 por haber tenido en poco mi palabra y
por haber menospreciado mi mandamien-
to. Esa persona será eliminada por comple-
to, y sobre ella recaerá su iniquidad."»

Se infringe el día de reposo

32 Mientras los hijos de Israel estaban en el
desierto, se halló a un hombre recogiendo
leña en el día de reposo.

[a]**15.16:** Lv 24.22. [b]**15.27-28:** Lv 4.27-31.

33 Los que lo hallaron recogiendo leña lo
llevaron ante Moisés y Aarón, y ante toda la
congregación.
34 Como no estaba estipulado lo que se
debía de hacer con él, lo pusieron en la
cárcel.
35 Pero el Señor le dijo a Moisés:
«Ese hombre debe ser condenado a
muerte. Que toda la congregación lo apedree fuera del campamento.»
36 Entonces la congregación lo llevó fuera
del campamento y lo apedreó, y el hombre
murió, tal y como el Señor se lo ordenó a
Moisés.

Franjas en los vestidos

37 El Señor habló con Moisés, y le dijo:
38 «Habla con los hijos de Israel, y diles
que ellos y sus descendientes deben ponerse franjas en los bordes de sus vestidos.[c] En
cada franja de los bordes deben poner un
cordón de púrpura.
39 Esa franja les servirá para que, cuando
la vean, se acuerden de poner en práctica
todos mis mandamientos, y para que no se
fijen en lo que ven o en lo que piensan, para
que no se prostituyan.
40 Les servirá para que se acuerden de
todos mis mandamientos y los pongan en
práctica, y se consagren a mí, su Dios.
41 Yo soy el Señor su Dios. Yo los saqué de
la tierra de Egipto, para ser su Dios. Yo soy el
Señor su Dios.»

La rebelión de Coré

16 1 Junto con el levita Coré hijo de
Isar, hijo de Coat, los rubenitas
Datán y Abirán, hijos de Eliab, y
On hijo de Pelet, decidieron
2 rebelarse contra Moisés. Acompañados
de doscientos cincuenta israelitas importantes, que eran miembros del consejo y
contaban con buena fama,
3 se juntaron contra Moisés y Aarón y les
dijeron:
«¡Ya estamos hartos de ustedes! Si todos
en la congregación son gente consagrada al
Señor, y si el Señor está en medio de ellos,
¿por qué ustedes se creen superiores a la
congregación del Señor?»
4 Cuando Moisés oyó esto, se inclinó delante de ellos
5 y les dijo a Coré y a todos los que lo
acompañaban:
«Mañana el Señor dará a conocer quién
es suyo, y quién está consagrado a él, y a
quien él escoja, le dirá que se acerque a él.
6 Lo que tú, Coré, y toda tu gente, pueden
hacer es tomar incensarios
7 y poner fuego en ellos; pongan también
mañana incienso en ellos delante del Señor,
y que sea el hombre consagrado al Señor
aquél a quien el Señor escoja. ¡Ya estoy harto
de ustedes, levitas!»
8 A Coré, Moisés le dijo:
«Escúchenme, levitas:
9 ¿Creen que es poca cosa que el Dios de
Israel los haya apartado del resto de los israelitas, que los haya acercado a él para que
ministren en el servicio del tabernáculo del

LECCIONES — REBELIÓN EN CONTRA DE MOISÉS

(Números 16.3)

"¡A mí tú no mandas!" ¿En algún momento has dicho eso, o has oído a alguien decirlo? De cierta forma, eso fue lo que dijeron esos tres sacerdotes levitas, Coré, Datán y Abirán, cuando se rebelaron en contra del liderazgo de Moisés y Aarón. A través de sus acciones, le dijeron a Dios: "¡A mí tú no mandas!" Dios juzgó sus acciones como pecado y los castigó en ese mismo momento. Una inmensa grieta apareció en la tierra y estos hombres y su familia se cayeron todos en el hoyo y murieron. Los israelitas aprendieron una lección ese día; Dios todavía era el que mandaba. ¿Es Dios el que manda en ti? Haz una lista de maneras en que puedes obedecerlo hoy.

[c] **15.38:** Dt 22.12.

LECCIONES ¡NOSOTROS TAMBIÉN QUEREMOS SER SACERDOTES!

(Números 16.10)

Coré y los otros rebeldes pensaban que ellos podían decidir quién sería el líder del pueblo. Pero Dios dijo que Él escogería a los líderes en el Tabernáculo. Él escogió a Aarón y sus hijos para ser los sumos sacerdotes. Dios todavía decide quiénes dirigirán su iglesia. Si hacemos caso omiso de las normas de Dios cuando escogemos a los líderes de la iglesia, estamos desobedeciendo a Dios así como lo hizo Coré. Escribe los nombres de los líderes de tu iglesia. Al lado de cada nombre escribe cómo puedes mostrarle respeto a esa persona.

Señor, y que estén delante de la congregación para ministrarle?
10 ¿Es poca cosa que te haya acercado a
ti, y contigo a todos tus hermanos levitas? ¿Acaso andan también atrás del sacerdocio?
11 Eres tú, y es todo tu grupo, los que se están
poniendo en contra del Señor; porque ¿quién es Aarón, para que murmuren contra él?»
12 Entonces Moisés mandó a llamar a Da-
tán y Abirán, hijos de Eliab; pero ellos respondieron:

«¡No vamos a ir!
13 Tú, no contento con habernos sacado
de una tierra que destila leche y miel, para hacernos morir en el desierto, ¿ahora quieres también decirnos qué es lo que debemos hacer?
14 Tú, ni nos has llevado a la tierra que
fluye leche y miel, ni nos has dado terrenos y viñas. ¿Qué quieres? ¿Sacarle los ojos a esta gente? ¡No vamos a ir!»
15 Esto le molestó mucho a Moisés, así
que le dijo al Señor:

«¡No aceptes su ofrenda! ¡Yo ni siquiera un asno les he quitado, ni tampoco les he hecho ningún mal!»
16 Y a Coré le dijo:

«Tú, y todo tu grupo, y también Aarón: ¡preséntense mañana delante del Señor!
17 Tomen cada uno de ustedes su incen-
sario, pongan incienso en ellos, y acérquese cada uno de ustedes al Señor, con su incensario. Con tu incensario y el de Aarón, serán doscientos cincuenta incensarios.»
18 Cada uno de ellos tomó su incensario,
puso fuego en él, le echó incienso, y junto con Moisés y Aarón se puso a la entrada del tabernáculo de reunión.
19 Cuando ya Coré había hecho que toda la
congregación se juntara contra ellos a la entrada del tabernáculo de reunión, la gloria del Señor se manifestó a toda la congregación,
20 y entonces el Señor les dijo a Moisés y
Aarón:
21 «¡Apártense de esta congregación, que
ahora mismo voy a consumirlos!»
22 Ellos se postraron sobre sus rostros, y
dijeron:

«Dios, Dios de los espíritus de toda la humanidad, ¿por qué te enojas contra toda la congregación, si fue un solo hombre el que pecó?»
23 Entonces el Señor le dijo a Moisés:
24 «Habla con la congregación, y diles que
se alejen de la tienda de Coré, Datán y Abirán, y de sus alrededores.»
25 Entonces Moisés se levantó y fue a ha-
blar con Datán y Abirán, y los ancianos de Israel lo siguieron.
26 Y Moisés le dijo a la congregación:

«Apártense de las tiendas de estos malvados, y no toquen nada que les pertenezca, para que no mueran por todos sus pecados.»
27 La gente se apartó de las tiendas de
Coré, Datán y Abirán, y de sus alrededores, y Datán y Abirán salieron y se pusieron a la entrada de sus tiendas, junto con sus mujeres y todos sus hijos.
28 Entonces Moisés dijo:

«Con esto sabrán que el Señor me ha enviado a hacer todo esto, y que no lo hago por mi propia voluntad.

29 Si cuando estos hombres sean visitados, mueren como mueren todos los hombres, eso querrá decir que el Señor no me envió.

30 Pero si el Señor hace algo diferente, y la tierra se abre y se los traga vivos, y bajan al sepulcro junto con todas sus cosas, entonces ustedes sabrán que estos hombres ofendieron al Señor.»

31 Y en cuanto Moisés terminó de decir todo esto, ¡la tierra se abrió debajo de sus pies!

32 Se abrió la tierra y se los tragó, a ellos y a sus casas, y a toda la gente de Coré, junto con todos sus bienes.

33 Cayeron vivos al sepulcro, con todo lo que tenían, y la tierra los cubrió. Así perecieron, en medio de la congregación.

34 Al oír sus gritos, todos los israelitas que estaban a su alrededor huyeron, pues decían: «¡No nos vaya a tragar también la tierra!»

35 Además, de la presencia del Señor salió fuego y consumió a los doscientos cincuenta hombres que ofrecían el incienso.

36 Entonces el Señor habló con Moisés, y le dijo:

37 «Dile a Eleazar, el hijo del sacerdote Aarón, que saque los incensarios de en medio del fuego, y que esparza las brasas, porque los incensarios ya han quedado santificados.

38 Que saque los incensarios de esta gente que pecó contra sí misma, y que haga con ellos unas planchas para recubrir el altar. Los incensarios están ahora santificados, pues fueron presentados delante de mí, y serán una señal a los hijos de Israel.»

39 El sacerdote Eleazar tomó los incensarios de bronce que habían ofrecido los que fueron consumidos por el fuego, y mandó fundirlos para recubrir el altar,

40 para que los hijos de Israel recordaran que nadie que no sea de la descendencia de Aarón puede acercarse a ofrecer incienso delante del Señor, pues le pasaría lo mismo que a Coré y a su grupo, tal y como el Señor lo dijo por medio de Moisés.

41 Al día siguiente, toda la congregación de los hijos de Israel murmuró contra Moisés y Aarón, y dijo: Ustedes han dado muerte al pueblo del Señor.

42 Pero sucedió que, al juntarse la congregación contra Moisés y Aarón, todos miraron hacia el tabernáculo de reunión, ¡y la nube lo había cubierto, y se manifestó la gloria del Señor!

43 Entonces Moisés y Aarón se presentaron ante el tabernáculo de reunión,

44 y el Señor le dijo a Moisés:

45 «¡Apártense de esta congregación, que ahora mismo voy a consumirlos!»

Ellos se postraron sobre sus rostros,

46 pero Moisés le dijo a Aarón:

«Toma el incensario, echa fuego del altar en él, y también incienso, y ve enseguida a la congregación y haz expiación por ellos, porque de la presencia del Señor ha salido su furor. ¡La mortandad ha comenzado!»

47 Aarón tomó el incensario y le puso incienso, tal y como Moisés se lo pidió, y corrió a mezclarse entre la congregación para hacer expiación por ellos, pues ya la mortandad entre el pueblo había comenzado.

48 Al interponerse entre los muertos y los vivos, cesó la mortandad.

49 Sin embargo, los que murieron a causa de aquella mortandad fueron catorce mil setecientos, sin contar los que murieron por la rebelión de Coré.

50 Una vez que la mortandad cesó, Aarón volvió a la puerta del tabernáculo de reunión, donde estaba Moisés.

La vara de Aarón

17 1 El Señor habló con Moisés, y le dijo:

2 «Habla con los hijos de Israel, y pídeles que cada uno de sus jefes tribales te traiga una vara, es decir, una vara por cada cabeza de tribu, conforme a las familias de sus antepasados, o sea, doce varas. En cada vara escribirás el nombre de cada uno de ellos,

3 y en la vara de Leví escribirás el nombre de Aarón, pues cada jefe de familia de sus antepasados debe tener una vara.

4 Pondrás las varas en el tabernáculo de
reunión, delante del testimonio, que es don-
de yo me manifestaré a ustedes.
5 La vara de aquel a quien yo escoja flo-
recerá; y así pondré fin a las quejas y mur-
muraciones de los hijos de Israel contra
ustedes.»
6 Moisés habló con los hijos de Israel, y to-
dos sus jefes le dieron varas; cada príncipe le
dio una vara por las familias de sus antepa-
sados, en total doce varas; y entre las varas
de ellos estaba la vara de Aarón.
7 Moisés puso las varas en el tabernáculo
del testimonio, delante del Señor,
8 y sucedió que al día siguiente, cuando
Moisés volvió al tabernáculo del testimo-
nio, la vara de Aarón, de la familia de Leví,
había retoñado y florecido, y tenía renuevos
y había producido almendras.
9 Moisés quitó entonces de la presencia
del Señor todas las varas, y se las llevó a to-
dos los hijos de Israel para que las vieran y
para que cada uno tomara la suya.
10 Pero el Señor le dijo a Moisés:
«Vuelve a poner la vara de Aarón delan-
te del testimonio.[a] Ordena que se guarde,
como señal a los hijos rebeldes. Así pondrás
fin a sus quejas ante mí, para que no mue-
ran.»
11 Y Moisés hizo lo que el Señor le mandó
hacer.
12 Después los hijos de Israel hablaron con
Moisés y le dijeron:
«¡Estamos perdidos! ¡Estamos perdidos!
¡Ya podemos darnos por muertos!
13 Sin duda, cualquiera que se acerque al
tabernáculo del Señor morirá. ¿Acaso todos
vamos a morir?»

La porción de sacerdotes y levitas

18 1 El Señor le dijo a Aarón:
«Tú y tus hijos, junto con la
familia de tu padre, serán los
responsables si pecan contra el santuario;
pero tú y tus hijos serán los responsables si
pecan en su sacerdocio.
2 Diles a tus hermanos de tribu, es decir, a
los de la tribu de Leví, tu padre, que se acer-
quen a ti y se junten contigo, y que te sirvan.
Tú y tus hijos servirán delante del taberná-
culo del testimonio,
3 y se ocuparán de todo el tabernáculo
y de todo lo que tú ordenes, pero ni ellos
ni ustedes podrán acercarse a los utensilios
santos ni al altar, para que no mueran.
4 Se unirán a ti para encargarse del taber-
náculo de reunión y de todo su servicio, pero
ningún extraño debe acercarse a ustedes.
5 Ustedes tendrán a su cargo el cuidado
del santuario y el cuidado del altar, para que
no vuelva yo a descargar mi ira sobre los hi-
jos de Israel.
6 Como pueden ver, yo el Señor he to-
mado de entre los hijos de Israel a sus her-
manos los levitas. Son un don de mí para
ustedes, para que sirvan en el ministerio del
tabernáculo de reunión.
7 Pero tú y tus hijos deben tener cuidado
de su sacerdocio, y ministrar en todo lo rela-
cionado con el altar y con lo que hay tras el
velo. Yo les he dado el don de servir como
sacerdotes. Todo extraño que se acerque al
santuario, será condenado a muerte.»
8 El Señor le dijo también a Aarón:
«Toma en cuenta que yo te he puesto a
cargo de mis ofrendas. Por haber sido ungi-
dos como sacerdotes, a ti y a tus hijos les he
dado, como estatuto perpetuo, todo lo que
los hijos de Israel me consagren.
9 De las ofrendas que ellos me consagren,
serán para ti todas las ofrendas que no sean
quemadas, todas las ofrendas de expiación
por su pecado, y las de expiación por sus
culpas. Tú y tus hijos deberán considerar
todo esto como ofrendas muy santas,
10 y deberán comerlas en el santuario.
Todo varón entre ustedes podrá comerlas, y
deberá considerarlas ofrendas santas.
11 »De las ofrendas de los israelitas, tuyas
serán también las ofrendas elevadas y todas
las ofrendas mecidas. Yo se las he dado a
ti y a tus hijos y a tus hijas, como estatuto

[a] **17.8-10:** Heb 9.4.

perpetuo. Todos los de tu familia podrán
comerlas, si están purificados.
12 »También te he dado las ofrendas que
me presenten de su mejor aceite, mosto y
trigo, y de sus primicias.
13 Tuyas serán las primicias que me pre-
senten de todo lo que su tierra produzca.
Todos los de tu familia podrán comer de
ellas, si están purificados.
14 »Tuyo será todo lo que en Israel sea
consagrado por voto,[a]
15 y todos los primogénitos que me ofre-
zcan, tanto de hombres como de animales;
pero deberás ver que se pague el rescate tan-
to de los primogénitos del hombre como de
las primeras crías de los animales impuros.
16 El rescate debe pagarse a un mes de su
nacimiento y según tu estimación, y será de
cinco monedas de diez gramos de plata, se-
gún la moneda oficial del santuario.
17 »No podrán ser rescatadas las primeras
crías de las vacas, ni de las ovejas ni de las
cabras, porque están consagradas a mí. Ro-
ciarás su sangre y me la presentarás sobre
el altar, y quemarás su grasa, como ofrenda
encendida de olor grato.
18 Su carne será para ti, lo mismo que el
pecho de la ofrenda mecida y la espaldilla
derecha.
19 Todas las ofrendas santas que los hijos
de Israel me presenten como ofrendas ele-
vadas serán para ti, y para tus hijos e hijas,
como estatuto perpetuo. Es un pacto de sal
perpetuo para ti y para tu descendencia de-
lante de mí.»
20 El Señor le dijo también a Aarón:
«Tú no recibirás ningún terreno en pro-
piedad, ni porción alguna, entre los hijos de
Israel. Yo soy tu porción y tu propiedad.
21 A los hijos de Leví les he dado como he-
rencia, por su ministerio, todos los diezmos[b]
de Israel, ya que ellos sirven en el ministerio
del tabernáculo de reunión.
22 Pero los hijos de Israel no deben acer-
carse más al tabernáculo de reunión, para
que no carguen con ese pecado y mueran.
23 Serán los levitas los que cumplan con el
servicio del tabernáculo de reunión, y serán
ellos los que carguen con la iniquidad de los
hijos de Israel.
»Éste es un estatuto perpetuo para los des-
cendientes de ustedes: los levitas no poseerán
ninguna propiedad entre los hijos de Israel,
24 porque a ellos les he dado como he-
rencia los diezmos que los hijos de Israel
me presentan como ofrenda. Por eso les he
dicho: "Entre los hijos de Israel no tendrán
ninguna propiedad."»
25 El Señor habló con Moisés, y le dijo:
26 «Habla con los levitas, y diles: "Cuando
ustedes reciban de manos de los hijos de Is-
rael los diezmos que yo les he dado como su
herencia, deberán presentarme el diezmo
de los diezmos, como ofrenda mecida.
27 Esta ofrenda se les acreditará como
ofrenda de grano de la era, y como produc-
to del lagar.
28 Así que también ustedes me presenta-
rán una ofrenda de todos los diezmos que
reciban de los hijos de Israel. De esos diez-
mos darán al sacerdote Aarón la ofrenda
que me corresponde.
29 Toda ofrenda que consagren para mí
debe ser de lo mejor de todos los dones que
reciban."
30 Y diles también: "Cuando ustedes los
levitas me ofrezcan lo mejor de los hijos de
Israel, se les acreditará como productos de
la era y del lagar.
31 Podrán comerlo ustedes y sus familias
en cualquier lugar, pues es su remuneración
por su ministerio en el tabernáculo de reu-
nión.
32 Si me ofrecen lo mejor, no incurrirán en
ningún pecado, no contaminarán las ofren-
das santas de los hijos de Israel, y tampoco
morirán."»

Purificación de los impuros

19
1 El Señor habló con Moisés y
Aarón, y les dijo:
2 «Ésta es la ordenanza de la

[a] 18.14: Lv 27.28. [b] 18.21: Lv 27.30-33; Dt 14.22-29.

ley que yo, el Señor, he promulgado. Diles a los hijos de Israel que te traigan una vaca alazana, sin ningún defecto y que no haya jamás llevado el yugo.

3 Que se la entreguen al sacerdote Eleazar, y que él la saque del campamento y ordene que sea degollada en su presencia.

4 El sacerdote Eleazar tomará con su dedo un poco de la sangre, y la rociará siete veces hacia la parte delantera del tabernáculo de reunión,

5 y luego ordenará que la vaca sea quemada ante sus ojos, junto con su cuero, su carne, su sangre y su estiércol.

6 Después de eso, el sacerdote tomará madera de cedro, hisopo y escarlata, y los echará al fuego en que arde la vaca.

7 Luego el sacerdote lavará con agua sus vestidos, y se lavará él mismo, después de lo cual podrá entrar en el campamento, aunque será impuro hasta el anochecer.

8 De igual manera, el que haya quemado la vaca lavará con agua sus vestidos, y se lavará él mismo, y será impuro hasta el anochecer.

9 Alguien que esté limpio recogerá las cenizas de la vaca y las echará en algún lugar limpio fuera del campamento, donde la congregación de los hijos de Israel las guardará para el agua de purificación. Se trata de una expiación.[a]

10 Entonces el que haya recogido las cenizas de la vaca lavará sus vestidos, y será impuro hasta el anochecer. Éste será un estatuto perpetuo para los hijos de Israel y para los extranjeros que habiten entre ellos.

11 »El que toque algún cadáver, quedará impuro siete días.

12 Al tercer día se purificará con esa agua, y al séptimo día quedará limpio. Pero si al tercer día no se purifica, entonces no será limpio al séptimo día.

13 »Todo el que toque algún cadáver y no se purifique, contamina el tabernáculo del Señor. Será eliminado de Israel, porque el agua de la purificación no fue rociada sobre él. Será impuro, y sobre él quedará su impureza.

PALABRAS CON PODER

VACA ALAZANA (DE PELO ROJO)

(Números 19.2)

Los pecados de los israelitas los hacían "inmundos", es decir, impuros. No podían entrar en la presencia de Dios. Dios dijo que volverían a ser puros si quemaban una vaca alazana. Tenía que ser una vaca joven que nunca había tenido un ternero. Después de quemar la vaca alazana, el sacerdote mezclaba las cenizas con agua y las colocaba sobre la persona impura. Después de esto, la persona volvía a ser pura. Cuando Jesús murió en la cruz, derramó su sangre por nuestros pecados. Eso es mejor que las cenizas de una vaca alazana. ¿Le has pedido a Jesús que purifique tu corazón de todo pecado?

14 »Ésta es la ley para cuando alguien muera en la tienda: Cualquiera que entre en la tienda, y todo el que esté en ella, será impuro siete días.

15 Toda vasija abierta, cuya tapa no esté bien ajustada, será impura.

16 Todo el que toque a quien haya muerto en batalla y quede tendido en el campo, o algún cadáver, o hueso humano, o sepulcro, será impuro siete días.

17 Para el impuro se tomará un poco de la ceniza de la vaca quemada en expiación, se echará sobre ella agua corriente en un recipiente,

18 y un hombre que esté limpio tomará hisopo, lo mojará en el agua, y rociará el agua sobre la tienda, y sobre los muebles, y sobre quienes allí estén, y sobre quien haya tocado el hueso, o el asesinado, o el muerto, o el sepulcro.

19 Quien esté limpio rociará el agua sobre el impuro al tercer día y al séptimo día; y ese mismo día séptimo, cuando ya lo haya purificado, se lavará sus vestidos, y se lavará él mismo con agua, y al anochecer será limpio.

20 »El que esté impuro, y no se purifique, será eliminado de la congregación por ha-

[a] **19.9:** Heb 9.13.

ber contaminado el tabernáculo del Señor. Es impuro porque el agua de la purificación no fue rociada sobre él.

21 »Éste será un estatuto perpetuo para ustedes: El que rocíe el agua de la purificación también deberá lavar sus vestidos. Quien toque el agua de la purificación será impuro hasta el anochecer.

22 Todo lo que toque quien esté impuro, también será impuro. Quien toque a quien esté impuro, también será impuro hasta el anochecer.»

Agua de la roca

20 1 Toda la congregación de los hijos de Israel llegó al desierto de Zin el mes primero, y acampó en Cadés. Allí murió María, y allí fue sepultada.

2 Pero la congregación se puso en contra de Moisés y Aarón porque no había agua,

3 y todos hablaron contra Moisés. Dijeron: «¡Cómo quisiéramos haber muerto cuando murieron nuestros hermanos delante del Señor!

4 ¿Para qué trajiste a la congregación del Señor a este desierto? ¿Para que muramos aquí nosotros y nuestras bestias?

5 ¿Por qué nos sacaste de Egipto y nos trajiste a un lugar tan horrible? La tierra no es cultivable, y no hay higueras, ni viñas ni granadas; ¡ni siquiera hay agua para beber!»

6 Moisés y Aarón se apartaron de la congregación y se dirigieron a la entrada del tabernáculo de reunión. Allí se postraron sobre sus rostros, y la gloria del Señor se manifestó sobre ellos.

7 Y el Señor habló con Moisés, y le dijo:

8 «Toma la vara, y tú y tu hermano Aarón reúnan a la congregación, y a la vista de todos ellos díganle a la peña que les dé agua. Así sacarás agua de la peña, y les darás de beber a la congregación y a sus bestias.»

9 Moisés tomó la vara que estaba delante del Señor, e hizo lo que el Señor le ordenó.

10 Moisés y Aarón reunieron a la congregación delante de la peña, y Moisés les dijo: «¡Óiganme ahora, rebeldes! ¿Acaso tendremos que sacar agua de esta peña?»

11 Y dicho esto, levantó su mano y, con su vara, golpeó la peña dos veces. Al instante, brotó agua en abundancia, y bebieron la congregación y sus bestias.

12 Pero el Señor les dijo a Moisés y a Aarón: «Puesto que ustedes no creyeron en mí, ni me santificaron delante de los hijos de Israel, no llevarán a esta congregación a la tierra que les he dado.»

13 Éstas son las llamadas «Aguas de la rencilla,»[5] pues por ellas contendieron los hijos de Israel con el Señor, y él se santificó en ellos.[a]

Edom niega el paso a Israel

14 Desde Cadés, Moisés envió embajadores al rey de Edom para que le dijeran: «Israel, tu hermano, te envía este mensaje: "Tú bien sabes todas las vicisitudes que hemos afrontado,

15 y cómo nuestros padres emigraron a Egipto, y luego estuvimos en Egipto mucho tiempo, y los egipcios nos maltrataron, lo mismo que a nuestros padres.

[5]**20.13** Heb. ***Meriba.*** [a]**20.2-13:** Éx 17.1-7.

MOISÉS METIÓ LA PATA *(Números 20.12)*
Aun un líder piadoso como Moisés metía la pata a veces. En vez de hablarle a una roca para que saliera agua, como le había dicho Dios, Moisés golpeó la roca. Este acto de desobediencia mostró que Moisés no confiaba en Dios con todo su corazón. Moisés permitió que su mal genio lo venciera. ¿Esto te ha pasado a ti en algún momento? En vez de dejar que tu mal genio te meta en problemas, ¿qué puedes hacer?

16 Pero clamamos al Señor, y él oyó nues-
tra voz y envió un ángel para que nos sacara
de Egipto. Y aquí nos tienes. Estamos en Ca-
dés, ciudad cercana a tus fronteras.
17 Te rogamos que nos dejes pasar por tu
tierra. No pasaremos por ningún campo de
cultivo, ni por ninguna viña, ni beberemos
agua de tus pozos. Iremos por el camino
principal, sin apartarnos ni a la derecha ni
a la izquierda, hasta que hayamos cruzado
tu territorio."»
18 Pero Edom le respondió:
«Por mi país no pasarás, pues de lo con-
trario saldré armado contra ti.»
19 Los hijos de Israel contestaron:
«Iremos por el camino principal. Si acaso
nuestros ganados y nosotros bebemos de
tus aguas, te pagaremos por ella. Sólo te pe-
dimos que nos dejes pasar a pie.»
20 Pero Edom respondió:
«No pasarás.»
Y salió Edom contra Israel al frente de un
ejército bien armado.
21 Y como Edom no dejó pasar a Israel por
su territorio, Israel tomó otro camino.

Muerte de Aarón

22 Toda aquella congregación de los hijos
de Israel partió de Cadés y llegó al monte Hor.
23 Allí en el monte Hor, en la frontera con
la tierra de Edom, el Señor habló con Moisés
y Aarón, y les dijo:
24 «Puesto que en las aguas de la rencilla
ustedes se rebelaron contra mi mandamien-
to, Aarón no entrará en la tierra que yo voy
a darles a los hijos de Israel, sino que irá a
reunirse con sus antepasados.
25 Toma a Aarón y a su hijo Eleazar, y ordé-
nales que suban al monte Hor.
26 Allí despojarás a Aarón de sus vestidu-
ras, y con ellas vestirás a Eleazar, su hijo. Por-
que Aarón morirá allí e irá a reunirse con sus
antepasados.»
27 Moisés hizo lo que el Señor le ordenó, y
los tres subieron al monte Hor, a la vista de
toda la congregación.

LECCIONES

DESTRUCCIÓN TOTAL

(Números 21.3)

Dios usó a Israel para eliminar completamente a los cananeos. Pudiéramos preguntarnos por qué Dios permitió que muriera toda una nación. La razón es la siguiente: ya que esta nación malvada estaba decidida a pecar, Dios decidió destruir a los malvados cananeos para dar la tierra a su pueblo escogido. Dios no destruye a las naciones hoy día, pero Él sí quiere que destruyamos el pecado en nuestra vida. ¿Hay pecado en tu vida que necesite ser destruido? Pídele a Dios que te ayude a empezar.

28 Allí Moisés despojó a Aarón de sus ves-
tiduras, y con ellas vistió a Eleazar, su hijo. Y
Aarón murió allí, en la cumbre del monte,[b] y
Moisés y Eleazar descendieron después.
29 Y cuando toda la congregación vio que
Aarón había muerto, todas las familias de Is-
rael lloraron su muerte durante treinta días.

El rey de Arad ataca a Israel

21 1 El rey cananeo de Arad habita-
ba en el Néguev, y cuando oyó
que Israel[a] venía por el camino
de Atarín, salió a pelear contra ellos, y a algu-
nos los hizo prisioneros.
2 Entonces Israel hizo un voto al Señor, y
dijo:
«Si tú pones este pueblo en mis manos,
yo destruiré sus ciudades.»
3 El Señor escuchó la petición de Israel, y
le entregó a los cananeos. Israel destruyó en-
tonces a los cananeos y a sus ciudades, y a
ese lugar lo llamó Jormá.[6]

La serpiente de bronce

4 Después los israelitas partieron del mon-
te Hor, en dirección al Mar Rojo, para rodear
la tierra de Edom,[b] y en el camino el pueblo
se desanimó

[b]**20.28:** Nm 33.38; Dt 10.6. [a]**21.1:** Nm 33.40. [6]**21.3** Es decir, ***Destrucción.*** [b]**21.4:** Dt 2.1.

5 y murmuró contra Dios y contra Moisés:

«¿Para qué nos hiciste salir de Egipto? ¿Para hacernos morir en este desierto? ¡No hay pan ni agua, y ya estamos hartos de este pan tan liviano!»

6 Entonces el Señor mandó serpientes venenosas entre el pueblo, para que los mordieran, y muchos del pueblo de Israel murieron.

7 El pueblo fue a ver a Moisés, y le dijo:

«Hemos pecado al murmurar contra el Señor y contra ti. ¡Ruégale al Señor que nos quite estas serpientes!»

Y Moisés oró por el pueblo,

8 y el Señor le dijo a Moisés:

«Haz una serpiente como éstas, y ponla en un asta. Todo el que sea mordido y la mire, vivirá.»

9 Moisés hizo una serpiente de bronce, y la puso sobre un asta;[c] y cuando alguna serpiente mordía a alguien, si miraba a la serpiente de bronce, seguía con vida.

Dt 7.15

Los israelitas rodean la tierra de Moab

10 Los hijos de Israel partieron de allí y acamparon en Obot.

11 Al partir de Obot, acamparon en Iyé Abarín, en el desierto que está enfrente de Moab, por donde sale el sol.

12 Al partir de allí, acamparon en el valle de Zered.

13 Al partir de allí, acamparon al otro lado del río Arnón, que está en el desierto y que va más allá del territorio del amorreo. Este río Arnón es el límite entre los moabitas y los amorreos.

14 Por eso en el libro de las batallas del Señor puede leerse:

«... lo que hizo en el Mar Rojo
y en los arroyos de Arnón,
15 y en la corriente de los arroyos
que va a parar en Ar
y se detiene en los límites de Moab.»

16 De allí siguieron hasta Ber,[7] es decir, el pozo donde el Señor le dijo a Moisés: «Reúne al pueblo, que voy a darles agua.»

PALABRAS CON PODER — **SERPIENTE DE BRONCE** *(Números 21.9)*

Cuando los israelitas hablaron en contra de Dios, Él permitió que serpientes venenosas los mordieran. Muchos israelitas murieron. Luego el pueblo le pidió disculpas a Moisés. Moisés le pidió a Dios que perdonara al pueblo y que eliminara las serpientes. Dios le dijo a Moisés que pusiera una serpiente de bronce en un asta. Cuando los israelitas miraban la serpiente, mejoraban y no morían. El poder para dar vida que tenía la serpiente de bronce nos recuerda la muerte de Jesucristo. Como la serpiente de bronce, Jesús fue levantado en alto sobre un asta, la cruz, para dar vida a todos los que lo miran a Él. Puedes leer más al respecto en Juan 3:14-15.

17 Israel entonó allí este cántico:

«¡Canta, pozo! ¡Deja fluir el agua!
18 Los grandes señores cavaron este pozo;
¡con sus cetros lo cavaron
los nobles y los príncipes del pueblo!»

Del desierto se dirigieron a Matana, 19 de
Matana a Najaliel, de Najaliel a Bamot,
20 y de Bamot al valle que está en los campos de Moab, y a la cumbre del Pisga, que mira hacia el desierto.

Israel derrota a Sijón

(Dt 2.26-37)

21 Israel envió embajadores a Sijón, el rey de los amorreos, para decirle:

22 «Voy a pasar por tu tierra. No iremos por los sembrados ni por las viñas, ni beberemos agua de tus pozos. Iremos por el camino principal, hasta salir de tu territorio.»

23 Pero Sijón no permitió que Israel pasara

[c] 21.9: Jn 3.14. [7] 21.16 Es decir, *Pozo*.

por su territorio, sino que juntó a todo su ejército y salió al desierto para pelear contra Israel. Al llegar a Yahás,

24 Israel hirió a Sijón a filo de espada y se posesionó de su tierra, desde Arnón hasta Jaboc y hasta los hijos de Amón, porque la frontera de los hijos de Amón era fuerte.

25 Israel se apoderó de todas estas ciudades, y habitó en todas las ciudades de los amorreos, y en Jesbón y todas sus aldeas.

26 Jesbón era la ciudad de Sijón, el rey de los amorreos que antes había tenido guerra con el rey de Moab, y se había apoderado de toda su tierra, hasta Arnón.

27 Por eso dicen los proverbistas:

«¡Vengan todos a Jesbón!
¡Que vuelva a levantarse la ciudad de
Sijón!
28 Porque de Jesbón salió fuego;
de la ciudad de Sijón salieron llamas
que consumieron las ciudades de Moab
y las señoriales alturas de Arnón.

29 »¡Ay de ti, Moab!
¡Quedaste destruido, pueblo de
Quemos!
Tus hijos fueron puestos en fuga,
y tus hijas fueron hechas cautivas
del rey Sijón de los amorreos.

30 »¡Pero nosotros devastamos su reino!
Jesbón quedó en ruinas hasta Dibón,
pues la destruimos hasta Nofa y
Medeba.»

Israel derrota a Og de Basán

(Dt 3.1-11)

31 Fue así como Israel llegó a habitar la tierra *de los amorreos.*

32 Además, Moisés mandó exploradores a Jazer, y se apoderaron de sus aldeas y desalojaron a los amorreos.

33 Cuando volvieron, lo hicieron por el camino de Basán; pero Og, el rey de Basán, salió con todo su ejército a combatirlos, y pelearon en Edrey.

PROMESAS PODEROSAS

NÚMEROS 21.34

Entonces el Señor le dijo a Moisés: «No le tengas miedo, porque a él y a todo su pueblo yo los pondré en tus manos, lo mismo que a su tierra, y harás con él lo mismo que hiciste con Sijón, el rey amorreo que habitaba en Jesbón.»

Dios prometió que derrotaría a los enemigos de los israelitas. El poder de Dios es más fuerte que cualquier cosa en la tierra. ¿Qué problema serio estás enfrentando tú? ¿Te asusta? Dios puede conquistarlo así como Él conquistó a los enemigos de Israel.

34 Entonces el Señor le dijo a Moisés:

«No le tengas miedo, porque a él y a todo su pueblo yo los pondré en tus manos, lo mismo que a su tierra, y harás con él lo mismo que hiciste con Sijón, el rey amorreo que habitaba en Jesbón.»

35 Y los israelitas hirieron de muerte a Sijón y a sus hijos, y a todo su ejército. No dejaron con vida a nadie. Así se apoderaron de su tierra.

Balac manda llamar a Balaam

22 1 Los hijos de Israel partieron de allí, y acamparon en los campos de Moab, frente a Jericó, a orillas del río Jordán.

2 Y cuando Balac hijo de Sipor se dio cuenta de todo lo que Israel había hecho con los amorreos,

3 él y todos los moabitas tuvieron mucho miedo del pueblo de Israel, pues eran una gran multitud. Fue tanta la angustia de los moabitas

4 que les dijeron a los ancianos de Madián: «Esta gente va a acabar con todos nuestros contornos, del mismo modo que el buey acaba con la grama del campo.»

Balac hijo de Sipor era entonces el rey de
Moab,
[5] así que mandó llamar a Balaam hijo de
Beor, que estaba en Petor, junto al río, en el
territorio de los hijos de su pueblo. Los men-
sajeros le dijeron:
«De Egipto ha salido un pueblo que
cubre la faz de la tierra, y que ha venido a
plantarse delante de mí.
[6] Yo sé que a quien tú bendices, es bende-
cido, y que a quien tú maldices es maldeci-
do. Por eso, te ruego que vengas y lo maldi-
gas por mí, porque es un pueblo más fuerte
que yo. ¡Tal vez logre yo herirlo y echarlo
fuera de mi tierra!»
[7] Los ancianos de Moab y de Madián fue-
ron a ver a Balaam. Con los regalos de adivi-
nación en la mano, le dieron el mensaje que
le enviaba Balac.
[8] Y Balaam les dijo:
«Descansen aquí esta noche, que yo les daré
la respuesta que el Señor me comunique.»
Y los príncipes de Moab se quedaron con
Balaam.
[9] Pero Dios vino y le dijo a Balaam:
«¿Quiénes son estos hombres que están
contigo?»
[10] Balaam le respondió a Dios:
«Balac hijo de Sipor, que es rey de Moab,
mandó a decirme:
[11] "De Egipto ha salido un pueblo que
cubre la faz de la tierra. Yo te ruego que
vengas y lo maldigas por mí. ¡Tal vez logre yo
herirlo y echarlo fuera!"»
[12] Entonces Dios le dijo a Balaam:
«No vayas con ellos, ni maldigas a ese
pueblo, porque es un pueblo bendito.»
[13] Y así, al día siguiente Balaam se levantó
y les dijo a los príncipes de Balac:
«Vuelvan a su tierra. El Señor no me per-
mite ir con ustedes.»
[14] Los príncipes de Moab se levantaron y
fueron a decirle a Balac:
«Balaam no quiso venir con nosotros.»
[15] Una vez más, Balac envió a otros prín-
cipes, más importantes todavía que los an-
teriores,
[16] y éstos le dijeron a Balaam:
«Así dice Balac, hijo de Sipor: "Te ruego
que no dejes de venir a mí.
[17] Puedes estar seguro de que yo te colmaré
de riquezas, y haré todo lo que me digas. Por
favor, ven y maldice por mí a este pueblo."»
[18] Pero Balaam les respondió a los siervos
de Balac:
«Aun cuando Balac me dé su casa llena
de oro y plata, yo no puedo desobedecer en
lo más mínimo las órdenes del Señor.
[19] Yo les ruego que descansen aquí esta
noche, hasta que yo sepa qué más me dice
el Señor.»
[20] Durante la noche, Dios vino y le dijo a
Balaam:
«Puesto que estos hombres han acudido
a ti, levántate y vete con ellos. Pero harás
sólo lo que yo te diga.»

El ángel y el asna de Balaam

[21] Al día siguiente, Balaam se levantó, le
puso a su asna el aparejo, y se fue con los
príncipes de Moab.
[22] Balaam iba montado sobre su asna, y
acompañado de dos criados suyos, pero en
el camino la ira de Dios se encendió y su án-
gel salió dispuesto a obstruirle el paso.
[23] Cuando el asna vio que el ángel del
Señor estaba en el camino, y que en la mano
tenía desenvainada la espada, se apartó del
camino y se fue por el campo. Balaam azotó
al asna para hacerla volver al camino,
[24] pero el ángel del Señor se puso en un
sendero de viñas, que de uno y otro lado
tenía un cerco de piedras.
[25] En cuanto el asna vio al ángel del Señor,
se arrimó contra el cerco de piedras y apretó
contra la pared el pie de Balaam, por lo que
él volvió a azotarla.
[26] Entonces el ángel del Señor avanzó un
poco más y se puso en un lugar más angos-
to, donde ya no había manera de avanzar ni
a un lado ni al otro.
[27] Al ver el asna al ángel del Señor, se echó
al suelo debajo de Balaam, y éste se enojó y
la azotó con un palo.

28 Entonces el Señor hizo que el asna hablara, y ésta le dijo a Balaam:

«¿Y yo qué te he hecho? ¿Por qué me has azotado tres veces?»

29 Y Balaam le respondió:

«¡Es que te has burlado de mí! Si tuviera yo una espada en la mano, ¡ahora mismo te mataría!»

30 El asna le contestó:

«Pero, Balaam, ¿acaso no soy yo tu asna? Desde que me tienes, y hasta este día, tú has montado sobre mí. ¿Acaso te he tratado así alguna vez?»

Como Balaam respondió que no,

31 el Señor le abrió los ojos, y al ver Balaam que el ángel del Señor estaba en el camino y con la espada en la mano, se inclinó y se postró sobre su rostro.

32 Entonces el ángel del Señor le dijo:

«¿Por qué azotaste a tu asna tres veces? Como puedes ver, yo he salido dispuesto a no dejarte seguir, porque tu camino me parece perverso.

33 En cuanto el asna me vio, tres veces se apartó de mí. Si ella no se hubiera apartado de mí, yo te habría matado a ti, y a ella la habría dejado con vida.»

34 Entonces Balaam dijo al ángel del Señor:

«He pecado. Y es que no sabía que tú te interponías en mi camino. Pero ya que esto te parece mal, voy a regresarme.»

35 Pero el ángel del Señor le dijo:

«Puedes ir con esos hombres. Pero sólo dirás lo que yo te ordene que digas.»

Y así, Balaam se fue con los príncipes de Balac.

36 Y cuando Balac supo que Balaam venía, salió a recibirlo a la ciudad de Moab, la cual está en los límites de Arnón, es decir, en los *extremos de su territorio.*

37 Allí, Balac le dijo a Balaam:

«¿Acaso no mandé a llamarte? ¿Por qué no acudiste a mi llamado? ¿Crees que no puedo darte muchas riquezas?»

38 Balaam le respondió:

«Pues ya estoy aquí. Pero no puedo decir nada que Dios no me ordene decir.»

39 Y Balaam se fue con Balac, y se dirigieron a Quiriat Jusot.

40 Allí Balac ordenó sacrificar bueyes y ovejas, y los envió a Balaam y a los príncipes que estaban con él.

Balaam bendice a Israel

41 Al día siguiente, Balac llevó a Balaam hasta la cima de Bamot Baal, y desde allí Balaam vio la parte más extrema del pueblo.

23 1 Balaam le dijo a Balac:

«Levanta aquí siete altares, y prepárame siete becerros y siete carneros.»

2 Balac hizo lo que Balaam le ordenó, y Balac y Balaam ofrecieron un becerro y un carnero en cada altar.

3 Luego Balaam le dijo a Balac:

«Quédate junto a tu holocausto, que yo iré a ver si el Señor quiere encontrarse conmigo. Si hay algo que él me muestre, te lo haré saber.»

Y Balaam se fue a un monte desolado.

4 Entonces Dios vino al encuentro de Balaam, y éste le dijo:

«He ordenado levantar siete altares, y en cada altar he ofrecido un becerro y un carnero.»

5 El Señor puso su palabra en labios de Balaam, y le dijo:

«Regresa a donde está Balac, y dile lo que voy a decirte.»

6 Balaam volvió a donde estaba Balac, y lo encontró junto a su holocausto, junto con todos los príncipes de Moab.

7 Entonces Balaam pronunció estas palabras proféticas:

«Balac, el rey de Moab, me trajo de
Aram;
me hizo venir de los montes del
oriente.
Me pidió venir y maldecir a Jacob;
me ordenó desearle el mal a Israel.
8 ¿Y cómo maldecir a quien Dios no
maldijo?
¿Cómo condenar a quien el Señor no
ha condenado?

9 Desde lo alto de las peñas puedo
verlo;
desde las colinas puedo observarlo.
Es un pueblo que habita confiado,[8]
y que las naciones no toman en
cuenta.
10 ¿Quién puede contar el polvo de
Jacob,
o la cuarta parte del pueblo de Israel?
¡Espero morir como mueren los justos!
¡Espero tener el mismo final de ellos!»

11 Entonces Balac le dijo a Balaam:

«Pero, ¿qué es lo que haces conmigo? Te hice venir para que maldijeras a mis enemigos, ¡y ahora resulta que los estás bendiciendo!»

12 Balaam le respondió:

«¿Y acaso no tengo que decir lo que el Señor ponga en mis labios?»

13 Pero Balac insistió:

«Te ruego que vengas conmigo a otro lugar, desde donde no puedas ver a todos ellos sino solamente su parte extrema. Desde allí los maldecirás por mí.»

14 Y Balac llevó a Balaam al campo de Sofín, que está en la cumbre del Pisga. Allí edificó siete altares, y en cada altar ofreció un becerro y un carnero.

15 Entonces Balaam le dijo a Balac:

«Quédate aquí, junto a tu holocausto, que yo iré por allí a encontrarme con Dios.»

16 Entonces el Señor salió al encuentro de Balaam, y puso en sus labios su palabra. Le dijo:

«Vuelve adonde está Balac, y dile lo que voy a decirte.»

17 Balaam fue adonde estaba Balac, y lo encontró junto a su holocausto, acompañado de los príncipes de Moab. Y Balac le dijo:

«¿Qué te dijo el Señor?»

18 Y Balaam pronunció estas palabras proféticas:

«Vamos, Balac, ¡ponte de pie!
¡Escucha mis palabras, hijo de Sipor!

LECCIONES — LAS PROMESAS DE DIOS
(Números 23.19)

Aun la persona más sincera podría decir una mentira en algún momento. Pero Dios nunca miente. Él cumple sus promesas fielmente. Él no puede mentir, pero sí puede cambiar de idea o modificar sus planes. Él hace esto cuando la gente ora y se arrepiente (mira Éxodo 32:11, 14). Escribe el texto de 2 Crónicas 7:14 y trata de memorizar esta promesa de Dios.

19 Dios no es un simple mortal
para que mienta o cambie de parecer.
Si él habla, ciertamente actúa;
si él dice algo, lo lleva a cabo.
20 Yo he recibido la orden de bendecir;
la bendición de Dios no puedo revo-
carla.
21 Dios no ha hallado iniquidad en
Jacob,
ni ha encontrado perversidad en Israel.
El Señor su Dios está con ellos,
y ellos lo aclaman como su rey.
22 Dios los ha sacado de Egipto
con la poderosa fuerza de un búfalo.
23 Contra Jacob nada pueden las
brujerías;
contra Israel nada valen las artes
mágicas.
De Jacob, que es Israel, se dirá:
¡Miren lo que ha hecho Dios con ellos!
24 Este pueblo se levantará como un
león;
como león rugiente se pondrá de pie.
No se echará hasta haber devorado la
presa,
¡hasta saciarse con la sangre de los
muertos!»

25 Pero Balac le dijo a Balaam:

«Si no lo vas a maldecir, ¡tampoco lo bendigas!»

26 Y Balaam le respondió:

[8] **23.9** O, *solo.*

«¿No te he dicho que yo debo decir todo lo que el Señor me diga?»

27 Balac le dijo entonces:

«Yo te ruego que me acompañes a otro lugar. Tal vez desde allí Dios maldiga a Israel.»

28 Y Balac llevó a Balaam a la cumbre de Pegor, desde donde se mira hacia el desierto.[9]

29 Allí Balaam le dijo a Balac:

«Levanta aquí siete altares, y prepárame siete becerros y siete carneros.»

30 Balac hizo lo que Balaam le ordenó, y éste ofreció un becerro y un carnero en cada altar.

24 1 Cuando Balaam se dio cuenta de que al Señor le parecía bien que él bendijera a Israel, ya no recurrió a las artes de hechicería, como lo había hecho la primera y la segunda vez, sino que dirigió la mirada hacia el desierto.

2 Al levantar la vista, pudo ver a Israel asentado por orden tribal. Entonces el espíritu de Dios vino sobre él,

3 y él pronunció estas palabras proféticas:

«Así dice Balaam hijo de Beor;
así dice el hombre de penetrante mirada;
4 así dice el que oye la voz de Dios,
el que recibe visiones del Omnipotente,
el que postrado mantiene abiertos los ojos:

5 »¡Qué hermosas son tus tiendas, Jacob!
¡Qué hermosas son tus habitaciones, Israel!
6 *Expandidas, como* los arroyos;
como los huertos a la vera del río,
como los áloes que el Señor ha plantado,
como los cedros cercanos a las aguas.
7 De sus afluentes mana agua en abundancia;
sus semillas estarán bien regadas.
Su rey es más importante que Agag,
y su reinado será enaltecido.

8 »Dios lo sacó de Egipto,
y le infundió las fuerzas de un búfalo.
Devorará a las naciones enemigas,
les desmenuzará los huesos,
y las traspasará con sus saetas.
9 Se pone al acecho, como un león;
se agazapa como leona: ¿quién lo azuzará?[a]
¡Benditos sean quienes lo bendigan!
¡Malditos sean quienes lo maldigan!»[b]

Profecía de Balaam

10 En ese instante la ira de Balac se encendió contra Balaam, y agitando las manos le dijo:

«Yo te hice venir para que maldijeras a mis enemigos, ¡y ya van tres veces que los bendices!

11 ¡Mejor lárgate a tu casa! Yo había prometido colmarte de riquezas, pero es el Señor quien te ha privado de recibirlas.»

12 Balaam le respondió:

«¿Acaso no se lo advertí a los mensajeros que me enviaste? Yo les dije:

13 "Aun si Balac me da su casa llena de oro y plata, yo no podré desobedecer las órdenes del Señor, ni hacer nada bueno o malo por mi propia voluntad. Yo diré sólo aquello que el Señor me ordene decir."

14 Como puedes ver, yo estoy regresando a mi pueblo. Pero ven conmigo, que voy a indicarte lo que este pueblo hará con tu pueblo en los últimos tiempos.»

15 Y Balaam pronunció estas palabras proféticas:

«Así dice Balaam hijo de Beor;
así dice el hombre de penetrante mirada;
16 así dice el que oye la voz de Dios,
el que tiene los conocimientos del Altísimo,

[9] **23.28** O, ***Jesimón.*** [a] **24.9:** Gn 49.9. [b] **24.9:** Gn 12.3.

PROMESAS PODEROSAS

NÚMEROS 24.17

Yo lo veré, pero no en este momento; lo contemplaré, pero no de cerca. De Jacob saldrá una estrella; un cetro surgirá en Israel, que herirá a Moab en las sienes y descalabrará a todos los hijos de Set.

Esta promesa se refiere al rey David, quien era un familiar de Jacob. También se refiere a la época en que Jesús regresará a la tierra. En ese momento, Él será rey sobre todas las naciones. ¿Esperas ansiosamente la venida de Jesús?

el que recibe visiones del Omnipotente,
el que postrado mantiene abiertos los ojos:

17 »Yo lo veré, pero no en este momento;
lo contemplaré, pero no de cerca.
De Jacob saldrá una estrella;
un cetro surgirá en Israel,
que herirá a Moab en las sienes
y descalabrará a todos los hijos de Set.
18 Edom será conquistado;
también Seír será tomado por sus enemigos.
Pero Israel realizará grandes proezas.
19 De Jacob saldrá un conquistador,
y acabará con los que aún queden en la ciudad.»

20 Luego, Balaam se fijó en Amalec, y pronunció estas palabras proféticas:

«Amalec es una nación importante,
pero al final desaparecerá para siempre.»

21 Al ver a los quenitas, Balaam pronunció estas palabras proféticas:

«Tú habitas en un lugar seguro;
has construido tu nido en la roca.
22 Con todo, quenita, serás echado al fuego,
y Asiria te llevará cautivo.»

23 Y Balaam pronunció también estas palabras proféticas:

«¡Ay! ¿Quién podrá seguir con vida
cuando Dios se decida a actuar?
24 De las costas de Quitín vendrán naves
que afligirán a Asiria, lo mismo que a Éber,
pues también ellos perecerán para siempre.»

25 Dicho esto, Balaam se fue de allí y volvió al lugar de donde había venido, y también Balac se fue por su camino.

Israel acude a Baal Pegor

25 1 Mientras Israel estuvo viviendo en Sitín, el pueblo empezó a prostituirse con las mujeres de Moab,
2 las cuales invitaban al pueblo a participar en los sacrificios de sus dioses, y el pueblo comía de esos sacrificios y adoraba a esos dioses.
3 Y como el pueblo acudía a Baal Pegor, el furor del Señor se encendió contra Israel,
4 y el Señor le dijo a Moisés:
«Toma a todos los príncipes del pueblo, y ahórcalos delante de mí a pleno sol. Sólo así mi ira se apartará de Israel.»
5 Moisés dijo entonces a los jueces de Israel:
«Mate cada uno de ustedes a los suyos que hayan acudido a Baal Pegor.»
6 Mientras los israelitas lloraban a la entrada del tabernáculo de reunión, un israelita llegó y, a la vista de Moisés y de toda la congregación de los israelitas, presentó una madianita a sus hermanos.
7 Al ver esto Finés hijo de Eleazar, que era hijo del sacerdote Aarón, se levantó de en medio de la congregación y, con una lanza en la mano,

8 se lanzó tras aquel israelita. Al llegar a su tienda, con su lanza atravesó por el vientre a los dos, al israelita y a la mujer. Al instante, cesó la mortandad entre los hijos de Israel,

9 aunque ya habían muerto veinticuatro mil de ellos.

10 Entonces el Señor habló con Moisés, y le dijo:

11 «Llevado por el celo que yo mismo tengo por mí, Finés hijo de Eleazar, hijo del sacerdote Aarón, ha hecho que mi furor se aparte de los hijos de Israel. Por eso no los he consumido.

12 Por lo tanto, dile que yo he establecido ya mi pacto de paz con él.

13 Tanto él como sus descendientes contarán con el pacto del sacerdocio perpetuo, por haber mostrado celo por su Dios y por haber hecho expiación por los hijos de Israel.»

14 El israelita que fue atravesado junto con la madianita se llamaba Zimri hijo de Salu, y era jefe de una familia de la tribu de Simeón.

15 La madianita que murió con él se llamaba Cozbi hija de Sur, quien era príncipe de pueblos y padre de familia en Madián.

16 El Señor habló con Moisés, y le dijo:

17 «Hostilicen a los madianitas, y mátenlos.

18 También ellos los hostilizaron a ustedes con sus ardides; los engañaron en relación con Baal Pegor y con su hermana Cozbi, la hija del príncipe de Madián, que por causa de Baal Pegor fue muerta el día de la mortandad.»

Censo del pueblo en Moab

26 1 Después de la mortandad, sucedió que el Señor habló con Moisés y Eleazar, el hijo del sacerdote Aarón. Les dijo:

2 «Levanten un censo[a] de toda la congregación de todos los hijos de Israel, mayores de veinte años, que pueden salir a pelear por Israel, en el orden de las familias de sus antepasados.»

PALABRAS CON PODER

CELO

(Números 25.11)

Los israelitas pecaron y adoraron los dioses falsos de los moabitas. Esto enfureció a Dios. También enfureció a un sacerdote llamado Finés. Él tenía celo, es decir, un gran entusiasmo, por la honra de Dios. Era por eso que odiaba el pecado. Finés tenía celo por la santidad de Dios y Jesús también tenía celo por la santidad de Dios. Puedes leer acerca de esto en Hebreos 1:9. Dios bendice a las personas que tienen celo por Él y su Palabra. ¿Tú te enojas cuando ves a personas haciendo cosas malas? ¿Cómo muestras celo por la honra de Dios?

3 Moisés y el sacerdote Eleazar hablaron con los israelitas en los campos de Moab, es decir, junto al Jordán y frente a Jericó. Les dijeron:

4 «Cuenten al pueblo mayor de veinte años, tal y como el Señor se lo ordenó a Moisés y a los hijos de Israel que salieron de Egipto.»

5 De Rubén, primogénito de Israel, fueron contadas las siguientes familias:

De Enoc, la familia de los enoquitas.

De Falú, la familia de los faluitas.

6 De Jesrón, la familia de los jesronitas.

De Carmi, la familia de los carmitas.

7 Éstas son las familias de los rubenitas. De ellas fueron contados cuarenta y tres mil setecientos treinta hombres.

8 Los hijos de Falú: Eliab.

9 Los hijos de Eliab: Nemuel, Datán y Abirán. Estos Datán y Abirán fueron los dos del consejo de la congregación que, junto con el grupo de Coré, se rebelaron contra Moisés y Aarón, y contra el Señor,

10 cuando la tierra se abrió y se los tragó, a ellos y a Coré, y aquel grupo murió al consumir el fuego a doscientos cincuenta hombres, para que sirviera de escarmiento.

[a] **26.1-51:** Nm 1.1-46.

[11] Pero los hijos de Coré no murieron.

[12] Los hijos de Simeón, en el orden de sus familias:

De Nemuel, la familia de los nemuelitas.

De Jamín, la familia de los jaminitas.

De Jaquín, la familia de los jaquinitas.

[13] De Zeraj, la familia de los zerajitas.

De Saúl, la familia de los saulitas.

[14] Éstas son las familias de los simeonitas, con un total de veintidós mil doscientos hombres.

[15] Los hijos de Gad por sus familias:

De Sefón, la familia de los sefonitas.

De Jaguí, la familia de los jaguitas.

De Suni, la familia de los sunitas.

[16] De Ozní, la familia de los oznitas.

De Eri, la familia de los eritas.

[17] De Arod, la familia de los aroditas.

De Areli, la familia de los arelitas.

[18] Éstas son las familias de Gad, con un total de cuarenta mil quinientos hombres.

[19] Los hijos de Judá: Er y Onán.

Er y Onán murieron en la tierra de Canaán.

[20] Los hijos de Judá, por sus familias, fueron:

De Sela, la familia de los selaítas.

De Fares, la familia de los faresitas.

De Zeraj, la familia de los zerajitas.

[21] Los hijos de Fares fueron:

De Jesrón, la familia de los jesronitas.

De Jamul, la familia de los jamulitas.

[22] Éstas son las familias de Judá, con un total de setenta y seis mil quinientos hombres.

[23] Los hijos de Isacar, en el orden de sus familias:

De Tola, la familia de los tolaítas.

De Fuvá, la familia de los fuvaítas.

[24] De Jasub, la familia de los jasubitas.

De Simerón, la familia de los simeronitas.

[25] Éstas son las familias de Isacar, con un total de sesenta y cuatro mil trescientos hombres.

[26] Los hijos de Zabulón, en el orden de sus familias:

De Sered, la familia de los sereditas.

De Elón, la familia de los elonitas.

De Yajelel, la familia de los yajelelitas.

[27] Éstas son las familias de los zabulonitas, con un total de sesenta mil quinientos hombres.

[28] Los hijos de José, en el orden de sus familias:

Manasés y Efraín.

[29] Los hijos de Manasés:

De Maquir, la familia de los maquiritas. Y Maquir engendró a Galaad.

De Galaad, la familia de los galaaditas.

[30] Éstos son los hijos de Galaad:

De Yézer, la familia de los yezeritas.

De Jélec, la familia de los jelequitas.

[31] De Asriel, la familia de los asrielitas.

De Siquén, la familia de los siquenitas.

[32] De Semida, la familia de los semidaítas.

De Jéfer, la familia de los jeferitas.

[33] Selofejad hijo de Jéfer no tuvo hijos, sino hijas. Los nombres de las hijas de Selofejad fueron Malá, Nogá, Joglá, Milca y Tirsa.

[34] Éstas son las familias de Manasés, con un total de cincuenta y dos mil setecientos hombres.

[35] Éstos son los hijos de Efraín, en el orden de sus familias:

De Sutelaj, la familia de los sutelajitas.

De Bequer, la familia de los bequeritas.

De Taján, la familia de los tajanitas.

[36] Éstos son los hijos de Sutelaj:

De Erán, la familia de los eranitas.

[37] Éstas son las familias de los hijos de Efraín, con un total de treinta y dos mil quinientos hombres. Éstos son los hijos de José por sus familias.

[38] Los hijos de Benjamín, en el orden de sus familias:

De Bela, la familia de los belaítas.

De Asbel, la familia de los asbelitas.

De Ajirán, la familia de los ajiramitas.

[39] De Sufán, la familia de los sufanitas.

De Jufán, la familia de los jufanitas.

[40] Los hijos de Bela fueron Ard y Namán.

De Ard, la familia de los arditas.

De Namán, la familia de los namanitas.

[41] Éstos son los hijos de Benjamín, en el orden de sus familias, con un total de cuarenta y cinco mil seiscientos hombres.

[42] Éstos son los hijos de Dan, en el orden de sus familias:

De Suján, la familia de los sujamitas.

Éstas son las familias de Dan, en el orden de sus familias.

[43] De las familias de los sujamitas fueron contados sesenta y cuatro mil cuatrocientos hombres.

[44] Los hijos de Aser, en el orden de sus familias:

De Imna, la familia de los imnitas.

De Isví, la familia de los isvitas.

De Beria, la familia de los beriaítas.

[45] Los hijos de Beria:

De Jéber, la familia de los jeberitas.

De Malquiel, la familia de los malquielitas.

[46] La hija de Aser se llamaba Será.

[47] Éstas son las familias de los hijos de Aser, con un total de cincuenta y tres mil cuatrocientos hombres.

[48] Los hijos de Neftalí, en el orden de sus familias:

De Yajesel, la familia de los yajeselitas.

De Guni, la familia de los gunitas.

[49] De Yézer, la familia de los yezeritas.

De Silén, la familia de los silemitas.

[50] Éstas son las familias de Neftalí, en el orden de sus familias, con un total de cuarenta y cinco mil cuatrocientos hombres.

[51] El total de los hijos de Israel censados fue de seiscientos un mil setecientos treinta hombres.

La repartición de la tierra

[52] El Señor habló con Moisés, y le dijo:

[53] «La tierra se repartirá entre estos hombres, según los nombres censados.

[54] A los que sean más, les darás una propiedad mayor; a los que sean menos, les da*rás una propiedad menor.* Cada uno recibirá su propiedad según el número de hombres censados.

[55] Pero la tierra se repartirá por sorteo, y la recibirán en propiedad según los nombres de las tribus de sus padres.

[56] Según les toque en suerte, la tierra se repartirá entre los que sean más y los que sean menos.»[b]

Censo de la tribu de Leví

[57] Los levitas censados según el orden de sus familias fueron éstos:

De Guersón, la familia de los guersonitas.

De Coat, la familia de los coatitas.

De Merari, la familia de los meraritas.

[58] Éstas son las familias de los levitas:

la familia de los libnitas,

la familia de los hebronitas,

la familia de los malitas,

la familia de los musitas,

la familia de los coreítas.

Coat fue el padre de Amirán.

[59] La mujer de Amirán se llamaba Jocabed, hija de Leví, y le nació a Leví en Egipto. Esta Jocabed fue la madre de Aarón, Moisés y María, y el padre de ellos fue Amirán.

[60] Aarón fue el padre de Nadab, Abiú, Eleazar e Itamar.[c]

[61] Nadab y Abiú murieron por haber ofrecido fuego extraño delante del Señor.[d]

[62] Los levitas censados fueron veintitrés mil hombres, todos ellos mayores de un mes. No fueron contados entre los hijos de Israel porque no recibieron ninguna propiedad entre los hijos de Israel.

Caleb y Josué sobreviven

[63] Éstos son los israelitas censados por Moisés y el sacerdote Eleazar en los campos de Moab, junto al Jordán y frente a Jericó.

[64] Ninguno de ellos era de los que fueron contados por Moisés y el sacerdote Aarón en el desierto de Sinaí.

[65] Y es que el Señor había dicho acerca de ellos: Morirán en el desierto.[e] Así que ninguno de ellos quedó con vida, excepto Caleb hijo de Yefune y Josué hijo de Nun.

Las hijas de Selofejad

27 [1] Selofejad hijo de Jéfer, hijo de Galaad, hijo de Maquir, hijo de Manasés, de las familias de Ma-

[b]**26.52-56:** Nm 34.13; Jos 14.1-2. [c]**26.60:** Nm 3.2. [d]**26.61:** Lv 10.1-2; Nm 3.4. [e]**26.65:** Nm 14.26-35.

nasés hijo de José, tenía cinco hijas llamadas Malá, Nogá, Joglá, Milca y Tirsa. Éstas fueron

2 a la puerta del tabernáculo de reunión y se presentaron ante Moisés y el sacerdote Eleazar, y ante los príncipes y toda la congregación, para decirles:

3 «Nuestro padre murió en el desierto, pero no por haber estado en el grupo de Coré, entre los que se juntaron contra el Señor, sino que murió por su propio pecado y sin haber tenido hijos varones.

4 ¿Acaso por no haber tenido hijos nuestro padre se quitará su nombre de entre su familia? ¡Danos una propiedad familiar entre sus hermanos!»

5 Moisés le presentó el caso al Señor,

6 y el Señor le respondió:

7 «Las hijas de Selofejad tienen razón. Dales posesión de una propiedad familiar entre los hermanos de su padre. Traspasa a ellas[a] los derechos de propiedad de su padre.

8 Además, diles a los hijos de Israel que, cuando alguno de ellos muera sin tener hijos, sus derechos de propiedad se traspasarán a su hija.

9 Si tampoco tuvo hija, sus derechos de propiedad pasarán a sus hermanos.

10 Si tampoco tuvo hermanos, sus derechos de propiedad pasarán a los hermanos de su padre.

11 Y si su padre tampoco tuvo hermanos, sus derechos pasarán a su pariente tribal más cercano, y éste será el dueño. Esto será un estatuto legal para los hijos de Israel, tal y como yo, el Señor, te lo he ordenado.»

Josué, sucesor de Moisés

12 El Señor le dijo a Moisés:

«Sube a este monte Abarín. Desde allí verás la tierra que voy a darles a los hijos de Israel.

13 Después de que la hayas visto, también tú irás a reunirte con tu pueblo, como tu hermano Aarón,

14 porque allá en Meriba, en el desierto de Zin, cuando la congregación me hizo reclamos, ustedes se rebelaron contra mi mandato y delante de ellos[b] no me santificaron.»

Estas aguas de Meriba están en Cadés, en el desierto de Zin.

15 Moisés le respondió al Señor:

16 «Señor y Dios del espíritu que habita en todo ser, pon a cargo de la congregación alguien

17 que salga al frente de ellos y que los haga volver. Que no sea tu congregación, Señor, como un rebaño de ovejas sin pastor.»

18 Y el Señor le dijo:

«Pues toma a Josué[c] hijo de Nun, que es un hombre con espíritu. Pon tu mano sobre él, Jue 3.9-10

19 y llévalo ante el sacerdote Eleazar y ante toda la congregación, y en presencia de ellos entrégale el mando.

20 Pon sobre él tus propias atribuciones, para que toda la congregación de los hijos de Israel le obedezca.

21 Él se presentará ante el sacerdote Eleazar para consultarme por medio del Urim.[d] Cuando Josué lo ordene, todos los hijos de Israel saldrán, y cuando él lo ordene, todos los hijos de Israel volverán.»

22 Moisés hizo lo que el Señor le ordenó, y tomó a Josué y lo llevó ante el sacerdote Eleazar y ante toda la congregación,

23 y poniendo sobre él las manos le entregó el mando,[e] tal y como el Señor lo había ordenado por medio de Moisés.

LECCIONES GUIADO POR EL ESPÍRITU

(Números 27.18)

Josué era un líder sabio y poderoso. ¿Por qué? Porque estaba lleno del Espíritu Santo de Dios y obedecía al Espíritu Santo. El Espíritu le daba sabiduría y poder para guiar al pueblo de Dios. Si confías en Jesús como tu Salvador, el Espíritu Santo vive en ti. Él te dará el poder para vivir como Dios quiere. ¡Eso es lo que hacen los NIÑOS PODEROSOS!

[a]**27.7:** Nm 36.2. [b]**27.12-14:** Dt 3.23-27; 32.48-52. [c]**27.18:** Éx 24.13. [d]**27.21:** Éx 28.30; 1 S 28.6. [e]**27.23:** Dt 31.23.

Las ofrendas diarias

(Éx 29.38-46)

28 1 El Señor habló con Moisés, y
le dijo:
2 «Dales esta orden a los hi-
jos de Israel: Deben presentarme a tiempo
mis ofrendas y mi pan con mis ofrendas en-
cendidas en olor grato.
3 Y diles también que la ofrenda encendi-
da que deberán presentarme es la siguiente:
Cada día, para el holocausto continuo, dos
corderos de un año y sin defecto.
4 Uno de los corderos lo ofrecerás por la
mañana, y el otro lo ofrecerás al caer la tarde.
5 También me ofrecerás dos litros de flor
de harina, amasada con un litro de aceite de
olivas machacadas.
6 Se trata del holocausto continuo en olor
grato, que fue ordenado en el monte Sinaí
como ofrenda encendida al Señor.
7 Con cada cordero derramarás en el san-
tuario, ante el Señor, como libación, un litro
de vino superior.
8 Y el segundo cordero lo ofrecerás al caer
la tarde, junto con su libación, tal y como lo
hiciste con la ofrenda de la mañana. Se trata
de una ofrenda encendida en olor grato al
Señor.

Ofrendas mensuales y del día de reposo

9 »El día de reposo presentarás como
ofrenda dos corderos de un año y sin defec-
to, y cuatro litros de flor de harina amasada
con aceite, junto con su libación.
10 Se trata del holocausto para cada día de
reposo, además del holocausto continuo y
de su libación.[a]
11 »Al principio de cada mes ofrecerán al
Señor, en holocausto, dos becerros de la va-
cada, un carnero, y siete corderos de un año,
sin defecto.
12 Con cada becerro ofrecerán seis litros
de flor de harina amasada con aceite; con
cada carnero ofrecerán cuatro litros de flor
de harina amasada con aceite,
13 y con cada cordero ofrecerán dos litros

LECCIONES **SACRIFICIOS DIÁRIOS**

(Números 28.3)

Moisés les enseñó a los israelitas a ofrecer los sacrificios y las ofrendas diarias a Dios (mira capítulos 28-29). En estas reuniones diarias, Dios limpiaba a los israelitas de pecado, los guiaba y los bendecía. Dios hace lo mismo para nosotros hoy. Él quiere que nos reunamos con Él todos los días mediante la oración y la lectura de la Biblia. Esta es la manera en que nos guía para que vivamos para Él. ¿Tú pasas tiempo con Dios cada día? ¿Cómo puedes pasar más tiempo con Él?

de flor de harina amasada con aceite, como
holocausto de olor grato. Se trata de una
ofrenda encendida en honor del Señor.
14 Con cada becerro derramarán como
libación dos litros de vino; con cada carne-
ro, un litro y medio; y con cada cordero, un
litro. Éste será el holocausto de cada mes,
todos los meses del año.
15 Además del holocausto continuo con
su libación, se ofrecerá al Señor un macho
cabrío, como expiación.

Ofrendas de las fiestas solemnes

(Lv 23.1-44)

16 »La pascua del Señor[b] la celebrarán a los
catorce días del mes primero,
17 y a los quince días de ese mismo mes
celebrarán la fiesta solemne. Durante siete
días se comerán panes sin levadura.[c]
18 El primer día será de convocación santa.
No deberán realizar ningún trabajo.
19 Ofrecerán en holocausto al Señor,
como ofrenda encendida, dos becerros de
la vacada, un carnero y siete corderos de un
año, todos ellos sin ningún defecto,
20 junto con su ofrenda de harina amasada
con aceite: seis litros por cada becerro, cua-
tro litros por cada carnero,

[a] **28.9-10:** Mt 12.5. [b] **28.16:** Éx 12.1-13; Dt 16.1-2.

21 y dos litros por cada uno de los siete
corderos,
22 más un macho cabrío como expiación,
para reconciliarse conmigo.
23 Ofrecerán esto, además del holocausto
de la mañana, que es el holocausto conti-
nuo.
24 Cada día de los siete días ofrecerán
vianda y ofrenda encendida en olor grato al
Señor, además del holocausto continuo con
su libación.
25 El séptimo día celebrarán una convo-
cación santa, y nadie debe realizar ningún
trabajo.
26 »Durante la fiesta de las semanas,[d]
cuando ustedes presenten al Señor una
ofrenda nueva en el día de las primicias,
celebrarán una convocación santa. Nadie
debe realizar ningún trabajo.
27 Ofrecerán en holocausto, en olor grato
al Señor, dos becerros de la vacada, un car-
nero y siete corderos de un año,
28 junto con su ofrenda de flor de harina
amasada con aceite, que es de seis litros por
cada becerro, cuatro litros por cada carnero,
29 y dos litros por cada uno de los siete
corderos,
30 más un macho cabrío para hacer expia-
ción por ustedes.
31 No deberán tener ningún defecto, y los
presentarán con sus ofrendas, además del
holocausto continuo y sus libaciones.

29 1 »El día primero del mes sépti-
mo harán sonar las trompetas
y celebrarán una convocación
santa. Ese día nadie debe hacer ningún tra-
bajo.
2 Ofrecerán en holocausto, en olor grato
al Señor, un becerro de la vacada, un car-
nero y siete corderos de un año sin ningún
defecto,
3 junto con su ofrenda de flor de harina
amasada con aceite: seis litros con cada be-
cerro, cuatro litros con cada carnero,
4 y dos litros con cada uno de los siete
corderos,
5 más un macho cabrío como expiación,
para reconciliarse conmigo,
6 además del holocausto del mes y su ofren-
da, del holocausto continuo y su ofrenda, y de
sus libaciones, conforme a la ley, como ofren-
da encendida en olor grato al Señor.
7 »El día diez del mes séptimo celebrarán
una convocación santa y ayunarán.[a] Nadie
debe hacer ningún trabajo.
8 Ofrecerán al Señor en olor grato, como
holocausto, un becerro de la vacada, un car-
nero y siete corderos de un año, sin ningún
defecto,
9 junto con sus ofrendas de flor de harina
amasada con aceite: seis litros con cada be-
cerro, cuatro litros con cada carnero,
10 y dos litros con cada uno de los siete
corderos,
11 más un macho cabrío como expiación,
además de la ofrenda de expiación por el
pecado, del holocausto continuo, y de sus
ofrendas con sus libaciones.
12 »A los quince días del mes séptimo ce-
lebrarán también una convocación santa.
Nadie debe hacer ningún trabajo. Duran-
te siete días[b] celebrarán fiesta solemne al
Señor.
13 Ofrecerán en holocausto, en ofrenda
encendida de olor grato al Señor, trece be-
cerros de la vacada, dos carneros, y catorce
corderos de un año, todos ellos sin ningún
defecto,
14 junto con sus ofrendas de flor de harina
amasada con aceite: seis litros con cada uno
de los trece becerros, cuatro litros con cada
uno de los dos carneros,
15 y dos litros con cada uno de los catorce
corderos,
16 más un macho cabrío como expiación,
además del holocausto continuo, de su
ofrenda y de su libación.
17 »El segundo día ofrecerán doce becer-
ros de la vacada, dos carneros y catorce cor-
deros de un año sin defecto,
18 junto con sus ofrendas y sus libaciones
con los becerros, con los carneros y con los

[c]**28.17-25:** Éx 12.14-20; 23.15; 34.18; Dt 16.3-8. [d]**28.26-31:** Éx 23.16; 34.22; Dt 16.9-12. [a]**29.7-11:** Lv 16.29-34.

corderos, según el número de ellos y con-
forme a la ley,
[19] más un macho cabrío como expiación,
además del holocausto continuo, y de su
ofrenda y su libación.
[20] »El tercer día ofrecerán once becerros,
dos carneros y catorce corderos de un año,
sin defecto,
[21] junto con sus ofrendas y sus libaciones
con los becerros, con los carneros y con los
corderos, según el número de ellos y con-
forme a la ley,
[22] más un macho cabrío como expiación,
además del holocausto continuo y de su
ofrenda y de su libación.
[23] »El cuarto día ofrecerán diez becerros,
dos carneros y catorce corderos de un año,
sin defecto,
[24] junto con sus ofrendas y sus libaciones
con los becerros, con los carneros y con los
corderos, según el número de ellos y con-
forme a la ley,
[25] más un macho cabrío como expiación,
además del holocausto continuo y de su
ofrenda y de su libación.
[26] »El quinto día ofrecerán nueve becer-
ros, dos carneros y catorce corderos de un
año, sin defecto,
[27] junto con sus ofrendas y sus libaciones
con los becerros, con los carneros y con los
corderos, según el número de ellos y con-
forme a la ley,
[28] más un macho cabrío como expiación,
además del holocausto continuo y de su
ofrenda y de su libación.
[29] »El sexto día ofrecerán ocho becerros,
dos carneros y catorce corderos de un año,
sin defecto,
[30] junto con sus ofrendas y sus libaciones
con los becerros, con los carneros y con los
corderos, según el número de ellos y con-
forme a la ley,
[31] más un macho cabrío como expiación,
además del holocausto continuo, y de su
ofrenda y de su libación.
[32] »El séptimo día ofrecerán siete becer-
ros, dos carneros y catorce corderos de un
año, sin defecto,
[33] junto con sus ofrendas y sus libaciones
con los becerros, con los carneros y con los
corderos, según el número de ellos y con-
forme a la ley,
[34] más un macho cabrío como expiación,
además del holocausto continuo, y de su
ofrenda y de su libación.
[35] »El octavo día celebrarán una reunión
solemne. Nadie debe hacer ningún trabajo.
[36] Ofrecerán en holocausto, como ofren-
da encendida de olor grato al Señor, un be-
cerro, un carnero y siete corderos de un año,
sin defecto,
[37] junto con sus ofrendas y sus libaciones con
el becerro, con el carnero y con los corderos, se-
gún el número de ellos y conforme a la ley,
[38] más un macho cabrío como expiación,
además del holocausto continuo, y de su
ofrenda y de su libación.
[39] »Todo esto lo ofrecerán al Señor en sus
fiestas solemnes, además de sus votos y de
sus ofrendas voluntarias para sus holocaus-
tos y para sus ofrendas, lo mismo que para
sus libaciones y para sus ofrendas de paz.»
[40] Y Moisés repitió a los hijos de Israel todo
lo que el Señor le había ordenado decirles.

Ley de los votos

30 [1] Moisés habló con los prínci-
pes de las tribus de los hijos de
Israel, y les dijo:
«El Señor ha ordenado esto:
[2] Cuando alguien haga un voto al Señor,
o haga un juramento que lo comprometa,
no deberá faltar a su palabra, sino que hará
todo lo que se haya comprometido a hacer.[a]
[3] »En el caso de una mujer joven, que aún
viva en casa de su padre y que haga un voto
al Señor y se comprometa a hacer algo,
[4] si su padre oye su voto y el compromiso
que ella adquirió, y guarda silencio, todos los
votos que ella haga se mantendrán vigentes,
lo mismo que todo compromiso que ella
adquiera.

[b]**29.12-38:** Éx 23.16; 34.22; Dt 16.13-15. [a]**30.2:** Dt 23.21-23; Mt 5.33.

LECCIONES **CUMPLE TUS PROMESAS**

(Números 30.2)

Dios quiere que su pueblo cumpla sus promesas a Él y a otras personas. Moisés les enseñó a los israelitas muchas leyes acerca de cumplir sus votos o promesas. Esto es importante para Dios. Su pueblo siempre debe ser sincero y confiable. Lee Mateo 5:33-36. ¿Qué dijo Jesús acerca de cumplir nuestras promesas?

5 Por el contrario, si al oír su padre todos sus votos y sus compromisos adquiridos, se opone a ellos, esos compromisos quedarán invalidados y el Señor la perdonará, porque su padre se opuso a ellos.

6 »Si la mujer es casada y hace votos, o pronuncia con sus labios algo que la comprometa,

7 si su marido oye esto y guarda silencio, los votos de ella se mantendrán vigentes, lo mismo que el compromiso adquirido por ella.

8 Pero si al oírla su marido, se opone al voto que ella haga y al compromiso adquirido por ella misma, éstos quedarán invalidados y el Señor la perdonará.

9 »Todo voto con que una viuda o repudiada se haya comprometido, se mantendrá vigente.

10 Si los votos los hizo en casa de su marido, y se comprometió por medio de un juramento,

11 y su marido la oyó pero guardó silencio y no objetó, entonces todos esos votos se mantendrán vigentes, lo mismo que todo compromiso que ella haya adquirido.

12 Pero si al momento de oírla su marido los invalidó, todos los votos que ella haya pronunciado con sus labios, y todos los compromisos que haya adquirido, quedarán invalidados. Su marido los invalidó y, por lo tanto, el Señor la perdonará.

13 »Todo voto, y todo juramento que comprometa a la mujer, deberá ser confirmado o invalidado por su esposo.

14 Pero si los días pasan y el marido guarda silencio, entonces todos sus votos y todos sus compromisos quedarán confirmados, por haber guardado silencio el día que la oyó pronunciarlos.

15 Aunque, si el esposo los anula después de haberlos oído, entonces será él quien cargue con el pecado de ella.»

16 Éstas son las ordenanzas que el Señor le dio a Moisés para el esposo y la esposa, y para el padre y la hija que, siendo joven, viva en casa de su padre.

Venganza de Israel contra Madián

31 1 El Señor habló con Moisés, y le dijo:

2 «Toma venganza por los hijos de Israel en contra de los madianitas. Después de eso, irás a reunirte con tus antepasados.»

3 Moisés fue entonces a hablar con el pueblo, y les dijo:

«Tomen sus armas algunos de ustedes, y vayan a pelear contra Madián. Vamos a tomar venganza de ellos en nombre del Señor.

4 Cada una de las doce tribus de Israel debe enviar a la guerra mil soldados.»

5 Fue así como de las legiones de Israel se formó un ejército de doce mil soldados en pie de guerra, a razón de mil por cada tribu.

6 A esos mil de cada tribu los envió Moisés a la guerra. Finés, el hijo del sacerdote Eleazar, fue a la guerra con ellos, llevando en sus manos los vasos del santuario y las trompetas para tocarlas.

7 Y los israelitas pelearon contra Madián, tal y como el Señor se lo ordenó a Moisés, y mataron a todos sus hombres.

8 Entre ellos mataron también a los cinco reyes de Madián, es decir, a Evi, Requén, Sur, Jur y Reba, y mataron también a filo de espada a Balaam hijo de Beor.

9 Los israelitas se llevaron cautivas a las mujeres de los madianitas, y a sus niños, y les arrebataron todos sus bienes, lo mismo que todas sus bestias y todos sus ganados,

10 e incendiaron todas las ciudades y aldeas donde habitaban.

11 Recogieron todos los despojos, y todo el botín de guerra, tanto de hombres como de animales,

12 y todo se lo llevaron a Moisés y al sacerdote Eleazar, y a la congregación de los hijos de Israel. Los cautivos, el botín y los despojos los llevaron al campamento, el cual estaba en los llanos de Moab, junto al Jordán y frente a Jericó.

13 Moisés y el sacerdote Eleazar, y todos los príncipes de la congregación, salieron a recibirlos fuera del campamento.

14 Pero Moisés se enojó contra los capitanes del ejército y contra los jefes de miles y centenas que volvían de la guerra.

15 Les reclamó:

«¿Por qué dejaron con vida a todas las mujeres?

16 Por culpa de Balaam y de sus consejos ellas fueron la causa de que los hijos de Israel pecaran contra el Señor en relación con Baal Pegor.[a] ¡Por eso hubo tan gran mortandad en la congregación del Señor!

17 Así que, ahora, maten a todos los niños varones, y maten también a toda mujer que haya tenido relaciones carnales con algún hombre.

18 Sólo dejen con vida a todas las niñas que aún sean vírgenes.

19 En cuanto a ustedes, cualquiera que haya dado muerte a otro, y cualquiera que haya tocado algún cadáver, se quedará fuera del campamento siete días. Al tercer día, y al séptimo, tanto ustedes como sus cautivos deberán purificarse,

20 y también deberán purificar todo vestido, toda prenda de piel, todo tejido de pelo *de cabra, y todo utensilio de madera.»*

Repartición del botín

21 Por su parte, el sacerdote Eleazar les dijo a los soldados que volvían del combate:

«Ésta es la ordenanza de la ley que el Señor le ha dado a Moisés:

22 Todo el oro y la plata, y el bronce, el hierro, el estaño y el plomo,

23 y todo lo que resista el fuego, tendrán que pasarlo por el fuego para purificarlo, aunque también tendrá que purificarse en las aguas de purificación. Todo lo que no resista el fuego tendrán que pasarlo por el agua.

24 Además, el séptimo día lavarán sus vestidos, y así serán purificados. Después de eso, podrán entrar en el campamento.»

25 El Señor habló con Moisés, y le dijo:

26 «Hagan tú y el sacerdote Eleazar, junto con los jefes de los padres de la congregación, una relación del botín que se ha capturado, tanto de la gente como de los animales,

27 y repártelo entre los que salieron a la guerra y entre toda la congregación.

28 Del tributo de los que salieron a la guerra, apartarás para mí uno de cada quinientos hombres y uno de cada quinientos bueyes, asnos y ovejas.

29 Los tomarás de la parte que les toque, y se los darás al sacerdote Eleazar como la ofrenda que me corresponde.

30 De la parte que les toque a los hijos de Israel tomarás una de cada cincuenta personas, y uno de cada cincuenta bueyes, asnos y ovejas, y de cualquier otro animal. Todo esto se lo darás a los levitas, que tienen a su cargo mi tabernáculo.»

31 Moisés y el sacerdote Eleazar hicieron tal y como el Señor se lo ordenó a Moisés.

32 Y el resto del botín que tomaron los soldados fue de seiscientas setenta y cinco mil ovejas,

33 setenta y dos mil bueyes,

34 y sesenta y un mil asnos.

35 En cuanto a las mujeres que todavía eran vírgenes, eran un total de treinta y dos mil.

36 La parte que correspondía a los que habían salido a la guerra fue de trescientas treinta y siete mil quinientas ovejas,

37 y el tributo de las ovejas para el Señor fue de seiscientas setenta y cinco.

[a] **31.16:** Nm 25.1-9.

38 Los bueyes sumaron treinta y seis mil, de los cuales setenta y dos fueron el tributo para el Señor.

39 Los asnos eran treinta mil quinientos, de los cuales sesenta y uno fueron el tributo para el Señor.

40 Las personas fueron dieciséis mil, de las cuales treinta y dos personas fueron el tributo para el Señor.

41 Moisés entregó el tributo al sacerdote Eleazar, como ofrenda elevada para el Señor, tal y como el Señor se lo ordenó a Moisés.

42 Luego Moisés apartó, de los que habían ido a la guerra, la parte que les correspondía a los hijos de Israel.

43 (La parte que le correspondió a la congregación fue de trescientas treinta y siete mil quinientas ovejas,

44 treinta y seis mil bueyes,

45 treinta mil quinientos asnos,

46 y dieciséis mil personas.)

47 De la parte correspondiente a los hijos de Israel, Moisés tomó una de cada cincuenta personas y uno de cada cincuenta animales, y se los dio a los levitas, los cuales tenían a su cargo el tabernáculo del Señor, tal y como el Señor se lo había ordenado.

48 Después los jefes de aquel ejército, es decir, los jefes de millares y de centenas, fueron a ver a Moisés

49 y le dijeron:

«Tus siervos han pasado revista de los soldados que están bajo nuestro mando, y ninguno de nosotros falta.

50 Por eso hemos decidido presentar al Señor una ofrenda de las alhajas de oro, brazaletes, manillas, anillos, zarcillos y cadenas que cada uno de nosotros ha hallado, para hacer expiación por nosotros delante del Señor.»

51 Moisés y el sacerdote Eleazar recibieron de manos de ellos el oro y las alhajas,

52 y todo el oro que los jefes de millares y de centenas ofrendaron al Señor pesó más de ciento ochenta y cuatro kilos.

53 Cada soldado había tomado botín para sí mismo.

54 Así que Moisés y el sacerdote Eleazar recibieron el oro de los jefes de millares y de centenas, y lo llevaron al tabernáculo de reunión, como memorial de los hijos de Israel delante del Señor.

Propiedad familiar de Rubén y Gad

(Dt 3.12-22)

32 1 Los hijos de Rubén y los hijos de Gad tenían incontables cabezas de ganado, así que cuando vieron la tierra de Jazer y de Galaad, les pareció el lugar ideal para sus ganados.

2 Entonces los hijos de Gad y los hijos de Rubén fueron a hablar con Moisés y con el sacerdote Eleazar, lo mismo que con los príncipes de la congregación, y les dijeron:

3 «Atarot, Dibón, Jazer, Nimrá, Jesbón, Eleale, Sebán, Nebo y Beón,

4 es decir, la tierra que el Señor derrotó ante la congregación de Israel, es tierra para ganado, y tus siervos lo tienen.

5 Si te parece bien, ordena que esta tierra le sea dada a tus siervos como su propiedad familiar. ¡No nos hagas cruzar el Jordán!»

6 Moisés les respondió a los hijos de Gad y a los hijos de Rubén:

«¿Y sus hermanos irán a la guerra, mientras ustedes se quedan aquí?

7 ¿Por qué desaniman así a los hijos de Israel, para que no pasen a la tierra que el Señor les ha dado?

8 Eso mismo hicieron los padres de ustedes, cuando desde Cadés Barnea los envié a explorar la tierra.

9 Subieron hasta el torrente de Escol, y luego de ver la tierra desalentaron a los hijos de Israel para que no entraran en la tierra que el Señor les había dado.[a]

10 Entonces la ira del Señor se encendió, por lo que juró:

11 "Los hombres mayores de veinte años, que salieron de Egipto, no fueron perfectos ni me han seguido; por eso no verán la tierra que juré darles a Abrahán, Isaac y Jacob.

[a] **32.8-9:** Nm 13.17-33.

[12] Sólo la verán Caleb hijo de Yefune el
quenizita, y Josué hijo de Nun, porque ellos
sí fueron perfectos y me han seguido."
[13] (En efecto, la ira del Señor se encendió
contra Israel, y durante cuarenta años los
hizo andar errantes por el desierto, hasta
que se acabó toda esa generación que hizo
lo malo delante del Señor.[b])
[14] »Y ahora resulta que ustedes, prole de
pecadores, siguen el mal ejemplo de sus pa-
dres y añaden más a la ira del Señor contra
Israel.
[15] Si ustedes se apartan de él, él se apar-
tará de ustedes y los dejará en el desierto,
pero ustedes habrán acabado con todo este
pueblo.»
[16] Entonces ellos hablaron con Moisés y le
dijeron:
«Vamos a levantar aquí corrales para nues-
tro ganado, y ciudades para nuestros hijos,
[17] pero nosotros tomaremos las armas y
marcharemos sin temor al frente de los hijos
de Israel, hasta que los hayamos introducido
en su tierra. Nuestros hijos se quedarán en
ciudades fortificadas, por causa de los habi-
tantes del país,
[18] pero nosotros no volveremos a nuestras
casas hasta que los hijos de Israel hayan toma-
do posesión de la tierra que les corresponde.
[19] Nosotros ya no tomaremos posesión de
nada que esté al otro lado del Jordán, ni más
allá, porque ya tendremos nuestra propia
tierra en esta ribera oriental del río Jordán.»
[20] Y Moisés les respondió:
«Si realmente lo hacen así, y si se dispo-
nen a ir a la guerra delante del Señor,
[21] y si delante del Señor todos ustedes
toman las armas y cruzan el Jordán, hasta
desalojar a sus enemigos delante de ustedes
[22] *y sojuzgar el país delante del Señor,* y si
después de eso vuelven, quedarán exculpa-
dos ante el Señor y ante Israel, y esta tierra
será de ustedes por la voluntad del Señor.
[23] Pero si no lo hacen así, habrán pecado a
los ojos del Señor, y sepan bien que su peca-
do los alcanzará.

PROMESAS PODEROSAS

NÚMEROS 32.23

Pero si no lo hacen así, habrán pecado a los ojos del Señor, y sepan bien que su pecado los alcanzará.

Dios les dijo a los israelitas que no podían esconder sus pecados de Él. Él sabía cuando ellos hacían algo incorrecto. ¿En algún momento has hecho algo incorrecto y pensabas que nadie se enteraría? Nunca podemos esconder nuestros pecados de Dios. ¡Él ya sabe todo al respecto!

[24] Erijan ciudades para sus niños, y corra-
les para sus ovejas, y hagan todo lo que han
dicho.»
[25] Los hijos de Gad y los hijos de Rubén
respondieron entonces a Moisés:
«Estos siervos tuyos harán lo que tú,
señor nuestro, nos has ordenado.
[26] Nuestros hijos, nuestras mujeres y nues-
tros ganados, y todos nuestros animales, se
quedarán aquí, en las ciudades de Galaad,
[27] y nosotros tus siervos tomaremos las armas
y marcharemos a la guerra delante del Señor, tal
y como tú, señor nuestro, lo has dicho.»
[28] Moisés dio entonces instrucciones al
sacerdote Eleazar y a Josué hijo de Nun, lo
mismo que a los principales jefes de las tri-
bus de Israel.
[29] Les dijo:
«Si los hijos de Gad y los hijos de Rubén
cruzan el Jordán con ustedes, todos ellos
armados delante del Señor y listos para la
guerra, después de que ustedes hayan soju-
zgado el país les darán posesión de la tierra
de Galaad.
[30] Pero si no cruzan el río con sus armas,
entonces les darán su posesión entre uste-
des, en la tierra de Canaán.»
[31] Los hijos de Gad y los hijos de Rubén
respondieron:

[b] **32.10-13:** Nm 14.26-35.

«Haremos todo lo que el Señor les ha di-
cho a estos siervos tuyos.
32 Delante del Señor cruzaremos el río, e
iremos armados a la tierra de Canaán, pero
nuestra propiedad familiar será la de este
lado del Jordán.»[c]
33 Fue así como Moisés les dio a los hijos
de Gad, a los hijos de Rubén, y a la media tri-
bu de Manasés hijo de José, el reino de Sijón,
el rey amorreo, y el reino de Og, el rey de
Basán, junto con su territorio y sus ciudades,
y las ciudades de los alrededores.
34 Los hijos de Gad edificaron Dibón, Ata-
rot, Aroer,
35 Atarot Sofán, Jazer, Yogbeá,
36 y las ciudades fortificadas de Bet Nimrá
y Bet Arán, y construyeron corrales para sus
ovejas.
37 Los hijos de Rubén edificaron Jesbón,
Eleale, Quiriatayin,
38 Nebo, Baal Megón y Sibemá, y a las ciu-
dades que edificaron les dieron otro nom-
bre.
39 Los hijos de Maquir hijo de Manasés
fueron a Galaad y la conquistaron, y echa-
ron de allí a los amorreos que la habitaban.
40 A Maquir hijo de Manasés, Moisés le
dio Galaad, y Maquir se quedó a vivir en ella.
41 Por su parte, Yaír hijo de Manasés fue y
conquistó sus propias aldeas, y les puso por
nombre Javot Yaír.[10]
42 Nobaj fue y conquistó Kenat y sus al-
deas, y le puso por nombre Nobaj, es decir,
su propio nombre.

De Egipto a Edom

33
1 Éstas son las etapas de los hijos
de Israel desde que salieron de
Egipto en orden de batalla, bajo
el mando de Moisés y Aarón.
2 Por órdenes del Señor, Moisés iba ano-
tando cada etapa y cada lugar al que llega-
ban. Éstas son sus etapas, en el orden en que
fueron avanzando:
3 A los quince días del mes primero los hi-
jos de Israel partieron de Ramesés. Se pusie-
ron en marcha un día después de la pascua,
y lo hicieron con gran poder, a la vista de
todos los egipcios,
4 mientras los egipcios enterraban a todos
sus primogénitos, pues el Señor los había
herido de muerte y, además, había dictado
sentencia en contra de los dioses egipcios.
5 Los hijos de Israel partieron de Ramesés
y acamparon en Sucot.
6 Partieron de Sucot y acamparon en
Etam, que está en los extremos del desierto.
7 Partieron de Etam y se dirigieron a Pi Aji-
rot, que está frente a Baal Sefón, y acampa-
ron frente a Migdol.
8 Partieron de Pi Ajirot y cruzaron el mar
en dirección al desierto, y durante tres días
anduvieron por el desierto de Etam, des-
pués de los cuales acamparon en Mará.
9 Partieron de Mará y llegaron a Elim, don-
de había doce manantiales y setenta palme-
ras, y acamparon allí.
10 Partieron de Elim y acamparon junto al
Mar Rojo.
11 Partieron del Mar Rojo y acamparon en
el desierto de Sin.
12 Partieron del desierto de Sin y acampa-
ron en Dofca.
13 Partieron de Dofca y acamparon en
Alús.
14 Partieron de Alús y acamparon en Refidín,
donde el pueblo no tenía agua para beber.
15 Partieron de Refidín y acamparon en el
desierto de Sinaí.
16 Partieron del desierto de Sinaí y acam-
paron en Quibrot Hatavá.
17 Partieron de Quibrot Hatavá y acampa-
ron en Jaserot.
18 Partieron de Jaserot y acamparon en
Ritma.
19 Partieron de Ritma y acamparon en Ri-
món Peres.
20 Partieron de Rimón Peres y acamparon
en Libna.
21 Partieron de Libna y acamparon en Rissa.
22 Partieron de Rissa y acamparon en Que-
latá.

[c] **32.28-32:** Jos 1.12-15. [10] **32.41** Es decir, ***las aldeas de Yaír.***

23 Partieron de Quelatá y acamparon en el monte de Sefer.

24 Partieron del monte de Sefer y acamparon en Jaradá.

25 Partieron de Jaradá y acamparon en Macelot.

26 Partieron de Macelot y acamparon en Tajat.

27 Partieron de Tajat y acamparon en Teraj.

28 Partieron de Teraj y acamparon en Mitca.

29 Partieron de Mitca y acamparon en Jasmoná.

30 Partieron de Jasmoná y acamparon en Moserot.

31 Partieron de Moserot y acamparon en Bené Yacán.

32 Partieron de Bené Yacán y acamparon en el monte de Gidgad.

33 Partieron del monte de Gidgad y acamparon en Jotbata.

34 Partieron de Jotbata y acamparon en Abrona.

35 Partieron de Abrona y acamparon en Ezión Guéber.

36 Partieron de Ezión Guéber y acamparon en el desierto de Zin, que es Cadés.

37 Y partieron de Cadés y acamparon en el monte Hor, en los extremos del país de Edom.

38 El sacerdote Aarón subió al monte Hor y, tal y como el Señor lo había dicho, allí murió.[a] Era el día primero del mes quinto, cuarenta años después de que los hijos de Israel salieron de Egipto.

39 Aarón murió en el monte Hor, a la edad de ciento veintitrés años.

40 El rey cananeo de Arad, que habitaba en el desierto de Canaán, supo que los hijos de Israel[b] habían llegado.

41 Los israelitas partieron del monte Hor y acamparon en Salmoná.

42 *Partieron de Salmoná* y acamparon en Punón.

43 Partieron de Punón y acamparon en Obot.

44 Partieron de Obot y acamparon en Iyé Abarín, en la frontera de Moab.

45 Partieron de Iyé Abarín y acamparon en Dibón Gad.

46 Partieron de Dibón Gad y acamparon en Almón Diblatayin.

47 Partieron de Almón Diblatayin y acamparon en los montes de Abarín, frente a Nebo.

48 Partieron de los montes de Abarín y acamparon en los campos de Moab, junto al Jordán, frente a Jericó.

49 Finalmente, acamparon en los campos de Moab, junto al Jordán, desde Bet Yesimot hasta Abel Sitín.

Condiciones para ocupar Canaán

50 El Señor habló con Moisés en los campos de Moab, junto al Jordán y frente a Jericó. Le dijo:

51 «Habla con los hijos de Israel, y diles: "Cuando ustedes hayan cruzado el Jordán y entren en la tierra de Canaán,

52 deben desalojar de su presencia a todos los habitantes del país. Destruirán todos sus ídolos de piedra, todas sus imágenes fundidas, y todos sus lugares altos;

53 expulsarán a los que habitan la tierra, y habitarán en ella, porque yo se la he dado a ustedes en propiedad.

54 Y ustedes tomarán posesión de la tierra mediante un sorteo por familias. A los muchos se les dará en posesión mucho terreno, y a los pocos se les dará menos terreno. Dependiendo del terreno que les toque en suerte, allí se quedará cada uno. Tomarán posesión según las tribus de sus padres.

55 Si ustedes no echan fuera de su presencia a los habitantes del país, va a suceder que los que ustedes dejen les serán aguijones en los ojos y espinas en los costados, y los afligirán en la tierra donde ustedes habiten.

56 Además, yo los trataré a ustedes como pensaba tratarlos a ellos."»

34 1 El Señor habló con Moisés, y le dijo:

2 «Dales estas instrucciones a los hijos de Israel: "Cuando ustedes hayan entrado en la tierra de Canaán, es decir, en la tierra que les voy a dar en posesión, sus límites serán,

[a] **33.38:** Nm 20.22-28; Dt 10.6. [b] **33.40:** Nm 21.1.

LECCIONES

EXPULSAR LO MALO

(Números 33.55)

Dios les dio instrucciones bien claras a los israelitas. Les dijo que expulsaran todos los cananeos malvados y que destruyeran sus ídolos. Dios les advirtió que tendrían problemas si no hacían esto. Dios quería que su pueblo viviera en una tierra sin pecado ni ídolos. Él quiere que las personas que lo aman hoy día vivan sin pecado. No es fácil vivir sin pecado, pero podemos pedirle a Dios que nos ayude por medio de su gran poder.

3 por el sur, desde el desierto de Zin hasta
la frontera de Edom, al este, siendo su límite
el extremo sur del Mar Salado.
4 Esta frontera dará un rodeo desde el
sur hasta la cuesta de Acrabín, pasará por
Zin, y del sur se extenderá hasta Cadés
Barnea, llegando hasta Jazar Adar, y seguirá hasta Asmón;
5 de Asmón seguirá hasta el torrente de
Egipto, y terminará en el oeste.
6 »"La frontera occidental será el Mar
Grande.
7 »"La frontera norte partirá del Mar
Grande en línea recta hasta el monte Hor.
8 Del monte Hor trazarán una línea hasta la entrada de Jamat, y la frontera seguirá
hasta Zedad,
9 continuando hasta Zifrón, y terminará
en Jasar Enán. Ésta será la frontera norte.
10 »"Para la frontera este trazarán una línea desde Jasar Enán hasta Sefán,
11 bajando de Sefán a Ribla, al este de Ayin;
y siguiendo hasta llegar a la costa oriental
del mar de Cineret.
12 De allí la frontera bajará al Jordán, y terminará en el Mar Salado. Ésta será su tierra y
sus fronteras alrededor."»
13 Moisés les dio estas instrucciones a los
hijos de Israel, y les dijo:
«Ésta es la tierra que se repartirá entre ustedes por sorteo. El Señor ha ordenado que
se reparta entre las nueve tribus y media,[a]
14 pues ya han tomado posesión de sus terrenos la tribu de los hijos de Rubén, según las
familias de sus antepasados, y la tribu de los
hijos de Gad, según las familias de sus antepasados, y la media tribu de Manasés.
15 Dos tribus y media tomaron su heredad
en esta ribera oriental del Jordán, frente a
Jericó, por donde sale el sol.»[b]
16 El Señor habló con Moisés, y le dijo:
17 «Aquí están los nombres de quienes se
encargarán de repartir la tierra:
»El sacerdote Eleazar, y Josué hijo de Nun.
18 »Tomarán además un príncipe de cada
tribu, para que les dé posesión de la tierra.
19 Éstos son sus nombres:
»De la tribu de Judá, Caleb hijo de Yefune.
20 »De la tribu de los hijos de Simeón, Semuel hijo de Amiud.
21 »De la tribu de Benjamín, Elidad hijo de
Quislón.
22 »De la tribu de los hijos de Dan, el príncipe Buqui hijo de Yoglí.
23 »De los hijos de José: de la tribu de los hijos de Manasés, el príncipe Janiel hijo de Efod,
24 y de la tribu de los hijos de Efraín, el
príncipe Kemuel hijo de Siftán.
25 »De la tribu de los hijos de Zabulón, el
príncipe Elisafán hijo de Parnac.
26 »De la tribu de los hijos de Isacar, el
príncipe Paltiel hijo de Azán.
27 »De la tribu de los hijos de Aser, el príncipe Ajiud hijo de Selomi.
28 »De la tribu de los hijos de Neftalí, el
príncipe Pedael hijo de Amiud.»
29 A éstos el Señor les ordenó hacer la repartición de tierras para los hijos de Israel en
la tierra de Canaán.

Ciudades de los levitas

35 1 El Señor habló con Moisés en
los campos de Moab, junto al
Jordán, frente a Jericó, y le dijo:
2 «Ordena a los hijos de Israel que, de los

[a] **34.13:** Nm 26.52-56. [b] **34.13-15:** Jos 14.1-5.

terrenos que reciban en posesión, deben dar a los levitas ciudades donde ellos puedan vivir, y darles también los ejidos alrededor de esas ciudades.

3 Así los levitas tendrán ciudades donde vivir, y los ejidos de esas ciudades serán para sus animales y ganados, y para todas sus bestias.

4 Los ejidos de las ciudades que den a los levitas deben tener un perímetro de cuatrocientos cincuenta metros de la muralla de la ciudad hacia afuera.

5 Fuera de las ciudades, los ejidos a su alrededor deben medir novecientos metros por el este, novecientos metros por el sur, novecientos metros por el oeste, y novecientos metros por el norte, y la ciudad quedará en el centro.

6 Seis de las ciudades que darán a los levitas serán de refugio, para que los homicidas puedan refugiarse en ellas. Además de estas seis ciudades, les darán otras cuarenta y dos,

7 de modo que lo que darán a los levitas será un total de cuarenta y ocho ciudades con sus ejidos.

8 Estas ciudades las tomarán de lo que los hijos de Israel reciban en propiedad. Del que tenga mucho, tomarán mucho; del que tenga poco, tomarán poco. Cada uno dará a los levitas una parte de sus ciudades, según lo que haya recibido en propiedad.»[a]

Ciudades de refugio

(Dt 19.1-13)

9 El Señor habló con Moisés, y le dijo:

10 «Habla con los hijos de Israel, y diles: "Cuando ustedes hayan pasado a la tierra de Canaán, al otro lado del Jordán,

11 designarán algunas ciudades como *ciudades de refugio*,[b] a las que pueda huir aquel homicida que, sin proponérselo, hiera de muerte a alguien.

12 Esas ciudades servirán para refugiarse del que quiera tomar venganza, pues el homicida no será condenado a muerte hasta que sea juzgado en presencia de la congregación.

PALABRAS CON PODER

CIUDADES DE REFUGIO

(Números 35.11)

Un refugio es un lugar de seguridad. Dios le dijo a Moisés que construyera ciudades de refugio para proteger a cualquier persona que mataba a una persona sin querer. La persona acusada de asesinato podría huir a una de las ciudades y estar a salvo de la venganza hasta que lo enjuiciaran. Estas ciudades de refugio nos recuerdan que tenemos un lugar seguro en Dios. Él nos provee salvación y nos cuida. Escribe el Salmo 62:7 y memoriza este versículo.

13 »"De las ciudades que den a los levitas, seis serán ciudades de refugio.

14 Tres de estas ciudades de refugio estarán en la ribera este del Jordán, y las otras tres ciudades estarán en la tierra de Canaán.

15 Estas seis ciudades brindarán refugio a los hijos de Israel y a los extranjeros que habiten entre ellos. Cualquiera que, sin proponérselo, hiera de muerte a otro, podrá huir a ellas.

16 »"Si la agresión se hizo con algún instrumento de hierro, y la víctima muere, se trata de un homicidio, y el homicida será condenado a muerte.

17 »"Si la agresión se hizo con una piedra en la mano, capaz de causar la muerte, y la víctima muere, se trata de un homicidio, y el homicida será condenado a muerte.

18 »"Si la agresión se hizo con un objeto de madera, capaz de causar la muerte, y la víctima muere, se trata de un homicidio, y el homicida será condenado a muerte.

19 »"El que quiera vengar esa muerte, podrá matar al homicida, si lo encuentra.

20 »"Si el homicida empuja a su víctima por odio, o le arroja algo porque ya lo acechaba, y la víctima muere;

21 o si por enemistad lo hiere con su propia mano, y la víctima muere, se trata de un

[a] **35.1-8:** Jos 21.1-42.

homicidio, y el agresor será condenado a muerte. El que quiera vengar la muerte de la víctima podrá matar al homicida cuando lo encuentre.

22 »"Pero si el agresor lo empuja, o arroja contra la víctima algún objeto, sin proponérselo y sin mediar ninguna enemistad ni asechanza,

23 o sin fijarse deja caer sobre la víctima alguna piedra capaz de matarlo, y la víctima muere sin que el agresor fuera su enemigo o procurara su mal,

24 entonces la congregación juzgará entre el homicida y el que quiera vengar la muerte, en conformidad con estas leyes:

25 »"La congregación librará al homicida de las manos del vengador, y lo hará volver a la ciudad en la que se haya refugiado, y el homicida se quedará a vivir allá hasta que muera el sumo sacerdote, el cual fue ungido con el aceite santo.

26 »"Si el homicida sale más allá de los límites de la ciudad en la que se refugió,

27 y el vengador de la víctima lo halla fuera de los límites de esa ciudad de refugio, y lo mata, el vengador no será culpable de su muerte,

28 pues el homicida debe quedarse en su ciudad de refugio hasta que muera el sumo sacerdote, y volverá a la tierra de su propiedad sólo después de que haya muerto el sumo sacerdote.

Ley para los testigos y el rescate

29 »"Dondequiera que ustedes vivan, esta ley estará vigente para los juicios entre sus descendientes:

30 »"Todo el que dé muerte a alguien es un homicida, y será condenado a muerte por el testimonio de varios testigos. Un solo testigo no basta para condenar a muerte a una persona.[c]

31 »"No podrán recibir dinero a cambio de la vida de un homicida, pues está condenado a muerte, y sin falta morirá.

32 »"No podrán recibir dinero a cambio del que haya huido a una ciudad de refugio, para que vuelva a vivir en su tierra, antes de la muerte del sumo sacerdote.

33 »"No contaminen la tierra donde vivan, porque la sangre derramada hará impura la tierra, y sólo se purificará de la sangre derramada en ella con la sangre del que la derramó.

34 »"No contaminen la tierra que habitan, porque yo habito en medio de ustedes. Yo, el Señor, habito en medio de los hijos de Israel."»

PROMESAS PODEROSAS

NÚMEROS 35.34

"No contaminen la tierra que habitan, porque yo habito en medio de ustedes. Yo, el Señor, habito en medio de los hijos de Israel."

Dios quería que su pueblo mantuviera la tierra libre de pecado, porque Él vivía ahí donde vivían ellos. Dios también vive con nosotros cuando su Espíritu Santo mora en nuestro corazón. Ya que sabes que tu cuerpo es el templo del Espíritu Santo, ¿qué puedes hacer para mantener limpio el hogar de Él?

Ley del casamiento de las herederas

36 1 Los príncipes de las familias patriarcales de Galaad hijo de Maquir, hijo de Manasés, es decir, de las familias de los hijos de José, fueron y hablaron delante de Moisés y de los príncipes de las familias patriarcales de los hijos de Israel.

2 Dijeron:

«El Señor dio instrucciones a nuestro señor Moisés, de dar a los hijos de Israel posesión de la tierra mediante sorteo. También, el Señor ha dado instrucciones a nuestro señor Moisés, de entregar la propiedad de nuestro hermano Selofejad a sus hijas.[a]

3 Pero si ellas se casan con hombres de las otras tribus israelitas, su propiedad familiar saldrá de la parte que nos corresponde y será añadida a la propiedad familiar de la tribu a la que ellas se unan. Así, se nos quitará la herencia de nuestros padres

4 y, cuando llegue el jubileo de los hijos de Israel, la propiedad familiar de ellas será añadida a la propiedad familiar de la tribu de sus maridos. Entonces lo que ahora es de ellas dejará de ser parte de la herencia de la tribu de nuestros padres.»

5 Entonces Moisés habló con los hijos de Israel, y por mandato del Señor les dijo:

«Los de la tribu de José tienen razón.

6 Acerca de las hijas de Selofejad, esto es lo que el Señor ha ordenado: Pueden casarse como a ellas les parezca mejor, siempre y cuando se casen con alguien de la tribu de su padre,

7 para que la propiedad familiar de los hijos de Israel no pase de una tribu a otra, pues todo israelita estará vinculado a la propiedad familiar de la tribu de sus padres.

8 Toda mujer que tenga propiedad familiar entre las tribus de los hijos de Israel, deberá casarse con alguien que pertenezca a la tribu de su padre, para que los hijos de Israel tengan cada uno la propiedad familiar de sus padres,

9 y no ande su propiedad rodando de una tribu a otra, sino que cada una de las tribus de los hijos de Israel estará vinculada a su propiedad familiar.»

10 Las hijas de Selofejad acataron lo que el Señor le ordenó a Moisés,

11 y Malá, Tirsa, Joglá, Milca y Nogá, hijas de Selofejad, se casaron con hijos de sus tíos paternos.

12 Se casaron dentro de la familia de los hijos de Manasés hijo de José, y su propiedad familiar se quedó dentro de la tribu de la familia de su padre.

13 Éstos son los mandamientos y los estatutos que el Señor dio a los hijos de Israel por medio de Moisés. Se los dio en los campos de Moab, junto al Jordán, frente a Jericó.

---

[b] **35.9-28:** Jos 20.1-9. [c] **35.30:** Dt 17.6; 19.15. [a] **36.2:** Nm 27.7.

DEUTERONOMIO

Autor: **Moisés**
Tema: **Renovación del pacto**
Fecha en que se escribió: **C. 1405 a.C.**

EL MENSAJE DE DESPEDIDA DE MOISÉS

Deuteronomio es un mensaje de despedida de Moisés a Israel. El título quiere decir "Segunda Ley". En su mensaje, Moisés renovó el pacto de Dios con el pueblo y les enseñó por segunda vez acerca de la Ley de Dios. Habían terminado de vagar por el desierto y estaban por entrar en la Tierra Prometida. Moisés no pudo ir con ellos, de modo que hizo a Josué su nuevo líder. Moisés les recordó a los israelitas que amaran a Dios de todo su corazón, alma, mente y fuerzas

LO QUE ENCONTRARÁS EN EL LIBRO

En este libro, Moisés hizo tres discursos acerca del pacto de Dios:

En el primer discurso, Moisés le pidió a esta nueva generación de israelitas que no cometieran los errores de sus padres, sino que temieran y obedecieran a Dios.

En el segundo discurso, Moisés repasó muchas de las leyes acerca de la adoración, las fiestas anuales y el cuidar de los pobres.

En el tercer discurso, Moisés les habló a los israelitas acerca de las bendiciones y las maldiciones que les sobrevendrían si obedecían o desobedecían las leyes de Dios.

¿SABÍAS QUE...?

- Deuteronomio es un informe acerca de un libro. Repasa las leyes de Dios que aparecen en los cuatro primeros libros de la Biblia.
- Se llama "el libro de los recuerdos" porque Moisés les dijo a los israelitas: "acuérdate… y no te olvides".
- Los israelitas no recibieron la promesa de Dios porque no creyeron en su poder y lo irrespetaron.
- Este libro también se conoce como el "libro de la disciplina divina" ya que Dios corrigió a los israelitas cuando dudaron y se quejaron.

Moisés en la ribera oriental del Jordán

N Estas palabras las pronunció Moisés ante todo Israel en la ribera oriental del río Jordán, en el desierto, en el Arabá, frente al Mar Rojo, entre Parán, Tofel, Labán, Jaserot y Dizahab.

2 Desde Horeb hasta Cadés Barnea, por el camino al monte de Seír, se hacen once días de camino.

3 Moisés habló con los hijos de Israel, en conformidad con todo lo que el Señor les había ordenado por medio de él. Les habló el día primero del mes undécimo del año cuarenta,

4 después de haber derrotado a Sijón, el rey de los amorreos[a] que reinaba en Jesbón, y a Og, el rey de Basán[b] que reinaba en Astarot, en Edrey.

5 Moisés resolvió exponer esta ley cuando estaba ya en tierra de Moab, de este lado del Jordán. Y dijo:

6 «El Señor nuestro Dios nos habló en Horeb. Nos dijo: "Ustedes han estado ya bastante tiempo en este monte.

7 Ahora diríjanse a los montes de los amorreos y a todas sus comarcas en el Arabá, en los montes y en los valles, en el Néguev y hasta la orilla del mar, a la tierra de los cananeos, al Líbano y hasta el gran río Éufrates.

8 Miren, yo les he entregado la tierra; ¡entren y tomen posesión de ella! Es la tierra que yo, el Señor, juré dar a Abrahán, Isaac y Jacob, antepasados de ustedes, y a su descendencia."

Nombramiento de jueces

(Éx 18.13-27)

9 »En aquel entonces yo les dije a ustedes: "Yo solo no puedo sobrellevarlos.

10 El Señor su Dios los ha multiplicado, y ahora ustedes son tan numerosos como las estrellas del cielo.

11 ¡Que el Señor y Dios de sus padres los haga mil veces más numerosos de lo que ahora son! ¡Que los bendiga, *como les ha* prometido!

12 Porque yo solo, ¿cómo podría sobrellevar sus molestias, sus cargas y sus pleitos?

13 Denme de entre las tribus de ustedes algunos hombres sabios y entendidos, y con experiencia, para que yo los ponga al frente de ustedes."

14 Y ustedes me respondieron, y dijeron: "Está bien hacer lo que dices."

15 »Tomé entonces de entre los jefes de sus tribus a hombres sabios y con experiencia, y los puse al frente de ustedes como jefes de millares, de centenas, y de grupos de cincuenta y de diez hombres, y como gobernadores de sus tribus.

16 Ese día les ordené a sus jueces: "Presten atención a sus hermanos. Sean justos con cada uno de ellos, y con los extranjeros.

17 Al dictar sentencia, no hagan distinción de personas, sino que deben atender lo mismo al débil que al poderoso. No tengan miedo de nadie, porque el juicio es de Dios. Si se les presenta un caso difícil, pásenmelo a mí, y yo lo atenderé."

18 Así que ese día les dije todo lo que debían hacer.

Misión de los doce espías

(Nm 13.1-33)

19 »Cuando salimos de Horeb, anduvimos por todo ese desierto grande y terrible que ya han visto. Anduvimos por el camino de los montes amorreos, tal y como el Señor nuestro Dios nos lo ordenó, hasta llegar a Cadés Barnea.

20 Entonces les dije: "Ustedes han llegado a estos montes de los amorreos, que el Señor nuestro Dios nos da.

21 Dense cuenta de que el Señor su Dios les ha entregado la tierra. ¡Adelante! Tomen posesión de ella, conforme a la promesa del Señor, el Dios de sus antepasados. ¡No teman ni desmayen!"

22 »Entonces todos ustedes vinieron a verme, y dijeron: "Enviemos algunos de *nosotros que* vayan y exploren la tierra, y que vuelvan y nos informen qué camino

[a]**1.4:** Nm 21.21-30. [b]**1.4:** Nm 21.31-35.

debemos seguir y a qué ciudades debemos llegar."

23 Lo que ustedes me dijeron me pareció bien, así que escogí a doce de ustedes, un hombre por cada tribu.

24 Y ellos partieron y subieron al monte, y llegaron hasta el valle de Escol y exploraron la tierra.

25 Trajeron consigo algunos frutos del país, y nos dieron este informe: "La tierra que el Señor nuestro Dios nos da es muy buena."

26 Sin embargo, ustedes no quisieron ir, sino que se rebelaron al mandato del Señor su Dios[c]

27 y en sus tiendas murmuraban y decían: "El Señor nos aborrece. Por eso nos ha sacado de Egipto: ¡para entregarnos en manos de los amorreos, para destruirnos!

28 ¿A dónde iremos? Nuestros hermanos nos han descorazonado al decir que esa gente es más alta y más fuerte que nosotros; que sus ciudades son grandes, con murallas que llegan hasta el cielo, y que además allí vieron a los anaquitas."

29 Pero yo les dije: "No teman. No les tengan miedo.

30 El Señor su Dios va delante de ustedes, y él peleará por ustedes, como antes vieron que lo hizo por ustedes en Egipto.

31 Además, ustedes son testigos de que, en el desierto,[d] y por todo el camino que han recorrido, el Señor su Dios los ha traído como un padre que lleva a su hijo de la mano, hasta llegar a este lugar."

32 Aun así, ustedes no creyeron en el Señor su Dios,[e]

33 que iba por el camino delante de ustedes para explorar el lugar donde ustedes habrían de acampar. De noche, les mostraba con fuego el camino por donde debían ir, y de día los guiaba con una nube.

Dios castiga a Israel

(Nm 14.20-35)

34 »Cuando el Señor oyó lo que ustedes dijeron, se enojó y, con un juramento, dijo:

35 "Ninguno de éstos verá la buena tierra que prometí a sus padres que les daría. ¡Son una generación malvada![f]

36 Sólo la verá Caleb hijo de Yefune. A él y a sus hijos les daré la tierra que él pisó, porque me ha seguido fielmente."

37 »También por culpa de ustedes el Señor se enojó contra mí, y me dijo: "Tampoco tú entrarás allá.

38 Quien entrará será Josué hijo de Nun, el cual te sirve. Anímalo, porque él le dará a Israel posesión de la tierra.

39 También entrarán allá sus hijos, esos niños que no saben hoy lo que es bueno ni lo que es malo, y de los cuales dijeron que servirían de botín de guerra. A ellos y a sus hijos les daré la tierra. Ellos serán quienes la reciban en propiedad.

40 En cuanto a ustedes, den la vuelta y diríjanse al desierto, en dirección al Mar Rojo."

La derrota en Jormá

(Nm 14.39-45)

41 »Ustedes respondieron, y me dijeron: "Hemos pecado contra el Señor. Pero iremos y pelearemos, tal y como el Señor nuestro Dios nos lo ha ordenado." Y cada uno de ustedes tomó sus armas y se preparó para subir al monte.

42 Entonces el Señor me dijo: "Diles que no suban ni peleen, porque yo no estoy con ellos. De lo contrario, serán derrotados por sus enemigos."

43 Y yo hablé con ustedes, pero ustedes no me hicieron caso. Al contrario, fueron rebeldes al mandato del Señor y con gran arrogancia subieron al monte.

44 Pero los amorreos, que habitaban en aquel monte, salieron a su encuentro y los persiguieron como avispas hasta Jormá, y los derrotaron en Seír.

45 Entonces ustedes volvieron y lloraron delante del Señor, pero el Señor no escuchó su voz, ni les hizo caso.

46 Fue así como ustedes estuvieron en Cadés muchos días, es decir, todo el tiempo que han estado allí.

[c] **1.26:** Dt 9.23; Heb 3.16. [d] **1.31:** Hch 13.18. [e] **1.32:** Heb 3.19. [f] **1.34-35:** Heb 3.18.

Los años en el desierto

2 [1] »De allí partimos en dirección al
desierto, por el camino del Mar Rojo,
tal y como el Señor me lo había di-
cho, y durante mucho tiempo rodeamos el
monte de Seír.[a]
[2] Entonces el Señor habló conmigo, y me
dijo:
[3] "Ustedes ya han rodeado bastante este
monte. Ahora diríjanse al norte.
[4] Ordena al pueblo lo siguiente: 'Cuan-
do ustedes pasen por el territorio de sus
hermanos, es decir, los hijos de Esaú,[b] que
habitan en Seír, ellos van a tener miedo de
ustedes. Pero tengan mucho cuidado.
[5] No se metan con ellos, porque yo no
les voy a dar de su tierra ni siquiera lo que
alcancen a cubrir con un pie. A Esaú le he
dado en propiedad el monte de Seír.
[6] Ustedes comprarán de ellos alimentos, y
se los pagarán y comerán; y también com-
prarán de ellos agua, y beberán.'
[7] El Señor tu Dios te ha bendecido en
todo lo que haces, y él sabe que andas por
este gran desierto. Estos cuarenta años el
Señor tu Dios ha estado contigo, y nada te
ha faltado."
[8] Entonces nos alejamos del territorio de
nuestros hermanos, los hijos de Esaú, que
habitaban en Seír. Tomamos el camino del
Arabá, desde Elat y Ezión Guéber, y volvi-
mos para tomar el camino del desierto de
Moab.
[9] »El Señor me dijo: "No molestes a Moa-
b,[c] ni trabes combate con ellos, porque no
voy a darte posesión de su tierra. A los hijos
de Lot les he dado Ar en propiedad.
[10] (Hace tiempo, esa tierra la habitaron los
emitas, que eran gente grande y numerosa,
y alta como los hijos de Anac.
[11] También ellos eran considerados gi-
gantes, como los hijos de Anac, aunque los
moabitas los llaman emitas.
[12] Seír estuvo habitada por los horeos,
pero los hijos de Esaú los expulsaron de allí;
los arrojaron de su presencia y ocuparon su
lugar, como lo hizo Israel en la tierra que les
dio el Señor por posesión.)
[13] "Y ahora, ¡levántense y pasen el arroyo
de Zered!"
»Entonces pasamos el arroyo de Zered.
[14] El tiempo transcurrido, desde que sali-
mos de Cadés Barnea hasta que pasamos el
arroyo de Sered, fue de treinta y ocho años.
Para entonces, tal y como el Señor se lo
había jurado,[d] ya habían muerto todos los
hombres en pie de guerra que había en el
campamento,
[15] pues la mano del Señor había venido
sobre ellos para destruirlos en medio del
campamento, hasta acabar con ellos.
[16] »Después de que murieron todos los
hombres de guerra que había entre el pueblo,
[17] el Señor habló conmigo, y me dijo:
[18] "Hoy vas a cruzar el territorio de Moab,
para dirigirte a Ar.
[19] Cuando ya estés cerca de los hijos de
Amón,[e] no los molestes ni trabes combate
con ellos; porque no voy a darte en pose-
sión su territorio. Esa tierra se la he dado en
propiedad a los hijos de Lot.
[20] (Esa región fue también considerada
tierra de gigantes. En otro tiempo fue habi-
tada por gigantes, a los cuales los amonitas
llamaban zanzumitas.

PROMESAS PODEROSAS

DEUTERONOMIO 2.7

El Señor tu Dios te ha bendecido en todo lo que haces, y él sabe que andas por este gran desierto. Estos cuarenta años el Señor tu Dios ha estado contigo, y nada te ha faltado.

Aunque los israelitas se rebelaron y pecaron, Dios siguió bendiciéndolos. Él es amoroso y paciente. Aun cuando cometemos errores, Él sigue amándonos y nos ayuda a arrepentirnos y volvernos a Él.

[a] **2.1:** Nm 21.4. [b] **2.4:** Gn 36.8. [c] **2.9:** Gn 19.37. [d] **2.14:** Nm 14.28-35. [e] **2.19:** Gn 19.38.

21 Eran gente fuerte, alta y numerosa,
como los hijos de Anac, a los cuales el Señor
destruyó delante de los amonitas. Éstos su-
cedieron a aquéllos, y habitaron en su lugar,
22 como hizo el Señor con los hijos de Esaú
que habitaban en Seír, delante de los cuales
destruyó a los horeos. Ellos sucedieron a éstos,
y habitaron en su lugar hasta el día de hoy.
23 Los aveos, que habitaban en aldeas has-
ta Gaza, fueron destruidos por los caftori-
tas, que vinieron de Caftor y habitaron en
su lugar.)
24 "¡Vamos, levántense y pasen el arroyo
de Arnón! Yo he puesto ya en tus manos a
Sijón el amorreo, que es rey de Jesbón, y a su
tierra. Comienza a tomar posesión de ella, y
entra en combate contra él.
25 Este día comenzaré a sembrar ante ti el
temor y el espanto entre los pueblos bajo el
cielo. Ellos oirán hablar de ti, y ante ti tem-
blarán y se llenarán de angustia."

Israel derrota a Sijón

(Nm 21.21-30)

26 »Desde el desierto de Cademot envié
mensajeros a Sijón, rey de Jesbón, para que
en son de paz le dijeran:
27 "Voy a pasar por tu tierra. Iré por el ca-
mino principal, sin apartarme ni a diestra ni
a siniestra.
28 La comida que yo coma, me la venderás
a cambio de dinero, y también me venderás
el agua que yo beba. Sólo pasaré a pie,
29 como me permitieron hacer los hijos de
Esaú que habitan en Seír, y los moabitas que
habitan en Ar. Tenemos que cruzar el Jordán
y llegar a la tierra que el Señor nuestro Dios
nos va a dar."
30 »Pero Sijón, el rey de Jesbón, no nos
dejó pasar por su territorio, y es que el Se-
ñor tu Dios había endurecido su espíritu, y
cerrado su corazón, para entregarlo en tus
manos, como hasta el día de hoy.
31 Entonces el Señor me dijo: "Mira, ya he
comenzado a entregarte a Sijón y a su tierra.
Comienza ya a tomar posesión de ella, por-
que es tu herencia."
32 Y Sijón salió a nuestro encuentro, junto
con todo su ejército, para pelear en Yahás.
33 Pero el Señor nuestro Dios lo entregó en
nuestras manos, y lo derrotamos a él y a sus
hijos, y a todo su pueblo.
34 Entonces nos apoderamos de todas
sus ciudades, y las destruimos todas, y no
dejamos con vida ni hombres, ni mujeres ni
niños.
35 Solamente nos quedamos con los gana-
dos y con los despojos de las ciudades que
habíamos tomado.
36 Desde Aroer, que está junto a la ribera
del arroyo de Arnón, y la ciudad que está en
el valle, hasta Galaad, no hubo ciudad que
se librara de nosotros; todas ellas las entregó
el Señor nuestro Dios en nuestro poder.
37 A donde no llegamos fue a la tierra de
los hijos de Amón, ni a todo lo que está a la
orilla del arroyo de Jaboc, ni a las ciudades
del monte, ni a ningún lugar que el Señor
nuestro Dios nos había prohibido llegar.

Israel derrota al rey de Basán

(Nm 21.31-35)

3 1 »Partimos de allí, y subimos por el
camino de Basán, y en Edrey nos sa-
lió al encuentro Og, el rey de Basán,
para pelear contra nosotros.
2 Pero el Señor me dijo: "No le tengas mie-
do, porque a él y a todo su ejército yo los he
puesto en tus manos, lo mismo que a su tie-
rra, para que hagas con él lo que hiciste con
Sijón, el rey amorreo que reinaba en Jesbón."
3 Y el Señor nuestro Dios nos entregó
también a Og rey de Basán, y a todo su
ejército, y los derrotamos hasta acabar con
todos,
4 y luego nos apoderamos de todas sus
ciudades, es decir, las sesenta ciudades de la
tierra de Argob, que eran del reino de Og
en Basán. No quedó una sola ciudad que no
conquistáramos.
5 Todas ellas eran ciudades fortificadas y
de altas murallas, con portones y cerrojos,
sin contar otras muchas ciudades sin mu-
rallas.

6 Las destruimos, como lo hicimos con Sijón, el rey de Jesbón. En todas las ciudades matamos a hombres, mujeres y niños,

7 y nos apoderamos de todo el ganado y de los despojos de las ciudades.

8 »En aquel tiempo conquistamos la tierra que va del arroyo de Arnón hasta el monte Hermón, en la ribera oriental del Jordán, la cual estaba en manos de esos dos reyes amorreos

9 (al monte Hermón, los sidonios lo llaman Sirión, y los amorreos, Senir),

10 más todas las ciudades de la llanura, y todo Galaad y todo Basán, hasta Salca y Edrey, ciudades del reino de Og en Basán.

11 Del resto de los gigantes sólo había quedado Og, el rey de Basán. Su cama, que aún puede verse en Rabá de los amonitas, era de hierro, y medía unos cuatro metros de largo por dos metros de ancho, tomando como base de medición el codo humano.[a]

Territorio de Rubén y Gad, y de la media tribu de Manasés

(Nm 32.1-42)

12 »El territorio que en aquel tiempo conquistamos, y que va de Aroer, que está junto al arroyo de Arnón, hasta la mitad del monte de Galaad, se la entregué a los rubenitas y a los gaditas, junto con sus ciudades.

13 El resto de Galaad, y todo Basán, que era del reino de Og, y toda la tierra de Argob, conocida como tierra de gigantes, se lo entregué a la media tribu de Manasés.

14 Yaír hijo de Manasés tomó posesión de toda la tierra de Argob, hasta el límite con Gesur y Macá, y le dio su nombre, Basán-havot-yaír, y así se llama hasta el día de hoy.

15 A Maquir le entregué Galaad,

16 y a los rubenitas y gaditas les entregué Galaad, hasta el arroyo de Arnón. Sus límites eran la mitad del valle, hasta el arroyo de Jaboc, que es el límite de los amonitas;

17 el Arabá, con el Jordán como límite, desde Cineret hasta el mar del Arabá, es decir, el Mar Salado, y por el lado oriental, las faldas del monte Pisga.

18 »En aquel tiempo, yo les di la siguiente orden: "El Señor su Dios les ha dado en propiedad esta tierra. Pero todos ustedes, los aguerridos, deben tomar sus armas y cruzar el río al frente de sus hermanos israelitas.

19 En las ciudades que les he entregado sólo se quedarán sus mujeres y sus hijos, y también el mucho ganado que yo sé que ustedes tienen.

20 Ninguno de ustedes podrá volver a la tierra que les he entregado[a] hasta que el Señor haya establecido a sus hermanos como a ustedes, y ellos hayan recibido también la tierra que el Señor su Dios les da al otro lado del Jordán."

21 En aquel tiempo también le ordené a Josué: "Tú mismo has visto todo lo que el Señor tu Dios hizo con aquellos dos reyes. Y lo mismo hará el Señor con todos los reinos por los cuales vas a pasar.

22 No les tengan miedo, porque el Señor su Dios es quien pelea por ustedes."

Moisés no entra a Canaán

23 »En aquel tiempo, le rogué al Señor en oración:

24 "Tú, Señor y Dios, has comenzado a mostrar tu grandeza y tu mano poderosa a este siervo tuyo. Ciertamente, no hay dios en el cielo ni en la tierra que haga las grandes proezas que tú haces.

25 Yo te ruego que me concedas cruzar el río y contemplar esa bella tierra que está más allá del Jordán, y ese bello monte, y el Líbano."

26 Pero por culpa de ustedes el Señor se había enojado contra mí, y por eso no me escuchó, sino que me dijo: "¡Basta! No me hables más de este asunto.

27 Sube a la cumbre del Pisga, y dirige la mirada al norte y al sur, al este y al oeste. Mira con tus propios ojos, porque no cruzarás el Jordán.[b]

28 Manda a Josué, y anímalo y fortalécelo. Será él quien lo cruzará al frente de este pueblo, y será él quien les dé posesión de la tierra que ahora verás."

[a]**3.11** El codo, como medida de longitud, equivalía a unos 45 cm. [a]**3.18-20:** Jos 1.12-15. [b]**3.23-27:** Nm 27.12-14; Dt 32.48-52.

29 »Y nos detuvimos en el valle, delante de Bet Pegor.

Moisés exhorta a la obediencia

4 1 »Ahora, pueblo de Israel, oigan los estatutos y decretos que voy a enseñarles, para que los pongan por obra, y vivan y entren en la tierra que les da el Señor, el Dios de sus padres, y tomen posesión de ella.

2 No añadan ni quiten una sola palabra de lo que yo les mando,[a] sino cumplan los mandamientos del Señor su Dios, que yo les ordeno observar.

3 Con sus propios ojos han visto ustedes lo que el Señor hizo en Baal Pegor, y cómo el Señor su Dios destruyó de en medio de ustedes[b] a todos los que se fueron tras Baal Pegor.

4 Pero todos ustedes, los que siguieron al Señor su Dios, todavía siguen con vida.

5 Miren, yo les he enseñado los estatutos y decretos que el Señor mi Dios me mandó enseñarles, para que los cumplan en la tierra en la cual van a entrar para tomar posesión de ella.

6 Cumplan con ellos, pónganlos por obra, porque ésta es su sabiduría y su inteligencia a los ojos de los pueblos, los cuales oirán todos estos estatutos y dirán: "Ciertamente, éste es un pueblo sabio y entendido; es una gran nación."

7 Porque ¿dónde hay una gran nación, cuyos dioses estén tan cerca de ellos como lo está de nosotros el Señor nuestro Dios en todo lo que le pedimos?

8 Y ¿dónde hay una gran nación, cuyos estatutos y juicios sean justos, como lo es toda esta ley que hoy les expongo?

La experiencia de Israel en Horeb

9 »Por lo tanto, ten cuidado. Ten mucho cuidado de no olvidar nada de todo lo que tus ojos han visto. Que no se aparten de tu corazón en ningún momento de tu vida. Al contrario, enséñales esto a tus hijos, y a los hijos de tus hijos.

10 Aquel día que estuviste delante del Señor tu Dios en Horeb, el Señor me dijo: "Reúne al pueblo, para que yo les haga oír mis palabras. Las aprenderán, para que me teman todos los días que vivan sobre la tierra, y para que las enseñen a sus hijos."

PROMESAS PODEROSAS

DEUTERONOMIO 4.7

Porque ¿dónde hay una gran nación, cuyos dioses estén tan cerca de ellos como lo está de nosotros el Señor nuestro Dios en todo lo que le pedimos?

Dios no es un dios distante. Él no está lejos; está muy cerca. De hecho, Él estaba tan cerca de los israelitas que ellos podían clamar a Él cuando tenían necesidades. Nosotros también podemos hacer lo mismo. ¡Dios está cerca de todos los NIÑOS PODEROSOS!

[a]**4.2:** Ap 22.18-19. [b]**4.3:** Nm 25.1-9.

PODER PARA VIVIR

¡DÉJAME PASAR AL OTRO LADO! *(Deuteronomio 3.25)*
Cuando Moisés desobedeció a Dios, Dios le dijo que no podría entrar en la Tierra Prometida de Canaán (Números 20:8-12). Moisés le suplicó a Dios que cambiara de opinión, pero Dios dijo que no. A Dios no le gusta la desobediencia. ¿En algún momento tus padres te han prohibido salir porque desobedeciste una regla? Si es así, sabrás cómo se sintió Moisés. Dios quiere que entendamos la importancia de obedecer sus reglas. ¿Has aprendido tú a obedecer?

[11] Ustedes se acercaron y se pusieron al
pie del monte, y el monte ardía en medio de
una espesa nube y de gran oscuridad, mien-
tras el fuego llegaba hasta los cielos.
[12] Entonces, desde el fuego[c] el Señor habló
con ustedes, y ustedes oyeron su voz y sus
palabras, pero aparte de oír su voz, no vie-
ron ninguna figura.
[13] Entonces él les dio a conocer su pacto,
el cual les mandó poner por obra, es decir,
los diez mandamientos, y los escribió en dos
tablas de piedra.[d]
[14] En aquella ocasión, a mí también me
ordenó el Señor enseñarles a ustedes los es-
tatutos y sentencias,[e] para que los pusieran
por obra en la tierra de la cual van a tomar
posesión.

Advertencia contra la idolatría

[15] »El día que el Señor les habló desde el
fuego ustedes no vieron ninguna figura. Así
que tengan mucho cuidado,
[16] para que no se corrompan al hacerse
esculturas,[f] o imágenes de alguna figura, o
efigies de hombres o mujeres,
[17] o figuras de los animales que hay en la
tierra, o figuras de las aves que cruzan los
aires,
[18] o figuras de los animales que se arras-
tran por el suelo, o figuras de los peces que
hay en el agua debajo de la tierra.
[19] No vaya a ser que levantes los ojos al
cielo y, al ver el sol y la luna y las estrellas,
y todas las huestes celestiales, sientas el im-
pulso de inclinarte ante ellos y adorarlos. To-
dos ellos los ha concedido el Señor tu Dios a
todos los pueblos debajo de los cielos;
[20] en cambio, a ustedes el Señor los tomó
y los sacó de Egipto, de ese horno de hierro,
para que sean su propio[g] pueblo, como en
efecto hoy lo son.
[21] »Por culpa de ustedes el Señor se enojó
contra mí, y juró que yo no cruzaría el Jor-
dán ni entraría en la bella tierra que el Señor
su Dios les da en propiedad.[h]
[22] Así que yo no cruzaré el Jordán, sino
que voy a morir en esta tierra; pero ustedes
sí lo cruzarán, y tomarán posesión de esa
bella tierra.
[23] Tengan cuidado de no olvidarse del
pacto que el Señor su Dios estableció con
ustedes. No se hagan ninguna escultura ni
imagen de todo lo que el Señor su Dios les
ha prohibido,
[24] pues el Señor su Dios es un fuego con-
sumidor;[i] es un Dios celoso.
[25] »Si después de haber engendrado hijos
y nietos, y de haber pasado su vida en la tie-
rra, llegan ustedes a corromperse y hacer-
se esculturas o imágenes de alguna cosa, y
hacen enojar al Señor su Dios por hacer lo
malo delante de sus ojos,
[26] pongo hoy por testigos al cielo y a la
tierra de que muy pronto ustedes serán
totalmente borrados de la tierra por la cual
cruzan el Jordán para tomar posesión de
ella. No estarán en ella mucho tiempo sin
que sean destruidos.
[27] El Señor los esparcirá entre los pueblos, y
un reducido número de ustedes quedará en-
tre las naciones a las cuales el Señor los lleva.
[28] Allí ustedes servirán a dioses de madera
y piedra,[j] hechos por manos humanas, inca-
paces de ver, oír, comer ni oler.
[29] »Pero si estando allí buscas al Señor tu
Dios, lo hallarás, siempre y cuando lo busques

PALABRAS CON PODER

CELOSO
(Deuteronomio 4.24)

Generalmente no pensamos en los celos como algo positivo. Pero en este caso, Dios es un "Dios celoso" que le pide a su pueblo fidelidad total. Dios quiere todo nuestro amor y toda nuestra lealtad. Él no acepta menos que eso. Este tipo de celos es algo santo y piadoso. ¿Cuenta Dios con todo tu amor y toda tu lealtad?

[c]**4.11-12:** Éx 19.16-18; Heb 12.18-19. [d]**4.13:** Éx 31.18. [e]**4.14:** Éx 21.1. [f]**4.16:** Éx 20.4; Lv 26.1; Dt 5.8; 27.15. [g]**4.20:** Éx 19.5; Dt 7.6; 14.2; 26.18; Tit 2.14; 1 P 2.9. [h]**4.21:** Nm 20.12. [i]**4.24:** Heb 12.29. [j]**4.27-28:** Dt 28.36. [k]**4.29:** Jer 29.13.

con todo tu corazón y con toda tu alma.[k]

30 En los últimos días, si te encuentras angustiado y afectado por todas estas cosas, si te vuelves al Señor tu Dios, y oyes su voz,

31 él no te abandonará ni te destruirá, ni se olvidará del pacto que hizo con tus padres, porque el Señor tu Dios es un Dios misericordioso.

32 »Pregunta ahora si en los tiempos pasados, antes de que tú vivieras, o desde el día que Dios creó al hombre sobre la tierra, si de un extremo del cielo al otro ha ocurrido algo tan grande como esto, o se supo de algo así.

33 ¿Acaso algún pueblo ha escuchado la voz de Dios hablarle desde el fuego, como la has oído tú, y seguir con vida?

34 ¿O ha intentado Dios venir y sacar a una nación de en medio de otra nación, y hacerla suya con pruebas y señales, y con milagros y guerra, y con mano poderosa y brazo extendido, y hechos aterradores, como lo hizo el Señor su Dios en Egipto con ustedes, ante sus propios ojos?

35 A ti, Israel, se te ha mostrado esto, para que sepas que el Señor es Dios, y que no hay otro fuera de él.[l]

36 Desde los cielos te hizo oír su voz, para enseñarte; sobre la tierra te mostró su gran fuego, y en medio del fuego has oído sus palabras.

37 Fue tal su amor por tus padres que los escogió a ustedes, la descendencia de ellos, y con su presencia y gran poder los sacó de Egipto,

38 y delante de ustedes expulsó a naciones más grandes y fuertes que ustedes, para introducirlos en la tierra de la que hoy les da posesión.

39 »Israel, aprende y reflexiona hoy en tu corazón que el Señor es Dios, lo mismo arriba en el cielo que abajo en la tierra, y que no hay otro Dios.

40 Cumple con sus estatutos y sus mandamientos, los cuales hoy te ordeno cumplir, para que te vaya bien, a ti y a tus hijos después de ti, y prolongues tus días sobre la tierra que el Señor tu Dios te da para siempre.»

Ciudades de refugio al oriente del Jordán

41 Moisés apartó tres ciudades en la ribera oriental del Jordán, hacia la salida del sol,

42 para que pudiera huir allá quien, sin proponérselo y sin mediar antes enemistad con su prójimo, cometiera un homicidio, pues huyendo a una de estas ciudades el homicida podría salvar su vida.

43 Para los rubenitas apartó Beser, que estaba en el desierto, en la llanura; para los gaditas apartó Ramot, en Galaad; y para los de Manasés[m] apartó Golán, en Basán.

Recapitulación de la ley

44 Ésta es la ley que Moisés expuso a los hijos de Israel,

45 y éstos son los testimonios, los estatutos y los decretos que, cuando salieron de Egipto, Moisés comunicó a los hijos de Israel

46 en este lado del Jordán, en el valle que está delante de Bet Pegor, ya en territorio de Sijón, el rey de los amorreos que reinaba en Jesbón, y al cual Moisés derrotó cuando salieron de Egipto. Y los hijos de Israel

47 tomaron posesión de su tierra y de la tierra de Og, el rey de Basán. Estos dos reyes amorreos estaban en la ribera oriental del Jordán, y su territorio iba

48 de Aroer, en la ribera del arroyo Arnón, hasta el monte Sión, que es Hermón,

49 y por todo el Arabá, en la ribera oriental del Jordán, hasta el mar del Arabá, en la falda del monte Pisga.

Los Diez Mandamientos

(Éx 20.1-17)

5 1 Moisés llamó a todo Israel, y les dijo: «Oye, Israel, los estatutos y decretos que yo pronuncio hoy en tus oídos. Apréndelos y asegúrate de ponerlos por obra.

2 El Señor nuestro Dios hizo un pacto con nosotros en Horeb.

[l] **4.35:** Mr 12.32. [m] **4.41-43:** Jos 20.8-9.

PALABRAS CON PODER

PACTO

(Deuteronomio 5.2)

Moisés les recordó a los israelitas que el pacto de Dios era con ellos, no sólo con sus padres y abuelos. Dios prometió adoptar a los israelitas como sus hijos e hijas, para poder cuidarlos y bendecirlos. A cambio, Dios le pidió a Israel que lo aceptara como su Dios. Él quería que ellos lo amaran y obedecieran. Como hijos e hijas de Dios nosotros necesitamos hacer eso mismo. Haz una lista de cosas que puedes hacer para mostrar tu amor a Dios.

3 Este pacto no lo hizo el Señor con nuestros padres, sino con todos nosotros, los que hoy estamos aquí con vida.

4 En el monte el Señor habló con ustedes cara a cara, desde en medio del fuego.

5 Yo estaba entonces entre el Señor y ustedes, para comunicarles la palabra del Señor, pues ustedes tuvieron temor del fuego y no subieron al monte. Y el Señor dijo:

6 "Yo soy el Señor tu Dios. Yo te saqué de la tierra de Egipto, donde vivías como esclavo.

7 "No tendrás dioses ajenos delante de mí.

8 "No te harás imagen, ni semejanza alguna de lo que está arriba en el cielo, ni abajo en la tierra, ni en las aguas debajo de la tierra.

9 No te inclinarás ante ellas, ni las honrarás,[a] porque yo soy el Señor tu Dios, fuerte y celoso. Yo visito en los hijos la maldad de los padres que me aborrecen, hasta la tercera y cuarta generación,

10 pero trato con misericordia infinita a los que me aman y cumplen mis mandamientos.[b]

11 "No tomarás en vano[c] el nombre del Señor tu Dios, porque yo, el Señor, no consideraré inocente al que tome en vano mi nombre.

12 "Observarás el día de reposo y lo santificarás, como yo, el Señor tu Dios, te lo he ordenado.[d]

13 Durante seis días trabajarás y harás toda tu obra,

14 pero el día séptimo es de reposo en honor del Señor tu Dios. No harás en él ningún trabajo.[e] Ni tú, ni tu hijo, ni tu hija, ni tu siervo, ni tu criada, ni tu buey, ni tu asno, ni ningún animal tuyo, ni el extranjero que viva dentro de tus ciudades, para que descansen tu siervo y tu criada lo mismo que tú.

15 Acuérdate de que fuiste siervo en tierra de Egipto, y que yo, el Señor tu Dios, te saqué de allá con mano fuerte y brazo extendido. Por eso yo, el Señor tu Dios, te ordeno que observes el día de reposo.

16 "Honrarás a tu padre y a tu madre,[f] como yo, el Señor tu Dios, te lo he ordenado, para que tu vida se alargue y te vaya bien en la tierra que yo, el Señor tu Dios, te doy.[g]

17 "No matarás.[h]

18 "No cometerás adulterio.[i]

19 "No robarás.[j]

20 "No presentarás falso testimonio contra tu prójimo.[k]

21 "No codiciarás[l] la mujer de tu prójimo, ni su casa, ni su tierra, ni su siervo, ni su esclava, ni su buey, ni su asno, ni nada que le pertenezca a tu prójimo."

El terror del pueblo

(Éx 20.18-26)

22 »El Señor dirigió estas palabras a toda su congregación en el monte, desde el fuego, la nube y la oscuridad. Las pronunció con voz potente, y no añadió más. Las escribió en dos tablas de piedra, que me entregó a mí.

23 Y cuando todos ustedes, los príncipes y ancianos de sus tribus, oyeron la voz, que salía de en medio de las tinieblas, y vieron que el monte estaba envuelto en llamas, vinieron a verme

[a] **5.8-9:** Éx 34.17; Lv 19.4; 26.1; Dt 4.15-18; 27.15. [b] **5.9-10:** Éx 34.6-7; Nm 14.18; Dt 7.9-10. [c] **5.11:** Lv 19.12. [d] **5.12:** Éx 16.23-30; 31.12-14. [e] **5.13-14:** Éx 23.12; 31.15; 34.21; 35.2; Lv 23.3. [f] **5.16:** Dt 27.16; Mt 15.4; 19.19; Mr 7.10; 10.19; Lc 18.20; Ef 6.2. [g] **5.16:** Ef 6.3. [h] **5.17:** Gn 9.6; Lv 24.17; Mt 5.21; 19.18; Mr 10.19; Lc 18.20; Ro 13.9; Stg 2.11. [i] **5.18:** Lv 20.10; Mt 5.27; 19.18; Mr 10.19; Lc 18.20; Ro 13.9; Stg 2.11. [j] **5.19:** Lv 19.11; Mt 19.18; Mr 10.19; Lc 18.20; Ro 13.9. [k] **5.20:** Éx 23.1; Mt 19.18; Mr 10.19; Lc 18.20.

24 y dijeron: "Ya hemos visto que el Señor nuestro Dios nos ha mostrado su gloria y su grandeza. También hemos oído su voz salir desde el fuego. Hoy hemos visto que el Señor habla a los mortales, y que éstos aún siguen con vida.

25 Ahora bien, este gran fuego podría consumirnos; y si oímos otra vez la voz de nuestro Señor y Dios, seguramente moriremos. ¿Por qué tenemos que morir?

26 Y además, ¿qué somos los mortales, para oír la voz del Dios viviente hablar de en medio del fuego, como nosotros la oímos, y aún seguir con vida?

27 Acércate tú al Señor nuestro Dios, y atiende todo lo que él te diga, y luego tú nos repetirás todo lo que el Señor nuestro Dios te diga, y nosotros oiremos y actuaremos."[m]

28 »El Señor oyó la voz de sus palabras, cuando ustedes me hablaban, y me dijo: "Ya he oído la voz de este pueblo, y las palabras que ellos te han dicho. Y todo lo que han dicho está bien.

29 ¡Cómo quisiera yo que tuvieran tal corazón, que me temieran y cumplieran siempre todos mis mandamientos, para que a ellos y a sus hijos les fuera siempre bien!

30 Ve y diles que regresen a sus tiendas;

31 y tú, quédate aquí conmigo, que voy a decirte todos los mandamientos y estatutos y decretos que les enseñarás, para que los pongan por obra en la tierra que yo les doy en posesión."

32 »Asegúrense, pues, de hacer lo que el Señor su Dios les ha ordenado. No se aparten ni a la derecha ni a la izquierda.

33 Sigan por el camino que el Señor su Dios les ha ordenado seguir, para que les vaya bien y vivan muchos años en la tierra que van a poseer.

El gran mandamiento

6 1 »Éstos son los mandamientos, estatutos y decretos que el Señor su Dios me ordenó que les enseñara, para que los pongan por obra en la tierra de la cual van a tomar posesión.

2 Para que todos los días de tu vida, tú, Israel, y tus hijos, y los hijos de tus hijos, teman al Señor su Dios y cumplan todos los estatutos y mandamientos que yo les mando cumplir, para que sus días sean prolongados.

3 Oye, Israel, y asegúrate de ponerlos por obra, para que te vaya bien en la tierra que fluye leche y miel, y te multipliques, tal y como el Señor y Dios de tus padres te lo ha prometido.

4 »Oye, Israel: el Señor nuestro Dios, el Señor es uno.[a]

5 Y amarás al Señor tu Dios con todo tu corazón, y con toda tu alma, y con todas tus fuerzas.[b]

6 Estas palabras que hoy te mando cumplir estarán en tu corazón,

7 y se las repetirás a tus hijos, y hablarás de ellas cuando estés en tu casa, y cuando vayas por el camino, y cuando te acuestes y cuando te levantes.

8 Las atarás en tu mano como una señal, y las pondrás entre tus ojos como frontales,

9 y las escribirás en los postes de tu casa, y en tus puertas.[c]

[l] **5.21:** Ro 7.7; 13.9. [m] **5.22-27:** Heb 12.18-19. [a] **6.4:** Mr 12.29. [b] **6.5:** Mt 22.37; Mr 12.30; Lc 10.27.

AMA AL SEÑOR TU DIOS *(Deuteronomio 6.5)*

¿Qué amas tú más que cualquier cosa en el mundo? ¿Tu familia? ¿Tu juego o deporte favorito? Dios quería que su pueblo lo amara a Él más que a cualquier persona o cosa. Entonces, ¿qué significa "amar al Señor tu Dios con todo tu corazón, con toda tu alma y con todas tus fuerzas"? Significa que lo pones a Él en primer lugar. Significa que pasas tiempo con Él todos los días. ¿Qué vas a hacer tú esta semana para amar a Dios con todo tu corazón?

PALABRAS CON PODER

EL SHEMÁ
(Deuteronomio 6.4-9)

Estos seis versículos son una oración llamada "el *Shemá*", una palabra hebrea que quiere decir "escuchar". Los israelitas decían esta oración todos los días, y aun hoy, las familias judías piadosas la recitan a diario. La oración declara que Dios es el único Señor. También manda al pueblo de Dios a que lo ame de todo su corazón, alma y fuerzas. Trata de memorizar Deuteronomio 6:4-5 para que te recuerde amar a Dios siempre.

LECCIONES

ENTRENAMIENTO EN CUANTO A LA PIEDAD
(Deuteronomio 6.7)

Dios les mandó a los israelitas a que enseñaran sus leyes a sus hijos. Les dijo que hablaran de sus leyes cuando estuvieran sentados en casa, cuando caminaran por las vías, y aun cuando se acostaran. ¡Eso es casi todo el tiempo! ¿Hablas tú de Dios y de su Palabra con tus padres? Pídeles que te ayuden a estudiar la Biblia ¡para que puedas llegar a ser un PODEROSO NIÑO DE DIOS!

Exhortaciones a la obediencia

10 »Cuando el Señor tu Dios te haya intro-
ducido en la tierra que juró dar a tus padres
Abrahán,[d] Isaac[e] y Jacob,[f] y te dé ciudades
grandes y buenas que tú no edificaste,
11 y casas llenas de todo bien que tú no lle-
naste, y cisternas que tú no cavaste, y viñas
y olivares que tú no plantaste, una vez que
hayas comido y quedes satisfecho
12 ten cuidado de no olvidarte del Señor,
que te sacó de Egipto, donde eras esclavo.
13 Al Señor tu Dios temerás, y sólo a él ser-
virás,[g] y por su nombre jurarás.
14 No se irán ustedes tras dioses ajenos,
tras los dioses de los pueblos que están en
sus contornos,
15 porque el Señor tu Dios está en medio
de ti, y es un Dios celoso. No sea que el furor
del Señor tu Dios se encienda contra ti, y te
borre de esta tierra.
16 »No tentarán al Señor su Dios,[h] como lo
hicieron en Masah.[i]
17 Cumplan cuidadosamente los manda-
mientos, testimonios y estatutos que el Se-
ñor su Dios les ha ordenado cumplir.
18 Haz lo recto y lo bueno a los ojos del Se-
ñor, para que te vaya bien y entres y tomes
posesión de la buena tierra que el Señor juró
dar a tus padres,
19 y para que él arroje de tu presencia a tus
enemigos, tal y como el Señor lo ha dicho.
20 »El día de mañana, cuando tu hijo te
pregunte: "¿Qué significan los testimonios
y estatutos y decretos que el Señor nuestro
Dios les mandó cumplir?",
21 le dirás: "En Egipto, éramos esclavos del
faraón. Pero el Señor nos sacó de allá con
mano poderosa.
22 Ante nuestros propios ojos, el Señor rea-
lizó en Egipto grandes señales y milagros te-
rribles contra el faraón y contra toda su casa.
23 Nos sacó de allá, para traernos aquí
y darnos la tierra que juró dar a nuestros
padres.
24 El Señor nuestro Dios nos mandó cum-
plir todos estos estatutos, y temerlo, para
que nos vaya bien siempre y él nos conserve
la vida, como hasta el día de hoy.
25 Si tenemos cuidado de poner por obra
todos estos mandamientos delante del Se-
ñor nuestro Dios, como él nos lo ha manda-
do, tendremos justicia."

Advertencias contra la idolatría
(Éx 34.11-17)

7 1 »Cuando el Señor tu Dios te haya
introducido en la tierra de la que vas
a tomar posesión, y haya desalojado

[c]**6.6-9:** Dt 11.18-20. [d]**6.10:** Gn 12.7. [e]**6.10:** Gn 26.3. [f]**6.10:** Gn 28.13. [g]**6.13:** Mt 4.10; Lc 4.8. [h]**6.16:** Mt 4.7; Lc 4.12. [i]**6.16:** Éx 17.1-7. [a]**7.1:** Hch 13.19.

delante de ti a muchas naciones, es decir, a los hititas, gergeseos, amorreos, cananeos, ferezeos, jivitas y jebuseos, que son siete naciones[a] más numerosas y más poderosas que tú,

2 y el Señor tu Dios te las haya entregado y las hayas derrotado, deberás destruirlas totalmente. No harás con ellas ninguna alianza, ni les tendrás misericordia.

3 Tampoco deberás emparentar con ellas. No darás tus hijas a sus hijos, ni tomarás a sus hijas para tus hijos,

4 porque harán que tus hijos dejen de seguirme, para seguir y servir a dioses ajenos. Entonces el furor del Señor se encenderá sobre ustedes, y los destruirá en un instante.

5 Lo que ustedes deberán hacer con ellos es destruir sus altares, hacer pedazos sus estatuas, destruir sus imágenes de Asera, y echar al fuego sus esculturas.[b]

Un pueblo santo para el Señor

6 »Tú eres un pueblo santo para el Señor tu Dios. El Señor tu Dios te ha escogido para que le seas un pueblo especial,[c] por encima de todos los pueblos que están sobre la tierra.

Jos 23.11-13

7 El Señor los quiere, y los ha escogido, no porque ustedes sean más numerosos que todos los pueblos, pues ustedes eran el pueblo más insignificante de todos,

8 sino porque el Señor los ama y porque quiso cumplir el juramento que les hizo a sus padres. Por eso el Señor los ha sacado con mano poderosa; por eso los ha rescatado de la esclavitud y del poder del faraón, el rey de Egipto.

9 Sábelo bien: el Señor tu Dios es Dios, el Dios fiel *que cumple con su* pacto y su misericordia con aquellos que lo aman y cumplen sus mandamientos, hasta mil generaciones;

10 pero que da su merecido a quien lo aborrece. A quien lo odia, no se tarda en destruirlo;[d] él mismo le da su merecido.

PALABRAS CON PODER

UNIRSE EN MATRIMONIO

(Deuteronomio 7.3)

Dios les dijo a los israelitas que no se casaran con hombres o mujeres de otras naciones. ¿Por qué era eso importante? Dios quería que su pueblo se mantuviera alejado de esas naciones pecaminosas. Si se casaban con esas personas dejarían de obedecer los mandatos de Dios y ya no querrían ser su pueblo. Nosotros también tenemos que tener cuidado al escoger a nuestros amigos. ¿Escoges tú amigos que te ayudan a hacer cosas buenas o amigos que quieren hacer cosas malas?

11 Así que cumple con los mandamientos, estatutos y decretos que hoy te mando cumplir.

Bendiciones de la obediencia

(Lv 26.3-13; Dt 28.1-14)

12 »Si después de oír estos decretos, los cumples y los pones por obra, el Señor tu Dios cumplirá contigo el pacto que hizo con tus padres y te mostrará su misericordia.

13 Te amará y te bendecirá; te multiplicará y bendecirá el fruto de tu vientre, y en la tierra

PROMESAS PODEROSAS

DEUTERONOMIO 7.9

Sábelo bien: el Señor tu Dios es Dios, el Dios fiel que cumple con su pacto y su misericordia con aquellos que lo aman y cumplen sus mandamientos, hasta mil generaciones;

Hoy día, Dios nos da a todos los que lo amamos y guardamos sus mandamientos el mismo amor y la misma misericordia que le dio al pueblo de Israel.

[b] **7.5:** Dt 12.3. [c] **7.6:** Éx 19.5; Dt 4.20; 14.2; 26.18; Tit 2.14; 1 P 2.9. [d] **7.9-10:** Éx 20.5-6; 34.6-7; Nm 14.18; Dt 5.9-10.

que juró dar a tus padres bendecirá el fruto de tu tierra: tu trigo, tu mosto, tu aceite, y las crías de tus vacas y tus rebaños de ovejas.

[14] ¡Bendito serás, por encima de todos los pueblos! No habrá en ti hombre ni mujer que sea estéril, ni tampoco entre tus ganados.

[15] El Señor alejará de ti toda enfermedad. No enviará sobre ti ninguna de las plagas malignas que envió sobre Egipto, y que tú conoces, aunque sí las enviará sobre todos los que te aborrezcan. Dt 32.39

[16] Tú acabarás con todos los pueblos que el Señor tu Dios te entrega; no los perdones, ni sirvas a sus dioses, porque serán para ti un tropiezo.[e]

[17] »Si acaso llegas a decir en tu corazón: "Estas naciones son mucho más numerosas que yo; ¿cómo las podré exterminar?",

[18] no les tengas miedo, sino acuérdate bien de lo que el Señor tu Dios hizo con el faraón y con todo Egipto;

[19] acuérdate de las grandes pruebas que vieron tus ojos, de las señales y milagros, y de la mano poderosa y el brazo extendido con que el Señor tu Dios te sacó de allá. ¡Y eso mismo hará el Señor tu Dios con todos los pueblos de cuya presencia ahora tienes miedo!

[20] El Señor tu Dios también enviará avispas sobre ellos, hasta que mueran los que sobrevivan y los que se hayan escondido de ti.

[21] No te desanimes al verlos, porque el Señor tu Dios es un Dios grande y temible, y está en medio de ti.

[22] Poco a poco el Señor tu Dios desalojará a esas naciones delante de ti. No podrás acabar con ellas enseguida, para que no aumente contra ti el número de las fieras del campo.

[23] Pero el Señor tu Dios las pondrá en tus manos, y las despedazará por completo, hasta que sean totalmente destruidas.

[24] El Señor pondrá en tus manos a sus reyes, y tú borrarás su memoria debajo del cielo. Nadie podrá hacerte frente, hasta que los destruyas.

[25] Echarás al fuego las esculturas de sus dioses, y no codiciarás su plata ni su oro, ni te quedarás con ello, para que no te sean un tropiezo, pues para el Señor tu Dios son algo repugnante.

[26] No llevarás a tu casa nada que sea repugnante, para que no seas destruido. Todo eso lo aborrecerás y lo desecharás, porque está condenado a la destrucción.

La buena tierra que han de poseer

8 [1] »Asegúrense de poner por obra todos los mandamientos que hoy les ordeno cumplir, para que vivan y sean multiplicados, y entren y posean la tierra que, bajo juramento, el Señor prometió dar a sus padres.

[2] Te acordarás de todo el camino en el desierto, por donde el Señor tu Dios te ha traído estos cuarenta años para afligirte y ponerte a prueba, y para saber lo que había en tu corazón, y si habrías de cumplir o no con sus mandamientos.

[e] **7.12-16:** Dt 11.13-17.

ABOMINACIONES *(Deuteronomio 7.26)*

Una abominación es algo que es sumamente malvado a los ojos de Dios. El pueblo de Canaán adoraba a ídolos de plata y oro. Estos objetos eran una abominación. Así que Moisés le advirtió a los israelitas que no tomaran para sí ningún ídolo cuando conquistaran la tierra. Los ídolos los llevarían a pecar. La misma regla se aplica a nosotros. A veces queremos las cosas que tienen nuestros amigos. Estas cosas tal vez parezcan divertidas y entretenidas (juegos de video, libros, entre otras cosas) pero si incluyen cosas malas, no agradan a Dios. ¡LOS NIÑOS PODEROSOS no quieren tener nada que ver con las cosas malas!

LECCIONES **NO SÓLO DE PAN**
(Deuteronomio 8.3)

Dios permitió que su pueblo pasara hambre en el desierto. ¿Por qué lo hizo? ¿Lo estaba maltratando? No, Él quería que ellos aprendieran que necesitaban más que simplemente comida y agua para sobrevivir. También necesitaban caminar con Dios. Todos nosotros tenemos una parte espiritual de nuestro ser que necesita ser "alimentada" por medio de la fe en Dios. Una manera en que podemos alimentarnos espiritualmente es leyendo la Palabra de Dios. ¡Lee algunos versículos de la Biblia todos los días para que nunca pases hambre!

3 El Señor te afligió, y te hizo sentir ham-
bre, pero te sustentó con maná, comida
que ni tú ni tus padres habían conocido,
para hacerte saber que no sólo de pan vive
el hombre, sino que vive[a] de todo lo que
sale de la boca del Señor.
4 En estos cuarenta años la ropa que lleva-
bas puesta nunca se envejeció, ni se te han
hinchado los pies.
5 Reconoce en tu corazón que el Señor
tu Dios te castiga del mismo modo que un
hombre castiga a su hijo.
6 Así que cumple con los mandamientos
del Señor tu Dios, y ve por sus caminos, y
témele.
7 El Señor tu Dios te introduce en una
buena tierra. Es una tierra de arroyos y
aguas, de fuentes y de manantiales que bro-
tan en vegas y montes;
8 es tierra de trigo y de cebada; de vides,
higueras y granados; es tierra de olivos, de
aceite y de miel;
9 es tierra donde *nunca comerás el pan*
con escasez, ni nada en ella te faltará; es tie-
rra cuyas piedras son de hierro, y de cuyos
montes extraerás cobre.
10 Y comerás y quedarás satisfecho, y ben-
decirás al Señor tu Dios por la buena tierra
que te habrá dado.

Jue 5.1-2

Amonestación de no olvidar a Dios

11 »¡Cuidado! No vayas a olvidarte del Se-
ñor tu Dios, ni de cumplir sus mandamien-
tos, sus decretos y sus estatutos, que hoy te
ordeno cumplir.
12 No vaya a ser que luego de que comas y
te sacies, y edifiques buenas casas y las habites,
13 y tus vacas y tus ovejas aumenten en
número, y la plata y el oro se te multipli-
quen, y todo lo que tengas aumente,
14 tu corazón se enorgullezca y te olvides
del Señor tu Dios, que te sacó de la tierra de
Egipto, donde eras esclavo,
15 y te hizo caminar por un desierto gran-
de y espantoso, lleno de serpientes veneno-
sas, y de escorpiones, donde no había agua,
y él sacó para ti agua de la roca del pedernal,
y apagó tu sed;
16 tu Dios que en el desierto te sustentó
con maná, comida que tus padres no ha-
bían conocido, y te afligió y te puso a prue-
ba, para finalmente hacerte bien.[b]
17 No vayas a decir en tu corazón: "Mi po-
der y la fuerza de mi brazo me han hecho
ganar estas riquezas."
18 Más bien, acuérdate del Señor tu Dios,
porque él es quien te da el poder de ganar
esas riquezas, a fin de confirmar el pacto
que hizo con tus padres, como en este día.
19 Pero si llegan a olvidarse del Señor su
Dios y se van tras dioses ajenos, y les sirven y
se inclinan ante ellos, yo les hago saber hoy
que de cierto perecerán.
20 Por no atender a la voz del Señor su
Dios, perecerán como las naciones que el
Señor va a destruir delante de ustedes.

Dios promete destruir a los pueblos cananeos

9
1 »Oye, Israel: hoy vas a cruzar el Jor-
dán, y entrarás a despojar a naciones
más numerosas y más poderosas
que tú, de grandes ciudades, con murallas
que llegan hasta el cielo.
2 Son un pueblo grande y alto, descen-
dientes de los anaquitas. Tú ya tienes cono-

[a] **8.3:** Mt 4.4; Lc 4.4. [b] **8.11-16:** Os 13.5-6.

PROMESAS PODEROSAS

DEUTERONOMIO 8.18

Más bien, acuérdate del Señor tu Dios, porque él es quien te da el poder de ganar esas riquezas, a fin de confirmar el pacto que hizo con tus padres, como en este día.

Dios bendijo a Israel al darle muchas cosas buenas. Esa era una señal de su pacto con Abraham. Cuando cumplimos con las reglas de Dios y disfrutamos de cosas buenas en la vida, también estamos recibiendo sus bendiciones.

cimiento de ellos, y conoces el dicho: "¿Quién
puede hacerles frente a los anaquitas?"
3 Sábelo bien: el Señor tu Dios es quien
hoy pasa al frente de ti, como un fuego con-
sumidor que delante de ti los destruirá y los
humillará, y tú los desalojarás y los destrui-
rás enseguida, tal y como el Señor te lo ha
dicho.
4 »Cuando el Señor tu Dios los haya ex-
pulsado de tu presencia, no pienses en tu
corazón: "El Señor me ha traído a tomar
posesión de esta tierra por causa de mi jus-
ticia"; porque en realidad el Señor va a ex-
pulsar de tu presencia a esas naciones por
causa de su impiedad.
5 No es por causa de tu justicia, ni por la
rectitud de tu corazón, por lo que entras
a tomar posesión del territorio de estas
naciones. El Señor tu Dios las arroja de tu
presencia por causa de su impiedad, y para
confirmar la promesa que él mismo les hizo
a tus padres Abrahán, Isaac y Jacob.

La rebelión de Israel en Horeb

(Éx 31.18—32.35)

6 »Debes saber que, si el Señor tu Dios te
da posesión de esta bella tierra, no es por
causa de tu justicia, pues lo cierto es que tú
eres un pueblo muy obstinado.
7 Acuérdate, y nunca olvides, que en el desier-
to provocaste la ira del Señor tu Dios, y que des-
de el día que salieron de Egipto hasta que en-
traron en este lugar, han sido rebeldes al Señor.
8 En Horeb provocaron ustedes la ira del
Señor, y el Señor se enojó contra ustedes y
quiso destruirlos.
9 Cuando yo subí al monte para recibir las
tablas de piedra, es decir, las tablas del pacto
que el Señor hizo con ustedes, estuve en el
monte cuarenta días y cuarenta noches[a] sin
comer pan ni beber agua.
10 El Señor me dio entonces las dos tablas
de piedra escritas con su propio dedo, y en
ellas estaban escritas todas las palabras que
el día de la asamblea el Señor les comunicó
en el monte, de en medio del fuego.
11 Al final de los cuarenta días y las cuaren-
ta noches, el Señor me dio las dos tablas de
piedra, las tablas del pacto,
12 y me dijo: "Anda, baja pronto de aquí,
porque el pueblo que sacaste de Egipto se
ha corrompido. Muy pronto se han aparta-
do del camino que yo les mandé seguir, y se
han hecho una imagen fundida."
13 »El Señor también me dijo: "He obser-
vado a ese pueblo, y puedo ver que es un
pueblo muy obstinado.

LECCIONES **NO POR TU JUSTICIA**

(Deuteronomio 9.5)

Dios le dio al pueblo de Israel un nuevo país en donde vivir: la Tierra Prometida. Los israelitas no recibieron esta tierra porque eran tan buenos. No, Dios les dio la tierra como regalo debido al amor y la misericordia de Él. Dios les advirtió que no lo olvidaran a Él, porque si lo hacían, perderían este regalo. Dios también nos da buenos regalos a nosotros. Él no nos los da porque seamos buenos, sino porque Él es bueno. Piensa en uno o dos regalos que Dios te ha dado. Aparta un tiempo para darle gracias.

[a] **9.9:** Éx 24.18.

14 ¡Déjame que los destruya! Voy a borrar su nombre de debajo del cielo, y a ti te pondré al frente de una nación más fuerte y mucho más numerosa que ellos."

15 Yo bajé del monte trayendo las tablas del pacto en mis dos manos, mientras el monte ardía en llamas. Al volver,

16 me encontré con que ustedes habían pecado contra el Señor su Dios; muy pronto se habían apartado del camino que el Señor les había mandado seguir, y se habían hecho un becerro de fundición.

17 Tomé entonces las dos tablas que traía en las manos, y las arrojé y quebré a la vista de ustedes.

18 Luego me postré delante del Señor cuarenta días y cuarenta noches, como antes lo había hecho, y por causa del gran pecado que ustedes habían cometido no comí pan ni bebí agua, pues ustedes hicieron mal a los ojos del Señor e hicieron que se enojara.

19 El Señor estaba muy enojado contra ustedes y quiso destruirlos. Era tal su furor y su ira que yo tuve miedo.[b] Pero incluso esta vez el Señor me escuchó.

20 »El Señor también se enojó en gran manera contra Aarón, y quería destruirlo; pero en aquella ocasión también oré por él.

21 Luego tomé el objeto de su pecado, el becerro que ustedes habían hecho, y lo arrojé al fuego; lo molí muy bien y lo desmenucé hasta reducirlo a polvo, y luego eché ese polvo en el arroyo que bajaba del monte.

22 »También en Tabera,[c] en Masah[d] y en Quibrot Hatavá[e] provocaron ustedes la ira del Señor.

23 Y también fueron rebeldes al mandato del Señor su Dios[f] cuando, desde Cadés Barnea,[g] el Señor los *envió y les dijo:* "Vayan a tomar posesión de la tierra que yo les he dado."[h] Y es que ustedes no le creyeron, ni obedecieron sus órdenes.

24 Desde el día que los conocí, ustedes se han rebelado contra el Señor.

25 »Entonces me postré delante del Señor, y estuve así cuarenta días y cuarenta noches, porque el Señor dijo que los iba a destruir.

26 Yo oré al Señor, y le dije: "Señor y Dios, ¡no destruyas a tu propio pueblo! Con tu grandeza tú lo has rescatado; ¡lo sacaste de Egipto con mano poderosa!

27 Acuérdate de tus siervos Abrahán, Isaac y Jacob, y no te fijes en la terquedad de este pueblo, ni en su impiedad y pecado,

28 no sea que los de la tierra de donde nos sacaste digan: 'El Señor no pudo introducirlos en la tierra que les había prometido; más bien, los sacó para matarlos en el desierto porque los aborrecía.'

29 ¡Pero ellos son tu pueblo! ¡Son tuyos! ¡Tú los sacaste con tu gran poder y con tu brazo extendido!"

El pacto renovado

(Éx 34.1-10)

10 1 »En aquel tiempo el Señor me dijo: "Lábrate dos tablas de piedra, como las primeras, y haz un cofre de madera para ellas. Sube luego al monte para encontrarte conmigo.

2 Yo escribiré en esas tablas las palabras que estaban en las tablas que quebraste, las primeras; y luego tú las pondrás en el cofre."

3 Yo hice un cofre de madera de acacia, y labré dos tablas de piedra, como las primeras, y con las dos tablas en la mano subí al monte.

4 Y el Señor escribió en las tablas los diez mandamientos que les había dado en el monte, de en medio del fuego, el día de la asamblea. El Señor me dio las tablas, y su escritura era acorde con la primera.

5 Cuando bajé del monte y volví, puse las tablas en el cofre que había hecho, y allí están, tal y como el Señor me lo ordenó.

6 (Después los hijos de Israel partieron de Berot Bené Yacán[1] a Mosera. Allí murió Aarón,[a] y allí también fue sepultado, y en su lugar recibió el sacerdocio su hijo Eleazar.

[b]**9.19:** Heb 12.21. [c]**9.22:** Nm 11.3. [d]**9.22:** Éx 17.7. [e]**9.22:** Nm 11.34. [f]**9.23:** Nm 13.31; Dt 1.26; Heb 3.16. [g]**9.23:** Nm 13.17. [h]**9.23:** Dt 1.21. [1]**10.6** *los pozos de los hijos de Yacán.* [a]**10.6:** Nm 20.28; 33.38.

[7] De allí partieron a Gudgoda, y de Gudgoda a Jotbata, región que tiene arroyos.

[8] En aquel tiempo el Señor apartó la tribu de Leví[b] para que llevara el arca del pacto y para que estuvieran a su servicio, para honrarlo y para impartir bendiciones en su nombre, hasta el día de hoy.

[9] Por eso Leví no recibió ningún terreno en propiedad, como lo recibieron sus hermanos, pues el Señor tu Dios es su herencia, como él mismo lo dijo.)

[10] »Yo estuve en el monte cuarenta días y cuarenta noches, como la primera vez;[c] y esta vez el Señor también me escuchó, y ya no quiso destruirte.

[11] Al contrario, el Señor me dijo: "Anda, levántate y marcha al frente del pueblo, para que pasen a tomar posesión de la tierra que a sus padres juré que les daría."

Lo que Dios exige

[12] »Y ahora, Israel, ¿qué es lo que el Señor tu Dios pide de ti? Solamente que temas al Señor tu Dios, que vayas por todos sus caminos, y que ames y sirvas al Señor tu Dios con todo tu corazón y con toda tu alma;

[13] que cumplas sus mandamientos y estatutos, los cuales hoy te ordeno cumplir, para que tengas prosperidad.

Dt 11.26-28

[14] Fíjate bien: Los cielos, y los cielos de los cielos, y la tierra, y todas las cosas que hay en ella, son del Señor tu Dios.

[15] Solamente de tus padres se agradó el Señor, y los amó, y de entre todos los pueblos escogió a su descendencia después de ellos, es decir, a ustedes, como hoy pueden verlo.

[16] Así que circunciden el prepucio de su corazón, y no sigan siendo obstinados,

[17] porque el Señor su Dios es Dios de dioses y Señor de señores; es Dios grande, poderoso y temible, que no hace acepción de personas[d] ni acepta sobornos;

[18] que hace justicia al huérfano y a la viuda, y que ama también al extranjero y le da pan y vestido.

PALABRAS CON PODER

CORAZÓN
(Deuteronomio 10.12)

¿Te gusta imaginarte que eres bombero o granjero o enfermera? Es divertido fingir cuando juegas, pero no es bueno fingir que amas a Dios. Él quiere que nuestro amor y nuestra obediencia sean reales. Él quiere amor que viene del corazón. Mostramos nuestro amor a Dios cuando leemos la Biblia, asistimos a la iglesia y oramos. ¿Amas tú realmente a Dios o finges amarlo?

[19] Así que ustedes deben amar a los extranjeros, porque ustedes fueron extranjeros en Egipto.

[20] »Al Señor tu Dios temerás, y sólo a él servirás, y a él seguirás, y por su nombre jurarás.

[21] Él es el objeto de tu alabanza; él es tu Dios, que ha hecho contigo todas estas cosas grandes y terribles, que con tus propios ojos has visto.

[22] Cuando tus padres emigraron a Egipto, eran sólo setenta personas.[e] Pero ahora el Señor ha hecho de ti un pueblo tan numeroso como las estrellas del cielo.[f]

La grandeza del Señor

11 [1] »Amarás al Señor tu Dios, y todos los días cumplirás sus ordenanzas, estatutos, decretos y mandamientos.

[2] Sepan bien hoy, que no estoy hablando con los hijos de ustedes, los cuales no han sabido ni experimentado el castigo del Señor su Dios, ni su grandeza ni su mano poderosa, ni su brazo extendido,

[3] ni sus señales ni los hechos que realizó en medio de Egipto contra el faraón, el rey de Egipto, y contra toda su tierra,[a]

[4] ni lo que hizo contra el ejército egipcio y

[b] **10.8:** Nm 3.5-8. [c] **10.10:** Éx 34.28. [d] **10.17:** Hch 10.34; Ro 2.11; Gá 2.6; Ef 6.9. [e] **10.22:** Gn 46.27. [f] **10.22:** Gn 15.5; 22.17.
[a] **11.3:** Éx 7.8—12.13. [b] **11.4:** Éx 14.28.

sus caballos y sus carros de guerra, ni cómo
precipitó sobre ellos las aguas del Mar Rojo,
cuando venían en persecución de ustedes,[b]
ni cómo hasta este día el Señor los destruyó;
5 ni lo que hizo con ustedes en el desierto,
hasta hacerlos llegar a este lugar;
6 ni lo que hizo con Datán y Abirán, hijos
de Eliab hijo de Rubén, de cómo en medio de
todo Israel la tierra se abrió y se los tragó, junto
con sus familias, sus tiendas y todo su ganado.[c]
7 Pero ustedes sí han visto con sus propios
ojos todas las grandes obras que el Señor ha
hecho.

Bendiciones de la Tierra Prometida

8 »Cumplan, pues, todos los mandamien-
tos que en este día yo les mando cumplir,
para que cobren fuerzas y crucen el río para
entrar y tomar posesión de la tierra;
9 y para que se prolonguen sus días en la
tierra que el Señor prometió dar a sus pa-
dres, y también a su descendencia, tierra
que fluye leche y miel.
10 »La tierra en la que ahora entras, y que
vas a poseer, no es como la tierra de Egipto,
de donde han salido. Allá sembrabas tu se-
milla, y la regabas con tu pie, como huerto
de hortaliza.
11 La tierra que van a ocupar al otro lado
del río es una tierra de montes y de valles,
que se nutre de la lluvia del cielo;
12 es una tierra que el Señor mismo, tu
Dios, cuida: desde que el año comienza,
y hasta que termina, los ojos del Señor tu
Dios están siempre sobre ella.
13 »Si ustedes obedecen con todo cuidado
los mandamientos que hoy les mando cum-
plir, y si aman al Señor su Dios y le sirven con
todo su corazón y con toda su alma,
14 yo enviaré a su *tierra la lluvia a su tiem-*
po, tanto la lluvia temprana como la tardía,
y ustedes cosecharán su grano, su vino y su
aceite.
15 Haré también que en tus campos crez-
ca hierba para tus ganados, y comerás y
quedarás satisfecho.
16 Tengan cuidado de que su corazón no
se envanezca, y ustedes se aparten y sirvan a
dioses ajenos, y se inclinen ante ellos,
17 porque el furor del Señor se encenderá
contra ustedes, y cerrará los cielos para que
no llueva, y la tierra no dará su fruto, y pron-
to ustedes desaparecerán de la buena tierra
que el Señor[d] les da.
18 »Lleven estas palabras mías en su corazón
y en su alma. Átenlas como señal en su mano, y
llévenlas como frontales en medio de sus ojos.
19 Enséñenselas a sus hijos, y hablen de ellas
cuando te encuentres descansando en tu
casa, y cuando vayas por el camino, y cuando
te acuestes, y cuando te levantes.
20 Inscríbelas en los postes de tu casa, y en
tus puertas,[e]
21 para que en la tierra que el Señor juró
dar a sus padres sean los días de ustedes, y
los de sus hijos, tan numerosos como los
días de los cielos sobre la tierra.
22 »Si ustedes cumplen con mucho cui-
dado todos estos mandamientos que yo les
mando cumplir, y si aman al Señor su Dios, y
van por todos sus caminos, y lo siguen,
23 el Señor por su parte arrojará de la pre-
sencia de ustedes a todas estas naciones,
para que despojen a naciones más grandes
y más poderosas que ustedes.
24 Todo lugar donde planten su pie será de
ustedes, y su territorio se extenderá del de-
sierto hasta el Líbano y del río Éufrates hasta
el mar occidental.
25 Nadie podrá enfrentarse a ustedes,[f] por-
que el Señor su Dios infundirá miedo y te-
mor de ustedes en toda la tierra que pisen,
tal y como él lo ha dicho.
26 »Dense cuenta de que hoy pongo ante
ustedes la bendición y la maldición.
27 La bendición, si ustedes atienden a los
mandamientos que yo, el Señor su Dios, hoy
les mando cumplir.
28 La maldición, si no atienden a los manda-
mientos que yo, el Señor su Dios, hoy les man-
do cumplir, y se apartan del camino para ir tras
dioses ajenos que nunca antes conocieron.

Jos 1.7-8

[c]**11.6:** Nm 16.31-32. [d]**11.13-17:** Lv 26.3-5; Dt 7.12-16; 28.1-14. [e]**11.18-20:** Dt 6.6-9. [f]**11.24-25:** Jos 1.3-5.

29 Cuando el Señor tu Dios te haya in-
troducido en la tierra de la cual vas a to-
mar posesión, pondrás la bendición sobre
el monte Guerizín, y la maldición sobre el
monte Ebal.[g]
30 Estos montes están al otro lado del Jor-
dán, tras el camino del occidente, en el Ara-
ba, frente a Gilgal, junto al encinar de More,
ya en territorio cananeo.
31 Ustedes van a cruzar el Jordán para to-
mar posesión de la tierra que el Señor su Dios
les da. Tomen posesión de ella, y habítenla,
32 siempre teniendo cuidado de cumplir
todos los estatutos y decretos que hoy he
expuesto ante ustedes.

El santuario único

12 1 »Éstos son los estatutos y
decretos que ustedes tendrán
cuidado de poner por obra to-
dos los días que ustedes vivan en la tierra
que el Señor, el Dios de sus padres, les ha
dado en posesión.
2 Destruirán por completo todos los
montes altos y colinas, y todo árbol frondo-
so, donde sirvieron a sus dioses las naciones
que ustedes van a heredar.
3 Derribarán sus altares, harán pedazos sus
estatuas, echarán al fuego sus imágenes de
Asera, destruirán las esculturas de sus dio-
ses, y borrarán de aquel lugar[a] su nombre.
4 Pero con el Señor su Dios no actuarán así,
5 sino que buscarán el lugar que el Señor
su Dios escoja de entre todas sus tribus para
poner allí la residencia de su nombre, y allá
acudirán
6 para llevar sus holocaustos y sacrificios,
diezmos, ofrendas elevadas, sus votos y
ofrendas voluntarias, y las primicias de sus
vacas y de sus ovejas;
7 allí también comerán ustedes y sus fa-
milias delante del Señor su Dios, y se rego-
cijarán en todo lo que hagan y en lo que el
Señor su Dios les haya bendecido.
8 No harán nada de lo que ahora hacemos
aquí, donde cada uno hace lo que mejor le
parece,
9 porque hasta el momento no han en-
trado al reposo y a la tierra que el Señor su
Dios les da.
10 Pero cruzarán el Jordán, y habitarán
en la tierra que el Señor su Dios les da
como herencia, y él los hará reposar de
todos los enemigos que los rodean, y vi-
virán tranquilos.
11 »En el lugar que el Señor su Dios esco-
ja para poner allí su nombre, llevarán todas
las cosas que yo les mando: holocaustos,
sacrificios, diezmos, ofrendas elevadas, y lo
mejor de los votos que hayan prometido
presentar al Señor.
12 Y se regocijarán delante del Señor su
Dios ustedes y sus hijos, hijas, siervos y sier-
vas, y los levitas que habiten en sus pobla-
ciones, ya que ellos no tienen ninguna pro-
piedad entre ustedes.
13 Tengan cuidado de no ofrecer sus holo-
caustos en cualquier lugar que vean,

[g] **11.29:** Dt 27.11-14; Jos 8.33-35. [a] **12.3:** Dt 7.5.

UNA BENDICIÓN Y UNA MALDICIÓN (*Deuteronomio 11.26*)
¿Qué consejos escuchas tú? Moisés les advirtió a los israelitas que no escucharan los consejos de los profetas que les decían que adoraran ídolos. ¡Los verdaderos profetas de Israel nunca les hubieran dado ese mensaje! Las personas que dan buenos consejos son personas cuyas palabras están de acuerdo con la Palabra inspirada de Dios. Es fácil ser engañado por oradores dotados que parecen decir la verdad. Es por eso que Dios nos dio la Biblia. Siempre podemos referirnos a ella para ver si los mensajes que oímos son verdaderos o falsos.

14 sino que deben ofrecerlos en el lugar
de una de las tribus que el Señor escoja, y
allí cumplirás con todo lo que yo te mando
que hagas.
15 »Sin embargo, podrás matar y comer
carne en todas tus poblaciones, según lo
desees y según la bendición que el Señor
tu Dios te haya dado. De ello podrá comer
quien esté puro y quien esté impuro, como
si se tratara de carne de gacela o de ciervo.
16 Pero la sangre no la comerán,[b] sino que la
derramarán sobre la tierra como si fuera agua.
17 Tampoco comerás en tus poblaciones
el diezmo de tu grano, de tu vino o de tu
aceite, ni las primicias de tus vacas, ni de tus
ovejas, ni los votos que hagas, ni las ofrendas
voluntarias, ni las ofrendas elevadas,
18 sino que las comerás delante del Señor
tu Dios, en el lugar que el Señor tu Dios haya
escogido; las comerás tú, y tu hijo y tu hija, y
tu siervo y tu sierva, y el levita que habite en
tus poblaciones, y te regocijarás delante del
Señor tu Dios por todo lo que hayas hecho
con tus manos.
19 Pero ten cuidado de no desamparar al
levita todos tus días sobre la tierra.
20 »Cuando el Señor tu Dios ensanche tu
territorio, como él te lo ha dicho, y tú digas:
"Voy a comer carne", porque deseas comer-
la, podrás hacerlo conforme a tu deseo.
21 Si está lejos de ti el lugar que el Señor
tu Dios haya escogido para establecer allí su
nombre, podrás matar alguna de las vacas o
de las ovejas que el Señor te haya dado, tal
y como te lo he ordenado, y comer toda la
carne que quieras, dentro de tu ciudad.
22 Podrás comerla como si se tratara de
carne de gacela o de ciervo, y también po-
drán comerla los que estén puros y los que
estén impuros.
23 Pero debes ser firme en cuanto a no co-
mer sangre, porque la sangre es la vida, así
que no comerás la vida juntamente con su
carne.
24 No la comerás, sino que la derramarás
en tierra, como si fuera agua.[c]
25 No la comerás, para que te vaya bien a
ti, y a tus hijos después de ti, si es que haces
lo recto a los ojos del Señor.
26 Pero tomarás lo que hayas consagrado,
junto con tus votos, y lo llevarás al lugar que
el Señor haya escogido,
27 y allí, sobre el altar del Señor tu Dios,
ofrecerás tus holocaustos, y la carne y la
sangre; allí la sangre de tus sacrificios será
derramada sobre el altar del Señor tu Dios, y
entonces podrás comer la carne.
28 Ten cuidado y escucha todas estas pa-
labras que yo te mando, para que al hacer
lo bueno y lo recto a los ojos del Señor tu
Dios te vaya bien siempre, a ti y a tus hijos
después de ti.

Advertencias contra la idolatría

29 »Cuando el Señor tu Dios haya destrui-
do a tu paso las naciones de las que tú vas
a tomar posesión, y las hayas tomado, y te
hayas establecido en su tierra,
30 una vez que hayan sido destruidas de-
lante de ti, ten cuidado de no tropezar al ir
en pos de ellas. No preguntes acerca de sus
dioses, ni digas: "Así como aquellas naciones
servían a sus dioses, también yo les serviré."
31 No trates así al Señor tu Dios, porque
ellos hicieron con sus dioses todo lo que es
repugnante, y que el Señor aborrece. ¡Inclu-
so lanzaban al fuego a sus hijos y a sus hijas,
como ofrenda a sus dioses!
32 »Ten cuidado de hacer todo lo que yo
te mando que hagas. No le añadas nada, ni
le quites.[d]

13 1 »Cuando en medio de ti sur-
ja algún profeta, o soñador vi-
sionario, y te anuncie señales o
prodigios,
2 si acaso se cumple la señal o el prodigio
anunciado y él te dice: "Vayamos en pos de
dioses ajenos, que tú no conoces, y sirvá-
mosles",
3 no prestes oído a las palabras de tal pro-
feta o soñador visionario. Seguramente el
Señor su Dios los está poniendo a prueba,

[b] **12.16:** Gn 9.4; Lv 7.26-27; 17.10-14; 19.26; Dt 15.23. [c] **12.23-24:** Lv 17.10-14. [d] **12.32:** Dt 4.2; Ap 22.18-19.

para ver si ustedes aman al Señor su Dios con todo su corazón y con toda su alma.

4 Ustedes deben ir en pos del Señor su Dios, y temerlo sólo a él. Deben cumplir sus mandamientos y atender su voz. Sólo a él deben servir; sólo a él deben seguir.

5 En cuanto a ese profeta o soñador visionario, será condenado a muerte por haberlos aconsejado a rebelarse contra el Señor su Dios. Porque el Señor te sacó de Egipto, te rescató del país donde eras esclavo; en cambio, aquél habrá intentado apartarte del camino que el Señor tu Dios te mandó seguir. Así acabarás con el mal que haya en medio de ti.

6 »Si tu propio hermano, o tu hijo, o tu hija, o tu mujer o tu amigo íntimo, te habla en secreto y te propone ir y servir a dioses ajenos que ni tú ni tus padres conocieron,

7 es decir, los dioses de los pueblos que te rodean, cercanos o lejanos, que hay de un extremo al otro de la tierra,

8 no aceptes su propuesta ni le hagas caso. No lo compadezcas, ni le tengas misericordia ni lo encubras.

9 Al contrario, dale muerte. Y el primero en levantar la mano contra él serás tú, y después de ti levantará la mano todo el pueblo.

10 Apedréalo hasta que muera, por haber intentado apartarte del Señor tu Dios, que te sacó de Egipto, donde eras esclavo.

11 Que todo Israel lo sepa, y sienta temor, y no vuelva a ocurrir en medio de ti nada semejante.

12 »Si en alguna de las ciudades que el Señor tu Dios te da para que las habites llegan a ti rumores

13 de que en medio de ti han surgido hombres impíos que instigan a los habitantes de su ciudad a ir en pos de dioses ajenos, que ustedes nunca conocieron, para servirles,

14 tú debes investigar esto y averiguarlo con diligencia; y si tales rumores resultan ciertos, y tal acción aberrante se ha cometido en tu medio,

15 irremisiblemente matarás a filo de espada a los habitantes de esa ciudad; la destruirás con todo lo que haya en ella, y matarás también sus ganados.

16 Juntarás todos sus despojos en el centro de la plaza, y le prenderás fuego a la ciudad y a todos sus despojos, como holocausto al Señor tu Dios. Y esa ciudad quedará para siempre convertida en un montón de ruinas, y jamás volverá a ser reconstruida.

17 Y tú, no debes retener nada de lo destinado a la destrucción, para que el Señor deponga el ardor de su ira y tenga de ti misericordia, y se compadezca de ti. Entonces te multiplicará, como se lo juró a tus padres,

18 siempre y cuando obedezcas la voz del Señor tu Dios y cumplas todos los mandamientos que hoy te mando cumplir, de hacer lo que es recto a los ojos del Señor tu Dios.

14 1 »Ustedes son hijos del Señor su Dios, así que no deben hacerse heridas en el cuerpo ni raparse por causa de un muerto.[a]

[a]**14.1:** Lv 19.28; 21.5.

FALSOS MAESTROS *(Deuteronomio 13.3)*

¿Qué consejos escuchas tú? Moisés les advirtió a los israelitas que no escucharan los consejos de los profetas que les decían que adoraran ídolos. ¡Los verdaderos profetas de Israel nunca les hubieran dado ese mensaje! Las personas que dan buenos consejos son personas cuyas palabras están de acuerdo con la Palabra inspirada de Dios. Es fácil ser engañado por oradores dotados que parecen decir la verdad. Es por eso que Dios nos dio la Biblia. Siempre podemos referirnos a ella para ver si los mensajes que oímos son verdaderos o falsos.

2 Tú eres un pueblo santo, y perteneces al
Señor tu Dios. De entre todos los pueblos
de la tierra, el Señor te ha escogido para que
seas un pueblo único,[b] un pueblo suyo.

Animales limpios e inmundos

(Lv 11.1-47)

3 »No comerás nada que sea repugnante.
4 Los animales que ustedes podrán comer
son los siguientes: el buey, la oveja, la cabra,
5 el ciervo, la gacela, el corzo, la cabra mon-
tés, el íbice, el antílope y el carnero montés.
6 También podrán comer todo animal
que sea rumiante y tenga pezuñas hendidas
con dos uñas.
7 Pero de los rumiantes, o de los que ten-
gan la pezuña hendida, no podrán comer
los siguientes: el camello, la liebre y el da-
mán, porque rumian pero no tienen la pe-
zuña hendida. Son animales impuros.
8 Tampoco podrán comer cerdo, porque
éste tiene la pezuña hendida, pero no rumia.
Deberán considerarlo un animal impuro. No
comerán la carne de estos animales, ni toca-
rán sus cadáveres.
9 »Podrán comer, de todo lo que hay en
el agua, todo lo que tenga aletas y escamas.
10 Pero no podrán comer nada que no
tenga aletas ni escamas; lo considerarán im-
puro.
11 »Podrán comer toda ave limpia,
12 pero las aves que no podrán comer son
las siguientes: el águila, el quebrantahuesos,
el azor,
13 el gallinazo, ninguna especie de milano,
14 ninguna especie de cuervo,
15 el avestruz, la lechuza, la gaviota, ningu-
na especie de gavilán,
16 el búho, el ibis, el calamón,
17 el pelícano, el buitre, el somormujo,
18 la cigüeña, ninguna especie de garza, la
abubilla y el murciélago.
19 No comerán ningún insecto alado; lo
considerarán impuro.
20 Pero podrán comer toda ave limpia.
21 »No comerán ningún animal que en-
cuentren muerto, porque ustedes son un
pueblo consagrado al Señor su Dios. Podrán
dárselo o vendérselo a los extranjeros que
vivan en sus ciudades; ellos sí podrán co-
merlo.
»No guisarás el cabrito en la leche de su
madre.[c]

La ley del diezmo

22 »Cada año deberás presentar, sin falta,
la décima parte[d] de todo el grano que tu
campo produzca.
23 Y esa décima parte de tu grano, de tu
vino y de tu aceite, y las primicias de tus re-
baños y ganados las comerás delante del Se-
ñor tu Dios, en el lugar que él escoja como
residencia de su nombre, para que aprendas
a temer siempre al Señor tu Dios.
24 Si el Señor tu Dios te bendice, pero el
camino es demasiado largo y te queda lejos
llevar esa décima parte hasta el lugar donde
el Señor tu Dios escogió como residencia de
su nombre,
25 entonces venderás esa décima parte y,
con el dinero en la mano, te presentarás en
el lugar que el Señor tu Dios ha escogido.
26 Con ese dinero podrás también com-
prar todo lo que desees: vacas, ovejas, vino,
sidra, o cualquier otra cosa que tú desees, y
lo comerás delante del Señor tu Dios, y tú y
tu familia se regocijarán.

LECCIONES **VINO**

(Deuteronomio 14.26)

La palabra hebrea para vino es *yayin.* En la época bíblica, el vino era una bebida dulce como jugo de uva. Dios les dijo a los israelitas que podían comprar esta bebida dulce para momentos especiales de adoración. El propósito de cualquier adoración es honrar a Dios, no simplemente pasar un momento divertido. Los NIÑOS PODEROSOS se esfuerzan por adorar a Dios de maneras que lo agradan.

[b]**14.2:** Éx 19.5-6; Dt 4.20; 7.6; 26.18; Tit 2.14; 1 P 2.9. [c]**14.21:** Éx 23.19; 34.26.

[d] 27 »No desampares al levita que habite en tus ciudades, pues ellos no comparten contigo ninguna propiedad.

28 »Cada tres años cumplidos sacarás todo el diezmo de tus productos de aquel año, y lo almacenarás en tus ciudades.

29 Como los levitas no comparten contigo ninguna propiedad, podrán entonces venir y comer hasta quedar satisfechos, lo mismo que los extranjeros, los huérfanos y las viudas que haya en tus ciudades. Así el Señor tu Dios te bendecirá en todo lo que hagas.

La condonación de deudas

15 1 »Cada siete años condonarás las deudas.

2 Esta condonación se hará de la siguiente manera: Todo el que haya prestado algo a su prójimo o a su compatriota, lo relevará de la obligación de pagar la deuda. Ya no le exigirá que le pague, porque se proclamará la condonación de deudas en honor del Señor.

3 Podrás exigir del extranjero el pago de la deuda, pero si tu compatriota te debe algo, tú le perdonarás esa deuda.

4 Así no habrá entre ustedes ningún mendigo, porque el Señor tu Dios te bendecirá abundantemente en la tierra que va a darte en posesión,

5 siempre y cuando escuches fielmente la voz del Señor tu Dios y obedezcas y cumplas todos estos mandamientos que hoy te ordeno cumplir.

6 Puesto que el Señor tu Dios te bendecirá, como te lo ha prometido, podrás hacer préstamos a muchas naciones, pero tú no pedirás prestado nada; dominarás a muchas naciones, pero a ti nadie te dominará.

Préstamos a los pobres

7 »Cuando en alguna de tus ciudades, en la tierra que el Señor tu Dios te da, alguno de tus compatriotas se encuentre necesitado, no endurezcas tu corazón ni aprietes el puño para no ayudar a tu compatriota pobre.

LECCIONES **LOS POBRES**

(Deuteronomio 15.7-11)

Dios quería que su pueblo tratara con gentileza a los pobres y necesitados. Él quería que los israelitas fueran generosos y no tacaños. Dios también quiere que nosotros ayudemos a los pobres y necesitados. Podemos compartir con ellos nuestras pertenencias, pero también podemos dar de nuestro tiempo para ayudar a otros. Los NIÑOS PODEROSOS no preguntan: "¿Cómo me va a beneficiar esto?" Preguntan: "¿Qué es lo que los demás necesitan de mí?"

8 Al contrario, abre tu mano con generosidad y préstale lo que le haga falta.[a]

9 Ten cuidado de no abrigar en tu corazón pensamientos perversos, ni digas: "Ya está cerca el año séptimo, el de la condonación de deudas", y veas con malos ojos a tu compatriota necesitado y no le des; porque él podrá clamar al Señor y este pecado contará contra ti.

10 No dejes de darle, ni seas mezquino de corazón cuando le des, porque por ello el Señor tu Dios te bendecirá en todo lo que hagas y en todo lo que emprendas.

11 En tu tierra[b] nunca faltarán menesterosos; por eso yo te ordeno que abras tu mano y ayudes en tu tierra a tus compatriotas, y a los pobres y necesitados.

Leyes para los esclavos

(Éx 21.1-11)

12 »Si un compatriota hebreo, hombre o mujer se vende a ti y te sirve durante seis años, al séptimo año le darás la libertad.

13 Pero al darle su libertad no lo despedirás con las manos vacías,

14 sino que lo abastecerás generosamente, dándole de tus ovejas, de tu trigo y de tu vino, y de aquello con lo que el Señor te haya bendecido.

15 Acuérdate de que fuiste esclavo en Egipto, y que de allí el Señor tu Dios te rescató; por eso hoy te ordeno esto.

[d]**14.22-29:** Lv 27.30-33; Nm 18.21. [a]**15.7-8:** Lv 25.35. [b]**15.11:** Mt 26.11; Mr 14.7; Jn 12.8.

16 »Si tu esclavo te dice: "No quiero dejar-
te", porque te ama a ti y a tu familia, y por-
que está a gusto contigo,
17 entonces tomarás una lesna y le hora-
darás la oreja contra la puerta, y para siem-
pre será tu esclavo. Y lo mismo harás con
tu esclava.
18 »No debes lamentar el darle su libertad,
porque durante seis años te sirvió por la mi-
tad de la paga de un jornalero, y el Señor tu
Dios te bendijo en todo lo que hiciste.[c]

Consagración de los primeros machos

19 »Todos los primeros machos de tus va-
cas y de tus ovejas[d] los consagrarás al Señor
tu Dios. No te servirás del primer macho de
tus vacas, ni trasquilarás al primer macho de
tus ovejas.
20 Tú y tu familia los comerán cada año
delante del Señor tu Dios, en el lugar que
el Señor elija.
21 »Si el macho tiene algún defecto, o si es
ciego, o cojo, o tiene alguna falla, no lo ofre-
cerás en sacrificio al Señor tu Dios,
22 sino que lo comerás en tus ciudades. De
él comerán tanto los que estén puros como
los que estén impuros, como si se tratara de
carne de gacela o de ciervo,
23 sólo que no comerás su sangre,[e] sino
que la derramarás en el suelo, como si fuera
agua.

Fiestas anuales

(Éx 23.14-17; 34.18-24)

16 1 »Ten presente el mes de Aviv
para celebrar la pascua[a] en ho-
nor del Señor tu Dios, porque
una noche del mes de Aviv el Señor tu Dios
te sacó de Egipto.
2 Para el sacrificio de la *pascua en honor*
del Señor tu Dios, ofrecerás de tus ovejas y
de tus vacas, en el lugar que el Señor escoja
como residencia de su nombre.
3 Con la pascua no comerás pan con le-
vadura, sino que durante siete días comerás
pan sin levadura, pan de aflicción, para que
todos los días de tu vida te acuerdes del día
en que saliste de Egipto, y que cuando salis-
te de allá lo hiciste de prisa.
4 Durante siete días no deberá verse leva-
dura en ningún lugar de todo tu territorio, y
de la carne del animal sacrificado en la tarde
del primer día, no deberá quedar nada para
el día siguiente.
5 »No podrás sacrificar la pascua en cual-
quiera de las ciudades que el Señor tu Dios
te da,
6 sino que la sacrificarás en el lugar que el
Señor tu Dios escoja como residencia de su
nombre, y lo harás por la tarde, a la puesta
del sol, porque a esa hora saliste de Egipto.
7 Asarás la carne y la comerás en el lugar
que el Señor tu Dios haya escogido, y por la
mañana podrás volver a tu casa.
8 Durante seis días comerás pan sin leva-
dura, y el séptimo día no trabajarás, sino que
celebrarás una fiesta solemne en honor del
Señor tu Dios.
9 »Siete semanas contarás a partir del día
en que se comience a segar el trigo,
10 para celebrar la fiesta solemne de las
semanas[b] en honor del Señor tu Dios. Las
ofrendas que presentes serán voluntarias,
en la medida en que el Señor tu Dios te haya
bendecido.
11 Y en el lugar que el Señor tu Dios haya es-
cogido como residencia de su nombre se ale-
grarán tú y tu hijo, y tu hija, delante del Señor
tu Dios, lo mismo que tu siervo y tu sierva, y el
levita que viva en tus ciudades, y el extranjero,
y el huérfano y la viuda que vivan en tu medio.
12 Acuérdate de que fuiste esclavo en
Egipto, así que cumplirás al pie de la letra
estos estatutos.
13 »Cuando ya hayas levantado la cosecha
de trigo y hayas exprimido las uvas en tu
lagar, durante siete días celebrarás la fiesta
solemne de las enramadas.[c]
14 Y en tus fiestas solemnes te alegrarás tú,
y tu hijo y tu hija, y tu siervo y tu sierva, y el

[c] **15.12-18:** Lv 25.39-46. [d] **15.19:** Éx 13.12. [e] **15.23:** Gn 9.4; Lv 7.26-27; 17.10-14; 19.26; Dt 12.16, 23. [a] **16.1-8:** Éx 12.1-20; Lv 23.5-8; Nm 28.16-25. [b] **16.9-12:** Lv 23.15-21; Nm 28.26-31. [c] **16.13-15:** Lv 23.33-36, 39-43; Nm 29.12-38.

levita, y el extranjero, y el huérfano y la viuda que viven en tus ciudades.

15 Durante siete días celebrarás la fiesta solemne en honor del Señor tu Dios, en el lugar que el Señor escoja, porque el Señor tu Dios te habrá bendecido en todos tus frutos, y en todos tus trabajos, y estarás verdaderamente alegre.

16 »Tres veces al año todos tus varones se presentarán delante del Señor tu Dios, en el lugar que él escoja. Se presentarán en la fiesta solemne de los panes sin levadura, en la fiesta solemne de las semanas, y en la fiesta solemne de las enramadas. Y ninguno de ellos se presentará delante del Señor con las manos vacías.

17 Cada uno presentará su ofrenda, conforme a la bendición que el Señor tu Dios le haya dado.

Impartición de la justicia

18 »En todas las ciudades que el Señor tu Dios te dará pondrás jueces y oficiales de tus tribus, los cuales impartirán justicia entre el pueblo.

19 No tuerzas el derecho. No hagas acepción de personas, ni aceptes soborno, porque el soborno ciega los ojos de los sabios, y pervierte las palabras de los justos.[d]

20 Tú haz justicia, y nada más que justicia, para que vivas y tomes posesión de la tierra que el Señor tu Dios te da.

21 »No plantes ningún árbol ni te hagas ninguna imagen de Asera[e] cerca del altar del Señor tu Dios.

22 No erijas ninguna estatua,[f] porque eso es algo que el Señor tu Dios aborrece.

17 1 »No ofrecerás al Señor tu Dios, en sacrificio, ningún buey o cordero que tenga algún defecto o alguna cosa mala, pues eso le repugna al Señor tu Dios.

2 »Cuando en alguna de las ciudades que el Señor tu Dios te da se halle algún hombre, o alguna mujer, que haya hecho lo malo a los ojos del Señor tu Dios y que haya faltado a su pacto

3 al ir y servir a dioses ajenos, y al inclinarse ante ellos,[a] ya sea ante el sol o la luna, o ante todo el ejército del cielo (lo cual yo he prohibido),

4 y te llegue la noticia, y después de enterarte lo averiguas bien, y resulta que esto es realmente cierto y que se ha cometido en Israel un hecho tan aberrante,

5 sacarás de la ciudad al hombre o a la mujer que haya cometido esta maldad, y los apedrearás, y así morirán.

6 »Quien sea condenado a muerte sólo podrá morir por el testimonio de dos o de tres testigos. Nadie podrá morir por el testimonio de un solo testigo.[b]

7 Los primeros en levantar la mano contra el condenado a muerte serán los testigos; después de ellos levantará la mano todo el pueblo. Así acabarás con el mal que haya en tu medio.

8 »Cuando en tus ciudades se te presente un caso difícil de juzgar, ya sea entre dos distintas clases de homicidio, o dos distintas clases de derecho legal, o dos distintas clases de heridas, o distintos negocios o litigios, te levantarás e irás al lugar que el Señor tu Dios haya escogido,

9 y recurrirás a los sacerdotes levitas y al juez que haya en aquellos días, y los consultarás y ellos te harán saber la justa sentencia.

10 Entonces actuarás según la sentencia que te indiquen los del lugar que el Señor haya escogido, y pondrás cuidado en hacer todo según lo que te manifiesten.

11 Procederás en conformidad con las normas que te hagan saber, y según la sentencia que dicten, sin desviarte ni a diestra ni a siniestra de la sentencia que te hagan saber.

12 Si alguien procede con soberbia, y no obedece al sacerdote que está allí para ministrar delante del Señor tu Dios, o al juez, será condenado a muerte. Así quitarás el mal de en medio de Israel.

[d] **16.19:** Éx 23.6-8; Lv 19.15. [e] **16.21:** Éx 34.13. [f] **16.22:** Lv 26.1. [a] **17.3:** Éx 22.20. [b] **17.6:** Nm 35.30; Dt 19.15; Mt 18.16; 2 Co 13.1; 1 Ti 5.19; Heb 10.28.

[13] Y todo el pueblo lo sabrá, y temerá, y no se envanecerá.

Instrucciones acerca del rey

[14] »Cuando entres en la tierra que el Señor tu Dios te da, y tomes posesión de ella y la habites, tal vez digas: "Quiero tener un rey, como lo tienen todas las naciones que me rodean."[c]

[15] Si es así, nombrarás como tu rey a quien el Señor tu Dios escoja. Pero no pondrás como rey tuyo a ningún extranjero, sino que pondrás como rey tuyo a uno de tus compatriotas.

[16] Ese rey no deberá aumentar el número de sus caballos, ni hará que ustedes como pueblo vuelvan a Egipto sólo para adquirir más caballos,[d] porque el Señor les ha dicho que nunca más vuelvan por ese camino.

[17] Para que su corazón no se desvíe, tampoco deberá tomar para sí muchas mujeres,[e] ni amontonará para sí oro y plata en abundancia.[f]

[18] Una vez que haya ocupado el trono de su reino, escribirá en un libro una copia de esta ley para sí mismo, semejante al original que está al cuidado de los sacerdotes levitas,

[19] y la tendrá a la mano, y la leerá todos los días de su vida, para que aprenda a temer al Señor su Dios, y para que cumpla todas las palabras de esta ley y de estos estatutos, y los ponga por obra.

[20] Así su corazón no se colocará por encima de sus hermanos, ni se apartará ni a diestra ni a siniestra del mandamiento, a fin de que tanto él como sus hijos prolonguen los días de su reinado en medio de Israel.

Derechos de los levitas

18 [1] »*Los sacerdotes levitas*, es decir, toda la tribu de Leví, no recibirán en Israel ningún terreno en propiedad. Sólo participarán de las ofrendas quemadas al Señor y de lo que le pertenece.

[2] No tendrán ninguna propiedad entre sus hermanos, porque su propiedad es el Señor, como ya él se lo ha dicho.[a]

[3] A lo que tendrán derecho los sacerdotes, por parte del pueblo, es a los bueyes o corderos que se ofrezcan en sacrificio, de los cuales se les dará la espaldilla, las quijadas y el cuajar.

[4] También les darás las primicias de tu grano, de tu vino y de tu aceite, y las primicias de la lana de tus ovejas.

[5] El Señor tu Dios los ha escogido de entre todas tus tribus, para que él y sus hijos estén siempre atentos a servir en su nombre.

[6] »Cuando un levita salga de alguna de las ciudades israelitas donde haya vivido, y con todo el deseo de su alma llegue al lugar que el Señor escoja,

[7] ministrará en el nombre del Señor su Dios, como lo hacen todos sus hermanos levitas que estén allí delante del Señor.

[8] Además de sus patrimonios, recibirá para comer una ración igual a la que reciben los otros.

Amonestación contra costumbres paganas

[9] »Cuando entres a la tierra que el Señor tu Dios te da, no cometas los mismos actos repugnantes que practican esas naciones.

[10] Que no haya en ti nadie que haga pasar a su hijo o a su hija por el fuego, ni nadie que practique la adivinación, ni sea agorero,[b] ni sortílego, ni hechicero,[c]

[11] ni encantador, ni adivino,[d] ni mago, ni nadie que consulte a los muertos.

[12] Al Señor le repugnan todos los que hacen estas cosas, y precisamente por estos actos repugnantes el Señor tu Dios va a expulsar de tu presencia a estas naciones.

[13] Delante del Señor tu Dios debes ser perfecto,[e]

[14] porque las naciones de las que vas a tomar posesión prestan oído a los agoreros y a los adivinos, pero a ti el Señor tu Dios no te permite hacer eso.

---

[c] **17.14:** 1 S 8.5. [d] **17.16:** 1 R 10.28; 2 Cr 1.16; 9.28. [e] **17.17:** 1 R 11.1-8. [f] **17.17:** 1 R 10.27; 2 Cr 1.17; 9.27. [a] **18.2:** Nm 18.20. [b] **18.10:** Lv 19.26. [c] **18.10:** Éx 22.18. [d] **18.11:** Lv 19.31. [e] **18.13:** Mt 5.48.

Dios promete un profeta como Moisés

15 »El Señor tu Dios hará que surja en me-
dio de ti, de entre tus hermanos, un profeta
como yo. A él deberán escuchar,[f]
16 tal y como le pediste al Señor tu Dios el
día de la asamblea en Horeb, cuando dijis-
te: "No quiero volver a oír la voz del Señor
mi Dios, ni tampoco quiero volver a ver tan
impresionante fuego, pues no quiero morir."
17 El Señor me dijo: "Esto que dicen está
muy bien.
18 Voy a hacer que de entre sus hermanos
surja un profeta como tú. Pondré mis pala-
bras en sus labios, y él les comunicará todo
lo que yo le ordene decir.
19 Pero yo le pediré cuentas[g] a todo el que
no atienda las palabras que ese profeta pro-
clame en mi nombre.
20 Y el profeta a quien yo no le haya or-
denado hablar, o que hable en nombre de
otros dioses pero pretenda hablar en mi
nombre, será condenado a muerte.
21 Tal vez digas en tu corazón: '¿Y cómo
vamos a saber si esa palabra no proviene del
Señor?'
22 Tú no tengas miedo de ese profeta, que

[f]18.15: Hch 3.22; 7.37. [g]18.19: Hch 3.23.

HOMBRES PODEROSOS DE DIOS

MOISÉS

El nombre Moisés quiere decir "sacar" por una muy buena razón: Moisés fue sacado del río Nilo por una princesa egipcia cuando era bebé. Moisés les nació a unos esclavos hebreos que vivían en Egipto. Cuando Faraón, el rey de Egipto, trató de matar a todos los bebés hebreos varones, la madre de Moisés lo escondió en una cesta impermeabilizada en el río. Dios salvó su vida. Dios tenía grandes planes para este niño, quien creció en el palacio de Faraón.

Cuando tenía cuarenta años, Moisés tuvo que huir al país desierto de Madián. Había matado a un egipcio que estaba golpeando a un esclavo hebreo. En el desierto, Moisés se casó y trabajó como pastor de ovejas. Cuarenta años más tarde, Moisés se encontró con Dios por medio de una zarza que ardía. Dios le dio a Moisés un nuevo trabajo. Dios quería que rescatara al pueblo hebreo de la esclavitud y lo sacara de Egipto. Moisés y su hermano Aarón le pidieron al faraón que liberara a los hebreos, pero Faraón dijo que no. Se negó a liberar al pueblo hasta que Dios envió diez plagas. Después que los israelitas escaparon por el mar Rojo, Moisés los guió al monte Sinaí. Allí, Dios les dio los Diez Mandamientos y las otras leyes para la nueva nación de Israel.

El guiar a dos millones de personas por el desierto no fue fácil. Ellos rezongaron, se quejaron y hasta se rebelaron contra Moisés. Ya que desobedecieron tanto, Dios los hizo vagar por el desierto por cuarenta largos años. No les permitió entrar en la Tierra Prometida. Sólo sus hijos entraron a la tierra.

Moisés también desobedeció a Dios y tampoco pudo entrar en la Tierra Prometida. Aun así, a Moisés se le dio uno de los más altos honores en la Biblia: está escrito que "nunca más surgió en Israel un profeta que, como Moisés, hubiera conocido al Señor cara a cara" (Deuteronomio 34:10).

Moisés fue un amigo íntimo de Dios. Las buenas noticias para todos los NIÑOS *PODEROSOS es que también* pueden ser amigos íntimos de Dios. Él quiere que tú lo ames y lo obedezcas al seguir a Jesús.

Puedes leer más acerca de Moisés en los libros de Éxodo, Levítico, Números y Deuteronomio.

si llega a hablar en mi nombre y sus palabras no se cumplen ni se hacen realidad, eso hará ver que yo, el Señor, no he hablado, y que tal profeta habló con arrogancia.”

Las ciudades de refugio

(Nm 35.9-28)

19 1 »Cuando el Señor tu Dios haya destruido a las naciones cuya tierra el Señor tu Dios te da en posesión, y tú la hayas ocupado y habites en sus ciudades y en sus casas;

2 en la tierra que el Señor tu Dios te da en posesión apartarás tres ciudades.[a]

3 Dividirás en tres partes la tierra que el Señor tu Dios te da en posesión, y arreglarás los caminos para que todo homicida pueda huir a ellas.

4 »Éstas son las reglas para el homicida que huya a ellas: vivirá el que, sin proponérselo y sin antes haber tenido enemistad con su prójimo, lo hiera de muerte.

5 Por ejemplo, si va al monte a cortar leña en compañía de su prójimo y, al soltar el golpe con el hacha para cortar algún árbol, ésta se suelta del mango y golpea a su prójimo y éste muere; entonces podrá huir a una de estas ciudades, y quedar con vida.

6 De lo contrario, si el camino es largo, el que quiera vengar al muerto podría perseguir al homicida y alcanzarlo y, enfurecido, herirlo de muerte, cuando en realidad no merecía morir porque nunca antes medió enemistad con su prójimo.

7 »Por lo tanto, yo te mando que apartes tres ciudades.

8 Y si el Señor tu Dios ensancha tu territorio, como se lo juró a tus padres, y te da toda la tierra que prometió dar a tus padres,

9 *entonces a estas tres ciudades* añadirás tres más, siempre y cuando cumplas todos estos mandamientos que hoy te prescribo, y los pongas por obra, y ames al Señor tu Dios y vayas siempre por sus caminos.

10 Así no se derramará sangre inocente en la tierra que el Señor tu Dios te da en posesión, ni serás culpado de derramar sangre.

11 »Pero si alguien aborrece a su prójimo y lo acecha, y se levanta contra él y le quita la vida, aunque huya a alguna de estas ciudades

12 los ancianos de su ciudad mandarán sacarlo de allí, y lo entregarán al vengador del homicidio para que lo mate.

13 No lo compadezcas, sino quita de Israel al que derrame sangre inocente. Así te irá bien.

14 »Cuando tomes posesión de la tierra que el Señor tu Dios te da, no reduzcas los linderos de la propiedad de tu prójimo,[b] que tus antepasados fijaron.

Leyes sobre el testimonio

15 »En caso de algún delito o pecado relacionado con alguna ofensa cometida, no se tomará en cuenta contra nadie a un solo testigo. La acusación[c] se mantendrá sólo por el testimonio de dos o tres testigos.

16 »Cuando algún testigo acuse falsamente a alguien,

17 las dos partes se presentarán delante del Señor, y delante de los sacerdotes y jueces que en esos días estén en funciones.

18 Los jueces investigarán el caso, y si el testigo resulta ser falso, y falsamente acusa a su hermano,

19 entonces se hará con él lo que él había pensado hacer con su hermano. Así quitarás el mal de en medio de ti,

20 y el resto de la gente se enterará y temerá, y no se volverá a cometer una maldad semejante en tu medio.

21 »No tengas compasión de nadie. Vida por vida, ojo por ojo, diente por diente,[d] mano por mano, pie por pie.

Leyes para la guerra

20 1 »Cuando salgas a combatir a tus enemigos, no tengas temor de ellos, aun cuando veas que

[a] **19.1-13:** Jos 20.1-9. [b] **19.14:** Dt 27.17. [c] **19.15:** Nm 35.30; Dt 17.6; Mt 18.16; 2 Co 13.1; 1 Ti 5.19; Heb 10.28. [d] **19.21:** Éx 21.23-25; Lv 24.19-20; Mt 5.38.

tienen caballos y carros de guerra, y que su
ejército es más grande que el tuyo, porque
contigo está el Señor tu Dios, el cual te sacó
de la tierra de Egipto.
2 Cuando ya se dispongan a combatir, el sa-
cerdote se pondrá de pie y arengará al pueblo.
3 Les dirá: "Oye, Israel: este día ustedes van a
entrar en combate contra sus enemigos. No se
descorazonen. No tengan miedo ni se espan-
ten. No pierdan el ánimo al enfrentarse a ellos,
4 porque el Señor su Dios va con ustedes,
y peleará en favor de ustedes contra sus
enemigos, y les dará la victoria."
5 Los oficiales, por su parte, dirán al pue-
blo: "¿Quién de ustedes ha construido una
casa nueva, y no la ha estrenado? Vaya de
regreso a su casa, no sea que muera en ba-
talla y algún otro la estrene.
6 ¿Quién ha plantado una viña, y aún no
ha disfrutado de ella? Vaya de regreso a su
casa, no sea que muera en batalla, y algún
otro la disfrute.
7 ¿Y quién está comprometido, y aún no
se ha casado? Vaya de regreso a su casa, no
sea que muera en batalla, y algún otro se
case con su novia."
8 Además de esto, los oficiales dirán al
pueblo: "¿Quién de ustedes tiene miedo y se
acobarda? Vaya de regreso a su casa, para que
no contagie a sus hermanos con su cobardía."
9 Y en cuanto los oficiales hayan hablado
con el pueblo, los capitanes del ejército to-
marán el mando y se pondrán a la cabeza
del ejército.
10 »Cuando te dispongas a atacar una ciu-
dad, envíale primero un mensaje de paz.
11 Si su respuesta es también de paz, y te
abre las puertas, entonces todo el pueblo
que esté en ella te pagará tributo y te servirá.
12 Pero si no hace la paz contigo, y te de-
clara la guerra, entonces sitiarás la ciudad
13 y cuando el Señor tu Dios te la haya en-
tregado herirás a filo de espada a todos sus
hombres.
14 Te quedarás sólo con las mujeres, los ni-
ños y los animales, y con todo el botín que
haya en la ciudad. También te comerás el
botín de tus enemigos, a los que el Señor tu
Dios te entregará.
15 Esto mismo harás con todas las ciuda-
des que estén alejadas de ti y que no sean
parte de las ciudades de estas naciones.
16 Pero no dejarás con vida a nadie que sea
de las ciudades de estos pueblos que el Se-
ñor tu Dios te da en posesión,
17 sino que destruirás por completo a los hititas,
amorreos, cananeos, ferezeos, jivitas y jebuseos,
tal y como el Señor tu Dios te lo ha ordenado.
18 Si no lo haces, ellos te enseñarán a co-
meter todos los actos repugnantes que
hacen para honrar a sus dioses, y entonces
pecarás contra el Señor tu Dios.
19 »Cuando sities alguna ciudad y en el
ataque pases muchos días para conquistar-
la, no destruyas sus árboles ni los derribes
a golpe de hacha, porque ellos te brindarán
alimento. No los eches abajo durante el sitio,
pues no son hombres y no pueden respon-
der a tu ataque; sólo son árboles del campo.
20 Podrás destruir y derribar todo árbol
que sepas que no es frutal, y construir con
ellos torres de asalto y conquistar la ciudad
que te hace la guerra.

PROMESAS PODEROSAS

DEUTERONOMIO 20.4

porque el Señor su Dios va con ustedes, y peleará en favor de ustedes contra sus enemigos, y les dará la victoria.

Cuando pases por momentos difíciles o situaciones penosas, recuerda esta promesa de Dios. Él se queda contigo todo el tiempo y te ayudará. ¡Esa es una promesa con la cual puedes contar!

Homicidios sin autor evidente

21 1 »Si en la tierra que el Señor tu
Dios te da en posesión se halla
alguien muerto y tendido en el
campo, y no se sabe quién lo mató,

2 entonces tus ancianos y tus jueces saldrán y medirán la distancia hasta las ciudades más cercanas al muerto.

3 Los ancianos de la ciudad más cercana al muerto tomarán del ganado una becerra a la que no se haya hecho trabajar ni se le haya puesto yugo,

4 y esos mismos ancianos llevarán la becerra a un valle escabroso, que nunca haya sido arado ni sembrado, y allí en el valle le romperán el cuello a la becerra.

5 Se acercarán entonces los sacerdotes hijos de Leví, que son los escogidos por el Señor tu Dios para servirle y para bendecir en su nombre, y el veredicto de ellos pondrá fin a toda disputa y toda ofensa.

6 Luego, todos los ancianos de esa ciudad más cercana al muerto se lavarán las manos sobre la becerra a la que se rompió el cuello en el valle,

7 y harán constar: "Nosotros nada tuvimos que ver con esta muerte, ni tampoco vimos lo que sucedió.

8 Señor, perdona a tu pueblo Israel, al cual redimiste, y no lo culpes de derramar sangre inocente." Así esta muerte les será perdonada

9 y, si haces lo recto a los ojos del Señor, no cargarás con la culpa de que un inocente haya sido muerto en tu medio.

Otras leyes

10 »Cuando salgas a combatir a tus enemigos, y el Señor tu Dios los ponga en tus manos y tomes prisioneros,

11 si ves entre los cautivos una mujer hermosa y, atraído por ella, la tomas por mujer,

12 deberás llevarla a tu casa y hacer que ella se rape la cabeza y se corte las uñas;

13 se quitará entonces el vestido de prisionera y se quedará en tu casa, y un mes entero llorará por su padre y por su madre; después de eso podrás allegarte a ella, y tú serás su marido y ella será tu mujer.

14 Pero si no te agrada, no podrás venderla a cambio de dinero ni tratarla como esclava. Tendrás que dejarla en libertad, puesto que la has humillado.

15 »Si un hombre tiene dos mujeres, y a una de ellas la ama pero a la otra la aborrece, si las dos le dan hijos pero el primogénito es de la aborrecida,

16 cuando llegue el día de repartir su herencia no podrá otorgar al hijo de la esposa amada el derecho de primogenitura, en perjuicio del hijo de la esposa aborrecida, que es realmente el primogénito,

17 sino que reconocerá como primogénito al hijo de la aborrecida y le dará doble porción de la herencia que le corresponde a cada uno de sus hijos. Porque ese hijo fue el primero que tuvo, y a él le corresponde el derecho de primogenitura.

18 »Si alguien tiene un hijo testarudo y rebelde, que no atiende a la voz de su padre ni a la de su madre, y que no los obedece a pesar de que lo castigan,

19 entonces su padre y su madre lo llevarán ante los ancianos, a la entrada de la ciudad donde viva,

20 y dirán a los ancianos de la ciudad: "Este hijo nuestro es testarudo y rebelde; no atiende a lo que le decimos, y además es glotón y borracho."

21 Entonces todos los hombres de la ciudad lo apedrearán, y así morirá, para que quites de en medio de ti el mal, y todo Israel lo sabrá y temerá.

22 »Si alguien comete un crimen que merezca la muerte, y lo haces morir y lo cuelgas de un árbol,

23 no dejen que su cuerpo se quede en ese árbol toda la noche. Lo enterrarás ese mismo día, porque quien es colgado[a] de un árbol está bajo la maldición de Dios. No contamines la tierra que el Señor tu Dios te da en posesión.

22

1 »Si ves que el buey o el cordero de un compatriota tuyo anda extraviado, no le niegues tu ayuda; devuélveselo.

2 Pero si este compatriota tuyo no es tu vecino, o no lo conoces, guarda el animal en

[a]21.23: Gá 3.13.

tu casa, y tenlo contigo hasta que tu compa-
triota lo busque; entonces se lo devolverás.
3 Y lo mismo harás con su asno, y con su
ropa, y con todo lo que tu compatriota pierda
y tú lo encuentres. No debes negarle tu ayuda.
4 Si ves caído en el camino un asno o un
buey propiedad de tu compatriota, no te
hagas a un lado; ¡ayúdalo a levantarlo![a]
5 »La mujer no debe ponerse ropa de
hombre, ni el hombre debe ponerse ropa
de mujer, pues todo el que hace esto resulta
repugnante al Señor tu Dios.
6 »Cuando en el camino encuentres en
algún árbol, o sobre el suelo, un nido de pá-
jaros con pollos o huevos, y con la madre
echada sobre ellos, no te lleves a la madre
con los hijos;
7 deja ir a la madre, y quédate con los po-
llos. Así te irá bien y vivirás mucho tiempo.
8 »Cuando construyas una casa nueva,
hazla con un pretil en la azotea para que,
si alguien llegara a caerse y se muriera, no
eches sobre tu casa la culpa de esa muerte.
9 »No siembres en tu viña semillas dife-
rentes, para que no se pierdan la semilla que
sembraste y el fruto de la viña.
10 »No ares con yunta de buey y asno.
11 »No uses ropa de lana mezclada[b] con lino.
12 »Pondrás flecos en las cuatro puntas
del manto con que te cubras.[c]

Leyes sobre la castidad

13 »Cuando alguien tome una mujer por
esposa, y después de haberse allegado a ella
deje de amarla
14 y le atribuya faltas que den de qué ha-
blar, y diga: "Tomé por esposa a esta mujer
y, al allegarme a ella, me encontré con que
ya no era virgen",
15 entonces el padre y la madre de la joven
tomarán las señales de la virginidad de la
doncella y las presentarán ante los ancianos,
a la entrada de la ciudad,
16 y el padre de la joven les dirá a los an-
cianos: "Yo le di a este hombre mi hija por
mujer, y ahora resulta que él la aborrece
17 y le atribuye faltas que dan de qué ha-
blar. Alega que no ha hallado virgen a mi
hija. ¡Pero miren ustedes mismos las prue-
bas de su virginidad!" Entonces extenderán
la sábana a la vista de los ancianos de la ciu-
dad,
18 y los ancianos aprehenderán al hombre
y lo castigarán,
19 y le impondrán una multa de cien pie-
zas de plata, las cuales se entregarán al pa-
dre de la joven por haberse difamado a una
doncella de Israel. Además, tendrá que reci-
birla como su esposa, y no podrá despedirla
mientras él tenga vida.
20 »Pero si resulta verdad que la joven ya
no era virgen,
21 entonces la sacarán hasta la puerta de
la casa de su padre, y los hombres de su ciu-
dad la apedrearán hasta que muera, por ha-
ber incurrido en la vileza de tener relaciones
sexuales en casa de su padre. Así quitarás el
mal de en medio de Israel.
22 »Si alguien es sorprendido acostándo-
se con una mujer casada, tanto el hombre
como la mujer serán condenados a muerte.
Así quitarás el mal de Israel.
23 »Si alguien encuentra en la ciudad a una
muchacha virgen ya comprometida en ma-
trimonio, y se acuesta con ella,
24 llevarán a los dos hasta la entrada de
la ciudad, y allí los matarán a pedradas; a
la joven, por estar en la ciudad y no haber
gritado ni pedido ayuda; y al hombre, por
haber humillado a la mujer de su prójimo.
Así quitarás el mal de en medio de ti.
25 »Si alguien encuentra en el campo a
una joven ya comprometida en matrimo-
nio, y la viola, morirá solamente el hombre
por forzarla a acostarse con él.
26 A la joven no le harás nada, pues no ha
hecho nada que merezca la muerte. Es el
mismo caso de alguien que ataca a su próji-
mo y le quita la vida,
27 porque él encontró en el campo a la
joven comprometida, ella pidió ayuda, y no
hubo nadie que la ayudara.

[a] **22.1-4:** Éx 23.4-5. [b] **22.9-11:** Lv 19.19. [c] **22.12:** Nm 15.37-41.

28 »Cuando alguien halle a una doncella aún no comprometida, y la fuerce a acostarse con él, y sean descubiertos,

29 el que forzó a la joven dará al padre de ella cincuenta piezas de plata, y la joven será su mujer. Por haberla humillado, no podrá despedirla mientras él viva.[d]

30 »Nadie debe profanar el lecho de su padre[e] ni tomar por mujer a la esposa de su padre.

Restricciones expresas

23 1 »No entrará en la congregación del Señor el que tenga los testículos magullados, ni el que tenga amputado su miembro viril.

2 »No entrará en la congregación del Señor ningún hijo de matrimonio mixto, ni siquiera hasta la décima generación.

3 »No entrará jamás en la congregación del Señor[a] ningún amonita ni moabita, ni siquiera hasta la décima generación,

4 porque cuando ustedes salieron de Egipto ellos no salieron al camino para recibirlos a ustedes con pan y agua, y porque contrataron a Balaam hijo de Beor, el de Petor en Mesopotamia, para que los maldijera.[b]

5 Pero el Señor tu Dios no quiso oír a Balaam sino que, por el amor que el Señor tu Dios te tiene, convirtió la maldición contra ti en bendición.[c]

6 Así que nunca jamás procurarás su paz ni su bien.

7 »No aborrezcas a los edomitas, porque son tus hermanos.

»No aborrezcas a los egipcios, porque tú fuiste extranjero en su tierra.

8 »La tercera generación de los hijos que ellos tengan podrán entrar en la congregación del Señor.

Leyes sanitarias

9 »Cuando salgas a campaña contra tus enemigos, te cuidarás de no incurrir en nada malo.

10 »Si hay en medio de ti alguien que no esté limpio por causa de alguna impureza ocurrida durante la noche, tendrá que salir del campamento y no podrá entrar en él.

11 Al caer la noche se lavará con agua, y en cuanto se ponga el sol podrá entrar en el campamento.

12 »Aparta un lugar fuera del campamento, al cual puedas salir.

13 Entre tu equipo debes llevar también una estaca para que, cuando vayas a ese lugar apartado, hagas un hoyo allí y puedas cubrir tu excremento antes de volver.

14 Toma en cuenta que el Señor tu Dios anda en medio de tu campamento para librarte y para poner en tus manos a tus enemigos; por lo tanto, tu campamento tiene que ser un lugar santo; de lo contrario, si él ve en ti alguna inmundicia, dejará de acompañarte.

Leyes humanitarias

15 »Si algún esclavo anda huyendo, no se lo devuelvas a su amo.

16 Pero tampoco lo oprimas. Déjalo vivir entre tu gente, en alguna de tus ciudades que él escoja y en la que él quiera quedarse.

17 »Entre las hijas de Israel[d] no debe haber rameras.

»Entre los hijos de Israel no debe haber sodomitas.

18 »No lleves a la casa del Señor tu Dios la paga de una ramera, ni el precio de un perro, para cumplir con un voto. Tanto lo uno como lo otro son cosas que le repugnan al Señor tu Dios.

19 »No impongas intereses a tu hermano por el dinero, o comestibles, o cualquier otra cosa que le prestes, y por lo que se acostumbra cobrar interés.

20 Para que el Señor tu Dios te bendiga en todo lo que hagas en la tierra de la que vas a tomar posesión, podrás cobrarle intereses[e] al extraño, pero no a tu hermano.

---

[d] **22.28-29:** Éx 22.16-17. [e] **22.30:** Lv 18.8; 20.11; Dt 27.20. [a] **23.3-5:** Neh 13.1-2. [b] **23.4:** Nm 22.1-6. [c] **23.5:** Nm 23.7—24.9.
[d] **23.17:** Lv 19.29. [e] **23.19-20:** Éx 22.25; Lv 25.36-37; Dt 15.7-11.

[21] »Cuando hagas un voto al Señor tu
Dios, no tardes en cumplirlo,[f] porque cier-
tamente el Señor tu Dios te exigirá que lo
cumplas, y cometerás un pecado si no lo
cumples.
[22] Aunque no cometerás ningún pecado
si te abstienes de prometer,
[23] toda promesa que salga de tus labios
deberás cumplirla. Tal y como lo prometiste
al Señor tu Dios, cumplirás con la ofrenda
voluntaria que hiciste con tu propia boca.
[24] »Si entras en la viña de tu prójimo, po-
drás comer uvas hasta saciarte, pero no po-
drás llenar tu cesto.
[25] »Si entras en el trigal de tu prójimo, po-
drás arrancar espigas con la mano, pero no
podrás meter la hoz para segar las espigas
de tu prójimo.

24
[1] »Cuando alguien tome una
mujer y se case con ella, si des-
pués no le agrada por haber
hallado en ella alguna cosa indecente, le es-
cribirá una carta de divorcio,[a] se la entregará
personalmente, y la despedirá de su casa.
[2] »Al salir de su casa, ella podrá casarse
con otro hombre.
[3] Pero si el segundo esposo la aborrece y le
escribe una carta de divorcio, y se la entrega
personalmente y la despide de su casa, o si
este segundo esposo muere,
[4] el primer marido que la despidió no po-
drá volver a tomarla por esposa, pues ha
quedado impura. Eso sería un acto repug-
nante delante del Señor, y tú no debes co-
rromper la tierra que el Señor tu Dios te da
en posesión.
[5] »Cuando alguien esté recién casado, no
podrá ser enviado a la guerra, ni se le ocupa-
rá en ninguna otra cosa. Durante un año se
quedará libre en su casa, para disfrutar de la
mujer que tomó por esposa.
[6] »No tomes en prenda las piedras del
molino, porque es lo mismo que tomar en
prenda la vida de un hombre.
[7] »Si alguien secuestra a uno de sus com-
patriotas israelitas, y se descubre que lo ha
hecho esclavo, o lo ha vendido, ese bandi-
do[b] será condenado a muerte. Así quitarás
de en medio de ti el mal.
[8] »En cuanto a alguna plaga de lepra, ten
cuidado de aplicar diligentemente todas las
enseñanzas de los sacerdotes levitas y de se-
guir al pie de la letra las instrucciones que
yo les he dado.[c]
[9] Acuérdate de lo que el Señor tu Dios
hizo en el camino con María,[d] después de
que ustedes salieron de Egipto.
[10] »Cuando des a tu prójimo algo en prés-
tamo, no entres en su casa para recibir algo
en prenda.
[11] Quédate afuera, y deja que el hombre a
quien hiciste el préstamo sea quien te entre-
gue la prenda.
[12] Si ese hombre es pobre, no retendrás su
prenda durante la noche,
[13] sino que sin falta se la devolverás al po-
nerse el sol. Así él podrá dormir con su ropa,
y te bendecirá, y delante del Señor tu Dios[e]
se te contará como un acto de justicia.
[14] »No oprimas al jornalero pobre y me-
nesteroso, ya sea éste uno de tus compa-
triotas o algún extranjero de los que habitan
en tu tierra y dentro de tus ciudades.
[15] Le pagarás su jornal el mismo día, antes
de que se ponga el sol, pues ese hombre es
pobre y necesita su paga para vivir. De lo
contrario, pedirá ayuda al Señor, y esto será
un pecado[f] en tu contra.
[16] »Ningún padre morirá en lugar de su
hijo, ni tampoco ningún hijo morirá en lu-
gar de su padre; cada uno responderá por
su propio pecado.[g]
[17] »No tuerzas el derecho de los extranje-
ros ni de los huérfanos, ni tomes en prenda
la ropa de las viudas.
[18] Acuérdate de que fuiste esclavo en Egip-
to, y que de allí te rescató el Señor tu Dios.
Por lo tanto, yo te mando que actúes así.[h]
[19] »Cuando siegues el trigo de tu campo,
y dejes algún manojo en el campo, no regre-

[f]**23.21:** Nm 30.1-16; Mt 5.33. [a]**24.1:** Mt 5.31; 19.7; Mr 10.4. [b]**24.7:** Éx 21.16. [c]**24.8:** Lv 13.1—14.54. [d]**24.9:** Nm 12.10. [e]**24.10-13:** Éx 22.26-27. [f]**24.14-15:** Lv 19.13. [g]**24.16:** 2 R 14.6; 2 Cr 25.4; Ez 18.20. [h]**24.17-18:** Éx 23.9; Lv 19.33-34; Dt 27.19.

ses a recogerlo; déjalo allí para los extranjeros, los huérfanos y las viudas. Así te bendecirá el Señor tu Dios en todo lo que hagas.

20 »Cuando sacudas tus olivos, no recorras todas las ramas que dejes tras de ti; déjalas para los extranjeros, los huérfanos y las viudas.

21 »Cuando vendimies tu viña, no rebusques lo que se haya quedado; déjalo para los extranjeros, los huérfanos y las viudas.[i]

22 Acuérdate de que fuiste esclavo en Egipto. Por lo tanto, yo te mando que actúes así.

25 1 »Cuando surja algún pleito, las partes acudirán al tribunal para que los jueces juzguen el caso, y absuelvan al inocente y condenen al culpable.

2 Si el culpable merece ser azotado, el juez le ordenará tenderse en el suelo para que sea azotado en su presencia. El número de azotes dependerá del delito cometido,

3 aunque no podrá recibir más de cuarenta azotes, pues recibir más azotes sería humillante para tu compatriota.

4 »No le pondrás bozal al buey que trille.[a]

5 »Cuando dos hermanos vivan juntos, y uno de ellos llega a morir sin haber procreado hijos, la viuda no podrá casarse con alguien ajeno a la familia, sino que su cuñado la tomará por esposa, se allegará a ella, y cumplirá con ella su deber de cuñado.

6 El primer hijo que ella dé a luz recibirá el nombre del hermano muerto, para que su nombre no sea borrado de Israel.[b]

7 »Si el hermano del muerto no quiere tomar a su cuñada por esposa, ésta irá a la entrada de la ciudad y les dirá a los ancianos: "Mi cuñado no quiere perpetuar en Israel el nombre de su hermano. No quiere cumplir conmigo su deber de cuñado."

8 Entonces los ancianos de la ciudad lo llamarán y hablarán con él; y si él se resiste y declara: "No quiero tomarla por esposa",

9 entonces su cuñada se acercará a él y, delante de los ancianos, le quitará del pie la sandalia y le escupirá en el rostro, y dirá: "Esto se merece el hombre que no quiere mantener viva la familia de su hermano."

10 Y esta familia será conocida en Israel con el nombre de "La familia del descalzo".[c]

11 »En caso de que dos hombres riñan, si la mujer de uno de ellos se acerca para librar a su marido de ser lastimado por el otro, y alarga la mano y sujeta al otro por sus partes vergonzosas,

12 tú no la perdonarás sino que le cortarás la mano.

13 »No llevarás en tu bolsa una pesa grande y una pesa chica,

14 ni tendrás en tu casa una medida grande y una medida pequeña.

15 Deberás usar pesas exactas y justas, y medidas completas y justas, para que vivas muchos años en la tierra que el Señor tu Dios te da.

16 Ciertamente al Señor tu Dios le repugna todo aquel que comete esta clase de injusticia.[d]

Orden de exterminar a Amalec

17 »Acuérdate de lo que te hizo Amalec en el camino, cuando saliste de Egipto,

18 y de cómo, cuando tú estabas cansado y agobiado, te salió al encuentro en el camino y, sin ningún temor de Dios, te atacó por la retaguardia e hirió a todos los que, débiles, venían a la zaga.

19 Por lo tanto, cuando ya estés en la tierra que el Señor tu Dios te da en posesión, y el Señor tu Dios te haga descansar de todos los enemigos que te rodean, borrarás de debajo del cielo la memoria de Amalec. ¡No lo olvides![e]

Primicias y diezmos

26 1 »Cuando hayas entrado en la tierra que el Señor tu Dios te da en posesión, y la hayas tomado y habites en ella,

2 tomarás una parte de todos los primeros frutos que obtengas de la tierra que el Señor

[i] **24.19-21:** Lv 19.9-10; 23.22. [a] **25.4:** 1 Co 9.9; 1 Ti 5.18. [b] **25.5-6:** Mt 22.24; Mr 12.19; Lc 20.28. [c] **25.7-10:** Rt 4.7-8. [d] **25.13-16:** Lv 19.35-36. [e] **25.17-19:** Éx 17.8-14; 1 S 15.2-9.

tu Dios te da, la pondrás en una canasta, y
te dirigirás al lugar que el Señor tu Dios es-
coja como residencia de su nombre.[a]
3 Te presentarás ante el sacerdote que en
esos días esté en funciones, y le dirás: "Hoy
declaro, ante el Señor tu Dios, que he entra-
do en la tierra que el Señor juró dar a nues-
tros padres."
4 El sacerdote recibirá de tu mano la ca-
nasta y la colocará ante el altar del Señor tu
Dios.
5 Entonces tomarás la palabra, y delante
del Señor tu Dios dirás:

"Un arameo errante fue mi padre. Con
pocos hombres emigró a Egipto, y allí se
quedó a vivir. Y allí creció y llegó a ser una
nación grande, fuerte y numerosa.
6 Los egipcios nos maltrataron, nos opri-
mieron, y nos impusieron una cruel escla-
vitud.
7 Pero clamamos al Señor, el Dios de nues-
tros padres, y el Señor oyó nuestra voz, y vio
nuestra aflicción, nuestros pesados trabajos
y nuestra opresión.
8 Entonces el Señor nos sacó de Egipto
con mano fuerte y brazo extendido, y con
señales y portentos que causaban terror,
9 y nos trajo a este lugar, y nos dio esta
tierra, ¡tierra que fluye leche y miel!
1 S 2.1-2 10 Por eso ahora vengo aquí, con los prime-
ros frutos de la tierra que tú, Señor, me diste."

»Todo eso lo pondrás delante del Señor
tu Dios, y delante de él te postrarás.
11 Después de eso, tú y tu familia, y los
levitas y extranjeros que convivan contigo,
harán fiesta por todo el bien que el Señor tu
Dios te haya dado.
12 »Cuando en el año tercero, que es el
año del diezmo, hayas apartado la décima
parte de tus frutos, la repartirás entre los
levitas, extranjeros, huérfanos y viudas que
haya en tus aldeas, para que coman hasta
quedar satisfechos.[b]
13 Entonces dirás delante del Señor tu
Dios: "Todo lo consagrado a ti lo he sacado
de mi casa, y se lo he dado a los levitas y
extranjeros, y a los huérfanos y a las viudas,
conforme a todo lo que me has mandado.
No he desobedecido tus mandamientos, ni
los he olvidado.
14 No comí nada de ello mientras estuve
de luto, ni lo consumí mientras estaba yo

PROMESAS PODEROSAS

DEUTERONOMIO 26.18

Este día el Señor declara que tú eres su pueblo, su posesión exclusiva, tal y como te lo ha prometido. Así que cumple todos sus mandamientos;

Dios dijo que los israelitas eran su "posesión exclusiva". Ellos eran su tesoro. Si tú sigues a Jesús como tu Salvador, también eres una de las personas especiales de Dios. ¡Eres su tesoro!

[a]**26.2:** Éx 23.19. [b]**26.12:** Dt 14.28-29.

UN RECORDATORIO ÚTIL *(Deuteronomio 26.8)*
Moisés le recordó al pueblo de Israel las grandes cosas que Dios había hecho por ellos. Dios hizo milagros para rescatarlos de la esclavitud en Egipto. También les dio una hermosa tierra nueva en la cual podían vivir. El pueblo de Dios podía mostrar su gratitud con ofrendas, alabanza, amor hacia otras personas, y obediencia a los mandamientos de Dios. ¿Qué ha hecho Dios por ti? Puedes mostrar que estás agradecido alabándolo y compartiendo lo que tienes con los demás.

impuro. Tampoco ofrecí nada de ello a los muertos. Más bien, mi Señor y Dios, he obedecido tu voz y he cumplido con todo lo que me has mandado.

15 Dígnate asomarte desde el cielo, desde tu santa mansión, y bendice a Israel, que es tu pueblo, y bendice la tierra que nos has dado, tierra que fluye leche y miel, tal y como se lo juraste a nuestros padres."

16 »Este día el Señor tu Dios te manda que cumplas estos estatutos y decretos. Ten cuidado de ponerlos por obra con todo tu corazón y con toda tu alma.

17 Este día declaras solemnemente que el Señor es tu Dios, que andarás en sus caminos y cumplirás sus estatutos, mandamientos y decretos, y que obedecerás su voz.

18 Este día el Señor declara que tú eres su pueblo, su posesión exclusiva,[c] tal y como te lo ha prometido. Así que cumple todos sus mandamientos;

19 y exáltalo sobre todas las naciones que él ha creado, para que seas un pueblo santo al Señor tu Dios, digno de alabanza, renombre y gloria, como él lo ha dicho.»

La ley inscrita en el monte Ebal

27 1 Moisés, junto con los ancianos de Israel, le dio al pueblo la siguiente orden:

«Cumplan con todos los mandamientos que hoy les mando cumplir.

2 Cuando cruces el río Jordán y pases a la tierra que el Señor tu Dios te da, levantarás unas piedras grandes y las revocarás con cal.

3 Una vez que hayas cruzado el río y entres en la tierra que el Señor tu Dios te da, tierra que fluye leche y miel, escribirás en esas piedras todas las palabras de esta ley, *tal y como el Señor, el Dios de tus padres*, te lo ha ordenado.

4 En cuanto hayas pasado el Jordán, levantarás estas piedras en el monte Ebal y las revocarás con cal, tal y como hoy les mando que lo hagan.

5 Edificarás allí un altar de piedras en honor del Señor tu Dios, pero no labres las piedras con ninguna herramienta,

6 sino que el altar lo harás de piedras enteras. Sobre él ofrecerás al Señor tu Dios[a] holocaustos

7 y ofrendas de paz, y allí, delante del Señor tu Dios, comerás y te alegrarás.

8 Sobre las piedras escribirás con claridad todas las palabras de esta ley.»[b]

9 Entonces Moisés, junto con los sacerdotes levitas, habló con todos los israelitas y les dijo:

«Israel, guarda silencio y escucha: Este día te has convertido en el pueblo del Señor tu Dios.

10 Así que deberás oír la voz del Señor tu Dios y cumplir sus mandamientos y estatutos, que hoy te ordeno obedecer.»

Las maldiciones en el monte Ebal

11 Y ese día Moisés dio al pueblo las siguientes instrucciones:

12 «Cuando hayas cruzado el río Jordán, sobre el monte Guerizín[c] estarán Simeón, Leví, Judá, Isacar, José y Benjamín, para bendecir al pueblo.

13 Y sobre el monte Ebal estarán, para pronunciar la maldición, Rubén, Gad, Aser, Zabulón, Dan y Neftalí.

14 Y los levitas hablarán con todos los varones de Israel, y les dirán en alta voz:

15 »"Maldito sea el que haga alguna escultura o imagen de fundición,[d] o pida a un artífice que la haga, y la oculte. Eso es un hecho repugnante al Señor."

»En respuesta, todo el pueblo dirá: "¡Amén!"

16 »"Maldito sea el que deshonre a su padre o a su madre."[e]

»Y todo el pueblo dirá: "¡Amén!"

17 »"Maldito sea el que reduzca los linderos de su prójimo."[f]

»Y todo el pueblo dirá: "¡Amén!"

[c] **26.18:** Éx 19.5; Dt 4.20; 7.6; 14.2; Tit 2.14; 1 P 2.9. [a] **27.5-6:** Éx 20.25. [b] **27.2-8:** Jos 8.30-32. [c] **27.12:** Dt 11.29; Jos 8.33-35. [d] **27.15:** Éx 20.4; 34.17; Lv 19.4; 26.1; Dt 4.15-18; 5.8. [e] **27.16:** Éx 20.12; Dt 5.16. [f] **27.17:** Dt 19.14.

18 »"Maldito sea el que haga que el ciego pierda el camino."[g]

»Y todo el pueblo dirá: "¡Amén!"

19 »"Maldito sea el que tuerza los derechos del extranjero, del huérfano y de la viuda."[h]

»Y todo el pueblo dirá: "¡Amén!"

20 »"Maldito sea el que se acueste con la mujer de su padre,[i] pues con ello descubre la intimidad de su padre."

»Y todo el pueblo dirá: "¡Amén!"

21 »"Maldito sea el que tenga relaciones sexuales con un animal."[j]

»Y todo el pueblo dirá: "¡Amén!"

22 »"Maldito sea el que se acueste con su hermana,[k] sea ésta hija de su padre o hija de su madre."

»Y todo el pueblo dirá: "¡Amén!"

23 »"Maldito sea el que se acueste con su suegra."[l]

»Y todo el pueblo dirá: "¡Amén!"

24 »"Maldito sea el homicida anónimo."

»Y todo el pueblo dirá: "¡Amén!"

25 »"Maldito sea el que mate a un inocente a cambio de dinero."

»Y todo el pueblo dirá: "¡Amén!"

26 »"Maldito sea el que no se comprometa a cumplir las palabras de esta ley."[m]

»Y todo el pueblo dirá: "¡Amén!"

Bendiciones de la obediencia

(Lv 26.3-13; Dt 7.12-24)

28 1 »Si tú escuchas con atención la voz del Señor tu Dios, y cumples y pones en práctica todos los mandamientos que hoy te mando cumplir, el Señor tu Dios te exaltará sobre todas las naciones de la tierra.

2 Si escuchas la voz del Señor tu Dios, todas estas bendiciones vendrán sobre ti, y te alcanzarán:

3 »Bendito serás tú en la ciudad, y bendito en el campo.

4 »Bendito será el fruto de tu vientre, el fruto de tu tierra, el fruto de tus bestias, y las crías de tus vacas y los rebaños de tus ovejas.

5 »Benditas serán tu canasta y tu artesa de amasar.

6 »Bendito serás cuando entres, y bendito cuando salgas.

7 »El Señor derrotará a tus enemigos que se levanten contra ti. Por un camino saldrán contra ti, y por siete caminos huirán de ti.

8 »El Señor enviará su bendición sobre tus graneros y sobre todo aquello en que pongas tu mano, y te bendecirá en la tierra que el Señor tu Dios te da.

9 »El Señor te confirmará como su pueblo santo, tal y como te lo ha jurado, siempre y cuando cumplas los mandamientos del Señor tu Dios, y sigas sus caminos.

10 Todos los pueblos de la tierra verán que el nombre del Señor es invocado sobre ti, y te temerán.

11 »En el país que el Señor juró a tus padres que te daría, el Señor hará que sobreabundes en bienes, y en el fruto de tu vientre, y en el fruto de tus animales, y en el fruto de tu tierra.

12 »El Señor te abrirá su tesoro de bondad, que es el cielo, y en su tiempo te enviará la lluvia a tu tierra, y bendecirá todo lo que hagas con tus manos. Harás préstamos a muchas naciones, pero tú no pedirás prestado nada.

13 »El Señor te pondrá por cabeza, no por cola. Estarás por encima de todo, nunca por debajo, siempre y cuando obedezcas y cumplas los mandamientos del Señor tu Dios, que hoy te ordeno cumplir,

14 y siempre y cuando no te apartes ni a diestra ni a siniestra de todas las palabras que hoy te mando cumplir, ni vayas en pos de dioses ajenos y les sirvas.[a]

Consecuencias de la desobediencia

(Lv 26.14-46)

15 »Si no oyes la voz del Señor tu Dios ni procuras cumplir todos los mandamientos y estatutos que hoy te mando cumplir, vendrán sobre ti, y te alcanzarán, todas estas maldiciones:

[g]**27.18:** Lv 19.14. [h]**27.19:** Éx 22.21; 23.9; Lv 19.33-34; Dt 24.17-18. [i]**27.20:** Lv 18.8; 20.11; Dt 22.30. [j]**27.21:** Éx 22.19; Lv 18.23; 20.15. [k]**27.22:** Lv 18.9; 20.17. [l]**27.23:** Lv 18.7; 20.14. [m]**27.26:** Gá 3.10. [a]**28.1-14:** Dt 11.13-17.

16 »Maldito serás tú en la ciudad, y maldi-
to en el campo.
17 »Maldita será tu canasta, y tu tabla de
amasar.
18 »Maldito será el fruto de tu vientre, el
fruto de tu tierra, las crías de tus vacas y los
rebaños de tus ovejas.
19 »Maldito serás cuando entres, y maldi-
to serás cuando salgas.
20 »El Señor enviará contra ti maldición,
quebranto y asombro en todo lo que em-
prendas, hasta que de pronto seas destrui-
do y perezcas por causa de la maldad de tus
obras, por las cuales lo hayas dejado.
21 »El Señor traerá sobre ti mortandad
hasta consumirte en la tierra de la cual vas a
tomar posesión.
22 »El Señor te herirá con tisis y con fiebre,
con inflamación y ardores, con sequía y ca-
lamidad repentina, y con hongos, los cuales
te perseguirán hasta que perezcas.
23 Los cielos que cubren tu cabeza serán
como el bronce, y la tierra que pisas será
como el hierro.
24 En vez de lluvia, el Señor enviará polvo
y ceniza a tu tierra, y desde los cielos caerán
sobre ti hasta que perezcas.
25 »El Señor hará que seas derrotado de-
lante de tus enemigos. Por un camino sal-
drás contra ellos, y por siete caminos huirás
de ellos, y todos los reinos de la tierra te
humillarán.
26 Tus cadáveres servirán de comida a to-
das las aves del cielo y a todas las fieras de la
tierra, y no habrá quien las espante.
27 »El Señor te herirá con las úlceras de
Egipto, y con tumores, sarna y comezón, y
no podrás ser curado.
28 »El Señor te herirá con locura, ceguera
y confusión.
29 A plena luz del día andarás a tientas,
como ciego, y no tendrás éxito en lo que
hagas; al contrario, en todo momento serás
oprimido y despojado, sin que haya quien
te salve.
30 Te comprometerás en matrimonio,
pero otro hombre se acostará con tu pro-
metida; construirás una casa, pero nunca
llegarás a habitarla; plantarás viñas, pero
nunca disfrutarás de sus uvas.
31 Ante tus propios ojos matarán a tu buey,
pero tú no comerás de su carne; ante tus
propios ojos te arrebatarán tu asno, y jamás
te lo devolverán; tus ovejas serán entregadas
a tus enemigos, y tú no podrás impedirlo.
32 Ante tus propios ojos tus hijos y tus hi-
jas serán entregados a otra gente, y tú no
podrás impedirlo, y día tras día tus ojos des-
fallecerán esperando que vuelvan.
33 Gente que jamás conociste se comerá
el fruto de tu tierra y de todo tu trabajo, y
día tras día serás oprimido y quebrantado.
34 Lo que veas con tus ojos te hará perder
el juicio.
35 »El Señor te herirá con pústula malig-
na en las rodillas y en las piernas, y desde la
planta del pie hasta la coronilla, y no podrás
ser sanado.
36 »El Señor te llevará a ti, y al rey que hayas
puesto para que te gobierne, a una nación
que ni tú ni tus padres conocieron, y allá ser-
virás a dioses ajenos de palo y de piedra.
37 Serás motivo de horror, y objeto de co-
mentarios y de burlas de todos los pueblos
a donde el Señor te lleve.
38 Sembrarás mucha semilla en el campo,
y cosecharás muy poco, porque la langosta
la consumirá.
39 Plantarás viñas, y las cultivarás, pero no
vendimiarás las uvas ni beberás el vino, por-
que los gusanos se las comerán.
40 Tendrás olivos por todo tu territorio,
pero no te ungirás con el aceite, porque las
aceitunas se caerán.
41 Tendrás hijos e hijas, pero no los reten-
drás, porque serán llevados en cautiverio.
42 Todos tus árboles y todos los frutos de
tu tierra serán consumidos por la langosta.
43 Los extranjeros que vivan en tus ciuda-
des se alzarán por encima de ti, mientras
que tú caerás muy bajo.
44 Ellos te harán préstamos, pero tú no po-
drás prestarles nada; ellos serán la cabeza, y
tú serás la cola.

45 »Todas estas maldiciones vendrán sobre ti, y te perseguirán y te alcanzarán hasta acabar contigo, por no haber atendido a la voz del Señor tu Dios para cumplir los mandamientos y los estatutos que él te mandó cumplir,

46 y para siempre serán en ti y en tu descendencia una señal y una prueba.

47 »Puesto que no serviste al Señor tu Dios con alegría y con gozo de corazón cuando él te dio abundancia de todo,

48 acabarás siendo esclavo de los enemigos que el Señor envíe contra ti; sufrirás de hambre y de sed, y carecerás de ropa y de todas las cosas. ¡El Señor pondrá sobre tu cuello un yugo de hierro, hasta destruirte!

49 »De muy lejos, del otro extremo de la tierra, el Señor traerá contra ti una nación que vuela como el águila. Es una nación cuya lengua no entiendes,

50 gente de rostro feroz, que no respeta a los ancianos ni perdona a los niños.

51 Y se comerá las crías de tus ganados y los frutos de tu tierra, hasta hacerte perecer. No te dejará nada de trigo, ni de mosto, ni de aceite, ni una sola cría de tus vacas ni de los rebaños de tus ovejas, hasta que te haya destruido.

52 Sitiará todas las ciudades de tu tierra, hasta derribar esas altas y sólidas murallas en las que tú confías. Sitiará todas tus ciudades y toda la tierra que el Señor tu Dios te ha dado.

53 Durante el sitio, y en la desesperación y la angustia ante el enemigo, te comerás el fruto de tu vientre, ¡la carne de tus propios hijos e hijas que el Señor tu Dios te dio!

54 Aun los más sensibles y delicados de tus hombres mirarán con malos ojos a su hermano, y a la mujer amada, y al resto de sus hijos que le queden,

55 y no querrá compartir con ellos la carne de sus hijos. Porque durante el asedio será tal la angustia con que tu enemigo te oprimirá en todas tus ciudades, que la gente se comerá a sus propios hijos por no haber ya nada qué comer.

56 La mujer más tierna y delicada entre ustedes, que por ser tan tierna y delicada jamás intentaría posar la planta de su pie sobre la tierra, mirará con malos ojos a su esposo amado, y a su hijo y a su hija,

57 y hasta al hijo que acaba de dar a luz, y se los comerá[b] a escondidas, pues durante el asedio a tus ciudades, y en medio de la angustia y opresión del enemigo, habrá carencia de todo.

58 »Si no tienes cuidado de poner por obra todas las palabras de esta ley escritas en este libro, ni temes este nombre glorioso y temible: EL SEÑOR TU DIOS,

59 entonces el Señor aumentará en gran manera tus plagas y las plagas de tu descendencia, plagas grandes y permanentes, y enfermedades malignas y duraderas,

60 y traerá sobre ti todos los males de Egipto, delante de los cuales temiste, y no te dejarán en paz.

61 Así mismo, el Señor enviará sobre ti toda enfermedad y toda plaga no escrita en el libro de esta ley, hasta que seas destruido.

62 En lugar de haber sido innumerables como las estrellas del cielo, muy pocos de ustedes sobrevivirán, por no haber obedecido a la voz del Señor su Dios.

63 Y así como el Señor se alegraba de hacerles bien y de multiplicarlos, así se alegrará de arruinarlos y destruirlos. ¡Serán arrancados de la tierra de la cual van a tomar posesión!

64 »El Señor te esparcirá por todos los pueblos, de un extremo al otro de la tierra; allí servirás a dioses ajenos de madera y de piedra, que ni tú ni tus padres conocieron jamás.

65 Ni siquiera entre estas naciones descansarás, ni la planta de tu pie hallará reposo, pues allí el Señor te dará un corazón temeroso, y tus ojos desfallecerán y tu ánimo decaerá;

66 tu vida estará en constante peligro, y el miedo te dominará noche y día, y no tendrás la vida segura.

[b] **28.57:** 2 R 6.28-29; Lm 4.10.

67 Será tal el miedo que dominará tu corazón, y tan terrible lo que verán tus ojos, que por la mañana dirás: "¡Cómo quisiera que ya fuera tarde!", y por la tarde dirás: "¡Cómo quisiera que ya fuera otro día!"

68 »El Señor te hará volver a Egipto en naves, por el camino por el cual te había dicho que nunca más volverías, y allí ustedes serán vendidos a sus enemigos como esclavos y esclavas, ¡y no habrá nadie que los compre!»

El pacto en Moab

29

1 Éstas son las palabras del pacto que el Señor ordenó a Moisés celebrar en Moab con los hijos de Israel, además del pacto que concertó con ellos en Horeb.

2 Moisés llamó a todos los israelitas, y les dijo:

«Ustedes han visto con sus propios ojos todo lo que el Señor ha hecho en la tierra de Egipto con el faraón y con todos sus siervos, y con todo su país.

3 Ustedes son testigos de esas grandes pruebas y señales y maravillas.

4 Pero hasta este día el Señor no les ha dado la capacidad de entender, ni de ver ni de oír.

5 Durante cuarenta años yo los he conducido por el desierto, y ni la ropa ni las sandalias que llevan puestas se les han gastado,

6 y para que sepan que yo soy el Señor su Dios, tampoco han tenido que comer pan ni beber vino o sidra.

7 Cuando ustedes llegaron a este lugar, el rey Sijón de Jesbón[a] y el rey Og de Basán[b] nos salieron al encuentro para pelear contra nosotros, y los derrotamos;

8 luego tomamos posesión de su tierra, y *la entregamos a Rubén* y a *Gad* y a la media tribu de Manasés[c] como su propiedad.

9 Así que ustedes deben cumplir con las palabras de este pacto, y ponerlas por obra, para que prosperen en todo lo que hagan.

10 »Este día todos ustedes, los varones de Israel, están en presencia del Señor su Dios: tanto los jefes de tribu como los ancianos y los oficiales,

11 lo mismo que sus niños y sus mujeres, y los extranjeros que habitan entre ustedes, desde los que cortan la leña hasta los que acarrean el agua,

12 y esto es para que entren en el pacto del Señor su Dios, y en el juramento que el Señor su Dios hace hoy con ustedes,

13 para confirmarlos hoy como su pueblo, y para que él sea su Dios, tal y como él lo ha dicho y jurado a Abrahán, Isaac y Jacob, los antepasados de ustedes.

14 Este pacto y este juramento no lo hago solamente con ustedes;

15 lo hago delante del Señor nuestro Dios con los que hoy están aquí presentes con nosotros, y también con los que no están hoy aquí con nosotros.

16 »Ustedes saben cómo vivíamos en Egipto, y cómo hemos pasado por en medio de las naciones que hemos encontrado a nuestro paso;

17 ustedes han visto sus hechos repugnantes, y los ídolos de madera, piedra, plata y oro, que tienen consigo.

18 No vaya a ser que alguno de ustedes, hombre o mujer, familia o tribu, aparte hoy su corazón del Señor nuestro Dios y vaya y sirva a los dioses de esas naciones. No vaya a ser que haya entre ustedes alguna raíz que produzca hiel y ajenjo,[d]

19 y que al oír las palabras de esta maldición, él se bendiga a sí mismo y diga: "Aun cuando persista yo en endurecer mi corazón, voy a estar bien", pues eso podría perjudicarlos a todos, buenos y malos.

20 El Señor no querrá perdonarlo, sino que su ira y su celo se encenderá contra ese hombre, y caerán sobre él todas las maldiciones escritas en este libro, y el Señor borrará su nombre de debajo del cielo.

21 El Señor lo apartará para mal de todas las tribus de Israel, conforme a todas las maldiciones del pacto escritas en este libro de la ley.

---

[a]**29.7:** Nm 21.21-30. [b]**29.7:** Nm 21.31-35. [c]**29.8:** Nm 32.33. [d]**29.18:** Heb 12.15.

[22] Y lo condenarán las generaciones futuras, y los hijos que nazcan después de ustedes, y los extranjeros que vengan de lejanas tierras, al ver las plagas de aquella tierra, y las enfermedades con que el Señor la habrá azotado

[23] (toda su tierra será calcinada con azufre y sal; no será sembrada ni producirá nada, ni crecerá en ella hierba alguna, como sucedió en la destrucción de Sodoma y de Gomorra,[e] y de Adma y de Zeboyin, a las que el Señor destruyó en el furor de su ira);

[24] más aún, todas las naciones dirán: "¿Por qué hizo esto el Señor con esta tierra? ¿Qué significa el ardor de este gran enojo?"

[25] Y se les responderá: "Es que se apartaron del pacto que el Señor, el Dios de sus padres, concertó con ellos cuando los sacó de Egipto,

[26] y fueron y sirvieron a dioses ajenos, y se inclinaron ante ellos. Eran dioses que nunca antes conocieron, y que nada les habían dado.

[27] Por eso se encendió la ira del Señor contra esta tierra, y trajo sobre ella todas las maldiciones escritas en este libro.

[28] El Señor los desarraigó de su tierra con gran ira, furor e indignación, y los expulsó a otro país, como hoy se puede ver."

[29] »Las cosas secretas pertenecen al Señor nuestro Dios, pero las reveladas son para nosotros y para nuestros hijos para siempre, para que cumplamos todas las palabras de esta ley.

Condiciones para la restauración y la bendición

30 [1] »Cuando todo esto te haya sobrevenido, es decir, la bendición y la maldición que he puesto ante ti, si estando en medio de todas las naciones a las que el Señor tu Dios te haya arrojado te arrepientes

[2] y con todo tu corazón y con toda tu alma te vuelves al Señor tu Dios, lo mismo que tus hijos, y prestas atención a su voz conforme a todo lo que hoy te mando cumplir,

[3] entonces el Señor tu Dios hará volver a tus cautivos, y tendrá misericordia de ti, y volverá a recogerte de entre todos los pueblos por donde te haya esparcido.

[4] Aun cuando tus desterrados se encuentren en los lugares más remotos que hay debajo del cielo, de allí te tomará y te recogerá el Señor tu Dios.

[5] »El Señor tu Dios te hará volver a la tierra que tus padres recibieron en propiedad, y será tuya; y te tratará con bondad y te multiplicará más que a tus padres.

[6] »El Señor tu Dios circuncidará tu corazón, y el corazón de tu descendencia, para que lo ames con todo tu corazón y con toda tu alma, y tengas vida.

[7] »El Señor tu Dios pondrá todas estas maldiciones sobre tus enemigos, y sobre los que te odiaban y te perseguían.

[8] Y tú volverás, y escucharás la voz del Señor, y pondrás por obra todos los mandamientos que hoy te ordeno cumplir.

[e] **29.23:** Gn 19.24-25.

MANTENTE CERCA DE DIOS *(Deuteronomio 29.18-21)*

PODER PARA VIVIR

El veneno es dañino para el cuerpo. Pero, ¿sabías tú que ciertas acciones son como veneno? Moisés dijo que la adoración de ídolos era una acción venenosa que podría perjudicar toda la nación. Él sabía que las personas que adoraban ídolos harían que otras personas se alejaran de Dios. Moisés les advirtió a los israelitas que Dios castigaría a cualquier persona que llevara a otros a pecar. Esta advertencia también se aplica a nosotros hoy día. Nuestras acciones o bien pueden llevar a las personas a Dios o hacer que se alejen de Él. Haz una lista de cosas que puedes hacer para llevar a las personas a Dios.

PALABRAS CON PODER

HARÁ VOLVER
(Deuteronomio 30.3)

Dios permitió que Moisés viera que los israelitas no vivirían siempre en la tierra nueva. Poco a poco saldrían de la tierra para ir a vivir por todo el mundo. Pero Dios también le prometió a Moisés que un día Él los haría regresar a la tierra. Esto no ha ocurrido todavía, pero cuando ocurra, el pueblo judío se volverá a Dios y a Jesús el Mesías.

9 »El Señor tu Dios te hará prosperar en
todo lo que hagas con tus manos, y mul-
tiplicará el fruto de tu vientre, el fruto de
tu bestia, y el fruto de tu tierra. Sí, el Señor
volverá a solazarse contigo para bien, tal y
como se solazó con tus padres,
10 siempre y cuando obedezcas la voz del
Señor tu Dios y cumplas los mandamientos
y los estatutos escritos en este libro de la
ley; y siempre y cuando te vuelvas al Señor
tu Dios con todo tu corazón y con toda tu
alma.
11 »Este mandamiento que hoy te ordeno
cumplir no es demasiado difícil para ti, ni se
halla lejos.
12 No está en el cielo, como para que di-
gas: "¿Quién subirá por nosotros al cielo, y
nos lo traerá, para que lo escuchemos y lo
cumplamos?"
13 Tampoco está al otro lado del mar,
como para que digas: "¿Quién cruzará el
mar por nosotros, y nos lo traerá, para que
lo escuchemos y lo cumplamos?"
14 A decir verdad, la palabra está muy cer-
ca de ti: está en tu boca y en tu corazón,
para que la cumplas.[a]
15 »Fíjate bien: hoy he puesto delante de ti
la vida y el bien, la muerte y el mal.
16 Lo que yo te mando hoy es que ames al
Señor tu Dios, que vayas por sus caminos,
y que cumplas sus mandamientos, sus esta-
tutos y sus decretos, para que vivas y seas
multiplicado, y para que el Señor tu Dios te
bendiga en la tierra de la cual vas a tomar
posesión.
17 »Pero si apartas tu corazón y no prestas
atención, y te dejas llevar, y te inclinas ante
dioses ajenos y les sirves,
18 en este día yo les hago saber que uste-
des serán destruidos por completo, y que
no prolongarán sus días en la tierra al otro
lado del Jordán, de la cual van a tomar po-
sesión.
19 Hoy pongo a los cielos y a la tierra por
testigos contra ustedes, de que he puesto
ante ustedes la vida y la muerte, la bendi-
ción y la maldición. Escoge, pues, la vida,
para que tú y tu descendencia vivan;
20 y para que ames al Señor tu Dios, y
atiendas a su voz, y lo sigas, pues él es para
ti vida y prolongación de tus días. Así habi-
tarás la tierra que el Señor juró a tus padres,
Abrahán,[b] Isaac[c] y Jacob,[d] que les daría a us-
tedes.»

Josué sucede a Moisés

31 1 Moisés fue y repitió ante todo
Israel estas palabras.
2 Les dijo:
«Hoy cumplo ciento veinte años de edad.
Ya no puedo salir ni entrar. Además, el Se-
ñor me ha dicho: "Tú no vas a cruzar este
río Jordán."[a]
3 Será Josué quien lo cruce delante de us-
tedes, como el Señor lo ha dicho. Con él lo
cruzará el Señor su Dios, y será él quien des-
truya a estas naciones que tienen delante de
ustedes, para que tomen posesión de ellas.
4 El Señor hará con ellos lo mismo que hizo
con Sijón y con Og, los reyes de los amorreos,
a quienes destruyó,[b] y con su tierra.
5 El Señor los pondrá en sus manos, y us-
tedes harán con ellos conforme a todo lo
que les he ordenado.
6 Esfuércense y cobren ánimo; no teman,
ni tengan miedo de ellos, porque contigo
marcha el Señor tu Dios, y él no te dejará ni
te desamparará.»

[a] **30.12-14:** Ro 10.6-8. [b] **30.20:** Gn 12.7. [c] **30.20:** Gn 26.3. [d] **30.20:** Gn 28.13. [a] **31.2:** Nm 20.12. [b] **31.4:** Nm 21.21-35.

7 Moisés llamó a Josué, y en presencia de todo Israel le dijo:

«Esfuérzate y anímate; porque tú entrarás con este pueblo a la tierra que el Señor juró a sus padres que les daría, y tú les darás posesión de ella.

8 El Señor va delante de ti. Él estará contigo, y no te dejará ni te desamparará.[c] No temas ni te intimides.»

9 Moisés escribió esta ley y se la entregó a los sacerdotes hijos de Leví, los cuales llevaban el arca del pacto del Señor, y a todos los ancianos de Israel.

10 Luego, Moisés les dio la siguiente orden:

«Cada siete años,[d] en el año de la condonación de deudas y durante la fiesta de las enramadas,[e]

11 cuando todo Israel se presente delante del Señor tu Dios en el lugar que él escoja, leerás esta ley en voz alta, a oídos de todo Israel.

12 Congregarás a todo el pueblo, es decir, a hombres, mujeres y niños, y a los extranjeros que vivan en tus ciudades, para que oigan y aprendan, y teman al Señor su Dios, y se dediquen a cumplir todas las palabras de esta ley.

13 Así, los hijos de ellos que no conocieron esta ley la oirán, y aprenderán a temer al Señor su Dios todos los días que vivan en la tierra al otro lado del Jordán, que es adonde se dirigen para tomar posesión de ella.»

14 El Señor le dijo a Moisés:

«Mira, el día de tu muerte se acerca, así que llama a Josué, y espérenme en el tabernáculo de reunión para que le dé mis órdenes.»

Moisés y Josué se dirigieron al tabernáculo de reunión, y allí esperaron.

15 Entonces el Señor se apareció en el tabernáculo, en la columna de nube, y ésta se detuvo sobre la puerta del tabernáculo.

16 Allí el Señor le dijo a Moisés:

«Tú vas ahora a dormir con tus padres. Pero este pueblo se rebelará y me será infiel con los dioses ajenos de la tierra a la cual van a entrar. Me abandonará y anulará el pacto que he concertado con ellos.

17 Cuando eso suceda, se encenderá mi furor contra ellos, y los abandonaré; les daré la espalda y serán destruidos, y les sobrevendrán muchos males y angustias, y entonces dirán: "¡Todos estos males nos han sobrevenido porque nuestro Dios no está en medio de nosotros!"

18 Lo cierto es que, cuando eso suceda, yo les daré la espalda por todas las maldades que ellos habrán cometido, y por haberse ido tras dioses ajenos.

19 Así que escriban este cántico. Tú mismo, enséñaselo a los hijos de Israel; ponlo en sus labios, para que este cántico me sirva de testimonio contra los hijos de Israel.

20 Porque yo los introduciré en la tierra que juré a sus padres, tierra que fluye leche y miel, y ellos comerán hasta saciarse, y engordarán, y se volverán a dioses ajenos y les servirán, y me harán enojar, e invalidarán mi pacto.

21 Y cuando les sobrevengan muchos males y angustias, este cántico será el testigo que les refute en su propia cara, pues será evocado por los labios de sus descendientes. En realidad, yo sé de antemano lo que se proponen, aun antes de introducirlos en la tierra que juré darles.»

PROMESAS PODEROSAS

DEUTERONOMIO 31.8

El Señor va delante de ti. Él estará contigo, y no te dejará ni te desamparará. No temas ni te intimides.

Dios le hace la misma promesa a todos los que siguen a Jesús. Él prometió: "Yo estaré con ustedes todos los días, hasta el fin del mundo" (Mateo 28:20). Si amamos a Dios por encima de cualquier otra cosa, Él siempre estará con nosotros.

[c] **31.8:** Jos 1.5; Heb 13.5. [d] **31.10:** Dt 15.12. [e] **31.10:** Dt 16.13-15.

22 Ese mismo día Moisés escribió este cántico, y se lo enseñó a los hijos de Israel.
23 Y el Señor le dio esta orden a Josué[f] hijo de Nun:
«Esfuérzate y anímate,[g] que tú vas a hacer que los hijos de Israel entren en la tierra que juré darles. Yo estaré contigo.»

Se ordena guardar la ley junto al arca

24 Cuando Moisés terminó de escribir en un libro todas las palabras de esta ley,
25 a los levitas que llevaban el arca del pacto del Señor les dio la siguiente orden:
26 «Tomen este libro de la ley, y pónganlo junto al arca del pacto del Señor su Dios. Déjenlo allí como testigo contra ustedes.
27 Yo se bien que ustedes son rebeldes y obstinados. Si aun ahora que vivo entre ustedes, se rebelan contra el Señor, ¡con más razón lo harán después que yo haya muerto!
28 Reúnan a mi alrededor a todos los ancianos de sus tribus, y a sus oficiales, que yo voy a decirles claramente estas palabras, y a poner a los cielos y a la tierra como testigos contra ellos.
29 Yo sé bien que después de mi muerte ustedes se van a corromper y se apartarán del camino que les he mandado seguir, y que en los últimos días les sobrevendrán males por la maldad que cometerán a los ojos del Señor, y que las obras de sus manos provocarán su enojo.»

Cántico de Moisés

30 Entonces Moisés repitió ante toda la congregación de Israel todas las palabras de este cántico:

32 1 Escúchenme, cielos, que voy a hablar;
¡que oiga la tierra lo que dirán mis labios!
2 Mi enseñanza se derramará como la lluvia;
mis razonamientos caerán como el rocío.

PROMESAS PODEROSAS

DEUTERONOMIO 32.4

Él es nuestra Roca, y su obra es perfecta; todos sus caminos son de justicia. Es el Dios de la verdad, justo y recto; en él no hay ninguna maldad.

Dios es nuestra Roca fuerte. Él promete protegernos. Él es el Dios verdadero y podemos confiar en Él.

Serán como la llovizna sobre la grama,
como gotas de agua sobre la hierba.

3 Voy a proclamar el nombre del Señor;
voy a enaltecer a nuestro Dios.
4 Él es nuestra Roca, y su obra es perfecta;
todos sus caminos son de justicia.
Es el Dios de la verdad, justo y recto;
en él no hay ninguna maldad.
5 La corrupción no es suya, sino de sus hijos,
que son gente torcida y perversa.

6 Tú, pueblo loco e ignorante,
¿así le pagas al Señor?
¡Él es tu padre! ¡Es tu Creador!
¡Él te hizo y te afirmó!
7 Acuérdate de los tiempos pasados;
trae a la memoria los años ya idos.
Pregúntale a tu padre, y te lo dirá;
y a tus ancianos, y te contarán
8 cuando el Altísimo dio su herencia a las naciones,
cuando hizo el reparto entre el género humano:
él estableció los linderos de los pueblos
según el número de los hijos de Israel.

9 La porción del Señor es su pueblo;
Jacob es la herencia que le tocó.
10 Lo encontró en un lugar deshabitado;
en un yermo horrible y solitario.
Lo atrajo hacia él mismo, y lo instruyó;

[f] **31.23:** Nm 27.23. [g] **31.23:** Jos 1.6.

¡lo cuidó como a la niña de sus ojos!
11 Así como el águila revolotea sobre
el nido
y anima a sus polluelos a volar,
y extiende sus alas y los levanta en vilo,
y los sostiene sobre sus alas,
12 así también el Señor los guió,
sin la ayuda de ningún dios extraño.
13 Los hizo ascender a las alturas de la
tierra,
y les dio a comer los frutos del campo;
de la roca los hizo libar dulce miel,
¡del duro pedernal los hizo extraer
aceite!
14 Los alimentó con leche y mantequilla,
con grasa de corderos y carneros de
Basán,
y con la carne de machos cabríos;
les dio a comer del mejor trigo
y les dio a beber del mejor vino.

15 Pero Jesurún engordó y dio de coces
(engordó, se llenó de grasa),
y abandonó al Dios que lo hizo;
¡menospreció a la Roca de su salvación!
16 Con dioses ajenos despertó sus celos;
con sus repugnantes hechos provocó
su ira.
17 En vez de ofrecerle sacrificios a Dios,[a]
se los ofreció a los demonios,
a dioses que nunca antes había cono-
cido;
a dioses nuevos, venidos de cerca,
a los que sus padres nunca antes
adoraron.

18 Te olvidaste de la Roca que te creó;
te olvidaste del Dios que te dio el ser.
19 El Señor vio esto, y se encendió su ira,
porque sus hijos y sus hijas lo menos-
preciaron.
20 Entonces dijo: «Les daré la espalda.
Voy a ver en qué terminan,
porque son una generación perversa;
son unos hijos inconstantes.
21 Despiertan mis celos[b] con sus ídolos;
¡provocan mi enojo con dioses que no
son dioses!
Pero yo también los provocaré a celos
con un pueblo que no es pueblo;
provocaré su enojo con una nación
insensata.[c]
22 Porque mi ira es un fuego ardiente,
y arderá hasta las profundidades del
sepulcro;
devorará la tierra y sus frutos,
y consumirá los fundamentos de los
montes.
23 Amontonaré sobre ellos calamidades;
¡lanzaré contra ellos mis saetas!
24 El hambre, la fiebre y la peste
los consumirán, y acabarán con ellos;
también enviaré contra ellos colmillos
de fieras
y el veneno de serpientes de la tierra.
25 Afuera, los aniquilará la espada;
adentro de sus casas, los dominará el
terror;
lo mismo a jóvenes que a doncellas,
lo mismo a niños de pecho que a
gente anciana.

26 »Yo había jurado que los esparciría
muy lejos,
que pondría fin a su memoria entre los
hombres,
27 pero evité las provocaciones del
enemigo,
para que no se envanecieran sus
adversarios.
No quise que creyeran que todo esto
lo había hecho su propia mano, y no
el Señor.
28 Porque son una nación carente de
buen juicio:
no tienen capacidad de entendimiento.
29 ¡Si al menos fueran sabios y entendie-
ran esto,
y se dieran cuenta del fin que les
espera!
30 ¿Cómo podría un solo hombre per-
seguir a mil,

[a] **32.17:** 1 Co 10.20. [b] **32.21:** 1 Co 10.22. [c] **32.21:** Ro 10.19.

si yo, el Señor, no se los hubiera vendido?
¿Cómo podrían sólo dos poner en fuga a diez mil,
si yo, su Roca, no se los hubiera entregado?»

[31] La roca de aquellos no es como nuestra Roca,
y hasta nuestros enemigos pueden constatarlo.
[32] La vid de ellos es de la vid de Sodoma,
¡es de los campos de Gomorra!
Sus uvas son uvas ponzoñosas,
y producen racimos de amargura.
[33] Su vino es un veneno de serpientes,
¡no es sino mortal ponzoña de áspides!

[34] «¿Acaso no he guardado esto conmigo,
y lo tengo sellado entre mis tesoros?
[35] A mí me corresponde tomar venganza;[d]
¡en su momento caerán, y les daré su merecido!
Ya se acerca el día de su aflicción;
¡pronto viene lo que les tengo preparado!»

[36] Sí, el Señor juzgará a su pueblo,
y por amor de sus siervos cambiará de parecer
al ver que su fuerza se ha debilitado
y que ya no quedan siervos ni libres.
[37] Entonces dirá: «¿Y dónde están sus dioses,
esas rocas en las que se refugiaban,
[38] *que se comían la grasa de sus sacrificios,*
y bebían el vino de sus libaciones?
¡Que se levanten y vengan a ayudarlos!
¡Que vengan a defenderlos!
[39] Reconozcan ahora que yo soy Dios,
y que no hay otros dioses conmigo.
Yo doy la vida, y yo la quito;
yo hiero de muerte, y yo devuelvo la vida,
y no hay nadie que pueda evitarlo. 1R 13.6
[40] Yo levanto la mano hacia los cielos
y juro que vivo para siempre.
[41] Cuando afile mi espada reluciente
y eche mano de ella en el juicio,
tomaré venganza de mis enemigos
y a los que me odian les daré su merecido.
[42] Empaparé de sangre mis saetas,
y mi espada se saciará de carne viva;
de la sangre de los heridos y de los cautivos,
de las cabezas de mis enemigos de larga melena.»

[43] Ustedes las naciones, alaben al pueblo del Señor,[e]
porque él vengará la sangre de sus siervos[f]
y tomará venganza de sus enemigos;
¡él hará expiación por la tierra de su pueblo!

[44] Moisés se presentó ante el pueblo y, junto con Josué hijo de Nun, les repitió todas las palabras de este cántico.

[45] Y cuando Moisés terminó de recitar todas estas palabras ante todo Israel,

[46] les dijo:

«Entréguense de corazón a cumplir todas las palabras de esta ley que hoy les he expuesto, y vean que sus hijos las cumplan, y ocúpense de cumplirlas.

[47] No se trata de palabras sin sentido, sino que se trata de su propia vida. Por medio de esta ley ustedes prolongarán su vida sobre la tierra al otro lado del Jordán, adonde ahora se dirigen para tomar posesión de ella.»

Moisés contempla la tierra de Canaán

[48] Ese mismo día el Señor habló con Moisés. Le dijo:

[d]**32.35:** Ro 12.19; Heb 10.30. [e]**32.43:** Ro 15.10. [f]**32.43:** Ap 19.2.

[49] «Sube al monte Abarín, a la cumbre del
monte Nebo, que está en la tierra de Moab,
frente a Jericó, y contempla la tierra de Ca-
naán, que yo doy a los hijos de Israel como
su propiedad.
[50] Allí, en ese monte al cual vas a subir,
morirás y te reunirás con tu pueblo, del
mismo modo que antes tu hermano Aarón
murió en el monte Hor y fue a reunirse con
su pueblo.
[51] Allá, en las aguas de Meriba de Cadés,
en el desierto de Zin, ustedes pecaron con-
tra mí delante de los hijos de Israel, y delante
de ellos no me santificaron.
[52] Por eso, sólo verás ante tus ojos la tierra
que voy a dar a los hijos de Israel, pero no
entrarás en ella.»[g]

Moisés bendice a las tribus de Israel

33 [1] Antes de morir Moisés, varón
de Dios, bendijo a los hijos de
Israel, y ésta es la bendición que
pronunció.
[2] Dijo:

Del monte Sinaí viniste, Señor;
desde Seír dejaste ver tu esplendor.
Desde el monte de Parán resplandeciste
cuando viniste entre millares de santos,
con la ley de fuego en tu mano dere-
cha.

[3] Tú, Señor, amas a tu pueblo;
todo tu pueblo santo está en tus
manos.
Por eso ellos siguen tus pasos
y reciben de ti su dirección.
[4] Moisés nos entregó una ley,
que es la herencia de la congregación
de Jacob.
[5] Tú, Señor, eres rey en Jesurún,
en la congregación de los jefes del
pueblo,
junto con las tribus de Israel.

[6] ¡Que viva Rubén! ¡Que nunca muera!
¡Que sus hombres sean muy nume-
rosos!

[7] Para Judá, Moisés pronunció esta ben-
dición:

Señor, oye la voz de Judá,
y hazlo volver a su pueblo.
Que sean sus propias fuerzas suficientes,
y que seas tú su ayuda contra sus
enemigos.

[8] A Leví le dijo:

Que sean el Urim y el Tumim[a] para tu
hombre fiel,
aquel a quien pusiste a prueba en
Masah,[b]
aquel con quien contendiste en Meriba,[c]
[9] aquel que dijo de su padre y de su
madre: «Nunca los he visto»;
aquel que no reconoció a sus hermanos,
ni tampoco reconoció a sus hijos,
aunque sí obedeció tus palabras
y cumplió tu pacto.
[10] Él enseña tus preceptos a Jacob,
instruye en tu ley a Israel,
pone delante de ti el incienso
y coloca sobre tu altar el holocausto.
[11] Señor, bendice todo lo que él haga
y recibe con agrado la obra de sus
manos;
¡hiere de muerte a sus enemigos,
y que jamás se levanten quienes lo
odian!

[12] A Benjamín le dijo:

El amado del Señor vivirá confiado
cerca de él,
y se apoyará sobre sus hombros,
pues el Señor lo protegerá siempre.

[13] A José le dijo:

¡Que el Señor bendiga tu tierra

[g] **32.48-52:** Nm 27.12-14; Dt 3.23-27. [a] **33.8:** Éx 28.30. [b] **33.8:** Éx 17.7. [c] **33.8:** Éx 17.7; Nm 20.13.

con las mejores lluvias de los cielos
y con las aguas que brotan del abismo!
14 ¡Que el Señor te bendiga
con los mejores frutos del sol
y con los ricos productos de la luna!
15 ¡Que el Señor te bendiga
con los mejores frutos de los montes perennes
y con la abundancia de las montañas eternas;
16 con los mejores dones de toda la tierra
y con el favor del que habita en la zarza!
¡Que todo esto se derrame sobre José,
sobre aquel que es el príncipe de sus hermanos!
17 ¡Su poder es el del primogénito de un toro!
¡Sus astas son recias, como las de un búfalo!
¡Con ellas corneará a todos los pueblos
hasta los confines de la tierra!
¡Así son las diez legiones de Efraín!
¡Así son las cien legiones de Manasés!

18 A Zabulón le dijo:

Tú, Zabulón, te alegras cuando sales;
y tú, Isacar, cuando te quedas en tus tiendas.
19 Llamarán a los pueblos a su monte,
y allí ofrecerán sacrificios de justicia.
Se aprovecharán de la abundancia de los mares,
y de los tesoros escondidos en la arena.

20 A Gad le dijo:

¡Bendito sea el que ensanche a Gad!
Parece reposar como un león,
pero de pronto arrebata brazo y cabeza.
21 Escoge para sí lo mejor de la tierra;
se reserva la parte que es del legislador.
Marcha a la cabeza del pueblo de Israel
y ejecuta los justos mandatos y decretos del Señor.

22 A Dan le dijo:

Tú, Dan, eres un cachorro de león
que salta desde Basán.

23 A Neftalí le dijo:

Tú, Neftalí, estás saciado de favores;
¡rebosas de las bendiciones del Señor!
¡Eres dueño del occidente y del sur!

24 A Aser le dijo:

Tú, Aser, eres el más bendecido de los hijos
y el más amado de los hermanos.
Tus pies se empaparán en aceite.
25 Tendrás cerrojos de hierro y bronce,
y tantas fuerzas como días de vida.
26 No hay Dios como el Dios de Jesurún,
que cabalga sobre las nubes de los cielos
para venir, con su grandeza, en tu ayuda.
27 El Dios eterno es tu refugio;
aquí en la tierra siempre te apoya.
Delante de ti desalojó al enemigo,
y te ordenó que lo destruyeras.
28 Vive confiado, Israel;
habita solitario, fuente de Jacob,
en la tierra de trigo y de vino.
También tus cielos destilan rocío.
29 ¡Bienaventurado tú, Israel!
¿Quién como tú,
pueblo que el Señor ha rescatado?
El Señor es tu escudo y tu socorro;
¡es la espada de tu triunfo!
Tus enemigos serán humillados;
¡tú aplastarás sus lugares altos!

Muerte y sepultura de Moisés

34 1 Moisés subió desde los campos de Moab hasta el monte Nebo, hasta la cumbre del Pisga, que está enfrente de Jericó, y

a lí el Señor le mostró toda la tierra, desde Galaad hasta Dan,

2 y todo Neftalí, y también la tierra de Efraín y de Manasés, es decir, toda la tierra de Judá hasta el mar occidental,

3 el Néguev y la llanura, el llano de Jericó y la ciudad de las palmeras, hasta Soar.

4 Allí el Señor le dijo:

«Ésta es la tierra que juré dar a los descendientes de Abrahán,[a] Isaac[b] y Jacob.[c] Te he permitido verla con tus propios ojos, pero no entrarás en ella.»

5 Allí, en la tierra de Moab, murió Moisés, el siervo del Señor, conforme a lo que el Señor había dicho,

6 y allí mismo lo enterró, en el valle, en la tierra de Moab, frente a Bet Pegor, y hasta el día de hoy nadie conoce el lugar donde fue sepultado.

7 Cuando Moisés murió, tenía ciento veinte años de edad; pero sus ojos nunca se le nublaron, ni perdió su vigor.

8 Los hijos de Israel lloraron a Moisés en los campos de Moab durante treinta días. Así se cumplieron los días de llanto y de luto por la muerte de Moisés.

9 Como Moisés puso sus manos sobre Josué hijo de Nun, éste fue lleno de espíritu de sabiduría, y los hijos de Israel le obedecieron e hicieron lo que el Señor le había ordenado a Moisés.

10 Nunca más surgió en Israel un profeta que, como Moisés, hubiera conocido al Señor cara a cara.[d]

11 Nadie le igualó en todas las señales y prodigios que el Señor le mandó hacer en Egipto, contra el faraón y contra todos sus siervos y su país,

12 ni en el gran poder y en los hechos grandiosos y terribles que hizo a la vista de todo Israel.

LECCIONES **UN PROFETA COMO MOISÉS**

(Deuteronomio 34.10)

El último capítulo en Deuteronomio es una breve biografía de Moisés. Se le consideraba uno de los más grandes profetas que jamás hubiera vivido. Pero lo más grandioso de Moisés era el hecho que estaba tan cerca de Dios. La meta más sagrada para todas las personas que creen en Dios es ser un amigo íntimo de Él. ¿En realidad podemos ser amigos íntimos de Dios? ¡Sí! Jesús les dijo a sus discípulos: "Ustedes son mis amigos, si hacen lo que yo les mando" (Juan 15:14). ¿Quieres tú ser amigo de Dios? ¿Estás dispuesto a obedecer sus mandamientos?

[a]**34.4:** Gn 12.7. [b]**34.4:** Gn 26.3. [c]**34.4:** Gn 28.13. [d]**34.10:** Éx 33.11.

JOSUÉ

Autor: **Josué**
Tema: **La conquista de Canaán**
Fecha en que se escribió: **c. siglo 14 a.C.**

LA CONQUISTA DE CANAÁN

El libro de Josué nos cuenta acerca de la vida y la obra de Josué. Cuando Moisés supo que iba a morir, escogió a Josué para tomar su lugar como líder de los israelitas. Este libro nos cuenta cómo el pueblo de Dios derrotó poco a poco al pueblo de Canaán y luego empezó a vivir en esta tierra. El libro muestra que Dios cumplió su promesa para con Israel.

LO QUE ENCONTRARÁS EN EL LIBRO

La primera sección (1:1-5, 15) describe las órdenes que Dios le dio a su general escogido, Josué. Cuenta cómo los israelitas se prepararon para entrar a Canaán (1:1—3:13) y cómo cruzaron el río Jordán (3:14—5).

La segunda sección (6:1—13:7) cuenta cómo Israel obedeció a Dios y ganó tremendas victorias sobre el pueblo de Canaán. Una de las historias más impresionantes cuenta cómo los israelitas conquistaron la ciudad de Jericó al marchar alrededor de ella una vez al día por seis días y siete veces el séptimo día (capítulo 6). Pero los israelitas no siempre ganaban. Perdieron la batalla en Hai porque desobedecieron a Dios (capítulo 7).

La tercera sección (13:8—22:34) registra cómo Josué dividió la tierra entre las doce tribus de Israel. También habla acerca de la herencia de Caleb (porque él y Josué fueron los únicos dos espías que habían dado un buen reporte acerca de Canaán cuarenta años antes), las seis ciudades de refugio, y las cuarenta y ocho ciudades de los levitas. El libro cierra con dos mensajes de despedida de parte de Josué (23:1—24:28) y unas palabras finales de homenaje a Josué y Eleazar, el sumo sacerdote (24:29-33).

¿SABÍAS QUE...?

- Este libro está lleno de historias verdaderas de milagros y victorias impresionantes.
- Se podría decir que este es un libro acerca del heroísmo y de la "guerra santa". El pueblo de Dios tuvo que luchar para conquistar la Tierra Prometida y Dios le dio victorias.
- Muestra cuán importante es que los padres les hablen a sus hijos de Dios.

Preparativos para la conquista

Después de la muerte de Moisés, el siervo del Señor, habló el Señor con Josué hijo de Nun, que era siervo de Moisés, y le dijo:

2 «Moisés, que fue mi siervo, ha muerto. De ahora en adelante tú estarás al frente del pueblo. Crucen ahora juntos el Jordán, este pueblo y tú, y vayan a la tierra que voy a darles a los hijos de Israel.

3 Tal y como se lo prometí a Moisés, voy a darles cada lugar donde pongan los pies.

4 Su territorio se extenderá desde el desierto y el Líbano, hasta el gran río Éufrates, y toda la tierra de los hititas, hasta el mar grande, donde se pone el sol.

5 Mientras vivas, nadie podrá hacerte frente,[a] porque yo estaré contigo como antes estuve con Moisés. No te dejaré, ni te desampararé.[b]

6 Esfuérzate y sé valiente,[c] porque tú serás quien reparta a este pueblo, como herencia, la tierra que juré a sus padres que les daría.

7 Pero tienes que esforzarte y ser muy valiente. Pon mucho cuidado y actúa de acuerdo con las leyes que te dio mi siervo Moisés. Nunca te apartes de ellas, ni a la derecha ni a la izquierda, y así tendrás éxito en todo lo que emprendas.

8 Procura que nunca se aparte de tus labios este libro de la ley. Medita en él de día y de noche, para que actúes de acuerdo con todo lo que está escrito en él. Así harás que prospere tu camino, y todo te saldrá bien.

Jos 22.5

9 Escucha lo que te mando: Esfuérzate y sé valiente. No temas ni desmayes, que yo soy el Señor tu Dios, y estaré contigo por dondequiera que vayas.»

10 Entonces Josué les ordenó a los oficiales del pueblo:

11 «Recorran todo el campamento y díganle al pueblo que prepare comida, porque dentro de tres días ellos cruzarán el Jordán para tomar la tierra que el Señor nuestro Dios va a darles.»

12 Josué habló también con los rubenitas y los gaditas, y con la media tribu de Manasés, y les dijo:

13 «Acuérdense de que Moisés, el siervo del Señor, les dijo que el Señor es también el Dios de ustedes, y que les dará reposo en esta tierra.

14 En la tierra que Moisés les dio a ustedes de este lado del Jordán se quedarán las mujeres, los niños y los ganados; pero todos los hombres valientes y fuertes que haya entre

PROMESAS PODEROSAS

JOSUÉ 1.5

Mientras vivas, nadie podrá hacerte frente, porque yo estaré contigo como antes estuve con Moisés. No te dejaré, ni te desampararé.

Dios prometió que siempre estaría con Josué. Dios lo ayudó con cada reto que enfrentó. ¡Este versículo es una promesa de Dios con la cual tú también puedes contar! ¡Él siempre está contigo!

[a] **1.3-5:** Dt 11.24-25. [b] **1.5:** Dt 31.6, 8; Heb 13.5. [c] **1.6:** Dt 31.6, 7, 23.

PODER PARA VIVIR

ATRAVESANDO EL RÍO JORDÁN *(Josué 1.2)*

Las órdenes de Dios a Josué parecían imposibles de realizar y daban miedo. Dios le dijo que hiciera que los israelitas cruzaran el río Jordán y los guiara a batallar con sus enemigos. ¿Cómo podría el pueblo ganar estas batallas y conquistar la tierra? Al confiar en Dios y obedecer sus mandatos. Si tú quieres ser un NIÑO DE DIOS victorioso, necesitas confiar en Dios y obedecer su Palabra. Pídele a Dios que te ayude a ser valiente como lo fue Josué.

ustedes tomarán las armas y marcharán al frente de sus hermanos, para ayudarlos

15 hasta que el Señor les haya dado reposo a sus hermanos y también ellos hayan tomado posesión de la tierra que el Señor su Dios va a darles. Después de eso, ustedes podrán regresar a la tierra que han heredado en este lado del Jordán, la que Moisés, el siervo del Señor, les ha dado del lado donde nace el sol. Entonces podrán tomar posesión de ella.»[d]

16 Ellos le respondieron a Josué:

«Haremos todo lo que nos has mandado, e iremos a dondequiera que nos digas.

17 Así como obedecimos a Moisés en todo, también te obedeceremos a ti. Sólo esperamos que el Señor nuestro Dios esté contigo como estuvo con Moisés.

18 Todo el que sea rebelde y no obedezca tus órdenes, será condenado a muerte. Pero tú, tienes que esforzarte y ser valiente.»

Josué envía espías a Jericó

2 1 Desde Sitín, Josué hijo de Nun envió en secreto a dos espías, y les dijo:

«Vayan y hagan un reconocimiento de esas tierras, y de la ciudad de Jericó.»

Ellos fueron y entraron en casa de una ramera, de nombre Rajab,[a] y allí pasaron la noche.

2 Pero alguien los vio, y fue a darle aviso al rey. Le dijo:

«Debes saber que unos israelitas han llegado esta noche para espiar nuestra tierra.»

3 Entonces el rey mandó a decir a Rajab:

«Saca a los hombres que han llegado a tu casa, pues han venido a espiar nuestras tierras.»

4 Pero ella había escondido ya a los dos hombres, y respondió:

«Es verdad que unos hombres vinieron a mi casa, pero no me enteré de dónde eran.

5 Como ya era de noche, esos hombres salieron cuando ya se iba a cerrar la puerta de la ciudad, y no sé a dónde se fueron. Si van tras ellos, tal vez los alcancen.»

6 Pero ella les había dicho a los espías que subieran a la azotea, y los había escondido entre los manojos de lino que allí había.

7 Sus perseguidores se fueron por el camino del Jordán, hasta los vados, y en cuanto salieron de la ciudad cerraron la puerta.

8 Antes de que los espías se durmieran, la mujer subió a la azotea y les dijo:

9 «Yo sé que el Señor les ha dado esta tierra. Todos los habitantes del país les tienen miedo. Por causa de ustedes están tan atemorizados, que su ánimo está por los suelos.

10 Sabemos que, cuando ustedes salieron de Egipto, el Señor hizo que el Mar Rojo se secara[b] al paso de ustedes. También sabemos lo que ustedes hicieron con Sijón y Og, los dos reyes amorreos al otro lado del Jordán, a quienes ustedes destruyeron.[c]

11 Cuando lo supimos, nuestro ánimo decayó. Por culpa de ustedes, ya no les queda ánimo a nuestros hombres, pues el Señor es Dios en los cielos y en la tierra.

12 Por eso les ruego que me juren por el

[d]**1.12-15:** Nm 32.28-32; Dt 3.18-20; Jos 22.1-6. [a]**2.1:** Heb 11.31; Stg 2.25. [b]**2.10:** Éx 14.21. [c]**2.10:** Nm 21.21-35.

ÉXITO GARANTIZADO *(Josué 1.8)*

¿Cuál es tu concepto del éxito? ¿Tener una pila de dinero? ¿Sacar la puntuación más alta en un juego de video? Dios le dio a Josué la clave del éxito. Le dijo que las personas que conocen y obedecen la Palabra de Dios tendrán éxito. ¿Por qué? Porque la Palabra de Dios nos da la sabiduría para poder hacer lo correcto. Eso no quiere decir que todos los que obedecen a Dios serán ricos. La vida de los hijos de Dios obedientes está en la mano de Él. Él toma las decisiones finales y a veces, eso incluye dolor y sufrimiento.

PALABRAS CON PODER

EL CORDÓN ROJO
(Josué 2.21)

Josué envió a dos espías a Canaán. Una mujer llamada Rajab los escondió en su casa y los mantuvo a salvo. Cuando salieron de su casa, le dijeron que atara un cordón rojo en su ventana. El cordón rojo sería una señal para los israelitas de que mantuvieran a salvo la familia de Rajab cuando destruyeran la ciudad de Jericó. El cordón rojo nos recuerda la sangre de Jesús. La sangre roja que Él vertió en la cruz protege a todo el que confía en Él de la pena del pecado: la muerte. ¿Por qué no le das gracias a Jesús ahora mismo por haber vertido su sangre en la cruz para protegerte?

Señor, que así como yo he tenido misericordia de ustedes, también ustedes la tengan con la casa de mi padre. Pero deben darme una señal segura

13 de que la vida de mi padre y de mi madre, de mis hermanos y hermanas, y de todo lo que es de ellos, serán libradas de la muerte.»

14 Ellos le respondieron:

«Con nuestra vida respondemos por la vida de ustedes. Si ustedes no nos denuncian, puedes estar segura de que, cuando el Señor nos haya dado la tierra, tendremos misericordia de ti.»

15 Entonces, con una cuerda, ella los descolgó por la ventana, porque la casa en la que vivía estaba pegada a la muralla de la ciudad.

16 Luego les dijo:

«Váyanse al monte, para que sus perseguidores no los encuentren. Escóndanse allí unos tres días, hasta que ellos regresen; después, podrán irse por donde vinieron.»

17 Ellos le dijeron:

«Nosotros te hemos hecho un juramento, y lo vamos a cumplir. Así quedaremos libres de culpa.

18 Pero tú debes atar este cordón rojo en la ventana por donde nos descolgaste. Eso nos servirá de señal cuando entremos a la ciudad. Reúne en tu casa a toda tu familia, es decir, a tu padre y a tu madre, y a todos tus hermanos y parientes.

19 Todos los que estén contigo dentro de esta casa, estarán a salvo. Si algo les pasa, nosotros cargaremos con la culpa de su muerte. Pero todo el que salga de las puertas de tu casa, será culpable de su propia muerte, y nosotros no cargaremos con la culpa.

20 *Si tú nos denuncias*, quedaremos libres del juramento que nos has obligado a hacerte.»

21 Y ella respondió:

«Hágase todo tal y como lo han dicho.»

Luego los despidió, y en cuanto se fueron ella ató el cordón rojo a la ventana.

22 Los espías se fueron al monte, y allí estuvieron tres días, hasta que sus perseguidores, que los anduvieron buscando por todo el camino, regresaron porque no los encontraron.

23 Los dos hombres salieron del monte, cruzaron el río, y se fueron a ver a Josué hijo de Nun para contarle todo lo que les había sucedido.

24 Le dijeron:

«El Señor ha puesto esta tierra en nuestras manos. Por causa nuestra, todos los habitantes del país han perdido el ánimo.»

El paso del Jordán

3 1 Por la mañana, muy temprano, Josué y todos los hijos de Israel se levantaron y partieron de Sitín. Al llegar al Jordán, se quedaron allí antes de cruzarlo.

2 Tres días después, los oficiales recorrieron el campamento

3 y le dijeron al pueblo:

«Cuando vean a los sacerdotes levitas llevar el arca del pacto del Señor su Dios, ustedes deberán salir de donde estén y marchar tras ella

4 para que conozcan el camino, pues

ustedes nunca han pasado por ahí. Pero no deben acercarse al arca, sino mantenerse a una distancia de novecientos metros.»

[5] Y Josué le dijo al pueblo:

«Purifíquense, porque mañana el Señor hará maravillas en medio de ustedes.»

[6] Luego, Josué llamó a los sacerdotes y les dijo:

«Tomen el arca del pacto, y crucen el río delante del pueblo.»

Y ellos la tomaron y guiaron al pueblo.

[7] Entonces el Señor le dijo a Josué:

«Hoy mismo voy a darte mayor autoridad ante todo el pueblo de Israel, para que sepan que estoy contigo, como antes estuve con Moisés.

[8] A los sacerdotes que llevan el arca del pacto diles que, tan pronto como lleguen a la orilla del río Jordán, se detengan allí.»

[9] Josué llamó entonces al pueblo de Israel. Cuando ellos se acercaron, les dijo:

«Escuchen las palabras del Señor su Dios.

[10] Ustedes sabrán que el Dios de la vida está en medio de ustedes, en que él va a limpiar esta tierra de cananeos, hititas, jivitas, ferezeos, gergeseos, amorreos y jebuseos.

[11] Aquí está el arca del pacto del Señor de toda la tierra. A la vista de ustedes ella va a cruzar el Jordán hasta la mitad del río.

[12] Escojan a doce hombres de las tribus de Israel, uno de cada tribu,

[13] y cuando los sacerdotes que llevan el arca del Dios y Señor de toda la tierra planten su pie en las aguas del Jordán, éstas se partirán en dos, y las aguas que vienen de río arriba se detendrán y se acumularán hasta formar un muro.»

[14] El pueblo salió entonces de sus tiendas de campaña, dispuesto a cruzar el Jordán.

PODEROSAS MUJERES DE DIOS

RAJAB

Rajab vivía en Jericó. Su casa estaba construida sobre el muro que protegía la ciudad. La gente de Jericó había oído historias acerca del poderoso ejército israelita y del Dios que luchaba por ellos. De modo que cuando dos espías israelitas aparecieron a la puerta de Rajab, ella probablemente quería gritar para pedir auxilio.

Pero no lo hizo. Más bien, permitió que los espías se quedaran en su casa. Cuando el rey de Jericó se enteró de esto, le mandó a Rajab que le entregara a los espías. Pero Rajab los escondió sobre el techo de su casa y le mintió al rey al decirle que no estaban allí. Rajab acordó proteger a los espías después que le prometieron que cuando los israelitas atacaran Jericó, no le harían ningún daño a ella y a su familia. Los espías le dijeron a Rajab que atara un cordón rojo en la parte de afuera de su ventana. Cuando los soldados veían el cordón rojo, no le harían daño.

El pueblo de Rajab eran enemigos de los israelitas. Entonces, ¿por qué haría ella algo tan arriesgado? Ella sabía que los israelitas confiaban en un Dios que era todopoderoso. Sabía que el Dios de los israelitas los protegería y les daría la victoria sobre Jericó.

Rajab no sabía mucho acerca de Dios, pero sí sabía que era poderoso. Esto agradó a Dios, y Él la protegió a ella y a su familia de ser atacada.

Rajab tomó un gran riesgo al salvar a los espías. Ella ha podido ser matada. Pero sabía que el Dios de Israel no era un dios común y corriente, sino uno que tenía el poder para salvar. Dios todavía tiene poder hoy día para ayudarnos y salvarnos de nuestros pecados a través de su Hijo, Jesús. ¿Estás tú dispuesto a creer en Él?

Puedes leer acerca de Rajab en Josué 2, 6 y Mateo 1:5

PALABRAS CON PODER **PURIFÍQUENSE**
(Josué 3.5)

Purificar algo significa separarlo de cualquier cosa impura. Una persona o un objeto que es purificado, es apartado para los propósitos de Dios. Dios quería que los israelitas fueran limpios adentro y afuera antes que cruzaran el río Jordán. Lavaron su cuerpo y su ropa y volvieron su corazón a Dios. Sus acciones nos recuerdan que Dios no actuará poderosamente a nuestro favor si no mantenemos nuestra vida pura y libre de pecado. No podemos mantenernos limpios por nosotros mismos, pero Dios nos ayudará por el poder del Espíritu Santo.

Delante de ellos iban los sacerdotes que lle-
vaban el arca del pacto.
15 El río Jordán suele desbordarse durante
el tiempo de la siega, así que en cuanto los
sacerdotes entraron en el río y sus pies se
mojaron en la orilla,
16 las aguas que fluían de río arriba se de-
tuvieron y se acumularon lejos de la ciudad
de Adán, a un costado de Saretán, mientras
que las aguas que bajaban al mar del Arabá
y al Mar Salado se secaron por completo.
Así las aguas del Jordán quedaron divididas,
y el pueblo pasó y se encaminó hacia Jericó.
17 Mientras tanto, los sacerdotes que lleva-
ban el arca del pacto del Señor se detuvieron
Jue 7.9-23 en medio del Jordán, hasta que todo el pueblo
terminó de cruzarlo sobre terreno seco.

Las doce piedras del Jordán

4 1 Cuando toda la gente terminó de
cruzar el Jordán, el Señor le dijo a
Josué:
2 «Elijan ustedes de entre el pueblo doce
hombres, uno por cada tribu,
3 y díganles que tomen doce piedras de en
medio del Jordán, de donde están parados
los sacerdotes, y que se las lleven y las pon-
gan donde van a pasar la noche.»
4 Josué llamó entonces a los doce hom-
bres que había escogido de entre los hijos
de Israel, uno por cada tribu,
5 y les dijo:
«Pasen ahora delante del arca del Señor
nuestro Dios, hasta la mitad del Jordán,
y tome cada uno de ustedes una piedra y
échesela al hombro, una por cada tribu de
los hijos de Israel.
6 Cada una de ellas será una señal. Y el día
de mañana, cuando los hijos les pregunten a
sus padres qué significan estas piedras,
7 ellos les responderán: "Cuando el pueblo
cruzó el Jordán, las aguas del río se partieron
en dos delante del arca del pacto del Señor.
Así que estas piedras son para que los hijos de
Israel recuerden siempre lo que aquí pasó."»
8 Los hijos de Israel hicieron lo que Josué
les mandó, tal y como el Señor se lo había
dicho a Josué: tomaron doce piedras de en
medio del Jordán, conforme al número de
las tribus de los hijos de Israel, y las llevaron
al lugar donde iban a acampar, y allí las pu-
sieron.
9 Además, Josué tomó otras doce piedras
de en medio del Jordán, de donde los sacer-
dotes que llevaban el arca del pacto planta-
ron sus pies, y las levantó como monumen-
to. Hasta el día de hoy las piedras están allí.
10 Los sacerdotes que llevaban el arca se
pararon en medio del Jordán hasta que el
pueblo hizo todo lo que el Señor le había
ordenado a Josué, cumpliendo así con todo
lo que Moisés le había mandado hacer. El
pueblo se apresuró a cruzar el río.
11 En cuanto el pueblo todo terminó de
cruzar, cruzaron también el arca del Señor y
los sacerdotes, en presencia del pueblo.
12 Delante de Israel pasaron también los
hijos de Rubén y de Gad y la media tribu de
Manasés, que iban armados en obediencia a
lo que Moisés les había dicho.
13 Eran como cuarenta mil hombres arma-
dos y listos para la guerra. Pasaron delante
del Señor y se dirigieron a la llanura de Jericó.

PALABRAS CON PODER

MEMORIAL HECHO CON PIEDRAS

(Josué 4.7,21)

Dios detuvo el flujo del río Jordán para que el pueblo pudiera cruzarlo sin problemas. Antes que el pueblo cruzara el río, doce hombres fuertes levantaron doce piedras grandes del fondo del río. Llevaron estas piedras al otro lado del río donde los amontonaron para formar un monumento. Dios quería que este monumento conmemorativo les recordara a los hijos de los israelitas cómo Él los había ayudado a cruzar el río. ¿Por qué no le pides a uno de tus padres o a otro adulto que te cuente acerca de un momento en que Dios lo ayudó de una manera especial? Puedes escribir lo que te dice esa persona en un papel y colocarlo en un sitio donde te recordará el poder de Dios.

14 Ese día el Señor le dio plena autoridad a Josué delante de todo Israel. Y ellos lo respetaron durante toda su vida, como antes habían respetado a Moisés.

15 El Señor le dijo a Josué:

16 «Ordena a los sacerdotes que llevan el arca del testimonio, que salgan del Jordán.»

17 Y Josué les dio a los sacerdotes la orden de salir del Jordán,

18 y cuando los sacerdotes que llevaban el arca del pacto del Señor salieron de en medio del Jordán, y pisaron tierra seca, las aguas volvieron a su cauce y siguieron corriendo y desbordándose como antes.

19 El pueblo cruzó el Jordán el día diez del mes primero, y acampó en Gilgal, en el extremo oriental de Jericó.

20 Allí en Gilgal, Josué levantó las doce piedras que habían tomado del Jordán,

21 y les habló a los hijos de Israel de esta manera:

«El día de mañana, cuando los hijos pregunten a sus padres qué es lo que significan estas piedras,

22 ustedes les harán saber que Israel cruzó este río sin mojarse los pies,

23 porque el Señor nuestro Dios secó el río mientras nosotros lo cruzábamos, tal y como lo hizo con el Mar Rojo, que también lo secó delante de nosotros, hasta que lo cruzamos.

24 Lo hizo así, para que todos los pueblos de la tierra sepan que la mano del Señor es poderosa, y para que ustedes honren siempre al Señor nuestro Dios.»

La circuncisión y la pascua en Gilgal

5 1 Los reyes amorreos del otro lado del Jordán se enteraron de que el Señor había secado las aguas del Jordán hasta que todo el pueblo de Israel lo cruzó. También lo supieron los reyes cananeos que habitaban cerca del mar. Ante esta noticia, perdieron el valor y el ánimo por causa de los hijos de Israel.

2 Entonces el Señor le dijo a Josué: «Prepara cuchillos afilados, y vuelve a circuncidar a los hijos de Israel.»

3 Josué preparó los cuchillos y circuncidó a los hijos de Israel en la colina de Aralot.[1]

4 La razón de circuncidarlos fue que todos los varones del pueblo y los hombres de guerra que habían salido de Egipto, habían muerto en el desierto o por el camino.

5 Todos aquellos hombres estaban circuncidados, pero no así los que nacieron en el desierto o por el camino.

6 Los hijos de Israel anduvieron cuarenta años por el desierto, hasta que murieron todos los hombres de guerra que salieron de Egipto por no haber obedecido al Señor. Por eso el Señor les dijo que no verían la tierra que les había prometido a sus padres, una tierra abundante en leche y miel.[a]

7 Así que Josué circuncidó a los hijos de aquellos hombres, que ahora ocupaban su lugar, pues no habían sido circuncidados en el camino.

[1] **5.3** Es decir, ***de los Prepucios.*** [a] **5.6:** Nm 14.28-35.

LECCIONES: COMANDANTE DEL EJÉRCITO DEL SEÑOR

(Josué 5.14)

Josué se encontró con un ángel mientras iba de camino a Jericó. El ángel dijo ser el comandante del ejército del Señor. Era un ejército invisible, por lo cual Josué no lo podía ver. Pero el ángel le prometió que este ejército lucharía al lado del pueblo de Dios. Imagínate el alivio que ha debido sentir Josué. Él sabía que los israelitas tenían al poderoso ejército de Dios a su lado. Tú probablemente no tengas que luchar contra soldados, pero tal vez sí tengas que luchar contra el pecado. Nunca olvides que el Espíritu Santo de Dios está listo para ayudarte. Puedes leer más al respecto en Juan 14:16-23.

8 Una vez circuncidados, todos los hom-
bres se quedaron en el campamento hasta
que sanaron.
9 El Señor le dijo entonces a Josué:
«Hoy les he quitado la vergüenza de los
egipcios.»
Y ese lugar se llama Gilgal[a] hasta el día de hoy.
10 Los israelitas acamparon en Gilgal, y el
día catorce del mes primero por la tarde ce-
lebraron la pascua[b] en los llanos de Jericó.
11 Un día después de la pascua comieron
de lo que la tierra producía, y de panes sin
levadura y de trigo tostado.
12 Y al día siguiente de que comieron de los
productos de la tierra, el maná dejó de caer.[c]
Nunca más los hijos de Israel volvieron a te-
ner maná, porque a partir de ese año comie-
ron de lo que la tierra de Canaán producía.

Josué y el enviado de Dios

13 Un día en que Josué estaba cerca de Je-
ricó, de pronto levantó la vista y vio delante
de él a un hombre con una espada desenvai-
nada en la mano. Se acercó a él y le preguntó:
«¿Eres uno de los nuestros, o eres de
nuestros enemigos?»
14 El hombre respondió:
«Ni lo uno ni lo otro. Estoy al mando del
ejército del Señor, y por eso he venido.»
Entonces Josué se inclinó con el rostro en
tierra, y lo adoró, mientras decía:
«¿Qué órdenes tiene mi Señor para este
siervo suyo?»
15 El comandante del ejército del Señor le
respondió:
«Quítate las sandalias de tus pies, porque
estás pisando un lugar sagrado.»
Y Josué obedeció.

La toma de Jericó

6 1 Por temor a los hijos de Israel, la
ciudad de Jericó estaba muy bien
cerrada. Nadie podía entrar ni salir.
2 Entonces el Señor le dijo a Josué:
«Date cuenta de que yo te he entregado
a Jericó y a su rey, con todos sus guerreros.

PALABRAS CON PODER: JERICÓ

(Josué 6.1)

La ciudad de Jericó cubría unos ocho acres. Eso equivale más o menos al tamaño de ocho campos de fútbol. La ciudad era una fortaleza: un lugar de refugio y protección para las personas que vivían dentro de la ciudad y las que vivían cerca de la ciudad. Los muros han debido tener unos treinta pies de altura y veinte pies de anchura. Los habitantes de Jericó pensaban que su ciudad no podía ser conquistada ya que estaba protegida por los dioses cananitas. Pero cuando se vinieron abajo los muros de la ciudad, se dieron cuenta que el *Dios de Israel*, el Dios verdadero, era más poderoso que los dioses falsos de Canaán. Dios ayudó a los israelitas con el problema grande de cómo conquistar Jericó. ¿Tienes tú un problema grande? Dios también quiere ayudarte a ti. ¡Simplemente pídele que lo haga!

[a] **5.9** Heb. ***galal***, rodar. [b] **5.10:** Éx 12.1-13. [c] **5.12:** Éx 16.35.

3 Pero todos tus guerreros deben rodear la ciudad y caminar alrededor de ella una vez al día, durante seis días.

4 Delante del arca, siete sacerdotes llevarán siete bocinas hechas de cuerno de carnero. El séptimo día tus guerreros darán siete vueltas a la ciudad, y mientras tanto los sacerdotes tocarán las bocinas.

5 Cuando oigan el toque prolongado de las bocinas, todo el pueblo debe lanzar fuertes alaridos. Entonces la muralla de la ciudad se vendrá abajo, y en ese momento el pueblo deberá lanzarse directamente contra la ciudad.»

6 Josué hijo de Nun llamó a los sacerdotes y les dijo:

«Lleven el arca del pacto, y que siete sacerdotes vayan tocando las bocinas de cuerno de carnero delante del arca del Señor.»

7 Al pueblo le dijo:

«Pasen adelante y rodeen la ciudad, y los que estén armados vayan delante del arca del Señor.»

8 Tan pronto como Josué habló con el pueblo, los siete sacerdotes que llevaban las bocinas pasaron delante del arca del Señor, y tocaban las bocinas mientras el arca los seguía.

9 Los hombres armados iban delante de los sacerdotes que tocaban continuamente las bocinas, y la retaguardia iba tras el arca.

10 Josué habló entonces con el pueblo, y le ordenó:

«Que nadie grite ni haga oír su voz. Todos deben guardar absoluto silencio, hasta que yo les ordene gritar. Entonces sí, gritarán muy fuerte.»

11 Josué hizo que el arca del Señor diera una vuelta alrededor de la ciudad, y que volvieran después al campamento para pasar allí la noche.

12 Pero al día siguiente Josué madrugó, y los sacerdotes tomaron el arca del Señor.

13 Los siete sacerdotes iban delante del arca, sin dejar de avanzar ni de tocar las bocinas. Los hombres armados iban delante de ellos, mientras que la retaguardia iba tras el arca del Señor. Las bocinas no dejaban de sonar.

14 Lo mismo hicieron el segundo día: le dieron otra vuelta a la ciudad, y volvieron al campamento. Esto mismo lo hicieron durante seis días.

15 El séptimo día todo el pueblo se levantó al despuntar el alba, y rodeó la ciudad siete veces. Ése fue el único día que la rodearon siete veces.

16 Pero al tocar los sacerdotes las bocinas por séptima vez, Josué ordenó al pueblo:

«Griten con todas sus fuerzas, porque el Señor les ha entregado la ciudad.

17 Y será destruida en honor al Señor, con todo lo que hay en ella. Solamente quedará con vida Rajab la ramera y los que estén en su casa, porque ella escondió a los hombres que enviamos a reconocer el lugar.

18 Y ustedes, tengan cuidado de no caer bajo condenación. No toquen ni tomen nada de lo que está bajo maldición, para que el campamento de Israel no sea destruido y perturbado.

19 Todo lo que sea de plata y oro, y los utensilios de bronce y de hierro, se consagrarán al Señor y entrarán en su tesoro.»

20 El pueblo lanzó fuertes gritos, y los sacerdotes tocaron las bocinas; y cuando el pueblo oyó el sonido de las bocinas, gritó con más fuerza, y la muralla se vino abajo.[a] Entonces el pueblo marchó directamente contra la ciudad, y la tomó.

21 Destruyeron a filo de espada todo lo que había en la ciudad: hombres y mujeres, jóvenes y viejos, y bueyes, ovejas y asnos.

22 Entonces Josué les dijo a los dos hombres que habían ido a reconocer la tierra:

«Vayan a la casa de la ramera, y háganla salir de allí con todas sus pertenencias, tal y como se lo prometieron.»

23 Aquéllos entraron y sacaron a Rajab, a su padre y a su madre, y a sus hermanos y a toda su parentela, con todas sus pertenencias, y los pusieron fuera del campamento de Israel.

[a] **6.20:** Heb 11.30.

24 Luego le prendieron fuego a la ciudad,
con todo lo que en ella había. Solamente
pusieron la plata, el oro y los utensilios de
bronce y de hierro en el tesoro de la casa
del Señor.
25 Josué le salvó la vida a Rajab la ramera,
lo mismo que a la casa de su padre; y puso a
salvo todas sus pertenencias, en recompen-
sa por haber escondido a los mensajeros
que Josué envió a reconocer Jericó.[b] Ade-
más, a Rajab se le permitió vivir entre los
israelitas, hasta el día de hoy.
26 Por aquellos días Josué lanzó una maldi-
ción. Dijo así:
«Maldito sea delante del Señor cualquie-
ra que se atreva a reconstruir esta ciudad de
Jericó. Sobre su hijo primogénito echará los
cimientos, y sobre su hijo menor construirá
las puertas.»[c]
27 Y el Señor estaba con Josué, y su fama se
extendió por toda la tierra.

El pecado de Acán

7 1 Pero los hijos de Israel cometieron
una grave falta porque Acán, que
era de la tribu de Judá, tomó de
lo que estaba bajo maldición, y el Señor se
enojó contra todo el pueblo. Acán era hijo
de Carmi, nieto de Zabdi y bisnieto de Zeraj.
2 Poco después, Josué envió a varios hom-
bres de Jericó a Hai, que está junto a Bet
Avén, al oriente de Betel. Les dijo:
«Vayan y hagan un reconocimiento de la
tierra de Hai.»
Y ellos fueron a reconocer el terreno.
3 Cuando regresaron, le dijeron a Josué:
«No es necesario que todo el pueblo se
fatigue. Bastará con que vayan dos mil o tres
mil hombres. Ellos podrán derrotar a Hai,
porque los de *allí son pocos.*»
4 Así que los que fueron a atacar a Hai
eran como tres mil hombres, pero fueron
derrotados y tuvieron que salir huyendo
de allí.
5 Los habitantes de Hai mataron a treinta
y seis hombres; a los demás los persiguie-
ron hasta las canteras, y los derrotaron en
la bajada. Y cuando el pueblo supo esto, su
ánimo desfalleció y se escurrió como agua.
6 Entonces Josué se rasgó la ropa, y tanto
él como los ancianos de Israel se echaron
polvo sobre la cabeza e inclinaron su rostro
hasta el suelo delante del arca del Señor,
hasta que cayó la tarde.
7 Y Josué exclamó:
«¡Ay, Señor, Señor! ¿Por qué permitiste
que el pueblo cruzara el Jordán? ¿Acaso
fue sólo para entregarnos en manos de los
amorreos, para que nos destruyan? ¡Hubiera
sido mejor que nos quedáramos al otro lado
del Jordán!
8 ¡Ay, Señor! ¿Qué puedo decir, ahora que
Israel ha sido derrotado y que salió huyendo
de sus enemigos?
9 Cuando lo sepan los cananeos y todos
los pueblos que habitan esta tierra, vendrán
y nos rodearán, y nos borrarán de la tierra.
Y entonces, ¿qué vas a hacer con tu gran
fama?»
10 El Señor le respondió a Josué:
«¿Por qué estás con el rostro en el suelo?
¡Levántate!
11 Israel ha pecado. Ha quebrantado el
pacto que yo le ordené, y además ha toma-
do lo que le prohibí tomar. Han robado, han
mentido, y han guardado entre sus perte-
nencias lo robado.
12 Por eso los hijos de Israel no podrán
vencer a sus enemigos. Es más, cuando se
enfrenten a ellos, huirán. Y es que han que-
dado bajo maldición. Si no destruyen la mal-
dición que está entre ustedes, no volverán a
saber de mí.
13 Así que levántate, consagra al pueblo, y
dile: "Purifíquense para mañana, porque el
Señor y Dios de Israel dice: 'Hay maldición
entre ustedes, y no podrán vencer a sus
enemigos hasta que esa maldición sea des-
truida.'"
14 Para mañana, todos deben presentar-
se por tribus, y la tribu que el Señor elija se
acercará y presentará a sus familias; enton-

[b] **6.25:** Heb 11.31. [c] **6.26:** 1 R 16.34.

es la familia que el Señor elija se acercará y presentará a sus casas, y la casa que el Señor elija se acercará y presentará a los varones,

[15] y el que tenga en su poder lo que está bajo maldición deberá ser quemado con todas sus posesiones, pues ha quebrantado el pacto del Señor y ha cometido un gran pecado en Israel.»

[16] Josué se levantó muy de mañana y ordenó que se acercara Israel por tribus, y fue elegida la tribu de Judá.

[17] Cuando se acercó esta tribu, Josué eligió a la familia de los de Zeraj, y entonces hizo que se acercaran los varones, y eligió a Zabdi;

[18] luego mandó que todos los varones de su casa se acercaran, y de la tribu de Judá tomó a Acán, que era hijo de Carmi, nieto de Zabdi y bisnieto de Zeraj.

[19] Entonces Josué le dijo a Acán:

«Hijo mío, da gloria al Señor, el Dios de Israel; alábalo y dime qué has hecho, y no trates de encubrirlo.»

[20] Acán respondió a Josué:

«Reconozco que he pecado contra el Señor, el Dios de Israel. Voy a decirte lo que hice.

[21] Entre los despojos vi un manto babilónico muy hermoso, doscientas monedas de plata, y un lingote de oro que pesaba más de medio kilo. Me ganó la codicia, y lo tomé. Pero todo lo tengo escondido bajo tierra, en medio de mi tienda. Y debajo de todo está el dinero.»

[22] Josué ordenó que algunos hombres fueran corriendo a la tienda. Y cuando éstos llegaron, vieron que todo estaba escondido allí, y que el dinero estaba debajo;

[23] entonces tomaron lo que estaba en la tienda y lo llevaron a Josué y a los hijos de Israel, y todo lo pusieron delante del Señor.

[24] Josué y todo Israel mandaron aprehender a Acán hijo de Zeraj, y tomando el dinero, el manto, el lingote de oro, y a sus hijos e hijas, junto con sus bueyes, asnos, ovejas, tienda, y todo lo que tenía, lo llevaron al valle de Acor.

[25] Allí Josué le dijo a Acán:

«¿Por qué nos has traído confusión? ¡Que el Señor te confunda en este día!»

Y enseguida todos los israelitas los apedrearon, y luego los quemaron;

[26] después de eso, levantaron sobre ellos un gran montón de piedras, el cual permanece hasta el día de hoy. Entonces el enojo del Señor se calmó. Por eso hasta este día aquel lugar se llama el valle de Acor.[3]

Toma y destrucción de Hai

8 [1] El Señor le dijo a Josué:

«Tú no temas ni desmayes. Llévate contigo a toda la gente de guerra, y prepárense para atacar a Hai, porque yo te he entregado a su rey y a su pueblo, su ciudad y su tierra.

[2] Tú lo vencerás, y harás con Hai y con su rey lo mismo que hiciste con Jericó y con su

[3] **7.26** Es decir, ***confusión.***

EL PECADO HACE QUE TODOS PIERDAN *(Josué 7.1-26)*
En una de las batallas de Israel, un hombre llamado Acán pecó. Tomó oro y plata del campamento enemigo. Acán desobedeció a Dios, pero todos los israelitas pagaron por su pecado. Perdieron la batalla contra el ejército de Hai. Más tarde, Acán y su familia perdieron su vida. ¿Por qué tuvieron que morir? Dios quería que los israelitas supieran que Él odia el pecado. Acán pensaba que podía robarse unos tesoros y que nadie se daría cuenta. Pero Dios se dio cuenta y lo castigó. Cuando pecas, no trates de esconderlo. Cuéntaselo a Dios y pídele que te perdone.

rey, sólo que ahora serán para ustedes los despojos, lo mismo que sus bestias. Pero pon detrás de la ciudad a gente emboscada.»

3 Josué y sus guerreros se prepararon y fueron a atacar a Hai. Para esto, Josué escogió a treinta mil hombres aguerridos, y los envió de noche

4 con estas órdenes:

«Presten atención y pongan emboscadas detrás de la ciudad. Manténganse muy atentos y preparados, pero no se alejen mucho.

5 Todo el pueblo y yo nos acercaremos a la ciudad, de modo que nos vean, para que ellos salgan y nos persigan como lo hicieron antes, y nosotros huiremos delante de ellos.

6 Así haremos que se alejen de la ciudad, y que piensen que estamos huyendo como la primera vez. Cuando ustedes nos vean huir,

7 saldrán de sus escondites y tomarán la ciudad, pues el Señor nuestro Dios nos la va a entregar.

8 Una vez que la hayan tomado, le prenderán fuego. Esto lo deben hacer en conformidad con lo que el Señor ha ordenado, y con lo que yo les he transmitido.»

9 La emboscada que Josué les mandó poner estaba entre Betel y la parte occidental de Hai. Aquella noche Josué se quedó con el pueblo,

10 pero al día siguiente se levantó muy temprano, pasó revista al pueblo y, junto con los ancianos de Israel, se puso al frente para marchar contra Hai.

11 Salió con todos sus guerreros y, al acercarse a la ciudad, acamparon al norte, en el valle que estaba entre él y Hai.

12 Tomó consigo cerca de cinco mil hombres, y puso la emboscada entre Betel y Hai, en la *parte occidental de la ciudad.*

13 El pueblo estaba en el campamento, al norte de la ciudad, y la emboscada al occidente. Esa noche Josué avanzó hasta la mitad del valle.

14 En cuanto el rey de Hai los vio, se dio prisa para reunir al pueblo muy temprano y, en el momento señalado, salieron de la ciudad para combatir a Israel frente al Arabá, sin saber que a espaldas de la ciudad les habían tendido una emboscada.

15 Josué y el pueblo de Israel se fingieron vencidos y huyeron por el camino del desierto,

16 y todo el pueblo de Hai se reunió para perseguirlos. Corrieron tras Josué, con lo que se alejaron de la ciudad.

17 No hubo en Hai ni en Betel nadie que no saliera a perseguir al pueblo de Israel, y por perseguirlo dejaron abierta la ciudad.

18 Entonces el Señor le dijo a Josué:

«Apunta contra Hai la lanza que tienes en la mano, porque yo te la voy a entregar.»

Y Josué apuntó su lanza contra la ciudad,

19 y los que la habían emboscado se levantaron rápidamente; y en cuanto Josué levantó su mano, ellos corrieron y entraron en la ciudad, y la tomaron y enseguida le prendieron fuego.

20 Cuando los hombres de Hai miraron hacia atrás, vieron que de la ciudad salía humo, y que éste subía al cielo, y ya no pudieron huir ni a una parte ni a otra, porque el pueblo de Israel que fingía huir al desierto, se volvió contra sus perseguidores.

21 Tan pronto como Josué y el pueblo vieron que los emboscados habían tomado la ciudad, y que le habían prendido fuego, regresaron y atacaron a sus habitantes.

22 Los que ya estaban en la ciudad salieron a su encuentro, así que los de Hai quedaron en medio del pueblo de Israel, los unos por un lado, y los otros por el otro. Fue así como los hirieron, y ninguno de ellos pudo escapar,

23 aunque tomaron vivo al rey de Hai y lo llevaron ante Josué.

24 Cuando los israelitas acabaron de matar a los habitantes de Hai, a los cuales habían perseguido por el campo y el desierto, regresaron a la ciudad y también mataron a filo de espada a los habitantes que aún quedaban con vida.

25 Aquel día cayeron doce mil de los de Hai, entre hombres y mujeres.

LECCIONES — **PIDE EL CONSEJO DE DIOS**
(Josué 9.14)

Josué y los líderes de Israel cometieron un gran error. No pidieron la sabiduría de Dios al tratar con los gabaonitas solapados. Como resultado, los israelitas hicieron un tratado con este pueblo impío que no podían romper (versículo 18). ¿Hay veces que se te olvida pedirle consejos a Dios? ¡Eso puede ser un gran error! Aparta un tiempo ahora mismo para pedirle consejos a Dios.

26 Josué no dejó de apuntar con su lanza
hasta que la ciudad de Hai y sus habitantes
fueron destruidos por completo.
27 En conformidad con lo que el Señor le
había dicho a Josué, los israelitas se apropia-
ron de los animales y de los despojos de la
ciudad.
28 Y Hai quedó reducida a escombros y
desolada para siempre, porque Josué mandó
que la quemaran.
29 Al rey de Hai lo colgó de un árbol hasta
que cayó la noche, y cuando el sol se puso
dio órdenes de que bajaran el cuerpo y lo
arrojaran a las puertas de la ciudad. Sobre el
cuerpo hacinaron un montón de piedras, el
cual permanece hasta el día de hoy.

Lectura de la ley en el monte Ebal

30 Entonces Josué edificó en el monte Ebal
un altar al Señor, Dios de Israel.
31 Era un altar de piedras sin labrar, tal y
como lo había ordenado Moisés, siervo del
Señor, y como está escrito en el libro de la
ley de Moisés,[a] y sobre él ofrecieron holo-
caustos al Señor y sacrificaron ofrendas de
paz.
32 Sobre las piedras Josué escribió también
una copia de la ley de Moisés, en presencia
de los hijos de Israel.[b]
33 Todo el pueblo estaba de pie a ambos
lados del arca del pacto del Señor, inclu-
so los extranjeros y los descendientes de
Israel, los ancianos, oficiales y jueces, en
presencia de los sacerdotes levitas que
llevaban el arca. La mitad de ellos estaba
del lado sur del monte Guerizín, y la otra
mitad del lado del monte Ebal, tal y como
lo había ordenado Moisés, siervo del Señor,
cuando el pueblo de Israel fue bendecido
por primera vez.
34 Después de eso, Josué leyó todas las pa-
labras de la ley, junto con las bendiciones y
las maldiciones, conforme a lo que está es-
crito en el libro de la ley.
35 No omitió Josué una sola palabra de lo
que Moisés le mandó leer ante la comuni-
dad de Israel, junto con las mujeres, los niños
y los extranjeros que vivían entre ellos.[c]

Astucia de los gabaonitas

9 1 Cuando se supo esto, todos los
reyes hititas, amorreos, cananeos,
ferezeos, jivitas y jebuseos, que ha-
bitaban en las montañas y llanos, y en toda
la costa del Mar Grande frente al Líbano, de
este lado del Jordán,
2 se pusieron de acuerdo para pelear con-
tra Josué y el pueblo de Israel.
3 Pero cuando los habitantes de Gabaón
supieron lo que Josué había hecho en Jericó
y en Hai,
4 astutamente planearon fingir que eran
embajadores, así que echaron sobre sus as-
nos unos sacos viejos, y odres de vino viejos,
rotos y remendados,
5 y se pusieron además vestidos viejos y
sandalias viejas y recosidas, y tomaron para
el camino pan que estaba todo seco y mo-
hoso.
6 Entonces fueron al campamento de Jo-
sué, que estaba en Gilgal, y le dijeron a él y
al pueblo:
«Venimos de un país muy lejano. Que-
remos que ustedes hagan una alianza con
nosotros.»
7 Los israelitas les dijeron a los jivitas:

[a] **8.31:** Éx 20.25. [b] **8.30-32:** Dt 27.2-8. [c] **8.33-35:** Dt 11.29; 27.11-14.

«Tal vez ustedes viven en medio de nosotros. ¿Por qué habríamos de hacer una alianza con ustedes?»[a]

8 Ellos respondieron:

«Porque nosotros somos tus siervos.»

Pero Josué les preguntó:

«¿Quiénes son ustedes? ¿De dónde vienen?»

9 Ellos le dijeron:

«Venimos de un país muy lejano, por causa del nombre del Señor tu Dios. Hemos oído hablar de su fama, y sabemos lo que hizo en Egipto,

10 así como lo que hizo con los dos reyes de los amorreos al otro lado del Jordán, es decir, con Sijón, el rey de Jesbón, y con Og, el rey de Basán, en Astarot.[b]

11 Fue esto lo que llevó a los ancianos y los habitantes de nuestra tierra a decirnos: "Tomen provisiones para el camino, y procuren encontrarse con ellos y decirles que somos sus siervos y queremos que hagan una alianza con nosotros."

12 Miren el pan que hemos traído para el camino: el día que partimos para venir a su encuentro, lo tomamos de nuestras casas y estaba caliente; pero mírenlo ahora; ¡está seco y mohoso!

13 Estos odres de vino también estaban nuevos cuando los llenamos, y ahora ya están rotos. Nuestros vestidos y sandalias ya se han gastado, porque el camino ha sido muy largo.»

14 Los hombres de Israel tomaron parte de sus provisiones sin consultarlo con el Señor,

15 y Josué concertó con ellos la paz y celebró la alianza, con lo cual les concedió la vida. Y los jefes de la comunidad estuvieron de acuerdo con él.

16 Tres días después de haber celebrado alianza *se dieron cuenta de que* en realidad eran sus vecinos, y que vivían en medio de ellos.

17 Así que al tercer día los hijos de Israel salieron y llegaron a Gabaón, Cafira, Berot y Quiriat Yearín, que eran ciudades de los gabaonitas,

18 pero no los mataron porque, en el nombre del Señor, Dios de Israel, los jefes de la comunidad habían jurado perdonarles la vida. Por eso toda la comunidad murmuró contra los jefes,

19 pero ellos respondieron:

«Nosotros hemos hecho un juramento en nombre del Señor, Dios de Israel; por lo tanto, no los podemos tocar.

20 Los dejaremos vivir, para no provocar el enojo del Señor.»

21 Entonces los jefes dijeron:

«Déjenlos vivir, y que sean leñadores y aguadores, para el servicio de toda la comunidad.»

Y fue así como se les concedió la vida, tal y como lo habían prometido los jefes.

22 Sin embargo, Josué los llamó y les preguntó:

«¿Por qué nos engañaron y dijeron que venían de muy lejos, cuando en realidad son nuestros vecinos?

23 Puesto que nos han engañado, ahora voy a ponerlos al servicio de la casa de Dios. No habrá uno solo de ustedes que no corte la leña y saque el agua para la casa de mi Dios.»

24 Ellos le respondieron:

LECCIONES **EL SOL SE DETUVO** *(Josué 10.13)*

¿Te imaginas un día en que el sol no se puso? Eso fue lo que ocurrió cuando los israelitas lucharon contra los amoritas. La Biblia no dice exactamente cómo Dios detuvo el sol. Tal vez hizo que la tierra rotara más lentamente o hizo que retrocediera. Sea como haya sido, Dios contestó la oración de Josué cuando pidió ayuda, de una manera increíble. Si Dios puede hacer que el sol se detenga, ¿no te parece que puede cuidar de ti? Escribe acerca de un momento en que Dios contestó tu oración de una manera increíble.

[a]**9.7:** Éx 23.32; 34.12; Dt 7.2. [b]**9.10:** Nm 21.21-35.

«Somos tus siervos. Según entendimos, el Señor tu Dios le prometió a su siervo Moisés que les daría a ustedes estas tierras, y que destruiría a todos sus habitantes. Lo que hicimos se debió a que, cuando los vimos cerca de nosotros, tuvimos miedo de perder la vida.

25 Pero aquí nos tienes. Haz con nosotros lo que te parezca mejor.»

26 Entonces Josué los libró de morir a manos de los hijos de Israel,

27 y desde ese día los destinó a ser los leñadores y aguadores de la comunidad y del altar del Señor, en el lugar que el Señor eligiera, y eso es lo que son hasta el día de hoy.

Derrota de los amorreos

10 1 Cuando Adonisedec, el rey de Jerusalén, supo que Josué había tomado la ciudad de Hai, y que la había dejado en ruinas (como lo había hecho con Jericó y con su rey, lo mismo que con Hai), y que los habitantes de Gabaón habían hecho la paz con los israelitas y que vivían entre ellos,

2 se llenó de temor. Y es que Gabaón era una ciudad real, mucho más grande que Hai, y sus hombres eran muy fuertes.

3 Por eso el rey Adonisedec envió mensajes a Hoán, Pirán, Jafía y Debir, que eran los reyes de Hebrón, Jarmut, Laquis y Eglón, en ese orden, en los que les decía:

4 «Vengan en mi ayuda. Vamos a combatir a Gabaón, porque ha hecho una alianza de paz con Josué y con el pueblo de Israel.»

5 Entonces los reyes de Jerusalén, Hebrón, Jarmut, Laquis y Eglón, que eran los cinco reyes de los amorreos, se aliaron y con todos sus ejércitos fueron y acamparon cerca de Gabaón, para pelear contra ella.

6 Por su parte, los habitantes de Gabaón enviaron mensajeros al campamento de Josué en Gilgal, para decirle:

«No nos niegues tu ayuda, pues somos tus siervos. Ven pronto a defendernos, pues todos los reyes de los amorreos, que habitan en las montañas, se han aliado contra nosotros.»

7 Josué salió entonces de Gilgal con su ejército de guerreros y con sus hombres más aguerridos.

8 Y el Señor le dijo a Josué:

«No les tengas miedo, que yo te los he entregado. Ninguno de ellos podrá vencerte.»

9 Josué avanzó toda esa noche desde Gilgal, y les cayó por sorpresa.

10 Cuando los reyes vieron al pueblo de Israel, el Señor hizo que ellos se llenaran de gran aflicción, y así el Señor los hirió de muerte en Gabaón y los persiguió por el camino que lleva a Bet Jorón, y hasta Azeca y Maceda.

11 Mientras estos reyes huían de los israelitas, el Señor hizo que en la bajada de Bet Jorón, y hasta Azeca, cayeran granizos tan grandes como piedras, y muchos murieron. Fueron más los que murieron por causa del granizo que los muertos a filo de espada por los hijos de Israel.

12 El día en que los amorreos fueron vencidos, Josué le habló al Señor en presencia de los israelitas, y dijo:

«Sol, deténte en Gabaón;
Y tú, luna, en el valle de Ayalón.
13 Y el sol y la luna se detuvieron.
Y el pueblo se vengó de sus enemigos.»

¿Acaso esto no está escrito en el libro de Jaser?[a] El sol se detuvo en medio del cielo, y durante casi un día entero no se apresuró a ocultarse.

14 Nunca antes hubo un día como ése, ni lo habrá después, en que el Señor atendió a la voz de un hombre y peleó a favor de Israel, su pueblo.

15 Después de esto, Josué y el pueblo de Israel volvieron al campamento en Gilgal.

16 Los cinco reyes huyeron y se escondieron en una cueva en Maceda,

17 pero cuando le avisaron a Josué que habían hallado a los cinco reyes escondidos en esa cueva,

[a] **10.13:** 2 S 1.18.

18 dijo:

«Tapen la entrada de la cueva con grandes piedras, y pongan guardias frente a ella.

19 Y ustedes, no se detengan; sigan a sus enemigos y ataquenlos por la retaguardia. No los dejen entrar a sus ciudades, porque el Señor nuestro Dios los ha entregado en sus manos.»

20 Josué y el pueblo de Israel hirieron a los amorreos hasta destruirlos, pero algunos de ellos lograron entrar en las ciudades fortificadas.

21 Después, todo el pueblo volvió sano y salvo al campamento en Maceda, donde estaba Josué, y no hubo nadie que hablara mal de los hijos de Israel.

22 Entonces Josué dijo:

«Abran la entrada de la cueva donde están los cinco reyes amorreos, y sáquenlos.»

23 Así lo hicieron, y sacaron a los reyes de Jerusalén, Hebrón, Jarmut, Laquis y Eglón,

24 y los llevaron ante Josué. Entonces él llamó a todos los hombres de Israel y a los jefes de los guerreros que lo habían acompañado, y les dijo:

«Pongan sus pies sobre el cuello de estos reyes.»

Ellos se acercaron y se pararon sobre su cuello,

25 y entonces Josué les dijo:

«No tengan miedo. No se atemoricen, sino sean fuertes y valientes, porque así hará el Señor con todos sus enemigos, contra quienes ustedes peleen.»

26 Después de eso, Josué los hirió de muerte e hizo que los colgaran en cinco árboles, en donde se quedaron colgados hasta que cayó la noche.

27 Cuando el sol estaba por ocultarse, mandó que *los bajaran de los árboles* y que los arrojaran dentro de la cueva donde se habían ocultado; luego se tapó la entrada de la cueva con grandes piedras, y éstas permanecen hasta el día de hoy.

28 Ese mismo día Josué tomó Maceda y mató a su rey y a sus habitantes a filo de espada. Los destruyó por completo, y arrasó con todo lo que tenía vida; hizo con el rey de Maceda lo mismo que había hecho con el rey de Jericó.

29 Luego Josué y el pueblo de Israel salieron de Maceda y fueron a pelear contra Libna,

30 y el Señor también la entregó en sus manos, junto con su rey, y mataron a filo de espada todo lo que tenía vida, como antes lo habían hecho con el rey de Jericó.

31 Después salieron de Libna y se dirigieron a Laquis, y acamparon cerca de ella y también la combatieron.

32 Al día siguiente el Señor entregó a Laquis en manos de Israel, y la tomaron matando a filo de espada todo lo que tenía vida, como antes lo habían hecho con el rey de Libna.

33 Horán, el rey de Guézer, fue en ayuda de Laquis, pero él y su pueblo fueron derrotados por Josué, y ni uno solo de ellos quedó con vida.

34 De Laquis, Josué y todo Israel pasaron a Eglón y acamparon cerca de allí, y también la combatieron.

35 Ese mismo día la tomaron, y mataron a filo de espada todo lo que tenía vida, como lo hicieron en Laquis.

36 Después salieron de Eglón para combatir a Hebrón,

37 y ese mismo día la tomaron, matando a filo de espada a su rey y a sus habitantes, y a todo lo que tenía vida, como antes lo habían hecho con Eglón. Nada quedó con vida.

38 Cuando Josué y el pueblo de Israel volvieron, se dirigieron a Debir para atacarla,

39 y la tomaron junto con su rey y sus ciudades, matando a filo de espada todo lo que tenía vida, como antes lo habían hecho con los reyes de Hebrón y Libna.

40 Además, Josué asoló toda la región montañosa del Néguev, los llanos y las laderas, y mató a todos sus reyes. Tal y como el Señor Dios de Israel lo había ordenado, no dejó nada con vida:

41 desde Cadés Barnea hasta Gaza, y por toda la tierra de Gosén hasta Gabaón, mató a los reyes de esos lugares

42 y tomó posesión de sus tierras porque
el Señor y Dios de Israel peleaba en su favor.
43 Después, Josué y todo el pueblo de Is-
rael volvieron a su campamento en Gilgal.

Derrota de la alianza de Jabín

11 1 Cuando Jabín, que era rey de
Jazor, se enteró de esto, pidió
ayuda a Jobab, rey de Madón,
a los reyes de Simerón y Acsaf,
2 y a los reyes de las montañas del norte,
a los del Arabá al sur de Cineret, a los de los
llanos, y a los de las regiones de Dor al oc-
cidente;
3 lo mismo que a los cananeos de orien-
te y de occidente, y a los amorreos, hititas,
ferezeos y jebuseos de las montañas, y a los
jivitas al pie del monte Hermón, en la región
de Mispá.
4 Todos estos reyes salieron con sus ejér-
citos. Eran tantos los soldados, y tantos sus
caballos y carros de guerra, que se parecían
a la arena del mar.
5 Estos reyes se unieron y acamparon jun-
to a los manantiales de Merón, para pelear
contra Israel.
6 Pero el Señor le dijo a Josué:
«No tengas miedo, que mañana a esta
hora estarán muertos delante de Israel. Tú
les cortarás las patas a sus caballos, y les
prenderás fuego a sus carros.»
7 Josué y toda su gente de guerra les caye-
ron por sorpresa junto a los manantiales de
Merón,
8 y el Señor los entregó en sus manos. Los
hirieron y persiguieron desde Sidón la gran-
de hasta Misrefot Mayin y el llano de Mispá,
al oriente. Hirieron a todos, y ninguno de
ellos quedó con vida.
9 Además, Josué hizo lo que el Señor les
ordenó hacer: les cortó las patas a sus ca-
ballos, y a sus carros les prendió fuego.
10 A su regreso, Josué tomó a Jazor y mató
a filo de espada a su rey, pues Jazor había
encabezado a todos estos reinos.
11 Mataron a filo de espada a todo lo que
tenía vida en la ciudad. Todo lo destruyeron
por completo. No quedó nada que respi-
rara. Y finalmente, le prendieron fuego a la
ciudad de Jazor.
12 De igual manera tomó Josué a todas las
ciudades, junto con sus reyes. Los mató a filo
de espada y acabó con ellos, tal y como lo
había ordenado Moisés, el siervo del Señor.
13 Las ciudades que estaban sobre las coli-
nas no fueron quemadas; únicamente que-
maron a Jazor.
14 Los hijos de Israel tomaron todo el bo-
tín y las bestias de aquellas ciudades, e hirie-
ron a filo de espada y mataron a todos los
hombres, y ninguno quedó con vida.
15 Todo lo hicieron tal y como el Señor se
lo ordenó a su siervo Moisés, y éste a Josué,
quien cumplió las ordenes al pie de la letra.

Josué toma posesión de toda la tierra

16 Josué tomó posesión de toda aquella
región: de las montañas, del Néguev, de la
tierra de Gosén, de los llanos, del Arabá, y de
las montañas de Israel y de sus valles,
17 desde el monte Jalac, que sube en dirección
de Seír, hasta Baal Gad en la llanura del Líbano, a
las faldas del monte Hermón. De igual manera
venció a todos sus reyes y les dio muerte.
18 Durante mucho tiempo estuvo en
guerra con esos reyes,
19 porque salvo los jivitas, que moraban en
Gabaón, ninguno quiso hacer la paz con los
hijos de Israel, sino que los demás se prepa-
raron para la guerra.
20 Y es que el Señor endureció sus corazo-
nes para que lucharan contra Israel; así él los
destruyó y, sin misericordia, fueron expulsa-
dos de sus tierras, tal y como el Señor se lo
había ordenado a Moisés.[a]
21 Fue también en ese tiempo cuando Jo-
sué destruyó a los anaquitas con todas sus
ciudades. Éstos vivían en los montes de He-
brón, Debir, Anab, Judá e Israel.
22 Ni un solo anaquita quedó en el terri-
torio del pueblo de Israel, excepto en Gaza,
Gat y Asdod.

[a] **11.20:** Dt 7.16.

[23] Josué tomó posesión de toda la tierra, en conformidad con lo que el Señor le había dicho a Moisés, es decir, que se la entregaría como herencia a Josué y a los israelitas; y éste la distribuyó según sus tribus, y hubo paz en la tierra.

Reyes derrotados por Moisés

12 [1] Éstos son los reyes que los hijos de Israel derrotaron para tomar posesión de sus tierras ubicadas al otro lado del Jordán, hacia donde sale el sol, desde el arroyo de Arnón hasta el monte Hermón, y toda la región oriental del Arabá:
[2] Sijón, rey de los amorreos, que reinaba en Jesbón y cuyo dominio se extendía desde Aroer, ciudad que estaba en la ribera del arroyo de Arnón, y desde el centro del valle, hasta el arroyo de Jaboc, que es la mitad de Galaad y frontera de los hijos de Amón.
[3] También abarcaba al oriente el lago de Cineret hasta el Mar Salado, al oriente del Arabá, por el camino de Bet Yesimot, y desde el sur al pie de la falda del monte Pisga.

[a] **12.1-5:** Nm 21.21-35; Dt 2.26—3.11.

JOSUÉ

Josué vivió durante la época de Moisés, cuando los israelitas habían dejado atrás la esclavitud de Egipto. El nombre Josué significa "el Señor salva" (o "el Señor es salvación"). En griego, el idioma del Nuevo Testamento, este nombre se traduce "Jesús". Josué era de la tribu de Efraín.

Nuevo Testamento, este nombre se traduce "Jesús". Josué era de la tribu de Efraín.

La Biblia nos dice que Josué estaba lleno del Espíritu Santo. Ya que era una persona confiable, era el que llevaba a cabo varias tareas importantes. Era el ayudante de Moisés y uno de los doce espías que Moisés envió a explorar Canaán.

Aunque diez de los espías volvieron con un reporte negativo acerca de la tierra, Josué y Caleb dieron un reporte positivo. Ellos tenían fe de que Dios ayudaría a Israel a conquistar sus enemigos. Pero el pueblo escogió creer a los diez espías en vez de creer a Josué, de modo que vagaron por el desierto durante cuarenta años. Sólo Josué y Caleb vivieron suficiente tiempo como para entrar en la Tierra Prometida.

Antes que Moisés muriera, él escogió a Josué para tomar su lugar como líder. ¡Este era un trabajo amedrentador! Pero Dios le dio a Josué la valentía y el poder para guiar a Israel a través de muchas batallas duras.

Como líder, Josué tenía que tomar decisiones difíciles. Cuando un hombre llamado Acán se robó unos tesoros prohibidos de Jericó, Josué tuvo que hacer cumplir la justicia de Dios. También le tocó a Josué la tarea de dividir la tierra de Canaán de manera justa.

Josué era un hombre piadoso, pero no era perfecto. Cuando los gabaonitas fingieron haber salido de un país lejano para huir de la destrucción, lograron engañar a Josué con sus cuentos.

Josué siguió siendo un líder sabio hasta su muerte. Dios le dio unos consejos que te pueden ayudar a ti: sé fuerte y valiente. Pase lo que pase, Dios promete que su Espíritu Santo te ayudará.

Puedes leer acerca de Josué en Éxodo 17:9; Números 13—14, y en todo el libro de Josué.

4 También tomaron posesión del territorio de Og, rey de Basán, que había quedado de los refaítas, y que habitaba en Astarot y en Edrey.

5 El dominio de Og se extendía al monte Hermón, en Salca, y a todo Basán, hasta la frontera con Gesur y Macá, y hasta la mitad de Galaad, que era territorio de Sijón, el rey de Jesbón.[a]

6 Estos reyes fueron derrotados por Moisés, el siervo del Señor, y por los hijos de Israel. Estas tierras que Moisés conquistó, se las dio en posesión a los rubenitas y gaditas, y a la media tribu de Manasés.[b]

Reyes derrotados por Josué

7 Éstos son los reyes derrotados por Josué y los hijos de Israel, cuyas tierras estaban en la ribera occidental del Jordán, y desde Baal Gad, en el llano del Líbano, hasta el monte Jalac, en dirección a Seír. Josué repartió esas tierras a las tribus de Israel, como su herencia permanente.

8 Esas tierras estaban en las montañas, en los valles, en el Arabá, en las laderas, en el desierto y en el Néguev, y habían pertenecido a los hititas, amorreos, cananeos, ferezeos, jivitas y jebuseos.

9 Los reyes derrotados fueron:

El rey de Jericó, el rey de Hai, al lado de Betel;

10 el rey de Jerusalén, el rey de Hebrón;

11 el rey de Jarmut, el rey de Laquis;

12 el rey de Eglón, el rey de Guézer;

13 el rey de Debir, el rey de Geder;

14 el rey de Jormá, el rey de Arad;

15 el rey de Libna, el rey de Adulán;

16 el rey de Maceda, el rey de Betel;

17 el rey de Tapuaj, el rey de Jéfer;

18 el rey de Afec, el rey de Sarón;

19 el rey de Madón, el rey de Jazor;

20 el rey de Simerón Merón, el rey de Acsaf;

21 el rey de Tanac, el rey de Meguido;

22 el rey de Cedes, el rey de Jocneán, en el monte Carmelo;

23 el rey de Dor, de la provincia de Dor, el rey de Goyín en Gilgal;

24 y el rey de Tirsa. En total, treinta y un reyes.

Tierra sin conquistar

13 1 Cuando Josué envejeció, el Señor le dijo:

«Tú ya estás muy viejo, y aún queda mucha tierra por conquistar.

2 Ahí está la tierra que queda en los territorios de los filisteos y de los gesureos,

3 desde Sijor, al oriente de Egipto, hasta el límite de Ecrón al norte, que es considerada propiedad de los cananeos y de los cinco príncipes de los filisteos, es decir, de los gazeos, asdodeos, ascalonitas, guititas y ecronitas, y también de los aveos.

4 Al sur está toda la tierra de los cananeos, y Megará, que es de los sidonios, hasta Afec, que limita con los amorreos;

5 la tierra de los guiblitas, y todo el Líbano, hacia donde sale el sol, desde Baal Gad al pie del monte Hermón, hasta la entrada de Jamat.

6 También están todos los que habitan en las montañas, desde el Líbano hasta Misrefot Mayin, y los sidonios. A todos ellos los exterminaré cuando se enfrenten a los hijos de Israel. Pero tú encárgate de repartir la tierra por sorteo entre los israelitas, porque es su herencia.[a] Hazlo tal y como te lo he ordenado.

7 Reparte esta tierra entre las nueve tribus y la media tribu de Manasés, porque es su herencia.

8 Los rubenitas, los gaditas y la otra media tribu de Manasés ya recibieron su herencia en la ribera oriental del Jordán. Moisés mismo, el siervo del Señor, se la dio,[b]

9 y abarca desde Aroer, a la orilla del arroyo de Arnón, hasta Dibón, con la ciudad que está en medio del valle y toda la llanura de Medeba,

10 y todas las ciudades de Sijón, rey de los amorreos, que reinó en Jesbón. Su herencia

[b] **12.6:** Nm 32.33; Dt 3.12. [a] **13.6:** Nm 33.54. [b] **13.8:** Nm 32.33; Dt 3.12.

limita con las tierras de los hijos de Amón,

11 con Galaad y los territorios de los gesureos y de los macatitas, y todo el monte Hermón y la tierra de Basán, hasta Salca,

12 y con todo el reino de Og en Basán, que reinó en Astarot y en Edrey, y fue el último de los refaítas. Pero Moisés lo derrotó y lo arrojó de allí.»

13 Pero los hijos de Israel no expulsaron de sus tierras a los gesureos ni a los macatitas, por lo que Gesur y Macá habitan entre los israelitas hasta el día de hoy.

El territorio distribuido por Moisés

14 La tribu de Leví no recibió herencia, porque su herencia son los sacrificios del Señor Dios de Israel, tal y como él lo prometió.[c]

15 A la tribu de los hijos de Rubén les dio Moisés tierras según el número de sus familias.

16 Les dio Aroer, la ciudad que está en medio del valle y a orillas del arroyo de Arnón, y toda la llanura, hasta Medeba;

17 Jesbón, con las ciudades que están en la llanura; Dibón, Bamot Baal, Bet Baal Megón,

18 Yahás, Cademot, Mefagat,

19 Quiriatayin, Sibemá, Séret Sajar, en el monte del valle,

20 Bet Pegor, las laderas del monte Pisga, Bet Yesimot,

21 las ciudades de la llanura, y el reino de Sijón, rey de los amorreos, que reinó en Jesbón. Antes Moisés había derrotado a los príncipes de Madián, Evi, Requén, Sur, Jur y Reba, que eran los príncipes de Sijón que habitaban en aquella tierra.

22 Los hijos de Israel mataron también a filo de espada a Balaam el adivino, hijo de Beor.

23 El límite del territorio de los hijos de Rubén era el río Jordán. Estas ciudades y sus aldeas fueron la herencia de los hijos de Rubén, conforme al número de sus familias.

24 A la tribu de los hijos de Gad les dio Moisés también su herencia, conforme al número de sus familias.

LECCIONES

CALEB SIGUIÓ A DIOS DE TODO CORAZÓN

(Josué 14.14)

Cuando Moisés envió a doce espías a Canaán, sólo Caleb y Josué regresaron con un buen reporte. Caleb se mantuvo fiel a Dios toda su vida. Confió en Dios con todo su corazón. Debido a esto, Dios le dio un terreno muy especial, llamado Hebrón. Caleb nunca tuvo miedo de defender los intereses de Dios. Él creía en el poder de Dios. ¿Estás tú dispuesto a defender los intereses de Dios? ¡Eso es lo que hacen los NIÑOS PODEROSOS!

25 El territorio que les dio fue Jazer, con las ciudades de Galaad y la mitad de la tierra de los hijos de Amón, hasta Aroer, que está frente a Rabá;

26 desde Jesbón hasta Ramat Mispá y Betonín, y desde Majanayin hasta la frontera con Debir.

27 En el valle les dio Bet Aram, Bet Nimrá, Sucot y Safón, que era lo que aún quedaba del reino de Sijón, rey de Jesbón, más los límites del río Jordán hasta donde termina el lago de Cineret, en la ribera oriental del Jordán.

28 Ésta es la herencia que Moisés dio a los hijos de Gad, con sus ciudades y aldeas, conforme al número de sus familias.

29 Moisés también le dio su herencia a la media tribu de los hijos de Manasés, conforme al número de sus familias.

30 Su territorio se extendía desde Majanayin, con todo el reino de Og, rey de Basán, y con las aldeas de Yaír, que están en Basán. En total, sesenta poblaciones,

31 pero la mitad de Galaad, Astarot y Edrey, que fueron ciudades de Og, rey de Basán. Esto fue lo que le tocó a la mitad de los hijos de Maquir, hijo de Manasés, conforme al número de sus familias.

32 Moisés repartió estas tierras en los llanos de Moab, al otro lado de Jericó, en la ribera oriental del Jordán.

[c] **13.14:** Dt 18.1.

33 A la tribu de Leví no le dio Moisés ninguna herencia, porque su herencia es el Señor, el Dios de Israel, tal y como él se lo había dicho.[d]

Reparto de Canaán por suertes

14 1 Toda esta fue la herencia que recibieron los hijos de Israel en la tierra de Canaán. El reparto lo hicieron el sacerdote Eleazar, Josué hijo de Nun, y los jefes de las tribus israelitas.

2 La tierra fue sorteada entre las nueve tribus y media, tal y como el Señor se lo ordenó a Moisés.[a]

3 Antes de eso Moisés les había dado su parte de las tierras a las dos tribus y media, al otro lado del Jordán.[b]

4 Los hijos de José se dividieron en dos tribus, la de Manasés y la de Efraín, y a los levitas no se les dieron tierras. No tuvieron parte en la repartición, aunque sí recibieron ciudades en las cuales vivir, junto con ejidos para sus ganados y rebaños.

5 La tierra se repartió entre los hijos de Israel, tal y como el Señor se lo había ordenado a Moisés.

Caleb recibe Hebrón

6 Los hijos de Judá fueron a Gilgal para ver a Josué, y Caleb hijo de Yefune, el quenizita, le dijo:

«Tú bien sabes lo que el Señor le dijo a Moisés, el varón de Dios, en Cadés Barnea, en cuanto a nosotros.[c]

7 Cuando Moisés, el siervo del Señor, me envió a reconocer la tierra, yo tenía cuarenta años; y a mi regreso le di las noticias, según mi sentir.[d]

8 También sabes que los hermanos que me acompañaron desanimaron al pueblo, pero yo me mantuve fiel al Señor mi Dios.

9 Ese día Moisés hizo este juramento: "La tierra donde has puesto el pie será tuya. Será la herencia perpetua de tus hijos, por cuanto seguiste con fidelidad al Señor mi Dios."[e]

10 El Señor me ha dado cuarenta y cinco años más de vida, tal y como él se lo dijo a Moisés cuando Israel andaba por el desierto. Así que ahora tengo ochenta y cinco años,

11 pero aún me siento tan fuerte como el día en que Moisés me envió a reconocer la tierra. Tengo fuerzas para pelear, y para salir y entrar.

12 Por lo tanto, te pido que me des este monte, del cual habló el Señor aquel día. Tú eres testigo. Aquí viven los anaquitas, y tienen grandes ciudades fortificadas; pero con la ayuda del Señor puedo vencerlos y echarlos de estas tierras.»

13 Entonces Josué bendijo a Caleb hijo de Yefune, el quenizita, y como herencia le dio Hebrón.

14 Hasta el día de hoy es su herencia, porque siguió fielmente al Señor, Dios de Israel.

15 Antes, Hebrón se llamaba Quiriat Arbá,[4] porque Arba fue un hombre importante entre los anaquitas. Después de eso, hubo paz en la tierra.

El territorio de Judá

15 1 El territorio que, de acuerdo al número de sus familias, le tocó a la tribu de los hijos de Judá llegaba hasta la frontera con Edom, y como extremo meridional tenía el desierto de Zin al sur.

2 Su frontera sur partía de la costa del Mar Salado, seguía por la bahía que mira hacia el sur,

3 y continuaba hacia la cuesta de Acrabín; seguía hasta Zin, para continuar subiendo al sur hasta Cadés Barnea; al pasar por Jesrón subía por Adar y daba la vuelta a Carca;

4 de allí pasaba a Asmón, salía al arroyo de Egipto y terminaba en el mar. Ésta era su frontera sur.

5 Su frontera oriental era el Mar Salado, hasta la desembocadura del Jordán. Su frontera norte iba desde la bahía del mar, donde desemboca el Jordán,

[d]**13.33:** Nm 18.20; Dt 18.2. [a]**14.2:** Nm 26.52-56; 34.13. [b]**14.3:** Nm 32.33; 34.14-15; Dt 3.12-17. [c]**14.6:** Nm 14.30. [d]**14.7:** Nm 13.1-30. [e]**14.9:** Nm 14.24. [4]**14.15** Es decir, ***la ciudad de Arba.***

6 subía por Bet Joglá y pasaba al norte de
Bet Arabá; de aquí subía a la roca de Boán
Ben Rubén;
7 subía luego a Debir desde el valle de
Acor, y al norte miraba sobre Gilgal, que
está frente a la subida de Adumín, al sur del
arroyo, y pasaba hasta los manantiales de
Ensemes, para salir a la fuente de Roguel.
8 Esta frontera sube por el valle de Ben Ji-
nón por el costado sur de los jebuseos, que
es Jerusalén; sube luego por la cumbre del
monte que por el lado norte queda frente al
valle de Jinón hacia el occidente, al final del
valle de Refayin.
9 Esta frontera da un rodeo desde la
cumbre del monte hasta donde nace el
manantial de Neftoa, y sale a las ciudades
del monte de Efrón, rodea a Baalá, que es
Quiriat Yearín,
10 y luego gira desde Baalá hacia el occi-
dente, al monte de Seír, pasando a un costa-
do del monte de Yearín, en dirección norte,
que es Quesalón; de allí baja a Bet Semes y
pasa a Timna;
11 sigue luego hacia el norte por un cos-
tado de Ecrón, rodea a Sicrón, y pasa por el
monte de Baalá para salir a Jabnel y terminar
en el mar.
12 La frontera occidental es el Mar Medi-
terráneo. Éstas eran las fronteras del terri-
torio de los hijos de Judá, en todo su con-
torno, conforme al número de sus familias.

Caleb conquista Hebrón y Debir

(Jue 1.10-15)

13 Josué le dio a Caleb hijo de Yefune su
parte entre los hijos de Judá, conforme a
lo que el Señor le había ordenado. Le dio la
ciudad de Quiriat Arbá, padre de Anac, que
más tarde fue conocida como Hebrón.
14 Caleb venció a los tres hijos de Anac, es
decir, a Sesay, Ajimán y Talmay, y los echó
de allí.[a]
15 Luego marchó contra los habitantes de
Debir, que antes era Quiriat Séfer.
16 Allí Caleb dijo:
«Al que ataque a Quiriat Séfer, y la con-
quiste, le daré por mujer a mi hija Acsa.»
17 Y fue su propio hermano, Otoniel hijo
de Cenaz, quien la conquistó, y Caleb le dio
a su hija Acsa por mujer.
18 Cuando ya se iban, Otoniel la persuadió
para que le pidiera a su padre tierras labran-
tías. Entonces Acsa se bajó del asno, y Caleb
le preguntó:
«¿Qué te pasa?»
19 Ella le respondió:
«Concédeme una petición. Ya que me
has dado tierras del Néguev, dame también
manantiales.»
Y Caleb le dio los manantiales de arriba y
los manantiales de abajo.

Las ciudades de Judá

20 La tribu de los hijos de Judá recibió su
herencia de acuerdo al número de sus fami-
lias.
21 Las ciudades que recibió estaban en el
extremo sur, hacia la frontera con Edom, y
fueron:
Cabsel, Edar, Jagur,
22 Cina, Dimona, Adada,
23 Cedes, Jazor, Itnán,
24 Zif, Telén, Bealot,
25 Jazor Jadatá, Queriot, Jesrón (que es Jazor),
26 Amán, Semá, Molada,
27 Jasar Gadá, Jesmón, Bet Pélet,
28 Jasar Súal, Berseba, Bizotia,
29 Baalá, Iyín, Esén,
30 Eltolad, Quesil, Jormá,
31 Siclag, Madmana, Sansana,
32 Lebaot, Siljín, Ayin y Rimón.
En total, veintinueve ciudades con sus
aldeas.
33 En las llanuras recibió:
Estaol, Sorá, Asena,
34 Zanoaj, Enganín, Tapuaj, Enam,
35 Jarmut, Adulán, Soco, Azeca,
36 Sagarayin, Aditayin, Gedera y Guedero-
tayin
Catorce ciudades con sus aldeas.
37 Senán, Jadasá, Migdal Gad,

[a] **15.13-14:** Jue 1.20.

LECCIONES

EL NO COMPLETAR LA TAREA
(Josué 17.13)

Dios les dijo a los israelitas que expulsaran de Canaán a *todos* sus enemigos. Él sabía que si algunos cananitas se quedaban en la tierra, le causarían problemas al pueblo de Israel. Pero los israelitas desobedecieron a Dios y dejaron que algunos cananeos vivieran en la tierra. Esto les causó muchos problemas. Siempre es mejor obedecer los mandatos de Dios.

38 Dileán, Mispá, Yoctel,
39 Laquis, Boscat, Eglón,
40 Quebón, Lamán, Quitlís,
41 Gederot, Bet Dagón, Noamá y Maceda.
Dieciséis ciudades con sus aldeas.
42 Libna, Eter, Asán,
43 Yiftá, Asena, Nesib,
44 Keila, Aczib y Maresa.
Nueve ciudades con sus aldeas.
45 Ecrón con sus villas y aldeas.
46 Desde Ecrón hasta el mar, todas las que
están cerca de Asdod, con sus aldeas.
47 Asdod con sus villas y aldeas; Gaza con
sus villas y aldeas, hasta el río de Egipto, y el
Mar Grande con sus costas.
48 En las montañas, Samir, Jatir, Soco,
49 Daná, Quiriat Saná (que es Debir);
50 Anab, Estemoa, Anín,
51 Gosén, Holón y Gilo.
Once ciudades con sus aldeas.
52 Arab, Duma, Esán,
53 Yanún, Bet Tapuaj, Afeca,
54 Jumetá, Quiriat Arbá (que es Hebrón) y
Sior.
Nueve ciudades con sus aldeas.
55 Maón, Carmel, Zif, Yutá,
56 Jezrel, Jocdeán, Zanoaj,
57 Caín, Gabaa y Timna.
Diez ciudades con sus aldeas.
58 Jaljul, Betsur, Gedor,
59 Marat, Bet Anot y Eltecón.
Seis ciudades con sus aldeas.
60 Quiriat Baal (que es Quiriat Yearín) y
Rabá.
Dos ciudades con sus aldeas.
61 En el desierto, Bet Arabá, Midín, Secocá,
62 Nibesán, la Ciudad de la Sal y Engadí.
Seis ciudades con sus aldeas.
63 Sin embargo, los hijos de Judá no pudie-
ron arrojar a los jebuseos que habitaban en
Jerusalén, y hasta el día de hoy conviven con
los hijos de Judá en Jerusalén.[b]

Territorio de Efraín y de Manasés

16 1 A los hijos de José les tocó en
suerte recibir desde el Jordán
de Jericó hasta los manantiales
al oriente de Jericó, en dirección al desierto
que va de Jericó a las montañas de Betel.
2 De Betel, que es Luz, sigue a lo largo del
territorio de los arquitas, hasta Atarot;
3 baja luego hacia el occidente al territorio
de los jafletitas, en los límites de Bet Jorón la
de abajo, hasta Guézer, y sale al mar.
4 Manasés y Efraín, los hijos de José, tam-
bién recibieron su parte.
5 Por el oriente, el territorio que recibieron
los hijos de Efraín, conforme al número de
sus familias, partía de Atarot Adar hasta Bet
Jorón la de arriba.
6 La frontera sigue hasta el mar, y llega a
Micmetat, al norte; da vuelta hacia el orien-
te hasta Tanat Siló, y pasa a Yanoja.
7 De Yanoja desciende a Atarot y Narat,
toca Jericó y sale al Jordán.
8 De Tapuaj se vuelve hacia el mar, al ar-
royo de Caná, y sale al mar. Éste es el ter-
ritorio que le tocó a la tribu de los hijos de
Efraín, conforme al número de sus familias.
9 Entre la heredad de los hijos de Manasés
también se apartaron ciudades con sus al-
deas para los hijos de Efraín.
10 Sin embargo, no pudieron arrojar a los
cananeos que habitaban en Guézer,[a] así que
se quedaron a vivir entre la tribu de Efraín, y
hasta el día de hoy son sus tributarios.

[b]**15.63:** Jue 1.21; 2 S 5.6; 1 Cr 11.4. [a]**16.10:** Jue 1.29.

17

1 Se echaron a la suerte las tier-
ras para la tribu de Manasés,
el primer hijo de José. Maquir,
que era un hombre de guerra y el primer hijo
de Manasés y padre de Galaad, recibió Ga-
laad y Basán.
2 También se sortearon las tierras para los
otros hijos de Manasés, conforme al núme-
ro de sus familias. Los hijos de Abiezer, Jé-
lec, Asriel, Siquén, Jéfer y Semida fueron los
otros hijos varones de Manasés hijo de José.
3 Selofejad hijo de Jéfer, que era nieto de
Galaad, bisnieto de Maquir y tataranieto de
Manasés, sólo tuvo hijas. Se llamaban Malá,
Nogá, Joglá, Milca y Tirsa.
4 Ellas fueron a ver al sacerdote Eleazar, a
Josué hijo de Nun y a los jefes del pueblo, y
les dijeron:
«El Señor le ordenó a Moisés que nos die-
ra tierras entre nuestros hermanos.»[a]
Y Josué les dio tierras entre los herma-
nos de su padre, conforme a la promesa del
Señor.
5 A Manasés le tocaron diez partes, ade-
más de la tierra de Galaad y de Basán, al otro
lado del Jordán,
6 porque a las hijas de Manasés les toca-
ron tierras como si se tratara de hijos, y la
tierra de Galaad quedó en posesión de los
otros hijos de Manasés.
7 El territorio de Manasés se extendía des-
de Aser hasta Micmetat, que está frente a
Siquén, y de allí seguía al sur, hasta donde
viven los de Tapuaj.
8 La tierra de Tapuaj pertenecía a la tribu de
Manasés, pero Tapuaj misma, que está en los
límites de Manasés, es de los hijos de Efraín.
9 Su frontera pasa al sur del arroyo de
Caná. Las ciudades de Efraín están entre las
ciudades de Manasés, y la frontera de Ma-
nasés parte del norte del mismo arroyo que
tiene salidas al mar.
10 Efraín está al sur, Manasés al norte, y el
mar es su frontera; Aser está al norte, e Isa-
car al oriente.
11 Manasés también tuvo, en Isacar y en
Aser, a Bet Seán y sus aldeas, a Ibleam y sus
aldeas, a los habitantes de Dor y sus aldeas,
a los habitantes de Endor y sus aldeas, a los
habitantes de Tanac y sus aldeas, y a los ha-
bitantes de Meguido y sus aldeas. Eran tres
provincias.
12 Sin embargo, los hijos de Manasés no
pudieron arrojar de aquellas ciudades a los
cananeos, de modo que éstos siguieron ha-
bitando esas tierras.
13 Cuando los hijos de Israel se hicieron
fuertes, obligaron a los cananeos a pagarles
tributo, pero no los expulsaron de allí.[b]
14 Los descendientes de José fueron a ha-
blar con Josué, y le preguntaron:
«¿Por qué nos has dado tan pocas tierras,
siendo que nosotros somos un pueblo muy
grande y también tenemos la bendición del
Señor?»
15 Josué les respondió:
«Si en verdad son un pueblo tan grande
como dicen, y ya que el monte de Efraín
donde ustedes viven les queda chico, vayan
al bosque y desmonten la tierra donde vi-
ven los ferezeos y los refaítas.»
16 Los hijos de José respondieron:
«Es un hecho que ese monte no nos bas-
ta. Pero los cananeos de la llanura tienen
carros de hierro, lo mismo que los que están
en Bet Seán y en sus aldeas, ¡y no se diga de
los que están en el valle de Jezrel!»
17 Entonces Josué les respondió a Efraín y
Manasés, de la casa de José:
«Ustedes son un gran pueblo y tienen mu-
cho poder. Por eso se les van a dar más tierras.
18 Aquel monte será de ustedes, pero de-
ben desmontarlo para que lo puedan habitar
y poseerlo hasta sus límites más lejanos. Y
aunque los cananeos tengan carros de hierro
y sean muy fuertes, ustedes los vencerán.»

Territorios de las otras tribus

18

1 Después de someter a la tier-
ra, toda la comunidad de los
hijos de Israel se reunió en Silo,
y allí levantaron el tabernáculo de reunión.

[a] **17.4:** Nm 27.1-7. [b] **17.12-13:** Jue 1.27-28.

2 Pero siete tribus de los hijos de Israel se
habían quedado sin recibir tierras,
3 así que Josué dijo:
«¿Hasta cuándo van a continuar con su
negligencia? ¿Cuánto más se van a tardar
para tomar posesión de la tierra que el
Señor, el Dios de nuestros padres, les ha en-
tregado?
4 Escojan a tres hombres de cada tribu,
para que vayan y recorran la tierra, y que
vuelvan luego para que me informen cómo
se puede dividir en partes.
5 Que dividan las tierras en siete. Judá ten-
drá su territorio al sur, y los de la casa de José
lo tendrán al norte.
6 Deben distribuir la tierra en siete partes,
y traerme entonces su descripción, para que
yo haga el sorteo ante el Señor nuestro Dios.
7 Los levitas no tomarán parte en el sorteo
porque a ellos les ha tocado el sacerdocio
del Señor. Éste les pertenece sólo a ellos. En
cuanto a Gad y Rubén, y la media tribu de
Manasés, ellos ya han recibido su parte en la
ribera oriental del Jordán. Moisés mismo, el
siervo del Señor, se la dio.»
8 Cuando los que fueron escogidos para
delinear la tierra estuvieron listos, Josué les
dijo:
«Vayan, recorran la tierra y tomen nota
de lo que vean. Cuando regresen y me trai-
gan los detalles, yo la sortearé aquí en Silo,
ante el Señor nuestro Dios.»
9 Aquellos hombres se fueron y recorrie-
ron la tierra, tomando nota de las ciudades
y repartiéndolas en siete partes. Esto lo ano-
taron en un libro, y cuando volvieron fueron
a ver a Josué, que estaba en el campamento
de Silo.
10 Josué tomó el libro y allí, en Silo, ante el
Señor, sorteó las tierras anotadas y las repar-
tió por partes a los hijos de Israel.
11 Cuando terminó el sorteo, a la tribu de
los hijos de Benjamín se le adjudicó un ter-
ritorio conforme al número de sus familias,
el cual quedó entre los hijos de Judá y los
hijos de José.
12 Su frontera empezaba en el lado norte
del Jordán, y subía hacia el lado norte de Jeri-
có; seguía al monte hacia el occidente, y salía
al desierto de Bet Avén.
13 De allí pasaba en dirección a Luz (que
es Betel) por el lado sur, y de Atarot Adar
descendía al monte que está al sur de Bet
Jorón la de abajo.
14 Luego torcía hacia el oeste por el lado
sur del monte que está delante de Bet Jorón,
y por el lado occidental venía a salir a Qui-
riat Baal (que es Quiriat Yearín), la ciudad de
los hijos de Judá.
15 Por el sur partía del extremo de Quiriat
Yearín, salía al oeste de los manantiales de
Neftoa,
16 y descendía a la parte final del monte
que está frente al valle de Ben Jinón, al norte
del valle de Refayin; descendía luego al valle
de Jinón, al lado sur de los jebuseos, y de allí
bajaba a la fuente de Roguel.
17 Luego se inclinaba hacia el norte y sa-
lía a Ensemes, y de allí a Gelilot, que estaba
frente a la subida de Adumín, y descendía a
la piedra de Boán Ben Rubén;
18 pasaba por la cuesta que está frente al
Arabá, y descendía al Arabá.
19 La frontera pasaba al norte de Bet Joglá,
y terminaba en la bahía norte del Mar Sala-
do, en el extremo sur del Jordán. Ésta era la
frontera sur.
20 Por el costado oriental, el río Jordán era
el límite. Éste fue el territorio dado a los hijos
de Benjamín, con las fronteras circundantes,
conforme al número de sus familias.
21 Las ciudades de la tribu de los hijos de
Benjamín, conforme al número de sus fami-
lias, fueron:
Jericó, Bet Joglá, el valle de Casis,
22 Bet Arabá, Semarayin, Betel,
23 Avín, Pará, Ofrá,
24 Quefar Hamoní, Hofní y Geba.
Doce ciudades con sus aldeas,
25 además de Gabaón, Ramá, Berot,
26 Mispá, Cafira, Mosá,
27 Requén, Irpel, Tarala,
28 Selá, Elef, Jebús (que es Jerusalén),
Gabaa y Quiriat.

Catorce ciudades con sus aldeas.
Ésta fue la parte que les tocó a los hijos
de Benjamín, conforme al número de sus
familias.

19 [1] A la tribu de los hijos de Si-
meón le tocó el reparto del
segundo sorteo, conforme al
número de sus familias. Su territorio quedó
en medio del territorio de los hijos de Judá.
[2] Y le tocaron Berseba, Sebá, Molada,
[3] Jasar Súal, Balá, Esén,
[4] Eltolad, Betul, Jormá,
[5] Siclag, Bet Marcabot, Jasar Susá,
[6] Bet Lebaot y Sarujén.
Trece ciudades con sus aldeas.
[7] Además, Ayin, Rimón, Eter y Asán,
cuatro ciudades con sus aldeas,
[8] y todas las aldeas alrededor de estas ciu-
dades, hasta Baalat Ber, que es Ramat del
Néguev.
Ésta fue la parte que le tocó a la tribu de
los hijos de Simeón, conforme al número de
sus familias.[a]
[9] Como el territorio que les tocó a los hi-
jos de Judá era demasiado grande, de allí se
tomaron tierras para los hijos de Simeón, y
así su territorio quedó en medio del de Judá.
[10] El tercer sorteo le tocó a los hijos de Zabu-
lón, conforme al número de sus familias, y el
territorio que les tocó se extendía hasta Sarid.
[11] Su frontera iba hacia el oeste hasta Ma-
rala, y llegaba hasta Dabeset; de allí seguía
hasta el arroyo que está frente a Jocneán,
[12] y de Sarid giraba al oriente, hacia donde
nace el sol; de allí llegaba hasta la frontera
con Quislot Tabor, y luego salía a Daberat y
subía a Jafía;
[13] pasaba hacia el costado oriental de Gat
Jéfer y de Itacasín, y salía a Rimón, luego de
rodear Negá;
[14] seguía luego hacia el norte, giraba por
Janatón y salía al valle de Yeftajel.
[15] Abarcaba Catat, Nalal, Simerón, Idala y
Belén; doce ciudades con sus aldeas.
[16] Éste fue el territorio de los hijos de Za-
bulón, conforme al número de sus familias.
[17] El cuarto sorteo le correspondió a los
hijos de Isacar, conforme al número de sus
familias.
[18] Su territorio abarcaba Jezrel, Quesulot,
Sunén,
[19] Jafarayin, Sijón, Anajarat,
[20] Rabit, Quisión, Abes,
[21] Remet, Enganín, Enadá y Bet Pasés.
[22] Su frontera llegaba hasta Tabor, Sajazi-
má y Bet Semes, y terminaba en el río Jor-
dán; dieciséis ciudades con sus aldeas.
[23] Éste fue el territorio de la tribu de los
hijos de Isacar, conforme al número de sus
familias.
[24] El quinto sorteo le correspondió a la tri-
bu de los hijos de Aser, conforme al número
de sus familias.
[25] Su territorio abarcaba Jelcat, Jalí, Betén,
Acsaf,
[26] Alamelec, Amad y Misal. Llegaba hasta
el Carmelo al occidente, y a Sijor Libnat;
[27] después daba vuelta hacia el oriente,
hasta Bet Dagón, y llegaba a Zabulón, al val-
le de Yeftajel al norte, a Bet Émec y a Neyel,
y salía a Cabul al norte.
[28] Abarcaba Hebrón, Rejob, Gamón y
Caná, hasta la gran Sidón.
[29] De allí, la frontera torcía hacia Ramá,
hasta la ciudad fortificada de Tiro, giraba
hacia Josá, y salía al mar desde el territorio
de Aczib.
[30] También abarcaba Uma, Afec y Rejob;
veintidós ciudades con sus aldeas.
[31] Éste fue el territorio de la tribu de los
hijos de Aser.
[32] El sexto sorteo le correspondió a los hi-
jos de Neftalí, conforme al número de sus
familias.
[33] El territorio abarcaba desde Jélef, Elón
Sananín, Adami Néqueb y Jabnel, hasta La-
cún, y salía al Jordán.
[34] La frontera giraba hacia el occidente, a
Aznot Tabor, y de allí pasaba a Jucoc y hasta
Zabulón al sur, y al occidente colindaba con
Aser y con Judá por el Jordán, hacia donde
nace el sol.

[a] **19.2-8:** 1 Cr 4.28-33.

35 Sus ciudades fortificadas eran Sidín, Ser,
Jamat, Racat, Cineret,
36 Adama, Ramá, Jazor,
37 Cedes, Edrey, Enjazor,
38 Irón, Migdal El, Jorén, Bet Anat y Bet
Semes; diecinueve ciudades con sus aldeas.
39 Éste fue el territorio de la tribu de los
hijos de Neftalí.
40 El séptimo sorteo le correspondió a la
tribu de los hijos de Dan, conforme al nú-
mero de sus familias.
41 El territorio que le tocó fue Sorá, Estaol,
Ir Semes,
42 Salbín, Ayalón, Jetla,
43 Elón, Timnat, Ecrón,
44 Elteque, Guibetón, Baalat,
45 Jehúd, Bené Berac, Gat Rimón,
46 Mejarcón y Racón, más el territorio que
está delante de Jope.
47 Como a los hijos de Dan les faltó territo-
rio, combatieron contra la ciudad de Lesén
y tomaron posesión de ella y la habitaron,
matando a filo de espada a sus habitantes.
En honor a Dan, que era el nombre de su
padre, la llamaron Dan.[b]
48 Éste fue el territorio de los hijos de Dan,
con sus ciudades y aldeas.
49 Cuando concluyó el reparto de tierras,
los hijos de Israel le dieron su parte a Josué
hijo de Nun en medio de ellos.
50 Conforme a lo que el Señor había orde-
nado, le dieron Timnat Seraj, en el monte de
Efraín, porque ésa fue la ciudad que pidió
Josué; y éste la reconstruyó para vivir en ella.
51 Éstas son las tierras que el sacerdote Elea-
zar, Josué hijo de Nun y los jefes del pueblo de
Israel repartieron por sorteo en Silo para dár-
selas como herencia a cada una de las tribus
de los hijos de Israel; todo se hizo en presen-
cia del Señor, a la entrada del tabernáculo de
reunión. Así concluyó el reparto de la tierra.

Josué designa ciudades de refugio

20 1 Después, el Señor le dijo a
Josué:
2 «Reúne a los hijos de Is-
rael, y diles que elijan las ciudades de refugio,
de las que ya les había hablado por medio
de Moisés.[a]
3 En ellas se refugiará el homicida que de
manera accidental, y no intencionalmente,
haya dado muerte a alguien. Allí podrá pro-
tegerse de quien quiera tomar venganza.
4 Quien se refugie en alguna de esas ciudades,
deberá presentarse a la entrada de la ciudad y
exponer sus razones ante los ancianos; enton-
ces ellos lo recibirán, lo llevarán dentro de la ciu-
dad, y le asignarán un lugar donde vivir.
5 Si el que quiere tomar venganza lo per-
sigue, no podrán entregar al homicida, por-
que la muerte de su prójimo fue accidental,
y no por enemistad alguna.
6 El homicida se quedará en la ciudad has-
ta que comparezca ante todo el pueblo, y
hasta que muera el sumo sacerdote en tur-
no. Sólo entonces podrá el homicida volver
a su casa y a la ciudad de donde huyó.»
7 Entonces se eligieron estas ciudades: Ce-
des, en Galilea, en el monte de Neftalí; Si-
quén, en el monte de Efraín, y Quiriat Arbá
(que es Hebrón), en el monte de Judá.
8 Al otro lado del Jordán, al oriente de
Jericó, eligieron las ciudades de Beser, en el
desierto, en la llanura de la tribu de Rubén;
Ramot en Galaad, de la tribu de Gad, y Go-
lán en Basán, de la tribu de Manasés.
9 Éstas fueron las ciudades elegidas para
que, en caso de una muerte accidental, se
pudieran refugiar todos los hijos de Israel, y
los extranjeros que vivieran entre ellos, has-
ta que comparecieran delante de todo el
pueblo. Así no serían muertos a manos del
que quisiera tomar venganza.

Ciudades de los levitas

(1 Cr 6.54-81)

21 1 Los jefes de las familias levitas
fueron a hablar con el sacer-
dote Eleazar, y con Josué hijo
de Nun y los jefes de las tribus de Israel,
2 los cuales estaban en Silo, en la tierra de
Canaán, y les dijeron:

[b] **19.47:** Jue 18.27-29. [a] **20.1-9:** Nm 35.6-32; Dt 4.41-43; 19.1-13. [a] **21.2:** Nm 35.1-8.

«El Señor le ordenó a Moisés que nos
dieran ciudades donde pudiéramos habitar,
con ejidos para nuestros ganados.»[a]
3 Entonces de su propia herencia el pue-
blo de Israel les dio a los levitas ciudades
con sus ejidos, porque el Señor se lo había
prometido.
4 El primer sorteo fue para las familias de
los coatitas, que eran descendientes del
sacerdote Aarón y también levitas. Ellos re-
cibieron ciudades de las tribus de Judá, de
Simeón y de Benjamín; en total, trece ciu-
dades.
5 A los otros hijos de Coat les tocaron por
sorteo diez ciudades de las tribus de Efraín,
de Dan y de la media tribu de Manasés.
6 Los hijos de Guersón recibieron por sor-
teo trece ciudades de las tribus de Isacar, de
Aser, de Neftalí y de la media tribu de Ma-
nasés que se había quedado en Basán.
7 Los hijos de Merari recibieron doce ciu-
dades de las tribus de Rubén, de Gad y de
Zabulón, según el número de sus familias.
8 Los hijos de Israel les dieron a los levitas,
por sorteo, estas ciudades con sus ejidos, tal
y como el Señor se lo ordenó a Moisés.
9 Las tribus de los descendientes de Judá y
de Simeón cedieron las ciudades que ya han
sido mencionadas,
10 y que las familias de Coat, hijos de Aa-
rón, recibieron de los hijos de Leví, porque
ellos fueron los primeros en el sorteo.
11 En el monte de Judá les dieron Hebrón,
que era Quiriat Arbá, la tierra del gigante
Anac, con los ejidos que la rodeaban;
12 pero a Caleb hijo de Yefune le dieron el
campo de la ciudad y sus aldeas.
13 A los hijos del sacerdote Aarón les die-
ron Hebrón con sus ejidos, como ciudad de
refugio para los homicidas, y además Libna
y sus ejidos,
14 Jatir y sus ejidos, Estemoa y sus ejidos,
15 Holón y sus ejidos, Debir y sus ejidos,
16 Ayin y sus ejidos, Yutá y sus ejidos, y Bet
Semes y sus ejidos; es decir, nueve ciudades
para estas dos tribus.
17 De la tribu de Benjamín recibieron Ga-
baón y Geba, con sus ejidos;
18 Anatot y Almón con sus ejidos; cuatro
ciudades.
19 En total, trece ciudades y sus ejidos fue-
ron para los sacerdotes hijos de Aarón.
20 Los levitas que aun quedaban, y que
pertenecían a las familias de los hijos de
Coat, recibieron por sorteo cuatro ciudades
de la tribu de Efraín.
21 En el monte de Efraín les dieron Siquén,
que era una ciudad de refugio para los ho-
micidas, con sus ejidos, y además Guézer,

PROMESAS PODEROSAS

JOSUÉ 22.5

Solamente les pido que cumplan fielmente el mandamiento y la ley que Moisés, siervo del Señor, les dio: que amen al Señor nuestro Dios, y que se mantengan en todos sus caminos; que cumplan sus mandamientos y lo sigan solamente a él, y que le sirvan con todo su corazón y con toda su alma.

Josué les enseñó a los israelitas a amar a Dios de todo su corazón. Él quería que le dieran a Dios el primer lugar en su vida. ¿Tiene Dios el primer lugar en tu vida?

DIOS CUMPLE TODAS SUS PROMESAS *(Josué 21.45)*
A veces las personas hacen promesas, pero no las cumplen. Pero Dios no es así. Él cumple cada una de las promesas que hace. Él cumplió la promesa que hizo a los israelitas de darles la tierra de Canaán. La Biblia está llena de promesas de Dios a todos los que lo aman. Puedes estar seguro de que Él siempre cumplirá las promesas que te hace.

22 Quibsayin y Bet Jorón con sus ejidos.
23 De la tribu de Dan, recibieron cuatro
ciudades con sus ejidos: Elteque, Guibetón,
24 Ayalón y Gat Rimón.
25 De la media tribu de Manasés recibie-
ron dos ciudades con sus ejidos: Tanac y Gat
Rimón.
26 Las ciudades que recibió el resto de las
familias de los hijos de Coat fueron diez, con
sus ejidos.
27 De la media tribu de Manasés los hijos
de Guersón, de las familias levitas, recibie-
ron dos ciudades con sus ejidos: Golán en
Basán, ciudad de refugio para los homicidas;
y Besterá con sus ejidos.
28 De la tribu de Isacar, recibieron cuatro
ciudades con sus ejidos; Cisón, Daberat,
29 Jarmut y Enganín.
30 De la tribu de Aser, recibieron cuatro
ciudades con sus ejidos: Misal, Abdón,
31 Jelcat y Rejob.
32 De la tribu de Neftalí, recibieron tres
ciudades con sus ejidos: Cedes en Galilea,
que era una ciudad de refugio para los ho-
micidas, Jamot Dor y Cartán.
33 En total, las ciudades que recibieron los
guersonitas, con sus ejidos y según el núme-
ro de sus familias, fueron trece.
34 Los levitas que quedaban de las familias
de los hijos de Merari recibieron de la tribu
de Zabulón cuatro ciudades con sus ejidos:
Jocneán, Carta,
35 Dimna y Nalal.
36 De la tribu de Rubén recibieron cuatro
ciudades con sus ejidos: Beser, Yahás,
37 Cademot y Mefagat.
38 De la tribu de Gad, recibieron cuatro
ciudades con sus ejidos: Ramot de Galaad,
que era una ciudad de refugio para los ho-
micidas, Majanayin,
39 Jesbón y Jazer.
40 En total, las ciudades con sus ejidos que
les tocaron por sorteo a los hijos de Merari,
es decir, a los levitas que quedaban, según el
número de sus familias, fueron doce.
41 En total, las ciudades con sus ejidos que
recibieron los levitas de entre las posesiones
del pueblo de Israel, fueron cuarenta y ocho.
42 Estas ciudades estaban distantes entre
sí, y todas estaban rodeadas de sus ejidos.

Israel ocupa la tierra

43 Así fue como el Señor dio a Israel toda
la tierra que había jurado a sus padres que
les daría, y de la cual tomaron en posesión
para habitarla.
44 Y el Señor les dio reposo, conforme a
todo lo que les había prometido a sus pa-
dres. Ninguno de sus enemigos pudo pre-
sentarles batalla, porque el Señor los había
vencido.
45 No faltó una sola de todas las promesas
que el Señor le había hecho a la casa de Is-
rael. Todas ellas se cumplieron.

El altar junto al Jordán

22 1 Josué mandó llamar a los ru-
benitas y gaditas, y a la media
tribu de Manasés,
2 y les dijo:
«Ustedes han cumplido con lo que les
mandó Moisés, el siervo del Señor, y a mí
me han obedecido en todo.[a]
3 En todo este tiempo no han abandona-
do a sus hermanos, y se han esforzado por
cumplir los mandamientos del Señor nues-
tro Dios.
4 Ahora que nuestro Señor y Dios ha dado
reposo a sus hermanos, tal y como lo había
prometido, ya pueden volver a sus campa-
mentos, a la tierra que es de ustedes, y que
Moisés, el siervo del Señor, les dio al otro
lado del Jordán.
5 Solamente les pido que cumplan fiel-
mente el mandamiento y la ley que Moisés,
siervo del Señor, les dio: que amen al Señor
nuestro Dios, y que se mantengan en todos
sus caminos; que cumplan sus mandamien- 1S 12.14-15
tos y lo sigan solamente a él, y que le sirvan
con todo su corazón y con toda su alma.»
6 Luego de bendecirlos, Josué los despidió,
y ellos volvieron a sus campamentos.

[a] **22.2:** Nm 32.20-32; Jos 1.12-15.

7 Una media tribu de Manasés había reci-
bido de Moisés un territorio en Basán; a la
otra mitad Josué le dio tierras entre sus her-
manos en la región occidental del río Jordán.
También a ellos los bendijo y los envió a sus
campamentos.
8 Les dijo:
«Vuelvan a sus tierras. Ya que llevan gran-
des riquezas y mucho ganado, y plata, oro,
bronce y muchos vestidos, compartan con
sus hermanos ese botín que le arrebataron
a sus enemigos.»
9 Los hijos de Rubén y de Gad, y la media tri-
bu de Manasés, se marcharon y se alejaron de
los hijos de Israel. Salieron de Silo, que estaba
en la tierra de Canaán, y se fueron a Galaad,
donde en conformidad con lo que el Señor le
mandó a Moisés tenían sus posesiones.
10 Cuando llegaron a los límites del Jordán,
en la tierra de Canaán, los hijos de Rubén y
de Gad y la media tribu de Manasés levan-
taron un altar muy grande e impresionante
junto al río Jordán.
11 El pueblo de Israel se enteró de que sus
hermanos habían edificado ese altar junto al
Jordán, frente a la tierra de Canaán,
12 y en cuanto lo supieron, todos ellos se
reunieron en Silo, dispuestos a ir y pelear
contra ellos,
13 aunque antes enviaron a Finés, hijo del
sacerdote Eleazar, para que hablara en Ga-
laad con los hijos de Rubén y Gad, y con la
media tribu de Manasés.
14 Finés fue acompañado de diez jefes que
representaban a cada una de las familias de
Israel.
15 Éstos fueron a hablar con los hijos de
Rubén y de Gad, y con la media tribu de
Manasés, y les dijeron:
16 *«Todo el pueblo del Señor pregunta:*
"¿Por qué faltan a su juramento y pecan
contra el Dios de Israel? ¿Por qué se apartan
de su camino levantando un altar y rebelán-
dose contra él?[b]
17 ¿No ha sido suficiente la maldad de Pe-
gor, de la que todavía no estamos limpios,
y por la cual hubo tantas muertes entre el
pueblo del Señor,[c]
18 para que ahora ustedes se aparten y ya
no lo sigan?" Hoy ustedes se rebelan con-
tra el Señor, ¡y mañana él se enojará contra
todo el pueblo de Israel!
19 Si creen que la tierra que les ha tocado es
impura, vengan a nuestra tierra, que es pose-
sión del Señor, pues allí está su tabernáculo, y
tomen las tierras que deseen; pero no se rebe-
len contra el Señor ni contra nosotros, pues así
lo dan a entender al levantar otro altar, aparte
del que ya tiene el Señor nuestro Dios.
20 ¿Acaso no fue un gran pecado el que
cometió Acán hijo de Zeraj, al tomar lo que
estaba bajo maldición, y por eso el Señor se
enojó con toda la comunidad de Israel? ¡Y
ese hombre no murió solo en su maldad!»[d]
21 Los hijos de Rubén y de Gad, y la media
tribu de Manasés, les respondieron a los je-
fes de las familias de Israel:
22 «El Señor, el Dios de dioses, sabe que no
lo hicimos por rebelión o por pecar contra
él. El Señor, el Dios de dioses, lo sabe, y que
lo sepa también Israel: si mentimos, que nos
haga morir hoy mismo.

PROMESAS PODEROSAS

JOSUÉ 23.10

Uno solo de ustedes puede poner en fuga a mil; porque ustedes cuentan con la ayuda del Señor su Dios, que es quien pelea, tal y como lo prometió.

Dios prometió luchar a favor de su pueblo. No tuvieron que depender de sus propias fuerzas. Cuando enfrentamos situaciones amedrentadoras, no tenemos que tener miedo. ¡Dios está con nosotros! Pase lo que te pase, no tienes que tener temor porque Dios promete ayudarte.

[b]**22.16:** Dt 12.6. [c]**22.17:** Nm 25.1-9. [d]**22.20:** Jos 7.1-26.

23 Si levantamos el altar por no querer seguir al Señor, o para ofrecer a otros dioses sacrificios, holocaustos u ofrendas de paz, que el Señor mismo nos lo demande.

24 Nosotros levantamos este altar por temor de que el día de mañana los hijos de ustedes les pregunten a los nuestros: "Y ustedes, ¿qué relación tienen con el Señor, Dios de Israel?

25 El Señor ha puesto el Jordán por lindero entre ustedes y nosotros, así que ustedes, hijos de Rubén y de Gad, no tienen nada que ver con el Señor." Entonces los hijos de ustedes harían que los nuestros dejaran de honrarlo.

26 Por eso decidimos levantar este altar. No para ofrecer holocaustos ni sacrificios,

27 sino como un testimonio entre ustedes y nosotros, y para los que nazcan después, para que sepan que nosotros podemos servir al Señor con nuestros holocaustos, sacrificios y ofrendas de paz. Así el día de mañana los hijos de ustedes no podrán decir a los nuestros que no tenemos nada que ver con el Señor.

28 Nosotros pensamos: "Si acaso llegaran a decirnos eso a nosotros, o a nuestras generaciones futuras, les diremos que se fijen en la semejanza de este altar, que hicieron nuestros padres, con el altar del Señor; pues no lo hicieron para ofrecer holocaustos o sacrificios, sino como un testimonio entre ustedes y nosotros."

29 No permita el Señor que alguna vez nos rebelemos contra él, ni que nos apartemos o dejemos de seguirlo, porque no levantamos este altar para ofrecer holocaustos, ni ofrendas o sacrificios. Nosotros reconocemos que hay un solo altar del Señor nuestro Dios, y que éste se halla delante de su tabernáculo.»

30 Cuando el sacerdote Finés y los jefes del pueblo y de las tribus de Israel oyeron las palabras de los hijos de Rubén y de Gad, y de los hijos de Manasés, les pareció bien lo que dijeron.

31 Entonces Finés, que era hijo del sacerdote Eleazar, les dijo:

«Hoy hemos comprendido que el Señor está entre nosotros, porque ustedes no han intentado traicionar al Señor. Han librado de su enojo a los hijos de Israel.»

32 Entonces Finés, hijo del sacerdote Eleazar, y los jefes, dejaron a los hijos de Rubén y de Gad, y regresaron a la tierra de Canaán para informar de lo sucedido a los hijos de Israel.

33 La respuesta les pareció bien, y bendijeron a Dios y no hablaron más de pelear ni de destruir la tierra que habitaban los hijos de Rubén y de Gad.

34 Éstos, por su parte, llamaron al altar «Testimonio», pues dijeron: «Este altar es para nosotros un testimonio de que el Señor es Dios.»

Exhortación de Josué al pueblo

23 1 Mucho tiempo después de que el Señor hizo reposar a los israelitas de todos sus enemigos, y cuando Josué ya era viejo,

2 éste llamó a todo Israel, es decir, a los ancianos, jefes de tribus, jueces y oficiales, y les dijo:

«Yo estoy ya viejo y entrado en años.

3 Ustedes han visto todo lo que el Señor nuestro Dios ha hecho con estas naciones, para bien de ustedes. En realidad, ha sido el Señor quien peleó y venció.

4 Yo repartí estos pueblos por sorteo, y como herencia de sus tribus; lo mismo los que fueron derrotados como los que todavía quedan, desde el río Jordán hasta el Mar Grande, hacia donde se pone el sol.

5 Pero el Señor nuestro Dios todavía va a arrojar a esos pueblos de la presencia de ustedes, para que tomen posesión de sus tierras, tal y como el Señor nuestro Dios lo prometió.

6 Por lo tanto, deben poner todo su esfuerzo en obedecer y cumplir con todo lo que está escrito en el libro de la ley de Moisés, sin apartarse a la derecha ni a la izquierda.

7 Así evitarán mezclarse con quienes viven entre ustedes. No mencionen el nombre de

sus dioses, ni juren por ellos; no los sirvan ni
se inclinen ante ellos,
8 porque es al Señor nuestro Dios a quien
ustedes deben seguir siempre, como lo han
hecho hasta el día de hoy.
9 Ante los propios ojos de ustedes el
Señor ha expulsado a grandes y poderosas
naciones, y hasta el día de hoy nadie ha po-
dido hacerles frente.
10 Uno solo de ustedes puede poner en
fuga a mil;[a] porque ustedes cuentan con la
ayuda del Señor su Dios, que es quien pelea,
tal y como lo prometió.[b]
11 Tengan mucho cuidado de ustedes
mismos, y amen al Señor nuestro Dios con
todo el corazón.
12 Si se apartan de él y se juntan con la
gente de los otros pueblos que aún quedan
entre ustedes, y pactan matrimonios y se
mezclan con ellos, y ellos con ustedes,
13 el Señor nuestro Dios no peleará ya
contra esas naciones en favor de ustedes,
sino que ellos serán para ustedes una tram-
pa, un tropiezo y un azote en sus costados;
¡les serán como espinas en los ojos, hasta
que desaparezcan de esta buena tierra que
el Señor nuestro Dios les ha dado!

1 R 19.18

14 »Yo estoy listo ya para entrar por el ca-
mino de la muerte. Ustedes deben recono-
cer de todo corazón y con toda el alma, que
ninguna de las promesas que el Señor nues-
tro Dios les hizo ha quedado sin cumplirse.
Todas ellas se han cumplido.
15 Pero así como ustedes han recibido las
buenas promesas que el Señor nuestro Dios
les hizo, así también los tratará mal y los ar-
rojará de la tierra que les ha dado,
16 si se apartan de él y no cumplen el
pacto que el Señor su Dios hizo con us-
tedes, y si van y honran a dioses ajenos y
se inclinan ante ellos. Entonces el Señor
se enojará, y ustedes morirán y serán ex-
pulsados de esta buena tierra que él les
ha dado.»

Discurso de despedida de Josué

24 1 Josué reunió en Siquén a to-
das las tribus de Israel, llamó
a los ancianos de Israel, a los
jefes de tribu, y a los jueces y oficiales, y todos
se presentaron ante Dios.

PROMESAS PODEROSAS

JOSUÉ 24.15

Pero si no les parece bien servirle, escojan hoy a quién quieren servir, si a los dioses que sus padres adoraron cuando aún estaban al otro lado del río, o a los dioses que sirven los amorreos en esta tierra donde ahora ustedes viven. Por mi parte, mi casa y yo serviremos al Señor.

Dios permite que escojamos obedecerlo o desobedecerlo. Él no nos obliga a obedecerlo. Tenemos que decidir por nosotros mismos seguir sus planes y hacer lo correcto. ¿Has decidido tú seguirlo?

[a]**23.10:** Dt 32.30. [b]**23.10:** Dt 3.22. [a]**24.2:** Gn 11.27.

PODER PARA VIVIR

UN PACTO *(Josué 24.25)*

Un pacto es un acuerdo entre dos personas. Es como un tratado. Josué hizo un pacto entre Israel y Dios. Tanto Dios como el pueblo acordaron hacer el pacto. Dios dijo que Él cuidaría de su pueblo; el pueblo dijo que sólo servirían a Dios. En la época del Nuevo Testamento, Dios hizo un nuevo pacto con todas las personas de la tierra. Él decidió enviar a Jesús para ser nuestro Salvador. Si queremos ser parte de este pacto, tenemos que apartarnos del pecado y obedecerlo. ¿Has hecho tú este acuerdo con Dios?

[2] Entonces Josué le dijo a todo el pueblo:

«Así dice el Señor, Dios de Israel: "Hace mucho tiempo su antepasado Téraj,[a] padre de Abrahán y de Najor, habitaba al otro lado del río y servía a otros dioses.

[3] Pero de aquel lado del río[b] llamé a Abrahán, el padre de ustedes, y lo conduje por toda la tierra de Canaán; le di un hijo, que fue Isaac, e hice que tuviera una descendencia numerosa.[c]

[4] Isaac fue el padre de Jacob y de Esaú.[d] A Esaú le di en propiedad el monte de Seír,[e] pero Jacob y sus hijos se fueron a vivir a Egipto.[f]

[5] Después envié a Moisés y a Aarón, y herí a todo Egipto e hice prodigios en ese país,[g] y más tarde los saqué de allí.

[6] Cuando sus padres salieron de Egipto y llegaron al Mar Rojo, vieron que los egipcios los seguían con carros y caballería,

[7] y se llenaron de miedo; pero me pidieron ayuda y yo, el Señor, oscurecí el camino de los egipcios, y el mar se les vino encima y los cubrió. Ustedes son testigos oculares de todo lo que hice en Egipto.[h] Después de eso, anduvieron mucho tiempo por el desierto.

[8] Más tarde los introduje en la tierra que habitaban los amorreos, al otro lado del Jordán, y aunque ellos pelearon contra ustedes, yo los vencí, y ya destruidos los puse en sus manos[i] y les entregué sus tierras.

[9] Después Balac hijo de Sipor, que era rey de los moabitas, se levantó en armas para pelear contra Israel, y mandó llamar a Balaam hijo de Beor, para que los maldijera.

[10] Pero yo no hice caso de las maldiciones de Balaam, y en lugar de maldecirlos los bendijo varias veces,[j] y así los libré del rey Balac.

[11] Ustedes cruzaron el Jordán[k] y vinieron a Jericó, y sus habitantes pelearon contra ustedes:[l] los amorreos, los ferezeos, los cananeos, los hititas, los gergeseos, los jivitas y jebuseos, pero yo los vencí y los puse en sus manos.

[12] Antes que ustedes llegaran envié tábanos,[m] y los dos reyes de los amorreos huyeron a toda prisa, sin que yo usara tu espada ni tu arco.

[13] Yo les he dado a ustedes tierras que no trabajaron, ciudades que no edificaron, y hasta comen de las viñas y olivares que no plantaron."[n]

[14] »Por todo esto, respeten y honren al Señor. Sírvanle con integridad y de todo corazón. Echen fuera a los dioses que sus padres adoraron en el otro lado del río y en Egipto, y que aún están entre ustedes, y en su lugar sirvan al Señor.

[15] Pero si no les parece bien servirle, escojan hoy a quién quieren servir, si a los dioses que sus padres adoraron cuando aún estaban al otro lado del río, o a los dioses que sirven los amorreos en esta tierra donde ahora ustedes viven. Por mi parte, mi casa y yo serviremos al Señor.»

[16] El pueblo respondió:

«¡Jamás dejaremos al Señor por servir a otros dioses!

[17] ¡El Señor es nuestro Dios! Fue él quien nos sacó, a nosotros y a nuestros padres, del país donde éramos esclavos. Hizo grandes señales en Egipto, y en todos los caminos por donde hemos andado, y en todos los pueblos por los que hemos cruzado, siempre nos ha protegido.

[18] El Señor arrojó de nuestra presencia a todos los pueblos, incluso a los amorreos que habitaban esta tierra. Así que nosotros serviremos al Señor, porque él es nuestro Dios.»

[19] Entonces Josué le dijo al pueblo:

«Ustedes no pueden servir al Señor, porque él es un Dios santo y celoso, y no soporta rebeliones ni pecados.

[20] Si ustedes dejan al Señor para servir a otros dioses, él vendrá y les irá muy mal, porque los exterminará, ¡a pesar de haberles hecho tanto bien!»

[21] El pueblo le respondió a Josué:

[b] **24.3:** Gn 12.1-9. [c] **24.3:** Gn 21.1-3. [d] **24.4:** Gn 25.24-26. [e] **24.4:** Gn 36.8. [f] **24.4:** Gn 46.1-7. [g] **24.5:** Éx 3.1—12.42. [h] **24.6-7:** Éx 14.1-31. [i] **24.8:** Nm 21.21-35. [j] **24.9-10:** Nm 22.1—24.25. [k] **24.11:** Jos 3.14-17. [l] **24.11:** Jos 6.1-21. [m] **24.12:** Éx 23.28; Dt 7.20. [n] **24.13:** Dt 6.10-11.

«Eso no sucederá, porque nosotros serviremos al Señor.»

[22] Josué les contestó:

«Ustedes mismos son sus propios testigos de que han elegido al Señor, y de que le van a servir.»

Y ellos respondieron:

«Lo somos.»

[23] Entonces Josué les dijo:

«Echen fuera ahora mismo los dioses ajenos que están entre ustedes, y humíllense de corazón ante el Señor y Dios de Israel.»

[24] Y el pueblo le respondió:

«Al Señor nuestro Dios serviremos, y obedeceremos su voz.»

[25] Ese mismo día Josué hizo un pacto en Siquén con el pueblo, y le dio estatutos y leyes.

[26] Estas palabras las escribió en el libro de la ley de Dios; luego tomó una gran piedra, la puso debajo de la encina que estaba junto al santuario del Señor,

[27] y le dijo a todo el pueblo:

«A partir de hoy esta piedra nos servirá de testigo, porque ante ella se han oído todas las palabras que el Señor nos ha dicho. Por lo tanto, ella será un testigo contra ustedes, para que no le mientan a su Dios.»

[28] Después de eso, Josué despidió al pueblo, y cada uno se fue a su territorio.

Muerte de Josué

(Jue 2.6-10)

[29] Después de estos sucesos murió Josué hijo de Nun, siervo del Señor, a la edad de ciento diez años.

[30] Lo sepultaron en Timnat Seraj,[o] que fue la parte que le tocó, y que está en el monte de Efraín, al norte del monte de Gaas.

[31] Durante todo el tiempo de vida de Josué y de los ancianos que le sobrevivieron, los cuales conocían todas las obras que el Señor había hecho en favor de Israel, el pueblo de Israel sirvió al Señor.

Sepultan los huesos de José en Siquén

[32] Los huesos de José, que los hijos de Israel habían traído de Egipto,[p] fueron enterrados en Siquén, en el terreno que por cien piezas de plata[5] Jacob compró[q] a los hijos de Jamor, padre de Siquén. Ese terreno quedó en posesión de los hijos de José.

Muerte de Eleazar

[33] También murió Eleazar hijo de Aarón, y fue enterrado en la colina de su hijo Finés, la cual le dieron en el monte de Efraín.

---

[o] **24.30:** Jos 19.49-50. [p] **24.32:** Gn 50.24-25; Éx 13.19. [5] **24.32** Heb. ***quesitas.*** [q] **24.32:** Gn 33.19; Jon 4.5; Hch 7.16.

JUECES

Autor: **Se desconoce**
Temas: **Rebelión y rescate**
Fecha en que se escribió: **c. 1050-1000 a.C.**

RESCATANDO A LOS REBELDES

Este libro recibe su nombre de trece líderes que Dios escogió para rescatar a su pueblo. Estos líderes se llamaban jueces. Israel tenía el mal hábito de rebelarse contra Dios. Como resultado, Dios permitió que su pueblo fuera oprimido por las naciones a su alrededor. Pero Él seguía amándolos. Cuando clamaban a Dios, Él enviaba a un juez para rescatarlos. Cada uno de los trece jueces mencionados en este libro venía de una tribu israelita diferente. Samuel, quien fue el último juez de Israel y el primer profeta de Israel, no está incluido en este libro.

LO QUE ENCONTRARÁS EN EL LIBRO

Jueces se divide en tres secciones:
La primera sección (1:1—3:6) relata el hecho de que Israel no expulsó a las naciones pecaminosas que vivían en Canaán. Más bien, empezó a adorar a los ídolos cananeos, de modo que Dios permitió que otras naciones lo derrotaran.

La segunda sección (3:7—16:31) da seis ejemplos de cómo Israel se rebeló contra Dios, fue dominado por otras naciones, clamó a Dios pidiendo ayuda, y fue rescatado por Dios a través de los jueces. Los jueces más conocidos son Débora y Barac (trabajando en equipo), Gedeón, Jefté y Sansón.

La tercera sección (17:1—21:25) cierra el libro con relatos de asesinato y guerra civil, los cuales muestran los malos resultados de la rebelión de Israel. El libro de Jueces es un triste recordatorio de que las personas tardan en aprender de sus errores. Más bien, repiten vez tras vez los mismos errores.

¿SABÍAS QUE...?

- Jueces es un registro de la historia sombría de Israel desde su entrada en la Tierra Prometida hasta la época de los reyes.
- Cada uno de los seis relatos de rebelión principales empieza de la misma manera: "Pero los israelitas hicieron lo malo a los ojos del Señor".
- Este es un libro acerca de opresores. Dios usó a las naciones malvadas que oprimían a los israelitas para ayudar a su pueblo a dejar su maldad.

Judá y Simeón capturan a Adonibésec

Después de la muerte de Josué, los israelitas consultaron al Señor, y le preguntaron:

«¿Quién de nosotros irá primero a pelear contra los cananeos?»

2 Y el Señor respondió:

«El primero será Judá, porque yo he puesto la tierra en sus manos.»

3 Judá dijo entonces a su hermano Simeón:

«Acompáñame al lugar que me ha tocado en suerte. Pelea conmigo contra los cananeos, y yo te acompañaré cuando vayas a reclamar tu tierra.»

Y Simeón lo acompañó,

4 y el Señor entregó en sus manos a los cananeos y los ferezeos, y en Bezec hirieron de muerte a diez mil hombres.

5 Y como en Bezec hallaron a Adonibésec, pelearon contra él y derrotaron a los cananeos y ferezeos.

6 Pero Adonibésec huyó, así que lo persiguieron, y cuando lo aprehendieron le cortaron los pulgares de las manos y los dedos gordos de los pies.

7 Entonces Adonibésec dijo:

«A setenta reyes les corté los pulgares de las manos y los dedos gordos de los pies, y así recogían las migajas debajo de mi mesa. Lo mismo que les hice a ellos, ahora Dios lo hace conmigo.»

Y lo llevaron a Jerusalén, donde murió.

Judá conquista Jerusalén y Hebrón

8 Los hijos de Judá atacaron la ciudad de Jerusalén y la tomaron, y mataron a sus habitantes a filo de espada, y luego le prendieron fuego a la ciudad.

9 Después de eso, fueron a pelear contra los cananeos que habitaban en las montañas, en el Néguev, y en los llanos,

10 y también marcharon contra los cananeos que vivían en Hebrón, y que antes se llamaba *Quiriat Arbá. Allí hirieron a Sesay, a* Ajimán y a Talmay.

Otoniel conquista Debir y recibe a Acsa

(Jos 15.15-19)

11 De Hebrón marcharon contra los habitantes de Debir, ciudad que antes se llamaba Quiriat Séfer.

12 Allí Caleb dijo:

«Mi hija Acsa será la mujer de quien ataque Quiriat Séfer y la conquiste.»

13 Y Otoniel hijo de Cenaz, hermano de Caleb, la conquistó y recibió por mujer a Acsa.

14 Y ya se iba ella con Otoniel, cuando él la persuadió de pedirle a su padre tierras de cultivo. Entonces Acsa se apeó del asno, y Caleb le preguntó:

«¿Qué es lo que quieres?»

15 Y ella le respondió:

«Hazme un regalo. Ya que me diste las tierras del Néguev, dame también manantiales.»

Y Caleb le dio los manantiales de arriba y los de abajo.

Extensión de las conquistas de Judá y de Benjamín

16 Los quenitas, que eran descendientes del suegro de Moisés, salieron de la ciudad de las palmeras y se fueron a vivir con los hijos de Judá, en el desierto que está en el Néguev cerca de Arad.

17 Judá acompañó a su hermano Simeón a luchar contra los cananeos que habitaban en Sefat, y los derrotaron, y luego de destruir la ciudad le pusieron por nombre Jormá.

18 Judá también tomó Gaza, Ascalón y Ecrón, con sus territorios.

19 Como el Señor estaba de parte de Judá, éste arrojó a los habitantes de las montañas, aunque no logró hacer lo mismo con los habitantes de los llanos porque ellos tenían carros de hierro.

20 Pero Caleb recibió Hebrón, tal como Moisés lo había dicho, y arrojó de allí a los *tres hijos de Anac.*[a]

21 Sin embargo, los benjaminitas no pudieron expulsar a los jebuseos que habitaban

[a] **1.20:** Jos 15.13-14.

en Jerusalén, y éstos se quedaron allí, convi-
viendo con los benjaminitas hasta el día de
hoy.[b]

José conquista Betel

22 El Señor también estaba con la tribu de
José, que fue y peleó contra Betel, ciudad
que antes se llamaba Luz.
23 Se pusieron espías fuera de la ciudad,
24 y cuando los espías vieron a un hombre
salir de la ciudad, lo llamaron y le dijeron:
«Dinos cómo entrar a la ciudad, y tendre-
mos compasión de ti.»
25 Y cuando el hombre les mostró la puer-
ta, entraron hiriendo a filo de espada a sus
moradores, pero al hombre que los ayudó,
lo dejaron ir con toda su familia.
26 Y el hombre se fue a la tierra de los hi-
titas, donde edificó una ciudad que llamó
Luz; y así se llama hasta el día de hoy.

Conquistas de Manasés y de Efraín

27 Manasés tampoco pudo vencer a los
habitantes de Bet Seán, ni a los de Tanac, ni
a los de Dor, ni a los habitantes de Ibleam,
ni a los de Meguido y sus aldeas, así que los
cananeos siguieron ocupando esas tierras.
28 Cuando los israelitas se hicieron fuer-
tes, lograron imponerles tributo pero no los
expulsaron.[c]
29 Tampoco los efrainitas pudieron expul-
sar a los cananeos de Guézer, y éstos se que-
daron allí, entre ellos.[d]

Conquistas de las otras tribus

30 Zabulón tampoco pudo expulsar a los
habitantes de Quitrón, ni a los de Nalal, así
que los cananeos se quedaron a vivir entre
ellos, aunque pagando tributo.
31 Tampoco Aser pudo arrojar a los habi-
tantes de Aco, *ni a los de Sidón*, en Ajlab, en
Aczib, en Jelba, en Afec y en Rejob,
32 sino que tuvo que vivir entre los cana-
neos de esa tierra.
33 Neftalí no pudo arrojar a los habitantes
de Bet Semes, ni a los de Bet Anat, y vivió
entre los cananeos, pero les impuso tributo
a los de Bet Semes y de Bet Anat.
34 Los amorreos persiguieron a los danitas
hasta las montañas, y no les permitieron ba-
jar a las llanuras.
35 Los amorreos siguieron viviendo en el
monte de Heres, en Ayalón y en Sagalbín;
pero cuando la tribu de José se hizo fuerte,
los obligó a pagar tributo.
36 La frontera con los amorreos empezaba
en la cuesta de Acrabín, desde Sela hasta la
cima.

El ángel del Señor en Boquín

2 1 El ángel del Señor fue de Gilgal a
Boquín, y les dijo a los israelitas:
«Yo los liberé de Egipto y los llevé
a la tierra que prometí dar a sus antepasa-
dos, cuando les dije: "Nunca anularé mi pac-
to con ustedes,
2 mientras no hagan pacto con los que ha-
bitan en esta tierra, gente que tiene altares
que ustedes deben destruir."[a] Pero ustedes
no me hicieron caso. ¿Por qué no lo han
hecho?
3 Por lo tanto, escúchenme bien: No voy
a expulsar de estas tierras a sus habitantes,
sino que ellos serán para ustedes como azo-
tes en los costados, y sus dioses los confun-
dirán.»
4 Cuando el ángel del Señor dijo esto a los
israelitas, ellos se echaron a llorar con fuerte
voz.
5 Por eso, a ese lugar lo llamaron Boquín,[1] y
allí ofrecieron sacrificios al Señor.

Muerte de Josué

(Jos 24.29-31)

6 Josué despidió al pueblo de Israel, y cada
uno fue y tomó posesión de su heredad.
7 Y *mientras* vivió Josué, y los ancianos
que le sobrevivieron y que habían *visto* las
obras del Señor en favor de Israel, todo el
pueblo sirvió al Señor.

[b]**1.21:** Jos 15.63; 2 S 5.6; 1 Cr 11.4. [c]**1.27-28:** Jos 17.11-13. [d]**1.29:** Jos 16.10. [a]**2.2:** Éx 34.12-13; Dt 7.2-5. [1]**2.5** Es decir, ***los que lloran.***

LECCIONES

UNA GENERACIÓN SIN DIOS

(Jueces 2.10)

Después que murió Josué, los israelitas que nacieron y crecieron en la Tierra Prometida empezaron a olvidarse de Dios. Siguieron sus propios deseos en vez de obedecer a Dios. Por lo tanto, Dios tuvo que dejar que sufrieran hasta que le pidieran ayuda. Muchas personas hoy día no saben mucho acerca de Dios y su Palabra. ¿Conoces a personas así? ¿Qué puedes tú decirles acerca de Dios y la Biblia? ¿Estás dispuesto a difundir las buenas noticias de Jesús?

8 Y Josué hijo de Nun, siervo del Señor,
murió a la edad de ciento diez años.
9 Lo sepultaron en Timnat Seraj,[b] que era
su heredad, en el monte de Efraín, al norte
del monte de Gaas.
10 Y murió también toda esa generación, y
se reunió con sus antepasados. Después de
ellos vino otra generación que no conocía al
Señor, ni sabía lo que el Señor había hecho
por Israel.

Apostasía de Israel y surgimiento de los jueces

11 Los israelitas hicieron lo malo a los ojos
del Señor, y adoraron a los baales.
12 Abandonaron al Señor, el Dios que sacó
a sus antepasados de la tierra de Egipto, y
empezaron a adorar a los dioses de los pue-
blos que vivían a su alrededor, con lo que
provocaron el enojo del Señor.
13 Se apartaron del Señor, para adorar a
Baal y a Astarot.
14 Por eso el Señor se enojó contra el pue-
blo de Israel y lo entregó en manos de la-
drones, que lo despojaron de todo; lo dejó a
merced de los enemigos que lo rodeaban, a
los cuales ya no pudo vencer.
15 A dondequiera *que iban, la* mano del
Señor estaba en contra de ellos para su mal,

PALABRAS CON PODER

BAAL Y ASTAROT

(Jueces 2.13)

Los cananeos adoraban a un dios llamado Baal. Ellos creían que Baal hacía nacer a los niños. Entonces a veces mataban a sus bebés y se los daban a Baal como regalo. Dios aborrecía esta horrible costumbre. Astarot era la diosa de guerra. Tristemente, muchos de los israelitas empezaron a adorar a Baal y Astarot así como lo hacían los cananeos. Debido a este pecado, Dios permitió que sus enemigos los derrotaran. Dios está buscando a personas que lo adoren a Él y sólo a Él.

y tal como se lo había jurado, se vieron en
gran aflicción.
16 Entonces el Señor suscitó caudillos
para que los libraran de aquellos que los
despojaban.
17 Pero ellos tampoco escuchaban a sus
caudillos, sino que se fueron tras dioses
ajenos, a los cuales adoraron, y pronto se
apartaron del camino que habían segui-
do sus antepasados, pues sus antepasa-
dos habían obedecido los mandamien-

LECCIONES

DIOS LEVANTÓ A JUECES

(Jueces 2.16)

En los tiempos bíblicos, los jueces no eran como los jueces en nuestra época que trabajan en los juzgados y visten una toga negra. En esa época, un juez podía ser general o profeta o profetisa. Dios le daba a cada juez el poder de su Espíritu. Cada vez que los israelitas se arrepentían de sus pecados, Dios les daba a los jueces grandes victorias por medio del poder del Espíritu Santo.

[b]**2.9:** Jos 19.49-50.

tos del Señor, pero ellos no lo hicieron
así.
18 Cuando el Señor suscitaba algún caudillo,
también lo apoyaba y, mientras ese caudillo vi-
vía, los libraba del poder de sus enemigos, pues
el Señor se conmovía al escuchar los gemidos
de su pueblo oprimido y afligido.
19 Pero al morir aquel caudillo, el pueblo
volvía a corromperse aún más que sus an-
tepasados, y seguía a los dioses ajenos para
servirles y adorarlos; y no se arrepentían de
sus obras, ni de su obstinada conducta.
20 Por eso la ira del Señor se encendió con-
tra Israel, y dijo:

«Como este pueblo ha roto el pacto que
establecí con sus antepasados, y no me obe-
dece,
21 tampoco yo volveré a expulsar delante
de ellos a ninguna de las naciones que Josué
dejó al morir.»
22 Ésta era una prueba para Israel, para
ver si se esforzaban en volver al camino del
Señor, como sus antepasados.
23 Por esta razón, el Señor no expulsó a
aquellas naciones, ni se las entregó a Josué,
sino que las dejó entre ellos.

Convivencia de Israel con los pueblos cananeos

3 1 Éstos son los pueblos que el Señor
dejó para poner a prueba a todos
los israelitas que no habían sabido
nada de las guerras de Canaán.
2 El Señor los dejó sólo para que los des-
cendientes de los israelitas aprendieran a
pelear y enseñaran a quienes no habían
combatido.
3 Eran cinco los jefes de los filisteos, cana-
neos, sidonios y jivitas que vivían en el mon-
te Líbano, desde el monte de Baal Hermón
hasta Jamat.
4 El Señor los usó para poner a prueba a Is-
rael y ver si obedecerían los mandamientos
que había entregado a sus antepasados, por
medio de Moisés.
5 Y los israelitas vivieron entre los cana-
neos, hititas, amorreos, ferezeos, jivitas y
jebuseos,
6 y se casaron con sus mujeres, y dejaron
que sus hijas se casaran con hombres de
esos pueblos, y rindieron culto a sus dioses.

Otoniel libera a Israel de Cusán Risatayin

7 Pero los israelitas hicieron lo malo a los
ojos del Señor, y se olvidaron de él por ado-
rar a las imágenes de Baal y de Asera.
8 Eso provocó que la ira del Señor se
encendiera contra Israel, y los dejó caer
en manos de Cusán Risatayin, rey de
Mesopotamia, a quien sirvieron duran-
te ocho años.
9 Entonces los israelitas clamaron al Señor, y
él los oyó y levantó como su libertador a Oto-
niel hijo de Cenaz, hermano menor de Caleb.
10 El espíritu del Señor estuvo con él cuan-
do fue caudillo de Israel, y salió a pelear con-
tra Cusán Risatayin, rey de Siria, y el Señor
le dio la victoria y lo hizo vencer a Cusán
Risatayin.

Jue 6.34

UNA MALA ELECCIÓN *(Jueces 3.7)*
En este versículo encontramos unas de las palabras más tristes en toda la Biblia: "Pero los israelitas hicieron lo malo a los ojos del Señor." Después que murió Josué, muchas personas en Israel escogieron hacer caso omiso de Dios. Adoraron a los ídolos cananeos. No se rebelaron de la noche a la mañana. Su penoso descenso hacia el pecado empezó cuando desobedecieron a Dios y dejaron que algunos cananeos permanecieran en la tierra. Su ejemplo es una advertencia para nosotros de que debemos obedecer la Palabra de Dios en todo momento. Escribe Salmo 119:104 y trata de memorizarlo.

11 Después de esto, hubo paz en la tierra durante cuarenta años, y murió Otoniel hijo de Cenaz.

Aod libera a Israel de Moab

12 Los israelitas volvieron a hacer lo malo a los ojos del Señor, y por eso el Señor dejó que Eglón, rey de Moab, los venciera.
13 Fue así como Eglón, rey de Moab, reunió a los amonitas y amalecitas, y luchó contra Israel y lo hirió de muerte, y tomó la ciudad de las palmeras.
14 Durante dieciocho años los israelitas sirvieron a Eglón, rey de los moabitas.
15 Pero los israelitas volvieron a pedir ayuda al Señor, y él volvió a levantar a otro libertador. Eligió a un benjaminita zurdo llamado Aod hijo de Gera. Un día, los israelitas enviaron un regalo a Eglón, rey de Moab, por medio de Aod.
16 Éste se había hecho un puñal de doble filo, que medía como cincuenta centímetros de largo, y se lo ajustó del lado derecho, debajo de su ropa.
17 Cuando Aod llegó ante el rey, que era un hombre robusto, le entregó el regalo,
18 después de lo cual Aod y sus acompañantes se despidieron.
19 Pero al llegar adonde estaban los ídolos de Gilgal, Aod regresó y le dijo:

«Su Majestad, tengo algo que decirle en secreto.»

El rey le pidió que esperara, y a todos los que estaban con él les ordenó salir.
20 Como el rey estaba sentado solo en su sala de verano, Aod se acercó y le dijo:

«Tengo para ti un mensaje de parte de Dios.»

Cuando el rey se levantó de su trono,
21 con su mano izquierda Aod sacó el puñal que llevaba en su lado derecho, y se lo hundió en el vientre.
22 Con tal fuerza se lo clavó, que la empuñadura entró junto con la hoja, y su gordura la cubrió, y Aod no pudo retirar el puñal porque al rey se le derramó el excremento.
23 Entonces Aod salió al corredor, cerró las puertas de la sala tras de sí, y las aseguró con el cerrojo.
24 Al salir Aod, los siervos del rey fueron a ver al rey, pero al ver que las puertas de la sala estaban cerradas, dijeron:

«Seguramente el rey se está cubriendo los pies en la sala de verano.»
25 Pero como pasaba el tiempo y el rey no abría, no sabían qué hacer; finalmente, tomaron la llave y abrieron, y se encontraron con que su amo estaba tirado en el suelo, ya muerto.
26 Como ellos se entretuvieron tanto tiempo, Aod logró escapar y, luego de pasar más allá de los ídolos, se puso a salvo en Seirat.
27 Al llegar allá, hizo sonar el cuerno en el monte de Efraín, y los israelitas descendieron con él del monte. Aod iba al frente de ellos,
28 y les dijo:

«Síganme, porque el Señor ha entregado a los moabitas en nuestras manos.»

Y los israelitas bajaron tras él, tomaron los vados del Jordán, y no permitieron que nadie más lo cruzara.
29 Ese día mataron como a diez mil moabitas, y aunque todos eran valientes hombres de guerra, ninguno de ellos escapó con vida.
30 Así fue subyugado Moab bajo el mando de Israel, y la tierra estuvo en paz durante ochenta años.

Samgar libera a Israel de los filisteos

31 Después de Aod, surgió Samgar hijo de Anat, quien mató a seiscientos filisteos con una aguijada de bueyes, y así salvó a Israel.

Débora y Barac derrotan a Sísara

4 1 Después de la muerte de Aod, los israelitas volvieron a hacer lo malo a los ojos del Señor.
2 Por eso el Señor los dejó caer en manos de Jabín, el rey cananeo que reinaba en Jazor. El capitán del ejército enemigo se llamaba Sísara, y vivía en Jaroset Goyín.

3 Entonces los israelitas clamaron al Señor
para que los librara, pues Jabín tenía novecien-
tos carros de hierro y durante veinte años ha-
bía oprimido cruelmente a los israelitas.
4 En aquel tiempo gobernaba a Israel
1 S 10.5-11 una profetisa llamada Débora, que era
mujer de Lapidot.
5 Débora acostumbraba sentarse bajo una
palmera que estaba entre Ramá y Betel, en
el monte de Efraín. Los israelitas iban a ese
lugar, conocido como «La palmera de Dé-
bora», para que les hiciera justicia.
6 Un día, Débora mandó llamar a Barac
hijo de Abinoán, quien era de Cedes de
Neftalí. Cuando Barac llegó, ella le preguntó:
«El Señor y Dios de Israel te ha dado una
orden, ¿no es verdad? Te ha dicho: "Ve y reú-
ne a tu gente en el monte Tabor. Toma diez
mil hombres de la tribu de Neftalí y de la
tribu de Zabulón.
7 Yo voy a hacer que Sísara, el capitán del ejérci-
to de Jabín, vaya al arroyo de Cisón con sus carros
y su ejército, y allí lo entregaré en tus manos."»
8 Y Barac le respondió:
«Iré, si tú vas conmigo. Si no vas conmigo,
no iré.»
9 Ella le dijo:
«Voy a ir contigo. Pero la gloria de la vic-
toria no será tuya, porque el Señor va a po-
ner a Sísara en manos de una mujer.»
Y así, Débora se levantó y acompañó a
Barac hasta Cedes.
10 Allí Barac reunió a las tribus de Zabulón
y Neftalí, que eran diez mil hombres bajo su
mando. Débora lo acompañó.
11 Un quenita llamado Jéber, descendien-
te de Hobab, el suegro de Moisés, se había
apartado de los quenitas para plantar sus
tiendas de campaña en el valle de Sanayin,
junto a Cedes.

PODEROSAS MUJERES DE DIOS

DÉBORA

Débora vivió en una época en que las mujeres generalmente no eran líderes. Sin embargo, Dios escogió a Débora para ser profetisa y jueza en Israel.

Los jueces ayudaban a resolver asuntos legales y guiaban a la nación en batalla. Cada vez que los israelitas desobedecían, Dios permitía que otras naciones los derrotaran por un tiempo. En cuanto clamaban a Dios, Él enviaba a un juez para rescatarlos de sus enemigos.

Durante la época de Débora, Sísara, el comandante del poderoso ejército cananeo, amenazó a Israel. Dios le dio a Débora un mensaje para Barac, el general del ejército de Israel. Dios le dijo a Barac que llevara al ejército de Israel a luchar contra Sísara y su ejército. Pero Barac se negó a ir a la batalla si Débora no iba con él.

Débora acordó acompañar a Barac, pero le dio a Barac otro mensaje: Israel ganaría la batalla, pero una mujer vencería a Sísara.

Todo aconteció así como lo había predicho Débora. Israel ganó la batalla contra Sísara, pero cuando Sísara se escapó, una mujer llamada Jael lo mató con una estaca de carpa.

Para celebrar la victoria, Débora y Barac cantaron un canto de alabanza a Dios. Débora sabía que la victoria no venía del ejército, sino de Dios.

¿Qué haces tú cuando llegan retos a tu vida? ¿Hablas con Dios acerca de ellos? No olvides que Él quiere ayudarte a enfrentar los retos así como ayudó a Débora.

Puedes leer acerca de Débora en Jueces 4-5.

12 Como Sísara fue informado de que Barac hijo de Abinoán había subido al monte Tabor,

13 reunió sus novecientos carros de hierro y a todo su ejército, que era tan numeroso que se extendía desde Jaroset Goyín hasta el arroyo de Cisón.

14 Entonces Débora le dijo a Barac:

«Levántate, que hoy el Señor va a poner a Sísara en tus manos, pues en verdad el Señor está contigo.»

Barac bajó entonces del monte Tabor con sus diez mil hombres,

15 y el Señor derrotó delante de Barac a Sísara, desbaratando sus carros y pasando a filo de espada a todo su ejército. Al ver esto, Sísara bajó de su carro y huyó a pie.

16 Pero Barac persiguió los carros y al ejército hasta Jaroset Goyín, y los pasó a filo de espada, hasta no dejar a uno solo con vida.

17 Sísara, que había huido a pie, llegó a la tienda de campaña de Yael, mujer de Jéber el quenita, pues Jabín, el rey de Jazor, estaba en paz con la tribu de Jéber.

18 Yael salió a recibir a Sísara, y le dijo:

«Acércate, mi señor, no tengas miedo.»

Sísara entró en la tienda de campaña, y ella lo cubrió con una manta.

19 Entonces el rey le dijo:

«Por favor, dame a beber un poco de agua, pues tengo mucha sed.»

Yael abrió un odre de leche, le dio de beber, y lo volvió a cubrir.

20 Entonces Sísara le dijo:

«Quédate a la entrada de tu tienda, y si alguien viene y te pregunta si hay alguien aquí, tú le responderás que no.»

21 Pero como Sísara estaba muy cansado y pronto se quedó dormido, Yael tomó una estaca de la tienda y un mazo y, acercándose sigilosamente, le clavó la estaca en las sienes, hasta hundirla en tierra. Así murió Sísara.

22 Como Barac iba siguiendo a Sísara, cuando Yael lo vio, salió a recibirlo y le dijo:

«Ven, que voy a mostrarte al hombre que buscas.»

Barac entró con ella, y se encontró con que Sísara estaba ahí, muerto y con la estaca clavada en la sien.

23 Ese día, Dios humilló al rey cananeo Jabín frente a los israelitas,

24 y éstos fueron endureciendo su trato contra Jabín, hasta que lo destruyeron.

Cántico de Débora y de Barac

5 1 Aquel día Débora y Barac hijo de Abinoán, celebraron así su victoria:

2 «¡Alabemos al Señor!
¡Los caudillos de Israel encabezaron al pueblo,
y el pueblo libremente se dispuso a luchar!

2 S 22.47-50

3 »Ustedes, reyes y príncipes,
escuchen bien lo que voy a decir:
¡Yo quiero, sí, yo quiero cantarle al Señor!
¡Quiero cantarle salmos al Señor y Dios de Israel!

4 »Cuando tú, Señor, saliste de Seír,
cuando avanzaste desde los campos de Edom,
la tierra se estremeció;

LECCIONES — UN CANTO DE VICTORIA

(Jueces 5.1)

¿Qué es lo primero que haces cuando has ganado un juego o una competencia? ¿Alabas a Dios por su ayuda? Cuando Dios ayudó a los israelitas a derrotar a sus enemigos, Débora y Barac cantaron un canto de alabanza a Él. Este canto le daba gracias a Dios y le recordaba al pueblo el gran poder de Dios. En el Nuevo Testamento, el apóstol Pablo quería que los creyentes se animaran mutuamente con "salmos, himnos y cánticos espirituales". Puedes leer acerca de esto en Efesios 5:19-20.

las nubes en los cielos se llenaron de
lluvia;
5 ¡en tu presencia, Señor y Dios de
Israel,
temblaron los montes como el Sinaí![a]

6 »En los días de Samgar hijo de Anat,
que fueron los días de Yael,
los caminos se quedaron abandonados,
los viajeros se apartaron por atajos
escabrosos,
7 los poblados israelitas quedaron
abandonados,
hasta que yo, Débora, me llené de
valor
y como madre me puse al frente de
Israel.

8 »Los israelitas escogieron nuevos
dioses;
la guerra estaba a las puertas de la
ciudad,
pero no había un solo escudo, ni una
lanza,
entre los cuarenta mil hombres de
Israel.
9 Mi corazón está con ustedes, jefes de
Israel,
porque libremente se dispusieron a
luchar.

»¡Alabemos al Señor!

10 »¡Proclamen esto, ustedes,
los jefes que montan asnas blancas
y en sillas tapizadas recorren los
caminos!
11 ¡Anuncien los triunfos del Señor,
obtenidos en las aldeas de Israel!
¡Díganlo a voz en cuello en los abrevaderos,
entre la gente que da de beber a los
guerreros!
¡El ejército del Señor avanza hacia las
puertas!

12 »¡Despierta, Débora, despierta!
¡Despierta y canta! ¡Tu deber es cantar!
Y tú, Barac hijo de Abinoán,
¡levántate y llévate a tus cautivos!

13 »Y el resto de los nobles se puso en
marcha;
el pueblo del Señor avanzó en pos de
mí
para luchar contra los poderosos.
14 De Efraín vinieron los habitantes de
Amalec;
a ti, Benjamín, te siguieron tus guerreros;
de Maquir acudieron sus príncipes,
y de Zabulón vinieron sus gobernantes.
15 Los caudillos de Isacar estaban con
Débora,
y bajaron al valle para apoyar a Barac.
Entre las familias de Rubén se hallaban
hombres de corazón resuelto.

16 »Y tú, ¿por qué te quedaste en los
rediles,
escuchando los balidos del rebaño,
si entre las familias de Rubén
hay hombres de corazón resuelto?

17 »Galaad se quedó al otro lado del
Jordán,
y Dan se mantuvo al lado de las naves.
Aser se quedó tranquilo en la playa,
y no se apartó de sus puertos.
18 Pero el ejército de Zabulón y Neftalí
arriesgó su vida luchando en los altos
montes.

19 »Fueron muchos los reyes que vinieron a pelear:
A Tanac, junto a las aguas de Meguido,
vinieron y pelearon los reyes de
Canaán,
pero no lograron llevarse ningún tesoro.
20 Desde los cielos pelearon las estrellas;
¡desde sus órbitas pelearon contra
Sísara!

[a] **5.5:** Éx 19.18.

PROMESAS PODEROSAS

JUECES 5.31

¡Así perezcan, Señor, todos tus enemigos! ¡Y que los que te aman irradien luz, como el sol cuando sale en todo su esplendor!» Después de esto, hubo paz en la tierra durante cuarenta años.

Débora y Barac cantaron un canto de alabanza a Dios por haber derrotado a sus enemigos. Oraron para pedirle a Dios que sus enemigos fueran derrotados pero que el pueblo de Dios se mantuviera fuerte como los rayos del sol. Es bueno recordar esta promesa cuando situaciones difíciles surgen en tu vida. Pídele a Dios que te ayude ser fuerte por medio de su poder.

21 ¡Se los llevó el caudaloso torrente!
¡Sí, el antiguo torrente Cisón los
arrastró!

»¡Alma mía, sigue adelante con poder!

22 »Resonaron entonces los cascos de
los corceles,
que golpeaban el suelo a galope
tendido.
23 Y el ángel del Señor exclamó:
"¡Maldigan a Meroz, sí, maldíganlo!
¡Maldigan con dureza a sus habitantes
por no acudir al llamado del Señor
ni acudir en ayuda de sus valientes!"

24 »¡Bendita sea sobre todas las mujeres
Yael, la mujer de Jéber el quenita!
¡Bendita sea en su casa sobre todas las
mujeres!
25 Sísara pidió agua, y ella le dio leche;
le dio crema en tazón de nobles.
26 Con una mano tomó la estaca,
y con la otra el mazo de trabajo,
y golpeó a Sísara en la cabeza;
¡de un golpe le atravesó las sienes!
27 Sísara cayó encorvado, y quedó
tendido;
¡cayó fulminado a los pies de Yael!
¡Allí donde se encorvó, allí se quedó!

28 »La madre de Sísara se asomaba a la
ventana;
su voz podía escucharse entre las
celosías:
"¿Por qué tarda tanto el carro de mi
hijo?
¿Por qué no se oyen las ruedas de sus
carros?"
29 Con mucho tacto, sus damas res-
pondían,
y aun ella trataba de convencerse:
30 "Seguramente estarán repartiéndose
el botín.
Una o dos doncellas para cada solda-
do;
para Sísara, las vestiduras bordadas de
colores;
para los jefes de los que tomaron el
botín,
las telas bordadas por ambos lados."

31 »¡Así perezcan, Señor, todos tus
enemigos!
¡Y que los que te aman irradien luz,
como el sol cuando sale en todo su
esplendor!»

Después de esto, hubo paz en la tierra durante cuarenta años.

El Señor llama a Gedeón

6 1 Los israelitas hicieron lo malo a los
ojos del Señor, y durante siete años
el Señor los dejó caer en manos de
Madián.
2 Los madianitas oprimieron con tanta
crueldad a los israelitas, que ellos hicieron
cuevas y refugios en los montes y en lugares
inaccesibles.

PROMESAS PODEROSAS

JUECES 6.16

El Señor le dijo: «Confía en mí, porque yo estoy contigo. Tú derrotarás a los madianitas como si se tratara de un solo hombre.»

Todos los que dependen de Dios experimentarán el poder y la paz de Dios. Él prometió estar con Gedeón, y también promete estar con nosotros. Puedes leer más al respecto en Mateo 28:19-20.

3 Y es que después de que los israelitas habían sembrado, venían los madianitas y los amalecitas, y los que habitaban al oriente, y los atacaban.

4 Acampaban cerca de ellos, y destruían hasta Gaza los frutos de la tierra, y no les dejaban a los israelitas nada para comer, ni ovejas, ni bueyes ni asnos.

5 Venían en grandes multitudes, como si fueran una plaga de langostas, y acampaban con sus ganados y camellos, y devastaban la tierra.

6 Por culpa de los madianitas, los israelitas se habían empobrecido demasiado, así que clamaron al Señor

7 por todo el mal que les causaban los madianitas. Ante su clamor,

8 el Señor les envió un profeta, que les dijo:

«Así dice el Señor, el Dios de Israel: "Yo los saqué de Egipto, donde eran esclavos.

9 Yo los libré del poder de los egipcios y de cuantos los afligían. A todos ellos los arrojé lejos de ustedes, y a ustedes les di su tierra.

10 Yo les confirmé que soy el Señor su Dios. Así que no tengan miedo de los dioses de los amorreos, que todavía están entre ustedes. Pero ninguno me obedeció."»

11 Entonces el ángel del Señor vino a Ofrá y se sentó debajo de una encina, que era propiedad de Joás el abiezerita. En ese momento Gedeón, el hijo de Joás, estaba en el lagar, sacudiendo el trigo para esconderlo de los madianitas.

12 Y el ángel del Señor se le apareció y le dijo:

«El Señor está contigo, porque eres un hombre valiente y aguerrido.»

13 Y Gedeón le respondió:

«Señor mío, si el Señor está con nosotros, ¿cómo es que nos ha sobrevenido todo este mal? ¿Dónde están las maravillas que nuestros padres nos contaron, cuando nos decían que el Señor los había sacado de Egipto? ¡Pero ahora resulta que el Señor nos ha desamparado, y que nos ha entregado en manos de los madianitas!»

14 El Señor lo miró fijamente, y le dijo:

«Con esa misma fuerza que demuestras, vas a salvar a Israel del poder de los madianitas. ¿Acaso no soy yo quien te está enviando?»

15 Pero Gedeón le respondió:

«Mi señor, ¿y cómo voy a salvar a Israel? ¡Yo soy de la familia más pobre que hay en Manasés, y en la casa de mi padre soy el más pequeño!»

16 El Señor le dijo:

«Confía en mí, porque yo estoy contigo. Tú derrotarás a los madianitas como si se tratara de un solo hombre.»

17 Pero Gedeón respondió:

«Si en verdad cuento con tu favor, yo te ruego que me des una señal clara de que has hablado conmigo.

18 Por favor, no te muevas de aquí hasta que yo vuelva y te presente la ofrenda que tengo para ti.»

Y el Señor le respondió:

«Esperaré a que vuelvas.»

19 Gedeón fue entonces y preparó un cabrito; tomó veinte litros de harina para hacer panes sin levadura, y luego puso la carne en un canastillo y el caldo en una olla, y todo esto lo llevó y lo puso debajo de la encina.

20 Allí el ángel de Dios le dijo:

«Toma la carne y los panes sin levadura, y ponlos sobre la peña, y sobre ella derrama el caldo.»

PALABRAS CON PODER **VELLÓN DE LANA** *(Jueces 6.37)*

Gedeón no estaba seguro de si Dios lo había llamado para liderar a Israel en la batalla. Así que le pidió al Señor que derramara el rocío sobre la piel de una oveja como una señal de confirmación. Él estaba dispuesto a obedecer a Dios, pero quería asegurarse de que se trataba de hecho de la voluntad de Dios. Dios es comprensivo cuando la gente se pone temerosa y confundida. Él conocía el corazón de Gedeón y le dio coraje. Si amas a Dios, puedes pedirle ayuda para que conozcas Su voluntad.

Gedeón lo hizo así.
21 Entonces el ángel del Señor extendió el
bastón que tenía en la mano, y con la punta
tocó la carne y los panes sin levadura. Al ins-
tante brotó fuego de la peña, y consumió la
carne y los panes sin levadura, y el ángel del
Señor desapareció de su vista.
22 Gedeón comprendió que había visto al
ángel del Señor y exclamó:

«¡Ay, mi Señor y Dios, que he visto a tu ángel cara a cara!»

23 Pero el Señor le dijo:

«La paz sea contigo. No tengas miedo, que no vas a morir.»

24 Allí, Gedeón edificó un altar al Señor y
lo llamó «El Señor es la paz», y hasta el día
de hoy este altar puede verse en Ofrá de los
abiezeritas.
25 Esa misma noche, el Señor le dijo a Ge-
deón:

«Ve y toma el toro de siete años, es decir, el segundo del hato de tu padre; luego derriba el altar que tu padre levantó en honor de Baal, y derriba también la imagen de Asera que está junto al altar.
26 Luego, en un lugar conveniente, en la
cumbre de este peñasco, edifica un altar al
Señor tu Dios, y cuando hayas tomado el se-
gundo toro, con la madera de la imagen de
Asera que derribaste me lo ofrecerás como
holocausto.»
27 Gedeón llamó entonces a diez de sus
siervos, y cumplió con lo que el Señor le ha-
bía ordenado. Pero lo hizo de noche, pues
temía hacerlo de día porque lo podían ver
la familia de su padre y la gente de la ciudad.
28 A la mañana siguiente, cuando todos se
levantaron, vieron que el altar de Baal había
sido derribado, que la imagen de Asera que
estaba a su lado había sido destrozada, y
que el segundo toro había sido ofrecido en
holocausto sobre el nuevo altar.
29 Y unos a otros se preguntaban quién
podía haberlo hecho. Luego de investigar,
supieron que lo había hecho Gedeón, el
hijo de Joás. Entonces fueron a ver a Joás y
le dijeron:
30 «Entréganos a tu hijo para matarlo,
porque derribó el altar de Baal y destrozó
la imagen de Asera que estaba a su lado.»
31 Y Joás les respondió:

«¿Quieren luchar en favor de Baal y defender su causa? El que esté a su favor, que

LECCIONES **DEMASIADOS HOMBRES** *(Jueces 7.2)*

Gedeón tenía un ejército de 32 000 hombres, los cuales estaban listos para luchar contra los madianitas. Pero Dios dijo que ese ejército era demasiado grande. Le dijo a Gedeón que sólo fuera con 300 hombres para luchar contra los madianitas. ¿Por qué hizo eso Dios? ¿Quería Él que Gedeón perdiera la batalla? No, Dios quería que Gedeón se diera cuenta que la batalla se ganaría por medio del poder de Dios, no por medio del poder del ejército de Gedeón. Cuando enfrentes un problema, no te preocupes pensando que eres demasiado débil. Recuerda que el poder de Dios siempre es fuerte.

muera esta mañana. Si en verdad Baal es un dios, déjenlo que luche él mismo contra quien derribó su altar.»

Jue 16.23-30

32 Ese día Gedeón fue llamado Yerubaal, es decir: «Que luche Baal contra él», porque había derribado su altar.

33 Mientras tanto, los madianitas, los amalecitas y los del oriente se aliaron y, luego de cruzar el río, acamparon en el valle de Jezrel.

Jue 11.29

34 Entonces el espíritu del Señor vino sobre Gedeón y, cuando éste hizo sonar el cuerno, los abiezeritas se le unieron.

35 Además, Gedeón envió mensajeros a las tribus de Manasés, Aser, Zabulón y Neftalí, y ellas también se le unieron y salieron a su encuentro.

36 Entonces Gedeón le dijo a Dios:

«Si vas a salvar a Israel por medio de mí, como lo has prometido,

37 déjame poner en la era un vellón de lana. Si al amanecer hay rocío sobre el vellón, pero a su alrededor el suelo está seco, con eso entenderé que tú salvarás a Israel por medio de mí, como lo has prometido.»

38 Y así sucedió. Cuando Gedeón se levantó, exprimió el vellón, y con el rocío que sacó llenó un tazón de agua.

39 Pero Gedeón volvió a decirle al Señor:

«No te enojes conmigo, Señor, si insisto, pero quiero hacer otra prueba con el vellón. Te ruego que esta vez sólo el vellón quede seco, y que alrededor de él haya rocío en el suelo.»

40 Y esa misma noche Dios lo hizo así: sólo el vellón quedó seco, y sobre el suelo había rocío.

Gedeón derrota a los madianitas

7 1 Gedeón, también llamado Yerubaal, se levantó muy de mañana y, junto con toda su gente, acampó cerca del manantial de Jarod. El campamento de los madianitas estaba al norte, en el valle, más allá del collado de More.

2 El Señor le dijo a Gedeón:

«Es mucha la gente que viene contigo. No quiero que vayan a sentirse orgullosos cuando derroten a los madianitas, y que se pongan en mi contra y digan que se salvaron por su propia fuerza.

3 Así que habla fuerte para que el pueblo escuche, y diles que quien tenga miedo, que se levante y regrese a su casa.»[a]

Y desde el monte de Galaad se regresaron veintidós mil hombres, y sólo se quedaron diez mil.

4 Pero el Señor volvió a decir:

«Todavía es mucha gente. Llévalos al río, para que allí los ponga a prueba. Si yo te digo: "Éste puede acompañarte", irá contigo; pero si te digo: "Éste no te acompañará", entonces no irá contigo.»

5 Gedeón llevó entonces a su gente al río, y allí el Señor le dijo:

«Pon aparte a todo aquel que beba agua como los perros, es decir, lamiéndola, y aparta también a todo el que se arrodille para beber.»

6 Los que se llevaron el agua a la boca con la mano y la lamieron fueron trescientos hombres; el resto de la gente se arrodilló para beber.

7 Entonces el Señor le dijo a Gedeón:

«Con estos trescientos hombres que lamieron el agua los voy a salvar. Entregaré a los madianitas en tus manos. El resto de la gente puede volverse a casa.»

8 Se prepararon provisiones y trompetas para la gente, y a los demás Gedeón los envió de regreso a su casa; sólo retuvo a los trescientos hombres. El campamento de Madián estaba en el valle.

9 Y aquella noche el Señor le dijo a Gedeón:

«Levántate y ataca el campamento madianita, porque yo los he entregado en tus manos.

10 Si tienes miedo de ir, que te acompañe Fura, tu criado.

11 En cuanto oigas lo que dicen los madianitas, ármate de valor y atácalos.»

Acompañado de Fura, su criado, Gedeón llegó hasta los puestos avanzados de la gente armada que estaba en el campamento.

[a] **7.3:** Dt 20.8.

12 Los madianitas, los amalecitas y los hijos del oriente se habían extendido por el valle como una plaga de langostas. Sus camellos eran tantos como la arena del mar.

13 Cuando Gedeón llegó al campamento, un hombre le contaba a su compañero lo que había soñado. Le decía: «Tuve un sueño, en el que veía que un pan de cebada venía rodando hasta el campamento de Madián, y cuando llegó, golpeó tan fuerte la tienda de campaña, que la derribó.»

14 Y su compañero le respondió: «Esto no es sino la espada de Gedeón hijo de Joás, el israelita. ¡Dios ha puesto en sus manos a los madianitas y a todo su campamento!»

15 Al oír Gedeón el sueño y su interpretación, adoró al Señor; luego regresó a su campamento, y dijo:

«¡Arriba todo el mundo! ¡El Señor ha puesto a los madianitas en nuestras manos!»

16 Dividió entonces los trescientos hombres en tres grupos, y a cada uno le dio una trompeta y un cántaro vacío, y una tea encendida para ponerla dentro del cántaro.

17 Y les dijo:

«Mírenme, y hagan lo que voy a hacer cuando llegue al extremo del campamento.

18 Cuando yo toque la trompeta, junto con los que me acompañan, también ustedes tocarán las suyas alrededor del campamento, y gritarán: "¡Por el Señor y por Gedeón!"»

19 Gedeón y los cien hombres que iban con él llegaron al extremo del campamento, en el momento en que ocurría el cambio de centinelas de la primera guardia de la medianoche, y en ese momento tocaron las trompetas y quebraron los cántaros.

20 Los tres grupos hicieron lo mismo: tocaron sus trompetas y quebraron los cántaros; con la mano izquierda tomaron las teas y con la derecha las trompetas, mientras gritaban: «¡Por la espada del Señor y de Gedeón!»

21 Y cada uno permaneció firme en su puesto, rodeando el campamento. Entonces el ejército enemigo se espantó y, dando gritos, se echó a correr.

22 Mientras los trescientos hombres tocaban las trompetas, fue tal la confusión que el Señor provocó en el campamento de los madianitas, que se mataban entre sí con sus espadas. El ejército huyó hasta Bet Sitá, y luego hacia Sererá, que es la frontera de Abel Meholá en Tabat.

23 Entonces todos los israelitas de las tribus de Neftalí, Aser y Manasés se juntaron y fueron en persecución de los madianitas. 1 S 17.38-51

24 Gedeón envió también mensajeros por todo el monte de Efraín, para que les dijeran: «Bajen y enfréntense a los madianitas. Tomen los vados de Bet Bará y del Jordán antes de que ellos lleguen.» Entonces los efrainitas se reunieron y tomaron los vados de Bet Bará y del Jordán,

25 y capturaron a Oreb y Zeeb, que eran los dos príncipes de los madianitas; a Oreb lo mataron en la peña de Oreb, y a Zeeb en el lagar de Zeeb, y después de perseguir a los madianitas llevaron las cabezas de Oreb y de Zeeb a Gedeón, que estaba al otro lado del Jordán.

Gedeón captura a los reyes de Madián

8 1 Las familias de la tribu de Efraín hablaron con Gedeón y duramente le reprocharon:

«¿Por qué no nos llamaste cuando fuiste a pelear contra Madián?»

2 Gedeón les respondió:

«Lo que yo hice no tiene comparación, si se compara con lo que hicieron ustedes. Lo que aún queda en sus campos es mejor que la cosecha de Abiezer.

3 Dios les entregó a Oreb y a Zeeb, príncipes de Madián; por eso, lo que yo hice no es comparable con lo que ustedes hicieron.»

En cuanto Gedeón dijo esto, el enojo de los efrainitas se aplacó.

4 Entonces Gedeón y sus trescientos hombres regresaron y cruzaron el Jordán; y como estaban muy cansados por perseguir *a sus enemigos,*

5 les dijo a los habitantes de Sucot:

«Yo les ruego que den a mi gente algo de comer, porque están muy cansados. Es-

PROMESAS PODEROSAS

JUECES 8.23

Pero Gedeón les respondió: «Ni yo ni mi familia seremos los jefes de ustedes. Será el Señor quien los gobierne.»

El pueblo de Israel trató de hacer a Gedeón su líder, pero él se negó. Él sabía que Dios era el verdadero líder de Israel. ¿Quieres tú que Dios sea tu líder? ¿Cómo muestras a otros que Dios es el líder de tu vida?

PALABRAS CON PODER

EFOD

(Jueces 8.27)

Gedeón fundió oro e hizo una copia del traje del sumo sacerdote (lee Éxodo 28:6). Este traje de oro se llamaba el efod. A Gedeón le pareció que la imagen le ayudaría al pueblo a recordar el poder que tenía Dios sobre sus enemigos. Pero Dios no estuvo de acuerdo con el efod que hizo Gedeón. Pronto el pueblo empezó a adorarlo. El haber creado el efod fue un error bien grande. Aprende una lección de Gedeón. Pídele a Dios su consejo ANTES de hacer las cosas y cometerás menos errores.

tamos persiguiendo a Zebaj y Salmuná, los reyes de Madián.»
6 Pero los jefes de Sucot le respondieron:
«¿Y acaso ya venciste a Zebaj y a Salmuná, para que alimentemos a tu ejército?»
7 Gedeón respondió:
«Aún no, pero cuando el Señor nos los entregue, vendré y trituraré los cuerpos de ustedes con espinos y abrojos del desierto.»
8 De Sucot, Gedeón fue a Peniel, y allí también pidió comida para su ejército. Pero la gente de Peniel le respondió lo mismo que la de Sucot.
9 Gedeón entonces les dijo:
»Cuando regrese victorioso, derribaré esta torre.»
10 Zebaj y Salmuná estaban en Carcor, con un ejército como de quince mil hombres, que eran todos los que habían quedado del numeroso ejército de los pueblos del oriente, pues en la batalla habían caído ciento veinte mil guerreros.
11 Gedeón avanzó por el camino de los que *vivían al oriente* de Nobaj y de Yogbeá, y atacó el campamento cuando el ejército estaba desprevenido.
12 Entonces Zebaj y Salmuná huyeron, y Gedeón los persiguió hasta echarles mano. Ante esto, su ejército se llenó de espanto.
13 Al amanecer, Gedeón regresó de la batalla
14 y capturó a un joven de Sucot, al que le
hizo algunas preguntas. El joven le dio por escrito los nombres de los jefes y de los setenta y siete ancianos de Sucot,
15 y con eso Gedeón se presentó ante los jefes de Sucot y les dijo:
«Aquí tienen a Zebaj y a Salmuná. Ustedes me preguntaron: "¿Ya venciste a Zebaj y a Salmuná para que alimentemos a tu ejército?" ¡Eso es una ofensa!»
16 Entonces Gedeón tomó espinos y abrojos del desierto, y con ellos castigó a los ancianos de Sucot.
17 Además, derribó la torre de Peniel y mató a sus habitantes.
18 A Zebaj y a Salmuná les preguntó:
«¿Cómo eran los hombres que ustedes mataron en Tabor?»
Ellos le respondieron:
«Se parecían a ti. Cada uno de ellos parecía ser hijo de un rey.»
19 Y Gedeón les dijo:
«¡Eran mis hermanos, hijos de mi propia madre! ¡*El Señor me es testigo de que*, si los hubieran dejado vivir, yo les hubiera perdonado la vida a ustedes!»
20 A Jéter, su primogénito, le dijo:
«¡Levántate, y mátalos!»
Pero el joven, aún de corta edad, tuvo miedo y no desenvainó su espada.

21 Entonces Zebaj y Salmuná le dijeron a Gedeón:

«¡Pues mátanos tú, ya que eres tan valiente!»

Y Gedeón se levantó y mató a Zebaj y a Salmuná, y se adueñó de los adornos de lunetas que pendían del cuello de sus camellos.

22 Luego, los israelitas le dijeron a Gedeón:

«Queremos que tú y tu familia sean nuestros jefes, puesto que nos libraste de los madianitas.»

23 Pero Gedeón les respondió:

«Ni yo ni mi familia seremos los jefes de ustedes. Será el Señor quien los gobierne.»

24 Y como ellos traían aretes de oro, pues eran ismaelitas, Gedeón les dijo:

«Quiero pedirles algo. Déme cada uno de ustedes los aretes de su botín.»

25 Y ellos, tendiendo un manto, echaron sobre él los aretes del botín y dijeron:

«Con mucho gusto te los daremos.»

26 Y el oro de los aretes llegó casi a diecinueve kilos, sin contar las placas, las joyas pequeñas y los vestidos de púrpura que traían los reyes de Madián, ni los collares que traían colgados los camellos.

27 Con todo ese oro Gedeón hizo un efod y lo guardó en Ofrá, que era su ciudad. Pero cuando los israelitas vieron el efod, se corrompieron y le rindieron culto en ese lugar. Esto fue como una trampa para Gedeón y su familia.

28 Así fue como Madián fue sometido por los israelitas, y nunca más levantó cabeza. Y mientras vivió Gedeón, hubo paz en la tierra durante cuarenta años.

29 Después de eso Gedeón hijo de Joás, también llamado Yerubaal, se regresó a su casa.

30 Los descendientes de Gedeón fueron setenta hijos, porque tuvo muchas mujeres.

31 Con la concubina que tenía en Siquén, tuvo un hijo al que llamó Abimelec.

32 Y murió Gedeón hijo de Joás siendo ya muy anciano, y lo sepultaron en Ofrá de los abiezeritas, en el sepulcro de Joás, su padre.

33 Pero a la muerte de Gedeón los israelitas volvieron a corromperse, y adoraron a Baal Berit.

34 Se olvidaron del Señor, su Dios, que los había librado de todos los enemigos que los rodeaban,

35 y tampoco se mostraron agradecidos con la tribu de Gedeón, es decir, Yerubaal, a pesar de todo el bien que éste había hecho a Israel.

Reinado de Abimelec

9 1 Abimelec hijo de Yerubaal fue a Siquén, donde vivían los hermanos de su madre, y les dijo:

2 «Yo les ruego que pregunten a los habitantes de Siquén si les parece mejor ser gobernados por los setenta hijos de Yerubaal, que ser gobernados por un solo hombre. No se olviden que yo soy de su misma sangre.»

3 Sus tíos maternos preguntaron entonces a los habitantes de Siquén lo que Abimelec les había sugerido, y a ellos les pareció bien la idea de Abimelec, pues dijeron: «Es pariente nuestro.»

4 También le dieron setenta monedas de plata del templo de Baal Berit, y con ese dinero Abimelec contrató unos mercenarios y vagabundos, para que anduvieran con él.

5 Luego se dirigió a Ofrá, a la casa de su padre, y sobre una misma piedra mató a sus setenta hermanos, hijos de Yerubaal.

Pero Yotán, el hermano menor, se escondió y logró escapar.

6 Después de esto, los habitantes de Siquén y de Milo se reunieron cerca de la llanura del pilar de Siquén, y eligieron a Abimelec como su rey,

7 y cuando Yotán lo supo, subió a la cumbre del monte Guerizín, y a grito abierto les dijo:

«Varones de Siquén, escuchen lo que voy a decirles, y pongo a Dios como testigo.

8 Cierta vez, los árboles quisieron elegir un rey que los gobernara, y le dijeron al olivo: "Queremos que seas nuestro rey."

9 Pero el olivo respondió: "¿Quieren que deje de producir mi aceite, con el que se honra a Dios y a los hombres, para hacerme grande entre los árboles?"

10 Entonces los árboles fueron a hablar con la higuera, y le dijeron: "Ven y reina sobre nosotros."

11 Pero la higuera les respondió: "¿Y debo abandonar la dulzura de mis frutos, para ir y hacerme grande entre los árboles?"

12 Los árboles siguieron insistiendo, y llamaron a la vid y le dijeron: "Ven tú, entonces, y reina sobre nosotros."

13 Pero la vid les respondió: "¿Y voy a dejar de producir mi vino, que es la alegría de Dios y de los hombres, sólo para hacerme grande entre los árboles?"

14 Al final, todos los árboles le dijeron a la zarza: "Anímate, y ven a reinar sobre nosotros."

15 Pero la zarza respondió: "Si en verdad quieren que yo reine sobre ustedes, vengan y busquen refugio bajo mi sombra. Pero si no me obedecen, saldrá fuego de mí y quemará los cedros del Líbano."

16 »Ahora bien, ¿creen ustedes haber hecho bien al nombrar a Abimelec como rey? ¿Han sido honestos y agradecidos con la familia de Yerubaal, que tanto hizo por ustedes?

17 Mi padre luchó a favor de ustedes, y se jugó la vida para librarlos de los madianitas;

18 ustedes, en cambio, se han puesto en contra de su casa, y han matado a sus setenta hijos varones contra una piedra, sólo para nombrar rey a Abimelec, ese hijo de la criada de mi padre, al que han puesto sobre los habitantes de Siquén, y sólo porque es su pariente.

19 Si creen que hoy han actuado correctamente con Yerubaal y su casa, alégrense con Abimelec, y que él se alegre de ser su rey.

20 Pero si no, que la ira de Abimelec consuma a los de Siquén y a los de Milo; y que la ira de los de Siquén y los de Milo consuma a Abimelec.»

21 Dicho esto, Yotán huyó y se fue a Ber, y allí se quedó a vivir por miedo a su hermano Abimelec.

22 Abimelec se impuso sobre Israel durante tres años,

23 pero Dios hizo que brotara un sentimiento de inconformidad entre Abimelec y los hombres de Siquén, y éstos se pusieron en su contra.

24 Así, Abimelec cargó con la culpa de haber matado a los setenta hijos de Yerubaal, junto con los de Siquén, que lo ayudaron a matarlos.

25 Los habitantes de Siquén tenían hombres en las cumbres de los montes, los cuales asaltaban a todos los que pasaban por el camino. Esto Abimelec llegó a saberlo.

26 Gaal hijo de Ebed fue con sus hermanos a vivir a Siquén, y se ganó la confianza de los jefes de Siquén.

27 Salieron al campo, vendimiaron sus viñedos, pisaron la uva e hicieron fiesta; luego entraron en el templo de sus dioses, y allí comieron y bebieron, y maldijeron a Abimelec.

28 Entonces Gaal hijo de Ebed dijo:

«¿Y quién es Abimelec, y qué tan importante es Siquén, para que seamos sus sirvientes? ¿Acaso no es hijo de Yerubaal? ¿Y acaso no es Zebul su ayudante? Sirvan, si quieren, a los varones de Jamor, el padre de Siquén; pero ¿por qué vamos a servir a Abimelec?

29 ¡Cómo quisiera que este pueblo estuviera bajo mi mando! Si así fuera, yo me lanzaría contra Abimelec y le diría: "¡Reúne a tus ejércitos, y vete de aquí!"»

30 Cuando Zebul, que era el gobernador de la ciudad, oyó lo que dijo Gaal hijo de Ebed, se llenó de ira,

31 y en secreto envió mensajeros a Abimelec, para decirle:

«Gaal hijo de Ebed y sus hermanos están en Siquén. Han venido a sublevar a la ciudad contra ti.

32 Aprovecha la noche y, con los hombres que te siguen, prepara emboscadas en el campo.

33 Muy de mañana, al salir el sol, ataca la ciudad; y cuando Gaal y los suyos salgan a

pelear contra ti, haz con él lo que creas más
conveniente.»
34 Abimelec se preparó durante la noche
y, con el pueblo que lo seguía, emboscó a
Siquén con cuatro compañías.
35 Cuando Gaal hijo de Ebed salió y se
puso a la entrada de la ciudad, Abimelec y
su gente salieron de su escondite.
36 Al ver Gaal tanta gente, le dijo a Zebul:
«¡Mira cuánta gente baja de los montes!»
Y Zebul le respondió:
«Tu imaginación te hace ver hombres,
pero sólo son las sombras de los montes.»
37 Gaal le volvió a decir:
«Mira toda esa gente que sale como de
en medio de la tierra, ¡y por el camino de
la encina de los adivinos viene otra tropa!»
38 Pero Zebul le respondió:
«¿Y dónde quedó lo que nos decías, de que
Abimelec no era nadie para que fuéramos sus
sirvientes? ¿No es ése el pueblo que tanto des-
preciabas? ¡Sal, pues, y pelea contra él!»
39 Entonces Gaal salió al frente de los hom-
bres de Siquén, y se enfrentó a Abimelec.
40 Pero Abimelec lo persiguió y lo hizo
huir, y muchos hombres cayeron heridos de
muerte a la entrada de la ciudad.
41 Y Abimelec se quedó en Aruma, mien-
tras Zebul arrojaba de Siquén a Gaal y a sus
hermanos.
42 Al día siguiente, Abimelec supo que el
pueblo había salido al campo.
43 Entonces tomó a su gente, la repartió
en tres compañías, y puso emboscadas en el
campo; y cuando vio que el pueblo salía de
la ciudad, lo atacó con violencia.
44 Lucharon con mucho valor, pero
se detuvieron a la entrada de la ciudad,
mientras las otras dos compañías arreme-
tían contra los que estaban en el campo,
hasta matarlos.
45 Todo ese día Abimelec luchó contra los
habitantes de la ciudad, hasta que la tomó
y mató a los que aún quedaban; después de
eso, asoló la ciudad y la sembró con sal.
46 Cuando los que estaban en la torre de
Siquén oyeron esto, corrieron a esconderse
en la fortaleza del templo del dios Berit.
47 Pero Abimelec sabía dónde estaban,
48 así que con toda su gente se dirigió al
monte Salmón y, con un hacha, cortó la
rama de un árbol, la levantó y la puso sobre
sus hombros, y le pidió a su gente que hicie-
ra lo mismo.
49 Entonces todos cortaron ramas y si-
guieron a Abimelec, y las pusieron junto a
la fortaleza, luego les prendieron fuego, y la
fortaleza ardió, y los que estaban en la torre
de Siquén, que eran como mil hombres y
mujeres, murieron quemados.
50 Después de eso, Abimelec se fue a la
ciudad de Tebés, y la sitió y la tomó.
51 En el centro de la ciudad había una tor-
re fortificada, en la que se escondieron los
hombres, las mujeres y todos los jefes de la
ciudad. Se subieron al techo de la torre, y
cerraron las puertas.
52 Abimelec fue y atacó la torre, y al llegar
a la puerta quiso prenderle fuego,
53 pero una mujer dejó caer sobre la ca-
beza de Abimelec parte de una rueda de
molino, y lo descalabró.

CONMOVIDO POR SU SUFRIMIENTO *(Jueces 10.16)*

Los israelitas merecían sufrir después de haber desobedecido a Dios, pero su sufrimiento entristeció a Dios. Así como un padre amoroso se duele cuando su hijo está dolido, Dios no soportaba ver el sufrimiento de su pueblo. Escuchó cuando clamaron a Él y los ayudó. Este es un buen recordatorio para nosotros. Cuando estamos sufriendo, a veces *creemos que Dios* ha dejado de amarnos. Pero no es así. Dios siempre siente nuestro dolor y espera que oremos a Él. ¡Él JAMÁS nos deja de amar!

54 Cuando Abimelec se sintió perdido, lla-
mó a su escudero y le dijo:
«¡Mátame con tu espada! ¡Que no se diga
que una mujer me mató!»
Y su escudero le clavó la espada, y murió.
55 Cuando los israelitas vieron que Abimelec
estaba muerto, cada uno regresó a su casa.
56 Así castigó Dios a Abimelec por el mal
que le hizo a la casa de su padre, al matar a
sus setenta hermanos.
57 Y Dios castigó también a los habitantes
de Siquén por la maldad que cometieron.
Así se cumplió la maldición que les lanzó
Yotán hijo de Yerubaal.

Tola y Yaír acaudillan a Israel

10 1 Después de Abimelec se le-
vantó Tola para librar a Israel.
Tola era hijo de Fúa y nieto de
Dodo, de la tribu de Isacar, y vivía en Samir, en
los montes de Efraín.
2 Y Tola gobernó a Israel durante veintitrés
años, y al morir fue sepultado en Samir.
3 Después de él vino Yaír el galaadita, que
también acaudilló a Israel durante veintidós
años.
4 Yaír tuvo treinta hijos, y cada uno de
ellos tenía su propio asno. Tenían también
treinta ciudades, conocidas como las ciu-
dades de Yaír, las cuales hasta el día de hoy
están en la tierra de Galaad.
5 Al morir Yaír, fue sepultado en Camón.

Angustias de los israelitas

6 Pero los israelitas volvieron a hacer lo
malo a los ojos del Señor, pues se volvieron
a la idolatría y sirvieron a Baal y Astarot, y
a los dioses de Siria, Sidón, Moab, Amón y
Filistea, y se olvidaron de servir al Señor.
7 Y el Señor se enojó mucho contra Israel,
y lo dejó caer en manos de los filisteos y de
los amonitas,
8 que durante dieciocho años oprimieron y
quebrantaron a los israelitas que vivían en Galaad,
entre los amorreos, al otro lado del Jordán.
9 Además, los amonitas cruzaron el Jordán
para hacerle la guerra a Judá y a Benjamín,
descendientes de Efraín, y otra vez Israel su-
frió una gran opresión.
10 Entonces los israelitas clamaron al
Señor, y le dijeron:
«Reconocemos que te hemos ofendido,
y que nos hemos apartado de ti, que eres
nuestro Dios, por servir a los baales.»
11 Y el Señor les respondió:
«¿No es verdad que ustedes han sido
oprimidos por los egipcios, los amorreos, los
amonitas, los filisteos,
12 los sidonios, los amalecitas y los maoni-
tas, pero que cuando han clamado a mí yo
los he librado de ellos?
13 Pero ustedes me han abandonado por
ir a servir a otros dioses. Por eso, no volveré
a salvarlos.
14 Vayan y pidan la ayuda de esos dioses
que han elegido. Que sean ellos quienes los
libren de todas sus aflicciones.»
15 Y los israelitas le respondieron:
«Sí, Señor; reconocemos que te hemos
ofendido. Haz con nosotros lo que te pare-
zca mejor. Sólo te rogamos que nos salves
esta vez.»
16 Y los israelitas desecharon todos los dio-
ses ajenos que tenían, y sirvieron al Señor, a
quien le dolió ver la aflicción de Israel.
17 Pero los amonitas se juntaron y acam-
paron en Galaad; los israelitas, por su parte,
acamparon en Mispá.
18 Los jefes israelitas y los de Galaad acor-
daron que el que abriera las hostilidades
contra los amonitas sería el caudillo de to-
dos los habitantes de Galaad.

Jefté

11 1 Jefté el galaadita era un hom-
bre valiente y aguerrido, hijo de
una ramera. Su padre se llama-
ba Galaad.
2 La mujer de Galaad tuvo otros hijos de
éste que, cuando crecieron, corrieron de su
casa a Jefté, y lo amenazaron diciéndole:
«Tú no recibirás ninguna herencia de
nuestro padre, porque no eres hijo de nues-
tra madre sino de otra mujer.»

3 Fue así como Jefté huyó de sus hermanos y se fue a vivir a la región de Tob. Allí se juntó con unos vagabundos, y ellos comenzaron a salir con él.

4 Tiempo después, los amonitas pelearon contra los israelitas,

5 y los ancianos de Galaad llamaron a Jefté, que vivía en Tob,

6 y le dijeron:

«Ven con nosotros para combatir a los amonitas. Tú serás nuestro jefe.»

7 Pero Jefté les respondió:

«Ustedes no me quieren. ¡Hasta me corrieron de la casa de mi padre! ¿Por qué vienen a pedirme ayuda, ahora que están en problemas?»

8 Y los ancianos le respondieron:

«Precisamente por eso, porque estamos en problemas, te pedimos que vengas y pelees con nosotros contra los amonitas. Tú serás el caudillo de todos los que vivimos en Galaad.»

9 Jefté les respondió:

«Ustedes me piden volver, para que pelee contra los amonitas. Y, si el Señor me da la victoria, ¿seré el caudillo de ustedes?»

10 Los ancianos de Galaad le respondieron:

«El Señor es nuestro testigo. Haremos lo que tú nos ordenes.»

11 Entonces Jefté se fue con los ancianos de Galaad, y el pueblo lo nombró su caudillo y jefe, pero en Mispá repitió ante el Señor todo lo que antes había dicho.

12 Luego, envió un mensaje al rey de los amonitas, en que le decía:

«¿Qué tienes tú contra mí? ¿Por qué quieres atacar mi tierra?»

13 Al mensaje de Jefté, el rey respondió:

«Cuando Israel vino de Egipto, se adueñó de mi tierra, que va desde Arnón hasta Jaboc y el Jordán. Eso es lo que peleo. Devuélveme esa tierra, y viviremos en paz.»

14 Jefté volvió a enviar mensajeros al rey de los amonitas,

15 y le dijo:

«Yo, Jefté, te digo: Israel no se adueñó de la tierra de Moab, ni de la tierra de los amonitas.

16 Cuando el pueblo de Israel salió de Egipto y cruzó el desierto hasta el Mar Rojo, llegó a Cadés.

17 Entonces el pueblo de Israel envió mensajeros al rey de Edom, y le pidió permiso para pasar por su territorio; pero el rey de Edom no los escuchó.[a] También pidió permiso al rey de Moab, pero él tampoco les permitió pasar, así que Israel se quedó en Cadés.

18 Después, anduvo por el desierto y rodeó las tierras de Edom[b] y de Moab por el oriente, y luego acampó al otro lado del río Arnón, pero no entró en territorio de Moab, pues en Arnón empezaba su territorio.

19 Además, Israel envió mensajeros a Sijón, el rey de los amorreos y de Jesbón, y le dijo: "Te ruego que me dejes pasar por tu territorio, para llegar a mi destino."

20 Pero a Sijón no le inspiró confianza Israel, y tampoco lo dejó pasar por su territorio, sino que reunió a su ejército, acampó en Yahás, y peleó contra Israel.

21 Pero el Señor, Dios de Israel, entregó a Sijón y a todo su ejército en manos del pueblo de Israel, y éstos se apoderaron de toda la tierra de los amorreos.

22 Tomaron también el territorio de los amorreos, desde Arnón hasta Jaboc, y desde el desierto hasta el Jordán.[c]

23 ¿Y ahora tú pretendes apoderarte de ese territorio?

24 Si tu dios Quemos te diera algo, ¿no sería tuyo? De igual manera, todo lo que el Señor nuestro Dios nos entregó, nos pertenece.

25 ¿En qué eres mejor que Balac hijo de Sipor, rey de Moab?[d] ¿Tuvo algún problema contra Israel, para que le hiciera la guerra?

26 Durante trescientos años Israel ha habitado en Jesbón y Aroer y en todas las ciudades del territorio de Arnón. ¿Por qué nunca antes han reclamado esa tierra?

[a] **11.17:** Nm 20.14-21. [b] **11.18:** Nm 21.4. [c] **11.19-22:** Nm 21.21-24. [d] **11.25:** Nm 22.1-6.

27 De modo que yo no he pecado contra ti, pero tú sí haces mal al querer pelear contra mí. Que el Señor, que es el Juez, juzgue entre los israelitas y los amonitas.»

28 Pero como el rey de los amonitas no quiso entender las razones de Jefté,

Jue 15.14-15 29 el espíritu del Señor vino sobre Jefté, y éste recorrió Galaad y Manasés y Mispá de Galaad, para luchar contra los amonitas.

30 Allí Jefté hizo un juramento al Señor, y le dijo:

«Si me das la victoria sobre los amonitas,
31 cuando yo regrese de la batalla te ofreceré en holocausto a quien primero salga a recibirme.»

32 Luego, Jefté avanzó contra los amonitas y peleó contra ellos, y con la ayuda del Señor los venció:

33 los destruyó por completo, y conquistó Aroer hasta Minit, y sus veinte ciudades, hasta los llanos de las viñas. Así fue como los israelitas sometieron a los amonitas.

34 Cuando Jefté volvió a su casa en Mispá, su hija salió a recibirlo con panderos y danzas. Jefté no tenía más hijos, sino que ella era su única hija,

35 así que al momento de verla rasgó sus vestiduras y rompió en llanto:

«¡Ay, hija mía! ¡Qué desgracia la mía! ¡Y tú eres la causa de mi dolor, por la promesa que le hice al Señor! ¡Y no me puedo retractar!»[e]

36 Pero ella le respondió:

«Padre mío, si le has dado tu palabra al Señor, cumple tu promesa, pues él te usó para vengarte de tus enemigos, los amonitas.»

37 Y le hizo una petición a su padre:

«Concédeme dos meses para ir por los montes, con mis amigas. Déjame llorar por mi virginidad.»

38 Y Jefté le concedió los dos meses, y la dejó ir. Entonces ella salió con sus compañeras, y recorrieron los montes lamentando que moriría virgen.

39 Pasados los dos meses, ella volvió con su padre para que éste cumpliera su promesa al Señor. Ella nunca tuvo relaciones con un hombre.

PALABRAS CON PODER

LOS FILISTEOS

(Jueces 13.1)

Sansón nació para luchar contra los filisteos. Ellos eran los principales enemigos de Dios durante los años 1200-1000 a.C. (hasta la época de David). Ellos tenían la habilidad especial de forjar armas de hierro, de modo que su ejército estaba mejor armado que el ejército de Israel. Si buscas en un mapamundi, encontrarás que se trata del país de Palestina. Este nombre viene de la palabra *filisteo*.

40 A partir de entonces fue costumbre en Israel que, cada año, todas las doncellas de Israel lloraran durante cuatro días por la hija de Jefté el galaadita.

12

1 Tiempo después, los efrainitas se reunieron para dirigirse al norte y hablar con Jefté. Y le reclamaron:

«¿Por qué fuiste solo a pelear contra los amonitas? ¿Por qué no nos llamaste para que fuéramos contigo? ¡Ahora vamos a quemar tu casa, y a ti en ella!»

2 Jefté les respondió:

«Mi pueblo y yo teníamos un gran pleito con los amonitas. Cuando yo los llamé, ustedes no salieron en mi defensa.

3 Como vi que ustedes no venían en mi ayuda, me arriesgué y luché contra ellos, y el Señor me los entregó. ¿Por qué, entonces, vienen ahora a querer pelear conmigo?»

4 Luego, Jefté reunió a los guerreros de Galaad, y peleó contra los efrainitas, y los derrotó, pues habían dicho: «Ustedes los galaaditas, que viven entre Efraín y Manasés, se apartaron de la familia de Efraín.»

5 Y así, los galaaditas se apropiaron de los vados del Jordán que habían sido de la familia de Efraín. Y cuando los efrainitas que huían querían cruzar el vado, los de Galaad les preguntaban:

[e] **11.35:** Nm 30.2.

«¿Eres efrateo?»

Si respondían que no,

6 les pedían que dijeran «Shibolet». Y si el fugitivo decía «Sibolet», porque no podía pronunciar esa palabra correctamente, le echaban mano y lo degollaban junto a los vados del Jordán. Así murieron cuarenta y dos mil efrainitas.

7 Y Jefté el galaadita fue caudillo de Israel durante seis años. Cuando murió, fue sepultado en una de las ciudades de Galaad.

Ibzán, Elón y Abdón, jueces de Israel

8 Después de Jefté, el caudillo de Israel fue Ibzán de Belén,

9 que tuvo treinta hijos y treinta hijas, y a todos los casó con gente que no era de su pueblo. Ibzán gobernó a Israel durante siete años,

10 y cuando murió fue sepultado en Belén.

11 Después de Ibzán, el caudillo de Israel fue Elón el zabulonita, que gobernó a Israel durante diez años.

12 Cuando murió Elón, fue sepultado en Ayalón, en la tierra de Zabulón.

13 Después de Elón, el caudillo de Israel fue Abdón hijo de Hilel, el piratonita,

14 que tuvo cuarenta hijos y treinta nietos, y cada uno de ellos montaba su propio asno. Abdón gobernó a Israel durante ocho años,

15 y cuando murió fue sepultado en Piratón, en el monte de Amalec, que es la tierra de Efraín.

Nacimiento de Sansón

13 1 Los israelitas volvieron a hacer lo malo a los ojos del Señor, y durante cuarenta años el Señor os entregó al poder de los filisteos.

2 En Sorá, poblado de la tribu de Dan, había un hombre llamado Manoa, que no tenía hijos porque su mujer era estéril.

3 Cierto día, un ángel del Señor se le apareció a su mujer y le dijo:

«Es un hecho que eres estéril, y que nunca has tenido hijos. Pero vas a quedar embarazada y darás a luz un hijo.

4 Sólo que tú no debes beber vino ni sidra, ni comer nada que sea impuro.

5 Al hijo que vas a concebir y dar a luz no debes cortarle nunca el cabello, porque desde antes de nacer el niño estará consagrado a Dios como nazareo,[a] y él comenzará a salvar a Israel del poder de los filisteos.»

6 La mujer fue y le contó a su marido lo sucedido. Le dijo:

«Un varón de Dios vino a hablar conmigo. Su aspecto era tan impresionante y temible que parecía un ángel de Dios. Yo no le pregunté quién era, ni de dónde venía, ni tampoco él me reveló su nombre.

7 Lo que sí me dijo, fue: "Vas a quedar embarazada y darás a luz un hijo. Así que tú no debes beber vino ni sidra, ni comer nada que sea impuro, porque desde antes de nacer, y hasta que muera, este niño estará consagrado a Dios como nazareo."»

8 Manoa oró entonces al Señor, y dijo:

«Mi Señor, yo te ruego que venga otra vez ese varón que enviaste, para que nos diga qué es lo que debemos hacer con el niño que va a nacer.»

9 Dios escuchó los ruegos de Manoa, y su ángel volvió a ver a la esposa de Manoa mientras ésta se hallaba en el campo. Manoa no estaba con ella.

10 Entonces la esposa corrió a decirle a su marido:

«¡Ven, que se me ha aparecido otra vez el varón que me habló el otro día!»

11 Manoa se levantó y siguió a su mujer, y le preguntó al varón:

«¿Eres tú quien habló con mi esposa?»

Y el varón respondió:

«Sí, yo soy.»

12 Entonces Manoa dijo:

«Cuando se cumpla tu promesa a mi esposa, ¿cómo debemos educar al niño, y qué tenemos que hacer con él?»

13 Y el ángel del Señor le respondió:

[a] **13.5:** Nm 6.1-5.

«Tu esposa debe abstenerse de todo lo
que yo le dije.
[14] No tomará nada que provenga de la vid;
no beberá vino ni sidra, ni comerá nada que
sea impuro. Debe abstenerse de todo lo que
le ordené.»
[15] Manoa le dijo al ángel del Señor:
«Por favor, permítenos detenerte un
poco. Queremos prepararte un cabrito.»
[16] Pero el ángel del Señor respondió:
«Aun cuando me quedara, no comeré
nada de lo que me ofrezcas. Si quieres ofrecer
un holocausto, ofrécelo al Señor.»
Como Manoa no sabía que estaba ante el
ángel del Señor,
[17] le preguntó:
«¿Cómo te llamas? Así podremos honrarte
cuando se cumpla tu promesa.»
[18] Pero el ángel del Señor respondió:
«¿Por qué me preguntas cómo me llamo?
¿No sabes que mi nombre es inefable?»
[19] Entonces Manoa tomó un cabrito y
una ofrenda, y los ofreció al Señor sobre una
peña; el ángel, por su parte, realizó un milagro
frente a Manoa y su mujer.
[20] Y sucedió que, al elevarse al cielo la llama
que ardía sobre el altar, el ángel se elevó
junto con la llama. Entonces ellos se postraron
en tierra,
[21] y el ángel del Señor no se les volvió a
aparecer.
Cuando Manoa se dio cuenta de que era
el ángel del Señor,
[22] le dijo a su mujer:
«Seguramente vamos a morir, porque hemos
visto a Dios.»
[23] Pero su mujer le respondió:
«Si el Señor quisiera matarnos, no hubiera
aceptado el holocausto ni la ofrenda, ni nos
hubiera mostrado todo esto, y tampoco
nos hubiera anunciado esto.»
[24] Y la esposa de Manoa tuvo un hijo, y le
puso por nombre Sansón. Y el niño crecía, y
el Señor lo bendecía.
[25] Y fue en los campamentos de Dan, entre
Sorá y Estaol, donde el espíritu del Señor
comenzó a manifestarse en él.

Sansón y la filistea de Timnat

14 [1] En cierta ocasión, Sansón fue
a Timnat y vio allí a una mujer
filistea.
[2] Al volver a su casa, les confesó a sus padres:
«Allá en Timnat vi a una filistea, y yo les
ruego que la pidan para que sea mi mujer.»
[3] Pero ellos le respondieron:
«¿Y acaso ya no hay mujeres entre las hijas
de tus parientes, ni en todo nuestro pueblo,
para que vayas y tomes por mujer una
filistea, hija de incircuncisos?»
Y Sansón respondió:
«Pidan por mí a esa mujer, porque es la
que me gusta.»
[4] Sus padres no sabían que esto era un
plan del Señor, y que él buscaba un pretexto
para atacar a los filisteos, que en aquel tiempo
dominaban a Israel.

DECISIONES TONTAS *(Jueces 14.3)*
Sansón era un hombre adulto que se comportaba como un niño egoísta. Desde que Sansón era bebé, Dios le dio gran poder por medio del Espíritu Santo. Pero Sansón tomó unas decisiones tontas. En vez de escuchar los consejos piadosos de sus padres en cuanto a buscar una esposa, él escogió seguir sus propios deseos egoístas. Sus decisiones insensatas conllevaron a su muerte trágica (lee el capítulo 16). No tenemos que seguir el ejemplo de Sansón. Dios les da sabiduría a los padres para ayudar a sus hijos a tomar decisiones buenas. Los NIÑOS PODEROSOS escogen poner atención a los consejos sabios de sus padres.

5 Y sucedió que, al dirigirse Sansón y sus
padres a Timnat, cuando llegaron a las viñas
de Timnat, un cachorro de león salió ru-
giendo a su encuentro.
6 Entonces el espíritu del Señor vino so-
bre Sansón, y éste despedazó al león como
si fuera un cabrito, sin más armas que sus
manos. Pero a sus padres no les dijo lo que
había hecho.
7 Luego, Sansón fue a hablar con la mujer
que le gustaba.
8 Tiempo después, al volver para tomar a
la mujer, Sansón se apartó del camino para
ver el cadáver del león, y se encontró con
que en el cadáver había un enjambre de
abejas y un panal de miel.
9 Sansón tomó el panal y se fue comién-
dolo por el camino, y cuando alcanzó a sus
padres les dio miel para que comieran, aun-
que no les dijo que la miel la había tomado
del león.
10 El padre de Sansón fue y habló con la
mujer, y Sansón ofreció un banquete, como
solían hacer los jóvenes.
11 Y cuando los filisteos vieron a Sansón,
llamaron a treinta de sus amigos para estar
con él.
12 Entonces Sansón les dijo:
«Les voy a proponer un enigma. Si en los
siete días del banquete logran descifrarlo, les
daré treinta vestidos de lino y treinta vesti-
dos de fiesta.
13 Pero si no lo pueden descifrar, enton-
ces ustedes me darán los treinta vestidos de
lino y los vestidos de fiesta.»
Ellos respondieron:
«Queremos oír tu enigma.»
14 Y Sansón dijo:

> «Del devorador salió comida,
> y del fuerte salió dulzura.»

Pasaron tres días, y ellos no podían desci-
frar el enigma,
15 así que el séptimo día le dijeron a la mu-
jer de Sansón:
«Haz que tu marido te diga la solución de
su enigma. De lo contrario, les prenderemos
fuego a ti y a la casa de tu padre. ¿Acaso nos
invitaron para quitarnos lo nuestro?»
16 La mujer de Sansón se echó a llorar, y
le dijo:
«Tú no me quieres. Más bien, me odias,
pues no me has dicho cuál es la respuesta al
enigma que propusiste a mi gente.»
Y Sansón respondió:
«Si ni a mis padres les he dado la respues-
ta, ¿crees que te la daría a ti?»
17 Y su mujer lloró ante él los siete días
del banquete, pero tanto presionó a Sansón
que al séptimo día éste cedió y le dio la res-
puesta. Entonces ella fue y se la hizo saber
a su gente.
18 Ese mismo día, antes de que el sol se
pusiera, los jóvenes de la ciudad le dijeron:

> «¿Qué cosa hay más dulce que la miel?
> ¿Y qué cosa hay más fuerte que el
> león?»

Y Sansón les dijo:

> «Si no araran con mi novilla,
> jamás habrían solucionado el enigma.»

19 Y el espíritu del Señor vino sobre San-
són, y éste fue hasta Ascalón, y allí mató a
treinta hombres, y de lo que les arrebató
tomó los vestidos para dárselos a los que le
explicaron el enigma. Pero regresó a la casa
de su padre muy enojado,
20 y la mujer de Sansón fue entregada a
uno de sus amigos.

15

1 Algún tiempo después, du-
rante la cosecha del trigo, San-
són fue a visitar a su mujer, y
llevó un cabrito. Al llegar, dijo:
«Quiero tener relaciones con mi mujer.»
Pero el padre de la joven no lo dejó entrar,
2 sino que dijo:
«Yo creí que la aborrecías, así que se la di
a tu amigo. Pero su hermana menor es más
hermosa que ella, ¿no es verdad? ¡Tómala en
su lugar!»
3 Sansón le respondió:
«Esta vez no será mi culpa si les hago
daño a los filisteos.»
4 Y fue Sansón y cazó trescientas zorras;
las ató de dos en dos, y en la cola les ató una
antorcha;

5 luego prendió las antorchas y soltó las zorras en los sembrados de los filisteos, y se quemaron las espigas amontonadas y las que aún no se cosechaban. Ardieron también viñas y olivares.

6 Los filisteos se preguntaban quién habría hecho eso, y cuando les contestaron que había sido Sansón, el yerno del timnateo, porque le había quitado a su mujer y se la había dado a un amigo suyo, los filisteos fueron y quemaron a la mujer y a su padre.

7 Cuando Sansón supo lo que habían hecho, los amenazó y les dijo:

«Por eso que han hecho, no voy a descansar hasta vengarme de ustedes.»

8 Y arremetió contra ellos, y los dejó tan mal heridos que muchos murieron. Después de eso, se fue a vivir en la cueva de la peña de Etam.

Sansón derrota a los filisteos en Lehí

9 Entonces los filisteos fueron y acamparon en Judá donde se extendieron por Lehí.

10 Los habitantes de Judá les preguntaron:

«¿Por qué quieren pelear contra nosotros?»

Y ellos respondieron:

«Hemos venido por Sansón, para castigarlo por lo que nos ha hecho.»

11 Entonces tres mil hombres de Judá fueron a la cueva de Etam, donde estaba Sansón, y le dijeron:

«¿Acaso no sabes que los filisteos nos tienen dominados? ¿Por qué nos has hecho esto?»

Y Sansón respondió:

«Simplemente, yo me vengué por lo que ellos me hicieron.»

12 Pero ellos le respondieron:

«Hemos venido a aprehenderte y a entregarte a los filisteos.»

Sansón les dijo:

«Júrenme que ustedes no me van matar.»

13 Y ellos le respondieron:

«No, no te mataremos. Solamente vamos a aprehenderte y a entregarte a ellos.»

Sansón dejó entonces que lo ataran con dos cuerdas nuevas, y luego lo obligaron a bajar de la peña.

14 Cuando llegó a Lehí, los filisteos salieron a su encuentro gritando con furia; pero el espíritu del Señor vino sobre Sansón y las cuerdas que ataban sus brazos se rompieron como lino quemado, y las ataduras cayeron al suelo.

15 Sansón vio que allí cerca había una quijada de asno que aún estaba fresca, así que extendió la mano y la tomó, y con ella mató a mil filisteos. 1 S. 11.6-7

16 Después de eso, dijo:

«Con la quijada de un asno maté a
montones;
con la quijada de un asno maté a mil
filisteos.»

17 Y cuando acabó de hablar, tiró la quijada. A ese lugar lo llamó Ramat Lehí.[3]

18 Pero Sansón tenía mucha sed, así que clamó al Señor y le dijo:

«Tú me has usado a mí, que soy tu siervo, para salvar a tu pueblo. ¿Y ahora tendré que morir de sed, y caer en mano de estos incircuncisos?»

19 Entonces Dios abrió el pozo que está en Lehí, y de allí brotó agua para que bebiera y se reanimara. Por esto, ese lugar se llama Enacoré,[4] y hasta el día de hoy todavía está en Lehí.

20 Sansón gobernó a Israel durante veinte años, en los días de los filisteos.

Sansón en Gaza

16 1 En otra ocasión, Sansón fue a Gaza. Allí vio a una prostituta, y tuvo relaciones con ella.

2 Alguien fue a decir a los habitantes de Gaza que Sansón estaba allí, así que ellos fueron y rodearon la casa, y toda la noche estuvieron vigilando sigilosamente a las puertas de la ciudad, pues decían: «Mañana, cuando salga el sol, lo mataremos.»

3 Pero Sansón durmió hasta la medianoche, y a esa hora se levantó, y fue y arrancó

[3] **15.17** Es decir, ***Colina de la Quijada.*** [4] **15.19** Es decir, ***la fuente del que clamó.***

LECCIONES CUANDO LO DEJÓ EL SEÑOR

(Jueces 16.20)

Sansón "no sabía que el Señor ya se había apartado de él." ¡Qué triste! Sansón fue terco; resistió a Dios y desobedeció sus leyes, de modo que Dios le quitó su poder. Pero Sansón estaba tan ocupado en su pecado que no se dio cuenta que Dios lo había dejado. A veces las personas piensan que pueden pecar todo lo que quieran sin que Dios se aleje de ellos. Pero esta historia nos enseña que Dios quitará su poder y su presencia de una persona que sigue pecando. Si conoces a personas como Sansón, pídele al Señor que dejen de pecar y vuelvan a seguir a Dios.

las puertas de la ciudad con todo y sus pilares y su cerrojo, se las echó al hombro, y las llevó hasta la cumbre del monte que está frente a Hebrón.

Sansón y Dalila

4 Tiempo después, Sansón se enamoró de
una mujer del valle de Sorec, que se llamaba
Dalila.
5 Los jefes filisteos fueron a visitarla, y le
dijeron:
«Recurre a tu astucia y averigua en qué
consiste su gran fuerza, y cómo podemos
vencerlo. Entonces vendremos y lo ataremos para controlarlo, y cada uno de nosotros te dará mil cien monedas de plata.»
6 Y Dalila le preguntó a Sansón:
«Por favor, dime en qué consiste tu impresionante fuerza. Si alguien quisiera vencerte, ¿cómo tendría que sujetarte?»
7 Y Sansón le respondió:
«Si me atan con siete cuerdas de mimbre verde, que aún no estén secas, perderé mi fuerza y seré como cualquier otro hombre.»
8 Los jefes de los filisteos le llevaron las sie-
te cuerdas de mimbre verde, y ella lo ató con
los mimbres.
9 Como ella tenía hombres espiando en el
dormitorio, cuando Sansón estuvo atado,
ella gritó:
«¡Sansón, los filisteos te van a atacar!»
Pero él rompió los mimbres como si fueran estopa quemada, y el secreto de su fuerza no llegó a saberse.
10 Entonces Dalila le dijo a Sansón:
«¡Mira que me has engañado! ¡Me has mentido! Por favor, dime, ¿cómo se te puede sujetar?»
11 Y Sansón respondió:
«Si me sujetan fuertemente con cuerdas nuevas, que nadie haya usado, perderé mi fuerza y seré como cualquier otro hombre.»
12 Dalila buscó cuerdas nuevas, y lo ató
con ellas, y como los espías estaban en el
aposento, le dijo:
«¡Sansón, los filisteos te van a atacar!»
Pero él rompió las cuerdas nuevas como si fueran hilo.
13 Entonces Dalila le dijo:
«Hasta ahora me has estado engañando. ¡Me has dicho puras mentiras! ¿No me vas a decir cómo se te puede sujetar?»
Y él le dijo:
«Tienes que entretejer con una tela las siete trenzas de mi cabeza, y asegurarlas contra la estaca de un telar.»
14 Dalila aseguró las siete trenzas contra
una estaca, y entonces le dijo:
«¡Sansón, los filisteos te van a atacar!»
Pero Sansón se despertó, y arrancó la estaca del telar y la tela.
15 Y Dalila le reprochó:
«¿Cómo puedes decir que me amas, si tu corazón no está conmigo? Ya van tres veces que me engañas, y todavía no me has dicho en qué consiste tu impresionante fuerza.»
16 Y como ella lo presionaba y lo importu-
naba todos los días, su ánimo decayó y casi
se murió de angustia,
17 así que le abrió su corazón y le confesó:
«Soy nazareo, y estoy consagrado a Dios desde antes de nacer. Por eso nunca ha pasado la navaja por mi cabeza. Si alguien llegara a raparme, las fuerzas me abando-

narían y sería tan débil como cualquier otro hombre.»

18 Dalila se dio cuenta de que esta vez Sansón le había hablado con el corazón en la mano, así que mandó llamar a los jefes de los filisteos, y les dijo:

«Esta vez Sansón me ha abierto su corazón.»

Los jefes de los filisteos le llevaron el dinero prometido,

19 y ella hizo que Sansón se durmiera sobre sus rodillas; luego, llamó a un hombre para que le cortara las siete trenzas de su cabeza, y ella comenzó a maltratarlo, pues su fuerza ya lo había abandonado.

20 Entonces le gritó:

«¡Sansón, los filisteos te van a atacar!»

Y cuando Sansón despertó, creyó que podría escapar como en otras ocasiones, pero no sabía que el Señor ya se había apartado de él.

21 Y así, los filisteos lo capturaron, le sacaron los ojos y lo llevaron a Gaza; allí lo sujetaron con cadenas a un molino que había en la cárcel.

22 Pero después de haber sido rapado, el cabello de su cabeza le comenzó a crecer.

Muerte de Sansón

23 Un día, los filisteos más importantes se reunieron para festejar y ofrecer un sacrificio a Dagón, su dios, pues decían: «Nuestro dios puso en nuestras manos a Sansón, nuestro enemigo.»

24 También el pueblo daba gracias a su dios, y decía: «Nuestro dios puso en nuestras manos a nuestro enemigo, que destruyó nuestra tierra y mató a muchos de nuestros hermanos.»

25 Y en el momento en que estaban más alegres, dijeron:

«¡Que traigan a Sansón! ¡Vamos a divertirnos con él!»

Y sacaron a Sansón de la cárcel, y lo pusieron entre las columnas del templo, y todos se burlaban de él.

26 Entonces Sansón le dijo al joven que lo guiaba de la mano:

«Acércame a las columnas que sostienen el templo. Déjame tocarlas, para que me apoye en ellas.»

27 El templo estaba lleno de hombres y mujeres, y allí estaban todos los filisteos más importantes. Sólo en el segundo piso había como tres mil personas, entre hombres y mujeres, que miraban las burlas de las que Sansón era objeto.

28 En ese momento Sansón clamó al Señor, y le dijo:

«Señor mi Dios, acuérdate de mí en este momento, y por favor dame fuerzas, aunque sea por última vez, para vengarme de los filisteos que me dejaron ciego.»

29 Al decir esto, Sansón asió las dos columnas centrales, sobre las que se apoyaba el templo y, apoyándose con las dos manos sobre ambas columnas, echó todo su peso sobre ellas,

30 al tiempo que exclamaba:

«¡No me importa morir junto con los filisteos!»

Y haciendo un gran esfuerzo, Sansón hizo que el templo se derrumbara sobre los jefes y sobre todo el pueblo que allí estaba. Así, al morir Sansón, mató a más gente de la que había matado en vida.

1 S 16.22-23

SE APARTARON POR SU PROPIO CAMINO *(Jueces 17.6)*

"Voy a hacer lo que me dé la gana". ¿En algún momento has oído a alguien decir eso? ¿En algún momento lo has dicho tú? Muchas veces, los israelitas decidieron hacer lo que les daba la gana en vez de hacer lo que agradaba a Dios. Tenían una actitud rebelde. Escogieron resistirse a la voluntad de Dios. Los que siguen a Jesús saben que el camino de Dios es el camino correcto. ¿En algún momento te sientes tentado a resistirte a Dios y apartarte por tu propio camino? Los NIÑOS PODEROSOS siempre escogen seguir el camino de Dios.

31 Y cuando lo supieron sus hermanos y todos sus parientes, fueron y lo sacaron de entre los escombros y lo sepultaron entre Sorá y Estaol, en el sepulcro de Manoa, su padre.

Sansón gobernó a Israel durante veinte años.

Las imágenes y el sacerdote de Micaía

17 1 En los montes de Efraín había un hombre llamado Micaía,

2 que un día le confesó a su madre:

«Esas mil cien monedas de plata que te robaron, de las cuales me hablaste y por las cuales maldijiste al ladrón, yo las tomé y están en mi poder.»

Entonces su madre le dijo:

«¡Que el Señor te bendiga, hijo mío!»

3 Y cuando Micaía le devolvió las mil cien monedas de plata robadas, ella dijo:

«Por ti, hijo mío, voy a consagrar todo este dinero al Señor, para que se haga una imagen tallada, y otra de fundición. Así que te devuelvo el dinero.»

4 Al devolverle Micaía el dinero, su madre tomó doscientas monedas de plata y se las llevó a un fundidor, quien con esa plata talló una imagen y fundió otra, las cuales colocó en casa de Micaía,

5 y ésta se llenó de dioses. Micaía hizo también un efod y terafines, y consagró como sacerdote a uno de sus hijos.

6 En aquellos tiempos no había rey en Israel, y cada quien hacía lo que le parecía mejor.[a]

7 Un joven levita de Belén era forastero allí. Era de la tribu de Judá,

8 y había salido de Belén en busca de un lugar para vivir. En su camino llegó al monte de Efraín, a la casa donde vivía Micaía.

9 Y Micaía le preguntó:

«¿De dónde vienes?»

Y el levita le respondió:

«Soy de Belén de Judá. Me quedaré a vivir donde encuentre lugar.»

10 Micaía le dijo:

«Quédate en mi casa, y serás para mí padre y sacerdote. Te daré diez monedas de plata al año, más ropa y comida.»

El levita aceptó y se quedó,

11 y le agradó vivir con Micaía, porque lo trataba como a uno de sus hijos.

12 Luego, Micaía consagró al joven levita para que pudiera oficiar como sacerdote, y lo instaló en su casa,

13 pues decía: «Con esto, estoy seguro de que el Señor me prosperará, pues tengo por sacerdote un levita.»

Micaía y los danitas

18 1 En aquellos tiempos no había rey en Israel. Y como hasta entonces los de la tribu de Dan no habían recibido entre las tribus de Israel su parte de la tierra, andaban en búsqueda de un lugar para vivir.

2 Entonces eligieron de entre ellos a cinco de sus hombres más valientes, los cuales eran de Sorá y de Estaol, para que fueran a reconocer y explorar la tierra. Cuando estos hombres llegaron al monte de Efraín, se quedaron a descansar en la casa de Micaía.

3 Pero antes de llegar a la casa de Micaía, oyeron al joven levita y reconocieron su voz, y al verlo le preguntaron:

«¿Quién te trajo a este lugar? ¿Qué haces aquí? ¿A qué te dedicas?»

4 El levita les contó cómo lo había tratado Micaía, y que le había pedido ser su sacerdote.

5 Entonces ellos le dijeron:

«Consulta a Dios. Queremos saber si tendremos éxito en este viaje de reconocimiento que estamos haciendo.»

6 Y el sacerdote les respondió:

«Vayan en paz. El Señor ve con buenos ojos el propósito de su viaje.»

7 Los cinco espías salieron de allí y se dirigieron a Lais, donde vieron que el pueblo vivía tranquilo y confiado, como acostumbraban vivir los habitantes de Sidón, aunque

[a] **17.6:** Jue 21.25.

vivían lejos de ellos. No tenían tratos con
nadie, ni había nadie en esa región que los
perturbara, pues no tenían rey.
8 Cuando los espías regresaron a Sorá y
Estaol, con sus hermanos, éstos les pregun-
taron:
«¿Qué encontraron?»
Y ellos respondieron:
9 «¡Vayamos a atacarlos! Nosotros ya
exploramos la región, y hemos visto que
es muy buena. Y ustedes, ¿no van a hacer
nada? ¡No se queden ahí sentados! ¡Póngan-
se en marcha, y vamos a tomar posesión de
esa tierra!
10 Al llegar, van a encontrar a un pueblo
confiado, que tiene una gran extensión de
tierra, la cual Dios nos ha entregado. ¡Es una
tierra a la que no le falta nada!»
11 Entonces salieron de Sorá y de Estaol
seiscientos danitas, armados para la batalla.
12 Fueron y acamparon al occidente de
Quiriat Yearín, en Judá. Hasta el día de hoy,
ese lugar se llama «Campamento de Dan».
13 De allí se fueron al monte de Efraín, y
llegaron a la casa de Micaía.
14 Los cinco espías que habían ido a reco-
nocer la tierra de Lais, les advirtieron a sus
hermanos:
«Tengan cuidado con lo que van a ha-
cer, porque en esas casas hay un efod y
terafines, y una imagen tallada y otra de
fundición.»
15 Cuando los hombres armados llegaron
a la casa de Micaía, donde estaba el joven
levita, le preguntaron cómo estaba.
16 Los seiscientos danitas se quedaron, con
sus armas, a la entrada de la puerta,
17 y mientras el sacerdote hablaba a la
entrada de la casa con los seiscientos hom-
bres armados, los cinco espías entraron y
se apoderaron de la imagen tallada y de la
imagen de fundición, y también del efod y
los terafines.
18 Al ver el sacerdote que los espías habían
entrado en la casa para tomar las imágenes
y el efod y los terafines, les preguntó:
«¿Qué están haciendo ustedes?»
19 Y ellos le respondieron:
«Cállate, y no digas nada. Mejor ven con
nosotros, para que seas nuestro padre y sa-
cerdote. ¿Qué es mejor? ¿Seguir siendo sa-
cerdote en casa de un solo hombre, o serlo
de toda una tribu y familia de Israel?»
20 Al joven sacerdote le agradó la idea, y
tomó el efod, los terafines y las imágenes, y
se fue con ellos.
21 En cuanto ellos emprendieron la mar-
cha, pusieron por delante a los niños, el ga-
nado y el bagaje.
22 Y cuando ya estaban lejos de la casa,
Micaía y la gente que vivía en los alrededo-
res se juntaron para perseguir a los danitas.
23 Como gritaban muy fuerte, los danitas
se volvieron y le dijeron a Micaía:
«¿Qué te pasa? ¿Por qué has juntado tan-
ta gente?»
24 Y Micaía respondió:
«Ustedes se han adueñado de los dioses
que hice, y también se llevan al sacerdote, ¿y
a mí qué me queda? ¿Y todavía me pregun-
tan qué me pasa?»
25 Pero los danitas le respondieron:
«Ya deja de gritarnos. No vaya a ser que
alguno de nosotros pierda la paciencia y te
mate, junto con toda tu familia.»
26 Y los danitas siguieron su camino. Y al
ver Micaía que ellos eran más fuertes que él,
regresó a su casa.
27 Los danitas se llevaron todo lo que ha-
bía hecho Micaía, y también al sacerdote. Y
cuando llegaron a Lais y vieron que el pue-
blo era tranquilo y confiado, mataron a filo
de espada a sus habitantes, y luego quema-
ron la ciudad.
28 Nadie pudo defenderlos, porque vivían
lejos de Sidón y no tenían negocios con na-
die, pues Lais estaba en el valle cercano a Bet
Rejob. Más tarde, los danitas reedificaron la
ciudad para vivir allí.
29 A la ciudad que antes se llamaba Lais, los
danitas la llamaron Dan, en honor a su antepa-
sado, que fue uno de los hijos de Israel.
30 Luego los danitas erigieron la imagen, y
Jonatán hijo de Guersón y nieto de Moisés,

y sus hijos, fueron los sacerdotes en la tribu de Dan hasta los días del cautiverio.

31 Erigieron entre ellos la imagen tallada que Micaía había hecho, y la honraron todo el tiempo que el santuario de Dios estuvo en Siló.

El levita y su concubina

19

1 En aquellos tiempos, cuando Israel no tenía rey, hubo un levita forastero que vivía en la parte más lejana de los montes de Efraín. Este levita había tomado como concubina a una mujer de Belén de Judá,

2 pero ella le fue infiel y se regresó a la casa de su padre, en Belén de Judá, donde estuvo cuatro meses.

3 Entonces su marido fue a buscarla, y le habló con mucho cariño para hacerla volver. Llevó consigo a uno de sus criados y un par de asnos. Su mujer le pidió que entrara a la casa, y cuando el padre de la joven lo vio, salió a recibirlo muy contento.

4 Y así, el levita se quedó tres días en casa de su suegro comiendo y bebiendo.

5 Al cuarto día por la mañana, el levita se levantó con la intención de irse, pero el padre de la joven le dijo:

«Cobren fuerzas con un bocado de pan, y después podrán irse.»

6 Los dos se sentaron, y comieron y bebieron. Luego el padre de la joven le dijo al levita:

«Te ruego que pasen otra noche en mi casa, y que disfrutes de estar aquí.»

7 Sin embargo, el levita se levantó con la intención de partir. Pero su suegro insistió, y volvieron a pasar la noche allí.

8 Al quinto día, nuevamente se levantaron muy de mañana para irse, pero otra vez el padre de la joven le dijo:

«Por favor, recobra las fuerzas, y espera a que termine el día.»

Y los dos comieron.

9 Pero cuando el levita se preparó para irse, con su esposa y su criado, su suegro volvió a decirle:

«Mira, ya pronto va a anochecer. Por favor, pasen aquí la noche, pues el día está por terminar. Quédense aquí, y disfruten. Ya mañana temprano se levantarán y podrán emprender el camino de regreso a su casa.»

10 Pero el levita ya no quiso pasar allí la noche, sino que se levantó, aparejó sus asnos, tomó a su mujer y llegó hasta la entrada de Jebús, que es Jerusalén.

11 Para entonces el día había declinado y comenzaba a anochecer, por lo que el criado le dijo:

«Te ruego que entremos a la ciudad de los jebuseos, para pasar allí la noche.»

12 Su amo respondió, y dijo a su criado:

«No vamos a entrar a ninguna ciudad de extranjeros, que no sea una ciudad israelita. Seguiremos hasta Gabaa.

13 Cuando lleguemos a Gabaa, o a Ramá, podremos pasar la noche allí.»

14 Y así, siguieron su camino. Al ponerse el sol, llegaron cerca de Gabaa, en la tierra de Benjamín.

15 Entonces se apartaron del camino para entrar a la ciudad y pasar allí la noche. Al entrar, fueron a sentarse en la plaza, pues nadie les ofreció su casa para que pudieran dormir.

16 Al anochecer, vieron llegar a un anciano, que venía del campo después de trabajar. Ese anciano era de los montes de Efraín, pero vivía como forastero en Gabaa, pues los habitantes de ese lugar eran de la tribu de Benjamín.

17 Cuando el anciano levantó la mirada, vio al viajero en la plaza y le preguntó:

«¿De dónde vienes, y adónde vas?»

18 El viajero respondió:

«Venimos de Belén de Judá, y vamos a lo más alejado de los montes de Efraín, de donde soy. Estoy regresando de Belén de Judá, y ahora me dirijo a la casa del Señor. Nadie me ha dado alojamiento en su casa.

19 Pero tenemos todo lo que necesitan nuestros asnos, y pan y vino para mí y para

mi mujer, y para el criado que me acom-
paña. No nos hace falta nada.»
20 Y el anciano le respondió:
«Que la paz sea contigo. Desde ahora, lo
que necesites corre por mi cuenta. Sólo una
cosa: no quiero que pases la noche en la calle.»
21 Y el anciano los llevó a su casa, y les dio
de comer a sus asnos; luego ellos se lavaron
los pies, y comieron y bebieron.
22 Pero cuando estaban disfrutando de
todo, unos hombres corruptos de la ciudad
rodearon la casa, golpearon la puerta, y le
gritaron al anciano, dueño de la casa:
«¡Saca al hombre que ha entrado en tu
casa! ¡Queremos acostarnos con él!»
23 El dueño de la casa salió y les dijo:
«¡No, hermanos míos! ¡Yo les ruego que
no le hagan daño a este hombre! ¡Es mi
huésped! ¡No cometan tal perversidad!
24 Miren, tengo una hija que es virgen, y
también está aquí su mujer. Ahora mismo
las voy a sacar, para que hagan con ellas lo
que les parezca. ¡Pero no cometan una infa-
mia con este hombre!»
25 Pero como aquellos hombres no le hi-
cieron caso al anciano, el levita tomó a su
mujer y la sacó, y ellos la violaron durante
toda la noche y hasta la mañana. Al rayar el
alba, la dejaron en paz.
26 Antes de amanecer, la mujer llegó has-
ta la puerta de la casa del anciano, donde
estaba su marido, y allí cayó muerta, hasta
que amaneció.
27 Por la mañana, el levita se levantó y
abrió las puertas, dispuesto a seguir su cami-
no. Fue entonces cuando vio que su concu-
bina estaba tendida a la entrada de la casa,
con las manos sobre el umbral de la puerta.
28 Entonces le dijo:
«¡Levántate, y vámonos!»
Pero como ella no respondió, el levita la
levantó, la echó sobre su asno, y se fue a su
tierra.
29 Al llegar a su casa, tomó un cuchillo y
descuartizó a su mujer en doce pedazos, y
repartió los pedazos por todo el territorio
de Israel.
30 Todos los que veían eso, decían: «Desde
que los israelitas llegaron de Egipto, y has-
ta nuestros días, ¡jamás se había visto que
alguien hiciera algo así! Esto da en qué pen-
sar. Tenemos que ponernos de acuerdo, y
actuar.»

La guerra contra Benjamín

20 1 Como un solo hombre, to-
dos los israelitas, desde Dan
hasta Berseba y Galaad, se
reunieron delante del Señor en Mispá.
2 Allí estaban presentes los jefes del pue-
blo y de todas las tribus de Israel. Del pueblo
de Dios había cuatrocientos mil hombres de
infantería, espada en mano.
3 Las tribus de Benjamín, por su parte,
supieron que las tribus de Israel se habían
reunido en Mispá.
Los israelitas le dijeron al levita:
«Cuéntanos cómo tuvo lugar esta infamia.»
4 Y el levita, marido de la mujer muerta,
les dijo:
«Yo llegué a Gabaa de Benjamín con mi
mujer, para pasar allí la noche.
5 Pero en la noche, unos malvados de esa
ciudad rodearon la casa con la intención de
matarme, y a mi mujer la violaron tan cruel-
mente que la mataron.

PODER PARA VIVIR

REHUSANDO OÍR *(Jueces 20.13)*
Algunos de la tribu de Benjamín hicieron cosas malas a un hombre y su esposa. Pero los demás rehusaron castigar a los malhechores. El pueblo desobedeció la Ley de Dios. Por eso, el Señor castigó a la tribu de Benjamín. En la Biblia somos advertidos sobre el pecado. Si no tomamos en cuenta las advertencias del Señor, podemos meternos en serios problemas.

6 Entonces yo la levanté, la corté en pedazos, y envié esos pedazos por todo el territorio israelita, para que supieran la maldad y el crimen cometido en Israel.
7 Puesto que todos ustedes son israelitas, háganme saber lo que piensan y qué me aconsejan.»
8 Como un solo hombre, todo el pueblo se levantó y dijo:

«Ninguno de nosotros volverá a su campamento ni a su casa.
9 Lo que vamos a hacer es atacar a Gabaa. Pero lo haremos por sorteo.
10 De todas las tribus de Israel elegiremos diez de cada cien hombres, cien de cada mil, y mil de cada diez mil, los cuales se encargarán de llevar provisiones a los que irán contra los de Gabaa de Benjamín para darles su merecido por la infamia que han cometido.»
11 Como un solo hombre, los israelitas se reunieron para atacar la ciudad, porque su sentimiento era el mismo.
12 Y enviaron mensajeros a toda la tribu de Benjamín, para preguntarles:

«¿Por qué cometieron tal infamia?
13 Entréguennos a esos malvados que viven en Gabaa, para que los matemos. Así erradicaremos de Israel esa maldad.»

Pero los de Benjamín no hicieron caso de sus hermanos israelitas,
14 sino que de todas sus ciudades se juntaron en Gabaa para presentar batalla contra los israelitas.
15 Los benjaminitas contados en aquella ocasión fueron veintiséis mil guerreros armados, sin contar los setecientos soldados escogidos que vivían en Gabaa.
16 Entre toda esa gente había setecientos guerreros selectos que eran zurdos. Era tal su puntería que podían lanzar una piedra con la honda y darle a un cabello sin fallar.
17 Por su parte, los israelitas contaban con cuatrocientos mil hombres armados, sin contar a los benjaminitas.
18 Los israelitas se alistaron, pero antes fueron a la casa de Dios para consultarlo. Y le preguntaron:

«¿Quién será el primero de nosotros en trabar combate con los benjaminitas?»

Y el Señor respondió:

«El primero será Judá.»
19 Por la mañana, los israelitas se dispusieron a atacar la ciudad de Gabaa.
20 Salieron en orden de batalla para combatir a los benjaminitas de Gabaa.
21 Pero los benjaminitas también estaban preparados, y salieron de Gabaa a luchar, y ese día exterminaron a veintidós mil guerreros israelitas.
22 Pero los israelitas no se desanimaron, sino que se reagruparon y presentaron batalla en el mismo lugar del primer día.
23 Y es que antes, durante la noche, los israelitas habían ido a llorar delante del Señor y a consultarle si debían volver a pelear contra sus hermanos, los benjaminitas; y el Señor les había respondido que debían atacarlos.
24 Por eso, el segundo día los israelitas se enfrentaron a sus hermanos,
25 pero los benjaminitas volvieron a salir de Gabaa, y una vez más mataron a dieciocho mil israelitas, todos ellos armados.
26 Volvieron entonces los israelitas y todo el pueblo a la casa de Dios, y llorando se sentaron delante del Señor y ayunaron todo el día y hasta la noche, y le ofrecieron al Señor holocaustos y ofrendas de paz.
27 Luego, consultaron al Señor. (En esos días el arca del pacto de Dios estaba allí,
28 y el sacerdote Finés hijo de Eleazar, de la tribu de Aarón, oficiaba delante de ella.) Le dijeron:

«¿Debemos seguir luchando contra nuestros hermanos, los benjaminitas, o es mejor que desistamos?»

Y el Señor les respondió:

«Vuelvan a luchar, que mañana los pondré en sus manos.»
29 Entonces los israelitas pusieron emboscadas alrededor de la ciudad,
30 y al tercer día volvieron a presentar batalla contra los benjaminitas, frente a Gabaa, como lo habían hecho antes.

31 También ese día los benjaminitas salieron al encuentro de los israelitas, y se alejaron de la ciudad; a algunos de ellos los hirieron en el campo y por los caminos que van de Betel a Gabaa, y ese día mataron a unos treinta israelitas.

32 Los benjaminitas pensaban que habían vuelto a vencerlos, pero los israelitas habían hecho un plan, y dijeron:

«Vamos a huir, para que se alejen de la ciudad y lleguen hasta los caminos.»

33 Y de pronto todos los israelitas que estaban en Baal Tamar se levantaron en orden de batalla, y también salieron los que estaban emboscados en la pradera de Gabaa,

34 y la batalla arreció porque diez mil de los mejores guerreros israelitas arremetieron contra Gabaa, y los guerreros de Benjamín aún no sabían que su derrota estaba próxima.

35 Ese día el Señor permitió que los israelitas derrotaran a los de Benjamín, y éstos mataron a veinticinco mil cien guerreros benjaminitas bien armados.

36 Los benjaminitas se dieron cuenta de que estaban siendo derrotados por los israelitas, pues aunque los israelitas parecían huir, seguían atacándolos, confiados en las emboscadas que tenían alrededor de la ciudad.

37 De pronto, los que estaban emboscados salieron y se lanzaron contra Gabaa, matando a filo de espada a los habitantes de la ciudad.

38 Habían acordado que, cuando saliera una gran humareda de la ciudad, ésa sería la señal para los israelitas emboscados de que Gabaa había sido tomada.

39 Así que, cuando los israelitas huían, los *benjaminitas hirieron y* mataron como a treinta israelitas, y ya decían: «Los estamos derrotando, como en la primera batalla.»

40 Pero entonces la columna de humo comenzó a subir desde la ciudad, y los benjaminitas vieron cómo subía al cielo.

41 Entonces los guerreros israelitas se dieron vuelta, y los benjaminitas se llenaron de temor, pues comprendieron que les había sobrevenido un desastre.

42 Corrieron entonces hacia el desierto, de espaldas a los israelitas, pero la lucha los alcanzó porque los que salían de las ciudades los herían y los mataban.

43 Así quedaron cercados los benjaminitas, mientras eran perseguidos y derrotados desde Menujá hasta el oriente de Gabaa.

44 Ese día cayeron muertos dieciocho mil guerreros benjaminitas.

45 Una parte de ellos huyó al desierto, rumbo a la peña de Rimón, pero también fueron aniquilados otros cinco mil de ellos en los caminos; a otros los persiguieron hasta Gidom, matando a dos mil hombres más.

46 En total, ese día murieron veinticinco mil guerreros benjaminitas bien armados.

47 Otros seiscientos hombres huyeron al desierto, a la peña de Rimón, y allí se quedaron cuatro meses.

48 Luego los israelitas se volvieron contra los benjaminitas, y los hirieron a filo de espada, matando en las ciudades a hombres y bestias por igual, y a todo lo que hallaban. Finalmente, prendieron fuego a todas las ciudades que hallaron a su paso.

Mujeres para los benjaminitas

21

1 En Mispá, los israelitas juraron que ninguno de ellos dejaría que sus hijas se casaran con los benjaminitas.

2 Se reunieron como pueblo en la presencia de Dios, y toda la noche lloraron, y con grandes lamentos decían:

3 «Señor, Dios de Israel, ¿por qué le ha sucedido esto a nuestro pueblo? ¿Por qué tendría que faltar una de nuestras tribus?»

4 Al día siguiente, muy de mañana, el pueblo se levantó y construyó un altar, y allí le ofrecieron al Señor holocaustos y sacrificios de reconciliación.

5 Luego se preguntaron:

«¿Cuáles tribus, de todas las que componen Israel, no se presentaron ante el Señor?»

Y es que habían hecho un pacto de muerte contra los que no hubieran estado en Mispá.

6 Además, los israelitas estaban tristes por la suerte de la tribu de Benjamín, pues decían:

«Hoy ha sido separada de Israel una de sus tribus.

7 ¿Qué vamos a hacer con los hombres que aun quedan, en cuanto a mujeres para ellos? Nosotros hicimos un pacto ante el Señor, de que no les daremos nuestras hijas por mujeres.»

8 También se preguntaban:

«¿Hay alguien de las tribus de Israel que no se haya presentado ante el Señor en Mispá?»

Y se dieron cuenta de que ninguno de la familia de Jabés Galaad se había presentado a la reunión en el campamento,

9 pues cuando se pasó revista al pueblo, no estuvo allí ninguno de esa familia.

10 Entonces la comunidad envió a doce mil hombres de los más valientes, con las órdenes de matar a todos los habitantes de Jabés Galaad, incluso a mujeres y niños,

11 y a todos los varones, y a las mujeres que ya hubieran tenido relaciones íntimas con algún hombre.

12 Cuando esos israelitas llegaron a Jabés Galaad, hallaron a cuatrocientas doncellas que aún no habían tenido relaciones íntimas con ningún hombre, y las llevaron al campamento en Silo, en la tierra de Canaán.

13 Entonces la comunidad envió un mensaje a los benjaminitas que estaban en la peña de Rimón, para invitarlos a hacer las paces.

14 Cuando los benjaminitas llegaron, les dieron las mujeres que habían traído de Jabés Galaad. Pero aún faltaron mujeres.

15 Y los israelitas tuvieron compasión de los benjaminitas, porque el Señor había dejado un vacío entre las tribus de Israel.

16 Ante esto, los ancianos de la comunidad dijeron:

«¿Qué vamos a hacer para dar mujeres a los hombres que no alcanzaron ninguna?»

Y es que habían matado a todas las mujeres benjaminitas.

17 Resolvieron entonces que las propiedades de Benjamín quedaran en manos de los que habían escapado de morir, para que no desapareciera una tribu de Israel,

18 y dijeron:

«Nosotros no les podemos dar por esposas a nuestras hijas, por causa del pacto que hicimos de condenar al que les dé por mujer a una de sus hijas.»

19 Pero recordaron que cada año se celebraba una fiesta especial del Señor en Silo, al norte de Betel y al oriente del camino que va de Betel a Siquén, y al sur de Lebona.

20 Aconsejaron entonces a los benjaminitas que pusieran emboscadas en los viñedos,

21 y que estuvieran atentos para que, cuando vieran a las mujeres de Silo salir a bailar en grupos, ellos salieran de los viñedos y tomaran para sí a una de las mujeres de Silo, y se la llevara a su tierra.

22 Y añadieron:

«Si los padres o los hermanos de ellas las reclaman, nosotros les pediremos que los perdonen y se las concedan como un favor especial, ya que durante la guerra contra Jabés no tomamos mujeres para todos. Además, como ellos mismos no se las entregaron, no tendrán que sentirse culpables.»

23 Los benjaminitas aceptaron el consejo; y cada uno raptó para sí una de las mujeres que bailaban, y luego se fueron a su tierra, donde volvieron a edificar y habitar sus ciudades.

24 Por su parte, también los israelitas se fueron, cada uno con su familia, a su tierra.

25 En aquellos días no había rey en Israel, y cada quien hacía lo que le parecía mejor.[a]

[a] **21.25:** Jue 17.6.

RUT

Autor: **Se desconoce**
Temas: **Lealtad desinteresada y amor redentor**
Fecha en que se escribió: **c. finales del siglo 10 a.C.**

UNA HISTORIA DE AMOR

Este libro cuenta la historia del amor y de la lealtad de una joven llamada Rut, por su suegra, Noemí. La historia acontece durante la época sombría de los jueces. Ya que el libro muestra que la familia de Rut se remonta al rey David (4:21-22), es probable que se haya escrito durante el reinado de David. Ya que la historia de Rut tuvo lugar durante el tiempo de la cosecha, el pueblo de Israel empezó la costumbre de leer esta historia en la fiesta de la cosecha (la fiesta de Pentecostés).

LO QUE ENCONTRARÁS EN EL LIBRO

El libro empieza con una hambruna, lo cual hizo que Elimelec se fuera de Judá y se mudara con su familia a Moab (1:1-2). Elimelec y sus dos hijos, Majlón y Quelión murieron en Moab (1:3-5), dejando a tres viudas: Noemí y sus nueras, Rut y Orfa. Cuatro acontecimientos principales le siguen a este período.

1. Noemí y Rut regresan a Belén en Judá (1:6-22).

2. Según el plan de Dios, Rut conoce a Booz, un familiar adinerado de Elimelec (capítulo 2). A Booz le impresiona la lealtad de Rut para con Noemí.

3. Guiada por Noemí, Rut le dice a Booz que se casará con él según la ley del pariente más cercano (capítulo 3).

¿SABÍAS QUE...?

- Rut es uno de dos libros en la Biblia que llevan el nombre de una mujer. (El otro es Ester.)
- El libro muestra cómo los gentiles (las personas no judías) están incluidos en el plan de redención de Dios.
- Booz es un símbolo de Jesucristo. Booz redimió a Rut de una vida de hambre, y Jesús nos redimió de una vida de pecado.
- El libro trata acerca de la bisabuela del rey David.

Rut y Noemí

En los días en que los jueces goberna-
ban en Israel, hubo mucha hambre en
la tierra, y un hombre de Belén de Judá
emigró a los campos de Moab, junto con su
mujer y sus dos hijos.
2 Ese hombre se llamaba Elimelec, y
su mujer, Noemí; sus hijos se llamaban
Majlón y Quelión, y habían nacido en
Efrata, de Belén de Judá. Cuando llega-
ron a los campos de Moab, se quedaron
a vivir allí.
3 Pero murió Elimelec, marido de Noemí, y
ella se quedó sola con sus dos hijos.
4 Más tarde, ellos se casaron con unas
moabitas, una de las cuales se llamaba Orfa,
y la otra Rut, y se quedaron a vivir en Moab
durante unos diez años.
5 Pero también murieron Majlón y Que-
lión, y Noemí se quedó desamparada, sin
marido ni hijos.
6 Cuando Noemí se enteró de que el
Señor había bendecido a su pueblo y que el
hambre había terminado, decidió abando-
nar Moab junto con sus nueras.
7 Las tres mujeres salieron de donde ha-
bían vivido, y emprendieron el camino de
vuelta a la tierra de Judá.
8 Pero Noemí les dijo a sus dos nueras:
«Es mejor que regresen a la casa de su
madre. Que el Señor las trate con misericor-
dia, tal y como ustedes nos trataron a mis
hijos y a mí.
9 Que el Señor les conceda hallar reposo,
cada una en casa de su propio marido.»
Luego las despidió con un beso, pero ellas
se pusieron a llorar a voz en cuello
10 y le dijeron:
«Las dos nos queremos ir contigo a tu
pueblo.»
11 Pero Noemí respondió:
«Regresen a su pueblo, hijas mías. No tie-
ne caso que vengan conmigo, pues ya no
tengo más hijos que puedan ser sus mari-
dos.
12 ¡Váyanse, hijas mías! Yo ya estoy vieja
para tener marido. Y aun cuando abrigara
esa esperanza, y esta noche estuviera con
un hombre y volviera a tener hijos,
13 ¿habrían de quedarse ustedes sin casar,
por causa de ellos? ¡No, hijas mías! Mi amar-
gura es mayor que la de ustedes, porque el
Señor se ha puesto en mi contra.»
14 Pero ellas seguían llorando a voz en cue-
llo. Y Orfa se despidió de su suegra con un
beso, pero Rut se quedó con ella.
15 Entonces Noemí dijo:
«Mira a tu cuñada. Ya regresa a su pueblo,
con sus dioses. ¡Regrésate también tú!»
16 Pero Rut le respondió:

«¡No me pidas que te deje y me aparte
de ti!
A dondequiera que tú vayas, iré yo;
dondequiera que tú vivas, viviré.
Tu pueblo será mi pueblo, y tu Dios
será mi Dios.
17 Donde tú mueras, moriré yo,
y allí quiero que me sepulten.
Que el Señor me castigue, y más aún,
si acaso llego a dejarte sola.
¡Sólo la muerte nos podrá separar!»

18 Y como Noemí vio que Rut estaba re-
suelta a ir con ella, no dijo más.
19 Y así, las dos siguieron caminando juntas
hasta llegar a Belén. Y en cuanto entraron a

PALABRAS CON PODER

VIUDA
(Rut 1.5)

Una viuda es una mujer cuyo esposo ha muerto. Noemí era una viuda que vivió en los tiempos bíblicos. Ella no tenía a nadie que la cuidara porque sus hijos también habían muerto. La vida era muy difícil para Noemí. Dios les dijo a los israelitas que cuidaran de las viudas porque estas no podían cuidar de sí mismas (Isaías 1:17; Malaquías 3:5). Tú puedes compartir el amor de Dios al ser benigno con las personas que tienen menos que tú.

PROMESAS PODEROSAS

RUT 1.16

Pero Rut le respondió: «¡No me pidas que te deje y me aparte de ti! A dondequiera que tú vayas, iré yo; dondequiera que tú vivas, viviré. Tu pueblo será mi pueblo, y tu Dios será mi Dios».

Noemí le enseñó a Rut acerca de Dios, y Rut escogió creer en Él. Rut quería agradar a Dios, y por eso escogió mantenerse fiel a Noemí. Estas dos mujeres viajaron a Belén para encontrar un nuevo sitio donde vivir. Dios le recompensó a Rut al darle un nuevo esposo y un bebecito varón. Este niño llegó a ser el abuelo de David.

la ciudad, hubo gran agitación entre toda la gente por causa de ellas, pues decían:

«¿Qué, no es ésta Noemí?»

20 Pero ella les respondió:

«Ya no me llamen Noemí.[1] Llámenme Mara.[2] Ciertamente, grande es la amargura que me ha hecho vivir el Todopoderoso.

21 Yo salí de aquí con las manos llenas, pero él me ha hecho volver con las manos vacías. ¿Por qué llamarme Noemí, si el Señor se ha puesto en mi contra, y mis aflicciones vienen del Todopoderoso?»

22 Fue así como Noemí volvió de Moab, acompañada de Rut, su nuera moabita. Llegaron a Belén cuando comenzaba la cosecha de la cebada.

Rut recoge espigas en el campo de Booz

2 Noemí tenía, por parte de su marido, un pariente que se llamaba Booz. Era un hombre muy rico, de la familia de Elimelec.

2 Un día, Rut le dijo a Noemí:

«Por favor, déjame ir al campo, a recoger espigas.[a] Iré detrás de quien bondadosamente me deje recogerlas.»

Y Noemí le respondió:

«Ve, hija mía.»

3 Rut fue al campo y recogió espigas siguiendo a los segadores. Y resultó que aquella parte del campo era de Booz, el familiar de Elimelec.

4 De pronto, Booz llegó de Belén y saludó a los segadores. Les dijo:

«Que el Señor esté con ustedes.»

Y ellos le respondieron:

«Que el Señor te bendiga.»

5 Luego, Booz le preguntó al mayordomo de sus segadores:

«¿De quién es esa joven?»

6 Y el mayordomo le respondió:

«Es la moabita que volvió con Noemí de los campos de Moab.

7 Nos pidió que la dejáramos ir tras los segadores y recoger lo que se va dejando entre las gavillas. Y desde esta mañana que entró en el campo, no ha descansado ni siquiera un momento.»

8 Entonces Booz le dijo a Rut:

«Escucha, hija mía; no te vayas de aquí, ni vayas a espigar a otro campo. Quédate aquí, con mis criadas.

9 Fíjate en qué campo van a segar, y síguelas. Ya he dado órdenes a mis criados de que no te molesten. Cuando tengas sed, ve adonde están las vasijas, y bebe del agua que saquen los criados.»

10 Rut se inclinó hasta el suelo en señal de respeto, y le preguntó:

«¿Cómo es que me tratas con tanta bondad e interés, si yo soy una extranjera?»

11 Y Booz le respondió:

«Ya sé todo lo que has hecho en favor de tu suegra, después de que murió tu marido. Sé también que dejaste a tu padre y a tu madre, y la tierra donde naciste, para venir a un pueblo para ti desconocido.

12 ¡Que el Señor te recompense por lo que has hecho! ¡Que el Señor, bajo cuyas alas has buscado refugio, te premie por esta acción tuya!»

[1] **1.20** Es decir, ***Placentera.*** [2] **1.20** Es decir, ***Amarga.*** [a] **2.2:** Lv 19.9-10; Dt 24.19.

13 Rut le dijo:

«Señor mío, espero ser digna de tu bondad. Tus palabras me infunden consuelo, pues me hablas con el corazón, aun cuando no puedo compararme a una sola de tus criadas.»

14 A la hora de comer, Booz le dijo:

«Acércate. Toma un poco de pan, y mójalo en la salsa de vinagre, y come.»

Rut se sentó junto a los segadores, y Booz compartió con ella lo que estaba comiendo, y ella comió hasta saciarse, y aun le sobró.

15 Luego se levantó para seguir espigando. Mientras tanto, Booz les dijo a sus criados:

«Déjenla recoger espigas también de entre las gavillas, y no la incomoden.

16 Y dejen caer algo de los manojos, para que ella lo recoja, y no le digan nada en contra.»

17 Y así, Rut recogió espigas en el campo hasta el anochecer, y de todo lo que había recogido desgranó como veinte litros de cebada,

18 y lo guardó y regresó a la ciudad. Al llegar, sacó también lo que le había sobrado después de comer, y se lo dio a su suegra. Y al ver Noemí todo lo que había recogido,

19 le preguntó:

«¿Dónde recogiste espigas hoy? ¿Dónde estuviste trabajando? ¡Bendito sea el que te ha tratado con tanta bondad!»

Rut le contó a su suegra que había estado trabajando en el campo de un hombre llamado Booz.

20 Entonces Noemí le dijo:

«¡Que el Señor lo bendiga! El Señor no nos ha retirado la bondad que mostró hacia nuestros muertos.»

Luego añadió:

«Ese hombre es pariente nuestro. Es uno de los que pueden rescatarnos.»

21 Y la moabita Rut contestó:

«Ese hombre también me dijo: "Júntate con mis criadas, hasta que se acabe la cosecha."»

22 Noemí le dijo a Rut, su nuera:

«Es mejor, hija mía, que espigues con sus criadas, y no que te molesten en otro campo.»

23 Y Rut se quedó espigando con las criadas de Booz, hasta que terminaron de segar el trigo y la cebada. Mientras tanto, siguió viviendo con su suegra.

Rut y Booz en la era

3 Después Noemí, la suegra de Rut, le dijo:

«Hija mía, es mi obligación buscarte un hogar, para que puedas ser feliz.

2 Booz es nuestro pariente, y tú ya has estado trabajando con sus criadas. Precisamente esta noche él va a separar la paja del grano de cebada.

3 Así que báñate y perfúmate, y ponte el mejor de tus vestidos, y ve a la era; pero no te presentes ante ese hombre hasta que haya acabado de comer y de beber.

4 Y cuando se vaya a dormir, fíjate en dónde se acuesta; y ve luego y levanta el manto con que se cubre los pies. Entonces él te dirá lo que tienes que hacer.»

5 Y Rut respondió:

BUSCANDO REFUGIO EN DIOS *(Rut 2.12)*
Este es el versículo clave en el libro de Rut. Durante la época de los jueces, la mayoría de las personas desobedecían a Dios. Pero Él siguió cuidando de los que confiaban en Él y lo obedecían. Después que murió su esposo, Rut tuvo que tomar una decisión difícil. Tuvo que escoger o bien quedarse con sus familiares o irse a un nuevo país con Noemí. Rut escogió seguir los planes de Dios y viajar a un nuevo país. Dios la ayudó, y la mantuvo a salvo. La próxima vez que tengas que tomar una decisión difícil, recuerda que Dios también quiere ayudarte a ti.

«Haré todo lo que tú me mandes hacer.»
[6] Y Rut fue a la era e hizo todo lo que su
suegra le mandó hacer.
[7] Y cuando Booz terminó de comer y beber, y estaba muy contento, se retiró a dormir junto a un montón de cebada. Entonces Rut llegó sigilosamente, descubrió los pies de Booz y se acostó.
[8] A eso de la medianoche, Booz despertó sobresaltado y, al darse la vuelta, se dio cuenta que había una mujer acostada a sus pies.
[9] Entonces le preguntó:

«¿Quién eres?»

Y ella respondió:

«Soy Rut, tu sierva. Protege a esta sierva tuya bajo tu manto, porque tú eres mi pariente cercano.»

[10] Booz le dijo:

«¡Que Dios te bendiga, hija mía, por esto que has hecho! Al final, tu bondad ha sido mayor que al principio, pues no has ido a buscar a otros más jóvenes que yo, pobres o ricos.
[11] No te preocupes, hija mía. Yo haré contigo lo que tú me digas, pues toda la gente de mi pueblo sabe que eres una mujer ejemplar.

2 S 9.1-7

[12] Pero toma en cuenta que, aunque es verdad que yo soy uno de tus parientes cercanos, hay otro aún más cercano que yo.
[13] Duerme aquí esta noche; y mañana, cuando sea de día, si él te rescata, está bien; que te rescate. Pero si no te quiere rescatar, yo lo haré. Pongo al Señor como testigo. Ahora descansa, y hasta mañana.»
[14] Y Rut durmió a los pies de Booz, pero al amanecer se levantó antes de que se pudieran reconocer unos a otros, pues Booz le dijo que nadie debía saber que una mujer había estado en la era.

[3] **3.12** Rt 2.20

RUT

Rut fue una mujer de Moab que vivió durante la época de los jueces. Estaba casada con Majlón, el hijo de Elimelec y Noemí, una familia israelita de Belén. Se habían ido a vivir a Moab durante una hambruna.

Después de cierto tiempo, Elimelec, Majlón y su hermano Quelión murieron, dejando atrás a sus tres esposas. Noemí quería regresar a Belén y les instó a sus nueras a que se quedaran en Moab. Aunque una de ellas (Orfa) estuvo de acuerdo en quedarse ahí, Rut decidió ir a vivir a la tierra de Noemí. Rut declaró firmemente que quería quedarse con Noemí y que serviría al Dios de Noemí.

Cuando Rut y Noemí llegaron a Belén, eran muy pobres. Ya que eran viudas sin hijos, era muy difícil para ellas ganarse el dinero necesario para su comida y alojamiento. Pero Rut trabajó duro cosechando el trigo que se había dejado en el campo para que pudieran comerlo. Rut terminó recogiendo espigas en el campo de Booz, un familiar lejano de Noemí.

Booz vio que Rut tenía un espíritu humilde y un corazón bondadoso, de modo que le dio una cantidad grande de trigo. También decidió casarse con ella. A través de este matrimonio, Rut llegó a ser la bisabuela del rey más grande de Israel: David.

El amor y la lealtad de Rut le garantizaron un lugar en el árbol genealógico de Jesús. *La historia de Rut* muestra cómo Dios recompensa a los que son fieles y dignos de confianza. ¿Cómo puedes tú mostrarles a los demás que eres fiel y digno de confianza?

Puedes leer acerca de Rut en el libro de Rut y también en Mateo 1:5.

15 Pero antes le dijo:

«Quítate el manto, y sujétalo.»

Ella lo extendió, y él echó allí seis medidas de cebada, luego se las echó al hombro, y Rut se fue a la ciudad.

16 Cuando llegó con su suegra, ésta le preguntó:

«¿Qué pasó, hija mía?»

Y Rut le contó todo lo que había sucedido con Booz.

17 Y añadió:

«Me dio estas seis medidas de cebada y me dijo: "Éstas son para que no regreses con las manos vacías."»

18 Entonces Noemí dijo:

«Espera un poco, hija mía, hasta ver cómo se resuelve este asunto, porque Booz no descansará, hasta dejarlo arreglado.»

Booz se casa con Rut

4 Booz se dirigió a la entrada de la ciudad, y allí se sentó. En ese momento vio pasar al pariente del cual le había hablado a Rut, y le dijo:

«Hermano, ven y siéntate aquí conmigo.»

El pariente fue y se sentó.

2 Entonces Booz llamó a diez de los ancianos de la ciudad, y les dijo:

«Siéntense también con nosotros.»

En cuanto ellos se sentaron,

3 Booz le dijo a su pariente:

«Noemí ha vuelto de Moab, y vende una parte de las tierras que fueron de nuestro pariente Elimelec.

4 Creo conveniente que lo sepas, y te sugiero comprar sus tierras, teniendo como testigos a los aquí presentes, ancianos de mi pueblo. Si quieres comprar, compra; si no quieres comprar, dímelo, pues tengo que saberlo. Y es que nadie más puede comprar sino sólo tú, y después de ti, yo.»

Y el pariente respondió:

«Está bien. Compro el terreno.»

5 Entonces añadió Booz:

«Al comprar las tierras de Noemí, debes también tomar por mujer a Rut, la moabita que fue mujer del difunto, para que la posesión siga a nombre de su esposo muerto.»

6 Entonces el pariente respondió:

«Si es así, no puedo comprar las tierras, porque no quiero poner en riesgo mi heredad. Compra tú. Te cedo mis derechos.»

7 Desde hacía mucho tiempo, había una costumbre en Israel, que en una compra por rescate, una de las partes se quitaba su sandalia y se la daba al otro. Con este acto se confirmaba el trato ante todo Israel.

8 Así que el pariente se quitó el zapato[a] y le dijo a Booz:

«Toma tú posesión de las tierras.»

9 Entonces Booz les dijo a los ancianos y a todo el pueblo:

«Ustedes son testigos de que hoy le compro a Noemí todo lo que fue de su esposo Elimelec, y de sus hijos Quelión y Majlón.

10 Además, tomo por esposa a la moabita Rut, que fue mujer de Majlón, para que la posesión siga a nombre de su esposo muerto, y su memoria no se borre de entre sus hermanos ni de su ciudad. Ustedes son testigos hoy de este acuerdo.»

LECCIONES

PARIENTE REDENTOR

(Rut 4.10)

Un pariente redentor es un hombre que compraba el terreno de su familiar pobre para que el terreno quedara dentro de la familia. Booz llegó a ser un pariente redentor cuando compró el terreno de Noemí y también cuando se casó con Rut. Lo que Booz hizo para rescatar a Noemí y a Rut es un ejemplo de lo que Jesús hizo por nosotros. Jesús dio su vida para rescatarnos de la pena del pecado. Él es el redentor supremo. Como Rut, nosotros tenemos que aceptar su ayuda cuando ofrece redimirnos. ¿Lo has aceptado tú?

[a] **4.7-8:** Dt 25.9.

[11] El pueblo y los ancianos que estaban a la entrada de la ciudad dijeron:

«Somos testigos. Que el Señor permita que la mujer que llega a tu casa sea como Raquel y Lea, las cuales levantaron como pueblo a los israelitas.[b] Que seas tú un hombre ilustre y distinguido en Efrata y en Belén.

[12] Que el Señor te conceda tener con Rut muchos hijos, como se los concedió a Fares, el hijo de Tamar y Judá.»[c]

[13] Así fue como Booz tomó a Rut por esposa, y se allegó a ella, y el Señor le concedió quedar embarazada y dar a luz un hijo.

[14] Las mujeres le decían a Noemí:

«¡Alabado sea el Señor, que te concedió tener un nieto que te rescatara! ¡Su nombre será celebrado entre los israelitas!

[15] Ese niño te infundirá nuevos ánimos, y te brindará apoyo en tu vejez. Tu nuera, que te ama y dio a luz ese niño, es de más valor para ti que siete hijos.»

[16] Noemí tomó al niño y lo puso en su regazo, y se encargó de criarlo.

[17] Y las vecinas decían:

«Noemí ha tenido un hijo»

Y lo llamaron Obed. Éste fue el padre de Yesé, que fue padre de David.

[18] Éstas son las generaciones de Fares:[d] Fares fue padre de Jesrón;

[19] Jesrón fue padre de Ram, y Ram fue padre de Aminadab.

[20] Aminadab fue padre de Nasón, y Nasón fue padre de Salmón.

[21] Salmón fue padre de Booz, y Booz fue padre de Obed.

[22] Obed fue padre de Yesé, y Yesé fue padre de David.

LECCIONES: LA RECOMPENSA DE UN HIJO

(Rut 4.17)

Dios es fiel a aquellos que son fieles a Él. Rut dejó su tierra y se mantuvo fiel a su suegra y a Dios (1:16). Ella no lo hizo para ser recompensada. Se quedó con Noemí porque era una mujer de buen carácter. Dios recompensó a Rut al darle un hijo. Muchísimos años después, Jesucristo sería un familiar de su hijito, Obed. (Puedes leer acerca del lugar que tuvo Rut en el árbol genealógico de Jesús en Mateo 1:5.) Por medio del hijo de Rut y sus nietos, el mundo entero recibió el regalo supremo de Dios: Jesucristo.

[b]**4.11:** Gn 29.31—35.18. [c]**4.12:** Gn 38.27-30. [d]**4.18:** 1 Cr 2.5-15; Mt 1.3-6; Lc 3.31-33.

1 SAMUEL

Autor: **Se desconoce**
Tema: **Se establece el reinado de Dios**
Fecha en que se escribió: **c. finales del siglo 10 a.C**

ÉPOCA DE LOS REYES

En el Antiguo Testamento hebreo, 1 Samuel y 2 Samuel en nuestra Biblia son un solo libro. Estos libros llevan el nombre del profeta Samuel. 1 Samuel cuenta cómo Israel ya no era gobernada por jueces, sino por un rey. Una razón por la cual sucedió esto es porque los israelitas querían ser como las otras naciones y tener un rey. Estaban cansados de tener un gobernante que no podían ver (Dios). Querían tener un gobernante que pudieran ver (un rey).

LO QUE ENCONTRARÁS EN EL LIBRO

El primer libro de Samuel nos cuenta acerca de tres líderes principales: Samuel (capítulos 1-7), Saúl (capítulos 8-31), y David (capítulos 16-31). Samuel fue el último juez de Israel, y el primer líder que fue llamado un profeta. Como Moisés, quien sacó a los israelitas de Egipto, Samuel era un líder poderoso y un gran hombre de Dios.

Saúl llegó a ser el primer rey de Israel. Dios puso sobre él el poder del Espíritu Santo y llegó a ser un rey poderoso. Pero más adelante, desobedeció las reglas de Dios y se alejó de Él. Como resultado, Dios rechazó a Saúl como rey sobre su pueblo (capítulos 13; 15).

Dios escogió a David para ser rey después de Saúl. Samuel ungió a David como rey mientras Saúl todavía era rey (capítulo 16). Pero David se negó a luchar por el trono. Los capítulos 19-30 nos cuentan cómo

David escapó muchas veces de Saúl, quien quería matarlo. David esperó pacientemente que Dios lo hiciera rey en el tiempo de Él. El libro cierra con la muerte trágica de Saúl (capítulo 31).

¿SABÍAS QUE...?

- 1 Samuel es un libro que trata acerca de las decisiones. Aquí leemos acerca de las decisiones que tomaron las personas y las decisiones que tomó Dios.
- En este libro vemos el comienzo de la época de los reyes de Israel, que duró 500 años.
- Los sucesos relatados en este libro tuvieron lugar durante un período de 115 años, entre el nacimiento de Samuel y la muerte de Saúl.
- Este es un libro de historias. Aquí encontrarás muchas historias bíblicas conocidas acerca de Samuel, David, Goliat, Saúl y muchos otros.

Nacimiento de Samuel

En Ramatayin de Sofín, de los montes de Efraín, vivía un varón llamado Elcana hijo de Jeroán, que era descendiente en línea directa de los efrateos Eliú, Tohu y Suf.

2 Elcana tenía dos mujeres; una de ellas se llamaba Ana, y la otra, Peniná. Ésta tenía hijos, pero no así Ana.

3 Todos los años Elcana salía de su ciudad para ir a Silo y adorar allí al Señor de los ejércitos. Allí oficiaban como sacerdotes Jofní y Finés, hijos de Elí.

4 Al llegar el día en que Elcana ofrecía sacrificio, les daba su parte a Peniná, su mujer, y a todos sus hijos y sus hijas,

5 pero a Ana le daba la mejor parte, porque la amaba, aunque el Señor no le había concedido tener hijos.

6 Pero Peniná la molestaba y la hacía enojar hasta entristecerla, porque el Señor no le había concedido tener hijos.

7 Y cada año era lo mismo: Peniná se burlaba de Ana cada vez que iban a la casa del Señor, y por lo tanto Ana lloraba y no comía.

8 Un día, Elcana le preguntó:

«Ana, ¿por qué lloras? ¿Por qué no comes? ¿Por qué estás afligida? ¿Acaso yo no soy para ti mejor que diez hijos?»

9 Y Ana se levantó, después de comer y beber en Silo. El sacerdote Elí estaba sentado en una silla, junto a un pilar del templo del Señor.

10 Entonces ella oró y lloró al Señor con mucha amargura,

11 y le hizo un voto. Le dijo:

«Señor de los ejércitos, si te dignas mirar la aflicción de esta sierva tuya, y te acuerdas de mí y me das un hijo varón, yo te lo dedicaré, Señor, para toda su vida. Yo te prometo que jamás la navaja rozará su cabeza.»[a]

12 Y mientras ella oraba largamente delante del Señor, Elí la observaba mover los labios.

13 Y es que Ana le hablaba al Señor desde lo más profundo de su ser, y sus labios se movían pero no se oía su voz, así que Elí creyó que estaba ebria.

14 Entonces le dijo:

«¿Hasta cuándo vas a estar ebria? Digiere ya tu vino.»

15 Pero Ana le respondió:

«No, señor mío; no estoy ebria. No he bebido vino ni sidra. Lo que pasa es que estoy muy desanimada, y vine a desahogarme delante del Señor.

16 No pienses que tu sierva es una mujer impía. Es tan grande mi congoja y mi aflicción, que hasta ahora he estado hablando.»

17 Elí le respondió:

«Vete en paz, y que el Dios de Israel te conceda lo que le has pedido.»

18 Y ella respondió:

«Espero que veas con buenos ojos a esta sierva tuya.»

Y Ana se fue de allí, y comió, y dejó de estar triste.

19 Por la mañana, adoraron delante del Señor y regresaron todos a su casa en Ramá. Allí, Elcana tuvo relaciones con Ana, y el Señor se acordó de lo que ella le había pedido.

20 Ana quedó embarazada y, cuando se cumplió el tiempo, dio a luz un hijo, al que le puso por nombre Samuel, pues dijo: «Yo se lo pedí al Señor.»

21 Al año siguiente, Elcana fue con toda su familia a ofrecer su sacrificio al Señor y cumplir con su voto.

22 Pero Ana le dijo a su marido:

«Yo no iré hasta que destete al niño. Entonces lo llevaré y lo presentaré al Señor, para que se quede allá para siempre.»

23 Y Elcana le respondió:

«Haz lo que creas que es mejor. Quédate hasta que lo destetes, y que el Señor cumpla su palabra.»

Y Ana se quedó y crió a su hijo hasta que lo destetó.

24 Después, lo llevó con ella a la casa del Señor en Silo, y además llevó tres becerros, veinte litros de harina y una vasija de vino. El niño aún era muy pequeño.

[a] **1.11:** Nm 6.5.

[25] En cuanto mataron el becerro, el niño fue llevado a Elí.

[26] Y ella le dijo:

«Señor mío, ¡que tengas una larga vida! Yo soy aquella mujer que estuvo aquí, junto a ti, orando al Señor.

[27] Oraba por este niño, y el Señor me lo concedió.

[28] He venido porque prometí dedicarlo al Señor para toda la vida. ¡Para siempre será del Señor!»

Y allí adoró al Señor.

Cántico de Ana

2 [1] En su oración, Ana dijo:

En ti, Señor, mi corazón se regocija;
en tu nombre, mi fuerza es mayor.
Ahora puedo burlarme de mis enemigos
porque me regocijo en tu salvación.
[2] Nadie es santo como tú, Señor.
Fuera de ti, no hay nadie más.
No hay mejor refugio que tú, Dios nuestro.

Sal 113.5-6

[3] Que nadie se jacte ni sea altanero;
que aparte la insolencia de sus labios,
porque sólo el Señor es quien lo sabe todo;
es el Dios que pondera toda acción.
[4] El Señor quiebra los arcos de los poderosos,
y reviste de poder a los débiles.
[5] Los que eran ricos, ahora mendigan trabajo;
los que sufrían de hambre han sido saciados.
Aun la estéril ha dado a luz siete hijos,

LECCIONES

EL CANTO DE ANA

(1 Samuel 2.1)

¿Qué haces cuando estás contento por algo? Ana estaba tan contenta cuando Dios le dio un bebé que le cantó al Señor un cántico de alabanza. Cantó acerca de la grandeza de Dios. Ella sabía que era Dios el que había hecho posible que tuviera tanto gozo. Cuando tú marcas el gol que hace ganar a tu equipo o cuando te luces en un examen, ¿en algún momento se te ocurre darle gracias a Dios por su ayuda? ¡Los NIÑOS PODEROSOS son niños agradecidos!

PROMESAS PODEROSAS

1 SAMUEL 2.2

Nadie es santo como tú, Señor. Fuera de ti, no hay nadie más. No hay mejor refugio que tú, Dios nuestro.

Ana se puso supercontenta cuando Dios le dio un bebecito varón. Así que le cantó a Dios para expresarle su agradecimiento. Su canto incluye una promesa importante: no hay nadie como Dios. ¡Puedes depender de Él, pase lo que pase!

EL DAR POR GRATITUD *(1 Samuel 1.28)*

Ana le pidió a Dios que le diera un hijo. Le prometió a Dios que si Él le daba un varoncito, el niño trabajaría para Dios. Cuando Dios le dio su bebé, Samuel, Ana cumplió su promesa. Llevó al niñito al sacerdote Elí, para que pudiera servir a Dios. Dios le dio el regalo de un niñito y ella le devolvió ese regalo a Dios. Esa era su manera de darle gracias a Dios. Dios también nos ha dado a nosotros muchos regalos. Le hace feliz cuando le damos cosas a Él para mostrar nuestro agradecimiento.

y la mujer fecunda ahora desfallece.
6 El Señor da la vida, y la quita;
nos lleva al sepulcro, y nos rescata de él.
7 El Señor da pobreza y riqueza;
el Señor nos humilla y nos enaltece.
8 Al pobre lo levanta de la nada,
y saca de la inmundicia al mendigo
para sentarlo entre los príncipes.

Del Señor son las bases de la tierra;
sobre ellas ha afirmado el mundo.
9 El Señor vigila los pasos de sus fieles,
pero los impíos mueren en medio de las tinieblas,
Porque nadie triunfa por sus propias fuerzas.
10 Ante el Señor son derrotados sus enemigos;
desde el cielo lanza rayos sobre ellos.
El Señor es juez de los confines de la tierra;
otorga poder al Rey que escogió,
y exalta el poder de su Ungido.[a]

11 Elcana regresó a su casa en Ramá, y el
niño se quedó a servir al Señor bajo la super-
visión del sacerdote Elí.

El pecado de los hijos de Elí

12 Los hijos de Elí eran unos malvados, y no
reconocían la autoridad del Señor.
13 Era costumbre entre los sacerdotes y el
pueblo que, cuando alguien ofrecía un sacri-
ficio, mientras se cocía la carne, el criado del
sacerdote tomaba un tridente e iba
14 al perol, la olla, el caldero o la marmi-
ta, y sacaba carne para el sacerdote. Así lo
hacían con todos los israelitas que acudían
a *Silo*.
15 Además, antes de quemar la grasa, lle-
gaba el criado del sacerdote y le decía al que
sacrificaba: «El sacerdote quiere carne para
asar. No quiere carne cocida, sino cruda.»
16 Y si la persona le decía: «Primero debe
quemarse la grasa; después de eso podrás
tomar todo lo que quieras», el criado res-
pondía: «Dámela ahora mismo; de lo con-
trario, la tomaré por la fuerza.»
17 Este pecado de los jóvenes sacerdotes
era muy grave, porque no mostraban nin-
gún respeto por las ofrendas del Señor.
18 El joven Samuel servía ante el Señor, ves-
tido con un efod de lino.
19 Cada año, su madre le hacía una tú-
nica pequeña y se la llevaba cuando iba
con su marido a entregar sus ofrendas de
costumbre.
20 Entonces Elí bendecía a Elcana y a su
mujer, y les decía: «Que el Señor te dé más
hijos de esta mujer, para que ocupen el lugar
del que ella le entregó al Señor.» Después de
eso, ellos se regresaban a su casa.
21 Y el Señor bendijo a Ana con tres hijos
y dos hijas. Mientras tanto, el joven Samuel
crecía y seguía sirviendo al Señor.
22 Elí ya era muy viejo, pero sabía todo lo
que sus hijos hacían con el pueblo de Israel,
y sabía también que ellos se acostaban con
las mujeres que servían a la entrada del ta-
bernáculo.
23 Así que los llamó y les dijo:
«La gente se queja de que ustedes se por-
tan muy mal. ¿Por qué lo hacen?
24 No, hijos míos; lo que hacen no está
bien. Además, hacen pecar al pueblo del
Señor.
25 Si el hombre peca contra el hombre,
hay jueces para juzgarlo; pero si alguien peca
contra el Señor, ¿quién intercederá por él?»
Pero sus hijos no atendieron los consejos
de su padre, porque el Señor había resuelto
quitarles la vida.
26 Mientras tanto, el joven Samuel seguía
creciendo y era bien visto por Dios y por la
gente.
27 Un día, un hombre de Dios fue a visitar
a Elí, y le dijo:
«Así ha dicho el Señor: "Cuando tus an-
tepasados vivían en Egipto, en la tierra del
faraón, ¿no es verdad que me manifesté a
ellos con toda claridad?

[a] **2.1-10:** Lc 1.46-55.

28 Yo escogí a tu padre de entre todas las
familias de Israel, para que fuera mi sacerdo-
te y presentara sobre mi altar las ofrendas, y
quemara incienso, y llevara el efod delante
de mí.[b] Además, le di a sus descendientes
todas las ofrendas de los hijos de Israel.[c]
29 ¿Por qué han pisoteado los sacrificios y
las ofrendas que pedí al pueblo ofrecerme
en el tabernáculo? ¿Por qué has respetado
más a tus hijos que a mí, y los has dejado
engordar con las mejores ofrendas que me
da mi pueblo Israel?
30 Por todo esto, el Señor Dios de Israel te
dice: 'Yo prometí que tu familia y los des-
cendientes de tu padre estarían siempre a
mi servicio'; pero hoy te digo que esto se
acabó, porque yo honro a los que me hon-
ran, y humillo a los que me desprecian.
31 Ya está cerca el día en que tu poder y el
de tus descendientes llegará a su fin; ningu-
no de ellos llegará a viejo.
32 Tu familia caerá en desgracia, mientras
que a Israel lo colmaré de bienes. Ya lo he
dicho: 'Ninguno de tus descendientes llega-
rá a viejo.'
33 A cualquiera de tus hijos que yo no
aparte de mi altar, tú lo verás para llenarte
de dolor. Todos tus descendientes morirán
en plena juventud.
34 Como señal de lo que te he dicho, tus
dos hijos, Jofní y Finés, morirán el mismo día.
35 Pero levantaré un sacerdote que me
sea fiel, y que haga lo que a mí me agrada.
Yo haré que no le falten descendientes, y
estará delante de mi ungido todos los días
de su vida.
36 El que haya sobrevivido en tu familia, irá
y se arrodillará delante de él, y le rogará que
le dé una moneda de plata y un bocado de
pan, y que lo ocupe en algún trabajo entre
los sacerdotes para tener qué comer."»

El Señor llama a Samuel

3 1 El joven Samuel servía al Señor bajo
la supervisión de Elí. En aquellos días
el Señor no se comunicaba ni en vi-
siones, pues éstas no eran frecuentes.
2 Un día, mientras Elí reposaba en su apo-
sento, pues tenía la vista cansada y casi no
veía,
3 y Samuel dormía en el santuario donde
estaba el arca de Dios y la lámpara de Dios
aún no se apagaba,
4 el Señor llamó a Samuel, y él respondió:
«Aquí estoy, Señor.»
5 Así que fue corriendo a donde estaba Elí,
y le dijo:
«Aquí estoy. ¿Para qué me llamaste?»
Pero Elí le respondió:
«Yo no te he llamado. Vuelve a acostarte.»
Y Samuel volvió y se acostó.
6 Pero el Señor volvió a llamar a Samuel,
así que el joven se levantó, fue a ver a Elí y
le dijo:
«Aquí estoy. ¿Para qué me has llamado?»
Y Elí volvió a decirle:

[b]**2.28:** Éx 28.1-4. [c]**2.28:** Lv 7.35-36.

APRÓPIATE DE TU FE *(1 Samuel 2.29)*
Algunas personas piensan que si sus padres creen en Jesús, ellos automáticamente creen en Él. La historia de la familia de Elí nos muestra qué tan equivocada puede ser esa manera de pensar. El sacerdote Elí tenía dos hijos, Jofní y Finés, quienes también eran sacerdotes. Aunque Elí obedeció y sirvió a Dios con honor, no les enseñó a sus hijos a ser hombres piadosos. Como resultado, sus hijos llegaron a ser muy malvados y fueron castigados con la muerte. Las personas no pueden heredar la fe de sus padres. Tienen que escoger creer en Jesús por sí mismos. ¿Has hecho tú esta decisión?

«Yo no te he llamado, hijo mío. Regresa y
acuéstate.»
7 En aquel tiempo, Samuel aún no conocía
al Señor, ni se le había revelado su palabra.
8 Y el Señor llamó por tercera vez a Samuel,
y él se levantó y fue a ver a Elí, y le dijo:
«Aquí estoy. ¿Para qué me has llamado?»
Con esto, Elí entendió que el Señor había
llamado al joven,
9 así que le dijo a Samuel:
«Ve y acuéstate. Y si vuelves a escuchar
que te llaman, dirás: "Habla, Señor, que tu
siervo escucha."»
Y Samuel fue y se acostó.
10 Entonces el Señor se detuvo junto a él, y
lo llamó como las otras veces:
«¡Samuel, Samuel!»
Y Samuel respondió:
«Habla, Señor, que tu siervo escucha.»
11 Y el Señor le dijo:
«Escucha bien. Voy a hacer en Israel algo
que, a quien lo oiga, le zumbarán los oídos.
12 Cuando llegue el momento, cumpliré
en Elí todo lo que le advertí acerca de su fa-
milia, de principio a fin.
13 Voy a demostrarle que dictaré senten-
cia contra sus descendientes, por la maldad
que él sabe, pues permitió que sus hijos
blasfemaran contra mí, y él no se lo impidió.
14 Por lo tanto, yo he jurado a los des-
cendientes de Elí que su maldad no será
perdonada jamás, ni con sacrificios ni con
ofrendas.»
15 Samuel se quedó acostado hasta que
amaneció, y fue y abrió las puertas de la casa
del Señor. Pero temía revelarle a Elí la visión
que había tenido.
16 Entonces Elí llamó a Samuel, y le dijo:
«Samuel, hijo mío.»
Y él respondió:
«Aquí estoy.»
17 Y Elí dijo:
«¿Qué fue lo que el Señor te dijo? Te
ruego que no me ocultes nada. Que Dios

SAMUEL

Samuel fue un regalo de Dios. Antes que naciera, su madre, Ana, oró de manera desesperada, pidiendo un hijo. Ella le prometió a Dios que el niño lo serviría a Él, y cumplió su promesa. Unos cuantos años después de nacer Samuel, ella lo llevó al tabernáculo para servir a Dios.

Una noche, Dios escogió a Samuel para ser profeta. Samuel había estado durmiendo cuando oyó una voz que lo llamaba. Esto ocurrió tres veces. Pensando que el sacerdote Elí lo había llamado, Samuel se acercó a él. Pero Elí no había llamado a Samuel. Cuando el niño oyó la voz por tercera vez, Elí supo que Dios estaba hablándole a Samuel. Le dijo a Samuel que le contestara a Dios: "Habla, Señor, que tu siervo escucha" (1 Samuel 3:10).

Después de llamar al niño una cuarta vez, Dios le dio a Samuel un mensaje duro para Elí. Los hijos de Elí habían desobedecido a Dios. Ya que Elí nunca había tratado de corregir su comportamiento, Dios tenía pensado castigar a la familia de Elí.

¿Crees que serías capaz de entregar un mensaje así? Aunque tenía miedo de hacerlo, Samuel le dio el mensaje de Dios a Elí.

Cuando Samuel creció, llegó a ser el último juez de Israel. Ungió al primer rey de Israel. Samuel no era perfecto, pero permaneció fiel a Dios toda su vida. Cuando enfrentaba un problema difícil, le pedía ayuda a Dios.

Si tú quieres ser fiel a Dios, sé como Samuel y haz de la oración una prioridad en tu vida.

Puedes leer acerca de Samuel en 1 Samuel 1-16; 25:1, 28.

te castigue, y aún más, si me ocultas lo que
Dios te dijo.»
18 Y Samuel le dijo todo, sin ocultarle
nada. Entonces Elí dijo:
«Pues él es el Señor, y hará lo que mejor
le parezca.»
19 Samuel creció y el Señor estaba con él, y
lo respaldaba en todo lo que decía.
20 Y desde Dan hasta Berseba el pueblo de
Israel supo que Samuel era un fiel profeta
del Señor.
21 Y el Señor volvió a aparecerse en Silo,
pues allí se manifestaba a Samuel por medio
de su palabra.

Los filisteos capturan el arca

4 1 La palabra de Samuel llegaba a todo
el pueblo de Israel.
Por esos días Israel salió a entablar
combate contra los filisteos, y acampó junto
a Ebenezer, mientras que los filisteos acam-
paron en Afec.
2 Los filisteos presentaron una cerrada ba-
talla contra Israel, y lo vencieron, matando
como a cuatro mil hombres.
3 Cuando el pueblo volvió al campamen-
to, los ancianos israelitas preguntaron:
«¿Por qué permitió el Señor que los filis-
teos nos vencieran? Vayamos a Silo, donde
está el arca del Señor. Ella tiene que acom-
pañarnos siempre, para que nos salve de
nuestros enemigos.»
4 Entonces el pueblo mandó traer de Silo
el arca del pacto del Señor de los ejércitos,
que habita entre los querubines.[a] Jofní y Fi-
nés, los dos hijos de Elí, resguardaban en Silo
el arca del pacto de Dios.
5 Cuando el arca del pacto del Señor lle-
gó al campamento, todo el pueblo de Israel
gritó con tanto júbilo que la tierra se estre-
meció.
6 Al oír los gritos, los filisteos se pregun-
taron: «¿Por qué hay tantas voces de júbilo
en el campamento de los hebreos?» Y al
saber que el arca del pacto del Señor había
llegado allí,

PALABRAS CON PODER

PROFETA
(1 Samuel 3.20)

Samuel fue la primera persona que fue llamado profeta en Israel. Sin embargo, no fue el primero en tener un don profético. Abraham, Moisés y Débora también eran profetas. Dios llamó a Samuel a proclamar su mensaje y a ser un ejemplo fiel para el pueblo de Israel. De esta manera, sería diferente a los sacerdotes corruptos. Aunque seas joven, Dios quiere que tú también seas un ejemplo fiel. Haz una lista de maneras en que puedes mostrar el amor de Dios en tu escuela o tu vecindario.

7 con mucho miedo dijeron: «¡Dios ha
venido al campamento! ¿Qué va a ser de
nosotros? ¡Nunca antes nos había pasado
algo así!
8 ¡Ay de nosotros! ¿Quién nos librará del
poder de este Dios tan poderoso? ¡Fue él

PALABRAS CON PODER

EL ARCA
(1 Samuel 4.3)

El arca del pacto era una señal de la presencia de Dios en Israel. Los israelitas pensaban que el arca era una señal clara de que Dios los ayudaría aun si apartaban de Él su corazón. Ellos no entendían que el arca no era sino un símbolo de la presencia de Dios. No era igual que el verdadero poder y la verdadera presencia de Dios. Dios sólo los podía ayudar si lo obedecían. Las cosas funcionan de una manera similar hoy día. Dios no nos ayuda porque hayamos sido bautizados en agua o porque tomemos la Santa Cena. Nos ayuda porque hacemos lo que Él dice que es correcto.

[a] **4.4:** Éx 25.22.

quien castigó a los egipcios con plagas en el desierto!

9 Hermanos filisteos, tenemos que luchar con valor para no convertirnos en esclavos de los hebreos, como ellos lo han sido de nosotros. ¡Portémonos varonilmente, y peleemos!»

10 Y los filisteos pelearon y vencieron a los israelitas, y los hicieron huir a sus tiendas. Fue tan grande la mortandad que ese día cayeron treinta mil israelitas de infantería.

11 Además, los filisteos se llevaron el arca de Dios, y mataron a Jofní y Finés, los dos hijos de Elí.

12 Pero ese mismo día uno de los descendientes de Benjamín salió corriendo de la batalla y llegó a Silo. Llevaba rasgada la ropa, y su cabeza estaba cubierta de tierra.

13 Cuando llegó, Elí estaba en una silla vigilando el camino, pues estaba muy acongojado porque se habían llevado el arca de Dios. Cuando aquel hombre llegó a la ciudad, y contó lo que había pasado en la batalla, toda la ciudad se puso a gritar.

14 Elí oyó la gritería, y preguntó:

«¿Por qué hay tanto alboroto?»

Aquel hombre fue y le dio la noticia.

15 Elí tenía noventa y ocho años, y la vista se le había apagado, así que ya no podía ver.

16 Y ésta fue la noticia que recibió:

«Vengo de pelear contra los filisteos, pero logré escapar.»

Y Elí preguntó:

«¿Qué fue lo que pasó, hijo mío?»

17 Y el mensajero le respondió:

«Los soldados de Israel fueron vencidos, y huyeron de los filisteos. Hubo muchos muertos entre el pueblo, entre ellos tus dos hijos, Jofní y Finés. Además, los filisteos se llevaron el arca de Dios.»

18 Cuando el hombre dijo que el arca de Dios había sido capturada, Elí se fue de espaldas y se cayó de la silla, cerca de la entrada del templo, y se desnucó y murió, pues ya era viejo y estaba pesado. Durante cuarenta años había gobernado al pueblo de Israel.

19 Su nuera, la mujer de Finés, estaba encinta y cercana al parto, y cuando oyó que el arca de Dios había sido capturada, y que su suegro y su marido habían muerto, se impresionó tanto que le vinieron los dolores de un parto mortal, y allí mismo dio a luz.

20 Poco antes de morir, las parteras le dijeron: «Ten ánimo, pues has dado a luz un niño.» Pero ella no respondió, ni se dio por enterada.

21 Pero al niño le puso por nombre Icabod,[1] pues dijo: «¡La gloria de Israel ha sido deshonrada!», porque el arca de Dios había sido capturada, y su suegro y su marido habían muerto.

22 Por eso dijo: «La gloria de Israel ha sido deshonrada, pues han capturado el arca de Dios.»

El arca en tierra de los filisteos

5 1 Después de que los filisteos capturaron el arca de Dios, la llevaron desde Ebenezer a Asdod.

2 Tomaron el arca y la metieron en el templo de su dios Dagón, y la pusieron junto a ese ídolo.

3 Al siguiente día, cuando los habitantes de Asdod se levantaron, vieron que Dagón estaba arrodillado ante el arca del Señor, así que tomaron a Dagón y lo devolvieron a su lugar.

4 Pero al día siguiente, Dagón estaba una vez más de rodillas ante el arca del Señor, sólo que ahora Dagón tenía cortadas la cabeza y las dos manos, y nada más le había quedado el tronco, el cual estaba colocado sobre el umbral.

5 Por esta razón, hasta hoy los sacerdotes de Dagón y todos los que entran en su templo de Asdod, no pisan el umbral del templo.

6 El poder del Señor se dejó sentir sobre los habitantes de Asdod y sobre todo su territorio, pues los castigó con terribles tumores.

7 Al darse cuenta de esto, los habitantes de Asdod dijeron: «El arca del Dios de Israel

[1] **4.21** Es decir, ***Sin gloria.***

no debe quedarse entre nosotros, porque ha hecho sentir su poder contra nuestro pueblo y contra Dagón, nuestro dios.»

8 Entonces convocaron a los jefes de los filisteos, y les preguntaron:

«¿Qué debemos hacer con el arca del Dios de Israel?»

Y los jefes respondieron:

«Llévenla hasta Gat.»

Y los filisteos se llevaron el arca del Señor hasta allá.

9 Pero después de habérsela llevado, el poder del Señor se dejó sentir contra los habitantes de la ciudad pues les quebrantó su ánimo, y todos, desde el más chico hasta el más grande, estaban afligidos porque se llenaron de tumores.

10 Por eso enviaron el arca de Dios a Ecrón. Pero cuando el arca llegó allá, los ecronitas se espantaron y dijeron:

«Nos han enviado el arca del Dios de Israel para matarnos a todos nosotros y a nuestro pueblo.»

11 Entonces convocaron a los jefes de los filisteos para decirles:

«Devuelvan el arca del Dios de Israel al lugar que le corresponde, para que no nos mate a todos.»

Y es que toda la ciudad vivía con el temor a la muerte, pues el poder de Dios había aumentado contra ellos,

12 y los que no morían se llenaban de tumores, y sus gritos llegaban hasta el cielo.

Los filisteos devuelven el arca

6 1 El arca del Señor estuvo siete meses en tierra de los filisteos.

2 Ellos llamaron a los sacerdotes y adivinos, y les preguntaron:

«¿Qué nos aconsejan hacer con el arca del Señor? Dígannos cómo podemos devolverla a su lugar.»

3 Los sacerdotes dijeron:

«Cuando regresen el arca del Dios de Israel a su lugar, no la envíen vacía, sino envíenla con una compensación por la culpa cometida; sólo así serán sanados, y sabrán por qué el poder de Dios se ensañó contra ustedes.»

4 Entonces ellos preguntaron:

«¿Y en qué consiste la compensación que debemos pagar?»

Y ellos respondieron:

«Deben entregar cinco figuras de tumores de oro, y cinco ratones de oro, conforme al número de los jefes filisteos, porque una misma plaga los afligió a ustedes y a sus jefes.

5 Hagan las figuras de los tumores y de los ratones que destruyen la tierra, y así honrarán al Dios de Israel. Tal vez él se compadezca de ustedes, de sus dioses, y de su tierra.

6 ¿Por qué son insensibles, como el faraón y los egipcios? Ellos trataron con dureza a los israelitas, pero los dejaron ir, y ellos se fueron.

7 Construyan ahora un carro nuevo, y elijan a dos vacas que no hayan llevado antes el yugo, y que estén criando; pónganles el yugo y únzanlas al carro, y no dejen que sus becerros las sigan.

8 Tomen el arca del Señor, y pónganla sobre el carro. Pongan en una caja las joyas de oro que hicieron como compensación por la culpa cometida; y dejen que el carro se vaya.

9 Pero fíjense qué rumbo toma el carro: si se va por el camino que lleva a Bet Semes, su tierra, eso querrá decir que fue el Señor quien nos mandó tan grandes males; pero si toma otro camino, sabremos que no fue el Señor, sino que lo que sufrimos fue un accidente.»

10 Aquellos hombres lo hicieron así. Tomaron dos vacas que no habían llevado yugo y que estaban criando, las uncieron al carro, y encerraron a sus becerros.

11 Luego pusieron el arca del Señor sobre el carro, y a un lado la caja con los ratones de oro y las figuras de los tumores, como compensación por la culpa cometida, y la dejaron ir.

12 Y las vacas se dirigieron a Bet Semes; iban andando y bramando, sin apartarse del

camino, y los jefes de los filisteos las siguie-
ron hasta el límite de Bet Semes.
13 Los habitantes de Bet Semes estaban en
el valle, segando el trigo, y cuando alzaron
los ojos y vieron el arca, se alegraron mucho.
14 El carro llegó al campo de Josué de Bet
Semes, y se detuvo en donde había una gran
piedra; entonces ellos tomaron la madera
del carro y la partieron, y ofrecieron las va-
cas como una ofrenda al Señor.
15 Luego los levitas bajaron el arca del Se-
ñor, y la caja que iba junto a ella, donde es-
taban las joyas de oro, y las pusieron sobre
aquella gran piedra. Ese día los habitantes
de Bet Semes ofrecieron sacrificios y ofren-
das al Señor.
16 Cuando los cinco jefes de los filisteos
vieron todo esto, regresaron a Ecrón el mis-
mo día.
17 Las figuras de los tumores de oro que
los filisteos pagaron como compensación al
Señor fueron cinco: una por Asdod, una por
Gaza, una por Ascalón, una por Gat, y una
por Ecrón.
18 Y las figuras de oro de los ratones que
ofrecieron, fueron también cinco, conforme
al número de las ciudades de los filisteos
que pertenecían a los cinco jefes, tanto las
ciudades fortificadas como las aldeas. La
gran piedra sobre la que pusieron el arca del
Señor permanece en el campo de Josué de
Bet Semes hasta el día de hoy.
19 Pero Dios hizo que los hombres de
Bet Semes murieran, porque se atrevieron
a mirar dentro del arca del Señor. De todo
el pueblo murieron cincuenta mil setenta
hombres. Y el pueblo lloró porque el Señor
los había castigado con tantas muertes,
20 y dijeron:
«¿Quién será digno de estar delante del
Señor, el Dios santo? ¿Contra quién se ensa-
ñará cuando se aparte de nosotros?»
21 Luego enviaron mensajeros a los habi-
tantes de Quiriat Yearín, para que les dijeran:
«Los filisteos han devuelto el arca del Se-
ñor. Vengan y llévenla con ustedes.»

PROMESAS PODEROSAS

1 SAMUEL 6.20

y dijeron: «¿Quién será digno de estar delante del Señor, el Dios santo? ¿Contra quién se ensañará cuando se aparte de nosotros?»

Setenta personas murieron cuando miraron dentro del Arca del Pacto santo. ¿Por qué? Porque quebrantaron una de las reglas de Dios (Números 4:15, 20). Desobedecieron a Dios y mostraron que no tenían ningún respeto por lo que Él decía ser santo. Su triste historia nos recuerda que debemos respetar y obedecer a nuestro Dios santo. ¿Cómo le muestras tú respeto a Dios?

7 1 Los habitantes de Quiriat Yearín
fueron y se llevaron el arca del Señor,
y la pusieron en casa de Abinadab, la
cual estaba en una colina, y consagraron a
Eleazar su hijo, como guardián del arca del
Señor.[a]
2 Así, pasaron veinte años desde el día
en que llegó el arca a Quiriat Yearín, y los
israelitas gemían arrepentidos ante el Se-
ñor.

Samuel, juez de Israel

3 Entonces Samuel habló con todos los
israelitas y les dijo:
«Si de todo corazón se han arrepentido
delante del Señor, quiten a Astarot y a todos
los dioses ajenos que todavía adoran; entré-
guense de corazón al Señor, y sírvanle sólo a
él; entonces el Señor los librará de la ira de
los filisteos.»
4 Y los israelitas renunciaron a los baales y
a Astarot, y sirvieron sólo al Señor.
5 Entonces Samuel les dijo:
«Reúnan a todos los israelitas en Mispá, y
yo rogaré al Señor por ustedes.»

[a]**7.1:** 2 S 6.2-4; 1 Cr 13.5-7.

6 Y se reunieron en Mispá, y sacaron agua
y la derramaron delante del Señor. Aquel día
ayunaron, y dijeron:
«Hemos pecado contra el Señor.»
Así fue como Samuel se convirtió en Mis-
pá en el caudillo de los israelitas.
7 Y cuando los jefes de los filisteos se ente-
raron de que los israelitas estaban reunidos
en Mispá, se prepararon para ir a luchar con-
tra ellos, y cuando los israelitas lo supieron,
se llenaron de miedo
8 y le dijeron a Samuel:
«No dejes de clamar por nosotros al Se-
ñor nuestro Dios, para que nos libre del po-
der de los filisteos.»
9 Entonces Samuel tomó un cordero re-
cién nacido, y lo sacrificó y lo ofreció al Se-
ñor; luego rogó por el pueblo de Israel, y el
Señor le oyó.
10 Mientras Samuel estaba ofreciendo el
holocausto, llegaron los filisteos para pe-
lear contra los israelitas, pero el Señor lanzó
fuertes truenos contra ellos, y los atemorizó,
y los israelitas los vencieron;
11 salieron de Mispá y persiguieron a los
filisteos más allá de Bet Car, y los hirieron de
muerte.
12 Luego, Samuel tomó una piedra, la puso
entre Mispá y Sen, y a ese lugar lo llamó Ebe-
nezer,[2] porque dijo: «Hasta aquí nos ha ayu-
dado el Señor.»
13 Así fueron vencidos los filisteos, y no
volvieron a entrar en el territorio de Israel
porque el poder del Señor estuvo en contra
de ellos mientras Samuel vivió.
14 Los israelitas liberaron el territorio que
los filisteos tenían en su poder y recupera-
ron las ciudades que les habían arrebatado,
desde Ecrón hasta Gat. Así los israelitas y los
amorreos vivieron en paz.
15 Mientras Samuel vivió, gobernó al pue-
blo de Israel.
16 Todos los años visitaba Betel, Gilgal y
Mispá, y dictaba leyes para todos los israe-
litas.
17 Después regresaba a Ramá, donde vivía
y donde también edificó un altar al Señor, y
desde allí impartía justicia al pueblo.

Israel pide rey

8 1 Cuando Samuel envejeció, nombró
como caudillos a sus hijos para que
guiaran al pueblo de Israel.
2 Su primogénito se llamaba Joel, y su se-
gundo hijo se llamaba Abías. Los dos eran
caudillos en Berseba,
3 pero no siguieron el ejemplo de su pa-
dre sino que se dejaron llevar por la avaricia,
pues aceptaban sobornos y corrompieron la
impartición de justicia.
4 Por eso todos los ancianos israelitas fue-
ron a Ramá para hablar con Samuel,
5 y le dijeron:
«Es un hecho que tú ya eres viejo, y que
tus hijos no siguen tu ejemplo. Por lo tanto,
escógenos un rey, como lo tienen todas las
naciones,[a] para que nos gobierne.»
6 Pero a Samuel no le agradó esta pro-
puesta de dar al pueblo un rey que lo go-
bernara; entonces oró al Señor,
7 y el Señor le dijo:
«Atiende todas las peticiones que te haga

[2]**7.12** Es decir, ***Piedra de ayuda.*** [a]**8.5:** Dt 17.14.

NO DEJES DE ORAR *(1 Samuel 7.8)*
Los israelitas le suplicaron a Samuel que siguiera orando por ellos. Necesitaban desesperadamente la ayuda de Dios para vencer a sus enemigos, los filisteos. Samuel respondió a esta petición ofreciendo un holocausto a Dios. Esto era una señal de que seguiría orando por *el pueblo*. Si necesitas que Dios te ayude a solucionar un problema, sigue orando hasta que tengas la respuesta. ¡No te des por vencido!

el pueblo. No te han rechazado a ti, sino a mí, pues no quieren que yo reine sobre ellos.

8 Están haciendo contigo lo que han hecho conmigo desde que los saqué de Egipto: me están dejando para ir y servir a otros dioses.

9 Tú, atiende sus peticiones, pero aclárales todos los inconvenientes, y muéstrales cómo los tratará quien llegue a ser su rey.»

10 Samuel comunicó al pueblo que pedía un rey todo lo que el Señor había dicho.

11 Les dijo:

«El rey que ustedes ahora piden les quitará a sus hijos para ponerlos como soldados en sus carros de guerra; unos serán jinetes de su caballería, e irán abriéndole paso a su carruaje;

12 a otros los pondrá al mando de mil soldados, y a otros al mando de cincuenta soldados; a otros los pondrá a labrar sus campos y a levantar sus cosechas, y a otros los pondrá a fabricar sus armas y los pertrechos de sus carros de guerra.

13 También les quitará a sus hijas, para convertirlas en perfumistas, cocineras y panaderas.

LECCIONES

EL REY DE ISRAEL

(1 Samuel 8.5)

Antes que entraran los israelitas en la Tierra Prometida, Moisés les dijo que un día ya no estarían satisfechos con tener a Dios como su rey (Deuteronomio 17:14-15). Esa profecía se cumplió durante la época de Samuel. Los israelitas querían un rey humano porque las otras naciones tenían un rey. Dios les dio un rey, pero Él sabía que un día se arrepentirían de tener un rey. ¿En algún momento has querido tener lo que tienen los demás: el aparato o el juguete más chévere? ¿Sabes lo que dice la Biblia acerca de eso? Lee Filipenses 4:12 para averiguarlo.

14 Además, les quitará sus mejores tierras, y sus viñedos y olivares, y todo eso se lo entregará a sus sirvientes.

15 Les quitará también la décima parte de sus granos y de sus viñedos para pagarles a sus oficiales y a sus sirvientes.

16 Les quitará a sus siervos y siervas, y sus mejores jóvenes, y sus asnos y bueyes, para que trabajen para él.

17 También les exigirá la décima parte de sus rebaños, y ustedes pasarán a ser sus sirvientes.

18 El día que ustedes elijan su rey, lo van a lamentar; pero el Señor no les responderá.»

19 El pueblo no le hizo caso a Samuel, sino que dijo:

«No será así. A como dé lugar, tendremos un rey.

20 Así seremos como todas las naciones. Y nuestro rey nos gobernará, y saldrá al frente de nosotros y presentará batalla por nosotros.»

21 Samuel oyó todo lo que decía el pueblo, y se lo hizo saber al Señor.

22 Y el Señor le respondió:

«Atiende su petición, y ponles un rey que los gobierne.»

Entonces Samuel les pidió a los israelitas que regresara cada uno a su ciudad.

Saúl, elegido rey

9 1 Había un benjaminita muy valiente que se llamaba Cis hijo de Abiel. Era descendiente en línea directa de Seror, Becorat y Afía.

2 Este hombre tenía un hijo que se llamaba Saúl, el cual era un joven muy bien parecido. Entre todos los jóvenes israelitas no había nadie más bien parecido que él; además, era más alto que cualquiera del pueblo.

3 Un día, se perdieron las asnas de Cis, su padre, así que éste le dijo a su hijo Saúl:

«Levántate y ve enseguida a buscar las asnas. Lleva contigo a uno de los criados.»

4 Saúl y su criado atravesaron los montes de Efraín y llegaron hasta el territorio

de Salisa, pero no las encontraron. De allí siguieron a la tierra de Sagalín, y tampoco las hallaron. Fueron entonces a la tierra de Benjamín, y tampoco estaban allí.

5 Cuando llegaron a la tierra de Suf, Saúl le dijo al criado que lo acompañaba:

«Vamos a regresar. Tal vez ahora mi padre esté más preocupado por nosotros que por las asnas.»

6 Pero el criado le dijo:

«En esta ciudad hay un hombre de Dios, a quien todos respetan, pues todo lo que él anuncia sucede sin falta. Vamos a verlo; tal vez nos dé alguna pista en cuanto al propósito de nuestro viaje.»

7 Y Saúl le respondió:

«Está bien, vamos; pero ¿qué podemos ofrecerle? Ya no tenemos pan en nuestras alforjas. ¿Qué podemos llevarle a ese hombre de Dios?»

8 El criado respondió:

«Yo tengo un poco de plata, pero se la daré a ese hombre para que nos diga hacia dónde dirigirnos.»

9 Antiguamente, cualquiera en Israel que consultaba a Dios, decía: «Vamos a ver al vidente», porque así se le llamaba al que luego se llamó «profeta».

10 Así que Saúl le dijo a su criado:

«Bien dicho. Vamos, pues.»

Y se dirigieron a la ciudad en donde estaba el hombre de Dios.

11 Cuando subían por la cuesta de la ciudad, se encontraron con unas jóvenes que salían por agua, y les preguntaron:

«¿Vive aquí el vidente?»

12 Ellas les respondieron:

«Sí, pero más adelante. Dense prisa, porque hoy ha venido a la ciudad para acompañar al pueblo, que va a ofrecer sacrificios en el santuario que está en lo alto del cerro.

13 En cuanto entren en la ciudad lo van a ver, pero búsquenlo antes de que suba al santuario para el banquete, pues el pueblo no comerá *hasta que él llegue, ya que es él* quien bendice el sacrificio; después de eso, comen los invitados. Vayan ahora mismo, y lo hallarán.»

PALABRAS CON PODER

VIDENTE

(1 Samuel 9.9)

En la época de Samuel, *vidente* era otra palabra para *profeta*. La palabra *vidente* viene de una palabra hebrea que significa "uno que ve". El vidente veía a las personas y los acontecimientos así como los veía Dios. No era engañado por lo que la gente decía o hacía. Muchas veces el vidente tenía sueños y visiones acerca del futuro. Su tarea principal era hablar al pueblo de Dios acerca de lo que veía u oía de Dios.

14 Ellos se dirigieron a la ciudad, y cuando llegaron al centro, Samuel ya venía hacia ellos y en dirección al santuario del cerro.

15 Pero el Señor ya había hablado con Samuel un día antes de que Saúl llegara. Le había dicho:

16 «Prepárate, porque mañana a esta misma hora te enviaré a un joven benjaminita. Vas a consagrarlo como rey de mi pueblo Israel, pues él lo va a salvar de los filisteos. El clamor de mi pueblo ha llegado a mis oídos, y yo he puesto en ellos mis ojos.»

17 En cuanto Samuel vio a Saúl, el Señor le dijo:

«Éste es el hombre de quien te hablé. Éste es el que va a gobernar a mi pueblo.»

18 En cuanto Saúl vio que Samuel entraba en la ciudad, se acercó a él y le dijo:

«Te ruego que me digas dónde vive el vidente.»

19 Y Samuel le respondió:

«Yo soy el vidente. Acompáñame al santuario allá arriba, y come hoy conmigo. Mañana, cuando te vayas, te diré todo lo que te está inquietando.

20 Yo sé que hace tres días se perdieron las asnas de tu padre, pero no te preocupes, porque ya las encontraron. Ahora dime: ¿Quién merece tener lo mejor que hay en Israel? Te lo voy a decir. Lo merecen tú y la familia de tu padre.»

21 Pero Saúl respondió:
«Yo soy descendiente de Benjamín, que
es la más pequeña de las tribus de Israel.
¿Por qué me dices estas cosas?»
22 Entonces Samuel tomó a Saúl y a su
criado, y los llevó a la sala y les ofreció la ca-
becera de la mesa, aun cuando Samuel tenía
treinta invitados más.
23 Luego le dijo al cocinero:
«Trae la porción de carne que te dije que
apartaras.»
24 El cocinero llevó la espaldilla y todo lo
que iba con ella, y la puso delante de Saúl.
Entonces Samuel le dijo:
«Esto estaba reservado para ti. Sírvete y
come, pues se reservó para tu visita que ya
esperaba, aun cuando todo el pueblo tam-
bién estaba invitado.»
Y Saúl comió aquel día con Samuel.
25 Y cuando bajaron del cerro, fueron a la
ciudad y Samuel habló con Saúl en la azotea
de la casa.
26 Al día siguiente, al despuntar el alba,
Saúl estaba en la azotea; pero Samuel lo lla-
mó y le dijo:
«Levántate, para que te despida.»
Saúl se levantó, y ambos salieron;
27 y cuando se dirigían al otro lado de la
ciudad, Samuel le pidió a Saúl que ordenara
al criado adelantarse. El criado se adelantó, y
entonces Samuel le dijo a Saúl:
«Tengo un mensaje de Dios para ti.»

10 1 Entonces Samuel tomó un
frasco de aceite y lo derramó
sobre la cabeza de Saúl; luego
lo besó y le dijo:
«El Señor te ha ungido para que seas el
rey de su pueblo Israel.
2 Hoy, después de que nos despidamos, vas
a encontrar a dos hombres junto al sepulcro
de Raquel, en Selsa, en las tierras de Benjamín;
ellos te dirán que ya fueron halladas las asnas
que andas buscando, y que tu padre ya no
está preocupado por las asnas sino por uste-
des, pues no sabe qué les ha sucedido.
3 Sigue tu camino, y cuando llegues a la
encina de Tabor te encontrarás con tres
hombres que van a adorar a Dios en Betel;
uno de ellos llevará tres cabritos; otro, tres
tortas de pan; y el tercero, un odre de vino.
4 Después de saludarte, ellos te darán dos
panes, y los debes aceptar.
5 Cuando llegues a la colina de Dios, donde
está la guarnición de los filisteos, y luego de
que entres en la ciudad, te encontrarás con
un grupo de profetas que descienden del san-
tuario que está en el cerro. Irán profetizando
y tocando salterios, panderos, flautas y arpas.
6 En ese momento el espíritu del Señor
vendrá sobre ti con su poder, y profetizarás
con ellos, y el cambio en ti será notable pues
actuarás como si fueras otro hombre.
7 Cuando sucedan estas señales, haz lo
que te venga a la mano hacer, porque Dios
está contigo.
8 Luego te adelantarás para llegar a Gil-
gal antes que yo; siete días después yo me
reuniré contigo, y juntos iremos a ofrecer
holocaustos y ofrendas de paz al Señor. Es-
pérame hasta que yo llegue y te indique lo
que debes hacer.»
9 En cuanto Saúl le dio la espalda a Samuel
para irse, Dios le cambió todo su carácter, y
ese mismo día sucedió todo lo que Samuel
le había dicho.
10 Al llegar a la colina, vieron que el grupo
de profetas venía al encuentro de Saúl. En-
tonces el espíritu de Dios vino sobre él con
todo su poder, y Saúl comenzó a profetizar.

PALABRAS CON PODER

UNCIÓN

(1 Samuel 10.1)

Samuel ungió a Saúl al verter aceite en su cabeza. Esto mostraba que Dios había escogido a Saúl para dirigir al pueblo de Israel. Dios le dio a Saúl habilidades especiales por medio del poder del Espíritu Santo para que pudiera ser un buen líder. Hoy día, todavía oramos por los líderes de nuestra iglesia y le pedimos a Dios que los unja con el poder del Espíritu Santo.

[11] Y cuando todos los que lo conocían
lo vieron profetizar junto con los otros
profetas, se preguntaron los unos a los
otros:
«¿Qué le pasa al hijo de Cis? ¿Acaso también él es profeta?»
[12] Uno de ellos exclamó:
«¡Hoy día, cualquiera es profeta!»[3]
Por eso es tan popular el dicho: «¿También Saúl anda entre los profetas?»[a]
[13] En cuanto Saúl llegó al santuario en el
cerro dejó de profetizar.
[14] Entonces uno de sus tíos les preguntó a
Saúl y a su criado:
«¿Y ustedes, dónde andaban?»
Y Saúl le respondió:
«Anduvimos buscando las asnas perdidas, pero como no las encontrábamos, fuimos a consultar a Samuel.»
[15] Y el tío de Saúl le dijo:
«Te ruego que me digas lo que les dijo Samuel.»
[16] Y Saúl le respondió:
«Claramente nos dijo que las asnas ya habían sido halladas.»
Sin embargo, Saúl no le dijo nada de lo que Samuel le había dicho en cuanto al reino.
[17] Más tarde, Samuel pidió al pueblo que
se reuniera ante el Señor en Mispá,
[18] y les dijo a los israelitas:
«Así dice el Señor, el Dios de Israel: "Yo los saqué a ustedes de Egipto. Yo los libré del poder de los egipcios, y de todos los reinos que los afligían.
[19] Pero ustedes me rechazan como su
Dios, aunque yo los protejo de todas sus aflicciones y angustias, y ahora quieren que los gobierne un rey. Pues ya que piensan así, preséntense ante mí, el Señor, en el orden de sus tribus y familias."»
[20] Una vez que se reunieron todas las tribus de Israel, Samuel ordenó que se acercara la tribu de Benjamín.
[21] Luego hizo que se acercara la tribu de
Benjamín, en el orden de sus familias; luego pidió que se acercara la familia de Matri, y de ella pidió que se acercara Saúl hijo de Cis. Lo buscaron entonces, pero no lo hallaron,
[22] así que le preguntaron al Señor por qué
Saúl no estaba allí, y el Señor les dijo:
«Búsquenlo entre el equipaje, pues allí está escondido.»
[23] Entonces fueron a buscarlo allí, y lo pusieron en medio del pueblo. Y todos pudieron ver que Saúl era más alto que todos. No había quien le llegara a los hombros.
[24] Y Samuel le dijo a todo el pueblo:
«Ante ustedes está el hombre que el Señor ha elegido. Como pueden ver, no hay en todo el pueblo nadie que se le compare.»
Y el pueblo lo aclamó alegremente, y gritaba: «¡Viva el rey!»
[25] Después Samuel expuso al pueblo las
leyes del reino, y las escribió en un libro y las guardó en presencia del Señor.
[26] Luego, Samuel envió al pueblo de regreso, cada uno a su casa, y Saúl también regresó a su casa en Gabaa, acompañado de hombres valerosos, a quienes Dios tocó el corazón.

Neh 9.30

LECCIONES

EL CORAZÓN DE SAÚL

(1 Samuel 10.6,9)

Dios le dio a Saúl muchas habilidades para ayudarlo a guiar a Israel de la manera correcta. Empezó dándole un corazón cambiado, una actitud humilde y la guía y las oraciones de Samuel (1 Samuel 9:21; 12:23-25). Pero lo más importante fue que Saúl recibió poder por medio del Espíritu Santo. Sin embargo, más adelante, cuando Saúl se negó a obedecer a Dios, el Espíritu de Dios se alejó de él (1 Samuel 13:13-14). Planifica desde ya obedecer a Dios durante toda tu vida, aun cuando seas anciano.

[3]**10.12** *¡Hoy día, cualquiera es profeta!* Lit. ¿Y quién es el padre de ellos?, pregunta que destaca la sorpresa y menosprecio de la gente ante lo que veían. [a]**10.12:** 1 S 19.23-24.

27 Pero no faltaron algunos perversos que dijeron: «¿Y éste es el que nos va a salvar?» Y como lo menospreciaron, tampoco le presentaron regalos. Pero Saúl no les dio importancia.

Saúl derrota a los amonitas

11 1 Un día, Najás el amonita se dirigió a Jabés de Galaad y la sitió, pero los habitantes de Jabés le propusieron a Najás que, si se aliaba con ellos, se comprometían a servirle.

2 Najás les respondió:

«Haré alianza con ustedes, con la condición de que cada uno de ustedes se deje sacar el ojo derecho. Así el pueblo de Israel quedará en vergüenza.»

3 Los ancianos de Jabés le dijeron:

«Danos siete días para que enviemos mensajeros por todo nuestro territorio. Si nadie sale en nuestra defensa, nos rendiremos a ti.»

4 Cuando los mensajeros llegaron a Gabaa de Saúl y le dijeron al pueblo las condiciones de Najás, todos lo lamentaron y se pusieron a llorar.

5 Saúl volvía del campo arreando los bueyes, y preguntó:

«¿Qué le pasa al pueblo? ¿Por qué llora?»

Entonces le dieron el mensaje de los hombres de Jabés.

6 En cuanto Saúl lo oyó, el espíritu de Dios vino sobre él con poder, y él se llenó de ira.

7 Tomó entonces un par de bueyes, los descuartizó y envió los pedazos por todo el territorio de Israel, con la orden de que los mensajeros dijeran: «Así haremos con los bueyes de los que no sigan a Saúl y a Samuel.»

Fue tal el temor que el Señor infundió en el pueblo, que se unieron como un solo hombre.

1 Sm 16.13.5-6

8 Cuando Saúl les pasó revista en Bezec, los israelitas eran trescientos mil, y los de Judá eran treinta mil,

9 los cuales dijeron a los mensajeros que habían llevado la noticia: «Digan a los de Jabés de Galaad que mañana, cuando el sol comience a calentar, serán liberados.»

Cuando los mensajeros anunciaron esto, los habitantes de Jabés se alegraron mucho

10 y les dijeron a sus enemigos: «Mañana estaremos aquí, para que hagan con nosotros lo que les parezca mejor.»

11 Pero al día siguiente Saúl distribuyó a los soldados en tres batallones que, antes de que amaneciera, cayeron sobre el campamento y, tomando por sorpresa a los amonitas, los hirieron de muerte hasta bien entrado el día. Los pocos que sobrevivieron se dispersaron, sin que siquiera dos de ellos se vieran juntos.

12 Entonces el pueblo le dijo a Samuel:

«¿Dónde están los que dudaban que Saúl sería nuestro rey? ¡Queremos que nos los entreguen, para matarlos!»

13 Pero Saúl dijo:

«Nadie va a morir hoy, porque el Señor ha traído la salvación a Israel.»

14 Por su parte, Samuel dijo al pueblo:

«Vengan todos, vamos a Gilgal, para renovar el reino.»

15 Y todo el pueblo fue a Gilgal, y allí, ante el Señor, confirmaron a Saúl como rey. Luego ofrecieron al Señor sacrificios y ofrendas de paz, y Saúl y todo el pueblo de Israel hicieron fiesta.

Discurso de Samuel al pueblo

12 1 Samuel reunió a todos los israelitas, y les dijo:

«He oído atentamente todo lo que me han dicho, y les he puesto un rey.

2 Aquí lo tienen, ante sus ojos. Yo ya estoy viejo y lleno de canas, y he convivido entre ustedes desde mi juventud. Pero mis hijos viven entre ustedes.

3 *Aquí me tienen.* Acúsenme de algo ante el Señor y ante su rey; díganme si acaso he robado el buey o el asno de alguien, o si he hablado mal de alguien, si lo he ofendido, o si alguien me ha sobornado para cometer injusticia a su favor. Hablen, y yo haré la restitución.»

4 Todos dijeron:

«Nunca nos has calumniado ni ofendido; tampoco has robado nada de nadie.»

5 Y Samuel respondió:

«El Señor y su ungido son testigos de que han declarado no haber hallado en mí ninguna falta.»

Y ellos respondieron:

«Somos testigos de eso.»

6 Entonces Samuel dijo al pueblo:

«Testigo es también el Señor, quien eligió a Moisés y a Aarón,[a] y que sacó de Egipto a los antepasados de ustedes.

7 Ahora, les pido que me escuchen con atención, porque les voy a relatar lo que el Señor ha hecho para librarlos a ustedes y a sus padres de todos los peligros.

8 Después de que Jacob entró en Egipto, los antepasados de ustedes eran oprimidos y clamaron al Señor,[b] y él les envió a Moisés y a Aarón, y ellos los sacaron de Egipto y los hicieron habitar en este lugar.

9 Pero ellos se olvidaron del Señor su Dios, y él los dejó caer en manos de Sísara,[c] jefe del ejército de Jazor, y en manos de los filisteos[d] y del rey de Moab.[e] Todos ellos pelearon contra los israelitas.

10 Pero ellos se arrepintieron y clamaron al Señor. Le dijeron: "Señor, hemos pecado. Perdónanos, pues te hemos dejado por servir a los baales y a Astarot. Ahora, líbranos del poder de nuestros enemigos, y te serviremos."[f]

11 Entonces el Señor envió a Yerubaal,[g] a Barac,[h] a Jefté[i] y a mí, Samuel,[j] y los libró del poder de todos los enemigos que los rodeaban, para que vivieran tranquilos.

12 Pero cuando ustedes vieron que Najás, el rey de los amonitas, venía a pelear contra ustedes, me dijeron: "Queremos que nos gobierne un rey",[k] cuando en realidad el rey de ustedes es Dios el Señor.

13 Pero aquí está el rey que han elegido; el rey que ustedes pidieron. El Señor les ha *puesto un rey.*

14 Si ustedes aman y obedecen al Señor, y le sirven; si no son rebeldes a su palabra, y si tanto ustedes como su rey sirven al Señor su Dios, harán bien.

15 Pero si no lo obedecen, sino que son rebeldes a las palabras del Señor, él se pondrá en contra de ustedes, como se volvió en contra de sus padres. 1 S 15.22-23

16 Esperen un poco y podrán ver las grandes cosas que el Señor hará entre ustedes.

17 Estamos en el tiempo de la cosecha, cuando no llueve. Pero yo clamaré al Señor, y él enviará truenos y lluvias, para que vean y comprueben la gran maldad que han cometido a los ojos del Señor, al pedir un rey.»

18 Y ese mismo día Samuel clamó al Señor, y el Señor envió truenos y lluvias, y todo el pueblo sintió temor ante el Señor y ante Samuel.

19 Entonces todo el pueblo le dijo a Samuel:

«Ruega al Señor tu Dios por nosotros, tus siervos, para que no muramos. Reconocemos que a todos los pecados que hemos cometido, hemos añadido este otro de pedir que un rey nos gobierne».

20 Y Samuel respondió al pueblo:

«No tengan miedo. Es verdad que ya cometieron esta maldad. Pero a pesar de eso, no se aparten del Señor, sino síganlo y sírvanle de todo corazón.

21 No vayan tras los dioses falsos, porque no les servirán de nada ni podrán salvarlos, porque no son nada.

22 El Señor no desamparará a su pueblo, porque grande es su nombre, y él los escogió para que fueran su pueblo.

23 Lejos estará de mí pecar contra el Señor dejando de rogar por ustedes; al contrario, me comprometo a instruirlos en el camino bueno y recto,

24 con tal de que ustedes teman al Señor y en verdad le sirvan de todo corazón. Recuerden todo lo que él ha hecho en favor de ustedes.

[a] **12.6:** Éx 6.26. [b] **12.8:** Éx 2.23. [c] **12.9:** Jue 4.2. [d] **12.9:** Jue 13.1. [e] **12.9:** Jue 3.12. [f] **12.10:** Jue 10.10-15. [g] **12.11:** Jue 7.1. [h] **12.11:** Jue 4.6. [i] **12.11:** Jue 11.29. [j] **12.11:** 1 S 3.20. [k] **12.12:** 1 S 8.19.

25 Pero si insisten en hacer lo malo, tanto
ustedes como su rey perecerán.»

Guerra contra los filisteos

13 1 Cuando Saúl tenía ... años[a] y
había reinado ya dos años sobre
Israel,
2 escogió a tres mil israelitas; a dos mil los
tenía en Micmas y en el monte de Betel, y
mil estaban con Jonatán en Gabaa de Benja-
mín; al resto del pueblo lo envió de regreso
a su casa.
3 Jonatán atacó la guarnición filistea que
estaba en la colina, y los filisteos lo supieron.
Entonces Saúl ordenó tocar la trompeta por
todo el país para que lo supieran los hebreos.

> **PROMESAS PODEROSAS**
>
> **1 SAMUEL 12.24**
>
> ***con tal de que ustedes teman al Señor y en verdad le sirvan de todo corazón. Recuerden todo lo que él ha hecho en favor de ustedes.***
>
> Cuando Samuel envejeció hasta el punto de que ya no podía ser juez, hizo que los israelitas le prometieran confiar en Dios y seguirlo. Les recordó las cosas maravillosas que Dios había hecho por ellos. ¿Puedes pensar en algunas cosas que Dios ha hecho por ti? ¿Por qué no le das gracias por esas cosas ahora mismo?

4 Todo Israel supo que Saúl había atacado
la guarnición de los filisteos, y supo también
que Israel se había vuelto odioso a los filis-
teos, así que se unieron y marcharon a Gilgal
para seguir a Saúl.
5 Pero también los filisteos se reunieron
para pelear contra Israel. Contaban con
treinta mil carros de guerra, seis mil solda-
dos de caballería, y un ejército incontable
como la arena del mar. Subieron y acampa-
ron en Micmas, al oriente de Bet Avén.
6 Y cuando los soldados de Israel se vieron
acorralados (porque el pueblo estaba en apu-
ros), se escondieron en cuevas y en fosos, y en
peñascos y tras las rocas y en cisternas.
7 Algunos de los hebreos cruzaron el Jor-
dán en dirección a la tierra de Gad y de Ga-
laad, pero Saúl se quedó todavía en Gilgal.
Todo el pueblo lo seguía, pero iba temblan-
do de miedo.
8 Saúl esperó allí siete días, de acuerdo con
el plazo que Samuel le había fijado,[a] pero
como no llegaba, el pueblo empezó a de-
sertar.
9 Entonces Saúl ordenó: «Que traigan un
holocausto y ofrendas de paz», y ofreció el
holocausto.
10 Saúl estaba terminando de ofrecer el
holocausto cuando llegó Samuel; Saúl salió
a darle la bienvenida,
11 pero Samuel le dijo:
«¿Qué es lo que has hecho?»
Y Saúl respondió:
«Me di cuenta de que el pueblo estaba
desertando y, como tú no venías y los filis-
teos estaban reunidos en Micmas,

[a]**13.1** *tenía ... años.* El texto hebreo no especifica la edad de Saúl. [a]**13.8:** 1 S 10.8.

PERSISTIENDO EN ORACIÓN *(1 Samuel 12.23)*
Samuel le prometió al pueblo de Israel que seguiría orando por ellos. Samuel era un hombre que oraba y seguía orando. Oró por los israelitas cuando estaban en apuros (7:5-14), y oró por ellos cuando rechazaron a Dios (8:6). Samuel dijo que la oración era tan importante que si él dejaba de orar, sería un pecado. ¿Te tomas tú el tiempo de hablar con Dios en oración? Los NIÑOS PODEROSOS oran de manera persistente y continua.

12 pensé: "Ahora los filisteos van a venir
a Gilgal para luchar contra mí, y yo no he
implorado la ayuda del Señor." Así que me
armé de valor y ofrecí el holocausto.»
13 Pero Samuel le dijo a Saúl:
«Lo que has hecho es una locura. No obe-
deciste lo que el Señor tu Dios te ordenó hacer.
Si hubieras obedecido, el Señor habría confir-
mado para siempre tu reinado sobre Israel.
14 Ahora tu reinado no durará mucho. El
Señor ha buscado un hombre que actúe
como a él le agrada,[b] y ya lo ha escogido
para que reine sobre su pueblo, ya que tú
no pudiste obedecer lo que él te mandó.»
15 Enseguida, Samuel se levantó y se fue
de Gilgal a Gabaa, tierra de Benjamín. Luego
Saúl contó a la gente que estaba con él, y vio
que eran como seiscientos hombres.
16 Y Saúl y Jonatán, su hijo, y todos los que
estaban con ellos, se quedaron en Gabaa de
Benjamín, y los filisteos acamparon en Mic-
mas.
17 Entonces salieron del campamento filis-
teo tres escuadrones de espías; uno de ellos
marchaba por el camino de Ofrá hacia la
tierra de Sual,
18 otro se dirigió a Bet Jorón, y el tercero
avanzó en dirección al desierto, hacia la re-
gión que está frente al valle de Zeboyin.
19 Resulta que en todo el territorio israelita
no había herreros, porque los filisteos que-
rían evitar que los hebreos hicieran espadas
o lanzas.
20 Por esa razón todos los israelitas tenían
que ir con los filisteos para afilar las rejas de
sus arados, su azadón, su hacha o su hoz.
21 El precio era alto, pues por las rejas de
arado y los azadones pagaban casi ocho gra-
mos de plata, y tres gramos más por afilar
las hachas o por componer las aguijadas.
22 Por eso el día de la batalla ninguno de
los que estaban con Saúl y Jonatán llevaban
espadas ni lanzas; solamente Saúl y Jonatán
las tenían.
23 Y la guarnición de los filisteos avanzó
hasta el paso de Micmas.

14 1 Entonces Jonatán, el hijo de
Saúl, le dijo al criado que le lle-
vaba las armas:
«Ven, vamos a pasar al otro lado, a la
guarnición de los filisteos.»
Pero de esto nada le dijo a su padre,
2 que se encontraba bajo un granado en
Migrón, en el extremo de Gabaa, acompa-
ñado de unos seiscientos hombres.
3 El efod lo llevaba Ajías hijo de Ajitob, que
era hermano de Icabod hijo de Finés, el hijo
de Elí, sacerdote del Señor en Silo. Nadie en
el pueblo sabía que Jonatán se había ido.
4 Jonatán procuraba llegar a la guarni-
ción de los filisteos pasando entre los des-
filaderos, pero en ambos lados había dos
peñascos agudos, conocidos como Boses
y Sene;
5 uno de ellos estaba situado al norte, ha-
cia Micmas, y el otro al sur, hacia Gabaa.
6 Entonces Jonatán le dijo a su escudero:
«Ven, vamos a pasar a la guarnición de es-
tos incircuncisos, y espero que el Señor nos
ayude. Para él no es difícil vencer al enemigo
con muchos hombres o con pocos.»
7 Su escudero le respondió:

[b] **13.14:** Hch 13.22.

PODER PARA VIVIR

COMO A ÉL LE AGRADA *(1 Samuel 13.14)*

Samuel dijo que David fue un hombre que actuaba agradando a Dios. ¿Qué quiso decir con eso? Quiso decir que David tenía un deseo superfuerte de vivir para Dios (17:34-37). David prefería agradar a Dios que agradar al pueblo. Era un hombre humilde, aunque tuvo mucho éxito. Eso no *quiere decir que David* era *perfecto*. Pero David siempre trató de aprender de sus errores. ¿Eres tú así? ¿Se podría decir que tú eres un niño que actúa como a Dios le agrada?

«Haz todo lo que tienes pensado hacer.
Adelante, que estoy contigo y te apoyo en
todo.»
8 Y Jonatán le dijo:
«Acerquémonos, para que nos vean esos
hombres.
9 Si al vernos nos dicen que los esperemos
aquí, entonces nos quedaremos y no subi-
remos.
10 Pero si nos dicen que vayamos a don-
de ellos están, vayamos; ésa será la señal de
que el Señor los ha entregado en nuestras
manos.»
11 Salieron entonces de su escondite, para
que los vieran los filisteos que estaban en la
guarnición; y éstos, al verlos, dijeron:
«Miren, ¡los hebreos ya están saliendo de
las cuevas donde estaban escondidos!»
12 Y desde la guarnición les gritaron:
«Vengan acá, con nosotros. Queremos
decirles una cosa.»
Entonces Jonatán le dijo a su escudero:
«Ven, sígueme, que el Señor los ha puesto
en manos de Israel.»
13 Y subió Jonatán, trepando con manos y
pies, y seguido por su escudero, y empezó
a luchar contra los filisteos; a los que caían
delante de él, su escudero los remataba.
14 En esa primera lucha mataron como a
veinte hombres, en un espacio reducido.
15 Entonces el pánico se apoderó de
todo el campamento, en el campo y en
toda la guarnición; y cuando lo supieron
los espías, también se llenaron de miedo;
y el pánico aumentó porque hubo un
temblor de tierra.
16 Desde Gabaa de Benjamín los centine-
las de Saúl vieron cómo la multitud de filis-
teos corría desconcertada de un lado para
otro, en completo desorden.
17 Entonces Saúl dijo a los que estaban con
él:
«Pasen revista. Veamos quién de los
nuestros se fue.»
Al pasar revista, se dieron cuenta de que
faltaban Jonatán y su escudero.
18 Entonces Saúl le dijo a Ajías:
«Trae el arca de Dios.»
En ese entonces el arca de Dios estaba
con el pueblo de Israel.
19 Y mientras Saúl hablaba con el sacerdo-
te, el desorden que había en el campamen-
to de los filisteos iba en aumento. Entonces
Saúl le dijo al sacerdote:
«Espera, no la traigas.»
20 Y Saúl reunió al pueblo que estaba con
él, y fueron al campo de batalla, y allí vie-
ron que los filisteos estaban tan confundi-
dos que unos a otros se atacaban con sus
espadas.
21 Además, los hebreos que desde hacía
mucho tiempo habían vivido entre los filis-
teos, y que luchaban en su ejército, se pusie-
ron a favor de los israelitas y se pasaron al
bando de Saúl y Jonatán.
22 Lo mismo pasó con todos los israeli-
tas que estaban escondidos en los montes
de Efraín: cuando supieron que los filisteos
huían, también bajaron a perseguirlos.
23 La batalla llegó hasta Bet Avén, y así sal-
vó el Señor al pueblo de Israel.
24 Ese día los israelitas se vieron en aprie-
tos, pues tenían mucha hambre porque Saúl
había hecho jurar al pueblo que no come-
rían en todo el día, hasta que se hubieran
vengado de sus enemigos. Cualquiera que
desobedeciera quedaría bajo maldición.
25 En cierto momento, el ejército israelita
llegó a un bosque en el que había tanta miel
que parecía brotar del suelo.
26 Al entrar en él, vieron cómo la miel es-
curría de los árboles; pero nadie extendió
la mano para probar la miel, por temor a la
maldición.
27 Sin embargo, como Jonatán no había
oído a su padre poner bajo juramento al pue-
blo, alargó la punta de una vara que traía en
la mano, la remojó en un panal de miel, y se la
llevó a la boca, con lo que recobró el ánimo.
28 Pero uno de los soldados le dijo:
«Tu padre nos hizo jurar solemnemente,
cuando dijo: "Maldito sea todo el que hoy
tome alimento." Por eso el pueblo desfallece
de hambre.»

29 Pero Jonatán le respondió:
«Mi padre ha causado un gran daño al pueblo. ¡Mírenme! Sólo probé un poco de miel, ¡y ya me reanimé!
30 ¿Qué habría pasado si el pueblo hubiera
tenido libertad de comer del botín arrebatado al enemigo? ¡El estrago entre los filisteos hubiera sido mayor!»
31 Ese día los filisteos fueron heridos de
muerte desde Micmas hasta Ayalón, pero el pueblo estaba muy cansado,
32 así que se lanzó sobre el botín, y tomaron ovejas, vacas y becerros, y los degollaron, y los comieron con sangre y todo.
33 Pero alguien dio aviso a Saúl, y le dijo:
«El pueblo ha ofendido al Señor, porque está comiendo la carne con sangre y todo.»[a]

Entonces Saúl les dijo:

«¡Todos ustedes son unos pecadores! Rueden esa piedra grande, y pónganla aquí.»
34 Luego les dijo:
«Sepárense y mézclense entre el pueblo, y díganles que cada uno me traiga sus vacas o sus ovejas, para que las degüellen y puedan comer carne sin sangre, y así no ofendan al Señor.»

Esa misma noche todos los israelitas llevaron personalmente sus vacas, y las degollaron allí.
35 Saúl, por su parte, construyó allí su pri-
mer altar al Señor,
36 y dijo:
«Esta misma noche, y hasta el amanecer, vamos a atacar a los filisteos. Les quitaremos todo lo que tienen, y no dejaremos con vida a ninguno de ellos.»

Sus hombres le dijeron:

«Haz todo lo que te parezca mejor.»

El sacerdote les dijo:

«Antes consultemos a Dios.»
37 Entonces Saúl consultó al Señor:
«¿Debo perseguir a los filisteos? ¿Le darás la victoria a tu pueblo Israel?»

El Señor no le dijo nada ese día,
38 *así que Saúl llamó* a los jefes del pueblo
y les preguntó:

«Díganme quién ha pecado hoy, y cuál ha sido su maldad;
39 porque juro por el Señor, el salvador de
su pueblo Israel, que el culpable morirá, aun si el culpable es mi hijo Jonatán.»

Y como todo su ejército permaneció callado,
40 Saúl ordenó:
«Ustedes quédense de un lado, y mi hijo Jonatán y yo nos pondremos del otro lado.»

Y ellos respondieron:

«Haz lo que te parezca mejor.»
41 Entonces Saúl le dijo al Señor:
«Concédenos un sorteo perfecto.»

Como la suerte cayó sobre Jonatán y Saúl, y el pueblo quedó libre,
42 Saúl dijo:
«Ahora echen la suerte entre mi hijo Jonatán y yo.»

Como la suerte cayó sobre Jonatán,
43 Saúl le preguntó:
«Confiésame qué es lo que has hecho.»

Y Jonatán le dijo:

«Es verdad que comí un poco de miel, la cual tomé con la punta de la vara que traía en la mano. ¿Y por eso tengo que morir?»
44 Y Saúl respondió:
«Que Dios me añada mayor castigo, si no cumplo mi promesa. Hijo mío, ¡tienes que morir!»
45 Entonces el pueblo le dijo a Saúl:
«¿Tiene que morir tu hijo Jonatán, cuando ha sido él quien salvó al pueblo de Israel? ¡De ninguna manera! Juramos por el Señor que ni uno solo de sus cabellos caerá a tierra. Lo que él hizo hoy, lo hizo de acuerdo al plan de Dios.»

De esta manera el pueblo de Israel impidió la muerte de Jonatán.
46 Y como Saúl dejó de perseguir a los filis-
teos, éstos se fueron a sus tierras.
47 Después de tomar posesión del reino
de Israel, Saúl luchó contra todos los enemigos que lo rodeaban: luchó contra los moabitas, los amonitas, los edomitas, los reyes de Soba y los filisteos; y por dondequiera que iba, salía victorioso.

[a] **14.33:** Gn 9.4; Lv 7.26-27; 17.10-14; 19.26; Dt 12.16, 23; 15.23.

48 Con el ejército que reunió, derrotó a los amalecitas y libró a Israel de quienes lo saqueaban.

49 Saúl tuvo cinco hijos: Los varones fueron Jonatán, Isví y Malquisúa. Las mujeres fueron Merab, la mayor, y Mical, la menor.

50 La mujer de Saúl se llamaba Ajinoán, y era hija de Ajimaz. El general de su ejército era su primo Abner hijo de Ner.

51 Su padre, Cis, era hermano de Ner, el padre de Abner; y los dos eran hijos de Abiel.

52 Mientras Saúl fue rey, la guerra contra los filisteos fue encarnizada. Por eso todos los hombres valientes y aptos para la guerra pasaban a formar parte de su ejército.

Saúl desobedece y es desechado

15 1 Tiempo después, Samuel le dijo a Saúl:

«El Señor me ha enviado a ungirte como rey de Israel, su pueblo.[a] Por lo tanto, debes prestar atención a lo que el Señor te ordene.

2 Así ha dicho el Señor de los ejércitos: "Voy a castigar a Amalec por el mal que les hizo a los israelitas cuando los atacó al salir de Egipto, y les impidió que siguieran su camino."[b]

3 Así que ve y mata a los amalecitas; destruye todo lo que tienen. No les tengas compasión a sus hombres ni a sus mujeres, y ni siquiera a sus niños de pecho; ni a sus vacas, ovejas, camellos y asnos.»

4 Saúl ordenó que el pueblo se reuniera, y en Telayín les pasó revista. Eran doscientos mil soldados de infantería, y diez mil hombres de Judá.

5 Luego fue a la ciudad de Amalec, y puso una emboscada en el valle;

6 pero antes de la batalla mandó que les dijeran a los quenitas:

«Ustedes fueron compasivos con los israelitas cuando ellos venían de Egipto, así que apártense de los amalecitas. Huyan, para que no los destruya a ustedes lo mismo que a ellos.»

Y los quenitas salieron de la ciudad de los amalecitas.

7 Entonces Saúl lanzó todo su ejército sobre los amalecitas, y los derrotó; los persiguió desde Javilá hasta Shur, al oriente de Egipto,

8 y mató a filo de espada a todo el pueblo, aunque dejó con vida a Agag, el rey de Amalec.

9 Además de perdonar a Agag, Saúl y su gente también se quedaron con lo mejor de sus animales: ovejas, toros, becerros engordados y carneros; lo de poco valor lo destruyeron.

10 Pero el Señor le dijo a Samuel:

11 «Estoy muy disgustado por haber hecho rey de Israel a Saúl, pues se ha apartado de mí y no ha cumplido con lo que le ordené hacer.»

Cuando Samuel oyó esto, se llenó de pesar, y toda esa noche le estuvo rogando al Señor por Saúl.

12 Al amanecer, se levantó y fue a buscar a Saúl, y le avisaron que había estado en Carmel, donde había levantado un monumento, pero que había regresado a Gilgal.

13 Cuando Samuel llegó a donde estaba Saúl, éste le dijo:

«¡Que el Señor te bendiga! Ya cumplí con lo que el Señor me ordenó hacer.»

14 Pero Samuel le respondió:

«Entonces, ¿qué son esos balidos de ovejas, y esos bramidos de vacas que llegan a mis oídos?»

15 Y Saúl le respondió:

«Esos animales fueron traídos de Amalec. El pueblo dejó con vida a las mejores ovejas y vacas, para sacrificarlas al Señor tu Dios. Todo lo demás fue destruido.»

16 Pero Samuel le dijo:

«Escucha bien lo que el Señor me dijo durante la noche.»

Y Saúl le respondió:

«Te escucho.»

17 Samuel añadió:

«¿No es verdad que tú mismo te considerabas alguien insignificante? ¿Y no es verdad

[a] **15.1:** 1 S 10.1. [b] **15.2:** Éx 17.8-14; Dt 25.17-19.

que el Señor te ha hecho jefe de las tribus
de Israel, y te ha consagrado como su rey?
18 El Señor te dio una misión, cuando
te dijo: "Ve y destruye por completo a los
amalecitas. Combátelos, hasta acabar con
todos ellos."
19 Entonces, ¿por qué no has obedecido lo
que te ordenó el Señor, sino que has traído
contigo lo que le quitaste a tus enemigos? A
los ojos del Señor, has hecho mal.»
20 Pero Saúl le respondió:
«Yo cumplí con lo que me ordenó el Se-
ñor. Destruí a los amalecitas, y como prueba
he traído a Agag, su rey.
21 Fue el pueblo quien tomó lo mejor de
las ovejas y vacas, lo que debió haber sido
destruido primero, para ofrecer sacrificios al
Señor tu Dios en Gilgal.»
22 Samuel le contestó:
«¿Y crees que al Señor le gustan tus ho-
locaustos y ofrendas más que la obediencia
a sus palabras? Entiende que obedecer al
Señor es mejor que ofrecerle sacrificios, y
que escucharlo con atención es mejor que
ofrecerle la grasa de los carneros.
23 Ser rebelde es lo mismo que practicar
la adivinación, y ser obstinado es lo mis-
mo que ser idólatra. Puesto que tú no to-
maste en cuenta lo que el Señor te orde-
nó, tampoco él te toma en cuenta como
rey de Israel.»

1 R 22-4

24 Entonces Saúl le respondió a Samuel:
«Reconozco mi pecado. He faltado al
mandamiento del Señor y a tus palabras. Y
es que tuve miedo del pueblo, y cedí ante
sus exigencias. Yo te ruego que me perdo-
nes mi pecado,
25 y que me acompañes a adorar al Señor.»
26 Pero Samuel le contestó:
«No te voy a acompañar a ninguna par-
te. Puesto que tú no tomaste en cuenta las
palabras del Señor, tampoco él te toma en
cuenta como rey de Israel.»
27 Y Samuel se dispuso a retirarse, pero
Saúl lo agarró de la punta del manto para
detenerlo, y el manto se desgarró.
28 Entonces Samuel le dijo:
«Así como este manto ha quedado des-
garrado, así el Señor te ha desgarrado del
reino de Israel, y se lo ha entregado a alguien
mejor que tú.
29 El Señor, que es la Gloria de Israel, no
miente ni se arrepiente. El Señor no es un ser
humano, para arrepentirse.»
30 Y Saúl respondió:
«Reconozco que he pecado. Por eso te
ruego que me honres con tu presencia de-
lante de los ancianos del pueblo, y delante
de todos los israelitas, y me acompañes a
adorar al Señor tu Dios.»
31 Samuel accedió, y acompañó a Saúl
para adorar al Señor.
32 Después de eso, dijo Samuel:
«Que traigan a Agag, el rey de los ama-
lecitas.»
Y Agag se presentó ante Samuel. Iba tan
alegre, que le dijo:
«¡Qué bueno que ya acabó esta guerra!»
33 Pero Samuel le respondió:
«Tu espada mató a muchos israelitas, y
sus mujeres se quedaron sin hijos; y así tam-
bién tu madre se quedará sin su hijo.»
Y allí mismo en Gilgal, ante el Señor,
Samuel cortó en pedazos a Agag.

ES MEJOR LA OBEDIENCIA *(1 Samuel 15.22)*

Saúl hizo lo que le pareció mejor, en vez de hacer lo que Dios decía que era mejor. Dejó que sus soldados tomaran ovejas y ganado que Dios les había dicho que debían destruir. Por lo tanto, Samuel le dijo a Saúl que ya no podría ser rey. Saúl pensó que sería aceptable ofrecer a Dios estos animales. *¡Pero eso sería como ofrecerle a Dios una ofrenda de dinero robado de un banco!* Dios dice que es más importante obedecer sus mandatos que darle una ofrenda grande.

34 Después de eso, Samuel regresó a Ramá,
y Saúl se fue a su casa en Gabaa.
35 Y Samuel nunca más volvió a ver a Saúl,
aunque lloraba por él. Y al Señor le pesó ha-
ber puesto a Saúl por rey de Israel.

Samuel unge a David

16 1 Un día, el Señor le dijo a Samuel:
«¿Hasta cuándo vas a estar
triste por causa de Saúl? ¿No
recuerdas que yo lo deseché como rey de
Israel? Mejor llena de aceite tu cuerno, y ve
a Belén; allí, vas a visitar a Yesé, porque uno
de sus hijos será el próximo rey de Israel.»
2 Y Samuel le preguntó:
«¿Con qué pretexto voy a ir? Si Saúl llega
a saber a qué voy, de seguro me matará.»
El Señor le respondió:
«Llévate una becerra de la vacada, y di
que vas a ofrecerme un sacrificio.
3 Llama luego a Yesé para que te acompañe
en el sacrificio, y allí te diré lo que tienes que ha-
cer, y consagrarás como rey a quien yo te diga.»
4 Y Samuel hizo lo que el Señor le dijo.
En cuanto llegó a Belén, los ancianos de la
ciudad salieron temerosos a recibirlo, y le
preguntaron:
«¿Vienes con intenciones pacíficas?»
5 Y Samuel les respondió:
«Sí, vengo a ofrecer un sacrificio al Señor.
Purifíquense y acompáñenme.»
Y Samuel purificó también a Yesé y a sus
hijos, y los invitó al sacrificio.
6 Y cuando todos estuvieron reunidos,
Samuel vio a Eliab, y pensó: «Seguramente,
éste es el que Dios ha escogido.»
7 Pero el Señor le dijo:
«No te dejes llevar por su apariencia ni por
su estatura, porque éste no es mi elegido. Yo
soy el Señor, y veo más allá de lo que el hom-
bre ve. El hombre mira lo que está delante de
sus ojos, pero yo miro el corazón.»
8 Luego Yesé llamó a Abinadab, y lo puso
enfrente de Samuel, pero éste dijo:
«Tampoco éste es el elegido del Señor.»
9 Yesé presentó también a Samá, y Samuel re-
pitió que tampoco éste era el elegido del Señor.
10 Yesé le presentó a siete de sus hijos,
pero Samuel le dijo que el Señor no había
elegido a ninguno de ellos.
11 Y le preguntó:
«¿Éstos son todos tus hijos?»
Yesé respondió:
«Falta uno, que es el menor, pero él anda
cuidando las ovejas.»
Y Samuel le dijo:
«Manda a traerlo, porque sin él no pode-
mos sentarnos a la mesa.»
12 Yesé mandó a traerlo, y cuando éste lle-
gó lo invitó a pasar. Era un jovencito rubio,
de hermosos ojos y de agradable apariencia.
Entonces el Señor le dijo a Samuel:
«Éste es mi elegido. Levántate y conságralo.»
13 Samuel tomó entonces el cuerno en don-
de llevaba el aceite, y lo ungió como rey en
presencia de sus hermanos. Y a partir de ese
día el espíritu del Señor estuvo sobre David. 1 Cr 12.18
Después de eso, Samuel regresó a Ramá.

David toca para Saúl

14 Como el espíritu del Señor ya se había
apartado de Saúl, un espíritu maligno de
parte del Señor lo atormentaba constante-
mente.

PROMESAS PODEROSAS

1 SAMUEL 16.7

Pero el Señor le dijo: «No te dejes llevar por su apariencia ni por su estatura, porque éste no es mi elegido. Yo soy el Señor, y veo más allá de lo que el hombre ve. El hombre mira lo que está delante de sus ojos, pero yo miro el corazón.»

Los hermanos de David eran fuertes y tenían un buen aspecto externo. Pero no tenían en su corazón lo que Dios quería: el carácter necesario para ser un rey piadoso de Israel. Dios sabe cómo somos por fuera y por dentro. ¿Qué ve Él cuando mira dentro de tu corazón?

15 Entonces sus sirvientes le dijeron:

«Sabemos que te atormenta un espíritu maligno que viene de Dios.

16 Te sugerimos que envíes a alguno de nosotros para que busque quién sepa tañer el arpa. Así, cuando tu espíritu sea atormentado, éste tocará el arpa y la música calmará tu espíritu.»

17 Y Saúl les respondió:

«Sí, vayan y busquen alguien que toque bien el arpa, y tráiganlo acá.»

18 Uno de sus sirvientes le dijo:

«Yo conozco a uno de los hijos de Yesé, el de Belén. Toca muy bien el arpa; es un joven valiente, fuerte y aguerrido; además, es prudente cuando habla, y muy apuesto, y el Señor está con él.»

19 Entonces Saúl envió unos mensajeros a Yesé, para que le dijeran:

«Envíame a tu hijo David, el que cuida las ovejas.»

20 Yesé tomó un asno, lo cargó con pan y una vasija de vino, y un cabrito; y por medio de su hijo David se lo envió a Saúl.

21 Cuando David llegó, se presentó ante el rey; y en cuanto Saúl lo vio, quedó tan complacido que lo hizo su escudero.

22 Luego, Saúl mandó que le dijeran a Yesé:

«Te ruego que le permitas a tu hijo quedarse conmigo, pues se ha ganado mi estimación.»

23 Y cuando el espíritu maligno venía de parte de Dios y atormentaba a Saúl, David tomaba el arpa y la tocaba. Con esto Saúl se calmaba y se sentía mejor, y el espíritu maligno se apartaba de Saúl.

1 R 18.21-39

David mata a Goliat

17 1 Los filisteos volvieron a reunir sus tropas en Soco, un pueblo de Judá, y acamparon en Efesdamín, entre Soco y Azeca.

2 También Saúl reunió a los israelitas y acamparon en el valle de Elá, y se prepararon para presentar combate.

3 *Un valle separaba a los dos ejércitos.* Los filisteos estaban de un lado del monte, y los israelitas estaban del otro lado.

4 De las filas del ejército filisteo salió un guerrero llamado Goliat, que era de Gat, el cual medía unos tres metros de altura.

5 Llevaba puesto un casco de bronce, y una cota de malla, también de bronce, que pesaba cincuenta y cinco kilos.

6 Unas placas de bronce le protegían las piernas, y llevaba al hombro una jabalina del mismo metal.

7 El asta de su lanza era gruesa como un rodillo de telar, y la punta era de hierro y pesaba unos seis kilos. Su escudero iba delante de él.

8 Con fuertes gritos, el filisteo les dijo a los soldados israelitas:

«¿Para qué se forman en orden de batalla? Yo soy un guerrero filisteo, y ustedes están al servicio de Saúl. Escojan a uno de sus guerreros, para que venga y luche contra mí.

9 Si en la pelea él me vence, nosotros nos pondremos a su servicio; pero si yo lo venzo, entonces ustedes serán nuestros esclavos.»

10 Todavía añadió el filisteo:

«En este día, yo desafío al ejército israelita. Que venga uno de sus guerreros y pelee contra mí.»

11 Cuando Saúl y el ejército de Israel oyeron el reto del filisteo, se quedaron atónitos y se llenaron de miedo.

12 David era hijo del efrateo Yesé, el de Belén de Judá. Tenía ocho hijos, y cuando Saúl era rey, él ya era de los más ancianos del pueblo.

13 Sus tres hijos mayores eran parte del ejército de Saúl y habían salido a luchar contra los filisteos. Se llamaban Eliab, el primogénito, Abinadab y Samá,

14 y siguieron a Saúl, pero como David era el menor,

15 iba y volvía del campamento de Saúl a Belén, porque tenía que cuidar las ovejas de su padre.

16 Durante cuarenta días seguidos, y a mañana *y* tarde, el filisteo Goliat estuvo desafiando a los israelitas.

17 Uno de esos días, Yesé le dijo a David, su hijo:

«Ve al campamento y llévales a tus hermanos veinte litros de trigo tostado y estos diez panes.

18 Lleva también diez quesos de leche, y entrégaselos al comandante del batallón; pero asegúrate de que ellos estén bien, y tráeme algo que pruebe que están bien.»

19 Mientras tanto, Saúl y su ejército luchaban contra los filisteos en el valle de Elá.

20 Y David se levantó muy temprano, dejó las ovejas al cuidado de otro, y fue a cumplir con el encargo de su padre Yesé. Llegó al campamento cuando el ejército salía en orden de batalla, lanzando gritos de combate,

21 y pudo ver cómo ambos ejércitos se formaban, uno frente al otro, para entrar en batalla.

22 Entonces David dejó el encargo en manos del que cuidaba las provisiones, y corrió a donde estaba el ejército para saber si sus hermanos estaban bien.

23 Pero mientras hablaba con ellos, oyó que Goliat, el guerrero filisteo, se puso en medio de los dos campamentos y lanzó el mismo desafío de los días anteriores.

24 También vio cómo, al ver al guerrero filisteo, los soldados israelitas se echaban a correr llenos de miedo,

25 mientras unos a otros se decían:

«¿Ya vieron a ese soldado? Siempre viene y nos desafía a pelear contra él. A quien lo venza, el rey Saúl lo colmará de riquezas y, además, le dará a su hija en matrimonio, y su familia quedará libre de pagar tributos.»

26 Entonces David les preguntó a los que estaban allí cerca:

«¿Qué recompensa se le dará a quien venza a este filisteo y libre a Israel de semejante *afrenta*? ¿Quién es este filisteo incircunciso, para provocar al ejército del Dios vivo?»

27 Los del ejército le dijeron lo mismo que ya le habían dicho, en cuanto a quien venciera al filisteo.

28 Pero cuando Eliab, su hermano mayor, lo oyó hablar con los soldados, se llenó de ira contra David y le dijo:

«¿A qué has venido? ¿Con quién dejaste nuestras pocas ovejas en el desierto? Yo sé que te crees muy valiente, y también sé que por malicia has venido a ver la batalla.»

29 David le respondió:

«¿Y qué es lo que he hecho? ¡Tú sólo hablas por hablar!»

30 Y se apartó de su hermano, y fue con otros soldados para que le confirmaran lo que había oído, y le dieron la misma respuesta.

31 Pero alguien oyó el comentario de David, y cuando Saúl lo supo, mandó que lo llevaran a su presencia.

32 Entonces David le dijo a Saúl:

«Que no se desanime nadie por causa de ese filisteo; este siervo tuyo irá a pelear contra él.»

33 Pero Saúl le dijo:

«No creo que puedas pelear contra él, pues todavía eres muy joven y él ha sido un guerrero desde su juventud.»

34 David le respondió:

«Sí, yo soy el pastor de las ovejas de mi padre, pero cuando un león o un oso viene a llevarse algún cordero del rebaño,

35 yo salgo tras el león o el oso, y lo hiero y lo libro de sus fauces. Si el animal me ataca, con mis manos lo agarro por las quijadas, y lo hiero hasta matarlo.

36 No importa si es un león o un oso, tu siervo los mata. Y este filisteo incircunciso es para mí como uno de esos animales, porque ha provocado al ejército del Dios vivo.»

37 Todavía añadió David:

«El Señor me ha librado de las garras de leones y de osos, y también me librará de este filisteo.»

Y Saúl le respondió:

«Ve, pues, y que el Señor te acompañe.»

38 *Entonces Saúl le puso a David su propia* ropa, y le puso un casco de bronce sobre la cabeza, y lo cubrió con una coraza.

39 David se colocó la espada al cinto, e hizo el intento de caminar, pues nunca había portado un equipo así. Y como no pudo caminar, le dijo a Saúl:

PROMESAS PODEROSAS

1 SAMUEL 17.37

Todavía añadió David: «El Señor me ha librado de las garras de leones y de osos, y también me librará de este filisteo.» Y Saúl le respondió: «Ve, pues, y que el Señor te acompañe.»

Dios salvó a David de un león y de un oso mientras cuidaba de las ovejas de su familia. De modo que él sabía sin lugar a dudas que Dios lo ayudaría a matar a un gigante. Cuando necesites tener valor, ¡recuerda lo que Dios ha hecho por ti!

«No puedo moverme con estas cosas, porque nunca las he usado.»
Y desechó esos arreos militares,
40 y tomando su bastón de pastor escogió del arroyo cinco piedras lisas y las puso en su morral; luego, tomó su honda y fue al encuentro del filisteo,
41 que también se encaminó hacia David, precedido de su escudero.
42 Y cuando el filisteo vio a David, lo miró con desprecio, pues éste era un jovencito rubio y bien parecido.
43 Entonces el filisteo le gritó a David:
«¿Soy acaso un perro, para que vengas a darme de palos?»
Y maldijo a David en nombre de sus dioses,
44 y lo amenazó:
«Ven acá, que contigo voy a alimentar a las aves de rapiña y a los animales salvajes.»
45 Pero David le respondió:
«Tú vienes contra mí armado de espada, lanza y jabalina; pero yo vengo contra ti en el nombre del Señor de los ejércitos, el Dios de los escuadrones de Israel, a quien tú has provocado.
46 Hoy mismo el Señor te entregará en mis manos. Te voy a vencer, y te voy a cortar la cabeza, y los cadáveres de tus compatriotas se los voy a dar a las aves de rapiña y a los animales salvajes. Así en todos los pueblos se sabrá que hay Dios en Israel.
47 Toda esta gente va a saber que el Señor no necesita de espadas ni de lanzas para salvarlos. La victoria es del Señor, y él va a ponerlos a ustedes en nuestras manos.»
48 Y cuando el poderoso filisteo se encaminó para encontrarse con David, éste rápidamente se colocó en línea de combate frente al filisteo,
49 metió su mano en el morral y, sacando una piedra, la colocó en su honda y la arrojó con fuerza al filisteo. La piedra se incrustó en la frente de Goliat, y éste cayó con la cara al suelo.
50 Así fue como David venció al filisteo: con una honda y una piedra. Lo hirió de muerte sin necesidad de usar la espada.
51 Luego corrió y desenvainó la espada del filisteo, y se subió sobre él para rematarlo, y finalmente le cortó la cabeza. Y cuando el ejército de los filisteos vio que su gran guerrero estaba muerto, se dio a la fuga. 1 R 18.41-46

SE RESOLVIÓ UN PROBLEMA GIGANTESCO *(1 Samuel 17.50)*
¿Derrotó David a Goliat porque era bueno con una honda? No. Lo derrotó porque tenía fe en el poder de Dios para ayudarlo. ¿Por qué tenía una fe tan grande? Dios lo había rescatado de leones y osos (1 Samuel 17:37), de modo que David sabía que Dios también se encargaría de Goliat. David tuvo que pelear contra Goliat, pero sabía que este problema gigantesco no era problema de él, sino de Dios. *David dependió del* poder del Espíritu Santo para ayudarlo. Recuerda eso la próxima vez que te enfrentes con un problema gigantesco.

52 Pero los del ejército israelita y los de
Judá lanzaron fuertes alaridos y se fueron
por todo el valle, en persecución de los fi-
listeos, y los siguieron hasta las puertas de
Ecrón. Por todo el camino que va a Sagara-
yin, Gat y Ecrón, los filisteos quedaron ten-
didos y heridos de muerte.
53 Después de perseguir a los filisteos, los is-
raelitas volvieron y saquearon su campamento.
54 Por su parte, David tomó la cabeza del
filisteo y la llevó a Jerusalén, aunque las ar-
mas del guerrero las guardó en su tienda.
55 Saúl vio a David cuando salía para lu-
char contra el filisteo, y le preguntó a Abner,
que era el general de su ejército:
«¿Quién es el padre de ese joven?»
Y Abner respondió:
56 «Su Majestad me va a perdonar, pero le
juro que no lo sé.»
Entonces el rey ordenó:
«Pues averigua quién es su padre.»
57 Y cuando David volvía de matar al filis-
teo, Abner lo tomó del brazo y lo llevó ante
Saúl, mientras David llevaba en su mano la
cabeza del filisteo.
58 Y Saúl le preguntó:
«Dime, jovencito: ¿de quién eres hijo?»
Y David respondió:
«Mi padre es Yesé de Belén, siervo de Su
Majestad.»

Pacto de Jonatán y David

18 1 Después de que David termi-
nó de hablar con Saúl, sucedió
que Jonatán se encariñó con
David y lo quiso como a sí mismo.
2 Ese día Saúl tomó a David a su servicio, y
ya no lo dejó volver con su padre.
3 Además, Jonatán y David hicieron un
pacto de amistad, pues Jonatán lo quería
como a sí mismo.
4 Hasta se quitó su manto y otras ropas
suyas, y todo se lo dio a David, junto con su
espada, su arco y su talabarte.
5 David iba a dondequiera que Saúl lo
enviaba, y tanta inteligencia mostraba que
Saúl lo ascendió por encima de sus jefes del
ejército, y era respetado por todo el pueblo
y por los siervos de Saúl.

Saúl tiene celos de David

6 Después de que David mató al filisteo
Goliat y regresó con el ejército, las mujeres de
todas las ciudades israelitas se reunieron para
recibir al rey Saúl y danzar y cantar al son de
panderos y otros instrumentos musicales,
7 pero en sus cantos y danzas decían:
«Saúl mató a miles de guerreros,
pero David mató a más de diez mil.»[a]
8 Cuando Saúl oyó esto, se enojó mucho,
pues le desagradó escuchar que a David le
reconocieran haber matado diez veces más
soldados que a él, así que dijo: «Ahora sólo
falta que David se quede con mi reino».
9 Y desde ese día le empezó a tener mala
voluntad.
10 Al día siguiente, el espíritu maligno en-
viado por Dios atacó a Saúl, y éste andaba
como loco por toda la casa. Y mientras Da-
vid tocaba el arpa, como todos los días, Saúl
andaba con una lanza en la mano.
11 De pronto, Saúl arrojó la lanza contra
David, esperando dejarlo clavado contra la
pared. Pero David lo esquivó dos veces.
12 Saúl ya vivía temeroso, porque era cla-
ro que el Señor ayudaba a David y se había
apartado de Saúl;
13 por eso Saúl también se apartó de Da-
vid y lo puso al mando de mil soldados, lo
que permitió a David entrar y salir libremen-
te de la ciudad.
14 Sin embargo, actuaba con prudencia en
todo lo que hacía, y el Señor le ayudaba en todo.
15 Y al ver Saúl que David se comportaba
inteligentemente, más temor tenía de él.
16 Todos en Israel y en Judá amaban a Da-
vid, porque él los dirigía en sus campañas
militares.
17 Un día, Saúl llamó a David y le dijo:
«Voy a darte por esposa a Merab, mi hija
mayor, con la condición de que seas mi
hombre fuerte en las batallas del Señor.»

[a] **18.7:** 1 S 21.11; 29.5.

Y es que Saúl pensaba: «Si él muere, no
seré yo quien lo mate sino los filisteos.»
18 David le respondió:
«Pero, ¿quién soy yo? ¿Qué valor tiene mi
vida, o la de mi familia en Israel, para que yo
sea el yerno de Su Majestad?»
19 Pasó el tiempo, y el día en que Merab,
la hija de Saúl, debía ser entregada por es-
posa a David, resultó que Saúl se la dio a
Adriel el mejolatita.
20 Sin embargo, Mical, la otra hija de Saúl,
estaba enamorada de David; y cuando Saúl
lo supo, eso le pareció bien,
21 pues pensó: «Le voy a dar a Mical, para
tenerlo bajo control, y para que los filisteos
se ocupen de él.» Entonces llamó otra vez a
David, y le dijo:
«Esta vez sí serás mi yerno.»
22 Y mandó a sus sirvientes a que en secre-
to le dijeran a David: «El rey te estima mu-
cho, y todos sus servidores te quieren bien;
anímate y acepta ser su yerno.»
23 Los sirvientes de Saúl fueron y le dijeron
esto a David de manera confidencial, pero
David les respondió:
«¿Ustedes creen que es poca cosa ser el
yerno del rey? Si se dan cuenta, yo soy un
hombre pobre y de poca estima.»
24 Cuando los sirvientes le dijeron a Saúl lo
que había dicho David,
25 Saúl respondió:
«Díganle a David que no se preocupe por
la dote; que sólo quiero cien prepucios de fi-
listeos. Ésa será la dote y mi venganza sobre
mis enemigos.»
Pero lo que Saúl quería, era que David ca-
yera en poder de los filisteos.
26 Y cuando los sirvientes del rey le comu-
nicaron a David lo que Saúl pedía para ha-
cerlo su yerno, le pareció una buena idea, y
antes que el plazo se cumpliera
27 se preparó con su gente y fue y mató a dos-
cientos filisteos; luego llevó los prepucios y se los
entregó al rey; entonces Saúl le dio *por esposa a*
su hija Mical, y David se convirtió en su yerno.
28 Pero al ver Saúl que el Señor ayudaba a
David, y que su hija Mical lo amaba,
29 tuvo más temor de David, y se convirtió
en su peor enemigo.
30 Y cada vez que los jefes de los filisteos
luchaban contra los israelitas, David obtenía
más victorias que todos los oficiales de Saúl,
por lo que su fama fue en aumento.

Saúl procura matar a David

19 1 Un día, Saúl llamó a su hijo
Jonatán y a todos sus sirvien-
tes, y les ordenó que mataran
a David. Pero como Jonatán quería mucho a
David,
2 le envió un aviso:
«Saúl, mi padre, quiere matarte. Ten cui-
dado entre hoy y mañana, y escóndete en
un lugar seguro.
3 Yo procuraré salir con mi padre cerca de
donde te escondas, y le voy a hablar bien
de ti, y luego te diré cómo están las cosas.»
4 Y Jonatán le dijo a su padre que Da-
vid era uno de sus mejores servidores, y
añadió:
«No vaya Su Majestad a cometer un pe-
cado contra su siervo David, porque él no
ha hecho nada en contra de Su Majestad.
Al contrario, todo lo que ha hecho es por el
bien de Su Majestad.
5 Él mismo puso en riesgo su vida cuando
peleó contra el filisteo, y por medio de él
salvó el Señor al pueblo de Israel. Su Majes-
tad lo vio y se alegró con él; ¿por qué quiere
Su Majestad pecar derramando la sangre
inocente de David, sin ninguna razón?»
6 Saúl aceptó lo que le dijo Jonatán, y
juró por el Señor que respetaría la vida de
David.
7 Entonces Jonatán llamó a David, y le dijo
lo que había hablado con el rey, y él mismo
lo llevó ante Saúl, y David volvió a servirle
como al principio.
8 Tiempo después, los filisteos volvieron
a pelear contra los israelitas, y David salió
y peleó contra ellos, y los venció y los hizo
huir.
9 Pero otra vez el espíritu maligno de parte
del Señor volvió a atacar a Saúl, y mientras

Saúl estaba descansando en su casa y Da-
vid tocaba el arpa, Saúl tenía una lanza a su
alcance.
10 De pronto, Saúl tomó la lanza y la arro-
jó, con la intención de atravesar con ella a
David, pero éste la esquivó y la lanza quedó
clavada en la pared. Esa misma noche David
escapó de morir y huyó.
11 Saúl envió mensajeros a casa de David
para que lo vigilaran y lo mataran al amane-
cer,[a] pero Mical, su mujer, le advirtió:
«Si no te pones a salvo esta noche, maña-
na serás hombre muerto.»
12 Y así, Mical descolgó a David por una
ventana para que pudiera escapar,
13 luego tomó una estatua, la puso sobre
la cama, puso por cabecera una almohada,
le puso encima pelo de cabra y la cubrió con
una sábana.
14 Cuando los mensajeros de Saúl llegaron
para aprehender a David, ella les dijo que es-
taba enfermo y en cama.
15 Pero Saúl volvió a enviar mensajeros
para que vieran si David seguía allí, y les dijo:
«Tráiganlo con cama y todo, porque lo
voy a matar.»
16 Los mensajeros entraron al cuarto de
David, pero lo que vieron fue una estatua en
la cama, y una almohada con pelo de cabra
en la cabecera.
17 Entonces Saúl llamó a Mical y le dijo:

PALABRAS CON PODER

ESCUELA DE PROFETAS

(1 Samuel 19.20)

Samuel empezó una escuela de profetas. Los entrenó para poder oír a Dios y dar el mensaje de Dios al pueblo. También les enseñó a desarrollar una relación estrecha con Dios. Tú no puedes asistir a una escuela de profetas, pero sí puedes hablarles a los niños en tu escuela acerca de Dios. Los NIÑOS PODEROSOS quieren hablarles a todos acerca de cómo amar y servir a Dios.

«¿Por qué me engañaste? ¿Por qué dejaste
escapar a mi enemigo?»
Y Mical le respondió:
«Es que él me amenazó. Me dijo que si no
lo dejaba escapar, me mataría.»
18 Y David huyó hasta Ramá, donde vivía
Samuel, y le contó cómo Saúl había inten-
tado matarlo. Entonces los dos se fueron a
vivir a Nayot.
19 Saúl supo que David y Samuel estaban
en Nayot de Ramá,
20 y envió mensajeros para que lo lle-
varan a su presencia; pero al llegar, vie-
ron a un grupo de profetas dirigidos por
Samuel, que estaban profetizando. En-
tonces el espíritu de Dios vino sobre los
mensajeros, y también ellos comenzaron
a profetizar.
21 Cuando lo supo Saúl, envió a otros
mensajeros, y también ellos profetizaron. Y
Saúl envió por tercera vez a otros mensaje-
ros, y también ellos profetizaron.
22 Entonces Saúl mismo fue a Ramá, y
cuando llegó al gran pozo que está en Secú,
preguntó:
«¿Dónde están Samuel y David?»
Uno de los hombres respondió:
«Están en Nayot de Ramá.»
23 Y Saúl los fue a buscar, pero el espíritu
de Dios también vino sobre él y, mientras
caminaba, iba profetizando hasta llegar a
Nayot de Ramá.
24 Al llegar delante de Samuel, se quitó la
ropa y, totalmente desnudo, siguió profeti-
zando todo el día y toda la noche. Desde
ese día la gente suele decir: «¿También Saúl
anda entre los profetas?»[b]

Amistad de David y Jonatán

20 1 David huyó de Nayot de
Ramá, pero fue a hablar con
Jonatán y le preguntó:
«¿Qué es lo que he hecho? ¿Cuál es mi
pecado? ¿Qué mal he cometido contra tu
padre, para que quiera matarme?»
2 Jonatán le respondió:

[a]**19.11:** Sal 59 tít. [b]**19.24:** 1 S 10.11-12.

«¿Matarte? ¡De ninguna manera! Mi pa-
dre no hará nada, sea grande o pequeño,
que no me lo haga saber. ¿Por qué habría
de encubrirme este asunto? No puede ser.»
3 Pero David insistió, y le dijo:
«Tu padre sabe muy bien que yo cuento
con tu buena voluntad, así que pensará no
entristecerte al darte a conocer sus planes.
Pero el Señor es testigo, lo mismo que tú, de
que estoy a un paso de la muerte.»
4 Y Jonatán le respondió:
«Dime qué quieres que haga por ti, y lo
haré.»
5 Y David le dijo a Jonatán:
«Mañana habrá luna nueva,[a] y por cos-
tumbre debo comer con el rey. Pero deja
que me esconda en el campo hasta dentro
de tres días, por la tarde.
6 Si tu padre pregunta por mí, dile que yo
te pedí que me dejaras ir a Belén, mi ciudad,
porque toda mi familia celebra allí el sacri-
ficio anual.
7 Si tu padre está de acuerdo con esto, en-
tonces podré estar tranquilo; pero si se eno-
ja, sabrás que él ha decidido hacerme daño.
8 Yo soy tu siervo. Y ya que nos hemos ju-
rado amistad sincera delante del Señor, ten
misericordia de mí. Si hay en mí alguna mal-
dad, no hace falta que me mate tu padre;
mátame tú.»
9 Pero Jonatán le respondió:
«Eso jamás te sucederá. Al contrario, si
llego a saber que mi padre tiene malas in-
tenciones contra ti, ¿crees que no te lo haré
saber?»
10 Entonces David le preguntó:
«¿Cómo voy a saber si tu padre te respon-
dió con enojo?»
11 Jonatán le respondió:
«Ven, vamos al campo.»
Y los dos se fueron al campo.
12 Allí Jonatán le dijo a David:
«Pongo por testigo al Señor, Dios de Is-
rael, de que mañana a esta hora, o dentro
de tres días, le preguntaré a mi padre si sus
intenciones son buenas para contigo. Si no
lo son, mandaré a alguien para que te avise.
13 Si acaso mi padre piensa hacerte daño,
que el Señor me castigue, y más aún, si no
te lo hago saber, para que puedas ponerte a
salvo. ¡Que el Señor esté contigo, como es-
tuvo con mi padre!
14 Y si logro sobrevivir, espero que me
trates con la misericordia del Señor. Así no
moriré.
15 Espero que siempre te muestres miseri-
cordioso con mi familia.[b] Y cuando el Señor
haya eliminado a cada uno de tus enemigos,
no permitas que el nombre de tu amigo Jo-
natán sea borrado de tu casa.»
16 Así fue como Jonatán hizo pacto con
David, y añadió:
«Que el Señor tome venganza de tus
enemigos.»
17 Luego Jonatán le rogó a David que, por
el cariño que se tenían, le jurara cumplir
con esto,
18 y añadió:
«Mañana es luna nueva, y cuando vean
vacío tu asiento, te echarán de menos.
19 Escóndete durante tres días, y después
de eso regresa adonde estabas escondido el
día en que te amenazó mi padre. Espera mis
noticias junto a la piedra de Ezel.
20 Yo saldré al campo, y lanzaré tres flechas
hacia ese lugar, como si estuviera tirando al
blanco.
21 Luego le diré a mi criado que vaya y
busque las flechas; si le digo: "Mira, allí cerca
de ti están las flechas, recógelas", entonces
podrás salir de tu escondite y te vendrás
conmigo, porque nada malo te sucederá. El
Señor es testigo.
22 Pero si le digo a mi sirviente: "Las flechas
están más allá de donde tú estás", entonces
huye, porque el Señor quiere que te vayas.
23 En cuanto al pacto que tú y yo hemos
hecho, que el Señor sea nuestro testigo para
siempre.»
24 Entonces David se escondió en el cam-
po, y cuando llegó la fiesta de la luna nueva
el rey se sentó a comer.

[a]**20.5:** Nm 28.11. [b]**20.15:** 2 S 9.1.

[25] Como de costumbre, Saúl ocupó su silla, junto a la pared; Jonatán se hizo a un lado y Abner se sentó junto a Saúl, pero el lugar de David quedó vacío.
[26] Ese día Saúl no dijo nada, porque pensó que tal vez algo le habría pasado a David y no estaría purificado.
[27] Al día siguiente, que era el de la fiesta de la luna nueva, el lugar de David seguía vacío. Entonces Saúl le preguntó a Jonatán:

«¿Por qué el hijo de Yesé ha faltado dos días a nuestra comida?»

[28] Entonces Jonatán le dijo:

«David me pidió encarecidamente que le permitiera ir a Belén.
[29] Me dijo: "Te ruego que me dejes ir, pues nuestra familia ofrece un sacrificio en el pueblo, y mi hermano me ha pedido que asista. Si soy digno de tu buena voluntad, permíteme ir a visitar a mis hermanos." Por eso David no se ha sentado a la mesa de Su Majestad.»
[30] Pero Saúl se llenó de ira en contra de Jonatán, y le dijo:

«¡Hijo de mala madre! ¿Tú crees que no sé que ustedes son muy amigos? Esta amistad tuya con el hijo de Yesé es bochornosa. ¡Es una vergüenza para ti y para tu madre!
[31] Pero toma en cuenta que, mientras el hijo de Yesé tenga vida, ni tú ni tu reino estarán seguros. ¡Manda que lo traigan a mi presencia, porque tiene que morir!»
[32] Pero Jonatán le respondió a su padre:

«¿Y por qué tiene que morir? ¿Qué mal ha cometido?»
[33] Por respuesta, Saúl le arrojó una lanza con la intención de herirlo. Con esto, Jonatán se dio cuenta de que su padre había decidido matar a David.
[34] Entonces Jonatán se levantó furioso de la mesa, y no comió ese segundo día de fiesta, pues le dolió que su padre lo hubiera puesto en ridículo, y que quisiera matar a David.
[35] Al día siguiente por la mañana, a la hora convenida con David, Jonatán salió al campo acompañado de un criado,

LECCIONES **LA VERDADERA LEALTAD**

(1 Samuel 20.1-4,41-42)

Jonatán y David eran mejores amigos. Jonatán no mostraba su lealtad al darle cosas a David, pero estuvo dispuesto a dar su vida para salvar a David. Saúl, el padre de Jonatán, era rey de Israel. Saúl estaba celoso de David y quería matarlo. Jonatán ayudó a David a escapar de su padre porque sabía que Dios había ungido a David para ser el próximo rey. Jonatán y David se prometieron ser leales uno al otro durante toda su vida. ¿Cómo muestras tú la lealtad a tus amigos?

[36] y le dijo:

«Cuando yo arroje estas flechas, corre y ve por ellas.»

Y mientras más corría el criado, más lejos de él lanzaba Jonatán las flechas.
[37] Cuando el criado llegaba a donde estaba la flecha, Jonatán le gritaba:

«Creo que la flecha está más allá.»
[38] Y volvía Jonatán a gritarle al criado:

«¡Corre, date prisa; no te detengas!»

Y el criado recogió las flechas y se las entregó a Jonatán,
[39] pero no entendió qué sucedía, pues sólo David y Jonatán sabían de qué se trataba.
[40] Luego, Jonatán le dio sus armas al criado y le dijo:

«Anda, llévalas a la ciudad.»
[41] Y cuando el criado se marchó, David salió de donde estaba escondido e hizo tres reverencias, hasta tocar el suelo; luego, ambos se besaron y lloraron, pero David lloró más.
[42] Entonces Jonatán le dijo a David:

«Vete tranquilo. Recuerda que ante el Señor nos hemos jurado amistad. El Señor es nuestro testigo, y lo será de nuestros descendientes, para siempre.»

Luego David se levantó del suelo y se fue, mientras que Jonatán volvió a la ciudad.

David huye de Saúl

21 1 David fue a Nob en busca del sacerdote Ajimélec.[a] Al ver a David, Ajimélec se sorprendió mucho y le preguntó:

«¿Cómo es que vienes tú solo, sin ninguna compañía?»

2 David le respondió:

«El rey me encomendó un asunto importante. Me recomendó: "Que nadie sepa a qué te envío, ni cuál es tu misión." Pero voy a encontrarme en cierto lugar con los hombres a mi cargo.

3 Ahora, dime si tienes algo a la mano para comer. Dame unos cinco panes, o lo que tengas.»

4 El sacerdote le respondió:

«No tengo a la mano pan común; sólo tengo pan consagrado. Te lo puedo dar, si es que tus hombres no han tenido relaciones sexuales con ninguna mujer.»

5 Y David le respondió:

«No te preocupes por eso, pues desde hace tres días hemos estado alejados de ellas. Aunque esta misión no es muy importante, cuando yo salí mis hombres ya se habían purificado.»

6 El sacerdote le dio entonces los panes consagrados,[b] que ya habían sido retirados de la presencia del Señor, y cambiados por panes calientes de ese mismo día.

7 Ese día se encontraba allí, ante el Señor, un edomita llamado Doeg, que era el jefe de los pastores de Saúl.

8 David le preguntó a Ajimélec:

«¿Tienes a la mano una espada o una lanza? No traje mi espada ni mis otras armas porque las órdenes del rey eran urgentes.»

9 El sacerdote le respondió:

«Tengo la espada del filisteo Goliat, al que tú venciste en el valle de Elá.[c] Está aquí, detrás del efod, envuelta en un velo. Si te sirve, tómala. Es la única que tengo.»

Y David le dijo:

«Ninguna otra sería mejor. Dámela.»

10 Ese día David huyó de los dominios de Saúl y llegó al pueblo de Gat, donde Aquis era rey.

11 Los siervos de Aquis le dijeron:

«¡Aquí está David, el rey de esta tierra! Éste es de quien, entre danzas y cantos, la gente decía:

"Saúl mató a miles de guerreros,
pero David mató a más de diez mil."»[d]

12 Cuando David oyó esto, presintió que había peligro y tuvo miedo de Aquis, el rey de Gat.[e]

13 Entonces cambió su comportamiento y fingió estar loco,[f] y se puso a escribir en las puertas, y dejaba que la saliva le corriera por la barba.

14 Al verlo, Aquis dijo a sus siervos:

«¿No se dan cuenta que este hombre está loco? ¿Para qué me lo traen?

15 ¿Acaso faltan locos en mi casa, para que me traigan a éste a hacer sus locuras delante de mí? ¿Creen que voy a dejar que entre aquí?»

22 1 David se fue de allí y se dirigió a la cueva de Adulán.[a] Cuando sus hermanos y toda la familia de su padre lo supieron, fueron a verlo.

2 Y lo supo también mucha gente afligida, y otros con muchas deudas, o presas de gran amargura, y se le unieron unos cuatrocientos hombres y lo hicieron su jefe.

3 Entonces David salió de allí y se fue a Mispá de Moab, y le dijo al rey de ese lugar:

«Te ruego que recibas a mi padre y mi madre, y los protejas hasta que yo sepa lo que Dios va a hacer conmigo.»

4 Fue así como David llevó a sus padres ante el rey de Moab, y ellos vivieron allí mientras David estaba en la fortaleza.

5 Pero el profeta Gad le dijo a David:

«Ya es tiempo de que salgas de la fortaleza y vayas a la tierra de Judá».

Y David se fue, y llegó al bosque de Jaret.

Saúl mata a los sacerdotes de Nob

6 Saúl estaba descansando en una colina de Gabaa, a la sombra de un tamarisco, cuando

[a] **21.1-6:** Mt 12.3-4; Mr 2.25-26; Lc 6.3. [b] **21.6:** Lv 24.5-9. [c] **21.9:** 1 S 17.51. [d] **21.11:** 1 S 18.7; 29.5. [e] **21.12:** Sal 56 tít. [f] **21.13:** Sal 34 tít. [a] **22.1:** Sal 57 tít.; Sal 142 tít.

tuvo noticias de David y de quienes lo acompañaban. Saúl tenía su lanza en la mano, y sus sirvientes estaban a su alrededor.

7 Entonces les dijo:

«Ustedes, benjaminitas, escúchenme bien: ¿Acaso el hijo de Yesé les ha dado tierras de labranza, o viñas, o los ha nombrado comandantes y capitanes de su ejército?

8 ¿Por qué han conspirado contra mí? ¿Por qué nadie me ha dicho que mi hijo Jonatán se ha aliado con el hijo de Yesé? ¡Ustedes no me tienen compasión! ¡Han dejado que mi hijo ponga en contra mía a mi siervo David, y ahora él me anda espiando!»

9 Entonces el edomita Doeg, que era jefe de los sirvientes de Saúl, dijo:

«Yo estaba en Nob, y vi cuando el hijo de Yesé llegó a visitar a Ajimélec hijo de Ajitob.

10 Este sacerdote consultó al Señor por David, y además le dio pan y la espada del filisteo Goliat.»[b]

11 El rey mandó traer entonces al sacerdote Ajimélec hijo de Ajitob, y a la familia de su padre y a los sacerdotes que estaban en Nob, y cuando todos ellos estuvieron ante el rey,

12 Saúl dijo:

«Escúchame, hijo de Ajitob.»

Y el sacerdote respondió:

«Te escucho, mi señor.»

13 Y Saúl le respondió:

«¿Por qué tú y el hijo de Yesé han conspirado contra mí? Yo sé que le diste pan, y una espada, y consultaste al Señor por él para que se ponga en contra mía. ¡Y ahora me anda espiando!»

14 Entonces Ajimélec le contestó al rey:

«¿Hay entre todos tus sirvientes alguien que iguale a David en la fidelidad que te tiene? No sólo es tu yerno, y está bajo tus órdenes, sino que le ha dado renombre a tu casa.

15 ¿Acaso es la primera vez que consulto a Dios por él? ¡De ninguna manera! No culpe Su Majestad de nada a este siervo suyo, ni a nadie en mi familia. De este asunto no sé nada, ni poco ni mucho.»

16 Pero el rey dijo:

«Puedes estar seguro, Ajimélec, que tú y toda la familia de tu padre morirán.»

17 Y dirigiéndose el rey a los guardias que lo rodeaban, les ordenó:

«¡Maten a los sacerdotes del Señor! También ellos le son fieles a David, pues sabían que él huía de mí, y no me lo hicieron saber.»

Pero los guardias se negaron a cumplir la orden de matar a los sacerdotes del Señor,

18 así que el rey llamó a Doeg y le dijo:

«Ven y mátalos tú mismo.»

Y Doeg arremetió contra ellos, y ese mismo día mató a ochenta y cinco sacerdotes que vestían efod de lino.

19 Luego entró en Nob, donde vivían los sacerdotes, y mató a hombres, mujeres y niños de pecho, y hasta mató bueyes, asnos y ovejas. A todos los mató a filo de espada.

20 Pero Abiatar, que era uno de los hijos de Ajimélec hijo de Ajitob, logró escapar y fue en busca de David.

21 Cuando lo encontró, lo puso al tanto de cómo Saúl había ordenado matar a los sacerdotes del Señor.

22 Entonces David le dijo a Abiatar:

«Cuando vi a Doeg el edomita en Nob, me imaginé que él iría a decirle a Saúl que me había visto. Yo tengo la culpa de que hayan matado a toda la familia de tu padre.

23 Pero quédate conmigo y no tengas miedo, pues quien busca matarme también te buscará a ti, pero conmigo estarás a salvo.

David en el desierto

23 1 Un día los filisteos atacaron la ciudad de Keila para saquear sus eras, y cuando le dijeron a David lo que sucedía,

2 éste fue y consultó al Señor. Le preguntó:

«¿Puedo ir y atacar a los filisteos?»

Y el Señor le respondió:

«Sí, atácalos y libera a los habitantes de Keila»

3 Pero los que lo acompañaban le dijeron:

«Aun cuando vivimos aquí en Judá, lejos de los filisteos, éstos nos infunden temor. Si

[b]**22.9-10:** Sal 52 tít.

vamos a Keila para luchar contra su ejército,
¡nuestro miedo será mayor!»
4 David volvió a consultar al Señor, y el Se-
ñor le dijo:
«Date prisa y ve a Keila, porque yo pon-
dré a los filisteos en tus manos.»
5 Entonces David fue con sus hombres a
Keila, y pelearon contra los filisteos, y los de-
rrotaron y se llevaron sus ganados. Así libró
David a los habitantes de Keila.
6 Cuando Abiatar hijo de Ajimélec salió
huyendo en busca de David, llevaba el efod
consigo.
7 Saúl se enteró de que David estaba en
Keila, y pensó: «Dios lo ha puesto en mis
manos. David mismo se ha entregado al
encerrarse en la ciudad y ponerse tras sus
puertas y cerrojos.»
8 Entonces Saúl reunió a su ejército para
ir a Keila y sitiar la ciudad con David y sus
hombres adentro,
9 pero David entendió el mal que Saúl tra-
maba contra él, así que le pidió al sacerdote
Abiatar que llevara el efod,
10 y consultó al Señor:
«Dios de Israel, yo soy tu siervo y entien-
do que Saúl piensa venir a Keila y destruir la
ciudad por culpa mía.
11 ¿Van a ponerme en sus manos los habi-
tantes de esta ciudad? ¿Realmente va a venir
Saúl, como me han dicho? Señor, Dios de
Israel, yo te ruego que me digas si esto va
a suceder.»
Y el Señor le dijo:
«Así es. Saúl va a venir.»
12 Y David volvió a preguntarle:
«¿Nos van a entregar los habitantes de la
ciudad, a mí y a mis hombres, al poder de
Saúl?»
Y el Señor respondió:
«Sí, los van a entregar.»
13 Entonces David salió de Keila, junto
con sus seiscientos hombres, y anduvieron
errantes de un lugar a otro. Y cuando Saúl
supo que David había huido de Keila, desis-
tió de ir allá.
14 Así, David se quedó en las fortalezas del
desierto, y vivió en un monte del desierto
de Zif; y aunque Saúl lo buscaba todos los
días, el Señor le impidió encontrarlo.
15 Como David sabía que Saúl lo buscaba
para matarlo, se quedó escondido en Hores,
en el desierto de Zif.
16 Y un día, Jonatán hijo de Saúl fue a Ho-
res para visitar a David, y lo animó a no per-
der su confianza en Dios.
17 Le dijo:
«No tengas miedo, David, que mi padre
no va a encontrarte. Yo estoy seguro de que
tú vas a ser rey de Israel, y de que yo seré el
segundo en importancia. Eso, hasta Saúl mi
padre lo sabe.»
18 Y después de que los dos hicieron un
pacto delante del Señor,[a] David se quedó en
Hores y Jonatán se regresó a su casa.
19 Pero los habitantes de Zif fueron a Ga-
baa para decirle a Saúl:
«David está escondido en nuestras tierras,
en las peñas de Horeb, y más exactamente en
la colina de Jaquilá, al sur del desierto.[b]
20 Si Su Majestad se da prisa, nosotros lo
pondremos en sus manos, para que Su Ma-
jestad cumpla con él sus propósitos.»
21 Y Saúl les dijo:
«¡Que el Señor los bendiga por haberse
compadecido de mí!
22 Pueden irse, pero averigüen dónde está
su escondite, y si alguien lo ha visto por allí,
porque me han dicho que él es muy astuto.
23 Fíjense bien y averigüen dónde se es-
conde, y vuelvan con una información se-
gura. Entonces yo iré con ustedes, y si David
está en sus tierras, yo lo voy a buscar entre
los miles que hay en Judá.»
24 Los habitantes de Zif se despidieron de
Saúl y se fueron a sus tierras. Para entonces,
David y sus hombres se encontraban en
Maón, al sur del desierto de Arabá.
25 Y cuando David supo que Saúl y sus
soldados lo perseguían, bajó a la peña y se
quedó en el desierto de Maón. Pero Saúl lo
supo y lo persiguió hasta allá.

[a]**23.18:** 1 S 18.3. [b]**23.19:** Sal 54 tít.

26 Por un costado del monte iba Saúl
persiguiendo a David, mientras David y sus
hombres iban de prisa por el otro lado tra-
tando de escapar, pues les había cerrado el
paso y estaba a punto de capturarlos.
27 Pero Saúl recibió un mensaje urgente,
que decía: «Los filisteos han invadido tus
tierras. Ven pronto a protegerlas.»
28 Entonces Saúl dejó de perseguir a
David, y regresó para luchar contra los fi-
listeos. Por eso el lugar se llama Sela Ha-
majlecot.[s]
29 David, por su parte, se fue de allí y se que-
dó a vivir cerca de las fortalezas de Engadí.

David perdona la vida a Saúl en Engadí

24 1 Cuando Saúl volvió de luchar
contra los filisteos, le dijeron
que David se encontraba en el
desierto de Engadí.
2 Entonces tomó a tres mil de sus mejores
soldados y se fue tras David y sus hombres.
Subió por los peñascos de las cabras mon-
teses,
3 y cuando llegó a un redil de ovejas, don-
de había una cueva, se metió allí para cubrir-
se los pies; ¡y David y sus hombres estaban
escondidos en un rincón![a]
4 Entonces le dijeron a David:
«Este día el Señor cumple su promesa,
cuando te dijo: "Tu enemigo está en tus ma-
nos. Haz con él lo que te parezca mejor."»
Enseguida, David se levantó y sigilosa-
mente cortó el borde del manto de Saúl.
5 Después de haber cortado el manto del
rey, David se sintió muy mal
6 y les dijo a sus hombres:
«Que el Señor me libre de hacerle daño
a mi señor. ¡Él es el ungido del Señor! ¡No
puedo extender mi mano contra él!»

[s]**23.28** Es decir, ***Peña de las divisiones.*** [a]**24.3:** Sal 57 tít.; Sal 142 tít.

DAVID

Hubo sólo una persona en la Biblia que Dios declaró ser un hombre que actuaba como a él le agrada (1 Samuel 13:14). Esa persona fue David.

David tocaba instrumentos musicales y cuidaba de las ovejas de su padre. Es sorprendente que Dios lo haya escogido para ser el segundo rey de Israel, especialmente porque Saúl aún era el rey. Pero cuando Saúl desobedeció la orden de Dios, Dios le dijo al profeta Samuel que buscara a otro rey. Dios escogió a David, el más joven de los ocho hijos de Isaí.

David no llegó a ser rey hasta muchos anos después. Él derrotó a un filisteo gigante, Goliat, con sólo una piedra y una honda. Por diez años se escondió del rey Saúl, quien quería asesinarlo. David tuvo muchas aventuras peligrosas, pero cada vez Dios lo ayudó a escaparse de Saúl.

Cuando David tenía un poco más de veinte años, llegó a ser rey de Judá, una de las tribus de Israel. Siete años después, *llegó a ser rey de todo Israel.*

David era un hombre que actuaba como a Dios le agrada porque sirvió a Dios con todo su corazón. Escribió muchos cantos de alabanza que puedes encontrar en el libro de los Salmos. David no era perfecto. Cometió muchos errores y a menudo sus fracasos tenían consecuencias terribles (lee 2 Samuel 11:24). Pero cuando pecaba, confesaba sus pecados a Dios y le pedía que lo perdonara (lee Salmo 51).

Puedes leer acerca de David en 1 Samuel 16-30; 2 Samuel.

7 Con estas palabras David reprendió a sus
hombres, y no les permitió hacerle ningún
daño al rey. Y cuando Saúl salió de la cueva,
siguió su camino.
8 Pero David salió detrás del rey y, una vez
afuera, gritó de manera que Saúl lo oyera:
«¡Mi señor y rey!»
Saúl volvió la mirada y vio que David, de
rodillas y con el rostro inclinado en actitud
de reverencia,
9 le decía:
«¿Por qué te dejas guiar por quienes te
dicen que yo te busco para hacerte daño?
10 Comprueba por ti mismo que el Se-
ñor te puso hoy en mis manos, allí den-
tro de la cueva. Mis hombres me insis-
tían que te matara, pero yo te perdoné,
pues me dije: "No puedo hacerle ningún
mal a mi señor, porque Dios lo consagró
como rey."
11 Mira, padre mío: aquí en mi mano ten-
go el borde de tu manto. Yo lo corté, y no
te maté. Date cuenta de que nunca te he
traicionado, y tampoco te he hecho ningún
mal; sin embargo, tú me andas persiguiendo
con la intención de matarme.
12 Que el Señor nos juzgue a los dos, y que
él me vengue de ti, pero yo nunca levantaré
mis manos contra ti.
13 Recuerda el antiguo proverbio: "De los
malvados proviene la maldad". Así que yo
nunca levantaré mi mano contra ti.
14 ¿A quién anda persiguiendo el rey de
Israel? ¿A quién busca? ¿A un perro muerto?
¿A una pulga?

LECCIONES

UNA BUENA REPUTACIÓN
(1 Samuel 25.1)

El pueblo se puso triste cuando murió Samuel. Él amaba al pueblo y ellos lo amaban a él. Ellos sabían que Samuel era un poderoso hombre de Dios. Él tenía una buena reputación. *¿La gente sabe que tú sirves a Dios?* Puedes mostrar tu amor por Dios al amar a otras personas.

15 ¡Que el Señor sea el juez que nos juzgue
a los dos! ¡Que vea él mi causa y la defienda,
y me defienda de ti!»
16 Cuando David terminó de hablar, Saúl dijo:
«¿Acaso no eres tú quien habla, David,
hijo mío?»
Y en ese momento Saúl lloró,
17 y enseguida dijo:
«Tú has actuado con más justicia que yo,
porque me has tratado con bondad, mien-
tras que yo te he tratado mal.
18 Hoy me has demostrado que eres un
hombre bueno, porque el Señor me puso
en tus manos y no me mataste.
19 ¿Quién, pudiendo matar a su enemigo,
lo deja ir sano y salvo? ¡Que el Señor te ben-
diga por lo que hoy hiciste conmigo!
20 Yo entiendo que tú vas a ser rey de Is-
rael, y que bajo tu mando el reino de Israel
será firme y estable.
21 Júrame, entonces, delante del Señor,
que no eliminarás a mis descendientes ni
borrarás el nombre de mi familia.»
22 Y David se lo juró a Saúl. Entonces Saúl
regresó a su casa, y David y sus hombres se
fueron a la fortaleza.

David y Abigaíl

25

1 Samuel murió, y todo el pue-
blo de Israel se reunió para llo-
rar su muerte, y lo sepultaron
en su casa, en Ramá. Después, David se fue al
desierto de Parán.
2 En Maón vivía un hombre muy rico, con
una gran hacienda en Carmel, donde tenía
tres mil ovejas y mil cabras, y en esos días
estaba trasquilando sus ovejas.
3 Se llamaba Nabal, y su esposa se llamaba
Abigaíl. Ella era una mujer hermosa e inteli-
gente, pero Nabal, que era descendiente de
Caleb, era duro y malvado.
4 David, que estaba en el desierto, supo
que Nabal estaba trasquilando sus ovejas,
5 así que envió a diez de sus criados a visi-
tar a Nabal. Les dijo:
«Vayan a Carmel y saluden de mi parte
a Nabal.

6 Díganle: "Que la paz sea contigo y con
tu familia. Que la paz sea con todas tus po-
sesiones.
7 Por medio de tus pastores, que han
estado con nosotros, he sabido que estás
trasquilando tus ovejas. Los hemos tratado
bien, y nada les ha faltado en todo el tiempo
que han estado en Carmel.
8 Pregúntales, y te lo dirán. Espero que
estos jóvenes sean dignos de tu bondad y
lleguen a ti en buen momento. Por favor,
dales lo que tengas a la mano. Así ayudarás
a tu hijo David."»
9 Los jóvenes que envió David llegaron
con Nabal y le dieron el mensaje que lleva-
ban, y luego guardaron silencio.
10 Y Nabal les respondió:
«¿Y quién es David? ¿Quién es ese hijo de
Yesé? Hoy día, hay muchos criados que an-
dan huyendo de sus amos.
11 ¿Acaso voy a quitarles a mis esquilado-
res el pan, el agua y la carne que he prepara-
do para ellos, y dar todo eso a gente que no
sé ni de donde son?»
12 Los jóvenes volvieron y le dijeron a Da-
vid lo que Nabal había dicho.
13 Entonces David dijo a sus hombres:
«¡Tomen sus espadas!»
Todos ellos lo hicieron así, lo mismo que
David, y salieron tras David como cuatro-
cientos hombres, dejando con el bagaje a
doscientos de ellos.
14 Pero uno de los criados de Nabal fue a
decirle a Abigaíl, su esposa:
«Del desierto llegaron unos mensajeros
enviados por David para saludar a nuestro
amo, y él los ofendió.
15 Esa gente nos ha tratado bien cuando
hemos estado con ellos en el desierto; nun-
ca nos trataron mal, ni nunca nos faltó nada
cuando estuvimos en el campo.
16 Nos brindaron protección en todo mo-
mento, mientras apacentábamos las ovejas.
17 Piensa bien lo que vas a hacer, porque
David ha determinado darle un escarmien-
to a nuestro amo y a toda su familia. Nues-
tro amo es tan malvado, que ni siquiera se le
puede hablar.»
18 Abigaíl se dio prisa y cargó en varios
asnos doscientos panes, dos odres de vino,
cinco ovejas ya guisadas, cinco medidas de
grano tostado, cien racimos de uvas pasas y
doscientos panes de higos secos.
19 Luego les ordenó a sus criados:
«Adelántense ustedes, que yo los alcan-
zaré después.»
Pero de esto no le dijo nada a Nabal, su
marido.
20 Montó en un asno y, cruzando por un
sendero secreto del monte, fue al encuentro
de David y sus hombres, que ya venían en
dirección de ella.
21 David iba diciendo:
«En vano hemos cuidado todo lo que
Nabal tiene en el desierto. No le quitamos
nada de lo suyo y, sin embargo, él nos paga
mal por todo el bien que le hemos hecho.
22 ¡Que Dios castigue a nuestros enemi-
gos, y más aún! Pero entre hoy y mañana
voy a destruir todas sus propiedades, y a to-
dos sus hombres les quitaré la vida.»
23 Cuando Abigaíl vio a David, rápidamen-
te se bajó del asno y se inclinó ante David
sin levantar la vista,

LECCIONES

CONSEJOS SABIOS

(1 Samuel 25.32)

Nabal no trató bien a David y sus soldados. David tenía pensado hacerle daño a Nabal para vengarse, pero Dios le envió a la esposa de Nabal, Abigail, con comida y palabras sabias. Ella le pidió a David que no le hiciera daño a Nabal y sus hombres. David sabía que Dios había enviado a Abigail a darle buenos consejos. Dios nos ha dado padres y otros adultos en quienes confiamos para darnos buenos consejos. Él también nos ha dado su Palabra, la Biblia. ¿Escuchas tú los consejos sabios?

[6]**25.25** Es decir, ***Insensato.***

24 luego se arrojó a sus pies, mientras decía:

«Señor mío, ¡que caiga sobre mí el pecado de mi esposo! Pero antes te ruego que me permitas hablar. ¡Escucha a tu humilde servidora!

25 Por favor, no tomes en cuenta las palabras de Nabal, mi imprudente esposo. Le hace honor a su nombre,[6] y siempre ha sido un imprudente. Pero cuando vinieron los jóvenes que tú enviaste, yo no los vi.

26 Señor mío, te juro por el Señor, y por ti mismo, que estoy segura de que el Señor no quiere que derrames sangre, ni que tomes venganza. Que todos tus enemigos, incluyendo a Nabal, sean duramente castigados.

27 Mira los presentes que tu servidora ha traído: son para los hombres que vienen contigo.

28 Y por favor, perdóname si te he ofendido; yo estoy segura de que el Señor afirmará tu descendencia, porque tú peleas las batallas del Señor, y porque no has cometido ningún mal.

29 Aun si alguien te persigue y trata de matarte, tu vida está unida a los que viven conforme a la voluntad del Señor tu Dios; él destruirá a tus enemigos y los arrojará lejos, con la facilidad con que se arroja una piedra con la honda.

30 Cuando el Señor te establezca como príncipe del pueblo de Israel, tal y como te lo ha prometido,

31 ningún remordimiento empañará tu dicha, pues te contuviste y no derramaste sangre sin motivo, ni te vengaste por ti mismo. Que Dios te proteja, señor mío, y espero que te acuerdes de esta sierva tuya cuando el Señor te dé su bendición.»

32 David le dijo a Abigaíl:

«Bendito sea el Señor, Dios de Israel, que hoy te envió a mi encuentro.

33 Y bendigo a Dios por ti y por tu razonamiento, porque gracias a ellos me has impedido derramar sangre inocente y vengarme *por mi propia mano.*

34 Te juro por el Señor, el Dios de Israel, que él me ha impedido hacerte daño. Si no te hubieras apresurado para venir a mi encuentro, entre hoy y mañana tu esposo Nabal se habría quedado sin sirvientes, pues todos habrían muerto.»

35 Entonces David recibió de Abigaíl todo lo que ella le había llevado, y le dijo:

«Regresa en paz a tu casa. Como puedes ver, he atendido tu advertencia y te he respetado.»

36 Cuando Abigaíl regresó, Nabal estaba celebrando en su casa un gran banquete, semejante al banquete de un rey, y estaba tan borracho y tan alegre que ella optó por no decirle nada hasta el día siguiente.

37 Por la mañana, cuando a Nabal se le había pasado la borrachera, Abigaíl le contó su encuentro con David, y él se impresionó tanto que tuvo un ataque y se quedó paralizado.

38 Diez días después, el Señor hirió a Nabal con otro ataque, y éste murió.

39 Y al enterarse David de la muerte de Nabal, alabó al Señor y dijo:

«Bendito sea el Señor, que me vengó de la humillación que me causó Nabal, y me libró de su maldad y se la devolvió a él.»

Después, envió mensajeros para que le dijeran a Abigaíl que quería tomarla por esposa.

40 Los mensajeros fueron a Carmel y hablaron con Abigaíl. Le dijeron:

«David nos ha enviado por ti, pues quiere que seas su esposa.»

41 Entonces ella se levantó, inclinó su rostro a tierra, y dijo:

«Aquí me tienen, dispuesta a lavar los pies de quienes sirven a mi señor.»

42 Luego, Abigaíl tomó a cinco doncellas que le servían y, montando en un asno, siguió a los mensajeros de David para ser su esposa.

43 David también tomó por esposa a Ajinoán la jezreelita, y ambas fueron sus mujeres,

44 pues Saúl había dado su hija Mical, esposa de David, a Palti hijo de Lais, que era de Galín.

pueblo de Israel, así que siempre estará a mi
servicio.»

28

1 Por aquellos días, los filisteos
reunieron todas sus fuerzas
para luchar contra Israel. En-
tonces Aquis le dijo a David:
«Como bien sabes, tú y tus hombres sal-
drán conmigo a campaña.»
2 Y David respondió:
«Tú bien sabes lo que este siervo tuyo es
capaz de hacer.»
Y Aquis le dijo:
«Por eso es que yo te nombro mi guarda
personal para toda la vida.»

Saúl y la adivina de Endor

3 Samuel murió, y fue sepultado en Ramá,
que era su ciudad. Todo el pueblo de Israel
lloró su muerte.[a] Saúl había expulsado del
país a todos los encantadores y adivinos.[b]
4 Los filisteos se reunieron y acamparon en
Sunén. También Saúl reunió a su ejército y
acampó en Gilboa.
5 Pero cuando Saúl vio el campamento de
los filisteos, tuvo mucho miedo y se desco-
razonó por completo.
6 Por eso fue y consultó al Señor, pero el Se-
ñor no le respondió ni por medio de sueños ni
por el Urim,[c] ni por medio de ningún profeta.
7 Saúl llamó entonces a sus sirvientes, y les
dijo:
«Busquen a una mujer que sepa invocar
a los muertos, para que me diga lo que ne-
cesito saber.»
Y ellos le dijeron:
«En Endor hay una mujer que tiene espí-
ritu de adivinación.»
8 Saúl se disfrazó entonces poniéndose
otras ropas, y durante la noche se fue con
dos de sus hombres a buscar a la mujer.
Cuando la vio, le dijo:
«Te ruego que me adivines el porvenir, y
que hagas venir a quien yo te diga.»
9 Pero la mujer le respondió:
«Tú bien sabes lo que ha hecho Saúl, y
cómo ha expulsado del país a los encan-
tadores y adivinos. ¿Por qué me tiendes esta trampa?
¿Quieres que me maten?»
10 Saúl le dijo:
«Te juro por el Señor que no te pasará
nada malo si me ayudas.»
11 La mujer le preguntó:
«¿A quién quieres que invoque?»
Y Saúl le dijo:
«Haz que venga Samuel.»
12 Y cuando la mujer vio a Samuel, lanzó
un grito y le dijo a Saúl:
13 «¡Pero si tú eres Saúl! ¿Por qué me has
engañado?»
Y el rey le respondió:
«No tengas miedo. ¿Qué es lo que ves?»
Y ella respondió:
«Veo dioses que salen de la tierra.»
14 Saúl le preguntó:
«¿Qué aspecto tienen?»
Y ella le dijo:
«Veo un anciano. Viene cubierto con un
manto.»
Al darse cuenta Saúl de que quien venía
era Samuel, hizo una gran reverencia y se in-
clinó de cara al suelo.
15 Y Samuel le dijo a Saúl:
«¿Por qué me molestas? ¿Por qué me ha-
ces venir?»
Saúl le respondió:
«Es que estoy muy angustiado. Los filisteos
me están atacando y Dios se ha apartado de
mí. Ya no me responde, ni por medio de pro-
fetas ni en sueños. Por eso te he llamado, para
que me aconsejes lo que debo hacer.»
16 Y Samuel le dijo:
«Pues si el Señor ya se ha apartado de ti,
y es tu enemigo, ¿para qué me preguntas a
mí?
17 El Señor ha hecho contigo lo que te dijo
por medio de mí. Te ha quitado el reino, y se
lo ha dado a tu compañero[d] David.

[a]**28.3:** 1 S 25.1. [b]**28.3:** Lv 20.27; Dt 18.10-11. [c]**28.6:** Nm 27.21. [d]**28.17:** 1 S 15.28.

mente trastornado, le dijo:
«Yo soy tu sierva, y obedecí tus órdenes
arriesgando mi vida, confiada en tu palabra.
22 Ahora te ruego que tú me escuches a mí.
Te voy a servir de comer, para que te alimentes y recobres las fuerzas, y sigas tu camino.»
23 Saúl se negó a comer, pero sus siervos y
la mujer le insistieron tanto, que finalmente aceptó. Se levantó del suelo y se sentó en la cama,
24 y como la mujer tenía un ternero gordo,
lo mató, y amasó harina y coció panes sin levadura;
25 luego les sirvió de comer a Saúl y a sus
siervos, y esa misma noche, cuando terminaron de comer, se levantaron y se fueron.

Los filisteos desconfían de David

29 1 Los filisteos reunieron a todo
su ejército en Afec, mientras que el ejército israelita acampó junto a la fuente que está en Jezrel.
2 Y cuando los jefes de los filisteos pasaron revista a sus compañías de cien y de mil soldados, vieron que David y sus hombres estaban en la retaguardia con Aquis.
3 Entonces los jefes filisteos dijeron:
«Y estos hebreos, ¿qué hacen aquí?»
Y Aquis respondió:
«Éste es David, el siervo del rey Saúl. Me ha servido fielmente desde hace más de un año, y en todo este tiempo no he visto en él nada reprobable.»

le dijo:
6 «Te juro por el Señor que reconozco tu
rectitud. Tú has entrado y salido del campamento con toda libertad, y no tengo motivo de queja desde que estás a mi servicio. ¡Pero no les agradas a los jefes!
7 Creo que es mejor que tranquilamente
te regreses a tu casa, para que no se disgusten los jefes filisteos.»
8 David le preguntó al rey Aquis:
«¿Pero qué es lo que hice? ¿En qué te he fallado desde que estoy a tu servicio, para que no pueda ir y pelear contra tus enemigos?»
9 Y Aquis le respondió:
«En mi opinión, tú eres un hombre bueno; ¡eres como un ángel de Dios! Pero los jefes de los filisteos me han pedido que no vayas con nosotros a la batalla.
10 Así que levántate mañana temprano,
junto con tus hombres fieles, y váyanse del campamento.»
11 Y a la mañana siguiente, David y sus
hombres se levantaron para regresar a la tierra de los filisteos, en tanto que los filisteos se fueron a Jezrel.

David derrota a los amalecitas

30 1 Al tercer día, David y sus hom-
bres fueron a Siclag, y se dieron cuenta de que los amalecitas habían invadido el Néguev, y de que a Siclag la habían asolado y le habían prendido fuego.

[e]28.18: 1 S 15.3-9. [a]29.5: 1 S 18.7; 21.11.

[2] Habían capturado a las mujeres y a todos los que vivían allí, chicos y grandes, aunque no habían matado a nadie; simplemente se los habían llevado cautivos.

[3] Cuando David y sus hombres llegaron a Siclag y vieron que la ciudad había sido incendiada y que las mujeres y sus hijos habían sido capturados,

[4] se pusieron tan tristes que lloraron a voz en cuello, hasta que se cansaron.

[5] Entre las cautivas estaban las dos mujeres de David, es decir, Ajinoán la jezreelita y Abigaíl, la viuda de Nabal.[a]

[6] David se angustió porque todo el pueblo quería apedrearlo, pues les dolía haber perdido a sus hijas y a sus hijos, pero halló fuerzas en el Señor su Dios.

[7] Entonces llamó al sacerdote Abiatar[b] hijo de Ajimélec, y le dijo:

«Te ruego que me traigas el efod.»

Abiatar se lo llevó,

[8] y David consultó al Señor. Le preguntó:

«¿Debo perseguir a esa banda de malvados? ¿Podré darles alcance?»

Y el Señor le dijo:

«Ve tras ellos, porque les darás alcance y podrás liberar a los cautivos.»

[9] David partió entonces con sus seiscientos hombres, y llegaron hasta el torrente de Besor, donde se quedaron unos cuantos.

[10] Los que siguieron adelante con David fueron cuatrocientos hombres, pues doscientos de ellos estaban tan cansados que no pudieron cruzar el torrente.

[11] Y esos que siguieron hallaron en el campo a un egipcio, y lo llevaron ante David; lo alimentaron con pan, y le dieron a beber agua.

[12] También le dieron pan de higos secos y dos racimos de uvas pasas, y el egipcio comió y recobró el ánimo, pues hacía tres días con sus noches que no había comido ni bebido nada.

[13] Luego, David le preguntó:

«¿Quién eres, y de dónde vienes?»

Y el joven egipcio respondió:

«Sirvo a un amalecita, pero me abandonó hace tres días porque me vio muy mal,

[14] pues habíamos hecho una incursión al Néguev de los cretenses y de Judá, y también al Néguev de Caleb, y luego le prendimos fuego a Siclag.»

[15] Y David le preguntó:

«¿Me puedes llevar hasta esa tropa?»

Y el egipcio dijo:

«Lo haré, si me juras que no me matarás ni me entregarás a mi amo. Sólo así te llevaré hasta esa gente.»

[16] Y como David se lo juró, el egipcio lo llevó adonde estaban ellos. Cuando llegaron, David vio a la tropa esparcida y en completo desorden. Estaban comiendo y bebiendo, y haciendo una gran fiesta con todo el botín que habían tomado de los filisteos y de la tierra de Judá.

[17] David, aprovechando su descuido, los hirió de muerte durante todo ese día y hasta la tarde del día siguiente, sin dejar con vida más que a cuatrocientos jóvenes que huyeron montados en sus camellos.

[18] Después de que David recuperó todo lo que los amalecitas habían robado, liberó también a sus dos mujeres.

[19] David recuperó todo, sin que le faltara absolutamente nada, por pequeña que fuera, y devolvió los hijos y las hijas a sus padres.

[20] También se apoderó de las ovejas y del ganado mayor, y como lo iba arriando, todos decían que era el botín de David.

[21] Cuando David llegó al torrente de Besor, los doscientos hombres que por cansancio no habían podido acompañarlo salieron a recibirlo, y al verlos David, los saludó en paz.

[22] Pero entre los soldados que habían ido con David a la batalla, había algunos que eran egoístas y malvados, que dijeron:

«A éstos no les corresponde nada del botín que capturamos. Que tomen a sus mujeres y a sus hijos, y que se vayan.»

[23] Pero David les dijo:

«No se porten así, hermanos míos. El Señor nos ha protegido y nos ha permitido re-

[a] **30.5:** 1 S 25.42-43. [b] **30.7:** 1 S 22.20-23.

cuperar lo que esa banda de malvados que
nos atacó nos había arrebatado.
[24] ¿Quién va a darles la razón en este caso?
El mismo derecho tiene el que entra en com-
bate como el que se queda al cuidado del ba-
gaje. Todos merecen recibir lo mismo.»
[25] Y desde aquel día y hasta la fecha, esto
quedó establecido como una ley y ordenan-
za en Israel.
[26] Cuando David llegó a Siclag, tomó parte
del botín y lo repartió entre sus amigos, los
ancianos de Judá, junto con este mensaje:
«Aquí tienen este presente. Se lo quitamos
a los enemigos del Señor, y es para ustedes.»
[27] El regalo se lo envió a los que vivían en
Betel, en Ramot del Néguev, en Jatir,
[28] en Aroer, en Sifmot, en Estemoa,
[29] en Racal, en las ciudades de Yeramel, en
las ciudades de los quenitas,
[30] en Jormá, en Corasán, en Atac,
[31] en Hebrón, y en todos los lugares donde
David había estado con sus hombres.

Muerte de Saúl y de sus hijos

(1 Cr 10.1-12)

31 [1] Los filisteos pelearon contra
los israelitas y los hicieron huir,
y muchos israelitas murieron en
el monte Gilboa.
[2] Los filisteos persiguieron a Saúl y a sus hijos,
y mataron a Jonatán, Abinadab y Malquisúa.
[3] Al arreciar la batalla contra Saúl, los fle-
cheros lo alcanzaron, y él se llenó de pánico.
[4] Entonces le dijo a su escudero:
«Saca tu espada y clávamela, no sea que
estos incircuncisos vengan y me maten, y se
burlen de mí.»
Pero su escudero no quiso hacerlo, por-
que tenía mucho miedo. Entonces Saúl sacó
su propia espada, y se arrojó sobre ella.
[5] Cuando su escudero vio muerto a Saúl,
también él se arrojó sobre su espada y mu-
rió junto con Saúl.
[6] Así murieron ese día Saúl y sus tres
hijos, junto con su escudero y todos sus
soldados.
[7] Cuando los israelitas que estaban en el
otro lado del valle, del otro lado del Jordán,
vieron que el ejército de Israel huía, y que
Saúl y sus hijos habían muerto, abandona-
ron sus ciudades y huyeron, y los filisteos
llegaron y las ocuparon.
[8] Al día siguiente, cuando los filisteos lle-
garon para despojar a los muertos, hallaron
a Saúl y a sus tres hijos tendidos en el monte
Gilboa.
[9] Entonces los despojaron de sus armas
y les cortaron la cabeza, y enviaron mensa-
jeros por toda la tierra de los filisteos, para
dar la noticia al pueblo y al templo de sus
dioses.
[10] Pusieron las armas de Saúl en el templo
de Astarot, y colgaron su cuerpo en la mu-
ralla de Betsán.
[11] Y cuando los de Jabés de Galaad supie-
ron lo que los filisteos habían hecho con
Saúl,
[12] todos los más aguerridos se dispusieron
a caminar toda esa noche, y llegaron hasta
los muros de Betsán y quitaron de allí los
cuerpos de Saúl y de sus hijos, y los llevaron
a Jabés y los quemaron allí.
[13] Allí también enterraron sus huesos de-
bajo de un árbol, y ayunaron siete días.

2 SAMUEL

Autor: **Se desconoce**
Tema: **El reino de David**
Fecha en que se escribió: **c. finales del siglo 10 a.C.**

BENDICIONES Y MALDICIONES EN LA VIDA DE DAVID

El libro de 2 Samuel registra el reinado de David sobre Israel, un período de cuarenta años (c. 1010-970 a.C.). Sigue contando la historia de los reyes de Israel. David recibió bendiciones cuando obedeció a Dios, y sufrió las consecuencias del pecado cuando desobedeció a Dios

LO QUE ENCONTRARÁS EN EL LIBRO

Segunda de Samuel empieza con la muerte del rey Saúl y la unción de David como rey sobre Judá. David reinó sobre Judá por siete años y medio (capítulos 1-4). El resto del libro nos cuenta acerca del reino de David sobre todo Israel (capítulos 5-24). Él capturó Jerusalén de los jebuseos y la hizo su capital (capítulo 5). Volvió a traer el arca a Jerusalén (capítulo 6) y derrotó a los filisteos (capítulos 8-10). Dios prometió que un descendiente de David reinaría para siempre (7:12-17). Esta promesa se cumplió en la persona de Jesucristo.

El momento decisivo del libro es cuando David pecó con Betsabé y asesinó a su esposo Urías (capítulo 11). Después que David pecó, su familia (capítulos 12-17) y la nación (capítulos 18-20) se rebelaron durante muchos años. David desobedeció a Dios, pero Dios no rechazó a David como rey de la manera en que había rechazado a Saúl. No lo hizo porque David no se apartó de Dios.

Al final del libro leemos que David compró un terreno para que su hijo Salomón pudiera construir allí el templo (24:18-25).

¿SABÍAS QUE...?

- 2 Samuel es una biografía del rey David, quien reinó sobre Israel por cuarenta años.
- La vida de David se lleva a cabo justamente en la mitad del período de tiempo entre Abraham y Jesucristo.
- 2 Samuel es un libro acerca del liderazgo. Aprendemos lo que ocurre cuando hay un buen liderazgo y cuando hay un mal liderazgo.
- Este es un libro que muestra polos opuestos. Habla de grandes éxitos y grandes tragedias, de gran gozo y gran tristeza.

David se entera de la muerte de Saúl

David volvió de haber derrotado a
los amalecitas y se quedó dos días
en Siclag. Esto sucedió después de
la muerte de Saúl.
2 Al tercer día, llegó un soldado que venía
del campamento de Saúl. Iba con los vestidos desgarrados y la cabeza llena de tierra.
Al ver a David, se arrodilló hasta el suelo e
hizo una reverencia.
3 Y David le preguntó:
«¿De dónde vienes?»
Y aquel soldado respondió:
«Vengo del campamento de Israel, de
donde me escapé.»
4 David le preguntó entonces:
«¿Qué ha pasado? Te ruego que me lo
digas.»
Y el soldado respondió:
«El ejército israelita fue vencido, y huyó.
Muchos soldados cayeron muertos, y entre
ellos estaban Saúl y su hijo Jonatán.»
5 Y David volvió a preguntar:
«¿Y cómo sabes que murieron Saúl y Jonatán?»
6 El soldado respondió:
«Por casualidad fui al monte Gilboa, y allí
vi a Saúl apoyado sobre la punta de su espada, dispuesto a matarse. También vi que se
acercaban carros de guerra y gente de caballería, que venían persiguiéndolo.
7 Cuando él volvió la vista, me vio y me
llamó. Yo me acerqué,
8 y él me preguntó quién era yo, y le respondí que era amalecita.
9 Entonces él me dijo: "Te ruego que me
mates, porque siento que me domina una
gran angustia."
10 Yo me acerqué y le ayudé a bien morir,
porque me di cuenta que ya no viviría después de esas heridas; luego le quité la corona y el brazalete que llevaba en el brazo,
para traértelas a ti, mi señor.»[a]
11 Entonces David se rasgó la ropa, y lo
mismo hicieron los hombres que lo acompañaban.
12 Y todos lloraron y lamentaron lo sucedido a Saúl y Jonatán, y ayunaron hasta el
anochecer por ellos y por la derrota de Israel, pueblo de Dios.
13 Luego, David le preguntó al soldado que
le había llevado las noticias:
«¿Tú de dónde eres?»
Y aquél respondió:
«Soy amalecita, hijo de un extranjero.»
14 Y David le dijo:
«¿Y cómo es que no tuviste miedo de usar
tu fuerza para matar al ungido del Señor?»
15 Dicho esto, le ordenó a uno de sus soldados:
«Ven y mátalo.»
Y el soldado fue y lo mató,
16 mientras David decía:
«Tú eres el culpable de tu propia muerte,
pues confesaste haber matado al ungido del
Señor.»

Lamento de David por Saúl y Jonatán

17 Y David entonó este lamento en memoria de Saúl y Jonatán,
18 y ordenó que lo aprendieran los descendientes de Judá. Este lamento se halla escrito en el libro[b] de Jaser.[1]

19 ¡Cómo han perecido los valientes!
¡Tu gloria, Israel, ha perecido en las montañas!
20 ¡Que no lo sepan en Gat,
ni lo anuncien en las plazas de Ascalón!
¡Que no se alegren las filisteas,
ni salten de gozo las hijas de incircuncisos!
21 ¡Que no caiga sobre ustedes, montes de Gilboa,
ni rocío ni lluvias que fertilicen tus campos!
Porque allí cayó el valiente Saúl con su escudo,
como si no hubiera sido ungido como rey.
22 Nunca Jonatán retrocedió con su arco,
ni Saúl con su espada rehuyó el ataque.

[a] **1.6-10:** 1 S 31.1-6; 1 Cr 10.1-6. [b] **1.18:** Jos 10.13. [1] **1.18** O, ***del justo.***

23 ¡Querido Saúl! ¡Amado Jonatán!
¡Inseparables en su vida; unidos en su muerte!
¡Eran más ligeros que las águilas
y más fuertes que los leones!
24 ¡Lloren por Saúl, mujeres de Israel!
¡Él las cubría con finos vestidos de escarlata,
y las adornaba con joyas de oro!

25 ¡Cómo han perecido los valientes en batalla!
¡Murió Jonatán en las altas montañas!
26 ¡Cuánto me angustia tu muerte, mi hermano Jonatán!
¡Dulce y maravillosa fue para mí tu amistad!
¡Tu amor superó al amor de las mujeres!

27 ¡Cómo han perecido los valientes!
¡Han quedado destrozadas las armas de guerra!

David proclamado rey de Judá

2 1 Después de la muerte de Saúl y Jonatán, David fue a consultar al Señor y le preguntó:

«¿Debo ir a alguna de las ciudades de Judá?»

Y el Señor le dijo que sí, pero David volvió a preguntarle:

«¿Y a qué ciudad debo ir?»

Y el Señor le dijo:

«Ve a Hebrón.»

2 David se dio prisa y fue allá, y se llevó consigo a sus dos mujeres, Ajinoán la jezreelita, y Abigaíl, la viuda de Nabal, el de Carmel.[a]

3 También fueron con él los soldados que siempre lo habían acompañado, y junto con sus familias se quedaron a vivir en las ciudades de Hebrón.

4 Fue allí donde los jefes de Judá se reunieron para consagrar a David como rey sobre la tribu de Judá.

PALABRAS CON PODER
REY DE JUDÁ
(2 Samuel 2.4)

David empezó siendo rey sobre una tribu de Israel: Judá. Luego libró una guerra civil en contra de Isboset, el hijo de Saúl, quien reinaba sobre las otras tribus de Israel. David no se apresuró en hacerse rey de toda la nación. Oró y esperó hasta que Dios le permitiera ser rey (5:1-5). David quería ser rey, pero esperó hasta que Dios le dijera que ya era el momento. David nos enseña que la persona que ama verdaderamente a Dios está dispuesta a hacer las cosas a la manera de Dios.

Cuando David se enteró de que los habitantes de Jabés de Galaad habían sepultado a Saúl,[b]

5 les envió el siguiente mensaje:

«Que el Señor los bendiga por haber tratado con misericordia a Saúl, su señor, dándole sepultura.

6 Que el Señor los trate con la misma misericordia y lealtad, y yo mismo me comprometo a tratarlos así por lo que han hecho.

7 Y ahora que ha muerto Saúl, su señor, esfuércense y cobren ánimo, pues los de la tribu de Judá han resuelto consagrarme como su rey.»

Guerra entre David y la familia de Saúl

8 Pero Abner hijo de Ner, que había sido general del ejército de Saúl, tomó a Isboset hijo de Saúl, y lo llevó a Majanayin

9 y allí lo nombró rey de Galaad, de Gesuri, de Jezrel, de Efraín, de Benjamín y de todo Israel.

10 Isboset hijo de Saúl tenía cuarenta años cuando comenzó a reinar sobre Israel, y reinó dos años. Los únicos que siguieron a David fueron los de la tribu de Judá.

11 Y David reinó en Hebrón sobre la tribu de Judá siete años y seis meses.

[a] **2.2:** 1 S 25.42-43. [b] **2.4:** 1 S 31.11-13.

12 Abner salió de Majanayin hacia Gabaón, al frente de los siervos de Isboset hijo de Saúl.

13 Joab hijo de Seruyá y los siervos de David salieron y se encontraron con los hombres de Abner junto al estanque de Gabaón. Allí se detuvieron, los unos a un lado del estanque, y los otros al otro lado,

14 y Abner le dijo a Joab:

«Que se preparen tus jóvenes y vengan a luchar contra nosotros.»

Joab les ordenó que se prepararan,

15 y ambos grupos se aprestaron para la lucha. Por parte de Isboset eran doce hombres de Benjamín, y por parte de David también doce,

16 y cada uno de ellos agarró a su adversario por la cabeza, le encajó la espada en el costado, y todos cayeron muertos al mismo tiempo. Por eso, ese lugar fue llamado Jelcat Hasurín,[2] y está en Gabaón.

17 Ese día la batalla fue muy reñida, y Abner y los israelitas fueron vencidos por los soldados de David.

18 Entre los soldados de David estaban Joab, Abisay y Asael, hijos de Seruyá. Asael era tan veloz que, cuando corría, parecía una gacela en el campo.

19 Y Asael persiguió a Abner sin darle un momento de respiro,

20 pero Abner se volvió a verlo y le dijo:

«Tú eres Asael, ¿verdad?»

Y Asael le respondió:

«Así es. Yo soy Asael.»

21 Entonces Abner le dijo:

«Hazte a un lado, hacia donde tú quieras; toma a uno de mis hombres y quédate con sus despojos.»

Pero Asael no le hizo caso, sino que siguió persiguiéndolo.

22 Y Abner volvió a decirle:

«*Deja de perseguirme*. No quiero matarte. ¿Con qué cara podría yo presentarme ante tu hermano Joab?»

23 Pero como Asael no dejaba de perseguirlo, Abner tomó su lanza y le clavó el revés a la altura de la quinta costilla; la lanza le salió por la espalda, y allí mismo cayó muerto. Todos lo que pasaban por allí y veían a Asael tendido, se detenían a mirarlo.

24 Joab y Abisay siguieron persiguiendo a Abner, y para cuando el sol se puso ya habían llegado a la colina de Amma, que está delante de Guiaj, junto al camino del desierto de Gabaón.

25 Entonces se reunieron los benjaminitas para perseguir a Abner; formaron un solo ejército, y se detuvieron en la parte alta de la colina.

26 Allí Abner gritó a voz en cuello, y le dijo a Joab:

«¿Vamos a estar siempre en guerra? Si seguimos así, el final de todos nosotros será muy amargo. ¿Cuándo vas a decirle a tu gente que deje de perseguir a sus propios hermanos?»

27 Y Joab le respondió:

«Te juro por Dios que, si no hubieras hablado como ahora lo has hecho, mi gente habría perseguido a sus hermanos hasta el amanecer.»

28 Y enseguida Joab mandó tocar la trompeta, y su gente se detuvo y dejó de perseguir a los israelitas. Allí terminó la lucha.

29 Entonces Abner y sus hombres caminaron por el Arabá toda aquella noche, pasaron el Jordán y cruzaron por Bitrón hasta llegar a Majanayin.

30 Joab dejó entonces de perseguir a Abner, y al contar a su ejército, resultó que faltaban Asael y diecinueve soldados de David.

31 Por el contrario, los soldados de David habían matado a trescientos sesenta soldados benjaminitas de Abner.

32 Tomaron el cuerpo de Asael y lo pusieron en el sepulcro de su padre, en Belén. Luego, Joab y sus hombres caminaron toda esa noche, y les amaneció en Hebrón.

3 1 La guerra entre las familias de Saúl y de David fue larga, pero mientras que la familia de David se iba fortaleciendo, la de Saúl se iba debilitando.

Los hijos de David nacidos en Hebrón

(1 Cr 3.1-4)

2 En Hebrón le nacieron hijos a David. Su primogénito fue Amnón, hijo de Ajinoán la jezreelita;

[2] **2.16** Es decir, *Campo de los filos de espada, campo de los adversarios, o campo de los dos bandos.*

3 el segundo fue Quilab, hijo de Abigaíl, la
mujer de Nabal, el de Carmel; el tercero fue
Absalón, hijo de Macá, la hija de Talmay, el
rey de Gesur;
4 el cuarto fue Adonías, hijo de Jaguit; el
quinto fue Sefatías, hijo de Abital;
5 el sexto fue Itreán, hijo de Egla, también
mujer de David. Éstos fueron los hijos que le
nacieron a David en Hebrón.

Abner pacta con David en Hebrón

6 En la guerra que había entre las familias
de Saúl y de David, Abner defendía a la fa-
milia de Saúl.
7 Como Saúl había tenido una concubina,
la cual se llamaba Rispá y era hija de Ayá, un
día Isboset increpó a Abner:
«¿Por qué te has acostado con la concu-
bina de mi padre?»
8 Abner se disgustó por el reclamo de Is-
boset, y le dijo:
«¿Acaso piensas que soy un simple perro,
al servicio de Judá? ¿Yo, que he tratado con
misericordia a la familia de Saúl, tu padre, y
a sus familiares y amigos? ¿Yo, que no te he
puesto en las manos de David? ¡Y ahora vie-
nes a reclamarme por andar con esa mujer!
9 Que el Señor me castigue duramente, y
más aún, si no hago con David lo que Dios
le prometió
10 y pongo en sus manos el reino de Saúl,[a]
y lo confirmo como rey de Israel y de Judá,
desde Dan hasta Berseba.»
11 Isboset lo escuchó, y no pudo respon-
derle porque le tenía miedo.
12 Entonces Abner envió mensajeros a Da-
vid para preguntarle:
«¿De quién es el país? Aquí tienes mi
mano. Hagamos un pacto, y me compro-
meto a hacer que todo Israel te reconozca
como rey.»
13 Al oír David esta propuesta, respondió:
«Acepto tu propuesta, con una condi-
ción: Cuando vengas a verme, trae contigo
a Mical, la hija de Saúl. Si no la traes, mejor
no vengas.»
14 Después de esto, David mandó a decir
a Isboset, el hijo de Saúl, que le devolvie-
ra a Mical, porque era su mujer, pues por
ella había entregado cien prepucios de los
filisteos.[b]
15 Isboset ordenó entonces que fueran a
casa de Paltiel hijo de Lais y le quitaran a
Mical.
16 Paltiel se fue llorando tras ella, hasta lle-
gar a Bajurín, pero Abner le ordenó que se
regresara a su casa y Paltiel obedeció.
17 Luego, Abner habló con los ancianos de
Israel y les dijo:
«Hace tiempo que ustedes procuran que
David sea el rey de Israel.
18 Háganlo ahora, porque el Señor ha
hablado con él y le ha dicho: "Tú serás el
instrumento que yo usaré para librar a mi
pueblo del poder de los filisteos y de todos
sus enemigos."»
19 Luego fue y habló con los benjaminitas,
y después de eso se dirigió a Hebrón para
comunicarle a David que el pueblo de Israel
y los benjaminitas estaban de acuerdo.
20 Para visitar a David en Hebrón, Abner se
hizo acompañar de veinte hombres, y David
les ofreció un banquete a todos ellos.
21 Allí Abner le hizo a David esta promesa:
«Me propongo reunir a todo el pueblo de
Israel, para que hagan un pacto contigo y tú
reines como lo tienes pensado.»
Entonces David despidió a Abner, y éste
partió en paz.

Joab mata a Abner

22 Después de visitar a David, Abner se
marchó de Hebrón muy tranquilo. Mientras
tanto, Joab y los hombres de David regresa-
ban del campo de batalla con un gran botín,
23 y al llegar a Hebrón le informaron que
Abner hijo de Ner había estado con David y
que lo había despedido en paz.
24 Entonces Joab se presentó ante David,
y le reclamó:
«Supe que Abner vino a visitarte, y que tú
lo has dejado ir. ¿Por qué lo hiciste?

[a] **3.10:** 1 S 15.28. [b] **3.14:** 1 S 18.27.

25 Tú bien sabes que él sólo ha venido para engañarte y para saber por dónde andas y qué es lo que haces.»

26 En cuanto Joab salió de la presencia de David, sin que David lo supiera mandó un mensaje a Abner, pidiéndole que regresara a Hebrón, aunque Abner ya iba por el pozo de Sira.

27 Cuando Abner volvió, Joab lo llevó aparte, a un lado de la puerta, diciéndole que quería hablar con él en secreto. En realidad, quería vengar la muerte de su hermano Asael, así que le hundió una daga por la quinta costilla, y lo mató.

28 Cuando David lo supo, dijo:

«El Señor es testigo de que mi reino y yo somos inocentes de la muerte de Abner hijo de Ner.

29 ¡Que recaiga un severo castigo sobre Joab y sobre toda la familia de su padre! ¡Que nunca falte en su casa quien padezca flujo de sangre, ni quien sea leproso o inválido, ni quien muera asesinado o sufra de hambre!»

30 Así fue como Joab y su hermano Abisay se vengaron de Abner por haber matado a su hermano Asael durante la batalla de Gabaón.

31 David, por su parte, llamó a Joab y a sus acompañantes, y les dijo:

«Rásguense la ropa y vístanse de cilicio, y guarden luto por la muerte de Abner.»

Y echó a andar, detrás del ataúd.

32 Abner fue sepultado en Hebrón, y el rey y el pueblo lloraron amargamente al lado del sepulcro.

33 Además, el rey honró a Abner al decir:

«¿Por qué, Abner, tuviste que morir
como un villano?
34 ¡No tenías las manos atadas, ni los
pies encadenados!
¡Caíste traicionado por gente malvada!»

Y el pueblo volvió a llorar junto al sepulcro.

35 Luego, fueron a ver al rey para que comiera algo, pero él dijo:

«Que Dios me castigue, y más aún, si rompo mi promesa de no comer antes de que se ponga el sol.»

36 Cuando el pueblo supo la decisión de David, la celebró, pues todo lo que el rey hacía era del agrado del pueblo.

37 Y ese día el pueblo comprendió que David nada había tenido que ver con la muerte de Abner.

38 Además, David habló con sus hombres y les dijo:

«¿Se dan cuenta de que hoy ha muerto un gran príncipe de Israel?

39 Y yo, aunque me han ungido como rey, reconozco que soy débil y que estos hombres, los hijos de Seruyá, son muy violentos. Que el Señor les dé su merecido a los malvados, como corresponde a su maldad.»

Asesinato de Isboset

4 1 Cuando Isboset hijo de Saúl supo que habían matado a Abner en Hebrón, se angustió, y todo el pueblo de Israel se llenó de temor.

2 Isboset contaba con dos hombres de su confianza, que estaban al frente de unos grupos de bandoleros; uno de ellos se llamaba Baná, y el otro Recab, y los dos eran hijos de un benjaminita de Berot llamado Rimón. (A Berot se le consideraba parte de la tribu de Benjamín.

3 Los habitantes de Berot habían huido a Guitayin, y hasta la fecha viven allí como forasteros.)

4 Jonatán, el hijo de Saúl, tenía un hijo lisiado[a] que se llamaba Mefiboset. Cuando llegó a Jezrel la noticia de que Saúl y Jonatán habían muerto, Mefiboset tenía cinco años de edad. Su nodriza, llena de miedo, lo tomó y huyó con él; pero en su huida el niño se le cayó, y por eso quedó lisiado.

5 Un día, los hijos de Rimón el berorita, es decir, Recab y Baná, entraron en la casa de Isboset mientras éste dormía la siesta en su alcoba. Era la hora en que hacía más calor,

[a] **4.4:** 2 S 9.3.

6 y la portera de Isboset, que había estado limpiando el trigo, se había quedado dormida. Recab y su hermano Baná aprovecharon esto y se metieron a la casa.

7 Al entrar y ver que Isboset dormía la siesta, lo mataron y le cortaron la cabeza, y llevándosela con ellos caminaron toda esa noche por el camino del Arabá.

8 Luego, al llegar a Hebrón, le entregaron la cabeza al rey David y le dijeron:

«Aquí tienes la cabeza de tu enemigo Isboset, el hijo de Saúl, que te quería matar. En este día el Señor ha permitido a Su Majestad vengarse de Saúl y de su descendencia.»

9 Pero David les respondió:

«Juro por el Señor, que me ha librado de toda angustia,

10 que cuando otro hombre, pensando que me traía buenas noticias, me comunicó que Saúl había muerto, yo lo agarré y, en pago de esa noticia,[b] le di muerte en Siclag.

11 ¡Con más razón haré lo mismo a los malvados que mataron a un inocente mientras dormía en su cama! ¿No creen que debo vengar esa muerte y eliminarlos de este mundo?»

12 Dicho esto, David ordenó a sus siervos que les dieran muerte, y ellos así lo hicieron, y además les cortaron las manos y los pies, y los colgaron junto al estanque de Hebrón; luego tomaron la cabeza de Isboset y la enterraron en el sepulcro de Abner, en Hebrón.

David es proclamado rey de Israel

(1 Cr 11.1-3)

5 1 Todas las tribus de Israel se reunieron en torno a David en Hebrón, y dijeron:

«Aquí nos tienes. Por nuestro cuerpo corre la misma sangre que por el tuyo.

2 Ya de tiempo atrás, cuando Saúl aún era nuestro rey, tú salías con nuestros hombres a la guerra y regresabas victorioso. Además, el Señor te ha dicho que tú serás el pastor y príncipe de su pueblo Israel.»

PROMESAS PODEROSAS

2 SAMUEL 5.12

Con esto David entendió que el Señor lo confirmaba como rey, y que por causa de su pueblo Israel había engrandecido su reino.

David sabía que Dios lo había hecho rey sobre Israel. También sabía que Dios era el que realmente reinaba sobre su vida y sobre la nación. ¿Quieres tú que Dios sea el que reine en tu vida? ¿Cómo muestran esto tus acciones?

3 Fue así como todos los ancianos de Israel se reunieron en Hebrón con el rey David, y en presencia del Señor éste hizo un pacto con ellos, y ellos lo ungieron como rey.

4 David tenía treinta años cuando comenzó a reinar, y fue rey durante cuarenta años.

5 En Hebrón fue rey de Judá durante siete años y seis meses, y en Jerusalén fue rey de Israel y Judá[a] durante treinta y tres años.

David conquista la fortaleza de Sión

(1 Cr 11.4-9)

6 El rey salió acompañado de sus soldados, y fue a Jerusalén a pelear contra los jebuseos,[b] que allí vivían. Pero ellos le dijeron a David:

«Tú no entrarás aquí, pues hasta los cojos y los ciegos son capaces de echarte.»

Con eso quisieron decir que David jamás entraría en su ciudad.

7 Sin embargo, David conquistó la fortaleza de Sión, que desde entonces es conocida como «Ciudad de David».

8 Y ese mismo día David dijo:

«Quien quiera matar a los jebuseos, que entre por los canales de agua de la ciudad, y mate también a los cojos y a los ciegos, pues los odio con toda mi alma.»

[b]**4.10:** 2 S 1.1-16. [a]**5.4-5:** 1 R 2.11; 1 Cr 3.4; 29.27. [b]**5.6:** Jos 15.63; Jue 1.21.

LECCIONES — PREGÚNTALE A DIOS
(*2 Samuel 5.19*)

David sabía que necesitaba la ayuda de Dios para tener éxito en las batallas, de modo que se aseguró de preguntarle a Dios antes de tomar decisiones importantes. ¿Sueles tú hacerlo? Las personas que confían en Dios tienen dentro de sí la mejor fuente de consejos sabios: el Espíritu Santo. El Espíritu Santo nos recuerda lo que dice la Biblia. ¿Por qué no consultar con Él a diario?

Desde entonces se dice: «Ni los cojos ni los
ciegos pueden entrar en el templo del Señor.»
9 David se quedó a vivir en la fortaleza y
le puso por nombre «Ciudad de David», y
levantó una muralla alrededor, desde Milo
hasta el palacio.
10 Y David fue ganando terreno y hacién-
dose fuerte, porque contaba con el apoyo
del Señor y Dios de los ejércitos.

Jirán envía embajadores a David

(*1 Cr 14.1-2*)

11 El rey Jirán de Tiro envió embajadores
a David, y junto con ellos mandó madera
de cedro y carpinteros y canteros, para que
construyeran el palacio de David.
12 Con esto David entendió que el Señor lo
confirmaba como rey, y que por causa de su
pueblo Israel había engrandecido su reino.

Hijos de David en Jerusalén

(*1 Cr 3.5-9; 14.3-7*)

13 Después de que David salió de Hebrón,
tomó esposas y concubinas y se estableció
en Jerusalén. Con ellas tuvo más hijos e hijas.
14 Los hijos que le nacieron en Jerusalén
fueron Samúa, Sobab, Natán, Salomón,
15 Ibejar, Elisúa, Nefeg, Jafía,
16 Elisama, Eliada y Elifelet.

David derrota a los filisteos

(*1 Cr 14.8-17*)

17 Cuando los filisteos supieron que David
había sido coronado rey de Israel, reunieron
sus ejércitos y fueron a combatirlo. En cuan-
to David lo supo, se fue a la fortaleza.
18 Mientras tanto, los filisteos llegaron y se
extendieron por el valle de Refayin.
19 Entonces David fue y le preguntó al Señor:
«¿Debo atacar a los filisteos? ¿Los pondrás
en mis manos?»
Y el Señor le respondió:
«Ve y atácalos, porque los voy a poner en
tus manos.»
20 Entonces David fue a Baal Perasín, y allí
los venció. Por eso dijo: «El Señor se abrió
paso[3] entre las filas enemigas, como si fuera
una corriente impetuosa», y llamó a ese lu-
gar «Baal Perasín.»[4]
21 Como al huir los filisteos, abandonaron
a sus ídolos, David ordenó que los juntaran
y los quemaran.
22 Pero los filisteos volvieron y acamparon
en el valle de Refayin.

[3] **5.20** Heb. ***paraz.*** [4] **5.20** Es decir, *Señor de los pasos abiertos.*

PODER PARA VIVIR — LA IRA DE DIOS (*2 Samuel 6.7*)

En la época de Moisés, Dios dijo que nadie podía tocar el arca porque representaba la presencia de Él. Aun a los sacerdotes no les era permitido tocarla. Usaban varas para cargar el arca (lee Números 4:15). Entonces cuando Uza tocó el arca porque pensaba que se deslizaría y se caería de la carretilla, murió al instante. Uza quería impedir que el arca se cayera, pero desobedeció el mandato de Dios. Esto nos recuerda que Dios quiere que lo tomemos en serio a Él y sus mandamientos. ¿Eres tú cuidadoso y respetuoso de Dios y sus mandamientos?

23 Entonces David consultó al Señor, y el
Señor le dijo:
«No ataques de frente. Rodéalos, y atáca-
los frente a los árboles de bálsamo.
24 Atácalos cuando oigas sobre las copas
de los árboles un ruido como de un ejército
en marcha, porque el Señor se pondrá en
la vanguardia y herirá de muerte al ejército
filisteo.»
25 David hizo lo que el Señor le ordenó, e
hirió de muerte a los filisteos desde Geba
hasta Guézer.

David intenta llevar el arca a Jerusalén

(1 Cr 13.5-14)

6 1 David volvió a reunir a todos los
mejores soldados de Israel, que su-
maban treinta mil.
2 Partió de Baalá de Judá con todo su ejérci-
to, para trasladar de allí el arca de Dios, donde
se invocaba el nombre del Señor de los ejérci-
tos, que habita entre los querubines.[a]
3 Sacaron el arca de Dios de la casa de
Abinadab, que estaba sobre una colina,[b] y la
pusieron sobre un carro nuevo al que iban
guiando Uzá y Ajió, los hijos de Abinadab.
4 Cuando sacaron de la casa de Abinadab
el arca de Dios, Ajió iba delante del carro,
5 mientras que David y todo el pueblo
danzaban alegremente delante del Señor, al
son de instrumentos musicales de madera
de haya, y de arpas, salterios, panderos, flau-
tas y címbalos.
6 Al llegar a la era de Nacón, los bueyes
tropezaron y Uzá estiró la mano para sujetar
el arca.
7 Pero el Señor se enojó muchísimo con-
tra Uzá por haberse atrevido a tocar el
arca, y allí mismo hirió a Uzá, y éste cayó
fulminado.
8 David se puso muy triste de que el Señor
hubiera dado muerte a Uzá, y desde enton-
ces aquel lugar se llama «Peres Uzá».[5]
9 David tuvo entonces temor del Señor,
y se preguntaba: «¿Cómo puedo pensar en
llevarme el arca del Señor?»
10 Entonces ordenó que, en lugar de llevar
el arca del Señor a la ciudad de David, la lle-
varan a la casa de Obed Edom, el de Gat.
11 Y así, el arca del Señor se quedó tres me-
ses en la casa del guitita Obed Edom, y Dios
lo bendijo a éste y a toda su familia.[c]

David lleva el arca a Jerusalén

(1 Cr 15.1—16.6)

12 Cuando David se enteró de que por
causa del arca el Señor había bendecido a
Obed Edom y a toda su familia, lleno de ale-
gría llevó el arca a la ciudad de David.
13 Apenas habían dado seis pasos los que
llevaban el arca cuando David ofreció en
sacrificio un buey y un carnero engordado.
14 Ataviado con un efod de lino, David
danzaba con todas sus fuerzas delante del
Señor.
15 Lo mismo hacía todo el pueblo de Israel
que acompañaba el arca del Señor. Todo era
júbilo y sonido de trompetas.
16 Cuando el arca del Señor llegó a la ciu-
dad de David, Mical, la hija de Saúl, estaba
mirando por la ventana, y al ver a David sal-
tar y danzar delante del Señor, sintió por él
un profundo desprecio.
17 El arca del Señor fue llevada a una tien-
da de campaña que David había ordenado

PALABRAS CON PODER

CIUDAD DE DAVID

(2 Samuel 6.12)

David volvió a traer el arca del pacto a Jerusalén e hizo a esta ciudad la capital de Israel. Llegó a ser un excelente lugar para adorar a Dios. Jerusalén llegó a conocerse como "la ciudad de David". David ayudó a hacer de Israel una nación fuerte y unida con una capital bien fortificada. Le enseñó al pueblo a adorar a Dios de todo su corazón. Lee el Salmo *68:19. Este versículo muestra cómo a* David le encantaba adorar a Dios.

[a]**6.2:** Éx 25.22. [b]**6.3:** 1 S 7.1-2. [5]**6.8** Es decir, *el quebrantamiento de Uzá.* [c]**6.11:** 1 Cr 26.4-5.

levantar, y David ofreció al Señor sacrificios y ofrendas de reconciliación.

18 Luego de ofrecer los sacrificios y las ofrendas de reconciliación, David bendijo al pueblo en el nombre del Señor de los ejércitos,

19 y repartió entre el pueblo, hombres y mujeres, un pan, un trozo de carne y una torta de pasas. Después de eso, todo el pueblo se fue, cada uno a su casa.

20 David se dirigió entonces a su casa, para bendecirla,[d] pero Mical salió a recibirlo y le dijo:

«¡Qué bien ha quedado el rey de Israel, al dejar al descubierto sus intimidades frente a las criadas de sus sirvientes! ¡Tal desfachatez sólo es propia de un hombre cualquiera!»

21 Pero David le respondió:

"«Sí, dancé; pero lo hice delante del Señor, porque él me eligió para reinar sobre su pueblo Israel. El Señor me ha preferido a mí, en lugar de tu padre y de toda tu familia.

22 Y aún podría rebajarme más, según tu opinión, pero a los ojos de las criadas que tú mencionas seré objeto de honra.»

PALABRAS CON PODER

EL PACTO DE DAVID
(2 Samuel 7.12)

Dios estableció un pacto o acuerdo con David. En este acuerdo, Dios le dio los detalles de sus promesas, beneficios y reglas. Prometió establecer el reino de David para siempre. Dios dijo que David y sus hijos tenían que ser obedientes y fieles a Dios para poder recibir las bendiciones del acuerdo. El descendiente de David más fiel fue *Jesús. Jesús es la garantía de la fidelidad* de Dios. Por medio de Él, Dios hace un acuerdo con nosotros, a través del cual nos salva de la pena de muerte y nos da vida eterna. ¿Cuál es la parte que nos corresponde en este acuerdo? Debemos confiar en Él y obedecerlo.

23 Y Mical, la hija de Saúl, murió sin llegar a tener hijos de David.

Pacto de Dios con David

(1 Cr 17.1-27)

7 1 Tiempo después, cuando ya el rey David habitaba en su palacio y el Señor le había hecho descansar de los enemigos que lo rodeaban,

2 llamó al profeta Natán y le dijo:

«¡Mírame aquí, habitando en un palacio de cedro, mientras el arca de Dios se halla entre simples cortinas!»

3 Y Natán le respondió:

«Pues haz ya todo lo que te has propuesto, que el Señor está contigo.»

4 Pero esa misma noche la palabra del Señor vino a Natán, y le dijo:

5 «Ve y dile de mi parte a mi siervo David: "¿Tú me vas a construir una casa, para que yo la habite?

6 Desde que saqué de Egipto al pueblo de Israel, y hasta la fecha, no he vivido en ninguna casa. Más bien, he estado en tiendas de campaña y en enramadas.

7 En todo el tiempo en que he andado con el pueblo de Israel, hay tribus a las que les he pedido encargarse de apacentar a mi pueblo. ¿Pero acaso le he pedido a alguna de ellas que me construya un palacio de cedro?"

8 »Dile también de mi parte: "Yo, el Señor de los ejércitos, te saqué del redil, y te quité de andar tras las ovejas, para ponerte a gobernar a mi pueblo Israel.

9 Yo he estado contigo por dondequiera que has andado; he destruido a los enemigos que has enfrentado, y te he rodeado de gran fama; ¡te he hecho famoso entre los famosos!

10 Además, ya he preparado para mi pueblo Israel un lugar donde se establezca, para que viva en paz y nadie lo mueva de allí, ni los malvados lo aflijan como antes lo hicieron,

11 cuando puse caudillos al frente de mi pueblo Israel. Yo te prometo que te haré

[d]**6.19-20:** 1 Cr 16.43.

PROMESAS PODEROSAS

2 SAMUEL 7.28

Tú, Señor y Dios, eres Dios, y tus promesas a este siervo tuyo son verdaderas.

Dios hizo un acuerdo especial con David. Uno de los hijos de David construir a algún día un templo para Dios. Además, uno de los descendientes de David reinaría para siempre. Dios cumplió ambas promesas. Salomón construyó el templo (1 Reyes 6) y Jesús reina para siempre.

descansar de tus enemigos, y te aseguro que tendrás muchos descendientes.

12 Cuando te llegue el momento de ir a descansar con tus padres, yo elegiré a uno de tus propios hijos y afirmaré su reinado.

13 Será él quien me edifique un templo, y afirmaré su trono para siempre.

14 Yo seré un padre para él, y él me será un hijo.[a] Si se porta mal, lo corregiré como corrige todo padre a sus hijos,

15 pero jamás le negaré mi misericordia, como se la negué a Saúl, a quien quité de tu presencia.

16 Tus descendientes vivirán seguros, y afirmaré tu trono, el cual permanecerá para siempre."»

17 Y Natán le comunicó a David todas y cada una de estas palabras y de esta visión.

18 Entonces el rey David fue y se presentó ante el Señor, y le dijo:

«Señor y Dios, ¿quién soy yo, y qué es mi familia, para que me hayas encumbrado tanto?

19 Y hasta te parece poco lo que me has dado, Señor y Dios, que me haces mayo-*res promesas para mis descendientes.* ¡No hay nadie que actúe como tú, Señor y Dios!

20 ¿Qué más te puedo decir, Señor y Dios, si tú me conoces mejor que nadie?

21 Todas estas maravillas las has realizado conforme a tu palabra, y siguiendo tu corazón, y me las has dado a conocer.

22 ¡Cuán grande eres, Señor y Dios! ¡No hay nadie como tú! Tal y como lo hemos sabido, ¡no hay más Dios que tú!

23 ¿Y qué pueblo puede compararse a Israel, nación tan singular? Tú lo liberaste para hacerlo tu pueblo, le diste un nombre, y en su favor hiciste grandes y terribles proezas, porque lo amas. Tú lo liberaste de Egipto, y de otros pueblos y de sus dioses.

24 Tú hiciste de Israel tu propio pueblo; tú lo hiciste tuyo para siempre. ¡Tú, Señor, eres su Dios!

25 »Ahora, Señor y Dios, confirma para siempre la promesa que me has hecho, a mí y a mi familia, y haz todo lo que has dicho.

26 Que tu gran nombre sea siempre reconocido. Que se diga que tú, Señor de los ejércitos, eres el Dios de Israel, y que los descendientes de tu siervo David siempre estarán en tu presencia.

27 Tú, Señor de los ejércitos y Dios de Israel, le has dado a conocer a este siervo tuyo que afirmarás su descendencia. Por eso este siervo tuyo se atreve a presentarse ante ti y hacerte esta súplica.

28 Tú, Señor y Dios, eres Dios, y tus promesas a este siervo tuyo son verdaderas.

29 Dígnate bendecir a todos mis descendientes, y permite que siempre haya uno de ellos a tu servicio. Tú, Señor, lo has prometido, y con tu bendición será bendecida mi familia para siempre.»

David extiende sus dominios

(1 Cr 18.1-13)

8 1 Tiempo después, David peleó contra los filisteos y los derrotó, los hizo sus súbditos y les arrebató Méteg Amá.

2 Peleó también contra los moabitas y, como los derrotó, hizo que se tendieran en

[a]**7.14:** 2 Co 6.18; Heb 1.5; Ap 21.7.

el suelo para medirlos con un cordel; a los que quedaban dentro de dos medidas del cordel, los mataba, pero dejaba con vida a los que quedaban dentro de una medida de cordel. Así los moabitas se convirtieron en sus súbditos y tuvieron que pagarle tributo.

3 David también derrotó a Hadad Ezer hijo de Rejob, rey de Soba, cuando éste iba a recuperar su territorio cerca del río Éufrates.

4 David capturó a mil setecientos soldados de caballería y a veinte mil soldados de infantería; a la mayoría de los caballos los desjarretó, pero dejó suficientes para tirar de cien carros.

5 Los sirios llegaron de Damasco en ayuda de Hadad Ezer, pero David también los derrotó y mató a veintidós mil de ellos.

6 Luego, puso guarniciones en Siria de Damasco y sometió a los sirios y les impuso tributo. Y por dondequiera que David iba, el Señor lo ayudaba.

7 A los soldados de Hadad Ezer que capturó, David les quitó sus escudos de oro y los llevó a Jerusalén.

8 Además, el rey David les quitó gran cantidad de bronce a Betaj y a Berotay, que eran ciudades de Hadad Ezer.

9 Cuando Toy, el rey de Jamat, se enteró de que David había derrotado al ejército de Hadad Ezer,

LECCIONES UN VERDADERO AMIGO

(2 Samuel 9.1)

¿Cumples tú las promesas que les haces a tus amigos? David cumplió la promesa que le hizo a su mejor amigo, Jonatán. David había prometido siempre ser bondadoso con la familia de Jonatán (1 Samuel 20:11-17, 42-43). Mefiboset era el hijo discapacitado de Jonatán. Así que David le dio a Mefiboset la tierra que le había pertenecido a su abuelo, Saúl. David mostró que un verdadero amigo cumple sus promesas.

10 envió a su hijo Jorán para que visitara al rey David y le llevara saludos de paz y felicitaciones por haber vencido a Hadad Ezer, que era su enemigo. Como obsequio, Jorán le entregó utensilios de plata, oro y bronce,

11 que David aceptó y juntó con el oro y la plata que les había quitado a las naciones que había sometido, y todo se lo dedicó al Señor.

12 Todo eso era el botín arrebatado a los sirios, los moabitas, los amonitas, los filisteos y los amalecitas, y a Hadad Ezer hijo de Rejob, rey de Soba.

13 Así fue como David ganó fama. Y cuando regresaba de derrotar a los sirios, luchó contra los edomitas en el valle de la sal,[a] y allí acabó con dieciocho mil soldados de ellos.

14 Por todo Edom puso guarnición, y los edomitas se convirtieron en súbditos de David. En todas las batallas el Señor estaba con David, y siempre le daba la victoria.

Oficiales de David

(2 S 20.23-26; 1 Cr 18.14-17)

15 David reinó sobre todo Israel, impartiendo justicia y equidad entre su pueblo.

16 Joab hijo de Seruyá era el general de su ejército, y Josafat hijo de Ajilud era su cronista.

17 Sadoc hijo de Ajitob, y Ajimélec hijo de Abiatar, eran sacerdotes; Seraías era su secretario personal;

18 Benaías hijo de Joyadá estaba al mando de los cretenses y peleteos; y los hijos de David eran sacerdotes.[b]

Bondad de David hacia Mefiboset

9 1 Un día David preguntó:

«¿Queda todavía alguno de los descendientes de Saúl? En memoria de mi amigo Jonatán, quiero darle muestras de mi bondad.»[a]

2 Entonces llamaron a Sibá, que había sido siervo de la familia de Saúl, para que se presentara ante el rey David. Cuando Sibá se presentó ante David, éste le preguntó:

[a] **8.13:** Sal 60 tít. [b] **8.18** Sacerdotes. Cf. 1 Cr 18.17. [a] **9.1:** 1 S 20.15-17.

«¿Así que tú eres Sibá?»

Y éste respondió:

«Así es. Para servirte.»

3 El rey preguntó:

«¿Queda algún descendiente de Saúl, a quien yo pueda darle muestras de bondad en nombre del Señor?»

Sibá le respondió que aún quedaba un hijo de Jonatán, pero que estaba lisiado de ambos pies.[b]

4 El rey le preguntó dónde estaba, y Sibá le respondió que estaba en Lodebar, en casa de Maquir hijo de Amiel.

5 Entonces David ordenó que fueran por él, y lo llevaron de la casa de Maquir a su presencia.

6 Cuando Mefiboset, hijo de Jonatán y nieto de Saúl, llegó ante el rey David, se inclinó con mucha reverencia. Entonces el rey le preguntó:

«¿Así que tú eres Mefiboset?»

Y éste contestó:

«Aquí me tienes, para servirte.»

7 Y David le dijo:

«No tengas miedo, que por el gran aprecio que le tenía a tu padre voy a tratarte con mucha bondad; voy también a devolverte
Sal 1.3 las tierras que fueron de tu abuelo Saúl, y desde hoy te vas a sentar a mi mesa.»

8 Mefiboset volvió a inclinarse ante el rey, y le dijo:

«¿Pero quién soy yo? ¡Este siervo tuyo no es más que un perro muerto!»

9 Entonces el rey llamó a Sibá, el siervo de Saúl, y le dijo:

«Hoy le he devuelto al hijo de tu señor todas las posesiones de Saúl y de su familia.

10 Tú, y tus hijos y tus sirvientes se encargarán de labrar sus tierras y de almacenar los frutos, para que no le falte comida a Mefiboset, el hijo de tu señor, aunque él tiene un lugar en mi mesa y comerá conmigo.»

Sibá, que tenía quince hijos y veinte sirvientes,

11 le respondió al rey:

«Yo cumpliré fielmente todo lo que mi señor el rey me ha dicho.»

PROMESAS PODEROSAS

2 SAMUEL 10.12

Vamos a luchar con todas nuestras fuerzas por el pueblo de Israel, por todas las ciudades de nuestro Dios, y que el Señor haga lo que mejor le parezca.

En medio de una batalla, Joab, el general del ejército del rey David, se apoyó en esta promesa de la bondad de Dios. Él sabía que Dios siempre haría lo correcto. ¿Tú también lo crees?

Por su parte, el rey David reiteró que Mefiboset comería con él, como si fuera uno de sus hijos.

12 Mefiboset tenía un hijo pequeño que se llamaba Micaía, y toda la familia de Sibá estaba al servicio de Mefiboset.

13 Y como Mefiboset estaba lisiado de ambos pies, vivía en Jerusalén y siempre comía a la mesa del rey.

Derrotas de amonitas y sirios

(1 Cr 19.1-19)

10 1 Después de esto, murió el rey de los amonitas, y subió al trono su hijo Janún.

2 Y David pensó: «Voy a tratar al hijo de Najás, con la misma buena voluntad con que su padre me trató a mí.» Envió entonces una comisión para consolar a Janún por la muerte de su padre, pero cuando los enviados de David llegaron al territorio amonita,

3 los jefes del pueblo le dijeron a Janún:

«¿De veras crees que David te envía mensajeros para consolarte y honrar a tu padre? ¡No! Ha enviado a esa gente como espías, para que inspeccionen la ciudad y luego puedan destruirla.»

4 Entonces Janún arrestó a los mensajeros de David, les rasuró la mitad de la barba, les

[b]**9.3:** 2 S 4.4.

rasgó la ropa hasta abajo de la cintura, y los
envió de regreso semidesnudos.
5 Cuando David supo esto, mandó sirvien-
tes a recibirlos, pues ellos estaban muy aver-
gonzados. Por eso el rey les permitió que se
quedaran en Jericó hasta que les creciera la
barba, después de lo cual podrían volver.
6 Los amonitas se dieron cuenta de que
se habían ganado la enemistad de David, así
que contrataron a veinte mil soldados sirios
de Bet Rejob y de Soba, mil soldados del rey
de Macá y doce mil de Istob.
7 Y cuando David lo supo, envió a Joab
con sus soldados más valientes a com-
batirlos.
8 Entonces los amonitas se prepararon
para la batalla a las puertas de la ciudad,
mientras que los sirios de Soba, de Rejob, de
Istob y de Macá se alinearon en el campo.
9 Cuando Joab vio que la batalla se libra-
ría de frente y por la retaguardia, hizo una
selección de los mejores guerreros y se pre-
paró en orden de batalla para luchar contra
los sirios.
10 Al ejército restante lo puso en manos
de su hermano Abisay, y lo alineó para en-
contrarse con los amonitas.
11 Y le dijo:
«Si ves que los sirios nos van ganando,
vendrás en nuestra ayuda; y si los amoni-
tas te van ganando, nosotros iremos en tu
ayuda.
12 Vamos a luchar con todas nuestras
fuerzas por el pueblo de Israel, por todas
las ciudades de nuestro Dios, y que el Señor
haga lo que mejor le parezca.»
13 Cuando Joab y sus soldados arremetie-
ron contra los sirios, éstos salieron huyendo
de Joab y del ejército israelita.
14 Y cuando los amonitas vieron que el
ejército sirio huía, también ellos huyeron de
Abisay y sus hombres, y se refugiaron en la
ciudad. Así terminó la batalla, y Joab regresó
a Jerusalén.
15 Pero los sirios, al verse derrotados por
el ejército israelita, volvieron a reagruparse.
16 Entonces Hadad Ezer mandó traer a los
sirios que estaban al otro lado del río Éufra-
tes, y llegaron a Jelán comandados por So-
bac, general del ejército de Hadad Ezer.
17 David supo de estos movimientos y reu-
nió a todo el ejército de Israel, y juntos cru-
zaron el Jordán para llegar a Jelán. Cuando
los sirios los vieron, se formaron en orden de
batalla y pelearon contra David y su ejército.
18 Pero el ejército sirio fue vencido y huyó
de los israelitas, y ese día David mató a los
soldados sirios que conducían setecientos
carros, y a cuarenta mil hombres de cabal-
lería. Allí murió también Sobac, general del
ejército sirio.
19 Y cuando los reyes que ayudaban a Ha-
dad Ezer vieron cómo habían sido derrota-
dos sus ejércitos, firmaron la paz con Israel
y se hicieron sus súbditos, y desde enton-
ces los sirios se abstuvieron de ayudar a los
amonitas.

David y Betsabé

11 1 Al año siguiente, en el tiempo
en que los reyes salen a la guerra,
David envió a Joab y a sus siervos,

CUANDO DAVID ECHÓ TODO A PERDER (*2 Samuel 11.1*)
Esta triste historia muestra que aun las personas piadosas pueden meterse en apuros. En vez de guiar a su ejército en batalla como debía hacer un buen rey, David se quedó descansando en Jerusalén. Ese fue un error. Ya que no tenía mucho que hacer, empezó a pensar y a actuar cada vez menos como un hombre que actuaba agradando a Dios. Fue en ese momento que realmente metió la pata y se enamoró de la esposa de otro hombre. Todos somos tentados a pecar. Pero Dios ofrece ayudarnos a evitar caer en la tentación. Lee 1 Corintios 10:13 para ver esa promesa.

y a todo el ejército de Israel, a combatir a los amonitas, a los que vencieron luego de ponerle sitio a la ciudad de Rabá. David se quedó en Jerusalén,[a]

2 y un día por la tarde, mientras se paseaba por la azotea de su palacio después de la siesta, vio desde allí a una mujer muy hermosa, que se estaba bañando.

3 Al preguntar quién era ella, le dijeron que se llamaba Betsabé, y que era hija de Elián y esposa de Urías el hitita.

4 Entonces David ordenó que la llevaran a su presencia, y ella se presentó ante él, y él la tomó y se acostó con ella. Después de tener relaciones, ella se purificó y regresó a su casa.

5 Pero Betsabé quedó embarazada y, cuando se dio cuenta, se lo hizo saber a David.

6 Entonces David envió un mensaje a Joab, ordenándole que hiciera volver a Urías el hitita. Joab cumplió sus órdenes,

7 y cuando Urías se presentó ante David, éste le preguntó cómo estaban Joab y los soldados, y cómo se iba desarrollando la guerra.

8 Después de eso, David le dijo a Urías:

«Vete a tu casa, y ponte cómodo.»

En cuanto Urías salió del palacio, David le envió un regalo especial de su mesa.

9 Pero Urías no se fue a su casa, sino que pasó la noche a las puertas del palacio real, en compañía de los siervos del rey.

10 Cuando le dijeron a David que Urías no había dormido en su casa, el rey lo llamó y le preguntó:

«¡Tú has tenido un viaje largo! ¿Por qué no fuiste a dormir a tu casa?»

11 Y Urías le respondió:

«¿Podría yo entrar en mi casa, y comer y beber, y dormir con mi mujer, mientras el arca del Señor está en una tienda de campaña, y mientras mi señor Joab y los ejércitos de Israel y de Judá, y los siervos del rey, duermen en el campo? ¡Juro por la vida de Su Majestad que jamás haré algo así!»

12 Entonces David le dijo a Urías:

«Quédate todavía hoy, y mañana te enviaré de nuevo al campo de batalla.»

Y Urías se quedó en Jerusalén ese día y el siguiente,

13 y David lo invitó a comer y a beber, hasta que lo embriagó, pero más tarde Urías no regresó a su casa, sino que se fue a dormir junto con los siervos del rey.

14 Por la mañana, David escribió una carta para Joab, y la envió por medio de Urías.

15 Esa carta decía:

«Pon a Urías al frente y en lo más recio de la batalla, y déjalo solo, para que el enemigo lo hiera de muerte.»

16 Así que, cuando Joab sitió la ciudad, mandó a Urías al frente, donde peleaban los hombres más valientes,

17 y cuando los amonitas salieron de la ciudad, cayeron algunos soldados del ejército de David, y entre ellos murió Urías el hitita.

18 Entonces Joab envió a David un informe de lo sucedido en la batalla,

19 y al mensajero le instruyó:

«Una vez que hayas informado al rey de lo sucedido en el campo de batalla,

20 si el rey comienza a enojarse y te pregunta: "¿Por qué se acercaron tanto a la ciudad? ¿No saben que hay peligro de que alguien arroje algo desde la muralla?

21 ¡Recuerden cómo murió Abimelec, el hijo de Yerubaal! Murió en Tebés porque una mujer le arrojó desde la muralla un pedazo de rueda de molino.[b] ¿Por qué se acercaron tanto a la muralla?", tú le dirás: "También murió Urías el hitita."»

22 El mensajero corrió a llevar las noticias a David, tal y como Joab le había dicho.

23 Al llegar, le dijo a David:

«Los que salieron de la ciudad al campo, para pelear contra nosotros, nos estaban dominando; pero los hicimos retroceder hasta las puertas de la ciudad;

24 sin embargo, sus flecheros nos atacaron desde la muralla y alcanzaron a herir a varios de tus soldados. Entre ellos murió también Urías el hitita.»

---

[a] **11.1:** 1 Cr 20.1. [b] **11.21:** Jue 9.53.

LECCIONES **EL MARAVILLOSO PERDÓN DE DIOS**
(2 Samuel 12.13)

Cuando David reconoció que había hecho lo malo, Dios lo perdonó. Eso quería decir que David no moriría y que además escaparía del castigo eterno. Imagínate: David se robó a la esposa de otro hombre y mató al esposo de ella. Pero Dios le perdonó todo eso. David sufrió las repercusiones negativas de su pecado por el resto de su vida, pero no perdió su amistad con Dios. Si tú piensas que has hecho algo tan terrible que Dios no te puede perdonar, vuélvelo a pensar. ¡Él quiere perdonarte!

25 Entonces David le dijo al mensajero:
«Dile a Joab que no se preocupe por lo
que pasó, pues la espada mata a unos y a
otros, pero que refuerce su ataque contra la
ciudad hasta conquistarla. Tú, por tu parte,
infúndele ánimos.»
26 Cuando la mujer de Urías supo que su
esposo había muerto, se vistió de luto;
27 pero después de que ella guardó el luto
David mandó por ella y la hizo su esposa, y
ella le dio un hijo. Pero esta acción de David
no le agradó al Señor.

Natán amonesta a David

12 1 Un día, el Señor envió a Natán a
hablar con David,[a] y Natán le dijo:
«En cierta ciudad vivían dos
hombres. Uno de ellos era rico, y el otro era
pobre.
2 El rico tenía muchas ovejas y vacas,
3 pero el pobre sólo tenía una corderita
que había comprado y criado, y que era
como su propia hija, pues comía de su mesa,
bebía de su vaso y dormía en su regazo; era
como de la familia, pues había crecido con
él y con sus hijos.
4 Un día, el hombre rico recibió a un visi-
tante y, como no quiso matar a ninguna de
sus ovejas o vacas para ofrecerle de comer
al visitante, fue y tomó la oveja del hombre
pobre, y la preparó para su visitante.»
5 David se puso muy furioso contra aquel
hombre, y le dijo a Natán:
«Juro por el Señor que ese hombre mere-
ce la muerte.
6 Y por haber actuado así, sin mostrar
nada de misericordia, tiene que pagar cua-
tro veces el valor de la oveja.»
7 Entonces Natán le dijo:
«¡Tú eres ese hombre! Así ha dicho el
Señor, Dios de Israel: "Yo te consagré como
rey de Israel; yo te libré del poder de Saúl,
8 yo te di el palacio que fue de tu señor, y
puse en tus brazos sus mujeres. Además, yo
te entregué las tribus de Israel y de Judá y,
por si esto fuera poco, yo estaba dispuesto a
darte mucho más."
9 ¿Por qué menospreciaste la palabra del
Señor, y actuaste mal delante de sus ojos?
Al hitita Urías lo mataste por medio de la
espada de los amonitas, para quedarte con
su mujer.

[a] **12.1:** Sal 51 tít.

EL VERDADERO PROBLEMA *(2 Samuel 12.9)*

Cuando hacemos cosas malas, pensamos que sólo nos estamos dañando a nosotros mismos. Pero también le hacemos daño a Dios. Ese fue el verdadero problema con el pecado de David. Por medio de sus acciones, David mostró una falta de respeto hacia Dios y sus mandamientos. Pero Dios le mostró misericordia a David cuando David se arrepintió de sus pecados. Dios es misericordioso con cualquier persona que se arrepiente de sus pecados y verdaderamente quiere dejar de pecar.

PALABRAS CON PODER

BETSABÉ
(2 Samuel 12.24)

¿Puede una persona amar a Dios y aun así pecar? Sí. David amaba a Dios, pero tomó a Betsabé, la esposa de otro hombre, para ser su esposa y luego mató a aquel hombre, Urías. David llegó a casarse con la mujer que quería, pero sufrió muchas consecuencias terribles de su pecado. Por los próximos veinte y cinco años, Dios permitió que toda la familia de David tuviera muchos problemas. A veces el pecado parece un premio agradable, pero David nos muestra que el pecado siempre acarrea resultados horribles.

10 "Ahora, en castigo, la violencia jamás se
apartará de tu propia familia, pues menos-
preciaste al Señor y tomaste como mujer a
la esposa de Urías el hitita."
11 Pero así dice el Señor: "Yo haré que el
mal sobrevenga sobre tu propia casa. Ante
tus propios ojos entregaré tus mujeres a tu
prójimo, y a pleno sol se acostará con ellas.
12 Lo que tú hiciste en secreto, yo lo haré
a plena luz del día[b] y en presencia de todos
los israelitas."»
13 David le respondió a Natán:
«Reconozco que he pecado contra el Señor.»
Y Natán le dijo:
«El Señor ha perdonado tu pecado, y no
vas a morir.
14 Pero como los enemigos del Señor ha-
blan mal de él por causa de este pecado
tuyo, tu hijo recién nacido tiene que morir.»
15 Después de esto, Natán regresó a su
casa. Y el niño que la mujer de Urías le dio
a David, se enfermó de gravedad porque el
Señor así lo quiso.
16 David le rogó al Señor por la salud de su
hijo, y ayunaba y se pasaba la noche acosta-
do en el suelo.
17 Los ancianos que vivían en su palacio
iban a verlo y trataban de levantarlo del
suelo, pero David se negaba a levantarse, y
tampoco quería comer.
18 Siete días después, el niño murió, y sus
sirvientes temían decírselo, pues decían: «Si
cuando el niño vivía, el rey no quería escu-
charnos, con más razón se afligirá si le deci-
mos que el niño ya murió.»
19 Pero cuando David los vio hablar en-
tre sí, se dio cuenta de que el niño ya había
muerto, así que les preguntó:
«¿Ya ha muerto el niño?»
Aquellos le respondieron:
«Sí, señor; ya ha muerto.»
20 Entonces David se levantó del suelo, y
se bañó y se perfumó, y se puso ropa lim-
pia; luego fue a la casa del Señor, y lo adoró.
Después regresó a su casa y pidió de comer,
y comió.
21 Los sirvientes le preguntaron:
«¿Qué es lo que haces? Cuando el niño
aún vivía, estuviste ayunando y orando,
pero ahora que ha muerto, ¡te levantas y
pides de comer!»
22 Y David les dijo:
«Cuando el niño aún vivía, yo ayunaba y
lloraba, y decía: "Tal vez el Señor se compa-
dezca de mí, y deje vivir al niño."
23 Pero ahora que el niño ha muerto, ¿de
qué me sirve ayunar? ¿Acaso podría yo de-
volverle la vida? Yo puedo ir a donde él está,
pero él ya no volverá conmigo.»
24 Y David fue y consoló a Betsabé, su mu-
jer, y se allegó a ella, y ella le dio un hijo, al
que llamó Salomón. Y el Señor amó a este
niño,
25 y por eso envió un mensaje al profeta
Natán, para decirle que lo llamara Jedidías.[7]

David conquista Rabá

(1 Cr 20.1-3)

26 Joab se encontraba en Rabá combatien-
do a los amonitas, y capturó la ciudad del rey.
27 Entonces envió un mensaje a David
para decirle:

[b]**12.11-12:** 2 S 16.22. [7]**12.25** Es decir, *Amado del Señor.*

«Después de sitiar la ciudad de Rabá, he
capturado también las reservas de agua.
28 Por favor, reúne al resto del ejército y
ven con ellos, y acampa frente a la ciudad
y tómala. Si yo la tomo, llevará mi nombre.»
29 David reunió entonces al resto de su
ejército, y fue y luchó contra Rabá y la cap-
turó.
30 Le quitó al rey la corona de oro que
llevaba puesta, la cual pesaba treinta y tres
kilos y tenía incrustadas piedras preciosas;
los hombres de David la tomaron y con ella
coronaron a David, y David obtuvo un gran
botín de la ciudad.
31 A la gente que quedaba en la ciudad la
puso a trabajar con sierras y trillos y hachas
de hierro, y también los puso a trabajar en
los hornos de ladrillos. Esto mismo lo hizo
en todas las ciudades de los amonitas. Des-
pués de esto, David regresó a Jerusalén con
todo su ejército.

Amnón y Tamar

13 1 Absalón, el hijo de David, tenía
una hermana muy hermosa lla-
mada Tamar. Y Amnón, que era
otro de los hijos de David, se enamoró de ella.
2 Era tal su pasión por Tamar que se enfer-
mó de angustia; pero, como ella era virgen,
veía muy difícil llegar a poseerla.
3 Sin embargo, Amnón tenía un amigo
muy astuto llamado Jonadab, el cual era
sobrino de David, pues era hijo de Simea,
hermano de David.
4 Un día, Jonadab le preguntó a Amnón:
«Oye, cada día te veo más delgado. ¡Y tú
eres el hijo del rey! ¿No me vas a decir qué
te pasa?»
Entonces Amnón le dijo:
«Es que estoy enamorado de Tamar, la
hermana de mi hermano Absalón.»
5 Entonces Jonadab le aconsejó:
«Métete a la cama, y finge que estas en-
fermo. Y cuando tu padre venga a visitarte,
dile: "¡Por favor, que venga mi hermana Ta-
mar! Que me prepare algo y me dé de co-
mer. Si ella lo prepara, yo comeré."»
6 Amnón fue y se acostó, fingiendo estar
enfermo. Y cuando el rey llegó a visitarlo,
Amnón le dijo:
«¡Por favor, que venga mi hermana Ta-
mar! Que me prepare un par de hojuelas,
para que yo coma de su mano.»
7 David llamó a Tamar de su casa, y le dijo:
«Ve por favor a la casa de tu hermano
Amnón, y hazle algo de comer.»
8 Tamar fue a la casa de su hermano Am-
nón, que estaba acostado. Al llegar, tomó
harina y la amasó, e hizo ante él unas hojue-
las y las coció.
9 Luego sacó de la sartén las hojuelas y se
las sirvió, pero él no quiso comer, sino que
ordenó que todos sus sirvientes salieran. En
cuanto estuvieron solos,
10 Amnón le dijo a Tamar:
«Trae las hojuelas a mi alcoba, y sírveme
de comer.»
Tamar llevó a su hermano las hojuelas
que le había preparado,
11 y en cuanto ella las puso delante de
Amnón, él la agarró y le dijo:
«Ven, hermanita; ¡acuéstate conmigo!»
12 Pero ella le respondió:
«No, hermano mío, ¡no te aproveches de
mí! ¡Eso no se hace en Israel! ¡No cometas
tal vileza!
13 Si me deshonras, ¿adónde podría yo ir a
esconderme? Además, tú serías señalado en
Israel como un hombre perverso. Yo te rue-
go que hables con el rey. Él no se opondrá a
que yo sea tu esposa.»
14 Pero Amnón no quiso escucharla sino
que, siendo más fuerte que ella, la obligó a
acostarse con él y la violó.
15 Pero después de violarla, el odio que
sintió por ella fue mayor que el amor que le
había tenido, así que le ordenó:
«¡Levántate, y lárgate!»
16 Ella le dijo:
«¡No me hagas eso! ¡Si me echas de tu
casa, me harás un daño mayor que el de ha-
berme violado!»
Pero Amnón no le hizo caso,
17 sino que llamó a su criado y le ordenó:

«¡Echa a esta mujer fuera de mi casa! Y en cuanto la eches, ¡cierra la puerta!»

18 En efecto, el criado de Amnón la echó fuera de la casa, y enseguida cerró la puerta. Y Tamar, que llevaba puesto un vestido de colores, como el que usaban todas las hijas de los reyes, cuando eran vírgenes,

19 se rasgó el vestido de colores, se echó ceniza sobre la cabeza, y con la cabeza entre sus manos se fue gritando.

Absalón se venga y huye

20 Luego, su hermano Absalón le preguntó:

«¿Así que tu hermano Amnón se acostó contigo? Pues no digas nada de esto, hermana mía, sino tranquilízate, porque es tu hermano.»

Tamar, muy desconsolada, se quedó en casa de su hermano Absalón.

21 El rey David se enteró de lo que Amnón había hecho, y se llenó de ira.

22 Absalón, por su parte, aunque aborrecía a su hermano Amnón por haber violado a Tamar su hermana, no le dijo absolutamente nada.

23 Pero dos años después, Absalón tenía gente trasquilando sus ovejas en Baal Jasor, cerca del pueblo de Efraín, así que invitó a todos los hijos del rey a una comida.

24 Fue a ver al rey, y le dijo:

«Tengo hombres trasquilando mis ovejas. Ruego a Su Majestad me honre con su compañía. También pueden acompañarlo sus siervos.»

25 Pero el rey le dijo:

«No, hijo mío. Si vamos todos, ¡te haremos gastar demasiado!»

Y el rey no quiso ir, aunque le dio su bendición. Sin embargo, Absalón insistió:

26 «Si no puedes venir, te ruego que dejes ir a mi hermano Amnón.»

Y el rey le preguntó:

«¿Y por qué quieres que vaya?»

27 Y tanto insistió Absalón que el rey dejó ir a Amnón y a todos sus hijos.

28 Pero Absalón ya había instruido a sus sirvientes:

«Manténganse atentos para cuando vean que el vino ya ha puesto muy alegre a Amnón, y a una orden mía ustedes lo matarán. No tengan miedo, que ustedes sólo estarán cumpliendo mis órdenes. ¡Ánimo, y mucho valor!»

29 Y así, los siervos de Absalón, siguiendo sus órdenes, mataron a Amnón. Entonces los otros hijos del rey montaron en sus mulas y huyeron.

30 Todavía estaban ellos en camino cuando llegó a oídos de David que Absalón había matado a todos los hijos del rey, y que ninguno había quedado con vida.

31 Entonces David se levantó de su trono, se rasgó los vestidos y se tendió en el suelo, lo mismo que todos sus siervos.

32 Pero allí estaba su sobrino, Jonadab hijo de Simea, y éste le dijo:

«Que no le mientan, Su Majestad. No han muerto todos sus hijos. Sólo ha muerto Amnón, pues así lo había decidido Absalón

[a]**13.37:** 2 S 3.3.

LAS CONSECUENCIAS DEL PECADO *(2 Samuel 13.36)*
David confesó su pecado con Betsabé y recibió el perdón de Dios. Así y todo, sufrió las consecuencias de su pecado. Después de que su hijo Absalón hubo matado a su medio hermano Amnón, David se entristeció mucho. Él sabía que estos terribles sucesos sobre su familia eran el juicio de Dios. ¿Qué lecciones podemos sacar de ahí? (1) El pecado es algo serio para Dios; (2) Dios nos perdona los pecados cuando nos arrepentimos y confesamos y (3) aun así podemos sufrir las consecuencias.

desde el día en que Amnón violó a su hermana Tamar.

33 No crea Su Majestad ese rumor de que todos sus hijos han muerto. El único que ha muerto es Amnón.»

34 Mientras tanto, Absalón huyó. Y cuando el joven que vigilaba el camino vio que del lado del monte venía mucha gente, justamente a sus espaldas, corrió a dar el aviso.

35 Entonces Jonadab le dijo al rey:

«Allí vienen los hijos de Su Majestad, tal y como este siervo suyo le había dicho.»

36 Apenas había dicho esto cuando entraron los hijos del rey, llorando amargamente. Entonces el rey y sus sirvientes se unieron al llanto, en medio de grandes lamentos.

37 Absalón huyó a tierras de Talmay hijo de Amiud, que era rey de Gesur.[a] Y David lloraba todos los días por su hijo Amnón.

38 Absalón, por su parte, huyó a Gesur, y allí se quedó tres años.

39 Y cuando David se consoló por la muerte de Amnón, sintió deseos de ver a Absalón.

Joab promueve el regreso de Absalón

14 1 Joab hijo de Seruyá sabía que el rey sentía un cariño especial por Absalón,

2 así que mandó traer de Tecoa a una mujer muy astuta, y la instruyó:

«Vístete de luto y sin maquillaje alguno, y preséntate ante el rey fingiendo llevar ya mucho tiempo de duelo por algún pariente muerto.

3 Una vez ante el rey, le dirás lo que te voy a decir.»

Y Joab le dijo a la mujer lo que ella tenía que repetir,

4 *y cuando ella se presentó* ante el rey, hizo una reverencia, se inclinó hasta tocar el suelo, y dijo:

«Su Majestad, ¡vengo a pedir protección!»

5 El rey preguntó:

«¿Qué te pasa?»

Y ella respondió:

«Mi marido ha muerto, y me he quedado viuda.

6 Yo tuve dos hijos, que se pelearon en el campo. Como no había nadie que los separara, uno de ellos hirió de muerte al otro, y lo mató.

7 Ahora, toda la familia se ha puesto en mi contra y me insiste: "Tienes que entregar a ese asesino, pues tiene que pagar con su vida la muerte de su hermano." Si les hago caso, matarán a mi único heredero y, con eso, habrán apagado la última chispa que me queda, y la memoria de mi marido se perderá por no dejar ningún descendiente.»

8 El rey le dijo a la mujer:

«Regresa a tu casa, que yo voy a dar instrucciones acerca de ti.»

9 Pero la mujer le respondió:

«Rey y señor mío: Si la familia de mi padre y yo hemos hecho mal, que la culpa recaiga sobre nosotros; pero que no se culpe de esto a Su Majestad ni a su reino.»

10 Y David le dijo:

«Si alguien te culpa de algo, hazlo que comparezca ante mí, y no volverá a molestarte.»

11 Pero la mujer añadió:

«Ruego a Su Majestad consultar al Señor su Dios, para que quien quiere tomar venganza no empeore las cosas matando a mi hijo.»

Y el rey respondió:

«Juro por el Señor que tu hijo no va a perder un solo pelo de su cabeza.»

12 Ella volvió a decir:

«Ruego a Su Majestad permitir a esta su humilde sierva decir una sola palabra más.»

Y el rey le dijo:

«Te escucho.»

13 Entonces ella dijo:

«¿Por qué Su Majestad se propone perjudicar al pueblo de Dios? Con lo que Su Majestad ha dicho, Su Majestad misma se condena, pues no permite volver a su hijo desterrado.

14 Todos tenemos que morir. Somos como el agua cuando se derrama en el suelo, que

ya no se puede recoger. Pero Dios, lejos de
quitarnos la vida, pone los medios para que
nos volvamos a él, si nos hemos alejado.
15 Yo he venido a hablar con Su Majestad
porque tengo miedo del pueblo. Por eso me
dije: "Voy a hablar con el rey. Tal vez se digne
escucharme.
16 Si me hace caso, me librará de los que
quieren destruirnos a mi hijo y a mí, y qui-
tarnos lo que Dios mismo nos ha dado."
17 Y esta sierva de Su Majestad ahora es-
pera una respuesta consoladora, pues Su
Majestad es como un ángel de Dios, y pue-
de discernir entre lo bueno y lo malo. ¡Que
nuestro Señor y Dios sea siempre con Su
Majestad!»
18 Entonces David le dijo a la mujer:
«Voy a preguntarte algo, pero quiero que
me digas toda la verdad.»
Ella contestó:
«Diga Su Majestad.»
19 Y el rey le dijo:
«¿No es verdad que detrás de todo esto
anda la mano de Joab?»
Y ella respondió:
«Puedo jurar a Su Majestad, a quien de
ningún modo se puede engañar, que fue su
siervo Joab quien me habló y me ordenó de-
cir cada palabra que yo he dicho.

PALABRAS CON PODER

LADRÓN DE CORAZONES
(2 Samuel 15.6)

Absalón era el hijo de David. Durante cuatro años, Absalón hizo planes para robarse el trono de su padre. Parte de su plan era hacer que el pueblo pensara que él era bueno, pero que David era malo. De esta manera, se robó el corazón de los israelitas y los volvió en contra de David. El pueblo había respetado a David cuando él estaba sirviendo a Dios, pero cuando dejó de obedecer a Dios, se volvió un líder débil.

20 Pero lo hizo con la intención de que las
cosas cambien. Sin embargo, Su Majestad
posee la sabiduría de un ángel de Dios, y
sabe todo lo que pasa en su país.»
21 Entonces el rey le dijo a Joab:
«Fíjate bien en esto que he decidido ha-
cer: Ve y haz volver al joven Absalón.»
22 Joab inclinó su rostro ante el rey con
reverencia, hasta tocar el suelo, y bendijo al
rey diciendo:
«Hoy he comprobado que Su Majestad
es muy bondadoso con este siervo suyo,
pues ha atendido a lo que su siervo sugirió.»
23 Y Joab se levantó enseguida y se fue a
Gesur para traer a Absalón de regreso a Je-
rusalén,
24 aunque el rey ordenó:
«Que se vaya a su casa y no se presente
ante mí.»
Y Absalón se fue a su casa sin presentarse
ante el rey.
25 No había en todo Israel nadie tan bien
parecido como Absalón. Su hermosura era
perfecta de pies a cabeza.
26 Cada año, cuando se mandaba cortar el
cabello (pues era tan abundante que le mo-
lestaba), el cabello cortado llegaba a pesar
más de dos kilos, según el peso oficial.
27 Absalón tuvo tres hijos varones y una
hija muy hermosa, llamada Tamar.
28 Durante los dos años que estuvo en Je-
rusalén, no se le permitió ver al rey;
29 pero como Absalón quería verlo, le en-
vió mensajes a Joab para que intercediera
por él, pero Joab se negó a verlo hasta en
dos ocasiones.
30 Entonces Absalón ordenó a sus sirvien-
tes:
«Como saben, el campo de Joab está
junto al mío, y en él ha sembrado cebada.
¡Vayan y préndanle fuego!»
Sus sirvientes le prendieron fuego al cam-
po de Joab,
31 y cuando Joab lo supo, fue a la casa de
Absalón y le reclamó:
«¿Por qué mandaste a tus sirvientes a que
le prendieran fuego a mi campo?»

LECCIONES **LA TENTACIÓN Y EL REMORDIMIENTO**

(2 Samuel 15.14)

A veces el pecado parece divertido. Pero el pecado nos puede causar problemas y tristeza durante toda nuestra vida. David pecó y parecía ser divertido. Pero David lamentó haber pecado. Tuvo que huir de su propio hijo, Absalón, quien quería matarlo y tomar el trono. Aprende una lección de David. Por muy divertido que parezca el pecado, siempre trae tristeza al final. Cuando los NIÑOS PODEROSOS son tentados a pecar, ¡corren en la dirección opuesta lo más rápidamente posible!

32 Y Absalón le respondió:

«Te he mandado a llamar, para que vayas a ver al rey y le preguntes para qué me hizo venir de Gesur. ¡Sería mejor que me hubiera quedado allá! Yo quiero ver al rey. Y si he cometido algún pecado, ¡que me mate!»

33 Joab se presentó ante el rey y le comunicó el sentir de Absalón; entonces el rey mando llamar a Absalón, y cuando éste se presentó ante el rey, se inclinó hasta tocar el suelo. Por su parte, el rey besó a Absalón.

Absalón se subleva contra David

15 1 Algún tiempo después, Absalón se hizo de carros de combate y de caballos, y de cincuenta hombres que marchaban al frente de él.

2 Todas las mañanas se levantaba y se ponía a un lado del camino, junto a la puerta de la ciudad, y a quien acudía al rey para resolver un pleito o para pedir justicia, lo llamaba y le preguntaba: «¿Tú, de qué ciudad vienes?» Si el interrogado respondía: «Tu siervo es de una de las tribus de Israel»,

3 Absalón le decía: «Tus razones son buenas y justas, pero de parte del rey no tienes quién te oiga.»

4 Incluso añadía: «¡Cómo quisiera ser el juez de este país! ¡Así, los que tuvieran algún pleito o negocio vendrían a verme, y yo les haría justicia!»

5 Y si alguien se acercaba y se inclinaba ante él, Absalón le tendía los brazos y lo besaba.

6 Esto lo hacía con todos los israelitas que acudían al rey para que les hiciera justicia, y así se iba ganando la buena voluntad del pueblo de Israel.

7 Así pasaron cuatro años, y un día Absalón le dijo al rey:

«Ruego a Su Majestad me permita ir a Hebrón. Debo cumplir con mis votos al Señor.

8 Cuando este siervo de Su Majestad aún vivía en Gesur, en Siria, le hizo esta promesa al Señor: "Si tú, Señor, me permites volver a Jerusalén, yo te serviré."»

9 El rey le dijo:

«Puedes irte en paz.»

Entonces Absalón se puso en camino hacia Hebrón,

10 pero envió mensajeros por todas las tribus de Israel para que dijeran: «Cuando escuchen el sonido de la trompeta, anuncien que Absalón reina en Hebrón.»

11 Además, Absalón invitó a doscientos hombres de Jerusalén para que lo acompañaran, los cuales fueron inocentemente, sin saber cuáles eran sus intenciones.

12 Y mientras Absalón presentaba sus ofrendas al Señor, mando llamar a Ajitofel, que era consejero del rey y vivía en la ciudad de Gilo. Con esto la conspiración ganó fuerza y los seguidores de Absalón aumentaron.

13 Entonces un mensajero fue a decirle a David que Absalón se estaba ganando la buena voluntad del pueblo de Israel y que muchos lo seguían,

14 y David ordenó a todos sus servidores:

«¡De prisa! ¡Vayámonos de aquí, o no podremos escapar de Absalón! ¡Si él llega antes, nos alcanzará y acabará con nosotros, y destruirá la ciudad a filo de espada!»

15 Sus siervos le respondieron:

«Su Majestad puede contar con estos siervos suyos. Haremos todo lo que Su Majestad decida hacer.»

[16] El rey David salió de Jerusalén, seguido de toda su familia, pero dejó a diez de sus concubinas para que cuidaran del palacio.

[17] Una vez que salió, él y todos sus seguidores se detuvieron en un lugar alejado.

[18] Todos sus hombres fieles, incluidos los cretenses y peleteos, desfilaron a su lado; la vanguardia la formaban los seiscientos guititas que habían venido caminando desde Gat.

[19] El rey David llamó a Itay el guitita, y le preguntó:

«¿Y tú por qué vienes con nosotros? Regresa a Jerusalén, y quédate con el rey, pues eres extranjero y también has sido desterrado de tu país.

[20] Apenas llegaste ayer, así que no puedo pedirte que nos acompañes. Yo tengo que ir a donde pueda, pero tú, regresa, y haz que tus hermanos también regresen. Que el Señor te muestre su amor constante y su fidelidad.»

[21] Pero Itay le respondió:

«Juro por el Señor y por Su Majestad que, sea para vida o para muerte, este siervo estará dondequiera que Su Majestad esté.»

[22] Entonces David le dijo:

«Adelante, pues. Ven conmigo.»

Así fue como Itay el guitita, y todos sus hombres y su familia, siguieron al rey.

[23] Todo el pueblo lloraba amargamente, y junto con el rey cruzaron el torrente de Cedrón y tomaron el camino que lleva al desierto.

[24] Entre los que huían estaban el sacerdote Sadoc y los levitas que llevaban el arca del pacto de Dios. Mientras todo el pueblo salía de la ciudad, ellos descansaron del arca, y luego los siguió Sadoc.

[25] Cuando el rey vio esto, le dijo a Sadoc:

«Lleva el arca de Dios de regreso a la ciudad. Si el Señor se digna verme con buenos ojos, me permitirá volver a ver el arca y su tabernáculo.

[26] Pero si él me dice que ya no soy de su agrado, entonces que haga de mí lo que mejor le parezca.»

[27] Además, el rey le dijo al sacerdote:

«Tú, Sadoc, eres vidente. Así que regresa en paz a la ciudad, y llévate a tu hijo Ajimaz y a Jonatán, el hijo de Abiatar.

[28] Yo me detendré en los vados del desierto,[a] hasta que reciba noticias de ustedes.»

[29] Entonces Sadoc y Abiatar se llevaron el arca de Dios de vuelta a la ciudad, y ellos también se quedaron allá.

[30] David, por su parte, subió por la cuesta de los olivos. Iba llorando, con los pies descalzos y la cabeza cubierta, y todos sus hombres fieles subieron con él, también llorando y con la cabeza cubierta.

[31] Pero cuando David se enteró de que Ajitofel estaba entre los conspiradores, dijo: «Señor, ¡haz que Ajitofel se equivoque cada vez que aconseje a Absalón!»

[32] Cuando David llegó a la cima del monte para adorar a Dios, le salió al encuentro Jusay el arquita, que iba con la ropa hecha girones y con tierra sobre la cabeza.

[33] Y David le dijo:

«Si vienes conmigo, vas a serme una carga.

[34] Pero si regresas a la ciudad y te pones a las órdenes de Absalón, y le aseguras que lo servirás con el mismo fervor que me has servido a mí, entonces podrás anular los consejos de Ajitofel.

[35] Recuerda que allá están los sacerdotes Sadoc y Abiatar; a ellos les puedes decir todo lo que oigas en la casa del rey.

[36] Con ellos también están Ajimaz, el hijo de Sadoc, y Jonatán, el hijo de Abiatar; con ellos puedes mandar a decirme todo lo que llegue a tus oídos.»

[37] Así fue como Jusay, que era amigo de David, se fue a la ciudad, cuando Absalón entró en Jerusalén.

16

[1] Cuando David llegó más allá de la cima del monte, Sibá, el criado de Mefiboset,[a] salió a recibirlo con un par de asnos cargados con doscientos panes, cien racimos de pasas, cien panes de higos secos, y un cuero de vino.

[2] Y el rey le preguntó a Sibá:

[a] **15.28:** Sal 63 tít.

«¿Qué significa todo esto?»
Y Sibá le respondió:
«Los asnos son para que los monte la
familia real, los panes y las pasas son para
alimentar a los criados, y el vino es para
cuando tengan sed a su paso por el de-
sierto.»
3 Pero el rey le preguntó:
«¿Dónde está el nieto de tu amo?»
Y Sibá le respondió:
«Se ha quedado en Jerusalén, pues pensó
que hoy le sería devuelto el reino que había
sido de su padre.»
4 Entonces el rey le dijo a Sibá:
«Te prometo que todas las posesiones de
Mefiboset serán para ti.»
Y Sibá, con una reverencia, respondió:
«Deseo ser siempre merecedor de la bon-
dad de Su Majestad.»
5 David siguió su camino, y llegó a un lu-
gar llamado Bajurín. Allí salió a su encuentro
Simey hijo de Gera, de la familia de Saúl, y al
ver a David lo maldijo
6 y arrojó piedras contra él y sus siervos,
pero todo el pueblo y los soldados más va-
lientes rodearon a David y lo protegieron
por todos los flancos,
7 aunque Simey seguía gritando y maldi-
ciendo:
«¡Largo de aquí, malvado asesino!
8 ¡El Señor te está cobrando la sangre que
derramaste de la familia de Saúl, en cuyo
lugar has reinado! ¡Por eso el Señor te ha
quitado el trono y se lo ha dado a tu hijo
Absalón! ¡Mírate ahora! ¡Eres un asesino, y te
ha alcanzado tu propia maldad!»
9 Entonces Abisay, el hijo de Seruyá, le dijo
al rey:
«¿Por qué permite Su Majestad que este
perro muerto le maldiga? Si Su Majestad me
lo permite, ¡le arrancaré la cabeza!»
10 Pero David le respondió:
«¿Qué les pasa a ustedes, hijos de Seruyá?
Si este hombre me maldice, es porque el
Señor se lo ha ordenado. Y si esto es así,
¿quién puede pedirle cuentas?»
11 Y a Abisay y a todos sus siervos les hizo
notar:
«Si mi propio hijo, a quien yo engendré,
busca matarme, ¿quién puede impedirle a
un benjaminita que lo haga? ¡Déjenlo que
me maldiga! Seguramente el Señor le ha or-
denado que lo haga.
12 Pero tal vez el Señor vea mi aflicción, y
convierta en bendición las maldiciones que
hoy recibo.»
13 Y mientras David y sus seguidores con-
tinuaban su camino, Simey iba delante del
rey, por la ladera del monte, gritando y mal-
diciendo, y arrojando piedras y lanzando
polvo al aire.
14 Finalmente, el rey y sus seguidores llega-
ron a cierto lugar, y como estaban fatigados
descansaron allí.
15 Ese día Absalón y todos sus hombres
entraron a Jerusalén, y con ellos entró Aji-
tofel.
16 Y cuando Jusay el arquita, que era amigo
de David, vio a Absalón, fue a su encuen-
tro y lo saludó gritando: «¡Viva el rey, viva
el rey!»
17 Cuando Absalón vio quién gritaba, le
dijo:
«¿Así es como agradeces la amistad de mi
padre? ¿Por qué no te fuiste con él?»
18 Y Jusay le respondió:
«Yo soy fiel al Señor y a quien él y su pue-
blo elija. Por eso decidí quedarme contigo.
19 ¿A quién debo servir, si no a ti? ¡Tú eres
su hijo, y te serviré como antes serví a tu
padre!»
20 Entonces Absalón llamó a Ajitofel y le
dijo:
«¿Qué me aconsejas que debemos hacer?»
21 Y Ajitofel le aconsejó:
«Ve al palacio de tu padre y acuéstate con
sus concubinas, las que se quedaron cui-
dando el palacio. Cuando el pueblo lo sepa,
pensará que tu padre te aborrecerá, y así la
gente se unirá más a ti.»
22 Se levantó entonces en la azotea una
tienda de campaña para Absalón, y éste se

---

[a] **16.1:** 2 S 9.9-10.

acostó con las concubinas de su padre a la vista de todo el pueblo.[b]

23 En aquellos días, los consejos de Ajitofel valían tanto como el consultar al Señor, y eran buenos tanto para David como para Absalón.

Consejos de Ajitofel y de Jusay

17 1 Entonces Ajitofel habló con Absalón, y le dijo:

«Voy a escoger a doce mil soldados, y esta misma noche iré en persecución de David.

2 Caeré sobre él ahora que está cansado y sin fuerzas. Lo atemorizaré, y cuando huyan los soldados que lo siguen, y el rey se quede solo, lo mataré.

3 Así haré que todo el pueblo se vuelva a ti, y cuando lo hagan, vivirán en paz, pues comprenderán que tú sólo quieres la vida del rey.»

4 Este consejo le pareció bien a Absalón y a todos los ancianos de Israel,

5 aunque Absalón le sugirió llamar a Jusay el arquita para conocer su opinión.

6 Y cuando Jusay se presentó ante Absalón, éste le dijo:

«Ajitofel me ha dado un consejo. ¿Tú qué opinas? ¿Debemos seguir su consejo, o no?»

7 Y Jusay le respondió:

«No te conviene seguir el consejo de Ajitofel.

8 Tú conoces a tu padre, y sabes que sus soldados son los más valientes y que su estado de ánimo está herido y busca la venganza. Es como una osa que ha perdido a sus cachorros. Sabes también que tu padre es un guerrero, y que no pasará la noche con el ejército

9 Tal vez esté escondido en alguna cueva, o en algún otro lugar. Si comienza venciendo a algunos de ellos, quienes lo sepan dirán: "¡Los soldados de Absalón fueron derrotados!"

10 Entonces hasta el soldado más valiente y bravo como león se llenará de temor, pues todo el pueblo sabe que tu padre es un valiente, y sabe también que sus hombres son gente aguerrida.

11 Yo te sugiero que reúnas a todo el ejército de Israel, desde Dan hasta Berseba, y que formen una multitud incontable como la arena del mar, y que tú mismo dirijas la batalla.

12 Entonces lo atacaremos dondequiera que se encuentre, y caeremos como el rocío sobre él y sus seguidores, y ninguno de ellos escapará.

13 Si acaso busca refugio en alguna ciudad, todo el ejército de Israel llevará sogas, y destruiremos la ciudad y arrastraremos las piedras hasta el río para que no quede una sola en su lugar.»

14 Absalón y todo su ejército consideraron que el consejo de Jusay el arquita era más atinado que el de Ajitofel. Y es que el Señor había decidido frustrar el acertado consejo de Ajitofel para preparar la caída de Absalón.

15 Después, Jusay fue con los sacerdotes Sadoc y Abiatar y les dio los pormenores del consejo de Ajitofel y lo que él mismo había aconsejado a Absalón.

16 Les recomendó salir cuanto antes y decirle a David que no pasara la noche en los vados del desierto, sino que cruzara el Jordán para que ni él ni sus seguidores corrieran peligro.

17 Mientras tanto, Jonatán y Ajimaz estaban escondidos cerca de la fuente de Roguel, y como no podían mostrarse entrando en la ciudad; una criada fue y les avisó lo que pasaba; entonces ellos salieron para poner sobre aviso al rey David.

18 Pero al salir ellos, un criado los vio y fue a decírselo a Absalón, así que ellos se dieron prisa y llegaron a la casa de un hombre en Bajurín, la cual tenía un pozo en el patio, y allí se escondieron.

19 La esposa de ese hombre sacó una manta, la extendió sobre la boca del pozo, y sin que nadie lo supiera colocó encima el trigo que habían trillado.

[b] **16.22:** 2 S 12.11-12

20 Cuando llegaron los hombres de Absa-
lón, preguntaron:
«¿Dónde están Ajimaz y Jonatán?»
La mujer les dijo:
«Ya han cruzado los vados del Jordán.»
Ellos de todos modos los buscaron, y
como no los hallaron se regresaron a Jeru-
salén.
21 En cuanto aquellos hombres se fueron,
Ajimaz y Jonatán salieron del pozo y corrie-
ron a decirle al rey David:
«¡Vamos, dense prisa para cruzar el Jor-
dán! ¡Ajitofel ha dado a Absalón un consejo
contra ustedes!»
22 Entonces David y todos sus hombres
fieles se apresuraron a cruzar el Jordán antes
de que amaneciera, y no hubo uno solo que
no cruzara el río.
23 Y cuando Ajitofel se dio cuenta de que
no se había seguido su consejo, preparó
su asno y salió de Jerusalén para irse a su
ciudad, y cuando llegó a su casa la puso
en orden, y luego fue y se ahorcó. Así fue
como murió, y lo enterraron en el sepulcro
de su padre.
24 David llegó a Majanayin, mientras Absa-
lón cruzaba el Jordán con todos sus segui-
dores israelitas.
25 En lugar de Joab, Absalón puso como
jefe de su ejército a Amasa hijo de Itra, de Is-
rael. Itra había tenido relaciones con Abigaíl,
que era hija de Najás, hermana de Seruyá y
madre de Joab.
26 Después de cruzar el Jordán, Absalón
acampó en las tierras de Galaad, con los is-
raelitas que lo acompañaban.
27 Cuando David llegó a Majanayin, lo
recibieron Sobi hijo de Najás, que era de
Rabá de Amón; Maquir hijo de Amiel, de
Lodebar; y Barzilay, el galaadita de Ro-
guelín.
28 Éstos llevaron, para David y sus hom-
bres, camas, tazas, vasijas de barro, trigo, ce-
bada, harina, grano tostado, habas, lentejas,
garbanzos tostados,
29 miel, manteca, ovejas, y quesos de vaca,
para que comieran, pues sabían que estaban
cansados, hambrientos y sedientos por ha-
ber cruzado el desierto.

Muerte de Absalón

18 1 David pasó revista a sus sol-
dados, y al frente de ellos puso
comandantes de mil y de cien
hombres.
2 Una tercera parte del ejército la puso
bajo el mando de Joab; otra tercera parte la
puso bajo el mando de Abisay, que era hijo
de Seruyá y hermano de Joab; y la otra ter-
cera parte la puso bajo el mando de Itay el
guitita. A todo el ejército le dijo:
«También yo iré con ustedes.»
3 Pero sus hombres objetaron:
«Tú no debes venir con nosotros. A ellos
no va a importarles si nosotros huimos, o si la
mitad de nuestro ejército cae en batalla; tú, en
cambio, vales más que diez mil de nosotros. Lo
mejor es que tú nos apoyes desde la ciudad.»
4 El rey les dijo:
«Voy a seguir su consejo.»
Y se quedó a la entrada de la ciudad,
mientras su ejército salía en escuadrones de
cien y de mil soldados.
5 A Joab, Abisay e Itay les ordenó que, por
amor a él, trataran con bondad a su hijo
Absalón. Y todos los soldados escucharon
lo que el rey ordenó a los capitanes acerca
de Absalón.
6 Luego, el ejército de David salió para lu-
char contra los israelitas, y la batalla se libró
en el Bosque de Efraín.
7 El ejército de David arremetió con fuerza
contra el ejército de Absalón y les causó una
matanza como de veinte mil hombres.
8 La lucha se generalizó por todo el país,
pero fueron más las muertes causadas por
el bosque que las causadas por la espada.
9 En cierto momento Absalón, que mon-
taba un mulo, se enfrentó con los hombres
de David, pero el mulo se metió por debajo
de las espesas ramas de una encina, y el ca-
bello de Absalón se enredó en la encina, y
Absalón quedó suspendido en el aire, mien-
tras que el mulo siguió adelante.

10 Uno de los soldados de Joab lo vio, y fue
a decirle a Joab que había visto a Absalón
pendiendo de una encina.

11 Entonces Joab le dijo:

«Si lo viste, ¿por qué no le diste muerte y lo derribaste? Me hubiera gustado darte diez monedas de plata y un buen cinturón.»

12 Pero el soldado le respondió:

«Aun si me hubieras ofrecido mil monedas de plata, yo no las habría aceptado, pues jamás atentaría contra la vida del hijo del rey. Nosotros oímos cuando el rey les ordenó, a ti, a Abisay y a Itay, no hacerle daño al joven Absalón.

13 Además, yo habría puesto en peligro mi
vida, pues al rey nada se le escapa, y tú mismo te habrías puesto en contra mía.»

14 Joab le respondió:

«No voy a perder mi tiempo contigo.»

Y al ver que Absalón pendía de la encina y aún estaba con vida, tomó tres dardos y se los clavó a Absalón en el corazón.

15 Diez jóvenes escuderos que acompañaban a Joab, cuando vieron herido a Absalón, lo rodearon y lo remataron.

16 Entonces Joab ordenó que tocaran la
trompeta para que sus soldados se detuvieran y dejaran de perseguir a los israelitas,
17 los cuales huyeron a sus casas. Luego,
los hombres de Joab cavaron un gran hoyo en el bosque, y allí arrojaron el cuerpo de Absalón y lo cubrieron con muchas piedras.

18 Cuando Absalón vivía, levantó una torre
en el valle del rey, a la cual le puso su nombre para que el pueblo lo recordara, pues dijo: «Yo no tengo ningún hijo que perpetúe mi nombre.» Hasta el día de hoy, esa torre es conocida como «la torre de Absalón».

19 Ajimaz hijo de Sadoc fue a preguntarle
a Joab:

«¿Debo correr y llevarle la noticia al rey de que el Señor lo ha librado de sus enemigos?»

20 Y Joab le respondió:

«No conviene que vayas hoy. Es mejor que vayas otro día, pues la noticia es que el hijo del rey ha muerto.»

21 Joab llamó entonces a un etíope, y le
ordenó ir ante el rey y contarle lo que había visto. El etíope hizo una reverencia y salió corriendo.

22 Pero Ajimaz hijo de Sadoc insistió y le
dijo a Joab:

«De todos modos, también yo voy a ir detrás del etíope.»

Joab le dijo:

«Hijo mío, ¿y para qué vas a ir tú? ¡Por estas noticias no vas a recibir ningún premio!»

23 Pero Ajimaz respondió:

«No importa. Creo que debo ir.»

Entonces Joab le dijo:

«Adelante, pues.»

Y Ajimaz salió corriendo, y en la llanura se adelantó al etíope.

24 David estaba sentado entre las dos
puertas de la ciudad cuando el atalaya subió a la torre sobre la puerta de la muralla. De pronto, vio que alguien venía solo y corriendo hacia la ciudad.

25 Entonces gritó desde allí para que el rey
supiera lo que estaba viendo, y David dijo: «Si viene solo, trae buenas nuevas.»

Mientras el mensajero se iba acercando,
26 el atalaya vio que otro hombre corría
detrás del primero, y se lo dijo al guardián. Cuando el rey supo que otro hombre venía corriendo solo, dijo: «Ése es otro mensajero.»

27 En cuanto el primero se acercó más, el
atalaya lo reconoció y dijo:

LECCIONES **LA PENA DE UN PADRE**

(2 Samuel 18.33)

David retomó su reino, pero no pudo ser feliz porque Absalón había muerto. David también sabía que no les había mostrado a sus hijos cómo ser hombres piadosos. Cuando sus hijos observaban la manera en que él vivía, veían cosas buenas y cosas malas. Cuando otras personas observan la manera en que vives, ¿ven cosas buenas o cosas malas? Haz que tu vida sea un buen ejemplo a seguir para los demás.

«Por su forma de correr, creo que es Ajimaz hijo de Sadoc.»

Entonces el rey dijo:

«Si es Ajimaz, seguramente trae buenas noticias, pues es un buen hombre.»

28 Cuando Ajimaz llegó, se inclinó ante el rey, le deseó paz y le dijo:

«Bendito sea el Señor tu Dios, porque ha entregado a los hombres que se habían sublevado contra Su Majestad.»

29 El rey preguntó:

«¿El joven Absalón está bien?»

Y Ajimaz respondió:

«Cuando Joab envió al otro mensajero y a mí, vi que había una gran confusión, pero no supe de qué se trataba.»

30 El rey ordenó a Ajimaz pasar y esperar un poco. Y Ajimaz se quedó de pie.

31 En ese momento llegó el etíope, y dijo:

«¡Buenas noticias para Su Majestad! Hoy el Señor ha defendido tu causa, y han muerto los que se habían rebelado contra ti.»

32 El rey le preguntó:

«El joven Absalón, ¿se encuentra bien?»

Y el etíope respondió:

«¡Que todos los enemigos de Su Majestad, y todos los que se subleven contra Su Majestad y busquen su mal, acaben como ese joven!»

33 El rey se estremeció, y mientras subía a su cuarto, se echó a llorar y decía:

«¡Hijo mío, Absalón! ¡Hijo mío, Absalón! ¡Cómo quisiera yo haber muerto en tu lugar, Absalón, hijo mío!»

David vuelve a Jerusalén

19 1 Joab se enteró de que el rey lloraba la muerte de Absalón y le guardaba luto,

2 *y de que la victoria de ese día se había* convertido en día de luto para el pueblo, pues todos sabían que el rey sufría mucho por la muerte de su hijo.

3 También se enteró de que el ejército que regresaba entró a la ciudad en completo silencio y a escondidas, como los que avergonzados huyen de la batalla,

4 mientras el rey se cubría el rostro y clamaba: «¡Hijo mío, Absalón! ¡Hijo mío, hijo mío!»

5 Entonces Joab se dirigió al palacio, y le dijo al rey:

«Hoy has cubierto de vergüenza a todos tus siervos, los cuales han luchado por salvarte la vida, y la vida de tus hijos y de tus hijas, y la de tus mujeres y concubinas.

6 Con tus lamentos nos demuestras que amas a los que te aborrecen, y aborreces a los que te aman. Con tus lamentos nos das a entender que ninguno de nosotros te importa nada, y que si Absalón estuviera vivo y nosotros muertos, tú estarías feliz.

7 Levántate ahora mismo y ve a hablar con los hombres que te han sido fieles. Agradéceles su esfuerzo. Te juro que, si no lo haces, esta misma noche no quedará un solo hombre que te apoye. ¡Y eso será peor que todos los males que te hayan ocurrido desde tu juventud hasta la fecha!»

8 El rey se levantó y fue hasta la puerta. Y cuando su ejército supo que el rey estaba sentado a las puertas de la ciudad, todos fueron a ponerse a sus órdenes. Mientras tanto, los israelitas habían huido, cada uno a su casa.

9 Entre las tribus de Israel se suscitó una gran disputa, pues decían:

«El rey que luchó contra nuestros enemigos, y que nos libró de los filisteos, ahora ha huido del país por miedo a Absalón.

10 Y Absalón, a quien habíamos consagrado como rey, ha muerto en la batalla. ¿Por qué no se pronuncian en favor de que el rey David regrese?»

11 El rey David, por su parte, mandó a los sacerdotes Sadoc y Abiatar a que preguntaran a los ancianos de Judá:

«Todo Israel está pidiendo que el rey David vuelva. ¿Qué esperan ustedes para hacerlo volver? ¿Por qué tienen que ser los últimos?

12 Ustedes son sus hermanos. ¡Por sus venas corre la misma sangre! ¿Por qué retrasan su decisión para hacer que el rey vuelva?»

[13] También les ordenó que le dijeran a
Amasa:
«Tú y yo somos de la misma sangre. Que
el Señor me castigue, y más todavía, si a par-
tir de este momento no te nombro general
de mi ejército en lugar de Joab.»
[14] Con esto David se ganó la voluntad de
todos los hombres de Judá, y como un solo
hombre le mandaron un mensaje invitándo-
lo a volver, junto con todos sus seguidores.
[15] Así el rey regresó, y llegó hasta el Jordán.
Entonces los de Judá fueron a Gilgal para re-
cibirlo y ayudarlo a cruzar el río.
[16] Con ellos fue Simey[a] hijo de Gera, de la
familia de Benjamín que vivía en Bajurín, el
cual se dio prisa para alcanzar a los hombres
de Judá que iban a recibir al rey David.
[17] Simey iba acompañado de mil benjami-
nitas, y también lo acompañaba Sibá, que
con sus quince hijos y sus veinte sirvientes
había estado al servicio de Saúl. Todos ellos
precedieron al rey para cruzar el Jordán.
[18] Ayudaron a la familia del rey a cruzar
el vado, y se pusieron a su disposición. Una
vez que el rey cruzó el Jordán, Simey fue y se
arrodilló delante de él
[19] y le dijo:
«Ruego a Su Majestad no tomar en cuen-
ta el mal proceder de este siervo suyo, ni
acordarse de mi maldad cuando Su Majes-
tad salía de Jerusalén. Por favor, ¡no me guar-
de rencor!
[20] Reconozco mi pecado, y por eso he sido
el primero de toda la familia de José en salir
a recibir a mi señor el rey.»
[21] Abisay hijo de Seruyá objetó:
«¡Simey merece la muerte, pues maldijo al
ungido del Señor!»
[22] Pero David dijo:
«¿Qué mal les he hecho, hijos de Seruyá,
para que hoy se pongan en contra mía?
¿Acaso alguien tiene que morir hoy en Israel,
y yo, que soy el rey, no lo sé?»
[23] Y a Simey le dijo:
«Te juro que no vas a morir.»
[24] Tambien salió a recibirlo Mefiboset[b] hijo
de Saúl, quien desde el día en que el rey salió
de Jerusalén y hasta que el rey regresó en
paz no se había lavado los pies, ni se había
cortado la barba, ni había lavado su ropa.
[25] Y cuando Mefiboset fue a Jerusalén
para recibir al rey, éste le preguntó:
«Mefiboset, ¿por qué no te fuiste conmigo?»
[26] Y Mefiboset le respondió:
«Su Majestad, ¡mi criado me engañó!
Como soy cojo, yo le había ordenado que
me aparejara un asno, pues había decidido
acompañarte.
[27] Creo que mi sirviente te ha hablado mal
de mí, pero acepto que hagas conmigo lo
que bien te parezca, pues para mí tú eres un
ángel de Dios.
[28] Comprendo que, a los ojos de Su Ma-
jestad, todos los descendientes de mi padre
merecían la muerte; sin embargo, tú me
permitiste comer a tu mesa. ¿Con qué dere-
cho puedo reclamarle algo a Su Majestad?»
[29] Entonces el rey dijo:
«¿Para qué seguir hablando? Yo he decidi-
do que tú y Sibá se dividan las tierras.»
[30] Pero Mefiboset replicó:
«Por mí, él se puede quedar con todo.
A mí me basta con que Su Majestad haya
vuelto a su palacio en paz.»
[31] También Barzilay[c] el galaadita fue desde
Roguelín hasta el Jordán, y lo atravesó para
encontrarse con el rey y acompañarlo al
otro lado del río.
[32] Barzilay era ya muy anciano, pues tenía
ochenta años, y cuando el rey estuvo en
Majanayin él le había dado provisiones, pues
era muy rico.
[33] Entonces el rey le dijo a Barzilay:
«Ven conmigo a Jerusalén, y yo te daré
todo lo que te haga falta.»
[34] Pero Barzilay le respondió:
«¿Cuántos años crees que podré vivir
contigo en Jerusalén?
[35] Ya tengo ochenta años de edad. ¿Crees
que sabré distinguir entre lo que es agrada-
ble y lo que no lo es? ¿Crees que podré apre-
ciar la comida o la bebida? ¿Crees que podré

[a] **19.16:** 2 S 16.5-13. [b] **19.24:** 2 S 9.1-13; 16.1-4. [c] **19.31:** 2 S 17.27-29.

escuchar mejor a tus cantores y cantoras? No quiero ser una carga para mi señor, el rey.
36 Sólo te acompañaré un poco más allá del Jordán. ¿Por qué tendrías que darme una mayor recompensa?
37 Te ruego que me permitas regresar a mi ciudad para morir allá, junto al sepulcro de mis padres. Pero aquí está tu siervo Quimán. Permítele acompañarte, y trátalo como mejor te parezca.»
38 El rey aceptó, y dijo:

«Que venga conmigo. Lo voy a tratar como si fueras tú mismo, y haré con él todo lo que me pidas que haga.»
39 Entonces todo el pueblo cruzó el Jordán, y en cuanto el rey lo cruzó, besó a Barzilay y lo bendijo, y éste regresó a su ciudad.
40 El rey se dirigió a Gilgal, acompañado de Quimán y de todos los de Judá, y de la mitad del pueblo de Israel.
41 Pero después los israelitas fueron a ver al rey, y le preguntaron:

«¿Por qué permitiste que nuestros hermanos de Judá te acompañaran para cruzar el Jordán contigo, junto con tu familia y con todo tu ejército?»
42 Y los jefes de Judá les respondieron:

«Lo hicimos porque el rey también es pariente nuestro. Pero, ¿por qué se enojan? ¿Acaso piensan que lo hicimos porque el rey nos dio de comer? ¿Creen que recibimos algún regalo por acompañarlo?»
43 Y los israelitas dijeron:

«Nosotros tenemos diez veces más derecho que ustedes para que David sea nuestro rey. ¿Por qué nos han menospreciado? Recuerden que nosotros fuimos los primeros en decidir que él regresara.»

Pero los argumentos de los hombres de Judá tuvieron más fuerza que los de los israelitas.

Sebá se subleva

20 1 Allí se encontraba un malvado benjaminita, llamado Sebá hijo de Bicri, el cual tocó la trompeta y dijo:

«Nosotros no tenemos nada que ver con David hijo de Yesé, ni participaremos de sus propiedades. Israelitas, ¡volvamos a nuestras casas!»[a]
2 Entonces todos los israelitas abandonaron a David y siguieron a Sebá hijo de Bicri, pero los de Judá acompañaron al rey desde el Jordán hasta Jerusalén.
3 Al llegar a su palacio en Jerusalén, David apartó a las diez concubinas[b] que había dejado para cuidar la casa y las puso en reclusión. No dejó de alimentarlas, pero nunca más tuvo relaciones con ellas, sino que se quedaron encerradas de por vida, como si fueran viudas.
4 Después de esto, el rey le ordenó a Amasa:

«Convoca a los jefes de Judá para dentro de tres días. Y quiero que tú estés presente.»
5 Amasa salió para convocar a los jefes de Judá, pero se tardó más del tiempo señalado.
6 Entonces David le dijo a Abisay:

«Ahora Sebá hijo de Bicri puede resultarnos más perjudicial que Absalón. Es mejor que busques a algunos hombres de mi guardia personal y vayas tras él, no sea que busque refugio en alguna ciudad fortificada y nos cause dificultades.»
7 Entonces los soldados de Joab salieron de Jerusalén en persecución de Sebá hijo de Bicri, acompañados de los cretenses, los peleteos y los mejores soldados del rey.
8 Cuando llegaron cerca de la gran piedra que está en Gabaón, Amasa les salió al encuentro. Joab llevaba puesta su ropa de batalla, con una daga ceñida al cinto, la cual se le cayó al suelo mientras iba a encontrarse con Amasa.
9 Y Joab le preguntó:

«¡Hola, hermano mío! ¿Todo está en orden?»

Acto seguido, Joab tomó a Amasa por la barba, como para besarlo.
10 Pero Amasa no se dio cuenta de la daga que Joab tenía en la mano, y Joab se la

[a] **20.1:** 1 R 12.16; 2 Cr 10.16. [b] **20.3:** 2 S 16.22.

hundió en la quinta costilla, y sus entrañas quedaron regadas por el suelo. La herida fue mortal, y Joab no tuvo que rematarlo.

Después de eso, Joab y su hermano Abisay siguieron persiguiendo a Sebá.

[11] Uno de los soldados de Joab se puso a su lado y dijo:

«Todos los que estén de parte de David y Joab, sigan a Joab.»

[12] Mientras tanto, Amasa se revolcaba en su sangre a la mitad del camino, y los que pasaban se detenían para verlo, hasta que un hombre arrastró el cuerpo fuera del camino y lo cubrió con un manto.

[13] Entonces los seguidores de Joab pudieron avanzar y se fueron en persecución de Sebá hijo de Bicri.

[14] Sebá pasó por todas las tribus de Israel, hasta llegar a Abel Betmacá, y los habitantes de Barim se le unieron.

[15] Cuando la gente de Joab llegó a la ciudad, sitiaron a Sebá en Abel Betmacá; levantaron un baluarte para atacar la ciudad, y procuraban derribar las murallas.

[16] Entonces una mujer muy astuta gritó desde la ciudad:

«¡Por favor, escúchenme! ¡Por favor, díganle a Joab que venga! ¡Necesito hablar con él!»

[17] Cuando Joab se acercó, la mujer le preguntó si en efecto era Joab. Éste le respondió que sí, y ella le dijo:

«¡Por favor, escucha lo que te voy a decir!»

Y él respondió:

«Te escucho.»

[18] Entonces ella añadió:

«Nuestros antepasados solían decir: "Quien quiera preguntar algo, que pregunte a los de Abel", y así resolvían cualquier asunto.

[19] Yo soy una mujer de paz, y fiel a Israel; tú, en cambio, quieres destruir esta ciudad, que es como una madre en Israel. ¿Por qué *quieres destruir* lo que el Señor mismo nos ha dado?»

[20] Y Joab le respondió:

«Lejos esté de mí destruir y deshacer tu ciudad.

[21] Pero hay un problema. Aquí está Sebá hijo de Bicri, que vino de los montes de Efraín. Este malvado se ha sublevado contra el rey David. Si me lo entregan, ordenaré levantar el sitio y nos iremos de la ciudad.»

Y la mujer le respondió:

«Te aseguro que arrojaremos su cabeza desde la muralla.»

[22] Entonces la mujer fue a hablar con todo el pueblo y astutamente los convenció para que le cortaran la cabeza a Sebá hijo de Bicri y se la entregaran a Joab. Ellos así lo hicieron, y desde la muralla le arrojaron a Joab la cabeza de Sebá. Entonces Joab dio el toque de retirada, y todos se fueron a su tienda de campaña, mientras que Joab se fue a Jerusalén para informar al rey.

Oficiales de David

(2 S 8.15-18; 1 Cr 18.14-17)

[23] Fue así como Joab afirmó su mando sobre todo el ejército de Israel, mientras que Benaías hijo de Joyadá quedó al frente de los cretenses y los peleteos.

[24] Adorán quedó a cargo de los tributos, Josafat hijo de Ajilud quedó como cronista,

[25] Sevá quedó como escriba, y Sadoc y Abiatar como sacerdotes.

[26] También Ira el jaireo era sacerdote de David.

Venganza de los gabaonitas

21 [1] En esos días hubo una hambruna que duró tres años seguidos. David consultó al Señor por esto, y el Señor le dijo:

«De esto tienen la culpa Saúl y su familia de asesinos, pues mataron a los gabaonitas.»

[2] Los gabaonitas no eran israelitas, sino un remanente de los amorreos, pero los israelitas habían hecho un pacto[a] con ellos. Sin embargo, en su celo por los israelitas y los de Judá, Saúl había procurado matarlos. Por eso el rey David fue a hablar con ellos,

[a] **21.2:** Jos 9.3-15.

PROMESAS PODEROSAS

2 SAMUEL 22.4

Yo te invoco, Señor, porque sólo tú eres digno de alabanza; ¡tú me salvas de mis adversarios!

Puedes encontrar este mismo canto de alabanza en el Salmo 18. David alabó a Dios por haber derrotado a sus enemigos. Sus palabras muestran que Dios es fiel para cuidar de su pueblo, sea lo que sea que les ocurra.

3 y les preguntó:
«¿Qué puedo hacer por ustedes? ¿Cómo
puedo resarcirlos, para que bendigan al pue-
blo del Señor?»
4 Los gabaonitas le respondieron:
«No nos interesan el oro y la plata de Saúl
y de su familia, ni tampoco queremos que
muera nadie en Israel.»
Pero el rey insistió:
«Pídanme lo que quieran, y yo se lo daré.»
5 Entonces ellos dijeron:
«De ese hombre que quiso destruir a
nuestra familia y que pensaba borrarnos de
todo Israel,
6 queremos que nos des siete de sus hijos.
Queremos ahorcarlos delante del Señor en
Gabaa de Saúl, el que fue elegido del Señor.»
El rey les dijo:
«Los tendrán.»
7 Como David y Jonatán se habían hecho
un juramento delante del Señor, el rey per-
donó a Mefiboset, el que era hijo de Jonatán
y nieto de Saúl,[b]
8 pero entregó a los gabaonitas a los cinco
hijos que Merab[c] *hija de Saúl* había tenido
con Adriel hijo de Barzilay, el mejolatita, y
además a Armoni y al otro Mefiboset, que
eran los dos hijos que Saúl había tenido con
Rispá, la hija de Ayá.
9 En cuanto los gabaonitas recibieron a
esos siete varones, los llevaron al monte y
delante del Señor los ahorcaron. Esto suce-
dió durante los primeros días de la cosecha
de cebada.
10 Rispá, la hija de Ayá, tomó un cilicio y
se acostó sobre él; lo tendió sobre una roca,
y allí estuvo acostada, desde el inicio de la
cosecha hasta que llegaron las lluvias, vigi-
lando de día y de noche que no se acercaran
las aves de rapiña ni las fieras salvajes.
11 Cuando David supo lo que estaba ha-
ciendo Rispá, hija de Ayá y concubina de Saúl,
12 decidió ir con los habitantes de Jabés
de Galaad a recuperar los huesos de Saúl
y de su hijo Jonatán, pues ellos los habían
descolgado de la plaza de Betsán, donde los
filisteos los habían colgado cuando mataron
a Saúl en Gilboa.[d]
13 En cuanto David recuperó los huesos,
ordenó que se los llevaran, junto con los
huesos de los siete ahorcados,
14 y que los sepultaran en el sepulcro de
Cis, el padre de Saúl. Todo fue hecho tal y
como el rey lo dispuso, y después de esto
Dios se compadeció del país.

Abisay libra a David del gigante

15 Los filisteos volvieron a pelear contra Is-
rael, así que David y sus soldados presentaron
batalla contra los filisteos, pero él se cansó.
16 Un descendiente de los gigantes, lla-
mado Isbibenob, que portaba una lanza
de bronce de más de treinta kilos y llevaba
una espada nueva al cinto, trató de matar
a David;
17 pero Abisay hijo de Seruyá lo vio y fue
en su ayuda, e hirió de muerte al filisteo.
Entonces los hombres de David le dijeron:
«De ahora en adelante, no volverás a salir
con nosotros a la guerra; no vaya a ser que
se apague la luz que alumbra a Israel.»

Los hombres de David matan a los gigantes

(1 Cr 20.4-8)

18 Tiempo después hubo en Gob otra
guerra contra los filisteos. En esa guerra,

[b]**21.7:** 1 S 20.15-17; 2 S 9.1-7. [c]**21.8:** 1 S 18.19. [d]**21.12:** 1 S 31.8-13.

Sibecay el husatita mató a Saf, que era descendiente de los gigantes.

19 Y en otra guerra contra los filisteos, que se libró también en Gob, Eljanán hijo de Yaré Oreguín, de Belén, mató a Goliat de Gat, cuya lanza pesaba lo que un rodillo de telar.

20 Después, hubo otra guerra en Gat, donde había un gigante con doce dedos en las manos y doce dedos en los pies. También éste descendía de los gigantes,

21 y se atrevió a desafiar al ejército de Israel, pero le dio muerte Jonatán hijo de Simea, que era hermano de David.

22 Estos cuatro hombres, que descendían de los gigantes de Gat, sucumbieron a manos de David y de sus siervos.

Cántico de liberación de David

(Sal 18 título, 1-50)

22 1 David dedicó este cántico al Señor cuando el Señor lo libró de Saúl y de todos sus enemigos.

2 Éstas son sus palabras:

«Señor, tú eres mi roca y mi fortaleza
¡eres mi libertador!
3 Dios mío, tú eres mi fuerza;
¡en ti confío!
Eres mi escudo, mi poderosa salvación,
¡mi alto refugio!
Salvador mío, tú me salvas de la
violencia.
4 Yo te invoco, Señor,
porque sólo tú eres digno de alabanza;
¡tú me salvas de mis adversarios!

5 »Los lazos de la muerte me rodearon;
¡me arrolló un torrente de perversidad!
6 Los lazos del sepulcro me rodearon;
¡me vi ante las trampas de la muerte!
7 Pero en mi angustia, Señor, a ti clamé;
a ti, mi Dios, pedí ayuda;
y desde tu templo me escuchaste;
¡mis gemidos llegaron a tus oídos!

8 »La tierra tembló y se estremeció;
los cimientos de los cielos se cimbraron;
¡se sacudieron por la indignación del
Señor!
9 Humo salía de su nariz
y de su boca brotaba fuego destructor;
¡su furor inflamaba los carbones!
10 Inclinó los cielos, y bajó;
a sus pies había densas tinieblas.
11 Montó sobre un querubín, y voló;
¡voló sobre las alas del viento!
12 Se envolvió en un manto de sombras;
entre grises nubes, cargadas de agua.

PROMESAS PODEROSAS

2 SAMUEL 22.31

El camino de Dios es perfecto; la palabra del Señor, acrisolada; Dios es el escudo de los que en él confían.

¿Conoces a alguien que siempre tiene la razón? El canto de David declara que Dios siempre tiene la razón y es siempre digno de confianza. Lo mejor de todo es que Él siempre está dispuesto a proteger a su pueblo.

EL CORAZÓN DE DAVID *(2 Samuel 22.22)*

David dijo: "He hecho todo lo posible por hacer las cosas bien". Él sabía que no era perfecto, pero también sabía que se esforzaba al máximo por obedecer a Dios. David escribió muchos de los salmos en el libro de Salmos. Cuando los leas, verás cuánto David amaba a Dios. ¿Cómo muestras tú tu amor por Dios? Puedes decir como dijo David que te has esforzado al máximo por obedecer a Dios?

[13] ¡De su deslumbrante presencia
salieron
ardientes ascuas que cruzaron las
nubes!

[14] »El Señor lanzó un poderoso trueno;
el Altísimo dejó escuchar su voz.
[15] Lanzó sus flechas, y los dispersó;
¡lanzó relámpagos, y acabó con ellos!
[16] El Señor dejó oír su reprensión,
¡y a la vista quedó el fondo de las
aguas!
De su nariz salió un intenso soplo,
¡y a la vista quedaron los cimientos del
mundo!

[17] »Desde lo alto el Señor me tendió la
mano
y me rescató de las aguas tumultuosas;
[18] ¡me libró de los poderosos enemigos
que me odiaban y eran más fuertes
que yo!
[19] Me atacaron en el día de mi desgra-
cia,
pero el Señor me dio su apoyo;
[20] me llevó a un terreno espacioso,
y me salvó, porque se agradó de mí.
[21] El Señor me premió porque soy justo;
¡porque mis manos están limpias de
culpa!

[22] »Yo he seguido los caminos del
Señor,
y ningún mal he cometido contra mi
Dios.
[23] Tengo presentes todos sus decretos,
y no me he apartado de sus estatutos.
[24] Con él me he conducido rectamente,
y me he alejado de la maldad;
[25] el Señor ha visto la limpieza de mis
manos,
y por eso ha recompensado mi justicia.

[26] »Señor, tú eres fiel con el que es fiel,
e intachable con el que es intachable.
[27] Juegas limpio con quien juega limpio,
pero al tramposo le ganas en astucia.
[28] Tú salvas a los humildes,
pero humillas a los soberbios.
[29] Señor, mi Dios,
tú mantienes mi lámpara encendida;
¡tú eres la luz de mis tinieblas!
[30] ¡Con tu ayuda, mi Dios,
puedo vencer ejércitos y derribar
murallas!

[31] »El camino de Dios es perfecto;
la palabra del Señor, acrisolada;
Dios es el escudo de los que en él
confían.
[32] ¡Aparte del Señor, no hay otro Dios!
¡Aparte de nuestro Dios, no hay otra
Roca!
[33] Dios es *quien me infunde fuerzas*;
Dios es quien endereza mi camino;
[34] Dios es quien me aligera los pies,
y me hace correr como un venado.[a]
Dios es quien me afirma en las alturas;
[35] Dios adiestra mis manos para el
combate,

PROMESAS PODEROSAS

2 SAMUEL 23.5

Así tratará Dios a mis descendientes, porque él ha hecho conmigo un pacto eterno; todo está estipulado, y será cumplido. ¡Dios siempre me dará la victoria y dará cumplimiento a mis deseos!

Estas son algunas de las últimas palabras que pronunció David antes de morir. Muestran su fuerte confianza en Dios. Él sabía que Dios cumpliría su parte del acuerdo que había hecho con David muchos años antes (lee 2 Samuel 7). Más de mil años después, Dios cumplió su promesa al enviar a su Hijo, Jesús. ¡Puedes confiar que Dios cumplirá sus promesas!

[a] **22.34:** Hab 3.19.

PALABRAS CON PODER

LOS VALIENTES DE DAVID
(2 Samuel 23.8)

La valentía, la fidelidad y la humildad de David inspiraban a otros a ser fieles y humildes. Estas personas ayudaron al rey David y de esa manera fue posible que él fuera un gran rey. Si tú fueras un líder, ¿querrían seguirte las personas? ¿Querrían ayudarte? ¿Cómo puedes animar a tus amigos a ser fieles a Dios?

y me da fuerzas para tensar el arco de
bronce.

36 »Tú me diste el escudo de tu salvación,
y con tu bondad me engrandeciste.
37 Me pusiste sobre un terreno espacioso,
para que mis pies no resbalaran.
38 Así pude perseguir y alcanzar a mis
adversarios,
¡y no volví hasta haberlos exterminado!
39 Los herí, y ya no se levantaron;
¡quedaron tendidos debajo de mis pies!

40 »Tú me infundiste fuerzas para la
batalla,
para vencer y humillar a mis adversarios.
41 Tú los hiciste ponerse en retirada,
y así acabé con los que me odiaban.
42 Clamaron a ti, Señor, pero no los
atendiste;
¡no hubo nadie que los ayudara!
43 Los hice polvo, los deshice como a
terrones;
¡los pisoteé como al lodo en las calles!
44 Tú me libraste de un pueblo rebelde,
y me pusiste al frente de las naciones.
Gente que yo no conocía, viene a
servirme;
45 gente extraña me rinde homenaje;
¡apenas me escuchan, me obedecen!
46 ¡Gente de otros pueblos se llena de
miedo
y sale temblando de sus escondites!

47 »¡Viva el Señor! ¡Bendita sea mi roca!
¡Exaltado sea el Dios de mi salvación!
48 Es el Dios que vindica mis agravios
y somete a las naciones bajo mis pies.
49 Es el Dios que me libra de mis adversarios,
que me eleva por encima de mis
oponentes,
¡que me pone a salvo de los violentos!
50 Por eso alabo al Señor entre los
pueblos,
y canto salmos a su nombre.[b] 1 Cr 16.7-43
51 El Señor da la victoria al rey;
siempre es misericordioso con su
ungido,
con David y con sus descendientes.»

Últimas palabras de David

23 [1] Éstas son las últimas palabras
de David, el hijo de Yesé. Así
se expresó el dulce cantor de
Israel, el hombre exaltado y ungido por el
Dios de Jacob:

2 El espíritu del Señor ha hablado por mí;
ha usado mi lengua para comunicar su
palabra.
3 Así ha dicho el Dios de Israel;
así me ha hablado la Roca de Israel:

«Un hombre justo y temeroso de Dios
establecerá su reino entre los hombres.
4 Será como la luz de la mañana,
como el sol brillante de un claro
amanecer,
¡como la lluvia que hace renacer la
hierba!
5 Así tratará Dios a mis descendientes,
porque él ha hecho conmigo un pacto
eterno;
todo está estipulado, y será cumplido.

[b] **22.50:** Ro 15.9.

¡Dios siempre me dará la victoria
y dará cumplimiento a mis deseos!
6 Los malvados son como espinos sin
raíz,
que nadie se atreve a levantar del suelo,
7 pero que si alguien quiere tocarlos,
lo hace con una espada o una lanza
y les prende fuego hasta consumirlos.»

Los valientes de David

(1 Cr 11.10-47)

8 Éstos son los nombres de los soldados más valientes con que contaba David:

Yoseb Basébet el tacmonita, principal de los capitanes.

Adino el eznita, que mató a ochocientos hombres en una sola batalla.

9 Le seguía Eleazar hijo de Dodo el ajojita, que fue uno de los tres más valientes que se quedaron con David cuando desafiaron a los filisteos que estaban listos para la batalla, y los soldados de Israel se habían retirado.

10 Eleazar se mantuvo firme y luchó con energía contra los filisteos hasta que el brazo se le cansó y la espada se le quedó pegada a la mano. Aquel día, el Señor les dio una gran victoria, y cuando el ejército lo supo, regresó al campo de batalla sólo para recoger el botín de guerra.

11 Le seguía Samá hijo de Age, el ararita. Los filisteos se reunieron en Lehí, donde había un sembradío de lentejas, y el ejército israelita huyó por temor a los filisteos.

12 Pero Samá se paró en medio de ese terreno y lo defendió; derrotó a los filisteos, y el Señor les dio una gran victoria.

13 Cuando llegó el tiempo de la cosecha, tres de los treinta jefes se encontraron con David en la cueva de Adulán, mientras los filisteos acampaban en el valle de Refayin.

14 David estaba en una fortaleza, y los filisteos tenían una guarnición en Belén;

15 y como David tenía mucha sed, dijo: «¡Cómo quisiera beber un poco de agua, del pozo que está a la entrada de Belén!»

16 Entonces los tres valientes irrumpieron en el campamento filisteo y sacaron agua del pozo de Belén, y se la llevaron a David, pero él no la quiso, sino que la derramó en el suelo como ofrenda al Señor, y dijo:

17 «¡Que el Señor me libre de hacer esto! ¡Sería como si bebiera la sangre de estos valientes, que pusieron en peligro su vida!» Y no la quiso beber. Tal fue la hazaña de esos tres valientes.

18 Abisay, el hermano de Joab hijo de Seruyá, era el más valiente de los treinta. Lo demostró al matar con su lanza a trescientos guerreros. Con esto se hizo famoso entre los tres.

19 Era, de hecho, el más famoso de los treinta, y llegó a ser su jefe, pero no llegó a igualar a los tres primeros.

20 Le seguía Benaías hijo de Joyadá, hijo de un valiente de Cabsel, que realizó grandes proezas: mató a dos moabitas muy aguerridos; y un día, que estaba nevando, se metió a un foso y mató a un león.

21 En otra ocasión, se enfrentó a un egipcio de gran estatura, que traía una lanza en su mano; pero Benaías se lanzó contra el egipcio con sólo un palo, y lo desarmó y lo mató con su propia lanza.

22 Con esto, Benaías hijo de Joyadá se hizo famoso entre los tres valientes.

EL CENSO *(2 Samuel 24.1)*
Cuando un gobernante desea saber cuántas personas viven en su nación, él las cuenta. A eso llamamos censo. Eso no sería pecado, pero sí lo fue cuando David lo hizo. ¿Por qué? Él quería saber si su ejército era tan grande como para vencer una batalla. Tal cosa mostraba que David confiaba en sus guerreros, no en Dios. Al Señor le agrada cuando confiamos en Él.

23 Y aunque se destacó entre los treinta más valientes, no logró igualar a los tres primeros. Sin embargo, David lo puso como jefe de su guardia personal.

24 Asael, que era hermano de Joab, fue contado entre los treinta más valientes;
Eljanán hijo de Dodo, de Belén;
25 Samá el harodita,
Elica el harodita,
26 Heles el paltita,
Ira hijo de Iques, el tecoíta,
27 Abiezer el anatotita,
Mebunay el husatita,
28 Salmón el ajojita,
Maray el netofatita,
29 Jéleb hijo de Baná, el netofatita,
Itay hijo de Ribay, el benjaminita de Gabaa;
30 Benaías el piratonita,
Hiday, el del arroyo de Gaas;
31 Abí Albón el arbatita,
Azmavet el barhumita,
32 Elijaba el salbonita,
Jonatán, de los descendientes de Jasén;
33 Samá el ararita,
Ajían hijo de Sarar, el ararita;
34 Elifelet hijo de Ajasbay, nieto de Macá;
Elián hijo de Ajitofel, el gilonita;
35 Jesray el carmelita,
Paray el arbita,
36 Igal hijo de Natán, el de Soba;
Bani el gadita,
37 Selec el amonita,
Najaray el berotita, que era el escudero de Joab hijo de Seruyá;
38 Ira el itrita,
Gareb el itrita,
39 Urías el hitita.
En total, treinta y siete valientes.

David censa al pueblo

(1 Cr 21.1-27)

24 1 Y el Señor volvió a enojarse con el pueblo de Israel, e indujo a David a levantar un censo de todo Israel y Judá.

2 Llamó a Joab, que era el general de su ejército, y le dijo:

«Ve y recorre todas las tribus de Israel, desde Dan hasta Berseba, y haz un censo del pueblo. Quiero saber cuántos son.»

3 Pero Joab le respondió al rey:

«¡Que el Señor multiplique al pueblo cien veces, y que Su Majestad llegue a verlo! ¿Por qué quiere Su Majestad hacer esto?»

4 Pero la orden del rey pudo más que Joab y que sus capitanes, así que Joab y sus capitanes salieron del palacio y se dispusieron a levantar el censo de Israel.

5 Cruzaron el Jordán y acamparon en Aroer, al sur de la ciudad que está en el valle de Gaad, junto a Jazer.

6 De allí fueron a Galaad y a la tierra baja de Jodsí, y luego a Dan Yaán y a los alrededores de Sidón.

7 Luego fueron a la fortaleza de Tiro, y recorrieron todas las ciudades de los jivitas y de los cananeos, hasta llegar al Néguev de Judá, en Berseba.

8 Después de nueve meses y veinte días de andar recorriendo todo el país, volvieron a Jerusalén.

9 Y Joab le presentó al rey el resultado del censo, y resultó que en Israel había ochocientos mil hombres aptos para la guerra, y en Judá había quinientos mil.

10 Pero después de haber censado al pueblo, David se sintió muy apesadumbrado y fue a decirle al Señor:

«He cometido un grave pecado. Te ruego, Señor, que perdones a este siervo tuyo por haber sido tan necio.»

11 Al día siguiente, cuando David se levantó, la palabra del Señor vino a Gad, el vidente de David, y le dijo:

12 «Ve y dile de mi parte a David: "Yo, el Señor, te doy a elegir una de tres cosas. Haré lo que tú elijas."»

13 Gad fue a ver a David y le dio el mensaje del Señor. Le dijo:

«¿Quieres que haya siete años de hambre en tu tierra? ¿O prefieres huir de tus enemigos durante tres meses? ¿O prefieres que haya en tu pueblo tres días de peste? Piénsalo bien, pues debo llevar una respuesta a quien me envía.»

14 Entonces David le dijo a Gad:

LECCIONES

LA OFRENDA DE DAVID
(2 Samuel 24.24)

David quería comprarle un pequeño terreno a Arauna. Tenía pensado ofrecer sacrificios a Dios en el terreno. Arauna ofreció darle a David el terreno, pero David no quiso recibirlo como regalo. Se negó a ofrecerle un sacrificio a Dios en un terreno que no le había costado nada. Un verdadero sacrificio siempre nos cuesta algo precioso. Jesús hizo el más grande sacrificio cuando entregó su vida por ti. ¿Qué piensas tú darle a Él?

«Estoy en un gran aprieto. Permíteme
caer en las manos del Señor, pues su miseri-
cordia es grande en extremo. ¡No me dejes
caer en las manos de ningún hombre!»
15 Entonces el Señor envió la peste sobre
Israel desde la mañana y hasta el día seña-
lado, y desde Dan hasta Berseba murieron
setenta mil israelitas.
16 Pero cuando el ángel extendió su mano
sobre Jerusalén para destruirla, el Señor se
arrepintió y le dijo al ángel destructor:
«¡Basta ya! ¡Detente!»
El ángel estaba junto a la era de Arauna
el jebuseo.
17 Y cuando David vio que el ángel des-
truía al pueblo, le dijo al Señor:
«Yo soy quien ha pecado; yo soy quien
hizo mal. ¡Pero estas ovejas no han hecho
nada malo! Te ruego que nos castigues a mí
y a mi familia.»
18 Entonces Gad fue y le dijo:
«Ve y edifica un altar al Señor en la era de
Arauna el jebuseo.»
19 David fue a cumplir lo que el Señor
le había ordenado hacer por medio de
Gad,
20 y cuando Arauna vio que el rey y sus
servidores se acercaban a él, salió de su casa
y se inclinó ante el rey hasta tocar el suelo,
21 y le preguntó:
«¿A qué debe este siervo la visita de Su
Majestad?»
Y David le dijo:
«Quiero comprar tu era, para edificar allí
un altar al Señor y se detenga la mortandad
entre el pueblo.»
22 Arauna le respondió:
«Tome Su Majestad lo que le parezca me-
jor. Yo le ofrezco los toros para el sacrificio, y
como leña puede usar los trillos y los yugos
de las yuntas.
23 Todo lo que Su Majestad necesite, yo se
lo doy.»
Todavía añadió Arauna:
«Que el Señor sea propicio a Su Ma-
jestad.»
24 Pero el rey le respondió:
«De ninguna manera. Yo te pagaré su
precio. No voy a ofrecer al Señor mi Dios
holocaustos que no me cuesten nada.»
Y David le compró la era y los toros por
cincuenta monedas de plata,
25 y construyó allí un altar al Señor, en el
que ofreció holocaustos y ofrendas de paz.
Y el Señor escuchó las súplicas del país, y de-
tuvo la plaga en Israel.

1 REYES

Autor: **Se desconoce**
Temas: **Los reyes de Israel y Judá**
Fecha en que se escribió: **c. 560-550 a.C**

LA HISTORIA DE LOS REYES

Los acontecimientos narrados en 1 y 2 Reyes les siguen inmediatamente a los acontecimientos narrados en 1 y 2 de Samuel. Juntos, estos 4 libros narran toda la historia de los reyes de Israel y Judá (c. 1050-586 a.C.) Como 1 y 2 Samuel, 1 y 2 Reyes eran originalmente un solo libro en el Antiguo Testamento hebreo. El autor enfatiza el hecho de que Israel se dividió en dos reinos (Israel y Judá). Ambos fueron derrotados vez tras vez debido a las acciones pecaminosas de los reyes y el pueblo. Aunque el rey haya tenido mucho éxito, si no obedecía a Dios, se le juzgaba como un fracasado.

LO QUE ENCONTRARÁS EN EL LIBRO

Primera de Reyes se divide en dos partes principales. La primera parte (capítulos 1-11) describe el reinado del rey Salomón. Vemos cómo llegó a ser rey (capítulos 1-2) y recibir sabiduría para gobernar a la nación (capítulo 3). En los próximos siete capítulos, leemos cómo Salomón llegó a ser muy conocido alrededor del mundo. Los primeros veinte años del reino de Salomón fueron la época de mayor paz y *gloria en Israel. Durante ese tiempo,* Salomón construyó y dedicó el templo en Jerusalén (capítulos 6-8). El capítulo 11 nos cuenta cómo Salomón empezó a adorar a ídolos y llegó a pecar mucho. Por esa razón, Dios dijo que le quitaría la mayoría del reino a la familia de Salomón después de su muerte.

La segunda parte de 1 Reyes describe cómo la nación de Israel llegó a ser una nación dividida. Esto empezó con el hijo de Salomón, Roboán (capítulo 12). Luego leemos acerca de las cosas que acontecieron durante los próximos ochenta años en ambos reinos (capítulos 13-22).

¿SABÍAS QUE...?

- 1 Reyes es una biografía del rey Salomón, quien fue uno de los reyes más famosos en la historia mundial.
- El libro trata acerca de reyes, tanto de reyes buenos como reyes malvados.
- El libro trata acerca de profetas y profecía.
- Es un libro de historias bíblicas conocidas. Puedes leer acerca de la visita de la reina de Sabá a Jerusalén (capítulo 10); y el encuentro del profeta Elías con los profetas en el monte Carmelo (capítulo 18).

Abisag sirve a David

Cuando el rey David ya era muy anciano, no lograba entrar en calor por más que lo cubrieran.

2 Sus siervos le sugirieron:

«Que se busque a una joven aún virgen, para que esté siempre abrigando a Su Majestad y durmiendo a su lado. Así Su Majestad entrará en calor.»

3 Se recorrió entonces toda la tierra de Israel, y finalmente hallaron en Sunén una hermosa joven, llamada Abisag, y se la llevaron al rey.

4 Esa joven era muy hermosa y servicial, pero el rey nunca tuvo relaciones con ella.

Adonías usurpa el trono

5 Adonías,[a] el hijo de Jaguit, se rebeló y decidió proclamarse rey. Se hizo de carros de guerra y de gente de a caballo, y se hizo acompañar de cincuenta hombres que le abrían paso.

6 David nunca le había llamado la atención, ni lo había reprendido por su comportamiento. Además, Adonías era un joven muy apuesto y había nacido después de Absalón.

7 Adonías se había confabulado con Joab hijo de Seruyá y con el sacerdote Abiatar, que lo apoyaban.

8 Por el contrario, ni el sacerdote Sadoc ni Benaías hijo de Joyadá, ni el profeta Natán ni Simey, ni su hombre de confianza ni sus consejeros apoyaban el proyecto de Adonías.

9 Pero Adonías preparó un banquete junto a la peña de Zojélet, cerca de la fuente de Roguel, y mató ovejas y vacas y terneros engordados e invitó a todos sus hermanos, hijos del rey David, y a todos los varones de Judá al servicio del rey.

10 Sin embargo, no invitó al profeta Natán ni a Benaías, ni a los hombres importantes, y *tampoco a su hermano Salomón.*

11 Entonces Natán habló con Betsabé, la madre de Salomón,[b] y le dijo:

«¿Ya te enteraste de que Adonías, el hijo de Jaguit, se ha proclamado rey, a espaldas de nuestro señor David?

12 Si quieres salvar tu vida y la de tu hijo Salomón, te ruego que hagas lo que te voy a aconsejar.

13 Preséntate ahora mismo ante el rey David, y dile: "¿Recuerda Su Majestad la promesa que le hizo a esta sierva suya, de que mi hijo Salomón sería rey después de Su Majestad, y que él ocuparía el trono? ¿Por qué, entonces, Adonías es el nuevo rey?"

14 Y mientras tú estés hablando con el rey, yo entraré y confirmaré tus palabras.»

15 Betsabé fue a ver al rey en su habitación. Como éste era ya muy anciano, Abisag la sunamita lo atendía en todo.

16 Betsabé se inclinó ante el rey, e hizo una reverencia. Y el rey le preguntó:

«¿Te pasa algo?»

17 Betsabé le respondió:

«Su Majestad juró a esta sierva suya, poniendo por testigo al Señor su Dios, que mi hijo Salomón reinaría después de Su Majestad, y que él ocuparía el trono.

18 Pero al parecer Su Majestad ignora que Adonías se ha proclamado rey.

19 Adonías ha hecho un banquete, y ha matado bueyes y terneros engordados, y muchas ovejas, y ha invitado a todos los hijos de Su Majestad, y al sacerdote Abiatar y a Joab, general del ejército, pero no invitó a Salomón, siervo de Su Majestad.

20 Mientras esto sucede, todo el pueblo está esperando la decisión de Su Majestad, en cuanto a quién ocupará el trono.

21 Si Su Majestad no se pronuncia al respecto, cuando mi señor y rey vaya a reunirse con sus antepasados, mi hijo Salomón y yo seremos perseguidos como culpables.»

22 Mientras Betsabé hablaba con el rey, llegó el profeta Natán.

23 Entonces los siervos del rey dieron aviso de su llegada, y cuando Natán se presentó ante el rey se inclinó hasta tocar el suelo,

24 mientras decía:

[a]**1.5:** 2 S 3.4. [b]**1.11:** 2 S 12.24.

«¿Su Majestad ha dispuesto que Adonías
suceda a Su Majestad en el trono?
25 Porque hoy está celebrando un gran
banquete; ha matado bueyes y terneros en-
gordados y muchas ovejas, y ha invitado a
todos los hijos de Su Majestad, y a los capi-
tanes del ejército y al sacerdote Abiatar. En
este momento están comiendo y bebiendo
con él, mientras gritan: "¡Viva Adonías, nues-
tro rey!"
26 ¡Pero ninguno de los siervos de Su Ma-
jestad ha sido invitado! ¡Ni el sacerdote Sa-
doc, ni Benaías hijo de Joyadá, ni Salomón!
27 ¿Acaso este asunto de la sucesión del
trono lo ha ordenado Su Majestad, y ha ol-
vidado comunicarlo a sus siervos?»

David proclama rey a Salomón

28 El rey mandó llamar a Betsabé, y ella en-
tró y se detuvo ante el rey.
29 Entonces el rey hizo este juramento:
«Juro por el Señor, que me ha librado de
toda angustia,
30 que yo te prometí delante del Señor, el
Dios de Israel, que tu hijo Salomón reinaría
después de mí, y que él se sentaría en mi
trono. Hoy cumplo mi promesa.»
31 Betsabé se arrodilló ante el rey con el
rostro hacia el suelo, y haciendo una reve-
rencia dijo:
«¡Que Su Majestad, el rey David, viva por
siempre!»
32 Luego, el rey David dijo:
«Que vengan aquí el sacerdote Sadoc, el
profeta Natán, y Benaías hijo de Joyadá.»
Cuando ellos se presentaron ante el rey,
33 éste dijo:
«Llévense a mis siervos, monten en mi
mula a mi hijo Salomón, y llévenlo a Guijón.
34 *Allí, el sacerdote Sadoc y el profeta Na-*
tán lo consagrarán como rey de Israel. To-
carán las trompetas y gritarán: "¡Viva el rey
Salomón!"
35 Después de eso, ustedes lo escoltarán;
y cuando él llegue aquí, se sentará en mi
trono y reinará en mi lugar, porque yo lo he
elegido como príncipe de Israel y de Judá.»
36 Benaías hijo de Joyadá dijo entonces al rey:
«Así será. Y que el Señor, el Dios de Su
Majestad, así lo confirme.
37 Que así como el Señor ha estado con Su
Majestad, esté también con Salomón, y que
haga prosperar su reinado aún más que el
reinado de Su Majestad, el rey David.»
38 El sacerdote Sadoc, el profeta Natán,
Benaías hijo de Joyadá, y los cretenses y pe-
leteos, fueron por la mula del rey David para
que Salomón la montara, y luego partieron
rumbo a Guijón.
39 Allí, el sacerdote Sadoc tomó del san-
tuario el recipiente con el aceite y ungió a
Salomón. Se tocó entonces la trompeta, y
todo el pueblo gritó: «¡Viva el rey Salomón!»
40 Enseguida, todo el pueblo lo siguió,
mientras cantaba alegremente al son de las
flautas. Era tal el alborozo que la tierra pare-
cía hundirse por causa de su clamor.
41 Adonías y sus invitados ya habían ter-
minado de comer cuando les llegó la noti-
cia. Y cuando Joab escuchó las trompetas,
preguntó:
«¿Por qué está tan alborotada la ciudad?
¿A qué viene ese escándalo?»
42 No había terminado de hablar cuando
llegó Jonatán, el hijo del sacerdote Abiatar.
Al verlo, Adonías le dijo:
«¡Adelante, valiente! Seguramente me
traes buenas noticias.»
43 Y Jonatán le dijo:
«La noticia es que nuestro señor, el rey
David, acaba de nombrar rey a Salomón.
44 El rey ordenó al sacerdote Sadoc, al pro-
feta Natán, a Benaías hijo de Joyadá, y a los
cretenses y peleteos, que montaran a Salo-
món sobre su propia mula,
45 y ellos así lo hicieron, y el sacerdote
Sadoc y el profeta Natán lo ungieron con
aceite y lo consagraron en Guijón como
rey; luego regresaron a la ciudad, y todo el
pueblo celebra esto con gran alegría y albo-
roto. Ésa es la causa del estruendo que aquí
se escucha.
46 Pero además, Salomón ya se ha sentado
en el trono del reino,

47 y los siervos del rey fueron a nuestro señor, el rey David, diciendo: "Que el Señor conceda al nombre de Salomón más fama que al de Su Majestad, y que dé a su reinado mayor grandeza que al de Su Majestad." El rey adoró al Señor en su cama,

48 y dijo: "Bendito sea el Señor, Dios de Israel, que me ha permitido ver hoy al que ocupará mi trono."»

49 Cuando los invitados de Adonías escucharon esto, temblando de miedo se levantaron y se fueron a sus casas.

50 Adonías, lleno de miedo por lo que Salomón pudiera hacer, corrió al santuario y se agarró de los cuernos del altar.

51 Algunos fueron a decirle a Salomón:

«Adonías tiene miedo del rey Salomón. Ha ido a agarrarse de los cuernos del altar, y suplica: "Que me jure el rey Salomón que no matará a este siervo suyo."»

52 Salomón dijo:

«Si él es un hombre de bien, ni uno solo de sus cabellos caerá al suelo; pero si ha actuado mal, morirá.»

53 Entonces el rey Salomón mandó que fueran por él y lo sacaran del santuario. Y cuando Adonías llegó a palacio, se inclinó ante el rey Salomón, quien al verlo, le dijo: «Vete a tu casa.»

Mandato de David a Salomón

2 1 En los últimos momentos de su vida, el rey David le recomendó a Salomón, su hijo:

2 «Estoy por recorrer la senda de todos los mortales. ¡Ánimo, y pórtate como todo un hombre!

3 Cumple los mandamientos del Señor tu Dios, y no te apartes de sus caminos; sigue sus sendas y cumple con sus leyes y preceptos, tal y como están escritos en la ley de Moisés. Así prosperarás en todo lo que hagas y en todo lo que emprendas.

4 Si lo haces, el Señor confirmará la promesa que me hizo cuando dijo: "Si tus hijos

PROMESAS PODEROSAS

1 REYES 2.3

Cumple los mandamientos del Señor tu Dios, y no te apartes de sus caminos; sigue sus sendas y cumple con sus leyes y preceptos, tal y como están escritos en la ley de Moisés. Así prosperarás en todo lo que hagas y en todo lo que emprendas.

David quería que su hijo Salomón prometiera seguir a Dios. Él sabía que Dios siempre cuidaría de Salomón. Salomón sería un gran rey si se mantenía fiel a Dios.

caminan por mis sendas y se comportan ante mí con veracidad, y con todo su corazón y toda su alma, jamás te faltará un sucesor en el trono de Israel." 1 R 9.3-8

5 »Tú bien sabes lo que me hizo Joab hijo de Seruyá, y lo que hizo con Abner[a] hijo de Ner, y con Amasa[b] hijo de Jéter. Los mató, y con ello desató una guerra sangrienta en tiempos de paz, con lo que se manchó de sangre de la cabeza a los pies.

6 Toma esto en cuenta, y haz lo que creas conveniente, pero no le permitas llegar a viejo y morir en paz.

7 Trata con bondad a los descendientes de Barzilay[c] el galaadita. Quiero que los sientes a tu mesa, porque ellos me ayudaron cuando yo estaba huyendo de tu hermano Absalón.

8 En cuanto a Simey hijo de Gera, el benjaminita de Bajurín, aunque me lanzó una terrible maldición cuando yo iba rumbo a Majanayin,[d] también fue al Jordán a recibirme. Ahí le prometí, delante del Señor, que mi espada[e] no lo mataría.

9 Pero ahora él está en tus manos, y tú sabrás lo que debes hacer. Aunque ya está viejo, haz que baje al sepulcro bañado en su propia sangre.»

[a] **2.5:** 2 S 3.27. [b] **2.5:** 2 S 20.10. [c] **2.7:** 2 S 17.27-29. [d] **2.8:** 2 S 16.5-13. [e] **2.8:** 2 S 19.16-23.

Muerte de David

(1 Cr 29.26-30)

10 Y David cayó en el sueño eterno, como
sus padres, y fue sepultado en su ciudad.
11 Cuarenta años reinó en Israel, de los
cuales, siete años reinó en Hebrón y treinta
y tres en Jerusalén.[f]
12 Salomón ocupó entonces el trono de
David, su padre,[g] y su reino se consolidó.

Salomón afirma su reino

13 Un día, Adonías hijo de Jaguit fue a vi-
sitar a Betsabé, la madre de Salomón, y ella
le preguntó:
«¿Vienes en son de paz?»
Y Adonías respondió que sí,
14 y añadió:
«Quiero hacerte una petición.»
Betsabé le pidió que hablara,
15 y él dijo:
«Como bien sabes, el reino era mío; todo
Israel había puesto en mí sus esperanzas
de que yo reinara, pero el reino cambió de
manos y ahora es de Salomón, mi hermano,
porque ésa fue la voluntad del Señor.
16 Pero te ruego que no me niegues lo que
te voy a pedir.»
Betsabé le dijo:
«Dime qué es lo que quieres.»
17 Y Adonías le dijo:
«Por favor, habla con el rey Salomón y
pídele que me dé por esposa a Abisag la su-
namita. Yo sé que a ti no te negará lo que
le pidas.»
18 Betsabé le dijo:
«Está bien. Yo hablaré por ti al rey.»
19 Y Betsabé fue a palacio para hablar con
el rey Salomón en favor de Adonías. El rey
se levantó a recibirla y se inclinó ante ella;
luego se sentó en su trono y mandó traer
una silla para su madre, y ella se sentó a su
derecha.
20 Entonces Betsabé le dijo:
«Quiero hacerte una pequeña petición.
Espero que no me la niegues.»
Y el rey le dijo:
«Pídeme lo que quieras, madre mía, que
no te lo negaré.»
21 Y ella respondió:
«Deja que Adonías, tu hermano, tome
por mujer a Abisag la sunamita.»
22 Pero el rey Salomón respondió a su ma-
dre:
«¿Por qué pides a Abisag la sunamita para
Adonías? ¿También me vas a pedir que le
entregue el reino, porque es mi hermano
mayor? ¡Él cuenta ya con el apoyo del sacer-
dote Abiatar y de Joab hijo de Seruyá!»
23 Entonces el rey Salomón juró por el
Señor, y dijo:
«Que el Señor me castigue duramente, y
más aún, que con esta petición Adonías ha
firmado su sentencia de muerte.
24 Juro por el Señor, que me ha puesto y
confirmado en el trono de David, mi padre,
y que ha establecido mi dinastía, como lo
había prometido, que hoy mismo Adonías
morirá.»
25 Entonces el rey Salomón ordenó a Be-
naías hijo de Joyadá que matara a Adonías, y
Benaías fue y lo mató.
26 Luego, el rey le ordenó al sacerdote
Abiatar:
«Regresa a Anatot, tu tierra. Mereces la
muerte, pero no te mataré hoy porque has
llevado el arca del Señor, nuestro Dios, en
presencia de David, mi padre,[h] y porque su-
friste junto con él[i] las mismas aflicciones.»
27 Así fue como Salomón quitó a Abiatar
del sacerdocio en el templo del Señor, con
lo que se cumplió su palabra contra los des-
cendientes de Elí, como lo había afirmado
en Silo.[j]
28 Esta noticia llegó a oídos de Joab, que
también había apoyado a Adonías, aunque
no se había unido a Absalón. En cuanto lo
supo, huyó al tabernáculo del Señor y se
aferró a los cuernos del altar.
29 Cuando Salomón supo que Joab estaba
en el tabernáculo del Señor, junto al altar,
ordenó a Benaías hijo de Joyadá que fuera y
le diera muerte.

[f] **2.11:** 2 S 5.4-5; 1 Cr 3.4. [g] **2.12:** 1 Cr 29.23. [h] **2.26:** 2 S 15.24. [i] **2.26:** 1 S 22.20-23. [j] **2.27:** 1 S 2.27-36.

30 Entonces Benaías fue al tabernáculo del Señor y le dijo a Joab:

«El rey te ordena que salgas.»

Pero Joab respondió:

«De ninguna manera. Prefiero morir aquí.»

Benaías regresó a palacio y le contó al rey lo que había dicho Joab.

31 Entonces el rey dijo:

«Pues cumple sus deseos. Mátalo y entiérralo, y borra así la sangre que Joab derramó injustamente, y que nos manchó a mi padre y a mí.

32 El Señor le hará pagar con su propia sangre, porque asesinó a dos hombres más justos y honrados que él. Los mató a filo de espada, y sin que mi padre David lo supiera. Mató a Abner hijo de Ner, que era general del ejército de Israel, y a Amasa hijo de Jéter, que era general del ejército de Judá.

33 La sangre de estos dos hombres recaerá sobre Joab y sobre todos sus descendientes; en cambio, sobre David y sus descendientes, y sobre su dinastía y su trono, el Señor derramará paz para siempre.»

34 Entonces Benaías hijo de Joyadá fue y atacó a Joab, y lo mató; y luego lo sepultaron en su casa en el desierto.

35 Su lugar como capitán del ejército lo asumió Benaías por orden del rey, y Sadoc ocupó el lugar de Abiatar como sacerdote.

36 Después, el rey mandó llamar a Simey, y le dijo:

«Construye una casa en Jerusalén, para que vivas allí; pero no se te ocurra salir.

37 Quiero que sepas que, si me entero que sales y cruzas el torrente de Cedrón, ese día morirás, y tú serás el único responsable de tu muerte.»

38 Y Simey le respondió:

«Estoy de acuerdo con lo dicho por Su Majestad. Así lo haré.»

Y Simey vivió en Jerusalén mucho tiempo.

39 Pero sucedió que, después de tres años, dos de sus criados huyeron a Gat, donde reinaba Aquis hijo de Macá. Cuando Simey supo que sus criados estaban en Gat,

40 aparejó su asno y fue a Gat en busca de sus criados; y cuando los halló, regresó a Jerusalén.

41 Pero Salomón se enteró de que Simey había salido de Jerusalén para ir a Gat, pero que había vuelto.

42 Entonces mandó llamar a Simey, y le dijo:

«Yo te advertí, y tú juraste por el Señor, que el día que salieras de tu casa, morirías. Y tú dijiste: "Estoy de acuerdo con lo dicho por Su Majestad."

43 Entonces, ¿por qué faltaste a tu juramento ante el Señor, y desobedeciste la orden que yo te impuse?»

44 Y Salomón añadió:

«En el fondo de tu corazón tú bien sabes que le hiciste mucho daño a mi padre David. Ahora el Señor ha hecho que ese daño recaiga sobre ti mismo.

45 Yo, el rey Salomón, seré bendecido, y el trono de David se afirmará para siempre delante del Señor.»

46 Entonces el rey ordenó a Benaías hijo de Joyadá dar muerte a Simey, y Benaías lo hirió y lo mató. Con esto, el reino de Salomón quedó confirmado.

Salomón se casa con la hija del faraón

3 1 El rey Salomón se casó con la hija del faraón, rey de Egipto, y quedó emparentado con él. Luego llevó a su esposa a la ciudad de David mientras terminaban de construir su palacio, el templo del Señor y las murallas de Jerusalén.

2 En esos tiempos el pueblo ofrecía sus sacrificios al Señor en los altares que estaban en lo alto de los montes, porque aún no se había construido un templo para el Señor.

Salomón pide sabiduría

(2 Cr 1.1-13)

3 Salomón amaba al Señor y cumplía los estatutos ordenados por su padre David, pero también ofrecía sacrificios y quemaba incienso al Señor, en los altares de los montes.

4 Salomón acostumbraba ofrecer sus sacrificios en Gabaón, porque era el altar principal, y allí ofrecía mil holocaustos.

5 Pero una noche en que Salomón dormía en Gabaón, el Señor se le apareció en sueños y le dijo:

«Pídeme lo que quieras que yo te conceda.»

6 Entonces Salomón dijo:

«Tu misericordia siempre acompañó a tu siervo, mi padre David, porque se condujo delante de ti con sinceridad, y fue un hombre justo y te entregó su corazón. Tú has sido misericordioso con él porque le has concedido que un hijo ocupe su trono, como hoy podemos verlo.

7 Ahora, Señor y Dios mío, tú me has puesto en el trono que ocupó mi padre David. Reconozco que soy muy joven, y que muchas veces no sé qué hacer.

8 Este siervo tuyo se halla en medio del pueblo que tú escogiste, y que es tan numeroso que es imposible contarlo.

9 Yo te pido que me des un corazón con mucho entendimiento para gobernar a tu pueblo y para discenir entre lo bueno y lo malo. Porque ¿quién es capaz de gobernar a este pueblo tan grande?»

10 Al Señor le agradó la petición de Salomón.

11 Entonces le dijo:

«Puesto que me has pedido esto, y no una larga vida ni muchas riquezas, ni tampoco pediste vengarte de tus enemigos, sino que pediste inteligencia para saber escuchar,

12 voy a hacer lo que me has pedido. Voy a darte un corazón sabio y sensible, como nadie lo ha tenido antes ni lo tendrá después de ti.

13 Además, voy a darte las cosas que no me pediste: Muchas riquezas y fama, a tal grado que, mientras vivas, no habrá ningún otro rey como tú.

14 Y si caminas por mis sendas, y cumples mis estatutos y mandamientos, como lo hizo David tu padre, yo te concederé una larga vida.»

15 Cuando Salomón despertó de su sueño, fue a Jerusalén y se presentó delante del arca del pacto del Señor, y ofreció holocaustos y sacrificios de paz; y luego hizo un banquete para todos sus siervos.

Sabiduría y prosperidad de Salomón

16 Por esos días dos prostitutas se presentaron ante el rey,

17 y una de ellas dijo:

«Su Majestad, esta mujer y yo vivimos en una misma casa, y mientras yo estaba allí, tuve un hijo.

18 Tres días después, y mientras las dos vivíamos juntas, también ella tuvo un hijo. Nadie más estaba en la casa, sino sólo nosotras dos.

19 Pero una noche ella se acostó sobre su niño, y el niño murió.

20 Entonces se levantó a medianoche, tomó a mi hijo, que dormía junto a mí, y lo puso a su lado, y entonces puso al niño muerto junto a mí.

21 En la madrugada, cuando me levanté para darle el pecho a mi hijo, me di cuenta

LA PETICIÓN DE SALOMÓN *(1 Reyes 3.9)*
Si pudieras pedirle a Dios cualquier cosa en el mundo, ¿qué le pedirías? Dios le dijo a Salomón que le daría cualquier cosa que deseara. Salomón pidió sabiduría y entendimiento para gobernar al pueblo de Dios de manera justa. A Dios le agradó su petición y contestó su oración. Sin embargo, el don de Dios de sabiduría no garantizaba que Salomón sería siempre obediente y fiel a Dios. Salomón todavía tenía que escoger ser fiel. Si le pides sabiduría a Dios, Él muy gustosamente te la dará. Escribe Santiago 1:5 y trata de memorizarlo.

de que estaba muerto; y cuando lo observé
bien por la mañana, me di cuenta de que no
era mi hijo.»
22 La segunda mujer dijo entonces:
«¡El niño vivo es mío; el que está muerto
es el tuyo!»
Pero la primera mujer insistía:
«No, el niño muerto es tu hijo; el mío es
el que está vivo.»
23 Entonces el rey dijo:
«Una de ustedes afirma que su hijo está
vivo, y que el niño muerto es de la otra; y la
otra afirma que el niño vivo es el suyo, y que
el niño muerto es de la otra.»
24 Entonces el rey dio una orden:
«¡Tráiganme una espada!»
En cuanto se la llevaron,
25 el rey ordenó:
«Traigan al niño vivo, y pártanlo por la mi-
tad, y den una mitad a una, y la otra mitad
a la otra.»
26 Entonces la madre del niño vivo, llena
de compasión por su hijo, suplicó al rey:
«¡Ay, Su Majestad! ¡No lo maten! ¡Que se
quede esa mujer con el niño vivo!»
Pero la otra dijo:
«Ni para ti, ni para mí. ¡Que lo partan por
la mitad!»
27 Entonces el rey intervino, y dijo:
«Entreguen el niño vivo a esta mujer, que
es la verdadera madre.»
28 Y cuando todo el pueblo de Israel supo
del juicio que había emitido el rey, sintieron
respeto por él, pues se dieron cuenta de que
Dios le había dado sabiduría para impartir
justicia.

4 1 Y Salomón fue el rey de todo Israel.
2 Los funcionarios que le ayudaron
fueron:
Azarías hijo de Sadoc, el sacerdote;
3 Elijoref y Ajías, hijos de Sisa, cronistas;
Josafat hijo de Ajilud, secretario del rey;
4 Benaías hijo de Joyadá, jefe del ejército;
Sadoc y Abiatar, sacerdotes;
5 Azarías hijo de Natán, jefe de los gober-
nadores;
Zabud hijo de Natán, sacerdote y conse-
jero del rey;
6 Ajisar, mayordomo;
Adonirán hijo de Abda, recaudador de
tributos.
7 Salomón tenía doce gobernadores en Is-
rael, responsables de abastecerlo en todo lo
que necesitaran él y su familia.
8 Éstos son sus nombres:
Ben Jur, en el monte de Efraín;
9 Ben Decar, en Macás, Sagalbín, Bet Se-
mes, Elón y Bet Janán;
10 Ben Jésed, en Arubot, y también gober-
naba Soco y toda la tierra de Hefer;
11 Ben Abinadab, que se había casado con
Tafat, la hija de Salomón, en todos los terri-
torios de Dor;
12 Baná hijo de Ajilud, en Tanac, Meguido
y en toda Bet Seán, que está cerca de Sa-
retán, más abajo de Jezrel, desde Bet Seán
hasta Abel Meholá, y hasta el otro lado de
Jocmeán;
13 Ben Guéber, en Ramot de Galaad, pero
también gobernaba las ciudades de Yaír hijo
de Manasés, las cuales estaban en Galaad;
la provincia de Argob, que estaba en Basán;
sesenta grandes ciudades amuralladas y con
cerraduras de bronce;
14 Ajinadab hijo de Iddo, en Majanayin;
15 Ajimaz, que se casó con Basemat, la hija
de Salomón, en Neftalí;
16 Baná hijo de Jusay, en Aser y en Alot;
17 Josafat hijo de Paruaj, en Isacar;
18 Simey hijo de Elá, en Benjamín;
19 Geber hijo de Uri, en la tierra de Galaad;
en la tierra de Sijón, rey de los amorreos; y
de Og, rey de Basán. Éste era el único gober-
nador en aquella tierra.
20 La población de Judá e Israel era tan nu-
merosa como la arena del mar, y todos se ale-
graban cuando se reunían a comer y beber.
21 Salomón era rey y señor de los reinos,
desde el río Éufrates hasta la tierra de los
filisteos y los límites con Egipto.[a] Mientras
Salomón vivió, todos le pagaron tributos
como sus vasallos.

[a] **4.21:** Gn 15.18; 2 Cr 9.26.

22 La provisión que diariamente recibía Sa-
lomón era de nueve mil kilos de harina fina,
dieciocho mil kilos de harina común,
23 diez bueyes engordados, veinte bueyes
de pastoreo y cien ovejas, sin contar los cier-
vos, gacelas, corzos y aves de corral.
24 Salomón dominó los reinos al oeste del
río Éufrates, desde Tifesaj hasta Gaza, y en
toda esa región hubo paz.
25 Mientras Salomón vivió, Judá e Israel
vivieron seguros, cultivando sus viñas e hi-
gueras desde Dan hasta Berseba.
26 Además, Salomón tenía en sus caballeri-
zas cuarenta mil caballos para sus carros de
combate, y doce mil jinetes.[b]
27 Cada uno de los gobernadores proveía
de alimentos al rey Salomón para que nada
le faltara. Cada mes, uno de ellos visitaba al
rey y se sentaba a su mesa.
28 Además, cada gobernador enviaba, se-
gún su turno, cebada y paja para los caballos
y las bestias de carga.
29 El Señor concedió a Salomón mucha
sabiduría y prudencia, y lo dotó de un gran
corazón, vasto como la arena del mar, para
comprenderlo todo.
30 Su sabiduría era mayor que la de todos
los que vivían en el oriente y en Egipto;
31 incluso sobrepasó a la sabiduría de
hombres como Etán el ezraíta,[c] Hemán, Cal-
col y Darda, los hijos de Majol. Su fama se
extendió por todas las naciones vecinas.
32 Salomón compuso tres mil proverbios[d]
y mil cinco[e] poemas.
33 Habló de temas relacionados con los cedros
del Líbano y el hisopo que crece en las paredes,
los animales, las aves, los reptiles y los peces.
34 Tanta era la fama de su sabiduría que de
todos los pueblos y reinos llegaba gente a
escuchar sus sabias palabras.

Pacto de Salomón con Jirán

(*2 Cr 2.1-18*)

5
1 Cuando el rey Jirán de Tiro supo
que Salomón había sido consagra-
do como rey en lugar de su padre
David, envió a sus embajadores a visitarlo,
pues Jirán siempre había estimado a David.
2 A su vez, Salomón mandó a decir a Jirán:
3 «Tú sabes que, por culpa de las guerras
en que mi padre, David, se vio envuelto,
no pudo construir un templo para honrar
el nombre del Señor su Dios, hasta que
con la ayuda del Señor logró vencer a sus
enemigos.
4 Pero ahora que el Señor mi Dios me ha
dado paz por todos lados y no tengo ene-
migos, ni nada que temer,
5 he decidido construir un templo para
honrar el nombre del Señor mi Dios y para
que se cumpla la promesa que el Señor le
hizo a mi padre, cuando dijo: "Tu hijo, a
quien yo pondré en el trono en lugar tuyo,
será quien edifique el templo donde se hon-
rará mi nombre."[a]
6 Para poder hacerlo, ordena por favor a tus
hombres que corten cedros del Líbano. Mis
hombres pueden ayudar, y yo les pagaré a tus
siervos lo que tú me digas, pues reconozco
que no hay entre nosotros nadie que trabaje la
madera tan bien como los sidonios.»
7 Cuando Jirán oyó lo que Salomón había
dicho, se llenó de alegría y dijo: «¡Bendito
sea el Señor, que le dio a David un hijo tan
sabio para gobernar a este gran pueblo!»

LECCIONES **SALOMÓN PIDE SABIDURÍA**
(*1 Reyes 4.29-34*)

Cuando Salomón le pidió a Dios sabiduría, Dios lo hizo el rey más sabio de la historia. Tenía sabiduría acerca de la vida y acerca de cómo ser un buen rey. Llegó a ser famoso debido a sus decisiones inteligentes en cuestiones legales. Además, escribió 3.000 proverbios (versículo 32) que contienen consejos sabios. Puedes leer muchos de estos en el libro de Proverbios. ¿Por qué no escribes uno o dos proverbios y tratas de memorizarlos?

[b]**4.26:** 1 R 10.26; 2 Cr 1.14; 9.25. [c]**4.31:** Sal 89 tít. [d]**4.32:** Pr 1.1; 10.1; 25.1. [e]**4.32:** Cnt 1.1. [a]**5.5:** 2 S 7.12-13; 1 Cr 17.11-12.

8 Entonces le respondió a Salomón:
«He recibido tu mensaje, y en cuanto a la
madera de cedro y de ciprés voy a hacer lo
que me pides.
9 Mis hombres llevarán la madera desde
el Líbano hasta el mar, y allí la pondrán en
balsas y te la llevarán hasta donde tú me di-
gas; allí la desatarán para que tú la tomes.
Mi pago será que me proveas de alimento
para mi familia.»
10 Fue así como Jirán proveyó a Salomón con
toda la madera de cedro y de ciprés que quiso.
11 A cambio de ella, cada año Salomón le
enviaba a Jirán seis mil toneladas de trigo y
seis mil litros de aceite puro para el sustento
de su palacio.
12 El Señor dotó a Salomón de mucha sa-
biduría, tal y como se lo había prometido, y
los reinos de Jirán y de Salomón hicieron un
pacto y hubo paz entre ellos.
13 Después Salomón decretó leva en todo
el pueblo de Israel y reunió a treinta mil
hombres.
14 Cada mes enviaba al Líbano diez mil
hombres, los cuales trabajaban allí en tur-
nos de un mes, y luego se quedaban en sus
casas. Adonirán estaba a cargo de la leva.
15 Además, Salomón contaba con setenta
mil hombres que cargaban los materiales, y
ochenta mil que cortaban la madera en el
monte,
16 sin contar a los tres mil trescientos
maestros oficiales que Salomón puso al
frente del pueblo que realizaba la obra.
17 También ordenó que llevaran grandes
piedras labradas de cantera, de buena cali-
dad, para los cimientos del templo.
18 Y entre los albañiles de Salomón y la
gente de Jirán y de Gebal cortaron la ma-
dera y labraron la cantería para construir el
templo.

Salomón edifica el templo

(2 Cr 3.1-14)

6 1 Cuatrocientos ochenta años des-
pués de que los israelitas salieron de
Egipto, Salomón comenzó a cons-
truir el templo del Señor. Corría el mes de
Zif, que es el segundo mes del año, y Salo-
món había reinado ya cuatro años.
2 El templo que el rey Salomón edificó
para el Señor medía veintisiete metros de
largo, nueve metros de ancho y trece y me-
dio metros de alto.
3 El pórtico en el frente del templo medía
nueve metros de largo y cuatro y medio me-
tros de ancho en la parte de enfrente.
4 Las ventanas del templo eran anchas por
dentro y estrechas por fuera.
5 Junto a la muralla que rodeaba el edificio,
y contra las paredes de la casa que rodeaban
el templo y el lugar santísimo, construyó
aposentos y habitaciones laterales alrede-
dor.
6 El aposento de abajo medía poco más
de dos metros de ancho; el del centro medía
poco más de dos y medio metros de ancho,
y el de arriba medía poco más de tres me-
tros de ancho. Por fuera, el rey mandó redu-
cir las medidas del templo para que las vigas
no se empotraran en sus muros.
7 Las piedras que se usaron para construir
el templo llegaban ya labradas, de modo
que cuando se dio comienzo a la construc-
ción no se escuchó ningún golpe de marti-
llo ni de hacha, ni de ningún instrumento
de hierro.
8 La puerta del aposento del centro es-
taba al lado derecho del templo. Para ir al
segundo piso y al tercero, se subía por una
escalera de caracol.
9 Cuando Salomón terminó de edificar el
templo, lo recubrió con artesonados de cedro.
10 Igualmente, construyó un aposento al-
rededor del templo, el cual tenía poco más
de dos metros de altura y se apoyaba en el
muro con unas vigas de cedro.
11 La palabra del Señor vino a Salomón, y
le dijo:
12 «En relación con el templo que estás
construyendo, yo cumpliré la promesa que
le hice a tu padre David, siempre y cuando
tú obedezcas mis estatutos y mis decretos, y
pongas en práctica mis mandamientos;

PROMESAS PODEROSAS

1 REYES 6.13

Entonces yo habitaré en el templo, en medio de los israelitas, y nunca abandonaré a mi pueblo.

Dios prometió que viviría entre su pueblo y que nunca los abandonaría. Esa promesa sigue siendo para nosotros porque por el Espíritu Santo, Dios vive dentro de las personas que confían en Jesús como su Salvador. Dios está contigo, así que permítele ayudarte.

PALABRAS CON PODER

EL TEMPLO

(1 Reyes 6.14)

Salomón construyó el primer templo en Jerusalén. Usó sólo los mejores materiales de construcción, como oro y madera de cedro. Era el edificio más hermoso que se había visto jamás. Salomón quería que fuera hermoso porque era una señal de la presencia de Dios. También era una señal de que Dios quería vivir entre su pueblo. Hoy día, las personas que creen en Jesús se llaman el "templo" de Dios. ¿Por qué? La presencia de Dios permanecía en el templo que construyó Salomón, y hoy día su presencia permanece dentro de cada persona que confía en Jesús como su Salvador. ¿Vive Él dentro de ti?

13 entonces yo habitaré en el templo, en
medio de los israelitas, y nunca abandonaré
a mi pueblo.»
14 Salomón terminó de construir el templo.
15 Luego recubrió sus paredes con tablas
de cedro por dentro y por fuera, hasta las
vigas del techo, y el piso lo cubrió con ma-
dera de ciprés.
16 En la parte final del templo construyó
un edificio de nueve metros y lo recubrió
con tablas de cedro de arriba abajo. Este es-
pacio es el lugar santísimo.[a]
17 El templo medía dieciocho metros de
largo.
18 Por dentro estaba recubierto con ma-
dera de cedro, con figuras talladas de ca-
labazas silvestres con sus botones en flor.
Todo era de cedro; nada era de piedra.
19 Salomón mandó adornar por dentro el
lugar santísimo, para colocar allí el arca del
pacto del Señor.
20 El lugar santísimo estaba en la parte
interior del templo, la cual medía nueve
metros de largo, nueve metros de ancho y
nueve metros de alto, y estaba recubierto
con el oro más puro; además, recubrió de
oro el altar de cedro.
21 Todo el interior del templo lo recubrió
con el oro más puro, y colocó cadenas de
oro para impedir la entrada al santuario.
22 De modo que el interior del templo
estaba recubierto de oro de arriba abajo, lo
mismo que el altar que estaba frente al lugar
santísimo.[b]
23 Salomón mandó esculpir en madera
de olivo dos querubines,[c] cada uno de los
cuales medía cuatro y medio metros de alto.
24 Cada ala extendida medía poco más de
dos metros, de modo que las alas, de punta
a punta, medían cuatro y medio metros.
25 Ambos querubines eran idénticos en
altura y estaban hechos del mismo material.
26 La altura de cada querubín era de cua-
tro y medio metros.
27 Estos querubines fueron puestos dentro
del templo, en el lugar santísimo, con las alas
extendidas; el ala de cada uno tocaba la pa-
red opuesta, y una y otra se tocaban por las
puntas y se unían en el centro del templo.
28 También a los querubines los recubrió
de oro.
29 En las paredes del templo, lo mismo
afuera que adentro, mandó tallar figuras de
querubines, palmeras y botones en flor.

[a]**6.16:** Éx 26.33-34. [b]**6.22:** Éx 30.1-3. [c]**6.23-28:** Éx 25.18-20.

30 El piso del templo lo cubrió de oro por dentro y por fuera.

31 A la entrada del santuario puso puertas de madera de olivo, y el umbral y los postes formaban una figura de cinco esquinas.

32 Las dos puertas estaban hechas de madera de olivo, en las que también talló figuras de querubines, palmeras y botones en flor. Todo esto lo recubrió de oro.

33 Para la puerta a la entrada del templo mandó hacer postes cuadrados de madera de olivo.

34 También mandó hacer dos puertas giratorias de madera de ciprés.

35 En esas puertas también mandó tallar figuras de querubines, palmeras y botones en flor, y las recubrió de oro.

36 El atrio interior lo construyó con tres hileras de piedra labrada y una hilera de vigas de cedro.

37 En el cuarto año, en el mes de Zif, se echaron los cimientos del templo del Señor.

38 En el undécimo año, en el mes de Bul, que es el octavo mes del año, concluyó la construcción del templo, con todo lo necesario y todos los detalles. La construcción duró siete años.

Otros edificios de Salomón

7 1 Después de que Salomón terminó de construir el templo, comenzó a edificar su palacio, el cual terminó en trece años.

2 Luego construyó otro palacio, al que llamó «Bosque del Líbano.» Medía cuarenta y cinco metros de largo, veintidós metros de ancho y catorce metros de alto; estaba sostenido por cuatro hileras de columnas de cedro, las cuales sostenían las vigas de cedro.

3 Cuarenta y cinco columnas divididas en tres grupos de quince columnas cada uno, sostenían el techo de tablas de cedro.

4 Además, había tres hileras de ventanas, una frente a la otra.

5 Las puertas y los postes eran cuadrados.

6 Salomón mandó hacer también un pórtico de columnas, que medía veintidós metros de largo y catorce metros de ancho. Enfrente había otro pórtico, con sus columnas y su techo de madera.

7 Mandó hacer también el pórtico del trono donde juzgaba, el cual era conocido como «Pórtico de justicia», y de arriba abajo lo recubrió de cedro.

8 En su palacio había un pórtico semejante al primero. Allí Salomón construyó para la hija del faraón un palacio semejante al suyo, pues la había tomado por esposa.[a]

9 Toda la construcción se hizo con piedras de gran calidad, porque estaban cortadas con sierras y ajustadas a la medida, tanto por dentro como por fuera, y desde los cimientos hasta las cornisas, y por fuera, hasta el gran atrio.

10 Los cimientos estaban hechos con grandes bloques de piedra de primera calidad; unos bloques medían cuatro y medio metros, y otros medían tres y medio metros.

11 Toda la construcción era de piedras de primera calidad, cortadas a la medida y recubiertas de madera de cedro.

12 Alrededor del gran atrio había tres hileras de piedras labradas y una hilera de vigas de cedro, lo mismo que en el atrio interior del templo del Señor y en el vestíbulo del templo.

Salomón emplea a Jirán de Tiro

(2 Cr 2.13-14; 3.15-17)

13 El rey Salomón mandó llamar de la ciudad de Tiro a Jirán,

14 que era el hijo de una viuda de la tribu de Neftalí. Su padre trabajaba el bronce y había nacido en Tiro; Jirán, por su parte, era un hombre muy capaz y, además, conocía todos los secretos para trabajar el bronce. Por eso Salomón lo llamó y le encargó realizar toda la obra.

15 *Jirán fundió* dos columnas de bronce, que medían ocho metros de alto y cinco y medio metros de circunferencia.

[a] **7.8** 1 R 3.1.

[16] Las columnas remataban en dos capiteles, también de bronce, que medían dos metros y veinticinco centímetros de alto.

[17] Cada capitel iba sobre la parte superior de las columnas y estaba adornado con siete trenzas en forma de red y unos cordones en forma de cadena.

[18] A las redes que adornaban cada uno de los capiteles, las rodeó con dos hileras de granadas, y así quedaron cubiertos.

[19] Los capiteles de las dos columnas que estaban en el pórtico tenían forma de lirios y medían un metro y ochenta centímetros.

[20] Alrededor de cada capitel, y sobre la red, que tenía forma de globo, había dos hileras con doscientas granadas.

[21] Luego de colocar las columnas en el pórtico del templo, a la columna de la derecha la llamó Jaquín y a la columna de la izquierda la llamó Boaz.

[22] La parte superior de las columnas tenían tallados en forma de lirio, y con este detalle se puso fin a la obra de las columnas.

Mobiliario del templo

(2 Cr 4.1—5.1)

[23] Otro trabajo de fundición que hizo Jirán fue una pila redonda de cuatro y medio metros de diámetro por dos metros y veinticinco centímetros de altura y trece y medio metros de circunferencia.

[24] Alrededor del borde había dos enredaderas con frutos como calabazas; cada medio metro había diez frutos, que habían sido fundidos en bronce al momento de fundir la pila,

[25] y la pila descansaba sobre doce bueyes, cuyos cuerpos quedaban hacia adentro, mientras que sus cabezas miraban, tres al norte, tres al occidente, tres al sur, y tres al oriente.

[26] La pila tenía un grosor de siete centímetros, y el borde estaba labrado como un cáliz o una flor de lirio; su capacidad era de cuarenta mil litros.

[27] Jirán fundió también diez bases cuadradas de bronce, las cuales medían un metro y ochenta centímetros por lado, y un metro y treinta y cinco centímetros de alto.

[28] Las bases tenían unos tableros sujetados por un marco,

[29] que estaban adornados con figuras de leones, bueyes y querubines, y tanto por encima como por debajo de estas figuras estaban cinceladas, en bajo relieve, unas guirnaldas.

[30] Cada base estaba montada sobre cuatro ruedas de bronce; también sus ejes eran de bronce, y en las cuatro esquinas de la base, por debajo de la pila, había unas repisas fundidas y adornadas con guirnaldas.

[31] La boca de la pila tenía un cerco redondo que sobresalía medio metro, que sumado a la altura de su pedestal llegaba a setenta centímetros de altura; por encima, la boca tenía grabados unos marcos cuadrados y unos tallados en sus tableros,

[32] los cuales eran sostenidos por cuatro ruedas, cuyos ejes estaba unidos a las bases. Las ruedas tenían setenta centímetros de altura

[33] y se parecían a las ruedas de un carro con sus ejes, rayos, cubos, y cinchos, pero todo estaba fundido en bronce.

[34] Las repisas que había en las cuatro esquinas de las cuatro bases, estaban hechas de una sola pieza.

[35] En la parte alta de la base había una pieza redonda de veinte centímetros de alto; los tableros y las molduras que estaban encima de la base eran de una sola pieza.

[36] Jirán también grabó querubines, leones y palmeras, así como otros adornos alrededor, según el espacio.

[37] Las diez bases que fundió en bronce eran idénticas en forma, medidas y grabados.

[38] Luego Jirán hizo diez fuentes, también de bronce.[b] Cada una de ellas medía un metro y ochenta centímetros y tenía capacidad para ochocientos litros, y estaba colocada sobre una de las diez bases.

[39] Cinco bases fueron alineadas a la derecha, y las otras cinco a la izquierda; la pila fue

[b] **7.38:** Éx 30.17-21.

colocada al lado derecho del templo orientada hacia el sureste.

40 Para terminar con las obras del templo del Señor, que Salomón le encomendó, Jirán hizo fuentes, tenazas y cuencos,

41 dos columnas con sus capiteles redondos en lo alto de las columnas, dos redes que cubrían los dos capiteles que estaban sobre las columnas,

42 dos hileras de doscientas granadas para cada red, colocadas en la parte más ancha del capitel,

43 diez fuentes con sus diez bases;

44 una pila sostenida por doce bueyes;

45 calderos, paletas, cuencos, y todos los utensilios para el templo del Señor. Todo lo que Jirán hizo para el rey Salomón, lo hizo de bronce pulido.

46 El trabajo de fundición, el rey ordenó que se hiciera en la llanura del Jordán, entre Sucot y Saretán, porque ese terreno era arcilloso.

47 Eran tantos los utensilios que se hicieron, que Salomón no preguntó cuánto bronce se había utilizado para hacerlos.

48 Salomón mandó hacer también todos los utensilios necesarios para el templo del Señor: un altar de oro,[c] una mesa de oro[d] sobre la que se colocaban los panes que se consagran al Señor;

49 cinco candeleros[e] de oro puro para el lado derecho, y cinco más para el lado izquierdo, frente al lugar santísimo, más las flores, las lámparas y las tenazas. Todo era de oro puro:

50 los cántaros, las despabiladeras, las tazas, las cucharillas y los incensarios; las bisagras de las puertas del lugar santísimo y las de las puertas del templo. Todo era de oro puro.

51 La construcción del templo del Señor se hizo tal y como lo había dispuesto el rey Salomón. Luego, Salomón depositó en los tesoros del templo del Señor todo lo que su padre David había dedicado,[f] es decir, toda la plata, todo el oro y todos los utensilios.

Salomón lleva el arca al templo

(2 Cr 5.2-14)

8 1 Salomón ordenó que los ancianos de Israel y todos los jefes de las tribus, más los jefes de las familias israelitas, se reunieran en Jerusalén para llevar el arca del pacto del Señor, de Sión a la ciudad de David.[a]

2 Todos los israelitas se reunieron con el rey Salomón durante la fiesta solemne del mes de Etanín, que es el séptimo mes del año.

3 Cuando los ancianos de Israel llegaron, los sacerdotes tomaron el arca

4 y el tabernáculo de reunión, y todos los utensilios sagrados que estaban en el tabernáculo, los cuales llevaban los sacerdotes y los levitas.

5 El rey Salomón y todos los israelitas se reunieron delante del arca y ofrecieron en sacrificio ovejas y bueyes. ¡Eran tantos los animales ofrecidos que no se podían contar!

6 Luego, los sacerdotes introdujeron el arca del pacto del Señor en el lugar reservado para ella, es decir, en el lugar santísimo, en el santuario del templo, bajo las alas de los querubines.

7 Sobre el lugar donde estaba el arca, los querubines tenían extendidas sus alas, con lo que cubrían el arca y sus travesaños.

8 Éstos eran tan largos que sus extremos podían verse desde el lugar santo, que está frente al lugar santísimo, aunque desde afuera no podían verse. Así se quedaron hasta el día de hoy.

9 Dentro del arca solamente estaban las dos tablas de piedra que Moisés había colocado en Horeb,[b] donde el Señor hizo un pacto con los israelitas cuando salieron de Egipto.

10 En el momento en que los sacerdotes salieron del santuario, la nube llenó el templo del Señor,

11 así que ellos no pudieron quedarse para *cumplir su ministerio*, pues el Señor había llenado el templo[c] con su gloria.

[c]**7.48:** Éx 30.1-3. [d]**7.48:** Éx 25.23-30. [e]**7.49:** Éx 25.31-40. [f]**7.51:** 2 S 8.11; 1 Cr 18.11. [a]**8.1:** 2 S 6.12-16; 1 Cr 15.25-29. [b]**8.9:** Dt 10.5. [c]**8.10-11:** Éx 40.34-35.

PALABRAS CON PODER

LA GLORIA DEL SEÑOR
(1 Reyes 8.11)

Cuando los israelitas salieron de Egipto, Dios se les apareció en una nube y un pilar de fuego (Éxodo 13). Ya que Dios no tiene un cuerpo, tuvo que aparecérseles en algo que pudieran ver. Cuando el primer templo se dedicó a Dios, lo llenó una nube. Esta era una señal de la presencia de Dios, es decir, de su "gloria". ¡Había tanta presencia de Dios en el templo que los sacerdotes apenas podían moverse! ¡El templo rebosaba de la presencia de Dios! ¡Imagínate qué increíble ha debido ser ver eso! Eso es lo que Dios quiere hacer en tu vida. Él quiere que su presencia y su poder te llenen hasta rebosar.

Dedicación del templo

(2 Cr 6.1—7.10)

12 Entonces Salomón dijo:

«Tú, Señor, has dicho que habitas en la oscuridad.

13 Pero yo te he construido un templo para que habites allí por siempre.»

14 Luego volvió el rostro hacia el pueblo de Israel, que permanecía de pie, y les dio la bendición.

15 Y dijo:

«Bendito sea el Señor, Dios de Israel, que le hizo una promesa a David, mi padre, y la ha cumplido. El Señor le dijo:

16 "Desde el día en que saqué de Egipto a mi pueblo Israel, de ninguna de sus tribus *escogí una ciudad* para que se me construyera un templo donde se honrara mi nombre; pero elegí a David para que gobernara a mi pueblo Israel."[d]

17 Y mi padre David se propuso de todo corazón edificar un templo donde se honrara el nombre del Señor y Dios de Israel.

18 Pero el Señor le dijo: "Es muy bueno tu deseo[e] sincero de construir un templo donde se honre mi nombre.

19 Pero no serás tú quien lo construya, sino el hijo que vas a engendrar. Será él quien edifique el templo donde se honrará mi nombre."[f]

20 »El Señor ha cumplido su palabra, pues me puso en el lugar de mi padre y me ha sentado en el trono de Israel, tal como lo prometió. Además, he construido el templo al nombre del Señor y Dios de Israel,

21 y allí he apartado un lugar para colocar el arca que guarda el pacto que el Señor hizo con nuestros antepasados cuando los sacó de la tierra de Egipto.»

22 Luego, Salomón se paró frente al altar del Señor, y en presencia de todo el pueblo de Israel extendió los brazos al cielo y dijo:

23 «Señor y Dios de Israel, no hay en los cielos ni en la tierra otro Dios como tú, pues tú cumples tu pacto y tienes misericordia de quienes te honran y te obedecen de todo corazón;

24 tú has cumplido la promesa que le hiciste a tu siervo, mi padre David; lo que entonces le prometiste de palabra, hoy vemos que se ha cumplido.

25 Lo que sigue, Señor y Dios de Israel, es que también cumplas la promesa que le hiciste a mi padre David, tu siervo, cuando le dijiste: "Nunca faltará delante de mí un descendiente tuyo que ocupe el trono de Israel, siempre y cuando vaya por mis sendas y me obedezca[g] como lo has hecho tú."

26 Te ruego, Señor y Dios de Israel, que cumplas esa promesa que le hiciste a tu siervo David, mi padre.

27 »¿En verdad, Señor, quieres vivir en este mundo? Si ni la gran expansión de los cielos es capaz de contenerte, ¡mucho menos este templo que he edificado en tu honor![h]

28 No obstante, Señor mi Dios, sé que tú pondrás atención al clamor y a la plegaria que este siervo tuyo hoy eleva a ti.

29 Dígnate posar, de día y de noche, tus ojos sobre este templo, pues un día prometiste: "Allí estará mi nombre."[i]

[d]**8.16:** 2 S 7.4-11; 1 Cr 17.3-10. [e]**8.17-18:** 2 S 7.1-3; 1 Cr 17.1-2. [f]**8.19:** 2 S 7.12-13; 1 Cr 17.11-12. [g]**8.25:** 1 R 2.4. [h]**8.27:** 2 Cr 2.6.

LECCIONES
LA MORADA DE DIOS EN LA TIERRA
(1 Reyes 8.27)

Cuando Salomón oró para dedicar el nuevo templo, se maravilló de que Dios estuviera dispuesto a morar entre su pueblo en la tierra. Después de todo, Dios era el creador del universo, un lugar muy, pero muy grande. Sin embargo, este Dios estaba de acuerdo en vivir en una edificación hecha por los seres humanos. Lo que es aun más increíble es que hoy día Dios vive dentro de cada creyente. Si confías en Jesús como tu Salvador, eres la morada de Dios en la tierra

30 ¡Oye aquí las plegarias de tu pueblo
Israel y de este siervo tuyo! ¡Que cuando vengan a este lugar tú, desde el cielo, donde habitas, escuches su clamor y los perdones!
31 »Si alguno ofende a su prójimo y lo obligan a jurar ante tu altar en este templo,
32 tú, que escuchas desde el cielo, haz justicia a tus siervos y condena al impío. Que sus malas acciones recaigan sobre él, mientras que al hombre justo lo tratas como corresponde a su justicia.
33 »Cuando los israelitas sean derrotados
por sus enemigos, por haber pecado contra ti, si se arrepienten de su pecado y reconocen la grandeza de tu nombre, y oran y claman aquí en tu templo,
34 escúchalos tú en los cielos, y perdona el
pecado de tu pueblo Israel, y hazlos volver a la tierra que les diste a sus padres.
35 »Si tu pueblo peca contra ti y el cielo
les niega su lluvia, y si tú los afliges y ellos se arrepienten y vienen a este lugar reconociendo tu nombre,
36 te ruego que desde los cielos escuches a
tus siervos, a tu pueblo Israel, y perdones su pecado; que le enseñes a seguir el buen camino, y que hagas llover sobre la tierra que le diste como herencia.
37 »Si tu pueblo llega a padecer hambre,
o peste, o plagas como hongos en los cereales, o langosta o pulgón; o si son sitiados por sus enemigos, o enfrentan alguna plaga o enfermedad,
38 escucha las oraciones y las súplicas que
te haga tu pueblo, o cualquiera de tus hijos, cuando sufran por su desgracia y, arrepentidos, levanten sus brazos hacia este templo;
39 escúchalos desde los cielos, donde habitas, y perdónalos; tú, que conoces el corazón de todo ser humano, dales lo que merezcan sus acciones,
40 para que te honren todo el tiempo que
vivan en la tierra que diste a nuestros antepasados.
41 »Si los extranjeros, los que no pertenecen a tu pueblo Israel, saben de tu nombre y vienen a conocerte
42 (pues muchos sabrán de tu grandeza
y de tu gran poder), y llegan a invocar tu nombre en este templo,
43 escúchalos desde los cielos, desde el lugar donde habitas, y trátalos según el motivo por el que te invocan, para que todos los pueblos de la tierra te conozcan y te honren, como lo hace tu pueblo Israel, y reconozcan que tú escuchas las oraciones que se hacen en este templo que construí para ti.
44 »Si tu pueblo sale a pelear contra sus
enemigos, y siguen el camino que tú les indiques, y te piden ayuda mirando hacia la ciudad que elegiste y en donde edifiqué el templo en tu honor,
45 escucha desde el cielo su oración y súplica, y concédeles la victoria.
46 »Si acaso pecan contra ti (pues no hay nadie que no peque), y tú te enojas y los pones en manos de sus enemigos, y éstos los llevan cautivos a países enemigos, cercanos o lejanos,
47 si tu pueblo recapacita en el país de su
cautiverio y se arrepiente y clama a ti, y confiesa haber hecho lo malo y haberte ofendido;
48 si allá en la tierra de su cautiverio se
vuelven a ti con todo su corazón y con toda su alma, y oran a ti con el rostro en dirección

[i]**8.29:** Dt 12.11.

a la tierra que les diste a sus antepasados y
a la ciudad que tú elegiste, mirando hacia el
templo que edifiqué en tu honor,
49 escucha desde los cielos donde habitas
sus oraciones y lamentos, y hazles justicia.
50 Perdona a tu pueblo por todos sus pe-
cados, por haberse rebelado contra ti y por
desobedecer tus mandatos, y haz que sus
opresores les tengan compasión.
51 ¡Ellos son tu pueblo! ¡Te pertenecen,
pues tú los sacaste de Egipto, de ese país
que parecía un horno para fundir hierro!
52 Mira con atención a tu pueblo y a este
siervo tuyo, y escucha su oración cuando te
invoquen.
53 Señor y Dios, tú los apartaste para que
fueran tuyos; tú los elegiste de entre todos
los pueblos de la tierra. Así se lo hiciste sa-
ber a Moisés, tu siervo, cuando liberaste de
Egipto a nuestros antepasados.»
54 Cuando Salomón terminó de orar y de
suplicar al Señor, se levantó de delante del
altar, pues había estado arrodillado, y con
los brazos extendidos al cielo
55 se puso de pie y bendijo a todo el pue-
blo de Israel con estas palabras:
56 «Bendito sea el Señor, que le ha dado
paz a su pueblo Israel, conforme a su pro-
mesa, sin dejar de cumplir[j] ninguna de las
promesas que le hizo a Moisés.
57 Que el Señor nuestro Dios esté con
nosotros, como estuvo con nuestros prime-
ros padres, y que no nos desampare ni nos
abandone.
58 Que nuestra voluntad se rinda ante él
para que podamos andar por sus caminos y
cumplamos sus mandamientos, estatutos y
decretos, los cuales dio a nuestros primeros
padres.
59 Que estas oraciones que he hecho de-
lante del Señor, permanezcan ante su pre-
sencia en todo tiempo. Que él a su tiempo
proteja la causa de este siervo suyo y de su
pueblo Israel,
60 para que en todas las naciones de la
tierra sepan que el Señor es Dios, y que no
hay otro.
61 Que el corazón de todos ustedes sea to-
talmente sincero con el Señor nuestro Dios.
Que siempre cumplan ustedes sus estatutos
y obedezcan sus mandamientos, como lo
han hecho hoy.»
62 A continuación, el rey y todo el pueblo
de Israel ofrecieron sacrificios delante del
Señor.
63 Salomón ofreció al Señor, como sacrifi-
cios de reconciliación, veintidós mil bueyes
y ciento veinte mil ovejas. Así fue como Sa-
lomón y los israelitas dedicaron el templo
del Señor.
64 Ese mismo día, Salomón consagró la
parte central del atrio, frente al templo del
Señor, porque allí ofreció los holocaustos,
las ofrendas de cereales y la grasa de las
ofrendas de reconciliación, pues en el altar
de bronce que estaba delante del Señor no
había espacio para los holocaustos ni para
las ofrendas de cereales, ni para la grasa de
los sacrificios de reconciliación.
65 Ese día, y en presencia del Señor, Sa-
lomón y los israelitas hicieron fiesta, a la
que asistió una multitud que venía desde
la entrada de Jamat hasta el río de Egipto.
Esa fiesta en honor al Señor se prolongó

[j] **8.56:** Dt 12.10; Jos 21.44-45.

LA ORACIÓN DE SALOMÓN (*1 Reyes* 8.57)
Salomón pidió la presencia protectora de Dios y su ayuda. También le pidió a Dios que cumpliera sus promesas y le diera a los israelitas lo que necesitaban cada día (1 Reyes 8:56-61). Casi mil años después, Jesús les enseñó a sus discípulos a hacer una oración similar, que todavía hacemos hoy día. Se llama el Padrenuestro. Puedes leer esta oración en Mateo 6:9-13.

durante siete días más, y en total duró ca-
torce días.
[66] Al octavo día, Salomón despidió al
pueblo, y ellos bendijeron al rey; luego cada
uno se fue a su ciudad, rebosando de gozo
y alegría por todas las cosas buenas que el
Señor había hecho a su siervo David y a su
pueblo Israel.

Pacto del Señor con Salomón

(2 Cr 7.11-22)

9 [1] Cuando Salomón terminó de
construir el templo del Señor, su
propio palacio y todo lo que pensó
hacer,
[2] el Señor se le apareció por segunda vez,
como ya lo había hecho en Gabaón,[a]
[3] y le dijo:
«He escuchado las oraciones y ruegos
que has hecho ante mí, y he santificado
el templo que tú construiste para que mi
nombre esté siempre allí, y allí estarán siem-
pre presentes mi corazón y mis ojos.
[4] Si tú te conduces como tu padre David,
que me honró de todo corazón y fue justo,
y cumples con todo lo que yo te he man-
dado, y obedeces mis estatutos y decretos,
[5] yo afirmaré tu reinado sobre mi pueblo
Israel, porque así se lo prometí a tu padre.
Yo le dije: "Nunca faltará un descendiente
tuyo en el trono de Israel."[b]
[6] »Pero si ustedes, y los hijos de ustedes,
se rebelan y se empeñan en apartarse de mí,
y desobedecen los mandamientos y estatu-
tos que he puesto ante ustedes, y se van a
servir y adorar a dioses ajenos,
[7] yo arrancaré al pueblo de Israel de la tier-
ra que le di por herencia, y abandonaré este
templo que fue edificado en mi honor y que
yo consagré, y todas las naciones se burlarán
de Israel.
[8] La gente que pase frente a este templo,
que yo tenía en gran estima, se asombra-
rá y se burlará, y dirá: "¿Por qué el Señor
ha tratado tan mal a esta tierra y a este
templo?"[c]

1 Cr 28.6-9

[9] Y se le responderá: "Es que abandona-
ron al Señor su Dios, que sacó de Egipto a
sus antepasados, y ellos prefirieron adorar y
servir a dioses ajenos. Por eso el Señor los ha
castigado."»

Otras actividades de Salomón

(2 Cr 8.1-18)

[10] Veinte años después de que Salomón
construyó el templo del Señor y su palacio real,
[11] para los que el rey Jirán de Tiro le en-
tregó mucha madera de cedro y de ciprés,
y todo el oro que quiso, el rey Salomón le
regaló a Jirán, en agradecimiento, veinte ciu-
dades en la tierra de Galilea.
[12] Jirán salió entonces de Tiro para ver las
ciudades que Salomón le había regalado,
pero cuando las vio no le gustaron,
[13] así que le dijo a Salomón: «Hermano,
¿por qué me has dado estas ciudades tan
feas?» Y les puso por nombre «Tierras de
Cabul»,[1] que es el nombre que hasta hoy
conservan.

PROMESAS PODEROSAS

1 REYES 9.4-5

Si tú te conduces como tu padre David, que me honró de todo corazón y fue justo, y cumples con todo lo que yo te he mandado, y obedeces mis estatutos y decretos, yo afirmaré tu reinado sobre mi pueblo Israel, porque así se lo prometí a tu padre. Yo le dije: "Nunca faltará un descendiente tuyo en el trono de Israel."

Dios prometió que el reino de Salomón permanecería para siempre. Aunque Salomón no era siempre fiel, Dios cumplió su promesa. El descendiente de Salomón, Jesús, es un rey que reinará para siempre.

[a] **9.2:** 1 R 3.5; 2 Cr 1.7. [b] **9.5:** 1 R 2.4. [c] **9.8:** 2 R 25.9; 2 Cr 36.19. [1] **9.13** Cabul sugiere "inútil" o "poco productiva".

14 Como Jirán había enviado a Salomón tres mil novecientos sesenta kilos de oro,

15 Salomón impuso trabajo obligatorio para edificar el templo del Señor y el palacio real, Milo y la muralla de Jerusalén, y Jazor, Meguido y Guézer.

16 Tiempo atrás el faraón, es decir, el rey de Egipto, había arrasado la ciudad de Guézer y le había prendido fuego, matando a los cananeos que allí habitaban, y luego se la dio como dote a su hija, la mujer de Salomón.

17 Entonces Salomón mandó restaurar Guézer y Bet Jorón la de abajo;

18 también restauró Baalat y Tadmor, que están en el desierto,

19 y todas las ciudades donde Salomón guardaba las provisiones, las caballerizas donde tenía sus carros de combate, los cuarteles de la caballería y todo lo que Salomón quiso edificar en Jerusalén, en el Líbano y en toda la tierra bajo su dominio.

20 A los pueblos no israelitas que quedaron con vida, como los amorreos, hititas, ferezeos, jivitas y jebuseos,

21 y a sus descendientes que los israelitas no pudieron exterminar, Salomón les impuso tributo y hasta el día de hoy lo pagan.

22 Por el contrario, a ningún israelita le impuso Salomón trabajo alguno, aunque sí los enroló en su ejército o los puso a su servicio como jefes, capitanes y comandantes de sus carros de combate, o como jinetes.

23 El total de los hombres que Salomón nombró jefes y capataces de las obras de construcción fue de quinientos cincuenta, los cuales supervisaban a la gente que trabajaba en la construcción.

24 La hija del faraón salió de la ciudad de David y se fue al palacio que Salomón había mandado construir para ella; y Salomón mandó edificar Milo.

25 Tres veces al año[d] Salomón ofrecía holocaustos y ofrendas de reconciliación sobre el altar de bronce que mandó construir en el templo en honor al Señor. Después de que el templo quedó terminado, Salomón quemaba allí incienso al Señor.

26 En Ezión Guéber, puerto que está cerca de Elat, a orillas del Mar Rojo, en el territorio de Edom, Salomón mandó construir naves.

27 En esas naves Jirán envió a sus oficiales y marinos experimentados, junto con los oficiales de Salomón,

28 y fueron a Ofir y volvieron con las naves cargadas con catorce mil kilos de oro, mismos que llevaron al rey Salomón.

La reina de Sabá visita a Salomón

(2 Cr 9.1-12)

10 1 Cuando la reina de Sabá[a] oyó hablar de la fama del rey Salomón, que honraba el nombre del Señor, quiso verlo y ponerlo a prueba con preguntas difíciles.

2 Llegó a Jerusalén acompañada de un gran séquito: llevaba camellos cargados con especias, y oro en abundancia y piedras preciosas. Al llegar a la presencia de Salomón, le hizo toda clase de preguntas,

3 y Salomón las respondió una a una. No hubo nada para lo cual Salomón no tuviera una respuesta.

4 Y al ver la reina de Sabá cuán sabio era Salomón, y el templo que había edificado,

5 y al probar los manjares de su mesa y examinar las habitaciones de sus oficiales, y la calidad de las vestiduras que llevaban los sirvientes responsables de los manjares, y los holocaustos que se ofrecían en el templo del Señor, se quedó asombrada.

6 Entonces le dijo al rey:

«Ya he visto que es verdad todo lo que escuché en mi país acerca de ti y de tu sabiduría.

7 Yo no lo creía; por eso vine a comprobarlo por mí misma. ¡Y lo que me contaron no es ni la mitad de lo que he visto con mis propios ojos! Tu sabiduría y tus posesiones son mayores que la fama que te precedía.

8 ¡Qué afortunados son tus súbditos! ¡Qué dichosos son tus sirvientes, que siempre están en tu presencia y escuchan tu sabiduría!

[d]**9.25:** Éx 23.17; 34.23; Dt 16.16. [a]**10.1-10:** Mt 12.42; Lc 11.31.

9 ¡Bendito sea el Señor, tu Dios, que se agradó de ti y te puso en el trono de Israel! Yo sé que el Señor siempre ha amado a su pueblo Israel. Por eso te puso como su rey, para que lo gobiernes con rectitud y justicia.»

10 Dicho esto, la reina de Sabá le obsequió a Salomón tres mil novecientos sesenta kilos de oro, gran cantidad de especias y piedras preciosas. Nunca antes se había visto tal cantidad de especias como las que la reina de Sabá le obsequió al rey Salomón.

11 También la flota de Jirán, que había llevado oro de Ofir, llegó con mucha madera de sándalo y más piedras preciosas.

12 Con la madera de sándalo, Salomón mandó hacer barandillas para el templo del Señor y para el palacio real, y además mandó fabricar arpas y salterios para los cantores. Nunca antes hubo en Israel tal cantidad de madera de sándalo, ni se ha vuelto a ver.

13 Cuando la reina de Sabá regresó a su país con todo su séquito, el rey Salomón le dio cuanto ella quiso y pidió, además de lo que ya le había dado.

Riquezas y fama de Salomón

(2 Cr 9.13-24)

14 La renta que Salomón recibía anualmente era de veintidós mil kilos de oro,

15 sin contar los tributos de los mercaderes, de las especias, y de los reyes de Arabia y los gobernadores del país.

16 Además, el rey Salomón mandó forjar doscientos grandes escudos bañados en oro. En cada escudo se emplearon seis kilos de oro.

17 También mandó forjar otros trescientos escudos más pequeños, bañados en oro, que hizo colocar en el palacio conocido como Bosque del Líbano. En cada uno se emplearon un kilo y medio de oro.

18 Luego mandó hacer un gran trono de marfil recubierto del oro más refinado.

19 El trono tenía seis escalones; el respaldo era redondo y con brazos laterales, junto a los cuales había dos leones.

20 En los seis escalones había doce leones, puestos uno frente al otro en cada escalón. En ningún otro reino conocido había un trono tan suntuoso.

21 Toda la vajilla y todas las copas del palacio del Bosque del Líbano eran de oro fino. De plata no había nada, porque en los días de Salomón la plata no era apreciada.

22 Y como el rey Salomón tenía una flota de naves de Tarsis junto con la flota de Jirán, una vez cada tres años llegaban las naves de Tarsis cargadas con oro, plata, marfil, monos y pavos reales.

23 Las riquezas y la sabiduría de Salomón excedían a las de todos los reyes de la tierra.

24 Muchos procuraban ver al rey Salomón para escuchar de sus labios la sabiduría que el Señor le había dado,

25 y cada año le llevaban valiosos presentes: alhajas de oro y de plata, vestiduras finas, armas, especias aromáticas, y caballos y mulos.

Salomón comercia en caballos y en carros

(2 Cr 1.14-17; 9.25-28)

26 Salomón llegó a reunir mil cuatrocientos carros de guerra y doce mil jinetes.[b] Los carros estaban en los cuarteles destinados a ellos, y también al cuidado de la guardia real en Jerusalén.

27 Salomón tenía tantas riquezas que la plata llegó a ser tan común como las piedras,[c] y la madera de cedro como las higueras silvestres de los llanos.

28 Los mercaderes de Salomón[d] compraban a Egipto caballos y telas finas.

29 Los carros que salían de Egipto costaban seiscientas monedas de plata, y los caballos, ciento cincuenta; y así eran vendidos a los reyes hititas y sirios.

Apostasía de Salomón

11 1 Pero el rey Salomón, además de amar a la hija del faraón, se enamoró de muchas mujeres extranjeras;[a] algunas eran de Moab, otras eran de Edom, de Sidón y de los hititas,

[b] **10.26:** 1 R 4.26. [c] **10.27:** Dt 17.17. [d] **10.28:** Dt 17.16. [a] **11.1:** Dt 17.17.

2 y de todas ellas el Señor ya había adverti-
do a los israelitas: «Ustedes no deben tener
relaciones sexuales con mujeres extranjeras, ni
ellas con ustedes, pues por ellas corren ustedes
el riesgo de llegar a adorar a sus dioses.»[b] Sin
embargo, Salomón se enamoró de mujeres así.
3 Tuvo setecientas mujeres a las que hizo
reinas, y trescientas concubinas, y todas
ellas lo hicieron extraviarse.
4 Cuando Salomón envejeció, sus mujeres
lo hicieron adorar a dioses ajenos, y a dife-
rencia de David, su padre, su corazón dejó
de ser perfecto ante el Señor su Dios.
5 Salomón adoró a Astoret, la diosa de
los sidonios; y adoró también a Milcón, el
repugnante ídolo de los amonitas.
6 Se apartó del Señor y cometió muchas
maldades porque, a diferencia de David, su
padre, dejó de seguir fielmente al Señor.
7 Hasta construyó en el monte que está
frente a Jerusalén un altar a Quemos, el re-
pugnante ídolo de Moab, y a Moloc, el ídolo
repugnante de los amonitas.
8 Esos altares los construyó para que sus
mujeres pudieran quemar incienso y ofrecer
sacrificios a sus dioses.
9 El Señor se enojó mucho contra Salomón
porque su corazón se apartó de él, a pesar de
que el Señor se le había aparecido dos veces
10 y le había insistido que no adorara ni
sirviera a dioses ajenos, pero Salomón no le
hizo caso al Señor.
11 Entonces el Señor le dijo a Salomón:
«Como te has portado tan mal, y no has
cumplido con tu pacto conmigo, ni has
obedecido los estatutos que te di, voy a di-
vidir tu reino, para entregárselo a uno de tus
servidores.
12 Pero, por amor a tu padre David, no lo
haré mientras vivas. Esto lo haré cuando tu
hijo llegue a ser rey.
13 Pero no desharé totalmente el reino,
sino que, por amor a tu padre David y a la
ciudad de Jerusalén que yo elegí, a tu hijo le
daré una tribu.»

Hadad busca vengarse de Salomón

14 El Señor permitió que Hadad el edo-
mita, que era hijo de reyes, se levantara en
contra de Salomón.
15 Cuando David estaba en Edom, Joab,
general del ejército, llegó para enterrar a los
israelitas caídos en combate, y mató a todos
los hombres de Edom.
16 Joab y todos los israelitas estuvieron seis
meses en Edom, hasta que exterminaron a
todos los edomitas.
17 En aquel tiempo Hadad era un niño,
pero logró huir hacia Egipto junto con algu-
nos edomitas que servían a su padre.
18 Salieron de Madián y llegaron a Parán,
donde reunieron a más hombres; luego fue-
ron a ver al faraón, rey de Egipto, y él les dio
casa, alimentos y tierras.

[b] **11.2:** Éx 34.16; Dt 7.3-4.

EL PECADO DE SALOMÓN *(1 Reyes 11.5-7)*

Salomón tuvo muchas esposas que adoraban a dioses falsos. Al principio, Salomón simplemente permitió que sus esposas adoraran a estos dioses, pero pronto empezó a adorar a esos dioses él mismo. Esta fue una decisión muy mala. Salomón amaba a Dios y había construido un hermoso templo para que el pueblo pudiera adorar a Dios. Pero luego tomó la decisión insensata de adorar a dioses falsos. ¿Qué aprendemos de Salomón? Aprendemos que tenemos que decidir amar a Dios y obedecerlo todos los días. También aprendemos lo importante que es ser fiel a Dios, hagan lo que hagan las demás personas. ¡Los NIÑOS PODEROSOS se mantienen cerca de Dios todos los días!

19 Hadad se ganó la buena voluntad del faraón, pues le dio por mujer a la hermana de su esposa, la reina Tapenés.

20 Hadad tuvo un hijo, al que le puso por nombre Genubat, y la reina Tapenés lo destetó y lo llevó a vivir junto con sus hijos, en el palacio del faraón.

21 Cuando Hadad supo que David y Joab, general del ejército, habían muerto, fue a ver al faraón y le dijo:

«Dame permiso de volver a mi país.»

22 Y el faraón le preguntó:

«¿Por qué quieres volver a tu país? ¿Te falta algo aquí conmigo?»

Y Hadad le respondió:

«No me falta nada, pero aun así te ruego que me dejes volver.»

Rezón se rebela contra Salomón

23 Dios también permitió que Rezón hijo de Eliada se levantara contra Salomón. Rezón había huido de su amo, Hadad Ezer, que era rey de Soba.

24 Logró reunir gente y formó una banda de bandoleros. Cuando David venció al ejército de Soba, Rezón se fue a vivir a Damasco, y allí lo coronaron rey.

25 Desde entonces, y mientras Salomón vivió, Rezón se convirtió en enemigo de los israelitas, lo mismo que Hadad, y llegó a ser rey de Siria.

Jeroboán se rebela contra Salomón

26 Otro que se rebeló contra Salomón fue Jeroboán hijo de Nabat, un efrateo de la ciudad de Seredá que estaba a su servicio. Su madre se llamaba Serúa y era viuda.

27 La razón por la que Jeroboán se rebeló contra Salomón fue que, cuando éste estaba construyendo Milo, cerró la brecha de la Ciudad de David, su padre.

28 Jeroboán era un hombre muy aguerrido y, cuando Salomón lo vio, lo llamó y lo puso a cargo de todo lo relacionado con los descendientes de José.

29 Pero un día Jeroboán salió de Jerusalén y, en el camino, se encontró con el profeta Ajías de Silo, que llevaba un manto nuevo. Los dos estaban solos en el campo.

30 Ajías tomó el manto y lo dividió en doce pedazos,

31 y le dijo a Jeroboán:

«Estos diez pedazos son para ti, porque así ha dicho el Señor, el Dios de Israel: "Voy a dividir el reino de Salomón, y a ti voy a darte diez tribus.

32 A Salomón voy a dejarle una sola tribu, por causa de mi siervo David, su padre, y de Jerusalén, la ciudad que yo elegí de entre todas las tribus de Israel.

33 Y es que me han abandonado y se han entregado al culto de Astoret, la diosa de los sidonios; de Quemos, el dios de Moab; y de Moloc, el dios de los amonitas. Han abandonado mis caminos, han dejado de hacer lo recto delante de mis ojos, y no han cumplido con mis estatutos y mis decretos, cosa que nunca hizo David, su padre.

34 Pero por amor a David su padre, a quien yo elegí y quien obedeció mis mandamientos y estatutos, mientras Salomón viva no le quitaré el reino.

35 Se lo quitaré a su hijo, y tú reinarás sobre diez tribus.

36 Al hijo de Salomón le dejaré una tribu, para que mi siervo David tenga un descendiente en el trono de Jerusalén, la ciudad que yo escogí para poner en ella mi nombre.

37 Yo te he elegido para que reines sobre Israel y hagas lo que te parezca bien.

38 Si pones atención a todo lo que yo te ordene y no te desvías de mis caminos, y si haces lo recto delante de mis ojos y cumples mis estatutos y mandamientos, como lo hizo mi siervo David, yo te acompañaré siempre y estableceré tu dinastía, como lo hice con David, y te entregaré el pueblo de Israel.

39 En cuanto a los descendientes de David, voy a hacerlos sufrir por esto, pero no será para siempre."»

40 Entonces Salomón procuró matar a Jeroboán, pero éste huyó a Egipto, donde Sisac era rey, y allí se quedó hasta la muerte de Salomón.

Muerte de Salomón

(2 Cr 9.29-31)

41 Los otros hechos de Salomón, y todo lo que hizo y toda su sabiduría están escritos en el libro de los hechos de Salomón.

42 Fueron cuarenta años los que reinó en Jerusalén y en todo el pueblo de Israel.

43 Y cuando Salomón durmió el sueño de la muerte, como sus antepasados, fue sepultado en la ciudad de su padre David. En su lugar reinó Roboán, su hijo.

Rebelión de Jeroboán

(2 Cr 10.1—11.4)

12 1 Roboán fue a Siquén porque todo el pueblo de Israel estaba reunido allí para proclamarlo rey.

2 Cuando Jeroboán hijo de Nabat, que por la furia del rey Salomón había huido a Egipto, supo esto,

3 sus seguidores le pidieron volver. Al llegar Jeroboán, él y todo el pueblo se presentaron ante Roboán y le dijeron:

4 «Tu padre fue muy duro con nosotros. Te rogamos que disminuyas un poco la servidumbre a la que Salomón nos sometió. Aligera el yugo tan pesado que nos impuso, y nos pondremos a tu servicio.»

5 Pero Roboán les dijo:

«Por el momento, váyanse y vuelvan a verme dentro de tres días.»

En cuanto ellos se fueron,

6 Roboán pidió consejo a los ancianos que cuando Salomón vivía habían estado a su servicio. Les dijo:

«¿Qué respuesta me aconsejan dar a esta gente?»

7 Los ancianos le dijeron:

«*Si hoy te pones* al servicio del pueblo y le hablas de buena manera, ellos serán siempre tus servidores.»

8 Pero Roboán hizo a un lado el consejo de los ancianos, y pidió el consejo de los jóvenes que habían crecido con él y estaban a su servicio. Les preguntó:

9 «¿Qué me aconsejan responder a esta gente que vino a decirme: "Disminuye un poco la servidumbre que tu padre nos impuso"?»

10 Y los jóvenes que habían crecido con él le dijeron:

«A esa gente que te habló de esa manera, y que dijo: "Tu padre fue muy duro con nosotros. Disminuye un poco esa dureza", diles: "Mi dedo meñique es más grueso que el miembro viril de mi padre.

11 Así que, si mi padre fue duro con ustedes, yo lo seré más todavía; si mi padre los castigó con azotes, yo los azotaré con látigos."»

12 Al tercer día, Jeroboán y todo el pueblo se presentaron ante el rey Roboán para conocer su respuesta, tal y como él les había dicho.

13 Y el rey les habló con dureza, pues no hizo caso del consejo de los ancianos;

14 al contrario, les repitió lo que los jóvenes le habían aconsejado: «Si mi padre fue duro con ustedes, yo seré aún más duro; si mi padre los castigó con azotes, yo los azotaré con látigos.»

15 Y Roboán no quiso escuchar al pueblo porque ya el Señor así lo había dispuesto, para confirmar lo que había dicho a Jeroboán hijo de Nabat por medio de Ajías el silonita.

16 Al ver el pueblo que el rey no les había hecho caso, exclamaron:

«¿Qué tenemos nosotros que ver con David? ¡No tenemos nada que ver con el hijo de Yesé! Pueblo de Israel, ¡regresa a tus casas![a] Y tú, David, ¡busca tu propio sustento!»

Fue así como el pueblo de Israel regresó a sus casas,

17 y Roboán siguió reinando sobre los israelitas que vivían en las ciudades de Judá.

18 Y cuando Roboán envió a Adorán a cobrar los tributos para el rey, el pueblo de Israel lo apedreó hasta matarlo. Entonces el rey Roboán subió en su carro y salió huyendo hacia Jerusalén.

[a] **12.16:** 2 S 20.1.

19 Así fue como el pueblo de Israel se separó de la casa de David, hasta el día de hoy.

20 Y cuando los israelitas se enteraron de que Jeroboán había vuelto, todo el pueblo mandó a llamarlo para proclamarlo rey de Israel, y aparte de la tribu de Judá, ninguna otra tribu se sometió a la línea de David.

21 Al llegar a Jerusalén, Roboán reunió a los descendientes de Judá y de Benjamín, y escogió a los ciento ochenta mil mejores guerreros para ir y pelear contra los israelitas, pues quería recuperar el reino de Salomón.

22 Pero la palabra del Señor vino a Semaías, varón de Dios, y le dijo:

23 «Habla con Roboán, el hijo de Salomón, y con las tribus de Judá y de Benjamín, y con el resto del pueblo, y diles:

24 "Así ha dicho el Señor: No vayan a pelear contra sus hermanos israelitas. Regresen a sus casas, porque esto lo he provocado yo."»

Y los dos bandos hicieron caso de las palabras del Señor, y en conformidad con ellas regresaron a sus casas.

El pecado de Jeroboán

25 Entonces Jeroboán reedificó la ciudad de Siquén, en la ladera del monte Efraín, y allí se quedó a vivir, aunque luego salió de allí y reconstruyó Penuel.

26 Pero dentro de sí mismo pensaba: «El reino puede regresar a la casa de David

27 si el pueblo sigue yendo a ofrecer sacrificios al templo del Señor en Jerusalén. Entonces volverán a someterse voluntariamente a Roboán, rey de Judá, y a mí me matarán.»

28 Después de reunirse en consejo, Jeroboán mandó hacer dos becerros de oro y le dijo al pueblo:

«Israelitas, demasiadas veces han ido ustedes a Jerusalén. ¡Aquí tienen a los dioses que los sacaron de Egipto!»[b]

29 Uno de los becerros lo colocó en Betel, y el otro en Dan.

30 Esto incitó al pueblo a pecar, porque iba a Dan a adorar el becerro.

31 Además, Jeroboán mandó construir altares en los montes y nombró sacerdotes de entre el pueblo, aunque no fueran descendientes de Leví.

32 También instituyó una fiesta solemne el día quince del mes octavo, semejante a la que era celebrada en Judá, y ofrecía sacrificios en el altar que construyó en Betel y nombró sacerdotes para que oficiaran en los altares que había mandado construir.

33 La fiesta religiosa que instituyó el día quince del mes octavo, fue una invención suya,[c] y todo el pueblo participó en ella, y Jeroboán subió al altar para quemar incienso.

LECCIONES — **UNA MALA ELECCIÓN**

(1 Reyes 12.24)

Dios permitió que el reino se dividiera porque los israelitas se rebelaron contra el rey Roboán. Las acciones malvadas de Israel empezaron cuando Salomón escogió adorar a dioses falsos (lee 1 Reyes 11). Aunque las personas en Israel rechazaron a Dios, algunas personas en Judá escogieron mantenerse fieles a Él. Una mala desición puede llevar a toda una nación al desastre. Pero Dios puede *hacer surgir un buen* resultado hasta de una mala desición.

Un profeta de Judá amonesta a Jeroboán

13 1 Mientras Jeroboán estaba frente al altar de Betel dispuesto a quemar incienso, un profeta de Judá llegó a Betel por órdenes del Señor,

2 y comenzó a hablar en contra del altar. Dijo:

«Altar, altar, así ha dicho el Señor: "La dinastía de David va a tener un descendiente. Se llamará Josías, y él sacrificará sobre ti a los sacerdotes que sobre ti queman incienso. En lugar de incienso, sobre ti se quemarán huesos humanos."»[a]

3 Ese mismo día, el profeta dijo:

[b]**12.28:** Éx 32.4. [c]**12.32-33:** Lv 23.33-34. [a]**13.2:** 2 R 23.15-16.

«Como señal de que el Señor ha hablado, el altar se hará pedazos y las cenizas que hay en él serán esparcidas.»

4 Cuando el rey Jeroboán escuchó las palabras que aquel varón de Dios pronunció en contra del altar de Betel, lleno de ira extendió el brazo y ordenó: «¡Deténganlo!» Pero el brazo que había extendido se le secó, y ya no lo pudo doblar.

5 Y en efecto, el altar se hizo pedazos y las cenizas se esparcieron, con lo que se cumplió la señal que el varón de Dios había anunciado por órdenes del Señor.

1 R 17.17-24

6 Entonces el rey le dijo al varón de Dios:

«Te pido que ruegues por mí ante el Señor tu Dios, para que mi brazo sea sanado.»

El varón de Dios rogó al Señor, y el brazo del rey fue sanado y volvió a estar como antes.

7 Entonces el rey le dijo al varón de Dios:

«Ven a comer a mi palacio. Quiero hacerte un regalo.»

8 Pero el varón de Dios contestó:

«Aun si me dieras la mitad de tu palacio, no podría acompañarte. Tampoco podría comer ni beber agua en este lugar.

9 El Señor me dio órdenes precisas. Me dijo: "No comas ni bebas nada, ni regreses por el mismo camino."»

10 Y el profeta volvió por otro camino, y no por el que había tomado para ir a Betel.

11 Pero había en Betel un viejo profeta, cuyo hijo había estado cerca del altar y había visto y oído lo sucedido. Éste fue con su padre y le contó lo que el profeta había hecho en Betel, y lo que le había dicho al rey.

12 El viejo profeta le preguntó:

«¿Y por dónde se fue el profeta?»

Cuando sus hijos le mostraron el camino que el varón de Dios había tomado para regresar a *Judá*,

13 él les ordenó que aparejaran su asno; y en cuanto sus hijos lo hicieron, él lo montó

14 y se fue por el camino que había tomado el varón de Dios. Poco después lo halló sentado a la sombra de una encina. Se detuvo y le preguntó:

«¿Eres tú el varón de Dios que vino de Judá?»

El varón le respondió:

«Sí, yo soy.»

15 Entonces el viejo profeta le dijo:

«Ven a mi casa, y come pan conmigo.»

16 Pero el varón de Dios le respondió:

«No puedo volver contigo, ni acompañarte, ni tampoco puedo comer ni beber agua en este lugar,

17 porque el Señor me dijo: "No comas pan ni bebas agua allí, ni regreses por el mismo camino."»

18 Pero el viejo profeta lo engañó y le dijo:

«Yo, lo mismo que tú, también soy profeta. Un ángel me habló de parte del Señor, y me dijo: "Llévalo a tu casa para que coma pan y beba agua."»

19 Entonces el varón de Dios lo acompañó a su casa, y allí comió pan y bebió agua.

20 Pero cuando estaban comiendo, el Señor le dio un mensaje al profeta que lo había hecho regresar,

21 y al varón de Dios que había venido de Judá le dijo con fuerte voz:

«Así dice el Señor: "Por haberte rebelado contra el mandato del Señor, por no haber obedecido el mandamiento del Señor tu Dios,

22 y por haber regresado para comer pan y beber agua en donde el Señor te ordenó que no lo hicieras, tu cuerpo no será sepultado junto con tus padres."»

23 En cuanto el varón de Dios terminó de comer y beber, el viejo profeta que lo había engañado le aparejó el asno.

24 Ya en el camino, un león salió y atacó al varón de Dios y lo mató, y su cuerpo quedó tendido en el camino, y junto a él se echaron el asno y el león.

25 La gente que pasaba por allí, al ver tendido el cuerpo del profeta, y al león a su lado, fueron a la ciudad y se lo contaron al viejo profeta.

26 El profeta que había hecho volver al varón de Dios los escuchó y dijo:

«Se trata del varón de Dios. Pero desobedeció el mandato del Señor, y por eso el Señor lo castigó dejando que un león lo matara. Así se cumplió la palabra del Señor.»

27 Dicho esto, llamó a sus hijos y les pidió que aparejaran su asno, y ellos así lo hicieron.

28 Entonces el viejo profeta fue a ver el cuerpo tendido en el camino. El asno y el león todavía estaban echados junto al cuerpo, sin que el león hubiera devorado el cuerpo del profeta ni dañado al asno.

29 Entonces el viejo profeta levantó el cuerpo del varón de Dios, lo echó sobre el asno y se lo llevó. Al llegar a la ciudad, cantó endechas y luego lo enterró.

30 Colocó el cuerpo en su propio sepulcro, y entre sollozos decía: «¡Ay, hermano mío!»

31 Después del entierro, llamó a sus hijos y les dijo: «Cuando yo muera, quiero que me sepulten junto a este varón de Dios. Pongan mis huesos junto a los suyos,

32 porque con toda seguridad se cumplirá la palabra del Señor contra el altar que está en Betel y contra todos los altares que se han levantado en las ciudades de Samaria.»

33 A pesar de todo esto, Jeroboán no se arrepintió de su maldad, pues volvió a nombrar sacerdotes para los altares que había levantado entre el pueblo, y a cualquiera que quisiera ministrar en esos altares lo consagraba como sacerdote.

34 Éste fue el gran pecado de Jeroboán, y por eso su descendencia fue exterminada de la tierra.

Profecía de Ajías contra Jeroboán

14 1 En aquel tiempo, Abías hijo de Jeroboán cayó enfermo.

2 Entonces el rey llamó a su esposa y le dijo:

«Quiero que vayas a Silo, donde encontrarás al profeta Ajías, el que me dijo que yo sería rey de este pueblo. Pero disfrázate, para que nadie sepa que eres mi esposa.

3 Llévale diez panes, y tortas y un tarro con miel, y pregúntale qué va a pasar con nuestro hijo.»

4 La mujer de Jeroboán hizo lo que éste le ordenó y fue a Silo. Llegó a la casa de Ajías, que por su avanzada edad ya no podía ver.

5 Pero el Señor le había dicho:

«Ajías, la mujer de Jeroboán va a venir a consultarte acerca de su hijo enfermo. Viene disfrazada, pero cuando llegue le dirás lo que yo te mande.»

6 Cuando ella llegó y cruzó la puerta, Ajías escuchó sus pisadas y le dijo:

«Entra, mujer de Jeroboán. ¿Por qué vienes disfrazada? Escucha bien, que tengo un mensaje muy duro para ti.

7 Regresa con Jeroboán y dile: "Así ha dicho el Señor, el Dios de Israel: 'Yo te levanté de en medio del pueblo y te hice jefe de los israelitas.

8 Yo deshice el reino de la casa de David y te lo entregué, pero tú no te has conducido como mi siervo David, pues él obedeció mis mandamientos, me buscó con todo su corazón, y se esforzó por vivir con rectitud delante de mí.

9 Pero tú has actuado peor que todos los que reinaron antes de ti; te has fabricado dioses ajenos y has fundido sus imágenes para hacerme enojar, y luego me volviste la espalda.

10 Por eso yo haré que tu descendencia caiga en desgracia, y que muera todo varón

UN PROFETA DESOBEDIENTE *(1 Reyes 13.21-22)*

Un profeta desobedeció las instrucciones de Dios y lo mató un león. El profeta dejó que alguien lo persuadiera a desobedecer la orden directa que Dios le había dado. La historia de este profeta desobediente es una advertencia para todos los que siguen a Jesús hoy día. Dios nos da instrucciones en la Biblia. Nos toca a nosotros escoger obedecer la Palabra de Dios y no guiarnos por las personas que nos dicen que nos apartemos por nuestro propio camino.

PODER PARA VIVIR

que te nazca, lo mismo si es siervo que si es libre; barreré a tus descendientes como se barre el estiércol, hasta que no quede nada.[a]

11 A cualquier descendiente de Jeroboán que muera en la ciudad, se lo comerán los perros, y al que muera en el campo se lo comerán las aves de rapiña.' Así lo ha dicho el Señor."

12 »Y tú, mujer, regresa a tu casa, pero en cuanto pongas un pie en la ciudad tu hijo morirá.

13 Todo el pueblo de Israel llorará por tu hijo y lo sepultarán, porque de todos los hijos de Jeroboán él es el único que le agradó al Señor; por eso será sepultado.

14 El Señor va a elegir a un rey que exterminará a toda la descendencia de Jeroboán, y lo va a hacer ahora mismo.

15 El Señor sacudirá al pueblo de Israel como sacude el agua a los juncos, y lo arrancará de la buena tierra que dio a sus antepasados; luego, por haberse fabricado imágenes de Asera y por ofender así al Señor, los esparcirá más allá del río Éufrates.

16 El Señor va a entregar a Israel por causa de los pecados de Jeroboán, pues hizo pecar a mi pueblo.»

17 Después de oír esto, la esposa de Jeroboán se marchó y se fue a Tirsa, y cuando entró en la ciudad su hijo murió.

18 Sepultaron al niño, y el pueblo lloró por él como el Señor le había dicho al profeta Ajías.

19 Todo los hechos de Jeroboán, y las guerras que libró, han quedado registradas en el libro de las historias de los reyes de Israel.

20 Jeroboán reinó veintidós años, y cuando fue a reunirse con sus antepasados, reinó en su lugar su hijo Nadab.

Reinado de Roboán

(2 Cr 12.1-16)

21 Roboán hijo de Salomón comenzó a reinar sobre Judá a los cuarenta y un años de edad, y reinó diecisiete años en Jerusalén, la ciudad que el Señor eligió de entre todas las tribus de Israel para que allí estuviera su nombre. La madre de Roboán se llamaba Noamá, y era amonita.

22 Y el pueblo de Judá hizo lo malo a los ojos del Señor, y lo hicieron enojar más que sus antepasados, a pesar de que éstos cometieron muchos pecados.

23 También construyeron altares en los montes y bajo los árboles frondosos;[b] hicieron estatuas e imágenes de la diosa Asera;

24 practicaron actos repugnantes, como la prostitución[c] masculina, que era una costumbre de los pueblos que el Señor había arrojado del territorio ocupado por los israelitas.

25 Cuando Roboán llevaba cinco años en el trono, llegó Sisac, rey de Egipto, y atacó Jerusalén[d]

26 y se adueñó de los tesoros del templo del Señor y del palacio real. Fue un saqueo total, que incluyó los escudos de oro que Salomón había mandado hacer.[e]

27 Para reponerlos, Roboán mandó hacer escudos de bronce y los puso al cuidado de los oficiales que vigilaban la entrada del palacio real.

28 Cuando el rey entraba en el templo del Señor, los guardias se llevaban los escudos y los ponían en la sala de la guardia.

29 Todos los hechos de Roboán se hallan registrados en las crónicas de los reyes de Judá.

30 Y entre Roboán y Jeroboán hubo siempre constantes guerras.

31 Cuando Roboán murió y fue a reunirse con sus antepasados, fue sepultado junto a ellos en la ciudad de David. Noamá, la amonita, fue madre de Roboán. A la muerte del rey, reinó en su lugar su hijo Abías.

Reinado de Abías

(2 Cr 13.1-22)

15 1 Abías comenzó a reinar sobre Judá cuando Jeroboán hijo de Nabat llevaba dieciocho años de reinar sobre Israel,

[a]**14.10:** 1 R 15.29. [b]**14.23:** 2 R 17.9-10. [c]**14.24:** Dt 23.17. [d]**14.25:** 2 Cr 12.2-8. [e]**14.26:** 1 R 10.16-17; 2 Cr 9.15-16.

2 y reinó en Jerusalén tres años. Su madre
se llamaba Macá, y era hija de Abisalom.
3 Y Abías cometió todos los pecados en
que incurrió su padre Roboán, y su corazón
no le fue fiel al Señor, como lo había sido su
antepasado David.
4 Pero Dios el Señor le concedió tener un su-
cesor en el trono de Jerusalén,[a] ciudad a la que
siguió sosteniendo por amor a su siervo David,
5 pues David vivió rectamente en la pre-
sencia del Señor y nunca en su vida deso-
bedeció ninguno de sus mandatos, salvo lo
que hizo con Urías el hitita.[b]
6 Mientras Roboán y Jeroboán vivieron,[c]
estuvieron en constantes guerras,
7 y también Abías entró en guerra contra
Jeroboán.
Todo los hechos de Abías se hallan regis-
trados en el libro de las crónicas de los reyes
de Judá.
8 Y Abías se reunió con sus antepasados y
fue sepultado en la ciudad de David. En su
lugar reinó su hijo Asa.

Reinado de Asa

(2 Cr 14.1-5; 15.16-19)

9 Asa comenzó a reinar sobre Judá cuan-
do Jeroboán llevaba veinte años de reinar
sobre Israel,
10 y reinó en Jerusalén cuarenta y un años.
Su madre se llamaba Macá, y era hija de Abi-
salom.
11 Asa hizo lo recto a los ojos del Señor,
como su antepasado David.
12 Desterró del país a los que practicaban
la prostitución entre hombres en los tem-
plos paganos, y derribó todos los ídolos que
sus antepasados habían hecho.[d]
13 A Macá, su madre, le quitó el título de
reina madre porque había hecho un ídolo
de Asera, al cual destruyó y le prendió fuego
junto al torrente de Cedrón.
14 Y aunque no se quitaron todos los alta-
res de los montes, durante toda su vida Asa
amó al Señor con todo su corazón.
15 Hizo que se llevara de nuevo al templo
del Señor lo que su padre había consagrado,
además del oro, la plata y las alhajas que él
mismo dedicó.

Alianza de Asa con Ben Adad

(2 Cr 16.1-10)

16 También hubo guerra entre Asa y Basá,
el rey de Israel, mientras ambos vivieron.
17 Basá se enfrentó contra el pueblo de
Judá, y mandó fortificar las murallas de
Ramá para que nadie pudiera entrar ni salir
del reino de Asa.

LECCIONES
UN CORAZÓN INFIEL
(1 Reyes 15.3)

David amó a Dios de todo su corazón. Algunos de sus descendientes, como Abías, rey de Judá, no lo hicieron. Abías fue muy infiel a Dios y cometió muchos pecados. Es triste pensar que David se dedicó completamente a Dios, pero que luego su familia escogió no servirle a Él. ¿Tus padres aman a Dios? Si lo aman, les puedes pedir que te enseñen a ser un cristiano fuerte. *Si no lo aman*, puedes orar para que decidan seguir a Jesús.

PALABRAS CON PODER
ASA
(1 Reyes 15.9)

Asa fue un rey bueno quien era fiel a Dios en palabra y obra. Quitó los lugares donde se adoraban a ídolos y enseñó al pueblo de Judá a alejarse de las acciones pecaminosas de las naciones a su alrededor. Asa nos muestra que un líder piadoso puede ayudar a toda una nación a obedecer a Dios. Tal vez tú no puedas ayudar a toda una nación a seguir a Dios, pero puedes ayudar a tus amigos a seguirlo. Haz una lista de maneras en que podrías hacer esto.

[a] **15.4:** 1 R 11.36. [b] **15.5:** 2 S 11.1-27. [c] **15.6:** 2 Cr 13.3-21. [d] **15.12:** 2 Cr 15.8-15.

[18] Al ver esto, Asa tomó el oro y la plata
que aún quedaban en los tesoros del templo
del Señor, junto con los tesoros del palacio
real, y los entregó a sus siervos con la orden
de que fueran a Damasco, donde estaba el
rey Ben Adad de Siria, hijo de Tabrimón y
nieto de Hezión, y le dieran este mensaje:
[19] «Te propongo que tú y yo hagamos
una alianza, como la que hicieron tu padre
y el mío. Aquí tienes un presente de oro y
plata. Da por terminado el pacto que tienes con Basá, rey de Israel. Quiero que me
deje en paz.»
[20] Ben Adad estuvo de acuerdo con Asa,
y ordenó a los comandantes de sus ejércitos
que atacaran las ciudades de Israel. Así conquistó Iyón, Dan, Abel Betmacá, y todo el
territorio de Cineret y de Neftalí.
[21] Y cuando Basá supo esto, dejó de edificar la muralla de Ramá y se quedó en Tirsa.
[22] Entonces Asa convocó a todo el pueblo
de Judá, sin excluir a nadie, y fueron a Ramá
para quitar las piedras y la madera con las
que Basá estaba construyendo, y con ese
material el rey Asa reconstruyó Geba de
Benjamín y Mispá.

Muerte de Asa

(2 Cr 16.11-14)

[23] Los hechos de Asa, y el poder que tuvo
y las ciudades que edificó, se hallan registrados en el libro de las crónicas de los reyes
de Judá. Cuando Asa envejeció, se enfermó
de los pies
[24] y fue a reunirse con sus antepasados y
fue sepultado con ellos en la ciudad de David. En su lugar reinó su hijo Josafat.

Reinado de Nadab

[25] Cuando el rey Asa tenía dos años de reinar sobre Judá, Nadab hijo de Jeroboán comenzó a reinar sobre Israel, y reinó dos años.
[26] Pero hizo lo malo a los ojos del Señor;
siguió el mal ejemplo de su padre y cometió los mismos pecados con que hizo pecar
a Israel.
[27] Entonces Basá, que era hijo de Ajías y
nieto de Isacar, conspiró contra Nadab y lo
hirió de muerte en Guibetón, tierra de filisteos, porque Nadab y todo el ejército israelita habían sitiado la ciudad.
[28] Nadab murió a manos de Basá, y éste
reinó en su lugar. Para entonces, Asa llevaba
tres años de reinar sobre Judá.
[29] Y tan pronto como Basá llegó al trono,
mató a toda la familia de Jeroboán, sin dejar
con vida a nadie, tal y como lo había dicho
el Señor a su siervo Ajías el silonita.[e]
[30] Y es que Jeroboán cometió muchos
pecados, con lo que hizo que el pueblo de
Israel pecara; y eso provocó el enojo del
Señor, Dios de Israel.
[31] Todos los hechos de Nadab se hallan
registrados en el libro de las crónicas de los
reyes de Israel.
[32] Y la guerra entre Asa y el rey Basá de
Israel duró mientras los dos vivieron.

Reinado de Basá

[33] Basá hijo de Ajías reinó sobre todo Israel
en Tirsa durante veinticuatro años. Para entonces, Asa tenía tres años como rey de Judá.
[34] Y Basá hizo lo malo a los ojos del Señor,
y siguió el mal ejemplo de Jeroboán, y con
sus pecados hizo pecar a Israel.

16

[1] La palabra del Señor vino a
Jehú hijo de Janani, y le dio
el siguiente mensaje contra
Basá:
[2] «Yo te levanté del suelo y te puse como
jefe de Israel, mi pueblo, pero tú has ido tras
los malos pasos de Jeroboán; has hecho pecar a mi pueblo, y con tus pecados has provocado mi enojo.
[3] Por eso, voy a acabar con tu descendencia y con toda tu familia. Voy a acabar con
tu dinastía, como acabé con la de Jeroboán
hijo de Nabat.
[4] A cualquiera de tus hijos que muera en
la ciudad, lo devorarán los perros; y al que
muera en el campo lo devorarán las aves de
rapiña.»

[e] **15.29:** 1 R 14.10.

5 Todos los hechos de Basá, y su gran poder, se hallan registrados en el libro de las crónicas de los reyes de Israel.

6 Y Basá fue a reunirse con sus antepasados y fue sepultado en Tirsa. En su lugar reinó su hijo Elá.

7 Pero el mensaje que el Señor le envió a Basá por medio de Jehú hijo de Jananí alcanzó a toda su familia, por todo lo malo que hizo a los ojos del Señor, lo cual provocó su enojo. Por eso destruyó a su familia como lo hizo con la familia de Jeroboán.

Reinado de Elá

8 Cuando Asa tenía veintiséis años de reinar sobre Judá, Elá hijo de Basá comenzó a reinar sobre Israel, y reinó en Tirsa dos años.

9 Pero Zimri, que comandaba la mitad de sus carros de combate, conspiró contra él. Un día, mientras Elá estaba en Tirsa, bebiendo hasta emborracharse en casa de su mayordomo Arsa,

10 Zimri llego e hirió de muerte a Elá, y comenzó a reinar en su lugar. Era el año veintisiete del reinado de Asa sobre Judá.

11 En cuanto Zimri ocupó el trono de Israel, mandó matar a todos los descendientes de Basá, sin dejar con vida uno solo de sus parientes y amigos.

12 Así fue como Zimri exterminó a la familia de Basá, con lo que se cumplió la palabra del Señor contra él, por medio del profeta Jehú.

13 Ése fue el pago que Basá y su hijo Elá recibieron por sus pecados, pues también hicieron pecar a Israel, con lo que provocaron el enojo del Señor, Dios de Israel.

14 Todos los hechos de Elá se hallan registrados en el libro de las crónicas de los reyes de Israel.

Reinado de Zimri

15 Cuando Asa llevaba veintisiete años de reinar sobre Judá, Zimri comenzó a reinar en Tirsa, pero solamente reinó siete días. Y es que cuando el pueblo, que estaba acampando a las afueras de Guibetón, ciudad de los filisteos, para atacarla,

16 se enteró de que Zimri había conspirado contra el rey y le había dado muerte, ese mismo día proclamó rey a Omri, que era general del ejército y estaba en el campo de batalla.

17 Entonces Omri y todo el ejército de Israel dejaron de atacar a Guibetón y fueron a sitiar a Tirsa.

18 Y cuando Zimri vio que el ejército israelita había conquistado la ciudad, fue a refugiarse en el palacio real y le prendió fuego estando él adentro. Así murió este hombre,

19 que había hecho lo malo a los ojos del Señor, y seguido el mal ejemplo de Jeroboán, con lo que hizo pecar a Israel.

20 Todos los hechos de Zimri, y su conspiración contra el rey, se hallan registrados en el libro de las crónicas de los reyes de Israel.

Reinado de Omri

21 Pero el pueblo de Israel se dividió, porque una parte de ellos quería que el rey fuera Tibni hijo de Ginat, mientras que la otra parte prefería a Omri.

22 Los que apoyaban a Omri vencieron a los partidarios de Tibni, y Tibni murió y Omri ascendió al trono.

23 Comenzó a reinar sobre Israel cuando el rey Asa de Judá llevaba treinta y un años de reinar sobre Judá, y reinó durante doce años, seis de los cuales reinó en Tirsa.

24 A Semer, Omri le compró el monte de Samaria a cambio de sesenta y seis kilos de plata, y allí en ese monte edificó la ciudad de Samaria, a la que llamó así en recuerdo de Semer, el dueño de ese monte.

25 Pero Omri hizo lo malo a los ojos del Señor. Su pecado fue peor que el de los reyes anteriores,

26 pues siguió los malos pasos de Jeroboán hijo de Nabat e hizo pecar al pueblo de Israel, pues con sus ídolos provocó el enojo del Señor, Dios de Israel.

27 Todos los hechos de Omri, y sus hazañas militares, se hallan registrados en el libro de las crónicas de los reyes de Israel.

28 Y Omri fue a reunirse con sus antepasados, y fue sepultado en Samaria. En su lugar reinó su hijo Ajab.

Reinado de Ajab

29 Ajab hijo de Omri comenzó a reinar sobre Israel cuando el rey Asa tenía treinta y ocho años de reinar sobre Judá.

30 Ajab reinó veintidós años sobre Israel en Samaria, pero a los ojos del Señor sus hechos fueron peores que los de todos los que reinaron antes de él.

31 Se le hizo fácil seguir los malos pasos de Jeroboán hijo de Nabat y tomar por esposa a Jezabel, la hija del rey Etbaal de Sidón; además, adoró y sirvió a Baal,

32 y hasta le construyó un altar y le dedicó un templo en Samaria.

33 Además, hizo una imagen de Asera, con lo que su maldad superó a la de los reyes anteriores a él y provocó la ira del Señor, Dios de Israel.

34 En ese tiempo, Jiel de Betel reconstruyó la ciudad de Jericó. El precio que pagó por echar los cimientos fue la vida de Abirán, su hijo primogénito, y el precio que pagó por ponerle portones a la ciudad fue la vida de Segub, su hijo menor. Así se cumplió lo que el Señor había dicho por medio de Josué hijo de Nun.[a]

PROMESAS PODEROSAS

1 REYES 17.1

Elías, un tisbita que vivía en Galaad, fue a decirle a Ajab: «Vive el Señor, Dios de Israel, en cuya presencia estoy, que en los años que vienen no va a llover, y ni siquiera va a caer rocío, a menos que yo lo diga.

Por causa del pecado del rey Acab, Dios hizo que no lloviera en Israel. Esta es una de las maldiciones descritas en la ley de Moisés. En Deuteronomio 28:23-24, Dios prometió que no llovería si el pueblo de Israel lo desobedecía. Dios siempre cumple su palabra.

PALABRAS CON PODER

ACAB

(1 Reyes 16.30)

Mientras que el rey Asa dejó un buen ejemplo para el pueblo de Judá, el rey Acab de Israel dejó un mal ejemplo para el pueblo de Israel. Se casó con una princesa fenicia llamada Jezabel. Ella adoraba al ídolo Baal. Tristemente, La maldad de Acab "superó a la de los reyes anteriores a él" (1 Reyes 16:33). *No es de sorprenderse que* hubo más rebeldía y maldad en Israel durante el reinado de Acab. Cada uno de nosotros puede ayudar a las personas a obedecer a Dios o desobedecerlo. ¿Qué quieres tú ayudar a las personas a hacer?

Elías predice la sequía

17 1 Elías, un tisbita que vivía en Galaad, fue a decirle a Ajab: «Vive el Señor, Dios de Israel, en cuya presencia estoy, que en los años que vienen no va a llover, y ni siquiera va a caer rocío, a menos que yo lo diga.»[a]

2 Además, la palabra del Señor vino a Elías y le dijo:

3 «Sal de este lugar y vete al oriente; escóndete allí, cerca del arroyo de Querit, frente al río Jordán.

4 Saciarás tu sed en el arroyo, y ya he mandado a los cuervos que te lleven de comer.»

5 Elías fue obediente a la palabra del Señor, y se fue a vivir cerca del arroyo de Querit, frente al río Jordán.

6 Los cuervos llegaban por la mañana y por la tarde, y le llevaban pan y carne, y él bebía agua del arroyo.

[a]**16.34:** Jos 6.26. [a]**17.1:** Stg 5.17.

[7] Pero después de algunos días el arroyo se
secó, porque no había llovido sobre la tierra.

Elías y la viuda de Sarepta

[8] La palabra del Señor vino a Elías y le dijo:
[9] «Deja este lugar y vete a vivir por algún
tiempo en Sarepta de Sidón. Ya he dispuesto
que una viuda que allí vive te dé de comer.»[b]
[10] Elías abandonó ese lugar y partió a Sa-
repta. Cuando llegó a la entrada de la ciu-
dad, vio a una mujer que recogía leña. Era
viuda. Elías la llamó y le dijo:
«Te ruego que me des a beber un vaso
de agua.»
[11] Ya iba la mujer por el agua, cuando Elías
la llamó y le dijo:
«También te ruego que me traigas un
poco de pan.»
[12] Pero ella le respondió:
«Te juro por el Señor, tu Dios, que no he
cocido pan. Sólo me queda un poco de hari-
na en la tinaja, y unas gotas de aceite en una
vasija. Con los leños que me viste recoger, voy
a cocer el último pan para mi hijo y para mí.
Después de comerlo, nos dejaremos morir.»
[13] Pero Elías le dijo:
«No tengas miedo. Ve y haz lo que quie-
res hacer, pero antes cuece una pequeña
torta bajo el rescoldo, y tráemela; después
cocerás pan para ti y para tu hijo.
[14] El Señor, el Dios de Israel, me ha dicho:
"No va a faltar harina en la tinaja, ni va a dis-
minuir el aceite de la vasija, hasta el día en
que el Señor haga llover sobre la tierra."»
[15] La viuda hizo lo que Elías le dijo, y los
tres comieron durante muchos días.

[b] **17.9:** Lc 4.25-26.

HOMBRES PODEROSOS DE DIOS

ELÍAS

Uno de los trabajos más difíciles en la época bíblica era ser profeta, es decir, una persona que hablaba en nombre de Dios. Elías fue un profeta durante una época en que Acab reinaba en el reino norteño de Israel. Acab enfureció a Dios más que cualquier otro rey.

Acab y su esposa Jezabel le enseñaron al pueblo a adorar a ídolos falsos, dioses hechos por el hombre. Uno de estos dioses se llamaba Baal. Como castigo por esta maldad, Elías le dijo a Acab que Dios no enviaría lluvia durante tres años. Sin lluvia, los cultivos no podían crecer. Pero Dios cuidó de Elías y envió cuervos a llevarle carne y pan.

Elías retó a los profetas de Baal a tener un encuentro en el monte Carmelo para ver quién era el Dios verdadero. Si el Dios de Israel contestaba mediante el fuego, significaría que Él era Dios. Si contestaba Baal, entonces él sería dios. El Dios de Israel ganó fácilmente esa batalla.

Después de ese triunfo, Elías pasó por momentos difíciles. Cuando Jezabel amenazó con matarlo, Elías huyó para salvar su vida. El profeta se sentía cansado y solo, pero Dios le envió recordatorios de su amor.

Elías es uno de dos hombres en la Biblia que no murieron. Dios lo llevó al cielo en un torbellino. Antes de partir, Elías le dio su manto al hombre que tomaría su lugar como el próximo profeta de Dios. Ese hombre era Eliseo.

Elías sirvió a Dios con denuedo, sin importarle lo que los demás pensaran ni cuántos problemas tendría que enfrentar. ¿Cuál es la acción más valiente que has llevado a cabo para Dios? ¿Qué ocurrió como resultado?

Puedes leer acerca de Elías en 1 Reyes 16-2 Reyes 2.

16 Y tal y como el Señor se lo prometió a
Elías, no faltó harina en la tinaja ni bajó de
nivel el aceite en la vasija.
17 Pero, un día, el hijo de la viuda cayó gra-
vemente enfermo y se murió.
18 Entonces ella le dijo al profeta:
«¿Qué tengo yo que ver contigo, varón de
Dios? ¿Has venido a hacerme recordar mis
pecados, y a hacer que mi hijo se muera?»
19 Y Elías le dijo:
«Déjame ver a tu hijo.»
Y se lo quitó de los brazos, y lo llevó al lugar
donde él dormía, y lo recostó sobre su cama;
20 luego, clamó al Señor y le dijo:
«Señor, mi Dios, ¿acaso a la viuda que me
hospedó en su casa, y que me dio de comer,
vas a afligirla dejando morir a su hijo?»
21 Dicho esto, se tendió sobre el niño tres
veces, mientras clamaba al Señor con estas
palabras:
«Señor y Dios mío, te ruego que le de-
vuelvas la vida a este niño.»
22 El Señor oyó su petición, y el alma del
niño volvió a su cuerpo, y el niño recobró
la vida.
23 Entonces el profeta tomó al niño y lo
llevó con su madre, y le dijo:
«Mira, ¡tu hijo está vivo!»
24 Entonces la mujer le dijo:
«Hoy he comprobado que tú eres un va-
rón de Dios, y que en tus labios la palabra
del Señor se hace verdad.»

2 R 5.9-14

Elías regresa a ver a Ajab

18 1 El tiempo pasó, y tres años
después la palabra del Señor
vino a Elías y le dijo:
«Ve y preséntate ante Ajab. Voy a hacer
que llueva sobre la tierra.»
2 *Elías se puso en marcha para hablar con*
Ajab. El hambre que azotaba a Samaria era
terrible.
3 Ese día el rey llamó a Abdías, su admi-
nistrador. Abdías era un hombre profunda-
mente temeroso del Señor,
4 pues cuando Jezabel mandó matar a los
profetas del Señor, Abdías salvó a cien de
ellos; formó dos grupos de cincuenta pro-
fetas, y los escondió en cuevas y les proveyó
pan y agua.
5 Ajab le dijo a Abdías:
«Ve a recorrer todo el país. Busca manan-
tiales con agua, y arroyos. Tal vez encontre-
mos un poco de pasto para mantener vivos
a los caballos y a las mulas. De lo contrario,
nos quedaremos sin bestias.»
6 Para recorrer el país, lo dividieron en dos
partes; Ajab se fue por un lado, y Abdías se
fue por otro.
7 En el camino, Abdías se encontró con
Elías y, cuando lo reconoció, se inclinó de
cara al suelo y le preguntó:
«¿Acaso no eres tú mi señor Elías?»
8 Y Elías respondió:
«Sí, yo soy Elías. Ve y dile a tu amo que
aquí estoy.»
9 Pero Abdías le preguntó:
«¿Cuál es mi pecado? ¿Por qué quieres en-
tregar a este siervo tuyo? Si caigo en manos
de Ajab, ¡me matará!
10 Te juro por el Señor, tu Dios, que mi
amo no ha dejado de buscarte por todos los
reinos y naciones, pero siempre le dicen que
allí no estás. Y Ajab los ha obligado a jurar
que en verdad no te han visto.
11 Y ahora vienes tú y me ordenas que
vaya y le diga al rey: "¡Aquí está Elías!"
12 ¿Sabes qué va a pasar? Que cuando yo
vaya y le dé la noticia al rey, el espíritu del
Señor te llevará a otro lugar que yo no co-
nozca; y cuando el rey venga a buscarte, si
no te halla, ¡seguramente me matará! Este
siervo tuyo teme al Señor desde que era
joven.
13 ¿Acaso no te han dicho, mi señor, que
cuando Jezabel estaba matando a los pro-
fetas del Señor, yo escondí a cien de ellos?
A cincuenta los puse en una cueva, y a los
otros cincuenta los puse en otra, y los ali-
menté con pan y agua.
14 ¡Y ahora vienes tú y me ordenas que
vaya y le diga a mi amo que estás aquí! ¿Aca-
so quieres que me mate?»
15 Entonces Elías le dijo:

«Te juro por el Señor de los ejércitos, en
cuya presencia estoy, que hoy mismo me
presentaré ante tu amo.»
16 Entonces Abdías fue en busca de Ajab, y
cuando lo encontró le dijo que el profeta Elías
estaba allí, y Ajab vino al encuentro de Elías.
17 Cuando lo vio, dijo:
«¿Qué, no eres tú el que anda perturban-
do a Israel?»
18 Y Elías le respondió:
«Yo no ando perturbando a Israel. Lo per-
turban tú y la familia de tu padre, al apartar-
se de los mandamientos del Señor y seguir a
las imágenes de Baal.
19 Pero ordena ahora que todo el pueblo
se reúna en el monte Carmelo, junto con los
cuatrocientos cincuenta profetas de Baal y
los cuatrocientos profetas de Asera que Je-
zabel alimenta.»

Elías y los profetas de Baal

20 Ajab reunió en el monte Carmelo a to-
dos los israelitas y a los profetas.
21 Entonces Elías se paró frente a todo el
pueblo, y dijo:
«¿Hasta cuándo van a estar titubeando
entre dos sentimientos? Si el Señor es Dios,
síganlo a él; pero si piensan que Baal es Dios,
entonces vayan tras él.»
Y como el pueblo se quedó callado,
22 Elías volvió a decirles:
«De todos los profetas del Señor, sólo yo
he quedado; en cambio, Baal cuenta con
cuatrocientos cincuenta profetas.
23 Pero traigan dos toros: uno para los
profetas de Baal, y otro para mí. Que corten
ellos en pedazos el suyo y lo pongan sobre
la leña, pero sin prenderle fuego; por mi par-
te, yo también cortaré en pedazos mi toro,
y lo pondré sobre la leña, pero tampoco le
prenderé fuego.
24 Ustedes van a invocar el nombre de sus
dioses, y yo también invocaré el nombre del
Señor; y el Dios que responda y envíe fuego
sobre el altar, que sea reconocido como el
verdadero Dios.»
Como todo el pueblo aceptó la propuesta,
25 Elías dijo a los profetas de Baal:
«Como ustedes son más, escojan uno de
los toros y córtenlo en pedazos. Pero no le
prendan fuego. Invoquen entonces a sus
dioses.»
26 Los profetas tomaron el toro que se
les dio y lo prepararon, y luego invocaron
el nombre de Baal desde la mañana hasta
el mediodía. Decían: «¡Baal, respóndenos!»
Pero aunque saltaban alrededor del altar, el
silencio era total.
27 Hacia el mediodía, Elías comenzó a bur-
larse de ellos, y les decía:
«¡Griten más fuerte! Recuerden que es un
dios. Tal vez estará meditando; o se encon-
trará ocupado; ¡o se habrá ido a otro lugar!
¡Tal vez esté dormido, y ustedes tengan que
despertarlo!»
28 Ellos gritaban más fuerte, mientras se
hacían cortaduras en el cuerpo con cuchi-
llos y con puntas de lanzas, hasta que la san-
gre les bañaba el cuerpo.
29 Pero pasó el mediodía y los profetas
seguían gritando, como en trance, hasta la
hora en que se tenía que ofrecer el sacrificio,

ELÍAS TOMA UNA POSTURA *(1 Reyes 18.18)*
El profeta Elías era un hombre de gran valentía. Se mantuvo firme en contra del malvado rey Acab y no tuvo temor de advertir al pueblo de su pecado. Elías no decía lo que la gente quería oír, sino que dijo la verdad. Esto le ganó la antipatía del pueblo, pero a Elías no le importó. Cuando él sabía que algo estaba mal, no tenía temor de decirlo abiertamente. ¿Te parece que es más importante gozar de la simpatía de las personas o tomar una postura en contra del mal?

y no se escuchaba una sola voz; ¡el silencio
era total!
[30] Entonces Elías llamó a todo el pueblo, y
les pidió que se acercaran a él. En cuanto el
pueblo se acercó, él se puso a arreglar el altar
del Señor, que estaba en ruinas;
[31] tomó doce piedras, una por cada tri-
bu de los hijos de Jacob, a quien el Señor
le cambió el nombre y le dijo: «Tu nombre[a]
será Israel.»
[32] Con las doce piedras edificó un altar en
honor al nombre del Señor, luego hizo una
zanja alrededor del altar, en donde cupieran
dos medidas de grano,
[33] preparó la leña y destazó el toro, y lo
puso sobre la leña;
[34] entonces pidió que llenaran cuatro cán-
taros con agua, y que la derramaran sobre el
toro y sobre la leña, y aún pidió que volvieran
a mojar el altar. Esto lo hicieron una y otra vez,
[35] ¡y el agua corría alrededor del altar, y
hasta la zanja se llenó de agua!
[36] Cuando llegó el momento de ofrecer el
sacrificio, Elías se acercó al altar y dijo:
«Señor, Dios de Abrahán, de Isaac y de
Israel, demuestra hoy que tú eres el Dios de
Israel y que yo soy tu siervo, y que solamen-
te hago lo que tú me has ordenado hacer.
[37] ¡Respóndeme, Señor, respóndeme! ¡Que
tu pueblo reconozca que tú, Señor, eres Dios,
y que tú harás que su corazón se vuelva a ti!»

LECCIONES

EL DESAFÍO DE ELÍAS

(1 Reyes 18.36)

Elías fue uno de los hombres más valientes y piadosos que jamás haya vivido. Él habló en contra del rey Acab y 450 profetas de Baal. Los retó a participar en un enfrentamiento de oración. Elías tenía total confianza y fe en el poder de Dios. Él sabía sin lugar a dudas que Dios saldría victorioso en el enfrentamiento. ¡Eso fue exactamente lo que ocurrió! ¿Confías tú en Dios de esta manera?

[38] En ese momento cayó fuego de parte
del Señor, y consumió el toro que allí se
ofrecía, y la leña, las piedras, y hasta el polvo,
¡y aun secó el agua que inundaba la zanja!
[39] Cuando todos vieron esto, se arrodilla- Job 1.6-22
ron y exclamaron:
«¡El Señor es Dios, el Señor es Dios!»
[40] Entonces Elías ordenó:
«¡Capturen a los profetas de Baal! ¡Que no
escape ninguno!»
Y el pueblo los capturó, y Elías los llevó
al arroyo de Cisón y allí les cortó la cabeza.

Elías ora por lluvia

[41] Luego, Elías le dijo a Ajab:
«Regresa ya a tu palacio, y come y bebe,
que viene una gran tormenta.»
[42] El rey se fue a comer y beber, mientras
que Elías subió a la cumbre del monte Car-
melo. Allí se postró en tierra y hundió la ca-
beza entre las rodillas.
[43] Luego le dijo a su criado:
«Sube más arriba, y mira hacia el mar.»
El criado subió, miró el mar y bajó a decir
que no se veía nada; pero el profeta le orde-
nó que regresara siete veces más y mirara.
[44] A la séptima vez, el criado dijo:
«Veo que del mar se levanta una nube,
pequeña como la palma de una mano.»
Entonces Elías le dijo:
«Corre y dile a Ajab que prepare su carro
y se vaya, para que no lo ataje la tormenta.»
[45] Mientras Elías decía esto al criado, los
cielos se llenaron de nubarrones, y comen-
zó a soplar un fuerte viento, y se desató
una gran tormenta.[b] Ajab partió de allí, y
se fue a Jezrel,
[46] pero el poder del Señor estuvo con 2 R 4.18-37
Elías, quien se ajustó la ropa y echó a correr,
y llegó a Jezrel antes que el carro de Ajab.

Elías huye a Horeb

19 [1] Cuando Ajab le contó a Jeza-
bel todo lo que Elías había he-
cho, y cómo había degollado
a los profetas de Baal,

[a] **18.31:** Gn 32.28; 35.10. [b] **18.42-45:** Stg 5.18.

2 Jezabel mandó un mensajero a Elías, a
que le dijera:
«¡Que los dioses me castiguen, y más aún,
si mañana a esta misma hora no te he cortado la cabeza como lo hiciste tú con los
profetas de Baal!»
3 Al verse en peligro, Elías huyó para ponerse a salvo. Se fue a Berseba, en la región
de Judá, y allí dejó a su criado.
4 Se internó en el desierto y, después de
caminar todo un día, se sentó a descansar
debajo de un enebro. Con deseos de morirse, exclamó:
«Señor, ¡ya no puedo más! ¡Quítame la
vida, pues no soy mejor que mis antepasados!»
5 Se recostó entonces bajo la sombra del
enebro, y se quedó dormido. Más tarde, un
ángel vino y lo despertó. Le dijo:
«Levántate, y come.»
6 Cuando Elías se sentó, vio cerca de su cabecera un pan que se cocía sobre las brasas
y una vasija con agua. Comió y bebió, y se
volvió a dormir.
7 Pero el ángel del Señor volvió por segunda vez, lo despertó y le dijo:
«Levántate y come, que todavía tienes un
largo camino por recorrer.»
8 Elías comió y bebió y recuperó sus fuerzas, y con aquella comida pudo caminar
durante cuarenta días con sus noches, hasta
llegar a Horeb, el monte de Dios.
9 Buscó una cueva donde pasar la noche, y
allí el Señor le dijo:
«¿Qué haces aquí, Elías?»
10 Y Elías respondió:
«Es muy grande mi amor por ti, Señor,
Dios de los ejércitos. Los israelitas se han
apartado de tu pacto, han destruido tus
altares, han matado a tus profetas, ¡y sólo
quedo yo! Pero me andan buscando para
quitarme la vida.»[a]
11 Entonces el Señor le dijo:
«Sal de tu cueva y espérame en el monte,
delante de mí.»
Elías pudo sentir que el Señor estaba pasando, porque se desató un viento poderoso que a su paso desgajaba los montes y partía las rocas. Pero el Señor no estaba en el huracán. Tras el viento vino un terremoto. Pero el Señor no estaba en el terremoto.

LECCIONES **UN SUSURRO** *(1 Reyes 19.11-12)*

Si tú pudieras oír la voz de Dios, ¿cómo te parece que sonaría? ¿Oirías un susurro? ¿U oirías un sonido estruendoso como un trueno? Dios decidió visitar a Elías en el monte Horeb. Elías sintió un fuerte viento, un terremoto y vio un fuego. Pero Dios no estaba en ninguna de esas cosas. Luego Dios le habló a Elías en "un silvo apacible y delicado" (versículo 12). A veces queremos que Dios se muestre a nosotros de una manera grande y poderosa, pero Él generalmente nos susurra tranquilamente mediante su Espíritu Santo.

[a]**19.10, 14:** Ro 11.3. [a]**19.10, 14:** Ro 11.3.

PODER PARA VIVIR

LA ORACIÓN DE ELÍAS *(1 Reyes 18.42)*

Elías oró con humildad y confianza y ocurrieron cosas increíbles cuando él oró. Dios contestó su oración y acabó la sequía que había durado tres años. Elías nos muestra cómo la oración persistente mueve a nuestro Dios todopoderoso a actuar. Como dijo Jesús: "Todo lo que pidan en oración, crean que lo recibirán, y se les concederá" (Marcos 11:24). Eso no quiere decir que Dios contesta nuestras oraciones egoístas. Pero cosas poderosas pueden ocurrir cuando oramos y confiamos que Dios contestará de la mejor manera posible.

[12] Tras el terremoto vino un fuego. Pero
el Señor tampoco estaba en el fuego. Luego
vino un silbo apacible y delicado,
[13] y cuando Elías lo percibió, se cubrió el
rostro con su manto y se quedó a la entrada
de la cueva; entonces escuchó una voz que
le preguntaba:
«¿Qué haces aquí, Elías?»
[14] Y Elías respondió:

«Es muy grande mi amor por ti, Señor, Dios de los ejércitos. Los israelitas se han apartado de tu pacto, han destruido tus altares, han matado a tus profetas, ¡y sólo quedo yo! ¡Pero me andan buscando para quitarme la vida!»[a]

[15] El Señor le dijo:
«Regresa por donde viniste, y ve por el
desierto camino a Damasco. Cuando llegues allá, busca a Jazael y úngelo como rey
de Siria.[b]
[16] Luego busca a Jehú hijo de Nimsi, y úngelo como rey de Israel;[c] y a Eliseo hijo de
Safat, del pueblo de Abel Meholá, úngelo
para que ocupe tu lugar como profeta.
[17] Si alguien escapa de la espada de Jazael,
Jehú lo matará; y si alguien escapa de la espada de Jehú, Eliseo se encargará de que
muera.
[18] Yo voy a hacer que queden siete mil israelitas que nunca se arrodillaron ante Baal,[d]
ni jamás besaron su estatua.»

2 Cr 30.6-9

Llamamiento de Eliseo

[19] Cuando Elías salió de la cueva para dirigirse a Damasco, en el camino se encontró
con Eliseo hijo de Safat, que estaba arando
el campo con doce yuntas; él llevaba la última. Cuando Elías pasó cerca de él, echó
sobre él su manto.
[20] Entonces Eliseo dejó la yunta y corrió
tras Elías, pero le dijo:
«Permíteme despedirme de mi padre y
de mi madre y besarlos; después de eso te
seguiré.»
Y Elías le respondió:
«Puedes ir. Yo no te lo voy a impedir.»
[21] Entonces Eliseo fue a su casa, tomó un
par de bueyes y los mató. Con la leña del
arado coció la carne, e invitó al pueblo al
banquete. Después se levantó y se fue tras
Elías, y se dedicó a servirle.

LECCIONES MÁS DE LO QUE PENSABA *(1 Reyes 19.18)*

Llegó un momento en que Elías se desanimó. También se sentía muy solo y le parecía ser la única persona en el mundo que confiaba en Dios. ¡Pero Dios le dijo que eso no era cierto! Había 7000 personas en Israel que le eran fieles a Dios. Si en algún momento has sentido que eres la única persona en tu familia o en tu escuela que cree en Jesús, recuerda la historia de Elías. Lo más probable es que haya más personas que aman a Dios de lo que te imaginas. ¿Por qué no le pides a Dios que te ayude a formar una amistad con alguien que cree en Él?

[b]**19.15:** 2 R 8.7-13. [c]**19.16:** 2 R 9.1-6. [d]**19.18:** Ro 11.4.

PODER PARA VIVIR

ELÍAS SE DESANIMA *(1 Reyes 19.4)*

Elías estaba triste y desanimado. ¿Por qué? Porque la reina Jezabel lo quería asesinar. Elías también estaba cansado y se sentía desesperanzado. Hasta oró pidiéndole a Dios que lo dejara morir y lo llevara al cielo. Dios satisfizo las necesidades de Elías de maneras muy prácticas. Se aseguró de que Elías tuviera comida, y también envió a un ángel para animarlo. A veces, cuando nos sentimos tristes, se nos olvida hablar con Dios al respecto. Elías nos recuerda que debemos hablar con Dios aun cuando no tenemos ganas de hacerlo.

Ajab derrota a los sirios

20 [1] Un día el rey Ben Adad de Siria reunió a todo su ejército, y convocó a treinta y dos reyes aliados con su caballería y sus carros de combate, y se dirigió a Samaria para atacarla, y la sitió.

[2] Envió mensajeros al rey Ajab, que estaba en la ciudad, a que le dijeran:

[3] «El rey Ben Adad te manda decir: "Tu plata y tu oro me pertenecen, lo mismo que tus mujeres y tus hermosos hijos."»

[4] El rey de Israel le respondió:

«¡Por supuesto! ¡Todo lo que tengo le pertenece a Su Majestad!»

[5] Los mensajeros volvieron a hablar con Ajab, y le dijeron:

«El rey Ben Adad ha dicho: "He mandado a decirte que vas a entregarme tu plata y tu oro, lo mismo que tus mujeres y tus hijos.

[6] Prepárate, porque mañana a esta misma hora van a llegar mis siervos a registrar tu palacio y las casas de tus oficiales, y se llevarán todo lo que tengas de valor."»

[7] El rey de Israel convocó entonces a todos los ancianos del país, y les dijo:

«¿Se dan cuenta de que ese rey está buscando perjudicarme? Me pidió que le entregara mis tesoros de plata y de oro, y hasta mis mujeres y mis hijos, ¡y no se los negué!»

[8] Los ancianos y todo el pueblo le aconsejaron:

«No le hagas caso. No hagas lo que te pide.»

[9] Entonces Ajab respondió a los embajadores:

«Digan a Su Majestad que voy a hacer lo que me pidió la primera vez. Pero esto otro no lo voy a hacer.»

Los embajadores llevaron la respuesta a su rey,

[10] y una vez más Ben Adad mandó a decirle:

«¡Que los dioses me castiguen duramente, y más aún, si queda en Samaria el polvo suficiente para que mis ejércitos se lleven un puñado de sus ruinas!»

[11] Y el rey de Israel les respondió:

«Díganle a su rey que una cosa es ceñirse la espada, y otra muy distinta volver victorioso del campo de batalla.»

[12] Cuando Ben Adad recibió la respuesta de Ajab, estaba en su campamento bebiendo con los demás reyes, y al instante ordenó a sus oficiales que se prepararan para atacar la ciudad.

[13] Pero un profeta fue a ver al rey Ajab de Israel, y le dijo:

«Así ha dicho el Señor: "¿Ves esta gran muchedumbre? Hoy mismo voy a entregarla en tus manos, para que reconozcas que yo soy el Señor."»

[14] Y Ajab le preguntó:

«¿Y quién me ayudará a derrotarlos?»

Y el profeta respondió:

«Así ha dicho el Señor: "Te ayudarán los siervos de los jefes de las provincias."»

Pero Ajab volvió a preguntar:

«¿Y quién atacará primero?»

Y el profeta le dijo:

«Tú atacarás primero.»

[15] Entonces Ajab pasó revista a los siervos de los jefes de las provincias, y eran doscientos treinta y dos guerreros. Luego pasó revista a todo el ejército israelita, y contó siete mil guerreros.

[16] Se pusieron en marcha al mediodía, saliendo de Samaria, mientras Ben Adad y los treinta y dos reyes que lo apoyaban seguían emborrachándose en su campamento.

[17] Los primeros en salir de la ciudad fueron los siervos de los jefes de provincia. Pero Ben Adad había puesto espías, que al ver salir soldados de Samaria corrieron a decírselo al rey.

[18] Entonces Ben Adad dijo:

«Sea que vengan en son de paz, o que vengan en son de guerra, captúrenlos vivos.»

[19] Los siervos de los jefes salieron de la ciudad, y tras ellos salió todo el ejército,

[20] y trabaron combate unos contra otros, pero los israelitas hicieron huir a los sirios, y los persiguieron. Entonces el rey Ben Adad

de Siria montó en un caballo y escapó acompañado de algunos jinetes.

21 El rey de Israel remató a la caballería, destruyó los carros de combate, y causó grandes estragos entre el ejército sirio.

22 Luego, el profeta se presentó ante Ajab y le dijo:

«Ahora debes reagrupar tus fuerzas y pensar lo que debes hacer, porque dentro de un año el rey de Siria volverá para pelear contra ti.»

23 Por su parte, los oficiales del rey de Siria le dijeron:

«Los dioses de los israelitas nos vencieron porque habitan en los montes; pero si peleamos contra ellos en las llanuras, con toda seguridad los venceremos.

24 Lo que debes hacer es quitarles el mando a los reyes, y poner en su lugar a los oficiales de tu ejército.

25 También debes reponer el ejército que perdiste, jinete por jinete y carro por carro; entonces volveremos a luchar contra los israelitas en las llanuras, y con toda seguridad los venceremos.»

Y el rey siguió el consejo.

26 Un año después, Ben Adad pasó revista al ejército sirio y marchó hasta Afec para pelear contra Israel.

27 También los israelitas pasaron revista, se abastecieron de víveres y marcharon al encuentro de los sirios. Acamparon frente al campamento sirio como si fueran dos pequeños rebaños de cabras; los sirios, en cambio, cubrían toda la llanura.

28 Entonces el varón de Dios fue a ver al rey de Israel y le dijo:

«Así ha dicho el Señor: "Los sirios creen que yo, el Señor, soy un Dios de los montes pero no un Dios de los valles. Pues para que todos reconozcan mi poder, voy a poner en tus manos a ese ejército tan numeroso. Así reconocerán ustedes que yo soy el Señor."»

29 Ambos ejércitos acamparon durante siete días en el valle, uno frente al otro, y el séptimo día comenzó la batalla. Ese mismo día, el ejército israelita mató a cien mil soldados sirios de infantería;

30 el resto del ejército sirio huyó y se refugió en la ciudad de Afec, pero la muralla de la ciudad se les vino abajo y sepultó a veintisiete mil soldados que habían logrado escapar. También Ben Adad entró en la ciudad, y para salvarse iba escondiéndose de casa en casa.

31 Entonces sus oficiales le dijeron:

«Hemos sabido que los reyes de Israel son clementes. Si nos vestimos con cilicio y nos ponemos una soga al cuello, y nos presentamos ante el rey, tal vez tenga compasión de ti y te perdone la vida.»

32 Entonces se vistieron de cilicio y se pusieron sogas en el cuello, y fueron a ver al rey. Le dijeron:

«Tu siervo Ben Adad te ruega que le perdones la vida.»

Y Ajab respondió:

«Si el rey vive todavía, entonces es mi hermano.»[2]

33 Los oficiales que fueron a ver al rey Ajab tomaron como buena señal estas palabras, y respondieron:

«Tu hermano Ben Adad está vivo.»

Ajab les dijo:

«Quiero verlo. Vayan por él.»

Ben Adad se presentó entonces ante Ajab, y éste lo invitó a subirse a su carro.

34 Y Ben Adad le dijo a Ajab:

«Hoy te devuelvo las ciudades que mi padre le quitó al tuyo. Toma posesión de Damasco, como mi padre lo hizo con Samaria.»

Y Ajab respondió:

«Éste es un pacto entre tú y yo. Puedes irte.»

35 En ese momento, uno de los profetas le pidió a uno de sus compañeros que lo golpeara, pero su compañero no quiso hacerlo.

36 Entonces aquel profeta le dijo:

«Puesto que no obedeciste a la palabra del Señor, en cuanto me dejes y tomes tu camino, te herirá un león.»

[2] **20.32** O, *¿Vive aún? Es mi hermano.*

En efecto, cuando ese hombre se separó del profeta, le salió un león en el camino y lo mató.

37 Luego, el profeta vio a otro hombre y le pidió que lo hiriera, y aquel hombre obedeció; le dio un golpe y lo dejó herido.

38 Entonces el profeta se puso una venda sobre los ojos y, con ese disfraz, fue y se enfrentó al rey en el camino.

39 En el momento en que el rey pasaba, el profeta gritó y dijo:

«Este siervo de Su Majestad estaba en medio de la batalla, cuando de pronto se me acercó un soldado, y me entregó a un prisionero y me dijo: "Cuida bien a este prisionero. No lo dejes escapar. Si se escapa, tú me responderás con tu vida, o me pagarás tres mil monedas de plata."

40 Como yo estaba muy ocupado, haciendo varias cosas, ¡el prisionero se escapó!»

Entonces el rey le dijo:

«Tu sentencia es clara, y tú mismo la has dictado.»

41 En ese momento, el profeta se quitó la venda de los ojos, y el rey se dio cuenta de que se trataba de uno de los profetas.

42 Entonces el profeta le dijo:

«Así ha dicho el Señor: "Puesto que dejaste al hombre que yo había condenado a muerte, tú morirás en su lugar, y tu pueblo morirá en lugar de su pueblo."»

43 El rey de Israel siguió su camino, y llegó a Samaria, pero iba triste y enojado.

Ajab y la viña de Nabot

21

1 Después de estos sucesos, resultó que un hombre llamado Nabot de Jezrel tenía una viña en Samaria, junto al palacio del rey Ajab.

2 Y Ajab habló con Nabot y le dijo:

«Tu viña está cerca de mi palacio. Dámela, a cambio de otra mejor. Quiero plantar allí un huerto de legumbres. Si lo prefieres, te pagaré con dinero lo que valga.»

3 Pero Nabot le respondió:

«¡Que el Señor me libre de hacer eso! ¡Yo no puedo vender la herencia de mis padres!»

4 Ajab regresó a su palacio triste y decepcionado porque Nabot le dijo que no podía vender la herencia de sus padres. Y se fue a la cama sin comer y sin querer ver a nadie.

5 Entonces Jezabel, su mujer, entró en su alcoba y, al verlo triste, le preguntó:

«¿Por qué estás tan desanimado? ¿Por qué no comes?»

6 Y Ajab le respondió:

«Fui a ver a Nabot de Jezrel, y le pedí que me diera su viña a cambio de otra mejor; o que, si quería dinero, yo se lo pagaría. ¡Pero me dijo que no me daría su viña!»

7 Entonces Jezabel le preguntó:

«¿Y acaso no eres tú el rey de Israel? ¡Vamos, come y emborráchate! Yo me comprometo a darte la viña de Nabot.»

8 Enseguida, Jezabel escribió cartas a nombre de Ajab, las selló con su anillo, y las envió a los ancianos y a los jefes que vivían en la ciudad de Nabot.

9 Las cartas decían:

«Que se proclame ayuno, y que Nabot comparezca ante el pueblo.

10 Que sean presentados como testigos dos sinvergüenzas, que acusen a Nabot de haber blasfemado contra el Señor y contra el rey. Que sea arrojado a la calle y apedreado hasta que muera.»

11 Y los ancianos, los jefes y el pueblo que allí vivía cumplieron las órdenes de Jezabel, tal y como las había puesto por escrito.

12 El ayuno se promulgó, y se hizo comparecer a Nabot ante el pueblo.

13 Luego llegaron los dos sinvergüenzas y, sentándose frente a Nabot, dijeron:

«Nabot ha blasfemado contra el Señor y contra el rey.»

Dicho esto, lo llevaron fuera de la ciudad, y allí lo apedrearon hasta matarlo.

14 Luego enviaron un mensajero a Jezabel, para que le informara que Nabot había sido apedreado y estaba muerto.

15 Y en cuanto Jezabel lo supo, fue a decirle a Ajab:

«Ve a tomar posesión de la viña que Na-
bot de Jezrel no te quiso vender. Nabot aca-
ba de morir.»
16 Al enterarse Ajab que Nabot de Jezrel
había muerto, fue a la viña y tomó posesión
de ella.
17 Pero la palabra del Señor vino a Elías el
tisbita, y le dijo:
18 «Ve ahora mismo a Samaria, y busca al
rey Ajab. Está en la viña de Nabot, pues ha
ido a tomar posesión de ella.
19 Y vas a decirle lo siguiente: "Así ha dicho
el Señor: '¿No es verdad que asesinaste a Na-
bot para quitarle lo que era suyo?' Pues así
ha dicho el Señor: 'En el mismo lugar donde
los perros lamieron la sangre de Nabot, la-
merán también tu propia sangre.'"»
20 Pero Ajab le replicó a Elías:
«¡Al fin me has encontrado, enemigo
mío!»
Y Elías respondió:
«Te he encontrado porque te has hecho
esclavo de la maldad, en la presencia misma
del Señor.
21 Pero el Señor te dice: "Voy a castigar-
te. Voy a barrer hasta el último varón de tu
palacio, sea libre o esclavo, como si fueran
polvo.
22 Lo mismo que hice con la familia de
Jeroboán hijo de Nabat, y con Basá hijo de
Ajías, lo voy a hacer con tus descendientes,
porque te has rebelado contra mí y has he-
cho pecar a mi pueblo, para provocar mi
enojo.
23 En cuanto a Jezabel, tu mujer, yo, el
Señor, declaro que los perros se la comerán
en la muralla de Jezrel.[a]
24 A cualquier descendiente tuyo que
muera en la ciudad, se lo comerán los per-
ros; y al que muera en el campo, se lo come-
rán las aves de rapiña."»
25 (En realidad, ningún otro rey fue como
Ajab. Incitado por Jezabel, su mujer, se en-
tregó a hacer lo malo a los ojos del Señor.
26 Fue un rey despreciable, pues se fue en
pos de los ídolos, a la manera de los amor-

PALABRAS CON PODER

JEZABEL
(1 Reyes 21.25)

Jezabel era la típica reina malvada. De hecho, era mucho más malvada que las reinas malvadas en los cuentos de hadas. Ella quería enseñarle a cada persona en el reino a adorar a un ídolo en vez de adorar a Dios. Cuando su esposo, el rey Acab, quería ser propietario de cierto viñedo, ella usó el asesinato, el engaño y las mentiras para conseguirle lo que él quería. Animó a su esposo a hacer cosas infames y viles. El profeta Elías declaró que ella terminaría mal, y esa profecía se cumplió más adelante. Puedes leer acerca de esto en 1 Reyes 21:23 y 2 Reyes 9:30-37

reos, pueblo al que el Señor desterró de en-
tre los israelitas.)
27 Después de que Ajab escuchó a Elías,
se rasgó sus vestiduras reales, se vistió de
cilicio, y ayunó; luego se acostó sobre ceni-
zas, y allí durmió y anduvo humillado ante
el Señor.
28 Entonces la palabra del Señor vino a
Elías el tisbita, y le dijo:
29 «¿Ya viste cómo Ajab se ha humillado
ante mí? Sólo por eso, y mientras viva, no le
enviaré la desgracia que le había anunciado.
Pero su hijo y sus descendientes sí la pade-
cerán.»

Micaías profetiza la derrota de Ajab

(2 Cr 18.1-34)

22 1 Tres años transcurrieron sin
que Siria e Israel estuvieran
en guerra.
2 Pero al tercer año el rey Josafat de Judá
fue a visitar al rey Ajab de Israel,
3 y éste dijo a sus oficiales:
«¿Ya no se acuerdan que Ramot de Ga-
laad nos pertenece? Está en poder del rey

[a] **21.23:** 2 R 9.36.

de Siria, ¡y nosotros no hemos hecho nada para recuperarla!»

[4] A Josafat le preguntó:

«¿Quieres acompañarme a recuperar Ramot de Galaad?»

Y Josafat le respondió:

«Tú y yo somos hermanos, nuestros pueblos también lo son, y tu caballería y la mía es una sola.

[5] Pero te sugiero que antes consultes qué dice el Señor al respecto.»

[6] Entonces el rey de Israel reunió a los cuatrocientos profetas con que contaba, y les preguntó:

«¿Debo atacar a Ramot de Galaad, o no?»

Los profetas le dijeron:

«Vaya Su Majestad, porque el Señor entregará la ciudad en sus manos.»

[7] Pero Josafat insistió:

«¿Queda aún algún profeta del Señor, a quien podamos consultar?»

[8] Y Ajab le respondió:

«Sí, aún queda otro profeta por medio del cual podríamos consultar al Señor. Se trata de Micaías hijo de Imla, pero me cae muy mal porque nunca me da palabras de aliento, sino que siempre me desanima.»

Como Josafat le recomendó que no hablara así,

[9] Ajab llamó entonces a uno de sus oficiales y le ordenó que fuera a buscar a Micaías hijo de Imla y lo llevara ante él.

[10] Mientras tanto, los dos reyes se quedaron en la plaza que está junto a la puerta de Samaria, sentados en sus tronos y ataviados con sus mantos reales. Delante de ellos, los profetas les prodigaban buenos augurios.

[11] Uno de ellos, Sedequías hijo de Quenaná, se acercó y les mostró unos cuernos de hierro que había hecho, y dijo:

«Así ha dicho el Señor: "Con estos cuernos cornearás a los sirios hasta acabar con ellos."»

[12] Los demás profetas también animaban al rey, y le decían: «Vaya Su Majestad a Ramot de Galaad, y atáquela. El Señor le dará la victoria y entregará la ciudad a Su Majestad.»

[13] El mensajero que el rey mandó por Micaías, lo halló y le dijo:

«Todos los profetas auguran éxito a Su Majestad. Une tu voz a la de ellos, y augúrale mucho éxito.»

[14] Pero Micaías respondió:

«Juro por el Señor, que sólo diré lo que el Señor me ordene decir.»

[15] Cuando Micaías se presentó ante el rey, éste le preguntó:

«Dime, Micaías; ¿debemos ir y atacar a Ramot de Galaad, o la dejaremos en paz?»

Y Micaías le respondió:

«Ve y atácala, que saldrás victorioso. El Señor te la va a entregar.»

[16] Pero el rey le dijo:

«¿Cuántas veces tengo que decirte, en el nombre del Señor, que me digas sólo la verdad?»

[17] Entonces Micaías dijo:

«Tuve una visión, y en ella vi al pueblo de Israel disperso por los montes, como ovejas sin pastor.[a] Entonces el Señor dijo: "Esta gente no tiene quién la guíe. Es mejor que todos se regresen a su casa en paz."»

[18] El rey de Israel se volvió a Josafat, y le dijo:

«¿No te lo había dicho ya? Micaías nunca me anuncia nada bueno. Sólo me anuncia calamidades.»

[19] Pero Micaías replicó:

«¡Ahora vas a oír la palabra del Señor! Yo vi al Señor en su trono, rodeado de todos los ejércitos del cielo.

[20] Y el Señor preguntó: "¿Quién incitará a Ajab para que ataque a Ramot de Galaad y sea derrotado?" Las opiniones estaban divididas.

[21] Pero un espíritu se presentó ante el Señor y dijo que él lo incitaría. Cuando el Señor le preguntó cómo lo haría,

[22] el espíritu dijo: "Voy a mezclarme entre los profetas, y los haré decir mentiras." Entonces el Señor le dijo: "Pues ve y hazlo pronto. Indúcelos a que hagan lo que dices."

[23] Así que el Señor ha puesto en labios de tus profetas un espíritu que los hace decir

[a] **22.17:** Mt 9.36; Mr 6.34.

mentiras. Y el Señor ha determinado que te
sobrevenga la calamidad.»
24 En ese momento el profeta Sedequías
hijo de Quenaná se acercó a Micaías y le dio
una bofetada, al tiempo que le decía:
«¿En qué momento el espíritu del Señor
me abandonó, para hablarte a ti?»
25 Micaías le respondió:
«Lo sabrás cuando andes huyendo y escondiéndote de casa en casa.»
26 Entonces el rey de Israel dijo:
«Tomen preso a Micaías, y llévenlo ante
Amón, el gobernador de la ciudad, y ante
Joás, mi hijo.
27 Díganles que yo, el rey de Israel, he dicho: "Metan a la cárcel a este hombre. En
vez de pan y agua, manténganlo angustiado
y afligido hasta que yo regrese en paz."»
28 Pero al instante Micaías añadió:
«Si acaso regresas en paz, entonces el
Señor no ha hablado por medio de mí. ¡Escúchenlo bien, pueblos todos!»
29 El rey de Israel y el rey de Judá salieron
juntos contra Ramot de Galaad.
30 Y el rey de Israel le dijo a Josafat:
«Voy a entrar en batalla disfrazado, pero
tú puedes usar tu misma ropa.»
Y el rey de Israel entró en batalla disfrazado.
31 Pero no sabía que el rey de Siria había
ordenado a los treinta y dos capitanes de
sus carros de combate no pelear contra ningún soldado israelita, grande o chico, sino
buscar y atacar sólo al rey de Israel.
32 Así que, cuando los capitanes vieron a
Josafat, dijeron:
«¡Miren, allí está el rey de Israel!»
Entonces el rey Josafat gritó con fuerza,
33 y al ver los capitanes de los carros que
no era el rey de Israel, se alejaron de él.
34 Pero un arquero lanzó una flecha al aire,
y la flecha alcanzó al rey Ajab y le penetró
entre las junturas de su armadura. Al sentirse herido, el rey le ordenó al cochero darse
la vuelta y sacarlo del campo de batalla, porque estaba herido.
35 Pero la batalla arreció y el rey tuvo que
quedarse en su carro y hacerle frente al ejército sirio, pero la sangre corría por el fondo
del carro y al caer la tarde murió.
36 Al ponerse el sol, un pregonero clamó:
«¡Regresen todos a su ciudad y a su tierra!»
37 Así fue como el rey Ajab murió y fue
llevado a Samaria, donde lo sepultaron.
38 Luego llevaron su carro al estanque de
Samaria para lavarlo, y los perros lamieron
la sangre del rey. (En ese mismo estanque
se lavaban también las prostitutas.) Así se
cumplió lo que el Señor había dicho acerca
de Ajab.
39 Todos los hechos de Ajab, y la construcción de su palacio de marfil, y todas
las ciudades que mandó edificar, se hallan
registrados en el libro de las crónicas de los
reyes de Israel.
40 Y Ajab murió y fue a reunirse con sus
antepasados. En su lugar reinó su hijo Ocozías.

Reinado de Josafat

(2 Cr 20.31-37)

41 Josafat hijo de Asa comenzó a reinar
sobre Judá cuando Ajab llevaba cuatro años
de reinar sobre Israel.
42 Josafat tenía treinta y cinco años cuando subió al trono, y reinó veinticinco años
en Jerusalén. Su madre se llamaba Azura, y
era hija de Siljí.
43 Y Josafat siguió siempre el buen ejemplo de Asa, su padre, e hizo lo recto a los
ojos del Señor. Sin embargo, no se quitaron
los altares de los montes, sino que el pueblo
siguió ofreciendo en ellos sacrificios y quemando incienso.
44 Pero Josafat hizo la paz con el rey de
Israel.
45 Todos los hechos y las hazañas de Josafat, y las guerras que libró, se hallan en el
libro de las crónicas de los reyes de Judá.
46 Josafat eliminó a los hombres que practicaban la prostitución en los templos paganos, costumbre que todavía quedaba del
reinado de su padre Asa.
47 Como Edom no tenía rey, había un gobernador que fungía como rey.

[48] Josafat había mandado construir naves
como las de Tarsis para traer oro de Ofir,
pero las naves no llegaron allá porque nau-
fragaron en Ezión Guéber.
[49] El rey Ocozías le propuso a Josafat en-
viar a sus marinos con los de Josafat, pero
éste no aceptó.
[50] Y murió Josafat y se reunió con sus an-
tepasados, y lo sepultaron con ellos en la
ciudad de su antepasado David. En su lugar
reinó Jorán, su hijo.

Reinado de Ocozías de Israel

[51] Ocozías hijo de Ajab comenzó a reinar
sobre Israel en Samaria cuando Josafat lleva-
ba diecisiete años de reinar en Judá.
[52] Pero Ocozías siguió el mal ejemplo de
su padre, de su madre y de Jeroboán hijo de
Nabat, e hizo lo malo a los ojos del Señor,
haciendo pecar al pueblo de Israel.
[53] Sirvió y adoró a Baal, como antes lo ha-
bía hecho su padre, y esto provocó la ira del
Señor, Dios de Israel.

2 REYES

Autor: **Se desconoce**
Temas: **Los reyes de Israel y Judá**
Fecha en que se escribió: **c. 560-550 a.C.**

UN DESENLACE TRISTE

El autor de 2 Reyes escribió este libro para que los israelitas que estaban cautivos en Babilonia tuvieran una historia escrita de su nación. Él quería que esta historia los ayudara a aprender de sus errores pasados para que no volvieran a tomar las malas decisiones que habían tomado sus ancestros. El libro registra la triste destrucción de las capitales del reino dividido.

LO QUE ENCONTRARÁS EN EL LIBRO

En segunda de Reyes leerás la historia del reino norteño de Israel (las diez tribus del norte) antes que los ejércitos de Babilonia invadieran y destruyeran la capital en 722 a.C. (capítulos 1-17). También leerás acerca de la historia de Judá después de la derrota de Israel hasta la época en que Judá se desmoronó en 586 a.C. (capítulos 18-25).

Dios envió a profetas como Elías y Eliseo a desafiar al pueblo de Israel y a sus reyes a regresar a Él y serle fiel (capítulos 1-9). En Judá, gobernantes piadosos como Ezequías (capítulos 18-21) y Josías (capítulos 22-23) también animaron al pueblo a regresar a Dios. Pero aun estos reyes no pudieron ponerle fin a la adoración de ídolos entre el pueblo. Después de la muerte del rey Josías (capítulo 23), Judá fue destruida muy pronto por el rey de Babilonia, Nabucodonosor. Él capturó al pueblo y destruyó Jerusalén (capítulo 25).

¿SABÍAS QUE...?

- 2 Reyes es un libro acerca de mensajes y mensajeros. Dios envió a sus profetas escogidos a su pueblo con palabras de advertencia.
- Este libro narra la historia de los únicos dos reyes en toda la historia de Israel y Judá que recibieron la aprobación de Dios: Ezequías y Josías.
- La mayoría de los profetas del Antiguo Testamento que tienen un libro que lleva su nombre sirvieron durante la época que cubre este libro (Isaías, Jeremías, Amós, Oseas, Joel, Jonás, Miqueas, Nahúm, Habacuc y Sofonías).
- Es un libro que narra acontecimientos increíbles. Puedes leer acerca de cómo Elías subió al cielo en un carro de fuego; cómo Eliseo levantó de los muertos al hijo de la sunamita; cómo Dios sanó a Naamán de lepra; y cómo un hacha de metal flotó sobre el agua.

Muerte de Ocozías

Después de la muerte de Ajab,
Moab se rebeló contra Israel.
[2] Y Ocozías, que se había caído desde
la ventana de una sala de su palacio de Sama-
ria, desde su lecho de dolor mandó mensaje-
ros para consultar a Baal Zebub, dios de Ecrón,
pues quería saber si recuperaría la salud.
[3] Pero el ángel de Dios le dijo a Elías el tisbita:
«Ve al encuentro de los mensajeros del
rey de Samaria, y diles: "¿Ya olvidaron que Is-
rael tiene un Dios poderoso? ¿Por qué van a
consultar a Baal Zebub, dios de Ecrón?"
[4] Así ha dicho el Señor: "No te vas a le-
vantar de tu cama, sino que definitivamente
morirás."»
Elías se fue a su encuentro.
[5] Y cuando los mensajeros volvieron, el rey
les preguntó:
«¿Por qué regresaron?»
[6] Y ellos respondieron:
«Encontramos a un profeta que nos dijo:
"Regresen con el rey y díganle: 'Así ha dicho
el Señor: ¿Acaso no hay Dios en Israel? ¿Por
qué consultas a Baal Zebub, dios de Ecrón?
Por eso no te vas a levantar de tu cama, sino
que definitivamente morirás.'"»
[7] Y el rey preguntó:
«¿Qué apariencia tenía el varón que en-
contraron, y que les dijo eso?»
[8] Y ellos respondieron:
«Iba vestido con pieles de animales, y se
ceñía con un cinturón de cuero.[a]»
Entonces el rey dijo:
«Se trata de Elías, el tisbita.»
[9] Enseguida el rey mandó a un capitán
con cincuenta soldados a buscar a Elías, que
estaba sentado en la cumbre del monte. El
capitán subió a verlo, y le dijo:
«Varón de Dios, el rey te pide que bajes.»
[10] Pero Elías le respondió al capitán:
«Si soy un varón de Dios, que caiga fuego
del cielo y te consuma con tus cincuenta
soldados.»[b]
Al instante cayó fuego del cielo, y consu-
mió al capitán y a sus cincuenta soldados.
[11] Entonces el rey envió a otro capitán con
otros cincuenta soldados, y éste le dijo lo
mismo:
«Varón de Dios, el rey te pide que bajes
pronto.»
[12] Y Elías respondió:
«Si soy un varón de Dios, que caiga fuego
del cielo y te consuma con tus cincuenta[b]
soldados.»[c]
Y al instante cayó fuego del cielo, y con-
sumió al capitán y a sus cincuenta solda-
dos.
[13] Pero el rey volvió a enviar a un tercer
capitán, también con cincuenta soldados, y
cuando éste estuvo frente a Elías, se puso de
rodillas y le dijo:
«Varón de Dios, te ruego que me perdo-
nes la vida, y la de estos cincuenta siervos
tuyos.
[14] El fuego que ha caído del cielo ha con-
sumido a los dos primeros capitanes y a sus
cincuenta soldados; dígnate salvarme la
vida, si crees que vale algo.»
[15] Entonces el ángel de Dios le dijo a Elías:
«No tengas miedo. Puedes ir con él.»
Y Elías bajó del monte y fue a ver al rey.
[16] Cuando llegó ante él, le dijo:
«Tú enviaste mensajeros a consultar a
Baal Zebub, dios de Ecrón. ¿Acaso no hay
Dios en Israel, a quien puedes consultar? Por
eso, no te vas a levantar de tu cama, sino
que definitivamente morirás.»
[17] Y el rey de Israel murió, tal y como Dios
lo había dicho por medio de Elías. En su lu-
gar reinó su hermano Jorán, porque Ocozías
no había tenido hijos. Esto sucedió en el
segundo año del reinado de Jorán hijo de
Josafat, rey de Judá.
[18] Todos los hechos de Ocozías se hallan
registrados en el libro de las crónicas de los
reyes de Israel.

Eliseo sucede a Elías

2 [1] Cuando el Señor decidió llevarse
a Elías, se lo llevó al cielo en medio
de un torbellino. En ese momento,

[a] **1.8:** Mt 3.4; Mr 1.6. [b] **1.10:** Lc 9.54. [b] **1.10:** Lc 9.54. [c] **1.10:** Lc 9.54.

Elías venía de Gilgal con Eliseo, y alcanzó a
decirle:
2 «Dios me está enviando a Betel. Tú qué-
date aquí.»
Pero Eliseo le respondió:
«Juro por el Señor y por tu vida, que no
te voy a dejar.»
Así que los dos se fueron a Betel.
3 Pero en el camino se encontraron con
los profetas de Betel, y éstos le preguntaron
a Eliseo:
«¿Ya sabes que hoy el Señor va a quitarte
a tu maestro?»
Eliseo les respondió:
«Sí, ya lo sé pero ustedes no digan nada.»
4 Entonces Elías le volvió a decir:
«Eliseo, quédate aquí, porque el Señor me
está enviando a Jericó.»
Pero Eliseo le respondió:
«Juro por el Señor y por tu vida, que no
te voy a dejar.»
Y los dos se fueron a Jericó.
5 En el camino se encontraron con los
profetas de Jericó, y le preguntaron a Eliseo:
«¿Ya sabes que hoy el Señor te va a quitar
a tu maestro?»
Eliseo les respondió:
«Sí, ya lo sé, pero ustedes no digan nada.»
6 Luego, Elías dijo:
«Te ruego que te quedes aquí, porque el
Señor me ha enviado al Jordán.»
Pero Eliseo respondió:

HOMBRES PODEROSOS DE DIOS

ELISEO

Eliseo vivió durante la época en que la nación de Israel se dividió en dos reinos: el reino norteño (Israel) y el reino sureño (Judá). Dios escogió a Eliseo para tomar el lugar de Elías como el profeta principal en Judá.

Elías dejó un ejemplo difícil de igualar. Antes que Elías se fuera de la tierra, Eliseo pidió una doble porción del poder que tenía Elías. Eliseo no estaba siendo codicioso. Él quería mostrar que trabajaría tan fielmente para Dios como lo había hecho Elías. Y Dios concedió la petición de Eliseo.

Cuando Elías partió de la tierra en un torbellino, dejó caer su capa. Cuando Eliseo la tomó, Dios inmediatamente hizo cosas asombrosas a través de él. El río Jordán se dividió para que Eliseo pudiera pasar al otro lado sobre tierra firme.

Eliseo hizo otros milagros grandes por medio del poder del Espíritu Santo. El hijo de una mujer generosa fue levantado de los muertos. El aceite de una viuda pobre se multiplicó para que ella pudiera venderlo. Un hombre fue sanado de lepra. Un hacha pesada flotó sobre el agua.

Muchas personas se burlaban de Eliseo, pero pronto lamentaban haberlo hecho. Por ejemplo, un grupo de jóvenes que se burlaron de la calvicie de Eliseo, ¡fueron atacados al instante por dos osos!

Como Elías, Eliseo era un hombre de fe audaz. Se le conocía como "el varón de Dios".

Todos sabían que Eliseo tenía una fuerte amistad con Dios. Él compartía la tristeza de Dios por los pecados de su pueblo. El poder del Espíritu Santo de Dios ayudó a Eliseo a dar los mensajes de Dios al pueblo con gran autoridad. Él sirvió durante los reinados de varios reyes: Azarías, Jorán, Jehú, Joacaz y Joás.

Los NIÑOS PODEROSOS les hablan a los demás de Dios con denuedo, así como lo hizo Eliseo.

Puedes leer acerca de Eliseo en 2 Reyes 2-9; 13:1-20.

«Juro por el Señor y por tu vida, que no
te voy a dejar.»
Y los dos se fueron al Jordán.
7 En ese momento llegaron cincuenta
profetas y se pararon a cierta distancia de
ellos, mientras que Elías y Eliseo se quedaron
junto al Jordán.
8 Entonces Elías tomó su manto y lo do-
bló, y con él golpeó las aguas, y al instante
éstas se abrieron, y los dos cruzaron el río
en seco.
9 Al llegar al otro lado, Elías le dijo a Eliseo:
«¿Qué quieres que yo haga por ti? Píde-
me lo que quieras antes de que me separe
de ti.»
Y Eliseo le dijo:
«Te ruego que me des una doble porción[a]
de tu espíritu.»
10 Y Elías respondió:
«Me pides algo muy difícil. Pero te será
concedido si logras verme cuando sea yo
separado de ti. De lo contrario, no se te
concederá.»
11 Mientras ellos seguían hablando y ca-
minando, apareció un carro envuelto en lla-
mas, con sus caballos de fuego, y los separó.
En ese momento, Elías ascendió al cielo en
medio de un torbellino.
12 Al ver esto, Eliseo exclamó:
«¡Padre mío, padre mío! ¡Tú has sido para
Israel su caballería y sus carros de combate!»[b]
Y nunca más volvió a verlo. Entonces se
rasgó la ropa en dos,
13 y enseguida recogió del suelo el manto
de Elías, y regresó al Jordán, donde se detu-
vo a la orilla.
14 Entonces tomó el manto, golpeó con él
las aguas, y dijo:
«¿Dónde está el Señor, el Dios de Elías?»
En cuanto Eliseo golpeó las aguas, éstas se
abrieron, y Eliseo cruzó el río en seco.
15 Al ver esto los profetas de Jericó, que
estaban en la otra orilla, dijeron:
«El espíritu de Elías reposa ahora sobre
Eliseo.»
Enseguida fueron a su encuentro, y se in-
clinaron ante él.
16 Luego dijeron:
«En Jericó tenemos cincuenta hombres
aguerridos. Ellos pueden ir a buscar a tu

LECCIONES: UNA DOBLE PORCIÓN

(2 Reyes 2.9)

Eliseo pidió una "doble porción" del espíritu de Elías. Esto no quiere decir que él quería tener el doble de poder espiritual de lo que tenía Elías. Más bien, quiere decir que él quería que Elías pensara en él como su hijo primogénito. El hijo primogénito recibía el doble de lo que recibían los otros hijos cuando su padre moría. Eliseo le estaba pidiendo a su padre espiritual, Elías, que le pasara a él una porción de su espíritu profético y su poder para que pudiera poder seguir llevando a cabo la misión de Elías. Dios le concedió esta petición a Eliseo porque sabía que el joven profeta estaba decidido a mantenerse fiel a Él.

LECCIONES: UN CARRO DE FUEGO

(2 Reyes 2.11-12)

Hay dos hombres en la Biblia que fueron llevados al cielo sin haber muerto: Elías y Enoc (Génesis 5:24). Elías pasó toda su vida trabajando para llevar a cabo los propósitos de Dios. Se mantuvo firme en contra de la adoración de dioses falsos aun cuando la mayoría de las personas en el país los adoraban. La manera en que Elías y Enoc fueron llevados al cielo sin haber muerto es similar a lo que ocurrirá cuando Cristo regrese a la tierra para llevar al cielo a sus discípulos fieles. Puedes leer más acerca de eso en 1 Tesalonicenses 4:16-17 y en el artículo: "¿Qué es el rapto?" en la página 1578.

[a]**2.9:** Dt 21.17. [b]**2.12:** 2 R 13.14.

maestro, pues tal vez el espíritu del Señor lo levantó y lo ha dejado en algún monte o en algún valle.»

Eliseo les pidió que no hicieran nada,

17 pero los profetas insistieron hasta que, abochornado, él les permitió enviar a esos cincuenta hombres a buscar a Elías. Y durante tres días lo buscaron, pero no dieron con él.

18 Cuando regresaron, vieron a Eliseo, que estaba en Jericó. Y éste les dijo:

«¿Acaso no les pedí que no fueran a buscarlo?»

19 En ese momento llegaron los habitantes de la ciudad y le dijeron a Eliseo:

«El sitio donde está construida la ciudad es muy bueno, como lo puedes comprobar, pero las aguas son malas y la tierra no produce nada.»

20 Eliseo les dijo:

«Tomen una vasija nueva, y échenle sal.»

Aquellos obedecieron,

21 y él fue adonde estaban los manantiales, echó la sal en ellos, y dijo:

«Así ha dicho el Señor: "Yo sano ahora estas aguas. Nunca más serán ellas causa de enfermedad ni de muerte."»

22 Y tal como lo dijo Eliseo, ese día las aguas de Jericó quedaron sanas, hasta el día de hoy.

23 Tiempo después, Eliseo salió de allí y se dirigió a Betel. En el camino salieron de la ciudad unos muchachos que burlones le gritaban: «¡Sube, viejo calvo, sube!»

24 Eliseo volvió la vista y los maldijo en el nombre del Señor. Y en ese momento salieron del monte unos osos, los cuales despedazaron a cuarenta y dos de ellos.

25 De allí, Eliseo se fue al monte Carmelo, y luego a Samaria.

Reinado de Jorán de Israel

3 Jorán hijo de Ajab comenzó a reinar sobre Israel cuando Josafat tenía dieciocho años de reinar sobre Judá, y reinó doce años en Samaria.

2 Pero hizo lo malo a los ojos del Señor, aunque no al grado de su padre y su madre, pues quitó las estatuas de Baal que su padre había hecho.

3 Sin embargo, se entregó a los mismos pecados con que Jeroboán hijo de Nabat hizo pecar a Israel, y no se apartó de ellos.

Eliseo predice la victoria sobre Moab

4 El rey Mesa de Moab poseía muchos rebaños, y entregaba al rey de Israel cien mil corderos y cien mil carneros.

5 Pero a la muerte de Ajab el rey de Moab se rebeló contra el rey de Israel.

6 Entonces el rey Jorán salió de Samaria y pasó revista a todo Israel.

7 Luego mandó a decir al rey Josafat de Judá:

«El rey de Moab se ha rebelado contra mí. ¿Me acompañarás a luchar contra Moab?»

Y Josafat respondió:

«Por supuesto que iré. Tú eres como si fuera yo mismo; tu pueblo es como mi pueblo, y tus caballos son como los míos.

8 ¿Qué camino tomaremos?»

Y Jorán respondió:

«Tomaremos el camino del desierto de Edom.»

9 Fue así como el rey de Israel y el rey de Judá, junto con el rey de Edom, tomaron el camino del desierto, pero después de siete días les faltó agua para el ejército y para las bestias.

10 Entonces el rey de Israel dijo:

«¡Vaya! El Señor ha convocado a estos tres reyes para entregarlos en manos de los moabitas.»

11 Pero Josafat dijo:

«¿No hay por aquí algún profeta del Señor? ¡Podríamos consultarlo por medio de él!»

Uno de los oficiales del rey de Israel respondió:

«Por aquí está Eliseo hijo de Safat, que era ayudante de Elías.»

12 Y Josafat dijo:

«En él habrá palabra del Señor.»

Y los tres reyes fueron a verlo.

13 Pero Eliseo le dijo al rey de Israel:

«¿Qué tengo yo que ver contigo? ¡Anda a ver a los profetas de tu padre y de tu madre!»

Pero el rey de Israel le respondió:

«No, no voy a ir con ellos. El Señor nos ha reunido a nosotros tres, para entregarnos en manos de los moabitas.»

14 Eliseo dijo entonces:

«Juro por el Señor de los ejércitos, en cuya presencia me encuentro, que de no ser por el respeto que le debo al rey Josafat rey de Judá, a ti ni siquiera te dirigiría la mirada.

15 Pero, bueno, ¡tráiganme un tañedor!»

Y mientras el tañedor tocaba, la mano del Señor vino sobre Eliseo,

16 quien dijo:

«Así ha dicho el Señor: "Caven en este valle muchos estanques."

17 Y el Señor también ha dicho: "Aunque ustedes no vean ningún viento, ni ninguna lluvia, este valle se llenará de agua, y beberán ustedes, y sus bestias y sus ganados."

18 Esto, a los ojos del Señor, no es nada difícil; también va a poner a los moabitas en las manos de ustedes.

19 Y ustedes destruirán todas sus bellas ciudades fortificadas, y talarán todo árbol frondoso, cegarán todos los pozos, y sembrarán de piedras todos los campos arables.»

20 Al día siguiente por la mañana, a la hora del sacrificio, un repentino aluvión llegó desde Edom y toda esa región se inundó.

21 Y al saber los de Moab que los reyes se disponían a atacarlos, todos ellos se juntaron, desde los que apenas podían ponerse la armadura hasta los más experimentados, y tomaron sus puestos en la frontera.

22 Y al día siguiente, cuando los moabitas se levantaron, vieron a la distancia que el reflejo del sol sobre las aguas las hacía verse rojas como sangre.

23 Entonces gritaron:

«¡Esto es la sangre de una batalla! Seguramente los reyes han luchado entre sí, y han matado a sus propios compañeros. ¡Vamos, moabitas, al botín!»

24 Pero cuando los moabitas llegaron al campamento de Israel, se levantaron los israelitas y los atacaron, y aunque los moabitas trataron de huir, los israelitas los persiguieron y los mataron;

25 y asolaron las ciudades, y en todos los campos fértiles esparcieron piedras, y cegaron también todos los pozos, y derribaron todos los árboles frondosos; sólo quedaron piedras en Quir Jaréset porque los honderos rodearon esa ciudad y la destruyeron.

26 Cuando el rey de Moab vio que había perdido la batalla, tomó consigo a setecientos hombres hábiles con la espada y quiso atacar al rey de Edom, pero no lo consiguió.

27 Entonces tomó a su primogénito, el que habría de reinar en su lugar, y lo ofreció en holocausto sobre la muralla. Y fue tan grande el enojo contra Israel, que éstos decidieron retirarse y volver a su tierra.

El aceite de la viuda

4 La viuda de uno de los profetas presentó a Eliseo la siguiente súplica:

«Mi esposo, siervo tuyo, ha muerto. Tú bien sabes que él era temeroso del Señor. Pero nuestro acreedor ha venido ahora y quiere llevarse a mis dos hijos para venderlos como esclavos.»

2 Eliseo le dijo:

«¿Y en qué te puedo ayudar? Dime qué es lo que tienes en casa.»

La viuda dijo:

«Esta sierva tuya no tiene en casa más que una vasija de aceite.»

3 Entonces Eliseo le dijo:

«Ve y pide a tus vecinos que te presten algunas vasijas vacías. ¡Todas las que puedas conseguir!

4 Luego, entra en tu casa y enciérrate con tus hijos. Echa aceite en todas las vasijas, y ve apartándolas conforme las vayas llenando.»

5 La viuda se fue a su casa, cerró la puerta tras de sí y se encerró con sus hijos; y conforme ellos iban trayendo las vasijas, ella las iba llenando de aceite.

6 Cuando todas las vasijas estuvieron llenas, ella le pidió a uno de sus hijos que le pasara una vasija más. Pero en cuanto su hijo le contestó que ya no había más vasijas, el aceite se terminó.
7 Entonces ella fue a contárselo al varón de Dios, y éste dijo:

«Ahora ve y vende el aceite, y págale a tu acreedor, y tú y tus hijos vivan de lo que les quede.»

Eliseo y la sunamita

8 En cierta ocasión, una mujer importante de Sunén invitó a Eliseo a comer en su casa. Y cada vez que Eliseo pasaba por allí, la mujer le insistía que se quedara a comer.
9 A su marido le dijo:

«¿Sabes de qué me he dado cuenta? ¡Pues de que este hombre que siempre pasa por nuestra casa es un santo varón de Dios!
10 Debiéramos hacerle un pequeño aposento en la azotea, y poner allí una cama y una mesa, y una silla y un candelero, para que cuando pase por aquí pueda quedarse con nosotros.»
11 Un día en que Eliseo pasó por allí, se quedó a dormir en ese aposento,
12 pero le dijo a Guejazí, su criado:

«Llama a la sunamita.»

Guejazí la llamó, y cuando ella se presentó ante Eliseo,
13 éste, dirigiéndose a Guejazí, dijo:

«Esta mujer ha sido muy amable con nosotros. Pregúntale qué quiere que haga yo en su favor. ¿Necesita que hable por ella al rey, o al general del ejército?»

Y la mujer respondió:

«En medio de mi pueblo, yo vivo como una reina.»
14 Pero Eliseo insistió:

«Entonces ¿qué podemos hacer por ella?»

Y Guejazí respondió:

«Su marido ya es anciano, y ella no tiene hijos todavía.»
15 Eliseo le ordenó entonces a su criado que la llamara. Guejazí la llamó y, cuando ella se detuvo en la puerta,
16 Eliseo le dijo:

«Dentro de un año, por estos días, tendrás un hijo en tus brazos.»

Pero ella protestó:

«¡No, mi señor, varón de Dios! ¡No te burles de esta sierva tuya!»
17 Sin embargo, la mujer concibió y un año después, por el tiempo que Eliseo le había dicho, dio a luz un hijo.
18 Y el niño creció. Pero un día que fue a ver a su padre, que andaba con los segadores,
19 de pronto gritó:

«¡Padre, mi cabeza! ¡Me duele la cabeza!»

Enseguida el padre ordenó a uno de sus criados que lo llevara con su madre.
20 El criado así lo hizo. Pero al mediodía, mientras el niño estaba sentado en el regazo de su madre, murió.
21 Entonces ella subió al aposento del varón de Dios, lo puso sobre la cama, y cerrando la puerta salió de allí.
22 Luego fue a llamar a su marido, y le dijo:

«Te ruego que me prestes a uno de los criados y una de tus asnas. Quiero ir corriendo a ver al varón de Dios, para que regrese.»
23 Pero su marido objetó:

«¿Y para qué vas a verlo hoy? Si no es nueva luna, ni día de reposo.»

Pero ella simplemente se despidió.
24 Mandó aparejar el asna, y le dijo al criado:

«¡En marcha! ¡Tú nos diriges! ¡Pero no me detengas en el camino, a menos que yo te lo ordene!»
25 Y así, la mujer partió y se fue al monte Carmelo, donde estaba el varón de Dios. Y cuando éste la vio a la distancia, le dijo a su criado Guejazí:

«Aquí viene la sunamita.
26 Hazme el favor de ir corriendo a recibirla, y pregúntale cómo está ella, y su marido y su hijo.»

Ella respondió que estaba bien,
27 pero en cuanto llegó al monte, donde estaba el varón de Dios, se arrojó a sus pies. Guejazí se acercó y trató de levantarla, pero el varón de Dios le dijo:

«Déjala, que se encuentra muy amargada. Pero el Señor no me ha dicho qué es lo que pasa, sino que me ha encubierto el motivo.»

28 Entonces ella dijo:

«¿Acaso yo le pedí un hijo a mi señor? ¿No dije, más bien, que no te burlaras de mí?»

29 Entonces Eliseo le dijo a Guejazí:

«Cíñete la ropa, toma mi bastón, y ponte en marcha. Si te encuentras con alguien, no lo saludes, y si alguien te saluda, no le respondas. Al llegar, pon mi bastón sobre el rostro del niño.»

30 Pero la madre del niño le dijo:

«Juro por el Señor, y por tu vida, que no voy a dejarte aquí.»

31 Entonces Eliseo se levantó y la siguió. Guejazí, que se había adelantado, llegó y puso el bastón sobre el rostro del niño; pero el niño no había dado señales de vida, así que Guejazí se había vuelto para encontrarse con Eliseo, y cuando lo encontró le dijo: «El niño no despierta.»

32 Cuando Eliseo llegó a la casa, el niño yacía tendido sobre la cama, sin vida.

33 Entonces Eliseo entró y cerró la puerta tras de sí, y oró al Señor.

34 Luego, subió a la cama y se tendió sobre el niño, juntando boca con boca, ojos con ojos, y manos con manos. Así, se mantuvo tendido sobre el niño, hasta que el cuerpo del niño comenzó a entrar en calor.

35 Luego Eliseo se levantó y comenzó a pasearse de un lado a otro de la casa, y después volvió a subirse a la cama, y se tendió otra vez sobre el niño; en ese momento el niño estornudó siete veces, y abrió sus ojos.

36 Entonces Eliseo llamó a Guejazí, y le ordenó que llamara a la sunamita. Guejazí la llamó y, cuando ella entró, Eliseo le dijo: *«Toma tu hijo.»*

2 R 19.19-36

37 La mujer entró y, sin levantar el rostro, se arrojó a los pies de Eliseo. Después de eso, tomó a su hijo y se fue.

Milagros en beneficio de los profetas

38 Cuando Eliseo volvió a Gilgal, se encontró con que había una grave hambruna en la región. Como los hijos de los profetas estaban con él, le ordenó a su criado:

«Pon una olla grande, y haz un guisado para los profetas.»

39 Uno de ellos salió al campo a recoger hierbas, y halló una planta parecida a una parra silvestre; llenó su manto con los frutos de esa planta y regresó, y al llegar cortó los frutos y los echó en la olla del guisado, sin saber qué clase de frutos eran.

40 Después se sirvió el guisado para que comieran los profetas, pero en cuanto ellos lo probaron, dijeron:

«¡Varón de Dios, lo que hay en la olla nos va a matar!»

Y no lo pudieron comer.

41 Entonces Eliseo pidió que trajeran harina, y luego de esparcirla en la olla, dijo:

«Ya pueden dar de comer a la gente.»

Y no hubo nada en la olla que hiciera daño.

42 Llegó entonces un hombre de Baal Salisá, que trajo al varón de Dios panes de primicias, veinte panes de cebada, y trigo nuevo todavía en su espiga. Eliseo ordenó a su criado que diera de comer a la gente,

43 pero su criado respondió:

«¿Cómo voy a ofrecer sólo esto a cien hombres?»

Pero Eliseo volvió a decir:

«Dale a la gente de comer, que el Señor ha dicho: "Comerán, y hasta sobrará."»

44 Entonces Guejazí puso lo que tenía delante de ellos y, conforme a la palabra del Señor, ellos comieron y hasta les sobró.

Eliseo y Namán

5 Cierto general del ejército del rey de Siria, llamado Namán,[a] era un hombre muy importante. Su señor lo tenía en alta estima porque, por medio de él, que era un guerrero muy valiente, el Señor había dado la victoria a Siria. Pero Namán era leproso.

2 Un día, una joven israelita que las bandas de sirios habían hecho cautiva y la habían puesto al servicio de la esposa de Namán,

3 le dijo a su señora:
«Si mi señor acudiera al profeta que está
en Samaria, él lo sanaría de su lepra.»
4 Cuando Namán fue a ver al rey de Siria,
le contó lo que la joven israelita le había di-
cho a su esposa,
5 y el rey le dijo:
«Pues ve a ver a ese profeta. Yo le enviaré
cartas al rey de Israel.»

Namán se puso en marcha, llevando con-
sigo treinta mil monedas de plata, y seis mil
monedas de oro, y diez mudas de vestidos.
6 También llevó consigo cartas para el rey
de Israel, las cuales decían:
«Cuando estas cartas lleguen a tus ma-
nos, por ellas sabrás que yo estoy enviándo-
te a mi siervo Namán, para que lo sanes de
su lepra.»
7 En cuanto el rey de Israel leyó las cartas,
se rasgó las vestiduras y dijo:
«¿Acaso soy Dios, capaz de dar la vida
y de quitarla, para que éste me envíe un
hombre para que lo sane de su lepra? Como
pueden ver, sólo está buscando un pretexto
para atacarme.»

LECCIONES — **UN MILAGRO**
(2 Reyes 5.10)

Si tú tuvieras una enfermedad y alguien te dijera que te lavaras en un río lleno de lodo para ser sanado, ¿lo harías? Naamán tenía lepra. Esta enfermedad de la piel a veces hacía que la gente perdiera las manos y los pies o hasta la nariz y las orejas. Eliseo le dijo a Naamán que fuera a lavarse en las aguas lodosas del río Jordán para que fuera sanado. ¿Por qué tenía Naamán que lavarse en el río? Era una manera sencilla en que él podía mostrarse humilde y obedecer el mandato de Dios. Al hacerlo, Naamán también sabría que su sanidad venía de Dios porque sabía que el río no podía sanarlo

8 Como Eliseo, el varón de Dios, se enteró
de que el rey de Israel se había rasgado las
vestiduras, mandó a decirle:
«¿Por qué te has rasgado las vestiduras?
¡Deja que venga a verme! ¡Así sabrá que en
Israel hay profeta!»
9 Y Namán fue a ver a Eliseo, y al llegar a[a]
la puerta de su casa se detuvo, con sus ca-
ballos y con su carro de guerra.
10 Entonces Eliseo mandó un mensajero a
que le dijera:
«Ve y lávate siete veces en el Jordán, y tu
carne volverá a ser como antes era, y queda-
rás limpio de tu lepra.»
11 Pero Namán se enojó y se fue, mientras
decía:
«¿Cómo? Yo pensaba que ese profeta sal-
dría a verme, y que de pie invocaría el nombre
del Señor, su Dios, y luego alzaría la mano y to-
caría la parte enferma, y me sanaría de la lepra.
12 ¿Acaso los ríos Abana y Farfar, de Da-
masco, no son mejores que todas las aguas
de Israel? ¿Y acaso no quedaré también lim-
pio si me lavo en ellos?»
Y muy enojado se fue de allí.
13 Pero sus criados se le acercaron y le di-
jeron:
«¡Ay, señor! Si el profeta te hubiera man-
dado hacer algo más impresionante, ¿acaso
no lo habrías hecho? ¡Pues con más razón
si te ha dicho: "Lávate, y quedarás limpio!"»
14 Namán fue al Jordán y se zambulló siete
veces, conforme a la palabra del varón de
Dios, y al instante quedó limpio: Su piel se
volvió tan suave como la de un niño.
15 Entonces él y toda su compañía volvie-
ron a donde estaba el varón de Dios, y una
vez delante de él dijo:
«Ahora reconozco que no hay más Dios
en toda la tierra, que en Israel. Por favor,
acepta algún presente de este siervo tuyo.»
16 Pero Eliseo dijo:
«Juro por el Señor, en cuya presencia es-
toy, que no lo voy a aceptar.»
Namán insistía en que Eliseo aceptara al-
guna cosa, pero él no accedió.

2 R 20.1-7

[a] **5.1-14:** Lc 4.27.

17 Entonces Namán dijo:
«Entonces voy a pedirte concedas a este
siervo tuyo llevarme de esta tierra la carga
de un par de mulas. Porque de aquí en ade-
lante este siervo tuyo no ofrecerá holocaus-
tos ni sacrificios a otros dioses, sino sólo al
Señor.
18 Y anticipadamente pido al Señor perdo-
nar a este siervo suyo si, cuando mi señor el
rey entre en el templo de Rimón para ado-
rar allí, y se apoye en mi brazo, yo también
llego a inclinarme en ese templo. Si llego a
hacerlo, ¡que el Señor me perdone!»
19 Eliseo le dijo que podía irse tranquilo. Y
Namán se fue. Pero apenas habría recorrido
una distancia de media legua
20 cuando Guejazí, el criado de Eliseo,
varón de Dios, pensó: «¡Vaya! Mi señor no
permitió que este sirio, Namán, le regalara lo
que trajo. ¡Pues juro por el Señor, que ahora
mismo voy a ir tras él para pedirle que me
dé algo!»
21 Y Guejazí corrió para alcanzar a Namán.
Y cuando Namán vio que Guejazí venía cor-
riendo tras él, se bajó del carro para recibirlo,
y le preguntó si todo estaba bien.
22 Guejazí dijo que sí, y añadió:
«Mi señor me envía a decirte que del
monte de Efraín acaban de llegar dos pro-
fetas jóvenes, y te ruega darle para ellos tres
mil monedas de plata y dos vestidos nue-
vos.»
23 Namán contestó:
«No sólo tres mil. Te ruego que le lleves
seis mil.»
Y Namán insistió en que Guejazí aceptara
dos bolsas, cada una con tres mil monedas
de plata, y dos vestidos nuevos; luego orde-
nó a dos de sus criados echarse todo esto a
cuestas y llevarlo delante de Guejazí.
24 Pero al llegar a cierto lugar, Guejazí les
pidió que le entregaran lo que llevaban, y lo
guardó todo en su casa; luego ordenó a los
hombres que se fueran.
25 Después de eso, se presentó ante su
señor. Y Eliseo le dijo:
«¿De dónde vienes, Guejazí?»
Y él contestó:
«Yo no he ido a ninguna parte.»
26 Entonces Eliseo le dijo:
«¿Crees que yo no estaba allí, en espíritu,
cuando aquel hombre bajó de su carro a re-
cibirte? Pero éste no es el momento de reci-
bir plata y vestidos, ni olivares, viñas, ovejas,
bueyes, siervos y siervas.
27 Por lo tanto, la lepra de Namán se te pe-
gará a ti y a tu descendencia para siempre.»
Y cuando Guejazí salió de la presencia de
Eliseo, estaba blanco como la nieve.

Eliseo hace flotar el hacha

6 Un día, algunos de los profetas le
dijeron a Eliseo:
«Mira, el lugar en que vivimos conti-
go ya nos resulta muy estrecho.
2 Vayamos al río Jordán y tomemos cada
uno de nosotros una viga de allí, y levantemos
allí mismo un lugar donde podamos vivir.»
Eliseo les dijo que fueran,
3 pero uno de ellos le pidió que los acom-
pañara. Y Eliseo aceptó.
4 Y así, se fue al Jordán con ellos, y cuando
llegaron allá cortaron la madera.
5 Pero sucedió que, mientras uno de ellos
derribaba un árbol, el hacha se le cayó al
agua; entonces comenzó a gritar:
«¡Ay, señor, el hacha era prestada!»
6 El varón de Dios le preguntó:
«¿Y dónde cayó?»
Cuando aquél le mostró el lugar, Eliseo
cortó un palo y lo echó al agua, con lo que
hizo que el hacha flotara;
7 entonces le ordenó que recogiera el ha-
cha, y aquél extendió la mano y la sacó del
agua.

Eliseo y los sirios

8 El rey de Siria estaba en guerra contra
Israel, así que luego de consultar a sus ofi-
ciales dijo:
«Voy a instalar mi campamento en cierto
lugar.»
9 Entonces el varón de Dios mandó a decir
al rey de Israel:

«Ten cuidado de no pasar por tal lugar, porque los sirios van a acampar allí.»

10 Entonces el rey de Israel envió gente al lugar señalado por el varón de Dios, y éste una y otra vez advirtió al rey que debía tener cuidado.

11 El rey de Siria se molestó mucho por esto, así que llamó a sus oficiales y les dijo:

«¿No me van a decir quién de ustedes está a favor del rey de Israel?»

12 Uno de sus oficiales dijo:

«Ninguno de nosotros lo está. Lo que pasa, mi señor y rey, es que el profeta Eliseo está en Israel, y es él quien va y le cuenta al rey de Israel todo lo que Su Majestad dice, incluso en la intimidad de su alcoba.»

13 Entonces el rey ordenó:

«Pues vayan y averigüen dónde está Eliseo, para que yo mande a que lo aprehendan.»

En cuanto le dijeron que Eliseo estaba en Dotán,

14 el rey mandó allá soldados de caballería, y carros de combate, y un gran ejército, los cuales llegaron de noche y sitiaron la ciudad.

15 Al día siguiente, por la mañana, el ayudante del varón de Dios salió y se encontró con que el ejército había sitiado la ciudad con su caballería y sus carros de combate. Entonces fue a decirle a Eliseo:

«¡Ay, señor mío! ¿Y ahora qué vamos a hacer?»

16 Y Eliseo le dijo:

«No tengas miedo, que son más los que están con nosotros que los que están con ellos.»

17 Acto seguido, Eliseo oró con estas palabras:

«Señor, te ruego que abras los ojos de mi siervo, para que vea.»

El Señor abrió los ojos del criado, y éste miró a su alrededor y vio que en torno a Eliseo el monte estaba lleno de gente de a caballo, y de carros de fuego.

18 Y cuando los sirios se dispusieron a atacarlo, Eliseo oró así al Señor:

«Te ruego que hieras con ceguera a estos paganos.»

Y el Señor los dejó ciegos, tal y como Eliseo se lo pidió.

19 Luego, Eliseo les dijo:

«Éste no es el camino correcto, ni esta ciudad es la que buscan. Síganme, y yo los llevaré hasta el hombre que buscan.»

Y los llevó a Samaria.

20 Y cuando llegaron allá, Eliseo dijo:

«Señor, ábreles los ojos, para que puedan ver.»

El Señor les abrió los ojos, y entonces vieron que se hallaban en medio de Samaria.

21 Al verlos, el rey de Israel le preguntó a Eliseo:

«¿Debo matarlos, padre mío?»

22 Y Eliseo le dijo:

«No, no los mates. ¿Acaso matarías a quienes con tu espada y con tu arco hicieras prisioneros? Más bien, dales pan y agua, y que coman y beban, y se vayan de regreso con sus amos.»

23 Entonces el rey les ofreció un gran banquete, y en cuanto terminaron de comer y de beber, los mandó de regreso a su señor. Y nunca más volvieron a merodear en Israel bandas armadas de Siria.

Eliseo y el sitio de Samaria

24 Después de esto, sucedió que el rey Ben Adad de Siria reunió a todo su ejército para ponerle sitio a Samaria.

EL EJÉRCITO INVISIBLE DE DIOS *(2 Reyes 6.16-17)*

PODER PARA VIVIR

Cuando el ejército sirio rodeó a la ciudad de Samaria, el siervo de Eliseo, Guejazí, pensó que el pueblo de Dios sería derrotado. Pero Eliseo le pidió a Dios que le permitiera ver a Guejazí el enorme ejército de ángeles alrededor del enemigo. Cuando Guejazí miró las colinas, vio hombres y carros de fuego a todo su alrededor. No podemos ver los ángeles de Dios, pero siempre están cerca de nosotros. Están siempre listos para ayudarnos. Escribe el Salmo 91:11 y trata de memorizarlo. Este versículo nos recuerda que los ángeles de Dios están siempre cerca

25 A consecuencia de aquel sitio, hubo en-
tonces mucha hambre en Samaria, al grado
de que la cabeza de un asno se vendía en
ochenta piezas de plata, y un puñado de
«estiércol de paloma»[1] costaba cinco piezas
de plata.
26 Una mujer, al ver que el rey de Israel pa-
saba cerca de la muralla, gritó:
«Rey y señor mío, ¡sálvanos!»
27 Pero el rey le contestó:
«Si el Señor no te salva, ¿cómo voy a po-
der salvarte yo? ¿Acaso hay trigo en los gra-
neros, o vino en los lagares?»
28 Sin embargo, el rey añadió:
«¿Qué te pasa?»
Y ella respondió:
«Esta mujer me dijo: "¡Trae acá tu hijo!
¡Vamos a comérnoslo hoy, y mañana nos
comeremos el mío!"
29 Entonces cocinamos a mi hijo, y nos lo
comimos.[a] Al día siguiente yo le dije: "¡Trae
acá tu hijo! ¡Vamos a comérnoslo!" ¡Pero ella
lo ha escondido!»
30 Cuando el rey oyó las palabras de aque-
lla mujer, se rasgó las vestiduras y así pasó
por la muralla; entonces el pueblo pudo ver
que por dentro traía puesto un cilicio.
31 Y el rey exclamó:
«¡Que Dios me castigue, y más aún, si no
le corto hoy mismo la cabeza a Eliseo hijo
de Safat!»
32 Eliseo estaba sentado en su casa, en
compañía de los ancianos, cuando el rey
envió a él un emisario. Pero antes de que el
emisario llegara, Eliseo les dijo a los ancianos:
«¿Ya vieron cómo este asesino ha man-
dado a un hombre a cortarme la cabeza?
Fíjense bien, y cuando llegue su emisario,
cierren la puerta y no lo dejen entrar. ¡Tras
ese hombre se oyen los pasos de su amo!»
33 Aún estaba Eliseo hablando con los
ancianos cuando llegó el emisario del rey y
dijo:
«Esta calamidad es de parte del Señor.
¿Qué más puedo esperar de él?»

7

Entonces Eliseo dijo:
«¡Oigan la palabra del Señor! Así ha
dicho el Señor: "Mañana a esta hora
diez kilos de flor de harina se venderán a las
puertas de Samaria por una moneda de pla-
ta, y también por una moneda de plata se
comprarán veinte kilos de cebada."»
2 Uno de los principales ayudantes del rey
respondió al varón de Dios:
«Si en este momento el Señor abriera las
ventanas del cielo, ¿sucedería lo que tú di-
ces?»
Y Eliseo dijo:
«De eso serás testigo ocular, pero no co-
merás nada de ello.»
3 A la entrada de la ciudad había cuatro
leprosos, que se decían el uno al otro:
«¿Para qué nos quedamos aquí, esperan-
do la muerte?
4 Si intentáramos entrar en la ciudad, mo-
riríamos dentro de ella por el hambre que
allí dentro hay. Si nos quedamos aquí, de
todos modos moriremos. Mejor vayamos al
campamento de los sirios. Si nos dejan vivir,
viviremos; si nos dan muerte, moriremos.»
5 Al caer la noche se pasaron al campa-
mento de los sirios, pero cuando llegaron a
la entrada de su campamento no vieron a
nadie.
6 Y es que el Señor había hecho que en
el campamento de los sirios se oyera un es-
truendo de carros de combate, y ruido de
caballos, y el estrépito de un gran ejército,
por lo que unos a otros se dijeron:
«Al parecer, el rey de Israel les ha pagado
a los reyes hititas y egipcios para que vengan
a atacarnos.»
7 Entonces se levantaron al anochecer y
huyeron, y para ponerse a salvo abando-
naron sus tiendas, sus caballos y sus asnos,
dejando el campamento tal como estaba.
8 Cuando los leprosos llegaron a la entra-
da del campamento, entraron en una tienda
y se sentaron a comer y beber, y se llevaron
de allí plata y oro y vestidos, y todo eso lo

[1]**6.25** *Estiércol de paloma.* **Forma popular de referirse a la apariencia de ciertas semillas normalmente poco apreciadas.**
[a]**6.29:** Dt 28.57.

escondieron; luego volvieron y entraron en
otra tienda, la cual también saquearon, y
fueron a esconder lo que de allí sacaron.
9 Pero luego se dijeron el uno al otro:

«Lo que estamos haciendo no está bien. Éste es un día de buenas noticias, y nosotros nos las estamos callando. Si no las anunciamos antes de que amanezca, vamos a resultar culpables. Es mejor que vayamos al palacio ahora mismo y le demos la noticia al rey.»

10 Entonces fueron a la entrada de la ciudad, y con grandes gritos les dijeron a los guardias:

«Fuimos al campamento de los sirios, y no vimos ni oímos allí a nadie. Sólo vimos caballos y asnos atados, y el campamento intacto.»

11 A grandes gritos, los porteros anunciaron esto en el palacio del rey,
12 y esa misma noche el rey se levantó y les dijo a sus oficiales:

«Yo les voy a decir qué es lo que los sirios piensan hacer con nosotros. Como saben que tenemos hambre, han salido de sus tiendas y se han escondido en el campo, pues piensan: "Cuando los israelitas salgan de la ciudad, los tomaremos vivos y entraremos en la ciudad."»

13 En respuesta, uno de sus oficiales dijo:

«Puesto que los caballos que aún quedan van a morir, como ha muerto ya la gran parte de los israelitas, enviemos a algunos de nosotros con cinco de los caballos que aún quedan vivos en la ciudad, a ver qué sucede.»

14 Se tomaron entonces dos carros y caballos, y el rey envió gente al campamento de los sirios, con la orden de ir y ver.

15 Los enviados del rey partieron y llegaron hasta el Jordán, y vieron que por todo el camino había vestidos y objetos por el suelo, que en su premura los sirios habían ido arrojando. Luego volvieron y le comunicaron esto al rey.

16 Entonces el pueblo salió y saqueó el campamento de los sirios. Y conforme a la palabra del Señor, diez kilos de flor de harina y veinte kilos de cebada se vendieron por una moneda de plata.

17 El rey ordenó a su principal ayudante mantenerse a la entrada de la ciudad, pero el pueblo lo atropelló, y ahí mismo murió, tal y como lo había predicho el varón de Dios cuando el rey fue a verlo.

18 Todo sucedió tal y como el varón de Dios se lo había anticipado al rey cuando dijo: «Mañana a esta hora, a la entrada de Samaria, veinte kilos de cebada, o diez kilos de flor de harina, se venderán por una moneda de plata.»

19 Pero aquel ayudante principal le había respondido al varón de Dios:

«Si el Señor abriera las ventanas del cielo, ¿sucedería esto que dices?»

Y el varón de Dios le había contestado:

«Tú mismo serás testigo ocular, pero no comerás nada de ello.»

20 Y así sucedió, porque el pueblo lo atropelló a la entrada de la ciudad, y allí mismo murió.

La sunamita recupera sus bienes

8 Eliseo habló con la mujer a cuyo hijo él le había devuelto la vida,[a] y le dijo:

«Prepárate a partir con toda tu familia, y ve a vivir donde puedas. El Señor va a hacer que haya una gran hambruna en el país, la cual durará siete años.»

2 La mujer se dispuso a acatar las instrucciones del varón de Dios, y junto con su familia se fue al país de los filisteos, y allá vivió siete años.

3 Pasados los siete años, la mujer volvió de ese país y fue a rogarle al rey que le restituyera su casa y sus tierras.

4 El rey estaba en ese momento hablando con Guejazí, el criado del varón de Dios, y le decía:

«Por favor, háblame de todas las maravillas que ha hecho Eliseo.»

5 Y mientras Guejazí le contaba al rey cómo
Eliseo le había devuelto la vida a un muerto,

[a] **8.1:** 2 R 4.8-37.

la madre del hijo resucitado por Eliseo llegó a pedirle al rey la devolución de su casa y de sus tierras. Guejazí exclamó entonces:

«Su Majestad, ¡ésta es la mujer, y éste es su hijo, al que Eliseo devolvió la vida!»

6 El rey interrogó a la mujer, y ella le contó todo. Entonces el rey llamó a un oficial y le ordenó:

«Haz que a esta mujer se le devuelva todo lo que era suyo, y todo lo que sus tierras produjeron desde que dejó el país hasta ahora.»

Jazael llega a ser rey de Siria

7 Después de eso, Eliseo se fue a Damasco. El rey Ben Adad de Siria estaba enfermo, y cuando le avisaron que el varón de Dios estaba allí,

8 el rey le dijo a Jazael:

«Ve a recibir al varón de Dios, y llévale un presente. Consulta por medio de él al Señor, y pregúntale si yo sanaré de esta enfermedad.»

9 Jazael escogió un presente de entre los bienes de Damasco, y junto con cuarenta camellos cargados, fue al encuentro del varón de Dios. Cuando llegó ante él, le dijo:

«El rey Ben Adad de Siria, que es como tu hijo, me ha enviado para que te pregunte si va a sanar de su enfermedad.»

10 Y Eliseo le dijo:

«Ve y dile que ciertamente sanará. Sin embargo, el Señor me ha revelado que Ben Adad inevitablemente morirá.»

11 Y el varón de Dios se quedó mirándolo fijamente, hasta que Jazael se ruborizó. De pronto, el varón de Dios prorrumpió en llanto,

12 y Jazael le preguntó:

«¿Por qué llora mi señor?»

El varón de Dios respondió:

«Lloro porque sé que harás mucho mal a los israelitas; sé que les prenderás fuego a sus fortalezas, que a sus jóvenes los matarás a filo de espada, que a sus niños los estrellarás contra el suelo, y que a sus mujeres embarazadas las abrirás en canal.»

13 Jazael objetó:

«Pero, ¿quién es tu siervo, si no un perro? ¿Cómo podría hacer algo tan formidable?»

Y Eliseo respondió:

«El Señor me ha revelado que tú vas a ser rey de Siria.»[b]

14 Cuando Jazael se fue y volvió con su amo, éste le preguntó:

«¿Qué te ha dicho Eliseo?»

Y Jazael respondió:

«Me dijo que ciertamente sanarás.»

15 Pero al día siguiente Jazael tomó un paño, lo remojó en agua, y se lo puso a Ben Adad sobre el rostro, y Ben Adad murió. En su lugar, reinó Jazael.

Reinado de Jorán de Judá

(2 Cr 21.1-20)

16 En el quinto año de Jorán hijo de Ajab, rey de Israel, y mientras Josafat era rey de Judá, Jorán hijo de Josafat comenzó a reinar en Judá.

17 Tenía treinta y dos años cuando comenzó a reinar, y reinó en Jerusalén ocho años.

18 Su conducta fue la de los reyes de Israel, pues actuó como la familia de Ajab; hizo lo malo a los ojos del Señor, y una hija de Ajab fue su mujer.

19 Pero por causa de David, su siervo, el Señor no quiso destruir a Judá, pues le había prometido a David que siempre[c] mantendría viva su dinastía y la de sus hijos.

PROMESAS PODEROSAS

2 REYES 8.19

Pero por causa de David, su siervo, el Señor no quiso destruir a Judá, pues le había prometido a David que siempre mantendría viva su dinastía y la de sus hijos.

Aunque el rey Jorán hizo cosas malvadas, Dios se rehusó a destruir el reino de Judá. Él se ciñó al acuerdo que había hecho con David (lee 2 Samuel 7:12-16). Dios siempre honra su palabra.

[b]**8.13:** 1 R 19.15. [c]**8.19:** 1 R 11.36.

20 En los días de Jorán, Edom se rebeló contra
el dominio de Judá,[d] y nombró su propio rey.
21 Entonces Jorán se enfiló hacia Saír con
todos sus carros, pero los de Edom los ata-
caron y los rodearon. Entonces Jorán y los
capitanes de sus carros se abrieron paso du-
rante la noche, y logró que su ejército esca-
para a su campamento.
22 Sin embargo, Edom se liberó del domi-
nio de Judá hasta el día de hoy, y también
Libna se rebeló en el mismo tiempo.
23 Los demás hechos de Jorán, y todas sus
obras, se hallan registrados en el libro de las
crónicas de los reyes de Judá.
24 Cuando Jorán se reunió con sus antepa-
sados, fue sepultado con ellos en la ciudad
de David, y en su lugar reinó Ocozías, su hijo.

Reinado de Ocozías de Judá

(2 Cr 22.1-6)

25 Jorán hijo de Ajab tenía doce años de
reinar sobre Israel cuando Ocozías hijo de
Jorán comenzó a reinar sobre Judá.
26 Ocozías tenía veintidós años cuando co-
menzó a reinar, y reinó en Jerusalén un año.
Su madre se llamaba Atalía, y era hija del rey
Omri de Israel.
27 Como era yerno de la casa de Ajab, siguió el
mal ejemplo de la familia de Ajab, y al igual que
la casa de Ajab hizo lo malo a los ojos del Señor.
28 Ocozías se unió con Jorán hijo de Ajab,
y juntos marcharon a Ramot de Galaad para
pelear contra el rey Jazael de Siria, pero los
sirios hirieron a Jorán,
29 por lo que el rey Jorán volvió a Jezrel
para curarse las heridas que los sirios le hi-
cieron frente a Ramot, cuando peleó contra
el rey Jazael de Siria. Por eso Ocozías hijo de
Jorán, rey de Judá, fue a visitar a Jorán hijo de
Ajab en Jezrel, pues estaba enfermo.

Jehú es ungido rey de Israel

9 Entonces el profeta Eliseo llamó a
uno de los profetas y le dijo:
«Cíñete la ropa, llévate esta redoma
de aceite, y ve a Ramot de Galaad.
2 Al llegar allá, irás a ver a Jehú, el hijo de
Josafat y nieto de Nimsi. Cuando entres a su
casa, haz que se levante de entre sus herma-
nos, y llévalo a otro cuarto.
3 Toma entonces la redoma de aceite y
derrámala sobre su cabeza. Y dile: "Así dijo
el Señor: 'Yo te he ungido para que reines
sobre Israel.'" Después de esto, abre la puer-
ta y huye sin detenerte.»
4 El joven profeta se fue entonces a Ramot
de Galaad.
5 Al llegar, encontró reunidos a los princi-
pales jefes del ejército, así que dijo:
«Mi comandante, tengo un mensaje para
usted.»
Y Jehú dijo:
«¿Para cuál de todos nosotros?»
Y el profeta dijo:
«Precisamente para usted, mi comandan-
te.»
6 Jehú se levantó y entró en casa; entonces
el profeta derramó el aceite sobre su cabeza
y le dijo:
«Así ha dicho el Señor, Dios de Israel: "Yo,
el Señor, te he ungido para que reines sobre
Israel, mi pueblo.[a]
7 Vas a acabar con la dinastía de tu señor
Ajab, para que yo vengue la sangre de todos
mis siervos, incluidos los profetas, que Jeza-
bel ha asesinado.
8 Toda la dinastía de Ajab será destruida.
Acabaré en Israel con todos los varones de
Ajab, lo mismo esclavos que libres.
9 Haré con la dinastía de Ajab lo mismo
que hice con la dinastía de Jeroboán hijo de
Nabat y con la dinastía de Basá hijo de Ajías.
10 A Jezabel se la comerán los perros en
el campo de Jezrel,[b] y no habrá nadie que
la sepulte."»
Dicho esto, el profeta abrió la puerta y
salió huyendo.
11 Y cuando Jehú salió, los oficiales de su
amo le preguntaron:
«¿Todo está bien? ¿Para qué vino a verte
ese loco?»
Y Jehú les dijo:

[d] **8.20:** Gn 27.40. [a] **9.6:** 1 R 19.16. [b] **9.10:** 1 R 21.23.

«Ustedes ya saben cómo es esta gente, y
las cosas que dicen.»
12 Pero ellos objetaron:
«No nos mientas. Dinos qué te dijo.»
Entonces él respondió:
«Me dijo varias cosas. Entre ellas, me dijo:
"Así ha dicho el Señor: 'Yo te he ungido para
que reines sobre Israel.'"»
13 Entonces todos ellos tomaron de prisa
su manto, y lo pusieron en un trono alto,
debajo de Jehú; luego tocaron la trompeta
y gritaron: «¡Jehú es rey!»

Jehú mata a Jorán

14 Fue así como Jehú, el hijo de Josafat y
nieto de Nimsi, conspiró contra Jorán, que
por causa del rey Jazael de Siria estaba con
todos los israelitas protegiendo la ciudad de
Ramot de Galaad,
15 aunque había regresado a Jezrel para
curarse las heridas que los sirios le habían
hecho en la batalla contra el rey Jazael de
Siria. Jehú dijo:
«Si ustedes están de acuerdo, que nadie
escape de la ciudad, para que la noticia no
se sepa en Jezrel.»
16 Dicho esto, Jehú montó en su carro y se
dirigió a Jezrel, donde Jorán yacía enfermo.
Allí también estaba el rey Ocozías de Judá,
que había ido a visitar a Jorán.
17 Cuando el atalaya que estaba en la
torre de Jezrel vio venir la tropa de Jehú,
gritó:
«¡Veo que se acerca una tropa!»
Y Jorán dijo:
«Manda a un jinete. Que los inspeccione
y les pregunte en qué plan vienen.»
18 El jinete fue a inspeccionarlos, y les dijo:
«El rey manda a decir si vienen en son de
paz.»
Y Jehú le respondió:
«¿De qué paz me hablas? ¡Tú pásate a mis
filas!»
Entonces el atalaya dio aviso, y dijo:
«El mensajero ha llegado hasta ellos, pero
no veo que regrese.»
19 Se envió entonces a otro jinete, el cual
llegó hasta ellos y dijo:
«El rey manda a decir si vienen en son de
paz.»
Y Jehú también le respondió:
«¿De qué paz me hablas? ¡Tú pásate a mis
filas!»
20 El atalaya volvió a dar aviso:
«También el otro jinete llegó hasta ellos,
pero no veo que regrese. Por la manera de
conducir, me parece que quien viene en el
carro es Jehú hijo de Nimsi, pues conduce
como un loco.»
21 Jorán ordenó entonces que prepararan
su carro. Y cuando estuvo listo, partieron
juntos el rey Jorán de Israel y el rey Ocozías
de Judá, aunque cada uno en su carro, y fue-
ron al encuentro de Jehú, al que hallaron en
el campo que había pertenecido a Nabot de
Jezrel.
22 Cuando Jorán vio a Jehú, exclamó:
«¿Vienes en son de paz, Jehú?»
Y éste respondió:
«¿Y qué paz puede haber, con tantas for-
nicaciones y hechicerías de tu madre Jeza-
bel?»
23 Entonces Jorán dio vuelta a su carro y
emprendió la huida, mientras decía a Oco-
zías:
«¡Nos han traicionado, Ocozías!»
24 Pero Jehú tensó su arco y le clavó una
flecha a Jorán por la espalda; y la saeta le
salió por el corazón, y cayó muerto en su
carro.
25 Jehú le dijo a Bidcar, su capitán:
«Tómalo, y arrójalo en un extremo del
campo que fue de Nabot de Jezrel. Acuér-
date que cuando tú y yo íbamos juntos con
la gente de Ajab, su padre, el Señor pronun-
ció esta sentencia contra él, cuando dijo:
26 "Yo, el Señor, vi ayer aquí la sangre de
Nabot, y la sangre de sus hijos. Por eso aquí,
en este campo, te daré tu merecido. Yo soy
el Señor."[c] Así que, conforme a la palabra del
Señor, tómalo y arrójalo en el que fue cam-
po de Nabot.»

[c] **9.26:** 1 R 21.19.

Jehú mata a Ocozías

(2 Cr 22.7-9)

[27] Cuando el rey Ocozías de Judá vio esto,
huyó por el camino de Bet Hagán, seguido
de Jehú, que decía: «Hieran también a éste
que va en el carro.» Y en la subida de Gur,
junto a Ibleam, Ocozías fue herido. Por eso
huyó a Meguido, donde murió.
[28] Sus oficiales lo llevaron a Jerusalén en
un carro, y allá, en la ciudad de David, lo se-
pultaron en su propio sepulcro, junto a sus
antepasados.
[29] Ocozías comenzó a reinar sobre Judá en
el undécimo año del reinado de Jorán hijo
de Ajab.

Muerte de Jezabel

[30] Después Jehú se fue a Jezrel, y cuando
Jezabel lo supo, se pintó los ojos con anti-
monio y se atavió la cabeza, y se asomó a
la ventana.
[31] En el momento en que Jehú entró a la
ciudad, ella gritó:
«¿Cómo le va a Zimri, asesino de su rey?»
[32] Jehú levantó la vista hacia la ventana, y
dijo:
«¿Hay alguien ahí que esté de mi parte?»
Dos o tres eunucos se inclinaron hacia él,
[33] y él les dijo:
«¡Arrójenla al suelo!»
Ellos la lanzaron por la ventana, y parte de
su sangre salpicó la pared y los caballos, y
Jehú la arrolló.
[34] Luego, entró y comió y bebió, y más
tarde dijo:
«Ahora vayan a ver a esa maldita mujer, y
sepúltenla, pues es hija de un rey.»
[35] Pero cuando fueron para sepultarla, no
hallaron de ella más que la calavera, los pies
y las palmas de las manos.
[36] Volvieron entonces a decirle esto a Jehú,
y él sentenció:
«Ésta es la palabra de Dios, pronunciada
por medio de su siervo, Elías el tisbita, cuan-
do dijo: "En el campo de Jezrel los perros se
comerán el cuerpo de Jezabel.[d]
[37] Allí, en el campo de Jezrel, el cuerpo de
Jezabel será semejante al estiércol en el sue-
lo, de modo que nadie podrá reconocerla."»

Jehú pone fin a la dinastía de Ajab

10 Como Ajab tenía setenta hijos
en Samaria, Jehú escribió cartas
y las envió a los jefes de Jezrel, y
a los ancianos y a los ayos de Ajab, que esta-
ban en Samaria. En las cartas les decía:
[2] «Tan pronto como estas cartas lleguen
a las manos de ustedes, los que tengan a
los hijos del rey, y los que tengan carros de
combate y gente de a caballo, y la ciudad
fortificada y las armas,
[3] escojan al mejor y más recto de los hijos
del rey, y siéntenlo en el trono de su padre, y
defiendan a la familia del rey.»
[4] Pero ellos tuvieron mucho miedo, y di-
jeron:
«Si dos reyes no pudieron hacerle frente,
¿cómo vamos a hacerle frente nosotros?»
[5] Entonces el mayordomo, el gobernador
de la ciudad, los ancianos y los ayos manda-
ron a decir a Jehú:
«Nosotros somos tus siervos, y haremos
todo lo que nos mandes. No vamos a elegir
ningún rey. Haz lo que te parezca mejor.»
[6] Jehú les escribió por segunda vez, y les
dijo:
«Si en verdad ustedes son mis siervos, y
quieren obedecerme, vengan a verme en
Jezrel mañana a esta hora, y tráiganme las
cabezas de los hijos varones de su rey.»
Los setenta hijos del rey estaban con los
jefes de la ciudad, pues ellos los criaban.
[7] Cuando éstos recibieron las cartas, to-
maron a los setenta hijos del rey y los de-
gollaron; luego echaron las cabezas en unas
canastas y las enviaron a Jezrel, donde esta-
ba Jehú.
[8] Cuando un mensajero llegó y le dio la
noticia de que habían llegado las cabezas de
los hijos del rey, Jehú dijo:
«Pónganlas en dos montones a la entrada
de la ciudad, y déjenlas allí hasta mañana.»

[d] **9.36:** 1 R 21.23.

9 Al día siguiente, Jehú salió y, puesto de pie ante todo el pueblo, dijo:

«Ustedes son justos. Es verdad que yo he conspirado contra mi señor, y le he dado muerte. Pero ¿quién ha dado muerte a todos estos?

10 Quiero que sepan que la palabra del Señor, acerca de la dinastía de Ajab, no dejará de cumplirse. El Señor ha hecho lo que había anunciado por medio de su siervo Elías.»

11 Dicho esto, Jehú mató a todos los de la familia de Ajab que habían quedado en Jezrel,[a] y a todos sus jefes y sacerdotes, y a todos sus familiares. No dejó con vida a ninguno de ellos.

12 Luego se levantó y se fue a Samaria, y en el camino llegó a Bet Équed de los Pastores.

13 Allí encontró a los hermanos de Ocozías, el rey de Judá, y les preguntó:

«¿Y ustedes, quiénes son?»

Ellos le contestaron:

«Somos hermanos de Ocozías. Hemos venido a saludar a los hijos del rey, y a los hijos de la reina.»

14 Entonces Jehú ordenó:

«¡Échenles mano! ¡Los quiero vivos!»

Y una vez que los tomaron vivos, los degollaron junto al pozo de Bet Équed. Eran cuarenta y dos varones, y ninguno de ellos quedó con vida.

15 Cuando Jehú se fue de allí, se encontró con Jonadab hijo de Recab. Después de saludarlo, le dijo:

«¿Eres sincero conmigo, como yo lo soy contigo?»

Jonadab le respondió que sí. Entonces Jehú le dijo:

«Pues ya que eres sincero conmigo, dame la mano.»

Jonadab le dio la mano, y Jehú lo invitó a *subir a su carro.*

16 Allí le dijo:

«Acompáñame y verás cuánto amo al Señor.»

Jonadab fue puesto en el carro,

17 y en cuanto Jehú llegó a Samaria mató a todos los familiares de Ajab que habían quedado en Samaria. Los mató hasta exterminarlos, conforme a la palabra del Señor anunciada por Elías.

Jehú pone fin al culto de Baal

18 Después, Jehú reunió a todo el pueblo y les dijo:

«Ajab rindió culto a Baal, pero no muy bien. Jehú le rendirá un mejor culto.

19 Llamen a todos los profetas de Baal, y a todos sus siervos y sacerdotes. Que no falte ninguno, pues voy a ofrecer a Baal un gran sacrificio. El que falte, morirá.»

Esto lo hizo Jehú con astucia, para exterminar a los que rendían culto a Baal.

20 Así que dijo:

«Aparten un día para honrar a Baal.»

Aquellos convocaron a la reunión,

21 y Jehú envió mensajeros por todo Israel, y vinieron todos los siervos de Baal. No hubo uno solo que no asistiera a la reunión. Cuando entraron en el templo de Baal, el templo se llenó por completo.

22 Entonces Jehú ordenó al encargado de las vestiduras:

«Saca vestiduras para todos los siervos de Baal.»

Aquél sacó las vestiduras,

23 y Jehú entró en el templo de Baal acompañado por Jonadab hijo de Recab. Y dijo a los siervos de Baal:

«Tengan cuidado de que no haya aquí, entre ustedes, ninguno de los siervos del Señor, sino solamente los siervos de Baal.»

24 Cuando ellos entraron para ofrecer los sacrificios y holocaustos, Jehú apostó fuera del templo a ochenta hombres, y les dijo:

«El que deje vivo a cualquiera de los hombres que yo he puesto en sus manos, lo pagará con su vida.»

25 Cuando aquellos acabaron de ofrecer el holocausto, Jehú dijo a los de su guardia y a los capitanes:

«¡Entren, y mátenlos! ¡Que no escape ninguno!»

[a]**10.11:** Os 1.4.

Y los de la guardia y los capitanes los mataron
a filo de espada, y los dejaron tendidos. Luego
fueron hasta el lugar santo del templo de Baal
26 y sacaron del templo las estatuas y las
quemaron.
27 También hicieron pedazos la estatua de
Baal y derribaron su templo, y hasta el día de
hoy ese templo es un muladar.
28 Así fue como Jehú puso fin en Israel al
culto de Baal.
29 Sin embargo, Jehú no se apartó de los
pecados de Jeroboán hijo de Nabat, que hizo
pecar a Israel, sino que dejó en pie los becerros de oro que estaban en Betel y en Dan.[b]
30 Entonces el Señor le dijo a Jehú:
«Has actuado bien al hacer lo recto delante de mis ojos, y acabaste con la dinastía de Ajab, tal y como yo lo había determinado. Por eso tus hijos ocuparán el trono de Israel hasta la cuarta generación.»
31 Pero Jehú no tuvo cuidado de seguir de
todo corazón la ley del Señor, Dios de Israel, ni se apartó de los pecados con que Jeroboán había hecho pecar a Israel.
32 Por esos días el Señor comenzó a reducir el territorio de Israel, y Jazael los derrotó a lo largo de todas sus fronteras,
33 desde el Jordán hasta el nacimiento del sol,
y toda la tierra de Galaad, de Gad, de Rubén y de Manasés; y desde Aroer, que está junto al arroyo de Arnón, hasta Galaad y Basán.
34 Los otros hechos de Jehú, y todas sus
obras y hazañas, se hallan registradas en el libro de las crónicas de los reyes de Israel.
35 Cuando Jehú se reunió con sus antepa-
sados, fue sepultado en Samaria. En su lugar reinó Joacaz, su hijo.
36 El tiempo que Jehú reinó en Samaria so-
bre Israel fue de veintiocho años.

Atalía usurpa el trono

(2 Cr 22.10—23.21)

11 Cuando Atalía, la madre de Ocozías, vio muerto a su hijo, se dispuso a poner fin a la familia real.
2 Pero Yoseba, que era hija del rey Jorán y
hermana de Ocozías, se llevó a Joás hijo de

[b] **10.29:** 1 R 12.28-30.

LA JOVEN SIRVIENTA DE NAAMÁN

Mucho antes de que Jesús les dijera a sus seguidores que amaran a sus enemigos, una sirvienta israelita hizo eso mismo.

Esta muchacha, cuyo nombre nunca se menciona en la Biblia, había sido capturada por los arameos, una de las naciones enemigas de Israel. En vez de estar llena de ira o resentimiento, esta muchacha ayudó a Naamán, el esposo de la mujer a quien servía.

Naamán era un comandante poderoso del ejército arameo, pero enfrentaba un enemigo que no podía derrotar: la lepra. La lepra era una terrible enfermedad de la piel que era contagiosa. Muchos leprosos morían de su enfermedad.

Esta joven sirvienta sabía que el profeta Eliseo oraba para que la gente se sanara. Ella podría haber guardado esta información, pero no lo hizo. Más bien, animó a su amo a que fuera a pedirle ayuda a Eliseo.

El hecho de que Naamán tomara su consejo mostraba que ella era una sirvienta en quien confiaban sus amos. Debido a su benignidad, Naamán fue sanado de lepra.

La joven sirvienta escogió la benignidad en vez del resentimiento y la venganza. Si alguien te tratara mal, ¿te apresurarías a vengarte o a ayudar a esa persona? Los NIÑOS PODEROSOS tratan a todos con benignidad.

Puedes leer acerca de la joven sirvienta de Naamán en 2 Reyes 5.

Ocozías y, sin que nadie la viera, lo escondió
de Atalía en una alcoba, junto con su nodri-
za. Así lo libró de que lo mataran junto con
los otros hijos del rey.
3 Y Joás estuvo escondido seis años en
el templo del Señor, junto con su nodriza,
mientras Atalía era la reina del país.
4 Pero en el séptimo año Joyadá convocó
a los jefes de centenas y a los capitanes, y a
la gente de la guardia, y los llevó al templo
del Señor, donde bajo juramento hizo alian-
za con ellos, después de lo cual les mostró
al hijo del rey
5 y les ordenó:
«Ustedes van a hacer lo siguiente: en el
día de reposo una tercera parte de ustedes
tendrá a su cargo la vigilancia del palacio del
rey.
6 Otra tercera parte se apostará a la en-
trada de Shur, y la otra tercera parte se
apostará a la entrada del postigo de la
guardia. Así cuidarán de que el palacio no
sea allanado.
7 Las dos terceras partes de ustedes que es-
tán libres el día de reposo tendrán a su cargo
la vigilancia del templo del Señor y del rey.
8 Estarán pendientes del rey por todos
los flancos, cada uno con sus armas en la
mano. Al que se acerque demasiado, má-
tenlo. Ustedes deberán vigilar cada paso
del rey.»
9 Los jefes de centenas se reunieron con
el sacerdote Joyadá e hicieron todo lo que
el sacerdote Joyadá les ordenó; cada uno
de ellos reunió a su gente, es decir, tanto a
los que estaban de servicio en día de repo-
so como a los que estaban libres en día de
reposo.
10 El sacerdote entregó a los jefes de cente-
nas las lanzas y los escudos que habían sido
del rey David, y que estaban en el templo
del Señor.
11 Los de la guardia se formaron, desde
el lado derecho hasta el lado izquierdo del
templo, y junto al altar y el templo, y en der-
redor del rey. Cada uno tenía en sus manos
sus armas.
12 Luego Joyadá sacó al hijo del rey, le
puso la corona y el testimonio, lo ungieron
y lo proclamaron rey. Aplaudían y gritaban:
«¡Viva el rey!»
13 Cuando Atalía oyó el bullicio de la gente
que corría, entró al templo del Señor y se
hizo presente.
14 Cuando vio que el rey estaba junto a la
columna, como era la costumbre, y que los
príncipes y los trompeteros estaban junto al
rey, y que todo el pueblo del país se rego-
cijaba y tocaba las trompetas, se rasgó las
vestiduras y a voz en cuello gritó: «¡Traición,
traición!»
15 Pero el sacerdote Joyadá dio órdenes
a los jefes de centenas que gobernaban el
ejército, y les dijo:
«¡Échenla fuera del recinto del templo! A
quien la siga, ¡mátenlo a filo de espada!»
Y es que el sacerdote había ordenado que
no la mataran en el templo del Señor.
16 Por eso le abrieron paso, y la mataron en
el camino por donde la gente de a caballo
entra al palacio del rey.
17 El sacerdote Joyadá hizo un pacto entre
el Señor, por una parte, y entre el rey y el
pueblo, por la otra, y juraron que serían el
pueblo del Señor. También se hizo un pacto
entre el rey y el pueblo.
18 Y toda la gente del país entró en el tem-
plo de Baal, y lo derribaron; también des-
truyeron del todo sus altares y sus imágenes,
y delante de los altares mataron a Matán,
que era sacerdote de Baal.
Luego, el sacerdote apostó una guarni-
ción en el templo del Señor.
19 Después tomó a los jefes de centenas, a
los capitanes y a la guardia, y a todo el pue-
blo del país, y llevaron al rey desde el templo
del Señor, siguiendo el camino que va de la
puerta de la guardia al palacio del rey, y el
rey se sentó en el trono real.
20 Y todo el pueblo del país se regocijó, y la
ciudad se quedó tranquila, pues Atalía había
muerto a filo de espada junto al palacio del rey.
21 Joás tenía siete años cuando comenzó
a reinar.

Reinado de Joás de Judá
(2 Cr 24.1-27)

12 Joás comenzó a reinar en el séptimo año de Jehú, y reinó en Jerusalén cuarenta años. Su madre se llamaba Sibiá, y era de Berseba.

2 Todo el tiempo que el sacerdote Joyadá dirigió a Joás, éste hizo lo recto a los ojos del Señor.

3 Sin embargo, los altares en los montes no se quitaron, porque el pueblo aún sacrificaba y quemaba incienso allí.

4 Un día, Joás dijo a los sacerdotes:

«Todo el dinero consagrado que el pueblo suele traer al templo del Señor, y el dinero del rescate de cada persona, según está estipulado,[a] y el dinero que cada uno trae voluntariamente al templo del Señor,

5 lo deben recibir los sacerdotes, cada uno de mano de sus familiares, para reparar los portillos del templo y todas las grietas que se hallen.»

6 Pero llegó el año veintitrés del reinado de Joás, y los sacerdotes aún no habían reparado las grietas del templo.

7 Entonces el rey Joás llamó al sumo sacerdote Joyadá y a los sacerdotes, y les dijo:

«¿Por qué no han reparado las grietas del templo? De ahora en adelante no van a recibir más dinero de sus familiares, sino que lo darán para reparar las grietas del templo.»

8 Y los sacerdotes aceptaron no tomar más el dinero del pueblo, ni tener el cargo de reparar las grietas del templo.

9 Entonces el sumo sacerdote Joyadá tomó un cofre, le hizo un agujero en la tapa, y lo puso junto al altar, a la derecha de la entrada al templo del Señor, y los sacerdotes que custodiaban la puerta ponían allí todo el dinero que se traía al templo.

10 Cuando veían que ya había mucho dinero en el cofre, venían el secretario del rey y el sumo sacerdote, contaban el dinero que hallaban en el templo del Señor, y lo guardaban.

11 A los que hacían la obra les daban el dinero suficiente, y a los que tenían a su cargo la reparación del templo del Señor les daban para pagar a los carpinteros y maestros,

12 albañiles y canteros, y para comprar la madera y la piedra de cantería para reparar las grietas del templo del Señor, y para todo lo que se gastaba para reparar el templo.

13 Del dinero que se traía al templo del Señor no se hacían tazas de plata, ni despabiladeras, ni jofainas, ni trompetas, ni se hacía para el templo del Señor ningún otro utensilio de oro o de plata,

14 porque lo daban a los que trabajaban en las obras de reparación del templo del Señor.

15 No se les pedían cuentas a los que recibían dinero para entregarlo a los que hacían la obra, porque todo lo hacían con gran honradez.

16 Sólo el dinero por el pecado, y el dinero por la culpa, no se llevaba al templo del Señor, porque era de los sacerdotes.[b]

17 Por esos días el rey Jazael de Siria entró en guerra contra Gat, y conquistó la ciudad. Luego, Jazael se propuso atacar a Jerusalén,

18 por lo cual el rey Joás de Judá tomó todas las ofrendas que habían dedicado sus antepasados Josafat, Jorán y Ocozías, que habían sido reyes de Judá; tomó también las que él mismo había dedicado, y todo el oro que había en los tesoros del templo del Señor y en el palacio del rey, y todo eso lo envió al rey Jazael de Siria, con lo cual éste se retiró de Jerusalén.

19 Los demás hechos de Joás, y todas sus obras, se hallan registrados en el libro de las crónicas de los reyes de Judá.

20 Un día, los oficiales de Joás se sublevaron y conspiraron contra él, y lo mataron en la casa de Milo cuando Joás descendía a Sila.

21 Lo hirieron sus oficiales Josacar hijo de Simeat y Jozabad hijo de Somer, y así murió. Lo sepultaron con sus antepasados en la ciudad de David, y en su lugar reinó su hijo Amasías.

[a]**12.4:** Éx 30.11-16. [b]**12.16:** Lv 7.7. [a]**2.12:** 2 R 13.14.

Reinado de Joacaz

13 Joás hijo de Ocozías, rey de Judá,
tenía veintitrés años de reinar
cuando Joacaz hijo de Jehú co-
menzó a reinar sobre Israel en Samaria, y rei-
nó diecisiete años.
2 Pero hizo lo malo a los ojos del Señor, y
siguió cometiendo los mismos pecados con
que Jeroboán hijo de Nabat hizo pecar a Is-
rael, y no se apartó de ellos.
3 Entonces se encendió el furor del Señor
contra Israel, y durante mucho tiempo los
entregó en manos del rey Jazael de Siria y de
su hijo Ben Adad.
4 Sin embargo, Joacaz oró en presencia
del Señor, y el Señor lo escuchó porque vio
cómo el rey de Siria afligía a Israel.
5 En efecto, el Señor envió un salvador a
Israel, que los libró del poder de los sirios; así
los israelitas volvieron a habitar en sus tien-
das, como antes.
6 A pesar de eso, no se apartaron de los
pecados con que la familia de Jeroboán hizo
pecar a Israel, sino que siguieron cometién-
dolos, y también la imagen de Asera perma-
neció en Samaria.
7 Joacaz no contaba ya con más de cin-
cuenta soldados de caballería, diez carros de
combate y diez mil soldados de infantería,
pues el rey de Siria había desbaratado el
ejército y lo había hecho morder el polvo.
8 El resto de los hechos de Joacaz, y todas
sus obras y hazañas, se halla registrado en
el libro de las crónicas de los reyes de Israel.
9 Cuando Joacaz se reunió con sus ante-
pasados, lo sepultaron en Samaria, y en su
lugar reinó su hijo Joás.

Reinado de Joás de Israel

10 Joás tenía treinta y siete años de reinar
sobre Judá cuando Joás hijo de Joacaz co-
menzó a reinar sobre Israel, y reinó dieciséis
años en Samaria.
11 Pero hizo lo malo a los ojos del Señor.
No se apartó de todos los pecados con que
Jeroboán hijo de Nabat hizo pecar a Israel,
sino que siguió cometiéndolos.

PROMESAS PODEROSAS

2 REYES 13.23

Pero el Señor vio esto y tuvo misericordia; se compadeció de su pueblo por causa de su pacto con Abrahán, Isaac y Jacob, y no quiso destruirlos ni arrojarlos de su presencia, hasta el día de hoy.

Las naciones invasoras como Siria constantemente intimidaban al pueblo de Israel. Estas cosas ocurrían debido a que el pueblo desobedecía a Dios, pero Él se compadecía de ellos. No permitió que fueran destruidos porque quería cumplir la promesa que había hecho a sus antepasados Abraham, Isaac y Jacob.

12 Los demás hechos de Joás, y todas sus
obras, y su denodada lucha contra el rey
Amasías de Judá, se hallan registrados en el
libro de las crónicas de los reyes de Israel.
13 Cuando Joás se reunió con sus antepasa-
dos, fue sepultado en Samaria con los reyes
de Israel. Jeroboán lo sucedió en el trono.

Profecía final y muerte de Eliseo

14 Eliseo cayó enfermo, y de esa enferme-
dad murió. El rey Joás fue a visitarlo, y con
lágrimas en los ojos dijo:
«¡Padre mío, padre mío! ¡Tú has sido para
Israel su caballería y sus carros de combate!»[a]
15 Eliseo le dijo:
«Toma un arco y unas flechas.»
Joás tomó el arco y las flechas,
16 y entonces Eliseo le dijo:
«Rey de Israel, sujeta el arco con tus ma-
nos.»
Joás así lo hizo. Entonces Eliseo puso sus
manos sobre las manos del rey,
17 y dijo:
«Ahora abre la ventana que da al oriente.»
Cuando Joás la abrió, Eliseo le ordenó:
«Ahora, ¡lanza la flecha!»

En el momento en que Joás lanzó la flecha, Eliseo exclamó:

«Con esta flecha el Señor los salvará de Siria. En Afec herirás de muerte a los sirios, y acabarás con ellos.»

18 Dicho esto, añadió:

«Toma las flechas restantes.»

En cuanto el rey de Israel las tomó, le dijo:

«Ahora golpea el suelo.»

El rey golpeó el suelo tres veces, y se detuvo.

19 Entonces el varón de Dios se enojó con él, y le dijo:

«Si hubieras golpeado el suelo cinco o seis veces, habrías derrotado a Siria hasta su último hombre. Pero ahora sólo derrotarás a Siria tres veces.»

20 Eliseo murió, y lo sepultaron. Ese mismo año, unas bandas de bandoleros moabitas incursionaron en el país.

21 Y sucedió que, mientras se enterraba un cadáver, de pronto apareció una banda de esos bandoleros; entonces los enterradores dejaron caer el cadáver en el sepulcro de Eliseo, y en cuanto el cadáver tocó los huesos de Eliseo, cobró vida y se puso de pie.

22 El rey Jazael de Siria afligió a Israel durante todo el reinado de Joacaz.

23 Pero el Señor vio esto y tuvo misericordia; se compadeció de su pueblo por causa de su pacto con Abrahán, Isaac y Jacob, y no quiso destruirlos ni arrojarlos de su presencia, hasta el día de hoy.

24 A la muerte del rey Jazael de Siria, reinó en su lugar su hijo Ben Adad.

25 Entonces Joás hijo de Joacaz retomó las ciudades que Jazael le había ganado en combate a Joacaz, su padre. Tres veces derrotó Joás a Ben Adad hijo de Jazael, y así recuperó las ciudades para Israel.

Reinado de Amasías

(2 Cr 25.1-28)

14 Joás hijo de Joacaz tenía dos años de reinar en Israel cuando Amasías hijo de Joás comenzó a reinar en Judá.

2 Amasías tenía entonces veinticinco años, y reinó en Jerusalén veintinueve años. Su madre se llamaba Yoadán, y era de Jerusalén.

3 Amasías hizo lo recto a los ojos del Señor, como lo había hecho Joás, su padre, aunque no como su antepasado David.

4 Sin embargo, los altares en los montes no fueron quitados, pues el pueblo seguía ofreciendo sacrificios y quemando incienso en esos altares.

5 Cuando Amasías se afirmó en el trono, mató a los siervos que habían dado muerte al rey, su padre,

6 pero no mató a los hijos de éstos, con lo que cumplió lo que está escrito en el libro de la ley de Moisés, donde el Señor claramente dice: «No se matará a los padres por culpa de los hijos, ni a los hijos por culpa de los padres, sino que cada uno morirá por causa de su propio pecado.»[a]

7 Amasías también mató a diez mil edomitas en el valle de la sal, y en una batalla conquistó Sela, y la llamó Yoctel, que hasta el día de hoy es su nombre.

8 En cierta ocasión, Amasías envió mensajeros para desafiar al rey Joás de Israel, que era hijo de Joacaz y nieto de Jehú. El mensaje decía:

«Ven, para que nos veamos las caras.»

9 El rey Joás de Israel respondió al rey Amasías de Judá con esta parábola:

«Una vez, en las montañas del Líbano, un cardo envió a decir al cedro: "Dale tu hija a mi hijo, para que sea su mujer." Pero pasaron las fieras del Líbano, y pisotearon el cardo.

10 Es verdad que has derrotado a Edom, y que el corazón se te ha hinchado; por mí, puedes seguir vanagloriándote, pero dentro de tu casa. ¿Para qué meterte en problemas? ¿Quieres que tú y Judá salgan derrotados?»

11 Amasías no se dio por aludido. Entonces el rey Joás de Israel se puso en marcha a Bet Semes, que está en Judá, y allí se vieron las caras el rey Amasías de Judá y él.

12 Y los de Judá fueron derrotados por

[a] 14.6: Dt 24.16.

los de Israel, y todos salieron huyendo a su
campamento.
13 En Bet Semes, el rey Joás de Israel tomó
cautivo al rey Amasías de Judá, que era hijo
de Joás y nieto de Ocozías. Luego se dirigió
a Jerusalén y derribó ciento ochenta metros
de su muralla, desde la puerta de Efraín has-
ta la puerta de la esquina;
14 se llevó todo el oro y la plata, y todos los
utensilios que fueron hallados en el templo
del Señor y en los tesoros del palacio real,
tomó como rehenes a los hijos del rey, y
después de eso volvió a Samaria.
15 Los demás hechos de Joás, y sus ha-
zañas, y su lucha contra el rey Amasías de
Judá, se hallan registrados en el libro de las
crónicas de los reyes de Israel.
16 Cuando Joás fue a reunirse con sus an-
tepasados, fue sepultado en Samaria, junto
con los reyes de Israel. En su lugar reinó su
hijo Jeroboán.
17 Después de la muerte de Joás hijo de
Joacaz, rey de Israel, Amasías hijo de Joás,
rey de Judá, vivió quince años.
18 Los demás hechos de Amasías, se hallan
registrados en el libro de las crónicas de los
reyes de Judá.
19 Como en Jerusalén hubo quienes
conspiraron contra él, huyó a Laquis; pero
fue perseguido hasta Laquis, y allá lo ma-
taron.
20 Luego lo trajeron en caballos, y lo sepul-
taron en Jerusalén, la ciudad de David, junto
con sus antepasados.
21 Entonces todo el pueblo de Judá tomó
a Azarías, que tenía dieciséis años, y lo
proclamaron rey en lugar de Amasías, su
padre.
22 Después de que el rey se reunió con sus
antepasados, Azarías reconstruyó Elat y la
restituyó a Judá.

Reinado de Jeroboán II

23 Amasías hijo de Joás tenía quince años
de reinar sobre Judá cuando Jeroboán hijo
de Joás comenzó a reinar sobre Israel, y reinó
cuarenta y un años en Samaria.
24 Pero hizo lo malo a los ojos del Señor, y
no se apartó de todos los pecados con que
Jeroboán hijo de Nabat hizo pecar a Israel.
25 Conforme a la palabra que el Señor,
Dios de Israel, pronunció por medio de su
siervo Jonás[b] hijo de Amitay, el profeta de
Gat Jéfer, Jeroboán restauró los límites de Is-
rael, desde la entrada de Jamat hasta el mar
del Arabá.
26 Y es que el Señor vio que Israel sufría
una amarga aflicción, y que no había siervo
ni libre, ni nadie que ayudara a Israel.
27 Además, el Señor no había determi-
nado borrar de este mundo el nombre de
Israel; por eso los salvó por medio de Jero-
boán hijo de Joás.
28 Los demás hechos de Jeroboán, y todas
sus obras y hazañas, y todas las batallas que
libró, y cómo restituyó Damasco y Jamat,
que habían pertenecido a Judá, al dominio
de Israel, todo eso se halla registrado en el
libro de las crónicas de los reyes de Israel.
29 Cuando Jeroboán se reunió con sus
antepasados, los reyes de Israel, en su lugar
reinó su hijo Zacarías.

[b]**14.25:** Jon 1.1.

LA COMPASIÓN DE DIOS *(2 Reyes 14.26)*

Muchos reyes de Israel llevaban al pueblo a rebelarse contra Dios y los israelitas sufrían como consecuencia de sus pecados. Pero Dios no quería que el reino fuera totalmente destruido. Se compadeció de su pueblo sufriente, de modo que usó a Jeroboán para ayudarlos. Cuando hacemos cosas malas, Dios también tiene compasión de nosotros. No le gustan las cosas malas que hacemos, pero nos ama y nos cuida.

Reinado de Azarías

(2 Cr 26.3-5,16-23)

15 Jeroboán tenía veintisiete años
de reinar sobre Israel cuando
Azarías hijo de Amasías comen-
zó a reinar sobre Judá.
2 Azarías tenía entonces dieciséis años, y
reinó cincuenta y dos años en Jerusalén. Su
madre se llamaba Jecolías, y era de Jerusalén.
3 Azarías hizo lo recto a los ojos del Señor,
tal y como lo había hecho Amasías, su pa-
dre.
4 Sin embargo, no se quitaron los altares
en los montes, sino que el pueblo seguía
ofreciendo sacrificios y quemando incienso
en esos altares.
5 Pero el Señor hirió al rey con lepra, y es-
tuvo leproso hasta el día de su muerte. Vivía
en una casa aparte, y su hijo Yotán estaba a
cargo del palacio y de gobernar al pueblo.
6 Los demás hechos de Azarías, y todas
sus obras, se hallan registrados en el libro de
las crónicas de los reyes de Judá.
7 Cuando Azarías fue a reunirse con sus
antepasados,[a] lo sepultaron en la ciudad de
David, y en su lugar reinó su hijo Yotán.

Reinado de Zacarías

8 Azarías tenía treinta y ocho años de rei-
nar sobre Judá cuando Zacarías hijo de Jero-
boán comenzó a reinar sobre Israel, y reinó
seis meses.
9 Pero hizo lo malo a los ojos del Señor, tal
y como lo habían hecho sus antepasados,
pues no se apartó de los pecados con que
Jeroboán hijo de Nabat hizo pecar a Israel.
10 Salún hijo de Jabés conspiró contra él, y
en presencia de su pueblo le quitó la vida y
reinó en su lugar.
11 Los demás hechos de Zacarías se hallan
registrados en el libro de las crónicas de los
reyes de Israel.
12 Con su muerte se cumplió lo que el
Señor le había anunciado a Jehú, cuando le
dijo: «Tus hijos ocuparán el trono de Israel
hasta la cuarta generación.»[b] Y así fue.

Reinado de Salún

13 Uzías tenía treinta y nueve años de reinar
sobre Judá cuando Salún hijo de Jabés comen-
zó a reinar en Samaria, pero reinó sólo un mes
14 porque Menajén hijo de Gadi salió de
Tirsa para atacar a Samaria. En el ataque,
Menajén hirió de muerte a Salún, y enton-
ces reinó en su lugar.
15 Los demás hechos de Salún, y la cons-
piración que tramó, se hallan registrados en
el libro de las crónicas de los reyes de Israel.
16 Menajén saqueó la ciudad de Tifesaj, y
mató a todos los que estaban allí y en los
alrededores, comenzando por la ciudad de
Tirsa. Como no le habían abierto las puer-
tas, saqueó la ciudad y abrió en canal a to-
das las mujeres que estaban embarazadas.

Reinado de Menajén

17 Azarías tenía treinta y nueve años de
reinar sobre Judá cuando Menajén hijo de
Gadi comenzó a reinar sobre Israel, y reinó
diez años en Samaria.
18 Pero hizo lo malo a los ojos del Señor.
Durante todo su reinado no se apartó de los
pecados con que Jeroboán hijo de Nabat
hizo pecar a Israel.
19 El rey Pul de Asiria llegó y atacó el país,
y Menajén le entregó treinta y tres mil kilos
de plata para que le ayudara a confirmarse
en el trono.
20 Este dinero lo impuso Menajén como
tributo sobre Israel. Todos los poderosos y
opulentos tuvieron que dar cincuenta mo-
nedas de plata cada uno, para entregárselas
al rey de Asiria; así el rey de Asiria no puso
un pie en el país, sino que se retiró.
21 Los demás hechos de Menajén, y todas
sus obras, se hallan registrados en el libro de
las crónicas de los reyes de Israel.
22 Cuando Menajén fue a reunirse con sus
antepasados, en su lugar reinó su hijo Pecajías.

Reinado de Pecajías

23 Azarías tenía cincuenta años de reinar
sobre Judá cuando Pecajías hijo de Menajén

[a] **15.7:** Is 6.1. [b] **15.12:** 2 R 10.30.

comenzó a reinar sobre Israel, y reinó dos años en Samaria.

24 Pero hizo lo malo a los ojos del Señor, pues no se apartó de los pecados con que Jeroboán hijo de Nabat hizo pecar a Israel.

25 Pecaj hijo de Remalías, que era uno de sus capitanes, conspiró contra él y, apoyado por Argob y Arie, más cincuenta galaaditas, le quitó la vida en el palacio real de Samaria, y reinó en su lugar.

26 Los demás hechos de Pecajías, y todas sus obras, se hallan registrados en el libro de las crónicas de los reyes de Israel.

Reinado de Pecaj

27 Azarías tenía cincuenta y dos años de reinar sobre Judá cuando Pecaj hijo de Remalías comenzó a reinar sobre Israel, y reinó veinte años en Samaria.

28 Pero hizo lo malo a los ojos del Señor, pues no se apartó de los pecados con que Jeroboán hijo de Nabat hizo pecar a Israel.

29 En los días del rey Pecaj de Israel, el rey Tiglat Piléser de Asiria llegó y tomó las ciudades de Iyón, Abel Betmacá, Yanoja, Cedes, Jazor, Galaad, Galilea, y toda la tierra de Neftalí, y a sus habitantes los llevó cautivos a Asiria.

30 Yotán hijo de Uzías tenía veinte años de reinar cuando Oseas hijo de Elá conspiró contra Pecaj hijo de Remalías, y le quitó la vida y reinó en su lugar.

31 Los demás hechos de Pecaj, y todas sus obras, se hallan registrados en el libro de las crónicas de los reyes de Israel.

Reinado de Yotán

(2 Cr 27.1-9)

32 Yotán hijo de Uzías comenzó a reinar sobre Judá cuando Pecaj hijo de Remalías tenía dos años de reinar sobre Israel.

33 Cuando Yotán comenzó a reinar, tenía veinticinco años, y reinó dieciséis años en Jerusalén. Su madre se llamaba Jerusa, y era hija de Sadoc.

34 Y Yotán hizo lo recto a los ojos del Señor, pues se condujo tal y como lo había hecho Uzías, su padre,

35 y además construyó la puerta más alta del templo del Señor. Sin embargo, no fueron quitados los altares de los montes, sino que el pueblo siguió ofreciendo sacrificios y quemando incienso en ellos.

36 Los demás hechos de Yotán, y todas sus obras, se hallan registrados en el libro de las crónicas de los reyes de Judá.

37 Por esos días, el Señor comenzó a enviar contra Judá al rey Resín de Siria, y a Pecaj hijo de Remalías.

38 Y cuando Yotán fue a reunirse con sus antepasados, fue sepultado con ellos en la ciudad de su antepasado David, y en su lugar reinó su hijo Ajaz.

Reinado de Ajaz

(2 Cr 28.1-27)

16 Pecaj hijo de Remalías tenía diecisiete años de reinar sobre Israel cuando Ajaz hijo de Yotán comenzó a reinar sobre Judá.

2 Cuando comenzó a reinar, Ajaz tenía veinte años, y reinó dieciséis años en Jerusalén. Pero a diferencia de su antepasado David, no hizo lo recto a los ojos del Señor su Dios,

3 sino que siguió el mal ejemplo de los reyes de Israel, llegando incluso a sacrificar en el fuego a su hijo, según las repugnantes prácticas de las naciones que el Señor echó de la presencia de los hijos de Israel.[a]

4 También ofreció sacrificios y quemó incienso en los altares de los montes, y en las colinas, y bajo la sombra de todo árbol frondoso.

5 Entonces el rey Resín de Siria y el rey de Israel, Pecaj hijo de Remalías, le declararon la guerra a Ajaz y sitiaron la ciudad de Jerusalén, pero no pudieron conquistarla.[b]

6 Fue entonces cuando el rey de Edom recobró Elat para Edom, y expulsó de allí a los hombres de Judá. Entonces los edomitas vinieron a Elat, y hasta el día de hoy viven allí.

[a] **16.3:** Dt 12.31. [b] **16.5:** Is 7.1.

7 Ajaz envió embajadores al rey Tiglat Pilé-
ser de Asiria, con este mensaje:
«Yo soy tu siervo. Soy también tu hijo.
Ven a defenderme del rey de Siria y del rey
de Israel, que se han levantado en armas
contra mí.»
8 Además, Ajaz tomó la plata y el oro que
había en el templo del Señor y en los tesoros
del palacio real, y se lo envió al rey de Asiria
como un presente.
9 El rey de Asiria respondió a su llamado,
pues vino y atacó Damasco, y la tomó y se
llevó cautivos a los habitantes de Quir. A Re-
sín le quitó la vida.
10 Después el rey Ajaz fue a Damasco para
encontrarse con el rey Tiglat Piléser de Asi-
ria. Allí el rey Ajaz se fijó en el altar que esta-
ba en Damasco, y le envió al sacerdote Urías
el diseño y la descripción exacta de ese altar.
11 Y mientras el rey Ajaz volvía de Damas-
co, el sacerdote Urías construyó el altar, tal
y como el rey Ajaz lo había descrito desde
Damasco.
12 Cuando el rey volvió de Damasco y vio
el altar, se acercó a éste y ofreció sacrificios
allí.
13 Presentó su holocausto y su ofrenda, y
derramó sus libaciones, y esparció sobre el
altar la sangre de sus sacrificios de paz;
14 luego, mandó quitar el altar de bronce[c]
que estaba en la parte delantera del templo
del Señor, entre el altar y el templo, y lo puso
al norte del nuevo altar.
15 Entonces el rey Ajaz ordenó al sacerdo-
te Urías:
«En el altar grande quemarás el holocaus-
to de la mañana y la ofrenda de la tarde, más
el holocausto y la ofrenda del rey, lo mismo
que el holocausto y la ofrenda y libaciones
de todo el pueblo; sobre él esparcirás toda
la sangre del holocausto y toda la sangre del
sacrificio. Pero el altar de bronce será mío,
para que yo consulte a Dios en él.»
16 Y el sacerdote Urías hizo todo tal y
como el rey Ajaz se lo mandó.
17 El rey Ajaz desmontó los tableros de
las bases, y les quitó las fuentes; quitó tam-
bién el mar que estaba sobre los bueyes de
bronce,[d] y lo puso sobre una base de piedra.
18 Por causa del rey de Asiria quitó también
del templo del Señor el pórtico para los días
de reposo, que se había construido en el tem-
plo, lo mismo que el pasadizo exterior del rey.
19 Los demás hechos y obras de Ajaz, se
hallan registrados en el libro de las crónicas
de los reyes de Judá.
20 Cuando el rey Ajaz fue a reunirse con
sus antepasados,[e] fue sepultado con ellos en
la ciudad de David, y en su lugar reinó su
hijo Ezequías.

Caída de Samaria y cautiverio de Israel

17 Ajaz tenía doce años de reinar
sobre Judá cuando Oseas hijo
de Elá comenzó a reinar sobre
Israel, y reinó nueve años en Samaria.
2 Pero hizo lo malo a los ojos del Señor,
aunque no como los reyes de Israel anterio-
res a él.
3 El rey Salmanasar de Asiria llegó y lo ata-
có, y Oseas fue hecho su siervo, y se le obli-
gó a pagar tributo.

---

[c] **16.14:** Éx 27.1-2; 2 Cr 4.1. [d] **16.17:** 1 R 7.23-39; 2 Cr 4.2-6. [e] **16.20:** Is 14.28.

EL IMITAR EL MUNDO *(2 Reyes 17.8)*
Cuando los israelitas adoraban a ídolos, el reino de Israel llegaba a ser igual que las naciones a su alrededor, las cuales adoraban a ídolos. Debido a esto, Dios permitió que fueran llevados como prisioneros a Asiria, la tierra de sus enemigos. Dios quería que su pueblo fuera diferente a las naciones pecaminosas que no creían en Él. Pero su pueblo escogió no alejarse del pecado. ¿Eres tú diferente a los niños que hacen cosas malas? ¿Cómo puede tu vida ser un buen ejemplo a seguir para ellos?.

4 Pero Oseas envió embajadores al rey So de Egipto, y dejó de pagar tributo al rey de Asiria, como lo hacía cada año; y cuando el rey de Asiria descubrió que Oseas conspiraba contra él, mandó aprehenderlo y lo mantuvo cautivo en la cárcel.

5 Luego, el rey de Asiria invadió todo el país y durante tres años mantuvo sitiada a Samaria.

6 A los nueve años del reinado de Oseas el rey de Asiria capturó Samaria y a los israelitas se los llevó cautivos a Asiria, y los dejó en Jalaj y en Jabor, junto al río Gozán, y en las ciudades de los medos.

7 Y es que los hijos de Israel pecaron contra el Señor su Dios, que los libró del poder del rey de Egipto, y rindieron culto a dioses ajenos;

8 imitaron las costumbres de las naciones que el Señor había expulsado de la presencia de los israelitas, y siguieron las malas prácticas de los reyes de Israel.

9 Los israelitas practicaron en secreto cosas que el Señor su Dios no aprobaba; construyeron altares en los montes de todas sus ciudades, y hasta en las torres de las atalayas y en las ciudades fortificadas;

10 erigieron estatuas e imágenes de Asera en toda alta colina y bajo todo árbol frondoso,[a]

11 y en todos los altares de los montes quemaron incienso, como lo hacían las naciones que el Señor había expulsado de su presencia, y provocaron la ira del Señor con las maldades que cometían.

12 Rindieron culto a los ídolos, de los cuales el Señor les había advertido: «Ustedes no deben hacer tales cosas.»

13 El Señor amonestó a Israel y a Judá por medio de todos los profetas y de todos los videntes. Les dijo:

«Apártense de sus malos caminos. Obedezcan mis mandamientos y mis ordenanzas, y sigan todas las leyes que yo prescribí a sus antepasados, y que les he dado a conocer por medio de mis siervos los profetas.»

14 Pero ellos, lejos de obedecer, se encapricharon como antes se encapricharon sus antepasados, los cuales no creyeron en el Señor su Dios.

15 Desecharon los estatutos del Señor y el pacto que había hecho con sus antepasados, así como los testimonios que él les había prescrito, y siguieron a los dioses falsos, con lo que ellos mismos perdieron valor, y siguieron a las naciones a su alrededor, a pesar de que el Señor les había mandado que no las imitaran.

16 Abandonaron todos los mandamientos del Señor su Dios, se hicieron imágenes fundidas de dos becerros,[b] y también imágenes de Asera, y adoraron a todo el ejército de los cielos y rindieron culto a Baal.

17 Incluso llegaron a ofrecer como ofrenda quemada a sus hijos y a sus hijas, y se entregaron a practicar la adivinación y los agüeros.[c] Se entregaron a hacer lo malo a los ojos del Señor, y de esa manera provocaron su ira.

18 Por eso el Señor se enojó en gran manera contra Israel, y los alejó de su presencia, y sólo quedó la tribu de Judá.

PALABRAS CON PODER **LOS SAMARITANOS**
(2 Reyes 17.24)

El rey de Asiria trajo a personas de otras naciones a vivir en el reino norteño de Israel. Vivían en Samaria, la capital de Israel. Los israelitas se casaron con personas provenientes de estas naciones extranjeras. Sus hijos se llamaban samaritanos. Los samaritanos mezclaban sus tradiciones extranjeras con las tradiciones hebreas. Con el tiempo, los samaritanos y los hebreos llegaron a ser enemigos. Por eso es que los discípulos de Jesús se impresionaron cuando Jesús le habló a una mujer samaritana junto a un pozo de agua (Juan 4). Jesús no la veía como una enemiga, sino como una persona que necesitaba su ayuda.

[a] **17.10:** 1 R 14.23. [b] **17.16:** 1 R 12.28. [c] **17.17:** Dt 18.10.

19 Pero ni siquiera Judá cumplió los manda-
mientos del Señor su Dios, sino que siguieron
los estatutos que Israel mismo se prescribió.
20 Por eso el Señor desechó a toda la des-
cendencia de Israel, y los afligió y los entregó
en manos de saqueadores, hasta echarlos de
su presencia.
21 Cuando el Señor apartó a los israelitas
de la dinastía de David, ellos proclamaron
como su rey a Jeroboán hijo de Nabat, y
Jeroboán apartó a Israel de la obediencia al
Señor y los hizo cometer grandes pecados.
22 Los israelitas cometieron todos los pe-
cados que cometió Jeroboán, sin apartarse
de ellos,
23 hasta que el Señor apartó de su presen-
cia a Israel, tal y como él lo había anunciado
por medio de todos los profetas, sus siervos.
Fue así como Israel fue llevado cautivo a Asi-
ria, hasta el día de hoy.

Asiria puebla de nuevo a Samaria

24 Entonces el rey de Asiria trajo a las ciu-
dades de Samaria gente de Babilonia, de
Cutá, de Avá, de Jamat y de Sefarvayin, para
que las habitaran en lugar de los israelitas. Y
así, estos extranjeros tomaron posesión de
Samaria y habitaron en sus ciudades.
25 Al principio, cuando comenzaron a ha-
bitar esas ciudades, como ellos no servían
al Señor, el Señor envió contra ellos leones
para que los mataran.

PALABRAS CON PODER

EZEQUÍAS
(2 Reyes 18.1)

Ezequias fue uno de los dos reyes "buenos" de Judá. Él obedecía los mandatos de Dios e instaba al pueblo a dejar su pecado y regresar a Dios. Al principio de su reino, reparó el templo y celebró la fiesta de la Pascua. Dios lo sanó milagrosamente cuando estaba enfermo. Puedes leer más acerca de este rey en 2 Reyes 19-20; 2 Crónicas 29-32; e Isaías 36-39.

26 Entonces ellos le dijeron al rey de Asiria:
«Las gentes que tú trasladaste y pusiste
en las ciudades de Samaria, no reconocen
la ley del Dios de aquella tierra, y como no
la reconocen, su Dios ha lanzado leones en
medio de ellos, y los leones los matan.»
27 Entonces el rey de Asiria ordenó:
«Lleven de vuelta a alguno de los sacer-
dotes que trajeron de allá, y déjenlo vivir allí,
para que les enseñe la ley del Dios del país.»
28 Y uno de los sacerdotes que había sido
llevado cautivo de Samaria, vino y habitó en
Betel, y les enseñó cómo debían servir al Señor.
29 Pero cada nación se hizo sus dioses, y
los pusieron en los santuarios que los de Sa-
maria habían levantado en los montes, cada
nación en la ciudad donde habitaba.
30 Los de Babilonia hicieron imágenes de
Sucot Benot, los de Cutá hicieron imágenes
de Nergal, y los de Jamat hicieron imágenes
de Asima.
31 Los aveos hicieron imágenes de Nibejaz
y de Tartac, y los de Sefarvayin adoraban a
Adramelec y a Anamelec, dioses de Sefar-
vayin, ofreciendo a sus hijos como sacrifi-
cios por fuego.
32 Pero esta gente también rendía culto al
Señor, así que del bajo pueblo designaron
sacerdotes para que ministraran en los alta-
res de los montes, y éstos ofrecían los sacrifi-
cios de esa gente en esos santuarios.
33 Rendían culto al Señor, pero también
honraban a sus dioses, como acostumbra-
ban hacerlo las naciones de donde habían
sido tomados.
34 Hasta el día de hoy, esta gente hace
lo que siempre hizo: ni temen al Señor, ni
cumplen sus estatutos ni sus ordenanzas,
ni hacen lo que la ley y los mandamientos
del Señor mandan hacer a los hijos de Jacob,
cuyo nombre fue cambiado por el de Israel.[d]
35 Con los israelitas el Señor hizo un pacto,
y claramente les ordenó:
«Ustedes no temerán a otros dioses, ni
los adorarán, ni les servirán, ni les ofrecerán
sacrificios.[e]

[d] **17.34:** Gn 32.28; 35.10. [e] **17.35:** Éx 20.5; Dt 5.9.

36 Sólo me temerán a mí, el Señor, que con
gran poder y con brazo extendido los saqué
de Egipto. Sólo a mí me temerán[f] y adora-
rán, y ofrecerán sacrificios.
37 Siempre tendrán cuidado de poner por
obra los estatutos, derechos, leyes y manda-
mientos que yo les di por escrito. No teme-
rán a dioses ajenos.
38 No olvidarán el pacto que yo hice con
ustedes, ni temerán a dioses ajenos;
39 me temerán a mí, el Señor su Dios, y
yo los libraré del poder de todos sus ene-
migos.»
40 Pero ellos no escucharon, sino que si-
guieron practicando sus costumbres anti-
guas.
41 Esos pueblos temieron al Señor y, al mis-
mo tiempo, sirvieron a sus ídolos. También
sus hijos y sus nietos siguieron las prácticas
de sus antepasados, y así lo hacen hasta el
día de hoy.

Reinado de Ezequías

(2 Cr 29.1-2)

18 Oseas hijo de Elá tenía tres años
de reinar sobre Israel cuando
Ezequías hijo de Ajaz, comenzó
a reinar sobre Judá.
2 Tenía entonces veinticinco años, y reinó
veintinueve años en Jerusalén. Su madre se
llamaba Abí, y era hija de Zacarías.
3 Ezequías hizo lo recto a los ojos del Señor,
como antes lo había hecho David su padre.
4 Quitó los altares de los montes y des-
pedazó las imágenes, cortó los símbolos de
Asera y destruyó la serpiente de bronce que
había hecho Moisés,[a] a la que hasta enton-
ces los israelitas le quemaban incienso, y la
llamó Nejustán.[2]
5 Ezequías puso su esperanza en el Señor,
Dios de Israel, y ni antes ni después de él
hubo otro rey como él entre todos los reyes
de Judá,
6 pues siguió al Señor y no se apartó de
él; al contrario, obedeció los mandamientos
que el Señor le prescribió a Moisés.
7 El Señor estaba con Ezequías. Adonde-
quiera que él iba, tenía éxito. Se rebeló con-
tra el rey de Asiria, y no se puso a su servicio.
8 Además, combatió a los filisteos hasta
Gaza y sus fronteras, y desde las torres de
las atalayas hasta la ciudad fortificada.

Caída de Samaria

9 En el séptimo año del reinado de Oseas
hijo de Elá sobre Israel, que era el cuarto año
del reinado del rey Ezequías de Judá, el rey
Salmanasar de Asiria atacó la ciudad de Sa-
maria y la sitió.
10 Tres años después logró conquistarla.
En el año sexto del reinado de Ezequías, que
era el noveno año del reinado de Oseas so-
bre Israel, Samaria fue conquistada.
11 El rey de Asiria hizo prisioneros a los is-
raelitas, y los llevó cautivos a Asiria. Los puso
en las ciudades de Jalaj y Jabor, junto al río
Gozán, y en las ciudades de los medos.
12 Y es que los israelitas no obedecieron a
la voz del Señor, su Dios, sino que faltaron
a su pacto. No lo obedecieron, ni pusieron
por obra todo lo que Moisés, el siervo del
Señor, había mandado.

Senaquerib invade a Judá

(2 Cr 32.1-19; Is 36.1-22)

13 En el año catorce del reinado de Eze-
quías, el rey Senaquerib de Asiria atacó to-
das las ciudades fortificadas de Judá, y las
conquistó.
14 Y el rey Ezequías de Judá envió a decirle
al rey de Asiria, que estaba en Laquis:
«He pecado. Aléjate de mí, y yo haré todo
lo que me impongas.»
El rey de Asiria impuso al rey Ezequías de
Judá un tributo de nueve mil novecientos
kilos de plata y novecientos noventa kilos
de oro,
15 y Ezequías entregó toda la plata que ha-
bía en el templo del Señor y en los tesoros
del palacio real.
16 Además, removió el oro de las puertas
y quiciales del templo del Señor, que el mis-

[f] **17.36:** Dt 6.13. [a] **18.4:** Nm 21.9. [2] **18.4** Es decir, *Objeto de bronce.*

mo rey Ezequías había recubierto de oro, y
se lo entregó al rey de Asiria.
17 Después el rey de Asiria envió desde La-
quis un gran ejército contra el rey Ezequías.
Venía comandado por el Tartán, el Rabsaris
y el Rabsaces, y éstos vinieron y atacaron a
Jerusalén. Cuando llegaron, acamparon jun-
to al acueducto del estanque de arriba, en
dirección al Campo del Lavador.
18 Allí, llamaron al rey, pero salieron a ha-
blar con ellos el mayordomo Eliaquín hijo de
Hilcías, el escriba Sebna, y el canciller Yoaj
hijo de Asaf.
19 Y el Rabsaces les dijo:
«Vayan y díganle a Ezequías que así dice
el gran rey de Asiria: "¿Qué base tienes para
estar tan confiado?
20 Sin base alguna, aseguras contar con
planes y fuerzas para declararme la guerra.
¿Pero cuál es tu apoyo para rebelarte contra
mí?
21 Tú confías en Egipto, que no es más que
un roto bastón de caña. Si te apoyas en ese
bastón, acabarás con la mano atravesada.
Eso es el faraón, el rey de Egipto, para todos
los que en él confían.
22 Y si ustedes me dicen que confían en el
Señor, su Dios, ¿acaso no es el mismo Dios
cuyos altares Ezequías quitó, ordenando a
Judá y a Jerusalén adorar solamente delante
del altar de Jerusalén, que él mando hacer?"
23 »Ezequías, yo te sugiero que le des rehe-
nes a mi señor, el rey de Asiria, que ha di-
cho: "Yo te daré dos mil caballos, si tú tienes
otros tantos jinetes para que los monten."
24 Aunque confíes en Egipto, y en sus car-
ros de guerra y en su caballería, no podrás
hacerle frente al menor de los capitanes de
mi señor.
25 ¿Acaso crees que he venido aquí sin que
el Señor me haya ordenado destruirlo? El
Señor me ha dicho: "Ataca a ese país y des-
trúyelo."»
26 Eliaquín hijo de Hilcías, y Sebna y Yoaj, le
dijeron al Rabsaces:
«Por favor, háblanos en arameo, que no-
sotros lo entendemos. No nos hables en la
lengua de Judá, que el pueblo que está sobre
la muralla te va a escuchar.»
27 Pero el Rabsaces les contestó:
«¿Y acaso mi señor me ha enviado a de-
cirles esto a ustedes y a su amo, y no a la
gente que está sobre la muralla, expuestos
como están a comerse, lo mismo que uste-
des, su propio excremento y a beberse su
propia orina?»
28 Dicho esto, el Rabsaces se levantó y en
la lengua de Judá clamó a gran voz:
«¡Escuchen las palabras del gran rey de
Asiria!
29 Así ha dicho el rey: "No se dejen en-
gañar por Ezequías, porque él no podrá li-
brarlos de mi mano.
30 No dejen que Ezequías los haga confiar
en el Señor, aunque les asegure que el Señor
los salvará, y que esta ciudad no será entre-
gada en mis manos.
31 No le hagan caso."
»Así dice el rey de Asiria: "Hagan las pa-
ces conmigo, y salgan a mi encuentro. Coma
cada uno de ustedes sus uvas y sus higos;
beba cada uno de ustedes el agua de su
pozo,
32 hasta que yo venga y los lleve a una
tierra como la de ustedes, donde hay trigo y
vino, pan y viñas, olivas, aceite y miel. Así no
morirán, sino que seguirán con vida. No le
hagan caso a Ezequías, que los engaña cuan-
do les dice que el Señor los librará.
33 ¿Acaso alguno de los dioses de las otras
naciones ha librado a su tierra de mis ma-
nos?
34 ¿Dónde están los dioses de Jamat y de
Arfad? ¿Dónde están los dioses de Sefar-
vayin, Hena, y Guivá? ¿Acaso esos dioses pu-
dieron librar a Samaria de mi mano?
35 ¿Qué dios de todos los dioses de estas
tierras ha librado de mi poder a su país, para
que el Señor libre de mi mano a Jerusalén?"»
36 Pero el pueblo guardó silencio y no res-
pondió nada, porque el rey había dado ór-
denes de no responderle.
37 Luego, el mayordomo Eliaquín hijo de
Hilcías, el escriba Sebna y el canciller Yoaj

hijo de Asaf fueron a ver a Ezequías, y con sus vestiduras rasgadas repitieron lo dicho por el Rabsaces.

Judá es liberado de Senaquerib

(2 Cr 32.20-23; Is 37.1-38)

19 Cuando el rey Ezequías oyó esto, se rasgó las vestiduras y se vistió de cilicio, y entró en el templo del Señor.

2 Luego ordenó que el mayordomo Eliaquín, el escriba Sebna y los ancianos de los sacerdotes se vistieran también de cilicio, y que fueran a ver al profeta Isaías hijo de Amoz

3 y le dijeran:

«Así ha dicho Ezequías: "Éste es un día de angustia, de reprensión y de blasfemia, pues los hijos están a punto de nacer, y la parturienta ya no tiene fuerzas.

4 Tal vez el Señor tu Dios habrá oído todo lo que ha dicho el Rabsaces, a quien su señor, el rey de Asiria, ha enviado para blasfemar al Dios viviente y para ofenderlo con sus palabras, las cuales el Señor tu Dios habrá oído. Por lo tanto, eleva una oración por el remanente que aún queda."»

5 Los siervos del rey Ezequías fueron a hablar con Isaías,

6 y éste les respondió:

«Vayan y digan al rey que así ha dicho el Señor: "No tengas temor por las palabras que has oído, con las que me han blasfemado los siervos del rey de Asiria.

7 Yo voy a poner un espíritu en él que lo hará oír rumores, y volverá a su tierra, y en su tierra haré que caiga a filo de espada."»

8 El Rabsaces oyó decir que el rey de Asiria se había ido de Laquis, y cuando volvió adonde éste había estado lo halló combatiendo contra Libna.

9 Como también oyó decir que el rey Tiracá de Etiopía había salido a combatirlo, volvió y envió embajadores a que le dijeran a Ezequías:

10 «No te dejes engañar por el Dios en quien tú confías, y que dice que Jerusalén no será entregada en manos del rey de Asiria.

11 Tú ya debes saber lo que los reyes de Asiria han hecho con todas las naciones, y cómo las han destruido. ¿Acaso crees que tú podrás escapar?

12 ¿Acaso los dioses de las naciones que mis padres destruyeron pudieron librarlas? Me refiero a Gozán, Jarán, Resef, y a la gente de Edén que estaba en Telasar.

13 ¿Dónde están los reyes de Jamat, Arfad, y de las ciudades de Sefarvayin, Hena y Guivá?»

14 Ezequías tomó las cartas de mano de los embajadores, y después de leerlas subió al templo del Señor y, extendiéndolas delante del Señor,

15 oró en su presencia. Dijo:

«Señor y Dios de Israel, que habitas entre los querubines,[a] sólo tú eres el Dios de todos los reinos de la tierra. ¡Tú hiciste el cielo y la tierra!

16 Inclina, Señor, tu oído, y escucha. Abre,

[a] **19.15:** Éx 25.22.

LA ORACIÓN DE EZEQUÍAS *(2 Reyes 19.15)*

Si estás en apuros, ¿qué es lo primero que haces? Cuando un enorme ejército vino contra el pueblo de Judá, lo primero que hizo el rey Ezequias fue orar. Cuando vienen problemas a nuestra vida y nos sentimos desamparados, lo que más nos conviene hacer es exactamente lo que hizo el rey Exequias: orar y confiar que Dios nos ayudará. Él ha prometido oír nuestras oraciones. Si nos agarramos de Dios en fe, su paz guardará nuestro corazón y nuestra mente. Puedes leer más al respecto en Filipenses 4:6-7.

PROMESAS PODEROSAS

2 REYES 19.34

"Por mí mismo, y por mi siervo David, yo ampararé a esta ciudad, y la salvaré."

El ejército del jactancioso rey de Asiria rodeó la ciudad de Jerusalén, pero Dios prometió que Él defendería la ciudad. Dios hizo esto para honrar el acuerdo que había hecho con David, en el cual prometió proteger el reino de David.

LECCIONES **EL ÁNGEL DEL SEÑOR** *(2 Reyes 19.35)*

Cuando la nación más poderosa de la tierra envió 185 000 hombres para rodear la pequeña nación de Israel, la situación parecía ser imposible. Pero Dios envió a su ángel para rescatar a Judá por medio de un milagro. Cuando los israelitas se despertaron por la mañana, encontraron que sus enemigos estaban todos muertos. Dios mostró su misericordia y su deseo de ser el protector de Judá si el pueblo simplemente confiara en Él. Esta increíble historia está registrada en la Biblia tres veces (versículos 35-36 de este capítulo; 2 Crónicas 32:21-22; e Isaías 37:36.) Si Dios pudo cuidar a Judá por medio de un milagro tan grande, ¿crees que puede cuidarte a ti?

Señor, tus ojos, y mira. Oye las palabras de
Senaquerib, que ha mandado blasfemarte a
ti, el Dios viviente.
17 Es verdad, Señor, que los reyes de Asiria
han destruido naciones y países,
18 y que han lanzado al fuego a sus dioses;
pero es que ellos no eran dioses, sino hechu-
ra humana de madera y de piedra. ¡Por eso
los destruyeron!

19 Pero ahora, Señor y Dios nuestro, ¡sál-
vanos de su poder! Yo te lo ruego, para que
todos los reinos de la tierra sepan que sólo
tú, Señor, eres Dios.»
20 Entonces Isaías hijo de Amoz mandó a
decir a Ezequías:
«Así ha dicho el Señor, Dios de Israel: "He
escuchado lo que me has pedido acerca de
Senaquerib, el rey de Asiria."
21 Y esto es lo que el Señor ha dicho acer-
ca de él: "La virginal hija de Sión te menos-
precia y te escarnece. Detrás de ti mueve su
cabeza la hija de Jerusalén."
22 ¿A quién has vituperado y blasfemado?
¿Contra quién has alzado la voz, y levantado
en alto tus ojos? ¡Contra el Santo de Israel!
23 Por medio de tus mensajeros has vitu-
perado al Señor, al decir: "Con la multitud de
mis carros he subido a las alturas de los mon-
tes y a lo más inaccesible del Líbano, para cor-
tar sus altos cedros y sus mejores cipreses; me
he alojado en sus lugares más remotos, en el
bosque de sus más fértiles campos.
24 He cavado pozos y bebido aguas ajenas;
con las plantas de mis pies he dejado secos
todos los ríos de Egipto."
25 ¿Nunca has oído decir que, hace ya mu-
cho tiempo, yo lo hice, y que desde tiempos

PROMESAS PODEROSAS

2 REYES 20.5

Regresa y dile a Ezequías, príncipe de mi pueblo, que yo, el Señor, Dios de su antepasado David, he dicho: "He escuchado tu oración, y he visto tus lágrimas. Te voy a devolver la salud, y dentro de tres días vas a ir a mi templo."

Cuando el rey Ezequías estaba muriendo, el profeta Isaías le dio el mensaje de que Dios lo sanaría. Cuando estamos enfermos, Dios quiere que le pidamos que nos ayude y nos sane. Él siempre oye nuestras oraciones y le place contestarlas.

pasados lo tengo planeado? Ahora lo he realizado, y tú causarás mucha desolación, y reducirás las ciudades fortificadas a montones de escombros.

26 Sus habitantes, impotentes, se acobardaron y quedaron confundidos. ¡Parecían hierba del campo, verdes hortalizas, paja en los techos, seca antes de tiempo!

27 Yo te conozco muy bien; sé cuándo entras y cuándo sales, y también sé cuánto ruges contra mí.

28 Y porque me has desafiado, y porque me he enterado de tu arrogancia, voy a ponerte un gancho en la trompa y un freno en el hocico, y te haré volver por donde viniste.

29 »A ti, Ezequías, te doy esta señal: Este año, y el siguiente, comerán ustedes lo que crezca por sí mismo, pero el tercer año podrán sembrar y segar, y plantar viñas, y comerán lo que ellas produzcan.

30 Y los sobrevivientes de Judá volverán a echar raíces y tendrán muchos hijos.

31 Porque en Jerusalén y en el monte Sión quedará un remanente que se salvará. Esto lo haré yo, el Señor, por mi gran amor.

32 »Por tanto, así dice el Señor acerca del rey de Asiria: "No entrará en esta ciudad. No lanzará ninguna flecha contra ella, ni se enfrentará a ella con escudos, ni levantará contra ella terraplenes.

33 Por el mismo camino que vino, volverá, y no entrará en esta ciudad.

—Palabra del Señor.

34 "Por mí mismo, y por mi siervo David, yo ampararé a esta ciudad, y la salvaré."»

35 Y sucedió que esa misma noche el ángel del Señor salió y mató a ciento ochenta y cinco mil hombres en el campamento de los asirios. Por la mañana, cuando se levantaron, se encontraron con que por todas partes había cadáveres.

36 Entonces el rey Senaquerib de Asiria se fue de regreso a Nínive, y nunca más volvió,

2 Cr 20.20-24 37 pues un día, mientras él adoraba en el templo de Nisroc, su dios, sus hijos Adramelec y Sarezer lo hirieron a filo de espada, y luego huyeron al territorio de Ararat. En su lugar reinó su hijo Esarjadón.

Enfermedad de Ezequías

(2 Cr 32.24-26; Is 38.1-22)

20 Por esos días Ezequías cayó gravemente enfermo. Entonces el profeta Isaías hijo de Amoz fue a visitarlo, y le dijo:

«Así dice el Señor: "Pon tu casa en orden, porque no vas a sanar, sino que morirás."»

2 Ezequías volvió su rostro a la pared, y oró al Señor. Le dijo:

3 «Señor, te ruego que hagas memoria de que en verdad me he conducido delante de ti con integridad de corazón, y que he hecho todo lo que te agrada.»

Y Ezequías prorrumpió en llanto.

4 Pero antes de que Isaías llegara a la mitad del patio, la palabra del Señor vino a Isaías, y le dijo:

5 «Regresa y dile a Ezequías, príncipe de mi pueblo, que yo, el Señor, Dios de su antepasado David, he dicho: "He escuchado tu oración, y he visto tus lágrimas. Te voy a devolver la salud, y dentro de tres días vas a ir a mi templo.

6 Voy a darte quince años más de vida, y a ti y a esta ciudad los voy a librar del poder del rey de Asiria. Por mí mismo, y por mi siervo David, voy a proteger a esta ciudad."»

7 Dicho esto, Isaías ordenó que se hiciera una masa de higos, y en cuanto la hicieron se la pusieron sobre la llaga, y Ezequías sanó. 2 Cr 7.14

8 Antes de eso, Ezequías le había preguntado a Isaías:

«¿Qué señal voy a tener de que el Señor me sanará, y de que dentro de tres días iré al templo del Señor?»

9 Isaías le respondió:

«¿Qué señal quieres recibir de que el Señor hará lo que te ha dicho? ¿Quieres que la sombra avance diez grados, o que los retroceda?»

10 Y Ezequías dijo:

«Que la sombra avance diez grados es fácil; lo difícil es que la sombra retroceda.»

11 Entonces el profeta Isaías oró al Señor, y
el Señor hizo que la sombra retrocediera los
diez grados que había avanzado en el reloj
de Ajaz.

Ezequías y los emisarios de Babilonia

(2 Cr 32.27-31; Is 39.1-8)

12 Por esos días Merodac Baladán hijo de
Baladán, rey de Babilonia, envió cartas y
presentes a Ezequías por conducto de unos
mensajeros, pues se había enterado de que
Ezequías había caído enfermo.
13 Cuando Ezequías lo supo, les mostró
todo su palacio y sus tesoros, con la plata y
el oro, y las especias y ungüentos preciosos.
También les mostró su depósito de armas y
todo lo que había en sus tesoros. No hubo
nada que Ezequías no les mostrara, tanto de
su palacio como de todos sus dominios.
14 Pero el profeta Isaías vino y le dijo al rey
Ezequías:
«¿Qué te han dicho esos hombres? ¿De
dónde vienen?»
Y Ezequías le respondió:
«Vienen de Babilonia, un país muy lejano.»
15 Isaías volvió a decir:
«¿Y qué es lo que vieron en tu palacio?»
Ezequías respondió:
«Vieron todo lo que tengo allí. No quedó nada de mis tesoros que yo no les haya
mostrado.»
16 Entonces Isaías le dijo a Ezequías:

PALABRAS CON PODER

MANASÉS

(2 Reyes 21.9)

Aun los reyes buenos como Ezequías pueden tener hijos malos. Durante su largo reinado de cincuenta y cinco años, Manasés, el hijo de Ezequías, llevó a Judá a pasar por la peor época en cuanto a adoración de ídolos en su historia. Guió al pueblo de Dios a hacer más maldad de lo que hacían las naciones pecaminosas a su alrededor. ¿Te parece que Dios ha debido quitar este rey para que el pueblo pudiera hacer lo correcto? Dios permitió que un hombre malvado fuera rey porque Él quería que el pueblo escogiera obedecer sus mandatos en vez de obedecer las enseñanzas malvadas del rey.

NIÑOS PODEROSOS DE DIOS

JOSÍAS

Josías llegó a ser rey de Judá cuando tenía sólo ocho años. Reinó durante treinta y un años y fue el último rey bueno de Judá.

Josías era un rey bueno porque obedecía a Dios y le enseñó al pueblo a obedecer a Dios. Cuando tenía dieciséis años, Josías dedicó su vida a Dios. Sus acciones mostraban lo importante que era Dios en su vida. Trabajó duro para sacar todos los ídolos de Judá, y mandó a que el templo fuera reparado y limpiado.

Un día, cuando los trabajadores estaban reparando el templo, el sacerdote Hilcías encontró el libro de la Ley escrito por Moisés. Cuando el sacerdote leyó las palabras de Dios, Josías se desgarró su vestimenta porque estaba tan triste. Él sabía que la nación había hecho caso omiso de los mandatos de Dios por muchos años. Josías quería que el pueblo volviera a obedecer las leyes de Dios.

¡Josías es un buen ejemplo para los NIÑOS PODEROSOS! Él obedeció a Dios y también ayudó a los demás a obedecer a Dios. ¿Cómo puedes tú ser como Josías y animar a tus amigos a obedecer a Dios?

Puedes leer acerca de Josías en 2 Reyes 22-23; 2 Crónicas 34-35.

«Oye ahora la palabra del Señor:

17 "Vienen días en que todo lo que está en tu palacio, y todas las riquezas que tus antepasados acumularon hasta el día de hoy, será llevado a Babilonia, sin dejar nada." El Señor lo ha dicho.[a]

18 A tus hijos, a los que vas a engendrar, se los llevarán y los harán eunucos, para que sirvan en el palacio del rey de Babilonia.»[b]

19 Entonces Ezequías le dijo a Isaías:

«Es buena la palabra del Señor que me has comunicado.»

Después añadió:

«Al menos habrá paz y seguridad mientras yo viva.»

Muerte de Ezequías

(2 Cr 32.32-33)

20 Los demás hechos de Ezequías, y todo su poder, y sus obras en el estanque y el acueducto para llevar agua a la ciudad, se hallan registrados en el libro de las crónicas de los reyes de Judá.

21 Y Ezequías fue a reunirse con sus padres, y en su lugar reinó su hijo Manasés.

Reinado de Manasés

(2 Cr 33.1-20)

21 Manasés tenía doce años cuando comenzó a reinar, y reinó en Jerusalén cincuenta y cinco años. Su madre se llamaba Hepsibá.

2 Pero Manasés hizo lo malo a los ojos del Señor,[a] pues siguió las prácticas repugnantes de las naciones que el Señor había arrojado de la presencia de los israelitas;

3 además, reconstruyó los altares en los montes que Ezequías su padre había derribado, y erigió altares a Baal; hizo una imagen de Asera, como lo había hecho el rey Ajab de Israel, y adoró y rindió culto a todo el ejército de los cielos.

4 De igual manera, construyó altares en el templo del Señor, del cual el Señor había dicho: «Yo pondré mi nombre en Jerusalén»,[b]

5 y en los dos atrios del templo del Señor construyó altares para todo el ejército de los cielos.

6 Además, a su hijo lo lanzó al fuego como sacrificio, y se entregó al estudio de los tiempos, y fue agorero, e instituyó encantadores y adivinos, con lo que multiplicó la maldad a los ojos del Señor, para provocarlo a ira.

7 Él mismo hizo una imagen de Asera, y la puso en el templo del Señor, del cual había dicho a David y a su hijo Salomón:

«Yo pondré mi nombre para siempre en este templo, y en Jerusalén, ciudad que yo escogí de entre todas las tribus de Israel.

8 Jamás volveré a permitir que Israel sea llevado lejos de la tierra que di a sus padres, siempre y cuando cumplan todo lo que yo les he mandado, y sigan todo lo que está en la ley que mi siervo Moisés les dio.»[c]

9 Pero los israelitas no obedecieron, y Manasés los indujo a que hicieran lo malo, más que las naciones que el Señor destruyó delante de ellos.

10 El Señor habló por medio de sus siervos, los profetas, y dijo:

11 «Puesto que Manasés, rey de Judá, ha incurrido en estas cosas tan repugnantes y sus actos han sido peores que todo lo que hicieron los amorreos antes de él, y puesto que con sus ídolos ha hecho pecar a Judá,

12 yo, el Señor y Dios de Israel, declaro: "Voy a traer sobre Jerusalén y sobre Judá tal calamidad, que a quien lo oiga le zumbarán los oídos.

13 Voy a medir a Jerusalén con el mismo cordel y la misma plomada con que medí a Samaria y a la dinastía de Ajab. Voy a limpiar a Jerusalén como se limpia un plato: voy a fregarla y a ponerla boca abajo.

14 Voy a desamparar al resto de mi pueblo. Voy a entregarlos en manos de sus enemigos, para que sean presa y botín de guerra de todos sus adversarios,

15 pues desde el día que sus padres salieron de Egipto y hasta el día de hoy han hecho lo malo delante de mis ojos, y me han provocado a ira."»

[a]**20.17:** 2 R 24.13; 2 Cr 36.10. [b]**20.18:** 2 R 24.14-15; Dn 1.1-7. [a]**21.2:** Jer 15.4. [b]**21.4:** 2 S 7.13. [c]**21.7-8:** 1 R 9.3-5; 2 Cr 7.12-18.

16 Por si fuera poco, y además de haber
hecho pecar a Judá induciéndolos a hacer lo
malo a los ojos del Señor, Manasés derramó
tanta sangre inocente que llenó a Jerusalén
de cadáveres de un extremo al otro.
17 Los demás hechos de Manasés, y todas
sus obras y los pecados que cometió, se
hallan registrados en el libro de las crónicas
de los reyes de Judá.
18 Cuando Manasés fue a reunirse con sus
antepasados, fue sepultado en el huerto de
su casa, es decir, en el huerto de Uzá, y en su
lugar reinó su hijo Amón.

Reinado de Amón

(2 Cr 33.21-25)

19 Amón tenía veintidós años cuando
comenzó a reinar, y reinó en Jerusalén dos
años. Su madre se llamaba Mesulemet hija
de Jarús, y era de Jotbá.
20 Pero Amón hizo lo malo a los ojos del
Señor, como lo había hecho Manasés, su padre,
21 pues siguió su mal ejemplo y rindió cul-
to a los ídolos que su padre había adorado,
22 y se apartó del Señor, el Dios de sus pa-
dres, y no siguió por el camino del Señor.
23 Un día, los siervos del rey Amón cons-
piraron contra él, y lo mataron dentro de su
mismo palacio.
24 Entonces la gente del pueblo mató a todos
los que habían conspirado contra el rey Amón,
y en su lugar proclamaron rey a su hijo Josías.
25 Los demás hechos de Amón se hallan
registrados en el libro de las crónicas de los
reyes de Judá.
26 Amón fue sepultado en su sepulcro en
el huerto de Uzá, y en su lugar reinó su hijo
Josías.

Reinado de Josías

(2 Cr 34.1-2)

22 Josías[a] tenía ocho años cuan-
do comenzó a reinar, y reinó
treinta y un años en Jerusalén.
Su madre se llamaba Yedidá hija de Adaías, y
era de Boscat.
2 Josías hizo lo recto a los ojos del Señor
y se condujo en todo como su antepasado
David, sin apartarse un ápice.

Hallazgo del libro de la ley

(2 Cr 34.8-33)

3 En el año dieciocho de su reinado, Josías
envió al escriba Safán, que era hijo de Azalía
y nieto de Mesulán, al templo del Señor, con
estas instrucciones:
4 «Ve a ver al sumo sacerdote Hilcías, y dile
que recoja el dinero que el pueblo ha traído
al templo del Señor, y que han recibido los
guardianes de la puerta.
5 Dile que entreguen ese dinero a los que
tienen a su cargo las obras de reparación del
templo del Señor, y a los que están reparan-
do las grietas del templo;
6 es decir, a los carpinteros, maestros y al-
bañiles, y a los que compran la madera y la
piedra de cantería para reparar el templo.
7 Dile que no les pidan cuentas del dinero
que se les confíe, porque ellos proceden con
honradez.»

[a] **22.1:** Jer 3.6.

HUMÍLLATE *(2 Reyes 22.19)*

PODER PARA VIVIR

Cuando el sacerdote encontró en el templo el libro de la Ley (parte del Antiguo Testamento), el rey Josías se puso super contento. Le pidió al sacerdote que le dijera a Dios lo mucho que sentía que el pueblo de Judá hubiera hecho caso omiso de las leyes de Dios. A Dios le agradó que el rey se hubiera humillado y le hubiera pedido su ayuda. A Dios siempre le agrada cuando mostramos humildad. La humildad es lo opuesto del orgullo. Una persona orgullosa dice: "Tengo razón", mientras que una persona humilde dice: "Dios tiene razón". ¿Qué dices tú?

LECCIONES EL PODER PARA CAMBIAR

(2 Reyes 23.4)

El rey Josías mandó a que se destruyeran los objetos que se usaban en la adoración del dios falso Baal. Josías no sólo habló acerca de la necesidad de cambiar; sus acciones mostraban su disposición a seguir los caminos de Dios. Pero aun las acciones del rey Josías no eran suficientes. Él necesitaba el poder que provee Dios para animar al pueblo a hacer cambios duraderos en su vida. Esto también es cierto en la vida de nosotros. Podemos decir que queremos cambiar. Y tal vez hasta tratemos de romper malos hábitos para mostrar nuestra disposición a cambiar. Pero aun así necesitamos el poder del Espíritu Santo para que los cambios que hagamos sean duraderos.

8 El sumo sacerdote Hilcías dijo entonces
al escriba Safán:
«He hallado en el templo del Señor el libro de la ley.»
Y no sólo le dio el libro a Safán, sino que
se lo leyó.
9 Y cuando el escriba Safán se presentó
ante el rey, le dijo:
«Tus siervos han recogido el dinero que había en el templo, y se lo han entregado a los que hacen las obras y tienen a su cargo los arreglos del templo del Señor.»
10 Además, el escriba Safán le informó al
rey:
«El sacerdote Hilcías me ha dado un libro.»
Enseguida, Safán se lo leyó al rey.
11 Y en cuanto el rey escuchó las palabras
del libro de la ley, se rasgó las vestiduras
12 y ordenó al sacerdote Hilcías, a Ajicán
hijo de Safán, a Acbor hijo de Micaías, al escriba Safán y a su siervo Asaías, lo siguiente:
13 «Vayan y consulten al Señor por mí y por
el pueblo, y por todo Judá, en cuanto a las palabras de este libro que se ha hallado. Con toda seguridad la ira del Señor se ha encendido contra nosotros en gran manera, pues nuestros padres no atendieron a las palabras de este libro, para conducirse en conformidad con todo lo que nos fue escrito.»
14 Entonces el sacerdote Hilcías, y Ajicán,
Acbor, Safán y Asaías, fueron a ver a la profetisa Julda, que era la mujer de Salún, que cuidaba las vestiduras y era hijo de Ticva y nieto de Jarjás. Julda vivía en la segunda parte de la ciudad de Jerusalén. Hablaron con ella,
15 y ella les dijo:
«Así ha dicho el Señor, el Dios de Israel: "Digan al varón que los envió a consultarme,
16 que yo, el Señor, voy a traer sobre este
lugar, y sobre sus habitantes, todo el mal de que habla este libro que ha leído el rey de Judá.
17 Lo haré porque me abandonaron, que-
maron incienso a dioses extraños, y provocaron mi enojo con todo lo que han hecho. Mi ira se ha encendido contra este lugar, y no se apagará.
18 Pero al rey de Judá que los ha enviado a
consultarme le dirán que yo, el Señor y Dios de Israel, he dicho: 'Puesto que tú has prestado atención a las palabras del libro,
19 y tu corazón se enterneció, y te humi-
llaste delante de mí cuando oíste mi sentencia contra este lugar y contra sus habitantes, los cuales van a ser asolados y malditos, y puesto que te rasgaste las vestiduras y lloraste en mi presencia, también yo te he prestado atención.'
—Palabra del Señor.
20 "Por lo tanto, yo te reuniré con tus an-
tepasados, y serás llevado a tu sepulcro en paz, y ya no verás todo el mal que voy a traer sobre este lugar."»
Ellos llevaron al rey la respuesta.

23 Entonces el rey ordenó que todos los ancianos de Judá y de Jerusalén se reunieran con él,
2 y el rey subió al templo del Señor en com-
pañía de todos los varones de Judá y de todos

los habitantes de Jerusalén. Lo acompañaban
los sacerdotes y profetas y todo el pueblo,
desde el más chico hasta el más grande. Allí
leyó, de modo que todos oyeran, todas las
palabras del libro del pacto que había sido
hallado en el templo del Señor.
3 Luego, el rey se puso de pie junto a la
columna e hizo un pacto en presencia del
Señor, de que siempre lo seguirían y cumpli-
rían sus mandamientos, testimonios y esta-
tutos, y que con todo el corazón y con toda
el alma cumplirían las palabras del pacto
escritas en ese libro. Y todo el pueblo con-
firmó el pacto.

Reformas de Josías

(2 Cr 34.3-7)

4 Entonces el rey ordenó al sumo sacer-
dote Hilcías, a los sacerdotes de segundo
orden, y a los guardianes de la puerta, que
sacaran del templo del Señor todos los
utensilios que habían sido hechos para Baal
y para Asera y para todo el ejército de los
cielos, y que los quemaran en el campo del
Cedrón, fuera de Jerusalén, y que las cenizas
fueran llevadas a Betel.
5 Quitó de sus puestos a los sacerdotes
idólatras designados por los reyes de Judá
para quemar incienso en los altares de los
montes en las ciudades de Judá y en los al-
rededores de Jerusalén, y también a los que
quemaban incienso a Baal, al sol y a la luna,
y a los signos del zodíaco, y a todo el ejército
de los cielos.
6 Hizo también que la imagen de Asera la
sacaran del templo del Señor y de Jerusalén,
y que la llevaran al valle del Cedrón para que
allí mismo la quemaran y la redujeran a ceni-
zas; y el polvo lo echaron sobre los sepulcros
de la gente común.[a]
7 Mandó derribar también los aposentos
en el templo del Señor donde se practicaba
la prostitución idolátrica y donde las muje-
res tejían mantos para Asera.
8 Josías ordenó que todos los sacerdotes
de las ciudades de Judá fueran a Jerusalén,
y desde Geba hasta Berseba profanó los al-
tares de los montes, donde los sacerdotes
quemaban incienso; además, derribó los al-
tares que estaban a la entrada de la ciudad,
del lado izquierdo de la puerta de Josué, el
gobernador.
9 Los sacerdotes de los altares en los mon-
tes no podían acercarse al altar del Señor en
Jerusalén, sino que comían panes sin levadu-
ra entre sus hermanos.
10 Josías profanó también a Tofet, que está
en el valle de Ben Jinón,[b] para que ninguno
ofreciera a su hijo o su hija en el fuego para
rendir culto a Moloc.[c]
11 Quitó también los caballos que estaban
a la entrada del templo del Señor, junto a la
cámara del eunuco Natán Mélec, el cual te-
nía a su cargo los ejidos. Esos caballos habían
sido dedicados al sol por los reyes de Judá,
pero Josías ordenó que los quemaran.
12 Además, el rey Josías derribó los altares
que los reyes de Judá habían mandado ha-
cer, y que estaban sobre la azotea de la sala
de Ajaz, lo mismo que los altares que Ma-
nasés había mandado construir en los dos
atrios del templo del Señor,[d] y enseguida
arrojó el polvo al arroyo del Cedrón.
13 Profanó los altares de los montes delan-
te de Jerusalén, a la derecha del monte de
la destrucción, los cuales Salomón, rey de
Israel, había mandado construir para Asto-
ret y Quemos, los repugnantes ídolos de los
sidonios y de los moabitas, y para Milcón, el
repugnante ídolo de los amonitas.[e]
14 Hizo pedazos las estatuas e imágenes
de Asera, y rellenó el lugar con huesos hu-
manos.
15 Josías destruyó también el altar que es-
taba en Betel, y el altar del monte que había
construido Jeroboán hijo de Nabat,[f] que hizo
pecar a Israel; destruyó aquel altar y le pren-
dió fuego hasta reducirlo a cenizas, y le pren-
dió fuego también a la imagen de Asera.
16 Ya volvía Josías cuando vio los sepulcros

[a] **23.4-6:** 2 R 21.3; 2 Cr 33.3. [b] **23.10:** Jer 7.31; 19.1-6; 32.35. [c] **23.10:** Lv 18.21. [d] **23.12:** 2 R 21.5; 2 Cr 33.5. [e] **23.13:** 1 R 11.7. [f] **23.15:** 1 R 12.33.

que estaban allí en el monte. Entonces mandó sacar los huesos de los sepulcros, y para profanarlo ordenó que los quemaran sobre el altar. Así se cumplió la palabra del Señor, que el varón de Dios había anunciado en su profecía.[g]

17 Después de eso, preguntó:

«Aquí veo un monumento. ¿De quién es?»

Los habitantes de la ciudad le respondieron:

«Es el sepulcro del varón de Dios que vino de Judá, el cual predijo contra el altar de Betel todo lo que tú has hecho.»[h]

18 Entonces Josías dijo:

«Que nadie lo toque ni mueva sus huesos.»

Fue así como se preservaron sus huesos y los del profeta que había llegado de Samaria.

19 Pero Josías ordenó que se quitaran todos los santuarios de los altares que había en los montes de Samaria, con los cuales los reyes de Israel habían provocado la ira del Señor, e hizo con ellos lo mismo que había hecho en Betel.

20 Además, sobre esos altares sacrificó a todos los sacerdotes de los santuarios que había en esos montes, y quemó sobre ellos huesos humanos. Después de eso, volvió a Jerusalén.

Josías celebra la pascua

(2 Cr 35.1-19)

21 El rey dio a todo el pueblo la siguiente orden:

«Celebren la pascua del Señor su Dios, tal y como está escrito en el libro de este pacto.»

22 La pascua no se había celebrado desde los días en que los jueces gobernaban a Israel, ni tampoco en los días de los reyes de Israel y de Judá.

23 Pero se celebró en Jerusalén en el año dieciocho del reinado de Josías, en honor del Señor.

La ira del Señor contra Judá

24 En cumplimiento de las palabras de la ley, escritas en el libro que el sacerdote Hilcías había hallado en el templo del Señor,

PALABRAS CON PODER

NABUCODONOSOR

(2 Reyes 24.1)

Nabucodonosor era el poderoso rey de Babilonia, quien reinó de 605 a 562 a.C. Él invadió a Judá y capturó a muchas personas en Jerusalén y las llevó a Babilonia. Ocho años más tarde, invadió nuevamente a Jerusalén y se llevó a Babilonia al rey Joaquín y 10 000 otros hombres. El profeta Ezequiel era uno de esos hombres. Unos diez años después, los babilonios invadieron otra vez Jerusalén y esta vez destruyeron completamente la ciudad y el templo. El rey Sedequías y la mayoría del pueblo fueron capturados y llevados a Babilonia. Aunque el pueblo de Dios pasó por situaciones difíciles, aun así Dios tenía pensado cumplir las promesas que le había hecho.

[g] **23.16:** 1 R 13.2. [h] **23.17:** 1 R 13.30-32.

PODER PARA VIVIR

EL JUICIO DE DIOS *(2 Reyes 24.3)*

Dios permitió que Judá fuera destruida porque el pueblo cometió pecados terribles. Se negaron a dejar de pecar e hicieron cosas tan malvadas que Dios ya no podía protegerlos. ¿Qué nos enseña esto? Aunque Dios es misericordioso, Él odia el pecado. Si decidimos hacer cosas pecaminosas en vez de obedecer a Dios, sabemos que esto no va a agradar a Dios. Pero si nos arrepentimos de nuestros pecados de corazón, Dios nos perdonará.

Josías acabó también con los encantadores,
adivinos y terafines, y con todas las prácti-
cas repugnantes que solían verse en Judá y
en Jerusalén.
25 Ni antes ni después de Josías hubo otro
rey que se volviera al Señor con todo su cora-
zón, y con toda su alma y con todas sus fuer-
zas, y que cumpliera toda la ley de Moisés.
26 Sin embargo, era tal la ira del Señor
contra Judá por todas las provocaciones de
Manasés, que el Señor seguía muy enojado.
27 Por eso dijo:

«También quitaré de mi presencia a Judá,
como quité a Israel, y desecharé a Jerusalén,
ciudad a la cual había escogido, y al templo
del cual yo había dicho: "Allí estará mi nom-
bre."»

Muerte de Josías

(2 Cr 35.20-27)

28 Los demás hechos de Josías, y todas sus
obras, se hallan registrados en el libro de las
crónicas de los reyes de Judá.
29 Por esos días, el faraón Necao, rey de
Egipto, se dirigió al río Éufrates para luchar
contra el rey de Asiria, y el rey Josías salió
a enfrentarse con él en Meguido, pero en
cuanto Necao lo vio, lo mató.
30 Sus oficiales lo pusieron entonces en un
carro, y llevaron su cadáver de Meguido a
Jerusalén, para ponerlo en su sepulcro. La
gente del país tomó entonces a Joacaz hijo
de Josías, y lo ungieron y lo proclamaron rey
en lugar de su padre.

Reinado y derrocamiento de Joacaz

(2 Cr 36.1-4)

31 Joacaz tenía veintitrés años cuando co-
menzó a reinar, y reinó tres meses en Jeru-
salén. Su madre se llamaba Jamutal hija de
Jeremías, y era de Libna.
32 Pero Joacaz hizo lo malo a los ojos del
Señor, tal y como lo habían hecho sus an-
tepasados.
33 Para que Joacaz no reinara en Jerusalén,
el faraón Necao lo encarceló en Ribla, en la
provincia de Jamat, y al país le impuso un
tributo de tres mil trescientos kilos de plata
y treinta y tres kilos de oro.
34 Además, el faraón Necao puso por rey
a Eliaquín hijo de Josías en lugar de su padre,
y le cambió el nombre por el de Joacín; lue-
go tomó a Joacaz y lo llevó a Egipto, donde
murió.[i]
35 Joacín pagó al faraón el tributo de pla-
ta y oro, pero para cumplir con este tributo
tuvo que imponer al pueblo un impuesto
sobre el valor de la tierra que cada uno po-
seía, y ese dinero se lo dio al faraón Necao.

Reinado de Joacín

(2 Cr 36.5-8)

36 Joacín[j] tenía veinticinco años cuando
comenzó a reinar, y reinó en Jerusalén once
años. Su madre se llamaba Zebuda hija de
Pedaías, y era de Ruma.
37 Pero hizo lo malo a los ojos del Señor, tal
y como lo habían hecho sus antepasados.

24 Durante el reinado de Joa-
cín el rey Nabucodonosor
de Babilonia[a] invadió Judá, y
Joacín se convirtió en su súbdito durante
tres años, aunque luego decidió rebelarse
contra él.
2 Pero el Señor envió contra Joacín tropas
de caldeos, sirios, moabitas y amonitas, para
que destruyeran a Judá, en cumplimiento
de la palabra del Señor anunciada por me-
dio de sus siervos los profetas.
3 Esto le sucedió a Judá por mandato del
Señor, para borrarla de su presencia por
causa de los pecados de Manasés y por
todo lo que él hizo,
4 y por la sangre inocente que derramó.
Como, en efecto, llenó a Jerusalén de sangre
inocente, el Señor no quiso perdonar.
5 Los demás hechos de Joacín, y todas sus
obras, se hallan registrados en el libro de las
crónicas de los reyes de Judá.
6 Cuando Joacín fue a reunirse con sus an-
tepasados, reinó en su lugar su hijo Joaquín.
7 Nunca más el faraón volvió a salir de

[i] **23.34:** Jer 22.11-12. [j] **23.36:** Jer 22.18-19; 26.1-6; 35.1-19. [a] **24.1:** Jer 25.1-38; Dn 1.1-2.

Egipto, porque el rey de Babilonia conquistó todo su territorio, desde el río de Egipto hasta el río Éufrates.

Joaquín y sus nobles, llevados cautivos a Babilonia

(2 Cr 36.9-10)

8 Joaquín tenía dieciocho años cuando comenzó a reinar, y reinó en Jerusalén tres meses. Su madre se llamaba Nejustá hija de Elnatán, y era de Jerusalén.

9 Pero Joaquín hizo lo malo a los ojos del Señor, tal y como lo había hecho su padre.

10 Por esos días los oficiales del rey Nabucodonosor de Babilonia atacaron y sitiaron la ciudad de Jerusalén.

11 Mientras sus oficiales mantenían sitiada la ciudad, llegó también Nabucodonosor mismo.

12 Entonces el rey Joaquín de Judá se entregó al rey de Babilonia, junto con su madre, sus siervos, sus jefes y sus oficiales, y el rey de Babilonia lo capturó. Era el año octavo de su reinado.[b]

13 Nabucodonosor sacó de la ciudad todos los tesoros del templo del Señor y los tesoros del palacio real y, tal y como el Señor lo había dicho, hizo pedazos todos los utensilios de oro que el rey Salomón de Israel había hecho para el templo del Señor.

14 Nabucodonosor se llevó cautivos a diez mil habitantes de Jerusalén. Todos los príncipes y todos los mejores soldados, y todos los artesanos y herreros, fueron hechos cautivos. En el país sólo se quedó la gente más pobre.

15 De Jerusalén a Babilonia[c] se llevó cautivos al rey Joaquín y a su madre, a sus mujeres y a sus oficiales, y a los poderosos de la tierra.

16 El rey de Babilonia también se llevó cautivos a siete mil hombres de guerra, a mil artesanos y herreros, y a todos los hombres capaces de entrar en combate.

17 En lugar de Joaquín, el rey de Babilonia puso por rey a su tío Matanías, y le cambió el nombre por el de Sedequías.[d]

Reinado de Sedequías

(2 Cr 36.11-16; Jer 52.1-3)

18 Sedequías tenía veintiún años cuando comenzó a reinar,[e] y reinó en Jerusalén once años. Su madre se llamaba Jamutal hija de Jeremías, y era de Libna.

19 Pero Sedequías hizo lo malo a los ojos del Señor, tal y como lo había hecho Joacín.

20 Por eso la ira del Señor se desató contra Jerusalén y Judá, hasta que los arrojó de su presencia. Pero Sedequías se rebeló contra el rey de Babilonia.[f]

Caída de Jerusalén

(Jer 39.1-7; 52.3-11)

25 Sedequías se rebeló contra el rey Nabucodonosor de Babilonia, y Nabucodonosor vino con todo su ejército y atacó a Jerusalén y la sitió,[a] y levantó torres de asalto a su alrededor. Era el día diez del mes décimo del noveno año del reinado de Sedequías,

2 y la ciudad estuvo sitiada hasta el año undécimo de su reinado.

3 A los nueve días del cuarto mes el hambre en la ciudad se agravó, al grado de que la gente del país no tenía nada que comer.

4 Como ya se había abierto una brecha en la muralla de la ciudad,[b] todos los hombres de guerra huyeron durante la noche; salieron por el camino de la puerta que estaba entre los dos muros, junto a los huertos del rey, a pesar de que los caldeos rodeaban la ciudad; el rey se fue por el camino del Arabá.

5 Pero el ejército caldeo siguió al rey, y lo apresó en las llanuras de Jericó, después de que todo su ejército había sido dispersado.

6 Apresado el rey, lo llevaron ante el rey de Babilonia en Ribla, y dictaron sentencia contra él.

---

[b]**24.12:** Jer 22.24-30; 24.1-10; 29.1-2. [c]**24.15:** Ez 17.12. [d]**24.17:** Jer 37.1; Ez 17.13. [e]**24.18:** Jer 27.1-22; 28.1-17. [f]**24.20:** Ez 17.15. [a]**25.1:** Jer 21.1-10; 34.1-5; Ez 24.2. [b]**25.4:** Ez 33.21.

7 A los hijos de Sedequías los degollaron en presencia de Sedequías, y a éste le sacaron los ojos, y encadenado lo llevaron a Babilonia.[c]

Cautiverio de Judá

(2 Cr 36.17-21; Jer 39.8-10; 52.12-30)

8 El día siete del mes quinto del año diecinueve del rey Nabucodonosor de Babilonia, llegó a Jerusalén Nabuzaradán, que era capitán de la guardia y oficial del rey de Babilonia.

9 Y Nabuzaradán les prendió fuego al templo del Señor[d] y al palacio real, y a todas las casas de Jerusalén y a todos los palacios de los príncipes.

10 Todo el ejército de los caldeos, que estaba con el capitán de la guardia, se dedicó a derribar las murallas que rodeaban a Jerusalén.

11 Luego, Nabuzaradán, capitán de la guardia, se llevó cautivos a los del pueblo que habían quedado en la ciudad, a los que se habían pasado al bando del rey de Babilonia, y a los que se habían quedado de la gente común.

12 A los pobres del país los dejó Nabuzaradán, capitán de la guardia, para que labraran las viñas y el campo.

13 Los caldeos derribaron las columnas de bronce[e] y las bases, y el mar de bronce,[f] que estaban en el templo del Señor, y se llevaron el bronce a Babilonia.

14 Se llevaron también las paletas, las despabiladeras, los cucharones, y todos los utensilios de bronce con que ministraban:[g]

15 incensarios, cuencos, en fin, todo lo que era de oro y todo lo que era de plata. Todo eso se lo llevó el capitán de la guardia.

16 Se llevó las dos columnas, un mar, y las bases que Salomón había hecho para el templo del Señor. No fue posible pesar todo esto.

17 La altura de una columna era de ocho metros, y tenía encima un capitel de bronce; la altura del capitel era de un metro con treinta y cinco centímetros, y sobre el capitel había una red y granadas alrededor. Todo era de bronce, y la otra columna con su red estaba hecha de la misma manera.

18 El capitán de la guardia capturó luego al primer sacerdote Seraías, al segundo sacerdote Sofonías, y a tres guardas de la vajilla.

19 De la ciudad capturó a un oficial que estaba al mando de los hombres de guerra, y a cinco de los consejeros del rey, que estaban en la ciudad; al principal escriba del ejército, que llevaba el registro de la gente del país, y a sesenta varones del pueblo que se encontraban en la ciudad.

20 Nabuzaradán, capitán de la guardia, los capturó y los llevó al rey de Babilonia, que estaba en Ribla.

21 Allí en Ribla, en tierra de Jamat, el rey de Babilonia los hirió de muerte y les quitó la vida. Así es como Judá fue desterrado y llevado cautivo.

Los sobrevivientes huyen a Egipto

22 Al pueblo que el rey Nabucodonosor de Babilonia dejó en la tierra de Judá, lo puso bajo el gobierno de Gedalías, el hijo de Ajicán y nieto de Safán.

23 Y cuando todos los príncipes del ejército y su gente supieron que el rey de Babilonia había puesto por gobernador a Gedalías, fueron a verlo en Mispá. Eran Ismael hijo de Netanías, Johanán hijo de Careaj, Seraías hijo de Tanjumet, el netofatita, y Jazanías, el hijo de un macatita, más su gente.

24 Entonces Gedalías les hizo un juramento a todos ellos, y les dijo: «No tengan ningún temor de servir a los caldeos. Habiten el país, y sirvan al rey de Babilonia, y les irá bien».[h]

25 Pero en el mes séptimo Ismael, que era hijo de Netanías y nieto de Elisama, de la estirpe real, y otros diez hombres, fueron e hirieron de muerte a Gedalías, y con él a los de Judá y a los caldeos que estaban con él en Mispá.[i]

---

[c] **25.7:** Ez 12.13. [d] **25.9:** 1 R 9.8. [e] **25.13:** 1 R 7.15-22; 2 Cr 3.15-17. [f] **25.13:** 1 R 7.23-26; 2 Cr 4.2-5. [g] **25.14:** 1 R 7.45; 2 Cr 4.16. [h] **25.22-24:** Jer 40.7-9. [i] **25.25:** Jer 41.1-3.

26 Entonces todos los del pueblo, desde el menor hasta el mayor, se levantaron y se fueron a Egipto, junto con los capitanes del ejército, por temor a los caldeos.[j]

Joaquín es liberado y homenajeado en Babilonia

(Jer 52.31-34)

27 El día veintisiete del mes duodécimo del año treinta y siete del cautiverio del rey Joaquín de Judá, el rey Evil Merodac de Babilonia, puso en libertad al rey Joaquín de Judá y lo sacó de la cárcel. Era el primer año de su reinado.

28 Le habló a Joaquín con mucha bondad, y puso su trono por encima de los tronos de los otros reyes que estaban con él en Babilonia.

29 Le cambió sus harapos de prisionero, y lo sentó a su mesa por el resto de sus días.

30 Además, todos los días Joaquín recibía de parte del rey una pensión, y esto se hizo así todos los días de su vida.

---

[j] **25.26:** Jer 43.5-7.

1 CRÓNICAS

Autor: **¿Esdras?**
Tema: **La historia de Israel como el pueblo con quien Dios hizo un pacto**
Fecha en que se escribió: **c. 450-420 a.C.**

UNA HISTORIA FAMILIAR

Cuando el rey Nabucodonosor (605-586 a.C.) destruyó Jerusalén y capturó a los israelitas, llevándolos a Babilonia por setenta años, las esperanzas del pueblo fueron aplastadas. Por esta razón, los que regresaron para reconstruir Jerusalén y el templo necesitaban mirar su historia desde un punto de vista fresco. Primera y segunda de Crónicas fueron escritas como un solo libro con el fin de reexaminar la historia de Israel. Esto le recordó al pueblo el gran amor de Dios por ellos y los planes de Dios para ellos.

Los libros de 1 y 2 Crónicas hablan de tres cosas clave: (1) el preservar la historia de los israelitas; (2) el recordarle al pueblo la importancia de la ley de Dios, del templo, y del sacerdocio; y (3) el comunicar al pueblo que su esperanza estaba en la promesa de Dios que enviaría un Mesías (1 Crónicas 17:14).

LO QUÉ ENCONTRARÁS EN EL LIBRO

Primera de Crónicas está organizada alrededor de dos temas principales: los árboles genealógicos de Israel (capítulos 1-9), y el reinado del rey David (capítulos 10-29).

Los capítulos 1-9 muestran la historia única de Israel como el pueblo escogido de Dios. Estos capítulos dan una perspectiva general de los acontecimientos ocurridos desde la época de Adán hasta el cautiverio en Babilonia. La tribu de Judá se menciona primero entre los doce hijos de Jacob (Israel) porque la familia de David descendía de esta tribu.

La última parte del libro repasa el reinado de David. Elogia a los hombres fuertes de David (capítulos 11-12) y sus grandes victorias militares (capítulos 14; 18-20). Además menciona con muchos detalles los ministros, sacerdotes y músicos levitas que trabajaron con David (capítulos 23-26). El autor señala cómo David recuperó el arca de Dios y cómo estableció Jerusalén como el centro de adoración de Israel (capítulos 13-16; 22; 28-29).

¿SABÍAS QUE...?

- 1 Crónicas cubre más o menos el mismo período de tiempo que los libros de 1 y 2 Samuel.
- Las historias familiares mencionadas aquí (capítulos 1-9) son las historias familiares más largas y completas en la Biblia.
- 1 y 2 de Crónicas se encontraban al final de los libros originales del Antiguo Testamento hebreo.
- Es un libro acerca de regresar a Dios y volverlo a adorar a Él.
- Muestra la importancia del acuerdo de Dios con David. (capítulo 17), que era una parte vital de la esperanza de Israel de un Mesías prometido.

Descendientes de Adán

(Gn 5.1-32)

Adán, Set, Enós,
2 Cainán, Malalel, Yared,
3 Enoc, Matusalén, Lamec,
4 Noé, Sem, Cam y Jafet.

Descendientes de los hijos de Noé

(Gn 10.1-32)

5 Los hijos de Jafet fueron Gomer, Magog,
Maday, Javán, Tubal, Mesec y Tiras.
6 Los hijos de Gomer fueron Askenaz, Ri-
fat y Togarmá.
7 Los hijos de Javán fueron Elisa, Tarsis,
Quitín y Rodanín.
8 Los hijos de Cam fueron Cus, Misrayin,
Fut y Canaán
9 Los hijos de Cus fueron Sebá, Javilá, Sab-
ta, Ragama y Sabteca.
Los hijos de Ragama fueron Sebá y De-
dán.
10 Cus fue el padre de Nimrod, y éste llegó
a ser poderoso en la tierra.
11 Misrayin fue el padre de Ludim, Ana-
mim, Lehabim, Naftuhim,
12 Patrusim y Casluhim. De éstos salieron
los filisteos y los caftoritas.
13 Canaán fue el padre de Sidón, su primo-
génito, de Jet,
14 y de los jebuseos, amorreos, gerge-
seos,
15 jivitas, araceos, sineos,
16 arvadeos, semareos y jamatitas.
17 Los hijos de Sem fueron Elam, Asur, Ar-
faxad, Lud, Aram, Uz, Jul, Geter y Mesec.
18 Arfaxad fue el padre de Sela, y Sela fue
el padre de Éber.
19 Éber tuvo dos hijos. Uno de ellos se
llamó Peleg, porque durante sus días se
dividió la tierra. Su hermano se llamó Joc-
tán.
20 Joctán fue el padre de Almodad, Selef,
Jasar Mávet, Yera,
21 Hadorán, Uzal, Diclá,
22 Ebal, Abimael, Sebá,
23 Ofir, Javilá y Jobab. Todos ellos fueron
hijos de Joctán.

PALABRAS CON PODER

REGISTROS FAMILIARES

(1 Crónicas 1.1)

¿En algún momento has hecho alguna investigación acerca de tus raíces familiares? De ser así, probablemente miraste una genealogía. Una genealogía es un record de todas las personas en una familia a lo largo de muchos años y muchas generaciones. Las genealogías en 1 Crónicas tenían un propósito especial. Mostraban cómo Dios había escogido y amado al pueblo de Israel desde los principios de la historia hasta el momento en que regresaron de su cautiverio en Babilonia. Y, lo que es más importante, Dios escogió a la tribu de Judá: la descendencia del rey David. Jesús, el Mesías, descendió de la familia de David.

Descendientes de Sem

(Gn 11.10-26)

24 Sem, Arfaxad, Sela,
25 Éber, Peleg, Reu,
26 Serug, Najor, Téraj,
27 y Abrán, también llamado Abrahán.

Descendientes de Ismael y de Cetura

(Gn 25.1-6,12-18)

28 Los hijos de Abrahán fueron Isaac e Is-
mael.
29 Éstos fueron sus descendientes: Neba-
yot, primogénito de Ismael; seguido de Ce-
dar, Adbel, Mibsán,
30 Misma, Duma, Massa, Hadad, Tema,
31 Jetur, Nafís y Quedemá. Éstos fueron los
hijos de Ismael.
32 Cetura, la concubina de Abrahán, dio a
luz a Zimram, Jocsán, Medán, Madián, Isbac
y Súaj.
Los hijos de Jocsán fueron Sebá y De-
dán.
33 Los hijos de Madián fueron Efa, Efer, Ja-
noc, Abidá y Eldá. Todos ellos fueron hijos
de Cetura.

Descendientes de Esaú

(Gn 36.1-43)

34 Abrahán fue el padre de Isaac.
Los hijos de Isaac fueron Esaú e Israel.
35 Los hijos de Esaú fueron Elifaz, Reuel,
Jeús, Jalán y Coré.
36 Los hijos de Elifaz fueron Temán, Omar,
Sefó, Gatán, Cenaz, Timna y Amalec.
37 Los hijos de Reuel fueron Najat, Zeraj,
Samá y Miza.
38 Los hijos de Seír fueron Lotán, Sobal, Si-
bón, Aná, Disón, Eser y Disán.
39 Los hijos de Lotán fueron Jorí y Hemán.
Timna fue hermana de Lotán.
40 Los hijos de Sobal fueron Alván, Mana-
jat, Ebal, Sefo y Onam.
Los hijos de Sibón fueron Ayá y Aná.
41 Disón fue hijo de Aná.
Los hijos de Disón fueron Amirán, Esbán,
Itrán y Querán.
42 Los hijos de Eser fueron Bilán, Zaván y
Yacán.
Los hijos de Disán fueron Uz y Arán.
43 Éstos son los reyes que reinaron en la
tierra de Edom, antes de que los hijos de Is-
rael tuvieran un rey:
Bela hijo de Beor. El nombre de su ciudad
fue Dinaba.
44 A la muerte de Bela reinó en su lugar
Jobab hijo de Zeraj, de Bosra.
45 A la muerte de Jobab reinó en su lugar
Jusán, de la tierra de los temanitas.
46 A la muerte de Jusán reinó en su lugar
Hadad hijo de Bedad, que derrotó a Madián
en el campo de Moab. El nombre de su ciu-
dad fue Avit.
47 A la muerte de Hadad reinó en su lugar
Samla de Masreca.
48 A la muerte de Samla reinó en su lugar
Saúl de Rejobot, la ciudad que está junto al
río Éufrates.
49 A la muerte de Saúl reinó en su lugar
Baal Janán hijo de Acbor.
50 A la muerte de Baal Janán reinó en su lu-
gar Hadad. El nombre de su ciudad fue Pay,
y el nombre de su mujer fue Mehitabel hija
de Matred, hija de Mezab.
51 A la muerte de Hadad, los jefes de Edom
fueron Timna, Alva, Jetet,
52 Aholibama, Elá, Pinón,
53 Cenaz, Temán, Mibsar,
54 Magdiel e Iram. Éstos fueron los jefes de
Edom.

Los hijos de Israel

(Gn 35.22-26)

2 Los hijos de Israel fueron Rubén, Si-
meón, Leví, Judá, Isacar, Zabulón,
2 Dan, José, Benjamín, Neftalí, Gad
y Aser.

Descendientes de Judá

3 Los hijos de Judá fueron Er, Onán y Sela.
Estos tres hijos los tuvo con la hija de Súa, su
mujer cananea. Como Er, que era el primo-
génito de Judá, fue malo delante del Señor,
el Señor le quitó la vida.
4 Tamar, su nuera, dio a luz a Fares y a Zeraj,
así que todos los hijos de Judá fueron cinco.
5 Los hijos de Fares[a] fueron Jesrón y Jamul.
6 Los hijos de Zeraj fueron cinco en total:
Zimri, Etán, Hemán, Calcol y Dara.

PALABRAS CON PODER

HIJOS DE ISRAEL
(1 Crónicas 2.1)

En el primer capítulo de 1 Crónicas, el autor de Crónicas hizo una lista de descendientes desde Adán a Abraham a Israel, que se conocía anteriormente como Jacob. Pero en este capítulo, aprendemos que los descendientes de los doce hijos de Israel llegaron a ser el pueblo mediante el cual Dios había decidido bendecir "todas las familias de la tierra" (Génesis 12:3). Uno de estos hijos fue Judá. Este capítulo muestra cómo el plan de Dios para salvar al mundo se desarrolló a lo largo de muchas generaciones y muchos años.

[a] **2.5-15:** Rt 4.18-22; Mt 1.3-6; Lc 3.31-33.

7 El hijo de Carmi fue Acán, que fue quien
perturbó a Israel, pues pecó en lo que debía
ser destruido.[b]
8 Azarías fue hijo de Etán.
9 Los hijos de Jesrón fueron Yeramel, Ram
y Quelubay.
10 Ram fue el padre de Aminadab, y Ami-
nadab fue el padre de Nasón, príncipe de los
hijos de Judá.
11 Nasón fue el padre de Salmón, y Salmón
fue el padre de Booz.
12 Booz fue el padre de Obed, y Obed fue
el padre de Yesé.
13 Yesé fue el padre de Eliab, que fue su pri-
mogénito; de Abinadab, que fue su segundo
hijo; de Simea, que fue el tercero;
14 de Natanael, que fue el cuarto; de Ra-
day, que fue el quinto;
15 de Osén, que fue el sexto; y de David,
que fue el séptimo.
16 Seruyá y Abigaíl fueron sus hermanas.
Seruyá tuvo tres hijos: Abisay, Joab y
Asael.
17 Abigaíl dio a luz a Amasa, cuyo padre
fue Jéter el ismaelita.
18 Caleb hijo de Jesrón tuvo una hija con
su mujer Azuba, llamada Jeriot. Los hijos de
ésta fueron Jeser, Sobab y Ardón.
19 A la muerte de Azuba, Caleb tomó por
mujer a Efrata, la cual dio a luz a Jur.
20 Jur fue el padre de Uri, y Uri fue el padre
de Besalel.
21 Cuando Jesrón tenía ya sesenta años, se
allegó a la hija de Maquir, el padre de Ga-
laad, y ella dio a luz a Segub.
22 Segub fue el padre de Yaír, el cual tuvo
veintitrés ciudades en la tierra de Galaad.
23 Pero Gesur y Aram les arrebataron las
ciudades de Yaír, con Kenat y sus aldeas, en
total, sesenta lugares. Todos ellos fueron
descendientes de Maquir, el padre de Ga-
laad.
24 A la muerte de Jesrón en Caleb de Efra-
ta, Abías, que había sido mujer de Jesrón,
dio a luz a Asjur, el padre de Tecoa.
25 Los hijos de Yeramel, el primogénito de
Jesrón, fueron Ram, su primogénito; Buna,
Orén, Osén y Ajías.
26 Yeramel tuvo otra mujer, la cual se lla-
maba Atara, y que fue madre de Onam.
27 Los hijos de Ram, el primogénito de Ye-
ramel, fueron Magás, Jamín y Equer.
28 Los hijos de Onam fueron Samay y
Yadá.
Los hijos de Samay fueron Nadab y Abi-
sur.
29 La mujer de Abisur se llamaba Abijaíl, la
cual dio a luz a Ajbán y a Molid.
30 Los hijos de Nadab fueron Seled y Apa-
yin.
Seled murió sin hijos.
31 Isguí fue hijo de Apayin, Sesán fue hijo
de Isguí, y Ajlay fue hijo de Sesán.
32 Los hijos de Yadá, el hermano de Samay,
fueron Jéter y Jonatán.
Jéter murió sin hijos.
33 Los hijos de Jonatán fueron Pelet y Zaza.
Éstos fueron los descendientes de Yeramel.
34 Sesán no tuvo hijos, sino hijas, pero te-
nía un siervo egipcio llamado Yarjá,
35 y a éste le dio su hija por mujer. Ella dio
a luz a Atay,
36 que fue el padre de Natán, y Natán fue
el padre de Zabad;
37 Zabad fue el padre de Eflal, y Eflal fue el
padre de Obed;
38 Obed fue el padre de Jehú, y Jehú fue el
padre de Azarías;
39 Azarías fue el padre de Heles, y Heles
fue el padre de Elasa;
40 Elasa fue el padre de Sismay, y Sismay
fue el padre de Salún;
41 Salún fue el padre de Jecamías, y Jeca-
mías fue el padre de Elisama.
42 Los hijos de Caleb, el hermano de Yera-
mel, fueron Mesa, su primogénito, que fue
el padre de Zif; y los hijos de Maresa, el pa-
dre de Hebrón.
43 Los hijos de Hebrón fueron Coré, Ta-
puaj, Requén y Semá.
44 Semá fue el padre de Raján, el padre de
Jorcoán, y Requén fue el padre de Samay.

[b] **2.7:** Jos 7.1.

[45] Maón fue hijo de Samay y padre de Bet-
sur.
[46] Efa, la concubina de Caleb, dio a luz a
Harán, Mosá y Gazez.
Jarán fue el padre de Gazez.
[47] Los hijos de Yaday fueron Reguén, Yo-
tán, Gesam, Pelet, Efa y Sagaf.
[48] Macá, la concubina de Caleb, dio a luz a
Seber y a Tirjaná.
[49] También dio a luz a Sagaf, el padre de
Madmana, y a Sevá, el padre de Macbena y
de Gibea. Acsa fue hija de Caleb.
[50] Éstos fueron los hijos de Caleb.
Los hijos de Jur, el primogénito de Efrata,
fueron Sobal, el padre de Quiriat Yearín;
[51] Salmá, el padre de Belén; y Jaref, el padre
de Bet Gader.
[52] Los hijos de Sobal, el padre de Quiriat Yea-
rín, fueron Haroe, la mitad de los menajetitas.
[53] Las familias de Quiriat Yearín fueron los itri-
tas, los futitas, los sumatitas y los misraítas, de
los cuales salieron los soratitas y los estaolitas.
[54] Los hijos de Salmá fueron Belén, los
netofatitas, Aterot Bet Joab, la mitad de los
menajetitas, y los soreítas.
[55] Las familias de los escribas que vivían en
Jabés fueron los tirateos, los simeateos y los
sucateos, que son los quenitas que descien-
den de Jamat, el padre de la casa de Recab.

Los hijos de David

(2 S 3.2-5; 5.13-16; 1 Cr 14.3-7)

3 Éstos son los hijos de David, los cua-
les nacieron cuando él estaba en He-
brón: Amnón, el primogénito, hijo
de Ajinoán la jezreelita; Daniel, el segundo,
hijo de Abigaíl la de Carmel;
[2] Absalón, el tercero, hijo de Macá, la hija
de Talmay, el rey de Gesur; Adonías, el cuar-
to, hijo de Jaguit;
[3] Sefatías, el quinto, hijo de Abital; Itreán,
el sexto, hijo de su mujer Egla.
[4] Estos seis le nacieron en Hebrón, donde
reinó siete años y seis meses. En Jerusalén
reinó treinta y tres años,[a]
[5] y allí le nacieron estos cuatro: Simea, So-
bab, Natán y Salomón, que fue el hijo de Bet
Súa,[b] la hija de Amiel.
[6] David tuvo otros nueve hijos, que fueron
Ibejar, Elisama, Elifelet,
[7] Noga, Nefeg, Jafía,
[8] Elisama, Eliada y Elifelet.
[9] Todos estos fueron hijos de David, sin
contar los hijos que tuvo con sus concubi-
nas. La hermana de ellos fue Tamar.

Descendientes de Salomón

[10] De Salomón descendieron, en línea di-
recta, Roboán, Abías, Asa, Josafat,
[11] Jorán, Ocozías, Joás,
[12] Amasías, Azarías, Yotán,
[13] Ajaz, Ezequías, Manasés,
[14] Amón y Josías.
[15] Los hijos de Josías fueron Johanán, su
primogénito; Joacín, el segundo; Sedequías,
el tercero; y Salún, el cuarto.
[16] Los hijos de Joacín fueron Jeconías y Se-
dequías.
[17] Los hijos de Jeconías fueron Asir, Salatiel,
[18] Malquirán, Pedaías, Senazar, Jecamías,
Hosama y Nedabías.
[19] Los hijos de Pedaías fueron Zorobabel
y Simey.
Los hijos de Zorobabel fueron Mesulán y
Jananías (la hermana de éstos fue Selomit),
[20] y estos cinco: Jasubá, Ohel, Berequías,
Jasadías y Yusab Jésed.
[21] Los hijos de Jananías fueron Pelatías y
Jesaías, y sus descendientes en línea directa
fueron Refaías, Arnán, Abdías y Secanías.
[22] Los descendientes de Secanías fueron estos
seis: Semaías, Jatús, Igal, Barías, Nearías y Safat.
[23] Los hijos de Nearías fueron estos tres:
Elioguenay, Ezequías y Azricán.
[24] Los hijos de Elioguenay fueron estos sie-
te: Hodavías, Eliasib, Pelaías, Acub, Johanán,
Dalaías y Anani.

Descendientes de Judá

4 Los hijos de Judá fueron Fares, Jes-
rón, Carmi, Jur y Sobal.
[2] Reaía hijo de Sobal fue el padre de

[a] **3.4:** 2 S 5.4-5; 1 R 2.11; 1 Cr 29.27. [b] **3.5:** 2 S 11.3.

Yajat, y Yajat fue el padre de Ajumay y de La-
jad. Éstas fueron las familias de los soratitas.
3 Los descendientes de Etam fueron Jezrel,
Isma e Ibdas. Su hermana se llamaba Jaslelponí.
4 Penuel fue padre de Gedor, y Ezer fue
padre de Jusá. Éstos fueron los hijos de Jur, el
primogénito de Efrata, padre de Belén.
5 Asjur, el padre de Tecoa, tuvo dos muje-
res, Hela y Nará.
6 Nará dio a luz a Ajusán, Jéfer, Temeni y
Ajastarí. Éstos fueron los hijos de Nará.
7 Los hijos de Hela fueron Séret, Yesojar y
Etnán.
8 Cos fue el padre de Anub, de Sobebá y
de la familia de Ajarjel hijo de Harún.
9 Jabés fue el más destacado de sus her-
manos. Su madre lo llamó Jabés, porque
dijo: «Yo lo di a luz con dolor.»[1]
10 Y Jabés invocó al Dios de Israel. Dijo:

«¡Cómo quisiera que me des tu ben-
dición,
que ensanches mi territorio,
que tu mano esté conmigo
y que me libres del mal,
para que no sufra yo ningún daño!»

Y Dios le concedió lo que pidió.
11 Quelub, el hermano de Sujá, fue el pa-
dre de Mehír que fue el padre de Estón.
12 Estón fue el padre de Bet Rafá, de Paseaj
y de Tejiná, el fundador de la ciudad de Na-
jás. Éstos son los varones de Reca.
13 Los hijos de Cenaz fueron Otoniel y Se-
raías.
Los hijos de Otoniel fueron Jatat
14 y Meonotay, que fue el padre de Ofrá.
Seraías fue el padre de Joab, antepasado
de los habitantes del valle de Jarasín,[2] los
cuales eran artífices.
15 Los hijos de Caleb hijo de Yefune fueron
Iru, Elá y Noam.
El hijo de Elá fue Cenaz.
16 Los hijos de Yalelel fueron Zif, Zifa, Tirías
y Asareel.
17 Los hijos de Esdras fueron Jéter, Mered,
Efer y Jalón. Esdras fue también padre de Ma-
ría, de Samay y de Isbaj, el padre de Estemoa.
18 Jehudaía, su mujer, dio a luz a Jered, el
padre de Gedor, a Jéber, el padre de Soco, y a
Jecutiel, el padre de Zanoaj. Éstos fueron los
hijos de Bitia, la hija del faraón, con la cual se
casó Mered.
19 Los hijos de la mujer de Hodías, la her-
mana de Naján, fueron el padre de Keila el
garmita y Estemoa el macatita.
20 Los hijos de Simón fueron Amnón, Rina,
Ben Janán y Tilón.
Los hijos de Isguí fueron Zojet y Ben Zojet.
21 Los hijos de Sela, el hijo de Judá fueron
Er, el padre de Leca; Laada, el padre de Ma-
resa, las familias de los que trabajan el lino
en Bet Asbea,
22 Joacín, y Joás y Saraf, los varones de
Cozeba, que según los registros antiguos
dominaron en Moab y volvieron a Lehem.
23 Éstos eran alfareros, y habitaban en
medio de plantíos y cercados, y estaban al
servicio del rey.

[1] **4.9** Heb. ***oseb***, dolor. [2] **4.14** Es decir, *de los artífices*.

LA ORACIÓN DE JABÉS *(1 Crónicas 4.10)*

Este pasaje se trata de un hombre que no se menciona en ninguna otra parte de la Biblia: Jabés. La Biblia dice que Jabés era "el más destacado de sus hermanos" (versículo 9). Eso quiere decir que Jabés era digno de confianza. Cuando le pidió a Dios que lo bendijera y lo protegiera, recibió todo lo que pidió. La oración de Jabés muestra que podemos hablar con Dios con denuedo. Aunque no siempre recibamos lo que pedimos, Dios promete escuchar nuestras oraciones y contestarlas de la manera que más nos conviene.

Descendientes de Simeón

24 Los hijos de Simeón fueron Nemuel, Jamín, Jarib, Zeraj, Saúl,

25 su hijo Salún, su hijo Mibsán, y su hijo Misma.

26 Los hijos de Misma fueron Jamuel, Zacur y Simey.

27 Simey tuvo dieciséis hijos y seis hijas, pero sus hermanos no tuvieron muchos hijos, ni su familia se multiplicó como los hijos de Judá.

28 Habitaron en Berseba, Molada, Jasar Súal,

29 Bilá, Esén, Tolad,

30 Betuel, Jormá, Siclag,

31 Bet Marcabot, Jasar Susín, Bet Biray y Sagarayin. Éstas fueron sus ciudades, hasta el reinado de David.

32 Sus aldeas fueron Etam, Ayin, Rimón, Toquén y Asán, es decir, cinco pueblos,

33 y todas las aldeas que rodeaban estas ciudades, hasta Baal. Éste fue su lugar de residencia, y ésta fue su descendencia.[a]

34 Mesobab, Jamlec, Josías hijo de Amasías,

35 Joel, Jehú hijo de Josibías, hijo de Seraías, hijo de Asiel,

36 Elioguenay, Jacoba, Yesojaías, Asaías, Adiel, Jesimiel, Benaías,

37 Ziza hijo de Sifi, hijo de Alón, hijo de Jedaías, hijo de Simerí, hijo de Semaías.

38 Todos ellos, por sus nombres, eran jefes entre sus familias; y las casas de sus padres fueron multiplicadas en gran manera.

39 Llegaron hasta la entrada de Gedor y hasta el oriente del valle, en busca de pastos para sus ganados,

40 y hallaron pastos gruesos y buenos, y una tierra ancha y espaciosa, quieta y reposada, porque anteriormente la habitaban los de Cam.

41 Éstos, cuyos nombres han quedado registrados, llegaron en los días de Ezequías, rey de Judá, y desbarataron las tiendas y las cabañas que encontraron allí, y las destruyeron, como hasta el día de hoy se ve, y habitaron allí en lugar de ellos, porque allí había pastos para sus ganados.

42 Además, quinientos hombres de los hijos de Simeón fueron al monte de Seír, capitaneados por Pelatías, Nearías, Refaías y Uziel, hijos de Isguí,

43 y acabaron con los amalecitas que habían quedado, y allí se quedaron a vivir, hasta el día de hoy.

Descendientes de Rubén

5 Rubén fue el hijo primogénito de Israel. (Aunque él era el primogénito, finalmente no fue contado como tal porque deshonró el lecho de su padre;[a] así que sus derechos de primogenitura pasaron a los hijos de José, hijo de Israel.

2 Y aunque Judá llegó a ser el más importante de sus hermanos, y el jefe de ellos,[b] el derecho de primogenitura se le dio a José).

Los hijos de Rubén,

3 el primogénito de Israel, fueron Janoc, Falú, Jesrón y Carmi.

4 Los hijos de Joel fueron Semaías, Gog, Simey,

5 Micaía, Reaía, Baal

6 y Berá, que era el jefe de los rubenitas, y que fue llevado cautivo por Tiglat Piléser, rey de los asirios.[c]

7 Las familias de sus hermanos, contados por sus descendientes, tenían como jefes a Yeguiel, Zacarías

8 y Bela. Éste era descendiente en línea directa de Azaz, Semá y Joel, y habitó en Aroer, y hasta Nebo y Baal Megón.

9 También habitó desde el oriente hasta donde comienza el desierto, a orillas del río Éufrates, porque tenía mucho ganado en la tierra de Galaad.

10 Durante los días de Saúl estuvieron en guerra contra los agarenos, y los vencieron y habitaron en sus campamentos en toda la región oriental de Galaad.

Descendientes de Gad

11 Los hijos de Gad habitaron frente a ellos en la tierra de Basán, hasta Salca.

12 Joel fue el jefe en Basán; le seguía Safán, y luego Janay y Safat.

[a] **4.28-33:** Jos 19.2-8. [a] **5.1:** Gn 35.22; 49.3-4. [b] **5.2:** Gn 49.8-10. [c] **5.6:** 2 R 15.29.

13 Sus hermanos, según las familias de sus padres, fueron Micael, Mesulán, Sebá, Joray, Jacán, Zía y Éber, siete en total.

14 Éstos fueron los hijos de Abijaíl hijo de Jurí y descendiente en línea directa de Yaroa, Galaad, Micael, Jesisay, Yadó y Buz.

15 También en este caso Ají hijo de Abdiel, hijo de Guni, fue el jefe de la familia de sus antepasados.

16 Todos ellos habitaron en Galaad, en Basán y en sus aldeas, y en todos los ejidos de Sarón hasta sus linderos,

17 y en los días de Yotán, rey de Judá, y de Jeroboán, rey de Israel, todos ellos quedaron registrados.

Historia de las dos tribus y media

18 Los hijos de Rubén y de Gad, y la media tribu de Manasés, eran cuarenta y cuatro mil setecientos sesenta hombres valientes y diestros en las artes bélicas, capaces de salir a batalla armados de escudo y espada, y con arcos bien tensados.

19 Éstos estuvieron en guerra contra los agarenos y contra Jetur, Nafís y Nodab.

20 Fueron ayudados contra ellos porque durante la batalla clamaron a Dios, y Dios les fue favorable porque confiaron en él. Fue así como vencieron a los agarenos y a todos los que estaban con ellos;

21 les quitaron sus ganados, cincuenta mil camellos, doscientas cincuenta mil ovejas, dos mil asnos y cien mil personas.

22 Muchos cayeron muertos, porque la guerra era de Dios. Y habitaron en sus ciudades hasta el cautiverio.

23 Los hijos de la media tribu de Manasés fueron multiplicados en gran manera y habitaron en la región que va desde Basán hasta Baal Hermón y Senir, y el monte Hermón.

24 Los jefes de las familias de sus padres fueron Efer, Isguí, Eliel, Azriel, Jeremías, Hodavías y Yadiel, que eran hombres valientes y esforzados, de buena fama, y jefes de las familias de sus padres.

25 Pero se rebelaron contra el Dios de sus padres. Se prostituyeron por seguir a los dioses de los pueblos de la tierra, a los cuales el Señor había quitado de delante de ellos.

26 Por eso el Dios de Israel estimuló a Pul,[d] es decir, a Tiglat Piléser,[e] rey de los asirios, a que se llevara cautivos a los rubenitas y gaditas y a la media tribu de Manasés, y hasta el día de hoy[f] están en Jalaj, Jabor, Hara y el río Gozán.

Descendientes de Leví

6 Los hijos de Leví fueron Guersón, Coat y Merari.

2 Los hijos de Coat fueron Amirán, Isar, Hebrón y Uziel.

3 Los hijos de Amirán fueron Aarón, Moisés y María.

Los hijos de Aarón fueron Nadab, Abiú, Eleazar e Itamar.

4 Eleazar fue el padre de Finés, Finés fue el padre de Abisúa,

5 Abisúa fue el padre de Buqui, Buqui fue el padre de Uzi,

6 Uzi fue el padre de Zeraías, Zeraías fue el padre de Merayot,

7 Merayot fue el padre de Amarías, Amarías fue el padre de Ajitob,

8 Ajitob fue el padre de Sadoc, Sadoc fue el padre de Ajimaz,

9 Ajimaz fue el padre de Azarías, Azarías fue el padre de Johanán,

10 y Johanán fue el padre de Azarías, el que fue sacerdote en el templo que Salomón construyó en Jerusalén.

11 Azarías fue el padre de Amarías, Amarías fue el padre de Ajitob,

12 Ajitob fue el padre de Sadoc, Sadoc fue el padre de Salún,

13 Salún fue el padre de Hilcías, Hilcías fue el padre de Azarías,

14 Azarías fue el padre de Seraías, y Seraías fue el padre de Josadac,

15 el que fue llevado cautivo cuando el Señor hizo que Judá y Jerusalén fueran deportados por Nabucodonosor.

[d] **5.26:** 2 R 15.19. [e] **5.26:** 2 R 15.29. [f] **5.26:** 2 R 17.6.

16 Los hijos de Leví fueron Guersón, Coat
y Merari.
17 Los nombres de los hijos de Guersón
fueron Libni y Simey.
18 Los hijos de Coat fueron Amirán, Isar,
Hebrón y Uziel.
19 Los hijos de Merari fueron Mali y Musi.
Éstas son las familias de Leví, comenzan-
do por los padres:[a]
20 Guersón, Libni, Yajat, Zima,
21 Yoaj, Iddo, Zeraj y Yatray.
22 Los descendientes de Coat en línea di-
recta fueron Aminadab, Coré, Asir,
23 Elcana, Ebiasaf, Asir,
24 Tajat, Uriel, Uzías y Saúl.
25 Los hijos de Elcana fueron Amasay y
Ajimot.
26 Los descendientes de Elcana fueron So-
fay, Najat,
27 Eliab, Jeroán, Elcana.
28 Los hijos de Samuel fueron Vasni, su pri-
mogénito, y Abías.
29 Los descendientes de Merari fueron
Mali, Libni, Simey, Uzá,
30 Simea, Jaguías y Asaías.

Los cantores del templo

31 A partir de que el arca se quedó en un
lugar fijo, David nombró cantores para el
templo del Señor. Éstos son los cantores
que nombró,
32 los cuales cantaban ante la tienda del
tabernáculo de reunión hasta que Salomón
construyó el templo del Señor en Jerusalén.
Después siguieron cumpliendo con su mi-
nisterio, como de costumbre.
33 Éstos son los que rendían este servicio,
junto con sus hijos:
De los hijos de Coat, el cantor Hemán hijo
de Joel, que era descendiente en línea direc-
ta de Samuel,
34 Elcana, Jeroán, Eliel, Toaj,
35 Suf, Elcana, Majat, Amasay,
36 Elcana, Joel, Azarías, Sofonías,
37 Tajat, Asir, Ebiasaf, Coré,
38 Isar, Coat, Leví e Israel.
39 A la derecha de Hemán estaba su pa-
riente Asaf hijo de Berequías, que era des-
cendiente en línea directa de Simea,
40 Micael, Baseías, Malquías,
41 Etni, Zeraj, Adaías,
42 Etán, Zima, Simey,
43 Yajat, Guersón y Leví.
44 A la izquierda de Hemán estaba su pa-
riente Etán hijo de Quisi, de los descendien-
tes en línea directa de Merari, Abdi, Maluc,
45 Jasabías, Amasías, Hilcías,
46 Amsi, Bani, Semer,
47 Mali, Musi, Merari y Leví.
48 Sus parientes levitas fueron puestos a
cargo de todo el ministerio del tabernáculo
del templo de Dios.

Descendientes de Aarón

49 Aarón y sus descendientes ofrecían sa-
crificios sobre el altar del holocausto, que-
maban incienso sobre el altar del perfume,
ministraban en todo lo relacionado con el
lugar santísimo y hacían las expiaciones por
Israel, conforme a todo lo que había ordena-
do Moisés, el siervo de Dios.
50 Los descendientes de Aarón, en línea
directa, fueron Eleazar, Finés, Abisúa,
51 Buqui, Uzi, Zeraías,
52 Merayot, Amarías, Ajitob,
53 Sadoc y Ajimaz.

Ciudades de los levitas

(Jos 21.1-42)

54 Éstos fueron los asentamientos que les
tocaron en suerte a los coatitas, descen-
dientes de Aarón, según sus lugares de resi-
dencia y sus linderos:
55 Hebrón, en el territorio de Judá, con los
ejidos que rodeaban esta ciudad,
56 aunque el territorio de la ciudad y
sus aldeas se le dieron a Caleb, hijo de
Yefune.
57 Las ciudades de refugio que los descen-
dientes de Aarón recibieron en Judá fueron
Hebrón, Libna, Jatir, Estemoa,
58 Hilén, Debir,

[a] **6.16-19:** Éx 6.16-19.

59 Asán y Bet Semes, todas ellas con sus ejidos.

60 Además, en territorio de la tribu de Benjamín recibieron las ciudades de Geba, Alemet y Anatot. En total, recibieron trece ciudades con sus ejidos, repartidas entre sus linajes.

61 Los restantes descendientes de Coat recibieron en sorteo diez ciudades de la media tribu de Manasés.

62 Los descendientes de Guersón, en el orden de sus linajes, recibieron trece ciudades de las tribus de Isacar, Aser, Neftalí y Manasés, en Basán.

63 Los descendientes de Merari, en el orden de sus linajes, recibieron en sorteo doce ciudades de las tribus de Rubén, Gad y Zabulón.

64 Los israelitas dieron a los levitas en sorteo ciudades con sus ejidos,

65 las cuales tomaron de las tribus de Judá, Simeón y Benjamín, y a las cuales les dieron sus nombres.

66 De la tribu de Efraín, las familias de los coatitas recibieron,

67 como ciudades de refugio, Siquén, que está en el monte de Efraín; Guézer,

68 Jocmeán, Bet Jorón,

69 Ayalón y Gat Rimón, todas ellas con sus ejidos.

70 De la media tribu de Manasés, las familias coatitas restantes recibieron las ciudades de Aner y Bileán, ambas con sus ejidos.

71 De la media tribu de Manasés, los descendientes de Guersón recibieron las ciudades de Golán, que está en Basán, y Astarot, ambas con sus ejidos.

72 De la tribu de Isacar recibieron las ciudades de Cedes, Daberat,

73 Ramot y Anén, todas ellas con sus ejidos.

74 De la tribu de Aser recibieron las ciudades de Masal, Abdón,

75 Jucoc y Rejob, todas ellas con sus ejidos.

76 De la tribu de Neftalí recibieron las ciudades de Cedes de Galilea, Gamón y Quiriatayin, todas ellas con sus ejidos.

77 De la tribu de Zabulón, los restantes descendientes de Merari recibieron las ciudades de Rimón y Tabor, ambas con sus ejidos.

78 De la tribu de Rubén, que está en la ribera oriental del río Jordán, frente a Jericó, recibieron las ciudades de Beser (que está en el desierto), Yahás,

79 Cademot y Mefagat, todas ellas con sus ejidos.

80 De la tribu de Gad recibieron las ciudades de Ramot de Galaad, Majanayin,

81 Jesbón y Jazer, todas ellas con sus ejidos.

Los descendientes de Isacar

7 Los hijos de Isacar fueron estos cuatro: Tola, Fuvá, Jasub y Simerón.

2 Los hijos de Tola fueron Uzi, Refaías, Jeriel, Yajemay, Ibsán y Semuel, todos ellos jefes de las familias de sus padres.

En tiempos de David se contaron los linajes de Tola, y resultaron ser veintidós mil seiscientos hombres muy aguerridos.

3 Israías fue hijo de Uzi, y los hijos de Israías fueron Micael, Abdías, Joel e Isías, un total de cinco príncipes.

4 Contados por sus linajes y por las familias de sus padres, todos ellos eran treinta y seis mil hombres aguerridos, y además tenían muchas mujeres e hijos.

5 Sus parientes de todas las familias de Isacar, contados según sus genealogías, eran ochenta y siete mil hombres muy aguerridos.

Los descendientes de Benjamín

6 Los tres hijos de Benjamín fueron Bela, Bequer y Jediael.

7 Los hijos de Bela fueron Ezbón, Uzi, Uziel, Jerimot e Iri, cinco jefes de casas paternas, hombres muy aguerridos, y cuya descendencia llegó a ser de veintidós mil treinta y cuatro personas.

8 Todos los hijos de Bequer fueron Zemira, Joás, Eliezer, Elioguenay, Omri, Jerimot, Abías, Anatot y Alamet.

9 Contados por sus descendientes y por sus linajes, los jefes de familias resultaron ser veinte mil doscientos hombres aguerridos.

10 Bilán fue hijo de Jediael, y sus hijos fueron Jeús, Benjamín, Aod, Quenaná, Zetán, Tarsis y Ajisajar.

11 Todos estos descendientes de Jediael fueron jefes de familias, diecisiete mil doscientos hombres aguerridos, siempre en pie de guerra.

12 Sufán y Jupín fueron hijos de Hir, y Jusín fue hijo de Ajer.

Los descendientes de Neftalí

13 Los hijos que Neftalí tuvo con Bilá fueron Yajesel, Guni, Yézer y Salún.

Los descendientes de Manasés

14 Los hijos de Manasés con su concubina siria fueron Asriel y Maquir, el padre de Galaad.

15 Maquir tomó por mujer a Macá, hermana de Jupín y Sufán. Su segundo hijo fue Selofejad, quien tuvo hijas.

16 Macá, la mujer de Maquir, dio a luz un hijo, al que llamó Peres, el cual fue hermano de Seres.

Los hijos de Peres fueron Ulán y Requén.

17 Bedán fue hijo de Ulán.

Éstos fueron los hijos de Galaad hijo de Maquir, hijo de Manasés.

18 Su hermana Hamolequet dio a luz a Isod, Abiezer y Majlá.

19 Los hijos de Semida fueron Ajiyán, Siquén, Liquejí y Anián.

Los descendientes de Efraín

20 Los descendientes de Efraín en línea directa fueron Sutelaj, Bered, Tajat, Elgadá, Tajat,

21 Zabad, Sutelaj, Ezer y Elad. Pero la gente de Gat que vivía en aquella tierra mató a estos dos, porque vinieron a robarles sus ganados.

22 Los efrainitas guardaron luto por ellos durante mucho tiempo, y sus parientes vinieron a consolarlos.

23 Después él se allegó a su mujer, y ella concibió y dio a luz un hijo, al que puso por nombre Beria, porque en su familia había habido mucha aflicción.

24 Su hija fue Será, la cual edificó las ciudades de Bet Jorón la de abajo, Bet Jorón la de arriba, y Uzén Será.

25 Los descendientes de este Beria fueron Refaj, Resef, Telaj, Taján,

26 Laadán, Amiud, Elisama,

27 Nun y Josué.

28 Su patrimonio familiar y lugar de residencia fueron Betel y sus aldeas, Narán al oriente, Guézer y sus aldeas en el occidente, Siquén y Gaza con sus aldeas;

29 junto al territorio de los hijos de Manasés, Bet Seán, Tanac, Meguido y Dor, todas ellas con sus aldeas. En estos lugares habitaron los hijos de José hijo de Israel.

Los descendientes de Aser

30 Los hijos de Aser fueron Imna, Isúa, Isví, Beria, y su hermana Sera.

31 Los hijos de Beria fueron Jéber y Malquiel, que fue el padre de Birzavit.

32 Jéber fue el padre de Jaflet, Somer y Jotán. Súa fue hermana de ellos.

33 Los hijos de Jaflet fueron Pasac, Bimal y Asvat. Éstos fueron los hijos de Jaflet.

34 Los hijos de Semer fueron Ají, Rogá, Yejubá y Aram.

35 Los hijos de su hermano Jelday fueron Sofaj, Imna, Seles y Amal.

36 Los hijos de Sofaj fueron Súaj, Harnefer, Súal, Beri, Imra,

37 Beser, Hod, Sama, Silsa, Itrán y Berá.

38 Los hijos de Jéter fueron Yefune, Pispa y Araj.

39 Y los hijos de Ula fueron Araj, Janiel y Risiyá.

40 Todos estos fueron descendientes de Aser y cabezas de familias paternas, jefes de príncipes escogidos y esforzados, los cuales fueron contados por sus linajes entre los que podían tomar las armas. Su número ascendía a veintiséis mil hombres.

Los descendientes de Benjamín

8 Benjamín fue el padre de Bela, su primogénito. Su segundo hijo fue Asbel, Ajará fue el tercero,

2 Nojá fue el cuarto, y Rafa fue el quinto.

3 Los hijos de Bela fueron Adar, Gera, Abiud,

4 Abisúa, Namán, Ajoa,

5 Gera, Sefufán y Jirán.

6 Éstos son los hijos de Aod, jefes de casas paternas que habitaron en Geba y fueron llevados a Manajat:

7 Namán, Ajías y Gera, que fue quien los llevó. Gera fue el padre de Uzá y Ajiud.

8 Sajarayin tuvo hijos en la provincia de Moab, después de haber dejado a sus mujeres Jusín y Bará.

9 Con su mujer Hodes tuvo a Jobab, Sibiá, Mesa, Malcán,

10 Jeúz, Saquías y Mirma. Éstos fueron sus hijos, jefes de familias.

11 Con su mujer Jusín tuvo a Abitob y Elpaal.

12 Los descendientes de Elpaal fueron Éber, Misán y Semed (el cual edificó Onó y Lod con sus aldeas),

13 además de Beria y Semá, que fueron jefes de las familias de los habitantes de Ayalón, los cuales desalojaron a los habitantes de Gat,

14 más Ajió, Sasac, Jeremot,

15 Zebadías, Arad, Ader,

16 Micael, Ispa y Joha, hijos de Beria,

17 y también Zebadías, Mesulán, Jizquí, Éber,

18 Ismeray, Izlías y Jobab, hijos de Elpaal;

19 y Yaquín, Zicri, Zabdi,

20 Elienay, Siletay, Eliel,

21 Adaías, Beraías y Simerat, hijos de Simey;

22 también Ispán, Éber, Eliel,

23 Abdón, Zicri, Janán,

24 Jananías, Elam, Anatotías,

25 Ifdaías y Peniel, hijos de Sasac;

26 Samseray, Seharías, Atalías,

27 Jaresías, Elías y Zicri, hijos de Jeroán.

28 Éstos fueron jefes principales de familias por sus linajes, y habitaron en Jerusalén.

29 En Gabaón habitaron Abigabaón y su mujer, la cual se llamaba Macá,

30 su hijo primogénito Abdón, y Sur, Cis, Baal, Nadab,

31 Gedor, Ajió y Zequer.

32 Miclot fue el padre de Simea. Éstos también habitaron en Jerusalén, enfrente de sus hermanos.

33 Ner fue el padre de Cis, Cis fue el padre de Saúl, y Saúl fue el padre de Jonatán, Malquisúa, Abinadab y Esbaal.

34 Meribaal fue hijo de Jonatán y padre de Micaía.

35 Los hijos de Micaía fueron Pitón, Melec, Tarea y Ajaz.

36 Ajaz fue el padre de Yoadá.

Yoadá fue el padre de Alemet, Azmavet y Zimri.

Zimri fue el padre de Mosá.

37 Mosá fue el padre de Bina, cuyo hijo fue Rafa, cuyo hijo fue Elasa, cuyo hijo fue Azel.

38 Todos los hijos de Azel fueron seis, y sus nombres fueron Azricán, Bocru, Ismael, Searías, Abdías y Janán.

39 Los hijos de Esec, su hermano, fueron Ulán, su primogénito, Jeús el segundo, y Elifelet el tercero.

40 Los hijos de Ulán eran hombres aguerridos y flechadores diestros, y tuvieron muchos hijos y nietos, en total ciento cincuenta. Todos ellos fueron descendientes de Benjamín.

El retorno de Babilonia

(Neh 11.1-24)

9 Todo Israel fue contado según cada genealogía, y registrado en el libro de los reyes de Israel. Los de Judá fueron llevados cautivos a Babilonia por causa de su rebelión.

2 Los primeros en asentarse en sus patrimonios familiares y en las ciudades israelitas fueron los sacerdotes, los levitas y los sirvientes del templo.

3 Parte de los descendientes de Judá, Benjamín, Efraín y Manasés[a] se establecieron en Jerusalén.

4 De los descendientes de Fares hijo de Judá se estableció Utay hijo de Amiud, descendiente en línea directa de Omri, Imri y Bani.

5 De los silonitas, Asaías, que era el primogénito, y sus hijos.

[a]**9.2-3:** Esd 2.70; Neh 7.73; 11.3-4.

6 De los descendientes de Zeraj, Jeuel y sus hermanos, en total, seiscientas noventa personas.

7 De los descendientes de Benjamín,[b] Salú hijo de Mesulán, descendiente en línea directa de Hodavías, Asenúa,

8 Ibneías, Jeroán, Elá, Uzi y Micri, y Mesulán hijo de Sefatías, descendiente en línea directa de Reuel y de Ibnías.

9 Sus parientes, según sus linajes, eran un total de novecientas cincuenta y seis personas. Todos ellos eran jefes de familia en sus casas paternas.

10 De los sacerdotes: Jedaías, Joyarib, Jaquín

11 y Azarías hijo de Hilcías, descendiente en línea directa de Mesulán, Sadoc, Merayot, Ajitob (príncipe del templo de Dios),

12 Adaías, Jeroán, Pasjur, Malquías, Masay, Adiel, Yazera, Mesulán, Mesilemit e Imer,

13 y sus parientes, que eran jefes de sus casas paternas y sumaban mil setecientos sesenta hombres, todos muy eficaces en el ministerio en el templo de Dios.

14 De los levitas: Semaías hijo de Jasub, descendiente en línea directa de Azricán, Jasabías, Merari,

15 Bacbacar, Heres, Galal, Matanías, Micaía, Zicri, Asaf,

16 Abdías, Semaías, Galal, Jedutún, Berequías, Asa y Elcana. Este último habitó en las aldeas de los netofatitas.

17 Los porteros:[c] Salún, Acub, Talmón, y Ajimán y sus hermanos. Salún era el jefe.

18 Entre las cuadrillas de los levitas, éstos han sido hasta ahora los porteros en la puerta oriental del rey.

19 Salún hijo de Coré, descendiente en línea *directa de Ebiasaf y de Coré,* tuvo a su cargo, junto con sus parientes coreítas por parte de su padre, la obra del ministerio, y vigilaba la entrada al tabernáculo así como sus antepasados vigilaban la entrada al campamento del Señor.

20 Antes de él, Finés hijo de Eleazar había sido jefe de ellos, y el Señor lo apoyaba.

21 Zacarías hijo de Meselemías era el portero a la entrada del tabernáculo de reunión.

22 Todos estos, a los cuales constituyeron en su oficio David y Samuel el vidente para vigilar las puertas, eran doscientos doce cuando fueron escogidos y contados en sus villas, según el orden de sus linajes.

23 Ellos y sus hijos se turnaban como porteros a la entrada del templo del Señor, y de la tienda del tabernáculo.

24 Había porteros a los cuatro lados, es decir, al oriente, al occidente, al norte y al sur.

25 Sus parientes en las aldeas acudían cada siete días, según su turno, para estar con ellos,

26 porque los cuatro porteros principales de los levitas estaban en el oficio y tenían a su cargo las cámaras y los tesoros del templo de Dios.

27 Éstos vivían cerca del templo de Dios porque tenían a su cargo su vigilancia y tenían que abrirlo todas las mañanas.

28 Algunos de ellos tenían a su cargo los utensilios para el ministerio, que eran contados al sacarlos y al guardarlos.

29 Otros tenían a su cargo la vajilla y todos los utensilios del santuario, y la harina, el vino, el aceite, el incienso y las especias.

30 Algunos de los hijos de los sacerdotes hacían los perfumes aromáticos.

31 Uno de los levitas, llamado Matatías, que era el primogénito de Salún el coreíta, tenía a su cargo todo lo que se hacía en sartén.

32 Algunos de los coatitas, y de sus parientes, tenían a su cargo los panes de la proposición, los cuales ponían por orden cada día de reposo.

33 Había también jefes de familia de los levitas que eran cantores. Éstos vivían en las cámaras del templo, exentos de otros servicios, porque de día y de noche estaban ocupados en aquella obra.

34 Según sus linajes, eran jefes de familia de los levitas, y vivían en Jerusalén.

[b]**9.7:** Neh 11.7. [c]**9.17:** Neh 11.19.

Genealogía de Saúl

[35] En Gabaón vivía Yeguiel, que era padre de Gabaón. El nombre de su mujer era Macá;

[36] su hijo primogénito fue Abdón, al que siguieron Sur, Cis, Baal, Ner, Nadab,

[37] Gedor, Ajió, Zacarías y Miclot.

[38] Miclot fue el padre de Simán. Éstos vivían también en Jerusalén, con sus hermanos.

[39] Ner fue el padre de Cis, Cis fue el padre de Saúl, y Saúl fue el padre de Jonatán, Malquisúa, Abinadab y Esbaal.

[40] Meribaal fue hijo de Jonatán y padre de Micaía.

[41] Los hijos de Micaía fueron Pitón, Melec, Tarea y Ajaz.

[42] Ajaz fue el padre de Jara, Jara fue el padre de Alemet, Azmavet y Zimri. Zimri fue el padre de Mosá,

[43] y Mosá fue el padre de Bina, cuyo hijo fue Refaías, cuyo hijo fue Elasa, cuyo hijo fue Azel.

[44] Azel tuvo seis hijos, y éstos son sus nombres: Azricán, Bocru, Ismael, Searías, Abdías y Janán. Éstos fueron los hijos de Azel.

Muerte de Saúl y de sus hijos

(1 S 31.1-13)

10 Los filisteos pelearon contra los israelitas y los pusieron en fuga, y muchos israelitas murieron en el monte Gilboa.

[2] Los filisteos persiguieron a Saúl y a sus hijos, y de ellos mataron a Jonatán, Abinadab y Malquisúa.

[3] Al arreciar la batalla contra Saúl, los flecheros lo alcanzaron y lo hirieron.

[4] Saúl dijo entonces a su escudero: «Saca tu espada y clávamela, no sea que estos incircuncisos vengan y se burlen de mí.» Pero su escudero no quiso hacerlo, porque tenía mucho miedo. Entonces Saúl sacó su propia espada, y se arrojó sobre ella.

[5] Cuando su escudero vio muerto a Saúl, también él se arrojó sobre su espada y se mató.

[6] Así murieron Saúl y sus tres hijos, y con él murió toda su familia.

[7] Cuando todos los israelitas que habitaban en el valle vieron que el ejército huía, y que Saúl y sus hijos habían muerto, abandonaron sus ciudades y huyeron, y los filisteos llegaron y las ocuparon.

[8] Y al día siguiente, cuando los filisteos llegaron para despojar a los muertos, hallaron a Saúl y a sus hijos tendidos en el monte Gilboa.

[9] Entonces lo despojaron, le quitaron la cabeza y sus armas, y enviaron mensajeros por toda la tierra de los filisteos para dar la noticia a sus ídolos y al pueblo.

[10] Pusieron las armas de Saúl en el templo de sus dioses, y su cabeza la colgaron en el templo de Dagón.

[11] Y cuando todos los de Jabés de Galaad supieron lo que los filisteos habían hecho con Saúl,

[12] todos los más aguerridos fueron a recoger los cuerpos de Saúl y de sus hijos, y los llevaron a Jabés, y allí en Jabés enterraron sus huesos debajo de una encina, y ayunaron siete días.

[13] Así fue como Saúl murió por haberse rebelado y por pecar contra el Señor y contra su palabra, la cual no obedeció,[a] pues prefirió consultar a una adivina[b]

[14] en vez de consultarlo a él. Por eso el Señor le quitó la vida y entregó el reino a David hijo de Yesé.

David es proclamado rey de Israel

(2 S 5.1-5)

11 Todo Israel se reunió en torno a David en Hebrón, para decirle: «Mira, nosotros somos carne de tu carne.

[2] Incluso antes de ahora, cuando Saúl era rey, tú eras el que guiaba a Israel en sus guerras, y quien lo volvía a traer. Además, el Señor tu Dios te ha dicho: "Tú apacentarás a mi pueblo Israel, y serás el príncipe de Israel, mi pueblo."»

[a] **10.13:** 1 S 13.8-14; 15.1-24. [b] **10.13:** Lv 19.31; 20.6; 1 S 28.7-8.

3 También todos los ancianos de Israel fueron a ver al rey en Hebrón, y David hizo un pacto con ellos delante del Señor, y ellos ungieron a David como rey de Israel, según la palabra del Señor comunicada por medio de Samuel.

David toma la fortaleza de Sión

(2 S 5.6-10)

4 David se fue entonces a Jerusalén, que también es Jebús, con todos los israelitas. En aquel tiempo los jebuseos habitaban en esa región,[a]

5 y los habitantes de Jebús le dijeron a David: «Aquí no entrarás.» Sin embargo, David tomó la fortaleza de Sión, que es la ciudad de David.

6 Además, David había dicho: «El primero que derrote a los jebuseos será capitán y jefe.» Y Joab hijo de Seruyá fue el primero en atacar, y fue nombrado jefe.

7 David habitó en la fortaleza, y por esto fue llamada «la Ciudad de David».

8 También edificó los alrededores de la ciudad, desde Milo hasta la muralla, y Joab reconstruyó el resto de la ciudad.

9 Y David avanzaba y se hacía fuerte, y el Señor de los ejércitos estaba con él.

Los valientes de David

(2 S 23.8-39)

10 Éstos son los principales guerreros de David, que junto con todo Israel le ayudaron en su reino para hacerlo su rey, conforme a la palabra del Señor.

11 Y éste es el número de los guerreros que David tuvo:

Yasobeán hijo de Jacmoní, caudillo de los treinta, que en cierta ocasión blandió su lanza *contra trescientos* y los mató.

12 Le seguía Eleazar hijo de Dodo, el ajojita, que era de los tres más valientes.

13 Eleazar estuvo con David en Pasdamín, combatiendo con él a los filisteos. Allí había una parcela sembrada de cebada. Cuando el pueblo huía de los filisteos,

14 ellos se pusieron en medio de la parcela y la defendieron, y vencieron a los filisteos porque el Señor los favoreció con una gran victoria.

15 Tres de los treinta principales bajaron a la peña donde estaba David, es decir, a la cueva de Adulán, mientras los filisteos estaban acampando en el valle de Refayin.

16 En aquel tiempo David se encontraba en la fortaleza; en Belén había entonces una guarnición de los filisteos.

17 David tuvo sed y exclamó:

«¡Cómo quisiera beber un poco de agua del pozo que está a la entrada de Belén!»

18 Aquellos tres irrumpieron en el campamento de los filisteos y sacaron agua del pozo que está a la entrada de Belén, y se la llevaron a David, pero él no la quiso beber; al contrario, la derramó en honor del Señor y dijo:

19 «¡Dios me libre de hacer esto! ¿Cómo podría yo beber la sangre y la vida de estos hombres, que por traerme agua han puesto en peligro su vida?»

Y no la quiso beber. Tal fue la hazaña de esos tres valientes.

20 El jefe de los treinta era Abisay, hermano de Joab, que blandió su lanza contra trescientos enemigos, y los mató, con lo que se hizo famoso junto con los tres.

LECCIONES

DAVID LLEGA A SER REY

(1 Crónicas 11.1)

¿En algún momento has esperado por mucho tiempo a que algo finalmente ocurra? David esperó por muchos años llegar a ser rey de Israel. El capítulo 11 describe cómo la promesa de que sería rey —una promesa demostrada por su unción (1 Samuel 16)— llegó a hacerse realidad. La historia de Dios también es la historia de la fidelidad de Dios. Él nunca hace una promesa que no cumple.

[a] **11.4:** Jos 15.63; Jue 1.21.

PALABRAS CON PODER

FORTALEZA
(1 Crónicas 11.5)

Una fortaleza es un edificio grande de piedra con muros gigantescos que son difíciles de penetrar. Las fortalezas ofrecen muy buena protección para las personas dentro de ellas. Sion era una ciudad-fortaleza en que vivían los jebuseos. Ya que se encontraba en una colina, a los jebuseos les parecía que nadie podría conquistarlo. Pero estaban equivocados. Dios les dio a David y a su ejército el poder para conquistar esa ciudad. Llegó a conocerse como Jerusalén, la ciudad de David.

21 Aunque fue el más destacado de los
treinta, y era su jefe, nunca igualó a los tres
primeros.
22 Benaías hijo de Joyadá era hijo de un
valiente de Cabsel, que realizó grandes hazañas: Venció a dos moabitas muy aguerridos, y durante el invierno mató a un león en medio de un foso,
23 y con sus propias manos venció a un
egipcio de más de dos metros de estatura. El egipcio blandía una lanza semejante al rodillo de un tejedor, pero Benaías se enfrentó a él con un palo, le arrebató de la mano la lanza, y con su misma lanza lo mató.
24 Por estos hechos de Benaías hijo de Joyadá, fue incluido entre los tres valientes,
25 y aunque fue el más distinguido de los
treinta, nunca igualó a los tres primeros. A éste, David lo incluyó en su guardia personal.
26 Los guerreros más valientes eran:
Asael, que era hermano de Joab;
Eljanán hijo de Dodo, el de Belén;
27 Samot el harodita,
Heles el pelonita,
28 Ira hijo de Iques, el tecoíta;
Abiezer el anatotita,
29 Sibecay el husatita,
Ilay el ajojita,
30 Maray el netofatita,
Jéled hijo de Baná, el netofatita;
31 Itay hijo de Ribay, el benjaminita de Gabaa;
Benaías el piratonita,
32 Juray, el del río Gaas;
Abiel el arbatita,
33 Azmavet el barhumita,
Elijaba el salbonita,
34 los hijos de Hasem el gizonita,
Jonatán hijo de Sage, el ararita;
35 Ajían hijo de Sacar, el ararita;
Elifal hijo de Ur,
36 Jéfer el mequeratita,
Ajías el pelonita,
37 Hezro el carmelita,
Naray hijo de Ezbay,
38 Joel, el hermano de Natán;
Mibejar hijo de Hagrí,
39 Selec el amonita,
Najaray el berotita, que era escudero de
Joab hijo de Seruyá;
40 Ira el itrita,
Gareb el itrita,
41 Urías el hitita,
Zabad hijo de Ajlay,
42 Adina hijo de Siza el rubenita, que era
príncipe de los rubenitas, más los treinta que lo acompañaban;
43 Janán hijo de Macá,
Josafat el mitnita,
44 Uzías el astarotita,
Samá y Yeguiel, hijos de Jotán el aroerita;
45 Jediael hijo de Simerí,
Yojá el tizita, hermano de Jediael;
46 Eliel el mahavita,
Yerebay y Josavía, hijos de Elnaam;
Itma el moabita,
47 Eliel, Obed y Jasiel el mesobaíta.

El ejército de David

12 Éstos son los valientes que ayudaron a David en la guerra, y que se le unieron en Siclag, mientras él se encontraba en prisión por culpa de Saúl hijo de Cis.
2 Eran certeros arqueros, capaces de usar
las dos manos para lanzar piedras con honda y disparar flechas.

De los hermanos de Saúl de Benjamín:

3 En primer lugar, Ajiezer; y en segundo, Joás. Estos dos eran hijos de Semagá el gabaatita.

Jeziel y Pelet, hijos de Azmavet; Beraca, Jehú el anatotita,

4 Ismaías el gabaonita, uno de los treinta valientes, y el más valiente de los treinta; Jeremías, Jahaziel, Johanán, Jozabad el gederatita;

5 Eluzai, Jerimot, Bealías, Semarías, Sefatías el harufita,

6 Elcana, Isías, Azareel, Joezer y Yasobeán, todos ellos coreítas,

7 y Joela y Zebadías, hijos de Jeroán de Gedor.

8 También algunos gaditas se unieron a David mientras éste estaba en la fortaleza del desierto. Eran hombres muy valientes y aguerridos, que sabían manejar el escudo; su rostro reflejaba la fiereza de los leones, y eran ligeros de pies, como las gacelas en los montes.

9 El primero era Ezer, y le seguían, en ese orden, Abdías, Eliab,

10 Mismana, Jeremías,

11 Atay, Eliel,

12 Johanán, Elzabad,

13 Jeremías y Macbanay.

14 Éstos fueron capitanes del ejército gadita. El menor de ellos valía por cien soldados, y el mayor de ellos valía por mil.

15 Todos ellos cruzaron el Jordán en el mes primero, cuando el río se había desbordado por completo, y pusieron en fuga a todos los que vivían en los valles al oriente y al poniente.

16 También algunos de los benjaminitas y de la tribu de Judá se unieron a David en la *fortaleza*.

17 David habló con ellos, y les dijo: «Si ustedes han venido a verme en son de paz, y quieren ayudarme, yo me uniré a ustedes de todo corazón; pero si lo que quieren es entregarme a mis enemigos, que el Dios de nuestros padres lo vea y lo juzgue, pues yo no he cometido ninguna maldad.»

18 Entonces el espíritu se apoderó de Amasay, jefe de los treinta, y dijo:

«¡Por ti, David hijo de Yesé, y contigo! ¡Paz, paz contigo! ¡Y paz también con quienes te ayudan, pues también tu Dios te ayuda!»

2 Cr 24.20-21

Así David los recibió y los nombró capitanes de la tropa.

19 También algunos de Manasés se pusieron de parte de David cuando éste acompañó a los filisteos a la batalla contra Saúl. (En realidad no los ayudó, pues los jefes de los filisteos acordaron despedirlo porque dijeron: «Nuestra cabeza peligra si David se pasa al bando de su señor Saúl.»)

20 Cuando David llegó a Siclag, se le unieron algunos de Manasés, que fueron Adnas, Jozabad, Jediaiel, Micael, Jozabad, Eliú y Siletay, que en su tribu eran jefes de legiones.

21 Éstos ayudaron a David contra las bandas de malhechores, pues todos ellos eran aguerridos y capitaneaban el ejército.

22 A decir verdad, todos los días le llegaba ayuda a David, hasta que logró hacerse de un ejército muy numeroso.

23 Éste es el número de los jefes que estaban en pie de guerra y que, conforme a la palabra del Señor, llegaron a Hebrón para entregarle a David el trono de Saúl:

24 De los hijos de Judá que portaban escudo y lanza, seis mil ochocientos hombres listos para la guerra.

25 De los hijos de Simeón, siete mil cien hombres valientes y esforzados para la guerra.

26 De los hijos de Leví, cuatro mil seiscientos hombres.

27 Joyadá, que era jefe de los aaronitas, y sus tres mil setecientos hombres.

28 Sadoc, joven valiente y esforzado, con veintidós jefes de la familia de su padre.

29 De los benjaminitas parientes de Saúl, tres mil hombres. Hasta entonces, muchos de ellos se habían mantenido fieles a la familia de Saúl.

30 De los hijos de Efraín, veinte mil ochocientos hombres aguerridos, muy valientes y famosos en las familias de sus antepasados.

31 De la media tribu de Manasés, dieciocho mil hombres, designados de manera especial para ir y proclamar a David como rey.

32 De los hijos de Isacar, doscientos jefes, cuyas palabras eran respetadas por todos sus parientes, pues sabían cuándo actuar y qué debía hacer Israel.

33 De Zabulón, cincuenta mil hombres listos para entrar en batalla y que sabían manejar toda clase de armas. Siempre estaban dispuestos a pelear sin dar ni pedir cuartel.

34 De Neftalí, mil capitanes, más treinta y siete mil hombres con escudo y lanza.

35 De los danitas, veintiocho mil seiscientos hombres dispuestos a entrar en combate.

36 De Aser, cuarenta mil hombres dispuestos y preparados para entrar en combate.

37 De los rubenitas y gaditas y de la media tribu de Manasés, al otro lado del Jordán, ciento veinte mil hombres armados hasta los dientes.

38 Todos estos guerreros estaban dispuestos a entrar en combate, así que fueron a Hebrón con el corazón en la mano, para proclamar a David como rey de todo Israel. En realidad todos en Israel compartían el mismo deseo de proclamar como rey a David.

LECCIONES **AMASAY Y EL ESPÍRITU**

(1 Crónicas 12.18)

Antes que el Espíritu Santo viniera a vivir dentro de los cristianos en la época del Nuevo Testamento, Él les daba poder a muchas personas para ayudarlas a llevar a cabo tareas especiales que Dios les había asignado. Le dio a Amasay, el capitán del ejército de David, la habilidad de darle una profecía a David. Estas palabras le dieron a David esperanza y fortaleza. El Espíritu Santo también nos da a *nosotros mensajes de esperanza* y ánimo para otras personas.

39 Y estuvieron allí tres días comiendo y bebiendo con David, pues sus parientes habían preparado todo para ellos.

40 También Isacar, Zabulón y Neftalí, que vivían cerca, llevaron asnos, camellos, mulos y bueyes cargados de víveres y de provisiones de harina, de tortas de higos y pasas, y vino y aceite, y muchos bueyes y ovejas, porque todos en Israel estaban alegres.

David propone trasladar el arca a Jerusalén

13 Entonces David pidió consejo a los jefes de millares y de centenas, y al resto de los jefes.

2 Y dijo David a toda la asamblea de Israel: «Si les parece bien, y si es la voluntad del Señor nuestro Dios, convocaremos a nuestros hermanos que están esparcidos por todo Israel, lo mismo que a los sacerdotes y levitas que están con ellos en sus ciudades y ejidos, para que se reúnan con nosotros.

3 Traigamos aquí el arca de nuestro Dios, porque desde los días de Saúl no la hemos consultado.»

4 Toda la asamblea estuvo de acuerdo en que se hiciera así, pues a todos les pareció bien.

David intenta traer el arca

(2 S 6.1-11)

5 Entonces David reunió a todos los israelitas, desde Sijor de Egipto hasta la entrada de Jamat, para que trasladaran el arca de Dios desde Quiriat Yearín.[a]

6 Y fue David con todo Israel a Baalá de Quiriat Yearín, que está en Judá, para trasladar de allí el arca sobre la cual se invoca el nombre de Dios el Señor, que habita entre los querubines.[b]

7 Desde la casa de Abinadab llevaron el arca de Dios en un carro nuevo, y Uzá y Ajió guiaban el carro,

8 mientras David y todo Israel se regocijaban con todas sus fuerzas delante de Dios, entre cánticos y música de arpas, salterios, tamboriles, címbalos y trompetas.

[a]**13.5:** 1 S 7.1-2. [b]**13.6:** Éx 25.22.

9 Cuando llegaron a la era de Quidón, los bueyes tropezaron, y para sostener el arca Uzá extendió la mano.

10 Entonces el furor del Señor se encendió contra Uzá por haber extendido su mano hacia el arca, y lo hirió de muerte, y Uzá murió allí, delante de Dios.

11 A David le pesó que el Señor hubiera fulminado a Uzá; por eso llamó a ese lugar Peres Uzá,[3] y hasta el día de hoy se llama así.

12 Ese día David temió a Dios, y dijo:

«¿Y cómo voy a llevar el arca de Dios a mi casa?»

13 Así que ya no llevó el arca a su casa, en la ciudad de David, sino que la llevó a la casa de Obed Edom, el de Gat.

14 Y el arca de Dios se quedó tres meses en la casa de Obed Edom, con su familia, y el Señor bendijo la casa de Obed Edom[c] y todo lo que él tenía.

Jirán envía embajadores a David

(2 S 5.11-12)

14 El rey Jirán de Tiro envió embajadores a David, y también madera de cedro, albañiles y carpinteros, para que le construyeran una casa.

2 Con esto David entendió que el Señor lo había confirmado como rey de Israel, y que había exaltado su reino sobre su pueblo Israel.

Hijos de David nacidos en Jerusalén

(2 S 5.13-16; 1 Cr 3.5-9)

3 David tomó otras mujeres en Jerusalén, y tuvo más hijos e hijas.

4 Éstos son los nombres de los hijos que le nacieron en Jerusalén: Samúa, Sobab, Natán, Salomón,

5 Ibejar, Elisúa, Elpelet,

6 Noga, Nefeg, Jafía,

7 Elisama, Beeliada y Elifelet.

David derrota a los filisteos

(2 S 5.17-25)

8 Cuando los filisteos supieron que David había sido ungido rey de todo Israel, fueron en su busca. Pero al saberlo David, salió a enfrentarse con ellos.

9 Al llegar, los filisteos se extendieron por el valle de Refayin.

10 Entonces David consultó a Dios, y le dijo:

«¿Debo atacar a los filisteos? ¿Los entregarás en mi mano?»

Y el Señor le dijo:

«Atácalos, que yo los entregaré en tus manos.»

11 Los filisteos llegaron a Baal Perasín, y allí David los derrotó. Después de eso, David dijo:

«Con mi mano Dios partió en dos a mis enemigos, como si abriera en dos las aguas.»

Por eso el nombre de aquel lugar fue llamado «Baal Perasín».[4]

12 Allí los filisteos dejaron a sus dioses, y David ordenó que los quemaran.

13 Pero los filisteos volvieron a extenderse por el valle,

14 así que David volvió a consultar a Dios, y Dios le dijo:

«No los ataques de frente, sino rodéalos, para que los ataques frente a las balsameras.

[3] **13.11** Es decir, *el quebrantamiento de Uzá.* [c] **13.14:** 1 Cr 26.4-5. [4] **14.11** Es decir, *el Señor que quebranta.*

LOS HOMBRES DE ISACAR *(1 Crónicas 12.32)*

Dios tiene pautado un momento, un lugar y una manera para que sus planes y sus promesas se cumplan. A veces Dios trabaja por medio de las acciones y las actitudes de las personas. Los hombres de Isacar entendían lo que Dios estaba haciendo cuando hizo a David rey de Israel. Así como Dios les dio sabiduría a los hombres de Isacar, Él nos da sabiduría a nosotros para ayudarnos a entender sus acciones y sus planes.

LA IRA DEL SEÑOR
(1 Crónicas 13.10)

Dios nunca se enoja sin que haya una razón. Él se enojó con Uzá porque Uzá tocó el arca. Sólo les era permitido a los sacerdotes cargar el arca. Pero aun a ellos no les era permitido tocarla directamente, sino que usaban varas para cargarla. Esta historia nos enseña que nunca debemos tomar a la ligera la adoracion y el servicio a Dios, ni llevarla a cabo de manera descuidada. ¿Quieres saber cómo debes adorar a Dios correctamente? ¡Lee su Palabra!

15 Así, cuando oigas un estruendo por las
copas de las balsameras, lánzate a la bata-
lla, porque yo saldré delante de ti y heriré al
ejército de los filisteos.»
16 David hizo lo que Dios le ordenó, y de-
rrotaron al ejército de los filisteos desde Ga-
baón hasta Guézer.
17 Y la fama de David se extendió por to-
das aquellas tierras, y el Señor infundió el
temor ante David en todas las naciones.

David lleva el arca a Jerusalén

(2 S 6.12-23)

15 David también se construyó
casas en la ciudad de David, y
preparó un lugar para el arca de
Dios y le instaló una tienda.
2 Luego dijo:
«El arca de Dios debe ser llevada sólo
por los levitas; porque fue a ellos a quienes
el Señor eligió para que la lleven y le sirvan
siempre.»[a]
3 Y David congregó a todo Israel en Jeru-
salén para que se llevara el arca del Señor al
lugar que le había preparado.
4 David reunió además a los aaronitas y a
los levitas.
5 De los descendientes de Coat, reunió a
Uriel, que era su jefe, y a sus parientes: ciento
veinte personas.
6 De los descendientes de Merari, a Asaías,
que era su jefe, y a sus parientes: doscientas
veinte personas.
7 De los hijos de Guersón, a Joel, que era
su jefe, y a sus parientes: ciento treinta per-
sonas.
8 De los hijos de Elisafán, a Semaías, que
era su jefe, y a sus parientes: doscientas per-
sonas.
9 De los hijos de Hebrón, a Eliel, que era
su jefe, y a sus parientes: ochenta personas.
10 De los hijos de Uziel, a Aminadab, que
era su jefe, y a sus parientes: ciento doce
personas.
11 Después, David llamó a los sacerdotes
Sadoc y Abiatar, y a los levitas Uriel, Asaías,
Joel, Semaías, Eliel y Aminadab,
12 y les dijo:
«Ustedes son los principales padres de fa-
milia de los levitas, así que santifíquense, uste-
des y sus hermanos, y lleven el arca del Señor,
Dios de Israel, al lugar que le he preparado.
13 Como ustedes no lo hicieron así la pri-
mera vez, el Señor nuestro Dios nos castigó,

[a]**15.2:** Dt 10.8.

POR CAUSA DEL PUEBLO DE DIOS *(1 Crónicas 14.2)*

David era lo suficiente humilde como para darse cuenta que Dios había bendecido grandemente su reino, no por causa de él, sino por causa del pueblo de Dios. El papel de David era liderar al pueblo de Israel y honrar a Dios. Dios quiere que, como lo hizo David, nosotros también lo honremos a Él con nuestra vida. Dios coloca a personas en puestos de autoridad, no por el bien de ellos, sino para que puedan servir al pueblo de Dios. ¿A quién ha colocado Dios sobre ti para guiarte?

pues no lo consultamos como debimos ha-
cerlo.»
14 Los sacerdotes y los levitas se santifi-
caron para transportar el arca del Señor, el
Dios de Israel.
15 Por medio de las barras, los descendien-
tes de los levitas llevaron el arca de Dios
sobre sus hombros, conforme a la palabra
del Señor[b] y tal y como lo había ordenado
Moisés.
16 Además, David les dijo a los jefes de los
levitas que de entre sus parientes designa-
ran cantores con instrumentos musicales, es
decir, con salterios y arpas y címbalos, y que
los tocaran y levantaran alegremente la voz.
17 Los levitas designaron a Hemán hijo de
Joel, y de sus parientes designaron a Asaf
hijo de Berequías.
De los descendientes de Merari y de
sus parientes, designaron a Etán hijo de
Cusaías.
18 Además de todos ellos, designaron
como porteros a sus parientes del orden in-
mediato, es decir, a Zacarías, Jaziel, Semira-
mot, Yejiel, Uní, Eliab, Benaías, Maseías, Ma-
tatías, Elifelu, Micnías, Obed Edom y Yejiel.
19 Hemán, Asaf y Etán, que eran cantores,
tocaban címbalos de bronce.
20 Zacarías, Aziel, Semiramot, Yejiel, Uní,
Eliab, Maseías y Benaías, tocaban salterios
sobre Alamot.
21 Matatías, Elifelu, Micnías, Obed Edom,
Yeguiel y Azazías tenían arpas afinadas y
fungían como directores.
22 Quenanías, que era jefe de los levitas,
fue nombrado director de los cantos, pues
sabía mucho de música.
23 Berequías y Elcana vigilaban el arca.
24 Los sacerdotes Sebanías, Josafat, Na-
tanael, Amasay, Zacarías, Benaías y Eliezer
tocaban las trompetas delante del arca de
Dios.
Obed Edom y Yejías estaban también a
cargo de la vigilancia del arca.
25 Con gran alegría David y los ancianos
de Israel y los capitanes de legiones fueron a

LECCIONES

UN LUGAR PARA EL ARCA

(1 Crónicas 15.1)

David tenía un lugar especial preparado para el arca del Señor. Ya que el arca representaba la presencia de Dios, David quería que el pueblo entendiera la importancia de adorar a Dios. Las reglas especiales para cargar el arca les recordaban a los israelitas que debían cuidar mucho a ese tesoro. Esto les enseñaba que no debían acercarse a Dios de manera descuidada. Este también es un buen recordatorio para nosotros, cuando asistimos a la iglesia, oramos o leemos nuestra Biblia.

trasladar el arca del pacto del Señor, de casa
de Obed Edom.
26 Dios el Señor ayudó a los levitas a llevar
el arca del pacto, y se sacrificaron siete novi-
llos y siete carneros.
27 David iba vestido de lino fino, y ade-
más llevaba sobre sí un efod de lino. Todos
los levitas que llevaban el arca, y los can-
tores, iban vestidos de lino. Entre los can-
tores, Quenanías era el maestro de canto.
28 Fue así como todo Israel transportó el
arca del pacto del Señor, en medio de jubi-
losos sonidos de bocinas, trompetas y cím-
balos, y al son de salterios y arpas.
29 Mical, la hija de Saúl, miraba por una
ventana cuando el arca del pacto del Señor
llegó a la ciudad de David, y al ver que el rey
David saltaba y danzaba, sintió en su cora-
zón mucho desprecio por él.

16 Así fue como el arca de Dios
fue transportada y puesta en
medio de la tienda que David
había mandado levantar para ella. Y se ofre-
cieron delante de Dios holocaustos y sacrifi-
cios de paz,
2 y cuando David acabó de ofrecer el ho-
locausto y los sacrificios de paz, bendijo al
pueblo en el nombre del Señor

[b]15.15: Éx 25.14.

3 y repartió entre todos y cada uno de los israelitas, hombres y mujeres, una torta de pan, un trozo de carne y una torta de pasas.

4 David puso algunos levitas delante del arca del Señor, para que ministraran, e invocaran, confesaran y alabaran al Señor, Dios de Israel.

5 En primer lugar puso a Asaf, seguido de Zacarías, Yeguiel, Semiramot, Yejiel, Matatías, Eliab, Benaías, Obed Edom y Yeguiel, todos ellos con sus salterios y arpas, pero Asaf tocaba los címbalos.

6 También los sacerdotes Benaías y Jahaziel tocaban continuamente las trompetas delante del arca del pacto de Dios.

LECCIONES — **UN SALMO DE ACCIÓN DE GRACIAS**

(1 Crónicas 16.7)

David escribió un canto de alabanza para celebrar la misericordia de Dios y sus maravillosas acciones para con los israelitas. Se lo dio a los sacerdotes, quienes cantarían el canto. Este versículo muestra cómo las personas trabajan juntas para adorar a Dios. Piensa en la manera en que las personas en tu iglesia trabajan juntos para transmitir el mensaje de Dios y para animarse unas a otras. Sus esfuerzos glorifican a Dios y animan a las personas en la iglesia. ¿Cómo alabas tú a Dios?

Salmo de acción de gracias

(Sal 105.1-15; 96.1-13; 106.47-48)

7 Ese día, David puso por primera vez a Asaf y sus parientes a cargo de las alabanzas al Señor. Y cantaron:

8 ¡Alaben al Señor, invoquen su nombre!
¡Que los pueblos reconozcan sus obras!
9 ¡Canten, sí, cántenle salmos!
¡Proclamen todas sus maravillas!
10 ¡Regocíjense en su santo nombre!
¡Alégrense de corazón los que buscan al Señor!
11 ¡Busquen el poder del Señor!
¡Busquen siempre a Dios!
12 ¡Recuerden sus grandes maravillas,
sus hechos prodigiosos y sus sabias sentencias!
13 Ustedes son los descendientes de Abrahán;
ustedes son los hijos de Jacob, sus escogidos.
14 El Señor es nuestro Dios;
en toda la tierra prevalecen sus juicios.
15 Nunca se olvida de su pacto,
de la palabra que dictó para mil generaciones.
16 Fue un acuerdo que hizo con Abrahán,[a]
y que lo confirmó con Isaac.[b]
17 Con Jacob lo estableció como decreto;
con Israel lo hizo un pacto duradero
18 cuando dijo: «Te daré la tierra de Canaán
como la herencia que te corresponde.»[c]

19 Ellos no eran numerosos;
eran unos simples forasteros.
20 Andaban de nación en nación,
y de un reino a otro reino;
21 pero Dios no dejó que lo agraviaran,
sino que por ellos castigó a los reyes
22 y dijo: «¡No toquen a mis ungidos!
¡No les hagan daño a mis profetas!»[d]

23 ¡Canten al Señor todos en la tierra!
¡Anuncien su salvación todos los días!
24 ¡Canten entre los pueblos su gloria!
¡Anuncien entre los pueblos sus maravillas!
25 El Señor es grande, y digno de alabanza;
¡es temible, más que todos los dioses!

[a]**16.16:** Gn 12.7; 17.8. [b]**16.16:** Gn 26.3. [c]**16.17-18:** Gn 28.13. [d]**16.22:** Gn 20.3-7.

[26] Todos los dioses de los pueblos son
ídolos,
pero el Señor es quien creó los cielos.
[27] En su presencia hay alabanza y magnificencia;
en su santuario hay poder y gloria.

[28] Ustedes, familias de los pueblos,
¡tributen al Señor la gloria y el poder!
[29] ¡Tributen al Señor la honra que merece su nombre!
¡Traigan sus ofrendas, y vengan a su
presencia!
¡Adoren al Señor en la hermosura de la
santidad![e]
[30] ¡Tiemblen ante él todos en la tierra!
El Señor afirmó el mundo, y no será
conmovido.
[31] ¡Que se alegren los cielos y se regocije
la tierra!
Digan entre las naciones: «¡El Señor es
rey!»
[32] ¡Que brame el mar y todo lo que
contiene!
¡Que se alegre el campo y todo lo que
hay en él!
[33] ¡Que todos los árboles del bosque
rebosen de gozo
delante del Señor, que viene a juzgar
la tierra!

[34] ¡Aclamen al Señor, porque él es
bueno;
porque su misericordia es eterna![f]
[35] Digan: «¡Sálvanos, Dios de nuestra
salvación!
¡Vuelve a reunirnos, y líbranos de las
naciones!
¡Así alabaremos tu santo nombre
y nos alegraremos con tus alabanzas!»

[36] ¡Bendito sea el Señor y Dios de Israel,
desde la eternidad y hasta la eternidad!

Y todo el pueblo dijo «Amén», y alabó al Señor.

Los levitas encargados del arca

[37] David dejó a Asaf y a sus parientes delante del arca del pacto del Señor, para que ministraran todo el tiempo delante del arca, cada cosa en su día.
[38] Al cuidado del arca puso a Obed Edom y a sus sesenta y ocho parientes, y también a Obed Edom hijo de Jedutún y a Josá.
[39] Al sacerdote Sadoc y a sus parientes los sacerdotes los puso delante del tabernáculo del Señor, en el lugar alto que estaba en Gabaón,
[40] para que todos los días, a mañana y tarde, ofrecieran sacrificios y holocaustos al Señor en el altar del holocausto, conforme a todo lo que está escrito en la ley que el Señor prescribió a Israel.
[41] Con ellos puso a Hemán y Jedutún y a los otros escogidos por nombre, para que glorificaran al Señor, cuya misericordia es eterna.
[42] Para alabar a Dios, Hemán y Jedutún tocaban las trompetas y los címbalos y otros instrumentos musicales. Los hijos de Jedutún vigilaban la entrada.
[43] Después de esto, todo el pueblo se fue a su casa, y también David se fue a bendecir su propia casa.[g]

1 Cr 29.20

PROMESAS PODEROSAS

1 CRÓNICAS 16.25-26

El Señor es grande, y digno de alabanza; ¡es temible, más que todos los dioses! Todos los dioses de los pueblos son ídolos, pero el Señor es quien creó los cielos.

David escribió este salmo de alabanza para darle gracias a Dios por haber permitido que el arca del pacto se volviera a traer al tabernáculo. ¡También es un maravilloso recordatorio de que Dios creó todas las cosas! ¿Qué cosa le puedes dar gracias a Dios por haber creado?

[e] **16.29:** Sal 29.1-2. [f] **16.34:** 2 Cr 5.13; 7.3; Esd 3.11; Sal 100.5; 106.1; 107.1; 118.1; 136.1; Jer 33.11. [g] **16.43:** 2 S 6.19-20.

Pacto de Dios con David

(2 S 7.1-29)

17 David ocupaba ya el trono en su palacio cuando le dijo al profeta Natán:

«¡Mírame aquí, entronizado en un palacio de cedro, mientras el arca del pacto del Señor está debajo de unas cortinas!»

2 Y Natán le contestó:

«Haz todo lo que de corazón te propongas hacer, que cuentas con el apoyo de Dios.»

3 En esa misma noche la palabra de Dios vino a Natán, y le dijo:

4 «Ve y dile a mi siervo David que yo, el Señor, he dicho: "No serás tú quien me edifique casa para que la habite.

5 Desde el día en que saqué a los israelitas, y hasta el día de hoy, yo no he habitado en ninguna casa. Al contrario, anduve de tienda en tienda, y de enramada en enramada.

6 Por dondequiera que he andado con todo Israel, jamás dije nada a ninguno de los jueces de Israel, a los que ordené apacentar a mi pueblo; jamás le pedí que me edificaran un palacio de cedro."

7 Así que ve a decirle a mi siervo David que yo, el Señor de los ejércitos, he dicho: "Yo te tomé del redil, cuando andabas detrás de las ovejas, para que fueras el príncipe de mi pueblo Israel.

8 Yo he estado contigo por dondequiera que has andado, y he derrotado a todos los enemigos que has enfrentado. Y ahora voy a hacerte famoso, tan famoso como los más importantes de la tierra.

9 Además, he preparado un lugar para mi pueblo Israel, y allí lo plantaré, para que se establezca y no vuelva a ser removido, ni la gente malvada vuelva a consumirlo como en el pasado,

10 cuando puse jueces sobre mi pueblo Israel. Yo humillaré a todos tus enemigos. Te hago saber también que yo, el Señor, te edificaré una casa.

11 Cuando llegue el momento de que te reúnas con tus antepasados, yo haré que uno de entre tus hijos se levante para sucederte, y yo también afirmaré su reinado.

12 Él me edificará casa, y yo confirmaré su trono para siempre.

13 Yo seré su padre, y él será mi hijo,[a] y jamás le negaré mi misericordia, como se la negué a quien reinó antes de ti;

14 más bien, lo confirmaré en mi casa y en mi reino para siempre, y para siempre se afirmará su trono."»

15 Y Natán le repitió a David todas estas palabras y toda esta visión.

16 Entonces el rey David se presentó delante del Señor, y dijo:

«Señor y Dios, ¿quién soy yo, y quién es mi familia, para que me hayas traído hasta aquí?

17 ¡Y aun esto te ha parecido poco, Dios mío! Tú, mi Señor y Dios, hablas en futuro de la casa de tu siervo, y me ves como si fuera yo un hombre excelente.

18 ¿Qué más puedo yo, tu siervo David, añadir y pedir de ti, para mi propia gloria? ¡Tú conoces a este siervo tuyo!

19 Tú, Señor, has hecho todos estos portentos, por amor a tu siervo y según tu corazón, para dar a conocer tu grandeza.

20 Señor, no hay nada semejante a ti, y hasta donde sabemos, no hay más Dios que tú.

21 ¿Qué otro pueblo hay en la tierra como tu pueblo Israel, redimido por su propio Dios, para dar a conocer tu nombre por medio de grandes maravillas, al desalojar las naciones de delante de tu pueblo, el pueblo que tú rescataste de Egipto?

22 Tú has hecho de Israel tu propio pueblo para siempre; ¡tú, Señor, has llegado a ser su Dios!

23 »Ahora, Señor, que la palabra que has hablado acerca de tu siervo y de su casa, se afirme para siempre. Que se haga lo que tú has dicho.

24 Que tu nombre permanezca y sea engrandecido para siempre, a fin de que se diga: "El Señor de los ejércitos es el Dios de

---

[a] **17.13:** 2 Co 6.18; Heb 1.5; Ap 21.7.

Israel", y que la casa de tu siervo David se
afirme en tu presencia.
25 Tú, Dios mío, le has revelado a tu sier-
vo tu intención de edificarle casa. Por eso
tu siervo ha hallado motivo para orar en tu
presencia.
26 Tú, Señor, eres el Dios que le ha revelado
a tu siervo tal bondad;
27 eres tú quien ha querido bendecir la
casa de este siervo tuyo, para que perma-
nezca para siempre delante de ti. Tú, Se-
ñor, la has bendecido, y bendita será para
siempre.»

David extiende sus dominios

(2 S 8.1-14)

18 Después de eso, sucedió que
David derrotó y humilló a los
filisteos, y les arrebató la ciudad
de Gat y sus villas.
2 También derrotó a los moabitas, y los
hizo sus esclavos y los obligó a pagarle tri-
buto.
3 Derrotó además en Jamat a Hadad Ezer,
rey de Soba, cuando éste pretendía asegurar
su dominio en la ribera del río Éufrates.
4 David le quitó mil carros de guerra, siete
mil soldados de caballería y veinte mil solda-
dos de infantería, y además desjarretó a los
caballos que tiraban todos los carros, con la
excepción de los caballos para cien carros.
5 Cuando los sirios vinieron de Damasco
en ayuda de Hadad Ezer, rey de Soba, David
hirió a veintidós mil de ellos;
6 luego puso una guarnición en Siria de
Damasco, y obligó a los sirios a servirle y a
pagarle tributo, pues el Señor le daba la vic-
toria a David por dondequiera que iba.
7 David se apoderó de los escudos de oro
que llevaban los siervos de Hadad Ezer, y los
llevó a Jerusalén.
8 También se apoderó del mucho bronce
que había en Tibejat y Cun, ciudades de Ha-
dad Ezer, y con ese bronce hizo Salomón el
mar de bronce, las columnas y los utensilios
de bronce.[a]

PROMESAS PODEROSAS

1 CRÓNICAS 17.20

Señor, no hay nada semejante a ti, y hasta donde sabemos, no hay más Dios que tú.

Este versículo nos recuerda que Dios es único. No hay nadie como Él en todo el universo. Escribe tres maneras en que Él es único. ¡Luego dale gracias por ser tu Dios grande y poderoso!

9 Cuando el rey Toy de Jamat supo que
David había derrotado totalmente al ejérci-
to de Hadad Ezer, rey de Soba,
10 envió a su hijo Hadorán para que salu-
dara a David y lo bendijera por haber pe-
leado con Hadad Ezer y haberlo vencido.
Como Toy estaba en guerra contra Hadad
Ezer, le envió al rey David toda clase de
utensilios de oro, plata y bronce,
11 y el rey David dedicó todo esto al Señor,
junto con la plata y el oro que les había qui-
tado a todas las naciones de Edom, Moab,
Amón, Filistea y Amalec.
12 Además de esto, Abisay hijo de Seruyá
derrotó en el valle de la Sal a dieciocho mil
edomitas,[b]
13 y puso una guarnición en Edom y obligó
a todos los edomitas a servir a David, pues
el Señor daba el triunfo a David por donde-
quiera que éste iba.

Oficiales de David

(2 S 8.15-18; 20.23-26)

14 David llegó a ser rey de todo Israel, y
gobernó con justicia y rectitud a todo su
pueblo.
15 Joab hijo de Seruyá era el general de su
ejército, y Josafat hijo de Ajilud era el can-
ciller.
16 Sadoc hijo de Ajitob y Abimelec hijo de
Abiatar eran sacerdotes, y Savsá era el secre-
tario.

[a]**18.8:** 1 R 7.40-47; 2 Cr 4.11-18. [b]**18.12:** Sal 60 tít.

17 Benaías hijo de Joyadá estaba al mando de los cretenses y peleteos, y los hijos de David eran los príncipes que rodeaban al rey.

Derrotas de amonitas y sirios

(2 S 10.1-19)

19 Después de esto, murió Najás, el rey de los amonitas, y en su lugar reinó su hijo.

2 Entonces dijo David:

«Voy a tratar con misericordia a Janún hijo de Najás, porque también su padre me trató con misericordia.»

Entonces envió unos mensajeros para expresarle sus condolencias por la muerte de su padre. Pero cuando los mensajeros de David llegaron a la tierra de los amonitas para consolar a Janún,

3 los jefes amonitas le dijeron a Janún:

«¿Y crees que David rinde honores a tu padre, al enviarte estos consoladores? ¿Acaso sus siervos no vienen más bien a espiarte, y a investigar y reconocer la tierra?»

4 Janún tomó entonces a los mensajeros de David y los rapó, les rasgó los vestidos por la mitad, hasta las nalgas, y los mandó de vuelta.

5 Los mensajeros se fueron, y cuando David se enteró de lo que les había sucedido, mandó gente a que los recibieran, porque estaban muy ofendidos. Pero el rey mandó que les dijeran:

«Quédense en Jericó hasta que les crezca la barba. Entonces volverán.»

6 Cuando los amonitas vieron que se habían hecho odiosos ante David, Janún y los amonitas enviaron treinta y tres mil kilos de plata a Mesopotamia, Siria, Macá y Soba, para contratar allá carros de guerra y gente de caballería.

7 Y contrataron treinta y dos mil carros de guerra, y al rey de Macá y a su ejército, los cuales vinieron y acamparon frente a Medeba. También los amonitas se juntaron en sus ciudades y salieron a la guerra.

8 Pero David lo supo y envió a Joab y a todo el ejército de sus hombres más valientes.

9 Los amonitas salieron a la entrada de la ciudad y se presentaron en orden de batalla, mientras que los reyes que habían venido se quedaron en el campo.

10 Y al ver Joab que el ataque contra él se había dispuesto por el frente y por la retaguardia, escogió a los mejores soldados israelitas, y con ellos se preparó para enfrentar a los sirios.

11 El resto del ejército lo puso en manos de su hermano Abisay, y los dispuso para enfrentar a los amonitas.

12 Le dijo:

«Si los sirios resultan ser más fuertes que yo, tú vendrás en mi ayuda; pero si los amonitas resultan ser más fuertes que tú, yo iré a ayudarte.

13 ¡Ánimo! ¡Luchemos por nuestro pueblo y por las ciudades de nuestro Dios, y que sea lo que el Señor quiera!»

14 Al avanzar Joab y su ejército para pelear contra los sirios, éstos huyeron de él.

15 Y al ver los amonitas que los sirios huían, también ellos huyeron delante de Abisay, el hermano de Joab, y se metieron en la ciudad. Entonces Joab volvió a Jerusalén.

16 Cuando los sirios vieron que habían sido vencidos por los israelitas, enviaron mensajeros para que vinieran en su ayuda los sirios que estaban al otro lado del Éufrates, y que eran capitaneados por Sofac, general del ejército de Hadad Ezer.

17 Pero tan pronto como David recibió la noticia, reunió a todos los israelitas, cruzó el Jordán, y se dispuso a presentar batalla contra ellos. En cuanto David ordenó su tropa contra los sirios, éstos lo atacaron,

18 pero huyeron delante de los israelitas. Y David mató a siete mil sirios de los carros de guerra, a cuarenta mil hombres de infantería, y además mató a Sofac, que era el general del ejército.

19 Y al ver los siervos de Hadad Ezer que habían sido derrotados por los israelitas, hicieron la paz con David y fueron sus siervos. Y nunca más los sirios quisieron ayudar a los amonitas.

David captura a Rabá

(2 S 12.26-31)

20 A la vuelta de un año, y mientras David estaba en Jerusalén,[a] Joab llevó a campaña al ejército en pleno y fue y sitió la ciudad de Rabá y la conquistó, destruyendo por completo la tierra de los amonitas. Esto sucedió en los días en que los reyes acostumbran salir a la guerra.

2 David le quitó al rey de Rabá la corona de oro, la cual pesaba treinta y tres kilos y estaba adornada de piedras preciosas, y con ella fue coronado David. Además de esto, David sacó de la ciudad cuantioso botín de guerra,

3 y sacó también a la gente que estaba en ella y la puso a trabajar con sierras, trillos de hierro y hachas. Esto mismo lo hizo David con todas las ciudades amonitas, y después de eso David volvió a Jerusalén con todo su ejército.

Los hombres de David matan a los gigantes

(2 S 21.18-22)

4 Después de esto se desató en Guézer la guerra contra los filisteos. Sibecay el husatita mató a Sipay, que descendía de los gigantes, y los filisteos fueron derrotados.

5 Pero hubo otra guerra contra los filisteos, y Eljanán hijo de Yaír mató a Lamí, que era hermano de Goliat de Gat, el que blandía una lanza parecida al rodillo de un telar.[b]

6 Y se desató en Gat una guerra más, en la que participó un guerrero de gran estatura, el cual tenía seis dedos en cada mano y en cada pie, es decir, un total de veinticuatro dedos. Éste era descendiente de los gigantes,

7 y se puso a insultar a los israelitas, pero Jonatán hijo de Simea, hermano de David, lo mató.

8 Éstos fueron los descendientes de los gigantes de Gat, que perdieron la vida a manos de David y de sus siervos.

David censa al pueblo

(2 S 24.1-25)

21 Pero Satanás se puso en contra de Israel e indujo a David a levantar un censo en Israel.

2 Entonces David ordenó a Joab y a los jefes del pueblo:

«Vayan y levanten un censo de Israel desde Berseba hasta Dan, y tráiganme el informe de cuántos son. Quiero saberlo.»

3 Joab le dijo:

«Mi señor y rey: ¡Que el Señor multiplique cien veces más el número de su pueblo! ¿Acaso no están todos estos al servicio de mi señor? ¿Para qué quiere mi señor hacer tal cosa? ¡Eso le contará a Israel como pecado!»

4 Pero la orden del rey pudo más que Joab. Así que Joab salió y recorrió todo Israel, y volvió a Jerusalén para entregar a David el número del pueblo censado.

5 En todo Israel había un millón cien mil hombres que manejaban la espada, y en Judá había cuatrocientos setenta mil hombres que manejaban la espada.

6 No fueron contados los levitas ni los benjaminitas, porque para Joab la orden del rey era repugnante.

7 Esto desagradó a Dios, e hirió de muerte a Israel.

8 Entonces David le dijo a Dios:

«Con esto que he hecho he pecado gravemente. Te ruego que perdones a este siervo tuyo por su maldad, porque he actuado sin pensar.»

9 El Señor habló con Gad, que era el vidente de David, y le dijo:

10 «Ve y habla con David, y dile que yo, el Señor, he dicho: "Te propongo tres cosas. Escoge de ellas la que quieras que yo haga contigo."»

11 Gad fue a hablar con David, y le dijo:

«Así ha dicho el Señor:

12 "Escoge qué prefieres: tres años de hambre, o ser derrotado durante tres meses por la espada de tus enemigos, o que haya peste

[a] **20.1:** 2 S 11.1. [b] **20.5:** 1 S 17.4-7.

en la tierra durante tres días, y que la espada
del Señor, es decir, el ángel del Señor, trai-
ga destrucción por todo Israel." Dime qué
debo responder al que me ha enviado.»
13 Y David le dijo a Gad:
«Estoy en un gran aprieto. Permíteme
caer en las manos del Señor, porque su mi-
sericordia es grande en extremo. ¡No me de-
jes caer en las manos de ningún hombre!»
14 Fue así como el Señor envió una peste
sobre Israel, y murieron setenta mil israelitas.
15 El Señor envió al ángel a Jerusalén, para
que la destruyera; pero cuando el Señor lo
vio destruirla, le pesó haberle enviado ese
mal y le dijo al ángel destructor:
«¡Basta ya! ¡Detente!»
En ese momento el ángel del Señor esta-
ba junto a la era de Ornán el jebuseo.
16 David levantó los ojos y, al ver al ángel
del Señor, que estaba entre el cielo y la tie-
rra, y con la espada en la mano, desenvai-
nada y extendida contra Jerusalén, tanto
David como los ancianos se postraron sobre
sus rostros y se cubrieron de cilicio.
17 Entonces David le dijo a Dios:
«¿Acaso no fui yo quien ordenó que se con-
tara el pueblo? ¡Yo, y nadie más, ha pecado! ¡Yo
soy quien ha actuado mal! Pero estas ovejas,
¿qué mal han hecho? Señor y Dios mío, deja
caer tu mano sobre mí y sobre la casa de mi
padre. ¡Que no venga la peste sobre tu pueblo!»
18 El ángel del Señor le ordenó a Gad decir
a David que construyera un altar al Señor en
la era de Ornán el jebuseo,
19 y conforme a la palabra de Gad de parte
del Señor, David fue a hacerlo así.
20 Pero Ornán, que estaba trillando el
trigo, se volvió y vio al ángel, y los cuatro
hijos suyos que estaban con él corrieron a
esconderse.
21 Entonces David fue a hablar con Ornán
y, cuando éste miró a David, salió de la era y
se postró en tierra ante David.
22 Entonces David le dijo a Ornán:
«Concédeme este lugar, para edificar un
altar al Señor. Véndemelo por lo que real-
mente vale, para que el pueblo ya no siga
muriendo.»
23 Y Ornán le respondió:
«Mi señor el rey puede tomar la era y ha-
cer con ella lo que le parezca mejor. Yo le
daré todo lo que necesite, hasta los bueyes
para el holocausto, los trillos para la leña, y
el trigo para la ofrenda.»
24 Entonces el rey David le dijo a Ornán:
«De ninguna manera. Yo te compraré la
era por su precio justo. No voy a tomar para
el Señor lo que es tuyo, ni voy a ofrecer nin-
gún holocausto que nada me cueste.»
25 Y David pesó y le pagó a Ornán por la
era seiscientas monedas de oro.
26 Allí edificó David un altar al Señor, y en
él ofreció holocaustos y ofrendas de paz, e
invocó al Señor, quien le respondió desde
los cielos enviando fuego sobre el altar del
holocausto.
27 Entonces el Señor habló con el ángel,
para que éste devolviera su espada a la vaina.

SATANÁS TIENTA A DAVID *(1 Crónicas 21.1)*
Después que David había ganado grandes victorias, Dios permitió que Satanás tentara a David. Satanás engañó a David al hacerle pensar que a Dios le gustaría su plan de contar los soldados en su ejército. Pero ese plan enojó a Dios. La historia de David nos recuerda que el enemigo de los cristianos —Satanás— todavía anda tentando a la gente. Él trata de hacer que dependamos de nosotros mismos en vez de depender de Dios. Pero el Espíritu Santo nos da el poder para resistir la tentación. También podemos usar la Palabra de Dios para resistir la tentación como lo hizo Jesús en Mateo 4. ¿Por qué no tomas unos minutos ahora mismo para leer Mateo 4?

El lugar para el templo

28 Al ver David que el Señor le había atendido en el caso de la era de Ornán el jebuseo, ofreció sacrificios allí.

29 En aquel tiempo el tabernáculo del Señor que Moisés había hecho en el desierto, y el altar del holocausto, estaban en el lugar alto de Gabaón,

30 pero como David tenía miedo por causa de la espada del ángel del Señor, no podía ir allá para consultar a Dios.

22 Entonces David dijo:
«Éste será el lugar de la casa de Dios el Señor, y aquí tendrá Israel el altar del holocausto.»

Preparativos para el templo

2 Después de eso, David mandó reunir a los extranjeros que había en la tierra de Israel, y escogió algunos de ellos como canteros, para que labraran piedras y edificaran la casa de Dios.

3 Preparó también mucho hierro para los clavos y las bisagras de las puertas, y mucho bronce y madera de cedro.

4 Y es que los sidonios y los tirios habían traído a David abundante madera de cedro.

5 Entonces dijo David:

«Salomón, mi hijo, es todavía un niño de tierna edad, pero la casa que debe edificarse al Señor tiene que ser una obra excelente, de gran renombre en todo lugar. Así que voy a prepararle todo lo necesario.»

Y antes de su muerte, David hizo abundantes preparativos.

6 Llamó entonces David a Salomón, su hijo, y le mandó edificar una casa para el Señor, el Dios de Israel.

7 Le dijo:

«Hijo mío, la intención de mi corazón era edificar un templo al nombre del Señor mi Dios.

8 Pero la palabra del Señor vino a mí, y me dijo: "Tú has derramado mucha sangre; has librado muchas batallas. Es tanta la sangre que has derramado en la tierra delante de mí, que no edificarás casa a mi nombre.

9 Pero te nacerá un hijo, el cual será un hombre de paz. Yo haré que esté en paz con todos los enemigos que lo rodean; por eso se llamará Salomón.[5] Durante su vida yo le daré a Israel paz y reposo.

10 Él edificará una casa para honrar mi nombre, y él será mi hijo, y yo seré su padre, y para siempre[a] afirmaré sobre Israel el trono de su reino."

11 Así que, hijo mío, que el Señor esté contigo, y que seas prosperado y edifiques la casa del Señor tu Dios, como él lo ha dicho.

12 Que el Señor te dé entendimiento y prudencia, para que cuando gobiernes a Israel cumplas la ley del Señor tu Dios.

13 Si pones por obra los estatutos y decretos que el Señor le entregó a Moisés para Israel, serás prosperado. Esfuérzate y cobra ánimo; no temas ni desmayes.[b]

14 Toma en cuenta que yo, con grandes esfuerzos, he preparado para la casa del Señor tres mil trescientas toneladas de oro, treinta y tres mil toneladas de plata, y muchísimo bronce y hierro, porque en realidad es mucho. También he preparado madera y piedra, pero puedes añadir más.

15 Tú cuentas con muchos obreros, canteros, albañiles y carpinteros, y con gente experta en distintos trabajos.

16 La cantidad de oro, plata, bronce y hierro es incalculable. Así que levántate y pon manos a la obra, y que el Señor esté contigo.»

17 David mandó también a todos los jefes de Israel que ayudaran a su hijo. Les dijo:

18 «¿No es verdad que el Señor su Dios les ha dado a ustedes paz por todas partes? Él *ha entregado* en mis manos a los habitantes de la tierra, y la tierra ha sido sometida delante del Señor y de su pueblo.

19 Dispongan ahora su corazón y su ánimo a buscar al Señor su Dios. Levántense y edifiquen el santuario de Dios, el Señor, para trasladar a la casa edificada al nombre del

---

[5] **22.9** Es decir, ***Pacífico***.

PROMESAS PODEROSAS

1 CRÓNICAS 22.11

Así que, hijo mío, que el Señor esté contigo, y que seas prosperado y edifiques la casa del Señor tu Dios, como él lo ha dicho.

Aunque David no podía construir el templo se aseguró de que su hijo Salomón tuviera todo lo necesario para construirlo. Antes que nada, David le dijo a Salomón que acatara las leyes de Dios y se mantuviera bien cerca de Dios. ¡Esos son buenos consejos para todos los NIÑOS PODEROSOS!

Señor el arca del pacto y los utensilios consagrados a Dios.»

Distribución y deberes de los levitas

23 Cuando David ya era viejo y tenía muchos años, declaró a su hijo Salomón rey de Israel.[a]
2 Además, juntó a todos los jefes de Israel y a los sacerdotes y levitas,
3 contando a los levitas mayores de treinta años, y el número total de ellos, contados uno por uno, resultó ser de treinta y ocho mil.
4 De éstos, veinticuatro mil debían dirigir la obra de la casa del Señor, y seis mil fungirían como gobernadores y jueces;
5 cuatro mil serían porteros, y los cuatro mil restantes se dedicarían a alabar al Señor con los instrumentos que David había hecho para tributar alabanzas.
6 David los repartió en grupos, siguiendo el orden de los hijos de Leví, es decir, de Guersón, Coat y Merari.
7 Los hijos de Guersón fueron Laadán y Simey.
8 Los hijos de Laadán fueron tres: Yejiel, el primero, seguido de Zetán y Joel.
9 Los hijos de Simey fueron tres: Selomit, Jaziel y Harán. Éstos fueron los jefes de las familias de Laadán.
10 Y los hijos de Simey fueron Yajat, Zina, Jeús y Beria. Estos cuatro fueron los hijos de Simey.
11 Yajat fue el primero, y Zina el segundo; pero Jeús y Beria no tuvieron muchos hijos, así que fueron contados como una sola familia.
12 Los hijos de Coat fueron cuatro: Amirán, Isar, Hebrón y Uziel.
13 Los hijos de Amirán fueron Aarón y Moisés. Aarón fue apartado, junto con sus hijos, para dedicarse siempre a las cosas más santas, para quemar incienso delante del Señor, y para servirle y bendecir en su nombre siempre.[b]
14 Los hijos de Moisés, hombre de Dios, fueron contados en la tribu de Leví,
15 y fueron Guersón y Eliezer.
16 El hijo de Guersón fue el jefe Sebuel.
17 El hijo de Eliezer fue el jefe Rejabías.
Eliezer no tuvo otros hijos, pero Rejabías sí tuvo muchos hijos.
18 El hijo de Isar fue el jefe Selomit.
19 Los hijos de Hebrón fueron el jefe Jerías, seguido de Amarías, Jahaziel y Jecamán.
20 Los hijos de Uziel fueron el jefe Micaía, seguido de Isías.
21 Los hijos de Merari fueron Mali y Musi.
Los hijos de Mali fueron Eleazar y Cis.
22 Eleazar murió sin haber tenido hijos, pero tuvo hijas, y sus parientes, los hijos de Cis, las tomaron por mujeres.
23 Los hijos de Musi fueron tres: Mali, Edar y Jeremot.
24 Éstos fueron los descendientes de Leví por las familias de sus padres. Según el censo, eran jefes de familia, mayores de veinte años, cada uno contado por nombre, y todos ellos trabajaban en el ministerio de la casa del Señor.
25 Y es que David dijo:
«El Señor, el Dios de Israel, ha dado paz a su pueblo, y habitará en Jerusalén para siempre.

[a]**22.7-10:** 2 S 7.1-16; 1 Cr 17.1-14. [b]**22.13:** Jos 1.6-9. [a]**23.1:** 1 R 1.1-40. [b]**23.13:** Éx 28.1.

[26] Los levitas no tendrán que volver a cargar el tabernáculo y todos los utensilios para su ministerio.»[c]

[27] Fue así como, de acuerdo con las últimas palabras de David, se hizo la cuenta de los hijos de Leví mayores de veinte años.

[28] Todos ellos estaban bajo las órdenes de los hijos de Aarón para ministrar en la casa del Señor, en los atrios, en las cámaras, y en la purificación de todo objeto santificado, lo mismo que en la obra restante del ministerio de la casa de Dios,

[29] y para los panes de la proposición, para la flor de harina para el sacrificio, para las hojuelas sin levadura, para lo preparado en sartén, para lo tostado, para toda medida y cuenta,

[30] y para asistir todos los días por la mañana y por la tarde para dar gracias y tributar alabanzas al Señor,

[31] y para ofrecer delante del Señor, continuamente, todos los holocaustos en los días de reposo, y en las lunas nuevas y fiestas solemnes, según su número y de acuerdo con su rito,

[32] y para que en el ministerio de la casa del Señor[d] estuvieran a cargo del tabernáculo de reunión y del santuario, bajo las órdenes de sus hermanos, los hijos de Aarón.

24 También los hijos de Aarón fueron distribuidos en grupos. Los hijos de Aarón fueron Nadab, Abiú, Eleazar e Itamar.

[2] Como Nadab y Abiú murieron antes que su padre,[a] y no tuvieron hijos, Eleazar e Itamar ejercieron el sacerdocio.

[3] David, junto con Sadoc, de los hijos de Eleazar, y Ajimélec, de los hijos de Itamar, los repartió por sus turnos en el ministerio.

[4] *Había más hombres importantes* de los hijos de Eleazar que de los hijos de Itamar, y quedaron repartidos así:

De los hijos de Eleazar, dieciséis jefes de casas paternas.

De los hijos de Itamar, ocho jefes de casas paternas.

[5] Fueron repartidos por sorteo los unos con los otros, porque de los hijos de Eleazar y de los hijos de Itamar hubo jefes del santuario y príncipes de la casa de Dios.

[6] El escriba de los levitas Semaías hijo de Natanael escribió sus nombres en presencia del rey y de los príncipes, y delante del sacerdote Sadoc, de Ajimélec hijo de Abiatar y de los jefes de las casas paternas de los sacerdotes y levitas, designando por sorteo una casa paterna para Eleazar y otra para Itamar.

[7] La primera suerte le tocó a Joyarib,
la segunda a Jedaías,
[8] la tercera a Jarín,
la cuarta a Segorín,
[9] la quinta a Malquías,
la sexta a Mijamín,
[10] la séptima a Cos,
la octava a Abías,
[11] la novena a Josué,
la décima a Secanías,
[12] la undécima a Eliasib,
la duodécima a Yaquín,
[13] la decimotercera a Jupá,
la decimocuarta a Jesebeab,
[14] la decimoquinta a Bilgá,
la decimosexta a Imer,

LECCIONES LOS SACERDOTES

(1 Crónicas 24.1)

El capítulo 24 nos cuenta acerca de los sacerdotes que servían a Dios. Su deber principal era ofrecer sacrificios a Dios por los pecados del pueblo. Estos sacerdotes venían de una tribu: la tribu de Leví. Hoy día, todos los seguidores de Jesús forman parte de lo que el apóstol Pedro llamó el "sacerdocio santo" (1 Pedro 2:5). No tenemos que ofrecer animales como sacrificios. Debido a que Jesús murió en la cruz como un sacrificio por el pecado, ya no necesitamos los sacrificios de animales. Pero podemos ofrecer nuestra vida y nuestros cantos de alabanza como sacrificios a Dios.

[c]**23.26:** Dt 10.8. [d]**23.28-32:** Nm 3.5-9. [a]**24.2:** Lv 10.1-2.

15 la decimoséptima a Hezir,
la decimoctava a Afses,
16 la decimonovena a Petajías,
la vigésima a Ezequiel,
17 la vigesimoprimera a Jaquín,
la vigesimosegunda a Gamul,
18 la vigesimotercera a Delaía,
la vigesimocuarta a Magasías.

19 Éstos fueron distribuidos para su ministerio, para que entraran en la casa del Señor, según les fue ordenado por Aarón su padre, de la manera que le había mandado el Señor, el Dios de Israel.

20 Los restantes hijos de Leví fueron:
De los hijos de Amirán, Subael;
de los hijos de Subael, Yejedías;
21 de los hijos de Rejabías, el jefe Isías;
22 de los isaritas, Selomot y Yajat, su hijo;
23 de los hijos de Hebrón, el jefe Jerías, seguido de Amarías, Jahaziel y Jecamán;
24 Micaía hijo de Uziel,
Samir hijo de Micaía,
25 Isías, hermano de Micaía;
Zacarías hijo de Isías,
26 Mali y Musi, hijos de Merari;
Beno hijo de Jazías.

27 Los hijos de Merari, por parte de Jazías: Beno, Soán, Zacur e Ibri.

28 Por parte de Mali, Eleazar, que no tuvo hijos.

29 Yeramel hijo de Cis.

30 Los hijos de Musi fueron Mali, Edar y Jerimot.

Éstos fueron los descendientes de los levitas, por sus casas paternas.

31 También éstos fueron sorteados, como sus parientes aaronitas, delante del rey David, de Sadoc y Ajimélec, y de los jefes de las casas paternas de los sacerdotes y levitas, lo mismo el jefe de los padres que el menor de sus parientes.

Distribución de músicos y cantores

25 Para el ministerio, y para que profetizaran con arpas, salterios y címbalos, David y los jefes del ejército apartaron a los hijos de Asaf, de Hemán y de Jedutún. El número de ellos, que eran hombres idóneos para la obra de su ministerio, fue el siguiente:

2 De los hijos de Asaf: Zacur, José, Netanías y Asarela, hijos de Asaf. Éstos estaban bajo la dirección de Asaf, el cual profetizaba bajo las órdenes del rey.

3 De los hijos de Jedutún: Gedalías, Serí, Jesaías, Jasabías, Matatías y Simey. Estos seis estaban bajo la dirección de Jedutún, su padre, el cual profetizaba al son del arpa, para aclamar y alabar al Señor.

4 De los hijos de Hemán: Buquías, Matanías, Uziel, Sebuel, Jeremot, Jananías, Jananí, Eliata, Gidalti, Romanti Ezer, Josbecasa, Maloti, Hotir y Majaziot.

5 Todos estos fueron hijos de Hemán, que era el vidente del rey en todo lo relacionado con Dios y exaltaba su poder. Dios le dio a Hemán catorce hijos y tres hijas.

6 Todos ellos estaban en la casa del Señor bajo la dirección musical de su padre, con címbalos, salterios y arpas, para el ministerio del templo de Dios. Asaf, Jedutún y Hemán estaban allí por disposición del rey.

7 El número de todos los aptos e instruidos en el canto para honrar al Señor, era de doscientos ochenta y ocho, incluyendo a sus hermanos.

8 Los turnos para ministrar fueron sorteados, sin distinguir entre pequeños y grandes, ni entre maestros y discípulos.

9 El primero en salir sorteado fue Asaf, de José.
El segundo fue Gedalías, que con sus hermanos e hijos eran doce.

10 El tercero fue Zacur, que con sus hijos y sus hermanos eran doce.

11 El cuarto fue Izri, que con sus hijos y sus hermanos eran doce.

12 El quinto fue Netanías, que con sus hijos y sus hermanos eran doce.

13 El sexto fue Buquías, que con sus hijos y sus hermanos eran doce.

14 El séptimo fue Jesarela, que con sus hijos y sus hermanos eran doce.

15 El octavo fue Jesahías, que con sus hijos y sus hermanos eran doce.

PALABRAS CON PODER

PROFETIZAR
(1 Crónicas 25.1)

"Profetizar" significa dar mensajes que da el Espíritu Santo directamente. En este versículo vemos que los músicos tenían el don de profetizar. El Espíritu Santo los ayudaba a cantar alabanzas a Dios y tocar sus instrumentos de maneras que servían los propósitos de Dios. En toda la Biblia y aun hoy día, la profecía es una de las maneras en que el Espíritu Santo enseña y anima a las personas que creen en Jesucristo (lee Hechos 2:17). Aunque no todos tienen el don de la profecía, el Espíritu Santo nos ayuda a todos a servir a Dios.

16 El noveno fue Matanías, que con sus hijos y sus hermanos eran doce.
17 El décimo fue Simey, que con sus hijos y sus hermanos eran doce.
18 El undécimo fue Azareel, que con sus hijos y sus hermanos eran doce.
19 El duodécimo fue Jasabías, que con sus hijos y sus hermanos eran doce.
20 El decimotercero fue Subael, que con sus hijos y sus hermanos eran doce.
21 El decimocuarto fue Matatías, que con sus hijos y sus hermanos eran doce.
22 El decimoquinto fue Jeremot, que con sus hijos y sus hermanos eran doce.
23 El decimosexto fue Jananías, que con sus hijos y sus hermanos eran doce.
24 El decimoséptimo fue Josbecasa, que con sus hijos y sus hermanos eran doce.
25 *El decimoctavo fue Janani,* que con sus hijos y sus hermanos eran doce.
26 El decimonoveno fue Maloti, que con sus hijos y sus hermanos eran doce.
27 El vigésimo fue Eliata, que con sus hijos y sus hermanos eran doce.
28 El vigesimoprimero fue Hotir, que con sus hijos y sus hermanos eran doce.
29 El vigesimosegundo fue Gidalti, que con sus hijos y sus hermanos eran doce.
30 El vigesimotercero fue Majaziot, que con sus hijos y sus hermanos eran doce.
31 El vigesimocuarto fue Romanti Ezer, que con sus hijos y sus hermanos eran doce.

Porteros y oficiales

26 Los porteros fueron distribuidos de la siguiente manera:
De los coreítas: Meselemías hijo de Coré, de los hijos de Asaf.
2 De los hijos de Meselemías: Zacarías, el primogénito, seguido de Jediael, Zebadías, Jatniel,
3 Elam, Johanán y Elioguenay, en ese orden.
4 De los hijos de Obed Edom: Semaías, el primogénito, seguido de Jozabad, Yoaj, Sacar, Natanael,
5 Amiel, Isacar y Peultay, en ese orden. Y es que Dios había bendecido a Obed Edom.[a]
6 Semaías hijo de Obed también tuvo hijos que fueron jefes de la familia de sus padres. Eran hombres muy valientes y esforzados.
7 Sus hijos fueron Otni, Rafael, Obed y Elzabad, y sus hermanos Eliú y Samaquías, que eran hombres esforzados.
8 Todos estos eran descendientes de Obed Edom. Todos ellos, con sus hijos y hermanos, eran sesenta y dos hombres robustos y fuertes para el servicio.
9 Los hijos de Meselemías y sus hermanos fueron dieciocho hombres valientes.
10 De Josá, que era de los descendientes de Merari: el jefe Simerí (que no era el primogénito, pero su padre lo nombró jefe),
11 seguido de Hilcías, Tebalías y Zacarías, en ese orden. En total, los hijos de Josá y sus hermanos fueron trece.
12 La distribución de los porteros se hizo entre éstos, y los más importantes se alternaban con sus hermanos en la vigilancia para servir en la casa del Señor.

[a] **26.4-5:** 2 S 6.11; 1 Cr 13.14.

13 La vigilancia de cada puerta se decidió por sorteo, según sus casas paternas y sin distinguir entre pequeños y grandes.

14 La puerta del oriente le tocó por suerte a Selemías. Luego se sorteó la puerta del norte, y ésta le tocó a su hijo Zacarías, que era un consejero muy inteligente.

15 A Obed Edom le tocó la puerta del sur, y a sus hijos, la casa de provisiones del templo.

16 Sufán y Josá compartían la vigilancia de la puerta de Salequet, al occidente, en el camino de la cuesta.

17 Al oriente había seis levitas; al norte, cuatro de día; al sur, cuatro de día; y en la casa de provisiones, dos en cada turno.

18 En la cámara de los utensilios, al occidente, cuatro vigilaban el camino, y dos vigilaban la cámara.

19 Ésta fue la distribución de los porteros coreítas y meraritas.

20 De los levitas, Ajías estaba a cargo de los tesoros de la casa de Dios, y de los tesoros de los objetos santificados.

21 En cuanto a los hijos de Laadán hijo de Guersón, los jefes de las casas paternas de Laadán guersonita fueron los jehielitas.

22 Los hijos de Yejieli, Zetán y su hermano Joel estaban a cargo de los tesoros de la casa del Señor.

23 De entre los amiranitas, isaritas, hebronitas y uzielitas,

24 el jefe sobre los tesoros era Sebuel hijo de Guersón, hijo de Moisés.

25 En cuanto a su hermano Eliezer, su hijo era Rejabías, y sus descendientes en línea directa eran Jesaías, Jorán, Zicri y Selomit.

26 Tanto Selomit como sus hermanos estaban a cargo de todos los tesoros y de todos los objetos santificados que habían consagrado el rey David, los jefes de las casas paternas, los capitanes de millares y de centenas, y los jefes del ejército.

27 Todo lo habían consagrado de los botines de guerra, para reparar la casa del Señor.

28 También estaba a cargo de Selomit y de sus hermanos todo lo que habían consagrado el vidente Samuel, Saúl hijo de Cis, Abner hijo de Ner y Joab hijo de Seruyá, y todo lo que otros consagraban.

29 De los isaritas, Quenanías y sus hijos eran los gobernadores y jueces de Israel en asuntos exteriores.

30 De los hebronitas, Jasabías y sus parientes, que eran mil setecientos hombres aguerridos, gobernaban a Israel en la ribera occidental del Jordán, en todo lo concerniente a cuestiones del Señor y del rey.

31 Jerías era el jefe de los hebronitas, repartidos por sus linajes y por sus familias. Fueron registrados en el año cuarenta del reinado de David, y se encontró que entre ellos había hombres fuertes y aguerridos en Jazer de Galaad.

32 Sus parientes, también hombres valientes, eran dos mil setecientos jefes de familia. El rey David los puso al mando de los rubenitas y gaditas, y de la media tribu de Manasés, para todo lo relacionado con Dios y con el rey.

Otros oficiales de David

27 Éstos son los jefes israelitas, jefes de familias y de millares y de centenas, oficiales que servían al rey en todos los asuntos relacionados con las divisiones que cada mes, y durante todo el año, entraban y salían. Cada división estaba formada por veinticuatro mil hombres.

2 La primera división del primer mes la comandaba Yasobeán hijo de Zabdiel, y había en su división veinticuatro mil hombres.

3 De los descendientes de Fares, Yasobeán fue el jefe de todos los capitanes de las compañías del primer mes.

4 Al mando de la división del segundo mes estaba Doday el ajojita. Miclot era el jefe de su división, en la que también había veinticuatro mil hombres.

5 El jefe de la tercera división para el tercer mes era Benaías hijo de Joyadá, el sumo sacerdote. En su división había veinticuatro mil hombres.

6 Este Benaías era uno de los treinta va-

lientes, y comandaba a los treinta. En su división estaba su hijo Amisabad.

7 El cuarto jefe para el cuarto mes era Asael, hermano de Joab, seguido de su hijo Zebadías. En su división había veinticuatro mil hombres.

8 El quinto jefe para el quinto mes era Samut el izraíta. En su división había veinticuatro mil hombres.

9 El sexto jefe para el sexto mes era Ira hijo de Iques, el de Tecoa. En su división había veinticuatro mil hombres.

10 El séptimo jefe para el séptimo mes era Heles el pelonita, de los efrainitas. En su división había veinticuatro mil hombres.

11 El octavo jefe para el octavo mes era Sibecay el husatita, de los zerajitas. En su división había veinticuatro mil hombres.

12 El noveno jefe para el noveno mes era Abiezer el anatotita, de los benjaminitas. En su división había veinticuatro mil hombres.

13 El décimo jefe para el décimo mes era Maray el netofatita, de los zerajitas. En su división había veinticuatro mil hombres.

14 El undécimo jefe para el undécimo mes era Benaías el piratonita, de los efrainitas. En su división había veinticuatro mil hombres.

15 El duodécimo jefe para el duodécimo mes era Jelday el netofatita, de los descendientes de Otoniel. En su división había veinticuatro mil hombres.

16 Al mando de las tribus de Israel estaban:

Eliezer hijo de Zicri, jefe de los rubenitas;

Sefatías hijo de Macá, jefe de los simeonitas;

17 Jasabías hijo de Kemuel, jefe de los levitas;

Sadoc, jefe de los aaronitas;

18 Eliú, uno de los hermanos de David, de *Judá;*

Omri hijo de Micael, de los de Isacar;

19 Ismaías hijo de Abdías, de los de Zabulón;

Jerimot hijo de Azriel, de los de Neftalí;

20 Oseas hijo de Azazías, de los efrainitas;

Joel hijo de Pedaías, de la media tribu de Manasés;

21 Iddo hijo de Zacarías, de la otra media tribu de Manasés, en Galaad;

Jasiel hijo de Abner, de los benjaminitas;

22 Azareel hijo de Jeroán, de los danitas.

Éstos eran los jefes de las tribus de Israel.

23 David no incluyó a los que eran menores de veinte años porque el Señor había prometido hacer a Israel tan numeroso como las estrellas del cielo.[a]

24 Joab hijo de Seruyá había empezado a hacer el censo, pero no lo concluyó porque el castigo de Dios sobre Israel[b] vino por causa de eso, y por lo tanto el número no se incluyó en el registro de las crónicas del rey David.

25 Azmavet hijo de Adiel tenía a su cargo los tesoros del rey, y Jonatán hijo de Uzías tenía a su cargo los tesoros de los campos, de las ciudades, de las aldeas y de las torres.

26 Ezri hijo de Quelub estaba a cargo de los que cultivaban las tierras.

27 Simey el ramatita estaba a cargo de las viñas, y Zabdi el sifmita del fruto de las viñas para las bodegas.

28 Baal Janán el gederita estaba a cargo de los olivares y de las higueras de la Sefela; y Joás, de los almacenes de aceite.

29 Sitray el saronita tenía a su cargo el ganado que pastaba en Sarón, y Safat hijo de Adlay se ocupaba del ganado que había en los valles.

30 De los camellos se ocupaba Obil el ismaelita; de las asnas, Yejedías el meronotita;

31 y de las ovejas, Jaziz el agareno. Todos estos eran administradores de las propiedades del rey David.

32 Jonatán, el tío de David, que era un hombre prudente, era consejero y escriba; y Yejiel hijo de Jacmoní cuidaba a los hijos del rey.

33 También Ajitofel era consejero del rey, y Jusay el arquita era amigo del rey.

34 Después de Ajitofel estaba Joyadá hijo de Benaías, y Abiatar. Joab era el general del ejército del rey.

---

[a]**27.23:** Gn 15.5; 22.17; 26.4. [b]**27.24:** 2 S 24.1-15; 1 Cr 21.1-14.

Salomón sucede a David

28 David reunió en Jerusalén a todos los jefes de las tribus de Israel, a los jefes de las divisiones al servicio del rey, a los jefes de millares y de centenas, a los administradores de todas las propiedades del rey y de sus hijos, a los oficiales y a sus hombres más aguerridos y valientes.

2 Una vez reunidos, el rey David se puso de pie y dijo:

«Hermanos y pueblo mío: escúchenme. Yo tenía la intención de edificar una casa en donde el arca del pacto del Señor pudiera reposar; en donde nuestro Dios pudiera descansar sus pies. Ya tenía yo todo preparado para edificar,

3 pero Dios me dijo: "Tú no edificarás casa a mi nombre, porque eres hombre de guerra y has derramado mucha sangre."

4 Sin embargo, el Señor, el Dios de Israel, me eligió de entre toda la casa de mi padre, para que fuera yo rey de Israel para siempre. A Judá lo escogió como caudillo, y de la casa de Judá escogió a la familia de mi padre, y de entre los hijos de mi padre se agradó de mí para hacerme rey de todo Israel.

5 El Señor me ha dado muchos hijos, y de entre todos ellos eligió a mi hijo Salomón para que se siente en el trono del reino del Señor y gobierne a Israel.

6 El Señor me ha dicho: "Tu hijo Salomón edificará mi casa y mis atrios. Yo lo he escogido para que sea mi hijo, y yo seré para él su padre.

7 Yo confirmaré su reino para siempre, siempre y cuando él se esfuerce por practicar mis mandamientos y mis decretos, como lo hace ahora."[a]

8 Así que ahora, teniendo como testigo a todo Israel, la congregación del Señor, y hablando en presencia de nuestro Dios, procuren cumplir todos los preceptos del Señor su Dios, para que posean esta buena tierra, y se la dejen a sus hijos después de ustedes como herencia perpetua.

9 »Y tú, Salomón, hijo mío, reconoce al Dios de tu padre, y sírvele con corazón perfecto y con ánimo voluntario, porque el Señor escudriña los corazones de todos y entiende toda intención de los pensamientos. Si tú lo buscas, lo hallarás; pero si lo dejas, él te desechará para siempre. 2 Cr 13.4-12

10 Date cuenta ahora de que el Señor te ha elegido para que edifiques casa para el santuario. ¡Esfuérzate, y hazla!»

11 Luego David entregó a su hijo Salomón el plano del pórtico del templo y de sus casas, tesorerías, aposentos y salas, y de la casa del propiciatorio.

12 También le entregó el plano de todo lo que pensaba hacer para los atrios de la casa del Señor, para todas las salas en derredor, para las tesorerías de la casa de Dios, y para las tesorerías de los objetos santificados,

13 lo mismo que para los grupos de los sacerdotes y de los levitas, para toda la obra del ministerio de la casa del Señor, y para todos los utensilios del ministerio de la casa del Señor.

14 Pesó el oro para los objetos de oro, para todos los utensilios de cada servicio, y pesó también la plata para todos los objetos de

[a] **28.2-7:** 2 S 7.1-16; 1 Cr 17.1-14.

RECUERDA A DIOS *(1 Crónicas 28.9)*
David instó a su hijo Salomón a siempre servir a Dios y serle fiel. Este fue el mejor consejo que David podría darle a su hijo. La lealtad a Dios ayudaría a Salomón a ser el tipo de rey que Dios quería. ¿Qué significa servir a Dios y ser fiel a Él? Significa obedecerlo y depender de su guía. También significa confiar en su Palabra para definir lo que es correcto y pedirle a Dios que obre en nuestra vida.

plata, para todos los utensilios de cada ser-
vicio.
15 Pesó el oro para los candeleros de oro
y para sus lámparas; y pesó también el oro
para cada candelero y sus lámparas, y pesó
la plata para los candeleros de plata y sus
lámparas, según el servicio de cada cande-
lero.
16 También pesó el oro para cada una de
las mesas de la proposición, lo mismo que la
plata para las mesas de plata,
17 y oro puro para los garfios, los lebrillos,
las copas y las tazas de oro. Pesó el oro para
cada taza de oro, y la plata para cada una de
las tazas de plata.
18 Además, pesó oro puro para el altar del
incienso y para el carro de los querubines de
oro, que con sus alas extendidas cubrían el
arca del pacto del Señor,
19 pues dijo David: «Todo esto me fue di-
señado por la mano del Señor. Él me dio a
conocer cada detalle del diseño.»
20 Además, David le dijo a su hijo Salo-
món: «¡Anímate y esfuérzate! Pon manos
a la obra, y no temas ni desmayes. El Señor
mi Dios estará contigo. No te dejará ni te
desamparará, hasta que acabes toda la obra
para el servicio de la casa del Señor.
21 Mira, en toda la obra estarán contigo,
para todo el ministerio de la casa de Dios,
los grupos de los sacerdotes y de los levitas,
y todos los voluntarios capaces de realizar
toda forma de servicio; además, los jefes y
todo el pueblo están dispuestos a ejecutar
todas tus órdenes.»

29 El rey David le dijo a toda la
asamblea:
«Dios ha escogido a mi hijo
Salomón, pero él es todavía un niño tierno
de edad, y la obra es demasiado grande. Esta
casa no es para un hombre, sino para Dios
el Señor.
2 Con todas mis fuerzas yo he preparado
todo para la casa de mi Dios: oro para los
objetos de oro, plata para los objetos de
plata, bronce para los de bronce, hierro para

LECCIONES

CONSÁGRATE
(1 Crónicas 29.5)

Estar consagrado quiere decir apartado para un uso especial. El rey David les preguntó a los israelitas si estaban dispuestos a consagrarse para dar ofrendas para la construcción del templo. Él quería que tomaran en serio esta tarea especial. Las palabras de David nos retan a dar de buena gana a la obra de Dios. Podemos gozarnos cuando ofrendamos por amor a Dios.

los de hierro, y madera para los de madera;
además, piedras de ónice, piedras preciosas,
piedras negras, piedras de diversos colores,
toda clase de piedras preciosas, y piedras de
mármol en abundancia.[a]
3 Además de todo lo que he preparado
para la casa del santuario, es tan grande mi
afecto por la casa de mi Dios que, en mi te-
soro particular, tengo guardado oro y plata,
y lo voy a dar para la casa de mi Dios:
4 cien mil kilos de oro, de oro de Ofir, y
treinta mil kilos de plata refinada para recu-
brir las paredes de los edificios;
5 oro para los objetos de oro, y plata para
los objetos de plata y para toda obra que
deban hacer los artífices. ¿Quién más quie-
re presentar hoy una ofrenda voluntaria al
Señor?»
6 Los jefes de familia y los jefes de las tribus
israelitas, y los jefes de millares y de cente-
nas, lo mismo que los administradores de las
propiedades del rey, presentaron sus ofren-
das voluntarias.
7 Para el servicio de la casa de Dios dieron
ciento sesenta y cinco mil kilos y diez mil mo-
nedas de oro, trescientos treinta mil kilos de
plata, seiscientos mil kilos de bronce, y tres
millones trescientos mil kilos de hierro.
8 Todo el que tenía piedras preciosas las
puso en las manos de Yejiel el guersonita
para el tesoro de la casa del Señor.

[a] **29.1-2:** 1 Cr 22.5.

PROMESAS PODEROSAS

1 CRÓNICAS 29.12

De ti proceden las riquezas y la gloria. Tú dominas sobre todo. En tu mano están la fuerza y el poder, y en tu mano también está el engrandecer y el dar poder a todos.

Cuando el pueblo ofrendó para ayudar a construir el templo, David alabó a Dios. David sabía que todo lo que el pueblo tenía se lo había dado Dios. Él es el que está en control de todo.

9 El pueblo estaba feliz de haber contri-
buido voluntariamente, pues todo lo que
ofrecieron al Señor lo dieron de corazón y
de manera voluntaria.
10 El rey David se alegró mucho y bendijo
al Señor delante de toda la congregación.
Dijo:
«Bendito seas, Señor y Padre nuestro,
Dios de Israel, desde el siglo y hasta el
siglo.
11 Tuya es, Señor, la magnificencia y el
poder, la gloria, la victoria y el honor; pues
tuyas son todas las cosas que están en los
cielos y en la tierra. Tuyo es, Señor, el reino.[b]
¡Tú eres excelso sobre todas las cosas!
12 De ti proceden las riquezas y la gloria.
Tú dominas sobre todo. En tu mano están
la fuerza y el poder, y en tu mano tam-
bién está el engrandecer y el dar poder a
todos.
13 Por eso ahora, Dios nuestro, alabamos y
loamos tu glorioso nombre.
14 »A decir verdad, ¿quién soy yo, y quién
es mi pueblo, para poder ofrecerte todo
esto, y de manera voluntaria? Todo es tuyo,
y lo que ahora te damos lo hemos recibido
de tus manos.
15 Nosotros, ante ti, somos unos extran-
jeros y advenedizos, como lo fueron todos
nuestros padres: ¡nuestros días sobre la tie-
rra son como una sombra pasajera!
16 Señor y Dios nuestro, toda esta abun-
dancia que hemos preparado para edificar
casa a tu santo nombre, procede de tu
mano, y es todo tuyo.
17 Dios mío, yo sé que tú escudriñas los
corazones, y que la rectitud te agrada. Por
eso yo, con rectitud de mi corazón, te he
ofrecido todo esto de manera voluntaria, y
con alegría he visto que tu pueblo, reunido
aquí y ahora, te ha ofrendado con espon-
taneidad.
18 »Señor, Dios de nuestros padres Abra-
hán, Isaac e Israel, conserva siempre esta vo-
luntad de corazón de tu pueblo, y encamina
a ti su corazón.
19 Dale a mi hijo Salomón un corazón per-
fecto, para que cumpla tus mandamientos,
tus testimonios y tus estatutos, y para que
te edifique la casa y todas las cosas, para las
cuales yo he hecho estos preparativos.»
20 Después de esto, David dijo a toda la
congregación:
«Bendigan al Señor su Dios.»
Entonces toda la congregación bendijo al
Señor, Dios de sus padres, y se inclinaron y
adoraron delante del Señor y del rey. Esd 3.10-13
21 Sacrificaron víctimas al Señor, y al día
siguiente le ofrecieron holocaustos: mil be-
cerros, mil carneros, mil corderos con sus

PALABRAS CON PODER

BENDIGAN AL SEÑOR SU DIOS
(1 Crónicas 29.20)

El rey David mandó que el pueblo bendiga al Señor su Dios. "Bendecir al Señor", significa honrarlo, amarlo y darle gracias con corazón humilde. Después que habló David, los israelitas inmediatamente se postraron y se humillaron ante el Señor. Tú puedes "bendecir al Señor" al darle alabanza basado en su carácter: su bondad, misericordia, fidelidad, compasión, santidad y justicia. ¿Cuáles son las características de Dios que más aprecias?

[b]**29.11:** Mt 6.13. [c]**29.23:** 1 R 2.12. [d]**29.27:** 2 S 5.4-5; 1 Cr 3.4.

libaciones, y muchos sacrificios de parte de
todo Israel.
[22] Y ese día comieron y bebieron delante
del Señor con gran alegría, y por segunda
vez reconocieron como rey a Salomón hijo
de David, y ante el Señor lo ungieron como
príncipe, y a Sadoc lo ungieron como sacer-
dote.
[23] Salomón ocupó el trono del Señor en
lugar de David su padre,[c] y fue prosperado, y
todo Israel le juró obediencia.
[24] Todos los jefes y poderosos, y todos los
hijos del rey David, rindieron homenaje al
rey Salomón,
[25] y el Señor lo engrandeció en extremo
ante todo Israel, y fue tal la gloria de su reino
que ningún rey la tuvo antes de él en Israel.

Muerte de David

(1 R 2.10-12)

[26] David hijo de Yesé reinó sobre todo Is-
rael
[27] cuarenta años. Siete años reinó en He-
brón, y treinta y tres reinó en Jerusalén.[d]
[28] Murió cuando ya era anciano y entrado
en años, rodeado de riquezas y de gloria; y
en su lugar reinó su hijo Salomón.
[29] Los hechos del rey David, tanto los pri-
meros como los últimos, están escritos en
el libro de las crónicas del vidente Samuel,
en las crónicas del profeta Natán, y en las
crónicas del vidente Gad,
[30] con todo lo relativo a su reinado y su po-
der, y con todo lo que le aconteció a él, y a
Israel y a todos los reinos de aquellas tierras.

2 CRÓNICAS

Autor: **¿Esdras?**

Temas: **Adoración, avivamiento y reforma**

Fecha en que se escribió: **c. 450-420 a.C.**

ESPERANZA PARA LOS EXILIADOS

Después del reinado del rey Salomón, el reino de Israel se dividió en dos reinos. El reino norteño (Israel) tenía diez tribus, y el reino sureño (Judá) incluía la tribu de Judá y partes de las tribus de Benjamín y Simeón. 2 Crónicas se enfoca únicamente en el reino de Judá. Como 1 Crónicas, 2 Crónicas fue escrito para los israelitas que regresaron a su hogar después de su cautiverio en Babilonia. 2 Crónicas no se enfoca en las cosas malas en el pasado de Judá; habla acerca de las cosas buenas. Esto le dio esperanza al pueblo mientras miraban hacia el futuro.

LO QUE ENCONTRARÁS EN EL LIBRO

Los capítulos 1-9 relatan lo que aconteció durante el reinado del rey Salomón, el cual llegó a ser el punto culminante en la historia de Israel. La mayoría de estos nueve capítulos (capítulos 2-7) hablan acerca de la construcción y la dedicación del templo como centro para la adoración de Dios.

Los capítulos 10-36 hablan de los reyes de Judá después de la muerte del rey Salomón y explican cómo se dividió el reino. Aunque el pueblo de Judá se rebeló contra Dios, 2 Crónicas se enfoca más en los reyes que en general, fueron fieles a Dios: Asa (capítulos 14-15); Josafat (capítulos 17; 19-20); Joás (capítulo 24); Ezequías (capítulos 29-32); y Josías (capítulos 34-35).

Sin embargo, el libro también incluye detalles de las acciones de algunos reyes malvados, quienes fueron responsables por la desobediencia y el desmoronamiento del reino. Al final del libro, el rey Ciro de Persia emitió un decreto que permitía que los israelitas regresaran a su tierra y reconstruyeran su templo en Jerusalén (36:22-23).

¿SABÍAS QUE...?

- 2 Crónicas describe en detalles cómo Salomón construyó el templo.
- 2 Crónicas habla de los cinco avivamientos extensos cuando el pueblo se volvió a Dios.
- Este libro trata de una búsqueda de tesoro. Puedes leer acerca de cómo se redescubrió el tesoro de la Palabra de Dios (capítulos 34-35).
- Este libro trata del buscar a Dios con un corazón diligente y sincero.

Salomón pide sabiduría

(1 R 3.3-15)

Salomón hijo de David fue afirmado en su reino, y el Señor su Dios estaba con él y lo encumbró.

2 Salomón convocó a todo Israel y a los jefes de millares y de centenas, lo mismo que a los jueces y a todos los jefes de familia de Israel,

3 y él y toda la asamblea se dirigieron al lugar alto que había en Gabaón, pues allí estaba el tabernáculo de reunión de Dios que Moisés, el siervo del Señor, había hecho en el desierto.

4 David había traído el arca de Dios de Quiriat Yearín al lugar que le había preparado en Jerusalén,[a] donde él le había levantado una tienda.

5 Delante del tabernáculo del Señor estaba el altar de bronce[b] que había hecho Besalel hijo de Uri, hijo de Jur, y allí fueron Salomón y la asamblea para consultar al Señor.

6 Una vez allí, y en presencia del Señor, Salomón subió al altar de bronce que estaba en el tabernáculo de reunión, y sobre él ofreció mil holocaustos.

7 Esa misma noche Dios se le apareció a Salomón y le dijo:

«Pídeme lo que quieras que yo te dé.»

8 Y Salomón le dijo a Dios:

«Tú has tenido gran misericordia de David, mi padre, y a mí me has puesto en su lugar como rey.

9 Señor y Dios, confirma ahora la promesa que le hiciste a David, mi padre, pues tú me has puesto como rey de un pueblo tan numeroso como el polvo de la tierra.[c]

10 Por favor, dame sabiduría y conocimiento para presentarme delante de este pueblo. A decir verdad, ¿quién podrá gobernar a tu pueblo? ¡Es tan grande!»

11 Y Dios le dijo a Salomón:

«Por haber pensado así, y por no haber pedido riquezas, ni bienes ni gloria, ni la vida de los que no te quieren, ni una larga vida, sino que has pedido tener sabiduría y conocimiento para gobernar a mi pueblo, sobre el cual te he puesto como rey,

12 recibirás sabiduría y conocimiento, y además te daré riquezas, bienes y gloria, como nunca antes tuvieron los reyes que te antecedieron, ni tendrán los reyes que te sucedan.»

13 Salomón se apartó entonces del tabernáculo de reunión, y desde el lugar alto que estaba en Gabaón volvió a Jerusalén para reinar sobre Israel.

Salomón comercia en caballos y en carros

(1 R 10.26-29; 2 Cr 9.25-28)

14 Salomón acumuló carros de guerra y gente de a caballo, y llegó a tener mil cuatrocientos carros de guerra y doce mil jinetes,[d] los cuales guardaba en las fortalezas construidas para tal efecto, y también con él en Jerusalén.

15 También acumuló en Jerusalén plata y oro, como quien amontona piedras,[e] y el cedro abundaba como los cabrahigos de la llanura.

[a]**1.4:** 2 S 6.1-17; 1 Cr 13.5-14; 15.25—16.1. [b]**1.5:** Éx 38.1-7. [c]**1.9:** Gn 13.16; 28.14. [d]**1.14:** 1 R 4.26. [e]**1.15:** Dt 17.17.

SABIDURÍA Y CONOCIMIENTO *(2 Crónicas 1.12)*

Dios le dio a Salomón gran sabiduría y conocimiento, pero eso no garantizaba que Salomón se mantendría fiel a Dios. La vida de Salomón nos muestra que el tener sabiduría y el usar esta sabiduría son dos cosas diferentes. Cuando empezó a reinar, Salomón era un rey piadoso, pero más adelante, empezó a adorar a ídolos en vez de adorar a Dios. Por esta razón, Dios rechazó a Salomón y a sus hijos, quienes también desobedecieron a Dios. Los NIÑOS PODEROSOS siempre escogen seguir la sabiduría de Dios en TODAS las cosas.

16 Los mercaderes del reino compraban al mayoreo para Salomón[f] caballos y lienzos finos de Egipto.

17 Iban a Egipto y compraban un carro de guerra por seiscientas piezas de plata, y un caballo por ciento cincuenta, y todos los reyes hititas y sirios los compraban por medio de ellos.

Pacto de Salomón con Jirán

(1 R 5.1-18; 7.13-14)

2 Salomón se dispuso a edificar un templo para honrar el nombre del Señor, y un palacio para su reino.

2 Para ello designó a setenta mil peones y ochenta mil taladores, y tres mil seiscientos capataces.

3 Luego mandó el siguiente mensaje al rey Jirán de Tiro:

«Trátame como trataste a David, mi padre, cuando le enviaste cedros para que construyera su palacio.

4 Como verás, tengo que edificar un templo para honrar el nombre del Señor mi Dios. Estará consagrado al Señor, y delante de él se quemará incienso aromático y se colocarán continuamente los panes de la proposición, y se ofrecerán holocaustos a mañana y tarde en los días de reposo, en las nuevas lunas, y en las festividades en honor del Señor nuestro Dios. Esto debe hacerse siempre en Israel.

5 La casa que debo edificar tiene que ser grande, porque nuestro Dios es más grande que todos los dioses.

6 Pero ¿quién puede edificarle un templo[a] si los cielos, y los cielos de los cielos, no pueden contenerlo? ¿Y quién soy yo para edificarle un templo, a no ser para sólo quemar *incienso delante de él?*

7 Yo te ruego que me envíes un hombre hábil, que sepa trabajar en oro, plata, bronce, hierro, púrpura, grana y azul, y que en unión con los maestros que están conmigo en Judá y en Jerusalén, y que mi padre había ya dispuesto, sepa hacer grabados.

8 Envíame también del Líbano madera de cedro, de ciprés y de sándalo. Yo sé que tus siervos saben cortar madera en el Líbano, y mis siervos pueden ayudarlos

9 para que me preparen mucha madera, pues el templo que tengo que edificar debe ser grande y portentoso.

10 Toma en cuenta que a tus siervos que corten la madera les daré seis mil toneladas de trigo en grano, seis mil toneladas de cebada, seiscientos mil litros de vino, y seiscientos mil litros de aceite.»

11 El rey Jirán de Tiro respondió a Salomón por medio de la siguiente carta:

«El Señor ama a su pueblo, y por eso te ha puesto como su rey.

12 Tengo que decir: ¡Bendito sea el Señor y Dios de Israel, que hizo los cielos y la tierra, y que dio al rey David un hijo sabio y entendido, cuerdo y prudente, para que edifique un templo al Señor y un palacio para su reino!

13 »Yo te envío a Jirán Abí, que es un hombre hábil y entendido.

14 Es hijo de una danita, aunque su padre era de Tiro. Jirán Abí sabe trabajar en oro, plata, bronce y hierro, y en piedra y madera, en púrpura y en azul, en lino y en carmesí. También sabe esculpir toda clase de figuras y sacar cualquier diseño que se le pida. Sabrá trabajar con tus expertos y con los de mi señor David, tu padre.

15 Ruego a mi señor enviar a sus siervos el trigo, la cebada, el aceite y el vino, que nos ha prometido.

16 Nosotros cortaremos en el Líbano la madera que necesites, y en balsas te la llevaremos por el mar hasta Jope, y de allí tú la llevarás hasta Jerusalén.»

17 Salomón censó a todos los extranjeros que había en Israel, después del censo que había hecho David, su padre, y se encontró que eran ciento cincuenta y tres mil seiscientos hombres.

18 A setenta mil de ellos los apartó para llevar cargas; a ochenta mil los puso como

[f] **1.16:** Dt 17.16. [a] **2.6:** 1 R 8.27; 2 Cr 6.18.

canteros en la montaña, y a tres mil seiscientos los puso como capataces para hacer trabajar a la gente.

Salomón edifica el templo

(1 R 6.1-38)

3 Salomón comenzó a edificar el templo del Señor en el monte Moriah, en Jerusalén, en el lugar que David había preparado en la era de Ornán el jebuseo, y que le había sido mostrado.

2 Comenzó la construcción a los dos días del mes segundo del cuarto año de su reinado.

3 Los cimientos que Salomón puso al templo de Dios medían veintisiete metros de largo y nueve metros de ancho.

4 El pórtico que estaba al frente del edificio medía nueve metros de largo, lo mismo que el ancho del templo, y cincuenta y cuatro metros de altura. Lo recubrió por dentro de oro puro,

5 y el cuerpo mayor del edificio lo techó con madera de ciprés, la cual recubrió de oro fino, con molduras de palmeras y cadenas.

6 También recubrió el templo de piedras preciosas para adornarlo. El oro era de Parvaim.

7 De modo que recubrió de oro el templo y sus vigas, umbrales, paredes y puertas, y en las paredes esculpió querubines.

8 Salomón hizo además el lugar santísimo,[a] y medía nueve metros de largo y nueve metros de ancho, como el ancho del frente del templo, y lo recubrió con cerca de veinte mil kilos de oro fino.

9 También recubrió de oro los aposentos. Los clavos eran de oro y cada uno pesaba más de quinientos gramos.

10 En el interior del lugar santísimo puso dos querubines[b] de madera, los cuales fueron recubiertos de oro.

11 Las alas de los querubines medían nueve metros de largo. Cada ala medía poco más de dos metros. Una de ellas llegaba hasta la pared del templo, y la otra tocaba una de las alas del otro querubín.

12 De igual manera, una de las alas del otro querubín medía poco más de dos metros y llegaba hasta la pared del templo. La otra ala también medía poco más de dos metros y tocaba el ala del otro querubín.

13 Las alas extendidas de estos querubines medían nueve metros, y estaban de pie y con los rostros en dirección al templo.

14 Salomón hizo también el velo[c] de azul, púrpura, carmesí y lino, y mandó bordar querubines en él.

Las dos columnas

(1 R 7.15-22)

15 En el frente del templo hizo dos columnas, cada una de las cuales medía casi dieciséis metros de altura. Cada capitel medía poco más de dos metros.

16 Además, hizo cadenas para el santuario, y las puso sobre los capiteles de las columnas. Hizo también cien granadas, y las puso en las cadenas.

17 Las columnas las colocó delante del templo, una a la derecha y la otra a la izquierda. A la que estaba a la derecha la llamó Jaquín, y a la que estaba a la izquierda la llamó Boaz.

LECCIONES — LA CONSTRUCCIÓN DEL TEMPLO

(2 Crónicas 3.1)

Salomón construyó el templo en la misma montaña donde Dios le mandó a Abraham que sacrificara su hijo, Isaac (lee Génesis 22). Este templo fue el edificio más hermoso en la historia de Israel. Dios llenó el templo con una nube, la cual representaba su presencia entre su pueblo. Hoy día, el cuerpo de cada creyente sirve como el "templo" de Dios. El Espíritu Santo llena a cada creyente y le da a esa persona poder y sabiduría. Puedes leer más al respecto en 1 Corintios 6:19-20.

[a]**3.8:** Éx 26.33-34. [b]**3.10-13:** Éx 25.18-20. [c]**3.14:** Éx 26.31.

Mobiliario del templo

(1 R 7.23-51)

4 Jirán hizo además un altar de bron-
ce[a] de nueve metros de largo por
nueve metros de ancho, y cuatro y
medio metros de alto.
2 Hizo también un mar de fundición to-
talmente redondo, que de un borde al otro
medía cuatro y medio metros, por dos me-
tros y veinticinco centímetros de altura, ce-
ñido por un cordón de trece y medio me-
tros de largo.
3 Debajo del mar había dos hileras de cala-
bazas fundidas juntamente con el mar. Estas
figuras de calabazas circundaban el mar, y
cada medio metro había diez de ellas.
4 El mar estaba asentado sobre doce
bueyes, con las ancas hacia adentro. Tres
de ellos miraban al norte, tres al sur, tres al
oriente y tres al occidente, y sobre ellos des-
cansaba el mar.
5 Tenía un grosor de siete centímetros, y el
borde tenía la forma del borde de un cáliz,
o de un lirio. Su capacidad era de sesenta
mil litros.
6 Hizo también diez fuentes,[b] y puso cinco
a la derecha y cinco a la izquierda, para lavar
y limpiar en ellas lo que se ofrecía en holo-
causto. El mar era para que los sacerdotes se
lavaran en él.
7 Jirán hizo también diez candeleros de
oro[c] según su forma, y los puso en el tem-
plo, cinco a la derecha y cinco a la izquierda.
8 Además, hizo diez mesas[d] y las puso en
el templo, cinco a la derecha y cinco a la iz-
quierda; igualmente, hizo cien tazones de
oro.
9 También hizo el atrio de los sacerdotes,
y el gran atrio, y las portadas del atrio, y sus
puertas las recubrió de bronce.
10 El mar lo colocó al lado derecho, hacia el
sureste del templo.
11 Jirán hizo también calderos, palas y ta-
zones, y así concluyó la obra para el templo
de Dios, que hizo para el rey Salomón:
12 las dos columnas, los cordones, los capi-
teles sobre las cabezas de las dos columnas,
dos redes para cubrir las dos esferas de los
capiteles que estaban encima de las colum-
nas,
13 cuatrocientas granadas en las dos redes,
dos hileras de granadas en cada red, para
que cubrieran las dos esferas de los capiteles
que estaban encima de las columnas,
14 las bases sobre las que colocó las fuen-
tes,
15 un mar, los doce bueyes debajo del mar,
16 los calderos, las palas y los garfios.
Jirán Abí hizo de bronce muy fino, para el
rey Salomón, todos los enseres para el tem-
plo del Señor.
17 El rey los fundió en la tierra arcillosa de
los llanos del Jordán, entre Sucot y Seredata.
18 Todos estos enseres los hizo Salomón
en número tan grande, que nunca pudo sa-
berse el peso del bronce.
19 Así fue como Salomón hizo todos los
utensilios para el templo de Dios, y el altar
de oro, y las mesas sobre las cuales se po-
nían los panes de la proposición,
20 así como los candeleros y sus lámpa-
ras de oro puro, para que las encendieran
delante del lugar santísimo, conforme a la
ordenanza.
21 Las flores, lamparillas y tenazas se hicie-
ron de oro finísimo.
22 Las despabiladeras, los lebrillos, las cu-
charas y los incensarios también eran de oro
puro, lo mismo que la entrada del templo,
sus puertas interiores para el lugar santísi-
mo, y las puertas del templo.
5 Cuando se terminó toda la obra que
Salomón realizó para el templo del
Señor, Salomón puso allí todo lo que
David, su padre, había dedicado.[a] La plata,
el oro, y todos los utensilios, los puso en los
tesoros del templo de Dios.

Salomón traslada el arca al templo

(1 R 8.1-11)

2 Entonces Salomón reunió en Jerusalén a
los ancianos de Israel y a todos los príncipes

[a]**4.1:** Éx 27.1-2. [b]**4.6:** Éx 30.17-21. [c]**4.7:** Éx 25.31-40. [d]**4.8:** Éx 25.23-30. [a]**5.1:** 2 S 8.11; 1 Cr 18.11.

de las tribus y a los jefes de las familias israe-
litas, para que trasladaran el arca del pacto
del Señor desde la ciudad de David,[b] que es
Sión.
3 Con el rey se reunieron todos los varo-
nes de Israel, para celebrar la fiesta solemne
del mes séptimo.
4 Todos los ancianos de Israel hicieron
acto de presencia, y los levitas tomaron el
arca
5 y la llevaron, junto con el tabernáculo de
reunión y todos los utensilios del santuario
que estaban en el tabernáculo. Los sacerdo-
tes y los levitas los llevaron.
6 Luego el rey Salomón y toda la congre-
gación israelita allí reunida delante del arca,
sacrificaron ovejas y bueyes. ¡Eran tantos
que no se pudieron contar!
7 Los sacerdotes llevaron el arca del pacto
del Señor a su lugar, en el santuario del tem-
plo, en el lugar santísimo, bajo las alas de los
querubines.
8 Los querubines extendían las alas sobre
el lugar del arca, y de esa manera cubrían
por encima tanto el arca como sus barras.
9 Éstas sobresalían del arca, de modo que
sus cabezas podían verse delante del lugar
santísimo, aunque no se veían desde fuera.
Hasta el día de hoy, allí están.
10 En el arca sólo estaban las dos tablas
que Moisés había puesto en Horeb,[c] con las
cuales el Señor hizo un pacto con los hijos
de Israel cuando salieron de Egipto.
11 Los sacerdotes salieron del santuario.
Todos los sacerdotes que allí se encontra-
ban habían sido santificados, y no mante-
nían sus turnos.
12 Todos los levitas cantores, los de Asaf,
los de Hemán y los de Jedutún, junto con
sus hijos y sus parientes, estaban al oriente
del altar, vestidos de lino fino y con címbalos
y salterios y arpas. Con ellos estaban ciento
veinte sacerdotes que tocaban trompetas.
13 Cuando las trompetas sonaban, todos
cantaban al unísono y alababan y daban

> **PROMESAS PODEROSAS**
>
> **2 CRÓNICAS 5.13**
>
> ***Ciertamente, él es bueno, y su misericordia es eterna.***
>
> Cuando el arca se colocó en el templo nuevo, los cantantes guiaron al pueblo a alabar a Dios por su bondad y misericordia. Escribe dos cosas por las cuales puedes alabar a Dios hoy.

gracias al Señor. A medida que alzaban la
voz con trompetas y címbalos y otros ins-
trumentos musicales, alababan al Señor y
decían:
«Ciertamente, él es bueno, y su misericor-
dia es eterna.»[d]
Entonces el templo, la casa del Señor, se
llenó con una nube,
14 y por causa de la nube los sacerdotes
no podían estar allí para ministrar, porque
la gloria del Señor había llenado el templo
de Dios.[e]

Dedicación del templo

(1 R 8.12-66)

6 Entonces Salomón dijo:
«Señor, tú has dicho que habitas en
la oscuridad de una nube.
2 Pero yo te he edificado un templo, una
mansión donde habites para siempre.»
3 Luego se volvió hacia toda la congre-
gación de Israel, que estaba allí de pie, y la
bendijo.
4 Y añadió:
«Bendito sea el Señor, el Dios de Israel,
que con su mano ha cumplido la prome-
sa que le hizo a David mi padre, cuando
dijo:
5 "Desde el día en que saqué de Egipto a
mi pueblo, no he elegido ninguna ciudad en
ninguna de las tribus de Israel para edificar-
me una casa donde establecer mi nombre,

[b] **5.2:** 2 S 6.12-15; 1 Cr 15.25-28. [c] **5.10:** Dt 10.5. [d] **5.13:** 1 Cr 16.34; 2 Cr 7.3; Esd 3.11; Sal 100.5; 106.1; 107.1; 118.1; 136.1; Jer 33.11. [e] **5.13-14:** Ex 40.34-35.

ni tampoco he escogido a nadie como príncipe de mi pueblo Israel.

[6] Pero he elegido a Jerusalén para que mi nombre esté en ella, y he elegido a David para que gobierne a mi pueblo Israel."

[7] Por eso David, mi padre, tuvo la intención de edificar una casa para honrar el nombre del Señor y Dios de Israel.

[8] Pero el Señor le dijo a David mi padre: "En cuanto a tu intención de edificar una casa para honrar mi nombre, me parece bien que lo hayas puesto en tu corazón.

[9] Pero no serás tú quien me edifique casa, sino el hijo que te va a nacer. Él será quien edifique el templo para honrar mi nombre."[a]

[10] Y el Señor ha cumplido su palabra, pues sucedí a David, mi padre, y ahora ocupo el trono de Israel, tal y como el Señor lo había dicho, y he edificado una casa para honrar el nombre del Señor, el Dios de Israel.

[11] Ya he puesto en ella el arca, en donde está el pacto que el Señor celebró con los hijos de Israel.»

[12] Enseguida, ante toda la congregación de Israel, Salomón se puso delante del altar del Señor y extendió los brazos.

[13] Como Salomón había hecho un estrado cuadrado de bronce que medía poco más de dos metros por lado y casi un metro y medio de alto, y lo había puesto en medio

PROMESAS PODEROSAS

2 CRÓNICAS 6.14

Señor, Dios de Israel, no hay en el cielo ni en la tierra un Dios que se compare a ti, que cumples el pacto y eres misericordioso con tus siervos que de todo corazón caminan delante de ti.

Salomón alabó a Dios por ser fiel. Eso quiere decir que Él cumple sus promesas y es fiel a su pueblo. Siempre podemos contar con Él. ¿Cómo ha sido Dios fiel contigo hoy?

del atrio, se subió a éste, se arrodilló delante de toda la congregación de Israel, y con los brazos extendidos al cielo dijo:

[14] «Señor, Dios de Israel, no hay en el cielo ni en la tierra un Dios que se compare a ti, que cumples el pacto y eres misericordioso con tus siervos que de todo corazón caminan delante de ti.

[15] Tú has cumplido tu promesa a tu siervo David, mi padre; con tus labios lo dijiste, y con tu mano lo has cumplido, como hoy se puede ver.

[16] Ahora, Señor y Dios de Israel, cumple tu promesa a tu siervo David, mi padre, cuando le dijiste: "No faltará delante de mí un varón, hijo tuyo, que se siente en el trono de Israel, siempre y cuando tus hijos vigilen sus pasos y sigan mi ley, como lo has hecho tú delante de mí."[b]

[17] »Ahora, Señor y Dios de Israel, que se cumpla la promesa que le hiciste a tu siervo David.

[18] Pero ¿acaso es verdad que tú, mi Dios, puedes vivir en la tierra con el hombre? Si ni siquiera los cielos, ni los cielos de los cielos, te pueden contener, ¡mucho menos podría contenerte esta casa que he edificado![c]

[19] Pero, Señor Dios mío, dígnate atender a la oración y a los ruegos de tu siervo, y escucha el clamor y la oración que este siervo tuyo eleva a ti.

[20] Mantén abiertos tus ojos, de día y de noche, sobre esta casa, sobre el lugar del cual has dicho: "Mi nombre estará allí",[d] y atiende a la oración que tu siervo eleva en este lugar.

[21] Atiende también al ruego de este siervo tuyo, y de tu pueblo Israel; óyelo desde los cielos, desde el lugar donde vives, y cuando en este lugar se haga oración, ¡escúchanos, y perdónanos!

[22] »Cuando alguien peque contra su prójimo, y se le exija hacer un juramento, y venga a jurar aquí, ante tu altar,

[23] dígnate escuchar desde los cielos, y actúa y juzga a tus siervos; dale al impío su me-

[a]**6.4-9:** 2 S 7.1-13; 1 Cr 17.1-12. [b]**6.16:** 1 R 2.4. [c]**6.18:** 2 Cr 2.6. [d]**6.20:** Dt 12.11.

recido y haz que sus acciones recaigan sobre
su cabeza, y hazle justicia al justo y decláralo
inocente.
[24] »Cuando tu pueblo Israel sea derrotado
ante sus enemigos por haber pecado contra
ti, si se vuelve a ti y confiesa tu nombre, y en
esta casa eleva a ti sus ruegos,
[25] dígnate escucharlo desde los cielos, y
perdona el pecado de tu pueblo Israel, y
hazlos volver a la tierra que les diste a ellos
y a sus padres.
[26] »Si los cielos se cierran y, por haber pe-
cado contra ti, deja de llover, si dirigen sus
oraciones hacia este lugar y confiesan tu
nombre, y cuando tú los aflijas se arrepien-
ten de sus pecados,
[27] escúchalos en los cielos, y perdona el
pecado de tus siervos y de tu pueblo Israel;
enséñales el buen camino para que lo sigan,
y haz llover sobre tu tierra, la que diste a tu
pueblo en propiedad.
[28] »Cuando haya hambre en la tierra, o
peste, tizoncillo, hongo, langosta o pulgón,
o cualquiera otra plaga o enfermedad; o
cuando sus enemigos los asedien en la tierra
en donde vivan;
[29] que toda oración y todo ruego que
haga cualquier hombre, o todo tu pueblo
Israel, que de corazón reconozca su llaga y
su dolor, si tiende las manos hacia esta casa,
[30] dígnate escuchar desde los cielos, desde
el lugar donde resides, y perdónalos. Exa-
mina su corazón y dale a cada uno lo que
merecen sus acciones, pues sólo tú conoces
el corazón humano.
[31] Así ellos te temerán y andarán en tus
caminos todos los días de su vida en la tierra
que les diste a nuestros padres.
[32] »A los extranjeros, a los que no sean de
tu pueblo Israel, pero que hayan venido de
tierras lejanas por causa de tu gran renom-
bre, y de tu mano poderosa y de tu brazo
extendido, si llegan a esta casa y oran,
[33] dígnate escucharlos desde los cielos, des-
de el lugar donde vives, y trátalos conforme
a las peticiones que te hagan, para que todos
los pueblos de la tierra reconozcan tu nom-

PALABRAS CON PODER

ARREPIÉNTATE

(2 Crónicas 6.37)

¿Cómo se sabe si una persona en realidad se arrepiente de lo que hizo? La persona está verdaderamente arrepentida si cambia su comportamiento. En la dedicación del templo, Salomón le pidió a Dios que estuviera dispuesto a perdonar a aquellos que se arrepintieran. La palabra arrepentirse viene de una palabra hebrea que significa "volver atrás", es decir cambiar por completo. Podemos decir que sentimos haber hecho lo malo, pero Dios también quiere que estemos dispuestos a cambiar.

bre y te teman, así como lo hace tu pueblo
Israel, y sepan que tu nombre es invocado
sobre esta casa que yo he edificado.
[34] »Cuando tu pueblo salga a la guerra
contra sus enemigos por el camino que tú
les señales, si oran a ti mirando hacia esta
ciudad que tú elegiste, hacia el templo que
he edificado para honrar tu nombre,
[35] dígnate escuchar desde los cielos su
oración y su ruego, y defiende su causa.
[36] »Cuando pequen contra ti (pues no
hay nadie que no peque), si te enojas contra
ellos y los entregas en manos de sus enemi-
gos, y sus captores los llevan cautivos a un
país enemigo, sea lejos o cerca,
[37] si en la tierra a la que fueron llevados
cautivos ellos recapacitan y se vuelven a ti,
y si en el país de su cautividad oran a ti y
dicen: "Hemos pecado; hemos actuado de
manera inicua e impía";
[38] si allí en el país adonde los llevaron cau-
tivos se vuelven a ti con todo su corazón y
con toda su alma, y oran hacia la tierra que
les diste a sus padres, hacia la ciudad que tú
elegiste, y hacia el templo que he edificado
a tu nombre,
[39] dígnate escuchar desde los cielos, desde
el lugar donde vives, su oración y su ruego;

defiende su causa y perdona a tu pueblo
cuando peque contra ti.
40 »Dios mío, yo te ruego ahora que man-
tengas abiertos tus ojos, y atentos tus oídos,
a la oración en este lugar.
41 ¡Levántate ahora, Señor y Dios, y ven a
reposar aquí, tú y el arca de tu poder! ¡Oh,
Señor y Dios, que tus sacerdotes se revistan
de tu salvación! ¡Que tus santos se regocijen
en tu bondad!
42 Señor y Dios, ¡no rechaces a tu ungido!
¡Acuérdate de tu gran misericordia para con
David, tu siervo!»[e]

7 Cuando Salomón terminó de orar,
de los cielos descendió fuego y con-
sumió el holocausto y las víctimas,[a] y
la gloria del Señor llenó el templo.
2 Los sacerdotes no podían entrar en el
templo del Señor, porque su gloria había lle-
nado el templo.
3 Y cuando todos los israelitas vieron des-
cender sobre el templo el fuego y la gloria
del Señor, se postraron rostro a tierra en el
suelo, y adoraron y alabaron al Señor. De-
cían:

«¡Ciertamente, el Señor es bueno, y su mi-
sericordia es eterna!»[b]

4 El rey Salomón y todo el pueblo sacrifi-
caron víctimas delante del Señor.
5 El rey ofreció en sacrificio veintidós mil
bueyes y ciento veinte mil ovejas, y así el rey
y todo el pueblo dedicaron el templo de
Dios.
6 Los sacerdotes y los levitas desempe-
ñaban su ministerio con los instrumentos
musicales que el rey David había hecho para
alabar al Señor, y que tocaba cuando alaba-
ba con ellos al Señor, porque su misericordia
es eterna. También los sacerdotes tocaban
trompetas delante de ellos, mientras todo
Israel estaba de pie.
7 Salomón consagró también la parte cen-
tral del atrio que estaba delante del templo
del Señor, porque allí había ofrecido los ho-
locaustos y la grasa de las ofrendas de paz,
pues en el altar de bronce que Salomón ha-
bía hecho no cabían los holocaustos, ni las
ofrendas ni las grasas.
8 Durante siete días Salomón hizo fiesta, y
con él todo Israel. La congregación era tan
grande que iba desde la entrada de Jamat
hasta el arroyo de Egipto.
9 Al octavo día celebraron una asamblea
solemne, pues durante siete días habían cele-
brado la dedicación del altar, y durante siete
días más habían celebrado la fiesta solemne.
10 El día veintitrés del mes séptimo Salo-
món envió al pueblo a sus hogares. Iban con
el corazón alegre y gozoso por los beneficios
que el Señor había hecho a David y a Salo-
món, y a su pueblo Israel.

Pacto de Dios con Salomón

(1 R 9.1-9)

11 Salomón terminó de construir el tem-
plo del Señor y el palacio real, y todo lo que
se propuso hacer en el templo del Señor y
en su propia casa resultó un éxito.
12 Entonces, una noche el Señor se le apa-
reció a Salomón y le dijo:
«He escuchado tu oración, y he elegido
este templo como el lugar en que se ofrece-
rán sacrificios.
13 Si yo llego a cerrar los cielos para que
no haya lluvia, y si mando a la langosta a
consumir la tierra, o si envío peste contra
mi pueblo,
14 si mi pueblo, sobre el cual se invoca mi
nombre, se humilla y ora, y busca mi rostro,
y se aparta de sus malos caminos, yo lo es-
cucharé desde los cielos, perdonaré sus pe-
cados y sanaré su tierra. 2 Cr 30.18-20
15 »Mis ojos van a estar abiertos, y mis oí-
dos van a estar atentos a la oración que se
haga en este lugar.
16 Yo he elegido y santificado esta casa,
para que en ella esté mi nombre siempre.
Mis ojos y mi corazón estarán aquí siempre.
17 Y si tú te conduces delante de mí como
se condujo David, tu padre, y si haces todo
lo que yo te he mandado hacer, y cumples
con mis estatutos y mis decretos,

[e] **6.41-42:** Sal 132.8-10. [a] **7.1:** Lv 9.23-24. [b] **7.3:** 1 Cr 16.34; 2 Cr 5.13; Esd 3.11; Sal 100.5; 106.1; 107.1; 118.1; 136.1; Jer 33.11.

18 yo afirmaré el trono de tu reino, como
lo acordé con David, tu padre, cuando le
dije: "Nunca te faltará un descendiente tuyo
que gobierne en Israel."[c]
19 »Pero si ustedes se apartan de los estatu-
tos y mandamientos que les he propuesto, y
los abandonan por ir y adorar a dioses ajenos,
20 yo los arrancaré de la tierra que les he
entregado; y este templo, que he consagra-
do a la honra de mi nombre, lo arrojaré de
mi presencia y haré de él la burla y el escar-
nio de todos los pueblos.
21 Esta casa, ahora tan excelsa, horrorizará a
todo el que pase por ella. Y se dirá: "¿Por qué ha
tratado así el Señor a esta tierra y a este templo?"
22 Y se responderá: "Porque dejaron al Se-
ñor, al Dios de sus padres, que los sacó de
Egipto, y se han entregado a dioses ajenos,
para adorarlos y servirles. ¡Por eso el Señor
les ha traído todo este mal!"»

Otras actividades de Salomón

(1 R 9.10-28)

8 Salomón dedicó veinte años a construir
el templo del Señor y su propio palacio,
2 después de lo cual reedificó las ciu-
dades que Jirán le había dado y estableció
en ellas a los israelitas.
3 Además, Salomón se dirigió a Jamat de
Soba y la conquistó,
4 y edificó en Jamat todas las ciudades de
aprovisionamiento; en el desierto edificó a
Tadmor,
5 y reedificó las ciudades fortificadas de
Bet Jorón la de arriba y Bet Jorón la de abajo,
con sus murallas, puertas y cerrojos,
6 y Baalat y todas las ciudades de aprovi-
sionamiento que allí tenía, y también todas
las ciudades donde guardaba los carros de
guerra y su gente de a caballo, más todo lo
que quiso edificar en Jerusalén, en el Líbano,
y en todos sus dominios.
7 A todos los sobrevivientes hititas, amo-
rreos, ferezeos, jivitas y jebuseos, es decir, a
todos los que no eran israelitas
8 y que se habían quedado en la tierra de
sus antepasados porque los israelitas no pu-
dieron aniquilarlos, Salomón los hizo sus tri-
butarios, y hasta el día de hoy lo son.
9 Pero a los israelitas no los hizo trabajar
en sus obras porque eran hombres de gue-
rra, oficiales, capitanes, comandantes de sus
carros de guerra, y gente de caballería.
10 Para controlar a esa gente, Salomón
contaba con la ayuda de doscientos cin-
cuenta gobernadores principales.
11 A la hija del faraón, Salomón la llevó de la
ciudad de David a la casa que edificó para ella,
pues dijo: «Mi mujer no va a vivir en el palacio
de David, el rey de Israel. Las habitaciones don-
de el arca del Señor ha estado son sagradas.»
12 Salomón ofreció holocaustos al Señor
sobre el altar del Señor que había edificado
frente al pórtico,
13 para ofrecer allí las ofrendas correspon-
dientes a cada día, conforme al mandamien-
to de Moisés: en los días de reposo,[a] en las
lunas nuevas[b] y en las tres fiestas solemnes
de cada año,[c] es decir, en la fiesta de los pa-
nes sin levadura, en la fiesta de las semanas
y en la fiesta de los tabernáculos.
14 Salomón estableció los turnos de los sa-
cerdotes en sus oficios, de los levitas en sus
cargos, y de los porteros en la puerta que les
correspondía, cada uno en su turno diario,
para que alabaran y ministraran delante de

[c] **7.18:** 1 R 2.4. [a] **8.13:** Nm 28.9-10. [b] **8.13:** Nm 28.11-15. [c] **8.13:** Éx 23.14-17; 34.22-23; Nm 28.16—29.39; Dt 16.16.

SÉ HUMILDE Y ORA *(2 Crónicas 7.14)*

Dios le prometió a Salomón que oiría las oraciones del pueblo si hacían tres cosas: (1) Tenían que ser humildes; (2) tenían que buscar a Dios; y (3) tenían que apartarse del pecado. Cuando oramos con un corazón humilde, reconocemos que necesitamos a Dios. Cuando oramos de esta manera, Él escucha y nos ayuda.

LECCIONES

UNA MALA DECISIÓN

(2 Crónicas 8.11)

Salomón probablemente pensó que era una buena idea casarse con la hija del faraón. Después de todo, era común que los reyes se casaran con familiares de otros reyes poderosos. Pero Dios le había dicho a los israelitas que no se casaran con mujeres de otras naciones (Deuteronomio 17:17; 1 Reyes 11). Salomón desobedeció esta ley y más adelante empezó a adorar a los ídolos que adoraban sus esposas (lee 1 Reyes 11). Este rey, que había sido sabio, tomó en ese momento una decisión tonta. A veces una decisión que parece ser inocua, termina siendo desastrosa. La peor decisión que podemos tomar es la que nos lleva a desobedecer a Dios.

los sacerdotes, conforme a lo ordenado por
David, ese hombre de Dios que era su padre,
porque así él había mandado que se hiciera.
15 Las órdenes del rey en cuanto a los sa-
cerdotes y los levitas, y los tesoros y todo
otro asunto, se cumplieron al pie de la letra,
16 pues todos los trabajos de Salomón es-
taban preparados desde que se pusieron los
cimientos del templo del Señor hasta que el
templo quedó totalmente construido.
17 Después Salomón fue a Ezión Guéber y
a Elat, es decir, a la costa del mar en territo-
rio de Edom,
18 pues Jirán le había enviado, por medio de
sus siervos, naves y marineros expertos en alta
mar. Éstos fueron a Ofir con los siervos de Salo-
món, y de allí tomaron unos quince mil kilos de
oro, que le fueron entregados al rey Salomón.

La reina de Sabá visita a Salomón

(1 R 10.1-13)

9 Cuando la reina de Sabá[a] supo de la
fama de Salomón, llegó a Jerusalén
para ponerlo a prueba y hacerle pre-
guntas difíciles. Llegó con un séquito muy
grande. Traía camellos cargados de especias
aromáticas, oro en abundancia, y piedras
preciosas. Cuando se presentó ante Salo-
món, le habló con el corazón en la mano,
2 y Salomón dio respuesta a todas sus pre-
guntas. No hubo nada que Salomón no le
respondiera.
3 Y al ver la reina de Sabá la sabiduría de
Salomón, el palacio que había construido,
4 las viandas de su mesa, las habitaciones
de sus oficiales, y el estado y vestidos de sus
criados y maestresalas, y la escalinata por
la que subía al templo del Señor, se quedó
asombrada.
5 Entonces le dijo:
«Todo lo que llegué a saber en mi país
acerca de tus hechos y de tu sabiduría, es
verdad.
6 Yo no podía creer lo que me contaban,
hasta que vine y lo vi con mis propios ojos. Y
lo cierto es que ni siquiera me habían dicho
la mitad de tu gran sabiduría. ¡Tu fama exce-
de a todo lo que yo había oído!
7 ¡Qué dichosos son tus hombres, y tus
siervos que están siempre en tu presencia y
oyen tu sabiduría!
8 ¡Bendito sea el Señor tu Dios, que se ha
agradado de ti y te ha puesto en el trono,
como rey del Señor tu Dios! ¡Tanto ama
tu Dios a Israel, que lo ha afirmado para
siempre, y por eso te ha puesto como rey
de ellos, para que impartas justicia y actúes
con rectitud!»
9 Dicho esto, le dio al rey tres mil nove-
cientos sesenta kilos de oro y gran cantidad
de especias aromáticas, y piedras preciosas.
Nunca más hubo especias aromáticas como
las que la reina de Sabá le obsequió al rey
Salomón.
10 Por su parte, los siervos de Jirán y los
siervos de Salomón, que habían traído el oro
de Ofir, trajeron también madera de sánda-
lo y piedras preciosas.
11 Con la madera de sándalo el rey hizo
escalinatas para el templo del Señor y para

[a] **9.1-9:** Mt 12.42; Lc 11.31.

los palacios reales, y también arpas y salte-
rios para los cantores. Nunca antes se había
visto en la tierra de Judá madera semejante.
12 El rey Salomón le dio a la reina de Sabá
todo lo que ella quiso y le pidió, que fue
más de lo que ella le había traído. Después
de eso, ella volvió a su país acompañada de
sus siervos.

Riquezas y fama de Salomón

(1 R 10.14-29; 2 Cr 1.14-17)

13 El peso del oro que Salomón recibía
cada año llegaba a veintidós mil kilos,
14 sin contar lo que le entregaban los mer-
caderes y negociantes. También todos los
reyes de Arabia y los gobernadores del país
entregaban oro y plata a Salomón.
15 Con ello el rey Salomón hizo doscientos
escudos de oro batido, cada uno de los cua-
les pesaba seis kilos,
16 y trescientos escudos más pequeños, de
oro batido, cada uno de los cuales pesaba
tres kilos. Estos escudos los puso el rey en el
palacio del bosque del Líbano.
17 El rey hizo también un trono de marfil
de gran tamaño, y lo recubrió de oro puro.
18 El trono tenía seis escalones, con un es-
trado de oro fijado al trono, brazos a uno y
otro lado del asiento, y dos leones junto a
los brazos;
19 además a uno y otro lado de los seis es-
calones había doce leones. Jamás en reino
alguno fue hecho un trono semejante.
20 Toda la vajilla del rey Salomón, y toda
la vajilla del palacio del bosque del Líbano,
eran de oro puro. Y es que en los días de
Salomón la plata no era muy apreciada,
21 porque la flota del rey navegaba a Tarsis
con los siervos de Jirán, y cada tres años las
naves volvían de Tarsis trayendo oro, plata,
marfil, monos y pavos reales.
22 La riqueza y la sabiduría del rey Salomón
excedía a la de todos los reyes de la tierra.
23 No había rey que no procurara entrevis-
tarse con Salomón para escuchar la sabidu-
ría que Dios le había dado,
24 y todos los años llegaban con regalos,
alhajas de plata y de oro, vestidos, armas,
perfumes, caballos y mulos.
25 Salomón tenía también cuatro mil ca-
ballerizas para sus caballos y carros de gue-
rra, y doce mil jinetes,[b] los cuales estaban
en las ciudades de los carros, y en Jerusalén,
con el rey,
26 que ejercía su dominio sobre todos los
reyes, desde el Éufrates hasta el país de los
filisteos, y hasta la frontera de Egipto.[c]
27 Salomón acumuló plata en Jerusalén
como si acumulara piedras,[d] y la madera de
cedro abundaba como los cabrahigos de la
llanura.
28 Además, de Egipto[e] y de otros países le
traían también caballos.

Muerte de Salomón

(1 R 11.41-43)

29 Los demás hechos de Salomón, prime-
ros y últimos, están todos escritos en los
libros del profeta Natán, en la profecía de
Ajías el silonita, y en la profecía del vidente
Iddo contra Jeroboán hijo de Nabat.
30 Durante cuarenta años Salomón reinó
en Jerusalén sobre todo Israel.
31 Cuando finalmente descansó entre sus
antepasados, lo sepultaron en la ciudad de
David, su padre, y en su lugar reinó Roboán,
su hijo.

Rebelión de Israel

(1 R 12.1-24)

10 Roboán fue a Siquén, porque
en Siquén se había reunido
todo Israel para hacerlo rey.
2 Jeroboán hijo de Nabat estaba en Egip-
to, adonde había huido a causa del rey Sa-
lomón, pero cuando supo esto volvió de
Egipto,
3 pues mandaron a llamarlo. Al llegar Jero-
boán, él y todos los israelitas hablaron con
Roboán y le dijeron:
4 «Tu padre hizo muy pesado nuestro
yugo. Aliviana un poco la dura servidumbre

[b]**9.25:** 1 R 4.26. [c]**9.26:** Gn 15.18; 1 R 4.21. [d]**9.27:** Dt 17.17. [e]**9.28:** Dt 17.16.

LECCIONES

EL REINO SE DIVIDE

(2 Crónicas 10.1)

Este capítulo marca el punto bajo de la historia de Israel cuando la nación se dividió en dos reinos: Israel (el reino norteño) y Judá (el reino sureño). Dios cumplió la promesa que le hizo a Salomón de arrancarle a su familia la mayoría del reino (1 Reyes 11:9-13). Él permitió que el reino fuera dividido por medio de una rebelión en contra del hijo de Salomón, Roboán. Este triste momento en la historia de Israel muestra que el pecar y desobedecer a Dios puede acarrear problemas duraderos.

y el pesado yugo con que tu padre nos oprimió, y te serviremos.»
5 Pero él les dijo:
«Vengan a verme dentro de tres días.»
En cuanto el pueblo se fue,
6 el rey Roboán les pidió consejo a los ancianos que habían estado al servicio de Salomón, su padre, cuando éste vivía. Les dijo:
«¿Qué me aconsejan ustedes responder a esta gente?»
7 Ellos le contestaron:
«Si te conduces bien con ellos, y eres de su agrado, y les hablas amablemente, ellos te servirán siempre.»
8 Pero Roboán no hizo caso del consejo de los ancianos, sino que les pidió consejo a los jóvenes que se habían criado con él y que estaban a su servicio.
9 Les dijo:
«¿Qué me aconsejan ustedes responder a *esta gente? ¡Han venido a decirme*: "Aliviana un poco el yugo con que tu padre nos oprimió"!»
10 Los jóvenes que se habían criado con él le contestaron:
«Pues a esa gente que ha venido a decirte: "Tu padre hizo muy pesado nuestro yugo, así que aliviana tú nuestra carga", vas a decirle: "Mi dedo meñique es más grueso que el miembro viril de mi padre.
11 Y si mi padre hizo pesado su yugo, yo voy a hacerlo aún más pesado; si mi padre los castigó con azotes, ¡yo los voy a castigar con látigos!"»
12 Al tercer día Jeroboán y todo el pueblo fueron a ver al rey Roboán, puesto que él les había dicho que volvieran tres días después.
13 Pero el rey Roboán les respondió con aspereza, pues dejó de lado el consejo de los ancianos
14 y les habló siguiendo el consejo de los jóvenes. Les dijo: «Si mi padre les hizo pesado su yugo, yo lo voy a hacer más pesado; si mi padre los castigó con azotes, ¡yo los voy a castigar con látigos!»
15 Y el rey no le hizo caso al pueblo porque esto provenía de Dios, para que el Señor cumpliera lo que le había dicho a Jeroboán hijo de Nabat por medio de Ajías el silonita.
16 Al ver todos los israelitas que el rey no les había hecho caso, reaccionaron contra él y le dijeron:
«¿Qué tenemos nosotros que ver con David? ¡No tenemos nada que ver con el hijo de Yesé! ¡Vamos, israelitas, regresen a sus campamentos![a] ¡Y tú, David, ocúpate de tu casa!»
Fue así como todos los israelitas se fueron a sus tiendas.
17 Pero Roboán siguió reinando sobre los israelitas que habitaban en las ciudades de Judá.
18 Luego el rey Roboán envió a Hadorán, que estaba a cargo de los tributos, pero los israelitas lo apedrearon, y así murió. Entonces el rey Roboán subió en su carro y a toda prisa huyó a Jerusalén.
19 Fue así como los israelitas se apartaron de la casa de David, hasta el día de hoy.

11 Roboán fue a Jerusalén y reunió a ciento ochenta mil hombres de los más aguerridos de la casa de Judá y de Benjamín, para pelear contra Is-

[a] **10.16:** 2 S 20.1.

rael y hacer que el reino volviera a manos de Roboán.

2 Pero la palabra del Señor vino a Semaías, hombre de Dios, y le dijo:

3 «Habla con Roboán hijo de Salomón, rey de Judá, y con todos los israelitas de Judá y Benjamín, y diles

4 que yo, el Señor, he dicho: "No vayan a pelear contra sus hermanos. Más bien, vuelvan a sus casas, porque esto lo he promovido yo."»

Ellos obedecieron la palabra del Señor y volvieron a sus casas, y ya no fueron a pelear contra Jeroboán.

Prosperidad de Roboán

5 Roboán reinó en Jerusalén, y edificó ciudades para fortificar a Judá.

6 Edificó Belén, Etam, Tecoa,

7 Betsur, Soco, Adulán,

8 Gat, Maresa, Zif,

9 Adorayin, Laquis, Azeca,

10 Sorá, Ayalón y Hebrón, que eran ciudades fortificadas de Judá y Benjamín.

11 Reforzó también las fortalezas, y puso en ellas capitanes, provisiones, vino y aceite.

12 Además, en todas las ciudades puso escudos y lanzas, de modo que las fortificó en gran manera, y Judá y Benjamín eran súbditos suyos.

13 Los sacerdotes y levitas que había en todo Israel vinieron desde todos los lugares donde vivían y se unieron a él.

14 Y es que los levitas dejaban sus ejidos y sus posesiones, y venían a Judá y a Jerusalén porque Jeroboán y sus hijos los habían excluido del ministerio del Señor;

15 habían designado sus propios sacerdotes para los lugares altos y para el culto a los demonios y a los becerros que habían hecho.[a]

16 Tras los levitas se fueron muchos de las tribus de Israel que de corazón se habían dispuesto a buscar al Señor y Dios de Israel, así que llegaron a Jerusalén para ofrecer sacrificios al Señor y Dios de sus padres.

17 De este modo fortalecieron el reino de Judá, y durante tres años confirmaron a Roboán hijo de Salomón y anduvieron en el camino de David y de Salomón.

18 Roboán tomó por mujer a Majalat hija de Jerimot, que era hijo de David y de Abijaíl, la hija de Eliab hijo de Yesé.

19 Majalat le dio los siguientes hijos: Jeús, Semarías y Soán.

20 Después de ella, Roboán tomó a Macá hija de Absalón, con quien engendró a Abías, Atay, Ziza y Selomit.

21 Y aunque Roboán tuvo dieciocho mujeres y sesenta concubinas, y engendró veintiocho hijos y sesenta hijas, amó a Macá hija de Absalón más que a todas sus mujeres y concubinas.

22 A Abías hijo de Macá, Roboán lo nombró jefe y príncipe de sus hermanos, pues pensaba nombrarlo rey.

23 Por eso, con mucha astucia esparció a todos sus hijos por todas las tierras de Judá y de Benjamín, y por todas las ciudades fortificadas, y les dio muchas mujeres y provisiones en abundancia.

[a]**11.15:** 1 R 12.31

DECIDIDOS A BUSCAR A DIOS *(2 Crónicas 11.16)*

El tener su corazón puesto en algo quiere decir que estamos decididos a hacerlo. Algunas de las personas en Israel tenían su corazón puesto en adorar a Dios aunque el rey Jeroboán y otros en el reino norteño adoraban a dioses falsos. Los que estaban decididos a buscar a Dios dejaron su hogar y viajaron a Jerusalén para adorar a Dios en paz. Los NIÑOS PODEROSOS están decididos a adorar a Dios, pase lo que pase.

Sisac invade Judá

(1 R 14.21-31)

12 Una vez que Roboán consolidó
su reinado, él y todos los israe-
litas se apartaron de la ley del
Señor.
2 Pero por haberse rebelado contra el Se-
ñor, en el quinto año del reinado de Roboán,
el rey Sisac de Egipto atacó a Jerusalén.
3 Llegó con mil doscientos carros de gue-
rra y con sesenta mil soldados de caballería,
y un ejército muy numeroso de libios, su-
quienos y etíopes, que venía con él desde
Egipto,
4 así que Sisac conquistó las ciudades for-
tificadas de Judá, y llegó hasta Jerusalén.
5 Entonces el profeta Semaías fue a ver a
Roboán y a los príncipes de Judá que, por
causa de Sisac, estaban reunidos en Jerusa-
lén, y les dijo:
«Así ha dicho el Señor: "Puesto que uste-
des me han abandonado, yo también los he
abandonado en las manos de Sisac."»
6 Pero los príncipes de Israel y el rey se hu-
millaron y dijeron:
«El Señor ha actuado con justicia.»
7 Cuando el Señor vio que ellos se habían
humillado, la palabra del Señor vino a Se-
maías, y le dijo:
«Puesto que se han humillado, no voy a
destruirlos, ni voy a descargar mi enojo con-
tra Jerusalén por medio de Sisac; más bien,
pronto voy a salvarlos.
8 Pero van a servir a Sisac, para que vean
cuán diferente es servirme a mí y servir a los
reyes de otras naciones.»
9 Fue así como el rey Sisac de Egipto ata-
có a Jerusalén, y se adueñó de los tesoros
que había en el templo del Señor y en el
palacio real, así como de los escudos de
oro que Salomón había hecho.[a] Todo se
lo llevó,
10 y en su lugar el rey Roboán mandó ha-
cer escudos de bronce y se los entregó a los
jefes de la guardia, los cuales cuidaban la en-
trada al palacio del rey.
11 Cuando el rey iba al templo del Señor,
los de la guardia venían por los escudos y
los llevaban, y después los devolvían a la sala
de la guardia.
12 Cuando Roboán se humilló, la ira del Se-
ñor se apartó de él y no lo destruyó del todo,
y hasta en Judá se compusieron las cosas.
13 Una vez fortalecido, Roboán reinó en
Jerusalén. Tenía cuarenta y un años cuando
comenzó a reinar, y reinó diecisiete años en
Jerusalén, la ciudad que el Señor escogió
entre todas las tribus de Israel para estable-
cer allí su nombre. La madre de Roboán era
amonita, y se llamaba Noamá.
14 Pero Roboán hizo lo malo y no se dispu-
so a buscar de corazón al Señor.
15 Los primeros hechos de Roboán, y los
últimos se hallan escritos en los libros del
profeta Semaías y del vidente Iddo, y en el
registro de familias. Entre Roboán y Jero-
boán hubo constantes guerras.
16 Y cuando finalmente Roboán descansó
entre sus padres, fue sepultado en la ciudad
de David, y en su lugar reinó su hijo Abías.

LECCIONES

INFIELES A DIOS

(2 Crónicas 12.5)

Si desobedeces continuamente a tus padres, ¿qué crees que pasará? Lo más probable es que tengas que soportar algún tipo de castigo: tus padres te prohibirán salir o te quitarán algún privilegio. Cuando el rey Roboán y el pueblo desobedecieron a Dios, Él los castigó al permitir que los egipcios los acosaran. El autor de Crónicas nos enseña que las bendiciones de Dios vienen a nuestra vida cuando obedecemos (11:17) mientras que la desobediencia traerá castigo (12:1-6). Cuando hacemos continuamente cosas malas, Dios permite que enfrentemos las consecuencias de nuestras acciones. Él lo hace para enseñarnos el valor de obedecerlo.

[a] **12.9:** 1 R 10.16-17; 2 Cr 9.15-16.

Reinado de Abías

(1 R 15.1-8)

13 En el año dieciocho del reinado
de Jeroboán, Abías comenzó a
reinar sobre Judá,
2 y reinó en Jerusalén tres años. Su ma-
dre se llamaba Micaías, y era hija de Uriel
de Gabaa. Y hubo guerra entre Abías y
Jeroboán,
3 así que Abías entró en combate con un
ejército de cuatrocientos mil soldados vale-
rosos y escogidos; Jeroboán, por su parte, se
enfrentó a él con ochocientos mil soldados
escogidos, fuertes y aguerridos.
4 Abías subió al monte de Semarayin, que
está en los montes de Efraín, y dijo:
«Escúchenme ustedes, Jeroboán y todos
los israelitas:
5 ¿Acaso no saben ustedes que, bajo un
pacto de sal, el Señor y Dios de Israel le dio
a David, a él y a sus hijos, el reinar para siem-
pre sobre Israel?
6 Pero Jeroboán hijo de Nabat se rebeló
contra su señor, contra Salomón hijo de Da-
vid, a pesar de que era su siervo.
7 A él se unieron hombres vanos y per-
versos, y pudieron más que Roboán hijo de
Salomón, porque Roboán era joven y apo-
cado, y no les hizo frente.
8 »Pero ahora ustedes tratan de oponerse
al reinado del Señor, que está en manos de
los hijos de David, sólo porque son muchos
y tienen esos becerros de oro que Jeroboán
les ha puesto como dioses.
9 ¿Acaso no expulsaron ustedes a los hi-
jos de Aarón, que son los sacerdotes del
Señor, y a los levitas, e imitaron a los pue-
blos de otras tierras al nombrarse sacerdo-
tes? ¡Ahora cualquiera puede venir a con-
sagrarse con un becerro y siete carneros, y
así convertirse en sacerdote de ídolos que
no son dioses!
10 Para nosotros, nuestro Dios es el Señor,
y jamás lo hemos dejado; y los sacerdotes
que ministran delante del Señor son los hi-
jos de Aarón, y los que están en la obra son
levitas.
11 Son ellos los que queman los holocaus-
tos cada mañana y cada tarde para honrar al
Señor; son ellos los que queman el incienso
aromático, y los que ponen los panes sobre
la mesa limpia, y el candelero de oro con
sus lámparas para que ardan cada tarde.
Nosotros somos obedientes a la ordenanza
del Señor nuestro Dios, pero ustedes lo han
abandonado.
12 Tomen en cuenta que Dios es nuestro
jefe, y que sus sacerdotes tocarán jubilosos
contra ustedes sus trompetas. ¡Israelitas, no
peleen contra el Señor, el Dios de sus pa- Esd 7.10
dres, porque no saldrán victoriosos!»
13 Pero Jeroboán les tendió una embosca-
da para atacarlos por la espalda; así que los
atacó de frente, pero la emboscada estaba a
espaldas de Judá.
14 Y cuando los de Judá se dieron cuenta
de que eran atacados por el frente y por la
retaguardia, clamaron al Señor y los sacerdo-
tes tocaron las trompetas;
15 entonces los de Judá gritaron con todas
sus fuerzas y, en el momento en que grita-
ron, Dios desbarató a Jeroboán y a todos los
israelitas, en favor de Abías y de Judá.
16 Entonces los israelitas huyeron delante
de Judá, pero Dios los entregó en sus manos,
17 y Abías y su ejército hicieron una gran
matanza entre ellos, y cayeron en batalla
quinientos mil israelitas escogidos.
18 Fue así como en aquella ocasión los
israelitas fueron derrotados, y los hijos de
Judá vencieron, pues se apoyaron en el Se-
ñor, el Dios de sus padres.
19 Abías persiguió a Jeroboán, y se apode-
ró de las ciudades de Betel, Jesana y Efraín,
todas ellas con sus aldeas.
20 Mientras Abías reinó, Jeroboán no vol-
vió a tener ningún poder; al contrario, el Se-
ñor lo hirió y le quitó la vida.
21 En cambio, Abías se hizo más poderoso,
y llegó a tener catorce mujeres, veintidós hi-
jos y dieciséis hijas.
22 Los demás hechos de Abías, y lo que
hizo y dijo, están escritos en los relatos del
profeta Iddo.

PALABRAS CON PODER

BUSCA AL SEÑOR
(2 Crónicas 14.4)

¿Qué buscas tú? ¿Mejores notas? ¿Una mejor puntuación en los juegos de video? El rey Asa le dijo al pueblo de Israel que buscaran al Señor. "Buscar al Señor" quiere decir hablar con Dios y desear tener una amistad más cercana con Él. También significa colocarlo en primer lugar en nuestra vida. Puedes buscar a Dios al orar y leer la Palabra. Escribe Hebreos 11:6 como un recordatorio de cómo Dios recompensa a los que lo buscan.

Reinado de Asa

(1 R 15.9-12)

14 Abías descansó entre sus ante-
pasados y fue sepultado en la
ciudad de David, y en su lugar
reinó su hijo Asa, y durante su reinado el país
estuvo en paz durante diez años.
2 Asa hizo lo bueno y lo recto ante los ojos
del Señor su Dios,
3 pues quitó los altares de culto ajenos y
los lugares altos, hizo pedazos los ídolos y
derribó los símbolos de Asera,
4 y ordenó a Judá buscar al Señor, el Dios
de sus padres, y poner por obra la ley y sus
mandamientos.
5 Además, quitó de todas las ciudades de
Judá los lugares altos y los ídolos, y bajo su
reinado hubo paz.
6 Precisamente porque en ese tiempo
había paz y nadie le hacía la guerra, pues el
Señor le había dado paz, Asa construyó en
Judá ciudades fortificadas.
7 *Les dijo a los de Judá:*
«Edifiquemos estas ciudades, y levan-
temos murallas a su alrededor, con torres,
puertas y cerrojos, pues la tierra es nuestra.
Nosotros hemos buscado al Señor nuestro
Dios, y porque lo hemos buscado, él nos ha
dado paz en todas partes.»
En la construcción tuvieron mucho éxito.
8 Además, Asa tenía un ejército armado
de lanzas y escudos, todos ellos soldados
bien entrenados para lanzar flechas. De Judá
eran trescientos mil, y de Benjamín doscien-
tos ochenta mil.
9 Zeraj el etíope salió a presentarles batalla
con un ejército de un millón de hombres y
trescientos carros de guerra; y llegó hasta
Maresa.
10 Asa salió a su encuentro, y libraron la
batalla en el valle de Sefata, junto a Maresa.
11 Allí Asa clamó al Señor su Dios, y dijo:
«¡Ay, Señor! Para ti no hay diferencia
alguna en brindar tu ayuda al poderoso o
al débil. ¡Ayúdanos, Señor y Dios nuestro,
porque en ti confiamos y en tu nombre ve-
nimos contra este ejército! Tú, Señor, eres
nuestro Dios; ¡que no prevalezca el hom-
bre contra ti!»
12 El Señor derrotó a los etíopes que se
enfrentaron contra Asa y Judá, y los etíopes
huyeron.
13 Asa y su ejército los persiguieron hasta
Gerar, y los etíopes fueron derrotados hasta

PROMESAS PODEROSAS

2 CRÓNICAS 14.11

«¡Ay, Señor! Para ti no hay diferencia alguna en brindar tu ayuda al poderoso o al débil. ¡Ayúdanos, Señor y Dios nuestro, porque en ti confiamos y en tu nombre venimos contra este ejército! Tú, Señor, eres nuestro Dios; ¡que no prevalezca el hombre contra ti!»

Cuando un ejército de más de un millón de personas vino contra el ejército mucho más pequeño del rey Asa, el rey le pidió a Dios que lo ayudara. A veces podemos sentirnos impotentes, como el rey Asa, pero sabemos que tenemos a un Dios todopoderoso para ayudarnos.

no quedar uno solo con vida. Fueron derro-
tados delante del Señor y de su ejército, y se
les quitó un gran botín de guerra.
14 Además, el terror del Señor cayó sobre
todas las ciudades alrededor de Gerar, y
como había en ellas grandes riquezas, Asa y
los suyos las saquearon,
15 y atacaron también las cabañas de los
que tenían ganado, y antes de volver a Jeru-
salén se llevaron muchas ovejas y camellos.

Reformas religiosas de Asa

(1 R 15.13-15)

15 El espíritu de Dios vino sobre
Azarías hijo de Obed,
2 y éste salió al encuentro de
Asa y le dijo:
«Escúchenme ustedes, Asa y todo Judá y
Benjamín: El Señor estará con ustedes, si us-
tedes están con él. Si lo buscan, lo hallarán;
pero si lo dejan, también él los dejará.
3 Israel pasó mucho tiempo sin un Dios
verdadero y sin un sacerdote que los instru-
yera, y sin ley;
4 pero cuando en su angustia se volvieron
al Señor y Dios de Israel, y lo buscaron, lo
hallaron.
5 En aquellos tiempos no había paz, ni
para el que entraba ni para el que salía, sino
que los habitantes de todas las naciones en-
caraban muchas aflicciones.
6 Un pueblo destruía a otro, y una ciudad
atacaba a otra ciudad, porque Dios les en-
viaba toda clase de calamidades.
7 Pero si ustedes se esfuerzan, y no pier-
den el ánimo, todo lo que hagan tendrá su
recompensa.»
8 Cuando Asa oyó las palabras y la profecía
del profeta Azarías hijo de Obed, se animó y
quitó de toda la tierra de Judá y de Benjamín,
y de las ciudades que había conquistado en la
región montañosa de Efraín, los ídolos repug-
nantes; además, reparó el altar del Señor que
estaba frente al pórtico del Señor.
9 Luego reunió a todo Judá y Benjamín, y
también a los forasteros de Efraín, Manasés
y Simeón, pues al ver que el Señor su Dios
estaba con Asa, muchos israelitas se le ha-
bían unido.
10 El mes tercero del año decimoquinto
del reinado de Asa se reunieron en Jerusa-
lén,
11 y del botín que habían obtenido, ese
mismo día ofrecieron al Señor setecientos
bueyes y siete mil ovejas.
12 Además, juraron solemnemente que
con todo el corazón y con toda su alma
buscarían al Señor y Dios de sus padres,
13 y que todo el que no buscara al Señor,
Dios de Israel, moriría, sin importar que fue-
ra grande o pequeño, hombre o mujer.
14 Esto lo juraron ante el Señor a toda voz
y con gran júbilo, al son de trompetas y bo-
cinas.
15 Todos los de Judá se alegraron de este
juramento; porque lo hicieron de todo co-
razón. Y como buscaron al Señor de todo
corazón, lo hallaron; y el Señor les dio paz
por toda la región.
16 Asa llegó incluso a destituir a Macá, la
reina madre, porque ella hizo una imagen de
la diosa Asera; Asa destruyó la imagen hasta
hacerla polvo, y la quemó a orillas del arroyo
de Cedrón.
17 A pesar de todo esto, y aunque el co-
razón de Asa fue perfecto durante toda su

EL BUSCAR Y ENCONTRAR A DIOS *(2 Crónicas 15.2)*
El rey Asa dijo que las personas que buscan a Dios lo encontrarán. Algunos dicen que Dios se esconde de su pueblo. Si Dios no contesta una oración inmediatamente, ellos piensan que Él se está escondiendo. Pero Dios nunca se esconde de su pueblo. Él quiere que sus seguidores lo busquen, es decir, que hablen con Él y lo adoren. ¿Cómo buscas tú a Dios? Puedes buscarlo al orar y leer su Palabra.

vida, los lugares altos no fueron quitados de
Israel.
18 Sin embargo, Asa llevó al templo de
Dios toda la plata y el oro y los utensilios
que su padre y él mismo habían consagrado,
19 y durante los treinta y cinco años del
reinado de Asa no hubo más guerra.

Alianza de Asa con Ben Adad

(1 R 15.16-22)

16 En el año treinta y seis del reina-
do de Asa, el rey Basá de Israel
se lanzó contra Judá y, para im-
pedir que nadie llegara en ayuda del rey Asa
de Judá, ni tampoco pudiera huir, fortificó la
ciudad de Ramá,
2 Asa sacó entonces el oro y la plata que
había en los tesoros del templo del Señor y
en el palacio real, y los envió al rey Ben Adad
de Siria, que estaba en Damasco, con este
mensaje:
3 «Hagamos tú y yo un pacto, como el
que hicieron tu padre y el mío. Aquí te en-
vío oro y plata. Ven y rompe el pacto que
has hecho con el rey Basá de Israel, para que
deje de atacarme.»
4 Ben Adad aceptó la propuesta del rey
Asa, y ordenó a los capitanes de sus ejér-
citos que atacaran las ciudades de Israel.
Así conquistaron Iyón, Dan, Abel Mayin
y las ciudades de aprovisionamiento de
Neftalí.
5 En cuanto Basá supo esto, suspendió las
obras de construcción en Ramá.
6 Entonces el rey Asa agrupó a todo Judá
para llevarse de Ramá la piedra y la madera
con que Basá estaba edificando, y con ese
material edificó a Geba y a Mispá.
7 Por esos días el vidente Janí llegó a ver
al rey Asa de Judá, y le dijo:
«Tú, lejos de apoyarte en el Señor tu Dios,
has buscado el apoyo del rey de Siria. Por
eso el ejército del rey de Siria se te ha esca-
pado de las manos.
8 ¿Acaso los etíopes y los libios no eran
un ejército incontable, con carros de guerra
y mucha gente de a caballo? Sin embargo,

PROMESAS PODEROSAS

2 CRÓNICAS 16.9

Los ojos del Señor están contemplando toda la tierra, para mostrar su poder a favor de los que mantienen hacia él un corazón perfecto. Pero en este caso tú has actuado como un necio. Por eso, de ahora en adelante te verás envuelto en más guerras.

El vidente Janí tenía una fuerte advertencia para el rey Asa, ¡y para nosotros! Dios ve todo. Él sabe las personas que le son fieles y las que no lo son. ¿Tiene Dios tu fidelidad?

el Señor los puso en tus manos porque te
apoyaste en él.
9 Los ojos del Señor están contemplando
toda la tierra, para mostrar su poder a favor
de los que mantienen hacia él un corazón
perfecto. Pero en este caso tú has actuado
como un necio. Por eso, de ahora en adelan-
te te verás envuelto en más guerras.»
10 Asa se enojó contra el vidente, y tan
grande fue su enojo que lo echó en la cárcel.
Por esos días, Asa oprimió también a algu-
nos del pueblo.

Muerte de Asa

(1 R 15.23-24)

11 Los primeros y los últimos hechos de
Asa se hallan registrados en el libro de los
reyes de Judá y de Israel.
12 En el año treinta y nueve de su reinado,
Asa enfermó gravemente de los pies, y en
su enfermedad no buscó al Señor, sino a los
médicos.
13 Finalmente, Asa descansó entre sus an-
tepasados en el año cuarenta y uno de su
reinado,
14 y fue sepultado en los sepulcros que
él mismo había mandado construir en la
ciudad de David. Lo pusieron en un ataúd,
el cual fue llenado de perfumes y diversas

especias aromáticas, preparadas por perfumistas expertos, y en su honor se prendió una enorme hoguera.

Reinado de Josafat

17 Después de Asa reinó en su lugar su hijo Josafat, el cual se impuso por la fuerza sobre Israel.

2 En todas las ciudades fortificadas de Judá puso ejércitos, y colocó guarniciones en Judá y en las ciudades de Efraín que su padre Asa había conquistado.

3 El Señor estuvo con Josafat, porque éste no se fue tras los baales, sino que siguió los caminos por los que antes anduvo David, su padre;

4 buscó al Dios de sus antepasados y siguió sus mandamientos y no lo que hacían los de Israel.

5 Por eso el Señor confirmó en sus manos el reino, y todo Judá le daba tributo, así que llegó a tener grandes y abundantes riquezas y esplendor.

6 Se entregó de corazón a los caminos del Señor, y quitó de en medio de Judá los lugares altos y las imágenes de Asera.

7 Al tercer año de su reinado, Josafat envió a sus príncipes Ben Jayil, Abdías, Zacarías, Natanael y Micaías, para que instruyeran a la gente en las ciudades de Judá.

8 Con ellos envió a los levitas Semaías, Netanías, Zebacías, Asael, Semiramot, Jonatán, Adonías, Tobías y Tobadonías, y también a los sacerdotes Elisama y Jorán.

9 Éstos llevaban consigo el libro de la ley del Señor, y recorrieron todas las ciudades de Judá enseñando al pueblo.

10 El pavor del Señor dominaba a todos los reinos vecinos de Judá, y éstos nunca se atrevieron a declararle la guerra a Josafat.

11 Los filisteos le pagaban a Josafat tributos de plata y le llevaban regalos. También los árabes le llevaban ganados y hasta siete mil setecientos carneros y siete mil setecientos machos cabríos.

12 Con esto, Josafat fue ganando mucha fuerza, y edificó en Judá fortalezas y ciudades de aprovisionamiento.

13 Acumuló muchas provisiones en las ciudades de Judá, y en Jerusalén tenía hombres muy valientes y aguerridos.

14 Según sus casas paternas y los jefes de las legiones de Judá, su número era el siguiente:

Trescientos mil guerreros muy esforzados, bajo el mando del general Adnas.

15 Doscientos ochenta mil soldados, bajo el mando del jefe Johanán.

16 Doscientos mil valientes, bajo el mando de Amasías hijo de Zicri, que se había presentado voluntariamente para servir al Señor.

17 Doscientos mil guerreros armados de arco y escudo, bajo el mando de Eliada, un benjaminita muy valeroso.

18 Ciento ochenta mil hombres en pie de guerra, bajo el mando de Jozabad.

19 Todos ellos estaban al servicio del rey, sin contar a los que el rey mismo había puesto en las ciudades fortificadas de todo Judá.

Micaías profetiza la derrota de Ajab

(1 R 22.1-40)

18 Además de sus abundantes riquezas y gran esplendor, Josafat se emparentó con Ajab,

2 así que algunos años después fue a Samaria para visitar a Ajab, y Ajab mató muchas ovejas y bueyes para él y para la gente que lo acompañaba, pero lo persuadió a unirse con él para atacar a Ramot de Galaad.

3 El rey Ajab de Israel le dijo al rey Josafat de Judá:

«¿Quieres atacar conmigo a Ramot de Galaad?»

Y Josafat le respondió:

«Yo soy como tú, y mi pueblo es como tu pueblo. Iremos contigo a la guerra.

4 Pero antes te ruego que consultes hoy mismo la palabra del Señor.»

5 El rey de Israel reunió a cuatrocientos profetas, y les preguntó:

«¿Debemos ir a la guerra contra Ramot de Galaad, o debo quedarme quieto?»

Los profetas dijeron:

«Su Majestad puede ir, porque Dios los pondrá en sus manos.»

6 Pero Josafat dijo:

«¿No hay aquí algún profeta del Señor, por medio del cual podamos consultarlo?»

7 El rey de Israel le respondió a Josafat:

«Aún queda uno, que es Micaías hijo de Imla. Por medio de él podemos consultar al Señor. Pero yo lo aborrezco, porque nunca me profetiza nada bueno, sino sólo cosas malas.»

Josafat objetó:

«No hable así Su Majestad.»

8 El rey de Israel llamó a un oficial, y le dijo:

«¡Que venga enseguida Micaías hijo de Imla!»

9 Tanto el rey de Israel como el rey Josafat de Judá estaban sentados en su trono y vestidos con sus ropas reales, en la plaza que estaba junto a la entrada de la puerta de Samaria, mientras todos los profetas profetizaban en su presencia.

10 Sedequías hijo de Quenaná había hecho unos cuernos de hierro, y decía:

«Así ha dicho el Señor: "Con éstos cuernos atacarás a los sirios, hasta destruirlos por completo."»

11 También todos los profetas profetizaban lo mismo, y decían:

«Vaya Su Majestad y ataque a Ramot de Galaad, que obtendrá la victoria. El Señor la pondrá en sus manos.»

12 El mensajero que había ido a llamar a Micaías, le dijo:

«Toma en cuenta que las palabras de los profetas coinciden en anunciar al rey cosas buenas. Yo te ruego que hables bien, y que tus palabras sean como las de ellos.»

13 Pero Micaías respondió:

«Juro por el Señor, que sólo diré lo que mi Dios me ordene decir.»

Cuando Micaías se presentó ante el rey,

14 éste le dijo:

«Micaías, ¿debemos ir y pelear contra Ramot de Galaad, o debo quedarme quieto?»

Y Micaías respondió:

«Vayan, que van a obtener la victoria. Esa gente será puesta en las manos de ustedes.»

15 El rey le dijo:

«¿Cuántas veces debo hacerte jurar, por el nombre del Señor, que no me digas nada que no sea la verdad?»

16 Entonces Micaías dijo:

«Veo a todo Israel esparcido por los montes, como ovejas sin pastor.[a] El Señor ha dicho: "Esta gente no tiene a quien seguir. Que se regresen todos a su casa en paz."»

17 El rey de Israel le dijo entonces a Josafat:

«¿No te había dicho ya que éste no me profetizaría nada bueno, sino sólo el mal?»

18 Pero Micaías añadió:

«Escuchen la palabra del Señor: Yo he visto al Señor sentado en su trono. A su derecha y a su izquierda estaba todo el ejército de los cielos.

19 Y el Señor preguntó: "¿Quién inducirá a Ajab, el rey de Israel, para que ataque a Ramot de Galaad y muera en el intento?" Y uno decía una cosa, y otro decía otra.

20 Pero un espíritu fue y se puso delante del Señor, y dijo: "Yo lo induciré." Y el Señor preguntó: "¿Y cómo lo harás?"

21 Y aquel espíritu dijo: "Saldré y seré un espíritu de mentira en labios de todos sus profetas." Entonces el Señor dijo: "Ve y hazlo así. Indúcelo, que lograrás hacerlo."

22 Así que el Señor ha puesto un espíritu de mentira en labios de estos profetas tuyos. El Señor ha dictado el mal contra ti.»

23 En ese momento Sedequías hijo de Quenaná se acercó a Micaías y lo golpeó en la mejilla, a la vez que le decía:

«¿Y por dónde salió de mí el espíritu del Señor para hablarte a ti?»

24 Y Micaías le respondió:

«Lo verás cuando llegue el momento, y que será cuando vayas de un cuarto a otro, para esconderte.»

25 Entonces el rey de Israel dijo:

«Agarren a Micaías, y llévenlo ante Amón, el gobernador de la ciudad, y ante Joás, el hijo del rey.

[a] **18.16:** Mt 9.36; Mr 6.34.

26 Díganles que yo, el rey, ordeno que lo
metan a la cárcel, y que lo tengan a pan y
agua, para que sufra y se angustie hasta que
yo vuelva en paz.»
27 Pero Micaías dijo, y lo repitió:
«¡Escúchenme, pueblos todos! Si tú vuelves en paz, entonces el Señor no ha hablado por medio de mí.»
28 El rey de Israel y el rey Josafat de Judá se
dirigieron a Ramot de Galaad para atacarla.
29 Y el rey de Israel le dijo a Josafat:
«Yo voy a disfrazarme para entrar en batalla. Pero tú puedes llevar puestas tus vestimentas reales.»

Y así, el rey de Israel se disfrazó y entró en batalla.
30 Por su parte, el rey de Siria había dado a
los capitanes de los carros que tenía consigo, la siguiente orden:
«No traben combate con nadie, chico o grande, sino sólo con el rey de Israel.»
31 En cuanto los capitanes de los carros
vieron a Josafat, dijeron: «Éste es el rey de
Israel», y lo rodearon para pelear contra él,
pero Josafat clamó al Señor y el Señor lo
ayudó y apartó de él a sus atacantes,
32 pues cuando los capitanes de los carros
vieron que no era el rey de Israel, dejaron de
atacarlo.
33 Pero uno de ellos disparó una flecha al
azar y logró herir de muerte al rey de Israel,
pues le dio entre las junturas de su armadura. Entonces el rey le ordenó al cochero:
«Da vuelta al carro y sácame del campo, que estoy mal herido.»
34 Pero la batalla arreció ese día, así que el
rey de Israel tuvo que mantenerse en pie en
el carro, frente a los sirios, hasta la tarde; y
murió al ponerse el sol.

El profeta Jehú amonesta a Josafat

19 El rey Josafat de Judá volvió a su
casa en Jerusalén en paz.
2 Pero le salió al encuentro el vidente Jehú hijo de Jananí, y le dijo al rey Josafat:
«¿Así que ayudas al impío, y amas a los que odian al Señor? Pues por esto, de la presencia del Señor ha salido su ira contra ti.
3 Sin embargo, se han hallado en ti buenas
acciones, pues has quitado del país las imágenes de Asera, y de corazón te has dispuesto a buscar a Dios.»

Josafat nombra jueces

4 Aunque Josafat reinaba en Jerusalén, solía salir para visitar a su pueblo y guiarlos hacia el Señor y Dios de sus padres. Iba desde
Berseba hasta el monte de Efraín,
5 y nombraba jueces por todas partes y
por todas las ciudades fortificadas de Judá.
6 A los jueces les decía:
«Tengan cuidado con lo que hacen, pues no imparten justicia de parte de ningún hombre, sino de parte del Señor. Si sus sentencias son justas, él estará con ustedes.
7 Así que tengan cuidado con lo que hacen, y que el temor del Señor sea con ustedes. Con el Señor, nuestro Dios, no hay
injusticia, ni acepción de personas, ni hay
lugar para el soborno.»
8 Además, Josafat nombró en Jerusalén a
algunos de los levitas y sacerdotes, y de los
padres de familias de Israel, para que impartieran justicia y legislaran los casos en nombre del Señor. Éstos vivían en Jerusalén.

PROMESAS PODEROSAS

2 CRÓNICAS 19.7

Así que tengan cuidado con lo que hacen, y que el temor del Señor sea con ustedes. Con el Señor, nuestro Dios, no hay injusticia, ni acepción de personas, ni hay lugar para el soborno.

El rey Josafat le recordó al pueblo de Judá que Dios es justo en todas las cosas. Él nunca le da preferencia a una persona en vez de otra. Él no piensa que una persona es mejor que otra. ¿No te alegra saber que Dios no tiene favoritos?

PALABRAS CON PODER

LUGARES ALTOS

(2 Crónicas 20.33)

Aunque el rey Josafat obedeció a Dios, no destruyó los lugares altos en el reino de Judá. Los lugares altos eran lugares elevados, como las cumbres de colinas, donde el pueblo adoraba a los dioses falsos. Dios quería que su pueblo destruyera estos lugares para que no fueran tentados a adorar a ídolos. Como NIÑOS PODEROSOS, nosotros necesitamos tener cuidado de evitar cualquier cosa que nos impide seguir a Dios con todo nuestro corazón.

32 Y Josafat siguió los pasos de Asa, su padre, haciendo lo recto ante los ojos del Señor y sin apartarse de sus caminos.

33 Sin embargo, no fueron quitados los lugares altos, pues el pueblo aún no había enderezado su corazón hacia el Dios de sus padres.

34 Los demás hechos de Josafat, primeros y últimos, están escritos en las palabras de Jehú hijo de Janani, del cual se hace mención en el libro de los reyes de Israel.

35 Tiempo después, el rey Josafat de Judá hizo amistad con el rey Ocozías de Israel, que era proclive a la impiedad,

36 y se asoció con él para construir barcos en Ezión Guéber capaces de navegar hasta Tarsis.

37 Pero el profeta Eliezer hijo de Dodías, de Maresa, profetizó contra Josafat y le dijo: «Por haberte hecho amigo de Ocozías, el Señor destruirá tus obras.» Y las naves naufragaron y no pudieron llegar a Tarsis.

Reinado de Jorán de Judá

(2 R 8.16-24)

21 Finalmente, Josafat descansó entre sus antepasados, y lo sepultaron en la ciudad de David. En su lugar reinó su hijo Jorán,

2 cuyos hermanos e hijos de Josafat fueron Azarías, Yejiel, Zacarías, Azarías, Micael y Sefatías. Todos ellos eran hijos del rey Josafat de Judá,

3 y recibieron de su padre muchos regalos de oro y plata, objetos preciosos y ciudades fortificadas en Judá, aunque el reino se lo cedió a Jorán, porque éste era el primogénito.

4 Tan pronto como Jorán ascendió al trono de su padre y se afirmó en el poder, mató a filo de espada a todos sus hermanos, y también a algunos de los jefes de Israel.

5 Comenzó a reinar cuando tenía treinta y dos años, y reinó en Jerusalén ocho años.

6 Pero siguió los pasos de los reyes de Israel, a la manera de la casa de Ajab, pues tuvo por mujer a la hija de Ajab y cometió mucha maldad a los ojos del Señor.

7 Pero el Señor no quiso destruir la casa de David, por causa del pacto que había hecho con David y porque le había prometido mantener siempre[a] encendida su lámpara y la de sus hijos.

8 Durante el reinado de Jorán, los edomitas se rebelaron contra el dominio de Judá,[b] y pusieron en el trono su propio rey.

9 Entonces Jorán marchó con sus jefes y con todos sus carros de guerra, y una noche atacó y derrotó a los edomitas que lo habían sitiado, y también a todos los comandantes de sus carros.

10 A pesar de esto, Edom se liberó del dominio de Judá, hasta el día de hoy.

Por ese mismo tiempo, Libna se liberó del dominio de Jorán, porque éste se apartó del Señor, el Dios de sus padres.

11 Además de esto, Jorán construyó lugares altos en los montes de Judá, con lo que hizo que los habitantes de Jerusalén se prostituyeran, lo mismo que los de Judá.

12 Pero le llegó una carta del profeta Elías, la cual decía:

«Así ha dicho el Señor, el Dios de David, tu padre: Puesto que no has seguido el ejemplo de Josafat, tu padre, ni el del rey Asa de Judá,

[a] **21.7:** 1 R 11.36. [b] **21.8:** Gn 27.40.

13 sino que has imitado el mal ejemplo de los reyes de Israel y has hecho que Judá y los habitantes de Jerusalén se prostituyan, como se prostituyó la casa de Ajab, y además has dado muerte a tus hermanos, a la familia de tu padre, los cuales eran mejores que tú,

14 ahora el Señor te enviará una plaga mortal, y con ella herirá de muerte a tu pueblo, y a tus hijos y a tus mujeres, y a todo lo que tienes.

15 A ti te castigará con muchas enfermedades. Tan persistente será tu mal, que hasta los intestinos se te saldrán.»

16 Y así, el Señor suscitó contra Jorán la ira de los filisteos y de los árabes que estaban junto a los etíopes,

17 y todos ellos atacaron a Judá e invadieron su territorio; capturaron a sus hijos y a sus mujeres, y se apoderaron de todos los bienes que hallaron en el palacio real. Lo único que le quedó a Jorán fue Joacaz, su hijo menor.

18 Después de todo esto, el Señor le mandó una enfermedad incurable en los intestinos.

19 Transcurrió mucho tiempo, y al cabo de dos años la enfermedad hizo que los intestinos se le salieran, por lo que murió de una enfermedad muy penosa. No se prendió ninguna hoguera en su honor, como se había hecho con sus padres.

20 Jorán tenía treinta y dos años cuando comenzó a reinar, y reinó en Jerusalén ocho años. Cuando murió, nadie lo echó de menos. Fue sepultado en la ciudad de David, pero no en los sepulcros reservados para los reyes.

Reinado de Ocozías de Judá

(2 R 8.25-29)

22 Para suceder al rey Jorán de Judá, los habitantes de Jerusalén proclamaron rey a Ocozías, su hijo menor. Ocozías llegó al trono porque una banda de árabes llegó al campamento y mató a todos los hijos mayores de Jorán.

JOÁS

Joás tenía siete años cuando llegó a ser rey de Judá. Pero casi se perdió de ser rey, debido a su abuela, Atalías.

Atalías estaba decidida a gobernar Judá, el reino sureño. Ella estaba dispuesta a hacer cualquier cosa para lograr su meta, hasta matar a los príncipes del reino, ¡aunque fueran sus propios nietos! Pero no pudo matar a Joás. La tía de este, Yoseba, la esposa de Joyadá, el sumo sacerdote, mantuvo a Joás escondido en el templo.

Joás pasó los seis primeros años de su vida escondido mientras Atalía gobernaba Judá. Pero cuando tuvo siete años, Joyadá decidió que ya bastaba. Ya que Joás era el rey legítimo de Judá, Joyadá hizo una promesa solemne ante el pueblo de Judá que Joás sería rey. El primer paso era asegurarse de que Joás estuviera protegido. Joyadá colocó soldados alrededor del templo para vigilar al niño de día y de noche. Sólo los sacerdotes y los levitas podían entrar al templo. El segundo paso era reunir al pueblo de Judá y proclamar rey a Joás. El tercer paso era matar a Atalía, que todavía estaba tratando de impedir que Joás fuera rey. El cuarto paso, el cual fue un paso muy importante para el futuro reinado de Joás, era asegurarse de que el pueblo dejara de adorar a ídolos y obedeciera a Dios.

Dios protegió a Joás. Él le proveyó a Joyadá, un consejero sabio quien ayudó a instruir a Joás en los caminos de Dios. Los NIÑOS PODEROSOS también necesitan tener personas en su vida que los ayuden a aprender acerca de Dios.

Puedes leer acerca de Joás en 2 Reyes 11-12 y 2 Crónicas 22:10-24:27

[2] Ocozías comenzó a reinar cuando tenía
veintidós años,[a] y reinó un año en Jerusalén.
Su madre se llamaba Atalía, y era hija de Omri.
[3] Pero también Ocozías siguió el mal
ejemplo de la casa de Ajab, pues su madre
lo aconsejaba a que hiciera lo malo.
[4] Para su perdición, Ocozías hizo lo malo
a los ojos del Señor, a la manera de la casa
de Ajab, pues después de la muerte de su
padre ellos fueron sus consejeros.
[5] Ocozías se dejó llevar por los consejos de
ellos, y en alianza con el rey Jorán de Israel,
hijo de Ajab, declaró la guerra al rey Jazael
de Siria, pero en Ramot de Galaad los sirios
hirieron de muerte a Jorán.
[6] Éste volvió entonces a Jezrel para curarse
de las heridas que le habían hecho en Ramot durante el combate contra el rey Jazael
de Siria, y como Jorán hijo de Ajab se hallaba
enfermo en Jezrel, el rey Ocozías de Judá,
hijo de Jorán, fue a visitarlo.

Jehú mata a Ocozías

(2 R 9.27-29)

[7] Todo esto venía de Dios, para que
Ocozías fuera destruido al llegar adonde
estaba Jorán, porque en cuanto Ocozías llegó, se unió a Jorán para atacar a Jehú hijo de
Nimsi, al cual el Señor había escogido para
exterminar a la familia de Ajab.
[8] Al dictar Jehú sentencia contra la casa
de Ajab, encontró a los jefes de Judá y a los
sobrinos de Ocozías, que estaban al servicio
de éste, y los mató.
[9] Luego buscó a Ocozías, el cual se había
escondido en Samaria, y cuando lo hallaron,
lo llevaron ante Jehú y lo mataron. Pero le
dieron sepultura, porque dijeron: «Era hijo
de Josafat, quien de todo corazón buscó al
Señor.» Y la casa de Ocozías no tenía el poder suficiente para retener el reino.

Atalía usurpa el trono

(2 R 11.1-21)

[10] Al ver Atalía, la madre de Ocozías, que
su hijo había sido muerto, se dispuso a exterminar a toda la descendencia real de la
casa de Judá.
[11] Pero al ver Josabet, la hija del rey, que
mataban a los demás hijos del rey, tomó
a Joás hijo de Ocozías y lo escondió, y a él
y a su nodriza los resguardó en uno de los
aposentos. Fue así como Josabet, hija del rey
Jorán y mujer del sacerdote Joyadá (pues
ella era hermana de Ocozías), escondió a
Joás de Atalía, y no lo mataron.
[12] Y Joás estuvo seis años en el templo de
Dios, escondido con ellos. Mientras tanto,
Atalía reinaba en el país.

23 En el séptimo año Joyadá se
animó y se alió con los jefes de
centenas Azarías hijo de Jeroán,
Ismael hijo de Johanán, Azarías hijo de Obed,
Maseías hijo de Adaías, y Elisafat hijo de Zicri.
[2] Éstos recorrieron el país de Judá y reunieron a los levitas de todas las ciudades de
Judá, lo mismo que a los jefes de las familias
de Israel, y se concentraron en Jerusalén.
[3] Allí, en el templo de Dios, toda la multitud hizo un pacto con el rey. Y Joyadá les
dijo:
«Aquí tienen al hijo del rey, y él reinará,
como el Señor lo ha prometido respecto de
los hijos de David.[a]
[4] Ahora, hagan esto: una tercera parte de
ustedes, los que pueden entrar en el día de
reposo, fungirán como porteros con los sacerdotes y los levitas.
[5] Otra tercera parte estará en el palacio
del rey, y la tercera parte restante estará en
la Puerta del Cimiento. Todo el pueblo estará en los patios del templo del Señor.
[6] Nadie podrá entrar en el templo del Señor; sólo podrán entrar los sacerdotes y los
levitas que ministran, porque están consagrados. Todo el pueblo hará guardia delante
del Señor.
[7] Los levitas rodearán al rey por todos lados, y cada uno de ellos tendrá sus armas en
la mano. Cualquiera que entre en el templo,
morirá. Ustedes deben acompañar al rey
cuando entre y cuando salga.»

[a] **22.2** Veintidós años. Según 2 Reyes 8.26. Heb. cuarenta y dos. [a] **23.3:** 2 S 7.12.

8 Los levitas y todo Judá siguieron al pie de la letra las órdenes del sacerdote Joyadá. Cada jefe tomó a los suyos, tanto a los que entraban en el día de reposo como a los que salían, porque el sacerdote Joyadá no dio a nadie permiso de ausentarse.

9 Además, el sacerdote Joyadá entregó a los jefes de centenas las lanzas, los paveses y los escudos que habían sido del rey David, y que estaban en el templo de Dios,

10 y puso en orden a todo el pueblo. Cada uno de ellos tenía su espada en la mano, desde el rincón derecho del templo hasta el izquierdo, hacia el altar y el templo, y por todas partes alrededor del rey.

11 Entonces sacaron al hijo del rey, le pusieron la corona y el testimonio, y lo proclamaron rey. Joyadá y sus hijos lo ungieron, mientras gritaban: «¡Viva el rey!»

12 Cuando Atalía oyó el estruendo de la gente que corría, y de los que aclamaban al rey, fue al templo del Señor para encontrarse con la gente,

13 y al ver Atalía al rey a la entrada, junto a su columna, y junto al rey a los príncipes y los trompeteros, y que todo la gente se mostraba muy alegre y tocaba bocinas, y que los cantores dirigían la alabanza con instrumentos de música, rasgó sus vestidos y gritó:

«¡Traición! ¡Traición!»

14 Pero el sacerdote Joyadá ordenó que salieran los jefes de centenas del ejército, y les dijo:

«¡Sáquenla de aquí! Y a quien la siga, ¡mátenlo a filo de espada!»

Y es que el sacerdote había ordenado que no la mataran dentro del templo del Señor.

15 Ellos le echaron mano, y tan pronto como ella cruzó el umbral de la puerta de las caballerizas del rey, la mataron.

16 Entonces Joyadá hizo un pacto con todo el pueblo y con el rey, de que ellos serían el pueblo del Señor.

17 *Después de esto, todo el pueblo entró en el templo de Baal y lo derribaron, y derribaron también sus altares, hicieron pedazos sus imágenes, y delante de los altares mataron a Matán, sacerdote de Baal.*

18 Luego Joyadá ordenó los oficios en el templo del Señor, bajo el control de los sacerdotes y levitas, según David los había distribuido en el templo del Señor, para ofrecer al Señor los holocaustos, con gozo y con cánticos, como está descrito en la ley de Moisés y conforme a las disposiciones de David.

19 Puso también porteros a la entrada del templo del Señor, para que de ninguna manera entrara nadie que estuviera impuro.

20 Después llamó a los jefes de centenas, y a los principales, a los que gobernaban el pueblo y a todo el pueblo de la tierra, para llevar al rey desde el templo del Señor. Cuando llegaron a la mitad de la puerta principal del palacio del rey, sentaron al rey sobre el trono del reino.

21 Y después de que mataron a Atalía a filo de espada, todo el pueblo del país vivió feliz y la ciudad tuvo tranquilidad.

Reinado de Joás de Judá

(2 R 12.1-21)

24 Joás tenía siete años cuando comenzó a reinar, y reinó en Jerusalén cuarenta años. Su madre se llamaba Sibiá, y era de Berseba.

2 Mientras el sacerdote Joyadá vivía, Joás hizo lo recto a los ojos del Señor.

3 Y Joyadá tuvo dos mujeres, y engendró hijos e hijas.

4 Pasado algún tiempo, Joás decidió restaurar el templo del Señor,

5 así que reunió a los sacerdotes y los levitas, y les dijo:

«Vayan por las ciudades de Judá, y recojan dinero de todos los israelitas para que cada año sea reparado el templo de su Dios. Trabajen en esto con mucha diligencia.»

Pero como los levitas no lo hicieron así,

6 el rey llamó al sumo sacerdote Joyadá y le dijo:

ª24.6: Éx 30.11-16.

«¿Por qué no has puesto empeño en que los levitas recojan de Judá y de Jerusalén la ofrenda que Moisés, el siervo del Señor, impuso a la congregación israelita para el tabernáculo del testimonio?»[a]

7 Y es que la impía Atalía y sus hijos habían destruido el templo de Dios, y además habían dilapidado en los ídolos todos los objetos consagrados del templo del Señor.

8 Por eso el rey mandó hacer un cofre, y que lo pusieran a la entrada del templo del Señor.

9 Además, mandó pregonar por todo Judá y Jerusalén que se presentara al Señor la ofrenda que Moisés, el siervo de Dios, había impuesto a Israel en el desierto.

10 Con mucha alegría, todos los jefes y todo el pueblo llegaron con sus ofrendas y las echaron en el cofre, hasta llenarlo.

11 Cuando llegaba el momento de que los levitas llevaran el cofre al secretario del rey, si veían que había mucho dinero, el escriba del rey y alguien nombrado por el sumo sacerdote venían por el arca y, luego de vaciarla, la devolvían a su lugar. Esto lo hacían diariamente, y recogían mucho dinero;

12 entonces el rey y Joyadá se lo daban a los que trabajaban en las reparaciones del templo del Señor.

En la reconstrucción del templo del Señor se empleaban canteros, carpinteros y artífices en hierro y bronce.

13 Estos artesanos realizaban la obra, y con sus propias manos el templo de Dios fue restaurado y devuelto a su antigua condición.

14 Cuando terminaron, devolvieron al rey y a Joyadá el resto del dinero, y con él se hicieron utensilios para el servicio del templo del Señor, tales como morteros, cucharas, y vasos de oro y de plata.

Mientras Joyadá vivía, continuamente se sacrificaban holocaustos en el templo del Señor;

15 pero Joyadá envejeció, y murió siendo ya un anciano de ciento treinta años.

LECCIONES **ZACARÍAS**

(2 Crónicas 24.20)

Cuando el Espíritu Santo "vino sobre" Zacarías, este les habló a Joás y a los oficiales de Judá acerca de sus pecados. El señalar el pecado y guiar a las personas a Jesús es una obra del Espíritu Santo. Puedes leer al respecto en Juan 16:8-9. El Espíritu Santo muchas veces obra a través de mensajeros piadosos para señalar el pecado para que las personas se aparten de sus pecados y obedezcan a Dios. Luego pueden recibir el perdón que Dios pone a su disposición por medio de Jesucristo.

16 Fue sepultado junto con los reyes en la ciudad de David, pues se tomó en cuenta el bien que había hecho por Israel, y para Dios y su templo.

17 A la muerte de Joyadá los jefes de Judá se presentaron ante el rey y le juraron obediencia, y el rey los atendió.

18 Pero descuidaron el templo del Señor, el Dios de sus padres, y rindieron culto a los símbolos de Asera y a las imágenes esculpidas, así que por este pecado la ira de Dios vino sobre Judá y Jerusalén.

19 El Señor les envió profetas para que se volvieran a él, y los profetas los amonestaron, pero ellos no les hicieron caso.

20 Entonces el espíritu de Dios vino sobre Zacarías, hijo del sacerdote Joyadá, y éste, de pie en un lugar donde todo el pueblo pudiera verlo, les dijo:

«Así ha dicho Dios: "¿Por qué quebrantan ustedes los mandamientos del Señor?" Eso les va a costar caro. Por haberse apartado del Señor, él también se apartará de ustedes.»

21 Pero ellos conspiraron contra él, y por órdenes del rey lo apedrearon en el patio del templo del Señor,[b] y lo mataron. Sal 51.10-12

22 Fue así como el rey Joás se olvidó de la bondad con que Joyadá, el padre de Za-

[b] **24.20-21:** Mt 23.35; Lc 11.51.

carías, lo había tratado, y hasta mató a su
hijo. Antes de morir, Zacarías sentenció:
«El Señor es testigo, y habrá de pedirles
cuentas.»
23 Un año después, el ejército de Siria ata-
có a Judá y a Jerusalén, y acabó con todos
los jefes del pueblo, y todo el botín de gue-
rra lo envió al rey de Damasco.
24 En realidad, el ejército de Siria había
venido con muy poca gente, pero el Señor
puso en sus manos al poderoso ejército de
Joás porque éste se apartó del Señor, el Dios
de sus padres. Ésta fue la sentencia del Se-
ñor contra Joás.
25 Cuando los sirios se fueron, dejaron a
Joás agobiado por sus dolencias. Además,
sus siervos conspiraron contra él por causa
de la muerte de los hijos del sacerdote Joya-
dá, y lo mataron en su propia cama. Y Joás
fue sepultado en la ciudad de David, aun-
que no en los sepulcros de los reyes.
26 Los que conspiraron contra él fueron
Zabad hijo de Simeat, el amonita, y Jozabad
hijo de Simerit, el moabita.
27 En cuanto a los hijos de Joás, y el in-
cremento de tributos que éste estableció, y
la restauración del templo del Señor, todo
está escrito en la historia del libro de los
reyes. En lugar de Joás, subió al trono su
hijo Amasías.

Reinado de Amasías

(2 R 14.1-22)

25 Amasías tenía veinticinco años
cuando comenzó a reinar, y
reinó en Jerusalén veintinueve
años. Su madre se llamaba Yoadán, y era de
Jerusalén.
2 Y Amasías hizo lo recto a los ojos del Se-
ñor aunque no de todo corazón,
3 pues tan pronto como fue confirmado
en el trono mató a los siervos que habían
matado a su padre el rey.
4 Sin embargo, y de acuerdo con lo que
está escrito en la ley, en el libro de Moisés,
no mató a los hijos de ellos, pues allí el Señor
ha ordenado: «No morirán los padres por
los hijos, ni los hijos por los padres. Cada
uno morirá por causa de su pecado.»[a]
5 Amasías reunió a los de Judá y puso jefes
de millares y de centenas sobre todo Judá
y Benjamín, según el orden de sus familias.
Además, levantó un censo de todos los
hombres mayores de veinte años, y se en-
contró que había trescientos mil capaces de
ir a la guerra y de empuñar lanza y escudo.
6 Además, contrató a cien mil israelitas
aguerridos, a los que pagaba un sueldo de
tres mil trescientos kilos de plata.
7 Pero vino un hombre de parte de Dios,
y le dijo:
«Su Majestad, no conviene que el ejército
de Israel lo acompañe, porque el Señor no
está con los israelitas ni con ninguno de los
efrainitas.
8 Si Su Majestad decide hacerlo así, e insis-
te en entrar en combate, Dios lo hará caer
derrotado delante de sus enemigos, porque
Dios tiene el poder de ayudar y de derro-
tar.»
9 Pero Amasías le dijo al hombre de Dios:
«¿Y qué va a pasar con los tres mil tres-
cientos kilos de plata que le he pagado al
ejército israelita?»
Y el hombre de Dios respondió:
«El Señor puede dar a Su Majestad mu-
cho más que eso.»
10 Entonces Amasías apartó a su ejército
del ejército efrainita que había venido en
su ayuda, y les ordenó que se fueran a sus
casas. Ellos se enojaron grandemente contra
Judá, y encolerizados volvieron a sus casas.
11 Pero Amasías salió con su ejército y se
dirigió al valle de la sal, y allí mató a diez mil[b]
de los hijos de Seír;
12 los hijos de Judá, por su parte, tomaron
vivos a otros diez mil, a los que llevaron a
la cumbre de un peñasco, y desde allí los
despeñaron, y todos ellos murieron hechos
pedazos.
13 Mientras tanto, los del ejército que
Amasías había despedido, y que ya no fue-

[a] **25.4:** Dt 24.16. [b] **25.11:** 2 R 14.7.

ron con él a la guerra, invadieron las ciudades de Judá, desde Samaria hasta Bet Jorón, y mataron a tres mil de ellos, y los despojaron por completo.

14 Al volver Amasías de haber derrotado a los edomitas, trajo consigo los dioses de los hijos de Seír, los reconoció como dioses, y los adoró y les quemó incienso.

15 Entonces el Señor se encendió en ira contra Amasías, y envió un profeta a que le dijera:

«¿Por qué has ido tras los dioses de otra nación, que no libraron de tus manos a su pueblo?»

16 Mientras el profeta le decía esto, Amasías le respondió:

«¿Acaso te han nombrado consejero del rey? ¡Déjate de tonterías! ¿O acaso quieres que te maten?»

Cuando Amasías terminó de hablar, el profeta le dijo:

«Yo sólo sé que, por haber actuado así, y por no haber hecho caso de mis consejos, Dios ha decidido destruirte.»

17 El rey Amasías de Judá se reunió con sus consejeros y mandó a decir a Joás hijo de Joacaz, hijo de Jehú, rey de Israel:

«Ven acá, y nos veremos las caras.»

18 El rey Joás de Israel le envió al rey Amasías de Judá la siguiente respuesta:

«Había en el Líbano un cardo, que mandó a decir al cedro del Líbano: "Deja que tu hija se case con mi hijo." ¡Pero los animales salvajes del Líbano pasaron y pisotearon el cardo!

19 ¿Acaso crees que el haber derrotado a Edom basta para que el corazón se te hinche de orgullo? Es mejor que te quedes en tu casa. ¿Para qué provocar una desgracia, *en la que tú y Judá salgan derrotados?»*

20 Pero Amasías no le hizo caso. Y es que era la voluntad de Dios entregarlos en manos de sus enemigos, por haberse ido tras los dioses de Edom.

21 Por eso el rey Joás de Israel y el rey Amasías de Judá se enfrentaron cara a cara en la batalla de Bet Semes, en Judá.

PALABRAS CON PODER

UZÍAS

(2 Crónicas 26.1)

Uzías era sólo un adolescente cuando llegó a ser rey de Judá. Su reino se divide en dos partes: los años durante los cuales dependió de Dios y los años durante los cuales no le fue fiel a Dios. Mientras Uzías dependió de Dios, recibió la ayuda de Dios para gobernar Judá. Pero más adelante, el orgullo de Uzías lo hizo pensar que podía hacer una tarea que sólo les era permitido hacer a los sacerdotes: ofrecer incienso a Dios. Como resultado, Uzías se enfermó de lepra. Esta historia es una fuerte advertencia para nosotros de que no debemos llenarnos de orgullo.

22 Allí Judá fue derrotado por Israel, y cada uno salió huyendo a su casa.

23 Allí en Bet Semes el rey Joás de Israel tomó preso al rey Amasías de Judá, hijo de Joás, hijo de Joacaz, y lo llevó a Jerusalén, y derribó la muralla de Jerusalén desde la puerta de Efraín hasta la puerta del ángulo, en un tramo de ciento ochenta metros;

24 se llevó además todo el oro y la plata, y todos los utensilios que se hallaron en el templo de Dios y en casa de Obed Edom, así como los tesoros del palacio del rey; hizo prisioneros a los hijos de los nobles, y después de eso volvió a Samaria.

25 Después de la muerte del rey Joás hijo de Joacaz, de Israel, el rey Amasías hijo de Joás, de Judá, vivió quince años.

26 Los demás hechos de Amasías, primeros y últimos, están escritos en el libro de los reyes de Judá y de Israel.

27 A partir de que Amasías se apartó del Señor, se empezó a conspirar contra él en Jerusalén; y aunque él huyó a Laquis, lo fueron persiguiendo hasta Laquis, y allí lo mataron;

28 luego lo llevaron a caballo hasta la ciudad capital de Judá, y allí lo sepultaron con sus antepasados.

Reinado de Uzías

(2 R 15.1-7)

26 Entonces todo el pueblo de Judá tomó a Uzías y lo proclamó rey en lugar de Amasías, su padre. Uzías tenía entonces dieciséis años de edad.

2 Después de que el rey Amasías descansó para siempre entre sus antepasados, Uzías reconstruyó Elat y la restituyó a Judá.

3 Tenía Uzías dieciséis años cuando comenzó a reinar y reinó cincuenta y dos años en Jerusalén. Su madre se llamaba Jecolías, y era de Jerusalén.

4 Y Uzías hizo lo recto a los ojos del Señor, tal y como lo había hecho Amasías, su padre.

5 Mientras vivió Zacarías, que era un hombre entendido en visiones de Dios, Uzías no dejó de buscar a Dios; y mientras lo buscó, el Señor le dio prosperidad.

6 Uzías salió a combatir contra los filisteos, y derribó la muralla de Gat, la muralla de Jabnia y la muralla de Asdod; además, reconstruyó ciudades en Asdod y en la tierra de los filisteos.

7 Dios le dio su apoyo contra los filisteos, contra los árabes que habitaban en Gurbaal, y contra los meunitas,

8 y los amonitas le pagaban tributo a Uzías. Su fama se extendió hasta la frontera de Egipto, pues se hizo muy poderoso.

9 Edificó torres en Jerusalén junto a la puerta del ángulo, junto a la puerta del valle y junto a las esquinas, y las fortificó.

10 Edificó también torres en el desierto, y como tenía muchos ganados en la llanura y en los valles, y viñas y campos de cultivo en los montes y en los llanos fértiles, abrió muchas cisternas, pues era dado a la agricultura.

11 Uzías tuvo también un ejército aguerrido, y su gente salía a la guerra en divisiones, de acuerdo con la lista que habían preparado el escriba Yeguiel, el gobernador Maseías y uno de los funcionarios del rey, llamado Jananías.

12 El número total de los jefes de familia, valientes y esforzados, era de dos mil seiscientos.

13 Al mando de éstos estaba el ejército, compuesto de trescientos siete mil quinientos guerreros fuertes y valientes, que apoyaban al rey contra sus enemigos.

14 Además, Uzías preparó para todo el ejército escudos, lanzas, yelmos, coseletes, arcos, y hondas para tirar piedras.

15 Construyó en Jerusalén máquinas inventadas por ingenieros, que arrojaban flechas y piedras enormes, y las instaló en las torres y en los baluartes. Y su fama se extendió muy lejos, porque fue ayudado en gran manera, hasta llegar a ser muy poderoso.

16 Pero cuando se hizo fuerte, su corazón se enalteció, y eso fue su ruina, porque se rebeló contra el Señor su Dios y hasta entró en el templo del Señor para quemar incienso en el altar del incienso.

17 Pero el sacerdote Azarías entró tras él, acompañado de ochenta valientes sacerdotes del Señor,

18 y se opusieron al rey Uzías. Le dijeron:

«Uzías, el quemar incienso al Señor no te corresponde a ti, sino sólo a los sacerdotes descendientes de Aarón, que han sido consagrados para quemarlo.[a] Sal ahora del santuario, porque has pecado, y delante del Señor Dios eso no te es nada honroso.»

19 Uzías, que tenía en la mano un incensario, se llenó de ira; y fue tanta su ira contra los sacerdotes que, allí en el templo del Señor, delante de los sacerdotes y junto al altar del incienso, le brotó lepra en la frente.

20 Al ver el sumo sacerdote Azarías, y todos los sacerdotes, que Uzías tenía lepra en la frente, rápidamente hicieron que abandonara el lugar; y como el Señor lo había herido, hasta él mismo se dio prisa en salir.

[a] **26.18:** Éx 30.7-8; Nm 3.10.

21 Y así, el rey Uzías fue excluido del
templo del Señor y se quedó leproso has-
ta el día de su muerte. Vivió como leproso
en una casa apartada, y su hijo Yotán que-
dó a cargo del palacio real y del gobierno
del pueblo.
22 Los demás hechos de Uzías, primeros y
últimos, los escribió el profeta Isaías hijo de
Amoz.
23 Finalmente, Uzías descansó entre sus
antepasados,[b] y lo sepultaron en el campo
de los sepulcros reales porque dijeron: «Es
un leproso.» Y en su lugar reinó Yotán, su
hijo.

Reinado de Yotán

(2 R 15.32-38)

27 Yotán tenía veinticinco años
cuando comenzó a reinar, y
reinó en Jerusalén dieciséis
años. Su madre se llamaba Jerusa, y era hija
de Sadoc.
2 Y Yotán hizo lo recto a los ojos del
Señor, tal y como lo había hecho Uzías,
su padre, sólo que no irrumpió en el san-
tuario del Señor. Pero el pueblo seguía co-
rrompiéndose.
3 Yotán edificó la puerta principal del
templo del Señor, y realizó muchas obras
sobre la muralla de la fortaleza.
4 Además, levantó ciudades en las mon-
tañas de Judá, y en los bosques construyó
fortalezas y torres.
5 También estuvo en guerra contra el rey
de los amonitas, y los venció; y ese año los
amonitas le dieron tres mil trescientos kilos
de plata, dos millones doscientos mil litros
de trigo y dos millones doscientos mil litros
de cebada. Esto mismo entregaron durante
el segundo año y el tercero.
6 Fue así como Yotán se hizo fuerte, pues
preparó sus caminos delante del Señor su
Dios.
7 Los demás hechos de Yotán, y todas sus
guerras, y sus caminos, se hallan escritos en
el libro de los reyes de Israel y de Judá.
8 Tenía veinticinco años cuando comenzó
a reinar, y reinó en Jerusalén dieciséis años.
9 Finalmente, Yotán descansó entre sus
antepasados, y lo sepultaron en la ciudad de
David. En su lugar reinó Ajaz, su hijo.

Reinado de Ajaz

(2 R 16.1-20)

28 Ajaz tenía veinte años cuando
comenzó a reinar, y reinó en
Jerusalén dieciséis años; pero, a
diferencia de su antepasado David, no hizo lo
recto a los ojos del Señor,
2 sino que siguió el mal ejemplo de los re-
yes de Israel y, además, hizo imágenes fundi-
das en honor de los baales,
3 quemó incienso en el valle de Ben Jinón,
y hasta ofreció a sus hijos en holocausto,
siguiendo las repugnantes prácticas de las
naciones que el Señor había arrojado de la
presencia de los israelitas.
4 Así mismo, ofreció sacrificios y quemó
incienso en los lugares altos, en las colinas y
debajo de todo árbol frondoso.
5 Por eso el Señor su Dios lo dejó caer en
manos del rey de Siria, y los sirios lo derro-
taron y lo llevaron a Damasco, junto con un
gran número de prisioneros.
Ajaz también cayó en manos del rey de
Israel, el cual lo derrotó y le causó gran mor-
tandad.
6 Por haberse apartado del Señor, el Dios
de sus padres,[a] en un solo día Pecaj hijo de
Remalías mató en Judá a ciento veinte mil
valientes.
7 De igual manera Zicri, que era un efrai-
nita muy aguerrido, dio muerte a Maseías,
que era hijo del rey; a Azricán, que era su
mayordomo; y a Elcana, segundo en poder
después del rey.
8 Los israelitas también tomaron cautivos
a doscientos mil de sus parientes, además de
mujeres, niños y niñas, y de arrebatarles un
gran botín de guerra que se llevaron a Samaria.
9 Había en Samaria un profeta del Señor.
Se llamaba Obed. Y cuando el ejército iba

[b] **26.23:** Is 6.1. [a] **28.5-6:** 2 R 16.5; Is 7.1.

entrando en Samaria, Obed salió y se enfrentó a ellos, y les dijo:

«Tomen en cuenta que el Señor, el Dios de sus padres, ha entregado en manos de ustedes a Judá porque está enojado contra ellos; ¡pero ustedes los han matado con una ira que ha llegado hasta el cielo!

10 Ahora ustedes han decidido esclavizar a los de Judá y Jerusalén, pero ¿acaso ustedes no han pecado contra el Señor su Dios?

11 Así que escúchenme: dejen libres a sus parientes que han hecho cautivos, porque el Señor está enojado contra ustedes.»

12 Entonces Azarías hijo de Johanán, Berequías hijo de Mesilemot, Ezequías hijo de Salún, y Amasa hijo de Jadlay, que eran algunos de los efrainitas más importantes, salieron al encuentro de los que venían de la guerra

13 y les dijeron:

«No traigan aquí a los cautivos, porque pesa sobre nosotros el pecado cometido contra el Señor. Ya es muy grande nuestro delito, y grande también la ardiente ira de Dios contra Israel, y ustedes quieren añadir más a nuestros pecados y nuestras culpas.»

14 Entonces el ejército dejó libres a los cautivos, y depositó el botín ante los príncipes y toda la multitud.

15 Los hombres ya mencionados se dedicaron a atender a los cautivos, y con los despojos vistieron a los que estaban desnudos, y los calzaron, y les dieron de comer y de beber, los limpiaron con aceite; a los más débiles los montaron en asnos y los llevaron hasta Jericó, la ciudad de las palmeras, para acercarlos a sus parientes, y ellos regresaron a Samaria.

16 En aquel tiempo el rey Ajaz pidió la ayuda de los reyes de Asiria,

17 pues también los edomitas habían venido y atacado a los de Judá, y se habían llevado muchos cautivos.

18 También los filisteos se habían extendido por las ciudades de la llanura y del sur de Judá, y habían capturado Bet Semes, Ayalón, Gederot, Soco y sus aldeas, Timna y sus aldeas, y Gimzo y sus aldeas, y se habían quedado a vivir en ellas.

19 Y es que por culpa del rey Ajaz de Israel el Señor había humillado a Judá, pues la conducta de Ajaz en Judá había sido desenfrenada, y Ajaz había pecado gravemente contra el Señor.

20 También el rey Tiglat Piléser de Asiria atacó a Ajaz y lo mantuvo sitiado, sin brindarle ningún apoyo.

21 Y aunque Ajaz saqueó el templo del Señor, y el palacio real y las mansiones de los príncipes, y todo se lo dio al rey de Asiria, éste no lo ayudó.

22 Para colmo, mientras más lo presionó el rey de Asiria, mayor fue el pecado del rey Ajaz contra el Señor,

23 pues Ajaz ofreció sacrificios a los dioses de Damasco que lo habían derrotado, y dijo:

«Ya que los dioses de Siria ayudan a sus reyes, yo también voy a ofrecerles sacrificios para que me ayuden.»

Pero esos dioses fueron la ruina de Ajaz y la de todo Israel.

24 Además de todo esto, Ajaz recogió los utensilios del templo de Dios, y los hizo pedazos; luego cerró las puertas del templo del Señor y se hizo altares por todos los rincones de Jerusalén.

25 También levantó lugares altos en todas las ciudades de Judá, para quemar incienso a dioses extraños, con lo que provocó la ira del Señor, el Dios de sus padres.

26 Los demás hechos de Ajaz, y todos sus actos, primeros y últimos, se hallan escritos en el libro de los reyes de Judá y de Israel.

27 Finalmente, Ajaz descansó entre sus antepasados,[b] y fue sepultado en la ciudad de Jerusalén, aunque no lo pusieron en los sepulcros de los reyes de Israel. En su lugar reinó Ezequías, su hijo.

Reinado de Ezequías

(2 R 18.1-3)

29 Ezequías tenía veinticinco años cuando comenzó a reinar, y reinó en Jerusalén veintinueve

[b]**28.27:** Is 14.28.

años. Su madre se llamaba Abías, y era hija
de Zacarías.
[2] Y Ezequías hizo lo recto a los ojos del Se-
ñor, tal y como lo había hecho David, su padre.

Ezequías restablece el culto del templo

[3] En el mes primero del primer año de su
reinado, Ezequías abrió las puertas del tem-
plo del Señor, y las reparó.
[4] Convocó a los sacerdotes y levitas, los
reunió en la plaza oriental,
[5] y les dijo:
«¡Escúchenme, levitas! Santifíquense aho-
ra, y santifiquen el templo del Señor, el Dios
de sus padres. Saquen del santuario toda
impureza,
[6] porque nuestros padres se han rebelado;
han hecho lo malo a los ojos del Señor nues-
tro Dios, pues lo han abandonado; se han
apartado del tabernáculo del Señor, y le han
dado la espalda.
[7] ¡Hasta llegaron a cerrar las puertas del
atrio, y apagaron las lámparas! ¡No quema-
ron incienso en el santuario, ni ofrecieron
holocaustos al Dios de Israel!
[8] Por eso la ira del Señor ha venido sobre
Judá y Jerusalén, y los ha entregado a la con-
fusión, a ser objeto de maldición y de burla,
como ahora pueden ver.
[9] ¡Miren a nuestros padres, muertos a filo
de espada! ¡Por eso nuestros hijos y nuestras
hijas, y hasta nuestras mujeres, han ido al
cautiverio!
[10] Pero yo he decidido hacer un pacto con
el Señor, el Dios de Israel, para que aparte de
nosotros el ardor de su ira.
[11] No se engañen, hijos míos, que el Señor
los ha escogido para que estén en su pre-
sencia y le sirvan, y sean sus ministros y le
quemen incienso.»
[12] De los hijos de Coat se dispusieron a
servir los levitas Majat hijo de Amasay y Joel
hijo de Azarías.
De los hijos de Merari: Cis hijo de Abdi y
Azarías hijo de Yalelel.
De los hijos de Guersón: Yoaj hijo de
Zima y Edén hijo de Yoaj.
[13] De los hijos de Elisafán: Simerí y Yeguiel.
De los hijos de Asaf: Zacarías y Matanías.
[14] De los hijos de Hemán: Yejiel y Simey.
De los hijos de Jedutún: Semaías y Uziel.
[15] Éstos reunieron a sus parientes, se san-
tificaron y entraron para limpiar el templo
del Señor, conforme a las órdenes del rey y
las palabras del Señor.
[16] Los sacerdotes que entraron a limpiar el
templo del Señor sacaron todas las impure-
zas que hallaron allí dentro, y las arrojaron al
atrio del templo del Señor; de allí, los levitas
las arrojaron al torrente de Cedrón.
[17] Comenzaron a santificarse el día prime-
ro del mes primero, a los ocho días del mis-
mo mes fueron al pórtico del Señor, y ocho
días después habían santificado el templo
del Señor. El día dieciséis del mes primero
habían terminado.
[18] Entonces se presentaron ante el rey
Ezequías y le dijeron:
«Ya hemos limpiado todo el templo del
Señor, el altar del holocausto, y todos sus
utensilios, y también la mesa de la proposi-
ción con todos sus utensilios.
[19] Hemos preparado y santificado igual-
mente todos los utensilios que, en su infide-
lidad, había desechado el rey Ajaz durante
su reinado, y aquí están ya, ante el altar del
Señor.»
[20] Entonces el rey Ezequías se levantó por
la mañana y reunió a los principales de la
ciudad, y subió al templo del Señor.
[21] Allí Ezequías ordenó a los sacerdotes
descendientes de Aarón que ofrecieran so-
bre el altar del Señor siete novillos, siete car-
neros, siete corderos y siete machos cabríos,
para la expiación del reino, del santuario y
de Judá.
[22] Los novillos fueron sacrificados, y los
sacerdotes recogieron la sangre y la espar-
cieron sobre el altar; luego mataron los car-
neros y esparcieron la sangre sobre el altar, y
lo mismo hicieron con los corderos.
[23] Después acercaron al rey y a la multitud
los machos cabríos para la expiación, y pu-
sieron sobre ellos sus manos.

24 Los sacerdotes los mataron, y con la
sangre de ellos hicieron la ofrenda de ex-
piación sobre el altar para reconciliar a todo
Israel, pues por todo Israel mandó el rey que
se hicieran el holocausto y la expiación.
25 Ezequías también puso en el templo del
Señor levitas con címbalos, salterios y arpas,
en obediencia al mandamiento de David,
de Gad, vidente del rey, y del profeta Natán,
porque ese mandamiento procedía del Se-
ñor por medio de sus profetas.
26 Los levitas tenían los instrumentos de
David, y los sacerdotes, las trompetas.
27 Entonces Ezequías ordenó ofrecer el
holocausto en el altar; y cuando dio co-
mienzo el holocausto, dio también comien-
zo el cántico del Señor, con las trompetas y
los instrumentos del rey David de Israel.
28 Toda la multitud adoraba, los cantores
cantaban, y los trompeteros hacían sonar las
trompetas. Todo esto duró hasta que el ho-
locausto se consumió.
29 Y cuando terminaron de ofrecer el ho-
locausto, el rey se inclinó y adoró, y lo mis-
mo hicieron todos los que estaban con él.
30 Entonces el rey Ezequías y los príncipes
dijeron a los levitas que alabaran al Señor
con las palabras de David y del vidente Asaf,
y ellos alabaron con gran alegría, y se inclina-
ron y adoraron.
31 Entonces Ezequías dijo:
«Ahora ustedes se han consagrado al
Señor. Acérquense, pues, y presenten sacri-
ficios y alabanzas en el templo del Señor.»
La multitud presentó sacrificios y alaban-
zas, y todos los de corazón generoso ofre-
cieron holocaustos.
32 El número total de los holocaustos que
ofreció la congregación fue de setenta bue-
yes, cien carneros y doscientos corderos,
todo para el holocausto del Señor.
33 Las ofrendas fueron seiscientos bueyes
y tres mil ovejas.
34 Pero los sacerdotes eran pocos, y no
alcanzaban a desollar los holocaustos, así
que sus parientes levitas los ayudaron hasta
terminar la obra y hasta que los demás sa-
cerdotes se santificaron. Y es que el corazón
de los levitas fue más recto para santificarse
que el de los sacerdotes.
35 Y así, hubo abundancia de holocaustos,
con la grasa de las ofrendas de paz y las li-
baciones para cada holocausto, y el servicio
del templo del Señor quedó restablecido.
36 Y Ezequías se regocijó con todo el pue-
blo de que Dios hubiera preparado al pue-
blo, porque todo fue hecho con rapidez.

Ezequías celebra la pascua

30 Después Ezequías envió men-
sajeros por todo Israel y Judá,
y escribió cartas a Efraín y a
Manasés, para que vinieran a Jerusalén y cele-
braran la pascua del Señor y Dios de Israel en
el templo del Señor.
2 El rey había acordado con sus príncipes
y con toda la congregación de Jerusalén el
celebrar la pascua en el mes segundo,
3 ya que entonces no la podían celebrar
por no haber suficientes sacerdotes santifi-
cados, ni tampoco el pueblo se había reuni-
do en Jerusalén.[a]
4 Este acuerdo fue del agrado del rey y de
toda la multitud,
5 así que decidieron hacer correr la voz
por todo Israel, desde Berseba hasta Dan,
para que vinieran a celebrar la pascua del
Señor Dios de Israel en Jerusalén, pues hacía
mucho tiempo que no la habían celebrado
tal y como está escrito.
6 Partieron mensajeros por todo Israel y
Judá con cartas personales del rey y de sus
príncipes, tal y como el rey lo había manda-
do, y las cartas decían:
«Israelitas, vuélvanse al Señor, el Dios de
Abrahán, de Isaac y de Israel, y él se volverá
al remanente que se libró del poder de los
reyes de Asiria.
7 No sean como sus padres ni como sus
hermanos, que se rebelaron contra el Señor
y Dios de sus padres. Por eso él los entregó
al desconsuelo, como pueden verlo.

[a] **30.2-3:** Nm 9.9-11.

PALABRAS CON PODER

CEDER ANTE DIOS
(2 Crónicas 30.8)

¿Has visto las señales de tránsito en tu pueblo que dicen "Ceda el paso"? Cuando se encuentran con esta señal, los conductores tienen que esperar que el tránsito pase antes de poder entrar a la vía de manera segura. El rey Ezequías envió a mensajeros por todo Judá para instar a las personas a ceder ante los caminos de Dios. Las personas que han cedido ante Dios están dispuestas a obedecerlo en vez de guiarse por sus propios planes. Los NIÑOS PODEROSOS han cedido a Dios. Le han entregado a Él el derecho de dirigir su vida.

8 No sean testarudos como sus padres,
sino sométanse al Señor y vengan a su san-
tuario, que él ha santificado para siempre.
Sirvan al Señor su Dios, y el ardor de su ira se
apartará de ustedes.
9 Si ustedes se vuelven al Señor, sus herma-
nos y sus hijos serán tratados con misericor-
dia por quienes ahora los tienen cautivos, y
volverán a esta tierra, porque el Señor su Dios
es clemente y misericordioso, y no les volverá
Esd 4.1-5 la espalda si ustedes se vuelven a él.»
10 Los mensajeros fueron de ciudad en
ciudad por la tierra de Efraín y Manasés,
hasta Zabulón; pero la gente se reía y se
burlaba de ellos.
11 Sin embargo, hubo algunos de Aser, de
Manasés y de Zabulón que se humillaron y
acudieron a Jerusalén.
12 En Judá también estuvo la mano de
Dios para hacer que se pusieran de acuer-
do y cumplieran el mensaje del rey y de los
príncipes, conforme a la palabra del Señor.
13 Y así, en el mes segundo mucha gente
se reunió en Jerusalén para celebrar la fies-
ta solemne de los panes sin levadura. Hubo
una vasta reunión
14 que se levantó y quitó los altares que
había en Jerusalén, y que además quitó to-
dos los altares de incienso y los echó al to-
rrente de Cedrón.
15 El día catorce del mes segundo se ofre-
ció el sacrificio de la pascua. Los sacerdotes
y los levitas, llenos de vergüenza, se santifi-
caron y llevaron los holocaustos al templo
del Señor,
16 tomaron sus turnos acostumbrados,
conforme a la ley de Moisés, hombre de
Dios, mientras los sacerdotes esparcían
la sangre que recibían de manos de los
levitas.
17 Y es que en la congregación había mu-
chos que no estaban santificados, y por eso
los levitas sacrificaban la pascua por todos
los que no se habían purificado, para consa-
grarlos al Señor.
18 Una gran multitud del pueblo de Efraín
y Manasés, y de Isacar y Zabulón, no se ha-
bía purificado, así que comieron la pascua
sin cumplir con lo que está escrito; pero
Ezequías oró por ellos, y dijo al Señor:

PODER PARA VIVIR

LA VENIDA DEL SEÑOR *(2 Crónicas 30.6)*

Si una persona descubre que está caminando en la dirección equivocada, ¿qué es lo más sabio que puede hacer? ¡Dar la vuelta, por supuesto! El pueblo de Dios escogió caminar en la dirección equivocada por mucho tiempo. Decidieron no adorar a Dios y se olvidaron de sus leyes. El rey Ezequías quería que el pueblo de Judá volviera a adorar a Dios, de modo que envió a mensajeros a enseñarle al pueblo a dar la vuelta y regresar a Dios. Cuando una persona regresa a Dios, reconoce que ha hecho lo malo, y decide obedecer a Dios de ahí en adelante. ¿Necesitas tú regresar a Él?

«Tú, Dios nuestro, que eres bueno, sé propicio a todos los que de corazón se han preparado para buscarte,

[19] aunque no estén purificados según los ritos de purificación del santuario. Tú eres el Señor, el Dios de sus padres.»

Sal 6.1-3 [20] Y el Señor escuchó la oración de Ezequías, y sanó al pueblo.

[21] Así, durante siete días, los israelitas que estaban en Jerusalén celebraron con gran gozo la fiesta solemne de los panes sin levadura; y todos los días los levitas y los sacerdotes glorificaban al Señor, mientras cantaban con sonoros instrumentos.

[22] Ezequías, por su parte, habló con mucho cariño a todos los levitas hábiles en el servicio del Señor, y durante siete días comieron de lo sacrificado en la fiesta solemne, y ofrecieron sacrificios de paz y dieron gracias al Señor y Dios de sus padres.

[23] Todos los allí reunidos acordaron celebrar la fiesta durante siete días más, y con mucha alegría lo hicieron así.

[24] El rey Ezequías de Judá había donado a la asamblea mil novillos y siete mil ovejas; también los príncipes dieron al pueblo mil novillos y diez mil ovejas, y muchos sacerdotes ya se habían santificado.

[25] Y así, toda la congregación de Judá se regocijó, lo mismo que los sacerdotes y levitas, y toda la multitud que había venido de Israel, y también los forasteros que habían llegado de la tierra de Israel y los que habitaban en Judá.

[26] Hubo gran regocijo en Jerusalén porque, desde los días de Salomón, el hijo del rey David de Israel, no había habido en Jerusalén una celebración semejante.

[27] Después los sacerdotes y levitas se pusieron de pie y bendijeron al pueblo, y su voz fue escuchada, y su oración llegó hasta el cielo, hasta la mansión de Dios.

31 Al terminar la celebración, todos los israelitas que habían asistido salieron por las ciudades de Judá y destruyeron las estatuas y las imágenes de Asera, y derribaron los lugares altos y los altares por todo Judá y Benjamín, y también en Efraín y Manasés, hasta acabar con todo. Después todos los israelitas volvieron a sus ciudades, cada uno a su propia casa.

Ezequías reorganiza a sacerdotes y levitas

[2] Ezequías arregló la distribución de turnos de los sacerdotes y de los levitas, cada uno según su oficio. Los sacerdotes y los levitas, para ofrecer el holocausto y las ofrendas de paz, para ministrar, para dar gracias y alabar a Dios dentro de las puertas de los atrios del Señor.

[3] El rey contribuyó con sus propios recursos para los holocaustos de la mañana y de la tarde, y para los holocaustos de los días de reposo, nuevas lunas y fiestas solemnes, como está escrito en la ley del Señor.[a]

[4] Además, ordenó a los habitantes de Jerusalén que dieran la porción correspondiente a los sacerdotes y levitas, para que ellos se dedicaran a la ley del Señor.

[5] Cuando este edicto fue divulgado, los israelitas dieron muchas primicias de grano, vino, aceite y miel, y de todos los frutos de la tierra; y llevaron igualmente abundantes diezmos de todas las cosas.[b]

[6] También los israelitas y los habitantes de las ciudades de Judá dieron los diezmos de las vacas y de las ovejas, y presentaron los diezmos de lo santificado y de todo lo que habían prometido al Señor su Dios, y los depositaron en montones.

[7] Comenzaron a formar aquellos montones en el mes tercero, y terminaron en el mes séptimo.

[8] Cuando Ezequías y los príncipes vinieron y vieron los montones, bendijeron al Señor y a su pueblo Israel.

[9] Ezequías preguntó a los sacerdotes y a los levitas acerca de esos montones,

[10] y el sumo sacerdote Azarías, de la casa de Sadoc, le contestó:

«Desde que comenzaron a traer las ofrendas al templo del Señor, hemos comi-

[a]**31.3:** Nm 28.1—29.39. [b]**31.4-5:** Nm 18.12-13, 21.

do y nos hemos saciado, y nos ha sobrado mucho, porque el Señor ha bendecido a su pueblo. Esta abundancia de provisiones es lo que ha sobrado.»

11 Entonces Ezequías ordenó que se preparara espacio para ellas en el templo del Señor, y así se hizo;

12 y allí se almacenaron fielmente las primicias y los diezmos y las cosas consagradas, y como principal encargado de todo ello se puso al levita Conanías, y Simey su hermano fue nombrado su ayudante.

13 Por orden del rey Ezequías, y de Azarías, príncipe del templo de Dios, los mayordomos al servicio de Conanías y de su hermano Simey eran Yejiel, Azazías, Najat, Asael, Jerimot, Jozabad, Eliel, Ismaquías, Majat y Benaías.

14 El levita Coré hijo de Imna quedó a cargo de la puerta oriental, de las ofrendas voluntarias para Dios, de la distribución de las ofrendas dedicadas al Señor, y de los objetos consagrados.

15 A su servicio estaban Edén, Miniamín, Josué, Semaías, Amarías y Secanías, en las ciudades de los sacerdotes, para dar con fidelidad a sus hermanos, mayores y menores, sus porciones conforme a sus grupos,

16 a los varones mayores de tres años anotados en orden de sus linajes, y a todos los que entraban en el templo del Señor para desempeñar su ministerio, según sus oficios y grupos.

17 También a los que eran contados entre los sacerdotes, según sus casas paternas, y a los levitas mayores de veinte años, conforme a sus oficios y grupos.

18 Eran inscritos con todos sus niños, mujeres, hijos e hijas, es decir, con toda la familia, porque se consagraban con fidelidad a las cosas santas.

19 Del mismo modo, los varones nombrados tenían el encargo de dar sus porciones, por todas las ciudades, a todos los varones de entre los sacerdotes, y a todo el linaje de los levitas, y a los sacerdotes hijos de Aarón que estaban en los ejidos de sus ciudades.

20 Así lo hizo Ezequías en todo Judá, y llevó a cabo lo bueno, lo recto y lo verdadero delante del Señor su Dios.

21 En todo lo que emprendió para el servicio del templo de Dios, buscó a su Dios, y lo hizo de todo corazón y de acuerdo con la ley y los mandamientos, y fue prosperado.

Senaquerib invade a Judá

(2 R 18.13-37; Is 36.1-22)

32 Después de estas muestras de fidelidad, el rey Senaquerib de Asiria vino e invadió a Judá, y acampó contra las ciudades fortificadas, con la intención de conquistarlas.

2 Al ver Ezequías que Senaquerib había venido con la intención de combatir a Jerusalén,

3 se reunió con sus príncipes y con sus valientes, y con su apoyo acordaron cegar las fuentes de agua que estaban fuera de la ciudad.

4 Mucha gente se reunió, y fueron cegadas todas las fuentes y el arroyo que corría a través del territorio, pues decían: «¿Por qué han de hallar los reyes de Asiria muchas aguas cuando vengan?»

5 Después Ezequías tomó la decisión de reconstruir todos los muros caídos, hizo más altas las torres, y construyó otra muralla exterior; fortificó además a Milo, en la ciudad de David, y ordenó que se hicieran muchas espadas y escudos.

6 Puso capitanes de guerra al frente del ejército, y los reunió en la plaza a la entrada de la ciudad, y apelando a su corazón les dijo:

7 «¡Ánimo! ¡Esfuércense y no tengan miedo del rey de Asiria, ni de toda la multitud que viene con él! ¡Con nosotros está alguien que es más poderoso!

8 Él cuenta con el apoyo humano, pero nosotros contamos con el Señor nuestro Dios, para ayudarnos y dar la pelea por nosotros.»

Y el pueblo confió en las palabras del rey Ezequías de Judá.

PROMESAS PODEROSAS

2 CRÓNICAS 32.8

Él cuenta con el apoyo humano, pero nosotros contamos con el Señor nuestro Dios, para ayudarnos y dar la pelea por nosotros.» Y el pueblo confió en las palabras del rey Ezequías de Judá.

El rey Ezequías estaba enfrentando un enemigo fuerte. Pero Ezequías sabía que un Dios aún más fuerte podía derrotar a ese enemigo. ¿Tienes tú en tu vida un problema difícil de resolver? Dios te puede ayudar a vencer cualquier problema que enfrentes. Puedes confiar que Él cuidará de ti.

9 Después de esto, mientras el rey Senaquerib de Asiria sitiaba a Laquis con todo su ejército, envió a Jerusalén unos mensajeros a decirle al rey Ezequías de Judá, y a todos los de Judá que estaban en Jerusalén:

10 «Así dice Senaquerib, rey de los asirios: "¿En quién confían ustedes para resistir el sitio en Jerusalén?

11 Ezequías los está engañando, al decirles que el Señor su Dios los va a librar de mi mano. Más bien, ¡los va a entregar a la muerte, al hambre y a la sed!

12 ¿Acaso no es Ezequías el mismo que ha derribado sus lugares altos y sus altares, y el que ha dicho a Judá y a Jerusalén: 'Sólo delante de este altar adorarán, y sobre él quemarán incienso'?

13 ¿Acaso no se han enterado de lo que mis padres y yo hemos hecho con todos los pueblos de la tierra? ¿Acaso los dioses de esas naciones pudieron librar de mi mano a su tierra?

14 Entre todos los dioses de las naciones que mis padres destruyeron, ¿qué dios hubo que pudiera salvar de mis manos a su pueblo? ¿Qué va a hacer el Dios de ustedes para librarlos de mi mano?

15 Que no los engañe Ezequías. No le crean, ni se dejen seducir. Si ninguno de los dioses de todas esas naciones y reinos pudo librar a su pueblo de mis manos, ni de las manos de mis padres, ¡mucho menos el Dios de ustedes va a poder librarlos de mi mano!"»

16 Y los siervos de Senaquerib dijeron muchas cosas más en contra de Dios el Señor, y en contra de su siervo Ezequías.

17 Además, escribió cartas en las que blasfemaba contra el Señor y Dios de Israel, y hablaba contra él, pues decía: «Los dioses de otras naciones y países no pudieron librar de mis manos a su pueblo, ni tampoco el Dios de Ezequías podrá librar de mis manos al suyo.»

18 Esto lo decían en lengua judaica al pueblo de Jerusalén que estaba sobre las murallas, y lo hacían a voz en cuello, para espantarlos y atemorizarlos, y poder así conquistar la ciudad.

19 Hablaban contra el Dios de Jerusalén como si hablaran contra los dioses de los pueblos de la tierra, que son hechura humana.

El Señor libra a Ezequías

(2 R 19.1-37; Is 37.1-38)

20 Ante esto, el rey Ezequías y el profeta Isaías hijo de Amoz oraron y clamaron al cielo.

21 Entonces el Señor envió un ángel, que destruyó a los soldados más valientes del ejército del rey de Asiria, y también a sus jefes y capitanes. Y así, el rey de Asiria regresó avergonzado a su país, y allí sus propios hijos lo mataron a filo de espada en cuanto entró en el templo de su dios.

22 Así fue como el Señor salvó a Ezequías y a los habitantes de Jerusalén de las manos del rey Senaquerib de Asiria, y de las manos de todos, y les dio reposo por todos lados.

23 Entonces muchos trajeron a Jerusalén ofrendas para el Señor y ricos presentes para el rey Ezequías de Judá; y en consecuencia Ezequías fue engrandecido delante de todas las naciones. Neh 6.15-16

Enfermedad de Ezequías

(2 R 20.1-11; Is 38.1-22)

24 Por esos días Ezequías cayó gravemente enfermo, y casi murió. Pero oró al Señor, y el Señor le respondió y le dio una señal.

25 Pero Ezequías no correspondió al bien que le había sido hecho, sino que se envaneció su corazón, y por eso la ira de Dios vino contra él y contra Judá y Jerusalén.

26 Pero después de haberse enaltecido, Ezequías se humilló, y con él los habitantes de Jerusalén, y mientras Ezequías estuvo con vida, la ira del Señor no vino sobre ellos.

Ezequías recibe a los enviados de Babilonia

(2 R 20.12-19; Is 39.1-8)

27 Y tuvo Ezequías riquezas y gloria, muchas en gran manera; y adquirió tesoros de plata y oro, piedras preciosas, perfumes, escudos, y toda clase de joyas deseables.

28 Asimismo hizo depósitos para las rentas del grano, del vino y del aceite, establos para toda clase de bestias, y apriscos para los ganados.

29 Adquirió también ciudades, y hatos de ovejas y de vacas en gran abundancia; porque Dios le había dado muchas riquezas.

30 Este Ezequías cubrió los manantiales de Guijón la de arriba, y condujo el agua hacia el occidente de la ciudad de David. Y fue prosperado Ezequías en todo lo que hizo.

31 Pero en lo referente a los mensajeros de los príncipes de Babilonia, que enviaron a él para saber del prodigio que había acontecido en el país, Dios lo dejó, para probarle, para hacer conocer todo lo que estaba en su corazón.

Muerte de Ezequías

(2 R 20.20-21)

32 Los demás hechos de Ezequías, y sus misericordias, he aquí todos están escritos en la profecía del profeta Isaías hijo de Amoz, en el libro de los reyes de Judá y de Israel.

33 Finalmente, Ezequías descansó entre sus antepasados, y lo sepultaron en el lugar más prominente de los sepulcros de los hijos de David, honrándole en su muerte todo Judá y toda Jerusalén; y reinó en su lugar Manasés su hijo.

Reinado de Manasés

(2 R 21.1-18)

33 Manasés tenía doce años cuando comenzó a reinar, y reinó en Jerusalén cincuenta y cinco años.

2 Pero hizo lo malo a los ojos del Señor,[a] y cayó en las repugnantes prácticas de las naciones que el Señor había expulsado de la presencia de los israelitas,

3 pues volvió a levantar los lugares altos que su padre Ezequías había derribado, y levantó otros altares a los baales, hizo imágenes de Asera, y adoró a todo el ejército de los cielos y les rindió culto;

4 edificó también altares en el templo del Señor, del cual había dicho el Señor: «Mi nombre estará en Jerusalén para siempre»,[b]

5 y en los dos atrios del templo del Señor levantó altares a todo el ejército de los cielos;

6 en el valle de Ben Jinón ofreció a sus hijos en holocausto, invocaba a los espíritus, prac-

[a]**33.2:** Jer 15.4. [b]**33.4:** 2 S 7.13.

UNA PRUEBA *(2 Crónicas 32.31)*

Las pruebas que se describen en la Biblia no son el tipo de prueba que tienes en la escuela. A veces Dios permite que su pueblo sea tentado o probado para ver si lo obedecerán. Cuando los embajadores de Babilonia llegaron a Judá, el rey Ezequías les mostró todo el tesoro que tenía. Esta no fue una acción sabia. Dios estaba probando la fidelidad de Ezequías, pero tristemente, Ezequías no pasó la prueba. Su historia nos recuerda que debemos estar a la alerta para poder percibir las maneras en que Dios nos prueba. Cuando los NIÑOS PODEROSOS son probados, permanecen fieles a Dios y su fe es fortalecida.

ticaba la adivinación, y consultaba a agoreros y encantadores, con lo que excedió su maldad a los ojos del Señor y despertó su ira.

7 Para colmo, mandó hacer una imagen fundida y la puso en el templo de Dios, del cual Dios había dicho a David y a Salomón su hijo: «En este templo, y en Jerusalén, ciudad que elegí por encima de todas las tribus de Israel, pondré mi nombre para siempre,

8 y nunca más permitiré que los israelitas abandonen la tierra que yo entregué a sus padres, siempre y cuando cumplan todas las cosas, toda la ley, los estatutos y los preceptos, que por medio de Moisés yo les he mandado, y las pongan en práctica.»[c]

9 Manasés hizo que Judá y los habitantes de Jerusalén se descarriaran y cometieran peores cosas que las naciones que el Señor había destruido a la vista de los israelitas.

10 El Señor habló con Manasés y con su pueblo, pero ellos no le hicieron caso.

11 Por eso el Señor lanzó contra ellos a los generales del ejército del rey de Asiria, y éstos aprisionaron a Manasés con grilletes, y encadenado lo llevaron a Babilonia.

12 Pero en su angustia oró al Señor su Dios, y se humilló totalmente en la presencia del Dios de sus padres.

13 Dios oyó su oración y le respondió permitiendo que volviera a Jerusalén y recuperara su reino. Así Manasés reconoció que el Señor era Dios.

14 Después de esto, Manasés edificó la muralla exterior de la ciudad de David, desde la parte occidental de Guijón, en el valle, hasta la entrada de la puerta del Pescado; amuralló Ofel, elevó la altura de la muralla, y puso jefes militares en todas las ciudades fortificadas de Judá.

15 Quitó además del templo del Señor los dioses ajenos, y el ídolo, y todos los altares que había edificado en el monte del templo del Señor y en Jerusalén, y los echó fuera de la ciudad;

16 luego reparó el altar del Señor, y presentó en él sacrificios y ofrendas de paz y de alabanza, y ordenó a Judá servir al Señor y Dios de Israel.

17 Pero el pueblo aún sacrificaba en los lugares altos, aunque lo hacía para honrar al Señor su Dios.

18 Los demás hechos de Manasés, y su oración a su Dios, y las palabras de los videntes que le hablaron en nombre del Señor y Dios de Israel, se hallan escritos en las actas de los reyes de Israel.

19 También su oración, y cómo ésta fue oída, y todos sus pecados y rebeldías, y los sitios donde edificó lugares altos y erigió imágenes de Asera e ídolos, antes de humillarse, se hallan escritos en las crónicas de los videntes.

20 Finalmente, Manasés descansó entre sus antepasados, y fue sepultado en su palacio. En su lugar reinó Amón, su hijo.

Reinado de Amón

(2 R 21.19-26)

21 Amón tenía veintidós años cuando comenzó a reinar, y reinó en Jerusalén dos años.

[c] **33.7-8:** 1 R 9.3-5; 2 Cr 7.12-18.

UN CAMBIO RADICAL *(2 Crónicas 33.13)*

¿En algún momento has pensado que podrías hacer algo tan terrible que Dios nunca te perdonaría? Lee acerca del rey Manasés. Manasés se apartó de Dios y llegó a ser más malvado que cualquier otro rey en la historia de Judá. Sin embargo, en un momento de emergencia, clamó a Dios pidiendo su misericordia, y prometió cambiar. Y Dios perdonó a Manasés. Esta historia muestra la verdad acerca del increíble amor de Dios. Él nunca se apartará de alguien que viene a Él y quiere cambiar. ¡Esas son buenas noticias para todos nosotros!

22 Pero hizo lo malo a los ojos del Señor, tal y como lo había hecho Manasés, su padre, pues ofreció sacrificios y sirvió a todos los ídolos que su padre Manasés había mandado hacer.

23 Y nunca se humilló delante del Señor, como se humilló Manasés su padre; al contrario, aumentó el pecado.

24 Pero sus siervos conspiraron contra él, y lo mataron en su palacio.

25 Entonces el pueblo de la tierra mató a todos los que habían conspirado contra el rey Amón; y en su lugar proclamó como rey a Josías, su hijo.

Reinado de Josías

(2 R 22.1-2)

34 Josías[a] tenía ocho años cuando comenzó a reinar, y reinó en Jerusalén treinta y un años.

2 Hizo lo recto a los ojos del Señor y siguió los pasos de su antepasado David, sin apartarse ni a la derecha ni a la izquierda.

Reformas de Josías

(2 R 23.4-20)

3 A los ocho años de su reinado, cuando aún era un jovencito, Josías comenzó a buscar al Dios de David su padre. A los doce años comenzó a limpiar a Judá y a Jerusalén, quitando los lugares altos y las imágenes de Asera, y las esculturas e imágenes fundidas.

4 Quitaron de su vista los altares de los baales,[b] e hizo pedazos las imágenes del sol, que estaban puestas encima; despedazó también las imágenes de Asera y las esculturas y estatuas fundidas, hasta hacerlas polvo, y el polvo lo esparció sobre los sepulcros de aquellos que les habían ofrecido sacrificios.

5 Quemó además sobre sus altares[c] los huesos de los sacerdotes, y limpió a Judá y a Jerusalén.

6 Lo mismo hizo en las ciudades de Manasés, Efraín, Simeón y hasta Neftalí, y en los lugares vecinos.

7 Una vez que terminó de derribar los altares y las imágenes de Asera, y de romper y desmenuzar las esculturas, y de hacer pedazos todos los ídolos en todo Israel, volvió a Jerusalén.

Hallazgo del libro de la ley

(2 R 22.3—23.3)

8 A los dieciocho años de su reinado, cuando ya había limpiado el país y el templo, Josías envió a Safán hijo de Azalía, al gobernador de la ciudad Maseías, y al canciller Yoaj hijo de Joacaz, a que repararan el templo del Señor su Dios.

9 Éstos se presentaron ante el sumo sacerdote Hilcías, y le dieron el dinero que había sido llevado al templo del Señor, y que los levitas que cuidaban la puerta habían recibido de manos de Manasés y de Efraín y de todo el remanente de Israel, de todo Judá y Benjamín, y de los habitantes de Jerusalén.

10 Se lo entregaron personalmente a quienes realizaban las obras y eran mayordomos en el templo del Señor, los cuales lo iban entregando a los que hacían las obras y trabajaban en el templo del Señor, para reparar y restaurar el templo.

11 Lo daban también a los carpinteros y canteros para que compraran piedra de cantería y madera para los armazones, así como para el enmaderado de los edificios que los reyes de Judá habían destruido.

12 Estos hombres procedían en la obra con fidelidad. Para activar las obras, sus mayordomos eran Yajat y Abdías, levitas de los hijos de Merari, y Zacarías y Mesulán, de los hijos de Coat; de los levitas, todos los que sabían tocar instrumentos musicales.

13 También supervisaban a los cargadores, y eran los mayordomos de los encargados de toda clase de obra. Entre los levitas había escribas, gobernadores y porteros.

14 Mientras se sacaba del templo del Señor el dinero que había sido llevado allí, el sacerdote Hilcías halló el libro de la ley del Señor, que Moisés había dejado.

15 Al informar acerca de esto, Hilcías le entregó el libro al escriba Safán, y le dijo:

[a]**34.1:** Jer 3.6. [b]**34.4:** 2 R 21.3; 2 Cr 33.3. [c]**34.5:** 1 R 13.2.

«He hallado en el templo del Señor el li-
bro de la ley.»
16 Safán llevó el libro al rey, y mientras le
contaba lo del hallazgo le dijo:
«Tus siervos han cumplido con todo lo
que les fue encomendado.
17 Han reunido el dinero que se hallaba en
el templo del Señor, y lo han entregado a los
encargados y a los que hacen las obras.
18 Además, el sacerdote Hilcías me ha en-
tregado un libro.»
Dicho esto, el escriba Safán leyó el libro al
rey, al tiempo que se lo entregaba.
19 Tan pronto como el rey oyó las palabras
de la ley, se rasgó las vestiduras
20 y dio las siguientes órdenes a Hilcías, a
Ajicán hijo de Safán, a Abdón hijo de Mi-
caía, al escriba Safán, y a su siervo Asaías:
21 «En cuanto a las palabras del libro que
se ha hallado, vayan y consulten al Señor por
mí y por el remanente de Israel y de Judá.
Ciertamente, grande es la ira del Señor que
ha caído sobre nosotros, pues nuestros pa-
dres no obedecieron la palabra del Señor, ni
actuaron conforme a todo lo que está es-
crito en él.»
22 Entonces Hilcías y la gente del rey fue-
ron a ver a la profetisa Julda, que vivía en el
segundo barrio de Jerusalén. Julda era la es-
posa de Salún hijo de Ticva, hijo de Jarjás,
el encargado de las vestiduras. En cuanto le
repitieron las palabras antes dichas,
23 ella respondió:
«El Señor y Dios de Israel ha dicho así:
"Díganle a quien los ha enviado a mí, que
yo, el Señor,
24 voy a mandar la calamidad sobre este
lugar y sobre sus habitantes, y todas las mal-
diciones que están escritas en el libro que
leyeron delante del rey de Judá,
25 porque ellos me han abandonado y han
ofrecido sacrificios a dioses extraños; han
provocado mi ira con todas las obras de sus
manos. Por lo tanto, mi ira se derramará so-
bre este lugar, y no se apagará.
26 Pero digan de mi parte al rey de Judá,
que los ha enviado a consultarme, que yo, el
Señor y Dios de Israel, he dicho: 'Puesto que
prestaste atención a las palabras del libro
27 acerca de este lugar y de sus habitan-
tes, y al oírlas te conmoviste de corazón y
te humillaste delante de mí, y te rasgaste
las vestiduras y lloraste en mi presencia, yo
también te he oído.'

—Palabra del Señor.

28 "Yo te pondré junto con tus padres, y
serás sepultado en paz, y tus ojos no verán
todo el mal que voy a traer sobre este lugar
y sobre sus habitantes."»
En cuanto ellos comunicaron al rey la res-
puesta,
29 el rey ordenó que se reunieran todos los
ancianos de Judá y de Jerusalén.
30 Entonces el rey se dirigió al templo del
Señor, acompañado por todos los hombres
de Judá y los habitantes de Jerusalén, y por
los sacerdotes, los levitas y todo el pueblo,
desde el mayor hasta el más pequeño, y leyó
en voz alta todas las palabras del libro del
pacto que había sido hallado en el templo
del Señor.
31 Allí mismo, delante del Señor, el rey se

LECCIONES **EL PODER DE LA PALABRA DE DIOS**

(2 Crónicas 34.30)

El rey Josías leyó el "Libro del pacto" al pueblo. Cuando oyeron las palabras de Dios, quisieron regresar a Él (vv.30-33). La Palabra de Dios tiene gran poder. Como nos dice el autor de Hebreos: "La palabra de Dios es viva y eficaz, y más cortante que las espadas de dos filos, pues penetra hasta partir el alma y el espíritu, las coyunturas y los tuétanos, y discierne los pensamientos y las intenciones del corazón" (Hebreos 4:12). La Palabra de Dios ayuda a los NIÑOS PODEROSOS a reconocer el pecado y mantenerse fuertes en su fe. ¡Asegúrate de leer la Biblia todos los días!

puso de pie y se comprometió a ir en pos
del Señor y a cumplir sus mandamientos,
testimonios y estatutos con todo su cora-
zón y con toda su alma, y a poner en prácti-
ca las palabras del pacto que estaban escri-
tas en aquel libro.
32 Hizo también que se comprometieran
a ello todos los que estaban en Jerusalén y
en Benjamín, y los habitantes de Jerusalén
cumplieron con el pacto de Dios, el Dios de
sus padres.
33 Luego Josías quitó de toda la tierra de
los israelitas todo objeto repugnante, e hizo
que todos los que se hallaban en Israel sir-
vieran al Señor su Dios. Y mientras Josías
vivió, ellos no dejaron de seguir al Señor y
Dios de sus padres.

Josías celebra la pascua

(2 R 23.21-23)

35 Josías celebró la pascua del Se-
ñor en Jerusalén a los catorce
días del mes primero.
2 Puso a los sacerdotes en sus respectivos
oficios, y los confirmó en el ministerio del
templo del Señor.
3 A los levitas que enseñaban a todos los
israelitas, y que estaban dedicados al Señor,
les dijo:
«Ustedes no volverán a llevar sobre los
hombros el arca santa. Pónganla en el tem-
plo que edificó Salomón hijo de David, rey
de Israel, y sirvan ahora al Señor su Dios, y a
su pueblo Israel.
4 Prepárense a servir por turnos y según
el orden de las familias de sus padres, tal y
como lo ordenaron el rey David y su hijo
Salomón.[a]
5 Quédense en el santuario, según la dis-
tribución de las familias de sus hermanos los
hijos del pueblo, y según la distribución de
la familia de los levitas.
6 Celebren la pascua, y después de que se
hayan santificado, preparen a sus hermanos
para que cumplan con la palabra que el Se-
ñor nos dio por medio de Moisés.»
7 Y el rey Josías dio al pueblo allí presen-
te treinta mil ovejas, corderos y cabritos de
sus propios rebaños, y tres mil bueyes, todo
para la pascua.
8 También sus príncipes dieron con gene-
rosidad al pueblo y a los sacerdotes y levitas.
Para celebrar la pascua, Hilcías, Zacarías y
Yejiel, oficiales del templo de Dios, dieron
a los sacerdotes dos mil seiscientas ovejas y
trescientos bueyes.
9 También Conanías y sus hermanos Se-
maías y Natanael, y Jasabías, Yeguiel y Josa-
bad, jefes de los levitas, dieron a los levitas
cinco mil ovejas y quinientos bueyes, para
los sacrificios de la pascua.
10 Preparado así el servicio, los sacerdotes
se colocaron en sus puestos, lo mismo que
los levitas, en sus turnos y conforme al man-
damiento del rey.
11 Al celebrar la pascua, los sacerdotes es-
parcían la sangre que recibían de manos de
los levitas, mientras los levitas desollaban a
las víctimas.
12 Luego tomaron parte del holocausto y
asimismo tomaron de los bueyes, y lo repar-
tieron según lo que les correspondía a las
familias del pueblo, para que ellos ofrecie-
ran al Señor lo que está escrito en el libro
de Moisés.
13 Asaron en el fuego el sacrificio de la pas-
cua, conforme a la ordenanza,[b] pero lo que
había sido santificado lo cocieron en ollas,
en calderos y sartenes, y enseguida lo repar-
tieron entre todo el pueblo.
14 Después prepararon lo que a ellos
mismos y a los sacerdotes les correspon-
día, porque los sacerdotes, hijos de Aarón,
estuvieron ocupados hasta la noche en el
sacrificio de los holocaustos y de las grasas.
Por lo tanto, los levitas prepararon esto para
ellos mismos y para los sacerdotes hijos de
Aarón.
15 Los cantores hijos de Asaf estaban en su
puesto, conforme al mandamiento de David,
de Asaf y de Hemán, y de Jedutún, el vidente
del rey.[c] Los porteros estaban en cada puerta,

[a]**35.4:** 2 Cr 8.14. [b]**35.13:** Éx 12.8-9. [c]**35.15:** 1 Cr 25.1. [d]**35.17:** Éx 12.1-20.

y no era necesario que se apartaran de su mi-
nisterio porque sus hermanos los levitas les
preparaban lo que les correspondía.
16 Así fue preparado aquel día todo el
servicio del Señor, para celebrar la pascua y
para sacrificar los holocaustos sobre el altar
del Señor, conforme al mandamiento del
rey Josías.
17 Ese día, y durante los siete días[d] siguien-
tes, los israelitas que estaban allí celebraron
la pascua y la fiesta solemne de los panes
sin levadura.
18 Nunca antes, desde los días del profeta
Samuel, fue celebrada en Israel una pascua
como ésta, ni ningún rey de Israel celebró
una pascua como la que celebró el rey Josías
con los sacerdotes y levitas, y con todo Judá
e Israel, y con los que se hallaban allí, y con
los habitantes de Jerusalén.
19 Esta pascua se celebró en el año dieccio-
cho del reinado de Josías.

Muerte de Josías

(2 R 23.28-30)

20 Después de todo esto, y luego de que
Josías había reparado el templo del Señor, el
rey Necao de Egipto le presentó batalla en
Carquemis, a orillas del río Éufrates. Josías
salió a su encuentro,
21 pero Necao envió mensajeros a decirle:
«¿Qué tengo yo que ver contigo, rey de
Judá? Yo no he venido hoy a atacarte, sino
que vengo contra la casa que me ha decla-
rado la guerra. Dios me ha dicho que me
apresure, así que deja de oponerte a Dios,
pues él está de mi parte; no vaya a suceder
que él te destruya.»
22 Pero Josías no se retiró ni atendió a las pa-
labras de Necao, que eran de parte de Dios,
sino que se disfrazó para presentarle batalla,
y se enfrentó a él en el campo de Meguido.
23 Y como los arqueros disparaban sus fle-
chas contra el rey Josías, éste les dijo a sus
siervos:
«Sáquenme de aquí, que estoy gravemen-
te herido.»
24 Sus siervos lo sacaron de aquel carro, y
lo pusieron en otro carro para llevarlo a Je-
rusalén, donde murió. Josías fue sepultado
en los sepulcros de sus padres, y todo Judá y
Jerusalén hicieron duelo por él.
25 En memoria de Josías, el profeta Jere-
mías compuso un lamento fúnebre, el cual
se halla escrito en el libro de los lamentos,
y hasta el día de hoy todos los cantores y
cantoras recitan este lamento por Josías,
que fue adoptado en Israel como el lamen-
to oficial.
26 Los demás hechos de Josías, lo mismo
que sus obras piadosas conforme a lo que
está escrito en la ley del Señor,
27 y sus hechos, primeros y últimos, se ha-
llan escritos en el libro de los reyes de Israel
y de Judá.

Reinado y derrocamiento de Joacaz

(2 R 23.31-35)

36 Entonces el pueblo de la tierra
tomó a Joacaz hijo de Josías, y
lo proclamó rey en lugar de su
padre, en Jerusalén.
2 Joacaz tenía veintitrés años cuando co-
menzó a reinar, y reinó en Jerusalén tres meses,
3 pues el rey de Egipto lo quitó del trono
de Jerusalén y condenó al país a pagarle tres
mil trescientos kilos de plata y treinta y tres
kilos de oro,
4 e impuso como rey de Judá y Jerusalén
a Eliaquín, hermano de Joacaz, a quien le
cambió el nombre y lo llamó Joacín. A Joa-
caz mismo, Necao lo tomó cautivo y lo llevó
a Egipto.[a]

Reinado de Joacín

(2 R 23.36—24.7)

5 Joacín[b] tenía veinticinco años cuando
comenzó a reinar, y reinó en Jerusalén once
años. Pero hizo lo malo a los ojos del Señor
su Dios.
6 Y el rey Nabucodonosor de Babilonia[c] lo
atacó y lo llevó a Babilonia cautivo y enca-
denado.

[a]**36.4:** Jer 22.11-12. [b]**36.5:** Jer 22.18-19; 26.1-16; 35.1-19. [c]**36.6:** Jer 25.1-38; 36.1-32; 45.1-5; Dn 1.1-2.

[7] Nabucodonosor también se llevó a Babilonia los utensilios del templo del Señor, y los depositó en su templo, en Babilonia.

[8] Los demás hechos de Joacín, y sus repugnantes prácticas, y otras cosas que en él se hallaron, se hallan escritos en el libro de los reyes de Israel y de Judá. En su lugar reinó Joaquín, su hijo.

Joaquín es llevado cautivo a Babilonia

(2 R 24.8-17)

[9] Joaquín tenía dieciocho[2] años cuando comenzó a reinar, y reinó en Jerusalén tres meses y diez días. Pero hizo lo malo a los ojos del Señor,

[10] así que un año después el rey Nabucodonosor mandó por él para que lo llevaran a Babilonia,[d] juntamente con los objetos preciosos del templo del Señor, y como rey de Judá y Jerusalén[e] impuso a Sedequías, hermano de Joaquín.

Reinado de Sedequías

(2 R 24.18-20; Jer 52.1-3)

[11] Sedequías[f] tenía veintiún años cuando comenzó a reinar, y reinó en Jerusalén once años.

[12] Pero Sedequías hizo lo malo a los ojos del Señor su Dios, y no se humilló delante del profeta Jeremías, que le hablaba de parte del Señor.

[13] Además, se rebeló contra Nabucodonosor,[g] al cual había jurado servir, y se empecinó en no volverse de corazón al Señor, el Dios de Israel.

[14] También, todos los principales sacerdotes y el pueblo aumentaron la iniquidad e imitaron todas las repugnantes prácticas de las naciones, y contaminaron el templo del Señor, que él había santificado en Jerusalén.

[15] El Señor y Dios de sus padres no dejaba de enviarles su palabra por medio de sus mensajeros, pues amaba a su pueblo y el lugar donde habitaba.

[16] Pero ellos se burlaban de los mensajeros de Dios y de sus profetas, y menospreciaban sus palabras. Finalmente, la ira del Señor se encendió contra su pueblo, y ya no hubo remedio.

PALABRAS CON PODER

ADVERTENCIAS
(2 Crónicas 36.15)

Nunca es fácil para los padres ver sufrir a sus hijos. Dios envió a mensajeros para advertir al pueblo de Judá —sus hijos— acerca de la invasión del ejército babilonio. Aunque sus hijos habían hecho lo malo, Dios tenía compasión de ellos. Pero el pueblo se burló de los mensajeros y no los escuchó (lee el versículo 16). Debido a esto, el ejército invasor mató a muchas personas y se llevó a otras a Babilonia como prisioneros. La historia de ellos nos advierte que no debemos hacer caso omiso de los mensajeros y los mensajes de Dios.

Cautiverio de Judá

(2 R 25.8-21; Jer 39.8-10; 52.12-30)

[17] El Señor lanzó contra ellos al rey de los caldeos,[h] que en el templo de su santuario mató a filo de espada a sus jóvenes, sin perdonar a jóvenes ni doncellas, ni a anciano ni decrépitos, sino que a todos los entregó en sus manos.

[18] Así mismo, el rey de Babilonia se llevó a su país todos los utensilios del templo de Dios, grandes y chicos, y los tesoros del templo del Señor y los tesoros del palacio del rey y de sus príncipes.

[19] Sus tropas quemaron el templo de Dios,[i] derribaron la muralla de Jerusalén, prendieron fuego a todos sus palacios, y destruyeron todos sus objetos más preciados.

[20] Los que escaparon de morir a filo de espada fueron llevados cautivos a Babilonia, y hasta el reinado de los persas fueron siervos del rey y de sus hijos,

[21] hasta que la tierra disfrutó de reposo. En efecto, la tierra descansó todo el tiempo

[2] **36.9** *Dieciocho.* Según versiones antiguas. Heb. ocho. [d] **36.10:** Jer 22.24-30; 24.1-10; 29.1-2; Ez 17.12. [e] **36.10:** Jer 37.1; Ez 17.13. [f] **36.11:** Jer 27.1-22; 28.1-17. [g] **36.13:** Ez 17.15. [h] **36.17:** Jer 21.1-10; 34.1-5. [i] **36.19:** 1 R 9.8.

que estuvo desolada, hasta que se cumplieron los setenta años,[j] en cumplimiento de la palabra del Señor pronunciada por Jeremías.

El decreto de Ciro

(Esd 1.1-4)

22 Pero, para que se cumpliera también la
palabra del Señor pronunciada por Jeremías,
en el primer año del rey Ciro de Persia el
Señor despertó el espíritu de Ciro para que
por todo su reino pregonara, de palabra y
por escrito, lo siguiente:
23 «Así dice Ciro, rey de los persas: El Señor,
el Dios de los cielos, me ha dado todos los
reinos de la tierra, y me ha ordenado edificarle un templo en Jerusalén,[k] que está en Judá.
Si hay entre ustedes alguien que sea de su
pueblo, que el Señor su Dios lo acompañe, y
vuelva a Jerusalén.»

PALABRAS CON PODER

DESCANSO SABÁTICO

(2 Crónicas 36.21)

Según el mandamiento que Dios había dado en el monte Sinaí, cada séptimo año, la tierra debía mantenerse sin arar ni plantar (Levítico 25:1-7). Esto se conocía como un "descanso sabático". Israel y Judá ya no veían la necesidad de obedecer este mandamiento, así que no dejaban que la tierra descansara, como lo había mandado Dios. Desobedecieron a Dios. Ya que el pueblo se negaba a dejar que la tierra descansara, Dios dijo que Él la haría descansar por setenta años mientras que su pueblo seguía cautivo en tierras extranjeras.

---

[j] **36.21:** Jer 25.11; 29.10. [k] **36.23:** Is 44.28.

ESDRAS

Autor: **Esdras**
Tema: **Volver a empezar**
Fecha en que se escribió: **c. 450-420 a.C**

REGRESO A CASA

El libro de Esdras registra cómo Dios cumplió la promesa que hizo por medio del profeta Jeremías (Jeremías 29:10-14). Dios prometió que después de setenta años de vivir como prisioneros en Babilonia, el pueblo de Israel regresaría a su propia tierra. Dios obró por medio de tres diferentes reyes persas para ayudar a su pueblo a regresar. Además, proveyó líderes piadosos como Esdras, un sacerdote y escriba, para enseñarle al pueblo a adorar a Dios.

LO QUE ENCONTRARÁS EN EL LIBRO

La primera sección (capítulos 1-6) comienza cuando termina 2 Crónicas: el pueblo de Israel estaba en cautiverio en Babilonia y el rey Ciro de Persia (538 a.C.) dio una orden que permitía que el pueblo regresara a su tierra natal (1:1-11). El capítulo 2 detalla a los que participaron en este primer viaje de regreso a Jerusalén. En el capítulo 3, Zorobabel (un descendiente del rey David) y Josué (el sumo sacerdote) animaron al pueblo a reconstruir el templo destruido. Los enemigos de Judá trataron de impedir la reconstrucción (capítulo 4), pero el trabajo se reanudó y el templo se terminó de construir en 516 (a.C) (capítulos 5-6).

La segunda sección (capítulos 7-10) describe el segundo viaje de regreso a Jerusalén, guiado por Esdras. Hay un intervalo de unos sesenta años entre los capítulos 6 y 7. Durante este tiempo, Ester fue reina de Persia (lee el libro de Ester). Los capítulos 7-8 registran los acontecimientos unos veinte años después, cuando Esdras regresó a Jerusalén. Esdras se dispuso a restaurar un amor por la ley de Dios en el corazón del pueblo. Mientras lo hacía, descubrió que había mucha desobediencia entre los hombres israelitas. Estos hombres se habían casado con mujeres de otras naciones que no adoraban a Dios. Esdras oró al Señor, pidiendo que su pueblo cambiara (capítulo 9), y al terminar el libro, los hombres deciden separarse de su esposa impía (capítulo 10).

¿SABÍAS QUE...?

- En tiempos bíblicos antiguos, los libros de Esdras y Nehemías eran un solo libro.
- Esdras y Nehemías son los únicos libros en la Biblia que relatan cómo los israelitas regresaron a Jerusalén después de haber estado cautivos en otras naciones.
- El libro de Esdras trata acerca de cumplir promesas. Nos muestra que Dios se esmera por cumplir todas sus promesas
- Es un libro que trata acerca de la pureza y la santidad. Dios es santo y Él quiere que su pueblo sea santo en todo lo que hace.

[6] Los descendientes de Pajat Moab: dos mil ochocientos doce descendientes de Josué y de Joab.

[7] Los descendientes de Elam: mil doscientos cincuenta y cuatro.

[8] Los descendientes de Zatu: novecientos cuarenta y cinco.

[9] Los descendientes de Zacay: setecientos sesenta.

[10] Los descendientes de Bani: seiscientos cuarenta y dos.

[11] Los descendientes de Bebay: seiscientos veintitrés.

[12] Los descendientes de Azgad: mil doscientos veintidós.

[13] Los descendientes de Adonicán: seiscientos sesenta y seis.

[14] Los descendientes de Bigvay: dos mil cincuenta y seis.

[15] Los descendientes de Adín: cuatrocientos cincuenta y cuatro.

[16] Los descendientes de Ater hijo de Ezequías: noventa y ocho.

[17] Los descendientes de Besay: trescientos veintitrés.

[18] Los descendientes de Jora: ciento doce.

[19] Los descendientes de Jasún: doscientos veintitrés.

[20] Los descendientes de Gibar: noventa y cinco.

[21] Los descendientes de Belén: ciento veintitrés.

[22] Los descendientes de Netofa: cincuenta y seis.

[23] Los descendientes de Anatot: ciento veintiocho.

[24] Los descendientes de Azmavet: cuarenta y dos.

ESDRAS

Esdras vivió durante una época de grandes cambios para su pueblo. Habían estado en cautiverio en Babilonia durante setenta años y querían regresar a su tierra natal de Israel. Pero no podían simplemente irse de Babilonia cuando sentían el deseo de hacerlo. Necesitaban que el rey les diera permiso para regresar a su país. Dios obró en el corazón de los reyes de Persia y Babilonia para que esto ocurriera.

Esdras, quien era sacerdote y escriba, viajó a Jerusalén durante el reino de Artajerjes rey de Persia. (Este rey era el esposo de Ester.) Esdras llegó con una carta del rey que le daba permiso para regresar a Jerusalén llevando regalos de oro y plata para el templo recién reconstruido.

El estudiar la Palabra de Dios era una prioridad para Esdras. Él amaba a Dios y quería obedecerlo. Además, quería que el pueblo tomara en serio el obedecer a Dios. Pero muchos hombres en Israel habían quebrantado la ley de Dios al casarse con mujeres de países extranjeros. Esdras rasgó sus vestiduras y se arrancó el pelo de su barba como señal de su gran tristeza por la desobediencia del pueblo. Él le pidió a Dios que le perdonara al pueblo sus pecados.

El pueblo se sintió compungido cuando vio que Esdras lloraba y oraba por ellos y confesaron sus pecados. Cuando Esdras les leyó el libro de la ley, acordaron vivir de la manera que Dios quería.

Esdras nos enseña que una persona que ama a Dios puede ayudar a otras personas a vivir para Dios. Los NIÑOS PODEROSOS pueden marcar una diferencia cuando se dedican a leer la Palabra de Dios y contarles a otros acerca del amor de Dios

Puedes leer sobre Esdras en el libro de Esdras 7–10; y en Nehemías 8.

El decreto de Ciro

(2 Cr 36.22-23)

Para que se cumpliera lo que el Señor
había anunciado por medio de Jere-
mías,[a] en el primer año del reinado de
Ciro de Persia el Señor despertó el espíritu
de Ciro para que hiciera pregonar por todo
su reino, de palabra y por escrito, lo siguien-
te:
2 «Así dice Ciro, rey de los persas: El Se-
ñor, el Dios de los cielos, me ha dado todos
los reinos de la tierra, y me ha ordenado re-
construir el templo de Jerusalén,[b] que está
en Judá.
3 Si hay entre ustedes alguien que sea de
su pueblo, que su Dios lo acompañe, y vuel-
va a Jerusalén, que está en Judá, para recons-
truir el templo del Señor, Dios de Israel, pues
sólo él es Dios.
4 Todos los que se queden, sea cual sea
el lugar donde residan, ayuden a los que se
van y denles oro, plata, ganado y cualquier
otro apoyo que puedan darles, además de
las ofrendas voluntarias para el templo del
Señor, que está en Jerusalén.»

El regreso a Jerusalén

5 Los patriarcas de las familias de Judá y
de Benjamín, los sacerdotes y los levitas, y
todos aquellos en quienes Dios despertó en
ellos el deseo de reconstruir el templo del
Señor, se prepararon para ir a Jerusalén.
6 Los que vivían en los alrededores les
ayudaron con oro, plata, bienes y objetos
de valor, y ganado, además de toda clase de
ofrendas voluntarias.
7 Además, el rey Ciro ordenó sacar los
utensilios que habían estado en el templo
del Señor, y que Nabucodonosor había sa-
cado de Jerusalén para ponerlos en los tem-
plos de sus dioses.
8 Mitrídates, tesorero del rey Ciro de Per-
sia, hizo lo que el rey le mandó, y entregó
uno por uno los utensilios a Sesbasar, jefe
de Judá.
9 Ésta es la relación de lo entregado:

LECCIONES **EL CORAZÓN DE UN REY**
(Esdras 1.1)

Dios puso la idea en el corazón del rey Ciro de ser bondadoso y generoso para con el pueblo de Dios. De esta manera, Dios cumplió su promesa e hizo que sus planes llegaran a ser realidad. El libro de Proverbios declara que "El corazón del rey se bifurca como los ríos, pero en manos del Señor sigue los planes divinos" (Proverbios 21:1). Dios puede poner ideas en el corazón de un líder para que sus planes se lleven a cabo en la tierra.

Treinta tazones de oro,
mil tazones de plata,
veintinueve cuchillos,
10 treinta tazas de oro,
cuatrocientas diez tazas de plata,
mil utensilios varios,
11 cinco mil cuatrocientos utensilios de
oro y de plata.
Todo esto lo llevó Sesbasar a Jerusalén
con los que se fueron y que antes habían
estado cautivos en Babilonia.

Los que volvieron con Zorobabel

(Neh 7.5-73)

2 Ésta es la lista de la gente que Na-
bucodonosor había llevado cautiva
a Babilonia, y que ahora regresaban
a Jerusalén y a Judá, según la ciudad a la que
pertenecían:
2 Zorobabel y sus acompañantes fueron
Josué, Nehemías, Seraías, Relaías, Mardo-
queo, Bilsán, Mispar, Bigvay, Rejún y Baná.
El número de los israelitas fue el siguiente:
3 Los descendientes de Paros: dos mil
ciento setenta y dos.
4 Los descendientes de Sefatías: trescien-
tos setenta y dos.
5 Los descendientes de Araj: setecientos
setenta y cinco.

[a]**1.1:** Jer 25.11; 29.10. [b]**1.2:** Is 44.28.

de bronce, y alababan al Señor, según lo ha-
bía ordenado el rey David de Israel.[e]
11 Y entonaban alabanzas de gratitud al
Señor, y decían: «Dios es bueno, y su miseri-
cordia por Israel[f] es eterna». Y todo el pue-
blo unánime alababa a Dios con júbilo al ver
cómo se echaban los cimientos del templo
del Señor.
12 Muchos sacerdotes y levitas, y jefes de
familias ya ancianos, que habían conocido
el primer templo, lloraban a voz en cuello
al ver cómo se echaban los cimientos del
templo, mientras otros gritaban de alegría.
13 Era tan fuerte el rumor que se escucha-
ba desde lejos, que la gente no podía distin-
guir el llanto de los gritos de alegría.

Sal 9.1-2

Los adversarios detienen la obra

4 Cuando los enemigos de los des-
cendientes de Judá y de Benjamín
se enteraron de que los israelitas
que habían regresado del cautiverio es-
taban reconstruyendo el templo del Dios
de Israel,
2 fueron a entrevistarse con Zorobabel y
con los jefes de esas familias, y les dijeron:
«Queremos ayudarlos en la reconstruc-
ción del templo del Señor, pues también
nosotros honramos al mismo Dios, y le
hemos ofrecido sacrificios desde cuando
Esarjadón era rey de Asiria y nos trajo a es-
tas tierras.»[a]
3 Pero Zorobabel, Josué y las demás fami-
lias descendientes de Israel, dijeron:
«No es conveniente que ustedes y noso-
tros edifiquemos juntos el templo del Señor.
Lo reconstruiremos nosotros, porque así lo
ordenó el rey Ciro de Persia.»
4 Pero los que poblaban esas tierras los
amenazaron y los llenaron de temor para
que no siguieran construyendo.
5 Sobornaron a los consejeros para que se
pusieran en su contra, y lograron detener la
obra durante el reinado de Ciro y hasta los
días del rey Darío de Persia;

Neh 2.18-20

6 y cuando Asuero[b] comenzó a reinar, es-
cribieron serias acusaciones contra los habi-
tantes de Judá y de Jerusalén.
7 También durante el reinado de Artajer-
jes de Persia, Bislán, Mitrídates, y Tabel y sus
compañeros, escribieron al rey una carta en
contra de los israelitas. La carta estaba escrita
en arameo,
8 de parte del comandante Rejún y del se-
cretario Simey, al rey Artajerjes, y redactada
en contra de los habitantes de Jerusalén.
9 En esa ocasión escribieron el comandan-
te Rejún y el secretario Simey, y sus demás
compañeros, los jueces, gobernadores y ofi-
ciales de Persia y de Erec, Babilonia y Susa, es
decir, de Elam,
10 y los otros pueblos que el grande y glo-
rioso Asnapar llevó cautivos para que vivie-
ran en la ciudad de Samaria y en otras pro-
vincias al otro lado del río Éufrates.
11 Lo que sigue es copia de las acusaciones
que recibió el rey, la cual decía:
«Al rey Artajerjes. Saludos de sus siervos
al otro lado del río Éufrates.
12 »Su Majestad debe saber que los judíos
que salieron de Babilonia y vinieron a Jerusa-
lén han comenzado a reconstruir su rebelde

[e] **3.10:** 1 Cr 25.1. [f] **3.11:** 1 Cr 16.34; 2 Cr 5.13; 7.3; Sal 100.5; 106.1; 107.1; 118.1; 136.1; Jer 33.11. [a] **4.2:** 2 R 17.24-41. [b] **4.6:** Est 1.1.

¿HAY QUE TRABAJAR CON LOS ENEMIGOS? *(Esdras 4.2)*
Los samaritanos que vivían cerca de Jerusalén ofrecieron ayudar a reconstruir el templo. Pero Zorobabel y Josué no fueron engañados por esta oferta. Ellos sabían que los samaritanos no querían adorar a Dios de la manera que lo hacía el pueblo de Judá. Por esta razón, no aceptaron la ayuda de los samaritanos. De la misma manera, Dios nos da la habilidad para reconocer lo que es verdadero y lo que es falso. Él también ayuda a sus NIÑOS PODEROSOS a tomar decisiones sabias.

y malvada ciudad, y ya están echando nuevos cimientos y reparando sus murallas.

13 Su Majestad debe también saber que, en caso de que esa ciudad sea reconstruida y sus murallas sean reparadas, ya no pagará tributo ni impuestos ni rentas, con lo que las arcas del reino se verán afectadas.

14 Nosotros, como súbditos del reino, consideramos injusto que Su Majestad sea menospreciada, y por lo tanto creímos conveniente informar de esto a Su Majestad.

15 Ordene Su Majestad buscar en las memorias de sus antepasados, y podrá comprobar que esta ciudad siempre ha sido rebelde y perjudicial a los reyes y a las provincias del reino. Ya en el pasado se han suscitado rebeliones en ella, por lo cual esa ciudad fue destruida.

16 Sepa Su Majestad que, si esta ciudad llega a ser reconstruida y se refuerzan sus murallas, la región que está al otro lado del río Éufrates dejará de ser de Su Majestad.»

17 La respuesta del rey fue la siguiente:

«Al gobernador Rejún, al secretario Simey, a todos sus compañeros que habitan en Samaria, y a los que están al otro lado del río Éufrates. Paz y prosperidad.

18 »La carta que de ustedes recibí me fue leída con toda claridad.

19 Habiendo dado la orden de investigar, se ha hallado que, en efecto, esa ciudad se ha rebelado en el pasado contra los reyes, y que aun entre ellos mismos se suscitan revueltas.

20 También se ha hallado que hubo allí reyes poderosos que dominaron todo el territorio al otro lado del río Éufrates, y que se les pagaba tributo, impuestos y rentas.

21 »Por tanto, ordenen a esos hombres suspender la reconstrucción de la ciudad, hasta nuevas órdenes de mi parte.

22 Pongan todo su empeño en cumplir mis órdenes, para evitar mayores daños al reino.»

23 Cuando la carta del rey Artajerjes fue leída en presencia de Rejún y de su secretario Simey, y de sus compañeros, éstos fueron inmediatamente a Jerusalén y con lujo de violencia obligaron a los judíos a detener las obras.

24 Fue así como la reconstrucción del templo de Jerusalén se suspendió hasta el segundo año del reinado del rey Darío de Persia.

LECCIONES — EL PODER DEL ÁNIMO
(Esdras 5.2)

El pueblo reconstruyó el templo de Dios con la ayuda de líderes piadosos como Zorobabel,el gobernador, y Josué, el sumo sacerdote. Los profetas como Hageo y Zacarías también animaron al pueblo a seguir trabajando, aunque pasaran por momentos difíciles. Por medio del trabajo duro del pueblo y la ayuda de los líderes, se logró llevar a cabo esta inmensa obra. En vez de darse por vencido, el pueblo trabajó duro con gran gozo. La obra de Dios siempre se lleva a cabo con la ayuda de palabras de ánimo, un buen liderazgo y personas que trabajan juntas.

Reedificación del templo

5 Los profetas Hageo[a] y Zacarías[b]
hijo de Iddo hablaron a los judíos
que vivían en Judá y en Jerusalén
en el nombre del Dios de Israel, que velaba sobre ellos.

2 Entonces Zorobabel[c] hijo de Salatiel y Josué hijo de Josadac reiniciaron la reconstrución del templo de Dios en Jerusalén. Los profetas de Dios los ayudaban.

3 Pero Tatenay, que era el gobernador del otro lado del río Éufrates, y Setar Bosnay y sus compañeros, fueron a verlos y les preguntaron:

«¿Quién les ha dado permiso para reconstruir el templo y para reforzar las murallas?»

[a]**5.1:** Hag 1.1. [b]**5.1:** Zac 1.1. [c]**5.2:** Hag 1.12; Zac 4.6-9.

4 También les preguntaron:
«¿Quiénes son los que dirigen las obras?»
5 Pero el Señor protegía a los ancianos
judíos, y no les pudieron impedir que si-
guieran con la reconstrucción, hasta que el
asunto fue llevado ante el rey Darío y hubo
una respuesta por escrito.
6 Entonces Tatenay, gobernador del otro
lado del río Éufrates, y Setar Bosnay y sus
compañeros, que también gobernaban en
esa región, enviaron una carta al rey Darío,
7 la cual decía:
«A Su Majestad el rey Darío. Paz.
8 »Debe saber Su Majestad que fuimos a
la provincia de Judea y al templo del gran
Dios, y vimos que el templo se está recons-
truyendo con grandes bloques de piedra.
Ya se han colocado las vigas del templo, y
la obra avanza de prisa y con gran cuidado.
9 Llamamos a los dirigentes y les pregun-
tamos: "¿Quién les dio permiso para recons-
truir el templo y reforzar las murallas de la
ciudad?"
10 »También preguntamos por el nombre
de las personas responsables de la obra,
para informar a Su Majestad,
11 y ellos respondieron: "Nosotros somos
siervos del Dios del cielo y de la tierra, y es-
tamos reconstruyendo el templo que hace
muchos años edificó y concluyó el gran rey
de Israel.
12 Como nuestros padres desobedecieron
al Dios del cielo y de la tierra, él se enojó con
su pueblo y los puso en manos del caldeo
Nabucodonosor, rey de Babilonia, el cual
destruyó este templo y a nuestro pueblo se
lo llevó cautivo a Babilonia.[d]
13 Pero durante el primer año del reinado
de Ciro en Babilonia, él mismo ordenó que
este templo de Dios fuera reconstruido.[e]
14 También ordenó que todos los utensilios
de oro y de plata que por orden de Nabuco-
donosor fueron sacados del templo de Dios
en Jerusalén, y que fueron llevados al templo
de Babilonia, fueran entregados a Sesbasar, a
quien había nombrado gobernador.
15 El rey Ciro en persona le dijo: 'Toma es-
tos utensilios y llévalos al templo en Jerusa-
lén, y que el templo de Dios sea reconstrui-
do en el mismo lugar.'
16 En cumplimiento de las órdenes del rey
Ciro, Sesbasar vino y echó los cimientos del
templo de Dios en Jerusalén, y desde enton-
ces hemos estado reconstruyendo, pero aún
no terminamos.
17 Si a Su Majestad le parece bien, ordene
buscar en los archivos de Babilonia hasta
dar con una carta que tiene la orden del rey
Ciro para reconstruir el templo de Dios en
Jerusalén. Cuando ésta sea hallada, tenga a
bien Su Majestad comunicarnos su volun-
tad al respecto."»

Se halla el edicto de Ciro

6 El rey Darío ordenó buscar en los
archivos de Babilonia, en el palacio
donde guardaban los tesoros,
2 y en el palacio de Acmeta, que está en
la provincia de Media, hallaron un libro con
este escrito:
«Memorándum.
3 Fechado el primer año del rey Ciro.
»Su Majestad ordena la reconstrucción
del templo de Dios en Jerusalén, y el resta-
blecimiento de los sacrificios.
»Su Majestad ordena también que las
murallas sean reafirmadas, con una altura y
una anchura de veintisiete metros,
4 y con tres hileras de grandes bloques
de piedra y una hilera de madera nueva.
El costo total de la obra será pagado por
el tesoro real.
5 »En cuanto a los utensilios de oro y de
plata del templo de Dios en Jerusalén, los
cuales Nabucodonosor sacó de allí para
traerlos a Babilonia, éstos deberán ser de-
vueltos y llevados al templo de Dios en Je-
rusalén.»

Respuesta de Darío a Tatenay

6 «Por lo tanto, ustedes, Tatenay, goberna-
dor de la ribera occidental del río Éufrates,

[d] **5.12:** 2 R 25.8-12; 2 Cr 36.17-20; Jer 52.12-15. [e] **5.13:** Esd 1.2-11.

y Setar Bosnay y compañeros, deberán alejarse de allí

7 y dejar que el gobernador y los ancianos judíos lleven a cabo la reconstrucción del templo de Dios en su mismo lugar.

8 »Yo, Darío, ordeno que los gastos de la obra sean cubiertos puntualmente por la tesorería del rey, tomándolos de los tributos que se recogen al otro lado del río Éufrates y entregándolos a los ancianos judíos para que la obra de reconstrucción no se detenga.

9 Todo lo que sea necesario, como becerros, carneros, corderos, trigo, sal, vino y aceite para los holocaustos en honor del Dios del cielo, sea proporcionado diariamente a los sacerdotes en Jerusalén, según ellos lo pidan y sin obstáculo alguno,

10 a fin de que puedan ofrecer sacrificios gratos al Dios del cielo, y oren por la vida del rey y de sus hijos.

11 »Yo, Darío, ordeno que cualquiera que altere este decreto sea empalado con una viga arrancada de su propia casa, y que esa casa sea convertida en un muladar.

12 Que el Dios que estableció ese lugar como residencia de su nombre destruya a cualquier rey o pueblo que interfiera o se oponga, o quiera destruir el templo de Dios en Jerusalén. Yo, Darío, emito este decreto y ordeno que se cumpla con prontitud.»

Reanudación de las obras de reconstrucción

13 Entonces Tatenay, que era el gobernador de la ribera occidental del río Éufrates, y Setar Bosnay y sus compañeros, se apresuraron a cumplir lo que el rey Darío había ordenado.

14 Así, los ancianos judíos avanzaron en la obra de reconstrucción, tal como lo habían anunciado los profetas Hageo[a] y Zacarías[b] hijo de Iddo. La obra se terminó porque el Dios de Israel así lo ordenó, y por los decretos de Ciro, Darío y Artajerjes, reyes de Persia.

Culminación de las obras de reconstrucción

15 La reconstrucción del templo concluyó el tercer día del mes de Adar del sexto año del reinado de Darío.

16 Ese día, los israelitas, los sacerdotes y los levitas, y todos los que habían vuelto del cautiverio, celebraron con gran alegría la dedicación del templo de Dios.

17 Como expiación por los pecados de todos los israelitas, se ofrecieron cien becerros, doscientos carneros, cuatrocientos corderos, y doce machos cabríos, conforme al número de las tribus de Israel.

18 A los sacerdotes se les asignaron sus turnos, lo mismo que a los levitas, para que sirvieran a Dios en Jerusalén, conforme a lo estipulado en el libro de Moisés.

19 También los israelitas que volvieron del cautiverio celebraron la fiesta de la pascua el día catorce del primer[c] mes.

20 Los sacerdotes y los levitas se habían purificado como un solo hombre, y estaban ritualmente limpios y listos para ofrecer el sacrificio de la pascua, tanto por ellos mismos como por los que habían estado cautivos y por sus hermanos los sacerdotes.

21 Los israelitas que habían vuelto del cautiverio comieron con todos los que se habían apartado de las prácticas repugnantes de la gente que habitaba esas tierras, y habían decidido buscar al Señor, el Dios de Israel.

22 Con gran alegría celebraron durante siete días la fiesta solemne de los panes sin levadura, porque el Señor los había llenado de alegría al hacer que el rey de Asiria se compadeciera de ellos, y porque habían cobrado fuerzas para la reconstrucción del templo del Dios de Israel.

Esdras y sus compañeros llegan a Jerusalén

7 Años después, durante el reinado del rey Artajerjes de Persia, hubo un hombre llamado Esdras, descen-

[a]**6.14:** Hag 1.1. [b]**6.14:** Zac 1.1. [c]**6.19:** Éx 12.1-20.

diente en línea directa de Seraías, Azarías,
Hilcías,
2 Salún, Sadoc, Ajitob,
3 Amarías, Azarías, Merayot,
4 Zeraías, Uzi, Buqui,
5 Abisúa, Finés y Eleazar. Todos ellos eran
descendientes de Aarón, el primer sacerdo-
te de los israelitas.
6 Este Esdras salió de Babilonia, y era un
escriba con amplios conocimientos de la ley
que el Señor y Dios de Israel le había dado a
Moisés. El rey Artajerjes le concedió a Esdras
todo lo que éste le pidió, porque el poder
del Señor estaba con él.
7 En el séptimo año del reinado de Arta-
jerjes Esdras y algunos israelitas salieron ha-
cia Jerusalén, y también sacerdotes, levitas,
cantores, porteros y criados del templo.
8 Cuando Esdras llegó a Jerusalén, corría el
quinto mes del séptimo año del reinado de
Artajerjes.
9 Esdras y su gente salieron de Babilonia el
primer día del primer mes, y llegaron a Jeru-
salén el primer día del quinto mes, guiados
por la bondadosa mano de Dios.
Neh 10.28-39 10 Y es que Esdras se había entregado de
corazón al estudio de la ley del Señor, y a
cumplirla y enseñarla a los israelitas, con to-
das sus normas y ordenanzas.
11 Ésta es la copia de la carta que el rey
Artajerjes entregó al sacerdote Esdras, pro-
fundo conocedor de los mandamientos y
estatutos que el Señor había dado a Israel:
12 «De Artajerjes, rey de reyes, a Esdras, sa-
cerdote y escriba erudito en la ley del Dios
del cielo. Paz.
13 »Por este conducto ordeno que todo
israelita, sacerdote o levita, que viva en mi rei-
no y quiera ir contigo a Jerusalén, puede irse.
14 Yo, el rey, y mis siete consejeros, hemos
acordado enviarte a Judea y a Jerusalén, en
conformidad con la ley de tu Dios, la cual
obra en tus manos.
15 Llevarás contigo toda la plata y el oro
que mis consejeros y yo voluntariamente
ofrecemos al Dios de Israel, cuyo templo
está en Jerusalén.

PALABRAS CON PODER

LA MANO DEL SEÑOR
(Esdras 7.6)

En este versículo leemos tres veces acerca de Esdras que "el poder del Señor estaba con él"(versículos 6, 9, 28). Esto quiere decir que Dios dirigió las acciones de Esdras y bendijo sus esfuerzos. ¿Quieres saber por qué? Porque Esdras estudiaba la Palabra de Dios, la obedecía y la enseñaba a otros. Cuando las personas son fieles a Dios y a su Palabra, Él los bendice y los ayuda. Como un NIÑO PODEROSO que sigue a Dios, el poder del Señor también estará contigo", si estudias y obedeces la Palabra de Dios.

16 Llevarás también toda la plata y el oro
que logres recaudar en toda la provincia de
Babilonia, lo mismo que las ofrendas volun-
tarias del pueblo y de los sacerdotes para el
templo de Dios en Jerusalén.
17 Con lo que recaudes podrás comprar
becerros, carneros y corderos, además de
cereales y vino, para que los ofrezcas sobre
el altar del templo del Dios de ustedes en
Jerusalén.
18 Si a ti y a tus hermanos les parece que
con el oro y la plata restante pueden com-
prar otras cosas, háganlo, de acuerdo con la
voluntad de su Dios.
19 Los utensilios que te serán devueltos son
para el servicio del templo de tu Dios, así que
los devolverás ante tu Dios en Jerusalén.
20 Cualquier otra cosa que sea necesaria
para el templo de tu Dios, y que tengas que
pagar, lo pagarás del tesoro real.
21 »Yo, el rey Artajerjes, ordeno a todos los
tesoreros que están al otro lado del río Éu-
frates proveer a Esdras, sacerdote y escriba
de la ley del Dios del cielo, todo lo que él les
pida, y hacerlo de manera inmediata,
22 siendo el límite de hasta tres mil kilos
de plata, treinta mil kilos de trigo, tres mil

litros de vino, tres mil litros de aceite, y sal
sin medida.
23 Que todo lo que ordene el Dios del
cielo para su templo se haga con prontitud.
¿Por qué exponernos a que el Señor se enoje
contra el rey y contra sus hijos?
24 »Tómese nota de que todos los sacer-
dotes, levitas, cantores, porteros, criados del
templo y ministros del templo del Señor,
estarán exentos de pagar tributo, contribu-
ción o renta.
25 »En cuanto a ti, Esdras, usa la sabiduría
que tu Dios te ha concedido y elige jueces
y gobernadores para el pueblo que está al
otro lado del río Éufrates, que conoce los
mandamientos de tu Dios. Si alguno no los
conoce, tú deberás instruirlo.
26 »Todo aquel que no cumpla con la ley
de tu Dios ni con la ley del rey, deberá ser
juzgado de inmediato y condenado a muer-
te, a destierro, a pagar una multa, o a ir a
prisión.»

Gratitud de Esdras

27 «Yo, Esdras, bendigo al Señor, Dios de
nuestros padres, por haber puesto esos sen-
timientos en el corazón del rey, para honrar
el templo del Señor en Jerusalén,
28 y por su bondad y misericordia para
conmigo, pues he sido bien visto por el rey y

> **PROMESAS PODEROSAS**
>
> **ESDRAS 7.27**
>
> ***Yo, Esdras, bendigo al Señor, Dios de nuestros padres, por haber puesto esos sentimientos en el corazón del rey, para honrar el templo del Señor en Jerusalén,***
>
> Dios les da ideas a las personas. Cuando Artajerjes, un rey persa, dio oro y plata para reconstruir el templo, Esdras supo que Dios había puesto esa idea en el corazón del rey. Dios siempre es el que nos inspira a ser generosos.

por sus consejeros y por todos los hombres
de importancia que rodean al rey. El poder
de Dios me ha permitido recobrar las fuer-
zas y reunir a los hombres importantes de
Israel para que me acompañen.»

8 Ésta es la lista de las casas patriarca-
les y la genealogía de los que durante
el reinado de Artajerjes salieron con-
migo de Babilonia a Jerusalén:
2 Guersón, descendiente de la familia de
Finés;
Daniel, de la familia de Itamar;
Jatús, de la familia de David.
3 Zacarías, de los descendientes de Secanías
y de Paros, más ciento cincuenta varones.
4 Elioguenay hijo de Zeraías, de los des-
cendientes de Pajat Moab, más doscientos
varones.
5 El hijo de Jahaziel, de los descendientes
de Secanías, más trescientos varones.
6 Ebed, hijo de Jonatán, de los descendien-
tes de Adín, más cincuenta varones.
7 Jesaías hijo de Atalías, de los descendien-
tes de Elam, más setenta varones.
8 Zebadías hijo de Micael, de los descen-
dientes de Sefatías, más ochenta varones.
9 Abdías hijo de Yejiel, de los descendien-
tes de Joab, más doscientos dieciocho varo-
nes.
10 El hijo de Josifías, de los descendientes
de Selomit, más ciento sesenta varones.
11 Zacarías hijo de Bebay, de los descen-
dientes de Bebay, más veintiocho varones.
12 Johanán hijo de Hacatán, de los descen-
dientes de Azgad, más ciento diez varones.
13 Los últimos descendientes de Adoni-
cán, que eran Elifelet, Yeguiel y Semaías, más
sesenta varones.
14 Utay y Zabud, descendientes de Bigvay,
más setenta varones.
15 Yo reuní a todos estos junto al río que
se dirige a Ahava, y acampamos allí durante
tres días. Busqué entre el pueblo y entre los
sacerdotes, pero no encontré a ningún des-
cendiente de Leví.
16 Entonces despaché a Eliezer, Ariel, Se-
maías, Elnatán, Jarib, Elnatán, Natán, Zacarías

y Mesulán, que eran hombres importantes,
y también a Joyarib y a Elnatán, hombres de
muchos conocimientos,
17 y los envié a Casifia, donde Iddo era el
jefe, y los instruí en cuanto a lo que debían
decir a Iddo, lo mismo que a sus hermanos
que servían en el templo en Casifia; especí-
ficamente le pedí que nos proporcionaran
ministros para el templo de nuestro Dios.
18 Y como la mano de nuestro Dios estaba
con nosotros, nos trajeron a Serebías, que
era un hombre muy entendido y que era
descendiente de Majali hijo de Leví, el hijo
de Israel. Con él llegaron sus hijos y sus her-
manos, dieciocho varones en total;
19 Jasabías y Jesaías, de los descendientes
de Merari, con sus hijos y sus hermanos,
veinte varones en total;
20 más doscientos criados del templo, a
quienes David y los jefes israelitas habían
puesto bajo la dirección de los levitas, cada
uno de los cuales fue designado por nom-
bre para servir en el templo.
21 Ese día, a las orillas del río Ahava, convo-
qué a un ayuno general en honor de nues-
tro Dios, para pedir que a nosotros y a nues-
tros hijos, y a nuestros bienes, nos guiara por
el camino correcto.
22 No me atreví a pedirle al rey que enviara
con nosotros soldados y gente de a caballo
para defendernos de los enemigos en el ca-
mino, pues le había dicho:
«El poder de nuestro Dios hace bien
a quienes lo buscan, pero no a quienes lo
abandonan, los cuales experimentan su
enojo.»
23 Así que todos ayunamos ese día, y le
pedimos al Señor que nos bendijera, y él
nos bendijo.
24 Después aparté a Serebías y a Jasabías y
a sus diez hermanos, pues los doce eran de
los principales sacerdotes.
25 Luego, pesé ante ellos la plata, el oro
y los utensilios, que eran las ofrendas para
el templo de Dios que habían dado el rey
Artajerjes y sus consejeros, y los hombres
importantes del reino y los israelitas.
26 Lo que pesé y les entregué fueron dieci-
nueve mil quinientos kilos de plata, tres mil
kilos de plata en utensilios para el templo, y
tres mil kilos de oro;
27 además, veinte tazones de oro que
valían mil monedas de oro, y dos vasos de
bronce de excelente pulido, tan valiosos
como el oro.
28 Y les dije:
«Ustedes han sido consagrados para el
servicio del Señor, y los utensilios, la plata y
el oro, también han sido consagrados como
ofrenda voluntaria al Señor, Dios de nues-
tros antepasados.
29 Tengan mucho cuidado con las ofren-
das; guárdenlas muy bien hasta que puedan
pesarlas delante de los jefes de los sacerdo-
tes y levitas, y de los jefes de las familias pa-
triarcales de Israel que están en Jerusalén.»
30 Y los sacerdotes y los levitas recibieron
la plata, el oro y los utensilios que yo había
pesado, para llevarlos al templo de nuestro
Dios en Jerusalén.
31 El día doce del mes primero levantamos
el campamento que teníamos junto al río
Ahava, y partimos hacia Jerusalén, y nuestro
Dios nos protegió durante todo el camino y
nos libró de nuestros enemigos y de los que
nos acechaban para hacernos daño.
32 Cuando llegamos a Jerusalén, descansa-
mos allí durante tres días.
33 Al cuarto día fuimos al templo y entre-
gamos las ofrendas al sacerdote Meremot
hijo de Urías, y él las pesó en presencia de
Eleazar hijo de Finés y de los levitas Jozabad
hijo de Josué y Noadías hijo de Binúi.
34 Todo se hizo correctamente, y lo que
entregamos ese día se pesó y se anotó.
35 Los que habían vuelto del cautiverio y
que llegaron con nosotros ofrecieron holo-
caustos al Dios de Israel, doce becerros en
favor de los israelitas, noventa y seis carne-
ros, setenta y siete corderos y doce machos
cabríos, para el perdón de pecados; todo en
holocausto al Señor.
36 Los decretos del rey fueron entregados
a los sátrapas y capitanes del otro lado del

río Éufrates, y ellos apoyaron al pueblo y al
templo de Dios.

Oración de confesión de Esdras

9 Después de todo esto, los jefes vinie-
ron a verme y me dijeron:
«Ni el pueblo de Israel, ni los sacer-
dotes ni los levitas, se diferencian en nada
de los cananeos, hititas, ferezeos, jebuseos,
amonitas, moabitas, egipcios y amorreos,
pues incurren en los mismos actos repug-
nantes.
2 Tanto ellos como sus hijos han tomado
mujeres de esos pueblos, y el linaje sagrado
del pueblo de Dios se ha mezclado con los
pueblos de estas tierras. Lo peor es que los
primeros en cometer este pecado han sido
los gobernadores y los jefes importantes.»
3 Al oír esto, me rasgué la ropa y el manto,
me arranqué el cabello y la barba, y muy an-
gustiado me senté en el suelo.
4 Entonces se reunieron conmigo todos
los que honraban las palabras del Dios de
Israel, tristes por el pecado de los que ha-
bían vuelto del cautiverio, y mi angustia
duró hasta la hora de los sacrificios de la
tarde.
5 A esa hora me levanté, afligido y con mi
ropa y mi manto rasgados, y arrodillado le-
vanté las manos al Señor mi Dios.
6 Y le dije:
«Dios mío, estoy muy confundido y aver-
gonzado. Me siento incapaz de levantar mi
rostro hacia ti porque nuestra maldad ha
aumentado; ¡nos ha rebasado hasta llegar
al cielo!
7 Desde los días de nuestros antepasados,
y hasta hoy, hemos vivido en la maldad. Por
eso nosotros, y nuestros reyes y sacerdotes,
hemos sido entregados en manos de los re-
yes de otras naciones; nos han robado, nos
han hecho prisioneros, y hasta la fecha la
vergüenza no se aparta de nosotros.
8 Ahora el Señor nuestro Dios ha tenido
misericordia de nosotros, aunque sea por
un poco de tiempo, y nos ha dejado a salvo
un remanente; nos ha dado un lugar segu-

PALABRAS CON PODER

UN REMANENTE *(Esdras 9.8)*

La palabra remanente en este versículo viene de una palabra hebrea que significa "los que han escapado" o "los que han sido separados". Esta palabra se refiere a las personas que quedan o que han sobrevivido. Dios prometió mantener vivas a algunas de las personas que habían sido capturadas por los ejércitos sirio y babilonio (lee 2 Reyes 15:29; 17:6). Dios también prometió que un remanente piadoso de su pueblo sería atraído al Mesías (Jesús). Todas las personas que creen en Jesús como su Salvador son parte de ese remanente.

PODER PARA VIVIR

LA TRISTEZA DE ESDRAS *(Esdras 9.3)*

Cuando Esdras oyó que muchos hombres en Judá habían desobedecido a Dios al casarse con mujeres de tierras extrajeras, rasgó sus vestiduras y se arrancó el pelo. Esta era la manera en que las personas en la época bíblica mostraban que estaban muy tristes por algo. A Esdras lo entristeció mucho el hecho que el pueblo había desobedecido a Dios, de modo que oró a Dios por ellos. Este tipo de tristeza piadosa proviene de un amor a Dios y a las personas que van por mal camino. Dios quiere que sus NIÑOS PODEROSOS oren por las personas que hacen cosas malas.

ro en su santuario, para que veamos las cosas con claridad y podamos vivir un poco más, aunque sea en nuestra condición de esclavos.

[9] Hemos vivido en la servidumbre, pero dentro de ella Dios no nos ha desamparado, sino que por su misericordia ha hecho que los reyes de Persia nos concedan vida para poder reconstruir el templo de nuestro Dios y restaurar sus ruinas, y brindarnos protección en Judá y en Jerusalén.

[10] »¿Pero qué te podemos decir ahora, Dios nuestro? Hemos abandonado tus mandamientos,

[11] los cuales nos diste por medio de tus siervos los profetas, cuando dijiste: "La tierra de la cual van a tomar posesión está llena de corrupción porque ahí habitan pueblos que han esparcido por toda la tierra sus prácticas repugnantes.

[12] Pero ustedes no dejarán que sus hijas se casen con los hijos de ellos, ni tampoco dejarán que los hijos de ustedes[a] se casen con las hijas de ellos; ni procurarán que ellos vivan en paz y prosperen. Así ustedes serán fuertes y disfrutarán de las bondades de la tierra, y podrán dejársela a sus hijos como herencia."

[13] »A pesar de que hemos sufrido mucho por nuestras malas acciones, tú, Dios nuestro, no nos has castigado como merecen nuestras maldades; en cambio, a unos pocos de nosotros nos has dejado con vida.

[14] ¿Cómo podríamos volver a desobedecer tus mandamientos y emparentar con pueblos que practican cosas que te repugnan? ¡Ciertamente tú te indignarías contra nosotros hasta consumirnos, y no quedaría uno solo de nosotros con vida!

[15] »Señor y Dios de Israel, tú eres justo, pues hasta este día unos pocos de nosotros hemos quedado con vida. Estamos aquí, en tu presencia, reconociendo nuestros pecados, aun cuando nadie podría permanecer en tu presencia sin ser castigado.»

Expulsión de las mujeres extranjeras

10 Mientras Esdras estaba en el templo de Dios, de rodillas y orando, llorando y confesando sus pecados, una gran multitud de israelitas se le unió; eran hombres, mujeres y niños, que lloraban amargamente.

[2] Entonces Secanías hijo de Yejiel, que era de la familia de Elam, le dijo a Esdras:

«Hemos pecado contra nuestro Dios. Hemos tomado por esposas a mujeres extranjeras, de los pueblos de estas tierras. No obstante, creo que los israelitas aún tenemos esperanza.

[3] Hagamos con nuestro Dios el pacto de despedir a todas esas mujeres que tenemos por esposas, lo mismo que a sus hijos, y cumplamos la ley, en conformidad con el consejo que nos has dado y el de los que temen los mandamientos de nuestro Dios.

[4] Levántate, y manos a la obra, que ésa es tu responsabilidad. Tú, pon todo tu empeño, que nosotros te apoyaremos.»

[5] Entonces Esdras se levantó y tomó juramento a los jefes de los sacerdotes y de los levitas, y a todo el pueblo de Israel, para que se comprometieran a cumplir todo lo que habían dicho.

[6] Luego, salió del templo y se dirigió a la habitación de Johanán hijo de Eliasib, y una vez allí no comió ni bebió nada, pues estaba muy triste por el pecado de los israelitas que habían vuelto del cautiverio.

[7] Acto seguido, enviaron mensajeros a Judá y a Jerusalén para que todos los israelitas nacidos en Babilonia se reunieran en Jerusalén.

[8] Los que no llegaran en un plazo de tres días, conforme al pacto aceptado por los jefes y los ancianos, perderían sus posesiones y serían excluidos de la comunidad de los repatriados.

[9] Fue así como todos los descendientes de Judá y de Benjamín se reunieron en Jerusalén en el plazo fijado. La reunión tuvo lugar el día veinte del mes noveno, en la plaza del templo de Dios. Todos temblaban de

[a] **9.12:** Éx 34.11-16; Dt 7.1-5.

miedo por causa de la lluvia y por tener que afrontar este asunto.

10 Entonces el sacerdote Esdras se puso de pie y les dijo:

«Ustedes han pecado al tomar por esposas a mujeres de otros pueblos. Con esto han añadido más pecados a los ya cometidos por el pueblo de Israel.

11 Lo que deben hacer ahora es dar gloria al Señor, Dios de nuestros padres, y comprometerse a cumplir su voluntad, y separarse de los pueblos que habitan estas tierras y de las mujeres extranjeras.»

12 Todos los convocados respondieron en alta voz:

«Haremos todo lo que nos has dicho.

13 Pero somos muchos, está lloviendo, y no podemos quedarnos en la calle. Además, este asunto no va a resolverse en un día ni dos, pues somos muchos los que hemos incurrido en este pecado.

14 Que se queden nuestros jefes, y que aquellos que vivan en nuestras ciudades y hayan tomado por esposas a mujeres extranjeras vengan a Jerusalén en tiempos determinados, junto con los ancianos y jueces de cada ciudad, hasta que apartemos de nosotros la ira de nuestro Dios.»

15 Solamente Jonatán hijo de Asael y Jahazías hijo de Ticvá se opusieron, apoyados por los levitas Mesulán y Sabetay.

16 Así lo hicieron los que habían vuelto del cautiverio. Entonces eligieron al sacerdote Esdras y a ciertos jefes de las familias patriarcales, y todos los que habían sido nombrados se presentaron el primer día del mes décimo para dilucidar este asunto.

17 El juicio se prolongó hasta el primer día del mes primero, y comparecieron todos los que habían tomado por esposas a mujeres extranjeras.

18 La siguiente es una lista de los hijos de los sacerdotes que tomaron por esposas a mujeres extranjeras.

De los hijos de Josué hijo de Josadac, y de sus hermanos: Maseías, Eliezer, Jarib y Gedalías.

19 Éstos juraron que despedirían a sus mujeres, y como ofrenda por su pecado ofrecieron un carnero de sus rebaños.

20 De los hijos de Imer: Jananí y Zebadías.

21 De los hijos de Jarín: Maseías, Elías, Semaías, Yejiel y Uzías.

22 De los hijos de Pasjur: Elioguenay, Maseías, Ismael, Natanael, Jozabad y Elasa.

23 De los descendientes de los levitas: Jozabad, Simey, Kelaía (es decir, Kelita), Petajías, Judá y Eliezer.

24 De los cantores: Eliasib.

De los porteros: Salún, Telén y Uri.

25 Otros israelitas fueron:

De los hijos de Paros: Ramía, Jezías, Malquías, Mijamín, Eleazar, Malquías y Benaías.

26 De los hijos de Elam: Matanías, Zacarías, Yejiel, Abdi, Jeremot y Elías.

27 De los hijos de Zatu: Elioguenay, Eliasib, Matanías, Jeremot, Zabad y Aziza.

28 De los hijos de Bebay: Johanán, Jananías, Zabay y Atlay.

29 De los hijos de Bani: Mesulán, Maluc, Adaías, Jasub, Seal y Ramot.

30 De los hijos de Pajat Moab: Adna, Quelal, Benaías, Maseías, Matanías, Besalel, Binúi y Manasés.

31 De los hijos de Jarín: Eliezer, Isías, Malquías, Semaías, Simeón,

32 Benjamín, Maluc y Semarías.

33 De los hijos de Jasún: Matenay, Matata, Zabad, Elifelet, Yeremay, Manasés y Simey.

34 De los hijos de Bani: Maday, Amirán, Uel,

35 Benaías, Bedías, Queluí,

36 Vanías, Meremot, Eliasib,

37 Matanías, Matenay, Jasay,

38 Bani, Binúi, Simey,

39 Selemías, Natán, Adaías,

40 Macnadebay, Sasay, Saraí,

41 Azareel, Selemías, Semarías,

42 Salún, Amarías y José.

43 De los hijos de Nebo: Yeguiel, Matatías, Zabad, Zebina, Jadau, Joel y Benaías.

44 Todos estos habían tomado por esposas a mujeres extranjeras, y muchas de ellas habían tenido hijos.

NEHEMÍAS

Autor: **¿Esdras y Nehemías?**
Tema: **La reconstrucción del muro de Jerusalén**
Fecha en que se escribió: **c. 430-420 a.C.**

LA RECONSTRUCCIÓN DEL MURO

El autor nos cuenta la segunda parte de la historia de cómo el pueblo de Dios regresó de su cautiverio. La primera mitad de la historia se encuentra en el libro de Esdras. El libro de Nehemías muestra lo que Dios hizo a través del liderazgo de Nehemías, el gobernador, y de Esdras, un sacerdote. Mientras que el libro de Esdras se enfoca en la reconstrucción del templo, el libro de Nehemías se enfoca en la reconstrucción del muro de Jerusalén.

Nehemías había servido como un oficial de alto rango en la corte de Artajerjes I, rey de Persia. Allí oyó que las personas que habían regresado a Judá estaban en apuros y que el muro de Jerusalén todavía estaba en ruinas. Después de orar, Nehemías le pidió al rey Artajerjes que le permitiera regresar a su tierra y ayudar a su pueblo. El rey estuvo de acuerdo y dejó que Nehemías fuera a Jerusalén a servir como gobernador y reconstruir los muros de la ciudad.

LO QUE ENCONTRARÁS EN EL LIBRO

Los capítulos 1-7 describen el papel de Nehemías como gobernador y líder del proyecto de reconstrucción. El capítulo 1 muestra a Nehemías como un hombre dedicado a la oración. El capítulo 2 describe cómo Dios usó al rey persa, Artajerjes, para nombrar a Nehemías como gobernador de Jerusalén.

Los capítulos 3:1-7 muestran el liderazgo sabio de Nehemías a medida que animaba al pueblo de Jerusalén a reconstruir sus muros caídos ¡en sólo cincuenta y dos días!

La segunda mitad del libro describe cómo el pueblo de Jerusalén decidió vivir para Dios (capítulos 8-10) y cómo Nehemías los guió con gran sabiduría (capítulos 11-13).

¿SABÍAS QUE...?

- Este libro registra los últimos acontecimientos en la historia del Nuevo Testamento.
- Registra acontecimientos que nos ayudan a entender Malaquías, el último libro del Antiguo Testamento. (Nehemías y Malaquías vivieron y sirvieron a Dios durante el mismo período de tiempo.)
- Es un libro que trata acerca del liderazgo. Nehemías es un buen ejemplo de un líder piadoso.
- Es un libro que trata acerca de la oración. En este corto libro, leemos once veces acerca de cómo oró Nehemías.
- Es un libro que trata acerca de las cosas imposibles que llegan a ser posibles mediante el poder de Dios.

Oración de Nehemías por Jerusalén

Palabras de Nehemías hijo de Jacalías:
«En el mes de Quisleu del año veinte,
mientras yo me encontraba en Susa,
que era la ciudad capital del reino,
2 recibí la visita de Jananí, uno de mis her-
manos, y de algunos varones de Judá. Al pre-
guntarles por los judíos que habían escapado
con vida del cautiverio, y por Jerusalén,
3 me dijeron: "Los cautivos que quedaron con
vida están muy mal y pasando por muchas ver-
güenzas; la muralla de Jerusalén está en ruinas, y
las puertas de la ciudad fueron quemadas."
4 »Cuando escuché esto, me senté a llorar
y durante varios días me puse en duelo; y
ayuné y oré al Dios de los cielos.
5 Le dije:
"Señor, Dios de los cielos, tú eres fuerte,
grande y temible. Cumples tu pacto y eres
misericordioso con los que te aman y guar-
dan tus mandamientos. Yo te ruego
6 que prestes atención a las súplicas que
de día y de noche te hace este humilde sier-
vo tuyo en favor de Israel. Reconozco que tu
pueblo Israel ha pecado contra ti, lo mismo
que mis antepasados y yo.

PALABRAS CON PODER

AYUNO
(Nehemías 1.4)

"Ayunar" significa no ingerir comida por un período de tiempo para poder darle más atención a Dios. Una persona que ayuna generalmente pasa ese tiempo en oración. Nehemías se preocupaba profundamente por las personas que habían regresado a Jerusalén. Estaban desanimados y estaban pasando por muchas dificultades. Por eso fue que Nehemías ayunó y oró por los problemas que tenían. Hoy día, los que siguen a Cristo también ayunan y oran por sus propios problemas o por los problemas de otras personas.

PROMESAS PODEROSAS

NEHEMÍAS 1.11

Yo te ruego, Señor, que prestes atención a las súplicas de este humilde siervo tuyo, y a las de todos tus siervos, que honran tu nombre. Concédele a este siervo tuyo tener éxito ante el rey, para que me conceda lo que le solicite.

Cuando Nehemías tenía que pedirle un gran favor al rey, sabía lo que debía hacer primero: ¡ORAR! Los NIÑOS PODEROSOS también saben lo que deben hacer cuando necesitan ayuda: ¡ORAR!

7 Nuestra corrupción ha llegado a los ex-
tremos, pues no hemos cumplido con los
mandamientos, leyes y estatutos que le dis-
te a tu siervo Moisés.
8 "Recuerda que ya le habías advertido a
Moisés, que si nosotros llegáramos a pecar,
tú nos dispersarías entre las naciones,[a]
9 pero que si nos arrepentíamos y te buscá-
bamos y cumplíamos tus mandamientos, y los
poníamos por obra, tú nos harías volver y nos
llevarías a la tierra que elegiste como residencia
de tu nombre, aun cuando nos hubieras dis-
persado hasta los confines de los cielos.[b]
10 "Señor, somos tu pueblo; somos tus
siervos. ¡Tú, con tu gran poder y tu brazo
poderoso, nos liberaste de la esclavitud!
11 Yo te ruego, Señor, que prestes atención
a las súplicas de este humilde siervo tuyo,
y a las de todos tus siervos, que honran tu
nombre. Concédele a este siervo tuyo tener
éxito ante el rey, para que me conceda lo
que le solicite."
»En esos días yo era el copero del rey.

Artajerjes envía a Nehemías a Jerusalén

2 »En el mes de Nisán, del año veinte
del reinado de Artajerjes, mientras
yo me disponía a servirle vino al rey,

[a]**1.8:** Lv 26.33. [b]**1.9:** Dt 30.1-5.

éste me miró, y como nunca antes me había
visto triste en su presencia,
2 me preguntó: "¿Por qué estás triste, Ne-
hemías? Enfermo no estás. Lo que reflejas es
un profundo pesar."
»Yo sentí mucho miedo,
3 y le respondí: "¡Larga vida a Su Majestad!
¿Cómo no estar triste, si la ciudad donde
mis padres están sepultados se encuentra
en ruinas, y sus puertas han sido consumi-
das por el fuego?"[a]
4 »El rey me preguntó entonces: "¿Y qué
es lo que pides?" Yo oré al Dios de los cielos,
5 y le respondí al rey: "Si es la voluntad
de Su Majestad, y este siervo suyo es digno
de su bondad, permítame Su Majestad ir a
Judá, a la ciudad donde están sepultados
mis padres, para reedificarla."
6 »El rey, que tenía a su lado a la reina,
me preguntó: "¿Cuánto tiempo necesitas?
¿Cuándo piensas regresar?" Y yo le dije el
tiempo que necesitaba, y el rey consintió en
dejarme partir.
7 »También le dije: "Si es la voluntad de
Su Majestad, que se me den cartas para los
gobernadores del otro lado del río, para que
me permitan pasar y yo pueda llegar a Judá,
8 y una carta más para que Asaf, el guar-
dián de los bosques del rey, me provea de la
madera necesaria para reforzar las puertas
del palacio del templo, las murallas de la ciu-
dad, y la casa donde voy a vivir."
»Todo eso me lo concedió el rey, porque
la bondad de mi Dios estaba conmigo.
9 »Fui entonces con los gobernadores del
otro lado del río, y les entregué las cartas del
rey. Además, el rey había enviado a sus ca-
pitanes y a soldados de caballería, para que
me escoltaran.
10 Pero cuando lo supieron Sambalat el
horonita y Tobías, el siervo amonita, se eno-
jaron mucho, pues no les gustó que alguien
se preocupara por el bien de los israelitas.

Nehemías anima al pueblo a reconstruir las murallas

11 »Tres días después de haber llegado a
Jerusalén,
12 me levanté por la noche y salí, acompa-
ñado de varios hombres y sin que nadie su-
piera lo que Dios me había inspirado hacer
en Jerusalén. No llevaba yo más caballo que
el que iba montando.
13 Salí de noche y recorrí la puerta del valle
que va a la fuente del Dragón y a la puerta
del Basurero, y pude ver que las murallas
de Jerusalén habían sido derribadas y que
las puertas habían sido consumidas por el
fuego.
14 Luego me dirigí a la puerta de la Fuente
y al estanque del Rey, pero como mi caballo
no podía pasar
15 subí al torrente y observé la muralla.
Aprovechando que era de noche, la rodeé y
luego entré por la puerta del valle. Después
de eso, regresé.
16 Los oficiales no supieron a dónde había
ido, ni qué había hecho, porque a nadie le
había dicho nada; ni al pueblo ni a los sa-
cerdotes, y menos aún a gente importante.
Ninguno de los que estaban reconstruyen-
do la ciudad supo lo que hice.
17 »Cuando regresé, les dije: "¿Ya vieron
lo mal que estamos? Jerusalén está desier-

[a] **2.3:** 2 R 25.8-10; 2 Cr 36.19; Jer 52.12-14.

EL PODER DE LA ORACIÓN *(Nehemías 2.4)*
Antes de hacer cualquier cosa, Nehemías oró. En este versículo leemos que él buscó a Dios pidiéndole su ayuda y sabiduría antes de contestar la pregunta del rey. Esta es sólo una de las veces en este libro que Nehemías ora inmediatamente pidiendo la guía de Dios. Dios quiere guiarnos y ayudarnos a tomar decisiones sabias. Él está esperando ahora mismo que le pidamos ayuda.

ta, y todas sus puertas han sido quema-
das. ¡Anímense y vayamos todos a levan-
tar las murallas de Jerusalén! ¡Basta ya de
esta vergüenza!”
18 »En cuanto les conté la gran ayuda que
mi Dios me había brindado, y lo que el rey
me había dicho, todos exclamaron: “¡Sí, co-
mencemos a reconstruir las murallas!” Y se
dispusieron a poner manos a la obra.
19 »Pero la noticia llegó a oídos de Samba-
lat el horonita, de Tobías, el siervo amonita,
y de Guesén el árabe, y se burlaron de noso-
tros y despectivamente nos dijeron: “¿Qué
es lo que hacen? ¿Acaso están rebelándose
contra el rey?”
20 »Yo les respondí: “El Dios de los cielos es
quien nos ayuda. Nosotros, sus siervos, he-
mos decidido reconstruir las murallas, y lo
vamos a hacer. Ustedes no tienen ninguna
Sal 2 autoridad, ni arte ni parte en Jerusalén.”

Distribución de las obras de reconstrucción

3 »Entonces el sumo sacerdote Eliasib
y los demás sacerdotes se dispusie-
ron a reconstruir la Puerta de las
Ovejas. La repararon hasta la torre de Ha-
mea, y reconstruyeron la torre de Jananel
2 con la ayuda de la gente de Jericó y de
Zacur hijo de Imri.
3 »Los descendientes de Sená reconstru-
yeron la Puerta del Pescado y revistieron de
madera las puertas y les pusieron cerraduras
y cerrojos.
4 Contaron con la ayuda de Meremot, el
hijo de Urías y nieto de Cos; de Mesulán, el
hijo de Berequías y nieto de Mesezabel; y de
Sadoc hijo de Baná.
5 A su lado estaban los tecoítas, aunque
en las obras del Señor no se contó con la
ayuda de los jefes del pueblo.
6 »La Puerta Vieja fue restaurada por Jo-
yadá hijo de Paseaj y por Mesulán hijo de
Besodías, quienes recubrieron de madera las
puertas y les pusieron cerraduras y cerrojos.
7 A su lado estaban Melatías el gabaonita
y Yadón el meronotita, que venían de Ga-
baón y de Mispá, pueblos que estaban bajo
el dominio del gobernador de la ribera occi-
dental del río Éufrates.
8 También los ayudaron Uziel hijo de Ja-
raías, que sabía trabajar la plata, y el perfu-
mista Jananías, que repararon la muralla de
Jerusalén hasta su parte ancha;
9 y Refaías hijo de Jur, que gobernaba la
mitad de la región de Jerusalén.
10 Frente a su casa se les unió Jedaías hijo
de Jarumaf, y también Jatús hijo de Jasabnías.
11 Malquías hijo de Jarín y Jasub hijo de
Pajat Moab restauraron otro tramo de la
muralla y de la Torre de los Hornos.
12 A ellos se les unieron Salún hijo de
Halojés, que era gobernador de la mitad de
la región de Jerusalén, y sus hijas.
13 »Janún y los habitantes de Zanoaj res-
tauraron la puerta del valle; reconstruyeron
cuatrocientos cincuenta metros de la mura-
lla, hasta la Puerta del Basurero, y a las puer-
tas les pusieron cerraduras y cerrojos.
14 Malquías hijo de Recab, que gobernaba
la provincia de Bet Haqueren, reconstruyó
la Puerta del Basurero y otras puertas, y les
puso cerraduras y cerrojos.
15 »La Puerta de la Fuente fue reconstrui-
da por Salún hijo de Coljozé, que era gober-
nador de la región de Mispá; fue él quien

PODER PARA VIVIR

EL VERDADERO ÉXITO *(Nehemías 2.20)*
Nehemías decidió reconstruir el muro de la ciudad porque sabía que Dios le daría éxito. Cuando el muro se terminó de construir en sólo cincuenta y dos días, hasta los enemigos del pueblo tuvieron que confesar que el trabajo se había hecho con la ayuda de Dios (6:15-16). Dios siempre quiere trabajar con personas que creen en Él. ¡Con su ayuda, podemos hacer grandes cosas!

recubrió de madera las puertas, y quien les
puso cerraduras y cerrojos; además, recons-
truyó la muralla del estanque de Siloé, que
va hacia el huerto del rey y llega a las escale-
ras que bajan de la Ciudad de David.

16 Nehemías hijo de Azbuc, que era gober-
nador de la otra mitad de Betsur, reconstru-
yó las murallas que pasan frente al sepulcro
de David, hasta el estanque labrado y la
Mansión de los Valientes.

17 Le siguieron los levitas Rejún hijo de
Bani y Jasabías, que era el gobernador de la
mitad de la región de Keila, el cual recons-
truyó a nombre de su región.

18 »A continuación se les unieron sus pa-
rientes Bavay hijo de Henadad, que era el
gobernador de la otra mitad de Keila,

19 y Ezer hijo de Josué, que era el goberna-
dor de Mispá, los cuales reconstruyeron las
murallas que pasan frente a la cuesta de la
armería de la esquina.

20 Le siguió Baruc hijo de Zabay, que con
mucho fervor restauró el tramo que va de la
esquina hasta la puerta de la casa de Eliasib,
el sumo sacerdote.

21 El siguiente tramo, que va de la entrada
de la casa de Eliasib hasta la parte final, lo
restauró Meremot, el hijo de Urías y nieto
de Cos.

22 Después de él se unieron a la restaura-
ción los sacerdotes de la llanura.

23 Benjamín y Jasub restauraron las mura-

NEHEMÍAS

Durante el tiempo en que Israel estuvo cautivo en Babilonia, Nehemías trabajó como copero de Artajerjes, el rey de Persia. El copero era un siervo que probaba el vino del rey para asegurarse de que no estaba envenenado. Sólo una persona digna de confianza podía ocupar este puesto.

Cuando Nehemías oyó que su pueblo estaba regresando a Jerusalén, se entristeció por ellos. La ciudad había sido destruida muchos años atrás. Aunque se había vuelto a construir el templo, el muro alrededor de la ciudad no se había reparado. Sin el muro, el pueblo no tenía ninguna protección de sus enemigos. Nehemías quería regresar a Jerusalén para ayudar a reconstruir el muro. Pero no quería hacer nada hasta no haber orado al respecto.

El rey le dio permiso a Nehemías para regresar a Jerusalén. Regresó durante la época de Esdras. (Lee “Hombres poderosos de Dios: Esdras” en la página 578.) Después de inspeccionar el muro de la ciudad, Nehemías animó al pueblo a trabajar juntos para reconstruir el muro. Pero ciertas personas de las naciones vecinas trataron continuamente de parar el proyecto a través de mentiras y amenazas. ¡Nehemías muy sabiamente guió a los obreros a trabajar con un arma en una mano y una herramienta en la otra!

El muro se reconstruyó en cincuenta y dos días. Pero no terminó ahí el trabajo de Nehemías. Como gobernador de la ciudad, él también quería que su pueblo obedeciera las leyes de Dios. Le enfurecía ver que los ricos estafaban a los pobres y tomaban sus tierras y que la gente quebrantaba otras leyes. Confrontó a los malhechores y los instó a obedecer la Palabra de Dios.

Nehemías es un buen ejemplo de un líder piadoso. Dios le dio valentía, compasión por otros y un fuerte deseo de trabajar duro. Estas son cualidades que todos los NIÑOS PODEROSOS pueden tener con la ayuda del Espíritu Santo.

Puedes leer acerca de Nehemías a lo largo del libro de Nehemías.

llas que estaban frente a su casa; Azarías, el hijo de Maseías y nieto de Jananías continuó el trabajo cerca de su casa.

24 Binúi hijo de Henadad reconstruyó el tramo que va de la casa de Azarías al ángulo entrante de la muralla, y hasta la esquina.

25 Le siguió Palal hijo de Uzay, que restauró el frente de la esquina y la torre que sobresale del palacio real, la cual está en el patio de la cárcel. Le siguió Pedaías hijo de Farós.

26 »Los sirvientes del templo que habitaban en Ofel no se quedaron atrás, pues restauraron incluso el frente de la Puerta de las Aguas y la torre que sobresale.

27 Los tecoítas reconstruyeron el tramo que está frente a la torre que sobresale, y la muralla de Ofel.

28 »Los sacerdotes reconstruyeron la puerta de los Caballos, y el tramo de la muralla que estaba frente a su casa.

29 Sadoc hijo de Imer restauró la muralla frente a su casa, y lo mismo hizo Semaías hijo de Secanías, que era el guardián de la puerta Oriental.

30 Le siguieron Jananías hijo de Selemías y Janún, el sexto hijo de Salaf, que restauraron otro tramo de la muralla, seguidos de Mesulán hijo de Berequías, que restauró el tramo frente a su casa.

31 Malquías, el hijo del platero, restauró el tramo de la casa de los criados del templo y de los comerciantes, que está frente a la Puerta del Juicio, hasta llegar a la sala de la esquina.

32 Los plateros y los comerciantes continuaron con la restauración desde la sala de la esquina hasta la Puerta de las Ovejas.

Precauciones contra los enemigos

4 »Cuando Sambalat supo que estábamos reconstruyendo las murallas, se puso furioso y se burló de nosotros.

2 Luego fue a hablar con sus compañeros y con el ejército de Samaria, y les dijo: "Y estos pobres judíos, ¿qué creen que están haciendo? ¿Vamos a permitir que vuelvan a ofrecer sus sacrificios? ¿Acaso creen que acabarán de reconstruir en un día? ¿O que van a recoger de las cenizas las piedras que fueron reducidas a polvo?"

3 »A su lado estaba Tobías el amonita, quien decía: "La muralla que están reconstruyendo, ¡con el solo peso de una zorra se vendrá abajo!"

Oración de Nehemías

4 »Dios nuestro, escucha cómo nos menosprecian, y haz que su menosprecio recaiga sobre ellos. ¡Que sean el botín de quienes se los lleven cautivos!

5 No pases por alto su maldad, ni perdones su pecado, pues se enfurecen contra nosotros al ver que estamos reconstruyendo.

6 Hemos reconstruido la muralla hasta la mitad de su altura; casi hemos terminado la obra porque tu pueblo tiene ánimo para restaurarla.

A Dios rogando...

7 »Cuando Sambalat y Tobías, y los árabes, los amonitas y los habitantes de Asdod se enteraron de que estábamos reconstruyendo las murallas de Jerusalén, y de que estábamos cerrando sus brechas, se enojaron muchísimo,

8 y se pusieron de acuerdo para atacarnos y destruir la ciudad de Jerusalén.

9 Entonces oramos a nuestro Dios, pero también pusimos guardias de día y de noche.

10 Luego, la gente de Judá nos dijo: "Los que limpian los escombros ya están cansados. ¡Hay tanto que limpiar, que no podemos seguir reconstruyendo!"

11 »Supimos que nuestros enemigos estaban pensando entrar a la ciudad, y tomarnos por sorpresa y matarnos, para que no pudiéramos concluir la obra.

12 Y cuando llegaban a Jerusalén los judíos que vivían en las ciudades de nuestros enemigos, nos repetían lo mismo muchas veces: "No importa de dónde ustedes vengan, ellos los van a atacar."

13 »Armé entonces al pueblo con espadas,
lanzas y arcos, y lo repartí por familias en las
partes bajas de la ciudad, y detrás de las mu-
rallas y en los espacios abiertos.
14 Luego, me reuní con los hombres im-
portantes del pueblo y con los oficiales
del templo, y con el pueblo en general, y
les dije: "No tengan miedo de esa gente.
Recuerden que el Señor es grande y te-
mible. Luchemos por defender a nuestros
hermanos, nuestros hijos, nuestras hijas y
nuestras esposas; ¡luchemos por nuestros
hogares!"
15 »Cuando nuestros enemigos supieron
lo que habíamos decidido hacer, y que Dios
había desbaratado sus planes, regresamos a
la muralla para continuar con nuestra tarea.
16 A partir de ese día la mitad de los hom-
bres trabajaba en la reconstrucción, mien-
tras la otra mitad se mantenía vigilante con
sus lanzas, escudos, arcos y corazas. Los jefes
de todo Judá los apoyaban.
17 Tanto los que reconstruían la muralla
como los que acarreaban los escombros y
los que cargaban el material, con una mano
trabajaban y con la otra sostenían sus espa-
das.
18 Todos los que trabajaban en la recons-
trucción llevaban la espada al cinto, y a mi
lado estaba quien tocaba la trompeta.
19 »Luego me reuní con los hombres im-
portantes y con los oficiales, y con todo el
pueblo, y les dije: "La obra es muy grande
y extensa, y nosotros estamos muy sepa-
rados unos de otros a lo largo de toda la
muralla.
20 Por eso, cuando oigan el toque de la
trompeta, corran a reunirse con nosotros,
que nuestro Dios peleará por nosotros."
21 Y así, desde la salida del sol hasta que
aparecían las estrellas trabajábamos en la
obra, mientras la mitad de nosotros se man-
tenía lanza en mano.
22 Al resto del pueblo le dije: "Quédense
todos dentro de Jerusalén, cada uno con sus
criados; durante la noche, vigilen la ciudad; y
durante el día trabajen en la obra."
23 »Mis hermanos y mis criados, y los cen-
tinelas que me seguían, trabajábamos sin
descanso. Ninguno de nosotros se quitaba
la ropa, a no ser para bañarse.

Eliminación de la usura

5 »Pero los hombres del pueblo y sus
esposas protestaron contra sus com-
patriotas judíos,
2 pues decían: "Si contamos a nuestros hi-
jos y nuestras hijas, en nuestra familia somos
muchos, y tenemos que pedir prestado el
grano para poder comer y vivir."
3 Otros decían: "Es tanta el hambre que
padecemos, que ya hemos hipotecado
nuestras tierras, nuestras viñas y nuestras
casas, a cambio de alimentos."
4 Otros se quejaban: "Hemos tenido que
hipotecar nuestras tierras y nuestras viñas
para pagar el tributo al rey.
5 Aunque nuestro cuerpo es semejante al
de nuestros hermanos, y nuestros hijos son
como sus hijos, nosotros hemos tenido que
hacer de nuestros hijos y nuestras hijas es-
clavos al servicio de otros; algunas ya lo son,
y no podemos rescatarlas porque nuestras
tierras y nuestras viñas pertenecen a otros."
6 »Cuando escuché sus quejas, me enojé
mucho.
7 Pero reflexioné acerca de lo que iba a de-
cir; luego convoqué a los hombres impor-
tantes y a los oficiales del templo, y les dije:

PROMESAS PODEROSAS

NEHEMÍAS 4.20

Por eso, cuando oigan el toque de la trompeta, corran a reunirse con nosotros, que nuestro Dios peleará por nosotros.

Nehemías les recordó a los obreros asustados —y nos recuerda a nosotros— que Dios promete luchar por nosotros cuando enfrentamos dificultades. ¡Sólo tenemos que pedirle que lo haga!

LECCIONES — EL CUIDAR DE LOS POBRES
(Nehemías 5.1)

Las personas ricas y poderosas se aprovechaban de los pobres al obligarlos a tomar prestado dinero sólo para comprar su comida. Muchos de los pobres tenían que ofrecer sus tierras como garantía de que pagarían su deuda. Entonces la gente rica cobraba aún más para que el pueblo pagara su deuda. A veces los pobres tenían que entregar a sus hijos como esclavos para no morirse de hambre. Nehemías se enfureció, e instó a los que se estaban aprovechando de los pobres que hicieran lo correcto.

"¿Son capaces de exigir altos intereses de sus hermanos?"[a]

8 Y también les dije: "De acuerdo con nuestras posibilidades, nosotros rescatamos a nuestros hermanos judíos que habían sido vendidos como esclavos a otros pueblos; ¿y ustedes se atreven a vender a sus propios hermanos entre nosotros mismos?" Y como no supieron qué responder, prefirieron callar.

9 Pero añadí: "Esto que están haciendo no está bien. ¡Demuestren temor por nuestro Dios! Así no tendremos que avergonzarnos delante de nuestros enemigos de otros pueblos.

10 Mis hermanos y yo también les hemos prestado dinero y grano, para que ellos puedan sobrevivir. ¡Dejemos de cobrarles intereses!

11 Yo les ruego que hoy mismo les devuelvan sus tierras, sus viñas, sus olivares y sus casas, más la centésima parte del dinero, del grano, del vino y del aceite que les cobraron como intereses."

12 Y ellos dijeron: "Así lo haremos. Vamos a devolverles lo que les habíamos cobrado. No tendrán que pagarnos nada." Entonces reuní a los sacerdotes y los comprometí a cumplir lo que se había acordado;

13 luego sacudí mis vestiduras y les dije: "Así como yo he sacudido mis vestidos, que Dios sacuda de su casa a quien no cumpla con este acuerdo. ¡Que lo eche fuera!" Y el pueblo dijo: "¡Amén!", y alabó al Señor y empezó a poner en práctica todo lo que habíamos acordado.

14 »Durante doce años, desde el día en que el rey Artajerjes me nombró gobernador de la tierra de Judá, es decir, desde el año veinte de su reinado hasta el año treinta y dos, ni mis hermanos ni yo nos alimentamos con las contribuciones que yo recibía como gobernador.

15 En cambio, los gobernadores anteriores a mí abrumaban al pueblo y les cobraban cuarenta monedas de plata por el pan y el vino que les vendían; aun sus mismos criados se creían superiores y se aprovechaban del pueblo. Pero yo no me porté así, por mi temor a Dios.

16 »Como parte del pueblo, a mí y a mis criados nos tocó restaurar un tramo de la muralla, aun cuando yo no había comprado tierras.

17 A mi mesa se sentaban ciento cincuenta judíos y oficiales, más otros que venían de las naciones vecinas.

18 Cada día se mataban un buey y seis ovejas engordadas; a mí me preparaban aves para comer, y cada diez días se servía vino en abundancia. Sin embargo, nunca exigí que eso se pagara con las contribuciones a que tenía derecho como gobernador, porque la pobreza del pueblo era extrema.

19 »Dios mío, ¡te ruego que no te olvides de mí, ni de todo lo que he hecho por este pueblo!

Intrigas de los adversarios

6 »Cuando Sambalat, Tobías, Guesén el árabe, y nuestros otros enemigos supieron que habíamos terminado de reconstruir las murallas, y que se habían

[a] **5.7:** Éx 22.25; Lv 25.35-37; Dt 23.19-20.

tapiado todas sus brechas (aunque aún no
habíamos colocado las puertas de madera),
2 me mandaron un mensaje que decía:
"Queremos reunirnos contigo en alguna de
las aldeas del campo de Onó."
»En realidad, lo que ellos querían era ha-
cerme daño,
3 así que mandé a decirles: "No me es po-
sible ir, porque estoy en medio de una gran
obra. Si fuera yo a reunirme con ustedes, el
trabajo se detendría."
4 Y aunque ellos insistieron hasta cuatro
veces, mi respuesta fue siempre la misma.
5 »Pero Sambalat insistió una quinta vez,
y me envió a un criado suyo con una carta
abierta,
6 la cual decía:
"Ha llegado a nuestras ciudades el rumor,
y Guesén lo confirma, de que los judíos y
tú piensan rebelarse, y que por eso estás
reconstruyendo las murallas de Jerusalén.
Según este rumor, tienes la intención de
proclamarte rey,
7 y hasta te has rodeado de profetas para
que proclamen en Jerusalén que Judá ya tie-
ne rey. Ten cuidado, porque esto puede lle-
gar a oídos del rey. Así que ven a hablar con
nosotros, para aclarar este asunto."
8 »Yo le respondí: "Esto que dices no es
verdad. Tú mismo lo has inventado."
9 »Y es que nuestros enemigos querían
amedrentarnos, y desanimarnos para que
no termináramos las obras de restauración.
»Dios mío, ¡fortalece mis manos!
10 »Poco después fui a casa de Semaías,
el hijo de Delaía y nieto de Mehitabel, que
estaba encerrado en su casa. Al verme, dijo:
"Te aconsejo que vayamos a la casa de Dios,
y que cerremos las puertas, porque tengo
entendido que esta noche tus enemigos
vienen a matarte."
11 »Pero yo le dije: "Los hombres como
yo no corren a esconderse. ¡Y menos en el
templo! ¡No por salvar mi vida voy a escon-
derme!"
12 »Y es que me di cuenta de que Dios no
lo había enviado, sino que hablaba así por-

LECCIONES **LA DISTRACCIÓN**
(Nehemías 6.3)

Algunos hombres que querían parar el proyecto de reconstrucción del muro pensaban que podrían engañar a Nehemías para que se reuniera con ellos. Esperaban poder apartarlo del trabajo que Dios le había dado para hacer. Pero Nehemías sabía que estos hombres sólo querían hacerle perder tiempo. ¿En algún momento te distraes tú del trabajo que Dios te ha dado para hacer? Cuando oras y lees la Palabra de Dios, ¿te distraen otras actividades o pensamientos? Pídele a Dios que te ayude a evitar las distracciones.

que Tobías y Sambalat lo habían sobornado
13 para amedrentarme y hacerme pecar,
y para que ellos me difamaran y pudieran
hablar mal de mí.
14 »Dios mío, ¡toma en cuenta lo que To-
bías y Sambalat están haciendo en mi con-
tra! ¡Y no te olvides de la profetisa Noadías,
ni de los otros profetas que intentaron ame-
drentarme!
15 »A pesar de todo, la muralla quedó ter-
minada el día veinticinco del mes de Elul.
Tardamos cincuenta y dos días.
16 Y cuando nuestros enemigos de los
alrededores lo supieron, se llenaron de
miedo, y humillados reconocieron que en
la obra que habíamos hecho Dios había es-
tado presente. Est 4.14–5.2
17 »Por aquellos días se había intensificado
el envío de cartas por parte de los jefes de
Judá a Tobías, y de Tobías a ellos,
18 porque muchos se habían vuelto sus
aliados, ya que él era yerno de Secanías hijo
de Araj, y porque Johanán, su hijo, se había
casado con la hija de Mesulán hijo de Be-
requías.
19 En mi presencia alababan sus buenas
acciones, pero iban a contarle todo lo que
yo decía. Y Tobías me enviaba cartas intimi-
datorias.

Nehemías designa dirigentes

7 »Cuando terminamos de reconstruir la muralla y colocamos las puertas, designamos a los porteros, cantores y levitas.

2 Además, escogí a mi hermano Janani y a Jananías, un hombre recto y temeroso de Dios como ningún otro, que era jefe de la fortaleza de Jerusalén,

3 y les dije: "Las puertas de Jerusalén no deben abrirse antes de que el sol caliente. Aunque haya gente que quiera entrar, cierren bien las puertas y corran los cerrojos."

»Luego, de entre los que vivían en Jerusalén escogí guardias, para que vigilaran por turnos el frente de sus casas.

4 Esta decisión la tomé porque nuestra ciudad estaba muy extendida pero poco habitada, pues muchas casas todavía no se habían reconstruido.

5 »Entonces el Señor me llevó a reunir a los nobles y oficiales, y al pueblo en general, para que fueran empadronados según su genealogía. Hallé el libro genealógico de los israelitas que habían vuelto antes, y allí encontré anotados los siguientes nombres,

6 y la lista de la gente que Nabucodonosor había llevado cautiva a Babilonia y que ahora volvían a Jerusalén y a Judá, cada uno a su ciudad.»

Los que volvieron con Zorobabel

(Esd 2.1-70)

7 Los jefes que volvieron con Zorobabel fueron: Josué, Nehemías, Azarías, Raamías, Najamaní, Mardoqueo, Bilsán, Misperet, Bigvay, Nejún y Baná.

El número de los israelitas fue el siguiente:

8 Los descendientes de Paros: dos mil ciento setenta y dos.

9 Los descendientes de Sefatías: trescientos setenta y dos.

10 Los descendientes de Araj: seiscientos cincuenta y dos.

11 Los descendientes de Pajat Moab, que fueron hijos de Josué y de Joab: dos mil ochocientos dieciocho.

12 Los descendientes de Elam: mil doscientos cincuenta y cuatro.

13 Los descendientes de Zatu: ochocientos cuarenta y cinco.

14 Los descendientes de Zacay: setecientos sesenta.

15 Los descendientes de Binúi: seiscientos cuarenta y ocho.

16 Los descendientes de Bebay: seiscientos veintiocho.

17 Los descendientes de Azgad: dos mil seiscientos veintidós.

18 Los descendientes de Adonicán: seiscientos sesenta y siete.

19 Los descendientes de Bigvay: dos mil sesenta y siete.

20 Los descendientes de Adín: seiscientos cincuenta y cinco.

21 Los descendientes de Ater, hijo de Ezequías: noventa y ocho.

22 Los descendientes de Jasún: trescientos veintiocho.

23 Los descendientes de Besay: trescientos veinticuatro.

24 Los descendientes de Jarif: ciento doce.

25 Los descendientes de Gabaón: noventa y cinco.

26 Los varones de Belén y de Netofa: ciento ochenta y ocho.

27 Los varones de Anatot: ciento veintiocho.

PALABRAS CON PODER

UN HOMBRE FIEL

(Nehemías 7.2)

La Biblia dice que Jananías era "un hombre fiel". Una persona fiel es alguien digno de confianza y que siempre es leal, tanto en los momentos buenos como en los momentos malos.

Nehemías escogió a Jananías para ser un líder porque era digno de confianza y tenía una relación estrecha con Dios. Como un NIÑO PODEROSO, le puedes pedir a Dios que te ayude a ser fiel a Él, pase lo que pase en tu vida.

28 Los varones de Bet Azmávet: cuarenta
y dos.
29 Los varones de Quiriat Yearín: Cafira y
Berot, setecientos cuarenta y tres.
30 Los varones de Ramá y de Geba: seis-
cientos veintiuno.
31 Los varones de Micmas: ciento veinti-
dós.
32 Los varones de Betel y de Hai: ciento
veintitrés.
33 Los varones del otro Nebo: cincuenta y
dos.
34 Los descendientes del otro Elam: mil
doscientos cincuenta y cuatro.
35 Los descendientes de Jarín: trescientos
veinte.
36 Los descendientes de Jericó: trescientos
cuarenta y cinco.
37 Los descendientes de Lod, Jadid y Onó:
setecientos veintiuno.
38 Los descendientes de Sená: tres mil no-
vecientos treinta.
39 Los sacerdotes:
Los descendientes de Jedaías, de la familia
de Josué: novecientos setenta y tres.
40 Los descendientes de Imer: mil cincuen-
ta y dos.
41 Los descendientes de Pasjur: mil dos-
cientos cuarenta y siete.
42 Los descendientes de Jarín: mil diecisie-
te.
43 Los levitas:
Los descendientes de Josué y de Cadmiel,
de la familia de Hodavías: setenta y cuatro.
44 Los cantores:
Los descendientes de Asaf: ciento cuaren-
ta y ocho.
45 Los porteros:
Los descendientes de Salún, de Ater, de
Talmón, de Acub, de Jatitá, y de Sobay: cien-
to treinta y ocho en total.
46 Los sirvientes del templo:
Los descendientes de Sijá, de Jasufá, de
Tabaot,
47 de Queros, de Sigá, de Padón,
48 de Lebana, de Jagabá, de Salmay,
49 de Janán, de Gidel, de Gajar,
50 de Reaía, de Resín, de Necoda,
51 de Gazán, de Uzá, de Paseaj,
52 de Besay, de Mehunim, de Nefusín,
53 de Bacbuc, de Jacufá, de Jarjur,
54 de Bazlut, de Mejidá, de Jarsá,
55 de Barcos, de Sísara, de Tema,
56 de Nezía, y de Jatifá.
57 Los descendientes de los siervos de Sa-
lomón:
Los descendientes de Sotay, de Soferet, de
Perida,
58 de Jalá, de Darcón, de Gidel,
59 de Sefatías, de Jatil, de Poquéret Haseba-
yin, de Amón.
60 Todos los sirvientes del templo y los
descendientes de los siervos de Salomón:
trescientos noventa y dos.
61 Hubo otros que también volvieron a
Jerusalén, y que provenían de Tel Melaj, Tel
Jarsá, Querub, Adón e Imer, pero que no pu-
dieron demostrar su genealogía ni la de sus
padres, ni si eran o no israelitas.
62 Eran descendientes de Delaía, de Tobías
y de Necoda: seiscientos cuarenta y dos en
total.
63 De los sacerdotes: los hijos de Jabaías,
de Cos y de Barzilay. Éste se casó con una
de las hijas de Barzilay el galaadita, y tomó el
nombre de la familia de ella.
64 Éstos buscaron en vano el registro de
sus genealogías, y como no lo hallaron, fue-
ron excluidos del sacerdocio.
65 Entonces el gobernador les prohibió co-
mer de las cosas sagradas hasta que hubiera
un sacerdote que pudiera consultar con el
Urim y el Tumim.[a]
66 El total de la comunidad era de cuaren-
ta y dos mil trescientas sesenta personas,
67 sin tomar en cuenta a los siervos, hom-
bres y mujeres, que sumaban siete mil tres-
cientos treinta y siete, entre los cuales ha-
bía doscientos cuarenta y cinco cantores y
cantoras.
68 Llevaban setecientos treinta y seis caba-
llos, doscientas cuarenta y cinco mulas;
69 cuatrocientos treinta y cinco camellos y
seis mil setecientos veinte asnos.

70 Algunos jefes de las familias más importantes dieron sus ofrendas para la obra de reconstrucción. El gobernador entregó al tesoro mil dracmas de oro, cincuenta tazones y quinientas treinta vestiduras sacerdotales.

71 Los jefes de familia aportaron al tesoro ciento sesenta kilos de oro y mil doscientos diez kilos de plata.

72 El resto del pueblo entregó ciento sesenta kilos de oro, mil cien kilos de plata y sesenta y siete vestiduras sacerdotales.

73 Los sacerdotes, los levitas, los porteros, los cantores, parte del pueblo, los sirvientes del templo, y el resto de los israelitas, habitaron sus respectivas ciudades.[b]

En el séptimo mes del año, todos los israelitas se habían establecido ya en sus ciudades.

Esdras lee la ley al pueblo

8 Todo el pueblo se reunió como un solo hombre en la plaza que está frente a la Puerta de las Aguas, y le rogaron al escriba Esdras que llevara el libro de la ley de Moisés, que el Señor le había dado al pueblo de Israel.

2 Era el día primero del mes séptimo del año. Entonces Esdras, que también era sacerdote, llevó el libro y lo mostró a todo el pueblo y a todos los que podían entender, lo mismo a hombres que a mujeres,

3 y desde el alba hasta el mediodía lo leyó en la plaza que está frente a la Puerta de las Aguas. Todo el pueblo escuchaba con mucha atención la lectura del libro de la ley,

4 y para que todos escucharan mejor Esdras se subió a un estrado de madera hecho a propósito. A su derecha estaban Matatías, Semá, Anías, Urías, Hilcías y Maseías; a su izquierda estaban Pedaías, Misael, Malquías, Jasún, Jasbadana, Zacarías y Mesulán.

5 Esdras abrió el libro ante todo el pueblo, y como él estaba por encima de los presentes, todos lo vieron y prestaron mucha atención.

6 Entonces Esdras bendijo la grandeza del Señor, y el pueblo, con las manos hacia el cielo, respondió a una sola voz: «¡Amén! ¡Amén!» Luego, todos se inclinaron hasta el suelo y adoraron al Señor.

7 Mientras la ley era leída, los levitas Josué, Bani, Serebías, Jamín, Acub, Sabetay, Hodías, Maseías, Kelita, Azarías, Yozabad, Janán y Pelaía explicaban al pueblo la lectura, y el pueblo estaba tan interesado que no se movía de su lugar.

8 Y es que la lectura de la ley se hacía con mucha claridad, y se recalcaba todo el sentido, de modo que el pueblo pudiera entender lo que escuchaba.

9 Como todo el pueblo lloraba al escuchar las palabras de la ley, el gobernador Nehemías, el sacerdote y escriba Esdras, y los levitas que explicaban al pueblo el sentido de la ley, dijeron:

«Este día está consagrado al Señor, nuestro Dios. No hay razón para que lloren y se pongan tristes.»

10 También dijeron:

«Vayan y coman bien, y tomen un buen vino, pero compartan todo con los que nada tienen. Éste día está consagrado a nuestro Señor, así que no estén tristes. El gozo del Señor es nuestra fuerza.»

11 También los levitas animaban al pueblo y le decían:

«Ya no lloren. No estén tristes, porque hoy es un día sagrado.»

LECCIONES

ESDRAS LEE LA LEY

(Nehemías 8.1)

Cuando el Espíritu Santo cambia el corazón de un grupo de personas o hasta de una sola persona, decimos que hay un avivamiento. Después que Esdras le leyó el libro de la ley al pueblo, ellos confesaron sus pecados. Estuvieron deseosos de obedecer a Dios. La Palabra de Dios y el Espíritu de Dios obran conjuntamente para atraer a las personas a Dios. Cada vez que esto ocurre, ¡a Dios le agrada!

[a] **7.65:** Éx 28.30; Dt 33.8. [b] **7.73:** 1 Cr 9.2; Neh 11.3.

12 Entonces todo el pueblo se fue a comer
y a beber, y a compartir su comida; y pasa-
ron el día muy alegres, pues habían enten-
dido las explicaciones que les habían dado.
13 Al día siguiente, los jefes de familias de
todo el pueblo, y los sacerdotes y los levitas,
se reunieron con el escriba Esdras para que
les explicara las palabras de la ley,
14 y en el libro que el Señor les había dado
por medio de Moisés encontraron una ley,
la cual decía que en el séptimo mes del año
debía celebrarse una fiesta solemne, duran-
te la cual todos los israelitas debían vivir sie-
te días en enramadas.
15 Esta ley debía pregonarse por todas las
ciudades, y en Jerusalén, y la orden era:
«Salgan a los montes y corten ramas de
olivo silvestre, y ramas de arrayán, y hojas de
palmeras y de todo árbol frondoso, y hagan
unas cabañas, como está escrito.»[a]
16 El pueblo salió a cortar ramas para hacer
las cabañas. Algunos las hicieron en las azo-
teas de sus casas; otros las pusieron en sus
patios, o en el patio del templo, o en la plaza
de la Puerta de las Aguas, y hasta en la plaza
de la Puerta de Efraín.
17 Todos los israelitas que habían vuelto
del cautiverio armaron sus cabañas y dur-
mieron allí, pues desde los días de Josué hijo
de Nun hasta ese día no habían cumplido
con este mandato, y ahora que lo cumplían
sentían una gran alegría.
18 Durante siete días celebraron la fiesta
con toda solemnidad, y el octavo día se reu-
nieron en una asamblea solemne, conforme
a lo establecido. Y todos los días, desde el
primero hasta el último, Esdras leía el libro
de la ley de Dios.

Esdras confiesa los pecados de Israel

9 El día veinticuatro del mismo mes,
los israelitas volvieron a reunirse para
ayunar, vestidos con ropas ásperas y
con la cabeza cubierta de polvo.
2 Para entonces los israelitas ya habían
apartado de sí a los hijos de extranjeros.
Puestos de pie, los israelitas confesaron sus
pecados y los de sus padres,
3 y así de pie, durante tres horas escucha-
ron la lectura del libro de la ley del Señor su
Dios, y durante las siguientes tres horas el
pueblo confesó sus pecados y adoró al Señor.
4 Luego, los levitas Josué, Bani, Cadmiel,
Sebanías, Binuy, Serebías, Bani y Quenani su-
bieron los escalones, y en voz alta clamaron
al Señor.
5 Por su parte, los levitas Josué, Cadmiel,
Bani, Jasabnías, Serebías, Hodías, Sebanías y
Petajías dijeron al pueblo:
«¡Vamos, bendigamos al Señor nuestro
Dios desde la eternidad y hasta la eternidad!
»Señor, ¡que tu glorioso y excelso nom-
bre sea bendito más allá de toda bendición
y alabanza!
6 Tú, Señor, eres el único Señor. Tú hiciste los
cielos, y los cielos de los cielos, con todas sus
huestes, tú creaste la tierra y el mar, y todo lo
que hay en ellos; tú diste vida a todo cuanto
existe; por eso las huestes celestiales te adoran.
7 Tú, Señor, eres el Dios que eligió a Abrán;
tú le ordenaste salir de Ur de los caldeos; tú
le pusiste por nombre Abrahán;[b]
8 tú lo consideraste digno de confianza e
hiciste un pacto con él; tú prometiste dar a

PALABRAS CON PODER

EL GOZO DEL SEÑOR
(Nehemías 8.10)

Los israelitas lloraron cuando oyeron la Palabra de Dios. Pero Nehemías les dijo que no lloraran, sino que recordaran el gozo del Señor "el gozo del Señor". Las personas tienen este gozo cuando saben que Dios ha perdonado sus pecados. El Espíritu Santo da este gozo cuando Él está presente en nuestra vida. ¿Tienes tú el gozo del Señor en tu corazón? Si te sientes triste, recuerda el gran amor que Dios tiene por ti y sentirás el gozo del Señor.

[a] **8.14-15:** Lv 23.33-36, 39-43; Dt 16.13-15. [b] **9.7:** Gn 17.5.

sus descendientes la tierra donde vivían los cananeos, los hititas, los amorreos, los ferezeos, los jebuseos y los gergeseos,[c] y cumpliste tu promesa, porque eres justo.

9 Tú viste en Egipto[d] la aflicción de nuestros padres, y escuchaste su clamor en el Mar Rojo;[e]

10 tú realizaste señales y maravillas contra el faraón y sus ejércitos, y contra todos los habitantes de su país,[f] pues sabías que habían tratado a tu pueblo con soberbia; ese día engrandeciste tu nombre, como lo has engrandecido hoy.

11 »Ante sus propios ojos, tú dividiste el mar en dos, y tu pueblo pasó por él como en tierra seca;[g] a sus perseguidores, los hundiste en el mar como se hunde una piedra en aguas profundas.[h]

12 Tú los guiaste durante el día por medio de una gran nube, y de noche iluminaste su camino con una columna de fuego, para mostrarles el camino que debían seguir.[i]

13 Tú descendiste a la cumbre del monte Sinaí; les hablaste desde el cielo y les diste consejos sabios, leyes verdaderas, y estatutos y mandamientos buenos.

14 Tú les ordenaste respetar la santidad de tu día de reposo, y por medio de tu siervo Moisés les prescribiste mandamientos, estatutos y leyes.[j]

15 Cuando tuvieron hambre,[k] tú les diste a comer pan del cielo; cuando tuvieron sed, hiciste que brotara agua de la peña,[l] y finalmente les diste posesión de la tierra, como habías prometido hacerlo.[m]

16 »Pero ellos y nuestros padres se llenaron de soberbia, y en su obstinación no prestaron atención a tus mandamientos.

17 Se negaron a escucharte y se olvidaron de los hechos maravillosos que habías hecho por ellos; al contrario, se volvieron duros y rebeldes, y buscaron líderes que los guiaran para volver a caer en servidumbre.[n] »Pero tú eres un Dios que perdona; eres un Dios clemente y compasivo; no te enojas fácilmente porque tu misericordia[o] es grande; por eso no los abandonaste,

18 aunque ellos fundieron un becerro y le dijeron al pueblo que ése era el dios que los había sacado de Egipto.[p] Aunque ellos se dedicaron a cometer actos muy repugnantes,

19 tú, por tu gran misericordia, no los abandonaste en el desierto: durante el día, la columna de nube no se apartó de ellos para guiarlos en su camino; durante la noche, tampoco se apartó de ellos la columna de fuego para alumbrarles el camino que debían seguir.

20 Les enviaste tu buen espíritu para instruirlos, y no les quitaste el maná con que se alimentaban ni les faltó agua para apagar su sed.

21 Durante cuarenta años los sustentaste en el desierto, y nunca nada les faltó, ni se gastaron sus vestidos, ni se les hincharon los pies.[q]

22 Pusiste en sus manos reinos y pueblos, y los repartiste por distritos, y tomaron posesión de las tierras de Sijón, el rey de Jesbón, y de Og, el rey de Basán.[r]

PROMESAS PODEROSAS

NEHEMÍAS 9.6

Tú, Señor, eres el único Señor. Tú hiciste los cielos, y los cielos de los cielos, con todas sus huestes; tú creaste la tierra y el mar, y todo lo que hay en ellos; tú diste vida a todo cuanto existe; por eso las huestes celestiales te adoran.

La próxima vez que mires el cielo de noche o que camines por la playa, recuerda que Dios creó todo lo que ves. Escríbele una nota dándole gracias por su maravillosa creación.

[c]**9.8:** Gn 15.18-21. [d]**9.9:** Éx 3.7. [e]**9.9:** Éx 14.10-12. [f]**9.10:** Éx 7.8—12.32. [g]**9.11:** Éx 14.21-29. [h]**9.11:** Éx 15.4-5. [i]**9.12:** Éx 13.21-22. [j]**9.13-14:** Éx 19.18—23.33. [k]**9.15:** Éx 16.4-15. [l]**9.15:** Éx 17.1-7. [m]**9.15:** Dt 1.21. [n]**9.16-17:** Nm 14.1-4; Dt 1.26-33. [o]**9.17:** Éx 34.6; Nm 14.18. [p]**9.18:** Éx 32.1-4. [q]**9.19-21:** Dt 8.2-4. [r]**9.22:** Nm 21.21-35.

[23] Les diste tantos hijos como las estrellas
de los cielos,[s] y los guiaste hasta la tierra que
habrían de poseer,[t] como lo habías prometi-
do a sus padres.
[24] Y sus descendientes tomaron posesión
de esas tierras; tú les diste la victoria sobre
los que allí habitaban, y ellos vencieron a
los cananeos y a sus reyes, y a los pueblos
vecinos, para que hicieran con ellos lo que
quisieran.[u]
[25] Y ellos conquistaron ciudades amuralla-
das y tierras fértiles; se adueñaron de buenas
casas y de todo tipo de bienes, de cisternas,
de viñedos, de olivares y de abundantes ár-
boles frutales; y comieron hasta saciarse, y
disfrutaron de tu gran bondad.[v]
[26] »Pero provocaron tu enojo porque se
rebelaron contra ti, y tuvieron en poco tus le-
yes; mataron a tus profetas porque les hacían
ver su maldad para que se volvieran a ti, pero
ellos cometieron actos muy repugnantes.
[27] »Entonces los dejaste caer en poder
de sus enemigos, que los afligieron en gran
manera. Y cuando se vieron atribulados, te
pidieron ayuda y tú, desde el cielo, los escu-
chaste, porque eres un Dios misericordioso,
y les enviaste hombres valerosos para que
los libraran del poder de sus enemigos.
[28] »Pero una vez que estaban en paz, vol-
vían a su mal comportamiento, y por eso tú
los dejaste caer en poder de sus enemigos,
y ellos volvieron a dominarlos. Pero volvían
a pedirte ayuda, y tú, desde el cielo, te com-
padecías de ellos y los librabas.[w]
[29] Los reprendiste para que respetaran tus
leyes, pero ellos, en su soberbia, no cumplie-
ron tus mandamientos sino que se rebelaron
contra tus juicios, por los cuales todo hom-
bre que los cumpla, vivirá.[x] Se rebelaron, se
encapricharon, no quisieron escucharte.
[30] Pero tú les tuviste paciencia por mucho
tiempo, y por medio de tus profetas les dis-
te muestras de tu espíritu. Pero ellos no qui-
sieron escucharte.[y] Por eso los dejaste caer
en manos de otros pueblos.

Is 61.1-3

[31] Gracias a tu gran misericordia, no aca-
baste con ellos ni los dejaste en el desam-
paro, porque eres un Dios clemente y mi-
sericordioso.
[32] »Por eso, Dios nuestro, Dios grande,
fuerte y temible, que cumples fielmente
tu pacto y mantienes tu gran misericor-
dia con tu pueblo, no tengas en poco
todo el sufrimiento que han soportado
nuestros reyes y príncipes, nuestros sa-
cerdotes y profetas, nuestros padres y
todo tu pueblo, desde que fuimos es-
clavizados por los reyes de Asiria[z] hasta
nuestros días.
[33] Tú has actuado con justicia en todo lo
que nos ha sucedido, porque tú haces todo
con rectitud; nosotros, en cambio, hemos
hecho lo malo.
[34] Ninguno de nuestros antepasados
cumplió la ley: ni nuestros reyes, ni nues-
tros príncipes, ni nuestros sacerdotes ni
nuestros padres. Ninguno de ellos obe-
deció tus mandamientos ni escuchó tus
reprensiones.
[35] Aceptaron los numerosos reinos que
por tu bondad les diste, y disfrutaron de la
vasta y fértil tierra que les entregaste; y ni
aun así quisieron servirte ni se arrepintieron
de su maldad.
[36] Por eso hoy vivimos como esclavos de
otros; somos esclavos en nuestra propia
tierra, la tierra que prometiste a nuestros
antepasados, para que disfrutaran de sus
productos.
[37] Sus frutos son abundantes, pero ahora
van a parar a los graneros de los reyes que
nos dominan, y todo a causa de nuestra
maldad; ellos se han convertido en nuestros
amos, en dueños de nuestro ganado, y ha-
cen con nosotros lo que quieren. Y estamos
en grandes aprietos.
[38] »En vista de todo esto, hoy nos com-
prometemos contigo, y nosotros y nuestros
príncipes, y los sacerdotes y los levitas, fir-
mamos este compromiso.»

[s] **9.23:** Gn 15.5; 22.17. [t] **9.23:** Jos 3.14-17. [u] **9.24:** Jos 11.23. [v] **9.25:** Dt 6.10-11. [w] **9.26-28:** Jue 2.11-16. [x] **9.29:** Lv 18.5. [y] **9.30:** 2 R 17.13-18; 2 Cr 36.15-16. [z] **9.32:** 2 R 15.19, 29; 17.3-6; Esd 4.2, 10.

El pueblo promete obedecer la ley

10 El compromiso fue firmado por el gobernador Nehemías hijo de Jacalías, y por Sedequías,
2 Seraías, Azarías, Jeremías,
3 Pasjur, Amarías, Malquías,
4 Jatús, Sebanías, Maluc,
5 Jarín, Meremot, Abdías,
6 Daniel, Ginetón, Baruc,
7 Mesulán, Abías, Mijamín,
8 Magasías, Bilgay y Semaías, que eran sacerdotes.
9 Por los levitas firmaron Josué hijo de Azanías, Binúi de los hijos de Henadad, Cadmiel,
10 y sus hermanos Sebanías, Hodías, Kelita, Pelaías, Janán,
11 Micaía, Rejob, Jasabías,
12 Zacur, Serebías, Sebanías,
13 Hodías, Bani y Beninu.
14 Por los hombres importantes del pueblo firmaron Paros, Pajat Moab, Elam, Zatu, Bani,
15 Binuy, Azgad, Bebay,
16 Adonías, Bigvay, Adín,
17 Ater, Ezequías, Azur,
18 Hodías, Jasún, Besay,
19 Jarif, Anatot, Nebay,
20 Magpías, Mesulán, Hezir,
21 Mesezabel, Sadoc, Jadúa,
22 Pelatías, Janán, Anaías,
23 Oseas, Jananías, Jasub,
24 Halojés, Piljá, Sobec,
25 Rejún, Jasabná, Maseías,
26 Ajías, Janán, Anán,
27 Maluc, Jarín y Baná.
28 El resto del pueblo, junto con los sacerdotes, levitas, porteros, cantores, los criados del templo, todos aquellos que se habían apartado de los pueblos extranjeros, y sus esposas, hijos e hijas, y todos los que podían entender y comprender,
29 se reunieron con sus hermanos y con los jefes importantes del pueblo para jurar que se comprometían a obedecer la ley que Dios le había dado a su siervo Moisés, y que cumplirían todos los mandamientos, decretos y estatutos del Señor nuestro Dios.
30 Prometieron que sus hijas no se casarían con extranjeros, y que tampoco sus hijos[a] se casarían con extranjeras.
31 También se comprometieron a observar los días de reposo, y toda fiesta sagrada, y a que en esos días no comprarían ninguna mercancía ni comestibles que vendieran otros pueblos, y que el año séptimo dejarían descansar la tierra[b] y condonarían todas las deudas.[c]
32 Por ley se impusieron la responsabilidad de entregar cuatro gramos de plata para el mantenimiento del templo de nuestro Dios,[d]
33 para el pan de la proposición y para las ofrendas continuas, los holocaustos continuos, los días de reposo, las lunas nuevas, las festividades, las cosas sagradas y los sacrificios para el perdón de los pecados del pueblo, y para todo el servicio de la casa de Dios.
34 «Nosotros los sacerdotes, y los levitas y el pueblo en general, echamos suertes, según el origen de nuestras familias, para saber a quién le tocaría llevar al templo del Señor la ofrenda de leña necesaria para ser quemada en el altar, como está escrito en la ley.
35 »También nos comprometimos a llevar al templo, cada año, los primeros frutos de nuestras cosechas y de nuestros árboles[e] frutales,
36 así como nuestros primogénitos y las primeras crías de nuestro ganado, es decir, nuestras vacas y ovejas, y presentarlas ante los sacerdotes que sirven en el templo de Dios.[f]
37 »De igual manera, nos comprometimos a llevar a los almacenes del templo la primera harina, el primer vino y el primer aceite, para los sacerdotes; y entregar a los levitas la décima parte de nuestras cosechas[g] y del fruto de nuestro trabajo en todas nuestras ciudades.

[a] **10.30:** Éx 34.16; Dt 7.3. [b] **10.31:** Éx 23.10-11; Lv 25.1-7. [c] **10.31:** Dt 15.1-2. [d] **10.32:** Éx 30.11-16. [e] **10.35:** Éx 23.19; 34.26; Dt 26.2. [f] **10.36:** Éx 13.2. [g] **10.37:** Nm 18.21.

38 Al momento de hacer la entrega a los
levitas, un sacerdote descendiente de Aarón
debería estar presente, y los levitas a su vez
llevarían a los almacenes del templo la déci-
ma parte de esa décima parte[h] recibida.
39 Como es obligación de todos los israe-
litas y los levitas llevar a los almacenes del
templo las ofrendas de grano, vino y aceite,
porque allí están los utensilios sagrados que
usan los sacerdotes, los porteros y los canto-
res, nos comprometimos a no abandonar el
1.1-5 templo de nuestro Dios.»

Los habitantes de Jerusalén

(1 Cr 9.1-34)

11 Los hombres importantes del
pueblo se quedaron a vivir en
Jerusalén; el resto del pueblo
echó suertes para que uno de cada diez se
quedara a vivir en la ciudad santa, y los nueve
restantes vivieran en las demás ciudades.
2 Varios hombres se ofrecieron voluntaria-
mente a quedarse a vivir en Jerusalén, y el
pueblo les dio su bendición.
3 Ésta es la lista de los jefes de provincia
que se quedaron a vivir en Jerusalén. En las
otras ciudades de Judá se establecieron en
sus respectivas tierras los sacerdotes, los
levitas, los criados del templo y los descen-
dientes de los siervos de Salomón.
4 En Jerusalén se quedaron a vivir algunos
de los descendientes de Judá y de Benja-
mín.[a]
De los descendientes de Judá se quedó
Ataías, descendiente en línea directa de
Uzías, Zacarías, Amarías, Sefatías y Malalel.
De los descendientes de Fares se quedó
5 Maseías, descendiente en línea directa
de Baruc, Coljozé, Jazaías, Adaías, Joyarib,
Zacarías y Siloni.
6 Todos los descendientes de Fares que se
quedaron a vivir en Jerusalén fueron cuatro-
cientos sesenta y ocho hombres aguerridos.
7 Los descendientes de Benjamín:[b] Salú,
descendiente en línea directa de Mesulán,
Joed, Pedaías, Colaías, Maseías, Itiel y Jesaías.
8 Con sus hermanos Gabay y Salay suma-
ban novecientos veintiocho.
9 Al frente de ellos estaba Joel hijo de Zicri.
El segundo en importancia en la ciudad era
Judá hijo de Senuá.
10 De los sacerdotes: Jedaías, descendiente
en línea directa de Joyarib, Jaquín,
11 Seraías, Hilcías, Mesulán, Sadoc, Mera-
yot y Ajitob, hombre importante del tem-
plo de Dios,
12 y sus hermanos, que trabajaban en la
obra del templo. En total, eran ochocientos
veintidós.
Adaías, descendiente en línea directa de
Jeroán, Pelalías, Amsi, Zacarías, Pasjur, Mal-
quías,
13 y sus hermanos, que eran jefes de fami-
lias. En total, sumaban doscientos cuarenta
y dos.
Amasay, descendiente en línea directa de
Azareel, Ahzai, Mesilemot e Imer,
14 y sus hermanos, hombres aguerridos. En
total, sumaban ciento veintiocho, y el jefe
de ellos era Zabdiel hijo de Guedolín.
15 De los levitas: Semaías, descendiente
en línea directa de Jasub, Azricán, Jasabías,
Binuy,
16 Sabetay y Jozabad, que eran de los prin-
cipales levitas y los capataces de la obra ex-
terior del templo de Dios.
17 Matanías, descendiente en línea directa
de Micaía, Zabdi, Asaf, que era el principal y
quien daba inicio a las alabanzas y acciones
de gracias durante la oración.
Bacbuquías, que era el segundo entre sus
hermanos.
Abda, descendiente en línea directa de
Samúa, Galal y Jedutún.
18 Todos los levitas en la ciudad santa eran
doscientos ochenta y cuatro.
19 Los porteros: Acub, Talmón y sus her-
manos, estaban a cargo de las puertas y su-
maban ciento setenta y dos.
20 El resto de los israelitas, de los sacerdotes
y de los levitas habitaron en todas las ciuda-
des de Judá, cada uno en su propiedad.

[h] **10.38:** Nm 18.26. [a] **11.3-4:** 1 Cr 9.2-3; Neh 7.73. [b] **11.7:** 1 Cr 9.7.

21 Los criados del templo habitaban en
Ofel, y Sijá y Gispa eran los jefes de los cria-
dos del templo.
22 Y el jefe de los levitas que vivían en Jeru-
salén era Uzi, descendiente en línea directa
de Bani, Jasabías, Matanías y Micaía.

Los descendientes de Asaf eran cantores
y estaban a cargo de las obras en el templo
de Dios.
23 Por orden del rey, cada uno de los can-
tores tenía asignado su turno para cada día.
24 Petajías, descendiente en línea directa
de Mesezabel, Zeraj y Judá, estaba al servi-
cio del rey en todos los asuntos relaciona-
dos con el pueblo.

Lugares habitados fuera de Jerusalén

25 En cuanto a las aldeas y sus parcelas, al-
gunos de los descendientes de Judá se que-
daron a vivir en las aldeas de Quiriat Arbá,
Dibón, Yecabsel,
26 Josué, Molada, Bet Pélet,
27 Jasar Súal, Berseba,
28 Siclag, Mecona,
29 Enrimón, Sorá, Jarmut,
30 Zanoaj, Adulán, Laquis, y Azeca, ocu-
pando el territorio que va de Berseba al valle
de Jinón.
31 Los benjaminitas vivieron en Geba, Mic-
mas, Aía, Betel,
32 Anatot, Nob, Ananías,
33 Jazor, Ramá, Guitayin,
34 Jadid, Seboguín, Nebalat,
35 Lod, y Onó, que era el valle de los ar-
tífices.
36 Algunos de los levitas vivieron en las
parcelas asignadas a las familias de Judá y de
Benjamín.

Sacerdotes y levitas

12 Ésta es la lista de los sacerdotes
y levitas que volvieron de Ba-
bilonia con Zorobabel hijo de
Salatiel, y con Josué:
Seraías, Jeremías, Esdras,
2 Amarías, Maluc, Jatús,
3 Secanías, Rejún, Meremot,
4 Iddo, Gineto, Abías,
5 Mijamín, Madías, Bilgá,
6 Semaías, Joyarib, Jedaías,
7 Salú, Amoc, Hilcías y Jedaías. Todos estos
eran los jefes de los sacerdotes y sus herma-
nos en el tiempo de Josué.
8 De los levitas volvieron Josué, Binúi, Cad-
miel, Serebías, Judá y Matanías, que con sus
hermanos participaba en los cantos de ala-
banza;
9 y sus hermanos Bacbuquías y Uní, que
ejercían cada uno su ministerio.
10 Josué fue padre de Joyacín, Joyacín fue
padre de Eliasib, Eliasib fue padre de Joyadá;
11 Joyadá fue padre de Jonatán, y Jonatán
fue padre de Jadúa.
12 En el tiempo de Joyacín, los sacerdotes
jefes de familias eran: de Seraías, Meraías; de
Jeremías, Jananías;
13 de Esdras, Mesulán; de Amarías, Joha-
nán;
14 de Melicú, Jonatán; de Sebanías, José;
15 de Jarín, Adna; de Merayot, Jelcay;
16 de Iddo, Zacarías; de Ginetón, Mesulán;
17 de Abías, Zicri; de Miniamín, de
Moadías, Piltay;
18 de Bilgá, Samúa; de Semaías, Jonatán;
19 de Joyarib, Matenay; de Jedaías, Uzi;
20 de Salay, Calay; de Amoc, Eber;
21 de Hilcías, Jasabías; de Jedaías, Natanael.
22 En los días de Eliasib, Joyadá, Johanán y
Jadúa, los levitas fueron inscritos por jefes
de familias, lo mismo que los sacerdotes,
hasta el reinado de Darío el persa.
23 Los descendientes de Leví que eran jefes
de familia fueron inscritos en el libro de las
crónicas hasta los días de Johanán hijo de
Eliasib.
24 Los jefes de los levitas fueron Jasabías,
Serebías, Josué hijo de Cadmiel, y sus her-
manos, que estaban al frente de ellos para
alabar y dar gracias al Señor, de acuerdo con
los estatutos de David, varón de Dios, y se-
gún su turno.
25 Los guardias Matanías, Bacbuquías, Ab-
días, Mesulán, Talmón y Acub vigilaban las
entradas.

26 Todos ellos vivieron en los días de Joyacín hijo de Josué y nieto de Josadac, cuando Nehemías era gobernador y Esdras fungía como escriba y sacerdote.

Consagración de la muralla

27 «Para la consagración de la muralla de Jerusalén fueron convocados a Jerusalén los levitas de todos los lugares, a fin de celebrar la dedicación con una gran fiesta de alabanzas y cánticos al son de címbalos, salterios y cítaras.

28 Se llamó a los cantores profesionales que vivían cerca de Jerusalén y en las aldeas de los netofatitas,

29 y a los cantores de la familia de Gilgal, y a los de los campos de Geba y de Azmavet, que habían edificado aldeas alrededor de Jerusalén.

30 Los sacerdotes y los levitas se purificaron, lo mismo que el pueblo, las puertas y la muralla.

31 A los jefes de Judá les pedí subir a la muralla, e hice desfilar en procesión dos grande coros, uno a la derecha y otro a la izquierda. El que iba a la derecha caminaba sobre la muralla, en dirección a la puerta del Basurero.

32 Tras el coro iban Osaías, la mitad de los jefes de Judá,

33 Azarías, Esdras, Mesulán,

34 Judá, Benjamín, Semaías y Jeremías.

35 Los sacerdotes iban tocando las trompetas, y entre ellos iba Zacarías, descendiente en línea directa de Jonatán, Semaías, Matanías, Micaías, Zacur y Asaf,

36 y sus hermanos Semaías, Azarael, Milalay, Guilalay, May, Natanael, Judá y Jananí, quienes llevaban los instrumentos musicales que habían pertenecido a David, el varón de Dios. El escriba Esdras avanzaba al frente de ellos.

37 Los sacerdotes subieron por los escalones que están frente a la Puerta de la Fuente, que conduce a la ciudad de David; usaron la subida de la muralla y pasaron cerca del palacio de David, hasta la parte oriental de la Puerta de las Aguas.

38 »Yo iba detrás del segundo coro, el que desfilaba a la izquierda, junto con la mitad del pueblo que caminaba sobre la muralla, desde la torre de los Hornos hasta la muralla ancha.

39 Caminamos desde la Puerta de Efraín hasta la Puerta Vieja, seguimos a la Puerta del Pescado, la torre de Jananel, la torre de Hamea y la Puerta de las Ovejas, y nos detuvimos en la Puerta de la Cárcel.

40 Entonces los dos coros, la mitad de los oficiales del templo y yo, nos reunimos en la casa de Dios.

41 »Los sacerdotes Eliaquín, Maseías, Miniamín, Micaías, Elioguenay, Zacarías y Jananías, tocaban sus trompetas,

42 lo mismo que Maseías, Semaías, Eleazar, Uzi, Johanán, Malquías, Elam y Ezer. Israías era el director de los cantores, los cuales alababan a Dios a voz en cuello.

43 Ese día se ofrecieron numerosos sacrificios de animales. El pueblo entero, hombres, mujeres y niños, rebosaba de alegría porque Dios los había alegrado en gran manera. Era tal el alborozo que había en Jerusalén, que se escuchaba desde lejos.»

Porciones para sacerdotes y levitas

44 Aquel día varios hombres fueron elegidos para encargarse de los almacenes del templo, de las ofrendas, las primicias y los diezmos, y para que, de lo que llegaba de las diferentes ciudades, recogieran las porciones que les correspondían a los sacerdotes y los levitas. Y es que el pueblo de Judá estaba feliz por los sacerdotes y levitas que servían en el templo,

45 pues habían servido al Señor y habían intercedido por los pecados del pueblo, lo mismo que los cantores[a] y los porteros,[b] conforme a lo establecido por el rey David y su hijo Salomón.

46 Desde tiempos inmemoriales, y desde el reinado de David y los días de Asaf, ha-

[a]**12.45:** 1 Cr 25.1-8. [b]**12.45:** 1 Cr 26.12.

bía habido un director de los cantores que
organizaba las alabanzas y las acciones de
gracias al Señor.
[47] Y tanto en la época de Zorobabel como
en la de Nehemías, el pueblo se preocupaba
por alimentar a los cantores y a los porteros,
según los días que estaban de servicio; apartaban las porciones que les correspondían
a los levitas, y ellos apartaban lo que les correspondía a los sacerdotes.

Reformas de Nehemías

13 «Aquel día se volvió a leer la ley
de Moisés, y cuando el pueblo
la escuchó, se dio cuenta de
que los amonitas y los moabitas no podían
ser parte del pueblo de Dios,
[2] porque esos pueblos no habían recibido bien a los israelitas, sino que le pagaron
a Balaam para que los maldijera;[a] sin embargo, nuestro Dios cambió la maldición
en bendición.[b]
[3] Y cuando el pueblo oyó este trozo de la
ley, sacaron de entre ellos a todos los que se
habían mezclado con extranjeros.
[4] »Antes de esto, cuando el sacerdote
Eliasib estaba a cargo de los almacenes del
templo de nuestro Dios, había emparentado con Tobías,
[5] y le había construido una hermosa habitación donde antes se guardaban las ofrendas, el incienso, los utensilios, el diezmo de
los cereales, del vino y del aceite, que conforme al mandamiento pertenecían a los
levitas, los cantores y los porteros, y eran la
ofrenda para los sacerdotes que servían en
el templo.
[6] »Cuando eso pasó, yo todavía no estaba
en Jerusalén, sino en Babilonia. Yo me presenté ante el rey Artajerjes en el año treinta
y dos de su reinado, y fue entonces cuando
le pedí permiso
[7] para venir a Jerusalén. Fue entonces también cuando me enteré del mal que por su
aprecio a Tobías había cometido Eliasib, al
mandar construir para él un lugar para que
viviera, precisamente en los atrios del templo de Dios.
[8] »Esto me dolió tanto, que saqué al patio
todos los muebles de la casa de Tobías,
[9] y ordené que limpiaran muy bien el lugar, y que luego volvieran a poner allí los
utensilios del templo de Dios, y las ofrendas
y el incienso.
[10] »También me di cuenta de que no se
habían entregado a los levitas[c] sus raciones,
y que por eso ellos y los cantores que servían en el templo habían regresado a sus
respectivas tierras.
[11] Entonces reprendí a los oficiales del
templo, y les pregunté: "¿Por qué está abandonado el templo de Dios?" Y reinstalé en
sus puestos a los levitas y a los cantores.
[12] »Entonces el pueblo llevó a los almacenes[d] del templo los diezmos de cereales, de
vino y de aceite.

[a] **13.2:** Nm 22.1-6. [b] **13.1-2:** Dt 23.3-5. [c] **13.10:** Dt 12.19. [d] **13.12:** Mal 3.10.

LEJOS DEL PECADO *(Nehemías 13.3)*

A Dios no le gustaba las naciones vecinas a Jerusalén. Por eso, quería que el pueblo de Israel no se acercara a estos pueblos. Dios sabía que las acciones pecaminosas de los extranjeros podrían llevar su pueblo a pecar. Si eso sucediera, el pueblo volvería a la misma situación de la época del cautiverio. Hoy Dios no quiere que estemos alejados de las personas, pero sí quiere que nos alejemos de los que nos quieren llevar al pecado. NIÑOS PODEROSOS prefieren estar lejos del pecado.

13 Como administradores de estos bienes elegí al sacerdote Selemías y al escriba Sadoc. De los levitas, elegí a Pedaías; para que los ayudaran, nombré a Janán, que era hijo de Zacur y nieto de Matanías, pues tenían fama de ser hombres honrados para distribuir los bienes entre sus hermanos.

14 »Dios mío, ¡toma esto en cuenta y no te olvides de mí! ¡No te olvides del bien que he hecho en favor de tu templo y de su servicio!

15 »En esos días descubrí en Judá que, en el día de reposo, había algunos que exprimían uvas en los lagares, acarreaban leña, y cargaban sus asnos con vino, uvas, higos y todo tipo de mercancía, para llevarlas a Jerusalén. Entonces les llamé la atención, porque en el día de reposo no está permitida la venta de provisiones.[e]

16 »En Jerusalén descubrí también a un grupo de tirios que en el día de reposo vendían pescado y otras mercancías a los de Judá.

17 Entonces llamé a los jefes de Judá, y les dije: "¿Por qué permiten esta maldad de profanar el día de reposo?

18 Esto mismo hicieron sus antepasados, y por eso nuestro Dios trajo esta calamidad sobre nosotros y sobre nuestra ciudad. ¿Y todavía ustedes añaden ira sobre Israel al profanar el día de reposo?"

19 »Antes del día de reposo, cuando ya empezaba a oscurecer y las puertas de Jerusalén todavía estaban abiertas, ordené cerrarlas y no volver a abrirlas hasta que el día de reposo hubiera pasado. Y para impedir la entrada de cualquier tipo de carga, puse como guardias a algunos de mis siervos.

20 Fue así como en repetidas ocasiones los mercaderes se quedaron fuera de Jerusalén.

21 Entonces los llamé y les advertí: "¿Por qué se quedan fuera de la muralla? Si vuelven a hacerlo, los voy a encarcelar." Y desde entonces dejaron de venir en día de reposo.

22 »A los levitas les ordené que se purificaran y fueran a custodiar las puertas, para mantener sagrado el día de reposo.

»Dios mío, ¡acuérdate de mí también por esto, y por tu gran misericordia, perdóname!

23 »En aquel tiempo descubrí también que algunos judíos se habían casado con mujeres de Asdod, de Amón y de Moab;

24 y que la mitad de sus hijos hablaban la lengua de Asdod, o de otros pueblos, porque no habían aprendido la lengua de sus padres judíos.

25 Les llamé la atención, y los maldije; a algunos de ellos les di de golpes y les arranqué los cabellos, y les hice jurar que no darían sus mujeres a los extranjeros, y que tampoco tomarían mujeres extranjeras para ellos mismos.[f]

26 Les dije: "¿Acaso no fue éste el pecado de Salomón, rey de Israel? Aunque Salomón fue amado por Dios,[g] y Dios lo puso como rey de los israelitas, y en muchos países no hubo un rey que se le pudiera comparar, ¡aun Salomón pecó por culpa de las mujeres extranjeras![h]

27 ¿Creen que vamos a permitir que ustedes sigan cometiendo este gran pecado contra nuestro Dios, de que sigan casándose con mujeres extranjeras?"

28 »Junto a mí estaba un hijo de Joyadá, que era nieto del sacerdote Eliasib y yerno de Sambalat[i] el horonita, pero lo aparté de mí.

29 »Dios mío, ¡acuérdate de los que contaminan el sacerdocio y transgreden el pacto que los sacerdotes y levitas han hecho contigo!

30 »Entonces saqué de allí a todos los extranjeros, y formé grupos de verdaderos sacerdotes y levitas, y les asigné su servicio,

31 tanto para llevar la ofrenda de la leña en su momento, como para recoger los primeros frutos de todo.

»Dios mío, ¡no te olvides de bendecirme!»

---

[e] **13.15:** Éx 20.8-10; Dt 5.12-14; Jer 17.21-22. [f] **13.23-25:** Éx 34.11-16; Dt 7.1-5. [g] **13.26:** 2 S 12.24-25. [h] **13.26:** 1 R 11.1-8. [i] **13.28:** Neh 4.1.

Autor: **Se desconoce**

Temas: **El cuidado de Dios y el plan audaz de una reina**

Fecha en que se escribió: **c. 460-400 a.C.**

PARA UN MOMENTO ASÍ

El libro de Ester muestra cómo Dios rescató al pueblo judío de la destrucción por medio de la valentía de la reina Ester. Aunque no se menciona a Dios en el libro de Ester, hay numerosos ejemplos de su obra. La manera principal en que Dios obró fue colocando a Ester, una joven judía, en un puesto alto con el fin de salvar a su pueblo. Como explicó Mardoqueo: "¿Quién sabe si has llegado al reino para un momento así?" (4:4).

LO QUE ENCONTRARÁS EN EL LIBRO

Hay cinco caracteres principales en el libro de Ester:

(1) Asuero, el rey persa; (2) Amán, el primer ministro de Asuero; (3) Vasti, quien fue reina antes de Ester; (4) Jadasá (Ester), la hermosa huérfana judía que llegó a ser reina del imperio persa; y (5) Mardoqueo, el primo de Ester, quien la adoptó y la crió como su hija.

Por obra de Dios, Ester llegó a ser reina de Persia en un momento importante en la historia de los judíos (capítulos 1-2; 4:4). Además, Mardoqueo puso fin a una trampa para matar al rey. Su acción valiente fue escrita en los registros personales del rey (2:19-23), los cuales el rey descubrió justamente en el momento correcto (6:1-14).

Ya que Amán odiaba a Mardoqueo, engañó a Asuero para hacer que este mandara que todo el pueblo judío fuera matado (3:13). Las leyes persas no podían ser cambiadas. La preocupación de Mardoqueo por su pueblo hizo que se pusiera en contacto con Ester. Después que todos los judíos ayunaron por tres días, Ester arriesgó su vida y se acercó al rey sin ser invitada (capítulo 4). Recibió el favor del rey (5:1-4) y reveló la trampa de Amán. Entonces el rey emitió una segunda orden que permitía que los judíos triunfaran sobre sus enemigos (8:1-9; 16). Su gran celebración de victoria marcó el comienzo de la fiesta anual de Purim (9:17-32).

¿SABÍAS QUE...?

- Ester es uno de dos libros en la Biblia que derivan su nombre del nombre de una mujer. El otro libro es Rut.
- ¡Este es un libro que trata acerca de banquetes! El libro comienza y termina con un banquete. En este corto libro se llevan a cabo un total de diez banquetes.
- Los judíos todavía leen este libro cada año cuando celebran la fiesta de Purim.
- Este es el único libro en la Biblia que no menciona el nombre de Dios. Sin embargo, muestra claramente su gran poder y preocupación por su pueblo
- Es un libro que trata acerca de tres letras "P": una princesa, unos planes malvados, y el poder de Dios.

La reina Vasti desafía a Asuero

En los días de Asuero,[a] es decir, el Asuero que reinó sobre ciento veintisiete provincias, desde la India hasta Etiopía, sucedió

2 que fue afirmado su trono, que estaba en Susa, capital del reino.

3 En el tercer año de su reinado, Asuero ofreció un banquete a todos sus príncipes y cortesanos, en el que estuvieron presentes los personajes más poderosos de Persia y de Media, y también gobernadores y príncipes de provincias.

4 Durante ciento ochenta días, ¡que fueron muchos días!, el rey Asuero les mostró las riquezas y esplendor de su reino, y el brillo y la magnificencia de su poder.

5 Cumplidos estos días, el rey ofreció en Susa, la capital del reino, otro banquete de siete días para todo su pueblo. Lo ofreció para todos, desde el mayor hasta el menor, en el patio del huerto del palacio real.

6 El pabellón era de blanco, verde y azul, tendido sobre cuerdas de lino y púrpura en anillos de plata y columnas de mármol; los reclinatorios eran de oro y plata, e iban sobre un enlosado de pórfido, mármol, alabastro y jacinto.

7 Se dio a beber mucho vino real en vasos de oro, diferentes unos de otros, de acuerdo con la generosidad del rey.

8 Y se bebía según esta ley: A nadie se le obligaba a beber; porque el rey así lo había mandado a todos los mayordomos de su casa. Cada quien bebía según su voluntad.

9 Y también la reina Vasti ofreció un banquete a las mujeres, en el palacio real del rey Asuero.

10 El séptimo día el rey, cuyo corazón estaba alegre por causa del vino, mandó a Memumán, Bizta, Jarboná, Bigta, Abagta, Zetar y Carcas, los siete eunucos que le servían,

11 que llevaran ante él a la reina Vasti, y que ésta se presentara con la corona real, para mostrar su belleza a los pueblos y a los príncipes, pues era muy hermosa.

12 Pero la reina Vasti desobedeció la orden que le fue enviada por medio de los eunucos, y no quiso presentarse ante el rey. Entonces el rey se enojó mucho, y se encendió en ira.

13 El rey consultó a los sabios que conocían los tiempos (porque él acostumbraba tomar en cuenta a todos los que conocían la ley y el derecho;

14 entre ellos estaban Carsena, Setar, Admata, Tarsis, Meres, Marsena y Memucán, siete príncipes de Persia y de Media que podían presentarse ante el rey y sentarse entre los principales del reino).

15 Les preguntó qué se podía hacer con la reina Vasti según la ley, ya que no había acatado la orden que él le envió por medio de los eunucos.

16 Memucán dijo delante del rey y de los príncipes:

«La reina Vasti ha ofendido no solamente al rey Asuero, sino a todos los príncipes y pueblos y provincias del reino.

17 Lo que ha hecho la reina llegará a oídos de todas las mujeres, y ellas van a tener en poca estima a sus maridos, pues dirán: "El

[a]**1.1:** Esd 4.6.

MANTENTE ALERTA *(Ester 1.13)*

El rey Asuero tenía muchos consejeros que "conocían los tiempos". Eso quiere decir que se mantenían informados acerca de lo que estaba ocurriendo en el reino. Dios quiere que sus seguidores estén atentos y sean sabios. Jesús les dijo a sus discípulos que "sean prudentes como serpientes y sencillos como palomas" (Mateo 10:16). Con eso quiso decir que debían ser listos y poner atención a lo que estaba ocurriendo a su alrededor.

rey Asuero ordenó a la reina Vasti que se
presentara ante él, y ella no fue.”
18 Y entonces las señoras de Persia y de
Media que sepan lo que hizo la reina, lo
dirán a todos los príncipes del rey; y habrá
mucho menosprecio y enojo.
19 Si al rey le parece bien, que se dicte un
decreto real de parte de Su Majestad, y que
éste se inscriba en las leyes de Persia y de
Media, para que no sea quebrantado. Que
Vasti no vuelva a presentarse ante el rey
Asuero, y que el rey declare reina a otra que
sea mejor que ella.
20 Que el decreto que dicte Su Majestad
sea pregonado en todo su reino (aunque
es grande), y que todas las mujeres hon-
ren a sus maridos, desde el mayor hasta el
menor.»
21 Este consejo de Memucán agradó al
rey y a los príncipes, y el rey actuó en con-
secuencia.
22 Envió cartas a todas las provincias del
reino, en la escritura de cada provincia y
en el idioma de cada pueblo, en las que se
decía que todo hombre debía imponer su
autoridad en su casa, y que esto debía pu-
blicarse en el idioma del pueblo.

Ester es proclamada reina

2 Después de estos acontecimientos,
y sosegada ya su ira, el rey Asuero
se acordó de Vasti y de lo que ella
había hecho, y de la sentencia en su contra.
2 Los criados del rey, sus cortesanos, dije-
ron:
«Que se busquen para el rey jóvenes vír-
genes y de hermosa figura.
3 Que en todas las provincias del reino
haya quienes seleccionen a estas jóvenes.
Que éstas sean llevadas a la casa de las mu-
jeres, en la residencia real de Susa, y puestas
al cuidado de Jegay, eunuco del rey y guar-
dián de las mujeres. Que les den sus atavíos,
4 y que reine en lugar de Vasti la doncella
que a los ojos del rey resulte agraciada.»
Esto le pareció bien al rey, y así se hizo.

LECCIONES ENTRE BAMBALINAS

(Ester 2.4)

Si en algún momento has visto una obra de teatro, sabrás que muchas personas trabajan entre bambalinas para ayudar a que la obra salga bien. En el libro de Ester, Dios trabajó entre bambalinas. Nunca se menciona su nombre, pero mediante un milagro, Él hizo que Ester fuera reina en lugar de Vasti. Más adelante salvó al pueblo judío con la ayuda de Ester. Dios hace que sus planes se lleven a cabo a través de acontecimientos y personas, aunque tal vez no lo sepamos en el momento. Puedes estar seguro que Dios está llevando a cabo sus planes para todos los que creen en Él.

5 En la residencia real de Susa había un ju-
dío llamado Mardoqueo. Era hijo de Yaír, hijo
de Simey, hijo de Cis, del linaje de Benjamín,
6 que había sido llevado cautivo desde Je-
rusalén, junto con los que fueron llevados
con Jeconías, rey de Judá, a quien Nabuco-
donosor llevó a la cautividad babilónica.[a]
7 Mardoqueo había criado a Jadasá, tam-
bién llamada Ester, que era una joven huér-
fana de hermosa figura y de bello semblan-
te. Ester era hija de su tío, pues cuando su
padre y su madre murieron, Mardoqueo la
adoptó como hija suya.
8 Cuando se divulgó el mandamiento y
decreto del rey, se reunió a muchas donce-
llas en la residencia real de Susa, que estaba
a cargo de Jegay, el guardián de las mujeres.
También Ester fue llevada a la casa del rey, y
quedó al cuidado de Jegay.
9 Cuando Jegay vio a Ester, la halló tan
agradable que de inmediato ordenó que
se le dieran los mejores atavíos y alimentos,
y también siete damas de compañía de la
casa real, y la llevó con sus doncellas a lo
mejor de la casa de las mujeres.

[a] **2.6:** 2 R 24.10-16; 2 Cr 36.10.

[10] Pero Ester no dio a saber cuál era su pueblo ni su parentela, porque Mardoqueo le había mandado que no hablara de eso.

[11] Y cada día Mardoqueo se paseaba frente al patio de la casa reservada a las mujeres, para saber cómo se encontraba Ester, y cómo la trataban.

[12] A cada una de las doncellas le tocaba su turno para presentarse ante el rey Asuero. Esto era después de haberse sometido a un embellecimiento de doce meses, según era la costumbre para ellas: seis meses eran tratadas con aceite de mirra, y otros seis meses con perfumes y cosméticos femeninos.

[13] Sólo entonces, y después de pedir todo lo necesario para presentarse debidamente ataviada, podía la doncella salir de la casa de las mujeres al palacio real para presentarse ante el rey.

[14] La doncella llegaba al caer la tarde, y a la mañana siguiente volvía a la casa segunda de las mujeres, que estaba a cargo de Sasgaz, eunuco del rey y guardián de las concubinas; y no volvía la doncella a presentarse ante el rey, a menos que el rey la requiriera y fuera llamada por su nombre.

[15] Ester, hija de Abijaíl, a quien Mardoqueo había adoptado como hija, se ganaba el favor de todos los que la veían. Y cuando le llegó su turno de presentarse ante el rey, no pidió nada más que lo que le recomendó Jegay, el eunuco del rey y guardián de las mujeres.

[16] Ester fue llevada a la casa real en el mes décimo, que es el mes de Tebet. Era el año séptimo del reinado de Asuero cuando ella se presentó ante él.

[17] Ester se ganó el favor y la benevolencia del rey por encima de las otras doncellas, y éste amó a Ester más que a todas ellas, así que puso en su cabeza la corona real y la proclamó reina en lugar de Vasti.

[18] Luego el rey ofreció un gran banquete a todos sus príncipes y siervos en honor de Ester, y además disminuyó tributos a las provincias y les otorgó beneficios, como corresponde a un rey.

Mardoqueo denuncia una conspiración contra el rey

[19] Cuando se reunió a las doncellas por segunda vez, Mardoqueo estaba sentado a la puerta del rey.

[20] Ester no había dicho de qué nación ni de qué pueblo era, pues así se lo había ordenado Mardoqueo. Y es que Ester hacía lo que Mardoqueo le ordenaba, como cuando él la educaba.

[21] Por esos días Bigtán y Teres, que eran eunucos del rey y guardianes de la puerta, se enojaron contra el rey Asuero y comenzaron a hacer planes contra él. Como Mardoqueo estaba sentado a la puerta del rey,

[22] se enteró de esos planes y se lo hizo saber a la reina Ester. Ella, a su vez, le comunicó al rey lo que Mardoqueo le había dicho.

[23] Al investigarse el asunto y encontrarse que era cierto, los dos eunucos fueron mandados a la horca. Y el caso quedó registrado en el libro de las crónicas del rey.

Amán trama la destrucción de los judíos

3 Después de estos sucesos, el rey Asuero encumbró a Amán hijo de Hamedata el agagueo, y para honrarlo le permitió ocupar un lugar más elevado que el de todos los príncipes que lo acompañaban.

[2] Todos los siervos del rey que estaban a la puerta del rey se arrodillaban y se inclinaban ante Amán, porque el rey así lo había ordenado; pero Mardoqueo no hacía nada de esto.

[3] Entonces todos esos siervos le preguntaron a Mardoqueo:

«¿Por qué transgredes la orden del rey?»

[4] Y como todos los días le preguntaban lo mismo, y él no les hacía caso, lo denunciaron ante Amán, para ver si Mardoqueo se mantendría firme en su postura, pues ya él les había hecho saber que era judío.

[5] Cuando Amán se dio cuenta de que Mardoqueo no se arrodillaba ni se humillaba ante él, se llenó de ira.

[6] Pero Amán consideró que era muy poco vengarse solamente de Mardoqueo, así que

PALABRAS CON PODER — EL PUEBLO JUDÍO
(Ester 3.4)

Las personas le preguntaban a Mardoqueo por qué no se inclinaba ante Amán. Él les dio una sola respuesta: él era judío, parte de la familia de Dios al ser descendiente de Abraham. Él se negaba a inclinarse ante cualquier humano o ídolo. Sólo se inclinaría y adoraría a Dios. El comportamiento de Mardoqueo lo hizo enemigo de Amán. Como Mardoqueo, nosotros debemos siempre comportarnos como hijos de Dios, sin importar lo que la gente impía nos pida que hagamos.

procuró destruir a todos los judíos que ha-
bía en el reino de Asuero, es decir, al pueblo
de Mardoqueo, pues ya le habían informa-
do a qué pueblo pertenecía.
7 Corría el mes primero (es decir, el mes de
Nisán) del año duodécimo del rey Asuero,
cuando le fue echada a Amán su «pur» (es
decir, su suerte) para cada día y para cada
mes del año; y la suerte le cayó en el mes
duodécimo, que es el mes de Adar.

LECCIONES — EL SER DIFERENTES
(Ester 3.8)

Dios quería que el pueblo de Israel fuera diferente a las otras naciones. Por eso fue que les dio la ley. Amán vio que el pueblo judío era diferente y por eso los odiaba. Hoy día pasa lo mismo. Las personas que no creen en Dios muchas veces odian a los que sí creen en Él, porque los creyentes son diferentes. Los seguidores de Cristo piensan, hablan y se comportan de manera diferente a las personas que no lo siguen. Los NIÑOS PODEROSOS escogen vivir como Jesús para que su vida les muestre a otros el amor de Dios.

8 Entonces Amán le dijo al rey Asuero:
«Hay en tu reino un pueblo que se ha es-
parcido y distribuido entre todos tus pueblos
y provincias. Sus leyes son diferentes a las de
todo pueblo, y no acatan las leyes del rey. En
nada se beneficia el rey con dejarlos vivir.
9 Si al rey le parece bien, emita un decreto
que autorice su destrucción. De mi parte,
yo pesaré trescientos mil kilos de plata a los
que manejan el tesoro, para que los ingresen
a los tesoros del rey.»
10 El rey se quitó su anillo y se lo dio a Amán
hijo de Hamedata el agagueo, que era enemi-
go de los judíos,
11 y le dijo:
«Puedes quedarte con la plata que me
ofreces. Y con ese pueblo, puedes hacer lo
que mejor te parezca.»
12 El día trece del mismo mes primero fueron
llamados los escribanos del rey, y todo lo que
les mandó Amán lo escribieron a los sátrapas
del rey, a los capitanes que gobernaban cada
provincia y a los príncipes de cada pueblo. El
escrito se hizo a nombre del rey Asuero, en la
escritura y la lengua de cada provincia y cada
pueblo, y fue sellado con el anillo real.
13 Las cartas enviadas por medio de co-
rreos a todas las provincias del rey ordena-
ban destruir, matar y exterminar a todos los
judíos, jóvenes y ancianos, niños y mujeres,
y de apoderarse de sus bienes. Todo esto
debía hacerse en el día trece del mes duo-
décimo, que es el mes de Adar.
14 Una copia del escrito entregado por de-
creto a cada provincia fue publicada en to-
dos los pueblos, a fin de que se prepararan
para aquel día.
15 El edicto fue dado en Susa capital del
reino, y por mandato del rey los correos sa-
lieron con toda rapidez. Y mientras el rey y
Amán se sentaron a beber, en la ciudad de
Susa reinaba el desconcierto.

Ester promete interceder por su pueblo

4 Cuando Mardoqueo supo todo lo
que se había tramado, se rasgó los
vestidos, se cubrió de cilicio y ceni-

za, y se fue por la ciudad gritando con mu-
cha amargura
[2] hasta llegar ante la puerta del rey. Allí se
detuvo, porque no estaba permitido cruzar
la puerta del rey cubierto de cilicio.
[3] Todos los judíos de cada provincia y
lugar adonde llegaba el decreto del rey se
vestían de luto, y ayunaban y hacían grandes
lamentos. Muchos de ellos dormían cubier-
tos de cilicio y ceniza.
[4] Las doncellas y los eunucos de la reina
Ester fueron y le contaron lo que sucedía.
Ella se condolió grandemente de Mardo-
queo y le envió vestidos para que se quitara
el cilicio, pero él no los aceptó.
[5] Entonces Ester llamó a Hatac, que era
uno de los eunucos del rey, y que él mismo
había puesto al servicio de ella, y lo mandó a
Mardoqueo, para que averiguara qué suce-
día y por qué estaba vestido así.
[6] Hatac salió a la plaza de la ciudad para
hablar con Mardoqueo, que estaba ante la
puerta del rey.
[7] Mardoqueo lo puso al tanto de todo lo
que le había acontecido, y de la plata que
Amán había prometido entregar a los teso-
ros del rey, a cambio de la destrucción de
los judíos.
[8] También le dio una copia del decreto
que había sido publicado en Susa, que or-
denaba que los judíos fueran destruidos, a
fin de que se la mostrara a Ester y le encar-
gara presentarse ante el rey para suplicarle e
interceder por su pueblo.
[9] Hatac volvió y le contó a Ester lo que
Mardoqueo le había dicho.

MUJERES PODEROSAS DE DIOS

ESTER

Ester era una joven judía que vivía en Susa, una ciudad muy lejos de la tierra natal de su pueblo. Su historia es como un cuento de hadas que comienza con un rey enojado que estaba buscando una nueva esposa.

El nombre del rey era Asuero. Cuando el rey dio un banquete y le mandó a su esposa, Vasti, que asistiera, ella se negó a venir. Entonces los consejeros del rey le dijeron que debía buscar otra esposa. De todas las mujeres hermosas del reino, el rey escogió a Ester para ser su reina. Pero el no sabía que ella era judía.

Mardoqueo, el primo de Ester, era un líder judío. Él se enteró de que Amán, uno de los consejeros del rey, quería matar a todos los judíos. Mardoqueo le pidió a Ester que fuera al rey y le suplicara que salvara la vida de los judíos.

Ester tenía miedo, y con razón. Si ella comparecía ante el rey sin el permiso de este, era posible que fuera matada. Ella sabía que necesitaba la ayuda de Dios, de modo que le dijo a Mardoqueo que les pidiera a todos los judíos que ayunaran y oraran con ella por tres días.

El cuarto día, Ester fue al rey y él le permitió acercarse a su trono. Ella lo invitó a un banquete, y también invitó a Amán. En el banquete, Ester le contó al rey acerca de la trampa de Amán. El rey iracundo hizo matar a Amán.

Los judíos estaban tan contentos que crearon una fiesta nueva para celebrar esta victoria. Hoy día los judíos todavía celebran esta fiesta, Purim.

Dios hizo a Ester reina para que pudiera ayudar a salvar a su pueblo, pero Ester tuvo que escoger actuar. Ella mostró gran valor y confianza en Dios cuando acordó ir ante el rey. ¿Eres tú un NIÑO PODEROSO que está dispuesto a tomar una postura para Dios con valentía?

Puedes leer sobre Ester en el libro de Ester.

10 Entonces Ester le dio a Hatac este mensaje para Mardoqueo:

11 «Todos los siervos del rey, y los que viven en sus provincias, saben que hay una sola ley para cualquiera que, sin ser llamado por el rey, entre en el patio interior para verlo, y esa ley es la muerte. Sólo se salvará si el rey extiende hacia él o ella su cetro de oro. ¡Pero en estos treinta días yo no he sido llamada para ver al rey!»

12 Cuando le dijeron a Mardoqueo lo que Ester había dicho,

13 éste mandó a decirle:

«No creas que tu vida está a salvo en la casa del rey, más que la de cualquier otro judío.

14 Si ahora callas por completo, de alguna otra parte nos vendrá respiro y liberación a los judíos, pero tú y tu familia paterna morirán. ¿Quién sabe si has llegado al reino para un momento así?»

15 Ester le envió a Mardoqueo esta respuesta:

16 «Ve y reúne a todos los judíos que se hallan en Susa, y ayunen por mí noche y día; no coman ni beban nada durante tres días, que mis doncellas y yo ayunaremos también. Después de eso me presentaré ante el rey, aun cuando eso vaya contra la ley. Y si tengo que morir, ¡pues moriré!»

17 Entonces Mardoqueo fue e hizo todo lo que Ester le mandó hacer.

Ester invita al rey y a Amán a un banquete

5 Al tercer día, Ester se puso su vestido real y entró en el patio interior de la casa del rey, justamente frente al aposento real. Allí, en el aposento real, estaba el rey sentado en su trono,

2 y al ver a la reina Ester en el patio, la vio con mucho agrado y extendió hacia ella el cetro de oro que tenía en la mano. Ester se acercó entonces y tocó la punta del cetro, Job 13.15

3 mientras el rey le decía:

«¿Qué te pasa, reina Ester? ¿Qué es lo que deseas? ¡Aun la mitad del reino te será concedido!»

4 Y Ester dijo:

«Dígnese Su Majestad asistir hoy con Amán al banquete que para Su Majestad he preparado.»

5 El rey respondió:

«De prisa, llamen a Amán, y hagan lo que Ester ha dicho.»

Y así el rey fue con Amán al banquete que Ester había preparado.

6 Ya en el banquete, y mientras bebían vino, el rey le dijo a Ester:

«¿Cuál es tu petición, que te será concedida? ¿Qué es lo que deseas? ¡Aun la mitad del reino te será concedido!»

7 Ester respondió:

«Ésta es mi petición. Éste es mi deseo:

8 Si merezco que Su Majestad me vea con buenos ojos, y si Su Majestad se digna concederme lo que pido y deseo, le ruego venir con Amán a otro banquete que les prepararé mañana, y entonces haré lo que el rey ha ordenado.»

9 Ese día Amán salió contento y rebosante de alegría; pero cuando vio que Mardoqueo estaba a la puerta del palacio del rey, y que no se levantaba ni se movía de su lugar, se llenó de ira contra él.

PARA UN MOMENTO ASÍ *(Ester 4.14)*
Mardoqueo creía que Dios había permitido que Ester llegara a ser reina para que pudiera salvar a Israel. Pero Ester tuvo que escoger a los judíos. Si ella se negaba a ayudarlos, ella también moriría. Dios tiene el poder para hacer cualquier cosa, pero Él escoge trabajar a través de las personas. Dios está buscando personas como Ester que lo ayudarán con sus planes. Dios te puede ayudar a ti en tu escuela o tu familia o tu vecindario para influenciar a las personas para bien. Los NIÑOS PODEROSOS tienen el valor de actuar para Dios.

10 Sin embargo, contuvo su enojo y se fue
a su casa; allí mandó llamar a sus amigos y a
Zeres, su mujer,
11 y les habló de sus muchas riquezas y de
sus muchos hijos, y de todo aquello con que
el rey le había engrandecido y honrado por
encima de los príncipes y siervos del rey.
12 Y añadió:
«Incluso la reina Ester no invitó a nadie
más al banquete que ella había preparado
para el rey, sino sólo a mí; y también me ha
invitado para el banquete de mañana con
el rey.
13 Pero todo esto no me sirve de nada
cada vez que veo al judío Mardoqueo sen-
tado a la puerta del rey.»
14 Entonces Zeres, su mujer, le aconsejó, y
también todos sus amigos:
«Que hagan una horca de más de veinte
metros de altura, y mañana, cuando veas al
rey, pídele que cuelguen allí a Mardoqueo.
Y tú, ve con el rey al banquete, y alégrate y
pásalo bien.»
Esto le pareció bien a Amán, y mandó
preparar la horca.

Amán se ve obligado a honrar a Mardoqueo

6 Aquella misma noche se le fue el
sueño al rey, y pidió que le llevaran
el libro de las memorias y crónicas,
y que se las leyeran.
2 Se encontró entonces escrito que Mar-
doqueo había denunciado el complot de
Bigtán y de Teres, dos de los eunucos del rey
y guardianes de la puerta, que habían hecho
planes contra el rey Asuero.[a]
3 Y preguntó el rey:
«¿Qué honra o qué distinción se le hizo a
Mardoqueo por este servicio?»
Y los servidores del rey, sus oficiales, res-
pondieron:
«No se le ha hecho ninguna distinción.»
4 En eso dijo el rey:
«¿Quién anda en el patio?»
Amán había venido al patio exterior de la
casa real, pues quería hablar con el rey para
pedirle que mandara colgar a Mardoqueo
en la horca que ya le tenía preparada.
5 Los servidores del rey le respondieron:
«Es Amán, que está en el patio.»
Y el rey ordenó:
«Háganlo pasar.»
6 Amán entró, y el rey le dijo:
«¿Qué debe hacerse con el hombre a
quien el rey desea honrar?»
Y Amán pensó: «¿A quién más puede el
rey querer honrar, sino a mí?»
7 Así que le respondió:
«Para el varón a quien el rey desea honrar,
8 debe traerse el vestido real que el rey
porta, el caballo que el rey cabalga, y la co-
rona real que el rey lleva en su cabeza.
9 El vestido real y el caballo debe ponerse
en las manos de alguno de los principales
nobles de la corona, para que éste vista al
varón a quien el rey desea honrar, y lo pasee
en el caballo por la plaza de la ciudad, y pre-
gone delante de él: "Así se hace con el varón
a quien el rey desea honrar."»
10 Entonces el rey le dijo a Amán:
«¡Date prisa! Toma el vestido y el caballo, y
lo que has dicho, hazlo con el judío Mardo-
queo, que se sienta a la puerta real. No dejes
de hacer nada de todo lo que has dicho.»
11 Amán tomó el vestido y el caballo, y vis-
tió a Mardoqueo, y lo paseó a caballo por la
plaza de la ciudad, y delante de él pregona-
ba: «Así se hace con el varón a quien el rey
desea honrar.»
12 Después de esto, Mardoqueo volvió a
sentarse a la puerta real, mientras que Amán
regresó rápidamente a su casa, muy triste y
cubriéndose la cara.
13 Al llegar, Amán les contó a Zeres, su
mujer, y a todos sus amigos, todo lo que le
había acontecido. Entonces sus sabios y su
mujer le dijeron:
«Si ese Mardoqueo es descendiente de
los judíos, y has comenzado a caer, no lo
podrás vencer, sino que caerás derrotado
ante él.»

[a] **6.2:** Est 2.21-22.

14 Todavía estaban ellos hablando con
Amán cuando los eunucos del rey llegaron
de prisa para llevarlo al banquete que Ester
había preparado.

Amán es ahorcado

7 El rey fue con Amán al banquete de
la reina Ester.
2 En el segundo día, mientras be-
bían vino, el rey le preguntó a Ester:
«¿Cuál es tu petición, reina Ester? Te será
concedida. ¿Qué es lo que pides? Aunque
pidas la mitad del reino, te será otorgada.»
3 La reina Ester respondió:
«Si en verdad soy del agrado de Su Ma-
jestad, y si a Su Majestad le parece bien, mi
petición es que se me conceda la vida de mi
pueblo y mi propia vida.
4 Porque a mi pueblo y a mí se nos ha
vendido. ¡Se nos quiere destruir, matar y ex-
terminar! Si se nos hubiera vendido para ser
esclavos y esclavas, me callaría; pero nuestra
muerte será para Su Majestad un daño irre-
parable.»
5 Como respuesta, el rey Asuero le pre-
guntó a la reina Ester:
«¿Quién es, y dónde está, el que ha abri-
gado en su corazón hacer tal cosa?»
6 Ester dijo:
«El enemigo y adversario es este malvado
Amán.»
Entonces Amán se trastornó ante el rey
y la reina.
7 Lleno de ira, el rey se levantó del ban-
quete y se fue al huerto del palacio, mien-
tras que Amán se quedó para suplicarle a
la reina Ester que le perdonara la vida, pues
se dio cuenta del peligro que corría por el
enojo del rey.
8 Cuando el rey volvió del huerto del pa-
lacio al aposento del banquete, y vio que
Amán estaba recostado sobre el lecho don-
de estaba Ester, le dijo:
«¿Acaso quieres también violar a la reina
en mi propia casa?»
Al proferir el rey estas palabras, le cubrie-
ron el rostro a Amán.
9 Entonces Jarboná, que era uno de los eu-
nucos del rey, dijo:
«En la casa de Amán hay una horca de
más de veinte metros de altura. La mandó
hacer Amán para colgar a Mardoqueo, que
fue quien habló en favor del rey.»
Y el rey ordenó:
«¡Cuelguen de ella a Amán!»
10 Y así Amán fue colgado en la horca que
había mandado preparar para Mardoqueo.
Con esto, la ira del rey se calmó.

El decreto a favor de los judíos

8 Ese mismo día, el rey Asuero entre-
gó a la reina Ester la casa de Amán,
el enemigo de los judíos; y Mardo-
queo se presentó ante el rey, porque Ester le
había hecho saber al rey el parentesco que
había entre ellos.
2 Entonces el rey se quitó el anillo que le
había dado a Amán, y se lo dio a Mardo-
queo. Ester, por su parte, puso a Mardoqueo
sobre la casa de Amán.
3 Luego Ester volvió a presentarse ante
el rey. Se arrojó a sus pies, y con lágrimas le
rogó anular el daño que Amán había pensa-
do hacer contra los judíos.
4 El rey extendió hacia Ester su cetro de
oro, y entonces Ester se levantó y se puso en
pie delante del rey,
5 y dijo:
«Si a Su Majestad le parece bien, y yo soy
digna de su bondad, emita Su Majestad una
orden por escrito que revoque las cartas que
autorizan la destrucción de los judíos, ordena-
da por Amán hijo de Hamedata el agagueo, y
que circulan por todas las provincias del rey.
6 ¡Yo no podría ver el mal que le harán a
mi pueblo! ¿Cómo podría yo soportar el ver
la destrucción de mi nación?»
7 El rey Asuero les respondió a la reina Es-
ter y al judío Mardoqueo:
«Ya le he otorgado a Ester la casa de
Amán, y a él lo han colgado en la horca por
haber atentado contra la vida de los judíos.
8 Escriban a todos los judíos, a nombre
mío, lo que a ustedes les parezca bien, y se-

llen ese escrito con mi anillo. Como saben, un edicto que se escribe a nombre del rey, y que se sella con su anillo, no puede ser revocado.»

[9] Y así, el día veintitrés del mes tercero, que es Siván, fueron llamados los escribas del rey para que escribieran todo lo que Mardoqueo les iba a dictar. Ese edicto fue enviado a los judíos, y a los sátrapas, capitanes y príncipes de las provincias que había desde la India hasta Etiopía; eran ciento veintisiete provincias, y a cada una se le escribió en su propia lengua y con su propia escritura. También a los judíos se les escribió en su propia lengua y con su propia escritura.

[10] Mardoqueo escribió el edicto a nombre del rey Asuero, y lo selló con el anillo del rey, y lo envió por medio de correos montados en veloces caballos de las caballerizas reales.

[11] Ese edicto facultaba a los judíos en todas las ciudades a reunirse y defenderse, y hasta destruir, matar y acabar con toda fuerza armada del pueblo o provincia que los atacara, incluyendo a sus niños y mujeres, y apoderarse de sus bienes.

[12] Esto debía hacerse en todas las provincias del rey Asuero, en el día trece del mes duodécimo, que es el mes de Adar.

[13] La copia del edicto que se envió por decreto a cada provincia, para que se conociera en todos los pueblos, decía que los judíos debían estar preparados ese día para vengarse de sus enemigos.

[14] El edicto fue dado en Susa, capital del reino, y por orden del rey los correos partieron a toda prisa, montados en caballos veloces.

[15] Cuando Mardoqueo salió de la presencia del rey, llevaba puesto un vestido real de azul y blanco, una gran corona de oro, y un manto de lino y púrpura. Al verlo, la ciudad de Susa se alegró y regocijó mucho,

[16] y a los judíos se les iluminó el rostro de alegría, gozo y honra.

[17] Y en todas las provincias y ciudades a las que llegó el decreto del rey, los judíos se veían alegres y gozosos, y fue un día de banquete y de placer. Y fue tal el temor que los judíos infundían, que mucha gente de los pueblos del país se hizo judía.

Los judíos destruyen a sus enemigos

9 El día trece del mes duodécimo, que es el mes de Adar, debía ser ejecutado el decreto del rey, que ordenaba que los judíos debían ser exterminados por sus enemigos. Pero sucedió todo lo contrario, porque fueron los judíos los que se vengaron de quienes los aborrecían.

[2] Ese día los judíos se reunieron en sus ciudades, en todas las provincias del rey Asuero, para vengarse de los que habían procurado su mal, y nadie les opuso resistencia porque el temor a ellos había cundido por todos los pueblos.

[3] Era tanto el miedo que sentían ante Mardoqueo, que todos los príncipes de las provincias, sátrapas, capitanes y oficiales del rey, apoyaban a los judíos.

[4] Y es que Mardoqueo ya era muy importante en la casa del rey. Su fama se extendía por todas las provincias, y cada vez ganaba más poder.

[5] Y así, los judíos mataron a filo de espada a todos sus enemigos; les causaron gran mortandad y destrucción, e hicieron con ellos lo que quisieron.

[6] Sólo en Susa, que era la capital del reino, los judíos mataron y destruyeron a quinientos hombres,

[7] y también mataron a Parsandata, Dalfón, Aspata,

[8] Porata, Adalía, Aridata,

[9] Parmasta, Arisay, Ariday y Vaizata,

[10] que eran diez hijos de Amán, el hijo de Hamedata y enemigo de los judíos, aunque no tocaron sus bienes.

[11] Ese mismo día se informó al rey acerca del número de muertos que hubo en Susa, la residencia real.

[12] Entonces el rey le dijo a la reina Ester:

«Si en Susa, capital del reino, los judíos mataron a quinientos hombres y a diez hijos de Amán, ¿qué no habrán hecho en las otras provincias del reino? ¿Qué otra petición tienes? Te será concedida. ¿O qué más quieres? Se hará lo que pidas.»

13 Ester respondió:

«Si a Su Majestad le parece bien, concédase a los judíos hacer mañana en Susa lo mismo que hicieron hoy, y que cuelguen en la horca a los diez hijos de Amán.»

14 El rey ordenó que se hiciera así. La orden fue dada en Susa, y los diez hijos de Amán fueron colgados.

15 Los judíos que estaban en Susa se reunieron también el catorce del mes de Adar, y mataron en Susa a otros trescientos hombres, pero no tocaron sus bienes.

La fiesta de Purim

16 También los otros judíos que estaban en las demás provincias del rey se juntaron y se dispusieron a defender su vida. Se libraron de sus enemigos, y mataron a setenta y cinco mil de ellos, pero no tocaron sus bienes.

17 Esto sucedió el día trece del mes de Adar, y el día catorce del mismo mes descansaron y lo declararon día de banquete y de alegría.

18 Los judíos que estaban en Susa se juntaron los días trece y catorce del mismo mes, y el día quince del mismo mes descansaron y lo declararon día de banquete y de alegría.

19 Por eso desde entonces los judíos que viven en las aldeas y en villas sin murallas celebran el día catorce del mes de Adar como un día de alegría y de banquete; es para ellos un día de regocijo, en el que cada uno comparte su comida con su vecino.

20 Mardoqueo escribió todo esto, y envió cartas a todos los judíos, cercanos y lejanos, que vivían en todas las provincias del rey Asuero.

21 Les ordenó celebrar cada año los días catorce y quince del mes de Adar,

22 como los días en que los judíos se libraron de sus enemigos para vivir en paz, y como el mes en que la tristeza se cambió en alegría y el luto en un día feliz. Les ordenó declararlos días de banquete y de alegría, y

PALABRAS CON PODER

PURIM
(Ester 9.26)

Cuando Dios rescató a su pueblo de la trampa de Amán de destruirlos, Mardoqueo estableció la fiesta de Purim. La fiesta se llamó Purim debido a los pur (suertes o dados) que Amán usó para determinar el día en que destruiría a los judíos. El festival de Purim nos recuerda que Dios puede deshacer los planes de la gente. Sus propósitos encajan perfectamente con su principal meta, que es salvar a las personas y tener una relación estrecha con ellas.

de compartir cada uno su comida con su vecino, y de ayudar a los pobres.

23 Los judíos aceptaron cumplir con lo que Mardoqueo les ordenó por escrito, como habían comenzado a hacerlo.

24 Y es que Amán, el hijo de Hamedata el agagueo y enemigo de todos los judíos, había ideado un plan para destruirlos; había echado «pur»,[a] (es decir, suertes) para matarlos y acabar con ellos.

25 Pero cuando Ester se presentó ante el rey, éste ordenó por carta que el perverso designio de Amán en contra de los judíos recayera sobre su propia cabeza, y que él y sus hijos fueran colgados en la horca.

26 Por causa del nombre «pur» estos días fueron llamados «Purim»; y por lo que decía la carta, y por lo que ellos mismo vieron y pudieron entender,

27 los judíos establecieron como norma el no dejar de celebrar cada año estos dos días, según está escrito. Esta norma regiría sobre todos sus descendientes y allegados,

28 y estos días serían recordados y celebrados por todas las generaciones, familias, provincias y ciudades. Los días de «purim» no dejarían de ser observados por los judíos, ni sus descendientes dejarían jamás de celebrarlos.

[a] **9.24:** Est 3.7.

29 Esta segunda carta referente a la fiesta
de «purim» la suscribieron con plena auto-
ridad la reina Ester hija de Abijaíl y Mardo-
queo el judío.
30 Las cartas enviadas a todos los judíos de las
ciento veintisiete provincias del reino de Asuero,
contenían un mensaje de paz y de verdad,
31 y confirmaban la celebración de estos
días de «purim» en el tiempo señalado,
conforme a las órdenes de Mardoqueo el
judío y la reina Ester. Los judíos y sus descen-
dientes se comprometían a conmemorar el
fin de los ayunos y lamentos.
32 Las órdenes de Ester confirmaron la ce-
lebración de las fiestas de «purim», y esto
quedó registrado en un libro.

Grandeza de Mardoqueo

10 El rey Asuero impuso tributo
sobre el país, hasta las costas
del mar.
2 Y todos los hechos de su poder y auto-
ridad, y el relato de la grandeza que Mar-
doqueo recibió de parte del rey, quedaron
registrados en el libro de las crónicas de los
reyes de Media y de Persia.
3 Porque Mardoqueo el judío fue el se-
gundo en poder, después del rey Asuero.
Mardoqueo fue un gran personaje entre
sus hermanos judíos, y muy estimado por
todos ellos, pues se preocupó por el bien-
estar de su pueblo y procuró la paz para
todo su linaje.

JOB

Autor: **Se desconoce**
Tema: **El sufrimiento**
Fecha en que se escribió: **Incierto**

UN HOMBRE QUE SUFRIÓ

Más personas saben acerca del sufrimiento de Job que el sufrimiento de cualquier otra persona en la historia de la humanidad. El libro de Job aborda la siguiente pregunta difícil: "Si Dios es justo y amoroso, ¿por qué permite que sufran las personas buenas como Job?" Dios le dio permiso a Satanás para probar la fe de Job al traerle unos problemas terribles. Esta fue una batalla entre Dios y su enemigo, Satanás. Dios fue el vencedor porque Job se mantuvo fiel a Dios a pesar de su sufrimiento.

LO QUE ENCONTRARÁS EN EL LIBRO

Hay cinco secciones en este libro: (1) la introducción (capítulos 1-2) describe los problemas de Job y las causas de estos; (2) en tres secciones de diálogo, Job y sus tres amigos buscan las razones por la situación de Job (capítulos 3-31); (3) un joven, Eliú, comparte sus ideas acerca de las dificultades de Job (capítulos 32-37); (4) Dios habla acerca de las quejas de Job y escucha las respuestas de Job (38:1—42:6); (5) los comentarios finales (42:7-17) describen cómo las bendiciones y el honor de Job fueron restaurados.

Job amaba y obedecía a Dios (1:1, 8). Sin embargo, a través de una serie de terribles desastres, perdió sus pertenencias, sus hijos y su salud (1:13-22; 2:7-

10). Sus tres amigos: Elifaz, Bildad, y Sofar, vinieron a consolarlo, pero en vez de hacerlo, terminaron discutiendo con él acerca de la razón por su sufrimiento. Al final, la voz de todos fue callada cuando Dios le habló a Job.

¿SABÍAS QUE...?

- Es posible que Job, un nativo del norte de Arabia, viviera antes que Abraham existiera.
- Este es uno de los libros más importantes que jamás se hayan escrito acerca del sufrimiento.
- Es una autobiografía escrita por Dios. Él describe su poder y su sabiduría grandiosos.
- Este libro relata una batalla épica que tuvo que ver con un solo hombre. Satanás trató de destruir el hombre de fe de Dios, pero no pudo hacerlo.

Prólogo

En el país de Uz vivía un hombre llamado Job. Era un hombre recto, que amaba y honraba a Dios y no hacía ningún mal a nadie.

2 Tenía siete hijos y tres hijas.

3 Era el hombre más rico del oriente, pues tenía siete mil ovejas, tres mil camellos, quinientas yuntas de bueyes, quinientas asnas y muchísimos criados.

4 Todos los días sus hijos se turnaban para hacer banquetes en sus casas, e invitaban a sus hermanas para que se les unieran a comer y beber.

5 Una vez terminados los banquetes, Job los mandaba a purificarse; se levantaba muy temprano y le ofrecía un sacrificio al Señor, de acuerdo al número de sus hijos, pues pensaba que tal vez en su interior ellos habrían ofendido al Señor. Esto lo hacía todos los días.

Job 23.10-12

6 Pero un día se presentaron ante el Señor sus servidores, y entre ellos llegó también Satanás.

7 Cuando el Señor lo vio, le preguntó:

«¿De dónde vienes?»

Y Satanás le contestó:

«Vengo de andar recorriendo la tierra.»

PALABRAS CON PODER — UN HOMBRE RECTO (*Job 1.1*)

Job vivió alrededor de la época de los fundadores de Israel (Abraham, Isaac y Jacob). La Biblia dice que Job era "un hombre recto", no hacía ningún mal a nadie. Esto significa que él era un hombre bueno que obedecía las leyes de Dios. Aun cuando tuvo que pasar por gran dolor y tristeza, Job se mantuvo fiel a Dios. Job es un buen ejemplo para los NIÑOS PODEROSOS. Aun en los momentos difíciles, los NIÑOS PODEROSOS confían en Dios y se mantienen fiel a Él.

PALABRAS CON PODER — SATANÁS (*Job 1.6-7*)

El nombre Satanás viene de una palabra hebrea que significa "adversario". Un adversario es un enemigo. Satanás se presentó ante Dios para causarle problemas a Job. Satanás es el enemigo del pueblo de Dios. También se le llama "el acusador" (lee Apocalipsis 12:10). Él pone en duda el carácter de las personas piadosas para desanimarlas. Pero aunque Satanás acuse a los cristianos con mentiras, Jesús ora con poder por el pueblo de Dios (Hebreos 7:25). Cuando te sientas desanimado, recuerda que Jesús está orando por ti.

8 Entonces el Señor le preguntó:

«¿Y no has pensado en mi siervo Job? ¿Acaso has visto alguien con una conducta tan intachable como él? ¡No le hace ningún mal a nadie, y es temeroso de Dios!»

9 Pero Satanás le respondió al Señor:

«¿Y acaso Job teme a Dios sin recibir nada a cambio?

10 ¿Acaso no lo proteges, a él y a su familia, y a todo lo que tiene? Tú bendices todo lo que hace, y aumentas sus riquezas en esta tierra.

11 Pero pon tu mano sobre todo lo que tiene, y verás cómo blasfema contra ti, y en tu propia cara.»[a]

12 Entonces el Señor le respondió a Satanás:

«Ahí está Job. Haz lo que quieras con todas sus riquezas. Pero te prohíbo que a él le hagas daño.»

Y dicho esto, Satanás salió de la presencia del Señor.

13 Un día, mientras los hijos y las hijas de Job comían y bebían en la casa del hermano mayor,

14 llegó un mensajero a la casa de Job y le dijo:

«Estábamos arando el campo con los bueyes, y las asnas pacían cerca,

[a] **1.9-11:** Ap 12.10.

LECCIONES LA PROTECCIÓN DE DIOS

(*Job 1.10*)

"¿Acaso no lo proteges, a él y a su familia, y a todo lo que tiene?" Satanás se quejó de la protección que había alrededor de Job. Esta protección no era como un cercado alrededor de un patio, sino una protección invisible que Dios había puesto alrededor de Job. Dios también protege a su pueblo hoy día. Él coloca un muro de protección alrededor de ellos. Eso no quiere decir que no tendrán tentaciones ni enfermedades. Significa que Satanás, el enemigo del pueblo de Dios, no puede tocar su vida sin el permiso de Dios. Dios promete que no permitirá que sus hijos sean tentados más allá de lo que pueden soportar con la ayuda de Él. Lee 1 Corintios 10:13 y escríbelo.

PROMESAS PODEROSAS

JOB 1.21

mientras decía: «Desnudo salí del vientre de mi madre, y desnudo volveré al sepulcro. El Señor me dio, y el Señor me quitó. ¡Bendito sea el nombre del Señor!»

Aunque Job perdió todo, siguió alabando a Dios. La próxima vez que empieces a sentir autocompasión, recuerda a Job, ¡y dale gracias a Dios por lo que tienes!

15 cuando de pronto llegaron los sabeos y
nos atacaron, y mataron a los pastores y se llevaron los animales. Sólo yo pude escapar para traerte la noticia.»

16 Todavía estaba hablando el mensajero,
cuando llegó otro y dijo:

«Dios permitió que del cielo cayera un fuego destructor, que fulminó a tus ovejas y a los pastores. ¡Todo lo consumió! Sólo yo pude escapar para traerte la noticia.»

17 Enseguida llegó otro mensajero con
otra mala noticia:

«Tres escuadrones de caldeos llegaron y atacaron a los criados, y se llevaron los camellos. Sólo yo pude escapar para traerte la noticia.»

18 Aún no terminaba de hablar este hom-
bre, cuando llegó otro con esta noticia:

«Tus hijos y tus hijas estaban comiendo y bebiendo en casa de su hermano mayor,

19 cuando del desierto llegó un fuerte tor-
nado, y azotó la casa, y ésta se derrumbó sobre tus hijos y los mató. Sólo yo pude escapar para darte la noticia.»

20 Entonces Job se levantó y se rasgó las
vestiduras, se rapó la cabeza en señal de luto, y con el rostro en tierra adoró al Señor,

21 mientras decía:

«Desnudo salí del vientre de mi madre, y desnudo volveré al sepulcro. El Señor me dio, y el Señor me quitó. ¡Bendito sea el nombre del Señor!»

22 Y en todo esto Job no pecó ni le atribu-
yó al Señor ninguna mala intención. Sal 91.1-13

2 En otra ocasión se presentaron ante
el Señor sus servidores, y también llegó Satanás.

2 Cuando el Señor lo vio, le preguntó:

«¿De dónde vienes?»

Y Satanás le contestó:

«Vengo de andar recorriendo la tierra.»

3 El Señor le preguntó:

«¿No te has fijado en mi siervo Job, que no hay nadie en la tierra que se le compare? Es un hombre de conducta intachable; no le hace mal a nadie, y es temeroso de Dios. Tú me incitaste a hacerle daño, y a que sin ningún motivo lo arruinara, y aun así él sigue siendo un hombre intachable.»

4 Pero Satanás le respondió al Señor:

«Todo es cuestión de dar y recibir. La gente es capaz de darlo todo, con tal de salvar el pellejo.

5 Pero quítale a Job tu protección, tócalo
en su propio cuerpo, ¡y ya verás cómo blasfema contra ti en tu propia cara!»

6 Entonces el Señor dijo:

«Ahí está Job. Lo dejo en tus manos. Pero no le quites la vida.»

7 Satanás salió de la presencia del Señor, pero le envió a Job una sarna tan violenta que lo cubrió de pies a cabeza.

8 Era tal la comezón que Job, sentado en medio de la ceniza, se rascaba con un pedazo de teja.

9 Su esposa lo llenó de reproches y le dijo: «¿Todavía insistes en seguir siendo perfecto? ¡Maldice a Dios, y muérete!»

10 Pero Job le respondió:

«Hablas como una de tantas necias. ¿Acaso hemos de recibir de Dios sólo bendiciones, y no las calamidades?»

Y aun así, Job no pecó ni de palabra.

11 Job tenía tres amigos de lugares diferentes: Elifaz era de Temán, Bildad era de Súaj, y Sofar era de Namat. Cuando ellos se enteraron de la tragedia de su amigo, se pusieron de acuerdo para ir a visitarlo y consolarlo.

12 Cuando ya estaban a cierta distancia, se fijaron en él y no pudieron reconocerlo; entonces rasgaron sus mantos y se pusieron a llorar, y en señal de dolor se echaron ceniza sobre la cabeza.

13 Luego se sentaron en el suelo junto a Job, y así estuvieron siete días con sus noches, sin que ninguno de ellos se atreviera a decirle algo, pues veían que era muy grande su dolor.

Queja de Job

3 Después de eso, Job habló y maldijo el día de su nacimiento.[a]

2 Y dijo:

3 «Que perezca el día en que me concibieron,
y la noche en que dijeron: "¡Ya nació un varón!"
4 Que se oscurezca ese día,
y que Dios en lo alto no lo tome en cuenta.
Que ese día el sol deje de brillar,
5 y las tinieblas de muerte lo oscurezcan.
Que lo envuelva un manto de oscuridad
y lo deje como un día horrible y bochornoso.
6 Que sea esa noche todo oscuridad;
que nadie la cuente entre los días del año;
¡que no sea incluida en ninguno de los meses!
7 Que sea contada como una noche estéril,
en la que nadie emitió un solo grito de alegría.
8 Que maldigan esa noche los que conjuran al mar,
los que saben despertar al furioso Leviatán.
9 Que no brillen las estrellas en el alba,
ni llegue nunca la esperada luz;
¡que no se vea la luz de la mañana!

10 »¿Por qué no fue cegado el vientre de mi madre?
¿Por qué no se escondió de mis ojos la miseria?
11 ¿Por qué no morí dentro de su vientre,
o al momento mismo de nacer?
12 ¿Por qué me recibió entre sus rodillas?
¿Por qué me amamantó en su pecho?
13 ¡Ahora estaría yo tranquilo y en reposo!

[a]**3.1-19:** Jer 20.14-18.

UNA REPUTACIÓN INTACHABLE (*Job 2.3*)

Dios describió a Job como un hombre que era "un hombre recto". Eso quiere decir que Job era inocente y vivía según los principios de Dios. Eso que no quiere decir que Job nunca pecó. Jesús fue el único que vivió sin pecar. Por eso es que Él pudo morir en nuestro lugar en la cruz. Si creemos en Él, Dios también nos ve a nosotros como personas "rectas".

¡Estaría disfrutando de un sueño
sosegado!
14 Descansaría entre reyes y ministros,
cuyos monumentos hoy están en
ruinas;
15 ¡estaría entre poderosos gobernantes,
que llenaban de oro y plata sus palacios!

16 »¿Por qué no me trataron como a un
abortivo,
y me enterraron para nunca ver la luz?
17 En la tumba los malvados no perturban;
allí descansan los cansados de vivir;
18 allí reposan de sus penas los cautivos,
pues no escuchan más la voz del
capataz;
19 allí los niños y los viejos son iguales,
y el esclavo se libera de su amo.

20 »¿Por qué llega a ver la luz el que
trabaja,
y se deja vivir al de espíritu amargado?
21 Esperan la muerte, y ésta no llega,[b]
aunque la anhelan más que al oro,
22 ¡pero cuán grande es su alegría
cuando al fin encuentran el sepulcro!

23 »¿Para qué vivir en un camino
incierto,
donde Dios te cierra el paso?
24 ¡Mi pan lo ingiero entre suspiros,
y entre lágrimas que corren como el
agua!
25 Me ha sobrevenido un temor espantoso;
lo que más temía, me ha sucedido.
26 No encuentro paz ni reposo;
vivo intranquilo y en constante turbación.»

Primera reprensión de Elifaz a Job

4 Elifaz, el temanita, respondió:
2 «Tratar de hablarte te será molesto;
pero, ¿quién podría quedarse callado?
3 Yo recuerdo que tus sabias enseñanzas
infundían fortaleza a los débiles.
4 Si alguien caía, tus palabras lo levantaban;
tú sostenías al que estaba por caer.
5 Pero ahora que eres tú quien sufre,
¡te desanimas y no logras superar tu
turbación!
6 ¿Desconfías acaso de tu temor a
Dios?
¿Ya no crees que tu integridad puede
salvarte?

7 »Piensa en esto: ¿quién castiga al
inocente?
¿Dónde has visto que el justo sufra
algún daño?
8 Lo que sí he llegado a ver es lo
siguiente:
los que siembran maldad, cosechan lo
que siembran;
9 el aliento de Dios sopla sobre ellos,
y su enojo contra ellos los consume.
10 Aunque rujan como leones y gruñan
como cachorros,
Dios los calla y les rompe los colmillos.
11 El león viejo muere por falta de
presa,
y los cachorros de la leona se van por
su camino.

12 »Mucho de esto lo desconocía;
pero una noche escuché un rumor.
13 En mis tenebrosas pesadillas,
y cuando mi sueño era más profundo,
14 algo me hizo temblar de miedo;
¡algo hizo que me estremeciera hasta
los huesos!
15 Sentí sobre mi piel el soplo de un
espíritu,
y el pelo de mi cuerpo se erizó.
16 Delante de mis ojos estaba una
silueta;
y aunque no pude ver su rostro,

[b] **3.21:** Ap 9.6.

alcancé a escuchar que susurraba:
17 "¿Acaso el hombre es más justo que Dios?
¿Es acaso más puro que su propio creador?
18 Si Dios no confía ni en sus ángeles,
pues ve la torpeza de sus propios siervos,
19 ¿cómo puede confiar en el hombre,
que habita en casas construidas sobre el barro,
y que un día será pasto de los gusanos?
20 Nace por la mañana y muere por la noche,
y se pierde para siempre, sin que nadie lo recuerde;
21 ¡es arrancado, como las estacas de una carpa,
y muere antes de alcanzar sabiduría!"

5 »Grita cuanto puedas; a ver quién te responde.
¿A qué dioses puedes apelar?
2 Es un hecho que al necio lo mata la ira,
y a los que todo codician los mata la envidia.
3 He visto cómo prospera el malvado,
pero al mismo tiempo he deseado su desgracia;
4 he deseado que sus hijos vivan inseguros,
y que en el tribunal no se les haga justicia,
que no haya quién los defienda;
5 que los hambrientos se coman su cosecha,
y que ellos la rebusquen entre los espinos;
que los sedientos los dejen en la ruina.
6 Ni la aflicción ni los sufrimientos
brotan de la tierra sin razón alguna;
7 en cambio nosotros somos como las chispas:
saltamos por el aire tan sólo para morir.

8 »Yo, en tu lugar, recurriría a Dios
y me pondría en sus manos.
9 Dios hace cosas grandes e incomprensibles;
¡imposible contar las maravillas que realiza!
10 Con su lluvia cubre toda la tierra;
con el agua empapa los campos.
11 A los humildes los enaltece,
y a los afligidos los consuela.
12 Desbarata los planes de los astutos,
y hace que sus proyectos fracasen;
13 atrapa a los malvados con sus propias artimañas[a]
y desbarata sus planes perversos.
14 En pleno día caminan como ciegos;
a pleno sol andan a tientas, como de noche.
15 Dios libra a los pobres del poder de los impíos;
los libra del poder de los violentos
y de sus lacerantes ofensas.
16 Dios es la esperanza de los débiles;
Dios les tapa la boca a los malvados.

17 »¡Dichoso aquél a quien Dios corrige!
Así que agradece la corrección del Todopoderoso.[b]
18 Dios abre heridas, pero también las sana;
hiere tu cuerpo, pero te devuelve la salud.
19 Cuando te vengan seis desgracias,
en la séptima te librará del mal.
20 Aunque haya hambre, él te dará vida;
aunque haya guerra, te librará de la espada.
21 Te librará de la gente de lengua mordaz,
y ante un desastre no tendrás nada que temer.
22 Podrás reírte de la destrucción y del hambre;
no temerás que te ataquen las fieras salvajes.
23 Estarás en paz con las piedras del campo,

[a] **5.13:** 1 Co 3.19. [b] **5.17:** Pr 3.11-12; Heb 12.5-6.

y los animales salvajes serán tus amigos.
24 Sabrás lo que es vivir en paz,
tendrás tu propio ganado, y nada te faltará.
25 Disfrutarás de una vasta descendencia,
que crecerá como la hierba del campo.
26 Morirás tras haber vivido una larga vida;
en plena madurez, como las espigas de trigo.
27 Esto lo hemos indagado, y sabemos que es verdad;
óyelo bien, pues tú mismo puedes comprobarlo.»

Job responde a Elifaz

6 Job le respondió, y dijo:
2 «¡Cómo quisiera que pusieran en la misma balanza
mi tormento por un lado y mi queja por el otro!
3 ¡Verían que pesan más que la arena del mar!
¡Por eso he hablado sin ton ni son!
4 El Dios poderoso me ha clavado sus flechas,
y puedo sentir su veneno penetrar en mi espíritu;
¡los terrores de Dios me tienen asediado!
5 ¿Rebuzna el asno montés si no le falta hierba?
¿Muge el buey si no le falta pastura?
6 ¿Habrá quien coma sin sal la comida desabrida?
¿A quién le gusta la clara del huevo?
7 ¡Pues las cosas que antes no soportaba
son las que ahora me alimentan!

8 »¡Cómo quisiera que Dios me escuchara,
y que me concediera lo que más anhelo!
9 ¡Cómo quisiera que Dios me quitara la vida,
que descargara su mano y me hiciera morir!
10 Para mí, sería un gran consuelo
morir de inmediato sin importar el dolor,
pues no he renegado de su santa voluntad.
11 ¿Quién me refuerza y me mantiene de pie?
He perdido la paciencia, pues desconozco mi fin.
12 ¿Soy acaso tan duro como la roca?
¿Acaso es mi piel resistente como el bronce?
13 Estoy tan débil, que no me puedo mover,
y nadie viene para brindarme auxilio.
14 Al amigo que sufre se le consuela,
aunque se haya olvidado del Todopoderoso.
15 ¡Pero mis impetuosos amigos me han fallado!
¡Son como las corrientes que se salen de su cauce!
16 Son como el agua turbia y congelada,
que se queda cubierta por la nieve
17 pero que con el sol se derrite
y con el calor se evapora.
18 Sin agua, las caravanas pierden el rumbo
y acaban por perderse en el desierto.
19 Las caravanas de Temán y de Sabá
buscaban agua y esperaban encontrarla,
20 Pero al llegar allí se quedaron pasmados;
se vio frustrada su esperanza de vivir.
21 ¡Y así me han dejado ustedes a mí!
¡Al ver mi sufrimiento, se han llenado de miedo!
22 ¿Acaso les pedí que trajeran sus bienes,
y que me sacaran de mi doloroso apuro?
23 ¿Les pedí que me libraran de mi enemigo,

o que me rescataran del poder de los
violentos?
24 »¡Ilústrenme, y guardaré silencio!
Quiero comprender cuál es mi error.
25 Cuando es justa la censura, es bienvenida;
pero ustedes me acusan sin razón.
26 Ustedes censuran todo lo que digo,
¡pero son palabras que se lleva el
viento!
27 ¡Ustedes son capaces de vender a un
huérfano,
y de cavar un hoyo para enterrar a un
amigo!

28 »Escúchenme, si quieren atenderme;
piensen bien si soy capaz de mentirles.
29 Vuelvan a juzgarme, pero sin saña;
reconsideren mi causa y vean si es
justa.
30 ¿Acaso he hablado con malas intenciones?
¿Acaso no distingo entre el bien y el
mal?

7 »Nuestra vida en este mundo es de
duro trabajo;
nuestros días son como los de un
jornalero.
2 Somos como los esclavos: sólo queremos descansar;
parecemos asalariados: sólo queremos
que nos paguen.
3 Pero en mi caso, ¿qué me ha tocado?
¡Meses de sufrimiento y noches de
miseria!
4 Me acuesto y me pregunto si volveré
a levantarme;
se me hacen largas las noches, esperando el nuevo día.
5 Mi cuerpo es una costra infestada de
gusanos;
la poca piel que me queda huele mal
y supura.
6 Pasan mis días más veloces que una
lanzadera,
y ya he perdido toda esperanza.

7 »Dios mío, recuerda que mi vida es
como un suspiro,
y que mis ojos no volverán a ver el
bien.
8 Los que hoy me ven, no volverán a
verme,
pues cuando tú me mires, dejaré de
existir.
9 Como nubes que se van desvaneciendo
son los que mueren: del sepulcro jamás
volverán.
10 Jamás vuelven a su casa;
en su lugar de origen son olvidados.

11 »Por eso no puedo quedarme
callado.
Es tanta mi angustia y mi amargura
que tengo que dar voz a mi queja.
12 ¡Yo no soy el mar, ni un monstruo
marino,
para que tengas que ponerme una
mordaza!
13 Cuando pienso hallar consuelo en mi
lecho,
y que acostado atenuaré mis quejas,
14 tú vienes y me asustas en mis sueños;
¡me llenas de terror con visiones!
15 ¡Preferiría que me estrangularas,
que me quitaras la vida!
16 ¡Aborrezco esta vida! ¡No quiero
seguir viviendo!
¡Déjame ya! ¡No vale la pena seguir
viviendo!
17 ¿Qué es el ser humano, que lo engrandeces,
y lo tienes tan cerca de tu corazón?[a]
18 ¿Por qué lo visitas todos los días,
y a todas horas lo pones a prueba?
19 ¿Cuándo vas a dejar de vigilarme?
¿Cuándo vas a dejarme siquiera tragar
saliva?
20 Si he pecado, ¿qué daño puedo
hacerte?

[a] **7.17:** Sal 8.4; 144.3.

LECCIONES "¡DÉJAME TRANQUILO!"

(Job 7.16)

Job pensó: ¡Ya no puedo más! Hasta le pidió a Dios que lo dejara tranquilo, porque pensaba que Dios permitiría que vinieran más problemas a su vida. Tal vez te hayas sentido así a veces. Cuando la vida es difícil, muchas personas dejan de hablar con Dios porque creen que Dios ha dejado de amarlas. Pero aunque Job estaba tremendamente adolorido, se negó a dejar de hablar con Dios. Al sentirse completamente abandonado en la cruz, Jesús también clamó a Dios (Mateo 27:46). Cuando te sientas enojado u ofendido, aun si estás enojado u ofendido con Dios, habla con Él acerca de tus sentimientos. ¡Él te escucha!

¡Deja ya de vigilar a los seres humanos!
¿Por qué te ensañas tanto conmigo?
¿Por qué me ves como una carga?
21 ¡Quítame esta rebeldía, y perdona mi maldad!
Así podré volver a ser polvo,
y si mañana me buscas, ya no existiré.»

Primera reprensión de Bildad a Job

8 Entonces Bildad el suhita, dijo:
2 «¿Cuánto tiempo vas a hablar así,
con palabras impetuosas como el viento?
3 Dios no pervierte la justicia;
el Todopoderoso no retuerce el derecho.
4 Si tus hijos pecaron contra él,
murieron porque él les dio su merecido.
5 Pero si tú buscas al Dios Todopoderoso,
desde muy temprano imploras su compasión,
6 él te brindará su protección y te restaurará tus bienes,
siempre y cuando actúes con pureza y rectitud.
7 Las pocas riquezas que llegaste a poseer
no podrán compararse con las que tendrás después.

8 »Consulta la experiencia de los que ya pasaron,
y disponte a averiguar lo que sus padres descubrieron.
9 Nosotros nacimos ayer, y muy poco sabemos;
nuestros días en este mundo pasan como una sombra.
10 Ellos te hablarán y te enseñarán;
te hablarán con el corazón en la mano.
11 ¿Acaso crecen los juncos si no hay pantano?
¿O crecen los papiros donde no hay agua?
12 Sin embargo, aún verdes y sin haberlos cortado,
se marchitan antes que cualquier otra hierba.
13 Así también son los que de Dios se olvidan;
así termina la esperanza de los malvados.
14 Toda su esperanza y su confianza
es tan frágil como la tela de una araña.
15 Quien se apoye en sus hilos, no quedará en pie;
en cuanto los agarre, se reventarán.
16 Son como la hierba verde y tendida al sol,
que esparce sus renuevos por todo el jardín;
17 echan raíces en torno a una fuente,
y se arraigan en lugares pedregosos;
18 pero si son arrancados de su sitio
nadie sabrá si alguna vez estuvieron allí.
19 Tal vez disfrute de su corta prosperidad,
pero allí mismo brotarán otros renuevos.

20 »Dios no rechaza al de conducta intachable,

ni tiende la mano al que vive en la
maldad.
[21] Así que él volverá a hacerte reír,
y en tus labios pondrá una radiante
sonrisa.
[22] Tus enemigos serán avergonzados,
y sus casas serán destruidas.»

Job responde a Bildad

9 Entonces Job le respondió:
[2] «Esto es verdad, y lo sé.
¿Cómo puede el hombre justificarse
ante Dios?
[3] De ninguna manera pretendo contender con él,
porque no podría responderle una
cosa entre mil.
[4] Su corazón es sabio, y grande es su
poder;
nadie puede desafiarlo y salir bien
librado.
[5] En su furor, hace polvo las montañas,
y nadie sabe quién las hizo añicos.
[6] Hace que la tierra se sacuda,
y que sus bases se estremezcan;
[7] ordena al sol no salir, y éste no sale;
a las estrellas les quita su brillo;
[8] extiende los cielos como un manto,
y se pasea sobre las olas del mar;
[9] él hizo la Osa, las Pléyades[a] y el Orión,
y las constelaciones del sur;
[10] sus grandes maravillas nadie las puede entender;
son tan numerosas que nadie las puede contar.
[11] Si él pasara frente a mí, no lo podría
contemplar;
no soy capaz de entender su presencia
[12] Si él arrebata, ¿quién le hará restituir?
¿Quién puede cuestionarlo por lo que
hace?

[13] »Dios no se retracta, si se enoja;
ante él se humillan incluso los más
soberbios.
[14] ¿Cómo podría yo responderle?
¡No podría hallar las palabras para
contradecirle!
[15] Aun si yo fuera inocente, no me
puedo defender;
más bien, le rogaría que me tuviera
compasión.
[16] Si yo quisiera hablarle, y él me respondiera,
me es difícil creer que me hiciera caso.
[17] Ya me ha enviado una lluvia de
quebrantos,
y sin razón me ha causado muchas
heridas.
[18] ¡Son tantas mis amarguras
que ni tiempo tengo de recobrar el
aliento!
[19] Si hablamos de su poder, él es más
poderoso;
si hablamos de llevarlo a juicio, ¿quién
lo emplazará?
[20] Si me declaro inocente, mi propia
boca me condena;
si me declaro perfecto, eso me hace
culpable.
[21] Aunque sea yo inocente, eso no
importa,
pues tengo mi vida en poca estima.

[22] »Pero hay algo más que quiero decir:
Dios destruye tanto al bueno como al
malo.
[23] Cuando ocurre algún desastre
repentino,
él parece burlarse de la angustia del
inocente.
[24] Cuando la tierra cae en poder de los
malvados,
él les cierra los ojos a los jueces.
Y si esto no lo hace Dios, ¿entonces
quién?

[25] »Veo que mis días se van con gran
rapidez;
se van sin que yo haya sabido qué es
ser feliz.

[a] **9.9:** Job 38.31; Am 5.8.

PALABRAS CON PODER

MEDIADOR
(*Job* 9.33)

Un mediador es alguien que hace súplicas ante una persona en nombre de otra persona. Job quería tener un mediador que mediara entre él y Dios para unirlos. La petición de Job nos recuerda a Jesús, quien llegó a ser nuestro mediador. Ya que vino a la tierra como un ser humano, Jesús pudo identificarse con nuestra situación y nuestra separación de Dios. Cuando Él murió en la cruz, no sólo pagó la pena de nuestro pecado, sino que también vino a ser nuestro mediador. Él cierra la brecha entre nosotros y Dios.

26 Pasan las horas como naves fugaces,
como águilas que raudas caen sobre su presa.
27 Si yo dijera: "Voy a olvidar mis lamentos,
y a poner una cara alegre para seguir adelante",
28 aún me perturbarían todos mis dolores,
pues nadie cree que sea yo inocente.
29 Y como nadie cree en mi inocencia,
¿para qué voy a esforzarme en vano?
30 Aunque me lave con jabón,
y me restriegue las manos con lejía,
31 aun así me arrojarías al muladar,
¡y mis vestidos resultarían repugnantes!
32 Dios no es como yo, un simple hombre
a quien yo pueda acusar y llevar a juicio.
33 Tampoco hay un juez entre nosotros,
ante el cual podamos dirimir nuestro caso.
34 Nada le impide a Dios castigarme
y llenarme de terror.
35 ¡Cómo quisiera poder hablar sin temor,
pero no estoy en condiciones de hacerlo!

10 »¡Estoy cansado de esta vida!
Voy a dar rienda suelta a mi queja;
voy a hablar con toda la amargura de mi alma.
2 Le diré a Dios: "No me condenes.
Hazme saber qué tienes contra mí.
3 ¿Acaso está bien que me oprimas,
que desprecies esta creación de tus manos
y te pongas de parte de los impíos?
4 ¿Acaso ves con ojos humanos,
con los ojos de simples mortales?
5 ¿Acaso tus días son como los nuestros,
o vives tus años como un simple mortal?
6 ¿Para qué investigar mis faltas?
¿Para qué rebuscar en mi maldad?

7 "Tú bien sabes que no soy un malvado,
y que nadie puede librarme de tus manos.
8 Tú, con tus propias manos me formaste;
¡me hiciste y me rehiciste!
9 Recuerda que fuiste tú quien me dio forma,
¿y ahora deshaces ese barro que moldeaste?
10 Me batiste, como si batieras leche,
y me hiciste cuajar, como queso.
11 Me recubriste con carne y piel,
y entretejiste mis huesos con mis nervios.
12 Me diste vida y me llenaste de amor;
con tus cuidados protegiste mi espíritu.

13 "Pero hay cosas que tu corazón se guarda,
y que siempre tienes presentes.
14 Tú me vigilas, y si acaso he pecado,
no me declares limpio de mi maldad.

15 ¡Ay de mí, si hubiera pecado!
¡Pero soy inocente, y no puedo dar la cara!
¡Estoy cansado de verme deshonrado y afligido!
16 Recurres a tus maravillas y me acechas como león;
¡apenas levanto la cabeza, y tú me destruyes!
17 Arremetes contra mí, como ejército impetuoso,
¿pero qué pruebas tienes contra mí?

18 "¿Por qué me dejaste nacer?
Si yo hubiera muerto, nadie me habría visto.
19 Quisiera no haber existido nunca,
y haber sido llevado del vientre a la sepultura.
20 ¿Acaso no tengo pocos días de vida?
¡Pues déjame tranquilo! ¡Dame un poco de consuelo,
21 antes que me vaya para nunca volver!
Me iré al reino de las sombras y la muerte,
22 al reino de la más profunda oscuridad,
donde la luz se parece a las tinieblas."»

Primera reprensión de Sofar a Job

11 Habló entonces Sofar el namatita:

2 «El que habla mucho, ¿no debe escuchar?
¿Se declara inocente al parlanchín?
3 ¿Vas a engañarnos con tus embustes?
¿Te burlas de nosotros sin que nadie te responda?
4 Tú afirmas: "Lo que digo es la verdad.
No tengo nada de qué avergonzarme."
5 ¡Cómo quisiera yo que Dios hablara
y que con sus propios labios te acusara;
6 que te revelara los secretos de la sabiduría,
y te hiciera ver el otro lado de la moneda!
Verías entonces que Dios no te ha castigado
como realmente lo merece tu maldad.

7 »¿Puedes descubrir los secretos de Dios?

LECCIONES

AFERRADO A DIOS *(Job 10.16)*

"¡No es justo!" Job pensaba que Dios estaba siendo injusto con él. Los momentos difíciles prueban lo que creemos acerca de Dios. Cuando las cosas andan bien, orgullosamente proclamamos nuestro amor por Dios, pero cuando sucede algo malo, ¿todavía proclamamos que lo amamos? Dios quiere que nos aferremos a Él, pase lo que pase. Jesús les dijo a sus discípulos: "Permanezcan en mí" (Juan 15:4). Esa es otra manera de decir: "Mantente siempre cerca de mí". Aun si creemos que Dios está siendo injusto, Él todavía quiere que nos encontremos con Él, por medio de la oración y la lectura de su Palabra.

PODER PARA VIVIR

UNA RAZÓN PARA EL SUFRIMIENTO *(Job 10.2)*

Cuando pasamos por momentos duros, es difícil no preguntarse por qué nos están pasando estas cosas. Job no podía entender por qué Dios permitía que él sufriera tanto. Y Dios no le explicó ni una vez el porqué de su sufrimiento. Está bien preguntarle a Dios por qué estamos sufriendo, pero probablemente no tendremos la respuesta hasta que lleguemos al cielo. Mientras tanto, podemos escoger acercarnos más a Dios durante los momentos difíciles.

¿Puedes ser tan perfecto como el
Todopoderoso?
8 ¿Cómo podrías, si están por encima
de los cielos?
¿Cómo podrías, si son más profundos
que el sepulcro?
9 ¡Son más extensos que la tierra!
¡son más vastos que el ancho mar!
10 Si Dios te aprehende, y te llama a
cuentas,
no podrás hacerlo desistir.
11 Dios sabe cuando la gente es falsa;
se da cuenta cuando la gente actúa
mal.
12 ¿Sabes cuándo el necio llegará a ser
sabio?
¡Cuando de un asno montés nazca un
hombre!

13 »Si de todo corazón elevas tus
manos,
y te dispones a rogarle a Dios;
14 y si te arrepientes de toda maldad,
y alejas de tu casa la iniquidad,
15 podrás levantar la cara limpia de
pecado,
y podrás sentirte libre y sin ningún
temor;
16 te olvidarás de tus tristezas,
o pensarás en ellas como el agua que
pasa.
17 Tu vida será más clara que la luz del
mediodía,
y aun la oscuridad será como el amanecer.
18 Volverás a confiar porque tendrás
esperanza;
y rodeado de paz podrás dormir
tranquilo.
19 Nada podrá perturbar tu sueño;
y muchos te buscarán para pedir tu
favor.
20 Pero los malvados irán perdiendo la
vista,
y no hallarán un lugar de refugio;
sólo desearán exhalar el último suspiro.»

Job responde a Sofar

12 Job tomó la palabra y dijo:
2 «¡No hay duda! ¡Ustedes son
la voz del pueblo!
¡Cuando ustedes mueran, morirá la
sabiduría!
3 Pero yo también tengo un poco de
sesos,
y no me siento inferior a ustedes.
¿Quién no sabe todo lo que han dicho?

4 »Yo invocaba a Dios, y él me respondía;
¡pero ahora hasta mis amigos se burlan
de mí!
¡Por ser honesto soy objeto de burlas!
5 "El que está por caer, ¡que se caiga!"
Eso piensan quienes se sienten seguros.
6 En esta vida los ladrones prosperan,
Y se sienten seguros los que ofenden
a Dios.
¡Creen que Dios mismo les ha dado
todo!

7 »Observa a los animales, y aprende
de ellos;
Mira a las aves en los cielos, y oye lo
que te dicen.
8 Habla con la tierra, para que te
enseñe;
hasta los peces te lo han de contar.
9 ¿Habrá entre éstos alguien que no
sepa
que todo esto lo hizo la mano del
Señor?
10 La vida de todo ser está en sus
manos;
¡él infunde vida a toda la humanidad!

11 »El oído distingue las palabras,
el paladar reconoce los sabores,
12 los ancianos poseen sabiduría,
y una larga vida acumula entendimiento;
13 pero la sabiduría y el poder son de
Dios,

y suya también la decisión inteligente.
14 Lo que Dios destruye, nadie lo reconstruye;
a quien él encierra, nadie puede liberarlo;
15 si él detiene las aguas, viene la sequía;
si envía lluvias torrenciales, la tierra se inunda.
16 Suyos son la sabiduría y el poder;
suyos son los que yerran y los que hacen errar.
17 Él despoja de buen juicio a los consejeros,
y entorpece el criterio de los jueces;
18 deshace las cadenas de los tiranos,
y los manda en cadena al cautiverio;
19 despoja de su poder a los sacerdotes,
y derriba del trono a los poderosos;
20 arrebata la palabra a los consejeros,
y deja a los ancianos sin inteligencia;
21 cubre de ignominia a los príncipes,
y expone a la vergüenza a los poderosos;
22 saca a la luz las fuerza ocultas,
y pone al descubierto las más densas tinieblas.
23 Por él las naciones prosperan o son destruidas;
es él quien las dispersa o las vuelve a reunir;
24 él entorpece el juicio de los gobernantes,
y los hace vagar sin rumbo por el desierto;
25 y éstos caminan a tientas, como ciegos sin guía,
y van dando traspiés, como todo borracho.

13 »Con mis propios ojos he visto todo esto,
y lo he oído y entendido con mis oídos.
2 Lo que ustedes saben, también yo lo sé;
en nada soy menos que ustedes.
3 Pero yo quisiera hablar con el Todopoderoso;
me encantaría defenderme ante Dios mismo.
4 Francamente, ustedes son unos embusteros;
como médicos, son unos charlatanes.
5 ¡Cómo quisiera que cerraran la boca!
¡Eso, en ustedes, ya sería sabiduría!
6 Pero les pido que escuchen mis razones,
y que presten atención a mis argumentos.
7 ¿Van a hablar falsedades en nombre de Dios?
¿Van a proferir engaños en su nombre?
8 ¿Van a ponerse de su parte?
¿Se sienten capaces de defenderlo?
9 Y, si él investigara todo lo que ocultan,
¿se burlarían de él, como se burlan de mí?
10 Al contrario, Dios les echaría en cara
que con dolo favorezcan a unos y a otros no.
11 Seguramente su grandeza los llenaría de temor,
y sobre ustedes dejaría caer su pavor.

CONFIAR EN DIOS EN LOS MOMENTOS DIFÍCILES (*Job 12.13*)
Job no entendía lo que Dios estaba haciendo, pero entendía la verdad acerca de Dios: que la sabiduría y la fortaleza vienen de Dios. Dios sabe lo que es mejor para nosotros en cada situación. Tal vez sea difícil creer esto cuando Dios permite que suframos. Sin embargo, Dios usa estos momentos para ayudarnos a desarrollar nuestros músculos espirituales. En esta vida, no siempre será claro cómo Dios está haciendo que todas las cosas nos ayuden a bien (lee Romanos 8:28). Pero Él todavía quiere que confiemos en Él.

[12] ¡Ustedes citan proverbios sin sustento,
y su defensa se desmorona, como el lodo!

[13] »Escuchen lo que tengo que decir;
no importa qué me pueda suceder.
[14] ¿Por qué habría yo de hacerme daño,
y atentar contra mi propia vida?
[15] Aunque el Señor me mate, yo en él confío;
pero en su cara defenderé mis actos.

Sal 46

[16] Esto podría significar mi salvación,
pues Dios no tolera al malvado en su presencia.
[17] Presten atención a mis razones;
presten oído a mis declaraciones.
[18] Voy a exponerles mi caso,
y sé muy bien que seré justificado.
[19] ¿Quién quiere ser la parte acusadora?
Si me hacen callar, aceptaré la muerte.

[20] »Dios mío, concédeme dos favores
para que no me esconda de ti:
[21] Deja ya de castigarme,
y no sigas infundiéndome terror.
[22] Si tú me llamas, yo te responderé;
si yo te llamo, tú tendrás que responderme.
[23] ¿Cuál es mi maldad? ¿Cuál es mi pecado?
¡Dime en qué te he ofendido!
[24] ¿Por qué me das la espalda?
¿Por qué me consideras tu enemigo?
[25] ¿Vas a perseguir a una hoja en el viento?
¿Vas a ir tras la paja seca?
[26] ¿Por qué me prescribes tragos amargos
y me imputas los pecados de mi juventud?
[27] Me sujetas los pies con cadenas,
me vigilas por dondequiera que voy,
y sigues la huella de mis pasos.
[28] Mi cuerpo se desgasta como odre viejo;
¡se deshace como vestido apolillado!»

14 »Todos los que nacemos de una mujer
vivimos muy poco y sufrimos demasiado.
[2] Somos como las flores: al cortarlas se marchitan;
somos como sombras: efímeras y pasajeras.
[3] ¿Y sobre alguien así pones los ojos?
¿Y con alguien así entras en juicio?
[4] ¿Acaso la impureza puede purificarse?
¡Eso es algo que nadie puede lograr!
[5] Los días del hombre ya están contados;
tú has decidido ya cuántos meses vivirá;
su vida tiene un límite que no puede traspasar.
[6] ¡Deja de mirarlo! ¡Déjalo tranquilo!
¡Deja que goce de la vida antes de morir!

[7] »Al árbol cortado, le quedan raíces;
y vuelve a retoñar, y no le faltan renuevos.
[8] Tal vez con el paso del tiempo envejezca su raíz,
y su tronco llegue a morir en el polvo,
[9] pero al sentir el agua, cobra vida,
y crece y echa nuevo follaje.
[10] Pero si el hombre muere, termina su vida;

PROMESAS PODEROSAS

JOB 13.15

Aunque el Señor me mate, yo en él confío; pero en su cara defenderé mis actos.

Esta es una de las declaraciones más increíbles acerca de Dios que jamás se hayan hecho. Job estaba convencido de que Dios no le fallaría, aun si Dios permitía que le acontecieran cosas malas. Los NIÑOS PODEROSOS también necesitan tener este tipo de fe.

si el hombre perece, ¿a dónde va a
parar?
11 ¡Se evapora, como el agua del mar!
¡Desaparece, como el agua de un río
seco!
12 El hombre muere y no vuelve a
levantarse;
¡mientras el cielo exista, no se levantará
de su sueño!

13 »Quisiera que me escondieras en el
sepulcro,
que me ocultaras mientras se aplaca
tu enojo,
que te fijaras un plazo para acordarte
de mí.
14 Cuando el hombre muere, ¿acaso
vuelve a vivir?
Mientras tenga que cumplir mi servicio
obligatorio,
esperaré con paciencia a que llegue mi
relevo.
15 Cuando tú me llames, yo te responderé;
y te deleitarás en la obra de tus manos.
16 Dejarás entonces de vigilar todos mis
pasos,
y dejarás también de contar todos mis
pecados,
17 echarás en un saco y guardarás todas
mis locuras,
y cubrirás por completo mis injusticias.

18 »El monte que se desgaja, no vuelve
a levantarse;
ruedan sus peñas y cambian de lugar;
19 el ímpetu del agua desgasta las piedras,
el aluvión arrastra el polvo de la tierra,
y tú pones fin a nuestras esperanzas.
20 Nos apabullas, y desaparecemos;
nos avasallas, y entonces nos despides.
21 Si nuestros hijos llegan a triunfar, no
lo sabremos;
tampoco llegaremos a saber si caen en
la deshonra.
22 Solamente sabremos de nuestros
sufrimientos,
y cargaremos con nuestra propia
tristeza.»

Segunda reprensión de Elifaz a Job

15 Ésta es la respuesta de Elifaz el
temanita:

2 «¿Responde el sabio con palabras
huecas?
¿O exhala de su vientre aire caliente?
3 ¿Acaso disputa con palabras sin
sustento,
o con discursos sin sentido?
4 En cambio, tú reniegas del temor de
Dios;
tienes en poco la devoción en su
presencia.
5 Pero tu misma maldad te condena al
hablar,
pues hablas como cualquier hombre
astuto.
6 Tus propias palabras te condenan, no
las mías;
¡son tus labios los que hablan contra ti!

7 »¿Acaso naciste antes que Adán?
¿Fuiste formado antes que las montañas?
8 ¿Participas en el concilio de Dios?
¿Eres acaso el único sabio?
9 ¿Qué sabes tú, que nosotros no
sepamos?
¿Qué entiendes tú, que nosotros
ignoremos?
10 ¡Entre nosotros hay gente de gran
experiencia,
con más canas y años de vida que tu
padre!
11 ¿Tan poco te parece que Dios mismo
te consuele,
y que te hablemos con palabras llenas
de ternura?
12 ¿Por qué permites que el enojo te
domine,
y te haga echar chispas por los ojos?
13 ¿Por qué te vuelves furioso contra
Dios,

y no les pones freno a tus labios?
14 ¿Qué vale el hombre, nacido de mujer,
para creerse limpio y alegar ser inocente?
15 Si Dios ni en sus ángeles confía,
y a sus ojos ni los cielos están limpios,
16 ¡mucho menos confía en un ser vil y repugnante,
que apaga su sed cometiendo maldad!

17 »Ponme atención, que te voy a contar
las cosas que me ha tocado ver;
18 cosas del pasado que los sabios nos enseñan,
que aprendieron de sus padres y no las esconden.
19 A ellos solos Dios les dio la tierra,
sin la intervención de ningún extraño.
20 El violento vive lleno de tormentos y dolor,
sin que sepa ese malvado cuánto tiempo vivirá.
21 En sus oídos resuenan ruidos espantosos;
cuando goza de paz, viene el ladrón y lo asalta.
22 Sin esperanza, se hunde en las tinieblas,
y sólo espera el puñal que le quitará la vida.
23 Hambriento vaga, preguntando dónde hay pan,
sabiendo que la muerte muy pronto llegará.
24 Vive abrumado y en angustia constante,
como un rey al que están por atacar.
25 Esto le sucede por rebelarse contra Dios,
por desafiar osadamente al Todopoderoso.
26 Se lanzó contra Dios en abierto desafío,
con la sola protección de un pesado escudo.
27 Su cara es una bola de grasa;
su cintura está sobrada de carnes;
28 habita en ciudades desoladas,
en casas que nadie puede habitar
porque han quedado en ruinas.
29 Sus riquezas pronto se acabarán,
y no podrá extender sus posesiones.
30 Nada lo librará de caer en la tumba;
Será como rama consumida por el fuego,
¡como flores arrancadas por el viento!

31 »Que no confíe ingenuamente en el engaño,
porque acabará siendo engañado.
32 La muerte le llegará antes de tiempo,
mucho antes de llegar a tener descendientes.
33 Será como una viña sin racimos de uvas,
¡como un olivo que no llega a florecer!
34 Los malvados desaparecerán de la tierra;
la casa del que soborna será pasto de las llamas,
35 pues concibe hacer el mal y da a luz iniquidad;
¡en sus entrañas se gesta el engaño!»

Segunda respuesta de Job a Elifaz

16 Y Job le respondió:
2 «¡Ya he escuchado esto muchas veces!
¡Valiente consuelo me resultan sus palabras!
3 ¿No tienen fin sus palabras huecas?
¿Qué los lleva a no dejar de hablar?
4 Si ustedes estuvieran en mi lugar,
¡también yo les hablaría del mismo modo!
Les lanzaría fuertes acusaciones,
y me burlaría de ustedes y les haría muecas.
5 Pero si yo estuviera en su lugar, les daría ánimo
y con palabras de consuelo mitigaría su dolor.

[6] »Si hablo, mi sufrimiento aumenta;
si guardo silencio, el dolor no me
abandona.
[7] Tú, Dios mío, has acabado con mis
fuerzas;
¡me has dejado completamente aban-
donado!
[8] Testigo de ello es mi piel reseca;
mi rostro lleno de arrugas delata mi
dolor.
[9] Tú, Dios mío, me persigues con
encono;
como fiera, rechinas los dientes contra
mí.
¡Me clavas la mirada, como un enemigo!

[10] »Mis enemigos se ponen de acuerdo,
y hablan contra mí y me dan de
bofetadas;
todos a una me humillan y me gol-
pean.
[11] Tú, Dios mío, me has abandonado;
¡me has dejado caer en manos de
gente malvada!
[12] Yo era un hombre de bien, y me
arruinaste;
me tomaste por el cuello y me sacu-
diste;
¡me pusiste como blanco de tus
ataques!
[13] Tus arqueros me rodearon,
y sin compasión me horadaron los
riñones,
y la hiel se derramó por el suelo.
[14] Tú, Dios mío, me heriste una y otra
vez;
me atacaste con la saña de un guer-
rero.
[15] Cubrí con ropa áspera mi cuerpo,
y humillado me postré hasta el suelo.
[16] Tengo la cara hinchada de tanto
llorar,
y en mis ojos pueden verse grandes
ojeras,
[17] aun cuando no he cometido actos
violentos
y a Dios dirijo oraciones sinceras.

[18] »¡Tierra, no te bebas mi sangre!
¡No dejes impune mi dolor!
[19] Pongo por testigo al que habita en
los cielos;
el que está en las alturas es mi defen-
sor.
[20] Si mis amigos disputan contra mí,
yo espero que Dios escuche mi llanto.
[21] ¡Cómo quisiera yo discutir con Dios,
como lo hacemos con nuestros seme-
jantes!
[22] Pero tengo contados los días,
y voy camino al sepulcro, del cual no
volveré.

17 »La vida se me escapa. Mis días
se acortan.
El sepulcro me está esperando.
[2] Estoy rodeado de gente burlona,
y tengo que verlos derramar su amar-
gura.

[3] »Dios mío, ¡ten la bondad de ser mi
fiador!
Si tú no respondes por mí, ¿quién más
podría hacerlo?
[4] Has ofuscado la inteligencia de éstos,
y no permitirás que salgan triunfantes.
[5] El que traiciona a su amigo por
ganancia,
verá desfallecer de hambre a sus hijos.

[6] »Tú me has puesto en la boca de
todos,
y los que me ven se burlan de mí.
[7] El dolor me va nublando la vista,
y mis pensamientos se van ofuscando.
[8] Ante esto, los hombres buenos se
asombran
y los inocentes se rebelan contra los
malvados;
[9] los hombres buenos mantienen su
postura,
y los hombres honrados se revisten de
fuerza.
[10] ¡Vengan acá, todos ustedes, vengan!
¡Ya sé que ninguno de ustedes es sabio!
[11] Mis años pasan, mis planes se malogran,

PROMESAS PODEROSAS

JOB 16.19

¡Tierra, no te bebas mi sangre!
¡No dejes impune mi dolor!

Aun cuando todos parecían estar en contra de él, Job dependió en Dios como su defensor. Anota algunas ocasiones en las que necesitas que Dios esté de tu lado. Luego confía en que Él siempre está contigo.

lo mismo que los designios de mi
corazón,
12 pero ustedes cambian la noche en
día;
aún está oscuro, y dicen que está
amaneciendo.
13 Si mi única esperanza es el sepulcro,
y he de yacer en medio de tinieblas;
14 si he de reconocer como "padre" al
sepulcro,
y llamar "madre" y "hermanas" a los
gusanos,
15 entonces ¿qué otra esperanza me
queda?
Si acaso la hay, ¿dónde está, que no la
veo?
16 ¡Bajará conmigo hasta el sepulcro,
y allí descansaremos, envueltos en el
polvo!»

Segunda reprensión de Bildad a Job

18 Entonces Bildad el suhita le dijo:
2 «¿Cuándo vas a dejar de
hablar?
Ponte a pensar, y después de eso
hablaremos.
3 ¿Por qué nos consideras unas bestias?
¿Por qué nos ves como gente despre-
ciable?
4 Aunque airado te desgarres el alma,
la tierra no va a quedarse sin vida por
tu causa,
ni las rocas van a cambiar de lugar.
5 »La vida del malvado habrá de extin-
guirse,
y el resplandor de su fuego dejará de
brillar.
6 La luz se irá apagando en su casa,
y su lámpara dejará de alumbrar;
7 sus pasos irán perdiendo su vigor,
y sus planes se volverán contra él.
8 A su paso se le tenderán trampas,
y quedará enredado entre redes.
9 Sus tobillos quedarán atrapados
en la trampa que se le tienda.
10 Le esperan trampas ocultas en el
suelo;
hay trampas escondidas, esperando
que pase.
11 Por todas partes lo asaltará el terror;
por todos lados se verá perseguido.
12 El hambre le hará perder fuerzas,
y el desastre no lo abandonará.
13 La enfermedad irá minando su
cuerpo,
y la muerte le roerá las manos y los
pies.
14 Arrancado de la seguridad de su
casa,
será arrastrado por el rey de los
terrores.
15 Vivirá en su propia casa como en
casa ajena,
y sobre su casa caerá polvo de azufre.
16 Será desarraigado de su pueblo,
y nunca llegará a formar una familia.
17 Su nombre será olvidado por todos,
y nadie en la calle lo reconocerá.
18 Será arrojado de la luz a las tinieblas,
y expulsado de este mundo.
19 No tendrá entre su pueblo pariente
alguno,
ni habrá tampoco quien herede sus
posesiones.
20 Su final aterrará a los de occidente,
y hará temblar de miedo a los de
oriente.
21 Así termina la vida de los malvados;
en eso paran los que no reconocen a
Dios.»

Segunda respuesta de Job a Bildad

19 Entonces Job les respondió:
2 «¿Cuándo van a dejar de
amargarme la vida
y de herirme con sus palabras?
3 ¡Ya es mucho lo que me han ofendido!
¿No les da vergüenza ofenderme
tanto?
4 Aun admitiendo que haya errado,
las consecuencias son asunto mío.
5 Pero ustedes se creen mejores que yo,
y me echan en cara mi vergüenza.
6 Bien saben ustedes que Dios me ha
derribado,
y que me tiene atrapado en su red.
7 Sufro de violencia, y él no me escucha;
le pido ayuda, y no me hace justicia.
8 Me ha cerrado el paso, me impide
avanzar;
mi camino está envuelto en las tinie-
blas.
9 Me ha despojado de mis riquezas;
¡me ha arrebatado mi corona!
10 Por todos lados me acosa. Estoy
acabado.
¡Soy como un árbol frondoso, arranca-
do de raíz!
11 Dios ha descargado su enojo contra
mí,
y me cuenta como uno de sus ene-
migos.
12 Reclutó contra mí a ejércitos de
calamidades,
y los hizo acampar alrededor de mi
casa.

13 »Hasta a mis hermanos los ha alejado
de mí;
mis amigos me ven y se alejan, como
de un extraño.
14 Mis parientes se mantienen a dis-
tancia;
mis conocidos me tienen olvidado.
15 Los visitantes me ven como a un
extraño;
las criadas de mi casa me desconocen.
16 Llamo a mis criados, y no me hacen
caso,
aun cuando personalmente se lo
suplico.
17 Mi propia esposa no soporta mi
aliento,
cuando me acerco y le pregunto por
nuestros hijos.
18 Los jóvenes imberbes me miran con
desdén,
y en cuanto me levanto hablan mal
de mí.
19 Sufro el desprecio de mis propios
amigos;
mis seres queridos me han vuelto la
espalda.
20 Tengo la piel y la carne pegadas a los
huesos,
y los dientes se me caen de las encías.

21 »¡Amigos míos, por favor, apiádense
de mí,
que sobre mí ha caído la mano de Dios!
22 Ustedes me persiguen como el
mismo Dios,
¿y todavía no se hartan de devorarme?
23 ¡Cómo quisiera que mis palabras se
escribieran,
y que en un libro quedaran registradas!
24 ¡Cómo quisiera que se grabaran con
cincel,
y para siempre quedaran esculpidas en
piedra!
25 Yo sé que mi Redentor vive,
y que al final se levantará del polvo.
26 También sé que he de contemplar
a Dios,
aun cuando el sepulcro destruya mi
cuerpo.
27 Yo mismo seré quien lo vea,
y lo veré con mis propios ojos,
aun cuando por dentro ya estoy desfal-
leciendo.
28 Si ustedes me persiguen, pregúnten-
se por qué,
ya que el origen de mis males soy yo
mismo.

29 Tiemblen de miedo ante la espada,
pues con ella Dios castiga toda clase
de maldad.
Así sabrán que hay alguien que juzga.»

Segunda reprensión de Sofar a Job

20 Entonces Sofar el namatita
le dijo:
2 «Creo que estoy obligado a responderte.
No me puedo quedar callado.
3 Te he escuchado censurar mis reprensiones,
y mi inteligencia me obliga a responderte.
4 ¿Acaso no sabes que esto siempre ha
sido así,
desde que hubo el primer hombre en
la tierra?
5 La alegría del malvado no dura
mucho.
El gozo del impío es sólo momentáneo.
6 Aunque su orgullo lo eleve hasta el cielo,
y crea alcanzar las nubes levantando la
cabeza,
7 será, como basura, destruido para
siempre,
y quienes lo hayan visto no volverán
a verlo.
8 Se disipará, se esfumará como un
sueño,
como una visión nocturna que nadie
vuelve a tener.
9 Quienes lo conocieron, nunca más
vuelven a verlo,
y en su pueblo natal nadie lo podrá
reconocer.
10 Sus hijos pedirán la compasión de los
pobres,
y devolverán lo que su padre haya robado.
11 Aunque ahora sea un hombre lleno
de vigor,
en la tumba quedará convertido en
polvo.
12 Solía deleitarse con la miel de su
maldad,
que su lengua paladeaba con deleite;
13 si su maldad le parecía bien, no la
dejaba,
sino que la saboreaba con fruición.
14 ¡Pero luego de comerla, le cambiará
el sabor!
¡Será en sus entrañas como veneno de
víboras!

PALABRAS CON PODER

REDENTOR *(Job 19.25)*

Aunque Job experimentó dolor y desesperación, él creía que Dios lo restauraría al final. Él veía a Dios como su "redentor", el que podía rescatarlo de las tribulaciones. En la época bíblica, un "redentor" era un familiar que venía a proteger a una persona o a rescatar una propiedad perdida (lee Rut 3—4). Pero las palabras de Job también señalan a Jesús, el Redentor quien nos salva del pecado. Jesús dio su vida para redimir la vida tuya. ¿Te puedes imaginar cuánto Él te ama?

PODER PARA VIVIR

CULPAR A DIOS *(Job 19.11)*

Job no entendía la razón de su dolor. Él pensaba que Dios había causado su sufrimiento. Él no sabía que Satanás era la verdadera causa de sus problemas interminables. Como Job, algunas personas culpan a Dios por las cosas malas que acontecen en este mundo. Olvidan que el mal viene de Satanás. Dios odia el pecado y el sufrimiento. Él se compadece profundamente de nosotros cuando enfrentamos experiencias trágicas. A lo largo de estas experiencias, Él muestra que Él puede hacer surgir el bien del mal.

15 ¡Se hartó de riquezas, y tendrá que devolverlas!
¡Dios hará que las arroje de su vientre!
16 ¡Absorberá el veneno mortal de áspides!
¡Una serpiente venenosa lo morderá,
17 y no volverá a ver los ríos ni los arroyos,
ni los torrentes de leche y miel!

18 »No disfrutará de sus riquezas injustas,
sino que todas ellas tendrá que devolverlas,
19 porque a los pobres los dejó en el desamparo,
y se adueñó de casas que él nunca construyó.
20 Por eso, nunca podrá vivir tranquilo,
pues en su ambición nada dejaba escapar.
21 Nunca nada se libró de su voracidad;
por eso su prosperidad no será duradera.
22 Su extremada abundancia le causará dolor,
y todo el poder del mal recaerá sobre él.
23 Cuando se siente a la mesa, dispuesto a comer,
Dios descargará todo el ardor de su ira
sobre él y sobre todo lo que coma.
24 Aunque huya de las armas de hierro,
caerá víctima de un arco de bronce:
25 una flecha le atravesará el cuerpo,
la punta de acero le perforará el hígado,
y le sobrevendrán terribles temores.
26 Una terrible oscuridad le está reservada;
un fuego no atizado lo consumirá,
y acabará con lo que aún quede de su casa.
27 Los cielos dejarán ver sus injusticias,
y la tierra se levantará para acusarlo.
28 El día que Dios tiene señalado para su ira,
sus hijos serán llevados al destierro y esparcidos.
29 Así castiga Dios a la gente malvada;
ésa es la herencia que Dios les ha asignado.»

Segunda respuesta de Job a Sofar

21 Cuando Sofar terminó de hablar, Job le respondió:

2 «Escuchen con atención lo que voy a decir;
concédanme este pequeño consuelo.
3 Ténganme un poco de paciencia mientras hablo,
y cuando termine, atáquenme cuanto quieran.
4 ¿Acaso me han oído quejarme de otro hombre?
¿Acaso no tengo derecho a sentirme angustiado?
5 ¡Miren la piltrafa en que me he convertido!
¡Cúbranse la boca para no gritar de espanto!
6 Cuando pienso en esto, no puedo creerlo;
el horror estremece todo mi cuerpo.
7 ¿Por qué prosperan los malvados,
y llegan a viejos amasando fortunas?
8 Ven crecer a sus hijos, fuertes y robustos,
y se alegran también cuando nacen sus nietos.
9 Ningún mal amenaza sus mansiones,
porque Dios no les envía ningún mal.
10 Sus toros siempre fecundan a las vacas,
y éstas paren sin que sus crías se malogren.
11 Sus hijos retozan como corderitos,
saltan por el campo sin ningún temor.
12 Danzan al son de la lira y de los tambores;
saltan felices al son de la flauta.
13 Pasan la vida en gran prosperidad,
y sin sobresaltos bajan al sepulcro.

[14] A Dios le dicen: "¡Apártate de nosotros!
¡No queremos saber nada de tus caminos!
[15] Eres el Todopoderoso, pero no queremos servirte.
Nada ganamos con elevar a ti nuestros ruegos."
[16] ¡Y no saben que prosperar no está en sus manos!
¡Lejos esté de mí juntarme con esos malvados!

[17] »¿Cuántas veces se ha apagado la luz de los impíos?
¿Cuándo les ha sobrevenido una desgracia?
¿Cuándo Dios, en su ira, los ha castigado?
[18] ¿Acaso el viento los arrebata como paja,
o el torbellino se los lleva como tamo?
[19] Dicen que "Dios tiene reservado para los hijos
el pago por la maldad que sus padres cometieron",
¡pero son los padres los que merecen el castigo,
para que sepan y escarmienten!
[20] Sería bueno verlos quebrantados y sufriendo,
y bebiendo el enojo del Señor.
[21] Porque, si sabe que sus días están contados,
¿qué le puede importar lo que sufra su familia?

[22] »Pero, ¿quién puede impartir a Dios sabiduría,
si es él quien juzga a los más encumbrados?
[23] Hay quienes mueren en plena juventud,
llenos de salud, de vida y de felicidad,
[24] disfrutando de abundancia de leche,
con su cuerpo rebosante de gordura.
[25] Otros, en cambio, mueren llenos de amargura,
sin haber disfrutado de una buena comida.
[26] Pero unos y otros bajarán al sepulcro,
en donde acabarán cubiertos de gusanos.

[27] »Yo sé bien qué es lo que piensan de mí;
yo sé de sus planes para hacerme violencia.
[28] Por eso dicen: "¿Dónde está la casa del magnate?
¿Qué pasó con la mansión de ese malvado?"
[29] ¿Por qué no les preguntan a los que pasan?
¿Por qué no hacen caso de sus respuestas?
[30] Al malvado no le afecta que Dios se enoje,
pues llegado el castigo siempre sale bien librado.
[31] ¿Y quién puede echarle en cara sus decisiones?
¿Y quién le hara pagar por todo el mal que hizo?
[32] Un día será llevado al sepulcro,
y sobre su tumba habrá vigilantes.
[33] Los terrones del valle le sabrán a miel;
mucha gente irá tras el cortejo,
y muchos más le precederán.

[34] »¡En vano intentan consolarme con palabras huecas!
¡Sus respuestas no son más que falacias!»

Tercera reprensión de Elifaz a Job

22 Pero Elifaz el temanita le respondió a Job:

[2] «¿En qué se beneficia Dios con el hombre,
aun cuando éste sea un hombre inteligente?
[3] ¿Se complace el Todopoderoso en tu inocencia,

o gana algo con que vayas por el buen
camino?[a]
4 ¿Acaso te castiga por tu piedad,
y por eso te somete a juicio?
5 ¡Demasiado grande es tu maldad!
¡Tu pecado no tiene límites!
6 Sin razón tomaste prenda de tus
hermanos,
y a los pobres los despojaste de sus
ropas.
7 No le diste de beber al sediento,
y al hambriento no le diste de comer.
8 En cambio, a los poderosos les diste
tierras,
y a los magnates les permitiste habitarlas.
9 A las viudas las despediste con las
manos vacías,
y a los huérfanos los despojaste de
todo.
10 Por eso te ves enredado en esas
trampas,
y te asaltan temores repentinos.
11 Las tinieblas no te dejan ver,
y las aguas profundas te abruman.

12 »Pero Dios está en las alturas de los
cielos;
¡mira cuán altas se hallan las refulgentes estrellas!
13 ¿Y tú dices que Dios no sabe lo que
haces,
y que la densa oscuridad le impide
juzgar?
14 ¿Que no te puede ver porque las
nubes lo rodean,
y porque va y viene por la bóveda
celeste?
15 ¿Acaso quieres seguir por la antigua
senda
que han recorrido los malvados?
16 Ellos fueron arrebatados antes de
tiempo,
porque sus fundamentos no eran firmes.
17 Le pidieron a Dios que se apartara
de ellos,
sin que el Omnipotente les hubiera
hecho daño.
18 Más bien, Dios colmó sus casas de
bienes.
¡Lejos sea de mí el juntarme con ellos!
19 Al verlos destruidos, los justos se
alegrarán,
y los inocentes se burlarán de ellos y
dirán:
20 "Nuestros enemigos han sido destruidos;
el fuego ha consumido lo que de ellos
quedaba."

21 »Reconcíliate con Dios, y recupera
la paz;
así él te devolverá la prosperidad.
22 Permítele que él mismo te instruya,
y pon sus palabras en tu corazón.
23 Si te vuelves a Dios, él te levantará;
así alejarás de tu casa la aflicción.
24 Si arrojas por el suelo tus riquezas,
tendrás tanto oro de Ofir como piedras en el río.
25 El Todopoderoso será tu defensor,
y en tu casa abundará la plata.
26 Hallarás tu deleite en el Todopoderoso,
y ante Dios podrás levantar la cara.
27 Cuando lo llames, él te escuchará,
y tú podrás cumplirle tus promesas.
28 Llevarás a buen término todos tus
planes,
y en tus caminos brillará la luz.
29 A los humildes, Dios los exalta;
a los abatidos, Dios les da su salvación.
30 Dios libera al que es inocente,
y si eres inocente, también serás
liberado.»

Tercera respuesta de Job a Elifaz

23 Job le respondió lo siguiente:

2 «Hoy también siento una
gran amargura;
mis heridas son más grandes que mi
llanto.

[a]**22.2-3:** Job 35.6-8.

[3] ¡Cómo quisiera saber dónde hallar a
Dios!
¡Iría a verlo hasta donde él se encontrara!
[4] En su presencia le expondría mi caso,
pues mi boca está llena de argumentos.
[5] Creo saber lo que él me respondería,
y creo que comprendería lo que me
dijera.
[6] No creo que él desplegaría su poder
contra mí;
más bien, creo que él entendería mi
sufrimiento.
[7] Ante Dios, el justo puede razonar
con él,
así que yo quedaría absuelto para
siempre.

[8] »Busco a Dios en el oriente, y no lo
encuentro;
me dirijo al occidente, y no está allí.
[9] Me vuelvo hacia el norte, y no logro
verlo;
me vuelvo entonces al sur, y él se
esconde de mí.
[10] Pero Dios sabe por dónde ando;
me pondrá a prueba, y saldré refinado
como el oro.
[11] Mis pies han seguido sus pisadas;
seguí su camino, sin apartarme de él.
[12] Nunca me he apartado de sus mandamientos;
sus palabras me son más preciadas que
la comida.

Sal 1.1-2

[13] Si él decide algo, ¿quién puede hacerlo cambiar?
¡Él lleva a cabo todo lo que se propone!
[14] Así que hará conmigo lo que se ha
propuesto,
y es mucho lo que él ha decidido
hacer.
[15] En su presencia, me invade un gran
temor;
si pienso en ello, me pongo a temblar.
[16] Dios me debilita el corazón;
el Todopoderoso me tiene aterrado.
[17] ¿Por qué no me quitaron la vida
aquella noche?
¿Por qué no me cubrieron el rostro en
la oscuridad?

24 »Si el Todopoderoso sabe todo
lo que pasa,
¿por qué sus seguidores nunca saben cómo actuar?
[2] No respetan los linderos de las tierras;
roban ganado para aumentar lo que
tienen;
[3] al huérfano lo despojan de su asno,
a la viuda le quitan en prenda su buey.
[4] A los que nada tienen, los apartan del
camino;
por miedo, se esconden los pobres de
la tierra.
[5] Esa gente es insaciable. Son como
asnos del monte.
Se levantan de mañana dispuestos a
robar;
con sus robos del desierto alimentan a
sus hijos.
[6] Esos malvados espigan en campos
ajenos,

LA DEFENSA DE JOB (*Job 23.3*)

Si en algún momento has tratado de defender tus acciones ante uno de tus padres o un maestro, entenderás cómo se sintió Job. Él sirvió como su propio abogado al presentar su defensa ante Dios. Lo que Job quería más que nada era que Dios le diera explicaciones acerca de por qué permitía tanto sufrimiento en su vida. El silencio de Dios molestaba a Job. Dios no siempre contesta nuestras preguntas en el momento en que lo deseamos, pero sí contesta. Sin embargo, como ocurrió con Job, tal vez haya preguntas a las cuales no tendremos la respuesta hasta que lleguemos al cielo.

y rebuscan en las viñas de otra gente.
7 Hacen que el desnudo duerma sin ropa,
sin que nada pueda protegerlo del intenso frío.
8 La lluvia de los montes lo empapa,
y busca refugio en los huecos de las peñas.
9 Al recién nacido lo apartan del pecho,
y lo toman como prenda por las deudas;
10 a los pobres los dejan desnudos,
y a los hambrientos los despojan de su pan.
11 Se esconden en su casa para extraer aceite,
dicen que fabrican vino, pero se mueren de sed.
12 En la ciudad se escuchan los gemidos del moribundo,
y claman las gargantas de los heridos de muerte,
pero Dios no escucha su oración.

13 »Ellos son los que no amaron la luz,
ni conocieron los caminos de Dios,
ni jamás estuvieron en sus veredas.
14 Amanece, y el malvado se levanta,
y mata al pobre y al necesitado;
anochece, y se convierte en vil ladrón.
15 El adúltero espera la oscuridad de la noche,
con la idea de que nadie lo verá;
cubre su rostro para que nadie lo vea.
16 Usa las tinieblas para perpetrar sus robos,
en casas previamente señaladas en el día;
no saben lo que es la luz.
17 Para esos malvados, el día es la sombra de la muerte;
si son descubiertos, pueden darse por muertos.

18 »Huyen ligeros, como las corrientes de agua;
todo lo que tienen está bajo maldición,
y nadie querrá trabajar en sus viñas.
19 Con la sequía y el calor se derrite la nieve,
y con el sepulcro se esfuma el hombre pecador;
20 su propia madre se olvida de ellos,
que se convierten en el deleite de los gusanos.
Nadie guarda de ellos ningún recuerdo,
pues son arrancados como todo árbol seco.
21 A las mujeres estériles afligieron,
y a las viudas nunca las trataron bien.
22 Pero la fuerza de Dios derriba a los poderosos;
cuando Dios se presenta, nadie tiene segura la vida.
23 Dios los infunde confianza y los deja vivir,
pero no les quita los ojos de encima.
24 Aunque fueron poderosos, su vida llega a su fin,
pues la muerte los alcanza como a todos los demás.
Su vida es segada, como si fueran espigas.

PALABRAS CON PODER

PROBADO
(Job 23.10-12)

¿En algún momento te has sentido confiado de que puedes aprobar una prueba en la escuela? Tal vez pasaste horas estudiando para la prueba y estabas seguro de que la aprobarías. Las pruebas de fe son diferentes. El sufrimiento de Job era una prueba de su fe en Dios, y él estaba seguro de que aprobaría la prueba. ¿Por qué pensaba que podía aprobarla? Porque había obedecido a Dios en el pasado y creía en el buen carácter de Dios. Tal vez no tengas tú que enfrentar lo que enfrentó Job, pero si enfrentarás otras pruebas de tu fe. Si dependes del poder del Espíritu Santo, ¡saldrás airoso de la prueba!

25 ¿Quién puede desmentir lo que ya
he dicho?
¿Quién puede reducir a nada mis
palabras?»

Tercera reprensión de Bildad a Job

25 Bildad el suhita respondió:

2 «El poder de Dios infunde
temor;
él hace la paz en las alturas de los
cielos.
3 ¿Acaso pueden contarse sus ejércitos?
¿Hay quien pueda esconderse de su
luz?
4 Si no, ¿cómo puede justificarse el
hombre ante Dios?
¡Nadie que haya nacido de mujer está
limpio de pecado!
5 A los ojos de Dios, nada está limpio
de impureza;
¡ni siquiera la blanca luna ni las brillantes estrellas!
6 ¡Todo hombre, todo ser humano,
es impuro y miserable como un gusano!»

Tercera respuesta de Job a Bildad

26 Respondió Job, y dijo:

2 «¡Valiente ayuda brindas al
que no tiene fuerzas!
¡Eres la salvación de los brazos débiles!
3 ¡Cómo sabes aconsejar al ignorante!
¡Qué despliegue de inteligencia has
mostrado!
4 ¿Pero quién te ha susurrado estas
palabras?
¿Qué espíritu te ha llevado a pronunciarlas?

5 »Allá, en el fondo del mar profundo,
un temblor sacude a los muertos que
allí yacen.
6 Ante Dios, el sepulcro queda al descubierto;
no hay escondite para el reino de la
muerte.
7 Dios prende el norte de la nada;
la tierra pende en medio del vacío.
8 Dios contiene las lluvias en las nubes,
y éstas no se vacían, aunque estén
cargadas.
9 Tiende una cortina de blancas nubes,
y tras ellas esconde su trono.
10 Para las aguas ha establecido un
límite,
lo mismo que para la luz y las tinieblas.
11 Al oír la voz de su reprensión,
tiemblan de miedo las bases de los
cielos.
12 Con su poder, el mar se agita;
con su astucia, aplaca su arrogancia.
13 Con su soplo, el cielo se despeja;
con su poder parte en dos al monstruo
del mar.
14 Esto es sólo una muestra de su
inmenso poder;
lo que de él sabemos es apenas un
susurro.
La fuerza de su poder ¿quién puede
comprenderla?»

27 Job continuó con su discurso,
y dijo:

2 «¡Vive Dios, el Todopoderoso,
que me amarga la vida al negarme su
justicia!
3 Pero mientras me quede vida,
mientras quede en mí el hálito divino,
4 no emitirán mis labios nada reprochable,
ni mi lengua pronunciará engaño
alguno.
5 Jamás podré dar a ustedes la razón;
sostendré mi inocencia hasta la
muerte.
6 No renunciaré a insistir en mi
justicia;
mientras viva, tendré la conciencia
tranquila.
7 ¡Que sean mis enemigos como los
malvados!
¡Que sean mis adversarios como los
inicuos!

LECCIONES **NO PIERDAS LA ESPERANZA**
(Job 27.4)

Si fuéramos sinceros, al leer las palabras de Job en este versículo, la mayoría de nosotros nos diríamos: Yo nunca podría prometer eso. Cuando alguien nos hace daño, pudiéramos tener ganas de decirle palabras hirientes a esa persona. Pero Job dijo que aun si Dios lo trataba injustamente, él no trataría a los demás de manera injusta ni hiriente. Ningún sufrimiento lo alejaría de Dios y de su Palabra. Dios quiere que sus NIÑOS PODEROSOS muestren esta misma fidelidad. La próxima vez que tu vida se vuelve difícil, no te alejes de Dios; ¡más bien, acércate a Él!

8 »¿Qué fin le espera al malvado y ladrón,
cuando Dios le arrebate la vida?
9 ¿Acaso Dios escuchará su clamor
cuando le sobrevenga la angustia?
10 ¿Hallará placer al lado del Todopoderoso?
¿Invocará acaso a Dios en todo momento?
11 ¡Voy a enseñarles algo del poder de Dios!
¡Les voy a revelar lo que sé del Todopoderoso!
12 No hay duda de que todos ustedes lo han visto;
entonces, ¿por qué dicen tantas tonterías?»

Tercera reprensión de Sofar a Job

13 «El Dios Todopoderoso tiene ya preparada
la herencia de los malvados y violentos:
14 Podrán tener muchos hijos, pero morirán por la espada;
los más pequeños siempre carecerán de pan.
15 Si acaso alguno sobrevive, no será sepultado,
ni su viuda llorará su muerte.
16 Podrá vivir entre montones de plata,
y acumular grandes cantidades de ropa,
17 pero al final los hombres justos e inocentes
se pondrán esa ropa y se repartirán la plata.

18 »La casa que edifica está carcomida por dentro;
es tan frágil como una choza de vigilancia.
19 Se va a descansar seguro de sus riquezas,
pero al despertar ya está en la miseria.
20 Entonces el terror lo domina como un río,
y en la noche lo arrastra como un torbellino.
21 Un viento calcinante lo lanza a las alturas;
una fuerte tempestad lo arranca de su lugar.
22 Dios lo castigará sin piedad,
y aunque quiera escapar, no lo conseguirá.
23 Al verlo, la gente aplaudirá
y se alegrará de verlo arruinado.»

Elogio de la sabiduría

28 «La plata se extrae de las minas,
y el oro se refina en el crisol.
2 Del polvo de la tierra se saca el hierro,
y el cobre se aparta de la escoria.
3 Con el fuego se ha puesto fin a las tinieblas,
y el hombre examina con detalle
cada piedra que hay en esa densa oscuridad.
4 Abre minas en lugares no habitados,
en sitios donde nadie ha plantado el pie,
y entran los mineros, balanceándose con sogas.
5 De la tierra se obtiene el alimento,
y abajo de ella todo se convierte en fuego.

6 En su seno se encuentran zafiros,
y aun el polvo de la tierra es oro.

7 »Son lugares que las aves desconocen,
y que jamás vieron los ojos de los buitres.
8 Nunca pasaron por allí las fieras,
ni tampoco el león feroz pisó ese lugar.
9 Con el duro pedernal en la mano,
el hombre cava la raíz de las montañas.
10 Hace túneles en las rocas,
y sus ojos descubren piedras preciosas.
11 Explora el lugar donde nacen los ríos,
y saca a la luz muchas cosas escondidas.

12 »Pero ¿dónde se halla la sabiduría?
¿En qué lugar está la inteligencia?
13 Nadie sabe lo que vale,
pues no se halla en este mundo.
14 El mar profundo dice: "Aquí no está",
y el océano asegura: "Yo no la tengo".
15 La sabiduría no se compra con oro,
ni su precio puede pagarse con plata.
16 No se compra con oro de Ofir,
ni con el precioso ónice, ni con el zafiro.
17 Ni los diamantes ni el oro se le comparan,
ni se da a cambio de finas alhajas de oro.
18 No se le comparan el coral y las perlas;
la sabiduría es más valiosa que las piedras preciosas.
19 Ni el topacio de Etiopía, ni el oro más fino,
son de tanto valor como ella.

20 »¿De dónde viene la sabiduría?
¿En qué lugar se encuentra la inteligencia?
21 Se halla escondida de todo ser vivo;
se halla escondida de las aves del cielo.
22 Aunque la muerte y el sepulcro aseguran
que a sus oídos ha llegado su fama.

PALABRAS CON PODER

EL TEMOR DE DIOS
(Job 28.28)

Cuando la Biblia habla del "temor de Dios", no está hablando de tenerle miedo a Dios, sino de respetarlo. Este tipo de respeto nos ayuda a hacer decisiones sabias. Cuando respetamos a Dios, nos esmeramos por no ofenderlo. La Biblia nos dice que "El principio de la sabiduría es el temor al Señor" (Proverbios 1:7). Las personas sabias respetan y obedecen a Dios en vez de insistir en hacer las cosas de su propia manera. ¿Muestran tus acciones que eres un NIÑO PODEROSO sabio?

23 »Sólo Dios sabe llegar hasta ella;
sólo él sabe en dónde se halla.
24 Con su mirada ve hasta los confines de la tierra,
y ve también lo que pasa bajo el cielo.
25 Cuando Dios determinó el peso del viento,
y midió el agua de mares y ríos;
26 cuando estableció una ley para las lluvias,
y señaló la ruta de los relámpagos,
27 vio a la sabiduría, que estaba allí,
y la puso a prueba y reconoció su valor.
28 Entonces dijo a la humanidad:
"El temor del Señor es la sabiduría.[a]
Quien se aparta del mal es inteligente."»

Job continúa su respuesta

29 Job retomó la palabra y dijo:
2 «¡Cómo quisiera volver a los tiempos pasados,
a los días en que Dios me brindaba protección;
3 días en que su lámpara brillaba sobre mí,

[a] **28.28:** Sal 111.10; Pr 1.7; 9.10.

días en que a su luz andaba yo en la
oscuridad,
4 cuando estaba yo en la flor de mi vida
y el favor de Dios reposaba en mi
hogar!
5 En aquel tiempo, el Omnipotente
estaba conmigo,
y mis hijos estaban en derredor mío;
6 me daba entonces el lujo de chapotear en leche,
y de extraer de las piedras torrentes de
aceite;
7 cuando salía yo a las puertas de la
ciudad,
me cedían un lugar para impartir
justicia.
8 Los jóvenes, al verme, me cedían el
paso,
y los ancianos me recibían de pie.
9 La gente importante se quedaba
callada,
y con respeto se tapaban la boca.
10 A pesar de ser poderosos, guardaban
silencio,
como si la lengua se les quedara
pegada.
11 "Bienaventurado", me decían al
escucharme,
y los que me veían lo confirmaban.

12 »Y es que yo atendía el clamor de los
pobres,
y ayudaba a los huérfanos sin protección.
13 Los que estaban por morir me
bendecían;
a las viudas les alegraba el corazón.
14 La justicia caracterizaba mis actos;
la justicia me cubría: era mi atuendo.
15 Para los ciegos, yo era sus ojos;
para los cojos, yo era sus pies;
16 para los pobres, yo era su padre;
para los extranjeros, yo era su defensor.
17 Yo aplacaba la furia de los malvados,
y a sus víctimas las libraba de su poder.
18 Creía yo que moriría en mi lecho,
y que tendría muchos años de vida.
19 Creí ser como un árbol plantado
junto al agua,
con verdes ramas, bañadas de rocío;
20 Creí también que podría ser más rico,
y que en mis manos mi poder iría en
aumento.

21 »Cuando yo hablaba, todo el mundo
callaba
y esperaba a escuchar mis consejos.
22 Nadie contradecía mis advertencias,
sino que aceptaban con gusto mis
razones.
23 Se quedaban a la espera de mis
palabras,
como tierra seca en espera de las
lluvias tardías.
24 Apenas podían creer que yo les
sonriera;
y no se perdían una sola de mis sonrisas.
25 Yo decidía lo que tenían que hacer,
y en la mesa yo ocupaba la cabecera;
era como un rey al frente de su ejército,
¡como alguien que consuela a los que
lloran!

30 »Pero hoy tengo que soportar
las burlas
de jovencitos a quienes doblo
la edad;
¡a sus padres jamás les habría encomendado
cuidar de los perros de mis rebaños!
2 ¿De qué me habría servido contar con
ellos,
si en los brazos no tenían ninguna
fuerza?
3 Vagaban solitarios, muertos de
hambre,
huyendo de las sombras y de la
soledad,
4 recogiendo hierbas del campo
y haciendo fuego con raíces de enebro,
5 siendo rechazados por todo el
mundo,
y tratados a gritos, como si fueran
ladrones;

6 viviendo en las barrancas de los
arroyos,
o en cuevas y entre las rocas,
7 aullando en medio de la maleza,
y reuniéndose entre los espinos.
8 Gente envilecida, carente de nombre,
de instintos tan bajos que no merecían
vivir.

9 »Pero ahora soy su hazmerreír;
soy para ellos objeto de burla.
10 Me rechazan, se alejan de mí,
y aun se atreven a escupirme en la
cara.
11 Como Dios me humilló y me soltó
de su mano,
me han perdido el respeto y se burlan
de mí.
12 Me tienen rodeado, como una
chusma,
y me empujan de un lado a otro
para hacer que yo caiga y me pierda.
13 Me cierran el paso, para destruirme,
¡se aprovechan de mi sufrimiento
sin que nadie se lo impida!
14 ¡Se lanzan furiosos contra mí,
como soldados que asaltan una
muralla!
15 La confusión me domina;
han lanzado mi honra por los aires;
¡mis riquezas se esfumaron como
nubes!

16 »Una gran tristeza embarga mi alma;
todo el tiempo me domina la aflicción.
17 Por las noches, el dolor me corroe los
huesos,
el sueño se me va, y ya no encuentro
reposo.
18 ¡Tú, Dios mío, me sujetas la ropa por
el cuello
con tal violencia que siento que me
ahogo!
19 Tú me has derribado por el suelo,
y ahora soy como el polvo, ¡sólo soy
ceniza!
20 Clamo a ti, y no me escuchas;
a ti recurro, y ni siquiera me miras.
21 Te has vuelto muy cruel conmigo,
pues me atacas con tu mano pode-
rosa.
22 Me has hecho volar por los aires,
y por los aires vuelo, como nada.
23 Bien sé que me llevas a la muerte,
a la mansión reservada para todos los
mortales.

24 »¿Acaso no se tiende la mano al
necesitado
cuando en su angustia reclama ayuda?
25 ¿Acaso no me apiadé del afligido
y tuve compasión del que nada tenía?
26 Cuando yo esperaba el bien, me vino
el mal;
cuando esperaba la luz, me cayó la
oscuridad.
27 Siento en mi interior una gran
agitación;
tiempos de aflicción me tienen abru-
mado.
28 Ando en penumbras, sin la luz del
sol;
en medio de la congregación me
levanto y clamo.
29 Ahora soy compañero de los cha-
cales
y amigo de los avestruces.
30 La piel se me reseca, y se me des-
prende,
y en los huesos siento un ardor inso-
portable.
31 De mi arpa brotan notas de tristeza;
¡de mi flauta salen cantos de lamento!

31 »Hice un compromiso con mis
ojos
de no poner la mirada en
ninguna doncella.
2 ¿Cómo podría Dios premiarme por
eso?
¿Qué me daría el Todopoderoso en las
alturas?
3 ¿Acaso él no castiga a los malvados?
¿Acaso no hay dolor para los malhe-
chores?

PROMESAS PODEROSAS

JOB 31.4

¿Acaso Dios no vigila mis pasos y se fija en todo lo que hago?

Job sabía que Dios veía sus esfuerzos para ser obediente. De igual manera, Dios ve cada paso que tomas tú. ¿Cómo te hace sentir el saber que Dios ve todo lo que haces?

4 ¿Acaso Dios no vigila mis pasos
y se fija en todo lo que hago?
5 »Si acaso me he conducido con mentira,
o me he apresurado a engañar a todo el mundo,
6 que Dios me pese en su balanza,
para que compruebe que soy inocente.
7 Si acaso me he apartado del camino,
y permití que mis ojos guiaran mis sentidos;
o dejé que mis manos tomaran algo ajeno,
8 ¡que otro coseche lo que yo siembre,
y que mis siembras sean desarraigadas!

9 »Si me dejé seducir por la mujer ajena,
y esperé a que mi prójimo saliera de su casa,
10 ¡que mi esposa cocine para otro,
y que otros hombres la posean!
11 Esos actos son malvados, son inicuos,
y deben ser castigados por los jueces.
12 Son un fuego que consume hasta el sepulcro,
y que acabaría con todas mis posesiones.

13 »Si no hubiera atendido a mi siervo y a mi sierva
cuando me reclamaban que les hiciera justicia,
14 ¿con qué cara podría presentarme ante Dios,
y responderle cuando me preguntara por ellos?
15 ¡El mismo Dios nos dio vida en el vientre!
¡A ellos y a mí nos dio forma en la matriz!

16 »¿Acaso impedí la felicidad del pobre,
o dejé que las viudas desfallecieran de hambre?
17 ¿Acaso me aparté para comer a solas,
para no compartir mi pan con los huérfanos?
18 ¡Más bien, para los huérfanos fui un padre,
y protegí a las viudas como a mi propia madre!

19 »¿Acaso vi a alguien totalmente desnudo,
y dejé al pobre sin un abrigo con qué cubrirse?
20 ¡Más bien, me bendijo de todo corazón
cuando entró en calor con mis vestidos de lana!

21 »Jamás alcé mi mano contra el huérfano,
cuando estuvo en mi mano impartir justicia.
22 ¡Que se me zafen los brazos si miento!
¡Que se me rompan los huesos del brazo!
23 ¡Siempre he sido temeroso de Dios!
¡Ante su gran poder, nada puedo hacer!

24 »Jamás puse mi esperanza en las riquezas,
ni deposité en el oro toda mi confianza.
25 Jamás me alegré de que mis posesiones
aumentaran por el buen trabajo de mis manos.

26 Jamás disfruté del sol radiante,
ni de las bellas noches de luna,
27 con la idea de adorarlos en secreto
y de enviarles un beso con la mano.
28 ¡Eso hubiera sido un gran pecado,
pues habría pecado contra el Dios
altísimo!
29 Jamás me alegré al ver caer a mi
enemigo,
ni me regocijé cuando le sobrevino el
mal.
30 Jamás le pedí a Dios maldecir a
alguno;
para no pecar, prefería quedarme
callado.
31 Jamás permití que mis siervos
abusaran de alguno de mis huéspedes.
32 Jamás un extranjero que llamó a mi
puerta
pasó la noche fuera de mi casa.

33 »Si acaso como humano encubrí mis
faltas,
si guardé el secreto de mi maldad,
34 fue por temor al desprecio de los
nobles
y a lo que el pueblo pensara de mí;
pero guardé silencio y no salí de mi
casa.

35 »¡Cómo quisiera que alguien me
escuchara!
Aunque mi enemigo me someta a
juicio,
confío en que el Todopoderoso habla-
rá por mí.
36 Con mucho gusto aceptaré su juicio;
con mucho gusto lo portaré como
corona.
37 Le daré cuenta de todas mis acciones,
y me presentaré ante él, orgulloso
como un príncipe.

38 »Si mis tierras hablan contra mí,
y lloran de dolor por lo que les hice;
39 si saqué provecho de ellas, sin retri-
bución,
o me aproveché de la bondad de sus
dueños,
40 ¡que en lugar de trigo me rindan
abrojos!
¡Que me den espinos en lugar de
cebada!»

Aquí terminan los discursos de Job.

La juventud interviene

32 Al ver estos tres hombres que
Job se consideraba inocente,
optaron por no decir más.
2 Pero Eliú hijo de Baraquel, que era buzita
y de la familia de Ram, se levantó temblan-
do de ira en contra de Job porque éste se
creía más justo que Dios.
3 También se enojó con los tres amigos,
porque habían condenado a Job pero no
habían sabido responderle.
4 Como los amigos de Job eran mayores
que él, Eliú había guardado silencio,
5 pero finalmente se enojó al darse cuenta
de que ellos no hallaban cómo responder,
6 y armándose de valor tomó la palabra.
Esto es lo que Eliú hijo de Baraquel, el buzita,
dijo:

Primer discurso de Eliú

«Yo soy muy joven, y ustedes son ya
mayores.
Por eso tenía miedo de expresar mi
opinión.
7 Más bien, pensaba: "¡Que hable la
experiencia!
¡Que muestren los muchos años su
sabiduría!"
8 Sin embargo, en todos nosotros hay
un espíritu;
el soplo del Todopoderoso nos da
entendimiento.
9 No son los años los que dan sabiduría,
ni son los ancianos los que actúan con
justicia.
10 Por eso pienso que ustedes deben
escucharme,
pues también tengo mi sabiduría.

11 »Ansiosamente esperaba escuchar
buenas razones;
he estado atento a sus argumentos
mientras luchaban por encontrar las
palabras.
12 Les he prestado toda mi atención,
¡y ninguno de ustedes ha podido
responderle a Job!
¡Ninguno de ustedes ha podido refutarlo!
13 ¡No me salgan con que consideran
más sabio
que lo refute Dios y no un simple hombre!
14 Pues, como Job no estuvo hablando
conmigo,
no voy a repetir lo que ustedes ya han
dicho.

15 »Ustedes están confundidos, y no
saben qué decir;
no les vienen las palabras a la lengua.
16 ¿Seguiré esperando, cuando sé que
no van a hablar,
cuando se quedan callados, sin darle
respuesta?
17 Yo, por mi parte, voy a responderle;
pues también tengo mi sabiduría.
18 Mi pecho rebosa de palabras;
en mi interior, mi espíritu me apremia.
19 ¡Siento el corazón a punto de estallar,
como vino en un odre sin respiradero!
20 Me urge hablar para sentir alivio,
así que voy a hablar para dar respuesta.
21 No voy a tomar partido por nadie,
pues no acostumbro quedar bien con
nadie.
22 Francamente, no sé repartir lisonjas;
de hacerlo, muy pronto mi Creador me
consumiría.

33

»Te ruego, Job, que pongas aten-
ción
a todo lo que tengo que
decirte.
2 Abriré mi labios y diré
lo que tengo ya en la punta de la
lengua.
3 Mis palabras brotan de un corazón
sincero;
lo que me oigas decir no lleva mala
intención.
4 El espíritu de Dios me ha creado;
el soplo del Todopoderoso me dio vida.
5 ¡Veamos si puedes responderme!
¡Ordena tus palabras, y enfréntate a mí!
6 ¡Por Dios, yo soy igual que tú!
¡También yo fui formado del barro!
7 Ante mí, nada tienes que temer,
pues no descargaré mi puño sobre ti.

8 »Con mis oídos te oí decir,
o al menos esto fue lo que escuché:
9 "Yo estoy limpio, y en mí no hay
pecado;
soy inocente, y en mí no hay maldad.
10 ¡Es Dios quien busca de qué acusarme!
¡Es Dios quien me tiene por su enemigo!
11 ¡Me ha puesto grilletes en los pies,
y me vigila por dondequiera que voy!"

12 »Debo decirte que no hablas con
justicia;

COMPROMETERSE A SER PURO *(Job 31.1-34)*

¿Has oído a las personas hacer promesas acerca de cómo vivirán u actuarán? Algunas personas usan anillos de promesa para mostrar que toman en serio el cumplir sus promesas. Job habló de su respeto por Dios y su buen comportamiento hacia los demás. Él hizo un pacto (acuerdo) de que se comportaría de manera pura y piadosa. Él cumplió con su promesa lo mejor que pudo. Pero en realidad, necesitaba la ayuda de Dios para vivir el tipo de vida que agrada a Dios. Si queremos que nuestra vida agrade a Dios, necesitaremos la ayuda del Espíritu Santo.

Dios es más que el ser humano.
13 ¿Por qué te empeñas en contender con él?
¡Dios no tiene por qué responderte!
14 Él nos habla de muchas maneras,
pero nosotros nunca entendemos.
15 Nos habla en sueños, en visiones nocturnas,
cuando el sueño nos vence y nos dormimos;
16 entonces nos habla al oído,
y nos indica lo que debemos hacer,
17 para que nos apartemos del mal
y dejemos de lado la soberbia;
18 para que nos libremos de la tumba
o de sufrir una muerte violenta.

19 »Dios nos corrige con enfermedades,
y con fuertes dolores de huesos;
20 ¡hasta llegamos a aborrecer la comida,
y por deliciosa que sea, no se nos antoja!
21 El cuerpo se nos va enjutando,
hasta dejar ver todos nuestros huesos.
22 Cuando nos vemos al borde del sepulcro,
y llegamos a las puertas de la muerte,
23 a veces viene un ángel bondadoso,
uno entre mil, que intercede por nosotros
y da a conocer nuestras buenas acciones;
24 se compadece de nosotros y le dice a Dios:
"¡No lo dejes caer en el sepulcro
que ya he encontrado cómo rescatarlo!"
25 Su cuerpo recobra la lozanía de un niño,
y vuelve a regocijarse como en su juventud!
26 Entonces ora a Dios, y en su bondad
Dios le deja ver su rostro, le devuelve la alegría,
y lo restaura a su estado anterior:
27 entonces canta ante sus semejantes,

PROMESAS PODEROSAS

JOB 33.4

El espíritu de Dios me ha creado; el soplo del Todopoderoso me dio vida.

El amigo de Job, Eliú, sabía que Dios lo había creado y le había dado aliento. Así como el Espíritu Santo le dio vida a la primera persona que fue creada —Adán—, también nos dio vida a nosotros. La próxima vez que respires, piensa acerca de los grandes regalos que Dios nos ha dado: vida en la tierra y vida eterna en el cielo.

y reconoce su pecado y su injusticia,
y admite que no sacó ningún provecho;
28 entonces Dios lo libra del sepulcro
y le hace volver a ver la luz.

29 »Con tal bondad nos trata Dios
cuantas veces sea necesario,
30 para librarnos de caer en el sepulcro
y alumbrarnos con la luz de la vida.
31 Escúchame, Job; préstame atención.
Guarda silencio, que tengo que hablarte.
32 Si tienes algo que decir, respóndeme,
que yo quiero demostrar tu inocencia.
33 De lo contrario, escúchame tú a mí;
calla y déjame enseñarte a ser sabio.»

Segundo discurso de Eliú

34 Eliú añadió entonces:
2 «Ustedes, los sabios, ¡escuchen mis palabras!
Ustedes, los doctos, ¡préstenme atención!
3 Con el paladar se prueba el sabor de la comida,
y con el oído se prueba la calidad de las palabras.
4 Los invito a elegir lo que es justo,
y a que descubramos aquello que sea bueno.

5 »Job ya nos ha dicho que es un hombre bueno,
y que Dios lo ha tratado injustamente;
6 que no puede mentir en su caso,
y que sufre mucho sin haber pecado.

7 »¿Quién puede compararse a Job,
que calma su sed burlándose de todo?
8 ¡Anda en compañía de malhechores!
¡Se junta con gente malvada!
9 ¡Asegura que nada gana el hombre
con hacer la voluntad de Dios!

10 »Pero ustedes son inteligentes. ¡Escúchenme!
¡Nada más ajeno a Dios que la maldad!
¡El Todopoderoso no comete injusticias!
11 Le da a cada uno lo que merece;[a]
le paga conforme a sus hechos.
12 Dios no hace nada malo;
el Todopoderoso no pervierte la justicia.
13 ¿Quién puso el mundo en sus manos?
¿Quién le encargó ordenar este mundo?
14 Si Dios pensara sólo en sí mismo,
y retomara su espíritu y su hálito de vida,
15 ¡todos nosotros moriríamos al instante
y la humanidad entera volvería a ser polvo!

16 »Si eres entendido, escucha esto;
presta atención a lo que te estoy diciendo.
17 ¿Acaso puede gobernar quien no ama la justicia?
¿Y acaso puedes tú condenar al que es justo?
18 ¿Quién puede acusar al rey de ser perverso,
o tachar de criminales a los hombres importantes?
19 Dios no hace acepción de personas;
trata igual a los ricos y a los pobres,
pues todos somos obra de sus manos.
20 Todos podemos morir en cualquier momento;
los pueblos se rebelan en medio de la noche,
pero pasan, lo mismo que los poderosos:
son derrocados sin que medie la violencia.
21 Dios conoce los caminos del hombre,
y vigila cada uno de sus pasos.
22 Ni las sombras más oscuras
esconden a los que practican la maldad.
23 Dios no impone al hombre fecha alguna
para que comparezca ante él en el juicio.
24 En un instante quebranta a los poderosos,
y hace que otros ocupen su lugar.
25 Puesto que él conoce las obras de todos,
en medio de la noche los derriba y extermina.
26 Los castiga, como a criminales,
en donde todo el mundo pueda verlos,
27 porque ellos se apartaron de él
y no obedecieron sus mandamientos;
28 hicieron que los pobres elevaran sus lamentos
y que los hambrientos dejaran oír su clamor.
29 Si Dios se calla, ¿quién se lo puede reprochar?
Si se oculta de los hombres, ¿quién podrá encontrarlo?
¡Ni todo un pueblo, ni todos los hombres!
30 De lo contrario, el malvado tendría poder
y el pueblo sería objeto de injusticias.

31 »¿Acaso le has dicho a Dios:

[a] **34.11:** Sal 62.12.

"Ya he sufrido tu castigo. No volveré a
pecar"?
32 ¿O le has dicho: "No supe lo que
hacía.
Si he actuado mal, no volveré a hacerlo"?
33 ¿Acaso todo debe hacerse a tu
manera?
Es Dios quien decide qué hacer, y no
tú;
pero si sabes otra cosa, ¡habla ya!
34 Cualquier hombre inteligente te dirá
lo mismo;
el que es sabio dirá lo mismo que yo:
35 "Job no está en su sano juicio,
porque lo que dice no tiene sentido."
36 Yo propongo que Job sea puesto a
prueba,
porque habla como todos los malvados.
37 Además de malvado, Job es rebelde;
con aplausos se burla de nosotros,
y son muchas sus ofensas contra
Dios.»

Tercer discurso de Eliú

35 Eliú también siguió diciendo:
2 «¿De veras crees todo lo que
has dicho,
y que te creas más justo que Dios?
3 Tú le has dicho: "¿Qué provecho sacas
de que yo sea inocente, o de que haya
pecado?"
4 Esto yo lo puedo responder,
lo mismo a ti que a tus amigos.
5 Levanta los ojos, y escudriña el cielo;
las nubes que ves están por encima
de ti.
6 Si haces lo malo, en nada afectas a
Dios;
si aumentas tus pecados, tampoco le
afectas.
7 Si haces el bien, ¿en qué lo beneficias?
¿Qué provecho saca de tu buen comportamiento?
8 »A la gente como tú le afecta su
propia maldad,
otros como tú se aprovechan de la
justicia.[a]
9 Claman por causa de tanta violencia,
y piden ayuda ante el poder de los
poderosos.
10 Pero no hay quien pregunte por Dios,
su creador,
que durante la noche les infunde
ánimo,
11 que les da más entendimiento que a
los animales,
que los hace más sabios que a los
pájaros.
12 Esa gente clama, pero Dios no los
escucha
por causa de su maldad y soberbia.
13 Dios no atiende a peticiones huecas;
el Todopoderoso no las toma en
cuenta.

14 »Tú dices que no puedes ver a Dios;
pero ten paciencia, que tu caso está en
sus manos.
15 Según tú, Dios no se enoja ni castiga,
ni se fija en la conducta del hombre;
16 pero eso que dices, Job, no tiene
sentido;
hablas mucho pero no sabes lo que
dices.»

Cuarto discurso de Eliú

36 Todavía añadió Eliú:
2 «Tenme un poco de paciencia, y te mostraré
que de Dios aún tengo mucho que
decir.
3 Lo que de él sé tiene una larga
historia,
y voy a demostrarte que mi Creador
es justo.
4 En mis palabras no hay nada de
mentira;
¡tienes ante ti a la sabiduría perfecta!

[a] **35.6-8:** Job 22.2-3.

5 »Aunque Dios es grande y poderoso,
no desprecia a los de corazón sincero;
6 no da larga vida a los malvados,
y sí hace justicia a los oprimidos;
7 está al pendiente de los hombres
justos,
para exaltarlos siempre junto con los
reyes.
8 Aunque estén encadenados y en la
cárcel,
sujetos a las ataduras de la aflicción,
9 Dios da a conocer sus malas obras
y la insolencia de sus rebeliones.
10 Les abre los oídos para que se
corrijan,
y los exhorta a apartarse del mal.
11 Si obedecen a Dios y le sirven,
Dios les concede días de paz y bienestar;
12 pero si no obedecen, la espada les
espera
y mueren sin llegar a tener entendi-
miento.

13 »Los hipócritas son rencorosos con
Dios,
y no piden clemencia aunque sufran
su castigo.
14 Pierden la vida en plena juventud,
como la pierden los que se han pros-
tituido.
15 Pero Dios libra al pobre de su pobreza,
y en la aflicción le enseña a ser obe-
diente;
16 lo libra de vivir siempre angustiado
y lo lleva a lugares espaciosos,
donde le prepara un suculento banquete.

17 »Pero tú no llevaste a juicio al
malvado,
ni defendiste al huérfano en los tribu-
nales.
18 Cuídate de no dejarte llevar por las
riquezas,
ni te dejes seducir por el soborno.
19 Ante Dios, de nada te sirven todas
tus riquezas,
ni todo tu poder y tu fuerza.
20 No esperes que llegue la noche,
momento en que los pueblos desapa-
recen.
21 Cuídate de no caer en la maldad,
pues por preferirla ahora sufres.
22 Mira que el poder de Dios es sublime;
no hay maestro que se le pueda
comparar.
23 ¿Quién le puede señalar el camino a
seguir?
¿Quién puede reprenderlo por lo que
hace?

24 »No te olvides de exaltar su creación,
la cual admira la humanidad entera.
25 Todo el mundo puede contemplarla,
no importa cuán lejos se encuentre.
26 Dios es grande, pero no lo conoce-
mos;
nadie sabe cuántos años ha existido.
27 Dios reúne las gotas de agua,
y hace que el vapor se convierta en
lluvia;
28 las nubes contienen esa lluvia,
y ésta cae en abundancia sobre la
humanidad.

29 »¿Quién conoce la extensión de las
nubes,
o entiende el estruendo de los rayos en
su seno?
30 Dios derrama su luz sobre la tierra,
y cubre con ella las profundidades del
mar.
31 Con la lluvia da vida a los pueblos
y la tierra produce el sustento de
muchos.
32 Las densas nubes esconden la luz,
y la tierra se cubre de sombras.
33 El trueno denuncia la ira de Dios;
la tempestad proclama su rechazo a la
maldad.

37 »Al pensar en esto, mi corazón
se acelera
y parece querer salirse de mi
pecho.

[2]Presten atención al estruendo de su voz,
y al potente sonido que sale de su
boca.
[3]Oigan cómo retumba a través del
cielo,
y cómo su luz alumbra los confines de
la tierra.
[4]Tras su luz se oye un bramido
que estalla con majestuoso furor;
al escucharlo, nadie puede sostenerse.
[5]Dios deja oír su voz atronadora
y hace grandes cosas que no logramos
entender.
[6]A la nieve le ordena caer sobre la
tierra,
y también a las lloviznas y a las lluvias
torrenciales.
[7]La gente corre entonces a esconderse,
y así todo el mundo reconoce sus
obras.
[8]Las bestias del campo corren a sus
cuevas,
y allí en su refugio esperan con pa-
ciencia.

[9]»Desde el sur, viene el candente
torbellino;
desde el norte llega el viento frío.
[10]Dios sopla y forma bloques de hielo,
y hace que las grandes aguas se con-
gelen.
[11]Carga de humedad las densas nubes,
y desde ellas manda sus rayos lumi-
nosos.
[12]Revuelve las nubes de un lugar a otro,
y las lleva por toda la faz de la tierra,
para que cumplan con todos sus
designios.
[13]Dios las usa para castigar al hombre,
pero también para mostrar su amor
por la tierra.

[14]»Tenme paciencia, Job, y escúchame;
mira con atención las maravillas de Dios.
[15]¿Sabes cómo Dios ordena las nubes,
y hace que el relámpago brille entre
ellas?
[16]¿Sabes por qué las nubes son diferentes,
que son una maravilla de sabiduría
perfecta?
[17]¿O por qué tu ropa te acalora
cuando Dios detiene el cálido viento
del sur?
[18]¿Acaso lo ayudaste a extender los
cielos,
y los afirmaste como reluciente espejo?
[19]Enséñanos qué debemos decirle;
nuestra oscura mente no nos permite
ordenar las ideas.
[20]¿Debo anunciarme cuando quiera
hablar con él?
¿Quién se atreve a hablar para ser
destruido?

[21]»No se puede ver de frente la luz
del sol,
cuando el cielo está limpio y sin nubes.
[22]Desde el norte vienen rayos dorados
que anuncian la imponente majestad
de Dios.
[23]No podemos comprender al Todo-
poderoso;
grande es su poder, y grande es su
justicia.
[24]Por eso los seres humanos le temen,
aunque él no teme a los que se consi-
deran sabios.»

El Señor responde a Job

38 El Señor le respondió a Job des-
de el torbellino:

PROMESAS PODEROSAS

JOB 36.26

Dios es grande, pero no lo conocemos; nadie sabe cuántos años ha existido.

Dios no tiene principio ni fin. Aunque no podemos saber todo acerca de Dios, podemos conocerlo por medio de su Hijo, Jesús, y por medio de su Palabra.

[2] «¿Quién se atreve a oscurecer mis designios
con palabras carentes de sentido?
[3] Pórtate como hombre, y prepárate;
yo te voy a preguntar, y tú me vas a responder.

[4] »¿Dónde estabas tú, cuando yo afirmé la tierra?
Si en verdad sabes mucho, dímelo.
[5] Dime también, si lo sabes, ¿quién tomó sus medidas?
¿O quién la midió palmo a palmo?
[6] ¿Sobre qué están sentadas sus bases?
¿Quién puso su piedra angular
[7] mientras cantaban las estrellas del alba
y los seres celestiales se regocijaban?

[8] »Cuando las aguas del mar se desbordaban,
¿quién les puso compuertas para controlarlas?
[9] Cuando yo cubrí el mar de nubes blancas,
y lo envolví en una densa oscuridad,
[10] establecí para el mar este decreto
que ponía límite a sus movimientos:
[11] "Podrás llegar hasta aquí, pero no más allá.
Hasta aquí llegarán tus orgullosas olas."[a]

[12] »¿Alguna vez le has dado órdenes a la mañana?
¿Le has señalado al alba cuál es su lugar,
[13] para que tome los extremos de la tierra
y se sacuda de encima a los malvados?
[14] Con el alba, la tierra cambia de aspecto
y se reviste con tonos de lacre para sello;
[15] pero si se les quita su luz a los malvados,
éstos pierden su fuerza y son vencidos.

[16] »¿Has bajado alguna vez al fondo del mar?
¿Has recorrido los senderos del abismo?
[17] ¿Se te han revelado las puertas de la muerte?
¿Has visto el umbral del reino de las sombras?
[18] ¿Has calculado la extensión de la tierra?
¡Hazme saber si sabes todo esto!

[19] »¿Sabes cómo llegar a la casa de la luz?
¿O en qué lugar se resguardan las tinieblas?
[20] ¡Entonces puedes guiarlas hasta sus fronteras
y mostrarles la senda que conduce a su casa!
[21] ¡Claro que lo sabes, pues ya habías nacido!
¡Son muchos los años que has vivido!

[22] »¿Has entrado en los depósitos de la nieve?
¿Has visto dónde está almacenado el granizo?
[23] Yo los guardo para momentos angustiosos,
para los días de combate y de batalla.
[24] ¿De qué manera se difunde la luz?
¿Cómo se esparce el viento solano sobre la tierra?

[25] »¿Quién le abrió el camino al aluvión,
y con él a los truenos y relámpagos
[26] que descargan su furia en los páramos
y en desiertos que nadie habita?
[27] Con la lluvia sacia su sed el desierto,
y brota en el desierto la tierna hierba.

[28] »¿Quién es el padre de la lluvia?
¿Quién da origen a las gotas de rocío?
[29] ¿Del vientre de qué madre sale el hielo?

[a] **38.8-11:** Jer 5.22.

¿Quién da origen a la escarcha?
30 ¿Cómo es que el agua se endurece
como piedra,
y la superficie del mar profundo se
congela?

31 »¿Puedes atar los lazos de las Pléyades,
o desatar las ataduras de Orión?[b]
32 ¿Puedes sacar las constelaciones a su
tiempo,
o guiar a la Osa Mayor y a sus cachorros?
33 ¿Conoces acaso las leyes de los cielos?
¿Puedes controlar su potestad en la
tierra?
34 »¿Puedes dar órdenes a las nubes,
y hacer que te cubra un torrente de
lluvia?
35 ¿Puedes marcar la ruta de los relám-
pagos,
y hacer que ellos se pongan a tus
órdenes?

36 »¿Quién le dio sabiduría al ibis?
¿Quién le dio inteligencia al gallo?
37 ¿Quién con tanta sabiduría cuenta
las nubes?

LECCIONES DIOS CONTESTA
(Job 38.1)

¿En algún momento has sido tentado a creer que Dios no contesta la oración? La historia de Job nos enseña lo equivocado que es este concepto. Cuando Dios contestó a Job, no le explicó por qué Job había tenido que sufrir. Más bien, Dios le indicó a Job que él estaba cuestionando a Dios porque en realidad no lo conocía. Pero muy profundo en su corazón, Job sí quería saber más acerca de Dios. Fue por eso que Dios se le reveló a Job. ¿Quieres saber más acerca de Dios? Puedes empezar por leer la Biblia todos los días.

¿Y quién derrama las aguas de los cielos
38 para reblandecer los duros terrones
cuando éstos se pegan por falta de
humedad?

39 »¿Te atreverías a cazar la presa para
el león?
¿Te atreverías a saciar el hambre de sus
cachorros,
40 que tendidos en sus cuevas
esperan impacientes la hora de comer?
41 ¿Quién alimenta al cuervo y sus
polluelos,
cuando éstos saltan de un lado a otro
y graznan hambrientos pidiendo a
Dios su comida?

39 »¿Sabes tú cuándo paren las
cabras del monte?
¿Has visto acaso nacer a los
cervatillos?
2 ¿Sabes cuántos meses dura su preñez,
y cuándo los cervatos tienen que
nacer?
3 Para que nazcan, la cierva se encorva,
y en cuanto nace su cría se calma su
dolor.
4 Y los cervatos crecen, y se hacen
fuertes,
y se apartan de la madre para nunca
volver.

5 »¿Quién ha criado libre al asno
montés?
¿Quién lo liberó de sus ataduras?
6 Fui yo quien lo hizo habitar en la
soledad,
quien le dio el páramo por hábitat.
7 La ciudad y sus tumultos le resultan
divertidos;
no sabe obedecer los gritos de los
arrieros.
8 Busca pastos en los altos montes,
y hace de toda hierba su alimento.

9 »¿Y acaso el búfalo querrá servirte?
¿Se quedará tranquilo en tu pesebre?

[b] **38.31:** Job 9.9; Am 5.8.

[10] ¿Podrás ponerle un yugo para trabajar la tierra?
¿Hará surcos en el valle porque se lo mandas tú?
[11] ¿Podrás confiar en su gran fuerza?
¿Crees que puedes confiarle tus labores?
[12] ¿Podrás encargarle que recoja tu semilla,
y que la amontone en tu granero?

[13] »El avestruz agita su bello plumaje,
que no es tan bello como el del pavo real.
[14] Pone huevos, y luego los abandona,
y los deja calentar bajo el polvo de la tierra.
[15] No le importa que alguien los aplaste,
ni que las bestias del campo los destrocen.
[16] Es cruel con sus polluelos, como si no fueran suyos,
no piensa que su trabajo pudo haber sido en vano.
[17] Y es que yo no lo doté de sabiduría;
tampoco lo doté de gran inteligencia,
[18] ¡pero en cuanto emprende la carrera
se burla del caballo y de su jinete!

[19] »¿Acaso tú dotaste al caballo de su fuerza?
¿Cubriste acaso su cuello de ondulantes crines?
[20] ¿Puedes asustarlo, como si fuera una langosta?
¡Si un resoplido suyo asusta a cualquiera!
[21] Tan fuerte es que escarba el suelo con sus cascos,
y así se apresta a entrar en combate.
[22] Nada le espanta, a nada le teme,
ni se arredra ante la espada.
[23] Suenan a su lado las flechas en la aljaba,
brillan las lanzas, chocan las jabalinas,
[24] pero él, impetuoso, escarba la tierra,
sin que le asusten los toques de trompeta.
[25] Más bien, el sonido del clarín lo excita,
y a la distancia percibe los olores del combate,
el griterío y las órdenes de ataque.

[26] »¿Acaso por órdenes tuyas vuela el gavilán,
y tiende el vuelo para dirigirse al sur?
[27] ¿Acaso por mandato tuyo se remonta el águila,
y pone su nido en lo alto de las rocas?
[28] Su nido se halla en los altos montes,
en la punta de los más altos peñascos.
[29] Con sus dos potentes ojos,
desde lejos acecha a su presa,
[30] y alimenta a sus polluelos con la sangre de su presa.
"Donde hay un cadáver, hay un águila."»

El Señor desafía a Job

40 El Señor también le dijo a Job:

[2] «¿Te parece sabio discutir con el Todopoderoso?
El que discute con Dios, tiene que responderle.»

[3] Y Job le respondió al Señor:

[4] «Indigno soy. ¿Qué te puedo responder?
Más me conviene quedarme callado.
[5] Una vez he hablado, así que no voy a responder.
Hablé por segunda vez, y no lo volveré a hacer.»

Maravillas de la creación de Dios

[6] Entonces el Señor respondió a Job desde el torbellino, y le dijo:

[7] «Pórtate como hombre, y prepárate.
Yo te voy a preguntar, y tú me vas a responder.
[8] ¿Acaso vas a invalidar mi justicia?
¿O vas a condenarme para justificarte?
[9] ¿Tienes acaso el mismo poder que yo?
¿Puede tu voz resonar como la mía?

[10] »Revístete de majestad y de gloria;
cúbrete de honra y hermosura.
[11] Deja sentir todo el ardor de tu ira;
fija tu mirada en los orgullosos, y humíllalos.
[12] Fíjate en los soberbios, y abátelos;
quebranta a los malvados; ¡ponlos en su lugar!
[13] Sepúltalos a todos en la tierra;
cúbreles la cara y déjalos en tinieblas.
[14] Entonces yo tendré que reconocer
que tu diestra tiene el poder de salvarte.

[15] »Mira a Behemot, la bestia de las bestias;
criatura mía, lo mismo que tú.
Se alimenta de hierba, como los bueyes,
[16] su fuerza se concentra en sus lomos,
y su vigor se halla en los músculos de su vientre;
[17] ¡sacude su cola como un cedro!
Los tendones de sus muslos se entrelazan,

LECCIONES

¿DIOS SIGUE SIENDO JUSTO?
(Job 40.2)

Job pensaba que Dios estaba siendo injusto con él, pero Dios le mostró que no era así. Si Job no entendía la manera en que Dios había creado el mundo, ¿cómo podía entonces cuestionar a Dios acerca de sus acciones? Job necesitaba que se le recordara que Dios gobierna el mundo que Él creó con sabiduría y justicia. Las tragedias que sufrió Job no querían decir que Dios había dejado de ser justo. Como Job, nosotros podemos cuestionar la justicia de Dios cuando ocurren cosas terribles. Pero como aprendió Job, no nos toca a nosotros cuestionar a Dios, sino más bien confiar en Él.

PALABRAS CON PODER

BEHEMOT
(Job 40.15)

Dios le recordó a Job las criaturas que Él había creado, incluso "a Behemot". ¿Habrá sido esta criatura un hipopótamo o un elefante? No sabemos qué animal habrá sido, pero sí sabemos que era un animal enorme. Dios quería ayudar a Job a entender que no era una buena idea cuestionar al Dios poderoso quien había creado estos animales (Job 41:10). En vez de cuestionar la justicia de Dios, Job necesitaba depender de la bondad de Dios, aun en medio de los momentos difíciles. Esto también es una lección para nosotros.

[18] y sus huesos parecen barras de bronce;
¡sus patas son tan fuertes como el hierro!

[19] »Behemot fue mi primera obra;
yo lo hice, y sólo yo puedo matarlo.
[20] En los montes crece hierba para él,
y allí retozan las bestias del campo.
[21] Behemot se echa entre los juncos;
se echa entre las matas de los esteros.
[22] La sombra de los árboles lo resguardan;
los sauces del arroyo lo rodean.
[23] Si el río se desborda, él no se espanta;
se queda tranquilo aunque el río Jordán lo cubra.
[24] ¿Quién puede atacarlo, estando él despierto?
¿Quién puede acercarse a él y horadarle el hocico?

41 »¿Acaso puedes pescar a Leviatán[a] con anzuelo?
¿Puedes atarle la lengua con una simple cuerda?
[2] ¿Puedes atarle una soga en la nariz,
y horadarle con ganchos la quijada?

[a] **41.1:** Sal 74.14; 104.26; Is 27.1.

3 ¿Acaso crees que te pedirá clemencia,
o que con palabras dulces te pedirá su libertad?
4 ¿Crees que se comprometerá contigo
a ser tu siervo para siempre?
5 ¿Podrás jugar con él, como con un ave,
y ponerle un lazo para que se diviertan tus hijas?
6 ¿Ofrecerás con él un banquete para tus amigos?
¿Podrán los carniceros descuartizarlo y venderlo?
7 ¿Podrás cortar con cuchillo su dura piel?
¿Podrás clavarle un arpón en la cabeza?
8 Haz el intento siquiera de tocarlo:
¡será una batalla memorable, que nunca más repetirás!

9 »En vano espera quien pretenda domarlo;
de sólo verlo cerca, el más valiente tiembla.
10 No hay nadie tan osado que lo quiera despertar;
entonces, ¿quién podría enfrentarse a mí?
11 ¿Quién me ha dado algo, para que se lo devuelva?[b]
¡Mío es todo lo que hay debajo de los cielos!

12 »Aún me falta decir algo acerca de sus miembros,
de su gran poder y de su elegante presencia.
13 ¿Hay alguien capaz de hacerle frente?
¿Alguien que se arme de valor y le coloque un freno?
14 ¿Quién podrá abrirle esas potentes quijadas,
sin que se espante al ver sus filosos colmillos?
15 Está orgullosamente revestido de duros escudos,
cuyo cerrado tejido resguarda su cuerpo.
16 Tan estrechamente unidos están unos con otros,
que ni el viento más fino los puede atravesar.
17 Cada escudo se entrelaza con el otro;
están trabados entre sí, y no se pueden separar.
18 Cuando esta bestia resopla, lanza fuego,
y sus ojos brillan como la luz del amanecer.
19 De su hocico brotan lenguas de fuego;
¡chispas de lumbre salen disparadas!
20 Por su trompa lanza humo como chimenea,
¡despide vapor como una olla en el fuego!
21 Con sus resoplidos prende fuego a los carbones,
pues brama y lanza fuego por sus fauces.
22 La fuerza de su cuerpo está en su cuello;
cuando ataca, cunde el miedo como polvo.
23 Su piel parece blanda, pero es dura;
es tan firme y resistente como el hierro.
24 Su corazón es duro como una roca,
rígido como una piedra de molino.
25 Aún los más valientes se le enfrentan temerosos,
y llenos de miedo se rinden ante él.
26 Si alguno le da alcance, con la espada no lo hiere,
ni con lanza ni flechas, ni su escudo lo protege.
27 El hierro es para él como la paja,
y el bronce es como un tronco podrido.
28 No le espantan las flechas que sobre él caen,
y las piedras lanzadas con honda le son como paja.

[b]**41.11:** Ro 11.35.

[29] Para él, las armas son como hojas
secas,
y el silbido de la jabalina le resulta
divertido.
[30] Su pecho está cubierto de agudas
escamas,
y al arrastrarse va abriendo surcos en
el fango.
[31] Si se lanza al mar, éste hierve,
y brotan candentes burbujas de agua.
[32] Tras de sí va dejando una brillante
estela,
¡cabellera de plata se torna la blanca
espuma!
[33] Nada en la tierra se le puede comparar;
es un monstruo que a nada le teme.
[34] A los poderosos los mira con des-
precio;
¡es el rey de todos los soberbios!»

Job reconoce su atrevimiento

42 Entonces Job le respondió al
Señor, y le dijo:

[2] «Yo sé bien que todo lo puedes,
que no hay nada que tú no puedas
realizar.
[3] Preguntaste:
"¿Quién se atreve a oscurecer mis
designios,[a]
con palabras carentes de sentido?"
Yo fui ese atrevido, que habló sin
entender;
¡grandes son tus maravillas!
¡Son cosas que no alcanzo a comprender!
[4] Por favor, escucha mis palabras;
quiero preguntarte algo; ¡házmelo
saber![b]
[5] Yo había oído hablar de ti,
pero ahora mis ojos te ven.
[6] Por lo tanto, me retracto de lo dicho,
y me humillo hasta el polvo y las cenizas.»

El Señor reprende a los amigos de Job

[7] Cuando el Señor terminó de hablar con
Job, le dijo a Elifaz de Temán:

PROMESAS PODEROSAS

JOB 42.2

Yo sé bien que todo lo puedes, que no hay nada que tú no puedas realizar.

Job reconoció que nada puede parar los planes de Dios. Dios es todopoderoso y siempre está en control. Cuando nos sentimos impotentes, podemos alegrarnos al saber que Dios nunca lo es. ¡Siempre podemos contar con Él!

«Estoy muy enojado contigo y con tus
amigos porque, a diferencia de Job, ustedes
tienen un concepto erróneo de mí.
[8] Pero tomen ahora siete becerros y sie-
te carneros, y preséntense ante mi siervo
Job, y ofrezcan un holocausto por ustedes.
Job, mi siervo, rogará por ustedes, y yo es-
cucharé sus palabras; así ustedes no que-
darán avergonzados por no haber hablado
de mí correctamente, como lo hizo Job.»
[9] Entonces Elifaz el temanita, Bildad el su-
hita y Sofar el namatita fueron e hicieron lo

LECCIONES **ACEPTACIÓN** *(Job 42.5)*

Job finalmente aceptó el sufrimiento que Dios permitió en su vida. Reconoció que Dios era el que gobernaba el universo y lo gobernaba a él dentro de ese universo. Una vez que Job aceptó el plan de Dios, las palabras y la presencia de Dios lo consolaron. Job entendió el carácter y los propósitos de Dios. Así como ocurrió con Job, Dios quiere que nosotros aceptemos la voluntad de Él para nuestra vida y que confiemos en Él completamente, aun cuando no entendemos por completo lo que está ocurriendo.

[a]**42.3:** Job 38.2. [b]**42.4:** Job 38.3.

que el Señor les ordenó, y el Señor aceptó los ruegos de Job por sus amigos.

Epílogo

10 Después de que Job rogó por sus amigos, el Señor sanó también la aflicción de Job y aumentó al doble todo lo que Job había tenido.[c]

11 Después de haber pasado por tan terrible calamidad que el Señor le envió, Job recibió la visita de todos sus hermanos y hermanas, y de sus amigos y conocidos de antes, y juntos disfrutaron de una gran comida en su casa. Ellos le dieron sus condolencias y lo consolaron por la familia que había perdido, y cada uno de ellos le regaló una moneda de plata y un anillo de oro.

12 Y el Señor bendijo a Job con mayores riquezas que las que tuvo al principio, pues llegó a tener catorce mil ovejas, seis mil camellos, mil yuntas de bueyes y mil asnas,

13 y además tuvo siete hijos y tres hijas.

14 La primera de ellas se llamó Yemimá; la segunda, Quesiyá; y la tercera, Queren Hapuc.

15 No había en toda la tierra mujeres tan hermosas como las hijas de Job. Y Job les dio herencia, lo mismo que a sus hermanos, por partes iguales.

16 Job pudo ver a todos sus hijos, y a sus nietos y bisnietos, hasta la cuarta generación, pues llegó a vivir ciento cuarenta años.

17 Cuando Job murió, era ya muy anciano.

[c]**42.10:** Job 1.1-3.

RESTAURADO *(Job 42.10)*

Al final del libro de Job, todo termina bien, al estilo de los cuentos de hadas donde los personajes viven felices para siempre. Aunque Job perdió todo, Dios le dio otros hijos y le dio aún más riquezas de las que jamás había tenido. Por medio de su dolor y sufrimiento, Job desarrolló una relación mucho más estrecha con Dios. Al sufrir por razones que no entendía, Job aprendió a confiar en Dios más profundamente. Dios nunca permite que su pueblo sufra sin que haya una razón. Debemos confiar en Dios en momentos de dolor y tristeza. En su justicia perfecta, Él hará lo que es mejor para nosotros y para su reino.

SALMOS

Autor: **David y otros**
Temas: **Oraciones y alabanzas**
Fecha en que se escribió: **c. los siglos 10 al 5 a.C.**

CANTOS QUE SURGEN DEL CORAZÓN

El libro de Salmos es un libro de cantos. Los salmistas, incluso el rey David, escribieron estos cantos para expresar sus sentimientos acerca de la vida y acerca de Dios. En algunos salmos, el autor clama a Dios pidiendo su ayuda. En otros, el autor celebra quién es Dios y las grandes cosas que Él ha hecho. Algunos salmos hasta hablan de Jesús, quien vino a la tierra a ser nuestro Salvador

LO QUE ENCONTRARÁS EN EL LIBRO

Esta colección de 150 cantos individuales cubre una gran variedad de temas: la creación, la salvación, el pecado y el mal, la justicia y la rectitud, la alabanza y la adoración, la oración y el juicio. Los autores describen a Dios de muchas maneras; dicen que Dios es fortaleza, roca, escudo, pastor, soldado, creador, gobernante, juez, redentor, sustentador, sanador y vengador.

Hay trece categorías principales entre los salmos:

(1) Cantos de alabanza, los cuales enfatizan la majestad, la bondad, la grandeza y la salvación de Dios (Salmos 8; 21;33-34; 103-106; 111-113; 115-117; 135; 145-150).

(2) Cantos de acción de gracias, los cuales relatan lo que Dios ha hecho para salvar y ayudar a su pueblo (Salmos 18; 30; 34; 41; 66; 92; 100; 106; 116; 118; 124; 126; 136; 138).

(3) Cantos de oración y petición, los cuales incluyen palabras de tristeza, peticiones de que Dios supla las necesidades, un deseo por la presencia de Dios, y oraciones por el pueblo de Dios (Salmos 3-6; 13; 43; 54; 67; 69-70; 79-80; 85-86; 88; 90; 102; 141-143).

(4) Cantos de tristeza por el pecado, los cuales se enfocan en reconocer el pecado con una actitud de tristeza (Salmos 32; 38; 51; 130).

(5) Cantos de historia sagrada, los cuales relatan la relación de Dios con la nación de Israel (Salmos 78; 105-106; 108; 114; 126; 137).

(6) Cantos de entronar al Señor, los cuales declaran que el Señor reina (Salmos 24; 47; 93; 96-99).

(7) Cantos de adoración pública, los cuales fueron compuestos para cultos, ceremonias, celebraciones o fiestas especiales (Salmos 15; 24; 45; 68; 113-118). Los Salmos 113-118 se usaban anualmente durante la celebración de la Pascua.

(8) Cantos de confianza y devoción, los cuales expresan confianza en la integridad de Dios (Salmos 11; 16; 23; 27; 31-32; 40; 46; 56; 62-63; 91; 119; 130-131; 139).

(9) Cantos de peregrinaje, los cuales también se llaman "cantos de Sion" o "cánticos de ascenso", los cuales cantaban los viajeros durante su viaje a Jerusalén para las fiestas anuales de la Pascua, de Pentecostés y de Tabernáculos (Salmos 43; 46; 48; 76; 84; 87; 120-134).

(10) Cantos en cuanto a la creación, los cuales describen la obra creativa de Dios en los cielos y la tierra (Salmos 8; 19; 29; 33; 65; 104).

(11) Cantos de sabiduría e instrucción, los cuales hablan acerca de las actividades y los propósitos de Dios y nos enseñan lo que es bueno y lo que es malo según las normas de Dios (Salmos 1; 34; 37; 73; 112; 119; 133).

(12) Cantos reales o mesiánicos, los cuales describen ciertas experiencias del rey David o del rey Salomón que tienen un significado profético y se cumplen en el Mesías, Jesucristo (Salmos 2; 8; 16; 22; 40-41; 45; 68-69; 72; 89; 102; 110; 118).

(13) Cantos de juicio, los cuales piden la maldición o el juicio de Dios sobre los malvados (Salmos 7; 35; 55; 58-59; 69; 109; 137; 139:19-22). Sin embargo, el propósito de estos salmos no es expresar un deseo egoísta de venganza.

¿SABÍAS QUE...?

- El libro de los Salmos es el libro más largo de la Biblia.
- Contiene el capítulo más largo (Salmo 119) y el capítulo más corto (Salmo 117) en la Biblia.
- Es el primer y el más antiguo cancionero cristiano en el mundo.
- Es el libro más leído del Antiguo Testamento.
- "Aleluya", un término hebreo que se traduce "Gloria a Dios", ocurre veintiocho veces en la Biblia, y veinticuatro de estas veces en los Salmos.
- Hay 186 citaciones de los Salmos en el Nuevo Testamento, más que de cualquier otro libro del Antiguo Testamento.

LIBRO I

El justo y los pecadores

Bienaventurado el hombre
que no anda en compañía de
malvados,
ni se detiene a hablar con pecadores,
ni se sienta a conversar con blasfemos.
2 Que, por el contrario,
se deleita en la ley del Señor,
y día y noche medita en ella.
Sal 40.6-8
3 Ese hombre es como un árbol
plantado junto a los arroyos:[a]
llegado el momento da su fruto,
y sus hojas no se marchitan.
¡En todo lo que hace, prospera!
Is 3.10
4 Con los malvados no pasa lo mismo;
¡son como el tamo que se lleva el
viento!
5 Por eso los malvados y pecadores
no tienen arte ni parte en el juicio
ni en las reuniones de los justos.
6 El Señor conoce el camino de los
justogs,
pero la senda de los malos termina mal.

El reino del ungido del Señor

2 ¿Por qué se rebelan los pueblos?
¿Por qué conspiran las naciones?
2 Los reyes de la tierra hacen alianzas;
los caudillos se declaran en contra
del Señor y de su Mesías.[a] Y dicen:
3 «¡Vamos a quitarnos sus cadenas!
¡Vamos a librarnos de sus ataduras!»

4 El que reina en los cielos se ríe;
el Señor se burla de ellos.
5 Pero ya enfurecido, les habla,
y con su enojo los deja turbados.
6 «Ya he establecido a mi rey
sobre el monte Sión, mi lugar santo.»

7 Yo daré a conocer el decreto
que el Señor me ha comunicado:
«Tú eres mi hijo.
En este día te he engendrado.[b]
8 Pídeme que te dé las naciones como
herencia,
y tuyos serán los confines de la tierra.
9 Someterás a las naciones con cetro de
hierro,[c]
y las destrozarás como a vasijas de
barro.»

10 Ustedes, los reyes: ¡sean prudentes!
Y ustedes, los jueces: ¡admitan la
corrección!
11 Sirvan al Señor con reverencia

LECCIONES

¡ERES BENDITO!
(Salmo 1.1)

Existen dos tipos de personas: los que aman y obedecen a Dios, y los que no lo hacen. Sólo un grupo es "bendito". ¿Qué significa ser "bendito"? Una persona que es bendita goza de todos los privilegios de tener una relación con Dios. En vez de escuchar los consejos de personas impías, esta persona presta atención a los consejos que se encuentran en la Palabra de Dios (versículo 2). ¡Los NIÑOS PODEROSOS son así!

PALABRAS CON PODER

EL UNGIDO DE DIOS
(Salmo 2.2)

Cientos de años antes de venir Jesús a la tierra, el autor del Salmo 2 escribió acerca de Él. En el versículo 2, a Jesús se le llama "su Mesías" o el ungido. El ser ungido significa ser apartado por Dios para llevar a cabo una tarea especial.
Jesús vino a la tierra desde el cielo y murió por nuestros pecados para salvarnos del castigo que merecíamos. Dios le dio a Jesús el poder para rescatar a las personas del poder del pecado.

[a]**1.3:** Jer 17.8. [a]**2.1-2:** Hch 4.25-26. [b]**2.7:** Hch 13.33; Heb 1.5; 5.5. [c]**2.9:** Ap 2.26-27; 12.5; 19.15.

y ríndanle culto con temor reverente.
[12] Ríndanse a los pies de su Hijo,
no sea que él se enoje y ustedes perezcan,
pues su enojo se enciende de repente.
¡Bienaventurados son los que en él confían!

Sal 18.37-40

Oración matutina de confianza en Dios

Salmo de David, cuando huía de su hijo Absalón.[a]

3 Señor, ¡cómo han aumentado mis enemigos!
Son muchos los que me atacan,
[2] son muchos los que me dicen
que tú no vendrás en mi ayuda.
[3] Pero tú, Señor, me rodeas como un escudo;
eres mi orgullo, el que sostiene mi vida.
[4] Con mi voz clamaré a ti, Señor,
y tú me responderás desde tu lugar santo.
[5] Yo me acuesto, y duermo y despierto,
porque tú, Señor, me sostienes.
[6] Aun si me rodean legiones de soldados,
no tengo nada que temer.
[7] Señor y Dios mío, ¡acude a rescatarme!
¡Hiere a todos mis enemigos en la mejilla!
¡Rómpeles los dientes a esos malvados!
[8] A ti, Señor, te corresponde salvar;
¡derrama tus bendiciones sobre tu pueblo!

Oración vespertina de confianza en Dios

Al músico principal. Sobre Neginot. Salmo de David.

4 Dios de mi justicia, ¡responde a mi clamor!
Cuando estoy angustiado, tú me infundes aliento;
¡compadécete de mí y escucha mi oración!
[2] Ustedes, hombres mortales,
¿hasta cuándo ofenderán al que es mi gloria,
y amarán y buscarán la falsedad y la mentira?
[3] Entérense de una vez:
el Señor escoge a los hombres justos,
así que me escuchará cuando yo lo invoque.
[4] Pónganse a temblar, y no pequen;[a]
más bien, mediten en sus camas y guarden silencio.
[5] Ofrezcan al Señor sacrificios de justicia
y pongan su confianza en él.
[6] Son muchos los que preguntan
«¿Quién nos hará ver el bien?»
¡Que la luz de tu rostro, Señor, nos ilumine!
[7] Tú pusiste en mi corazón más alegría
que la de tener trigo y vino en abundancia.
[8] Por eso me acuesto y duermo en paz,
porque sólo tú, Señor, me haces vivir confiado.

Plegaria en que se pide protección

Al músico principal; sobre Nehilot. Salmo de David.

5 Escucha, Señor, mis palabras;
toma en cuenta mis gemidos.
[2] Mi rey y Dios, presta atención a mi clamor,
porque a ti dirijo mi oración.
[3] Oh, Señor, por la mañana escucharás mi voz;
por la mañana me presentaré ante ti, y esperaré.
[4] No eres un Dios que se complazca en la maldad;
los malvados no pueden habitar contigo.
[5] Los perversos no pueden presentarse ante ti,
pues aborreces a todos los malhechores.

[a]**3 tít.:** 2 S 15.13—17.22. [a]**4.4:** Ef 4.26.

6 Tú, Señor, destruyes a los mentirosos,
y rechazas a los asesinos y mentirosos.

7 Yo, por el contrario, y por tu gran
misericordia,
puedo entrar en tu templo y alabarte
reverente.
8 Guíame, Señor, en tu justicia,
y por causa de mis adversarios
endereza tu camino delante de mí.
9 Porque en sus labios no hay sinceridad;
dentro de ellos no hay más que
maldad.
Su garganta es como un sepulcro
abierto,
y su lengua sólo emite falsas alabanzas.[a]

10 ¡Castígalos, Dios mío!
¡Que sus propios errores los hagan caer!
¡Recházalos, por sus muchos pecados,
pues grande es su rebeldía contra ti!
11 Pero que se alegren todos los que en
ti confían;
que griten siempre de júbilo, porque tú
los defiendes;
que vivan felices los que aman tu
nombre.
12 Tú, Señor, bendices al hombre justo;
tu favor lo rodea, como un escudo.

Oración que pide misericordia en tiempos de prueba

Al músico principal. En Neginot, sobre Seminit. Salmo de David.

6 Señor, no me reprendas en tu ira;
no me castigues en tu enojo.[a]
2 Señor, ten misericordia de mí, que
estoy enfermo;
sáname, pues todos mis huesos se
estremecen.
3 Señor, todo mi ser se halla alterado.
¿Hasta cuándo me responderás?

Sal 41.1-3

4 Hazme caso, Señor, y ponme a salvo;
por causa de tu misericordia, ¡sálvame!
5 En la muerte, no hay memoria de ti;
en el sepulcro no hay quien te alabe.
6 Me estoy consumiendo de tanto
llorar;
Todas las noches lloro amargamente
y baño con lágrimas mi lecho.
7 Cansados de sufrir están mis ojos;
mis adversarios los han hecho envejecer.

8 Ustedes los malvados: ¡apártense de
mí,[b]
que el Señor ha escuchado mis lamentos!
9 El Señor ha atendido mis ruegos
y ha aceptado mis oraciones.
10 Todos mis adversarios quedarán
avergonzados;
¡huirán de pronto, totalmente humillados!

Plegaria en que se pide vindicación

Sigaión que David cantó al Señor por lo que dijo Cus hijo de Benjamín.

7 Señor, mi Dios, en ti confío;
¡ponme a salvo de los que me
persiguen!
2 ¡No permitas que, como leones, me
desgarren;
que me destrocen sin que nadie me
defienda!

3 Señor, mi Dios, ¿qué mal he cometido?
¿Acaso hay maldad en mis manos?
4 ¿Acaso les he pagado mal a mis
aliados
dejando sin más en libertad a nuestros
adversarios?
5 Si es así, ¡que el enemigo me persiga!
¡Que me alcance y me haga rodar por
tierra!
¡Que ponga mi honor por los suelos!

6 Señor, ¡levántate, y en tu furor
enfréntate a la furia de mis adversarios!
¡Despierta, y dicta tu sentencia en mi
favor!

[a] **5.9:** Ro 3.13. [a] **6.1:** Sal 38.1. [b] **6.8:** Mt 7.23; Lc 13.27.

[7] Rodeado entonces de todas las naciones,
reinarás sobre ellas desde el alto cielo.
[8] Tú, Señor, que juzgas a las naciones,
júzgame como corresponde a tu
justicia,
y de acuerdo con mi integridad.
[9] Pon fin a la maldad de los perversos,
pero mantén firme al hombre hon-
rado,
pues tú eres un Dios justo
que examina el corazón y la mente.[a]

[10] Dios es mi escudo;
él salva a los rectos de corazón.
[11] Dios es un juez justo,
siempre enojado con la gente malvada.
[12] Listos tiene el arco y la espada
para actuar contra ellos, si no se arre-
pienten.
[13] Listas tiene también armas mortales;
¡ya ha preparado ardientes saetas!
[14] El malvado concibe hacer el mal;
tan preñado está de maldad
que de él nace la mentira.
[15] Ha cavado un pozo muy profundo,
y en ese mismo pozo caerá.
[16] Su maldad se volverá contra él;
sus agravios recaerán sobre él mismo.
[17] ¡Yo alabaré al Señor por su justicia!
¡Cantaré salmos al nombre del Dios
altísimo!

La gloria de Dios y la honra del hombre

Al músico principal. Sobre Gitit. Salmo de David.

8 Señor y Dios nuestro,
¡cuán glorioso es tu nombre en
toda la tierra!
¡Has puesto tu gloria sobre los cielos!
[2] Las alabanzas de los niños de pecho[a]
son tu mejor defensa contra tus
enemigos;
ellas silencian a tus vengativos adversarios.

[3] Cuando contemplo el cielo, obra de
tus dedos,
y la luna y las estrellas que has creado,
[4] me pregunto:
¿Qué es el ser humano, para que en él
pienses?
¿Qué es la humanidad, para que la
tomes en cuenta?[b]
[5] Hiciste al hombre poco menor que
un dios,
y lo colmaste de gloria y de honra.
[6] ¡Lo has hecho señor de las obras de
tus manos!
¡Todo lo has puesto debajo de sus pies![c]
[7] ¡Todas las ovejas y todos los toros!
¡Todos los animales del bosque!
[8] ¡Las aves en el cielo y los peces en el mar!
¡Todo lo que surca las profundidades
del mar!
[9] Señor y Dios nuestro,
¡cuán glorioso es tu nombre en toda
la tierra!

Acción de gracias por la justicia de Dios

Al músico principal. Sobre Mut Labén. Salmo de David.

9 Señor, te alabaré de todo corazón
y hablaré de todos tus portentos.
[2] Por ti me alegraré, oh Dios altísimo,
y cantaré alabanzas a tu nombre.
[3] Ante ti, mis enemigos huyen;
ruedan por el suelo y perecen.

Sal 34.1-3

[a]**7.9:** Ap 2.23. [a]**8.2:** Mt 21.16. [b]**8.4:** Job 7.17-18; Sal 144.3; Heb 2.6-8. [c]**8.6:** 1 Co 15.27; Ef 1.22; Heb 2.8.

ÉL SALVA A LOS RECTOS *(Salmo 7.10)*
Una persona de corazón recto es una persona que es piadosa. Es una persona que trata de ser obediente a Dios. La Biblia enseña que Dios rescata a los que verdaderamente desean agradarlo. Él nos da el poder para mantenernos alejados del pecado. Cuando llevamos una vida recta ante Dios podemos esperar que Él nos ayude en los momentos difíciles.

[4] Tú eres un juez justo, y desde tu trono
defiendes mi causa y me haces justicia.
[5] Sometes a las naciones, destruyes a los malvados,
y borras para siempre su memoria.
[6] Mis adversarios se han desvanecido;
han quedado destruidos para siempre.
Con ellos se borró el recuerdo
de las ciudades que tú destruiste.

[7] Pero tú, Señor, permaneces para siempre,
y tienes preparado tu tribunal de justicia.
[8] Con justicia juzgarás al mundo;
con rectitud juzgarás a las naciones.
[9] Tú, Señor, eres el refugio de los pobres;
eres su amparo en momentos de angustia.
[10] En ti confían los que conocen tu nombre,
porque tú, Señor, proteges a los que te buscan.

LECCIONES: LOS ÁNGELES Y LOS SERES HUMANOS

(Salmo 8.5)

La Biblia menciona diferentes tipos de ángeles. Todos sirven a Dios de diferentes maneras: como mensajeros, guerreros y adoradores. Pero la Biblia también dice claramente que los seres humanos no son ángeles, y en ningún momento llegarán a ser ángeles. Fuimos creados a la imagen de Dios (Génesis 1:26-27). Esto significa que tenemos características como las de Dios. Él ha escogido a los seres humanos para reinar sobre su creación. Y lo más importante es que el Hijo de Dios vino a la tierra como uno de nosotros. ¿Eso no te hace sentir especial?

[11] ¡Canten al Señor, que vive en Sión!
¡Proclamen entre los pueblos sus acciones!
[12] El Dios vengador se acordó de ellos;
¡no olvidó el clamor de los afligidos!

[13] Señor, ¡ten misericordia de mí!
¡Mira cómo me hacen sufrir mis enemigos!
Tú me libras de las puertas de la muerte,
[14] para que a las puertas de Sión
proclame tus alabanzas y goce de tu salvación.
[15] Las naciones cayeron en el hoyo que cavaron;
¡quedaron atrapadas en su propia trampa!

[16] El Señor se ha revelado al hacer justicia;
los malvados se enredan con sus propios hechos.
[17] Esos malvados serán llevados al sepulcro,
con todos los que se olvidan de Dios.
[18] Porque no siempre serán olvidados los pobres,
ni todo el tiempo se desvanecerá su esperanza.

[19] Señor, ¡levántate y juzga a las naciones!
¡No dejes que el ser humano se envanezca!
¡Haz que las naciones comparezcan ante ti!
[20] ¡Infúndeles, Señor, temor de ti!
¡Que sepan las naciones que sólo son seres humanos!

Plegaria que pide la destrucción de los malvados

10 Señor, ¿por qué estás tan lejos?
¿Por qué te escondes en momentos de angustia?
[2] Arrogante, el malvado persigue al pobre;

LECCIONES **UN FINAL FELIZ** *(Salmo 9.8)*

¿Te gustan las historias que terminan bien? A los que confían en Dios les espera un final feliz. En este salmo, David alaba al Señor porque algún día Dios rectificará todo mal y reinará sobre la tierra con justicia perfecta. Hoy día es fácil desanimarse por las cosas malas que vemos en el mundo. Pero Dios hará que todo termine bien al final. Él nos honrará si nos mantenemos fieles a Él.

PROMESAS PODEROSAS

SALMO 10.17
Tú, Señor, escuchas las plegarias de los pobres; tú les das ánimo y les prestas atención.

¿Tú crees que Dios te oye cuando oras? Este salmo nos recuerda que Dios no sólo oye nuestras oraciones, sino que las contesta. Cada vez que ores, ¡puedes apoyarte en esta promesa!

¡pero sus propias trampas lo atraparán!
3 El injusto se jacta de sus malos
deseos;
alaba al ambicioso y desprecia al Señor.
4 Tan soberbio es el impío que no
busca a Dios,
ni le da lugar en sus pensamientos.
5 Todo el tiempo sus caminos son
torcidos,
desprecia a todos sus adversarios,
y tus leyes están muy lejos de su vista.
6 Y se dice: «Jamás voy a tropezar.
¡Jamás me alcanzará la desgracia!»
7 Abundan en su boca maldiciones,
engaños y mentiras.[a]
Bajo su lengua esconde ofensas y
maldad.
8 Se acerca a las aldeas, y las acecha;
tiende emboscadas para matar al
inocente;
pone los ojos en el desvalido.
9 Se agazapa, como el león en su cueva;
luego se acerca para caer sobre el
pobre
y atraparlo en su red y arrebatarle sus
bienes.
10 Se encoge, se agazapa,
y muchos desdichados caen en sus
garras.
11 Piensa para sí que Dios se ha olvidado,
que esconde la cara y nunca ve nada.
12 ¡Vamos, Señor y Dios, levanta la
mano!
¡No te olvides de los pobres!
13 ¿Por qué tendría que menospreciarte
el malvado?
¿Por qué habría de pensar que no
intervendrás?
14 Pero tú sí ves los trabajos y la humillación,
y a cada uno le das su recompensa.
En ti busca amparo el desvalido;
¡eres el refugio de los huérfanos!
15 ¡Rómpeles los brazos a los malvados!
¡Persigue su maldad, hasta acabar con
ella!

16 Tú, Señor, reinas eternamente y para
siempre;
¡borra de su tierra a las naciones!
17 Tú, Señor, escuchas las plegarias de
los pobres;
tú les das ánimo y les prestas atención.
18 Tú reivindicas al huérfano y al oprimido,
para que los simples mortales
no sigan violentando la tierra.

El refugio del justo

Al músico principal. Salmo de David.

11 Yo confío en el Señor;
¿por qué, entonces, me
sugieren

[a] **10.7:** Ro 3.14.

que escape a las montañas, como un
ave?
2 Ciertamente, los malos preparan su
arco
y disponen las flechas sobre la cuerda
para atacar desde las sombras a los
justos.
3 ¿Pero qué puede hacer el hombre
honrado
cuando son socavados los cimientos?

4 El Señor está en su santo templo;
el Señor tiene su trono en el cielo;
él ve y examina a todos los seres
humanos.
5 El Señor pone a prueba al hombre
honrado,
pero repudia al injusto y al violento;
6 acarrea calamidades sobre el malvado,
y le lanza fuego, azufre y un viento
calcinante.
7 El Señor es justo, y ama la justicia;
el hombre honrado contemplará su
rostro.

Oración que pide ayuda contra los malvados

Al músico principal. Sobre Seminit. Salmo de David.

12 ¡Sálvanos, Señor, pues ya no hay
gente piadosa!
¡Ya no hay en este mundo
gente fiel!
2 Unos a otros se dicen mentiras;
se hablan con labios zalameros e
hipócritas.

3 Pero tú, Señor, destruirás todos esos
labios;
acabarás con toda lengua jactanciosa,
4 que dice: «Con nuestra lengua ven-
ceremos.
Con los labios que tenemos, ¿quién
puede dominarnos?»

5 Tú, Señor, has dicho:
«Tanto se oprime a los pobres,
y es tanto el clamor de los humildes,
que ahora voy a levantarme
para acudir en su ayuda.»

6 Las palabras del Señor son puras.
Son perfectamente puras,
como la plata refinada en el crisol.

7 Tú, Señor, nos protegerás;
nos salvarás para siempre de esta
generación,
8 aun cuando los malvados estén al
acecho
y la humanidad siga exaltando la vileza.

PROMESAS PODEROSAS

SALMO 12.6

Las palabras del Señor son puras. Son perfectamente puras, como la plata refinada en el crisol.

Mientras más se calienta la plata, más pura y valiosa llega a ser, ya que las impurezas en la plata se funden debido al fuego alto. Cuando las promesas de Dios son probadas en los momentos difíciles, llegan a ser cada vez más valiosas.

Plegaria que pide ayuda en la aflicción

Al músico principal. Salmo de David.

13 ¿Hasta cuándo, Señor?
¿Hasta cuándo me ocultarás
tu rostro?
¿Te olvidarás de mí para siempre?
2 ¿Hasta cuándo debo estar angustiado,
y andar triste todo el día?
¿Hasta cuándo mi adversario me
dominará?
3 Señor y Dios mío, mírame y respón-
deme;
ilumina mis ojos, y manténme con
vida.
4 Que no diga mi adversario que logró
vencerme.
¡Se burlará de mí si acaso caigo!

Sal 18.1-3

5 Yo confío en tu misericordia;
mi corazón se alegra en tu salvación.
6 Te cantaré salmos, Señor,
porque tú siempre buscas mi bien.

Insensatez y maldad humana

(Sal 53. 1-6)

Al músico principal. Salmo de David.

14 Dentro de sí dicen los necios:
«Dios no existe.»
Corrompidos están. Sus
hechos son repugnantes.
No hay nadie que haga el bien.

2 Desde el cielo, observa el Señor a la
humanidad,
para ver si hay alguien con sabiduría,
que busque a Dios.
3 Pero todos se han desviado;
todos a una se han corrompido.
No hay nadie que haga el bien;
¡ni siquiera hay uno solo![a]

4 ¿Acaso no piensan esos malhechores,
que devoran a mi pueblo como si
fuera pan,
y jamás invocan al Señor?
5 ¡Pues van a temblar de miedo;
porque Dios está a favor de los justos!
6 Los malvados se burlan de los pobres,
porque ellos ponen su esperanza en el
Señor.
7 ¡Que venga de Sión la salvación de Israel!
Cuando el Señor haga volver a su
pueblo cautivo,
¡se alegrará Jacob, se regocijará Israel!

PALABRAS CON PODER

EL INSENSATO
(Salmo 14.1-7)

La Biblia compara a menudo las acciones de los sabios con las de los insensatos o necios. En este salmo, un necio es una persona que vive como si no existiera ningún Dios. Los necios rechazan a Dios porque no creen lo que dice la Biblia acerca de Él. Más bien, se burlan de la Biblia y de los que creen en ella. Puede ser que conozcas a alguien que hace eso. De ser así, ¿por qué no oras por esa persona? Dios tiene el poder para cambiar hasta a las personas que lo rechazan.

Para habitar en el monte de Dios

Salmo de David.

15 Señor, ¿quién puede vivir en tu
templo?
¿Quién puede habitar en tu
santo monte?
2 El que vive rectamente y practica la
justicia,
el que es sincero consigo mismo,
3 el que no calumnia con la lengua,
ni perjudica a sus amigos,
ni procura el mal de su vecino;
4 el que desprecia al que Dios des-
precia,
pero honra al que da honra a Dios;
el que cumple sus promesas aunque
salga perjudicado.
5 El que no presta dinero con interés,

[a] **14.1-3:** Ro 3.10-12.

PODER PARA VIVIR

¿SE OLVIDA DIOS DE TI? *(Salmo 13.1)*
¿En algún momento has sentido que Dios se ha olvidado de ti? Así se sentía David cuando empezó a escribir este salmo. Pero al final del salmo, David recordó que el amor de Dios nunca falla. A veces sentimos que Dios nos ha abandonado cuando pasamos por enfermedades u otras tribulaciones. Olvidamos que Dios nunca se olvidará de nosotros. Olvidamos que Él siempre contesta nuestras oraciones en su tiempo y a su manera.

ni acepta soborno en contra del
inocente.
El que así vive, jamás caerá.

Una herencia escogida

Mictam de David.

16 Cuídame, oh Dios, porque en ti
confío.
2 Yo declaro, Señor, que tú eres
mi dueño;
que sin ti no tengo ningún bien.
3 Poderosos son los dioses del país,
según todos los que en ellos se complacen.
4 ¡Pero grandes dolores esperan a sus
seguidores!
¡Jamás derramaré ante ellos ofrendas
de sangre,
ni mis labios pronunciarán sus nombres!

5 Tú, Señor, eres mi copa y mi herencia;
tú eres quien me sostiene.
6 Por suerte recibí una bella herencia;
hermosa es la heredad que me asignaste.
7 Por eso te bendigo, Señor,
pues siempre me aconsejas,
y aun de noche me reprendes.
8 Todo el tiempo pienso en ti, Señor;
contigo a mi derecha, jamás caeré.
9 Gran regocijo hay en mi corazón y en
mi alma;
todo mi ser siente una gran confianza,
10 porque no me abandonarás en el
sepulcro,[a]
¡no dejarás que sufra corrupción quien
te es fiel![b]

PALABRAS CON PODER

SEOL *(Salmo 16.10)*

La palabra *Seol* viene de una palabra hebrea que significa "sepultura" o "muerte". El pueblo de Israel creía que el Seol era un lugar debajo de la tierra. Los que morían iban al Seol. Cuando este salmo habla del Seol, se refiere a la resurrección de Jesús. Por el poder del Espíritu Santo, el salmista declaró que Jesús no permanecería en la sepultura — en el Seol—, sino que después de morir, resucitaría. ¡Imagínate! El salmista escribió estas palabras cientos de años antes que Jesús resucitara.

11 Tú me enseñas el camino de la vida;
con tu presencia me llenas de alegría;
¡estando a tu lado seré siempre dichoso![c]

Plegaria que pide la protección de Dios

Oración de David.

17 Señor, ¡escúchame!
¡Atiende mi clamor de justicia!
¡Presta oído a mi oración,
pues no brota de labios mentirosos!
2 ¡Sé tú quien me reivindique!
¡Posa tus ojos en mi rectitud!
3 Tú has examinado mi corazón;
por las noches has venido a verme.
¡Ponme a prueba, que nada malo hallarás!
¡Nada malo han pronunciado mis labios!
4 Yo no hago lo que otros hacen;
al contrario, tomo en cuenta tus
palabras

[a] **16.10:** 1 Co 15.4. [b] **16.10:** Hch 13.35. [c] **16.8-11:** Hch 2.25-28.

PODER PARA VIVIR

CUMPLE TU PALABRA *(Salmo 15.4)*

Dios honra a los que cumplen su palabra. Es mejor no hacer promesas que hacerlas y luego romperlas. Si dices que vas a terminar tu tarea, entonces debes terminarla. Si prometes limpiar tu habitación, entonces asegúrate de hacerlo, aun si no te gusta hacerlo. A Dios le agrada cuando hacemos lo que decimos que vamos a hacer.

y me alejo de caminos de violencia.
5 Sostén mis pasos en tus sendas
para que mis pies no resbalen.

6 Dios mío, yo te invoco porque tú me
respondes;
¡inclina a mí tu oído, y escucha mis
palabras!
7 Tú, que salvas de sus perseguidores
a los que buscan tu protección,
¡dame una muestra de tu gran miseri-
cordia!
8 ¡Cuídame como a la niña de tus ojos!
¡Escóndeme bajo la sombra de tus alas!
9 ¡No dejes que me vean mis malvados
enemigos,
los opresores que quieren quitarme la
vida!
10 Se regodean en su soberbia,
y profieren palabras insolentes.
11 Me tienen rodeado por completo,
y sólo esperan verme caer por tierra.
12 Parecen leones que esperan a su presa;
parecen cachorros, echados en su
escondite.

13 ¡Reacciona, Señor!
¡Enfréntate a ellos, y ponlos en vergüenza!
¡Con tu espada, ponme a salvo de esos
malvados!
14 ¡Con tu mano, Señor, sálvame de
estos malvados
que viven obsesionados con los bienes
de este mundo!
¡Ya los has saciado con tus riquezas,
y hasta les sobra para sus hijos más
pequeños!
15 A mí me bastará con ver tu rostro de
justicia;
¡satisfecho estaré al despertar y con-
templarte!

Acción de gracias por la victoria

(2 S 22.1-51)

Al músico principal. Salmo de David, siervo del Señor. David dedicó este cántico al Señor cuando el Señor lo libró de Saúl y de todos sus enemigos. Éstas son sus palabras:

18 Mi Señor, mi fortaleza,
¡yo te amo!
2 Mi Señor y Dios,
tú eres mi roca, mi defensor, ¡mi libertador!
Tú eres mi fuerza y mi escudo,
mi poderosa salvación, mi alto refugio.
¡En ti confío!
3 Yo te invoco, Señor,
porque sólo tú eres digno de alabanza;
¡tú me salvas de mis adversarios!

Sal 27.1

LECCIONES — UN DIOS FUERTE

(Salmo 18.2)

¿Cómo describirías tú a Dios? Para David, Dios era su "roca", su fortaleza" y su libertador. Ya que David había conquistado la ciudad fortificada de Jerusalén con la ayuda de Dios (lee 2 Samuel 5), él sabía por su propia experiencia que Dios es más fuerte que cualquier fortaleza. Ya que él escapó muchas veces de Saúl, David sabía que Dios era su libertador. Al estar con el Señor, estamos en el lugar de máxima seguridad y fortaleza. Puedes confiar que Él te ayudará con cualquier problema que enfrentes.

PALABRAS CON PODER — LA ROCA

(Salmo 18.2)

Esta palabra que se traduce "roca" se refiere a una enorme roca o un acantilado grande. En el país de Israel, había muchas rocas de piedra cáliza. Estas piedras proveían sombra y protección, y eran puntos de referencia para ayudar a las personas a encontrar el camino. También había cuevas de piedra cáliza donde las personas podían refugiarse, como lo hizo David en 1 Samuel 23:24-25. En este salmo, David usó la palabra roca como una descripción visual de Dios. Nuestro Dios es fiel y es un refugio y fuente de ayuda. Él es la roca de la cual puedes depender.

4 Los lazos de la muerte me rodearon;
¡me arrolló un torrente de perversidad!
5 Los lazos del sepulcro me rodearon;
¡me vi ante las trampas de la muerte!
6 Pero en mi angustia, Señor, a ti clamé;
a ti, mi Dios, pedí ayuda,
y desde tu templo me escuchaste;
¡mis gemidos llegaron a tus oídos!

7 La tierra tembló y se estremeció;
las montañas se cimbraron hasta sus
cimientos;
¡se sacudieron por la indignación del
Señor!
8 Humo salía de su nariz,
y por su boca brotaba fuego encen-
dido;
¡su furor inflamaba los carbones!
9 El Señor inclinó el cielo, y descendió;
bajo sus pies había una densa oscuri-
dad.
10 Montó sobre un querubín, y voló;
¡voló sobre las alas del viento!
11 Se envolvió en un manto de sombras;
se ocultó entre grises nubes, cargadas
de agua.
12 De su deslumbrante presencia salieron
ascuas y granizos que cruzaron las nubes.

13 El Señor lanzó un poderoso trueno;
el Altísimo dejó escuchar su voz
en medio de ascuas y granizos.
14 Lanzó sus flechas, y los dispersó;
¡lanzó relámpagos, y acabó con ellos!
15 El Señor dejó oír su reprensión,
¡y a la vista quedó el fondo de las
aguas!
De su nariz salió un intenso soplo,
¡y a la vista quedaron los cimientos del
mundo!

16 Desde lo alto el Señor me tendió la
mano
y me rescató de las aguas tumultuosas,
17 ¡me libró de los poderosos enemigos
que me odiaban y eran más fuertes
que yo!
18 Me atacaron en el día de mi desgracia,
pero el Señor me dio su apoyo:
19 me llevó a un terreno espacioso,
y me salvó, porque se agradó de mí.
20 El Señor me premió porque soy justo;
¡porque mis manos están limpias de
culpa!

21 Yo he seguido los caminos del Señor,
y ningún mal he cometido contra mi
Dios.
22 Tengo presentes todos sus decretos,
y no me he apartado de sus estatutos.
23 Con él me he conducido rectamente,
y me he alejado de la maldad;
24 él ha visto la limpieza de mis manos,
y por eso ha recompensado mi justicia.

25 Señor, tú eres fiel con el que es fiel,
e intachable con el que es intachable.
26 Juegas limpio con quien juega limpio,
pero al tramposo le ganas en astucia.
27 Tú salvas a los humildes,
pero humillas a los soberbios.
28 Señor, mi Dios,
tú mantienes mi lámpara encendida;
¡tú eres la luz de mis tinieblas!
29 ¡Con tu ayuda, mi Dios,
puedo vencer ejércitos y derribar
murallas!

30 El camino de Dios es perfecto;
la palabra del Señor, acrisolada;
Dios es el escudo de los que en él
confían.
31 ¡Aparte del Señor, no hay otro Dios!
¡Aparte de nuestro Dios, no hay otra
Roca!
32 Dios es quien me infunde fuerzas;
Dios es quien endereza mi camino;
33 Dios es quien me aligera los pies
y me hace correr como un venado;[a]
Dios es quien me afirma en las alturas;
34 Dios adiestra mis manos para el
combate,
y me da fuerzas para tensar el arco de
bronce.

35 Tú me diste el escudo de tu salvación,
me sostuviste con tu mano derecha,
y con tu bondad me engrandeciste.
36 Me pusiste sobre un terreno espacioso,
para que mis pies no resbalaran,
37 y así pude perseguir y alcanzar a mis adversarios;
¡no volví hasta haberlos exterminado!
38 Los herí, y ya no se levantaron;
¡quedaron tendidos debajo de mis pies!

39 Tú me infundiste fuerzas para la batalla,
para vencer y humillar a mis adversarios.
40 Tú los hiciste ponerse en retirada,
y así acabé con los que me odiaban.

Sal 37.1-6

41 Clamaron a ti, Señor, pero no los atendiste;
¡no hubo nadie que los ayudara!
42 Los hice polvo, y los arrastró el viento;
¡los pisoteé como al lodo en las calles!
43 Tú me libraste de un pueblo rebelde
y me pusiste al frente de las naciones;
gente que yo no conocía, viene a servirme;
44 gente extraña me rinde homenaje;
¡apenas me escuchan, me obedecen!
45 ¡Gente de otros pueblos se llena de miedo,
y sale temblando de sus escondites!

46 ¡Viva el Señor! ¡Bendita sea mi roca!
¡Exaltado sea el Dios de mi salvación!
47 Es el Dios que vindica mis agravios
y somete a las naciones bajo mis pies.
48 Es el Dios que me libra de mis adversarios,
que me eleva por encima de mis oponentes,
¡que me pone a salvo de los violentos!
49 Por eso alabo al Señor entre los pueblos,
y canto salmos a su nombre.[b]
50 El Señor da la victoria al rey;
siempre es misericordioso con su ungido,
con David y con sus descendientes.

Las obras y la palabra de Dios

Al músico principal. Salmo de David.

19 Los cielos proclaman la gloria de Dios;
el firmamento revela la obra de sus manos.
2 Un día se lo cuenta al otro día;
una noche se lo enseña a la otra noche.
3 Sin palabras, sin sonidos,
sin que se escuche una sola voz,
4 su mensaje recorre toda la tierra
y llega al último rincón del mundo,[a]
en donde el sol pasa la noche.
5 Y el sol, cual novio que sale del tálamo,
cual si fuera un poderoso guerrero,
se levanta alegre para hacer su recorrido.
6 Sale por un extremo de los cielos,
y sigue su curso hasta el otro extremo,
sin que nada se esconda de su calor.

7 La ley del Señor es perfecta: reanima el alma.

[a] **18.33:** Hab 3.19. [b] **18.49:** Ro 15.9. [a] **19.4:** Ro 10.18.

¡ES PERFECTO! *(Salmo 19.7)*
¿Te parece que hay algo en este mundo que sea perfecto? ¿Tal vez un arco iris o un copo de nieve? Dios dice que en este mundo la única cosa que es verdaderamente perfecta es su Palabra. Es una guía perfecta para nuestra vida. Nunca deja de darnos buenos consejos. Podemos confiar completamente en la Palabra de Dios.

El testimonio del Señor es firme: da sabiduría al ingenuo.
8 Los preceptos del Señor son rectos: alegran el corazón.
El mandamiento del Señor es puro: da luz a los ojos.
9 El temor del Señor es bueno: permanece para siempre.
Los decretos del Señor son verdaderos, y todos ellos justos.
10 Son más deseables que el oro refinado
y más dulces que la miel que destila del panal.
11 Con ellos, Señor, amonestas a tu siervo,
y recompensas grandemente a quien los cumple.

12 ¿Acaso hay quien reconozca sus propios errores?
¡Perdóname por los que no puedo recordar!
13 ¡No permitas que la soberbia
domine a este siervo tuyo!
¡Líbrame de cometer grandes pecados,
y nadie podrá entonces culparme de nada!
14 Tú, Señor, eres mi roca y mi redentor;
¡agrádate de mis palabras y de mis pensamientos!

Oración en que se pide la victoria

Al músico principal. Salmo de David.

20 Que el Señor te oiga en momentos de angustia;
que te defienda el Nombre, el Dios de Jacob.
2 Que desde su templo te envíe su ayuda;
que desde Sión te brinde su apoyo.
3 Que tome en cuenta tus ofrendas
y acepte con agrado tus holocaustos.
4 Que responda a los deseos de tu corazón
y te conceda todas tus peticiones.
5 ¡Nos llenará de gozo el verte victorioso,
y en el nombre del Dios nuestro alzaremos las banderas!
¡Que el Señor responda a todas tus plegarias!

6 Ahora sé que el Señor salvará a su ungido,
que lo escuchará desde su santo cielo,
y que con su diestra poderosa le dará la victoria.
7 Algunos confían en sus carros de guerra;
otros confían en su caballería,
pero nosotros confiamos en el Nombre,
¡confiamos en el Señor, nuestro Dios!
8 Unos y otros flaquean, y caen por tierra,
pero nosotros nos mantenemos erguidos y en pie.
9 Señor, ¡concede al rey la victoria!
¡Respóndenos cuando te invoquemos!

Alabanza por haber sido librado del enemigo

Al músico principal. Salmo de David.

21 Señor, el rey se alegra por tu poder;
grande es su gozo por tu salvación.
2 Le has concedido los deseos de su corazón;
le has concedido todas sus peticiones.
3 Lo has recibido con grandes bendiciones;
lo has coronado con fina corona de oro.
4 Te pidió muchos años de vida,
y tú se los concediste.
5 Le concediste además honra y grandeza;
por eso él se gloría en tu salvación.
6 Lo has bendecido para siempre;
con tu presencia lo has llenado de alegría.

7 El rey confía en ti, Señor;
confía en tu misericordia, Dios altísimo;

¿CÓMO ES DIOS?

¿En algún momento te has preguntado cómo es Dios realmente? La Biblia nos dice cómo es.

Las características únicas de Dios

(1) Dios está presente en todo lugar. No hay ningún sitio al que podamos ir donde Dios no esté ya presente (Salmo 139:7-12).

(2) Dios sabe todo: cada pensamiento, cada posibilidad. Eso no quiere decir que Él esté limitado por su conocimiento. Él puede hacer que las cosas ocurran para que concuerden con sus propósitos en el tiempo y la historia.

(3) Dios es todopoderoso (Salmo 147:13-18). Nada es imposible para Dios.

(4) Dios es eterno. Él no tuvo ningún principio y no tiene ningún fin (Salmo 90:1-2). Él no está limitado por el tiempo. Por eso fue que Él se describió a sí mismo con el título "YO SOY" (Éxodo 3:14).

(5) Dios es incambiable. Él es hoy día así como siempre ha sido. Eso no quiere decir que Dios no fomente cambios como respuesta a las acciones de las personas. (Lee Jonás 3:6-10).

(6) Dios es perfecto y santo. Él es puro y absolutamente correcto en todo lo que piensa y hace.

(7) Dios es un solo Dios, pero se ha revelado en tres personas: Padre, Hijo y Espíritu Santo (Mateo 28:19). Cada persona de la Trinidad es completamente Dios y tiene un estatus igual al de las otras dos.

Otras características de Dios

Muchas de las características de Dios son similares a las cualidades humanas. Sin embargo, nosotros somos como Él; Él no es como nosotros.

(1) Dios es bueno (Marcos 10:18). Todo lo que Dios creó originalmente era bueno porque era una extensión de su naturaleza (Génesis 1:4). Él sigue siendo bueno con su creación al suplir las necesidades de todas sus criaturas, aun los que hacen caso omiso de Él o lo rechazan.

(2) Dios es amor (1 Juan 4:8). Él expresó ese amor cuando envió a su único Hijo, Jesús, a morir en la cruz por nuestros pecados.

(3) Dios es misericordioso y clemente (Éxodo 34:5-7). Por su gracia, Dios nos trata mejor de lo que merecemos. Por su misericordia nos salva del castigo que merece nuestro pecado (Romanos 6:23).

(4) Dios es paciente y lento para la ira (Números 14:18)). Dios mostró su paciencia por primera vez en el huerto del Edén después que Adán y Eva lo desobedecieron. Dios escogió no destruir la raza humana como tenía el derecho de hacer. Más bien, ideó un plan para restaurar su relación con las personas.

(5) Dios es la verdad. Ya que Dios es enteramente fiel, su Palabra también se describe como la verdad (Juan 17:17).

(6) Dios es fiel (Lamentaciones 3:23). Él cumple sus promesas y nunca le fallará a su pueblo.

(7) Dios es recto (Deuteronomio 32:4). Él es totalmente justo en la manera en que trata con las personas.

Si quieres entender a plenitud el carácter de Dios, mira lo que revela la Palabra de Dios acerca de Jesús (Colosenses 2:9).

¡por eso nunca será derrocado!
8 Su mano derribará a todos sus enemigos;
su diestra destruirá a quienes lo aborrecen.

9 Cuando tú, Señor, te manifiestes,
los convertirás en un horno encendido;
en tu enojo los harás pedazos,
y con tu fuego acabarás con ellos.
10 Borrarás de la tierra a sus descendientes,
y ninguno de ellos quedará con vida.
11 Ellos tramaron hacerte daño;
maquinaron insidias, pero no prevalecerán.
12 Tú los pondrás en retirada
cuando dispares contra ellos tus flechas.

13 ¡Enaltece, Señor, tu gran poder,
y celebraremos con salmos tu victoria!

Grito de angustia y canto de alabanza

Al músico principal. Sobre Ajelet-sahar. Salmo de David.

22 Dios mío, Dios mío, ¿por qué me has abandonado?[a]
¿Por qué estás tan lejos, y no vienes a salvarme?
¿Por qué no atiendes mi clamor?
2 Dios mío, te llamo de día, y no me respondes;
te llamo de noche, y no hallo reposo.
3 Tú eres santo, tú eres rey;
tú eres alabado por Israel.

4 Nuestros padres confiaron en ti;
en ti confiaron, y tú los libraste.
5 A ti clamaron, y fueron librados;
en ti confiaron, y no quedaron en vergüenza.
6 Pero yo soy más gusano que hombre;
¡un ser despreciable del que todos se burlan!
7 Los que me ven, se burlan de mí;
me hacen muecas, sacuden la cabeza,[b]
y dicen:
8 «Éste puso su confianza en el Señor,
¡pues que el Señor lo salve!
¡Que venga el Señor a librarlo,
ya que en él se complacía!»[c]

9 Pero eres tú quien me dio la vida,
eres tú quien me infundió confianza
desde que era un niño de pecho.
10 Antes de nacer fui puesto a tu cuidado;
aún estaba yo en el vientre de mi madre,
y tú eras ya mi Dios.

11 No te apartes de mí, que me cerca la angustia
y nadie viene en mi ayuda.
12 Mucha gente poderosa me rodea;
son fuertes como toros de Basán.
13 Como leones feroces y rugientes,
abren sus fauces, dispuestos a atacarme.
14 Me voy diluyendo, como el agua;
tengo todos los huesos dislocados.
El corazón, dentro del pecho,
se me derrite como la cera.
15 Tengo seca, muy seca, la garganta;
la lengua se me pega al paladar;
¡me has lanzado al polvo de la muerte!
16 Me ha cercado una banda de malvados;
¡me tienen rodeado, como perros!
¡Han taladrado mis manos y mis pies!
17 Puedo contarme todos los huesos,
mientras ellos se regodean al verme.
18 Echan a la suerte mis vestidos
y se los reparten por sorteo.[d]

19 Pero tú, Señor, ¡no te alejes!
Tú eres mi fuerza, ¡ven pronto en mi ayuda!
20 ¡Rescata de la espada y de esos perros
la única vida que tengo!
21 ¡Sálvame de las fauces de esos leones!

[a] **22.1:** Mt 27.46; Mr 15.34. [b] **22.7:** Mt 27.39; Mr 15.29; Lc 23.35. [c] **22.8:** Mt 27.43. [d] **22.18:** Mt 27.35; Mr 15.24; Lc 23.34; Jn 19.24.

¡Líbrame de los cuernos de esos
búfalos!
22 Anunciaré tu nombre a mis hermanos;
te alabaré en medio de la comunidad.[e]

23 Ustedes, los que temen al Señor,
¡alábenlo!
Descendientes de Jacob, ¡denle gloria!
Hijos todos de Israel, ¡adórenlo!
24 El Señor no rechaza al afligido,
no desprecia a los que sufren,
ni esconde de ellos su rostro;
cuando a él claman, les responde.

25 Yo lo alabaré en medio de la comunidad,
y ante los que le temen cumpliré mis
promesas.
26 Los pobres comerán, y quedarán
satisfechos;
los que buscan al Señor lo alabarán,
y tendrán una larga vida.
27 Todos los rincones de la tierra
invocarán al Señor, y a él se volverán;
¡ante él se inclinarán todas las naciones!
28 El reinado es del Señor,
y él gobierna a todas las naciones.
29 Todos los poderosos de la tierra lo
adorarán;
todos los mortales le rendirán pleitesía,
todos los que no tienen vida propia.
30 Las generaciones futuras le servirán,
y hablarán del Señor a la generación
venidera.
31 Se dirá a los que aún no han nacido
que el Señor es justo en todo lo que
hace.

El Señor es mi pastor

Salmo de David.

23 El Señor es mi pastor; nada me
falta.
2 En campos de verdes pastos
me hace descansar;
me lleva a arroyos de aguas tranquilas.[a]

LECCIONES

UNA PROFECÍA ACERCA DEL SUFRIMIENTO

(Salmo 22.1-31)

David escribió estas palabras cientos de años antes que viniera Jesús a la tierra. Él estaba escribiendo acerca de una época difícil en su vida, pero también estaba describiendo lo que Jesús sufriría en el futuro. El Espíritu Santo le ayudó a David a saber lo que debía escribir. Cuando Jesús estuvo en la cruz, dijo las mismas palabras de angustia que dijo David. Cuando te sientas solo o te parezca que nadie te ama, recuerda lo que Jesús sufrió en la cruz por ti. ¡Eres amado!

3 Me infunde nuevas fuerzas
y me guía por el camino correcto,
para hacer honor a su nombre.

4 Aunque deba yo pasar por el valle
más sombrío,
no temo sufrir daño alguno, porque tú
estás conmigo;
con tu vara de pastor me infundes
nuevo aliento.
5 Me preparas un banquete

PALABRAS CON PODER

PASTOR

(Salmo 23.1)

¿En algún momento has observado a un pastor de ovejas mientras cuida su rebaño? David compara a Dios con un pastor para mostrar el gran amor que Dios le tiene a su pueblo. David sabía de qué hablaba porque él mismo era pastor de ovejas. David dijo que los que confían en Dios son como las ovejas del rebaño de Dios. Dios protege y ama a cada miembro de su rebaño como un pastor bondadoso y esmerado. ¿Por qué no escribes el Salmo 23 y tratas de memorizarlo?

[e]**22.22:** Heb 2.12. [a]**23.2:** Ap 7.17.

a la vista de mis adversarios;
derramas perfume sobre mi cabeza
y me colmas de bendiciones.
6 Sé que tu bondad y tu misericordia
me acompañarán todos los días de mi vida,
y que en tu casa, oh Señor, viviré por largos días.

El rey de gloria

Salmo de David.

24 ¡Del Señor son la tierra y su plenitud![a]
¡Del Señor son el mundo y sus habitantes!
2 ¡El Señor afirmó la tierra sobre los mares!
¡El Señor la estableció sobre los ríos!

3 «¿Quién merece subir al monte del Señor?
¿Quién merece llegar a su santuario?»

4 «Sólo quien tiene limpias las manos y puro el corazón;[b]
sólo quien no invoca a los ídolos
ni hace juramentos a dioses falsos.
5 Quien es así recibe bendiciones del Señor;
¡Dios, su salvador, le hace justicia!»

PROMESAS PODEROSAS

SALMO 24.1

¡Del Señor son la tierra y su plenitud!a ¡Del Señor son el mundo y sus habitantes!

Dios creó el mundo y todo lo que hay en él. Eso quiere decir que todo —incluyéndote a ti— le pertenece a Él. Él es el jefe. Cuando eres tentado a creer que puedes hacer cualquier cosa que te dé la gana, recuerda que le perteneces a Dios.

6 Así son todos los que te buscan,
los que buscan tu rostro, oh Dios de Jacob.

7 «¡Ustedes, puertas, levanten sus dinteles!
¡Ensánchense ustedes, puertas eternas!
¡Ábranle paso al Rey de la gloria!»

8 «¿Y quién es este Rey de la gloria?»

«¡Es el Señor, el fuerte y valiente!
¡Es el Señor, el poderoso en batalla!»

9 «¡Ustedes, puertas, levanten sus dinteles!
¡Ensánchense ustedes, puertas eternas!
¡Ábranle paso al Rey de la gloria!»

10 «¿Y quién es este Rey de la gloria?»

«¡Es el Señor de los ejércitos!
¡El Señor es el Rey de la gloria!»

David implora dirección, perdón y protección

Salmo de David.

25 A ti, Señor, elevo mi alma.
2 Eres mi Dios, y en ti confío;
¡no permitas que mis enemigos
me avergüencen y se burlen de mí!
3 No permitas que sean avergonzados
los que en ti ponen su esperanza;
más bien, que sean puestos en vergüenza
los que sin razón se rebelan contra ti.

4 Señor, dame a conocer tus caminos;
¡enséñame a seguir tus sendas!
5 Todo el día espero en ti;
¡enséñame a caminar en tu verdad,
pues tú eres mi Dios y salvador!
6 Recuerda, Señor, que en todo tiempo
me has mostrado tu amor y tu misericordia.

[a]**24.1:** 1 Co 10.26. [b]**24.4:** Mt 5.8.

7 Tú, Señor, eres todo bondad.
Por tu misericordia, acuérdate de mí;
pero olvídate de que en mi juventud
pequé y fui rebelde contra ti.

8 El Señor es bueno y recto;
por eso enseña a los pecadores el
camino.
9 El Señor muestra su camino a los
humildes,
y los encamina en la justicia.
10 Misericordia y verdad son los cami-
nos del Señor
para quienes cumplen fielmente su
pacto.

11 Señor, muy grande es mi pecado,
pero haz honor a tu nombre, y perdó-
name.

12 ¿Quieres tú servir al Señor?
Él te mostrará el mejor camino.
13 Te hará disfrutar de bienestar,
y tus descendientes heredarán la tierra.
14 El Señor es amigo de quienes le
temen,
y confirma su pacto con ellos.

15 Señor, siempre dirijo a ti la mirada
porque tú me libras de caer en la
trampa.
16 Mírame, y ten compasión de mí,
pues me encuentro solo y oprimido.
17 Crece en mi corazón la angustia;
¡líbrame de esta congoja!
18 ¡Mira cómo sufro y me esfuerzo!
¡Perdóname todos mis pecados!
19 ¡Mira cómo aumentan mis adversarios,
y cuán grande es su odio contra mí!
20 ¡Sálvame! ¡Protégeme!
¡No me dejes quedar en vergüenza,
pues en ti he puesto mi confianza!
21 ¡Protege mi integridad y rectitud,
pues en ti he puesto mi esperanza!
22 ¡Salva, oh Dios, a Israel
de todas sus angustias!

PALABRAS CON PODER

LA INIQUIDAD
(Salmo 25.11)

La palabra que se traduce "iniquidad" quiere decir "comportamiento torcido". Se refería a algo torcido o tergiversado que hubiera podido ser bueno y recto. Por eso es que la palabra *iniquidad* es un sinónimo de *pecado*, lo cual denota un comportamiento torcido. David le pidió a Dios que le perdonara su iniquidad, las cosas malas que había hecho. Si le pides a Dios que perdone tus pecados, como lo hizo David, puedes estar seguro que Él te perdona en ese mismo instante.

Declaración de integridad

Salmo de David.

26 Señor, yo me conduzco con
integridad,
y en ti confío sin vacilar;
¡hazme justicia!
2 ¡Ponme a prueba, Señor! ¡Examíname!
¡Escudriña mis anhelos y mis pensa-
mientos!
3 Siempre tengo presente tu misericordia,

PODER PARA VIVIR

ENSÉÑAME TUS CAMINOS *(Salmo 25.4)*

En este versículo, David hizo una petición que a Dios le encanta oír. Él quería que Dios le enseñara sus caminos y sus planes. Eso quiere decir que David quería pasar tiempo con Dios. Él quería con toda sinceridad entender los caminos de Dios. ¿Deseas tú vivir para Dios? Pídele que te enseñe sus caminos. Él lo hará si apartas tiempo cada día para leer la Biblia y orar.

y jamás me aparto de tu verdad.
4 No convivo con gente falsa,
ni me junto con gente hipócrita.
5 Aborrezco las reuniones de los malvados,
y no tengo parte con ellos.

6 Señor, mis manos están limpias de pecado,
así que puedo acercarme a tu altar
7 y prorrumpir en cantos de alabanza
para contar todas tus maravillas.
8 Señor, yo amo la casa en que resides,
la mansión donde se posa tu gloria.
9 ¡No me arrebates la vida
junto con los pecadores y asesinos!
10 ¡Tienen la maldad en la punta de los dedos!
¡Su diestra está llena de sobornos!
11 Yo, en cambio, me conduzco con integridad;
¡sálvame y ten compasión de mí!
12 Plantado estoy en terreno firme,
y te bendigo, Señor, en las reuniones de tu pueblo.

El Señor es mi luz y mi salvación

Salmo de David.

27 El Señor es mi luz y mi salvación;
¿a quién podría yo temer?
El Señor es la fortaleza de mi vida;
¿quién podría infundirme miedo?
2 Mis malvados enemigos me ponen en aprietos;
se juntan y hacen planes de acabar conmigo,
pero son ellos los que tropiezan y caen.

Sal 37.39-40

3 Aunque un ejército acampe contra mí,
mi corazón no se amedrentará;
aunque me ataquen y me declaren la guerra,
hay algo en que finco mi confianza;
4 en que una cosa le he pedido al Señor,
y es lo único que busco:
habitar en su casa todos los días de mi vida,
para contemplar su hermosura y solazarme en su templo.
5 Cuando vengan los días malos,
él me esconderá en su santuario;
me ocultará en lo más recóndito de su templo,
me pondrá en lo alto de una roca.
6 Ante los enemigos que me rodean
me hará levantar la cabeza,
y llevaré a su templo mis ofrendas de alegría
y allí cantaré salmos al Señor.

7 Señor, escúchame cuando a ti me dirija;
¡ten compasión de mí, y respóndeme!
8 A mi corazón le pides buscar tu rostro,
y yo, Señor, tu rostro busco.
9 Tú eres mi Dios y salvador;
¡No escondas de mí tu rostro!
No apartes con enojo a este siervo tuyo,

PROMESAS PODEROSAS

SALMO 27.1

El Señor es mi luz y mi salvación; ¿a quién podría yo temer? El Señor es la fortaleza de mi vida; ¿quién podría infundirme miedo?

David tuvo temor muchas veces en su vida. Él no se avergonzó de decir que tenía temor, y era lo suficientemente sabio como para hablar con Dios acerca de sus temores. ¿Por qué? Porque sabía que podía contar con la ayuda de Dios. Con Dios de su parte, ¿quién podía derrotarlo? Cuando tengas temor, no tengas miedo de reconocerlo. Pero lo más importante es que acudas directamente a Dios para contarle tus temores.

pues siempre has sido mi ayuda.
¡No me dejes ni me desampares!
10 Podrían mi padre y mi madre abandonarme,
pero tú, Señor, me recogerás.

11 Por causa de mis adversarios,
enséñame, Señor, tu camino
y llévame por el camino recto.
12 Testigos falsos y violentos se levantan contra mí;
¡no permitas que hagan conmigo lo que quieran!
13 ¡Yo estoy seguro, Señor, de que he de ver
tu bondad en esta tierra de los vivientes!

14 ¡Espera en el Señor!
¡Infunde a tu corazón ánimo y aliento!
¡Sí, espera en el Señor!

Plegaria y alabanza

Salmo de David.

28 Señor, tú eres mi roca.
A ti clamo. ¡No te apartes de mí!
De lo contrario, seré como los que bajan al sepulcro.
2 Escucha mi clamor, que pide tu ayuda,
cuando levanto mis manos hacia tu santo templo.
3 No me lleves junto con los malvados,
ni con los que hacen el mal;
con los que hablan de paz con sus amigos
pero por dentro están llenos de maldad.
4 Págales conforme a sus malas acciones;[a]
por tanta maldad que cometen, dales su merecido.
5 Hazlos caer, Señor, y no vuelvas a levantarlos,
pues no han entendido tus acciones
ni han prestado atención a tus obras.

6 Bendito seas, Señor,
pues escuchas la voz de mis ruegos.
7 Tú, Señor, eres mi escudo y mi fuerza;
en ti confía mi corazón, pues recibo tu ayuda.
Por eso mi corazón se alegra
y te alaba con sus cánticos.
8 Tú, Señor, infundes fuerzas a tu pueblo;
tu ungido halla en ti un refugio salvador.
9 ¡Salva a tu pueblo, bendice a tu herencia!
¡Guíalos y cuida de ellos ahora y siempre!

Poder y gloria del Señor

Salmo de David.

29 ¡Rindan al Señor, seres celestiales;
rindan al Señor la gloria y el poder!
2 ¡Ríndanle la gloria digna de su nombre!
¡Adoren al Señor en su santuario hermoso![a]

3 La voz del Señor resuena sobre las aguas.
El Dios de la gloria hace oír su voz.
El Señor está sobre las muchas aguas.
4 La voz del Señor es potente.
La voz del Señor es majestuosa.
5 La voz del Señor desgaja los cedros;
¡el Señor desgaja los cedros del Líbano!
6 ¡Su voz hace que los montes Líbano y Sirión
salten como becerros, como búfalos pequeños!
7 La voz del Señor lanza llamas de fuego.
8 La voz del Señor hace temblar al desierto;
el Señor hace temblar al desierto de Cadés.

[a]**28.4:** Ap 22.12. [a]**29.1-2:** Sal 96.7-9.

[9] La voz del Señor desgaja las encinas
y deja los árboles sin hojas,
mientras en su templo todos proclaman su gloria.

[10] El Señor es el rey eterno;
¡él ocupa su trono sobre las aguas!
[11] El Señor infunde poder a su pueblo
y lo bendice con la paz.

Acción de gracias por haber sido librado de la muerte

Salmo cantado durante la dedicación de la casa.
Salmo de David.

30 Te alabo, Señor, porque me has salvado;
porque no dejaste que mis enemigos
se burlaran de mí.
[2] Mi Señor y Dios,
te pedí ayuda, y tú me sanaste;
[3] tú, Señor, me devolviste la vida;
¡me libraste de caer en el sepulcro!

[4] Ustedes, pueblo fiel del Señor,
¡canten salmos y alaben su santo nombre!
[5] Su enojo dura sólo un momento,
pero su bondad dura toda la vida.
Tal vez lloremos durante la noche,
pero en la mañana saltaremos de alegría.

[6] En mi prosperidad llegué a pensar
que nunca conocería la derrota.
[7] Y es que tú, Señor, con tu bondad,
me mantenías firme como un baluarte.
Pero me diste la espalda, y quedé aterrado.

[8] A ti, Señor, seguiré clamando,
y jamás dejaré de suplicarte.
[9] ¿Qué ganas con que yo muera,
con que baje yo al sepulcro?
¿Acaso el polvo podrá alabarte?
¿Acaso el polvo proclamará tu verdad?
[10] ¡Escúchame, Señor, y tenme compasión!
¡Nunca dejes, Señor, de ayudarme!
[11] Tú cambias mis lágrimas en danza;
me quitas la tristeza y me rodeas de alegría,
[12] para que cante salmos a tu gloria.
Señor, mi Dios: ¡no puedo quedarme callado!
¡siempre te daré gracias!

Declaración de confianza

Al músico principal. Salmo de David.

31 Señor, yo confío en ti;
no permitas nunca que sea yo avergonzado.
¡Ponme a salvo, pues tú eres justo!
[2] ¡Inclínate a escucharme!
¡Ven pronto en mi ayuda!
¡Sé tú mi roca fuerte, la fortaleza que me salve!

[3] Ciertamente, tú eres mi roca y mi castillo;
guíame; encamíname por causa de tu nombre.
[4] Sácame de la red que me han tendido,
pues tú eres mi refugio.
[5] En tus manos encomiendo mi espíritu;[a]
¡ponme a salvo, Señor, Dios de la verdad!

[6] Señor, yo confío en ti,
pero odio a los que adoran ídolos huecos.
[7] Yo me lleno de alegría por tu misericordia,
pues tú has tomado en cuenta mi aflicción
y conoces las angustias de mi alma.
[8] No me has puesto en manos de mi adversario;
más bien, me has plantado en lugares amplios.

[a] **31.5:** Lc 23.46.

9 Ten misericordia de mí, Señor,
porque estoy muy angustiado.
Mis ojos se consumen de tristeza,
lo mismo que mi alma y todo mi ser.
10 Mi vida se va consumiendo de dolor;
mis años transcurren en medio de
suspiros.
La maldad acaba con mis fuerzas,
y hasta mis huesos se van debilitando.

11 Todos mis enemigos se burlan de mí,
y más aún mis vecinos;
¡soy el hazmerreír de mis conocidos!
Los que me ven en la calle, huyen de
mí.
12 Me han olvidado, como a los muer-
tos;
hasta parezco una vasija hecha pedazos.
13 Puedo oír cómo muchos me calum-
nian:
«¡Hay terror por todas partes!»,
y mientras tanto, todos conspiran
contra mí
y hacen planes para matarme.
¡Sólo piensan quitarme la vida!

14 Señor, yo confío en ti,
y declaro que tú eres mi Dios.
15 Mi vida está en tus manos;
¡líbrame de mis enemigos y persegui-
dores!
16 ¡Haz brillar tu rostro sobre este siervo
tuyo!
¡Sálvame, por tu misericordia!

17 Señor, no permitas que sea yo aver-
gonzado,
porque a ti te he invocado.
¡Que sean avergonzados los impíos!
¡Que enmudezcan en el sepulcro!
18 ¡Que sean silenciados los labios
mentirosos,
esos que hablan mal del hombre
honrado
y lo tratan con soberbia y desprecio!

19 ¡Cuán grande es tu bondad,
la cual reservas para los que en ti
confían!
¡Delante de todos la manifiestas
a los que en ti buscan refugio!
20 En lo más recóndito de tu presencia
los pones a salvo de la maldad humana;
les das refugio en tu tabernáculo;
¡los pones a salvo de las malas lenguas!

21 ¡Bendito seas, Señor!
¡Grande ha sido tu misericordia por mí!
¡Me pusiste en una ciudad fortificada!
22 En mi angustia llegué a pensar
que me habías apartado de tu vista,
pero tú escuchaste mi voz suplicante
en el momento en que a ti clamé.

23 Ustedes, fieles del Señor, ¡ámenlo!
El Señor cuida de quienes le son fieles,
pero a los que actúan guiados por la
soberbia
les da el castigo que merecen.
24 Ustedes, los que esperan en el Señor,
¡esfuércense, y cobren ánimo!

PROMESAS PODEROSAS

SALMO 31.7

Yo me lleno de alegría por tu misericordia, pues tú has tomado en cuenta mi aflicción y conoces las angustias de mi alma.

Cuando ocurren cosas malas, a veces pensamos que nadie entiende cómo nos sentimos. Pero este versículo de uno de los salmos de David nos muestra que Dios siempre sabe cómo nos sentimos. David sabía que podía hablar con Dios acerca de sus tribulaciones porque Dios ya estaba enterado de ellas y entendía su situación. ¿Crees tú que Dios entiende tus problemas?

La dicha del perdón

Salmo de David. Masquil.

32 Dichoso aquél cuyo pecado es perdonado,
y cuya maldad queda absuelta.
2 Dichoso aquel a quien el Señor
ya no acusa de impiedad,[a]
y en el que no hay engaño.

3 Mientras callé, mis huesos envejecieron,
pues todo el día me quejaba.
4 De día y de noche me hiciste padecer;
mi lozanía se volvió aridez de verano.

5 Te confesé mi pecado; no oculté mi maldad.
Me dije: «Confesaré al Señor mi rebeldía»,
y tú perdonaste la maldad de mi pecado.[b]

6 Por eso, todos tus fieles orarán a ti
mientras puedas ser hallado.
Aunque sufran una gran inundación,
las aguas no los alcanzarán.
7 ¡Tú eres mi refugio!
¡Tú me libras de la angustia!
¡Tú me rodeas con cánticos de libertad!

8 «Yo te voy a hacer que entiendas.
Voy a enseñarte el camino que debes seguir,
y no voy a quitarte los ojos de encima.
9 No seas como los caballos ni como las mulas,
que no quieren obedecer,
y que hay que sujetarlos con la brida y el freno,
pues de lo contrario no se acercan a su amo.»

10 Al malvado le esperan muchas aflicciones,
pero la misericordia del Señor acompaña
a todos los que confían en él.
11 Ustedes, los hombres justos,
¡alégrense y regocíjense en el Señor!
Y ustedes, los de recto corazón,
¡canten todos llenos de alegría!

Alabanzas al Creador

33 Ustedes los justos, ¡alégrense en el Señor!
¡Hermosa es la alabanza de los hombres íntegros!
2 ¡Aclamen al Señor con arpas!
¡Alábenlo al son del salterio y del decacordio!
3 ¡Canten al Señor un cántico nuevo!
¡Canten y toquen bien y con regocijo!

4 Ciertamente, la palabra del Señor es recta;
todo lo hace con fidelidad.
5 El Señor ama la justicia y el derecho;
la tierra está llena de su misericordia.

6 Con su palabra, el Señor hizo los cielos;
todo lo creado lo hizo con un soplo de su boca.
7 El Señor junta el agua del mar en una vasija,
y pone en un depósito las profundidades del mar.

8 ¡Que toda la tierra tema al Señor!
¡Que le teman todos los habitantes del mundo!
9 El Señor habló, y todo fue creado;
el Señor ordenó, y todo apareció.

10 El Señor anula los planes de las naciones;
frustra las maquinaciones de los pueblos.
11 Pero los planes y pensamientos del Señor
permanecen por todas las generaciones.
12 Dichosa la nación cuyo Dios es el Señor,

[a]**32.1-2:** Ro 4.7-8. [b]**32.5:** 2 S 12.13.

¡el pueblo que él escogió como su
propiedad!

13 El Señor observa desde los cielos;
desde allí vigila a toda la humanidad.
14 Desde el lugar de su residencia
contempla a todos los habitantes de
la tierra.
15 El Señor formó el corazón de todos
ellos,
y pondera atentamente todos sus
hechos.

16 El rey no se salva por tener un gran
ejército,
ni se escapa el valiente por tener mucha fuerza.
17 Ningún caballo es garantía de salvación;
y aunque tiene mucha fuerza, no salva
a nadie.

18 El Señor mira atentamente a quienes
le temen,
a quienes confían en su misericordia,
19 para librarlos de la muerte
y darles vida en tiempos de escasez.

20 Con el alma esperamos en el Señor,
pues él es nuestra ayuda y nuestro
escudo.
21 Por él se alegra nuestro corazón;
confiamos en su santo nombre.

22 Señor, sea tu misericordia sobre
nosotros,
tal y como lo esperamos de ti.

La protección divina

Salmo de David. Cuando David fingió locura delante de Abimelec,[a] éste lo echó de su presencia, y David se fue.

34 Bendeciré al Señor en todo
tiempo;
su alabanza estará siempre en
mi boca.

LECCIONES

PERDONADO Y BENDECIDO

(Salmo 32.1)

Es una bendición haber sido perdonado. ¿En algún momento has hecho algo malo por lo cual le has tenido que pedirle a alguien que te perdone? ¿Recuerdas el gozo y el alivio que inundó tu ser cuando dejaste de sentirte culpable? El poder para perdonar viene de Dios. Él nos perdona para que podamos perdonarnos unos a otros.

2 Alabaré al Señor con toda el alma.
¡Escuchen, gente humilde, y alégrense
también!
3 ¡Únanse a mí, y reconozcan su grandeza!
¡Exaltemos a una voz su nombre!

Sal 92.1-4

4 Busqué al Señor, y él me escuchó,
y me libró de todos mis temores.
5 Los que a él acuden irradian alegría;
no tienen por qué esconder su rostro.
6 Este pobre clamó, y el Señor lo oyó
y lo libró de todas sus angustias.
7 Para defender a los que temen al
Señor,
su ángel acampa alrededor de ellos.
8 ¡Prueben ustedes mismos la bondad
del Señor![b]
¡Dichoso aquél que en él confía!
9 Ustedes, sus fieles, teman al Señor,
pues a quienes le temen nunca les falta
nada.
10 Los cachorros del león chillan de
hambre,
pero los que buscan al Señor lo tienen
todo.

11 Hijos míos, acérquense y escúchenme;
voy a enseñarles a honrar al Señor.
12 ¿Quién de ustedes anhela vivir mucho tiempo?

[a] **34 tít.:** 1 S 21.13-15. [b] **34.8:** 1 P 2.3.

¿Quién quiere vivir y llegar a ver el
bien?
13 Eviten entonces que su lengua hable
mal;
eviten que sus labios profieran mentiras.
14 Apártense del mal y practiquen el
bien;
busquen la paz, y no la abandonen.

15 El Señor no aparta sus ojos de los
justos;
sus oídos están siempre atentos a su
clamor.
16 El Señor vigila a los que hacen el mal[c]
para borrar de la tierra su memoria.
17 Los justos gimen, y el Señor los
escucha
y los libra de todas sus angustias.
18 Cercano está el Señor para salvar
a los que tienen roto el corazón y el
espíritu.

19 El justo pasa por muchas aflicciones,
pero el Señor lo libra de todas ellas.
20 El Señor le cuida cada uno de sus
huesos,
y ni uno solo de ellos se le quebrará.[d]
21 Al malvado lo destruye su propia
maldad;
y los que odian al justo recibirán con-
denación.
22 El Señor rescata el alma de sus
siervos;
no serán condenados los que en él
confían.

LECCIONES **AYUDA PARA CADA TRIBULACIÓN** *(Salmo 34.19)*

Probablemente podríamos escribir una larga lista de tribulaciones que las personas enfrentan en este mundo. Las buenas noticias son que Dios puede ayudar a las personas, sean cuales sean los problemas que enfrentan. Pero en este salmo, David dijo que Dios ayuda a "los justos". Los justos son aquellos que confían en Dios y siguen sus reglas. Aun las personas que obedecen a Dios pasan por dificultades. Pero Dios es nuestra ayuda para cada dificultad.

Plegaria en que se pide ser librado de los enemigos

Salmo de David.

35 Señor, defiéndeme de mis opo-
nentes;
combate a los que me atacan.
2 Echa mano del escudo y del pavés,
y ven pronto en mi ayuda.
3 Toma una lanza y ataca a mis perse-
guidores,
y dile a mi alma: «Yo soy tu salvación.»

4 ¡Haz que queden confundidos y en
vergüenza
los que quieren matarme!
¡Que retrocedan y queden confundi-
dos
los que buscan mi mal!
5 ¡Que sean como el tamo que arrebata
el viento!
¡Que el ángel del Señor los acose!
6 ¡Que sea su camino oscuro y peli-
groso!
¡Que el ángel del Señor los persiga!

7 Sin motivo, ellos me tendieron una
trampa;
sin motivo, cavaron un hoyo para mí.
8 ¡Que sean quebrantados de repente,
y caigan en la trampa que antes me
tendieron!
¡Que caigan en ella, para su desgracia!

9 Entonces yo me alegraré en el Señor;
¡me regocijaré en su salvación!
10 Todos mis huesos exclamarán:
«Señor, ¿quién puede compararse a ti?
¡Tú libras de los fuertes a los débiles!

[c] **34.12-16:** 1 P 3.10-12. [d] **34.20:** Éx 12.46; Nm 9.12; Jn 19.36.

¡Tú libras de sus opresores a los menesterosos!»

[11] Unos testigos violentos se levantan
y me interrogan acerca de cosas que yo ignoro.
[12] Me pagan mal el bien que les hice,
y eso me duele en el alma.
[13] Si estaban enfermos, yo me preocupaba;
ayunaba y me vestía de cilicio.
¡Quisiera que mis oraciones volvieran a mí!
[14] Yo manifestaba mi tristeza por ellos
vistiéndome de luto, como por un hermano;
¡como si hubiera muerto mi propia madre!

[15] Pero caí, y ellos se juntaron contra mí;
se juntó contra mí gente despreciable,
gente que yo no conocía,
y me maltrataron sin descanso.
[16] ¡Como auténticos truhanes y malvivientes,
rechinaban los dientes contra mí!

[17] Señor, ¿cuánto más seguirás viendo esto?
¡Salva mi vida de las garras de estos leones!
¡Es la única vida que tengo!
[18] Yo hablaré de ti en medio de la multitud;
¡te alabaré delante de todo el pueblo!

[19] ¡No dejes que se burlen de mí
los que sin causa me ven como enemigo,
ni tampoco los que me odian sin motivo,[a]
esos que se hacen señas con los ojos!
[20] Son gente que no busca la paz,
sino que urden planes engañosos
en contra de gente inocente.
[21] Se carcajean al hablar de mí, y exclaman:
«¡Ja, ja! ¡Miren lo que hemos llegado a ver!»

[22] Pero tú, Señor, eres testigo;
¡no te quedes callado, ni te alejes de mí!
[23] ¡Señor, levántate a defenderme!
¡Dios mío, levántate y hazme justicia!
[24] Señor y Dios, ¡júzgame según tu justicia,
para que nadie se burle de mí!
[25] Que nadie piense en su corazón:
«¡Se cumplió nuestro deseo de verlo derrotado!»
[26] Que la vergüenza y la confusión
sean para los que buscan mi mal.
Que se queden avergonzados y confundidos
los que se engrandecen contra mí.

[27] Pero que canten y se alegren
los que están a mi favor.
Que digan siempre: «¡Grande es el Señor,
pues se deleita en el bienestar de su siervo!»

[a] **35.19:** Sal 69.4; Jon 15.25.

¡PELEA POR MÍ! *(Salmo 35.1-28)*
Cuando las personas nos hieren, a veces queremos herirlas a ellas. En este salmo, David le pide a Dios que pelee en contra de sus enemigos. Él no le estaba pidiendo a Dios que persiguiera a sus enemigos con una espada, sino más bien que Dios cambiara el corazón de las personas malvadas. David quería que Dios terminara con el mal. Dios quiere que nosotros también tengamos esta actitud. Él nos invita a pedir su ayuda cuando otras personas nos hieren. Podemos pedirle que Él impida que las personas hagan cosas malvadas y perversas.

[28] Con mi lengua proclamaré tu justicia,
y a todas horas te alabaré.

La misericordia de Dios

Al músico principal. Salmo de David, siervo del Señor.

36 La maldad habla al corazón del impío;
en su opinión, no hay por qué temer a Dios.[a]
[2] Vive halagándose a sí mismo,
seguro de que su maldad no es condenable.
[3] Sus palabras son malvadas y fraudulentas;
dejó de ser sabio y de practicar el bien.
[4] Aun acostado hace planes malvados;
va por el mal camino, y disfruta de su maldad.

[5] Pero tu misericordia, Señor, llega a los cielos;
¡tu fidelidad se extiende hasta las nubes!
[6] Tu justicia es como las grandes montañas;
tus sentencias son como el mar profundo;
¡tú, Señor, cuidas de hombres y animales!

[7] Dios mío, ¡cuán preciosa es tu misericordia!
¡La humanidad se acoge a la sombra de tus alas!
[8] En tu templo se sacia de ricos alimentos;
tú apagas su sed en un río de aguas deliciosas.
[9] En ti se halla el manantial de la vida,
y por tu luz podemos ver la luz.
[10] Muestra tu misericordia a los que te conocen;
muestra tu justicia a los de recto corazón.

LECCIONES

CONSPIRACIONES MALVADAS

(Salmo 36.4)

¿Te has fijado cómo los villanos en los libros y las películas siempre están conspirando para hacer cosas malas? Las conspiraciones malvadas también ocurren en la vida real. En vez de pensar acerca de Dios, algunas personas se quedan despiertas de noche maquinando conspiraciones malvadas. La vida impía de estas personas es triste y amarga. Sin embargo, los que creen en Dios piensan acerca de cosas buenas.

[11] No dejes que los soberbios me aplasten,
ni que el poder de los impíos me sacuda.

[12] Vean allí, caídos, a los que practican el mal;
¡rodaron por el suelo, y no volvieron a levantarse!

El camino de los malos

Salmo de David.

37 No te alteres por causa de los malvados,
ni sientas envidia de los que practican el mal,
[2] porque pronto se marchitan, como la hierba;
pronto se secan, como la hierba verde.

[3] Confía en el Señor, y practica el bien;
así heredarás la tierra y la verdad te guiará.
[4] Disfruta de la presencia del Señor,
y él te dará lo que de corazón le pidas.

[5] Pon tu camino en las manos del Señor;
confía en él, y él se encargará de todo;
[6] hará brillar tu justicia como la luz,
y tu derecho como el sol de mediodía.

Sal 49.13-15

[a]**36.1:** Ro 3.18.

LECCIONES

GOZARSE EN EL SEÑOR
(Salmo 37.4)

¿Con quién te gusta pasar tiempo? ¿Con tu familia o con un buen amigo? ¡A David le gustaba pasar tiempo con Dios! Mientras más tiempo David pasaba con Dios, más lo amaba! Haz el intento de pasar tiempo con Dios. Podrías leer la Biblia u orar o escuchar un CD de música de adoración. Mientras más tiempo pases con Él, más lo amarás.

7 Guarda silencio ante el Señor, y espera en él;
no te alteres por los que prosperan en su camino,
ni por los que practican la maldad.
8 Desecha la ira y el enojo;
no te alteres, que eso empeora las cosas.
9 Un día, todos los malvados serán destruidos,
pero si esperas en el Señor heredarás la tierra.
10 Un poco más, y los malvados dejarán de existir;
los buscarás, pero no los hallarás.
11 Pero los humildes heredarán la tierra[a]
y disfrutarán de gran bienestar.
12 Los malvados conspiran contra los justos,
y rechinan los dientes contra ellos,
13 pero el Señor se burla de ellos
porque sabe que ya viene su hora.

14 Los malvados sacan la espada, tensan el arco,
para derribar a los pobres y necesitados,
para acabar con los hombres cabales;
15 pero su espada les partirá el corazón,
y su arco se romperá en mil pedazos.

16 Es mejor lo poco del hombre justo
que las riquezas de muchos pecadores,
17 porque el Señor sostiene a los justos
pero pondrá fin al poder de los malvados.

18 El Señor cuida de los hombres honrados;
y mantendrá la herencia de ellos para siempre.
19 En tiempos difíciles no serán avergonzados,
y en tiempos de escasez tendrán abundancia.

20 Pero los malos perecerán.
Los enemigos del Señor serán consumidos.
¡Se esfumarán como el humo de la grasa de carneros!

21 El malvado pide prestado y no paga;
el justo es bondadoso y comparte lo que tiene.
22 Los benditos del Señor heredarán la tierra,
pero los que él maldice serán eliminados.

23 El Señor dirige los caminos del hombre
cuando se complace en su modo de vida.
24 Si el hombre cae, no se queda en el suelo
porque el Señor lo sostiene de la mano.

25 Yo fui joven, y ya he envejecido,
pero nunca vi desamparado a un justo,
ni vi a sus hijos andar mendigando pan.
26 El justo es misericordioso, y siempre presta;
sus hijos son para otros una bendición.

[a]**37.11:** Mt 5.5.

27 Apártate del mal, y practica el bien;
así vivirás para siempre.
28 Porque el Señor ama la justicia
y no desampara a sus fieles;
siempre les brinda su protección.
Pero los hijos de los malvados serán
destruidos.
29 Los justos heredarán la tierra
y para siempre vivirán en ella.

30 Cuando el justo habla, imparte
sabiduría;
con su lengua proclama la justicia.
31 En su corazón habita la ley de su
Dios;
por eso sus pies nunca resbalan.

32 El impío acecha al justo
con la intención de matarlo,
33 pero el Señor no lo pondrá en sus
manos,
ni dejará que en el juicio lo condenen.

34 Tú espera en el Señor, y sigue su
camino,
y él te exaltará, y heredarás la tierra;
y cuando los pecadores sean destruidos,
tú estarás allí para verlo.

35 Yo vi cómo el maligno era enaltecido;
lo vi extenderse como verde laurel;
36 pero el tiempo pasó, y él dejó de
existir;
cuando lo busqué, ¡ya había desapa-
recido!

37 Fíjate en quienes son íntegros y
justos:
Hay un final venturoso para la gente
pacífica.
38 Pero los pecadores serán todos
destruidos;
el final de los malvados será su exter-
minio.

39 La salvación de los justos proviene
del Señor;
él les da fuerzas en momentos de
angustia.
40 El Señor los ayuda y los pone a salvo;
los libra y los pone a salvo de los
impíos
porque ellos pusieron en él su espe-
ranza.

Sal 62.1-8

Oración de un penitente

Salmo de David, para recordar.

38 Señor, no me reprendas en tu
enojo;
¡no me castigues en tu ira!
2 Tus flechas se han clavado en mí;
¡sobre mí has dejado caer tu mano!

3 Por causa de tu enojo, nada sano hay
en mi cuerpo;
por causa de mi maldad, no hay paz en
mis huesos.
4 Mi pecado pesa sobre mi cabeza;
¡es una carga que ya no puedo sopor-
tar!

5 Por causa de mi locura,
mis heridas supuran y apestan.
6 Estoy abrumado, totalmente abatido;
¡todo el tiempo ando afligido!
7 La espalda me arde sin cesar;
¡no hay nada sano en todo mi cuerpo!
8 Me siento débil y en gran manera
agobiado;
¡mis quejas son las de un corazón
atribulado!

9 Señor, tú conoces todos mis deseos;
mis anhelos no te son ocultos.
10 Mi corazón se agita, me faltan
fuerzas,
y hasta mis ojos se van apagando.
11 Mis mejores amigos se alejan de mis
males;
¡hasta mis parientes se apartan de mí!

12 Hay quienes conspiran contra mi vida;
buscan mi mal y tratan de arruinarme.
¡Todo el tiempo hacen planes contra mí!

LECCIONES **UNA VIDA PASAJERA**

(Salmo 39.4-6)

David quería que su vida contara para Dios. Él le pidió a Dios que lo ayudara a entender el propósito de su vida. Él quería que Dios le diera la sabiduría para tomar decisiones sensatas. Dios te dio el don de la vida. Pero no sabes por cuánto tiempo vas a vivir, así que debes hacer que cada día cuente. Vive de manera buena y sabia.

13 Pero yo cierro los oídos, y no los oigo;
finjo ser mudo y no abro la boca.
14 Soy como los que no oyen
ni profieren ningún reproche.

15 Señor, yo confío en ti;
¡tú, Señor mi Dios, responderás por mí!
16 Tan sólo pido que no se alegren de mí;
¡que no se burlen de mí, si acaso caigo!

17 En realidad, estoy a punto de caer,
y mi dolor no me abandona.
18 Por eso, voy a confesar mi maldad;
pues me pesa haber pecado.
19 Mis enemigos están sanos y fuertes;
aumentan los que me odian sin razón.
20 Los que me pagan mal por bien
me atacan porque prefiero hacer lo
bueno.

21 Señor, ¡no me abandones!
Dios mío, ¡no te alejes de mí!
22 Señor, mi salvador,
¡ven pronto en mi ayuda!

Pasamos como una sombra

Al músico principal. A Jedutún. Salmo de David.

39 Decidí prestar atención a mis caminos
para no incurrir en pecado
con mi lengua;
decidí refrenar mis palabras
mientras tuviera un malvado cerca
de mí.
2 Y guardé un profundo silencio;
ni siquiera hablaba de lo bueno.
Y mi dolor se agravó.
3 En mi interior, mi corazón se enardeció;
al pensar en esto, estalló mi enojo
y no pude menos que decir:

4 «Señor, hazme saber qué fin tendré,
y cuánto tiempo me queda de vida.
¡Quiero saber cuán frágil soy!
5 Tú me has dado una vida muy corta;
ante ti, mis años de vida no son nada.
¡Ay, un simple soplo somos los mortales!
6 ¡Ay, todos pasamos como una sombra!
¡Ay, de nada nos sirve tratar de enriquecernos,
pues nadie sabe para quién trabaja!

7 »Señor, ¿qué puedo esperar,
si en ti he puesto mi esperanza?
8 ¡Líbrame de todos mis pecados!
¡No permitas que los necios se burlen
de mí!»

9 Y volví a guardar silencio. No abrí la
boca,
porque tú eres quien actúa.
10 ¡Deja ya de hostilizarme,
pues tus golpes están acabando
conmigo!
11 Tú nos corriges al castigar nuestros
pecados,
pero destruyes, como polilla, lo que
más amamos.
¡Ay, sólo un soplo somos los mortales!

12 Señor, ¡escucha mi oración!
¡Atiende a mi clamor!
¡No guardes silencio ante mis lágrimas!
Ciertamente, para ti soy un extraño;
soy un advenedizo, como mis antepasados,

13 pero déjame recobrar las fuerzas
antes de que parta y deje de existir.

Plegaria por la liberación divina

(Sal 70.1-5)

Al músico principal. Salmo de David.

40 Yo puse mi esperanza en el Señor,
y él inclinó su oído y escuchó mi clamor;
2 me sacó del hoyo de la desesperación,
me rescató del cieno pantanoso,
y plantó mis pies sobre una roca;
¡me hizo caminar con paso firme!
3 Puso en mis labios un nuevo canto,
un canto de alabanza a nuestro Dios.
Muchos vieron esto y temieron,
y pusieron su esperanza en el Señor.

4 Dichoso el hombre que confía en el Señor
y no en gente soberbia y mentirosa.
5 Tú, Señor mi Dios, has pensado en nosotros,
y has realizado grandes maravillas;
no es posible hablar de todas ellas.
Quisiera contarlas, hablar de cada una,
pero su número es incontable.

6 Las ofrendas y los sacrificios no te agradan;
tú no pides holocaustos ni ofrendas de expiación,
pero me has abierto los oídos.
7 Por eso dije: «Aquí vengo ya.»
En el pergamino se habla de mí.
8 Hacer tu voluntad, Dios mío, me agrada;
tu ley la llevo dentro de mí.[a]

Sal 78.1-8

9 He proclamado tu justicia ante la gran multitud,
y tú, Señor, lo sabes muy bien.
No he refrenado mis labios.
10 Mi corazón no ha ocultado tu justicia.
He dado a conocer tu fidelidad y tu salvación.
Nunca, en la reunión de mis hermanos,
dejé de hablar de tu misericordia y tu verdad.

11 Señor, ¡no me niegues tu misericordia!
¡Permite que siempre me acompañen
tu misericordia y tu verdad!
12 Son muchos los males que me acechan;
mi maldad se ha volcado contra mí,
y me ha opacado la vista.
Tengo más problemas que pelos en la cabeza;
¡estoy totalmente descorazonado!

13 Señor, ¡dígnate ayudarme!
Señor, ¡ven pronto a socorrerme!
14 ¡Que sean avergonzados y confundidos
todos los que buscan acabar con mi vida!
¡Que retrocedan en vergonzosa derrota
todos los que buscan mi mal!
15 ¡Que sean derrotados por sus ofensas
todos los que se burlan de mí!
16 Pero que se alegren todos los que te buscan;
Señor, que siempre proclamen tu grandeza
todos los que aman tu salvación.

17 Y a mí, que estoy pobre y afligido,
¡no me olvides, Señor!
Tú eres mi ayuda y mi libertador;
¡no te tardes en responderme, Dios mío!

Oración por la salud

Al músico principal. Salmo de David.

41 ¡Dichoso aquél que piensa en los pobres!
En los días malos el Señor lo ayudará.
2 El Señor lo cuidará y le dará vida,
lo hará vivir feliz en la tierra,

[a] **40.6-8:** Heb 10.5-7.

Sal 103.1-5

y no lo dejará caer en manos de sus
enemigos.
3 Cuando esté enfermo, el Señor lo
sustentará;
suavizará sus males mientras recobra
la salud.

4 Yo le pido al Señor que me tenga
compasión,
que me sane, pues he pecado contra
él.
5 Mis enemigos hablan mal de mí, y
dicen:
«¿Cuándo morirá? ¿Cuándo será
olvidado?»
6 Si vienen a verme, sólo dicen sande-
ces;
guardan en su mente las malas noticias,
y en cuanto salen a la calle las divulgan.

7 Todos los que me odian se unen
contra mí
y sólo piensan malas cosas. Hasta
dicen:
8 «Lo que tiene es cosa del demonio;
cayó en cama, y no volverá a levan-
tarse.»
9 Aun mi mejor amigo, en quien yo
confiaba,
el que comía conmigo, me ha traicio-
nado.[a]

10 Pero tú, Señor, ¡ten compasión de mí!
¡Devuélveme la salud, y les daré su
merecido!

11 Con esto sabré que soy de tu agrado:
si mi enemigo no llega a burlarse de mí.
12 Y a mí, ¡sosténme por causa de mi
integridad!
¡Permíteme estar en tu presencia para
siempre!

13 ¡Bendito sea el Señor, el Dios de Israel,
por los siglos de los siglos![b]
¡Amén y Amén!

LIBRO II

Sed de Dios

Al músico principal. Masquil de los hijos de Coré.

42 Como ciervo que brama por
las corrientes de agua,
así mi alma clama por ti, mi
Dios.
2 Mi alma tiene sed de ti, Dios de la
vida;
¿cuándo vendré a presentarme ante ti,
mi Dios?
3 Mis lágrimas son mi pan, de día y de
noche,
pues a todas horas me preguntan:
«¿Dónde está tu Dios?»

4 Pienso en esto, y se me parte el alma;
recuerdo cuando acompañaba yo a la
multitud,
cuando la conducía hasta el templo
de Dios
entre voces de alegría y de alabanza,
entre la alegría del pueblo en fiesta.

[a] **41.9:** Mt 26.24; Mr 14.21; Lc 22.22; Jn 13.18; 17.12. [b] **41.13:** Sal 106.48.

UN ALMA SEDIENTA *(Salmo 42.2)*
Cuando tienes sed, ¿qué haces para saciar tu sed? ¿Agarras una cajita de jugo o una botella de agua? La sed de agua no es sino un tipo de sed. El otro tipo de sed es la sed espiritual. En este salmo, el autor dijo que su alma estaba sedienta. Quería decir con eso que anhelaba pasar tiempo con Dios. Cuando tienes este tipo de sed, necesitas dirigirte directamente al que sacia la sed: Dios. A medida que pases tiempo con Él en oración, adoración y lectura de su Palabra, ¡Él saciará tu sed!

[5] ¿Por qué te desanimas, alma mía?
¿Por qué te inquietas dentro de mí?
Espera en Dios, porque aún debo
alabarlo.
¡Él es mi Dios! ¡Él es mi salvador!

[6] Dios mío, mi alma está muy abatida.
Por eso me acuerdo de ti
desde estas tierras del Jordán,
desde los montes Hermón y Mizar.
[7] Un abismo llama a otro abismo,
y resuena la voz de tus cascadas.
Todas tus ondas y tus olas pasan sobre
mí.
[8] Pero tú, Señor, durante el día
me enviarás tu gran misericordia,
y por la noche tu cántico estará
conmigo,
con mi oración a ti, Dios de mi vida.

[9] Dios mío y Roca mía, yo te pregunto:
¿Por qué te has olvidado de mí?
¿Por qué debo andar acongojado
y sufrir por la opresión del enemigo?
[10] Siento un dolor mortal en los huesos
cuando mis enemigos me afrentan,
cuando a todas horas me preguntan:
«¿Dónde está tu Dios?»

[11] ¿Por qué te desanimas, alma mía?
¿Por qué te inquietas dentro de mí?
Espera en Dios, porque aún debo
alabarlo.
¡Él es mi Dios! ¡Él es mi salvador!

Súplica de liberación

43 Dios mío, ¡hazme justicia! ¡Defiéndeme!
¡Líbrame de gente impía,
mentirosa e inicua!
[2] Tú eres mi Dios, mi fortaleza;
¿por qué me has abandonado?
¿Por qué debo andar acongojado
y sufrir por la opresión del enemigo?

[3] Envía tu luz y tu verdad;
ellas me guiarán hasta tu santo monte,
me conducirán hasta el templo donde
habitas.
[4] Me acercaré entonces a tu altar, mi
Dios,
y allí, mi Dios, te alabaré al son del arpa,
pues tú eres mi Dios, mi gozo y alegría.

[5] ¿Por qué te desanimas, alma mía?
¿Por qué te inquietas dentro de mí?
Espera en Dios, porque aún debo
alabarlo.
¡Él es mi Dios! ¡Él es mi salvador!

Pasado y presente de Israel

Al músico principal. Masquil de los hijos de Coré.

44 Dios nuestro, lo oímos con
nuestros oídos,
y nuestros padres nos lo
contaron:
¡las grandes proezas que, en su favor,
realizaste en los días de antaño!
[2] ¡Tú mismo desalojaste a las naciones,
castigaste duramente a esos pueblos,
y a nuestros padres los dejaste echar
raíces!
[3] Porque no fue la espada
lo que les dio posesión de la tierra;
ni fue tampoco su brazo lo que les dio
la victoria;
¡fue tu mano derecha, fue tu brazo,
fue el resplandor de tu rostro,
porque en ellos te complacías!

[4] Dios mío, ¡tú eres mi rey!
¡Envía tu salvación al pueblo de Jacob!
[5] ¡Por ti derrotaremos a nuestros
enemigos!
¡En tu nombre los hundiremos en el
suelo!
[6] Yo no confiaría en mis flechas,
ni tampoco mi espada podría salvarme;
[7] pero tú puedes salvarnos de nuestros
enemigos,
y poner en vergüenza a los que nos
odian.

8 ¡En ti, Dios nuestro, nos gloriaremos
siempre,
y nunca dejaremos de alabar tu nombre!

9 Pero nos has abandonado,
nos has puesto en vergüenza.
Ya no acompañas a nuestros ejércitos.
10 Nos has hecho retroceder ante el
enemigo,
y los que nos aborrecen nos despojan
de todo.
11 Has dejado que nos maten como a
ovejas,
y nos has esparcido entre las naciones.
12 ¡Has vendido a tu pueblo de balde!
¡Nada has ganado con venderlo!

13 Nos has humillado ante nuestros
vecinos;
somos motivo de burla para los que
nos rodean.
14 Has hecho de nosotros la burla de la
gente;
al vernos, todos mueven burlones la
cabeza.
15 Todo el tiempo debo encarar mi
vergüenza;
me abruma no poder dar la cara
16 por lo que dicen los que tanto me
ofenden,
¡por lo que hacen mis vengativos
enemigos!

17 Aunque todo esto nos ha sucedido,
jamás nos hemos olvidado de ti;
jamás hemos quebrantado tu pacto.
18 Jamás ha decaído nuestro ánimo,
ni nos hemos apartado de tus sendas.
19 ¡Pero tú nos arrojaste en cuevas de
chacales!
¡Nos cubriste con las sombras de la
muerte!

20 Dios nuestro,
si nos hubiéramos olvidado de tu
nombre,
o si hubiéramos rendido culto a otro
dios,
21 ¿acaso tú no habrías llegado a
saberlo?
¡Si tú conoces los secretos más recón-
ditos!
22 Pero por ti nos matan todo el
tiempo;
¡nos consideran ovejas para el mata-
dero![a]

23 ¡Despierta, Señor! ¿Por qué duermes?
¡Levántate, no te alejes para siempre!
24 ¿Por qué te escondes de nosotros?
¿Por qué te olvidas de la opresión que
sufrimos?
25 Nuestro ánimo se halla por el suelo,
¡nuestros cuerpos se arrastran por la
tierra!
26 ¡Levántate, ven a ayudarnos
y, por tu gran misericordia, sálvanos!

Cántico para las bodas del rey

Al músico principal. Sobre Lirios. Masquil de los hijos de Coré. Cántico nupcial.

45 Rebosa mi corazón con un be-
llo poema.
Esta obra mía se la dedico al rey.
¡Mi lengua es la pluma de inspirado
poeta!

2 Eres el más hermoso de los mortales;
la gracia mana de tus labios;
¡por eso Dios te ha bendecido para
siempre!

3 ¡Cíñete la espada, valiente guerrero,
y cúbrete de honra y majestad!
4 ¡Que tengas prosperidad y gloria!
¡Cabalga defendiendo la verdad, la
humildad y la justicia,
guiado por tu diestra portentosa!
5 ¡Que penetren, oh rey, tus agudas
flechas
en el corazón de tus enemigos,
y que los pueblos se rindan ante ti!

[a]**44.22:** Ro 8.36.

LECCIONES **VIVIR COMO JESÚS**
(Salmo 45.6-7)

En algunos lugares del mundo, se pueden ver edificios y árboles muy viejos que han existido por siglos, pero ninguno de ellos existirá para siempre. Sin embargo, algo que sí existirá para siempre es el reino de Dios. Jesús será el rey para siempre. Cuando confiamos en Él como nuestro Salvador, llegamos a ser ciudadanos de su reino. Hacemos lo que Él quiere que hagamos. ¡Los NIÑOS PODEROSOS son ciudadanos que obedecen a su Rey!

6 Oh Dios, tu trono es eterno y permanente;
tu cetro real es un cetro de justicia.
7 Porque amas la justicia y odias la maldad,
Dios, tu Dios, te ha ungido como rey;
ha derramado en ti el perfume de alegría;
¡te eligió a ti, y no a tus compañeros![a]
8 Mirra, áloe y canela perfuman tus vestidos,
y en los palacios de marfil te brindan alegría.
9 Entre tus favoritas hay muchas princesas;
la reina, a tu derecha, luce joyas de oro de Ofir.

10 «Hija mía, inclina tu oído y préstame atención:
Olvídate de tu pueblo y de la casa paterna,
11 que el rey desea poseer tu hermosura;
él es tu señor, y le debes obediencia.
12 Gente de Tiro vendrá a ti con presentes;
los ricos del pueblo implorarán tu favor.»
13 ¡Esplendorosa se ve la princesa en su alcoba!
¡Sus vestidos son de brocado de oro!
14 Así ataviada se presenta ante el rey,
seguida por su séquito de doncellas,
traídas de lejos para hacerle compañía;
15 y entre jubilosas voces de alegría
serán conducidas al palacio real.

16 Tus hijos sucederán a tus padres,
y los harás príncipes de toda la tierra.
17 Yo perpetuaré tu nombre para siempre,
y perpetuamente los pueblos te alabarán.

Dios es nuestro amparo y fortaleza

Al músico principal. De los hijos de Coré. Cántico sobre Alamot.

46 Dios es nuestro amparo y fortaleza,
nuestro pronto auxilio en todos los problemas.
2 Por eso no tenemos ningún temor.
Aunque la tierra se estremezca,
y los montes se hundan en el fondo del mar;
3 aunque sus aguas bramen y se agiten,
y los montes tiemblen ante su furia.

4 Los afluentes del río alegran la ciudad de Dios,
el santuario donde habita el Altísimo.
5 Dios está en medio de la ciudad;
por eso, la ciudad no será conmovida;
ya en la mañana Dios le brinda su ayuda.
6 Braman las naciones, se tambalean los reinos,
pero Dios habla y la tierra se derrite.
7 ¡Con nosotros está el Señor de los ejércitos!
¡Nuestro refugio es el Dios de Jacob!

8 ¡Vengan a ver las grandes obras del Señor!

[a] **45.6-7:** Heb 1.8-9.

PALABRAS CON PODER

¡ALTO!
(Salmo 46.10)

Si alguien te dijera ¡ALTO!, ¿qué harías? Dejarías de hacer lo que estabas haciendo, ¿verdad? Las palabras hebreas que se traducen "ALTO" aquí también pueden significar "¡Basta!" o "Suéltalo". Este versículo es como una gran señal que dice ALTO. Les indica a los lectores que dejen de preocuparse y que recuerden que Dios sigue siendo poderoso. Él es más poderoso que cualquier temor o problema. ¿Tienes dudas o preocupaciones? ¿Por qué no las sueltas y te agarras de la verdad? Nada es demasiado difícil para Dios.

¡Ha sembrado en la tierra gran desolación!
9 ¡Ha puesto fin a las guerras en los confines de la tierra!
¡Ha roto los arcos y despedazado las lanzas!
¡Ha arrojado al fuego los carros de guerra!

10 «¡Alto! ¡Reconozcan que yo soy Dios!
¡Las naciones me exaltan! ¡La tierra me enaltece!»
11 ¡Con nosotros está el Señor de los ejércitos!
¡Nuestro refugio es el Dios de Jacob!

Is 28.16

Dios, el Rey de toda la tierra

Al músico principal. Salmo de los hijos de Coré.

47 Pueblos todos, ¡agiten las manos!
¡Aclamen a Dios con voces de júbilo!
2 El Señor, el Altísimo, es en verdad temible;
¡es el gran Rey de toda la tierra!
3 El Señor humillará bajo nosotros a los pueblos;
pondrá a las naciones bajo nuestros pies.
4 Escogió para nosotros la tierra que habitamos;
¡es el orgullo de Jacob, a quien amó!

5 Dios, el Señor, se ha entronizado
entre aclamaciones y sonido de trompetas.
6 ¡Cantemos salmos a nuestro Dios!
¡Cantemos salmos a nuestro Rey!
7 ¡Cantémosle un salmo digno de él,
porque Dios es el Rey de toda la tierra!

8 ¡Dios reina ya sobre las naciones!
¡Dios ocupa ya su santo trono!
9 Los príncipes de los pueblos se reúnen
con el pueblo del Dios de Abrahán.
10 ¡Dios merece ser grandemente exaltado,
porque de él son los poderes de la tierra!

PODER PARA VIVIR

UN LUGAR DE REFUGIO *(Salmo 46.1-2)*
En la época bíblica, una ciudad amurallada era la imagen perfecta de la seguridad. La gente detrás de esos enormes muros de piedras se sentía protegida de sus enemigos. En este salmo, el autor dice que Dios es su refugio: un lugar de seguridad. Cuando enfrentas situaciones aterradoras, ¿dónde encuentras refugio? Dios quiere ser tu refugio. Él quiere que tú te vuelvas a Él cuando tienes temor. Dios es mayor que cualquier temor que pudieras tener.

La gloriosa hermosura de Sión

Cántico. Salmo de los hijos de Coré.

48 ¡Grande es el Señor, nuestro Dios!
¡Digno es de grandes alabanzas
en su ciudad, en su santo monte!
2 Hermosa colina es el monte Sión,
situada al norte de la ciudad del gran
Rey;[a]
¡es motivo de gozo en toda la tierra!

3 Dentro de sus fortificaciones
Dios es reconocido como un refugio
seguro.
4 Los reyes de la tierra se reunieron
y juntos avanzaron contra la ciudad,
5 pero al verla quedaron perplejos,
y desconcertados, huyeron presurosos.
6 Allí mismo les sobrevino gran temblor;
¡se retorcían de dolor, como parturientas!
7 ¡Y es que tú, con el viento solano,
destrozaste las naves de Tarsis!

8 Lo que antes oímos, ahora lo hemos
visto
en la ciudad de nuestro Dios,
en la ciudad del Señor de los ejércitos:
¡Dios afirmará su ciudad para siempre!

9 Dios nuestro, dentro de tu templo
nos acordamos de tu misericordia.
10 Dios nuestro, tu nombre es digno
de loor
hasta los confines de la tierra;
con tu diestra prodigas justicia;
11 por tus juicios se alegra el monte Sión
y se regocijan las ciudades de Judá.

12 Recorran los alrededores de Sión;
paseen por ella y cuenten sus torres.
13 Observen con atención sus murallas;
fíjense en sus fortificaciones,
para que puedan decir a los que están
por nacer:

PROMESAS PODEROSAS

SALMO 48.14

«¡Éste es nuestro Dios, ahora y para siempre! ¡El Dios nuestro nos guiará más allá de la muerte!»

Existen herramientas como mapas y compases para guiarnos a dónde queremos ir dentro de una ciudad o un país. Pero estas herramientas no pueden guiarnos en nuestra vida personal. Necesitamos que Dios nos guíe, ¡y Él ha prometido hacer eso mismo!

14 «¡Éste es nuestro Dios, ahora y para
siempre!
¡El Dios nuestro nos guiará más allá de
la muerte!»

Es inútil confiar en las riquezas

Al músico principal. Salmo de los hijos de Coré.

49 Escuchen esto, pueblos todos;
escuchen esto, habitantes del
mundo entero;
2 lo mismo los nobles que los plebeyos,
lo mismo los pobres que los ricos.
3 De mis labios brotará sabiduría;
de mi corazón, sagaces reflexiones.
4 Inclinaré mi oído a los proverbios
y al son del arpa explicaré su sentido.

5 ¿Por qué habré de temer en los días
aciagos,
cuando la maldad de mis opresores me
rodea,
6 cuando los que confían en sus
riquezas
se jactan de sus muchas posesiones?
7 ¡Ninguno de ellos puede salvar a su
hermano,
ni dar nada a Dios a cambio de su vida!
8 El rescate de una vida tiene un alto
precio,

[a]**48.2:** Mt 5.35.

y ningún dinero será jamás suficiente
9 para que siga con vida para siempre
y nunca llegue a experimentar la muerte.
10 Es evidente que hasta los sabios mueren;
que los necios e insensatos perecen por igual,
y que a otros les dejan sus riquezas.
11 Algunos piensan que sus casas serán eternas,
y que las habitarán por todas las generaciones,
y hasta dan su nombre a las tierras que poseen.
12 Aunque ricos, los mortales no permanecen;
lo mismo que las bestias, un día perecen.

13 Este camino suyo es una locura,
pero sus hijos se complacen en sus dichos,
14 mientras la muerte los lleva al sepulcro
como un pastor que guía a sus rebaños;
será el sepulcro su última morada.
Allí desaparecerá su buen semblante,
y un día los hombres justos serán sus amos.
15 Pero a mí, Dios me rescatará;
¡Dios me librará del poder del sepulcro!

Sal 144

16 Tú, no te preocupes cuando veas
que otros se hacen ricos y agrandan sus casas,
17 pues nada se llevarán cuando mueran;
sus riquezas no se las llevarán al sepulcro.
18 Aunque se sientan felices mientras vivan,
y la gente los alabe cuando prosperen,
19 un día irán a reunirse con sus antepasados
y nunca más volverán a ver la luz.
20 Aunque ricos, los mortales no entienden;
lo mismo que las bestias, un día perecen.

Dios, el Juez supremo

Salmo de Asaf.

50 El Señor, el Dios de dioses, ha hablado;
de este a oeste ha convocado a la tierra.
2 Desde Sión, la ciudad bella y perfecta,
Dios deja ver su esplendor.

3 Nuestro Dios viene, pero no en silencio.
Un fuego consumidor lo precede;
una poderosa tempestad lo rodea.
4 Convoca a los cielos y a la tierra,
pues viene a juzgar a su pueblo.

5 «Reúnan a mi pueblo santo,
a los que han hecho un pacto conmigo
y me han ofrecido un sacrificio.»

6 Y los cielos declaran su justicia;
declaran que Dios mismo es el juez.

7 «Escucha, Israel, pueblo mío;
voy a hablar y a testificar contra ti.
Yo soy Dios. Yo soy tu Dios.
8 No voy a reprenderte por tus sacrificios,
ni por los holocaustos que siempre me ofreces;
9 no voy a tomar ningún becerro de tu casa,
ni ningún macho cabrío de tus apriscos,
10 pues míos son todos los animales del bosque,
¡los miles de animales que hay en las colinas!
11 Mías son todas las aves de los montes;
mío es todo lo que se mueve en los campos.

[12] »Si yo tuviera hambre, no te lo diría,
pues el mundo y su plenitud me pertenecen.
[13] ¿Acaso me alimento con carne de toros,
o bebo sangre de machos cabríos?
[14] Yo soy el Dios altísimo;
en vez de sacrificios, ofréceme alabanzas
y cúmpleme todos los votos que me hagas.
[15] Invócame en el día de la angustia;
yo te libraré, y tú me honrarás.»

[16] Pero al malvado Dios le dice:

«¿Qué tienes tú que ver con mis leyes?
¿Por qué te atreves a hablar de mi pacto?
[17] ¡Si tú aborreces la corrección,
y echas en saco roto mis palabras!
[18] Si ves un ladrón, corres a su encuentro;
¡eres gran amigo de los adúlteros!
[19] Para el mal, no mides tus palabras;
con tu lengua urdes toda clase de engaños.
[20] En los tribunales, hablas contra tu hermano;
contra tu propio hermano profieres infamias.
[21] Todo esto has hecho, y yo me he callado;
habrás pensado que yo soy como tú.
Pero ahora voy a reprenderte;
voy a exhibir todas tus maldades.

[22] »Ustedes, los que se olvidan de mí,
entiendan bien esto;
no vaya a ser que los despedace
y no haya quien los libre de mí.
[23] El que me ofrece alabanzas, me honra;
al que enmiende su camino, yo lo salvaré.»

Plegaria de un pecador

Al músico principal. Salmo de David, cuando Natán el profeta[a] fue a hablar con David por causa de su adulterio con Betsabé.

51 Dios mío,
por tu gran misericordia, ¡ten piedad de mí!;
por tu infinita bondad, ¡borra mis rebeliones!
[2] Lávame más y más de mi maldad;
¡límpiame de mi pecado!
[3] Reconozco que he sido rebelde;
¡mi pecado está siempre ante mis ojos!

[4] Contra ti, y sólo contra ti, he pecado;
¡ante tus propios ojos he hecho lo malo!
Eso justifica plenamente tu sentencia,
y demuestra que tu juicio[b] es impecable.

[5] ¡Mírame! ¡Yo fui formado en la maldad!
¡Mi madre me concibió en pecado!
[6] ¡Mírame! Tú amas la verdad en lo íntimo;
¡haz que en lo secreto comprenda tu sabiduría!
[7] ¡Purifícame con hisopo, y estaré limpio!
¡Lávame, y estaré más blanco que la nieve!
[8] ¡Lléname de gozo y alegría,
y revivirán estos huesos que has abatido!
[9] No te fijes ya en mis pecados;
más bien, borra todas mis maldades.

[10] Dios mío,
¡crea en mí un corazón limpio!
¡Renueva en mí un espíritu de rectitud!
[11] ¡No me despidas de tu presencia,
ni quites de mí tu santo espíritu!
[12] ¡Devuélveme el gozo de tu salvación!
¡Dame un espíritu dispuesto a obedecerte!

Is 11.1-3a

[a] **51 tít.:** 2 S 12.1-15. [b] **51.4:** Ro 3.4.

PALABRAS CON PODER

UN CORAZÓN CONTRITO

(Salmo 51.17)

Hay una diferencia entre los que simplemente dicen estar arrepentidos y los que verdaderamente están arrepentidos por las cosas malas que han hecho. Una persona con un corazón contrito es alguien que está arrepentido y quiere cambiar, pero es humilde y reconoce que necesita la ayuda de Dios para hacerlo. Dios nunca rechazará a alguien con un corazón lleno de tristeza por el pecado. Cuando las personas apartan su orgullo y claman a Dios pidiendo su perdón, recibirán lo que le piden.

13 Así instruiré a los pecadores en tus
caminos;
así los pecadores se volverán a ti.

14 Dios mío, Dios de mi salvación,
¡líbrame de derramar sangre,
y mi lengua proclamará tu justicia!

15 Abre, Señor, mis labios,
y mi boca proclamará tu alabanza.
16 Aún si yo te ofreciera sacrificios,
no es eso lo que quieres;
¡no te agradan los holocaustos!
17 Los sacrificios que tú quieres
son el espíritu quebrantado;
tú, Dios mío, no desprecias
al corazón contrito y humillado.

18 Por tu bondad, trata bien a Sión;
¡reconstruye las murallas de Jerusalén!
19 Te agradarás entonces
con los sacrificios que mereces,
con los holocaustos y ofrendas del
todo quemadas;
se ofrecerán entonces becerros sobre
tu altar.

Jactancia futil del malvado

Al músico principal. Masquil de David. De cuando Doeg el edomita fue a decirle a Saúl que David había estado en casa de Ajimélec.[a]

52 Y tú, fanfarrón, ¿por qué presumes de tu maldad?
¡La misericordia de Dios es
constante!
2 Tu lengua es como navaja afilada,
que sólo engaña y trama hacer mal.
3 Prefieres hacer lo malo y no lo bueno,
y mentir, más que decir la verdad.
4 Tu lengua es engañosa;
prefieres proferir toda clase de insultos.
5 Por eso, Dios te destruirá para siempre;
te arrancará del lugar donde ahora vives;
¡te desarraigará de la tierra de los vivientes!

6 Los hombres justos verán esto, y temerán;
se burlarán de él, y dirán:
7 «¡Miren al que no hizo de Dios su
fortaleza!
¡Miren al que confió en sus muchas
riquezas
y se mantuvo firme en su maldad!»

8 ¡Pero mírenme a mí!
¡Soy como un verde olivo en la casa
de Dios,
y en su misericordia confío ahora y siempre!

9 Yo te alabaré siempre delante de tus
fieles,
porque has actuado en mi favor.
Por siempre confiaré en tu nombre,
porque es bueno confiar en ti.

Insensatez y maldad humana

(Sal 14.1-7)

Al músico principal. Sobre Majalat. Masquil de David.

53 Dentro de sí dicen los necios:
«Dios no existe.»
Corrompidos están. Sus hechos son repugnantes.

[a]**52 tít.:** 1 S 22.9-10.

No hay nadie que haga el bien.
2 Desde el cielo, Dios observa a la humanidad
para ver si hay alguien con sabiduría
que busque a Dios.

3 Pero todos se han desviado;
todos a una se han corrompido.
No hay nadie que haga el bien;
¡ni siquiera hay uno solo![a]
4 ¿Acaso no piensan esos malhechores,
que devoran a mi pueblo como si fuera pan,
y jamás invocan a Dios?
5 Ellos se estremecerán de miedo
allí, donde no hay nada que temer.
Dios esparcirá los huesos de los que te asedian;
Dios los desechará y los dejará en vergüenza.
6 ¡Que venga de Sión la salvación de Israel!
Cuando Dios haga volver a su pueblo cautivo,
¡se alegrará Jacob, se regocijará Israel!

Plegaria por la protección de Dios

Al músico principal. En Neginot. Masquil de David, cuando los zifeos fueron a decir a Saúl que David estaba escondido en su tierra.[a]

54 Dios mío, ¡sálvame por tu nombre!
¡Defiéndeme con tu poder!
2 Dios mío, ¡escucha mi oración!
¡Presta oído a las palabras de mi boca!

3 Gente extraña se ha levantado contra mí;
gente violenta intenta matarme.
Dios mío, ¡son gente que no te toma en cuenta!

4 Pero tú, mi Dios, eres quien me ayuda;
tú, Señor, eres quien sustenta mi vida.
5 Por tu fidelidad, ¡destrúyelos!
¡Devuélveles el mal a mis enemigos!

6 Yo, Señor, te ofreceré sacrificios voluntarios,
y alabaré tu nombre, porque es bueno alabarte;
7 porque tú me has librado de toda angustia,
y con mis ojos he visto la ruina de mis enemigos.

Contra los amigos falsos y traicioneros

Al músico principal. En Neginot. Masquil de David.

55 Dios mío, ¡escucha mi oración!
No te escondas; ¡atiende mi súplica!
2 Préstame atención; ¡respóndeme!
En mi oración clamo a ti, y me conmuevo
3 por las amenazas de mis enemigos,
por la opresión de los malvados.
Sobre mí han descargado su iniquidad,
y furiosos me persiguen.

4 Dentro de mí, el corazón me duele;
sobre mí han caído terrores de muerte.
5 Me ha sobrevenido un terrible temblor,
y estoy temblando de miedo.
6 ¡Cómo quisiera tener alas de paloma!
¡Así podría volar, y descansaría!
7 ¡Me escaparía muy lejos de aquí,
y me quedaría a vivir en el desierto!
8 ¡Presuroso escaparía del viento borrascoso!
¡Huiría de la tempestad!

9 ¡Destrúyelos, Señor! ¡Confunde su lengua!
¡En la ciudad sólo veo violencia y rencillas,
10 que día y noche rodean sus murallas!

[a]**53.1-3:** Ro 3.10-12. [a]**54 tít.:** 1 S 23.19; 26.1.

En su interior sólo hay iniquidad y
violencia;
11 en su interior sólo hay continua
maldad;
el fraude y el engaño no se apartan de
sus calles.

12 No me ha ofendido un enemigo,
lo cual yo podría tolerar;
tampoco me ha atacado quien me
aborrece,
pues de él podría haberme escondido.
13 ¡Has sido tú, que parecías ser mi
amigo,
mi compañero, mi hermano del alma!
14 Tú y yo compartíamos dulces
secretos,
y juntos andábamos por la casa de
Dios.

15 ¡Que la muerte sorprenda a mis
enemigos!
¡Que desciendan vivos al sepulcro,
porque en ellos y en sus casas hay
maldad!

16 Por mi parte, yo clamaré a Dios;
¡el Señor vendrá a salvarme!
17 En la tarde, en la mañana, al medio-
día,
clamaré a Dios, y él oirá mi voz;
18 me salvará de la guerra desatada
contra mí,
y me hará vivir en paz,
aun cuando sean muchos los que me
ataquen.
19 Dios me oirá, y los humillará,
pues él es el Rey eterno.

Puesto que esos malvados no
cambian,
ni dan muestras de temer a Dios,
20 violan su pacto y extienden la mano
contra los que están en paz con ellos.
21 Sus palabras son suaves, como man-
tequilla,
pero en su corazón se libra una batalla.
Sus palabras son suaves, como el
aceite,
pero en realidad son espadas des-
nudas.

22 Tú, deja tus pesares en las manos del
Señor,
y el Señor te mantendrá firme;
el Señor no deja a sus fieles caídos para
siempre.

23 Y tú, Dios mío, ¡haz que esa gente
descienda
al profundo pozo de la perdición!
¡Esa gente sanguinaria y mentirosa
no llegará a la mitad de su vida!
Pero yo, siempre confiaré en ti.

Oración de confianza

Al músico principal. Sobre «La paloma silenciosa en un paraje muy distante». Mictam de David, cuando los filisteos lo aprehendieron en Gat.[a]

56 Dios mío, ten misericordia de
mí,
porque hay gente capaz de
devorarme.
Todo el tiempo me oprimen y me
combaten;
2 todo el tiempo mis enemigos me
pisotean;
¡son muchos los soberbios que me
atacan!

3 Pero yo, cuando tengo miedo, confío
en ti.
4 Confío en ti, mi Dios, y alabo tu
palabra;
confío en ti, mi Dios, y no tengo
miedo;
¿qué puede hacerme un simple
mortal?
5 Todo el tiempo, ellos tuercen mis
palabras;

[a] **56 tít.:** 1 S 21.13-15.

LECCIONES **LÁGRIMAS EMBOTELLADAS**
(*Salmo 56.8*)

¿Tu mamá o tu papá guardan botones o centavos en una botella? David dijo que Dios guarda nuestras lágrimas en una botella. Al decir esto, David estaba explicando que Dios siempre sabe cuando nos sentimos tristes. Él ve cuando estás desanimado, preocupado o temeroso, y quiere que hables con Él acerca de estas cosas.

sólo piensan en perjudicarme.
6 Se juntan para acecharme,
y vigilan cada uno de mis pasos
con la intención de quitarme la vida.

7 ¡Dios mío, toma en cuenta su iniquidad
y en tu furor humilla a esa gente!

8 Tú llevas la cuenta de mis huidas;
tú has puesto mis lágrimas en tu redoma;
más bien, las has anotado en tu libro.
9 El día que yo te pida ayuda
mis enemigos serán puestos en fuga,
pues yo sé que tú, mi Dios, estás de mi parte.

10 Dios mío, en ti confío y alabo tu palabra;
Señor, en ti confío y alabo tu palabra.
11 Confío en ti, mi Dios, y no tengo miedo;
¿qué me puede hacer un simple mortal?

12 Dios mío, yo tengo presentes mis votos,
y habré de tributarte alabanzas,
13 porque me libraste de la muerte
y evitaste que mis pies tropezaran
para que ante ti camine en la luz de la vida.

PROMESAS PODEROSAS

SALMO 57.1
¡Ten misericordia de mí, Dios mío; ten misericordia de mí! Yo he puesto en ti mi confianza, y bajo la sombra de tus alas me refugiaré hasta que haya pasado el peligro.

¿En algún momento has visto a una mamá pájaro que esconde su cría con sus plumas? Ella lo hace para proteger a su cría. En este versículo vemos a David pidiendo la protección de Dios. Él confía en que Dios lo mantendrá a salvo.

Confianza en la ayuda de Dios

(*Sal 108.1-5*)
Al músico principal; sobre «No destruyas». Mictam de David, cuando huyó de delante de Saúl a la cueva.[a]

57 ¡Ten misericordia de mí, Dios mío;
ten misericordia de mí!
Yo he puesto en ti mi confianza,
y bajo la sombra de tus alas me refugiaré
hasta que haya pasado el peligro.
2 Clamo a ti, Dios altísimo, pues tú me favoreces;
3 desde los cielos vendrás en mi ayuda,
enviarás tu misericordia y tu verdad,
y me librarás de mis infames opresores.

4 Me encuentro en medio de gente agresiva;
entre gente semejante a leones feroces.
Sus colmillos parecen lanzas y saetas;
su lengua es una espada aguda.

5 Tú, mi Dios, estás por encima de los cielos;
¡tu gloria domina toda la tierra!

6 Ante mí han tendido una trampa,
y me siento totalmente abatido.

[a] **57 tít.:** 1 S 22.1; 24.3.

Han cavado una fosa delante de mí,
pero serán ellos los que en ella caigan.
7 Mi corazón está dispuesto, Dios mío;
mi corazón está dispuesto a cantarte
salmos.
8 ¡Despierta, alma mía!
¡Despierten, salterio y arpa,
que voy a despertar al nuevo día!
9 Yo, Señor, te alabaré entre los pueblos;
te cantaré salmos entre las naciones,
10 pues tu bondad es grande como los
cielos;
¡hasta las nubes llega tu verdad!

11 Tú, mi Dios, estás por encima de los
cielos;
¡tu gloria domina toda la tierra!

¡Hay un Dios que juzga!

Al músico principal. Sobre «No destruyas». Mictam de David.

58 Ustedes los jueces ¿en verdad
hacen justicia?
Ustedes, simples mortales,
¿juzgan con rectitud?
2 Más bien, en su corazón urden hacer
el mal,
y luego actúan con violencia en la
tierra.

3 Los impíos se desencaminan desde la
matriz;
se descarrían y mienten desde que
nacen.
4 Son venenosos como serpientes;
se tapan los oídos; son como un áspid
sordo
5 que no escucha la voz de los magos,
de los hábiles encantadores.

6 Dios mío, ¡rómpeles los dientes!
Señor, ¡rómpeles a esos leones los
colmillos!
7 ¡Que se diluyan, como el agua que
corre!
¡Que sus saetas se hagan pedazos al
dispararlas!
8 ¡Que se disuelvan como los caracoles!
¡Que sean como abortivos y jamás
vean el sol!
9 ¡Que antes de darse cuenta ardan
como espinos!
¡Que aun con vida el viento los arrebate!

10 Al verse vengados, los justos se
alegrarán
y se empaparán los pies en la sangre
del impío.
11 Entonces se dirá:
«Ciertamente, los justos serán recompensados;
ciertamente, hay un Dios que juzga en
la tierra.»

Dios es nuestra fortaleza

Al músico principal. Sobre «No destruyas». Mictam de David, de cuando Saúl ordenó que se vigilara la casa de David para matarlo.[a]

59 Dios mío,
¡líbrame de mis enemigos!
¡Ponme a salvo de los que me
atacan!
2 ¡Líbrame de los que cometen iniquidad!
¡Sálvame de esa gente sanguinaria!

3 Gente poderosa se ha juntado contra
mí,
y me acecha para quitarme la vida.
Y no es, Señor, por faltas o pecados
míos;
4 presurosos, se disponen a atacarme
sin que yo haya cometido ningún
delito.

¡Míralos! ¡Despierta y ven a mi encuentro!
5 Tú eres el Señor, el Dios de los ejércitos;

[a] **59 tít.:** 1 S 19.11.

¡tú eres el Dios de Israel!
¡Despierta y castiga a todas las naciones!
¡No tengas misericordia alguna
de todos esos malvados y rebeldes!

6 Llegan por la noche, ladrando como
perros,
y rondan por toda la ciudad.
7 De su hocico salen gruñidos;
con sus fauces lanzan hirientes puñales,
mientras mascullan: «¿Y quién va a
oírnos?»
8 Pero tú, Señor, te burlarás de ellos;
¡dejarás en ridículo a todas las nacio-
nes!
9 Con tu poder, Dios mío, me siento
protegido;
¡tú, Dios mío, eres mi defensa!
10 Tú, Dios misericordioso, vienes a mi
encuentro
para hacerme ver derrotados a mis
enemigos.
11 ¡Pero no los mates, Señor, escudo
nuestro,
no vaya a ser que mi pueblo se olvide!
¡Mejor humíllalos y dispérsalos con tu
poder!
12 ¡Hazlos prisioneros de su soberbia
porque pecan en todo lo que dicen,
porque sólo profieren maldiciones y
mentiras!
13 ¡Destrúyelos con tu furor!
¡Destrúyelos, y que dejen de existir!
¡Que sepan todos que Dios gobierna
en Jacob
y hasta los confines de la tierra!

14 Volverán por la noche, ladrando
como perros,
y rondarán por toda la ciudad.
15 Vagarán por las calles, buscando qué
comer,
pero no se saciarán, y pasarán la noche
aullando.
16 Por mi parte, yo alabaré con salmos
tu poder;
por la mañana proclamaré tu miseri-
cordia,
porque tú eres para mí una fortaleza,
¡eres mi refugio en momentos de
angustia!
17 A ti y a tu poder cantaré salmos,
porque tú, Dios mío, eres mi fortaleza;
¡eres mi Dios de misericordia!

Plegaria en que se pide ayuda contra el enemigo

(Sal 108.6-13)
Al músico principal. Sobre «Lirios». Testimonio. Mictam didáctico de David, de cuando estuvo en guerra contra Aram Naharayin y contra Aram de Soba, y Joab volvió y derrotó a doce mil edomitas en el valle de la Sal.[a]

60 Dios nuestro, tú nos has des-
echado;
en tu enojo, nos has dejado
sin defensas.
¡Vuélvete ahora a nosotros!
2 Hiciste que temblara, y hendiste la
tierra;
¡rellena sus fisuras, porque se desmo-
rona!
3 Has hecho que tu pueblo presencie el
desastre;
nos has hecho beber un vino que
aturde.
4 Has dado a tus fieles la señal de
retirada
para que se libren de las flechas ene-
migas.

5 ¡Sálvanos con tu diestra! ¡Respónde-
nos!
¡Así se salvará tu pueblo amado!

6 En su santuario, Dios ha sentenciado:
«Con gran alegría fraccionaré Siquén
y dividiré en parcelas el valle de Sucot.
7 Galaad y Manasés me pertenecen,

[a] **60 tít.:** 2 S 8.13; 1 Cr 18.12.

Efraín es un yelmo en mi cabeza,
y Judá es un cetro en mi mano.
8 Moab es la vasija en que me lavo,
sobre Edom arrojaré mis sandalias,
y sobre Filistea proclamaré mi victoria.»

9 ¿Y quién me dará entrada en Edom?
¿Quién me hará entrar en esa ciudad amurallada?
10 ¿No eres tú, mi Dios, quien nos ha desechado?
¿No eres tú quien ya no sale con nuestros ejércitos?
11 Bríndanos tu apoyo contra el enemigo,
pues vana resulta la ayuda de los hombres.

12 Por ti, Dios nuestro, haremos proezas;
¡tú harás morder el polvo a nuestros enemigos!

Confianza en la protección de Dios

Al músico principal. Sobre Neginot. Salmo de David.

61 Dios mío, ¡escucha mi clamor!
¡Atiende mi oración!
2 ¡Clamo a ti desde los confines de la tierra,
pues ya mi corazón desfallece!
Llévame a una roca más alta que yo,
3 porque tú eres mi refugio,
¡eres fuerte torre que me protege del enemigo!

4 Yo habitaré en tu templo para siempre;
bajo la sombra de tus alas estaré seguro.
5 Tú, Dios mío, has escuchado mis votos,
y has dado a los que temen tu nombre
la tierra que les prometiste.

6 Al rey le has concedido más días de vida,
y vivirá sus años de una a otra generación.
7 Siempre reinará delante de ti, Dios nuestro,
protegido por tu misericordia y tu verdad.

8 Y yo, siempre cantaré salmos a tu nombre,
y todos los días te cumpliré mis votos.

Dios, el único refugio

Al músico principal. A Jedutún. Salmo de David.

62 Sólo en Dios halla tranquilidad mi alma;
sólo de él viene mi salvación.
2 Sólo Dios es mi salvación y mi roca;
porque él es mi refugio, jamás resbalaré.

3 ¿Hasta cuándo harán planes todos ustedes
con la intención de derrotar a un solo hombre?
¡Lo ven como pared desplomada!
¡Lo ven como una cerca en el suelo!
4 Conspiran para despojarlo de su grandeza;
les agrada decir mentiras;

PROMESAS PODEROSAS

SALMO 61.3

Porque tú eres mi refugio, ¡eres fuerte torre que me protege del enemigo!

¿Has tenido que buscar refugio durante una tormenta? Cualquier sitio cubierto y protegido de la lluvia es el mejor lugar, ¿no es así? Cuando David tuvo que escapar de sus enemigos, sabía que Dios le daba un tipo diferente de protección, que llevaba al corazón de David consuelo y esperanza. Él pensaba en Dios como una fortaleza; más fuerte que cualquier enemigo.

¡bendicen con los labios, pero maldicen
con el corazón!

[5] Sólo en Dios halla tranquilidad mi
alma;
sólo en él he puesto mi esperanza.
[6] Sólo Dios es mi salvación y mi roca;
porque él es mi refugio, no resbalaré.
[7] Sólo Dios es mi salvación y mi gloria;
¡Dios es mi roca fuerte y mi refugio!

[8] Pueblos todos, ¡confíen siempre en
Dios!
¡Vacíen delante de él su corazón!
¡Dios es nuestro refugio!

Sal 85.4-7

[9] Los hombres, sean ricos o sean
pobres,
no son más que un vapor engañoso.
Puestos todos ellos en la balanza,
podrá verse que no son nada.

[10] No confíen en la violencia,
ni pongan vanas esperanzas en la
rapiña;
si acaso llegan a acumular riquezas,
no les entreguen su corazón.

[11] Dios habló una vez,
y yo lo escuché dos veces:
Tuyo, Dios mío, es el poder;
[12] tuya, Señor, es la misericordia;
tú das a cada uno lo que merecen sus
obras.[a]

Sólo Dios satisface al alma

Salmo de David, cuando estaba en el desierto de Judá.[a]

63 Dios mío, ¡tú eres mi Dios!
Yo te buscaré de madrugada.
Mi alma desfallece de sed
por ti;
mi ser entero te busca con ansias,
en terrenos secos e inhóspitos, sin
agua,
[2] con deseos de ver tu poder y tu
gloria,
como los he mirado en el santuario.
[3] Tu misericordia es mejor que la vida;
por eso mis labios te alaban.
[4] ¡Yo te bendeciré mientras tenga vida,
y en tu nombre levantaré mis manos!

[5] Mi alma quedará del todo satisfecha,
como si comiera los mejores platillos,
y mis labios te aclamarán jubilosos
[6] al pensar en ti recostado en mi lecho,
al meditar en ti durante mis desvelos.
[7] Porque tú has sido mi socorro,
alegre viviré bajo la sombra de tus alas.
[8] Mi alma está apegada a ti;
tu mano derecha me brinda apoyo.

[a] **62.12:** Job 34.11; Jer 17.10; Mt 16.27; Ro 2.6; Ap 2.23. [a] **63 tít.:** 2 S 15.23, 28.

PODER PARA VIVIR

MEDITA EN EL SEÑOR *(Salmo 63.6)*
Muchas personas se sienten temerosas de noche. Se quedan despiertas en la oscuridad y se preocupan por lo que ocurrió ese día o por lo que podría ocurrir al día siguiente. David tenía una solución a las preocupaciones nocturnas: pensaba en Dios. Como también sugirió el apóstol Pablo: "Piensen en todo lo que es verdadero, en todo lo honesto, en todo lo justo, en todo lo puro, en todo lo amable, en todo lo que es digno de alabanza; si hay en ello alguna virtud, si hay algo que admirar, piensen en ello" (Filipenses 4:8). La próxima vez que te sientas temeroso en la oscuridad de la noche, no pienses acerca de cosas que te dan temor; más bien, piensa en Dios. Recuerda su grandioso poder y su amor por ti. Él te ayudará a dormir en paz.

9 Los que buscan matarme y acabar
conmigo
caerán a lo más profundo de la tierra.
10 Los matarán a filo de espada;
servirán de alimento a los chacales.
11 Pero el rey se regocijará en Dios,
y todos los que juran por él serán
alabados,
pero la boca de los mentirosos será
acallada.

Plegaria en que se pide protección contra enemigos ocultos

Al músico principal. Salmo de David.

64 Dios mío, ¡escucha la voz de
mi queja!
¡Protege mi vida de mi temible enemigo!
2 ¡Escóndeme de esa caterva de malhechores,
que en secreto conspiran y hacen
planes malvados!
3 Afilan su lengua, como si fuera una
espada;
lanzan acres invectivas, como si fueran
saetas,
4 y a escondidas hieren al hombre
íntegro.
Lo atacan de repente y sin temor
alguno;
5 obstinados en cumplir sus inicuos
designios,
pretenden disimular sus trampas,
creyendo que nadie los va a ver.
6 Elucubran iniquidades, investigan al
detalle;
y sus ideas son tan incomprensibles
que no es posible penetrar en ellos.
7 ¡Pero Dios los herirá con sus saetas!
¡Sus plagas les sobrevendrán de
repente!
8 Su propia lengua les será un tropiezo,
y serán la burla de todos los que los
vean.
9 Entonces la humanidad entera sentirá
temor,
y todos proclamarán las obras de Dios
y entenderán el porqué de sus acciones.
10 Los justos se regocijarán en el Señor
y pondrán en él su confianza.
¡Todos los rectos de corazón lo alabarán!

La bondad de Dios en la naturaleza

Al músico principal. Salmo. Cántico de David.

65 A ti, Dios mío, debemos alabarte en Sión;
a ti debemos cumplir nuestros
votos,
2 pues tú escuchas nuestras oraciones.
A ti acude todo el género humano.
3 Nuestras malas acciones nos dominan,
pero tú perdonas nuestras rebeliones.
4 ¡Cuán dichoso es aquel a quien tú
escoges
y lo llevas a vivir en tus atrios!
Nosotros quedamos plenamente
satisfechos
con las bondades de tu casa,
con las bendiciones de tu santo
templo.

5 Tú, Dios de nuestra salvación,
nos respondes con grandes actos de
justicia.
En ti esperan los confines de la tierra
y los mares más remotos.
6 Tú te revistes de valor
y con tu poder afirmas los montes.
7 Tú sosiegas el estruendo de los mares,
acallas el estrépito de sus olas,
y silencias el alboroto de los pueblos.
8 Tiemblan de miedo, ante tus maravillas,
los que habitan en los extremos de la
tierra.
Tú haces que el sol grite de alegría
al salir por la mañana, y al caer la tarde.
9 Tú, con la lluvia, cuidas de la tierra,
y en gran manera la fecundas y enriqueces.

Llenas de agua tus corrientes caudalosas
y preparas el grano, cuando así lo dispones.
10 Haces que los surcos se empapen
y que se nivelen los terrones;
con tus lluvias los reblandeces,
y bendices sus renuevos.

11 Con tu bondad engalanas el año;
a tu paso vas esparciendo abundancia.
12 Los pastizales del desierto se ven rebosantes,
y las colinas se revisten de alegría;
13 los llanos se saturan de rebaños,
y los valles se tapizan con trigales.
¡Todo canta y lanza gritos de júbilo!

Alabanza por los portentos de Dios

Al músico principal. Cántico. Salmo.

66 Ustedes, habitantes de toda la tierra,
¡aclamen a Dios con alegría!
2 ¡Canten salmos a la gloria de su nombre!
¡Cántenle gloriosas alabanzas!
3 Digan a Dios: «¡Tus obras son asombrosas!
¡Con tu gran poder sometes a tus enemigos!»
4 ¡Toda la tierra te rinde adoración
y canta salmos a tu nombre!

5 Vengan a ver las obras de Dios,
sus hechos sorprendentes en favor de los hombres.
6 Convirtió el mar en terreno seco,[a]
y ellos cruzaron el río por su propio pie.[b]
¡Alegrémonos por lo que hizo allí!
7 Por su poder, él nos gobierna para siempre;
sus ojos vigilan atentamente a las naciones;
por eso los rebeldes no lograrán levantarse.

PALABRAS CON PODER **¡VENGAN A VER!** *(Salmo 66.5)*

Cuando ves una hermosa puesta de sol o alguna otra cosa impresionante, es natural querer que otros vengan y lo vean por sí mismos. El autor del Salmo 66 nos da una invitación a "ver las obras de Dios". Cantos como este salmo generalmente se cantaban para recordarles a los israelitas las muchas maneras en que Dios los rescataba. De igual manera, nosotros cantamos himnos y otros cantos de alabanza en la iglesia para recordar lo que Dios ha hecho. ¿Por qué no invitas a alguien a asistir contigo a la iglesia para ver las obras de Dios?

8 Pueblos todos: ¡bendigan a nuestro Dios!
¡Hagan resonar la voz de su alabanza!
9 Tú, Señor, nos has preservado la vida,
y no has dejado que resbalen nuestros pies.
10 Tú, Dios nuestro, nos has puesto a prueba;
nos has refinado como se refina la plata.
11 Pero nos dejaste caer en la trampa;
¡impusiste sobre nosotros una pesada carga!
12 Caballos y jinetes han pasado sobre nosotros;
hemos pasado por el fuego y por el agua,
pero al final nos has llevado a la abundancia.

13 Entraré en tu templo con holocaustos,
y allí te cumpliré mis promesas,
14 las promesas que, en mi angustia,
pronuncié con mis propios labios.
15 Te ofreceré holocaustos de los mejores animales,

[a] **66.6:** Éx 14.21. [b] **66.6:** Jos 3.14-17.

te ofreceré sahumerio de carneros
y sacrificios de bueyes y machos
cabríos.

16 Ustedes todos, los que temen a Dios,
vengan y escuchen lo que él ha hecho
conmigo.
17 Con mis labios le pedí ayuda;
con mi lengua exalté su nombre.
18 Si mi corazón se hubiera fijado en la
maldad,
el Señor no me habría escuchado.
19 Pero lo cierto es que Dios me escu-
chó
y atendió a la voz de mi súplica.

20 ¡Bendito sea Dios,
que no rechazó mi oración
ni me escatimó su misericordia!

Exhortación a la alabanza universal

Al músico principal. Sobre Neginot. Salmo. Cántico.

67 Dios mío, ¡ten misericordia de
nosotros, y bendícenos!
¡Haz resplandecer tu rostro
sobre nosotros!
2 ¡Que sea reconocido en la tierra tu
camino,
y en todas las naciones tu salvación!
3 ¡Que te alaben los pueblos, Dios
mío!
¡Que todos los pueblos te alaben!

4 ¡Que las naciones se llenen de gozo,
porque tú juzgas a los pueblos con
equidad
y eres el Pastor de todas las naciones!
5 ¡Que te alaben los pueblos, Dios
mío!
¡Que todos los pueblos te alaben!

6 ¡Que la tierra rinda sus frutos!
¡Que el Dios nuestro nos bendiga!
7 ¡Que nuestro Dios nos bendiga,
y que todos los confines de la tierra lo
teman!

Sal 96

El Dios del Sinaí y del santuario

Al músico principal. Salmo de David. Cántico.

68 ¡Levántese Dios, y sean esparci-
dos sus enemigos!
¡Huyan de su presencia quie-
nes lo aborrecen!
2 Dios los despejará como si despejara
el humo;
¡como si derritiera cera delante del
fuego!
Así perecen los impíos delante de Dios.
3 Pero los justos se alegrarán delante
de Dios;
¡llenos de gozo, saltarán de alegría!

4 ¡Cantemos salmos a Dios! ¡Cantemos
salmos a su nombre!
¡Exaltemos al que cabalga sobre los
cielos!
Su nombre es el Señor. ¡Alegrémonos
en su presencia!

5 Dios, en su santo templo,
es padre de los huérfanos y defensor
de las viudas.

PROMESAS PODEROSAS

SALMO 68.4

¡Cantemos salmos a Dios! ¡Cantemos salmos a su nombre! ¡Exaltemos al que cabalga sobre los cielos! Su nombre es el Señor. ¡Alegrémonos en su presencia!

Este versículo es un llamado a alabar a Dios. El nombre *JAH* es la forma acortada en castellano de *YHWH*, la palabra en hebreo equivalente a "Señor". Cuando cantamos alabanzas al nombre de Dios, lo honramos al hablar de su grandeza. Así como le encantaba a David, a los NIÑOS PODEROSOS les encanta "cantad salmos a su nombre".

6 Dios les da un hogar a los desamparados,
y rescata a los cautivos y les da prosperidad,
pero a los rebeldes los hace habitar en el desierto.

7 Dios nuestro, cuando saliste al frente de tu pueblo,
cuando anduviste por el desierto,
8 la tierra tembló.
Al verte, Dios de Israel, los cielos derramaron su lluvia;
ante tu presencia,[a] el monte Sinaí se estremeció.
9 Tú, Dios nuestro, derramaste abundante lluvia,
y a tu exhausta tierra infundiste vida.
10 En ella, oh Dios, habitan los que son tuyos;
tú, por tu bondad, das al pobre lo que necesita.

11 El Señor emitió su palabra,
y muchas mensajeras dieron la noticia:
12 «¡Están huyendo los reyes y sus ejércitos!»
En su casa, las mujeres se repartían los despojos:
13 «Aunque ustedes se quedaron en los apriscos,
también recibirán alas de paloma cubiertas de plata,
con sus plumas recubiertas de oro fino.»

14 Cuando el Omnipotente esparció allí a los reyes,
en el monte Salmón parecía estar nevando.
15 El monte de Basán es un monte muy alto;
el monte de Basán es un monte majestuoso.
16 Ustedes, altos montes, ¿por qué miran con desdén
al monte en donde Dios decidió residir?
¡El Señor habitará allí para siempre!

17 Entre miríadas de poderosos carros de guerra,
tú, Señor, marchas del Sinaí a tu santuario.
18 Asciendes a lo alto, llevando contigo a los cautivos
y el tributo que recibiste de gente rebelde,[b]
y entre ellos, Señor y Dios, pondrás tu habitación.

19 Bendito sea el Señor, el Dios de nuestra salvación,
que todos los días nos colma de beneficios.
20 El Señor nuestro Dios es un Dios que salva;
el Señor tiene poder para librarnos de la muerte.
21 Dios herirá la cabeza de sus enemigos,
la melena de los que andan en sus pecados.

22 El Señor ha dicho: «Yo te haré volver de Basán.
Te haré volver de las profundidades del mar.
23 ¡Tus pies y la lengua de tus perros
se teñirán con la sangre de tus enemigos!»

24 En el santuario, oh Dios, pueden verse tus procesiones;
¡tus marchas triunfales, mi Dios y Rey!
25 Los cantores abren la marcha, los músicos la cierran,
y en medio las doncellas avanzan con panderos.
26 Ustedes, descendientes de Israel,
¡bendigan a nuestro Señor y Dios en las congregaciones!

[a] **68.8:** Éx 19.18. [b] **68.18:** Ef 4.8.

27 Allí va el joven Benjamín, al frente de
ellos,
acompañado por los príncipes de Judá,
los príncipes de Zabulón y los príncipes de Neftalí.

28 Dios nuestro, ¡manifiesta tu poder!
¡Confirma, oh Dios, lo que has hecho
por nosotros!
29 Por causa de tu templo en Jerusalén
los reyes te pagan tributo.
30 ¡Reprime a la bestia de los juncos,
a ese ejército de toros y becerros!
¡Sométélos! ¡Que te entreguen sus
piezas de plata!
¡Dispersa a los pueblos que se complacen en la guerra!
31 ¡Que vengan a ti los príncipes de
Egipto!
¡Que se apresure Etiopía a tender a ti
sus manos!

32 Reinos de la tierra, ¡canten salmos a
Dios!
¡Canten salmos al Señor!
33 ¡Al que cabalga sobre los altos y
eternos cielos!
¡Al que hace oír su poderosa voz!
34 ¡Reconozcan el poder a Dios!
Sobre Israel puede verse su magnificencia;
¡en los cielos se manifiesta su poder!
35 En su santuario, Dios es imponente;
¡el Dios de Israel da fuerza y vigor a su
pueblo!

¡Bendito sea Dios!

Un grito de angustia

Al músico principal. Sobre Lirios. Salmo de David.

69 Sálvame, oh Dios,
porque las aguas me han
llegado hasta el cuello.
2 Me encuentro hundido en profundo
pantano,
y no hallo dónde poner el pie.
He caído en aguas abismales, y me
cubre la corriente.
3 Ya me canso de llamar; ronca está mi
garganta;
mis ojos desfallecen en espera de mi
Dios.

4 Son más los que me odian sin motivo,[a]
que los cabellos de mi cabeza.
Son muy poderosos mis enemigos,
los que sin razón quieren destruirme.
¿Acaso he de pagar lo que no he
robado?
5 Tú, mi Dios, sabes que soy un insensato;
mis pecados no son para ti un secreto.

6 Señor, Dios de los ejércitos y Dios de
Israel,
¡no permitas que por mi culpa
sean avergonzados los que en ti
confían!
¡No permitas que por mi culpa
sean confundidos los que te buscan!
7 Por ti he sido objeto de insultos;
¡mi rostro se ha cubierto de confusión!

PALABRAS CON PODER

CANTO DE SUFRIMIENTO
(Salmo 69.1-36)

Este salmo, escrito por David, es uno de los salmos que más se cita en el Nuevo Testamento. Describe a una persona que sufre por causa de su fidelidad a Dios. En este canto, David le suplica a Dios que lo ayude. Usa muchas imágenes para mostrar su angustia. Pero algunas porciones de este salmo son una profecía que relata lo que el Mesías pasaría. Esta profecía se cumplió en la vida de Jesús. Cuando leas estas palabras, medita en lo que Jesús estuvo dispuesto a sufrir por ti.

[a]**69.4:** Sal 35.19; Jn 15.25.

8 Soy un extraño para mis propios
hermanos;
¡los hijos de mi madre me desconocen!

9 Y es que mi amor por tu casa[b] me
consume;
¡caen sobre mí[c] los insultos de los que
te ofenden!
10 Aflijo mi cuerpo con ayunos y
sollozos,
y por esto la gente me insulta.
11 Dejé mi ropa y me vestí de cilicio,
y ahora soy para la gente motivo de
burla.
12 Los consejeros del pueblo hablan mal
de mí,
¡y hasta los borrachos me componen
parodias!

13 Pero yo oro a ti, Señor, en el momen-
to de tu buena voluntad;
¡escúchame, Dios mío, por tu gran
misericordia
y por la verdad de tu salvación!
14 ¡Sácame del lodo! ¡No dejes que me
hunda!
¡Líbrame de los que me odian, y de las
aguas profundas!
15 ¡No dejes que me ahogue la corrien-
te!
¡No permitas que me trague el abismo,
ni que este pozo cierre sobre mí sus
fauces!

16 Señor, por tu bondad y misericordia,
¡respóndeme!
Por tu infinita piedad, ¡dígnate mirarme!
17 ¡No le vuelvas la espalda a este siervo
tuyo!
¡Date prisa, y escúchame, que estoy
angustiado!
18 ¡Acércate, y ven a salvarme la vida!
¡Líbrame, por causa de mis enemigos!

19 Tú sabes de mi afrenta, mi confusión
y mi oprobio;
ante ti están todos mis adversarios.
20 Las burlas me han roto el corazón, y
estoy acongojado.
Esperaba compasión, y nadie me la
tuvo;
alguien que me consolara, y a nadie
hallé.
21 Cuando tuve hambre, me dieron
ajenjo;
cuando tuve sed, me dieron vinagre.[d]

22 ¡Que sean sus banquetes una trampa
para ellos!
¡Que sus sacrificios de paz les sean un
tropiezo!
23 ¡Que sus ojos se nublen y pierdan la
vista!
¡Haz que pierdan para siempre su
vigor![e]
24 ¡Descarga tu enojo sobre ellos!
¡Que el furor de tu enojo los alcance!
25 ¡Que sea destruido su campamento,
y no haya en sus tiendas quien las
habite![f]
26 Porque persiguen al que tú has
herido,
y divulgan el dolor de los que tú has
golpeado.
27 Añade maldad a su maldad;
¡no les concedas tu perdón!
28 ¡Bórralos del libro de la vida![g]
¡Que no queden registrados entre los
justos!

29 Pero a mí, que estoy pobre y afligido,
¡ponme, oh Dios, en alto con tu
salvación!
30 Así alabaré entre cánticos tu nombre;
¡te exaltaré con alabanzas!
31 Así, Señor, te agradarás de mí
más que si te ofreciera un toro o un
becerro.
32 Al ver esto, los oprimidos se alegra-
rán.

[b] **69.9:** Jon 2.17. [c] **69.9:** Ro 15.3. [d] **69.21:** Mt 27.48; Mr 15.36; Jon 19.28-29. [e] **69.22-23:** Ro 11.9-10. [f] **69.25:** Hch 1.20. [g] **69.28:** Ap 3.5; 13.8; 17.8.

Busquen a Dios, y vivirá su corazón;
33 porque el Señor escucha a los menesterosos,
y no rechaza a los que están prisioneros.
34 ¡Que lo alaben los cielos y la tierra,
los mares y todo lo que hay en ellos!
35 Dios salvará a Sión, y reconstruirá las ciudades de Judá,
y su pueblo las recuperará y las habitará.
36 Los descendientes de sus siervos las heredarán,
y los que aman su nombre habitarán en ellas.

Súplica de liberación

(Sal 40.13-17)

Al músico principal. Salmo de David. Para conmemorar.

70 Dios mío, ¡dígnate ayudarme!
Señor, ¡ven pronto a socorrerme!
2 ¡Que sean avergonzados y confundidos
los que buscan acabar con mi vida!
¡Que retrocedan en vergonzosa derrota
los que buscan hacerme daño!
3 ¡Que sean derrotados por sus ofensas
los que se burlan de mí!
4 Pero que se alegren en ti todos los que te buscan;
que los que aman tu salvación digan siempre:
«¡Grande es nuestro Dios!»

5 Pero yo estoy pobre y afligido;
¡ven pronto, oh Dios, en mi ayuda!
Tu eres mi ayuda; ¡eres mi libertador!
¡No tardes, Señor!

Oración de un anciano

71 Señor, en ti busco refugio;
¡Jamás permitas que sea yo avergonzado!
2 ¡Ven a socorrerme, y líbrame, pues tú eres justo!
¡Dígnate escucharme, y ven a salvarme!
3 ¡Sé para mí una roca de refugio,
en donde siempre pueda resguardarme!
Sólo tú puedes decretar mi salvación,
porque tú eres mi roca y mi fortaleza.

4 Dios mío, líbrame del poder de los impíos,
del poder de los perversos y violentos.
5 Tú, Señor mi Dios, eres mi esperanza;
tú me has dado seguridad desde mi juventud.
6 Desde el vientre de mi madre me has sostenido;
¡tú me sacaste de las entrañas de mi madre,
y para ti será siempre mi alabanza!

7 Muchos se sorprenden al verme,
porque tú eres para mí un sólido refugio.
8 Mis labios rebosan con tu alabanza,
y proclaman tu gloria todo el día.
9 No me deseches cuando llegue a la vejez;
no me desampares cuando mis fuerzas se acaben.
10 Mis enemigos hablan siempre mal de mí;
se junta el grupo de los que quieren matarme,
11 y dicen: «Dios lo ha desamparado.
¡Persíganlo y atrápenlo, pues no tiene quien lo libre!»

PROMESAS PODEROSAS

SALMO 71.5

Tú, Señor mi Dios, eres mi esperanza; tú me has dado seguridad desde mi juventud.

Muchos padres les enseñan a sus hijos a confiar en Dios, lo cual es algo maravilloso. ¿De qué maneras te anima tu familia a confiar en el Señor? ¿Cómo animas tú a otros niños a confiar en Él?

[12] Dios mío, ¡no te alejes de mí!
Dios mío, ¡ven pronto a salvarme!
[13] ¡Que perezcan y sean avergonzados
mis adversarios!
¡Que queden confundidos y avergonzados los que buscan mi mal!
[14] Pero yo siempre confiaré en ti,
y más y más te alabaré.
[15] Todo el día mi boca proclamará tu
justicia,
y tus hechos de salvación,
aun cuando no puedo enumerarlos.
[16] Hablaré, Señor y Dios, de tus hechos
poderosos;
y sólo haré memoria de tu justicia.

[17] Tú, mi Dios, me has enseñado desde
mi juventud,
y aún ahora sigo hablando de tus
maravillas.
[18] No me desampares, Dios mío,
aunque llegue a estar viejo y canoso,
hasta que haya anunciado tu gran
poder
a las generaciones que habrán de
venir.

[19] Tu justicia, oh Dios, llega a las alturas.
Tú, oh Dios, has hecho grandes cosas.
¿Quién puede compararse a ti?
[20] Me has hecho ver muchas angustias
y males,
pero volverás a darme vida;
volverás a levantarme de los abismos
de la tierra,
[21] aumentarás mi grandeza,
y volverás a consolarme.

[22] Dios mío, Santo de Israel,
yo te alabaré al son del salterio,
y al son del arpa alabaré tu verdad.
[23] Mis labios se alegrarán cuando te
cante,
pues me has salvado la vida.
[24] También mi lengua hablará de tu
justicia todo el día,
porque han quedado avergonzados y
confundidos
los que procuraban perjudicarme.

El reinado de un rey justo

Para Salomón.

72 ¡Concédele, oh Dios, al rey juzgar como tú,
y concédele al hijo del rey tu
justicia!
[2] ¡Concédele juzgar a tu pueblo con justicia,
y con buen juicio a los afligidos de tu
pueblo!
[3] ¡Que los montes brinden paz al pueblo,
y las colinas ofrezcan justicia!
[4] Así el rey juzgará a los afligidos del
pueblo,
salvará a los hijos de los menesterosos,
y aplastará a los opresores.
[5] Tu pueblo te temerá de generación
en generación
mientras el sol y la luna existan.

[6] Que sea el rey como la lluvia que cae
sobre la hierba,
y como el rocío que empapa la tierra.
[7] Que haya en sus días justicia y mucha
paz,
hasta que la luna deje de existir.
[8] Que su dominio se extienda de mar
a mar,
desde el gran río hasta los límites de la
tierra.[a]
[9] Que ante él se rindan los habitantes
del desierto,
y que sus enemigos muerdan el polvo.
[10] Que los reyes de Tarsis y de las costas
le paguen tributo,
y que los reyes de Sabá y de Sebá le
ofrezcan regalos.
[11] Que todos los reyes se inclinen en su
presencia,
y que todas las naciones le sirvan.

[12] Que salve el rey al pobre que le pida
ayuda,

[a] **72.8:** Zac 9.10.

y al afligido que no tenga quien lo
socorra.
13 Que se compadezca del pobre y del
menesteroso,
y que les salve la vida a los pobres.
14 Que los salve del engaño y de la
violencia,
y que la sangre de ellos sea a sus ojos
muy valiosa.

15 ¡Que viva el rey! ¡Que reciba el oro
de Sabá!
¡Que se ore por él siempre!
¡Que a todas horas se le bendiga!
16 ¡Que sea en las cumbres de los
montes
como un puñado de grano que cae en
la tierra!
¡Que sea tan productivo como el
monte Líbano,
y que en la ciudad haya tanta gente
como hierba hay en el campo!
17 ¡Que su nombre sea siempre recor-
dado!
¡Que su nombre permanezca mientras
el sol exista!
¡Que todas las naciones sean bendeci-
das por él,
y que lo llamen bienaventurado!

18 ¡Bendito sea el Señor, el Dios de Israel!
¡Sólo el Señor hace maravillas!
19 ¡Bendito sea por siempre su glorioso
nombre!
¡Que toda la tierra sea llena de su gloria!
¡Amén y Amén!

20 Aquí terminan las oraciones de David
hijo de Yesé.

LIBRO III

El destino de los malos

Salmo de Asaf.

73 ¡Ah, Dios es bueno con Israel,
con los limpios de corazón!
2 En cuanto a mí, casi se desli-
zaron mis pies;
poco faltó para que mis pasos resba-
laran.
3 Y es que tuve envidia de los arrogan-
tes,
al ver cómo prosperaban esos malva-
dos.
4 Ellos no se acongojan ante la muerte,
pues están llenos de vigor.
5 No se afanan ni se ven golpeados
como el resto de los mortales.
6 La soberbia es su corona,
y la violencia es su vestido.
7 Tan gordos están que los ojos se les
saltan;
siempre satisfacen los apetitos de su
corazón.
8 Entre burlas hacen planes malvados y
violentos,
y siempre hablan con altanería.
9 Con su boca ofenden al cielo,
y con su lengua denigran a la tierra.
10 Por eso el pueblo de Dios se vuelve
a ellos,
y absorben sus palabras como si bebie-
ran agua.
11 Hasta dicen: «¿Cómo va a saberlo
Dios?
¡De esto no se enterará el Altísimo!»
12 ¡Bien puede verse que estos impíos
se hacen ricos sin que nada les preo-
cupe!

13 ¡Ah!, pero de nada me ha servido
mantener mi corazón y mis manos sin
pecado,
14 pues a todas horas recibo azotes
y soy castigado todas las mañanas.
15 Si acaso llegara yo a hablar como ellos,
estaría traicionando a la generación de
tus hijos.
16 Me puse a pensar en esto para
entenderlo,
pero me resultó un trabajo muy difícil.
17 Sólo cuando entré en el santuario de
Dios,
pude comprender en lo que ellos van
a terminar.

18 ¡Ah!, pero tú vas a hacerlos resbalar;
vas a hacerlos caer en desgracia.
19 ¡En un instante acabarás con ellos!
¡Perecerán por completo, consumidos
de terror!
20 Como quien despierta de un sueño,
cuando tú, Señor, despiertes, harás que
se desvanezcan.

21 Yo tenía el alma llena de amargura,
y sentía que el corazón me punzaba.
22 Era yo tan torpe que no podía
entenderlo;
en tu presencia, era yo como una
bestia.
23 Y no obstante, siempre he estado
contigo;
tú me has tomado de la mano dere-
cha,
24 me has guiado para seguir tu consejo,
y al final me recibirás en gloria.
25 ¿A quién tengo en los cielos? ¡Sólo
a ti!
¡Sin ti, no quiero nada aquí en la tierra!
26 Aunque mi cuerpo y mi corazón
desfallecen,
tú, Dios mío, eres la roca de mi corazón,
¡eres la herencia que para siempre me
ha tocado!

27 Es un hecho: los que se alejan de ti
perecerán;
¡tú destruirás a todos los que de ti se
aparten!
28 En cuanto a mí, ¡qué bueno es estar
cerca de ti!
¡En ti, Señor, he puesto mi esperanza
para proclamar todas tus obras!

Súplica en contra del enemigo

Masquil de Asaf.

74 Dios nuestro, ¿por qué nos has
desechado para siempre?
¿Por qué te has enojado con-
tra las ovejas de tu prado?
2 Acuérdate de tu congregación,
la que adquiriste desde tiempos
antiguos,
la que rescataste para hacer de ella tu
propio pueblo;
acuérdate del monte Sión, donde has
habitado.
3 Ven a ver estas ruinas interminables:
¡mira cuánto daño ha hecho el enemi-
go en tu santuario!

4 En medio de tus asambleas tus ene-
migos vociferan;
han izado sus banderas en señal de
victoria.
5 Levantan sus hachas y hacen destro-
zos,
como leñadores en medio de un tupi-
do bosque.
6 ¡Todos los tallados en madera
los han hecho pedazos con sus hachas
y martillos!
7 ¡Le han prendido fuego a tu santuario!

PODER PARA VIVIR

GUIADO POR DIOS (*Salmo 73.23-28*)

Cuando eras muy pequeño, tus padres probablemente te tomaban de la mano para ayudarte a dar tus primeros pasos. Tal vez todavía te tomen de la mano para ayudarte a cruzar una calle cuando hay mucho tráfico. Están cuidando de ti para ayudarte y protegerte. El autor del salmo describe a Dios como un Padre celestial que lo toma de la mano y le da consejos. Cuando el salmista dice: "Me tomaste de la mano derecha." (versículo 23), está diciendo que Dios lo ama y lo guía. De la misma manera, Dios siempre está con nosotros, guiándonos mediante su Palabra y su Espíritu Santo.

¡Han profanado y derribado el
tabernáculo a tu nombre!
8 Se dijeron: «¡Destruyamos todo de
una vez!»,
y quemaron todas las sinagogas de
Dios en la tierra.

9 ¡Ya no vemos nuestras banderas!
¡Ya no hay profetas entre nosotros,
ni nadie que nos diga cuánto más
tenemos que aguantar!

10 Dios nuestro, ¿hasta cuándo nos
afrentará el enemigo?
¿Hasta cuándo el enemigo ofenderá tu
nombre?
11 ¿Por qué te quedas cruzado de
brazos?
¿Por qué escondes en el pecho tu
diestra?

12 Dios mío, tú eres mi rey desde tiempos antiguos;
tú eres quien salva en medio de la
tierra.
13 Con tu poder[a] partiste el mar en dos
y en las aguas rompiste las cabezas de
los monstruos.
14 Aplastaste las cabezas de Leviatán,[b]
y lo diste por comida a los habitantes
del desierto.
15 Abriste los manantiales y los ríos,
y dejaste secos torrentes impetuosos.
16 Tuyo es el día, tuya es también la
noche,
pues tú estableciste el sol y la luna.
17 Tú estableciste todos los límites de
la tierra,
y formaste el verano y el invierno.

18 Recuerda, Señor, que el enemigo te
ha ofendido,
y que un pueblo insensato ha blasfemado tu nombre.
19 ¡No entregues a las fieras la vida de
tus tórtolas!
¡No olvides para siempre a tu pueblo
afligido!
20 Acuérdate del pacto que hiciste con
nosotros,
pues la tierra está llena de oscuridad y
violencia.
21 No permitas que los afligidos sean
avergonzados;
así alabarán tu nombre los afligidos y
los menesterosos.

22 Dios mío, ¡levántate y defiende tu
causa!
Recuerda que los necios te ofenden
cada día.
23 No te olvides de los gritos de tus
enemigos,
cuyo alboroto a todas horas va en
aumento.

Exaltación del justo y humillación del malvado

Al músico principal. Sobre «No destruyas». Salmo de Asaf. Cántico.

75 Gracias te damos, Dios mío,
gracias te damos,
porque tu nombre está cerca
de nosotros.
¡Todos hablan de tus hechos portentosos!

2 «En el momento en que yo decida,
habré de juzgar con rectitud.
3 Aunque la tierra y sus habitantes se
estremezcan,
yo sostengo sus columnas.
4 A los insensatos les digo: "No sean
arrogantes",
y a los impíos: "No sean orgullosos;
5 no hagan alarde de su poder;
no levanten tanto la nariz."
6 El juicio no viene del este ni del oeste,
ni del desierto ni de las montañas:
7 El juicio proviene de mí, que soy Dios.
A unos humillo, y a otros enaltezco.
8 Ya el cáliz del juicio está en mi mano;

[a]**74.13:** Éx 14.21. [b]**74.14:** Job 41.1; Sal 104.26; Is 27.1.

ya el vino mezclado se ha fermentado,
y yo, el Señor, estoy por derramarlo;
¡todos los impíos de la tierra lo beberán hasta el fondo!»
9 Yo siempre hablaré de ti,
te cantaré salmos, Dios de Jacob.
10 Tú deshaces todo el poder de los pecadores,
pero exaltas la fuerza de los hombres justos.

El Dios de la victoria y del juicio

Al músico principal. Sobre Neginot. Salmo de Asaf. Cántico.

76 Dios es bien conocido en Judá;
grande es su nombre en Israel.
2 En Salén está su tabernáculo,
y en Sión está el lugar donde reside.
3 Allí hizo pedazos las saetas y los arcos,
los escudos, las espadas y las armas de guerra.

4 ¡Glorioso eres tú, Señor, y más imponente que los montes!
5 Los valientes fueron despojados, y durmieron su sueño;
ningún valiente guerrero pudo defenderse.
6 Cuando tú, Dios de Jacob, los reprendiste,
jinetes y caballos quedaron desconcertados.

7 Tú, mi Dios, inspiras temor;
en tu enojo, ¿quién puede sostenerse ante ti?
8 Desde los cielos dictaste tu sentencia;
la tierra tuvo miedo y se quedó en suspenso
9 cuando tú, mi Dios, te levantaste
para juzgar y salvar a los mansos de la tierra.

10 La ira humana redunda en tu alabanza;
todos sus enojos se vuelven para ti una corona.
11 ¡Cumplamos a Dios el Señor nuestras promesas!
Todos los que rodean al Dios temible, ¡tráiganle ofrendas!
12 Dios abate el ánimo de los príncipes,
e infunde temor en los reyes de la tierra.

Evocación de los portentos de Dios

Al músico principal. Sobre Jedutún. Salmo de Asaf.

77 Con mi voz clamé a Dios;
a Dios clamé, y él me escuchó.
2 Busqué al Señor cuando me vi angustiado;
por las noches, sin cesar, a él levanté mis manos;
pues mi alma rehusaba ser consolada.

3 Me acordé de Dios, y me sentí conmovido;
al quejarme, mi ánimo decaía.
4 Dios no me dejaba pegar los ojos;
tan quebrantado estaba yo, que no podía hablar.
5 Pensaba yo en los días de antaño,
en los años de tiempos pasados.
6 Me acordaba de mis cánticos nocturnos,
y en mi corazón meditaba, y mi espíritu inquiría:
7 «¿Nos abandonará el Señor para siempre?
¿Acaso no volverá a tratarnos con bondad?
8 ¿Se habrá agotado para siempre su misericordia?
¿Habrá puesto fin para siempre a su promesa?
9 ¿Se habrá olvidado Dios de tener misericordia?
¿Habrá, en su enojo, puesto un límite a su piedad?»

10 También me dije: «Debo estar enfermo.

¿Cómo puedo pensar que la diestra del
Altísimo ha cambiado?
11 Es mejor que haga memoria de las
obras del Señor.»

Sí, haré memoria de tus maravillas de
antaño;
12 meditaré en todas tus obras,
y proclamaré todos tus hechos.
13 Santo es, oh Dios, tu camino;
¿qué otro dios es tan grande como tú,
Dios nuestro?
14 Tú eres el Dios que hace maravillas;
has manifestado entre los pueblos tu
poder.
15 Con tu brazo diste libertad a tu pueblo,
a los descendientes de Jacob y de José.

16 Cuando las aguas te vieron, oh Dios,
cuando las aguas te vieron, sintieron
temor,
y hasta los abismos se estremecieron.
17 Las nubes derramaron torrentes de
agua,
los cielos retumbaron, y atronaron tus
rayos;
18 resonó en el torbellino la voz de tu
trueno;
tus relámpagos iluminaron el mundo,
y la tierra tembló y se estremeció.
19 Te abriste paso en el mar,
y atravesaste las muchas aguas,
aunque nadie vio jamás tus pisadas,
20 y por medio de Moisés y de Aarón
guiaste a tu pueblo como a un rebaño.

Fidelidad de Dios hacia su pueblo infiel

Masquil de Asaf.

78 Pueblo mío, escucha mis enseñanzas;
inclina tu oído a las palabras
de mi boca.
2 Abriré mi boca y diré proverbios;
hablaré de los misterios de tiempos
pasados,[a]
3 de cosas que ya hemos oído y que
conocemos
porque nuestros padres nos las contaron.
4 No las mantendremos ocultas a
nuestros hijos,
sino que diremos a las generaciones
futuras
que el Señor es digno de alabanza
por su poder y por sus hechos portentosos.

5 El Señor estableció su ley para Jacob;
le entregó sus enseñanzas a Israel,
y ordenó a nuestros padres que nos las
enseñaran,
6 para que las conociera la generación
futura,
los hijos que nos habrían de nacer,
y ellos a su vez las contaran a sus hijos,
7 para que pusieran en Dios su confianza
y no se olvidaran de sus grandes hechos;
para que obedecieran sus mandamientos,
8 y no fueran como sus padres,
gente rebelde y desobediente,
gente que no entrega a Dios su corazón,
y cuyo espíritu no le es fiel.

Sal 119.1-16

[a]78.2: Mt 13.35.

NO IMITES A TUS ANCESTROS REBELDES *(Salmo 78.8)*

¿A quién te pareces en tu familia? ¿La gente dice que te pareces a tu mamá o a tu papá? ¿O dicen que te comportas como tu tía o tu tío? Dios no quiere que sus hijos se comporten como sus ancestros malvados. Esas personas desobedecieron a Dios y su desobediencia les ocasionó problemas. Dios quiere que los que lo siguen se comporten como Él. Dios es nuestro Padre celestial y podemos estar orgullosos cuando la gente dice que nos comportamos igual que Él.

9 Los efrainitas, arqueros armados,
volvieron la espalda en el día de la
batalla.
10 No cumplieron con el pacto de Dios,
ni quisieron ceñirse a su ley;
11 más bien, se olvidaron de sus obras,
y de las maravillas que les había mostrado.
12 Allá en Egipto,[b] en el campo de Soán,
Dios hizo maravillas a los ojos de sus
padres.
13 Partió el mar en dos, y los hizo pasar,
conteniendo las aguas como dos
murallas.[c]
14 Durante el día los guiaba con una
nube,
y durante la noche con un resplandor
de fuego.[d]
15 En el desierto hendió las peñas,
y les dio a beber agua de los grandes
abismos:
16 ¡de la peña hizo brotar corrientes,
y las aguas fluyeron como ríos![e]

17 Pero ellos volvieron a pecar contra
Dios;
en el desierto se rebelaron contra el
Altísimo.
18 Decidieron poner a prueba a Dios
y pidieron comida a su antojo.
19 Hablaron en contra de Dios, y
dijeron:
«¿Podrá Dios tendernos una mesa en
el desierto?
20 Hemos visto que hirió la peña, y que
brotaron aguas,
y que en torrentes inundaron la tierra,
¿pero podrá también darnos pan?
¿Podrá darle carne a su pueblo?»

21 Cuando el Señor oyó esto, se indignó,
y su furor se encendió contra Jacob,
como un fuego;
su furor se encendió contra Israel,
22 porque no tuvieron fe en Dios,
ni confiaron en que él podía salvarlos.
23 Sin embargo, dio órdenes a las nubes,
y abrió las compuertas de los cielos,
24 y como lluvia dejó caer sobre ellos el
maná;
¡les dio a comer el trigo de los cielos![f]
25 ¡Los mortales comieron pan angelical!
¡Dios les envió comida hasta saciarlos!
26 Cambió la dirección del viento del este,
y con su poder hizo venir el viento del
sur,
27 y cayó sobre ellos carne como lluvia;
¡llovieron tantas aves como arena hay
en el mar!
28 Dios las dejó caer en el campamento,
y en los alrededores de sus tiendas,
29 y ellos comieron y quedaron saciados,
pues Dios satisfizo su apetito.

30 Pero aún no habían calmado su
hambre;
aún tenían la comida en la boca,
31 cuando el furor de Dios vino sobre
ellos
y acabó con sus hombres más robustos;
¡Dios derribó a los mejores israelitas![g]
32 A pesar de todo, ellos siguieron
pecando
y no dieron crédito a sus grandes
hechos.
33 Por eso Dios puso fin a sus días,
¡y en un soplo les quitó la vida!

34 Si Dios los hacía morir, ellos lo buscaban
y con gran diligencia se volvían a él;
35 ¡se acordaban de que Dios era su
refugio,
de que el Dios altísimo era su redentor!
36 Pero con los labios lo adulaban,
y con la lengua le mentían.
37 En el fondo, nunca fueron rectos
con él,[h]

[b]**78.12:** Éx 7.8—12.32. [c]**78.13:** Éx 14.21-22. [d]**78.14:** Éx 13.21-22. [e]**78.15-16:** Éx 17.1-7; Nm 20.2-13. [f]**78.24:** Jon 6.31. [g]**78.18-31:** Éx 16.2-15; Nm 11.4-23, 31-35. [h]**78.37:** Hch 8.21.

ni se mantuvieron fieles a su pacto.
38 Dios, en su bondad, les perdonaba su maldad;
más de una vez contuvo su enojo,
calmó su ira y no los destruyó.
39 Se acordó de que eran mortales,
¡un simple soplo que se va y no vuelve!

40 ¡Cuántas veces lo desobedecieron en el desierto!
¡Cuántas veces lo hicieron enojar en el yermo!
41 ¡Una y otra vez ponían a prueba a Dios!
¡Provocaban al Santo de Israel!
42 No traían a la memoria su poder,
ni el día en que él los libró de la angustia,
43 cuando realizó en Egipto sus señales,
y sus maravillas en el campo de Soán;
44 cuando convirtió en sangre sus ríos
y sus corrientes, para que no bebieran.[i]
45 Les mandó enjambres de moscas,[j] que los devoraban,
y también ranas,[k] que los destruían;
46 dejó que la oruga y la langosta[l]
destruyeran el fruto de su trabajo.
47 Con granizo destruyó sus viñas,
y con escarcha acabó con sus higueras.
48 Con granizo hizo estragos en sus ganados,
y con sus rayos[m] acabó con sus animales.
49 Descargó sobre ellos el ardor de su ira;
los angustió con su enojo y su indignación,
¡con un ejército de ángeles destructores!
50 Le abrió paso a su furor
y no les salvó la vida, sino que los entregó a la muerte.
51 En Egipto,[n] en los campamentos de Cam,
les quitó la vida a todos los primogénitos,
a los primeros frutos de su vigor.

52 Dios hizo que su pueblo saliera como ovejas,
y como un rebaño[o] los llevó por el desierto;
53 con mano segura los fue llevando,
para que no tuvieran ningún temor,
mientras que el mar cubrió a sus enemigos.[p]
54 Y los trajo a las fronteras de su tierra santa,[q]
a este monte que ganó con su mano derecha.
55 Expulsó a las naciones de la presencia de su pueblo,[r]
repartió en sorteo las tierras que les dio en propiedad,
y permitió que las tribus de Israel se asentaran allí.

56 Pero ellos pusieron a prueba al Dios altísimo;[s]
lo hicieron enojar y no obedecieron sus decretos.
57 Hicieron lo que sus padres, y se rebelaron contra él;
¡se torcieron como un arco engañoso!
58 Lo hicieron enojar con sus lugares altos;
lo provocaron a celo con sus imágenes talladas.
59 Cuando Dios lo supo, se enojó
y rechazó por completo a Israel.
60 Se alejó del tabernáculo de Silo,
de su lugar de residencia terrenal,[t]
61 y dejó caer en manos del enemigo[u]
el símbolo de su gloria y su poder.
62 Fue tanto su enojo contra su pueblo
que los dejó caer a filo de espada.
63 Sus jóvenes fueron devorados por el fuego;

[i]**78.44:** Éx 7.17-21. [j]**78.45:** Éx 8.20-24. [k]**78.45:** Éx 8.1-6. [l]**78.46:** Éx 10.12-15. [m]**78.47-48:** Éx 9.22-25. [n]**78.51:** Éx 12.29. [o]**78.52:** Éx 13.17-22. [p]**78.53:** Éx 14.26-28. [q]**78.54:** Éx 15.17; Jos 3.14-17. [r]**78.55:** Jos 11.16-23. [s]**78.56:** Jue 2.11-15. [t]**78.60:** Jos 18.1; Jer 7.12-14; 26.6. [u]**78.61:** 1 S 4.4-22.

sus doncellas no llegaron a oír cantos
nupciales.
64 Sus sacerdotes cayeron a filo de
espada,
y sus viudas no lamentaron su muerte.

65 Pero el Señor despertó como de un
sueño,
y gritando como un guerrero que ha
tomado vino,
66 hirió a sus enemigos y los puso en fuga;
¡los dejó avergonzados para siempre!
67 Desechó los campamentos de José,
y no escogió a la tribu de Efraín,
68 sino que prefirió a la tribu de Judá
y al monte Sión, que tanto ama.
69 Edificó su santuario semejante a las
alturas,
y semejante a la tierra, que afirmó para
siempre.
70 Eligió a su siervo David,
al que tomó de los rebaños de ovejas;
71 David cuidaba a las ovejas recién
paridas,
pero Dios lo puso a cuidar de su pue-
blo Israel,
de Jacob, que es su heredad.[v]
72 Y David cuidó de ellos con todo el
corazón;
con gran pericia los guió como a un
rebaño.

Lamento por la destrucción de Jerusalén

Salmo de Asaf.

79 Dios mío, las naciones han ve-
nido a tu país,
y han profanado tu santo
templo.
¡Han dejado a Jerusalén en ruinas![a]
2 Arrojaron por comida los cadáveres
de tus fieles siervos
a los animales salvajes y a las aves de
rapiña.
3 Alrededor de Jerusalén derramaron su
sangre como agua,
y no hubo nadie que les diera sepul-
tura.
4 Los pueblos vecinos nos ofenden;
nos insultan, ¡se burlan de nosotros!

5 ¿Hasta cuándo, Señor, vas a estar
enojado?
¿Para siempre arderá tu celo como un
fuego?
6 ¡Descarga tu ira sobre la gente que no
te conoce,
sobre los reinos que no invocan tu
nombre!
7 ¡Son ellos los que han consumido a
Jacob,
los que han dejado en ruinas sus
ciudades!

8 ¡No te acuerdes de la maldad de
nuestros padres!
¡Por tu bondad, ven pronto a nuestro
encuentro,
porque estamos totalmente abatidos!
9 Por la gloria de tu nombre, ¡ayúdanos,
Dios de nuestra salvación!
Por causa de tu nombre, ¡líbranos y
perdona nuestros pecados!
10 Que no digan los paganos: «¿Dónde
está su Dios?»
¡Que vean los paganos, y también
nosotros,
cómo vengas la sangre de tus siervos!

11 ¡Que llegue a tu presencia el clamor
de los cautivos!
Por tu gran poder, ¡salva la vida de los
sentenciados a muerte!
12 Señor, ¡págales con creces a nuestros
vecinos
por tanta infamia con que te han
deshonrado!
13 Así nosotros, que somos tu pueblo y
tu rebaño,
te alabaremos de generación en gene-
ración,
y para siempre cantaremos tus alabanzas.

[v] **78.70-71:** 1 S 16.11-12; 2 S 7.8; 1 Cr 17.7. [a] **79.1:** 2 R 25.8-10; 2 Cr 36.17-19; Jer 52.12-14.

Súplica por la restauración

Al músico principal. Sobre Lirios. Testimonio. Salmo de Asaf.

80 Pastor de Israel, ¡escucha!
Tú, que guías a José como a una oveja,
y que estás entre los querubines,[a]
¡manifiéstate!
2 En presencia de Efraín, de Benjamín y de Manasés,
¡manifiesta tu poder y ven a salvarnos!

3 ¡Restáuranos, Dios nuestro!
¡Haz resplandecer tu rostro, y seremos salvados!

4 Señor, Dios de los ejércitos,
¿hasta cuándo te mostrarás indignado
contra la oración de tu pueblo?
5 Nos has dado a comer lágrimas en vez de pan;
nos has hecho beber lágrimas en abundancia.
6 Nos has puesto en ridículo ante nuestros vecinos;
nuestros enemigos se burlan de nosotros.

7 ¡Restáuranos, Dios de los ejércitos!
¡Haz resplandecer tu rostro, y seremos salvados!

8 Desde Egipto trajiste una vid;
expulsaste a las naciones, y la plantaste.
9 Limpiaste el terreno delante de ella,
hiciste que echara raíces, y ésta llenó la tierra.
10 Los montes se cubrieron con su sombra;
los cedros de Dios se cubrieron con sus sarmientos.
11 Y la vid extendió sus vástagos y sus renuevos
hasta el mar, y hasta el gran río.
12 ¿Por qué derribaste sus cercas?
¡Todos los que pasan le arrancan uvas!
13 ¡Los jabalíes le hacen destrozos!
¡Las bestias salvajes la devoran!

14 Dios de los ejércitos, ¡vuélvete a nosotros!
Desde el cielo dígnate mirarnos, y reconsidera;
¡ven y ayuda a esta viña!
15 ¡Es la viña que plantaste con tu diestra!
¡Es el renuevo que sembraste para ti!
16 ¡La han cortado! ¡Le han prendido fuego!
¡Déjate ver, y repréndelos, para que perezcan!
17 Pero posa tu mano sobre tu hombre elegido,
sobre el hombre al que has dado tu poder.
18 Así no nos apartaremos de ti.
Tú nos darás vida, y nosotros invocaremos tu nombre.

19 Señor, Dios de los ejércitos, ¡restáuranos!
¡Haz resplandecer tu rostro, y seremos salvados!

PALABRAS CON PODER

¡RESTÁURANOS!
(Salmo 80.1-19)

En este salmo, el autor ora por su pueblo, Israel. Este tipo de oración se llama intercesión. Con gran humildad, el autor le pide repetidamente a Dios que sea misericordioso y vuelva a darle su favor a su pueblo. Ya que había sido conquistado por una nación extranjera, la nación de Israel necesitaba ayuda urgentemente. Los israelitas querían que su vida volviera a ser mejor. Como lo hizo el autor del salmo, podemos hablar con Dios a favor de otras personas que están pasando por momentos difíciles.

[a] **80.1:** Éx 25.22.

Bondad de Dios y perversidad de Israel

Al músico principal. Sobre Gitit. Salmo de Asaf.

81 Cantemos con gozo a Dios,
nuestra fortaleza;
aclamemos con júbilo al Dios
de Jacob.
2 Entonemos cánticos, al son del
pandero,
de la melodiosa arpa y del salterio.
3 Toquemos la trompeta en el novilunio,
en el día señalado para nuestra fiesta
solemne.[a]
4 Esto es un estatuto para Israel;
es una ordenanza del Dios de Jacob,
5 que la constituyó como testimonio
para José
cuando salió contra la tierra de Egipto.

Oí un lenguaje que no pude entender:

6 «Liberé tu hombro de llevar pesada
carga;
tus manos dejaron de cargar los cestos.
7 En tu angustia clamaste a mí, y yo te
salvé;
desde el centro del trueno te respondí,
y junto a las aguas de Meriba[b] te puse
a prueba.

8 »Escúchame, pueblo mío, que quiero
amonestarte.
¡Cómo quisiera yo, Israel, que me
escucharas!
9 No debes tener ningún dios ajeno.
No debes inclinarte ante dioses extraños.[c]
10 Yo soy el Señor, tu Dios;
yo te saqué de la tierra de Egipto.
Abre la boca, y yo te daré de comer.

11 »Pero tú, mi pueblo, no escuchaste
mi voz;
tú, Israel, no quisiste obedecerme,
12 y por tu obstinación te abandoné
para que siguieras tus propios consejos.
13 ¡Ay, pueblo mío! ¡Si me hubieras
escuchado!
¡Ay, Israel! ¡Si hubieras seguido mis
caminos!
14 ¡En un instante habría derrotado a
tus enemigos,
y habría descargado mi mano sobre
tus adversarios!
15 Los que me aborrecen se me habrían
sometido,
y yo, el Señor, pondría para siempre fin
a sus días.
16 Pero a ti te alimentaría con lo mejor
del trigo,
y apagaría tu sed con miel extraída de
la peña.»

Dios, el juez supremo

Salmo de Asaf.

82 Dios preside la reunión de los
dioses,
y en medio de ellos emite su
sentencia:

2 «¿Hasta cuándo ustedes juzgarán con
injusticia,
y tratarán como inocentes a los
impíos?
3 ¡Defiendan a los pobres y a los huérfanos!
¡Hagan justicia a los afligidos y a los
menesterosos!
4 ¡Liberen a los afligidos y a los necesitados!
¡Pónganlos a salvo del poder de los
impíos!

5 »Pero ustedes no saben ni entienden;
¡andan en completa oscuridad!
¡Por eso la tierra tiembla hasta sus
cimientos!

6 »Alguna vez les dije: "Ustedes son dioses.[a]
Todos ustedes son hijos del Altísimo."
7 ¡Pero ahora morirán como cualquier
hombre!

[a] **81.3:** Nm 10.10. [b] **81.7:** Éx 17.7; Nm 20.13. [c] **81.9:** Éx 20.2-3; Dt 5.6-7. [a] **82.6:** Jn 10.34.

¡Morirán como cualquiera de los
príncipes!»
8 ¡Levántate, oh Dios, y juzga la tierra!
¡Tuyas son todas las naciones!

Plegaria contra los enemigos de Israel

Cántico. Salmo de Asaf.

83 Dios mío, ¡no guardes silencio!
Dios mío, ¡no te quedes
callado!
2 Date cuenta de que tus enemigos
rugen,
de que te desafían los que te aborre-
cen.
3 Con astucia y en secreto conspiran
contra tu pueblo;
se han juntado y hacen planes contra
tus protegidos.
4 Amenazantes dicen: «¡Vamos a des-
truir a Israel!
¡Borremos de la memoria el nombre de
esa nación!»
5 Conspiran con un solo propósito:
establecen alianzas para luchar en
contra tuya
6 los campamentos edomitas e ismae-
litas,
y también los moabitas y los agarenos,
7 los de Gebal, los de Amón y de Amalec,
los filisteos y los habitantes de Tiro.
8 También los asirios se les han unido,
y brindan su apoyo a los descendientes
de Lot.

9 ¡Haz con ellos lo que hiciste con
Madián![a]
¡Trátalos como a Sísara y Jabín en el
arroyo de Cisón![b]
10 Ellos fueron derrotados en Endor,
y se convirtieron en estiércol para la
tierra.
11 Trata a sus capitanes y a todos sus
príncipes
como trataste a Oreb y a Zeeb,[c] a
Zebaj y a Salmuná,[d]
12 esos que amenazantes decían:
«¡Vamos a adueñarnos de los pastizales
de Dios!»

13 Dios mío, ¡envuélvelos en un torbe-
llino!
¡Arrástralos como hojas secas lanzadas
al viento!
14 ¡Que ardan como el fuego que con-
sume el monte!
¡Que ardan como las llamas que abra-
san el bosque!
15 ¡Persíguelos con tu tempestad!
¡Hazlos temblar de miedo con tu
torbellino!
16 ¡Llénales la cara de vergüenza,
para que busquen, Señor, tu nombre!
17 ¡Que sean avergonzados y turbados
para siempre!
¡Que sean deshonrados, y perezcan!
18 ¡Que reconozcan que tu nombre es
el Señor,
y que sólo tú, Altísimo, estás sobre
toda la tierra!

Nostalgia por el templo de Dios

Al músico principal. Sobre Gitit. Salmo de los hijos de Coré.

84 Señor de los ejércitos,
¡cuán grato es habitar en tu
templo!
2 ¡Mi alma anhela ardientemente
estar, Señor, en tus atrios!
¡A ti, Dios de la vida, elevan su canto
mi corazón y todo mi ser!
3 Hasta los gorriones y las golondrinas
hallan dónde anidar a sus polluelos:
¡cerca de tus altares, Señor de los
ejércitos,
rey mío y Dios mío!

4 ¡Cuán felices son los que habitan en
tu templo!
¡Todo el tiempo te cantan alabanzas!
5 ¡Cuán felices son los que hallan fuer-
zas en ti,

[a]**83.9:** Jue 7.1-23. [b]**83.9:** Jue 4.6-22. [c]**83.11:** Jue 7.25. [d]**83.11:** Jue 8.12.

los que ponen su corazón en tus
caminos!
6 Cuando cruzan por el valle de las
lágrimas,
cambian su aridez en un manantial
al llenar la lluvia los estanques.
7 Van de victoria en victoria,
hasta llegar a verte, oh Dios, en Sión.

8 Señor, Dios de los ejércitos, ¡oye mi
oración!
Dios de Jacob, ¡escúchame!
9 ¡Míranos, Dios y escudo nuestro,
y posa la mirada en el rostro de tu
ungido!

10 Es mejor pasar un día en tus atrios
que vivir mil días fuera de ellos.
¡Prefiero estar a la puerta de tu templo,
oh Dios,
que vivir en las mansiones de la
maldad!
11 Tú, Dios y Señor, eres sol y escudo;
tú, Señor, otorgas bondad y gloria
a los que siguen el camino recto,
y no les niegas ningún bien.

12 Señor de los ejércitos,
¡cuán dichoso es el que en ti confía!

Súplica por la restauración de Israel

Al músico principal. Salmo de los hijos de Coré.

85 Señor, tú has sido propicio a tu
tierra:
has hecho volver a Jacob de
su cautividad,
2 has perdonado la iniquidad de tu
pueblo,
has perdonado todos sus pecados,
3 has reprimido completamente tu
enojo,
has alejado de ti el ardor de tu ira.

4 ¡Ahora restáuranos, Dios de nuestra
salvación!
¡Deja ya de estar airado contra nosotros!
5 ¿Acaso vas a estar enojado con nosotros siempre?
¿Mantendrás tu ira de una generación
a otra?
6 ¿Acaso no volverás a darnos vida,
para que este pueblo tuyo se regocije
en ti?
7 Señor, ¡danos muestras de tu misericordia!
¡Concédenos tu salvación!

Sal 98.1-3

8 Escucharé lo que Dios el Señor va a
decir;
va a hablar de paz a su pueblo y a sus
santos,
para que no caigan en la locura.
9 Su salvación está cerca de quienes le
temen,
para que su gloria se asiente en nuestra
tierra.

10 Se encontrarán la misericordia y la
verdad,
se besarán la justicia y la paz.
11 Desde la tierra brotará la verdad,
y desde los cielos observará la justicia.
12 Además, el Señor nos dará buenas
cosas,
y nuestra tierra producirá buenos
frutos.
13 Delante de él irá la justicia,
para abrirle paso y señalarle el camino.

Súplica por la continua misericordia de Dios

Oración de David.

86 Señor, inclina tu oído y escúchame,
pues me encuentro afligido y
necesitado.
2 Sálvame la vida, pues te soy fiel.
Dios mío, salva a tu siervo, que en ti confía.

3 Señor, ten misericordia de mí,
porque a ti clamo todo el día.
4 Alegra la vida de este siervo tuyo,
porque a ti, Señor, elevo mi alma.

PROMESAS PODEROSAS

SALMO 85.8

Escucharé lo que Dios el Señor va a decir; va a hablar de paz a su pueblo y a sus santos, para que no caigan en la locura.

Cuando la paz de Dios llena nuestro corazón, emociones como la preocupación, el temor y la ira tienen que irse. Dios promete contestar nuestras oraciones y darnos paz. Cuando estés preocupado por algo, ¡es una buena idea recitar este salmo!

5 Tú, Señor, eres bondadoso y sabes perdonar;
¡grande es tu misericordia para los que te invocan!
6 Señor, escucha mi oración
y atiende a la voz de mis súplicas.
7 Cuando me encuentro angustiado, te llamo
porque tú me respondes.

8 Señor, no hay entre los dioses otro como tú,
ni hay obras que se comparen con tus obras.
9 Todas las naciones que tú, Señor, has creado
vendrán y se postrarán delante de ti
y glorificarán tu nombre,[a]
10 porque sólo tú eres Dios;
tú eres grande, y haces maravillas.

11 Enséñame, Señor, tu camino,
para que camine yo en tu verdad.
Dale firmeza a mi corazón,
para que siempre tema tu nombre.
12 Señor y Dios mío, yo te alabaré con todo el corazón,
y por siempre glorificaré tu nombre.
13 Grande es tu misericordia para conmigo,
pues me has librado de caer en el sepulcro.

14 Dios mío, gente soberbia se levanta contra mí;
gente violenta hace planes para quitarme la vida.
Son gente que no te toma en cuenta.
15 Pero tú, Señor, eres un Dios compasivo y clemente,
lento para la ira, pero grande en misericordia y verdad.
16 ¡Dígnate mirarme, y ten misericordia de mí!
¡Lléname de tu poder, pues soy tu siervo!
¡Protégeme, pues soy el hijo de tu sierva!
17 ¡Dame una prueba de tu bondad!
¡Que sean avergonzados los que me odian
al ver que tú, Señor, me ayudas y me consuelas!

El privilegio de vivir en Sión

Salmo de los hijos de Coré. Cántico.

87 El Señor se estableció en el monte santo.
2 El amor del Señor por las puertas de Sión
es mayor que su amor por todas las ciudades de Jacob.
3 De ti, ciudad de Dios,
se dicen cosas gloriosas.

4 Entre los que me conocen,
tengo presentes a Rajab y a Babilonia.
Aquí están Filistea y Tiro, con Etiopía.
Éste nació allí.

5 De Sión se dirá:
«Éste y aquél nacieron en ella.»
El Altísimo mismo la establecerá.
6 Al inscribir a los pueblos, el Señor anotará:
«Éste nació allá.»

[a] **86.9:** Ap 15.4.

7 Los que cantan y danzan en ella, dirán:
«Todas mis fuentes están en ti.»

Súplica ante una muerte inminente

Cántico. Salmo de los hijos de Coré. Al músico principal. Para cantar sobre Majalat. Masquil de Hemán ezraíta.

88 Señor, Dios de mi salvación,
delante de ti clamo noche y día.
2 Permite que mi oración
llegue a tu presencia;
¡inclina tu oído a mi clamor!

3 Las calamidades me abruman;
¡ya me encuentro al borde del sepulcro!
4 ¡Hay quienes ya me dan por muerto,
pues las fuerzas me abandonan!
5 Me encuentro relegado entre los muertos;
como los caídos en batalla que yacen sepultados,
y de los cuales ya no te acuerdas,
pues fueron arrebatados de tu mano.
6 Me arrojaste en profunda fosa;
¡en el lugar de las tinieblas más profundas!
7 Has descargado tu enojo sobre mí;
¡me has afligido con tus embates de ira!
8 Has alejado de mí a mis conocidos;
me has hecho repugnante a sus ojos.
Me encuentro encerrado, y no puedo salir;
9 la aflicción me nubla los ojos.

A ti, Señor, clamo todos los días;
¡a ti extiendo mis manos!
10 ¿Acaso manifiestas tus maravillas a los muertos?
¿Se levantarán los muertos a alabarte?
11 ¿Acaso en el sepulcro se alaba tu misericordia?
¿Se proclama acaso tu verdad entre los muertos?
12 ¿Hay en las tinieblas quien reconozca tus maravillas,
o quien proclame tu justicia en la tierra del olvido?

13 ¡Pues yo sí clamo a ti, Señor!
¡Por la mañana dirijo a ti mis oraciones!
14 Señor, ¿por qué me rechazas?
¿Por qué escondes de mí tu rostro?
15 Entre aflicciones, necesidades y temores,
desde mi juventud he soportado terribles penas.
16 Tu ira pesa sobre mí, y me abruma;
tus terribles ataques me han vencido.
17 Como un diluvio, a todas horas me rodean;
¡me tienen completamente cercado!
18 Has alejado de mí a mis amigos y compañeros,
¡y las tinieblas son mi sola compañía!

PODER PARA VIVIR

UN MOMENTO TRISTE *(Salmo 88.1-8)*

Algunas personas dicen que este es el salmo más triste de todos. El autor había padecido mucho dolor y sufrimiento (versículos 3, 8). Había clamado a Dios día y noche y no había recibido ninguna respuesta. Sin embargo, se mantuvo firme en su fe y no se apartó de Dios. Este salmo nos ayuda a entender que Dios a veces permite que haya momentos de tristeza en nuestra vida. Estos momentos tristes pueden ser dolorosos, particularmente cuando no entendemos por qué están ocurriendo. Tal vez sintamos que Dios está lejos de nosotros. Pero no te olvides de estas buenas noticias: "…Ninguna otra cosa creada nos podrá separar del amor de Dios, que es en Cristo Jesús Señor nuestro" (Romanos 8:39).

Pacto de Dios con David

Masquil de Etán ezraíta.[a]

89 Por siempre alabaré la misericordia del Señor;
de una generación a otra, mis labios exaltarán tu fidelidad.
2 Por siempre afirmaré que tu misericordia
se mantendrá firme en los cielos,
y que en ellos se afirmará tu verdad.

3 Tu dijiste: «He hecho un pacto con mi escogido.
A mi siervo David le hice este juramento:
4 "Confirmaré tu descendencia para siempre,
y afirmaré tu trono por todas las generaciones."»[b]

5 Señor, los cielos celebran tus maravillas;
la congregación de los santos proclama tu verdad.
6 ¿Quién, Señor, se iguala a ti en los cielos?
¿Quién, Señor, se te compara entre los dioses?
7 ¡Dios temible en el concilio de los santos!
¡Dios grande y terrible sobre cuantos lo rodean!
8 Poderoso Señor, Dios de los ejércitos,
¿Quién como tú? ¡Tu fidelidad te rodea!
9 Tú dominas la violencia del mar;
cuando sus ondas se agitan, tú las sosiegas.
10 Tú aplastaste a Rajab y lo heriste de muerte;
con tu brazo poderoso dispersaste a tus enemigos.
11 Tuyos son los cielos, tuya también la tierra
y el mundo y su plenitud, pues tú lo fundaste.

PALABRAS CON PODER — UNA DESCENDENCIA ESTABLECIDA
(Salmo 89.4)

Cuando enfrentan situaciones difíciles, muchas personas anhelan volver a los viejos tiempos antes que surgieran las dificultades. En el salmo 89, el autor añora la situación que vivía el reino antes de ser conquistado por los babilonios. Le recuerda a Dios su promesa de establecer el reino de David para siempre (2 Samuel 7). Pero la desobediencia del pueblo de Dios hizo que fueran conquistados por esta nación enemiga. Sin embargo, la promesa de Dios de establecer el reino de David no pudo cancelarse. Llegó a ser realidad más adelante cuando vino Jesús.

12 Tú creaste el norte y el sur;
los montes Tabor y Hermón alaban tu nombre.
13 Tuyo es el brazo poderoso;
fuerte es tu mano, y exaltada tu diestra.
14 Tu trono se basa en la justicia y el derecho;
la misericordia y la verdad son tus heraldos.

15 ¡Dichoso el pueblo que sabe aclamarte,
y que anda, Señor, a la luz de tu rostro!
16 En tu nombre se alegrará todo el día,
y en tu justicia será enaltecido.
17 Tú eres la gloria de nuestro poder;
por tu buena voluntad acrecientas nuestra fuerza.
18 Tú, Señor, eres nuestro escudo;
tú, Santo de Israel, eres nuestro rey.

19 En una visión dijiste a tus santos:
«He brindado mi apoyo a un guerrero;
he escogido a un joven de mi pueblo.
20 He encontrado a mi siervo David,[c]

[a] **89 tít.:** 1 R 4.31. [b] **89.4:** 2 S 7.12-16; 1 Cr 17.11-14; Sal 132.11; Hch 2.30.

y lo he ungido con mi santa unción.[d]
21 Mi mano estará siempre con él;
mi brazo siempre lo fortalecerá.
22 No lo sorprenderá el enemigo,
ni le hará daño ningún malvado;
23 más bien, él derrotará a sus enemigos
y herirá de muerte a los que lo aborrecen.
24 Mi verdad y misericordia estarán con él,
y su poder será exaltado en mi nombre.
25 Con su mano izquierda dominará sobre el mar,
y con su mano derecha dominará sobre los ríos.
26 Él me dirá: "Tú eres mi padre.
Eres mi Dios, la roca de mi salvación",
27 y yo lo declararé mi primogénito,
¡el más excelso de los reyes de la tierra![e]
28 Siempre seré con él misericordioso,
y mi pacto con él se mantendrá firme.
29 Su descendencia permanecerá para siempre,
y su trono durará mientras el cielo exista.

30 »Pero si sus hijos se apartan de mi ley
y no andan conforme a mis decretos,
31 si transgreden mis estatutos
y no cumplen mis mandamientos,
32 yo los castigaré por su rebelión;
¡los azotaré por sus iniquidades!

33 »Pero no apartaré de David mi misericordia,
ni faltaré a mi verdad.
34 No me olvidaré de mi pacto,
ni me retractaré de lo que he prometido.
35 Una vez he jurado por mi santidad,
y no le mentiré a David.
36 Su descendencia permanecerá para siempre;
su trono estará ante mí, como el sol;
37 firme para siempre, como la luna;
¡como un testigo fiel en el cielo!»

38 ¡Pero tú has rechazado a tu ungido!
¡Lo has menospreciado! ¡Te has enojado con él!
39 Has roto el pacto con tu siervo;
¡has echado por tierra su corona!
40 Has derribado todas sus murallas;
¡has destruido sus fortalezas!
41 Todos los que van por el camino lo saquean;
los pueblos vecinos se burlan de él.
42 Has exaltado el poder de sus enemigos;
has alegrado a todos sus adversarios.
43 Le quitaste el filo a su espada,
y no lo levantaste en la batalla.
44 Pusiste fin a su motivo de orgullo,
y echaste por tierra su trono.
45 Has acortado los días de su vida,
y lo has cubierto de vergüenza.

46 Señor, ¿hasta cuándo seguirás escondido?
¿Arderá tu ira para siempre, como el fuego?
47 Recuerda que mi vida es muy breve;
¿Por qué creaste tan frágil al género humano?
48 ¿Quién puede vivir sin ver la muerte?
¿Quién puede salvarse del poder del sepulcro?

49 Señor, ¿dónde están tus misericordias de antaño,
que una vez juraste a David por tu verdad?
50 ¡Acuérdate, Señor, del oprobio de tus siervos,
del oprobio de muchos pueblos, que llevo en el pecho!
51 Tus enemigos, Señor, nos han deshonrado;
¡tus enemigos han deshonrado los pasos de tu ungido!

[c]**89.20:** 1 S 13.14; Hch 13.22. [d]**89.20:** 1 S 16.12. [e]**89.27:** Ap 1.5.

52 ¡Bendito sea el Señor para siempre!
¡Amén, y Amén!

LIBRO IV

Eternidad de Dios y transitoriedad del hombre

Oración de Moisés, varón de Dios.

90 Señor, tú has sido nuestro refugio
de una generación a otra
generación.
2 Antes de que nacieran los montes
y de que formaras la tierra y el mundo;
desde los tiempos primeros
y hasta los tiempos postreros,
¡tú eres Dios!

3 Nos devuelves al polvo cuando dices:
«¡De vuelta al polvo, seres mortales!»
4 Para ti, mil años son, en realidad,
como el día de ayer, que ya pasó;[a]
¡son como una de las vigilias de la noche!

5 ¡Nos arrebatas como una violenta
corriente!
¡Somos etéreos como un sueño!
¡Somos como la hierba que crece en la
mañana!
6 Por la mañana crecemos y florecemos,
y por la tarde se nos corta, y nos
secamos.

7 Con tu furor somos consumidos;
con tu ira quedamos desconcertados.
8 Tienes ante ti nuestras maldades;
¡pones al descubierto nuestros
pecados!

9 Nuestra vida declina por causa de
tu ira;
nuestros años se esfuman como un
suspiro.
10 Setenta años son los días de nuestra
vida;
ochenta años llegan a vivir los más
robustos.
Pero esa fuerza no es más que trabajos
y molestias,
pues los años pronto pasan, lo mismo
que nosotros.

11 ¿Quién conoce la fuerza de tu ira,
y hasta qué punto tu enojo debe ser
temido?
12 ¡Enséñanos a contar bien nuestros
días,
para que en el corazón acumulemos
sabiduría!

13 Señor, ¿hasta cuándo te volverás a
nosotros?
¡Calma ya tu enojo con tus siervos!
14 ¡Sácianos de tu misericordia al empe-
zar el día,
y todos nuestros días cantaremos y
estaremos felices!

[a] **90.4:** 2 P 3.8.

PODER PARA VIVIR

EL CONTAR NUESTROS DÍAS *(Salmo 90.12)*
En este salmo, Moisés dijo que la mayoría de las personas viven hasta la edad de setenta u ochenta años (versículo 10). Eso probablemente te parezca un tiempo bien largo. Pero tenemos que tener cuidado de cómo vivimos hasta un día de un mes de un año. Por eso fue que Moisés le pidió a Dios que nos enseñara a vivir nuestra vida como si fuera una preparación para el cielo. Necesitamos pensar detenidamente acerca de cómo Dios quiere usar nuestra vida para su gloria y su reino. Cada minuto de cada hora cuenta. Pídele a Dios que te dé un corazón sabio para que puedas hacer decisiones sabias día a día.

15 ¡Danos la alegría que no tuvimos
todo el tiempo que nos afligiste,
todos los años en que experimentamos el mal!
16 ¡Haz que tus obras se manifiesten en tus siervos,
y que tu gloria repose sobre sus hijos!
17 Señor y Dios nuestro, ¡muéstranos tu bondad
y confirma la obra de nuestras manos!
¡Sí, confirma la obra de nuestras manos!

A la sombra del Omnipotente

91 El que habita al abrigo del Altísimo
y se acoge a la sombra del Omnipotente,
2 dice al Señor: «Tú eres mi esperanza, mi Dios,
¡el castillo en el que pongo mi confianza!»

3 El Señor te librará de las trampas del cazador;
te librará de la peste destructora.
4 El Señor te cubrirá con sus plumas,
y vivirás seguro debajo de sus alas.
¡Su verdad es un escudo protector!

5 No tendrás temor de los terrores nocturnos,
ni de las flechas lanzadas de día;
6 no temerás a la peste que ronda en la oscuridad,
ni a la mortandad que destruye a pleno sol.
7 A tu izquierda caerán mil,
y a tu derecha caerán diez mil,
pero a ti no te alcanzará la mortandad.
8 ¡Tú lo verás con tus propios ojos!
¡Tú verás a los impíos recibir su merecido!

9 Por haber puesto al Señor por tu esperanza,
por poner al Altísimo como tu protector,

PALABRAS CON PODER **LOS NOMBRES DE DIOS** *(Salmo 91.1-2)*

Los cuatro nombres de Dios en este salmo describen diferentes maneras en que Él actúa a favor de su pueblo. (1) "Altísimo" muestra que Él es mayor que cualquier amenaza que enfrentemos. (2) "Omnipotente" señala su poder para confrontar y destruir a cualquier enemigo. (3) "Él Señor" (YHWH) se refiere a Él como el líder de nuestra vida. (4) "Mi Dios" expresa el hecho que Dios ha escogido tener una relación con los que confían en Él. ¿Cuál es el nombre de Dios que más te gusta?

10 no te sobrevendrá ningún mal,
ni plaga alguna tocará tu casa.

11 El Señor mandará sus ángeles a ti,[a]
para que te cuiden en todos tus caminos.
12 Ellos te llevarán en sus brazos,
y no tropezarán tus pies con ninguna piedra.[b]
13 Aplastarás leones y víboras;
¡pondrás tu pie sobre leones y serpientes![c]

Is 14.12-20

14 «Yo lo pondré a salvo, porque él me ama.
Lo enalteceré, porque él conoce mi nombre.
15 Él me invocará, y yo le responderé;
estaré con él en medio de la angustia.
Yo lo pondré a salvo y lo glorificaré.
16 Le concederé muchos años de vida,
y le daré a conocer mi salvación.»

Alabanza a la bondad de Dios

Salmo. Cántico para el día de reposo.

92 ¡Cuán bueno es alabarte, Señor!
Bueno es, Altísimo, cantar salmos a tu nombre,

[a] **91.11:** Mt 4.6; Lc 4.10. [b] **91.12:** Mt 4.6; Lc 4.11. [c] **91.13:** Lc 10.19.

[2]anunciar tu misericordia por la mañana,
y tu fidelidad todas las noches,
[3]en el decacordio y en el salterio,
y con tono suave en el arpa.

[4]Tú, Señor, me has alegrado con tus obras;
yo me regocijo por las obras de tus manos.
[5]Muy grandes son tus obras, Señor,
y muy profundos tus pensamientos.

Sal 100

[6]La gente necia no lo sabe;
la gente insensata no lo entiende:
[7]si los impíos brotan como la hierba,
y todos los inicuos prosperan,
es para ser destruidos para siempre.
[8]¡Pero tú, Señor, por siempre estás en las alturas!

[9]Bien puedo ver, Señor, a tus enemigos;
bien puedo ver que tus enemigos perecerán,
¡que todos los malvados serán esparcidos!
[10]Pero tú me darás las fuerzas del búfalo,
y me ungirás con aceite fresco.
[11]Mis ojos verán la derrota de mis enemigos;
¡mis oídos oirán los gritos de angustia de mis adversarios!

[12]Los justos florecerán como las palmeras;
crecerán como los cedros del Líbano.
[13]Serán plantados en la casa del Señor,
y florecerán en los atrios de nuestro Dios.
[14]Aun en su vejez darán frutos
y se mantendrán sanos y vigorosos
[15]para anunciar que el Señor es mi fortaleza,
y que él es recto y en él no hay injusticia.

La majestad del Señor

93 ¡El Señor reina!
¡El Señor se ha vestido de magnificencia!
¡El Señor se ha revestido de gran poder!
¡El Señor afirmó el mundo, y éste no se moverá!
[2]Su trono es firme desde el principio.
¡El Señor es el Rey eterno!

[3]Los ríos levantaron, Señor;
los ríos levantaron su voz;
los ríos levantaron sus olas.
[4]Tú, Señor, en las alturas,
eres más poderoso que el estruendo de los mares;
¡más poderoso que las fieras olas del mar!
[5]Tus testimonios, Señor, permanecen firmes;
la santidad es el adorno de tu templo,
por siempre y para siempre.

Oración que reclama venganza

94 Tú, Señor, eres el Dios de las venganzas;
¡muéstrate, pues eres el Dios de las venganzas!
[2]Tú eres el Juez de la tierra;
¡ven y dales su merecido a los soberbios!

[3]¿Hasta cuándo, Señor, hasta cuando
se regocijarán los impíos?
[4]¿Hasta cuándo esos malhechores
seguirán jactándose de sus crímenes?
[5]A tu pueblo, Señor, lo oprimen;
a los que son tuyos los afligen.
[6]A las viudas y a los extranjeros los matan;
a los huérfanos les quitan la vida,
[7]y todavía dicen: «El Señor no nos verá;
el Dios de Jacob no se dará cuenta.»

[8]¡Entiéndanlo bien, gente necia e insensata!
¿Cuándo van a actuar con sabiduría?

9 ¿Acaso no oirá el que hizo los oídos?
¿Acaso no verá el que hizo los ojos?
10 ¿No va a reprender el que castiga a las naciones?
¿Acaso no sabe de ciencia el maestro del género humano?
11 El Señor conoce la mente humana,
y sabe que sólo piensa tonterías.[a]

12 Señor, ¡cuán dichosos son aquellos
a quienes corriges e instruyes en tu ley!
13 En tiempos difíciles les das tranquilidad,
mientras que para el impío se cava una fosa.
14 Tú, Señor, no abandonas ni desamparas
al pueblo que has hecho tuyo.
15 La justicia volverá a ser justicia,
y los de recto corazón irán tras ella.
16 ¿Quién me defenderá de los malvados?
¿Quién se pondrá de mi parte contra los inicuos?
17 Si el Señor no me ayudara,
pronto mi ser se quedaría en silencio.
18 Cuando dije: «Estoy a punto de caer»,
tú, Señor, por tu bondad me sostuviste.
19 Cuando me vi abrumado por la angustia,
tú me brindaste consuelo y alegría.

20 Tú no eres amigo de esos reyes inicuos
que con la ley en la mano violan la ley.
21 Ellos conspiran contra la vida del justo,
y condenan a muerte al que es inocente.
22 Pero tú, Señor, eres mi refugio;
eres mi Dios y la roca en que confío.
23 Tú les devolverás su iniquidad,
y los destruirás con su propia maldad.
¡Tú, Señor y Dios nuestro, los destruirás!

PROMESAS PODEROSAS

SALMO 94.14

Tú, Señor, no abandonas ni desamparas al pueblo que has hecho tuyo.

¿En algún momento has tenido un amigo que dejó de ser tu amigo? Te dolió, ¿no es cierto? No tienes que preocuparte por eso con Dios. Él promete que nunca nos dejará.

Cántico de alabanza y de adoración

95 ¡Vengan y con alegría aclamemos al Señor!
¡Cantemos con júbilo a la roca de nuestra salvación!
2 ¡Lleguemos ante su presencia con alabanza!
¡Aclamémosle con cánticos!
3 ¡Grande es el Señor, nuestro Dios!
¡Gran Rey es él sobre todos los dioses!
4 En su mano están las profundidades de la tierra,
y las alturas de los montes son suyas.
5 Suyo es también el mar, pues él lo hizo,
y sus manos formaron la tierra seca.

6 ¡Vengan, y rindámosle adoración!
¡Arrodillémonos delante del Señor, nuestro Creador!
7 El Señor es nuestro Dios,
y nosotros somos el pueblo de su prado;
¡somos las ovejas de su mano!

«Si hoy escuchan ustedes mi voz,
8 no endurezcan su corazón,[a] como en Meriba,
como en el día de Masah, en el desierto.
9 Allí los padres de ustedes me tentaron;
me pusieron a prueba,[b] aunque vieron mis obras.

[a]**94.11:** 1 Co 3.20. [a]**95.7-8:** Heb 3.15; 4.7. [b]**95.8-9:** Éx 17.1-7; Nm 20.2-13.

10 Cuarenta años estuve disgustado con
esa gente,
y me dije: "El corazón de este pueblo
divaga;
no han conocido mis caminos."
11 Por eso, en mi furor juré
que no entrarían en mi reposo.»[c,d]

Cántico de alabanza

(1 Cr 16.23-33)

96 ¡Canten al Señor un cántico
nuevo!
¡Canten al Señor todos en la
tierra!
2 ¡Canten al Señor! ¡Bendigan su nombre!
¡Anuncien su salvación todos los días!
3 ¡Proclamen su gloria entre las naciones,
y sus maravillas entre todos los pueblos!

4 El Señor es grande, y digno de alabanza;
¡es temible, más que todos los dioses!
5 Todos los dioses de los pueblos son
ídolos,
pero el Señor es quien creó los cielos.
6 En su presencia hay alabanza y magnificencia;
en su santuario hay poder y gloria.

7 Ustedes, familias de los pueblos,
¡tributen al Señor la gloria y el poder!
8 ¡Tributen al Señor la honra que merece su nombre!
¡Traigan sus ofrendas, y vengan a sus
atrios!
9 ¡Adoren al Señor en la hermosura de
la santidad![a]
¡Tiemblen ante él todos en la tierra!

10 Digan entre las naciones: «¡El Señor
es rey!
El Señor afirmó el mundo, y no será
conmovido;
el Señor juzga a los pueblos con
justicia.»

11 ¡Que se alegren los cielos y se regocije
la tierra!
¡Que brame el mar y todo lo que
contiene!
12 ¡Que se alegre el campo y todo lo
que hay en él!
¡Que todos los árboles del bosque
rebosen de gozo
13 delante del Señor, que ya viene!
¡Sí, el Señor viene a juzgar la tierra!
¡Juzgará al mundo con justicia,
y a los pueblos con su verdad!

Pr 11.30

LECCIONES: EL REINO DE DIOS

(Salmo 97.1-12)

Muchos países son regidos por un rey o una reina. Pero generalmente, cada rey o reina sólo tiene poder sobre un país. Dios es el Rey de todo el mundo. ¡Él es el gobernante poderoso de todo el universo! Cuando veas una hermosa flor o un rayo, recuerda que nuestro Dios poderoso reina sobre todas estas cosas.

Dominio y poder del Señor

97 ¡El Señor reina!
¡Que se regocije la tierra!
¡Que se alegren las muchas
costas!
2 ¡El Señor está rodeado de densas nubes!
¡Su trono se basa en la justicia y el
derecho!
3 ¡Un fuego avanza delante de él,
que consumirá a los enemigos que lo
rodean!
4 ¡Sus relámpagos alumbran el mundo!
¡Al verlos, la tierra se estremece!
5 ¡En presencia del Señor,
en presencia del Señor de toda la tierra,
los montes se derriten como cera!

[c]**95.11:** Nm 14.26-35; Dt 1.34-36; Heb 4.3, 5. [d]**95.7-11:** Heb 3.7-11. [a]**96.7-9:** Sal 29.1-2.

[6]Los cielos anuncian su justicia;
todos los pueblos contemplan su gloria.
[7]¡Avergüéncense todos ustedes,
que rinden culto a las imágenes de talla!
¡Y ustedes, que se jactan de los ídolos!
¡Póstrense ante él todos los dioses!

[8]Sión lo supo, Señor, y se regocijó;
las ciudades de Judá se alegraron por tus juicios,
[9]porque tú, Señor, estás por encima de toda la tierra;
¡estás por encima de todos los dioses!

[10]Ustedes, los que aman al Señor,
¡aborrezcan la maldad!
El Señor protege la vida de sus fieles,
y los libra del poder de los impíos.
[11]La luz se difunde sobre los justos,
y alegra a los rectos de corazón.

[12]Ustedes, los justos,
¡alégrense en el Señor y alaben su santo nombre!

Alabanza a la justicia de Dios

Salmo.

Sal 116.1-13

98 ¡Cantemos al Señor un cántico nuevo
por las proezas que ha realizado!
¡Con su diestra, con su santo brazo,
ha alcanzado la victoria!

[2]El Señor ha dado a conocer su salvación;
¡ha revelado su justicia ante todas las naciones!
[3]Se ha acordado de su misericordia y su verdad
en favor del pueblo de Israel;
¡todos los confines de la tierra son testigos
de que nuestro Dios nos ha salvado!

[4]¡Canten alegres al Señor,
habitantes de toda la tierra!
¡Levanten la voz, aplaudan y canten salmos!
[5]¡Canten salmos al Señor al son del arpa!
¡Al son del arpa eleven sus cantos!
[6]¡Vengan a la presencia del Señor, nuestro Rey,
y aclámenlo al son de trompetas y bocinas!

[7]¡Que brame el mar y su plenitud,
y el mundo y todos sus habitantes!
[8]¡Que aclamen al Señor los ríos,
y que todos los montes se regocijen!
[9]El Señor viene a juzgar la tierra,
y juzgará al mundo con justicia,
y a los pueblos con rectitud.

Is 11.3b-4

Alabanza a la santidad del Señor

99 ¡El Señor reina!
Los pueblos tiemblan.
¡El Señor está en su trono entre los querubines![a]
La tierra se conmueve.
[2]Grande es el Señor en Sión,
y exaltado sobre todos los pueblos.
[3]Alabado es tu nombre grande y temible;
¡El Señor es santo!

[4]Tú, poderoso Rey, amas el juicio;
tú confirmas la rectitud;
tú has ejercido en Jacob el derecho y la justicia.

[5]¡Exaltemos al Señor, nuestro Dios!
¡Postrémonos ante el estrado de sus pies!
¡El Señor es santo!

[6]Moisés y Aarón están entre sus sacerdotes;
Samuel se cuenta entre los que invocaron su nombre.

[a]**99.1:** Éx 25.22.

Invocaron al Señor, y él les respondió.
[7] En una columna de nube habló con
ellos,[b]
y ellos pusieron en práctica sus testimonios;
¡cumplieron con los estatutos que les dio!

[8] Señor y Dios nuestro, ¡tú les respondías!
¡Tú fuiste para ellos un Dios perdonador!
¡Tú los recompensaste por sus obras!

[9] ¡Exaltemos al Señor, nuestro Dios!
¡Postrémonos ante su santo monte!
¡El Señor, nuestro Dios, es santo!

Invitación a la gratitud

Salmo de alabanza.

100 ¡Canten alegres al Señor,
habitantes de toda la tierra!
[2] ¡Sirvan al Señor con alegría!
¡Vengan a su presencia con regocijo!
[3] Reconozcan que el Señor es Dios;
él nos hizo, y de él somos.[1]
Somos su pueblo. ¡Somos las ovejas de su prado!

[4] Entremos por sus puertas y por sus atrios
con alabanzas y con acción de gracias;
¡alabémosle, bendigamos su nombre!
[5] ¡El Señor es bueno!
¡Su misericordia[a] es eterna!
¡Su verdad permanece para siempre!

Sal 113

Promesa de vivir rectamente

Salmo de David.

101 Alabaré tu misericordia
y tu justicia;
cantaré, Señor, salmos
a tu nombre.
[2] Quiero entender tus perfectas enseñanzas.
¿Cuándo vendrás a mi encuentro?
Así me conduciré con rectitud en mi hogar,
[3] y no pondré los ojos en la injusticia.

Odio a los que actúan de manera torcida;
no permito que ninguno de ellos se acerque a mí.
[4] Mantengo alejados a los de intenciones perversas;
no tengo nada que ver con los malvados.

[5] Destruiré al que con malicia deshonre a su prójimo;
no toleraré a los de mirada altanera y vanidosa.
[6] Me fijaré en los que son fieles, y conmigo vivirán;
sólo me servirán los que vayan por el buen camino.
[7] No habitará en mi casa quien cometa fraudes,

[b] **99.7:** Éx 33.9. [1] **100.3** *y de él somos.* Según Qumrán. Heb. *y no nosotros.* [a] **100.5:** 1 Cr 16.34; 2 Cr 5.13; 7.3; Esd 3.11; Sal 106.1; 107.1; 118.1; 136.1; Jer 33.11.

¡TEN CUIDADO DE LO QUE MIRAS! *(Salmo 101.3)*
David dijo que no pondría nada malvado delante de sus ojos. ¿Por qué? Él quería vivir una vida buena y santa, de modo que escogió no mirar cosas que podrían ofender a Dios. Hoy día con la Internet, la televisión, los juegos y los libros, podemos mirar cosas pecaminosas si queremos hacerlo. Tus padres pueden bloquear ciertas páginas web y ciertos canales de televisión, pero aun así tienes que escoger qué vas a mirar. Si verdaderamente quieres mantenerte cerca de Dios, ¡ten cuidado de lo que miras!

ni se presentará ante mí ningún mentiroso.
8 Por las mañanas borraré del país a todos los impíos,
y expulsaré de la ciudad del Señor a todos los malvados.

Oración de un afligido

Oración de alguien que sufre y que, en su angustia, expone su queja en presencia del Señor.

102 Señor, escucha mi oración;
¡deja que mi queja llegue a tus oídos!
2 No te alejes de mí cuando me veas angustiado;
inclina a mí tu oído,
¡respóndeme pronto cuando te invoque!

3 Mi vida se va desvaneciendo, como el humo;
mis huesos se deshacen, como tizón quemado.
4 Débil está mi corazón, y seco cual la hierba;
¡hasta me he olvidado de comer!
5 Tanto he llorado
que los huesos se me pegan a la carne.
6 Soy como los pelícanos del desierto;
¡soy como los búhos de las soledades!
7 Ya no duermo, y hasta me siento
como un pájaro solitario sobre el tejado.
8 Todos los días me insultan mis enemigos;
se confabulan y hacen planes contra mí.
9 El pan que como, me sabe a ceniza;
lo que bebo, se mezcla con mis lágrimas.
10 ¡Y es porque estás enojado conmigo!
¡Primero me elevas, y luego me dejas caer!
11 Mi vida se diluye como una sombra;
¡me voy secando como la hierba!
12 Pero tú, Señor, permaneces para siempre,
y todas las generaciones te recordarán.
13 Te levantarás y tendrás misericordia de Sión,
porque ya se ha cumplido su tiempo;
¡ya es hora de que le tengas misericordia!
14 Tus siervos aman cada una de sus piedras;
ven sus ruinas, y se compadecen de ella.

15 Señor, las naciones honrarán tu nombre;
los reyes de la tierra reconocerán tu gloria,
16 porque tú, Señor, reconstruirás a Sión,
y en su esplendor serás reconocido.
17 Tendrás en cuenta la oración de los pobres,
y no dejarás de escuchar sus ruegos.
18 Esto, Señor, quedará escrito para los pueblos futuros,
¡para que las generaciones del mañana te alaben!

19 Desde su alto santuario, el Señor observa;
desde los cielos, el Señor contempla la tierra
20 para oír el clamor de los cautivos
y dar libertad a los sentenciados a muerte;
21 para que en Sión se anuncie el nombre del Señor,
¡para que en Jerusalén se proclame su alabanza!
22 Entonces todas las naciones y todos los reinos
vendrán y se unirán para servir al Señor.

23 En mi camino, el Señor me retiró su apoyo;
¡me recortó los días de mi vida!

24 Pero yo le supliqué:
«Dios mío, tú vives por todas las generaciones:
¡no me reduzcas la mitad de mi vida!
25 Tú fundaste la tierra desde el principio,
y con tus propias manos formaste los cielos.
26 Un día, ellos serán destruidos;
envejecerán, como vestidos usados,
y tú los cambiarás por otros;
¡pero tú permanecerás!
27 ¡Tú seguirás siendo el mismo,
y tus años nunca tendrán fin![a]
28 Los hijos de tus siervos vivirán tranquilos,
y sus descendientes se afirmarán en tu presencia.

Alabanza por las bendiciones de Dios

Salmo de David.

103 ¡Bendice, alma mía, al Señor!
¡Bendiga todo mi ser su santo nombre!
2 ¡Bendice, alma mía, al Señor,
y no olvides ninguna de sus bendiciones!
3 El Señor perdona todas tus maldades,
y sana todas tus dolencias.
4 El Señor te rescata de la muerte,
y te colma de favores y de su misericordia.
5 El Señor te sacia con los mejores alimentos
para que renueves tus fuerzas, como el águila.

Is 38.1-21

6 El Señor imparte justicia y defiende
a todos los que sufren por la violencia.
7 Dio a conocer sus caminos a Moisés;
los hijos de Israel vieron sus obras.
8 El Señor es misericordioso y clemente;[a]
es lento para la ira, y grande en misericordia.
9 No nos reprende todo el tiempo,
ni tampoco para siempre nos guarda rencor.

LECCIONES BUENAS NOTICIAS
(Salmo 103.3-16)

Algunos capítulos de la Biblia contienen tanto buenas como malas noticias, pero en este salmo no hay sino buenas noticias. Las buenas noticias son que Dios cuida de su pueblo. Él nos perdona las cosas malas que hacemos, nos trata con misericordia y nos ama. Esas no son simplemente buenas noticias; ¡son las mejores noticias que jamás podríamos oír!

10 No nos ha tratado como merece nuestra maldad,
ni nos ha castigado como merecen nuestros pecados.
11 Tan alta como los cielos sobre la tierra,
es su misericordia con los que le honran.
12 Tan lejos como está el oriente del occidente,
alejó de nosotros nuestras rebeliones.
13 El Señor se compadece de los que le honran
con la misma compasión del padre por sus hijos,
14 pues él sabe de qué estamos hechos;
¡él bien sabe que estamos hechos de polvo!

15 Nuestros días son como la hierba:
florecemos como las flores del campo,
16 pero pasa el viento sobre nosotros
y desaparecemos, sin dejar ninguna huella.
17 Pero el Señor es eternamente misericordioso;
él les hace justicia a quienes le honran,
y también a sus hijos y descendientes,
18 a quienes cumplen con su pacto
y no se olvidan de sus mandamientos,
sino que los ponen en práctica.
19 El Señor ha afirmado su trono en los cielos,

[a] **102.25-27:** Heb 1.10-12. [a] **103.8:** Stg 5.11.

y su reino domina sobre todos los
reinos.

20 ¡Bendigan al Señor, ustedes, ángeles
poderosos
que cumplen sus órdenes y obedecen
su voz!
21 ¡Bendigan al Señor todos sus ejércitos,
todos ustedes, sus siervos, que cumplen su voluntad!
22 ¡Bendigan al Señor ustedes, sus
criaturas,
en todos los lugares de su dominio!
¡Bendice, alma mía, al Señor!

Dios cuida de su creación

104 ¡Bendice, alma mía, al
Señor!

¡Cuán grande eres, Señor mi Dios!
¡Estás rodeado de gloria y de esplendor!
2 ¡Te has revestido de luz, como de una
vestidura!
¡Extiendes los cielos como una cortina!
3 ¡Dispones tus mansiones sobre las
aguas!
¡Las nubes son tu lujoso carruaje,
y te transportas sobre las alas del
viento!
4 ¡Los vientos son tus mensajeros!
¡Las llamas de fuego están a tu servicio![a]

5 Tú afirmaste la tierra sobre sus
cimientos,
y de allí nada la moverá.
6 ¡Con las aguas del abismo la cubriste!
Las aguas se detuvieron sobre los
montes,
7 pero las reprendiste, y huyeron;
al escuchar tu voz, bajaron presurosas.
8 Subieron a los montes, bajaron por
los valles,
al sitio que les habías destinado.
9 Les pusiste un límite, que no debían
cruzar,
para que no volvieran a cubrir la tierra.

10 Tú llenas las fuentes con los arroyos
que corren ligeros entre los montes;
11 allí apagan su sed los animales
salvajes;
allí los asnos monteses mitigan su sed.
12 En sus riberas anidan las aves del
cielo,
y entre las ramas se escuchan sus
trinos.
13 Desde las alturas riegas los montes,
y la tierra se sacia con el fruto de tus
obras.

14 Haces crecer la hierba para los
ganados,
y las plantas que el hombre cultiva
para sacar de la tierra el pan que come
15 y el vino que le alegra el corazón,
el aceite que da brillo a su rostro,
y el pan que sustenta su vida.

16 Se llenan de savia los árboles del
Señor,
los cedros del Líbano que él mismo
plantó.
17 En sus ramas anidan las aves;
en las hayas hacen su nido las
cigüeñas;
18 en las altas montañas retozan las
cabras monteses;
en las peñas se resguardan los damanes.

19 Tú hiciste la luna para medir los
tiempos;
el sol sabe cuándo debe ocultarse.
20 Dejas caer las sombras, y anochece;
y entonces corretean los animales
salvajes.
21 Rugen los leones que van tras su presa,
y reclaman la comida que Dios les
provee.

[a] **104.4:** Heb 1.7.

22 Cuando sale el sol, corren a sus
cuevas
y satisfechos se tienden a descansar.
23 Sale entonces el hombre a sus
labores,
y trabaja hasta que cae la noche.

24 ¡Tus obras, Señor, son innumerables!
¡Todas las hiciste con gran sabiduría!
¡La tierra está llena de tus criaturas!
25 ¡Vean el vasto mar! ¡Contemplen su
grandeza!
En él se mueven incontables seres
vivos,
lo mismo grandes que pequeños.
26 Allí navegan las grandes naves;
allí está Leviatán,[b] que creaste para
jugar con él.

27 Todos los seres esperan de ti
que a su tiempo les des de comer.
28 Si abres tu mano y les das su pan,
ellos lo toman y quedan satisfechos.
29 Si te escondes de ellos, se descon-
ciertan;
si les retiras su espíritu, mueren y vuel-
ven al polvo.
30 Pero si envías tu espíritu, vuelven a
la vida,
y así renuevas la faz de la tierra.

31 ¡Sea tu gloria eterna, Señor!
¡Que te regocijen las obras que has
hecho!
32 Si miras la tierra, ésta tiembla;
si tocas los montes, éstos echan humo.

33 Señor, ¡toda mi vida te cantaré!
Dios mío, ¡yo te cantaré salmos mien-
tras viva!
34 Señor, dígnate agradarte de mis
pensamientos,
pues yo hallo en ti mi alegría.
35 Que sean borrados de la tierra los
malvados;
¡que dejen de existir los malhechores!

¡Bendice, alma mía, al Señor!
¡Aleluya!

Maravillas del Señor a favor de Israel

(1 Cr 16.7-22)

105 ¡Alaben al Señor, invo-
quen su nombre!
¡Que los pueblos reco-
nozcan sus obras!
2 ¡Canten, sí, cántenle salmos!
¡Proclamen todas sus maravillas!
3 ¡Regocíjense en su santo nombre!
¡Alégrense de corazón los que buscan
al Señor!
4 ¡Busquen el poder del Señor!
¡Busquen siempre a Dios!
5 ¡Recuerden sus grandes maravillas,
sus hechos prodigiosos y sus sabias
sentencias!
6 Ustedes son los descendientes de
Abrahán;
ustedes son los hijos de Jacob, sus
escogidos.

7 El Señor es nuestro Dios;
en toda la tierra prevalecen sus juicios.
8 Nunca se olvida de su pacto,
de la palabra que dictó para mil gene-
raciones.

[b] **104.26:** Job 41.1; Sal 74.14; Is 27.1.

PODER PARA VIVIR

BUSCA AL SEÑOR *(Salmo 105.4)*
¿Qué haces cuando te sientes triste o solo? ¿Hablas con tus padres o con un hermano, una hermana o un amigo? Hay una mejor solución: ¡habla con Dios! El autor del Salmo 105 sugiere que busquemos a Dios todo el tiempo con todo nuestro corazón. Cuando hacemos esto, ¡podemos esperar que ocurran grandes cosas en nuestra vida!

[9]Fue un acuerdo que hizo con Abrahán,[a]
y que lo confirmó con Isaac.[b]
[10]Con Jacob lo estableció como decreto;
con Israel lo hizo un pacto duradero
[11]cuando dijo: «Te daré la tierra de Canaán
como la herencia que te corresponde.»[c]

[12]Ellos no eran numerosos;
eran unos simples forasteros.
[13]Andaban de nación en nación,
y de un reino a otro reino;
[14]pero Dios no dejó que fueran agraviados,
sino que por ellos castigó a los reyes
[15]y dijo: «¡No toquen a mis ungidos!
¡No les hagan daño a mis profetas!»[d]

[16]Dios hizo que hubiera hambre en la tierra,
y el trigo para el pan quedó destruido.[e]
[17]Pero antes envió a uno de sus hombres;
envió a José, que fue vendido como esclavo.[f]
[18]Los egipcios le pusieron grilletes en los pies,
y lo arrojaron tras los hierros de la cárcel.
[19]Pero finalmente se cumplieron sus dichos,
aunque la palabra de Dios lo puso a prueba.[g]
[20]El rey ordenó que le abrieran la cárcel;
el señor que gobierna los pueblos lo liberó.[h]
[21]Lo nombró señor de su casa
y lo puso a cargo de sus posesiones.[i]
[22]Le dio poder para frenar a los grandes,
y sabiduría para enseñar a los sabios.

[23]Fue así como Israel llegó a Egipto,[j]
como Jacob llegó a vivir en la tierra de Cam.[k]
[24]Pero el pueblo aumentó en número
y se hizo más fuerte que los egipcios.
[25]El corazón de los egipcios se llenó de odio,
y decidieron hacerle mal a su pueblo.[l]

[26]Pero Dios envió a su siervo Moisés,
lo mismo que a Aarón, su escogido.[m]
[27]Dios les dio el poder de hacer señales,
y de realizar prodigios en la tierra de Cam.
[28]Dejó caer sobre Egipto densa oscuridad,[n]
pero los egipcios no acataron su palabra.
[29]Convirtió las aguas en sangre,
y todos los peces murieron.[o]
[30]Vinieron entonces muchísimas ranas,
que infestaron las cámaras reales.[p]
[31]Dios habló, y vinieron enjambres de moscas,[q]
y las casas se inundaron de piojos.[r]
[32]Dios dejó caer granizo como lluvia,
y rayos de fuego rasgaron la tierra.
[33]Destrozó los viñedos, secó las higueras,
y desgajó los árboles de su país.[s]

[34]Dios habló otra vez, y vinieron langostas,
y como plaga llegó el pulgón,
[35]y se comió la hierba del país
y acabó[t] con los frutos de su tierra.
[36]Hirió de muerte a todos sus primogénitos,
a las primicias de su fuerza varonil.[u]

[37]Su pueblo salió cargado de oro y plata;
en sus tribus no había un solo enfermo.
[38]Cuando el pueblo salió, los egipcios se alegraron,

[a]**105.9:** Gn 12.7; 17.8. [b]**105.9:** Gn 26.3. [c]**105.10-11:** Gn 28.13. [d]**105.14-15:** Gn 20.3-7. [e]**105.16:** Gn 41.53-57. [f]**105.17:** Gn 37.28; 45.5. [g]**105.18-19:** Gn 39.20—40.23. [h]**105.20:** Gn 41.14. [i]**105.21:** Gn 41.39-41. [j]**105.23:** Gn 46.6. [k]**105.23:** Gn 47.11. [l]**105.24-25:** Éx 1.7-14. [m]**105.26:** Éx 3.1—4.17. [n]**105.28:** Éx 10.21-23. [o]**105.29:** Éx 7.17-21. [p]**105.30:** Éx 8.1-6. [q]**105.31:** Éx 8.20-24. [r]**105.31:** Éx 8.16-17. [s]**105.32-33:** Éx 9.22-25. [t]**105.34-35:** Éx 10.12-15. [u]**105.36:** Éx 12.29.

pues ante ellos sentían un profundo
terror.[v]
39 En el desierto los cubría una nube,
y un fuego los alumbraba de noche.[w]
40 Pidieron comida, y Dios les mandó
codornices;
sació su hambre con el pan que cayó
del cielo.[x]
41 Dios partió la peña, y fluyeron aguas
que corrieron como ríos por el desierto.[y]
42 Dios se acordó de su santa palabra,
y de su juramento a Abrahán, su
siervo.

43 Su pueblo salió con gran gozo;
sus elegidos salieron con gran júbilo.
44 Dios les dio las tierras de otras
naciones,[z]
lo mismo que los frutos de esos
pueblos,
45 para que obedecieran sus preceptos
y cumplieran todos sus mandatos.
¡Aleluya!

La rebeldía de Israel

106 ¡Aleluya!
¡Alabemos al Señor,
porque él es bueno,
porque su misericordia permanece
para siempre![a]
2 ¿Quién podrá contar las grandes
obras del Señor?
¿Quién podrá cantar sus alabanzas?
3 ¡Dichosos los que imparten justicia
y siempre practican el derecho!

4 Señor, acuérdate de mí
cuando tu bondad alcance a tu pueblo;
¡ven a brindarme tu salvación!
5 Déjame ver tu bondad hacia tus
escogidos;
déjame participar de la alegría de tu
pueblo,
y alabarte en compañía de los que son
tuyos.

6 Somos tan pecadores como nuestros
padres.
Hemos hecho lo malo, hemos cometido maldad.
7 En Egipto, nuestros padres no entendieron tus maravillas;
no se acordaron de tu gran misericordia,
y a orillas del Mar Rojo[b] se rebelaron
contra ti.
8 Pero tú, Señor, por tu gran amor los
salvaste
y diste a conocer tu gran poder.
9 Reprendiste al Mar Rojo, y éste se
secó,[c]
y tu pueblo pasó por el mar como por
un desierto.
10 Tú los salvaste del poder del enemigo;
¡los rescataste del poder de sus adversarios!
11 El mar cubrió a sus perseguidores,
y ninguno de ellos quedó con vida.
12 Entonces tu pueblo creyó en tu
palabra,
y con alegría te cantaron alabanzas.[d]

13 Pero muy pronto olvidaron tus obras;
no esperaron a conocer tus consejos.
14 Allí, en la soledad del desierto,
se entregaron al desenfreno y te pusieron a prueba.
15 Tú les diste lo que pidieron,
pero les enviaste una enfermedad
mortal.[e]

16 En el campamento, sintieron envidia
de Moisés
y de Aarón, a quien tú consagraste a tu
servicio.
17 La tierra se abrió, y se tragó a Datán,
y sepultó a la pandilla de Abirán.
18 El fuego se extendió entre ellos,
y los impíos[f] fueron consumidos por
las llamas.

[v] **105.37-38:** Éx 12.33-36. [w] **105.39:** Éx 13.21-22. [x] **105.40:** Éx 16.2-15. [y] **105.41:** Éx 17.1-7; Nm 20.2-13. [z] **105.44:** Jos 11.16-23. [a] **106.1:** 1 Cr 16.34; 2 Cr 5.13; 7.3; Esd 3.11; Sal 100.5; 107.1; 118.1; 136.1; Jer 33.11. [b] **106.7:** Éx 14.10-12. [c] **106.9-12:** Éx 14.21-31. [d] **106.12:** Éx 15.1-21. [e] **106.14-15:** Nm 11.4-34. [f] **106.16-18:** Nm 16.1-35.

19 En Horeb se hicieron un becerro de oro,
y ante esa horrenda imagen[g] se arrodillaron;
20 ¡cambiaron la gloria de Dios
por la imagen de un buey que come hierba!
21 Se olvidaron del Dios que los salvó;
se olvidaron de sus grandes proezas en Egipto,
22 de las maravillas que hizo en tierra de Cam
y de su paso asombroso por el Mar Rojo.
23 Dios llegó a pensar en destruirlos,
pero Moisés, su escogido, se interpuso
e impidió que, en su indignación, los destruyera.

24 Ellos despreciaron una tierra muy deseable,
y no creyeron en las promesas de Dios.
25 En sus tiendas hablaron mal del Señor,
y se negaron a escuchar su voz.
26 Entonces Dios levantó su mano contra ellos
y juró que los haría morir en el desierto,[h]
27 que los humillaría ante las naciones
y los dispersaría por todos los países.[i]

28 Pero el pueblo se sometió ante Baal Pegor,
y participó de los sacrificios a un dios muerto.
29 Esto les acarreó la ira de Dios,
y una plaga mortal cayó sobre ellos.
30 Pero Finés se interpuso y castigó al culpable,
y entonces la plaga se detuvo.
31 Dios tomó su acción como un acto de justicia,
el cual permanece por siempre y para siempre.[j]

32 Junto a las aguas en Meriba irritaron al Señor,
y por culpa de ellos le fue mal a Moisés,
33 pues hicieron que su ánimo se exaltara,
y que hablara con precipitación.[k]
34 No destruyeron a los pueblos
que el Señor les ordenó destruir,
35 sino que se mezclaron con ellos
y asimilaron sus malas costumbres;
36 rindieron culto a sus ídolos,
y eso los llevó a la ruina;[l]
37 ofrecieron a sus hijos y a sus hijas
en sacrificio a esos demonios,[m]
38 y así derramaron sangre inocente;
sangre que fue ofrecida a los dioses de Canaán,
sangre que dejó manchada la tierra.[n]
39 Esos hechos los hicieron impuros,
pues actuaron como un pueblo infiel.

40 El Señor se enfureció contra su pueblo,
y sintió repugnancia por los que eran suyos.
41 Los dejó caer en manos de los paganos,
y fueron sometidos por quienes los odiaban.
42 Sus enemigos los oprimieron;
los sometieron bajo su poder.
43 Muchas veces el Señor los libró,
pero ellos optaron por ser rebeldes,
y por su maldad fueron humillados.

44 Al verlos Dios angustiados,
y al escuchar su clamor,
45 se acordaba de su pacto con ellos,
y por su gran misericordia los volvía a perdonar
46 y hacía que todos sus opresores
les tuvieran compasión.[o]

47 Señor y Dios nuestro, ¡sálvanos!
¡Haz que regresemos de entre las naciones
para que alabemos tu santo nombre,
y alegres te cantemos alabanzas!

[g] **106.19-23:** Éx 32.1-14. [h] **106.24-26:** Nm 14.1-35. [i] **106.27:** Lv 26.33. [j] **106.28-31:** Nm 25.1-13. [k] **106.32-33:** Nm 20.2-13. [l] **106.34-36:** Jue 2.1-3; 3.5-6. [m] **106.37:** 2 R 17.17. [n] **106.38:** Nm 35.33. [o] **106.40-46:** Jue 2.14-18. [p] **106.47-48:** 1 Cr 16.35-36.

48 ¡Bendito seas Señor, Dios de Israel,
desde siempre y hasta siempre!
Que todo el pueblo diga: «¡Amén!»
¡Aleluya![p]

LIBRO V

Dios libra de la aflicción

107 ¡Alabemos al Señor, porque él es bueno;
porque su misericordia
es constante![a]
2 Que lo afirmen los redimidos por Dios,
los que salvó del poderoso enemigo,
3 los que reunió desde lejanas tierras,
del oriente y del occidente,
del norte y del sur.

4 Perdidos en el desierto, no hallaban
un camino
que los llevara a una ciudad habitable.
5 Andaban hambrientos y sedientos,
con el alma a punto de desfallecer.
6 En su angustia, clamaron al Señor,
y él los libró de sus aflicciones,
7 los guió por un buen camino,
hasta encontrar una ciudad habitable.

8 ¡Alabemos la misericordia del Señor
y sus grandes hechos en favor de los
mortales!
9 El Señor sacia la sed del sediento,
y colma con buena comida al hambriento.

10 Algunos vivían en profunda oscuridad,
prisioneros de la aflicción y las cadenas,
11 pues fueron rebeldes a los mandatos
de Dios
y despreciaron los proyectos del
Altísimo.
12 Dios quebrantó su orgullo con trabajos pesados;
caían, y no había quien los levantara.
13 Pero en su angustia clamaron al
Señor,

PROMESAS PODEROSAS

SALMO 107.8
¡Alabemos la misericordia del Señor y sus grandes hechos en favor de los mortales!

El autor de este salmo nos da una buena sugerencia: que le demos gracias a Dios. ¿Por qué no haces ahora mismo una lista de algunas de las cosas por las cuales puedes estar agradecido? Trata de mantener una actitud de gratitud hacia Dios hoy.

y él los salvó de toda su aflicción;
14 los sacó de la profunda oscuridad,
y puso fin a su aflicción y sus cadenas.

15 ¡Alabemos la misericordia del Señor,
y sus grandes hechos en favor de los
mortales!
16 Él destruye las puertas de bronce,
y despedaza los cerrojos de hierro.

17 Obstinados en su conducta rebelde,
y afligidos por causa de sus maldades,
18 llegaron a aborrecer toda clase de
alimento;
¡ya tocaban a las puertas de la muerte!
19 Pero en su angustia clamaron al
Señor,
y él los libró de su aflicción.
20 Con el poder de su palabra los sanó,
y los libró de caer en el sepulcro.

21 ¡Alabemos la misericordia del Señor,
y sus grandes hechos en favor de los
mortales!
22 ¡Ofrezcámosle sacrificios de gratitud,
y jubilosos proclamemos sus obras!

23 Los marinos, que conocen el mar,
con sus naves comercian en muchos
lugares.
24 Allí, en lo profundo del mar,

[a] **107.1:** 1 Cr 16.34; 2 Cr 5.13; 7.3; Esd 3.11; Sal 100.5; 106.1; 118.1; 136.1; Jer 33.11.

han visto las maravillosas obras del
Señor.
25 Él habló, y se desató un viento tempestuoso,
y gigantescas olas se encresparon.
26 Se levantaban hacia el cielo, o se
hundían en el mar;
y ellos se desanimaban y temblaban de
miedo.
27 Inseguros, daban traspiés, como
ebrios;
¡de nada les servía toda su pericia!
28 Pero en su angustia clamaron al
Señor,
y él los libró de su aflicción:
29 convirtió la tempestad en bonanza,
y apaciguó las amenazantes olas.
30 Ante esa calma, sonrieron felices
porque él los lleva a puerto seguro.

31 ¡Alabemos la misericordia del Señor,
y sus grandes hechos en favor de los
mortales!
32 ¡Que lo exalte el pueblo congregado!
¡Que lo alabe el consejo de ancianos!

33 El Señor convierte ríos y manantiales,
en sequedades y áridos desiertos;
34 por la maldad de sus habitantes
deja estéril la tierra generosa;
35 convierte el desierto en lagunas,
y la tierra seca en manantiales.
36 Allí se establecen los que sufren de
hambre,
y fundan ciudades donde puedan vivir.
37 Luego siembran los campos, y plantan sus viñas,
y recogen abundantes cosechas.
38 Dios los bendice y les da muchos hijos,
y no deja que sus ganados se reduzcan.

39 Pero si disminuyen y son humillados,
es por causa de la opresión, la maldad
y la congoja.
40 Pero el Señor desprecia a los tiranos,
y los hace perderse en desiertos sin
camino.
41 El Señor rescata al pobre de su miseria,
y multiplica sus hijos como rebaños de
ovejas.
42 Al ver esto, los fieles se alegran,
y los malvados guardan silencio.

43 Si hay alguien sabio, que cumpla con
esto,
y que entienda que el Señor es misericordioso.

Disposición a la alabanza

(Sal 57.7-11; 60.5-12)
Cántico. Salmo de David.

108 Mi corazón está dispuesto, Dios mío;
quiero cantar salmos
en tu honor.
2 ¡Despierten, salterio y arpa,
que voy a despertar al nuevo día!
3 Yo, Señor, te alabaré entre los pueblos;
te cantaré salmos entre las naciones,
4 pues tu bondad es más grande que
los cielos;
¡hasta las nubes llega tu verdad!

5 Tú, mi Dios, estás por encima de los
cielos;
¡tu gloria domina toda la tierra!

6 ¡Sálvanos con tu diestra! ¡Respóndenos!
¡Así se salvará tu pueblo amado!

7 En su santuario, Dios ha sentenciado:
«Con gran alegría fraccionaré Siquén,
y dividiré en parcelas el valle de Sucot.
8 Galaad y Manasés me pertenecen,
Efraín es un yelmo en mi cabeza,
y Judá es un cetro en mi mano.
9 Moab es la vasija en que me lavo,
sobre Edom arrojaré mis sandalias,
y sobre Filistea proclamaré mi victoria.»

10 ¿Y quién me dará entrada en Edom?
¿Quién me hará entrar en esa ciudad
amurallada?

11 ¿No eres tú, mi Dios, quien nos ha
desechado?
¿No eres tú quien ya no sale con nues-
tros ejércitos?
12 Bríndanos tu apoyo contra el ene-
migo,
pues vana resulta la ayuda de los
hombres.

13 Por ti, Dios nuestro, haremos proezas;
¡tú harás morder el polvo a nuestros
enemigos!

Clamor de venganza

Al músico principal. Salmo de David.

109 Dios de mi alabanza, ¡no
te quedes callado!
2 Gente malvada y
mentirosa habla en contra mía,
y con sus mentiras me calumnia.
3 Con palabras llenas de odio me
persiguen,
y pelean contra mí sin tener motivo.
4 Yo los trato con amor, y ellos me
pagan con odio;
¡pero yo sigo orando por ellos!
5 Les hago un bien y me pagan con un
mal;
me tratan con odio, aunque yo los
amo.

6 ¡Que lo juzgue un juez injusto!
¡Que el maligno lo condene!
7 ¡Que sea declarado culpable!
¡Que su oración revele su maldad!
8 ¡Que sus años de vida se reduzcan,
y que otro se quede con su oficio![a]
9 ¡Que se queden huérfanos sus hijos!
¡Que se quede viuda su mujer!
10 ¡Que sus hijos se queden sin techo,
y que mendiguen el pan lejos de sus
ruinas!
11 ¡Que sus acreedores les quiten todos
sus bienes!
¡Que gente extraña los despoje de sus
posesiones!

12 ¡Que nadie tenga de él misericordia!
¡Que nadie compadezca a sus huér-
fanos!
13 ¡Que no quede rastro de sus descen-
dientes!
¡Que su nombre sea borrado de la
generación siguiente!

14 Señor, ¡no olvides la maldad de su
padre!
¡Ten presente el pecado de su madre!
15 Señor, ¡no pases por alto su maldad,
y borra de la tierra su memoria!
16 Porque éste se olvidó de la miseri-
cordia,
y persiguió hasta darle muerte
al miserable que sufre y tiene roto el
corazón.
17 Ya que amó la maldición, ¡que sea
maldito!
Despreció la bendición, ¡que nunca sea
bendecido!
18 La maldad lo envolvió como un
manto;
como agua, penetró en todo su ser;
como aceite, le caló hasta los huesos.
19 ¡Pues que lo envuelva la maldad
como un manto,
y que lo oprima para siempre como
un cinto!
20 ¡Así les pague el Señor a los que me
acusan,
a los que me calumnian y buscan mi mal!

21 Pero tú, mi Señor y Dios,
¡trátame bien por causa de tu nombre!
Por tu bondad y misericordia, ¡sálvame!
22 Te necesito, pues estoy muy afligido;
mi corazón tiene profundas heridas.
23 Siento que me muero, como muere
el día;
soy sacudido como una langosta.
24 Las rodillas se me doblan por causa
del ayuno,
estoy tan débil que mi cuerpo desfa-
llece.

[a]**109.8:** Hch 1.20. [b]**109.25:** Mt 27.39; Mr 15.29.

25 Soy para la gente objeto de burla;
los que me ven, mueven burlones la
cabeza.[b]

26 Señor y Dios mío, ¡ayúdame!;
por tu gran misericordia, ¡sálvame!
27 Así sabrán que esto viene de tu
mano,
y que eres tú, Señor, quien me ha
salvado.
28 No importa que me maldigan, ¡ben-
díceme tú!
Podrán atacarme, pero quedarán
avergonzados,
mientras que este siervo tuyo se
regocijará.
29 Cubre de vergüenza a los que me
critican;
¡que la confusión los envuelva como
un manto!
30 Yo te alabaré, Señor, con mucho
gozo;
¡te cantaré en medio de una gran
multitud!
31 Porque defiendes al que nada tiene,
y lo libras de quienes lo condenan a
muerte.

El ungido del Señor

Salmo de David.

110 Palabra del Señor a mi
señor:
«Siéntate a mi derecha,
hasta que yo ponga a tus enemigos
por estrado de tus pies.»[a]

2 Desde Sión el Señor extenderá tu
cetro real,
para que domines a todos tus enemigos.
3 En el día de tu victoria
tu ejército se te entregará por com-
pleto,
sobre los montes santos.
Al despertar la aurora,
tu juventud se fortalecerá con el rocío.

4 El Señor lo ha prometido,
y no va a cambiar de parecer:
«Tú eres sacerdote para siempre,
según el orden de Melquisedec.»[b]

5 El Señor está a tu derecha.
En el día de su ira, derrotará reyes,
6 dictará sentencia entre las naciones,
y causará una gran mortandad
al doblegar a los poderosos de otras
naciones.
7 En el camino, beberás agua de un
arroyo,
y con eso recobrarás las fuerzas.

Dios cuida de su pueblo

Aleluya.

111 Alabaré al Señor de todo
corazón,
en compañía de la comu-
nidad de los fieles.
2 Las obras del Señor son grandes;
todos los que las desean, las buscan.
3 La creación del Señor es hermosa,
y su justicia permanece para siempre.
4 El Señor es bondadoso y compasivo,
y todo lo que hace merece recordarse.
5 El Señor alimenta a quienes lo honran,
y nunca se olvida de su pacto.
6 Reveló a su pueblo su gran poder,
y le dio en propiedad las tierras de
otras naciones.
7 Todo lo que él hace es justo y verda-
dero;
sus mandamientos son dignos de
confianza.
8 Se mantendrán firmes para siempre,
porque los hizo con verdad y rectitud.
9 El Señor rescató a su pueblo,
y estableció su pacto para siempre.
El nombre del Señor es santo y temible.
10 El principio de la sabiduría es el
temor al Señor.[a]

[a] **110.1:** Mt 22.44; Mr 12.36; Lc 20.42-43; Hch 2.34-35; 1 Co 15.25; Ef 1.20-22; Col 3.1; Heb 1.13; 8.1; 10.12-13. [b] **110.4:** Heb 5.6; 6.20; 7.17, 21. [a] **111.10:** Job 28.28; Pr 1.7; 9.10.

PALABRAS CON PODER
(Salmo 110.1-7)

Este salmo, escrito por David, habla del Mesías: el Salvador que vendría de la descendencia de David. David anhelaba su venida. La palabra *Cristo* es una palabra griega que quiere decir "el ungido" o "Mesías". El Salmo 110 describe lo que haría el Mesías: actuaría como un sacerdote, castigaría a los malvados y reinaría sobre la tierra. Esta es una profecía acerca de Jesús. El primer versículo en este salmo es uno de los versículos que más se citan en el Nuevo Testamento (lee, por ejemplo, Mateo 22:44; Hechos 2:34-35). Salmos como este nos recuerdan que Dios siempre cumple sus promesas.

Quienes practican esto adquieren
entendimiento
y alaban al Señor toda su vida.

Prosperidad del que teme al Señor

Aleluya.

112 Dichoso el hombre que
honra al Señor
y se deleita obedeciendo
sus mandatos.
2 Sus hijos tendrán poder en la tierra,
y serán bendecidos por su rectitud.
3 Su casa rebosará de bienestar y de
riquezas,
y su justicia permanecerá para siempre.
4 Para los justos, la luz brilla en las tinieblas.
Dios es bueno, justo y compasivo.
5 El hombre bueno es compasivo y
generoso;
todos sus negocios los maneja con justicia,
6 y por eso nunca tendrá tropiezos.
El hombre justo siempre será recordado;
7 vivirá sin temor a las malas noticias,
y su corazón estará firme y confiado en
el Señor.
8 Su corazón estará tranquilo, sin ningún temor,
y llegará a ver la caída de sus enemigos.
9 El justo comparte con los pobres lo
que tiene;
su justicia permanece para siempre,[a]
y con mucha honra puede ostentar su
poder.
10 El malvado lo ve y se enoja;
rechinando los dientes, se irá consumiendo;
pero sus malos deseos no prosperarán.

La bondad de Dios por los desposeídos

Aleluya.

113 Ustedes, siervos del Señor,
¡alábenlo!
¡Alaben el nombre del
Señor!
2 ¡Bendito sea el nombre del Señor
desde ahora y para siempre!
3 ¡Alabado sea el nombre del Señor
desde la salida del sol hasta su ocaso!
4 El Señor está por encima de todas las
naciones;
¡su gloria sobrepasa las alturas de los cielos!

5 ¿Quién como el Señor nuestro Dios?
El Señor tiene su trono en las alturas,
6 pero se digna inclinarse para ver
lo que ocurre en el cielo y en la tierra.
7 El Señor levanta de la nada al pobre,
y saca del muladar al pordiosero,
8 para darles a los dos un lugar entre los
príncipes,
entre los gobernantes de su pueblo.
9 El Señor concede a la mujer estéril
un hogar y la alegría de tener hijos.

¡Aleluya!

Sal 135.1-4

Recordando el éxodo

114 Cuando los israelitas salieron de Egipto,[a]
y la familia de Jacob
abandonó ese pueblo extraño,

[a]**112.9:** 2 Co 9.9. [a]**114.1:** Éx 12.51.

2 Judá se convirtió en el santuario del
Señor
y el pueblo de Israel llegó a ser su dominio.

3 Cuando el mar vio al Señor, se retiró;[b]
también el río Jordán dejó de fluir.[c]
4 Los montes saltaban como carneros,
¡las colinas brincaban como corderitos!

5 Dime, mar, ¿por qué te retiraste?
Y tú, Jordán, ¿por qué dejaste de fluir?
6 Y ustedes, montes y colinas,
¿por qué saltaban como carneros?
¿Por qué brincaban como corderitos?

7 En presencia del Señor, la tierra
tiembla;
¡tiembla en presencia del Dios de Jacob!
8 El Señor convirtió la peña en un
manantial;[d]
¡convirtió la roca en fuentes cristalinas!

Dios y los ídolos

115 No somos nosotros, Señor,
no somos nosotros dig-
nos de nada.
¡Es tu nombre el que merece la gloria
por tu misericordia y tu verdad!

2 Por qué han de preguntarnos los
paganos:
«¿Y dónde está su Dios?»
3 Nuestro Dios está en los cielos,
y él hace todo lo que quiere hacer.
4 Los dioses de ellos son de oro y plata;
son producto de la mano del hombre.
5 Tienen boca, pero no hablan;
tienen ojos, pero no ven;
6 tienen orejas, pero no oyen;
tienen narices, pero no huelen;
7 tienen manos, pero no palpan;
tienen pies, pero no caminan;
¡de su garganta no sale ningún sonido!
8 ¡Iguales a ellos son quienes los fabrican,
y todos los que en ellos ponen su
confianza![a]

PALABRAS CON PODER — **SALMOS DE PASCUA** *(Salmos 113–118)*

El pueblo de Israel usaba estos salmos en la celebración anual de Pascua. La Pascua era una fiesta en que los israelitas recordaban cómo habían sido salvados de la muerte (Éxodo 12). Ya que estos salmos empiezan "Alaben el nombre del Señor" (*Aleluya*), a estos salmos se les llamó "el Hallel". Los primeros dos salmos se cantaban antes de la cena y los otros cuatro se cantaban después de la cena. Es probable que estos hayan sido los últimos cantos que Jesús cantó después de la última cena (la cena de Pascua) con sus discípulos (Mateo 26:30), horas antes de su muerte.

9 Pueblo de Israel, confía en el Señor;
él es quien te ayuda y te protege.
10 Ustedes los sacerdotes, confíen en el
Señor;
él es quien los ayuda y los protege.
11 Ustedes, temerosos del Señor, con-
fíen en él;
él es quien los ayuda y los protege.

12 El Señor no nos olvida, y nos ben-
decirá;
bendecirá al pueblo de Israel;
bendecirá a los descendientes de
Aarón;
13 bendecirá a los que le temen;
bendecirá a los débiles y a los poderosos.[b]

14 El Señor añadirá sus bendiciones
sobre ustedes y sobre sus hijos.
15 ¡Benditos sean ustedes por el Señor,
creador del cielo y de la tierra!

16 Los cielos son los cielos del Señor;
a los mortales nos ha dado la tierra.
17 Los muertos, los que han bajado al
sepulcro,

[b] **114.3:** Éx 14.21. [c] **114.3:** Jos 3.16. [d] **114.8:** Éx 17.1-7; Nm 20.2-13. [a] **115.4-8:** Sal 135.15-18; Ap 9.20. [b] **115.13:** Ap 11.18; 19.5.

ya no pueden alabar al Señor;
18 pero nosotros, los que aún vivimos,
alabaremos al Señor ahora y siempre.
¡Aleluya!

Acción de gracias por la salud

116 Yo amo al Señor porque él
me escucha,
porque oye mi voz cargada de súplicas.
2 El Señor se digna escucharme;
por eso lo invocaré mientras viva.
3 Los lazos de la muerte me envolvieron,
y me angustié al verme tan cerca del sepulcro;
mi vida era de angustia y de aflicción constante.
4 Pero en el nombre del Señor clamé:
«Señor, ¡te ruego que me salves la vida!»

5 El Señor es justo y compasivo;
nuestro Dios es todo bondad.
6 El Señor protege a la gente sencilla.
Yo estuve muy enfermo, y él me levantó.
7 ¡Alma mía, ya puedes estar tranquila,
porque el Señor me ha tratado con bondad.

8 Tú, Señor, me libraste de la muerte,
enjugaste mis lágrimas y no me dejaste caer.
9 Por eso, Señor, mientras tenga vida,
viviré según tu voluntad.

10 Yo tenía fe, aun cuando dije:[a]
«¡Es muy grande mi aflicción!»
11 Era tal mi desesperación, que exclamé:
«¡No hay nadie digno de confianza!»

12 ¿Con qué voy a pagarle al Señor
tantas bendiciones que de él he recibido?

LECCIONES — HONRA A DIOS

(Salmo 115.1)

¿En algún momento has hecho algo bueno porque querías que otros se fijaran en ti? Si somos sinceros, tendremos que reconocer que somos tentados a buscar los elogios de los demás. Pero el autor del Salmo 115 tenía una mejor idea. Hagamos cosas buenas para glorificar a Dios. Cuando ayudas a tu hermanito o haces un quehacer doméstico sin que te lo pidan, glorificas a Dios.

13 ¡Sólo ofreciendo libaciones por su salvación,
e invocando el nombre del Señor! Is 12.1-3
14 ¡Sólo cumpliendo al Señor mis promesas
en presencia de todo su pueblo!

15 A los ojos del Señor es muy valiosa
la muerte de quienes lo aman.
16 Señor, yo soy tu siervo;
mi madre fue tu sierva, y yo también lo soy,
pues me libraste de mis cadenas.
17 El sacrificio que te ofrezco es mi alabanza;
voy, Señor, a proclamar tu nombre.
18 Voy a cumplirte mis promesas
en presencia de todo tu pueblo,
19 en los atrios de tu templo, Señor;
¡en medio de ti, ciudad de Jerusalén!

¡Aleluya!

Alabanza por la misericordia del Señor

117 Ustedes, naciones todas,
¡alaben al Señor!
Y ustedes, pueblos todos,
¡alaben al Señor![a]
2 ¡Grande es su misericordia por nosotros!

[a]**116.10:** 2 Co 4.13. [a]**117.1:** Ro 15.11.

¡La fidelidad del Señor permanece para
siempre!

¡Aleluya!

Acción de gracias por la salvación

118 ¡Alabemos al Señor, porque él es bueno;
porque su misericordia
permanece para siempre![a]

2 Que lo diga ahora Israel:
«¡Su misericordia permanece para
siempre!»
3 Que lo digan los descendientes de
Aarón:
«¡Su misericordia permanece para
siempre!»
4 Que lo digan los temerosos del Señor:
«¡Su misericordia permanece para
siempre!»

5 En medio de la angustia clamé al
Señor,
y él me respondió y me dio libertad.
6 El Señor está conmigo; no tengo
miedo
de lo que simples mortales me puedan
hacer.[b]
7 El Señor está conmigo y me brinda su
ayuda;
¡he de ver derrotados a los que me
odian!
8 Es mejor confiar en el Señor
que confiar en simples mortales.
9 Es mejor confiar en el Señor
que confiar en gente poderosa.

10 Todas las naciones me han rodeado,
pero en el nombre del Señor las venceré.
11 Me han rodeado y me acosan,
pero en el nombre del Señor las
venceré.
12 Zumban a mi alrededor, como abejas;
crepitan como espinos que arden;
pero en el nombre del Señor las
venceré.
13 Me empujan con violencia, para
hacerme caer,
pero el Señor me sostendrá.
14 El Señor es mi fuerza, y a él dedico
mi canto
porque en él he hallado salvación.[c]

15 En el campamento de los hombres
justos
se oyen gritos jubilosos de victoria:
«¡La diestra del Señor hace grandes
proezas!
16 ¡La diestra del Señor se ha levantado!
La diestra del Señor hace grandes
proezas!»

17 No voy a morir. Más bien, voy a vivir
para dar a conocer las obras del Señor.
18 Aunque el Señor me castigó con
dureza,
no me entregó a la muerte.

19 ¡Ábranme las puertas donde habita
la justicia!
¡Quiero entrar por ellas para alabar al
Señor!
20 Ellas son las puertas que llevan al
Señor,
y por ellas entran quienes son justos.

21 Te alabo, Señor, porque me escuchas,
y porque me das tu salvación.
22 La piedra que los constructores
rechazaron,
ha llegado a ser la piedra angular.[d]
23 Esto viene de parte del Señor,
y al verlo nuestros ojos[e] se quedan
maravillados.
24 Éste es el día que el Señor ha hecho;
y en él nos alegraremos y regocijaremos.

25 Señor, ¡te ruego que vengas a salvarnos![f]

[a] **118.1:** 1 Cr 16.34; 2 Cr 5.13; 7.3; Esd 3.11; Sal 100.5; 106.1; 107.1; 136.1; Jer 33.11. [b] **118.6:** Heb 13.6. [c] **118.14:** Éx 15.2; Is 12.2. [d] **118.22:** Lc 20.17; Hch 4.11; 1 P 2.7. [e] **118.22-23:** Mt 21.42; Mr 12.10-11. [f] **118.25:** Mt 21.9; Mr 11.9; Jon 12.13.

¡Te ruego que nos concedas la victoria!
26 ¡Bendito el que viene en el nombre del Señor![g]
Desde el templo del Señor los bendecimos.
27 El Señor es Dios, y nos brinda su luz.
¡Que comience la fiesta!
¡Aten las ofrendas a los cuernos del altar!

28 Tú eres mi Dios, y siempre te alabaré;
siempre, Dios mío, exaltaré tu nombre.

29 ¡Alabemos al Señor, porque él es bueno;
porque su misericordia permanece para siempre!

Excelencias de la ley de Dios

Álef

119 Dichosos los de conducta perfecta,
los que siguen las enseñanzas del Señor.
2 Dichosos los que cumplen sus testimonios,
y lo buscan de todo corazón.
3 Ellos no cometen ninguna maldad,
porque van por los caminos del Señor.
4 Tú, Señor, has ordenado
que se cumplan bien tus mandamientos.
5 ¡Cómo quisiera ordenar mis caminos
para cumplir con tus estatutos!

LECCIONES — LA MARAVILLOSA PALABRA DE DIOS *(Salmo 119.1)*

¿Cómo le describirías la Biblia a alguien que nunca la había leído? El autor del Salmo 119 usó 176 versículos para describir lo maravillosa que es la Palabra de Dios. No hay ningún otro libro como la Biblia. Ofrece herramientas para la vida y nos cuenta acerca de Dios. Este libro de instrucciones es una lectura obligatoria para los NIÑOS PODEROSOS.

6 Así no sentiría yo vergüenza
de atender a todos tus mandamientos.
7 Te alabaré con un corazón sincero
cuando haya aprendido tus justas sentencias.
8 Quiero obedecer tus estatutos;
¡no me abandones del todo!

Bet

9 ¿Cómo puede el joven limpiar su camino?
¡Obedeciendo tu palabra!
10 Yo te he buscado de todo corazón;
¡no dejes que me aparte de tus mandamientos!
11 En mi corazón he atesorado tus palabras,
para no pecar contra ti.
12 ¡Bendito seas, Señor!
¡Permíteme aprender tus estatutos!
13 Con mis labios siempre proclamo

[g] **118.26:** Mt 21.9; 23.39; Mr 11.10; Lc 13.35; 19.38; Jon 12.13.

EL MANTENERSE PURO *(Salmo 119.9)*
La ropa no permanece limpia. Si la usamos bastante se ensuciará y tendrá que lavarse. Nuestra vida también puede ensuciarse. Podemos contaminar nuestra vida por medio de las cosas que vemos y los malos hábitos que aprendemos de la gente que nos rodea. Es por eso que el autor de este salmo pregunta y luego contesta su propia pregunta: ¿Cómo puede el joven limpiar su camino? Lo puede hacer al leer la Palabra de Dios. ¿Quieres mantener tu vida limpia? ¡Lee la Palabra de Dios!

todas las sentencias que has dictado.
[14] Me alegra seguir el camino de tus testimonios
más que poseer muchas riquezas.
[15] Siempre medito en tus mandamientos,
y fijo mi atención en tus sendas.
[16] Mi alegría es el cumplir tus estatutos;
¡nunca me olvido de tus palabras!

Pr 3.1-6

Guímel

[17] Concédele a tu siervo una larga vida,
y obedecer siempre tu palabra.
[18] Ábreme los ojos para contemplar
las grandes maravillas de tus enseñanzas.
[19] En este mundo estoy de paso;
¡no escondas de mí tus mandamientos!
[20] Con ansias anhela mi alma
conocer en todo tiempo tus sentencias.
[21] Tú reprendes a los soberbios y malvados
que se apartan de tus mandamientos.
[22] Aparta de mí la vergüenza y el desprecio,
porque yo he cumplido con tus testimonios.
[23] Los magnates se reunieron para condenarme,
pero este siervo tuyo meditaba en tus estatutos.
[24] Yo me deleito en tus testimonios,
porque son mis mejores consejeros.

Dálet

[25] Me siento totalmente desanimado;
¡infúndeme vida, conforme a tu palabra!
[26] Te he contado mis planes, y me has respondido;
ahora dame a conocer tus estatutos.
[27] Hazme entender cómo andar en tus mandatos,
para que medite yo en tus maravillas.
[28] La ansiedad me corroe el alma;
¡susténtame con tu palabra!
[29] Apártame de andar tras la mentira,
y en tu misericordia enséñame tu ley.
[30] Yo he escogido seguirte fielmente;
y tengo presentes tus sentencias.
[31] Señor, yo me ciño a tus testimonios;
¡no permitas que sea yo avergonzado!
[32] Quiero seguir la senda de tus mandamientos,
porque tú le das libertad a mi corazón.

He

[33] Señor, guíame por el camino de tus estatutos,
y yo los obedeceré hasta el fin.
[34] Hazme entender tu ley, para cumplirla;
la obedeceré de todo corazón.
[35] Encamíname hacia tus mandamientos,
porque en ellos me deleito.
[36] Inclina mi corazón hacia tus testimonios,
y no hacia la avaricia.
[37] Aparta mis ojos de los dioses falsos,
y dame vida para andar contigo.
[38] Confirma tu palabra a tu siervo,
porque este siervo tuyo te honra.
[39] Aléjame del temor a la deshonra,
porque tú eres bondadoso en tus juicios.
[40] Ansío conocer tus mandamientos;
¡dame vida conforme a tu justicia!

Vau

[41] Señor, ten misericordia de mí,
y envíame tu salvación, como lo has prometido.
[42] Así responderé a los que se burlan de mí,
que yo he puesto en ti mi confianza.
[43] No quites de mis labios la verdad de tu palabra,
pues he puesto mi esperanza en tu justicia.
[44] Yo cumpliré siempre tu ley,
desde ahora y para siempre.
[45] Sólo así seré completamente libre,
pues he buscado seguir tus mandamientos.
[46] En presencia de reyes hablaré de tus testimonios,

y no tendré de qué avergonzarme.
47 Tus mandamientos son mi alegría,
porque los amo profundamente.
48 Con amor levanto mis manos hacia
tus mandamientos,
y medito en tus estatutos.

Záyin

49 Recuerda las promesas que me
hiciste,
en las cuales he puesto mi esperanza.
50 En mi aflicción, ellas son mi consuelo;
pues tu palabra me infunde nueva
vida.
51 Los soberbios se burlan mucho de mí,
pero ni así me aparto de tu ley.
52 Mi consuelo, Señor, es recordar
que tu justicia es siempre la misma.
53 Me horroriza pensar que hay mal-
vados
que se mantienen alejados de tu ley.
54 Aunque en este mundo estoy de
paso,
mis canciones son tus estatutos.
55 Por las noches pienso en ti, Señor,
pues quiero obedecer tu ley.
56 Esto es lo que me ha tocado:
poner en práctica tus mandamientos.

Jet

57 Señor, tú eres todo lo que tengo,
y prometo que obedeceré tu palabra.
58 De todo corazón busco tu presencia;
ten compasión de mí, conforme a tu
promesa.
59 He estado pensando en mis acciones,
y decidí encaminar mis pies hacia tus
estatutos.
60 Voy a darme prisa, y sin tardanza
cumpliré con tus mandamientos.
61 Me hallo sujeto a gente sin piedad,
pero no me olvido de tu ley.
62 Me levanto a medianoche, y te alabo
porque tus juicios son rectos.
63 Soy amigo de todos los que te
honran,
de todos los que obedecen tus pre-
ceptos.
64 Señor, tu misericordia llena la tierra;
¡enséñame tus decretos!

Tet

65 Señor, tú has tratado con bondad a
tu siervo,
de acuerdo a lo que le prometiste.
66 Enséñame a tener sabiduría y buen
juicio,
pues yo creo en tus mandamientos.
67 Antes de sufrir, yo andaba desca-
rriado;
pero ahora obedezco tu palabra.
68 Tú eres bueno, y me tratas bien;
enséñame tus estatutos.
69 Gente arrogante inventa mentiras en
mi contra,
pero yo cumplo tus mandamientos de
todo corazón.
70 Esa gente tiene el corazón insensible,
pero yo me regocijo con tu ley.
71 Me convino que me hayas castigado,
porque así pude aprender tus estatutos.
72 Para mí, es mejor la ley que mana de
tus labios
que miles de monedas de oro y plata.

Yod

73 Tú, con tus propias manos me
formaste;

EL AMAR LA PALABRA DE DIOS *(Salmo 119.47-48)*

¿Tienes un libro favorito? Tal vez tengas varios libros favoritos. La Palabra de Dios era el libro favorito del autor del Salmo 119. Él se deleitaba en los mandamientos de Dios. Cuando leemos la Biblia con un deseo sincero de entender y obedecer lo que nos enseña, el Espíritu Santo nos revela el amor de Dios de una manera más profunda. Los NIÑOS PODEROSOS que leen y obedecen la Palabra de Dios encuentran que lo aman más a Él cada día.

dame la capacidad de comprender tus
mandamientos.
74 Cuando me vean los que te honran,
se alegrarán,
porque en tu palabra he puesto mi
esperanza.
75 Señor, yo sé que tus juicios son
justos,
y que por tu fidelidad me afligiste.
76 Muéstrame tu misericordia, y ven a
consolarme,
pues ésa fue tu promesa a este siervo
tuyo.
77 Compadécete de mí, y viviré,
pues en tu ley encuentro mi deleite.
78 Avergüenza a esos arrogantes que
me calumnian;
por mi parte, yo meditaré en tus man-
damientos.
79 Que se unan a mí aquellos que te
honran,
aquellos que conocen tus testimonios.
80 Perfecciona mi corazón con tus
estatutos,
para que no tenga de qué avergon-
zarme.

Caf

81 Siento que me muero esperando tu
salvación;
pero sigo confiando en tu palabra.
82 Los ojos se me apagan esperando tu
promesa,
y me pregunto: «¿Cuándo vendrás a
consolarme?»
83 Me siento tan inútil como un odre
viejo,
pero tengo presentes tus estatutos.
84 ¿Cuántos años más me quedan de vida?
¿Cuándo dictarás sentencia contra mis
enemigos?
85 Gente altanera me ha tendido
trampas,
pues no actúa de acuerdo con tu ley.
86 Todos tus mandamientos son ver-
daderos;
¡ayúdame, porque sin razón soy perse-
guido!
87 Poco ha faltado para que me derri-
ben,
pero ni así me he apartado de tus
mandamientos.
88 ¡Dame vida, conforme a tu miseri-
cordia,
para que cumpla los testimonios que
has emitido!

Lámed

89 Señor, tu palabra es eterna,
y permanece firme como los cielos.
90 Tu fidelidad es la misma por todas las
edades;
tú afirmaste la tierra, y ésta permanece
firme.
91 Por tus decretos, todo subsiste hoy,
y todo está a tu servicio.
92 Si en tu ley no hallara mi regocijo,
la aflicción ya habría acabado conmigo.
93 Jamás me olvidaré de tus manda-
mientos,
porque con ellos me has devuelto la
vida.
94 Mi vida te pertenece; ¡sálvame, Señor,
pues yo estudio tus mandamientos!
95 Los malvados buscan cómo destruir-
me,
pero yo trato de entender tus testi-
monios.
96 He visto que aun lo perfecto se
acaba,
pero tus mandamientos son eternos.

Mem

97 ¡Cuánto amo yo tus enseñanzas!
¡Todo el día medito en ellas!
98 Me has hecho más sabio que a mis
perseguidores,
porque tus enseñanzas están siempre
conmigo.
99 Entiendo más que mis maestros,
porque tus testimonios son mi medita-
ción.
100 Comprendo mejor que los ancianos,
porque obedezco tus mandamientos.
101 Me he apartado de todo mal
camino,
para obedecer tu palabra.

[102] No me he apartado de tus juicios
porque eres tú quien me dirige.
[103] ¡Cuán dulces son tus palabras en mi
boca!
¡Son más dulces que la miel en mis
labios!
[104] Tus mandamientos me han dado
inteligencia;
por eso odio toda senda de mentira.

Nun

[105] Tu palabra es una lámpara a mis pies;
¡es la luz que ilumina mi camino!
[106] Me comprometí, y no me arrepiento:
voy a obedecer tus justas sentencias.
[107] Señor, me encuentro muy afligido;
dame vida, conforme a tu promesa.
[108] Señor, espero que te agraden mis
votos;
enséñame a entender tus juicios.
[109] Mi vida está siempre en peligro,
pero yo no me olvido de tu ley.
[110] Gente malvada me ha tendido
trampas,
pero yo no me he apartado de tus
mandamientos.
[111] Tengo tu palabra como herencia
eterna,
porque ella me alegra el corazón.
[112] De corazón me dispongo a cumplir
tus estatutos
siempre, hasta el fin de mis días.

Sámej

[113] No soporto a la gente hipócrita,
pero amo tus enseñanzas.
[114] Tú eres mi escondite; eres mi escudo;
en tu palabra he puesto mi esperanza.
[115] Ustedes los malhechores: ¡apártense
de mí,
que quiero obedecer los mandamientos de mi Dios!
[116] Aliméntame con tu palabra, y viviré;
¡no permitas que se frustre mi esperanza!
[117] Sosténme, y estaré a salvo,
y siempre me alegraré en tus estatutos.
[118] Tú humillas a los que se apartan de

PROMESAS PODEROSAS

SALMO 119.105

Tu palabra es una lámpara a mis pies; ¡es la luz que ilumina mi camino!

Si en algún momento has caminado por una vereda oscura que pasa por un bosque, sabes cuán útil puede ser una buena linterna. Cuando la luz de la linterna ilumina la vereda, te ayuda a llegar al lugar al que quieres ir sin tener ningún percance. La Palabra de Dios es como esa linterna. Contiene consejos y principios que brillan como luces sobre la vereda de la vida para ayudarnos a tomar decisiones buenas.

tus estatutos,
porque su astucia es pura falsedad.
[119] Consumes como a basura a todos
los malvados,
por eso yo amo tus testimonios.
[120] Todo mi ser se estremece de temor;
¡tiemblo a causa de tus sentencias!

Ayin

[121] Yo practico el derecho y la justicia;
¡no me dejes caer en poder de mis
enemigos!
[122] Trata con bondad a este siervo tuyo;
que no se aprovechen de mí los
soberbios.
[123] Mis ojos desfallecen esperando que
me salves,
y que con tu palabra me hagas justicia.
[124] Trátame con misericordia,
y enséñame tus estatutos.
[125] Yo soy tu siervo, y quiero entender
y llegar a conocer tus testimonios.
[126] Señor, ¡llegó el momento de que
actúes,
pues los malvados han anulado tu ley!
[127] Por eso yo amo tus mandamientos,
porque son mejores que el oro más
puro.

128 Yo estimo la rectitud y pureza de tus mandamientos;
por eso me he alejado de la senda de mentira.

Pe

129 Tus testimonios son admirables;
por eso son el tesoro de mi alma.
130 La enseñanza de tus palabras ilumina;
y hasta la gente sencilla las entiende.
131 Grandes son mi sed y mis ansias
por recibir y entender tus mandamientos.
132 Mírame, y ten misericordia de mí,
como la tienes con quienes te aman.
133 Ordena mis pasos con tu palabra,
para que el pecado no me domine.
134 Protégeme de los hombres violentos,
porque deseo obedecer tus mandamientos.
135 Alumbra con tu presencia a este siervo tuyo,
y enséñame tus estatutos.
136 De mis ojos brota el llanto a mares,
porque hay gente que no obedece tu ley.

Tsade

137 Tú, Señor, eres justo,
y tus sentencias son rectas.
138 Los mandamientos que nos has dado
son también justos y verdaderos.
139 Pero el enojo me consume,
porque mis enemigos olvidaron tu palabra.
140 Tu palabra es todo pureza;
por eso yo, tu siervo, la amo.
141 Yo soy insignificante, y nada valgo,
pero no me olvido de tus mandamientos.
142 Tu justicia es siempre justa,
y tu ley es la verdad.
143 La aflicción y la angustia me dominan,
pero el gozo de tus mandamientos me levanta.
144 Tus testimonios son siempre justos;
dame entendimiento y viviré.

Cof

145 Señor, yo te llamo con todo el corazón;
¡respóndeme, y cumpliré tus estatutos!
146 ¡Sálvame, pues a ti elevo mi clamor!
¡Quiero obedecer tus testimonios!
147 Clamo a ti antes de que amanezca,
y me quedo esperando tu respuesta.
148 Me mantengo despierto toda la noche
para meditar en tus mandatos.
149 Señor, escúchame, por tu misericordia;
¡dame vida, conforme a tu justicia!
150 Mis malvados perseguidores ya están cerca,
pero de tu ley están muy lejos.
151 Pero tú, Señor, sí estás muy cerca,
y todos tus mandamientos son verdad.
152 Hace tiempo llegué a conocer tus mandatos,
los cuales estableciste para la eternidad.

Resh

153 Mira mi aflicción, y ven a salvarme,
pues no me he olvidado de tu ley.
154 ¡Defiéndeme, y ponme a salvo!
¡Dame vida con tu palabra!
155 Los malvados están lejos de tu salvación,
porque no buscan tus estatutos.
156 Señor, tú eres muy bondadoso;
¡dame vida de acuerdo a tu justicia!
157 Son muchos los enemigos que me persiguen,
pero yo no me aparto de tus testimonios.
158 No soporto ver a esos traidores
porque no obedecen tus palabras.
159 Señor, ¡mira cuánto amo tus mandamientos!
¡Dame vida, conforme a tu misericordia!
160 La verdad es la esencia de tu palabra,
y tus juicios son siempre justos.

Shin

161 Los poderosos me persiguen sin motivo,

pero yo respeto y honro tu palabra.
162 Es tal la alegría que me causa tu palabra
que es como hallar un gran tesoro.
163 No soporto la mentira. ¡La aborrezco!
Pero amo tus enseñanzas.
164 Siete veces al día te alabo
porque tus juicios son siempre justos.
165 Los que aman tu ley viven en completa paz,
porque saben que no tropezarán.
166 Señor, espero que me salves;
mientras viva, cumpliré tus mandamientos.
167 Toda mi vida he obedecido tus estatutos,
pues son el gran amor de mi vida.
168 He cumplido tus mandamientos y tus testimonios
pues tú sabes todo lo que hago.

Tav

169 Señor, ¡escucha mi clamor!
¡Dame entendimiento, conforme a tu palabra!
170 ¡Que llegue mi oración a tu presencia!
¡Líbrame, como lo has prometido!
171 De mis labios se desbordará la alabanza
cuando me hayas enseñado tus estatutos.
172 Con mis labios proclamaré tu palabra,
porque todos tus mandamientos son justos.
173 Extiende tu mano para socorrerme,
porque he elegido obedecer tus mandamientos.
174 Señor, yo espero que me salves,
porque me deleito en tu ley.
175 Concédeme vida para alabarte,
y sosténme con tus juicios.
176 Ando sin rumbo, como oveja perdida;
¡ven en busca de este siervo tuyo
que no ha olvidado tus mandamientos!

Entre la paz y la guerra

Cántico gradual.

120

En mi angustia, clamé al Señor,
y el Señor me respondió.
2 ¡Líbrame, Señor, de los mentirosos,
de la gente de lengua embustera!

3 Tú, lengua mentirosa,
¿qué ganas con engañar a todos?
4 ¡Serás asaeteado con agudas flechas,
ardientes como el fuego de retama!

5 ¡Ay de mí! ¡Soy un extranjero en Mesec!
¡Habito entre las tiendas de Cedar!
6 ¡Ya he convivido mucho tiempo
con los que no pueden vivir en paz!
7 Aunque soy un hombre de paz,
cuando les hablo, me declaran la guerra.

El Señor es tu protector

Cántico gradual.

121

Elevo mis ojos a los montes;
¿de dónde vendrá mi socorro?
2 Mi socorro viene del Señor,
creador del cielo y de la tierra.

PROMESAS PODEROSAS

SALMO 121.2

Mi socorro viene del Señor, creador del cielo y de la tierra.

Cuando necesitas ayuda, ¿a dónde vas? ¿A uno de tus padres? ¿A un maestro o a algún otro adulto en quien confías? Dios quiere que recuerdes que Él siempre está listo para ayudarte. El que hizo los cielos y la tierra está esperando oír de ti. Ningún problema es demasiado grande para Él. Él te contestará cuando clames a Él.

3 El Señor no dejará que resbales;
el que te cuida jamás duerme.
4 Toma en cuenta que nunca duerme
el protector de Israel.

5 El Señor es tu protector;
el Señor es como tu sombra:
¡siempre está a tu mano derecha!
6 Ni el sol te fatigará de día,
ni la luna te agobiará en la noche.

7 El Señor te librará de todo mal;
el Señor protegerá tu vida.
8 El Señor te estará vigilando
cuando salgas y cuando regreses,
desde ahora y hasta siempre.

Oración por la paz de Jerusalén

Cántico gradual. De David.

122 Yo me alegro con los que me dicen:
«Vamos a la casa del Señor.»
2 Ya nuestros pies se dan prisa;
¡ya estamos, Jerusalén, ante tus puertas!

3 La ciudad de Jerusalén fue construida
como centro de reunión de la comunidad.
4 Todas las tribus del Señor llegan a ella,
cumpliendo con la orden dada a Israel
de alabar allí el nombre del Señor.
5 Allí se encuentran los tribunales de justicia;
allí está el trono de la casa de David.

6 Pidamos por la paz de Jerusalén,
y porque prosperen los que te aman.
7 Que haya paz dentro de tus murallas,
y se respire tranquilidad en tus palacios.

8 Por mis hermanos y mis compañeros,
ruego a Dios que haya paz en ti.
9 Por el templo del Señor nuestro Dios,
pido a Dios que te dé bienestar.

Súplica por la bondad de Dios

Cántico gradual.

123 Hacia ti, Señor, levanto mis ojos;
hacia ti, que habitas en los cielos.
2 Nuestros ojos están puestos en ti,
Señor y Dios nuestro,
como los ojos de los siervos y las siervas
que miran atentos a sus amos y sus amas;
¡esperamos que nos muestres tu bondad!

3 Muéstranos tu bondad, Señor;
¡muéstranos tu bondad!
¡Ya estamos cansados de que nos desprecien!
4 ¡Ya estamos cansados de tantas burlas
por parte de quienes todo lo tienen!
¡Cansados de que los soberbios nos menosprecien!

Nuestra ayuda viene del Señor

Cántico gradual. De David.

124 Si el Señor no hubiera estado de nuestro lado
—que lo reconozca el pueblo de Israel—,
2 si el Señor no hubiera estado de nuestro lado
cuando todo el mundo se levantó contra nosotros,
3 nos habrían tragado vivos,
pues su furia contra nosotros los quemaba;
4 ¡nos habrían arrastrado como una inundación!,
¡nos habrían sepultado como un torrente!,
5 ¡nos habrían ahogado como aguas impetuosas!

6 ¡Bendito sea el Señor,
que no nos dejó caer en sus fauces!
7 ¡Escapamos como escapa el ave de la red!

¡La red se abrió, y nosotros escapamos!
[8] Nuestra ayuda viene del Señor,
creador del cielo y de la tierra.

Dios protege a su pueblo

Cántico gradual.

125 Los que confían en el Señor
son semejantes al monte Sión,
que jamás se mueve,
que siempre está en su lugar.
[2] Son también semejantes a Jerusalén
que está rodeada de montes:
¡la protección del Señor rodea a su pueblo
desde ahora y para siempre!

[3] Jamás se impondrá el cetro de los impíos
sobre el país de los justos,
para que los justos no caigan en la maldad.

[4] Señor, bendice a los que hacen el bien,
a los que son de recto corazón.
[5] Pero castiga, Señor, a los que se apartan de ti;
¡recházalos junto con los malhechores!

¡Que haya paz en Israel!

Oración por la restauración

Cántico gradual.

126 Cuando el Señor nos haga volver a Sión,
nos parecerá estar soñando.
[2] Nuestra boca se llenará de risa;
nuestra lengua rebosará de alabanzas.
Entonces las naciones dirán:
«¡El Señor ha hecho grandes cosas por éstos!»
[3] Sí, el Señor hará grandes cosas por nosotros,
y eso nos llenará de alegría.

[4] Señor, ¡haz que volvamos de nuestra cautividad,
y que corramos libres como los arroyos del desierto!
[5] ¡Haz que los que siembran con lágrimas
cosechen entre gritos de alegría!
[6] ¡Que los que entre sollozos esparzan la semilla,
vuelvan alegres trayendo sus gavillas!

Los hijos son una bendición

Cántico gradual. De Salomón.

127 Si el Señor no edifica la casa,
de nada sirve que los edificadores se esfuercen.
Si el Señor no protege la ciudad,
de nada sirve que los guardias la vigilen.
[2] De nada sirve que ustedes madruguen,
y que se acuesten muy tarde,
si el pan que comen es pan de sufrimiento,
y el Señor da el sueño a los que él ama.

PROMESAS PODEROSAS

SALMO 127.1

Si el Señor no edifica la casa, de nada sirve que los edificadores se esfuercen. Si el Señor no protege la ciudad, de nada sirve que los guardias la vigilen.

¿En algún momento has tratado de construir algo sin leer las instrucciones? ¿Tuviste problemas con el proyecto? No puedes construir algo correctamente si no sigues el plano. De la misma manera, si tratamos de hacer algo para Dios sin seguir el plan de Él, nos encontraremos en apuros. Dios nos ha dado la Biblia como una guía para nuestra vida. ¡Asegurémonos de leer sus instrucciones!

3 Los hijos son un regalo del Señor;
los frutos del vientre son nuestra
recompensa.
4 Los hijos que nos nacen en nuestra
juventud
son como flechas en manos de un
guerrero.
5 ¡Dichoso aquél que llena su aljaba
con muchas de estas flechas!
No tendrá de qué avergonzarse
cuando se defienda ante sus enemigos.

Las bendiciones del Señor

Cántico gradual.

128 ¡Dichosos todos los que
honran al Señor!
¡Dichosos los que van
por sus caminos!
2 ¡Dichoso serás, y te irá bien,
cuando te alimentes del fruto de tu
trabajo!
3 En la intimidad de tu casa,
tu esposa será como una vid con
muchas uvas;
alrededor de tu mesa
tus hijos serán como retoños de olivo.
4 Así bendice el Señor
a todo aquel que le honra.

5 ¡Que el Señor te bendiga desde el
monte Sión!
¡Que veas en vida el bienestar de
Jerusalén!
6 ¡Que llegues a ver a tus nietos!
¡Que haya paz en Israel!

La justicia del Señor

Cántico gradual.

129 Muchas han sido mis an-
gustias
desde mi juventud...
—que lo reconozca el pueblo de
Israel—,
2 muchas han sido mis angustias
desde mi juventud,
pero no lograron vencerme.
3 Sobre mis espaldas pasaron los arados
y me dejaron profundas huellas,
4 pero el Señor, que es justo,
me libró de las ataduras de los malva-
dos.

5 ¡Que huyan avergonzados
todos los que odian a Sión!
6 ¡Que sean como la hierba en el tejado,
que se marchita y nunca crece,
7 que no alcanza a llenar la mano del
segador,
ni jamás llega a formar un manojo!
8 Que nunca le digan los que pasan:
«¡Que el Señor los bendiga!
¡Nosotros los bendecimos en el nom-
bre del Señor!»

Esperanza en la salvación del Señor

Cántico gradual.

130 A ti clamo, Señor,
desde el fondo de mi
angustia.
2 ¡Escucha, Señor, mi voz!
¡Que no se cierren tus oídos
al clamor de mi súplica!

3 Señor, si te fijaras en nuestros peca-
dos,
¿quién podría sostenerse en tu pre-
sencia?
4 Pero en ti hallamos perdón,
para que seas reverenciado.

5 Señor, toda mi vida he esperado en ti,
y he confiado en tus promesas.
6 Yo te espero, Señor, con toda el alma,
como esperan los centinelas la ma-
ñana,
como esperan los vigilantes el nuevo
día.

7 Israel, confía en el Señor,
porque el Señor es misericordioso;
¡en él hay abundante redención!
8 El Señor salvará a Israel
de todos sus pecados.[a]

[a] **130.8:** Mt 1.21; Tit 2.14.

Plena confianza en Dios

Cántico gradual; de David.

131 Señor, mi corazón no es vanidoso,
ni son altaneros mis ojos;
no busco realizar grandes proezas,
ni hazañas que excedan a mis fuerzas.
2 Me porto con mesura y en sosiego,
como un niño recién amamantado;
¡soy como un niño recién amamantado,
que está en brazos de su madre!

3 Israel, ¡confía en el Señor
desde ahora y para siempre!

La promesa de Dios a David

Cántico gradual.

132 Señor, acuérdate de David
y de sus muchas aflicciones;
2 acuérdate, Poderoso de Jacob,
de la promesa que te hizo, cuando dijo:
3 «No voy a refugiarme en mi casa,
ni voy a entregarme al descanso;
4 no me permitiré un momento de sueño,
ni pegaré los ojos para dormirme,
5 hasta que el Señor, el Poderoso de Jacob,
tenga un lugar digno en el cual residir.»

6 En Efrata oímos hablar del arca,
y la hallamos en los campos del bosque.
7 ¡Vamos! ¡Entremos en el santuario!
¡Arrodillémonos ante el estrado de sus pies!

8 ¡Ven, Señor, a tu lugar de reposo!
¡Ven, con tu arca poderosa!
9 ¡Que tus sacerdotes se revistan de justicia,
y que se alegre el pueblo que te es fiel!
10 Puesto que amas a tu siervo David,
no le des la espalda, que es tu elegido.[a]
11 El Señor le hizo a David un juramento,
del cual no va a retractarse:
«A tus hijos los pondré en tu trono,[b]
12 si ellos obedecen mi pacto.
Yo les enseñaré mis testimonios,
y también sus hijos y descendientes
te sucederán en el trono para siempre.»

13 El Señor eligió a Sión,
y decidió establecer allí su santuario.
14 «En este lugar viviré para siempre;
aquí es donde quiero establecer mi trono.
15 Multiplicaré el alimento de mi pueblo,
para que los pobres se sacien de pan.
16 Los sacerdotes se cubrirán de triunfo,
y el pueblo del Señor cantará de alegría.
17 Allí renacerá el poder de David,
y mantendré encendida la lámpara de mi elegido.[c]
18 A sus enemigos los dejaré confundidos,
pero la corona de David mantendrá su esplendor.»

El amor fraternal

Cántico gradual. De David.

133 ¡Qué bueno es, y qué agradable,
que los hermanos convivan en armonía!
2 Es como el buen perfume
que resbala por la cabeza de Aarón,
y llega hasta su barba
y hasta el borde de sus vestiduras.
3 Es como el rocío del monte Hermón,
que cae sobre los montes de Sión.
Allí el Señor ha decretado para su pueblo
bendición y vida para siempre.

---

[a] **132.8-10:** 2 Cr 6.41-42. [b] **132.11:** 2 S 7.12-16; 1 Cr 17.11-14; Sal 89.3-4; Hch 2.30. [c] **132.17:** 1 R 11.36.

LECCIONES — UNIDAD
(Salmo 133.1-3)

¿Qué haces tú para llevarte bien con tu hermano o hermana? Este salmo nos recuerda lo importante que es llevarnos bien con los demás, ya sean familiares, amigos o vecinos. Cuando convivimos en armonía con nuestros hermanos (versículo 1), tratamos de resolver nuestros desacuerdos de manera pacífica. Estamos dispuestos a ceder el derecho a tener razón a fin de ponerle fin a una discusión. ¿Cómo hacemos esto? ¡Por medio del poder de Dios!

PALABRAS CON PODER — CÁNTICOS DE ASCENSO
(Salmos 120–134)

Estos quince salmos se llaman "Cánticos de ascenso". Muchas personas creen que la frase "Cánticos de ascenso" se refiere a los salmos que los judíos cantaban juntos cuando viajaban a Jerusalén para celebrar las fiestas anuales como la Pascua y el Pentecostés. Otros creen que esta frase se refiere a las escaleras que llevaban al templo y que estos salmos se usaban para ceremonias de adoración. De cualquier manera, los cantos se escribieron para adorar a Dios. ¿Cuáles son los cantos que canta la gente en tu congregación? ¿Qué es lo que más te gusta de estos cantos?

Exhortación a la alabanza

Cántico gradual.

134 Ustedes todos, siervos del Señor,
que por las noches
vigilan su templo,
¡bendigan al Señor!
2 ¡Levanten las manos hacia el santuario
y bendigan al Señor!

3 ¡Que te bendiga desde Sión el Señor,
creador del cielo y de la tierra!

La grandeza del Señor

Aleluya.

135 ¡Alabado sea el nombre del Señor!
¡Que lo alaben todos sus siervos,
2 los que sirven en el templo del Señor,
los que están en los atrios de nuestro Dios!

3 ¡Alaben al Señor, porque él es bueno!
¡Canten salmos a su nombre, por su
bondad!
4 El Señor eligió a Jacob como su pro-
piedad;
hizo que Israel fuera su propio pueblo.

Sal 146

5 Yo sé bien que el Señor nuestro Dios
es grande,
¡que es más grande que todos los
dioses!
6 El Señor hace todo lo que él quiere,
en los cielos y en la tierra,
en los mares y en los abismos profun-
dos.
7 Desde lo más remoto de la tierra
hace que las nubes se levanten,
envía los relámpagos que acompañan
la lluvia,
y abre las puertas para que salgan los
vientos.

8 A los primogénitos egipcios les quitó
la vida;
lo hizo con los hombres y con las
bestias.
9 Allí en Egipto, al faraón y a sus siervos
les advirtió con prodigios y señales.
10 El Señor destruyó a muchas naciones,
y les quitó la vida a reyes poderosos:
11 a Sijón, rey de los amorreos;
a Og, rey de Basán;
y a todos los reyes cananeos.
12 Todo el territorio que esos reyes
habitaban
se lo dio en propiedad a su pueblo
Israel.

13 Señor, tu nombre es eterno;
por todas las generaciones serás
recordado,
14 porque tú, Señor, defiendes a tu
pueblo
y te compadeces de tus siervos.

15 Los dioses de los paganos son de oro
y plata,
y están hechos por la mano del
hombre.
16 Tienen boca, pero no hablan;
tienen ojos, pero no ven;
17 orejas tienen, pero no oyen,
y en sus labios no hay aliento de vida.
18 Iguales a ellos son quienes los fabrican,
y todos los que ponen su confianza en
ellos.[a]

19 Ustedes los israelitas, ¡bendigan al
Señor!
Ustedes los sacerdotes, ¡bendigan al
Señor!
20 Ustedes los levitas, ¡bendigan al
Señor!
Ustedes temerosos del Señor, ¡bendi-
gan al Señor!
21 ¡Bendito sea desde Sión
el Señor, que habita en Jerusalén!

¡Aleluya!

La misericordia del Señor

136 ¡Alabemos al Señor, por-
que él es bueno!
¡Su misericordia perma-
nece para siempre![a]
2 Alabemos al Dios de dioses;
¡su misericordia permanece para
siempre!
3 Alabemos al Señor de señores;
¡su misericordia permanece para
siempre!

4 El Señor hace grandes maravillas.
¡Su misericordia permanece para
siempre!
5 El Señor creó los cielos[b] con sabiduría.
¡Su misericordia permanece para
siempre!
6 El Señor extendió la tierra sobre las
aguas.[c]
¡Su misericordia permanece para
siempre!
7 El Señor formó las grandes lumbreras.[d]
¡Su misericordia permanece para
siempre!
8 El Señor hizo el sol para dominar en
el día.
¡Su misericordia permanece para
siempre!
9 Y la luna y las estrellas para dominar
en la noche.
¡Su misericordia permanece para
siempre!
10 El Señor hirió de muerte a los primo-
génitos egipcios.[e]
¡Su misericordia permanece para
siempre!
11 El Señor sacó de Egipto a los israe-
litas.[f]
¡Su misericordia permanece para
siempre!
12 Lo hizo con mano fuerte y brazo
extendido.
¡Su misericordia permanece para
siempre!
13 El Señor partió en dos[g] el Mar Rojo.
¡Su misericordia permanece para
siempre!
14 El Señor hizo pasar por él a Israel.
¡Su misericordia permanece para
siempre!
15 El Señor sepultó en el Mar Rojo al
faraón y a su ejército.
¡Su misericordia permanece para
siempre!
16 El Señor condujo a su pueblo por el
desierto.

[a] **135.15-18:** Sal 115.4-8; Ap 9.20. [a] **136.1:** 1 Cr 16.34; 2 Cr 5.13; 7.3; Esd 3.11; Sal 100.5; 106.1; 107.1; 118.1; Jer 33.11. [b] **136.5:** Gn 1.1. [c] **136.6:** Gn 1.2. [d] **136.7-9:** Gn 1.16. [e] **136.10:** Éx 12.29. [f] **136.11:** Éx 12.51. [g] **136.13-15:** Éx 14.21-29.

¡Su misericordia permanece para
siempre!
17 El Señor hirió de muerte a grandes
reyes.
¡Su misericordia permanece para
siempre!
18 El Señor les quitó la vida a reyes
poderosos.
¡Su misericordia permanece para
siempre!
19 A Sijón, el rey de los amorreos.[h]
¡Su misericordia permanece para
siempre!
20 También a Og, el rey de Basán.[i]
¡Su misericordia permanece para
siempre!
21 Esas tierras se las dio en propiedad a
su pueblo.
¡Su misericordia permanece para
siempre!
22 Fueron la herencia de su pueblo
Israel.
¡Su misericordia permanece para
siempre!

23 El Señor se acuerda de nosotros
cuando estamos abatidos.
¡Su misericordia permanece para
siempre!
24 El Señor nos libra de nuestros ene-
migos.
¡Su misericordia permanece para
siempre!
25 El Señor alimenta a todos los seres
vivos.
¡Su misericordia permanece para
siempre!

26 ¡Alabemos al Dios de los cielos!
¡Su misericordia permanece para
siempre!

Recuerdos del cautiverio en Babilonia

137 Junto a los ríos de Babilonia,
nos sentábamos a llorar
al acordarnos de Sión.
2 Sobre los sauces de la ciudad
colgamos nuestras arpas.
3 Los que nos capturaron, nos pedían
que cantáramos.
Nuestros opresores nos pedían estar
contentos. Decían:
«¡Canten algunos de sus cánticos de
Sión!»

4 ¿Y cómo podríamos cantarle al Señor
en un país extranjero?
5 Jerusalén,
si acaso llego a olvidarme de ti,
¡que la mano derecha se me tulla!
6 Jerusalén,
¡que la lengua se me pegue al paladar,
si acaso no llego a recordarte
ni te pongo por encima de mis alegrías!

7 Señor, recuerda lo que decían los
edomitas
el día que Jerusalén fue destruida:
«¡Arrásenla, destrúyanla hasta sus
cimientos!»

8 ¡También tú, Babilonia, serás arrasada!
¡Dichoso el que te dé tu merecido
por todo el mal que nos hiciste![a]
9 ¡Dichoso el que agarre a tus niños
y los estrelle contra las rocas!

La grandeza del Señor

Salmo de David.

138 Te alabaré de todo cora-
zón,
y ante todos los dioses
te cantaré salmos.
2 De rodillas, y en dirección a tu santo
templo,
alabaré tu nombre por tu misericordia
y fidelidad,
por la grandeza de tu nombre
y porque tu palabra está por encima
de todo.
3 Cuando te llamé, me respondiste,
y mi alma desfallecida se llenó de vigor.

[h] **136.19:** Nm 21.21-30. [i] **136.20:** Nm 21.31-35. [a] **137.8:** Ap 18.6.

4 Señor, ¡que todos los reyes de la tierra
te alaben al escuchar tu palabra!
5 ¡Que alaben tus caminos, Señor,
porque grande, Señor, es tu gloria!
6 Tú, Señor, estás en las alturas,
pero te dignas atender a los humildes;
en cambio, te mantienes alejado de los
orgullosos.

7 Cuando me encuentre angustiado,
tú me infundirás nueva vida;
me defenderás de la ira de mis enemigos,
y con tu diestra me levantarás victorioso.
8 Tú, Señor, cumplirás en mí tus planes;
tu misericordia, Señor, permanece para
siempre.
Yo soy creación tuya. ¡No me desampares!

Dios está en todas partes

Al músico principal. Salmo de David.

139 Señor, tú me has examinado y me conoces;
2 tú sabes cuando me
siento o me levanto;
¡desde lejos sabes todo lo que pienso!
3 Me vigilas cuando camino y cuando
descanso;
¡estás enterado de todo lo que hago!
4 Todavía no tengo las palabras en la
lengua,
¡y tú, Señor, ya sabes lo que estoy por
decir!
5 Tu presencia me envuelve por completo;
la palma de tu mano reposa sobre mí.
6 Saber esto rebasa mi entendimiento;
¡es tan sublime que no alcanzo a comprenderlo!

7 ¿Dónde puedo esconderme de tu
espíritu?
¿Cómo podría huir de tu presencia?
8 Si subiera yo a los cielos, allí estás tú;
si me tendiera en el sepulcro, también
estás allí.

PROMESAS PODEROSAS

SALMO 138.8

Tú, Señor, cumplirás en mí tus planes; tu misericordia, Señor, permanece para siempre. Yo soy creación tuya. ¡No me desampares!

¿Puedes por tus propias fuerzas hacerte mayor o más alto? No. Tienes que confiar en que Dios se encargará de estas cosas. Dios tiene planes para cada día de tu vida. No te dejará. Cuidará de ti. ¡Jamás lo olvides!

9 Si levantara el vuelo hacia el sol
naciente,
o si habitara en los confines del mar,
10 aun allí tu mano me sostendría;
¡tu mano derecha no me soltaría!
11 Si quisiera esconderme en las tinieblas,
y que se hiciera noche la luz que me
rodea,
12 ¡ni las tinieblas me esconderían de ti,
pues para ti la noche es como el día!
¡Para ti son lo mismo las tinieblas y la
luz!

13 Tú, Señor, diste forma a mis entrañas;
¡tú me formaste en el vientre de mi
madre!
14 Te alabo porque tus obras son formidables,
porque todo lo que haces es maravilloso.
¡De esto estoy plenamente convencido!

15 Aunque en lo íntimo me diste forma,
y en lo más secreto me fui desarrollando,
nada de mi cuerpo te fue desconocido.
16 Con tus propios ojos viste mi embrión;
todos los días de mi vida ya estaban en
tu libro;

antes de que me formaras, los anotaste,
y no faltó uno solo de ellos.

17 Dios mío, ¡cuán preciosos me son tus pensamientos!
¡Cuán vastos son en su totalidad!
18 Si los contara, serían más que la arena;
si terminara de contarlos, tú aún estarías allí.

19 Dios mío, ¡quítales la vida a los malvados!
¡Aparta de mí a la gente violenta,
20 a esos enemigos tuyos
que blasfeman y se burlan de ti!
21 Señor, tú sabes que odio a los que te odian,
que mi enojo se enciende contra tus enemigos.
22 Son para mí totalmente aborrecibles;
¡los considero mis peores enemigos!

23 Señor, examina y reconoce mi corazón;
pon a prueba cada uno de mis pensamientos.
24 Así verás si voy por mal camino,
y me guiarás por el camino eterno.

Súplica en contra de los perseguidores

Al músico principal. Salmo de David.

140 Señor, líbrame de los malvados;
¡protégeme de los violentos!
2 Esa gente siempre está tramando el mal,
y no hay un día en que no busque pleito.
3 Su lengua es aguda como de serpiente;
sus labios destilan veneno mortal.[a]

4 Señor, ¡protégeme de la gente malvada!

PALABRAS CON PODER

OMNIPRESENTE Y OMNISCIENTE

(Salmo 139.1-24)

David escribió acerca de dos cualidades que sólo tiene Dios: Él está en todos sitios a la vez y sabe todo. Él está presente en toda ciudad, en todo país y también en todo el universo. No hay ningún lugar donde podríamos ir y no encontrar a Dios. ¡Nuestro Creador hasta sabe cuáles son nuestros pensamientos! Pero Él sigue amándonos, sin importar lo que hayamos hecho. Cuando enfrentes una situación aterradora o te sientas solo, piensa acerca de este salmo.

¡Líbrame de la gente violenta,
que quiere hacerme caer!
5 Son gente soberbia, que me tiende trampas;
gente que a mi paso pone redes
con la intención de hacerme tropezar.

6 Yo, Señor, declaro que tú eres mi Dios;
¡dígnate, Señor, prestar oído a mi súplica!
7 Tú, Señor mi Dios, eres mi poderoso salvador;
¡tú me proteges en el día de la batalla!
8 ¡No permitas, Señor, que triunfen los malvados!
¡Frustra sus planes! ¡Que no se sientan superiores!

9 En cuanto a los malvados que me rodean,
¡que su propia maldad los destruya!
10 ¡Que caigan sobre ellos carbones encendidos!
¡Que sean arrojados al fuego!
¡Que caigan en un foso profundo y no vuelvan a salir!
11 ¡Que esos mentirosos no afiancen su poder!

[a] **140.3:** Ro 3.13.

¡Que el mal alcance y derribe a los
violentos!

12 Yo sé que tú, Señor, defiendes a los
pobres
y les haces justicia a los afligidos.
13 Por eso los hombres justos y rectos
alaban tu nombre y vivirán en tu
presencia.

Súplica por la protección de Dios

Salmo de David.

141 Señor, a ti clamo; ¡ven
pronto a mí!
¡Escúchame cuando te
llame!
2 ¡Recibe mi oración como ofrenda de
incienso,[a]
y mis manos levantadas como ofrenda
de la tarde!

3 Señor, pon un vigilante en mi boca;
¡ponle un sello a mis labios!
4 No dejes que mi corazón caiga en la
maldad,
ni me dejes cometer actos inicuos,
ni que me junte con los malvados
y participe en banquetes de malhe-
chores.

5 Que el hombre honrado me castigue,
será un acto de misericordia,
pero no quiero que sobre mi cabeza
se derrame el perfume de los malva-
dos.
En mis oraciones pido sin cesar
que reprendas sus malas acciones,
6 que sus gobernantes sean despeña-
dos,
y que hagan caso de la verdad de mis
palabras.

7 Nuestros huesos se dispersan
a la orilla del sepulcro
como se dispersa la tierra
tras los surcos que deja el arado.

8 Por eso, Señor y Dios, mis ojos te
buscan.
En ti confío. ¡No me desampares!
9 Protégeme de las trampas que los
malvados
arman y tienden contra mí.
10 ¡Hazlos caer en sus propias trampas,
y permíteme ponerme a salvo!

Clamor en medio de la angustia

Masquil de David. Oración que hizo cuando estaba en la cueva.[a]

142 Con mi voz clamo al Se-
ñor;
con mi voz le pido su
misericordia.
2 En su presencia expongo mi queja;
en su presencia expreso mi angustia.

3 Cuando estoy por rendirme,
tú, Señor, sabes por dónde debo ir.
En mi camino me han tendido tram-
pas.
4 Miro a un lado y me doy cuenta
de que a nadie le intereso;
refugio no tengo, y a nadie le importo.

5 Señor, yo clamo a ti,
porque tú eres mi única esperanza;
¡eres todo lo que tengo en esta vida!
6 ¡Atiende mi queja, porque estoy
desesperado!
¡Líbrame de los que me persiguen,
pues en fuerzas me superan!
7 ¡Líbrame de la angustia que me
oprime,
y así podré alabar tu nombre!
Así me rodearán los hombres honra-
dos
al ver que me has tratado con bondad.

Súplica en medio de la angustia

Salmo de David.

143 Señor, escucha mi ora-
ción
atiende a mi súplica.

[a] **141.2:** Ap 5.8. [a] **142 tít.:** 1 S 22.1; 24.3.

Tú eres justo y fiel; ¡respóndeme!
[2] Pero no me juzgues con dureza,
pues ante ti nadie puede justificarse.[a]

[3] Mi enemigo me ha perseguido con saña;
ha puesto mi vida por los suelos.
Me hace vivir en tinieblas, como los muertos.
[4] Mi espíritu está totalmente deprimido;
tengo el corazón totalmente deshecho.

[5] Cuando evoco los días de antaño,
y me acuerdo de tus grandes proezas
y pienso en todo lo que has hecho,
[6] elevo mis manos hacia ti,
pues tengo sed de ti. ¡Soy como tierra seca!

[7] Señor, ¡respóndeme, que mi espíritu se apaga!
¡No te escondas de mí,
o seré contado entre los muertos!
[8] Muéstrame tu misericordia por la mañana,
porque en ti he puesto mi confianza.
Muéstrame el camino que debo seguir,
porque en tus manos he puesto mi vida.

[9] Señor, líbrame de mis enemigos,
pues tú eres mi refugio.
[10] Tú eres mi Dios; enséñame a hacer tu voluntad,
y que tu buen espíritu me guíe por caminos rectos.

[11] Señor, por tu nombre, vivifícame;
por tu justicia, líbrame de la angustia;
[12] por tu misericordia, acaba con mis enemigos;
¡destruye a los que atentan contra mi vida,
porque yo soy tu siervo!

Oración por la prosperidad del pueblo

Salmo de David.

144 ¡Bendito seas, Señor, mi roca!
Tú me entrenas para la batalla;
fortaleces mis manos para el combate.
[2] Tú eres mi castillo de misericordia,
mi fortaleza, mi libertador;
eres mi escudo, y en ti me refugio;
¡tú haces que los pueblos se sometan a mí!

[3] Señor, ¿qué son los mortales
para que te preocupes por ellos?
¿Qué son los seres humanos
para que los tomes en cuenta?[a]
[4] Los mortales son una ilusión pasajera;
su vida pasa como una sombra.

[5] Señor, inclina los cielos y desciende;
toca los montes y hazlos humear.
[6] Dispersa con tus relámpagos a mis enemigos,
lanza contra ellos tus dardos de fuego, y confúndelos;
[7] extiende tu mano desde las alturas,
y rescátame del mar, porque me ahogo;
líbrame del poder de esos extraños
[8] cuya boca dice cosas sin sentido
y cuyo poder es un poder falso.

[9] Señor, voy a dedicarte un canto nuevo;
lo cantaré al son del arpa y del salterio.
[10] Tú eres quien da la victoria a los reyes;
tú libras de la espada a tu siervo David.
[11] ¡Rescátame! ¡Líbrame del poder de gente extraña,
cuya boca dice cosas sin sentido
y cuyo poder es un poder falso!

[12] Que nuestros hijos, en su juventud,
crezcan como plantas vigorosas.

[a] **143.2:** Ro 3.20; Gá 2.16. [a] **144.3:** Job 7.17-18; Sal 8.4.

Que nuestras hijas sean hermosas
como las columnas labradas de un
palacio.
13 Que nuestros graneros se llenen
y rebosen con toda clase de grano.
Que nuestros ganados en el campo
se multipliquen por cientos y miles.
14 Que nuestros bueyes resistan el
trabajo.
Que no nos tomen por asalto ni nos
lleven cautivos,
ni haya pánico en nuestras calles.

15 ¡Dichoso el pueblo que tiene todo
esto!
¡Dichoso el pueblo cuyo Dios es el
Señor!

Pr 16.7

Alabanza a la grandeza de Dios

Salmo de alabanza; de David.

145 Te exaltaré, mi Dios, mi
Rey;
por siempre y siempre
bendeciré tu nombre.
2 Todos los días te bendeciré,
por siempre y siempre alabaré tu
nombre.
3 Grande es el Señor, y digno de suprema alabanza;
su grandeza es inescrutable.

4 Todas las generaciones celebrarán tus
obras,
y darán a conocer tus grandes proezas.
5 Hablarán de tu gloria y majestad,
y yo proclamaré tus hechos maravillosos.
6 Reconocerán el poder de tus sublimes
obras,
y yo daré a conocer tu grandeza.
7 Divulgarán el recuerdo de tu inmensa
bondad,
y a grandes voces dirán que tú eres
justo.

8 El Señor es compasivo y lleno de
ternura;
lento para la ira y grande en misericordia.
9 El Señor es bueno con todos,
y se compadece de toda su creación.

10 Señor, ¡que toda tu creación te alabe!
¡Que te bendigan todos tus fieles!
11 ¡Que proclamen la gloria de tu reino!
¡Que den a conocer tu poder!
12 ¡Que conozcan todos tus hechos
poderosos
y la gloriosa majestad de tu reino!
13 Tu reino es un reino de todos los
siglos;
tu dominio durará por todas las generaciones.

14 Tú, Señor, levantas a los que tropiezan,
y reanimas a los que están fatigados.
15 Todos fijan en ti su mirada,
y tú les das su comida a su tiempo.
16 Cuando abres tus manos,
colmas de bendiciones a todos los
seres vivos.
17 Tú, Señor, eres justo en todo lo que
haces,
y todo lo haces con misericordia.
18 Tú, Señor, estás cerca de quienes te
invocan,

PROMESAS PODEROSAS

SALMO 145.8

El Señor es compasivo y lleno de ternura; lento para la ira y grande en misericordia.

A Dios le encanta ser misericordioso y bondadoso. Cuando cometemos un error y pecamos, Él no se enoja con nosotros, pero nuestra desobediencia lo entristece. Él demora en enojarse, y es presto a mostrar su amor y misericordia a aquellos que le piden su perdón.

de quienes te invocan con sinceridad.
19 Tú respondes a las peticiones de quienes te honran;
escuchas su clamor, y los salvas.
20 Tú, Señor, proteges a los que te aman,
pero destruyes a los malvados.

21 Señor, mis labios proclamarán tu alabanza.
¡Que la humanidad entera bendiga tu santo nombre
desde ahora y hasta siempre!

Alabanza a la justicia de Dios

Aleluya.

146 Alaba, alma mía, al Señor.
2 Mientras yo viva,
alabaré al Señor;
todos los días de mi vida le cantaré salmos.

3 No pongan su confianza en los poderosos,
ni en ningún mortal, porque no pueden salvar.
4 El día que mueren, vuelven a la tierra,
y ese mismo día todos sus planes se acaban.

5 ¡Dichosos los que confían en el Dios de Jacob,
los que cuentan con la ayuda de Dios, el Señor!
6 El Señor creó los cielos y la tierra,
y el mar y todos los seres que contiene.
El Señor siempre cumple su palabra;
7 hace justicia a los oprimidos,
y da de comer a los que tienen hambre.

El Señor da libertad a los cautivos
8 y les devuelve la vista a los ciegos;
el Señor levanta a los caídos
y ama a los que practican la justicia.
9 El Señor protege a los extranjeros
y sostiene a las viudas y a los huérfanos,
pero tuerce el camino de los malvados.

10 El Señor reinará por siempre;
¡Sión, el Señor es tu Dios eterno!

¡Aleluya!

Sal 150

Alabanza por el retorno del cautiverio

147 ¡Aleluya!
¡Cuán bueno es cantar salmos a nuestro Dios!
¡Cuán grato y hermoso es alabarlo!

2 El Señor reconstruye a Jerusalén,
y hace volver a los israelitas desterrados.
3 El Señor reanima a los descorazonados,
y sana sus heridas.
4 El Señor creó todas la estrellas del cielo,
y a cada una le puso nombre.
5 Nuestro Señor es grande y poderoso,
y su sabiduría no tiene límite.
6 El Señor exalta a los humildes,
y humilla hasta el polvo a los malvados.

7 ¡Cantemos alabanzas al Señor!
¡Cantemos salmos a nuestro Dios al son del arpa!
8 El Señor cubre de nubes los cielos,
y hace que llueva sobre la tierra;
el Señor hace crecer la hierba de los montes,
9 da de comer a los ganados,
y también a los polluelos de los cuervos, cuando piden.
10 El Señor no se deleita en los caballos briosos,
ni se complace en la agilidad de los jinetes;
11 el Señor se complace en los que le honran,
y en los que confían en su misericordia.

12 Jerusalén, ¡alaba al Señor!
Sión, ¡alaba a tu Dios!
13 El Señor refuerza los cerrojos de tus puertas,

PALABRAS CON PODER

LOS HUMILDES
(Salmo 147.6)

La humildad es lo contrario del orgullo. Los que son humildes saben que no pueden manejar todos los problemas y las responsabilidades de la vida solos. Una persona humilde nunca es demasiado orgullosa como para pedirle ayuda a Dios en los momentos difíciles. Dios cuida de los humildes. En la época del Nuevo Testamento, Jesús dijo lo siguiente acerca de los humildes: "Bienaventurados los pobres en espíritu, porque de ellos es el reino de los cielos" (Mateo 5:3).

y bendice a los que habitan dentro de
tus muros.
14 El Señor mantiene en paz tus fronteras,
y te sacia con lo mejor del trigo.
15 El Señor envía su palabra a la tierra,
y sus órdenes se cumplen de inmediato.
16 Cae la nieve como copos de lana,
y la escarcha se esparce como ceniza.
17 Deja caer las piedrecillas de granizo;
y a causa del frío todo se congela.
18 Pero da otra orden, y el hielo se
derrite;
sopla el viento, y las aguas vuelven a
correr.

19 El Señor comunicó a Jacob, que es Israel,
sus estatutos y sus sentencias.
20 No hizo lo mismo con ninguna otra
nación;
nadie más conoció sus mandamientos.

¡Aleluya!

Exhortación a la alabanza universal

Aleluya.

148 ¡Alabado sea el Señor
desde los cielos!
¡Alabado sea el Señor
en las alturas!
2 ¡Que alaben al Señor todos sus
ángeles!
¡Que alaben al Señor todos sus ejér-
citos!

3 ¡Que alaben al Señor el sol y la luna!
¡Que alaben al Señor las estrellas
refulgentes!
4 ¡Que alaben al Señor los cielos de los
cielos,
y las aguas que están sobre los cielos!

5 ¡Alabado sea el nombre del Señor!
El Señor dio una orden, y todo fue
creado.
6 Todo quedó para siempre en su lugar;
el Señor dio una orden que no se debe
alterar.

7 Que alaben al Señor, desde la tierra,
los monstruos marinos y el mar pro-
fundo;
8 el fuego y el granizo, la nieve y el
rocío,
y el viento tempestuoso que ejecuta su
palabra;
9 los montes y las colinas,
los árboles frutales y los cedros,
10 los animales salvajes y los domésticos,
los reptiles y los pájaros,
11 los reyes de la tierra y todos los
pueblos,
todos los jefes y gobernantes de la
tierra,
12 los jóvenes y las doncellas,
los ancianos y los niños.

13 ¡Alabado sea el nombre del Señor!
¡Sólo su nombre merece ser exaltado!
¡Su gloria domina los cielos y la tierra!

14 ¡Que alaben al Señor todos sus
fieles!
¡Que lo alabe Israel, su pueblo cercano!
¡El Señor ha dado poder a su pueblo!

¡Aleluya!

Exhortación a la alabanza

Aleluya.

149 ¡Canten al Señor un cántico nuevo!
¡Alábenlo en la comunidad de los justos!
2 ¡Que Israel se alegre en su creador!
¡Que los hijos de Sión se regocijen por su Rey!
3 ¡Que dancen en honor a su nombre!
¡Que le canten al son de arpas y panderos!
4 El Señor se complace en su pueblo,
y bendice a los humildes con su salvación.

5 ¡Que se alegren sus fieles por su triunfo!
¡Que salten de alegría allí, en su lecho!
6 ¡Que exalten a Dios a voz en cuello
mientras agitan en sus manos las espadas!
7 ¡Que se venguen de todas las naciones!
¡Que castiguen a todos los pueblos!
8 ¡Que sujeten a sus reyes con grilletes,
y a sus jefes con cadenas de hierro!
9 ¡Que ejecuten en ellos la sentencia escrita!
Esto será motivo de alegría para los fieles.

¡Aleluya!

Exhortación a alabar a Dios con instrumentos de música

Aleluya.

150 ¡Alabado sea Dios en su templo!
¡Alabado sea en la majestad del firmamento!
2 ¡Alabado sea por sus proezas!
¡Alabado sea por su imponente grandeza!

3 ¡Alabado sea el Señor al son de trompetas!
¡Alabado sea el Señor con salterio y arpa!
4 ¡Alabado sea al ritmo del pandero!
¡Alabado sea con flautas e instrumentos de cuerda!
5 ¡Alabado sea con campanillas sonoras!
¡Alabado sea con campanillas jubilosas!

6 ¡Que todo lo que respira alabe al Señor!

¡Aleluya!

Is 12.4-6

LECCIONES — EL PODER DE LA ALABANZA *(Salmo 149.6)*

Algunas espadas tienen un doble filo; cortan con ambos filos. Este versículo dice que nuestra alabanza a Dios es como una espada de doble filo. Dios quiere que le demos gracias, pero también quiere que adoptemos una postura firme contra el pecado. El pueblo de Dios está en medio de una guerra en contra de un enemigo poderoso: Satanás y sus fuerzas. Así como la Palabra de Dios (Efesios 6:17), la alabanza es una de nuestras armas más poderosas en esta guerra. Cuando sientas temor, escoge alabar a Dios. Cuando seas tentado a pecar, ¡ponte a alabar a Dios!

PODER PARA VIVIR

ALABANDO SIEMPRE A DIOS *(Salmo 150.1)*
¿En algún momento has pensado acerca de lo que harás cuando seas mayor? ¿Quieres estudiar en la secundaria y luego asistir a la universidad? ¿Te parece que algún día te casarás? El autor del Salmo 150 sugiere algo que puedes hacer ahora mismo, siendo todavía joven: alabar a Dios. El alabar a Dios no se limita a los domingos. Puedes alabar a Dios todos los días de la semana al tomar decisiones que lo honran a Él. Haz una lista de algunas cosas que has hecho hoy que le dieron honra a Dios.

PROVERBIOS

Autor: **Salomón y otros**
Tema: **La sabiduría**
Fecha en que se escribió: **c. 970 – 700 a.C.**

CONSEJOS SABIOS

El propósito de este libro según lo explica Proverbios1:2-7, es proveer consejos sabios. Y quién mejor para dar consejos sabios que el rey más sabio de toda la historia: Salomón. Si escogemos hacer uso de estos consejos sabios, podremos vivir una vida más piadosa. El libro de Proverbios dice que la verdadera fuente de sabiduría es "el temor al Señor" (1:7). El temer a Dios significa tener un respeto profundo por el poder y la autoridad asombrosos de Dios como Creador y Juez. Si respetamos a Dios, querremos vivir de manera sabia.

LO QUE ENCONTRARÁS EN EL LIBRO

Los capítulos 1-9 contienen una serie de trece "charlas" que un padre sabio podría tener con su hijo joven. Con la excepción de tres de estos pasajes (1:30; 8:1; 9:1), cada uno empieza diciendo "hijo mío" o "hijos míos". Estas trece charlas entre padre e hijo les muestran a los jóvenes cómo ser piadosos y sabios. Empezando con el capítulo 10, Proverbios también da ideas acerca de cómo tener buenas relaciones con nuestros familiares.

En Proverbios vemos a Dios como el Creador que sabe todas las cosas (5:21; 15:3, 11; 21:2) y tiene el poder y la autoridad para hacer lo que desea (16:9,

33; 19:21; 21:1). El último capítulo describe las características de una esposa y madre piadosa (31:10-31).

¿SABÍAS QUE...?

- Proverbios es un manual fundamental para la vida.
- Es el libro más práctico del Antiguo Testamento.
- Provee orientación para todas las edades y todas las culturas.
- Da instrucciones en afirmaciones cortas que son fáciles de memorizar. Esta era la forma preferida de enseñar a los niños en la época bíblica.
- La familia es uno de los temas más importantes de Proverbios.

[19] Así son las sendas de la gente ambiciosa:
¡su propia ambición les quita la vida!

[20] La sabiduría clama en las calles,
y deja oír su voz por las plazas.
[21] Clama en los principales puntos de encuentro;
a la entrada de la ciudad expone sus razones:[c]

[22] «Ustedes, muchachos inexpertos y burlones,
¿hasta cuándo seguirán amando la simpleza?
¿Hasta cuándo seguirán burlándose de todo?
¿Hasta cuándo aborrecerán el conocimiento?
[23] ¡Presten atención a mis reprensiones!
Yo derramaré mi espíritu sobre ustedes,
y les daré a conocer mis argumentos.

[24] »Pero yo los llamé, y nadie quiso oírme;
les tendí la mano, y nadie me hizo caso;
[25] al contrario, desecharon todos mis consejos
y no quisieron recibir mi reprensión.
[26] Por eso, yo me burlaré de ustedes
cuando les sobrevenga la temida calamidad,
[27] cuando la calamidad que tanto temen
les sobrevenga como un torbellino;
¡cuando les sobrevengan tribulaciones y angustias!
[28] Entonces me llamarán, y no les responderé;
me buscarán de mañana, y no me hallarán.
[29] Puesto que aborrecen la sabiduría,
y no optaron por temer al Señor
[30] ni quisieron seguir mis consejos,
sino que menospreciaron todas mis reprensiones,
[31] comerán los frutos de sus andanzas
y se hartarán con sus propios consejos.
[32] Los incautos mueren por sus propios desvíos;
a los necios los destruye su autosuficiencia.
[33] Pero los que me oyen vivirán tranquilos,
sin sobresaltos ni temor de ningún mal.»

Excelencias de la sabiduría

2 Hijo mío, si recibes mis palabras
y en tu mente guardas mis mandamientos,
[2] si tu oído está atento a la sabiduría
e inclinas tu corazón a la prudencia,
[3] si pides la ayuda de la inteligencia
y llamas a gritos a la prudencia,
[4] si la buscas como a la plata,
y la rebuscas como a un tesoro,
[5] entonces sabrás lo que es temer al Señor,
y hallarás el conocimiento de Dios.
[6] Porque el Señor da la sabiduría;
de sus labios brotan conocimiento e inteligencia.
[7] El Señor da sabiduría a los hombres rectos,
y es el escudo de los que viven con rectitud.
[8] El Señor vigila las sendas de la justicia,
y preserva el camino de sus fieles.
[9] Así entenderás lo que es el derecho y la justicia,
la equidad y todo buen camino.
[10] Cuando la sabiduría entre en tu corazón,
y te deleites con el conocimiento,
[11] la discreción te protegerá
y la inteligencia cuidará de ti.
[12] Te librará del mal camino
y de los que dicen cosas perversas,
[13] de los que dejan el camino recto
para andar por senderos tenebrosos;
[14] de los que gozan haciendo el mal,
y se alegran de sus actos perversos.

[c] **1.20-21:** Pr 8.1-3.

NOÉ Y EL ARCA

LLUVIAS INUNDAN
LA TIERRA

ABRAHAM OFRECE ISAAC EN EL ALTAR

LA TÚNICA COLORIDA DE JOSÉ

MOISÉS Y LA ZARZA EN LLAMAS

DIOS ABRE EL
MAR ROJO

DAVID Y GOLIAT

TRES HEBREOS EN EL HORNO DE FUEGO

JUAN BAUTIZA
A JESÚS

JESÚS ALIMENTA
A CINCO MIL
PERSONAS

Jesús camina sobre el agua

EL HIJO PRÓDIGO
VUELVE A CASA

JESÚS CARGA LA CRUZ

PROMESAS PODEROSAS

PROVERBIOS 3.6

Reconócelo en todos tus caminos,
y él enderezará tus sendas.

Si hablas con Dios acerca de tus esperanzas y tus planes, Él promete guiarte en la dirección correcta. Pero Dios no sólo quiere que hablemos con Él acerca de nuestros planes; también quiere que estemos dispuestos a aceptar sus planes para nuestra vida.

15 Sus senderos son torcidos;
sus caminos han perdido el rumbo.

16 Te librarás de la mujer ajena,
de esa extraña que con sus palabras te
halaga
17 pero abandona al compañero de su
juventud
y se olvida de su pacto con Dios.
18 Por eso su casa conduce a la muerte
y sus sendas terminan entre los
muertos.
19 Quien a ella se allega, no vuelve
jamás;
¡ya no reencuentra los senderos de la
vida!

20 Por eso, sigue el camino de los buenos
y ve por las veredas de los justos,
21 porque los hombres rectos habitarán
la tierra;
los perfectos permanecerán en ella.
22 Pero los impíos serán eliminados de
la tierra;
los pecadores serán expulsados de ella.

Exhortación a la obediencia

3 Hijo mío, no te olvides de mi ley;
guarda en tu corazón mis mandamientos.
2 Ellos prolongarán los años de tu vida
y te traerán abundante paz.
3 No te apartes de la misericordia y la
verdad;
átalas alrededor de tu cuello,
escríbelas en la tabla de tu corazón.
4 Así contarás con el favor de Dios,
y con una buena opinión ante los
hombres.[a]

5 Confía en el Señor de todo corazón,
y no te apoyes en tu propia prudencia.
6 Reconócelo en todos tus caminos,
y él enderezará tus sendas.
7 No seas sabio en tu propia opinión;[b]
teme al Señor y apártate del mal.
8 Él será la medicina de tu cuerpo;
¡infundirá alivio a tus huesos!

9 Honra al Señor con tus bienes
y con las primicias de tus cosechas.
10 Tus graneros se saturarán de trigo,
y tus lagares rebosarán de vino.

11 Hijo mío, no desdeñes la corrección
del Señor;
no te sientas mal cuando te reprenda.[c]

Ec 12.13-14

[a]**3.4:** Lc 2.52; Ro 12.17; 2 Co 8.21. [b]**3.7:** Ro 12.16. [c]**3.11:** Job 5.17.

PODER PARA VIVIR

CONFÍA EN EL SEÑOR *(Proverbios 3.5)*

La confianza es lo opuesto de la duda. Cuando confías en Dios de todo tu corazón, le entregas a Él tus propios planes y dudas. No dependes de tus propios planes e ideas. Como hijo de Dios, puedes estar seguro que tu Padre celestial te ama y siempre cuidará de ti. Todos los días, pase lo que pase, pídele a Dios que te ayude y luego confía en que Él lo hará.

12 El Señor corrige[d] al que ama
como lo hace el padre con su hijo
amado.[e]

13 ¡Dichoso el que halla la sabiduría
y se encuentra con la inteligencia!
14 ¡Son más provechosas que la plata!
¡Sus frutos son más valiosos que el oro
refinado!
15 Son de más valor que las piedras
preciosas;
lo más deseable no es comparable a
ellas.
16 Con la mano derecha ofrece una
larga vida,
y con la izquierda ofrece riquezas y
honra.
17 Sus caminos son un deleite,
y en todas sus veredas hay paz.
18 La sabiduría es un árbol de vida
para los que echan mano de ella;
¡dichosos los que no la sueltan!

19 Con sabiduría, el Señor fundó la
tierra;
con inteligencia, el Señor afirmó los
cielos.
20 Con su sapiencia se abrieron los
abismos,
y destilaron las nubes su rocío.

21 Hijo mío, preserva la ley y el consejo;
nunca pierdas esto de vista.
22 Éstos infundirán vida a tu alma
y adornarán tu cuello.
23 Así podrás andar confiado en tu
camino,
y nunca tus pies tropezarán.
24 No tendrás temor cuando te acues-
tes;
te acostarás y tendrás gratos sueños.
25 No temerás que de repente te
asalten
las calamidades que merecen los
impíos.
26 El Señor te infundirá confianza,
y evitará que tus pies queden atrapados.

27 No te niegues a hacer los favores
debidos,
cuando en tu mano esté el hacerlos.
28 Si hoy puedes ayudar a tu prójimo,
no pospongas la ayuda para mañana.
29 No hagas planes malvados contra tu
prójimo;
es tu prójimo y vive confiando en ti.
30 No entables sin motivo pleitos con-
tra nadie,
mucho menos si no te han agraviado.
31 No envidies a la gente violenta,
ni escojas ninguno de sus caminos,
32 porque al Señor le repugnan los
perversos,
pero es amigo de los hombres honrados.
33 Sobre la casa de los malvados
recae la maldición del Señor;

[d] **3.12:** Ap 3.19. [e] **3.11-12:** Heb 12.5-6.

ADQUIERE SABIDURÍA *(Proverbios 4.5)*
Muchos niños tienen una lista de lo que quieren adquirir. Quieren una nueva bicicleta o el teléfono celular de última. ¿Encabeza tu lista el querer adquirir sabiduría? Necesitamos la sabiduría de Dios para ayudarnos a vivir de una manera que lo agrade a Él. Adquirimos sabiduría a medida que estudiamos la Palabra de Dios, oramos y escuchamos consejos sabios. Pero los consejos sabios no nos servirán si no los ponemos en práctica. En realidad, no es sino cuando ponemos en práctica lo que aprendemos de Dios —aun en los momentos difíciles— que adquirimos la sabiduría.

sobre la habitación de los justos
permanece su bendición.
34 El Señor se burla de los burlones,
pero brinda su favor[f] a los humildes.
35 La herencia de los sabios es la honra;
la de los necios, la deshonra.

Ventajas de la sabiduría

4 Hijos, escuchen las enseñanzas de su
padre;
presten atención, y adquirirán
entendimiento.
2 Yo les doy buenas enseñanzas;
no rechacen mis instrucciones.
3 También yo fui hijo, y tuve un padre;
era el hijo predilecto de mi madre.
4 Mi padre me enseñaba, y me decía:
«Guarda mis razones en tu corazón.
Cumple mis mandamientos, y vivirás.
5 Adquiere sabiduría e inteligencia,
y nunca te olvides ni te apartes
de las palabras de mi boca.
6 Ama a la sabiduría. Nunca la dejes,
y ella te cuidará y te protegerá.
7 En primer lugar, adquiere sabiduría;
sobre todas las cosas, adquiere inteli-
gencia.
8 Hónrala, y ella te enaltecerá;
abrázala, y ella te honrará.
9 Adorno de gracia pondrá sobre tu
cabeza;
te coronará con una bella diadema.»

10 Hijo mío, óyeme y acepta mis
razones,
y los años de tu vida se alargarán.
11 Yo te muestro el camino de la
sabiduría,
y te llevo por senderos de rectitud.
12 Tus pasos no encontrarán obstáculos,
y cuando corras no tropezarás.
13 Retén mis consejos; no los abandones.
Resguárdalos, porque te darán vida.
14 No vayas por la senda de los impíos,
ni sigas el camino de los malvados.
15 Deja esa senda, no vayas por ella;
apártate de ella y sigue adelante.
16 Ellos no duermen si no han hecho
mal;
pierden el sueño si no hacen caer a
alguno.
17 Se alimentan con la maldad;
apagan su sed cometiendo robos.
18 Pero la senda de los justos es como
la aurora:
¡su luz va en aumento, hasta la pleni-
tud del día!
19 El camino de los impíos es como la
oscuridad;
¡ni siquiera saben contra qué tropiezan!

20 Hijo mío, presta atención a mis
palabras;
inclina tu oído para escuchar mis
razones.
21 No las pierdas de vista;
guárdalas en lo más profundo de tu
corazón.
22 Ellas son vida para quienes las hallan;
son la medicina para todo su cuerpo.
23 Cuida tu corazón más que otra cosa,
porque él es la fuente de la vida.

[f] **3.34:** Stg 4.6; 1 P 5.5.

GUARDA TU CORAZÓN *(Proverbios 4.23)*
Cuando Dios te dice que guardes tu corazón, no se refiere al órgano en tu cuerpo que bombea sangre. Se refiere a tus deseos y decisiones. Nos está advirtiendo que nos guardemos de la tentación, la amargura y la preocupación. ¿Cómo lo hacemos? Estudiamos la Palabra y oramos. También nos esmeramos por no ver ni leer nada malo. ¿En realidad quieres guardar tu corazón? ¡Pídele al Espíritu Santo que te ayude!

24 Aparta de tu boca las palabras
perversas;
aleja de tus labios las palabras inicuas.
25 Dirige la mirada hacia adelante;
fíjate en lo que tienes delante de tus
ojos.
26 Piensa qué camino vas a seguir,[a]
y plántate firme en todos tus caminos.
27 Apártate del mal. No te desvíes
ni a la derecha ni a la izquierda.

Advertencia contra la impureza

5 Hijo mío, atiende a mi sabiduría;
inclina tu oído a mi inteligencia.
2 Así pondrás en práctica mis
consejos
y tus labios resguardarán el conoci-
miento.
3 Los labios de la mujer ajena destilan
miel;
su paladar es más suave que el aceite,
4 pero termina siendo amargo como el
ajenjo,
y tajante como una espada de dos filos.
5 Sus pies descienden a la muerte;
sus pasos se dirigen al sepulcro.
6 No tomes en cuenta sus caminos
inestables,
porque no conocerás el camino de la
vida.

7 Hijos, escúchenme bien ahora:
No se aparten de las razones de mi
boca.
8 Aleja a esa mujer de tu camino.
No te acerques a la puerta de su casa.
9 Así no entregarás tu vida y tu honor
a gente extraña y cruel.
10 Así gente extraña no se saciará con
tu fuerza,
ni se quedarán tus trabajos en casa ajena.
11 Así no tendrás que llorar al final,
cuando tu carne y tu cuerpo se con-
suman,
12 ni dirás: «¡Cómo pude rechazar los
consejos!

PROMESAS PODEROSAS

PROVERBIOS 5.21

Los caminos del hombre están ante el Señor, y él pone a consideración todas sus veredas.

Dios ve y sabe todo lo que hacemos. Ya que Él presta mucha atención a lo que hacemos, nunca podemos engañarlo. ¡Ni siquiera debemos tratar de hacerlo!

¡Cómo pudo mi corazón despreciar la
reprensión!
13 ¡No oí la voz de los que me instruían,
ni presté oído a los que me enseñaban!
14 ¡Poco me faltó para estar del todo
mal
entre la comunidad y la congrega-
ción!»

15 Bebe el agua de tu propio pozo,
el raudal que mana de tu propia
cisterna.
16 ¿Por qué derramar tus fuentes por
las calles,
y tus corrientes de aguas por las
plazas?
17 Esas aguas son para ti solo,
no para compartirlas con gente
extraña.
18 ¡Bendito sea tu manantial!
¡Alégrate con la mujer de tu juventud,
19 con esa cervatilla amada y graciosa!
¡Sáciate de sus caricias en todo tiempo!
¡Recréate siempre con su amor!
20 Hijo mío,
¿por qué perder la cabeza por la mujer
ajena?
¿Por qué arrojarte a los brazos de una
extraña?
21 Los caminos del hombre están ante
el Señor,
y él pone a consideración todas sus
veredas.

[a] **4.26:** Heb 12.13.

22 Al impío lo atrapa su propia maldad,
lo atan las cuerdas de su pecado.
23 El malvado muere por falta de corrección,
y pierde el rumbo por su inmensa locura.

Advertencias contra la pereza y la mentira

6 Hijo mío, si sales fiador por tu amigo,
y empeñas tu palabra en favor de un extraño,
2 te has enredado con tus propias palabras;
¡eres cautivo de tus propias promesas!
3 Hijo mío, has caído en manos de tu prójimo.
Para librarte, tienes que hacer lo siguiente:
Ve a hablar con tu prójimo, y humíllate ante él.
4 No te des un momento de reposo;
no cierres los ojos ni te duermas.
5 Sé como gacela, y escápate del cazador;
sé como un ave, y líbrate del que pone trampas.

6 Perezoso, mira a las hormigas;
fíjate en sus caminos, y ponte a pensar.
7 Ellas no tienen quien las mande,
ni quien les dé órdenes ni las gobierne.
8 Preparan su comida en el verano,
y en el tiempo de la siega recogen su comida.
9 Perezoso, ¿cuánto más seguirás durmiendo?
¿Cuándo vas a despertar de tu sueño?
10 Un poco de dormir, un poco de soñar,
un poco de cruzarse de brazos para descansar,
11 y así vendrán tu necesidad y tu pobreza:
como un vago, como un mercenario.[a]

12 El que es malvado y canalla
siempre anda diciendo cosas perversas;
13 guiña los ojos, mueve los pies,
hace señas con los dedos;
14 en su corazón sólo hay perversidad,
y todo el tiempo anda pensando en el mal.
¡Siempre anda sembrando discordias!
15 Por eso, cuando menos lo espere,
le sobrevendrá la ruina sin que pueda evitarlo.

16 Hay seis, y hasta siete cosas
que el Señor detesta con toda el alma:
17 Los ojos altivos, la lengua mentirosa,
las manos que derraman sangre inocente,
18 la mente que maquina planes inicuos,
los pies que se apresuran a hacer el mal,
19 el testigo falso que propaga mentiras,
y el que siembra discordia entre hermanos.

Advertencia contra el adulterio

20 Hijo mío, cumple el mandamiento de tu padre,
y no te apartes de la enseñanza de tu madre.
21 Llévalos siempre dentro de tu corazón;
pórtalos alrededor de tu cuello.

PALABRAS CON PODER

EL PEREZOSO
(Proverbios 6.6)

Un perezoso es un holgazán. Los holgazanes evitan trabajar duro y a veces dejan de completar sus tareas. El holgazán no es sabio. Las personas sabias aprenden de las hormigas a trabajar duro. Las hormigas son criaturas pequeñas, pero trabajan duro para reunir su comida (versículos 7-8), ¿Sueles tú trabajar duro? Los NIÑOS PODEROSOS son pequeños, pero en cuanto al trabajo duro, aprenden de las hormigas.

[a] **6.10-11:** Pr 24.33-34.

22 Serán tu guía cuando camines,
te protegerán cuando duermas,
y te hablarán cuando despiertes.
23 El mandamiento es lámpara,
la enseñanza es luz,
y las reprensiones son el camino de la
vida.
24 Te librarán de la mujer malvada,
de la lengua sutil de la mujer ajena.
25 No codicies en tu corazón su hermosura,
ni dejes que ella te atrape con sus miradas.
26 Una ramera te cuesta un bocado de
pan,
pero la mujer ajena te puede costar la
vida.
27 ¿Quién se echa fuego en el pecho
sin que se queme su ropa?
28 ¿Quién puede andar sobre brasas
sin que se quemen sus pies?
29 ¡Pues tampoco puede clamar inocencia
el que se acuesta con la mujer de su
prójimo!
30 Nadie desprecia al que roba,
si lo hace para calmar su apetito;
31 si lo sorprenden, debe pagar siete veces
y entregar todo el patrimonio de su casa,
32 pero cometer adulterio es no tener
cabeza;
quien adultera, se corrompe a sí
mismo,
33 lo que obtiene son golpes y vergüenza,
y nunca logra borrar esa mancha.
34 Los celos despiertan la ira del hombre,
y en el día de la venganza éste no
perdona;
35 no perdona ni se da por satisfecho,
aunque se le ofrezcan muchos obsequios.

Artimañas de la mujer ajena

7 Hijo mío, obedece mis palabras,
y guarda como un tesoro mis mandamientos.
2 Obedece mis mandamientos y enseñanzas;
cuídalos como las niñas de tus ojos, y
vivirás.
3 Átalos alrededor de tus dedos;
anótalos en la pizarra de tu corazón.
4 Dile a la sabiduría: «¡Hermana mía!»
Declárate pariente de la inteligencia.
5 Ellas te protegerán de la mujer ajena,
de esa extraña de melosas palabras.

6 Un día estaba yo en la ventana de mi
casa,
y miraba a través de la celosía.
7 Observaba yo a los jóvenes incautos,
y me llamó la atención uno de ellos,
claramente falto de entendimiento,
8 que cruzó la calle, dobló la esquina,
y se dirigió a la casa de esa mujer.
9 Era tarde, y comenzaba a oscurecer;
las sombras de la noche comenzaban
a caer.

10 De pronto, esa mujer salió a su
encuentro,
vestida como ramera y con claras
intenciones:
11 Era provocativa y desafiante,
de esas que no pueden poner un pie
en su casa.
12 Unas veces en la calle, otras veces en
las plazas,
y en constante acecho en las esquinas.
13 Se prendió de él, le dio un beso,
y descaradamente le propuso:

14 «Yo había prometido sacrificios de paz,
y hoy he cumplido con mis votos.
15 ¡Por eso he salido a tu encuentro!
¡Ansiaba verte, y he dado contigo!
16 Mi lecho lo he cubierto con finas
colchas,
colchas recamadas con hilo egipcio.
17 Mi alcoba la he perfumado
con mirra, áloes y canela.
18 ¡Ven, embriaguémonos de amores!
¡Gocemos del amor hasta el amanecer!
19 Mi marido no está en casa,
pues salió para hacer un largo viaje.

20 Se llevó la bolsa de dinero,
y no volverá hasta el día señalado.»

21 La mujer lo venció con sus muchas lisonjas;
lo persuadió con sus labios zalameros,
22 y el joven se fue enseguida tras ella,
como el buey que va al degolladero;
como el necio que preso avanza al castigo,
23 hasta que una flecha le parte el corazón;
como el ave que vuela presurosa hacia la red,
sin saber que eso le costará la vida.

24 Hijos, por favor, ¡escúchenme!
¡Presten atención a mis declaraciones!
25 No inclines tu corazón hacia sus caminos;
no pierdas el rumbo por sus atajos.
26 Por su culpa, muchos han caído heridos;
aun los más fuertes han muerto por causa de ella.
27 Su casa va camino al sepulcro,
y desciende a las mansiones de la muerte.

Elogio a la Sabiduría

8 ¿Acaso no está llamando la sabiduría?
¿Qué, no deja oír su voz la inteligencia?
2 Se para en las colinas, junto al camino;
se queda esperando en las encrucijadas.
3 Deja oír su voz a un lado de las puertas;
a la entrada misma de la ciudad exclama:[a]

4 «A ustedes, los hombres, los llamo;
a ustedes, los hombres, dirijo mi voz.
5 Muchachos ingenuos, ¡entiendan!
Jóvenes necios, ¡recapaciten!
6 ¡Óiganme, que lo que voy a decirles
son cosas muy justas e importantes!
7 De mi boca sólo sale la verdad;
mis labios aborrecen la mentira.
8 Todas mis palabras son precisas;
no hay en ellas dolo ni perversidad.
9 Para los sabios y entendidos,
todas ellas son contundentes y razonables.
10 Den cabida a mis correcciones, no a la plata;
acepten mis conocimientos, no el oro escogido.
11 Yo, la sabiduría, valgo más que las piedras preciosas.
¡Ni lo más deseable puede compararse conmigo!

12 »Yo, la sabiduría, convivo con la cordura;
en mí se hallan el conocimiento y el consejo.
13 El temor del Señor es aborrecer el mal;
yo aborrezco la soberbia y la arrogancia,
el mal camino y la boca perversa.
14 En mí se hallan el consejo y el buen juicio;
yo soy la inteligencia; mío es el poder.
15 Por mí llegan los reyes al trono
y los príncipes imparten justicia.
16 Por mí gobiernan los jefes y príncipes,
y todos los que rigen con justicia.
17 Yo amo a los que me aman,
y dejo que me hallen los que en verdad me buscan.
18 Las riquezas y la honra me acompañan,
las verdaderas riquezas y la justicia.
19 Mis frutos son mejores que el oro más refinado;
mis ganancias sobrepasan a la plata escogida.
20 Yo voy por el camino recto;
camino por las sendas de la justicia,

[a] **8.1-3:** Pr 1.20-21.

[21] para dar su herencia a los que me
aman,
para saturarlos de tesoros.

[22] »Desde el principio, el Señor me
poseía;
desde antes de que empezara sus
obras.[b]
[23] Desde el principio mismo fui esta-
blecida,
desde antes de que la tierra existiera.
[24] Fui engendrada antes de los abismos,
antes de que existieran los grandes
manantiales.
[25] Fui engendrada antes de que se
formaran
los montes y las colinas.
[26] Aún no había creado él la tierra ni los
campos,
ni los primeros granos de arena del
mundo,
[27] ¡y ya estaba yo ahí!
Mientras él formaba los cielos
y trazaba el arco sobre la faz del
abismo,
[28] mientras afirmaba las nubes en las
alturas,
mientras reforzaba las fuentes del
abismo,
[29] mientras establecía los límites del
mar
para que las aguas no traspasaran su
cauce,
¡mientras afirmaba los fundamentos de
la tierra!
[30] Yo estaba a su lado, ordenándolo
todo,
danzando alegremente todos los días,
disfrutando siempre de su presencia,
[31] regocijándome en la tierra, su crea-
ción;
¡deleitándome con el género huma-
no!»

[32] Hijos, por favor, ¡escúchenme!
¡Dichosos los que siguen mis caminos!
[33] Sean sabios y préstenme atención;
no dejen de lado la disciplina.
[34] Dichoso el hombre que me escucha
y todo el tiempo se mantiene vigilante
a las puertas de mi casa.
[35] El que me halla, ha encontrado la
vida
y alcanzado el favor del Señor.
[36] El que peca contra mí, se daña a sí
mismo;
el que me aborrece, ama a la muerte.

La Sabiduría y la mujer insensata

9 La sabiduría ha edificado su casa;
la ha afirmado con siete columnas
labradas,
[2] ha sacrificado los animales para el
banquete,
ha mezclado el vino y preparado la
mesa.
[3] Ahora llama desde lo alto de la
ciudad,
luego de haber enviado a sus criadas.
[4] Invita a los ingenuos a acercarse;
les dice a los faltos de cordura:

[5] «¡Vengan y coman de mi pan!
¡Beban del vino que he mezclado!
[6] ¡Déjense de tonterías, y vivan!
¡Sigan el camino de la inteligencia!

[7] »Corrige al blasfemo y recibirás
afrentas;
reprende al impío y te ganarás insultos.
[8] No reprendas al blasfemo, y no te
aborrecerá;
corrige al sabio, y te amará.
[9] Dale al sabio, y se hará más sabio;
enseña al justo, y aumentará su saber.
[10] El principio de la sabiduría es el
temor del Señor;
el conocimiento de lo santo es
inteligencia.[a]
[11] Yo haré que vivas mucho tiempo;
¡te daré muchos años de vida!
[12] Si te haces sabio, el provecho es tuyo;

[b]**8.22:** Ap 3.14. [a]**9.10:** Job 28.28; Sal 111.10; Pr 1.7.

si te vuelves blasfemo, sufrirás las consecuencias.»

13 La mujer insensata es provocativa;
es insulsa e ignorante.
14 Se entroniza a la puerta de su casa,
o en los lugares más altos de la ciudad,
15 y llama a los que pasan por ahí,
a los que van por el camino recto.
16 Invita a los ingenuos a acercarse,
y les dice a los faltos de cordura:
17 «¡Qué dulce es el agua robada!
¡Qué sabroso es el pan comido a escondidas!»
18 Y ellos no saben que sus invitados
terminan muertos en el fondo del sepulcro.

Contraste entre el justo y el malvado

10 Los proverbios de Salomón.
El hijo sabio alegra a su padre;
el hijo necio entristece a su madre.
2 Las riquezas malvadas no son de provecho,
pero la justicia libra de la muerte.
3 El Señor no deja que el justo pase hambre,
pero rechaza la iniquidad de los impíos.
4 Las manos negligentes llevan a la pobreza;
las manos diligentes conducen a la riqueza.
5 Cosechar en el verano es pensar con sensatez;
dormirse en la cosecha es no tener vergüenza.
6 La cabeza del justo se cubre de bendiciones;
la boca de los impíos encubre violencia.
7 Recordar a los justos es una bendición;
nombrar a los impíos resulta repugnante.
8 El sabio de corazón hace suyos los mandamientos;
el necio de labios acabará por caer.
9 El de vida íntegra vive confiado;
el de conducta perversa será descubierto.
10 El que guiña el ojo acarrea tristeza;
el necio de labios será castigado.
11 La boca del justo es un manantial de vida,
pero la boca del impío disimula su violencia.
12 El odio despierta rencillas;
pero el amor cubre todas las faltas.[a]
13 La sabiduría se halla en labios del prudente;
la vara es para las espaldas del falto de cordura.
14 Los sabios atesoran el conocimiento;
la boca del necio es calamidad cercana.
15 El rico se atrinchera tras sus riquezas;
el pobre se refugia en su pobreza.
16 Con sus obras, el justo se gana la vida;
con sus frutos, el impío se dedica a pecar.
17 Acatar la corrección conduce a la vida;
desechar la reprensión es perder el camino.
18 Miente quien disimula su odio;
es un necio quien propaga calumnias.
19 En las muchas palabras no falta el pecado;
el que es prudente refrena sus labios.
20 La lengua del justo es plata escogida;
la mente impía es lo mismo que nada.
21 Con sus labios el justo dirige a muchos;
los necios mueren por falta de cordura.
22 La bendición del Señor es un tesoro;
nunca viene acompañada de tristeza.
23 El necio se divierte cometiendo maldades;
el sabio se recrea con la sabiduría.
24 El impío es víctima de sus grandes temores;
los justos reciben lo que más desean.

[a] **10.12:** Stg 5.20; 1 P 4.8.

25 El malvado pasa como un torbellino
pero el justo permanece para siempre
26 El que envía a un mensajero perezoso
se echa vinagre en los dientes y humo
en los ojos.
27 El temor del Señor alarga la vida,
pero los años del impío son acortados.
28 La esperanza de los justos es su
alegría;
la esperanza de los impíos se esfuma.
29 El camino del Señor fortalece al
perfecto,
pero destruye a los que hacen el mal.
30 El justo jamás tendrá un tropiezo,
pero los impíos no habitarán la tierra.
31 De la boca del justo mana sabiduría,
pero la lengua perversa será extirpada.
32 Los labios del justo dicen palabras
gratas;
la boca de los impíos arroja perversi-
dades.

11 Al Señor le repugnan las pesas
falsas,
pero le agradan las pesas
cabales.
2 Con la soberbia llega también la
deshonra,
pero la sabiduría acompaña a los
humildes.
3 La integridad guía a los hombres
rectos
pero la perversidad destruye a los
pecadores.
4 De nada sirven las riquezas en el día
de la ira,
pero la justicia te librará de la muerte.
5 La justicia corrige el rumbo del hom-
bre cabal,
pero el impío tropieza por su maldad.
6 La justicia de los rectos los pone a
salvo,
pero a los pecadores los atrapa su
pecado.
7 Con el malvado muere su esperanza;
muere la expectación de los malvados.
8 El justo se libra de la tribulación,
y su lugar lo ocupa el impío.

PALABRAS CON PODER

PESAS FALSAS
(Proverbios 11.1)

En la época bíblica, los comerciantes usaban una balanza especial para contar la plata y otros artículos. Algunos comerciantes trataban de estafar a sus clientes al añadir pesos a la balanza. Dios dijo que esto estaba mal. Él odia las estafas y la falta de honradez. Él quiere que tratemos a todos de manera justa y honrada.

9 El impío daña a su prójimo con sus
labios,
pero a los justos los salva la sabiduría.
10 Si a los justos les va bien, la ciudad se
alegra;
también hay fiesta cuando los impíos
perecen.
11 La bendición de los justos enaltece a
la ciudad;
la boca de los impíos la trastorna.
12 El falto de cordura menosprecia a su
prójimo;
el hombre prudente sabe guardar
silencio.
13 Quien es chismoso da a conocer el
secreto;
quien es ecuánime es también reser-
vado.
14 Cuando no hay buen guía, la gente
tropieza;
la seguridad depende de los muchos
consejeros.
15 Avala a un extraño y vivirás angus-
tiado;
evita dar fianzas y vivirás tranquilo.
16 La mujer agraciada acrecienta su
honra;
la gente violenta acrecienta sus rique-
zas.
17 El hombre de bien se hace bien a sí
mismo;
el hombre cruel a sí mismo se hace daño.
18 Las obras del malvado no tienen
sustento;

sembrar la justicia tiene un premio
seguro.
19 La justicia conduce a la vida,
y seguir el mal conduce a la muerte.
20 El Señor detesta al corazón perverso,
pero ama a los que van por el camino
recto.
21 Tarde o temprano, el malvado será
castigado,
pero los justos y los suyos saldrán bien
librados.
22 La mujer bella pero fatua
es como argolla de oro en hocico de
cerdo.
23 Los justos sólo abrigan buenos deseos;
la esperanza de los impíos es el enojo.
24 A quienes reparten, más se les da;
los tacaños acaban en la pobreza.
25 El que es magnánimo, prospera;
el que sacia a otros, será saciado.
26 Al que acapara el trigo, el pueblo lo
maldice,
pero bendice al que lo vende.
27 El que procura el bien, es bien favo-
recido;
al que procura el mal, el mal le sobre-
viene.
28 El que confía en sus riquezas, fracasa;
los justos, en cambio, reverdecen como
ramas.
29 El que trastorna su casa hereda el
viento;
el necio acaba siendo esclavo del sabio.
Is 6.8 30 El fruto del justo es árbol de vida;
el que arrebata la vida no es sabio.
31 El justo recibe su recompensa en la
tierra,
¡y también el impío y el pecador![a]

[a] **11.31:** 1 P 4.18.

PROMESAS PODEROSAS

PROVERBIOS 12.2

El Señor se agrada del hombre bueno, pero condena al mal intencionado.

A veces las personas se desaniman cuando ven que otras personas hacen cosas crueles y se salen con la suya. ¿En algún momento te has desanimado por eso? Hay buenas noticias. Dios recompensa a los que le son obedientes. Nunca aprueba los planes de los que escogen hacer el mal.

12 El que ama la corrección ama la
sabiduría;
el que aborrece la reprensión
es ignorante.
2 El Señor se agrada del hombre bueno,
pero condena al mal intencionado.
3 Por su maldad nadie se mantiene
firme,
pero la raíz de los justos jamás es
removida.
4 La mujer noble es corona de su
esposo;
la malvada es como carcoma en sus
huesos.
5 Los justos sólo piensan en la justicia;
los impíos sólo piensan en engañar.
6 Los impíos hablan para derramar
sangre,
pero los hombres rectos hablan y los
ponen a salvo.
7 Los impíos caen y dejan de existir,
pero los justos y los suyos permanecen
firmes.

PODER PARA VIVIR

DAR Y RECIBIR *(Proverbios 11.24-25)*

Dios promete que los que dan a otros recibirán más de lo que dieron. Los que son tacaños no serán bendecidos, ni en su corazón ni en su monedero. Dios bendice a aquellos que son bondadosos y generosos con su tiempo y sus pertenencias (lee 2 Corintios 8:2). ¿Qué darás tú por el reino de Dios?

8 El hombre es alabado según su
sabiduría,
pero el de corazón perverso es menos-
preciado.
9 Más vale un patrón despreciado
que un engreído que carece de pan.
10 El justo sabe cuando su bestia tiene
hambre,
pero los impíos son crueles de corazón.
11 El que labra su tierra se sacia de pan,
pero el amigo de vagos no tiene
cordura.
12 La codicia del impío es una trampa
del mal,
pero la raíz de los justos da fruto.
13 El impío se enreda en sus labios
pecadores,
pero el justo logra salir del aprieto.
14 El hombre se sacia del buen fruto de
su boca,
y recibe su paga según la obra de sus
manos.
15 El necio piensa que va por buen
camino,
pero el sabio presta atención al con-
sejo.
16 El necio al instante revela su enojo,
pero el prudente desdeña la injuria.
17 Quien dice la verdad proclama la
justicia,
pero el testigo falso propaga el engaño.
18 Hay gente cuyas palabras son puña-
ladas,
pero la lengua de los sabios sana las
heridas.
19 Los labios veraces permanecen para
siempre,
pero la lengua mentirosa tiene corta
vida
20 En la mente malvada habita el
engaño;
entre los que promueven la paz hay
alegría.
21 Ninguna adversidad le sobreviene al
justo,
pero todos los males caen sobre los
impíos.
22 Al Señor le repugnan los labios
mentirosos;
pero le agradan los que dicen la
verdad.
23 El que es astuto no demuestra lo que
sabe,
pero el que es necio deja ver su igno-
rancia.
24 Los diligentes dominan a otros;
los negligentes son dominados.
25 La congoja abate el corazón del
hombre,
pero una buena noticia lo alegra.
26 El justo sabe guiar a su prójimo;
el impío le hace perder el camino.
27 El indolente no cocina ni su presa;
¡el gran tesoro del hombre es la dili-
gencia!
28 En el camino de la justicia hay vida;
no hay en su camino lugar para la
muerte.

13 El hijo sabio sigue el consejo de
su padre;
el burlón no hace caso de las
reprensiones.
2 El hombre de bien se nutre con sus
palabras;
el desalmado se nutre de violencia.
3 El que cuida su boca se cuida a sí
mismo;
el que habla mucho tendrá problemas.
4 El perezoso desea y nada consigue,
pero el que es diligente será prospe-
rado.
5 El hombre justo aborrece la mentira;
el malvado se hace odioso y despre-
ciable.
6 La justicia protege al de camino
perfecto;
la impiedad trastorna al pecador.
7 Unos pretenden ser ricos, y no tienen
nada;
otros simulan ser pobres, y lo tienen
todo.
8 Con sus riquezas, el hombre rescata
su vida;
el pobre nunca llega a oír amenazas.

LECCIONES **EL ORGULLO Y LAS DISCUSIONES**
(Proverbios 13.10)
La razón de la mayoría de las discusiones es el orgullo. Las personas discuten porque son tercas cuando se trata de sus propias opiniones. No quieren escuchar los consejos o reconocer que pueden estar equivocadas. Pero como explica este versículo, la persona sabia escucha los consejos. Dios nos da la humildad para reconocer que estamos equivocados y darnos cuenta que no lo sabemos todo.

PALABRAS CON PODER **DISCIPLINA**
(Proverbios 13.24)
La Biblia les enseña a los padres a disciplinar a sus hijos. El propósito es corregir el mal comportamiento (Proverbios 22:15). Cuando los padres disciplinan a sus hijos de una manera sabia y amorosa, los ayudan a entender que el mal comportamiento trae malos resultados. Es así que los niños aprenden a ser obedientes a sus padres y a Dios.

9 La luz de los justos brinda alegría;
la lámpara de los impíos languidece.
10 La soberbia es la madre de las contiendas,
pero en los ingeniosos se halla la sabiduría.
11 Las vanas riquezas pronto se gastan;
el que trabaja y las guarda las hace crecer.
12 El vivir esperando atormenta el corazón;
pero es un árbol de vida el deseo que se cumple.
13 No atender una orden cuesta caro;
acatarla tiene su recompensa.
14 Las enseñanzas del sabio son fuente de vida;
pueden librarte de los lazos de la muerte.
15 El buen juicio genera afecto;
el camino de los transgresores es inflexible.
16 El que es astuto procede con sabiduría;
el que es necio deja ver su necedad.
17 El mal mensajero trae consigo desgracias;
el mensajero fiel trae consigo el remedio.
18 Quien desdeña el consejo acaba pobre y avergonzado;
quien acepta la corrección es objeto de honra.
19 El deseo cumplido es causa de alegría,
pero los necios detestan apartarse del mal.
20 Quien se junta con sabios, sabio se vuelve;
quien se junta con necios, acaba mal.
21 El mal persigue a los pecadores,
pero los justos son premiados con el bien.
22 Es bueno dejar herencia a los nietos;
las riquezas del pecador las hereda el hombre justo.
23 En el campo de los pobres hay mucha comida,
pero se pierde cuando no se imparte justicia.
24 El que retiene el castigo, aborrece a su hijo;
el que lo ama, a tiempo lo corrige.
25 El justo come hasta calmar su apetito;
los impíos tienen un vientre insaciable.

14 La mujer sabia edifica su casa,
pero la necia la derriba con sus propias manos.
2 El que teme al Señor sigue su camino recto,
pero el que anda en malos pasos lo desdeña.
3 Los labios del necio derraman soberbia;
los labios de los sabios son su protección.

[4] Sin bueyes el granero no se llena;
gracias a su fuerza, hay abundancia de pan.
[5] El testigo verdadero no miente;
el testigo falso esparce calumnias.
[6] El burlón busca la sabiduría y no da con ella;
el hombre entendido la encuentra fácilmente.
[7] No te juntes con gente necia,
porque nada aprenderás de lo que te digan.
[8] El que es sabio y astuto sabe por dónde va;
a los necios los engaña su propia necedad.
[9] Los necios se burlan del pecado;
los hombres rectos se ganan la buena voluntad.
[10] Cada corazón conoce su propia amargura,
y ningún extraño participa de su alegría.
[11] La mansión de los impíos será derribada,
pero la choza de los hombres rectos permanece.
[12] Hay caminos que el hombre considera rectos,
pero que al final conducen a la muerte.[a]
[13] Hasta de reírse duele el corazón;
a veces la alegría acaba en congoja.
[14] El corazón necio se harta de sus caminos,
pero el hombre de bien va feliz por los suyos.
[15] El inexperto cree todo lo que oye;
el que es astuto mira por dónde anda.
[16] El sabio teme a Dios y se aparta del mal,
pero el necio se muestra temerario y engreído.
[17] El que fácilmente se enoja comete locuras;
el hombre perverso es aborrecido.

LECCIONES ¿EL CAMINO CORRECTO?

(Proverbios 14.12)

¿En algún momento tomaste un atajo sólo para encontrar que te habías perdido? A veces nuestros planes son como atajos que nos meten en problemas. He aquí algunos ejemplos de cómo las personas tratan de tomar atajos: (1) el creer que Jesús no es el único camino a Dios; (2) el creer que la Biblia no es necesaria. Pero el pensar de esta manera sólo lleva a una vida sin Dios (lee Juan 14:6; Romanos 6:23). El Espíritu Santo nos ayuda a ser sabios en vez de tontos al recordarnos la verdad.

[18] La necedad es la herencia de los simplones;
los astutos se cubren de conocimientos.
[19] Los malvados se inclinarán ante los buenos,
y los impíos comparecerán ante los justos.
[20] Al pobre lo odian hasta sus amigos;
al rico, todo el mundo lo quiere.
[21] El que humilla a su prójimo comete un pecado;
¡feliz de aquel que se compadece de los pobres!
[22] Los que urden el mal pierden el rumbo;
los que piensan el bien encuentran amor y verdad.
[23] Toda labor rinde sus frutos,
pero hablar por hablar empobrece.
[24] Las riquezas son la corona de los sabios;
la corona de los necios es su necedad.
[25] El testigo verdadero te salva la vida;
el testigo falso te difama.
[26] El temor del Señor infunde plena confianza,
y da esperanza a nuestros hijos.
[27] El temor del Señor es un manantial de vida,

[a] **14.12:** Pr 16.25.

> **PROMESAS PODEROSAS**
>
> **PROVERBIOS 14.26**
>
> ***El temor del Señor infunde plena confianza, y da esperanza a nuestros hijos.***
>
> Un refugio es un lugar de seguridad como una fortaleza o una ciudad con enormes muros. Aunque Dios no es un edificio, Él es un "lugar" de seguridad. Los que confían en Él y lo obedecen pueden estar confiados de que Él los ayudará. Pueden contar con su protección.

que nos aparta de los lazos de la
muerte.
28 Un pueblo numeroso es la gloria del
rey;
un pueblo escaso es la debilidad del
príncipe.
29 Enojo lento, gran inteligencia;
espíritu impaciente, demasiada necedad.
30 Un corazón apacible infunde vida al
cuerpo,
pero la envidia corroe hasta los huesos.
31 Oprimir al pobre es afrentar al
Creador;
tener misericordia del pobre es honrar
a Dios.
32 Al malvado lo pierde su propia
maldad;
el justo, aun en la muerte mantiene la
esperanza.
33 La sabiduría reposa en el corazón
prudente,
pero entre los necios es desconocida.
34 Un pueblo justo es un gran pueblo,
pero el pecado deshonra a las naciones.
35 El rey es amable con el siervo inteligente,
pero se enoja con el que lo avergüenza.

15 La respuesta amable calma la ira;
la respuesta grosera aumenta
el enojo.
2 La lengua sabia adorna el conocimiento;
la boca de los necios profiere tonterías.
3 Los ojos del Señor están en todas
partes,
y observan a los malos y a los buenos.
4 La lengua apacible es árbol de vida;
la lengua perversa daña el espíritu.
5 El necio desprecia la corrección de su
padre;
el que la acata, alcanza la prudencia.
6 En la casa del justo siempre hay
abundancia;
en las ganancias del impío siempre hay
problemas.
7 La boca de los sabios imparte conocimientos;
el corazón de los necios hace todo lo
contrario.
8 El Señor aborrece las ofrendas de los
impíos,
pero recibe con agrado la oración de
los rectos.
9 El Señor aborrece el camino del impío,
pero ama al que va en pos de la
justicia.
10 Para el descarriado, la corrección es
molesta;
pero aborrecerla conduce a la muerte.
11 Ante el Señor están la muerte y el
sepulcro,
¡y también el corazón de los seres
humanos!
12 Al burlón no le gusta que lo reprendan,
ni tampoco se junta con los sabios.
13 Un corazón alegre le hace bien al
rostro,
pero las penas del corazón abaten el
ánimo.
14 El corazón entendido tiene hambre
de saber;
la boca del necio se alimenta de
tonterías.
15 Si estás triste, todos los días son
malos;
si estás feliz, todos los días son de
fiesta.

LECCIONES LOS SABIOS Y LOS INSENSATOS

(Proverbios 15.14)

Muchos proverbios como este comparan y contrastan a la persona sabia con la persona insensata. Según este versículo, los que son sabios tienen un deseo de adquirir conocimiento. Sin embargo, los insensatos no hacen este esfuerzo. Se contentan con su propia ignorancia. ¿Y cómo se vuelve ignorante una persona? Al escuchar chismes, evitar los buenos consejos y pasar tiempo llevando a cabo actividades insensatas. Los NIÑOS PODEROSOS quieren ser sabios. Es por eso que intentan saber más acerca de Dios.

16 Es mejor lo poco, con el temor del Señor,
que lo mucho, con muchos problemas.
17 Es mejor comer legumbres con amor,
que comer carne de res con odio.
18 El hombre iracundo provoca conflictos;
el que se controla, aplaca las rencillas.
19 El perezoso va por una senda espinosa;
el hombre recto camina como en una calzada.
20 El hijo sabio hace feliz a su padre;
el hijo necio hace infeliz a su madre.
21 Al necio, ser necio lo hace feliz,
pero el que es entendido corrige sus pasos.
22 Los planes fracasan por falta de consejos,
pero triunfan cuando hay muchos consejeros.
23 El hombre es feliz cuando sabe responder;
¡y qué buena es una respuesta oportuna!
24 Para el entendido, la vida es un camino ascendente
que lo aleja de caer en el sepulcro.
25 El Señor destruye la casa de los soberbios,
pero afirma el patrimonio de la viuda.
26 Al Señor le repugnan los planes malvados,
pero las palabras amables le son aceptables.
27 El que es ambicioso trastorna su casa,
pero el que desprecia el soborno vivirá.
28 El justo piensa bien, antes de responder;
la boca de los impíos profiere malas palabras.
29 El Señor está lejos de los impíos,
pero oye la oración de los justos.
30 La luz de los ojos alegra el corazón,
y las buenas noticias fortalecen los huesos.
31 El que presta oído a las advertencias de vida,
convivirá con los sabios.
32 Despreciar la disciplina es no apreciarse uno mismo;
obedecer la corrección es poseer entendimiento.
33 El temor del Señor corrige y da sabiduría;
antes que honra, humildad.

Proverbios sobre la vida y la conducta

16 Del corazón del hombre surgen los planes,
pero del Señor proviene la respuesta de la lengua.
2 Según el hombre, todo camino es limpio,
pero el Señor pondera los espíritus.
3 Encomienda al Señor tus acciones,
y tus pensamientos serán afirmados.
4 El Señor lo ha hecho todo para sí mismo;
¡hasta el impío está hecho para el día fatal!
5 El Señor aborrece a los de corazón altivo,
y es un hecho que no quedarán impunes.
6 El amor verdadero perdona el pecado;
el temor del Señor aparta del mal a los hombres.

Is 44.24-25

7 Si el Señor aprueba los caminos del hombre,
hasta sus enemigos hacen la paz con él.
8 Es mejor lo poco del justo
que los muchos frutos del injusto.
9 El corazón del hombre pondera su camino,
pero el Señor le corrige el rumbo.
10 El rey tiene el veredicto en sus labios;
no hay error cuando emite la sentencia.
11 Las pesas y medidas justas son del Señor;
todas las balanzas son su propia creación.
12 Es repugnante que los reyes cometan el mal,
porque el trono se afirma en la justicia.
13 Es grato que los reyes hablen con justicia,
y que amen a los que dicen la verdad.
14 La ira del rey es heraldo de muerte,
pero el que es sabio sabe evitarla.
15 El rostro alegre del rey es presagio de vida;
su favor es una nube cargada de lluvia.
16 Ganar sabiduría e inteligencia
es mejor que adquirir oro y plata.
17 Los hombres rectos se apartan del mal camino;
quien cuida sus pasos, cuida su vida.
18 La soberbia precede al fracaso;
la arrogancia anticipa la caída.
19 Es mejor ser humilde entre los humildes
que compartir despojos con los soberbios.
20 El que atiende a la palabra, halla el bien;
¡dichoso aquél que confía en el Señor!
21 Al de corazón sabio se le llama prudente;
los labios amables aumentan el saber.
22 Tener cordura es tener la fuente de la vida;
a los necios los castiga su propia necedad.
23 El sabio de corazón habla con prudencia,

Palabras con poder

EL ECHAR SUERTES
(Proverbios 16.33)

En la época bíblica, las personas a veces echaban suertes para encontrar respuestas para poder tomar sus decisiones cotidianas. Esto significaba que lanzaban varias piedras pequeñas en el suelo para conseguir una respuesta de "sí" o "no". Nosotros no necesitamos lanzar piedras en el suelo para saber lo que Dios quiere que hagamos. Él ha prometido guiarnos si leemos su Palabra y oramos.

y a sus labios añade sabiduría.
24 Las palabras amables son un panal de miel;
endulzan el alma y sanan el cuerpo.
25 Hay caminos que el hombre considera buenos,
pero que al final resultan caminos de muerte.[a]
26 El trabajador se afana para calmar su apetito;
su estímulo es llenarse la boca.
27 El que es perverso escarba en el mal;
hay en sus labios una llama de fuego.
28 El que es perverso provoca contiendas;
el chismoso aparta a los mejores amigos.
29 El que es violento adula a su prójimo
y lo hace andar por el mal camino;
30 cierra los ojos y hace planes malvados,
mueve los labios y consuma el mal.
31 La vejez es la corona de una vida honrada,
y se la halla en el camino de la justicia.
32 Ser paciente es mejor que ser valiente;
es mejor dominarse uno mismo que tomar una ciudad.
33 Las suertes se echan en el regazo;
pero el resultado depende del Señor.

[a]**16.25:** Pr 14.12.

17 Es mejor un mendrugo de pan, en paz,
que carne en abundancia, en medio de peleas.
2 El criado astuto se vuelve patrón del hijo vago,
y comparte la herencia con los otros hermanos.
3 El crisol pone a prueba la plata,
el horno pone a prueba el oro,
y el Señor pone a prueba los corazones.
4 El malvado está atento a los labios inicuos;
el mentiroso hace caso de la lengua infamante.
5 El que ofende al pobre ofende a su Creador;
no queda impune el que se alegra de su mal.
6 Los nietos son la corona de los ancianos,
y los padres son la honra de los hijos.
7 No le queda al necio la grandilocuencia,
y menos aún al príncipe el hablar con mentira.
8 Quien practica el soborno, lo considera valioso
pues le va bien en todo lo que hace.
9 El que perdona el pecado, busca afecto;
el que lo divulga, aleja al amigo.
10 Gana más con un regaño quien es inteligente,
que lo que gana el necio que recibe cien azotes.
11 El que es rebelde no busca más que el mal,
pero un día se enfrentará a un emisario cruel.
12 Es mejor enfrentarse con una osa furiosa
que lidiar con la obstinación de un necio.
13 Quien paga mal el bien recibido,
merece que el mal no se aparte de su casa.
14 El comienzo de un conflicto pronto se vuelve un río desbordado;
es mejor controlarlo, antes de que se desborde.
15 Justificar al malvado y condenar al justo
es igual de repugnante para el Señor.
16 ¿Cómo puede el necio adquirir sabiduría,
si tiene dinero pero no tiene entendimiento?
17 El amigo ama en todo momento;
en tiempos de angustia es como un hermano.
18 ¡Qué poco inteligente es comprometerse
y salir fiador en favor de un amigo!
19 ¿Quieres pelear? ¡Quieres pecar!
¿Quieres darte importancia? ¡Quieres problemas!
20 El de corazón malvado nunca da con el bien;
el que se enreda con su lengua cae en desgracia.
21 Ser padre de un necio es motivo de tristeza;
ser padre de un necio no es motivo de alegría.
22 Un corazón alegre es la mejor medicina;
un ánimo triste deprime a todo el cuerpo.
23 El impío acepta soborno y se lo guarda
para corromper las sendas de la justicia.
24 El rostro inteligente refleja sabiduría,
pero el necio vaga con la mirada perdida.
25 El hijo necio pone triste a su padre
y le amarga la vida a su madre.
26 No se debe condenar al que es inocente,
ni castigar a quien es honorable y honrado.
27 Sabio es quien cuida sus palabras;
inteligente es quien tiene un espíritu prudente.

28 Cuando el necio calla, pasa por sabio;
cuando no abre la boca, pasa por
inteligente.

18 El egoísta sólo piensa en sí mismo,
y se entromete en cualquier
asunto.
2 Al necio, la inteligencia no le causa
placer;
tan sólo le interesa exhibir lo que
piensa.
3 Llega el impío, llega el desprecio;
con la deshonra viene la afrenta.
4 Los dichos del hombre son aguas
profundas,
pero la sabiduría es una fuente inago-
table.
5 No está bien favorecer al impío
y no hacerle justicia al hombre hon-
rado.
6 Las palabras del necio provocan
contiendas;
sus labios convocan a los golpes.
7 El necio provoca su propio mal;
con sus propios labios se tiende una
trampa.
8 Los chismes empalagan,
pero calan hasta lo más profundo.
9 El que es negligente en su trabajo
es también íntimo amigo de gente
nociva.
10 El nombre del Señor es una fortaleza
a la que el justo acude en busca de
ayuda.
11 El rico piensa que sus riquezas
son una fortaleza de altas murallas.
12 El orgullo humano es presagio del
fracaso;
la humildad es preludio de la gloria.
13 ¡Cuán presuntuoso y ridículo se
muestra
el que responde antes de oír!
14 El espíritu humano sostiene al
enfermo,
pero al espíritu angustiado, ¿quién lo
sostiene?
15 La mente inteligente adquiere sabi-
duría,

LECCIONES **LOS ORGULLOSOS CAEN**

(Proverbios 18.12)

Las personas que son orgullosas ponen demasiada confianza en sí mismas y en sus habilidades. Les gusta jactarse de su persona y de sus ideas. Pero un corazón orgulloso nos mete en problemas. Es difícil que las personas tomen decisiones sabias cuando están cegadas por el orgullo. Las personas humildes saben que no son mejores ni peores que nadie. Dios resiste a los orgullosos, pero da gracia a los humildes (Santiago 4:6).

y los oídos sabios van en pos de la
ciencia.
16 Los obsequios te allanan el camino
y te llevan ante grandes potentados.
17 El primero en defenderse alega
inocencia,
hasta que llega su adversario y lo
desmiente.
18 Las suertes ponen fin a las querellas,
y dictan sentencia entre los litigantes.
19 El hermano ofendido es más impe-
netrable
que una ciudad amurallada;
persisten más los pleitos entre hermanos
que los cerrojos de una fortaleza.
20 Hay quienes, con lo que dicen,
logran satisfacer su hambre.
21 El que ama la lengua comerá de sus
frutos;
ella tiene poder sobre la vida y la muerte.
22 ¿Hallaste esposa? ¡Has hallado el bien!
¡Has alcanzado el favor del Señor!
23 El pobre habla con ruegos;
el rico responde con rudeza.
24 Hay amigos que no son amigos,
y hay amigos que son más que her-
manos.

19 Es mejor ser pobre y honrado,
que ser intrigante y presuntuoso.
2 Donde no hay conocimiento,
no hay bondad;
donde hay premura, hay locura.

3 La necedad lleva al hombre al extravío,
y le hace volcar su enojo contra el Señor.
4 Las riquezas atraen a muchos amigos,
pero del pobre hasta sus amigos se apartan.
5 El testigo falso no quedará sin castigo;
no escapará el que propala mentiras.
6 Muchos buscan el favor del que es generoso;
al que es desprendido no le faltan amigos.
7 Al pobre, sus hermanos lo aborrecen,
y hasta sus amigos se apartan de él.
Busca palabras, pero no las encuentra.
8 El que tiene cordura se ama a sí mismo;
el que obedece a la inteligencia halla el bien.
9 El testigo falso no quedará sin castigo,
y el mentiroso será destruido.
10 Tan mal se ve que un necio viva entre lujos
como que un esclavo gobierne entre reyes.
11 La cordura del hombre calma su furor;
su honra es pasar por alto la ofensa.
12 La ira del rey es como el rugido de un león;
su bondad es como el rocío sobre la hierba.
13 El hijo necio es un dolor para su padre;
la mujer contenciosa es gotera constante.
14 Casa y riquezas, herencia paterna;
mujer prudente, herencia del Señor.
15 La pereza te lleva a un sueño profundo;
pasarás hambre si eres negligente.
16 Respetar el mandamiento es respetarse uno mismo;
el que menosprecia sus caminos, morirá.
17 Dar algo al pobre es dárselo al Señor;
el Señor sabe pagar el bien que se hace.

PROMESAS PODEROSAS

PROVERBIOS 19.21

Son muchas las ideas del corazón humano; sólo el consejo del Señor permanece.

¿Sabes a qué te quieres dedicar cuando seas grande? Puede ser que ya para cuando seas adulto tus planes hayan cambiado. Este versículo nos recuerda no excluir a Dios de nuestros planes. Aunque nuestros planes pueden cambiar a medida que crecemos, los consejos de Dios nunca cambian. Siempre son perfectos.

18 Castiga a tu hijo mientras haya esperanza;
pero tómalo con calma, no vayas a matarlo.
19 Enojarse demasiado lleva al desastre;
tratar de evitarlo sólo añade nuevos males.
20 Atiende al consejo, y acepta la corrección;
así acabarás siendo sabio.
21 Son muchas las ideas del corazón humano;
sólo el consejo del Señor permanece.
22 Muy deseable es la bondad en el hombre;
es mejor ser pobre que mentiroso.
23 El temor del Señor es fuente de vida,
y nos hace vivir tranquilos y libres de temores.
24 El perezoso mete la mano en el plato,
pero le pesa llevarse el bocado a la boca.
25 Golpea al burlón, y el ingenuo aprenderá algo;
corrige al entendido, y adquirirá conocimiento.
26 El que roba a su padre y ahuyenta a su madre
es un hijo que causa vergüenza y oprobio.
27 Hijo mío, si desoyes la corrección,
te alejarás de sabios razonamientos.
28 El testigo perverso se burla del juicio;

la boca de los impíos encubre la
iniquidad.
29 A los burlones les espera la sentencia;
a la espalda de los necios, los azotes.

20 Beber vino o bebidas embriagantes
te lleva a blasfemar y a
causar alborotos.
No es de sabios errar por su culpa.
2 El enojo del rey es como el rugido de
un león;
enfurecerlo es atentar contra uno
mismo.
3 Al hombre le adorna alejarse de
pleitos,
pero los insensatos se enredan en ellos.
4 Llega el invierno y el perezoso no
siembra;
cuando llega el verano, no halla comida.
5 Para la mente humana, los consejos
son tan profundos como el océano;
alcanzables sólo para quien es entendido.
6 Son muchos los que dicen ser bondadosos,
pero ¿dónde están los hombres
sinceros?
7 El hombre justo no se aparta de su
integridad;
¡dichosos sus hijos, que siguen sus pasos!
8 Cuando el rey ocupa el tribunal de
justicia,
le basta una mirada para despejar todo
mal.
9 No hay nadie que pueda afirmar
que su corazón está limpio de pecado.
10 Las pesas y las medidas falsas
son cosas que al Señor le repugnan.
11 Por sus hechos, hasta un niño deja ver
si su conducta es limpia y recta.
12 El Señor nos dotó al mismo tiempo
de oídos para oír y de ojos para ver.
13 No seas dormilón, y jamás serás pobre;
no pegues los ojos, y el pan nunca te
faltará.
14 El comprador dice que lo que compra es malo,
pero en cuanto paga, alaba su compra.
15 Abundan el oro y las piedras preciosas,
pero los labios prudentes son una joya.
16 Despoja de su ropa, y retenla en
prenda,
al que salga fiador de algún extraño.
17 ¡Qué sabroso sabe el pan de mentira,
pero al final acabas con mal sabor de
boca!
18 Con los consejos se ordenan los
planes,
y con buena estrategia se gana la
guerra.
19 El que es chismoso revela el secreto;
no te juntes con gente boquifloja.
20 La muerte más sombría le aguarda
al que maldice a su padre o a su madre.
21 Al principio, se adquieren bienes de
prisa;
al final, eso no es ninguna bendición.
22 Nunca digas: «¡Me voy a vengar!»
Mejor deja que el Señor lo haga por ti.
23 Al Señor le repugnan las pesas falsas;
la balanza falsa no es nada buena.
24 Si el Señor dirige los pasos del
hombre,
¿cómo puede el hombre entender su
camino?
25 Tú solo te tiendes la trampa
si a la ligera consagras algo a Dios
y después de eso te pones a pensar.
26 El rey sabio avienta como trigo a los
impíos,
y luego pasa sobre ellos la rueda del
molino.
27 El espíritu del hombre es la lámpara
del Señor
que escudriña los sentimientos más
profundos.
28 La misericordia y la verdad cuidan
del rey,
y la clemencia sustenta su trono.
29 Los jóvenes se ufanan de su fuerza;
los ancianos se enorgullecen de sus
canas.
30 Los azotes hieren pero curan la
maldad;

el castigo purifica lo más recóndito
del ser.

21 El corazón del rey se bifurca
como los ríos,
pero en manos del Señor
sigue los planes divinos.
2 El hombre cree que todo camino es
recto,
pero el Señor pondera los corazones.
3 Al Señor le agrada que se le hagan
ofrendas,
pero más le agrada que se haga justicia.
4 Esto es pecado: Los ojos altivos,
el corazón orgulloso y los planes
malvados.
5 Si piensas lo que haces, tendrás
abundancia;
si te apresuras, acabarás en la pobreza.
6 Amontonar tesoros a base de mentiras
es una ilusión que te conduce a la muerte.
7 A los impíos los destruye su propia
rapiña,
porque se rehúsan a hacer justicia.
8 El malvado va por caminos torcidos,
pero el hombre honrado actúa con
rectitud.
9 Es mejor vivir en la azotea de la casa
que compartir la casa con una esposa
agresiva.
10 El impío tiene sed de maldad;
no considera a nadie digno de com-
pasión.
11 Castiga al blasfemo, y el simple se
hará sabio;
aconseja al sabio, y éste aprenderá su
lección.
12 El justo observa la casa del impío,
y lo ve cuando es trastornado por el mal.
13 El que cierra su oído al clamor del
pobre
tampoco será escuchado cuando pida
ayuda.
14 La dádiva discreta calma el enojo;
el don disimulado apacigua la furia.
15 El justo se alegra cuando se hace
justicia,
pero los malvados se ponen a temblar.
16 Quien se aparta del camino de la
sabiduría
acaba entre las legiones de muertos.
17 Si amas los placeres, acabarás en la
pobreza;
el gusto por el vino y los perfumes no
te hará rico.
18 El malvado pagará el rescate del
justo;
el impío sufrirá en lugar del hombre
recto.
19 Es mejor vivir en el desierto
que convivir con mujer pendenciera y
agresiva.
20 Riquezas y perfumes hay en la casa
del sabio;
en la casa del necio sólo hay despil-
farro.
21 Ve en pos de la justicia y la miseri-
cordia,
y hallarás vida, justicia y honra.
22 El sabio conquista la ciudad más
protegida,
y derriba la fortaleza más confiable.
23 El que cuida su boca y su lengua
se libra de muchos problemas.
24 Al que es burlón y soberbio
también se le llama insolente.
25 El perezoso se muere de deseos,
pero no es capaz de ponerse a trabajar.
26 Todo el tiempo se lo pasa codiciando.
En cambio, el hombre justo da sin
tacañerías.
27 El sacrificio de los impíos es repug-
nante,
¡y más aún si se ofrece con maldad!
28 El falso testimonio es desechado;
el que sabe escuchar puede hablar
siempre.
29 El hombre impío finge firmeza;
el hombre recto es firme en sus
caminos.
30 Ante el Señor nada vale el sabio,
ni el inteligente ni el consejero.
31 Presto está el caballo para entrar en
combate,
pero la victoria está en manos del Señor.

22 Mejor tener buena fama que
mucha riqueza;
la buena fama es mejor que
la plata y el oro.
2 El rico y el pobre coinciden en algo:
a uno y otro los hizo el Señor.
3 El que es astuto, ve el peligro y se
esconde;
el que es ingenuo, sigue adelante y es
afectado.
4 El Señor recompensa a los que le
temen
con riquezas, honra y vida, si son
humildes.
5 El camino del perverso está lleno de
trampas y espinas;
quien se cuida a sí mismo, se cuida de
seguirlo.
6 Enseña al niño a seguir fielmente su
camino,
y aunque llegue a anciano no se apar-
tará de él.
7 Los ricos son los amos de los pobres;
los deudores son esclavos de los pres-
tamistas.
8 El que siembra maldad, maldad
cosechará;
¡el Señor destruirá su insolente vio-
lencia!
9 ¡Bendito sea quien ve a otros con
bondad
y comparte su pan con el indigente!
10 Expulsa al blasfemo, y se acabarán las
peleas,
cesarán los pleitos y las ofensas.
11 El rey ama y brinda su amistad
al hombre de corazón puro y labios
amables.
12 El Señor es guardián del conocimien-
to,
pero trastorna los planes de los trai-
dores.
13 El perezoso arguye: «¡Hay un león en
la calle!
Si salgo, ¡seré hombre muerto!»
14 Los labios de la mujer ajena son un
abismo,
en donde cae el que provoca la ira del
Señor.
15 La necedad va ligada al corazón del
joven,
pero la vara disciplinaria le quita lo
necio.
16 Oprimir al pobre para hacerse rico,
o hacer al rico más rico, conduce a la
pobreza.

Treinta dichos egipcios

17 Inclina tu oído y escucha las palabras
de los sabios;
aplica tu corazón a mi sabiduría.
18 Es una delicia, si la guardas dentro
de ti
y si la afirmas sobre tus labios.
19 Hoy te la he dado a conocer
para que pongas tu confianza en el
Señor.

20 ¿Acaso no te he escrito treinta dichos
para impartirte consejos y conocimientos?
21 Te he dado a conocer palabras de
verdad,
para que las lleves a quienes te en-
viaron.

22 No te aproveches del pobre porque
es pobre,
ni prives al afligido de un juicio justo,
23 porque el Señor defenderá su causa
y les quitará la vida a quienes les quiten
todo.
24 No tengas nada que ver con gente
violenta,
ni te hagas amigo de gente agresiva,
25 para que no imites su conducta
y tú mismo te tiendas una trampa.

26 No te comprometas por otros,
ni salgas fiador de nadie.
27 ¿Por qué han de quitarte hasta la cama
si resulta que no tienes con qué pagar?

28 No traspases los linderos de antaño
que tus antepasados establecieron.

29 Cuando veas alguien que hace bien
su trabajo,
no lo verás entre gente de baja condición
sino que estará en presencia de reyes.

23 Cuando te sientes a la mesa de
un gran señor,
piensa bien en presencia de
quién estás.
2 Ponte un cuchillo en la garganta
y refrena en lo posible tu apetito.
3 No quieras llenarte con sus deliciosos
platillos,
porque son un pan engañoso.

4 No te entusiasmes por hacerte rico;
usa tu buen juicio, y desiste de esa idea.
5 ¡Apenas logras poner los ojos en las
riquezas,
cuando éstas ya han desaparecido!
¡Es como si les salieran alas, alas de
águila,
y desaparecen volando por el cielo!

6 No compartas la mesa con el avaro;
no quieras llenarte con sus deliciosos
platillos,
7 porque en su interior sigue siendo avaro.
Te invitará a comer y beber,
pero no te invitará de corazón.
8 Después vomitarás lo que hayas comido,
y habrás desperdiciado tus halagos.

9 No trates de hacerte oír por un necio,
porque éste no apreciará tus sabias
razones.

10 No traspases los linderos de antaño
ni invadas la propiedad de los huérfanos;
11 ellos cuentan con un poderoso
defensor,
que saldrá en su defensa y contra ti.

12 Abre tu corazón a la enseñanza,
y tus oídos a las palabras del saber.

13 No dejes de corregir al joven,
que no va a morirse si lo castigas con
vara.
14 Al contrario, castígalo con vara
y lo librarás de caer en el sepulcro.

15 Hijo mío, si en tu corazón eres sabio,
eso alegrará también mi corazón.
16 En mi interior sentiré gran alegría
cuando con tus labios digas lo que es
justo.

17 No abrigues en ti envidia por los
pecadores,
sino manténte siempre en el temor del
Señor.
18 Lo cierto es que hay un futuro,
y tu esperanza no se verá frustrada.

19 Hijo mío, escúchame y adquiere
sabiduría.
Deja que tu corazón enderece el
rumbo.
20 No te juntes con los que se hartan
de vino
ni con los que se atiborran de carne,
21 porque unos y otros se quedarán
pobres,
y por indolentes acabarán cubiertos de
harapos.

22 Escucha al padre que te dio la vida,
y no menosprecies a tu anciana madre.
23 La verdad y la sabiduría,
la enseñanza y la inteligencia,
son algo que debes comprar y nunca
vender.
24 El padre del justo siente gran alegría;
el que engendra un hijo sabio se
regocija.
25 ¡Haz que tu padre y tu madre se
alegren!
¡Haz que se regocije la madre que te
dio a luz!

26 Hijo mío, entrégame tu corazón,
y no apartes la mirada de mis caminos.

[27] Porque la ramera es un abismo
profundo;
la mujer ajena es un pozo estrecho.
[28] Siempre está al acecho, como los
ladrones,
y hace que el pecado aumente entre
los hombres.

[29] ¿Quién se queja? ¿Quién se duele?
¿Quién se ve envuelto en pleitos?
¿Quién sufre? ¿Quién es herido sin
razón?
¿Quién anda con los ojos morados?
[30] ¡El que se pasa el tiempo tomando vino!
¡El que anda en busca de bebidas
mezcladas!

[31] No dejes que te atraiga lo rojo del
vino;
¡que no te deslumbre su brillo en la copa!
Suavemente se desliza por la garganta,
[32] pero al final muerde como serpiente;
¡causa más dolor que una víbora!
[33] Hará que tus ojos vean cosas ex-
trañas,
y que tu corazón diga cosas perversas.
[34] Creerás estar dormido en medio del
mar,
o acostado en la punta del palo mayor,
[35] y dirás: «Estoy herido, pero no me
duele;
estoy molido, pero no lo siento.
¿Cuándo voy a despertar, para ir por
más?»

24 No sientas envidia por los mal-
vados
ni busques estar en su com-
pañía,
[2] porque en su corazón sólo piensan
en robar
y sus labios sólo hablan de cosas
perversas.

[3] La casa se edifica con sabiduría
y se afirma con inteligencia.
[4] Sus alcobas se llenan con buen juicio,
y con todo bien preciado y agradable.

[5] Es mejor ser sabio que ser fuerte;
es mejor tener ciencia que mucha
fuerza.
[6] Porque la guerra se hace con buenos
planes,
y la victoria se obtiene con muchos
consejos.

[7] Para el necio, la sabiduría resulta
inalcanzable;
entre los consejeros, no abre la boca.

[8] Al que sólo piensa en hacer el mal
se le llama conspirador.
[9] Los pensamientos del necio son
pecado;
todo el mundo aborrece a los burlones.

[10] Si en momentos difíciles te rindes,
muy limitada es la fuerza que tienes.

[11] Libera a los que marchan a la muerte;
salva a los que están por ser ejecuta-
dos.
[12] Tal vez digas: «Esto no lo sabíamos»;
pero lo sabe el que pesa los corazones,
lo sabe el que observa lo que haces,
el que da a cada uno lo que merecen
sus obras.

[13] Hijo mío, prueba la miel, que es
buena;
¡dulce al paladar es la miel del panal!
[14] Así de dulce te será la sabiduría.
Si la encuentras tendrás tu recom-
pensa,
y al final tu esperanza no se verá
frustrada.

[15] Tú, malvado, no aceches la tienda
del justo
ni saquees el lugar donde habita,
[16] porque tal vez caiga el justo siete
veces,
pero otras tantas volverá a levantarse;
en cambio, los impíos caerán en
desgracia.

17 No te alegres cuando caiga tu enemigo;
que no se alegre tu corazón cuando él
tropiece,
18 no sea que el Señor lo vea, y le
desagrade,
y deponga su enojo contra él.

19 No te enojes por causa de los malignos
ni sientas envidia de los inicuos,
20 porque los malvados no tendrán
buen fin;
¡la lámpara de los impíos se apagará!

21 Hijo mío, teme al Señor y al rey.
No te juntes con gente rebelde,
22 porque de pronto pueden ser castigados,
¡y quién sabe qué clase de castigo
ellos dos pueden enviar sobre los rebeldes!

Otros dichos

23 Éstos son también dichos de los sabios:

No está bien discriminar a nadie en el
juicio.
24 Al que llama justo al malvado,
los pueblos lo maldicen y lo odian las
naciones;
25 pero quienes lo reprenden serán felices,
y sobre ellos viene gran bendición.
26 Dar una buena respuesta
es como dar un beso en los labios.

27 Comienza por preparar tus campos
y por disponerte para la siembra,
y después de eso construye tu casa.

28 No des falso testimonio contra tu
prójimo,
ni prodigues lisonjas con tus labios.
29 No digas: «Le haré lo que él me hizo.
Le daré a ese hombre lo que se merece.»

30 Pasé junto al campo del perezoso,
junto a la viña del falto de entendimiento,
31 y vi espinos por todas partes;
las ortigas cubrían toda la superficie
y la cerca de piedras estaba por los
suelos.
32 Miré esto, y lo guardé en mi memoria;
lo vi, y aprendí una lección.
33 Un poco de dormir, un poco de
soñar,
un poco de cruzarse de brazos para
descansar.
34 Así vendrán tu necesidad y tu
pobreza:
como un vago, como un mercenario.[a]

Ejemplos prácticos de conducta

25 Éstos son también proverbios de Salomón, copiados por escribas de Ezequías, rey de Judá:

2 Encubrir un asunto es honroso para
Dios;
descubrirlo, es honroso para el rey.
3 No hay manera de investigar
lo que hay en las alturas de los cielos,
ni lo que hay en las profundidades de
la tierra,

[a] **24.33-34:** Pr 6.10-11.

UN HOMBRE BUENO SE LEVANTA *(Proverbios 24.16)*

"Al mal tiempo, buena cara". El mensaje de Proverbios 24:16 va de acuerdo a este antiguo dicho. Todos fracasan de vez en cuando. Muchas personas se dan por vencidas después de fracasar una vez. Pero Dios ayuda a los que siguen intentando y siguen viviendo para Él. Dios no promete que no tendremos problemas en nuestra vida, pero sí promete ayudarnos cuando vienen los problemas.

ni lo que hay en el corazón de los reyes.
4 Limpia la plata de la escoria,
y el fundidor sacará de ella una alhaja.
5 Aparta al impío de la presencia del rey,
y su trono se afirmará en justicia.
6 No te alabes en presencia del rey
ni ocupes un lugar entre gente importante.
7 Es mejor que se te invite a subir,
y no ser humillado en presencia del príncipe.

Lo que veas con tus propios ojos[a]
8 no lo pongas enseguida en disputa,
no sea que al final no sepas qué hacer,
y tu prójimo acabe por ponerte en vergüenza.

9 Defiende tu caso ante tu compañero,
y no reveles a nadie el secreto;
10 no sea que alguien te oiga y te deshonre,
y ya no puedas reparar tu mala fama.

11 Manzana de oro con adornos de plata:
¡eso es la palabra dicha cuando conviene!

12 Zarcillo de oro, alhaja de oro fino:
¡eso es la reprensión sabia en los oídos atentos!

13 Fresca nieve en un día caluroso:
¡eso es el mensajero fiel para quien lo envía!
A su amo le infunde paz y energía.

14 Un ventarrón, una nube sin lluvia:
¡eso es quien presume de ser generoso!

15 La mucha paciencia aplaca al príncipe;
la lengua afable quiebra los huesos más duros.

16 Si encuentras miel, come sin hartarte:
no sea que te hastíes y la vomites.

17 Aleja tus pasos de la casa del vecino,
no sea que, harto de ti, acabe por odiarte.

18 Martillo, cuchillo, aguda saeta:
¡eso es quien atestigua en falso contra su prójimo!

19 Como tener un diente roto, o zafarse un pie,
así es confiar en un pillo en tiempos de angustia.

20 Cantar canciones al corazón afligido
es como desnudarse en tiempo de frío
o como echar vinagre en una herida abierta.

21 Si el que te odia tiene hambre, dale de comer;
y si tiene sed, dale de beber.
22 Así harás que se avergüence de su conducta,[b]
y el Señor habrá de recompensarte.

[a]**25.6-7:** Lc 14.8-10. [b]**25.21-22:** Ro 12.20.

CÓMO TRATAR A UN ENEMIGO *(Proverbios 25.21-22)*
¿Cómo se debe tratar a un enemigo? Este versículo contesta esa pregunta al darnos dos sugerencias: (1) darle comida a un enemigo hambriento; (2) darle agua a un enemigo sediento. En otras palabras, debemos tratar bien y no mal a nuestros enemigos. Cuando tratamos a nuestro enemigo bondadosamente, es posible que este cambie y llegue a ser una persona mejor. Pero aun si no, Dios nos recompensará por nuestras acciones bondadosas.

23 Los vientos del norte atraen las lluvias,
las malas caras atraen las difamaciones.

24 Es mejor vivir en un rincón del techo
que convivir con una mujer pendenciera.

25 Las buenas noticias llegadas de lejos
son como agua fría para la garganta sedienta.

26 Fuente de agua turbia, manantial corrompido:
¡eso es el justo que se rinde ante el impío!

27 No conviene comer mucha miel,
ni tampoco procurar la propia gloria.

28 Ciudad en ruinas, sin muralla protectora:
¡eso es el hombre que no frena sus impulsos!

26 No conviene la nieve en el verano,
ni la lluvia en el tiempo de la siega,
ni colmar de honores al necio.

2 Gorrión sin rumbo, golondrina que revolotea:
¡eso es la maldición sin causa, pues nunca llega!

3 Para el caballo, el látigo;
para el asno, el freno;
para la espalda del necio, la vara.

4 Nunca respondas al necio con necedades,
para que no resultes ser otro necio.
5 Responde al necio conforme a su necedad,
para que no se crea demasiado sabio.

6 Recurrir a un necio como mensajero
es lo mismo que amputarse los pies;
¡es arriesgarse a pasar un trago amargo!

7 Piernas tullidas que penden inútiles:
¡eso es el proverbio en la boca del necio!

8 Atar la piedra a la honda:
¡eso es el rendir honores a un necio!

9 Espina clavada en la mano del borracho:
¡eso es el proverbio en labios del necio!

10 Arquero que a todo el mundo hiere:
¡eso es quien emplea a necios y vagabundos!

11 Perro que vuelve a su vómito:[a]
¡eso es el necio que repite su necedad!

12 ¿Has visto gente sabia en su propia opinión?
¡Más esperanza tiene el necio que esa gente!

13 El perezoso alega: «¡Un león anda suelto!
¡Está al acecho en el camino y por las calles!»

14 La puerta gira sobre sus bisagras,
y el perezoso gira sobre la cama.
15 El perezoso mete la mano en el plato,
pero le resulta pesado llevársela a la boca.
16 El perezoso se considera más sabio
que siete sabios que sepan aconsejar.

17 Dejarse llevar del enojo en un pleito ajeno
es como querer sujetar a un perro por las orejas.

18 Un loco que, en su locura,
lanza mortíferas flechas encendidas:
19 ¡eso es el hombre que engaña a su amigo,
y luego alega que lo hizo de broma!

[a] **26.11:** 2 P 2.22.

[20] Sin leña se apaga el fuego,
y sin chismosos se acaba el pleito.

[21] Para hacer brasas, el carbón;
para encender el fuego, la leña;
para encender los ánimos, el pendenciero.

[22] Los chismes son deliciosos bocados,
que penetran hasta lo más profundo.
[23] Los labios seductores y el corazón malvado
son una vasija de barro bañada en plata barata.
[24] El que odia, lo disimula con los labios
pero por dentro maquina el engaño.
[25] No confíes en quien habla con voz engolada,
porque en su corazón hay siete abominaciones.
[26] Aunque el odio se encubra con disimulo,
la maldad se hará manifiesta en la comunidad.
[27] El que cava el foso, en él se cae;
al que empuja la piedra, la piedra lo aplasta.
[28] La lengua falsa aborrece al que ha herido;
la boca zalamera conduce al desastre.

27 No te ufanes del día de mañana,
porque nunca sabes lo que el mañana traerá.[a]
[2] Es mejor que te alabe gente extraña,
y no que te alabes tú mismo.
[3] Pesa la piedra, pesa la arena,
pero pesa más la ira del necio.
[4] La ira es cruel, y el furor es impetuoso,
pero ante la envidia, ¿quién puede sostenerse?
[5] Es mejor la reprensión franca
que el amor disimulado.
[6] Son más confiables las heridas del que ama,
que los falsos besos del que aborrece.
[7] Quien no tiene hambre, rechaza la miel;
quien tiene hambre, halla dulce lo amargo.
[8] Ave que vuela lejos del nido:
¡eso es quien se va lejos de su hogar!
[9] El bálsamo y el perfume alegran el corazón;
los consejos del amigo alegran el alma.
[10] No dejes a tu amigo, ni al amigo de tu padre,
ni visites a tu hermano cuando estés afligido.
Es mejor vecino cercano que hermano lejano.

[11] Hijo mío, sé sabio y alegra mi corazón;
así podré responder al que me ofenda.
[12] El astuto ve el peligro y se pone a salvo,
pero los ingenuos lo ven y no lo evitan.
[13] Al fiador de un extraño, quítale la ropa;
al que dé a la mujer ajena, reténle prenda.
[14] Bendecir al amigo a gritos y de madrugada
es lo mismo que lanzarle una maldición.
[15] Como gotera continua en tiempo de lluvia
es la mujer que siempre discute.
[16] Querer contenerla es querer refrenar el viento
o tratar de retener el aceite en la mano.
[17] El hierro se pule con el hierro,
y el hombre se pule en el trato con su prójimo.
[18] Quien cuida de la higuera, come de su fruto;
quien cuida los bienes de su amo, recibe honra.
[19] Así como en el agua se refleja el rostro,
también en el corazón se refleja el hombre.

[a] **27.1:** Stg 4.13-16.

20 El sepulcro y la muerte nunca se
sacian,
y los ojos del hombre jamás están
satisfechos.
21 La plata se pone a prueba en el crisol,
el oro se pone a prueba en el horno,
y el hombre se pone a prueba con las
alabanzas.
22 Aunque machaques al necio en un
mortero,
como se machacan los granos de trigo,
su necedad no se apartará de él.

23 Manténte atento al estado de tus
ovejas;
cuida bien a tus rebaños,
24 porque las riquezas no duran para
siempre
ni la corona permanece perpetua-
mente.
25 Cuando salga la grama y aparezca la
hierba,
y en los montes se corte la hierba,
26 los corderos te proveerán de ropa
y los cabritos te darán para comprar
un campo;
27 la cabras te darán abundante leche
para que se alimenten tú y tu familia
y toda la servidumbre de tu casa.

LECCIONES: LA PRUEBA DE LOS ELOGIOS

(Proverbios 27.21)

Cuando las personas te elogian y dicen cosas buenas acerca de ti, es una prueba. ¿Estos elogios te hacen sentir orgulloso o humilde? El que las personas nos feliciten cuando hacemos algo bien, es algo bueno. Pero no es tan bueno si esto nos lleva a olvidarnos de que es Dios quien nos ha dado nuestras habilidades. La próxima vez que alguien te elogie, ¿por qué no añades tus propios elogios… elogios y alabanzas a Dios?

Proverbios antitéticos

28 El impío huye sin que nadie lo
persiga,
pero el hombre justo vive
tranquilo como un león.
2 Si el país anda mal, abundan los
caudillos;
pero el hombre sabio y prudente le da
estabilidad.
3 El gobernante que oprime a los
pobres
es como una tormenta que arrasa los
trigales.
4 Los transgresores alaban a los impíos;
los que observan la ley se oponen a ellos.
5 Los malvados no entienden nada de
la justicia;
los que buscan al Señor lo entienden
todo.
6 Es mejor ser pobre y portarse con
integridad,
que ser rico y andar por el mal camino.
7 El hijo prudente observa la ley;
el que anda con glotones avergüenza a
su padre.
8 El prestamista avaro aumenta sus
riquezas
para dejárselas al que ama a los pobres.
9 Del que no presta oído a la ley,
hasta su oración resulta repugnante.
10 El que desvía a los justos hacia el mal
camino
acabará por caer en su misma trampa,
pero los hombres honrados heredarán
el bien.
11 El hombre rico se cree muy sabio,
pero el pobre e inteligente lo exhibe.
12 Si los justos triunfan, hay una gran
fiesta;
si triunfan los impíos, todo el mundo
se esconde.
13 El que encubre sus pecados no
prospera;
el que los confiesa y se aparta de ellos
alcanza la misericordia divina.
14 ¡Dichoso aquel que siempre teme
a Dios!
En cambio, el duro de corazón acabará
mal.

15 Un león rugiente, un oso hambriento:
¡eso es el mal gobernante sobre el
pueblo pobre!
16 El gobernante fatuo aumenta la
extorsión;
el que odia la avaricia prolongará sus
días.
17 El que lleva a cuestas la muerte de
otro
huye hasta el sepulcro y nadie lo
detiene.
18 El que es honrado sale bien librado,
pero el que va por mal camino caerá
en un hoyo.
19 El que cultiva su campo tendrá pan
de sobra,
el que cultiva ilusiones acabará en la
pobreza.
20 El hombre fiel recibe muchas bendi-
ciones;
el que quiere hacerse rico no sale bien
librado.
21 No está bien discriminar a nadie;
hay gente que peca por un bocado
de pan.
22 El avaro tiene prisa por hacerse rico,
sin saber que la pobreza está en
camino.
23 Cae mejor el que sabe reprender
que el que sólo sabe lisonjear.
24 El que roba a su padre o a su madre,
y alega que no ha hecho mal,
es amigo de gente nociva.
25 El que es altanero suscita contiendas,
pero el que confía en el Señor pros-
pera.
26 Es de necios confiar en el propio
corazón;
el que camina sabiamente saldrá bien
librado.
27 El que da al pobre, nunca a pobre
llegará;
el que se niega a verlo, será maldecido.
28 Si los malvados triunfan, la gente se
esconde;
pero cuando mueren, los justos
florecen.

29 El que se empecina ante la re-
prensión
acabará en la ruina pronto y
sin remedio.
2 Cuando los justos triunfan, el pueblo
se alegra;
cuando gobierna el impío, el pueblo
gime.
3 El que ama la sabiduría alegra a su
padre;
el que frecuenta rameras dilapida sus
bienes.
4 Con justicia, el rey afirma la tierra;
la destruye el que impone tributos.
5 El que prodiga lisonjas a su prójimo
sólo está tendiéndole una trampa.
6 El pecado del malvado es su propia
trampa,
pero el justo canta y vive feliz.
7 El justo hace suya la causa de los
pobres;
de esto, el impío no entiende nada.
8 Los burlones pueden azuzar a toda
una ciudad,
pero los sabios saben calmar los
ánimos.
9 Cuando el sabio entra en pleito con
el necio,
el necio no deja de reírse ni de burlarse.
10 Los homicidas odian al hombre cabal,
pero los hombres honrados buscan
su bien.
11 El necio da rienda suelta a su enojo,
pero el sabio sabe cómo calmarlo.
12 Cuando un gobernante hace caso de
mentiras,
todos sus servidores se vuelven cor-
ruptos.
13 El pobre y el usurero coinciden en algo:
el Señor da luz a los ojos de ambos.
14 El trono del rey se afirma para
siempre,
si éste juzga a los pobres con la verdad.
15 La vara y la corrección imparten
sabiduría,
pero el hijo consentido avergüenza a
su madre.

16 Si aumentan los impíos, aumenta el
pecado,
pero los justos los verán fracasar.
17 Corrige a tu hijo, y vivirás tranquilo,
y a ti mismo te dará grandes alegrías.
18 Cuando no hay visión, el pueblo se
desvía;
¡dichoso aquel que obedece la ley!
19 Al siervo no se le corrige con pala-
bras,
porque entiende pero no hace caso.
20 Fíjate en la gente que habla a la ligera:
¡más se espera del necio que de esa
gente!
21 Si desde niño el amo consiente al
siervo,
al final el siervo será su amo.
22 El hombre irascible suscita contiendas,
y el hombre violento comete muchos
pecados.
23 La soberbia humilla al hombre;
al humilde de espíritu lo sostiene la
honra.
24 El cómplice del ladrón se odia a sí
mismo,
pues oye la imprecación y guarda
silencio.
25 El miedo a los hombres es una
trampa,
pero el que confía en el Señor es
exaltado.
26 Muchos buscan el favor del gober-
nante,
pero la sentencia de cada uno viene
del Señor.
27 Para los justos, los malvados son
repugnantes;
para los malvados, los repugnantes son
los justos.

Las palabras de Agur

30 Palabras proféticas de Agur, hijo de Jaqué, dirigidas a Itiel, a Itiel y a Ucal.

2 ¡No hay nadie más ignorante que yo!
¡No hay en mí raciocinio humano!
3 No tengo estudios ni sabiduría;
¡no tengo conocimiento alguno del
Dios santo!
4 ¿Quién puede subir al cielo, y bajar
de allí?
¿Quién puede retener el viento entre
sus puños?
¿Quién puede retener el mar en un
paño?
¿Quién estableció los límites de la tierra?
¿Sabes su nombre, y el nombre de su
hijo?

5 Las palabras de Dios son todas puras;
Dios es el escudo de quienes en él
confían.
6 No añadas a sus palabras, y él no te
reprenderá,
y tampoco resultarás un mentiroso.

7 Solamente dos cosas te he pedido;
¡concédemelas antes de que muera!
8 Aparta de mí la vanidad y la mentira,
y no me des pobreza ni riquezas.
Dame sólo el pan necesario,
9 no sea que, una vez satisfecho,
te niegue y diga: «¿Y quién es el Señor?»
O que, por ser pobre, llegue yo a robar
y ofenda el nombre de mi Dios.

10 No acuses al siervo ante su amo,
no sea que te maldiga y sufras el
castigo.

11 Hay algunos que maldicen a su padre
y no bendicen a su madre.
12 Hay algunos que se creen muy puros,
aunque no se han purificado de su
inmundicia.
13 Hay algunos que miran con altanería
y mantienen en alto la mirada.
14 Hay algunos cuyos dientes parecen
espadas
y cuyas muelas parecen cuchillos,
¡dispuestos a devorar a los pobres de
la tierra,
a la gente menesterosa de este mundo!

PROMESAS PODEROSAS

PROVERBIOS 30.5

Las palabras de Dios son todas puras; Dios es el escudo de quienes en él confían.

En la antigüedad, el escudo protegía al soldado de las flechas y los golpes de espada. Este versículo describe a Dios como un escudo porque Él protege a su pueblo. Sus buenos consejos nos protegen de las malas decisiones. Su gran poder nos protege de nuestro enemigo, el diablo.

15 La sanguijuela tiene dos hijas
que no saben más que pedir.

Tres cosas hay que nunca se sacian,
y aun la cuarta nunca está satisfecha:
16 El sepulcro, la matriz estéril,
la tierra seca, que demanda más agua,
y el fuego, que jamás deja de arder.

17 A quien mira con desprecio a su padre
y tiene en poco la enseñanza de la madre,
¡que los cuervos del valle le saquen los ojos!,
¡que los aguiluchos se lo coman vivo!

18 Hay tres cosas que me son incomprensibles,
y aun la cuarta no la alcanzo a comprender:
19 el rastro del águila en el aire,
el rastro de la serpiente sobre las rocas,
el rastro del barco al surcar el mar,
y el rastro del hombre en la doncella.

20 La mujer adúltera se porta así:
Come, se limpia la boca,
y afirma: «No he hecho nada malo.»

21 Hay tres cosas que sacuden a la tierra,
y una cuarta que no puede tolerar:
22 el siervo que llega a ser rey,
el necio que se harta de pan,
23 la solterona que llega a casarse,
y la criada que suplanta a su ama.

24 Hay cuatro cosas muy pequeñas en la tierra,
pero que son más sabias que los sabios:
25 las hormigas, ejército nada fuerte,
pero que en el verano almacena su comida;
26 los damanes, ejército sin recursos,
pero que ponen su casa en la roca;
27 las langostas, que no tienen rey,
pero que avanzan en perfecta formación;
28 y la araña, que se puede atrapar con la mano,
pero que se halla en el palacio del rey.

29 Tres animales caminan con paso airoso,
y el cuarto se pavonea al andar:
30 el león, el más fuerte de los animales,
al que nada lo hace retroceder;
31 el pavo real, el macho cabrío,
y el rey, a quien nadie resiste.

32 Si en tu necedad has querido enaltecerte,
o has hecho planes malvados, reflexiona:
33 Si bates la leche, obtienes mantequilla;
si te suenas fuerte la nariz, ésta te sangra;
y si provocas la ira de alguien, provocas un pleito.

Exhortación a un rey

31 Palabras proféticas del rey Lemuel, que su madre le enseñó.

2 ¿Qué puedo decirte, hijo mío?
¿Qué puedo decirte, hijo de mis entrañas?
¿Qué puedo decirte, respuesta a mis oraciones?
3 Que no entregues tu vigor a las mujeres,

ni vayas por caminos que destruyen a
los reyes.

4 Lemuel, hijo mío,
no está bien que los reyes beban vino,
ni que los príncipes beban sidra;
5 no sea que por beber se olviden de
la ley,
y tuerzan el derecho de todos los
afligidos.
6 Sea la sidra para el que desfallece,
y el vino para los de ánimo amargado.
7 ¡Que beban y se olviden de sus
carencias!
¡Que no se acuerden más de su miseria!

8 Habla en lugar de los que no pueden
hablar;
¡defiende a todos los desvalidos!
9 Habla en su lugar, y hazles justicia;
¡defiende a los pobres y menesterosos!

Elogio a la esposa ejemplar

10 Mujer ejemplar, ¿quién dará con ella?
Su valor excede al de las piedras
preciosas.
11 Su esposo confía en ella de todo
corazón,
y por ella no carece de ganancias.
12 Siempre lo trata bien, nunca mal,
todos los días de su vida.
13 Sale en busca de lana y de lino,
y afanosa los trabaja con sus manos.
14 Se asemeja a una nave de mercaderes,
que de muy lejos trae sus provisiones.
15 Aun durante la noche se levanta
para dar de comer a su familia
y asignar a las criadas sus deberes.
16 Pondera el valor de un terreno, y lo
compra,
y con lo que gana planta un viñedo.
17 Saca fuerzas de flaqueza,
y con ahínco se dispone a trabajar.
18 Está atenta a la buena marcha de su
negocio,
y por la noche mantiene su lámpara
encendida.

LECCIONES **UNA BUENA ESPOSA**

(Proverbios 31.10-31)

Una esposa y madre piadosa es una mujer de buen carácter que honra a Dios y sirve fielmente a su familia. Como resultado, su familia la elogia y la respeta. Piensa acerca de tu madre o tu abuela y todo lo que ellas hacen por ti. ¿Les has dado las gracias últimamente?

19 Sabe cómo manejar el huso,
y no le es ajeno manejar la rueca.
20 Sabe ayudar a los pobres,
y tender la mano a los menesterosos.
21 Cuando nieva, no teme por su
familia,
pues todos ellos visten ropas dobles.
22 Ella misma se hace tapices,
y se viste de lino fino y de púrpura.
23 Su esposo es bien conocido en la
ciudad,
y es parte del consejo local de ancianos.
24 Las telas que hace, las vende,
y provee a los comerciantes con
cinturones.
25 Se reviste de fuerza y de honra,
y no le preocupa lo que pueda venir.
26 Habla siempre con sabiduría,
y su lengua se rige por la ley del amor.
27 Siempre atenta a la marcha de su
hogar,
nunca come un pan que no se haya
ganado.
28 Sus hijos se levantan y la llaman
dichosa;
también su esposo la congratula:
29 «Muchas mujeres han hecho el bien,
pero tú las sobrepasas a todas.»
30 La belleza es engañosa, y hueca la
hermosura,
pero la mujer que teme al Señor será
alabada.
31 ¡Reconózcase lo que ha hecho con
sus manos!
¡Sea alabada ante todos por sus logros!

ECLESIASTÉS

Autor: **Salomón**
Tema: **Dios le da significado a la vida**
Fecha en que se escribió: **c. 935 a.C.**

EL SIGNIFICADO DE LA VIDA

El título de este libro viene de una palabra griega que significa "asamblea". Salomón escribió Eclesiastés para enseñar muchas lecciones que él había aprendido en la vida. Cuando adoraba a dioses falsos y sólo vivía para buscar el placer, Salomón se sentía triste y deprimido. Él quería que todos supieran que la vida es vacía y sin esperanza sin Dios y su Palabra. Antes de morir, Salomón quería decirles a otras personas lo triste que se sentía por el hecho de no haber siempre vivido para agradar a Dios.

LO QUE ENCONTRARÁS EN EL LIBRO

La lección básica que nos enseña Salomón es que toda la vida sin Dios es "vanidad", es decir, que no tiene sentido (1:1-11). Sin Dios, la vida no tiene verdadero valor, y simplemente es aflicción de espíritu" (1:17). En la primera sección, Salomón describe los más grandes momentos de su vida cuando tenía éxito y riquezas (1:12-2:23). Cuando trató por primera vez de encontrar la felicidad al buscar las riquezas y la popularidad (capítulos 2, 4), se sintió vacío por dentro. No encontró el sentido de su vida sino cuando empezó a vivir para Dios (capítulos 4, 7-8). Al final del libro, Salomón insta a los jóvenes a recordar a Dios durante su juventud para que cuando envejezcan, no sientan amargura y tristeza por haber malgastado su vida (capítulo 12).

¿SABÍAS QUE...?

- Eclesiastés es un libro triste lleno de pesares y sinsabores. La palabra "vanidad" se repite 26 veces en la versión RVC.
- Es un libro en el cual un abuelo le da consejos a sus nietos.
- Se podría decir que esto es una biografía de la vida de Salomón.
- Es un libro para los jóvenes. Los ayudará a envejecer bien.

Todo es vanidad

Palabras del Predicador, hijo de David,
rey en Jerusalén.

2 ¡Vanidad de vanidades!
¡Vanidad de vanidades!
¡Todo es vanidad!
—Palabras del Predicador.

3 ¿Qué provecho saca el hombre de todos
sus trabajos y de todos sus afanes bajo el sol?
4 Una generación se va, y otra generación
viene, pero la tierra permanece para siempre.
5 El sol sale, el sol se pone, y vuelve presu-
roso al lugar de donde se levanta.
6 El viento gira hacia el sur, y da vueltas por
el norte; va girando sin cesar, y vuelve a girar
el viento.
7 Todos los ríos van al mar, y el mar jamás
se llena. Y los ríos vuelven al lugar de donde
salieron, para volver a recorrer su camino.
8 Todas las cosas fatigan más de lo que es
posible expresar. ¡Los ojos nunca se cansan
de ver, ni se fatigan los oídos de oír!
9 ¿Qué es lo que antes fue? ¡Lo mismo que
habrá de ser! ¿Qué es lo que ha sido hecho?
¡Lo mismo que habrá de hacerse! ¡Y no hay
nada nuevo bajo el sol!
10 No hay nada de lo que pueda decirse:
«¡Miren, aquí hay algo nuevo!», porque eso
ya existía mucho antes que nosotros.
11 Nadie recuerda lo que antes fue, ni na-
die que nazca después recordará lo que está
por suceder.

La experiencia del Predicador

12 Yo soy el Predicador, y reiné sobre Israel
en Jerusalén.
13 Me entregué de corazón a investigar y
a estudiar minuciosamente todo lo que se
hace bajo el cielo. Este penoso trabajo nos
lo ha dado Dios, para que nos ocupemos
de él.
14 Por lo tanto, escudriñé todo lo que se
hace bajo el sol, y pude darme cuenta de
que todo es vanidad y aflicción de espíritu;

PALABRAS CON PODER

VANIDAD
(Eclesiastés 1.2)

La palabra "vanidad" viene de una palabra hebrea que significa "aliento". Comparado con la eternidad, cada actividad de la vida terrenal parece tan corta como una bocanada de aire. Por lo tanto, según dice Salomón, muchas de las actividades de la vida carecen de sentido si Dios no está involucrado en ellas. Es por eso que es tan importante tener una relación con Dios. Dios le da propósito a cada vida.

15 ¡lo que está torcido no se puede ende-
rezar, y lo que está incompleto no se puede
contar!
16 Pensé entonces en lo íntimo de mi ser:
«¡Miren cuánto me he engrandecido! ¡He
llegado a ser más sabio[a] que todos los que
me antecedieron en Jerusalén! ¡Mi corazón
ha percibido mucha sabiduría y mucha
ciencia!»
17 Entonces me entregué de corazón a
adquirir más sabiduría, y a entender tam-
bién las locuras y los desvaríos, pero me di
cuenta de que también esto es aflicción de
espíritu.
18 Porque «abundar en sabiduría es abun-
dar en molestias», y también «quien au-
menta sus conocimientos, aumenta sus
sufrimientos».

2 Pensé entonces en lo íntimo de mi
ser: «¡Anda, que voy a probar lo
que es la alegría! ¡Voy a disfrutar de
lo bueno!» ¡Pero resultó que también esto
es vanidad!
2 Y concluí que divertirse es una locura, y
que los placeres no sirven de nada.
3 En lo íntimo de mi ser me propuse aga-
sajarme con vino, y ser lo más necio posible,
sin dejar de mantenerme bajo el control
de mi sabiduría. Quería ver qué de bueno
sacan los mortales de sus ocupaciones de
toda la vida bajo el cielo.

[a]1.16: 1 R 4.29-31.

4 Emprendí grandes obras, hice que me
construyeran casas y que me plantaran viñas,
5 tuve mis propios huertos y jardines, y allí
planté toda clase de árboles frutales.
6 Mandé construir estanques de agua
para poder regar la floresta donde crecían
los árboles.
7 Compré esclavos y esclavas, y tuve cria-
dos que nacieron en mi casa. Tuve también
grandes ganados de vacas y de ovejas, más
que todos los que reinaron antes de mí en
Jerusalén.
8 Acumulé plata y oro, y tesoros que antes
fueron de otros reyes y provincias. Tuve can-
tores y cantoras, y disfruté de los placeres
humanos, ¡habidos y por haber![a]
9 Mi grandeza fue mayor que la de to-
dos los que reinaron antes de mí en Jeru-
salén. Pero, además, siempre conservé mi
sabiduría.
10 No les negué a mis ojos nada que desea-
ran ver, ni conscientemente me aparté de
placer alguno, porque en lo íntimo disfruté
de todos mis afanes. ¡Ésa fue la recompensa
de todos mis afanes!
11 Luego me puse a considerar todo lo que
yo había hecho con mis manos, y el trabajo
que me costó realizarlo, ¡y resultó que todo
era vanidad y aflicción de espíritu! ¡Nada es
provechoso bajo el sol!
12 Me puse a considerar lo que es la sa-
biduría, la locura y la necedad. En realidad,
¿qué puede hacer quien venga después del
rey? Aparte de lo que ya se ha hecho, ¡nada!
13 Concluí entonces que la sabiduría so-
brepasa a la necedad, como sobrepasa la luz
a las tinieblas.
14 El sabio usa los ojos y la cabeza, pero el
necio anda a tientas. Y también me di cuen-
ta de que unos y otros correrán la misma
suerte.
15 Entonces me dije a mí mismo: «Si lo
mismo que le espera al necio, también me
espera a mí, ¿qué caso tiene esforzarme por
ser más sabio?» Concluí entonces que tam-
bién esto es vanidad,

LECCIONES **TIEMPO PARA TODO**

(Eclesiastés 3.1-8)

¿Puedes impedir que pase una hora, o siquiera un minuto o un segundo? No. El tiempo es algo que no podemos controlar. No podemos impedir que pasen las horas, y tampoco podemos lograr conseguir más horas simplemente porque deseamos tenerlas. Dios es el único que está en control del tiempo y de los sucesos de nuestra vida. Él sabe cuando estamos contentos y cuando estamos tristes. No podemos controlar lo que nos sucede, pero sí la manera en que reaccionamos ante estos sucesos. Los NIÑOS PODEROSOS no responden con temor, sino con fe en nuestro Dios poderoso.

16 porque jamás hay quien se acuerde del
sabio ni del necio; en los días venideros todo
será olvidado, y sabios y necios morirán por
igual.
17 Por eso aborrecí la vida, porque lo que
se hace bajo el sol me resultaba chocante,
pues todo es vanidad y aflicción de espíritu.
18 Aborrecí también el haber trabajado
tanto bajo el sol, pues todo lo que hice ten-
dré que dejárselo a otro que vendrá después
de mí.
19 ¿Y cómo saber si será sabio o necio el
que se quedará con todos mis trabajos y
afanes, a los que tanto trabajo y sabiduría
dediqué bajo el sol? ¡También esto es vani-
dad!
20 El desánimo volvió a dominar mi cora-
zón al ver todos mis afanes y trabajos, a los
que tanta sabiduría dediqué bajo el sol.
21 ¿Tiene uno que dedicar sabiduría, co-
nocimientos y rectitud, para luego dejarle
el fruto de su trabajo a quien nunca se lo
ganó? ¡Eso también es vanidad, y un mal
muy grande!
22 ¿Qué saca uno de tanto trabajar y fati-
garse y afanarse bajo el sol?

[a] **2.4-8:** 1 R 10.23-27; 2 Cr 9.22-27.

23 ¡Todo el tiempo es de dolores, trabajos
y molestias! ¡Ni siquiera de noche encuentra
uno reposo! ¡Y esto es también vanidad!
24 No hay nada mejor para nosotros que
comer y beber, y disfrutar de nuestros tra-
bajos. Y he concluido que esto viene de la
mano de Dios.
25 Porque, ¿quién puede comer y cuidarse
mejor que uno mismo?
26 Es un hecho que Dios da sabiduría, co-
nocimientos y alegría a quien es de su agra-
do, y que al pecador le da el trabajo de reco-
ger y amontonar, para dárselo a quien es del
agrado de Dios. ¡Y también esto es vanidad
y aflicción de espíritu!

Todo tiene su tiempo

3 Todo tiene su tiempo. Hay un momen-
to bajo el cielo para toda actividad:

2 El momento en que se nace,
y el momento en que se muere;
el momento en que se planta,
y el momento en que se cosecha;
3 el momento en que se hiere,
y el momento en que se sana;
el momento en que se construye,
y el momento en que se destruye;
4 el momento en que se llora,
y el momento en que se ríe;
el momento en que se sufre,
y el momento en que se goza;
5 el momento en que se esparcen
piedras,
y el momento en que se amontonan;
el momento de la bienvenida,
y el momento de la despedida;
6 el momento de buscar,
y el momento de perder;
el momento de guardar,
y el momento de desechar;
7 el momento de romper,
y el momento de coser;
el momento de callar,
y el momento de hablar;
8 el momento de amar,
y el momento de odiar;
el momento de hacer la guerra,
y el momento de hacer la paz.

9 ¿Qué provecho obtiene el que trabaja,
de todos sus afanes?
10 Me he dado cuenta de la pesada carga
que Dios ha impuesto a los mortales para
humillarlos con ella.
11 En su momento, Dios todo lo hizo her-
moso, y puso en el corazón de los mortales
la noción de la eternidad, aunque éstos no
llegan a comprender en su totalidad lo he-
cho por Dios.
12 Yo sé bien que para los mortales no hay
nada mejor que gozar de la vida y de todo lo
bueno que ésta ofrece,
13 y sé también que es un don de Dios el
que todo hombre coma y beba y disfrute de
lo bueno de todos sus afanes.
14 También sé que todo lo que Dios ha he-
cho permanecerá para siempre, sin que nada
se le añada ni nada se le quite, y que esto lo
hace Dios para que se le guarde reverencia.
15 ¿Qué hay ahora, que antes no existiera?
¿Y qué habrá de existir, que no exista ya?
Dios hurga en el pasado.

PROMESAS DE DIOS

ECLESIASTÉS 3.11

En su momento, Dios todo lo hizo hermoso, y puso en el corazón de los mortales la noción de la eternidad, aunque éstos no llegan a comprender en su totalidad lo hecho por Dios.

Todos nosotros queremos que nuestra vida cuente para algo. Dios ha puesto en nosotros ese deseo. El tener una relación con Dios hace que nuestra vida tenga sentido. A medida que le confiamos a Él nuestra vida ahora, también nos preparamos para la vida que tendremos con Él en el cielo.

Injusticias de la vida

[16] Además, me he dado cuenta de la mal-
dad e iniquidad que existe donde debiera
impartirse justicia y prevalecer el derecho.
[17] Y en mi corazón he concluido que Dios
habrá de juzgar a los justos y a los injustos,
porque hay un tiempo y un lugar para todo
proyecto y para toda actividad.
[18] Dentro de mí concluyo que esto es así
porque Dios quiere poner a prueba a los
mortales, para que vean que ellos mismos
son semejantes a las bestias.
[19] Porque lo mismo les pasa a los hombres
y a las bestias: unos y otros respiran y mue-
ren por igual, y nada tienen los hombres por
encima de las bestias. Todo es vanidad.
[20] Todo va a un mismo lugar. Todo está
hecho de polvo, y todo al polvo volverá.
[21] ¿Hay quien sepa si el espíritu de los
hombres se eleva a las alturas, mientras que
el espíritu de las bestias desciende al fondo
de la tierra?
[22] Lo que he visto es que no hay nada me-
jor para el hombre que disfrutar de su traba-
jo, porque eso es lo que le ha correspondido
hacer. Porque ¿quién va a traerlo a ver lo que
pasará después de su muerte?

4 Dirigí entonces la mirada hacia tanta
violencia que se comete bajo el sol,
y pude ver que los oprimidos lloran
y no hay quien los consuele; y no hay quien
los consuele porque el poder está en manos
de sus opresores.
[2] Felicité entonces a los que ya han muer-
to, más que a los que aún viven,
[3] aunque más felices que estos dos son los
que todavía no han nacido, pues todavía no
han visto tanta maldad que se comete bajo
el sol.
[4] También he podido ver que todo el que
se afana y tiene éxito en lo que hace des-
pierta la envidia de su prójimo. ¡Y esto tam-
bién es vanidad y aflicción de espíritu!

[5] El necio se cruza de brazos,
y acaba por destruirse a sí mismo.
[6] Más vale un puñado de descanso
que dos puñados de afanes y aflicción
de espíritu.

PALABRAS CON PODER

LOS VOTOS

(Eclesiastés 5.4-6)

Un voto es una promesa que se le hace a Dios. En la época del Nuevo Testamento, las personas iban a menudo al templo a cumplir sus votos. La persona que hacía un voto tenía que esforzarse al máximo por cumplirlo, como nos advierte Salomón en este pasaje. En el Sermón del Monte, Jesús también advertía a las personas que no hicieran votos que no podían cumplir (Mateo 5:33-37). Más bien, debemos hacer lo que decimos que vamos a hacer para Dios y para los demás.

[7] Una vez más dirigí la mirada hacia la va-
nidad que existe bajo el sol.
[8] Y vi a un hombre solo, sin hijos ni her-
manos que lo sucedieran, y que no obstan-
te nunca dejaba de trabajar ni se cansaba
de contemplar sus riquezas, ni tampoco
se preguntaba: «Y yo, ¿para quién trabajo?
¿Para qué reprimo mi apetito por las cosas
buenas?» ¡Y esto también es vanidad, y un
trabajo infructuoso!

[9] Dos son mejor que uno, porque sacan
más provecho de sus afanes.
[10] Si uno de ellos se tropieza, el otro lo
levanta.
¡Pero ay de aquel que tropieza y no hay
quien lo levante!
[11] Si dos se acuestan juntos, mutua-
mente se calientan,
pero uno solo no puede calentarse.
[12] Uno solo puede ser vencido, pero
dos presentan resistencia.
El cordón de tres hilos no se rompe
fácilmente.

[13] Mejor es el joven pobre y sabio, que el
rey viejo y necio, que no admite consejos.

[14] Porque el joven sabio, aunque haya nacido pobre en el reino del viejo necio, sale de la cárcel para asumir el trono.

[15] Yo he visto a todos los que viven bajo el sol seguir al joven que sucederá al rey necio.

[16] ¡La gente que lo sigue es incontable! Y sin embargo, los que vengan después tampoco estarán contentos con él. ¡Y también esto es vanidad y aflicción de espíritu!

No hagas votos a la ligera

5 Cuando vayas a la casa de Dios, refrena tus pasos. En vez de acercarte para ofrecer sacrificios de gente necia, que no sabe que hace mal, acércate para oír.

[2] No permitas que tu boca ni tu corazón se apresuren a decir nada delante de Dios, porque Dios está en el cielo y tú estás en la tierra. Por lo tanto, habla lo menos que puedas,

[3] porque si te preocupas mucho, tienes pesadillas; y si hablas mucho, dices tonterías.

[4] Cuando le hagas una promesa a Dios, no tardes en cumplírsela, porque a Dios no le agrada la gente necia. Cumple lo que prometas,

[5] porque es mejor que no prometas, y no que prometas y no cumplas.

[6] No permitas que tus labios te hagan pecar, ni digas delante del ángel que lo hiciste por ignorancia. ¿Para qué provocar que Dios se enoje por tus palabras, y que destruya todo lo que has hecho?

[7] Tú debes temer a Dios. Porque cuando los sueños aumentan, también aumentan las palabras huecas.

La vanidad de la vida

[8] Si en tu provincia ves que se oprime a los pobres, y que se tuercen el derecho y la justicia, esto no debe asombrarte, porque sobre un alto oficial hay otro más alto, y por encima de ellos hay uno más alto.

[9] ¿Y qué provecho saca la tierra de todo esto? ¿Acaso el rey está al servicio del campo?

[10] Quien ama el dinero, jamás tiene suficiente. Quien ama las riquezas, nunca recibe bastante. ¡Y también esto es vanidad!

LECCIONES — EL DINERO CARECE DE SENTIDO

(Eclesiastés 5.10-17)

¿Hay veces que desearías ser rico? Muchas personas lo desean. Salomón fue uno de los reyes más ricos en la historia. Pero todo su dinero no le dio felicidad, ni lo ayudó a dormir bien de noche. La persona honrada que llega al final de una buena jornada de trabajo puede dormir en paz. Sin embargo, muchas veces los que tienen mucho más de lo que necesitan se encuentran llenos de preocupaciones. Aunque el tener dinero no tiene nada de malo, el amor al dinero acarrea problemas (lee 1 Timoteo 6:10).

[11] Cuando aumentan los bienes, aumentan los comensales. ¿Y qué gana su dueño con esto, aparte de poder contemplar sus bienes?

[12] El que trabaja tiene dulces sueños, aun cuando coma mucho o coma poco. En cambio, al rico tanta abundancia le quita el sueño.

[13] He visto un mal terrible bajo el sol, y es que las riquezas acumuladas acaban por perjudicar a su dueño,

[14] pues las puede perder en un mal negocio, ¡y a los hijos que tuvo no les dejará nada!

[15] Al final, se irá tal como vino, es decir, tan desnudo como cuando salió del vientre de su madre, ¡y nada se llevará de todo su trabajo!

[16] También esto es un mal terrible, que se vaya tal como vino. ¿De qué le habrá servido trabajar tanto para nada?

[17] Para colmo, toda su vida la pasará comiendo a oscuras, y en medio de muchos afanes, dolores y miseria.

[18] Pero algo bueno he visto. Y es que no hay nada mejor que comer y beber y gozar, cada día de nuestra vida, del fruto del trabajo con que nos agobiamos bajo el sol. Ésa es la herencia que de Dios hemos recibido.

[19] A cada uno de nosotros Dios nos ha dado riquezas y bienes, y también nos ha

dado el derecho de consumirlas. Tomar nuestra parte y disfrutar de nuestro trabajo es un don de Dios.

20 Y como Dios nos llena de alegría el corazón, no nos preocupamos mucho por los días de nuestra vida.

6 También he visto bajo el cielo un mal terrible y muy común entre los hombres:

2 hay gente a la que Dios le da riquezas, bienes y honra, y le cumple todos sus deseos, y nada le falta. Pero Dios no le da la facultad de disfrutar de todo ello, sino que son los extraños quienes lo disfrutan. Y esto es vanidad, y un mal terrible.

3 Porque esa gente podrá engendrar cien hijos, y vivir muchos años, y llegar a una edad muy avanzada, pero si nunca satisface sus deseos, y además se queda sin sepultura, yo digo que a un abortivo le va mejor.

4 Porque el abortivo viene de la nada, se va a las tinieblas, y las tinieblas cubren su nombre;

5 además, nunca verá el sol, ni llegará a conocerlo, y sin embargo tendrá más reposo que esa gente.

6 Y aun si esa gente llegara a vivir dos mil años y no disfrutara de lo bueno, ¿no es verdad que todos van al mismo lugar?

7 Mucho se afana el hombre para llenarse la boca, pero su apetito nunca se sacia.

8 Y al final, ¿qué de más tiene el sabio, que el necio no tenga? ¿Qué de más tiene el pobre, que supo sobrevivir?

9 Es mejor lo que se ve, que los deseos pasajeros. ¡Pero también esto es vanidad y aflicción de espíritu!

10 Lo que ahora existe, hace mucho que recibió su nombre. Y sabemos que los mortales no pueden contender con quien es más poderoso que ellos.

11 Cuando aumentan las palabras, aumenta la vanidad. ¿Y qué ganamos los mortales?

12 ¿Cómo saber qué es lo mejor para nosotros en los contados días de nuestra vana vida, por la que pasamos como una sombra? ¿Quién nos puede decir lo que habrá de suceder bajo el sol después de nuestra muerte?

La sabiduría y la insensatez

7 Es mejor gozar de buena fama
que gozar de un buen perfume.
Es mejor el día en que se muere
que el día en que se nace.
2 Es mejor asistir a un funeral
que presentarse en un banquete,
pues nuestra vida termina con la muerte
y los que vivimos debemos recordarlo.

3 Es mejor estar triste que estar alegre;
un rostro triste le viene bien al corazón.
4 Los sabios tienen presente la muerte;
los necios sólo piensan en divertirse.
5 Es mejor oír la reprensión de los sabios
que oír las alabanzas de los necios.

6 Espinos que crepitan bajo una olla en el fuego:
¡así resuenan las carcajadas de los necios!
¡Y también esto es vanidad!

7 Ciertamente la opresión aturde al sabio,
y el soborno corrompe el corazón.
8 Es mejor terminar un negocio que comenzarlo.
Es mejor ser humilde que ser arrogante.

9 No dejes que el enojo te haga perder la cabeza.
Sólo en el pecho de los necios halla lugar el enojo.

10 Nunca preguntes por qué todo tiempo pasado fue mejor.
Esa pregunta no refleja nada de sabiduría.

11 Buena es la ciencia con herencia,
y provechosa para los que ven el sol.

12 Buen escudo son la ciencia y las
riquezas,
pero la sabiduría es más provechosa
porque da vida a quienes la tienen.

13 Mira y admira las obras de Dios:
¿quién podría enderezar lo que él ha
torcido?

14 Cuando te llegue un buen día, disfruta de él; y cuando te llegue un mal día, piensa que Dios es el autor de uno y de otro, y que los mortales nunca sabremos lo que vendrá después.

15 Todo esto lo he visto durante mi vana vida: Hay gente honrada que muere por ser honrada, y hay gente malvada que por su maldad alarga su vida.

16 No hay que ser demasiado honrado,
ni ser tampoco demasiado sabio;
¿por qué habríamos de hacernos daño?

17 No hagas mucho mal, ni seas
insensato;
¿para qué morir antes de tiempo?

18 Bien está que tomes esto, sin soltar
aquello;
si temes a Dios, te irá bien en todo.

19 La sabiduría da al sabio más fuerza
que diez hombres fuertes a una ciudad.

20 No hay en la tierra nadie tan justo
que siempre haga el bien y nunca
peque.

21 No permitas que tu corazón se fije en todo lo que se dice. Así no oirás a tu siervo cuando hable mal de ti.

22 Aunque en lo íntimo sabes que, muchas veces, también tú has hablado mal de otros.

23 Por medio de la sabiduría, todo esto lo puse a prueba, y me dije: «Voy a ser sabio.» ¡Pero la sabiduría se apartó de mí!

PROMESAS DE DIOS

ECLESIASTÉS 7.13

Mira y admira las obras de Dios: ¿quién podría enderezar lo que él ha torcido?

Nadie puede cambiar lo que Dios ha hecho. Sus planes no pueden ser detenidos o derrotados. ¿No es maravilloso saber que el Dios que no puede ser derrotado está de tu parte? ¡Los NIÑOS PODEROSOS sirven a un Dios poderoso!

24 Lo que antes fue, está muy distante; y lo que está muy profundo, ¿quién puede encontrarlo?

25 Dirigí entonces mi atención hacia el conocimiento, el estudio y la investigación de la sabiduría y el razonamiento, para conocer la maldad de la insensatez y el desvarío del error,

26 y me encontré con que la mujer cuyo corazón es un lazo y una red, y cuyas manos son ligaduras, es más amarga que la muerte. El que agrada a Dios se libra de ella, pero el pecador se vuelve su prisionero.

27 Tales han sido mis hallazgos, al ponderar las cosas una por una para hallarles su razón de ser. —Palabras del Predicador.

28 Sin embargo, todavía no he encontrado lo que ando buscando. Entre mil hombres ya he encontrado uno, pero entre todas las mujeres todavía no he hallado una sola.

29 Lo único que he encontrado es que Dios hizo perfecto al género humano, pero éste se ha buscado demasiados problemas.

8 No hay nada como ser sabio. No hay nada como saber explicarlo todo. La sabiduría ilumina el rostro del hombre y cambia su semblante hosco.

2 Te aconsejo cumplir con las órdenes del rey y con tu palabra jurada ante Dios.

3 No te retires de su presencia con premura. No insistas en contrariarlo, porque él hará lo que le plazca.

4 La palabra del rey es ley, y nadie puede cuestionarle nada.

5 El que cumple con sus órdenes no sufrirá ningún mal, y la mente del sabio discierne el mejor momento de cumplirlas,

6 pues todo proyecto tiene su momento para realizarlo.

Pero pesa sobre el hombre un gran problema,

7 y es que éste no sabe lo que va a pasar, ni cuándo pasará, ni hay tampoco nadie que se lo diga.

8 Nadie tiene poder sobre el espíritu, para retenerlo, ni tiene tampoco poder sobre la hora de la muerte. En esa guerra, las armas no sirven de nada, ni tampoco puede la maldad poner a salvo al malvado.

9 Todo esto lo he visto, y he dedicado mi corazón al estudio de todo lo que se hace bajo el sol. Hay momentos en que los unos dominan a los otros, para su propio mal.

Desigualdades de la vida

10 También he visto que a los inicuos se les sepulta con honra, mientras que a los que frecuentaban el lugar santo se les echó al olvido en la misma ciudad donde se condujeron con rectitud. ¡Y también esto es vanidad!

11 Y es que cuando la sentencia para castigar una mala acción no se ejecuta de inmediato, el corazón de los mortales se dispone a seguir actuando mal.

12 El pecador puede pecar cien veces y prolongar su vida; sin embargo, yo sé que a los que muestran temor y reverencia ante Dios también les irá bien;

13 por el contrario, a los malvados, a los que no muestran reverencia ante Dios, no les irá bien ni se les prolongará la vida, sino que se desvanecerán como una sombra.

14 Sobre la tierra sucede algo que no tiene sentido: hay gente honrada que es tratada como si cometiera cosas malas, y hay gente malvada que es tratada como si hiciera cosas buenas. Y yo digo que también esto es vanidad.

15 Por eso alabo a la alegría, pues los mortales no tenemos bajo el sol otro bien que no sea el de comer y beber y divertirnos. Sólo esto nos queda de tanto afanarnos durante la vida que Dios nos concede bajo el sol.

16 Como dirigí mi atención hacia el conocimiento y la sabiduría, para entender todo lo que se hace sobre la tierra, algunas veces no podía conciliar el sueño ni de noche ni de día.

17 Así pude ver todo lo que Dios ha hecho, y vi también que el hombre no alcanza a comprender todo lo que se hace bajo el sol. Por más que se esfuerce por entenderlo, no lo entenderá; y aun cuando el sabio asegure entenderlo, no por eso lo entenderá.

9 A todo esto dirigí mi atención, para concluir lo siguiente: Que la gente sabia y honrada está en las manos de Dios, lo mismo que sus obras, pero que nosotros los mortales nada sabemos del amor ni del odio, aun cuando los tengamos delante de nosotros.

2 A todos nos espera lo mismo. El mismo final tendrán los justos y los injustos, los buenos y los malos, los puros y los impuros, los que ofrecen sacrificios y los que no los ofrecen, los que hacen lo bueno y los que hacen lo malo, los que hacen juramentos y los que no los hacen.

3 Hay un mal en todo lo que se hace bajo el sol, y es que a todos los mortales nos espera lo mismo, y que durante toda nuestra vida tenemos el corazón lleno de maldad e insensatez, y que al final acabamos entre los muertos.

4 Sin embargo, aún hay esperanza para todos los que viven, pues un perro vivo es mejor que un león muerto.

5 Ciertamente, los que viven saben que un día morirán; pero los muertos nada saben ni nada esperan, porque su memoria queda en el olvido.

6 También mueren con ellos sus amores, sus odios y sus envidias, y jamás vuelven a participar en nada de lo que se hace bajo el sol.

7 ¡Vamos, disfruta de tu pan con alegría, y bebe tu vino con un corazón feliz, porque tus obras son del agrado de Dios!

8 ¡Que sean siempre blancos tus vestidos! ¡Que nunca te falte perfume en la cabeza!

9 ¡Goza de la vida con tu amada, todos los días de la vana vida que se te ha concedido bajo el sol! ¡Ésa es tu parte en esta vida! ¡Eso es lo que te ha tocado de todos tus afanes bajo el sol!

10 Todo lo que te venga a la mano hacer, hazlo según tus fuerzas. En el sepulcro, que es adonde vas, no hay obras ni proyectos, ni conocimiento ni sabiduría.

11 Volví la mirada, y vi bajo el sol que no son los más veloces los que ganan la carrera, ni son los más fuertes los que ganan la guerra; también vi que los sabios no tienen qué comer, que quien es inteligente no es necesariamente rico, y que quien tiene conocimientos no siempre es favorecido. Todos ellos tienen su momento y su ocasión.

12 A decir verdad, nosotros los mortales no sabemos cuándo nos llegará la hora. Somos como los peces cuando caen en la red artera, o como las aves cuando caen en la trampa: cuando un mal momento nos sobreviene, quedamos atrapados.

13 También he visto bajo el sol algo que encierra una gran sabiduría:

14 Un rey muy poderoso lanzó su ataque contra una ciudad muy pequeña, defendida por muy pocos hombres. Le puso sitio y levantó contra ella grandes baluartes.

15 Allí dentro se encontraba un hombre pobre, pero sabio, que con su sabiduría podría haber salvado a la ciudad, ¡pero nadie se acordó de ese hombre pobre!

16 Entonces me dije: «La sabiduría puede más que la fuerza, aun cuando la sabiduría del pobre sea menospreciada y no se preste atención a sus consejos.»

17 Es mejor escuchar las suaves palabras
del sabio
que los gritos del rey de los necios.

18 La sabiduría es mejor que las armas
de guerra,
aunque un solo error destruye muchas
cosas buenas.

Excelencia de la sabiduría

10 El mal olor de una mosca
muerta
echa a perder el mejor
perfume.
La tontería más pequeña afecta el
prestigio
de quien es sabio y honorable.

2 El sabio tiene el corazón en el lado
derecho;
el necio lo tiene en el lado izquierdo.

3 Tan pocos sesos tiene el necio
que aun por el camino va proclamando su necedad.

4 Si el ánimo del rey se exalta contra ti, no te apartes de donde estés. La mansedumbre es el remedio para las grandes ofensas.

5 He visto un grave mal bajo el sol, y tiene su origen en los gobernantes:

6 La necedad es exaltada a grandes alturas, mientras que a los ricos se les sienta en el suelo.

7 He visto a esclavos andar a caballo, y a príncipes andar a pie, como si fueran esclavos.

8 El que cava un hoyo, en él se cae;
al que resquebraja un muro, lo muerde
una serpiente.

9 El que pica piedras, se hiere con ellas;
el que parte leña, corre peligro de
cortarse.

10 Si el filo del hacha se mella, y no se
afila,
hay que golpear con más fuerza.
La sabiduría es provechosa, si se sabe
dirigir.

11 Si la serpiente muerde antes de ser
encantada,
de nada sirve el encantador.

12 Las palabras del sabio son agradables;
los labios del necio causan su propia ruina.

13 El necio empieza por decir necedades,
y acaba por decir graves tonterías.
14 El necio habla y habla,
aunque nadie sabe lo que va a
suceder,
ni nadie le hará saber lo que sucederá
después.
15 Tanto se afana el necio
que no sabe cómo ir a la ciudad.

16 ¡Ay del país que tiene por rey a un muchacho, y cuyos príncipes banquetean desde la mañana!

17 ¡Pero feliz del país que tiene por rey a un hombre de alcurnia, cuyos príncipes comen a su hora, para reponer sus fuerzas y no para emborracharse!

18 Por la pereza se viene abajo el techo;
por la flojera se viene abajo la casa.

19 Para pasarla bien se celebran banquetes. El vino es la alegría de los seres vivos. El dinero sirve para todo.

20 No hables ni pienses mal del rey, ni hables mal del rico cuando estés a solas, porque las aves del cielo correrán la voz, y saldrán volando a contarlo todo.

11 Echa tu pan sobre las aguas; después de muchos días lo encontrarás.

2 Divide en siete porciones lo que tienes, y hasta en ocho, porque nunca se sabe qué males pueden venir sobre la tierra.

3 Si las nubes están cargadas de agua, se derraman sobre la tierra.
Caiga el árbol hacia el norte, o caiga el árbol hacia el sur, en donde caiga se quedará.

4 El que sólo mira el viento, no siembra; el que sólo contempla las nubes, no cosecha.

5 Tú no sabes qué camino sigue el viento, ni cómo van creciendo los huesos del niño en el vientre de la mujer encinta, y tampoco entiendes las obras de Dios, que ha creado todas las cosas.

6 Siembra tu semilla en la mañana, y vuelve a sembrarla en la tarde, pues no sabes cuál de las dos siembras será la mejor, o si las dos serán igualmente buenas.

7 Es muy agradable ver la luz, y a los ojos les hace bien ver el sol.

8 Pero aunque los mortales vivamos muchos años, y en todo ese tiempo vivamos felices, debemos recordar que serán muchos los días de oscuridad, y que todo lo que viene es vanidad.

Consejos para la juventud

9 Alégrate, joven; aprovecha tu juventud. Bríndale placer a tu corazón mientras dure tu adolescencia. Déjate llevar por donde tu corazón y tus ojos quieran llevarte. Pero debes saber que de todo esto Dios te pedirá cuentas.

10 Echa fuera de tu corazón el enojo. Aparta de tu ser la maldad. Porque la adolescencia y la juventud también son vanidad.

12 Acuérdate de tu Creador ahora que eres joven. No esperes a que vengan los días malos, y a que lleguen los años en que digas: «Vivir tanto no es motivo de regocijo.»

RECUERDA A TU CREADOR *(Eclesiastés 12.1-7)*

El "recordar" a Dios significa tener una relación con Él y buscar sus consejos en todo lo que haces. Si empiezas a conocer a Dios y sus caminos mientras todavía estás joven, crearás buenos hábitos para toda tu vida. El Espíritu Santo te ayuda a "recordar" a Dios y sus promesas en la Biblia. Mientras estés creciendo, muchas cosas cambiarán en tu vida, pero el Espíritu Santo no cambiará jamás. Él es el compañero con el cual puedes contar de por vida.

2 Hazlo antes de que el sol se oscurezca,
y la luna y las estrellas dejen de brillar, y las
nubes se disipen después de la lluvia.
3 Hazlo antes de que tiemblen los guardia-
nes de la casa, y se encorven los guerreros,
y disminuya el número de las molineras, y
queden a oscuras los que miran por las ven-
tanas.
4 Hazlo antes de que se cierren las puertas
que dan a la calle, y el ruido del molino deje
de oírse.

Hazlo antes de que las aves eleven sus trinos
y ninguno de sus cantos pueda escucharse.
5 Luego vendrá el temor por las alturas y
se experimentará terror en el camino; en-
tonces el blanco almendro florecerá, la lan-
gosta resultará una carga, y hasta el apetito
se perderá, porque el hombre va camino a
su última morada, y por la calle andarán los
que llorarán su muerte.
6 Hazlo antes de que se reviente la cadena
de plata y se rompa la vasija de oro, y el cán-
taro se quiebre junto a la fuente, y junto al
pozo se venza la polea.
7 Entonces el polvo volverá a la tierra, de
donde fue tomado, y el espíritu volverá a
Dios, que lo dio.

8 ¡Vanidad de vanidades! ¡Todo es
vanidad!
—Palabras del Predicador.

Deberes del hombre

9 Mientras más sabio llegó a ser el Predica-
dor, más conocimientos impartió a la gen-
te. Ponderó, escudriñó y compuso muchos
proverbios.
10 Además, el Predicador se esforzó por
hallar palabras agradables y por escribir con
precisión palabras verdaderas.
11 Las palabras de los sabios son como
aguijones, y el conjunto de las palabras de
los maestros, impartidas por un solo guía,
son como clavos bien hincados.
12 Hijo mío, además de lo antes dicho,
toma en cuenta que nunca se acaba de es-
cribir muchos libros, y que el cuerpo se can-
sa de tanto estudiar.
13 Todo este discurso termina en lo si-
guiente: Teme a Dios, y cumple sus manda-
mientos. Eso es el todo del hombre.
14 Por lo demás, Dios habrá de juzgar toda
obra, buena o mala, junto con toda acción
encubierta. Is 2.3-5

PROMESAS DE DIOS

ECLESIASTÉS 12.14

Por lo demás, Dios habrá de juzgar toda obra, buena o mala, junto con toda acción encubierta.

Algún día, Dios juzgará las cosas que hacemos, ya sean buenas o malas. Sin embargo, si confiamos en Jesús como nuestro Salvador, no tenemos que preocuparnos por ese momento. Él murió para que no tuviéramos que ser castigados por nuestro pecado. Pero sí tendremos que hablar con Dios acerca de todas nuestras acciones y actividades. Esto debería hacernos pensar detenidamente acerca de todo lo que hacemos.

PODER PARA VIVIR

TEME A DIOS *(Eclesiastés 12.13)*
Salomón da sus mejores consejos en el último pasaje de Eclesiastés. Estos son los consejos que le dio su padre David antes de que este muriera. El temor al que se refiere no es el mismo temor que podrías tener por las arañas o la oscuridad. El "temer" a Dios significa tenerle un respeto profundo y tener un temor de no agradarlo. Cuando tememos o respetamos a Dios, siempre tratamos de hacer lo que Él quiere que hagamos. El Espíritu Santo y la Palabra de Dios nos enseñan a hacerlo.

CANTAR DE LOS CANTARES

Autor: **Salomón**
Tema: **El don y la belleza del amor entre casados**
Fecha en que se escribió: **c. 960 a.C.**

EL MATRIMONIO A LA MANERA DE DIOS

El nombre hebreo de este libro significa "el más grande canto". El pueblo de Dios reconocía este libro como el mejor canto matrimonial que jamás se hubiera escrito. Es diferente a los otros libros de la Biblia, pero el Espíritu Santo le dio a Salomón la sabiduría para escribirlo. Dios incluyó este libro en la Biblia para mostrar su plan para el matrimonio.

LO QUE ENCONTRARÁS EN EL LIBRO

El Cantar de los cantares tiene seis estrofas o poemas. Cada una habla de una fase del noviazgo entre Salomón y su novia y del amor entre ellos después de casados (1:2-2:7; 2:8-3:5; 3:6-5:1; 5:2-6:3; 6:4-8:4; 8:5-14). La mayoría de las conversaciones son entre la novia (una joven mujer sulamita de Sunén), Salomón (el rey) y un grupo (un coro) de amigas de la novia y del novio. A las amigas se les llama "doncellas de Jerusalén". El novio y la novia están tan enamorados que cuando están juntos, ambos son muy felices. Pero cuando están separados, anhelan estar juntos. Un pasaje especial cerca del final de Cantar de los cantares (8:6,7) describe la fortaleza y la profundidad del amor piadoso.

¿SABÍAS QUE...?

- Cantar de los cantares es el más grande canto matrimonial que jamás se haya escrito.
- Es el único libro en la Biblia que no trata sino del amor entre una novia y un novio.
- Es uno de los pocos libros del Antiguo Testamento que no se citan en el Nuevo Testamento.
- Es uno de los dos libros en el Antiguo Testamento (el otro es Ester) que no menciona específicamente a Dios en el texto.

La esposa y las doncellas de Jerusalén

Cantar de los cantares, de Salomón.[a]

2 ¡Ah, si me dieras uno de tus besos!
¡Son tus caricias más deliciosas que el vino,
3 y delicioso es también el aroma de tus perfumes!
Tu nombre es cual perfume derramado;
¡por eso te aman las doncellas!
4 ¡Llévame contigo, démonos prisa!
¡Llévame, rey mío, a tu alcoba!

¡Alegrémonos! ¡Regocijémonos por ti!
¡Evoquemos tus caricias y no el vino!
¡Razones hay para amarte!

5 Escuchen, doncellas de Jerusalén:
yo soy una morena hermosa.
Morena soy, como las tiendas de Cedar;
morena soy, como las cortinas de Salomón.
6 No se fijen en mi piel morena;
es que el sol posó en mí su mirada.
Mis hermanos se enojaron contra mí
y me pusieron a cuidar las viñas;
y yo, que soy mi propia viña, no me cuidé.

7 Dime, amor de mi vida,
¿dónde das de comer a tus rebaños?,
¿dónde reposas al mediodía?
¿Por qué tengo que andarte buscando
junto a los rebaños de tus amigos?

8 Si no lo sabes tú, bella mujer,
ve tras las huellas del rebaño
y lleva tus cabritas a los pastos,
cerca de las cabañas de los pastores.

La esposa y el esposo

9 Comparable es tu andar, amiga mía,
al suave trote de las yeguas del faraón.
10 ¡Qué bellas son tus mejillas,
enmarcadas entre los pendientes!

PALABRAS CON PODER

EL CANTAR DE SALOMÓN
(Cantar de los cantares 1.1)

¿Qué crees que sea la mejor canción que jamás se haya escrito? El título en español de este libro ("Cantar de los cantares") se deriva del título en el idioma hebreo, el cual significa "la más grande o la mejor canción". Salomón escribió 1005 canciones (1 Reyes 4:32).

¡Qué bello es tu cuello entre los collares!
11 ¡Vamos a hacerte pendientes de oro
con incrustaciones de plata!

12 Mientras el rey disfruta del banquete,
mi nardo esparce su fragancia.
13 Mi amado es para mí
como el saquito de mirra entre mis pechos.
14 Mi amado es para mí
como un racimo de flores de alheña
en las viñas de Engadí.

15 ¡Hermosa eres tú, amiga mía!
¡Hermosa eres tú, y tus ojos son dos palomas!

16 ¡Hermoso eres tú, amado mío,
y además encantador!

La verde hierba es nuestro lecho,
17 los cedros son las vigas de la casa,
y los cipreses nos cubren como un techo.

2 Yo soy la rosa de Sarón;
¡soy el lirio de los valles!

2 Mi amiga es, entre las doncellas,
como la rosa entre las espinas.

3 Mi amado es, entre los jóvenes,
como el manzano entre los árboles silvestres.

[a] **1.1:** 1 R 4.32.

Sentarme a su sombra es un deleite;
¡cuán dulce es su fruto a mi paladar!
4 Me condujo a la sala del banquete,
y me cubrió con la bandera de su
amor.
5 ¡Aliméntenme con pasas!
¡Reanímenme con manzanas,
porque estoy enferma de amor!
6 ¡Cómo anhelo que mi cabeza
repose sobre su brazo izquierdo,
y que su brazo derecho me abrace!

7 Doncellas de Jerusalén, yo les ruego,
por los corzos y por las ciervas del
campo,
que no despierten a mi amada,
¡que no interrumpan su sueño,
mientras ella se complazca en dormir!

8 ¡Ya escucho la voz de mi amado!
¡Viene saltando sobre los montes!,
¡viene brincando sobre las lomas!
9 Mi amado es comparable al corzo,
semejante a un cervatillo.
¡Ya está aquí, tras la pared!
Se asoma por las ventanas,
¡espía por las celosías!
10 Mi amado me habló, y me dijo:
«¡Levántate, amiga mía!
¡Ven conmigo, bella mujer!
11 Ya el invierno ha terminado,
y con él terminaron las lluvias.
12 Ya han brotado flores en el campo,
ha llegado el tiempo de los cantos,
y por toda nuestra tierra
se escucha el arrullo de la tórtola.
13 Ya las higueras echan higos,
y las vides en ciernes esparcen su
aroma.
¡Levántate, amiga mía!
¡Ven conmigo, bella mujer!
14 Paloma mía, escondida
en los agujeros de la peña,
en parajes escondidos y escarpados,
¡déjame contemplar tu rostro!,
¡déjame escuchar tu voz!
¡Cuán placentera es tu voz,
y cuán hermoso tu semblante!»

15 ¡Atrapen esas zorras, atrápenlas!
Aunque pequeñas, destruyen nuestras
viñas,
que apenas están en ciernes.

16 Mi amado es mío, y yo soy suya;
él cuida sus ovejas entre los lirios.
17 Hasta que llegue el día
y las sombras se disipen,
¡vuelve a mí, amado mío!
¡Sé raudo como un venado,
como un cervatillo sobre los montes
de Beter!

El ensueño de la esposa

3 Por las noches, en mi lecho,
busco al que amo con toda el alma.
Lo busco, y no lo encuentro.
2 Me decido a levantarme
para rondar por la ciudad,
por las calles y avenidas,
en busca del que amo con toda el
alma.

NO DESPIERTEN AL AMOR *(Cantar de los cantares 2.7)*
Esta frase "¡que no interrumpan su sueño!" ocurre tres veces en el Cantar de los cantares (lee también 3:5; 8:4). La novia lo dice para mostrar que un novio y una novia no deben tener una relación íntima antes de casarse. Ella quiere que sus amigas sigan este consejo. Salomón escribió estas palabras sabias hace muchos años, pero todavía son un consejo sabio para nosotros hoy día. El apóstol Pablo daba consejos similares en 1 Corintios 6:18-20.

¡Lo busco, y no lo encuentro!
3 Los guardias, los que rondan la ciudad,
me encuentran, y les pregunto
si han visto al que amo con toda el alma.
4 ¡Y al poco tiempo de hablar con ellos
encuentro al que amo con toda el alma!
¡Lo abrazo, y no lo suelto
hasta llevarlo a la casa de mi madre,
hasta la alcoba donde fui concebida!

5 Doncellas de Jerusalén, yo les ruego
por los corzos y por las ciervas del campo,
que no despierten a mi amada,
¡que no interrumpan su sueño,
mientras ella se complazca en dormir!

El cortejo de bodas

6 ¿Quién es ésta que viene por el desierto
y asciende como columna de humo?
¡Viene envuelta en el suave aroma
de mirra, incienso y finos perfumes!

7 ¡Aquí viene la litera de Salomón!
La escoltan sesenta valientes,
de entre los mejores guerreros de Israel.
8 Todos ellos son diestros soldados,
y cada uno lleva su espada al cinto
en prevención de peligros nocturnos.

9 El rey Salomón se hizo una carroza
de finas maderas del Líbano.
10 Las columnas las hizo de plata,
el respaldo lo hizo de oro,
y el asiento lo recubrió de grana.
¡Con mucho amor recamaron su interior
las doncellas de Jerusalén!
11 ¡Salgan, doncellas de Sión!
¡Vean al rey Salomón portando su corona!
¡Es la misma que le ciñó su madre
el día de su casamiento,
el día en que su corazón se alegró!

El esposo alaba a la esposa

4 ¡Qué hermosa eres, amiga mía!
¡Qué hermosa eres!
Son tus ojos dos palomas
que se asoman tras el velo,
y tus cabellos, un rebaño de cabritos
que desciende de los montes de Galaad.
2 Comparables son tus dientes
a un rebaño de blancas ovejas
recién bañadas y trasquiladas.
Todas ellas tienen su pareja;
ningún espacio dejan vacío.
3 Tus labios son un hilo carmesí,
y tus palabras son cautivadoras.
Tus mejillas son dos gajos de granada
que se asoman tras el velo.
4 Tu cuello, cual la torre de David,
es de elegante estructura;
de esa torre penden mil escudos,
¡todos ellos escudos de valientes!
5 Son tus pechos dos cervatos gemelos,
que reposan entre los lirios.
6 Hasta que llegue el día
y las sombras se disipen,
quiero ir al monte de la mirra;
quiero ir a la colina del incienso.

7 Toda tú eres hermosa, amiga mía;
no tienes ningún defecto.
8 Acompáñame desde el Líbano, esposa mía;
acompáñame desde el Líbano.
Baja conmigo de la cumbre del Amana,
bajemos de la cumbre del Senir y del Hermón;
donde están las guaridas de los leones,
donde están las cuevas de los leopardos.

9 Hermana y esposa mía,
con una sola mirada tuya
y con un solo hilo de tu collar
me robaste el corazón.
10 Hermana y esposa mía,
¡cuán deliciosas son tus caricias!
¡Son más deliciosas que el vino!

¡Es más dulce el olor de tus perfumes
que el de todas las especias aromá-
ticas!
11 De tus labios fluye miel, esposa mía;
leche y miel hay debajo de tu lengua.
La fragancia de tus vestidos
evoca la fragancia del monte Líbano.

12 Eres un jardín cercado,
hermana y esposa mía;
eres cerrada fuente, ¡sellado manantial!
13 Eres un jardín de granados,
donde crecen frutos exquisitos,
y flores de alheña y nardos;
14 nardo y azafrán, cálamo y canela,
toda clase de árboles de incienso,
y mirra y áloes, y las más finas especias.
15 Eres fuente de los jardines,
eres pozo de aguas vivas
que fluyen desde el Líbano.

16 ¡Levántate, viento del norte!
¡Ven acá, viento del sur!
¡Vengan y soplen en mi jardín,
para que se esparzan sus aromas!
¡Ven, amado mío, a tu jardín
y deléitate con sus dulces frutos!

5 Ya he entrado en mi jardín,
hermana y esposa mía;
recolecto ya la mirra y las especias,
libando estoy la miel del panal,
y ahora bebo el vino y la leche
que has reservado para mí.

Queridos amigos míos,
¡coman y beban hasta saciarse!

El tormento de la separación

2 Yo dormía, pero mi corazón velaba,
y pude escuchar la voz de mi amado:
«Hermana y amiga mía;
mi palomita inmaculada,
¡déjame entrar!
Tengo la cabeza empapada de rocío;
¡escurre por mi pelo la lluvia de la
noche!»
3 «¡Pero ya me he desnudado!
¿Cómo he de volver a vestirme?
¡Ya me he lavado los pies!
¿Cómo he de volver a ensuciarlos?»

4 Se conmovieron mis entrañas
cuando mi amado introdujo la mano
por la apertura del cerrojo.
5 Me levanté para abrirle a mi amado.
Por mis manos y mis dedos
corrían las gotas de mirra
hasta caer sobre la aldaba.
6 Le abrí a mi amado,
pero él se había marchado ya.
Con el alma salí en pos de su voz.
¡Lo busqué, y no lo encontré!
¡Lo llamé, y no me respondió!
7 Los guardias que rondan la ciudad
me encontraron y me golpearon.
¡Los que vigilan las murallas
me hirieron, me despojaron de mi
manto!

8 Doncellas de Jerusalén, yo les ruego,
si acaso encuentran a mi amado,
¡le digan que me hallo enferma de
amor!

La esposa alaba al esposo

9 «Dinos tú, bella mujer,
¿qué de especial tiene tu amado?
¿Qué de especial tiene tu amado
para que nos pidas tal cosa?»

10 «Mi amado es de tez trigueña,
y entre la multitud sobresale.
11 Su cabeza es como el oro más fino;
su cabellera es rizada, y negra como un
cuervo.
12 Sus ojos son como dos palomas
que reposan junto a los arroyos
y que se bañan en leche.
13 Sus mejillas parecen un jardín
en donde crecen especias aromáticas
y se cultivan las más fragantes flores;
sus labios son como los lirios,
y destilan el aroma de la mirra.

14 Sus manos son dos anillos de oro
engastados de jacintos;
su cuerpo es labrado marfil
recubierto de zafiros.
15 Sus piernas son dos columnas de
mármol
asentadas sobre bases de oro fino;
imponente es él, como el monte
Líbano,
y tiene el garbo de sus altos cedros.
16 Dulce es su paladar. ¡Todo él es
codiciable!
Así es mi amado, doncellas de Jerusalén;
¡así es mi amigo!»

Mutuo encanto del esposo y de la esposa

6 «Dinos tú, bella mujer,
¿a dónde se ha ido tu amado?
¿A dónde se apartó tu amado,
para que contigo vayamos a buscarlo?»

2 «Mi amado está ahora en su jardín,
entre los surcos de las especias;
se recuesta en los jardines y recoge
lirios.
3 Yo soy de mi amado, y mi amado es
mío;
¡él se recuesta entre los lirios!»

4 Eres hermosa como Tirsa, amiga mía,
y deseable como Jerusalén;
¡majestuosa como las huestes celestiales!
5 ¡Desvía de mí tus miradas,
que tus ojos me subyugan!
Son tus cabellos como las cabritas
que descienden de los montes de
Galaad.
6 Comparables son tus dientes
a un rebaño de blancas ovejas.
Todas ellas tienen su pareja;
ningún espacio dejan vacío.
7 Tus mejillas son dos gajos de granada
que se asoman tras el velo.
8 Puede haber sesenta reinas,
y hasta ochenta concubinas
y un sin número de doncellas,
9 pero la paloma que poseo
es única y perfecta.
Es la hija única y predilecta
de la madre que la vio nacer.
Las doncellas la ven, y la bendicen;
¡las reinas y las concubinas la alaban!

10 ¿Quién es ésta que aparece
como la luz de un nuevo día?
Bella es, como la luna;
también radiante, como el sol;
¡majestuosa como las huestes celestiales!

11 Yo bajé al jardín de los nogales,
para contemplar los frutos del valle
y ver si ya brotaban las vides
y florecían los granados;
12 ¡pero antes de darme cuenta
me vi entre los carros de Aminadab!

13 ¡Regresa, Sulamita, regresa!
¡Regresa, que deseamos contemplarte!

¿Pero qué desean ver en la Sulamita?
¿Acaso una danza de dos campamentos?

7 ¡Cuán bellos se ven, princesa,
tus pies en las sandalias!
Tus torneados muslos son como
joyas
labradas por un experto orfebre.
2 Se asemeja tu ombligo a una taza
redonda
donde abunda la bebida.
Tu vientre evoca a un montón de trigo
circundado de blancos lirios.
3 Son tus pechos dos cervatos gemelos,
4 y tu cuello, una torre de marfil.
Me hacen pensar tus ojos
en los manantiales de Jesbón
que fluyen a la entrada de Bat Rabín.
Tu nariz se asemeja a la torre del
Líbano,

orientada hacia Damasco.
5 Tu cabeza me recuerda a la cumbre
del Carmelo;
bucles de púrpura son tus cabellos,
¡preso entre ellos se encuentra un rey!

6 ¡Cuán bella eres, y cuán dulce!
¡Cuán delicioso es el amor!
7 Tienes el garbo de una palmera,
y son tus pechos los racimos.
8 ¡Ya he pensado trepar a esa palmera
y apoderarme de sus dátiles!

¡Sean tus pechos cual racimos de uvas,
y tu aliento, cual aroma de manzanas!

9 ¡Sea tu paladar como el buen vino,
y que fluya, amado mío, por tus labios,
y se deslice por tus dientes!

10 Yo soy de mi amado,
y él halla en mí su deleite.
11 ¡Ven, amado mío, vayamos al campo!
¡Pasemos la noche en alguna aldea!
12 Por la mañana iremos a las viñas;
veremos florecer las vides
y abrirse sus tiernos retoños.
Veremos florecer los granados,
¡y allí te entregaré mi amor!
13 Las mandrágoras esparcen ya su
aroma,
y a nuestras puertas tenemos
las frutas más variadas y deliciosas,
frutas frescas y frutas secas,
que para ti, mi amor, tengo guardadas.

8 ¡Ah, cómo quisiera que fueras mi
hermano,
y que mi madre te hubiera amamantado!
¡Así te besaría al encontrarte,
y nadie me difamaría!
2 Te llevaría a la casa de mi madre,
y allí tú serías mi maestro.
Yo te daría a beber de mi vino
y del jugo de mis granadas.
3 ¡Cómo anhelo que mi cabeza
repose sobre tu brazo izquierdo,
y que tu brazo derecho me abrace!
4 Doncellas de Jerusalén, yo les ruego,
que no despierten a mi amada,
¡que no interrumpan su sueño,
mientras ella se complazca en
dormir!

El poder del amor

5 ¿Quién es ésta, que por el desierto
viene recostada en el hombro de su
amado?

Bajo un manzano te desperté;
fue allí donde tu madre
tuvo dolores y te dio a luz.

6 Ponme como un sello sobre tu
corazón;
ponme como una marca sobre tu
brazo.
Inquebrantable como la muerte es el
amor;
inflexibles como el sepulcro son los
celos.
¡Candentes brasas son, candente
fuego!
7 Las muchas aguas no pueden apagar
el amor,
ni pueden tampoco sofocarlo los ríos.
Si por el amor diera el hombre
todos los bienes de su casa,
ciertamente sería despreciado.

8 Nuestra hermanita no tiene pechos.
¿Qué podremos hacer por nuestra
hermana
cuando la pidan en matrimonio?
9 Si se tratara de una muralla,
levantaríamos sobre ella un palacio de
plata;
si se tratara de una puerta,
la recubriríamos con tablones de
cedro.

10 ¡Yo soy una muralla,
y mis pechos son dos torres,

desde el día en que a sus ojos
fui como quien ha hallado la paz!

11 Salomón tenía en Baal Gamón,
una viña al cuidado de aparceros.
Cada uno de ellos debía entregarle
mil monedas de plata por cosecha.
12 ¡Pero yo tengo mi propia viña,
y a mi viña la cuido yo!
¡Quédate, Salomón, con las mil monedas,
y quédense los aparceros con doscientas!

13 Tú, que habitas en los jardines,
¡hazme oír tu voz!
¡También mis amigos quieren escucharla!

14 ¡Date prisa, amado mío!
¡Corre como un corzo, como un cervato
que va por los montes aromáticos!

ISAÍAS

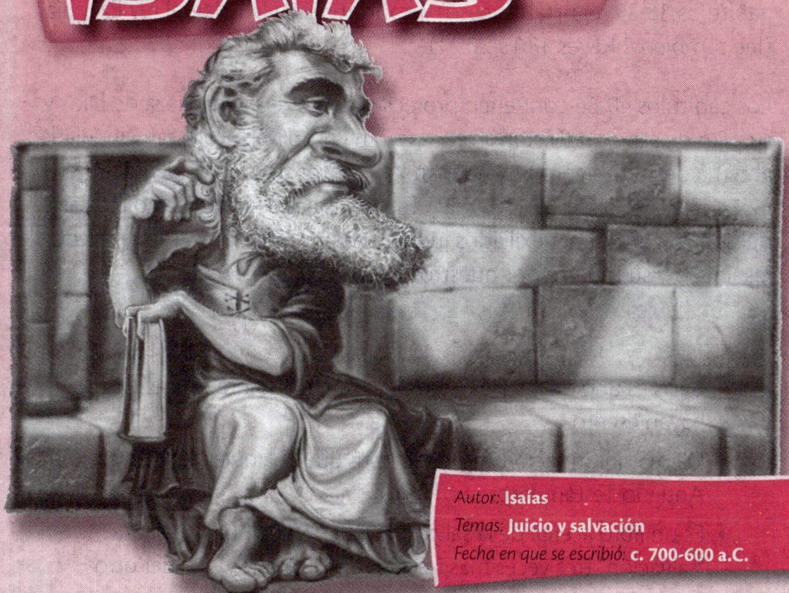

Autor: **Isaías**
Temas: **Juicio y salvación**
Fecha en que se escribió: **c. 700-600 a.C.**

EL MENSAJE DE ISAÍAS

Isaías fue un profeta que vivió alrededor del mismo período que los profetas del Antiguo Testamento Oseas y Miqueas. Isaías tuvo su mayor influencia durante el reinado del rey Ezequías. Su esposa era una profetisa y tenían dos hijos.

Isaías tenía tres propósitos al escribir este libro. (1) Quería confrontar a Judá y a las otras naciones con su pecado y los resultados de este. (2) Quería darle un mensaje de esperanza a los jóvenes exiliados judíos que en su momento serían liberados del cautiverio. (3) Quería anunciar que Dios enviaría el Mesías —"el Ungido"— para salvar a su pueblo.

LO QUE ENCONTRARÁS EN EL LIBRO

El libro de Isaías tiene dos secciones principales: (1) capítulos 1-39 y (2) capítulos 40-60. De cierta forma, el libro de Isaías es como una versión en miniatura de la Biblia entera, con sus temas de juicio y salvación, los cuales también se ven a través del Antiguo y del Nuevo Testamentos.

En los capítulos 1-12, Isaías advierte y condena a Judá por adorar a dioses falsos. En los capítulos 13-23, Isaías predica a las otras naciones acerca de sus pecados y el juicio venidero de Dios sobre ellas. Los capítulos 24-35 contienen varias promesas en cuanto a la salvación y el juicio. Los capítulos 36-39 registran sucesos importantes en la vida del rey Ezequías (lee también 2 Reyes 18:13-20:21).

Los capítulos 40-66 contienen profecías acerca de la grandeza de Dios y su plan de salvación. Estas promesas y su cumplimiento están vinculadas al tema de sufrimiento y contienen los "cantos del siervo" de Isaías (lee 42:1-4; 49:1-6; 50:4-9; 52:13-53; 12). Estos pasajes describen algo más allá del sufrimiento de los exiliados judíos: señalan el futuro sufrimiento de Jesucristo y su muerte por nuestros pecados (capítulo 53).

¿SABÍAS QUE...?

- Isaías es uno de los más hermosos poemas hebreos que jamás se hayan escrito.
- Da más información acerca de Jesús que cualquier libro en el Antiguo Testamento.
- Es un libro acerca de la salvación. Isaías menciona la palabra "salvación" tres veces más frecuentemente que cualquier otro autor del Antiguo Testamento.
- Contiene más información acerca del carácter de Dios que cualquier otro libro profético del Antiguo Testamento.
- Isaías menciona al Espíritu Santo más frecuentemente que cualquier otro profeta del Antiguo Testamento.
- Es uno de los tres libros del Antiguo Testamento que más se citan o mencionan en el Nuevo Testamento (junto con Deuteronomio y Salmos).

Una nación pecadora

Visión que Isaías hijo de Amoz tuvo
acerca de Judá y de Jerusalén en los
días de los reyes Uzías,[a] Yotán,[b] Aja-
z[c] y Ezequías,[d] los cuales reinaron en Judá.
2 Así dice el Señor: «Ustedes, los cielos,
¡oigan! Y tú, tierra, ¡escucha! He criado hijos,
los he visto crecer, pero ellos han pecado
contra mí.
3 El buey conoce a su dueño, y el asno co-
noce el pesebre de su amo, pero Israel no en-
tiende; ¡mi pueblo no tiene entendimiento!»
4 ¡Ay, gente pecadora, pueblo bajo el peso
de la maldad! ¡Ay, simiente de malvados,
hijos corrompidos que han abandonado al
Señor! Han provocado la ira del Santo de
Israel; ¡le han dado la espalda!
5 ¿Por qué quieren ustedes ser castigados
todavía? ¿Van a seguir siendo rebeldes? Tie-
nen toda la cabeza enferma, y todo el cora-
zón adolorido.
6 De la punta del pie a la cabeza no tienen
nada sano. Todo son heridas, hinchazones y
llagas abiertas, que nadie ha curado ni ven-
dado ni limpiado con ungüento.
7 Ante ustedes su tierra es asolada, e in-
cendiadas sus ciudades. Su país es devorado
por gente extraña, ¡asolado como si lo aso-
laran extraños!
8 La hija de Sión se ha quedado solitaria.
¡Parece la enramada de una viña, la cabaña
de un melonar! ¡Parece una ciudad desola-
da!
9 Si el Señor de los ejércitos no nos hu-
biera dejado un remanente, un poco más
y seríamos como Sodoma, ¡semejantes a
Gomorra![e]

PALABRAS CON PODER — EL SEÑOR SALVA (*Isaías 1.1*)

¿Sabes lo que significa tu nombre? En la época bíblica, los nombres tenían un significado especial. El nombre de Isaías significa "el Señor salva". Isaías llegó a ser un profeta en 740 a.C., el año en que murió el rey Uzías de Judá (lee 6:1). El nombre de Isaías tiene que ver con una de sus tareas como profeta: anunciar que Dios quería salvar a su pueblo al enviar a un Salvador. Tú también puedes hacer lo que hizo Isaías: decirle a alguien que Jesús salva.

PALABRAS CON PODER — EL SANTO DE ISRAEL (*Isaías 1.4*)

Este título de Dios aparece veinte y seis veces en Isaías. La palabra "santo" quiere decir "perfecto" y "puro'. Esto significa que Dios nunca puede pecar ni hacer nada malo. Aquí, Isaías compara la nación pecaminosa de Judá con Dios, el Santo de Israel. Más adelante, cuando Isaías vio una visión de Dios en el templo (Isaías 6), supo inmediatamente que Dios era santo. ¿Esto te ayuda a entender por qué Dios quiere que vivamos sin pecado?

Invitación al arrepentimiento

10 Príncipes de Sodoma, ¡oigan la palabra
del Señor! Pueblo de Gomorra, ¡escuchen la
enseñanza de nuestro Dios!
11 El Señor dice:
«¿Para qué me sirven sus muchos sacrifi-
cios? Estoy harto de holocaustos de carne-
ros y de la grasa de animales gordos; no me
agrada la sangre de bueyes, ni de ovejas y
machos cabríos.
12 »Cuando ustedes vienen a presentarse
ante mí, ¿quién les pide que traigan esto, o
que pisoteen mis atrios?
13 No me traigan más ofrendas inútiles. El
incienso me repugna; no soporto la luna nue-
va ni el día de reposo, ni las reuniones que
convocan; sus fiestas solemnes son inicuas.

[a]**1.1:** 2 R 15.1-7; 2 Cr 26.1-23. [b]**1.1:** 2 R 15.32-38; 2 Cr 27.1-9. [c]**1.1:** 2 R 16.1-20; 2 Cr 28.1-27. [d]**1.1:** 2 R 18.1—20.21; 2 Cr 29.1—32.33. [e]**1.9:** Gn 19.24; Ro 9.29. [f]**1.11-14:** Am 5.21-22.

14 Mi alma aborrece sus lunas nuevas y sus fiestas solemnes; ¡son para mí una carga insoportable![f]

15 Cuando ustedes tiendan las manos hacia mí, yo apartaré de ustedes mis ojos. Y cuando multipliquen sus oraciones, no las oiré, pues tienen ustedes las manos llenas de sangre.

16 ¡Lávense! ¡Límpiense! ¡Aparten de mi vista sus malas acciones! ¡Dejen de hacer lo malo

17 y aprendan a hacer lo bueno! ¡Busquen la justicia! ¡Reprendan a los opresores! ¡Hagan justicia a los huérfanos y defiendan los derechos de las viudas!»

18 El Señor dice:

«Vengan ahora, y pongamos las cosas en claro. Si sus pecados son como la grana, se pondrán blancos como la nieve. Si son rojos como el carmesí, se pondrán blancos como la lana.

19 Si ustedes quieren y me hacen caso, comerán de lo mejor de la tierra;

20 pero si no quieren y son rebeldes, serán consumidos por la espada.»

Sí, la boca del Señor lo ha dicho.

Juicio y redención de Jerusalén

21 ¡Ay, ciudad fiel! ¡Cómo te has prostituido! Antes residía en ti la justicia y el derecho, y ahora el asesinato.

22 Tu plata se convirtió en escoria; tu vino se mezcló con agua.

23 Tus príncipes son rebeldes y cómplices de ladrones; todos ellos aman el soborno y van tras las recompensas; no les hacen justicia a los huérfanos, ni les importa defender los derechos de las viudas.

24 Por lo tanto, así dice Dios, el Señor de los ejércitos, el Fuerte de Israel:

«Voy a vengarme de mis enemigos; voy a desquitarme de mis adversarios.

25 Luego volveré mi mano contra ti, y limpiaré tu escoria hasta dejarla pura, y te quitaré toda tu impureza.

26 Haré que tus jueces sean como eran al principio, y que tus consejeros sean como eran antes. Después de eso te llamarán "Ciudad de justicia", "Ciudad fiel".

27 »Sión será rescatada por medio de la justicia, y los que se vuelvan a mí, por medio del derecho.

28 Pero los rebeldes y pecadores serán aniquilados al mismo tiempo, y los que abandonan al Señor serán consumidos.

29 Entonces ustedes se avergonzarán de las encinas que tanto amaban, y lamentarán haber elegido esos huertos.

30 Serán ustedes como encinas que se quedan sin hojas, ¡como huertos carentes de agua!

31 Los fuertes serán como estopa, y sus hechos serán la chispa que prenda fuego a unos y otros; y arderán, y no habrá quien apague el fuego.»

Reinado universal del Señor

(Miq 4.1-3)

2 Visión de Isaías hijo de Amoz acerca de Judá y de Jerusalén:

2 En los últimos días el monte de la casa del Señor será confirmado como cabeza de los montes; será exaltado por encima de las alturas, y hacia él correrán todas las naciones.

3 Muchos pueblos vendrán y dirán:

«¡Vengan, subamos al monte del Señor, a la casa del Dios de Jacob! Él nos guiará por sus caminos, y nosotros iremos por sus sendas. Porque la enseñanza saldrá de Sión; de Jerusalén saldrá la palabra del Señor.

4 Él juzgará entre las naciones, y dictará sentencia a muchos pueblos. Y ellos convertirán sus espadas en rejas de arado, y sus lanzas en hoces.[a] Ninguna nación levantará la espada contra otra nación, ni se entrenarán más para hacer la guerra.»

Juicio del Señor contra los soberbios

5 Vengan ustedes, los de la casa de Jacob; caminemos a la luz del Señor. Is 35.8-9

[a]**2.4:** Jl 3.10.

[6] Ciertamente tú has abandonado a tu pueblo, a la casa de Jacob, porque se ha llenado de costumbres de oriente; sus adivinos abundan como filisteos, y hacen tratos con gente extraña.

[7] Su país está lleno de plata y de oro, y sus tesoros son ilimitados. Su país está lleno de caballos, y sus carros son incontables.

[8] Su país está lleno de ídolos; ¡se arrodillan ante la obra de sus manos, ante lo que hicieron con sus dedos!

[9] Todos se han inclinado; todos se han humillado. Por eso, ¡no los perdones!

[10] ¡Métete en la peña![b] ¡Escóndete en el polvo de la temible presencia del Señor y de su esplendorosa majestad!

[11] En aquel día serán doblegados los altivos y humillados los soberbios; ¡sólo el Señor será exaltado!

[12] Porque el día del Señor de los ejércitos vendrá contra todos los soberbios y altivos; contra todos los que se enaltecen, los cuales serán humillados;

[13] contra todos los altos y erguidos cedros del Líbano; contra todas las encinas de Basán;

[14] contra todos los altos montes; contra todas las elevadas alturas;

[15] contra toda torre alta; contra todo muro fuerte;

[16] contra todas las naves de Tarsis; contra todos los barcos preciados.

[17] La altivez humana será abatida; la soberbia humana será humillada; en aquel día sólo el Señor será exaltado.

LECCIONES — LOS ÚLTIMOS DÍAS
(Isaías 2.2)

¿A veces te preguntas lo que sucederá en el futuro? La Biblia nos dice muchas cosas acerca del futuro distante: "los días postreros". Este es el período de tiempo en que los planes de Dios para la tierra como nosotros la conocemos llegarán a su fin. Estas no son cosas que debemos temer. Isaías nos dice que el Mesías (Jesús) regresará a la tierra. En ese momento, Él establecerá el reino de Dios en la tierra (lee Apocalipsis 20). El pueblo judío y otros pueblos adorarán a Dios juntos en Jerusalén. Todos querrán aprender acerca de Dios. ¡Podemos esperar ansiosamente ese tiempo!

[18] Los ídolos serán totalmente eliminados.

[19] Cuando el Señor se disponga a castigar la tierra, la gente se meterá en las grietas de las peñas y en los hoyos de la tierra, para huir de la temible presencia del Señor y de su esplendorosa majestad.

[20] En ese día la gente arrojará a los topos y murciélagos sus ídolos de plata y de oro, que se fabricó para adorarlos.

[21] Cuando el Señor se disponga a castigar la tierra, la gente se meterá en las hendiduras de las rocas y en las grietas de las peñas, para huir de su temible presencia y de su esplendorosa majestad.

[b] **2.10:** Ap 6.15.

¡VAMOS A ADORAR! *(Isaías 2.3)*

¿Cómo te sentirías si la mayoría de los niños en tu escuela asistieran regularmente a tu iglesia para adorar a Dios? ¿No sería maravilloso ver a tantas personas adorando a Dios? En este mensaje, Isaías predijo que algún día muchas personas de otras naciones además de Israel adorarían a Dios. Algunas personas creen que este mensaje se refiere a la primera vez que Jesús vino a la tierra. También podría referirse a un tiempo futuro cuando Él regrese a la tierra. En cualquier caso, la esperanza que brindan Jesús y el Espíritu Santo lleva a todos a querer adorar a Dios.

22 Dejen ya de confiar en el hombre, que depende del aire que respira. ¿Qué tanto puede valer?

Juicio de Dios contra Judá y Jerusalén

3 ¡Miren esto! Dios, el Señor de los ejércitos, va a dejar a Jerusalén y a Judá sin apoyo alguno y sin provisiones. Va a dejarlas sin pan y sin agua,

2 sin guerreros ni soldados, sin jueces ni profetas, sin adivinos ni ancianos,

3 sin capitanes ni líderes respetables, sin consejeros ni artesanos ni oradores.

4 Unos jovencitos serán sus líderes; unos chiquillos serán sus gobernantes.

5 Entre el pueblo, unos a otros se harán violencia: amigos contra amigos, jóvenes contra ancianos, marginados contra poderosos.

6 Si de la familia de su padre alguien toma a su hermano y le dice: «Tú, que estás bien vestido, serás nuestro príncipe. Hazte cargo de este montón de ruinas»,

7 aquél jurará ese día, y dirá: «No puedo aceptar ese cargo, pues en mi casa no tenemos qué comer ni qué vestir. No me hagan príncipe del pueblo.»

8 Jerusalén está en ruinas; Judá ha caído, porque con sus palabras y sus hechos han provocado al Señor; a sus ojos han ofendido su majestad.

9 La apariencia de su rostro los acusa; son como Sodoma, pues no disimulan su pecado sino que lo pregonan. ¡Ay de su alma, pues ellos mismos se perjudican!

10 Díganle al hombre justo que le irá bien, y que comerá del fruto de sus obras. Is 27.6

11 ¡Pero ay del malvado! Mal le irá, y conforme a sus obras se le pagará.

12 ¡Ay, pueblo mío! ¡Oprimido por los imberbes, gobernado por las mujeres! ¡Tus líderes te engañan y te hacen perder el rumbo!

13 El Señor se dispone a litigar. Ya ocupa su puesto para juzgar a los pueblos.

14 El Señor abrirá juicio contra ustedes, ancianos y príncipes de su pueblo, porque han devorado la viña y tienen en sus casas lo que les arrebataron a los pobres.

15 «¿Qué se creen ustedes, los que aplastan a mi pueblo y muelen a golpes el rostro de los pobres?»

—Palabra de Dios, el Señor de los ejércitos.

Juicio contra las mujeres de Sión

16 El Señor dice:

«Por la soberbia de las hijas de Sión; por andar con el cuello erguido y con miradas provocativas; por su paso insinuante, con ritmo de danza;

17 por todo eso yo, el Señor, les raparé la cabeza a las hijas de Sión; ¡yo, el Señor, las dejaré trasquiladas!

18 »Ese día yo, el Señor, les quitaré los adornos de los tobillos, las diademas, las lunetas,

19 los collares, los pendientes, las pulseras,

20 las cofias, los atavíos en los tobillos, las peinetas, los frasquitos de perfume, los zarcillos,

21 los anillos, las argollas,

22 las ropas de gala, los mantos, los velos, las bolsas,

PODER PARA VIVIR

HERMOSOS POR DENTRO *(Isaías 3.16-26)*

Dios estaba enojado con las mujeres de Jerusalén. Ellas se preocupaban más por su apariencia externa que por su condición interna. Eran orgullosas y vanidosas. Dios les advirtió que Él las avergonzaría cuando la nación que conquistaba a su nación las esclavizara. ¿Y tú? ¿Te preocupa más tu apariencia externa o tu condición interna? Dios quiere que seamos hermosos por dentro. El Espíritu Santo, quien vive dentro de cada creyente, nos ayuda a tener un carácter piadoso (Gálatas 5:22-23). Eso es mucho más importante que el vestirnos con ropa de última moda.

23 los espejos, el fino lino, las gasas y los tocados.

24 En lugar de finos aromas habrá pestilencia; cuerdas en lugar de cinturones, y cabezas rapadas en lugar de peinados ostentosos; en lugar de elegantes ropajes habrá harapiento cilicio, y marcas de hierro candente en lugar de hermosura.

25 Tus varones caerán a filo de espada, y tus valientes morirán en la guerra.

26 Luto y tristeza habrá en las puertas de la ciudad; y ésta, abandonada, se sentará en el suelo.

4 »Ese día, siete mujeres se aferrarán a un solo hombre y le dirán: "Nosotras veremos qué comer y con qué vestirnos; sólo te pedimos que nos dejes llevar tu nombre. ¡Borra de nosotras esa vergüenza!"

El glorioso futuro de Jerusalén

2 Ese día, el renuevo del Señor será de gloria y hermosura, y el fruto de la tierra será de honra y grandeza para los sobrevivientes de Israel.

3 Sucederá que quien se quede en Sión, y quien sea dejado en Jerusalén, será llamado santo; es decir, todos los que estén con vida y registrados en Jerusalén.

4 Cuando el Señor lave las impurezas de las hijas de Sión, y con el soplo abrasador de su justicia limpie la sangre que hay en medio de Jerusalén,

5 creará una nube oscura durante el día, y un fuego flamígero y resplandeciente durante la noche, para cubrir todo lugar en el monte Sión y en donde haya reuniones. Y sobre todo esto estará la gloria del Señor.

6 Además, habrá un resguardo, una sombra contra el calor del día, para guarecerse de la lluvia y del aluvión.

Parábola de la viña

5 Quiero cantar ahora por mi amado el canto de mi amado a su viña:[a]
Mi amado tenía una viña en una ladera fértil.

2 La cercó y la despejó de piedras, y luego plantó en ella vides escogidas; en medio del campo levantó una torre, y además construyó un lagar. Esperaba que su viña diera buenas uvas, pero dio uvas silvestres.

3 Y ahora, habitantes de Jerusalén, hombres de Judá: juzguen entre mi viña y yo.

4 ¿Qué más podía hacerse a mi viña, que yo no le haya hecho? ¿Cómo es que dio uvas silvestres, cuando yo esperaba que diera buenas uvas?

5 Pues voy a mostrarles lo que haré con mi viña: Le quitaré la cerca, para que sea consumida; abriré una brecha en su muralla, para que sea pisoteada.

6 Haré que se quede desierta. Nadie la podará ni la cultivará. Crecerán en ella cardos y espinos, y ordenaré a las nubes que no derramen lluvia sobre ella.

7 En realidad, la viña del Señor de los ejércitos es la casa de Israel, y los hombres de Judá son la planta en que él se complace. Esperaba él justicia, y sólo hay injusticia; equidad, y sólo hay iniquidad.

Ayes sobre los malvados

8 ¡Ay de los que anexan una casa a otra casa, un terreno a otro terreno, hasta poseer todo lugar! ¿Acaso quieren todo el país para ustedes solos?

PALABRAS CON PODER

HECHOS SANTOS
(Isaías 4.3)

Isaías habla acerca de un momento en el futuro en que Dios juzgará el mundo. Al pequeño número de personas que sobreviven a este tiempo de juicio, se les llamará "santos". Otra definición de santo es "apartado para el servicio de Dios". Eso quiere decir que ellos reflejarán la pureza de Dios a través de su deseo de mantenerse alejados de la maldad en este mundo. Servirán a Dios con gozo y alegría. Esta santidad no es posible sino por medio de lo que Jesús hizo por nosotros al morir para pagar el precio del pecado.

[a] **5.1-2:** Mt 21.33; Mr 12.1; Lc 20.9.

[9] Ha llegado a los oídos del Señor de los
ejércitos, que muchas casas grandes y her-
mosas se quedarán en ruinas y sin que nadie
las habite.
[10] Las viñas que rendían diez barriles de
vino rendirán un solo barril; ¡diez sacos de
semilla rendirán un solo saco de trigo!
[11] ¡Ay de los que madrugan para embo-
rracharse! ¡Ay de los que se desvelan para
encenderse con el vino!
[12] En sus banquetes tienen arpas, liras,
tamboriles, flautas y vino, pero no toman
en cuenta la obra del Señor ni se fijan en la
obra de sus manos.
[13] Por eso mi pueblo fue llevado cautivo:
por su falta de conocimiento. Sus mejores
hombres murieron de hambre; sus multitu-
des murieron de sed.
[14] Por eso el sepulcro ensanchó su gargan-
ta, y abrió sus desmesuradas fauces. ¡Al se-
pulcro bajará su esplendorosa multitud, con
sus fiestas y su algarabía!
[15] Ricos y pobres serán humillados; los de
mirada altanera serán abatidos;
[16] pero el Señor de los ejércitos será exal-
tado con la justicia; el Dios Santo será santi-
ficado con la victoria.
[17] Los corderos serán apacentados como
es la costumbre, pero gente extraña consu-
mirá los desolados campos de los ricos.
[18] ¡Ay de los que atraen la iniquidad con
cuerdas de vanidad, y el pecado con correas
de carreta!
[19] ¡Ay de los que dicen: «Que venga ya
su obra y se dé prisa. Que se acerque y la
veamos. Que venga el consejo del Santo de
Israel, para que lo conozcamos»!
[20] ¡Ay de los que llaman bueno a lo malo, y
malo a lo bueno!
¡Ay de los que convierten la luz en tinie-
blas, y las tinieblas en luz!
¡Ay de los que convierten lo amargo en
dulce, y lo dulce en amargo!
[21] ¡Ay de los que se creen sabios!
¡Ay de los que se consideran muy inteli-
gentes!
[22] ¡Ay de los valientes para beber vino, de
los audaces para mezclar bebidas!
[23] ¡Ay de los que mediante el soborno jus-
tifican al malvado y despojan de sus dere-
chos al hombre honrado!
[24] Por eso su raíz será como la podredumbre;
por eso su flor se desvanecerá como el polvo,
así como la llama del fuego consume el rastro-
jo y la lumbre devora la paja, porque despre-
ciaron la enseñanza del Señor de los ejércitos y
desdeñaron la palabra del Santo de Israel.
[25] Por eso se encendió el furor del Señor
contra su pueblo; por eso su mano se exten-
dió contra él para herirlo; por eso se estre-
mecieron los montes y sus cadáveres fueron
arrojados a las calles. Y a pesar de todo esto,
su furor no se ha calmado; su mano sigue
aún extendida.
[26] Agitará una bandera para llamar a na-
ciones lejanas; con un silbido llamará a los
que están en los confines de la tierra; y estos
vendrán con gran rapidez.
[27] Nadie entre ellos se mostrará cansado,
ninguno de ellos tropezará ni se caerá de

EL LLAMAR A LO MALO "BUENO" *(Isaías 5.20)*
Dios tenía palabras fuertes para los que decían que las cosas buenas eran malas. Estas personas querían creer que las cosas malas que hacían eran buenas. Hoy día, muchas personas también tratan de convencerse de que algunas de las reglas en la Biblia son malas. O creen que estas reglas ya no se necesitan hoy día. No quieren reconocer que han quebrantado las reglas de Dios. Pero la Palabra de Dios nunca cambia, aunque cambien los tiempos. Lo que la Biblia dice que es bueno sigue siendo bueno. ¡No dejes que nadie te convenza que estas cosas buenas son malas!

sueño; ninguno de ellos vendrá a medio vestir, ni con las correas de sus sandalias rotas.

28 Sus flechas ya estarán afiladas; todos sus arcos, bien tensados; los cascos de sus caballos parecerán pedernal; las ruedas de sus carros parecerán torbellinos.

29 Rugirán como leones, como cachorros de león; rechinarán los dientes y atraparán a su presa, y se la llevarán a un lugar seguro, sin que nadie se la pueda arrebatar.

30 Cuando llegue ese día, él bramará sobre ellos como brama el mar. Cuando mire hacia la tierra, sólo verá angustiosas tinieblas, y en sus cielos la luz será oscuridad.

Visión y vocación de Isaías

6 En el año que murió el rey Uzías,[a] yo vi al Señor sentado sobre un trono alto y sublime. El borde de su manto cubría el templo.

2 Dos serafines permanecían por encima de él, y cada uno de ellos tenía seis alas; con dos se cubrían el rostro, con dos se cubrían los pies, y con dos volaban.

3 Uno de ellos clamaba al otro y le decía:

«¡Santo, santo, santo es el Señor de los ejércitos![b] ¡Toda la tierra está llena de su gloria!»

4 La voz del que clamaba hizo que el umbral de las puertas se estremeciera, y el templo se llenó de humo.[c]

5 Entonces dije yo:

«¡Ay de mí! ¡Soy hombre muerto! ¡Mis ojos han visto al Rey, el Señor de los ejércitos, aun cuando soy un hombre de labios impuros y habito en medio de un pueblo de labios también impuros!»

6 Entonces uno de los serafines voló hacia mí. En su mano llevaba un carbón encendido, que había tomado del altar con unas tenazas.

7 Con ese carbón tocó mi boca, y dijo:

«Con este carbón he tocado tus labios, para remover tu culpa y perdonar tu pecado.»

8 Después oí la voz del Señor, que decía:

«¿A quién enviaré? ¿Quién irá por nosotros?»

Y yo respondí:

«Aquí estoy yo. Envíame a mí.»

9 Dijo entonces:

«Ve y dile a este pueblo: "Oigan bien, pero no entiendan; vean bien, pero no comprendan."

Is 42.6-7

PALABRAS CON PODER

SERAFÍN
(Isaías 6.2)

Un serafín es un ángel con seis alas. "Serafines", el plural de serafín, significa "los que arden". Los serafines sirven a Dios alrededor de su trono al adorarlo. La gloria de Dios hace que se cubran la cara con las alas. A medida que reflejan la gloria de Dios, parecen estar ardiendo. Haz un dibujo de los serafines y piensa acerca de cómo adoran a Dios día y noche.

[a]**6.1:** 2 R 15.7; 2 Cr 26.23. [b]**6.3:** Ap 4.8. [c]**6.4:** Ap 15.8. [d]**6.9-10:** Mt 13.14-15; Mr 4.12; Lc 8.10; Jn 12.40; Hch 28.26-27.

PODER PARA VIVIR

PERDONADO PARA SERVIR *(Isaías 6.5)*

Cuando nos damos cuentra de que hemos quebrantado una regla o cometemos un error de otra manera, nos sentimos mal. Fue así que Isaías se sintió cuando en una visión vio a Dios en el templo. Al estar cara a cara con un Dios que jamás comete errores, Isaías se arrepintió de todos sus pecados. Dios lo perdonó (versículos 6-7). Así, Isaías recibió coraje para anunciar el mensaje de Dios. Saber que el Señor nos perdona nos da valor para hablar de Él a los demás.¿Puedes agradecerle a Él por el perdón? ¿Puedes contarles a los demás sobre Su amor?

10 Entorpece el corazón de este pueblo.
Cierra sus oídos, y ciega sus ojos. Que no
vea con sus ojos ni oiga con sus oídos, ni
entienda con su corazón, para que no se
convierta ni sea sanado.»[d]
11 Yo dije:
«¿Hasta cuándo, Señor?»
Y él respondió:
«Hasta que las ciudades se queden asoladas
y sin habitantes; hasta que no haya nadie en
las casas, y la tierra quede hecha un desierto;
12 hasta que el Señor haya expulsado a la
gente y los lugares abandonados se hayan
multiplicado en el país.
13 Y si aún queda en el país la décima parte
de sus habitantes, éste volverá a ser destrui-
do. Pero la simiente santa será como el roble
y como la encina, que después de cortados
aún queda el tronco.»

Mensaje de Isaías a Ajaz

7 En los días en que Ajaz hijo de Yotán,
hijo de Uzías, reinaba en Judá, suce-
dió que el rey Resín de Siria y Pecaj
hijo de Remalías, que era rey de Israel, se di-
rigieron a Jerusalén para atacarla, pero no la
pudieron tomar.[a]
2 La noticia de que Siria se había aliado
con Efraín llegó a la casa de David, y esto
hizo que se estremeciera el corazón del rey
y de su pueblo, como cuando el viento hace
que se estremezcan los árboles del bosque.
3 Entonces el Señor le dijo a Isaías:
«Ve ahora con tu hijo Sear Yasub[1] adonde
termina el acueducto del estanque superior,
en dirección al Campo del Lavador. Allí te
encontrarás con Ajaz,
4 y le dirás: "Ten mucho cuidado, y mucha
calma. No tengas miedo ni se sobresalte tu co-
razón por causa de Resín y de Siria, y del hijo
de Remalías." Ellos arden de ira, pero no son
más que el humo de dos tizones apagados.
5 El sirio se ha puesto de acuerdo con
Efraín y con el hijo de Remalías, para hacerte
daño. Ha dicho:
6 "Vayamos contra Judá para aterrorizarla.
Nos la repartiremos, y pondremos por rey al
hijo de Tabel."
7 Pero Dios el Señor dice así: "Eso no ten-
drá éxito, ni será así."
8 Ciertamente, la cabeza de Siria es Da-
masco, y la cabeza de Damasco es Resín,
pero dentro de sesenta y cinco años Efraín
será destruido y dejará de ser pueblo.
9 Y la cabeza de Efraín es Samaria, y la
cabeza de Samaria es el hijo de Remalías. Si
ustedes no creen esto, tampoco permane-
cerán.»
10 El Señor le habló también a Ajaz, y le
dijo:
11 «Pídele al Señor tu Dios una señal. Píde-
sela de las profundidades de la tierra, o de
las alturas de los cielos.»
12 Y Ajaz respondió:
«No pediré nada. No pondré a prueba al
Señor.»
13 Dijo entonces Isaías:
«Escuchen bien ustedes, los de la casa de
David. ¿Les parece poco el molestar a los
hombres, que también quieren molestar a
mi Dios?
14 Pues ahora el Señor mismo les dará una
señal: La joven concebirá, y dará a luz un
hijo,[b] y le pondrá por nombre Emanuel.[2]

LECCIONES **¿QUIÉN IRÁ?**
(Isaías 6.8)

Dios está en control de todo, pero Él todavía permite que los suyos tomen sus propias decisiones. Después de perdonar el pecado de Isaías, Dios preguntó: "¿A quién enviaré?" Dios le estaba preguntando a Isaías si estaría dispuesto a ser un profeta. Dios quería que Isaías le predicara al pueblo. Isaías dijo que aceptaba ser un profeta de Dios. El Señor siempre está buscando a personas que trabajen para Él. ¿Estás tú dispuesto a trabajar para Dios?

[a]**7.1:** 2 R 16.5; 2 Cr 28.5-6. [1]**7.3** Es decir, *Un remanente volverá.* [b]**7.14:** Mt 1.23. [2]**7.14** Es decir, ***Dios con nosotros.***

PALABRAS CON PODER

EL NACIMIENTO VIRGINAL
(Isaías 7.14)

Isaías contó acerca del nacimiento del Mesías. Una mujer que era virgen lo daría a luz. La palabra hebrea que se usa para virgen puede significar una joven mujer soltera o una persona que no ha tenido relaciones sexuales. El nacimiento sería un milagro de Dios. El nacimiento de Jesús fue el cumplimiento de esta profecía (Mateo 1:23). Antes de que Él naciera, un ángel le dijo a María, su madre, que le pusiera por nombre Emanuel, que significa "Dios con nosotros".

15 Comerá mantequilla y miel hasta que sepa desechar lo malo y escoger lo bueno.

16 Ciertamente, antes de que el niño sepa desechar lo malo y escoger lo bueno, el país de estos dos reyes a quienes tú temes quedará abandonado.

17 El Señor hará que vengan sobre ti, sobre tu pueblo y sobre la casa de tu padre, días como nunca vinieron desde el día en que Efraín se apartó de Judá para unirse al rey de Asiria.

18 »Cuando llegue ese día, el Señor llamará con un silbido a la mosca que está al final de los ríos de Egipto, y a la abeja que está en la tierra de Asiria;

19 y éstas vendrán y acamparán en todos los valles desiertos, y en las grietas de las piedras, y en todos los zarzales y en todas las matas.

20 »Cuando llegue ese día, el Señor traerá al rey de Asiria, que habita al otro lado del río, y ese rey será como una navaja alquilada, con la cual les rapará la cabeza y el pelo de los pies, y hasta la barba.

21 »Cuando llegue ese día, quien críe una vaca y dos ovejas

22 comerá mantequilla, pues será mucha la leche que le darán. Sí, quien quede con vida en el país ciertamente comerá miel y mantequilla.

23 »Cuando llegue ese día, el campo donde había mil vides con valor de mil monedas de plata, será un campo de espinos y cardos.

24 Irán allá con arcos y flechas, porque toda la tierra estará llena de espinos y cardos.

25 Por temor de los espinos y cardos, nadie irá a ninguno de los montes antes cultivados con azada, porque sólo servirán como pastizales de bueyes y para que los ganados los pisoteen.»

El temor del Señor

8 El Señor me dijo:
«Toma una tabla grande, y con un punzón escribe en ella acerca de Maher Salal Jasbaz.»[3]

2 Como testigos confiables reuní conmigo al sacerdote Urías, y a Zacarías hijo de Jebequías.

3 Luego me allegué a la profetisa, la cual concibió y dio a luz un hijo. Entonces el Señor me dijo:

«Ponle por nombre Maher Salal Jasbaz,

4 porque antes de que el niño sepa decir "padre mío" y "madre mía", la riqueza de Damasco y los despojos de Samaria serán llevados ante el rey de Asiria.»

5 El Señor me habló una vez más, y me dijo:

6 «Este pueblo rechazó las aguas de Siloé, que corren tranquilas, y se sintió feliz con Resín y con el hijo de Remalías.»

7 Por lo tanto, el Señor hará que los inunden por completo las impetuosas y abundantes aguas del río, es decir, hará que el rey de Asiria los inunde con todo su poder. Y ese rey cubrirá todos sus ríos, y rebasará todas sus riberas;

8 y llegará hasta Judá y la inundará, y seguirá adelante y le llegará hasta la garganta; luego, oh Emanuel, extenderá sus alas y llenará la tierra en toda su extensión.

9 ¡Reúnanse ustedes, pueblos, que serán derrotados! Escuchen ustedes, gente de

[3] **8.1** Es decir, *El despojo se apresura, la presa se precipita.*

lejanas tierras: pueden prepararse para la batalla, ¡pero serán totalmente derrotados!

10 Pueden confabularse, pero no tendrán éxito; pueden hablar cuanto quieran, pero nada acontecerá, porque Dios está con nosotros.

11 Ciertamente el Señor me habló con firmeza, y me dio instrucciones de no ir por el camino de este pueblo. Me dijo así:

12 «No llamen ustedes conspiración a todo lo que este pueblo llama conspiración. No tengan miedo, ni teman lo que ellos temen.

13 Santifiquen al Señor de los ejércitos, y sólo a él.[a] Que él sea para ustedes la única razón de su temor.

14 Hagan de él su santuario. Pero para las dos casas de Israel será una piedra de tropiezo, que los hará caer; y para los habitantes de Jerusalén les será una trampa, una red.

15 Muchos de ellos tropezarán; y caerán y serán destrozados;[b] y se enredarán y quedarán apresados.

16 »Ata el testimonio; ponle un sello a mi enseñanza entre mis discípulos.»

17 Yo esperaré al Señor, que escondió su rostro de la casa de Jacob. En él confiaré.[c]

18 Aquí estoy yo, con los hijos que el Señor me ha dado.[d] Somos en Israel señales portentosas de parte del Señor de los ejércitos, que habita en el monte Sión.

19 Si alguien les dice:

«Consulten a los encantadores y a los adivinos, a los que hablan con susurros»,

ustedes respondan:

«¿Acaso no es a su Dios a quien el pueblo debe consultar? ¿Acaso tiene que consultar a los muertos acerca de los vivos?»

20 ¡A la enseñanza y al testimonio! Si sus palabras no corresponden a esto, es porque no les ha amanecido.

21 Y pasarán por la tierra fatigados y hambrientos. Y cuando tengan hambre, se enojarán y, de cara al cielo, maldecirán a su rey y a su Dios.

22 Y cuando miren a la tierra, sólo verán tribulación y tinieblas, oscuridad y angustia; ¡y en las tinieblas se hundirán!

Nacimiento y reinado del Mesías

9 Pero no siempre habrá oscuridad para la que ahora está angustiada. En los primeros tiempos las regiones de Zabulón y Neftalí fueron afligidas, pero en los últimos tiempos se llenará de gloria el camino del mar, al otro lado del Jordán, en Galilea de los gentiles.[a]

2 El pueblo que andaba en tinieblas vio una gran luz; sí, la luz resplandeció para los que vivían en un país de sombras de muerte.[b]

3 Tú aumentaste el regocijo, y acrecentaste la alegría. En tu presencia se alegrarán, como se alegran durante la siega; como se regocijan cuando se reparten el botín.

4 Tú quebraste el yugo y la vara que pesaban sobre sus hombros, y el cetro que los oprimía, como en el día de Madián.

5 ¡Quemado será todo calzado que lleva el guerrero en el fragor de la batalla! ¡Pasto para el fuego será todo manto revolcado en sangre!

6 Porque un niño nos ha nacido, ¡un hijo nos ha sido concedido! Sobre sus hombros llevará el principado, y su nombre será «Consejero admirable», «Dios fuerte», «Padre Eterno» y «Príncipe de paz».

7 La extensión de su imperio y la paz en él no tendrán límite. Reinará sobre el trono de David y sobre su reino, y lo afirmará y confirmará en la justicia y el derecho, desde ahora y para siempre.[c] Esto lo hará el celo del Señor de los ejércitos.

La ira del Señor contra Israel

8 El Señor envió su palabra sobre Jacob, y cayó sobre Israel.

9 Y la conocerá todo el pueblo, y Efraín y los habitantes de Samaria, que con soberbia y altivez de corazón dicen:

10 «Los ladrillos se cayeron, pero edificaremos con piedra de cantera; talaron los

[a]**8.12-13:** 1 P 3.14-15. [b]**8.14-15:** 1 P 2.8. [c]**8.17:** Heb 2.13. [d]**8.18:** Heb 2.13. [a]**9.1:** Mt 4.15. [b]**9.2:** Mt 4.16; Lc 1.79. [c]**9.7:** Lc 1.32-33.

LECCIONES

UN HIJO ES NACIDO

(Isaías 9.6)

Esta profecía cuenta acerca del nacimiento del Mesías, Jesús. Él no vendría como un rey conquistador, sino que más bien nacería como cualquier otro niño. Pero este niño tendría muchos nombres. (1) Uno de sus nombres sería "Consejero admirable." Él haría milagros asombrosos y tendría una sabiduría perfecta. (2) Otro de sus nombres sería "Dios fuerte." Jesucristo sería completamente Dios y completamente hombre. (3) También se llamaría "Padre eterno." Él sería como Dios el Padre. (4) Su otro nombre sería "Príncipe de Paz." Él vendría a la tierra para ayudar a las personas a tener paz con Dios.

sicómoros, pero nosotros los repondremos con cedros.»

11 Pero el Señor juntará a los enemigos de Resín y los levantará contra él;

12 del oriente vendrán los sirios, y del poniente los filisteos, y a boca llena devorarán a Israel. Pero ni así cesará su furor. Su mano aún seguirá extendida.

13 El pueblo no se volvió al Señor de los ejércitos. No buscó al que lo castigaba;

14 así que en un mismo día el Señor le cortará a Israel la cabeza y la cola, el tronco y la rama.

15 (La cabeza es el anciano de rostro venerable, y la cola es el profeta que enseña mentiras.)

16 Los que gobiernan a este pueblo son unos mentirosos; por eso sus gobernados se pierden.

17 Por tanto, el Señor no se alegrará por sus jóvenes, ni tendrá misericordia de sus huérfanos y viudas, pues todos son falsos y malvados; de toda boca brotan necedades. Pero ni así cesará su furor. Su mano aún seguirá extendida.

18 La maldad prenderá como un fuego, y consumirá cardos y espinos; se encenderá en la espesura del bosque, y se levantará como un remolino de humo.

19 Por causa de la ira del Señor de los ejércitos se oscurecerá la tierra, y el pueblo será como pasto para el fuego; ¡y nadie tendrá piedad de su hermano!

20 Con la mano derecha robarán, y se quedarán con hambre; con la mano izquierda comerán, y no quedarán satisfechos; ¡cada uno se comerá su propia carne!

21 Manasés se comerá a Efraín, Efraín se comerá a Manasés, y los dos se comerán a Judá. Pero ni así cesará su furor. Su mano aún seguirá extendida.

10 «¡Ay de los que dictan leyes injustas y emiten decretos opresivos!

2 Con ellos evitan la defensa de los pobres, y les niegan la justicia a los afligidos de mi pueblo; ¡despojan a las viudas y les roban a los huérfanos!

3 ¿Y qué van a hacer en el día del castigo? Y cuando venga de lejos la destrucción, ¿a quién recurrirán para que les ayude? ¿En dónde dejarán sus riquezas?

4 Sin mí, se doblarán entre los presos y caerán entre los muertos.»

Pero ni así cesará su furor. Su mano aún seguirá extendida.

Asiria, instrumento de Dios

5 «¡Ay, Asiria,[a] vara y báculo de mi furor! En su mano he puesto mi ira.

6 Voy a mandarla contra una nación impía; voy a enviarla contra el pueblo que ha provocado mi ira, para que le arrebate sus riquezas y lo despoje de todo, y lo deje por los suelos para que lo pisoteen como al lodo.

7 »Ese pueblo no lo piensa así, ni en su corazón se imagina esto; más bien, piensa en desarraigar y destruir no pocas naciones.

8 Pues dice: "¿Acaso no son reyes todos mis príncipes?

9 ¿Acaso no son Calno como Carquemis, Jamat como Arfad, y Samaria como Damasco?"

[a] **10.5-34:** Is 14.24-27; Nah 1.1—3.19; Sof 2.13-15.

10 Así como mi mano halló los reinos de
los ídolos, cuyas imágenes eran más que las
de Jerusalén y de Samaria,
11 ¿no haré con Jerusalén y con sus ídolos
lo mismo que hice con Samaria y con sus
ídolos?»
12 Pero después de que el Señor haya aca-
bado de hacer todo esto en el monte Sión y
en Jerusalén, él habrá de castigar el soberbio
fruto del corazón del rey de Asiria, y el brillo
de sus altivos ojos.
13 Porque él dijo: «Esto lo he hecho con el
poder de mi mano, y con mi sabiduría, porque
soy muy inteligente. A los pueblos les quité sus
territorios, y saqueé sus tesoros; y como un va-
liente derroqué a los que reinaban.
14 Mi mano halló las riquezas de los pue-
blos, como quien halla un nido; como quien
recoge los huevos abandonados, así me
apoderé yo de toda la tierra, sin que nadie
aleteara ni abriera la boca y graznara.»
15 ¿Puede el hacha sentirse mayor que
quien corta con ella? ¿Creerá la sierra que
es más que el que la mueve? ¿Cómo podría
el báculo levantar al que lo lleva? ¿Cómo le-
vantará el bastón a quien no es madera?
16 Por eso Dios, el Señor de los ejércitos,
hará que los robustos se vuelvan débiles, y
bajo su poder encenderá una hoguera, y ar-
derá como fuego.
17 La luz de Israel será un fuego, y su Santo
será una llama, que en un día consumirá por
completo sus cardos y sus espinos.
18 Consumirá totalmente el esplendor de
su bosque y de su fértil campo, su alma y
cuerpo, y quedará como un abanderado
derrotado.
19 En su bosque quedarán tan pocos árbo-
les que hasta un niño los podrá contar.
20 Cuando llegue ese día, sucederá que los
sobrevivientes de Israel y de la casa de Jacob
nunca más se apoyarán en el que los hirió,
sino que se apoyarán en el Señor, el Santo
de Israel.
21 El remanente volverá; sí, el remanente
de Jacob se volverá al Dios fuerte.
22 Israel, si tu pueblo llega a ser como la
arena del mar, que vuelve a él, la destrucción
acordada rebosará de justicia;
23 porque Dios, el Señor de los ejércitos,
llevará a cabo en medio de la tierra la des-
trucción que ya ha sido decidida.[b]
24 Por tanto, así dice Dios, el Señor de los
ejércitos:
«Pueblo mío, que habitas en Sión; no ten-
gas miedo de Asiria. Podrá herirte con su
cetro, y levantar contra ti su báculo, como
lo hizo Egipto;
25 pero dentro de poco tiempo se acabará
mi furor contra ti, y mi enojo los destruirá.
26 Yo, el Señor de los ejércitos, levantaré
contra él un látigo, como cuando herí de
muerte a Madián en la peña de Oreb; levan-
taré mi báculo sobre el mar, como lo hice en
el camino de Egipto.
27 Cuando llegue ese día, la carga de Asi-
ria será quitada de tu hombro; de tu cerviz
se quitará su yugo, y éste se pudrirá por tu
robustez.»
28 Ha llegado hasta Ayat; ha cruzado hasta
Migrón; en Micmas cuenta su ejército.
29 Han cruzado el vado; pasan la noche en
Geba; tiembla Ramá y Gabaa de Saúl huye.
30 ¡Grita a voz en cuello, hija de Galín! ¡Haz
que se oiga hasta Lais, pobrecilla Anatot!
31 Madmena se alborota; los habitantes de
Guebín huyen.
32 Viene aún el día en que plantará su pie
en Nob; levantará la mano contra el monte
de la hija de Sión, contra el collado de Je-
rusalén.
33 Pero Dios, el Señor de los ejércitos, des-
gajará el ramaje con violencia y los árboles
de gran altura serán talados, y las alturas se-
rán humilladas.
34 Con un hacha derribará la espesura del
bosque, y el Líbano caerá con gran estruendo.

Reinado del Mesías

11 Una vara saldrá del tronco de
Yesé; un vástago[a] retoñará de
sus raíces.[b]

[b] **10.22-23:** Ro 9.27-28. [a] **11.1:** Mt 2.23. [b] **11.1:** Ap 5.5; 22.16.

2 Sobre él reposará el espíritu del Señor;
el espíritu de sabiduría y de inteligencia; el
Is 32.15 espíritu de consejo y de poder, el espíritu de
conocimiento y de temor del Señor.
3 Su deleite será temer al Señor. No juzga-
rá según las apariencias, ni dictará sentencia
según los rumores.
4 Defenderá los derechos de los pobres, y
dictará sentencias justas en favor de la gente
humilde del país. Su boca será la vara que
Is 35.3-5 hiera la tierra; sus labios serán el ventarrón
que mate al impío.[c]
5 La justicia y la fidelidad serán el cinto
que ceñirá su cintura.[d]
6 El lobo convivirá con el cordero; el leo-
pardo se acostará junto al cabrito; el becer-
ro, el león y el animal engordado andarán
juntos, y un chiquillo los pastoreará.
7 La vaca y la osa pacerán, sus crías se echa-
rán juntas; y el león comerá paja como buey.
8 El niño de pecho jugará sobre la cueva
del áspid, y el recién destetado extenderá su
mano sobre la cueva de la víbora.
9 Nadie hará mal ni daño alguno en nin-
guna parte de mi santo monte,[e] porque la
tierra estará saturada del conocimiento del
Señor, así como las aguas cubren el mar.[f]
10 Cuando llegue ese día, sucederá que los
pueblos irán en busca de la raíz de Yesé,[g] la
cual se plantará como estandarte de las na-
ciones; y su habitación será gloriosa.
11 Cuando llegue ese día, sucederá que el
Señor levantará una vez más su mano para
recobrar el remanente de su pueblo que
aún quede en Asiria, Egipto, Patros, Etiopía,
Elam, Sinar y Jamat, y en las costas del mar;
12 levantará un estandarte contra las na-
ciones, y de los cuatro confines de la tierra
juntará a los desterrados de Israel y a los es-
parcidos de Judá.
13 Entonces se disipará la envidia de Efraín,
y los enemigos de Judá serán destruidos.
Efraín no tendrá envidia de Judá, ni Judá afli-
girá a Efraín;
14 sobre los hombros de los filisteos vola-
rán al occidente, y saquearán también a los
que habitan en el oriente; Edom y Moab les
servirán, y los amonitas los obedecerán.
15 Entonces el Señor secará el mar de Egip-
to, que parece una lengua, y con el poder de
su espíritu levantará su mano sobre el río y
lo partirá en siete brazos, para que pueda
cruzarse con sandalias,[h]
16 y el remanente de su pueblo, el que
haya quedado de Asiria, tendrá un camino,
como lo tuvo Israel cuando salió de la tierra
de Egipto.

Cántico de acción de gracias

12 Cuando llegue ese día, dirás:
«A ti, Señor, cantaré; aunque
te enojaste contra mí, tu indig-
nación cesó y me has dado consuelo.
2 ¡Vean a Dios, mi salvador! Puedo es-
tar confiado y sin temor alguno, porque el
Señor es mi fortaleza y mi canción;[a] ¡él es mi
salvador!»
3 Y con gran gozo sacarán ustedes agua de Is 25.9
las fuentes de la salvación.
4 Cuando llegue ese día, dirán ustedes:
«¡Alaben al Señor! ¡Aclamen su nom-
bre!
¡Alaben sus acciones entre los pueblos!
¡Recuerden que su nombre es incom-
parable!

LECCIONES **NECESITAMOS AL ESPÍRITU SANTO**
(Isaías 11.2)

¿Sabías que Jesús necesitaba al Espíritu Santo? Él era Dios en forma humana, pero todavía necesitaba el poder del Espíritu Santo para llevar a cabo la voluntad de Dios para su vida. El Mesías sería conocido por el hecho que el Espíritu de Dios reposaba sobre Él. También bautizaría a sus seguidores con el Espíritu Santo. Jesús necesitaba al Espíritu Santo, ¡y nosotros también lo necesitamos! Mediante el poder del Espíritu Santo, Dios nos ayuda a llevar a cabo su obra.

[c] **11.4:** 2 Ts 2.8. [d] **11.5:** Ef 6.14. [e] **11.6-9:** Is 65.25. [f] **11.9:** Hab 2.14. [g] **11.10:** Ro 15.12. [h] **11.15:** Ap 16.12. [a] **12.2:** Éx 15.2; Sal 118.14.

PROMESAS PODEROSAS

ISAÍAS 12.2

¡Vean a Dios, mi salvador! Puedo estar confiado y sin temor alguno, porque el Señor es mi fortaleza y mi canción;a ¡él es mi salvador!»

"JAH" es otra manera de decir "JEHOVA", uno de los nombres de Dios (lee Éxodo 3:15). En este versículo, Isaías cita el canto de alabanza de Moisés (lee Éxodo 15:2). Moisés alabó a Dios por haber rescatado a su pueblo del Faraón y su ejército. Al repetir el canto de alabanza de Moisés, Isaías declara que Dios lo es todo para su pueblo. ¿Ves tú a Dios de esa manera?

5 ¡Canten salmos al Señor,
porque sus obras son magníficas!
¡Que toda la tierra lo sepa!
6 Tú, que habitas en Sión,
¡canta y regocíjate, que en medio de ti
grande es el Santo de Israel!»

Is 26.1-4

Profecía sobre Babilonia

13 Profecía sobre Babilonia,[a] que fue
revelada a Isaías hijo de Amoz.
2 ¡Levanten la bandera sobre
un alto monte! ¡Levanten la voz contra ellos!
¡Levanten la mano, para que entren por las
puertas de los príncipes!
3 Yo di órdenes a mis consagrados; con-
voqué también a mis valientes, a los que se
alegran con mi triunfo, para que ejecuten mi
castigo.
4 Hay gran estruendo en los montes,
como de mucha gente; ruidoso estruendo
de reinos, de naciones que se reúnen. El
Señor de los ejércitos pasa revista a las tro-
pas para la batalla.
5 El Señor y los instrumentos de su ira vie-
nen de lejanas tierras, desde los confines de
los cielos, para destruir toda la tierra.

PALABRAS CON PODER

BABILONIA

(Isaías 13.1)

A veces parece que los que hacen cosas malas no son castigados. En este momento en la época bíblica, los asirios estaban amenazando al pueblo de Israel y de Judá. Pero en esta profecía, Isaías predijo que Babilonia sería destruida. Babilonia era la capital de los asirios. Dios usó esta nación malvada para castigar a su pueblo rebelde al permitir que Babilonia conquistara Jerusalén. Al final, Babilonia tendría un final peor que muchas de las naciones que había conquistado. Hoy día, se pueden ver las ruinas de Babilonia en el país de Irak.

6 ¡Griten de dolor, que cercano está el día
del Señor! ¡Viene como asolamiento del
Todopoderoso![b]
7 Por eso pierde su fuerza toda mano; por
eso desfallece todo corazón.
8 Se llenan de terror; la angustia y el dolor
los domina; tienen dolores como de partu-
rienta; con el rostro encendido, unos a otros
se miran con asombro.
9 ¡Viene ya el terrible día del Señor! ¡Día de
ardiente ira e indignación, que hará de la tierra
un páramo, y que raerá de ella a los pecadores!
10 Ese día las estrellas y los luceros de los
cielos no darán su luz; el sol se oscurecerá al
amanecer, y la luna no dará su resplandor.[c]
11 Yo castigaré al mundo por su maldad, y
a los impíos por su iniquidad; acabaré con la
arrogancia de los soberbios y abatiré la alti-
vez de los fuertes.
12 Haré que los hombres sean más escasos
que el fino oro de Ofir.
13 Por la indignación del Señor de los ejér-
citos, en el día de su ardiente ira haré que
se estremezcan los cielos, y que la tierra se
mueva de su lugar.
14 Cada uno mirará hacia su pueblo, como
oveja sin pastor; cada uno huirá a su tierra,
como gacela perseguida.

[a] **13.1—14.23:** Is 47.1-15; Jer 50.1—51.64. [b] **13.6:** Jl 1.15. [c] **13.10:** Mt 24.29; Mr 13.24-25; Lc 21.25; Ap 6.12-13; 8.12.

15 Todo el que sea hallado, caerá atravesado por una lanza; todo el que caiga preso, morirá a filo de espada.

16 Ante sus propios ojos, sus niños serán estrellados contra el suelo, sus casas serán saqueadas, y sus mujeres serán violadas.

17 Voy a incitar contra ellos a los medos, para quienes el oro y la plata no es lo más importante.

18 Con sus flechas despedazarán a los niños, y de los hijos no tendrán compasión; ¡no perdonarán a nadie en quien pongan sus ojos!

19 El hermoso reino de Babilonia, joya de la grandeza caldea, vendrá a ser como Sodoma y Gomorra, ciudades a las que Dios destruyó.[d]

20 Jamás volverá a ser habitado. Para siempre quedará deshabitado. Ningún nómada volverá a plantar allí su tienda, ni pastor alguno apacentará allí su rebaño.

21 Allí dormirán sólo las fieras del desierto, y sus casas se llenarán de chacales;[e] allí sólo vivirán los avestruces, y retozarán las cabras salvajes.

22 En sus palacios y en sus casas veraniegas aullarán las hienas y los chacales. Ya se acerca su tiempo; sus días están contados.

Escarnio contra el rey de Babilonia

14 Ciertamente el Señor tendrá piedad de Jacob. Todavía Israel será su elegido. Y lo hará reposar en su tierra, y en torno a la familia de Jacob se reunirán los extranjeros.

2 Habrá pueblos que tomarán a los israelitas y los devolverán a su lugar, y en la tierra del Señor les servirán como esclavos y esclavas; los israelitas dominarán a quienes antes los dominaron, y serán los amos de quienes los oprimieron.

3 Y cuando el Señor te haga descansar de tus trabajos y temores, y de la dura servidumbre a la que fuiste sometido,

PALABRAS CON PODER

ESTRELLA DE LA MAÑANA

(Isaías 14.12-15)

Al igual que otros mensajes en el libro de Isaías, este mensaje tiene un doble sentido. Estos versículos se refieren tanto al rey de Babilonia como a Lucifer (Satanás). Lucifer es una palabra latina que significa "estrella de la mañana". Este pasaje describe su rebelión contra Dios, la cual llevó a Dios a expulsarlo del cielo. También describe cómo el orgullo del rey de Babilonia le hizo creer que era tan poderoso como Dios. El orgullo generalmente acarrea problemas.

4 pronunciarás este proverbio contra el rey de Babilonia:

«¡Vaya fin que tuvo el tirano! ¡Vaya fin que tuvo su arrogancia!

5 El Señor hizo pedazos el cetro de los impíos, el cetro de los grandes señores;

6 de los que castigaban a los pueblos con furor y constantemente los herían; de los que iracundos dominaban a las naciones y las perseguían con crueldad.

7 Toda la tierra se halla tranquila y en paz; se cantan alabanzas.

8 ¡Hasta los cipreses se alegran de ti! Los cedros del Líbano dicen: "Desde tu caída, ya nadie viene a talarnos."

9 Allá en lo profundo, el sepulcro está conmocionado; ante tu llegada, ha despertado a los muertos para que salgan a recibirte; ha hecho que se levanten de sus tronos todos los príncipes de la tierra y todos los reyes de las naciones.

10 Todos ellos te aclamarán, y te dirán: "¿También tú perdiste tu poder? ¡Ya eres uno de nosotros!"

11 Tu soberbia bajó a la tumba, junto con el sonido de tus arpas; los gusanos son ahora tu cama y tu cobertor.

12 »¡Cómo caíste del cielo,[a] lucero de la mañana! ¡Cómo caíste por tierra, tú que derrotabas a las naciones!

[d]**13.19:** Gn 19.24. [e]**13.21:** Ap 18.2. [a]**14.12:** Ap 8.10.

13 Tú, que en tu corazón decías: "Subiré al cielo, por encima de las estrellas de Dios, y allí pondré mi trono. En el monte del concilio me sentaré, en lo más remoto del norte;

14 subiré hasta las altas nubes, y seré semejante al Altísimo."

15 Pero ¡ay!, has caído a lo más profundo del sepulcro,[b] a lo más remoto del abismo.

16 Los que te vean, se agacharán para contemplarte, y dirán: "¿No es éste el que hacía temblar la tierra y trastornaba los reinos;

17 el que hizo del mundo un desierto, el que asolaba las ciudades y jamás liberaba a sus presos?"

18 Todos los reyes de las naciones murieron con honra, y ahora yacen en su última morada;

19 pero a ti te arrojan del sepulcro como a una rama despreciable; como a la ropa de un muerto atravesado por la espada; has bajado al fondo del sepulcro como un cadáver pisoteado.

20 No serás contado entre los muertos, porque tú destruiste a tu país y mataste a tu pueblo. ¡Y jamás se recuerda a la descendencia de los malvados!

Is 24.21-23

21 ¡Preparen a sus hijos para la matanza, por causa de la maldad de sus padres! No se levanten, ni tomen posesión de la tierra, ni llenen de ciudades la superficie del mundo.

22 Porque yo me levantaré contra ellos y borraré de Babilonia a los hijos y a los nietos, y su nombre y lo que de él quede.

—Palabra del Señor de los ejércitos.

23 »Yo la convertiré en terreno de erizos y en lagunas de agua, y la barreré con la escoba de la destrucción.»

—Palabra del Señor de los ejércitos.

Asiria será destruida

24 El Señor de los ejércitos hizo este juramento:

«Todo se hará tal y como lo he pensado; todo se confirmará tal y como lo he decidido.

25 Yo destruiré al asirio[c] en mi tierra; lo pisotearé en mis montes. Libraré a mi pueblo de su yugo, y le quitaré esa carga de sus hombros.»

26 Éste es el acuerdo que se ha tomado en toda la tierra, y ésta es la mano que se ha extendido sobre todas las naciones.

27 El Señor de los ejércitos lo ha decidido; ¿quién podrá impedirlo? Él ha extendido su mano; ¿quién la hará retroceder?

Profecía sobre Filistea

28 El año en que murió el rey Ajaz[d] tuvo lugar esta profecía:

29 «Filistea, no te alegres del todo[e] por haberse quebrado la vara del que te hería; porque de la raíz de la culebra saldrá un áspid, y de su fruto una serpiente voladora.

30 Los primogénitos de los pobres tendrán pastos para sus rebaños, y la gente pobre dormirá tranquila; pero a tu raíz la haré morir de hambre, y acabaré con lo poco que de ti quede.

31 Ustedes, puertas, ¡griten de dolor! Y tú, ciudad, ¡grita y pide ayuda! Y tú, Filistea, ¡has quedado totalmente deshecha! Del norte viene humo, y en tus asambleas no quedará uno solo.

32 ¿Y qué se dirá a los mensajeros de las naciones? Pues que el Señor puso los fundamentos de Sión, y que allí encontrarán refugio los afligidos de su pueblo.»

Profecía acerca de Moab

15 Profecía acerca de Moab.[a]

Es un hecho: durante la noche, Ar de Moab fue totalmente destruida y reducida al silencio.

Es un hecho: durante la noche, Quir de Moab fue totalmente destruida y reducida al silencio.

2 Moab sube a Bayit y a Dibón, lugares altos, para llorar; allí chilla de dolor por Nebo y por Medeba. Toda cabeza en ella es rapada; toda barba es rasurada.

[b]**14.13-15:** Mt 11.23; Lc 10.15. [c]**14.24-27:** Is 10.5-34; Nah 1.1—3.19; Sof 2.13-15. [d]**14.28:** 2 R 16.20; 2 Cr 28.27. [e]**14.29-31:** Jer 47.1-7; Ez 25.15-17; Jl 3.4-8; Am 1.6-8; Sof 2.4-7; Zac 9.5-7. [a]**15.1—16.14:** Is 25.10-12; Jer 48.1-47; Ez 25.8-11; Am 2.1-3; Sof 2.8-11.

3 Todos andan por las calles vestidos de
cilicio; en sus azoteas y en sus plazas aúllan y
se deshacen en llanto.
4 Jesbón y Eleale gritan; su voz se oye hasta
Yahás. Por eso aúllan los guerreros de Moab;
por eso el alma se les estremece.
5 Mi corazón grita por Moab; sus fugitivos
huyen hasta Soar, hasta Eglat Selisiyá. Por la
cuesta de Luhit van llorando; por el camino
de Joronayin lanzan gritos de dolor.
6 Es un hecho: las aguas de Nimrín se consumen; la hierba se seca; los retoños se marchitan; todo el verdor desaparece.
7 Por eso llevan al torrente de los sauces
las riquezas que ganaron, junto con sus reservas.
8 Es un hecho: el llanto rodeó los linderos
de Moab; hasta Eglayin llegó su alarido, y
hasta Ber Elim su clamor.
9 Es un hecho: las aguas de Dimón se llenarán de sangre. Pero yo traeré sobre Dimón males mayores: ¡traeré leones sobre los
que se escapen de Moab y sobre los sobrevivientes de la tierra!

16 Envíen un cordero al gobernante de la tierra, desde Sela del desierto hasta el monte de la hija
de Sión.
2 En los vados de Arnón las hijas de Moab
parecerán aves espantadas que huyen de su
nido.
3 Reúne al consejo y toma una decisión.
Extiende tu sombra y convierte en noche
el mediodía; esconde a los desterrados, no
entregues a los que huyen.
4 Permite que mis desterrados vivan en
Moab; sé para ellos un refugio ante la destrucción. Porque la opresión llegará a su fin, y
el que ahora ultraja desaparecerá de la tierra.
5 El trono se afirmará en la misericordia,
y sobre él reinará con la verdad, en la casa
de David, el juez que busque hacer justicia y
dar prioridad al derecho.
6 Sabemos ya que Moab es soberbia; que
son muy grandes su soberbia, su arrogancia
y su altivez; ¡pero sus mentiras no prevalecerán!

PROMESAS PODEROSAS

ISAÍAS 16.5

El trono se afirmará en la misericordia, y sobre él reinará con la verdad, en la casa de David, el juez que busque hacer justicia y dar prioridad al derecho.

¿En algún momento has deseado que todo fuera perfectamente justo? Al mirar el futuro, Isaías predice que alguien del linaje familiar de David será rey. Este rey será el Mesías, Jesús, y Él reinará con perfecta justicia. Ya nadie dirá jamás: "¡Eso no es justo!"

7 Por eso Moab aullará; todo Moab gemirá y será en gran manera abatida por causa
de las tortas de uvas pasas de Quir Jaréset.
8 ¡Los campos de Jesbón fueron arrasados!
¡Los grandes señores de las naciones pisotearon los generosos sarmientos de las vides
de Sibemá! Sus ramas se habían extendido
hasta Jazer, llegaron hasta el desierto y cruzaron el mar.
9 Por eso, junto con Jazer lloraré por la viña
de Sibemá; por ustedes, Jesbón y Eleale, derramaré mis lágrimas, porque sobre sus cosechas ha caído el grito de guerra;
10 el gozo y la alegría se han ido del campo
fértil; ya no cantan en las viñas, ya no hay
alegría; en los lagares ya no se pisan uvas
para hacer vino; soy yo quien ha acallado los
gritos del lagarero.
11 Por eso mis entrañas vibran como arpa
por Moab, y mi corazón por Quir Jeres.
12 De nada le valdrá a Moab presentarse
en los lugares altos, ni llegar a orar en su santuario.
13 Éstas son las palabras que desde hace
mucho tiempo pronunció el Señor acerca
de Moab,
14 pero esto es lo que el Señor ha dicho ahora:
«Dentro de tres años, ni un día más ni un
día menos, será destruido Moab, con toda
su gloria y su riqueza, y los que sobrevivan
serán pocos, pequeños y débiles.»

Profecía acerca de Damasco

17 Profecía acerca de Damasco.[a]
Es un hecho: Damasco deja-
rá de ser ciudad, para conver-
tirse en un montón de ruinas.
2 Las ciudades de Aroer han quedado
abandonadas, convertidas en pastizales; allí
pacen los rebaños sin que nadie los moleste.
3 La fortaleza de Efraín llegó a su fin; Da-
masco ha dejado de ser reino. Lo que aún
quede de Siria se convertirá en riqueza para
los israelitas.
—Palabra del Señor de los ejércitos.

Juicio sobre Israel

4 Cuando llegue ese día, disminuirá la glo-
ria de Jacob y se enjutará su carne.
5 Será como cuando se siega el trigo, que
con su brazo el segador recoge las espigas.
Será también como cuando se recogen es-
pigas en el valle de Refayin.
6 Quedarán en él ripios, como cuando
se sacuden los olivos, que en la punta de la
rama quedan dos o tres aceitunas, y hasta
cuatro o cinco en las ramas más fructíferas.
—Palabra del Señor, el Dios de Israel.
7 Cuando llegue ese día, el hombre mirará
a su Hacedor; sus ojos contemplarán al San-
to de Israel.
8 Ya no volverá la mirada a los altares de
incienso que hizo con sus manos, ni a los
troncos de Asera que hizo con sus dedos.
9 Cuando llegue ese día, sus ciudades amu-
ralladas serán como los frutos que quedan en
los renuevos y en las ramas, que se dejaron
por causa de los israelitas. Y habrá desolación.
10 Y es que tú te olvidaste del Dios de tu
salvación; no te acordaste de la roca de tu
refugio. Por eso sembrarás plantas hermo-
sas, y plantarás sarmientos extraños.
11 Cuando las plantes, harás que crezcan y
que su simiente brote en la mañana; pero en
el día de la angustia se perderá la cosecha, y
el dolor será incurable.
12 ¡Ay de esa vasta muchedumbre, que
brama como mar embravecido! ¡Ay de las
naciones que se alborotan como aguas
tempestuosas!
13 Podrán los pueblos alborotarse como
aguas tempestuosas, pero Dios los repren-
derá y huirán muy lejos; serán arrebatados
como el polvo de los montes ante el viento,
¡como el polvo ante el torbellino!
14 Al caer la tarde, habrá desconcierto;
pero antes del amanecer el enemigo dejará
de existir. ¡Eso es lo que les espera a nuestros
opresores! ¡Esa suerte correrán los que nos
saquean!

Profecía acerca de Etiopía

18 ¡Ay del país de amenazantes
alas, que está al otro lado de los
ríos de Etiopía![a]
2 ¡País que por el mar, y en naves de jun-
co, envía mensajeros sobre las aguas! ¡Vayan,
mensajeros veloces, a esa gente de gran es-
tatura y de brillante piel! ¡Vayan al pueblo
siempre temible! ¡Vayan a esa gente fuerte
y conquistadora, cuya tierra es surcada por
los ríos!
3 Y ustedes todos, habitantes de la tierra,
¡fíjense bien cuando se agite la bandera en
los montes! ¡Presten atención cuando se to-
que la trompeta!
4 Porque así me ha dicho el Señor:
«Voy a mantenerme quieto, pero desde
mi mansión estaré observando; como el
sol brillante después de la lluvia, como una
nube de rocío en el calor del verano.»
5 Pero antes de la siega, cuando caída la
flor el grano esté maduro y el fruto esté en
su punto, él cortará las ramas y podará las
ramitas.
6 Entonces todos serán dejados para co-
mida de las aves silvestres y de las bestias sal-
vajes; sobre ellos pasarán las aves el verano, e
invernarán todas las bestias salvajes.
7 Cuando llegue el momento, ese pueblo
de gran estatura y de piel brillante, ese pue-
blo siempre temible, fuerte y conquistador,
cuya tierra es surcada por los ríos, traerá
ofrenda al Señor de los ejércitos; ¡la traerá

[a] **17.1-3:** Jer 49.23-27; Am 1.3-5; Zac 9.1. [a] **18.1-7:** Sof 2.12.

hasta el monte Sión, hasta el santuario del
nombre del Señor de los ejércitos!

Profecía acerca de Egipto

19 Profecía acerca de Egipto.[a]
Es un hecho: el Señor ha mon-
tado sobre una nube ligera,
y entrará en Egipto. Ante él, temblarán los
ídolos de Egipto y desfallecerá el corazón de
los egipcios.
2 «Voy a hacer que los egipcios luchen
entre sí. Peleará hermano contra hermano,
amigo contra amigo, ciudad contra ciudad,
y reino contra reino.
3 Voy a desbaratar sus planes. El ánimo
egipcio decaerá por completo, y ellos con-
sultarán a sus ídolos y hechiceros, a sus sa-
bios y adivinos.
4 Voy a poner a Egipto en manos de un
amo cruel. Un rey violento los subyugará.»
—Palabra de Dios, el Señor de los ejérci-
tos.
5 Desaparecerán las aguas del mar, y el río
Nilo se agotará y quedará seco.
6 Los arroyos se alejarán, y las corrientes
de los fosos se quedarán vacías; la caña y el
junco se infestarán de insectos;
7 todas las praderas y los sembrados en la
ribera del río se quedarán sin agua, y se per-
derán y dejarán de existir.
8 Habrá luto y tristreza entre los pescado-
res, que echan su anzuelo en el río; perderán
el ánimo los que tienden su red sobre las
aguas;
9 los que labran lino fino y los que tejen
redes quedarán confundidos,
10 porque todas sus redes serán rasgadas;
y se entristecerán todos los que tienen cria-
deros para peces.
11 ¡Qué necios son los príncipes de Soán!
¡Ya no hay sabiduría en los prudentes con-
sejeros del faraón! ¿Cómo pueden decirle al
faraón que descienden de los sabios y de los
reyes antiguos?
12 Y tú, rey de Egipto, ¿dónde están tus sa-
bios? Que te digan ahora, si acaso lo saben,
qué es lo que el Señor de los ejércitos ha de-
cidido hacer con Egipto.
13 ¡Pero los príncipes de Soán no tienen la
menor idea! ¡Los príncipes de Menfis viven
engañados, y los jefes de sus provincias han
engañado a Egipto!
14 El Señor los aturdió al enviarles un vien-
to vertiginoso, y ellos hicieron que Egipto
fallara en todas sus empresas, y que se tam-
baleara como ebrio.
15 De nada le servirá a Egipto lo que haga
el fuerte o el débil, el rico o el pobre.
16 Cuando llegue ese día los egipcios pa-
recerán mujeres, porque se asombrarán y
temblarán de miedo ante la mano del Señor
de los ejércitos, que él levantará contra ellos.
17 La tierra de Judá será motivo de espanto
para los egipcios. Todos los que la recuerden
temblarán de miedo por causa de lo que
el Señor de los ejércitos ha decidido hacer
contra ellos.
18 Cuando llegue ese día, habrá cinco ciu-
dades en Egipto que hablarán la lengua de
Canaán y que jurarán por el Señor de los
ejércitos. Una de ellas será llamada «Ciudad
de Heres».
19 Cuando llegue ese día, habrá un altar al
Señor en medio de Egipto, y un monumen-
to en su honor junto a su frontera,
20 y allí en Egipto servirán de señal y testi-
monio al Señor, porque ellos pedirán ayuda
al Señor por causa de sus opresores, y él les
enviará un salvador y príncipe para que los
libre.
21 Y el Señor será conocido en Egipto.
Cuando llegue ese día, los egipcios cono-
cerán al Señor, y harán sacrificios y oblacio-
nes en su honor, y le cumplirán sus votos.
22 Y el Señor herirá a Egipto; lo herirá, pero
lo sanará; y ellos se volverán al Señor, y él
será clemente con ellos y los sanará.
23 Cuando llegue ese día, habrá una calza-
da de Egipto a Asiria, y los asirios entrarán
en Egipto, y los egipcios entrarán en Asiria; y
tanto los egipcios como los asirios servirán
al Señor.

[a] **19.1-25:** Jer 46.2-26; Ez 29.1—32.32.

24 Cuando llegue ese día, Israel será, junto
con Egipto y Asiria, el tercer motivo de ben-
dición en la tierra,
25 pues el Señor de los ejércitos los bende-
cirá con estas palabras: «Benditos sean Egip-
to, que es mi pueblo; y Asiria, que es la obra
de mis manos; e Israel, que es mi heredad.»

Asiria conquistará Egipto y Etiopía

20 En el mismo año en que Sar-
gón, rey de Asiria, envió al co-
mandante de su ejército para
que atacara Asdod, y éste la conquistó,
2 el Señor habló por medio de Isaías hijo
de Amoz, y dijo:
«Anda, quítate el cilicio que llevas puesto,
y descálzate los pies.»
Isaías así lo hizo, y anduvo desnudo y des-
calzo.
3 Entonces el Señor dijo:
«Así como mi siervo Isaías anduvo desnu-
do y descalzo durante tres años, como señal
y pronóstico contra Egipto y Etiopía,
4 así también, para vergüenza de Egipto, el
rey de Asiria llevará desnudos y descalzos, y
con las nalgas descubiertas, a los cautivos y
deportados de Egipto y Etiopía, lo mismo a
jóvenes que a ancianos.
5 Y se turbarán de haber puesto su espe-
ranza en Etiopía, y de haber creído que Egip-
to era su gloria.»
6 Cuando llegue ese día, dirán los habi-
tantes de esta costa: «¡Vaya esperanza la
nuestra, de la que esperábamos ayuda para
librarnos del poder del rey de Asiria! ¿Cómo
podremos escapar?»

Profecía acerca del desierto junto al mar

21 Profecía acerca del desierto jun-
to al mar:
¡Viene del desierto, de una tier-
ra espeluznante, semejante a un torbellino
del Néguev!
2 ¡Dura visión me ha sido mostrada! ¡El
traidor es traicionado, y el destructor es
destruido! ¡Adelante, Elam! ¡Y tú, Media,
pon sitio a la ciudad! ¡Yo acallaré todo su
clamor!
3 Por eso me doblo de dolor y me lleno de
angustia, como una parturienta; me agobia
lo que oigo; me espanta lo que veo.
4 Tengo pasmado el corazón; el miedo me
domina; el crepúsculo que tanto amo, aho-
ra me llena de espanto.
5 De pronto, mientras se ponía la mesa y
se disponían a comer y beber, los príncipes
se levantaron y tomaron sus escudos.
6 Y es que el Señor me dijo:
«Anda, pon un centinela que te informe
de todo lo que vea.»
7 Y el centinela vio hombres montados
sobre asnos y sobre camellos, jinetes que
venían de dos en dos. Luego miró con más
atención,
8 y gritó como un león:
«Señor, yo he estado todo el tiempo en
mi puesto de observación; me he pasado las
noches enteras vigilando,
9 y he visto acercarse hombres montados,
jinetes que venían de dos en dos. Y alguien
grita: "¡Cayó Babilonia! ¡Cayó Babilonia![a] ¡To-
dos los ídolos de sus dioses han caído por
tierra!"»
10 Pueblo mío, que has sido trillado y aven-
tado como trigo: yo te he dado a saber lo
que he oído del Señor de los ejércitos, el
Dios de Israel.

Profecía acerca de Duma

11 Profecía acerca de Duma.
Desde Seír oigo voces que me dicen:
«Guardia, guardia: ¿cuánto falta para que
termine la noche? ¿Cuándo amanecerá?»
12 Y el guardia responde: «Ya pronto ama-
necerá, y pronto caerá la noche. Si quieres,
puedes preguntar, y también volver a pre-
guntar.»

Profecía acerca de Arabia

13 Profecía acerca de Arabia.
Ustedes, caminantes de Dedán, pasen la
noche en el bosque, en el desierto.

[a] **21.9:** Ap 14.8; 18.2.

[14] Y ustedes, habitantes de Tema, vayan al
encuentro del sediento y llévenle agua; so-
corran con pan al que huye.
[15] Porque huye de la espada desnuda, del
arco tenso, del fragor de la batalla.
[16] Y es que así me ha dicho el Señor:
«Dentro de un año, ni un solo día más,
todo el esplendor de Cedar llegará a su fin,
[17] y el número de los valientes flecheros de
Cedar que sobrevivan será muy reducido.»
Así lo ha dicho el Señor, el Dios de Israel.

Profecía acerca del valle de la visión

22 Profecía acerca del valle de la
visión.
¿Qué te pasa, que has subido
a las azoteas con todos los tuyos?
[2] Tú, ciudad turbulenta y alegre, llena de
alborotos: tus muertos no murieron a filo de
espada, ni cayeron en batalla.
[3] Todos tus príncipes huyeron juntos de
las flechas; todos los que estaban dentro de
ti fueron atados en grupo cuando intenta-
ban huir.
[4] Por eso pido que me dejen llorar amar-
gamente; no traten de consolarme por la
destrucción de la hija de mi pueblo.
[5] Porque éste es un día de alboroto, de an-
gustia y de confusión, de parte de Dios, el
Señor de los ejércitos. En el valle de la visión
se derriban muros, y se oye clamor por los
montes.
[6] Elam tomó la aljaba, y carros y jinetes;
Quir preparó el escudo.
[7] Tus hermosos valles se llenaron de car-
ros, y gente de a caballo acampó a la entra-
da de la ciudad.
[8] Las defensas de Judá quedaron al des-
cubierto. Ese día ustedes dirigían la mirada
hacia el arsenal en la casa del bosque,
[9] y vieron multiplicarse las brechas en la
ciudad de David; recogieron las aguas del
estanque inferior,
[10] contaron las casas de Jerusalén y las der-
ribaron para reforzar la muralla;
[11] hicieron un foso entre los dos muros
para el agua del estanque viejo, pero sin la
menor consideración para el que lo hizo y
le dio forma.
[12] Ese día Dios, el Señor de los ejércitos, los
convocó al llanto y al lamento, a raparse el
cabello y a vestirse de cilicio;
[13] pero ustedes prefirieron gozar y diver-
tirse, matar vacas y degollar ovejas, comer
carne y beber vino. Y decían: «Comamos y
bebamos, que mañana moriremos.»[a]
[14] Por su parte, el Señor de los ejércitos me
dijo al oído: «Este pecado no les será perdo-
nado, hasta que hayan muerto.»
Lo ha dicho Dios, el Señor de los ejércitos.

Fin de Sebna y promesa a Eliaquín

[15] Así dice Dios, el Señor de los ejércitos:
«Ve a donde está ese tesorero, el mayor-
domo Sebna, y dile:
[16] "¿Qué tienes tú aquí, o a quién tienes
aquí, que te has labrado un sepulcro en lo
alto? ¿Por qué esculpes para ti una casa en
la roca?
[17] Mira que el Señor va a llevarte en duro
cautiverio, y te cubrirá el rostro;
[18] te hará rodar con fuerza, como una
rueda por el llano, y así morirás. ¡En eso aca-
barán tus espléndidos carros, tú que eres la
vergüenza de la casa de tu amo!
[19] ¡Yo te arrojaré de tu puesto! ¡Yo te des-
tituiré!
[20] Y ese mismo día llamaré a mi siervo Elia-
quín hijo de Hilcías,
[21] y le pondré tus vestiduras; lo ceñiré con
tu cinto y le entregaré tu autoridad; y él será
como un padre para los habitantes de Jeru-
salén y para la casa de Judá.
[22] Yo le entregaré la llave de la casa de Da-
vid. Lo que él abra, nadie podrá cerrarlo; lo
que él cierre, nadie podrá abrirlo.[b]
[23] En el lugar donde yo lo ponga quedará
firme como un clavo, y será un trono hon-
roso para la casa de su padre.
[24] De él penderá toda la honra de la casa
de su padre, de sus hijos y sus nietos, y de to-
dos sus parientes menores en importancia.

[a] **22.13:** 1 Co 15.32. [b] **22.22:** Ap 3.7.

25 Pero vendrá el día en que ese clavo, que
estaba en lugar firme, será removido y des-
trozado; se vendrá abajo, y la carga que de él
pendía se hará pedazos."»
—Palabra del Señor de los ejércitos.

Profecía acerca de Tiro

23 Profecía acerca de Tiro,[a] revela-
da desde la tierra de Quitín.
¡Aúllen ustedes, naves de Tar-
sis, porque Tiro ha sido destruida! ¡No ha
quedado una sola casa a la que se pueda
entrar!
2 ¡Callen ustedes, mercaderes de Sidón,
habitantes de la costa, que surcaban el mar
para abastecerse!
3 Sus provisiones procedían de los trigales
que crecen con las muchas aguas del río
Nilo, y fueron ustedes poderosos entre las
naciones.
4 ¡Avergüénzate, Sidón, porque ha hablado
el poderoso mar! Y el mar ha dicho: «Nun-
ca he estado de parto. Jamás he dado a luz.
Nunca he criado hijos, ni tampoco hijas.»
5 Cuando llegue a Egipto esta noticia
acerca de Tiro, los egipcios se retorcerán de
dolor.
6 ¡Vayan a Tarsis y aúllen, habitantes de la
costa!
7 ¿Acaso no era ésta para ustedes la ciu-
dad alegre, la ciudad antigua que plantó sus
pies en lugares lejanos?
8 ¿Quién decretó esto contra Tiro, la ciu-
dad que repartía coronas, cuyos negocian-
tes y mercaderes eran príncipes y nobles de
la tierra?
9 Lo decretó el Señor de los ejércitos, para
abatir la soberbia de los encumbrados y hu-
millar a los poderosos de la tierra.
10 Surca tu tierra como un río, hija de Tar-
sis, porque tu poder se ha terminado.
11 El Señor extendió su mano sobre el mar
e hizo temblar los reinos, y ordenó que las
fortalezas de Canaán fueran destruidas.
12 Y dijo: «Ciudad de Sidón, oprimida jo-
vencita; no volverás a divertirte. Levántate
y pasa a Quitín, que tampoco allí hallarás
reposo.
13 ¡Mira el país de los caldeos! Ese pueblo
no existía; Asiria lo fundó para los habitan-
tes del desierto. Ellos levantaron fortalezas,
y edificaron palacios, pero él lo convirtió en
ruinas.»
14 ¡Aúllen, naves de Tarsis, porque su forta-
leza ha sido destruida!
15 Viene el día en que Tiro será olvidada
durante setenta años, que es el tiempo que
dura un reino. Después de esos setenta
años, se le cantará a Tiro esta canción dedi-
cada a una ramera:

16 Toma tu arpa, ramera olvidada,
y ve a rondar por la ciudad;
toca una buena melodía,
y repite la canción,
para que seas recordada.

17 Al cabo de los setenta años, el Señor vi-
sitará Tiro; y esta ciudad volverá a comerciar,
y otra vez traficará con todos los reinos de
la tierra.
18 Pero sus negocios y ganancias no se
guardarán ni se atesorarán, sino que se con-
sagrarán al Señor; serán para la buena ali-
mentación y el espléndido vestuario de los
que viven en el santuario del Señor.

El Señor juzgará a la tierra

24 ¡Miren, el Señor deja la tierra
desnuda y vacía! ¡Trastorna su
faz y esparce a sus habitantes!
2 Lo mismo sucede entre pueblo y sacer-
dote, entre criado y amo, entre criada y ama,
entre comprador y vendedor, entre acree-
dor y deudor, entre el que presta y el que
pide prestado.
3 La tierra ha quedado totalmente vacía y
saqueada, porque el Señor ha emitido esta
sentencia.
4 La tierra ha quedado destruida. Cayó en-
ferma, y con ella también el mundo. ¡El cielo
y la tierra se enfermaron!

[a] **23.1-18:** Ez 26.1—28.19; Jl 3.4-8; Am 1.9-10; Zac 9.1-4; Mt 11.21-22; Lc 10.13-14.

5 La tierra quedó contaminada por causa de sus habitantes, pues transgredieron las leyes, falsearon el derecho, y quebrantaron el pacto eterno.

6 Por eso la maldición consume la tierra, y sus habitantes son asolados; por eso han sido consumidos los habitantes de la tierra y son muy pocos los que aún quedan.

7 El vino se ha perdido, pues la vid se marchita; ¡gimen todos los de alegre corazón!

8 Ha cesado la alegría de los panderos y del arpa; se ha acabado el alboroto de los que se divierten.

9 Ya no mezclan el vino con los cantos; la sidra les sabe amarga a quienes la toman.

10 Desolada y vacía está la ciudad; todas las casas se han cerrado, y no entra nadie.

11 Hay clamor en las calles porque falta el vino; se apagó el gozo, desapareció del país la alegría.

12 La ciudad ha quedado en ruinas; la puerta fue derribada.

13 En medio de la tierra y de los pueblos sucederá lo que sucede con los olivos sacudidos y con lo que queda después de la vendimia.

14 Pero habrá quienes alcen la voz y canten con gozo por la grandeza del Señor. Desde el mar darán voces:

15 «¡Glorifiquen en los valles y en las costas del mar el nombre del Señor, Dios de Israel!»

16 Desde lo último de la tierra oímos que se canta: «¡Gloria al Justo!»

Y yo digo: «¡Ay de mí! ¡Qué desdicha, qué desdicha! ¡Los traidores traicionan! ¡Y sólo saben traicionar!»

17 Contra ti, habitante del país, hay terror, foso y trampa.

18 Cuando quieras huir de la voz del terror, caerás en el foso; y cuando quieras salir del foso, caerás en la trampa. Porque se abrirán las ventanas de los cielos, y temblarán los fundamentos de la tierra.

19 Sí, la tierra será totalmente destruida, del todo desmenuzada, en gran manera sacudida.

20 Se tambaleará como un ebrio, será removida como una choza; bajo el peso de su pecado caerá, y nunca más volverá a levantarse.

21 Cuando llegue ese día, el Señor castigará en lo alto al ejército de los cielos, y en este mundo a los reyes de la tierra.

22 Y serán amontonados en una mazmorra, como se amontona a los encarcelados. En esa prisión quedarán encerrados, y después de un largo tiempo serán llamados a cuentas.

23 Cuando el Señor de los ejércitos reine en el monte Sión y en Jerusalén, y muestre su gloria ante sus ancianos, la blanca luna se
pondrá roja de vergüenza, y el ardiente sol Dn 10.11
palidecerá.

Cántico de gratitud al Señor

25 Tú, Señor, eres mi Dios;
yo te exaltaré y alabaré tu nombre
porque has hecho maravillas;
tus consejos siempre han sido verdaderos y firmes.
2 Redujiste a escombros la ciudad extraña;
dejaste en ruinas la ciudad fortificada,
la que era baluarte de los extraños.
¡Ya no volverá a ser ciudad,
ni nunca más será reedificada!
3 Por eso te honra el pueblo fuerte,
y te teme la ciudad de los violentos.

PROMESAS PODEROSAS

ISAÍAS 25.1

Tú, Señor, eres mi Dios; yo te exaltaré y alabaré tu nombre porque has hecho maravillas; tus consejos siempre han sido verdaderos y firmes.

Así como lo hicieron las personas que escribieron los salmos, Isaías alaba a Dios por quién Él es y lo que Él ha hecho. Dios es fiel a su pueblo y esto alegra a Isaías. Escribe algunas de las cosas que Dios ha hecho por ti, ¡y luego alábalo!

4 Porque eres la fortaleza del pobre,
del necesitado y del afligido;
eres nuestro refugio contra la tormenta
y nuestra sombra contra el calor
(pues como tormenta nos azota
el ímpetu de los violentos;
5 como el calor en lugar seco,
como el calor debajo de una nube,
es el orgullo de los extranjeros,
pero tú haces que se apaguen
los cantos de los robustos).

6 En este monte el Señor de los ejércitos
ofrecerá un banquete a todos los pueblos.
Se ofrecerán los manjares más suculentos y
los vinos más refinados.
7 En este monte rasgará el velo con que
se cubren todos los pueblos, el velo que en-
vuelve a todas las naciones.
8 Dios el Señor destruirá a la muerte para
siempre,[a] enjugará de todos los rostros toda
lágrima,[b] y borrará de toda la tierra la afren-
ta de su pueblo. El Señor lo ha dicho.
9 En aquel día se dirá:
«¡Éste es nuestro Dios! ¡Éste es el Señor, a
quien hemos esperado! ¡Él nos salvará! ¡Nos
regocijaremos y nos alegraremos en su sal-
vación!» (Is 43.11-13)
10 Ciertamente, la mano del Señor repo-
sará en este monte. Pero Moab[c] será piso-
teado en su mismo sitio, como se pisotea la
paja en el muladar.
11 Allí en el muladar Moab extenderá los
brazos, como los extiende el nadador para
nadar; pero el Señor doblegará su soberbia y
la destreza de sus manos.
12 Y abatirá la fortaleza de sus altos muros;
¡la humillará y la arrojará hasta el polvo de
la tierra!

Cántico de confianza en el Señor

26 En ese día se cantará en Judá
este cántico:
¡Fuerte es nuestra ciudad!
¡Por muros y antemuros Dios le puso
salvación!
2 ¡Abran las puertas, y que entren los
justos,
los guardianes de la verdad!
3 Tú guardas en completa paz
a quien siempre piensa en ti
y pone en ti su confianza.
4 Confíen siempre en el Señor,
porque él es la Roca eterna. (Is 42.10-12)
5 Él hizo caer por tierra
a los que habitan en las alturas;
humilló a la ciudad exaltada,
¡la derribó hasta el polvo,
6 y hoy la aplastan con el pie
los afligidos y los menesterosos!

7 Recto es el camino del hombre justo,
y tú, que también eres recto,
le despejas el camino.
8 Señor, nuestra esperanza reposa
en el camino de tu justicia;
son tu nombre y tu memoria
el mayor deseo de nuestra alma.
9 Por las noches te desea mi alma,
y mientras haya en mí un hálito de vida,
te buscaré por la mañana
porque, cuando tú emites un juicio,

[a] **25.8:** 1 Co 15.54. [b] **25.8:** Ap 7.17; 21.4. [c] **25.10-12:** Is 15.1—16.14; Jer 48.1-47; Ez 25.8-11; Am 2.1-3; Sof 2.8-11.

YA NO HABRÁ MÁS LÁGRIMAS *(Isaías 25.8)*
¿Puedes imaginar un tiempo en que ya nadie morirá ni se sentirá triste? Es difícil imaginarlo. Pero en esta profecía, Isaías promete que algún día ya no habrá más muerte ni tristeza. En la época del Nuevo Testamento, el apóstol Juan repitió la profecía de Isaías: "Dios enjugará las lágrimas de los ojos de ellos, y ya no habrá muerte, ni más llanto, ni lamento ni dolor; porque las primeras cosas habrán dejado de existir." (Apocalipsis 21:4). Pues, ¡esas son excelentes noticias!

PROMESAS PODEROSAS

ISAÍAS 26.3

Tú guardas en completa paz a quien siempre piensa en ti y pone en ti su confianza.

A la mayoría de nosotros nos resulta fácil preocuparnos. ¡No necesitamos que alguien nos enseñe a hacerlo! Pero Isaías tiene una solución para la preocupación: el pensar acerca de Dios. Si lo hacemos, este versículo nos promete que Dios nos dará paz. Una manera de mantener tu mirada fija en el Señor es orar a Él durante todo el día.

los que habitan este mundo
aprenden a hacer justicia.
10 Pero no se aprende a hacer justicia
cuando se muestra piedad al malvado.
Surge la maldad en el país de la rectitud,
y deja de verse la majestad del Señor.

11 Señor, tú has levantado la mano,
pero tus enemigos no la ven;
¡haz que la vean y que se avergüencen
los que envidian a tu pueblo!
¡haz que el fuego los consuma![a]

12 Tú, Señor, nos harás vivir en paz,
porque tú nos has ayudado
a realizar todas nuestras obras.
13 Dios y Señor nuestro,
otros señores han querido dominarnos,
pero nosotros sólo invocamos tu nombre.
14 Ellos están muertos; no tienen vida.
Murieron, y no volverán a vivir,
porque tú los castigaste y borraste su recuerdo;
15 pero a tu pueblo, Señor, lo aumentaste,
y te cubriste de gloria al ensanchar
todos los confines de la tierra.
16 Señor, en nuestra angustia te buscamos,
y clamamos a ti cuando nos castigaste.
17 Señor, ante ti hemos clamado con dolor,
con los gemidos de una parturienta
cuando está a punto de dar a luz.
18 Concebimos, tuvimos dolores de parto,
¡pero no dimos a luz más que viento!
No dimos a la tierra ninguna liberación,
ni le nacieron habitantes al mundo.

19 Pero tus muertos vivirán;
sus cadáveres volverán a la vida.
Los que ahora habitan en el polvo
se despertarán y cantarán de alegría,
porque tú eres como un rocío de luces,
y la tierra dará a luz a sus muertos.
20 ¡Vamos, pueblo mío, entra en tu aposento y cierra tras de ti la puerta! ¡Escóndete por un breve instante, hasta que haya pasado la indignación!
21 Porque el Señor sale ya de su santuario, para castigar a los que habitan la tierra por su maldad contra él. La tierra mostrará la sangre que ha sido derramada sobre ella, y no volverá a ocultar a los que en ella han sido asesinados.

PALABRAS CON PODER **LA RESURRECCIÓN FUTURA**

(Isaías 26.19)

Aunque el profeta Isaías habla aquí de la restauración de Israel después del exilio, esta profecía también se podría referir a la resurrección de los creyentes. Los que confían en Jesús como su Salvador resucitarán después de que mueran, así como lo hizo Jesús. El apóstol Pablo también escribió acerca de la resurrección de los creyentes en 1 Corintios 15. Algún día, Jesús regresará a la tierra para buscar a su pueblo. ¿No te parecen excelentes noticias?

[a]**26.11:** Heb 10.27.

Liberación y retorno de Israel

27 Cuando llegue ese día, el Señor
castigará con su grande y po-
derosa espada a Leviatán,[a] esa
serpiente escurridiza y tortuosa; ¡matará a ese
dragón que está en el mar!
2 Cuando llegue ese día, ustedes le canta-
rán a la viña hermosa,
3 a la que yo, el Señor, cuido y riego a cada
momento; a la que noche y día cuido para
que nadie la dañe.
4 Ya no estoy enojado. Si me da espinos
y cardos, éstos no podrán luchar contra
mí, pues yo los aplastaré y los quemaré
del todo.
5 ¿Quién querrá desafiar mi fuerza? ¡Que haga
la paz conmigo! ¡Sí, que haga la paz conmigo!
6 Viene el día en que Jacob echará raíces;
Israel florecerá y echará renuevos, y todo el
mundo se llenará con sus frutos.
7 ¿Acaso Dios ha herido a Israel como hirió
a quienes lo hirieron? ¿Acaso le ha hecho su-
frir la misma muerte de quienes lo mataron?
8 Dios lo castigará en sus vástagos; lo ex-
pulsará con un viento recio, como cuando
sopla el viento solano.

Is 32.16-18

[a] **27.1:** Job 41.1; Sal 74.14; 104.26.

ISAÍAS

No existen muchas personas que puedan decir que han visto a Dios. Pero Isaías tuvo una visión (un sueño especial) de Dios sentado en su trono. Fue a través de eso que Dios llamó a Isaías a ser profeta.

En la visión de Isaías, un ángel colocó un carbón encendido sobre los labios de Isaías y declaró que su pecado había sido quitado. Cuando Dios preguntó quién hablaría por Él, Isaías dijo que él lo haría.

Esto ocurrió en un momento difícil en la historia de Israel. El reino norteño de Israel había sido conquistado por los asirios, quienes más adelante, amenazaron a Judá, el reino sureño. Dios permitió estas circunstancias difíciles debido a la desobediencia de su pueblo.

A Isaías le tocó la difícil tarea de hablar al pueblo acerca de sus actos pecaminosos y el castigo de Dios. Dios decía que estaba mal que su pueblo hiciera planes con naciones como Egipto, en vez de confiar en que Él los protegería. Dios no sólo permitiría que su pueblo fuera conquistado por las mismas naciones en las cuales había confiado, ¡sino que también permitiría que aquellas naciones fueran conquistadas!

Las profecías de Isaías no eran sólo malas noticias. Este profeta también predicó buenas noticias acerca del Mesías que vendría a salvar a su pueblo de sus pecados. Sus sermones eran como fotos que mostraban cómo sería el Mesías (un siervo sufriente).

En la época del Nuevo Testamento, Jesús citó más a menudo las palabras de Isaías que las de cualquier otro profeta. ¡Lo hizo porque Isaías habló más acerca del Mesías que cualquier otro profeta en el Antiguo Testamento!

Isaías transmitió las palabras que Dios le daba con denuedo. Mucho de lo que él predicó no llegó a hacerse realidad hasta cientos de años después. Lo que Isaías predicó acerca del regreso de Jesús a la tierra todavía no ha acontecido. Pero ya que Isaías acertó en cuanto a las otras cosas que dijo, ¡puedes confiar que algún día acontecerá!

Puedes leer acerca de Isaías en todo el libro de Isaías y también en 2 Reyes 20:4-19 y 2 Crónicas 32:32-33.

[9] Así será perdonada la maldad de Jacob.
Con esto será removido su pecado: con
desmenuzar como cal todas las piedras del
altar, y con no volver a levantar los símbolos
de Asera ni las imágenes del sol.
[10] Ciertamente la ciudad fortificada que-
dará en ruinas; la ciudad ahora habitada
quedará abandonada y solitaria como un
desierto; allí pastarán los becerros, allí se co-
merán todo el follaje.
[11] Cuando sus ramas se queden secas, las
mujeres vendrán a quebrarlas y prenderles
fuego. Porque éste no es un pueblo con en-
tendimiento. Por eso no le tendrá compa-
sión su Hacedor; ¡no le tendrá misericordia
el que lo formó!
[12] Cuando llegue ese día, el Señor trillará
desde el río Éufrates hasta el río Nilo, y
ustedes los israelitas serán reunidos uno
a uno.
[13] Cuando llegue ese día, se dará un fuerte
toque de trompeta, y tanto los que fueron
esparcidos en Asiria como los que fueron
desterrados en Egipto vendrán a Jerusalén y
adorarán al Señor en el monte santo.

Condenación de Efraín

28 ¡Ay de los ebrios de Efraín y de
su corona de soberbia! ¡Ay de
su espléndida hermosura! ¡Para
esos aturdidos por el vino no es sino una flor
caduca sobre la cumbre del fértil valle!
[2] ¡Pero miren! El Señor tiene a uno que es
fuerte y poderoso como tormenta de grani-
zo, como un torbellino trastornador, con el
ímpetu de recias aguas que todo lo inundan
y lo derriban por tierra.
[3] La corona de soberbia de los ebrios de
Efraín será pisoteada;
[4] su espléndida hermosura, que no es sino
una flor caduca sobre la cumbre del fértil
valle, será como la fruta temprana, la prime-
ra del verano, que en cuanto alguien la ve, la
corta y se la traga.
[5] Cuando llegue ese día, el Señor de los
ejércitos será una corona de gloria para su
pueblo remanente; ¡será una diadema de
hermosura!
[6] Infundirá en los jueces espíritu de jus-
ticia, y dará fuerzas a los que defienden la
entrada de la ciudad.
[7] Aunque también sacerdotes y profetas
erraron al embriagarse con sidra y con vino;
fallaron en la visión y tropezaron en el juicio;
actuaron tontamente, aturdidos por el vino
y por la sidra.
[8] Todas sus mesas quedaron llenas de vómito
y de suciedad; ¡no quedó un solo lugar limpio!
[9] ¿A quién quieren enseñar? ¿A quién le
imparten revelaciones? ¿Acaso a los desteta-
dos, a los que han dejado el pecho?
[10] Pues salen con su ta-ta-ta, bla-bla-bla,
pe-pe-pe, to-to-to.
[11] ¡Le hablan a este pueblo en lengua ex-
traña, en lengua de tartamudos!
[12] Dios les había dicho: «Éste es el repo-
so; hagan reposar a los cansados. Éste es el
descanso.»
Pero ellos no quisieron oír.[a]
[13] Por eso el Señor también les dirá: ta-
-ta-ta, bla-bla-bla, pe-pe-pe, to-to-to, hasta
que vayan y caigan de espaldas, y se rompan
los huesos, y sean atrapados y llevados pri-
sioneros.

Amonestación a Jerusalén

[14] Por lo tanto, escuchen la palabra del
Señor, ustedes que se burlan de este pueblo
y dicen gobernarlo.
[15] Ustedes dicen:
«Hemos hecho un pacto con la muer-
te. Tenemos un convenio con el sepulcro.
Cuando venga la tormenta y nos azote, no
nos afectará, porque nuestro refugio es la
mentira; nos esconderemos en la falsedad.»
[16] Por eso Dios el Señor dice así:
«Miren esto: yo he puesto en Sión, por
fundamento, una hermosa piedra angu-
lar, probada y de cimiento firme; quien se
apoye en ella, no se tambaleará.[b]
Dn 3.1-27
[17] La justicia será mi plomada, y el derecho
será mi nivel. Con granizo barreré el refugio

[a]**28.11-12:** 1 Co 14.21. [b]**28.16:** Ro 9.33; 10.11; 1 P 2.6.

PALABRAS CON PODER

UNA PIEDRA EN SION

(Isaías 28.16)

La piedra de esquina es la piedra puesta justo en aquel punto donde dos paredes se encuentran. Es la piedra más importante de una construcción. Muchos pasajes del Nuevo Testamento repiten estos versículos y describen a Jesús como la piedra de esquina (Ro 9.33; 1 Co 3.11; Ef 2.20; 1 P 2.4-6). Él es el fundamento de la fe de los que lo siguen. Busca una piedra y pinta en ella en Nombre JESÚS para recordar de que Él es la piedra de esquina con la que podemos contar.

de la mentira, y con aguas arrollaré su es-
condrijo.
18 Su pacto con la muerte quedará anu-
lado, y su convenio con el sepulcro no se
mantendrá; cuando llegue el golpe del tur-
bión, pasará sobre ustedes;
19 cuando comience a pasar, los arrebata-
rá; pues vendrá mañana tras mañana, y de
día y de noche; y bastará el espanto para
entender lo revelado.
20 La cama será muy corta para estirarse,
y la manta demasiado estrecha para envol-
verse.»
21 El Señor se levantará como en el mon-
te Perasín;[c] se enojará como en el valle de
Gabaón,[d] y la obra que realizará les parecerá
extraña e inaudita.
22 Así que no se burlen, para que no se
aprieten más sus ataduras; porque he sabi-
do que Dios, el Señor de los ejércitos, ha de-
cidido traer destrucción sobre toda la tierra.
23 Presten atención, y escuchen mi voz;
atiéndanme, y escuchen mis palabras.
24 ¿Acaso el que ara para sembrar se pasa
todo el día abriendo surcos y rompiendo
terrones?
25 Más bien, en cuanto ha igualado la su-
perficie derrama el eneldo, siembra el comi-
no, pone el trigo en hileras, la cebada en su
lugar y la avena en el surco apropiado.
26 Y es que su Dios lo instruye y le enseña
lo correcto,
27 pues al eneldo no se le pasa el trillo, ni al
comino se le pasa la rueda de carreta; más
bien, el eneldo se sacude con un palo, y el
comino con una vara.
28 El grano sí se trilla, pero no siempre; ni
tampoco se le pasa la rueda de la carreta ni
se quiebra con los dientes del trillo.
29 Estos conocimientos provienen tam-
bién del Señor de los ejércitos. Sus consejos
son maravillosos, y grande es su sabiduría.

Ariel y sus enemigos

29 ¡Ay de Ariel, Ariel! ¡Ay de la ciu-
dad donde habitó David! Aña-
dan un año a otro, y que las
fiestas sigan su curso;
2 pero yo pondré a Ariel bajo asedio, y
quedará desconsolada y triste; será para mí
como Ariel.
3 Porque yo acamparé contra ti y te sitiaré;
te rodearé con campamentos, y levantaré
baluartes para atacarte.
4 Entonces serás humillada. Hablarás, y
tus palabras brotarán desde el polvo de la
tierra; tu voz, desde allí, resonará como la de
un fantasma; tus palabras serán un susurro
desde el polvo.
5 La multitud de tus enemigos parecerá
un polvo menudo; la multitud de los fuertes
se parecerá al tamo que pasa; y todo esto
sucederá en un momento, de repente.
6 El Señor de los ejércitos te visitará con
truenos y terremotos, con el estruendo de
un torbellino y de una tempestad; con la lla-
ma de un fuego consumidor.
7 La multitud de todas las naciones que
pelean contra Ariel será como el sueño de
una visión nocturna; así serán todos los que
pelean contra ella y contra su fortaleza, y los
que la ponen bajo asedio.
8 Les pasará lo mismo que al que tiene
hambre y sueña, y le parece que come, pero

[c]**28.21:** 2 S 5.20; 1 Cr 14.11. [d]**28.21:** Jos 10.10-12.

cuando despierta su estómago está vacío; o como al que tiene sed y sueña, y le parece que bebe, pero cuando despierta se encuentra cansado y sediento. ¡Así será la multitud de todas las naciones que pelearán contra el monte Sión!

Ceguera e hipocresía de Israel

9 Deténganse y asómbrense; ofúsquense y queden ciegos; embriáguense, pero no con vino; tambaléense, pero no por causa de la sidra.

10 Porque el Señor ha derramado sobre ustedes un espíritu que los hace dormir; ha cerrado los ojos[a] de sus profetas, y ha echado un velo sobre la cabeza de sus videntes.

11 Toda visión será para ustedes como las palabras de un libro sellado, que si se le diera a quien sabe leer y se le pidiera leerlo, aquél diría: «No puedo leerlo, porque está sellado.»

12 Y si se le diera el libro al que no sabe leer, y se le pidiera leerlo, aquél diría: «No sé leer.»

13 El Señor dice:

«A decir verdad, este pueblo se acerca a mí con la boca, y me honra con los labios, pero su corazón está lejos de mí;[b] el temor que de mí tiene no es más que un mandamiento humano, que le ha sido enseñado.

14 Por eso, volveré a despertar la admiración de este pueblo con un prodigio impresionante y maravilloso. Quedará deshecha la sabiduría de sus sabios, y se desvanecerá la inteligencia de sus entendidos.»[c]

15 ¡Ay de los que se esconden del Señor, y encubren el consejo y todo lo hacen en tinieblas! Y todavía dicen: «¡Nadie nos ve! ¡Nadie nos conoce!»

16 La perversidad de ustedes será reputada como el barro del alfarero. ¿Acaso la obra dirá que quien la hizo realmente no la hizo? ¿Acaso la vasija dirá que quien la modeló no sabía lo que estaba haciendo?

Redención de Israel

17 Dentro de muy poco tiempo el Líbano se convertirá en un campo fructífero, y el campo fértil será considerado bosque.

18 Cuando llegue ese día, los sordos oirán las palabras del libro, y los ojos de los ciegos verán en medio de la más densa oscuridad.

19 Aumentará en el Señor la alegría de los humildes, y aun la gente más pobre se alegrará por el Santo de Israel.

20 Porque el violento será aniquilado, y el cínico será consumido; todos los que no duermen por cometer iniquidades serán eliminados;

21 todos los que hacen pecar de palabra a la gente; todos los que tienden trampas a los que defienden una causa ante el tribunal de la ciudad, los que con falsedades pervierten la causa del hombre justo.

22 Por eso el Señor, el que rescató a Abrahán, dice así a la casa de Jacob:

«Jacob ya no será avergonzado, ni su rostro volverá a palidecer

23 cuando vea lo que yo voy a hacer en medio de ellos: sus hijos santificarán mi nombre; santificarán al Santo de Jacob, ¡temerán al Dios de Israel!

24 Entonces los de ánimo extraviado aprenderán a ser inteligentes, y los que hablaban mal de mí recibirán mi enseñanza.»

[a]**29.10:** Ro 11.8. [b]**29.13:** Mt 15.8-9; Mr 7.6-7. [c]**29.14:** 1 Co 1.19.

ADORACIÓN DE CORAZÓN *(Isaías 29.13)*
Este versículo habla de las personas que decían adorar a Dios, pero que en realidad no se preocupaban por Él. Dios no era engañado por sus palabras de alabanza. Él sabía que sólo estaban fingiendo obedecerlo. Dios quiere que las personas lo adoren de corazón. No le alegra el que la gente finja amarlo. Los NIÑOS PODEROSOS adoran a Dios con corazón sincero.

De Egipto nada puede esperarse

30 ¡Ay de los hijos rebeldes, que hacen planes sin tomarme en cuenta; que buscan cobijarse pero no bajo mi espíritu, con lo que añaden pecado tras pecado!

—Palabra del Señor.

2 Sin consultarme antes se dirigen a Egipto para buscar apoyo en el poder del faraón, y poner su esperanza en la protección de los egipcios.

3 Pero ese poder del faraón se les cambiará en vergüenza; el amparo y protección de Egipto se les volverá confusión.

4 Cuando sus príncipes estén en Soán, y sus embajadores lleguen a Janés,

5 todos se avergonzarán de ese pueblo, que ni les sirve ni los socorre, ni les trae ningún provecho; más bien, les será motivo de vergüenza y de oprobio.

6 Profecía contra la bestia del Néguev:

Por tierra de tribulación y de angustia, de donde salen la leona y el león, la víbora y la serpiente que vuela, a lomo de asno y sobre las jorobas de sus camellos llevan sus riquezas y sus tesoros a un pueblo que no les será de ningún provecho.

7 La ayuda de Egipto será inútil y endeble. Por eso, a gritos les hice ver que su fuerza consistía en mantenerse quietos.

8 Así que ve ahora y escribe esto en una tablilla, para que lo lean; regístralo en un libro, para que permanezca hasta el día final, a través de todos los tiempos.

9 Porque éste es un pueblo rebelde; es gente mentirosa, que no quiere obedecer las enseñanzas del Señor;

10 a los videntes les dicen: «Ustedes no vean», y a los profetas les piden: «No nos anuncien lo que debemos hacer; mejor digan cosas halagüeñas, anuncien cosas ilusorias;

11 háganse a un lado, apártense de nuestro camino, ¡alejen de nuestra vista al Santo de Israel!»

12 Por eso el Santo de Israel dice así:

«Ya que ustedes han rechazado esta palabra, y confían en la violencia y en la iniquidad, y se apoyan en ellas,

13 este pecado será para ustedes como una grieta que se extiende por un alto muro, hasta resquebrajarlo y hacer que se derrumbe en cualquier momento.

14 Y éste se resquebrajará como una vasija de alfarero, que sin misericordia la hacen pedazos; a tal grado que, de entre los añicos, no se encuentra un solo tiesto para sacar fuego del hogar ni agua del pozo.»

15 Así ha dicho Dios el Señor, el Santo de Israel:

«La salvación de ustedes depende de que mantengan la calma. Su fuerza radica en mantener la calma y en confiar en mí.»

Pero ustedes no quisieron obedecer,

16 sino que dijeron:

«De ninguna manera. Preferimos huir a galope. ¡Cabalgaremos sobre veloces corceles!»

Por lo tanto, tendrán que huir, y sus perseguidores serán más veloces que ustedes.

17 Un millar de ustedes huirá ante la amenaza de un solo hombre; y ante la amenaza de cinco huirán todos ustedes, hasta quedar solitarios como un mástil en la cumbre de un monte; ¡como bandera sobre una colina!

Dios se compadecerá de Israel

18 Por lo tanto, el Señor esperará un poco y tendrá piedad de ustedes, y por eso será

¿MALAS NOTICIAS? *(Isaías 30.10)*

Las personas en la época de Isaías no querían oír más sermones. Lo detestaban cuando Isaías les decía la verdad acerca de sus pecados. Decían que sus mensajes eran "malas noticias". No querían oír acerca de las reglas de Dios. Las personas que no quieren oír que el pecado es malo son personas que quieren pecar. ¡Esas sí son malas noticias!

exaltado por la misericordia que tendrá de ustedes. Ciertamente el Señor es un Dios justo; ¡dichosos todos los que confían en él!

19 Ustedes, los que habitan en el monte Sión, en Jerusalén, nunca más volverán a llorar; porque el Dios misericordioso se apiadará de ustedes, y les responderá cuando oiga la voz de su clamor.

20 Aunque el Señor les hará comer un pan de congoja y les dará a beber agua de angustia, nunca más se les quitarán sus maestros, sino que los verán con sus propios ojos.

21 Entonces oirán ustedes decir a sus espaldas estas palabras: «Éste es el camino; vayan por él. No se desvíen a la derecha ni a la izquierda.»

22 Entonces rasparán la cubierta de sus esculturas de plata y la vestidura de sus imágenes de oro fundido; las harán a un lado, como a un trapo asqueroso, y dirán: «¡Fuera de aquí!»

23 Cuando siembres la tierra, el Señor enviará lluvia sobre tu siembra, y del fruto de la tierra te dará abundante comida.

Entonces tus ganados pastarán en terrenos espaciosos;

24 tus bueyes y tus asnos, con los que labras la tierra, comerán grano limpio, sacudido con pala y criba;

25 y el día de la gran matanza, cuando caigan las torres, sobre todo monte alto y sobre toda colina elevada habrá muchos ríos y arroyos.

26 El día que el Señor ponga una venda en la herida de su pueblo, y cure la llaga que le causó, la luz de la luna alumbrará como la luz del sol, y la luz del sol alumbrará siete veces más, como la luz de siete días.

Juicio del Señor contra Asiria

27 ¡Miren! ¡El nombre del Señor viene de lejos! Viene con el rostro encendido y con llamas de fuego devorador; sus labios están llenos de ira, y su lengua parece un fuego abrasador;

28 su aliento es como un torrente que llega hasta el cuello y que todo lo inunda; va a zarandear a las naciones con una criba destructora; va a poner un freno en la quijada de los pueblos, para hacerlos errar.

29 Pero ustedes cantarán con un corazón alegre, como en la noche en que se celebra la pascua; como el flautista que va al monte del Señor para honrar al Fuerte de Israel.

30 Y el Señor hará oír su potente voz, y dejará ver cómo descarga su brazo: ¡con rostro enfurecido y con la llama de un fuego abrasador!, ¡con un torbellino, y tempestad y piedras de granizo!

31 Ciertamente Asiria, que hirió con vara, será quebrantada con la voz del Señor.

32 Y cada golpe de la vara justiciera que el Señor descargue sobre ella, irá acompañado de música de arpas y panderos; ¡él librará contra ella una batalla estruendosa!

33 Desde hace mucho tiempo está ya dispuesta y preparada para el rey una pira con mucha leña. Es ancha y profunda, y sólo espera el soplo del Señor para prenderse como un río de azufre.

Los egipcios son hombres, no dioses

31 ¡Ay de los que van a Egipto en busca de ayuda! ¡Ay de los que ponen su esperanza en la multitud de sus caballos y carros, y en la fuerza de sus jinetes, y no vuelven los ojos al Santo de Israel, ni buscan al Señor!

2 Pero Dios también es sabio, y les traerá el mal, y no retirará sus palabras. Se levantará contra la casa de los malvados, y contra la ayuda de los malhechores.

3 Los egipcios son simples hombres, y no dioses; sus caballos son carne, y no espíritu; cuando el Señor extienda su mano, juntos caerán el que ayuda y el ayudado, y todos ellos rodarán por el suelo.

4 Así me dijo el Señor:

«El Señor de los ejércitos bajará a pelear sobre el monte Sión; sobre su colina. Será como cuando el león y su cachorro rugen sobre su presa, que no se espantan por los gritos de la cuadrilla de pastores que se junta para atacarlos, ni se acobardan ante su alboroto.»

5 El Señor de los ejércitos protegerá a Jerusalén como protegen las aves a sus polluelos: la librará, la preservará y la salvará.

6 Ustedes, israelitas: ¡vuélvanse a aquel contra quien tanto se han rebelado!

7 Ciertamente, cuando llegue ese día, todos ustedes arrojarán los ídolos de oro y plata que se hicieron con sus manos pecadoras.

8 Asiria caerá a filo de espada, pero no de espada humana; delante de esa espada huirá, y sus jóvenes serán obligados a pagar tributo.

9 De miedo sucumbirá su fortaleza, y llenos de pavor sus príncipes abandonarán sus banderas.

—Palabra del Señor, cuyo fuego está en Sión y cuyo horno está en Jerusalén.

El Rey justo

32 ¡Miren! Va a surgir un rey que hará justicia, y los príncipes presidirán en el juicio.

2 Ese hombre será como un refugio contra el viento, como un albergue contra el turbión; como los arroyos en tierras áridas; como la sombra de un gran peñasco en tierra calurosa.

3 No se ofuscarán los ojos de los que ven; los oídos de los que oyen escucharán con atención.

4 El corazón de los necios captará el conocimiento, y la lengua de los tartamudos hablará con claridad y rapidez.

5 Nunca más el ruin será llamado generoso, ni el tramposo será llamado espléndido.

6 Porque el ruin hablará ruindades, y su corazón maquinará iniquidades, para cometer impiedad y para proferir blasfemias contra el Señor; a los hambrientos los dejará ir con hambre, y a los sedientos no les calmará la sed.

7 El tramposo usa armas de maldad; trama planes inicuos, enreda a los ingenuos con palabras mentirosas, y en el juicio habla en contra del pobre.

8 Pero el generoso piensa en ser generoso, y por su generosidad será exaltado.

LECCIONES **UNA SEGURIDAD FALSA**

Isaías 32.9-14

Isaías criticó el comportamiento de las mujeres de Judá. En vez de depender de Dios, dependían de sus riquezas. Creían que su vida no cambiaría nunca, pero su vida estaba a punto de empeorar. Un ejército invasor vendría y destruiría su ciudad. Este pasaje es una advertencia acerca de tener una seguridad falsa. Es tonto confiar en el dinero, la familia o cualquier cosa aquí en la tierra. Más bien, debemos confiar sólo en Dios.

Advertencia a las mujeres de Jerusalén

9 ¡Levántense, mujeres indolentes! ¡Escuchen mi voz y mis razones, mujeres confiadas!

10 Ustedes, que ahora están tranquilas, dentro de poco más de un año se llenarán de pánico, porque las viñas no darán uvas ni habrá trigo en los trigales.

11 ¡Comiencen a temblar y a preocuparse, mujeres indolentes y confiadas! ¡Despójense de su ropa, y vístanse con cilicio!

12 ¡Golpéense el pecho y lloren por la belleza de los campos y por la fertilidad de las viñas!

13 En la tierra de mi pueblo crecerán espinos y cardos, y se acabará la alegría en todas las casas de la ciudad feliz.

14 Los palacios quedarán desiertos; no habrá más tanta gente en la ciudad; las torres y las fortalezas serán para siempre cuevas para los asnos del monte y pastizales para los ganados,

15 hasta que venga sobre nosotros el espíritu de lo alto. Entonces el desierto se convertirá en campo fértil, y el campo fértil será visto como bosque.

Is 42.1

16 Entonces se impartirá justicia en el desierto, y reinará el derecho en el campo fértil.

17 La justicia hará posible la paz; la justicia redundará en reposo y seguridad para siempre.

PROMESAS PODEROSAS

ISAÍAS 33.2

Señor, ten misericordia de nosotros, pues nosotros esperamos en ti. Tú, que de mañana eres brazo de otros, ¡sálvanos también en momentos de angustia!

Cuando estás en apuros, ¿qué haces? Probablemente haces lo que hizo Isaías aquí: pides ayuda. Este versículo forma parte de una oración y una profecía. Isaías ora para que Dios salve a su pueblo del ejército asirio. Este ejército había amenazado e intimidado al pueblo de Judá durante muchos años. Aunque el pueblo había esperado mucho tiempo para que Dios actuara, Isaías sabía que Él los ayudaría.

Ez 17.22-24

18 Entonces mi pueblo vivirá en lugares de paz, en poblaciones seguras, en sitios de reposo.

19 El granizo que caiga, caerá en los montes, y la ciudad será abatida por completo.

20 ¡Dichosos ustedes, los que siembran junto a los ríos y arroyos, y dejan que anden libres sus bueyes y sus asnos!

El Señor traerá salvación

33 ¡Ay de ti, que saqueas, aunque nunca fuiste saqueado! ¡Ay de ti, que eres desleal, aunque nunca nadie fue desleal contigo! Cuando acabes de saquear, el saqueado serás tú; cuando acabes de ser desleal, tú serás víctima de la deslealtad.

2 Señor, ten misericordia de nosotros,
pues nosotros esperamos en ti.
Tú, que de mañana eres brazo de otros,
¡sálvanos también en momentos de
angustia!

3 Al escuchar el estruendo, los pueblos huyen; al levantarte tú, las naciones se esparcen.

4 Sus despojos serán recogidos como cuando se recogen orugas; sobre ellos se correrá y se saltará, como corren y saltan las langostas.

5 Pero tú, Señor, que habitas en las alturas y que has saturado a Sión con la justicia y el derecho, serás exaltado.

6 En tus tiempos reinarán la sabiduría y la ciencia, y mucha salvación; el temor a ti, Señor, será el tesoro de tu pueblo.

7 Afuera de la ciudad los embajadores darán voces, y los mensajeros de paz llorarán amargamente.

8 Las calzadas están deshechas; ya no hay caminantes; el pacto ha quedado anulado. El enemigo aborreció las ciudades y menospreció a sus habitantes.

9 La tierra se enfermó y enlutó; el Líbano quedó marchito y en vergüenza; Sarón se ha vuelto un desierto, y Basán y el Carmelo han sido sacudidos.

10 Pero el Señor dice:

«Ahora mismo voy a levantarme; ahora mismo voy a ser exaltado; ¡ahora mismo voy a ser engrandecido!

11 Puesto que ustedes han concebido hojarascas, sólo producirán rastrojo; su propio aliento será un fuego que los consumirá.

12 Los pueblos parecerán cal quemada, y como espinos arrancados serán echados al fuego.

13 Ustedes, los que están lejos, escuchen lo que he hecho; y ustedes, los que están cerca, reconozcan mi poder.»

14 Los pecadores se asustaron en Sión; el miedo se apoderó de los hipócritas. ¿Quién de nosotros podría convivir con el fuego consumidor? ¿Quién de nosotros podría vivir entre las llamas inextinguibles?

15 Sólo el que se conduce con justicia y habla con rectitud, el que aborrece las ganancias mal habidas, el que se niega a recibir sobornos, el que se tapa los oídos para no escuchar propuestas criminales; el que cierra los ojos para no atestiguar la maldad.

16 Quien es así, habitará en las alturas; las resistentes rocas serán su refugio, y nunca le faltará el pan ni el agua.

17 Tus ojos verán al Rey en su hermosura, y contemplarán la tierra distante.

18 En tu corazón te imaginarás el espanto, y dirás: «¿Qué pasó con el escriba? ¿Y qué fue del que pesaba el tributo? ¿Y dónde quedó el que censaba las grandes torres?»

19 Ya no verás a ese pueblo arrogante, de lenguaje difícil y entrecortado, que te era tan difícil comprender.

20 ¡Mira a Sión, ciudad de nuestras fiestas solemnes! Con tus ojos verás a Jerusalén, casa tranquila, tienda que nunca será desarmada, cuyas estacas jamás serán arrancadas, y cuyas cuerdas jamás serán rotas.

21 Allí el Señor será para nosotros una fortaleza, un lugar de ríos y de anchos arroyos, por los que no pasará ninguna galera de remos, ni tampoco navegarán grandes naves.

22 El Señor es nuestro juez. El Señor es nuestro legislador. ¡El Señor es nuestro Rey, y él mismo nos salvará!

23 Aunque tus cuerdas están flojas, y tu mástil no está firme ni tensada tu vela, te repartirás el botín de muchos despojos, y hasta los cojos se arrebatarán el botín.

24 Nadie que habite la ciudad dirá que está enfermo, porque a sus habitantes les será perdonada su maldad.

La ira del Señor contra las naciones

34 Acérquense, naciones, y júntense para oír; ustedes, pueblos, presten atención. Que escuche la tierra y todo lo que hay en ella; el mundo y todo lo que produce.

2 El Señor está enojado contra todas las naciones; se ha indignado contra todas ellas; por eso va a destruirlas y a entregarlas al matadero.

3 Los que mueran en ellas quedarán abandonados, y sus cadáveres despedirán mal olor; la sangre de ellos hará que los montes se derritan.

4 Se vendrá abajo todo el ejército de los cielos, como cuando se caen las hojas de las parras y de las higueras, y los cielos mismos se enrollarán como un pergamino.[a]

5 Mi espada se embriagará en los cielos, y mi sentencia caerá sobre Edom,[b] sobre el pueblo que he decidido exterminar.

6 La espada del Señor está llena de sangre; está empapada de la grasa y de la sangre de los corderos y de los machos cabríos, y de la grasa de los riñones de carneros. En Bosra se ofrecen sacrificios en honor del Señor; ¡en Edom hay una gran matanza!

7 Entre los animales sacrificados hay búfalos, toros y becerros; ¡el país se empapa de sangre, y el suelo queda saturado de grasa!

8 Ciertamente ha llegado el día de la venganza del Señor; ¡ha llegado el año de darles su merecido a los que pelean contra Sión!

9 Sus arroyos se convertirán en brea; su polvo en azufre, y su tierra en brea encendida.

10 No se apagará de noche ni de día, ni su humo dejará de subir;[c] por siempre será asolada, y nadie volverá jamás a pasar por ella.

11 Los pelícanos y los erizos se adueñarán de ella, y la habitarán las lechuzas y los cuervos; la medirán con cordeles de destrucción, y con plomadas de asolamiento.

12 Sus príncipes serán llamados príncipes sin reino, y a nada serán reducidos todos sus hombres importantes.

13 En sus palacios crecerán espinos, y en sus fortalezas habrá ortigas y cardos; ¡se volverán cuevas de chacales y patios para los pollos de los avestruces!

14 Las fieras del desierto se encontrarán con las hienas, y las cabras salvajes llamarán a sus compañeros; también las lechuzas habitarán en ese lugar, y allí podrán descansar.

15 Allí los búhos anidarán y pondrán sus huevos; sacarán a sus pollos y los juntarán debajo de sus alas; allí también se juntarán los buitres, cada uno con su compañera.

16 Investiguen en el libro del Señor, y lean si alguno de ellos faltó. Pero no faltó ninguno de ellos ni su compañera, porque así lo ordenó su boca y los reunió su espíritu mismo.

17 El Señor les echó suertes, y con su propia mano les repartió la tierra, que será su

[a]**34.4:** Ap 6.13-14. [b]**34.5-17:** Is 63.1-6; Jer 49.7-22; Ez 25.12-14; 35.1-15; Am 1.11-12; Abd 1-14; Mal 1.2-5. [c]**34.10:** Ap 14.11; 19.3.

herencia para toda la vida, y allí vivirán de generación en generación.

Futuro glorioso de Sión

35 El desierto y la soledad se alegrarán; el yermo se regocijará y florecerá como la rosa;

2 florecerá en abundancia, y también se alegrará y cantará con júbilo, pues le serán dadas la belleza del Líbano y la hermosura del Carmelo y de Sarón. ¡Estos montes verán la gloria del Señor, la hermosura de nuestro Dios!

3 Fortalezcan las manos cansadas y afirmen las rodillas endebles.[a]

4 Digan a los de corazón amedrentado: «Esfuércense y no teman. ¡Miren! Aquí viene su Dios, para castigar a sus enemigos como merecen. Dios mismo viene, y él los salvará.»

5 Entonces se abrirán los ojos de los ciegos, lo mismo que los oídos de los sordos.

Is 40.10-11

6 Entonces los cojos saltarán como ciervos, y la lengua del mudo cantará;[b] porque en el desierto serán cavados pozos de agua, y en la soledad correrán torrentes.

7 El páramo se convertirá en estanque, el sequedal en manantiales de agua, y en la guarida de los chacales crecerán cañas y juncos.

8 Allí habrá un camino empedrado, que será llamado «Camino de Santidad». No pasará por allí nada impuro, porque Dios mismo estará con ellos. Si alguien pasa por este camino, no se extraviará, por más torpe que sea.

9 En ese camino no habrá leones, ni pasará por él ninguna fiera, para que los redimidos puedan transitarlo.

Is 58.1-8

10 Y los redimidos del Señor volverán. Vendrán a Sión entre gritos de infinita alegría. Cada uno de ellos tendrá gozo y alegría, y desaparecerán el llanto y la tristeza.

La invasión de Senaquerib

(2 R 18.13-37; 2 Cr 32.1-19)

36 En el año catorce del reinado de Ezequías, el rey Senaquerib, de Asiria, atacó y conquistó todas las ciudades fortificadas de Judá.

LECCIONES

SEÑALES DE LA VENIDA DEL MESÍAS

(Isaías 35.5-6)

Hay diferentes tipos de señales. Las señales de tránsito te dicen dónde estás o adónde te diriges. En la Biblia, las "señales" eran acciones que ayudaban al pueblo a entender las promesas de Dios. Isaías dijo que el pueblo sabría que el Mesías había llegado debido a los milagros que hacía. Los ciegos volverían a ver y los sordos volverían a oír. Cuando Juan el Bautista le preguntó a Jesús si Él era el Mesías, Jesús mencionó estas mismas señales (Mateo 11:4-5).

2 Desde Laquis, el rey de Asiria envió a su primer oficial al frente de un gran ejército, para que atacara a Jerusalén y al rey Ezequías; y el primer oficial acampó junto al acueducto del estanque superior, camino al Campo del Lavador.

3 Entonces fue a verlo el mayordomo Eliaquín hijo de Hilcías, junto con el escriba Sebna y el canciller Yoaj hijo de Asaf.

4 El primer oficial de Senaquerib les dijo:

«Digan a Ezequías que el gran rey de Asiria manda a decirle: "¿En qué te apoyas, que te sientes tan confiado?

5 Tú hablas de contar con una coalición y con poder para hacerme la guerra, pero yo digo que ésas no son más que palabras huecas. Dime ahora: ¿en quién confías, que te rebelas contra mí?

6 Por lo visto, confías en ese bastón de caña quebradiza que es Egipto, ¡bastón que le atravesará y perforará la mano a quien se apoye en él! ¡Eso es el faraón, el rey de Egipto, para todos los que en él confíen!

7 Pero si me dices que ustedes confían en el Señor su Dios, ¿acaso no se trata de ese Dios cuyos lugares altos y altares tú, Ezequías, mandaste quitar, y luego dijiste a Judá y a Jerusalén: 'Adoren ante este altar'?"

8 Yo te sugiero que hagas ahora este trato con mi señor, el rey de Asiria: Yo te daré dos

[a] **35.3:** Heb 12.12. [b] **35.5-6:** Mt 11.5; Lc 7.22.

mil caballos, si tú puedes hallar otros tantos jinetes para que cabalguen sobre ellos.

9 ¿Cómo vas a hacerle frente a un simple capitán, al menor de los siervos de mi señor, aun cuando estés confiado en Egipto y en sus carros y su caballería?

10 Si yo he venido a destruir esta tierra es porque antes el Señor me dijo: "¡Ve a esa tierra y destrúyela!"»

11 Entonces Eliaquín, Sebna y Yoaj le dijeron al primer oficial:

«Por favor, habla a estos siervos tuyos en arameo, que nosotros lo entendemos. No nos hables en la lengua de Judá, porque te oye toda la gente que está sobre la muralla.»

12 Pero el primer oficial dijo:

«¿Y acaso me envió mi señor a decirles esto sólo a ti y a tu señor? ¡No! ¡Me envió también a la gente que está sobre la muralla, y que junto con ustedes pronto van a comerse su propio estiércol y a beberse su propia orina!»

13 Enseguida el primer oficial se puso en pie, y a voz en cuello gritó en la lengua de Judá:

«¡Escuchen las palabras del gran rey, el rey de Asiria!

14 Así dice el rey: "Que no los engañe Ezequías, porque no va a poder salvarlos.

15 Que no les haga Ezequías confiar en el Señor, al decir: 'El Señor nos librará; esta ciudad no caerá en manos del rey de Asiria.'

16 No le hagan caso a Ezequías. El rey de Asiria les dice: 'Hagan la paz conmigo. Entréguense a mí, y cada uno de ustedes podrá comer de su viña y de su higuera, y beberá también de las aguas de su pozo,

17 hasta que yo venga y los lleve a una tierra como la de ustedes, una tierra en la que abunda el trigo y el vino, el pan y las viñas.

18 Tengan cuidado. Que no los engañe Ezequías con eso de que el Señor los salvará. ¿Acaso los dioses de las otras naciones pudieron salvar a sus países de la mano del rey de Asiria?

19 ¿Dónde están los dioses de Jamat y de Arfad? ¿Dónde está el dios de Sefarvayin? ¿Acaso pudieron salvar a Samaria de mi mano?

20 ¿Qué dios entre los dioses de esos países pudo librar de mi mano a su país, como para que el Señor libre de mi mano a Jerusalén?'"»

21 Pero ellos se quedaron callados, y no le respondieron una sola palabra, porque el rey les había ordenado que no le respondieran.

22 Luego el mayordomo Eliaquín hijo de Hilcías, el escriba Sebna y el canciller Yoaj hijo de Asaf se presentaron ante Ezequías, y allí se rasgaron los vestidos y le contaron lo que había dicho el primer oficial.

Judá es librado de Senaquerib

(2 R 19.1-37; 2 Cr 32.20-23)

37 Cuando el rey Ezequías oyó esto, se rasgó los vestidos y, cubierto de cilicio, fue a la casa del Señor.

2 Luego envió, también cubiertos de cilicio, al mayordomo Eliaquín, al escriba Sebna y a los ancianos de los sacerdotes, para que hablaran con el profeta Isaías hijo de Amoz

3 y le dijeran de su parte:

«Hoy es un día de angustia, de reprensión y de blasfemia, porque ha llegado la hora de dar a luz, y la parturienta no tiene fuerzas.

4 Tal vez el Señor tu Dios habrá oído las palabras del primer oficial, que su señor, el rey de Asiria, envió para blasfemar contra el Dios vivo, tu Señor y Dios, y para ofenderlo con sus palabras. Eleva, pues, una oración por el remanente que todavía queda.»

5 Los siervos de Ezequías fueron a hablar con Isaías,

6 y éste les dijo:

«Digan a su señor el rey que así ha dicho Dios nuestro Señor: "No tengas miedo por las palabras que has oído, y con las cuales los siervos del rey de Asiria han blasfemado contra mí.

7 Yo voy a poner un espíritu en él, y haré que oiga un rumor y regrese a su país. Cuando llegue a su país, haré que muera a filo de espada."»

[a] 37.16: Éx 25.22.

[8] El primer oficial se enteró de que el rey de
Asiria se había apartado de Laquis. Entonces
volvió a su país y se encontró con que el rey
estaba combatiendo contra Libna.
[9] Cuando se enteró de que Tiracá, el
rey de Etiopía, había salido a combatirlo,
envió embajadores a Ezequías con este
mensaje:
[10] «Digan a Ezequías, rey de Judá: "No te
dejes engañar por tu Dios, en quien confías,
ni creas que Jerusalén no caerá en manos
del rey de Asiria.
[11] Tú bien sabes lo que han hecho los
reyes de Asiria a todos los países que han
destruido. ¿Acaso crees que tú te librarás?
[12] ¿Acaso los dioses de esas naciones que
destruyeron mis antepasados libraron a Gozán,
Jarán, Resef y a los hijos de Edén que
habitaban en Telasar?
[13] ¿Dónde están ahora los reyes de Jamat
y de Arfad, y el rey de las ciudades de Sefarvayin,
Hena y Guivá?"»
[14] Ezequías recibió las cartas de mano de
los embajadores, y las leyó; luego subió a la
casa del Señor y extendió las cartas ante el
Señor,
[15] y elevó esta oración al Señor:

[16] «Señor de los ejércitos, Dios de Israel,
que habitas entre los querubines:[a]
sólo tú eres Dios de todos los reinos de
la tierra,
pues tú hiciste los cielos y la tierra.
[17] Inclina, Señor, tu oído, y oye;
abre, Señor, tus ojos, y mira;
oye todas las blasfemias que contra ti,
el Dios viviente,
ha mandado proferir Senaquerib.
[18] Ciertamente, Señor, los reyes de
Asiria
destruyeron todos los países y sus
comarcas,
[19] y echaron al fuego los dioses de ellos,
dioses que en realidad no eran dioses
sino hechuras humanas de madera y
piedra;
¡por eso los destruyeron!
[20] Señor y Dios nuestro,
líbranos ahora de caer en sus manos,
para que todos los reinos de la tierra
sepan que sólo tú eres el Señor.»

[21] Entonces Isaías hijo de Amoz mandó
que dijeran a Ezequías:
«Así dice el Señor, Dios de Israel en cuanto
a tus ruegos acerca de Senaquerib, el rey
de Asiria.
[22] Yo, el Señor, le digo a ese rey: "La virginal
hija de Sión te menosprecia y te escarnece.
A tus espaldas mueve la cabeza la hija de
Jerusalén."
[23] »¿A quién vituperaste? ¿Contra quién
has blasfemado? ¿Contra quién has levantado
la voz, y puesto en alto los ojos? ¡Contra
el Santo de Israel!
[24] Por medio de tus siervos me has vituperado,
al decir: "Con la multitud de mis
carros subiré a las alturas de los montes y
a las laderas del Líbano; derribaré sus altos
cedros y sus mejores cipreses; llegaré hasta
sus cumbres más elevadas y sus bosques
más tupidos.
[25] Yo he cavado pozos, y he bebido de sus
aguas; con mis pies he pisoteado y secado
todos los ríos de Egipto."
[26] »¿No has oído hablar de lo que yo hice
desde los tiempos antiguos, ni de los planes
que desde los días más remotos tengo pensado
realizar? Pues ahora voy a realizarlos, y
tú habrás de reducir las ciudades fortificadas
a montones de escombros.
[27] Sus habitantes, despojados de su poder,
quedarán confusos y aterrorizados; serán
como la hierba del campo y las verdes hortalizas;
¡serán como la paja sobre los techos,
que antes de tiempo se seca!
[28] »Yo conozco tu condición. Sé cuándo
entras y cuándo sales, y sé también de tu
furor contra mí.
[29] Grande es tu furia contra mí. Estoy enterado
de tu arrogancia. Por eso te pondré
un gancho en la nariz, y un freno en los labios,
y haré que regreses por el mismo camino
por donde viniste.
[30] »Y esto te servirá de señal: Este año y el siguiente
comerán ustedes de lo que crezca por

sí mismo, pero al tercer año ya podrán sembrar y segar, y plantarán viñas y comerán sus uvas.

31 Los habitantes de Judá que logren escapar y queden con vida volverán a echar raíces y a ser productivos.»

32 Ciertamente, de Jerusalén y del monte Sión saldrá un remanente que se salvará. Esto lo hará posible el gran amor del Señor de los ejércitos.

33 Por lo tanto, así dice el Señor:

«El rey de Asiria no entrará en esta ciudad, ni lanzará contra ella una sola flecha; tampoco avanzará contra ella con sus escudos, ni levantará contra ella ningún baluarte.

34 Por el mismo camino por el que vino, tendrá que volver. ¡No entrará en esta ciudad!

—Palabra del Señor.

35 »Yo amapararé a esta ciudad y la pondré a salvo. Lo haré por mí mismo y por mi siervo David.»

36 El ángel del Señor salió entonces y mató a ciento ochenta y cinco mil hombres en el campamento de los asirios. Y al día siguiente, cuando se levantaron, todo el campamento estaba cubierto de cadáveres.

37 Entonces Senaquerib, el rey de Asiria, se fue de allí y se quedó a vivir en Nínive.

38 Pero sucedió que, mientras él adoraba en el templo de su dios Nisroc, sus hijos Adramelec y Sarezer lo mataron; le clavaron una espada, y luego huyeron a la tierra de Ararat. En su lugar reinó su hijo Esarjadón.

Enfermedad de Ezequías

(2 R 20.1-11; 2 Cr 32.24-26)

38 Por esos días, Ezequías cayó gravemente enfermo. Entonces el profeta Isaías hijo de Amoz fue a visitarlo y le dijo:

«Así dice el Señor: "Ordena tu casa, porque de esta enfermedad no saldrás con vida."»

2 Ezequías se volvió hacia la pared, y oró al Señor.

3 Con lágrimas en los ojos le dijo:

«Señor, recuerda por favor que me he conducido ante ti con verdad y con un corazón sincero, y que siempre he hecho lo que te agrada y apruebas.»

4 Entonces el Señor le habló a Isaías y le dijo:

5 «Ve y dile de mi parte a Ezequías: "Yo soy el Señor, el Dios de tu padre David. Ya he escuchado tu oración, y he visto tus lágrimas. Voy a añadirte quince años más de vida.

6 Yo te libraré de caer en las manos del rey de Asiria, y a esta ciudad la protegeré.

7 Y esto te servirá de señal de que yo, el Señor, haré todo esto que he dicho:

8 Yo haré que en el reloj de sol de Ajaz la sombra retroceda los diez grados que ya ha bajado."»

Y, en efecto, la sombra retrocedió los diez grados que ya había bajado.

9 Esto es lo que escribió Ezequías, rey de Judá, cuando cayó enfermo y sanó de su enfermedad:

10 «Yo creía que a la mitad de mis días bajaría a las puertas del sepulcro, y que no viviría el resto de mis años.

11 Yo creía que ya no vería al Señor en la tierra de los vivientes; que ya no volvería a ver a los que habitan este mundo;

12 que mi casa había sido removida, como cuando se levanta la tienda de un pastor. ¡Como un tejedor, recorté mi vida, y Dios me la acortó con la enfermedad! ¡En un solo día acabó conmigo!

UNA ORACIÓN QUE FUE OÍDA *(Isaías 38.5)*
Cuando Ezequías estaba muriendo de una enfermedad, le pidió a Dios que lo ayudara. Por medio de Isaías, Dios le hizo saber a Ezequías que su oración había sido contestada y que viviría unos quince años más. Cuando leemos cosas así, nuestra fe en Dios se fortalece. Sabemos que Él escucha nuestras oraciones y nos contestará.

[13] Esperé hasta el amanecer, pero con la
furia de un león él me molió todos los hue-
sos; ¡en un solo día acabó conmigo!
[14] »Yo me quejaba como una grulla; gemía
como una golondrina; levantaba los ojos al
cielo, como una paloma: "Señor, soy víctima
de la violencia; ¡dame fuerzas!"
[15] ¿Y qué puedo decir, si esto lo ha hecho
el mismo que me lo dijo? Toda mi vida an-
daré humildemente, por causa de la amar-
gura que siento en el alma.
[16] »Señor, todo esto nos hace vivir, y en
todo esto halla vida mi espíritu: ¡tú me res-
tablecerás y me prolongarás la vida!
[17] ¡Mira la gran amargura que me sobre-
vino cuando yo vivía en paz! Pero a ti te
agradó librarme de la corrupción del sepul-
cro, porque les diste la espalda a todos mis
pecados.
[18] Y es que el reino de la muerte no te
exalta, ni te alaba la muerte; tampoco los
que bajan al sepulcro esperan tu verdad.
[19] Sólo te alaban los que viven, como hoy
vivo yo. Esta verdad la enseñarán los padres
a sus hijos.
[20] ¡El Señor me salvará! ¡Por eso todos los
días de nuestra vida elevaremos nuestros
cánticos en la casa del Señor!»
[21] Antes Isaías había dicho: «Hagan una
Is 53.4-5 pasta de higos, y póngansela en la llaga; así
sanará.»
[22] Por su parte, Ezequías había dicho:
«¿Qué señal recibiré de que podré subir a la
casa del Señor?»

Ezequías recibe a los embajadores de Babilonia

(2 R 20.12-19; 2 Cr 32.27-31)

39 Por esos días Merodac Bala-
dán hijo de Baladán, rey de
Babilonia, se enteró de que
Ezequías había estado enfermo, pero que
ya había convalecido, así que le envió car-
tas y presentes.
[2] Eso fue motivo de mucha alegría para
Ezequías, así que les mostró a los enviados
la casa de su tesoro, el oro y la plata, las es-
pecias y los ungüentos preciosos, y todo su
arsenal y lo que se hallaba en sus tesoros. No
hubo nada en su casa y en todos sus domi-
nios que Ezequías no les mostrara.
[3] Entonces el profeta Isaías fue a ver al rey
Ezequías, y le dijo:
«¿Qué quiere de ti esa gente? ¿De dónde
ha venido?»
Ezequías le respondió:
«Han venido a verme desde un país muy
lejano. Han venido de Babilonia.»
[4] Isaías dijo entonces:
«¿Y qué han visto en tu casa?»
Y Ezequías contestó:
«Han visto todo lo que hay en mi casa.
No hay nada en mis tesoros que yo no les
haya mostrado.»
[5] Isaías le dijo entonces a Ezequías:
«Oye la palabra del Señor de los ejércitos:
[6] "Vienen días en que todo lo que hay en
tu casa, y todo lo que tus padres han ateso-
rado hasta el día de hoy, será llevado a Ba-
bilonia. No quedará una sola cosa." El Señor
lo ha dicho.
[7] A los hijos que tengas y que engendres
se los llevarán a Babilonia, y allí los converti-
rán en eunucos del palacio del rey.»[a]
[8] Ezequías le respondió a Isaías:
«Es buena la palabra del Señor que me
has comunicado. ¡Que al menos haya paz y
seguridad mientras yo viva!»

El Señor consuela a Sión

40 El Dios de ustedes dice:
«Consuelen a mi pueblo;
¡consuélenlo!
[2] ¡Hablen al corazón de Jerusalén!
¡Díganle a voz en cuello
que ya se ha cumplido su tiempo,
que su pecado ya ha sido perdonado;
que ya ha recibido de manos del Señor
el doble por todos sus pecados!»
[3] Una voz clama en el desierto:
«Preparen el camino del Señor;

[a] **39.7:** 2 R 24.10-16; 2 Cr 36.10; Dn 1.1-7.

LECCIONES

UN MENSAJE DE CONSUELO

(*Isaías 40.1*)

Si tuvieras que oír malas noticias, ¿no sería maravilloso también oír a alguien decir que todo va a salir bien? Cuando unos enemigos amenazaban a Judá e Israel, Dios les dio un mensaje de consuelo a través de Isaías. Dios les dijo que en vez de sentirse temerosos o preocupados por el futuro, debían confiar en el Señor. Dios también quiere que tú le encomiendes a Él tus preocupaciones. Él promete que si confías en Él, Él proveerá todo lo que necesitas.

enderecen en el páramo
una calzada a nuestro Dios.[a]
4 Que todo valle sea enaltecido;
que se hunda todo monte y collado;
que se enderece lo torcido
y que lo áspero se allane.
5 Se manifestará la gloria del Señor,
y la humanidad entera la verá.
La boca del Señor ha hablado.»[b]
6 Una voz decía: «¡Grita!»
Y yo respondí: «¿Y qué debo de gritar?»
«Grita que toda carne es como la hierba,
y que su belleza es como la flor del campo.
7 La hierba se seca, y la flor se marchita,
porque el viento del Señor sopla sobre ella.
Y a decir verdad, el pueblo es como la hierba.
8 Sí, la hierba se seca, y la flor se marchita,
pero la palabra de nuestro Dios permanece para siempre.»[c]

9 ¡Súbete a un monte alto, mensajera de
Sión! ¡Levanta con fuerza tu voz, mensajera
de Jerusalén! ¡Levántala sin miedo y di a las
ciudades de Judá: «Vean aquí a su Dios»!
10 ¡Miren! Dios el Señor viene con po-
der, y su brazo dominará. ¡Miren! Ya trae

PROMESAS PODEROSAS

ISAÍAS 40.8

Sí, la hierba se seca, y la flor se marchita, pero la palabra de nuestro Dios permanece para siempre.»

¿Duran para siempre las hierbas y las flores? ¡No! Todo lo que es creado llega a su fin en algún momento. Pero este versículo promete que la Palabra de Dios permanecerá para siempre y que todas sus promesas se cumplirán. La próxima vez que veas un césped, piensa acerca de lo diferente que es a la Palabra de Dios. La hierba muere, pero la Palabra de Dios perdura para siempre.

con él su recompensa; ya le precede el
galardón.[d]
11 Cuidará de su rebaño como un pastor;
en sus brazos, junto a su pecho, llevará a los
corderos, y guiará con suavidad a las ovejas
recién paridas.

Is 62.11-12

El incomparable Dios de Israel

12 ¿Quién midió las aguas con el hueco de
su mano? ¿Quién midió los cielos con la pal-
ma de su mano? ¿Quién con tres dedos jun-
tó el polvo de la tierra, y pesó con balanza y
pesas los montes y las colinas?
13 ¿Quién instruyó al espíritu del Señor?
¿Quién le enseñó o le dio consejos?[e]
14 ¿De quién recibió consejos para tener en-
tendimiento? ¿Quién le enseñó el camino de
la justicia? ¿Quién le impartió conocimientos,
o le mostró la senda de la prudencia?
15 Para él, las naciones son como una gota
de agua que cae del cubo; las considera
como granos de polvo en las balanzas, y
hace que las islas desaparezcan como polvo.
16 Para presentarle una ofrenda, no bastan
todos los árboles del Líbano para el fuego, ni
todos sus animales para el sacrificio.

[a] **40.3:** Mt 3.3; Mr 1.3; Jon 1.23. [b] **40.3-5:** Lc 3.4-6. [c] **40.6-8:** Stg 1.10-11; 1 P 1.24-25. [d] **40.10:** Is 62.11; Ap 22.12. [e] **40.13:** Ro 11.34; 1 Co 2.16.

17 En su presencia, todas las naciones no son nada; ¡él las considera inexistentes!

18 ¿Con quién pueden comparar a Dios? ¿Qué imagen pueden hacerse de él?

19 El artífice prepara la imagen tallada; el platero la recubre de oro y le funde cadenas de plata.

20 El pobre le lleva como ofrenda madera que no se apolille, y se busca un escultor hábil para que le talle una imagen que no se mueva.

21 ¿Acaso no lo saben? ¿Nunca lo han oído? ¿Nunca les dijeron desde el principio? ¿Acaso nadie les enseñó esto desde que se fundó la tierra?

22 Él tiene su trono sobre el arco de la tierra, cuyos habitantes son como langostas; él extiende los cielos como una cortina, y los despliega como una tienda de campaña.

23 Él convierte en nada a los poderosos y a los gobernantes de la tierra;

24 los trata como si nunca hubieran sido plantados, como si nunca hubieran sido sembrados, ¡como si nunca su tronco hubiera tenido raíz en la tierra! ¡Tan pronto como él sopla en ellos, se secan! ¡El torbellino los arrastra como si fueran hojarasca!

25 «¿Con quién entonces pueden compararme?», dice el Santo.

26 ¡Levanten los ojos al cielo, y miren quién creó estas cosas! Él saca y cuenta su ejército de estrellas; a todas las llama por su nombre, y ninguna de ellas falta; ¡tan grande es su poder, tan poderoso su dominio!

27 Tú, Jacob, ¿por qué dices que tu camino está oculto para el Señor? ¿Por qué, Israel, alegas que Dios pasa por alto tu derecho?

28 ¿Acaso no sabes, ni nunca oíste decir, que el Señor es el Dios eterno y que él creó los confines de la tierra? El Señor no desfallece, ni se fatiga con cansancio; ¡no hay quien alcance a comprender su entendimiento!

29 El Señor da fuerzas al cansado, y aumenta el vigor del que desfallece.

30 Los jóvenes se fatigan y se cansan; los más fuertes flaquean y caen;

31 pero los que confían en el Señor recobran las fuerzas y levantan el vuelo, como las águilas; corren, y no se cansan; caminan, y no se fatigan.

Seguridad de Dios para Israel

41 Ustedes, las costas, ¡escúchenme! Y ustedes, los pueblos, ¡cobren fuerza! ¡Acérquense, y entonces hablen! ¡Entablemos juntos el juicio!

2 ¿Quién despertó del oriente al justo? ¿Quién le pidió seguir sus pasos? ¿Quién le entregó naciones y lo hizo señor de reyes? ¿Quién los hizo polvo con su espada? ¿Quién los arrebató con su arco, como hojarasca?

3 Él fue tras ellos, y tranquilamente pasó por caminos antes intransitables.

4 ¿Quién hizo esto posible? ¿Quién llamó desde el principio a las generaciones? ¡Yo, que soy el Señor! ¡Yo, que soy el primero y el último!

5 Las costas vieron esto, y tuvieron temor; los confines de la tierra se asustaron y corrieron a reunirse.

RENOVARSE COMO UN ÁGUILA *(Isaías 40.31)*

Las águilas no tienen que batir las alas frenéticamente para quedarse en el aire. Usan sus fuertes alas para planear sobre las corrientes de aire ascendentes. De esta manera, pueden volar mucho más alto que otros pájaros. Isaías usó el águila como una imagen de los creyentes. El esperar en el Señor significa confiar en Él. En vez de preocuparnos y así "batir nuestras alas frenéticamente", podemos deslizarnos pacíficamente sobre nuestra fe en Dios. Cuando esperamos en el Señor durante los momentos difíciles, Él nos da su fortaleza. ¿Prefieres "batir las alas" al preocuparte o "planear pacíficamente" al confiar en Dios?

PALABRAS CON PODER

CIRO
(Isaías 41.2)

Más de 150 años antes de que naciera Ciro, Isaías profetizó que Ciro, el rey de Persia (559-530 a.C.), llevaría a cabo el plan de Dios para ayudar a su pueblo. Ciro no adoraba a Dios, pero aun así, las promesas de Dios se cumplieron a través de su vida. Los babilonios invadieron a Judá por etapas, y finalmente conquistaron a Jerusalén en 586 a.C. El pueblo de Judá fue llevado a Babilonia. Persia conquistó a Babilonia en 539 a.C. Poco después de eso, Ciro decretó que el pueblo de Israel podía regresar a su tierra natal (Esdras 1:1-4). Las profecías de Dios siempre se cumplen.

6 Unos a otros se ayudaron; entre vecinos y parientes se animaron.

7 El carpintero animó al platero; el que martilleaba el metal dijo al que lo moldeaba en el yunque: «Esto va saliendo bien», y lo afirmó con clavos, para que no se moviera.

8 Pero tú, Israel, eres mi siervo; tú, Jacob, a quien yo escogí, desciendes de mi amigo Abrahán.[a]

9 Yo fui quien te tomó de los confines de la tierra; yo te llamé de tierras lejanas. Yo te escogí, y no te rechacé; yo te dije: «Tú eres mi siervo».

10 No tengas miedo, que yo estoy contigo; no te desanimes, que yo soy tu Dios. Yo soy quien te da fuerzas, y siempre te ayudaré; siempre te sostendré con mi justiciera mano derecha.

11 Todos los que se enojan contra ti quedarán avergonzados y confundidos, los que contienden contigo perecerán, y serán como nada.

12 Cuando busques a los que contienden contigo, no los hallarás; los que te hacen la guerra serán como nada, ¡inexistentes!

13 Yo soy el Señor, tu Dios, que te sostiene por la mano derecha y te dice: «No tengas miedo, que yo te ayudo.

14 Y tú, Jacob, eres como un gusano. Pero no tengas miedo. Ustedes los israelitas, son muy pocos; pero yo soy su socorro.»

—Palabra del Señor, el Santo de Israel, tu Redentor.

15 Yo te he puesto como un trillo, un trillo nuevo lleno de dientes; y trillarás montes y colinas, y los molerás hasta reducirlos a tamo.

16 Los lanzarás al viento, y el viento se los llevará; los esparcirá el torbellino, pero tú te alegrarás en el Señor, y tu orgullo será el Santo de Israel.

17 Los afligidos y menesterosos buscan agua, y no la encuentran; la sed les seca la lengua. Pero yo, el Señor, los he escuchado; yo, el Dios de Israel, no voy a desampararlos.

18 Abriré ríos en los montes, y manantiales en medio de los valles; en el desierto abriré estanques de agua, y manantiales en la tierra seca.

19 En el desierto haré crecer cedros, acacias, arrayanes y olivos; en el yermo pondré juntos cipreses, pinos y bojes;

20 y esto, para que todos vean y sepan, y se den cuenta y entiendan, que esto lo ha hecho la mano del Señor; que el Santo de Israel lo ha creado.

Dios reta a los falsos dioses

21 El Señor, el Rey de Jacob, dice:

«Aleguen en favor de su causa; presenten sus pruebas.

22 Hagan venir y anuncien lo que está por llegar; dígannos lo que desde el principio ha pasado, y nos pondremos a considerarlo; háganos saber y entender también los acontecimientos futuros, lo que habrá de venir.

23 Anuncien lo que habrá de suceder, para que sepamos que ustedes son dioses. Por lo menos, hagan algo bueno, o malo, para que tengamos algo que contar, y todos juntos nos sorprendamos.

24 Lo cierto es que ustedes no son nada, y que sus obras no tienen sustancia; ¡despreciable es quien los ha escogido!

[a] **41.8:** 2 Cr 20.7; Stg 2.23.

LECCIONES

DOS SALVADORES

(Isaías 42.1)

Este versículo es una profecía acerca de dos "libertadores". Un libertador es una persona que ayuda o salva a otras personas. (1) El primer libertador se refiere a Ciro el Grande, el rey de Persia. Un día, él dejaría que los israelitas exiliados salieran de Babilonia y regresaran a Jerusalén. (2) El segundo libertador es el Salvador a quien Dios prometió enviar. El Salvador (Jesús) tendría el poder del Espíritu Santo. Él haría más que Ciro: moriría para liberar al mundo entero del poder del pecado.

25 »Yo he levantado a uno del norte, y está
por venir; invocará mi nombre desde el lu-
gar donde nace el sol, y pisoteará a los prín-
cipes como pisa el barro el alfarero.
26 ¿Quién anunció esto desde el princi-
pio, para que lo supiéramos? ¿Quién lo dijo
tiempo atrás, para que dijéramos que está
bien? Lo cierto es que no hay quien anuncie
ni quien enseñe nada; lo cierto es que no
hay quien oiga sus palabras.
27 Yo fui el primero en enseñarle estas co-
sas a Sión; yo envié a Jerusalén un mensajero
con buenas noticias.
28 Cuando miré, no había nadie; cuando
pregunté acerca de estas cosas, no hubo un
solo consejero; cuando pregunté, nadie me
dio respuesta.
29 Todos ellos son ilusorios, y sus obras no
son nada; un viento sin sustancia son sus
imágenes fundidas.

El siervo del Señor

42 »¡Aquí está mi siervo, mi esco-
gido, en quien me complazco![a]
Yo lo sostengo; sobre él reposa
Is 44.3 mi espíritu. Él traerá la justicia a las naciones.
2 No gritará ni levantará la voz; no se hará
oír en las calles.
3 No hará pedazos la caña quebrada, ni

PROMESAS PODEROSAS

ISAÍAS 42.3

No hará pedazos la caña quebrada, ni apagará la mecha humeante. Traerá la justicia por medio de la verdad.

A veces es difícil entender lo que escribieron los profetas. Este versículo es un buen ejemplo de eso. Isaías usó imágenes para describir al Mesías (el Salvador). Entonces cuando dijo que el Mesías no "hará pedazos la caña quebrada", quiso decir que no sería duro ni rudo. Más bien, trataría a los que estaban perdidos y temerosos con bondad y mansedumbre. Haría las cosas de manera justa. ¿No te alegra saber que sirves a un Salvador quien es amoroso y bondadoso?

apagará la mecha humeante. Traerá la justi-
cia por medio de la verdad.
4 No se cansará ni se fatigará hasta que
haya establecido la justicia en la tierra; las
costas esperarán sus enseñanzas.»[b]
5 Así dice Dios el Señor, el que ha creado
los cielos y los despliega, el que extiende la
tierra y lo que ella produce; el que infunde
su aliento en el pueblo que la habita[c] y da de
su espíritu a quienes la recorren:
6 «Yo soy el Señor. Yo te he llamado en el
momento justo, y te sostendré por la mano;
yo te protegeré, y tú serás mi pacto con el
pueblo y una luz para las naciones.[d]
7 Quiero que abras los ojos de los ciegos,
que saques de la cárcel a los presos, y de sus Is 43.9-10
calabozos a los que viven en tinieblas.
8 Yo soy el Señor. Éste es mi nombre, y no
daré a otro mi gloria, ni mi alabanza a es-
culturas.
9 Como pueden ver, los primeros acon-
tecimientos se han cumplido, y ahora les
anuncio nuevos acontecimientos; yo se los
hago saber antes de que ocurran.»

[a]**42.1:** Mt 3.17; 17.5; Mr 1.11; Lc 3.22; 9.35. [b]**42.1-4:** Mt 12.18-21. [c]**42.5:** Hch 17.24-25. [d]**42.6:** Is 49.6; Lc 2.32; Hch 13.47; 26.23.

Alabanza por la poderosa liberación del Señor

10 ¡Canten al Señor un cántico nuevo! ¡Que lo alaben desde los extremos de la tierra todos los que se hacen a la mar, y todo lo que hay en sus aguas; todas las costas y sus habitantes!

11 ¡Que eleven su voz el desierto y sus ciudades, las aldeas donde habita Cedar! ¡Que canten los habitantes de Sela! ¡Que lancen gritos de júbilo desde la cumbre de los montes!

Jer 20.13

12 ¡Que se glorifique al Señor! ¡Que se anuncien en las costas sus loores!

13 El Señor se levanta como un gigante; despierta enojo, como un guerrero. Grita y deja oír su voz; ¡arremete con fuerza contra sus enemigos!

14 «Desde hace mucho tiempo me he callado. He guardado silencio; me he contenido. Pero ahora voy a gritar como una parturienta; a un mismo tiempo voy a gruñir y jadear.

15 Haré un desierto de los montes y las colinas; secaré toda su hierba. Convertiré los ríos en islas, y dejaré secos los manantiales.

16 Llevaré a los ciegos por caminos que nunca conocieron; les haré recorrer sendas para ellos desconocidas. A su paso cambiaré en luz las tinieblas, y allanaré los caminos torcidos. Todo esto haré por ellos, y no los desampararé;

17 pero emprenderán la huida en completa vergüenza los que confían en los ídolos, los que dicen a las imágenes fundidas: "Ustedes son nuestros dioses."

Israel no aprende

18 »Ustedes los sordos, oigan; y ustedes los ciegos, abran los ojos y vean:

19 ¿Quién es ciego, sino mi siervo? ¿Quién es sordo como el mensajero que envié? ¿Quién es ciego como mi escogido, como el siervo del Señor?

20 Mi siervo ve muchas cosas, pero no las mira; abre los oídos, pero no oye nada.»

21 El Señor es justo, y por eso quiso honrar y engrandecer sus enseñanzas;

22 pero éste es un pueblo saqueado y pisoteado; todos ellos se esconden en cavernas y se refugian en las cárceles; son expuestos al despojo, y no hay quien los libre; se les despoja, y no hay quien los defienda.

23 ¿Quién de ustedes prestará oído a esto? ¿Quién pondrá atención para escuchar lo que está por venir?

24 ¿Quién dio a Jacob como botín? ¿Quién entregó a Israel a los saqueadores? ¡Fue el Señor mismo, contra quien pecamos, pues no quisimos andar en sus caminos ni prestamos atención a sus enseñanzas!

25 Por eso él derramó sobre nosotros el ardor de su ira y el furor de la batalla; por eso nos envolvió en fuego y nos consumió. Pero nosotros no entendimos; no quisimos hacer caso.

El Señor es el único Redentor

43 Así dice ahora el Señor, quien te creó y te formó:

«No temas, Jacob, porque yo te redimí; yo te di tu nombre, Israel, y tú me perteneces.

2 Cuando pases por las aguas, yo estaré contigo; cuando cruces los ríos, no te anegarán. Cuando pases por el fuego, no te quemarás, ni las llamas arderán en ti.

3 Yo soy el Señor, tu Dios. Yo soy tu salvador, el Santo de Israel. Ya he pagado por tu rescate a Egipto, Etiopía y Sebá.

4 Ante mis ojos tú eres grandemente estimado y digno de honra. Yo te amo, y por ti y por tu vida daré hombres y naciones.

5 No temas, que yo estoy contigo. Del oriente traeré a tus descendientes, y del occidente volveré a juntarte.

6 Al norte le diré: "Entrégamelos", y al sur le diré: "No retengas más a mis hijos; trae a mis hijas de los confines de la tierra,

7 a todos los que llevan mi nombre. Yo los he creado. Yo los formé y los hice para gloria mía."

8 »Saquen al pueblo ciego que tiene ojos, y a los sordos que tienen oídos.

[9] Júntense a la vez todas las naciones; reúnanse todos los pueblos. ¿Quién de ellos puede hacernos saber esto? ¿Quién puede darnos a saber los primeros sucesos? ¡Que presenten sus testigos, y que reclamen justicia! ¡Que oigan y digan que es verdad!

[10] Ustedes son mis testigos. Son el siervo que yo escogí, para que ustedes me conozcan y crean y entiendan que yo soy el Señor. No ha habido ningún dios antes de mí, ni lo habrá después.

—Palabra del Señor.

Is 45.22-23

[11] »Sólo yo soy el Señor, y fuera de mí no hay quien salve.

[12] Yo anuncié, yo salvé, yo di a saber. Nunca hubo entre ustedes un dios ajeno. Así que ustedes son mis testigos de que yo soy Dios.

—Palabra del Señor.

[13] »Yo soy Dios desde el principio. Nadie puede librar a nadie de mi mano. Lo que yo hago, ¿quién puede impedirlo?»

Is 51.4-6

[14] Así dice el Señor, el Santo de Israel y Redentor de ustedes:

«Yo enviaré por ustedes a Babilonia, y haré que todos ellos, incluso los caldeos, emprendan la huida en los barcos que eran su alegría.

[15] Yo soy el Señor, su Dios Santo, el Creador y Rey de Israel.»

[16] Así dice el Señor, el que abre un camino en medio del mar, una senda entre las aguas impetuosas;

[17] el que lleva juntos carros y caballos, ejércitos y fuerzas, a caer para no levantarse; a morir, como mechas que se apagan:

[18] «Ya no se acuerden de las cosas pasadas; no hagan memoria de las cosas antiguas.

[19] Fíjense en que yo hago algo nuevo, que pronto saldrá a la luz. ¿Acaso no lo saben? Volveré a abrir un camino en el desierto, y haré que corran ríos en el páramo.

[20] Recibiré la honra de las fieras salvajes, de los chacales y de los pollos del avestruz, porque haré que brote agua en el desierto y ríos en el páramo, para que beba mi pueblo escogido.

[21] A este pueblo lo he creado para mí, y este pueblo proclamará mis alabanzas.

[22] »Pero tú, Jacob, no me invocaste; tú, Israel, te cansaste de mí.

[23] No me ofreciste los animales de tus holocaustos, ni me honraste con tus sacrificios; no te pedí que me presentaras ofrendas, ni te molesté pidiéndote incienso.

[24] No gastaste tu dinero en comprar para mí caña aromática, ni me saciaste con la grasa de tus sacrificios. Al contrario, lo que me ofreciste fue el peso de tus pecados, y me molestaste con tus maldades.

[25] »Yo, y nadie más, soy el que borra tus rebeliones, porque así soy yo, y no volveré a acordarme de tus pecados.

[26] Refréscame la memoria. Entremos en juicio al mismo tiempo. Toma la palabra y defiéndete.

[27] Tu primer padre pecó contra mí, lo mismo que tus maestros.

[28] Por eso yo dejé de respetar a los príncipes del santuario, y entregué a Jacob, que es Israel, a la destrucción más vergonzosa.

El Señor es el único Dios

44 »Escúchame ahora, Jacob; tú, Israel, eres mi siervo; yo te escogí.

[2] Yo soy el Señor, tu Hacedor, el que te formó desde el vientre y el que siempre te ayudará. Y yo te digo que no temas. Tú eres mi siervo, Jacob; tú eres Jesurún, a quien yo escogí.

[3] Y voy a derramar aguas sobre el desierto y ríos sobre la tierra seca, y también voy a derramar mi espíritu sobre tu generación, y mi bendición sobre tus renuevos.

Is 59.21

[4] Así ellos crecerán entre la hierba, como crecen los sauces a la orilla de los ríos.

[5] Alguno dirá: "Yo soy del Señor"; otro más llevará el nombre de Jacob, y otro más escribirá con su mano "Dedicado al Señor", y será conocido por el nombre de Israel.»

[6] Así dice el Señor, el Rey y Redentor de Israel, el Señor de los ejércitos:

«Yo soy el primero; yo soy también el último.[a] Fuera de mí no hay otro Dios.

[a]**44.6:** Is 48.12; Ap 1.17; 22.13.

7 ¿Quién puede proclamar lo que está por venir? ¿Quién puede declararlo y ponerlo en orden ante mí, como lo hago yo desde que establecí al pueblo antiguo? ¡Anuncien lo que viene, lo que está por venir!

8 No temas; no te intimides. ¿Acaso no te lo dije y te lo hice saber desde la antigüedad? Por lo tanto, ustedes son mis testigos. No hay más Dios que yo. No hay otro Fuerte; no conozco a ninguno.»

La insensatez de la idolatría

9 Todos los que se dedican a hacer imágenes talladas no valen nada. Aun lo más valioso de ellos no sirve para nada. Y para confusión suya, ellos mismos son testigos de que esos ídolos no ven ni entienden.

10 ¿Quién dio forma a un dios? ¿O quién fundió una imagen que para nada sirve?

11 ¡Miren! Todos los compañeros de esos artífices serán avergonzados, porque ellos mismos son hombres. Todos ellos se reunirán, y juntos se presentarán, se asustarán, y quedarán avergonzados.

12 El herrero toma las tenazas y trabaja con las ascuas; a golpe de martillo, y con la fuerza de su brazo, le va dando forma; pero luego tiene hambre, y le faltan fuerzas; no bebe agua, y se desmaya.

13 El carpintero tiende la regla, hace trazos con lápiz rojo, pule la madera con la garlopa y hace dibujos con el compás y le da forma de hombre, de un hombre hermoso, para tenerlo en su casa.

14 Tala cedros y toma madera de ciprés y de encino, que son árboles que crecen en el bosque; y planta pinos, que la lluvia hace crecer.

15 De estos árboles se sirve el hombre para quemarlos y entrar en calor; con ellos enciende también el horno para cocer panes; además, con esa madera se hace un dios, y lo adora; ¡fabrica un ídolo, y se arrodilla ante él!

16 Parte de la leña la quema en el fuego; con parte de esa leña prepara un asado y come carne, y queda satisfecho; luego se calienta y dice: «¡Ah, al ver el fuego entré en calor!»

17 Con la madera sobrante se hace un dios, un ídolo propio, y se postra delante de él y lo adora, y entre ruegos le dice: «Ponme a salvo, porque tú eres mi dios.»

18 Esa gente no sabe ni entiende. ¡Tienen cerrados los ojos, para no ver! ¡Cierran su corazón, para no entender!

19 No se pone a pensar. No es capaz de razonar ni de entender, para decir: «Si parte de esta leña la quemé en el fuego, y sobre sus brasas cocí pan, asé carne, y me la comí, ¿con el resto de esa leña voy a hacer algo abominable? ¿Voy a arrodillarme delante de un tronco de árbol?»

20 Esa gente se alimenta con cenizas; su engañado corazón la lleva a extraviarse, a no poner a salvo su vida, ni a decir: «¿Acaso no es pura mentira lo que tengo en mi mano derecha?»

El Señor es el Redentor de Israel

21 «Jacob, acuérdate de estas cosas. Tú, Israel, eres mi siervo. No te olvides de mí, porque yo te formé y tú eres mi siervo.

AGUA EN EL DESIERTO *(Isaías 44.3)*
Los desiertos son lugares muy secos. Hay mucha arena y mucho sol, pero muy poca agua. Isaías dijo que muchos de los hijos de Dios eran como un desierto seco, porque no lo obedecían a Él. Las bendiciones de Dios son como agua. Traen vida y crecimiento espiritual. Isaías dijo que algún día, el pueblo volvería a obedecer a Dios y que Él derramaría su Espíritu sobre ellos y sobre sus hijos. Esto sería como verter agua sobre la arena seca del desierto. Dios derramó su Espíritu Santo el día de Pentecostés (lee Hechos 2). Pero Él todavía quiere llenar los corazones secos y sedientos con su Espíritu hoy día.

22 Yo deshice tus rebeliones y pecados
como si deshiciera una nube, como si disi-
para la niebla. Vuélvete a mí, porque yo te
redimí.»

23 Ustedes, cielos, canten alabanzas,
porque el Señor ha actuado.
Ustedes, profundidades de la tierra,
griten de alegría.
Ustedes, los montes, canten alabanzas
con todo árbol que está en el bosque;
porque el Señor redimió a Jacob,
y en Israel será glorificado.

24 Así dice el Señor, tu Redentor, el que te
formó desde el vientre:
«Yo soy el Señor, el que todo lo hace; el
que extiende los cielos sin ayuda; el que ex-
tiende la tierra por sí mismo;
25 el que deshace las señales de los adivi-
nos y vuelve locos a los agoreros; el que hace
retroceder a los sabios y diluye su sabiduría.[b]

Jer 1.18-19

26 Yo soy el que afirma la palabra de su
siervo, y cumple el consejo de sus mensa-
jeros. Yo soy el que dice a Jerusalén: "Volve-
rás a ser habitada", y a las ciudades de Judá:
"Ustedes serán reconstruidas. Yo levantaré
sus ruinas".
27 Yo soy el que dice a las profundidades:
"Secas quedarán, pues yo secaré sus ríos".
28 Yo soy el que dice de Ciro: "Él es mi pas-
tor, y llevará a cabo todo lo que yo quiero".[c]
Yo soy el que dice a Jerusalén: "Serás edifica-
da", y al templo: "Serás cimentado".

Encargo de Dios para Ciro

45 »Yo, el Señor, digo así a Ciro,
mi ungido, al cual tomé de la
mano derecha para que las
naciones se sometan a su paso y los reyes
huyan en desbandada; para que las ciudades
le abran sus puertas y no las vuelvan a cerrar:
2 "Yo iré delante de ti, y te allanaré los luga-
res torcidos; haré pedazos puertas de bron-
ce y cerrojos de hierro,
3 te entregaré tesoros escondidos y te
daré a conocer recónditos secretos, para
que sepas que yo soy el Señor, el Dios de
Israel, que te llamo por tu nombre.
4 Por amor a Jacob, por amor a Israel, mi
siervo escogido, te he llamado por tu nom-
bre, el nombre que te di, aunque tú no me
conocías.
5 Yo soy el Señor, y nadie más. No hay Dios
fuera de mí. Yo te vestiré para la batalla, aun-
que tú no me conoces,
6 para que desde la salida del sol hasta el
ocaso todos sepan que yo soy el Señor, y
que aparte de mí no hay otro Dios.
7 Yo soy el que ha creado la luz y las ti-
nieblas; yo soy el que hace la paz y crea la
adversidad. Yo, el Señor, soy el que hace
todo esto."

El Señor es el Creador

8 »Ustedes, cielos, dejen caer su lluvia; y
ustedes, nubes, derramen justicia; y tú, tier-
ra, ábrete y deja que brote la salvación junto
con la justicia. Yo, el Señor, soy su creador.»
9 ¡Ay de aquel que discute con su Hacedor!
¡Un tiesto más entre los tiestos de la tierra!
El barro no le pregunta al alfarero: "¿Qué es
lo que haces?"[a] ¿Acaso le señala: "Tu obra no
tiene manos"?
10 ¡Ay de aquel que pregunta a su padre:
"¿Por qué me engendraste?" O pregunta a su
madre: "¿Por qué me diste a luz?"!
11 »Así dice el Señor, el Santo de Israel, el
que lo formó: "Pregúntenme por lo que está
por venir. Pregúntenme acerca de mis hijos
y de la obra de mis manos.
12 Yo hice la tierra; hice también al hombre
y lo puse sobre ella. Yo extendí los cielos con
mis manos, y di órdenes a todas sus estrellas.
13 A él lo desperté en justicia, y allanaré
todos sus caminos; él edificará mi ciudad
y pondrá en libertad a mis cautivos, sin dar
por ellos nada a cambio. Lo digo yo, el Señor
de los ejércitos."»
14 Así dice el Señor:
«El trabajo de Egipto, las mercaderías de
Etiopía, y los altos sabeos, se pasarán a tu ban-
do y serán tuyos; te seguirán cargados de ca-

[b] **44.25:** 1 Co 1.20. [c] **44.28:** 2 Cr 36.23; Esd 1.2. [a] **45.9:** Ro 9.20.

denas, y al pasar ante ti te harán reverencias y suplicantes te dirán: "Ciertamente Dios está en medio de ti, y fuera de Dios no hay otro."»

15 Y en verdad tú, Dios y salvador de Israel, eres un Dios que se esconde.

16 Todos los que fabrican imágenes serán avergonzados, y andarán confusos y humillados;

17 pero ustedes los israelitas serán salvados por el Señor con salvación eterna; por todos los siglos jamás serán avergonzados ni humillados.

18 El Señor, creador de los cielos; el Dios que formó la tierra; el que la hizo y le dio forma; el que no la creó sin un propósito, sino que la creó para que fuera habitada, dice así:

«Yo soy el Señor, y no hay otro.

19 Yo no he hablado en secreto, en algún lugar recóndito de la tierra; yo no le he dicho a la descendencia de Jacob que me busque en vano. Yo soy el Señor, el que habla con justicia y da a conocer lo que es recto.»

El Señor y los ídolos de Babilonia

20 «Ustedes, los sobrevivientes de entre las naciones, vengan; acérquense y reúnanse. No saben nada esos que erigen un ídolo de madera, esos que dirigen sus ruegos a un dios que no salva.

21 Digan a todos que se acerquen, y se reúnan a deliberar. ¿Quién dio a saber esto desde el principio? ¿Quién sino yo, el Señor, lo dio a conocer desde entonces? No hay más Dios que yo, Dios justo y salvador. ¡No hay otro fuera de mí!

22 Pongan sus ojos en mí todos los términos de la tierra, y reciban salvación, porque yo soy Dios, y no hay más.

Is 49.5-6

23 Lo he jurado por mí mismo; de mi boca ha salido esta palabra de justicia, y no será revocada: Ante mí se doblará toda rodilla, y ante mí toda lengua jurará[b]

24 y dirá de mí: "Ciertamente en el Señor están la justicia y la fuerza." Todos los que se rebelan contra él vendrán a su presencia, y quedarán avergonzados,

25 porque en el Señor será justificada y se gloriará toda la descendencia de Israel.

PROMESAS PODEROSAS

ISAÍAS 45.23

Lo he jurado por mí mismo; de mi boca ha salido esta palabra de justicia, y no será revocada: Ante mí se doblará toda rodilla, y ante mí toda lengua jurará

En la época bíblica, cuando las personas hacían un voto (una promesa bien seria), juraban por el nombre de Dios cumplir con su voto. De cierta manera, estaban diciendo: "Dios es fiel y Él me ayudará a cumplir con este voto". En este pasaje, Dios hace un voto basado en su propio nombre. ¡No hay ningún nombre más poderoso en todo el universo! Algún día, todas las personas se inclinarán ante Cristo y reconocerán que Él es Señor. El apóstol Pablo cita esta promesa en Romanos 14:11 y Filipenses 2:10-11.

46 ¡Bel cayó de rodillas! ¡Nebo rodó por los suelos! ¡Sus imágenes fueron echadas sobre bestias, sobre animales de carga! Esas cosas que ustedes solían cargar, ahora son llevadas como carga sobre bestias cansadas

2 que rodaron por los suelos y cayeron de rodillas al mismo tiempo; no pudieron entregar su carga, y tuvieron que ir también al cautiverio.

3 «Escúchenme ustedes, los de la casa de Jacob, y todo el resto de la casa de Israel; ustedes, que han sido llevados desde que estaban en el vientre, sustentados desde que estaban en la matriz:

4 Yo mismo los seguiré llevando, hasta que estén viejos y canosos. Yo los hice, yo los llevaré. Yo los apoyaré y los protegeré.

5 »¿A quién me asemejarán? ¿Con quién me igualarán y compararán? ¿Con quién me harán semejante?

[b]**45.23:** Ro 14.11; Flp 2.10-11.

[6]Unos sacan oro de su bolsa, y pesan pla-
ta en la balanza; contratan a un platero para
que les haga un dios con eso, y luego se ar-
rodillan y lo adoran.
[7]Lo llevan sobre los hombros, lo colocan
en un lugar, y allí se queda, sin moverse de
su sitio. Le gritan, y no responde, ni tampo-
co los libra de su angustia.
[8]»Recuerden esto, gente pecadora; sien-
tan vergüenza y recapaciten.
[9]Recuerden los primeros sucesos de an-
taño, porque yo soy Dios, y no hay otro.
¡Nada hay semejante a mí!
[10]Yo anuncio desde un principio lo que
está por venir; yo doy a conocer por anti-
cipado lo que aún no ha sucedido. Yo digo:
"Mi consejo permanecerá, y todo lo que
quiero hacer lo haré."
[11]Yo llamo desde el oriente, desde un país
lejano al hombre que está en mis planes, y
que es un ave de rapiña. Ya lo he dicho, y
lo haré venir; ya lo he pensado, y así lo haré.
[12]»Escúchenme ustedes, gente de duro
corazón, que están lejos de la justicia:
[13]Yo estoy acercando mi justicia, y no está
lejos; nada detendrá ya mi salvación. Yo pon-
dré en Sión mi salvación, y mi gloria en Israel.

Veredicto contra Babilonia

47 »¡Baja de tu trono y siéntate
en el polvo, virginal ciudad de
Babilonia![a] ¡Tu trono es ahora
el suelo, destronada ciudad de los caldeos!
¡Nunca más volverán a llamarte "tierna y
delicada"!
[2]Ponte a moler el grano, y haz harina;
quítate el velo y las sandalias; descúbrete las
piernas y cruza los ríos.
[3]Tu desnudez quedará al descubierto; tu
deshonra quedará a la vista de todos. Yo
voy a tomar venganza, y nadie saldrá bien
librado.»
[4]¡El nombre de nuestro Redentor es el
Señor de los ejércitos, el Santo de Israel!
[5]«¡Siéntate, ciudad de los caldeos! Guar-
da silencio y entra en las tinieblas, porque
nunca más volverán a llamarte "señora de
los reinos".
[6]Yo me enojé contra mi pueblo; degradé
a los que son míos, y los entregué en tus ma-
nos; pero tú no les tuviste compasión; sobre
los ancianos dejaste caer el peso de tu yugo.
[7]Creíste que siempre serías señora, pero
no te detuviste a pensar que un día llegaría
tu fin.
[8]Pero escucha esto tú, libertina, que
confiadamente reinas y te dices a ti misma
"Yo soy yo, y fuera de mí no hay nadie más.
Nunca me quedaré viuda, ni sabré lo que es
la orfandad":
[9]En un mismo día te vendrán estas dos
cosas, orfandad y viudez;[b] y vendrán sobre ti
con toda su fuerza, a pesar de tus muchos
hechizos y encantamientos.
[10]»Tú te atuviste a tu maldad, y pensas-
te que nadie te veía. Tu propia sabiduría y
tu ciencia te engañaron al pensar para tus
adentros: "Yo, y nadie más".
[11]Vendrá sobre ti un mal cuyo origen des-
conoces; caerá sobre ti un quebrantamien-
to que no podrás remediar; ¡te sobrevendrá
una destrucción desconocida!
[12]»Pero tú sigue con tus muchos he-
chizos y encantamientos, a los que tanto
tiempo has dedicado desde tu juventud;
¡tal vez puedas mejorarte, tal vez puedas
fortalecerte!
[13]Tanto tiempo has dedicado a tus mu-
chas conspiraciones; ¡que se presenten aho-
ra esos que contemplan los cielos, esos que
observan las estrellas! ¡Que te defiendan
esos que cuentan los meses! ¡Que pronosti-
quen ahora lo que te va a sobrevenir!
[14]»¡Míralos! ¡Son como el tamo, y el fuego
los quemará! ¡No librarán su vida del poder
de las llamas! ¡Esas brasas no son para ca-
lentarse, ni su lumbre es para acampar a su
alrededor!
[15]Así te tratarán aquellos a quienes tanto
te entregaste, esos que traficaron contigo
desde tu juventud: cada uno se irá por su
camino, y no habrá nadie que te salve.

[a]**47.1-15:** Is 13.1—14.23; Jer 50.1—51.64. [b]**47.8-9:** Ap 18.7-8.

Dios reprende la infidelidad de Israel

48 »Escuchen esto ustedes, los
de la casa de Jacob; ustedes
que llevan el nombre de Israel
y que salieron de las aguas de Judá; ustedes
que juran en el nombre del Señor e invocan
al Dios de Israel, aunque no en verdad ni en
justicia;
2 ustedes que reciben su nombre de la
santa ciudad y confían en el Dios de Israel,
cuyo nombre es el Señor de los ejércitos:
3 Los acontecimientos de antaño ya antes
los había anunciado; salieron de mi boca y
los di a conocer; actué al momento y los
hice realidad.
4 Yo sé bien que eres muy necio; que tu
cuello es duro como el hierro, y que tu fren-
te parece de bronce.
5 Yo te lo anuncié con anticipación; antes
de que sucediera te lo hice saber, para que
no dijeras: "Esto lo hicieron mis ídolos. Mis
imágenes de escultura y de fundición lo or-
denaron."
6 »Todos ustedes lo han oído; todos lo
han visto. ¿Y no lo darán a conocer? A par-
tir de este momento les daré a saber cosas
nuevas y secretas que no conocían.
7 Han sido creadas ahora, y no en días pa-
sados; antes de hoy no las habías oído, para
que no digas: "Fíjense que ya lo sabía."
8 Esto nunca antes lo habías oído ni conoci-
do; antes de ahora no se había abierto tu oído,
pues yo sabía que eres desobediente. Por eso
te he llamado "rebelde desde antes de nacer".
9 »Por causa de mi nombre, y porque está
en juego mi alabanza, refrenaré mi enojo;
me contendré para no destruirte.
10 Bien puedes ver que te he purificado, y
no como a la plata; yo te elegí en el horno
de la aflicción.
11 Lo hice por mí, por causa de mí mismo,
para que mi nombre no sea profanado, pues
no daré a ningún otro mi honra.
12 »Jacob, yo te he llamado; Israel, escú-
chame: Sólo yo soy el primero, y sólo yo soy
el último.[a]
13 Con mi propia mano establecí la tierra;
con la palma de mi mano derecha medí los
cielos y, cuando los llamé, juntos se presen-
taron ante mí.
14 »Júntense todos ustedes, y escuchen:
¿Quién de ellos puede anunciar estas cosas?
Aquel a quien yo, el Señor, amo, cumplirá mi
voluntad en Babilonia, y descargará su brazo
sobre los caldeos.
15 Soy yo quien ha hablado; soy yo quien
lo llamó y lo hizo venir; por lo tanto, sus ac-
ciones serán prosperadas.»
16 Acérquense a mí y escuchen esto. Des-
de un principio no he hablado en secreto;
yo estaba allí desde que esto se hizo reali-
dad, y ahora el Señor y su espíritu me han
enviado.
17 Así dice el Señor, tu Redentor, el Santo
de Israel:
«Yo soy el Señor tu Dios, cuya enseñanza
es provechosa, y que te dirige por el camino
que debes seguir.
18 Si hubieras prestado atención a mis
mandamientos, tu paz habría fluido como
un río, y tu justicia sería como las olas del
mar;
19 tu descendencia, tus renuevos, serían
incontables como los granos de arena, y su
nombre nunca sería erradicado ni borrado
de mi presencia.»
20 ¡Salgan de Babilonia![b] ¡Huyan de entre
los caldeos! ¡Anuncien esto con voces de
alegría! ¡Denlo a conocer, difúndanlo hasta
los últimos rincones de la tierra! ¡Digan que
el Señor ha redimido a Jacob, su siervo!
21 Ellos no tuvieron sed cuando él los lle-
vó a través del desierto, cuando hizo que
brotara para ellos agua de la piedra, cuando
hendió la peña y las aguas fluyeron.
22 El Señor ha dicho: «No hay paz para los
malvados».[c]

Israel, siervo del Señor

49 ¡Escúchenme, costas y pueblos
lejanos! El Señor me llamó des-
de el vientre de mi madre; tuvo

[a]**48.12:** Is 44.6; Ap 1.17; 22.13. [b]**48.20:** Ap 18.4. [c]**48.22:** Is 57.21.

en cuenta mi nombre desde antes de que yo
naciera.
[2] Hizo de mi boca una espada aguda, y me
cubrió con la sombra de su mano; hizo de mí
una flecha bruñida, y me guardó en su aljaba.
[3] Y me dijo: «Israel, tú eres mi siervo. Tú
serás para mí motivo de orgullo.»
[4] Pero yo dije: «De balde he trabajado. He
gastado mis fuerzas sin ningún provecho.
Pero el Señor me hará justicia; mi Dios me
dará mi recompensa.»
[5] Pero ahora ha hablado el Señor, el que
me formó desde el vientre para que fuera
yo su siervo; para que reuniera a Jacob, para
que hiciera a Israel volverse a él (así yo seré
muy estimado a los ojos del Señor, y mi Dios
será mi fuerza),
[6] y ha dicho:
«Muy poca cosa es para mí que tú seas
mi siervo, y que levantes las tribus de Jacob y
restaures al remanente de Israel. Te he pues-
to también como luz de las naciones,[a] para
que seas mi salvación hasta los confines de
la tierra.»[b]

Is 52.7-10

[7] Así ha dicho el Señor, el Santo Redentor
de Israel, al que es menospreciado, al que
es odiado por las naciones, al siervo de los
gobernantes:
«Los reyes y los príncipes te verán y se le-
vantarán, y se inclinarán ante el Señor, por-
que el Santo de Israel, que te ha escogido,
es fiel.»

Dios promete restaurar a Sión

[8] Así ha dicho el Señor:
«En el momento favorable te responde-
ré; en el día de salvación te ayudaré.[c] Yo te
protegeré, y tú representarás mi pacto con
el pueblo, para que restaures la tierra y here-
des las propiedades asoladas;
[9] para que digas a los presos, a los que es-
tán en tinieblas: "Salgan de ahí; déjense ver."
En los caminos y en todas las alturas ten-
drán pastos y allí serán alimentados.
[10] No tendrán hambre ni sed, ni los ago-
biará el sol ni el calor, porque quien les tiene
misericordia los guiará y los llevará a manan-
tiales de aguas.[d]
[11] Yo convertiré todos mis montes en ca-
minos, y mis calzadas serán levantadas.
[12] Estos que ven aquí vendrán de lejos; es-
tos otros vendrán del norte y del occiden-
te, y aquellos otros vendrán de la tierra de
Sinim.»
[13] Ustedes, los cielos, ¡canten alabanzas! Y
tú, tierra, ¡canta de alegría! ¡Que prorrum-
pan los montes en alabanzas! ¡El Señor ha
consolado a su pueblo, y se ha compadeci-
do de sus pobres!
[14] Sión dice: «El Señor me ha abandonado.
El Señor se olvidó de mí.»
[15] ¿Pero acaso se olvida la mujer del hijo
que dio a luz? ¿Acaso deja de compadecerse
del hijo de su vientre? Tal vez ella lo olvide,
pero yo nunca me olvidaré de ti.
[16] Yo te llevo grabada en las palmas de mis
manos; siempre tengo presentes tus murallas.
[17] Tus edificadores vendrán apresurados,
y saldrán de ti los que te han destruido y
asolado.
[18] Alza los ojos y mira a tu alrededor: To-
dos estos se han reunido; han venido a ti. Yo
te juro que todos ellos serán para ti como

LECCIONES — UNA LUZ PARA LOS GENTILES

(Isaías 49.6)

En este pasaje, Isaías transmite otro mensaje acerca del Salvador que vendrá. Algunas veces, a este versículo se le conoce como "la Gran Comisión del Antiguo Testamento" porque es parecido al mandamiento que dio Jesús en Mateo 28:19-20 (la "Gran Comisión"). El ser una "luz a los gentiles" significa llevarles el mensaje del evangelio. El apóstol Pablo y Bernabé también citaron este versículo cuando predicaron el mensaje del evangelio (Hechos 13:47), Tú puedes ser una "luz" para las personas a tu alrededor cuando les hablas acerca de Jesús.

[a]**49.6:** Is 42.6; Lc 2.32; Hch 26.23. [b]**49.6:** Hch 13.47. [c]**49.8:** 2 Co 6.2. [d]**49.10:** Ap 7.16-17.

un fino vestido, y que te adornarán como a una novia.

—Palabra del Señor.

19 Ciertamente tu tierra devastada, arruinada y desierta, será demasiado estrecha para la multitud de tus habitantes, y los que te destruyeron serán apartados y alejados.

20 Aun los hijos de tu orfandad te dirán al oído: «Este lugar es demasiado estrecho para mí; hazme un espacio habitable.»

21 Y tú te pondrás a pensar: «¿Y quién me engendró estos hijos? Yo me había quedado sin hijos; estaba sola, peregrina y desterrada. ¿Quién crió a éstos? Me había quedado sola; ¿dónde estaban éstos?»

22 Así ha dicho Dios el Señor:

«¡Miren! Yo levantaré mi mano a las naciones; levantaré a los pueblos mi bandera; y ellos traerán en brazos a tus hijos, y a tus hijas las traerán en hombros.

23 Sus reyes serán tus ayos, y sus reinas tus nodrizas; ante ti se inclinarán, sin levantar la vista del suelo, y lamerán el polvo de tus pies. Sabrás entonces que yo soy el Señor, y que no quedan avergonzados los que esperan en mí.»

24 ¿Puede arrebatársele el botín al guerrero? ¿Puede rescatarse al cautivo del poder del tirano?

25 Pues así dice el Señor:

«Ciertamente el cautivo será rescatado del poder del guerrero, y el botín se le arrebatará al tirano; yo defenderé tu causa, y salvaré a tus hijos.

26 También haré que los que te despojaron se coman su propia carne, y que se embriaguen con su propia sangre, como si tomaran vino. Así todo el mundo sabrá que yo soy el Señor, el Fuerte de Jacob, tu salvador y redentor.»

El Señor ayuda a quienes confían en él

50 Así ha dicho el Señor:
«¿Qué pasó con la carta de repudio, con la que repudié a la madre de ustedes? ¿Quiénes son mis acreedores, a quienes yo a ustedes los vendí? Dense cuenta de que ustedes fueron vendidos por causa de sus maldades, y de que su madre fue repudiada por sus rebeliones.

2 ¿Por qué no hallé a nadie cuando vine? ¿Por qué nadie respondió cuando llamé? ¿Acaso mi mano ha perdido su poder de redimir? ¿Acaso ya no tengo poder para librar? ¡Fíjense bien! Yo reprendo al mar, y éste se seca; convierto a los ríos en un desierto, y por la falta de agua sus peces se pudren y se mueren de sed.

3 Cubro los cielos de oscuridad, y hago que se vistan de luto.»

4 Dios el Señor me ha dado una lengua de sabios, para saber cómo consolar a los cansados. Todas las mañanas despierta mis oídos para que escuche como los sabios.

5 Dios el Señor me ha abierto los oídos, y yo no he sido rebelde ni he intentado huir.

6 A los que me herían les ofrecí la espalda,

[a] **50.6:** Mt 26.67; Mr 14.65.

NO OLVIDADOS *(Isaías 49.14-17)*

Isaías advirtió a los israelitas que cuando Dios permitiera que fueran capturados por otras naciones, ellos pensarían que Dios ya no los amaba. Dios les dio este mensaje para hacerles saber que Él nunca se olvidaría de ellos. Él sí permitiría que pasaran por momentos duros, pero como un buen padre, Dios seguía amándolos. Esta promesa también se aplica a nosotros. Ya sea que pasemos por momentos buenos o malos, Dios nunca nos dejará ni nos desamparará (lee Hebreos 13:5). Él siempre cuida de nosotros.

y a los que me arrancaban la barba les ofrecí la mejilla; no escondí mi rostro de las injurias ni de los escupitajos.[a]

7 Dios el Señor me ayudará, así que no me avergonzaré. Por eso endurecí mi rostro como piedra, pues bien sé que no seré avergonzado.

8 Mi salvador está cerca de mí; levantémonos y veamos quién se atreve a contender conmigo. ¡Que se enfrente a mí el que quiera acusarme!

9 ¡Fíjense bien! Dios el Señor es quien me ayuda; ¿quién puede condenarme? Fíjense y verán que todos ellos se envejecerán como la ropa; ¡serán carcomidos por la polilla!

10 ¿Quién de ustedes teme al Señor y oye la voz de su siervo? Si hay alguien que ande en tinieblas y carezca de luz, que confíe en el nombre del Señor, y que se apoye en su Dios.

11 Pero a todos ustedes, los que encienden fuego y se rodean de teas, y andan a la luz de su fuego y de las teas que han encendido, esto es lo que recibirán de mi mano: con grandes dolores serán sepultados.

Palabras de consuelo para Sión

51 «Escúchenme ustedes, los que me buscan y van en pos de la justicia. Miren la piedra de donde ustedes fueron cortados; el hueco de la cantera de donde fueron sacados.

2 Miren a Abrahán, su padre; miren a Sara, la mujer que los dio a luz. Cuando él era uno solo, yo lo llamé, lo bendije y lo multipliqué.

3 Yo, el Señor, consolaré a Sión; consolaré todos sus páramos. Haré de su desierto un paraíso, de su soledad un huerto mío, y en ella habrá gozo y alegría; alabanzas y voces de canto.

4 »Pueblo mío, ¡préstame atención! Nación mía, ¡escúchame! De mí saldrá la ley; mi justicia será la luz de los pueblos.

5 Ya está cerca mi justicia; ya ha salido mi salvación. Mis brazos juzgarán a los pueblos, pues los habitantes de la costa esperan en mí, y en mi brazo han puesto su esperanza.

PROMESAS PODEROSAS

ISAÍAS 51.4-5

Pueblo mío, ¡préstame atención! Nación mía, ¡escúchame! De mí saldrá la ley; mi justicia será la luz de los pueblos. Ya está cerca mi justicia; ya ha salido mi salvación. Mis brazos juzgarán a los pueblos, pues los habitantes de la costa esperan en mí, y en mi brazo han puesto su esperanza.

El Mesías venidero (Jesús) ofrecería salvación a las personas de todas las naciones. Además, al final de los tiempos, Él regresará a la tierra para gobernar con justicia. ¿No es maravilloso saber que todas las personas están invitadas a ser ciudadanos del reino de Dios? ¿Has escogido tú servirlo?

6 Levanten los ojos a los cielos, y vuelvan la mirada hacia la tierra: los cielos se desvanecerán como el humo, la tierra se envejecerá como la ropa, y así también perecerán sus habitantes; pero mi salvación permanecerá para siempre, ¡mi justicia no perecerá! Is 53.6-12

7 »Escúchenme ustedes, pueblo que conoce la justicia y que lleva mi enseñanza en su corazón: No tengan miedo de las afrentas humanas, ni se desanimen por sus ultrajes,

8 porque la polilla se los comerá como a un vestido; los gusanos se los comerán como a la lana; pero mi justicia permanecerá para siempre, ¡mi salvación será la misma por los siglos de los siglos!»

9 ¡Despiértate, brazo del Señor! ¡Despierta y revístete de poder! ¡Despiértate como en los días de antaño, como en los siglos pasados! ¿Acaso no eres tú el que partió en dos a Rajab, el que hirió de muerte al monstruo del mar?

10 ¿No eres tú el que secó el mar, las aguas del mar profundo? ¿No eres el que hizo del fondo del mar un camino, para que por él pasaran los redimidos?

11 Los redimidos del Señor volverán a Sión entre cantos de alegría. Sobre ellos reposará un gozo infinito; rebosarán de gozo y alegría, y el dolor y los gemidos huirán de ellos.

12 «Yo mismo soy su consolador. ¿Quién eres tú para tener miedo de hombres mortales, que son como la paja?

13 Ya te has olvidado del Señor, tu Hacedor, que extendió los cielos y estableció la tierra. Todo el día lo pasas temiendo la furia del que te oprime y amenaza con destruirte. Pero ¿en dónde está la furia de ese opresor?

14 El que ahora está preso y agobiado pronto será puesto en libertad; no morirá en la mazmorra, ni carecerá de alimento.

15 Yo soy el Señor tu Dios, el que agita el mar y hace rugir sus olas. Mi nombre es Señor de los ejércitos.

16 Yo he puesto mis palabras en tu boca, y te he cubierto con la sombra de mi mano. Yo extendí los cielos y puse los cimientos de la tierra. Yo le he dicho a Sión: "Tú eres mi pueblo."»

17 ¡Despierta, Jerusalén! Tú, que bebiste de la mano del Señor el cáliz de su ira, ¡despierta! Tú, que bebiste hasta la última gota el cáliz de aturdimiento, ¡levántate![a]

18 De todos los hijos que diste a luz, no hay uno solo que te guíe; de todos los hijos que criaste, no hay uno solo que te tome de la mano.

19 Dos cosas te han acontecido: Violencia y destrucción; ¿quién te consolará? Hambre y espada; ¿quién te compadecerá?

20 Tus hijos perdieron las fuerzas; quedaron tendidos en los cruceros de los caminos, atrapados como antílopes, y recibiendo todo el peso de la ira e indignación del Señor tu Dios.

21 Por eso tú, que estás afligida, y que sin haber tomado vino estás borracha, escucha bien esto:

22 Así ha dicho el Señor tu Dios, el Dios que aboga por su pueblo:

«Ya he quitado de tu mano el cáliz de aturdimiento, y la última gota del cáliz de mi ira. Nunca más volverás a beberlo.

23 Ahora lo pondré en las manos de los que te afligieron; de aquellos que te dijeron: "Inclínate, que vamos a pasar por encima de ti." Y tú les serviste de suelo, y fuiste para ellos el camino por el que pasaron.»

Dios librará a Sión del cautiverio

52 ¡Despierta, Sión, despierta! ¡Revístete de poder, Jerusalén! ¡Ponte tu mejor ropa, ciudad santa![a] ¡Nunca más vendrá a ti gente impura e incircuncisa!

2 ¡Sacúdete el polvo, Jerusalén, y levántate para reinar! ¡Quítate del cuello esas ataduras, cautiva hija de Sión!

3 Porque así dice el Señor:

«Ustedes fueron vendidos, pero no a cambio de dinero, así que sin dinero serán rescatados.»

4 Así también dice Dios, el Señor:

«En el pasado mi pueblo bajó a Egipto para vivir allá, y los asirios lo cautivaron sin motivo.

5 Y ahora ¿a quién tengo aquí? Mi pueblo es llevado injustamente; los que lo dominan lo hacen aullar de dolor, y mi nombre es blasfemado[b] todo el día y sin cesar.

—Palabra del Señor.

6 »Por lo tanto, cuando llegue el momento mi pueblo conocerá mi nombre. Yo mismo lo he dicho, y yo estaré allí presente.»

7 ¡Cuán hermosos son, sobre los montes, los pies del que trae buenas nuevas! Los pies del que anuncia la paz,[c] del que trae buenas noticias, del que anuncia salvación, del que le dice a Sión: «¡Tu Dios reina!»

8 ¡Tus atalayas dejan oír su voz! ¡Al unísono lanzan voces de júbilo! ¡Con sus propios ojos ven que el Señor vuelve a Sión!

9 Páramos de Jerusalén, ¡canten alabanzas y alégrense a una voz! ¡El Señor ha consolado a su pueblo, ha redimido a Jerusalén!

10 El Señor ha desnudado su santo brazo a la vista de todas las naciones, y todos los confines de la tierra verán la salvación de nuestro Dios.

Ez 3.10-11

[a]**51.17:** Ap 14.10; 16.19. [a]**52.1:** Ap 21.2, 27. [b]**52.5:** Ro 2.24. [c]**52.7:** Nah 1.15; Ro 10.15; Ef 6.15.

LECCIONES **BUENAS NOTICIAS** (*Isaías* 52.7)

¿Cuándo fue la última vez que oíste noticias estupendas? Este versículo tiene que ver con noticias estupendas y los mensajeros que las traen. (1) Se refiere a aquellos que tenían buenas noticias para los cautivos en Babilonia: podrían regresar a su tierra natal. (2) También es un mensaje acerca del Mesías, que tendría las buenas noticias de que la paz con Dios es posible. Los que difunden las buenas noticias son bendecidos. ¡Los NIÑOS PODEROSOS les cuentan las buenas noticias a todos!

11 ¡Apártense, apártense! ¡Salgan de ahí, y
no toquen nada inmundo![d] ¡Salgan de esa
ciudad y purifíquense, pues son ustedes
portadores de los utensilios del Señor!
12 Ciertamente no saldrán ustedes de pri-
sa ni huyendo de nadie: ¡El Señor irá a la van-
guardia! ¡El Dios de Israel irá a la retaguardia!

Sufrimientos del siervo del Señor

13 ¡Aquí está mi siervo! Será prosperado,
engrandecido y exaltado; será puesto muy
en alto.
14 Muchos se asombrarán al verlo. Su sem-
blante fue de tal manera desfigurado, que
no parecía un ser humano; su hermosura no
era la del resto de los hombres.
15 Muchas naciones se asombrarán de él.
Los reyes callarán al verlo, porque verán algo
que nunca les fue contado, y entenderán
algo que jamás habían oído.[e]

53 ¿Quién ha creído a nuestro anuncio?[a]
¿En quién se ha manifestado el brazo del Señor?[b]
2 Crecerá ante él como un renuevo,
como raíz en tierra seca.
No tendrá una apariencia atractiva,
ni una hermosura impresionante.

PALABRAS CON PODER **EL SIERVO SUFRIENTE** (*Isaías* 53.1-12)

Isaías dijo que el Mesías sería el Siervo Sufriente de Dios. Jesús cumplió cada versículo de esta profecía. Nació en circunstancias muy humildes, en un establo (versículo 2). Cuando creció, escogió ir a la cruz para morir por nuestros pecados (versículos 4-5). El Salvador sufrió por ti.¿Qué harás tú para vivir para Él?

Lo veremos, pero sin atractivo alguno
para que más lo deseemos.
3 Será despreciado y desechado
por la humanidad entera.
Será el hombre más sufrido,
el más experimentado en el sufrimiento.
¡Y nosotros no le daremos la cara!
¡Será menospreciado! ¡No lo apreciaremos!

4 Con todo, él llevará sobre sí nuestros males,
y sufrirá nuestros dolores,[c]
mientras nosotros creeremos que Dios
lo ha azotado, lo ha herido y humillado.
5 Pero él será herido por nuestros pecados;
¡molido por nuestras rebeliones!
Sobre él vendrá el castigo de nuestra paz,
y por su llaga seremos sanados.[d]
6 Todos perderemos el rumbo, como ovejas,[e]
y cada uno tomará su propio camino;
pero el Señor descargará sobre él
todo el peso de nuestros pecados.
7 Se verá angustiado y afligido,
pero jamás emitirá una queja;
será llevado al matadero, como un cordero;[f]
y como oveja delante de sus trasquiladores
se callará y no abrirá su boca.

Is 57.18-19

[d]**52.11:** 2 Co 6.17. [e]**52.15:** Ro 15.21. [a]**53.1:** Ro 10.16. [b]**53.1:** Jon 12.38. [c]**53.4:** Mt 8.17. [d]**53.5:** 1 P 2.24. [e]**53.6:** 1 P 2.25. [f]**53.7:** Ap 5.6. [g]**53.7-8:** Hch 8.32-33.

8 Sufrirá la cárcel, el juicio y la muerte;
¿y quién entonces contará su historia,
si él será arrancado por completo
de este mundo de los vivientes[g]
y morirá por el pecado de mi pueblo?
9 Se le dará sepultura con los impíos;
morirá en compañía de malhechores;
a pesar de que nunca hizo violencia a
nadie,
ni jamás profirió una sola mentira.[h]

10 Pero al Señor le pareció bien
quebrantarlo y hacerlo padecer.
Cuando se haya presentado a sí mismo
como ofrenda para la expiación de
pecado,
verá a su descendencia, tendrá una
larga vida,
y por medio de él se verá prosperada
la voluntad del Señor.
11 Verá el fruto de su propia aflicción,
y se dará por satisfecho.
Mi siervo justo justificará a muchos
por medio de su conocimiento,
y él mismo llevará las iniquidades de
ellos.
12 Por eso yo le daré parte con los
grandes,
y él repartirá despojos con los fuertes.
Porque él derramará su vida hasta la
muerte
y será contado entre los pecadores;[i]
llevará sobre sí mismo el pecado de
muchos,
y orará en favor de los pecadores.

Is 55.6-7

LECCIONES HERIDO POR NOSOTROS

(Isaías 53.10)

Este versículo tiene que ver con una profecía acerca del Salvador que sufriría por los demás. Jesús cumplió esta profecía cuando murió en la cruz. Dios hubiera podido dejar que su Hijo viniera a la tierra y evitara problemas. Pero no lo hizo. Permitió que su Hijo muriera por maldades que Él no hizo, porque Jesús era el único sacrificio perfecto por el pecado. Por causa de la muerte de Jesús, Dios puede perdonar los pecados de todos los que confían en Jesús como su Salvador.

El eterno amor del Señor por Israel

54 Así ha dicho el Señor:
«¡Regocíjate, mujer estéril, tú
que no dabas a luz! ¡Eleva tu
canto y da voces de júbilo, tú que nunca
estuviste de parto! ¡Más hijos tendrá la de-
samparada que la casada![a]
2 ¡Extiende el sitio de tu tienda! ¡Alarga las
cortinas de tus aposentos! ¡No te midas! ¡Ex-
tiende las cuerdas y refuerza las estacas!
3 Porque vas a extenderte a la derecha y
a la izquierda, y tu descendencia heredará
naciones y habitará las ciudades asoladas.
4 »No tengas miedo, que no serás con-
fundida; no te avergüences, que no serás
afrentada. Al contrario, te olvidarás de la
vergüenza de tu juventud, y no volverás a
acordarte de la afrenta de tu viudez.
5 Tu marido es tu Creador, y su nombre es el
Señor de los ejércitos; tu Redentor es el Santo
de Israel, y su nombre es el Dios de toda la tierra.
6 Yo, el Señor, te lo he dicho: Te llamé
cuando eras una mujer abandonada y de es-
píritu decaído; cuando eras como una joven
esposa que ha sido repudiada.
7 Es verdad: te abandoné por un poco de
tiempo, pero volveré a recogerte con gran-
des misericordias.
8 Estaba yo un poco enojado cuando por
algún tiempo no quise ni verte; pero volveré
a tenerte compasión y misericordia eterna.
Lo digo yo, que soy tu Señor y Redentor.
9 »Esto será para mí semejante a los días de
Noé, cuando juré que nunca más las aguas del
diluvio volverían a cubrir la tierra.[b] Ya he jurado
que no volveré a enojarme contra ti, ni te reñiré.
10 Podrán moverse los montes, podrán
temblar las colinas, pero mi misericordia
jamás se apartará de ti, ni se romperá mi

[h]53.9: 1 P 2.22. [i]53.12: Mr 15.28; Lc 22.37. [a]54.1: Gá 4.27. [b]54.9: Gn 9.8-17.

pacto de paz contigo. Lo digo yo, el Señor, quien tiene de ti misericordia.

11 »¡Pobrecita! La tempestad te ha azotado, y nadie te ha brindado consuelo. Pero voy a ponerte por cimientos piedras de carbunclo y de zafiro.

12 Tus ventanas las haré de piedras preciosas, tus puertas serán de piedra de carbunclo, y toda tu muralla será de piedras preciosas.[c]

13 Yo, el Señor, enseñaré a todos tus hijos,[d] y su paz se verá multiplicada.

14 Tu adorno será la justicia. Y no tendrás nada que temer porque la opresión se alejará de ti, y nunca más se te volverá a acercar.

15 Si alguno conspira contra ti, no será con mi ayuda; el que contra ti conspire, caerá muerto ante tus propios ojos.

16 Yo he creado al herrero, al que atiza las ascuas en el fuego y saca luego la herramienta para hacer su obra; y yo he creado también al destructor, para que destruya.

17 No saldrá victoriosa ninguna arma que se forje contra ti. Y tú condenarás a toda lengua que en el juicio se levante contra ti. Ésta es la herencia de los siervos del Señor. Su salvación viene de mí. Yo, el Señor, lo he dicho.

Misericordia gratuita para todos

55 »Todos ustedes, los que tienen sed: Vengan a las aguas;[a] y ustedes, los que no tienen dinero, vengan y compren, y coman. Vengan y compren vino y leche, sin que tengan que pagar con dinero.

2 ¿Por qué gastan su dinero en lo que no alimenta, y su sueldo en lo que no les sacia?

PROMESAS PODEROSAS

ISAÍAS 55.8

El Señor ha dicho: "Mis pensamientos no son los pensamientos de ustedes, ni son sus caminos mis caminos."

Los pensamientos de Dios no son como los pensamientos humanos. Las acciones y los gestos de Dios siempre son perfectos. ¡Él lo sabe todo! A medida que llegamos a conocer mejor a Dios, nuestros pensamientos y nuestras acciones llegarán a ser más como las de Dios.

Escúchenme bien, y coman lo que es bueno; deléitense con la mejor comida.

3 Inclinen su oído, y vengan a mí; escuchen y vivirán. Yo haré con ustedes un pacto eterno, que es el de mi invariable misericordia por David.[b]

4 Yo lo puse como testigo para los pueblos, y como jefe y maestro de las naciones.

5 Por causa del Señor tu Dios, por el Santo de Israel que te ha honrado, llamarás a gente que no conocías; pueblos que nunca te conocieron correrán a ti.»

6 Busquen al Señor mientras pueda ser hallado; llámenlo mientras se encuentre cerca.

7 ¡Que dejen los impíos su camino, y los malvados sus malos pensamientos! ¡Que se vuelvan al Señor, nuestro Dios, y él tendrá misericordia de ellos, pues él sabe perdonar con generosidad! Is 59.15-17

8 El Señor ha dicho:

«Mis pensamientos no son los pensamientos de ustedes, ni son sus caminos mis caminos.

[c]**54.11-12:** Ap 21.18-21. [d]**54.13:** Jon 6.45. [a]**55.1:** Ap 21.6; 22.17. [b]**55.3:** Hch 13.34.

EL QUE SATISFACE NUESTRA SED *(Isaías 55.1)*
¿Qué haces cuando tienes sed? Te tomas algo, ¿verdad? Aquí, Isaías usa la sed física como un símbolo de la sed espiritual. Tener sed espiritual es cuando una persona tiene muchos deseos de hablar con Dios y aprender acerca de Él. Isaías dijo que cuando el pueblo regresara del cautiverio, tendrían sed de Dios. Anhelarían adorarlo en el templo. ¿Tienes tú "sed" de Dios? Si es así, lee tu Biblia y ora todos los días.

9 Así como los cielos son más altos que la tierra, también mis caminos y mis pensamientos son más altos que los caminos y pensamientos de ustedes.

10 »Así como la lluvia y la nieve caen de los cielos, y no vuelven allá, sino que riegan la tierra y la hacen germinar y producir, con lo que dan semilla para el que siembra y pan para el que come,[c]

11 así también mi palabra, cuando sale de mi boca, no vuelve a mí vacía, sino que hace todo lo que yo quiero, y tiene éxito en todo aquello para lo cual la envié.

12 »Ustedes saldrán con alegría, y volverán en paz; los montes y las colinas cantarán al paso de ustedes, y todos los árboles del campo aplaudirán.

13 En lugar de zarzas, crecerán cipreses; en lugar de ortigas, crecerán arrayanes. Esto dará lustre al nombre del Señor; ¡será una señal eterna que durará para siempre!»

Promesa de Dios a los que cumplen su pacto

56 El Señor ha dicho:
«Practiquen la justicia y ejecuten el derecho. Ya se acerca mi salvación; mi justicia pronto va a manifestarse.

2 ¡Dichosos los que observan fielmente el día de reposo y se mantienen firmes en su práctica de no profanarlo! ¡Dichosos los que refrenan su mano para no cometer ninguna maldad!

3 »Que no diga el extranjero que me sigue: "El Señor me apartará totalmente de su pueblo"; ni diga tampoco el eunuco: "¡Miren! ¡Sólo soy un árbol seco!"

4 Porque yo, el Señor, digo a los eunucos que observen mis días de reposo, y opten por hacer lo que yo quiero, y se aferren a mi pacto.

5 En mi casa, y dentro de los muros de mi ciudad, los haré más famosos que si hubieran tenido hijos e hijas; les daré un nombre perpetuo, que jamás será olvidado.

PROMESAS PODEROSAS

ISAÍAS 55.11

así también mi palabra, cuando sale de mi boca, no vuelve a mí vacía, sino que hace todo lo que yo quiero, y tiene éxito en todo aquello para lo cual la envié.

Cuando Dios dice que algo ocurrirá, de cierto ocurrirá. Las palabras que Él habla siempre son ciertas. Nunca pueden ser canceladas o derrotadas. Lo que Dios quiere que ocurra, de cierto ocurrirá. Siempre puedes confiar en cualquier promesa que hace Dios.

6 A los hijos de los extranjeros que me sigan y me sirvan, y que amen mi nombre y sean mis siervos; y a todos los que observen el día de reposo y no lo profanen, y se aferren a mi pacto,

7 yo los llevaré a mi santo monte, para que se alegren en mi casa de oración. Sus holocaustos y sus sacrificios serán bien recibidos sobre mi altar, porque mi casa será llamada casa de oración para todos los pueblos.[a]

8 Todavía habré de reunir con ustedes a otros que estoy por reunir.

—Palabra de Dios el Señor, a los dispersos de Israel.

Contra los malos guías

9 »Ustedes, bestias del campo, y ustedes fieras del bosque, ¡vengan y devoren!

10 Todos los que vigilan a mi pueblo son ciegos e ignorantes; todos ellos son como perros mudos, que ni ladrar pueden: siempre somnolientos y echados, ¡les encanta dormir!

11 Son como perros: ¡comilones e insaciables! Y quienes los guían no saben entender; todos ellos van por su propio camino, cada uno va por su lado, buscando su propio provecho.

12 Los invitan a tomar vino y a emborracharse con sidra, mientras les aseguran que el día de mañana será mejor que el presente.

[c]**55.10:** 2 Co 9.10. [a]**56.7:** Mt 21.13; Mr 11.17; Lc 19.46.

Condenación de la idolatría de Israel

57 »Mueren los hombres justos, pero eso a nadie le importa. Muere la gente piadosa, sin que nadie entienda que su muerte es resultado de la maldad.

2 Todos los que obedecen a Dios pasan a mejor vida y reposan en su lecho de muerte.

3 Pero ustedes, hijos de hechicera; ustedes, descendientes de adúlteros y de rameras, ¡vengan para acá!

4 ¿De quién creen que se burlan? ¿Contra quién abren tanto la boca y alargan la lengua? ¿Acaso no son ustedes unos hijos rebeldes, una generación de mentirosos?

5 Bajo todo árbol frondoso se encienden de lujuria, y en los valles y entre las grietas sacrifican a sus propios hijos.

6 En las piedras lisas del valle tienes tu parte; ellas te han tocado en suerte, pues a ellas presentaste ofrendas y ofreciste sacrificios de libación. ¿Y no habré de castigar estas cosas?

7 Sobre un monte alto y empinado tendiste tu cama, y allí también subiste a ofrecer sacrificios.

8 Tras la puerta y el umbral colgaste tus talismanes; te descubriste delante de otros, pero no delante de mí; ensanchaste tu cama y te subiste a ella, e hiciste un pacto con ellos. ¡Preferiste más la cama de ellos, dondequiera que la veías!

9 Te presentaste ante Moloc llevándole ungüentos, multiplicaste tus perfumes, enviaste tus embajadores a tierras lejanas, y te hundiste hasta las profundidades del sepulcro.

10 Te cansaste de andar por tantos caminos, pero nunca desististe. Siempre hallaste nuevos bríos, y no te diste por vencida.

11 »¿Y de quién te asustaste? ¿Quién te hizo sentir tanto miedo, que fuiste falsa conmigo? ¡No te acordaste de mí, ni me tuviste en tus pensamientos! Hace mucho tiempo que yo he guardado silencio, pero tú nunca me has temido.

12 Yo daré a conocer tu justicia y tus obras, y éstas de nada te servirán.

13 »Cuando pidas ayuda, ¡que vengan a salvarte tus ídolos! Pero a todos ellos se los llevará el viento; ¡un soplo los arrebatará! Pero los que en mí confían recibirán la tierra como su herencia y tomarán posesión de mi santo monte.

14 Entonces se dirá: "¡Abran paso, abran paso! ¡Limpien el camino para que mi pueblo no tropiece!"

15 Porque así ha dicho el Alto y Sublime, el que habita la eternidad, y cuyo nombre es santo: "Yo habito en las alturas, en santidad, pero también doy vida a los de espíritu humilde y quebrantado, y a los quebrantados de corazón."

16 Yo no voy a estar peleando siempre, ni siempre voy a estar enojado, porque entonces decaerían ante mí el espíritu y el hálito de vida que yo mismo he creado.

17 Yo me enojé y herí a mi pueblo por su malvada codicia; tanto me indigné que les volví la espalda, pero ellos siguieron el camino que les dictó su corazón.

18 Ya he visto el camino que siguen, pero a pesar de eso los sanaré y los consolaré; a ellos y a los que lloran los dirigiré,

19 y haré que con sus labios digan: "Paz al que está lejos; paz al que está cerca".[a] Yo, el Señor, prometo que los sanaré.»

Jer 17.14

20 Pero los impíos son como el mar en tempestad, cuyas aguas no pueden estarse quietas, y en su movimiento arrojan cieno y lodo.

21 Por eso mi Dios ha dicho: «No hay paz para los impíos».[b]

El ayuno verdadero

58 «¡Grita a voz en cuello y sin descanso! ¡Levanta la voz como una trompeta, y denuncia la rebelión de mi pueblo! ¡Denuncia el pecado de la casa de Jacob!

2 Dicen que me buscan todos los días, y que quieren conocer mis caminos, ¡como si

[a]**57.19:** Ef 2.13. [b]**57.21:** Is 48.22.

fueran gente que practicara la justicia y que
nunca hubiera abandonado las enseñanzas
de su Dios! Me piden emitir juicios justos,
dicen que quieren acercarse a mí,
3 y me preguntan: "¿Qué sentido tiene que
ayunemos, si no nos haces caso? ¿Para qué
afligir nuestro cuerpo, si tú no te das por
enterado?" Pero resulta que cuando ayunan
sólo buscan su propia satisfacción, ¡y mien-
tras tanto oprimen a todos sus trabajadores!
4 Sólo ayunan para estar peleando y dis-
cutiendo, y para dar de puñetazos impune-
mente. Si quieren que su voz sea escuchada
en lo alto, no ayunen como hoy día lo hacen.
5 ¿Acaso lo que yo quiero como ayuno
es que un día alguien aflija su cuerpo, que
incline la cabeza como un junco, y que se
acueste sobre el cilicio y la ceniza? ¿A eso le
llaman ayuno, y día agradable al Señor?
6 »Más bien, el ayuno que yo quiero es
que se desaten las ataduras de la impiedad,
que se suelten las cargas de la opresión, que
se ponga en libertad a los oprimidos, ¡y que
se rompa todo yugo!
7 Ayunar es que compartas tu pan con quien
tiene hambre, que recibas en tu casa a los po-
bres vagabundos, que cubras al que veas des-
nudo, ¡y que no le des la espalda a tu hermano!
8 Si actúas así, entonces tu luz brillará
como el alba, y muy pronto tus heridas sa-
narán; la justicia será tu vanguardia, y la glo-
ria del Señor será tu retaguardia.
Jer 11.1-5
9 »Entonces clamarás, y el Señor te res-
ponderá; lo invocarás, y él te dirá: "Aquí es-
toy. Si quitas de en medio de ti el yugo, el
dedo amenazador, y el lenguaje hueco;

LECCIONES — LA LUZ DE SUS BENDICIONES

(Isaías 58.8-12)

Los amaneceres pueden ser hermosos a medida que el sol naciente echa fuera la oscuridad. En este versículo, Isaías usa el amanecer como un símbolo de las bendiciones de Dios. Si el pueblo de Dios tratara a la gente con benignidad (lee Isaías 58:6-7, 9-11), entonces Dios los bendeciría con salud, protección y respuestas a la oración. Ya no sufrirían la confusión y el temor causados por su rebelión pasada. Dios sigue queriendo que su pueblo cuide de los demás. ¿Qué harás tú para mostrarle benignidad a alguien hoy?

10 y si compartes tu pan con el hambriento
y satisfaces el hambre de los afligidos, enton-
ces tu luz brillará entre las tinieblas, y la oscu-
ridad que te rodea será como el mediodía."
11 Entonces yo, el Señor, te guiaré siempre,
y en tiempos de sequía satisfaré tu sed; in-
fundiré nuevas fuerzas a tus huesos, y serás
como un huerto bien regado, como un ma-
nantial cuyas aguas nunca faltarán.
12 De generación en generación tus des-
cendientes edificarán las ruinas y los cimien-
tos de antaño, y tú serás conocido como re-
parador de ruinas y restaurador de calzadas
otrora intransitables.

La observancia del día de reposo

13 »Si en el día de reposo, que es mi día san-
to, te refrenas de hacer tu voluntad y lo llamas

LO QUE QUIERE DIOS *(Isaías 58.6)*

Cuando las personas "ayunan", dejan de comer, y en vez de comer, oran. El privarse de comida de esta manera es un sacrificio. Muestra que la oración es muy importante. Pero a Dios no le impresiona el ayuno si las personas están ocultando pecado en su corazón o no están tratándose bien. Él quiere que las personas cuiden de los pobres y traten a los demás de manera justa. ¿Se te ocurren algunas maneras en que podrías ayudar a otras personas?

día santo y glorioso del Señor; y si lo honras no siguiendo tu propio camino ni buscando tu voluntad, ni hablando por hablar,

14 entonces hallarás tu deleite en mí. Yo, el Señor, te llevaré a las alturas de la tierra, y allí te daré a comer de la herencia de tu padre Jacob.»

La boca del Señor lo ha dicho.

Confesión del pecado de Israel

59 Bien pueden ver que la mano del Señor no está impedida para salvar, ni sus oídos se han agravado para no oír.

2 Son las iniquidades de ustedes las que han creado una división entre ustedes y su Dios. Son sus pecados los que le han llevado a volverles la espalda para no escucharlos.

3 ¡Ustedes tienen las manos manchadas de sangre! ¡Sus dedos están llenos de iniquidad! ¡Mienten con los labios y emiten maldad con la lengua!

4 No hay quien clame por la justicia, ni quien juzgue con la verdad; confían en lo que no es, y profieren mentiras; conciben maldades, y dan a luz iniquidad.

5 Incuban huevos de áspides, y tejen telarañas; el que coma de esos huevos, morirá; y el que los exprima, sacará de allí una víbora.

6 Sus telas no sirven para vestir, así que no podrán cubrirse con lo que hacen; sus obras son obras de iniquidad; lo que hacen es producto de la rapiña.

7 Sus pies corren al mal y se apresuran para derramar sangre inocente; sus pensamientos son pensamientos malvados; en sus caminos sólo hay destrucción y quebrantamiento.

8 No conocen el camino de la paz,[a] ni hay justicia en sus caminos; sus veredas son torcidas, y todo el que las siga jamás conocerá la paz.

9 Por eso la justicia se alejó de nosotros, y el derecho no nos alcanzó; esperábamos luz, y lo que tenemos son tinieblas; resplandores, y andamos en la oscuridad.

10 Palpamos la pared y andamos a tientas, como si fuéramos ciegos o no tuviéramos ojos; tropezamos a plena luz del día, como si fuera de noche; nos contamos entre los fuertes, y parecemos muertos.

11 Todos nosotros gruñimos como osos, pero nuestras quejas son gemidos de paloma; esperábamos justicia, y no la hay; ¡la salvación se ha alejado de nosotros!

12 Ciertamente, nuestras rebeliones ante ti se han multiplicado; nuestros pecados nos acusan, nuestras iniquidades nos persiguen, ¡y bien sabemos que hemos pecado!

13 Hemos ofendido al Señor, le hemos mentido, nos hemos alejado de nuestro Dios. Lanzamos calumnias, nos rebelamos, y en el corazón concebimos y hacemos crecer la mentira.

14 Mantenemos lejos de nosotros a la justicia y el derecho; la verdad es obstaculizada en la plaza, y a la equidad no se le permite llegar.

15 En ninguna parte se encuentra la verdad. El que se aparta del mal, ¡es puesto en prisión!

El Señor vio esto, y le fue muy desagradable ver que ya no había derecho.

16 Buscó a alguien, y se asombró al ver que nadie intervenía. Entonces intervino su brazo para salvar, y para establecer su justicia:[b]

17 se revistió de justicia como con una coraza,[c] y se cubrió la cabeza con un yelmo de victoria;[d] por vestiduras tomó ropas de venganza, y el celo por su pueblo lo cubrió como un manto.

Is 61.10

18 Y se dispuso a vindicarlos, a retribuir con ira a sus enemigos y darles su merecido a sus adversarios de las costas lejanas.

19 Del oriente al occidente temerán el nombre del Señor y reconocerán su poder. Ciertamente el enemigo vendrá como un río caudaloso, impulsado por el espíritu del Señor,

20 pero el Redentor vendrá a Sión, al encuentro de todos los de Jacob que se arrepientan de su maldad.[e]

—Palabra del Señor.

[a]**59.7-8:** Ro 3.15-17. [b]**59.16:** Is 63.5. [c]**59.17:** Ef 6.14. [d]**59.17:** Ef 6.17; 1 Ts 5.8. [e]**59.20:** Ro 11.26.

21 El Señor ha dicho:
«Éste será el pacto que haré con ellos: Mi es-
píritu está sobre ti, y desde ahora y para siem-
pre las palabras que puse en tu boca nunca se
apartarán de tus labios, ni de los labios de tus
hijos, ni de los labios de tus nietos.»

Ez 2.1-2

La futura gloria de Sión

60 ¡Levántate, resplandece! ¡Tu
luz ha llegado! ¡Ya la gloria del
Señor brilla sobre ti!
2 La tierra está cubierta de tinieblas, y una
densa oscuridad envuelve a las naciones;
pero sobre ti brilla el Señor, como la aurora;
sobre ti se puede contemplar su gloria.
3 Tu luz guiará los pasos de las naciones;
los reyes se guiarán por el resplandor de tu
aurora.
4 Levanta la vista y mira a tu alrededor: to-
dos estos se han reunido, han acudido a ti.
Tus hijos vienen de muy lejos; tus hijas son
llevadas en brazos.
5 Cuando veas esto, te pondrás radiante;
tu corazón se ensanchará y quedará mara-
villado al ver que a ti llega la abundancia del
mar, y sobre ti se vuelcan las riquezas de las
naciones.
6 Una multitud de camellos te cubrirá;
vendrán a ti dromedarios de Madián y de
Efa, y todos los que hay en Sabá, cargados
de oro e incienso, y se proclamarán alaban-
zas al Señor.
7 Todos los rebaños de Cedar se juntarán
en tu honor, y te serán servidos carneros
de Nebayot; serán ofrecidos sobre mi altar
como ofrendas agradables, y yo embellece-
ré mi casa con mi gloria.
8 ¿Quiénes son éstos que pasan como nu-
bes? ¿Quiénes vuelan como palomas a sus
ventanas?
9 Son los habitantes de las costas, que es-
peran en mí. Al frente vienen las naves de
Tarsis, trayendo a tus hijos de muy lejos. Y
ellos traen su plata y su oro para honrar el
nombre del Señor tu Dios, el Santo de Israel,
que te ha enriquecido.
10 Gente extranjera edificará tus murallas,
y sus reyes estarán a tu servicio, porque aun-
que te castigué cuando me hiciste enojar,
una vez calmado mi enojo tendré compa-
sión de ti.
11 Las puertas de tu ciudad siempre esta-
rán abiertas; no se cerrarán ni de día ni de
noche, porque a ti serán traídas las rique-
zas de las naciones,[a] y ante ti serán pasea-
dos sus reyes.
12 La nación o el reino que no te sirvan,
serán destruidos y asolados por completo.
13 A ti serán traídos todos los majestuo-
sos cipreses, pinos y bojes del Líbano, para
decorar el lugar de mi santuario; y yo daré
esplendor al lugar donde poso mis pies.
14 Los hijos de tus opresores vendrán y se
humillarán ante ti, y a tu paso se inclinarán
todos los que te insultaban,[b] y te llamarán
«Ciudad del Señor», y también «la Sión del
Santo de Israel».
15 Aunque estuviste abandonada y fuiste
aborrecida, y ya nadie pasaba por ti, haré
de ti un motivo de orgullo perdurable y de
alegría sin fin.
16 Tu alimento será lo mejor de las nacio-
nes, libarás la riqueza de los reyes, y sabrás
que yo soy el Señor, tu salvador y redentor,
el Fuerte de Jacob.
17 A ti traeré oro en vez de bronce, plata
en vez de hierro, bronce en vez de madera,
y hierro en vez de piedras; la paz será quien
te gobierne, y la justicia será quien te dirija.
18 Nunca más volverá a escucharse que en
tu tierra hay violencia, ni que en tu territo-
rio hay destrucción ni quebrantamiento. A
tus murallas las llamarás «Salvación», y a tus
puertas las llamarás «Alabanza».
19 El sol no volverá a ser tu luz durante el
día, ni te alumbrará más el resplandor de la
luna, porque el Señor será para ti una luz
perdurable; tu Dios será tu gloria.[c]
20 Tu sol no volverá a ponerse, ni tu luna
volverá a oscurecerse, porque el Señor será
para ti una luz perdurable, y tus días de tris-
teza llegarán a su fin.

[a] **60.11:** Ap 21.25-26. [b] **60.14:** Ap 3.9. [c] **60.19:** Ap 21.23; 22.5.

21 Todos en tu pueblo serán personas justas, y para siempre heredarán la tierra. Para gloria mía, serán renuevos de mi propio campo, ¡la obra de mis manos!

22 El más pequeño contará por mil, y el menor, por un pueblo fuerte. Yo soy el Señor, y a su tiempo haré que esto se cumpla sin tardanza.

Buenas noticias para Sión

61 El espíritu de Dios el Señor está sobre mí. Sí, el Señor me ha ungido; me ha enviado a proclamar buenas noticias a los afligidos,[a] a vendar a los quebrantados de corazón, a anunciar libertad a los cautivos, y liberación a los prisioneros;

2 a proclamar el año de la buena voluntad del Señor,[b] y el día de la venganza de nuestro Dios; a consolar a todos los que están tristes;[c]

3 a alegrar a los afligidos de Sión; a ponerles una diadema en lugar de ceniza, perfume de gozo en lugar de tristeza, un manto de alegría en lugar de un espíritu angustiado. Y serán llamados «robles de justicia», plantados por el Señor para gloria suya. Ez 8.3-4

4 Las ruinas antiguas serán reconstruidas, los asolamientos de antaño serán levantados, las ciudades en ruinas serán reparadas, junto con los escombros de tiempos pasados.

5 Los extranjeros cuidarán de las ovejas de ustedes, y les servirán en sus campos y en sus viñas,

6 y ustedes serán llamados sacerdotes del Señor y ministros de nuestro Dios; comerán de lo mejor de las naciones, y se pavonearán con sus riquezas.

7 En lugar de vergüenza, recibirán doble herencia; en lugar de deshonra, se alegrarán de lo que reciban; porque en sus tierras recibirán doble honra, y gozarán de perpetua alegría.

8 Yo, el Señor, amo la justicia y aborrezco el robo y la maldad; así que afirmaré en verdad sus obras y haré con ellos un pacto perpetuo.

9 Sus hijos y descendientes serán conocidos entre las naciones y en medio de los pueblos; todos los que los vean reconocerán que son el linaje bendito del Señor.

10 Yo me regocijaré grandemente en el Señor; mi alma se alegrará en mi Dios. Porque él me revistió de salvación; me rodeó con un manto de justicia; ¡me atavió como a un novio!, ¡me adornó con joyas, como a una novia![d] Is 63.1-6

11 Así como la tierra produce sus renuevos, y así como el huerto hace que brote su semilla, así Dios el Señor hará brotar la justicia y la alabanza a los ojos de todas las naciones.

62 Por causa de Sión y de Jerusalén no callaré ni descansaré, hasta que su justicia brille como la aurora y su salvación alumbre como una antorcha.

PROMESAS PODEROSAS

ISAÍAS 61.10

Yo me regocijaré grandemente en el Señor; mi alma se alegrará en mi Dios. Porque él me revistió de salvación; me rodeó con un manto de justicia; ¡me atavió como a un novio!, ¡me adornó con joyas, como a una novia!

Una vestidura es una prenda de vestir. Cuando Isaías habla diciendo: "Porque él me revistió de salvación;" no está diciendo que Dios les da a sus hijos un traje para ponerse. Es su manera de decir que los hijos de Dios han sido salvados del pecado. Tienen puesto un "manto de justicia". Eso quiere decir que quieren agradar a Dios en todo lo que hacen. Por causa de Jesús, nosotros también estamos revestidos de salvación. El Espíritu Santo nos ayuda a usar el "manto de justicia."

[a]**61.1:** Mt 11.5; Lc 7.22. [b]**61.1-2:** Lc 4.18-19. [c]**61.2:** Mt 5.4. [d]**61.10:** Ap 21.2.

PALABRAS CON PODER

SION
(Isaías 62.1-12)

Cuando Isaías habla de Sion, está hablando de Jerusalén. La ciudad de Jerusalén era una antigua fortaleza de los jebuseos en las montañas, que conquistó el rey David (2 Samuel 5:6-7). Después de eso, el nombre de la parte de la ciudad en la que estaba la fortaleza llegó a llamarse "Sion". Después que se construyó el templo de Salomón, la palabra "Sion" llegó a referirse al edificio del templo. Sion también se refiere a la Jerusalén restaurada en la cual Jesús reinará en la tierra al final de la historia.

2 Entonces las naciones verán tu justicia; todos los reyes contemplarán tu gloria. Entonces recibirás un nombre nuevo, que el Señor mismo te pondrá.

3 En la mano del Señor serás una hermosa corona; en la mano de tu Dios serás una regia diadema.

4 Nunca más volverán a llamarte «Desamparada», ni a tu tierra le dirán «Desolada». Más bien, serás llamada «Deleite mío»,[4] y tu tierra será llamada «Esposa mía»,[5] porque el amor del Señor estará en ti, y tu tierra volverá a tener esposo.

5 Porque tus hijos se desposarán contigo, de la manera que un joven se desposa con una doncella; ¡tu Dios se recreará contigo como se recrea el esposo con la esposa!

6 Sobre tus murallas, Jerusalén, he puesto vigilantes que ni de día ni de noche guardarán silencio. Ustedes, los que invocan al Señor, no se den descanso

7 ni tampoco lo dejen descansar, hasta que él restablezca a Jerusalén y la convierta en la alabanza de la tierra.

8 El Señor ha jurado, por su mano derecha y por el poder de su brazo: «No volveré a alimentar a tus enemigos con tu trigo, ni gente extraña volverá a beber tu vino, fruto de tu trabajo.

9 Quienes cosechen el trigo serán quienes lo coman, y alabarán al Señor. Quienes vendimien los viñedos, beberán el vino en los atrios de mi santuario.

10 ¡Pasen por las puertas de la ciudad!, ¡pasen por ellas! ¡Ábranle paso al pueblo! ¡Allanen el camino y quítenle las piedras! ¡Levanten la bandera sobre los pueblos!

11 ¡Oigan lo que el Señor ha dado a conocer hasta los extremos de la tierra! Digan a la hija de Sión: «¡Aquí viene tu salvador! ¡Su recompensa lo acompaña! ¡Sus obras le anteceden!»[a]

12 Ellos serán llamados «Pueblo Santo», «Redimidos del Señor», y a ti te llamarán «Ciudad Deseada», y «No desamparada».

Is 66.15-16

El día de la venganza del Señor

63 ¿Quién es éste que viene de Edom?[a] ¿Quién viene de Bosra, vestido de rojo? ¿Quién es el que marcha con gran poder, envuelto en tan hermoso vestido?

«Soy yo, el que habla con justicia; el que es grande para salvar.»

PALABRAS CON PODER

VIGILANTES
(Isaías 62.6)

En las ciudades antiguas, los guardias se paraban en los muros y vigilaban a ver si se acercaba a la ciudad algún enemigo. A estas personas se les llamaba vigilantes. Ellos mantenían la ciudad a salvo al advertir a las personas de cualquier peligro. Isaías escribió acerca de los vigías, pero no estaba hablando de los guardias sobre los muros de la ciudad. Estaba hablando de profetas y líderes piadosos quienes querían ayudar a las personas a servir a Dios. Protegían la vida espiritual del pueblo de Dios al orar por ellos. Tú también puedes ser un vigía al orar por tu familia y tus amigos.

[4]62.4 Es decir, *En ella me deleito.* [5]62.4 Es decir, ***Desposada.*** [a]**62.11:** Is 40.10; Ap 22.12. [a]**63.1-6:** Is 34.5-17; Jer 49.7-22; Ez 25.12-14; 35.1-15; Am 1.11-12; Abd 1-14; Mal 1.2-5.

2 ¿Y cómo es que tu vestido es rojo? A juzgar por tus ropas, ¡pareciera que estuviste pisando uvas en un lagar!

3 «Yo solo he pisado la uvas del lagar.[b] De los pueblos, ninguno estaba conmigo. En mi enojo, aplasté esas uvas; en mi furor las pisoteé, y su sangre me salpicó la ropa y me manché mis vestiduras.[c]

4 Y es que sólo pienso en el día de la venganza; ¡ha llegado el año de mi redención!

5 Miré, y no había quien me ayudara. Me sorprendió no contar con ningún apoyo. ¡Fue mi brazo el que me dio la victoria! ¡Fue mi enojo lo que me sostuvo![d]

6 En mi enojo aplasté a los pueblos; ¡los embriagué con mi furor, y derramé su sangre por el suelo!»

Jer 23.5-6

Bondad del Señor hacia Israel

7 ¡Haré memoria de la gran misericordia del Señor! ¡Evocaré sus alabanzas por todo lo que él ha hecho por nosotros! ¡Por su gran bondad hacia la casa de Israel! ¡Por haber tenido compasión de nosotros, conforme a su gran misericordia!

8 Porque él dijo: «Ellos son mi pueblo. Son mis hijos, y no saben mentir.» Y se convirtió en su salvador.

9 Si ellos se angustiaban, también él se angustiaba; su ángel mismo acudió a salvarlos. Por su amor y su clemencia les dio libertad; los puso en pie y los llevó en sus brazos, como lo hizo siempre en el pasado.

10 Pero ellos fueron rebeldes y provocaron el enojo de su santo espíritu. Por eso él se volvió su enemigo y luchó contra ellos.

11 Entonces ellos se acordaron de los días de antaño, y de Moisés y de su pueblo, y se preguntaron: «¿Dónde está el que los hizo cruzar el mar como un rebaño, con un pastor a la cabeza? ¿Dónde está el que puso su santo espíritu en medio de su pueblo?

12 ¿Dónde está el que los guió por la diestra de Moisés y con el poder de su brazo? ¿Dónde, el que dividió las aguas ante sus ojos[e] y se ganó así fama perpetua?

LECCIONES

CONTRISTAR AL ESPÍRITU SANTO

(Isaías 63.10)

El contristar a alguien quiere decir hacer que esa persona se sienta triste o herida. Los habitantes de Judá "contristaron" al Espíritu Santo porque no le daban gracias a Dios. En vez de luchar por el pueblo, el Espíritu Santo permitió que las naciones enemigas los vencieran. Dios quiere que aprendamos del error de Judá. El quejarse continuamente en contra de Dios contrista al Espíritu Santo. ¡No te olvides que Él también tiene sentimientos!

13 ¿Dónde está el que los llevó sin tropiezo por los abismos del mar, como a un caballo que cruza el desierto?»

14 El espíritu del Señor fue su pastor. Los guió como al ganado cuando baja a las cañadas. ¡Así, Señor, guiaste a tu pueblo, y te ganaste fama y gloria!

Israel pide la ayuda de Dios

15 Tú, que estás en el cielo, en tu santa y gloriosa morada, ¡míranos desde allí!, ¡fíjate en nosotros! ¿Dónde están tu amor y tu poder? ¿Dónde está tu entrañable compasión, y tu piedad para con nosotros? ¿Acaso se han agotado?

16 ¡Tú, Señor, eres nuestro padre! Aunque Abrahán nos ignore, e Israel no nos reconozca, tú eres nuestro padre; ¡tu nombre siempre ha sido «Redentor nuestro»!

17 ¿Por qué, Señor, nos has apartado de tus caminos? ¿Por qué has endurecido nuestro corazón para que no te honremos? Por amor a tus siervos, y por las tribus de tu heredad, ¡vuélvete a nosotros!

18 Muy poco tiempo tu santo pueblo estuvo en posesión de tu santuario, pero ahora nuestros enemigos lo han pisoteado.

19 Hemos llegado a ser como aquellos de los que nunca fuiste señor, ¡como aquellos sobre los cuales nunca fue invocado tu nombre!

[b]**63.3:** Ap 14.20; 19.15. [c]**63.3:** Ap 19.13. [d]**63.5:** Is 59.16. [e]**63.12:** Éx 14.21.

64 ¡Cómo quisiera que rasgaras los cielos y bajaras! ¡Que los montes se derritieran ante ti

2 como ante un fuego abrasador que todo lo funde, como un fuego que hace hervir el agua! ¡Así tu nombre sería reconocido por tus enemigos, y las naciones temblarían en tu presencia!

3 Cuando tú descendiste e hiciste maravillas que nunca imaginamos, los montes temblaron ante ti.

4 Nunca antes hubo oídos que lo oyeran ni ojos que lo vieran, ni nadie supo de un Dios que, como tú, actuara en favor de aquellos que en él confían.[a]

5 Tú has salido al encuentro de los que practican la justicia con alegría, y de los que se acuerdan de ti y siguen tus enseñanzas. Pero te enojas si pecamos y no dejamos de pecar. ¿Acaso podremos alcanzar la salvación?

6 Todos nosotros estamos llenos de impureza; todos nuestros actos de justicia son como un trapo lleno de inmundicia. Todos nosotros somos como hojas caídas; ¡nuestras maldades nos arrastran como el viento!

7 Ya no hay nadie que invoque tu nombre, ni que se despierte y busque tu apoyo. Por eso nos diste la espalda, y nos dejaste caer en poder de nuestras maldades.

8 Pero tú, Señor, eres nuestro padre; nosotros somos el barro y tú eres quien nos da forma; todos nosotros somos obra de tus manos.

9 No te enojes demasiado, Señor, ni tengas presente nuestra iniquidad todo el tiempo. Toma en cuenta que todos nosotros somos tu pueblo.

10 Tus santas ciudades están desiertas. Sión es un desierto, y Jerusalén es un páramo.

11 La casa de nuestro santuario, que era nuestro orgullo, y que fue donde te alababan nuestros padres, ha sido consumida por el fuego. ¡Todo lo que nos era más valioso ha sido destruido!

12 Y viendo todo esto, Señor, ¿te quedarás sin hacer nada? ¿Guardarás silencio, y nos humillarás al extremo?

Castigo de los rebeldes

65 Los que no preguntaban por mí, me buscaron; los que no me buscaban, me encontraron.[a] A los que no invocaban mi nombre, les dije «Aquí me tienen».

2 Todo el día tendí mis manos hacia un pueblo rebelde,[b] un pueblo que va por mal camino y en pos de sus pensamientos;

3 un pueblo que descaradamente me provoca a ira todo el tiempo, que ofrece sacrificios en los huertos y quema incienso sobre ladrillos;

4 un pueblo que se sienta entre los sepulcros y pasa la noche en lugares escondidos; que come carne de cerdo, y que en sus ollas tiene caldo de cosas inmundas;

5 un pueblo que dice: «Quédate donde estás y no te acerques a mí, porque yo soy más santo que tú».

Todo esto es para mí como humo en la nariz; ¡es un fuego que arde todo el día!

6 Pero esto lo tengo escrito delante de mí, y no voy a quedarme callado, sino que voy a darles su merecido; voy a herirlos en el pecho

[a] **64.4:** 1 Co 2.9. [a] **65.1:** Ro 10.20. [b] **65.2:** Ro 10.21.

DIOS PUEDE HACER COSAS GRANDES *(Isaías 64.4)*

Hacia el final del libro de Isaías, hay muchos mensajes de esperanza. Este es uno de ellos. Dios promete hacer cosas grandes por los que esperan pacientemente que Él obre. Cuando la vida es dura, y eres tentado a pensar que a Dios no le importa, piensa acerca de esta promesa. Dios actuará en el momento y de la manera que Él considere ser mejor.

7 por causa de sus iniquidades y por las iniquidades de sus padres, pues ellos quemaron incienso sobre los montes y me ofendieron sobre las colinas. Por lo tanto, yo el Señor les digo que los heriré en el pecho, en pago de sus acciones pasadas.

8 Así ha dicho el Señor:

«Así como alguien que halla un racimo con uvas jugosas, dice: "Esto es una bendición. No hay que dañarlo", así voy a actuar en favor de mis siervos: No los destruiré a todos.

9 Haré que de Jacob salgan descendientes, y que Judá sea el heredero de mis montes. Mis elegidos tomarán posesión de la tierra, y mis siervos la habitarán.

10 Para el pueblo que me buscó, Sarón será el lugar donde descansarán sus ovejas, y el valle de Acor[c] será un lugar de pastos para sus vacas.

11 Pero a ustedes, los que me abandonaron, los que se olvidaron de mi santo monte y tienden mesas para la Fortuna y ofrecen libaciones para el Destino,

12 yo, el Señor, los destinaré a morir por la espada. Todos ustedes se arrodillarán para ser degollados, porque los llamé y ustedes no me respondieron; les hablé, y ustedes no me hicieron caso. Al contrario, hicieron lo malo ante mis propios ojos, y decidieron hacer lo que me disgusta.»

13 Por eso, Dios el Señor ha dicho:

«A mis siervos los verán comer, pero ustedes sufrirán de hambre. A mis siervos los verán beber, pero ustedes sufrirán de sed. A mis siervos los verán alegrarse, pero ustedes serán avergonzados.

14 A mis siervos los verán cantar con corazón alegre, pero ustedes clamarán con dolido corazón y chillarán con espíritu quebrantado.

15 Ustedes dejarán su nombre para que mis elegidos lo usen como maldición. Yo soy Dios, el Señor, y voy a quitarte la vida, y a mis siervos les daré otro nombre.

16 En este país, el que quiera pronunciar una bendición, lo hará en nombre del Dios de la verdad; y el que quiera hacer un juramento, lo hará en nombre del Dios de la verdad. Ciertamente las angustias de antaño quedarán en el olvido y fuera de mi vista.

LECCIONES

CIELOS NUEVOS Y UNA TIERRA NUEVA

(Isaías 65.17-25)

¿En algún momento has deseado que todo lo que hay en el mundo pudiera ser nuevecito? ¡Algún día lo será! Al final del libro de Isaías, el profeta nos cuenta acerca del final de la historia. Cuando el Mesías regrese otra vez a la tierra, reinará como rey. Después de eso, Dios creará cielos nuevos y una tierra nueva. El apóstol Juan también escribió acerca de estos acontecimientos en el libro de Apocalipsis (Apocalipsis 20:4-6; 21:1-4). Como le dijo Dios a Juan: "Yo hago nuevas todas las cosas" (Apocalipsis 21:5).

Cielos nuevos y tierra nueva

17 »¡Fíjense bien! ¡Ya estoy creando nuevos cielos y nueva tierra![d] De los primeros, nadie volverá a acordarse, ni los traerá más a la memoria.

18 Al contrario, ustedes se alegrarán y regocijarán siempre en lo que voy a crear. Estoy por crear una Jerusalén alegre y un pueblo gozoso.

19 Yo me alegraré con Jerusalén; me gozaré con mi pueblo, y nunca más volverán a oírse en ella voces de llanto ni de clamor.[e]

20 No habrá en ella niños que mueran a los pocos días, ni ancianos que no cumplan sus años de vida; los niños morirán a los cien años de vida, y los pecadores que lleguen a vivir cien años serán malditos.

21 Edificarán casas, y las habitarán; plantarán viñas, y comerán las uvas.

22 No volverán a edificar casas para que otro las habite, ni plantarán nada para que otros se coman los frutos. La vida de mi

[c] **65.10:** Jos 7.24-26. [d] **65.17:** Is 66.22; 2 P 3.13; Ap 21.1. [e] **65.19:** Ap 21.4.

PROMESAS PODEROSAS

ISAÍAS 65.25

El lobo y el cordero descansarán juntos, el león comerá paja como el buey, y la serpiente se alimentará con el polvo de la tierra. En todo mi santo monte no habrá aflicción ni nadie hará daño a nadie. Yo, el Señor, lo he dicho.

Este versículo habla del reino de Jesús después que Él regresa a la tierra (lee Apocalipsis 20). ¿Te imaginas un lobo y un cordero paciendo juntos? Pareciera imposible, pero en ese momento, habrá paz en toda la tierra. Los animales que solían ser salvajes, serán mansos, y todas las criaturas se llevarán bien. ¿Es este el tipo de reino que anhelas?

pueblo será semejante a la vida de los árboles; mis elegidos disfrutarán del trabajo de sus manos.
23 No trabajarán en vano, ni darán a luz
hijos que estén bajo maldición, porque ellos y sus descendientes son un linaje bendecido por el Señor.
24 Antes de que me pidan ayuda, yo les
responderé; no habrán terminado de hablar cuando ya los habré escuchado.
25 El lobo y el cordero descansarán jun-
tos, el león comerá paja como el buey, y la serpiente se alimentará con el polvo de la tierra. En todo mi santo monte no habrá aflicción ni nadie hará daño a nadie. Yo, el Señor, lo he dicho.»[f]

Prosperidad futura de Sión

66 Así ha dicho el Señor:
«El cielo es mi trono,[a] y la tierra es el estrado de mis pies.[b] ¿Qué clase de casa podrían edificarme? ¿Qué lugar pueden ofrecerme para mi reposo?[c]
2 Yo hice todo esto con mis propias ma-
nos, y fue así como todo llegó a existir. Yo pongo la mirada en los pobres y humildes de espíritu, y en los que tiemblan al escuchar mi palabra.

—Palabra del Señor.

3 »Ofrecerme un buey en sacrificio es lo
mismo que matar a un hombre; ofrecerme una oveja es lo mismo que degollar un perro; presentarme una ofrenda es lo mismo que ofrecerme sangre de cerdo; quemar incienso es lo mismo que bendecir a un ídolo. Y como ellos optaron por seguir sus propios caminos y prefirieron seguir cometiendo lo que aborrezco,
4 también yo optaré por avergonzarlos
y haré que les sobrevenga lo que tanto temían. Porque llamé, y nadie me respondió; hablé, y nadie me hizo caso. Al contrario, hicieron lo malo ante mis propios ojos, y optaron por hacer lo que me desagrada.»
5 Ustedes, los que tiemblan cuando escu-
chan la palabra del Señor, escuchen lo que él dice:

«Los propios hermanos de ustedes, que los odian y rechazan por causa de mi nombre, dicen: "Que el Señor sea glorificado. Que se deje ver para que ustedes se alegren." Pero ellos quedarán en vergüenza.»
6 En la ciudad y en el templo se oye un
gran alboroto. ¡Es la voz del Señor, que está dando su merecido a sus enemigos!
7 Aún no tenía Sión dolores de parto,
cuando dio a luz; antes de que le llegaran los dolores, tuvo a su hijo.[d]
8 ¿Quién supo de algo semejante? ¿Quién
vio alguna vez tal cosa? ¿Puede un país concebirse en un solo día? ¿Acaso una nación puede nacer de repente? ¡Pues Sión dio a luz sus hijos antes de tener dolores!
9 El Señor tu Dios dice:

«Yo, que abro la matriz, ¿impediré que nazca el niño? Yo, que permito la concepción, ¿cerraré el vientre de la madre?»
10 Todos ustedes, los que aman a Jerusa-
lén, ¡alégrense y regocíjense con ella! ¡Llénen-

[f]**65.25:** Is 11.6-9. [a]**66.1:** Mt 5.34; 23.22. [b]**66.1:** Mt 5.35. [c]**66.1:** Hch 7.49-50. [d]**66.7:** Ap 12.5.

se de regocijo por ella, todos los que por ella se han entristecido!

11 Porque ella los amamantará en sus pechos, y los consolará y dejará satisfechos; ustedes serán amamantados, y disfrutarán de las delicias de su gloria.

12 Ciertamente, el Señor ha dicho:

«¡Miren! Voy a extender sobre ella la paz y la riqueza de las naciones, como si fueran un río desbordado. Ustedes serán amamantados y llevados en brazos, y mimados en el regazo.

13 Yo los consolaré a ustedes como consuela una madre a sus hijos, y en Jerusalén hallarán consuelo.»

14 Ustedes verán esto, y su corazón se alegrará y sus huesos se rejuvenecerán como la hierba. La mano del Señor se dará a conocer entre sus siervos, y su enojo se manifestará contra sus enemigos.

15 Ciertamente, el Señor vendrá en medio del fuego; sus carros vendrán como un torbellino, para descargar su enojo y su reprensión con la furia de una llama de fuego.

16 Ciertamente, el Señor juzgará con fuego y con su espada a toda la humanidad; ¡muchos serán los que mueran a manos del Señor!

Ez 43.2

17 «Voy a acabar con todos los que en fila se santifican y se purifican en los huertos, y también con los que comen carne de cerdo y de rata, y de otros animales repugnantes.

—Palabra del Señor.

18 »Yo sé bien lo que hacen y lo que piensan. Pero ha llegado el tiempo de juntar a todas las naciones y lenguas, y ellas vendrán y verán mi gloria.

19 Yo pondré una señal entre ellos, y a los que sobrevivan los enviaré a las naciones. Los mandaré a Tarsis, Fut y Lud (naciones expertas en el manejo del arco); a Tubal y Javán, y a las costas lejanas que nunca supieron de mí ni vieron mi gloria. Ellos darán a conocer mi gloria entre las naciones.

20 Y a todos los hermanos que ustedes tienen entre las naciones los harán venir, para que se presenten ante mí como una ofrenda. Vendrán hasta mi santo monte de Jerusalén en caballos, carros, literas, mulos y camellos, y portando utensilios limpios, de la manera en que los hijos de Israel traen sus ofrendas a mi casa. Yo el Señor lo digo.

21 Y digo también que a algunos de ellos los tomaré para que sean sacerdotes y levitas.

22 »Así como yo hago que los nuevos cielos y la nueva tierra[e] permanezcan delante de mí, así también haré que permanezcan su nombre y su descendencia.

—Palabra del Señor.

23 »Y mes tras mes, y día de reposo tras día de reposo, todos vendrán a adorar en mi presencia. Yo, el Señor, lo he dicho.

24 Y cuando salgan, verán los cadáveres de aquellos que se rebelaron contra mí. Porque sus gusanos nunca morirán, ni se apagará su fuego.[f] Y todo el mundo los verá con repugnancia.»

---

[e] **66.22:** Is 65.17; 2 P 3.13; Ap 21.1. [f] **66.24:** Mr 9.48.

JEREMÍAS

Autor: **Jeremías**
Tema: **Las consecuencias de la rebelión**
Fecha en que se escribió: **c. 585-580 a.C.**

UN FINAL TRISTE

Jeremías fue un profeta en el reino sureño de Judá durante los últimos cuarenta años de la historia de Judá (626-586 a.C.). Jeremías advirtió que el reino sería destruido, pero el pueblo se negó a escucharlo. Este profeta vio a los babilonios invadir a Judá y destruir su capital, Jerusalén, y el templo.

Jeremías predicó fielmente los mensajes de Dios aunque fue rechazado y maltratado. El libro de Jeremías nos da un registro perdurable del ministerio valeroso de Jeremías. También revela cómo el pueblo de Dios fue juzgado por su pecado y su rebelión contra Dios.

LO QUE ENCONTRARÁS EN EL LIBRO

El libro de Jeremías es una colección de profecías o sermones dirigidos al pueblo de Judá (capítulos 2-29) y a nueve naciones extranjeras (capítulos 46-51). Leemos acerca de la vida personal y del ministerio de Jeremías (capítulos 1; 34-38; 40-45), y acerca de la historia de Judá durante la época de los reyes Josías (capítulos 1-6), Joacín (capítulos 7-20) y Sedequías (capítulos 21-25; 34). También leemos acerca de la derrota de Jerusalén (capítulo 39) y de cosas que les acontecieron a Babilonia y otras naciones (capítulos 25-29; 46-52).

Como el profeta Ezequiel, Jeremías dramatizó muchos de sus mensajes. Por ejemplo, enseñó lecciones espirituales por medio de un cinturón (13:1-14), una sequía y una hambruna (14:1-9), y un alfarero y su arcilla (18:1-11). También usa dos cestos de higos (24:1-10), un yugo de madera colocado alrededor de su cuello (27:1-11) y piedras grandes enterradas en el pavimento de ladrillo de Faraón (43:8-13). Después de la destrucción de Jerusalén, Jeremías fue llevado a Egipto en contra de su voluntad. Ahí siguió predicando hasta que murió (capítulos 43-44).

¿SABÍAS QUE...?

- Jeremías es el segundo libro más largo de la Biblia.
- Tiene más palabras que cualquier otro libro en la Biblia a no ser los Salmos.
- Consta de una increíble historia acerca de un hombre formidable: Jeremías.
- Es un libro triste lleno de lágrimas. Jeremías lloró constantemente por los pecados del pueblo.
- Es un libro de historia acerca de Babilonia. Hay más referencias a la nación de Babilonia en las profecías de Jeremías (164) que en el resto de la Biblia.

Llamamiento y misión de Jeremías

Palabras de Jeremías hijo de Hilcías, que
era uno de los sacerdotes de Anatot,
en territorio de Benjamín.
2 Jeremías recibió palabra del Señor en el
año decimotercero del reinado de Josías[a]
hijo de Amón, rey de Judá.
3 También la recibió en los días de Joacín[b]
hijo de Josías, rey de Judá, y hasta finales del
undécimo año de Sedequías[c] hijo de Josías,
rey de Judá; es decir, hasta el mes quinto de
la cautividad de Jerusalén.
4 La palabra del Señor vino a mí, y me dijo:
5 «Antes de que yo te formara en el vien-
tre, te conocí. Antes de que nacieras, te san-
tifiqué y te presenté ante las naciones como
mi profeta.»
6 Yo dije:
«¡Ay, Señor! ¡Ay, Señor! ¡Date cuenta de
que no sé hablar! ¡No soy más que un mu-
chachito!»
7 Pero el Señor me dijo:
«No digas que sólo eres un muchachito,
porque harás todo lo que yo te mande ha-
cer, y dirás todo lo que te ordene que digas.
8 No temas delante de nadie, porque yo
estoy contigo y te pondré a salvo.»
—Palabra del Señor.
9 Y el Señor extendió su mano, me tocó la
boca y me dijo:
«Yo, el Señor, he puesto mis palabras en
tu boca.
10 Date cuenta de que este día te he pues-
to sobre naciones y reinos, para que arran-
ques y destruyas, para que arruines y derri-
bes, para que construyas y plantes.»
11 La palabra del Señor vino a mí, y me dijo:
«¿Qué ves tú, Jeremías?»
Yo dije:
«Veo una vara de almendro.»[1]
12 El Señor me dijo:
«Has visto bien. Me estoy apresurando[2] a
poner mi palabra por obra.»
13 Por segunda vez la palabra del Señor
vino a mí, y me dijo:
«¿Qué es lo que ves?»
Y yo dije:
«Veo una olla que hierve; y está orientada
hacia el norte.»
14 El Señor me dijo:
«Desde el norte va a desatarse el mal so-
bre todos los habitantes de esta tierra.
15 Yo, el Señor, te digo que estoy con-
vocando a todas las familias de los reinos
del norte. Y ellos vendrán, y cada uno
plantará su campamento a la entrada
de las puertas de Jerusalén, y alrededor
de todas sus murallas, y contra todas las
ciudades de Judá.
16 Dictaré mi sentencia contra todos
los que me dejaron y quemaron incienso
a dioses extraños, por causa de toda su
maldad, y porque adoraron a la obra de sus
manos.
17 Pero tú, prepárate; disponte ya a decir-
les todo lo que yo te mande. No temas de-
lante de ellos, pues de lo contrario, delante
de ellos te quebrantaré.

[a]**1.2:** 2 R 22.3—23.27; 2 Cr 34.8—35.19. [b]**1.3:** 2 R 23.36—24.7; 2 Cr 36.5-8. [c]**1.3:** 2 R 24.18—25.21; 2 Cr 36.11-21. [1]**1.11** Heb. ***shaked.*** [2]**1.12** Heb. ***shoked.*** [a]**3.6:** 2 R 22.1—23.30; 2 Cr 34.1—35.27.

NUNCA ERES DEMASIADO JOVEN *(Jeremías 1.8)*
¿Te parece que eres demasiado joven como para servir a Dios? Jeremías pensaba que era demasiado joven como para ser profeta. ¡Pero Dios sabía la edad de Jeremías cuando lo escogió para hablarle a su pueblo! Dios prometió estar con Jeremías y darle poder para ser un buen profeta. Cualquiera que sea la tarea que Dios te dé en la vida, Él promete estar contigo siempre. Con la guía y la ayuda del Espíritu Santo, nunca eres demasiado joven como para hacer algo increíble para Dios.

18 Date cuenta de que hoy te he puesto
contra toda esta tierra como una ciudad
fortificada; te he puesto como columna de
hierro contra los reyes de Judá; como un
muro de bronce, contra sus príncipes y sa-
cerdotes y contra el pueblo de la tierra.
19 Ellos pelearán contra ti, pero no te ven-
cerán, porque yo, el Señor, te aseguro que
estoy contigo y te pondré a salvo.»

Ez 9.4

El Señor y la apostasía de Israel

2 La palabra del Señor vino a mí, y me
dijo:
2 «Ve y proclama a oídos de Jerusa-
lén lo siguiente: "Así dice el Señor: 'Me acuer-
do de ti y de tu fidelidad, cuando eras joven;
de tu amor de novia, cuando me seguías por
el desierto, en terrenos no sembrados.'"»
3 Israel estaba consagrada al Señor. Era
como los primeros frutos de su cosecha. To-
dos los que la devoraban tenían que cargar
con su culpa; el mal les sobrevenía.
—Palabra del Señor.
4 Tú, casa de Jacob, y ustedes todas, familias de
la casa de Israel: ¡escuchen la palabra del Señor!
5 Así dice el Señor:
«¿Qué de malo hallaron en mí los padres de
ustedes, que se alejaron de mí y se fueron en
pos de la vanidad, con lo que se hicieron vanos?
6 Jamás dijeron: "¿Dónde está el Señor, que
nos sacó de la tierra de Egipto y nos con-
dujo por el desierto, por tierra desierta y
despoblada, por tierra seca y terriblemente
sombría, por tierra que nadie transitó ni ja-
más habitó?"
7 »Yo los introduje en una tierra de abun-
dancia, para que disfrutaran de su fruto y
sus bondades; pero ustedes entraron y con-
taminaron mi tierra; ¡convirtieron mi here-
dad en algo repugnante!
8 Jamás dijeron los sacerdotes: "¿Dónde
está el Señor?", ni tampoco los que deten-
taban la ley me conocieron; los guías del
pueblo se rebelaron contra mí; ¡los profetas
hablaron en nombre de Baal, y se fueron en
pos de dioses inútiles!
9 »Por eso, voy a entablar un juicio contra
ustedes, contra sus hijos y contra sus nietos.
—Palabra del Señor.
10 »Pasen ahora a las costas de Quitín, y
fíjense; envíen observadores a Cedar, y pón-
ganse a pensar seriamente; vean si se ha in-
currido en algo semejante a esto.
11 Ninguna de esas naciones ha cambiado
a sus dioses. ¡Y eso que no son dioses! Pero
mi pueblo ha cambiado a su Dios glorioso
por lo que no les sirve para nada.
12 Ustedes los cielos, ¡espántense al ver
esto! ¡Horrorícense! ¡Llénense de angustia!
—Palabra del Señor.
13 »Son dos los males en que ha incurri-
do mi pueblo: Me han dejado a mí, que soy
fuente de agua viva, y han cavado sus pro-
pias cisternas, ¡tan agrietadas que no retie-
nen el agua!
14 »¿Acaso eres siervo, Israel? ¿O esclavo?
¿Por qué, entonces, te tratan como a botín
de guerra?
15 Los cachorros de león rugen contra
ti; gruñen con fuerza y devastan tu tierra;

¿DÓNDE ESTÁ EL SEÑOR? *(Jeremías 1.8)*
¿Te parece que sea posible olvidarte completamente de Dios? En la época de Jeremías, muchos de los líderes en Judá se olvidaron de Dios y empezaron a adorar a los ídolos. De modo que no se dieron cuenta que Dios ya no los ayudaba como lo había hecho antes. Si sólo se hubieran tomado el tiempo de hacer la siguiente pregunta: "¿Dónde está el Señor?" Esto también se aplica hoy día. Muchas personas no preguntan dónde está Dios porque hasta dudan que Él exista. ¿Estás preguntándote dónde está Dios? Él todavía está presente y espera que las personas lo busquen.

¡queman tus ciudades y las dejan sin habi-
tantes!

16 ¡Hasta la gente de Menfis y de Tafnes te
ha roto la coronilla!

17 Y esto te sucedió por haber dejado al
Señor tu Dios, cuando él te conducía por el
camino.

18 Dime, pues, ¿qué esperas hallar en el ca-
mino de Egipto, que sacias tu sed en el Nilo?
¿Qué esperas hallar en el camino de Asiria,
que sacias tu sed en el Éufrates?

19 Tu maldad te castigará, y tus rebeldías
te condenarán. ¡Date cuenta! Ve cuán malo
y amargo ha sido el que hayas dejado al Se-
ñor tu Dios, y el no tener temor de mí.

—Palabra del Señor, el Dios de los ejér-
citos.

20 »Tú, desde hace mucho tiempo rom-
piste el yugo y te quitaste las ataduras. Tú
dijiste: "No quiero servir." Tú, en la cima de
cualquier monte elevado, o a la sombra
de cualquier árbol frondoso, te entregaste
como una cualquiera.

21 Yo te planté de una vid escogida, de
simiente de pura cepa. ¿Cómo es que me
resultaste un sarmiento de vid extraña?

22 Aunque te laves con lejía, y te enjabones
demasiado, no se borra de mi vista la man-
cha de tu pecado.

—Palabra de Dios el Señor.

23 »¿Cómo te atreves a decir: "No soy in-
munda. Nunca me fui en pos de los baales"?
¡Mira cómo te has conducido en el valle!
¡Reconoce lo que has hecho, dromedaria
fácil que te apartas del camino;

24 asna montés habituada al desierto!
Cuando buscas al macho, olfateas el viento,
¡y nadie puede controlar tu lujuria! Cuando
buscas al macho, ¡a éste no le cuesta ningún
trabajo encontrarte!

25 Pues ten cuidado. No andes descalza.
No dejes que la sed te reseque la garganta.
Pero tú respondes: "No hay caso; ¡ya no ten-
go remedio! He tenido amoríos con extra-
ños, y tras ellos me iré."

26 »Pero la casa de Israel tendrá que aver-
gonzarse, junto con sus reyes, sus príncipes,
sus sacerdotes y sus profetas, como se aver-
güenza el ladrón cuando es descubierto.

27 Porque a un pedazo de madera le di-
cen: "Tú eres mi padre", y a una piedra: "Tú
me has engendrado". Porque me han dado
la espalda, y no la cara. Pero cuando están
en problemas, me dicen: "¡Levántate, y sál-
vanos!"

28 Dime, Judá: ¿dónde están esos dio-
ses que te fabricaste? ¡Tienes tantos dioses
como ciudades! ¡Pues que se levanten ellos,
a ver si cuando estés en problemas te pue-
den salvar!

29 »¿Por qué entablan pleito conmigo? ¡Si
todos ustedes han pecado contra mí!

—Palabra del Señor.

30 »En vano he azotado a los hijos de us-
tedes, pues no han asimilado el castigo. Y la
espada de ustedes, como si fuera un león
feroz, se devoró a los profetas.

31 Ustedes, pueblo de Israel, ¡presten aten-
ción a mi palabra! ¿Acaso yo he sido para
ustedes un desierto, o un país de oscuridad?
¿Por qué dicen ustedes: "Somos libres. Nun-
ca más volveremos a ti"?

32 ¿Acaso la doncella se olvida de sus galas?
¿Acaso la novia se olvida de su vestido de
bodas? Sin embargo, ¡mi pueblo se ha olvi-
dado de mí infinidad de veces!

33 »¿Por qué te adornas cuando sales en
busca de amoríos? ¡Hasta a las rameras les
has enseñado tus malas artes!

34 ¡Hasta en tu ropa puede verse la sangre
de gente pobre e inocente! Y aunque nunca
los viste cometer ningún delito, con todo
declaras

35 que eres inocente, y que mi ira se ha
apartado de ti. Pues precisamente por de-
clarar que no has pecado, voy a llevarte a
juicio.

36 ¿A qué vienen tantos cambios, tanta
frivolidad? ¡Tanta vergüenza te hará pasar
Egipto, como te la hizo pasar Asiria!

37 También de Egipto saldrás con las ma-
nos sobre la cabeza, porque el Señor ha
rechazado a aquellos en los que confiabas.
Con ellos no tendrás ningún éxito.

3 »Dicen que si alguien despide a su mujer, y ésta se va y cohabita con otro hombre, su esposo ya no vuelve a vivir con ella, pues la tierra quedaría totalmente mancillada. Sin embargo, tú has cohabitado con muchos hombres, ¡y vuelves a mí!
—Palabra del Señor.

2 »Levanta los ojos, y mira a las alturas. ¿En dónde no te has prostituido? Te sentabas a esperarlos junto a los caminos, como un beduino en el desierto, y con tus prostituciones y con tu maldad contaminaste la tierra.

3 Por eso se han retrasado las lluvias, y no han llegado las lluvias tardías. Tienes la facha de una ramera; ¡no sabes lo que es tener vergüenza!

4 ¡Y todavía me llamas: "Padre mío, amor de mi juventud"!

5 Todavía me dices: "¿Vas a estar enojado todo el tiempo? ¿Siempre vas a guardarme rencor?" Y mientras estás hablando, ¡cometes cuantas maldades puedes!»

Llamado al arrepentimiento

6 En los días del rey Josías el Señor me dijo:[a]
«¿Has visto lo que ha hecho la rebelde Israel? ¡Va y se prostituye en lo alto de cualquier monte, o a la sombra de cualquier árbol frondoso!

7 Yo pensaba que, después de todo eso, se volvería a mí; pero no fue así. Esto lo vio su hermana, la rebelde Judá;

8 vio que yo había despedido y repudiado a Israel por su infidelidad y sus prostituciones. Pero tampoco ella tuvo temor, sino que con la misma rebeldía de su hermana, fue y se prostituyó.

9 Como Israel tomó a la ligera sus prostituciones, y adulteró con ídolos de piedra y de madera, la tierra quedó contaminada.

10 Pero ni así se volvió a mí de todo corazón su hermana, la rebelde Judá. Sólo fingió volverse a mí.»
—Palabra del Señor.

11 El Señor me dijo:
«La rebeldía de Israel es un acto de justicia, si la comparo con la infidelidad de Judá.

PROMESAS PODEROSAS

JEREMÍAS 3.15

Yo les daré gobernantes que los cuiden y alimenten de manera sabia e inteligente; gobernantes que hagan mi voluntad.

Esta promesa se cumplirá después que el Mesías (Jesús) regrese a la tierra. En ese momento, Dios promete que los pastores guiarán a las personas por los caminos de Dios. Un "buen pastor" es un líder o un gobernante que ama y obedece a Dios. Jesús es el Buen Pastor supremo (Juan 10:11-16). Haz una lista de maneras en que Jesús es tu pastor.

12 Ve ahora al norte, y proclama allí estas palabras: "Israel, no seas rebelde y vuélvete a mí. No voy a descargar mi enojo sobre ti, ni te voy a guardar rencor, porque yo soy misericordioso.
—Palabra del Señor.

13 "Reconoce que has pecado contra el Señor tu Dios; reconoce que a la sombra de cualquier árbol frondoso te has prostituido con gente extraña, y que no has querido obedecerme.
—Palabra del Señor.

14 "Vuélvanse a mí, hijos rebeldes. Yo soy su Señor. De cada ciudad tomaré a uno de ustedes, y de cada familia tomaré a dos, y los introduciré en Sión.
—Palabra del Señor.

15 "Yo les daré gobernantes que los cuiden y alimenten de manera sabia e inteligente; gobernantes que hagan mi voluntad.

16 Y cuando ustedes se hayan multiplicado y reproducido en la tierra, no volverá a decirse: 'Arca del pacto del Señor'. No volverán a evocarla; ¡no volverán a acordarse de ella, ni la echarán de menos! ¡Tampoco volverá a hacerse otra!
—Palabra del Señor.

17 "Cuando llegue ese día, Jerusalén será llamada 'Trono del Señor'. Todas las nacio-

nes vendrán a ella en el nombre del Señor, y
no volverán a seguir los dictados de su mal-
vado corazón.
18 Cuando llegue ese día, los de la casa de
Judá irán a la casa de Israel, y de la tierra del
norte vendrán juntos a la tierra que di a sus
padres por herencia.
19 "Yo me preguntaba: '¿Cómo podré
contarlos como hijos míos, y darles esta
tierra deseable, la heredad más rica de las
naciones?' Entonces pensé: 'Ustedes me
llamarán Padre mío, y nunca se apartarán
de mí.'
20 Pero ustedes, casa de Israel, pecaron
contra mí ¡como la esposa infiel que aban-
dona a su compañero!"»
—Palabra del Señor.
21 Se oye un clamor en las alturas. Son el
llanto y los ruegos de los hijos de Israel, por-
que han torcido su camino y se han olvida-
do del Señor su Dios.
22 «¡Vuélvanse a mí, hijos rebeldes! ¡Yo sa-
naré sus rebeliones!»
«Aquí estamos, y a ti venimos, porque tú
eres el Señor, nuestro Dios.
23 Las colinas y el bullicio de los montes no
son más que vanidad. La salvación de Israel
radica en ti, Señor y Dios nuestro.
24 Desde que éramos jóvenes, el oprobio
ha consumido la obra de nuestros padres:
lo mismo sus ovejas que sus vacas; lo mismo
sus hijos que sus hijas.
25 En ese oprobio nos hallamos. La ver-
güenza nos envuelve, porque desde nuestra
juventud y hasta este día, nosotros y nues-
tros padres hemos pecado contra ti, Señor y
Dios nuestro. ¡No hemos querido obedecer
tu voz!»
4 «¡Ah Israel, vuélvete a mí! ¡Cómo
quisiera que te volvieras a mí! ¡Cómo
quisiera que quitaras de mi vista tus
actos repugnantes, y no anduvieras de acá
para allá!
—Palabra del Señor.
2 »Si con la verdad, la justicia y el derecho
juras: "¡Vive el Señor!", entonces las naciones
serán plenamente bendecidas por él, y en él
se gloriarán.
3 Porque así dice el Señor a todos los de
Judá y de Jerusalén: "Aren ustedes sus cam-
pos,[a] y no siembren entre los espinos.
4 Hombres de Judá, y habitantes de Jerusa-
lén: ¡Circuncídense en honor del Señor! ¡Qui-
ten de su corazón lo que en él hay de pagano!
De lo contrario, y por causa de sus malvadas
acciones, mi ira se encenderá como un fuego,
y arderá y nadie podrá apagarla."

Judá ante la amenaza de una invasión

5 »Anuncien esto en Judá; proclámenlo en
Jerusalén. Toquen trompeta en la tierra; jún-
tense y pregónenlo. Digan: "Reunámonos y
entremos en las ciudades fortificadas."
6 Icen la bandera en Sión, y huyan sin de-
tenerse, porque yo estoy trayendo del norte
una calamidad, ¡una gran destrucción!
7 Ya ha salido el león de la espesura; ya
está en marcha el destructor de naciones;
ya ha salido de su cueva para dejar tu tierra
en ruinas. Tus ciudades quedarán desoladas
y sin habitantes.»
8 Por lo tanto, vístanse de cilicio; lloren y
hagan lamentos, porque la ira del Señor no
se ha apartado de nosotros.
9 Cuando llegue ese día, desfallecerá el co-
razón del rey y el corazón de los príncipes;
los sacerdotes se quedarán atónitos, y los
profetas no podrán creerlo.
—Palabra del Señor.
10 Yo exclamé:
«¡Ay, Señor y Dios! ¡Grandemente has
engañado a este pueblo y a Jerusalén! Tú le
prometiste que viviría en paz, ¡y ahora pen-
de la espada sobre su cuello!»
11 Cuando llegue el momento, se le dirá a
este pueblo, y también a Jerusalén: «Desde
las altas dunas del desierto sopla un viento
calcinante sobre la hija de mi pueblo. No
viene a aventar el trigo ni a limpiarlo.
12 Pero de mi parte vendrá un viento más
intenso que éste, porque yo mismo voy a
dictar sentencia contra ellos.»

[a] **4.3:** Os 10.12.

13 ¡Mírenlo! ¡Se levanta como nube! ¡Su
carro parece un torbellino! ¡Sus caballos son
más ligeros que las águilas! ¡Ay de nosotros,
nos van a hacer pedazos!
14 Limpia tu corazón de la maldad, Jeru-
salén, y saldrás bien librada. ¿Hasta cuándo
vas a dar cabida en ti pensamientos tan
malvados?
15 Desde Dan, una voz da las malas noti-
cias; desde Efraín se da a conocer el desastre.
16 Díganselo a las naciones, y háganselo
saber a Jerusalén: «Han llegado soldados de
un país lejano, y ya lanzan alaridos contra las
ciudades de Judá.
17 Se han apostado a su alrededor, como
si vigilaran un campo. Y es que ella se rebeló
contra mí.»

—Palabra del Señor.

18 Esto te ha pasado por tu manera de ser
y de actuar. Esto es por causa de tu mal-
dad. Por eso la amargura te calará hasta el
corazón.
19 ¡Cómo me duelen las entrañas! ¡Cómo
me duele el corazón! ¡Siento que el corazón
se me sale! ¡Ay, alma mía, no puedes guardar
silencio, pues has oído los toques de trom-
peta y los alaridos de guerra!
20 Ya se habla de un desastre tras otro.
Todo el país está siendo devastado. ¡Ora
destruyen mis carpas, ora destruyen mis
campamentos!
21 ¿Hasta cuándo tendré que ver agitarse
las banderas, y oír los toques de trompeta?
22 «Y es que mi pueblo es necio, y no me
conoce; son gente que no piensa ni entien-
de; son sabios para hacer el mal, pero no sa-
ben hacer el bien.»
23 Me fijé en la tierra, y la vi desordenada
y vacía. Me fijé en los cielos, y no había en
ellos luz.
24 Me fijé en los montes, y los vi temblar, y
todas las colinas se estremecían.
25 Me fijé, y no había un solo ser huma-
no, y todas las aves del cielo habían des-
aparecido.
26 Me fijé, y los ricos viñedos eran ahora
un desierto, y todas sus ciudades habían
quedado en ruinas. ¡Y esto lo hizo el Señor!
¡Esto lo hizo el ardor de su ira!

LECCIONES — SENTIR EL DOLOR DE DIOS

(Jeremías 4.19-21)

Cuando amas a alguien, es imposible no sentirte triste o contento cuando la persona a quien amas está triste o contenta. Jeremías estaba tan cerca de Dios que sentía la misma tristeza que sentía Él por la rebelión de Judá. Debido a su pecado, Judá estaba a punto de ser conquistada por una nación enemiga. Jeremías lloró por los pecados de su pueblo. De la misma manera, más adelante Jesús lloró por los pecados de los habitantes de Jerusalén (Lucas 13:34). Si estás cerca de Dios, sentirás lo que Él siente acerca de las cosas malas que hace la gente: sentirás tristeza. ¿Te sientes triste?

27 Porque así dijo el Señor:
«Toda la tierra será asolada; pero no la
destruiré por completo.
28 Por esto la tierra se cubrirá de luto, y los
altos cielos se envolverán en tinieblas. Ya lo
he dicho, y no me va a pesar hacerlo; ya lo
he decidido, y no voy a desistir.»
29 Ante el estruendo de la caballería y de
los flecheros huyó toda la ciudad. Corrieron
a las espesuras de los bosques, y treparon
por los peñascos. Todas las ciudades queda-
ron abandonadas; no quedó en ellas un solo
habitante.
30 Y tú, ciudad en ruinas, ¿qué vas a hacer
ahora? De nada va a servirte que te vistas de
púrpura y te atavíes con oro, o que te pintes
los ojos. Tus amantes te van a rechazar, e in-
tentarán matarte.
31 Ya escucho el clamor de una que está
en labor de parto. Es como la voz angustiosa
de una primeriza. Es la voz de la hija de Sión,
que llora y extiende las manos. Y dice: «¡Ay
de mí! ¡Mi ánimo decae por causa de los que
quieren matarme!»

Impiedad de Jerusalén y de Judá

5 Recorran ahora las calles de Jerusalén, y miren e infórmense. Busquen en sus plazas, a ver si encuentran alguien, uno solo, que haga justicia y que busque verdad. Entonces yo la perdonaré.

2 Aun cuando digan: «Vive el Señor», sus juramentos son falsos.

3 ¡Ah, Señor! ¿Acaso tus ojos no se fijan en la verdad? Los castigaste, pero no les dolió; acabaste con ellos, pero no quisieron ser corregidos; endurecieron su semblante más que la roca, ¡y no quisieron volverse a ti!

4 Yo pensaba: «A decir verdad, éstos son unos pobres locos, que no conocen el camino del Señor ni la justicia de su Dios.

5 Voy a ir a hablar con la gente importante, porque ellos sí conocen el camino del Señor y la justicia de su Dios.» ¡Pero ellos también rompieron el yugo y reventaron las coyundas!

6 Por lo tanto, el león de la selva los matará; el lobo del desierto los destruirá; el leopardo acechará sus ciudades, y cualquiera que salga de ellas será arrebatado. Porque sus pecados se han multiplicado, y su falta de lealtad se ha agravado.

7 «¿Cómo voy a perdonarte por esto? Tus hijos me abandonaron, y juraron por dioses que no son dioses. Yo les di abundancia, pero ellos me fueron infieles, y en grupo se pasaban el tiempo en casa de prostitutas.

8 Como caballos sementales, relinchaban de deseos por la mujer de su prójimo.

9 ¿Acaso no tenía yo que castigar esto? ¿Acaso no tenía yo que vengarme de una nación así?»

—Palabra del Señor.

10 «¡Entren a sus viñedos y destrúyanlos, pero no del todo! ¡Destrocen las ramas de sus viñas, porque no son mías!

11 ¡Con gran desfachatez se rebelaron contra mí la casa de Israel y la casa de Judá!»

—Palabra del Señor.

12 Ellos negaron al Señor, y dijeron:

«Él no es Dios. ¡No va a pasarnos nada! ¡Nada sabremos de guerras ni de hambre!

13 Los profetas son como el viento; no hay en ellos palabra, y les va a suceder lo que ellos anuncian.»

14 Por lo tanto, así ha dicho el Señor, el Dios de los ejércitos:

«Puesto que ellos han hablado así, yo pondré mis palabras en tu boca; y ellas serán el fuego, y este pueblo será la leña, y el fuego los consumirá.

15 Casa de Israel, yo voy a hacer que venga contra ustedes un pueblo cuya lengua no conocen, así que no entenderán lo que diga. Es un pueblo ancestral y distante, de gente robusta.

—Palabra del Señor.

16 »Todos ellos son probados guerreros, y su aljaba es como un sepulcro abierto.

17 Acabarán con todo lo que es tuyo: con tu trigo y tu pan, con tus ovejas y tus vacas, con tus viñas y tus higueras, y hasta con tus hijos y tus hijas. ¡A punta de espada reducirán a la nada las ciudades fortificadas en que tú confías!

18 Sin embargo, cuando llegue ese día no los destruiré por completo.

—Palabra del Señor.

19 »Y cuando ellos digan: "¿Por qué el Señor nuestro Dios nos hizo todo esto?", entonces

PERTENECER A DIOS (*Jeremías 5.10*)
Jeremías tuvo que dar malas noticias al pueblo de Judá: Dios iba a permitir que sus enemigos invadieran su tierra. Él no iba a ayudar a este pueblo que ya no le pertenecía. Pertenecer a Dios significa obedecerlo y estar de acuerdo en que Él tiene el derecho de dirigir tu vida. Hoy día, muchas personas creen ser cristianos, pero su comportamiento no muestra que confían en Dios. ¿Y tú? ¿Perteneces a Dios?¿Cómo lo muestran tus acciones?

les dirás de mi parte: "Así como ustedes me dejaron a mí, para servir a dioses ajenos en su propia tierra, así también servirán a gente extraña en tierra ajena."

20 »Anuncien esto en la casa de Jacob; dejen que esto se oiga en Judá, y digan:

21 "Ahora escucha esto, pueblo necio y sin corazón, que tiene ojos y no ve, que tiene oídos y no oye:[a]

22 ¿No van a tener temor de mí? ¿No van a temblar en mi presencia? ¿Ante mí, que con arena le puse límites al mar? Ésta es una ley permanente, que no se puede quebrantar. Aunque se levanten tempestades, no podrán rebasar esos límites; aunque bramen las olas, no pasarán de allí."[b]

—Palabra del Señor.

23 »Pero éste es un pueblo que tiene un corazón falso y rebelde. Se apartaron y se fueron.

24 Jamás se pusieron a pensar: "Mostremos ya temor del Señor, nuestro Dios, que a su tiempo nos da la lluvia temprana y la tardía, y que nos respeta los tiempos establecidos para la siega."

25 ¡Con sus iniquidades han impedido todo esto! ¡Con sus pecados han apartado de ustedes el bien!

26 Entre mi pueblo se ha encontrado gente impía, que a semejanza de los que ponen trampas para los pájaros, se ponen al acecho para atrapar a sus semejantes.

27 Sus casas parecen jaulas llenas de pájaros, pero están llenas de engaño. ¡Fue así como se hicieron grandes y ricos!

28 ¡Tanto engordaron que hasta la piel les brilla! ¡Rebasaron la maldad de los malvados! ¡No les hicieron justicia a los huérfanos ni a los pobres! Y, a pesar de todo, prosperaron.

29 ¿Y yo no habré de castigar esto? ¿Y no habré de vengarme de gente así?

—Palabra del Señor.

30 »Algo feo y espantoso ha ocurrido en la tierra:

31 Los profetas anuncian mentiras, y los sacerdotes dirigen por su propia autoridad. ¡Pero mi pueblo así lo ha querido! ¿Y qué van a hacer cuando les llegue el fin?

El juicio contra Jerusalén y Judá

6 »Ustedes, descendientes de Benjamín, ¡escapen de Jerusalén, y toquen la trompeta en Tecoa! ¡Hagan señales de humo sobre Bet Haqueren! ¡Viene del norte gran calamidad y destrucción!

2 Voy a destruir a la bella y delicada hija de Sión.

3 Como pastores con sus rebaños, vienen a atacarla generales con sus ejércitos; y plantarán tiendas de campaña a su alrededor, y cada uno escogerá su lugar de reposo.

4 Y dirán: "¡Vamos a atacarla! ¡Vamos a asaltarla a plena luz del día!" Pero al ver que la tarde va cayendo, y que se extienden ya las sombras de la noche, dirán: "¡Ay de nosotros!

5 Será mejor que la asaltemos por la noche, y que destruyamos sus palacios."»

6 Porque así ha dicho el Señor de los ejércitos:

«¡Corten árboles, y levanten un terraplén contra Jerusalén! Esta ciudad tiene que ser castigada, porque toda ella está llena de violencia.

7 Así como de una fuente nunca deja de manar el agua, así también, de ella nunca deja de manar su maldad. En ella se habla de robos e injusticias; y siempre hay en mi presencia enfermedad y heridas.

8 ¡Corrígete, Jerusalén! De lo contrario, me apartaré de ti y te convertiré en desierto, en tierra deshabitada.»

9 Así ha dicho el Señor de los ejércitos:

«Andarán buscando al resto de Israel, del mismo modo que en la vid vuelve el vendimiador a rebuscar entre los sarmientos.

10 »¿A quién hablaré, para que oigan? ¿A quién le llamaré la atención? ¡No pueden escuchar porque tienen tapados los oídos! Ellos no aman la palabra del Señor. ¡Les resulta vergonzosa!

11 Por tanto, la ira del Señor se me escapa; ya estoy cansado de contenerme. Voy a de-

---

[a]**5.21:** Is 6.9-10; Ez 12.2; Mr 9.18. [b]**5.22:** Job 38.8-11. [a]**6.14:** Ez 13.10. [b]**6.12-15:** Jer 8.10-12. [c]**6.16:** Mt 11.29.

rramarla sobre los niños en la calle, lo mismo
que sobre las reuniones de jóvenes, porque
serán hechos cautivos el marido y la mujer,
el viejo y el anciano.
12 Voy a extender mi mano contra los habi-
tantes de la tierra; y sus casas, sus propiedades,
y hasta sus mujeres, pasarán a otras manos.
—Palabra del Señor.
13 »Y es que todos ellos son mentirosos y
avaros. Todos, desde el más chico hasta el
más grande, desde el profeta hasta el sacer-
dote.
14 Se les hace fácil sanar la herida de mi
pueblo con sólo decir: "¡Paz, paz!" ¡Pero no
hay paz![a]
15 ¿Acaso se han avergonzado de sus ac-
tos repugnantes? ¡Claro que no! ¡Ni siquiera
saben lo que es tener vergüenza! Por eso,
cuando yo los castigue, caerán muertos en-
tre los muertos.»[b]
—Palabra del Señor.
16 Así ha dicho el Señor:
«Deténganse en los caminos y pregunten
por los senderos de otros tiempos; miren
bien cuál es el buen camino, y vayan por él.
Así hallarán ustedes el descanso necesario.[c]
Pero ustedes dijeron: "No iremos por allí."
17 También les puse vigilantes que les ad-
virtieran: "Presten atención al sonido de la
trompeta." Pero ustedes dijeron: "No vamos
a prestar atención."
18 Por lo tanto, naciones, ¡escuchen! Y
ustedes, mi pueblo, ¡entiendan lo que va a
suceder!
19 ¡Óyeme bien, tierra! Voy a traer sobre
este pueblo un mal, que es producto de sus
pensamientos, pues no quisieron obedecer
mis palabras y aborrecieron mi enseñanza.
20 ¿Para qué me traen de Sabá este in-
cienso, y de lejanas tierras esta fina caña
aromática? No encuentro aceptables sus
holocaustos, ni me agradan sus sacrificios.»
21 Por lo tanto, así ha dicho el Señor:
«Yo voy a ponerle tropiezos a este pue-
blo, que harán caer a los padres y a los hijos
por igual, y donde el vecino y su compañero
perecerán.»
22 Así ha dicho el Señor:
«¡Miren! Del norte viene ya un pueblo de
la tierra. Desde los extremos de la tierra se
levanta una gran nación.
23 Empuñan el arco y la jabalina. Son crue-
les, y no saben lo que es la compasión. Sus
voces son como los bramidos del mar, y a
galope tendido vienen contra ti, hija de
Sión, dispuestos ya para el combate.»
24 Al enterarnos de su fama, se nos desco-
yuntaron las manos; la angustia y el dolor se
apoderaron de nosotros, como se apoderan
de una parturienta.
25 ¡No salgas al campo! ¡No transites por nin-
gún camino, porque el enemigo está blandien-
do la espada! ¡Hay terror por todas partes!
26 Hija de mi pueblo, ¡cúbrete de cilicio y
revuélcate en ceniza! ¡Vístete de luto, como
si hubiera muerto tu único hijo! ¡Llora amar-
gamente, porque ya viene contra nosotros
el destructor!

SIGUE EL CAMINO *(Jeremías 6.16)*

PODER PARA VIVIR

Si estuvieras atravesando un bosque, ¿sería más seguro seguir el camino existente o crear tu propio camino? El seguir un camino ya trazado y transitado siempre es lo más seguro. Jeremías advirtió al pueblo de Judá que se habían desviado del camino que Dios había trazado. Esta era una manera de decir que ya no obedecían las leyes de Dios, las cuales los mantendrían a salvo. En vez de hacerlo, seguían sus propios caminos al adorar a dioses falsos. Su nuevo camino los guiaría a la destrucción. ¡Los NIÑOS PODEROSOS DE DIOS escogen no desviarse del camino que Dios ha designado!

27 «Yo te he puesto entre mi pueblo para
que los pongas a prueba, como si fueran
metales. Así que entérate de cómo se con-
ducen, y ponlos a prueba,
28 porque todos ellos son rebeldes, porfia-
dos y chismosos. Y además, corruptores. ¡Son
inflexibles como el bronce y como el hierro!
29 Cuando el fuelle arde, el plomo se de-
rrite por el fuego; pero de nada sirve que el
fundidor funda el metal si no se desprende
la escoria.
30 Pero a ellos se les llamará "plata desecha-
da", porque yo, el Señor, los he desechado.»

El culto verdadero

7 La palabra del Señor vino a Jeremías,
y le dijo:
2 «Ponte a la entrada de la casa del
Señor, y proclama allí esta palabra. Di esto:
"Ustedes, los de Judá, que entran por estas
puertas para adorar al Señor, escuchen su
palabra."»
3 Así ha dicho el Señor de los ejércitos, el
Dios de Israel:
«Mejoren sus caminos y sus obras, y yo
los haré habitar en este lugar.
4 No se fíen de palabras mentirosas, que
dicen: "Templo del Señor, templo del Señor.
¡Éste es el templo del Señor!"
5 Al contrario, si ustedes mejoran su con-
ducta y sus acciones, y si imparten verda-
dera justicia entre ustedes y sus semejantes,
6 y si no oprimen al extranjero, ni al huér-
fano ni a la viuda, ni derraman sangre ino-
cente en este lugar, ni se van tras dioses aje-
nos, para su propio mal,
7 yo los haré habitar en este lugar, en la
tierra que les di a sus padres para siempre.
8 »Lo que veo es que ustedes confían
en palabras mentirosas, que para nada les
sirven.
9 Hurtan, matan, adulteran, juran falsa-
mente, le queman incienso a Baal, y siguen a
dioses extraños que nunca antes conocieron.
10 ¿Acaso van a venir a pararse delante de
mí en esta casa, donde se invoca mi nombre,
para decir que están en libertad de seguir
haciendo todas estas cosas repugnantes?
11 ¿Acaso esta casa, donde se invoca mi nom-
bre, es para ustedes una cueva de ladrones?[a] To-
men en cuenta que yo también veo esto.
—Palabra del Señor.
12 »Vayan a mi santuario en Silo, donde al
principio establecí la residencia de mi nom-
bre, y vean lo que hice con él por causa de la
maldad de mi pueblo Israel.

LECCIONES

EL VERDADERO CAMBIO

(Jeremías 7.3)

Dios le dio a su pueblo muchas oportunidades de obedecerlo. Pero ellos pensaban que si iban al templo y ofrecían sacrificios, podían desobedecer a Dios en otros asuntos. Muchas personas hoy día son engañadas de esta misma manera. Piensan que si asisten a la iglesia, son cristianos. Pero si no obedecen a Dios con sus acciones, no creen verdaderamente en Él. El verdadero cambio empieza cuando reconocemos que hemos hecho lo malo y que necesitamos que Jesús perdone nuestro pecado.

PALABRAS CON PODER

CUEVA DE LADRONES

(Jeremías 7.11)

Los ladrones muchas veces usan una guarida, una cueva u otro lugar escondido, como un sitio donde pueden planificar su próximo delito. Jeremías dijo que las personas que ofrecían sacrificios mientras trataban de "esconder" sus pecados de Dios eran como ladrones en una cueva. Seguían teniendo la intención de pecar así como los ladrones piensan seguir robando. Las personas que quieren desobedecer a Dios buscan maneras de esconder su pecado. Dios quiere que mantengamos nuestro corazón libre de pecado.

[a]**7.11:** Mt 21.13; Mr 11.17; Lc 19.46. [b]**7.12-14:** Jos 18.1; Sal 78.60; Jer 26.6.

13 Y ahora, como ustedes han cometido todas estas acciones, y como yo los llamé y ustedes no me respondieron, aun cuando una y otra vez les hablé

—Palabra del Señor—,

14 »haré con esta casa donde se invoca mi nombre, y en la que ustedes confían, y con este lugar que les di a ustedes y a sus padres, lo mismo que hice con Silo.[b]

15 Voy a arrojarlos lejos de mi presencia, como antes arrojé a todos sus hermanos, a toda la generación de Efraín.

16 »Y tú, no ores por este pueblo. No eleves por ellos ningún clamor ni oración. No me ruegues por ellos, porque no voy a hacerte caso.

17 ¿Acaso no ves lo que éstos hacen en las ciudades de Judá y en las calles de Jerusalén?

18 Los hijos recogen la leña, los padres encienden el fuego, y las mujeres hacen la masa, para ofrecerle tortas a la reina del cielo; para presentar ofrendas a dioses ajenos; ¡para provocar mi enojo!

19 ¿Pero en realidad provocarán mi enojo? ¿No es más bien para ellos mismos la vergüenza?»

—Palabra del Señor.

20 Por lo tanto, así ha dicho Dios, el Señor:

«Ahora voy a derramar mi enojo y mi furor sobre este lugar. Se encenderán sobre los hombres y los animales, sobre los árboles del campo y los frutos de la tierra, y no se apagarán.»

Castigo de la rebelión de Judá

21 Así ha dicho el Señor de los ejércitos, el Dios de Israel:

«Añadan sus holocaustos a sus sacrificios, y cómanse la carne.

22 Porque el día que los saqué de la tierra de Egipto, yo no hablé de esto con sus padres, ni les di ninguna orden en cuanto a holocaustos y sacrificios.

23 Al contrario, esto fue lo que les ordené: "Escuchen mi voz, y yo seré su Dios, y ustedes serán mi pueblo. Vayan siempre por el camino que yo les mande seguir, para que les vaya bien."

24 »Pero ellos no me hicieron caso ni me prestaron atención, sino que por la terquedad de su malvado corazón siguieron sus propios consejos, y en vez de avanzar, retrocedieron.

25 Esto ha sido así desde que sus padres salieron de la tierra de Egipto hasta hoy. Yo, desde muy temprano y sin falta, les envié a todos mis siervos, los profetas,

26 pero ellos no me hicieron caso ni me prestaron atención, sino que se encapricharon y fueron peores que sus padres.

27 »Tú les dirás todas estas palabras, pero no te oirán; los llamarás, pero no te responderán.

28 Por lo tanto, les dirás: "Ésta es la nación que no escuchó la voz del Señor su Dios, ni admitió corrección; por eso la verdad fue extirpada de la boca de ellos, y ya no existe."»

29 ¡Córtate el cabello, y deshazte de él! ¡Da rienda suelta a tu llanto en la cima de los montes! ¡El Señor aborrece a la generación que ha provocado su enojo, y la ha abandonado!

30 «¡Ante mis propios ojos, los hijos de Judá han hecho lo malo! ¡Han profanado la casa misma donde se invoca mi nombre, al exponer allí sus actos repugnantes!

—Palabra del Señor.

31 »Han edificado altares en los montes de Tofet, en el valle de Ben Jinón,[c] para lanzar al fuego a sus hijos y a sus hijas,[d] que es algo que nunca les pedí que hicieran, y que ni siquiera pensé pedirles.

32 Por eso vienen días en que ese lugar ya no se llamará Tofet, ni valle de Ben Jinón, sino valle de la matanza. Y los muertos se enterrarán en Tofet, por no haber otro lugar.

—Palabra del Señor.

33 »Los cadáveres de esta gente serán la comida de las aves del cielo y de las bestias del campo, y no habrá quien las espante.

34 En las ciudades de Judá y en las calles de

[c] **7.31:** 2 R 23.10; Jer 32.35. [d] **7.31:** Lv 18.21. [e] **7.34:** Jer 16.9; 25.10; Ap 18.23.

Jerusalén pondré fin a las voces de gozo y alegría, y a la voz del esposo y de la esposa,[e] porque la tierra quedará en ruinas.

8 »Cuando llegue el momento, se sacarán de sus sepulcros los huesos de los reyes de Judá y de sus príncipes, los huesos de los sacerdotes y de los profetas, y los huesos de los habitantes de Jerusalén.

—Palabra del Señor.

2 »Puesto que ellos amaron y sirvieron al sol, a la luna y a todo el ejército del cielo, y se postraron delante de ellos y los siguieron y consultaron, sus huesos no serán recogidos ni enterrados, sino que serán lanzados a esos astros, y se quedarán tirados como estiércol sobre la faz de la tierra.

3 A dondequiera que yo arroje a los pocos sobrevivientes de esta mala generación, éstos preferirán morir antes que seguir viviendo.

—Palabra del Señor de los ejércitos.

4 »También les dirás: "Así ha dicho el Señor: '¿Acaso el que cae no se levanta? ¿Y acaso el que se desvía no vuelve al camino?

5 ¿Por qué, entonces, este pueblo de Jerusalén es rebelde todo el tiempo?' Ustedes se aferran al engaño, y no quieren volverse a mí.

6 Les he prestado atención, y he escuchado lo que dicen. No hablan con rectitud, y no hay nadie que se arrepienta de su maldad. Nadie se pregunta: '¿Pero qué he hecho?' Son como caballos desbocados en medio de una batalla: cada uno corre como mejor le conviene.

7 Hasta la cigüeña en el cielo sabe cuándo ha llegado su tiempo. La tórtola, la grulla y la golondrina respetan los tiempos de su llegada. ¡En cambio, mi pueblo no conoce la justicia de su Señor!"

8 »¿Cómo pueden decir que son sabios, y que la ley del Señor está con ellos? Lo cierto es que la pluma mentirosa de los escribas la ha convertido en mentira.

9 Los sabios se avergüenzan, se espantan y quedan consternados. Es un hecho que aborrecen la palabra del Señor. Entonces, ¿de qué sabiduría hablan?

10 Por lo tanto, voy a entregar a otros sus mujeres, y sus campos a quienes los conquisten; porque todos, desde el más pequeño hasta el más grande, sólo siguen sus propios intereses; todos, desde el profeta hasta el sacerdote, sólo saben engañar.

11 Se les hace fácil sanar la herida de la hija de mi pueblo, con sólo decir "¡Paz, paz!" ¡Pero no hay paz![a]

12 ¿Acaso se avergüenzan de los hechos repugnantes que cometen? ¡No les causa la más mínima vergüenza! ¡No saben lo que es tener vergüenza! Por eso les advierto que, cuando los castigue, morirán entre los que van a morir.[b]

13 Voy a arrancarlos por completo. No quedarán uvas en la vid, ni higos en la higuera. Todas las hojas se caerán. ¡Voy a quitarles lo que les había dado!»

—Palabra del Señor.

14 ¿Qué hacemos aquí, sentados? ¡Vamos a juntarnos, y entremos en las ciudades fortificadas para morir allí! El Señor nuestro Dios nos ha condenado a morir; nos ha dado a

LECCIONES **AUN LAS AVES OBEDECEN**

(Jeremías 8.7)

Dios comparó al pueblo de Judá a las aves. Las aves tienen el instinto de emigrar a lugares más cálidos en el invierno. Siempre obedecen a ese instinto. Sin embargo, a diferencia de las aves, el pueblo de Judá no siguió su instinto de obedecer a Dios. Pensaban que podían hacer caso omiso de los mensajes de Dios a través de Jeremías sin que hubiera ninguna mala consecuencia (versículo 8). Pero Dios dijo que su rebelión sería castigada. La próxima vez que veas un pájaro volando hacia el sur, piensa acerca del instinto de obedecer a Dios.

[a]**8.11:** Ez 13.10. [b]**8.10-12:** Jer 6.12-15.

beber aguas amargas, porque pecamos con-
tra él.
15 Esperábamos vivir en paz, y no llegó el
bien; esperábamos el momento de sanar, y
sólo vemos confusión.
16 Desde Dan se oye cómo resoplan los ca-
ballos. Tiembla la tierra al escucharse los re-
linchos de los corceles. Llegaron y acabaron
con la tierra y su abundancia, con la ciudad
y sus habitantes.
17 «Es que yo estoy lanzando contra uste-
des serpientes y áspides, para que los muer-
dan. Contra ellas, no hay encantamiento
que sirva.»
—Palabra del Señor.

Lamento sobre Judá y Jerusalén

18 Es tan grande el dolor que siento, que
mi corazón desfallece.
19 Escuchen el clamor de la hija de mi pue-
blo, que viene de lejanas tierras, y pregunta:
«¿Acaso ya no está el Señor en Sión?
¿Acaso ya no está en ella su Rey?»
Y el Señor contesta:
«¿Por qué me hicieron enojar con sus
imágenes talladas y con falsos dioses aje-
nos?»
20 Ya ha terminado la cosecha; ya pasó el
verano. ¡Y nosotros no hemos sido salvados!
21 La ruina de la hija de mi pueblo me tie-
ne destrozado. Me siento apesadumbrado,
¡sobrecogido de terror!
22 ¿Acaso ya no hay bálsamo en Galaad? ¿No
hay allí ningún médico? Si lo hay, ¿por qué no
hay medicina para la hija de mi pueblo?
9 ¡Cómo quisiera yo que mi cabeza
fuera un mar, y mis ojos un manan-
tial de lágrimas! ¡Así podría llorar día
y noche por los muertos de la hija de mi
pueblo!
2 ¡Cómo quisiera que alguien me diera en
el desierto un albergue de caminantes! ¡Así
podría dejar a mi pueblo y apartarme de
ellos! Porque todos ellos son adúlteros, ¡son
una banda de pecadores!
3 «Han hecho de su lengua un arco, y con
ella lanzan mentiras. La verdad en la tierra

PALABRAS CON PODER

EL PROFETA LLORÓN

(Jeremías 9.1-26)

¿En algún momento te han entristecido las cosas malas que alguien ha hecho? A Jeremías se le llama el "profeta llorón" porque derramó tantas lágrimas por las cosas malas que hacía el pueblo de Dios. Él sabía que sus acciones hacían sufrir a Dios. En el Nuevo Testamento, Jesús hizo más que llorar por el pecado: murió para ponerle fin al poder del pecado para siempre.

no es su fortaleza. Cometen maldad tras
maldad, y a mí no me reconocen.
—Palabra del Señor.
4 »Cuídense todos de sus amigos. Que no
confíe nadie en su propio hermano. Porque
todo hermano engaña descaradamente, y
todo amigo esparce calumnias.
5 No hay nadie que no engañe a su amigo.
No hay nadie que diga la verdad. Entrenaron
su lengua para la mentira, y sólo saben per-
petrar la maldad.
6 Viven en medio del engaño, y por su
espíritu engañoso no han querido recono-
cerme.
—Palabra del Señor.
7 »Por lo tanto, yo los pondré a prueba y
los refinaré. ¿Qué más puedo hacer por la
hija de mi pueblo?
—Lo digo yo, el Señor de los ejércitos.
8 »Ellos tienen por lengua una flecha pun-
tiaguda, que sólo profiere engaño. Con los
labios desean paz a su amigo, pero dentro
de ellos le tienden trampas.
9 ¿Y no los he de castigar por estas cosas?
¿No habré de vengarme de una nación así?»
—Palabra del Señor.
10 Haré oír por los montes mi llanto y mis
lamentos; por los pastos del desierto de-
rramaré mis lágrimas, porque todo ha sido
destruido y nadie pasa ya por aquí. Ya no
se oye bramar al ganado, y hasta las aves

del cielo y las bestias del campo huyeron por igual.

[11] «¡Reduciré a Jerusalén a un montón de ruinas, a una guarida de chacales! ¡Dejaré en ruinas las ciudades de Judá, y no quedará en ella un solo habitante!»

Amenaza de ruina y de exilio

[12] ¿Quién es lo suficientemente sabio para entender esto? ¿A quién comunicó esto la boca del Señor, para que pueda declararlo? ¿Por qué ha perecido la tierra? ¿Por qué ha quedado deshabitada como un desierto?

[13] Y el Señor responde:

«Porque abandonaron mi ley, que a la vista de ellos entregué, y no atendieron mi voz ni se condujeron en obediencia a ella,

[14] sino que siguieron las enseñanzas de sus padres y se fueron en pos de los baales y de su necio corazón.

[15] Por lo tanto, a este pueblo voy a darle a comer ajenjo, y a beber aguas amargas.

—Palabra del Señor de los ejércitos, Dios de Israel.

[16] »Voy a dispersarlos entre naciones que ni ellos ni sus padres conocieron, y tras ellos enviaré a la espada, hasta que acabe con ellos.»

[17] Así dice el Señor de los ejércitos:

«Piensen bien, y manden a llamar plañideras. Busquen a las que conozcan su oficio.»

[18] ¡Apresúrense, y dejen oír su llanto por nosotros! ¡Que se bañen en lágrimas nuestros ojos! ¡Que se ahoguen en llanto nuestros párpados!

[19] Porque desde Sión se escucha la voz de la endecha. ¡Cómo hemos sido destruidos! Hemos sido grandemente avergonzados, y tenemos que abandonar la tierra porque nuestras casas han sido destruidas.

[20] Escuchen, mujeres, la palabra del Señor. Presten oído a la palabra de su boca. Enseñen a sus hijas y amigas a entonar lamentos.

[21] La muerte se ha colado por nuestras ventanas; ha penetrado en nuestros palacios, para acabar con los niños de las calles y con los jóvenes de las plazas.

[22] «Diles que los cadáveres caerán sobre el campo como estiércol, como manojos de trigo que caen al paso del segador, y que no hay quien los recoja.»

—Palabra del Señor.

El conocimiento de Dios es la gloria del hombre

[23] Así ha dicho el Señor:

«No debe el sabio vanagloriarse por ser sabio, ni jactarse el valiente por ser valiente, ni presumir el rico por ser rico.

[24] Quien se quiera vanagloriar, que se vanaglorie de entenderme y conocerme.[a] Porque yo soy el Señor, que hago misericordia, imparto justicia y hago valer el derecho en la tierra, porque estas cosas me complacen.

—Palabra del Señor.

[25] »Ya viene el día en que castigaré a los circuncidados y a los incircuncisos.

—Palabra del Señor.

[26] »Castigaré a Egipto y a Judá, a Edom y a los descendientes de Amón y de Moab; a todos los que se hallen en el lugar más recóndito y a los que viven en el desierto. Ciertamente, todas las naciones son incir-

[a]9.24: 1 Co 1.31; 2 Co 10.17.

JACTARSE DE DIOS *(Jeremías 9.24)*

A través de Jeremías, Dios advirtió al pueblo de Judá que no se jactara de sus habilidades, riquezas o sabiduría. Más bien, debían jactarse de su relación con Dios. Este consejo también se aplica a nosotros hoy día. ¿Hay algo que tienes, talento, notas, dinero, del que eres tentado a jactarte? ¡Recuerda al pueblo de Judá! Dios quiere que nos jactemos de lo que Él ha hecho por nosotros. Él es el que nos da todo lo que tenemos.

cuncisas, y toda la casa de Israel es incircun-
cisa de corazón.»

Los dioses falsos y el Dios verdadero

10 Oigan la palabra que el Señor ha pronunciado contra ustedes, casa de Israel.
2 Así ha dicho el Señor:
«No sigan las enseñanzas de las naciones,
ni tengan temor de las señales del cielo, aun
cuando las naciones las teman.
3 Mantienen costumbres que no sirven
para nada. Porque en el bosque cortan un
árbol, y un artífice le da forma con un buril;
4 luego lo adornan con oro y plata, y lo
afirman con clavos y martillo para que no
se mueva.
5 Se quedan erguidos como una palmera,
pero no hablan; ¡y tienen que ser llevados,
porque no pueden andar! No tengan temor
de ellos, porque no tienen ningún poder, ni
para hacer mal ni para hacer bien.»

6 ¡Nada hay semejante a ti, Señor!
¡Grande eres tú, y grande tu fama y poder!
7 ¿Quién no te temerá, Rey de las
naciones?[a]
Tú eres digno de ser reverenciado,
porque no hay ningún sabio ni rey
que pueda compararse a ti.
8 Todos ellos son tontos y engreídos;
de sus dioses de madera sólo aprenden
tonterías.
9 De Tarsis traen planchas de plata,
y de Ufaz traen oro refinado;
y luego los visten con telas purpúreas.
Todo es obra de artífices y fundidores;
todo es obra de manos expertas.
10 Pero el Señor es el Dios verdadero;
es el Dios de la vida, ¡el Rey eterno!
Cuando se enoja, tiembla la tierra;
¡no hay nación que resista su furor!
11 Ustedes, díganles así:
«¡Que desaparezcan de la tierra, de lo que
está bajo los cielos, los dioses que no hicie-
ron los cielos ni la tierra!»

12 Con su poder, el Señor hizo la tierra;
con su saber, puso orden en el mundo;
con su sabiduría, extendió los cielos.
13 Habla él y se juntan las aguas en los
cielos
y se levantan las nubes en los confines
de la tierra.
Con los relámpagos le abre paso a la
lluvia,
y deja que el viento salga de sus
depósitos.
14 La gente carece de ciencia y de
talento.
Los fundidores se avergüenzan de los
ídolos que funden, porque su obra es una
mentira: carece de espíritu.
15 Esos ídolos están vacíos; son una obra
hueca. Cuando les llegue la hora del castigo,
serán destruidos.
16 Pero el Dios que es la porción de Jacob,
y cuyo nombre es el Señor de los ejércitos,
no es así; él es quien ha hecho todo, y el
pueblo de Israel es su herencia.

Asolamiento de Judá

17 Tú, que habitas en un lugar fortificado,
recoge de la tierra tus mercaderías.
18 Porque así ha dicho el Señor:
«Esta vez me verás arrojar con una honda
a los habitantes del país. Voy a afligirlos, para
que lo sientan.»
19 ¡Ay de mí! ¡Estoy hecho pedazos! ¡Mi he-
rida no va a sanar! Aunque tengo que admi-
tir que este mal es mío, y tengo que sufrirlo.
20 Mi tienda de campaña está desmante-
lada; todas las cuerdas están rotas. Mis hijos
me abandonaron, y ahora están muertos.
¡Ya no hay nadie que me ayude a levantar
mi tienda, ni quien cuelgue mis cortinas!
21 A los pastores les falta inteligencia; no
buscan al Señor; por eso no prosperan y
todo su ganado se ha esparcido.
22 Se oye un rumor. Ya se aproxima. Del
país del norte llega un gran desasosiego, que
hará de todas las ciudades de Judá un de-
sierto, una guarida de chacales.

[a] **10.7:** Ap 15.4.

[23] Yo sé bien, Señor, que nadie es dueño
de su vida, ni nadie puede por sí mismo or-
denar sus pasos.
[24] ¡Castígame, Señor, pero hazlo con justi-
cia! ¡No me castigues con tu furor, pues de
lo contrario acabarás conmigo!
[25] Derrama tu enojo sobre los pueblos
que no te conocen y sobre las naciones que
no invocan tu nombre, porque se devora-
ron a Jacob; acabaron por completo con él,
y dejaron en ruinas su país.

El pacto violado

11 Ésta es la palabra que vino a Je-
remías de parte del Señor:
[2] «Oigan las palabras de este
pacto. Hablen con todos los hombres de
Judá, y con todos los habitantes de Jerusalén.
[3] Tú les dirás que yo, el Señor y Dios de
Israel, he dicho: "Maldito sea el que no obe-
dezca las palabras de este pacto",
[4] pacto que mandé a sus padres obedecer
el día que los saqué de ese horno de hierro
que es la tierra de Egipto.
»Yo les dije: "Oigan mi voz, y cumplan con
mis palabras. Cíñanse a todo lo que les man-
do. Entonces ustedes serán mi pueblo, y yo
seré su Dios."
[5] Así confirmaré el juramento que les hice
a sus padres, y que vuelvo a hacerles hoy, de
Ez 20.39-44 darles la tierra donde fluye leche y miel.»
Yo respondí:
«Así sea, Señor.»
[6] Entonces el Señor me dijo:
«Da a conocer todas estas palabras en las
ciudades de Judá y en las calles de Jerusalén.
Diles que oigan las palabras de este pacto, y
que las pongan por obra.
[7] Porque desde el día que saqué a sus pa-
dres de la tierra de Egipto, y hasta el día de
hoy, una y otra vez les he advertido solem-
nemente que escuchen mi voz.
[8] Pero ellos no me escuchan ni me prestan
atención. Pero bien, cada uno tercamente
ha seguido el parecer de su malvado cora-
zón. Por lo tanto, voy a hacer que recaigan
sobre ellos todas las palabras de este pac-
to, el cual les ordené que cumplieran, y no
cumplieron.»
[9] El Señor me dijo:
«Se ha encontrado que los hombres de
Judá y los habitantes de Jerusalén están pre-
parando una conspiración.
[10] Han vuelto a cometer las mismas mal-
dades de sus antepasados, los cuales no
quisieron escuchar mis palabras sino que se
fueron en pos de dioses ajenos y les sirvie-
ron. Tanto la casa de Israel como la casa de
Judá invalidaron el pacto que hice con sus
padres.»
[11] Por lo tanto, así ha dicho el Señor:
«Voy a lanzar sobre ellos una calamidad,
de la que no podrán librarse. Entonces cla-
marán a mí, pero yo no les haré caso.
[12] Entonces los de las ciudades de Judá y
los habitantes de Jerusalén irán a pedir la
ayuda de los dioses a los que les queman in-
cienso, pero ellos no podrán salvarlos cuan-
do les sobrevenga la calamidad.
[13] Tú, Judá, tuviste tantos dioses como ciu-
dades. Y tú, Jerusalén, en cada una de tus
calles levantaste altares repugnantes, y allí le
ofreciste incienso a Baal.
[14] »Así que tú, Jeremías, no me ruegues por
este pueblo; no eleves hacia mí ningún cla-
mor ni oración por ellos, porque el día que
afligidos clamen a mí yo no les haré caso.

LECCIONES: LAS MALDICIONES DE LA DESOBEDIENCIA

(Jeremías 11.3)

Dios hizo un acuerdo con su pueblo basado en sus leyes y la obediencia de su pueblo a esas leyes. Dios prometió darles una herencia en la tierra de Canaán. Él dijo que los protegería y bendeciría si obedecían. Pero el pueblo escogió desobedecer a Dios y seguir a dioses falsos. Como resultado, fueron capturados por los babilonios. Hoy día, todavía tenemos que escoger si queremos obedecer a Dios y ser bendecidos o desobedecer y sufrir malas consecuencias.

15 ¿Qué derechos puedes reclamar en mi
casa, amada mía, si has incurrido en tantos
hechos repugnantes? ¿Crees acaso que los
sacrificios y la carne consagrada de los ani-
males ofrendados pueden librarte del casti-
go? ¿Puedes jactarte de eso?»
16 El Señor te puso por nombre «Olivo
verde», de hermosos frutos y de bella apa-
riencia; pero a la voz de un fuerte estrépito
hizo que le prendieran fuego, y se quebra-
ron sus ramas.
17 Ciertamente el Señor de los ejércitos, que
te plantó, ha decretado contra ti una calami-
dad por causa de las maldades cometidas
por la casa de Israel y la casa de Judá; ¡por
provocar su ira al ofrecerle incienso a Baal!

Complot contra Jeremías

18 Tú, Señor me lo hiciste saber, y yo lo
comprendí. Tú hiciste que yo me diera
cuenta de sus obras.
19 Yo parecía un cordero inocente que lle-
van al degolladero. No entendía lo que es-
taban tramando contra mí, cuando decían:
«Destruyamos el árbol con su fruto. Corté-
moslo de esta tierra de los vivientes, y que
de su nombre no quede ni el recuerdo.»
20 Pero tú, Señor de los ejércitos, que juzgas
con justicia y que escudriñas la mente y el
corazón, permíteme ver cómo te vengas de
ellos, porque ante ti he expuesto mi causa.
21 Por lo tanto, así ha dicho el Señor acerca
de los hombres de Anatot que quieren ma-
tarme y que me ordenan no profetizar en el
nombre del Señor, para que no me maten.
22 Así ha dicho el Señor de los ejércitos:
«Voy a castigarlos. Los jóvenes morirán a
filo de espada, y sus hijos y sus hijas morirán
de hambre.
23 Cuando yo castigue a los hombres de
Anatot, lanzaré sobre ellos una calamidad, y
ninguno de ellos sobrevivirá.»

Queja de Jeremías y respuesta de Dios

12 Tú, Señor, eres justo y no pue-
do disputar contigo. Sin em-
bargo, defenderé mi caso ante
ti. ¿Por qué prosperan los impíos en todo lo
que hacen, y les va bien a todos los que son
desleales?
2 Tú los plantas, y ellos echan raíces; crecen
y dan fruto. Te tienen en la punta de la len-
gua, pero te mantienen lejos de su corazón.
3 A mí en cambio, Señor, me conoces. Tú
me has visto y has puesto a prueba mi cora-
zón. ¡Arrástralos al degolladero, como a las
ovejas! ¡Márcalos para el día de la matanza!
4 ¿Hasta cuándo va a estar desierta la tie-
rra, y marchita toda la hierba del campo?
Por la maldad de quienes la habitan, faltan
ganados y aves. Y es que dijeron: «Dios no
verá nuestro fin.»
5 Si corriste con los de infantería, y te can-
saste, ¿cómo podrás contender con los de
caballería? Si en terreno seguro te caíste,
¿qué harás en los matorrales del Jordán?
6 ¡Hasta tus hermanos y tu familia se le-
vantaron contra ti! ¡Hasta ellos gritaron a
tus espaldas! Así que no les creas cuando te
hablen bien.

PODER PARA VIVIR

¿POR QUÉ SUFREN LAS PERSONAS BUENAS? *(Jeremías 12.1-4)*
¿En algún momento te has preguntado por qué las personas buenas tienen que sufrir? Jeremías le hizo esa pregunta a Dios. Le preguntó por qué las cosas les salían bien a las personas que hacían el mal, mientras que las personas fieles sufrían. Dios a veces permite que los malvados reciban cosas buenas porque Él es lento para la ira (Números 14:18). No le gusta castigar a las personas. Pero eso no quiere decir que Dios sea injusto o indiferente, o que no esté enterado de las cosas que ocurren. Él desea que sus hijos se mantengan fieles aun cuando no entienden por qué Él permite que ocurran ciertas cosas.

7 He dejado mi casa y descuidado a mi pueblo. Lo que yo más quería lo he entregado en manos de sus enemigos.

8 Mi pueblo es para mí como un león de la selva. Lanzó sus rugidos contra mí, y por eso lo aborrecí.

9 Mi pueblo es para mí como un ave de rapiña, rodeada por otras aves de rapiña a punto de atacarla; las hienas invitan a las fieras del bosque a juntarse para devorarla.

10 Muchos pastores han destrozado mi viña; han pisoteado mi propiedad. ¡Han hecho de mi bella herencia un desolado desierto!

11 La han dejado en ruinas, y desconsolada llora sobre mí; ¡toda la tierra ha quedado asolada, pero a nadie le importa!

12 Todas las alturas del desierto se han cubierto de destructores; la espada del Señor devora la tierra de un extremo al otro. ¡No hay paz para nadie!

13 Los que sembraron trigo, segaron espinos; ser dueños de la tierra de nada les sirvió. Por causa de la ardiente ira del Señor, sus frutos les son motivo de vergüenza.

14 Así ha dicho el Señor:

«A todos los malos vecinos que se atreven a tocar la tierra que di en posesión a mi pueblo Israel, los voy a arrancar de su tierra, y de entre ellos rescataré a la casa de Judá.

15 Y después de que los haya rescatado, volveré y tendré misericordia de ellos, y haré que cada uno de ellos vuelva a su propiedad y a su tierra.

16 Y si se dedican a aprender los caminos de mi pueblo y a jurar en mi nombre y decir "Vive el Señor", así como antes enseñaron a mi pueblo a jurar por Baal, entonces serán prosperados en medio de mi pueblo.

17 Pero si no obedecen, desarraigaré a esa nación y la arrancaré de raíz para destruirla.»

—Palabra del Señor.

La señal del cinturón podrido

13 Así me dijo el Señor:

«Ve y cómprate un cinturón de lino, y cíñetelo, pero no lo remojes en agua.»

2 En obediencia a la palabra del Señor, fui y compré el cinturón, y me lo ceñí.

3 Por segunda vez vino a mí la palabra del Señor, y me dijo:

4 «Toma el cinturón que compraste, y que te has ceñido a la cintura, y disponte a ir al río Éufrates para esconder el cinturón en la hendidura de una peña.»

5 Yo fui y escondí el cinturón junto al Éufrates, tal y como el Señor me lo ordenó.

6 Después de un largo tiempo el Señor me dijo:

«Levántate y vete al Éufrates, y saca de allí el cinturón que te mandé esconder allá.»

7 Entonces fui al Éufrates, y cavé y saqué el cinturón de donde lo había escondido, ¡y resultó que el cinturón se había podrido! ¡Ya no servía para nada!

8 La palabra del Señor vino entonces a mí, y me dijo:

9 «Así dice el Señor: "Del mismo modo haré que se pudran la soberbia de Judá y la mucha soberbia de Jerusalén.

10 Este pueblo malvado no quiere oír mis palabras. Anda divagando en su corazón y va en pos de dioses ajenos para servirles y adorarlos, pero vendrá a ser como este cinturón, que no sirve para nada.

11 Yo quería que toda la casa de Israel y toda la casa de Judá se juntaran conmigo, así como el cinturón se junta a la cintura. Quería que fueran un pueblo que me diera renombre, y que me alabara y honrara. ¡Pero no me hicieron caso!"

—Palabra del Señor.

La señal de las tinajas llenas

12 »Diles también que yo, el Señor y Dios de Israel, he dicho: "Todos los odres se llenan de vino." Ellos te responderán: "¿Y acaso no sabemos que todos los odres se llenan de vino?"

13 Entonces les dirás: "Así ha dicho el Señor: 'Voy a llenar de vino a todos los habitantes de esta tierra, lo mismo a los reyes de la estirpe de David, que ocupan su trono, que a los sacerdotes y profetas y a todos los habitantes de Jerusalén.'

14 Los voy a estrellar unos contra otros, lo mismo a los padres que a los hijos. No los perdonaré, ni les tendré piedad ni compasión para no destruirlos."»

—Palabra del Señor.

Judá será llevada en cautiverio

15 ¡Escuchen! ¡Presten atención! No sean arrogantes, que quien habla es el Señor.

16 Denle gloria al Señor su Dios antes de que él haga venir las tinieblas; antes de que ustedes tropiecen en montes sombríos, y ustedes esperen la luz, y él la convierta en las más densas sombras y tinieblas.

17 Pero si no me hacen caso, mi alma llorará en secreto por culpa de la soberbia de ustedes; mis ojos se anegarán en lágrimas y llorarán amargamente, porque el rebaño del Señor será llevado cautivo.

18 «Diles al rey y a la reina que se humillen y se sienten en el suelo. Ha caído de su cabeza la corona que les daba potestad.

19 Las ciudades del Néguev han sido clausuradas, y no hay quien abra sus puertas; todo el pueblo de Judá ha sido llevado en cautiverio.

20 Levanten los ojos, y vean a los que vienen del norte. ¿Dónde está ese hermoso rebaño que les fue confiado?

21 ¿Qué dirán cuando el Señor ponga al frente de ustedes a quienes ustedes creían que eran sus amigos? ¿No se retorcerán de dolor, como cuando una mujer está a punto de dar a luz?

22 Si acaso se preguntan por qué les sobrevino esto, sepan que fue por causa de su gran maldad. ¡Por eso fueron desgarrados sus vestidos! ¡Por eso quedó al descubierto su desnudez!

23 ¿Acaso pueden los etíopes cambiar de piel, o los leopardos cambiar sus manchas? ¡Pues tampoco ustedes pueden hacer el bien, ya que están habituados a hacer el mal!

24 Por lo tanto, yo los lanzaré al viento del desierto, para que desaparezcan como el tamo.

25 ¡Ésa es la suerte de ustedes! ¡Ésa es la parte que les he asignado, por haberse olvidado de mí y por confiar en dioses falsos!

—Palabra del Señor.

26 »Pero yo también te desgarraré los vestidos y pondré al descubierto tu desnudez

27 y tus adulterios, tus jadeos e infidelidades en las colinas y en los campos, donde vi tu abominable conducta.

»¡Ay de ti, Jerusalén! ¿Hasta cuándo seguirás sin purificarte?»

Mensaje acerca de la sequía

14 La palabra del Señor vino a Jeremías por causa de la sequía.

2 Judá está de luto. Ya nadie frecuenta sus puertas. Todos se sientan en el suelo, y el clamor de Jerusalén va en aumento.

3 Los ricos mandan a sus criados por agua, y ellos van a las cisternas; pero vuelven con las vasijas vacías porque agua no hay, y avergonzados se sonrojan y no dan la cara.

4 La tierra se resquebraja porque no ha llovido en el país. Los labradores están confundidos, y esconden el rostro.

5 Aun las ciervas paren a sus crías y las abandonan en los campos, porque ya no hay hierba.

6 Los asnos salvajes se paran en lo alto de los cerros, con la mirada perdida, y aspiran el viento, como chacales, porque ya no hay hierba.

7 Señor, aunque nuestras iniquidades nos acusan, y aunque nuestras rebeliones se han multiplicado y hemos pecado contra ti, haz honor a tu nombre y actúa en nuestro favor.

8 ¡Tú eres la esperanza de Israel! ¡Tú eres su protector en momentos de angustia! ¿Por qué actúas como si fueras un extraño en la tierra, como un caminante que se retira para pasar la noche?

9 ¿Por qué te quedas atónito, como un guerrero incapaz de salvarnos? ¡Tú estás en medio de nosotros, Señor, y tu nombre es invocado sobre nosotros! ¡No nos desampares!

10 Así ha dicho el Señor acerca de este
pueblo:
«A ellos les encanta ir de un lado a otro,
sin descanso. Por eso no son de mi agrado.
Así que voy a tomar en cuenta su maldad, y
castigaré sus pecados.»
11 El Señor me dijo:
«No me pidas que trate bien a este pue-
blo.
12 Cuando ayunen, no voy a atender su
clamor; cuando me ofrezcan holocaustos y
ofrendas, no los aceptaré. Al contrario, voy
a exterminarlos con la espada, el hambre y
la peste.»
13 Yo le contesté:
«¡Ay, Señor, Señor! Toma en cuenta que
los profetas les dicen que no van a enfrentar
la espada, y que tampoco sufrirán de ham-
bre, sino que en este lugar les darás una paz
duradera.»
14 Y el Señor me dijo:
«Eso que los profetas anuncian en mi
nombre es una mentira. Yo no los envié, ni
los mandé, ni les hablé. Lo que ellos anun-
cian es una visión falsa, una adivinanza. De
su mente sacan palabras huecas y engaño-
sas.»
15 Por lo tanto, así ha dicho el Señor:
«En cuanto a los profetas que hablan en
mi nombre, y que dicen que no habrá espa-
da ni hambre en esta tierra, aclaro que yo
no los envié a profetizar, y que con espada y
con hambre serán consumidos.
16 El pueblo al cual le profetizan será lanza-
do a las calles de Jerusalén a punta de espa-
da y por causa del hambre. No habrá quien
los entierre a ellos, ni a sus mujeres, ni a sus
hijos e hijas. Sobre ellos derramaré su propia
maldad.
17 »Tú les dirás lo siguiente: "Que mis ojos
derramen sin cesar lágrimas noche y día,
porque la virginal hija de mi pueblo sufre
de un gran quebrantamiento: sufre de una
plaga muy dolorosa.
18 Si salgo al campo, veo a los que han
muerto a filo de espada; si entro en la ciu-
dad, veo a los que se están muriendo de
hambre. Y es que tanto los profetas como
los sacerdotes recorrieron el país, sin saber
lo que hacían."»

19 ¿Acaso has desechado por completo
a Judá?
¿En verdad aborreces a Sión?
¿Por qué nos has herido sin darnos el
remedio?
Esperábamos tener paz, y no recibimos
ningún bien;
esperábamos ser sanados, y sólo esta-
mos confundidos.
20 Reconocemos, Señor, nuestra im-
piedad
y la iniquidad de nuestros padres,
pues contra ti hemos pecado.
21 ¡Pero no nos deseches!
¡No deshonres tu trono glorioso!
¡Haz honor a tu nombre!
¡Acuérdate de tu pacto con nosotros!
¡No lo invalides!
22 No hay entre los ídolos de las naciones
uno solo que haga llover.
¡Pero tú, Señor, eres nuestro Dios!
¡Tú eres quien nos manda del cielo las
lluvias!
Por eso esperamos en ti,
pues tú haces todas estas cosas.

La implacable ira de Dios contra Judá

15 El Señor me dijo:
«Aun si Moisés[a] y Samuel[b] me
rogaran en favor de este pue-
blo, no me moverían a compasión. ¡Aléjalos
de mi vista! ¡Que se vayan de aquí!
2 Y si acaso te preguntan: "¿Y a dónde ire-
mos?", diles esto de mi parte: "El que tenga
que morir, marchará a la muerte; el que ten-
ga que morir por la espada, por la espada
morirá; el que deba morir de hambre, de
hambre morirá; y el que deba marchar al
cautiverio, al cautiverio marchará."[c]
3 »Voy a enviar sobre ellos cuatro clases
de castigo: espadas que los maten, perros

[a] **15.1:** Éx 32.11-14; Nm 14.13-19. [b] **15.1:** 1 S 7.5-9. [c] **15.2:** Ap 13.10.

que los despedacen, aves de rapiña que los devoren, y fieras salvajes que los hagan pedazos.[d]

—Palabra del Señor.

4 »Por culpa de Manasés, rey de Judá e hijo de Ezequías, y por lo que hizo en Jerusalén,[e] yo haré que todos los reinos de la tierra se horroricen al verlos.

5 »¿Quién va a compadecerse de ti, Jerusalén? ¿Quién se entristecerá por causa tuya? ¿Quién se preocupará por tu bienestar?

6 Tú me dejaste, te volviste atrás. Por eso yo extenderé mi mano contra ti, y te destruiré. ¡Ya estoy cansado de cambiar de parecer!

—Palabra del Señor.

7 »Yo los lancé por los aires, hasta las puertas de la tierra. Dejé sin hijos a mi pueblo; ¡lo desbaraté! Pero ellos no se volvieron de sus caminos.

8 Sus viudas se multiplicaron más que la arena del mar; a plena luz del día lancé un destructor contra ellos, contra las madres y contra los hijos; de repente hice que el terror cayera sobre la ciudad.

9 La que dio a luz siete hijos fue muriendo poco a poco; su ánimo fue llenándose de dolor y, aunque aún era de día, para ella el sol ya se había puesto. Quedó avergonzada y llena de confusión, y a sus sobrevivientes los entregué a la espada de sus enemigos.»

—Palabra del Señor.

10 ¡Ay de mí, madre mía! ¡Me engendraste como un hombre de contienda y de discordia para toda la tierra! ¡Nunca he pedido ningún préstamo, ni tampoco me lo han dado, y sin embargo todos me maldicen!

11 ¡Dime, Señor, si no te he rogado por su bien, si en tiempos de aflicción y de angustia no he suplicado ante ti en favor del enemigo!

12 «¿Puede alguien quebrar el hierro del norte y el bronce?

13 Por causa de todos tus pecados, voy a entregar a la rapiña, sin recibir nada a cambio, todas las riquezas y los tesoros que hay en tu territorio.

14 Mi furor se ha encendido como un fuego, y arderá sobre ustedes. Voy a hacer que ustedes sirvan a sus enemigos en una tierra que no conocen.»

Queja de Jeremías

15 Señor, tú lo sabes. Tú bien sabes que por amor a ti soporto que me insulten. Acuérdate de mí, y ven a visitarme. ¡Véngame de mis enemigos! ¡No demores más tu enojo!

16 Señor, Dios de los ejércitos, cuando hallé tus palabras, literalmente las devoré; tus palabras son el gozo y la alegría de mi corazón, porque tu nombre ha sido invocado sobre mí.

17 Jamás me he sentado en compañía de gente burlona, ni me he sentido importante por causa de tu profecía; al contrario, me siento aparte, porque tú me has llenado de indignación.

18 ¿Por qué mi dolor no tiene fin, ni mi desahuciada herida admite ser sanada? ¿Seguirás siendo para mí tan ilusorio como las aguas de un espejismo?

Respuesta del Señor

19 Por eso, así ha dicho el Señor:

«Si te vuelves a mí, yo te restauraré, y tú estarás delante de mí. Si entresacas lo pre-

[d]**15.3:** Ap 6.8. [e]**15.4:** 2 R 21.1-16; 2 Cr 33.1-9.

PODER PARA VIVIR

EL COMER LA PALABRA *(Jeremías 15.16)*

Jeremías dijo que "comió" la Palabra de Dios. ¿Eso quiere decir que masticó un rollo? ¡No! Esa fue la manera en que Jeremías expresó cuánto amaba la Palabra de Dios. Leía las Escrituras y meditaba en ellas. Tanto las partes fáciles como las difíciles le traían gran gozo a su corazón. ¿Así es que ves tú la Biblia? ¿Todos los días la lees y meditas en lo que has leído? Trata de formar un hábito diario de "comer" la Palabra de Dios.

cioso de lo vil, serás como mi boca. ¡Haz que
ellos se vuelvan a ti, pero tú no te vuelvas
a ellos!
20 Entonces yo te pondré en este pueblo
como un fuerte muro de bronce. Ellos pe-
learán contra ti, pero no te vencerán, por-
que yo estoy contigo. Yo te protegeré y te
defenderé.
—Palabra del Señor.
21 »Yo te libraré del poder de los mal-
vados. ¡Yo te libraré del poder de los vio-
lentos!»

Sentencia del Señor contra Judá

16 La palabra del Señor vino a mí,
y me dijo:
2 «En este lugar no te casarás
con ninguna mujer, ni tendrás hijos ni hijas.
3 Yo, el Señor, declaro acerca de los hijos
y de las hijas que nazcan en este lugar, y de
las madres que los den a luz, y de los padres
que los engendren en esta tierra:
4 Morirán de dolorosas enfermedades. No
se llorará su muerte, ni serán enterrados.
Más bien, serán como estiércol en el suelo;

JEREMÍAS

Jeremías era bien joven, tal vez un poco mayor que tú, cuando Dios lo escogió para ser un profeta o predicador. Jeremías nació en una familia de sacerdotes. Aunque a Jeremías le parecía un error que Dios lo hubiera escogido a tan tierna edad, Dios se negó a aceptar sus excusas.

Jeremías fue profeta durante los últimos cuarenta años de la historia de Judá. Durante esos años, Jeremías vio a reyes como Josías, Joacaz, Joacín, Joaquín, y Sedequías surgir y desaparecer. Como el profeta Isaías, a Jeremías le tocó la tarea difícil de predicar los mensajes de Dios a un pueblo que se rebelaba contra Dios. Los habitantes de Judá pensaban que podían hacer tratos con otras naciones en vez de confiar en Dios. Pero Jeremías tenía malas noticias para ellos: serían conquistados por una nación enemiga. Las naciones en las cuales confiaban también serían conquistadas.

A veces Dios le decía a Jeremías que representara los mensajes de Dios. Le dijo que comprara un cinto de lino y lo enterrara (Jeremías 13) para mostrar cómo Dios humillaría a Judá. Otra vez le dijo a Jeremías que comprara un campo. Esto era para mostrarle al pueblo de Judá que después de vivir como cautivos por muchos años, regresarían a su tierra.

Muchas veces, el transmitir los mensajes de Dios le causaba problemas a Jeremías. El pueblo le daba palizas y amenazaba con matarlo. Joacín, rey de Judá quemó el rollo que Jeremías le dio, en el cual estaba escrito el mensaje de Dios. Después de eso, otro rey, Sedequías, encarceló a Jeremías y más adelante, lo metió en una cisterna (un lugar donde se almacenaba agua de lluvia) que estaba llena de lodo.

Debido a la tristeza que sentía Jeremías por los pecados de su pueblo, le dieron un apodo: el profeta llorón. Jeremías desahogó su dolor en el libro de Lamentaciones. Un lamento es un poema que expresa tristeza y dolor.

Jeremías instó encarecidamente a su pueblo a que regresaran a los caminos de Dios, pero ellos no escucharon. Aunque durante toda su vida estuvo solo y fue rechazado, Jeremías fue uno de los más valientes y audaces de todos los profetas. Aunque el pueblo lo maltrató, Jeremías siguió predicando. ¿Eres tú tan audaz y valiente como Jeremías?

Puedes leer sobre Jeremías en el libro de Jeremías.

serán consumidos por la espada y por el
hambre, y sus cadáveres les servirán de ali-
mento a las aves de rapiña y a los animales
feroces.
5 »Yo, el Señor, te ordeno que no vayas
a ninguna casa donde haya un muerto, ni
lamentes su muerte ni consueles a los deu-
dos, porque mi paz, mi compasión y mi mi-
sericordia ya no están con este pueblo.
—Palabra del Señor.
6 »Grandes y pequeños morirán en esta
tierra sin que nadie los entierre ni los llore, ni
se haga heridas ni se rape en señal de duelo.
7 Nadie compartirá el pan por los difuntos
para consolar a los deudos, ni se brindará
para consolar al padre o a la madre.
8 Pero tampoco vayas a ninguna casa
donde haya una fiesta, ni te sientes a comer
y beber con los invitados.
9 Yo soy el Señor de los ejércitos, el Dios
de Israel, y te hago saber que voy a acallar
en este lugar toda voz de gozo y de alegría;
¡voy a silenciar la voz del novio y de la novia,[a]
y ustedes mismos lo verán con sus propios
ojos!
10 »Cuando anuncies a este pueblo todo
esto, seguramente ellos te dirán: "¿Por qué
nos anuncia el Señor tan grande mal contra
nosotros? ¿Qué maldad hemos cometido?
¿Cuál es nuestro pecado contra el Señor
nuestro Dios?"
11 Entonces les dirás de mi parte: "Los pa-
dres de ustedes me dejaron por ir en pos de
dioses ajenos, y los sirvieron y se arrodillaron
ante ellos; en cambio, a mí me abandonaron
y no cumplieron mi ley.
—Palabra del Señor.
12 "Y los hechos de ustedes son peores
que los de sus padres, porque cada uno si-
gue los dictados de su malvado corazón, y a
mí no me obedecen.
13 Por eso voy a expulsarlos de esta tierra.
Voy a lanzarlos a un país que ni ustedes ni
sus padres conocieron. Allí servirán a dioses
ajenos de día y de noche, porque yo no voy
a tenerles compasión."
14 »Sin embargo, vienen días en que ya no
se dirá: "¡Viva el Señor, que sacó de Egipto a
los hijos de Israel!"
—Palabra del Señor—,
15 »sino que se dirá: "¡Viva el Señor, que
sacó a los hijos de Israel del país del norte,
y de todos los países por donde los había
dispersado!" Porque yo los haré volver a la
tierra que antes di a sus padres.
16 »Tomen en cuenta que yo envío contra
ustedes gente que los atrapará como pes-
cados, y que los cazará por los montes y las
colinas, y por las cuevas en los peñascos.
—Palabra del Señor.
17 »Ninguno de sus caminos me es ocul-
to, como tampoco me es oculta su maldad.
Mis ojos los están vigilando.
18 Pero antes les daré un doble castigo por
su iniquidad y su pecado, porque conta-
minaron mi tierra con los cadáveres de sus
ídolos; ¡llenaron mi heredad con sus dioses
repugnantes!»
19 Señor, tu eres mi fuerza y mi fortaleza;
¡tú eres mi refugio en momentos de an-
gustia! Las naciones vendrán a ti desde los
extremos de la tierra, y dirán: «Nuestros pa-
dres no tuvieron otra cosa que dioses falsos,
que no sirven para nada.»
20 «¿Acaso puede el ser humano hacer
sus propios dioses? ¡Esos que hace no son
dioses!
21 Por eso, esta vez voy a enseñarles algo:
Voy a revelarles mi mano y mi poder. Así sa-
brán que mi nombre es el Señor.»

El pecado en el corazón de Judá

17 «El pecado de Judá está graba-
do con cincel de hierro y con
punta de diamante. ¡Está escul-
pido en la tabla de su corazón y en los cuer-
nos de sus altares!
2 Sus hijos, por su parte, evocan sus altares
y sus imágenes de Asera, que están junto a
los árboles frondosos, en las altas colinas,
3 en las montañas y en los campos. Por
causa del pecado que han cometido en los

[a] **16.9:** Jer 7.34; 25.10; Ap 18.23.

PALABRAS CON PODER

EL CORAZÓN ENGAÑOSO

(Jeremías 17.9)

Ya que Adán y Eva pecaron en el huerto del Edén (Génesis 3), cada persona nace con un deseo de pecar. Tal vez no pensemos que nuestro corazón es "engañoso", es decir, lleno de artimañas, pero Jeremías sabía que todo corazón puede serlo. Los seres humanos quieren ser egoístas y pecar. Es por eso que necesitamos que Dios cambie nuestro corazón. Él envió a su Hijo, Jesús, a morir para perdonar nuestros pecados. Luego envió al Espíritu Santo a vivir dentro de nosotros y darnos el poder para no pecar.

lugares altos de todo tu territorio, yo entregaré al pillaje todos tus tesoros.

4 Ustedes perderán la heredad que les entregué, y los haré esclavos de sus enemigos en un país que no conocían, porque han encendido el fuego de mi enojo, y en ascuas se mantendrá siempre.»

5 Así ha dicho el Señor:

«Maldito el hombre que confía en otro hombre; que finca su fuerza en un ser humano, y aparta de mí su corazón.

6 Ese hombre será como la retama en el desierto: Cuando el bien llegue, no lo verá; al contrario, vivirá en los sequedales del desierto, en lugares completamente despoblados.

7 »Pero bendito el hombre que confía en mí, que soy el Señor, y que en mí pone su confianza.

8 Ese hombre es como un árbol plantado junto a los arroyos;[a] echa sus raíces junto a las corrientes, y no se da cuenta de cuándo llega el calor; sus hojas siempre están verdes, y en los años de sequía no se marchita ni deja de dar fruto.»

9 El corazón es engañoso y perverso, más que todas las cosas. ¿Quién puede decir que lo conoce?

10 «Lo conozco yo, el Señor, que escudriño la mente y pongo a prueba el corazón;[b] que pago a cada uno según su conducta[c] y según el resultado de sus obras.»

11 El que amontona riquezas mal habidas se parece a la perdiz, que cubre los huevos que no puso. A la mitad de su vida pierde esas riquezas, y al final se queda como un tonto.

12 Desde el principio, nuestro santuario es un lugar excelso; ¡es el trono de la gloria!

13 Señor, esperanza de Israel, todos los que te abandonan serán avergonzados; los que se apartan de ti serán como nombres escritos en la arena, por haberte abandonado a ti, Señor, que eres manantial de aguas vivas.

14 ¡Sáname, Señor, y recobraré la salud! ¡Sálvame, y quedaré a salvo! ¡Tú eres la razón de mi alabanza! Jer 30.17

15 No falta quien me diga: «¿Dónde están las amenazas del Señor? ¡Que se cumplan ya!»

16 Pero yo no te he seguido para incitarte a que los castigues, ni les he deseado tiempos de calamidad. Tú bien sabes lo que he dicho, pues lo dije en tu presencia.

17 No me llenes de terror, pues tú eres mi refugio en momentos difíciles.

18 No me pongas en vergüenza; más bien, pon en vergüenza a los que me persiguen. No me aterrorices; más bien, aterrorízalos a ellos. ¡Descarga sobre ellos la calamidad, y despedázalos por completo!

Observancia del día de reposo

19 Así me ha dicho el Señor:

«Ve y párate en la puerta principal de la ciudad, por donde entran y salen los reyes de Judá. Luego ve y párate en todas las puertas de Jerusalén,

20 y diles: "Ustedes, los reyes de Judá, y todos ustedes, habitantes de Judá y de Jerusalén, que entran por estas puertas: ¡Oigan la palabra del Señor!

21 El Señor ha dicho: 'Si en algo aprecian su vida, absténganse de llevar cargas en el día de reposo y de meterlas por las puertas de Jerusalén.[d]

[a] **17.8:** Sal 1.3. [b] **17.10:** Ap 2.23. [c] **17.10:** Sal 62.12. [d] **17.21:** Neh 13.15-22.

22 En el día de reposo no deben sacar ninguna carga de sus casas, ni hacer ningún trabajo. Más bien, deben santificar el día de reposo, tal y como se lo ordené a sus padres.”[e]

23 Pero ellos no me hicieron caso. No inclinaron su oído. Al contrario, se encapricharon y no quisieron oír ni recibir ninguna corrección.

24 ”Sin embargo, si ustedes me obedecen, y en el día de reposo no meten ninguna carga por las puertas de esta ciudad, sino que el día de reposo lo santifican y no hacen ningún trabajo en él,

—Palabra del Señor—

25 ”los reyes y los príncipes que ocupan el trono de David entrarán por las puertas de esta ciudad en carros y en caballos, lo mismo que sus príncipes, los varones de Judá y los habitantes de Jerusalén. Y esta ciudad será habitada para siempre.

26 Muchos vendrán de las ciudades de Judá y de los alrededores de Jerusalén, así como de la tierra de Benjamín y de la Sefela, de los montes y del Néguev, y traerán a la casa del Señor holocaustos, sacrificios, ofrendas, incienso y sacrificios de alabanza.

27 Pero si no me obedecen ni santifican el día de reposo, y siguen trayendo y metiendo cargas por las puertas de Jerusalén en día de reposo, yo les pondré fuego a sus puertas, y ese fuego no se apagará, sino que consumirá los palacios de Jerusalén.”»

La señal del alfarero y el barro

18 La palabra del Señor vino a mí, Jeremías, y me dijo:

2 «Levántate y ve a la casa del alfarero. Allí te daré un mensaje.»

3 Yo me dirigí a la casa del alfarero, y lo encontré trabajando sobre el torno.

4 La vasija de barro que él hacía se deshizo en su mano, así que él volvió a hacer otra vasija, tal y como él quería hacerla.

5 Entonces la palabra del Señor vino a mí, y me dijo:

6 «Casa de Israel, ¿acaso no puedo yo hacer con ustedes lo mismo que hace este alfarero? Ustedes, casa de Israel, son en mi mano como el barro en la mano del alfarero.

—Palabra del Señor.

7 »En cualquier momento puedo decir, de algún pueblo o reino, que lo voy a arrancar, derribar, o destruir.

8 Pero si ese pueblo o reino se aparta de su maldad, contra la cual hablé, yo desistiré del daño que había pensado hacerles.

9 »En cualquier momento puedo también decir, de algún pueblo o reino, que lo voy a edificar y plantar.

10 Pero si ese pueblo o reino hace lo malo ante mis ojos, y no me obedece, yo dejaré de hacerles el bien que había pensado hacerles.

11 »Así que ve y habla con todos los habitantes de Judá y de Jerusalén, y diles de mi parte que yo, el Señor, ya he tomado una decisión, y que ahora me dispongo a castigarlos. Que se aparten ya de su mal camino, y que mejoren su conducta y sus acciones.»

12 Pero ellos dijeron:

«No hay caso. Iremos en pos de nuestros ídolos, y cada uno de nosotros seguirá las intenciones de su malvado corazón.»

13 Por lo tanto, así ha dicho el Señor:

«Pregunten ahora entre las naciones, cuál

LECCIONES VIDAS REESTRUCTURADAS

(Jeremías 18.2)

Dios quería enseñarle una lección al pueblo de Judá. Jeremías observó a un alfarero moldear un pedazo de arcilla para formar una vasija que no salió bien. El alfarero tuvo entonces que hacer otra vasija. Jeremías le dijo al pueblo que Dios era como el alfarero y el pueblo era como la arcilla. Ya que ellos eran desobedientes, eran como la vasija defectuosa. Su vida necesitaba ser remodelada por Dios. ¿Cómo piensas que Dios está moldeando tu vida? ¿Mantienes tu corazón obediente a Él?

[e] **17.22:** Éx 20.8-10; Dt 5.12-14.

de ellas ha sabido de algo parecido. ¡Lo que ha hecho la virginal Israel es horrible!

14 ¿Alguna vez falta la nieve del Líbano sobre las piedras del campo? ¿O llegan a faltar las heladas aguas que bajan de lejanas tierras?

15 En cambio, mi pueblo me ha olvidado y ha ofrecido incienso a dioses falsos; ha tropezado en sus caminos, en las sendas de siempre, y anda por atajos y no por el camino principal;

16 han convertido su país en un terreno desolado, del que todos se burlan; todos los que pasan mueven la cabeza y apenas dan crédito a lo que ven.

17 Cuando llegue el desastre, les daré la espalda, y como el viento solano los esparciré delante de sus enemigos.»

Conspiración del pueblo y oración de Jeremías

18 Ellos dijeron:

«Vengan y hagamos planes en contra de Jeremías. Sacerdotes que nos guíen no habrán de faltarnos, ni tampoco sabios que nos aconsejen ni profetas que nos hablen. Vengan, vamos a atacarlo de palabra, y no hagamos caso a lo que dice.»

19 Señor, posa tus ojos en mí, y escucha lo que dicen los que contienden conmigo.

20 Acuérdate de que yo intercedí ante ti en favor de ellos, para que tú no los castigaras. ¿Merezco que me paguen mal por hacerles bien? Sin embargo, ¡me han cavado una tumba!

21 Por eso, ¡deja que sus hijos se mueran de hambre! ¡Dispérsalos por causa de la guerra! ¡Que se queden viudas sus mujeres, y sin hijos! ¡Que sus maridos sean condenados a muerte, y que sus jóvenes mueran a filo de espada en la guerra!

22 ¡Que se oiga clamor en sus casas, cuando de pronto lances contra ellos un ejército! Porque, para atraparme, ellos cavaron un hoyo y me tendieron una trampa.

23 Pero tú, Señor, conoces todos sus planes para matarme; ¡no los perdones por su maldad, ni borres delante de ti su pecado! En tu enojo, ¡hazlos tropezar en tu presencia!

La señal de la vasija rota

19 Así dijo el Señor:

«Ve y compra del alfarero una vasija de barro. Lleva contigo a algunos de los ancianos del pueblo y de los ancianos de los sacerdotes.

2 Luego saldrás al valle de Ben Jinón,[a] que está a la entrada de la puerta oriental, y allí proclamarás

3 esto que voy a decirte: "Reyes de Judá, y habitantes de Jerusalén, ¡oigan la palabra del Señor! Así dice el Señor de los ejércitos, el Dios de Israel: Yo voy a traer sobre este lugar tal calamidad, que a todo el que lo sepa le zumbarán los oídos.

4 Ustedes me han abandonado. Han profanado este lugar al ofrecer en él incienso a dioses ajenos, dioses que ni ustedes ni sus padres conocieron, ni tampoco los reyes de Judá, y lo han llenado con la sangre de gente inocente.

5 Construyeron altares a Baal, y allí le ofrecieron a sus hijos en holocausto;[b] lo cual nunca les mandé, ni lo mencioné ni me vino a la mente.

6 Por lo tanto, vienen días cuando este lugar no volverá a llamarse Tofet, ni valle de Ben Jinón, sino valle de la matanza."

—Palabra del Señor.

7 »Yo frustraré en este lugar los planes de Judá y de Jerusalén, y delante de sus enemigos los haré caer a filo de espada; los pondré en las manos de los que buscan matarlos, y dejaré que sus cuerpos les sirvan de alimento a las aves de rapiña y a los animales salvajes.

8 Haré de esta ciudad un motivo de espanto y de burla. Todos los que pasen por ella quedarán asombrados y se burlarán de su total destrucción.

9 Será tal el asedio y las angustias que les harán pasar sus enemigos, los que buscan matarlos, que todos ustedes se comerán la

[a] **19.2:** 2 R 23.10; Jer 7.30-32; 32.34-35. [b] **19.5:** Lv 18.21.

carne misma de sus hijos e hijas, y aun la carne de sus amigos.

10 »Entonces, en presencia de tus acompañantes, harás pedazos la vasija

11 y les dirás que yo, el Señor de los ejércitos, he decidido hacer pedazos a este pueblo y a esta ciudad, como quien hace pedazos una vasija de barro. ¡Nunca más volverán a ser lo que fueron! Y los enterrarán en Tofet, porque no habrá otro lugar donde los entierren.

12 Eso es lo que voy a hacer con este lugar. Haré con esta ciudad y con sus habitantes lo mismo que hice con Tofet.

—Palabra del Señor.

13 »Puesto que sobre los tejados de todas sus casas ofrecieron incienso a todas las huestes celestiales, y derramaron libaciones en honor a dioses ajenos, todas las casas de Jerusalén y de los reyes de Judá quedarán impuras, como impuro quedó Tofet.»

14 Luego Jeremías volvió de Tofet, adonde el Señor lo había enviado a profetizar, y en el atrio de la casa del Señor se puso de pie y le dijo a todo el pueblo:

15 «Así ha dicho el Señor de los ejércitos, el Dios de Israel: "Esta ciudad, y todas las villas que la rodean, se han encaprichado y no quieren oír mis palabras. Por eso, voy a traer sobre ella todo el mal que le había anunciado."»

Profecía contra Pasjur

20 El sacerdote Pasjur hijo de Imer oyó a Jeremías cuando éste profetizaba estas palabras. Entonces, como era sacerdote y el jefe principal de la casa del Señor,

2 mandó que azotaran a Jeremías y lo pusieran en el cepo que estaba en la puerta superior de Benjamín, la cual conducía a la casa del Señor.

3 Un día después, Pasjur mandó que sacaran del cepo a Jeremías. Entonces Jeremías le dijo:

«Para el Señor, tu nombre ya no es Pasjur, sino Magor Misabib.[3]

LECCIONES: PROBLEMAS POR DECIR LA VERDAD

(Jeremías 20.9)

Imagínate que la gente te trate mal porque dices la verdad. Eso fue lo que le ocurrió muchas veces a Jeremías. Aunque él no siempre quería transmitir los mensajes tajantes de Dios, no podía mantenerse callado. Tenía que ser sincero con el pueblo. Tenía que decirles lo que pasaría si seguían pecando contra Dios. Jeremías siguió hablando, porque Dios le daba los mensajes que debía transmitir. ¿Estás tú dispuesto a transmitirle la verdad de Dios a la gente?

4 Porque así ha dicho el Señor: "Voy a hacer de ti un motivo de terror, lo mismo para ti que para todos los que te quieren. Éstos morirán por la espada de sus enemigos, y tú mismo serás testigo. Pondré a todo Judá en manos del rey de Babilonia, y éste los llevará cautivos a su país, y allá los matará a filo de espada.

5 También pondré en sus manos todas las riquezas de esta ciudad que han acumulado, y todas sus cosas preciosas. Todos los tesoros de los reyes de Judá los pondré en manos de sus enemigos, y éstos los saquearán, se los apropiarán y se los llevarán a Babilonia.

6 Y tú, Pasjur, serás llevado cautivo, junto con todos los habitantes de tu casa. Llegarás a Babilonia, y allí morirás y serás enterrado, junto con todos los que te quieren, a los cuales has engañado con tus profecías."»

Lamento de Jeremías

7 Tú, Señor, me sedujiste, y yo me dejé seducir. Fuiste más fuerte que yo, y me venciste. Todos los días se me ofende; todo el mundo se burla de mí.

8 Cada vez que hablo, levanto la voz y grito «¡Violencia! ¡Destrucción!» No hay día, Señor, en que tu palabra no sea para mí motivo de afrenta y de escarnio.

[3] **20.3** Es decir, *Terror por todas partes.*

PROMESAS PODEROSAS

JEREMÍAS 20.13

¡Canten salmos al Señor! ¡Cántenle alabanzas! ¡El Señor es quien libra al pobre de morir a manos de los malignos!

¿Te imaginas alabar a Dios mientras pasas por una situación difícil? Aunque Jeremías enfrentó situaciones difíciles, alabó a Dios por su protección. Sabía que Dios lo rescataría de las artimañas de los malvados. Esta es una promesa con la que tú también puedes contar.

9 Me había propuesto no pensar más en ti, ni hablar más en tu nombre, ¡pero en mi corazón se prendía un fuego ardiente que me calaba hasta los huesos! Traté de soportarlo, pero no pude.
10 Muchos murmuran, y puedo oír que dicen: «¡Denunciémoslo! ¡Denunciemos al que grita: "Terror por todas partes"!» Todos mis amigos esperan verme claudicar. Hasta dicen: «Tal vez podamos engañarlo. Así lo venceremos y tomaremos de él venganza.»
11 Pero tú, Señor, estás conmigo, como un poderoso guerrero. Eso hará que mis perseguidores tropiecen y no logren vencerme. Quedarán grandemente avergonzados, y no lograrán triunfar. Tan grande será su confusión, que jamás será olvidada.
12 Señor de los ejércitos, que pones a prueba a los justos, que examinas el corazón y los pensamientos, ¡permíteme ver cómo te vengas de ellos, pues en tus manos he puesto mi causa!

13 ¡Canten salmos al Señor!
¡Cántenle alabanzas!
¡El Señor es quien libra al pobre
de morir a manos de los malignos!

Jer 31.7

14 ¡Pero maldito sea el día en que nací![a]
¡Maldito el día en que mi madre me
dio a luz!

PALABRAS CON PODER

SEDEQUÍAS
(Jeremías 21.1)

Sedequías, el último rey de Judá, estaba reinando cuando Jerusalén fue conquistada por los babilonios. El nombre de Sedequías significa "El Señor es mi justicia", ¡pero Sedequías no se comportó como si lo creyera! Aunque le pidió a Jeremías que le hablara de los babilonios, no quería oír lo que Dios tenía que decir acerca de ellos. Sedequías luchó contra Babilonia e hizo que Jerusalén fuera destruida. La historia de Sedequías nos enseña a no hacer caso omiso de los mensajes de Dios.

15 ¡Maldito aquel que le anunció a mi
padre:
«Felicidades. Ya tienes un varoncito»!
16 ¡Que sea ese hombre como las
ciudades
que el Señor destruyó sin misericordia!
¡Que en la mañana y al mediodía
oiga gritos que le anuncien el peligro!
17 Si el Señor no me hubiera dejado
nacer,
mi madre habría sido mi sepulcro;
¡me habría quedado en su vientre para
siempre!
18 ¿Para qué salí del vientre?
¿Sólo para ver trabajos y penurias,
y para pasar mi vida en medio de
afrentas?

Jerusalén será destruida

21 La palabra del Señor vino a Jeremías cuando el rey Sedequías le envió un mensaje por medio de Pasjur hijo de Malquías, y del sacerdote Sofonías hijo de Maseías. El rey mandó a decirle:
2 «Jeremías, consulta al Señor acerca de nosotros, porque Nabucodonosor, el rey de Babilonia, nos ha declarado la guerra.[a] Tal

[a] **20.14-18:** Job 3.1-19.

vez el Señor nos trate de acuerdo con todas sus maravillas y haga que Nabucodonosor se aleje de nosotros.»

3 Pero Jeremías les respondió:

«Díganle a Sedequías

4 que el Señor y Dios de Israel ha dicho: "Ustedes se han levantado en armas contra el rey de Babilonia, y contra los caldeos que están fuera de la muralla y los tienen sitiados. Pero yo voy a hacer que esas mismas armas de guerra se vuelvan contra ustedes. Voy a amontonarlas en medio de esta ciudad,

5 y levantaré mi mano contra ustedes; los combatiré con brazo fuerte, y con gran enojo y furor.

6 Heriré a los habitantes de esta ciudad, y hombres y bestias por igual morirán por causa de una gran peste.

7 Después de eso, pondré en manos del rey Nabucodonosor de Babilonia al rey Sedequías de Judá, a sus criados, al pueblo y a los que sobrevivan a la peste, la espada y el hambre que habrá en la ciudad. Los pondré en manos de los enemigos que buscan matarlos, y ellos los matarán a filo de espada. No los perdonarán. No les tendrán lástima ni compasión.

—Palabra del Señor.

8 "Y a este pueblo dirás que así ha dicho el Señor: 'Pongo ante ustedes la posibilidad de elegir entre el camino de vida y el camino de la muerte.

9 El que se quede en esta ciudad morirá por la espada, por el hambre o por la peste. Pero el que salga de ella y se pase al bando de los caldeos que los tienen sitiados, se pondrá a salvo y su vida será su botín.

10 Yo me he puesto a observar esta ciudad, para su mal y no para su bien. Voy a ponerla en manos del rey de Babilonia, y él le prenderá fuego.'

—Palabra del Señor.

11 "A los de la casa del rey de Judá les dirás: 'Escuchen la palabra del Señor,

12 ustedes, los de la casa de David. Así ha dicho el Señor: Dicten sentencias justas por la mañana, y libren a los oprimidos del poder de sus opresores. De lo contrario, por causa de sus malas obras mi ira saldrá como fuego, y se encenderá y no habrá quien pueda apagarla.'

13 "Yo estoy contra ti, ciudad asentada en el valle, que eres la roca de la llanura. Contra ti, que dices: '¿Quién podrá atacarnos? ¿Quién podrá entrar en nuestros aposentos?'

—Palabra del Señor.

14 "Yo te castigaré como merecen ser castigadas tus malas obras. Yo le prenderé fuego a tu bosque, y el fuego consumirá todo cuanto te rodea."»

—Palabra del Señor.

Profecías contra los reyes de Judá

22 Así ha dicho el Señor:
«Ve ahora al palacio del rey de Judá, y pronuncia allí estas palabras

2 ante el rey de Judá: "Oigan la palabra del Señor, lo mismo tú que reinas sobre el trono de David, que tus siervos y el pueblo que entra por estas puertas.

3 Yo, el Señor, he dicho: 'Practiquen la justicia y el derecho. Libren de sus opresores a los oprimidos. No engañen ni roben al extranjero, ni al huérfano ni a la viuda. No derramen sangre inocente en este lugar.'

4 Si en verdad obedecen mi palabra, los reyes que ahora ocupan el trono de David entrarán por las puertas de este palacio montados en carros y en caballos, junto con sus criados y su ejército.

5 Pero, si no obedecen mi palabra, juro por mí mismo que este palacio quedará en ruinas."»

—Palabra del Señor.

6 Así ha dicho el Señor acerca del palacio del rey de Judá:

«Este palacio me parece tan bello como la región de Galaad y como la cumbre del monte Líbano. Sin embargo, lo convertiré

[a]21.2: 2 R 25.1-11; 2 Cr 36.17-21.

en un desierto rodeado de ciudades deshabitadas.
[7] Dispondré contra él un ejército, y cada
uno de sus soldados lo destruirá con sus armas. ¡Derribarán sus bellas columnas de cedro, y las echarán en el fuego!
[8] Mucha gente pasará junto a esta ciudad,
y unos a otros se dirán: "¿Por qué hizo esto el Señor con tan imponente ciudad?"
[9] Y la respuesta será: "Porque se apartaron
del pacto del Señor su Dios, y adoraron y sirvieron a dioses ajenos."»
[10] No lloren al muerto, ni se compadezcan
de él. Más bien, lloren amargamente por el que se va, porque jamás volverá a ver la tierra en que nació.
[11] En efecto, el Señor ha dicho acerca de
Salún[a] hijo de Josías, rey de Judá, que sucedió en el trono a su padre Josías:

«Has sido expulsado de aquí, y nunca más volverás aquí.
[12] Morirás en el país al que fuiste llevado
cautivo, y nunca más volverás a ver esta tierra.
[13] »¡Ay de ti, que eriges tu palacio sin jus-
ticia, y tus salas sin equidad! ¡Ay de ti, que explotas a tu prójimo y no le pagas el salario de su trabajo!
[14] ¡Ay de ti, que dices: "Voy a construirme
un palacio espacioso, con amplias salas", y le abres ventanas, lo recubres de cedro y lo pintas de bermellón!
[15] ¿Acaso el verte rodeado de cedro te
convierte en rey? ¿Acaso a tu padre le faltó comida y bebida? ¡A él le fue bien porque practicó la justicia y el derecho!
[16] ¡Le fue bien porque les hizo justicia a
los pobres y menesterosos! ¡A eso le llamo conocerme!

—Palabra del Señor.
[17] »Tú, en cambio, sólo ves lo que te con-
viene; sólo piensas en saciar tu avaricia, en derramar sangre inocente y en oprimir y agraviar a otros.»
[18] Por lo tanto, así ha dicho el Señor acerca
de Joacín[b] hijo de Josías, rey de Judá:

LECCIONES: DEFENDIENDO A LOS NECESITADOS

(Jeremías 22.16)

¿Qué significa el "conocer" a Dios? Jeremías explica que significa ayudar a los pobres y a otras personas necesitadas. En la época del Nuevo Testamento, el apóstol Santiago (el medio-hermano de Jesús) escribió acerca de esta misma verdad. Dios quiere ver a sus hijos ayudando a los necesitados (lee Santiago 1:27). ¿Qué harás tú para ayudar a las personas necesitadas? Haz una lista de maneras en que puedes ayudarlas.

«Nadie te llorará. Nadie dirá: "¡Ay, hermano mío!", ni "¡Ay, hermana mía!" Nadie lamentará tu muerte, ni te dirá: "¡Ay, señor! ¡Ay, Su Majestad!"
[19] Al contrario, te arrastrarán hasta fuera
de la ciudad de Jerusalén, y te enterrarán como si fueras un asno.
[20] »¡Sube al monte Líbano y grita! ¡Ve a
Basán y deja oír tu voz! ¡Grita desde Abarín! Porque todos tus aliados van a ser destruidos.
[21] Te hablé cuando gozabas de prospe-
ridad, pero dijiste: "No quiero escuchar." Y desde que eras joven te has portado así. Nunca has querido hacerme caso.
[22] Por eso todos tus dirigentes serán arras-
trados por el viento, y todos tus aliados serán llevados al cautiverio. Entonces tu ciudad quedará en vergüenza y confundida por causa de toda tu maldad.
[23] Ahora habitas en el nido que te hiciste
con los cedros del Líbano; pero ya te vendrán dolores, como de parturienta, ¡y entonces gemirás!
[24] »Conías,[c] hijo de Joacín y rey de Judá,
yo te juro que voy a deshacerme de ti, aun cuando seas como un anillo en mi diestra.

—Palabra del Señor.
[25] »Voy a entregarte en manos de los que
quieren matarte; en manos de aquellos que

[a] **22.11:** 2 R 23.31-34; 2 Cr 36.1-4. [b] **22.18:** 2 R 23.36—24.6; 2 Cr 36.5-7. [c] **22.24:** 2 R 24.8-15; 2 Cr 36.9-10.

al verlos te hacen temblar. ¡Sí, voy a ponerte
en manos de Nabucodonosor, rey de Babi-
lonia, y en manos de los caldeos!
26 Voy a hacer que a tu madre y a ti se los
lleven cautivos, a un país extraño en donde
no nacieron. ¡Allí morirán!
27 Con toda el alma querrán ustedes vol-
ver a su propio país, pero jamás volverán.»
28 Y este Conías, ¿es acaso una vasija rota y
despreciada? ¿Es acaso un trasto que a nadie
le importa? ¿Por qué fueron expulsados él y los
suyos a un país que nunca antes conocieron?
29 ¡Tierra, tierra, tierra!, ¡oye la palabra del Señor!
30 Así ha dicho el Señor:
«Pongan por escrito que este hombre se
quedó sin hijos, y que nada próspero le es-
pera por el resto de su vida. Porque ninguno
de sus hijos llegará a ocupar el trono de Da-
vid, ni reinará sobre Judá.»

Retorno del remanente

23 «¡Ay de los pastores que des-
truyen y dispersan a las ovejas
de mi rebaño!»
—Palabra del Señor.
2 Por tanto, así ha dicho el Señor y Dios de Is-
rael a los pastores que apacientan a su pueblo:
«Ustedes dispersaron a mis ovejas. No se
hicieron cargo de ellas, sino que las espanta-
ron. Por eso ahora voy a hacerme cargo de
ustedes y de sus malas obras.
—Palabra del Señor.
3 »Yo mismo reuniré al resto de mis ove-
jas. Las haré venir de todos los países por los
que las esparcí, para devolverlas a sus apris-
cos. Allí se reproducirán y se multiplicarán.
4 A cargo de ellas pondré pastores que las
cuiden y alimenten, y nunca más volverán
a tener miedo ni a asustarse, y ninguna de
ellas se perderá.
—Palabra del Señor.
5 »Vienen días en que haré que un des-
cendiente de David surja como rey. Y será
un rey justo, que practicará la justicia y el
derecho en la tierra.
—Palabra del Señor.

PALABRAS CON PODER

UN REY

(Jeremías 23.5-6)

"Haré que un descendiente de David surja como rey", se refiere al linaje de gobernantes que surgieron de la familia del rey David. Parecía que este "rey" había sido cortado cuando el reino de Judá fue conquistado en 586 a. C. Pero Dios prometió que otro rey del linaje de la familia de David sería un rey de justicia. Este rey haría lo justo. Esta profecía señala a Jesús, el Mesías.

6 »Durante su reinado, Judá estará a sal-
vo, e Israel podrá vivir confiado. Y ese rey
será conocido por este nombre: "El Señor es
nuestra justicia."[a]
7 »Por lo tanto, vienen días en que no vol-
verá a decirse: "Viva el Señor, que sacó de la
tierra de Egipto a los hijos de Israel"
—Palabra del Señor
8 »sino que se dirá: "Viva el Señor, que
sacó de la tierra del norte a los descendien-
tes de la casa de Israel, y los trajo de todos
los países por donde los había dispersado,
para que habiten en su propia tierra."»

Ez 3.16-21

Denuncia contra los falsos profetas

9 Por causa de los profetas siento que el
corazón se me hace pedazos. ¡Todos los
huesos me tiemblan! Hasta parece que es-
toy ebrio y bajo los efectos del vino, por
causa del Señor y de sus santas palabras.
10 En realidad, la tierra está llena de gente
adúltera. Por causa de la maldición la tierra
está desierta, los pastizales del desierto se
han secado; la vida que llevan es depravada,
y usan mal su valentía.
11 Tanto los profetas como los sacerdotes
son unos malvados. ¡Hasta en el templo se
les halla cometiendo su maldad!
—Palabra del Señor.
12 «Por eso su vida será semejante a un
oscuro resbaladero: alguien los empujará, y
ellos caerán en él. Cuando les llegue la hora

[a] **23.5-6:** Jer 33.14-16.

de ser castigados, yo dejaré caer sobre ellos
la calamidad.
—Palabra del Señor.
13 »He visto a los profetas de Samaria co-
meter desatinos. Profetizaban en nombre
de Baal, e hicieron que mi pueblo Israel per-
diera el rumbo.
14 Pero a los profetas de Jerusalén los he
visto incurrir en grandes torpezas. Cometen
adulterio, van en pos de la mentira, forta-
lecen las manos de los malvados, para que
ninguno se aparte de su maldad. Para mí,
todos ellos son como los habitantes de So-
doma[b] y de Gomorra.»
15 Por lo tanto, así ha dicho el Señor de los
ejércitos acerca de esos profetas:
«Voy a hacerlos comer ajenjo; voy a ha-
cerlos beber agua amarga. Porque la hipo-
cresía que hay en toda la tierra tiene su ori-
gen en los profetas de Jerusalén.»
16 Así ha dicho el Señor de los ejércitos:
«No hagan caso de las palabras que los
profetas les anuncian. Sólo alimentan en us-
tedes vanas esperanzas. Sus visiones nacen
de su propio corazón, y no de mis labios.
17 Se atreven a decir a los que me desprecian,
que yo he dicho que tendrán paz; y a todos los
que siguen a su obstinado corazón, les dicen
que no les sobrevendrá ningún mal.»
18 A decir verdad, ¿quién conoce los secretos
del Señor? ¿Quién vio y oyó su palabra? ¿Quién
ha estado atento a su palabra, y la ha escuchado?
19 ¡De parte del Señor viene una furiosa
tempestad! ¡Esa tempestad está a punto de
caer sobre la cabeza de los malvados!
20 El furor del Señor no cesará hasta haberlo
hecho, hasta que haya cumplido los designios
de su corazón. Pero esto lo entenderán ustedes
claramente cuando ya sea demasiado tarde.
21 «Yo no envié a esos profetas, y sin em-
bargo ellos se dieron prisa; yo jamás les ha-
blé, pero ellos profetizaron.
22 Si ellos realmente se hubieran reunido
conmigo, habrían hecho que mi pueblo
atendiera mis palabras y se apartara de su
mal camino y de sus malas obras.

PROMESAS PODEROSAS

JEREMÍAS 23.24

¿Podrá alguien esconderse donde yo no pueda verlo? ¿Acaso no soy yo el Señor, que llena el cielo y la tierra?

Dios está presente en todos sitios al mismo tiempo. Sin embargo, muchas personas creen que pueden esconderse de Él cuando hacen lo malo. Pero nadie puede escaparse de la presencia de Dios. Job y David estaban conscientes de esta promesa (Job 38-40; Salmo 139:7-12). Si te sientes solo y desamparado, recuerda que Dios siempre está contigo.

23 »¿Acaso soy Dios sólo de cerca? ¡No!
¡También a la distancia soy Dios!
—Palabra del Señor.
24 »¿Podrá alguien esconderse donde yo
no pueda verlo? ¿Acaso no soy yo el Señor,
que llena el cielo y la tierra?
—Palabra del Señor.
25 »Yo sé bien que esos profetas mienten
cuando profetizan en mi nombre y asegu-
ran que han tenido un sueño.
26 ¿Hasta cuándo albergarán esos profetas
tales mentiras en su corazón? ¡Lo que anun-
cian sólo existe en su mente!
27 ¿Acaso creen que esos sueños que se cuen-
tan harán que mi pueblo se olvide de mí? ¿Aca-
so creen que los harán olvidarme, como antes
sus padres me olvidaron por seguir a Baal?
28 Si algún profeta tiene un sueño, que cuente
su sueño. Pero si yo envío mi palabra a alguno
de ellos, tiene que anunciar mi palabra verdade-
ra. Una cosa es la paja, y otra cosa es el trigo.
—Palabra del Señor.
29 »Mi palabra es como el fuego; ¡es como
un mazo que parte las piedras!
—Palabra del Señor.
30 »Por eso estoy en contra de los profetas
que se roban entre sí sus palabras, y luego
dicen que son mías.

[b]**23.14:** Gn 18.20.

—Palabra del Señor.
31 »Yo estoy en contra de los profetas que
hablan con dulzura, y luego afirman que yo
he hablado.
—Palabra del Señor.
32 »Yo estoy en contra de los que profetizan
sueños mentirosos, pues con sus profecías
mentirosas y lisonjeras hacen que mi pueblo
pierda el camino. Yo no los envié a profetizar.
¡Ningún bien le hacen a mi pueblo!
—Palabra del Señor.
33 »Y cuando este pueblo, o el profeta o el sa-
cerdote, te pregunte y te diga "¿Cuál es, entonces,
la profecía del Señor?", tú les contestarás: "Ésta es
la profecía: ¡Voy a deshacerme de ustedes!"
—Palabra del Señor.
34 »Y si algún profeta, o sacerdote, o alguien
del pueblo afirma profetizar en mi nombre,
yo castigaré a ese hombre y a su casa.
35 Ustedes deben responder así a sus her-
manos y amigos: "¿Qué ha dicho el Señor?
¿Qué ha respondido?"
36 Y nunca más se acordarán de decir:
"Profecía del Señor", pues lo que cada uno
de ustedes diga le servirá de profecía, ya que
ustedes pervirtieron las palabras del Dios
vivo, nuestro Dios, el Señor de los ejércitos.
37 »Al profeta le dirás: "¿Qué te respondió
el Señor? ¿Qué te dijo?"
38 Pero si le dices: "Profecía del Señor", en-
tonces el Señor declara: "Por haber pronun-
ciado la frase 'Profecía del Señor', siendo que
yo les ordené que no la pronunciaran,
39 yo los echaré al olvido; a ustedes y a la
ciudad que les di, a ustedes y a sus padres,
los borraré de mi presencia.
40 Los haré sufrir una afrenta perpetua y
una confusión sin fin, que el olvido jamás
podrá borrar."»

LECCIONES — **DOS CESTOS**

(Jeremías 24.1)

Jeremías tuvo una visión de dos cestos de higos. El primer cesto contenía fruto bueno. Este cesto era un símbolo de los israelitas quienes fueron llevados a Babilonia. Dios dijo que los momentos difíciles en Babilonia cambiarían su actitud hacia Él (versículos 5-7). Muchos años después, ellos predicarían las buenas noticias de salvación a los habitantes de todas las naciones. El segundo cesto contenía higos malos (versículo 2). Este cesto era símbolo del rey Sedequías y las personas que quedaban en Jerusalén. Estas personas seguirían oponiéndose a Jeremías y verían la destrucción de Jerusalén.

La señal de los higos buenos y malos

24 Después de que Nabucodono-
sor, rey de Babilonia, llevó cautivo
a su país a Jeconías hijo de Joacín,
rey de Judá, junto con los príncipes de Judá y los
artesanos y herreros de Jerusalén,[a] el Señor me
mostró dos cestas de higos, las cuales estaban
puestas delante del templo del Señor.
2 En una de las cestas había unos higos
tan buenos que parecían brevas; en la otra
cesta había unos higos tan malos que no se
podían comer.
3 El Señor me dijo:
«¿Qué es lo que ves, Jeremías?»
Yo le contesté:
«Veo unos higos muy buenos, y otros
muy malos, tan malos que no se pueden
comer.»
4 La palabra del Señor vino a mí, y me dijo:
5 «Yo, el Señor y Dios de Israel, declaro que
los habitantes de Judá que eché de este lugar
son para mí como estos higos buenos. Para
su bien los llevé a la tierra de los caldeos.
6 Para su bien he puesto mis ojos en ellos, y
los haré volver a esta tierra. Los edificaré, y no
los destruiré; los plantaré y no los arrancaré.
7 Pondré en ellos el deseo de conocerme, y
de reconocer que yo soy el Señor. Y si en ver-
dad se vuelven a mí de todo corazón, enton-
ces ellos serán mi pueblo y yo seré su Dios.
8 »Con Sedequías, rey de Judá, haré lo que
se hace con los higos malos, que de tan malos
no se pueden comer. Y lo mismo haré con
sus príncipes y con los que se quedaron en

[a] **24.1:** 2 R 24.12-16; 2 Cr 36.10.

Jerusalén y en esta tierra, y con los que ahora viven en Egipto. Yo, el Señor, lo he dicho.

9 Para su mal, los expondré al escarnio de todos los reinos de la tierra. Por todos los lugares adonde yo los arroje, serán motivo proverbial de burlas; la gente usará su nombre como maldición.

10 Haré venir contra ellos guerras, hambre y peste, hasta que sean exterminados de la tierra que les di a ellos y a sus padres.»

Setenta años de desolación

25 En el año cuarto del reinado de Joacín[a] hijo de Josías en Judá, que era el año primero del reinado de Nabucodonosor en Babilonia, Jeremías recibió un mensaje acerca de todo el pueblo de Judá.

2 Este mensaje lo comunicó el profeta Jeremías a todo el pueblo de Judá y a todos los habitantes de Jerusalén. Les dijo:

3 «Desde el año trece del reinado de Josías hijo de Amón en Judá, hasta el día de hoy, han pasado veintitrés años. En todo ese tiempo ha venido a mí la palabra del Señor, la cual les he comunicado una y otra vez, pero ustedes no han querido escucharla.

4 El Señor les envió también una y otra vez a todos sus siervos los profetas, pero ustedes no quisieron escucharlos, ni les prestaron atención.

5 Ellos les decían: "Apártense ya de su mal camino y de cometer tanta maldad, y vivirán en la tierra que el Señor les dio a ustedes y a sus padres para siempre.

6 No vayan tras dioses ajenos, ni los sirvan ni los adoren. No provoquen mi enojo con sus hechos, y yo no les haré ningún daño.

7 Pero ustedes no me han hecho caso, sino que han despertado mi enojo con sus malas obras, para su propio mal."

—Palabra del Señor.

8 »Por tanto, así ha dicho el Señor de los ejércitos: "Puesto que no han hecho caso a mis palabras,

9 voy a tomar a todas las tribus del norte, y a mi siervo Nabucodonosor, rey de Babilonia, y haré que se lancen contra esta tierra y sus habitantes, y contra todas las naciones vecinas.

"Voy a destruirlos, a exponerlos al escarnio y a las burlas. ¡Voy a dejarlos en ruinas para siempre!

—Palabra del Señor.

10 "Voy a hacer que desaparezca de entre ellos la voz de gozo y de alegría, la voz del novio y de la novia,[b] y el ruido del molino y la luz de la lámpara.[c]

11 Toda esta tierra quedará en desoladoras ruinas, y estas naciones servirán al rey de Babilonia durante setenta años.[d]

12 Cuando se cumplan los setenta años, castigaré por su maldad al rey de Babilonia, a esa nación y al país de los caldeos; ¡para siempre la convertiré en un desierto!

—Palabra del Señor.

13 "Haré que venga sobre ese país todo lo que he anunciado contra él, con todo lo que está escrito en este libro, y que Jeremías ha profetizado contra todas las naciones.

14 También ellas serán sojuzgadas por muchas naciones y por grandes reyes; ¡yo les daré su merecido, según sus malas acciones!"»

PALABRAS CON PODER

SETENTA AÑOS

(Jeremías 25.11)

Las cifras son importantes en la Biblia. Muchas veces la Biblia habla acerca del número siete y múltiplos del número siete. Jesús envió a setenta discípulos (Lucas 10:1-7). En la época de Moisés, se escogieron setenta ancianos (Éxodo 24:1). Aquí, Jeremías predijo que Judá se quedaría en Babilonia por setenta años. Los setenta años empezaron en el cuarto año del reinado del rey Joacín, cuando los primeros cautivos fueron llevados a Babilonia. Siguieron hasta que el rey Ciro, un rey persa, permitió que algunos de los cautivos regresaran a su tierra natal (lee Esdras 1:1).

[a] **25.1:** 2 R 24.1; 2 Cr 36.5-7; Dn 1.1-2. [b] **25.10:** Jer 7.34; 16.9. [c] **25.10:** Ap 18.22-23. [d] **25.11:** 2 Cr 36.21; Jer 29.10; Dn 9.2.

La copa del juicio contra las naciones

15 Así me dijo el Señor y Dios de Israel: «Toma de mi mano la copa del vino de mi furor, y haz que beban de ella todas las naciones a las cuales yo te envío.

16 Cuando la beban, temblarán de miedo y perderán el juicio por causa de la espada que lanzo contra ellas.»

17 Yo tomé de la mano del Señor la copa, y se la hice beber a todas las naciones a las cuales el Señor me envió, es decir:

18 Jerusalén, las ciudades de Judá, con sus reyes y príncipes, para dejarlos en ruinas y como objeto de escarnio, burla y maldición, como hasta el día de hoy;

19 el faraón, rey de Egipto, y sus siervos y príncipes y todo su pueblo;

20 todos los extranjeros que allí vivan, todos los reyes de la tierra de Uz, y todos los reyes de la tierra de Filistea, Ascalón, Gaza, Ecrón y los sobrevivientes de Asdod;

21 Edom, Moab y los hijos de Amón;

22 todos los reyes de Tiro, todos los reyes de Sidón, los reyes de las costas que están de ese lado del mar;

23 Dedán, Tema y Buz, y todos los que se rapan las sienes;

24 todos los reyes de Arabia, todos los reyes de los varios pueblos que habitan en el desierto;

25 todos los reyes de Zimri, todos los reyes de Elam, todos los reyes de Media,

26 todos los reyes del norte, cercanos y lejanos, unos tras otros, y todos los reinos que hay sobre la faz de la tierra. Finalmente, la beberá el rey de Babilonia.

27 «Tú, Jeremías, les dirás: "Así ha dicho el Señor de los ejércitos, el Dios de Israel: 'Beban, y embriáguense. Vomiten, y cáiganse, y no vuelvan a levantarse, por causa de la espada que yo lanzo contra ustedes.'"

28 »Y si no quieren tomar ni beber de la copa que les ofreces, les dirás que yo, el Señor de los ejércitos, he dicho que tienen que beberla.

29 Porque yo he comenzado ya a castigar a la ciudad donde se invoca mi nombre, y ninguno de ustedes saldrá bien librado. Yo estoy descargando la espada sobre todos los habitantes de la tierra.

—Palabra del Señor de los ejércitos.

30 »Tú, Jeremías, profetiza contra ellos todas estas palabras. Diles que yo, el Señor, les haré oír mi voz desde lo alto, desde mi santa morada; ¡lanzaré un fuerte rugido contra mi pueblo! Será como los cantos del lagar, contra todos los habitantes de la tierra.

31 El estruendo de mi voz se oirá hasta lo último de la tierra, porque yo, el Señor, he entablado un juicio contra las naciones. Yo soy el Juez de la humanidad entera, y dejaré que la espada acabe con los malvados.»

—Palabra del Señor.

32 Así ha dicho el Señor de los ejércitos:

«Miren, el mal cundirá de nación en nación. ¡Una gran tempestad se levanta desde los extremos de la tierra!

33 Cuando llegue el día, los cadáveres de aquellos a quienes el Señor quite la vida quedarán esparcidos de un extremo al otro de la tierra. Nadie lamentará su muerte, ni nadie los recogerá ni los enterrará. ¡Se quedarán tirados sobre el suelo, como estiércol!

34 Ustedes, pastores, ¡lancen gritos de dolor! Y ustedes, encargados del rebaño, ¡revuélquense en el polvo! ¡Ya el tiempo se ha cumplido para que sean degollados y esparcidos, y caerán como vasijas de gran precio!

35 ¡Ninguno de ustedes escapará con vida!»

36 ¡Puede oírse la gritería de los pastores! ¡Los encargados del rebaño gimen de dolor! Y es que el Señor dejó secos sus pastos.

37 Los pastos más delicados han sido destruidos por el ardor de la ira del Señor.

38 El Señor ha abandonado a su pueblo, como un león que abandona su guarida. La ira del Señor y la espada del enemigo han dejado asolada la tierra.

Jeremías recibe amenazas de muerte

26 Al principio del reinado de Joacín[a] hijo de Josías, rey de Judá, la palabra del Señor vino a Jeremías y le dijo:

[a] **26.1:** 2 R 23.36—24.6; 2 Cr 36.5-7.

2 «Jeremías, ve al atrio de mi casa, y diles a
todas las ciudades de Judá que vienen a mi
casa para adorarme, todo lo que yo te orde-
ne decirles. No retengas mi palabra.
3 Tal vez te hagan caso y cada uno de ellos
se aparte de su mal camino. Así yo dejaré
de hacerles el daño que he pensado hacerles
por sus malas obras.
4 Diles de mi parte: "Así ha dicho el Señor:
'Si no me hacen caso ni ponen en práctica
mi ley, la cual les expuse,
5 ni prestan atención a las palabras de mis
siervos los profetas, que una y otra vez les
he enviado y a los cuales no han querido oír,
6 yo haré con esta casa lo que hice con Si-
lo,[b] y todas las naciones de la tierra usarán el
nombre de esta ciudad como maldición.'"»
7 Los sacerdotes y los profetas, y todo el
pueblo, oyeron a Jeremías pronunciar estas
palabras en la casa del Señor.
8 Y cuando Jeremías terminó de decir a
todo el pueblo lo que el Señor le había or-
denado decirles, los sacerdotes y los profe-
tas y todo el pueblo le echaron mano y le
espetaron:
«Has dictado tu sentencia de muerte.
9 ¿Cómo te atreves a decir, en nombre del
Señor, que a esta casa le va a pasar lo mismo
que a Silo, y que esta ciudad quedará asola-
da y sin habitantes?»
Y todo el pueblo reunido en la casa del
Señor se juntó contra Jeremías.
10 Cuando los príncipes de Judá se ente-
raron de esto, fueron del palacio del rey a la
casa del Señor y se sentaron a la entrada de
la puerta nueva de la casa del Señor.
11 Entonces los sacerdotes y los profetas
dijeron a los príncipes y a todo el pueblo:
«Como ustedes mismos lo han oído, este
hombre ha dictado su sentencia de muerte,
pues ha profetizado en contra de esta ciu-
dad.»
12 Jeremías dijo entonces a todos los prín-
cipes y a todo el pueblo:
«Todo lo que ustedes han oído son las
palabras que el Señor me envió a profetizar
contra esta casa y contra esta ciudad.
13 Así que mejoren sus caminos y sus
obras, y atiendan a la voz del Señor su Dios,
para que cambie de parecer y no les haga el
mal que les ha anunciado.
14 En lo que a mí toca, estoy en las manos
de ustedes; hagan conmigo lo que les parez-
ca mejor y más adecuado.
15 Pero una cosa deben saber: si me matan,
derramarán sangre inocente sobre ustedes,
y sobre esta ciudad y sus habitantes, pues lo
cierto es que el Señor me envió a decirles a
ustedes todo lo que ya han oído.»
16 Los príncipes y todo el pueblo respon-
dieron a los sacerdotes y profetas:
«Este hombre no ha hecho nada que
merezca la pena de muerte, porque nos ha
hablado en el nombre del Señor, nuestro
Dios.»
17 Algunos de los ancianos del país se le-
vantaron y hablaron a todo el pueblo allí
reunido, y dijeron:
18 «Durante el reinado de Ezequías sobre
Judá, el profeta Miqueas de Moreset habló
con todo el pueblo de Judá, y le dijo de par-
te del Señor de los ejércitos: "Sión quedará
como un campo barbechado, y Jerusalén se
convertirá en un montón de ruinas. ¡En lo
alto de la colina, el templo quedará conver-
tido en un bosque!"[c]

LECCIONES **¡NO OMITAS NI UNA PALABRA!**
(Jeremías 26.2)

¿En algún momento has sido tentado a decir sólo una parte de la verdad porque la verdad completa podría enojar a alguien? Jeremías sabía que sus mensajes enojarían al pueblo. Él ha podido ser tentado a no transmitir parte del mensaje de Dios. Pero Dios le dijo que no omitiera ni una sola palabra. A veces las personas no quieren oír la oferta de Dios de salvación, ¡pero debemos decírsela para que puedan ser salvas!

[b]**26.6:** Jos 18.1; Sal 78.60; Jer 7.12-14. [c]**26.18:** Miq 3.12.

19 Con todo, ni el rey Ezequías ni el pueblo de Judá lo mataron. Al contrario, Ezequías mostró su temor por el Señor y oró en su presencia, y el Señor ya no le hizo el mal que les había anunciado. ¿Habremos de cometer nosotros un mal tan grande contra nosotros mismos?

20 »También Urías hijo de Semaías, de Quiriat Yearín, fue un hombre que hablaba en nombre del Señor, y profetizó contra esta ciudad y contra este país, a la manera de Jeremías.

21 Cuando el rey Joacín y todos sus príncipes y grandes personajes oyeron sus palabras, el rey trató de matarlo; pero cuando Urías se enteró de esto, tuvo miedo y huyó a Egipto.

22 Entonces el rey Joacín mando a Elnatán hijo de Acbor, y a otros hombres con él, para que fueran a Egipto,

23 y éstos sacaron de Egipto a Urías y lo trajeron al rey Joacín, el cual lo mató a filo de espada y echó su cuerpo en la fosa común.»

24 Como Ajicán hijo de Safán estaba a favor de Jeremías, intervino para que no lo entregaran en las manos del pueblo y lo mataran.

La señal de los yugos

27 Al principio del reinado en Judá de Joacín[a] hijo de Josías, la palabra del Señor vino a mí, y me dijo así:

2 «Jeremías, hazte unas coyundas y unos yugos, y póntelos sobre el cuello.

3 Luego, por medio de los mensajeros que vienen a Jerusalén para ver a Sedequías rey de Judá, se los enviarás a los reyes de Edom, Moab, Amón, Tiro y Sidón,

4 junto con el siguiente mensaje para sus respectivos señores: "Yo, el Señor de los ejércitos y Dios de Israel, les recuerdo esto:

5 Yo, con gran despliegue de poder y con mi brazo extendido, hice la tierra y al hombre, y también a los animales que están sobre la tierra, y la tierra se la di a quien mejor me pareció.

PROMESAS PODEROSAS

JEREMÍAS 27.5

Yo, con gran despliegue de poder y con mi brazo extendido, hice la tierra y al hombre, y también a los animales que están sobre la tierra, y la tierra se la di a quien mejor me pareció.

Este versículo es un recordatorio de que Dios es el único gobernante de toda la tierra. Él creó todo: la tierra, la gente y los animales. En este momento de la historia, Dios permitió que el rey de Babilonia se hiciera poderoso. Él quería enseñarle una lección al pueblo de Judá a través de la nación de Babilonia. Pase lo que pase, Dios todavía está en control de todo.

6 Ahora he puesto todos estos territorios en manos de mi siervo Nabucodonosor, rey de Babilonia, y hasta le he dado los animales salvajes, para que le sirvan.

7 Y todas las naciones le servirán, a él, y a su hijo y a su nieto, hasta que llegue el momento de que su propio país sea reducido a servidumbre por muchas naciones y grandes reyes.

8 Yo castigaré a la nación y al reino que no sirva a Nabucodonosor rey de Babilonia, ni doblegue su cuello bajo su yugo; los castigaré con espada, y hambre y peste, hasta que a él mismo le permita destruirlos por completo.

—Palabra del Señor.

9 "Así que ustedes no presten oído a sus profetas, adivinos, intérpretes de sueños, agoreros y encantadores, que les dicen que no se rindan ante el rey de Babilonia.

10 Lo que ellos les dicen es mentira. Lo que buscan es que ustedes se alejen de su tierra, para que yo los expulse y ustedes mueran.

11 Pero a la nación que doblegue su cuello al yugo del rey de Babilonia y le sirva, yo la

[a] **27.1:** 2 R 24.18-20; 2 Cr 36.11-13.

dejaré en su tierra, para que la cultive y la
habite."»
—Palabra del Señor.
12 Estas mismas palabras se las comuniqué
a Sedequías rey de Judá. Le dije:
«Doblequen su cuello al yugo del rey de
Babilonia, y sírvanle a él y a su pueblo. Así
seguirán con vida.
13 ¿Por qué han de morir tú y tu pueblo
por la espada, o de hambre y de peste,
como ha dicho el Señor que pasará con la
nación que no sirva al rey de Babilonia?
14 No hagan caso de las palabras de los
profetas que les dicen que no sirvan al rey
de Babilonia. Lo que ellos les profetizan es
mentira.
15 El Señor no los ha enviado. Ellos pro-
fetizan falsamente en nombre del Señor,
para que él los expulse de su tierra y uste-
des mueran, junto con los profetas que les
anuncian tales cosas.»
—Palabra del Señor.
16 También hablé con los sacerdotes y con
todo este pueblo. Les dije:
«Así ha dicho el Señor: "No hagan caso
de las palabras de esos profetas que les di-
cen que muy pronto los utensilios de la casa
del Señor serán traídos de Babilonia. Eso
que les profetizan es una mentira."»
17 No les hagan caso. Sirvan al rey de Ba-
bilonia, y seguirán con vida. ¿Por qué tiene
que ser destruida esta ciudad?
18 Si en verdad ellos son profetas, y si la pa-
labra del Señor los respalda, pídanle ahora al
Señor de los ejércitos que los utensilios que
han quedado en la casa del Señor, y en el pa-
lacio del rey de Judá y en Jerusalén, no sean
llevados a Babilonia.
19 Porque el Señor de los ejércitos ha ha-
blado acerca de las columnas, del estanque,
de las bases y del resto de los utensilios que
quedan en esta ciudad
20 y que no quitó Nabucodonosor rey de
Babilonia cuando se llevó de Jerusalén a Ba-
bilonia a Jeconías hijo de Joacín, rey de Judá,
y a todos los nobles de Judá y de Jerusalén.

PALABRAS CON PODER

FALSO PROFETA
(Jeremías 28.1)

Un profeta falso era una persona que decía hablar por Dios, pero que en realidad decía mentiras. Jananías fue un profeta falso que se opuso a los mensajes de ruina que transmitía Jeremías. Jananías le dijo al pueblo que los cautivos regresarían dentro de dos años. Pero eso no era lo que Dios había dicho. Debido a sus mentiras, Dios le dijo a Jananías que moriría ese año (versículo 16). Los que dicen hablar de parte de Dios deben decir toda la verdad.

21 Esto es lo que dijo el Señor de los ejér-
citos, Dios de Israel, acerca de los utensilios
que quedaron en su templo, y en el palacio
del rey de Judá y en Jerusalén:
22 «Serán llevados a Babilonia, y allí se que-
darán hasta el día en que yo los visite. Después
de eso, iré a buscarlos y los traeré a este lugar.»
—Palabra del Señor.

Falsa profecía de Jananías

28 En el quinto mes de ese mismo
año, es decir, del año cuarto, al
principio del reinado de Sede-
quías[a] rey de Judá, el profeta Jananías hijo de
Azur, que era de Gabaón, habló con Jeremías
en la casa del Señor, delante de los sacerdotes
y de todo el pueblo. Le dijo:
2 «Así ha dicho el Señor de los ejércitos, el
Dios de Israel: "Voy a hacer pedazos el yugo
del rey de Babilonia,
3 y dentro de dos años haré que vuelvan a
este lugar todos los utensilios que Nabuco-
donosor rey de Babilonia tomó de mi casa y
se llevó a Babilonia.
4 Yo haré que vuelvan a este lugar Jeconías
hijo de Joacín, rey de Judá, y todos los de Judá
que fueron llevados a Babilonia, porque voy a
hacer pedazos el yugo del rey de Babilonia."»
—Palabra del Señor.

[a] **28.1:** 2 R 24.18-20; 2 Cr 36.11-13.

5 El profeta Jeremías le respondió al profeta Jananías, también delante de los sacerdotes y de todo el pueblo que estaba reunido en la casa del Señor.

6 Le dijo:

«Así sea. Que así lo haga el Señor y confirme tu profecía, de que los utensilios de la casa del Señor, y todos los que fueron llevados a Babilonia, volverán a este lugar.

7 Sin embargo, escucha lo que voy a decirte, a ti en primer lugar, y también a todo el pueblo:

8 "Los profetas que nos antecedieron a ti y a mí, anunciaron guerras, aflicción y peste contra muchos países y contra grandes reinos.

9 Si el profeta anuncia paz, y sus palabras se cumplen, entonces es reconocido como un profeta verdadero, enviado por el Señor."»

10 Entonces el profeta Jananías le quitó al profeta Jeremías el yugo que éste llevaba en el cuello, lo hizo pedazos,

11 y en presencia de todo el pueblo dijo:

«Así ha dicho el Señor: "Así también, dentro de dos años haré pedazos el yugo que Nabucodonosor, rey de Babilonia, ha puesto en el cuello de todas las naciones."»

Jeremías, por su parte, siguió su camino.

12 Pero después de que el profeta Jananías hizo pedazos el yugo que el profeta Jeremías llevaba al cuello, la palabra del Señor vino a Jeremías, y le dijo:

13 «Ve y habla con Jananías, y dile que yo, el Señor, digo: "Tú has hecho pedazos yugos de madera, pero yo voy a reponerlos con yugos de hierro."

14 Yo, el Señor de los ejércitos y Dios de Israel, digo: "Voy a poner sobre el cuello de todas estas naciones un yugo de hierro, para que sirvan a Nabucodonosor rey de Babilonia. Y van a servirle. ¡Hasta a los animales salvajes los he puesto en sus manos!"»

15 Entonces el profeta Jeremías le dijo al profeta Jananías:

«Escucha bien, Jananías: Tú has llevado a este pueblo a confiar en tus mentiras, aunque el Señor no te ha enviado.

16 Por lo tanto, así ha dicho el Señor: "Voy a borrarte de la faz de la tierra, y este mismo año morirás, pues has llevado al pueblo a rebelarse contra mí."»

17 Y en el mes séptimo de ese mismo año murió Jananías.

Carta de Jeremías a los cautivos

29 Nabucodonosor se llevó cautivos a Babilonia a los ancianos, sacerdotes y profetas que estaban en Jerusalén, lo mismo que a todo el pueblo. Desde Jerusalén el profeta Jeremías envió una carta a los que sobrevivieron al exilio. Éste es el texto de la carta,

2 la cual envió después de que salieron el rey Jeconías, la reina, el personal de palacio, los príncipes de Judá y de Jerusalén, los artífices y los ingenieros de Jerusalén.[a]

3 Los mensajeros fueron Elasa hijo de Safán y Gemarías hijo de Hilcías, a quienes Sedequías rey de Judá envió a Nabucodonosor rey de Babilonia. A la letra decía:

4 «Así ha dicho el Señor de los ejércitos y Dios de Israel, a todos los cautivos que permití que fueran llevados de Jerusalén a Babilonia:

5 "Construyan casas, y habítenlas; planten huertos y coman de sus frutos.

6 Cásense, y tengan hijos e hijas; den mujeres a sus hijos, y maridos a sus hijas, para que tengan hijos e hijas; y multiplíquense allá. ¡No se reduzcan en número!

7 Procuren la paz de la ciudad a la que permití que fueran llevados. Rueguen al Señor por ella, porque si ella tiene paz, también tendrán paz ustedes."

8 »Así ha dicho el Señor de los ejércitos y Dios de Israel: "Que no los engañen los profetas que se encuentran entre ustedes, ni sus adivinos. No hagan caso de los sueños que tengan.

9 Porque ellos falsamente profetizan en mi nombre. Yo no los he enviado."

—Palabra del Señor.

10 »Así ha dicho el Señor: "Cuando se cumplan los setenta años de Babilonia,[b] yo iré a

[a] **29.1-2:** 2 R 24.12-16; 2 Cr 36.10.

visitarlos, y les cumpliré mi promesa de ha-
cerlos volver a este lugar.
[11] Sólo yo sé los planes que tengo para uste-
des. Son planes para su bien, y no para su mal,
para que tengan un futuro lleno de esperanza."
—Palabra del Señor.
[12] »Entonces ustedes me pedirán en oración
que los ayude, y yo atenderé sus peticiones.
[13] Cuando ustedes me busquen, me halla-
rán, si me buscan de todo corazón.[c]
[14] Ustedes me hallarán, y yo haré que vuel-
van de su exilio, pues los reuniré de todas las
naciones y de todos los lugares adonde los
arrojé. Yo haré que ustedes vuelvan al lugar
de donde permití que se los llevaran.»
—Palabra del Señor.
[15] Según ustedes, el Señor ya les ha le-
vantado profetas en Babilonia.
[16] Pero así ha dicho el Señor acerca del rey
que ha sucedido a David en el trono, y acer-
ca de todo el pueblo que vive en esta ciu-
dad, y de sus compatriotas que no fueron
llevados con ustedes en cautiverio:
[17] «Yo envío contra ellos espada, ham-
bre y peste. Voy a ponerlos como a los
higos malos, que de tan malos no se pue-
den comer. Lo ha dicho el Señor de los
ejércitos.
[18] Los perseguiré con la espada, el hambre
y la peste. Dejaré que sean el escarnio y la
burla de todos los reinos de la tierra y de las
naciones por las que los he arrojado. Serán
motivo de espanto, y la gente usará su nom-
bre como maldición,
[19] por no haber hecho caso de mis pala-
bras, que una y otra vez les comuniqué por
medio de mis siervos los profetas.
—Palabra del Señor.
[20] »Ustedes, los que fueron llevados en
cautiverio de Jerusalén a Babilonia, oigan la
palabra del Señor.
[21] Así ha dicho el Señor de los ejércitos y
Dios de Israel acerca de Ajab hijo de Colaías,
y de Sedequías hijo de Maseías, esos dos
que falsamente les profetizan en mi nom-
bre: "Voy a ponerlos en manos de Nabuco-
donosor, rey de Babilonia, y ante sus propios
ojos ese rey les quitará la vida."

PROMESAS PODEROSAS

JEREMÍAS 29.11

Sólo yo sé los planes que tengo para ustedes. Son planes para su bien, y no para su mal, para que tengan un futuro lleno de esperanza.

¿El oír malas noticias te hace pensar que tu vida no le importa a Dios? Eso fue lo que pensaron los habitantes de Judá. Pero Dios estaba consciente de los malos momentos que pasaron su pueblo cuando los babilonios se los llevaron cautivos. Él quería que supieran que su vida todavía le importaba a Dios. Si estás pasando por un momento difícil ahora mismo, no te rindas a la tentación de pensar que Dios no te ama. Él sí te ama y siempre te amará.

[b]**29.10:** 2 Cr 36.21; Jer 25.11; Dn 9.2. [c]**29.13:** Dt 4.29.

PODER PARA VIVIR

CUANDO CLAMAS A DIOS, ÉL ESCUCHA *(Jeremías 29.12-13)*

Cuando has hecho algo malo, ¿a veces sientes que Dios ha dejado de escuchar tus oraciones? Cuando Jeremías anunció que el pueblo de Judá sería llevado a Babilonia, ellos probablemente pensaron que Dios había dejado de escucharlos. Después de todo, ellos se habían apartado de Dios. Pero Dios le prometió a Jeremías que cuando el pueblo oraba a Él, Él escucharía. Dios nunca dejó de amarlos. Esto también se aplica a nosotros. Dios siempre escuchará nuestras oraciones aun cuando lo defraudamos.

22 Todos los que fueron llevados de Judá a Babilonia los convertirán en objeto de maldición, y dirán: "Que el Señor haga contigo lo mismo que hizo con Sedequías y Ajab, a quienes el rey de Babilonia condenó a la hoguera."

23 Estos dos hicieron mucho mal en Israel: cometieron adulterio con las mujeres de su prójimo, y en el nombre del Señor pronunciaron falsamente palabras que él no les mandó decir. Es un hecho que esto fue así.

—Palabra del Señor.

24 »A Semaías de Nejelán le dirás:

25 "Así ha dicho el Señor de los ejércitos y Dios de Israel: 'Tú has enviado cartas en tu nombre a todo el pueblo en Jerusalén, lo mismo que al sacerdote Sofonías hijo de Maseías, y a todos los sacerdotes. Según tú dices,

26 el Señor te ha designado como sacerdote en lugar del sacerdote Joyadá, para que en la casa del Señor te encargues de todo loco que profetice, y lo pongas en el calabozo y en el cepo.

27 Si es así, ¿por qué no has reprendido a Jeremías de Anatot, que también les ha profetizado?

28 Porque Jeremías mandó a decirnos en Babilonia que nuestro cautiverio será largo, y que debemos construir casas, y habitarlas; y plantar huertos y comer de sus frutos.'"»

29 El sacerdote Sofonías leyó esta carta en voz alta al profeta Jeremías.

30 Entonces la palabra del Señor vino a Jeremías, y le dijo:

31 «Envía este mensaje a todos los cautivos: "Así ha dicho el Señor acerca de Semaías de Nejelán: Puesto que Semaías les profetizó sin que yo lo hubiera enviado, con lo que hizo que ustedes confiaran en una mentira,

32 el Señor ha dicho que va a castigar a Semaías de Nejelán y a su descendencia, por haberlos incitado a rebelarse contra él. No tendrá descendientes varones entre este pueblo, ni vivirá para ver el bien que el Señor hará a su pueblo."»

—Palabra del Señor.

Dios anuncia el retorno de los cautivos

30 La palabra del Señor vino a Jeremías, y le dijo:

2 «Así ha dicho el Señor y Dios de Israel: "Escribe en un rollo de cuero cada una de las palabras que te he dicho.

3 Porque se acerca el día en que haré volver del exilio a mi pueblo, Israel y Judá. Los traeré a la tierra que le entregué a sus padres, y tomarán posesión de ella."»

—Palabra del Señor.

4 El Señor habló también acerca de Israel y de Judá. Éstas fueron sus palabras:

5 «Así ha dicho el Señor: "Se oye un grito de terror; un grito de miedo y no de paz.

6 Vamos a ver: ¿Desde cuándo los hombres dan a luz? ¿Cómo es que a todos ellos los veo con los brazos en jarras, como mujeres parturientas? ¿Cómo es que todos ellos tienen pálido el rostro?

7 ¡Ah, qué terrible será ese día! ¡Terrible como ningún otro! ¡Serán tiempos de angustia para los de Jacob, pero lograrán sobrevivir!"

8 »En aquel día, yo haré pedazos el yugo que pesa sobre su cuello, y reventaré sus coyundas. Ningún extranjero volverá a esclavizarlos.

—Palabra del Señor de los ejércitos.

9 »Sólo servirán al Señor su Dios, a David su rey, y a quien yo haga reinar en su lugar.

10 »Así que no tengas miedo, mi querido siervo Jacob. No tengas ningún temor, Israel, porque yo te salvaré, a ti y a tu descendencia, de esa tierra lejana donde ahora estás cautivo. Tú, Jacob, volverás de allá, y vivirás tranquilo y en paz, sin que nadie te infunda terror.

—Palabra del Señor.

11 »Yo estoy contigo, para salvarte. Destruiré a todas las naciones entre las cuales te esparcí, pero a ti no te destruiré. Por supuesto, no dejaré de castigarte,[a] pero mi castigo será lo justo.

—Palabra del Señor.

12 »Así ha dicho el Señor: "Tu fractura es incurable, y muy dolorosa tu llaga.

[a] **30.10-11:** Jer 46.27-28.

[13] No hay quien defienda tu caso. Ningún remedio sirve para sanar tu herida.

[14] Todos tus amantes te han olvidado. Ya no te buscan. Y es que yo te herí como se hiere a un enemigo. Por causa de tu mucha maldad y de tus muchos pecados te azoté como a un cruel adversario.

[15] ¿Para qué gritar por causa de tu fractura? Tu dolor es incurable. Y te he tratado así por causa de tu mucha maldad y de tus muchos pecados.

[16] Pero todos los que te devoran serán devorados; todos tus adversarios serán llevados al cautiverio. Los que te pisotearon serán pisoteados, y los que te saquearon serán saqueados.

[17] Aunque te han llamado 'la despreciada', y aunque dicen: 'Ésta es Sión, de la que nadie se acuerda', yo te devolveré la salud y sanaré tus heridas."

Ez 47.12

—Palabra del Señor.

[18] »Así ha dicho el Señor: "Fíjate bien: Yo haré que cambie la suerte de las tiendas de Jacob. Tendré misericordia de sus campamentos; la ciudad será edificada sobre su colina, y el templo será restaurado.

[19] De en medio de ellos saldrán alabanzas, voces de una nación en pleno regocijo. Yo haré que, lejos de disminuir, el número de ellos se multiplique. Yo los multiplicaré, y aumentaré su número.

[20] Sus hijos volverán a ser lo que antes fueron, y su congregación será confirmada ante mí. ¡Yo castigaré a todos sus opresores!

[21] De entre ellos surgirá su príncipe, que será quien los gobierne. Yo le permitiré acercarse a mí, y él se acercará; pues ¿de qué otra manera podría alguien atreverse a acercarse a mí?"

—Palabra del Señor.

[22] »Y ustedes serán mi pueblo, y yo seré su Dios.»

[23] La tempestad del Señor se desata con furor; la tempestad que se está gestando caerá sobre la cabeza de los impíos.

[24] El ardor de la ira del Señor no se calmará hasta que haya realizado los designios de su corazón. Pero esto lo entenderán ustedes cuando ya sea demasiado tarde.

31

«En aquel tiempo, yo seré el Dios de todas las familias de Israel, y ellas serán mi pueblo.»

—Palabra del Señor.

[2] Así ha dicho el Señor:

«Israel, un pueblo que escapó de morir a filo de espada, halló gracia en el desierto y ahora avanza en busca de reposo.»

[3] Hace ya mucho tiempo, el Señor se hizo presente y me dijo:

«Yo te amo con amor eterno. Por eso te he prolongado mi misericordia.

[4] Yo volveré a reconstruirte, virginal Jerusalén. Y serás reconstruida, y te adornarán con panderos para que dances con alegría.

[5] Los que plantan viñas las plantarán en los montes de Samaria, y disfrutarán de sus uvas.

[6] Viene el día en que los guardianes del monte de Efraín gritarán: "¡Vamos, arriba todos! ¡Subamos a Sión, al monte del Señor nuestro Dios!"»

[7] Así ha dicho el Señor:

«¡Griten de alegría por Jacob! ¡Llénense de júbilo por la nación más importante! ¡Hagan resonar sus alabanzas! ¡Pídanme que salve a mi pueblo, al remanente de Israel!

Dn 2.20-23

[8] Yo los hago volver del país del norte; los estoy reuniendo de los confines de la tierra.

PALABRAS CON PODER

UN REMANENTE

(Jeremías 31.2)

Un "remanente" es una pequeña parte que queda de un grupo más grande. Jeremías dijo que un pequeño porcentaje de las familias de Israel regresarían de su cautiverio en Babilonia. Muchas personas fueron capturadas por los asirios en 722 a.C. y otras fueron capturadas por los babilonios en 605, 597 y 586 a.C. Debido a su gran amor y benignidad, Dios prometió hacer que algunos de ellos regresaran a su tierra.

Entre ellos vienen ciegos, cojos, mujeres encintas y recién paridas; ¡vuelven acompañados de una gran muchedumbre!

9 Con llanto en los ojos se fueron, pero yo los haré volver con gran misericordia; al volver, los llevaré por arroyos de aguas, por caminos rectos, para que no tropiecen. Yo soy el padre de Israel, y Efraín es mi primogénito.»

10 Ustedes, las naciones, oigan la palabra del Señor. Háganlo saber en las costas más lejanas. Digan que el que esparció a Israel ahora lo reúne, y que lo cuidará como cuida el pastor a su rebaño.

11 Porque el Señor ha redimido a Jacob; lo ha redimido del poder del que era más fuerte que él.

12 «Ellos vendrán a las alturas de Sión entre gritos de alegría, y se deleitarán con mis bondades: con el pan, el vino y el aceite, y el ganado de las ovejas y de las vacas; y ellos mismos serán como un huerto bien regado, y nunca más volverán a experimentar el dolor.

13 Entonces las doncellas danzarán con alegría, lo mismo que los jóvenes y los ancianos. Yo los consolaré, y cambiaré sus lágrimas en gozo y su dolor en alegría.

14 Satisfaré abundantemente y con lo mejor el hambre y la sed de los sacerdotes y de mi pueblo.»

—Palabra del Señor.

15 Así ha dicho el Señor:

«Se oye una voz en Ramá; amargo llanto y lamento. Es Raquel, que llora por sus hijos,[a] y no quiere que la consuelen, porque ya han muerto.»[b]

16 Así ha dicho el Señor:

«Reprime tu llanto y tus sollozos; seca las lágrimas de tus ojos, porque no has trabajado en vano: tus hijos volverán de ese país enemigo.

—Palabra del Señor.

17 »Tus descendientes tienen esperanza; tus hijos volverán a su propia tierra.

—Palabra del Señor.

18 »He escuchado a Efraín llorar y lamentarse: "Me azotaste. He sido castigado como un novillo indómito. Pero haz que me vuelva a ti, y a ti me volveré, porque tú eres el Señor, mi Dios.

19 Después de apartarme de ti, me arrepentí; después de reconocer mi falta, me herí en el muslo. Me quedé avergonzado y confundido, porque cargué con la afrenta de mi juventud."

20 »¡Pero Efraín, tú eres mi hijo más querido! ¡Eres el niño en quien me complazco! Siempre que hablo de ti, lo hago con mucho cariño. Por ti, el corazón se me estremece. Ciertamente tendré de ti misericordia.»

—Palabra del Señor.

21 ¡Regresa, virginal Israel! ¡Regresa a tus ciudades por el mismo camino por el que te fuiste! ¡Pon señales y marcas, y fíjate bien cuál es el camino!

22 ¿Hasta cuándo vas a andar errante, mujer contumaz? El Señor ha establecido algo nuevo en la tierra: ¡la mujer corteja al varón!

23 Así ha dicho el Señor de los ejércitos y Dios de Israel:

«Cuando yo haga volver a los cautivos, en la tierra de Judá y en sus ciudades volverán a decirse estas palabras: "¡Que el Señor te bendiga, monte santo, mansión de justicia!"

24 Y Judá volverá a vivir allí, y en todas sus ciudades, y habrá allí labradores y pastores con sus rebaños.

25 Yo satisfaré el hambre y la sed de la gente triste y fatigada.»

26 De pronto desperté, abrí los ojos, ¡y me encantó lo que había soñado!

El nuevo pacto

27 «Vienen días en que llenaré la casa de Israel y la casa de Judá con multitudes de hombres y de animales.

—Palabra del Señor.

28 »Y así como me ocupé de ellos para arrancar y destruir, y arruinar, derribar y afligir, también me ocuparé de ellos para construir y plantar.

—Palabra del Señor.

[a] **31.15:** Gn 35.16-19. [b] **31.15:** Mt 2.18.

[29] »En esos días no volverá a decirse: "Los
padres comieron las uvas agrias, y los dien-
tes de los hijos tienen la dentera",[c]

[30] sino que cada cual morirá por su propia
maldad. La dentera la tendrán los dientes de
todo el que coma las uvas agrias.

[31] »Vienen días en que haré un nuevo pac-
to[d] con la casa de Israel y con la casa de Judá.

—Palabra del Señor.

[32] »No será un pacto como el que hice
con sus padres cuando los tomé de la mano
y los saqué de la tierra de Egipto. Porque yo
fui para ellos como un marido, pero ellos
quebrantaron mi pacto.

—Palabra del Señor.

[33] »Cuando hayan pasado esos días, el
pacto que haré con la casa de Israel será el
siguiente: Pondré mi ley en su mente, y la
escribiré en su corazón.[e] Y yo seré su Dios, y
ellos serán mi pueblo.

—Palabra del Señor.

[34] »Nadie volverá a enseñar a su prójimo
ni a su hermano, ni le dirá: "Conoce al Se-
ñor", porque todos ellos, desde el más pe-
queño hasta el más grande, me conocerán.
Y yo perdonaré su maldad, y no volveré a
acordarme de su pecado.»[f,g]

—Palabra del Señor.

[35] Así ha dicho el Señor, cuyo nombre es el
Señor de los ejércitos; el que ha puesto al sol
la ley de alumbrar durante el día, y a la luna
y las estrellas la ley de alumbrar de noche; el
que agita el mar y hace que rujan sus olas:

[36] «Mientras estas leyes sigan vigentes, Is-
rael y sus descendientes serán también ante
mí una nación para siempre.»

—Palabra del Señor.

[37] Así ha dicho el Señor:

«Yo desecharé a todos los descendien-
tes de Israel por todo lo que hicieron, sólo
cuando los altos cielos puedan medirse, y
cuando los fundamentos inferiores de la tie-
rra puedan explorarse.

—Palabra del Señor.

[38] »Vienen días en que la ciudad será re-
construida en mi honor, desde la torre de
Jananel hasta la puerta angular.

—Palabra del Señor.

[39] »Los linderos de la ciudad se extende-
rán en dirección a la colina de Gareb, y ro-
dearán a Goa.

[40] Y todo el valle donde se entierra a los
muertos y se tira la ceniza, y todas las llanu-
ras hacia el oriente, hasta el arroyo de Ce-
drón y hasta la esquina de la Puerta de los
Caballos, estarán consagrados a mí, y nunca
más Jerusalén volverá a ser arrancada ni des-
truida.»

Jeremías compra el terreno de Janamel

32 La palabra del Señor vino a Je-
remías en el año décimo de Se-
dequías[a] rey de Judá, que fue el
año decimoctavo de Nabucodonosor.

[2] El ejército del rey de Babilonia tenía en-
tonces sitiada a Jerusalén, y el profeta Jere-

[c] **31.29:** Ez 18.2. [d] **31.31:** Mt 26.28; Mr 14.24; Lc 22.20; 1 Co 11.25; 2 Co 3.6. [e] **31.33:** Heb 10.16. [f] **31.34:** Heb 10.17. [g] **31.31-34:** Heb 8.8-12. [a] **32.1:** 2 R 25.1-7.

UN NUEVO PACTO *(Jeremías 31.31-34)*

Un pacto es un acuerdo entre dos pueblos. Dios prometió hacer un nuevo acuerdo con todo Israel: Él sería su Dios y ellos serían su pueblo (versículo 33). Este nuevo acuerdo sería posible mediante la muerte y resurrección de Jesús, el Salvador venidero del cual habló Jeremías. Este Salvador enviaría más adelante al Espíritu Santo para investir de poder a sus seguidores para que pudieran servir a Dios. Hoy día, Dios nos ofrece a nosotros este acuerdo. Cuando aceptamos a Jesús como nuestro Salvador, llegamos a ser parte de la familia de Dios.

[47] **28.1** 24.18-20; 2 Cr 36.11-13

mías estaba preso en el patio de la cárcel que estaba en el palacio del rey de Judá.

3 Sedequías rey de Judá lo había encarcelado porque cuestionaba lo que Jeremías había profetizado, y que era lo siguiente:

«Así ha dicho el Señor: "Voy a entregar esta ciudad en manos del rey de Babilonia, y éste la conquistará.

4 Sedequías rey de Judá no podrá escapar de las manos de los caldeos. Más bien, será entregado en manos del rey de Babilonia, y tendrá que enfrentarse a él cara a cara.

5 Además, Sedequías será llevado cautivo a Babilonia, y allá se quedará hasta que yo lo visite. Y si ustedes les declaran la guerra a los caldeos, no les irá bien."»

—Palabra del Señor.

6 La palabra del Señor vino a mí, y me dijo:

7 «Jeremías, toma en cuenta que Janamel, el hijo de tu tío Salún vendrá a verte, y te pedirá que le compres el terreno que tiene en Anatot, pues tú tienes sobre él derecho de comprar.»

8 En efecto, y conforme a la palabra del Señor, mi primo Janamel fue a verme al patio de la cárcel, y me dijo:

«Cómprame el terreno que tengo en Anatot, en tierra de Benjamín, pues tú tienes derecho de compra sobre él, así que a ti te corresponde rescatarlo. Cómpralo para ti.»

Con esto reconocí que ésta era palabra del Señor,

9 y compré el terreno de mi primo Janamel, el cual estaba en Anatot, y le pagué por él diecisiete monedas de plata.

10 Preparé la carta de compraventa y la sellé, la certifiqué en presencia de testigos, y le pesé el dinero.

11 Una vez sellada la carta de compraventa, conforme al derecho y la costumbre, la tomé junto con la copia abierta,

12 y se la di a Baruc hijo de Nerías, hijo de Maseías, en presencia de mi primo Janamel y de los testigos que la habían suscrito, así como de todos los judíos que estaban en el patio de la cárcel.

13 También en presencia de ellos le di a Baruc las siguientes instrucciones:

14 «Así ha dicho el Señor de los ejércitos y Dios de Israel: "Toma estas cartas, es decir, la carta de compraventa sellada, y la copia abierta, y ponlas en una vasija de barro, para que se conserven durante mucho tiempo.

15 Porque el Señor de los ejércitos y Dios de Israel ha dicho que en este país todavía se comprarán casas, terrenos y viñas."»

16 Después de darle a Baruc hijo de Nerías la carta de compraventa, oré al Señor. Le dije:

17 «¡Señor, Señor! Tú, con tu gran poder y con tu brazo extendido, hiciste el cielo y la tierra. No hay para ti nada que sea difícil.

18 Tú muestras tu misericordia a miles de gente, y castigas la maldad de los padres en sus hijos. Dios grande y poderoso, tu nombre es Señor de los ejércitos.

19 Tus planes son impresionantes, tus hechos son portentosos; siempre estás atento a los actos del género humano, y a cada uno de nosotros nos das lo que merecemos, según lo que cada uno haya hecho.

PODER PARA VIVIR

UN POCO DE ESPERANZA EN UNA SITUACIÓN DIFÍCIL *(Jeremías 32.6-15)*
Dios le dijo a Jeremías que comprara un campo en su pueblo natal, un lugar ya controlado por el ejército de Babilonia. Parecía tonto comprar terreno que estaba controlado por un enemigo, pero este acto era una señal de esperanza. Cuando compró la tierra, Jeremías mostró fe en la promesa de Dios de que algunos de los israelitas regresarían a comprar terreno y construir casas. A veces nos ocurren cosas que parecen quitarnos toda esperanza. Pero si pertenecemos a Dios, tenemos la promesa y la esperanza de un mejor futuro (lee Romanos 8:28).

PROMESAS PODEROSAS

JEREMÍAS 32.17

¡Señor, Señor! Tú, con tu gran poder y con tu brazo extendido, hiciste el cielo y la tierra. No hay para ti nada que sea difícil.

Jeremías repitió lo que Abraham aprendió hace más de mil años antes que naciera Jeremías: nada es demasiado difícil para Dios (lee Génesis 18:14). Puedes contarle tus problemas más difíciles al Dios que creó el universo. ¡Los NIÑOS PODEROSOS creen en el poder de nuestro Dios poderoso!

20 Tú hiciste señales y portentos en tierra de Egipto, y hasta este día sigues haciéndolos en Israel; te has ganado el reconocimiento de toda la humanidad, como puede verse el día de hoy.

21 Con señales y portentos, con mano fuerte y brazo extendido, e infundiendo gran terror, sacaste de Egipto a tu pueblo Israel

22 y le diste esta tierra, la cual fluye leche y miel, tierra que habías jurado a sus padres que se la darías,

23 y ellos entraron en ella y disfrutaron de ella. Pero no atendieron tu voz, ni siguieron tu ley. No hicieron nada de lo que les mandaste hacer, y por eso les has enviado todo este mal.

24 »¡Mira! La ciudad va a ser entregada en manos de los caldeos, que pelean contra ella y que con arietes la atacan para tomarla. Por causa de la espada, del hambre y de la peste ha venido a suceder lo que dijiste que sucedería, ¡y ya lo estás viendo!

25 »¡Señor, Señor! ¿Cómo pudiste decirme que compre para mí el terreno, y que lo pague ante testigos, si la ciudad va a caer en manos de los caldeos?»

26 Y la palabra del Señor vino a mí, y me dijo:

27 «Jeremías, yo soy el Señor, el Dios de toda la humanidad. ¿Acaso hay algo que me sea difícil?

28 Yo, el Señor, declaro que voy a entregar esta ciudad en manos de los caldeos, y que Nabucodonosor rey de Babilonia la tomará.[b]

29 Los caldeos que atacan esta ciudad vendrán y le prenderán fuego. La quemarán junto con las casas sobre cuyas azoteas provocaron mi ira al ofrecer incienso a Baal y derramar libaciones a dioses ajenos.

30 Desde su juventud, los hijos de Israel y los hijos de Judá sólo han hecho lo malo delante de mis ojos. Los hijos de Israel no han hecho más que provocarme a ira con las obras de sus manos.

—Palabra del Señor.

31 »Desde el día en que esta ciudad fue edificada, y hasta el día de hoy, lo único que ha hecho es provocar mi enojo y mi furor. Por eso la borraré de mi presencia,

32 por toda la maldad que, para hacerme enojar, han cometido los hijos de Israel y de Judá, junto con sus reyes, príncipes, sacerdotes, profetas, varones de Judá y habitantes de Jerusalén.

33 Me dieron la espalda y no la cara; no quisieron escuchar ni recibir corrección, aun cuando una y otra vez les enseñaba.

34 Al contrario, contaminaron la casa en donde se invoca mi nombre, al poner allí sus ídolos repugnantes;[c]

35 para hacer pecar a Judá edificaron lugares altos en honor de Baal, los cuales aún están en el valle de Ben Jinón,[d] y en honor a Moloc[e] hicieron pasar por el fuego a sus hijos y sus hijas, un hecho repugnante que nunca les mandé hacer, ni me pasó por la mente que harían.»

36 Por todo eso, ahora el Señor y Dios de Israel dice a esta ciudad, acerca de la cual ustedes dicen que, por causa de la espada, el hambre y la peste, va a caer en manos del rey de Babilonia:

37 «Voy a reunirlos de todos los países por los que, en mi furor y gran indignación, los esparcí, y los haré volver a este lugar para que vivan tranquilos.

38 Ellos serán mi pueblo, y yo seré su Dios.

[b]**32.28:** 2 R 25.1-11; 2 Cr 36.17-21. [c]**32.34:** 2 R 23.10; Jer 7.30-31; 19.1-6. [d]**32.35:** 2 R 23.10; Jer 7.31. [e]**32.35:** Lv 18.21.

39 Yo les daré un solo corazón y un solo camino, para que me teman perpetuamente, para bien de ellos y de sus hijos.

40 Haré con ellos un pacto eterno, y nunca dejaré de hacerles bien. Pondré mi temor en su corazón, para que no se aparten de mí,

41 y en verdad me regocijaré de hacerles bien. Con todo mi corazón y con toda mi alma los plantaré en esta tierra.»

42 Así ha dicho el Señor:

«Así como descargué todo este gran mal sobre este pueblo, así también derramaré sobre ellos todo el bien que les he prometido.

43 Y aunque al hablar de esta tierra ustedes dicen que está desierta, y sin gente ni animales, y que caerá en manos de los caldeos, yo les digo que volverán a poseerla.

44 En el territorio de Benjamín y en los contornos de Jerusalén volverán a comprarse terrenos por dinero, y se harán las escrituras y se sellarán en presencia de testigos. Y esto mismo se hará en las ciudades de Judá, y en las ciudades de las montañas, de la Sefela y del Néguev; porque yo haré volver a sus cautivos.»

—Palabra del Señor.

Restauración de Jerusalén

33 La palabra del Señor vino a Jeremías por segunda vez, mientras él estaba aún preso en el patio de la cárcel. Le dijo:

2 «Yo, el Señor, que hice la tierra y la formé para afirmarla, y cuyo nombre es el Señor, declaro:

3 Clama a mí, y yo te responderé; te daré a conocer cosas grandes y maravillosas que tú no conoces.

4 Yo, el Señor y Dios de Israel, declaro acerca de las casas de esta ciudad, y de los palacios de los reyes de Judá, que han sido derribados con arietes y con hachas.

5 Los caldeos han llegado a combatir y a llenar las casas con los cadáveres de los que yo herí en mi furor y mi enojo, pues yo escondí mi rostro de esta ciudad por causa de toda su maldad.

PROMESAS PODEROSAS

JEREMÍAS 33.3

Clama a mí, y yo te responderé; te daré a conocer cosas grandes y maravillosas que tú no conoces.

¿Podrías llamar al presidente y pedirle que te enseñara acerca de la vida? ¡Creo que no! ¡Pero puedes clamar a Dios, el gobernante de todo el universo, y hacerle cualquier pregunta que quieras! De hecho, ¡Él promete mostrarte cosas increíbles! ¡Pon a prueba esta promesa hoy!

6 Pero les traeré salud y medicamentos, y los sanaré, y les haré experimentar una paz abundante y duradera.

7 Haré volver a los cautivos de Judá y de Israel, y los restableceré como al principio.

8 Los limpiaré de toda la maldad que los llevó a pecar contra mí, y les perdonaré todos los pecados que cometieron contra mí, y también sus rebeldías.

9 Entre todas las naciones de la tierra, que sabrán de todo el bien que les haré, Jerusalén será para mí motivo de gozo, alabanza y gloria. Y las naciones temerán y temblarán al ver todo el bien que les haré y toda la paz que les daré.

10 »Yo, el Señor, declaro: En este lugar, del cual dicen que está desierto y sin gente ni animales, y en las ciudades de Judá y en las calles de Jerusalén, que ahora están en ruinas, sin gente ni animales,

11 volverá a escucharse la voz de gozo y de alegría, la voz del novio y de la novia, la voz de los que dicen: "¡Alabemos al Señor de los ejércitos, porque el Señor es bueno, porque su misericordia es eterna!",[a] la voz de los que traen a mi casa ofrendas de acción de gracias. Porque yo haré que cambie la suerte de esta tierra, la cual volverá a ser lo que antes fue. Yo, el Señor, lo he dicho.

[a]**33.11:** 1 Cr 16.34; 2 Cr 5.13; 7.3; Esd 3.11; Sal 100.5; 106.1; 107.1; 118.1; 136.1.

12 »Yo, el Señor de los ejércitos, declaro: En este lugar desierto, sin gente ni animales, y en todas sus ciudades, volverá a haber pastos donde los pastores harán pacer a sus ganados.

13 En las ciudades de las montañas y de la Sefela, y en las ciudades del Néguev en la tierra de Benjamín y alrededor de Jerusalén, y en las ciudades de Judá, se volverán a contar los ganados. Yo, el Señor, lo he dicho.

14 »Vienen días en que yo confirmaré las buenas promesas que he hecho a la casa de Israel y a la casa de Judá.

—Palabra del Señor.

15 »Cuando llegue el día y el momento, haré que de David surja un Renuevo de justicia, que impondrá la justicia y el derecho en la tierra.

16 En esos días Judá será salvado, y Jerusalén habitará segura y será llamada "El Señor es nuestra justicia".[b]

17 »Yo, el Señor, declaro: Nunca faltará un sucesor de David en el trono de la casa de Israel.[c]

18 Tampoco faltarán sacerdotes ni levitas que todos los días ofrezcan ante mí holocaustos, ofrendas quemadas y sacrificios.»[d]

19 La palabra del Señor vino a Jeremías, y le dijo:

20 «Yo, el Señor, declaro: Si mi pacto con el día y con la noche llegara a su fin, de tal manera que no volviera a haber día ni noche,

21 también llegaría a su fin mi pacto con mi siervo David para que sus descendientes reinen sobre su trono, lo mismo que mi pacto con los levitas y sacerdotes, mis ministros.

22 Pero yo multiplicaré la descendencia de mi siervo David, y la de los levitas que me sirven. Serán como el ejército del cielo, que no puede ser contado, y como la arena del mar, que no se puede medir.»

23 La palabra del Señor vino a Jeremías, y le dijo:

24 «¿Te has fijado que hay quienes dicen que yo, el Señor, he rechazado a las dos familias que escogí? ¡Tan en poco tienen a Israel y Judá que ya no los consideran una nación!

25 Pues yo, el Señor, declaro: Si mi pacto con el día y la noche dejara de tener validez, y quitara yo las leyes que gobiernan el cielo y la tierra,

26 entonces también llegaría yo a rechazar a la descendencia de Jacob y de mi siervo David, y no tomaría a ninguno de sus descendientes para gobernar a la posteridad de Abrahán, Isaac y Jacob. Pero lo cierto es que yo haré volver a sus cautivos, y tendré de ellos misericordia.»

Jeremías amonesta a Sedequías

34 La palabra del Señor vino a Jeremías cuando Nabucodonosor rey de Babilonia y todo su ejército, y todos los reinos y pueblos de la tierra bajo su dominio, peleaban contra Jerusalén[a] y contra todas sus ciudades. Le dijo:

2 «Así ha dicho el Señor Dios de Israel: "Ve y habla con Sedequías rey de Judá, y dile de mi parte: 'Yo, el Señor, voy a entregarle esta ciudad al rey de Babilonia, y él le prenderá fuego.

3 Tú no escaparás de sus manos, sino que serás apresado y puesto en sus manos. Tendrás que enfrentarte al rey de Babilonia y hablarás con él cara a cara, y serás llevado a Babilonia.'"

4 Sin embargo, Sedequías rey de Judá, oye mi palabra: "Yo, el Señor, te hago saber que no morirás a filo de espada.

5 Tendrás una muerte tranquila, y se quemarán especias por ti, así como antes se quemaron por tus padres, los reyes que te antecedieron. Se guardará luto por ti, y se dirá: '¡Ay, señor!', porque así lo he dicho."»

—Palabra del Señor.

6 El profeta Jeremías fue a Jerusalén y le repitió todas estas palabras a Sedequías rey de Judá.

7 El ejército del rey de Babilonia se encontraba atacando a Jerusalén, Laquis y Azeca, porque de todas las ciudades fortificadas de Judá sólo éstas habían quedado.

[b] **33.14-16:** Jer 23.5-6. [c] **33.17:** 2 S 7.12-16; 1 R 2.4; 1 Cr 17.11-14. [d] **33.18:** Nm 3.5-10. [a] **34.1:** 2 R 25.1-11; 2 Cr 36.17-21.

Violación del pacto de libertar a los siervos hebreos

8 La palabra del Señor vino a Jeremías después de que Sedequías hizo un pacto con todo el pueblo en Jerusalén, para dejarlos en libertad

9 y que cada uno dejara libre a sus compatriotas hebreos, para que no hubiera siervos ni siervas israelitas.

10 Cuando se enteraron de esto todos los príncipes, y todo el pueblo que había convenido en el pacto de dejar cada uno libre a su siervo y a su sierva, y de no tenerlos más como siervos, obedecieron y los dejaron en libertad.

11 Pero después cambiaron de parecer y volvieron a tomar como siervos y siervas a los que antes habían dejado libres, y los obligaron a servirles.

12 Entonces la palabra del Señor vino a Jeremías, y le dijo:

13 «Así dice el Señor y Dios de Israel: "Cuando yo saqué a sus padres de Egipto, donde eran esclavos, hice un pacto con ellos. Les dije:

14 'Al cabo de siete años, cada uno de ustedes dejará en libertad a su hermano hebreo que le haya sido vendido. Le servirá seis años, y después de ese tiempo lo dejará en libertad.'[b] Pero los padres de ustedes no me hicieron caso ni me prestaron atención.

15 Sin embargo, hoy ustedes se habían vuelto a mí y habían hecho lo recto delante de mis ojos, al anunciar cada uno libertad a su prójimo. Habían hecho un pacto en mi presencia, en la casa donde se invoca mi nombre.

16 Pero al cambiar de parecer han profanado mi nombre. Cada uno de ustedes ha vuelto a tomar a sus siervos y siervas, que habían dejado en libertad, y una vez más los han hecho sus esclavos.'

17 Por eso, yo, el Señor, declaro: 'Como ustedes no me han obedecido para promulgar cada uno la libertad de su hermano y compañero, ahora yo voy a promulgar la libertad de la espada, la peste y el hambre. ¡Voy a hacer que todos los reinos de la tierra se horroricen al verlos!'"

—Palabra del Señor.

18 »A los que transgredieron mi pacto y no cumplieron sus términos, los cuales pactaron en mi presencia, los voy a partir en dos, del mismo modo que se partió en dos el becerro con el que se selló el pacto. Voy a partir en dos

19 a los príncipes de Judá y de Jerusalén, a los oficiales y sacerdotes, y a todo el pueblo de la tierra; en fin, ¡a todos los que pasaron por en medio de las dos partes del becerro!

20 Voy a ponerlos en manos de sus enemigos, que quieren matarlos. Sus cadáveres les servirán de comida a las aves de rapiña y a los animales salvajes.

21 Al rey Sedequías y a sus príncipes los entregaré en manos de sus enemigos, que quieren matarlos, y en manos del ejército del rey de Babilonia, que ha dejado de atacarlos.

22 Voy a darles la orden de volver a esta ciudad, y de que la ataquen y la conquisten, y le prendan fuego. Voy a hacer de las ciudades de Judá un desierto, hasta que no quede un solo habitante.»

—Palabra del Señor.

Obediencia de los recabitas

35 La palabra del Señor vino a Jeremías durante el reinado de Joacín[a] hijo de Josías, en Judá. Le dijo:

2 «Ve a la casa de los recabitas y habla con ellos. Llévalos a uno de los aposentos en la casa del Señor, y dales a beber vino.»

3 Yo, Jeremías, tomé a Jazanías hijo de Jeremías y nieto de Jabasinías, y a sus hermanos y a todos sus hijos, es decir, a toda la familia de los recabitas,

4 y los llevé a la casa del Señor, al aposento de los hijos de Janán hijo de Igdalías, que era un hombre de Dios. Ese aposento estaba junto al aposento de los príncipes, el cual

[b]**34.14:** Éx 21.2; Dt 15.12. [a]**35.1:** 2 R 23.36—24.6; 2 Cr 36.5-7.

PALABRAS CON PODER

LOS RECABITAS
(Jeremías 35.2)

Los recabitas eran una tribu de personas que vivían en tiendas. Eran del linaje de Jetro, el suegro de Moisés. Uno de sus ancestros, Jonadab (en 2 Reyes 10:15-27), había mandado a sus hijos más de doscientos años antes, que no tomaran ningún tipo de vino ni vivieran en una casa permanente. Más bien, debían vivir como nómadas, yendo de un lugar a otro y cuidando ganado. Dios le dijo a Jeremías que pusiera a prueba a los recabitas para mostrar su fidelidad a sus ancestro.

estaba sobre el aposento de Maseías hijo de Salún, que cuidaba la puerta.

5 A todos los miembros de la familia de los recabitas les serví tazas y copas llenas de vino, y los invité a beber;

6 pero ellos dijeron:

«Nosotros no bebemos vino, porque nuestro padre, Jonadab hijo de Recab, nos ordenó que jamás bebiéramos vino, ni nosotros ni nuestros hijos.

7 También nos ordenó que no construyéramos casas, ni cultiváramos la tierra ni plantáramos viñas, ni las poseyéramos. Nos dijo que, si queríamos vivir muchos años en la tierra que habitamos, debíamos vivir siempre en tiendas de campaña.

8 »Nosotros hemos obedecido las órdenes de nuestro padre, Jonadab hijo de Recab. Nunca hemos bebido vino, ni tampoco nuestras mujeres, ni nuestros hijos e hijas,

9 tampoco construimos casas para habitarlas, ni tenemos viñas ni terrenos, ni cultivamos el campo.

10 Vivimos en tiendas de campaña, y hemos obedecido al pie de la letra todo lo que nos mandó nuestro padre Jonadab.

11 Sin embargo, sucedió que cuando Nabucodonosor rey de Babilonia invadió el país, decidimos venir a Jerusalén y ocultarnos aquí de la presencia de los ejércitos caldeos y sirios. Así fue como nos quedamos en Jerusalén.»

12 La palabra del Señor vino entonces a Jeremías, y le dijo:

13 «Así ha dicho el Señor de los ejércitos, el Dios de Israel: "Ve y pregúntales a los habitantes de Judá y de Jerusalén cuándo aprenderán a obedecer mis palabras."

—Palabra del Señor.

14 »Las palabras de Jonadab hijo de Recab fueron muy firmes cuando les mandó a sus hijos que no bebieran vino, y ellos, en obediencia al mandamiento de su padre, no lo han bebido hasta el día de hoy; en cambio, yo les he hablado a ustedes una y otra vez, y no me han hecho caso.

15 De igual manera, una y otra vez envié a todos mis siervos los profetas para que les dijeran que se apartaran de su mal camino y corrigieran sus actos, y que no siguieran a los dioses ajenos ni les sirvieran, para que vivieran en la tierra que les di a ustedes y a sus padres. Pero ustedes no me prestaron oído ni me hicieron caso.

PODER PARA VIVIR

GUARDAR EL MANDAMIENTO DE UN PADRE *(Jeremías 35.6-11)*

¿Cuáles son las reglas que tu padre o abuelo han hecho para tu familia? Los recabitas estaban comprometidos a cumplir con las reglas de su familia. Eran un grupo de personas que vivían en tiendas. Cuando Jeremías les ofreció vino, se negaron a desobedecer las reglas establecidas por su ancestro, Jonadab. Jonadab les había dicho que nunca tomaran vino, de modo que nunca lo hicieron. Dios comparó la obediencia de los recabitas con la falta de obediencia que había en Judá. ¿Cómo muestras tú respeto por las reglas que ha establecido tu padre?

16 No hay duda de que los hijos de Jonadab hijo de Recab reconocieron la firmeza del mandamiento que les dio su padre; pero este pueblo no ha querido obedecerme.

17 »Por lo tanto, yo, el Señor y Dios de los ejércitos, Dios de Israel, declaro que voy a lanzar sobre Judá y sobre todos los habitantes de Jerusalén todo el mal que contra ellos he anunciado. Porque les hablé, y no me hicieron caso; los llamé, y no me respondieron.»

18 A la familia de los recabitas, Jeremías dijo:

«Así ha dicho el Señor de los ejércitos, el Dios de Israel: "Puesto que ustedes obedecieron al mandamiento de Jonadab, su padre, y cumplieron todos sus mandamientos y actuaron en conformidad con todo lo que él les mandó hacer,

19 yo, el Señor de los ejércitos y Dios de Israel, declaro que siempre estará en mi presencia un descendiente de Jonadab hijo de Recab."»

El rey quema el rollo

36 Durante el cuarto año del reinado de Joacín[a] hijo de Josías, en Judá, la palabra del Señor vino a Jeremías, y le dijo:

2 «Toma un rollo de cuero, y escribe en él cada una de las palabras que te he comunicado en contra de Israel y de Judá, y en contra de todas las naciones, desde los días de Josías, que fue cuando comencé a hablarte, hasta el día de hoy.

3 Tal vez la casa de Judá preste atención a todo el mal que yo pienso hacerles, y cada uno de ellos se aparte de su mal camino. Entonces yo les perdonaré su maldad y su pecado.»

4 Jeremías llamó entonces a Baruc hijo de Nerías, y Baruc escribió en un rollo de cuero todo lo que Jeremías le dictó, y que eran las palabras que el Señor le había comunicado.

5 Después Jeremías le dijo a Baruc:

«A mí se me ha prohibido entrar en la casa del Señor.

6 Así que entra tú en ella, y en el día del ayuno lee ante el pueblo las palabras del Señor, que yo te he dictado y que están en este rollo. Léelas también en presencia de todos los de Judá, que vienen de sus ciudades.

7 Tal vez la oración de ellos llegue a la presencia del Señor, y cada uno de ellos se aparte de su mal camino. Porque son demasiado grandes el furor y la ira que el Señor ha manifestado contra este pueblo.»

8 Baruc hijo de Nerías cumplió con todo lo que el profeta Jeremías le mandó hacer, y en el templo leyó del rollo de cuero las palabras del Señor.

9 En el mes noveno del año quinto del reinado de Joacín hijo de Josías, en Judá, en la presencia del Señor se promulgó ayuno a todo el pueblo de Jerusalén y a todos los que venían de las ciudades de Judá a Jerusalén.

10 Baruc leyó entonces en la casa del Señor las palabras de Jeremías que estaban en el rollo de cuero. Lo hizo en presencia del pueblo, desde el aposento del escriba Gemarías hijo de Safán, que estaba en el atrio superior, a la entrada de la puerta nueva de la casa del Señor.

11 Cuando Micaías hijo de Gemarías, hijo de Safán, oyó la lectura de todas las palabras del Señor,

12 se dirigió al palacio del rey y entró en el aposento del secretario. Allí estaban sentados todos los príncipes, es decir: el secretario Elisama, Delaía hijo de Semaías, Elnatán hijo de Acbor, Gemarías hijo de Safán, Sedequías hijo de Jananías, y todos los príncipes.

13 Allí Micaías les contó todo lo que había oído cuando Baruc dio lectura al rollo de cuero en presencia del pueblo.

14 Entonces todos los príncipes enviaron a Yehudí hijo de Netanías, hijo de Selemías, hijo de Cusi, para que le dijera a Baruc que tomara el rollo que había leído ante el pueblo y se presentara ante ellos. Entonces Baruc hijo de Nerías tomó el rollo de cuero y fue a verlos.

[a] **36.1:** 2 R 24.1; 2 Cr 36.5-7; Dn 1.1-2.

15 Allí los príncipes le dijeron:
«Siéntate, por favor, y léenos el rollo.»
Y Baruc se lo leyó.
16 En cuanto los príncipes oyeron todo
aquello, cada uno miró espantado a su compañero, y le dijeron a Baruc:
«Tenemos que informar al rey de todo esto.»
17 Luego le preguntaron a Baruc:
«Ahora, cuéntanos cómo fue que escribiste todas estas palabras de labios de Jeremías.»
18 Y Baruc les contestó:
«Jeremías me dictaba todas estas palabras, y yo las iba escribiendo en el rollo.»
19 Entonces los príncipes le aconsejaron a
Baruc:
«Pues corran a esconderse, tú y Jeremías, y que nadie sepa dónde se encuentran.»
20 Luego de depositar el rollo en el aposento del secretario Elisama, los príncipes se dirigieron al atrio, donde estaba el rey, y allí le informaron al rey acerca de todas estas palabras.
21 Entonces el rey ordenó a Yehudí que
fuera por el rollo, y éste fue y lo tomó del aposento del secretario Elisama, y lo leyó ante el rey y ante todos los príncipes que le hacían compañía.
22 Era el mes noveno, y el rey estaba en la
casa de invierno. Delante de él había un brasero encendido.
23 Yehudí habría leído tres o cuatro co-
lumnas del texto, cuando el rey rasgó el rollo con un cortaplumas de escriba, y lo arrojó al fuego que había en el brasero, hasta que todo el rollo se consumió.
24 Cuando el rey y sus siervos oyeron todas
estas palabras, no mostraron ningún temor ni se rasgaron los vestidos.
25 Elnatán, Delaía y Gemarías le rogaron al
rey que no quemara el rollo, pero el rey no les hizo caso;
26 al contrario, mandó a Yeramel hijo de
Hamelec, a Seraías hijo de Azriel y a Selemías hijo de Abdel, para que aprehendieran al escriba Baruc y al profeta Jeremías, pero el Señor los escondió.
27 Después de que el rey quemó el rollo
con las palabras que Jeremías le dictó a Baruc, y que éste había escrito, la palabra del Señor vino a Jeremías, y le dijo:
28 «Vuelve a tomar otro rollo, y escribe en
él todas las palabras que ya estaban escritas en el primer rollo que quemó Joacín rey de Judá.
29 Y dile de mi parte: "Tú, Joacín rey de
Judá, quemaste este rollo, y objetaste el hecho de que allí estuviera escrito que el rey de Babilonia vendrá y destruirá esta tierra, hasta que no queden en ella ni hombres ni animales.
30 Por lo tanto, yo, el Señor, te digo a ti,
Joacín rey de Judá: Ningún descendiente tuyo te sucederá en el trono de David. Además, tu cadáver quedará expuesto al calor del día y al frío de la noche.
31 Por no haberme hecho caso, voy a cas-
tigarte por tu maldad, y también castigaré a tus descendientes y a tus siervos; voy a traer sobre ellos, y sobre los habitantes de Jerusalén y de Judá, todo el mal que les he anunciado."»
32 Jeremías tomó otro rollo, y se lo dio al
escriba Baruc hijo de Nerías; éste, por su parte, escribió en él todas las palabras que Jeremías le había dictado antes, y que estaban escritas en el rollo que el rey Joacín de Judá quemó en el fuego, ¡y aun fueron añadidas a ellas muchas otras palabras semejantes!

Jeremías es encarcelado

37 El rey Nabucodonosor de Babilonia nombró rey de Judá a Sedequías hijo de Josías,[a] y éste reinó en lugar de Conías hijo de Joacín.
2 Pero ni él ni sus siervos, ni el pueblo de
la tierra, hicieron caso de las palabras que el Señor les anunció por medio del profeta Jeremías.
3 Sin embargo, el rey Sedequías envió a
Jucal hijo de Selemías, y al sacerdote Sofo-

[a]**37.1:** 2 R 24.17; 2 Cr 36.10.

nías hijo de Maseías, para que le pidieran al
profeta Jeremías que orara al Señor su Dios
por ellos.
4 Jeremías andaba con toda libertad en
medio del pueblo, porque todavía no lo ha-
bían encarcelado.
5 Los caldeos tenían sitiada la ciudad de
Jerusalén, pero cuando les llegó la noticia de
que el ejército del rey de Egipto marchaba
contra ellos, se retiraron de Jerusalén.
6 La palabra del Señor vino entonces al
profeta Jeremías, y le dijo:
7 «Así ha dicho el Señor y Dios de Israel:
"El rey de Judá los envió a consultarme. Pues
díganle que el ejército del faraón, que ha-
bía salido en su ayuda, ya se ha regresado a
Egipto, su país.
8 Así que los caldeos volverán y atacarán
esta ciudad, y la conquistarán y le prenderán
fuego."
9 »Así ha dicho el Señor: "No se engañen a
ustedes mismos, ni piensen que los caldeos van
a apartarse de ustedes, porque no se apartarán.
10 Aun cuando ustedes hieran a todo el
ejército caldeo que los combate, y de ellos
queden solamente hombres heridos, cada
uno de ellos se levantará de su tienda y le
prenderá fuego a esta ciudad."»
11 En el momento en que, por causa del
ejército del faraón, se retiraba de Jerusalén el
ejército de los caldeos,
12 Jeremías quiso alejarse del pueblo y salió
de Jerusalén para irse a la tierra de Benjamín,
13 pero sucedió que, al llegar a la puerta
de Benjamín, estaba allí un capitán llama-
do Irías hijo de Selemías, hijo de Jananías, el
cual tomó preso al profeta Jeremías con el
pretexto de que éste se estaba pasando al
bando de los caldeos.
14 Jeremías negó estar pasándose al ban-
do de los caldeos, pero Irías no le hizo caso,
sino que lo aprehendió y lo hizo comparecer
ante los príncipes.
15 Éstos se enojaron con Jeremías, y orde-
naron azotarlo y ponerlo en prisión en la
casa del escriba Jonatán, la cual habían con-
vertido en cárcel.
16 Jeremías entró en las bóvedas de la casa
de la cisterna, y allí se quedó mucho tiempo.
17 Pero el rey Sedequías envió por él y lo
sacó de allí, y una vez en su casa le preguntó
de manera confidencial:
«¿Tienes algún mensaje del Señor?»
Y Jeremías le dijo:
«Lo tengo. Vas a caer en manos del rey
de Babilonia.»
18 Además, Jeremías también le dijo al rey:
«¿Qué pecado cometí contra ti, o contra
tus siervos, o contra este pueblo, para que
ustedes me echaran en la cárcel?
19 ¿Dónde están esos profetas que les pro-
fetizaban que el rey de Babilonia no vendría
a atacarlos, ni a ustedes ni a esta tierra?
20 Yo te ruego, mi rey y señor, que atiendas
mi súplica y no me hagas volver a casa del
escriba Jonatán. ¡No quiero morir allí!»
21 Entonces el rey Sedequías ordenó que
Jeremías quedara bajo vigilancia en el patio
de la cárcel, y que todos los días se le diera
una pieza de pan, directamente de las pa-
naderías, mientras hubiera pan en la ciudad.
Fue así como Jeremías se quedó en el patio
de la cárcel.

Jeremías en la cisterna

38 Sefatías hijo de Matán, Ge-
dalías hijo de Pasjur, Jucal hijo
de Selemías, y Pasjur hijo de
Malquías, se enteraron de los mensajes que
Jeremías daba a todo el pueblo, y de que les
decía:
2 «Así ha dicho el Señor: "El que se que-
de en esta ciudad morirá a filo de espada,
o de hambre, o de peste. Pero el que se
pase al bando de los caldeos, vivirá. Su
vida será su botín de guerra, y quedará
con vida."
3 »Así ha dicho el Señor: "No hay duda.
Esta ciudad será conquistada, y caerá en
manos del ejército del rey de Babilonia."»
4 Por eso los príncipes le dijeron al rey:
«¡Este hombre merece la muerte! Con sus
palabras desanima a los soldados que aún
quedan en la ciudad, lo mismo que a todo

el pueblo. ¡Este hombre no busca la paz del pueblo, sino su mal!»

5 El rey Sedequías les respondió:

«Ahí lo tienen, en sus manos. Aunque soy el rey, nada puedo hacer contra ustedes.»

6 Entonces ellos le echaron mano a Jeremías y lo arrojaron en la cisterna de Malquías hijo de Hamelec, la cual estaba en el patio de la cárcel. Lo bajaron con sogas, y como en la cisterna no había agua, sino cieno, Jeremías quedó hundido en el cieno.

7 Un etíope llamado Ébed Mélec, que era eunuco de la casa real, se enteró de que Jeremías había sido puesto en la cisterna. Mientras el rey estaba sentado a la puerta de Benjamín,

8 Ébed Mélec salió del palacio y fue a hablar con el rey. Le dijo:

9 «Mi señor y rey, todo lo que estos hombres han hecho con el profeta Jeremías está muy mal. Lo han echado en la cisterna, y allí se morirá de hambre, pues ya no hay pan en la ciudad.»

10 Entonces el rey mandó al mismo etíope Ébed Mélec que tomara treinta hombres de la corte, y que fuera a sacar de la cisterna al profeta Jeremías, antes de que se muriera.

11 Ébed Mélec se puso al mando de esos hombres, y entró en la tesorería, que estaba en la parte baja del palacio del rey, y tomó de allí trapos viejos y ropas raídas y andrajosas, y con unas sogas las echó a la cisterna donde estaba Jeremías.

12 Luego el etíope Ébed Mélec instruyó a Jeremías:

«Ponte ahora estos trapos viejos, y estas ropas raídas y andrajosas, debajo de los sobacos, para que no te lastimen las sogas.»

Y Jeremías lo hizo así.

13 De ese modo, con sogas sacaron a Jeremías de la cisterna, y Jeremías se quedó en el patio de la cárcel.

Sedequías consulta a Jeremías

14 Después de eso, el rey Sedequías ordenó que llevaran al profeta Jeremías a su presencia, y lo recibió en la tercera entrada de la casa del Señor. Allí el rey le dijo a Jeremías:

«Voy a hacerte una pregunta, y quiero que me digas la verdad.»

15 Jeremías le respondió:

«Si te digo la verdad, ordenarás que me maten. Y si te doy un consejo, no vas a hacerme caso.»

16 El rey Sedequías le hizo a Jeremías un juramento secreto. Le dijo:

«Te juro por el Señor, que nos dio la vida, que no te mataré ni te pondré en manos de esos hombres que quieren matarte.»

17 Entonces Jeremías le dijo a Sedequías:

«Así ha dicho el Señor y Dios de los ejércitos, el Dios de Israel: "Si te entregas enseguida a los príncipes del rey de Babilonia, seguirás con vida y esta ciudad no será incendiada. Tú y los tuyos seguirán con vida.

18 Pero si no te entregas a los príncipes del rey de Babilonia, esta ciudad caerá en manos de los caldeos, y ellos le prenderán fuego, y tú no podrás escapar de sus manos."»

19 El rey Sedequías le contestó:

«Jeremías, tengo miedo de los judíos que se han pasado al bando de los caldeos. Tal vez me entreguen en sus manos y me pongan en ridículo.»

PALABRAS CON PODER

CISTERNA
(Jeremías 38.6)

Una cisterna era un recipiente grande de arcilla que se usaba para atrapar agua de lluvia durante el invierno. Tenía la forma de una campana y había una apertura en la parte superior que tenía casi tres pies de ancho. Algunos hombres malvados metieron a Jeremías en una cisterna para castigarlo por haber hablado acerca de Dios. Jeremías sufrió por ser fiel a Dios, pero nunca dejó de hacer la obra de Dios. Tal vez tengas que sufrir por creer en Dios. Jesús dijo que sus seguidores tendrían problemas (Juan 16:33). ¿Te mantendrás fiel a Él aun en los momentos difíciles?

20 Pero Jeremías le dijo:

«No te entregarán. Si atiendes a la voz del Señor, y a lo que yo te digo, te irá bien y vivirás.

21 Pero si te niegas a entregarte, esto es lo que el Señor me ha revelado:

22 Todas las mujeres que han quedado en el palacio real de Judá serán entregadas a los príncipes del rey de Babilonia, y ellas mismas dirán: "Tus amigos te engañaron, y te han vencido. Hundieron tus pies en el cieno, y luego te abandonaron."

23 Entonces todas tus mujeres y tus hijos serán entregados a los caldeos, y tú no escaparás de sus manos, sino que el rey de Babilonia mismo te hará prisionero, y a esta ciudad le prenderán fuego.»

24 Sedequías le dijo a Jeremías:

«Si no quieres morir, nadie debe enterarse de esto.

25 Si los príncipes llegan a saber que yo he hablado contigo, y vienen a verte y te dicen: "Dinos por favor de qué hablaste con el rey. Si no quieres que te matemos, no nos ocultes nada. Y dinos también qué te dijo el rey",

26 tú les responderás: "Yo le pedí al rey que no me hiciera volver a la casa de Jonatán, pues no quiero morir allí."»

27 En efecto, todos los príncipes fueron a ver a Jeremías y le preguntaron, y él les respondió tal y como el rey le había sugerido. Entonces ellos, al ver que ese asunto no había trascendido, dejaron a Jeremías en paz.

28 Y Jeremías se quedó en el patio de la cárcel hasta el día en que Jerusalén fue conquistada. El día en que Jerusalén cayó, Jeremías estaba allí.[a]

Caída de Jerusalén

(2 R 24.20—25.21; 2 Cr 36.17-21; Jer 52.3-30)

39 En el mes décimo del año noveno del reinado de Sedequías en Judá, el rey Nabucodonosor de Babilonia vino a Jerusalén con todo su ejército, y sitió la ciudad.

2 A los nueve días del mes cuarto del año undécimo del reinado de Sedequías, se abrió una brecha en la muralla de la ciudad,

3 por la que entraron todos los príncipes del rey de Babilonia, es decir, Nergal Sarézer, Samgar Nebo, Sarsequín el Rabsaris, Nergal Sarézer el Rabmag, y todos los demás príncipes del rey de Babilonia, y acamparon en la puerta central.

4 Cuando los vieron el rey Sedequías de Judá y todos sus soldados, huyeron de noche. Salieron de la ciudad por el camino del jardín real, por la puerta entre las dos murallas, y el rey salió por el camino del Arabá.

5 Pero el ejército caldeo los siguió, y alcanzaron y apresaron a Sedequías en los llanos de Jericó. Entonces lo llevaron a Ribla, en tierra de Jamat, donde se encontraba el rey Nabucodonosor de Babilonia, y éste le dictó sentencia.

6 Allí en Ribla, el rey de Babilonia mandó degollar en presencia de Sedequías a los hijos de éste, lo mismo que a todos los nobles de Judá.

7 Al rey Sedequías le sacó los ojos, y se lo llevó a Babilonia sujeto con grilletes.

8 Los caldeos les prendieron fuego al palacio del rey y a las casas del pueblo, y derribaron las murallas de Jerusalén.

9 A los que quedaron con vida en la ciudad, y a los que se habían pasado a su bando, y a todos los sobrevivientes del pueblo, Nabuzaradán, capitán de la guardia, los llevó cautivos a Babilonia.

10 Sin embargo, el capitán Nabuzaradán dejó en Judá a la gente pobre, que no tenía nada, y les dio viñas y terrenos.

Nabucodonosor cuida de Jeremías

11 En cuanto a Jeremías, Nabucodonosor le había dado a Nabuzaradán las siguientes instrucciones:

12 «Tómalo y cuida de él. No le hagas ningún daño. Más bien, haz con él lo que yo te diga.»

13 Fue así como Nabuzaradán, capitán de la guardia, y Nabusazbán el Rabsaris, Nergal

[a]**38.28:** Ez 33.21.

LECCIONES **SUFRIMIENTO DEBIDO AL PECADO**
(Jeremías 39.5-7)
Sedequías sufrió muchísimo porque se negó a obedecer a Dios. Perdió su ciudad, su reino, y sus hijos. Jeremías le había advertido que escuchara a Dios, pero él escogió hacer caso omiso de estas advertencias. Las personas que hacen caso omiso del mensaje de salvación de Dios se buscarán ellas mismas su desgracia. Asegurémonos de escuchar el mensaje de Dios y obedecer su Palabra.

Sarézer el Rabmag, y todos los príncipes del
rey de Babilonia,
14 ordenaron sacar a Jeremías del patio de
la cárcel, para entregárselo a Gedalías hijo
de Ajicán, hijo de Safán, quien se lo llevó a
su casa. Así Jeremías se quedó a vivir entre
el pueblo.

Dios promete salvar a Ébed Mélec

15 Mientras Jeremías estaba preso en el
patio de la cárcel, la palabra del Señor vino
a él, y le dijo:
16 «Ve y habla con Ébed Mélec, el etíope,
y dile de mi parte: "Yo, el Señor de los ejércitos
y Dios de Israel, te hago saber que voy
a traer sobre esta ciudad todo lo que ya he
anunciado. Será para su mal, y no para su
bien. Cuando eso suceda, tú mismo serás
testigo.
17 Pero yo te pondré a salvo, y no caerás en
manos de esa gente, a la que temes.
—Palabra del Señor.
18 "Yo te libraré. No morirás a filo de espada,
sino que tu vida será tu botín de guerra,
porque tuviste confianza en mí."»
—Palabra del Señor.

Jeremías y el remanente con Gedalías

40 La palabra del Señor vino a
Jeremías después de que Nabuzaradán,
el capitán de la
guardia, lo liberó en Ramá, y de que él había
estado encadenado y marchaba entre todos
los cautivos de Jerusalén y de Judá que eran
llevados a Babilonia.
2 El capitán de la guardia tomó a Jeremías
y le dijo:
«El Señor, tu Dios, había anunciado este
mal contra este lugar,
3 y ha cumplido con lo que había dicho.
Esto les ha sucedido porque ustedes pecaron
contra el Señor y no lo obedecieron.
4 Ahora yo te he quitado las cadenas que
tenías en las manos. Si te parece bien venir
conmigo a Babilonia, ven. Yo cuidaré de ti.
Pero si no te parece bien venir conmigo a
Babilonia, no vengas. Ahí está todo el país,
delante de ti. Puedes ir a donde quieras, y a
donde te parezca mejor.
5 Si prefieres quedarte, regresa a donde
está Gedalías hijo de Ajicán, hijo de Safán,
pues el rey de Babilonia lo ha puesto al frente
de todas las ciudades de Judá. Puedes
quedarte con él y vivir entre el pueblo; o ir a
donde te parezca mejor.»
Dicho esto, el capitán de la guardia le dio
provisiones y un regalo, y lo despidió.
6 Entonces Jeremías se fue a Mispá, donde
estaba Gedalías hijo de Ajicán, y vivió allí,
entre el pueblo que se había quedado en el
país.
7 Cuando todos los jefes del ejército de
Judá que no se habían rendido, y sus hombres,
supieron que el rey de Babilonia había
nombrado gobernador del país a Gedalías
hijo de Ajicán, y que había dejado a su cargo
a los hombres, las mujeres y los niños, y a
los pobres de la tierra que no habían sido
llevados a Babilonia,
8 fueron a Mispá para hablar con Gedalías.
Ellos eran Ismael hijo de Netanías, Johanán y
Jonatán hijos de Careaj, Seraías hijo de Tanjumet,
los hijos de Efay el netofatita, y Jezanías,
que era hijo de un macatita, más todos
sus hombres.
9 A ellos y a sus hombres Gedalías hijo
de Ajicán, hijo de Safán, les hizo este juramento:

«No teman servir a los caldeos. Quédense a vivir en el país y sirvan al rey de Babilonia, y les irá bien.[a]

10 Yo me quedaré a vivir en Mispá para hablar con los caldeos cuando vengan a vernos. Ustedes pueden tomar el vino, los frutos de verano y el aceite, y ponerlo en sus almacenes, y quédense en las ciudades que han tomado.»

11 Todos los judíos que estaban en Moab, y entre los hijos de Amón y de Edom, y los que estaban en todas las tierras, se enteraron de que el rey de Babilonia había dejado a algunos en Judá, y que había nombrado gobernador a Gedalías hijo de Ajicán, hijo de Safán.

12 Entonces todos estos judíos regresaron de todos los lugares por donde habían sido esparcidos, y vinieron a la tierra de Judá para ver a Gedalías en Mispá, y para recoger vino y abundantes frutos.

Conspiración de Ismael contra Gedalías

13 Johanán hijo de Careaj y todos los jefes de los soldados que no se habían rendido fueron a ver a Gedalías en Mispá,

14 y le dijeron:

«¿Acaso no sabes que Baalís, el rey de los amonitas, ha enviado a Ismael hijo de Netanías para que te mate?»

Pero Gedalías hijo de Ajicán no les creyó.

15 Entonces allí en Mispá, Johanán hijo de Careaj habló en secreto con Gedalías y le propuso:

«Voy a ir en busca de Ismael hijo de Netanías, y lo mataré sin que nadie lo sepa. Si él llegara a matarte, ¡todos los judíos que se han reunido contigo se dispersarían, y el resto de Judá perecería!»

16 Pero Gedalías hijo de Ajicán le dijo a Johanán hijo de Careaj:

«No lo hagas. Eso que dices de Ismael es una falsedad.»

41 En el mes séptimo, Ismael hijo de Netanías, hijo de Elisama, de la descendencia real, fue a Mispá para visitar a Gedalías hijo de Ajicán, y allí en Mispá comieron pan juntos. Lo acompañaban algunos príncipes del rey y otros diez hombres.

2 De pronto, Ismael hijo de Netanías y los diez hombres que con él estaban se levantaron y, con sus espadas, hirieron a Gedalías hijo de Ajicán, hijo de Safán. Así mataron a quien el rey de Babilonia había nombrado gobernador del país.

3 Ismael mató también a todos los judíos que estaban en Mispá con Gedalías, y a los soldados caldeos que allí se encontraban.[a]

4 Un día después, cuando aún nadie sabía que Ismael había matado a Gedalías,

5 unos ochenta hombres llegaron de Siquén, de Silo y de Samaria. Venían con la barba raída y con los vestidos rasgados, y con heridas en el cuerpo, y en sus manos traían una ofrenda e incienso para llevarlos a la casa del Señor.

6 Desde Mispá, Ismael hijo de Netanías les salió al encuentro. Iba todo lloroso. Cuando los encontró, les dijo:

«Vengan a ver a Gedalías hijo de Ajicán.»

7 En cuanto aquellos hombres estuvieron dentro de la ciudad, Ismael hijo de Netanías y los hombres que estaban con él los degollaron, y luego los echaron dentro de una cisterna.

8 Pero entre esos hombres había diez que le dijeron a Ismael:

«No nos mates. En el campo tenemos mucho trigo y cebada, y aceite y miel.»

A esos diez, Ismael los dejó con vida.

9 La cisterna en donde Ismael hijo de Netanías arrojó los cadáveres de todos los hombres que había matado por causa de Gedalías era la misma que el rey Asa había hecho para defenderse de Basá rey de Israel. Pero Ismael la llenó de muertos.

10 Después Ismael se pasó al bando de los amonitas, y se llevó cautivos a los sobrevivientes que había en Mispá, a las hijas del rey, y a todo el pueblo que Nabuzaradán, el capitán de la guardia, había dejado a cargo de Gedalías hijo de Ajicán.

[a] **40.7-9:** 2 R 25.22-24. [a] **41.1-3:** 2 R 25.25.

11 Cuando Johanán hijo de Careaj y todos los jefes de los soldados que estaban con él supieron todo el mal que había hecho Ismael hijo de Netanías,

12 tomaron a todos sus hombres y fueron a pelear contra Ismael hijo de Netanías, al que hallaron junto al gran estanque que está en Gabaón.

13 Toda la gente que Ismael tenía prisionera se alegró al ver a Johanán hijo de Careaj y a todos los capitanes de soldados que lo acompañaban.

14 Entonces todos los cautivos que Ismael había traído desde Mispá se volvieron contra él y se unieron a Johanán hijo de Careaj,

15 pero Ismael hijo de Netanías se escapó de Johanán con ocho hombres, y se fue al país de los amonitas.

16 Entonces Johanán hijo de Careaj y todos los jefes de soldados que estaban con él tomaron al resto del pueblo que habían rescatado de manos de Ismael hijo de Netanías, es decir, a los soldados, mujeres, niños y eunucos que Johanán había traído de Gabaón y que Ismael se había llevado de Mispá después de matar a Gedalías hijo de Ajicán,

17 y se fueron y habitaron en Guerut Quimán, que está cerca de Belén, con la intención de emigrar a Egipto,

18 pues por haberle dado muerte Ismael hijo de Netanías a Gedalías hijo de Ajicán, al cual el rey de Babilonia había puesto para gobernar la tierra, tenían miedo de los caldeos.

Mensaje a Johanán

42 Todos los oficiales militares y todo el pueblo, desde el menor hasta el mayor, junto con Johanán hijo de Careaj, Jezanías hijo de Osaías, fueron

2 y le dijeron al profeta Jeremías:

«Acepta ahora nuestra súplica, y ruega al Señor tu Dios por nosotros, por todo este remanente. Como puedes ver, éramos muchos y sólo hemos quedado unos pocos.

3 Pide al Señor tu Dios que nos muestre el camino que debemos seguir, y qué es lo que debemos hacer.»

4 El profeta Jeremías les dijo:

«Los he escuchado y, tal y como me lo han pedido, voy a orar al Señor su Dios. Todo lo que el Señor les responda, yo se lo diré a ustedes. No les ocultaré una sola palabra.»

5 Ellos le dijeron a Jeremías:

«Que el Señor sea testigo fiel y verdadero entre nosotros, si acaso no cumplimos con todo lo que, por tu conducto, el Señor tu Dios nos mande hacer.

6 Nosotros obedeceremos a la voz del Señor nuestro Dios, a quien te hemos pedido suplicarle. Sea bueno o sea malo, obedeceremos a la voz del Señor nuestro Dios, para que nos vaya bien.»

7 Diez días después, sucedió que la palabra del Señor vino a Jeremías.

8 Entonces llamó a Johanán hijo de Careaj y a todos los oficiales militares que estaban con él, lo mismo que a todo el pueblo, desde el menor hasta el mayor,

9 y les dijo:

«Así ha dicho el Señor y Dios de Israel, ante quien me pidieron presentar sus ruegos.

10 Si ustedes deciden quedarse en esta tierra, él los levantará y no volverá a destruirlos; los plantará, y no volverá a arrancarlos. El Señor lamenta mucho haberles causado tanto daño.

11 Ustedes tienen miedo de la presencia del rey de Babilonia, pero no hay razón de que le teman, porque el Señor está con ustedes para salvarlos y librarlos de sus manos.

—Palabra del Señor.

12 »El Señor tendrá compasión de ustedes, y hará que también el rey de Babilonia se compadezca de ustedes, para que puedan volver a su tierra.

13 Pero si ustedes deciden no habitar este país, y por lo tanto no obedecer a la voz del Señor su Dios,

14 sino que deciden emigrar a Egipto y quedarse a vivir allá, donde creen que no

sabrán nada de guerras, ni oirán sonido de trompetas, ni padecerán hambre,

15 escuchen ustedes, remanente de Judá, la palabra del Señor. Así ha dicho el Señor de los ejércitos y Dios de Israel: "Si ustedes deciden emigrar a Egipto, y se internan para vivir allá,

16 va a suceder que la espada que tanto temen los alcanzará allá, en la tierra de Egipto, y el hambre que tanto temen, también los alcanzará allá, en Egipto, y allí morirán.

17 Todos los que decidan emigrar a Egipto y quedarse a vivir allá, morirán por causa de la espada, el hambre y la peste; ni uno solo de ellos quedará con vida, ni podrá escapar del mal que traeré sobre ellos."

18 »Porque así ha dicho el Señor de los ejércitos y Dios de Israel: "Así como mi enojo y mi ira se derramaron sobre los habitantes de Jerusalén, así también se derramará mi ira sobre ustedes, cuando entren en Egipto. Serán motivo de imprecaciones y de espanto, de maldiciones y de afrentas, y no volverán a ver este lugar."

19 »El Señor ha hablado acerca de ustedes, remanente de Judá. No vayan a Egipto. Queden advertidos de lo que hoy les digo.

20 Ustedes están poniendo en peligro su vida, pues ustedes mismos me enviaron a suplicarle al Señor su Dios, a rogarle que les diera a conocer lo que él quiere que hagan, y se comprometieron a obedecerlo.

21 En este día les he dado a conocer su palabra, y ustedes no han obedecido a la voz del Señor su Dios, ni a nada de lo que él me envió a decirles.

22 Sepan, pues, que allí donde ustedes decidieron emigrar para vivir, allí morirán por la espada, el hambre y la peste.»

La emigración a Egipto

43 En cuanto Jeremías terminó de comunicar al pueblo todas las palabras por las que el Señor su Dios lo había enviado a hablar con ellos,

2 tanto Azarías hijo de Osaías y Johanán hijo de Careaj como otros insolentes le dijeron a Jeremías:

«¡Lo que dices es una mentira! El Señor nuestro Dios no te ha enviado a decirnos que no vayamos a vivir en Egipto.

3 Es Baruc hijo de Nerías quien te incita contra nosotros, para entregarnos en manos de los caldeos, y matarnos y hacer que nos lleven cautivos a Babilonia.»

4 Así que Johanán hijo de Careaj no hizo caso a esta advertencia del Señor para que se quedaran en la tierra de Judá, ni tampoco ninguno de los oficiales militares, ni nadie entre el pueblo.

5 Más bien, Johanán hijo de Careaj y todos los oficiales militares tomaron a todos los sobrevivientes de Judá que habían regresado de todas las naciones por las que habían sido dispersados y que querían vivir en tierra de Judá,

6 es decir, a todos los que Nabuzaradán, el capitán de la guardia, había dejado con Gedalías hijo de Ajicán, hijo de Safán (hombres, mujeres y niños, las hijas del rey, el profeta Jeremías y Baruc hijo de Nerías),

7 y se internaron en Egipto,[a] en desobediencia a la voz del Señor. Y así llegaron a Tafnes.

8 Allí en Tafnes, la palabra del Señor vino a Jeremías, y le dijo:

9 «Ve a la entrada del palacio del faraón en Tafnes, y allí toma unas piedras grandes y entiérralas en el pavimento, y cúbrelas luego con barro, a la vista de los hombres de Judá.

10 Y diles de mi parte: "Yo, el Señor de los ejércitos y Dios de Israel declaro que voy a traer hasta este lugar a mi siervo, el rey Nabucodonosor de Babilonia. Sobre estas piedras que Jeremías ha enterrado pondré su trono, y él extenderá su pabellón.

11 Porque Nabucodonosor vendrá y atacará a Egipto. Unos morirán porque tenían que morir, otros serán llevados cautivos, y otros más morirán a filo de espada.

12 Y les prenderá fuego a los templos de los dioses de Egipto, y a sus dioses los llevará al cautiverio. Arrasará con la tierra de Egipto, como cuando el pastor limpia su capa, y luego saldrá del país en paz.

[a]43.5-7: 2 R 25.26.

13 Además, despedazará las estatuas de
Bet Semes y les prenderá fuego a los tem-
plos de los dioses de Egipto."»

Jeremías profetiza a los judíos en Egipto

44 Jeremías recibió un mensaje
acerca de todos los judíos que
vivían en Migdol, Tafnes, Men-
fis y Patros, en la tierra de Egipto. Éste fue el
mensaje:
2 «Así ha dicho el Señor de los ejércitos
y Dios de Israel: "Ustedes han visto todo el
mal que traje sobre Jerusalén y sobre todas
las ciudades de Judá. Como pueden ver, hoy
se encuentran asoladas y no hay quien ha-
bite en ellas.
3 Esto sucedió por la maldad que ellos co-
metieron, la cual provocó mi enojo, pues se
fueron a ofrecer incienso y a honrar a dioses
ajenos, dioses que ni ellos ni ustedes ni sus
padres habían conocido.
4 Una y otra vez envié a todos mis sier-
vos, los profetas, para que les dijeran que
no hicieran lo que yo detesto y me es tan
repugnante.
5 Pero ellos no me hicieron caso ni oyeron
ni se apartaron de su maldad, ni tampoco
dejaron de ofrecer incienso a dioses ajenos.
6 Por eso ya no pude contener mi ira, y
mi furor se derramó sobre las ciudades de
Judá y por las calles de Jerusalén, las cuales
quedaron destruidas y abandonadas hasta
el día de hoy."
7 »Ahora, pues, así ha dicho el Señor de los
ejércitos y Dios de Israel: "¿Por qué cometen
tan grande mal contra ustedes mismos? ¿Por
qué han de ser borrados de entre Judá hom-
bres y mujeres, jóvenes y niños de pecho, sin
que les quede un sólo sobreviviente?
8 ¿Por qué me hacen enojar con las obras
de sus manos y ofrecen incienso a dioses
ajenos en Egipto, adonde han llegado para
vivir? ¿Por qué quieren ser eliminados y aca-
bar siendo motivo de maldición y de opro-
bio a todas las naciones de la tierra?
9 ¿Se han olvidado ya de las maldades de
sus padres, las cuales cometieron en la tierra
de Judá y en las calles de Jerusalén? ¿O de
las maldades de los reyes de Judá y de sus
mujeres?
10 Hasta el día de hoy, ustedes no se han
humillado ni han mostrado temor de mí.
Tampoco han caminado en mi ley ni en mis
estatutos, los cuales les expuse a ustedes y
a sus padres."
11 »Por tanto, así ha dicho el Señor de los
ejércitos y Dios de Israel: "Para mal de uste-
des, y para la destrucción de todo Judá, voy
a darles la espalda.
12 A los sobrevivientes de Judá, esos que
decidieron emigrar a Egipto para establecer-
se allí, en Egipto serán destruidos por com-
pleto. Morirán a filo de espada, o consumi-
dos por el hambre. Desde el menor hasta el
mayor, morirán a filo de espada, o de ham-
bre, y serán objeto de execración y espanto,
de maldición y oprobio.
13 Yo castigaré a los que viven en Egipto
como antes castigué a los de Jerusalén: ¡con
la espada, el hambre y la peste!
14 De los sobrevivientes de Judá que se in-
ternaron en Egipto para vivir allá, no habrá
uno solo que escape. Ninguno de ellos que-
dará con vida para volver a la tierra de Judá,
tierra por la cual suspiran y quisieran habitar.
Sólo volverán unos cuantos fugitivos."»
15 Todos los que sabían que sus mujeres
habían ofrecido incienso a dioses ajenos, y
toda la gran concurrencia de mujeres allí
presentes, y todo el pueblo que vivía en Pa-
tros, en Egipto, le respondieron a Jeremías:
16 «Tú dices que nos has hablado en nom-
bre del Señor, pero no vamos a hacerte caso.
17 Más bien, vamos a cumplir con la pro-
mesa que hemos hecho, de ofrecer incienso
a la reina del cielo y derramar libaciones en
su honor, como lo hemos hecho nosotros y
lo hicieron nuestros padres, nuestros reyes y
nuestros príncipes, en las ciudades de Judá
y en las plazas de Jerusalén. Porque enton-
ces teníamos abundancia de pan, y vivíamos
alegres, y no sufrimos ninguna calamidad.
18 En cambio, desde que dejamos de
ofrecer incienso a la reina del cielo y de de-

rramarle libaciones, nos falta todo. ¡O nos matan a filo de espada, o nos morimos de hambre!»

19 Las mujeres dijeron:

«Cuando nosotras ofrecimos incienso a la reina del cielo, y le derramamos libaciones, o cuando le hicimos tortas para rendirle culto, ¿acaso lo hicimos sin el consentimiento de nuestros maridos?»

20 Jeremías dijo entonces a todo el pueblo, es decir, a todos los hombres y mujeres que le habían respondido:

21 «¿Y acaso el Señor no se acuerda? ¿Acaso no tiene presente en su memoria el incienso que ustedes y sus padres, y sus reyes y príncipes, y el pueblo de la tierra ofrecieron en las ciudades de Judá y en las calles de Jerusalén?

22 Pero por causa de sus malas obras y de sus hechos repugnantes el Señor no pudo soportarlo más. Por eso su tierra quedó hecha un desierto, un motivo de espanto y de maldición, por eso se quedó deshabitada, como lo está hoy.

23 Y es que ustedes ofrecieron incienso y pecaron contra el Señor. No obedecieron su voz ni siguieron su ley ni sus estatutos y testimonios. Por eso hasta el día de hoy les ha sobrevenido este mal.»

24 Jeremías dijo también a todo el pueblo, y a todas las mujeres:

«Ustedes, gente de Judá que están en tierra de Egipto, oigan la palabra del Señor.

25 Así ha dicho el Señor de los ejércitos y Dios de Israel: "Ustedes y sus mujeres lo han dicho con la boca, y lo han cumplido con las manos. Se han comprometido a cumplir sus votos de ofrecer incienso a la reina del cielo y derramarle libaciones. Pues bien, ¡confirmen sus votos, y pónganlos por obra!"

26 Ahora escuchen la palabra del Señor, todos ustedes, gente de Judá que habita en Egipto. El Señor ha dicho: "Juro por mi gran nombre, que nunca más nadie de Judá invocará mi nombre en Egipto. Nadie volverá a decir: '¡Vive el Señor!'

27 Yo los estoy vigilando, para su mal y no para su bien. Todos los hombres de Judá que ahora están en Egipto serán exterminados por la espada o por el hambre, hasta que perezcan por completo.

28 Los pocos sobrevivientes de Judá que han emigrado a Egipto, y que logren escapar de la espada, volverán de Egipto a Judá, y entonces sabrán la palabra de quién se cumplió, si la mía, o la de ellos.

29 Y para que sepan que mis palabras ciertamente permanecerán, para mal de ustedes, voy a darles una señal de que los castigaré en este lugar."»

—Palabra del Señor.

30 Así ha dicho el Señor:

«Voy a entregar en manos de sus enemigos al faraón Jofra, rey de Egipto. Voy a entregarlo en manos de los que quieren matarlo, así como entregué al rey Sedequías de Judá en manos de su enemigo Nabucodonosor, el rey de Babilonia,[a] que también quería matarlo.»

Mensaje de Jeremías a Baruc

45 En el año cuarto del reinado de Joacín[a] hijo de Josías en Judá, el profeta Jeremías le dio este mensaje a Baruc hijo de Nerías, para que éste lo escribiera en un rollo de cuero. Esto fue lo que Jeremías le dictó:

2 «Así ha dicho el Señor Dios de Israel: "Tú, Baruc,

3 te has quejado de que yo, el Señor, he añadido tristeza a tu dolor. Dices estar fatigado de tanto gemir, y que no has hallado reposo.

4 Pero yo, el Señor, te digo que puedo destruir lo que antes construí, y también arrancar lo que antes planté, es decir, toda esta tierra.

5 No busques para ti grandes cosas, porque yo voy a traer el mal sobre la humanidad entera. Pero a ti te dejaré escapar con vida por dondequiera que vayas. Tu vida será tu botín de guerra."»

—Palabra del Señor.

[a]**44.30:** 2 R 25.1-7. [a]**45.1:** 2 R 24.1; 2 Cr 36.5-7; Dn 1.1-2.

Profecías acerca de Egipto

46 La palabra del Señor vino al profeta Jeremías en contra de las naciones.

2 En el año cuarto del reinado de Joacín hijo de Josías en Judá, el faraón Necao acampó con todo su ejército en Carquemis, a orillas del río Éufrates, pero allí el rey Nabucodonosor de Babilonia lo derrotó. Esto es lo que dijo acerca de Egipto:[a]

3 «Preparen los escudos y paveses, y presenten combate.

4 Ustedes los de caballería, sujeten los caballos a los carros, y trepen a ellos. Pónganse los yelmos y las corazas; limpien las lanzas.

5 ¿Por qué los veo retroceder, llenos de miedo? Sus valientes han sido derrotados, y huyen sin volver la mirada atrás. ¡Hay terror por todas partes!

—Palabra del Señor.

6 »¡Que no huya el ligero de pies! ¡Que no escapen los valientes, porque tropezarán y caerán en el norte, a orillas del río Éufrates!

7 »¿Quién es éste, que sube como el río Nilo, cuyas aguas se desbordan como un torrente?

8 Egipto se ensanchó como un río, como las agitadas aguas de un río dijo: "Subiré y cubriré la tierra, destruiré a las ciudades y a sus habitantes."

9 ¡Que ataque la caballería! ¡Que avancen los carros de combate! ¡Que salgan los guerreros etíopes! ¡Que se cubran con escudos los libios! ¡Que preparen sus arcos los lidios!

10 ¡Ese día es del Señor, el Dios de los ejércitos! ¡Es un día de retribución, para vengarse de sus enemigos! ¡La espada se hartará de matar! ¡Se embriagará de la sangre del enemigo, que será una ofrenda para el Señor, Dios de los ejércitos, en la tierra del norte, a orillas del río Éufrates!

11 ¡Sube a Galaad, virginal Egipto, y busca un remedio! Pero aunque multipliques las medicinas, no hay remedio para ti.

12 Las naciones supieron de tu afrenta, y tu clamor llenó la tierra, porque un guerrero chocaba contra otro, y juntos cayeron los dos.»

LECCIONES

MOMENTOS DIFÍCILES PARA UNAS NACIONES FUERTES

(Jeremías 46.1–51.64)

Los bravucones a veces reciben una paliza. Jeremías dijo que las naciones bravuconas de Egipto, Filistea, Moab, Amón, Edóm, Cedar, Azor, Elam y Babilonia, serían destruidas. Israel esperaba buscar protección en algunas de estas naciones fuertes. Pero Dios permitiría que estas naciones bravuconas fueran conquistadas. Muchos de los mensajes de Jeremías no se cumplieron por cientos de años, pero al final, todos se cumplieron. Cuando Dios dice que algo acontecerá, puedes estar seguro de que así será.

13 Éste es el mensaje del Señor al profeta Jeremías, acerca del ataque del rey Nabucodonosor de Babilonia contra la tierra de Egipto:[b]

14 «¡Anúncienlo en Egipto! ¡Háganlo saber en Migdol! ¡Denlo a conocer en Menfis y en Tafnes! ¡Díganles que se levanten y se preparen, porque la espada va a acabar con su comarca!

15 ¿Por qué se vino abajo tu poderoso rey? No pudo mantenerse firme, porque el Señor lo derribó.

16 Tus caídos se multiplicaron; cayeron, y uno a otro se dicen: "Levántate, y volvamos a nuestro pueblo, a la tierra que nos vio nacer; ¡huyamos de la espada vencedora!"

17 Algunos gritan: "¡El faraón es 'mucho ruido'! ¡El rey de Egipto es 'pocas nueces'!"

18 Pero viene uno que es imponente como el monte Tabor entre los montes, imponente como el monte Carmelo junto al mar.

—Palabra del Rey, cuyo nombre es el Señor de los ejércitos.

19 »Por eso, habitantes de Egipto, ¡prepárense para ir al cautiverio! Porque Menfis quedará asolada, ¡convertida en un desierto deshabitado!

20 »Egipto es una becerra hermosa. Pero del norte viene su destrucción.

---

[a]**46.2-26:** Is 19.1-25; Ez 29.1—32.32. [b]**46.13:** Jer 43.10-13.

[21] Hasta los soldados mercenarios que combaten a su lado parecen becerros engordados. Pero también ellos retroceden y huyen sin detenerse, porque les llegó el día de la derrota, la hora de su castigo.

[22] »¡Egipto silba como serpiente que huye! Llegan ya sus enemigos, y lo atacan con hachas, como si fueran leñadores.

[23] Derribarán sus bosques, aunque sean impenetrables, porque su ejército es incontable; ¡son más numerosos que una plaga de langostas!

—Palabra del Señor.

[24] »Los habitantes de Egipto quedarán en vergüenza, porque su país caerá en poder del pueblo del norte.»

[25] El Señor de los ejércitos y Dios de Israel ha dicho:

«Voy a castigar a Amón, el dios de Tebas, y a Egipto, y a sus dioses y reyes; ¡lo mismo al faraón que a los que en él confían!

[26] Voy a entregarlos en manos de los que quieren matarlos; en manos de Nabucodonosor, rey de Babilonia, y de sus siervos. Pero después Egipto volverá a ser habitado, como antes fue.

—Palabra del Señor.

[27] »Pero tú, Jacob, siervo mío, no temas; ¡no pierdas el ánimo, Israel! Porque yo te rescataré de ese país lejano; yo salvaré a tus descendientes del país donde ahora son cautivos. Y Jacob volverá, y descansará y prosperará, y no habrá nadie que le infunda temor.

[28] Tú, Jacob, siervo mío, no temas, porque yo estoy contigo. Yo destruiré a todas las naciones entre las cuales te he dispersado, pero a ti no te destruiré del todo, sino que te daré un castigo justo, aunque de ninguna manera dejaré de castigarte.»[c]

—Palabra del Señor.

Profecía acerca de los filisteos

47 La palabra del Señor acerca de los filisteos[a] vino al profeta Jeremías antes de que el faraón destruyera Gaza.

[2] «Así ha dicho el Señor: "Las aguas del norte suben de nivel, y pronto serán un torrente. Inundarán la tierra en su plenitud, la ciudad y sus habitantes; la gente pedirá ayuda; todos los habitantes de la tierra harán lamentos.

[3] Tan débiles estarán los padres que no cuidarán a sus hijos cuando oigan los cascos de los caballos y el estruendo de los carros de guerra,

[4] cuando llegue el día en que todos los filisteos serán destruidos, porque serán destruidas Tiro y Sidón, y todos los aliados que aún les queden. El Señor destruirá a los filisteos y al resto de la costa de Caftor.

[5] Gaza ha sido rapada, y Ascalón ha perecido, lo mismo que el resto de su valle; ¿hasta cuándo te harás heridas por tu luto?

[6] Espada del Señor, ¿hasta cuándo vas a descansar? Vuelve a tu vaina y reposa. ¡Sosiégate!

[7] ¿Pero cómo vas a reposar, si el Señor te ha ordenado atacar Ascalón y la costa del mar?"

PROMESAS PODEROSAS

JEREMÍAS 46.28

Tú, Jacob, siervo mío, no temas, porque yo estoy contigo. Yo destruiré a todas las naciones entre las cuales te he dispersado, pero a ti no te destruiré del todo, sino que te daré un castigo justo, aunque de ninguna manera dejaré de castigarte.

Dios quería consolar a su pueblo cautivo en Babilonia. Aunque los castigó por su mal comportamiento, todavía los amaba y prometió llevarlos de vuelta a su tierra natal algún día. Como un buen padre, Dios no permitiría que sus hijos se salieran con la suya al cometer acciones malas. Los corrigió para que pudieran aprender de sus errores.

[c] **46.27-28:** Jer 30.10-11. [a] **47.1-7:** Is 14.29-31; Ez 25.15-17; Jl 3.4-8; Am 1.6-8; Sof 2.4-7; Zac 9.5-7.

Profecía acerca de Moab

48 »Así ha dicho el Señor de los
ejércitos, el Dios de Israel, acer-
ca de Moab:[a]
»¡Ay de Nebo! ¡Ha sido derrotado y
puesto en vergüenza! Quiriatayin ha sido
conquistado; Misgab no supo qué hacer, y
perdió el ánimo.
2 Nunca más se alabará a Moab, pues en
Jesbón sus enemigos hicieron planes contra
ella; decidieron ir y borrarla de entre las na-
ciones. Y también tú, Madmena, serás elimi-
nada; ¡la espada te perseguirá!
3 »¡Se oye un clamor en Joronayin! ¡Hay
mucha destrucción y gran quebrantamiento!
4 Moab ha quedado deshecha; puede oír-
se el clamor de sus pequeños.
5 Se oye el llanto de los que suben a Luhit;
los enemigos oyen gritar a los que bajan a
Joronayin:
6 "¡Huyan, pónganse a salvo! ¡Sean como la
retama del desierto!"
7 Tú, Moab, confiaste en tus bienes y en
tus tesoros, pero también serás conquis-
tada, y Quemos será llevado en cautiverio,
junto con sus sacerdotes y sus príncipes.
8 ¡A todas tus ciudades llegará la destruc-
ción! ¡Ninguna de ellas se librará! También el
valle quedará asolado, y destruida la llanura,
tal y como lo ha dicho el Señor.
9 »¡Denle alas a Moab, y que se vaya vo-
lando! Porque sus ciudades quedarán de-
siertas y totalmente deshabitadas.
10 ¡Malditos sean los que no cumplan con
lo que el Señor les ha ordenado hacer! ¡Mal-
ditos sean los que no empapen con sangre
su espada!
11 »Moab ha estado en reposo desde su
juventud. En reposo, como el vino sobre su
sedimento. Nunca ha sido trasvasado de
una vasija a otra, ni jamás ha estado en cau-
tiverio. Por eso ha retenido su sabor, y no ha
variado su aroma.
12 Por eso viene el día en que yo enviaré
gente que lo trasvasará; y sus vasijas queda-
rán vacías, y sus odres serán despedazados.
—Palabra del Señor.
13 »Entonces Moab se avergonzará de
Quemos, como la casa de Israel se avergon-
zó de haber confiado en Betel.
14 »¿Cómo pueden decir ustedes que son
hombres valientes, soldados aguerridos?
15 ¡Si Moab ha sido destruido, sus ciuda-
des han sido asoladas, y sus mejores jóvenes
fueron llevados al matadero!
—Palabra del Rey, cuyo nombre es el Se-
ñor de los ejércitos.
16 »Cercana está la destrucción de Moab;
muy pronto quedará en ruinas.
17 Compadézcanse de él todos los que
lo rodean; digan todos los que conocen su
nombre: "¡Cómo se hizo pedazos tan recio
cetro, tan hermoso báculo!"
18 »Tú, que habitas en Dibón, baja de tus
gloriosas alturas y siéntate en la tierra seca,
porque el destructor de Moab viene contra
ti para destruir tus fortalezas.
19 »Y tú, que habitas en Aroer, párate en el
camino y observa; pregunta a los que van en
retirada qué fue lo que sucedió.
20 ¡Griten y hagan lamentos! ¡Hagan saber
en Arnón que Moab ha sido destruido! Sí,
Moab ha quedado en vergüenza, porque ha
sido destruido.
21 »El juicio cayó sobre la tierra de la llanu-
ra. Cayó sobre Holón, Yahás y Mefagat;
22 sobre Dibón, Nebo y Bet Diblatayin;
23 sobre Quiriatayin, Bet Gamul y Bet Me-
gón;
24 sobre Queriot y Bosra, y sobre todas las
ciudades cercanas y lejanas de Moab.
25 El poder de Moab ha sido aniquilado;
¡su fuerza ha llegado a su fin!
—Palabra del Señor.
26 »Moab se creyó superior al Señor. Pues
ahora, ¡embriáguenlo, y dejen que se revuel-
que en su vómito! ¡Que se vuelva motivo de
burla!
27 Porque Moab también se burló de Is-
rael. Cuando hablaba de los israelitas, se bur-
laba de ellos, como si los hubieran pillado
robando.

[a] **48.1-47:** Is 15.1—16.14; 25.10-12; Ez 25.8-11; Am 2.1-3; Sof 2.8-11.

28 »Habitantes de Moab, abandonen las
ciudades y refúgiense en los peñascos. Ha-
gan lo que las palomas, que hacen su nido
en la entrada de las cuevas.
29 Bien sabemos que Moab es muy sober-
bio; que su corazón es arrogante, orgulloso,
engreído y altanero;
30 y yo conozco su furor. Pero de nada le ser-
virá. Ningún provecho sacará de su jactancia.
—Palabra del Señor.
31 »Por eso voy a llorar por Moab; por
todo Moab levantaré mi clamor; ¡guardaré
luto por los habitantes de Quir Jeres!
32 Lloraré por ti, vid de Sibemá, como lloré por
la ciudad de Jazer. Tus sarmientos cruzaron el
mar y llegaron hasta el mar de Jazer, pero la des-
trucción alcanzó a tu cosecha y a tu vendimia.
33 En los fértiles campos de Moab cesaron
la alegría y el regocijo, pues yo hice que en sus
lagares faltara el vino. Ya no cantan al pisar
las uvas, ni tampoco lanzan gritos de alegría.
34 »El clamor de Jesbón llega hasta Elea-
le, y aun hasta Yahás, Soar, Joronayin y Eglat
Selisiyá se escucha su voz; también el arroyo
de Nimrín se ha secado.
35 Yo acabaré con todos los de Moab que
ofrezcan sacrificios sobre los lugares altos, y con
todos los que ofrezcan incienso a sus dioses.
—Palabra del Señor.
36 »Por eso mi corazón resuena como
flauta por la gente de Moab y de Quir Jeres,
pues se han perdido todas sus riquezas.
37 »Todos ellos andarán con la cabeza rapa-
da y con la barba raída; todos ellos se harán
heridas en las manos y se vestirán de luto.
38 Todo será llanto en las casas y en las calles
de Moab, porque yo haré pedazos a Moab,
como quien rompe una vasija mal hecha.
—Palabra del Señor.
39 »¡Que se oigan los lamentos! ¡Moab ha
sido destrozado! ¡Moab volvió la espalda y fue
avergonzado! ¡Moab es ahora objeto de horror
y de escarnio para todos los que lo rodean!
40 »Así ha dicho el Señor: "Viene una na-
ción contra Moab, como un águila que vue-
la con sus alas extendidas.
41 Sus ciudades y fortalezas serán conquis-
tadas. Cuando llegue ese día, el corazón de
los valientes de Moab parecerá el corazón
de una mujer parturienta."
42 Y Moab será destruido y dejará de exis-
tir como pueblo, por haberse creído supe-
rior al Señor.
43 ¡Miedo y hoyos y trampas les esperan a
los habitantes de Moab!
—Palabra del Señor.
44 »El que huya del miedo caerá en el
hoyo, y el que escape del hoyo caerá en la
trampa. "Todo esto lo traeré sobre Moab,
en el año de su castigo."
—Palabra del Señor.
45 »Los que huyan, buscarán exhaustos
protegerse en Jesbón, la otrora ciudad de
Sijón; pero de allí saldrán llamas de fuego, y
quemarán todo lo que aún quede de Moab,
esa nación de gente revoltosa.
46 ¡Ay de ti, Moab! ¡Tu fin llegó, pueblo de
Quemos! Tus hombres y tus mujeres son
hechos prisioneros y llevados al cautiverio.
47 Pero en el futuro haré volver a los cauti-
vos de Moab.»
—Palabra del Señor.
Hasta aquí, la sentencia contra Moab.

Profecía acerca de los amonitas

49 Así ha dicho el Señor acerca de
los hijos de Amón:[a]
«¿Acaso Israel no tiene hijos?
¿Acaso no tiene ningún heredero? ¿Por qué
Milcón le ha quitado a Gad su territorio, y
ha establecido a su pueblo en sus ciudades?
2 Por eso, vienen días en que haré que se
oiga clamor de guerra en Rabá, la ciudad de
los amonitas. Entonces Rabá quedará con-
vertida en un montón de ruinas, y sus ciu-
dades serán incendiadas, e Israel retomará el
territorio que los amonitas le quitaron.
—Palabra del Señor.
3 »¡Deja oír, Jesbón, tus lamentos! La ciu-
dad de Hai será destruida. Y ustedes, muje-
res de Rabá, ¡griten y vístanse de luto! ¡Lloren
de tristeza y rodeen las colinas! Milcón será

[a] **49.1-6:** Ez 21.28-32; 25.1-7; Am 1.13-15; Sof 2.8-11.

llevado en cautiverio, junto con sus sacerdo-
tes y sus príncipes.
4 Ciudad contumaz, que confías en tus te-
soros y crees que nadie podrá atacarte, ¿por
qué te vanaglorias de los valles, si tu valle ha
sido desolado?
5 Yo voy a rodearte de espanto por todos
lados, y toda tu gente será puesta en fuga,
sin que nadie se ocupe de reagruparlos.
—Palabra del Señor de los ejércitos.
6 »Después de eso, haré volver a los amo-
nitas de su cautividad.»
—Palabra del Señor.

Profecía acerca de Edom

7 Así ha dicho el Señor de los ejércitos
acerca de Edom:[b]
«¿Ya no hay sabiduría en Temán? ¿Ya no
pueden sus sabios dar consejos? ¿Se afectó
su sabiduría?
8 ¡Huyan, habitantes de Dedán! ¡Retroce-
dan, y quédense a vivir en lugares escondi-
dos! Porque cuando yo castigue a Esaú voy
a traer sobre él la destrucción.
9 Cuando los vendimiadores recogen uvas,
no se llevan todas; y cuando los ladrones asal-
tan por la noche, tampoco se llevan todo.
10 Pero a Esaú lo voy a dejar desnudo.
Encontraré sus escondrijos, y no podrá es-
conderse de mí. Toda su descendencia, y
sus hermanos y vecinos, serán destruidos, y
dejará de existir.
11 Pero a sus huérfanos yo los criaré, y sus
viudas podrán depender de mí.»
12 Así ha dicho el Señor:
«Los que no estaban condenados a beber
la copa de mi ira, tuvieron que beberla. Así
que tú de ninguna manera serás absuelto,
sino que también tendrás que beberla.
13 Yo he jurado por mí mismo, que Bosra
quedará asolada y solitaria, y como objeto
de oprobio y maldición. ¡Todas sus ciudades
quedarán en ruinas para siempre!»
—Palabra del Señor.
14 Yo, Jeremías, recibí un mensaje del Se-
ñor. Fue el mismo mensaje que había envia-
do a las naciones, y que decía:
«¡Júntense contra Edom, y declárenle la
guerra!
15 Edom, yo te haré pequeño entre las na-
ciones, y menospreciado entre los hombres.
16 Tú, que habitas en las cuevas de las pe-
ñas, en lo alto de las montañas: Tu arrogan-
cia y la soberbia de tu corazón te engaña-
ron. Aunque pongas tu nido en las alturas,
como las águilas, de allí te haré descender.»
—Palabra del Señor.
17 Y Edom quedará en ruinas. Todos los
que pasen junto a ella, quedarán asombra-
dos y se burlarán de todas sus calamidades.
18 Le pasará lo mismo que a Sodoma y Go-
morra y sus ciudades vecinas,[c] cuando fueron
destruidas: Nunca más volverá a ser habitada.
—Palabra del Señor.
19 El Señor vendrá contra Edom como un
león que sale de los bosques del Jordán y
ataca a un rebaño fuerte y robusto. Lo hará
huir de su tierra, y al frente de ella pondrá a
quien él escoja. Porque nadie puede compa-
rarse al Señor; nadie puede ocupar su lugar.
¿Qué jefe hay que pueda oponerse a él?
20 Por lo tanto, escuchen lo que el Señor
ha decidido hacer contra Edom, es decir,
los planes que piensa ejecutar contra los
habitantes de Temán. Todos serán llevados
como ovejas, aún los más pequeños, y sus
campos serán destruidos.
21 Su caída será tan estruendosa que la
tierra temblará, y sus gritos se oirán hasta
el Mar Rojo.
22 El enemigo vendrá como águila, y remon-
tará el vuelo y se lanzará contra Bosra. Ese día,
el corazón de los valientes de Edom será como
el corazón de una mujer parturienta.

Profecía acerca de Damasco

23 Acerca de Damasco.[d] Jamat y Arfad han
recibido malas noticias, y no saben qué ha-
cer. Se derriten de miedo; son como el mar,
que no puede sosegarse.

[b]**49.7-22:** Is 34.5-17; 63.1-6; Ez 25.12-14; 35.1-15; Am 1.11-12; Abd 1.14; Mal 1.2-5. [c]**49.18:** Gn 19.24-25. [d]**49.23-27:** Is 17.1-3; Am 1.3-5; Zac 9.1.

24 Damasco ha perdido el ánimo, y se dis-
pone a huir. La dominan el miedo y la an-
gustia; le han sobrevenido dolores, como de
mujer parturienta.
25 ¡Abandonada ha quedado la ciudad ala-
bada, la ciudad alegre!
26 Por eso en aquel día sus jóvenes y todos
sus hombres de guerra morirán en sus calles.
—Palabra del Señor de los ejércitos.
27 Y el Señor prenderá fuego a las murallas
de Damasco, y ese fuego consumirá las ca-
sas de Ben Adad.

Profecía sobre Cedar y Jazor

28 Así ha dicho el Señor acerca de Cedar
y de los reinos de Jazor, a los cuales el rey
Nabucodonosor de Babilonia destruyó:
«¡Levántense, y ataquen a Cedar! ¡Destru-
yan a los hijos del oriente!
29 ¡Despójenlos de sus tiendas y de sus gana-
dos! ¡Tomen para ustedes sus cortinas y todos
sus utensilios, y aun sus camellos! ¡Digan a voz
en cuello que hay terror por todas partes!
30 ¡Huyan, habitantes de Jazor! ¡Váyanse muy
lejos, y habiten en lugares escondidos! Nabu-
codonosor, el rey de Babilonia, ya ha trazado
planes contra ustedes, y piensa derrotarlos.»
—Palabra del Señor.
31 ¡Vamos, ataquen a esa nación pacífica,
que vive confiada y solitaria! ¡Ni siquiera tie-
ne puertas ni cerrojos!
—Palabra del Señor.
32 «Yo voy a esparcirlos por los cuatro
vientos; voy a arrojarlos hasta el último rin-
cón del mundo. Sus camellos y sus muchos
ganados serán el botín de guerra. De todos
lados voy a traer la ruina sobre ellos.
—Palabra del Señor.
33 »Jazor quedará para siempre convertida
en un desierto, en refugio de chacales; no
habrá nadie que habite ese territorio.»

Profecía sobre Elam

34 Al principio del reinado de Sedequías
en Judá, la palabra del Señor vino al profeta
Jeremías acerca de Elam, y le dijo:
35 «Así ha dicho el Señor de los ejércitos:
"Voy a quebrar el arco de Elam, que es la
parte principal de su fortaleza.
36 Voy a traer sobre Elam los cuatro vien-
tos de los cuatro puntos del cielo, y a los
cuatro vientos los lanzaré. No habrá una
sola nación a donde no vayan los fugitivos
de Elam.
37 Y haré que Elam se deje intimidar por
sus enemigos, por los que quieren quitarle la
vida. Yo traeré sobre ellos la calamidad y el
ardor de mi ira, y enviaré la espada, para que
los persiga hasta acabar con ellos.
—Palabra del Señor.
38 "Pondré mi trono en Elam, y destruiré a
su rey y a su príncipe.
—Palabra del Señor.
39 "Pero en los últimos días haré volver a
los cautivos de Elam."»
—Palabra del Señor.

Profecía contra Babilonia

50 Por medio del profeta Jere-
mías el Señor dio este mensa-
je contra Babilonia,[a] es decir,
contra la tierra de los caldeos.
2 «¡Anúncienlo en las naciones! ¡Levanten
las banderas y háganlo saber! ¡Ya es del do-
minio público, así que no lo disimulen! ¡Di-
gan que Babilonia ha sido conquistada, que
el dios Bel ha quedado confundido, y que
Merodac está deshecho! Las imágenes de
sus ídolos han sido destrozadas.
3 La atacó una nación del norte, y dejó de-
solada su tierra. Ya no hay en ella gente ni
animales. ¡Todos huyeron, todos se han ido!
4 »Cuando llegue el momento, vendrán
juntos los hijos de Israel y los hijos de Judá,
y llorando irán en busca del Señor su Dios.
—Palabra del Señor.
5 »Preguntarán por el camino de Sión, y
hacia allá se dirigirán, y unos a otros se dirán:
"Vengan, hagamos con el Señor un pacto
eterno que jamás se olvide."
6 »Mi pueblo es un rebaño de ovejas per-
didas. Sus pastores las hicieron perder el

[a] **50.1—51.64:** Is 13.1—14.23; 47.1-15.

camino, y se descarriaron por los montes.
Anduvieron de monte en monte, y se olvi-
daron de sus rediles.
7 Todos los que las hallaban, las devora-
ban; sus enemigos alegaban no cometer
ningún pecado, porque antes ellas habían
pecado contra el Señor, que es mansión de
justicia y esperanza de sus padres.
8 »¡Huyan de Babilonia![b] ¡Salgan del país
de los caldeos! ¡Sean como los machos ca-
bríos, que van al frente del rebaño!
9 Porque yo estoy incitando contra Babilo-
nia a una alianza de poderosos pueblos del
norte, y voy a hacer que la ataquen. Desde
allá se prepararán para atacarla, y la conquis-
tarán. Son arqueros diestros y valientes, y
sus flechas siempre dan en el blanco.
10 Caldea será botín de guerra; todos los
que la saqueen quedarán satisfechos.
—Palabra del Señor.
11 »Y es que ustedes, babilonios, se alegra-
ron y regocijaron destruyendo a mi pueblo.
Retozaron como novillas sobre la hierba, re-
lincharon como caballos.
12 Pero esa ciudad que los vio nacer que-
dará avergonzada y humillada, convertida
en un desierto, en un árido páramo. ¡Será la
menos importante de las naciones!»
13 La ira del Señor hará que se quede aban-
donada y sin que nadie la habite. Todos los
que pasen por Babilonia quedarán asom-
brados y se burlarán de su desgracia.
14 Ustedes todos, los que tensan el arco:
¡fórmense y rodeen a Babilonia! ¡Disparen
sus flechas, y no las escatimen! Porque Babi-
lonia pecó contra el Señor.
15 ¡Rodéenla y lancen gritos contra ella!
¡Tomen venganza de ella, y hagan que se
rinda! ¡Derriben sus torres, y echen abajo
sus murallas! ¡Hagan con ella lo que ella
hizo con otros! ¡Ésta es la venganza del
Señor!
16 ¡Acaben en Babilonia con todos los que
siembran y siegan! Cuando los extranjeros
se enfrenten a la espada destructora, todos
ellos volverán los ojos a su pueblo y saldrán
huyendo a su país.
17 Israel es un rebaño descarriado, disper-
sado por los leones. Primero lo devoró el rey
de Asiria, y después el rey Nabucodonosor
de Babilonia le trituró los huesos.

LECCIONES

CAPTURADOS
(Jeremías 50.17)

¿Cómo te sentirías si alguien te obligara de pronto a abandonar tu casa e ir a otro país? Cuando las naciones de Asiria y Babilonia conquistaron a Israel y Judá, capturaron al pueblo de Dios y los forzaron a vivir en Babilonia. Jeremías le había dicho al pueblo que esto ocurriría. Pero también les dijo que un día, Dios les permitiría regresar a su tierra natal (versículo 19). Dios cumplió esa promesa. ¿Por qué no haces una lista de las promesas que Dios ha cumplido en tu vida?

[b]**50.8:** Ap 18.4.

PODER PARA VIVIR

UNA GRAN NACIÓN ES DESTRUIDA *(Jeremías 50.1)*

Este versículo inicia una larga profecía acerca de la destrucción de Babilonia. Cuando Jeremías dijo estas palabras, el pueblo de Dios estaba viviendo en Babilonia a donde habían sido llevados como cautivos. Aunque Babilonia era la nación más poderosa de esa época, Jeremías predijo que la nación sería derrotada cinco años antes que ocurriera. Esta profecía nos recuerda que Dios sabe todo el futuro. Siempre está en control, aun cuando cosas malas ocurren. ¿Lo crees?

18 Por lo tanto, así ha dicho el Señor de los
ejércitos y Dios de Israel:
«Voy a castigar al rey de Babilonia y a su
país, como antes castigué al rey de Asiria.
19 Y haré que Israel vuelva a su lugar de re-
sidencia, para que se alimente en el Carmelo
y en Basán; para que sacie su apetito en el
monte de Efraín y en Galaad.
20 Cuando lleguen el día y el momento, se
buscará acusar a Israel por su maldad, y a
Judá por sus pecados, y no se hallará de qué
acusarlos, porque yo perdonaré a los que
haya dejado con vida.
—Palabra del Señor.
21 »¡Ataca a la tierra de Meratayin,[4] y a los
habitantes de Pecod![5] ¡Destrúyelos, persí-
guelos hasta matarlos! ¡Haz todo tal y como
yo te lo he ordenado!
—Palabra del Señor.
22 Se oye en la tierra estruendo de guerra y
de gran destrucción.
23 ¡Babilonia, que desmenuzaba a otros
pueblos como un martillo, ahora ha sido to-
talmente desmenuzada! ¡Se ha convertido en
motivo de horror para todas las naciones!
24 El Señor te tendió una trampa, Babilo-
nia, y caíste en ella. Sin darte cuenta, que-
daste atrapada, porque lo desafiaste.
25 Abrió el Señor su arsenal, y en su furia
sacó sus armas. Esto lo ha hecho el Señor,
el Dios de los ejércitos, en la tierra de los
caldeos.
26 ¡Vengan contra ella desde los confines
de la tierra! ¡Abran sus graneros, y conviér-
tanla en un montón de ruinas! ¡Destrúyanla,
que no le quede nada!
27 ¡Maten a todos sus novillos! ¡Llévenlos al
matadero! ¡Ay de ellos, pues su día ha llega-
do! ¡Llegó la hora de su castigo!
28 Puede oírse a los que huyen en desban-
dada de la tierra de Babilonia, y dan en Sión
las noticias de que el Señor nuestro Dios se
está vengando por lo que antes hicieron en
su templo.
29 «¡Junten alrededor de Babilonia a los ar-
queros! ¡Acampen contra ella y lancen sus
flechas! ¡Que no escape nadie! ¡Denle su me-
recido![c] ¡Hagan con ella lo que ella hizo con
otros! Porque ella se rebeló contra el Señor,
contra el Santo de Israel.
30 Por eso sus jóvenes caerán muertos por
las calles. Ese día, todos sus guerreros serán
derrotados.
—Palabra del Señor.
31 »Yo estoy contra ti, pueblo insolente.
Ha llegado ya el día y la hora de tu castigo.
—Palabra del Señor de los ejércitos.
32 »Y tú, pueblo insolente, tropezarás y ro-
darás por tierra, y no habrá quien te levante.
Yo les prenderé fuego a tus ciudades, y que-
maré todos sus alrededores.»
33 Así ha dicho el Señor de los ejércitos:
«Los hijos de Israel y los hijos de Judá
fueron oprimidos al mismo tiempo; todos
sus opresores los tomaron cautivos y no los
quisieron soltar.
34 Pero yo soy su poderoso Redentor. Mi
nombre es el Señor de los ejércitos. Yo seré
su defensor, y daré reposo a su tierra, pero
a los habitantes de Babilonia no los dejaré
reposar.
35 »¡Guerra contra los caldeos! ¡Guerra
contra los habitantes de Babilonia! ¡Guerra
contra sus príncipes y sus sabios!
—Palabra del Señor.
36 »¡Guerra contra los adivinos! ¡Que pier-
dan su sabiduría! ¡Guerra contra sus valien-
tes! ¡Que pierdan el valor!
37 ¡Guerra contra sus caballos y sus ca-
rros, y contra toda la gente que en ella se
encuentra! ¡Que se acobarden como mu-
jeres! ¡Guerra contra sus tesoros! ¡Que sean
saqueados!
38 ¡Que todos sus manantiales se sequen!
Porque son un país idólatra, aturdido con
tantas imágenes.
39 »Por lo tanto, Babilonia llegará a ser
la guarida de las fieras salvajes y de los
chacales;[d] allí también se guarecerán los
polluelos del avestruz, y nunca más vol-
verá a poblarse, ni habrá jamás quien la
habite.

[4] **50.21** O, *doble rebelión.* [5] **50.21** O, *castigo.* [c] **50.29:** Ap 18.6. [d] **50.39:** Ap 18.2.

40 Será como cuando yo destruí a Sodoma y Gomorra, y a sus ciudades vecinas:[e] nunca nadie volverá a habitarla.

—Palabra del Señor.

41 Viene ya un pueblo del norte. Una gran nación y muchos reyes se levantan desde los confines de la tierra.

42 Son crueles y desalmados. Manejan el arco y la lanza, montan caballos, y su voz resuena como el mar. Se preparan a atacarte, pobre Babilonia, como hombres de guerra que son.

43 Cuando el rey de Babilonia supo la noticia, sus manos desfallecieron; le sobrevino la angustia, y le dieron dolores como de mujer parturienta.

44 «Yo vendré contra la fortaleza amurallada, como un león que sale de los bosques del Jordán, y muy pronto los haré huir de la ciudad. Pondré al frente de ella a quien yo elija; porque ¿quién puede compararse a mí?; ¿quién puede ocupar mi lugar?; ¿qué pastor puede hacerme frente?

45 Así que oigan lo que yo, el Señor, he determinado hacer contra Babilonia, y los planes que he trazado contra el país de los caldeos. Aun sus niños más pequeños serán llevados cautivos, y sus casas serán destruidas.

46 Cuando Babilonia sea conquistada, sus gritos harán que tiemble la tierra; su clamor se oirá en todas las naciones.»

Sentencia del Señor contra Babilonia

51 Así ha dicho el Señor:

«Voy a lanzar un viento destructor contra Babilonia y contra sus habitantes, porque se han rebelado contra mí.

2 Y enviaré contra Babilonia gente que la aventará por los aires y dejará vacía su tierra. Cuando llegue el día de la calamidad, la atacarán por todos los flancos.

3 No tendrán tiempo sus arqueros de extender sus arcos, ni de engalanarse con su coraza. Tampoco se salvarán sus jóvenes guerreros. ¡Todo su ejército será derrotado!

PROMESAS PODEROSAS

JEREMÍAS 51.15

Con su poder, el Señor hizo la tierra; con su sabiduría afirmó el mundo, con su inteligencia extendió los cielos.

La mejor manera de creer que Dios cumplirá sus promesas es hablar acerca de lo que Él ya ha hecho. Jeremías dijo que Dios destruiría Babilonia. Apoyó esta promesa al hablar de lo que Dios ya había hecho: Él creó el universo. Cuando Dios promete que algo acontecerá, ¡de cierto acontecerá!

4 En la tierra de los caldeos caerán muertos por las calles, atravesados por las lanzas.

5 Aunque Israel y Judá han llenado su tierra de pecado contra mí, que soy su esposo y Dios; contra mí, que soy el Santo de Israel y Señor de los ejércitos, todavía no se han quedado en el abandono.»

6 ¡Salgan de Babilonia! ¡Pónganse a salvo, para que no perezcan por causa de su maldad! ¡Ha llegado la hora de la venganza del Señor, y él le dará su merecido!

7 En las manos del Señor, Babilonia fue una copa de oro que embriagó a toda la tierra; los pueblos bebieron de ella[a] y quedaron aturdidos.

8 En un momento cayó Babilonia, y se hizo pedazos. Lloren por ella, y suavicen con bálsamos su dolor. Tal vez sane.

9 Curamos a Babilonia, y no ha sanado; dejémosla, y volvamos a nuestra tierra, porque su sentencia ha llegado hasta el cielo,[b] ¡se ha elevado hasta las nubes!

10 El Señor sacó a la luz nuestra justicia; ¡vengan, vayamos a proclamar en Sión la obra del Señor, nuestro Dios!

11 ¡Limpien las saetas, y tomen los escudos! El Señor ha despertado el espíritu de los reyes de Media, y éstos sólo piensan en destruir a Babilonia. Así es como el Señor se vengará de quienes destruyeron su templo.

[e]**50.40:** Gn 19.24-25. [a]**51.7:** Ap 17.2-4; 18.3. [b]**51.9:** Ap 18.5.

12 ¡Agiten la bandera sobre los muros de
Babilonia! ¡Refuercen la guardia, y pongan
centinelas! ¡Preparen las emboscadas! ¡El Se-
ñor ha decidido llevar a cabo sus planes en
contra de los habitantes de Babilonia!
13 Tú, que pusiste tu trono entre los cau-
dalosos ríos;[c] tú, que posees grandes teso-
ros: Tu fin ha llegado; ¡llegaste al final de tu
carrera!
14 El Señor de los ejércitos ha jurado por
sí mismo: «¡Yo lanzaré contra ti tanta gente,
que parecerán una plaga de langostas! ¡Con-
tra ti lanzarán sus gritos de victoria!»

15 Con su poder, el Señor hizo la tierra;
con su sabiduría afirmó el mundo,
con su inteligencia extendió los cielos.
16 Él habla, y en los cielos
las aguas se agitan tumultuosas;
él hace que las nubes se levanten
desde lo más recóndito de la tierra;
en medio de relámpagos envía la lluvia,
y hace que el viento salga de sus
depósitos.

17 Todo el mundo es engreído e igno-
rante;
todo artífice se avergüenza de sus
esculturas,
¡sus ídolos son una mentira carente de
espíritu!
18 Son una ilusión; obras dignas de
burla;
¡cuando llegue el momento, perecerán!
19 Todo lo contrario es el Dios de Jacob,
el dueño de la tribu de Israel.
¡Él es quien ha dado forma a todo!
¡Su nombre es el Señor de los ejércitos!

20 «Tú eres para mí un instrumento de
guerra.
Por medio de ti despedazaré a las
naciones;
por medio de ti destruiré a los reinos.
21 Por medio de ti despedazaré
a los caballos y a sus jinetes,
a los carros de guerra y a los aurigas.
22 Por medio de ti despedazaré
a hombres y mujeres, a niños y ancia-
nos,
a jóvenes y doncellas.
23 Por medio de ti despedazaré
a los pastores y a sus rebaños,
a los labradores y a sus yuntas,
a los jefes y a los príncipes.

24 »Yo les daré su merecido a Babilonia y
a todos los habitantes de Caldea por todo
el daño que hicieron en Sión, y que ustedes
mismos presenciaron.
—Palabra del Señor.
25 »Yo estoy contra ti, monte destructor,
porque destruiste toda la tierra. Voy a ex-
tender mi mano contra ti, para hacerte ro-
dar por las peñas; ¡para reducirte a monte
quemado!
—Palabra del Señor.
26 »Nadie tomará una sola piedra tuya
para ponerla como piedra angular, ni como
cimiento. ¡Para siempre quedarás hecha un
desierto!»
—Palabra del Señor.

27 ¡Levanten la bandera en el país!
¡Toquen la trompeta en las naciones!
¡Preparen a los pueblos para atacarla!
¡Junten contra ella a los reinos de
Ararat,
y a los de Mini y de Askenaz!
¡Designen a un capitán que ordene
atacarla!
¡Que ataquen los caballos como
langostas!
28 ¡Preparen contra ella a las naciones,
a los reyes de Media, y a sus jefes y
príncipes,
y a todos los territorios bajo su domi-
nio!
29 La tierra tiembla y se aflige,
porque los planes del Señor se han
confirmado
para convertir a Babilonia en un
desierto,
¡en un país completamente deshabitado!

[c] **51.13:** Ap 17.1.

30 Los guerreros babilonios han dejado
de pelear
porque ya no tienen fuerzas para
hacerlo;
como mujeres, se encerraron en sus
baluartes,
pues los cerrojos de la ciudad fueron
rotos
y sus casas fueron incendiadas.
31 Unos tras otros, los mensajeros
anuncian al rey de Babilonia la caída de
la ciudad.
32 Los vados han sido tomados,
los baluartes han sido incendiados,
y el pánico domina a los guerreros.
33 Así ha dicho el Señor de los ejércitos,
así ha dicho el Dios de Israel:
«La bella Babilonia es como un campo
de trigo;
el tiempo de la cosecha se acerca,
y se prepara ya el lugar para trillarla.»
34 Y Jerusalén, la que habita en Sión, dice:

«El rey Nabucodonosor de Babilonia
me devoró;
me desmenuzó y me dejó como un
vaso vacío;
se llenó el vientre con lo mejor que yo
tenía,
y como un dragón, me devoró y me
echó fuera.
35 Por eso pido que mi sangre
recaiga sobre Babilonia y sobre todos
los caldeos
por la violencia de que me hicieron
víctima.»
36 Por eso ha dicho el Señor:

«Yo juzgaré tu causa y te vengaré.
¡Voy a dejar secos su mar y sus ríos!
37 Y Babilonia será un montón de ruinas,
un motivo de espanto y de burlas,
una ciudad deshabitada, ¡una guarida
de chacales!

38 »Todos ellos rugirán al mismo
tiempo,
como leones, como cachorros de león.
39 Cuando más excitados se encuen-
tren,
yo les daré un banquete y los embria-
garé;
una vez alegres, los haré caer en un
sueño
del que nunca más despertarán.
—Palabra del Señor.

40 »Yo haré que los traigan al matadero
como si fueran corderos, carneros y
machos cabríos.»

41 ¡Babilonia, la ciudad alabada en toda
la tierra,
ha caído en poder de sus enemigos,
y es ahora motivo de horror entre las
naciones!
42 ¡Las olas del mar cayeron sobre
Babilonia,
y la cubrieron por completo!
43 Sus ciudades fueron asoladas;
la tierra quedó seca y desierta,
tierra por la que nadie pasará,
y en la que ningún ser humano vivirá.

44 «Yo juzgaré a Bel en Babilonia,
y le sacaré de la boca lo que se tragó.
Ninguna nación volverá a adorarlo,
y la muralla de Babilonia se vendrá
abajo.

45 »Ustedes, pueblo mío, ¡salgan de allí!
¡Pónganse a salvo del ardor de mi ira!
46 No se desanimen, ni tengan miedo
por los rumores que oirán por la tierra.
Año tras año habrá rumores de
violencia
y de un tirano que se levanta contra otro.

47 »Por lo tanto, ya viene el día
en que yo destruiré a los ídolos de
Babilonia.
Todo su país quedará avergonzado,
y todos sus muertos caerán en medio
de ella.

48 Los cielos y la tierra, y todo lo que
existe,
cantarán de gozo por la caída de
Babilonia.[d]
¡Del norte vendrán sus destructores!»
—Palabra del Señor.

49 Babilonia caerá por los muertos de
Israel,
del mismo modo que, por Babilonia,
cayeron los muertos de toda la tierra.[e]
50 Ustedes, los que escaparon de la
espada,
pónganse en marcha, no se detengan.
Acuérdense del Señor en tierras lejanas,
y no se olviden de Jerusalén.

51 Nos hemos enterado de la afrenta,
y nos sentimos muy avergonzados.
No sabemos dónde esconder la cara,
porque gente extranjera ha venido
contra los santuarios de la casa del
Señor.

52 «Por lo tanto, viene el día en que yo destruiré sus ídolos, y en todo su país gemirán los heridos.

—Palabra del Señor.

53 Aun si Babilonia subiera hasta el cielo, y en las alturas se hiciera fuerte, no podría escapar de la destrucción que yo le enviaré.»

—Palabra del Señor.

54 ¡Se oye el clamor de Babilonia, y la gran destrucción de la tierra de los caldeos!

55 El Señor destruirá a Babilonia, y le quitará su mucha jactancia. El bramido de sus olas se oirá como el sonido de aguas tumultuosas,

56 porque ha llegado la destrucción contra Babilonia, y sus valientes han sido apresados; su arco fue hecho pedazos, porque el Señor es el Dios de la venganza, y le dará su merecido.

57 «Yo embriagaré a sus príncipes y a sus sabios, a sus capitanes y nobles, y a sus hombres fuertes. Y caerán en un sueño eterno, del que no despertarán.»

—Palabra del Rey, cuyo nombre es el Señor de los ejércitos.

58 Así ha dicho el Señor de los ejércitos:

«La ancha muralla de Babilonia será derribada por completo, y sus altas puertas serán consumidas por el fuego. En vano se fatigaron los pueblos y las naciones, pues su trabajo acabó siendo consumido por el fuego.»

59 En el cuarto año del reinado de Sedequías en Judá, el profeta Jeremías envió un mensaje a Seraías hijo de Nerías, hijo de Maseías, cuando éste iba acompañando a Sedequías al destierro de Babilonia, pues era su principal camarero.

60 Jeremías escribió en un rollo de cuero todo el mal que estaba por sobrevenirle a Babilonia. Todas las palabras contra Babilonia quedaron escritas.

61 Jeremías le dijo a Seraías:

«Cuando llegues a Babilonia, y veas y leas todo esto,

62 dirás: "Señor, tú has dicho que vas a destruir este lugar, y que para siempre será asolado, hasta que no quede en él un solo hombre ni un solo animal con vida."

63 Y cuando acabes de leer este rollo, le atarás una piedra y lo arrojarás al río Éufrates.

64 Luego dirás: "Así se hundirá Babilonia, y no volverá a levantarse[f] del mal que yo voy a traer sobre ella."»

Hasta aquí, las palabras de Jeremías.

Reinado de Sedequías

(2 R 24.18-20; 2 Cr 36.11-16)

52 Sedequías tenía veintiún años de edad cuando comenzó a reinar, y reinó once años en Jerusalén. Su madre se llamaba Jamutal, hija de Jeremías de Libna.

2 Pero Sedequías hizo lo malo a los ojos del Señor, a la manera de Joacín.

3 Y fue tal la ira del Señor contra Jerusalén y Judá, que los echó de su presencia.

[d] **51.48:** Ap 18.20. [e] **51.49:** Ap 18.24. [f] **51.63-64:** Ap 18.21.

Caída de Jerusalén

(2 R 24.20—25.7; Jer 39.1-7)

Y Sedequías se rebeló contra el rey de Babilonia.

4 Por eso, a los diez días del mes décimo del noveno año de su reinado vino el rey Nabucodonosor de Babilonia con todo su ejército, y atacó a Jerusalén. Acamparon contra ella,[a] y por todas partes levantaron baluartes para atacarla.

5 La ciudad estuvo sitiada hasta el undécimo año del rey Sedequías.

6 A los nueve días del mes cuarto, cuando el hambre arreciaba en la ciudad y la gente no tenía ya pan para comer,

7 fue abierta una brecha en la muralla de la ciudad,[b] y todos los soldados se dieron a la fuga. Salieron de la ciudad durante la noche, por la puerta que había entre los dos muros, cerca del jardín del rey. Tomaron el camino del Arabá, mientras los caldeos aún estaban rodeando la ciudad.

8 Entonces el ejército caldeo siguió al rey Sedequías, y lo alcanzó en los llanos de Jericó, pues todo su ejército lo había abandonado.

9 Lo aprehendieron, y lo llevaron ante el rey de Babilonia, que estaba en Ribla, en tierra de Jamat. Allí el rey de Babilonia dictó sentencia contra él.

10 Allí en Ribla el rey de Babilonia mandó degollar a los hijos de Sedequías ante sus propios ojos, lo mismo que a todos los príncipes de Judá.

11 A Sedequías, el rey de Babilonia sólo mandó que le sacaran los ojos y que lo sujetaran con grilletes, después de lo cual hizo que lo llevaran a Babilonia,[c] y lo puso en la cárcel hasta el día en que murió.

Cautiverio de Judá

(2 R 25.8-21; 2 Cr 36.17-21; Jer 39.8-10)

12 A los diez días del mes quinto del año diecinueve del reinado de Nabucodonosor de Babilonia, vino a Jerusalén el capitán de la guardia, que se llamaba Nabuzaradán y solía estar delante del rey de Babilonia.

13 Nabuzaradán quemó la casa del Señor[d] y el palacio del rey, y todas las casas de Jerusalén; y le prendió fuego a todo edificio grande.

14 Todo el ejército de los caldeos, que venía con Nabuzaradán, el capitán de la guardia, destruyó todos los muros que rodeaban a Jerusalén.

15 Además, Nabuzaradán hizo que se llevaran cautivos a los pobres del pueblo, a todos los del pueblo que habían quedado en la ciudad, a los desertores que se habían pasado al bando del rey de Babilonia, y a todo el resto del pueblo.

16 A los pobres del país Nabuzaradán los dejó para que sirvieran como viñadores y labradores.

17 Los caldeos hicieron pedazos las columnas de bronce que estaban en la casa del Señor, lo mismo que las bases y el mar de bronce que estaban allí, y todo el bronce se lo llevaron a Babilonia.

18 Se llevaron también los calderos, las palas, las despabiladeras, los tazones, las cucharas, todos los utensilios de bronce con que se ministraba,

19 y los incensarios, tazones, copas, ollas, candeleros, escudillas y tazas. El capitán de la guardia puso aparte lo que era de oro, y lo que era de plata, y se lo llevó.

20 Se llevó también las dos columnas, el mar y los doce bueyes de bronce que estaban debajo de las bases, y que había hecho el rey Salomón para la casa del Señor. El peso de todo este bronce era incalculable.

21 En cuanto a las columnas, cada una de ellas tenía una altura de ocho metros, y estaba rodeada por un cordón de cinco y medio metros; eran huecas, y tenían cinco centímetros de espesor.

22 El capitel de bronce que había sobre ellas tenía una altura de poco más de dos metros, con una red y granadas alrededor del capitel, todo de bronce. La segunda columna con sus granadas era igual.

23 En cada hilera había noventa y seis granadas, aunque todas las que estaban alrededor, sobre la red, eran cien.[e]

[a]**52.4:** Ez 24.2. [b]**52.7:** Ez 33.21. [c]**52.11:** Ez 12.13. [d]**52.13:** 1 R 9.8. [e]**52.17-23:** 1 R 7.15-47.

24 El capitán de la guardia se llevó también
a Seraías, que era el sacerdote principal, a
Sofonías, que era el segundo sacerdote, y a
tres guardas del atrio.
25 De la ciudad se llevó a un oficial que era
capitán de los soldados, a siete de los conse-
jeros íntimos del rey, que estaban en la ciu-
dad, al principal secretario de la milicia, que
pasaba revista a los del pueblo que iban a la
guerra, y a sesenta hombres del pueblo que
se hallaban dentro de la ciudad.
26 Nabuzaradán los tomó y se los llevó al
rey de Babilonia, que estaba en Ribla.
27 Allí en Ribla, en tierra de Jamat, el rey de
Babilonia los hirió de muerte. Así la gente de
Judá fue llevada lejos de su tierra.
28 El pueblo que Nabucodonosor se llevó
cautivo es el siguiente:

En el año séptimo de su reinado, se llevó a tres mil veintitrés hombres de Judá.

29 En el año dieciocho de su reinado, se lle-
vó de Jerusalén a ochocientos treinta y dos
cautivos.
30 En el año veintitrés de su reinado, Na-
buzaradán, el capitán de la guardia, se lle-
vó cautivos a setecientos cuarenta y cinco
hombres de Judá.

En total, todos los cautivos fueron cuatro mil seiscientos.

Joaquín es liberado y recibe honores en Babilonia

(2 R 25.27-30)

31 A los veinticinco días del mes duodéci-
mo del año treinta y siete del cautiverio de
Joaquín, rey de Judá, es decir, en el primer
año del reinado de Evil Merodac de Babilo-
nia, éste reivindicó al rey Joaquín de Judá y lo
sacó de la cárcel.
32 Solía conversar con él amigablemente,
y hasta ordenó que pusieran su trono sobre
los tronos de los otros reyes que estaban
con él en Babilonia.
33 También ordenó que le cambiaran la
ropa de prisionero, y durante todo el resto
de su vida Joaquín comía siempre en la mesa
del rey.
34 Todos los días de su vida, y hasta el día
de su muerte, Joaquín recibía sin falta una
ración de parte del rey de Babilonia.

LAMENTACIONES

Autor: **Jeremías**
Temas: **La tristeza actual y la esperanza futura**
Fecha en que se escribió: **c. 586-585 a.C.**

TRISTEZA POR EL PECADO

Jeremías escribió una serie de lamentos (cantos de tristeza) para expresar su dolor por la destrucción de Jerusalén en 586 a.C. Según lo que sabemos, él es el único autor en el Antiguo Testamento que presenció esta tragedia. Este fue el juicio de Dios sobre Judá por siglos de rebelión. Sin embargo, Dios prometió ser misericordioso a aquellos que seguían confiando en Él.

Lamentaciones fue uno de cinco libros que se leían para marcar una ocasión especial en el calendario judío. Se debía leer el noveno día del mes de abib (mediados de julio), día en que los judíos celebraban una fiesta para recordar la destrucción de Jerusalén.

LO QUE ENCONTRARÁS EN EL LIBRO

Este libro es una serie de cinco lamentos. El primero (capítulo 1) describe cómo Jerusalén fue destruida, y relata el clamor desesperado del profeta a Dios. En su segundo lamento (capítulo 2), Jeremías describe el juicio de Dios hacia un pueblo rebelde que se negaba a cambiar. El tercer poema (capítulo 3) insta a la nación a recordar que Dios es bueno para con los que confían en Él. El cuarto lamento (capítulo 4) reitera los problemas descritos en los otros tres capítulos. En el poema final (capítulo 5), Jeremías le suplica a Dios que restaure a su pueblo y que le dé favor.

¿SABÍAS QUE...?

- Lamentaciones es el libro más triste de la Biblia y es el único libro de la Biblia que está compuesto completamente de poemas que expresan dolor.
- Cada uno de los cinco lamentos de este libro tienen veinte y dos versículos (menos el capítulo 3, el cual tiene sesenta y seis versículos). Hay veinte y dos letras en el alfabeto hebreo. Los cuatro primeros poemas son acrósticos alfabéticos, lo cual quiere decir que cada versículo (cada serie de tres versículos en el capítulo 3) empieza con una letra diferente del alfabeto hebreo.
- Es un informe sobre la destrucción de Jerusalén y la tristeza de los que pasaron por esta tragedia.
- El libro comienza expresando tristeza y está lleno de tristeza, pero termina expresando esperanza.
- Contiene una de las declaraciones más poderosas acerca de la fidelidad de Dios en toda la Biblia: 3:21-26.

Jerusalén lamenta su caída

¡Cuán solitaria ha quedado la otrora ciudad populosa!
¡Cual viuda ha quedado la capital de las naciones!
¡La princesa de las provincias es ahora tributaria!

2 Por las noches, amargas lágrimas corren por sus mejillas.
Ni uno solo de sus amantes viene a consolarla.
Sus amigos le fallaron; ¡se volvieron sus enemigos!

3 Presa de la aflicción y de cruel esclavitud,
Judá marcha al cautiverio;
ahora habita entre las naciones
sin hallar descanso alguno.
La acosan sus perseguidores,
la ponen en aprietos.

4 De luto están los caminos de Sión.
Ya nadie asiste a las fiestas.
Todas sus puertas están derribadas.
Sus sacerdotes lloran.
Amargada está Sión,
y afligidas sus doncellas.

5 Sus enconados enemigos son ahora grandes magnates.
¡El Señor la afligió por sus muchas rebeliones,
y sus jóvenes marchan ahora al cautiverio,
arreados por el enemigo!

6 La sin par belleza de Sión se ha esfumado;
sus príncipes andan como ciervos en busca de pastos;
fuerzas no tienen para oponerse a sus perseguidores.

7 Jerusalén recuerda su aflicción y sus rebeliones;
recuerda tantas cosas agradables
de que gozó en los tiempos antiguos;
recuerda cuando cayó ante el enemigo
y nadie vino en ayuda de su pueblo;
recuerda cómo la miraban sus enemigos
y se burlaban de su caída.

8 Pero Jerusalén pecó. ¡Por eso ha sido rechazada!
Al verla desnuda, la desprecian
quienes antes la admiraban;
y ella, sollozante, corre a esconderse.

9 Cubierta está de inmundicia.
No tuvo en cuenta su futuro.
Ha caído a lo más bajo,
y en su desconsuelo exclama:
«¡Mira, Señor, mi aflicción!
¡Mira cómo se regodean mis enemigos!»

10 El enemigo se ha adueñado de todos sus tesoros.
Jerusalén ha visto a los paganos irrumpir en su santuario,
aun cuando prohibiste que esa gente entrara en tu congregación.

11 Entre sollozos, sus habitantes buscan algo que comer;
cambian por comida sus objetos más preciados
para lograr volver a la vida.
«¡Mírame, Señor!
¡Toma en cuenta mi desconsuelo!»

12 Ustedes, que van por el camino,
¿esto no los conmueve?
¡Consideren si hay dolor
que se compare con el mío!
¡La ira del Señor se encendió
y me envió este sufrimiento!

13 Envió un fuego desde lo alto
que me consumió los huesos;
tendió una red a mi paso

y me hizo retroceder;
me dejó en completa ruina,
y sufro a todas horas.

14 El Señor mismo me ha atado
al yugo de mis rebeliones;
me ha puesto en el cuello ataduras
que acaban con mis fuerzas;
me ha dejado en manos de enemigos
que no puedo vencer.

15 El Señor ha pisoteado en mis calles
a todos mis hombres fuertes;
ha convocado tropas para derrotar a
mis valientes;
¡ha prensado a la virginal Judá
como si prensara uvas!

16 Ésta es la causa de mis lágrimas.
El llanto brota de mis ojos,
pues no tengo a nadie que me consuele;
¡no tengo a nadie que me reanime!
¡Mis hijos han sido derrotados!
¡El enemigo nos venció!

17 Sión tiende las manos suplicante,
y no hay quien la consuele;
el Señor hizo que los vecinos de Jacob
se volvieran sus enemigos;
¡Jerusalén les resulta algo repugnante!

18 Pero el Señor es justo.
¡Yo me rebelé contra su palabra!
¡Oigan esto, pueblos todos,
y consideren mi dolor!
¡Mis doncellas y mis jóvenes
fueron llevados al cautiverio!

19 Pedí ayuda a mis amantes, pero ellos
me fallaron;
en la ciudad, mis sacerdotes y mis
ancianos perecieron;
buscaban comida para volver a la vida.

20 ¡Mírame, Señor, atribulada
y con gran angustia interna!

LECCIONES **EL PECADO TRAE TRISTEZA**
(Lamentaciones 1.18)

Este versículo manifiesta el tema principal de Lamentaciones: el hecho que el pecado acarrea tristeza. El pueblo de Judá estaba enfrentando las tristes consecuencias de sus años de rebelión contra Dios. Dios los llevó al exilio en Babilonia. Las personas pueden disfrutar del pecado por un tiempo, pero tarde o temprano, tendrán que enfrentar las consecuencias terribles del pecado (Romanos 1:26-32). Podemos evitarnos tristeza y sufrimiento si nos alejamos del pecado y nos mantenemos cerca de Dios. Cuando el Espíritu Santo nos recuerda nuestro pecado, podemos pedirle a Dios que nos perdone. ¡Eso trae gozo!

El corazón me da vuelcos
por causa de mi gran rebeldía.
Allá afuera, hace estragos la espada;
aquí adentro, predomina la muerte.

21 Me oyen sollozar,
pero no hay quien me consuele.
Saben mis enemigos de mi mal,
y se alegran de lo que me haces.
¡Envía ya el día que tienes anunciado,
y que les vaya como a mí!

22 ¡Hazlos comparecer ante ti por toda
su maldad,
y trátalos como a mí por todas mis
rebeliones!
¡Demasiadas son mis lágrimas!
¡Tengo deshecho el corazón!

El castigo de Sión

2 El Señor, en su furor,
hundió a Sión en profunda oscuridad.
Derribó del cielo la hermosura de
Israel;
la hizo caer por tierra;

en el día de su furor
no se acordó del estrado de sus pies.

2 El Señor destruyó, y no perdonó;
destruyó, en su furor,
todas las tiendas de Jacob;
derribó las fortalezas de la capital de Judá;
humilló al rey y a sus príncipes.

3 En el ardor de su ira,
puso fin al poderío de Israel;
le retiró su apoyo cuando se enfrentó
al enemigo;
se encendió en Jacob un fuego que
todo lo devoró.

4 Cual enemigo, cual adversario,
el Señor tensó su arco;
afirmó su diestra y destruyó todo lo bello;
¡en las calles de la hermosa Sión
cundió su enojo como fuego!

5 El Señor se volvió nuestro enemigo
y destruyó a Israel;
destruyó todos sus palacios,
derribó sus fortalezas,
y aumentó la tristeza y el lamento de
Judá.

6 Como quien deshace la enramada de
un huerto,
dejó en ruinas la sede principal de sus
festividades;
en Sión, el Señor echó al olvido
las fiestas y los días de reposo;
en el ardor de su ira
desechó al rey y al sacerdote.

7 El Señor rechazó su altar,
menospreció su santuario;
dejó caer en manos del enemigo
los muros de sus palacios;
en el templo del Señor éstos vociferan
como si fuera un día de fiesta.

8 El Señor decidió destruir las murallas
de la bella ciudad de Sión;
con el nivel en la mano,
no desistió de su plan de destrucción;
entre lamentos, el muro y el antemuro
fueron juntamente destruidos.

9 Las puertas se vinieron abajo
cuando el Señor destruyó sus cerrojos;
esparcidos entre los paganos
se hallan su rey y sus príncipes;
ya no hay ley, ni los profetas reciben
visiones del Señor.

10 En la bella Sión, los ancianos se sien-
tan en el suelo;
en silencio y vestidos de luto
se echan polvo sobre la cabeza.
En Jerusalén, las doncellas
inclinan humilladas la cabeza.

11 Mis ojos se inundan en lágrimas,
mis entrañas se conmueven;
mi ánimo rueda por los suelos
al ver destruida a mi amada ciudad,
¡al ver que los niños de pecho
desfallecen por sus calles!

12 A sus madres les preguntan por el
trigo y por el vino;
se desploman por las calles, como
heridos de muerte,
y en el regazo de sus madres lanzan el
último suspiro.

13 ¿Qué te puedo decir, bella Jerusalén?
¿A quién puedo compararte?
¿Comparada con quién podría yo
consolarte,
virginal ciudad de Sión?
¡Grande como el mar es tu desgracia!
¿Quién podrá sanarte?

14 Tus profetas te hablaron de visiones
falsas e ilusorias;
tu cautiverio pudo haberse impedido,
pero no te señalaron tu pecado;
más bien, te engañaron con visiones
sin sentido.

PALABRAS CON PODER

DESCONSOLADO
(Lamentaciones 2.11)

¿En algún momento te has sentido desconsolado? Una persona desconsolada está super triste por algo. Jeremías se sentía desconsolado cuando Jerusalén fue destruida. Le entristeció el hecho que el pueblo se apartara de Dios. Él sabía que esto le hacía daño a Dios y que acarrearía momentos difíciles para el pueblo. El apóstol Pablo también se entristeció porque la gente rechazaba a Jesús (Romanos 9:1-3). ¿Te sientes triste cuando las personas se apartan de Dios? ¿Por qué no oras por ellas?

15 Al verte, todos los viandantes aplaudían;
silbaban y movían con sorna la cabeza,
y decían de la ciudad de Jerusalén:
«¿Y ésta es la ciudad de hermosura perfecta,
la que alegraba a toda la tierra?»

16 Todos tus enemigos abrieron la boca contra ti;
rechinando los dientes, decían con sorna:
«¡Acabemos con ella!
¡Éste es el día esperado!
¡Nos ha tocado verlo y vivirlo!»

17 El Señor ha llevado a cabo
lo que había decidido hacer.
Ha cumplido lo que hace mucho tiempo
había decidido hacer.
Destruyó, y no perdonó;
hizo que el enemigo se burlara de ti
¡El Señor enalteció el poder de tus adversarios!

18 Tus habitantes demandaban la ayuda del Señor.
¡Que tus lágrimas, bella Sión,
corran día y noche como arroyo!
¡No reprimas el llanto de tus ojos!

19 Por la noche, al comenzar las guardias,
¡levántate y grita!
¡Vierte tu corazón, como un torrente,
en la presencia del Señor!
¡Levanta hacia él las manos
y ruega por la vida de tus pequeños,
que desfallecen de hambre
en las esquinas de las calles!

20 Ponte a pensar, Señor:
¿A quién has tratado así?
¿Acaso han de comerse las madres
a sus hijos, fruto de sus entrañas?
¿Acaso dentro de tu santuario
han de asesinar a sacerdotes y profetas?

21 En las calles, por los suelos,
yacen cuerpos de niños y viejos;
mis doncellas y mis jóvenes
han muerto a filo de espada.
¡En el día de tu furor
mataste y degollaste sin misericordia!

22 De todas partes convocaste al terror,
como si convocaras a una fiesta.
En el día de tu furor,
nadie, Señor, pudo escapar con vida.
A los hijos que tuve y mantuve,
el enemigo los aniquiló.

La misericordia de Dios es constante

3 Yo soy aquel que ha visto la aflicción
bajo el látigo de su enojo.
2 Me ha llevado por un sendero
no de luz sino de tinieblas.
3 A todas horas vuelve y revuelve
su mano contra mí.

4 Ha hecho envejecer mi carne y mi piel;
me ha despedazado los huesos.
5 Ha levantado en torno mío
un muro de amargura y de trabajo.
6 Me ha dejado en las tinieblas,
como a los que murieron hace tiempo.

7 Por todos lados me asedia y no puedo
escapar;
¡muy pesadas son mis cadenas!
8 Grito pidiéndole ayuda,
pero él no atiende mi oración.
9 Ha cercado con piedras mis caminos;
me ha cerrado el paso.

10 Como un oso en acecho,
como león agazapado,
11 me desgarró por completo
y me obligó a cambiar de rumbo.
12 Tensó su arco y me puso
como blanco de sus flechas.

13 Me clavó en las entrañas
las saetas de su aljaba.
14 Todo el tiempo soy para mi pueblo
motivo de burla.
15 ¡Me ha llenado de amargura!
¡Me ha embriagado de ajenjo!

16 Me ha roto los dientes,
me ha cubierto de ceniza.
17 Ya no sé lo que es tener paz
ni lo que es disfrutar del bien,
18 y concluyo: «Fuerzas ya no tengo,
ni esperanza en el Señor.»

19 Tan amargo como la hiel es pensar
en mi aflicción y mi tristeza,
20 y lo traigo a la memoria
porque mi alma está del todo abatida;
21 pero en mi corazón recapacito,
y eso me devuelve la esperanza.

22 Por la misericordia del Señor
no hemos sido consumidos;
¡nunca su misericordia se ha agotado!
23 ¡Grande es su fidelidad,
y cada mañana se renueva!
24 Por eso digo con toda el alma:
«¡El Señor es mi herencia, y en él
confío!»

25 Es bueno el Señor con quienes le
buscan,
con quienes en él esperan.
26 Es bueno esperar en silencio
que el Señor venga a salvarnos.
27 Es bueno que llevemos el yugo
desde nuestra juventud.

28 Dios nos lo ha impuesto.
Así que callemos y confiemos.
29 Hundamos la cara en el polvo.
Tal vez aún haya esperanza.
30 Demos la otra mejilla a quien nos
hiera.
¡Cubrámonos de afrentas!

31 El Señor no nos abandonará para
siempre;
32 nos aflige, pero en su gran bondad
también nos compadece.
33 No es la voluntad del Señor
afligirnos ni entristecernos.

34 Hay quienes oprimen a todos
los encarcelados de la tierra,
35 y tuercen los derechos humanos
en presencia del Altísimo,
36 y aun trastornan las causas que
defienden.
Pero el Señor no lo aprueba.

37 ¿Quién puede decir que algo sucede
sin que el Señor lo ordene?
38 ¿Acaso lo malo y lo bueno no proviene
de la boca del Altísimo?
39 ¿Cómo podemos quejarnos,
si sufrimos por nuestros pecados?

40 Examinemos nuestra conducta;
busquemos al Señor y volvámonos a él.
41 Elevemos al Dios de los cielos
nuestras manos y nuestros corazones.
42 Hemos sido rebeldes y desleales,
y tú no nos perdonaste.

43 Lleno de ira, no nos perdonaste;
¡nos perseguiste y nos mataste!
44 Te envolviste en una nube
para no escuchar nuestros ruegos.

45 Entre los paganos hiciste de nosotros
motivo de vergüenza y de rechazo.

46 Todos nuestros enemigos nos tuercen la boca;
47 son para nosotros una trampa,
¡son motivo de temor, destrucción y quebranto!
48 ¡Los ojos se me llenan de llanto
al ver el desastre de mi ciudad amada!

49 Mis ojos no dejan de llorar,
pues ya no hay remedio,
50 a menos que desde los cielos
el Señor se digne mirarnos.
51 Me llena de tristeza ver el sufrimiento
de las mujeres de mi ciudad.

52 Mis enemigos me acosaron sin motivo,
como si persiguieran a un ave;
53 me ataron y me arrojaron en un pozo,
y sobre mí pusieron una piedra;
54 las aguas me llegaron hasta el cuello,
y llegué a darme por muerto.

55 Desde el fondo de la cárcel
invoqué, Señor, tu nombre,
56 y tú oíste mi voz; no cerraste tus oídos
al clamor de mis suspiros;
57 el día que te invoqué, viniste a mí
y me dijiste: «No tengas miedo.»

58 Tú, Señor, me defendiste;
me salvaste la vida.
59 Tú, Señor, viste mi agravio
y viniste en mi defensa;
60 te diste cuenta de que ellos
sólo pensaban en vengarse de mí.

61 Tú, Señor, sabes cómo me ofenden,
cómo hacen planes contra mí;
62 sabes que mis enemigos
a todas horas piensan hacerme daño;
63 ¡en todo lo que hacen
soy el tema de sus burlas!

64 ¡Dales, Señor, el pago que merecen sus acciones!
65 ¡Déjalos en manos de su obstinación!
¡Que tu maldición caiga sobre ellos!
66 En tu furor, Señor, ¡persíguelos!
¡Haz que desaparezcan de este mundo!

La caída de Jerusalén

4 ¡Cómo se ha empañado el oro!
¡El oro fino ha perdido su brillo!
¡Las piedras del santuario se hallan esparcidas

PROMESAS PODEROSAS

LAMENTACIONES 3.22

Por la misericordia del Señor no hemos sido consumidos; ¡nunca su misericordia se ha agotado!

Jeremías sabía que la misericordia de Dios impedía que el pueblo de Judá fuera completamente destruido. A Dios le enfurecían los pecados de su pueblo, pero nunca dejó de amarlos. Su gran misericordia nunca se acaba. ¡Nunca podemos agotar la paciencia o la benignidad de Dios!

PODER PARA VIVIR

HAY ESPERANZA *(Lamentaciones 3.21-33)*

A veces es difícil creer que algo bueno puede surgir de una tragedia. Sin embargo, el profeta Jeremías encontró esperanza aun después que Jerusalén fue destruida: la ira de Dios sólo dura un tiempo breve, pero su gran amor nunca cesa (versículo 22). Dios todavía amaba al pueblo de Judá. Después que sufrieron su castigo (su exilio en Babilonia), Él estuvo listo a mostrarles compasión (versículos 28-33). Aun cuando parece que no queda ninguna esperanza, Dios sigue amando.

por todas las calles y encrucijadas!

[2] Los hijos de Sión,
más preciados y estimados que el oro puro,
¡ahora son vistos como vasijas de barro,
como hechura de un alfarero!

[3] Aun los chacales cuidan de sus cachorros,
pero mi amada ciudad es cruel como
avestruz del desierto.

[4] Tanta sed tienen los niños de pecho
que la lengua se les pega al paladar;
los pequeñitos piden de comer,
¡y no hay quien los alimente!

[5] Tendidos por las calles yacen
los que comían delicados platillos;
los que antes se vestían de púrpura,
hoy se aferran a los basureros.

[6] La maldad de Jerusalén fue mayor
que el pecado de Sodoma;[a]
¡en un instante quedó en ruinas,
sin la intervención humana!

[7] Sus nobles eran más claros que la nieve
y más blancos que la leche;
de piel más rosada que el coral,
de talle más delicado que el zafiro.

[8] ¡Pero han quedado irreconocibles!
¡Se ven más oscuros que las sombras!
¡Tienen la piel pegada a los huesos!
¡Están secos como un leño!

[9] Más dichosos fueron los que cayeron
en batalla
que los que fueron muriendo de hambre,
porque éstos fueron muriendo lentamente
por no tener para comer los frutos de
la tierra.

[10] Con sus propias manos,
mujeres piadosas cocinaron a sus hijos.[b]
El día que mi ciudad amada fue destruida,
sus propios hijos les sirvieron de
alimento.

[11] El Señor derramó el ardor de su ira
y satisfizo su enojo;
¡encendió en Sión un fuego
que redujo a cenizas sus cimientos!

[12] Jamás creyeron los reyes de la tierra,
ni los habitantes del mundo,
que nuestros enemigos lograrían
pasar por las puertas de Jerusalén.

[13] ¡Pero fue por los pecados de sus
profetas!
¡Fue por las maldades de sus sacerdotes,
que en sus calles derramaron sangre
inocente!

[14] Tropezaban por las calles, como
ciegos.
¡Tan manchadas de sangre tenían las
manos
que no se atrevían a tocar sus vestiduras!

[15] «¡Apártense, gente impura!», les
gritaban;
«¡Apártense, no toquen nada!»
Y se apartaron y huyeron.
Y entre las naciones se dijo:
«Éstos jamás volverán a vivir aquí.»

[16] El Señor, en su enojo, los dispersó
y no volvió a tomarlos en cuenta,
pues no respetaron a los sacerdotes
ni se compadecieron de los ancianos.

[17] Nuestros ojos desfallecen,
pues en vano esperamos ayuda;
en vano esperamos el apoyo
de una nación incapaz de salvarnos.

[18] Vigilan todos nuestros pasos;

[a] **4.6:** Gn 19.24. [b] **4.10:** Dt 28.57; Ez 5.10.

no podemos salir a la calle;
el fin de nuestros días se acerca;
¡nuestra vida ha llegado a su fin!

19 Los que nos persiguen son más ligeros
que las águilas del cielo.
Nos persiguen por los montes,
y en el desierto nos han tendido
trampas.

20 Atrapado entre sus redes
quedó el ungido del Señor,
el que daba aliento a nuestra vida;
aquél del cual decíamos:
«Bajo su sombra protectora
viviremos entre las naciones.»

21 ¡Alégrate ahora, Edom,
tú que habitas en la región de Uz!
¡Ya te llegará la hora de beber la copa
de la ira,
hasta que la vomites!

22 Tu castigo, Sión, ya se ha cumplido,
y nunca más volverán a llevarte cautiva.
Pero a ti, Edom, el Señor castigará tu
iniquidad
y pondrá al descubierto tus pecados.

Oración del pueblo afligido

5 Señor, recuerda lo que nos ha sucedido;
¡míranos, y toma en cuenta nuestro
oprobio!
2 Nuestra heredad ha pasado a manos
ajenas;
nuestras casas son ahora de gente extraña.
3 Nos hemos quedado huérfanos, sin
padre;
nuestras madres se han quedado
como viudas.
4 Pagamos por el agua que bebemos,
y hasta la leña tenemos que comprarla.
5 Estamos sujetos a la persecución;
nos fatigamos, no tenemos reposo.
6 Suplicantes extendimos la mano a los
egipcios,
y a los asirios les rogamos saciarnos de pan.
7 Nuestros padres pecaron, y murieron,
¡pero a nosotros nos tocó llevar el
castigo!
8 Ahora los esclavos son nuestros
señores,
y no hay quien nos libre de sus manos.
9 Desafiando a los guerreros del desierto,
arriesgamos la vida para obtener
nuestro pan.
10 El hambre nos hace arder en fiebre;
¡tenemos la piel requemada como un
horno!
11 En Sión violaron a nuestras mujeres;
¡en las ciudades de Judá violaron a
nuestras doncellas!
12 A los príncipes los colgaron de las
manos;
¡no mostraron ningún respeto por los
viejos!
13 A nuestros mejores hombres los
obligaron a moler;
¡a nuestros niños los agobiaron bajo el
peso de la leña!
14 Ya no se ven ancianos sentados a la
puerta;
los jóvenes dejaron de cantar.
15 Para nuestro corazón terminó la alegría;
nuestras danzas se volvieron cantos de
dolor.
16 Se nos cayó de la cabeza la corona.
¡Pobres de nosotros! ¡Somos pecadores!
17 Por eso tenemos triste el corazón;
por eso los ojos se nos han nublado.
18 Tan asolado está el monte Sión
que por él merodean las zorras.
19 Pero tú, Señor, eres el rey eterno;
¡tu trono permanecerá por toda la
eternidad!
20 ¿Por qué te has olvidado de nosotros?
¿Por qué nos has abandonado tanto
tiempo?
21 ¡Restáuranos, Señor, y nos volvere-
mos a ti!
¡Haz de nuestra vida un nuevo comienzo!
22 Lo cierto es que nos has desechado;
¡muy grande ha sido tu enojo contra
nosotros!

EZEQUIEL

Autor: **Ezequiel**
Temas: **El juicio de Dios y su gloria**
Fecha en que se escribió: **c. 590-570 a.C.**

JUICIO Y GLORIA

Imagínate ser un profeta durante la época más desesperada en la historia del Antiguo Testamento. Este período de tiempo cubría los siete años antes de la destrucción de Jerusalén (593-586 a.C.) y los quince años después de su destrucción (586-571 a.C.). Fue durante esta triste época que Ezequiel fue profeta de Dios.

Las profecías de Ezequiel tenían dos propósitos. (1) Transmitían el mensaje de Dios de juicio a su pueblo rebelde (capítulos 1-24) y a siete otras naciones (capítulos 25-32). (2) También animaban al pueblo cautivo en Babilonia (capítulos 33-48).

LO QUE ENCONTRARÁS EN EL LIBRO

Los cuarenta y ocho capítulos de Ezequiel se dividen en cuatro secciones principales. La primera sección (capítulos 1-3) describe la poderosa visión de la gloria de Dios que tuvo Ezequiel (capítulo 1). También cuenta cómo Dios escogió a Ezequiel para ser profeta (capítulos 2-3).

La segunda sección (capítulos 4-24) registra los mensajes de Ezequiel en cuanto a juicio. El pueblo de Judá se había rebelado por años. Ahora enfrentaría las terribles consecuencias: Jerusalén sería destruida. Los capítulos 8-11 describen cómo Dios lleva a Ezequiel a Jerusalén en una visión en que le da profecías a la ciudad. En el capítulo 24, la muerte de la esposa amada de Ezequiel sirve como una ilustración y una señal del final de Jerusalén.

La tercera sección (capítulos 25-32) contiene profecías de juicio contra siete naciones extranjeras que se rieron de la ruina de Judá.

La cuarta sección (capítulos 33-48) da un mensaje acerca de esperanza futura. Dios sería el verdadero pastor de su pueblo (capítulo 34). Les daría un "corazón nuevo" y un "espíritu nuevo" (capítulo 36). El libro termina con una descripción de la restauración al final de los tiempos del santo templo y de Jerusalén (capítulos 40-48) y el regreso de la gloria de Dios a Israel

¿SABÍAS QUE...?

- Ezequiel es un libro que contiene muchas visiones insólitas y símbolos extraños.
- Todo el contenido del libro está bien organizado con las fechas respectivas. Este libro contiene más fechas exactas que cualquier otro libro escrito por un profeta en el Antiguo Testamento.
- Es un libro que trata del vigía de Dios, Ezequiel.
- Es un libro que trata de un gran actor. Dios le pidió a Ezequiel que representara más mensajes divinos que cualquier otro profeta.
- Fue escrito en Babilonia, donde Ezequiel y su esposa vivían entre los otros exiliados judíos, a orillas del río Quebar.

La visión de la gloria divina

El día cinco del mes cuarto del año treinta, yo, Ezequiel, me encontraba junto al río Quebar, entre los cautivos. De pronto, los cielos se abrieron[a] y tuve visiones de parte de Dios.

2 Habían pasado ya cinco años y cinco meses desde que el rey Joaquín[b] había sido llevado cautivo.

3 Yo, Ezequiel hijo de Buzi, era sacerdote, y ese día estaba en la tierra de los caldeos, junto al río Quebar, y la palabra del Señor vino a mí, y sobre mí se posó su mano.

4 Me fijé, y vi que del norte venía un viento tempestuoso, junto con una nube impresionante envuelta en fuego y rodeada de un gran resplandor. En medio del fuego había algo semejante a bronce refulgente,

5 y en medio de la nube se veía la figura de cuatro seres vivientes,[c] todos ellos con apariencia humana.

6 Cada uno de ellos tenía cuatro rostros y cuatro alas.

7 Sus pies eran rectos, pero las plantas de sus pies se parecían a las pezuñas de los becerros y centelleaban como el bronce bruñido.

8 Tenían rostros y alas por los cuatro costados, y por debajo de sus alas tenían manos humanas.

9 Con las alas se tocaban entre sí, aunque al avanzar no se miraban el uno al otro sino que cada uno caminaba hacia adelante.

10 Visto de frente, su rostro era de aspecto humano, pero del lado derecho los cuatro tenían cara de león; del lado izquierdo tenían cara de toro, y por la nuca tenían cara de águila.[d]

11 Así eran sus rostros. Por encima de ellos tenían extendidas dos de sus alas, con las cuales se tocaban, y con las otras dos se cubrían el cuerpo.

12 Todos ellos caminaban de frente, siguiendo la dirección del espíritu, y ninguno de ellos volvía la vista atrás.

13 El aspecto de estos seres vivientes era como el de brasas ardientes, o teas encendidas,[e] que se movían entre ellos. El fuego era refulgente, y despedía relámpagos,

14 y con la rapidez del relámpago los seres vivientes corrían de un lado a otro.

15 Mientras observaba yo a estos seres vivientes, vi que junto a ellos, y en cada uno de los cuatro costados, había una rueda en el suelo.

16 El aspecto y la hechura de cada rueda era semejante al color del crisólito. Todas ellas tenían la misma forma, y parecían estar la una dentro de la otra.

17 Al avanzar, podían hacerlo en cualquier dirección, sin tener que dar marcha atrás.

18 Sus aros eran bastante altos, y las cuatro ruedas lanzaban destellos en su derredor.[f]

19 Si los seres vivientes avanzaban, las ruedas avanzaban con ellos; si los seres vivientes se elevaban, también se elevaban las ruedas.

20 Siempre se movían o elevaban siguiendo la dirección del espíritu. Si el espíritu se movía, las ruedas también se movían, porque en ellas estaba el espíritu de los seres vivientes.[g]

PALABRAS CON PODER

QUERUBÍN
(Ezequiel 1.5)

Hay diferentes tipos de ángeles. Querubines son ángeles que adoran a Dios constantemente. Representan la gloria y la santidad del Señor. Querubines guardan el Jardín del Edén tras la expulsión de Adán y Eva de allí (Gn 3.22-24). Imágenes de querubines estaban en la tapa del arca de la alianza, que representaba la presencia de Dios entre el pueblo (Éx 25.18-22). En la visión de Ezequiel, los querubines dieron a los exiliados un vislumbre de la gloria de la santidad de Dios. ¿Por qué no lees el primer capítulo de Ezequiel e intentas pintar un querubín?

[a]**1.1:** Ap 19.11. [b]**1.2:** 2 R 24.10-16; 2 Cr 36.9-10. [c]**1.5:** Ap 4.6. [d]**1.10:** Ez 10.14; Ap 4.7. [e]**1.13:** Ap 4.5. [f]**1.18:** Ap 4.8. [g]**1.15-21:** Ez 10.9-13.

LECCIONES **LA GLORIA DEL SEÑOR**
(Ezequiel 1.28)

¿En algún momento has visto algo tan increíble que apenas podías describir lo que habías visto? Ezequiel trató de explicar su visión de la gloria de Dios. ¡Era un espectáculo extraordinario! El rey Salomón y el pueblo de Israel habían visto la gloria de Dios llenar el templo de Israel (1 Reyes 8:10-13). Pero Dios ya no moraba allí. Más bien, Dios se le apareció a Ezequiel estando este en exilio en Babilonia. Hoy día, la maravillosa gloria de Dios mora en las personas que creen en Él a través del Espíritu Santo. Si tú has escogido creer en Jesús como tu Salvador, ¡el Espíritu Santo mora en tu corazón!

PALABRAS CON PODER **HIJO DEL HOMBRE**
(Ezequiel 2.1)

¿Tienes tú un sobrenombre? Dios le dio a Ezequiel un sobrenombre. Dios lo llamó "hijo de hombre" más de noventa veces en este libro. Este título le recordaba a Ezequiel que él era un ser humano que necesitaba el poder del Espíritu para hacer lo que Dios lo había llamado a hacer. Jesús también usó este título para referirse a Sí mismo (lee Mateo 8:20; 9:6; 11:19). Aunque Jesús era Dios, también era un hombre. Como hombre, Él dependía del Espíritu Santo para recibir poder y guía. ¿Dependes tú del poder del Espíritu Santo?

21 Si ellos avanzaban, también ellas avanzaban; si se detenían, también ellas se detenían; si se elevaban del suelo, también ellas se elevaban, porque el espíritu de los seres vivientes estaba en ellas.

22 Por encima de los seres vivientes podía verse una bóveda, semejante al cristal[h] más hermoso, la cual se extendía por encima de ellos.

23 Debajo de la bóveda sus alas se extendían hasta tocarse la una con la otra, y con dos de sus alas cada uno de ellos se cubría el cuerpo.

24 Cuando caminaban, oía yo que sus alas sonaban como un conjunto de muchas aguas,[i] como la voz del Omnipotente, como el estruendo de una muchedumbre, o como la alharaca de un ejército. Cuando se detenían, bajaban las alas,

25 de modo que al detenerse y bajar las alas podía oírse una voz por encima de la bóveda que estaba sobre ellos.

26 Sobre la bóveda podía verse el contorno de un trono, el cual parecía ser de zafiro, y sobre el contorno del trono podía verse sentado a alguien parecido a un hombre.[j]

27 Vi también algo parecido al bronce refulgente, y en su interior y a su alrededor había algo parecido a un fuego; tanto de lo que parecían ser sus lomos para arriba, como de sus lomos para abajo, vi algo parecido al fuego, y esto estaba rodeado de un resplandor.[k]

28 Ese resplandor que lo rodeaba se parecía al arco iris, cuando aparece en las nubes después de un día lluvioso.

Ésta fue la visión que tuve de lo que parecía ser la gloria del Señor. Al verla, me incliné sobre mi rostro, y oí la voz de alguien que hablaba.

Llamamiento de Ezequiel

2 La voz me dijo:
«Hijo de hombre, ponte sobre tus pies, que voy a hablar contigo.»
2 Tan pronto como me habló, el espíritu entró en mí y me hizo ponerme sobre mis pies, y oí que el que me hablaba
3 me decía:
«Hijo de hombre, voy a enviarte a los hijos de Israel, un pueblo rebelde. Hasta el día de hoy, tanto ellos como sus padres se han rebelado contra mí.

Ez 11.19-20

[h]**1.22:** Ap 4.6. [i]**1.24:** Ap 1.14-15; 19.6. [j]**1.26:** Ez 10.1; Ap 4.2-3. [k]**1.27:** Ez 8.2.

4 Así que yo te envío a gente de rostro
adusto y de corazón empedernido. Y les di-
rás: "Así ha dicho Dios el Señor."
5 Tal vez te harán caso. Pero si no lo ha-
cen así, porque son gente rebelde, siempre
sabrán que entre ellos hubo un profeta.
6 Pero tú, hijo de hombre, no tengas mie-
do de ellos ni de sus palabras. Aunque estés
entre zarzas y espinos, y habites entre escor-
piones, no tengas miedo de ellos ni de sus
palabras, porque son gente rebelde.
7 Ya sea que te escuchen o no, porque son
muy rebeldes, tú repíteles mis palabras.
8 Y tú, hijo de hombre, escucha bien lo
que te digo, y no seas rebelde como esa gen-
te. Abre la boca, y come lo que voy a darte
a comer.»
9 Yo miré, y vi que una mano se exten-
día hacia mí, y que en ella había un per-
gamino.
10 La mano lo extendió delante de mí, y vi
que el pergamino tenía endechas, lamenta-
ciones y ayes escritos por los dos lados.[a]

3 Y me dijo:
«Hijo de hombre, come lo que has
hallado. Cómete este pergamino, y
ve luego y habla con el pueblo de Israel.»
2 Yo abrí la boca, y me hizo comer el per-
gamino,
3 y me dijo:
«Hijo de hombre, aliméntate, llena tus
entrañas con este pergamino que te doy.»
Yo lo comí, y su sabor en mi boca fue dul-
ce como la miel.[a]
4 Entonces me dijo:
«Hijo de hombre, ve a hablar con el pue-
blo de Israel, y repíteles mis palabras.
5 No estás siendo enviado a un pueblo de
lenguaje profundo y difícil de entender, sino
al pueblo de Israel.
6 No vas a muchos pueblos de lenguaje
profundo y difícil de entender, cuyas pala-
bras no entiendes. Y si te enviara yo a un
pueblo así, ellos te prestarían atención;
7 pero el pueblo de Israel no va a querer
escucharte, porque no quiere escucharme a
mí, pues todo el pueblo de Israel es de cabe-
za dura y de corazón obstinado.
8 Sin embargo, yo he endurecido tu rostro
como el rostro de ellos, y he hecho tu frente
tan fuerte como la de ellos.
9 Tu frente es ahora dura como el diamante y
más fuerte que el pedernal, así que no les tengas
miedo, aunque sean un pueblo rebelde.»
10 También me dijo:
«Hijo de hombre, escucha con atención y
retén en tu mente todo lo que voy a decirte.
11 Ve y habla con los cautivos, con tu pro-
pia gente. Habla con ellos, y ya sea que te
hagan caso, o no, tú diles: "Así ha dicho el
Señor."»

Ez 33.7-11

12 Entonces el espíritu me levantó, y detrás
de mí escuché una voz estruendosa que de-
cía: «Bendita sea la gloria del Señor, que sale
de su santuario.»
13 También oí el aleteo de los seres vivien-
tes al juntar sus alas la una con la otra, y el
sonido de las ruedas que los acompañaban,
y un sonoro estruendo.
14 En ese momento el espíritu me levan-
tó y ya no me soltó. Mi espíritu se llenó de
amargura e indignación, pero la mano del
Señor prevaleció sobre mí.
15 Fui entonces a reunirme con los cau-
tivos que estaban en Tel Aviv, junto al río
Quebar, y me quedé a vivir entre ellos, aun-
que durante siete días no supe qué hacer.

Israel al cuidado de Ezequiel

(Ez 33.1-9)

16 Pasados los siete días, la palabra del Se-
ñor vino a mí y me dijo:
17 «Hijo de hombre, yo he puesto al pue-
blo de Israel bajo tu cuidado. Así que tú oi-
rás lo que yo te diga, y tú los amonestarás
de mi parte.
18 Si yo le digo al impío: "Estás sentenciado
a morir", y tú no lo amonestas para que sepa
que va por mal camino, ni le hablas para que
pueda seguir con vida, el impío morirá por
causa de su maldad, pero yo te pediré a ti
cuentas de su sangre.

[a]**2.9-10:** Ap 5.1. [a]**3.1-3:** Ap 10.9-10.

19 Pero si tú amonestas al impío, y él no se aparta de su impiedad y mal camino, morirá por causa de su maldad, pero tú te habrás librado de morir.

20 Ahora bien, si el justo se aparta de su justicia y hace lo malo, y yo pongo delante de él un tropiezo, él morirá porque tú no lo amonestaste y por causa de su pecado, y yo no tomaré en cuenta todos sus actos de justicia, pero a ti te pediré cuentas de su sangre.

21 Pero si amonestas al justo para que no peque, y éste no peca, ciertamente vivirá por haber sido amonestado, y tú te habrás librado de morir.»

Ez 18.21-23

Ezequiel se queda mudo

22 Allí mismo la mano del Señor vino sobre mí, y me dijo:

«Levántate y ve al campo, que allí voy a hablar contigo.»

23 Yo me levanté y me dirigí al campo, y vi que allí estaba la gloria del Señor, tal y como la había visto junto al río Quebar. Entonces me incliné sobre mi rostro,

24 y el espíritu entró en mí y me hizo ponerme sobre mis pies; luego me habló y me dijo:

«Entra en tu casa, y quédate allí, encerrado.

25 Toma en cuenta, hijo de hombre, que te atarán con cuerdas, y que con ellas te sujetarán para que no puedas andar entre ellos.

26 Yo haré que la lengua se te pegue al paladar, y te quedarás mudo, de modo que no podrás reprenderlos, aun cuando son un pueblo rebelde.

27 Pero cuando yo te hable, te abriré la boca, y tú les dirás: "Así ha dicho el Señor." Y el que quiera oír, que oiga; y el que no quiera oír, que no oiga; porque son un pueblo rebelde.

Predicción del sitio de Jerusalén

4 »Tú, hijo de hombre, toma un adobe y ponlo delante de ti, y dibuja en él la ciudad de Jerusalén.

2 Ponle sitio, levanta contra ella fortificaciones, baluartes y arietes, y rodéala con un ejército.

3 Toma también una plancha de hierro, y ponla entre la ciudad y tú, a manera de un muro de hierro; la plancha fungirá como cerco. Dirígete luego contra ella, y ponle sitio. Ésta será una señal contra el pueblo de Israel.

4 »Acuéstate luego sobre tu costado izquierdo, y pon sobre ese costado la maldad del pueblo de Israel. Llevarás sobre ti su maldad el mismo número de días que duermas sobre tu costado.

5 Y los años de su maldad son el mismo número de esos días, es decir, trescientos noventa días. De este modo llevarás sobre ti la maldad del pueblo de Israel.

6 Cuando se cumplan estos días, te acostarás de nuevo, pero esta vez sobre tu costado derecho, y durante cuarenta días llevarás

VIGÍAS *(Ezequiel 3.17)*
En la época bíblica, había hombres que se paraban sobre los muros de la ciudad y vigilaban para ver si había algún peligro. A estos hombres se les llamaba vigías. Ezequiel era vigía de Dios. Él le advertía al pueblo de Israel y de Judá de las terribles consecuencias de sus pecados. Si Ezequiel no les advertía, sería culpado de la muerte de ellos. Dios ha hecho a todos los creyentes sus vigías (lee Mateo 18:15). Él quiere que advirtamos a otras personas de las tristes consecuencias de su pecado. También quiere que comuniquemos las buenas noticias de que Jesús perdona el pecado. ¿A quién te gustaría comunicar estas buenas noticias?

LECCIONES AÑOS DE PECADO

(Ezequiel 4.5)

¿Podrías tú acostarte sobre tu costado por varias horas cada día durante más de un año? Ezequiel tuvo que acostarse sobre su costado izquierdo por varias horas durante 390 días y sobre su costado derecho durante 40 días. Esto pareciera algo extraño, pero el propósito de hacerlo era transmitirle un mensaje al pueblo. Los 390 días representaban los 390 años del pecado de Israel, que incluían la última parte del reino del rey Salomón hasta la destrucción de Jerusalén. Los 40 días probablemente representaban los 40 años del reino del malvado rey Manasés en Judá (2 Reyes 21:1-18). Ezequiel le hablaba al pueblo acerca de sus pecados por medio de las acciones que él realizaba. Hoy día, Dios nos habla acerca del pecado por medio de la Biblia. ¿Estás escuchando su mensaje?

sobre ti la maldad del pueblo de Judá. Estoy
contando un día por año.
7 Luego te dirigirás hacia la Jerusalén sitiada, y con el brazo descubierto profetizarás contra ella.
8 Yo te sujetaré, de manera que no puedas girar de un lado a otro, hasta que hayas cumplido con los días del sitio contra la ciudad.
9 »Pero tú, toma trigo, cebada, habas, lentejas, millo y avena, y ponlos en una vasija, para alimentarte con todo esto el número de días que te acuestes sobre tu costado. Esto es lo que comerás durante trescientos noventa días,
10 en raciones de doscientos gramos al día y a determinadas horas.
11 También beberás el agua en raciones de medio litro por día, a determinadas horas.
12 Harás panes de cebada, y los cocerás bajo las cenizas con fuego de excremento humano, y los comerás a la vista de todos.»
13 También dijo el Señor:

«Un pan así de inmundo comerán los hijos de Israel, en las naciones por las que voy a arrojarlos.»
14 Entonces dije:

«¡Ay, Señor y Dios! Yo no soy ningún ser inmundo, ni jamás, desde que era joven y hasta este día, he comido carne de ningún animal muerto o despedazado, ni tampoco me he llevado a la boca carne inmunda.»
15 El Señor me respondió:

«Mira, voy a permitirte que uses estiércol de bueyes para cocer tu pan, en lugar de excremento humano.»
16 Y también me dijo:

«Mira, hijo de hombre: Voy a hacer que falte pan en Jerusalén. El pan se comerá por peso y con angustia, y el agua se beberá por medida y con espanto,
17 para que, al faltarles el pan y el agua, unos a otros se miren con espanto y se consuman en su maldad.

5 »Tú, hijo de hombre, toma un cuchillo afilado o una navaja de barbero, y aféitate la cabeza y la barba; toma luego una balanza, y divide y pesa los cabellos.
2 Cuando el sitio de la ciudad llegue a su fin echarás al fuego una tercera parte de ellos, a la vista de todos; otra tercera parte la desmenuzarás con espada por toda la ciudad; y la tercera parte restante la arrojarás al viento. Yo voy a perseguirlos espada en mano.
3 Toma también unos pocos de tus cabellos, y sujétalos en el borde de tu manto,
4 otros pocos de ellos los echarás al fuego, para que se quemen, y de allí el fuego se propagará por todo el pueblo de Israel.»
5 Así ha dicho Dios el Señor:

«¡Aquí tienen a Jerusalén! La establecí en medio de las naciones y de los países a su alrededor.
6 Pero ella cambió mis decretos y mis ordenanzas. Su maldad fue mayor que la de las naciones y países a su alrededor, pues no obedeció mis decretos y mis mandamientos, sino que los desechó.»

7 Por lo tanto, así ha dicho el Señor:
«Ustedes se han portado peor que las naciones a su alrededor. No han seguido mis mandamientos, ni han obedecido mis leyes. ¡Ni siquiera se han sujetado a las leyes de las naciones a su alrededor!»
8 Por lo tanto, así ha dicho Dios el Señor:
«Jerusalén, yo estoy contra ti, y voy a dictar sentencia contra ti a la vista de las naciones.
9 Por tus acciones tan repugnantes, voy a hacer contigo lo que nunca antes hice, ni volveré a hacer.
10 En tus calles, los padres se comerán a sus hijos,[a] y los hijos se comerán a sus padres. Voy a dictar sentencia contra ti, y lanzaré a los cuatro vientos todo lo que de ti quede.
11 Por haber profanado mi santuario con todas tus abominaciones, yo, el Señor, juro que voy a destruirte por completo y sin misericordia. ¡No te voy a perdonar!
—Palabra del Señor.
12 »Una tercera parte de tus habitantes morirá en tus calles por causa de la peste y el hambre; una tercera parte de ellos morirá por la espada en tus alrededores, y la tercera parte restante la esparciré por los cuatro vientos. ¡Voy a perseguirlos espada en mano!
13 Así se calmará mi furor y se saciara mi enojo. Así quedaré satisfecho. Y una vez que se haya calmado mi enojo, ustedes sabrán que yo, el Señor, he hablado.
14 »Voy a dejarte en ruinas. Serás la burla de las naciones que te rodean, y de todos los que pasen a tu lado.
15 Cuando en mi furor e indignación te reprenda y dicte yo sentencia contra ti, serás motivo de burla y oprobio entre las naciones que te rodean. ¡Les servirás de escarmiento y de motivo de espanto! Yo, el Señor, lo he dicho.
16 »Cuando yo lance contra ustedes las mortales saetas del hambre, para destruirlos, haré también que aumente el hambre entre ustedes, pues les quitaré el abasto de pan.
17 Voy a lanzar contra ustedes hambre, peste y muerte, y bestias feroces que los devoren y espadas que les quiten la vida.[b] Yo, el Señor, lo he dicho.»

Profecía contra los montes de Israel

6 La palabra del Señor vino a mí, y me dijo:
2 «Hijo de hombre, dirígete a los montes de Israel y profetiza contra ellos.
3 Di a los montes de Israel que oigan la palabra de su Dios y Señor. Di a los montes y colinas, y a los arroyos y valles, que así dice su Dios y Señor: "Voy a lanzar la espada contra ustedes. Voy a destruir sus lugares altos.
4 Sus altares serán destruidos, y sus imágenes del sol serán hechas pedazos. Voy a hacer que sus muertos caigan delante de sus ídolos,
5 y que los cadáveres de los hijos de Israel caigan delante de sus ídolos, y que sus

[a] **5.10:** Lm 4.10. [b] **5.17:** Ap 6.8.

PODER PARA VIVIR

PROFANAR EL TEMPLO *(Ezequiel 5.11)*
Profanar el templo quiere decir contaminarlo o hacerlo impuro. Dios estaba enojado con el pueblo en Jerusalén porque adoraban a dioses falsos en el templo. Esto era muy malo. El pueblo debía adorar a Dios en el templo, no a ídolos. Habían deshonrado el templo. No se podía adorar a Dios en un lugar contaminado. Hoy día, las personas que creen en Dios son el templo de Dios. El Espíritu Santo vive en su corazón. Pero malas actitudes y acciones pecaminosas pueden "profanar" el templo. Podemos limpiar nuestro templo al pedirle a Jesús que nos perdone. El Espíritu Santo nos da poder para sacar la basura y mantener limpio el templo de Él.

huesos queden esparcidos alrededor de sus altares.

6 Dondequiera que ustedes habiten, sus ciudades quedarán desiertas y los lugares altos serán destruidos; sus altares quedarán en ruinas, y sus ídolos quedarán hechos añicos; sus imágenes del sol serán destruidas, lo mismo que todo lo que han hecho.

7 Cuando la gente caiga muerta en medio de ustedes, sabrán entonces que yo soy el Señor.

8 "Pero cuando sean esparcidos por los países, dejaré que algunos de ustedes se salven de la espada, de modo que quede un resto de sobrevivientes entre las naciones.

9 Aquellos de ustedes que logren escapar se acordarán de mí entre las naciones donde serán cautivos. Se acordarán de cómo sufrí por culpa de su corazón infiel, que se apartó de mí, y por haber puesto sus ojos infieles en los ídolos. Se avergonzarán de ustedes mismos, por causa de todo el mal que cometieron con sus acciones repugnantes."

10 Así sabrán ellos que yo soy el Señor, y que no en vano dije que les traería este mal.»

11 Así ha dicho Dios el Señor:

«Da de palmadas con tus manos, y de golpes con tus pies. Llora por todas las acciones repugnantes que ha cometido el pueblo de Israel, porque caerán a filo de espada, o por el hambre o la peste.

12 Los que se encuentren lejos morirán por la peste; los que estén cerca caerán a filo de espada, y los que aún queden morirán de hambre durante el sitio de la ciudad. Así satisfaré en ellos mi enojo.

13 Cuando sus cadáveres caigan ante sus ídolos, y alrededor de sus altares, y sobre toda colina elevada y en las cimas de todo monte, o bajo la fronda de los árboles y de las espesas encinas, que es donde ofrecieron incienso a todos sus ídolos, sabrán que yo soy el Señor.

14 Yo extenderé mi mano contra ellos, y dondequiera que vivan haré que la tierra quede más árida y desolada que el desierto de Diblat. ¡Y entonces sabrán que yo soy el Señor!»

PALABRAS CON PODER

DIOSES FALSOS

(Ezequiel 6.4)

Cuando Dios le dio a Moisés los Diez Mandamientos, el primer mandamiento era "No tendrás dioses ajenos delante de mí" (Éxodo 20:3). Dios quería ser la persona más importante en la vida de su pueblo. Pero ellos quebrantaron ese mandamiento al adorar a dioses falsos. Un ídolo o un dios falso no es sólo una estatua de madera o de plata hecha por los hombres. Un ídolo puede ser cualquier cosa que una persona adore que no sea Dios. Hoy día, algunas personas ponen la fama, el dinero o hasta los amigos en el lugar más importante de su vida. Dios quiere ser lo más importante en nuestra vida. ¡Los NIÑOS PODEROSOS ponen a Dios en primer lugar!

Anuncio del fin

7 La palabra del Señor vino a mí, y me dijo:

2 «Escucha, hijo de hombre, que así ha dicho Dios el Señor a la tierra de Israel: "Ya viene el fin. Ya está cerca, sobre los cuatro extremos de la tierra.

3 Tu fin ha llegado. Voy a descargar mi furor sobre ti; voy a dictar sentencia contra ti, según tus acciones; voy a echarte en cara todas tus repugnantes acciones.

4 No te quitaré los ojos de encima, ni tendré misericordia de ti. Al contrario, te castigaré por tu mala conducta y por tus repugnantes acciones. Así sabrás que yo soy el Señor."»

5 Así ha dicho Dios el Señor:

«¡Fíjate bien, que viene una calamidad!

6 Se acerca el fin. Llega ya. El fin se ha despertado y viene contra ti.

7 La mañana viene hacia ti, habitante de esta tierra. Se acerca la hora. Cercano está el día. Será sobre los montes un día de tumulto, y no de alegría.

[8] Muy pronto derramaré mi enojo sobre ti, y saciaré en ti mi furor. Dictaré sentencia contra ti, de acuerdo con tu mala conducta, y te haré pagar por tus repugnantes acciones.
[9] No te voy a perdonar. No voy a tenerte misericordia. Te castigaré conforme a tu mala conducta, y exhibiré tus actos repugnantes. Así sabrás que yo soy el Señor, el que castiga.
[10] »Ya viene el día, ya viene. Ya ha llegado la mañana. Ha florecido ya la vara, y ha reverdecido la soberbia.
[11] Se yergue la violencia como vara de maldad. Pero de todos ellos no habrá uno solo que quede con vida, ni habrá tampoco entre ellos nadie que se lamente.
[12] Llegó el momento; llegó el día. Que no se alegre el que compra, ni llore el que vende, porque mi ira caerá sobre toda esta multitud.
[13] El que venda no volverá a poseer lo que vendió, aun cuando quede con vida. La visión sobre toda esta multitud no será revocada, porque por causa de su iniquidad ninguno quedará con vida.
[14] »Se tocará la trompeta, y prepararán todas sus armas, pero nadie saldrá al campo de batalla, porque mi ira pesa sobre toda esta multitud.
[15] Fuera de la ciudad, morirán a filo de espada; dentro de la ciudad, morirán de hambre y por la peste. El que esté en el campo de batalla morirá a filo de espada, y el que esté en la ciudad será consumido por el hambre y la peste.
[16] Los que logren escapar huirán a los montes, y estarán gimoteando como las palomas de los valles, cada uno por causa de su iniquidad.
[17] Se les debilitarán las manos, y como si fueran chorros de agua se les doblarán las rodillas.
[18] Se vestirán de luto, y se llenarán de pavor; todos los rostros se cubrirán de vergüenza, y todas las cabezas quedarán rapadas.
[19] Arrojarán su plata y su oro a la calle, y no habrá quien los recoja; en el día del furor del Señor, ¡ni su plata ni su oro podrá salvarlos! No podrán saciar su apetito ni satisfacer su hambre, porque sus riquezas y su maldad los hicieron tropezar.
[20] Yo convertí todo eso en algo repugnante porque ellos, en su soberbia, convirtieron todo ese esplendor y ornamento en imágenes de sus ídolos aborrecibles.
[21] Y ya he puesto sus riquezas en manos de gente extraña, para que las saqueen y las profanen, y para que sean botín de los impíos de la tierra.
[22] Yo les volveré la espalda, y mi lugar más íntimo será violentado, pues en él entrarán invasores que lo profanarán.
[23] »Haz cadenas, porque el país está lleno de homicidios y la ciudad está llena de violencia.
[24] Por eso traeré a la nación más perversa, para que se adueñe de sus casas; voy a poner fin a la soberbia de los poderosos, y sus santuarios serán profanados.
[25] Ya viene la destrucción, y buscarán la paz, pero no la hallarán.
[26] Sufrirán calamidad tras calamidad, y oirán rumor tras rumor, y buscarán una respuesta en los labios del profeta, pero ni los sacerdotes ni los ancianos podrán guiarlos ni aconsejarlos.
[27] El rey se vestirá de luto, el príncipe se cubrirá de tristeza, y al pueblo le temblarán las manos. Y es que voy a darles lo que merecen sus acciones, y a dictar sentencia contra ellos conforme a su manera de impartir justicia. Así sabrán que yo soy el Señor.»

Visión de las abominaciones en Jerusalén

8 El día cinco del mes sexto del sexto año, yo estaba sentado en mi casa, en compañía de los ancianos de Judá, cuando de pronto la mano de Dios el Señor se posó sobre mí.
[2] Me fijé, y vi una figura semejante a la de un hombre, aunque de la cintura para abajo parecía fuego, y de la cintura para arriba su resplandor tenía el aspecto del bronce refulgente.[a]

[a] **8.2:** Ez 1.27.

LECCIONES: EL ESPÍRITU SANTO GUÍA

(Ezequiel 8.1)

En toda la Biblia vemos al Espíritu Santo guiando a las personas de maneras increíbles. En una visión, el Espíritu Santo transportó repentinamente a Ezequiel a Jerusalén. En el Nuevo Testamento, "el Espíritu del Señor se llevó a Felipe" (Hechos 8:39). El apóstol Pablo "fue arrebatado hasta el tercer cielo" en una visión (2 Corintios 12:2). Estas cosas nos parecen imposibles, pero nada es imposible para Dios (Lucas 1:37). Los creyentes deben esperar que el Espíritu Santo haga cosas increíbles a través de ellos. Tú puedes orar y pedirle al Espíritu Santo que obre por medio de ti.

3 Aquella figura extendió la mano, y me tomó por los cabellos; entonces el espíritu me elevó por los aires, entre el cielo y la tierra, y en visiones de Dios me llevó a Jerusalén, a la entrada de la puerta interior que mira hacia el norte, donde estaba el recinto de la imagen que despierta los celos de Dios,

4 ¡y allí estaba la gloria del Dios de Israel, tal y como la había visto en la visión del campo![b]

Zac 7.12

5 Y me dijo:

«Hijo de hombre, dirige ahora la mirada hacia el lado norte.»

Yo dirigí la mirada hacia el norte, y allí en el norte pude ver, junto a la puerta del altar, y en la entrada misma, la imagen que despierta los celos de Dios.

6 Entonces me dijo:

«Hijo de hombre, ¡mira lo que éstos hacen! ¡Mira las grandes abominaciones que el pueblo de Israel perpetra aquí para alejarme de mi santuario! Pero sigue viendo, y verás abominaciones aún mayores.»

7 Me llevó entonces a la entrada del atrio, y me fijé, y vi en la pared un agujero.

8 Me dijo entonces:

«Hijo de hombre, haz un hoyo en la pared.»

En cuanto hice el hoyo en la pared, vi una puerta.

9 Entonces me dijo:

«Entra, y ve cuántas cosas malvadas y repugnantes hacen éstos aquí.»

10 Yo entré, y miré, y pude ver toda clase de reptiles y de bestias repugnantes, y vi que por toda la pared estaban pintados todos los ídolos del pueblo de Israel.

11 Delante de ellos estaban setenta ancianos del pueblo de Israel, cada uno con su incensario en su mano, y en medio de ellos estaba Jazanías hijo de Safán. Y subía una espesa nube de incienso.

12 Me dijo entonces:

«Hijo de hombre, ¡mira lo que hacen a escondidas los ancianos del pueblo de Israel! ¡Todos ellos tienen sus alcobas pintadas de imágenes! Y es que dicen: "El Señor no nos ve. El Señor ha abandonado la tierra."»

13 Luego me dijo:

«Sigue mirando, y vas a ver cosas aún más repugnantes que éstos hacen.»

14 Entonces me llevó a la entrada de la puerta del templo del Señor, la que está al norte, y allí vi a unas mujeres sentadas, las cuales lloraban por el dios Tamuz.

15 Allí me dijo:

«¿Lo ves, hijo de hombre? Pues sigue mirando, y verás cosas aún más repugnantes que éstas.»

16 Me llevó luego al atrio interior del templo del Señor, y allí junto a la entrada del templo del Señor, entre la entrada y el altar, vi como veinticinco varones que, de espaldas al templo del Señor, estaban de rodillas y con la mirada puesta hacia el oriente, para adorar al sol.

17 Entonces me dijo:

«¿Lo has visto, hijo de hombre? ¿Acaso cree el pueblo de Judá que es poca cosa cometer aquí actos tan repugnantes? No sólo han llenado de maldad la tierra, sino que además quieren provocar mi enojo. ¡Hasta me hacen oler sus hediondos ramos!

[b] **8.4:** Ez 1.28.

18 ¡Pues también yo voy a proceder con furor! ¡No voy a perdonarlos, ni les tendré misericordia! ¡Bien pueden gritar hasta desgañitarse, que yo nos les haré caso!»

Visión de la muerte de los culpables

9 Y gritó en mis oídos con fuerte voz: «Ya han llegado los verdugos de la ciudad. Cada uno de ellos trae en la mano un instrumento destructor.»

2 Entonces vi que seis hombres venían por el camino de la puerta de arriba, la que mira hacia el norte, y cada uno de ellos traía en la mano un instrumento destructor. Entre ellos había un hombre vestido de lino, que traía en la cintura un tintero de escribano. Al llegar, se detuvieron junto al altar de bronce.

3 Entonces la gloria del Dios de Israel se elevó por encima del querubín sobre el que había estado, y se detuvo en el umbral del templo; allí el Señor llamó al hombre que estaba vestido de lino y que tenía en la cintura un tintero de escribano,

4 y le dijo:

«Pasa ahora por en medio de la ciudad de Jerusalén, y pon una señal en la frente[a] de quienes gimen y claman a causa de todas las cosas repugnantes que se cometen en ella.»

Dn 1.8-20

5 También escuché que a los otros les dijo:

«Vayan tras él. Recorran juntos toda la ciudad, y maten a todos sin misericordia. No perdonen a nadie.

6 Comiencen por mi santuario y maten a los viejos, a los jóvenes y a las doncellas, a los niños y a las mujeres, hasta que nadie quede vivo. Pero no se acerquen a nadie que tenga la señal.»

Ellos comenzaron por matar a los ancianos que estaban delante del templo.

7 Y les dijo:

«¡Vamos! ¡Contaminen el templo, llenen los atrios de cadáveres!»

Ellos se dirigieron a la ciudad y comenzaron a matar gente.

8 Pero como yo me quedé solo mientras ellos iban matando gente, me incliné sobre mi rostro, y a gran voz clamé:

«¡Ay, Señor y Dios! ¿Acaso por tu enojo contra Jerusalén vas a destruir a todo el remanente de Israel?»

9 Y Dios me dijo:

«La maldad del pueblo de Israel y de Judá es muy grande. La tierra está saturada de sangre, y la ciudad está llena de maldad. Andan diciendo que yo he abandonado la tierra, y que no me doy cuenta de nada.

10 Así que voy a actuar, y no los perdonaré ni les tendré misericordia; al contrario, haré que recaigan sobre ellos las consecuencias de su mala conducta.»

11 En ese momento, el que estaba vestido de lino y llevaba un tintero en su cintura emitió este informe:

«Ya he cumplido con todo lo que me mandaste hacer.»

[a] **9.4:** Ap 7.3; 9.4; 14.1.

TRISTE CON EL PECADO *(Ezequiel 9.4)*

Algunos del pueblo de Dios permanecieron fieles. Estaban preocupados con el mal comportamiento de los demás en Jerusalén. Dios marcó la frente de los que eran leales. La marca especial era la letra ***tau*** (la última letra del alfabeto hebreo). El apóstol Juan también mencionó esta marca en aquellos que confían en Dios (Ap 22.4). Hoy, los que son leales al Señor son marcados con el Espíritu Santo, que vive en nuestros corazones. Sentimos su tristeza por nuestros errores y por los de los demás.

La gloria de Dios abandona el templo

10 Me fijé, y vi que en la bóveda que estaba por encima de la cabeza de los querubines había algo parecido a una piedra de zafiro, y que parecía ser un trono[a]

2 El Señor le dijo entonces al que estaba vestido de lino:

«Métete entre las ruedas que están debajo de los querubines, llénate las manos con las brasas que están entre ellos, y espárcelas sobre la ciudad.»[b]

Yo lo vi meterse entre las ruedas.

3 Cuando se metió, los querubines estaban a la derecha del templo y una nube llenaba el atrio interior.

4 Entonces la gloria del Señor se elevó por encima del querubín que estaba en el umbral de la puerta, y el templo se llenó con la nube, y el atrio se llenó con el resplandor de la gloria del Señor.

5 El estruendo de las alas de los querubines se oía hasta el atrio exterior, y era semejante a la voz del Dios omnipotente.

6 En el momento en que Dios le ordenó al que estaba vestido de lino, que tomara fuego de entre las ruedas que estaban debajo de los querubines, éste se metió al fuego y se detuvo entre las ruedas.

7 Entonces uno de los querubines extendió su mano hacia el fuego y, luego de tomar fuego de allí, lo puso en las manos del que estaba vestido de lino, y éste lo tomó y salió.

8 Por debajo de las alas de los querubines podía verse la figura de una mano humana.

9 Yo me fijé, y junto a los querubines vi cuatro ruedas, una junto a cada uno de los querubines. El aspecto de las ruedas era semejante al crisólito,

10 y las cuatro tenían la misma forma, como si estuvieran la una en medio de la otra.

11 Cuando avanzaban, lo hacían en las cuatro direcciones, sin tener que volverse; seguían a la que iba al frente, sin tener que volverse.

LECCIONES

LA GLORIA SE APARTA

(Ezequiel 10.4)

Cuando el rey Salomón y el pueblo dedicaron el templo, la gloria de Dios llenó el templo. Pero en los capítulos 10-11, Ezequiel vio la gloria de Dios apartarse lentamente del templo. Esta es una de las imágenes más tristes en la Biblia. Dios se apartó del templo porque había tanto pecado en Israel y Judá. Dios es santo y no puede convivir con el pecado. Pero Él prometió regresar una vez más en un momento futuro cuando el reino de Israel se hubiera vuelto a unir. Hoy día, los cristianos son el templo de Dios. Su gloria permanece sobre nosotros en la forma del Espíritu Santo. Él quiere que vivamos una vida pura libre de pecado.

12 Todo su cuerpo y espaldas, lo mismo que sus manos y alas, y las cuatro ruedas estaban llenos de destellos.[c]

13 Pude oír que a las ruedas se les ordenaba girar.[d]

14 Y los querubines tenían cuatro rostros cada uno: el primer rostro era el de un querubín; el segundo, el de un hombre; el tercero, el de un león; el cuarto, el de un águila.[e]

15 Los querubines levantaron vuelo. Eran los mismos que yo había visto junto al río Quebar.

16 Cuando avanzaban, las ruedas avanzaban con ellos, y cuando levantaban sus alas para remontar el vuelo, las ruedas los seguían.

17 Cuando se detenían ellos, se detenían las ruedas; y cuando se elevaban, también las ruedas se elevaban. Y es que el espíritu de los seres vivientes estaba en ellas.

18 La gloria del Señor se elevó por encima del umbral del templo, y fue a posarse sobre los querubines.

19 En ese momento, ante mis ojos los querubines agitaron sus alas y remontaron el vuelo, y las ruedas se elevaron junto con ellos y fueron a detenerse a la entrada de

[a]**10.1:** Ez 1.26; Ap 4.2. [b]**10.2:** Ap 8.5. [c]**10.12:** Ap 4.8. [d]**10.9-13:** Ez 1.15-21. [e]**10.14:** Ez 1.10; Ap 4.7.

la puerta oriental del templo del Señor. La
gloria del Dios de Israel estaba por encima
de ellos.
20 Éstos eran los mismos seres vivientes
que vi junto al río Quebar, por debajo del
Dios de Israel, y me di cuenta de que eran
querubines.
21 Cada uno de ellos tenía cuatro rostros y
cuatro alas, y debajo de sus alas podían ver-
se manos humanas.
22 La apariencia de sus rostros y de su
cuerpo era la misma que vi junto al río Que-
bar, y todos ellos caminaban de frente.

Reprensión de los príncipes malvados

11 El espíritu me levantó y me llevó
a la puerta oriental del templo
del Señor. Allí, a la entrada de la
puerta, vi a veinticinco hombres. Entre ellos
estaban Jazanías hijo de Azur y Pelatías hijo
de Benaías, que eran dos personas importan-
tes del pueblo.
2 Y me dijo:
«Hijo de hombre, éstos son los que en
esta ciudad hacen planes malvados e impar-
ten malos consejos.
3 Éstos son los que dicen: "Construyamos
casas, que las cosas no suceden tan pronto.
Si la ciudad es la olla, entonces nosotros so-
mos la carne."
4 Por lo tanto, profetiza contra ellos, hijo
de hombre. ¡Profetiza!»
5 Luego, el espíritu del Señor vino sobre
mí, y me dijo:
«Dile de mi parte al pueblo de Israel: "Así
ha dicho el Señor: 'Ustedes han hablado, y yo
he entendido todo lo que ustedes piensan.
6 En esta ciudad ustedes han multiplicado
sus muertos, y han llenado de cadáveres sus
calles.'
7 Por lo tanto, así ha dicho Dios el Señor:
'Los muertos que ustedes han puesto en
medio de la ciudad son la carne, y la ciudad
es la olla. ¡Pues yo voy a echarlos a ustedes
dentro de esa olla!'
8 Ustedes temen morir por la espada, pero
yo haré que por la espada mueran.
—Palabra del Señor.
9 "Voy a expulsarlos de la ciudad, y a po-
nerlos en manos de gente extraña. Voy a
dictar sentencia contra ustedes.
10 A filo de espada morirán; dictaré sen-
tencia contra ustedes en los límites de Israel.
Así sabrán que yo soy el Señor.
11 La ciudad no será para ustedes ninguna
olla, ni ustedes serán la carne en la olla. Yo
dictaré sentencia contra ustedes en los lími-
tes de Israel.
12 Sabrán entonces que yo soy el Señor,
porque no han seguido mis estatutos ni
han obedecido mis decretos, sino que han
seguido las costumbres de las naciones a su
alrededor."»
13 Y sucedió que, mientras yo profetiza-
ba, Pelatías hijo de Benaías murió. Entonces
me incliné de cara al suelo, y con gran voz
clamé:
«¡Ay, Señor y Dios! ¿Vas a destruir del
todo al remanente de Israel?»

Promesa de restauración y renovación

14 Entonces la palabra del Señor vino a mí,
y me dijo:
15 «Hijo de hombre, fue a tus propios her-
manos y parientes, y a todo el pueblo de
Israel, a quienes los habitantes de Jerusalén
decían: "Aléjense del Señor, que esta tierra se
nos dio a nosotros en posesión."
16 Por lo tanto, diles de mi parte: "Aunque
yo los he arrojado entre las naciones lejanas,
y los he esparcido por todos los países, con
todo seré para ustedes un pequeño santua-
rio en los países adonde lleguen."
17 Y diles también: "Así ha dicho Dios el
Señor: 'Yo volveré a recogerlos de entre los
pueblos y naciones por las que estén espar-
cidos, y les daré la tierra de Israel.'"
18 Y ellos volverán allá, y quitarán de allí
todas sus idolatrías y todos sus ídolos re-
pugnantes.
19 Pondré en ellos un corazón y un espíri-
tu nuevo. Les quitaré el corazón de piedra
que ahora tienen, y les daré un corazón
sensible,

PALABRAS CON PODER

UN NUEVO ESPÍRITU
(Ezequiel 11.19)

Cuando Dios prometió devolverle a su pueblo su tierra, también prometió darles un "espíritu nuevo". Este "espíritu nuevo" es (1) el Espíritu Santo y (2) un nuevo deseo de servir y estar cerca de Dios. Parte de esta promesa se hizo realidad el día de Pentecostés cuando llegó el Espíritu Santo (Hechos 2:4). Pero en el futuro, el Espíritu Santo le dará poder al pueblo de Israel para vivir según las leyes y los propósitos de Dios. Esto acontecerá cuando Jesús regrese a la tierra para establecer su reino. Pero por ahora, el Espíritu Santo vive dentro de ti y te da el poder para resistir la tentación.

Ez 36.26-27
20 para que sigan mis ordenanzas y cumplan mis decretos. Entonces ellos serán mi
pueblo, y yo seré su Dios.[a]
21 Pero a aquellos cuyo corazón vaya tras
el deseo de sus idolatrías y de sus abominaciones, los haré que sufran en carne propia las consecuencias de su mala conducta.»

—Palabra de Dios el Señor.

22 Después de esto, los querubines levantaron sus alas, y las ruedas los siguieron. La gloria del Dios de Israel estaba sobre ellos,
23 pero se levantó y salió de la ciudad, y fue
a posarse sobre el monte que está al oriente de la ciudad.[b]
24 Entonces el espíritu me levantó y una
vez más me llevó, en una visión del espíritu de Dios, al país de los caldeos, donde estaban los cautivos. Luego, la visión desapareció de mi vista,
25 y yo les conté a los cautivos todo lo que
el Señor me había mostrado.

Salida de Ezequiel en señal del cautiverio

12 La palabra del Señor vino a mí, y me dijo:
2 «Hijo de hombre, tú habitas en medio de un pueblo rebelde. Tienen ojos para ver, pero no ven; tienen oídos para oír, pero no oyen;[a] porque son un pueblo rebelde.
3 Por lo tanto, hijo de hombre, prepara tu
equipaje y ponte en marcha, a pleno sol y a la vista de ellos. Sal de tu lugar y vete a otra parte, de modo que te vean. Son un pueblo rebelde, pero tal vez te hagan caso.
4 Al caer la tarde, muéstrales tu equipaje y
a la vista de ellos ponte en marcha, como si estuvieras yendo al cautiverio.
5 Haz que te vean abrirte paso a través de
la muralla, y sal de la ciudad.
6 Échate al hombro el equipaje y sal con
él de noche, con el rostro cubierto y sin mirar al suelo. Haz todo esto a la vista de ellos, porque yo te he puesto de ejemplo para el pueblo de Israel.»
7 Yo hice todo lo que se ordenó hacer. A
plena luz del día saqué mi equipaje, como si me estuviera yendo al cautiverio, y al caer la tarde con mis propias manos me abrí paso a través de la muralla. Salí de noche con mi equipaje al hombro, a la vista de todos ellos.
8 Por la mañana la palabra del Señor vino
a mí, y me dijo:
9 «Hijo de hombre, seguramente ese pue-
blo rebelde, el pueblo de Israel, te va a preguntar qué es lo que haces.
10 Diles que yo, el Señor, he dicho: "Esta
profecía se refiere al príncipe de Jerusalén y a todo el pueblo de Israel que habita en esa ciudad."
11 Diles también: "Yo, Ezequiel, soy un
ejemplo para ustedes. Lo mismo que yo hice, se va a hacer con ustedes, pues van a marchar cautivos al destierro."
12 El príncipe que ahora los gobierna se
echará al hombro su equipaje y saldrá de la ciudad abriéndose paso por la muralla y cubriéndose el rostro para no ver el suelo.
13 Yo extenderé mi red sobre él, y lo haré
caer en ella, para llevarlo a Babilonia, al país de los caldeos. Pero no llegará a verlo,[b] porque allá morirá.

[a]**11.19-20:** Ez 36.26-28. [b]**11.22-23:** Ez 43.2-5. [a]**12.2:** Is 6.9-10; Jer 5.21; Mr 8.18. [b]**12.13:** 2 R 25.7; Jer 52.11.

14 A todos los que antes estaban atentos a servirle, y a todo su ejército, los esparciré por los cuatro vientos, y con la espada desenvainada los perseguiré.

15 »Cuando los haya dispersado totalmente entre las naciones y por toda la tierra, sabrán que yo soy el Señor.

16 Sin embargo, dejaré que unos pocos de ellos escapen de la espada, del hambre y de la peste, para que cuenten todos sus hechos repugnantes entre las naciones a las que lleguen. Así sabrán que yo soy el Señor.»

17 La palabra del Señor vino a mí, y me dijo:

18 «Hijo de hombre, come tu pan y bebe tu agua temblando de miedo y de angustia.

19 Y a la gente del país dile: "Así ha dicho Dios el Señor acerca de los habitantes de Jerusalén y de todo Israel: 'Con mucho temor y angustia comerán su pan y beberán su agua, pues por la maldad de todos sus habitantes el país será despojado de su abundancia.'"

20 Las ciudades ahora habitadas quedarán abandonadas, y el país será destruido. Así sabrán que yo soy el Señor.»

21 La palabra del Señor vino a mí, y me dijo:

22 «Hijo de hombre, ¿a qué viene que todos en Israel andan repitiendo ese refrán que dice: "Los días se alargan, pero la visión no llega"?

23 Pues ahora vas a decirles de mi parte: "Voy a ponerle fin a este refrán, y nunca más volverá a repetirse en Israel." Diles que ya está cerca el día en que todas las visiones se cumplirán.

24 No volverá a haber en Israel ninguna visión falsa ni adivinaciones de gente aduladora.

25 Yo, el Señor, seré quien hable, y lo que yo diga se cumplirá. Ya no habrá más demoras, pueblo rebelde. Voy a hablar, y lo que yo diga se cumplirá. ¡Y ustedes vivirán para verlo!»

—Palabra de Dios el Señor.

26 La palabra del Señor vino a mí, y me dijo:

27 «Hijo de hombre, mira que los del pueblo de Israel andan diciendo: "Las visiones que Ezequiel tiene van para largo. Lo que él profetiza va a tardar mucho en cumplirse."

28 Así que ve y diles de mi parte: "Ya no habrá más demoras. Lo que yo diga, se cumplirá."»

—Palabra de Dios el Señor.

Condenación de los falsos profetas

13 La palabra del Señor vino a mí, y me dijo:

2 «Hijo de hombre, profetiza contra los profetas de Israel. Según ellos, profetizan, pero sus profecías son producto de su propio corazón. Diles que oigan mi palabra.

3 Diles que yo, su Dios y Señor, he dicho: "¡Ay de los profetas insensatos, que siguen sus propios impulsos sin haber tenido ninguna visión!

4 Tus profetas, Israel, son como las zorras del desierto.

5 No se han trepado a las brechas, ni han levantado una muralla firme que, en mi día, proteja al pueblo de Israel de los estragos de la guerra."

6 Sus visiones son falsas, y sus adivinaciones son una mentira. Andan diciendo: "El Señor lo ha dicho", pero yo no los he enviado. ¿Y así esperan que yo confirme su palabra?

7 ¿No es verdad que cuando dicen: "El Señor lo ha dicho", sin que yo haya hablado, sus visiones resultan falsas, y sus adivinaciones son una mentira?

8 »Por eso yo, su Dios y Señor he dicho: "Yo estoy contra ustedes, porque sus palabras son falsas y sus visiones son una mentira."

—Palabra de Dios el Señor.

9 »Voy a descargar mi mano sobre los profetas que tienen visiones falsas y mienten con sus adivinaciones. No serán contados entre mi pueblo, ni quedarán inscritos en el libro del pueblo de Israel, ni podrán entrar

a la tierra de Israel. Así sabrán que yo soy
Dios el Señor.
10 »Esto será así por haber engañado a mi
pueblo. Le hablaron de paz, cuando en rea-
lidad no había paz.[a] Mientras uno levanta-
ba la pared, los otros la recubrían con lodo
suelto.
11 Así que diles a los que recubren la pared
con lodo suelto, que esa pared se vendrá
abajo. Yo enviaré una lluvia torrencial, y gra-
nizos como piedras, y un viento tempestuo-
so, para que se venga abajo.
12 Y cuando la pared esté por los suelos,
¡seguramente les van a preguntar qué pasó
con el lodo suelto con que embarraron la
pared para recubrirla!
13 »Por lo tanto yo, su Señor y Dios, digo:
"En mi enojo, haré que un viento tempes-
tuoso destroce esa pared; en mi furor, envia-
ré una lluvia torrencial y piedras de granizo
para que la destruya.
14 Así es como voy a desbaratar la pared
que ustedes recubrieron con lodo suelto;
voy a echarla por tierra, y ésta se caerá y sus
cimientos quedarán al descubierto, y us-
tedes serán destruidos con ella. Así sabrán
que yo soy el Señor."
15 »Cuando haya calmado mi furor contra
la pared y contra los que la recubrieron con
lodo suelto, les diré: "Ya no existe la pared, ni
los que la recubrieron,
16 esos profetas de Israel que profetizaban
acerca de Jerusalén y que tenían para ella vi-
siones de paz, cuando en realidad no había
paz."
—Palabra de Dios el Señor.
17 »Tú, hijo de hombre, denuncia a esas
mujeres de tu pueblo, cuyas profecías son
producto de su propio corazón. Profetiza
contra ellas,
18 y diles de mi parte: "¡Ay de aquellas que
cosen vendas mágicas para todas las manos,
y hacen velos mágicos para toda cabeza,
para atrapar a la gente! ¿Y van a hacer caer a
mi pueblo, para salvar su propia vida?
19 ¿Y van a ofenderme entre mi pueblo
a cambio de cebada y de mendrugos de
pan, matando a quienes no deben morir,
dejando con vida a quienes no deben vivir,
y mintiéndole a mi pueblo, que cree en sus
mentiras?"
20 »Por lo tanto yo, su Señor y Dios, les
digo: "Yo estoy en contra de sus vendas má-
gicas, con las que atrapan a mi pueblo como
a pájaros. Yo voy a librar a mi pueblo de las
trampas que le tienden, para que vuele libre
como los pájaros.
21 Rasgaré también sus velos mágicos, y
libraré a mi pueblo de su mano, para que
no sigan siendo su presa." Así sabrán que yo
soy el Señor.
22 »Con sus mentiras, ustedes han entris-
tecido el corazón de los justos, a quienes yo
nunca entristecí; han fortalecido las manos
de los malvados, y los han animado a no
apartarse de su mal camino.
23 Por eso, no volverán a tener más visio-
nes falsas, ni a practicar la adivinación. Voy
a librar de su mano a mi pueblo. Así sabrán
que yo soy el Señor.»

[a] **13.10:** Jer 6.14; 8.11.

FALSOS PROFETAS *(Ezequiel 13.10)*

¿Cómo se sabe si un profeta o un predicador son falsos? Esa persona no dice la verdad. Los falsos profetas en la época de Ezequiel decían que habría paz. Pero eso era una mentira. Dios pensaba permitir que una nación extranjera invadiera la ciudad de Jerusalén, de modo que castigó a los falsos profetas. A veces las personas proclaman mentiras en vez de la verdad. Tal vez piensan que no le caerán bien a la gente si dicen la verdad. Cuando Dios escoge a alguien para hablar de su parte, Él quiere que esa persona diga la verdad, aun si esta duele. ¿Es eso lo que haces tú?

Castigo contra los idólatras

14 Algunos de los ancianos de Israel vinieron a verme, y se sentaron delante de mí.

2 Entonces la palabra del Señor vino a mí, y me dijo:

3 «Hijo de hombre, en lo íntimo de su corazón estos hombres adoran a los ídolos. ¡En la cara se les ve el tropiezo de su maldad! ¿Y todavía he de permitir que vengan a consultarme?

4 Habla con ellos, pero diles de mi parte que yo, el Señor su Dios, he dicho: "A los israelitas que en lo íntimo de su corazón adoren a los ídolos y lleven marcado en el rostro el tropiezo de su maldad, y vengan a consultar al profeta, yo el Señor les responderé conforme a la multitud de sus ídolos,

5 y recuperaré el corazón del pueblo de Israel, pues por causa de sus ídolos se han apartado de mí."

6 »Por lo tanto, dile de mi parte al pueblo de Israel: "Apártense de sus ídolos y vuélvanse al Señor su Dios. Vuélvanles la espalda a todas sus acciones repugnantes."

7 Porque si algún israelita, o algún extranjero que habite en Israel, viene en busca del profeta para consultarlo y preguntarle por mí, yo mismo le responderé, si es que se ha apartado de mí, y en lo íntimo de su corazón adora a los ídolos, y lleva marcado en el rostro el tropiezo de su maldad.

8 Yo me opondré a ese hombre, y lo pondré por ejemplo y escarmiento, y lo expulsaré de mi pueblo. Así sabrán que yo soy el Señor.

9 »Y si el profeta es engañado y profetiza, será porque yo, el Señor, lo engañé. Así que descargaré mi mano sobre él, y lo expulsaré de mi pueblo Israel.

10 Pero los dos recibirán el castigo de su maldad, lo mismo el profeta que quien lo haya consultado,

11 para que el pueblo de Israel no se aparte más de mí ni se siga contaminando con todas sus rebeliones, sino que sea mi pueblo y yo sea su Dios.»

—Palabra de Dios el Señor.

El castigo de Jerusalén es justo

12 La palabra del Señor vino a mí, y me dijo:

13 «Hijo de hombre, si la tierra se obstinara en pecar contra mí, yo descargaría mi mano contra ella y le cortaría el abasto de pan para que sufriera de hambre, y acabaría con hombres y animales.

14 En caso de que allí vivieran Noé, Daniel y Job, sólo estos tres hombres se salvarían por su justicia.

—Palabra de Dios el Señor.

15 »Y si yo hiciera que los animales feroces recorrieran la tierra para asolarla, y ésta quedara tan asolada que por causa de esas fieras nadie se atreviera a pasar por ella,

16 yo, su Señor y Dios, les juro que, si estos tres hombres vivieran en la tierra, ni sus hijos ni sus hijas saldrían bien librados; sólo ellos se salvarían, y la tierra quedaría desolada.

17 »Y si yo mandara a la espada para atacar a la tierra, y le ordenara: "Espada, recorre la tierra y destruye a hombres y animales",

[a] **14.21:** Ap 6.8.

SEPARARSE DE DIOS *(Ezequiel 14.7)*
Dios le dijo a Ezequiel que los líderes de Judá tenían "ídolos" en su corazón. Eso quería decir que escogían seguir las acciones y actitudes impías de las naciones a su alrededor. Este comportamiento malo los separaba de Dios. También les traía un castigo. Las acciones pecaminosas también pueden traer consecuencias malas en la vida de nosotros. Es por eso que los NIÑOS PODEROSOS se esmeran para mantenerse lejos del pecado.

[18] yo, su Señor y Dios, les juro que, si estos
tres hombres vivieran en ella, ni sus hijos ni
sus hijas saldrían bien librados; sólo ellos se
salvarían.
[19] »Y si yo enviara peste sobre la tierra y
descargara sobre ella mi enojo y les quitara
la vida a hombres y animales,
[20] yo, su Señor y Dios, les digo que si Noé,
Daniel y Job vivieran en ella, ni sus hijos ni
sus hijas saldrían bien librados; sólo ellos se
salvarían por su justicia.»
[21] Por lo tanto, así ha dicho Dios el Señor:
«¿Y no será peor cuando yo envíe con-
tra Jerusalén mis cuatro castigos terribles,
es decir, la espada, el hambre, las fieras y la
peste,[a] para acabar con todos sus hombres
y animales?
[22] Sin embargo, voy a dejar en ella un re-
manente de jóvenes y doncellas, que serán
llevados a otro país. Pero ellos volverán a
ustedes, y ustedes verán su conducta y sus
acciones, y así se consolarán del mal que en-
vié sobre Jerusalén y de todo lo que la hice
sufrir.
[23] Cuando ustedes vean su conducta y sus
acciones, reconocerán que había razón en
todo lo que hice contra ella.»
—Palabra de Dios el Señor.

Jerusalén, una vid inútil

15 La palabra del Señor vino a mí,
y me dijo:
[2] «Hijo de hombre, ¿en qué
es mejor la leña de la vid, comparada con
otra clase de madera? ¿Qué es el sarmiento,
comparado con los árboles del bosque?
[3] ¿Acaso sirve su madera para hacer algu-
na cosa? ¿Se usa su madera para colgar algo
en ella?
[4] ¡Al contrario! ¡Se echa en el fuego para
que arda! Con sus dos extremos consumi-
dos por el fuego, y con la parte de en medio
quemada, ¿puede servir para algo?
[5] Si cuando estaba entera no servía para
nada, ¡mucho menos servirá para algo des-
pués de que el fuego la haya quemado por
completo! ¿Para qué podría servir?»

PALABRAS CON PODER

LA VID
(Ezequiel 15.2-8)

Las vides eran muy comunes en las tierras bíblicas. Aquí Dios compara el pueblo de Jerusalén a una vid inútil que no da fruto. El pueblo no mostraba ningún "fruto" espiritual, como humildad, fidelidad o compasión. Debido a esto, Dios les permitiría ser quemados en el fuego (versículo 6). Esto quería decir que Dios les permitiría sufrir. Durante el tiempo que estuvo Jesús en la tierra, Él se comparó a una vid. Los cristianos sólo pueden dar fruto espiritual si permanecen unidos a Jesús, quien es la vid (lee Juan 15:1-8). ¿Quieres tú ser como Jesús? ¡Entonces mantente cerca de Él!

[6] Por lo tanto, así ha dicho Dios el Señor:
«Voy a hacer con los habitantes de Jerusa-
lén lo mismo que hice con la leña de la vid, a
la que aparté de los árboles del bosque y la
eché al fuego para que se consumiera.
[7] Voy a encararlos. Y aunque se escaparon
del fuego, al final el fuego los consumirá.
Cuando me enfrente a ellos, sabrán que yo
soy el Señor.
[8] Por los pecados que cometieron, con-
vertiré esta tierra en un lugar desolado.»
—Palabra de Dios el Señor.

Infidelidad de Jerusalén

16 La palabra del Señor vino a mí,
y me dijo:
[2] «Hijo de hombre, hazle sa-
ber a Jerusalén que sus hechos son repug-
nantes.
[3] Dile que así ha dicho el Señor su Dios:
"Tú, Jerusalén, eres desde tu origen cananea
de nacimiento. Tu padre era un amorreo, y
tu madre una hitita.
[4] El día en que naciste no te cortaron el
ombligo, ni te bañaron ni te limpiaron con
agua, ni te frotaron con sal, ni te envolvieron
ni te fajaron.

5 Ninguno de los que te vieron nacer se compadeció de ti ni hizo nada por ti. Al contrario, tan pronto como naciste te arrojaron a la intemperie, sin que les importara si sobrevivirías.

6 "Yo pasé junto a ti y, al verte tan sucia y llena de sangre, te dije: '¡Estás viva!' Sí, todavía estabas llena de sangre cuando volví a decirte: '¡Estás viva!'

7 Entonces hice que te reprodujeras como la hierba del campo. Y tú creciste y te hiciste grande, y llegaste a ser muy hermosa; tus pechos se desarrollaron, y te creció el vello; pero tú seguías desnuda por completo.

8 "Yo volví a pasar junto a ti, y te miré, y ya estabas en la edad de enamorarte. Entonces extendí mi manto sobre ti, y cubrí tu desnudez, y te hice un juramento y establecí un pacto contigo, y fuiste mía.

—Palabra de Dios el Señor.

9 "Te lavé con agua, te limpié la sangre que te cubría, y te unté bálsamo.

10 También te cubrí con un bordado, te puse las sandalias más finas, y te vestí con telas de lino y de seda.

11 Luego te adorné con alhajas, y te puse brazaletes en los brazos y collares en el cuello.

12 Te puse joyas en la nariz, y aretes en las orejas, y en la cabeza te puse una bella diadema.

13 Quedaste adornada de oro y de plata, y tu vestido era de finos bordados de lino y de seda; te alimentaste con flor de harina, miel y aceite; fuiste extremadamente embellecida, y hasta llegaste a ser reina.

14 La fama de tu belleza se extendió por todas las naciones. Eras una belleza perfecta, porque yo te embellecí.

—Palabra de Dios el Señor.

15 "Pero confiaste en tu hermosura, y tu fama te llevó a prostituirte. Te entregaste a todo el que pasaba, y le brindaste tus favores.

16 Con tus propios vestidos hiciste altares paganos, y allí te prostituiste. ¡Nunca antes había sucedido algo así, ni jamás sucederá!

17 Tomaste las alhajas de oro y plata que yo te había regalado, y con ellas te hiciste figuras masculinas para serme infiel.

18 Además, las arropaste con tus finos vestidos de brocado, y les ofreciste el aceite y el incienso que eran para mí.

19 También les presentaste, como ofrenda de grato aroma, el pan y la flor de harina, y el aceite y la miel, que yo te di como alimento. Eso es un hecho.

—Palabra de Dios el Señor.

20 "¿Se te hace poco haberte prostituido tanto, que tomaste a los hijos y a las hijas que tuviste conmigo para ofrecerlos a esos ídolos como alimento?

21 ¡Sacrificaste a mis hijos! ¡Los entregaste a esos ídolos para que el fuego los consumiera!

22 Todos tus hechos repugnantes, y todas tus infidelidades te han hecho olvidar los días de tu juventud, cuando estabas del todo desnuda, ¡cuando estabas toda llena de sangre!

23 ¡Ay de ti, ay de ti!

—Palabra de Dios el Señor.

"Y resulta que, después de toda tu maldad,
24 edificaste lugares altos y levantaste altares en todas las plazas.

25 A la entrada de todo camino edificaste lugares altos, y rebajaste tu hermosura al ofrecerte a todo el que pasaba por allí, con lo que aumentaste tus infidelidades.

26 Tuviste amoríos con los egipcios, tus vecinos de gran potencia viril, y para hacerme enojar te prostituiste más y más.

27 Por eso yo descargué mi mano sobre ti y te reduje tu provisión ordinaria, y te entregué a la voluntad de las hijas de los filisteos, que te aborrecían y se avergonzaban de tu malvado proceder.

28 Tan insaciable eres que también tuviste amoríos con los asirios, pero tampoco con ellos quedaste satisfecha.

29 Tanto en Canaán como en Babilonia aumentaste tus prostituciones, ¡y tampoco quedaste satisfecha!

30 Tienes un corazón inestable. ¡Todos tus actos sólo son propios de una ramera desvergonzada!

—Palabra de Dios el Señor.

[31] "A la entrada de todo camino edificaste
tus lugares altos, y en todas las plazas pu-
siste tus altares. Sólo en algo no te portaste
como ramera: ¡en que no te importaba la
paga!
[32] Mujer infiel, relegaste a tu esposo por
atrapar a otros hombres.
[33] Toda ramera recibe una paga, ¡pero tú
les pagabas a tus amantes! Les dabas pre-
sentes para que de todas partes vinieran a
prostituirse contigo.
[34] Contigo sucedió lo contrario de lo que
hacen otras mujeres: como nadie te pedía
acostarse contigo, eras tú quien se ofrecía, y
quien pagaba, en vez de que le pagaran. ¡En
eso fuiste diferente!
[35] "Por lo tanto, ramera, oye lo que voy a
decirte.
[36] Yo, tu Señor y Dios, te digo: 'Puesto que
tú has dejado al descubierto tu desnudez
con tus prostituciones, y te has exhibido
ante tus amantes y ante tus repugnantes
ídolos, a los que has ofrendado la sangre de
tus hijos,
[37] yo voy a convocar a todos tus amantes,
con los que te regocijaste y tuviste placer, y
también a todos los que aborreciste, y los
reuniré alrededor de ti para exhibir tu des-
nudez. ¡Que te vean tal y como eres!
[38] Voy a aplicarte la ley que castiga a las
adúlteras y a las asesinas. Voy a volcar sobre
ti mi ira y mis celos.
[39] Voy a entregarte en manos de tus
amantes, para que destruyan tus lugares
altos y derriben tus altares, para que te des-
pojen de tus vestidos y de tus alhajas, y te
dejen completamente desnuda.
[40] Ellos te atacarán con una gran muche-
dumbre, y te apedrearán y despedazarán
con sus espadas.
[41] Prenderán fuego a tus casas, y en pre-
sencia de muchas mujeres dictarán senten-
cia contra ti, para que dejes de prostituirte y
no vuelvas a prodigar tus favores.
[42] Así apaciguaré mi enojo y mis celos por
ti, y una vez calmado no volveré a enojarme.
[43] La verdad es que tú provocaste mi eno-
jo con todo lo que hiciste; no te acordaste
de cuando eras joven, ni pensaste siquiera
en tu infame lujuria. Por eso voy a descargar
sobre ti las consecuencias de tu conducta.'"
—Palabra de Dios el Señor.
[44] »Todos los que hablan con refranes van a
aplicarte aquél que dice: "De tal madre, tal hija."
[45] Y es que tú eres hija de la madre que
desechó a su marido y a sus hijos; también
eres hermana de las hermanas que desecha-
ron a sus maridos y a sus hijos. La madre de
ustedes fue una hitita, y el padre de ustedes
fue un amorreo.
[46] Tu hermana mayor es Samaria, y ella y
sus hijas habitaron al norte de tu territorio.
Tu hermana menor es Sodoma, y ella y sus
hijas habitaron al sur de tu territorio.
[47] Pero tú no sólo imitaste su conducta y
cometiste los mismos actos repugnantes,
sino que eso te pareció poco y tus hechos
fueron peores que los de ellas.

NO TE OLVIDES DE DIOS *(Ezequiel 16.43)*
Dios le recordó al pueblo "los buenos tiempos de antaño" cuando dependían de Él. Tristemente, se habían olvidado de Dios y habían empezado a depender de dioses falsos. Como resultado, su ciudad sería destruida. En el libro de Eclesiastés, Salomón les aconsejó a sus lectores: "Acuérdate de tu creador ahora que eres joven" (Eclesiastés 12:1). Él quería que dependieran de Dios para cada cosa en su vida. ¿Cómo podían hacer eso? Lo podían hacer si dependían de Dios aun cuando eran pequeños. Los NIÑOS PODEROSOS pueden ser jóvenes, pero confían firmemente en Jesús como su Salvador. Piensan servirlo durante toda su vida.

48 Puedo jurar por mí mismo, que ni tu hermana Sodoma ni sus hijas hicieron lo que hicieron tú y tus hijas.

—Palabra de Dios el Señor.

49 »Tu hermana Sodoma y sus hijas pecaron de soberbias. Era tanto el pan que tenían, y tanto el tiempo que les sobraba, que no se ocuparon de dar fuerzas a los pobres y menesterosos.

50 Se llenaron de soberbia y, ante mis ojos, cometieron actos repugnantes; por eso decidí destruirlas.

51 Sin embargo, ni Samaria ni sus hijas cometieron la mitad de tus pecados. Comparadas contigo, ellas resultan más justas, pues tus hechos repugnantes fueron más que los que ellas cometieron.

52 Y ya que juzgaste a tus hermanas, carga ahora con la vergüenza de los pecados que cometiste, y que son más abominables que los que ellas cometieron. Carga con esa vergüenza y confusión, pues ellas han resultado ser más justas que tú. ¡Tú las has justificado!

53 »Yo voy a hacer que vuelvan los cautivos de Sodoma y de sus hijas, y los cautivos de Samaria y de sus hijas, y también haré que vuelvan tus cautivos,

54 para que cargues con esa confusión y esa vergüenza, por todo lo que has hecho. Eso les servirá de consuelo.

55 Tus hermanas Sodoma y Samaria volverán a ser lo que antes fueron, lo mismo que sus hijas, y también tú y tus hijas volverán a ser lo que antes fueron.

56 En tus tiempos de grandeza, no considerabas a tu hermana Sodoma digna de que la mencionaras.

57 Pero eso fue antes de que tu maldad quedara al descubierto. Así que ahora te toca soportar las ofensas de las hijas de Siria y de todas las hijas de los filisteos, que por todos lados te desprecian.

58 ¡Te toca cargar con el castigo de tu lujuria y de tus hechos repugnantes!»

—Palabra del Señor.

59 Pero Dios el Señor ha dicho algo más:

«¿Acaso yo voy a hacer contigo lo mismo que tú hiciste, de menospreciar el juramento para invalidar el pacto?

60 No, porque yo sí me acuerdo del pacto que hice contigo cuando aún eras joven, así que estableceré contigo un pacto sempiterno.

61 Tú te acordarás de tu mala conducta, y sentirás vergüenza, cuando recibas a tus hermanas mayores y menores, a las que te daré por hijas, aunque no participarán de mi pacto contigo.

62 Mi pacto lo confirmaré contigo. Así sabrás que yo soy el Señor.

63 Cuando yo te perdone por todo lo que hiciste, tú te acordarás y te avergonzarás, y tal será tu vergüenza que nunca más volverás a abrir la boca.»

—Palabra de Dios el Señor.

Parábola de las águilas y la vid

17 La palabra del Señor vino a mí, y me dijo:

2 «Hijo de hombre, dile al pueblo de Israel que descifre la siguiente parábola.

3 Dile que así ha dicho su Dios y Señor:

"Un águila enorme, de grandes alas y de plumaje espeso y muy colorido, vino al Líbano y agarró la copa del cedro,

4 le arrancó el más alto de sus renuevos y lo llevó a un país de mercaderes, y allí lo plantó.

5 De ese país tomó semilla y, como si se tratara de un sauce, la plantó en un campo muy fértil y regado por abundantes arroyos.

6 Y la semilla brotó y llegó a ser una vid de poca altura pero con mucho follaje, que produjo sarmientos y vástagos. Por arriba, sus ramas se extendían hacia el águila; por abajo, sus raíces se hundían en la tierra.

7 "Pero había también otra águila, enorme y de grandes alas y abundante plumaje. Y resulta que la vid extendió hacia esta águila sus raíces y sus ramas, para que ésta regara los surcos de su plantío,

8 aun cuando había sido plantada en un buen terreno y junto a muchas aguas, para

que desarrollara abundante follaje y diera fruto, como se espera de una vid llena de vida.

9 "Diles que así ha dicho su Dios y Señor: '¿Logrará la vid su propósito? ¿O el águila le arrancará sus raíces, y destruirá su fruto, y hará que se seque?' Lo cierto es que todas sus hojas lozanas se secarán, ¡y no hará falta mucha gente ni fuerza para arrancarla de raíz!

10 ¿Logrará su propósito aunque la trasplanten? ¡Al contrario! ¡Se secará en cuanto el viento solano sople sobre ella! ¡Se secará en los mismos surcos donde antes florecía!"»

11 La palabra del Señor vino a mí, y me dijo:

12 «Dile ahora a ese pueblo rebelde: "¿Todavía no entienden lo que esto significa?" Y diles también: "Como ustedes saben, el rey de Babilonia vino a Jerusalén y tomó prisionero al rey y a los príncipes de ustedes, y se los llevó a Babilonia;

13 se llevó también a la gente más importante del país, y tomó prisionero a un miembro de la familia real, con el que hizo un pacto bajo juramento.

14 Con esto, el reino quedaría totalmente sometido, aunque podría subsistir mediante el cumplimiento del pacto.

15 Pero ese personaje se rebeló contra el rey de Babilonia[a] y envió embajadores a Egipto para conseguir caballos y muchos soldados." ¿Acaso creen que quien hizo esto logrará su propósito y saldrá bien librado? ¿Acaso podrá salvarse quien no respetó el pacto?

16 Yo les juro que morirá en Babilonia, allí donde habita el rey que le permitió reinar, y cuyo pacto y juramento menospreció y no respetó.

—Palabra de Dios el Señor.

17 »Cuando se levanten rampas y torres para segar muchas vidas, y se entre en combate, ni el faraón ni un gran ejército ni muchos soldados podrán hacer nada por él.

18 Y es que él menospreció el juramento y violó el pacto, a pesar de haberse comprometido a cumplirlos. Por haber hecho todo esto, no escapará.»

19 Por lo tanto, así ha dicho Dios el Señor:

«Juro que haré recaer sobre él mi pacto, por no haberlo cumplido, y el juramento que me hizo y que menospreció.

20 Voy a extender mi red sobre él, y lo atraparé y lo haré venir a Babilonia. Allí dictaré sentencia contra él por pecar y rebelarse contra mí.

21 Todas sus tropas, y todos los que huyan, caerán a filo de espada; y los que queden con vida se dispersarán en toda dirección. Así sabrán que yo, el Señor, he hablado.»

22 Así ha dicho Dios el Señor:

«Voy a tomar por la copa a ese alto cedro, y lo plantaré. Le cortaré el más fresco de sus renuevos, y lo plantaré sobre el monte más elevado:

23 ¡lo plantaré sobre el alto monte de Israel! Y crecerán sus ramas, y dará fruto, y llegará a ser un magnífico cedro. Bajo la sombra de sus ramas anidarán aves de toda especie,

24 y todos los árboles del bosque sabrán que yo, el Señor, puedo derribar al árbol más alto y hacer crecer al árbol más pequeño, como puedo también hacer que el árbol verde se seque y que el árbol seco reverdezca. Yo el Señor lo he dicho, y lo voy a cumplir.»

Os 6.1-3

El que peque morirá

18 La palabra del Señor vino a mí, y me dijo:

2 «Ustedes en la tierra de Israel acostumbran repetir aquel refrán que dice: "Los padres se comieron las uvas agrias, y a los hijos les dio la dentera." ¿En verdad lo creen?[a]

3 Vivo yo, que ese refrán nunca más volverá a repetirse en Israel.

—Palabra de Dios el Señor.

4 »Todos ustedes son míos. Lo mismo el padre que el hijo. Sólo morirá quien peque. Nadie más.

5 El hombre justo es aquel que actúa con apego al derecho y la justicia,

[a] **17.12-15:** 2 R 24.15-20; 2 Cr 36.10-13. [a] **18.2:** Jer 31.29.

PALABRAS CON PODER

UN HOMBRE RECTO
(Ezequiel 18.5-9)

Este capítulo en Ezequiel describe a tres generaciones de personas. Nos enseña lo que ocurre cuando una generación cumple con las leyes de Dios y otra generación escoge desobedecerlas. Una persona "recta" es alguien que no peca, sino que hace lo correcto. Una persona recta guarda los mandamientos de Dios. Pero esta persona no es recta por sí misma. Todavía necesita la ayuda de Dios para hacer lo correcto. Debido a la muerte de Jesús en la cruz, podemos ser perdonados por Dios. A esto le decimos "gracia" (Efesios 2:8-10). Podemos ser rectos porque Jesús es recto. Los NIÑOS PODEROSOS le piden a Jesús que los ayude a hacer lo correcto.

6 que no come sobre los montes ni dirige la mirada a los ídolos del pueblo de Israel; que no viola a la mujer de su prójimo, ni tiene relaciones sexuales durante la menstruación de la mujer;

7 que no oprime a nadie, ni retiene la prenda del deudor, ni comete robo alguno; que comparte su pan con el hambriento, y cubre y viste al desnudo;

8 que no presta dinero por interés o por usura, y que se aleja de la maldad y es imparcial al juzgar entre hombre y hombre;

9 que sigue mis ordenanzas, cumple mis decretos y actúa con rectitud. Ése es un hombre justo, y ese hombre vivirá.[b]
—Palabra de Dios el Señor.

10 »Pero si ese hombre engendra un hijo ladrón, o asesino, o que incurre en alguna de estas cosas

11 pero no en otras, sino que come sobre los montes, o viola a la mujer de su prójimo,

12 u oprime al pobre y menesteroso, o comete robos, o no devuelve la prenda, o dirige la mirada hacia los ídolos e incurre en actos repugnantes,

13 o presta dinero por interés y usura, ese hijo no merece vivir, y no vivirá. Por incurrir en todos estos actos repugnantes, tendrá que morir, y su muerte será culpa suya.

14 »Pero si este malvado engendra un hijo que, al ver todos los pecados que su padre cometió, no los imita

15 sino, por el contrario, no come sobre los montes, ni dirige la mirada a los ídolos del pueblo de Israel, ni viola a la mujer de su prójimo,

16 ni oprime a nadie, ni retiene la prenda, ni comete ningún robo, sino que comparte su pan con el hambriento, y cubre y viste al desnudo,

17 y se aparta del mal, y no cobra interés por sus préstamos, y cumple mis decretos y sigue mis ordenanzas, ese hijo no morirá por la maldad de su padre, sino que merece vivir.

18 Su padre, en cambio, morirá por causa de su maldad, por los agravios cometidos, por despojar con violencia a su prójimo y por hacer lo malo entre la gente de su propio pueblo.

19 »Tal vez dirán ustedes: "¿Por qué no paga el hijo por el pecado de su padre?" Pues porque el hijo actuó en apego al derecho y la justicia, cumplió y practicó todos mis estatutos. Por eso merece vivir.

20 Sólo el que peque merece la muerte. Ningún hijo pagará por el pecado de su padre, ni tampoco ningún padre pagará por el pecado de su hijo.[c] El hombre justo será juzgado por su justicia, y el malvado será juzgado por su maldad.

Dios es justo

(Ez 33.10-20)

21 »Pero si el malvado da la espalda a todos los pecados que cometió, y cumple todos mis estatutos y actúa con apego al derecho y la justicia, no morirá, sino que vivirá.

22 No le será tomada en cuenta ninguna de las transgresiones que haya cometido, sino que vivirá por actuar con justicia.

[b]**18.9:** Lv 18.5. [c]**18.20:** Dt 24.16.

Ez 33.14-16

23 ¿Acaso me es placentero que el malva-
do muera? Más bien, quiero que se aparte
de su maldad y que viva.
—Palabra de Dios el Señor.
24 »Pero si el justo deja de actuar con jus-
ticia y perpetra todos los hechos malvados
y repugnantes que el impío suele cometer,
¿cómo podrá vivir? Ya no se le tomará en
cuenta su justicia, sino su rebeldía y su mal-
dad. Así que morirá por el pecado cometido.
25 »Escúchenme ahora, pueblo de Israel. Tal
vez digan: "Los caminos del Señor no son rec-
tos." ¿Pero en verdad no son rectos? ¿No es, más
bien, que los caminos de ustedes son torcidos?
26 Si el justo deja de ser justo, e incurre en
actos malvados, merece la muerte, ¡y morirá
por la maldad que cometió!
27 Pero si el malvado se aparta de su mal-
dad y se apega al derecho y a la justicia, ha-
brá salvado su vida
28 por fijarse en todas las transgresiones
que había cometido y apartarse de ellas. Así
que no morirá, sino que vivirá.
29 »Pero si aun así el pueblo de Israel sigue
diciendo: "Los caminos del Señor no son rec-
tos", ¿en verdad no son rectos mis caminos,
pueblo de Israel? ¡Lo cierto es que son los ca-
minos de ustedes los que no son rectos!
30 Así que, pueblo de Israel, voy a juzgar a
cada uno de ustedes según sus caminos. Por
lo tanto, vuélvanse a mí y apártense de to-
das sus transgresiones, para que su maldad
no sea la causa de su ruina.
—Palabra de Dios el Señor.
31 »Pueblo de Israel, ¿por qué tienen que
morir? Apártense de todas las transgresio-
nes que han cometido, y forjen en ustedes
un corazón y un espíritu nuevos,
32 porque yo no quiero que ninguno de
ustedes muera. Así que vuélvanse a mí, y
vivirán.
—Palabra de Dios el Señor.

Lamentación sobre los príncipes de Israel

19 »Tú, dedica este lamento a los
príncipes de Israel.
2 Diles:

»¡Leona entre las leonas era tu madre!
¡Entre los leones crió a sus cachorros!
3 A uno de ellos lo levantó del suelo,
y lo convirtió en un verdadero leon-
cillo.
Y éste aprendió a desmenuzar a su
presa
y a devorarse a los hombres.
4 Cuando las naciones se enteraron,
lo hicieron caer en sus trampas
y encadenado lo llevaron a Egipto.
5 Cuando su madre perdió la esperanza
de que su cachorro volviera,
tomó a otro de sus cachorros
e hizo de él un león feroz.
6 Y el que antes era cachorro
llegó a ser león entre los leones,
y aprendió a desmenuzar a su presa
y a devorarse a los hombres.
7 Saqueó fortalezas, asoló ciudades,
y con el estruendo de sus rugidos
asustaba al país y a sus habitantes.

8 »Pero lo atacaron los pueblos vecinos.
Echaron su red sobre él,
y lo hicieron caer en un foso.
9 Lo encadenaron y, en una jaula,
lo presentaron ante el rey de Babilonia.
¡Lo confinaron en una mazmorra
para que nunca más sus rugidos
se oyeran sobre los montes de Israel!

10 »¡Vid entre las vides era tu madre!
Plantada junto a abundantes aguas,
daba abundantes frutos y vástagos;
11 sus fuertes varas servían para cetros,
y su altura sobresalía entre las ramas.
Era tal su altura, y tantos sus sarmien-
tos,
que era fácilmente reconocible.
12 ¡Pero fue arrancada con violencia,
y derribada por los suelos!
¡El viento solano marchitó sus frutos
y dejó secas sus fuertes ramas!
¡Rotas quedaron, y el fuego las consumió!
13 Ahora está plantada en el desierto,
en una tierra seca y desolada.

14 De una de sus varas salió fuego,
y ese fuego consumió sus frutos.
¡Ya no queda en ella ninguna vara
fuerte
que sirva como cetro para un rey!»

Éste es un lamento, y lamento debe ser.

Modo de proceder de Dios con Israel

20 En el día diez del mes quinto del año séptimo, algunos de los ancianos de Israel acudieron a consultar al Señor, y se sentaron delante de mí.

2 Entonces la palabra del Señor vino a mí, y me dijo:

3 «Hijo de hombre, habla con los ancianos de Israel, y diles que yo, su Señor y Dios, he dicho: "¿Así que vienen ustedes a consultarme? Pues yo, su Señor y Dios, les juro que no les responderé."

4 Si tú, hijo de hombre, quieres juzgarlos, puedes hacerlo. Pero háblales de los actos repugnantes que sus padres cometieron,

5 y diles de mi parte: "Hubo un día en que yo, su Señor y Dios, escogí a Israel y levanté mi mano para hacerle un juramento a los descendientes de Jacob. Fue en Egipto donde levanté mi mano y me di a conocer a ellos. Bajo juramento les dije: 'Yo soy el Señor su Dios.'

6 Ese día levanté mi mano y les juré que los sacaría de Egipto y los llevaría a la tierra que les había provisto, a la tierra más hermosa de todas las tierras,[a] ¡tierra que fluye leche y miel!

7 Ese día les dije: 'Cada uno de ustedes debe alejarse de sus hechos repugnantes y no contaminarse con los ídolos de Egipto. Yo soy el Señor su Dios.'

8 "Pero ellos se rebelaron contra mí, y no quisieron obedecerme. No se alejaron de sus hechos repugnantes ni se apartaron de los ídolos de Egipto. Entonces les dije que allí, en Egipto, desahogaría mi enojo sobre ellos, para calmarme.

9 Sin embargo, actué en su favor y los saqué de Egipto, para que ante los ojos de las naciones entre las que se encontraban, y las cuales me conocían, mi nombre no quedara en entredicho.

10 Yo los saqué de Egipto. Yo los llevé al desierto

11 y les di a conocer mis estatutos y decretos, los cuales dan vida a todo el que los cumple.

12 Les di también mis días de reposo, los cuales he consagrado para mí, para que sirvieran de señal entre nosotros[b] y así reconocieran que yo soy el Señor.

13 "Pero en el desierto el pueblo de Israel se rebeló contra mí. No siguieron mis estatutos, que dan vida[c] a todo el que los cumple, sino que desecharon mis decretos y abiertamente profanaron mis días de reposo. Por eso allí, en el desierto, les dije que descargaría sobre ellos mi ira y los exterminaría.

14 Pero actué así para que mi nombre no fuera profanado entre las naciones que presenciaron cómo los saqué de Egipto.

15 "También allí en el desierto levanté mi mano para jurar que no los llevaría a la tierra que les había entregado, tierra que fluye leche y miel, y que es la más hermosa de todas las tierras.[d]

16 Y esto, porque despreciaron mis decretos y no siguieron mis estatutos, y porque profanaron mis días de reposo al seguir a sus ídolos con todo el corazón.

17 "Aun así, los perdoné. No les quité la vida ni los exterminé en el desierto,

18 sino que allí en el desierto les dije a sus hijos que no siguieran las órdenes y enseñanzas de sus padres, y que no se contaminaran con sus ídolos. Les dije:

19 'Yo soy el Señor su Dios. Sigan mis estatutos y cumplan mis preceptos. Pónganlos en práctica

20 y santifiquen mis días de reposo. Hagan de ellos una señal entre nosotros, y reconozcan que yo soy el Señor su Dios.'

[a]**20.5-6:** Éx 6.2-8. [b]**20.12:** Éx 31.13-17. [c]**20.11, 13:** Lv 18.5. [d]**20.15:** Nm 14.26-35.

21 "Pero sus hijos se rebelaron contra mí.
No siguieron mis estatutos ni cumplieron
con mis decretos, los cuales dan vida a todo
el que los cumple. En vez de ponerlos en
práctica, profanaron mis días de reposo. Por
eso allí en el desierto dije que descargaría
sobre ellos mi enojo, para calmarme.
22 Si retraje mi mano, fue para que mi
nombre no fuera profanado ante las nacio-
nes que presenciaron cuando yo los saqué
de Egipto.
23 "También en el desierto levanté mi
mano contra ellos y juré que los esparciría
por todos los países y naciones,[e]
24 porque en vez de poner en práctica mis
decretos rechazaron mis estatutos y profa-
naron mis días de reposo, y no vieron otra
cosa que los ídolos de sus padres.
25 Por eso yo también les di estatutos y
decretos que no eran buenos ni podían dar-
les vida.
26 Cuando pasaban por el fuego a todos
sus primogénitos, yo los contaminé con sus
propias ofrendas. Lo hice para que se horro-
rizaran y reconocieran que yo soy el Señor.
27 "Por lo tanto, hijo de hombre, habla con
el pueblo de Israel y diles que yo, su Señor y
Dios declaro que hasta en esto me ofendie-
ron sus padres cuando se rebelaron contra
mí.
28 Porque yo los traje a la tierra que juré
darles. Levanté mi mano y les hice ese jura-
mento. Pero ellos pusieron los ojos en toda
colina y en todo árbol frondoso, y allí ofre-
cieron sacrificios y presentaron sus irritantes
ofrendas, quemaron incienso y derramaron
libaciones.
29 Yo les pregunté por qué iban a ese lugar
alto. Y a partir de entonces ese lugar se co-
noce con el nombre de 'Bama'.[f]
30 "Habla con el pueblo de Israel, y diles
que yo, su Señor y Dios, les pregunto si aca-
so no se han contaminado lo mismo que
sus padres, y se han prostituido al imitar sus
hechos repugnantes.
31 ¡Pues sí! Se han contaminado al presen-
tar ante sus ídolos sus ofrendas y pasar a sus

PROMESAS PODEROSAS

EZEQUIEL 20.19

Yo soy el Señor su Dios. Sigan mis estatutos y cumplan mis preceptos. Pónganlos en práctica.

Ezequiel repitió un mandamiento que Dios le había dado al pueblo de Israel cuando estaban en el desierto. Lo único que Dios quería era que su pueblo obedeciera sus leyes. Pero el pueblo de Israel se rebeló en el desierto. En la época de Ezequiel, los israelitas sufrieron los resultados de la desobediencia. Aprende una lección de Israel y Judá: escoge obedecer a Dios en todo.

[e]**20.23:** Lv 26.33. [f]**20.29** Es decir, *lugar alto.*

PODER PARA VIVIR

COMO TODOS LOS DEMÁS *(Ezequiel 20.32)*
¿En algún momento has deseado que pudieras ser como otra persona, alguien que te parece que tiene una vida mejor? Dios había escogido al pueblo de Israel para ser su pueblo especial. Ellos debían ser diferentes a las demás naciones. Pero ellos querían ser como las personas de las demás naciones (los gentiles), quienes adoraban a dioses falsos hechos de madera y piedra. Dios quería que su pueblo fuera diferente a los no cristianos. Hazte estas preguntas: (1) ¿Hago yo lo que Dios quiere que haga o lo que quieren que haga otras personas que no aman a Dios? (2) ¿Muestran mis acciones que soy hijo de Dios, es decir, uno de sus NIÑOS PODEROSOS?

hijos por el fuego. ¡Y esto lo hacen hasta el
día de hoy! ¿Y así espera el pueblo de Israel
que yo les responda? ¡Pues yo, su Señor y
Dios, les juro que no voy a responderles!
32 Las cosas no van a ser como ustedes
quieren que sean. Porque lo que ustedes
quieren es ser como las demás naciones,
como los pueblos de la tierra, que rinden
culto a objetos de madera y de piedra.
33 Pero yo, su Señor y Dios, les juro que
reinaré sobre ustedes con mano fuerte y
brazo extendido, y que daré rienda suelta
a mi enojo
34 y los sacaré de los pueblos y países
donde ahora están esparcidos. Sí, los reu-
niré con mano fuerte y brazo extendido, y
dando rienda suelta a mi enojo.
35 Haré que vengan al desierto de los pue-
blos, y allí los juzgaré cara a cara.
36 Los juzgaré como antes juzgué a sus pa-
dres en el desierto de Egipto.
—Palabra de Dios el Señor.
37 "Para que ustedes puedan hacer un pac-
to conmigo, los haré pasar por debajo de mi
vara,
38 para apartar de entre ustedes a los que
se rebelaron contra mí. Los sacaré de la tie-
rra a la que emigraron, aunque no podrán
entrar en la tierra de Israel. Así sabrán que
yo soy el Señor.
39 "Pueblo de Israel, su Señor y Dios les
dice: 'Ya que ustedes no quieren obedecer-
me, sigan rindiendo culto a sus ídolos, pero
no sigan profanando mi santo nombre con
sus ofrendas y sus ídolos.'
40 Todo el pueblo, todos los que habitan
en la tierra de Israel, debe adorarme en mi
santo monte, en el alto monte de Israel. Allí
los aceptaré. Allí demandaré sus ofrendas y
sus primeros frutos, lo mismo que sus do
nes y todo lo que quieran consagrarme."
—Palabra de Dios el Señor.
41 »Cuando yo los haya sacado de entre
los pueblos y los haya reunido de los paí-
ses por donde ahora están esparcidos, los
recibiré como si fueran incienso de aroma
Dn 9.4-6 agradable, y a la vista de las naciones seré
santificado en ustedes.
42 Cuando los haya traído de vuelta a la
tierra de Israel, la tierra por la que levanté
mi mano para jurar a sus padres que se la
daría, sabrán que yo soy el Señor.
43 Entonces se acordarán de su mal pro-
ceder y de todos los hechos con que se
contaminaron, y sentirán repugnancia de
ustedes mismos por todos los pecados que
cometieron.
44 Pueblo de Israel, cuando yo actúe en
favor de ustedes, lo haré por causa de mi
nombre y no por su mal proceder ni por
sus acciones perversas. Así sabrán que yo
soy el Señor.»
—Palabra de Dios el Señor.

Profecía contra el Néguev

45 La palabra del Señor vino a mí, y me
dijo:
46 «Hijo de hombre, dirige ahora la mira-
da hacia el sur, y proclama tu palabra hacia
la región austral. Profetiza contra el bosque
del Néguev,
47 y dile: "Bosque del Néguev, oye la pa-
labra del Señor. Así ha dicho Dios el Señor:
'Voy a prenderte fuego, para que ardan to-
dos tus árboles, verdes y secos. Las llamas
de ese fuego no se apagarán hasta que ha-
yan consumido todo el bosque, desde el sur
hasta el norte.
48 No se apagará hasta que todos hayan
visto que yo, el Señor, fui quien lo encen-
dió.'"»
49 Entonces dije:
«¡Ay, mi Señor y Dios! ¡La gente me critica
porque yo les hablo en parábolas!»

La espada afilada del Señor

21 La palabra del Señor vino a mí,
y me dijo:
2 «Hijo de hombre, fija
ahora tu mirada en Jerusalén, y profetiza
contra los santuarios y contra la tierra de
Israel.
3 Dile a la tierra de Israel que yo, el Señor,
estoy contra ella, y que voy a desenvainar
mi espada para acabar con los justos y los
injustos.

4 Sí, voy a limpiar a Israel de justos e injus-
tos. Voy a descargar mi espada contra todo
el mundo, de norte a sur.
5 Todos sabrán que yo, el Señor, he des-
envainado mi espada, y que no volveré a
envainarla.
6 »Tú, hijo de hombre, ¡ponte a llorar con
todas tus fuerzas! ¡Gime amargamente a la
vista de todos ellos!
7 Y cuando te pregunten por qué lloras,
diles que es por la noticia de lo que está por
suceder. Cuando se sepa la noticia, todo
corazón desfallecerá y toda mano se debi-
litará; todo ánimo se angustiará y toda ro-
dilla temblará. Viene como un torrente, y es
inevitable.»

—Palabra de Dios el Señor.

8 La palabra del Señor vino a mí, y me dijo:
9 «Hijo de hombre, profetiza y diles que
así ha dicho su Dios y Señor:

"La espada está afilada y pulida.
10 Afilada para degollar a sus víctimas;
pulida para brillar en cada golpe.
¿Y esto es motivo de alegría?
El cetro de mi hijo es despreciado,
como si fuera un palo cualquiera.
11 Sí, la espada está afilada;
se afiló para tenerla a la mano.
Sí, la espada está pulida;
se pulió para entregársela al verdugo.
12 ¡Grita y llora, hijo de hombre!
Mi espada va a caer sobre mi pueblo
y sobre todos los príncipes de Israel.
¡Todos ellos caerán bajo su filo!
¡Hiérete con ella en el muslo,
13 que ésta es una prueba muy dura!
No importa que la espada desprecie
al cetro,
porque la espada dejará de existir."

—Palabra de Dios el Señor.

14 »Tú, hijo de hombre, profetiza, y bate
palmas una y otra vez. ¡Que hiera la espada
asesina dos y hasta tres veces! ¡Ésta es la es-
pada asesina que acabará con todos,
15 para que el corazón desmaye y los es-
tragos se multipliquen! ¡En todas las puertas
de sus ciudades he puesto el horror de la es-
pada! ¡Dispuesta está para brillar! ¡Dispuesta
está para degollar!
16 ¡Da tajos a la derecha, da tajos a la iz-
quierda, da tajos por todas partes!
17 Y yo también batiré palmas, y así apa-
ciguaré mi enojo. Yo, el Señor, he hablado.»
18 La palabra del Señor vino a mí, y me dijo:
19 «Tú, hijo de hombre, traza dos caminos
para que por ellos venga el rey de Babilonia
con su espada. Los dos caminos partirán del
mismo país, pero al comienzo de cada uno
de ellos deberás poner una señal que indi-
que la ciudad a la que lleva.
20 Indícale a la espada el camino que lleva
a Rabá de los amonitas, y a Jerusalén, la ciu-
dad fortificada de Judá.
21 El rey de Babilonia se ha detenido en la
encrucijada, donde se abren los dos caminos,
y allí recurre a la adivinación: sacude las fle-
chas, consulta a sus ídolos, examina el hígado.
22 La adivinación señaló hacia la derecha,
hacia Jerusalén, para dar la orden de ataque
y comenzar la matanza, para lanzar el grito
de guerra y poner arietes contra las puertas,
para levantar vallas y torres de sitio.
23 Los habitantes de la ciudad verán esto
como una adivinación falsa, ya que el rey les
ha hecho solemnes juramentos, pero éste se
acordará de la maldad de ellos y los captu-
rará.»
24 Por lo tanto, así ha dicho Dios el Señor:
«Ustedes han hecho que se recuerde la
maldad que han cometido. Sus traiciones y
pecados han quedado al descubierto. Por
eso, por haber traído esto a la memoria,
caerán en las manos del rey.
25 »Y a ti, profano e impío príncipe de Is-
rael, te ha llegado el día. Tu maldad ha llega-
do al colmo.
26 El Señor tu Dios te dice: "Quítate la tiara,
¡quítate la corona, que esto no puede seguir
así!" Lo bajo será exaltado, y lo alto será hu-
millado.
27 Todo esto lo dejaré en ruinas, y dejará
de existir, hasta que venga aquel a quien en-
tregaré el derecho de dictar sentencia.

LECCIONES

INTERCESIÓN
(Ezequiel 22.30)

En la época bíblica antigua, cuando se cayó una parte del muro que rodeaba la ciudad, dejaba una brecha. Para proteger la ciudad, alguien tenía que pararse en la brecha y vigilar. Ezequiel dijo que Dios estaba buscando a alguien que "interceda" delante de Él. Dios no estaba buscando a alguien que se parara sobre un muro, sino a alguien que orara por su pueblo pecaminoso. Estaba buscando a alguien que les advertiría del peligro que enfrentaban al pecar en contra de Dios. Ya que los líderes de Judá eran personas deshonestas, no estaban dispuestos a pararse en la brecha, enfrentarse al mal y guiar a las personas de modo que regresaran a Dios. Hoy día, Jesús está "parado en la brecha" en el cielo, y Él ora por todos los que creen en Él.

Juicio contra los amonitas

28 »Y tú, hijo de hombre, profetiza contra
los amonitas[a] y diles de mi parte acerca de
sus ofensas: "Así ha dicho Dios el Señor: 'La
espada ya está desenvainada y lista para de-
gollar; la espada está pulida y resplandece
para masacrar.
29 Tus profetas te anuncian falsedades
y te mienten con sus adivinaciones. Pero
esos malvados ya han sido sentenciados a
muerte. Tú descargarás la espada sobre su
cuello, porque ha llegado la hora de poner
fin a su maldad.
30 ¿Volveré a envainar la espada? ¡Allí, don-
de te criaste; allí, donde has vivido, dictaré
sentencia contra ti!
31 Voy a derramar mi enojo sobre ti, y el
fuego de mi enojo te consumirá. ¡Voy a en-
tregarte en manos de gente sanguinaria y
experta en la destrucción!
32 El fuego te devorará, la tierra se empa-
pará con tu sangre, y nadie volverá a recor-
darte.'" Yo, el Señor, lo he dicho.»

Los pecados de Jerusalén

22 La palabra del Señor vino a mí,
y me dijo:
2 «¿Acaso tú, hijo de hom-
bre, no vas a dictar sentencia contra la ciu-
dad que derrama sangre? ¿Acaso no le vas a
señalar todos sus actos repugnantes?
3 Dile que así ha dicho Dios el Señor: "¡Ciu-
dad que en tus calles derramas sangre, ciudad
que te contaminas con los ídolos que has he-
cho, con lo que has provocado tu ruina!
4 Has pecado por la sangre que has derra-
mado; te has contaminado con los ídolos
que te hiciste; has hecho que te llegue el día,
el fin de tu vida. Por lo tanto, te he puesto en
vergüenza y ridículo entre todos los países.
5 Tu nombre ha quedado mancillado, y las
naciones cercanas y lejanas se reirán de ti,
pues has quedado presa de gran confusión."
6 »Los príncipes de Israel hacen todo lo
que pueden por derramar sangre.

[a]**21.28-32:** Jer 49.1-6; Ez 25.1-7; Am 1.13-15; Sof 2.8-11.

ENCUBRIR LA VERDAD *(Ezequiel 22.28)*

Dios estaba enojado con los líderes de Israel, especialmente con los falsos profetas quienes trataban de encubrir la verdad con mentiras. Ellos fingían que todo andaba bien y hasta hacían que el pueblo pagara para oír sus "buenas noticias". Pero Ezequiel, el verdadero profeta, tenía malas noticias de parte de Dios. El pueblo sería castigado por sus acciones rebeldes y Dios juzgaría a los líderes por haber mentido. Esta historia muestra que necesitamos saber lo que es verdad. Dios nos dio al Espíritu Santo y la Biblia para ayudarnos a conocer su verdad.

7 En tus calles se desprecia al padre y a
la madre,[a] al extranjero se le trata con vio-
lencia, y a las viudas y a los huérfanos se les
despoja.[b]
8 A mis santuarios los menosprecias, y a
mis días de reposo los profanas.[c]
9 Tus habitantes calumnian para derramar
sangre, y celebran banquetes en la cumbre
de los montes. ¡En tus calles cometen actos
perversos!
10 Se deshonra a los padres, y se viola a las
mujeres, aun cuando estén menstruando.
11 No hay nadie en ti que no cometa actos
vergonzosos con la mujer de su prójimo, ni
quien no manche el honor de su nuera, ni
quien no viole a su hermana por parte de
padre.[d]
12 Hay en ti[e] quienes cobran para derra-
mar sangre; otros prestan dinero con interés
y por usura;[f] otros más defraudan y explo-
tan a su prójimo. ¡Te has olvidado de mí!
—Palabra de Dios el Señor.
13 »¡Mira cómo agito mis manos por cau-
sa de tus hechos de avaricia, y por la sangre
que en ti se ha derramado!
14 ¿Crees que tu corazón y tus manos po-
drán hacerme frente cuando yo proceda con-
tra ti? Yo, el Señor, he hablado y voy a actuar.
15 Voy a dispersarte por todas las nacio-
nes, voy a esparcirte por todos los países,
¡voy a acabar con tu inmundicia!
16 ¡Tú misma te rebajarás a la vista de las
naciones! Así sabrás que yo soy el Señor.»
17 La palabra del Señor vino a mí, y me dijo:
18 «Hijo de hombre, para mí el pueblo de
Israel se ha convertido en escoria. Todos
ellos son bronce y estaño, hierro y plomo
en medio del horno. ¡Se han convertido en
escoria de plata!
19 Por tanto, así ha dicho Dios el Señor:
"Ya que todos ustedes se han convertido
en escoria, voy a juntarlos en el centro de
Jerusalén,
20 como si juntara plata, bronce, hierro,
plomo y estaño, para encender fuego en
medio del horno y fundirlos allí. En mi furor
y enojo voy a juntarlos y a ponerlos allí, para
fundirlos.
21 Voy a juntarlos y, con el fuego de mi
furor, soplaré sobre ustedes y los fundiré en
medio del horno.
22 Van a ser fundidos allí, en medio del
horno, como se funde la plata. Así sabrán
que yo, el Señor, he descargado mi enojo
sobre ustedes."»
23 La palabra del Señor vino a mí, y me dijo:
24 «Hijo de hombre, dile a la tierra de Is-
rael: "Tú no eres una tierra que haya sido
limpiada en el día del furor. ¡Ni siquiera has
sido rociada con lluvia!
25 En medio de ti los profetas se han con-
fabulado y, como leones feroces, despe-
dazan a su presa, se devoran a la gente, se
apropian de haciendas y de honras, y hacen
que aumente el número de viudas.
26 Sus sacerdotes violan mi ley, contami-
nan mis santuarios, y no distinguen entre
lo santo y lo profano, ni entre lo puro y lo
impuro;[g] no observan mis días de reposo, y
en medio de ellos se me profana.
27 En sus calles, sus príncipes parecen lo-
bos que arrebatan a su presa; derraman san-
gre y matan gente, para obtener ganancias
injustas.
28 Sus profetas disfrazan la realidad al pro-
fetizar falsedades y al mentirles con sus adi-
vinaciones. Dicen que yo, su Señor y Dios,
he hablado, ¡y yo no les he dicho nada!"
29 »Los poderosos del país cometen robos
y opresión, violentan a los pobres y menes-
terosos, y maltratan sin razón al extranjero.
30 Yo he buscado entre ellos alguien que
se enfrente a mí e interceda en favor de la
tierra, para que yo no la destruya. ¡Pero no
he encontrado a nadie!
31 Por lo tanto, derramaré mi enojo sobre
ellos, y con el ardor de mi ira los consumiré.
¡Haré que recaigan sobre ellos las conse-
cuencias de su mal proceder!»
—Palabra de Dios el Señor.

[a]**22.7:** Éx 20.12; Dt 5.16. [b]**22.7:** Éx 22.21-22; Dt 24.17. [c]**22.8:** Lv 19.30; 26.2. [d]**22.10-11:** Lv 18.7-20. [e]**22.12:** Éx 23.8; Dt 16.19. [f]**22.12:** Éx 22.25; Lv 25.36-37; Dt 23.19. [g]**22.26:** Lv 10.10.

Las dos hermanas

23 La palabra del Señor vino a mí, y me dijo:

2 «Hijo de hombre: Había dos mujeres, hijas de la misma madre,

3 que desde su juventud se prostituyeron en Egipto, pues dejaron que les estrujaran y manosearan sus pechos virginales.

4 La mayor se llamaba Aholá,[2] y su hermana menor se llamaba Aholibá.[3] Las dos llegaron a ser mías, y tuvieron hijos e hijas. Aholá es el nombre de Samaria, y Aholibá es el de Jerusalén.

5 »Aholá me fue infiel. Todavía era mi mujer cuando se enamoró de los asirios, que eran vecinos suyos, y los hizo sus amantes

6 al ver que todos ellos eran jóvenes y atractivos, gobernadores y capitanes vestidos de púrpura, soldados de caballería.

7 ¡Se prostituyó con todos aquellos de quienes se enamoró! ¡Se prostituyó con la flor y nata de los asirios! ¡Se contaminó con todos sus ídolos!

8 Desde que estaba en Egipto, nunca dejó de portarse como una prostituta. Desde que era joven, muchos se acostaron con ella y le estrujaron sus pechos virginales, y desahogaron con ella sus apetitos sexuales.

9 Por eso la dejé caer en manos de sus amantes los asirios, de los que ella se había enamorado.

10 Ellos la conocieron tal y como vino al mundo, y poseyeron a sus hijos y sus hijas, y a ella le quitaron la vida. Tan famosa llegó a ser, que las mujeres la tomaron como escarmiento.

11 »Cuando su hermana Aholibá vio esto, se encendió de lujuria más que su hermana Aholá, y se corrompió más que ella con sus prostituciones.

12 Se enamoró de los asirios, que eran vecinos suyos, pues todos ellos eran jóvenes y atractivos, gobernadores y capitanes, soldados de caballería que se vestían de púrpura y portaban armas excelentes.

13 Yo la vi contaminarse y seguir el mismo camino que el de su hermana.

14 Pero Aholibá se corrompió más todavía. Cuando en las paredes vio pintadas coloridas imágenes de caldeos

15 ceñidos con cinturones y con la cabeza cubierta de turbantes de colores, todos ellos con apariencia de capitanes, como la de los babilonios nacidos en Caldea,

16 se enamoró de ellos a primera vista y les envió mensajeros a su tierra.

17 Fue así como los babilonios se allegaron a ella en su lecho de amores, y la contaminaron, y también ella se contaminó con ellos, hasta quedar hastiada.

18 No disimuló sus prostituciones, sino que se mostró tal cual era. Por eso me hastié de ella, como antes me había hastiado de su hermana.

19 Y sus fornicaciones fueron en aumento, pues trajo a la memoria sus días de juventud, cuando se prostituyó en Egipto.

20 Se enamoró de sus amantes, lujuriosos como los asnos y los caballos,

21 y evocó la lujuria de su juventud, cuando los egipcios le estrujaban sus pechos virginales.»

22 Por lo tanto, Aholibá, así ha dicho tu Dios y Señor:

«Mira que voy a hacer que tus amantes, de los cuales quedaste hastiada, vengan contra ti y te pongan sitio.

23 Vendrán los babilonios, y todos los caldeos; los de Pecod, Soa y Coa, y los asirios; todos ellos jóvenes y atractivos, gobernadores y capitanes, nobles y distinguidos; todos ellos soldados de caballería.

24 Vendrán contra ti con carros y carretas de guerra, y con grandes ejércitos; te rodearán, armados de escudos, paveses y yelmos, y yo les permitiré dictar sentencia contra ti de acuerdo con sus leyes.

25 Descargaré mi enojo sobre ti, y con su furia te maltratarán; te quitarán la nariz y las orejas, y los que te sobrevivan caerán a filo de espada. Se llevarán por la fuerza a tus hijos y a tus hijas, y tus sobrevivientes serán consumidos por el fuego.

[2] **23.4** Es decir, *Tabernáculo de ella.* [3] **23.4** Es decir, *Mi tabernáculo en ella.*

26 Además, te despojarán de tus vestidos
y te arrebatarán todos los adornos que te
embellecen.
27 Voy a poner fin a tu lujuria y a las pros-
tituciones que trajiste de Egipto, y no volve-
rás a poner tus ojos en todo eso, ni nunca
más te acordarás de Egipto.»
28 Así ha dicho Dios el Señor:
«Mira que voy a entregarte en manos de
aquellos a los que aborreciste, en manos de
los que te dejaron hastiada.
29 Ellos te tratarán con odio, y se apodera-
rán del fruto de tu trabajo. Te dejarán com-
pletamente desnuda, y la inmundicia de tus
prostituciones y tu insaciable lujuria queda-
rán al descubierto.
30 Todo esto se hará contigo porque fuis-
te en pos de las naciones para prostituir-
te con ellas, y para contaminarte con sus
ídolos.
31 Puesto que seguiste los pasos de tu her-
mana, yo te haré beber del mismo cáliz.»
32 Así ha dicho Dios el Señor:
«Beberás del mismo cáliz de tu hermana,
hondo y ancho y de gran capacidad. Serás
la burla de las naciones, que te pondrán en
ridículo.
33 Con el cáliz de tu hermana Samaria, que
es un cáliz de soledad y desolación, queda-
rás embriagada de dolor.
34 Beberás hasta la última gota, y luego
harás pedazos el cáliz y te desgarrarás el pe-
cho, porque yo lo he dicho.»
—Palabra de Dios el Señor.
35 Por lo tanto, así ha dicho Dios el Señor:
«Puesto que te has olvidado de mí y me
has vuelto la espalda, tendrás que sufrir las
consecuencias de tu lujuria y de tus prosti-
tuciones.»
36 El Señor me dijo:
«Hijo de hombre, ¿qué, no vas a dictar
sentencia contra Aholá y Aholibá? ¿No vas a
reprocharles sus hechos repugnantes?
37 Son unas adúlteras, unas asesinas,
¡amantes de sus ídolos! A los hijos que me
dieron, ¡los hicieron pasar por el fuego y los
quemaron!
38 No conformes con todo eso, ese mismo
día contaminaron mi santuario y profana-
ron mis días de reposo.
39 El mismo día en que ofrecieron a sus
hijos como sacrificio a sus ídolos, entraron
en mi santuario para contaminarlo. ¡Eso hi-
cieron en mi propio templo!
40 Para colmo, mandaron traer hombres de
otros países lejanos; y cuando esos hombres lle-
garon, ellas, para agradarles, se lavaron, se pinta-
ron los ojos y se pusieron sus mejores vestidos;
41 luego se sentaron en un suntuoso es-
trado, y les ofrecieron un banquete, y en él
pusieron mi incienso y mi aceite.
42 Durante el banquete podían oírse las
voces de gente que se divertía, y junto con
el común de la gente vinieron los sabeos del
desierto, a los que pusieron pulseras en las
manos y coronaron con bellas diademas.
43 »Al ver a estas inveteradas adúlteras,
pensé: ¿Acaso éstos todavía van a tener rela-
ciones sexuales con ellas?
44 ¡Porque han venido a verlas, como quien
va en busca de rameras! ¡Así han venido con
estas depravadas de Aholá y Aholibá!
45 Por eso los hombres justos las juzgarán
conforme a la ley que castiga a las adúlteras
y a las asesinas. Porque eso es lo que son:
¡adúlteras y asesinas!»
46 Por lo tanto, así ha dicho Dios el Señor:
«Yo haré que vengan tropas contra ellas,
y las entregaré a la confusión y a la rapiña.
47 El populacho las apedreará y las pasará
a filo de espada; a sus hijos y a sus hijas los
matarán, y a sus casas les prenderán fuego.
48 Pondré fin a la lujuria de la tierra, y haré
que todas las mujeres escarmienten y no si-
gan con sus perversas costumbres.
49 Y sobre ustedes dos recaerán las conse-
cuencias de su perversidad, y pagarán por
los pecados de su idolatría. Así sabrán que
yo soy su Dios y Señor.»

Parábola de la olla hirviente

24 El día diez del mes décimo
del año noveno la palabra del
Señor vino a mí, y me dijo:

2 «Hijo de hombre, escribe la fecha de hoy, porque hoy el rey de Babilonia ha sitiado Jerusalén.[a]

3 Y a ese pueblo rebelde dile de mi parte la siguiente parábola. Toma una olla, y llénala de agua;

4 pon luego en ella la mejores piezas de carne, como la pierna y la espalda, y luego llénala con los mejores huesos.

5 Toma entonces una de las mejores ovejas y echa en el fondo los huesos, y haz que hierva bien para que también los huesos se cuezan.»

6 Así ha dicho Dios el Señor:

«¡Ay de la ciudad sanguinaria! ¡Ay de la olla oxidada, cuya herrumbre no se puede limpiar! ¡Saca las piezas de carne, una por una! ¡No las escojas!

7 Sus calles están llenas de sangre, la cual no derramó en el suelo para que la tierra la absorbiera, sino que la derramó sobre las piedras.

8 Pues yo también dejaré que su sangre corra sobre las duras piedras, y que no sea absorbida por la tierra, porque ha hecho que mi ira se encienda; ¡me ha incitado a tomar venganza!»

9 Por tanto, así ha dicho Dios el Señor:

«¡Ay de la ciudad sanguinaria! Pues yo también voy a hacer una gran hoguera.

10 Voy a amontonar la leña y a encender el fuego para que la carne se consuma. Voy a preparar la salsa y a quemar los huesos.

11 Pondré luego la olla vacía sobre las brasas, para que su fondo se caldee y se queme. ¡Así se fundirá su suciedad y se consumirá su herrumbre!

12 No tiene caso tratar de quitarle tanta herrumbre, pues sólo se le quitará quemándola en el fuego.

13 »Tú, Jerusalén, sufrirás por tu impureza y tu lujuria. Yo te limpié, pero tú no has querido limpiarte de tu impureza. Por eso, ¡no volverás a limpiarte, hasta que yo haya calmado mi enojo contra ti!

14 Yo, el Señor, he hablado. No voy a cambiar de parecer ni voy a tener misericordia de ti, sino que vendré y te juzgaré de acuerdo con tus hechos y tu mal proceder.»

—Palabra de Dios el Señor.

PROMESAS PODEROSAS

EZEQUIEL 24.14

Yo, el Señor, he hablado. No voy a cambiar de parecer ni voy a tener misericordia de ti, sino que vendré y te juzgaré de acuerdo con tus hechos y tu mal proceder. Palabra de Dios el Señor.

Dios prometió juzgar al pueblo de Judá por su rebeldía. Él permitiría que fueran castigados y no los protegería. Dios siempre hace lo que promete. Quien es sabio toma al Señor en serio.

Muerte de la esposa de Ezequiel

15 La palabra del Señor vino a mí, y me dijo:

16 «Mira, hijo de hombre: voy a arrebatarte de un solo golpe a la mujer que admiras. Pero no llores por ella ni lamentes su muerte. No derrames por ella una sola lágrima.

17 Respira profundo y no guardes luto por ella. No te cubras el rostro ni comas el pan que comen los deudos; al contrario, ponte un turbante sobre la cabeza y cálzate los pies.»

18 Por la mañana hablé con el pueblo, por la tarde murió mi mujer, y al día siguiente hice lo que el Señor me había ordenado hacer.

19 Entonces el pueblo me dijo:

«¿No vas a decirnos lo que significa para nosotros todo lo que haces?»

20 Y yo les contesté:

«La palabra del Señor vino a mí, y me ordenó

21 decir de su parte a ustedes, pueblo de Israel: "Yo, su Señor y Dios, declaro que voy a profanar mi santuario, al que ustedes tanto admiran y en el cual se deleitan, y de cuya

[a]**24.2:** 2 R 25.1; Jer 52.4.

grandeza ustedes se enorgullecen. Y los hijos y las hijas que ustedes han dejado morirán a filo de espada."

22 Así que ustedes deben hacer lo mismo que yo, Ezequiel, hice: no se cubrirán el rostro, ni comerán el pan que comen los deudos.

23 Tampoco llorarán ni harán lamentaciones; al contrario, se pondrán un turbante en la cabeza y se calzarán los pies, y se consumirán por causa de sus maldades y gemirán los unos con los otros.

24 Yo, Ezequiel, les serviré de señal para que hagan lo mismo que yo hice.

"Cuando esto ocurra —dice el Señor—, sabrán que yo soy su Dios.

25 "En cuanto a ti, hijo de hombre, el día que yo les arrebate su fortaleza, su motivo de gozo y de orgullo, ese templo que ellos y sus hijos e hijas tanto admiran y aman,

26 ese mismo día vendrá a verte uno que habrá escapado para traerte las noticias.

27 Ese día podrás abrir la boca para hablar con el fugitivo. Ya no permanecerás mudo, sino que hablarás y les servirás de señal. Así sabrán que yo soy el Señor."»

Profecía contra Amón

25 La palabra del Señor vino a mí, y me dijo:

2 «Hijo de hombre, dirígete ahora a los hijos de Amón,[a] y profetiza contra ellos.

3 Diles que oigan la palabra de Dios el Señor. Así dice Dios el Señor: "Cuando mi santuario era profanado y la tierra de Israel era asolada, y el pueblo de Judá era llevado en cautiverio, tú te burlaste de todo esto.

4 Por eso voy a ponerte en manos de los orientales. Ellos pondrán en ti sus apriscos y plantarán en ti sus tiendas, se comerán lo que has sembrado y se beberán la leche de tus ganados.

5 Haré de Rabá un pastizal de camellos, y de Amón un redil de ovejas. Así sabrán que yo soy el Señor."

6 »Porque así ha dicho Dios el Señor: "Por cuanto alegre aplaudías y azotabas los pies, y burlonamente te regocijabas al ver la tierra de Israel,

7 yo voy a extender mi mano contra ti. Voy a entregarte a las naciones, para que seas saqueada. Voy a eliminarte de entre los pueblos, y a hacerte desaparecer de entre los países. ¡Voy a exterminarte! Así sabrás que yo soy el Señor."»

Profecía contra Moab

8 Así ha dicho Dios el Señor:

«Moab[b] y Seír dijeron que el pueblo de Judá es como todos los otros pueblos.

9 Por eso, voy a hacer una brecha en los costados de las ciudades limítrofes de Moab, en las hermosas tierras de Bet Yesimot, Baal Megón y Quiriatayin.

10 Voy a dejar que los hijos de Amón caigan en poder de los pueblos del oriente, para que no haya de ellos más memoria entre las naciones.

11 Además, dictaré sentencia contra Moab, y así sabrán que yo soy el Señor.»

Profecía contra Edom

12 Así ha dicho Dios el Señor:

«Los de Edom[c] tomaron venganza del pueblo de Judá, y no sólo se vengaron de ellos sino que cometieron muchos crímenes.»

13 Por eso, así ha dicho Dios el Señor:

«Yo también extenderé mi mano contra Edom, y los destruiré. Acabaré con su gente y sus ganados. ¡Desde Temán hasta Dedán caerán a filo de espada!

14 Dejaré que mi pueblo Israel tome venganza de Edom, y que Edom caiga en sus manos, para que hagan con ellos lo que demandan mi enojo y mi ira. Así experimentarán mi venganza.»

—Palabra de Dios el Señor.

---

[a] **25.2-7:** Jer 49.1-6; Ez 21.28-32; Am 1.13-15; Sof 2.8-11. [b] **25.8-11:** Is 15.1—16.14; 25.10-12; Jer 48.1-47; Am 2.1-3; Sof 2.8-11. [c] **25.12-14:** Is 34.5-17; 63.1-6; Jer 49.7-22; Ez 35.1-15; Am 1.11-12; Abd 1-14; Mal 1.2-5.

Profecía contra los filisteos

15 Así ha dicho Dios el Señor:
«La venganza de los filisteos[d] fue artera.
Por causa de antiguas enemistades destru-
yeron a Judá.»
16 Por eso, así ha dicho el Señor: «Voy a ex-
tender mi mano contra los filisteos. Acabaré
con esos cretenses, y destruiré a los que aún
queden en la costa del mar.
17 Grande será mi venganza contra
ellos, y las reprensiones de mi ira. Cuando
me vengue de ellos, sabrán que yo soy el
Señor.»

Profecía contra Tiro

26 El día primero del mes primero
del año undécimo la palabra
del Señor vino a mí, y me dijo:
2 «Hijo de hombre, cuando Jerusalén, que
era la puerta de las naciones, fue conquis-
tada, Tiro[a] se burló de ella y pensó en sacar
provecho de su caída.

[d]**25.15-17:** Is 14.29-31; Jer 47.1-7; Jl 3.4-8; Am 1.6-8; Sof 2.4-7; Zac 9.5-7. [a]**26.2—28.19:** Is 23.1-18; Jl 3.4-8; Am 1.9-10; Zac 9.1-4; Mt 11.21-22; Lc 10.13-14.

HOMBRES PODEROSOS DE DIOS

EZEQUIEL

Ezequiel tenía unos treinta años cuando Dios lo escogió para ser un profeta. Jesús también tenía esa edad cuando empezó su ministerio.

El nombre de Ezequiel significa "Dios fortalece", ¡y este profeta definitivamente tuvo que contar con la ayuda de Dios para profetizar en aquella época tan difícil! Como Jeremías, Ezequiel nació en una familia de sacerdotes, pero no podía servir como sacerdote en el templo porque había sido llevado a Babilonia cuando los babilonios invadieron a Jerusalén. Pero Dios tenía un mensaje que quería que Ezequiel predicara al pueblo exiliado de Judá. Como Jeremías, a Ezequiel también le tocó la triste tarea de comunicarle al pueblo que Jerusalén iba a ser destruida. Sin embargo, no todos sus mensajes fueron tristes; algunos estaban llenos de esperanza.

Dios se refirió a Ezequiel como "hijo de hombre", un título que Jesús usó más adelante para Sí mismo (Mateo 8:20). Dios también dijo que Ezequiel era un vigía, porque su trabajo era comunicarle al pueblo las advertencias de Dios.

Ezequiel llegó a Babilonia unos nueve años después de llegar Daniel. Cuatro años después de llegar a Babilonia, empezó su labor como profeta cuando Dios le dio una visión de Dios y "cuatro seres vivientes" llamados querubines. Estos eran ángeles que servían cerca del trono de Dios.

Ezequiel siempre estaba dispuesto a hacer lo que Dios le pedía, aun cuando parecía ser algo extraño. Por más de un año tuvo que acostarse de lado varias horas al día. Horneó pan usando estiércol de bueyes y se rasuro el pelo y la barba y esparció el pelo. Pero la cosa más triste que tuvo que hacer Ezequiel fue ocultar su tristeza cuando murió su esposa. Esto era para mostrar cómo se comportaría el pueblo exiliado cuando el templo fuera destruido.

Ezequiel dio algunos de los mensajes de Dios en parábolas (historias con mensajes espirituales). Más adelante, Jesús haría lo mismo. Ezequiel también tuvo muchas visiones. Como el apóstol Juan, Ezequiel tuvo una visión de un nuevo templo y una nueva Jerusalén.

Ezequiel obedecía a Dios continuamente, aunque su comportamiento ha podido parecerle muy extraño a las personas. Amaba a Dios más que su propio orgullo. ¿Y tú?

Puedes leer acerca de Ezequiel en todo el libro de Ezequiel.

3 Por eso yo, el Señor y Dios, estoy en contra de Tiro, y voy a lanzar contra Tiro a muchas naciones, que la azotarán como las olas del mar.

4 Las murallas y las torres de Tiro se vendrán abajo. ¡Voy a barrerla por completo! ¡Voy a dejarla lisa como una peña!

5 Será saqueada por las naciones, y quedará en medio del mar como un tendedero de redes, porque así lo he dicho.

—Palabra de Dios el Señor.

6 »En los campos, sus hijas morirán a filo de espada. Así sabrán que yo soy el Señor.»

7 Sí, así ha dicho Dios el Señor:

«Tiro, del norte voy a traer contra ti al rey Nabucodonosor de Babilonia, que es rey entre los reyes, y que cuenta con caballos y carros de guerra, y con soldados de caballería y grandes ejércitos.

8 A tus mujeres que estén en el campo las matará a filo de espada, y a ti te atacará con torres de asalto; levantará rampas contra ti, y te atacará protegido por sus escudos.

9 Atacará tus muros con arietes, y destruirá tus torres con hachas.

10 Cuando seas conquistada, y tus puertas se vengan abajo, y sus caballos y carros de guerra irrumpan en tus calles, será tal el estruendo que tus murallas se estremecerán, y una nube de polvo te cubrirá.

11 Los cascos de sus caballos hollarán todas tus calles, a tu pueblo lo matarán a filo de espada, y tus sólidas columnas rodarán por el suelo.

12 Se robarán tus riquezas, saquearán tus mercaderías, derribarán tus murallas, y destruirán tus bellas mansiones. ¡Hasta tus piedras, tu madera y tu polvo los echarán a las aguas!

13 Yo pondré fin al bullicio de tus cantos, y no volverá a escucharse el sonido de tus cítaras.[b]

14 Te dejaré lisa como una peña; quedarás convertida en un tendedero de redes, y nunca más serás reconstruida, porque yo, el Señor, lo he dicho.»

—Palabra de Dios el Señor.

15 Así ha dicho Dios el Señor a Tiro:

«Cuando caigas estruendosamente, y griten tus heridos y haya en tus calles una gran matanza, ¡hasta las costas se estremecerán!

16 Entonces todos los príncipes del mar descenderán de sus tronos, y se quitarán sus mantos; se despojarán de sus ropas bordadas y se cubrirán de espanto; y sentados en el suelo se espantarán al verte y temblarán a cada instante.

17 Te cantarán endechas, y te dirán: "Tú, ciudad poblada por gente del mar, ciudad por todos alabada, y cuyos habitantes eran invencibles en el mar e infundían terror a todos los pueblos vecinos, ¿cómo pudiste perecer?

18 Ahora que has caído, las islas se estremecerán. ¡Sí, las islas se espantarán al enterarse de tu caída!"»[c]

19 Así ha dicho Dios el Señor:

«Yo te convertiré en una ciudad desierta, en una ciudad deshabitada. Haré que el mar suba hasta ti, y que sus muchas aguas te cubran.

20 Te hundiré hasta lo más profundo de la tierra, te sepultaré con los pueblos de tiempos pasados; quedarás como los desiertos antiguos, como los que descienden al sepulcro, y nunca más volverás a ser habitada ni tendrás esplendor en la tierra de los vivientes.

21 Te convertiré en motivo de espanto, y dejarás de existir. Cuando te busquen, no volverán a encontrarte.»[d]

—Palabra de Dios el Señor.

27 La palabra del Señor vino a mí, y me dijo:

2 «Tú, hijo de hombre, dedica este lamento a Tiro,

3 la ciudad asentada a la orilla del mar, la ciudad que comercia con los pueblos de las costas. Dile que así ha dicho Dios el Señor:

»Tiro, tú te jactas de ser bella y perfecta.

[b]**26.13:** Ap 18.22. [c]**26.16-18:** Ap 18.9-10. [d]**26.21:** Ap 18.21.

4 Tus límites llegan al corazón de los
mares.
Tus constructores completaron tu
belleza:
5 Tomaron hayas del monte Senir
y con ellas hicieron tus artesonados;
tomaron cedros del monte Líbano
y con ellos hicieron tus mástiles;
6 tus remos, con encinas de Basán;
tus bancos, incrustados de marfil,
los hicieron con pino de las costas de
Quitín.
7 Tus velas eran de fino lino egipcio,
y su bordado te servía de insignia;
tu pabellón era de telas azuladas y
purpúreas,
traídas de las costas de Elisa.

8 »¡Ah, Tiro, que tuviste por remeros
a gente de Sidón y de Arvad,
y por timoneles a tus sabios!
9 Tus barcos eran calafateados
por los más hábiles obreros de Gebal;
los marinos de todas las flotas del mar
venían a ti para hacer negocios.

10 »En tus ejércitos militaban
soldados de Persia, Lud y Fut;
de ti pendían espléndidos escudos y
yelmos.
11 Tu ejército y los mercenarios de
Arvad
vigilaban las murallas en tu derredor,
y los gamadeos permanecían en tus
torres;
sus escudos pendían de tus murallas,
lo cual resaltaba su belleza.

12 »Era tal la abundancia de tus rique-
zas
que de Tarsis venían a comerciar
contigo,
y a cambio de tus mercaderías
te daban plata, hierro, estaño y plomo.
13 Contigo Javán, Tubal y Mesec
intercambiaban gente y objetos de
bronce.
14 Los de Bet Togarmá te pagaban
con caballos, corceles de guerra y
mulos.
15 Comerciaban contigo los de Dedán,
y muchas costas te compraban mer-
caderías
y te pagaban con marfil y ébano.
16 A cambio de tus productos Edom
te daba
perlas, púrpura, vestidos bordados,
finos linos, corales y rubíes.
17 Israel y Judá hacían negocios contigo,
y a cambio te daban trigo de Minit y
Panag,
lo mismo que miel, aceite y resina.
18 Eran tantos tus productos
y tan abundante tu riqueza
que Damasco hacía negocios contigo
con vino de Jelbón y lana blanca.
19 Dan y Javán venían a tus ferias,
y en tu mercado ofrecían hierro
forjado,
mirra destilada y caña aromática.
20 Dedán te vendía preciosos paños
para que tapizaras tus carros.
21 Arabia y todos los príncipes de Cedar
hacían negocios contigo, y te pagaban
con corderos, carneros y machos
cabríos.
22 También fueron tus clientes
los mercaderes de Sabá y de Ragama;
venían a tus ferias y te pagaban
con oro y con sus mejores perfumes,
y con toda clase de piedras preciosas.
23 Contigo negociaban Harán, Cane,
Edén,
y los mercaderes de Sabá, Asiria y
Quilmad.
24 Estos clientes tuyos te compraban
mantos de púrpura y telas bordadas,
y baúles con preciosos vestidos,
cordones trenzados y madera de cedro.

25 »Las naves de Tarsis parecían caravanas
que navegaban con tus mercaderías.
Fue así como llegaste a ser poderosa;
¡aumentaste el número de tus barcos!

[26] Tus remeros te llevaron a grandes
mares.

»Pero el viento solano te azotará en
alta mar.
[27] Un día te hundirás en el fondo del
mar,
y contigo se hundirán tus riquezas,
tus mercaderías y todo lo que vendías,
junto con tus remeros y tus pilotos,
tus calafateadores, tus agentes de
negocios,
tus guerreros y la tripulación entera.
[28] Las costas temblarán cuando escu-
chen
los gritos angustiados de tus marineros.
[29] Los remeros abandonarán sus barcos,
y junto con los pilotos se quedarán en
tierra.
[30] Entonces dejarán oír su voz por ti,
y gritarán amargamente;
se echarán polvo sobre la cabeza
y se revolcarán en ceniza.
[31] Por ti se arrancarán los cabellos,
se pondrán vestidos de luto,
y entonarán amargos y sentidos
lamentos.
[32] Y en sus lamentos dirán de ti:
"Tiro, ¿quién podía compararse a ti,
tú que fuiste destruida en medio del
mar?
[33] Tus mercaderías salían de tus naves,
y con ellas saciabas a muchos pueblos;
con tus muchas riquezas y tu comercio
enriqueciste a los reyes de la tierra.
[34] Pero naufragaste en medio del mar,
y te hundiste en las aguas profundas,
y contigo se hundieron tus comer-
ciantes;
¡se hundieron todos tus tripulantes!
[35] Asombrados quedaron al verte
todos los que habitan en las costas;
espantados, sus reyes temblaron de
miedo,
y sus rostros palidecieron.
[36] Los mercaderes de otros pueblos
lanzaron silbidos de burla contra ti.
Has llegado a ser motivo de espanto;
¡para siempre has dejado de existir!"»[a]

28 La palabra del Señor vino a mí,
y me dijo:
[2] «Hijo de hombre, dile de
mi parte al príncipe de Tiro: "Yo, el Señor y
Dios, te digo que te has envanecido. En tu
corazón crees que eres un dios y que tienes
tu trono en medio de los mares. En tu cora-
zón actúas y piensas como si fueras un dios,
aunque no eres un dios sino un hombre.
[3] Es verdad que tú eres más sabio que
Daniel, y que para ti no hay nada secreto ni
oculto.
[4] Con tu sabiduría y tu inteligencia has
acumulado riquezas; en tus tesoros tienes
oro y plata.
[5] Con la ayuda de tu gran sabiduría, en tus
negocios has logrado multiplicar tus rique-
zas, y por causa de esas riquezas tu corazón
se ha envanecido.
[6] Por lo tanto, yo, el Señor y Dios te digo:
'Puesto que en tu corazón te crees un dios,
[7] yo voy a traer contra ti gente extraña y
fuerte de otras naciones, que descargará su
espada sobre tu sabiduría, y que manchará
tu belleza y esplendor.
[8] Te harán descender al sepulcro, y sufrirás
la muerte de los náufragos.
[9] ¿Acaso piensas defenderte ante el que te
mate, y decirle que tú eres un dios? ¡En las
manos de quien te mate, no serás ningún
dios sino un simple hombre!
[10] En las manos de gente extraña sufrirás
la muerte de los incircuncisos.' Yo lo he di-
cho."»
—Palabra de Dios el Señor.
[11] La palabra del Señor vino a mí, y me dijo:
[12] «Hijo de hombre, dedícale un lamento
al rey de Tiro, y dile de mi parte: "Tú, tan
lleno de sabiduría, y de hermosura tan per-
fecta, eras el sello de la perfección.
[13] Estuviste en el Edén, en el huerto de
Dios; tus vestiduras estaban adornadas con
toda clase de piedras preciosas: cornalina,

[a] **27.25-36:** Ap 18.11-19.

topacio, jaspe, crisólito, berilo, ónice, zafiro, carbunclo, esmeralda y oro; todo estaba cuidadosamente preparado para ti en el día de tu creación.

14 A ti, querubín grande y protector, yo te puse en el santo monte de Dios, y allí estuviste. ¡Te paseabas en medio de las piedras encendidas!

15 Desde el día en que fuiste creado, y hasta el día en que se halló maldad en ti, eras perfecto en todos tus caminos.

16 Pero por tantos negocios que hacías te fuiste llenando de iniquidad, y pecaste. Por eso, querubín protector, yo te expulsé del monte de Dios y te arrojé lejos de las piedras encendidas.

17 Era tanta tu hermosura que tu corazón se envaneció. Por causa de tu esplendor corrompiste tu sabiduría. Por eso yo te haré rodar por tierra, y te expondré al ridículo delante de los reyes.

18 Y es que profanaste tus santuarios con tus muchas maldades y con tus perversos negocios. Por eso yo hice que de ti saliera fuego para que te consumiera; te hice rodar por el suelo, a la vista de todos los que te admiran.

19 Todos los pueblos que te conocieron se sorprenderán al verte; serás motivo de espanto, y para siempre dejarás de existir."»

Profecía contra Sidón

20 La palabra del Señor vino a mí, y me dijo:

21 «Hijo de hombre, dirige ahora la mirada hacia Sidón,[a] y profetiza contra ella.

22 Dile de mi parte: "Sidón, yo estoy contra ti. Cuando yo dicte mi sentencia contra ti, y en ti sea yo santificado, en tus calles seré glorificado." Así sabrán que yo soy el Señor.

23 A sus calles enviaré peste y sangre, y en sus calles la gente caerá a filo de espada, pues por todos lados la espada se levantará contra ella. Así sabrán que yo soy el Señor.

24 »Nunca más volverá a ser Sidón una espina que desgarre al pueblo de Israel, ni los pueblos que lo rodean y menosprecian volverán a ser un aguijón que le cause dolor. Así sabrán que yo soy el Señor.»

25 Así ha dicho Dios el Señor:

«Cuando yo reúna al pueblo de Israel de entre los pueblos por los que ahora está esparcido, me santificaré en ellos a la vista de las naciones, y ellos habitarán en la tierra que yo le di a mi siervo Jacob.

26 »Cuando yo dicte sentencia contra todos los pueblos vecinos que los han despojado, ellos habitarán su tierra en paz, y edificarán casas, y plantarán viñas, y vivirán tranquilos. Así sabrán que yo soy el Señor su Dios.»

Profecías contra Egipto

29 El día doce del mes décimo del año décimo, la palabra del Señor vino a mí, y me dijo:

2 «Hijo de hombre, dirige ahora la mirada hacia el faraón, el rey de Egipto, y profetiza contra él y contra todos los egipcios.[a]

3 Dile de mi parte: "Yo soy Dios, el Señor, y estoy contra ti, faraón, rey de Egipto, que eres el gran dragón que yace en el lecho de sus ríos. Tú alegas que el río Nilo es tuyo, y que tú lo hiciste.

4 Pero yo voy a clavarte garfios en las quijadas; voy a pegarte en las escamas los peces de tus ríos; voy a sacarte del lecho de tus ríos, y todos los peces que hay en ellos saldrán pegados a tus escamas.

5 Luego, a ti y a todos los peces de tus ríos los arrojaré al desierto, y caerás al suelo y nadie te recogerá ni te enterrará, porque te he entregado a las bestias feroces y a las aves de rapiña, para que te devoren.

6 "Todos los habitantes de Egipto van a saber que yo soy el Señor, porque todos ellos han sido para Israel un bastón de caña.

7 Cuando pusieron la mano en ti, te quebraste y les rompiste todo el hombro; cuando se apoyaron en ti, te quebraste y les rompiste todo el cuerpo.

8 Por lo tanto yo, Dios el Señor, te digo a ti, Egipto, que voy a castigarte con la espada,

[a] **28.20-26:** Jl 3.4-8; Zac 9.1-2; Mt 11.21-22; Lc 10.13-14. [a] **29.2—32.32:** Is 19.1-25; Jer 46.2-26.

y que voy a acabar con tu gente y con tus
ganados.
9 Tú, Egipto, alegas que el río Nilo es tuyo,
y que tú lo hiciste. Por eso, todo tu país va a
quedar desierto y en ruinas. Así sabrán que
yo soy el Señor.
10 "Yo estoy contra ti, Egipto, y contra tus
ríos. Desde Migdol hasta Sevene, y hasta los
linderos con Etiopía, voy a dejarte en ruinas
y en la soledad del desierto.
11 Durante cuarenta años quedarás des-
habitada, y no pondrá un pie en ti ningún
caminante, y ni siquiera un animal.
12 Entre las tierras asoladas tú, Egipto, se-
rás la más asolada; durante cuarenta años,
entre las ciudades destruidas, tus ciudades
serán las más destruidas. Yo esparciré a los
egipcios por todas las naciones y por todos
los países."
13 »Sí, así ha dicho Dios el Señor: "Cuando
se cumplan los cuarenta años, recogeré a los
egipcios de los pueblos entre los que fueron
esparcidos;
14 haré volver a los cautivos de Egipto y
los llevaré a la tierra de Patros, su lugar de
origen, y allí serán un reino de poca impor-
tancia,
15 humilde en comparación con los otros
reinos, y nunca más volverá a dominar a
otras naciones, porque yo disminuiré su
poder.
16 Nunca más volverá a ser el punto de apo-
yo para el pueblo de Israel, sino que hará re-
cordar a Israel su pecado de poner los ojos en
ellos." Así sabrán que yo soy Dios el Señor.»
17 El día primero del mes primero del año
veintisiete, la palabra del Señor vino a mí, y
me dijo:
18 «Hijo de hombre, el rey Nabucodono-
sor de Babilonia lanzó con su ejército un
feroz ataque contra Tiro, al grado de que
todos perdieron el cabello y quedaron con
la espalda desollada. ¡Pero ni él ni su ejército
ganaron nada de su ataque contra Tiro!
19 Por eso Dios el Señor ha dicho: "Voy a
dejar que Egipto caiga en manos de Nabu-
codonosor, el rey de Babilonia. Voy a dejar
que él se apodere de sus riquezas, y que
recoja sus despojos como botín de guerra.
Con eso, su ejército quedará bien pagado.
20 Al atacar a Egipto, Nabucodonosor me
hizo un servicio. Por eso voy a poner a Egip-
to en sus manos."
—Palabra de Dios el Señor.
21 »Cuando llegue el día, haré que reto-
ñe el poder del pueblo de Israel, y a ti, en
presencia de ellos te devolveré el habla. Así
sabrán que yo soy el Señor.»

30 La palabra del Señor vino a mí,
y me dijo:
2 «Hijo de hombre, profeti-
za y di que yo, Dios el Señor, he dicho: "¡Ay
de aquel día! ¡Laméntenlo!"
3 Ya se acerca el día. Sí, ya está cerca el día
del Señor. Será un día nublado, un día de
castigo para las naciones.
4 La espada vendrá contra Egipto. Cuando
en Egipto caigan los heridos, Etiopía tembla-
rá de miedo; y se apoderarán de sus rique-
zas, y sus fundamentos serán destruidos.
5 Etiopía, Fut, Lud, toda Arabia, Libia, y sus
aliados, caerán con ellos a filo de espada.»
6 Así ha dicho el Señor:
«También los aliados de Egipto caerán a
filo de espada, y se derrumbará la altivez de
su poderío. Desde Migdol hasta Sevene mo-
rirán a filo de espada.
—Palabra de Dios el Señor.
7 »Entre las tierras asoladas, serán los paí-
ses más asolados; entre las ciudades en rui-
nas, serán sus ciudades las más arruinadas.
8 Cuando yo le prenda fuego a Egipto, y
todos sus aliados sean derrotados, sabrán
que yo soy el Señor.
9 Cuando llegue ese día, y ese día viene, de
mi presencia saldrán mensajeros en naves
para espantar a la confiada Etiopía, y se es-
pantarán como cuando castigué a Egipto.»
10 Así ha dicho Dios el Señor:
«Por medio del rey Nabucodonosor de
Babilonia voy a acabar con las riquezas de
Egipto.
11 Ese rey y su ejército, que son los más
fuertes entre las naciones, vendrán para

destruir a Egipto; descargarán sus espadas
contra ese país, y lo llenarán de cadáveres.
12 Yo secaré los ríos, y dejaré caer la tierra
en poder de gente malvada, y por medio de
gente extraña destruiré el país y todo lo que
hay en él. Yo, el Señor, lo he dicho.»
13 Así ha dicho Dios el Señor:
«También voy a destruir las imágenes y
los ídolos de Menfis. Voy a infundir temor
en la tierra de Egipto, y no habrá más príncipes en ese país.
14 Asolaré a Patros, le prenderé fuego a
Soán, y dictaré sentencia contra Tebas.
15 Sobre Sin, que es la fortaleza de Egipto,
derramaré mi ira, y exterminaré a la multitud de Tebas.
16 A Egipto le prenderé fuego, Sin experimentará un gran dolor, Tebas será destrozada, y la angustia de Menfis no tendrá fin.
17 Los jóvenes de Avén y de Pibeset caerán a filo de espada, y las mujeres irán en
cautiverio.
18 »Cuando yo ponga fin al poder de Egipto, en Tafnes se oscurecerá el día, y la soberbia de su poderío llegará a su fin; todo el país
se cubrirá de tinieblas, y los habitantes de
sus aldeas serán llevados al cautiverio.
19 Voy a dictar sentencia contra Egipto, y
así sabrán que yo soy el Señor.»
20 El día siete del mes primero del año undécimo, la palabra del Señor vino a mí, y me
dijo:
21 «Date cuenta, hijo de hombre, de que al
rey de Egipto le he roto su poderoso brazo,
y nadie se lo ha vendado ni le ha aplicado
ningún medicamento; tampoco se lo han ligado con un torniquete para darle la fuerza
suficiente de sostener la espada.»
22 Por tanto, así ha dicho Dios el Señor:
«Yo estoy en contra del faraón, el rey de
Egipto. Y voy a quebrarle los brazos, lo mismo el fuerte que el fracturado, para que la
espada se le caiga de las manos.
23 Voy a esparcir a los egipcios por todas
las naciones; voy a dispersarlos por todos los
países.
24 Fortaleceré los brazos del rey de Babilonia, y en sus manos pondré mi espada. Pero
al faraón le quebraré los brazos, y delante del
rey de Babilonia lanzará gemidos de agonía.
25 Sí, fortaleceré los brazos del rey de Babilonia, y los brazos del faraón se abatirán.
Cuando yo ponga mi espada en las manos
del rey de Babilonia, y él la deje caer sobre
Egipto, sabrán que yo soy el Señor.
26 Yo esparciré a los egipcios por todas las
naciones; yo los dispersaré por todos los países. Así sabrán que yo soy el Señor.»

31 El día primero del mes tercero
del año undécimo, la palabra
del Señor vino a mí, y me dijo:
2 «Hijo de hombre, dile al faraón, rey de
Egipto, y a su pueblo: "¿A quién te puedes
comparar en arrogancia?
3 Fíjate que Asiria era como un cedro del
Líbano, con hermosas ramas, frondoso ramaje e impresionante altura. ¡Su copa se alzaba sobre un espeso ramaje!
4 Las aguas lo hicieron crecer, el abismo lo
encumbró; sus ríos corrían alrededor de su
tronco, y compartía sus corrientes con todos los árboles del bosque.
5 Fue así como llegó a ser más alto que todos los árboles del bosque; sus ramas se multiplicaron y, gracias a la abundancia de agua,
el ramaje que había echado se extendió.
6 En sus ramas anidaban todas las aves del
cielo, y bajo su sombra parían todas las bestias del campo. ¡Muchas naciones se acogían a su sombra!
7 Con sus ramas extendidas llegó a ser
muy grande y hermoso, porque estaba
plantado junto a muchas aguas.
8 No había en el huerto de Dios cedro que
lo cubriera,[a] las ramas de las hayas no eran
comparables a las suyas, ni el ramaje de los
castaños se le podía comparar. ¡Ningún árbol del huerto de Dios era semejante a él en
hermosura!
9 Con su tupido ramaje yo lo embellecí;
todos los árboles que estaban en Edén, en el
huerto de Dios, lo envidiaban."»

[a] **31.8:** Gn 2.9.

10 Por lo tanto, así ha dicho Dios el Señor:
«Puesto que su corazón se ha enaltecido
por causa de la altura que ha alcanzado, y
por haberse levantado por encima de las
ramas más altas,
11 yo lo he desechado y voy a entregarlo
en manos de un pueblo poderoso, que lo
tratará según su maldad.
12 Naciones extrañas y poderosas lo des-
truirán y lo derribarán; sus ramas caerán por
todos los montes y los valles; su ramaje que-
dará resquebrajado por todos los arroyos de
la tierra, y todos los pueblos de la tierra se
alejarán de su sombra y lo abandonarán.
13 Sobre sus ruinas harán su habitación to-
das las aves del cielo, y sobre sus ramas se
echarán todas las bestias del campo,
14 para que ningún árbol vuelva a engreír-
se por su altura ni levante su copa por en-
cima de la espesura, aun cuando esté bien
regado y crezca junto a las aguas, porque
todos están destinados a morir e irse a las
profundidades de la tierra, como los hijos de
los hombres, que descienden a la fosa.»
15 Así ha dicho Dios el Señor:
«El día que ese cedro descendió al sepul-
cro, le ordené al abismo guardar luto por él;
detuve sus ríos, y las muchas aguas dejaron
de correr. Por él cubrí de tinieblas al Líbano,
y todos los árboles del bosque se secaron.
16 Cuando lo hice descender al sepulcro,
junto con todos los que bajan al sepulcro,
con el estruendo de su caída hice temblar a
las naciones. En las profundidades de la tie-
rra, todos los mejores árboles del Edén y del
Líbano, todos los que beben aguas, fueron
consolados.
17 Ellos también descendieron al sepulcro
con él y con los que murieron a filo de espa-
da, con los que fueron su punto de apoyo,
con los que estuvieron a su sombra en me-
dio de las naciones.
18 ¿Qué árbol, entre los árboles del Edén,
puede compararse contigo en gloria y en
grandeza? Sin embargo, caerás a lo más pro-
fundo de la tierra, junto con los árboles de
Edén, y yacerás entre los incircuncisos, junto
con los que murieron a filo de espada.
»Esto es el faraón y toda su grandeza.»
—Palabra de Dios el Señor.

32 El día primero del mes duodé-
cimo del año duodécimo, la
palabra del Señor vino a mí, y
me dijo:
2 «Hijo de hombre, entona un lamento
por el faraón, el rey de Egipto, que diga:

»Entre las naciones, te pareces a un
león;
en los mares, eres semejante a un
dragón.
Con las patas enturbias el agua y secas
los ríos,
mientras chapoteas en sus riberas.»

3 Así ha dicho Dios el Señor:
«Voy a lanzar mi red sobre ti, y con ella
muchos ejércitos te sacarán del agua.
4 Te pondré en tierra, te tenderé sobre el
suelo, y dejaré que todas las aves del cielo se
posen sobre ti. ¡Contigo saciaré el hambre
de todas las fieras salvajes!
5 Pondré tus restos sobre los montes, y lle-
naré los valles con tus cadáveres.
6 Con tu sangre regaré la tierra donde
ahora nadas, hasta la cumbre los montes, y
con ella se llenarán los arroyos.
7 Cuando te hayas consumido, haré que se
oscurezcan los cielos y se eclipsen las estre-
llas; cubriré de nubes el sol, y la luna dejará
de brillar.[a]
8 Por tu culpa haré que se apaguen todos
los astros del cielo, y cubriré de tinieblas tu
país.
—Palabra de Dios el Señor.
9 »Cuando lleve a tu pueblo al cautiverio
entre las naciones, a países que no conocías,
haré que el corazón de muchos pueblos se
entristezca.
10 Cuando por tu culpa haga yo que mi
espada resplandezca delante de sus rostros,
dejaré atónitos a muchos pueblos; el día que
caigas, los reyes de esos pueblos quedarán

[a] **32.7:** Mt 24.29; Mr 13.24-25; Lc 21.25; Ap 6.12-13; 8.12.

grandemente horrorizados, y todos ellos se sobresaltarán a cada instante.»
[11] Sí, así ha dicho Dios el Señor:
«Sobre ti va a caer la espada del rey de Babilonia.
[12] Voy a hacer que tu pueblo caiga bajo la
espada de poderosos guerreros. Todos ellos serán soldados de naciones poderosas, y acabarán con la soberbia de Egipto. ¡Todos tus ejércitos serán derrotados!
[13] Nunca más ningún pie humano ni pezuña
animal volverá a enturbiar las aguas de tus ríos, porque yo voy a destruir todos tus ganados.
[14] Después de eso dejaré que las aguas se
asienten, para que sus ríos vuelvan a correr como el aceite.
—Palabra de Dios el Señor.
[15] »Cuando yo haya asolado la tierra de
Egipto y acabado con todos sus habitantes, y la tierra quede despojada de todo lo que en ella había, sabrán que yo soy el Señor.
[16] »Este lamento lo cantarán las hijas de
las naciones. Lo cantarán por Egipto y por todos sus ejércitos.»
—Palabra de Dios el Señor.
[17] El día quince del mes duodécimo del
año duodécimo, la palabra del Señor vino a mí, y me dijo:
[18] «Hijo de hombre, entona un lamento
por el ejército de Egipto. Arrójalo a lo profundo de la tierra, junto con los que bajan al sepulcro, y con él arroja a las hijas de las naciones poderosas.
[19] Se creía muy hermoso, pero ahora ha
caído y yace junto con los incircuncisos.
[20] Ha caído entre los que murieron a filo
de espada, pues a la espada fue entregado, junto con todos sus ejércitos.
[21] Allá, en el sepulcro, hablarán de ellos los
guerreros más aguerridos, y también sus aliados, los cuales quedaron tendidos junto con los incircuncisos que murieron a filo de espada.
[22] »Allí está Asiria con todo su ejército. A
su alrededor están los sepulcros de todos ellos, pues cayeron a filo de espada.
[23] Todos ellos sembraron el terror en la
tierra de los vivientes, pero ahora sus sepulcros están al lado de la gran fosa; ¡su ejército es un conjunto de sepulcros!
[24] »Allí está Elam con todo su ejército. A
su lado están los sepulcros de todos ellos, pues cayeron a filo de espada. Sembraron el terror en la tierra de los vivientes, pero bajaron incircuncisos a lo más profundo de la tierra; ¡se llevaron su confusión con los que descienden al sepulcro!
[25] Entre los muertos yace tendido con
todo su ejército, rodeado de sepulcros, todos ellos de incircuncisos muertos a filo de espada. Sembraron el terror en la tierra de los vivientes, pero se llevaron su confusión con los que descienden al sepulcro. Y allí quedó, entre los muertos.
[26] »Allí están Mesec y Tubal, con todos
sus ejércitos. A su lado están los sepulcros de todos ellos, de incircuncisos muertos a filo de espada, porque sembraron el terror en la tierra de los vivientes.
[27] No yacen con los guerreros incircunci-
sos que murieron y descendieron al sepulcro con sus armas de guerra, y cuyas espadas fueron puestas debajo de su cabeza, pero sus pecados recaerán sobre sus huesos, porque estos guerreros sembraron el terror en la tierra de los vivientes.
[28] Y tú también, Egipto, quedarás sin vida
entre los incircuncisos; ¡quedarás tendido entre los que murieron a filo de espada!
[29] »Allí está Edom, con sus reyes y todos
sus príncipes. Con todo su poderío, quedaron tendidos entre los que murieron a filo de espada, y ahora yacen entre los incircuncisos que descienden al sepulcro.
[30] »Allí están todos los príncipes del norte, y
todos los sidonios. Aunque sembraron el terror, ahora yacen entre los muertos, entre los incircuncisos que murieron a filo de espada. Avergonzados de su poderío, ahora comparten su confusión con los que descienden al sepulcro.
[31] »Cuando el faraón vea a todos estos,
se consolará de haber perdido a todos sus ejércitos, pues el faraón y todos sus ejércitos morirán a filo de espada.
—Palabra de Dios el Señor.

32 »Aunque el faraón y todo su ejército sembraron el terror en la tierra de los vivientes, también ellos quedarán tendidos, entre los incircuncisos que murieron a filo de espada.»
—Palabra de Dios el Señor.

El deber del atalaya

(Ez 3.16-21)

33 La palabra del Señor vino a mí, y me dijo:

2 «Hijo de hombre, ve y diles a los hijos de tu pueblo que, cuando yo haga venir la espada sobre algún país, si la gente de ese país pone como atalaya a uno de los suyos

3 y éste ve la espada venir sobre el país y toca la trompeta para prevenir a su gente,

4 quien oiga el toque de la trompeta y no se prevenga será el responsable de su muerte, si la espada lo hiere.

5 Puesto que oyó el toque de la trompeta y no se previno, será el responsable de su muerte; por el contrario, el que se prevenga pondrá a salvo su vida.

6 »En cambio, si al venir la espada el atalaya no toca la trompeta para prevenir a la gente, cuando la espada llegue y hiera de muerte a alguien, éste morirá por causa de su pecado, pero yo haré responsable de su muerte al atalaya.

7 »Es a ti, hijo de hombre, a quien yo he puesto como atalaya para el pueblo de Israel. Tú oirás de mí mismo la advertencia, y les advertirás para que se prevengan.

8 Cuando yo le diga a algún impío que está en peligro de muerte, si tú no le adviertes que se aparte de su mal camino, el impío morirá por causa de su pecado, pero yo te haré responsable de su muerte.

9 Por el contrario, si tú le adviertes al impío que se aparte de su mal camino, y éste no te hace caso, morirá por causa de su pecado, pero tú habrás puesto a salvo tu vida.

Dios actúa con justicia

(Ez 18.21-32)

10 »Tú, hijo de hombre, dile al pueblo de Israel: "Ustedes se disculpan y dicen: 'Pesan sobre nosotros nuestras rebeliones y nuestros pecados, y por eso somos consumidos. ¿Cómo vamos a vivir así?'

11 Pues yo, su Señor y Dios, juro que no quiero la muerte del impío, sino que éste se aparte de su mal camino y viva. ¿Por qué ustedes, pueblo de Israel, quieren morir? ¡Apártense, apártense de su mal camino!" Am 7.14-15

12 »Tú, hijo de hombre, di a los hijos de tu pueblo que al justo no lo salvarán sus buenas acciones, si éste se rebela; ni tampoco será un impedimento para el impío su impiedad, si éste se aparta de su impiedad. En cambio, si el justo peca, sus buenas acciones no le salvarán la vida.

13 Si a un hombre justo le aseguro que vivirá, y éste, confiado en su justicia, actúa inicuamente, de nada le valdrán todas sus buenas acciones, sino que morirá por sus acciones inicuas.

14 En cambio, si a un malvado lo condeno a morir, y éste se aparta de su maldad y actúa con justicia y rectitud,

15 y devuelve la prenda recibida, y restituye lo robado, y deja de hacer lo malo y sigue los estatutos de vida, de ninguna manera morirá, sino que vivirá.

16 No se le tomarán en cuenta los pecados que haya cometido, sino que vivirá por haber actuado con justicia y rectitud. Jl 2.32

PALABRAS CON PODER

UN VIGÍA RESPONSABLE

(Ezequiel 33.6)

El trabajo de un vigía era advertir a la gente de los peligros. Si el vigía no sonaba la alarma, se le consideraría responsable si alguien moría. Ezequiel fue el vigía que escogió Dios para advertir a Israel y Judá que serían juzgados (versículo 7). Si él no advertía al pueblo que debía regresar a Dios, Dios lo consideraría responsable por la muerte del pueblo. Como uno de los NIÑOS PODEROSOS de Dios, eres como un vigía. Te toca contarle a la gente acerca de Jesús. La única manera que pueden escapar de la destrucción eterna es creyendo en Jesús como su Salvador.

17 »Los hijos de tu pueblo van a decir: "El
Señor no está actuando con justicia." Lo
cierto es que son ellos los que no actúan
con justicia.
18 Si el hombre justo se aparta de la justicia
y comete acciones inicuas, por causa de sus
malas acciones morirá.
19 Pero si el impío se aparta de su impie-
dad y actúa con justicia y rectitud, entonces
vivirá.
20 Pueblo de Israel, ustedes dicen que yo
no actúo con justicia, pero yo juzgo a cada
uno según su manera de actuar.»

La caída de Jerusalén

21 El día cinco del mes décimo del año
duodécimo de nuestro cautiverio, un fugi-
tivo vino a darme la noticia de que Jerusalén
había sido conquistada.[a]
22 La tarde antes de que el fugitivo llega-
ra, el Señor había puesto su mano sobre mí
y me había quitado el habla, pero al día si-
guiente vino a mí y me devolvió el habla, y
ya no estuve mudo.
23 Entonces la palabra del Señor vino a mí,
y me dijo:
24 «Hijo de hombre, los que habitan los sitios
en ruinas de la tierra de Israel andan diciendo:
"Abrahán era uno solo, y tomó posesión de la
tierra, así que a nosotros, que somos muchos,
se nos debe dar la tierra en posesión."
25 Por lo tanto, ve y diles que yo, su Señor
y Dios, he dicho: "Ustedes comen sangre, di-
rigen la mirada a sus ídolos, y además derra-

LECCIONES **OIDORES O HACEDORES DE LA PALABRA** *(Ezequiel 33.31)*

Aunque el pueblo escuchaba a Ezequiel, Dios sabía que estaban escuchando pero no obedeciendo. Para ellos, Ezequiel era un predicador interesante que les comunicaba el mensaje de Dios para entretenerlos (versículo 32). Durante la época del Nuevo Testamento, Santiago, el medio hermano de Jesús, instó a la gente a que "pongan en práctica la palabra, y no se limiten sólo a oírla" (Santiago 1:22). ¿Pones tú en práctica la Palabra? ¿Cómo muestran tus acciones tu obediencia?

man sangre. ¿Y así quieren tomar posesión
de la tierra?
26 Se apoyan en sus espadas, cometen ac-
tos repugnantes, pecan cometiendo adulte-
rio con la mujer de su prójimo. ¿Y así quieren
tomar posesión de la tierra?"
27 Ve y diles que yo, su Señor y Dios, he
dicho: "Les juro que los que están en sitios
desolados caerán a filo de espada, y que a
los que andan por los campos los entregaré
a las fieras, para que se los devoren, y que los
que están en las fortalezas y en las cuevas
morirán de peste.
28 Yo convertiré la tierra en desierto y so-
ledad. Los montes de Israel quedarán asola-
dos, y nadie volverá a pasar por ellos. La so-
berbia de sentirse poderosos llegará a su fin.

[a]**33.21:** 2 R 25.3-10; Jer 39.2-8; 52.4-14.

DIOS ES JUSTO *(Ezequiel 33.12-20)*

Dios juzga a todos de manera justa. Él les da a los que hacen el mal una oportunidad para cambiar. Pero los que creen que pueden depender de su propia bondad en vez del perdón de Dios tendrán que responder por sus malas acciones. No pueden confiar que la relación que han tenido con Dios en el pasado los salvará. Las buenas obras no nos salvarán. Sólo Jesús nos puede salvar cuando creemos en Él. No podemos llegar al cielo en base a las cosas buenas que hacemos. Llegamos al cielo porque creemos que Jesús es nuestro Salvador.

29 Cuando por causa de todos los actos re-
pugnantes que han cometido yo convierta
la tierra en desierto y soledad, sabrán que yo
soy el Señor."
30 »Hijo de hombre, por las paredes y las
puertas de las casas tu pueblo va burlándo-
se de ti. Unos a otros se dicen, cada uno con
su hermano: "Vengan ahora; vamos a escu-
char lo que el Señor nos va a decir."
31 Y se acercan a ti en grupo, y delante de ti
se sientan, como pueblo mío, para escuchar
tus palabras, ¡pero no las ponen en práctica!
Al contrario, se deshacen en elogios, pero su
corazón sólo busca satisfacer su codicia.
32 Para ellos, tú no eres más que un tro-
vador romántico, de melodiosa voz y bien
entonado. Oyen tus palabras, pero no las
practican.
33 Pero cuando todo esto se cumpla (y ya
está por cumplirse), sabrán que entre ellos
hubo un profeta.»

Profecía contra los pastores de Israel

34 La palabra del Señor vino a mí,
y me dijo:
2 «Hijo de hombre, profetiza
contra los pastores de Israel; profetiza, y di-
les que yo, su Señor y Dios, he dicho:
"¡Ay de ustedes, los pastores de Israel, que
sólo cuidan de sí mismos! ¿Acaso no son los
pastores los que deben cuidar de los reba-
ños?
3 Ustedes se comen lo mejor, se visten con
la lana, degüellan a las ovejas más engorda-
das, pero no cuidan de las ovejas.
4 Ustedes no fortalecen a las ovejas débi-
les, ni curan a las enfermas, no vendan las
heridas de las que se quiebran una pata, ni
regresan las descarriadas al redil; tampoco
van en busca de las que se pierden, sino que
las manejan con dureza y violencia.
5 Y las ovejas andan errantes por falta de
pastor;[a] andan dispersas y son fácil presa de
todas las fieras del campo.
6 Y así, mis ovejas andan perdidas por
todos los montes y por todas las colinas.
Andan esparcidas por toda la tierra, sin que
nadie las busque ni pregunte por ellas."»
7 Por lo tanto, pastores, oigan la palabra
del Señor:
8 «A las ovejas de mi rebaño se las roban, las
hacen presa de todas las fieras del campo. An-
dan sin pastor, y mis pastores no las cuidan ni
van en busca de ellas, sino que sólo cuidan de
sí mismos. Por lo tanto yo, su Señor y Dios, juro,
9 y ustedes, pastores, escuchen bien lo
que les digo:
10 "Yo, su Señor y Dios, estoy en contra de
ustedes, los pastores, y voy a pedirles cuen-
tas de mis ovejas. Ya no voy a dejarlas al cui-
dado de ustedes, ni tampoco ustedes van a
cuidar sólo de sí mismos; yo voy a librarlas
de la boca de ustedes, para que no se las
sigan comiendo."»
11 Sí, así ha dicho Dios el Señor:
«Yo mismo voy a ir en busca de mis ove-
jas, y yo mismo las cuidaré,
12 tal y como las cuida el pastor cuando se
halla entre sus ovejas esparcidas. Yo las res-
cataré de todos los lugares por los que fue-
ron esparcidas aquel día nublado y oscuro.
13 Las sacaré de los pueblos y países donde
ahora están, y las traeré a su propia tierra; las
apacentaré en los montes y en las riberas de
Israel, y en todos los lugares habitados del país.
14 Las apacentaré en los mejores pastos,
y pondré su aprisco en los altos montes de
Israel; allí dormirán en un buen redil, y serán
apacentadas en los pastos suculentos de los
montes de Israel.
15 Yo les daré a mis ovejas buenos pastos y
apriscos seguros.
—Palabra de Dios el Señor.
16 »Buscaré a las ovejas perdidas, y devol-
veré al redil a las que perdieron el camino;
les vendaré las patas a las ovejas lastimadas,
y fortaleceré a las ovejas débiles. Seré justo
con mis ovejas, pero eliminaré a las ovejas
engordadas y rechonchas.
17 »A ustedes, ovejas mías, yo, su Señor y
Dios, les digo que yo juzgo entre una oveja
y otra, y entre carneros y machos cabríos.

[a] **34.5:** Mt 9.36; Mr 6.34.

18 ¿Les parece poco comerse los buenos
pastos, y todavía pisotear el resto de los pas-
tos? ¿Les parece poco beber de las aguas cla-
ras, y luego enturbiar con sus patas el resto
del agua?
19 ¡Y luego mis ovejas tienen que comer los
pastos pisoteados, y beber el agua turbia!»
20 Por lo tanto, su Dios y Señor les dice:
«Voy a juzgar a las ovejas engordadas y a
las ovejas flacas.
21 Ya que ustedes empujaron por el costa-
do y con el hombro a las ovejas más débiles,
y además las cornearon hasta dispersarlas y
echarlas del rebaño,
22 yo las salvaré; juzgaré entre una y otra
oveja, y nunca más mis ovejas serán objeto
de rapiña.
23 Voy a ponerlas al cuidado de un pastor
que yo mismo les daré. Ese pastor será mi
siervo David, y él será quien las apacentará.[b]
24 Yo, el Señor, seré su Dios, y mi siervo Da-
vid será su príncipe.[c] Yo, el Señor, lo he dicho.
25 »Haré con mis ovejas un pacto de paz, y
quitaré de la tierra a las fieras salvajes; así mis
ovejas podrán habitar seguras en el desierto
y dormir en los bosques.
26 Pondré mi bendición en ellas y en los
alrededores de mi colina, y haré que llueva
cuando deba llover, y esa lluvia será de ben-
dición.
27 La tierra y los árboles del campo darán
su fruto, y mis ovejas vivirán seguras sobre
su tierra. Cuando yo rompa las coyundas de
su yugo, y las libre de las manos de sus opre-
sores, sabrán que yo soy el Señor.
28 »Mis ovejas no volverán a ser el botín
de guerra de las naciones, ni las fieras sal-
vajes volverán a devorarlas, sino que vivirán
tranquilas y sin que nadie las espante.
29 Su país será famoso por su fertilidad, y
no volverán a sufrir de hambre en su tierra,
ni las naciones volverán a avergonzarlas.
30 Entonces mis ovejas sabrán que yo, su
Señor y Dios, estoy con ellas, y que ellas son
mi pueblo, el pueblo de Israel.
—Palabra de Dios el Señor.

PALABRAS CON PODER

LOS PASTORES

(Ezequiel 34.23)

"Pastor" era otra palabra para "líder". Un pastor podía ser un rey, un sacerdote o un profeta. Ezequiel habló en contra de los pastores, es decir, de los líderes de Israel, quienes eran rapaces y crueles. Ya que no habían enseñado al pueblo de Dios a ser piadosos, Dios los quitaría de su puesto. Pero Dios prometió que algún día enviaría a un pastor que sería justo y humilde. Este pastor sería el Mesías. Él cuidaría al pueblo debidamente. Ese pastor es Jesús.

31 »Ustedes son mis ovejas. Son las ovejas
de mis pastos; ustedes son hombres, y yo
soy su Dios.»
—Palabra de Dios el Señor.

Profecía contra el monte de Seír

35 La palabra del Señor vino a mí,
y me dijo:
2 «Hijo de hombre, dirige la mira-
da hacia el monte de Seír,[a] y profetiza contra él.
3 Dile que así ha dicho Dios el Señor: "Yo
estoy contra ti, monte de Seír. Voy a exten-
der mi mano contra ti, y te convertiré en
desierto y soledad.
4 Asolaré tus ciudades, y quedarás desola-
do. Así sabrás que yo soy el Señor.
5 "Tú has sido siempre el enemigo de los
hijos de Israel; en los peores momentos,
cuando ellos estaban más afligidos, tú los
entregaste al poder de la espada.
6 Por eso, juro que la sangre será tu desti-
no. Puesto que no aborreces la sangre, siem-
pre la sangre te perseguirá.
—Palabra de Dios el Señor.
7 "Monte de Seír, yo voy a convertirte en
desierto y soledad. Voy a destruir a todo el
que pase junto a ti.
8 Voy a llenar tus montes con tus muertos.
Los que mueran a filo de espada llenarán tus
colinas, tus valles y todos tus arroyos.

[b] **34.23:** Ap 7.17. [c] **34.24:** Ez 37.24. [a] **35.1-15:** Is 34.5-17; 63.1-6; Jer 49.7-22; Ez 25.12-14; Am 1.11-12; Abd 1-14; Mal 1.2-5.

9 Voy a dejarte en ruinas para siempre. Jamás tus ciudades volverán a ser reconstruidas. Así sabrán que yo soy el Señor.

10 "Y es que dijiste que tú tomarías posesión de las dos naciones, y que ambos países eran tuyos, aun cuando yo, el Señor, estaba allí.

11 Por eso, juro que voy a actuar con el mismo enojo y furor con que tú trataste a mi pueblo, por tu enemistad con ellos. Y cuando yo te juzgue, ellos me reconocerán.

—Palabra de Dios el Señor.

12 "Entonces sabrás que a mis oídos llegaron todas las injurias que profiriste contra los montes de Israel. Porque tú dijiste que ya habían sido destruidos, y que se te habían entregado para que te los devoraras.

13 Cuando me ofendiste, no te alcanzaba la boca ni te faltaban las palabras. Yo te oí muy bien."

14 »Por eso, así ha dicho Dios el Señor: "Para regocijo de toda la tierra, voy a dejarte en ruinas.

15 Así como te alegraste cuando el territorio de Israel quedó devastado, así me alegraré también de ti, monte de Seír. Tú y todo Edom van a quedar asolados. Así sabrán que yo soy el Señor."

Restauración futura de Israel

36 »Tú, hijo de hombre, profetiza a los montes de Israel. Diles que oigan la palabra del Señor.»

2 Así ha dicho Dios el Señor:

«El enemigo se burla de ustedes, y dice: "¡Vaya! ¡Hasta las alturas eternas se nos han dado en posesión!"

3 Por eso, profetiza contra ellos.»

Así ha dicho Dios el Señor:

«Ustedes han sido asolados. Por todos lados, gente de otras naciones se los han tragado; ¡los han convertido en su propiedad!; ¡los han hecho caer en boca de habladores, para que sean la burla de todos los pueblos!

4 Por eso, montes de Israel, escuchen la palabra de Dios el Señor.»

Así ha dicho Dios el Señor a los montes y a las colinas, a los arroyos y a los valles, a las ruinas desoladas y a las ciudades desamparadas, que quedaron expuestas a la burla de las naciones vecinas, y a ser su botín de guerra.

5 Sí, así ha dicho Dios el Señor:

«En el ardor de mi enojo ciertamente he hablado en contra de las demás naciones y en contra de todo Edom, porque alegremente y con enconada vehemencia se disputaron mi tierra para quedarse con ella. Quisieron tomar prisioneros a los que fueron expulsados de allí.

6 Por eso, profetiza acerca de la tierra de Israel, y diles a sus montes y colinas, y a sus arroyos y valles, que yo, su Dios y Señor, he dicho: "En mi enojo y furor he hablado, porque ustedes han tenido que soportar los insultos de las naciones.

7 Por eso yo, su Dios y Señor, levanto mi mano y juro que las naciones que están alrededor de ustedes tendrán que soportar su propia afrenta."

8 Pero ustedes, montes de Israel, extenderán su follaje y darán su fruto para mi pueblo Israel, porque ya pronto van a volver.

9 »Como pueden ver, yo estoy en favor de ustedes, y voy a cuidarlos, y ustedes serán cultivados y sembrados.

10 Yo multiplicaré en ustedes a todos los habitantes de Israel, y las ciudades volverán a ser habitadas, y sus ruinas serán reconstruidas.

11 Multiplicaré en ustedes el número de hombres y del ganado, y éstos serán multiplicados y crecerán. Haré que vuelvan a vivir como en el pasado, y los trataré mejor que antes. Así sabrán que yo soy el Señor.

12 »Yo haré que mi pueblo Israel vuelva a ser transitado. Mi pueblo tomará posesión de ti, y tú serás de ellos, y nunca más les quitarás la vida a sus hijos.»

13 Así ha dicho Dios el Señor:

«Se dice que ustedes, como nación, se comen a la gente y matan a sus propios hijos.

14 Pero ya no volverán a devorarse a la gente, ni a matar a sus propios hijos.

—Palabra de Dios el Señor.

15 »Nunca más permitiré que oigas los
insultos de las naciones, ni que vuelvas a so-
portar las ofensas de otros pueblos, ni que
les quites la vida a tus propios hijos.»
—Palabra de Dios el Señor.
16 La palabra del Señor vino a mí, y me dijo:
17 «Hijo de hombre, mientras el pueblo
de Israel habitaba en su tierra, la contaminó
con sus hechos y su modo de proceder. A
mis ojos, su manera de actuar fue tan repug-
nante como si estuvieran menstruando.
18 Por la sangre que derramaron, descar-
gué mi enojo sobre ellos, pues con sus ído-
los contaminaron la tierra.
19 Por eso los dispersé por todas las nacio-
nes y por todos los países, pues los juzgué
como lo merecían sus acciones y su con-
ducta.
20 Cuando llegaron a las naciones a las
que fueron llevados, profanaron mi santo
nombre, pues de ellos se decía que eran el
pueblo del Señor, y que de la tierra del Señor
habían salido.
21 Y me ha dolido ver que mi santo nom-
bre ha sido profanado por el pueblo de Israel
entre las naciones a las que fueron llevados.
22 »Por eso, dile al pueblo de Israel que yo,
su Señor y Dios he dicho: "Pueblo de Israel,
no lo hago por ustedes, sino por causa de
mi santo nombre, el cual ustedes profanaron
entre las naciones a las que fueron llevados.
23 Pero yo santificaré la grandeza de mi
nombre, el cual ustedes profanaron entre
las naciones. Y cuando delante de sus ojos
yo sea santificado en medio de ustedes, las
naciones sabrán que yo soy el Señor.
—Palabra de Dios el Señor.
24 "Yo los recogeré de todas las naciones y
países, y los traeré de vuelta a su tierra.
25 Esparciré agua limpia sobre ustedes, y us-
tedes quedarán limpios de todas sus impu-
rezas, pues los limpiaré de todos sus ídolos.
26 Les daré un corazón nuevo, y pondré en
ustedes un espíritu nuevo; les quitaré el co-
razón de piedra que ahora tienen, y les daré
un corazón sensible.

PALABRAS CON PODER

UN NUEVO CORAZÓN

(Ezequiel 36.26-27)

Dios prometió darle un "nuevo corazón" a su pueblo. Eso no quería decir que un médico iba a colocar un nuevo corazón dentro de su cuerpo, sino que amarían a Dios y tendrían deseos de aprender acerca de sus caminos. Este nuevo cuerpo sería diferente al "corazón de piedra" que habían tenido antes. Además, Dios prometió poner dentro de ellos a su Espíritu Santo. Esta promesa se cumplió en parte cuando Dios envió al Espíritu Santo después que Jesús regresó al cielo (Hechos 2). El Espíritu Santo obra dentro de las personas para cambiarlas. Si crees en Jesús, tú también tienes un corazón nuevo.

27 Pondré en ustedes mi espíritu, y haré
que cumplan mis estatutos, y que obedez- Ez 37.14
can y pongan en práctica mis preceptos.
28 Y ustedes habitarán en la tierra que les
di a sus padres, y serán mi pueblo, y yo seré
su Dios.[a]
29 Yo los limpiaré de todas sus impurezas,
y haré que venga el trigo, y lo multiplicaré
para que no pasen hambre.
30 Multiplicaré también el fruto de los
árboles, y el fruto de los campos, para que
nunca más vuelvan a sufrir el oprobio de
pasar hambre entre las naciones.
31 Y ustedes se acordarán de su mal proce-
der y de sus malas acciones, y se avergonza-
rán de ustedes mismos y de las iniquidades
y de los actos repugnantes que cometieron.
32 Sépanlo bien, pueblo de Israel, que no
lo hago por ustedes, así que deben avergon-
zarse y sentirse mal por las iniquidades que
han cometido."»
—Palabra de Dios el Señor.
33 Así ha dicho Dios el Señor:
«El día que yo los limpie de todas sus
iniquidades, haré también que las ciudades

[a]**36.26-28:** Ez 11.19-20.

PROMESAS PODEROSAS

EZEQUIEL 36.36

Entonces las naciones que hayan quedado a su alrededor sabrán que yo reconstruí lo que fue derribado y planté lo que estaba desolado. Yo, el Señor, lo he dicho y lo haré.

Dios prometió que la destrucción vendría a su pueblo (24:14), pero también prometió restaurarlos a su tierra. No sólo regresarían a su tierra después de haber sido exiliados, sino que Dios reconstruiría los lugares que habían sido destruidos allí. Si lees los libros de Esdras y Nehemías, verás cómo Dios cumplió su promesa.

LECCIONES

EL VALLE DE LOS HUESOS SECOS

(Ezequiel 37.1-14)

Por el poder del Espíritu Santo, Ezequiel vio una visión de un valle lleno de huesos humanos. Dios le dijo a Ezequiel que orara pidiendo que los huesos recobraran la vida. ¡Cuando él oró, eso fue exactamente lo que ocurrió! Los huesos se juntaron y creció sobre ellos carne. Dios le dio esta visión a Ezequiel para darle esperanza para el pueblo de Israel. Los huesos representaban a Israel y Judá, quienes habían sido conquistados y dispersados entre muchas naciones extranjeras. Pero Dios pensaba traerlos nuevamente a su tierra y darles otra oportunidad para servirlo. Cuando las personas no creen en Dios, su vida está tan seca y estéril como estos huesos viejos. Por eso es que necesitamos decirles que Dios quiere darles vida y esperanza por el Espíritu Santo.

vuelvan a ser habitadas, y que las ruinas sean reconstruidas.

34 La tierra asolada volverá a ser cultivada, en vez de permanecer asolada a la vista de todos los que pasan.

35 »Entonces se dirá: "Esta tierra, que alguna vez fue asolada, ha llegado a ser como el huerto de Edén. Estas ciudades, que habían quedado desiertas y asoladas y en ruinas, ahora están fortificadas y habitadas."

36 Entonces las naciones que hayan quedado a su alrededor sabrán que yo reconstruí lo que fue derribado y planté lo que estaba desolado. Yo, el Señor, lo he dicho y lo haré.»

37 Así ha dicho Dios el Señor:

«Todavía el pueblo de Israel habrá de pedirme que los multiplique, de la manera que se multiplican los rebaños.

38 Y las ciudades ahora desiertas se llenarán de gente, como se llena Jerusalén con los rebaños de ovejas consagradas en sus fiestas solemnes. Así sabrán que yo soy el Señor.»

El valle de los huesos secos

37 La mano del Señor vino y se posó sobre mí, y en el espíritu del Señor me llevó hasta un valle que estaba lleno de huesos, y me puso en medio de ese valle.

2 Luego me hizo dar de vueltas y pasar cerca de los huesos, los cuales eran muchísimos y bastante secos, y estaban a flor de tierra.

3 Y el Señor me preguntó:

«Hijo de hombre, ¿cobrarán vida estos huesos?»

Yo le contesté:

«Señor y Dios, tú lo sabes.»

4 Entonces el Señor me dijo:

«Profetiza sobre estos huesos, y diles: "Huesos secos, oigan la palabra del Señor.

5 Esto es lo que Dios el Señor les dice: 'Huesos, voy a hacer que entre en ustedes el espíritu, y ustedes volverán a vivir.

6 Voy a poner tendones en ustedes, y volveré a cubrirlos de carne y de piel; pondré también el espíritu en ustedes, y volverán a vivir.' Así sabrán que yo soy el Señor."»

7 Yo profeticé, tal y como se me ordenó, y mientras yo profetizaba hubo un ruido y

un temblor, y los huesos se juntaron el uno con el otro.

8 Me fijé, y vi que ya tenían tendones, y que se cubrían de carne, y que se iban revistiendo de piel. Pero aún no había en ellos espíritu.

9 Entonces el Señor me dijo:

«Hijo de hombre, profetiza al espíritu. Háblale y dile que así ha dicho Dios el Señor: "Espíritu, ven de los cuatro vientos y sopla sobre estos huesos muertos, para que cobren vida."»

10 Yo profeticé, tal y como se me ordenó, y el espíritu entró en ellos y cobraron vida, y se pusieron de pie.[a] Eran un ejército bastante numeroso.

11 Entonces el Señor me dijo:

«Hijo de hombre, todos estos huesos son el pueblo de Israel. Ellos dicen: "Nuestros huesos se han secado; ha muerto nuestra esperanza; ¡hemos sido destruidos por completo!"

12 Por eso, profetiza y diles que yo, su Señor y Dios, he dicho: "Pueblo mío, voy a abrir los sepulcros de ustedes; voy a levantarlos de sus sepulturas para traerlos de nuevo a la tierra de Israel.

13 Y cuando yo abra sus sepulcros y los saque de sus sepulturas, ustedes, pueblo mío, sabrán que yo soy el Señor.

Ez 39.29

14 Entonces pondré mi espíritu en ustedes, y volverán a vivir." Sí, yo los haré reposar en su tierra, y así sabrán que yo, el Señor, lo dije y lo cumplí.»

—Palabra del Señor.

Judá e Israel volverán a unirse

15 La palabra del Señor vino a mí, y me dijo:

16 «Hijo de hombre, toma la rama de un árbol y escribe en ella: "De Judá y de sus compañeros, los hijos de Israel." Toma luego otra rama, y escribe en ella: "De José, que es Efraín, y de sus compañeros, el pueblo de Israel."

17 Junta luego las dos ramas, de tal manera que en tu mano formen una sola rama.

18 Y cuando los hijos de tu pueblo te pregunten: "¿No vas a decirnos qué es lo que te propones con esto?",

19 les dirás que yo, su Señor y Dios, he dicho: "Fíjense bien: he tomado la rama que está en la mano de Efraín, y que representa a José y a sus compañeros, las tribus de Israel, y voy a juntarla con la rama que representa a Judá, para que en mi mano formen una sola rama."

20 Las ramas sobre las cuales escribiste los nombres, las sostendrás en tu mano para que puedan verlas,

21 y entonces les dirás que yo, su Señor y Dios, he dicho: "Fíjense bien: voy a sacar a los hijos de Israel de las naciones a las que fueron llevados; voy a recogerlos de todas partes, y los traeré a su tierra.

22 Allí, en su tierra, y en los montes de Israel, haré de ellos una nación, y tendrán un solo rey, y nunca más serán dos naciones ni volverán a dividirse en dos reinos.

23 Tampoco volverán a contaminarse con sus ídolos, ni con sus hechos repugnantes ni con ninguna de sus rebeliones. Voy a librarlos y a limpiarlos de todas las rebeliones con las cuales pecaron, y ellos serán mi pueblo, y yo seré su Dios."

24 »Mi siervo David reinará sobre ellos,[b] y todos ellos tendrán un solo pastor. Andarán en mis preceptos, y obedecerán y practicarán mis estatutos.

25 Habitarán en la tierra que le di a mi siervo Jacob, y en la cual habitaron sus padres. Allí habitarán para siempre ellos, y sus hijos y los hijos de sus hijos, y para siempre mi siervo David será su príncipe.

26 Yo haré con ellos un pacto perpetuo de paz; haré que se establezcan y se multipliquen, y para siempre pondré mi santuario entre ellos.

27 Allí, en medio de ellos, estará mi tabernáculo, y yo seré su Dios y ellos serán mi pueblo.[c]

28 Y cuando mi santuario esté para siempre en medio de ellos, las naciones sabrán que yo, el Señor, santifico a Israel.»

[a]**37.10:** Ap 11.11. [b]**37.24:** Ez 34.24. [c]**37.27:** 2 Co 6.16; Ap 21.3.

PROMESAS PODEROSAS

EZEQUIEL 37.23

Tampoco volverán a contaminarse con sus ídolos, ni con sus hechos repugnantes ni con ninguna de sus rebeliones. Voy a librarlos y a limpiarlos de todas las rebeliones con las cuales pecaron, y ellos serán mi pueblo, y yo seré su Dios.

Esta promesa todavía ha de cumplirse en su totalidad. Se cumplirá cuando Jesús regrese a la tierra por segunda vez. Él será el rey que reina sobre Israel. Israel será una nación y el pueblo de Dios estará finalmente libre de pecado. ¡Ese será un día de gran gozo!

PALABRAS CON PODER

MI SIERVO DAVID

(Ezequiel 37.24)

Dios prometió que un Salvador regresaría a la tierra a reinar sobre su pueblo. Él se llama David porque vendría de la descendencia del rey David. El Salvador cumpliría la promesa de Dios de establecer el reino de David para siempre (lee 2 Samuel 7:12-17). Por medio de este Rey, el pueblo de Israel sería perdonado y obedecería la ley de Dios. Jesús, quien fue llamado el Hijo de David (Mateo 1:1) cumplió esta promesa. ¿Es Jesús el Rey de tu corazón y de tu vida?

Profecía contra Gog

38 La palabra del Señor vino a mí, y me dijo:

2 «Hijo de hombre, dirige ahora la mirada hacia Gog de Magog,[a] príncipe soberano de la tierra de Mesec y Tubal, y profetiza contra él.

3 Dile que así ha dicho Dios el Señor:

»Escucha, Gog, príncipe soberano de Mesec y Tubal: "Yo estoy contra ti.

4 Voy a quebrantarte; voy a ponerte garfios en las quijadas, para echarte fuera de tu país junto con todo tu ejército, y con tus caballos y jinetes, que están bien armados con infinidad de espadas, paveses y escudos.

5 Contigo están Persia, Cus y Fut, y todos ellos cuentan con escudos y yelmos;

6 contigo están Gomer y todas sus tropas, y la gente de Togarmá, que habita en los confines del norte, y todas sus tropas, y muchos otros pueblos.

7 "Prepárate y apertréchate, tú y todo el ejército que se ha reunido contigo, y manténte alerta.

8 Dentro de algunos años vendré a visitarte para que vayas a la tierra que recogí de entre muchos pueblos. A sus habitantes los saqué de esas naciones, y los libré de la espada. Ahora habitan en los montes de Israel, que siempre estuvieron en ruinas, y todos ellos viven despreocupados.

9 Pero tú invadirás esa tierra. Tú y todas tus tropas, y todos los ejércitos que te acompañan vendrán sobre ella como una tempestad, ¡la cubrirán como una nube!"»

10 Así ha dicho Dios el Señor:

«Cuando llegue el día, te vendrán a la mente ideas y pensamientos malvados,

11 y dirás: "Voy a invadir un país indefenso. Voy a atacar a gente tranquila, que vive despreocupada. Todos ellos habitan en ciudades sin murallas, ni puertas ni cerrojos."

12 Y los despojarás de todo y tomarás botín entre ellos, y pondrás tus manos sobre tierras antes desiertas y ahora pobladas, y sobre el pueblo que recogí de entre las naciones, y que ahora tiene ganado y posesiones, y habita en el corazón de la tierra.

13 Sabá y Dedán, y los mercaderes de Tarsis y todos sus príncipes, te dirán: "¿Has venido a despojarnos de lo nuestro? ¿Has reunido a tu ejército para tomar botín y quitarnos nuestra plata y oro, y ganados y posesiones, y despojarnos de todo?"

[a]**38.2:** Ap 20.8.

14 »Por lo tanto, hijo de hombre, profetiza
y dile a Gog que así ha dicho Dios el Señor:
"Cuando llegue el día en que mi pueblo Israel
viva tranquilo, seguramente tú lo sabrás.
15 Entonces vendrás de tu país, de las re-
giones del norte, y contigo vendrán grandes
y poderosos ejércitos, todos ellos a caballo,
16 y atacarás a mi pueblo Israel y cubrirás la
tierra como un nubarrón. Cuando llegue el mo-
mento, permitiré que ataques a mi tierra, para
que las naciones me conozcan. Entonces, Gog,
seré santificado en ti delante de sus ojos."»
17 Así ha dicho Dios el Señor:
«¿Acaso no eres tú de quien yo habla-
ba en tiempos pasados por medio de mis
siervos, los profetas de Israel? En aquellos
tiempos ellos profetizaron que yo habría de
hacer que vinieras y atacaras a mi pueblo:
18 "Cuando llegue el día en que Gog venga
y ataque a la tierra de Israel, se encenderán
mi ira y mi furor."
—Palabra de Dios el Señor.
19 »Sí, lo dije en el momento en que ardían
mi ira y mi furor. Y dije que ese día habría un
gran temblor de tierra en Israel;
20 que ante mí temblarían los peces del
mar, las aves del cielo, las bestias salvajes y
toda clase de reptiles, lo mismo que todo
el género humano sobre la faz de la tierra.
También dije que los montes y las colinas se
desmoronarían, y que todas las murallas se
vendrían abajo,
21 y que en todos mis montes convocaría
a entrar en combate, y que unos y otros se
matarían a filo de espada.
—Palabra de Dios el Señor.
22 »Así es, Gog: Yo te castigaré con peste
y sangre. Sobre ti y sobre tus tropas, y sobre
los numerosos ejércitos que están contigo,
dejaré caer una lluvia impetuosa, y piedras
de granizo, fuego y azufre.
23 Así seré engrandecido, santificado y re-
conocido a los ojos de muchas naciones, y
así sabrán que yo soy el Señor.

39 »Tú, hijo de hombre, profetiza
contra Gog y dile que así ha
dicho Dios el Señor: "Escucha,
Gog, príncipe soberano de Mesec y Tubal: Yo
estoy contra ti.
2 Voy a quebrantarte. Voy a hacerte venir
del norte para que ataques a los montes de
Israel,
3 pero allí te arrancaré el arco que llevas
en la mano izquierda, y te quitaré las flechas
que llevas en la mano derecha,
4 y tú y todas tus tropas, y los ejércitos que
están contigo caerán sobre los montes de
Israel. ¡Voy a entregarte a las aves de rapiña
de toda especie, y a las fieras salvajes, para
que te devoren!
5 Y quedarás tendido en el campo, porque
yo lo he dicho.
—Palabra de Dios el Señor.
6 "Yo dejaré caer fuego sobre Magog y so-
bre los tranquilos habitantes de las costas.
Así sabrán que yo soy el Señor.
7 "Yo daré a conocer mi santo nombre en
medio de mi pueblo Israel, y nunca más per-
mitiré que mi santo nombre sea profanado.
Así sabrán las naciones que yo soy el Señor,
el Santo de Israel.
8 Ya viene el día del cual he hablado. Ese
día se cumplirá.
—Palabra de Dios el Señor.
9 "Los habitantes de las ciudades de Israel
saldrán y les prenderán fuego a las armas:

PROMESAS PODEROSAS

EZEQUIEL 38.23

Así seré engrandecido, santificado y reconocido a los ojos de muchas naciones, y así sabrán que yo soy el Señor.

Esta es otra promesa acerca de lo que sucederá en los últimos días de nuestra historia, el fin de los tiempos. Dios prometió mostrar su santidad al mundo. Él triunfará sobre el enemigo maligno, Gog (lee además Ap 20.8). Ahora y hacia el futuro puedes contar con Dios para derrotar tu enemigo, Satanás.

escudos, paveses, arcos y flechas, lanzas y dardos de mano arderán en el fuego durante siete años.

10 No tendrán que cortar ni acarrear leña del bosque, sino que echarán las armas al fuego, y despojarán y robarán a quienes antes les robaron y despojaron de todo.

—Palabra de Dios el Señor.

11 "Cuando llegue el día, abriré en Israel un sepulcro para Gog, y lo sepultaré allí, al oriente del mar, en el valle de los viajeros. Como esto les cerrará el paso a los que pasen por allí, lo llamarán valle de Gamón Gog,[4] porque allí enterrarán a Gog y a todo su ejército.

12 Para limpiar la tierra, el pueblo de Israel tardará siete meses para enterrarlos.

13 Todo el pueblo de la tierra participará en ese entierro, y ese día yo seré glorificado, y para ellos será un día memorable.

—Palabra de Dios el Señor.

14 "Al cabo de siete meses se hará un reconocimiento. Se contratará gente que recorra el país para enterrar a los que aún queden tendidos en el suelo, y así limpiar la tierra.

15 Cuando en su recorrido esa gente vea los huesos de algún cadáver, pondrá a su lado una señal, la cual permanecerá allí, hasta que los sepultureros los entierren en el valle de Gamón Gog.

16 Así se limpiará la tierra, y la ciudad se llamará también Hamona."»[5]

17 Así ha dicho Dios el Señor:

«Hijo de hombre, diles a las aves de toda especie, y a todas las fieras salvajes, que se junten de todas partes y vengan acá, a participar del gran sacrificio que voy a ofrecerles sobre los montes de Israel. Van a comer carne y a beber sangre.

18 Comerán la carne de guerreros, y beberán la sangre de príncipes de la tierra, y de carneros, corderos, machos cabríos, bueyes y toros, todos ellos engordados en Basán.

19 Comerán grasa hasta quedar hastiados, y beberán hasta embriagarse con la sangre de las víctimas que sacrifiqué para ellos.

PROMESAS PODEROSAS

EZEQUIEL 39.25

Por lo tanto, así ha dicho Dios el Señor: "Ahora voy a cambiar la suerte de Jacob. Voy a tener misericordia de todo el pueblo de Israel, y a mostrarme celoso de mi santo nombre."

Dios promete una vez más sacar al pueblo de Israel del cautiverio. Dios tiene que cumplir sus promesas porque Él es fiel. Dios dijo que sería "celoso" de su santo nombre. Eso quería decir que protegería su reputación. Él quería que las otras naciones supieran que Él era el único Dios verdadero, el que amaba a su pueblo. ¿Eres tú "celoso" del nombre de Dios? ¿Les comunicas a los demás que Dios los ama?

20 En ese banquete que les ofreceré se saciarán de caballos y de aguerridos jinetes, y de toda clase de hombres de guerra.

—Palabra de Dios el Señor.[a]

21 »Pondré mi gloria entre las naciones, y todas las naciones me verán sentenciarlos y darles su merecido.

22 A partir de ese día, el pueblo de Israel sabrá que yo soy el Señor su Dios.

23 También sabrán las naciones que el pueblo de Israel fue llevado al cautiverio por causa de su pecado, pues yo les di la espalda y los entregué en manos de sus enemigos, y todos cayeron a filo de espada, porque se rebelaron contra mí.

24 Yo les di la espalda y los traté conforme a su inmundicia y conforme a sus rebeliones.»

25 Por lo tanto, así ha dicho Dios el Señor:

«Ahora voy a cambiar la suerte de Jacob. Voy a tener misericordia de todo el pueblo de Israel, y a mostrarme celoso de mi santo nombre.

26 Cuando ya vivan tranquilos en su tierra y no haya quien los espante, sentirán ver-

[4] **39.11** Es decir, *la multitud de Gog.* [5] **39.16** Es decir, ***multitud.*** [a] **39.17-20:** Ap 19.17-18.

güenza por todas sus rebeliones y por haber pecado contra mí.

[27] Cuando yo los reúna y los haga salir de entre los pueblos de sus enemigos, y sea yo santificado en ellos a la vista de muchas naciones,

[28] y cuando después de haberlos llevado al cautiverio entre las naciones los reúna en su tierra, sin dejar allá a ninguno de ellos, sabrán que yo soy el Señor su Dios.

Jl 2.28-29 [29] No volveré a darles la espalda, porque habré derramado mi espíritu sobre el pueblo de Israel.»

—Palabra de Dios el Señor.

La visión del templo

40 Comenzaba el año veinticinco de nuestro cautiverio cuando la mano del Señor se posó sobre mí y me llevó a la ciudad de Jerusalén. Era el día diez del primer mes, y habían pasado catorce años desde que la ciudad había sido conquistada. Ese mismo día

[2] Dios me llevó en visiones a la tierra de Israel y me puso sobre un monte muy alto. En la parte sur del monte había un edificio que parecía una gran ciudad.[a]

[3] Al dejarme allí, vi que en la puerta estaba un hombre que parecía de bronce, y que en su mano tenía un cordel de lino y una caña de medir.[b]

[4] Ese hombre me habló, y me dijo:

«Hijo de hombre, abre bien los ojos y los oídos, y presta mucha atención a todo lo que voy a mostrarte, porque para eso has sido traído aquí: para que yo te muestre todo esto y le cuentes al pueblo de Israel todo lo que veas.»

[5] Aquel edificio tenía una muralla por fuera.[c] La caña de medir que ese hombre tenía en la mano medía tres metros, y el hombre midió la muralla, y medía tres metros de espesor y tres metros de altura.

[6] Luego se dirigió hacia la puerta que da hacia el oriente y escaló sus gradas, y midió los dos postes de la puerta, y ambos medían tres metros de ancho.

[7] Cada cámara medía tres metros de largo y tres metros de ancho, y entre las cámaras había un espacio de dos metros y medio; y por dentro cada poste de la puerta junto a la entrada medía tres metros.

[8] Midió también por dentro la entrada de la puerta, y medía tres metros;

[9] la entrada del portal medía cuatro metros, y sus postes medían un metro. La puerta del portal estaba en el lado interno.

[10] En cada costado de la puerta oriental había tres cámaras, las cuales eran de una misma medida, lo mismo que los portales en cada costado.

[11] Midió la entrada de la puerta, y ésta medía cinco metros de ancho; el portal medía seis metros y medio de largo.

[12] Delante de las cámaras había un espacio de medio metro en cada lado, y las cámaras eran cuadradas y medían tres metros por lado.

[13] Luego midió la puerta desde el techo de una cámara hasta el techo de la otra, y el ancho de puerta a puerta era de doce y medio metros.

[14] Midió también los postes del atrio y del portal que lo rodeaba, y cada poste medía treinta metros.

[15] Desde el frente de la puerta de la entrada hasta el frente de la entrada de la puerta interior había veinticinco metros.

[16] Por dentro las cámaras tenían unas ventanas estrechas, lo mismo que los portales y los corredores y alrededor de la puerta; esas ventanas daban a su interior. En cada poste había palmeras.

[17] Ese hombre me llevó al atrio exterior, el cual tenía cámaras y estaba totalmente enlosado. Alrededor de aquel atrio había treinta cámaras.

[18] El enlosado a los lados de las puertas era el más bajo, y era proporcional a la longitud de los portales.

[19] Allí el hombre midió la distancia que había desde el frente de la puerta de abajo hasta el frente del atrio interior por fuera, y

[a] **40.2:** Ap 21.10. [b] **40.3:** Ap 11.1; 21.15. [c] **40.5—42.20:** 1 R 6.1-38; 2 Cr 3.1-9.

ésta medía cincuenta metros hacia el oriente y hacia el norte.

20 Luego midió el largo y el ancho de la puerta que estaba en el atrio exterior, hacia el norte.

21 Había tres cámaras de un lado y tres del otro, y sus postes y sus arcos medían lo mismo que la primera puerta, es decir, veinticinco metros de largo por doce y medio metros de ancho.

22 Sus ventanas, arcos y palmeras medían lo mismo que la puerta que daba hacia el oriente, y delante de ellas estaban sus arcos. A la puerta se subía por siete gradas.

23 La puerta del atrio interior estaba frente a la puerta que daba hacia el norte, lo mismo que hacia el oriente. El hombre midió la distancia de puerta a puerta, y ésta era de cincuenta metros.

24 El hombre me llevó después hacia el sur, y allí había una puerta que daba al sur. Midió sus portales y sus arcos siguiendo estas medidas,

25 y las ventanas y los arcos alrededor medían lo mismo que las otras ventanas, es decir, veinticinco metros de largo por doce y medio metros de ancho.

26 Sus gradas eran de siete peldaños, con sus arcos delante de ellas; y tenían palmeras, una de un lado, y otra del otro lado, en sus postes.

27 Había también una puerta hacia el sur del atrio interior; y de puerta a puerta hacia el sur midió cincuenta metros.

28 Me llevó después en el atrio de adentro a la puerta del sur, y midió la puerta del sur conforme a estas medidas.

29 Sus cámaras, sus postes y sus arcos seguían estas medidas, y las ventanas y arcos alrededor tenían veinticinco metros de largo por doce y medio metros de ancho.

30 Los arcos alrededor medían doce y medio metros de largo y dos y medio metros de ancho.

31 Sus arcos daban hacia fuera del atrio, y tenían palmeras en sus postes, y sus gradas eran de ocho peldaños.

32 El hombre me llevó al atrio interior, que daba hacia el oriente, y midió la puerta siguiendo estas medidas.

33 Sus cámaras, postes y arcos seguían estas medidas, y tenían ventanas y arcos alrededor, y medían veinticinco metros de largo por doce y medio metros de ancho.

34 Sus arcos daban hacia fuera del atrio, y tenían palmeras en ambos lados de sus postes, y sus gradas eran de ocho peldaños.

35 El hombre me llevó luego a la puerta del norte, y midió siguiendo estas medidas.

36 Sus cámaras, postes, arcos y ventanas alrededor medían veinticinco metros de largo por doce y medio metros de ancho.

37 Sus postes daban hacia fuera del atrio, y tenían palmeras en ambos lados de sus postes, y sus gradas eran de ocho peldaños.

38 Allí había una cámara en la que se lavaba el holocausto, la cual tenía una puerta con postes de portales.

39 En la entrada de la puerta había dos mesas de cada lado, en las que se degollaban los animales para el holocausto, la expiación y el sacrificio por el pecado.

40 A un lado de la entrada de la puerta del norte, por fuera de las gradas, había dos mesas, y otras dos al otro lado de la entrada de la puerta.

41 Junto a la puerta había cuatro mesas a un lado, y cuatro mesas al otro lado, es decir, ocho mesas para degollar sobre ellas a los animales que se ofrecían.

42 Las cuatro mesas para el holocausto eran de piedra labrada, y medían setenta y cinco centímetros de largo por setenta y cinco centímetros de ancho, y cincuenta centímetros de alto. Sobre ellas se ponían los utensilios para degollar a los animales para el holocausto y el sacrificio.

43 Adentro había ganchos dispuestos en derredor, los cuales medían siete centímetros, y sobre las mesas se ponía la carne de los animales sacrificados.

44 Afuera de la puerta interior, en el atrio interior que estaba a un costado de la puerta del norte, estaban las cámaras de los cantores, las cuales daban hacia el sur; una estaba a un lado de la puerta del oriente que daba hacia el norte.

45 Y el hombre me dijo:

«Esta cámara, que da hacia el sur, es de los sacerdotes que tienen a su cargo el cuidado del templo.

46 La cámara que da hacia el norte es de los sacerdotes encargados de cuidar del altar, y que son los hijos de Sadoc, los cuales se eligen de entre los hijos de Leví para servir al Señor.»

47 Luego el hombre midió el atrio, y éste medía cincuenta metros de largo por cincuenta metros de ancho; es decir, era cuadrado; y el altar estaba delante del edificio.

48 El hombre me llevó al pórtico del templo, y midió los postes del pórtico, y cada uno medía dos metros y medio por lado. El ancho de la puerta era de un metro y medio por lado.

49 El pórtico medía diez metros de largo y cinco y medio metros de ancho, y se subía a él por gradas. Junto a los postes había columnas en ambos lados.

41 El hombre me introdujo en el templo, y midió los postes, los cuales medían tres metros de un lado y tres metros del otro, que era el ancho del tabernáculo.

2 La puerta medía cinco metros de ancho, y los costados de la puerta medían dos y medio metros de un lado y dos y medio metros del otro. Luego midió su longitud, que era de veinte metros, y su anchura era de diez metros.

3 Pasó entonces al interior y midió cada poste de la puerta, y medían un metro; la puerta medía tres metros, y la entrada medía tres y medio metros de ancho.

4 Luego midió el frente del edificio, y medía diez metros de largo y diez metros de ancho. Entonces me dijo:

«Éste es el lugar santísimo.»

5 Después midió la muralla del templo, y tenía tres metros de ancho, y las cámaras alrededor del templo medían dos metros de ancho.

6 Las cámaras laterales estaban sobrepuestas, y había treinta cámaras en cada uno de los tres pisos. En la pared alrededor del templo había modillones, sobre los que descansaban las cámaras, para que no descansaran sobre la pared del templo.

7 En su parte superior las cámaras eran más anchas; la escalera de caracol del templo iba ascendiendo por dentro del templo, de modo que en la parte alta el templo era más ancho. Del piso inferior se podía ascender al piso del medio, y de éste al superior.

8 Yo miré la altura alrededor del templo, y los cimientos de las cámaras medían lo que una caña entera, es decir, tres metros de largo.

9 El ancho de la pared exterior de las cámaras medía lo mismo que el espacio interior de las cámaras del templo, es decir, dos y medio metros.

10 El espacio entre las cámaras que rodeaban el templo era de diez metros.

11 La puerta de cada cámara salía al espacio libre, una puerta hacia el norte y otra puerta hacia el sur, y el espacio que quedaba alrededor era de dos y medio metros de ancho.

12 El edificio que daba al occidente, delante del espacio abierto, medía treinta y cinco metros, y la pared que rodeaba el edificio tenía dos y medio metros de espesor y medía cuarenta y cinco metros de largo.

13 Luego el hombre midió el templo, y tenía cincuenta metros de largo, y el espacio abierto y el edificio y sus paredes medían también cincuenta metros de largo.

14 El frente del templo, y el espacio abierto que daba hacia el oriente, medía cincuenta metros de ancho.

15 El hombre midió la longitud del edificio que estaba frente al espacio abierto que había detrás de él, lo mismo que las cámaras de uno y otro lado, y el templo interior y los portales del atrio, y medían cincuenta metros.

16 Los umbrales, las ventanas estrechas, y las cámaras alrededor de los tres pisos estaban totalmente recubiertos de madera.

17 El hombre tomó medidas por encima de la puerta, y hasta el recinto interior, y

también por dentro y por fuera y alrededor de toda la pared.

18 Ésta tenía labrados querubines, y entre querubín y querubín había una palmera, y cada querubín tenía dos rostros;

19 hacia la palmera de un lado el rostro era el de un hombre, y hacia la palmera del otro lado el rostro era el de un león. Esto era así alrededor de todo el templo.

20 Desde el suelo hasta la parte superior de la puerta, y por toda la pared del templo, había querubines labrados y palmeras.

21 Cada poste del templo era cuadrado, y el frente del santuario era semejante al del otro frente.

22 El altar de madera medía un metro y medio de alto y un metro de largo, y sus esquinas, su superficie y sus paredes eran de madera. Entonces el hombre me dijo:

«Ésta es la mesa que está delante del Señor.»

23 El templo y el santuario tenían dos puertas.

24 En cada una de las puertas del templo había dos hojas que giraban.

25 Las puertas tenían querubines y palmeras labrados, semejantes a los que había en las paredes, y en la fachada del atrio, por la parte exterior, había un portal de madera.

26 En los costados del pórtico, a uno y otro lado, había ventanas estrechas y palmeras. Así eran las cámaras del templo y los umbrales.

42 El hombre me llevó luego al atrio exterior que daba hacia el norte, y me llevó a la cámara frente al espacio abierto que daba a la parte frontal del edificio, hacia el norte.

2 Por delante de la puerta del norte tenía cincuenta metros de largo por veinticinco metros de ancho.

3 Las cámaras estaban en tres pisos, las unas frente a las otras, delante de los diez metros que había en el atrio interior y del enlosado que había en el atrio exterior.

4 Frente a las cámaras había un corredor interior de cinco metros de ancho, con una vía de medio metro, cuyas puertas daban al norte.

5 Las cámaras más altas eran más estrechas porque las galerías les restaban más espacio que a las cámaras de la planta baja y de la planta intermedia del edificio.

6 Y es que estaban en tres pisos, y no tenían columnas como las columnas de los atrios; por tanto, en relación con el suelo eran más estrechas que las de la planta baja y las de la planta intermedia.

7 La muralla exterior frente a las cámaras, hacia el atrio exterior que daba al frente de las cámaras, tenía veinticinco metros de largo.

8 Las cámaras del atrio exterior tenían veinticinco metros de largo, y la fachada del templo medía cincuenta metros.

9 Debajo de las cámaras estaba la entrada del lado oriental, para entrar en ellas desde el atrio exterior.

10 El edificio tenía cámaras a todo lo largo de la muralla del atrio, por delante, hacia el oriente y frente al espacio abierto.

11 El corredor que había delante de ellas era semejante al corredor de las cámaras que daban hacia el norte, y su largo y su ancho medían lo mismo, y tenían las mismas salidas, las mismas puertas y las mismas entradas.

12 También las puertas de las cámaras que daban hacia el sur eran así, y al comienzo del corredor que había frente a la muralla del lado oriental había una puerta, para quien entraba en las cámaras.

13 El hombre me dijo:

«Tanto las cámaras del norte como las cámaras del sur, que están frente al espacio abierto, son cámaras santas. En ellas los sacerdotes que se acercan al Señor comerán las santas ofrendas, y allí pondrán las ofrendas santas, la ofrenda, la expiación y el sacrifico por el pecado, porque el lugar es santo.

14 Cuando los sacerdotes entren, no saldrán del lugar santo al atrio exterior, sino que dejarán allí las vestiduras con que ministran, porque son santas, y se pondrán

otros vestidos. Así se acercarán a lo que es del pueblo.»

15 Luego que acabó de medir el interior del templo, me sacó por el camino de la puerta que daba al oriente, y midió todo en derredor.

16 Con la caña de medir midió el lado oriental, y éste midió mil quinientos metros;

17 midió el lado norte, y éste midió mil quinientos metros;

18 midió el lado sur, y éste midió mil quinientos metros;

19 luego rodeó el lado occidental, y éste midió mil quinientos metros.

20 Lo midió por los cuatro lados, y estaba rodeado de un muro de mil quinientos metros de largo por mil quinientos metros de ancho, el cual dejaba el santuario apartado del lugar profano.

La gloria del Señor llena el templo

43 El hombre me llevó luego a la puerta que da hacia el oriente,

2 y vi que la gloria del Dios de Israel venía del oriente.[a] Podía escucharse un rumor como de muchas aguas, y por causa de su gloria la tierra resplandecía.

Jl 1.15

3 Lo que vi tenía el aspecto de una visión, como la que tuve cuando el Señor vino a destruir la ciudad, y como las que tuve junto al río Quebar. Entonces me incliné sobre mi rostro,

4 y la gloria del Señor penetró en el templo a través de la puerta que daba al oriente.

5 El espíritu me levantó y me llevó al atrio interior, y allí vi cómo la gloria del Señor llenaba el templo.

Leyes del templo

6 El hombre permanecía junto a mí, y entonces oí que desde el templo alguien me hablaba

7 y me decía:

«Hijo de hombre, en este lugar tengo mi trono; en este lugar reposan las plantas de mis pies, y en este lugar habitaré para siempre entre los hijos de Israel. Nunca más el pueblo de Israel ni sus reyes volverán a profanar mi santo nombre con sus fornicaciones, ni con los cadáveres de sus reyes en sus lugares altos.

8 Porque ellos contaminaron mi santo nombre con las abominaciones que cometieron, pues pusieron su umbral junto a mi umbral, y su contrafuerte junto a mi contrafuerte, con sólo una pared entre ellos y yo. Por eso en mi furor los consumí.

9 Pero ahora arrojarán lejos de mí sus fornicaciones y los cadáveres de sus reyes, y yo habitaré en medio de ellos para siempre.

10 »Tú, hijo de hombre, muéstrale este templo al pueblo de Israel, y haz que midan su diseño, para que se avergüencen de sus pecados.

11 Si en realidad se avergüenzan de todo lo que han hecho, dales a conocer el diseño del templo y su disposición, y sus salidas y entradas, y todas sus formas, descripciones y configuraciones, y también todas sus leyes. Descríbeselo en detalle, para que respeten todas sus formas y todas sus reglas, y las pongan por obra.

12 Ésta es la ley del templo: La cumbre del monte, el recinto entero, y todos sus alrededores, será santísimo. Ésta es la ley del templo.»

13 Las medidas del altar eran en codos, y el codo equivale a cincuenta centímetros. La base medía cincuenta centímetros de ancho, y el remate alrededor de su borde medía veinticinco centímetros. Éste era el zócalo del altar.

14 Partiendo del suelo, desde la base hasta el lugar de abajo, medía un metro, y el ancho era de cincuenta centímetros; desde la cornisa menor hasta la cornisa mayor medía dos metros con cincuenta centímetros de ancho.

15 El altar medía dos metros, y encima del altar había cuatro cuernos.

16 Por sus cuatro costados, el altar medía seis metros de largo por seis metros de ancho, pues era cuadrado.

[a] **43.2:** Ez 10.3-4, 18-19; 11.22-23.

LECCIONES **REGRESA LA GLORIA**
(Ezequiel 43.5)

En los capítulos 10-11 leemos cómo la gloria de Dios se apartó poco a poco del templo y de la ciudad debido a los pecados del pueblo. Diecinueve años después, Ezequiel vio una visión en la cual la gloria de Dios llenaba nuevamente el templo. Pero este acontecimiento no se dará hasta el final de la historia, cuando Jesús regrese a la tierra. Mientras tanto, el Espíritu Santo vino el día de Pentecostés para vivir dentro del corazón del pueblo de Dios (Hechos 2). Cuando adoramos a Dios, los demás vislumbran su gloria.

17 Por sus cuatro costados, el descanso
medía siete metros de largo por siete metros de ancho, y el derredor del borde era de veinticinco centímetros; la base medía cincuenta centímetros por lado, y sus gradas miraban al oriente.[b]

18 Aquel hombre me dijo:
«Hijo de hombre, así ha dicho Dios el Señor: "Para el día en que el altar sea hecho, éstas son las ordenanzas para ofrecer holocausto sobre él, y para esparcir sobre él sangre.

19 A los sacerdotes levitas que son del li-
naje de Sadoc y que se acercan a mí para ministrar ante mí, les darás un becerro de la vacada para que lo ofrezcan como ofrenda de expiación.

—Palabra de Dios el Señor.

20 "Luego tomarás un poco de su sangre y
la pondrás en los cuatro cuernos del altar, en las cuatro esquinas del descanso, y alrededor del borde; así lo limpiarás y purificarás.

21 Después tomarás el becerro que se
ofrece por la expiación, y lo quemarás fuera del santuario, conforme a la ley del templo.

22 Al segundo día ofrecerás un macho
cabrío sin defecto, como ofrenda de expiación, y purificarán el altar como lo purificaron con el becerro.

23 Cuando acabes de hacer la expiación,
ofrecerás de la vacada un becerro sin defecto, y de la manada un carnero sin tacha.

24 Los ofrecerás delante del Señor, y los
sacerdotes les echarán sal y los ofrecerán al Señor en holocausto.

25 Durante siete días sacrificarán cada día
un macho cabrío en expiación, y sacrificarán también el becerro de la vacada y un carnero sin tacha del rebaño.

26 Durante siete días harán expiación por
el altar, y así lo limpiarán y lo consagrarán.

27 Al cabo de estos días, es decir, del oc-
tavo día en adelante, los sacerdotes sacrificarán sobre el altar sus holocaustos y sus ofrendas de paz. Entonces me serán aceptables."»

—Palabra de Dios el Señor.[c]

44

El hombre me hizo volver hacia la puerta exterior del santuario, la cual da hacia el oriente, y estaba cerrada.

2 Entonces el Señor me dijo:
«Esta puerta permanecerá cerrada. No se abrirá, ni entrará nadie por ella, porque por ella entró el Señor y Dios de Israel; así que permanecerá cerrada.

3 En cuanto al príncipe, él podrá sentarse
allí para comer pan delante del Señor, porque es el príncipe; pero deberá entrar por el vestíbulo de la puerta, y por allí también saldrá.»

4 Luego me llevó hacia la puerta del nor-
te, que estaba frente al templo. Yo miré, y vi que la gloria del Señor había llenado su templo, así que me incliné sobre mi rostro.

5 Entonces el Señor me dijo:
«Hijo de hombre, pon atención y abre bien los ojos; presta oído a todo lo que te digo tocante a todas las ordenanzas y leyes del templo del Señor; presta atención a todas las entradas y salidas del templo,

6 y dile a Israel, a ese pueblo rebelde, que
yo, su Señor y Dios, he dicho: "¡Basta, pueblo de Israel, de todas tus abominaciones!

7 ¡Basta de traerme extranjeros, gente
incircuncisa en su corazón y en su cuerpo,

[b]**43.13-17:** Éx 27.1-2; 2 Cr 4.1. [c]**43.18-27:** Éx 29.35-37.

para contaminar con su presencia mi san-
tuario y mi templo! ¡Basta de ofrecer mi pan,
y la grasa y la sangre, y de invalidar mi pacto
con todas tus abominaciones!"
8 Pues Israel no ha respetado lo estableci-
do acerca de mis cosas santas, sino que han
puesto a extranjeros como guardianes de
las ordenanzas en mi santuario.»
9 Así ha dicho Dios el Señor:
«No entrará en mi santuario ningún ex-
tranjero que viva entre los hijos de Israel, ni
tampoco ninguno de sus hijos, ni nadie que
sea incircunciso en el corazón y en su cuerpo.
10 Los levitas que se apartaron de mí cuan-
do Israel se alejó de mí y se fue tras sus ído-
los, cargarán con su iniquidad
11 y servirán en mi santuario como por-
teros y sirvientes del templo. Ellos se encar-
garán de matar los animales que el pueblo
ofrece para el holocausto, y estarán al servi-
cio del pueblo,
12 tal y como le sirvieron delante de sus
ídolos. Ellos fueron los que con su maldad
hicieron tropezar al pueblo de Israel; por eso
he levantado mi mano y he jurado que ellos
cargarán con su iniquidad.
—Palabra de Dios el Señor.
13 »Ninguno de ellos se acercará a mí para
servirme como sacerdote, ni se acercará a
ninguna de mis cosas santas y santísimas,
sino que cargarán con su vergüenza por las
abominaciones que cometieron.
14 Yo los pondré a cargo de la custodia del
templo y para todo el servicio que haya de
hacerse en él.
15 »Los que se acercarán a mí para servir-
me serán los sacerdotes levitas hijos de Sa-
doc, pues ellos respetaron el ordenamiento
del santuario cuando los hijos de Israel se
apartaron de mí. Ellos podrán presentarse
ante mí para ofrecerme la grasa y la sangre.
—Palabra de Dios el Señor.
16 »Sólo ellos podrán entrar en mi san-
tuario y acercarse a mi mesa para servirme,
pero deberán respetar mis ordenanzas.
17 Cuando entren por las puertas del atrio
interior, se pondrán vestiduras de lino. Y
cuando ministren en las puertas del atrio
interior y dentro del templo, no deberán
ponerse nada de lana.
18 Se cubrirán la cabeza con turbantes de
lino, y el cuerpo con calzoncillos de lino.[a] No
deben vestirse con nada que los haga sudar.
19 Cuando salgan al atrio exterior para ha-
blar con el pueblo, se quitarán las vestidu-
ras con que hayan ministrado y las dejarán
en las cámaras del santuario,[b] y se pondrán
otros vestidos para no santificar al pueblo
con sus vestiduras.
20 No se raparán la cabeza ni se dejarán
crecer el cabello;[c] sólo se lo recortarán.
21 Y cuando algún sacerdote deba entrar
en el atrio interior, ninguno de ellos deberá
beber vino.[d]
22 Tampoco tomarán por esposa a una
viuda ni a una mujer repudiada, sino que to-
marán por esposa a una doncella del linaje
del pueblo de Israel, o a la viuda de algún
sacerdote.[e]
23 »Los sacerdotes deberán enseñar a mi
pueblo a distinguir entre lo santo y lo pro-
fano, y a discernir entre lo limpio y lo no
limpio.[f]
24 En caso de pleito, su papel será el de jue-
ces, y lo harán en conformidad con mis jui-
cios. Además, cumplirán con mis leyes y mis
decretos para todas mis fiestas solemnes, y
santificarán mis días de reposo.
25 No se acercarán a ningún cadáver, para
no contaminarse.[g] Sólo podrán contami-
narse si el cadáver es el de su padre o el de
su madre, o el de algún hijo suyo, o hija, o
hermano, o hermana que no se haya casado
nunca.
26 Después de que hayan sido purificados,
se contarán siete días,
27 y el día que entren al atrio interior para
ministrar en el santuario, ofrecerán su expia-
ción.
—Palabra de Dios el Señor.

[a] **44.17-18:** Éx 28.39-43; Lv 16.4. [b] **44.19:** Lv 16.23. [c] **44.20:** Lv 21.5. [d] **44.21:** Lv 10.9. [e] **44.22:** Lv 21.7, 13-14. [f] **44.23:** Lv 10.10. [g] **44.25:** Lv 21.1-4.

28 »Los sacerdotes no podrán tener en Israel ninguna propiedad. Su propiedad[h] soy yo.

29 Comerán de la ofrenda y de la expiación y del sacrificio por el pecado. Suyo será todo lo que se consagre en Israel.

30 De los sacerdotes serán los primeros frutos de todo, y todo lo que se presente de todas las ofrendas. De igual manera, se darán a los sacerdotes las primicias de todas sus harinas. Así la bendición se posará en sus casas.[i]

31 Y no comerán los sacerdotes[j] la carne de aves o animales que hayan sido matados o desgarrados.

45 »Cuando ustedes hagan el sorteo para dar a cada uno su propia tierra, deberán apartar para el Señor una parcela de doce y medio kilómetros[6] de largo por cinco kilómetros de ancho. En la tierra de ustedes, esta parcela y sus contornos serán santificados y consagrados al Señor.

2 De esta parcela se apartará un terreno cuadrado, de doscientos cincuenta metros por lado, con una franja en su derredor de veinticinco metros, para sus ejidos. Ese terreno será para el santuario.

3 También se medirá un terreno de doce y medio kilómetros de largo por cinco de ancho, y en esta área estarán el santuario y el lugar santísimo.

4 La parte consagrada de este terreno será para los sacerdotes, es decir, los ministros del santuario que se acercan para servir al Señor, y servirá para sus casas y como recinto sagrado para el santuario.

5 Así mismo, se les dará en propiedad a los levitas, ministros del templo, un terreno de doce y medio kilómetros de largo por cinco de ancho, con veinte cámaras.

6 »Para la ciudad apartarán un terreno de doce y medio kilómetros de largo por dos y medio kilómetros de ancho, además del terreno apartado para el santuario. Éste será propiedad de todo el pueblo de Israel.

7 »La porción correspondiente al príncipe estará a uno y otro lado del terreno apartado para el santuario, y junto a la propiedad de la ciudad, frente a lo que se apartó para el santuario y frente a la propiedad de la ciudad, y su longitud se extenderá desde el extremo occidental hasta el extremo oriental.

8 Esta tierra será su posesión en Israel, para que nunca más mis príncipes opriman a mi pueblo Israel, sino que le den sus tierras según el número de sus tribus.»

9 Así ha dicho Dios el Señor:

«¡Basta ya, príncipes de Israel! ¡Déjense ya de violencia y de rapiña! ¡Practiquen el derecho y la justicia, y dejen ya de oprimir a mi pueblo!

—Palabra de Dios el Señor.

10 »Usen balanzas y medidas justas para los líquidos y los áridos.[a]

11 Tanto el bato para los líquidos como el efa para los áridos serán equivalentes a la décima parte del homer de doscientos litros; es decir, serán equivalentes a veinte litros.

12 El siclo será de diez gramos, y sesenta siclos serán una mina.

13 »Como ofrenda deben ofrecer la sexagésima parte de sus cosechas de trigo y de cebada.

14 Además, del aceite se les ordena ofrecer veinte litros, es decir, la décima parte de la medida oficial, que es el homer.

15 Para sacrificio, para holocausto, para ofrendas de paz y para la expiación por ellos, una cordera engordada de un rebaño de doscientas corderas de Israel.

—Palabra de Dios el Señor.

16 »Todo el pueblo en el país estará obligado a dar esta ofrenda para el príncipe de Israel,

17 pero al príncipe le corresponderá contribuir con el holocausto, el sacrificio y la libación en las fiestas solemnes, en las lunas

[h] **44.28:** Nm 18.20. [i] **44.29-30:** Nm 18.8-19. [j] **44.31:** Lv 22.8. [6] **45.1** Doce y medio kilómetros... cinco kilómetros. Posibles dimensiones del terreno, asumiendo que las medidas sean en codos. Lit. veinticinco mil... diez mil. El texto hebreo no especifica la base de medición. [a] **45.10:** Lv 19.36.

nuevas, en los días de reposo y en todas las fiestas del pueblo de Israel. El príncipe dispondrá la expiación, la ofrenda, el holocausto y las ofrendas de paz, para hacer expiación por el pueblo de Israel.»

18 Así ha dicho Dios el Señor:

«El día primero del mes primero tomarás de la vacada un becerro sin defecto, y purificarás el santuario.

19 El sacerdote tomará un poco de la sangre de la expiación y la pondrá sobre los postes del templo, sobre los cuatro ángulos del descanso del altar, y sobre los postes de las puertas del atrio interior.

20 Esto lo harás así el séptimo día del mes, en favor de los que pecaron por error y por engaño, y harás expiación por el templo.

21 »El día catorce del mes primero celebrarán ustedes la pascua. Será una fiesta de siete días, durante la cual se comerá pan sin levadura.[b]

22 Ese día el príncipe ofrecerá en sacrificio por el pecado un becerro, por sí mismo y por todo el pueblo del país.

23 Durante cada uno de los siete días de la fiesta solemne ofrecerá en holocausto al Señor siete becerros y siete carneros sin defecto, y un macho cabrío, en sacrificio por el pecado.

24 Con cada becerro y con cada carnero ofrecerá como ofrenda veinte litros de cereal, más seis litros de aceite por cada veinte litros de cereal.

25 »A los quince días del mes séptimo, durante los siete días de la fiesta,[c] hará lo mismo en cuanto a la expiación, el holocausto, la ofrenda y el aceite.»

46 Así ha dicho Dios el Señor:

«La puerta del atrio interior que da al oriente permanecerá cerrada durante los seis días de trabajo, pero se abrirá el día de reposo y también durante los días de luna nueva.

2 El príncipe entrará por el camino del portal de la puerta exterior, y se quedará de pie junto al umbral de la puerta mientras los sacerdotes ofrecen su holocausto y sus ofrendas de paz; luego adorará junto a la entrada de la puerta, y entonces podrá salir; pero la puerta no se cerrará hasta la tarde.

3 Así mismo, el pueblo del país adorará delante del Señor, a la entrada de la puerta, en los días de reposo y en los días de luna nueva.

4 El holocausto que el príncipe ofrecerá al Señor en el día de reposo consistirá en seis corderos sin defecto y en un carnero sin tacha;

5 con cada carnero ofrecerá veinte litros de cereal, con cada cordero la ofrenda será conforme a sus posibilidades, y con los veinte litros de cereal ofrecerá seis litros de aceite.

6 El día de la luna nueva la ofrenda será de un becerro sin tacha, más seis corderos y un carnero, todos ellos sin defecto.

7 Con el becerro y con cada carnero ofrecerá veinte litros de cereal, pero con los corderos la ofrenda será conforme a sus posibilidades; por cada veinte litros de cereal deberá ofrecer seis litros de aceite.

8 »El príncipe debe entrar y salir por el camino del portal de la puerta,

9 pero cuando el pueblo de la tierra se presente ante el Señor durante las fiestas, los que entren por la puerta del norte deberán salir por la puerta del sur, y los que entren por la puerta del sur deberán salir por la puerta del norte. No podrán regresar por la misma puerta por la que entraron, sino que saldrán por la puerta de enfrente.

10 Cuando ellos entren, el príncipe entrará con ellos, y cuando ellos salgan, también el príncipe saldrá.

11 »En las fiestas y en las asambleas solemnes, la ofrenda será de veinte litros de cereal con cada becerro y con cada carnero; con los corderos, la ofrenda será conforme a sus posibilidades; con cada veinte litros de cereal deberá ofrecerse seis litros de aceite.

12 »Cuando el príncipe ofrezca al Señor voluntariamente un holocausto u ofrendas

[b] **45.21:** Éx 12.1-20; Nm 28.16-25. [c] **45.25:** Lv 23.33-36; Nm 29.12-38.

LECCIONES

RÍO DE VIDA

(Ezequiel 47.1-12)

En una visión, Ezequiel vio un río que fluía del templo. Sanaba a la gente y proveía muchos peces. Este río es similar al río que fluía del huerto del Edén (Génesis 2:10) y el río de vida que fluye del trono de Dios en la Nueva Jerusalén (Apocalipsis 22:1-2). También es similar al río del cual habló Jesús: "Del interior del que cree en mí, correrán ríos de agua viva, como dice la Escritura" (Juan 7:38). El "agua viva" es el Espíritu Santo, quien les da nueva vida y poder a todos los que confían en Jesús como su Salvador.

de paz, se le abrirá la puerta que da al oriente, y presentará su holocausto y sus ofrendas de paz tal y como las ofrece en el día de reposo; después de eso saldrá, y en cuanto salga se cerrará la puerta.

13 »Cada mañana ofrecerás en holocausto al Señor un cordero de un año, sin defecto, 14 junto con seis litros de cereal como ofrenda, más dos litros de aceite para mezclarlo con la flor de harina. Esta ofrenda para el Señor es un estatuto perpetuo, y se le debe ofrecer continuamente.

15 Así que todas las mañanas deberán ofrecer el cordero, la ofrenda y el aceite, como holocausto continuo.»

16 Así ha dicho Dios el Señor:

«Si el príncipe da a sus hijos una parte de su propiedad, esta propiedad será la herencia de ellos.

17 Pero si da parte de su propiedad a alguno de sus siervos, ésta será propiedad del siervo hasta el año del jubileo,[a] después del cual volverá a ser propiedad del príncipe. En cambio, su herencia será de sus hijos.

18 Pero el príncipe no podrá tomar nada de la herencia del pueblo ni despojarlos de sus propiedades; la herencia que dé a sus hijos será de sus propiedades, para que ninguno de mi pueblo sea expulsado de su propiedad.»

19 El hombre me llevó después por la entrada que daba hacia la puerta, hacia las cámaras que daban al norte y que estaban consagradas para los sacerdotes, y allí, en el fondo del ala occidental, vi un lugar.

20 Entonces aquel hombre me dijo:

«En este lugar los sacerdotes cocerán la ofrenda por el pecado y por la expiación; cocerán aquí la ofrenda para no sacarla al atrio exterior, porque entonces el pueblo quedaría santificado.»

21 Luego me llevó al atrio exterior y me condujo por los cuatro rincones del atrio; y en cada rincón había un patio.

22 En los cuatro rincones del atrio había patios cercados, de veinte metros de largo y quince metros de ancho. Los cuatro patios medían lo mismo.

23 Alrededor de los cuatro había una pared, y alrededor de las paredes, por la parte baja, había fogones.

24 Entonces me dijo:

«Éstas son las cocinas donde los servidores del templo cocerán la ofrenda del pueblo.»

El agua saludable

47 Luego, el hombre me hizo volver a la entrada del templo, y vi que por debajo del umbral del templo[a] salía agua hacia el oriente, pues la fachada del templo miraba hacia el oriente y el agua corría por debajo, hacia el lado derecho del templo, al sur del altar.

2 Y el hombre me llevó por el camino de la puerta del norte, y me hizo dar la vuelta por el camino exterior, fuera de la puerta, en dirección a la puerta que da hacia el oriente. Y vi que el agua salía del lado derecho.

3 Aquel hombre salió y se dirigió al oriente. En su mano llevaba un cordel, y con él midió quinientos metros, y me hizo pasar por el agua, la cual me llegaba hasta los tobillos.

4 Luego midió otros quinientos metros y me hizo pasar por el agua, que ahora me

[a]**46.17:** Lv 25.10. [a]**47.1:** Zac 14.8; Jon 7.38; Ap 22.1.

llegaba hasta las rodillas, y luego de medir
otros quinientos metros me hizo pasar por
el agua, y ésta me llegó hasta la cintura.
5 Cuando midió otros quinientos metros,
el agua era ya un río; de tal manera había
crecido la corriente que yo no la podía cru-
zar sino a nado.
6 Entonces me dijo:
«¿Te das cuenta, hijo de hombre?»
Después me llevó, y me hizo volver por la
ribera del río.
7 Cuando volví, pude ver que en ambas
márgenes del río había muchísimos árboles.
8 Y el hombre me dijo:
«Esta agua corre hacia la región del orien-
te, y baja al Arabá y se pierde en el mar. Una
vez que el agua entra en el mar, se vuelve
agua saludable.
9 Todos los seres vivos que naden por
donde entra la corriente, vivirán; habrá mu-
chísimos peces que, por haber desembo-
cado allí esta agua, recibirán salud. ¡Todo lo
que entre en este río vivirá!
10 Junto al río se pondrán los pescadores, y
tenderán sus redes desde Engadí hasta Ene-
glayin, y las especies de los peces serán tan
numerosas como las de los peces del Mar
Grande,
11 pero sus pantanos y sus lagunas no se
limpiarán, sino que seguirán siendo salinas.
12 En ambos márgenes del río crecerá toda
clase de árboles frutales, a los que nunca
les faltará fruto ni sus hojas se caerán. Esos
árboles madurarán a su tiempo, porque el
agua que los riega sale del santuario. Sus
frutos serán comestibles, y sus hojas serán
medicinales.

Os 11.3-4

Reparto y límites de la tierra

13 Así ha dicho Dios el Señor:
«Éstos son los límites para el reparto de la
tierra que recibirán como herencia las doce
tribus de Israel. José recibirá dos porciones.
14 Unos y otros la recibirán como herencia.
Por esta tierra levanté mi mano y juré que se
la daría a sus padres; por lo tanto, ésta será la
tierra que ustedes heredarán.
15 »Por el norte, el límite de la tierra será el
siguiente: desde el Mar Grande, por el cami-
no de Jetlón que llega a Zedad,
16 Jamat, Berotá y Siberayin, que está entre
el límite de Damasco y el límite de Jamat;
Jasar Haticón, que es el límite de Jaurán.
17 El límite norte será desde el mar hasta Ja-
sar Enán, en los límites de Damasco al norte,
y en los límites de Jamat por el lado norte.
18 »Por el oriente, en medio de Jaurán y de
Damasco, y de Galaad y de la tierra de Israel,
hasta el Jordán. Esto medirán como límite
hasta el mar oriental.
19 »Por el sur, desde Tamar hasta las aguas
de Meriba; desde Cadés y el arroyo hasta el
Mar Grande. Éste será el límite sur.
20 »Por el occidente, el límite será el Mar
Grande hasta la entrada de Jamat. Éste será
el límite occidental.
21 »Esta tierra la repartirán entre ustedes,
según el número de las tribus de Israel.
22 La repartirán por sorteo, como herencia
para ustedes, y para los extranjeros que vi-
van entre ustedes y que entre ustedes hayan
engendrado hijos, pues deberán considerar-
los como naturales entre los hijos de Israel;
así que participarán en el sorteo, lo mismo
que ustedes, y tendrán su herencia entre las
tribus de Israel.
23 Darán al extranjero su herencia en la tri-
bu en la que viva.»
—Palabra de Dios el Señor.

48 Éstos son los nombres de las
tribus: Dan tendrá una parte
desde el lado oriental hasta el
occidental, del extremo norte, por la vía de
Jetlón en dirección a Jamat, Jasar Enán, en los
confines de Damasco, al norte, hacia Jamat.
2 Aser tendrá una parte junto a la frontera
de Dan, desde el lado oriental hasta la costa
del mar.
3 Neftalí tendrá su parte junto al límite
de Aser, desde el lado oriental hasta la cos-
ta del mar.
4 Manasés tendrá su parte junto al límite
de Neftalí, desde el lado oriental hasta la
costa del mar.

5 Efraín tendrá su parte junto al límite de
Manasés, desde el lado oriental hasta la cos-
ta del mar.
6 Rubén tendrá su parte junto al límite de
Efraín, desde el lado oriental hasta la costa
del mar.
7 Judá tendrá su parte junto al límite de Rubén,
desde el lado oriental hasta la costa del mar.
8 Junto al límite de Judá, desde el lado
oriental hasta la costa del mar, estará la por-
ción que reservarán de ocho mil metros de
ancho, y de largo como cualquiera de las
otras partes, es decir, desde el lado oriental
hasta la costa del mar. En medio de ella es-
tará el santuario.
9 La porción que ustedes reservarán para
el Señor tendrá ocho mil metros de largo y
tres mil metros de ancho.
10 La porción consagrada a los sacerdotes
será de ocho mil metros al norte, de tres mil
metros de ancho al occidente, de tres mil
metros de ancho al oriente, y de ocho mil
metros de largo al sur; en medio de ella es-
tará el santuario del Señor.
11 Los sacerdotes consagrados de los hijos
de Sadoc que me han sido fieles y no erra-
ron como los levitas, cuando erraron los hi-
jos de Israel,
12 tendrán como porción santísima la por-
ción de tierra reservada junto al límite de la
porción de los levitas.
13 Y la porción de los levitas, al lado de los
límites de la porción de los sacerdotes, será
de ocho mil metros de largo por tres mil me-
tros de ancho; todo el largo será de ocho mil
metros, y el ancho será de tres mil metros.
14 De esa porción no venderán nada, ni la
permutarán, ni traspasarán las primicias de
la tierra; porque es una porción consagrada
al Señor.
15 Los mil quinientos metros de ancho
que quedan de los ocho mil, serán profa-
nos, para uso de la ciudad, para habitación y
para ejido; y en medio estará la ciudad.
16 Éstas serán sus medidas: por el lado nor-
te, mil quinientos metros; por el lado sur, mil
quinientos metros; por el lado oriental, mil
quinientos metros; y por el lado occidental,
mil quinientos metros.
17 Al norte, el ejido de la ciudad será de
ochenta metros; al sur, de ochenta metros;
al oriente, de ochenta metros; y al occiden-
te, de ochenta metros.
18 Y lo que quede del largo delante de la
porción santa, es decir, los tres mil metros
al oriente y los tres mil metros al occidente
que quedarán de la porción santa, será para
que siembren allí los que sirvan a la ciudad.
19 Y los que sirvan a la ciudad serán de to-
das las tribus de Israel.
20 Toda la porción cuadrada reservada de
ocho mil metros por cada lado, la reserva-
rán ustedes como porción para el santuario
y como propiedad de la ciudad.
21 Para el príncipe será lo que quede a
uno y otro lado de la porción santa y de la
propiedad de la ciudad, es decir, delante de
los ocho mil metros de la porción hasta el
límite oriental, y al occidente delante de los
ocho mil metros hasta el límite occidental.
Estas partes mencionadas serán del prínci-
pe; serán una porción consagrada, y el san-
tuario del templo estará en medio de ella.
22 De este modo la porción del príncipe
será la comprendida a partir de la porción
de los levitas y la porción de la ciudad, entre
el límite de Judá y el límite de Benjamín.
23 En cuanto a las demás tribus, Benjamín
tendrá una porción desde el lado oriental
hasta la costa del mar.
24 Simeón tendrá otra porción junto al
límite de Benjamín, desde el lado oriental
hasta la costa del mar.
25 Isacar tendrá otra porción junto al lími-
te de Simeón, desde el lado oriental hasta la
costa del mar.
26 Zabulón tendrá otra porción junto al
límite de Isacar, desde el lado oriental hasta
la costa del mar.
27 Gad tendrá otra porción junto al límite
de Zabulón, desde el lado oriental hasta la
costa del mar.
28 Junto al límite de Gad, por el lado sur, el
límite será desde Tamar hasta las aguas de

Meriba, y desde Cadés y el arroyo hasta el
Mar Grande.
29 Ésta es la tierra que ustedes repartirán
por sorteo como herencia de las tribus de
Israel, y éstas son sus porciones.
—Palabra de Dios el Señor.
30 Éstas son las salidas de la ciudad:[a] Por el lado
norte, la medida será de mil quinientos metros.
31 Las puertas de la ciudad serán las mis-
mas que los nombres de las tribus de Israel.
Las tres puertas al norte serán las puertas de
Rubén, Judá y Leví.
32 Por el lado oriental medirá mil quinien-
tos metros, con tres puertas: la de José, la de
Benjamín y la de Dan.
33 Por el lado sur, medirá mil quinientos
metros, con tres puertas: la de Simeón, la de
Isacar, y la de Zabulón.
34 Por el lado occidental, medirá mil qui-
nientos metros, con tres puertas: la de Gad,
la de Aser, y la de Neftalí.
35 Alrededor medirá seis mil metros, y a
partir de ese día el nombre de la ciudad será
«El Señor está allí».

[a] **48.30-34:** Ap 21.12-13.

DIOS CON NOSOTROS *(Ezequiel 48.35)*
El libro de Ezequiel termina con una promesa que también se encuentra en el libro de Apocalipsis: un día Dios vivirá entre su pueblo en la Nueva Jerusalén. Lee Apocalipsis 21:3: "Dios mismo estará con ellos y será su Dios." Jesús vivió en la tierra por un tiempo, pero regresó al cielo. Algún día regresará para vivir entre su pueblo. Si eres cristiano, sabes qué maravilloso será eso porque Él ya vive en tu corazón por medio del Espíritu Santo.

DANIEL

Autor: **Daniel**
Tema: **El control de Dios sobre la historia**
Fecha en que se escribió: **c. 536-530 a.C**

DIOS ESTÁ EN CONTROL

Daniel es uno de los últimos profetas del Antiguo Testamento en la historia de Israel. Sólo Hageo, Zacarías y Malaquías vienen después de él. Probablemente habrás oído hablar de Daniel porque habrás oído la historia de la cueva de leones. Daniel era un joven valiente y también era un profeta mayor. Sus escritos y sus profecías tenían dos propósitos. (1) Tranquilizaban al pueblo de Dios que estaba lejos de su tierra al asegurarles que su cautiverio no duraría para siempre. (2) Sus mensajes registraban las visiones del poder y del control de Dios sobre las naciones para las generaciones futuras.

LO QUE ENCONTRARÁS EN EL LIBRO

El libro de Daniel se divide en tres partes. (1) El capítulo 1 fue escrito en hebreo. Nos cuenta lo que estaba ocurriendo en el mundo cuando Daniel escribió el libro. (2) Capítulos 2-7, empezando con el 2:4, fueron escritos en arameo. Este era el idioma que hablaría Jesús más adelante. Esta sección cuenta acerca del auge y la caída de cuatro grandes reinos mundiales (los babilonios, los persas, los griegos y los romanos). También cuenta acerca del futuro reino de Dios: un reino que perdurará para siempre (lee los capítulos 2-7). En estos capítulos vemos que Dios está en control y está involucrado en las actividades de las personas y de las naciones. (3) En los capítulos 8-12, Daniel volvió a escribir en hebreo. Describió acontecimientos inusuales que acontecerían en el futuro cercano y en los días postreros.

¿SABÍAS QUE...?

- Daniel es el más corto de los cuatro libros de profecía mayores, es decir, Isaías, Jeremías, Ezequiel y Daniel. Estos profetas se llaman "profetas mayores" porque sus libros contienen la mayor cantidad de profecías y cubren la más amplia extensión de tiempo mencionada en la Biblia.
- Es un libro de historias. Las narraciones de Daniel y sus amigos (Sadrac, Mesac y Abednego) están entre las historias más preciadas de la Biblia.
- Es la versión de Apocalipsis del Antiguo Testamento. Menciona muchas cosas acerca de los días postreros.
- Es un libro acerca del poder de la oración.

Daniel y sus compañeros en Babilonia

En el año tercero del reinado de Joacín, rey de Judá, el rey Nabucodonosor de Babilonia vino a Jerusalén y la sitió.[a]

2 Y el Señor permitió que el rey Joacín cayera en manos de Nabucodonosor, y que éste se llevara buena parte de los utensilios del templo de Dios al templo de su dios en Babilonia, y que los depositara en el tesoro del templo de su dios.

3 Además, el rey Nabucodonosor dio órdenes a Aspenaz, jefe de sus eunucos, de que se llevara a algunos israelitas pertenecientes a la familia real.

4 Debían ser jóvenes bien parecidos y sin defectos físicos, capacitados en todo conocimiento, inteligentes y capaces de aprender, y con las cualidades suficientes para estar en el palacio del rey. A éstos Aspenaz debía enseñarles la escritura y la lengua de los caldeos.[b]

5 Para su alimentación diaria, el rey señaló provisiones de su propia comida y de su propio vino. Su educación duraría tres años, al cabo de los cuales serían presentados ante el rey.

6 Entre estos jóvenes se hallaban Daniel, Jananías, Misael y Azarías, que eran de la tribu de Judá.

7 Pero el jefe de los eunucos les cambió de nombre: a Daniel lo llamó Beltsasar; a Jananías, Sadrac; a Misael, Mesac; y a Azarías, Abednego.

8 En lo íntimo, Daniel se propuso no contaminarse con la ración de la comida y bebida del rey que se le daba, y le pidió al jefe de los eunucos que no se le obligara a contaminarse.

9 Y Dios hizo que Daniel se ganara la simpatía y buena voluntad del jefe de los eunucos,

10 aunque éste le dijo a Daniel:

«Tengo miedo de mi señor el rey, que claramente dijo lo que ustedes debían comer y beber. Si más tarde él ve que los rostros de ustedes son más pálidos que los de los otros jóvenes semejantes a ustedes, me habrán condenado a que el rey me corte la cabeza.»

11 El jefe de los eunucos había puesto al cuidado de Daniel, Jananías, Misael y Azarías, a un guardia llamado Melsar. A éste Daniel le dijo:

12 «Yo te ruego que hagas con estos siervos tuyos una prueba de diez días. Ordena que nos den de comer legumbres, y que nos den de beber agua.

13 Después de esta prueba, compara nuestro semblante con el de los otros jóvenes que reciben la ración de la comida del rey, y haz entonces con estos siervos tuyos según lo que veas.»

14 Melsar estuvo de acuerdo con ellos, e hizo la prueba de los diez días.

15 Vencido el plazo, el semblante de ellos era mejor y más robusto que el de los otros

[a]**1.1:** 2 R 24.1; 2 Cr 36.5-7. [b]**1.2-4:** 2 R 20.17-18; Is 39.7-8; 2 R 24.10-16; 2 Cr 36.10.

DANIEL ADOPTA UNA POSTURA *(Daniel 1.8)*

Siendo joven, Daniel se decidió ser fiel a Dios. Escogió no comer la comida ni beber el vino que ofrecía la corte del rey. Él no estaba siendo quisquilloso; estaba tratando de honrar a Dios. La comida y el vino probablemente habían sido ofrecidos a dioses falsos. Si él comía esa comida estaría desobedeciendo las leyes de Dios. Daniel probablemente no tenía a sus padres allí para guiar sus decisiones. Sin embargo, su amor por Dios y por su ley, la cual había aprendido de niño, lo mantuvo fiel. Tú puedes comenzar ahora a formar el tipo de fe que tenía Daniel. ¿Cómo? Leyendo la Biblia y otros libros acerca de la Biblia.

jóvenes que recibían la ración de la comida del rey.

16 De modo que Melsar se llevaba la ración de la comida y del vino que era su alimento, y en su lugar les daba legumbres.

17 Dios les dio a estos cuatro jóvenes conocimientos e inteligencia en todas las letras y ciencias. Además, Daniel era muy entendido en cuestiones de visiones y sueños.

18 Y cuando se cumplió el plazo al fin del cual el rey Nabucodonosor había ordenado que los llevaran a su presencia, el jefe de los eunucos los llevó ante él.

19 Y el rey habló con ellos, y entre todos los jóvenes no se halló a nadie como Daniel, Jananías, Misael y Azarías, de modo que todos ellos se quedaron al servicio del rey.

20 En todo lo que el rey les preguntó, y que tenía que ver con cuestiones de sabiduría e inteligencia, los halló diez veces más sabios que todos los magos y astrólogos que había en todo su reino. Mt 5.3-16

21 Fue así como Daniel se quedó allí hasta el año primero del rey Ciro.

LECCIONES **LOS SUEÑOS DEL REY** *(Daniel 2.1)*

El rey Nabucodonosor estaba turbado. No lograba entender el significado del extraño sueño que había tenido. Por eso, les pidió a sus astrólogos (hombres que estudian los astros) que le dijeran el sueño y su significado. Por supuesto que no pudieron hacerlo, de modo que el rey mandó que se les matara. Cuando Daniel oyó acerca de este terrible castigo, le pidió al rey que lo dejara a él ayudarle con el sueño. Él sabía que el poder para contar el sueño y revelar su significado venía de Dios. Entonces, ¿qué hizo Daniel? Les pidió a sus amigos que oraran por él. Dios contestó sus oraciones y le reveló a Daniel el sueño y lo que significaba. ¿Se te ha presentado un problema? Pídeles a tus amigos y familiares que oren por ti. Dios contestará sus oraciones.

Daniel interpreta el sueño de Nabucodonosor

2 En el año segundo del reinado de Nabucodonosor, éste tuvo algunos sueños que lo perturbaron, a tal grado que se le fue el sueño.

2 Entonces mandó llamar a los magos, astrólogos, adivinos y hechiceros, para que le explicaran sus sueños. Éstos acudieron a presentarse ante el rey,

3 y el rey les dijo:

«He tenido un sueño, y me encuentro muy perturbado, pues quiero saber lo que el sueño significa.»

4 Los hechiceros hablaron con el rey en lengua aramea:

«¡Que viva para siempre Su Majestad! ¡Cuente su sueño a estos sus siervos, y nosotros le daremos a conocer lo que significa!»

5 El rey les respondió:

«Ya me he olvidado de qué trataba el sueño. Pero si ustedes no me dicen lo que soñé, y qué significa, van a ser hechos pedazos, y sus casas serán convertidas en basureros.

6 Pero si me dicen lo que soñé, y lo que significa el sueño, yo les daré regalos, les concederé favores y les otorgaré muchos honores. Díganme, entonces, qué soñé y qué significa.»

7 Los magos volvieron a decir:

«Si Su Majestad les cuenta su sueño a estos siervos suyos, ellos le dirán lo que significa.»

8 Pero el rey les respondió:

«Yo sé muy bien que ustedes tratan de ganar tiempo, porque se dan cuenta de que esto ya está decidido.

9 Si ustedes no me dicen lo que soñé, la sentencia para ustedes es una sola. Ustedes me están preparando una respuesta falsa y perversa, y mientras tanto habrán ganado tiempo. Así que díganme lo que soñé, y entonces sabré que ustedes son capaces de decirme lo que significa.»

10 Los hechiceros le respondieron al rey:

«No hay nadie en toda la tierra que pueda decir a Su Majestad lo que soñó; además, nunca ningún rey, ni príncipe ni soberano ha preguntado semejante cosa a ningún mago, astrólogo o hechicero.

[11] Esto que Su Majestad nos pide es algo muy difícil, y no hay nadie que se lo pueda revelar, a no ser los dioses. ¡Pero los dioses no viven entre los hombres!»

[12] Esta respuesta despertó la ira del rey, quien muy enojado mandó matar a todos los sabios de Babilonia.

[13] Cuando se publicó el edicto de que los sabios fueran ejecutados, buscaron a Daniel y a sus compañeros para matarlos también.

[14] Pero Daniel habló con mucha prudencia y sensatez a Arioc, el capitán de la guardia del rey, que había salido para matar a los sabios de Babilonia.

[15] Daniel habló con Arioc, y le dijo:

«¿Por qué este edicto de parte del rey se ha publicado tan apresuradamente?»

Y Arioc hizo saber a Daniel lo que sabía.

[16] Daniel se presentó ante el rey y le pidió un poco de tiempo, después del cual le daría a conocer la interpretación del sueño.

[17] Después, Daniel se fue a su casa e informó a sus compañeros Jananías, Misael y Azarías lo que pasaba,

[18] a fin de que ellos le pidieran al Dios del cielo que se mostrara misericordioso en relación con este misterio, para que Daniel y sus compañeros no murieran junto con los otros sabios de Babilonia.

[19] Fue así como, durante una visión nocturna, el secreto le fue revelado a Daniel, por lo cual Daniel bendijo al Dios del cielo.

[20] Y dijo Daniel:

«¡Bendito sea por siempre tu nombre,
oh Dios,
porque tuyos son el poder y la sabiduría!
[21] Tú cambias los tiempos y las edades,
y a unos reyes los pones y a otros los
quitas.
A los sabios y entendidos les das gran
sabiduría,
[22] y les revelas lo profundo y lo escondido;
tú conoces lo que está en tinieblas,
pues en ti habita la luz.
[23] A ti, Dios de mis padres, te doy gracias y te alabo,
porque me has dado fuerza y sabiduría,
y ahora me has revelado lo que te
pedimos:
¡nos has dado a conocer el asunto del
rey!»

JI 2.23-27

[24] Después de esto, Daniel fue a hablar con Arioc, a quien el rey había ordenado matar a los sabios de Babilonia, y le dijo:

«No mates a los sabios. Más bien, llévame a la presencia del rey, y yo le haré saber la interpretación de su sueño.»

[25] Enseguida Arioc llevó a Daniel ante el rey, y le dijo:

«Entre los deportados de Judá he encontrado un hombre que dirá a Su Majestad lo que su sueño significa.»

[26] Entonces el rey se dirigió a Daniel, al cual llamaban Beltsasar, y le dijo:

«¿Tú puedes decirme qué fue lo que soñé, y lo que el sueño significa?»

[27] Y Daniel le respondió al rey:

PROMESAS PODEROSAS

DANIEL 2.20-21

Y dijo Daniel: "¡Bendito sea por siempre tu nombre, oh Dios, porque tuyos son el poder y la sabiduría! Tú cambias los tiempos y las edades, y a unos reyes los pones y a otros los quitas. A los sabios y entendidos les das gran sabiduría."

Daniel alabó a Dios por haberle ayudado a entender el significado del sueño del rey. Aunque los reyes como Nabucodonosor creían que estaban en control de todo, Daniel sabía que en realidad, era Dios el que estaba en control. ¿Por qué no tomas un momento ahora para alabar a Dios por su sabiduría y su gran poder?

«El misterio que Su Majestad pide conocer, ni sabios ni astrólogos, ni magos ni adivinos podrían revelárselo.
28 Pero hay un Dios en los cielos, el cual revela los misterios, y es él quien hace saber a Su Majestad, el rey Nabucodonosor, lo que sucederá en los últimos días. Esto es lo que Su Majestad soñó, y éstas son las visiones que tuvo en su lecho:
29 Mientras Su Majestad estaba acostado, se puso a pensar en lo que sucederá, y el que revela los misterios le mostró lo que está por acontecer.
30 Este misterio me ha sido revelado, no porque en mí haya más sabiduría que en todos los seres vivientes, sino para que yo haga saber a Su Majestad lo que el sueño significa, y para que Su Majestad entienda los pensamientos que tenía.
31 »Su Majestad veía una gran imagen. Esta imagen era muy grande, y su esplendor era impresionante. Estaba de pie ante Su Majestad, y tenía un aspecto terrible.
32 La cabeza de esta imagen era de oro fino, su pecho y sus brazos eran de plata, y su vientre y muslos, de bronce;
33 sus piernas eran de hierro, y sus pies eran en parte de hierro, y en parte de barro cocido.
34 Mientras Su Majestad miraba, una enorme piedra que nadie cortó se desprendió de un monte y golpeó los pies de hierro y de barro cocido de la imagen, y los hizo pedazos.
35 Entonces se hicieron también pedazos el hierro, el barro cocido, el bronce, y la plata y el oro, hasta hacerse como el polvo del trigo que se muele en el verano, y el viento se los llevó sin dejar el menor rastro. En cambio, la piedra que golpeó a la imagen se convirtió en un gran monte que llenó toda la tierra.
36 »Éste es el sueño. Pero también haremos saber a Su Majestad la interpretación del mismo.
37 Su Majestad es rey de reyes porque el Dios del cielo le ha dado el reino, el poder, la fuerza y la majestad.
38 Dios ha puesto en manos de Su Majestad a la humanidad entera, lo mismo que a las bestias del campo y a las aves del cielo, con lo que ha dado a Su Majestad el dominio sobre todas las cosas, en todo lugar habitado. Su Majestad es la cabeza de oro.
39 Pero después de Su Majestad surgirá otro reino, inferior al de Su Majestad, y luego un tercer reino de bronce, el cual dominará sobre toda la tierra.
40 El cuarto reino será fuerte como el hierro, y como tal desmenuzará y romperá todas las cosas.
41 Los pies y los dedos que Su Majestad vio, y que eran en parte de barro cocido y en parte de hierro, serán un reino dividido, que tendrá algo de la fuerza del hierro, tal y como Su Majestad vio el hierro mezclado con el barro cocido.
42 Y como los dedos de los pies eran en parte de hierro y en parte de barro cocido, ese reino será en parte fuerte, y en parte frágil.
43 Y así como Su Majestad vio el hierro mezclado con barro, esos reinos se mezclarán por medio de alianzas humanas, pero no se fundirán el uno con el otro, así como el hierro no puede mezclarse con el barro.
44 Y en los días de estos reinos el Dios del cielo hará que surja un reino que jamás será destruido ni entregado a otro pueblo, sino que desmenuzará y consumirá a todos estos reinos, aunque él permanecerá para siempre,
45 tal y como Su Majestad vio que del monte se desprendió una piedra sin que nadie la cortara, la cual desmenuzó el hierro, el bronce, el barro, la plata y el oro. El gran Dios ha mostrado a Su Majestad lo que sucederá en el futuro. Este sueño es verdadero, y su interpretación es fiel.»
46 Acto seguido, el rey Nabucodonosor se postró sobre su rostro y se humilló ante Daniel, y mandó que le ofrecieran presentes e incienso.
47 Luego el rey habló con Daniel, y le dijo:
«Ciertamente el Dios de ustedes es el Dios de los dioses, y el Señor de los reyes. Es

él quien revela los misterios, pues tú pudiste desentrañarlo.»
48 Y así, el rey exaltó a Daniel y le otorgó muchos honores y grandes regalos, y lo nombró gobernador de toda la provincia de Babilonia y jefe supremo de todos sus sabios.
49 Además, Daniel solicitó al rey poner a Sadrac, Mesac y Abednego sobre los negocios de la provincia de Babilonia, y su petición le fue concedida. Por su parte, Daniel se quedó en la corte del rey.

Rescatados del horno de fuego

3 El rey Nabucodonosor mandó que se erigiera una estatua de oro en el campo de Dura, en la provincia de Babilonia, la cual medía veintisiete metros de alto y dos y medio metros de ancho.
2 Luego el rey ordenó que se reunieran los sátrapas, magistrados, capitanes, oidores, tesoreros, consejeros y jueces, lo mismo que el resto de los gobernadores de las provincias, y que asistieran a la dedicación de la estatua que él había mandado erigir.
3 Y así, sátrapas, magistrados, capitanes, oidores, tesoreros, consejeros, jueces y demás gobernadores de las provincias hicieron acto de presencia en la dedicación de la estatua que el rey Nabucodonosor había mandado erigir.
4 El pregonero anunciaba en voz alta:
«A ustedes, pueblos, naciones y lenguas, se les ordena
5 que, al oír las bocinas y las flautas, los tamboriles, las arpas, los salterios y las zampoñas, y cualquier otro instrumento musical, se arrodillen y adoren la estatua de oro que el rey Nabucodonosor ha mandado erigir.
6 Todo el que no se arrodille ante ella ni la adore será inmediatamente arrojado a un ardiente horno de fuego.»
7 Por eso, en cuanto todos los pueblos, naciones y lenguas escucharon el sonido de bocinas, flautas, tamboriles, arpas, salterios, zampoñas y otros instrumentos musicales, se arrodillaron delante de la estatua de oro que el rey Nabucodonosor había mandado erigir, y la adoraron.
8 Por esos días, algunos caldeos aprovecharon la ocasión para acusar a los judíos.
9 Se presentaron ante el rey Nabucodonosor y le dijeron:
«¡Que tenga Su Majestad una larga vida!
10 Su Majestad ha decretado que, al oír el sonido de bocinas, flautas, tamboriles, arpas, salterios y zampoñas, y de cualquier otro instrumento musical, todos deben arrodillarse ante la estatua de oro y adorarla,
11 y que quien no se arrodille y la adore sea arrojado a un ardiente horno de fuego.
12 Pues resulta que Sadrac, Mesac y Abednego, esos judíos a los que Su Majestad puso a cargo de los negocios de la provincia de Babilonia, no respetan a Su Majestad, ya que no adoran a sus dioses ni a la estatua de oro que Su Majestad mandó erigir.»
13 Nabucodonosor se indignó mucho, y ordenó que llevaran ante él a Sadrac, Mesac y Abednego, y éstos al instante fueron llevados a la presencia del rey.
14 Entonces Nabucodonosor habló con ellos, y les dijo:
«Sadrac, Mesac y Abednego, ¿es verdad que ustedes no honran a mi dios, ni adoran la estatua de oro que mandé erigir?
15 Díganme entonces si, al oír el sonido de bocinas, flautas, tamboriles, arpas, salterios y zampoñas, y otros instrumentos musicales, están dispuestos a arrodillarse ante la estatua que he mandado hacer, y adorarla. Porque si no la adoran, en ese mismo instante serán arrojados a un ardiente horno de fuego, y entonces ¿qué dios podrá librarlos de mis manos?»
16 Sadrac, Mesac y Abednego respondieron al rey Nabucodonosor:
«No tenemos por qué responder a Su Majestad acerca de esto.
17 Su Majestad va a ver que nuestro Dios, a quien servimos, puede librarnos de ese ardiente horno de fuego, y también puede librarnos del poder de Su Majestad.

18 Pero aun si no lo hiciera, sepa Su Majestad que no serviremos a sus dioses, ni tampoco adoraremos la estatua que ha mandado erigir.»

19 Entonces Nabucodonosor se llenó de ira, y su semblante cambió en contra de Sadrac, Mesac y Abednego, así que ordenó calentar el horno siete veces más de lo acostumbrado.

20 Luego ordenó que los hombres más fuertes de su ejército ataran a Sadrac, Mesac y Abednego, y los arrojaran al ardiente horno de fuego.

21 Fue así como estos jóvenes fueron atados y arrojados, junto con sus mantos, sandalias, turbantes, y toda su vestimenta, a ese candente horno de fuego.

22 La orden del rey fue tan apremiante, y el horno estaba tan candente, que las llamas mataron a quienes arrojaron a Sadrac, Mesac y Abednego,

23 mientras los tres jóvenes caían atados dentro del candente horno de fuego.

24 El rey Nabucodonosor se espantó, y rápidamente se levantó y dijo a los de su consejo:

«¿Acaso no eran tres los jóvenes que arrojaron atados al fuego?»

Ellos le respondieron:

«Así es en verdad, Su Majestad.»

25 Y el rey dijo:

«Pues yo veo a cuatro jóvenes sueltos, que se pasean en medio del fuego y sin que sufran daño alguno. ¡Y el aspecto del cuarto joven es como el de un hijo de los dioses!»

26 Dicho esto, Nabucodonosor se acercó a la puerta del horno encendido, y dijo:

«Sadrac, Mesac y Abednego, siervos del Dios altísimo, ¡salgan de allí y vengan acá!»

Entonces Sadrac, Mesac y Abednego salieron del fuego,

27 mientras los sátrapas, los gobernadores, los capitanes y los consejeros del rey se juntaban para mirar a estos jóvenes, a quienes el fuego no había podido quemarles el cuerpo, y ni siquiera un solo cabello de la cabeza. Sus vestidos estaban intactos, y ni siquiera olían a humo. Dn 6.1-23

28 En ese momento, Nabucodonosor exclamó:

«Bendito sea el Dios de Sadrac, Mesac
y Abednego,
que envió su ángel y libró a sus siervos,
pues confiaron en él y no cumplieron
mi edicto.
Prefirieron entregar sus cuerpos
antes que servir y adorar a otro dios.

29 »Por tanto, yo decreto que todo pueblo, nación o lengua que profiera alguna blasfemia contra el Dios de Sadrac, Mesac y Abednego, sea descuartizado, y que su casa sea convertida en muladar. ¡Porque ningún dios hay que pueda salvar como este Dios!»

30 Después de esto, el rey exaltó a Sadrac, Mesac y Abednego en la provincia de Babilonia.

La locura de Nabucodonosor

4 «Yo, el rey Nabucodonosor, me dirijo a todos los pueblos, naciones y lenguas que habitan en todo el país. ¡Que la paz les sea multiplicada!

EL HORNO DE FUEGO *(Daniel 3.17-18)*

PODER PARA VIVIR

El rey Nabucodonosor trató de presionar a los amigos de Daniel: Sadrac, Mesac y Abednego, a que adoraran la estatua de oro que él había levantado. Pero ellos estaban decididos a obedecer las leyes de Dios, aunque murieran en el horno de fuego. Dios impidió que el fuego les hiciera daño a estos jóvenes fieles. De hecho, Él estuvo con ellos dentro del horno. Cuando salieron, ni siquiera olían a humo. La próxima vez que surja una "prueba de fuego" en tu vida, recuerda que Dios está ahí contigo para ayudarte y protegerte.

PALABRAS CON PODER

SADRAC, MESAC Y ABEDNEGO
(Daniel 3.30)

Daniel y tres de sus amigos, Sadrac, Mesac y Abednego, estaban entre los jóvenes judíos que habían sido llevados cautivos a Babilonia. Ahí, los babilonios le dieron un nuevo nombre a cada uno de los jóvenes. Sus antiguos nombres habían sido Ananías, Misael y Azarías. Ananías significaba "Yahvé (Dios) es misericordioso"; Misael significaba "¿Quién es como Dios?"; y Azarías significaba "Yahvé (Dios) es ayudador". Estos jóvenes honraron al Dios cuyo nombre llevaban. Siguieron siendo fieles a Él aun cuando fueron perseguidos. Cuando fueron lanzados al horno ardiente, Dios los rescató por medio de un milagro. Tal vez no tengas un nombre que signifique "Dios es ayudador", pero si Jesús es tu Salvador, tienes un nombre que siempre atrae la atención de Dios: "amigo de Jesús".

2 Es conveniente que yo dé a conocer las
señales y milagros que el Dios altísimo ha
hecho conmigo.
3 ¡Cuán grandes son sus señales, y cuán
prodigiosas sus maravillas! Su reino es un rei-
no sempiterno. Su señorío va de generación
en generación.
4 »Yo, Nabucodonosor, gozaba en mi pa-
lacio de tranquilidad y prosperidad.
5 Pero tuve un sueño que me espantó, y
mientras yacía en mi lecho, las imágenes y
visiones que pasaban por mi cabeza me de-
jaron perturbado.
6 Por eso mandé que se presentaran ante
mí todos los sabios de Babilonia, para que
me dieran a conocer la interpretación del
sueño.
7 Y vinieron magos, astrólogos, hechiceros
y adivinos, y yo les conté mi sueño, pero ellos
no me pudieron decir lo que significaba.
8 Finalmente, se presentó ante mí Daniel,
también llamado Beltsasar, como el nombre
de mi dios, en quien habita el espíritu de los
dioses santos. Yo le conté mi sueño, y le dije:
9 "Beltsasar, jefe de los magos: según en-
tiendo, en ti radica el espíritu de los dioses
santos, y ningún misterio te es oculto. Haz-
me saber qué significan las visiones que he
tenido en mi sueño.
10 Lo que yo veía en mi mente, mientras
estaba en mi lecho, es lo siguiente: Me pa-
recía ver que en medio de la tierra había un
árbol de gran altura.
11 Este árbol crecía y se hacía fuerte, y su
copa llegaba hasta el cielo. ¡Se podía ver des-
de los lugares más lejanos de la tierra!
12 Era de hermoso follaje y de abundante
fruto, y de él podían alimentarse todos. To-
das las bestias se refugiaban bajo su sombra,
en sus ramas anidaban las aves del cielo, y de
él se alimentaba la humanidad entera.
13 "Mientras yacía en mi lecho, en las visio-
nes de mi mente vi descender del cielo a un
vigilante santo,
14 que a gran voz clamaba: '¡Derriben el ár-
bol, y córtenle las ramas! ¡Quítenle el follaje,
y esparzan su fruto! ¡Espanten a las bestias
que yacen bajo su sombra, y a las aves que
anidan en sus ramas!
15 Pero dejen en la tierra sólo la cepa de
sus raíces, y sujétenlas con cadenas de hie-
rro y de bronce entre la hierba del campo.
¡Dejen que lo empape el rocío del cielo, y
que crezca entre las bestias y entre la hierba
del campo!
16 ¡Que cambie su corazón humano y se le
dé un corazón de bestia, y que transcurran
sobre él siete tiempos!
17 Esta sentencia la han decretado los vigi-
lantes, y los santos han ordenado ejecutarla,
para que todos los seres vivos reconozcan
que el Altísimo es el señor del reino de los
hombres, y que él entrega este reino a quien
él quiere, y entroniza en él al hombre más
humilde.'
18 "Yo, el rey Nabucodonosor, he tenido
este sueño, y tú, Beltsasar, me dirás qué es lo
que significa, porque todos los sabios de mi
reino no han podido decírmelo. Pero tú sí

puedes dármelo a saber, porque en ti habita
el espíritu de los dioses santos."»
19 Durante casi una hora Daniel, también
llamado Beltsasar, quedó atónito y sus pen-
samientos lo perturbaban. Pero el rey le ha-
bló y le dijo:
«Beltsasar, que no te perturben ni el sue-
ño ni su interpretación.»
Beltsasar respondió y dijo:
«Mi señor, que el sueño y su interpreta-
ción se hagan realidad en tus enemigos y en
los que mal te quieren.
20 El árbol que viste crecer y hacerse fuer-
te, y cuya copa llegaba hasta el cielo y po-
día verse desde los lugares más lejanos de
la tierra,
21 y cuyo follaje era hermoso y su fruto
abundante, y del cual se alimentaban todos,
y bajo cuya sombra se refugiaban las bestias
del campo, y en cuyas ramas anidaban las
aves del cielo,
22 es Su Majestad, que ha crecido y se ha
hecho fuerte, pues su grandeza ha aumen-
tado hasta alcanzar el cielo, y su dominio
llega hasta los confines de la tierra.
23 En cuanto al vigilante santo que Su Ma-
jestad vio descender del cielo, y que decía:
"Corten el árbol y destrúyanlo, pero dejen

HOMBRES PODEROSOS DE DIOS

DANIEL

El nombre Daniel significa "Dios es (mi) juez". Es un nombre que concuerda bien con la vida de Daniel. Cuando otras personas lo juzgaban severamente, Daniel confió en el perfecto juicio de Dios para salvar su vida.

Durante su vida Daniel vio a cuatro reyes llegar al poder: Nabucodonosor, Belsasar, Darío y Ciro. Puede ser que Daniel haya nacido de la descendencia del rey Ezequías. Aunque vivieron durante la misma época, Daniel era menor que Jeremías y probablemente tenía la misma edad que Ezequiel. Daniel era un adolescente cuando el ejército de Nabucodonosor invadió Israel y se llevó a muchas personas. Ya que provenía de una familia adinerada en Jerusalén, Nabucodonosor decidió entrenarlo en la corte real. También cambió el nombre de Daniel a Belsasar, un nombre babilonio.

A Daniel se le conocía por su sabiduría, honestidad y compromiso a la oración. Todos vieron el carácter fuerte de Daniel cuando este se negó a comer la comida ofrecida a los ídolos babilonios. Más bien, le pidió al rey Nabucodonosor comer alimentos que lo harían sano. Cuando las personas averiguaron que Daniel podía interpretar los sueños, le dieron un puesto alto en la corte. Cuando averiguaron que él pasaba mucho tiempo orando a Dios, no les gustó. Algunos hombres que estaban celosos de Daniel le aconsejaron al rey Darío que lanzara a Daniel a un foso de leones. Ellos esperaban que los leones mataran a Daniel, pero Dios lo mantuvo a salvo.

Daniel oró por su pueblo a menudo. Era ya anciano cuando recibió las visiones registradas en Daniel 9-12. Estas visiones eran de acontecimientos que tendrían lugar en el futuro cercano y al final de la historia. Dios envió a un ángel, Gabriel, para ayudar a Daniel a entender las visiones.

El buen carácter de Daniel le ganó un lugar de honor en la corte de cada uno de los reyes. Pero su fe en Dios le ganó un lugar de honor en el corazón de Dios. Dios se refirió a él como su "muy amado". Daniel no tenía temor de orar aun si significaba que moriría. ¿Estás tú decidido a orar, pase lo que pase? Dios honrará tus oraciones.

Puedes leer sobre Daniel en el libro de Daniel y en Mateo 24.15.

la cepa de sus raíces en la tierra y entre la hierba del campo, y sujétenla con cadenas de hierro y de bronce y que lo empape el rocío dei cielo, y que viva entre las bestias del campo, hasta que transcurran sobre él siete tiempos",

24 la interpretación es la siguiente: El Altísimo ha dictado su sentencia sobre Su Majestad, mi señor,

25 y Su Majestad será expulsado de entre los hombres y habitará entre las bestias del campo; lo alimentarán con la hierba del campo, como a los bueyes, y se bañará con el rocío del cielo. Siete tiempos transcurrirán hasta que Su Majestad reconozca que el Altísimo es el señor del reino de los hombres, y que él entrega ese reino a quien él quiere.

26 En cuanto a la orden de dejar en la tierra la cepa de las raíces del mismo árbol, eso significa que el reino de Su Majestad se mantendrá firme, luego de que Su Majestad reconozca que quien gobierna es el cielo.

27 Por lo tanto, acepte Su Majestad mi consejo y redima sus pecados impartiendo justicia, y sus iniquidades tratando a los oprimidos con misericordia, pues tal vez así su tranquilidad se vea prolongada.»

28 Todo esto le sucedió al rey Nabucodonosor.

29 Pero doce meses después, mientras éste se paseaba por el palacio real de Babilonia,

30 exclamó:

«¿Acaso no es ésta la gran Babilonia, que con la fuerza de mi poder y para gloria de mi majestad he constituido como sede del reino?»

31 Todavía estaba hablando el rey cuando del cielo vino una voz, que decía:

«A ti, rey Nabucodonosor, se te hace saber que el reino se te ha arrebatado.

32 Serás expulsado de entre los hombres, vivirás entre las bestias del campo, y te alimentarán como a los bueyes. Pasarán siete tiempos sobre ti, hasta que reconozcas que el Altísimo es el señor del reino de los hombres, y que él entrega este reino a quien él quiere.»

33 En ese mismo instante se cumplió esta sentencia sobre Nabucodonosor, y éste fue expulsado de entre los hombres y se alimentaba de hierba, como los bueyes, y su cuerpo se empapaba con el rocío del cielo, hasta que el pelo le creció como plumas de águila, y las uñas como las garras de las aves.

34 «Pero al fin del tiempo yo, Nabucodonosor, levanté los ojos al cielo y recobré la razón. Bendije entonces al Altísimo; alabé y glorifiqué al que vive para siempre, cuyo dominio es sempiterno, y cuyo reino permanece por todas las edades.

35 Todos los habitantes de la tierra son considerados como nada; el Altísimo hace lo que él quiere con el ejército del cielo y con los habitantes de la tierra, y no hay quien pueda impedírselo, ni cuestionar lo que hace.

36 En ese mismo instante recobré la razón y la majestad de mi reino, junto con mi dignidad y mi grandeza, y mis gobernadores y mis consejeros acudieron a mí, y fui restablecido en mi reino y se me dio mayor grandeza.

37 Por eso yo, Nabucodonosor, alabo y engrandezco y glorifico al Rey del cielo, porque todas sus obras son verdaderas, y sus caminos justos, y él puede humillar a los que se muestran soberbios.»

La escritura en la pared

5 El rey Belsasar ofreció un gran banquete a mil de sus príncipes, y en presencia de todos ellos bebió vino en exceso.

2 Animado por el vino, Belsasar mandó traer los vasos de oro y de plata que Nabucodonosor, su padre, había sustraído del templo de Jerusalén, para que bebieran en ellos tanto él como sus invitados de importancia, y sus mujeres y concubinas.

3 Y así, le fueron llevados los vasos de oro que se habían sustraído del templo de Dios en Jerusalén, y el rey y sus invitados bebieron en ellos, lo mismo que sus mujeres y concubinas.

LECCIONES — LA ESCRITURA EN LA PARED

(Daniel 5)

En Daniel 5 leemos acerca de un acontecimiento pasmoso que ocurrió durante el reinado corto del rey Belsasar en Babilonia. Una noche, el rey estaba ofreciendo una fiesta desenfrenada en su palacio cuando de pronto una mano empezó a escribir palabras sobre una pared. Las palabras significaban lo siguiente: MENE significaba "contados"; TEKEL significaba "pesados"; PARSIN era la forma plural de PERES, que significaba "división" y "Persia". El mensaje era bien claro: Dios había pesado el reino de Babilonia y había encontrado que no satisfacía sus normas de justicia. Debido a esto, Él permitiría que el reino fuera dividido y conquistado por las naciones de los persas y los medos.

4 Embriagados de vino alabaron a los dio-
ses de oro, plata, bronce, hierro, madera y
piedra.
5 En ese mismo instante aparecieron los
dedos de una mano humana que, a la luz
del candelero, escribía sobre la parte blanca
de la pared del palacio. Al ver el rey la mano
que escribía,
6 se puso pálido y, sin saber qué pensar de
esto, perdió las fuerzas y las rodillas comen-
zaron a temblarle.
7 Con grandes gritos, mandó llamar a los
magos, hechiceros, adivinos y sabios de Ba-
bilonia, y les dijo:

«A quien pueda leer lo que está allí es-
crito, y me diga lo que significa, se le vestirá
de púrpura, se le pondrá un collar de oro
en el cuello, y se le nombrará tercer señor
del reino.»
8 Todos los sabios del reino fueron lleva-
dos ante el rey, pero ninguno de ellos pudo
leer la escritura ni decir al rey su significado.
9 Eso preocupó mucho al rey Belsasar,
quien se puso pálido mientras sus príncipes
no sabían qué hacer.
10 Pero la reina, que al oír las palabras del
rey y de sus príncipes había entrado al salón
del banquete, dijo:

«¡Que Su Majestad viva para siempre! No
se preocupe Su Majestad con esos pensa-
mientos que tiene, ni se ponga pálido.
11 En el reino de Su Majestad hay un hom-
bre en el que habita el espíritu de los dioses
santos. Cuando el padre de Su Majestad vi-
vía, se encontró que dicho hombre estaba
iluminado por la inteligencia y la sabiduría
que sólo tienen los dioses. A ese hombre,
Nabucodonosor, padre de Su Majestad, lo
constituyó jefe de todos los magos, astrólo-
gos, hechiceros y adivinos,
12 porque en él se halló un espíritu mayor
de ciencia y entendimiento para interpretar
sueños, descifrar enigmas y resolver dudas.
Ese hombre es Daniel, a quien el padre de Su
Majestad puso por nombre Beltsasar. Man-
de Su Majestad llamar a Daniel, y él le dirá lo
que significa esa escritura.»
13 Cuando Daniel fue llevado a la presen-
cia del rey, éste le dijo:

«¿Eres tú el Daniel que mi padre trajo de
Judea, que vino entre los cautivos de Judá?
14 He oído decir que el espíritu de los dio-
ses santos está en ti, y que en ti se halla más
luz, entendimiento y sabiduría.
15 Han sido traídos a mi presencia sabios y
astrólogos, para que lean esta escritura y me
digan lo que significa, pero ninguno de ellos
ha podido decirme lo que esto significa.
16 Sin embargo, he oído decir que tú pue-
des hacer interpretaciones y resolver dificul-
tades. Si puedes leer esta escritura y decirme
ahora lo que significa, serás vestido de púrpu-
ra, se te pondrá en el cuello un collar de oro, y
se te nombrará tercer señor del reino.»
17 Allí, en presencia del rey, Daniel respon-
dió:

«Su Majestad puede reservarse esos do-
nes, o puede darlos a otros como recom-
pensa. Yo descifraré para Su Majestad esta
escritura, y le diré lo que significa.
18 El Dios altísimo dio al rey Nabucodono-
sor, padre de Su Majestad, el reino, la gran-
deza, la gloria y la majestad.

19 Por causa de la grandeza que Dios le
dio, todos los pueblos, naciones y lenguas
temblaban de miedo ante él, y él le quitaba
la vida o se la daba a quien quería; a unos los
engrandecía y a otros los humillaba.
20 Pero su corazón se envaneció, y se en-
dureció su espíritu orgulloso, y por eso fue
depuesto del trono y despojado de su gloria.
21 Expulsado de entre los hombres, su
mente se volvió semejante a la de las bes-
tias, y convivió con los asnos monteses. Fue
alimentado con hierba, como los bueyes, y
su cuerpo lo empapó el rocío del cielo, has-
ta que reconoció que el Dios altísimo es el
señor del reino de los hombres, y que él en-
trega dicho reino a quien él quiere.
22 Pero Su Majestad Belsasar no ha hu-
millado su corazón ante Dios, aun cuando
sabe todo esto y es hijo del rey Nabuco-
donosor.
23 Lejos de eso, Su Majestad, en su so-
berbia, se ha levantado contra el Señor del
cielo, ha mandado traer los vasos del tem-
plo de Dios, y tanto Su Majestad como sus
invitados, y sus mujeres y concubinas, han
bebido vino en ellos. Y no sólo eso, sino que
Su Majestad ha dado alabanza a dioses de
plata y oro, y de bronce, hierro, madera y
piedra, ¡dioses que ni ven ni oyen nada, ni
saben nada! En cambio, Su Majestad nunca
ha honrado al Dios en cuya mano está su
vida y todos sus caminos.
24 »Por eso ha salido de la presencia de
Dios la mano que ha trazado esta escritura.
25 Lo que la escritura dice es lo siguiente:
MENE, MENE, TEKEL, PARSIN.
26 Y lo que significa es: MENE: Dios ha lla-
mado a cuentas al reino de Su Majestad, y
le ha puesto fin.
27 TEKEL: Dios ha pesado a Su Majestad
en una balanza, y su peso deja mucho que
desear.
28 PARSIN: Dios ha dividido el reino de Su
Majestad, y se lo ha dado a los medos y a
los persas.»
29 Belsasar ordenó entonces que Daniel
fuera vestido de púrpura, que se le pusie-
ra en el cuello un collar de oro, y que fuera
proclamado como el tercer señor del reino.
30 Esa misma noche Belsasar, rey de los cal-
deos, murió asesinado,
31 y el reino quedó en manos de Darío de
Media, cuando éste tenía sesenta y dos años.

Daniel en el foso de los leones

6 Darío tomó la decisión de constituir
sobre su reino ciento veinte sátrapas
que se encargaran del gobierno.
2 Sobre ellos puso a tres gobernadores, a
quienes los sátrapas debían rendir cuentas,
para que los intereses del rey no se vieran
afectados. Uno de los tres gobernadores era
Daniel,
3 aunque Daniel estaba por encima de los
sátrapas y los gobernadores porque en él
radicaba un espíritu superior. Incluso, el rey
pensaba ponerlo a cargo de todo el reino.
4 Por eso los gobernadores y los sátrapas
buscaban la ocasión de acusar a Daniel en
lo que tuviera relación con el reino, pero no
podían hallarla, ni tampoco acusarlo de nin-
guna falta, porque él era confiable y no tenía
ningún vicio ni cometía ninguna falta.
5 Finalmente, dijeron: «Nunca vamos a
hallar la ocasión de acusar a este Daniel, a
menos que la busquemos en algo que tenga
que ver con la ley de su Dios.»
6 Dicho esto, los gobernadores y los sá-
trapas se presentaron juntos ante el rey, y
le dijeron:
«¡Que viva para siempre Su Majestad, el
rey Darío!
7 Todos los gobernadores, magistrados,
sátrapas, príncipes y capitanes del reino han
acordado por unanimidad pedir a Su Majes-
tad que promulgue un edicto real, y que lo
confirme, ordenando que cualquiera que en
los treinta días siguientes demande el favor
de cualquier dios o persona que no sea Su
Majestad, sea arrojado al foso de los leones.
8 Tenga a bien Su Majestad confirmar
este edicto, y firmarlo, para que conforme
a la ley de Media y de Persia, no pueda ser
revocado.»

9 El rey firmó el edicto y la prohibición.
10 Y cuando Daniel supo que el edicto
había sido firmado, entró en su casa, abrió
las ventanas de su alcoba que daban hacia
Jerusalén, y tres veces al día se arrodillaba y
oraba a su Dios, dándole gracias como acos-
tumbraba hacerlo.
11 Pero aquellos hombres se juntaron y
hallaron a Daniel orando y rogando en pre-
sencia de su Dios,
12 así que fueron ante el rey y, haciendo
referencia al edicto real, dijeron:
«¿No es verdad que Su Majestad ha
confirmado un edicto, el cual ordena que
cualquiera que en los treinta días siguientes
pida el favor de cualquier dios o persona sea
echado en el foso de los leones? ¡A menos,
claro, que pida el favor de Su Majestad!»
El rey respondió:
«En efecto. Y conforme a la ley de Media
y de Persia, ese edicto no puede ser revo-
cado.»
13 Al instante, ellos respondieron al rey:
«¡Pues Daniel, que es uno de los cautivos
de Judá, no respeta a Su Majestad ni acata
el edicto que Su Majestad ha confirmado!
¡Al contrario, tres veces al día pide el favor
de su Dios!»
14 Cuando el rey oyó esto, se puso muy
apesadumbrado y resolvió librar a Daniel.
Hasta la puesta del sol hizo todo lo posible
por ponerlo a salvo,
15 pero aquellos hombres lo rodearon y le
dijeron:
«Su Majestad seguramente sabe que, se-
gún la ley de Media y de Persia, ningún edic-
to o decreto confirmado por el rey puede
ser abrogado.»
16 El rey dio entonces la orden de que
llevaran a Daniel al foso de los leones, y lo
arrojaran allí. Sin embargo, le dijo a Daniel:
«El Dios a quien tú sirves sin cesar habrá
de librarte.»
17 Enseguida trajeron una piedra y la pu-
sieron sobre la entrada del foso, y el rey la
selló con su anillo y con el anillo de sus prín-
cipes, para que la orden acerca de Daniel no
fuera alterada.
18 Después de eso, el rey se fue a su pa-
lacio y se acostó sin comer nada. Tam-
poco permitió que tocaran para él ins-
trumentos de música, y hasta el sueño
se le fue.
19 Muy de mañana, el rey se levantó y lo
primero que hizo fue dirigirse al foso de los
leones.
20 Cuando estuvo cerca del foso, con voz
triste pero fuerte llamó a Daniel y le dijo:
«Daniel, siervo del Dios viviente, a quien
tú sirves sin cesar, dime: ¿pudo tu Dios li-
brarte de los leones?»
21 Daniel le respondió:
«¡Que viva Su Majestad para siempre!
22 Mi Dios envió a su ángel para que cerra-
ra las fauces de los leones y no me hicieran
daño. Y es que delante de Dios soy inocente,
y aun delante de Su Majestad, pues no he
cometido ningún mal.»

UNA LEY EN CONTRA DE LA ORACIÓN *(Daniel 6.10)*

Si los líderes de tu país establecieran una ley en contra de la oración, ¿dejarías tú de orar? Daniel sabía que se había establecido una ley así en Babilonia. De hecho, unos asesores del rey Darío que le tenían envidia a Daniel engañaron al rey para formar esta ley debido al hábito que tenía Daniel de orar. Pero Daniel no dejó de orar aunque sabía que sería lanzado al foso de los leones. No sabía si moriría o viviría, pero eso no le importó. Lo que le importó fue su obediencia a Dios. ¿Qué tan importante es para ti la oración? ¿Hay veces en que dejas que algo te impida tener un tiempo de oración con Dios?

PROMESAS PODEROSAS

DANIEL 6.27

El salva y libra, y hace señales y maravillas en el cielo y en la tierra. ¡Él es quien ha salvado a Daniel de las fauces de los leones!

El rey Darío alabó al Dios de Daniel después que Dios envió a un ángel para cerrar la boca de los leones hambrientos. Sólo Dios pudo rescatar a Daniel de esta manera. Esta historia asombrosa es un buen recordatorio de lo que a Dios le encanta hacer: rescatar a su pueblo. Haz una lista de algunas de las maneras en que Dios te ha rescatado a ti.

PALABRAS CON PODER

SUEÑOS Y VISIONES
(Daniel 7.1)

Dios les habla a las personas de diferentes maneras. Ya que Daniel había sido escogido como profeta, Dios le habló por medio de sueños y visiones que eran mensajes especiales de Dios. Daniel no es la única persona que recibió visiones y sueños de Dios. El profeta Joel dio una profecía de algo que ocurriría en el futuro: "Derramaré mi espíritu sobre la humanidad entera, y los hijos y las hijas de ustedes profetizarán; los ancianos tendrán sueños, y los jóvenes recibirán visions" (Joel 2:28). Esto quería decir que el Espíritu Santo hablaría a las persona por medio de visiones. Él no habla a través de cada sueño que tiene una persona, pero sí habla a través de algunos sueños.

23 Al escucharlo, el rey se alegró mucho,
y mandó que sacaran del foso a Daniel. Y
cuando lo sacaron, salió ileso porque había
confiado en su Dios.

Hab 3.17-19

24 Entonces el rey mandó traer a los que
habían acusado a Daniel, y que los arrojaran
al foso de los leones junto con sus hijos y sus
mujeres. Y aún no habían llegado al fondo
del foso cuando los leones ya se habían lanzado sobre ellos y les habían despedazado
todos los huesos.
25 Después, el rey Darío escribió lo siguiente para todos los pueblos, naciones y lenguas que habitaban en el país:
«Que la paz les sea multiplicada.
26 Con este decreto ordeno que, en toda
la extensión de mi reino, todos teman y
tiemblen ante la presencia del Dios de Daniel. Porque él es el Dios viviente; él permanece por todos los siglos, y su reino no
será jamás destruido. ¡Su dominio perdurará
hasta el fin!
27 El salva y libra, y hace señales y maravillas en el cielo y en la tierra. ¡Él es quien ha
salvado a Daniel de las fauces de los leones!»
28 Y Daniel fue prosperado durante los reinados de Darío y de Ciro el persa.

Visión de las cuatro bestias

7 En el primer año del reinado de Belsasar en Babilonia, Daniel tuvo un
sueño, y acudieron a su mente varias
visiones. Esto sucedió mientras estaba acostado, pero más tarde escribió lo que soñó
para contar lo que más le impresionó.
2 Y dijo:
«Una noche, yo, Daniel, tuve una visión,
en la que veía que los cuatro vientos del cielo combatían en el gran mar.
3 Del mar[a] vi salir cuatro bestias enormes,
diferentes la una de la otra.
4 La primera parecía un león, pero tenía
alas de águila. Yo la estuve mirando hasta
que le arrancaron las alas, la levantaron del
suelo y la hicieron pararse sobre sus patas,
como los seres humanos. Entonces se le dio
un corazón humano.
5 »También vi una segunda bestia, parecida a un oso. Se apoyaba más en un lado
que en el otro, y tenía tres costillas entre los
dientes. Oí que se le dijo: "Levántate, devora
mucha carne."

[a]**7.3:** Ap 13.1; 17.8.

6 Después de esto vi una tercera bestia. Parecía un leopardo, pero en la espalda tenía cuatro alas de ave, y también cuatro cabezas. A esta bestia se le dio poder para reinar.[b]

7 Y esa misma noche, mientras tenía estas visiones, vi una cuarta bestia, espantosa y terrible, y extremadamente fuerte. Tenía unos enormes colmillos de hierro con los que devoraba y desmenuzaba todo, y con sus patas pisoteaba las sobras. Comparada con todas las bestias que antes vi, era muy diferente, pues tenía diez cuernos.[c]

8 »Mientras contemplaba yo los cuernos, vi que de entre ellos salía un cuerno más pequeño, y que delante de él fueron arrancados tres de los primeros cuernos. También pude ver que los ojos de este cuerno parecían los de un ser humano, y que hablaba con aires de grandeza.[d]

9 »Mientras yo miraba, se colocaron varios tronos,[e] y un Anciano entrado en años se sentó. Su vestido era blanco como la nieve, y su cabello era semejante a lana limpia;[f] su trono era una llama de fuego, y las ruedas del trono eran un fuego ardiente.

10 De su presencia manaba un río de fuego, y a su servicio estaba una multitud[g] imposible de ser contada. El Juez se sentó, y los libros fueron abiertos.[h]

11 A mí me llamaba la atención la estruendosa e insolente voz del cuerno, y me quedé mirando hasta que mataron a la bestia y destrozaron su cuerpo, que luego fue quemado en el fuego.

12 A las otras bestias se les había quitado también su dominio, aunque se les prolongó la vida durante cierto tiempo.

13 »Mientras tenía yo esta visión durante la noche, vi que en las nubes del cielo venía alguien semejante a un hijo de hombre,[i] el cual se acercó al Anciano entrado en años, y hasta se le pidió acercarse más a él.

14 Y se le dio el dominio, la gloria y el reino, para que todos los pueblos y naciones y lenguas le sirvieran.[j] Y su dominio es eterno y nunca tendrá fin, y su reino jamás será destruido.

15 »Yo, Daniel, me quedé sumamente perturbado de espíritu, y estas visiones que tuve me dejaron atónito.

16 Me acerqué entonces a uno de los que allí estaban, y le pregunté la verdad acerca de todo esto. Y aquél habló conmigo y me hizo saber lo que todo esto significaba:

17 Las cuatro grandes bestias son cuatro reyes que se levantarán en la tierra.

18 Después recibirán el reino los santos del Altísimo, y lo poseerán hasta la eternidad y para siempre.[k]

19 »Tuve entonces el deseo de conocer la verdad acerca de la cuarta bestia, la cual era tan diferente de las otras, tan espantosa y con colmillos de hierro y garras de bronce, que todo lo devoraba y desmenuzaba, y que con sus patas pisoteaba las sobras.

20 Quise también saber acerca de los diez cuernos que tenía en la cabeza, y del otro cuerno que le había salido, y delante del cual habían caído tres de ellos. Este mismo cuerno tenía ojos, y una boca muy insolente, y se veía más grande que los otros cuernos.

21 Y vi entonces que este cuerno luchaba contra los santos, y los vencía,[l]

22 hasta que vino el Anciano entrado en años y dictó sentencia en favor de los santos del Altísimo;[m] y llegado el momento, los santos recibieron el reino.

23 »Y aquél me dijo: "La cuarta bestia será un cuarto reino en la tierra, diferente de todos los otros reinos, pues devorará, trillará y despedazará toda la tierra.

24 Y los diez cuernos significan que de aquel reino surgirán diez reyes,[n] y que después de ellos surgirá otro rey, diferente de los primeros, que derribará a tres reyes.

25 Blasfemará contra el Altísimo, y quebrantará a sus santos, y hasta intentará cambiar los tiempos y la ley, pues le serán

[b]**7.4-6:** Ap 13.2. [c]**7.7:** Ap 12.3; 13.1. [d]**7.8:** Ap 13.5-6. [e]**7.9:** Ap 20.4. [f]**7.9:** Ap 1.14. [g]**7.10:** Ap 5.11. [h]**7.10:** Ap 20.12. [i]**7.13:** Mt 24.30; 26.64; Mr 13.26; 14.62; Lc 21.27; Ap 1.7, 13; 14.14. [j]**7.14:** Ap 11.15. [k]**7.18:** Ap 22.5. [l]**7.21:** Ap 13.7. [m]**7.22:** Ap 20.4. [n]**7.24:** Ap 17.12.

entregados durante un tiempo, y tiempos,
y medio tiempo.[o]
26 Pero cuando el Juez ocupe el trono, se le
quitará el dominio, y será destruido y arrui-
nado hasta el fin.
27 Entonces se dará al pueblo de los santos
del Altísimo[p] el reino y el dominio y la ma-
jestad de los reinos bajo el cielo. Y su reino
será un reino eterno,[q] y todos los poderes le
servirán y lo obedecerán."
28 »Dicho esto, aquél no dijo más. Pero yo,
Daniel, me quedé muy perturbado en mis
pensamientos y mi rostro se demudó. Pero
todo esto lo guardé en mi corazón.»

Visión del carnero y del macho cabrío

8 En el año tercero del reinado del rey
Belsasar, yo, Daniel, tuve una visión,
además de la que antes había tenido.
2 En esa visión, vi que estaba yo en las már-
genes del río Ulay, en Susa, que es la capital
del reino, en la provincia de Elam.
3 Al levantar la vista, allí junto al río vi un
carnero. Tenía dos cuernos muy largos, aun-
que uno de ellos era más largo que el otro y
le había crecido después.
4 Vi también que el carnero embestía con
sus cuernos hacia el poniente, el norte y el
sur, y que ninguna bestia podía enfrentárse-
le ni librarse de su poder; hacía todo lo que
quería, y se ufanaba de ello.
5 Mientras yo trataba de entender esto,
por el lado poniente apareció un macho
cabrío, que sin siquiera tocar el suelo se dis-
puso a atacar toda la tierra. Tenía entre los
ojos un cuerno muy prominente.
6 Cuando llegó adonde estaba el carnero
de dos cuernos, que yo había visto en la ri-
bera del río, se lanzó contra él con todas sus
fuerzas.
7 Yo vi cuando llegó hasta el carnero y lo
atacó; lo hirió y le quebró sus dos cuernos,
y el carnero no tenía fuerzas para hacerle
frente, así que lo derribó y lo pisoteó, y no
hubo nadie que lo librara de su poder.
8 Y este macho cabrío se hizo muy pode-
roso; pero en la cumbre de su poder se le
quebró el cuerno más largo, y en su lugar
salieron otros cuatro cuernos de gran tama-
ño, que se lanzaron contra los cuatro vien-
tos del cielo.
9 De uno de ellos salió un cuerno peque-
ño, que creció mucho hacia el sur, hacia el
oriente, y hacia la tierra gloriosa.
10 Tan grande llegó a ser que desafió al
ejército del cielo, y hasta echó por tierra y
pisoteó parte de ese ejército y de las estre-
llas.[a]
11 Incluso desafió al príncipe de los ejérci-
tos, y por causa de él se suspendió el sacri-
ficio continuo y se echó por tierra el lugar
del santuario.
12 Por causa del pecado del pueblo le fue
entregado el ejército, junto con el continuo
sacrificio; y echó por tierra la verdad, e hizo
cuanto quiso, y en todo prosperó.
13 Entonces oí que uno de los santos ha-
blaba, y que otro de los santos le pregun-
taba:
«¿Hasta cuándo durará la visión del sa-
crificio continuo, y el pecado desolador de
permitir que el santuario y el ejército sean
pisoteados?»
14 Y aquél dijo:
«Hasta que hayan pasado dos mil tres-
cientas tardes y mañanas. Después de eso,
el santuario será purificado.»
15 Mientras yo, Daniel, contemplaba esta
visión y trataba de entenderla, apareció ante
mí alguien con apariencia humana.
16 Entonces, desde las márgenes del río
Ulay oí la voz de un hombre que gritaba:
«¡Gabriel,[b] explícale a éste la visión!»
17 Gabriel se acercó a mí, lo cual me llenó
de temor, así que incliné mi rostro. Pero Ga-
briel me dijo:
«Debes entender, hijo de hombre, que la
visión se refiere a los últimos tiempos.»
18 Mientras Gabriel me hablaba, yo me
quedé dormido y boca abajo. Pero Gabriel
me tocó e hizo que me pusiera de pie.
19 Entonces dijo:

[o] **7.25:** Ap 12.14; 13.5-6. [p] **7.27:** Ap 20.4. [q] **7.27:** Ap 22.5. [a] **8.10:** Ap 12.4. [b] **8.16:** Lc 1.19, 26.

«Presta atención, que voy a enseñarte lo
que sucederá cuando cese la ira de Dios.
Esto es para el tiempo del fin.
20 Tú viste un carnero con dos cuernos;
esos dos cuernos son los reyes de Media y
de Persia,
21 y el macho cabrío es el rey de Grecia. El
cuerno grande que tenía entre los ojos es el
primer rey.
22 El cuerno que fue quebrado, y los cua-
tro cuernos que salieron en su lugar, signifi-
ca que de esa nación surgirán cuatro reinos,
aunque no tan fuertes como ella.
23 Cuando estos reinos lleguen a su fin y
los pecadores lleguen al colmo de su mal-
dad, se levantará un rey despótico e intri-
gante.
24 Llegará a tener mucho poder, pero no
por méritos propios, y causará grandes da-
ños, pues actuará de manera arbitraria; será
tal su éxito que destruirá a pueblos podero-
sos y al pueblo de los santos.
25 Sus hechos llevarán la marca de la as-
tucia y del engaño; se llenará de soberbia y
arteramente destruirá a muchos pueblos, y
desafiará al Príncipe de los príncipes. Pero
será derrotado, y no por la intervención hu-
mana.
26 La visión que tuviste de las tardes y
mañanas es verdadera, pero tú debes man-
tenerla en secreto porque aún falta mucho
tiempo.»
27 Yo, Daniel, me quedé sin fuerzas, y du-
rante algún tiempo estuve enfermo. Una
vez restablecido, volví a ocuparme de los
negocios del rey, aunque me quedé espan-
tado por causa de la visión, pues no la en-
tendía.

Oración de Daniel por su pueblo

9 Darío hijo de Asuero, que era de la
nación de los medos, llegó a ser rey
de los caldeos. En el primer año
2 de su reinado yo, Daniel, logré entender
en los escritos el número de años que el
Señor había anunciado al profeta Jeremías:
la desolación de Jerusalén habría de durar
setenta años.[a]
3 Volví entonces mi rostro a mi Dios y Se-
ñor, para pedir su ayuda con oración y rue-
go. Me puse a ayunar, y me cubrí de cilicio
y de ceniza.
4 Y ésta fue mi oración al Señor mi Dios;
ésta fue mi confesión:

Señor, Dios grande y digno de ser
temido,
que cumples tu pacto y tu misericordia
con los que te aman y cumplen tus
mandamientos:
5 Hemos pecado, hemos hecho lo
malo,
hemos sido impíos y rebeldes;
¡nos hemos apartado de tus leyes y
mandamientos!
6 No obedecimos a tus siervos los
profetas,
que en tu nombre hablaron a nuestros
reyes,
a nuestros príncipes y a nuestros
padres,
y a todo el pueblo de la tierra. Miq 6.8
7 Tuya, Señor, es la justicia,
y nuestra es la vergüenza,
vergüenza que hoy llevan todos en
Judá,
todos los habitantes de Jerusalén,
todo israelita, cercano y lejano,
todos los que, por rebelarse contra ti,
viven ahora en los países adonde los
echaste.

8 Señor, nuestra es la vergüenza,
y de nuestros padres, príncipes y reyes,
porque todos hemos pecado contra ti.
9 Pero tú, Señor y Dios nuestro,
eres un Dios misericordioso, que sabe
perdonar,
a pesar de que nos hemos rebelado
contra ti
10 y no hemos obedecido tu voz;
¡no hemos obedecido las leyes que tú,

[a] **9.2:** Jer 25.11; 29.10.

LA INTERCESIÓN: EL ORAR POR OTROS

La intercesión ocurre cuando alguien ora a Dios por otra persona. Esto es lo que describe Daniel 9. Daniel le suplicó a Dios que perdonara y restaurara la nación de Israel. Daniel estaba intercediendo por Israel. La Biblia registra muchas otras veces en que alguien oró por las necesidades de otra persona. Decimos que la persona que ora es un intercesor.

Las oraciones de Jesús y del Espíritu Santo

Durante el tiempo que estuvo en la tierra, Jesús oró por los que no conocían a Dios (Lucas 19:10). También oró por sus discípulos (Lucas 22:32). Hasta oró por sus enemigos cuando estaba muriendo en la cruz (Lucas 22:34).

Ahora que se encuentra en el cielo, Jesús ora por todos los que creen en Él (lee 1 Juan 2:1). Él ora pidiendo que seamos protegidos y crezcamos en fe. Sus oraciones nos ayudan a mantenernos fieles a Dios.

El Espíritu Santo también ora por nosotros. Él habla con Dios el Padre estando en perfecto acuerdo con los propósitos de Dios (Romanos 8:27). Esto quiere decir que Jesús ora por nosotros desde el cielo y que el Espíritu Santo ora dentro de nosotros aquí en la tierra.

Las oraciones del pueblo de Dios

La Biblia nos da muchos ejemplos de oraciones poderosas. En el Antiguo Testamento, reyes, profetas y sacerdotes oraron por el pueblo de Dios (1 Reyes 18:41-45; 1 Crónicas 21:17; Esdras 9:5-15). Muchas veces, le pidieron a Dios que perdonara a Israel o bendijera la nación. A veces Dios respondía a estas peticiones con un "sí", y otras veces, respondía con un "no". Abraham oyó a Dios decir que no cuando le pidió que no destruyera las ciudades de Sodoma y Gomorra (Génesis 18:23-32).

Después que los israelitas se rebelaron contra Dios y se negaron a entrar a Canaán, Dios le dijo a Moisés que iba a destruirlos y empezar una nación mejor a través de Moisés. Pero Moisés le suplicó a Dios que no destruyera al pueblo (Números 14:13-19). Al final de la oración de Moisés, Dios dijo: "Yo los he perdonado, tal y como lo has pedido." (Números 14:20). ¡Moisés era un gran hombre de oración!

Cuando hablamos acerca de la intercesión, el apóstol Pablo merece una mención especial. En sus cartas, él nos cuenta de sus oraciones por muchas personas: para que aprendieran más acerca de Dios (Filipenses 1:4-11; Colosenses 1:3, 9-12). Entonces diríamos que Pablo era un intercesor. Además, frecuentemente les pedía a otras personas que oraran por él (Romanos 15:30-33). Les pedía a las personas que intercedieran por él.

Cuando oramos por los demás, llegamos a ser intercesores. A veces no sabemos exactamente cómo orar, pero si le pedimos a Dios, Él nos ayudará a saber qué debemos orar. La intercesión es super importante para Dios. Él siempre honra la oración y la fe perseverantes. ¡Para los NIÑOS PODEROSOS DE DIOS la oración es una prioridad!

Señor y Dios nuestro,
nos propusiste por medio de tus siervos los profetas!
11 Todo Israel ha transgredido tu ley;
se apartó de ti para no obedecerte.
¡Por eso nos han sobrevenido la maldición y el juramento
escritos en la ley de Moisés, tu siervo,
porque contra ti hemos pecado!
12 Y tú has cumplido tus advertencias contra nosotros,
y contra los jefes que nos gobernaron
y trajeron tan grande mal sobre nosotros.
¡Nunca antes se hizo bajo el cielo
lo que se ha hecho contra Jerusalén!

13 Todo este mal nos ha sobrevenido,
tal y como está escrito en la ley de Moisés.
No hemos implorado tu favor, Señor y Dios nuestro;
no nos apartamos de la maldad ni entendimos tu verdad.
14 Por eso tú, Señor, observaste nuestra maldad
y la hiciste volverse contra nosotros,
porque tú, Señor y Dios nuestro,
eres justo en todo lo que haces,
y nosotros no obedecimos tu voz.

15 Ahora pues, Señor y Dios nuestro,
que con gran poder sacaste de Egipto a tu pueblo
y te ganaste el renombre que hoy tienes:
¡hemos pecado, hemos actuado con impiedad!
16 Pero actúa, Señor, conforme a tu justicia
y aparta tu ira y tu furor de Jerusalén;
¡apártalos de tu ciudad y de tu santo monte!
¡Por nuestros pecados y por la maldad de nuestros padres
Jerusalén y nosotros somos el oprobio de nuestros vecinos!

17 Dios nuestro, ¡oye la oración de este siervo tuyo!
¡Oye sus ruegos, Señor, y por tu amor
haz resplandecer tu rostro sobre tu derruido santuario!
18 ¡Inclina, Dios mío, tu oído, y escúchanos!
¡Abre tus ojos, y mira nuestra desolación
y la ciudad sobre la que se invoca tu nombre!
¡A ti elevamos nuestros ruegos,
no porque confiemos en nuestra justicia
sino porque confiamos en tu gran misericordia!
19 ¡Señor, Señor, óyenos y perdónanos!
¡Préstanos atención, Señor, y actúa!
Por amor a ti mismo, Dios mío, ¡no tardes!,
que tu nombre se invoca sobre tu ciudad y tu pueblo.

Profecía de las setenta semanas

20 Todavía estaba yo hablando y orando, y
confesando mi pecado y el de mi pueblo Israel;
todavía estaba yo derramando mi ruego ante
el Señor mi Dios en favor de su santo monte,
21 y orando sin cesar, cuando hacia la hora
del sacrificio de la tarde vi que Gabriel,[b] el
hombre que antes había visto en la visión,
volaba hacia mí apresuradamente.
22 Habló conmigo, y me explicó:
«Daniel, si he salido ahora ha sido para
infundirte sabiduría y entendimiento.
23 La orden fue dada en cuanto tú comenzaste a orar, y yo he venido a explicarte
todo, porque Dios te ama mucho. Así que
entiende la orden y la visión.
24 »Se ha concedido a tu pueblo y a la santa ciudad un plazo de setenta semanas para
poner fin a sus pecados y transgresiones,
para que expíen su iniquidad y establezcan
la justicia de manera perdurable, y para que
sellen la visión y la profecía, y unjan al Santo
de los santos.

[b]9.21: Lc 1.19, 26.

25 Así que debes saber y entender que,
desde que se emitió la orden para restaurar
y edificar a Jerusalén, y hasta que llegue el
Mesías Príncipe, transcurrirán siete sema-
nas, y sesenta y dos semanas más, y luego
se volverá a reconstruir la plaza y la muralla.
Serán tiempos angustiosos.
26 Después de las sesenta y dos semanas se
le quitará la vida al Mesías, sin que él inter-
venga en esto, y el pueblo de un príncipe que
está por venir destruirá la ciudad y el santua-
rio. El fin vendrá como una inundación, y ha-
brá destrucción hasta que la guerra termine.
27 Durante una semana, ese príncipe con-
firmará su pacto con muchos, pero a la mi-
tad de la semana suspenderá los sacrificios
y las ofrendas. Después de muchas cosas re-
pugnantes vendrá el destructor,[c] hasta que
llegue el fin y caiga sobre el desolador lo que
está determinado que le sobrevenga.»

Visión de Daniel junto al río

10 En el año tercero del rey Ciro
de Persia, Daniel, también lla-
mado Beltsasar, recibió una
revelación. La revelación era verdadera, y el
conflicto grande; pero Daniel comprendió la
revelación y pudo interpretar la visión.
2 Yo, Daniel, estuve afligido en aquellos
días durante tres semanas.
3 No comí ningún manjar delicado, ni
carne, ni tomé vino, ni me apliqué ningún
perfume, hasta que se cumplieron las tres
semanas.
4 El día veinticuatro del mes primero,
mientras me encontraba a la orilla del gran
río Hidekel,
5 levanté la mirada y vi a un hombre vesti-
do de lino,[a] ceñido con un cinturón de oro
de Ufaz.
6 Su cuerpo era semejante al berilo, su
rostro resplandecía como un relámpago, y
sus ojos parecían antorchas encendidas. Sus
brazos y sus pies tenían el color de bronce
bruñido, y sus palabras resonaban como el
murmullo de una gran multitud.
7 Sólo yo, Daniel, tuve esa visión. Los que
estaban conmigo no la vieron porque un
gran temor se apoderó de ellos, y corrieron
a esconderse.
8 De modo que sólo yo tuve esta gran
visión, aunque me quedé sin fuerzas; me
sobrevino un total desfallecimiento, y perdí
todo vigor.
9 Sin embargo, pude oír el sonido de sus
palabras, y al oírlas caí de cara al suelo y me
quedé profundamente dormido.
10 Aquel hombre me tocó con la mano y
me hizo ponerme de rodillas y apoyarme
sobre las palmas de mis manos.
11 Y me dijo:
«Tú, Daniel, eres muy amado. Ponte de
pie y presta atención a lo que voy a decirte,
porque he sido enviado a ti.»
Mientras aquel hombre me decía esto, yo
me puse en pie, aunque tembloroso.

Mt 4.1-11

12 Entonces aquel hombre me dijo:
«No tengas miedo, Daniel, porque tus pa-
labras fueron oídas desde el primer día en
que dispusiste tu corazón a entender y a hu-
millarte en la presencia de tu Dios. Precisa-
mente por causa de tus palabras he venido.
13 El príncipe del reino de Persia se me en-
frentó durante veintiún días, pero Miguel,[b]
que es uno de los príncipes más importan-
tes, vino en mi ayuda, y me quedé allí, con
los reyes de Persia.
14 Ahora he venido para hacerte saber lo
que va a sucederle a tu pueblo en los últi-
mos días. La visión es para esos días.»
15 Mientras aquel hombre me hablaba, yo
permanecía con la mirada baja y en silencio.
16 Pero aquel que estaba delante de mí, y
que era semejante a un hijo de hombre, me
tocó los labios, y por eso me atreví a hablar.
Le dije:
«Mi señor, esta visión me causa mucho
dolor y me ha dejado sin fuerzas.
17 ¿Cómo podré hablar con mi señor, si soy
su humilde siervo?»
¡Y es que al instante me faltaron las fuer-
zas, y me quedé sin aliento!

[c] **9.27:** Dn 11.31; 12.11; Mt 24.15; Mr 13.14. [a] **10.5:** Ap 1.13-15; 19.12. [b] **10.13:** Ap 12.7.

LECCIONES: PRÍNCIPE DE PERSIA
(Daniel 10.13)

El príncipe de Persia no es un personaje en una historia. Es un espíritu maligno en el reino de Satanás. Este espíritu impidió por un tiempo que Daniel recibiera el mensaje de Dios del ángel. Pero Miguel, un ángel de alto rango, derrotó al príncipe de Persia. Esta historia en Daniel nos recuerda que todos los que creen en Dios están involucrados en una batalla espiritual. El apóstol Pablo escribió acerca de esto en Efesios 6:12: "La batalla que libramos no es contra gente de carne y hueso, sino contra principados y potestades, contra los que gobiernan las tinieblas de este mundo". No tenemos que estar preocupados ni temer a Satanás. Como Daniel, podemos orar y confiar en el gran poder que tiene Dios para ayudarnos y protegernos.

18 Pero aquel que tenía semejanza de hombre me tocó otra vez, me dio nuevas fuerzas,

19 y me dijo:

«La paz sea contigo, amado Daniel. No tengas miedo, sino sobreponte y cobra ánimo.»

Mientras aquel hombre me hablaba, recobré las fuerzas, y dije:

«Mi señor me ha infundido ánimo. Hábleme ahora.»

20 Y me dijo:

«¿Sabes por qué he venido a verte? Pues porque ahora tengo que volver a pelear contra el príncipe de Persia, y cuando termine de pelear con él, vendrá el príncipe de Grecia.

21 Aparte de Miguel,[c] el príncipe de ustedes, nadie me ayuda contra ellos. Pero yo voy a revelarte lo que está escrito en el libro de la verdad.

11 »Durante el primer año del reinado de Darío el medo, yo mismo estuve a su lado para animarlo y fortalecerlo.

Los reyes del norte y del sur

2 »Ahora te daré a conocer la verdad. Todavía habrá tres reyes en Persia, y hasta un cuarto rey, el cual llegará a ser más rico que los otros tres. Cuando sienta que sus riquezas le dan poder, invitará a todos ellos a levantarse contra el reino de Grecia.

3 Luego se levantará un rey muy valiente, el cual ejercerá su dominio haciendo gala de poder e implantando su voluntad,

4 pero en cuanto se levante su reino, se dividirá y se esparcirá por los cuatro vientos del cielo, pero no entre sus descendientes ni con el mismo dominio que antes ejerció, porque su reino será arrancado de raíz y entregado a otros fuera de ellos.

5 »El rey del sur cobrará fuerza, pero uno de sus príncipes llegará a ser más fuerte y poderoso que él, y grande será su dominio.

6 Al cabo de algunos años habrá una alianza: la hija del rey del sur se casará con el rey del norte, y se hará la paz. Pero ella no podrá mantener su fuerza, ni él podrá permanecer en el poder, sino que ella será traicionada, junto con su hijo y los que la acompañaron, y con los que en ese tiempo estaban de su parte.

7 »Pero de sus raíces surgirá un renuevo, uno de sus descendientes, y ocupará el trono. Con su ejército atacará al rey del norte y tomará la fortaleza, y luego de vencerlo hará con él lo que se le antoje.

8 Hasta se llevará a Egipto sus dioses e imágenes fundidas, lo mismo que sus objetos preciosos de plata y de oro, y durante muchos años se mantendrá en contra del rey del norte.

9 Luego incursionará en el territorio del rey del sur, y entonces volverá a su país.

10 »Más tarde, sus hijos reunirán a un ejército muy numeroso y, como una inundación, se lanzarán al ataque y lo arrasarán todo, llevando la guerra hasta la fortaleza.

11 Esto despertará la ira del rey del sur, que con un gran ejército saldrá a pelear contra el rey del norte, y librará una gran batalla, en

[c] **10.21:** Ap 12.7.

la que éste será derrotado a pesar de contar con un gran ejército.

12 Al volver con el botín, se llenará de soberbia y ejecutará gente por millares, aunque no prevalecerá

13 porque el rey del norte volverá con un ejército más numeroso que el primero, y al cabo de algunos años volverá a hacerle la guerra.

14 »Entonces muchos se levantarán en armas contra el rey del sur, y también de tu pueblo se levantará gente violenta, para cumplir la visión, pero no podrán vencer.

15 Vendrá luego el rey del norte y levantará baluartes, y tomará la ciudad fuerte, y las fuerzas del sur no podrán resistir ni con sus mejores tropas, porque se quedarán sin fuerzas.

16 El ejército que los ataque hará todo lo que quiera hacer, y no habrá nadie que se le pueda enfrentar; llegará hasta la tierra gloriosa, y ésta será consumida bajo su poder.

17 Después se preparará para venir con todas las fuerzas de su reino, y hará un pacto con el rey del sur, y para destruirlo le dará como esposa una de sus hijas, pero no logrará vencerlo.

18 Se dirigirá entonces a los países de las costas, y a muchos los conquistará, pero un príncipe pondrá fin a su afrenta, y hasta logrará revertir sobre él esa afrenta.

19 Se volverá entonces contra las fortalezas de su tierra, pero fracasará en su intento y nunca más se sabrá de él.

20 »Después de él se levantará uno que mandará recaudar tributos para mantener el lustre de su reino, pero muy pronto será derrocado, aunque no morirá en el campo de batalla.

21 Será sucedido por un hombre despreciable, que no recibirá los honores debidos a un rey, pero que vendrá sin aviso y usurpará el trono por medio de zalamerías.

22 Delante de él las fuerzas contrarias serán derrotadas por completo, barridas como por una inundación, y con ellas perecerá el príncipe del pacto.

23 A los que pacten con él los engañará y los atacará, y los vencerá con un ejército reducido.

24 Cuando la provincia se encuentre en paz y con abundancia, la atacará y hará en ella lo que nunca hicieron sus padres, ni los padres de sus padres, pues repartirá entre sus soldados el botín de guerra, y los despojos y riquezas, y llevará a cabo sus planes contra las fortalezas, aunque sólo por cierto tiempo.

25 Con encono incitará a sus fuerzas, un gran ejército, a lanzarse contra el rey del sur; y el rey del sur entrará en batalla con un ejército muy numeroso y fuerte, pero no podrá vencerlo porque será traicionado.

26 Aun los que comían con él lo traicionarán, y su ejército será derrotado, y muchos perderán la vida.

27 Estos dos reyes sólo pensarán en perjudicar al otro, y en la misma mesa se engañarán; pero esto no les servirá de nada, porque el plazo aún no se habrá cumplido.

28 Entonces el rey del norte volverá a su país con grandes riquezas, aunque antes se propondrá dañar al pacto santo, y luego de satisfacer sus deseos regresará a su tierra.

29 »En el momento señalado, este rey volverá al sur, aunque este último ataque no será como el primero,

30 porque las naves de Quitín lo atacarán y lo humillarán, aunque él, en su enojo, se volverá contra el pacto santo y hará lo que se le antoje, pero se mostrará amable con los que abandonen el santo pacto.

31 Sus tropas se dedicarán a profanar el santuario y la fortaleza, y suspenderán el sacrificio continuo y en su lugar pondrán la abominación desoladora.[a]

32 A los que violen el pacto él los seducirá con engaños, pero el pueblo que conoce a su Dios se le opondrá con todas sus fuerzas.

33 Los sabios del pueblo instruirán a muchos, aunque por algún tiempo morirán a filo de espada o en el fuego, o serán llevados cautivos y despojados de sus propiedades.

[a] **11.31:** Dn 9.27; 12.11; Mt 24.15; Mr 13.14.

[34] Al caer, pocos serán los que les ayuden, aunque muchos fingirán apoyarlos.

[35] También algunos de los sabios caerán, para ser depurados, limpiados y emblanquecidos hasta el momento señalado, porque aun para esto hay un plazo establecido.

[36] »El rey hará todo lo que quiera, y tanta será su soberbia que se creerá más grande que cualquier dios;[b] hablará con insolencia[c] contra el Dios de los dioses, y tendrá éxito mientras la ira de Dios no llegue a su límite, porque lo que ha sido determinado se cumplirá.

[37] Será tal su soberbia que no mostrará ningún respeto por los dioses de sus padres, ni por los dioses de sus mujeres, ni por ningún otro dios, porque se creerá mayor que todos ellos.

[38] En cambio, honrará al dios de las fortalezas, dios que sus padres no conocieron, y lo honrará con oro y plata, y con piedras preciosas y con objetos muy costosos.

[39] Con la ayuda de un dios ajeno tomará las fortalezas más inexpugnables, colmará de honores a los que le reconozcan, y repartirá la tierra a cambio de dinero.

[40] »Cuando llegue el momento del fin, el rey del sur luchará contra el rey del norte, y éste se levantará contra aquél como una tempestad, con carros de guerra y gente de a caballo, y con muchas naves, y lo atacará por tierra, y lo arrasará como una inundación.

[41] Invadirá la tierra gloriosa, y muchas provincias serán conquistadas, aunque Edom y Moab, y la mayoría de los hijos de Amón lograrán escapar.

[42] Extenderá su mano contra muchos países, y ni Egipto podrá librarse de él.

[43] Se apoderará de los tesoros de oro y plata de Egipto, y de todos sus objetos preciosos, y luego se apoderará de las riquezas de Libia y de Etiopía.

[44] Pero cuando se entere de las noticias del oriente y del norte se llenará de temor y, lleno de ira, saldrá para destruir y matar a muchos.

[45] Plantará las tiendas de su palacio entre los mares y el monte santo y glorioso, pero su fin llegará y no habrá nadie que lo ayude.

El tiempo del fin

12 »Cuando llegue el momento, se levantará Miguel,[a] el gran príncipe que está de parte de los hijos de tu pueblo. Serán momentos angustiosos, como jamás los hubo desde que la humanidad existe,[b] pero llegado el momento tu pueblo será liberado, lo mismo que todos los que estén registrados en el libro.

[2] Muchos de los que duermen en el polvo de la tierra serán despertados, unos para vida eterna, y otros para vergüenza y confusión perpetua.[c]

[3] Los entendidos resplandecerán como el resplandor del firmamento; y los que instruyen a muchos en la justicia serán como las estrellas por toda la eternidad.

[4] Pero tú, Daniel, mantén estas palabras en secreto y sella el libro[d] hasta el tiempo del

PALABRAS CON PODER

LA RESURRECCIÓN

(Daniel 12.2)

Daniel dio una profecía acerca de los días postreros: el final de la historia. En ese momento, los muertos serán resucitados así como Jesús resucitó después de haber muerto en la cruz. Jesús también habló acerca de la resurrección de los que hacen el bien y los que hacen el mal (Juan 5:28-29). Los que despiertan "para vida eterna" como dice Daniel 12:2, son los que se mantienen fieles a Dios. Cada persona debe escoger entre seguir a Jesús por el camino a la vida eterna o rechazarlo y tomar el camino que lleva al castigo eterno. ¿Qué camino has escogido tú?

---

[b]**11.36:** 2 Ts 2.3-4. [c]**11.36:** Ap 13.5-6. [a]**12.1:** Ap 12.7. [b]**12.1:** Mt 24.21; Mr 13.19; Ap 7.14; 12.7. [c]**12.2:** Mt 25.46; Jon 5.29. [d]**12.4:** Ap 22.10.

fin. Muchos correrán de un lado para otro, y
la ciencia irá en aumento.»

5 Yo, Daniel, me fijé y vi a otros dos hom-
bres que estaban en pie a la orilla del río,
uno en un lado, y el otro en el lado opuesto.

6 Uno de ellos le dijo al varón vestido de
lino, que estaba sobre las aguas del río:

«¿Cuándo se cumplirán todos estos por-
tentos?»

7 Y vi que el que estaba vestido de lino y
de pie junto a las aguas del río, levantó hacia
el cielo las dos manos y, jurando por el que
vive por los siglos,[e] dijo:

«Pasarán un tiempo, más dos tiempos, y
la mitad de un tiempo.[f] Cuando la disper-
sión del poder del pueblo santo llegue a su
fin, todas estas cosas se cumplirán.»

8 Yo pude oír esto, pero no lo entendí, así
que dije:

«Mi señor, ¿qué fin tendrá todo esto?»

9 Él respondió:

«Vamos, Daniel; estas palabras están ce-
rradas y selladas hasta el tiempo del fin.

10 Muchos serán limpiados, emblanque-
cidos y purificados, pero los impíos proce-
derán con impiedad,[g] y ninguno de ellos
entenderá esto, pero los entendidos sí lo
comprenderán.

11 Desde el momento en que sea suspen-
dido el sacrificio continuo hasta la abomi-
nación desoladora,[h] pasarán mil doscientos
noventa días.

12 Bienaventurado el que espere y llegue a
mil trescientos treinta y cinco días.

13 Pero tú, sigue hasta el fin. Cuando lle-
gue el fin del tiempo, reposarás y te levan-
tarás para recibir lo que te corresponde
recibir.»

[e] **12.7:** Ap 10.5. [f] **12.7:** Ap 12.14. [g] **12.10:** Ap 22.11. [h] **12.11:** Dn 9.27; 11.31; Mt 24.15; Mr 13.14.

OSEAS

Autor: **Oseas**
Temas: **La infidelidad, el juicio y el amor redentor de Dios**
Fecha en que se escribió: **c. 715-710 a.C.**

UNA ESPOSA INFIEL

Oseas nació en el reino norteño de Israel. Profetizó allí durante los últimos años del ministerio de Amós. Dios envió a Oseas a predicarle al decadente reino de Israel durante sus últimos treinta años, antes de que fuera conquistado y destruido por los asirios.

A través de la profecía de Oseas, Dios les estaba suplicando a los israelitas que dejaran de rebelarse y que se volvieran a Él. Él quería que su pueblo supiera que Él todavía los amaba. Cuando la esposa de Oseas le dio su amor a otro hombre, esto era una representación de lo que estaba haciendo Israel. El pueblo estaba dando su amor a dioses falsos en vez de dárselo al Dios verdadero. Israel rechazó el amor de Dios y escogió no regresar a Él, de modo que Dios tuvo que permitir que fuera castigado.

LO QUE ENCONTRARÁS EN EL LIBRO

Los capítulos 1-3 describen el matrimonio de Oseas con Gomer. Los nombres de sus tres hijos eran advertencias a Israel: Jezrel ("Dios esparce"), Lorrujama ("no amada"), y Loamí ("no mi pueblo").

En los capítulos 4-14, Oseas compara el amor de Israel por otros dioses al amor de su esposa por otros hombres. Cuando su esposa Gomer le fue infiel a Oseas (capítulo 1), sus acciones representaban al pueblo de Israel, quienes le eran infieles a Dios (capítulos 4-7).

La vergüenza y el sufrimiento de Gomer (capítulo 2) representaba la vergüenza de Israel (capítulos 8-10). Cuando Oseas compró nuevamente a su esposa del mercado de esclavos (capítulo 3), sus acciones representaban el deseo amoroso de Dios de restaurar a Israel en el futuro (capítulos 11-14).

¿SABÍAS QUE...?

- Oseas, Jesús y Josué son en realidad el mismo nombre, el cual quiere decir "salvación".
- El libro de Oseas es el primer libro en la parte del Antiguo Testamento llamado "El libro de los doce". A estos doce libros se les dice "los profetas menores". (Se dice que son "menores" porque son libros cortos, no porque carezcan de importancia.)
- Oseas es uno de los únicos dos profetas del reino norteño cuyo libro se incluye en el Antiguo Testamento. (El otro es Jonás.)
- Es un libro lleno de drama. Oseas representó los mensajes de Dios a su pueblo por medio de su matrimonio con Gomer.

Oseas, su esposa infiel y sus hijos

1 La palabra del Señor vino a Oseas hijo
de Berí en los días de Uzías,[a] Yotán,[b]
Ajaz[c] y Ezequías,[d] que fueron reyes de
Judá, y también en los días de Jeroboán[e] hijo
de Joás, rey de Israel.
2 La palabra del Señor vino a Oseas por
primera vez, y le dijo:
«Ve y toma por mujer a una prostituta,
y ten hijos con ella, porque la tierra se ha
prostituido. Se ha apartado del Señor.»
3 Oseas fue y tomó por mujer a Gomer
hija de Diblayin, la cual concibió y le dio a
luz un hijo.
4 Entonces el Señor le dijo:
«Ponle por nombre Jezrel, porque dentro
de poco tiempo voy a castigar a la casa de
Jehú, por causa de los asesinatos cometidos
en Jezrel.[f] Voy a ponerle fin al reinado de la
casa de Israel.
5 Cuando llegue el día, haré pedazos el
arco de Israel en el valle de Jezrel.»
6 Gomer volvió a concebir, y dio a luz una
hija. Entonces Dios le dijo a Oseas:
«Ponle por nombre Lorrujama,[1] porque
no volveré a compadecerme de la casa de
Israel, sino que los eliminaré por completo.
7 Sin embargo, tendré misericordia de la
casa de Judá, y los salvaré; pero no lo haré
por medio de arcos ni espadas, ni por medio
de combates con caballos y jinetes, sino por
medio del Señor su Dios.»
8 Después de que Gomer destetó a Lorru-
jama, ésta concibió y dio a luz un hijo.
9 Entonces Dios dijo:
«Ponle por nombre Loamí,[2] porque ustedes
no son mi pueblo, ni yo soy el Dios de ustedes.
10 Con todo, los hijos de Israel serán tan
numerosos como la arena del mar, que no
es posible medirla ni contarla. Y allí donde
se les dijo: "Ustedes no son mi pueblo", se les
dirá: "Ustedes son hijos del Dios de la vida".[g]
11 Y se reunirán los hijos de Judá y los hijos
de Israel, y nombrarán un solo jefe, y volve-
rán a levantarse en la tierra; porque el día de
Jezrel será grande.

PALABRAS CON PODER

ISRAEL ES INFIEL

(Oseas 1.2)

¿Alguien en algún momento te ha sido infiel? Duele, ¿verdad? Dios sabe cómo es eso. Él dijo muchas veces que su amor por Israel era como el amor entre un esposo y una esposa. Cuando los israelitas se apartaron de Dios y empezaron a adorar a dioses falsos, estaban siéndole infiel a Dios. Eran como una mujer que le es infiel a su esposo. Y eso fue exactamente lo que le pasó a Oseas cuando Gomer le fue infiel. Israel no le fue fiel a Dios, pero Él siempre le era fiel a Israel. ¡Siempre podemos contar con el amor de Dios!

El amor del Señor por un pueblo infiel

2 »Pueden llamar a sus hermanos:
Ammi;[3] y a sus hermanas: Ruhama.[4]
2 Pero repróchenle a su madre el
hecho de no ser ella mi mujer, ni yo su mari-
do. Díganle que deje de serme infiel, que no
cometa más adulterio.
3 De lo contrario, le arrancaré la ropa y la
dejaré desnuda, como estaba el día en que
nació. La dejaré desolada como un desierto,
como tierra seca, y la mataré de sed.
4 No tendré compasión alguna de sus hi-
jos, porque son hijos de una prostituta.
5 Es un hecho que su madre se prostituyó;
la que los dio a luz perdió la honra cuando
dijo: "Voy a seguir a mis amantes, porque
ellos me dan pan y agua, lana y lino, aceite
y vino."
6 Por eso voy a plagar su camino con es-
pinos; voy a cerrarle el paso, para que no
encuentre el camino.
7 Podrá seguir a sus amantes, pero no lo-
grará alcanzarlos; irá en su busca, pero no
los hallará. Y entonces dirá: "Voy a volver

[a] **1.1:** 2 R 15.1-7; 2 Cr 26.1-23. [b] **1.1:** 2 R 15.32-38; 2 Cr 27.1-8. [c] **1.1:** 2 R 16.1-20; 2 Cr 28.1-27. [d] **1.1:** 2 R 18.1—20.21; 2 Cr 29.1—32.33. [e] **1.1:** 2 R 14.23-29. [f] **1.4:** 2 R 10.11. [1] **1.6** Es decir, *No compadecida.* [2] **1.9** Es decir, *No pueblo mío.* [g] **1.10:** Ro 9.26. [3] **2.1** Es decir, *Pueblo mío.* [4] **2.1** Es decir, *Compadecida.*

con mi primer marido, porque con él me iba mejor que ahora."

8 »Y es que ella no ha reconocido que soy yo quien le ha dado el trigo, el vino y el aceite; que soy yo quien le ha multiplicado la plata y el oro que le ofrece a Baal.

9 Por eso en su momento haré que me devuelva mi trigo y mi vino; le quitaré mi lana y mi lino, que le había dado para que cubriera su desnudez,

10 y a la vista de sus amantes pondré al descubierto sus partes pudendas. ¡Nadie la librará de mi mano!

11 Pondré fin a todo su alborozo y a sus fiestas, a sus lunas nuevas y a sus días de reposo, y a todas sus festividades.

12 Arrasaré sus viñas y sus higueras, que ella consideraba la paga que le dieron sus amantes, y las reduciré a un matorral, y se las comerán las bestias del campo.

13 La castigaré por los días en que ofreció incienso a los baales, cuando se adornaba con zarcillos y joyas, y se iba en pos de sus amantes, y se olvidaba de mí.

—Palabra del Señor.

14 »Sin embargo, volveré a cortejarla. La llevaré al desierto, y allí me ganaré su corazón.

15 Allí le devolveré sus viñas, y haré del valle de Acor[a] una puerta de esperanza; allí volverá a cantar, como cuando era joven; como cuando salió de la tierra de Egipto.

16 »Cuando llegue el momento, tú me llamarás Ishí,[5] y nunca más volverás a llamarme Baalí.[6]

—Palabra del Señor.

17 »Yo te quitaré de la boca los nombres de los baales, y nunca más volverás a mencionar sus nombres.

18 Cuando llegue ese día, haré por ti un pacto con las bestias del campo, con las aves del cielo y con las serpientes de la tierra. Pondré fin al arco, la espada y la guerra, y te haré dormir tranquila.

19 Para siempre te tomaré por esposa, y serás mi esposa ante Dios y ante los hombres,[7] con toda misericordia y compasión.

PALABRAS CON PODER

PUEDES REGRESAR

(Oseas 2.14)

Dios usó a menudo el matrimonio como un símbolo de su relación con su pueblo. Dios le dio a Oseas una invitación para el pueblo de Judá: aunque habían pecado, podían regresar a Él. Así como los había tratado bondadosamente cuando erraron por el desierto después del éxodo (lee Génesis 13-19), Él también los trataría bondadosamente ahora. Los guiaría y les recordaría sus caminos. ¿No es maravilloso saber que aun cuando metemos la pata, Dios sigue amándonos y nos ofrece otra oportunidad?

20 Yo te tomaré por esposa, con votos de fidelidad, y tú conocerás a tu Señor.

21 »Cuando llegue ese momento, yo les responderé a los cielos, y los cielos le responderán a la tierra.

—Palabra del Señor.

22 »La tierra les responderá al trigo, al vino y al aceite, y ellos le responderán a Jezrel.[8]

23 Yo la sembraré para mí en la tierra, y tendré misericordia de Lorrujama, y a Loamí le diré: "Tú eres mi pueblo",[b] y él me dirá: "Tú eres mi Dios".»

Oseas y la adúltera

3 Todavía el Señor volvió a decirme: «Ve y ama a esa adúltera, a quien ama su amigo como ama el Señor a los hijos de Israel, aun cuando éstos sólo tienen ojos para los dioses ajenos y aman las tortas de pasas.»

2 Yo la compré para mí, y di por ella quince monedas de plata y doscientos litros de cebada.

3 Y le dije: «Tú serás mía durante mucho tiempo. No te prostituirás, ni tendrás ningún otro hombre. Tampoco yo tendré otra mujer.»

[a]**2.15:** Jos 7.24-26. [5]**2.16** Es decir, *Mi marido.* [6]**2.16** Es decir, *Mi señor.* [7]**2.19** Lit. *en derecho y en justicia.* [8]**2.22** Es decir, *Dios siembra.* [b]**2.23:** Ro 9.25; 1 P 2.10.

[4] Porque durante mucho tiempo los hijos
de Israel estarán sin rey ni príncipe, ni sacrifi-
cios, ni estatuas, ni efod ni terafines.
[5] Después de eso los hijos de Israel volve-
rán a buscar al Señor su Dios y a David su
rey, y en los últimos días temerán al Señor
y su bondad.

Controversia del Señor con Israel

4 Hijos de Israel, ¡oigan la palabra
del Señor! El Señor ha entablado
un pleito contra los habitantes de
la tierra, porque ya no hay en la tierra
verdad ni misericordia, ni conocimiento
de Dios;
[2] en cambio, abundan el perjurio, la men-
tira, las muertes, los robos, los adulterios, y
homicidio tras homicidio.
[3] Por eso la tierra está de luto, y desfalle-
cen todos sus habitantes. Por eso mueren
las bestias del campo, las aves del cielo, y
aun los peces del mar.
[4] «¡Que nadie entable pleito con nadie, ni
reprenda a nadie! ¡Tu pueblo parece estar en
pleito con los sacerdotes!
[5] Por eso caerás durante el día, y contigo
caerá también el profeta durante la noche, y
a tu madre la destruiré.
[6] Mi pueblo ha sido destruido porque le
faltó conocimiento. Puesto que tú dese-
chaste el conocimiento, yo te desecharé del
sacerdocio; puesto que te olvidaste de la ley
de tu Dios, también yo me olvidaré de tus
hijos.
[7] »Mientras más numerosos se hicieron,
más pecaron contra mí. Por eso yo cambié
su honra en afrenta.
[8] Se alimentan con el pecado de mi pue-
blo; sacian su apetito con su maldad.
[9] ¡De tal pueblo, tal sacerdote! Pero yo los
castigaré por su conducta; ¡les daré lo que
merecen sus acciones!
[10] Comerán, pero no se saciarán; se prosti-
tuirán, pero no tendrán hijos, porque deja-
ron de servir al Señor.
[11] »La prostitución, el vino y el mosto ha-
cen que se pierda el juicio.

LECCIONES

VENDRÁ UN REY

(Oseas 3.3-5)

El profeta advirtió al pueblo que serían exiliados. Había buenas noticias y malas noticias. Las malas noticias eran que el pueblo de Asiria conquistaría a los israelitas y trasladaría a muchos de ellos a ciudades extranjeras. Durante ese tiempo, el pueblo de Israel tendría que vivir sin sus líderes y no estaría libre para adorar a Dios. Las buenas noticias eran que un día Israel sería rescatado del cautiverio y regresaría a Dios y a su país natal. Finalmente vendría otro Rey: el Mesías (Jesús). Un día, Jesús regresará para reinar sobre el mundo entero.

[12] Mi pueblo le pregunta a su ídolo de
palo, y ese palo le responde. Su espíritu de
prostitución los hizo errar; abandonaron a
su Dios para prostituirse.
[13] Sobre las cimas de los montes ofrecie-
ron sacrificios; sobre las colinas, y debajo
de las encinas y álamos y olmos que tenían
buena sombra quemaron incienso; por eso
se prostituyeron sus hijas y sus nueras co-
metieron adulterio.
[14] Pero no castigaré a sus hijas cuando se
prostituyan, ni a sus nueras cuando come-
tan adulterio, porque ellos mismos se van
con rameras, y ofrecen sacrificios con muje-
res de mala fama. Por eso tropieza el pueblo
falto de entendimiento.
[15] »Pero si tú, Israel, te prostituyes, que
por lo menos Judá no peque. Y no entren
en Gilgal, ni vayan a Bet Avén, ni juren: "¡Vive
el Señor!"
[16] Porque Israel se apartó del camino,
como novilla indómita. ¿Y ahora quieren
que el Señor los cuide en amplios pastos,
como si fueran corderos?
[17] »Efraín se inclina por los ídolos; ¡déjenlo!
[18] Se corrompe con su bebida; se prosti-
tuye sin descanso; sus príncipes aman lo
que es vergonzoso.
[19] El viento los atrapó en sus alas, y por sus
sacrificios serán avergonzados.

Apostasía y castigo de Israel

5 »Ustedes los sacerdotes, escuchen
esto; y ustedes, los de la casa de
Israel, presten atención; y ustedes,
los de la casa real, óiganlo bien. Porque la
sentencia es contra ustedes, pues en Mis-
pá fueron una trampa y en el Tabor fueron
una red.
2 Con tantas víctimas que han hecho se
han rebajado por completo. Por lo tanto, a
todos ellos los castigaré.
3 »A Efraín lo conozco, e Israel no me es
desconocido; pero ahora resulta que Efraín
se ha prostituido, y que Israel se ha conta-
minado.
4 Como en ellos habita el espíritu de pros-
titución, no me conocen a mí, el Señor su
Dios, ni piensan en volverse a mí.»
5 La arrogancia de Israel lo desmiente en
su propia cara; Israel y Efraín caerán por su
pecado, y Judá caerá también con ellos.
6 Andan en busca del Señor mientras
guían a sus ovejas y sus vacas; pero no lo en-
cuentran, porque él se ha apartado de ellos.
7 Pecaron contra el Señor al engendrar hi-
jos extraños. Ahora, en un solo mes serán
consumidos ellos y sus propiedades.
8 «¡Toquen la bocina en Gabaa y la trom-
peta en Ramá! ¡Den la voz de alarma en Bet
Avén! Y tú, Benjamín, ¡ponte a temblar!
9 En el día del castigo, Efraín será asolado.
Yo daré a conocer la verdad entre las tribus
de Israel.
10 Los príncipes de Judá se parecen a los
que no respetan los linderos. Por eso derra-
maré mi ira sobre ellos, como si derramara
agua.
11 »Efraín es ultrajado y quebrantado en
el juicio, porque prefirió seguir a los dioses
falsos.
12 Por eso yo seré para Efraín como la poli-
lla, y para la casa de Judá seré como carcoma.
13 Entonces Efraín verá su enfermedad, y
Judá contemplará su llaga. Y Efraín recurrirá
al rey Jareb de Asiria en busca de ayuda, pero
él no podrá sanarlos ni les curará la llaga.
14 Ciertamente yo seré para Efraín como
un león, y para la casa de Judá seré como un
cachorro. Los atraparé, y luego me iré. Los
agarraré, y no habrá quien me los quite.

Falso arrepentimiento de Israel

15 »Después de eso volveré a mi santo lu-
gar, hasta que ellos reconozcan su pecado
y busquen mi rostro. Porque en su angustia
me buscarán.»

6 ¡Vengan, volvamos nuestros ojos al
Señor! Ciertamente él nos arrebató,
pero nos sanará; nos hirió, pero ven-
dará nuestras heridas.
2 Después de dos días nos dará vida, y al
tercer día nos resucitará[a] para que vivamos
en su presencia.
3 Entonces conoceremos al Señor, y más y
más lo iremos conociendo. Vendrá a nues-
tro encuentro como la luz del alba, como
vienen a la tierra las lluvias tempranas y las
lluvias tardías.

Os 14.4-8

4 «¿Qué voy a hacer contigo, Efraín? ¿Y qué
voy a hacer contigo, Judá? La piedad de uste-
des es como una nube matutina; es como el
rocío del amanecer, que pronto se desvanece.
5 Por eso los hice pedazos por medio de
los profetas. Los aniquilé con las palabras de
mi boca. La sentencia contra ustedes brotó
como la luz.
6 Lo que yo quiero es misericordia, y no
sacrificio;[b] ¡conocimiento de Dios, más que
holocaustos!
7 »Pero ellos, como antes Adán, no respe-
taron mi pacto, sino que pecaron contra mí.
8 Tú, Galaad, eres una ciudad de malhe-
chores; estás manchada de sangre.
9 Así como los ladrones están al acecho
de su víctima, así también una pandilla de
sacerdotes mata en el camino a Siquén, con
lo que incurren en un hecho repugnante.
10 En la casa de Israel he visto acciones as-
querosas. Allí se prostituyó Efraín, y se con-
taminó Israel.
11 »Pero también para ti, Judá, tengo pre-
parado el momento de la siega. Y esto lo

[a] **6.2:** Lc 24.46; 1 Co 15.4. [b] **6.6:** Mt 9.13; 12.7.

PROMESAS PODEROSAS

OSEAS 6.6

Lo que yo quiero es misericordia, y no sacrificio; ¡conocimiento de Dios, más que holocaustos!

¿Te gustaría recibir un regalo de alguien a quien no le caes bien y a quien no le importan tus gustos? Eso fue lo que le ocurrió a Dios. El pueblo le dio sacrificios, pero en realidad, no lo amaba ni le obedecía. Dios no quería recibir regalos y sacrificios de personas que le desobedecían. Si quieres mostrarle a Dios que lo amas, obedécele.

haré cuando haga volver del cautiverio a mi pueblo.

Iniquidad y rebelión de Israel

7 »Mientras yo sanaba a Israel, la iniquidad de Efraín y las maldades de Samaria quedaron al descubierto, pues incurrieron en un engaño. ¡Mientras los ladrones entran a la casa, afuera los salteadores asaltan!
2 No se pusieron a pensar que yo guardo
en mi memoria toda su maldad. Pero ahora
quedarán atrapados por sus malas obras, las
cuales tengo muy presentes.
3 Al rey lo divierten con su maldad, y a los
príncipes con sus mentiras.
4 Todos ellos son unos adúlteros. Son
como un horno encendido, cuyo fuego no
hace falta avivar desde que se hace la masa
y hasta que ésta fermenta.
5 En las fiestas de nuestro rey, los príncipes
se encienden con copas de vino, y el rey le
tiende la mano a gente blasfema.
6 Su corazón es como un horno abierto;
durante la noche languidece el fuego, pero
a la mañana se aviva.
7 Todos ellos arden como un horno, y devoran a sus jueces; todos sus reyes fracasan,
pero ninguno de ellos me pide ayuda.
8 »Efraín se ha mezclado con otros pueblos; es como una torta a medio cocer.
9 Gente extraña ha acabado con su fuerza, ¡y él ni cuenta se ha dado! Hasta canas le
han salido, ¡pero él no se da por enterado!
10 La arrogancia de Israel lo desmiente en
su propia cara, ¡y ni así se vuelve a mí, su
Señor y Dios, ni me busca!
11 »Efraín es como una paloma ingenua
y falta de entendimiento; ¡a Egipto le pide
ayuda, pero recurre a Asiria!
12 Cuando vayan allá, les tenderé una red y
haré que caigan como pájaros. Los castigaré
como ya se ha anunciado en sus congregaciones.
13 ¡Ay de ellos, porque se apartaron de mí!
¡Les sobrevendrá la destrucción, porque se
rebelaron contra mí! Yo los redimí, y ellos
dijeron de mí sólo mentiras.
14 No claman a mí de todo corazón, sino
que gritan acostados en sus camas. Se juntan para el trigo y el vino, pero se rebelan
contra mí.
15 Yo los he entrenado, he fortalecido sus
brazos, pero ellos sólo intrigan contra mí.

PODER PARA VIVIR

REGRESEN A DIOS *(Oseas 6.2-3)*

Oseas le suplicó a su pueblo que regresara a Dios y que volviera a ser obediente a Él. Aunque los israelitas sufrirían el castigo de Dios por su mal comportamiento, Oseas sabía que Dios volvería a sanar a su nación. Es difícil enfrentar las malas consecuencias de nuestras acciones pecaminosas. A veces las personas se alejan de Dios cuando sufren debido a los pecados que han cometido. Pero esa no es una decisión sabia. El Espíritu Santo te dará fortaleza y poder para ser fiel a Dios y a su Palabra.

16 Son como un arco engañoso, pues se vuelven, pero no hacia mí. Sus príncipes caen a filo de espada por la soberbia de su lengua, ¡y eso será su escarnio en la tierra de Egipto!

Reprensión de la idolatría de Israel

8 »¡Llévate la trompeta a los labios, que un águila revolotea sobre la casa del Señor! Y es que no respetaron mi pacto, sino que se rebelaron contra mi ley.

2 Israel clama a mí: "¡Dios mío, nosotros te conocemos!",

3 pero en realidad rechaza mis bondades; por eso el enemigo lo perseguirá.

4 Los reyes que establecen, yo no los he escogido; cuando nombran a sus príncipes, nunca me lo dicen. Con su plata y su oro se hacen ídolos, para su propia destrucción.

5 »Samaria, tu becerro te hizo alejarte. Mi enojo se encendió contra ustedes. ¿Hasta cuándo estarán sin poder purificarse?

6 Y este otro becerro de Samaria también es de Israel. No es Dios, pues un artífice lo hizo. ¡Por eso será hecho pedazos!

7 Han sembrado vientos, y recogerán torbellinos. No obtendrán mies alguna, ni su trigo producirá harina. Y en caso de producirla, gente extraña se la comerá.

8 Muy pronto Israel será devorado. Será entre las naciones como una vasija sin valor alguno.

9 Porque ellos, a la manera de obstinado asno montés, recurrieron a Asiria. Y Efraín se compró amantes a cambio de un salario.

10 Pero ahora voy a juntarlos, y aunque se compren amantes entre las naciones, durante algún tiempo sufrirán la opresión del rey y de los príncipes.

11 »Efraín multiplicó sus altares, que acabaron siendo altares de pecado.

12 Le escribí las grandezas de mi ley, pero las vio como algo extraño.

13 Ofrecieron sacrificios, y se comieron la carne, pero eso no me agradó. Yo, el Señor, voy a tomar en cuenta su iniquidad, y castigaré su pecado. ¡Ellos volverán a Egipto!

14 Israel olvidó a su Creador y edificó templos, y Judá construyó muchas ciudades fortificadas, pero yo voy a prenderles fuego a sus ciudades, y sus palacios serán consumidos.»

La infidelidad de Israel será castigada

9 No te alegres, Israel, ni saltes de gozo como los otros pueblos, porque te has prostituido al apartarte de tu Dios. En todos los campos de trigo preferiste recibir la paga de una prostituta.

2 Por eso no tendrán trigo ni vino suficiente para vivir, y les faltará mosto.

3 Efraín no permanecerá en la tierra del Señor, sino que volverá a Egipto y a Asiria, en donde se alimentará de comida impura.

4 No ofrecerán libaciones al Señor, ni él se agradará de sus sacrificios; su pan será como el que comen los que están de luto, y todos los que lo coman quedarán impuros. Ese pan no entrará en la casa del Señor, sino que será para ellos mismos.

5 ¿Qué van a hacer en las fiestas solemnes, en las fiestas del Señor?

6 Aunque logren escapar de la destrucción, los egipcios los recogerán y en Menfis los enterrarán. Su plata más deseable se llenará de ortiga, y en sus viviendas crecerán espinos.

7 ¡Entérate, Israel! ¡Ya vienen los días del castigo![a] ¡Ya vienen los días de la retribución! Pero por causa de tu mucha maldad, el profeta es considerado insensato, y el hombre de espíritu es aborrecido.

8 Ante Dios, Efraín es un vigilante; en todos los caminos, el profeta es una trampa de cazador, odiado en la casa de su Dios.

9 En su corrupción, han llegado a lo más bajo, como en los días de Gabaa.[b] Pero el Señor tomará en cuenta su iniquidad, y los castigará por su pecado.

10 «En un principio, encontré a Israel como a las uvas en el desierto; vi a sus antepasados como a los primeros frutos de la

[a]**9.7:** Lc 21.22. [b]**9.9:** Jue 19.1-30. [c]**9.10:** Nm 25.1-5.

higuera. Pero ellos acudieron a Baal Pegor;[c]
para vergüenza suya se apartaron de mí, y
se hicieron tan odiosos como los dioses que
amaron.
11 La gloria de Efraín se escapará como las
aves, de modo que no habrá nacimientos ni
embarazos ni concepciones.
12 Y en caso de que sus hijos lleguen a ser
grandes, yo los borraré de la tierra. A decir
verdad, ¡ay de ellos cuando los deje solos!
13 Según veo, Efraín se parece a Tiro: Ahora
se encuentra en un país delicioso, pero
acabará por lanzar sus hijos a la matanza.»
14 Señor, ¡dales lo que tienes que darles!
¡Dales matrices que aborten, y pechos sin
leche!
15 «Toda su maldad la cometieron en Gilgal.
Y fue allí donde les tomé aversión. Por
la perversidad de sus obras los echaré de mi
casa, y no volveré a amarlos, pues todos sus
príncipes son desleales.
16 »Efraín ha sido herido. Su raíz está seca,
y no volverá a dar más fruto. Aun cuando
lleguen a engendrar, yo no dejaré que vivan
los hijos que tanto desean.»
17 Mi Dios los desechará, porque ellos no
quisieron escucharlo. Por eso andarán errantes
entre las naciones.

10 Israel es una viña frondosa y
muy fructífera, pero la abundancia
de sus frutos fue semejante
a la abundancia de sus altares. ¡Mientras
más le produjo la tierra, más aumentó sus
ídolos!
2 Tiene el corazón dividido. Pero tendrá
que cargar con su culpa. El Señor derribará
sus altares y destruirá sus ídolos.
3 Seguramente van a decir:
«No tenemos rey, porque no tuvimos temor
del Señor. Y si lo tuviéramos, ¿qué podría
hacer por nosotros?»
4 Profieren palabras sin sentido al momento
de hacer el pacto. Eso que llaman «justicia»
abunda como el ajenjo en los surcos
del campo.
5 Por causa de las becerras de Bet Avén[a] los
habitantes de Samaria se llenarán de temor;
por causa del becerro su pueblo estará de
luto, lo mismo que sus sacerdotes. Se regocijan
por el becerro, del cual están orgullosos,
pero ese becerro les será arrebatado;
6 será llevado a Asiria como un regalo para
el rey Jareb. Y Efraín quedará avergonzado, e
Israel se avergonzará de sus proyectos.
7 Su rey desaparecerá de Samaria, como
desaparece la espuma de la superficie de las
aguas.
8 Los lugares altos de Avén, donde Israel
pecaba, serán destruidos; sobre sus altares
crecerán cardos y espinos. Entonces suplicarán
a los montes que los cubran, y a las
colinas les rogarán que caigan sobre ellos.[b]
9 «Tú, Israel, has pecado desde aquellos
días de Gabaa,[c] y en tu pecado has persistido.
¡Pues ahora la guerra los atrapará en
Gabaa!
10 Yo los castigaré cuando quiera castigarlos,
y los pueblos se juntarán contra ellos
cuando paguen por su doble crimen.
11 Efraín es una novilla domada, a la que
le gusta trillar. Pero yo pasaré sobre su lozana
cerviz, y haré que Efraín lleve el yugo
mientras Judá abre surco y Jacob rompe los
terrones.
12 »Siembren para ustedes la justicia, y cosecharán
misericordia. Hagan para ustedes
el barbecho,[d] porque éste es el momento de
buscarme. Entonces yo, el Señor, vendré y
los instruiré en la justicia.»
13 Ustedes abrieron surcos para la impiedad,
y lo que cosecharon fue la iniquidad.
Por eso comerán el fruto de la mentira, pues
confiaron en sus propias ideas y en la multitud
de sus guerreros.
14 Por eso habrá alboroto en sus pueblos, y
todas sus fortalezas serán destruidas, como
destruyó Salmán a Bet Arbel en el día de la
batalla, cuando madres e hijos fueron destrozados.
15 Lo mismo hará Betel con ustedes, por
causa de su gran maldad. ¡El rey de Israel
será derrotado al amanecer!

[a] **10.5:** 1 R 12.28-29. [b] **10.8:** Lc 23.30; Ap 6.16. [c] **10.9:** Jue 19.1-30. [d] **10.12:** Jer 4.3.

Dios se compadece de su obstinado pueblo

11 «Yo amé a Israel desde que era un niño. De Egipto llamé a mi hijo.[a]

2 Pero mientras más los llamaba yo, más se alejaban de mí, y ofrecían sacrificios a los baales y quemaban incienso para honrar a los ídolos.

3 »Yo tomé en mis brazos a Efraín y le enseñé a caminar, pero él nunca reconoció que era yo quien lo cuidaba.

4 Yo los atraje a mí con cuerdas humanas, ¡con cuerdas de amor! Estaban sometidos al yugo de la esclavitud, pero yo les quité ese yugo y les di de comer.

Mt 4.23-24

5 »Pero no quisieron volverse a mí. Por eso, no volverán a Egipto, sino que el asirio mismo será su rey.

6 La espada caerá sobre sus ciudades, y acabará con sus aldeas. Acabará con ellas por causa de sus malas intenciones.

7 Mi pueblo insiste en rebelarse contra mí; me llaman el Dios altísimo, pero ninguno de ellos me quiere enaltecer.

8 »¿Cómo podría yo abandonarte, Efraín? ¿Podría yo entregarte, Israel? ¿Podría yo hacerte lo mismo que hice con Adma y con Zeboyin?[b] Dentro de mí, el corazón se me estremece, toda mi compasión se inflama.

9 Pero no daré paso al ardor de mi ira, ni volveré a destruir a Efraín. Dentro de esta ciudad estoy yo, el Dios Santo, y no un simple hombre. Así que no entraré en la ciudad.

10 »Ellos vendrán en pos de mí. Yo, el Señor, rugiré como un león, y mis hijos vendrán temblando desde el occidente.

11 Saldrán de Egipto temblorosos como aves. Saldrán de Asiria temblorosos como palomas. Yo haré que vuelvan a habitar sus casas.

—Palabra del Señor.

12 »Efraín siempre me habla con mentiras, y la casa de Israel siempre me habla con engaños. Judá anda perdido, lejos de mí, su Dios santo y fiel.»

LECCIONES: UN BUEN PADRE

(Oseas 11.8)

El amor de Dios es como el de un padre amoroso que no puede negar ni abandonar a su hijo rebelde. Así como un buen padre le dice a su hijo que está castigado y no puede salir, Dios tuvo que castigar a sus hijos por quebrantar continuamente sus leyes. Pero no los abandonó, sino que siguió amándolos. A veces pensamos que Dios está lejos y que en realidad, no le importa lo que les sucede a sus hijos. Este versículo nos muestra cuánto siente Dios por su pueblo. ¡Eso incluye a sus NIÑOS PODEROSOS!

Reprensión de la falsedad y opresión de Efraín

12 Efraín anda tras el viento; va en pos del solano; constantemente aumenta la mentira y la destrucción, porque hace pactos con los asirios y se lleva a Egipto el aceite.

2 El Señor tiene pleito con Judá. Va a castigar a Jacob por sus acciones; va a darle su merecido por sus hechos.

3 En el seno materno agarró a su hermano por el talón,[a] y cuando creció luchó con un ángel

4 y logró vencerlo. Luego lloró, y cuando lo encontró en Betel[c] le rogó.[b] Allí él habló con nosotros;

5 habló el Señor y Dios de los ejércitos. Su nombre es el Señor.

6 Por lo tanto, vuélvete a tu Dios, haz misericordia e imparte justicia, y confía siempre en tu Dios.

7 «Como un mercader que sostiene pesas falsas en su mano, y que ama la opresión,

8 Efraín dijo: "¡Qué rico soy! ¡Tengo muchas riquezas! ¡Y nadie puede acusarme de haber pecado ni de haber ganado todo esto de manera indebida!"

9 Pero desde que estabas en Egipto yo soy el Señor tu Dios; y todavía he de hacerte vivir en tiendas de campaña, como en los días de fiesta.[d]

[a]**11.1:** Mt 2.15. [b]**11.8:** Dt 29.23. [a]**12.3:** Gn 25.26. [c]**12.4:** Gn 28.10-22. [b]**12.4:** Gn 32.24-26. [d]**12.9:** Lv 23.39-43.

10 »Yo les he hablado a los profetas, y au-
menté las visiones, y por medio de ellos me
comuniqué en parábolas.
11 ¿Hay iniquidad en Galaad? La verdad, los
de Galaad no valen nada. En Gilgal ofrecie-
ron bueyes en sacrificio. Por eso sus altares
quedarán como los montones de tierra en
los surcos del campo.
12 Jacob huyó a tierra de Aram. Allí, Is-
rael trabajó como pastor para ganarse una
esposa.[e]
13 Por medio de un profeta, yo, el Señor,
saqué a Israel de Egipto,[f] y por medio de ese
profeta lo cuidé.
14 ¡Pero cuántos amargos disgustos Efraín
me ha causado! Por lo tanto, yo, el Señor,
haré que recaiga sobre él la sangre que ha
derramado, y le devolveré sus ofensas.

Anuncio de la destrucción total de Efraín

13 »Efraín era muy importante en
Israel. Cuando hablaba, había
temor. Pero murió por haber
pecado con Baal.
2 Y ahora ha añadido más a su pecado,
pues con su plata, y según su entender, se
ha hecho imágenes fundidas de becerros,
ídolos fabricados por artífices, y piden a
la gente que les ofrezcan sacrificios y los
besen.
3 Por lo tanto, desaparecerán como la
niebla matutina, como el rocío de la madru-
gada, como el tamo que el viento arrebata
de la era, ¡como el humo que sale de la chi-
menea!
4 »Yo soy el Señor tu Dios. Yo te saqué de
Egipto. No conocerás a otro dios fuera de
mí, pues yo soy tu único salvador.
5 Yo te conocí en la aridez del desierto.[a]
6 Yo los cuidé, y ustedes comieron hasta
saciarse, pero luego su corazón se llenó de
soberbia y se olvidaron de mí.
7 Por lo tanto, yo voy a ser para ellos como
un león; voy a acecharlos en el camino
como un leopardo.
8 Voy a buscarlos como una osa que ha
perdido a sus cachorros y, cuando los en-
cuentre, como león les desgarraré las fibras
de su corazón y los devoraré; ¡los despeda-
zaré como una fiera salvaje!
9 »Tú, Israel, te has corrompido, a pesar de
que contabas con mi ayuda.
10 ¿Dónde está tu rey? ¡Que venga a pro-
teger todas tus ciudades! ¿Y dónde están
los jueces, y el rey y los príncipes que me
pediste?[b]
11 En mi furor te di rey,[c] y en mi ira te lo
quité.[d]
12 »Pero no he olvidado la maldad de
Efraín, ni su pecado.
13 Es un hijo poco inteligente, que al mo-
mento de nacer no encuentra la salida. ¡Por
eso le sobrevendrán dolores como de mujer
parturienta!
14 »¿Y habré entonces de librarlos del poder
de la muerte? ¿Habré de ponerlos a salvo del
sepulcro? ¿Y dónde están las plagas de la muer-
te? ¿Y dónde está la destrucción del sepulcro?[e]
Por mi parte, ¡ya no tengo compasión!»
15 Aun cuando Efraín prospere entre sus
hermanos, desde el desierto vendrá, de par-
te del Señor, el viento solano; y se levantará
para secar su manantial y agotar su fuente.
¡El Señor saqueará sus tesoros y todas sus
preciosas alhajas!
16 Samaria quedará asolada por haberse
rebelado contra su Dios; sus hombres cae-
rán a filo de espada, sus niños serán estrella-
dos contra el suelo, y sus mujeres encintas
serán abiertas en canal.

Israel debe volverse al Señor

14 Israel, ¡vuélvete al Señor tu Dios!
¡Por causa de tu pecado has
caído!
2 Vuélvete al Señor y, con las mejores pala-
bras suplicantes, dile:
«No te fijes en nuestra maldad; mira lo
bueno en nosotros; la ofrenda que te trae-
mos son las palabras de nuestros labios.

[e]**12.12:** Gn 29.1-20. [f]**12.13:** Éx 12.50-51. [a]**13.5:** Dt 8.12-16. [b]**13.10:** 1 S 8.5-6. [c]**13.11:** 1 S 10.17-24. [d]**13.11:** 1 S 15.26.
[e]**13.14:** 1 Co 15.55.

[3] Los asirios no nos librarán, ni montare-
mos en caballos, ni jamás volveremos a decir
a esos ídolos que nosotros mismos hicimos:
"Ustedes son nuestros dioses", porque sólo
en ti encuentra misericordia el huérfano.»
[4] «Yo sanaré su rebelión. Los amaré de pura
gracia, porque mi ira se ha apartado de ellos.
[5] Yo seré para Israel como el rocío, y él
florecerá como lirio y extenderá sus raíces
como el Líbano.
[6] Sus ramos se extenderán, y su esplendor
será como el del olivo, y su perfume será
como el del Líbano.
[7] Volverán, y se sentarán bajo su sombra;
serán vivificados como el trigo, florecerán
como la vid, y su aroma será como el del
vino del Líbano.
[8] »Dime, Efraín: ¿Qué tengo yo que ver
con los ídolos? ¡Soy yo quien te atiende y te
mira! ¡Yo soy para ti como verde ciprés! ¡Sólo
en mí encuentras tu fruto!»
[9] ¿Hay alguien lo bastante sabio para en-
tender esto? ¿Hay alguien con inteligencia
para reconocerlo? Porque los caminos del
Señor son rectos, y los justos los seguirán.
Pero los rebeldes tropezarán en ellos.

Mt 7.16-20

PROMESAS PODEROSAS

OSEAS 14.9

¿Hay alguien lo bastante sabio para entender esto? ¿Hay alguien con inteligencia para reconocerlo? Porque los caminos del Señor son rectos, y los justos los seguirán. Pero los rebeldes tropezarán en ellos.

Cuando las personas son sabias, lo muestran mediante sus acciones. Dios le dijo al pueblo de Israel que mostrara su sabiduría al comprender sus caminos. Pero el pueblo escogió no ser sabio. Ellos no querían conocer ni obedecer las leyes de Dios. Dios tenía razón cuando castigó a Israel por sus pecados. Él les había dado una oportunidad para cambiar, pero ellos se habían rehusado a obedecerle. Los caminos de Dios nunca dejan de ser correctos. Él es 100% justo y amoroso todo el tiempo.

RECONOCE TU CULPA *(Oseas 14.1-2)*

¿En algún momento has oído a alguien decir que siente haber hecho algo malo, pero al día siguiente vuelve a hacer lo mismo? Las personas no están verdaderamente arrepentidas de sus acciones malas si no desean dejar de hacerlas. Oseas le dijo al pueblo que reconociera sinceramente que había pecado. Él quería que su corazón cambiara. Cuando nos sentimos culpables por algo que hemos hecho, necesitamos confesarlo a Dios y aceptar su perdón. El Espíritu Santo nos dará el poder para cambiar.

JOEL

Autor: **Joel**
Temas: **El arrepentimiento, la restauración y el derramamiento del Espíritu Santo**
Fecha en que se escribió: **c. 835-830 a.C.**

EL DÍA DEL SEÑOR

"Ahora sí te metiste en problemas." ¿En algún momento has oído esas palabras cuando has hecho algo malo? Tal vez temías ser castigado por lo que habías hecho. Esto es lo que quiere decir Joel cuando habla del "día del Señor". Este es un momento en que Dios castigará las malas acciones. Ya que el pueblo de Dios se había rebelado en contra de Él, Dios les permitiría sufrir las consecuencias de sus acciones. Los desastres naturales, como una invasión de langostas y una grave sequía, eran advertencias de otro tipo de invasión en el futuro. Las langostas destruirían completamente los cultivos. Pero un ejército invasor destruiría al pueblo. Joel instó a su pueblo a reconocer sus malas acciones y volverse a Dios

LO QUE ENCONTRARÁS EN EL LIBRO

El libro de Joel se puede dividir en tres secciones.

(1) La primera sección (1:2-20) describe lo que ocurriría cuando las langostas invadieran la tierra (1:7, 10). En medio de este desastre, el profeta llama a los líderes espirituales de Judá a guiar al pueblo en un momento de luto y tristeza por el pecado (1:13-14).

La segunda sección (2:1-17) registra un juicio de Dios aun mayor que vendría del norte (2:1-11). El profeta mandó a que se sonara la alarma en Jerusalén como señal de que la comunidad ayunara y orara pidiendo la misericordia de Dios sobre la nación (2:12-17).

La tercera sección (2:18-3:21) declara que Dios estaba lleno de compasión hacia su pueblo cuando verdaderamente estaban arrepentidos de su pecado. Dios prometió restaurarlos y enviar al Espíritu Santo (2:28-31).

¿SABÍAS QUE...?

- Joel es un libro acerca del Espíritu Santo. Cuenta cómo Él vendrá en el día de Pentecostés y cómo volverá a caer sobre todas las personas al final de los tiempos.
- Es un libro acerca de desastres. ¡Plagas de langostas, sequía y hambre, incendios ardientes e invasores militares extranjeros no son sino algunos de estos desastres!
- Es un libro acerca del arrepentimiento y la restauración. Cuando las personas piden el perdón de Dios, Él perdona y restaura.

La plaga de langostas

La palabra del Señor vino a Joel, hijo de Petuel:

2 «Ustedes los ancianos, ¡oigan esto! Y ustedes, los habitantes de toda la tierra, ¡escuchen! ¿Acaso sucedió algo así en sus días, o en los días de sus padres?

3 Esto lo contarán ustedes a sus hijos, y sus hijos a sus propios hijos, y ellos a la generación siguiente.

4 Lo que la oruga dejó se lo comió el saltón, y lo que dejó el saltón se lo comió el revoltón, y lo que el revoltón dejó se lo comió la langosta.

5 »Despierten, borrachos, y lloren; y todos ustedes, los que beben vino, giman por causa del mosto, porque se les va a quitar de la boca.

6 Un pueblo fuerte y muy numeroso viene contra mi tierra. Sus dientes y sus muelas parecen de león.[a]

7 Ha asolado mi viña, y descortezado mi higuera; la ha dejado completamente pelada y por el suelo; ¡sus ramas se han quedado desnudas!

8 »Llora tú, como la joven que guarda luto por el esposo de su juventud.

9 En la casa del Señor ya no hay ofrendas ni libaciones; los sacerdotes que sirven al Señor están de luto.

10 Los campos están asolados y de luto, porque el trigo ha sido destruido. Mosto no hay, y el aceite se ha perdido.

11 »Ustedes, labradores y viñateros, preocúpense por el trigo y la cebada, porque se han perdido las cosechas.

12 Las vides están secas; perecieron las higueras y los granados, las palmeras y los manzanos; ¡secos están todos los árboles del campo! Por eso no hay para nadie motivo de alegría.

13 »Ustedes los sacerdotes, ministros del altar, ¡vístanse de luto y lloren! Vengan y duerman con el cilicio puesto, ministros de mi Dios, porque en la casa de su Dios ya no hay ofrendas ni libaciones.

14 Proclamen ayuno, convoquen a una asamblea; congreguen en la casa del Señor su Dios a los ancianos y a todos los habitantes de la tierra, e imploren su ayuda.

15 »¡Ay del día del Señor! Cercano está, y viene como un día de destrucción de parte del Todopoderoso.[b] Zac 8.3-15

16 Ante nuestros propios ojos nos ha sido arrebatado el alimento, la alegría y el placer de estar en la casa de nuestro Dios.

17 »El trigo se ha secado, o bien se pudre bajo los terrones; los graneros han sido derribados y los alfolíes han sido destruidos.

18 Gimen las bestias, los hatos de bueyes y los rebaños de ovejas, porque ya no hay pastos.»

19 Clamo a ti, Señor, porque el fuego ha consumido los pastos del desierto; las llamas redujeron a cenizas a todos los árboles del campo.

20 También las bestias del campo braman pidiendo tu ayuda, porque se han secado los arroyos, y el fuego ha consumido las praderas del desierto.

2 Toquen la trompeta en Sión; den la alarma en mi santo monte; tiemblen todos los habitantes de la tierra, porque el día del Señor viene, y ya se acerca.

2 Será un día de tinieblas y de oscuridad, un día de nubes y sombras. Se aproxima un ejército grande y poderoso, como nunca antes lo hubo ni lo habrá después durante muchas generaciones. Viene como el alba, cuando se extiende sobre los montes.

3 Lo precede un fuego consumidor, y llamas destructoras cierran su marcha. Antes de que pasen, la tierra es como el huerto de Edén; pero después de que han pasado queda la tierra como un desierto deshabitado. ¡Nadie puede librarse de ellos!

4 Su aspecto y su carrera es semejante al de los caballos y al de los soldados de caballería.

5 Cuando saltan sobre las cumbres de los montes, su estruendo es como el de los carros de guerra, como el crujir de las llamas

[a]**1.6:** Ap 9.8. [b]**1.15:** Is 13.6.

de fuego cuando consumen la hojarasca, ¡como el de un ejército poderoso y dispuesto para la batalla![a]

6 Ante ellos, los pueblos se llenan de miedo y todos los rostros palidecen.

7 Corren como soldados, trepan por los muros como guerreros; cada uno de ellos mantiene la marcha, sin cambiar el rumbo.

8 Ninguno estorba a su compañero; cada uno mantiene el paso; ¡no hay espada que los detenga!

9 Como ladrones, caen sobre la ciudad, corren por la muralla, trepan por las casas, ¡entran por las ventanas!

10 Ante ellos, tiembla la tierra y se estremecen los cielos; el sol y la luna se oscurecen, y se apaga el resplandor de las estrellas.[b]

11 El Señor mismo da las órdenes al frente de su ejército. Muy grandes son sus batallones, y fuertes son los que cumplen la orden. ¡Grande y terrible es el día del Señor! ¿Quién podrá resistir?[c]

La misericordia del Señor

12 Por eso, vuélvanse ya al Señor de todo corazón, y con ayuno, lágrimas y lamentos.

—Palabra del Señor.

13 Desgárrense el corazón, no los vestidos, y vuélvanse al Señor su Dios, porque él es misericordioso y clemente, lento para la ira y grande en misericordia, y le pesa castigar.

14 Tal vez el Señor su Dios cambie de parecer y deje bendiciones tras de sí, es decir, trigo y vino para que le presenten ofrendas y libaciones.

15 ¡Toquen la trompeta en Sión! ¡Proclamen ayuno! ¡Convoquen a una asamblea!

16 ¡Reúnan al pueblo y santifiquen la reunión! ¡Junten a los ancianos y a los niños de pecho! ¡Que salgan de la cámara nupcial el novio y la novia!

17 Y ustedes los sacerdotes, ministros del Señor, lloren entre la entrada y el altar, y digan:

PALABRAS CON PODER

EL DÍA DEL SEÑOR
(Joel 1.15)

Joel le dijo al pueblo que necesitaba volverse al Señor antes "del día del Señor". Este día puede referirse a un momento en que Dios corrige a su pueblo rebelde. También puede referirse a un momento en que Dios castiga a las naciones impías en la época bíblica o en el futuro. Aquí en Joel, el "día del Señor" se refería al juicio de Dios sobre Judá. Dios permitiría que enemigos invadieran la tierra. Joel instó al pueblo a pedirle disculpas a Dios por sus malas acciones, pero no lo quisieron escuchar. Si confías en Jesús como tu Salvador y le pides que perdone tus pecados, no tienes que preocuparte por el "día del Señor".

«Señor, ¡perdona a tu pueblo! ¡No los entregues al oprobio, ni dejes que las naciones los dominen! ¡No permitas que entre los pueblos se diga que nuestro Dios nos ha abandonado!»

18 Entonces el Señor mostrará su amor por su tierra, y perdonará a su pueblo.

19 El Señor responderá y dirá a su pueblo:

«Voy a enviarles pan, y mosto y aceite, para que coman hasta saciarse, y nunca más volveré a entregarlos al oprobio entre las naciones.

20 Haré que esa gente del norte se aleje de ustedes, y los lanzaré a una tierra seca y desierta; su vanguardia la arrojaré hacia el mar oriental, y su retaguardia la echaré al mar occidental. Su hedor putrefacto se esparcirá por los aires, porque yo hago grandes cosas.»

21 Y tú, tierra, ¡alégrate y llénate de gozo! No temas, que el Señor hará grandes cosas.

22 Y ustedes, animales del campo, no teman, porque los pastos del desierto volverán a reverdecer, y los árboles, las higueras y las vides volverán a dar su fruto.

[a] **2.4-5:** Ap 9.7-9. [b] **2.10:** Ap 8.12. [c] **2.11:** Ap 6.17.

23 Y ustedes también, hijos de Sión, alégrense y llénense de gozo en el Señor su Dios; porque él les ha dado la primera lluvia a su tiempo, y enviará sobre ustedes lluvias tempranas y tardías, como al principio.

24 Las eras se llenarán de trigo, y los lagares rebosarán de vino y aceite.

25 Yo los resarciré por los daños que les causaron la oruga, el saltón, el revoltón y la langosta, ese gran ejército que el Señor envió contra ustedes.

Derramamiento del espíritu de Dios

26 «Ustedes comerán hasta saciarse, y alabarán mi nombre, pues yo, el Señor su Dios, haré maravillas entre ustedes. Y nunca más mi pueblo será avergonzado.

27 Entonces sabrán ustedes que yo estoy en medio de Israel, y que yo soy el Señor su Dios, y nadie más. Y mi pueblo nunca más será avergonzado.

Hab 3.3

28 »Después de esto, derramaré mi espíritu sobre la humanidad entera, y los hijos y las hijas de ustedes profetizarán; los ancianos tendrán sueños, y los jóvenes recibirán visiones.

Miq 3.8

29 »En aquellos días, también sobre los siervos y las siervas derramaré mi espíritu.

30 Y haré prodigios en el cielo y en la tierra, con sangre y fuego y columnas de humo.»

31 El sol se convertirá en tinieblas, y la luna en sangre,[d] antes de que venga el día grande y terrible del Señor.

32 Y todo aquel que invoque el nombre del Señor será salvo,[e,f] y entre ellos estará el remanente al cual el Señor ha llamado, porque en el monte Sión y en Jerusalén habrá salvación, tal y como el Señor lo ha dicho.

Miq 7.7

Juicio del Señor sobre las naciones

3 «En esos días, y llegado el momento, haré que Judá y Jerusalén vuelvan del cautiverio.

2 Entonces reuniré a todas las naciones, y las llevaré al valle de Josafat, y allí entraré en juicio con ellas, porque ellas esparcieron entre las naciones a mi pueblo Israel, y repartieron mi propia tierra,

3 echaron suertes sobre mi pueblo, entregaron a los niños a cambio de una prostituta, y vendieron a las niñas a cambio de vino para emborracharse.

4 »¿Qué tengo yo que ver con ustedes, Tiro y Sidón,[a] y con todo el territorio de Filistea?[b] ¿Acaso quieren vengarse de mí? Porque, si ustedes se vengan de mí, ¡muy pronto haré que su merecido recaiga sobre su cabeza!

5 Porque ustedes se llevaron mi plata y mi oro, y todas mis cosas bellas y hermosas, y las metieron en sus templos.

6 Además, a los hijos de Judá y de Jerusalén los vendieron a los griegos, para alejarlos de su tierra.

7 Por eso yo los traeré de ese país donde los vendieron, y a ustedes les daré su merecido:

8 venderé sus hijos y sus hijas a los hijos de Judá, y ellos los venderán a los sabeos, que son una nación lejana; porque yo, el Señor, lo he dicho.

9 »¡Proclamen la guerra entre las naciones! ¡Despierten a los valientes y acérquense! ¡Vengan todos los hombres de guerra!

10 ¡Tomen sus azadones y sus hoces, y con ese metal hagan espadas y lanzas![c] ¡Que saque el débil fuerza de flaqueza!

11 Y ustedes todas, naciones vecinas, ¡júntense y vengan! ¡Reúnanse! Yo, el Señor, haré que tus fuertes acudan a este llamado.

12 ¡Que se despierten las naciones y suban al valle de Josafat! Yo voy a sentarme allí para juzgar a todas las naciones de alrededor.

13 ¡Echen mano a la hoz, que la mies ya está madura![d] ¡Vengan acá, que el lagar está rebosante![e] ¡Llenen las cubas, que ya es demasiada la maldad de ellos!»

Liberación de Judá

14 Son muchos los pueblos en el valle de la decisión, porque ya se acerca el día del Señor en el valle de la decisión.

[d] **2.31:** Mt 24.29; Mr 13.24-25; Lc 21.25; Ap 6.12-13. [e] **2.28-32:** Hch 2.17-21. [f] **2.32:** Ro 10.13. [a] **3.4-8:** Is 23.1-18; Ez 26.1—28.26; Am 1.9-10; Zac 9.1-4; Mt 11.21-22; Lc 10.13-14. [b] **3.4-8:** Is 14.29-31; Jer 47.1-7; Ez 25.15-17; Am 1.6-8; Sof 2.4-7; Zac 9.5-7. [c] **3.10:** Is 2.4; Miq 4.3. [d] **3.13:** Ap 14.14-16. [e] **3.13:** Ap 14.19-20; 19.15.

PROMESAS PODEROSAS

JOEL 2.26

Ustedes comerán hasta saciarse, y alabarán mi nombre, pues yo, el Señor su Dios, haré maravillas entre ustedes. Y nunca más mi pueblo será avergonzado.

Después de predicar acerca del desastre, Joel le dio al pueblo buenas noticias. Les dijo que Dios restauraría lo que se habían comido las langostas (versículo 25). Las langostas son un tipo de saltamontes que comen los cultivos y los destruye. Joel le dijo al pueblo que Dios les devolvería lo que habían perdido: su tierra natal. Dios sabía que su pueblo se volvería a Él y que luego Él podría llevarlos nuevamente a su tierra natal. Lo que Dios más desea para sus hijos es que se mantengan fieles a Él.

LECCIONES

LA VENIDA DEL ESPÍRITU SANTO *(Joel 2.28-29)*

Dios promete que enviará al Espíritu Santo a todos los que buscan su promesa de todo corazón. Dios les prometió esta bendición a todo tipo de personas: jóvenes y ancianos. Cuando el Espíritu Santo vino el día de Pentecostés, Pedro dijo que esta profecía se había cumplido (Hechos 2:14-21). Dios quiere llenar nuestra vida con el poder del Espíritu Santo. Nadie es demasiado viejo o demasiado joven para recibir este regalo.

15 El sol y la luna se oscurecerán, y las estre-
llas opacarán su resplandor.
16 Desde Sión, el Señor lanzará un rugido; des-
de Jerusalén, dejará oír su voz.[f] Los cielos y la tierra
se estremecerán, pero el Señor será la esperanza
de su pueblo y la fortaleza de los hijos de Israel.
17 «Entonces sabrán ustedes que yo soy el
Señor su Dios, y que habito en Sión, mi san-
to monte. Jerusalén será una ciudad santa,
y ningún extraño volverá a pasar por ella.»
18 Cuando llegue ese momento, los mon-
tes destilarán mosto, por las colinas fluirá
leche, y por todos los arroyos de Judá co-
rrerán aguas. En la casa del Señor brotará un
manantial, que regará el valle de Sitín.
19 Por causa de la injuria inferida a los hijos
de Judá, Egipto será destruido, y Edom que-
dará hecho un desierto desolado, pues en
su tierra derramaron sangre inocente.
20 Pero Judá será habitada para siempre, lo
mismo que Jerusalén por todas las genera-
ciones.
21 Y el Señor limpiará la sangre derramada,
la cual no quedará sin castigo. Y el Señor ha-
bitará en Sión.

[f] **3.16:** Am 1.2.

BENDICIONES AL FINAL *(Joel 3.17-21)*

A veces la vida puede infundirnos miedo. Imagínate cómo sería nunca más temerle a nada ni a nadie. El libro de Joel termina con una promesa de que algún día Jerusalén será libre del temor a sus enemigos. ¿Por qué? Porque Dios bendecirá a su pueblo. Primeramente, los restaurará a su tierra y los bendecirá con su presencia. En segundo lugar, reinará sobre ellos para siempre y suplirá todas sus necesidades. Este "reino eterno" empezará cuando Jesús regrese a la tierra algún día. No tenemos que esperar ese día para ser parte de su reino. Si servimos a Jesús como nuestro Salvador, ya somos ciudadanos de su reino.

AMÓS

Autor: **Amós**
Temas: **Justicia, rectitud y el castigo de Dios por el pecado**
Fecha en que se escribió: **c. 760-755 a.C.**

MENSAJES ACERCA DEL ORGULLO

Amós vivió en el siglo ocho a.C. Era de Tecoa, donde se ganaba la vida como pastor de ovejas y cultivador de higos. Vivió durante el mismo período que Isaías, Miqueas, Jonás y Oseas. Israel, el reino norteño, disfrutó de un tiempo de éxito y prosperidad, lo cual hizo que el reino se engriera. Dios envió a Amós para instar al pueblo a dejar de adorar a dioses falsos o ser destruidos. Israel no quiso escuchar a Dios, de modo que la nación fue destruida treinta años más tarde.

LO QUE ENCONTRARÁS EN EL LIBRO

El libro tiene tres secciones. En la primera sección (1:3-2:16), Amós predicó acerca del juicio de Dios sobre siete de los países vecinos de Israel. Judá estaba entre estas siete naciones. Israel reconocía los pecados de las otras naciones y estuvo de acuerdo en que Dios las juzgara (1:3-2:5). Sin embargo, Israel escogió hacer caso omiso de sus propios pecados (2:6-16).

En la segunda sección (3:1-6, 14) leemos tres mensajes; cada uno empieza con las palabras "Oigan/Escuchen" (3:1; 4:1; 5:1). (1) Dios acusó a Israel de haber olvidado todo lo que Dios había hecho por ellos. (2) Amós usó palabras duras para referirse a las mujeres acaudaladas en Samaria, quienes maltrataban a los pobres (4:2-3). (3) En los capítulos 5-6 leemos una lista de los pecados de Israel que más odiaba Dios: la soberbia y la injusticia.

Amós le suplicó al pueblo que cambiara su actitud hacia Dios. Les instó que se apartaran de sus malos caminos y siguieran a Dios.

En la última sección del libro (7:1-9; 10) encontramos cinco visiones proféticas acerca del futuro juicio de Dios. El libro concluye con una breve pero poderosas promesa de cosas buenas en el futuro para aquellos israelitas que sobrevivirían y regresaran a Dios en fe (9:11-15).

¿SABÍAS QUE...?

- Amós es un libro que expresa ira. Amós estaba muy enojado por los terribles pecados del pueblo.
- Es un libro fuerte que expresa los dichos de un profeta fuerte que fue fiel a Dios.
- Es un libro acerca de valentía. El profeta tuvo denuedo para comunicarle hasta al sacerdote cuando estaba pecando.
- Nos muestra que Dios usará a personas comunes y corrientes que lo honran a Él para dar su mensaje. Él puede usar a un agricultor como Amós.

Juicios contra las naciones vecinas

Éstas son las palabras de Amós, que era un pastor de Tecoa. Tuvo una visión acerca de Israel durante los reinados de Uzías[a] en Judá, y de Jeroboán[b] hijo de Joás en Israel. Esto sucedió dos años antes del terremoto.

2 Amós dijo:

Desde Sión, el Señor lanza un rugido;
desde Jerusalén, deja oír su voz.[c]
Los campos de los pastores se marchitan,
y la cumbre del Carmelo se queda seca.

3 Así ha dicho el Señor:
Por tres pecados de Damasco,[d]
y por el cuarto, no revocaré su castigo.
Por haber trillado a Galaad con trillos de hierro,
4 le prenderé fuego a la casa de Jazael,
y éste consumirá los palacios de Ben Adad.
5 Quebraré los cerrojos de Damasco,
destruiré a los habitantes de Bicat Avén
y a los gobernadores de Bet Edén,
y el pueblo de Siria será llevado a Quir.
—Palabra del Señor.

6 Así ha dicho el Señor:
Por tres pecados de Gaza,
y por el cuarto, no revocaré su castigo.
Por haberse llevado cautivo a todo un pueblo
para entregárselo a Edom,
7 le prenderé fuego a la muralla de Gaza,
y éste consumirá sus palacios.
8 Destruiré a los habitantes de Asdod
y a los gobernadores de Ascalón.
Descargaré mi mano sobre Ecrón
y el resto de los filisteos[e] perecerá.
—Palabra del Señor.

PALABRAS CON PODER

AMÓS
(Amós 1.1)

El nombre Amós significa "cargado" o "el que lleva una carga". Cuando Dios llamó a Amós a ser un profeta, Amós sintió la carga de su responsabilidad de decirle a Israel que dejara de pecar. Aunque Amós nació en el reino sureño de Judá, le predicó al reino norteño de Israel. Amós no había recibido ningún entrenamiento para ser predicador. Se ganaba la vida como pastor de ovejas y cultivador de higos sicómoros. Como Amós, Jesús no tuvo ningún entrenamiento formal. Fue por eso que a veces los líderes religiosos lo despreciaban. Sin embargo, Él también sabía que era su deber decirles a las personas que dejaran de pecar. Amós les habló a las personas acerca del pecado, pero Jesús hizo algo más: Él murió para salvarnos de nuestros pecados.

9 Así ha dicho el Señor:
Por tres pecados de Tiro,[f]
y por el cuarto, no revocaré su castigo.
Por haberse llevado cautivo a todo un pueblo
para entregárselo a Edom,
sin acordarse del pacto de hermanos,
10 le prenderé fuego a la muralla de Tiro,
y éste consumirá sus palacios.

11 Así ha dicho el Señor:
Por tres pecados de Edom,[g]
y por el cuarto, no revocaré su castigo.
Por perseguir espada en mano a su hermano,
violando así todo afecto natural,
y por robarle siempre, y con furor
guardarle rencor todo el tiempo,
12 le prenderé fuego a Temán,
y éste consumirá los palacios de Bosra.

[a] **1.1:** 2 R 15.1-7; 2 Cr 26.1-23. [b] **1.1:** 2 R 14.23-29. [c] **1.2:** Jl 3.16. [d] **1.3-5:** Is 17.1-3; Jer 49.23-27; Zac 9.1. [e] **1.6-8:** Is 14.29-31; Jer 47.1-7; Ez 25.15-17; Jl 3.4-8; Sof 2.4-7; Zac 9.5-7. [f] **1.9-10:** Is 23.1-18; Ez 26.1—28.19; Jl 3.4-8; Zac 9.1-4; Mt 11.21-22; Lc 10.13-14. [g] **1.11-12:** Is 34.5-17; 63.1-6; Jer 49.7-22; Ez 25.12-14; 35.1-15; Abd 1-14; Mal 1.2-5.

13 Así ha dicho el Señor:
Por tres pecados de los hijos de Amón,[h]
y por el cuarto, no revocaré su castigo.
Por haber ensanchado su territorio
y abrir en canal a las mujeres de Galaad,
a pesar de que estaban encintas,
14 le prenderé fuego a la muralla de Rabá,
y éste consumirá sus palacios
con el estruendo de un día de batalla,
¡con el estruendo de un día tempestuoso!,
15 y su rey y todos sus príncipes
serán llevados al cautiverio.
—Palabra del Señor.

2 Así ha dicho el Señor:
Por tres pecados de Moab,[a]
y por el cuarto, no revocaré su castigo.
Por haber quemado los huesos del rey de Edom
hasta reducirlos a cenizas,
2 le prenderé fuego a Moab,
y éste consumirá los palacios de Queriot.
Moab morirá en medio de gran tumulto,
con gran estrépito y sonido de trompeta.
3 Y quitaré de en medio al juez,
y con él mataré a todos sus príncipes.
—Palabra del Señor.

4 Así ha dicho el Señor:
Por tres pecados de Judá,
y por el cuarto, no revocaré su castigo.
Por haber menospreciado mi ley
y por no cumplir con mis ordenanzas;
por haber seguido a falsos ídolos,
tras los cuales se descarriaron sus padres,
5 le prenderé fuego a Judá,
y éste consumirá los palacios de Jerusalén.

Juicio contra Israel

6 Así ha dicho el Señor:
Por tres pecados de Israel,
y por el cuarto, no revocaré su castigo.
Porque han vendido al justo por dinero,
y al pobre por un par de zapatos;
7 han aplastado en el suelo a los desvalidos,
han torcido el camino de los humildes;
¡hijos y padres profanan mi santo nombre
al acostarse con la misma joven!
8 Junto a cualquier altar se acuestan
sobre las ropas que reciben en empeño,
y en la casa de sus dioses se embriagan
con el vino que reciben como multa.
9 Ante sus ojos destruí a los amorreos;[b]
derribé sus frutos y les arranqué las raíces,
aun cuando eran altos como los cedros
y fuertes como las encinas.
10 A ustedes los saqué de Egipto,
y cuarenta años los guié por el desierto
hasta hacerlos dueños del territorio amorreo.
11 A algunos de sus hijos los hice profetas,
y a otros los aparté para ser nazareos.[c]
¿Acaso esto no es así, hijos de Israel?
—Palabra del Señor.

12 Pero ustedes dieron vino a los nazareos,
y a los profetas les mandaron no profetizar.
13 Por eso, voy a apretarlos allí donde están,
como se aprieta un carro lleno de gavillas.
14 Ni el ligero de pies podrá escapar,
ni el fuerte podrá recurrir a su fuerza,
ni el valiente podrá ponerse a salvo.

[h] **1.13-15:** Jer 49.1-6; Ez 21.28-32; 25.1-7; Sof 2.8-11. [a] **2.1-3:** Is 15.1—16.14; 25.10-12; Jer 48.1-47; Ez 25.8-11; Sof 2.8-11. [b] **2.9:** Dt 3.8-11. [c] **2.11:** Nm 6.1-8.

15 Tampoco podrán resistir los arqueros,
ni escaparán los que más veloces
corran,
ni se salvarán los que tengan caballos.
16 Cuando llegue ese día,
¡aun los más valientes huirán desnudos!
—Palabra del Señor.

El rugido del león

3 Hijos de Israel, ésta es la palabra que
el Señor ha pronunciado contra us-
tedes, contra toda la familia que él
sacó de la tierra de Egipto. Escuchen bien:
2 «Sólo a ustedes los he elegido[1] de entre
todas las familias de la tierra. Por lo tanto, yo
los castigaré por todas sus maldades.»

3 ¿Andan dos juntos, si no están de
acuerdo?
4 ¿Ruge el león en la selva sin que haya
presa?
¿Ruge el cachorro en su guarida, sin
apresar nada?
5 ¿Cae el ave en la trampa, sin que haya
cazador?
¿Salta del suelo la trampa sin que haya
atrapado algo?
6 ¿Se da la alarma en la ciudad, sin que
el pueblo se alborote?
¿Pasa algo malo en la ciudad, que el
Señor no haya hecho?
7 Lo cierto es que nada hace el Señor
sin antes revelarlo a sus siervos los
profetas.
8 Si el león ruge, ¿quién no tiembla?
Si el Señor habla, ¿quién no profetiza?

Destrucción de Samaria

9 Proclamen en los palacios de Asdod, y
en los palacios de Egipto, y digan:
«Reúnanse sobre los montes de Samaria,
y vean cuánta opresión y violencia se come-
te en esa ciudad.
10 No saben hacer lo recto. En sus palacios
atesoran el fruto de su rapiña.»
—Palabra del Señor.

LECCIONES CONSECUENCIAS DE LA CORRUPCIÓN

(Amós 3.3-8)

Contesta esta pregunta: Si tu mamá te preparara tu comida favorita, ¿la comerías? No hay sino una respuesta: sí, definitivamente la comerías. Amós hizo una serie de preguntas que no tenían sino una sola respuesta: no. Él hizo esto para mostrar el castigo que seguramente le sobrevendría a Israel. Ellos habían quebrantado las reglas de Dios al ser injustos para con los pobres y al adorar a dioses falsos. Ahora tenían que enfrentar las terribles consecuencias de sus malas acciones. Hoy día, a veces la gente piensa que puede quebrantar las leyes de Dios sin que haya ninguna mala consecuencia. Pero Dios nunca hace caso omiso de las malas acciones.

11 Por lo tanto, así ha dicho el Señor:
«De todos los rincones de la tierra ven-
drá un enemigo, y derribará tu fortaleza y
saqueará tus palacios.»
12 Así ha dicho el Señor:
«Los hijos de Israel, que en Samaria se
entronizan en el borde de una cama o en
el costado de un diván, escaparán como
cuando un pastor logra rescatar, de las fau-
ces del león, sólo dos piernas de una oveja,
o la punta de una oreja.
13 »¡Escuchen esto, y háganlo saber a la
casa de Jacob!
—Palabra del Señor, el Dios de los ejér-
citos.
14 »El día que yo castigue las rebeliones de
Israel, derribaré también los altares de Betel.[a]
Los cuernos del altar serán tronchados, y ro-
darán por tierra.
15 Además, derribaré la casa de invierno y
la casa de verano, y pondré fin a las casas de
marfil. ¡Muchas casas quedarán en ruinas!»
—Palabra del Señor.

4 Ustedes, vacas de Basán, que están en
el monte de Samaria; que oprimen a
los pobres y quebrantan a los menes-

[1] **3.2** Lit. ***conocido.*** [a] **3.14:** 2 R 23.15.

terosos; que ordenan a sus esposos llevarles vino para embriagarse, oigan esta palabra:

2 El Señor ha jurado por su santidad:

«Vienen días en que ustedes serán arrastradas con ganchos, y sus descendientes con anzuelos de pescador.

3 Saldrán en fila por las brechas una tras otra, y serán expulsadas del palacio

—Palabra del Señor.

A pesar del castigo, Israel no aprende

4 »¡Vayan a Betel, y sigan pecando! ¡Aumenten sus rebeldías en Gilgal! ¡Traigan sus sacrificios cada mañana, y sus diezmos cada tres días!

5 Hijos de Israel, ¡ofrezcan sacrificios de alabanza con pan leudado, y háganlo saber! ¡Anuncien sus ofrendas voluntarias, ya que así lo quieren!

—Palabra del Señor.

6 »Yo les hice pasar hambre en todas sus ciudades, y hubo falta de pan en todos sus pueblos, ¡pero ustedes no se volvieron a mí!

—Palabra del Señor.

7 »También les detuve la lluvia tres meses antes de la siega. Sobre una ciudad hacía llover, y sobre otra no; en una parte llovía, y la parte donde no llovía se secó.

8 La gente de dos o tres ciudades venía a una sola ciudad para beber agua, pero no saciaban su sed. A pesar de eso, ¡ustedes no se volvieron a mí!

—Palabra del Señor.

9 »Los herí con viento solano y con oruga. La langosta devoró la multitud de sus huertos y viñas, y sus higueras y olivares, ¡pero ustedes no se volvieron a mí!

—Palabra del Señor.

10 »Envié contra ustedes mortandad, tal y como lo hice en Egipto. Maté a filo de espada a sus jóvenes; dejé que sus caballos fueran capturados, y además hice que el hedor de sus campamentos les llegara hasta las narices, ¡pero ustedes no se volvieron a mí!

—Palabra del Señor.

11 »Los trastorné como cuando trastorné a Sodoma y Gomorra.[a] Hasta parecían un tizón retirado del fuego. ¡Pero ustedes no se volvieron a mí!

—Palabra del Señor.

12 »Por lo tanto, Israel, voy a darte el trato que mereces; y puesto que así te voy a tratar, ¡prepárate, Israel, para encontrarte con tu Dios!»

13 ¡Aquí está el que forma los montes!
¡Aquí está el Creador del viento!
¡El que nos da a conocer sus planes!
¡El que convierte en luz las tinieblas!
¡El que recorre las alturas de la tierra!
¡Su nombre es el Señor, Dios de los
ejércitos!

Llamado al arrepentimiento

5 Ustedes, pueblo de Israel, oigan este canto fúnebre que elevo por ustedes.

2 La virginal Israel ha caído,
y no volverá a levantarse.

[a] **4.11:** Gn 19.24.

LO QUE NO QUIERE DIOS *(Amós 4.4-5)*
¿Te gustaría pasar tiempo con alguien que te daba regalos pero te ignoraba o hablaba mal de ti? Los israelitas adoraban a dioses falsos y eran soberbios. Pensaban que si le daban ofrendas y sacrificios a Dios, podían ignorarlo y vivir a su manera. Pero Dios no quería su dinero ni sus sacrificios; más bien, quería su vida y su corazón. No cometas este error. Dios no quiere que digamos cosas buenas acerca de Él, y luego vivamos apartados de Él. Él quiere que vivamos lo más cerca y lo más obedientes a Él que podamos.

Se halla postrada, en el suelo,
y no hay quien la levante.

[3] Porque así ha dicho el Señor:
«La ciudad que salga con mil soldados
volverá con sólo cien,
y la que salga con cien
volverá con sólo diez.
Así será en todo Israel.»
[4] Pero también así ha dicho el Señor al
pueblo de Israel:
«Si ustedes me buscan, vivirán.
[5] Pero no me busquen en Betel, ni vayan
a Gilgal, ni pasen por Berseba. Porque los de
Gilgal serán llevados al cautiverio, y los de
Betel serán exterminados.
[6] Búsquenme a mí, el Señor, y vivirán. De
lo contrario, arremeteré como un fuego
contra la tribu de José, y la consumiré y no
habrá en Betel quien pueda apagar el fue-
go.»
[7] Ustedes, los que convierten el juicio en
amargura y arrojan por el suelo la justicia,
[8] busquen al Creador de las Pléyades y el
Orión,[a] al que convierte en luz las tinieblas y
hace que el día se oscurezca como la noche;
al que llama a las aguas del mar y las derra-
ma sobre la faz de la tierra. ¡Su nombre es
el Señor!
[9] El Señor despoja de su fuerza al violento,
y trae la ruina sobre sus baluartes.
[10] Pero ustedes aborrecen a quienes los
reprenden en las puertas de la ciudad; de-
testan a los que hablan con rectitud.
[11] Por lo tanto, y puesto que ustedes ultra-
jan a los pobres y le cobran impuestos por su
trigo, jamás habitarán las casas de piedra la-
brada que han construido, ni beberán jamás
el vino de las hermosas viñas que plantaron.
[12] Yo sé muy bien que ustedes son muy
rebeldes, y que cometen grandes pecados;
sé también que oprimen a la gente honrada,
que reciben soborno, y que en los tribunales
impiden que los pobres ganen sus pleitos.
[13] ¡Vivimos en tiempos tan corruptos, que
la gente prudente prefiere callar!
[14] Busquen lo bueno, y no lo malo, y vi-
virán. Así el Señor, el Dios de los ejércitos,
estará con ustedes, como dicen que está.
[15] Aborrezcan el mal; amen el bien. En los
tribunales, impartan justicia. Tal vez enton-
ces el Señor y Dios de los ejércitos tendrá
piedad del remanente de José.
[16] Por lo tanto, así ha dicho el Señor y Dios
de los ejércitos:
«En todas las plazas habrá llanto, y en
todas las calles se quejarán. Al labrador lo
llamarán a guardar luto, y a los que sepan
cantar endechas, a endechar.
[17] Cuando yo pase en medio de ustedes,
en todas las viñas habrá llanto.»
—Palabra del Señor.
[18] ¡Ay de los que anhelan que llegue el día
del Señor! ¿Para qué quieren que llegue el
día del Señor? Será un día de tinieblas, y no
de luz.
[19] Será como cuando alguien huye de un
león, y se topa con un oso. O como cuando
alguien entra en su casa y, al apoyarse en la
pared, una culebra le muerde la mano.
[20] El día del Señor no será de luz, sino de
tinieblas. ¡Será un día sombrío, sin resplan-
dor alguno!
[21] «Yo aborrezco sus fiestas solemnes. ¡No
las soporto, ni me complacen sus reuniones!
[22] Cuando me ofrezcan sus ofrendas y ho-
locaustos, no los recibiré, ni miraré los ani-
males engordados que me presenten como
ofrendas de paz.[b]
[23] Alejen de mí la multitud de sus cantos.
No quiero escuchar las melodías de sus liras.
[24] Prefiero que fluya la justicia como un
río, y que el derecho mane como un impe-
tuoso arroyo.
[25] »¿Acaso en los cuarenta años en el de-
sierto, ustedes los israelitas me ofrecieron
sacrificios y ofrendas?
[26] Al contrario, ¡llevaban en andas el taber-
náculo de sus ídolos Moloc y Quiún, cuya
estrella ustedes mismos se hicieron!
[27] Por eso haré que a ustedes se los lleven
más allá de Damasco.»[c]

---

[a] **5.8:** Job 9.9; 38.31. [b] **5.21-22:** Is 1.11-14. [c] **5.25-27:** Hch 7.42-43.

—Palabra del Señor, cuyo nombre es el
Dios de los ejércitos.

Destrucción de Israel

6 ¡Ay de ustedes, los que viven tran-
quilos en Sión! ¡Ay de ustedes, los
que viven confiados en el monte de
Samaria! ¡Ustedes, que son la gente notable
e importante entre las naciones, y a quienes
acude la casa de Israel!
2 Pasen a Calne, y miren. De allí, vayan a
la gran ciudad de Jamat, y prosigan luego a
Gat de los filisteos. Vean si aquellos reinos
son mejores que estos reinos, y si su territo-
rio es más extenso que el de ustedes.
3 ¡Ay de ustedes, que creen posponer el
día de la calamidad, pero hacen que se acer-
que el reino de la violencia!
4 Ustedes duermen en camas de marfil, y
reposan sobre sus divanes; se alimentan con
los corderos del rebaño y con los novillos
que sacan del engordadero;
5 gorjean al son de la flauta y, como si fue-
ran David, inventan instrumentos musicales;
6 beben vino en grandes copas y se perfu-
man con las mejores fragancias, ¡pero nada
les importa que José se halle en el desastre!
7 Por eso, van a encabezar a los que marchan
al exilio. ¡Ha llegado el fin de tantos festines!
8 Nuestro Señor y Dios ha jurado por sí mis-
mo. El Señor y Dios de los ejércitos ha dicho:
«No soporto la soberbia de Jacob. Abor-
rezco sus palacios. Por eso voy a entregar
al enemigo la ciudad y todo lo que hay en
ella.»

PALABRAS CON PODER

SATISFECHOS CON LA VIDA *(Amós 6.1-7)*

Amós criticó a las personas en Israel que se creían autosuficientes. Se sentían seguras porque eran acaudaladas y pensaban que Dios las había bendecido. Después de todo, tenían más que suficientes riquezas y comida. Pero Amós les recordó que Dios todavía veía sus pecados. Necesitaban confesar sus pecados a Dios y pedirle que los ayudara a cambiar. Cuando nos va bien en la vida, podríamos ser tentados a sentirnos autosuficientes. Necesitamos cuidarnos de caer en esa trampa.

9 Va a suceder que, si en una casa quedan
con vida diez hombres, esos diez morirán.
10 Y si el pariente de algún difunto quiere
sacar de la casa los huesos para quemarlos,
dirá a quien esté en el fondo de la casa: «¿Hay
todavía alguien contigo?» Y si aquél contesta
que no, éste dirá: «Calla, no vaya a suceder
que mencionemos el nombre del Señor.»
11 En efecto, el Señor ha dado la orden de
reducir a escombros la casa mayor, y de abrir
brechas en la casa menor.
12 ¿Acaso corren los caballos por las peñas?
¿O se ara en ellas con bueyes? Entonces, ¿por
qué ustedes han convertido la justicia en ve-
neno, y el fruto del derecho en amargura?
13 «¿Ustedes se alegran por Lodebar,[2] y se
jactan de haber conquistado Carnayin[3] con
sus propias fuerzas?

[2] **6.13** Este nombre significa ***nada.*** [3] **6.13** Este nombre significa ***dos cuernos*** o ***doble poder.***

PODER PARA VIVIR

ACCIONES VANAS *(Amós 5.21-27)*

Amós tenía noticias chocantes para el pueblo de Israel: a Dios no le agradaba su adoración. Lo que él les dijo era que Dios sabía que fingían adorarlo. Cantaban canciones, asistían a las fiestas establecidas y ofrecían sacrificios en el templo. Sin embargo, en realidad no amaban a Dios. Sus acciones no significaban nada. Dios siempre sabe cuando estamos fingiendo. Él quiere que vengamos a Él así como estamos, ya sea llenos de fe o llenos de duda. Siempre sé sincero con Dios. Eso es lo que a Él le encanta.

14 Pues tomen en cuenta, israelitas, que yo voy a lanzar contra ustedes una nación que los oprimirá desde la entrada de Jamat hasta el arroyo del Arabá.»

—Palabra del Señor y Dios de los ejércitos.

Tres visiones de destrucción

7 Esto es lo que el Señor me hizo ver: Estaba él criando langostas en el tiempo en que empieza a crecer el heno tardío, es decir, el heno tardío que sale después de las cosechas del rey.

2 Y cuando las langostas acabaron de comerse toda la hierba de la tierra, yo le dije:

«Señor, Señor, ¡por favor, perdona a Jacob! ¿Quién podrá levantarlo, si aún es tan pequeño?»

3 Y el Señor cambió de parecer, y dijo:

«No lo voy a hacer.»

4 El Señor también me hizo ver esto: Estaba el Señor convocando a juicio por medio del fuego. Y el fuego consumió el gran abismo, y consumió también parte de la tierra.

5 Yo le dije:

«Señor, Señor, ¡deténte por favor! ¿Quién podrá levantar a Jacob, si aún es tan pequeño?»

6 Y el Señor cambió de parecer, y dijo:

«Esto tampoco lo voy a hacer.»

7 El Señor también me hizo ver esto: Estaba el Señor junto a un muro construido a plomo, y tenía en la mano una plomada de albañil.

8 Y el Señor me dijo:

«¿Qué es lo que ves, Amós?»

Y yo le dije:

«Veo una plomada de albañil.»

Entonces el Señor me dijo:

«Voy a medir a mi pueblo Israel con una plomada de albañil. ¡No voy a pasarle una más!

9 Voy a destruir los lugares altos de Isaac, y a dejar en ruinas los santuarios de Israel. Además, voy a levantar la espada contra la casa de Jeroboán.»

Amós y Amasías

10 Amasías, el sacerdote de Betel, mandó a decir a Jeroboán, rey de Israel:

«Amós anda entre los de la casa de Israel conspirando contra ti. El país no puede seguir soportando todas sus palabras.

11 A decir verdad, esto es lo que ha dicho Amós: "Jeroboán morirá a filo de espada, y los israelitas serán llevados de su tierra al cautiverio."»

12 Además, Amasías le dijo a Amós:

«Tú, vidente, ¡largo de aquí! ¡Vete a la tierra de Judá! ¡Allá puedes comer, y allá puedes profetizar!

13 No profetices más aquí en Betel, porque aquí está el santuario del rey, y ésta es la capital del reino.»

14 Amós le respondió a Amasías:

«Yo no soy profeta, ni hijo de profeta. Soy boyero, y recojo higos silvestres.

15 Pero el Señor me quitó de andar tras el ganado, y me dijo: "Ve y profetiza a mi pueblo Israel." Jon 1.1-2

16 Así que, oye ahora la palabra del Señor: Tú me dices que no profetice yo contra Israel, ni hable en contra de la casa de Isaac;

17 por eso, el Señor te dice: "Tu mujer se prostituirá en plena ciudad; tus hijos y tus hijas caerán a filo de espada, y tu tierra será fraccionada y repartida; tú morirás en un país impuro, e Israel será llevado al cautiverio, lejos de su tierra."»

El cesto con fruta de verano

8 El Señor también me hizo ver esto: Me mostró un cesto lleno con fruta de verano,[4]

2 y me dijo:

«¿Qué ves, Amós?»

Yo respondí:

«Veo un cesto con fruta de verano.»

Entonces el Señor me dijo:

«Ha llegado el fin[5] de mi pueblo Israel. No voy a pasarle una más.

3 Cuando llegue el día, en el palacio habrá llanto y no cantos. Por todas partes abunda-

[4] **8.1** Heb. ***kayits***. [5] **8.2** Heb. ***ha-kets***.

LECCIONES **UN HAMBRE DE LA PALABRA**

(Amós 8.11)

Un hambre surge cuando no hay comida para darles de comer a las personas en una nación. Amós dijo que surgiría un hambre en Israel, pero que no sería un hambre de comida, sino de predicadores y de mensajes de Dios. Israel había rechazado las advertencias de Dios vez tras vez (2:11-12; 7:10-13, 16). Así que Dios dijo que les daría lo que querían; los profetas no los guiarían. Cada vez que buscaran la guía de Dios en medio de la tribulación que vendría, sólo encontrarían silencio. Algunas personas dicen que quieren que Dios los deje tranquilos, pero esta es la peor cosa que puede pedir una persona. Sólo Dios puede dar la paz, el amor y la guía que todos necesitan.

rán los cadáveres, los cuales serán arrojados
en silencio.»

—Palabra del Señor.

Se acerca el juicio contra Israel

4 Oigan esto, ustedes, los que explotan a
los menesterosos y dejan en la ruina a los
pobres de la tierra.
5 Ustedes dicen:
«¿Cuándo pasará la fiesta de luna nueva? ¡Entonces podremos vender el trigo! ¿Y cuándo pasará el día de reposo, para que abramos los graneros? ¡Achicaremos la medida, subiremos el precio, y adulteraremos la balanza!
6 ¡Así podremos comprar a los pobres por
dinero, y a los necesitados a cambio de un par de zapatos! ¡Hasta los desechos del trigo podremos vender!»
7 Pero el Señor ha jurado por la gloria de
Jacob:
«¡No voy a olvidar ninguna de sus malas acciones!»
8 ¿Y no habrá de estremecerse la tierra por
todo esto? ¿Y no habrán de llorar todos sus habitantes? ¡Toda ella subirá como un río! ¡Se encrespará y se hundirá como el río de Egipto!
9 «Cuando llegue ese día, haré que el sol se
ponga a mediodía. El día estará claro, pero yo cubriré de tinieblas la tierra.

—Palabra del Señor.

10 »Convertiré sus fiestas en velorios, y sus
cantos de alegría en cantos fúnebres. Haré que todos se vistan de luto, que se rapen la cabeza, y que lloren como si se hubiera muerto su único hijo. El final será un día de amargura.
11 »Vienen días en que habrá en la tier-
ra una gran hambre, pero no de pan ni de agua, sino hambre de oír mi palabra.

—Palabra del Señor.

12 »Andarán errantes de mar a mar, y del
norte hasta el oriente, en busca de mi palabra, pero no la hallarán.
13 »Cuando llegue ese día, la sed hará des-
fallecer a las doncellas más hermosas y a los jóvenes más fornidos.
14 Esos que juran por el pecado de Sama-
ria, y dicen: "¡Va por tu Dios, Dan!", y: "¡Va por el camino de Berseba!", caerán para no volver a levantarse.»

Los ineludibles juicios del Señor

9 El Señor estaba de pie, junto el altar.
Yo lo vi, y le oí decir:
«¡Derriba el capitel! ¡Que se estremezcan los umbrales! ¡Que se hagan pedazos sobre la cabeza de todos! A los que sobrevivan, los mataré a filo de espada. ¡Ninguno de ellos podrá huir ni escapar!
2 Aunque se escondan en el fondo del se-
pulcro, de allá los sacaré con mi mano. Aunque trepen hasta el cielo, de allí los bajaré.
3 Aunque se escondan en la cumbre del
Carmelo, hasta allá iré a buscarlos y a traerlos; aunque traten de esconderse de mi vista, y bajen a lo profundo del mar, hasta allá mandaré a la serpiente para que los muerda.
4 Aunque marchen al cautiverio delante
de sus enemigos, hasta allá mandaré la espada para que los mate. Para su mal, y no

para su bien, no les voy a quitar la vista de encima.»

5 Cuando el Señor de los ejércitos
toca la tierra, ésta se derrite
y todos sus habitantes lloran.
Y se hincha la tierra como un río,
y luego decrece como el río de Egipto.
6 El Señor extendió el cielo sobre la
tierra,
y en el cielo edificó sus cámaras.
El Señor llama a las aguas del mar
para derramarlas sobre la faz de la
tierra.
Su nombre es el Señor.

7 «¿Acaso ustedes, israelitas, son ante mí diferentes a los etíopes? ¿No fui yo quien sacó de Egipto a Israel? ¿Y quien trajo de Caftor a los filisteos, y de Quir a los arameos?
—Palabra del Señor.

8 »Mis ojos están atentos y en contra de este reino pecador. ¡Voy a borrarlo de la faz de la tierra! Pero no destruiré del todo la casa de Jacob.
—Palabra del Señor.

9 »Voy a ordenar que la casa de Israel sea zarandeada entre todas las naciones, como se zarandea el grano en la criba, sin que caiga a tierra un solo grano.

10 A filo de espada morirán todos los pecadores de mi pueblo, esos que dicen que el mal no se les acercará ni los alcanzará.

Restauración futura de Israel

11 »Cuando llegue el día, yo volveré a levantar el tabernáculo de David, que ahora está derribado, y repararé sus grietas y reedificaré sus ruinas. Volveré a edificarlo, como en el pasado,

PROMESAS PODEROSAS

AMÓS 9.15

Yo los plantaré sobre su tierra, y nunca más volverán a ser arrancados de ella, pues yo se la di en posesión.

Dios le prometió al pueblo de Israel que regresaría a su tierra después de vivir durante años en un país extranjero. Aunque esta promesa se cumplió (lee Esdras 1), también se refiere a un momento en el futuro en que el Mesías regresará a la tierra para reinar. Esta es una promesa de paz y seguridad, una promesa que Dios será fiel para cumplir.

12 para que todos aquellos sobre los que se invoca mi nombre tomen posesión del resto de Edom, y de todas las naciones.
—Palabra del Señor, que así lo hará.[a]

13 »Vienen días cuando los que aran alcanzarán a los que siegan, y los que pisan las uvas alcanzarán a los que siembran. Los montes destilarán mosto, y todas las colinas se derretirán.
—Palabra del Señor.

14 »Haré volver del cautiverio a mi pueblo Israel, y ellos reconstruirán las ciudades destruidas y volverán a habitarlas; plantarán viñas, y de ellas beberán el vino, y plantarán huertos, y de ellos comerán su fruto.

15 Yo los plantaré sobre su tierra, y nunca más volverán a ser arrancados de ella, pues yo se la di en posesión.»
—Palabra del Señor su Dios.

[a] **9.11-12:** Hch 15.16-18.

ABDÍAS

Autor: **Abdías**
Tema: **El juicio sobre Edom**
Fecha en que se escribió: **c. 840 a.C.**

EL REGODEO DE EDOM CAUSA PROBLEMAS

Para entender el libro de Abdías, primero tenemos que regresar al libro de Génesis. Ahí leemos la historia de dos hermanos: Jacob y Esaú. Esaú odiaba a Jacob porque este había engañado al padre de ambos, haciendo que le diera a Jacob la primogenitura que le pertenecía a Esaú como el hermano mayor (Génesis 27). Aunque Esaú perdonó a Jacob, después de muchos años, sus familiares (los edomitas) y los familiares de Jacob (los israelitas) no se llevaban bien. El libro de Abdías registra el mensaje de Dios para Edom. Dios estaba enojado con Edom por haberse regodeado con el sufrimiento de Judá. El regodearse significa alegrarse cuando otra persona está dolida. Abdías advirtió acerca del juicio venidero de Dios sobre Edom.

LO QUE ENCONTRARÁS EN EL LIBRO

El libro de Abdías tiene dos secciones. En la primera sección (versículos 1-14), Dios les dijo al pueblo de Edom que dieran cuentas de sus pecados. Su pecado más grande era su soberbia y su regocijo por la desgracia de Judá. El terrible juicio de Dios vendría sobre ellos. Abdías no ofrecía ninguna esperanza de que Dios retiraría su juicio. El profeta no dio ningún llamado a que los edomitas se arrepintieran y se volvieran a Dios. Iban a ser destruidos para siempre debido a su violencia y su crueldad (versículo 10).

La segunda sección (versículos 15-21) se refiere a un "día del Señor" futuro cuando Edom y todos los enemigos de Dios serían destruidos. Sin embargo, el pueblo de Dios sería salvado.

¿SABÍAS QUE...?

- Abdías es el libro más corto del Antiguo Testamento.
- Abdías es uno de tres profetas (los otros dos son Jonás y Nahúm) a quienes Dios llamó para dar la mayoría de sus mensajes a una nación que no era ni Israel ni Judá.
- Este libro no se cita en el Nuevo Testamento.
- El nombre Abdías, que quiere decir "siervo del Señor", es bastante común en la Biblia. Unas doce o quince personas tienen este nombre.

La humillación de Edom

Visión de Abdías.
Hemos escuchado el pregón de
parte del Señor, y se ha enviado un
mensajero a las naciones. Así ha dicho Dios
el Señor acerca de Edom:[a]
«¡Levántense, declarémosle la guerra a
este pueblo!
2 Como puedes ver, te he hecho pequeño
entre las naciones, y estás abatido en gran
manera.
3 A ti, que habitas en las más altas mon-
tañas y entre las grietas de las peñas, y que
en tu corazón piensas que nadie te hará ro-
dar por los suelos, tu soberbio corazón te
ha engañado.
4 Yo te haré caer, aunque levantes el vuelo
como el águila y pongas tu nido entre las
estrellas.
—Palabra del Señor.

5 »Si por la noche te atacaran ladrones o
bandidos, ¿no te robarían sólo hasta quedar
satisfechos? Y si a tu viña entraran los vendi-
miadores, ¿no dejarían algunas uvas? Pero a
ti, Esaú, ¡cómo te han destruido!
6 ¡Cómo han rebuscado tus posesiones!
¡Cómo han buscado tus tesoros escondidos!
7 ¡Todos tus aliados te han engañado! ¡Te
han hecho llegar a los extremos! ¡Los que
estaban en paz contigo te han vencido! ¡Los
que compartían el pan contigo te han trai-
cionado! ¡Esto es algo incomprensible!
8 ¿Y no haré yo que en ese día perezcan los
sabios de Edom y los prudentes del monte
de Esaú?
—Palabra del Señor.
9 »¡Ay, Temán, tus valientes serán ame-
drentados! Será tal el estrago que todos los
guerreros del monte de Esaú perecerán.
10 Por haber injuriado a tu hermano Jacob,
quedarás en vergüenza y serás eliminado
para siempre.
11 El día que un ejército extranjero llevaba
cautivo a su ejército, y gente extraña entra-
ba por las puertas de Jerusalén y sobre ella
echaba suertes, tú estabas allí, en primera
fila; ¡tú eras también uno de ellos!
12 Pero no debiste haber sido un mero espec-
tador el día que tu hermano era víctima del in-
fortunio. No debiste haberte alegrado el día en
que se perdieron los hijos de Judá. No debiste
haberte ufanado en el día de su angustia.
13 No debiste haber entrado por las puertas
de mi pueblo el día que éste fue quebranta-
do. ¡No, no debiste haberte deleitado con su
mal el día que fue destruido, ni debiste des-
pojarlo de sus bienes en el día de su desgracia!
14 ¡No debiste pararte en las encrucijadas
para matar a los que intentaban escapar! En
ese día angustioso, ¡no debiste entregar a los
sobrevivientes!

La exaltación de Israel

15 »Ya está cerca mi día contra todas las
naciones, y lo mismo que hiciste se hará

[a] **1-14:** Is 34.5-17; 63.1-6; Jer 49.7-22; Ez 25.12-14; 35.1-15; Am 1.11-12; Mal 1.2-5.

EL PROBLEMA DE LA SOBERBIA *(Obadias 3)*

Abdías habló firmemente al pueblo de Edom acerca de su soberbia. Ellos vivían en una cordillera rocosa, lo cual les hacía pensar que nunca podrían ser conquistados. Estaban orgullosos de su independencia y de su poder. Sin embargo, Dios pensaba permitir que su nación fuera destruida. A través de la Biblia podemos encontrar advertencias acerca del orgullo. Generalmente lleva a la ruina (Proverbios 11:2; 16:18) y hace que una persona llegue a ser enemiga de Dios (Abdías versículo 8; Ezequiel 7:24; Santiago 4:6). Las personas que son engreídas sólo piensan en sí mismas, en vez de pensar en Dios. No permitas que el orgullo te separe de Dios.

contigo; ¡sobre ti recaerá lo que mereces
recibir!

16 Así como en mi santo monte ustedes
bebieron de la copa de mi ira, también be-
berán de ella siempre todas las naciones; la
beberán hasta la última gota, y será como si
nunca hubieran existido.»

17 Pero en el monte Sión habrá un re-
manente que se salve; será un remanente
santo, y la casa de Jacob recuperará sus
posesiones.

18 La casa de Jacob será fuego, la casa de
José será llama, y la casa de Esaú será estopa,
y arderán y se consumirán; ni un solo resto
quedará de la casa de Esaú, porque el Señor
lo ha dicho.

19 Los del Néguev poseerán el monte de Esaú,
y los de la Sefela a los filisteos; poseerán también
los campos de Efraín y los campos de Samaria, y
Benjamín tomará posesión de Galaad.

20 Los cautivos de este ejército de los hijos
de Israel se adueñarán del territorio de los
cananeos, hasta Sarepta, y los cautivos de
Jerusalén que están en Sefarad poseerán las
ciudades del Néguev.

21 Entonces vendrán al monte Sión unos
libertadores, y juzgarán al monte de Esaú, y
el reino será del Señor.

JONÁS

Autor: **Jonás**
Tema: **La gracia de Dios**
Fecha en que se escribió: **c. 760 a.C.**

UN PROFETA REACIO

Este libro cuenta acerca de una de las historias más conocidas en la Biblia: Jonás y el pez grande. Jonás era un profeta en el reino norteño de Israel durante el reino de Jeroboán II (2 Reyes 14:25). El libro de Jonás muestra la gracia de Dios para con todas las personas. El mensaje de Jonás le recordaba a Israel el propósito que Dios le había dado de ser una luz de salvación para las otras naciones.

LO QUE ENCONTRARÁS EN EL LIBRO

En el capítulo 1 leemos cómo Jonás se rehusó obedecer a Dios y cómo esto causó problemas para él y las personas con quienes andaba. Dios le dijo a Jonás que se dirigiera hacia el noroeste y que fuera a Nínive para predicar al pueblo ahí. Pero Jonás subió a un barco que se dirigía hacia el oeste a Tarsis en España. Dios envió una tormenta y un pez para hacer que Jonás cambiara de parecer. En el capítulo 2, leemos la oración desesperada de Jonás desde dentro del estómago del pez. El capítulo 3 cuenta cómo Jonás finalmente fue a Nínive y predicó el mensaje de Dios. El rey de Nínive llamó a la ciudad entera a ayunar y clamar a Dios por su misericordia. Cuando Dios vio la sinceridad del pueblo, decidió no destruirlos. En el capítulo 4 leemos cómo

Jonás reaccionó ante esto. Se quejó de que Dios hubiera salvado a los ninivitas, ya que eran enemigos de Israel. Dios le recordó a Jonás que Él tenía derecho a mostrar su gracia, aun a los enemigos de Israel.

¿SABÍAS QUE...?

- Jonás es un libro acerca de segundas oportunidades.
- Es un libro acerca de milagros y misericordia. Dios creó una tormenta, un pez, una planta, un gusano y un viento oriental para traer salvación a Nínive.
- Es un libro acerca de un misionero. Jonás fue el primer profeta judío que Dios envió a una nación pagana.
- Es un libro que nos comunica claramente que la gracia de Dios es para todas las personas.

Jonás huye de Dios

Jon 3.1-5

La palabra del Señor vino a Jonás[a] hijo de Amitay, y le dijo:

2 «Levántate y ve a la gran ciudad de Nínive, y predica contra ella, porque hasta mí ha llegado la maldad de sus habitantes.»

3 Y Jonás se levantó para irse a Tarsis y huir de la presencia del Señor. Descendió a Jope, y halló una nave que partía para Tarsis. Entonces pagó su pasaje y, para alejarse de la presencia del Señor, subió a bordo, dispuesto a irse con ellos a Tarsis.

4 Pero el Señor hizo que en el mar se levantara un fuerte viento, y se desató una tempestad tan grande que parecía que la nave se iba a partir.

5 Los marineros tenían mucho miedo, y cada uno de ellos clamaba a su dios. Entonces echaron al mar los enseres que había en la nave, para deshacerse de ellos. Jonás, en cambio, había bajado al interior de la nave y se había echado a dormir.

6 Así que el patrón de la nave se le acercó y le dijo:

«¿Qué te pasa, dormilón? ¡Levántate, y clama a tu Dios! Tal vez tenga compasión de nosotros, y no pereceremos.»

7 Los marineros decían cada uno a sus compañeros:

«Vengan, echemos suertes para saber por culpa de quién nos ha sobrevenido este mal.»

Y echaron suertes, y la suerte recayó sobre Jonás.

8 Entonces ellos le dijeron:

«Dinos ahora por qué nos ha sobrevenido este mal. ¿A qué te dedicas? ¿De dónde vienes? ¿Cuál es tu país? ¿De qué pueblo eres?»

9 Y él les respondió:

«Soy hebreo, y temo al Señor, Dios de los cielos, que hizo el mar y la tierra.»

10 Aquellos hombres tuvieron mucho miedo, y le dijeron:

«¿Por qué has hecho esto?»

Y como sabían que Jonás huía de la presencia del Señor, pues él mismo se lo había dicho,

11 le dijeron:

«¿Qué haremos contigo para que el mar se calme?»

Y como el mar se iba embraveciendo más y más,

12 Jonás les respondió:

«Pues agárrenme y échenme al mar, y el mar se calmará. Yo sé bien que por mi culpa les ha sobrevenido esta gran tempestad.»

13 Aquellos hombres se esforzaron para llevar la nave a tierra, pero no pudieron porque el mar se iba embraveciendo más y más.

14 Entonces clamaron al Señor y dijeron:

«Señor, te rogamos que no nos dejes perecer por causa de este hombre, ni nos culpes de derramar sangre inocente, pues tú, Señor, haces lo que te parece mejor.»

15 Entonces tomaron a Jonás y lo arrojaron al mar, y la furia del mar se calmó.

16 Y aquellos hombres sintieron gran temor del Señor, y le ofrecieron un sacrificio y le hicieron votos.

[a] **1.1:** 2 R 14.25.

PODER PARA VIVIR

DIOS ESCOGE MOSTRAR MISERICORDIA *(Jonás 1.3)*

¿Qué harías si Dios te pidiera que le entregaras a tu enemigo un mensaje de parte de Él? Cuando Dios le pidió a Jonás que lo hiciera, Jonás huyó. No quería llevar el mensaje de Dios a Nínive, la capital de los asirios, quienes eran enemigos de Israel. Jonás temía que Dios tuviera misericordia de los habitantes de la ciudad en vez de destruirlos. Jonás olvidó que Dios está en control de todo y que Él quiere que todas las personas sean salvas. Ya que Dios nos salvó, Él quiere que les digamos a los demás que ellos también pueden ser salvos.

LECCIONES **¿UN CUENTO EXAGERADO?** *(Jonás 1.17)*

Piensa acerca del pez más grande que jamás hayas visto o del cual jamás hayas oído hablar. ¿Era lo suficientemente grande como para tragarse a una persona? La historia de Jonás no es sólo una fábula. Cuando Jonás se rebeló, Dios preparó un enorme pez, tal vez una ballena, para salvarle la vida. Dios mantuvo vivo a Jonás durante tres días en el estómago del pez. Aunque a algunas personas les cueste creer que esta sea una historia real, Jesús lo creía. Él comparó los tres días de su muerte, sepultura y resurrección a los tres días que estuvo Jonás dentro del pez (Mateo 12:38-41). Esta historia nos muestra lo duro que trabajará Dios para dar a conocer su gran amor a las personas.

17 Pero el Señor tenía preparado un gran pez,
para que se tragara a Jonás; y Jonás estuvo en el
vientre del pez tres días y tres noches.[b]

Oración de Jonás

2 Entonces Jonás oró al Señor su Dios
desde el vientre del pez,
2 y dijo:

«Señor, en mi angustia te invoqué, y tú
me oíste.
Desde el fondo del abismo clamé a ti,
y tú escuchaste mi voz.
3 Me echaste a las profundidades del
mar,
y las corrientes me rodearon;
¡todas tus ondas y tus olas pasaron
sobre mí!
4 Entonces dije:
"Me has desechado delante de tus
ojos,
pero todavía he de ver tu santo
templo."

5 Las aguas me rodearon hasta el cuello,
y el abismo me envolvió.
¡Las algas se enredaron en mi cabeza!
6 Bajé hasta los cimientos de los montes;
la tierra echó para siempre sus cerrojos
sobre mí;
pero tú, mi Señor y Dios, rescataste mi
vida del sepulcro.
7 Cuando dentro de mí desfallecía mi
alma,
me acordé de ti, Señor,
Y mi oración llegó hasta ti, hasta tu
santo templo.

8 Los que siguen vanidades ilusorias,
abandonan tu misericordia.
9 Pero yo, con voz de alabanza,
te ofreceré sacrificios y cumpliré mis
promesas.
La salvación es tuya, Señor.»
10 Y el Señor ordenó al pez que vomitara a
Jonás en tierra.

[b] **1.17:** Mt 12.40.

TODA LA VERDAD *(Jonás 3.2)*

Dios le dio a Jonás una segunda oportunidad de predicarles a los habitantes de Nínive. Le dijo que les comunicara un mensaje de destrucción, aun si las personas lo rechazaran. A veces, así como Jonás, nosotros dejamos de contarles a los demás acerca de Jesús porque tememos que rechazarán el mensaje. ¿Te has sentido así? Pero Dios nos llama a llevarles a otras personas las buenas noticias de la salvación. Lo que nos toca a nosotros es dar el mensaje. A ellos les toca recibir o rechazar el mensaje.

Nínive se arrepiente

3 La palabra del Señor vino a Jonás por segunda vez, y le dijo:
2 «Levántate y ve a la gran ciudad de Nínive, y proclama allí el mensaje que yo te daré.»
3 Jonás se levantó y, conforme a la palabra del Señor, fue a Nínive. Y era Nínive una ciudad grande en extremo, de tres días de camino.
4 Jonás comenzó a recorrer la ciudad, camino de un día, y en su predicación decía:

«¡Dentro de cuarenta días Nínive será destruida!»

Zac 8.20-23
5 Todos los habitantes de Nínive creyeron a Dios y decretaron ayuno, y desde el mayor hasta el menor se vistieron de cilicio.[a]
6 Cuando la noticia llegó hasta el rey de Nínive, éste se levantó de su trono, se despojó de sus vestidos, se cubrió de cilicio y se sentó sobre ceniza;
7 luego ordenó que, por mandato suyo y de sus altos personajes, se proclamara en Nínive este decreto:

«Ningún hombre ni animal, ni tampoco ningún buey ni oveja, debe probar bocado ni alimento alguno, ni beber agua.
8 Al contrario, hombres y animales por igual deberán cubrirse de cilicio y clamar a Dios con todas sus fuerzas. Apártese cada uno de su mal camino y de la violencia que hay en sus manos.
9 ¿Quién sabe? Tal vez Dios se arrepienta y el ardor de su ira se calme, ¡y entonces no pereceremos!»
10 Y al ver Dios lo que hicieron, y que se habían apartado de su mal camino, también él se arrepintió de hacerles el daño que les había anunciado, y desistió de hacerlo.

El enojo de Jonás

4 Pero Jonás se quedó muy disgustado, y se enojó.
2 Entonces oró al Señor y le dijo:

PALABRAS CON PODER — CLEMENTE Y MISERICORDIOSO *(Jonás 4.2)*

Así como lo hizo con Moisés (Éxodo 34:6-7), Dios le habló a Jonás acerca de Sí mismo. Él es clemente, misericordioso, lento para la ira y lleno de amor. Una persona clemente trata a los demás de manera bondadosa, aun mejor de lo que se merecen. Una persona misericordiosa ayuda a los necesitados. Dios es paciente y amoroso. Le causa tristeza cuando las personas tienen que sufrir las malas consecuencias de sus pecados. Cuando las cosas no te salen como querías, ¿en algún momento sientes que Dios ha dejado de ser misericordioso o bondadoso? Este versículo en Jonás muestra que Dios es bondadoso y misericordioso todo el tiempo.

«Y bien, Señor, ¿no es esto lo que yo decía cuando aún estaba en mi tierra? ¡Por eso me apresuré a huir a Tarsis! ¡Ya sabía yo que tú eres un Dios clemente y piadoso, lento para la ira y grande en misericordia,[a] y que te arrepientes del mal!
3 Yo te ruego, Señor, que me quites la vida. ¡Prefiero la muerte a la vida!»
4 Y el Señor le dijo:

«¿Te parece bien enojarte tanto?»
5 Entonces Jonás salió de la ciudad y acampó en la parte oriental de la ciudad; allí se hizo una enramada y se sentó bajo su sombra, esperando a ver lo que sucedería en la ciudad.
6 Dios, el Señor, preparó una enredadera para que creciera por encima de Jonás y le hiciera sombra sobre la cabeza, y le quitara el malestar. Jonás se alegró en gran manera por la enredadera.
7 Pero al día siguiente, al llegar el alba, Dios dispuso que un gusano dañara la enredadera, y ésta se marchitó.
8 Además, Dios dispuso que al salir el

[a]**3.4-5:** Mt 12.41; Lc 11.32. [a]**4.2:** Éx 34.6.

sol soplara un fuerte viento solano, y el
sol le dio a Jonás en la cabeza. Éste casi
se desmayaba, y hasta deseaba morirse.
Decía: «Mejor me sería morir que seguir
viviendo.»
9 Entonces Dios le dijo a Jonás:
«¿Tanto enojo te causa lo que le pasó a la
enredadera?»
Y él respondió:
«Es tanto el enojo que me causa, ¡que
hasta quisiera morirme!»
10 Y el Señor le dijo:
«Tú sientes lástima por la enredadera, por
la cual no trabajaste, y a la cual no hiciste
crecer; durante una noche creció, y a la no-
che siguiente dejó de existir.
11 ¿Y yo no habría de tener piedad de
Nínive, esa gran ciudad con más de cien-
to veinte mil habitantes que no saben
distinguir cuál es su mano derecha y cuál
su mano izquierda, y donde hay muchos
animales?»

LECCIONES **EL AMOR DE DIOS**

(Jonás 4.11)

Después que los ninivitas se arrepintieron, Jonás salió de la ciudad y se sentó debajo de una enramada que construyó. Dios hizo que creciera una planta por encima de la enramada para darle sombra a Jonás. Al día siguiente Dios envió un gusano para comer la planta. Esto enojó a Jonás porque había disfrutado de la sombra de la planta. Dios dijo que había destruido la planta para enseñarle algo a Jonás. Jonás estaba triste porque la planta había sido destruida, pero no había mostrado esta misma preocupación por el pueblo de Nínive. ¡Le preocupaba más una mata que los habitantes de la ciudad! Dios quiere que las personas en todo lugar conozcan acerca de su amor. Los NIÑOS PODEROSOS comunican las buenas noticias del amor de Dios aun con personas que son difíciles de amar.

MIQUEAS

Autor: **Miqueas**
Temas: **La justicia, el juicio, y la salvación**
Fecha en que se escribió: **c. 740-710 a.C.**

SE ACERCA EL CASTIGO

El profeta Miqueas era de un pequeño pueblo en el sur de Judá. Predicó en contra de las acciones impías de gobernantes corruptos, falsos profetas, sacerdotes codiciosos, comerciantes corruptos y jueces injustos. También le advirtió al pueblo de las malas consecuencias de sus acciones si seguían escogiendo desobedecer a Dios. Miqueas les habló acerca del desmoronamiento de Israel y la destrucción de su capital, Samaria (1:6-7). También les habló acerca de la derrota de Judá y la destrucción de su capital, Jerusalén (1:8-16; 3:9-12).

LO QUE ENCONTRARÁS EN EL LIBRO

Este libro se puede dividir en tres secciones. En los capítulos 1-3 leemos una lista de las fechorías de Israel y Judá, entre las cuales estaban adorar a dioses falsos, maltratar a los pobres, sobornar y ser soberbios. Debido a estos pecados, Dios permitiría que ambos reinos fueran invadidos por sus enemigos. Los capítulos 4-5 ofrecen esperanza y consuelo a las pocas personas que sobrevivirían a estas invasiones. Un día, su familia y otras personas que habían servido a Dios experimentarían el reino apacible de Dios en la tierra. Los capítulos 6-7 describen los pecados del pueblo. A esto le sigue la confesión de culpabilidad de Israel y una oración y promesa proféticas.

¿SABÍAS QUE...?

- Miqueas es un libro acerca de ayudar a los pobres (6:6-8).
- Setecientos años antes de venir Cristo a la tierra, Miqueas predijo que el Mesías nacería en Belén (5:2).
- Es un libro acerca del Espíritu Santo. Como el profeta Isaías, Miqueas expresó una fuerte conciencia de la unción de Dios por medio del Espíritu Santo (3:8).
- Es un libro acerca de la misericordia y el perdón de Dios (7:18-20).

La palabra del Señor vino a Miqueas de Moreset durante el reinado de Yotán,[a] Ajaz[b] y Ezequías,[c] reyes de Judá. Esto es lo que Miqueas vio acerca de Samaria y de Jerusalén.

2 «¡Escuchen, pueblos todos! ¡Presta atención, tierra, con todos tus habitantes! ¡Que desde su santo templo nuestro Dios y Señor sea testigo contra ustedes!

3 ¡Miren al Señor! ¡Ya sale de su lugar! ¡Ya desciende para hollar las alturas de la tierra!

4 Bajo sus pies los montes se derriten, como la cera ante el fuego; los valles se ahondan, como partidos por las aguas que se precipitan al abismo.

5 Y todo esto sucede por causa de la rebelión de Jacob y por los pecados de la casa de Israel. ¡Y la causa de la rebelión de Jacob es Samaria! ¡Y los lugares altos de Judá están en Jerusalén!

6 »Por eso voy a convertir a Samaria en un montón de ruinas y en tierra para plantar viñas; ¡voy a esparcir sus piedras por el valle, y a dejar al descubierto sus cimientos!

7 Todas sus estatuas serán hechas pedazos, y todas sus ganancias serán arrojadas al fuego. ¡Yo destruiré a todos sus ídolos! El dinero que juntó por la paga de sus prostituciones, en dinero de prostitución se convertirá.»

8 Por eso lloro y gimo. Por eso ando descalzo y semidesnudo. Mis quejas parecen aullidos de chacales, lamentos de avestruces.

9 La llaga de Samaria es dolorosa, y se ha extendido hasta Judá. Ha llegado hasta Jerusalén, hasta la puerta de mi pueblo.

10 No lo digan en Gat, ni lloren demasiado. ¡Revuélquense en el polvo de Bet Leafrá!

11 Sigan adelante, habitantes de Safir, desnudos y avergonzados; y ustedes, habitantes de Zanán, no salgan, que Betesel está llorando y les ha retirado su apoyo.

12 Los habitantes de Marot anhelan con ansias recibir el bien, pero de parte del Señor el mal ha llegado hasta las puertas mismas de Jerusalén.

13 Ustedes, habitantes de Laquis, que fueron los primeros causantes del pecado de la bella Sión, enganchen a sus carros los caballos más veloces, porque en ustedes se han hallado las rebeliones de Israel.

14 Por lo tanto, ustedes pagarán tributo a Moréset Gat, y las casas de Aczib serán una trampa para los reyes de Israel.

15 Y ustedes, habitantes de Maresa, van a tener un nuevo amo, y los mejores hombres de Israel huirán hasta Adulán.

16 Rápate, pues, la cabeza y aféitate la barba por los hijos en que te deleitas; quédate calvo como el águila, porque tus hijos serán llevados en cautiverio, lejos de ti.

¡Ay de los que oprimen a los pobres!

2 ¡Ay de los que aun acostados hacen planes inicuos y maquinan el mal, y en cuanto amanece los ejecutan, porque tienen el poder en la mano!

2 Codician las propiedades de otros, y se las quitan; codician casas, y las toman; oprimen al hombre y a su familia, al hombre y a su heredad.

3 Por lo tanto, así ha dicho el Señor:

«Ya he pensado lanzar contra esta familia una calamidad de la cual no saldrán bien parados. No volverán a andar erguidos, porque ese tiempo será malo.»

4 Cuando llegue el momento, su mal será proverbial, y como lamento les cantarán esta endecha:

«Hemos sido destruidos por completo.
Dios ha cambiado la suerte de nuestro pueblo.
¡Nos ha quitado nuestros campos!
¡Se los ha dado a otros en propiedad!»

5 Así que no habrá quien reparta terrenos por sorteo en la congregación del Señor.

6 Ustedes ordenan a los profetas que no profeticen, y dicen que no tendrán de qué avergonzarse.

7 Ustedes, que dicen ser de la casa de Jacob, preguntan si se ha acortado mi espíritu, y si ésta es mi forma de actuar. Pero, ¿acaso

[a] **1.1:** 2 R 15.32-38; 2 Cr 27.1-7. [b] **1.1:** 2 R 16.1-20; 2 Cr 28.1-27. [c] **1.1:** 2 R 18.1—20.21; 2 Cr 29.1—32.33.

mis palabras no hacen bien al que se condu-
ce con rectitud?
8 Ustedes, que ayer eran mi pueblo, hoy se
han vuelto mis enemigos. A los que pasan,
descaradamente los despojan de sus capas,
como si fueran sus adversarios de guerra.
9 A las mujeres de mi pueblo las echan
fuera de las casas que son su delicia, y a sus
niños les arrebatan para siempre la honra
que les di.
10 «¡Vamos, levántense, que éste no es un
lugar de reposo! ¡Está contaminado y dema-
siado corrompido!
11 Si alguien viene con espíritu de falsedad,
y mentirosamente les dice: "Voy a profetizar
acerca del vino y de la sidra", a gente como
ésa este pueblo la considera profeta.
12 »Pero ten por seguro, Jacob, que yo te
reuniré. Ten por seguro que yo recogeré al
resto de Israel. Voy a reunirlos como a las
ovejas de Bosra, como a los rebaños en me-
dio de su aprisco, que se alborotan cuando
ven mucha gente.
13 El que va abriendo el camino irá al fren-
te de ellos, y una vez abierto el camino pa-
sarán por la puerta y volverán a salir. Yo, el
Señor, soy su rey, y marcharé a la cabeza, al
frente de ellos.

Acusación contra los dirigentes de Israel

3 Yo dije entonces: Escuchen ahora,
príncipes de Jacob, y jefes de la casa
de Israel: ¿Acaso no les toca a uste-
des saber lo que es justo?
2 Ustedes aborrecen lo bueno y aman lo
malo; le arrancan a mi pueblo la piel y la car-
ne, hasta dejarlo en los huesos.
3 Sí, se comen la carne de mi pueblo y le
arrancan la piel, le rompen los huesos y los
descuartizan, como cuando se echa la carne
en la olla y se pone en el caldero.
4 Pero cuando clamen al Señor, él no les res-
ponderá; más bien, en ese momento les volve-
rá la espalda por todo el mal que han hecho.
5 «Así ha dicho el Señor acerca de los pro-
fetas que hacen errar a mi pueblo, esos que

PALABRAS CON PODER — **LLENO DE PODER** *(Miqueas 3.8)*

Miqueas era simplemente un hombre común y corriente que vivía en Judá cuando Dios lo llamó a ser profeta. Miqueas no predicó por su propio poder y sabiduría. Fue lleno del poder del Espíritu Santo. Miqueas profirió palabras que eran inspiradas y guiadas por Dios. Miqueas animaba al pueblo a obedecer las reglas de Dios. Como Miqueas, tú puedes ser "lleno de poder". El Espíritu Santo vive dentro de aquellos que confían en Jesús como su Salvador. Él te da el poder para obedecer a Dios y también ayudar a otros a obedecerlo.

hablan de paz cuando se les da de comer,
pero que declaran la guerra cuando no se
les da nada:
6 La profecía se les volverá noche, y sus
adivinanzas se les volverán oscuridad. Sobre
esos profetas se pondrá el sol, y el día se les
volverá tinieblas.
7 ¡Esos profetas quedarán avergonzados!
¡Esos adivinos quedarán confundidos! ¡Se
quedarán con la boca cerrada, porque no
tendrán respuesta de Dios!
8 En cambio, yo estoy lleno del poder del
espíritu del Señor; lleno de justicia y de fuer-
za, para denunciar la rebelión de Jacob y el
pecado de Israel. Zac 4.6
9 »Escuchen ahora esto, jefes de la casa de
Jacob, y capitanes de la casa de Israel, que
aborrecen la justicia y pervierten todo lo
recto;
10 que edifican a Sión con sangre, y a Jeru-
salén con injusticia.
11 Sus jefes dictan sentencia a cambio del
soborno; sus sacerdotes cobran por impar-
tir sus enseñanzas, y sus profetas adivinan a
cambio de dinero, y se apoyan en el Señor
cuando dicen: "¿No es verdad que el Señor
está entre nosotros? ¡Ningún mal nos so-
brevendrá!"

[12] Por eso, por culpa de ustedes Sión será
arada como un campo, Jerusalén vendrá a
ser un montón de ruinas, y el monte del
templo quedará hecho un matorral.»[a]

Reinado universal del Señor

(Is 2.1-4)

4 En los últimos días el monte de la
casa del Señor será confirmado
como cabeza de los montes y exalta-
do por encima de las colinas, y a él acudirán
los pueblos.
[2] Muchas naciones vendrán, y dirán:
«¡Vengan, subamos al monte del Señor,
a la casa del Dios de Jacob! Él nos guiará
por sus caminos, y nosotros iremos por
sus sendas.» Porque la enseñanza saldrá
de Sión; de Jerusalén saldrá la palabra del
Señor.
[3] Y el Señor juzgará entre muchos pue-
blos, y corregirá a naciones poderosas y
lejanas; y éstas convertirán sus espadas en
azadones y sus lanzas en hoces.[a] Ninguna
nación volverá a levantar la espada contra
otra nación, ni se entrenarán más para hacer
la guerra.
[4] Cada uno se sentará bajo su vid y a la
sombra de su higuera,[b] y no habrá nadie que
pueda amedrentarlos. Esto lo ha declarado
la boca del Señor de los ejércitos.
[5] Podrán todos los pueblos andar en el
nombre de su dios, pero nosotros ahora y
siempre andaremos en el nombre del Señor
nuestro Dios.

Israel será redimido del cautiverio

[6] «Cuando llegue el día, reuniré a las ove-
jas que cojean con las que se apartaron del
camino y con las que afligí;
[7] con las que cojean haré un remanente, y
con las descarriadas haré una nación fuerte.
Y desde ahora y para siempre yo reinaré so-
bre ellos en el monte Sión.»
—Palabra del Señor.
[8] Y tú, torre del rebaño, fortaleza de la hija
de Sión, hasta ti volverá el señorío de an-
taño, el reino de la hija de Jerusalén.
[9] Pero dime, ¿por qué gritas tanto? ¿Acaso
ya no tienes rey? ¿Acaso esos dolores de par-
turienta te han venido porque tu consejero
ha perecido?
[10] ¡Pues sufre y llora, hija de Sión, con dolo-
res de parturienta,[c] porque ahora vas a salir
de la ciudad, y vivirás en el campo, y llega-
rás hasta Babilonia! Allí serás liberada; allí el
Señor te salvará del poder de tus enemigos.
[11] Muchas naciones se han juntado ahora
contra ti, y dicen: «¡Que Sión sea profanada!
¡Que se nos conceda ver eso con nuestros
propios ojos!»
[12] Pero esas naciones no conocen los pla-
nes del Señor; no entienden sus designios,
ni que él los junta como a manojos de trigo,
para trillarlos.
[13] ¡Levántate y tríllalos, hija de Sión! ¡Yo te
daré cuernos de hierro y garras de bronce,
para que desmenuces a muchos pueblos! Y
las riquezas que les arrebates las consagrarás
al Señor de toda la tierra.

[a]**3.12:** Jer 26.18. [a]**4.3:** Jl 3.10. [b]**4.4:** Zac 3.10. [c]**4.10:** Ap 12.2.

CAMINA EN EL NOMBRE DEL SEÑOR *(Miqueas 4.5)*
¿Cómo debemos vivir mientras esperamos que Jesús regrese a la tierra? Miqueas nos lo dice. Debemos "caminar en el nombre del Señor". Eso significa que debemos vivir de una manera que agrada a Dios. De esta manera, también les mostramos a otras personas cómo es Dios. ¿Podemos hacer esto por medio de nuestro propio poder? No, lo hacemos por el poder del Espíritu Santo. Pero Dios no te obliga a actuar en nombre de Él. La decisión está en tus manos. ¿Qué puedes hacer hoy para "caminar en el nombre del Señor"?

El reinado del libertador desde Belén

5 ¡Levanta murallas a tu alrededor, ciu-
dad de guerreros, porque nos han
sitiado y con su cetro golpearán al
juez de Israel en la mejilla!
2 Tú, Belén Efrata, eres pequeña para estar
entre las familias de Judá; pero de ti me sal-
drá el que será Señor en Israel.[a] Sus orígenes
se remontan al principio mismo, a los días
de la eternidad.
3 El Señor los entregará hasta el momento
en que dé a luz la que ahora está encinta
y el resto de sus hermanos vuelva con los
hijos de Israel.
4 Se levantará para guiarlos con el poder
del Señor, con la grandeza del nombre del
Señor su Dios; y ellos vivirán tranquilos por-
que él será engrandecido hasta los confines
de la tierra.
5 Y él será nuestra paz.
Si los asirios vienen a nuestra tierra y piso-
tean nuestros palacios, levantaremos contra
ellos siete pastores y ocho hombres promi-
nentes,
6 que a filo de espada devastarán la tierra
de Asiria y la tierra de Nimrod.[b] Sí, ellos nos
librarán de los asirios cuando éstos vengan
y ataquen nuestra tierra e invadan nuestras
fronteras.
7 Entre los muchos pueblos, el remanen-
te de Jacob será como el rocío del Señor y
como las lluvias sobre la hierba, las cuales no
esperan nada de nadie ni ponen su confian-
za en los seres humanos.
8 Además, el remanente de Jacob será, en-
tre las naciones y la multitud de los pueblos,
como el león entre los animales salvajes y
como el cachorro del león entre los rebaños
de ovejas, que a su paso aplasta y arrebata,
sin que nadie pueda librarse.
9 ¡Levanta, pues, tu mano contra tus ene-
migos, y destruye a todos tus adversarios!
10 «Cuando llegue ese día, acabaré con to-
dos los caballos y con todos los carros de
guerra que hay en medio de ti.
—Palabra del Señor.

PROMESAS PODEROSAS

MIQUEAS 5.2

Tú, Belén Efrata, eres pequeña para estar entre las familias de Judá; pero de ti me saldrá el que será Señor en Israel. Sus orígenes se remontan al principio mismo, a los días de la eternidad.

En esta profecía, Miqueas explicó que un gobernante de la familia del rey David vendría de Belén. Este gobernante cumpliría las promesas de Dios a su pueblo. Belén era el lugar de nacimiento de David. Este versículo se refiere a Jesús, quien existió en la eternidad, pero nacería como un bebé humano en Belén. Él vivió entre el pueblo y murió en la cruz para ofrecer salvación a todos los que escogen creer en Él.

11 »Además, destruiré las ciudades de tu
tierra, y convertiré todas tus fortalezas en
un montón de escombros.
12 Asimismo, arrancaré de tu mano las he-
chicerías, y no volverá a hallarse en ti ningún
agorero.
13 Destruiré las esculturas y las imágenes
que hay en medio de ti, y nunca más te in-
clinarás ante la obra de tus manos.
14 Arrancaré las imágenes de Asera que
hay en medio de ti, y destruiré tus ciudades,
15 y con ira y con furor me vengaré de las
naciones que no me obedecieron.»

Controversia del Señor contra Israel

6 Escuchen ahora lo que dice el Señor:
«¡Levántate y contiende contra
los montes! ¡Que oigan tu voz las
colinas!»
2 Ustedes los montes, y ustedes, los sóli-
dos cimientos de la tierra, escuchen la que-
rella del Señor. Porque el Señor tiene una

[a] **5.2:** Mt 2.6; Jn 7.42. [b] **5.6:** Gn 10.8-11.

querella contra su pueblo, y va a altercar contra Israel:

3 «Pueblo mío, ¿qué te he hecho? ¿En qué te he molestado? ¡Respóndeme!

4 Es un hecho que yo te saqué de la tierra de Egipto;[a] que te libré de la casa de servidumbre, y que delante de ti envié a Moisés, a Aarón[b] y a María.[c]

5 Acuérdate ahora, pueblo mío, de los planes que urdía Balac, rey de Moab, y de cómo respondió Balaam hijo de Beor.[d] Yo los traje desde Sitín hasta Gilgal,[e] para que reconozcan cuántas veces yo, el Señor, los he salvado.»

Lo que pide el Señor

6 Tú, Israel, preguntas:

«¿Con qué me presentaré ante el Señor? ¿Cómo adoraré al Dios altísimo? ¿Debo presentarme ante él con holocaustos, o con becerros de un año?

7 ¿Le agradará al Señor recibir millares de carneros, o diez mil ríos de aceite? ¿Debo darle mi primogénito a cambio de mi rebelión? ¿Le daré el fruto de mis entrañas por los pecados que he cometido?»

Mal 2.5-6

8 ¡Hombre! El Señor te ha dado a conocer lo que es bueno, y lo que él espera de ti, y que no es otra cosa que hacer justicia, amar la misericordia, y humillarte ante tu Dios.

9 La voz del Señor clama a la ciudad. Es de sabios temer a su nombre. Presten ustedes atención al castigo y a quien lo establece:

10 «El impío aún tiene en su casa riquezas mal habidas, y esas odiosas medidas falsas.

11 ¿Y voy a tener por inocente al que tiene balanzas falsas y pesas engañosas?

12 Tu gente rica, Jerusalén, se ha saturado de rapiña; tus habitantes mienten; su lengua y sus labios son engañosos.

13 Por eso yo también te herí, te debilité, te asolé por tus pecados.

14 Por eso comerás, y no te saciarás, y en tus calles habrá una profunda tristeza. Cosecharás, pero no almacenarás, y lo que almacenes lo entregaré como botín de guerra.

15 Sembrarás, pero no cosecharás; pisarás aceitunas, pero no te ungirás con ese aceite; exprimirás las uvas, pero no beberás el vino.

16 Y es que tú has obedecido los mandamientos de Omri[f] y todas las acciones de la casa de Ajab;[g] has seguido los consejos de ellos. Por eso voy a castigarte y a poner en vergüenza a tus habitantes. Por lo tanto, tendrán que cargar con el oprobio de mi pueblo.»

Corrupción moral de Israel

7 ¡Ay de mí! Estoy como el que, en su apetito, desea comerse los primeros frutos y se encuentra con que ya se han recogido los frutos del verano, con que ya se han rebuscado las últimas uvas de la vendimia.

2 Ya no hay en el país gente misericordiosa. Ya no hay una sola persona honrada. Todos están a la espera de matar a otros; todos le tienden trampas a su prójimo.

[a]**6.4:** Éx 12.50-51. [b]**6.4:** Éx 4.10-16. [c]**6.4:** Éx 15.20. [d]**6.5:** Nm 22.2—24.25. [e]**6.5:** Jos 3.1—4.19. [f]**6.16:** 1 R 16.23-28. [g]**6.16:** 1 R 16.29-34; 21.25-26.

LO QUE QUIERE DIOS *(Miqueas 6.8)*

¿En algún momento te has preguntado lo que espera Dios de ti? Este versículo te lo dice. Él quiere que hagas justicia, ames la misericordia y seas humilde ante Dios. Una persona que hace justicia es justa y honesta con los demás. Una persona misericordiosa es bondadosa con los necesitados. Una persona humilde ante Dios le muestra a Él su gratitud. El Espíritu Santo les da a los NIÑOS PODEROSOS el poder para poner en acción estas palabras.

[3] Para colmo de su maldad, los gobernan-
tes extorsionan y los jueces dictan sentencia
a cambio de sobornos; los poderosos no
disimulan sus malos deseos, sino que los
confirman.
[4] El mejor de ellos es peor que un espino;
el más recto es más torcido que una zarza.
¡Pero ya viene el día de su castigo, el día que
anunciaron sus vigilantes, y entonces se ve-
rán confundidos!
[5] No creas, pues, en tus amigos ni confíes
en tus gobernantes. Ten cuidado de la que
duerme a tu lado, y no abras la boca.
[6] Porque el hijo deshonra al padre, la hija
se rebela contra la madre, y la nuera contra
la suegra, y todo el mundo tiene al enemigo
dentro de su propia casa.[a]
Mt 1.21 [7] Yo, por mi parte, pondré la mirada en el
Señor, y esperaré en el Dios de mi salvación.
¡Mi Dios habrá de escucharme!

El Señor trae luz y libertad

[8] Tú, enemiga mía, no te alegres de mí.
Aunque he caído, habré de levantarme;
aunque ahora viva yo en tinieblas, el Señor
es mi luz.
[9] He pecado contra el Señor, y soporta-
ré su ira hasta que él juzgue mi causa y me
haga justicia. Y él me sacará a la luz, y veré
su justicia.
[10] Tú, enemiga mía, lo verás, y quedarás
cubierta de vergüenza. Tú solías decirme:
«¿Dónde está el Señor, tu Dios?» ¡Pues con
mis propios ojos he de ver cuando seas piso-
teada como el lodo de las calles!
[11] Jerusalén, viene el día en que tus mu-
rallas serán reconstruidas, y en ese día se
extenderán tus límites.
[12] En ese día vendrán a ti desde Asiria y
las ciudades fortificadas, desde las ciudades
fortificadas hasta el río, y de mar a mar, y de
monte a monte.
[13] Y el país será destruido por causa de sus
habitantes y por el fruto de sus obras.

LECCIONES **EL GRAN PASTOR**

(Miqueas 7.14-20)

Miqueas le pidió a Dios que cuidara una vez más de Israel, que protegiera la nación, la guiara y le proveyera lo necesario. Él se refirió a Dios como un pastor, así como lo hizo David en el Salmo 23:1. Dios cuida de su pueblo, su rebaño, así como un pastor cuida de su rebaño de ovejas o cabras. Jesús se refirió a Sí mismo como pastor (Juan 10:11-16). Si eres cristiano, formas parte del rebaño de Jesús. ¡Él te cuida muy bien!

Compasión del Señor por Israel

[14] Señor, guía con tu cayado a tu pueblo,
al rebaño de tu propiedad, que vaga solo en
la montaña, y llévalo a un campo fértil. Per-
mítele buscar pastos en Basán y en Galaad,
como en los días de antaño.
[15] ¡Muéstrale tus maravillas, como el día
que lo sacaste de Egipto!
[16] Cuando las naciones vean tu poderío,
quedarán en vergüenza. Se llevarán la mano
a la boca, y se taparán los oídos.
[17] Lamerán el polvo como las culebras,
como las serpientes de la tierra, y temblarán
de miedo en sus escondites. Amedrentados
ante tu presencia, Señor y Dios nuestro, se
volverán a ti.
[18] ¿Qué otro Dios hay como tú, que per-
dona la maldad y olvida el pecado del re-
manente de su pueblo? Tú no guardas el
enojo todo el tiempo, porque te deleitas en
la misericordia.
[19] Tú volverás a tener misericordia de no-
sotros, sepultarás nuestras iniquidades, y
arrojarás al mar profundo todos nuestros
pecados.
[20] Les cumplirás a nuestros padres Jacob
y Abrahán la fidelidad y la misericordia que
les prometiste desde los tiempos antiguos.

[a] **7.6:** Mt 10.35-36; Lc 12.53.

NAHÚM

Autor: **Nahúm**
Tema: **La destrucción de Nínive**
Fecha en que se escribió: **c. 630-620 a.C.**

VIENE EL DESASTRE

Dios es lento para la ira (Éxodo 34:6). Pero cuando una nación sigue desobedeciéndole, Dios permitirá que sea destruida. Nahúm, cuyo nombre significa "consuelo", era un profeta en Judá. Nahúm predicó acerca de la futura destrucción de Nínive. Nínive era la capital del imperio asirio. Los asirios eran conocidos por su crueldad hacia las personas que conquistaban. Si leíste el libro de Jonás, sabrás que Jonás fue enviado a Nínive con un mensaje de Dios. Por un tiempo breve, los ninivitas se apartaron de sus pecados y disfrutaron de la misericordia de Dios. Sin embargo, más adelante, regresaron a sus caminos malvados.

Nahúm habló acerca de la destrucción de Nínive, y también dio un mensaje de consuelo para el pueblo de Dios. Nahúm dijo que Dios defendería a su pueblo y establecería su reino de paz algún día.

LO QUE ENCONTRARÁS EN EL LIBRO

E libro de Nahúm contiene una serie de profecías en contra de Asiria, especialmente la ciudad de Nínive. El capítulo 1 contiene una descripción del carácter de Dios, especialmente su ira, su justicia y su poder. El capítulo 2 predice que el juicio llegará a Nínive y describe cómo será la destrucción. El capítulo 3 da un resumen breve de los pecados de Nínive y declara que Dios tiene motivos justificados para permitir que la ciudad sea destruida.

¿SABÍAS QUE...?

- Nahúm es uno de los tres profetas del Antiguo Testamento que dieron la mayoría de sus mensajes a una nación extranjera. (Los otros dos son Abdías y Jonás.)
- En el Nuevo Testamento no hay citas directas de este libro.
- Es un libro que lleva muchas imágenes gráficas: montañas que tiemblan, ríos que se secan, carros de guerra que atacan y corazones que se derriten.

Profecía acerca de Nínive.[a] Libro de la
visión de Nahúm de Elcos.

[2] El Señor es un Dios celoso y vengador;
es el Señor de la venganza y de la ira.
El Señor se venga de sus adversarios
y mantiene su enojo contra sus enemigos.
[3] El Señor es lento para la ira,
y su poder es impresionante.
El Señor no tiene por inocente al culpable.

El Señor marcha en la tempestad y en el torbellino;
las nubes son el polvo que levantan sus pies.
[4] El Señor reprende al mar,
y el mar y todos los ríos se secan.
Basán y el Carmelo fueron destruidos,
y destruido también lo mejor del Líbano.
[5] Ante el Señor tiemblan los montes
y se desmoronan las colinas;
ante su presencia la tierra se estremece,
y tiemblan el mundo y sus habitantes.
[6] ¿Quién puede enfrentarse a su ira?
¿Quién puede resistir el ardor de su enojo?
Su ira se extiende como el fuego,
y hace que las peñas se desgajen.

[7] El Señor es bueno;
es un refugio en el día de la angustia.
El Señor conoce a los que en él confían,
[8] pero destruye a sus adversarios
con una impetuosa inundación
y persigue con las tinieblas a sus enemigos.
[9] ¿Hacen ustedes planes contra el Señor?
¡Él los deshará por completo,
y no tendrá que vengarse dos veces!
[10] Podrán hacer estrechas alianzas,
como entretejidos espinos,
y saturarse de vino para darse valor,
pero serán consumidos como la hojarasca.

[11] De ti, Nínive, salió el consejero perverso,
¡el que pensó hacerle daño al Señor!
[12] Pero así ha dicho el Señor:
«Aunque ellos sean muchos y vivan tranquilos,

PALABRAS CON PODER

NÍNIVE
(Nahúm 1.1)

¿Cuál es la cosa más imposible que se te ocurre, algo que te parece que nunca podría ocurrir? Para el pueblo de Judá, la destrucción de Nínive parecía imposible. Nínive era la capital poderosa de los asirios. Los asirios ya habían conquistado al reino norteño de Israel y en este momento atacaron a Judá. Más de cien años antes, los ninivitas habían escogido arrepentirse y adorar a Dios después que Jonás les predicó. En la época de Nahúm, una vez más volvieron a adorar a dioses paganos y a tratar cruelmente a sus enemigos. Estas cosas enfurecían a Dios. Nahúm consoló al pueblo de Dios con las noticias de que los asirios serían conquistados.

PROMESAS PODEROSAS

NAHÚM 1.7
El Señor es bueno; es un refugio en el día de la angustia. El Señor conoce a los que en él confían.

Dios estaba muy enojado por las acciones malvadas de los ninivitas. Eso no quería decir que Él se había apartado de todos ellos. Los que confiaban en Él todavía podían contar con su ayuda. Dios es siempre un lugar de refugio adonde podemos correr cuando estamos en apuros. ¡Los NIÑOS PODEROSOS saben que Dios es bueno!

[a] **1.1—3.19:** Is 10.5-34; 14.24-27; Sof 2.13-15.

aun así serán destruidos y dejarán de existir.
Ya te he afligido bastante, Jerusalén,
y no volveré a afligirte.
13 Voy a hacer pedazos el yugo y las coyundas
que Nínive te ha impuesto.»

14 Acerca de ti, Nínive, el Señor ha ordenado
que no quede ni memoria de tu nombre.
Por causa de tu vileza serán destruidas
todas las esculturas y las estatuas fundidas
que hay en el templo de tu dios,
y allí se pondrá tu sepulcro.

Anuncio de la caída de Nínive

15 Ya se oyen sobre los montes
los pies del que trae buenas nuevas,
del que anuncia la paz.[b]
¡Celebra tus fiestas, Judá, y cumple tus votos!
¡Los malvados han perecido por completo,
y nunca más volverán a conquistarte!

2 Ya avanza contra ti el destructor.
Vigila, pues, tu fortaleza y el camino.
Vístete y refuerza al máximo tu poder.
2 Los saqueadores despojaron a Jacob,
¡estropearon las viñas de Israel!
Pero el Señor restaurará su antigua gloria.

3 Rojos son los escudos de los guerreros.
Rojos son también sus uniformes.
Sus carros de guerra brillan como antorchas.
Llegó el día del ataque, y ya agitan las lanzas.
4 Los carros se precipitan a las plazas
y ruedan con estruendo por las calles.
Su aspecto es el de antorchas encendidas,
que pasan como súbitos relámpagos.

LECCIONES **BUENAS NOTICIAS**
(Nahúm 1.15)

¿Cuáles son las mejores noticias que has oído recientemente? Para el pueblo de Judá, la destrucción de Nínive constituía buenas noticias. Ahora podían dejar de temer a los asirios. Nahúm no predicó este mensaje para que el pueblo de Judá se regodeara. Más bien, debían regocijarse de que Dios los iba a librar de una nación malvada. Hoy día, podemos transmitir buenas noticias de otro tipo: las buenas noticias de que Dios perdona el pecado y da vida eterna a todos los que creen en Jesús como su Salvador.

5 El rey manda llamar a sus valientes,
y éstos en su prisa se atropellan.
Corren a las murallas y preparan la defensa.
6 Se abren las compuertas de los ríos,
y las aguas inundan el palacio.
7 La reina es apresada y llevada en vilo.
Sus criadas gimen como palomas,
y en su angustia se golpean el pecho.

8 La gente en Nínive parece una represa
cuyas aguas se hubieran desbordado.
Algunos gritan: «¡Deténganse, deténganse!»,
pero nadie retrocede.
9 Unos se roban la plata, otros se roban el oro,
¡parecieran no tener fin tantas riquezas
y tantos objetos codiciables y valiosos!

10 Nínive queda vacía, vencida, despojada.
El corazón le desfallece, le tiemblan las rodillas,
le duelen las entrañas, su rostro palidece.
11 ¿Qué hay de la guarida de los leones?
¿Qué pasó con la guarida de cachorros,
donde el león y la leona descansaban,
donde nadie osaba espantar a los cachorros?

12 El león mataba para alimentar a sus cachorros,
desgarraba su presa y alimentaba a sus leonas;
¡con los despojos de sus víctimas
llenaba sus cuevas y guaridas!

Destrucción total de Nínive

13 «Pero yo estoy contra ti.
Voy a quemar tus carros de guerra,
y los reduciré a cenizas.
La espada acabará con tus leoncillos;
pondré fin al pillaje que hay en el país,
y nunca más volverá a escucharse
la voz de tus mensajeros.»
—Palabra del Señor de los ejércitos.

3 «¡Ay de ti, ciudad sanguinaria!
¡Rebosando estás de mentira y de rapiña,
pero no renuncias al pillaje!

2 »Chasquido de látigos, fragor de ruedas,
galope de caballos, estridencia de carruajes,
3 ¡y carga de la caballería!
¡Brillan las espadas, centellean las lanzas!
¡Son muchos los caídos! ¡Abundan los cadáveres!
¡No es posible contar los cuerpos inertes
con los que todo el mundo tropieza!

4 »¡Y todo por culpa tuya,
ramera de cara bonita, maestra en hechizos!
¡Con tus muchos encantos y tu procaz liviandad
sedujiste a pueblos y naciones!
5 ¡Pero yo estoy contra ti!
Voy a levantarte la falda hasta el rostro,
y expondré ante naciones y reinos
tu desnudez y tu vergüenza.
—Palabra del Señor de los ejércitos.
6 »Voy a humillarte.
Voy a lanzar inmundicias sobre ti.
¡Voy a ponerte como estiércol!
7 Todos los que te vean dirán,
mientras se apartan de ti:
"Nínive ha sido devastada.
¿Quién se compadecerá de ella?
¿Dónde hallaré quien la consuele?"

8 »¿Acaso eres tú mejor que Tebas,
la ciudad asentada junto al Nilo,
que se creía protegida por el mar,
por estar rodeada de tantas aguas?
9 Etiopía y Egipto la apoyaban siempre,
Fut y Libia le brindaban su apoyo.
10 Sin embargo, Tebas marchó al cautiverio.
Sus niños fueron estrellados contra el suelo
en los cruceros de las calles;
sus varones fueron repartidos por sorteo,
y todos sus magnates fueron encadenados.

RAZONES DE LA DESTRUCCIÓN *(Nahúm 3.4)*

¿Por qué permitió Dios que Nínive fuera destruida? Los ninivitas practicaban brujería y otras cosas malvadas que iban en contra de la ley de Dios (lee Éxodo 22:18; Levítico 20:27; Deuteronomio 18:10-13). Otras naciones empezaron a copiar los pecados de los ninivitas. El incursionar en la brujería es peligroso porque permite que los espíritus malignos echen a perder la vida de las personas. Dios no podía tolerar estas cosas. Aunque Él nunca se deleita con la destrucción, sí actúa para ponerle fin a la maldad cuando esta afecta a su pueblo.

11 »También tú serás embriagada y
encarcelada.
También tú buscarás esconderte del
enemigo.
12 Tus fortalezas serán como las higueras:
cuando las brevas ya están maduras,
a la menor sacudida caen en la boca
del que se las quiere comer.
13 En tus calles, los hombres se acobardarán;
el país quedará indefenso ante el
enemigo,
y el fuego consumirá tus cerrojos.

14 »Aunque te abastezcas de agua para
el asedio,
aunque refuerces tus fortalezas,
aunque te metas en el lodo y lo
apisones,
y prepares el horno para hacer ladrillos,
15 te consumirá el fuego y te derribará
la espada.
Aunque te multipliques como las
langostas,
la espada te consumirá como el
pulgón.
16 »Tus mercaderes llegaron a multiplicarse
más que las estrellas del cielo,
pero llenos de miedo se dieron a la
fuga.
17 Eran tus príncipes y tus magnates
tan voraces como una nube de langostas;
en los días fríos se sentaban en los
muros.
¡Pero el sol salió, y desaparecieron,
y nunca más se supo de ellas!

18 »Rey de Asiria, tus pastores ya han
muerto.
Para siempre reposan tus valientes.
Tu pueblo anda disperso por las
montañas,
y no hay nadie que pueda congregarlos.
19 Tus fracturas no tienen remedio.
Tus heridas son incurables.
Todos los que sepan lo que te ha
pasado
batirán las manos y se alegrarán de ti.
¿Y quién no sufrió tu constante maldad?

HABACUC

Autor: **Habacuc**
Tema: **Vivir por fe**
Fecha en que se escribió: **c. 606 a.C.**

PREGUNTAS Y RESPUESTAS

La Biblia no nos dice mucho acerca de Habacuc. Sí sabemos que estaba vivo durante la mayoría, si no todo el juicio de Judá. Posiblemente fue un músico en Jerusalén o un levita, un familiar de sacerdotes y personas que trabajaban en el templo. Pero Dios lo escogió para ser un profeta. Habacuc dio sus mensajes a las personas en Judá que seguían fieles a Dios. Usó preguntas y respuestas para ayudarlos a entender por qué Dios estaba a punto de castigar su nación pecadora. Habacuc aseguró a sus compañeros creyentes que Dios trataría con toda maldad en el momento correcto y de la manera correcta.

LO QUE ENCONTRARÁS EN EL LIBRO

En algún momento te has preguntado por qué ocurren ciertas cosas? Habacuc lo hacía. Los capítulos 1-2 parecieran casi una obra de teatro en que el profeta y Dios hablan juntos. Habacuc le hizo a Dios unas preguntas difíciles acerca de sus planes. La maldad que él veía entre el pueblo de Judá le hacía preguntarse por qué Dios permitía que pecaran sin ser castigados. ¿Dios explicó que pronto usaría a los babilonios para castigar a la nación de Judá. La respuesta de Dios produjo otra pregunta en la mente de Habacuc: ¿Cómo podía Dios permitir que una nación aún más cruel que el reino de Judá castigara a su pueblo?

Dios le contestó que también vendría un momento de juicio para los babilonios.

A través del libro, Habacuc expresa su fe en la autoridad que tiene Dios para hacer lo que desea. El profeta confiaba completamente en el juicio de Dios y reconocía que Dios tenía razón en todo lo que hacía. En el capítulo 3, Habacuc compuso un canto para alabar a Dios por su amor hacia aquellos que le obedecen.

¿SABÍAS QUE...?

- Habacuc es en parte un cuaderno personal. El libro registra lo que el profeta escribió en su diario acerca de sus conversaciones con Dios.
- Contiene una de las más impresionantes descripciones de Dios en toda la Biblia (capítulo 3).
- Es un libro acerca de la fe. Habacuc escribió acerca de la fe y vivió por fe.

Habacuc se queja de la injusticia

Profecía y visión del profeta Habacuc.

[2] ¿Hasta cuándo, Señor, te llamaré y no me harás caso? ¿Hasta cuándo clamaré a ti por causa de la violencia, y no vendrás a salvarnos?

[3] ¿Por qué permites que vea yo iniquidad? ¿Por qué me haces espectador del mal? ¡Sólo veo destrucción y violencia! ¡Ante mis ojos surgen pleitos y contiendas!

[4] Por eso tu ley carece de fuerza, y la justicia no se aplica con verdad. Por eso los impíos asedian a los justos, y se tuerce la justicia.

Los caldeos, azote de Judá

[5] «Miren entre las naciones, y vean, y asómbrense. Yo voy a hacer en sus días algo, a lo que ustedes no darán crédito, aunque se les cuente.[a]

[6] Estoy por hacer que vengan los caldeos,[b] un pueblo cruel y tenaz que recorre toda la tierra para adueñarse de los territorios de otros pueblos.

[7] Es un pueblo formidable y terrible, que por sí mismo decide lo que es justo y digno.

[8] Sus caballos son más ligeros que los leopardos y más feroces que los lobos nocturnos. Sus jinetes vienen de lejos, a galope tendido; vienen raudos como águilas, dispuestos a devorar,

[9] ¡y todos ellos caen sobre su presa! El terror los precede, y recogen cautivos como quien recoge arena.

[10] Se ríen de los reyes, se burlan de los príncipes; hacen mofa de toda fortaleza: construyen terraplenes y conquistan ciudades.

[11] Pasan con la fuerza de una tormenta, y esa fuerza la atribuyen a su dios.»

Protesta de Habacuc

[12] Tú, Señor, eres un Dios santo. Tú existes desde el principio; ¡no nos dejes morir! Tú, Señor, eres nuestra Roca; ¡no hagas que este pueblo nos juzgue y nos castigue!

PALABRAS CON PODER — LAS PREGUNTAS DE HABACUC *(Habacuc 1.1)*

¿En algún momento has oído a alguien preguntar: "Si Dios es bueno, ¿por qué existe el mal en el mundo?" o "¿Por qué permitió Dios que me pasara esta tragedia?" Habacuc no tenía temor de hacerle a Dios preguntas difíciles como estas. El hecho de que el libro esté lleno de las preguntas de Habacuc y las respuestas de Dios, nos da valor para hablar con Dios acerca de cualquier cosa que nos molesta. Dios no se escandaliza cuando a veces tenemos preguntas y dudas. ¿Tienes tú algunas preguntas que quisieras hacerle a Dios? Saca una hoja de papel y haz una lista de tus preguntas. Luego habla con Él acerca de ellas.

[13] Si por la pureza de tus ojos no soportas ver el mal ni los agravios, ¿por qué soportas ver a quienes nos desprecian? ¿Por qué callas cuando los impíos destruyen a quienes son más justos que ellos?

[14] ¡Tratas a la gente como a los peces del mar, como a los insectos, que no tienen quien los gobierne!

[15] Los caldeos nos pescan a todos con anzuelos y nos recogen con sus redes. ¡Con gran alegría y regocijo nos amontonan en sus mallas!

[16] Luego ofrecen sacrificios a sus redes, y queman incienso a sus mallas, pues gracias a ellas aumentan sus riquezas y su fuente de alimentos.

[17] ¡Pero ni así dejan de lanzar sus redes, ni se apiadan de las naciones, a las que siguen destruyendo sin cesar!

El Señor responde a Habacuc

2 Decidí mantenerme vigilante. Decidí mantenerme en pie sobre la fortaleza. Decidí no dormir hasta saber lo que el Señor me iba a decir, y qué respuesta daría a mi queja.

[b]**1.15:** Is 52.7. [a]**1.5:** Hch 13.41. [b]**1.6:** 2 R 24.2.

[2] Y el Señor me respondió, y me dijo:

«Escribe esta visión. Grábala sobre unas tablillas, para que pueda leerse de corrido.

[3] La visión va a tardar todavía algún tiempo, pero su cumplimiento se acerca, y no dejará de cumplirse. Aunque tarde, espera a que llegue, porque vendrá sin falta. No tarda ya.[a]

[4] Aquel cuya alma no es recta, es arrogante; pero el justo vivirá por su fe.[b]

[5] El que es afecto al vino, es traicionero y soberbio, y por lo tanto no permanecerá, pues ensancha su garganta como el sepulcro y es insaciable como la muerte; reúne para sí mismo a todos los pueblos y naciones.

Ayes contra los injustos

[6] »¿Y no habrán de burlarse de ti, y de lanzarte sarcásticos refranes? No faltarán quienes digan: "¡Ay de ti, que acumulabas bienes ajenos! ¿Hasta cuándo habrías de amontonar lo que a otros arrebataste?"

[7] »¿No habrán de levantarse de pronto tus deudores, y al despertar te harán temblar, y serás para ellos botín de guerra?

[8] Tú has despojado de sus bienes a muchas naciones; por eso todos los otros pueblos te despojarán. Y es que tú has derramado mucha sangre, has cometido muchos robos en la tierra y en las ciudades, y contra todos sus habitantes.

[9] »¡Ay de ti, que codicias ganancias injustas para tu casa, y que pones en alto tu nido para escaparte del poder del mal!

[10] Para vergüenza de tu casa, hiciste planes malvados, asolaste muchos pueblos, y has pecado contra tu vida.

[11] Ciertamente, las piedras de los muros clamarán contra ti, y las tablas del enmaderado repetirán el eco.

[12] »¡Ay de ti, que edificas la ciudad con sangre, y que la fundas sobre la iniquidad!

[13] ¿Acaso no lo ha determinado el Señor de los ejércitos? Los pueblos trabajarán para el fuego, y las naciones se fatigarán en vano.

[14] Porque así como el mar rebosa de agua, también la tierra rebosará con el conocimiento de la gloria del Señor.[c]

[15] »¡Ay de ti, que embriagas a tu prójimo! ¡Ay de ti, que le acercas el odre y lo emborrachas para contemplar su desnudez!

[16] Eso, en vez de honrarte, te llena de deshonra, ¡pero también tú beberás y mostrarás tu desnudez! El Señor mismo vendrá a ti, y con su mano derecha te dará a beber del cáliz, y tu honra quedará cubierta de afrentoso vómito.

[17] Ciertamente, la rapiña del Líbano recaerá sobre ti, y las fieras te despedazarán. Y es que tú has derramado mucha sangre, has cometido muchos robos en la tierra y en las ciudades, y contra todos sus habitantes.

---

[a] **2.3:** Heb 10.37. [b] **2.4:** Ro 1.17; Gá 3.11; Heb 10.38. [c] **2.14:** Is 11.9.

EL VIVIR POR FE *(Habacuc 2.4)*

Necesitamos comida, descanso, agua y aire para poder vivir. Pero este versículo en Habacuc dice que necesitamos otra cosa: fe. Las personas que viven por fe en Dios son diferentes a las personas que no lo hacen. Las personas que creen que no necesitan a Dios son orgullosas. Su vida gira alrededor de su reputación, sus riquezas o cualquier otra cosa de la cual se enorgullecen. Pero las personas que tienen fe son humildes porque dependen de Dios. Saben que sólo Él puede salvarlos. ¿Quieres tú vivir como los orgullosos o como los humildes? Haz una lista de maneras en que puedes mostrar que vives por fe en Dios.

18 »¿De qué sirve la escultura que hace el
escultor? ¿De que sirve la estatua fundida,
maestra de mentira, obra en la que pone su
confianza el que hace imágenes mudas?
19 ¡Ay del que pide al palo que despierte,
y que a la piedra muda le pide levantarse!
¿Cómo pretende ser maestro? ¡Sus imágenes
están recubiertas de oro y plata, y no hay en
ellas ningún hálito de vida!»
20 Pero el Señor está en su santo templo.
¡Que calle delante de él toda la tierra!

Oración de Habacuc

3 Oración del profeta Habacuc. Sobre
Sigionot.

2 Señor, he oído hablar de tus hechos,
y saberlo me llena de temor.
Vuelve a actuar, Señor, en estos tiempos;
date a conocer en nuestros días,
y si te enojas, recuerda que eres compasivo.

Sof 3.19-20
3 ¡Dios viene de Temán!
¡El Santo viene del monte de Parán!
¡Su gloria cubre los cielos!
¡La tierra se llena con su alabanza!
4 ¡Su resplandor es como la luz!
¡Brillantes rayos salen de su mano!
¡Allí está escondido su poder!
5 Avanza precedido de gran mortandad,
y cierra su marcha ardiente fuego.
6 Si se detiene, la tierra se estremece;
si lanza una mirada, tiemblan las naciones,
las montañas eternas se desmoronan,
y las colinas perennes se hunden.
¡Sus caminos son eternos!

7 He visto aflicción en las tiendas de Cusán,
y angustia en las tiendas de Madián.
8 ¿Te enojaste, Señor, contra los ríos?
¿Te airaste contra ellos?
¿Se desató tu furia contra el mar
cuando montaste en tus caballos
y subiste en tus carros de victoria?
9 Al quedar tu arco al descubierto,
pudo verse tu aljaba repleta de flechas.
Con los ríos divides la tierra.
10 Los montes te ven, y tiemblan.
Pasan las aguas y todo lo inundan;
el mar profundo deja oír su voz,
y las grandes olas se agitan.
11 Al ver el resplandor de tus saetas,
y el brillo de tu deslumbrante lanza,
el sol y la luna detienen su marcha.
12 En tu ira, pisoteas la tierra;
en tu furor, aplastas a las naciones.
13 Acudes al llamado de tu pueblo,
y sales en ayuda de tu ungido.
Abates la casa del jefe malvado,
y lo dejas desnudo de pies a cabeza.
14 Horadas con sus propios dardos
la cabeza de sus guerreros,
que arremeten contra mí para que huya,
y gozan devorando al pobre que se esconde.
15 Tú cabalgas en el mar con tus caballos,
y haces que se agiten las muchas aguas.

LECCIONES **REGOCÍJATE EN EL SEÑOR**
(Habacuc 3.18-19)

¿Qué te hace cantar? ¿Tendrías ganas de cantar si estuvieras enfrentando una situación difícil? En este versículo Habacuc canta parte de un canto de alabanza de David (Salmo 18:33). Aunque Judá estaba a punto de ser invadida por los babilonios, Habacuc no dejó de cantar a Dios. ¿Cómo podía hacer eso? Confiaba en Dios, su Salvador y la fuente de su fortaleza. Él también sabía que algunos de los seguidores fieles de Dios sobrevivirían a la invasión babilonia. Los que vivían por fe en Dios serían victoriosos al final. ¿Tienes tú este tipo de confianza en Dios?

[16] Al oírte, se estremecen mis entrañas;
mis labios tiemblan al escuchar tu voz.
El mal me cala hasta los huesos,
y en mi interior todo se estremece,
pero yo espero confiado el día de la
angustia,
el día en que será invadido
el pueblo que ahora nos oprime.
[17] Aunque todavía no florece la higuera,
ni hay uvas en los viñedos,
ni hay tampoco aceitunas en los olivos,
ni los campos han rendido sus cosechas;
aunque no hay ovejas en los rediles
ni vacas en los corrales,
[18] yo me alegro por ti, Señor;
¡me regocijo en ti, Dios de mi salvación!
[19] Tú, Señor eres mi Dios y fortaleza.
Tú, Señor, me das pies ligeros, como de
cierva,[a]
y me haces andar en mis alturas.

Mt 8.10

[a]**3.19:** 2 S 22.34; Sal 18.33.

SOFONÍAS

Autor: **Sofonías**
Tema: **El día del Señor**
Fecha en que se escribió: **c. 630 a.C.**

UN TIEMPO DE JUICIO

Sofonías, cuyo nombre significa "el Señor esconde", fue el tataranieto del rey Ezequías de Judá. Fue un profeta durante el reinado de Josías (640-609 a.C.), el último rey piadoso de Judá. Sofonías escribió para advertir al pueblo de Judá acerca de "el gran día del Señor" (1:14), un tiempo de juicio. El juicio es un castigo por el pecado.

Puedes encontrar la frase "el día del Señor" en muchos lugares en la Biblia. Se refiere a acontecimientos que ocurrirán en el futuro cercano cuando se escribieron las palabras, y también a acontecimientos que tendrán lugar en el futuro muy lejano. Para los enemigos de Dios "el día del Señor" significaba que Él los iba a juzgar y destruir. Para el pueblo fiel de Dios, significaba que Dios los rescataría y los galardonaría. Durante la época de Sofonías, el pueblo rebelde de Judá sería castigado por sus pecados. Al final de la historia, los cristianos y el resto del mundo también enfrentarán un tiempo de juicio. Sofonías también escribió para avisar al pueblo de Dios en Judá que un día los restauraría a su tierra natal y al favor de Él. En ese momento, Judá cantaría las alabanzas de Dios.

LO QUE ENCONTRARÁS EN EL LIBRO

Dios le dio a Sofonías un mensaje acerca de un juicio sobre el mundo entero que sobrevendría algún día como resultado de los pecados de todas las personas (1:2;

3:8). Pero Dios también envió un mensaje diciendo que Judá sería castigado por haber pecado en contra de Dios (1:4-13; 3:1-7).

Sofonías instó al pueblo a reconocer su pecado, apartarse de sus malos caminos, y empezar a seguir los planes de Dios antes que fueran destruidos (2:1-3).

Dios también le dio a Sofonías un mensaje acerca del juicio futuro sobre cinco naciones extrajeras: Filistea, Amón, Moab, Cus (Etiopía), y Asiria (2:4-15). Sofonías habló por segunda vez de los pecados de Jerusalén (3:1-7). También habló acerca de una época en que Dios restauraría su pueblo a su tierra (3:9-20).

¿SABÍAS QUE...?

- Sofonías es el único profeta que menciona su ascendencia, la cual se remonta cuatro generaciones al rey Ezequías.
- El libro de Sofonías tiene la revelación más detallada en el Antiguo Testamento acerca del futuro "día del Señor".
- Es un libro acerca de las advertencias y las promesas de Dios.
- Es un libro acerca de la fidelidad. Cuenta acerca de un pequeño grupo de seguidores de Dios que siempre le son fieles, sin importar lo que hagan los demás.

El día de la ira del Señor

Durante el reinado de Josías[a] hijo de
Amón, rey de Judá, la palabra del
Señor vino a Sofonías hijo de Cusi,
hijo de Gedalías, hijo de Amarías, hijo de
Ezequías.
2 «Voy a destruir por completo todo lo
que hay sobre la faz de la tierra.
—Palabra del Señor.
3 »Voy a destruir a los seres humanos y a
las bestias. Voy a destruir a las aves del cielo
y a los peces del mar. Eliminaré a los impíos,
y borraré de la faz de la tierra a la humani-
dad entera.
—Palabra del Señor.
4 »Voy a extender mi mano contra Judá,
y contra todos los habitantes de Jerusalén.
Voy a borrar de este lugar los restos de Baal,
lo mismo que el recuerdo de sus ministros
idólatras y de sus sacerdotes,
5 esos que en las azoteas rinden culto al
ejército del cielo, y que de rodillas juran en el
nombre del Señor y también en el nombre
de Milcón.
6 Voy a acabar con los que se apartan de
mis caminos, y no me buscan ni me con-
sultan.»
7 Guardemos silencio en presencia de
nuestro Señor y Dios. Ya está cerca el día del
Señor. Ya el Señor ha preparado el sacrificio,
y ha purificado a sus convidados.
8 «En el día del sacrificio, yo, el Señor, cas-
tigaré a los magnates y a los hijos del rey, y a
todos los que visten como extranjeros.
9 Ese día castigaré también a todos los que
dan un salto al cruzar la puerta, y a los que
llenan de robo y de engaño las casas de sus
amos.
10 »Cuando llegue ese día, se escuchará
un gran clamor desde la puerta del Pescado,
graves gemidos desde la segunda puerta, y
dolientes quejas desde las colinas.»
—Palabra del Señor.
11 Lloren, habitantes de Mactes, porque
todo el pueblo de mercaderes ha sido des-
truido. ¡Han sido destruidos todos los que
traían dinero!
12 «Cuando llegue el momento, yo exami-
naré con linterna a Jerusalén, y castigaré a
los que se hallan en tranquilo reposo y asen-
tados como el vino. Castigaré a esos que
dentro de sí piensan: "El Señor no hace bien
ni hace mal."
13 Por pensar así, sus bienes serán saquea-
dos y sus casas serán derribadas. Construi-
rán casas, pero no llegarán a habitarlas;
plantarán viñas, pero no llegarán a beber su
vino.»
14 Ya está cerca el gran día del Señor. Ya
está cerca, muy cerca. Será un día de amar-
gura y de gran estrépito, en el que hasta los
valientes pedirán ayuda.
15 Será un día de ira, de angustia y de es-
trechez; día de alboroto y destrucción, día
de oscuridad y tinieblas, día nublado y som-
brío,
16 día de sonido de trompetas, de gritos
de guerra contra las ciudades fortificadas y
contra las desafiantes torres.
17 »Yo afligiré a los mortales. Por haber
pecado contra mí andarán como ciegos; su
sangre será esparcida como el polvo, y su
carne será como estiércol.»

LECCIONES ¿ESTÁ DIOS INVOLUCRADO?
(Sofonías 1.12)

Sofonías tenía un mensaje para las personas en Judá que creían que Dios no estaba involucrado en la vida de su pueblo. Ya que les parecía que a Dios no le importaba sus acciones, creían que su pecado no sería castigado. Pero Sofonías explicó que Dios les pediría cuentas de sus acciones. Él los castigaría por los pecados que cometían. Dios sigue permitiendo que las personas tomen sus propias decisiones, pero Él aconsejará y ayudará a los que se lo piden. Algún día Dios galardonará a aquellos que le obedecen y castigará a los que lo rechazan.

[a]**1.1:** 2 R 22.1—23.30; 2 Cr 34.1—35.27.

18 En el día de la ira del Señor, nada podrá
librarlos. Ni su plata ni su oro, porque toda
la tierra será consumida por el fuego de su
enojo. En un abrir y cerrar de ojos, el Señor
destruirá a todos los habitantes de la tierra.

Juicios contra las naciones vecinas

2 Tú, nación desvergonzada, ponte a
pensar,
2 antes de que entre en vigor el de-
creto, y el día se pase como el polvo; antes
de que caiga sobre ustedes el furor de la ira
del Señor; ¡antes de que les sobrevenga el
día de la ira del Señor!
3 Ustedes, los humildes de la tierra, los que
practican la justicia del Señor, ¡búsquenlo!
¡Busquen al Señor y su justicia! ¡Practiquen
la mansedumbre! Tal vez el Señor los proteja
en el día de su enojo.
4 Porque Gaza quedará desamparada, y
Ascalón será destruida; Asdod será saquea-
da en pleno día, y Ecrón será arrancada de
raíz.
5 ¡Ay de ustedes, cretenses, que habitan
en las costas del mar! ¡La palabra del Señor
va dirigida contra ti, Canaán, tierra de los fi-
listeos![a] ¡Yo haré que te destruyan hasta no
dejar un solo habitante!
6 La costa del mar quedará convertida en
praderas de pastoreo y en corrales de ove-
jas.
7 Allí cuidarán sus rebaños los sobrevivien-
tes de la casa de Judá, y pasarán la noche
en las casas de Ascalón, porque el Señor su
Dios los visitará y los rescatará de su cauti-
verio.
8 «Han llegado a mis oídos las ofensas de
Moab[b] y los insultos con que los hijos de
Amón[c] han deshonrado a mi pueblo. Sé
que se han engrandecido sobre su territorio.
9 Por lo tanto, vivo yo, que a Moab le pasa-
rá lo que a Sodoma, y a los hijos de Amón lo
que a Gomorra.[d] Será un campo de ortigas
y de minas de sal, ¡de perenne destrucción!
El remanente de mi pueblo los saqueará, y
tomará posesión de sus territorios.»
—Palabra del Señor de los ejércitos, Dios
de Israel.
10 Esto les sobrevendrá por causa de su
soberbia, por insultar y engrandecerse en
contra del pueblo del Señor de los ejércitos.
11 Las acciones del Señor contra ellos se-
rán terribles, porque destruirá a todos los
dioses de la tierra, y todas las naciones se
inclinarán ante él, allí donde se encuentren.
12 «Ustedes, los etíopes,[e] también sufrirán
la muerte ante mi espada.»
13 El Señor extenderá su mano contra el
norte y destruirá a Asiria,[f] y convertirá a
Nínive en un montón de ruinas y en árido
desierto.
14 Los rebaños y los ganados harán de ella
su aprisco, y en sus dinteles dormirán los
pelícanos, los erizos y todas las bestias del
campo. Se oirán trinos en las ventanas, pero
en las puertas habrá desolación porque sus

[a] **2.4-7:** Is 14.29-31; Jer 47.1-7; Ez 25.15-17; Jl 3.4-8; Am 1.6-8; Zac 9.5-7. [b] **2.8-11:** Is 15.1—16.14; 25.10-12; Jer 48.1-47; Ez 25.8-11; Am 2.1-3. [c] **2.8-11:** Jer 49.1-6; Ez 21.28-32; 25.1-7; Am 1.13-15. [d] **2.9:** Gn 19.24. [e] **2.12:** Is 18.1-7. [f] **2.13-15:** Is 10.5-34; 14.24-27; Nah 1.1—3.19.

BUSCA AL SEÑOR *(Sofonías 2.3)*

PODER PARA VIVIR

Cuando estás en apuros, ¿qué haces? Probablemente pides ayuda. Sofonías le instó al pueblo de Judá a que buscaran a Dios antes que se encontraran en apuros. El "buscar al Señor" significa hablar sinceramente con Dios y desear obedecerle. Si el pueblo hacía esto, encontrarían ayuda y paz cuando sobrevinieran los problemas. Si quieres seguir el consejo de Sofonías, crea un hábito de hablar con Dios. Pídele su ayuda. Entonces tendrás el poder para enfrentar cualquier cosa que ocurra en tu vida. ¡Hazlo y verás!

paneles de cedro quedarán al descubierto.
15 ¡Así quedará la ciudad alegre, que tan
confiada vivía! ¡Así quedará la ciudad que
en su corazón decía: «Yo soy única, no hay
nadie como yo»! Y, sin embargo, quedará
asolada; ¡quedará convertida en una guarida
de fieras! Todos los que pasen cerca de ella,
se burlarán y le harán señas con la mano.

Pecado y redención de Jerusalén

3 ¡Ay de la ciudad rebelde, contamina-
da y opresora!
2 No quiso escuchar la voz de su
Dios, ni recibir su corrección. No confió en
el Señor ni se acercó a él.
3 En sus calles, sus magnates parecen leo-
nes rugientes; sus jueces son lobos noctur-
nos que no dejan un solo hueso para el día
siguiente.
4 Sus profetas son irresponsables y traicio-
neros; sus sacerdotes contaminan el santua-
rio y falsean la ley.
5 En sus calles, el Señor es justo y no hace
iniquidad; por la mañana saca a luz su juicio,
y nunca faltará. Pero el perverso no conoce
la vergüenza.
6 «Yo permití que las naciones fueran des-
truidas, y que sus habitaciones quedaran
asoladas; yo dejé sus calles desiertas, hasta
que no quedó quien pasara por ellas; sus
ciudades quedaron asoladas, hasta que no
quedó nadie, ni un solo habitante.
7 »Yo me dije: "Seguramente esta ciudad
me temerá; aceptará ser corregida, y no será
destruida su habitación por todo aquello
por lo que la castigué." Pero ellos se apresu-
raron a corromper todos sus hechos.
8 »Por lo tanto, espérenme hasta el día en
que me levante para juzgarlos; porque he
decidido reunir a las naciones y juntar los
reinos para derramar sobre ellos todo mi
enojo y el ardor de mi ira. ¡El fuego de mi
celo consumirá toda la tierra!»
—Palabra del Señor.
9 «Cuando llegue el momento, devolveré
a los pueblos la pureza de labios, para que
todos invoquen mi nombre y me sirvan con
espíritu unánime.
10 De allende los ríos de Etiopía mi pueblo
esparcido vendrá a adorarme y me traerá
ofrendas.
11 »Cuando llegue ese día, no tendrás que
avergonzarte por ninguna de tus rebeliones
contra mí, porque yo quitaré de en medio
de ti a los que se alegran por tu soberbia,
y nunca más volverás a envanecerte en mi
santo monte.
12 En medio de ti dejaré a un pueblo hu-
milde y pobre, el cual confiará en mi nom-
bre.
13 El remanente de Israel no cometerá in-
justicias ni dirá mentiras, ni habrá entre ellos
gente mentirosa,[a] porque yo los cuidaré
como un pastor, y ellos dormirán sin que
nadie los atemorice.»

14 ¡Canta, hija de Sión!
¡Da voces de júbilo, Israel!
¡Regocíjate de todo corazón, hija de
Jerusalén!

PALABRAS CON PODER

¡REGOCÍJATE!
(Sofonías 3.14-17)

El regocijarse quiere decir expresar gozo. El gozo es diferente a la felicidad. La felicidad tiende a desvanecerse cuando las cosas no salen bien. Pero podemos sentir gozo aun en los momentos difíciles. Sofonías le dio al pueblo de Judá varias razones para regocijarse, aun cuando se veían tentados a sentirse muy abatidos. Algún día, Dios los perdonaría, los restauraría a su tierra, derrotaría a sus enemigos, y quitaría su temor. Nosotros también podemos regocijarnos. Dios nos ha salvado de nuestros pecados por medio de Jesucristo. Su Espíritu Santo vive en nuestro corazón y nos da gozo (Gálatas 5:22-23). ¡Es por eso que los NIÑOS PODEROSOS son niños llenos de gozo!

[a]**3.13:** Ap 14.5.

15 ¡El Señor ha apartado tus juicios,
y ha expulsado a tus enemigos!
¡El Señor es el Rey de Israel,
y está en medio de ti!
¡Nunca más verás el mal!

16 Cuando llegue el momento, se dirá a Jerusalén: «No temas, Sión; que no se debiliten tus manos.

17 El Señor está en medio de ti, y te salvará con su poder; por ti se regocijará y se alegrará; por amor guardará silencio, y con cánticos se regocijará por ti.»

18 «Yo reuniré a tus habitantes, a los que por tanto tiempo han tenido que cargar con tu oprobio.

19 Cuando llegue el momento, perseguiré a todos tus opresores; salvaré a las ovejas que cojean e iré en busca de las que perdieron el camino. Yo haré que ustedes sean motivo de alabanza, y que gocen de renombre en toda la tierra.

20 »Cuando llegue el momento, yo mismo los haré venir. Cuando llegue el momento yo mismo los reuniré. Cuando ponga fin a su cautiverio, lo cual ustedes mismos verán, los haré gozar de renombre y haré que sean motivo de alabanza entre todos los pueblos de la tierra.»

—Palabra del Señor.

Mt 9.8

PROMESAS PODEROSAS

SOFONÍAS 3.17

El Señor está en medio de ti, y te salvará con su poder; por ti se regocijará y se alegrará; por amor guardará silencio, y con cánticos se regocijará por ti.

¿Te imaginas a Dios entonando espontáneamente una canción en tu honor? ¡Algún día lo hará! La promesa en este versículo se cumplirá cuando Jesús regrese para ser Rey sobre su pueblo. Este será un momento de gran gozo. No sólo se regocijará el pueblo de Dios por el perdón y la paz que Dios les da, ¡sino que Dios mismo se regocijará sobre su pueblo!

HAGEO

Autor: **Hageo**
Temas: **Reconstrucción del templo; obediencia a Dios**
Fecha en que se escribió: **c. 520 a.C.**

VOLVER A SU TIERRA

Hageo fue el primer libro que se escribió después que mucho del pueblo de Dios regresó a Jerusalén del exilio. (Los otros dos libros fueron Zacarías y Malaquías.) Durante un período de cuatro meses en 520 a.C., Hageo predicó los cuatro mensajes en este libro. Estos mensajes tenían dos propósitos. (1) Animaban a Zorobabel (el gobernador) y Josué (el sumo sacerdote) a hacer que el pueblo reconstruyera el templo. (2) Retaban al pueblo a poner a Dios en primer lugar en su vida. Si hacían esto, serían bendecidos.

LO QUE ENCONTRARÁS EN EL LIBRO

Cada mensaje en Hageo se introduce con la frase "la palabra del Señor" (1:1; 2:1; 2:10; 2:20).

En el primer mensaje Hageo insta al pueblo a que no se olvide de reconstruir el templo (1:4). Cuando oyen el mensaje de Hageo, Zorobabel, Josué y todo el pueblo se sienten apenados y empiezan nuevamente a trabajar en la reconstrucción del templo de Dios (1:12-15).

En otro mensaje, Hageo respondió a las quejas de pueblo sobre la reedificación del templo. Algunos de los israelitas decían que el nuevo templo nunca sería tan bueno como el primer templo (2:3). Pero Hageo les dijo a los líderes que siguieran construyendo porque esto era parte del plan de Dios (2:4-7). Además, Dios prometió que "la gloria de esta casa será mayor que al principio" (2:9).

Hageo dio su tercer mensaje (2:10-19) y su cuarto mensaje (2:20-23) el mismo día. El último mensaje contenía un profecía acerca de Zorobabel, quien representaba la descendencia real por medio de la cual vendría el Mesías prometido (el Salvador).

¿SABÍAS QUE...?

- Hageo es el segundo libro más corto del Antiguo Testamento.
- Registra los primeros mensajes proféticos que se oyeron en Judá después del exilio en Babilonia.
- Es una profecía audaz acerca de lo que hará Dios en los últimos tiempos.

Exhortación a edificar el templo

El día primero del mes sexto del año
segundo del rey Darío, la palabra del
Señor vino por medio del profeta Ha-
geo[a] a Zorobabel hijo de Salatiel, goberna-
dor de Judá, y a Josué hijo de Josadac, sumo
sacerdote. Y dijo:
2 «Así ha dicho el Señor de los ejércitos:
Este pueblo dice: "Todavía no es tiempo de
que la casa del Señor sea reedificada."»
3 Entonces la palabra del Señor vino por
medio del profeta Hageo, y dijo:
4 «¿Acaso sí es tiempo de que ustedes
habiten en sus casas artesonadas, y de que
esta casa esté desierta?
5 Pues así ha dicho el Señor de los ejérci-
tos: "Piensen bien lo que hacen.
6 Ustedes siembran mucho, y recogen
poco; comen, y no se sacian; beben, y no
quedan satisfechos; se visten, y no entran
en calor; y los que trabajan por un jornal lo
reciben en saco roto."
7 »Así ha dicho el Señor de los ejércitos:
"Piensen en lo que hacen.
8 Vayan al monte, y traigan madera, y re-
construyan mi casa. Yo pondré en ella mi
beneplácito, y seré glorificado." Yo, el Señor,
lo he dicho.
9 »Ustedes buscan mucho, y encuentran
poco. Lo que ustedes guardan en su casa,
yo de un soplo lo disipo. ¿Y por qué? Porque
mi casa está desierta, mientras cada uno de
ustedes corre a su propia casa.
—Palabra del Señor de los ejércitos.
10 »Por culpa de ustedes los cielos han re-
tenido la lluvia, y la tierra se niega a dar sus
frutos.
11 Yo hice venir la sequía sobre esta tierra,
sobre los montes y el trigo, sobre el vino y el
aceite, sobre hombres y animales, sobre to-
dos los productos de la tierra y sobre todo
trabajo manual.»
12 Tanto Zorobabel hijo de Salatiel como
Josué hijo de Josadac, sumo sacerdote, lo
mismo que el resto del pueblo, oyeron la
voz del Señor su Dios y las palabras del pro-
feta Hageo, tal y como el Señor su Dios le
había ordenado decir, y todo el pueblo tuvo
temor delante del Señor.
13 Entonces Hageo habló con el pueblo
por mandato del Señor, y como enviado
suyo dijo: «Yo estoy con ustedes.»
—Palabra del Señor.
14 El Señor despertó el espíritu de Zoroba-
bel hijo de Salatiel, que era gobernador de
Judá, y el espíritu de Josué hijo de Josadac,
que era sumo sacerdote, lo mismo que el
espíritu del resto del pueblo, y todos ellos
acudieron a trabajar en la casa de su Dios, el
Señor de los ejércitos.
15 Era el día veinticuatro del mes sexto, del
año segundo del rey Darío.

[a] **1.1:** Esd 4.24—5.2; 6.14.

UNA ALTA PRIORIDAD *(Hageo 1.4)*

Cuando cierta tarea es una alta prioridad para nosotros, le dedicamos toda nuestra atención y todos nuestros esfuerzos. Nuestras prioridades son las cosas más importantes en nuestra vida. Cuando el pueblo regresó a Jerusalén, su máxima prioridad era reconstruir su casa. Pero Dios quería que hicieran del templo, la casa de Él, una prioridad aun más alta. Antes de reconstruir su casa, necesitaban dedicarle tiempo a reconstruir la casa de Dios. Piensa acerca de las cosas que Dios nos da para hacer hoy día. Nos pide que oremos, que compartamos las buenas noticias de Jesús con otras personas, y que leamos su Palabra. ¿Son estas cosas prioritarias para ti? Los NIÑOS PODEROSOS deciden que Dios siempre es la mayor prioridad en su vida.

La gloria del nuevo templo

2 El día veintiuno del mes séptimo la palabra del Señor vino por medio del profeta Hageo, y dijo:

2 «Habla ahora con Zorobabel hijo de Salatiel, que es el gobernador de Judá, y con Josué hijo de Josadac, el sumo sacerdote, y también con el resto del pueblo, y diles:

3 "¿Hay entre ustedes alguien que haya visto el esplendor que antes tuvo esta casa?[a] ¿Qué les parece ahora? ¿No es verdad que la ven como muy poca cosa?

4 Pues esfuérzate ahora, Zorobabel, y esfuérzate también tú, Josué hijo de Josadac, sumo sacerdote; y ustedes, pueblo todo de la tierra, ¡cobren ánimo y pónganse a trabajar, que yo estoy con ustedes!

—Palabra del Señor de los ejércitos.

5 "Mi espíritu estará entre ustedes,[b] de acuerdo con el pacto que hice con ustedes cuando salieron de Egipto. Así que no tengan miedo."»

6 Así dice el Señor de los ejércitos:

«Dentro de poco tiempo haré temblar los cielos y la tierra,[c] el mar y la tierra seca.

7 Haré temblar a todas las naciones. Entonces vendrá lo más deseado por todas las naciones, y llenaré de gloria esta casa. Lo digo yo, el Señor de los ejércitos.

8 La plata y el oro son míos.

—Palabra del Señor de los ejércitos.

9 »Al final, la gloria de esta casa será mayor que al principio, y haré que en este lugar haya paz. Lo digo yo, el Señor de los ejércitos.»

—Palabra del Señor de los ejércitos.

El pueblo es reprendido por su infidelidad

10 El día veinticuatro del mes noveno del año segundo de Darío, la palabra del Señor vino por medio del profeta Hageo, y dijo:

11 «Así ha dicho el Señor de los ejércitos: Pregúntales ahora a los sacerdotes en cuanto a la ley. Diles:

LECCIONES

UN TEMPLO MAYOR

(Hageo 2.3)

¿En algún momento has visto un edificio o una casa hermosa caer en la ruina? ¿Te entristeció? Eso fue lo que le ocurrió al pueblo de Dios. Cuando se completó el nuevo templo, algunas personas estaban desanimadas porque recordaban la belleza del templo original. Dios entendía aquella tristeza, pero Él prometió que el nuevo templo sería mayor que el antiguo. ¿Por qué sería mayor? Porque algún día el Salvador prometido estaría de pie en el templo. La Biblia nos cuenta de otro templo que es aun mayor. ¿Sabes cuál es? Es tu corazón, si confías en Jesús como tu Salvador. Tú eres la casa o el templo del Espíritu Santo.

12 "Si alguien lleva carne santificada en la falda de su ropa, y con el vuelo de ella toca pan, comida, vino, aceite, o cualquier otro alimento, ¿la carne queda santificada?" Y los sacerdotes respondieron: "¡Por supuesto que no!"

13 Entonces les dijo Hageo: "Si alguien que esté impuro por haber tocado un cadáver[d] toca alguna de estas cosas, ¿este hecho las hace impuras?" Y los sacerdotes respondieron: "¡Por supuesto que sí!"»

14 Hageo dijo entonces:

«Así es como se porta este pueblo delante de mí, y así también son todas las obras de sus manos. ¡Todo lo que aquí ofrecen es impuro!

—Palabra del Señor.

15 »Pero de ahora en adelante pónganse a pensar de corazón, antes de que pongan una piedra sobre otra en el templo del Señor.

16 Antes de que sucediera todo esto, iban ustedes al montón de trigo para recoger veinte sacos, y sólo encontraban diez; o iban al lagar para sacar cincuenta cántaros de vino, y sólo sacaban veinte.

[a]**2.3:** Esd 3.12. [b]**2.5:** Éx 33.14. [c]**2.6:** Heb 12.26. [d]**2.13:** Nm 19.11-22.

17 Yo deshice con viento solano, con ti-
zoncillo y con granizo todas las obras de sus
manos, pero ustedes no se volvieron a mí.
—Palabra del Señor.
18 »Por lo tanto, de ahora en adelante
pónganse a pensar de corazón. A partir del
día veinticuatro del mes noveno, día en que
se echaron los cimientos del templo del Se-
ñor, piensen bien y de corazón:
19 ¿No es verdad que la simiente aún está
en el granero? ¿No es verdad que todavía no
florecen las vides ni las higueras, ni los gra-
nados ni los olivos? Pero a partir de este día
yo los bendeciré.»

Promesa del Señor a Zorobabel

20 El día veinticuatro del mismo mes la pa-
labra del Señor vino a Hageo por segunda
vez, y dijo:
21 «Habla con Zorobabel, que es el gober-
nador de Judá, y dile: "Yo voy a hacer que
tiemblen los cielos y la tierra.
22 Voy a trastornar el trono de los reinos
y a destruir la fuerza de los reinos de las na-
ciones. Voy a trastornar sus carros de gue-
rra y sus tripulantes, y rodarán por tierra
los caballos y sus jinetes, cada uno de ellos
a manos de la espada de su compañero.
23 Cuando llegue ese día, yo te tomaré a
ti, Zorobabel hijo de Salatiel, y haré de ti mi
anillo de sellar, porque tú eres mi siervo: ¡yo
te he escogido!"»
—Palabra del Señor de los ejércitos.

PALABRAS CON PODER

UN ANILLO DE SELLO
(Hageo 2.23)

Un anillo de sello era un anillo que usaban las personas como señal de su autoridad. El faraón de Egipto le dio a José su anillo de sello para mostrar la autoridad de José (Génesis 41:42). Tal anillo podría usarse como un sello o una firma. Sin embargo, en este versículo, Dios prometió hacer a Zorobabel su anillo de sello. Con esto Dios quería dar a entender que alguien de la descendencia de Zorobabel sería la señal de la autoridad suprema de Dios y una promesa del favor de Dios para con su pueblo. Esta fue la profecía de Hageo acerca de Jesús, que venía de la descendencia de Zorobabel (lee Mateo 1:12-13).

ZACARÍAS

Autor: **Zacarías**
Temas: **La reconstrucción total del templo, la venida del Rey**
Fecha en que se escribió: **c. 520-470 a.C.**

EL TERMINAR LO QUE EMPEZARON

Zacarías era de la tribu de Leví. Sirvió en Jerusalén como sacerdote y profeta. Dios le dio las visiones y los mensajes en los capítulos 1-8 para animar a los israelitas que habían regresado del exilio a reconstruir el templo. Los mensajes de los capítulos 9-14 daban esperanza a los israelitas que estaban desanimados porque el Mesías prometido, el Salvador y Rey, no había llegado todavía. Zacarías explicó lo que ocurriría cuando el Mesías finalmente llegara.

Zacarías era mucho más joven que el profeta Hageo, quien también profetizaba durante la misma época. Estos dos hombres trabajaron muy esforzadamente para animar al pueblo con los mensajes de Dios. Como resultado, el templo fue completado y dedicado en 516/515 a.C.

LO QUE ENCONTRARÁS EN EL LIBRO

El libro de Zacarías tiene dos partes. En la primera parte (capítulos 1-8), el profeta instó al pueblo a que regresara a Dios para que Dios pudiera regresar a ellos (1:1-6). Mientras Zacarías animaba al pueblo a que terminaran de reconstruir el templo, recibió ocho visiones de Dios (1:7-6:8). Dios quería que su pueblo supiera que Él seguía amándolos y que estaba en control de su futuro.

En la segunda parte (capítulos 9-14) Zacarías predicó acerca de acontecimientos que ocurrirían al final de la historia, en los postreros días. El primer sermón (9:1-11:17), incluía promesas de salvación para Israel y revelaba al futuro Mesías como un Pastor que empezaría siendo rechazado (11:4-17). El segundo sermón (12:1-14:21) trataba acerca de una época en que el pueblo de Israel aceptaría finalmente al Mesías como Rey y serviría a Dios de todo corazón.

¿SABÍAS QUE...?

- Zacarías es el libro más largo entre los profetas menores.
- Sus catorce capítulos contienen más referencias al Mesías que cualquier libro del Antiguo Testamento a no ser Isaías.
- Es un libro de profecías acerca de los postreros días. Zacarías contiene las profecías más completas acerca de los acontecimientos en los postreros días que cualquier otro libro de los profetas menores (los doce libros de profecía al final del Antiguo Testamento).
- Zacarías predijo que el Mesías entraría a Jerusalén montado en un asno (9:9). Jesús cumplió esta profecía (Mateo 21).
- Como Daniel y Apocalipsis, es un libro acerca de visiones y símbolos fantásticos que tienen que ver con el final de los tiempos.

PALABRAS CON PODER — **EL TRABAJAR JUNTOS** *(Zacarías 1.1)*

A veces dos profetas son mejor que uno. Dios escogió a Zacarías, un hombre más joven, para ayudar a Hageo a animar al pueblo a reconstruir el templo. Para mostrar que había escogido a Zacarías, Dios le dio al profeta ocho visiones. Estas visiones ayudaron al pueblo a entender por qué Dios quería que reconstruyeran el templo. Además, Zacarías predicó mensajes acerca del Mesías venidero. Zacarías y Hageo trabajaron juntos, porque el Espíritu de Dios los ayudaba. Piensa acerca de las maneras en que Dios te ayuda a trabajar junto con otras personas para servirlo.

Llamamiento a volverse al Señor

En el mes octavo del segundo año de
Darío la palabra del Señor vino al pro-
feta Zacarías[a] hijo de Berequías, hijo
de Iddo, y dijo:
2 «El Señor está muy enojado contra los
padres de ustedes.
3 Así que dile al pueblo: "Así ha dicho el
Señor de los ejércitos: Vuélvanse a mí, y yo
me volveré a ustedes."
—Palabra del Señor de los ejércitos.
4 »No sean como sus padres, a quienes los
profetas de antaño clamaron y dijeron: "Así
ha dicho el Señor de los ejércitos: Apárten-
se ya de sus malos caminos y de sus malas
obras", pero ellos no me hicieron caso ni me
escucharon.
—Palabra del Señor.
5 »¿Y dónde están ahora sus padres? ¿Y
acaso los profetas viven todavía?
6 ¿Y acaso las palabras y ordenanzas que
di a mis siervos los profetas no alcanzaron
a los padres de ustedes? Por eso ellos se vol-
vieron a mí, y dijeron: "El Señor de los ejér-
citos nos ha tratado en conformidad con lo
que merecen nuestros caminos y nuestras
acciones."»

La visión de los caballos

7 El día veinticuatro del mes undécimo,
que es el mes de Sebat, del año segundo de
Darío, la palabra del Señor vino al profeta
Zacarías hijo de Berequías, hijo de Iddo, y
dijo:
8 «Una noche vi a un hombre cabalgando
un caballo alazán.[b] Estaba entre los mirtos
que había en la hondonada, y detrás de él
había caballos alazanes, overos y blancos.[c]
9 Yo pregunté: "Mi señor, ¿quiénes son
éstos?" Y el ángel que hablaba conmigo me
dijo: "Voy a mostrarte quiénes son."
10 »El hombre que estaba entre los mirtos
respondió y dijo: "Éstos son los que el Señor
ha enviado a recorrer la tierra."
11 Ellos, por su parte, hablaron con el án-
gel del Señor que estaba entre los mirtos y
dijeron: "Hemos andado por toda la tierra, y
ésta se halla reposada y tranquila."
12 »Entonces el ángel del Señor res-
pondió: "Señor de los ejércitos, ¿hasta
cuándo vas a negarles tu compasión a
Jerusalén y a las ciudades de Judá? ¡Ya has
estado airado con ellas durante setenta
años!"
13 »El Señor respondió al ángel que habla-
ba conmigo, con palabras amables y recon-
fortantes.
14 Y el ángel que hablaba conmigo me dijo:
"Levanta la voz y di: Así ha dicho el Señor
de los ejércitos: Muy grande es mi amor por
Jerusalén y por Sión.
15 Estoy muy airado contra las nacio-
nes que viven tranquilas porque, cuando
mi enojo no era tanto, ellos lo agravaron
más."
16 »Por lo tanto, así ha dicho el Señor:
"Volveré a compadecerme de Jerusalén. La
plomada volverá a tenderse sobre Jerusalén,
y en ella será edificada mi casa."
—Palabra del Señor de los ejércitos.
17 »Levanta la voz una vez más, y di: "Así
dice el Señor de los ejércitos: Mis ciudades
volverán a rebosar con abundancia de bie-

[a] **1.1:** Esd 4.24—5.1; 6.14. [b] **1.8:** Ap 6.4. [c] **1.8:** Ap 6.2.

nes, y yo, el Señor, volveré a consolar a Sión
y a escoger a Jerusalén."»

Visión de los carpinteros y los cuernos

18 Después levanté la vista y vi allí cuatro
cuernos.
19 Le pregunté al ángel que hablaba con-
migo:
«¿Y éstos qué son?»
Y el ángel me respondió:
«Éstos son los cuernos que dispersaron a
Judá, Israel y Jerusalén.»
20 Luego el Señor me mostró cuatro car-
pinteros,
21 y yo pregunté:
«¿Y éstos qué vienen a hacer?»
Y el ángel me respondió:
«Aquellos cuernos son los que dispersaron
a Judá, al grado de que ninguno de ellos vol-
vió a levantar la cabeza; pero éstos han venido
para hacerlos temblar y derribar los cuernos de
las naciones que se levantaron contra la tierra
de Judá y dispersaron a sus habitantes.»

Llamamiento a los cautivos

2 Después levanté la vista, y me vi ante
un hombre con un cordel de medir
en la mano.
2 Le pregunté:
«¿A dónde vas?»
Y él me respondió:
«Voy a medir a Jerusalén, para ver cuánto
mide de ancho y cuánto de largo.»
3 Pero en el momento en que se iba el án-
gel que hablaba conmigo, otro ángel le salió
al encuentro
4 y le dijo:
«Corre y dile a este joven: "Tantos serán
los que habiten en Jerusalén, y tanto ganado
tendrán, que la ciudad no tendrá muralla
alguna.
5 Yo seré para ella una muralla de fuego,
que la rodeará y que estará en medio de ella,
para gloria suya."
—Palabra del Señor.
6 »¡Vamos, salgan ya de ese país del norte!
—Palabra del Señor.

LECCIONES — UN LLAMADO A ALABAR
(Zacarías 2.10-12)

Zacarías vio una visión de un ángel quien le dijo lo que ocurriría al final de los tiempos. Como Daniel y el apóstol Juan, Dios le dio a Zacarías un mensaje acerca de una época de alabanza. "Cuando llegue ese día" se refiere al momento en que Jesús reinará en la tierra al final de la historia. En ese momento, los israelitas fieles a Dios y personas de otras naciones se juntarán para alabar a Dios. Dios vivirá entre su pueblo una vez más. Su presencia santificará la tierra.

»¡Yo fui el que los esparció por los cuatro
vientos de los cielos!
—Palabra del Señor.
7 »Sión, tú que habitas con la hija de Babi-
lonia, ¡escápate ya!»

8 Así ha dicho el glorioso Señor de los ejér-
citos, que me ha enviado a decir a las nacio-
nes que los despojaron a ustedes de todo:

«El que los toca a ustedes,
toca a la niña de mis ojos.
9 Yo levantaré mi mano contra ellos,
y serán para sus siervos botín de
guerra.»

Así sabrán que el Señor de los ejércitos
me ha enviado.

10 «Canta y alégrate, hija de Sión,
porque yo vendré a ti,
y en medio de ti viviré.
—Palabra del Señor.

11 »Cuando llegue ese día,
muchas naciones se unirán a mí,
y ellas me serán por pueblo,
y en medio de ti habitaré.»

Así sabrás que el Señor de los ejércitos me
ha enviado a ti.

[12] Y el Señor volverá a hacer de Judá su heredad en la tierra santa, y una vez más escogerá a Jerusalén.

[13] ¡Que la humanidad entera guarde silencio delante del Señor, porque él se ha levantado ya de su santa mansión!

Visión del sumo sacerdote Josué

3 Luego el ángel me mostró al sumo sacerdote Josué,[a] que estaba delante del ángel del Señor. A su mano derecha estaba Satanás, dispuesto a acusarlo.[b]

[2] Pero el Señor le dijo a Satanás:

«Yo soy el Señor, y te reprendo[c] a ti, Satanás. Yo he escogido a Jerusalén, y a este hombre lo he rescatado del fuego como a un tizón. Por eso yo, el Señor, te reprendo.»

[3] Como Josué estaba delante del ángel, y su ropa estaba muy sucia,

[4] el ángel ordenó a los que estaban a su servicio:

«¡Quítenle esa ropa tan sucia!»

Y a Josué le dijo:

«Date cuenta de que ya te he limpiado de tu pecado, y de que te he vestido con ropas de gala.»

[5] Después dijo:

«Pongan en su cabeza una mitra limpia.»

Y se le puso una mitra limpia en la cabeza, y se le vistió con ropas de gala. Mientras tanto, el ángel del Señor seguía de pie.

[6] Luego, el ángel del Señor amonestó a Josué y le dijo:

[7] «Así dice el Señor de los ejércitos: "Si andas por mis caminos, y cumples con mis ordenanzas, también tú gobernarás mi casa y quedarás a cargo de mis atrios, y te daré un lugar entre los que están aquí.

[8] Así que escúchame bien, Josué, como sumo sacerdote que eres, lo mismo que tus amigos que se sientan delante de ti, y que son una señal prodigiosa. Voy a hacer que venga mi siervo, el Renuevo.[d]

[9] Fíjate en la piedra que he puesto ante ti; como puedes ver, tiene siete ojos; voy a poner en ella una inscripción, y en un solo día borraré de la tierra el pecado.

—Palabra del Señor de los ejércitos.

[10] "Cuando llegue ese día, cada uno de ustedes invitará a sus amigos a sentarse debajo de su vid y de su higuera."»[e]

—Palabra del Señor de los ejércitos.

El candelabro de oro y los olivos

4 El ángel que hablaba conmigo volvió y me despertó, como si me despertara de un sueño,

[2] y me dijo:

«¿Qué ves?»

Yo respondí:

«Lo que veo es un candelabro, todo él de oro, con un depósito en la parte superior. Por encima del candelabro hay siete lámparas, con siete brazos para cada una de las lámparas que tiene arriba.

[a]**3.1:** Esd 5.2. [b]**3.1:** Ap 12.10. [c]**3.2:** Jud 9. [d]**3.8:** Jer 23.5; 33.15; Zac 6.12. [e]**3.10:** Miq 4.4.

POR EL PODER DEL ESPÍRITU *(Zacarías 4.6)*

Zacarías le predicó este mensaje a Zorobabel, el gobernador de Jerusalén. Era un recordatorio de que hay un límite a lo que pueden lograr los esfuerzos humanos. Zorobabel necesitaba al Espíritu Santo para poder completar la obra que Dios le había dado para hacer. Es igual con nosotros. Sólo podemos hacer la obra de Dios para nuestra vida mediante el poder del Espíritu Santo. Jesús empezó su ministerio terrenal en el poder del Espíritu (Lucas 4:1, 18). La iglesia empezó a llevar a cabo su misión con poder cuando el Espíritu Santo vino el día de Pentecostés (Hechos 1:8, 2:4). El Espíritu Santo te da el valor y la energía para hacer las tareas que Dios te da para hacer.

3 Junto al candelabro hay dos olivos,[a] uno de ellos a la derecha del depósito, y el otro a la izquierda.»

4 Seguí hablando, y le dije al ángel que hablaba conmigo:

«Y esto, mi señor, ¿qué significa?»

5 El ángel que hablaba conmigo me respondió y me dijo:

«¿No sabes lo que significa?»

Y yo le dije:

«No, señor mío.»

6 Entonces el ángel me respondió y me dijo:

«Es la palabra del Señor a Zorobabel,[b] que le dice: "Yo no actúo por medio de un ejército, ni por la fuerza, sino por medio de mi espíritu."

»Lo ha dicho el Señor de los ejércitos.

Mt 3.11

7 ¿Quién eres tú, monte imponente? ¡Ante Zorobabel quedarás convertido en una llanura! Porque él extraerá la piedra principal entre aclamaciones a su belleza.»

8 La palabra del Señor vino a mí, y me dijo:

9 «Zorobabel mismo echará los cimientos de esta casa, y con sus propias manos la terminará. Así sabrás que el Señor de los ejércitos me ha enviado a ustedes.

10 Porque los que se burlaron de los modestos comienzos se alegrarán al ver la plomada en la mano de Zorobabel. Éstos son los siete ojos del Señor,[c] los cuales recorren toda la tierra.»

11 Yo seguí hablando, y le dije:

«Y estos dos olivos[d] a la derecha y a la izquierda del candelabro, ¿qué significan?»

12 Y volví a hablar, y le dije:

«¿Qué significan las dos ramas de olivo, por cuyos brazos de oro se vierte el aceite como oro?»

13 Y el ángel me respondió:

«¿No sabes lo que significan?»

Y le dije:

«No lo sé, mi señor.»

14 Y me respondió:

«Éstos son los dos ungidos que están delante del Señor de toda la tierra.»

El rollo en vuelo

5 Levanté la mirada una vez más, y vi un rollo que volaba.

2 El ángel me preguntó:

«¿Qué es lo que ves?»

Y le respondí:

«Veo un rollo que vuela, de nueve metros de largo por cuatro y medio metros de ancho.»

3 Entonces el ángel me dijo:

«Ésta es la maldición que caerá sobre toda la faz de la tierra. Todo el que hurta será destruido (como está escrito de un lado del rollo); y todo aquel que jura falsamente también será destruido (como está escrito del otro lado del rollo).

4 Yo he dejado caer esta maldición sobre la casa del ladrón, y sobre la casa del que en mi nombre jura falsamente; y en medio de su casa permanecerá, hasta consumirla con sus maderas y sus piedras.»

—Palabra del Señor de los ejércitos.

La mujer dentro de la medida

5 Luego el ángel que hablaba conmigo salió y me dijo:

«Levanta la vista ahora, y fíjate en lo que está saliendo.»

6 Yo dije:

«¿Qué cosa es?»

Y él me dijo:

«Esto que sale es una medida.»

Y añadió:

«Esta medida representa la iniquidad de ellos en toda la tierra.»

7 Entonces se levantó la tapa de plomo, y dentro de la medida estaba sentada una mujer.

8 El ángel dijo:

«Ésta es la Maldad.»

Y dicho esto, arrojó a la mujer dentro de la medida, y enseguida cubrió ésta con la tapa de plomo.

9 Levanté luego la mirada, y vi que dos mujeres salían, agitando el aire con sus alas, las cuales eran como de cigüeña. Las muje-

[a] **4.3:** Ap 11.4. [b] **4.6:** Esd 5.2. [c] **4.10:** Ap 5.6. [d] **4.11:** Ap 11.4.

res levantaron la medida entre la tierra y los cielos.

[10] Yo le dije al ángel que hablaba conmigo: «¿A dónde llevan la medida?»

[11] Y él me respondió:

«La llevan a Babilonia, donde le edificarán un templo. En cuanto lo edifiquen, pondrán la medida sobre una base.»

Los cuatro carros

6 De nuevo levanté la mirada, y vi que de entre dos montes salían cuatro carros. Los montes eran de bronce.

[2] En el primer carro había caballos alazanes;[a] en el segundo carro, caballos negros;[b]

[3] en el tercer carro, caballos blancos;[c] y en el cuarto carro, caballos pintos.

[4] Le pregunté entonces al ángel que hablaba conmigo:

«Mi señor, ¿qué significa esto?»

[5] Y el ángel me respondió:

«Éstos son los cuatro vientos de los cielos,[d] que salen después de presentarse delante del Señor de toda la tierra.»

[6] El carro con los caballos negros salió en dirección al país del norte, y los blancos salieron tras ellos, y los overos salieron en dirección al país del sur.

[7] Los alazanes salieron dispuestos a recorrer la tierra. Y el ángel dijo:

«Vayan a recorrer la tierra.»

Y ellos la recorrieron.

[8] Luego el ángel me llamó y me dijo:

«Mira, los que salieron hacia el país del norte harán que mi espíritu repose en ese país.»

Coronación simbólica de Josué

[9] La palabra del Señor vino a mí, y me dijo.

[10] «Jelday, Tobías y Jedaías estaban cautivos en Babilonia, pero ya han vuelto. Así que ve hoy mismo a la casa de Josías hijo de Sofonías y tómalos.

[11] Toma también plata y oro, y haz unas coronas. Ponle una de ellas al sumo sacerdote Josué hijo de Josadac,

> **LECCIONES — EL REY SACERDOTE** *(Zacarías 6.13)*
>
> En este versículo, Zacarías habla acerca del Mesías que vendrá. No sólo sería un rey, sino que también sería un sumo sacerdote. El sumo sacerdote en Israel ofrecía sacrificios de animales a Dios por el pecado. Sin embargo, el Mesías se ofrecería a Sí mismo como sacrificio (lee Isaías 53:10; Lucas 24:26). Él haría esto para que Dios y su pueblo pudieran ser amigos íntimos para siempre. Luego, reinaría como Rey de reyes y Señor de señores (Apocalipsis 17:14). Jesús sufrió y murió y resucitó para que nosotros pudiéramos tener paz con Dios. Si escogemos servirlo y obedecerlo, llegamos a formar parte de su reino.

[12] y dile: "Así ha dicho el Señor de los ejércitos: Éste es el hombre cuyo nombre es Renuevo,[e] porque de sus raíces saldrán renuevos. Será él quien edifique el templo del Señor.

[13] Lo edificará, y se cubrirá de gloria, y se sentará en su trono para gobernar, al lado de un sacerdote, y entre los dos habrá un acuerdo de paz."

[14] Las coronas les servirán a Jelday, Tobías, Jedaías y Josías hijo de Sofonías, como un recordatorio en el templo del Señor.»

[15] Y los que están lejos vendrán y ayudarán a edificar el templo del Señor. Así sabrán que el Señor de los ejércitos me ha enviado a ustedes. Esto sucederá si ustedes son obedientes y atienden la voz del Señor su Dios.

El ayuno que Dios no aprueba

7 El cuarto día del mes noveno, es decir, en el mes de Quisleu, del año cuarto del rey Darío, sucedió que la palabra del Señor vino a Zacarías.

[2] El pueblo de Betel había enviado a Sarezer, y a Reguen Mélec y sus hombres, a implorar el favor del Señor

[3] y a preguntar a los sacerdotes y profetas que estaban en la casa del Señor de los ejér-

[a]**6.2:** Ap 6.4. [b]**6.2:** Ap 6.5. [c]**6.3:** Ap 6.2. [d]**6.5:** Ap 7.1. [e]**6.12:** Jer 23.5; 33.15; Zac 3.8.

citos si debían guardar luto y abstinencia en el mes quinto, tal y como lo habían hecho durante algunos años.

4 Y la palabra del Señor de los ejércitos vino a mí, y me dijo:

5 «Di a todo el pueblo del país, y a los sacerdotes, lo siguiente: Todos estos años, cuando ustedes ayunaron y guardaron luto en los meses quinto y séptimo, ¿lo hicieron para mí?

6 ¿No es verdad que cuando ustedes comen y beben, lo hacen para ustedes mismos?»

7 ¿Y acaso no son estas palabras las mismas que el Señor proclamó por medio de los profetas de antaño, cuando Jerusalén estaba habitada y tranquila, lo mismo que las ciudades de sus alrededores, y el Néguev y la Sefela?

El cautiverio como resultado de la desobediencia

8 La palabra del Señor vino a Zacarías, y le dijo:

9 «Así ha dicho el Señor de los ejércitos: Juzguen ciñéndose a la verdad, y sea cada uno de ustedes misericordioso y compasivo con su hermano;

10 no opriman a las viudas ni a los huérfanos, ni a los extranjeros ni a los pobres; y nunca abriguen malos pensamientos en contra de sus hermanos.»

11 Pero ellos no quisieron escuchar, sino que volvieron la espalda y se taparon los oídos para no oír;

12 endurecieron su corazón como el diamante, para no oír la ley ni las palabras que el Señor de los ejércitos enviaba por medio de su espíritu y de los profetas de antaño. Por eso el Señor de los ejércitos se enojó en gran manera.

Mc 16.17-18

13 Y sucedió que el Señor de los ejércitos no los escuchó cuando ellos clamaron, del mismo modo que ellos no lo escucharon cuando él clamó. Por eso dijo:

14 «Yo los esparcí con un torbellino por todas las naciones que ellos no conocían, y por donde ellos pasaban la tierra quedaba desolada e intransitable, pues la tierra otrora deseable la convirtieron en un desierto.»

Dios promete restaurar a Jerusalén

8 La palabra del Señor de los ejércitos vino a mí, y me dijo:

2 «Así ha dicho el Señor de los ejércitos: Es tan grande mi amor por Sión, que me lleno de celos y de ira.

3 »Así ha dicho el Señor: Yo he restaurado a Sión, y viviré en medio de Jerusalén. Y Jerusalén será llamada "Ciudad de la Verdad", y el monte del Señor de los ejércitos será llamado "Monte Santo".

4 »Así ha dicho el Señor de los ejércitos: Las calles de Jerusalén han de verse todavía habitadas por ancianos y ancianas, de edad tan avanzada que cada uno llevará su bastón en la mano.

5 Y todavía volverán a llenarse sus calles con niños y niñas que jugarán en ellas.

6 »Así dice el Señor de los ejércitos: Cuando llegue el día, esto podrá parecerles sorprendente a los sobrevivientes de este pueblo, pero ¿habrá de parecerme sorprendente también a mí?

—Palabra del Señor de los ejércitos.

7 »Así ha dicho el Señor de los ejércitos: ¡Miren! Yo salvaré a mi pueblo del país de oriente, y del país de occidente.

8 Yo los traeré, y los haré habitar en el corazón mismo de Jerusalén, y ellos serán mi pueblo, y yo seré su Dios en verdad y en justicia.

9 »Así ha dicho el Señor de los ejércitos: Ustedes, los que ahora y desde que se echaron los cimientos del templo del Señor de los ejércitos para edificar el templo, escuchan estas palabras de labios de los profetas, ¡ármense de valor!

10 Porque antes de ahora, por culpa del enemigo ni los trabajadores recibían su salario ni los animales recibían su alimento, ni había paz tampoco para los que salían de viaje o volvían, pues yo puse a todos en contra de todos.

[11] Pero a los sobrevivientes de este pueblo no los trataré como antes lo hice.

—Palabra del Señor de los ejércitos.

[12] »Más bien, habrá paz cuando se siembre, y las vides darán su fruto, y la tierra rendirá sus cosechas, y los cielos prodigarán su rocío. Yo haré que los sobrevivientes de este pueblo tomen posesión de todo esto.

[13] Así que ustedes, los de la casa de Judá y de la casa de Israel, no deben tener miedo de nada, sino armarse de valor, porque así como han sido motivo de maldición entre las naciones, así también los salvaré, para que sean motivo de bendición.

[14] »Así ha dicho el Señor de los ejércitos: Así como pensé en hacerles daño cuando sus padres me hicieron enojar, y no me arrepentí, yo, el Señor de los ejércitos, les digo

Zac 9.10 [15] que, por el contrario, ahora he decidido tratar con bondad a Jerusalén y a la casa de Judá. Así que no tengan miedo.

[16] Lo que sí deben hacer es hablar siempre a su prójimo con la verdad,[a] y juzgar en sus tribunales siempre con apego a la verdad y a lo conducente a la paz.

[17] Nadie debe pensar en hacerle daño a su prójimo, ni deleitarse en hacer juramentos falsos, porque nada de esto lo soporto.»

—Palabra del Señor.

[18] La palabra del Señor de los ejércitos vino a mí, y me dijo:

[19] «Así ha dicho el Señor de los ejércitos: Los ayunos del cuarto mes, y de los meses quinto, séptimo y décimo, serán para la casa de Judá motivo de gozo y alegría, y de gran celebración. Así que amen la verdad y la paz.

[20] »Así ha dicho el Señor de los ejércitos: Van a venir pueblos y habitantes de muchas ciudades,

[21] los cuales irán de ciudad en ciudad, diciendo: "Vayamos a implorar el favor del Señor. Vayamos a buscar al Señor de los ejércitos. Yo también iré."

[22] Y muchos pueblos y naciones poderosas vendrán a Jerusalén, para buscarme e implorar mi favor. Lo digo yo, el Señor de los ejércitos.

[23] »Así ha dicho el Señor de los ejércitos: Cuando lleguen esos días, diez hombres de diferentes naciones y lenguas se aferrarán al manto de un judío y le dirán: "¡Permítannos acompañarlos, pues sabemos que Dios está con ustedes!"» Mt 10.18-20

El castigo para las naciones vecinas

9 La palabra profética del Señor está en contra de la tierra de Jadrac y de Damasco.[a] Ciertamente, todas las tribus de Israel, y la humanidad entera, deben volver los ojos al Señor,

[2] lo mismo que Jamat, vecina de Tiro y Sidón,[b] a pesar de su sabiduría.

[3] Y aunque Tiro edificó una fortaleza para sí, y amontonó plata y oro como si amontonara el polvo o el lodo de las calles,

[4] el Señor la despojará de sus riquezas, acabará con su poderío marítimo, y hará que el fuego la consuma.

[5] Cuando Ascalón vea esto, se llenará de miedo, y Gaza sufrirá en gran manera, lo

[a] **8.16:** Ef 4.25. [a] **9.1:** Is 17.1-3; Jer 49.23-27; Am 1.3-5. [b] **9.1-4:** Is 23.1-18; Ez 26.1—28.26; Jl 3.4-8; Am 1.9-10; Mt 11.21-22; Lc 10.13-14.

UN MENSAJE DE PAZ *(Zacarías 9.8)*

¿En algún momento has sentido una paz completa? La mayoría de las personas sienten paz cuando saben que no hay ningún enemigo alrededor. La nación de Israel estaba rodeada de enemigos. Estos enemigos arrastraron al pueblo de su casa. Pero Dios prometió que un día Él les daría paz. Nunca más tendrían que temerle a un enemigo porque Dios los protegería. Cuando Jesús regrese a la tierra para ser rey, el pueblo de Dios tendrá completa paz para toda la eternidad.

mismo que Ecrón, porque verá desvanecerse su esperanza. El rey de Gaza perecerá, y Ascalón se quedará deshabitada.

[6] Asdod será habitada por extraños.

«Yo pondré fin a la soberbia de los filisteos:[c]

[7] les quitaré la sangre de la boca, y de entre los dientes les arrancaré sus abominaciones.»

Pero quedará también un remanente para nuestro Dios, y en Judá ellos serán como capitanes, y los de Ecrón serán como los jebuseos.

[8] «Entonces acamparé alrededor de mi casa para vigilarla, para que nadie entre ni salga, y nunca más habrá quien oprima a mi pueblo, porque esta vez yo mismo los estaré vigilando.»

El futuro rey de Sión

[9] «¡Llénate de alegría, hija de Sión!
¡Da voces de júbilo, hija de Jerusalén!
Mira que tu rey viene a ti,
justo, y salvador y humilde,
y montado sobre un asno,
sobre un pollino, hijo de asna.[d]
[10] Yo destruiré los carros de guerra de
Efraín
y los briosos caballos de Jerusalén,
y los arcos de guerra serán hechos
pedazos.
Tu rey anunciará la paz a las naciones,
y su señorío se extenderá de mar a
mar,
y del río Éufrates a los límites de la
tierra.[e]

Zac 14.3-9

[11] »También tú serás salvada por la sangre de tu pacto, y yo sacaré a tus presos de esa cisterna sin agua.

[12] ¡Vuelvan, pues, a la fortaleza, prisioneros de la esperanza! En este preciso día yo les hago saber que les devolveré el doble de lo que perdieron.

[13] Ya he tensado a Judá como un arco, y de Efraín he hecho una flecha; voy a incitar a los hijos de Sión contra los hijos de Grecia, y haré de ti una espada de guerrero.»

[14] Entonces se verá cómo el Señor los cubre, y cómo su dardo sale como un relámpago. Y el Señor tocará la trompeta, mientras avanza entre los torbellinos del sur.

[15] El Señor de los ejércitos les dará su protección, y ellos lo destruirán todo: despedazarán las piedras para las hondas, y beberán y se carcajearán como embriagados de vino, y se derramarán sus copas como los cuernos del altar.

[16] Cuando llegue ese día, el Señor su Dios salvará a su pueblo como si fuera un rebaño, y los exaltará en su tierra como a las piedras de una diadema.

[17] ¡Cuánta bondad, y cuánta hermosura! ¡El trigo y el vino llenarán de alegría a los jóvenes y a las doncellas!

El Señor salvará a su pueblo

10 Pidan ustedes al Señor que llueva en la estación tardía, y el Señor enviará relámpagos y a cada uno le dará lluvia abundante y hierba verde en el campo.

[2] Los terafines han comunicado mensajes sin sentido, los adivinos tienen visiones falsas, hablan de sueños ilusorios, y el consuelo que dan no sirve para nada. Por eso el pueblo sufre y vaga sin rumbo, como ovejas sin pastor.[a]

[3] «Mi enojo se ha encendido contra los pastores. Yo castigaré a los jefes.»

Sí, el Señor de los ejércitos vendrá al encuentro de su rebaño, que es la casa de Judá, y les dará el privilegiado lugar de un corcel de batalla.

[4] De la casa de Judá saldrá la piedra angular, la clavija, el arco de guerra, y también todo opresor.

[5] Serán como los guerreros que, en la batalla, pisotean al enemigo en el lodo de las

[c] **9.5-7:** Is 14.29-31; Jer 47.1-7; Ez 25.15-17; Jl 3.4-8; Am 1.6-8; Sof 2.4-7. [d] **9.9:** Mt 21.5; Jon 12.15. [e] **9.10:** Sal 72.8. [a] **10.2:** Mt 9.36; Mc 6.34.

calles. Combatirán, porque el Señor estará
con ellos, y los soldados de caballería que-
darán avergonzados.
6 «Yo fortaleceré la casa de Judá, y pro-
tegeré la casa de José. Yo los haré volver,
porque me he compadecido de ellos. Todo
será como si jamás los hubiera rechazado,
porque yo soy el Señor su Dios, y les res-
ponderé.»
7 Efraín será semejante a un guerrero, y su
corazón se regocijará como si bebiera vino.
También sus hijos lo verán, y se alegrarán; su
corazón se gozará en el Señor.
8 «Yo les daré la señal de que vuelvan, y
volveré a reunirlos. Cuando los haya redimi-
do; volverán a multiplicarse como antes.
9 Aunque los esparcí entre los pueblos,
aun en los países más lejanos se acordarán
de mí; y volverán con los hijos con quienes
vivieron.
10 Yo los haré volver de Egipto, y los re-
cogeré de Asiria, y los traeré a las tierras de
Galaad y del Líbano, y todas esas tierras no
les serán suficientes.
11 »Cuando pasen por el mar turbulento,
yo golpearé las olas del mar y secaré las pro-
fundidades del río. Haré que ruede por el
suelo la soberbia de Asiria, y que llegue a su
fin el reinado de Egipto.
12 Yo mismo infundiré fuerzas a mi pueblo,
y en mi nombre se pondrán en marcha.»
—Palabra del Señor.

11 ¡Líbano, abre tus puertas de par
en par,
para que el fuego consuma tus
cedros!
2 Y tú, ciprés, ¡llora por la caída de los
cedros,
por tus imponentes árboles derribados!
¡Lloren también ustedes, encinas de
Basán,
por sus espesos bosques que han sido
talados!
3 ¡Dejen oír sus voces de dolor, pastores,
porque sus ricos pastos han sido
asolados!
¡Lancen al aire sus rugidos, leoncillos,

PROMESAS PODEROSAS

ZACARÍAS 10.12

Yo mismo infundiré fuerzas a mi pueblo, y en mi nombre se pondrán en marcha. —Palabra del Señor.

Después de castigar a los enemigos de Israel (Asiria) quienes forzaron al pueblo a abandonar su hogar (versículo 11), Dios le daría fuerza y seguridad a su pueblo. Ya no temerían ser expulsados de su país natal. Ya no se sentirían débiles y desamparados. Con la ayuda del Dios Todopoderoso, ya no serían indefensos. Si te estás sintiendo débil o temeroso, recuerda esta promesa.

que el esplendor del Jordán llegó a
su fin!

Los pastores inútiles

4 Así me dijo el Señor mi Dios:
«Cuida de las ovejas que van al matadero,
5 a las que ni sus pastores compadecen; a
las que sus compradores matan sin sentirse
culpables, y quienes las venden, exclaman:
"¡Bendito sea el Señor, pues ahora soy rico!"
6 Por eso, no voy a tener ya compasión
de los habitantes de la tierra. Más bien,
voy a entregarlos en manos de sus propios
compañeros y de su rey. Y aunque éstos
destruyan el país, yo no los libraré de sus
manos.»
—Palabra del Señor.
7 Me dediqué, entonces, a cuidar de las
ovejas para el matadero, es decir, de los po-
bres del rebaño. Me hice dos cayados; a uno
de ellos lo llamé «Gracia», y al otro «Ata-
duras»; y me dediqué a cuidar de las ovejas.
8 En un mes destruí a tres pastores, pues
perdí la paciencia con ellos, y también ellos
se cansaron de mí.
9 Entonces les dije:
«Ya no voy a cuidar de ustedes. La que
deba morir, que se muera; la que haya de

PALABRAS CON PODER

DOS VARAS

(Zacarías 11.7)

¿En algún momento has visto la vara de un pastor? En la época bíblica, la vara que usaban los pastores era un bastón largo cuyo extremo era curvo. Las varas se usaban para guiar a los rebaños. En este versículo, Zacarías usa una descripción vívida para transmitir verdades importantes. Las dos varas representan el favor de Dios hacia Israel y su plan de volver a unir el reino dividido de Israel y de Judá en una sola nación. Los reinos fueron divididos después que murió el rey Salomón (1 Reyes 12). Esta profecía se cumpliría una vez que el pueblo confiara en el Mesías que vendría como su Salvador y Rey. El Espíritu Santo une a todos los creyentes en un cuerpo: el cuerpo de Cristo.

con vida, que cada una se coma la carne de su compañera.»

10 Luego tomé mi cayado «Gracia», y lo quebré, para romper así el pacto que había concertado con todos los pueblos.

11 Ese día el pacto quedó deshecho, y así los pobres del rebaño que me miraban se dieron cuenta de que ésta era palabra del Señor.

12 Entonces les dije:

«Si les parece bien, denme mi salario. De lo contrario, déjenlo así.»

Y el pago que me dieron fue de treinta monedas de plata.

13 Y el Señor me dijo:

«¡Vaya precio el que me han puesto! ¡Échalo al tesoro!»

Y yo tomé las treinta monedas de plata y las eché al tesoro[a] del templo del Señor.

14 Luego quebré el otro cayado, es decir, «Ataduras», con lo que rompí la relación de hermanos entre Judá e Israel.

15 Después el Señor me dijo:

«Ponte ahora la vestimenta de un pastor con poca inteligencia,

16 pues voy a hacer que se levante en la tierra un pastor que no se preocupará por las ovejas perdidas, ni irá en busca de las pequeñas, ni curará a las que se rompan una pata, ni llevará a cuestas a la que se canse, sino que se comerá a las ovejas más gordas, y les romperá las pezuñas.»

17 ¡Ay del pastor inútil que abandona el ganado! ¡Que una espada lo hiera en el brazo y en el ojo derecho! ¡Que todo el brazo le quede tullido, y que pierda la vista de su ojo derecho!

Liberación futura de Jerusalén

12 El Señor, que extiende los cielos y afirma la tierra, y que en el interior del hombre forma el espíritu, ha pronunciado esta palabra profética acerca de Israel:

2 «¡Miren! Jerusalén será sitiada, lo mismo que Judá. Pero yo haré de Jerusalén una copa que hará temblar a todos los pueblos que la rodean.

3 Cuando llegue ese día, todas las naciones de la tierra se aliarán para atacar a Jerusalén, pero yo haré de ella una piedra tan pesada que todos los pueblos que se atrevan a levantarla quedarán hechos pedazos.

4 »Cuando llegue ese día, haré que todos los caballos se llenen de pánico, y que los jinetes pierdan la razón. Haré que todos los caballos de las naciones se queden ciegos, pero sobre la casa de Judá mantendré abiertos mis ojos.

—Palabra del Señor.

5 »En su corazón, los capitanes de Judá dirán: "Los habitantes de Jerusalén hallan su fuerza en el Señor de los ejércitos, su Dios."

6 »Cuando llegue el día, haré de los capitanes de Judá un brasero en llamas, en medio de la leña; ¡una antorcha ardiente entre manojos de trigo! Y consumirán a diestra y a siniestra a todos los pueblos vecinos, y una vez más Jerusalén volverá a ser habitada.»

7 En primer lugar, el Señor salvará a las tiendas de Judá, para que la gloria de la casa

[a] **11.12-13:** Mt 27.9-10.

de David y de los habitantes de Jerusalén no sea mayor que la de Judá.

8 «Cuando llegue ese día, yo el Señor defenderé a los habitantes de Jerusalén. El más débil entre ellos será tan fuerte como David, y los descendientes de David serán tan poderosos como el ángel del Señor que los precede.

9 »Cuando llegue ese día, me daré a la tarea de destruir a todas las naciones que vengan en contra de Jerusalén.

10 Sobre la casa de David y sobre los habitantes de Jerusalén derramaré un espíritu de buena voluntad y de oración, y volverán los ojos a mí y llorarán por el hombre a quien traspasaron,[a] como se llora y se guarda luto por el hijo primero y único.

11 »Cuando llegue ese día, habrá gran duelo en Jerusalén, como el duelo que hubo en Hadad Rimón, en el valle de Meguido.

12 Todos en el país guardarán luto, cada familia por separado: los descendientes de la casa de David y sus mujeres, los descendientes de la casa de Natán y sus mujeres,

13 los descendientes de la casa de Leví y sus mujeres, y los descendientes de Simey y sus mujeres,

14 lo mismo que todas las demás familias y sus mujeres.

13 »Cuando llegue el momento, se abrirá un manantial para que la casa de David y los habitantes de Jerusalén se purifiquen de su pecado y de su impureza.

2 »Cuando llegue ese día, borraré de la tierra los nombres de los ídolos, y nunca más serán recordados. Además, acabaré por completo con los profetas y con el espíritu de impureza.

—Palabra del Señor de los ejércitos.

3 »Sucederá entonces que, si acaso alguien llega a profetizar, su padre y su madre que lo engendraron le dirán: "No mereces vivir, porque has mentido en el nombre del Señor"; y juntos su padre y su madre le quitarán la vida por pretender ser profeta.

4 »Cuando llegue el momento, sucederá que todos los profetas se avergonzarán de sus visiones y profecías, y nunca más volverán a ponerse vestidos de piel para engañar.

5 Más bien, cada uno de ellos dirá: "Yo no soy profeta, sino labrador de la tierra. Desde mi juventud he trabajado en el campo."

6 Y si le preguntan: "¿De qué son esas heridas en tus manos?", aquél responderá: "Son las heridas que me hicieron mis amigos, mientras estaba en su casa."

El pastor del Señor será herido

7 »¡Vamos, espada, ataca al pastor! ¡Ataca a mi amigo de confianza! ¡Ataca al pastor, y se dispersarán las ovejas![a] Entonces yo descargaré mi mano sobre los corderos más pequeños.

—Palabra del Señor de los ejércitos.

8 »Sucederá entonces que en toda la tierra las dos terceras partes serán destruidas, y se perderán; pero la tercera parte quedará con vida.

—Palabra del Señor.

9 »Entonces echaré al fuego esa tercera parte, y la fundiré como se funde la plata; ¡la probaré como se prueba el oro! Ellos invocarán mi nombre, y yo les responderé con estas palabras: "Ustedes son mi pueblo", y ellos me dirán: "El Señor es nuestro Dios."»

Jerusalén y las naciones

14 Jerusalén, ya viene el día del Señor, y en tus calles serán repartidos tus despojos.

2 Jerusalén, el Señor reunirá a todas las naciones para que te ataquen, y serás conquistada; tus casas serán saqueadas y tus mujeres serán violadas; la mitad de tus habitantes será llevada en cautiverio, pero el resto del pueblo permanecerá en la ciudad.

3 Después de eso, el Señor saldrá y peleará contra aquellas naciones, como se pelea en el día de la batalla.

4 Cuando llegue ese día, el Señor plantará sus pies sobre el monte de los Olivos, que está

[a]12.10: Jn 19.37; Ap 1.7. [a]13.7: Mt 26.31; Mc 14.27.

al oriente, frente a Jerusalén; y el monte de los Olivos se partirá en dos, hacia el oriente y hacia el occidente, con lo que se formará un valle muy grande, y una mitad del monte caerá hacia el norte, y la otra mitad hacia el sur.

5 Entonces ustedes huirán a los montes por el valle, porque el valle se extenderá por los montes hasta Azal. Huirán como lo hicieron en los días de Uzías, el rey de Judá, por causa del terremoto. Entonces vendrá el Señor mi Dios, con todos los santos.

6 Cuando llegue ese día, no habrá luz clara ni oscura.

7 Será un día que sólo el Señor conoce, en el que no habrá día ni noche, aunque al caer la tarde habrá luz.

8 Cuando llegue ese día, de Jerusalén brotarán aguas vivas,[a] y la mitad de ellas se irá hacia el mar oriental, y la otra mitad se irá hacia el mar occidental, lo mismo en verano que en invierno.

Mal 4.2-3

9 Cuando llegue ese día, el Señor reinará sobre toda la tierra, y él será el único Señor, y su nombre será el único nombre.

10 Desde Geba y hasta Rimón, al sur de Jerusalén, toda la tierra se volverá una llanura; y Jerusalén será exaltada y habitada en su territorio, desde la Puerta de Benjamín hasta la primera puerta, es decir, hasta la Puerta del Ángulo, y desde la torre de Jananel hasta los lagares del rey.

11 Sí, Jerusalén volverá a ser habitada, y sus habitantes vivirán tranquilos, y nunca más sufrirá de ninguna maldición.[b]

12 A todos los pueblos que pelearon contra Jerusalén, el Señor los castigará con esta plaga: estando ellos aún con vida, y viendo y hablando, se les pudrirán el cuerpo, los ojos y la lengua.

13 Cuando llegue ese día, cundirá entre ellos un gran pánico, que el Señor les enviará, y se atacarán los unos a los otros.

14 También Judá peleará en Jerusalén. Y se reunirán las riquezas de todas las naciones vecinas: oro y plata, y vestimentas, en gran abundancia.

PROMESAS PODEROSAS

ZACARÍAS 14.9

Cuando llegue ese día, el Señor reinará sobre toda la tierra, y él será el único Señor, y su nombre será el único nombre.

Esta promesa es para el fin de los tiempos cuando el Salvador —Jesús— regrese a la tierra para establecer su reino. Todas las personas de la tierra lo adorarán. Jesús será Rey sobre toda la tierra. ¿Es Jesús el Rey de tu vida?

15 Y la misma plaga caerá sobre los caballos, los mulos, los camellos y los asnos, y sobre todas las bestias que se encuentren en esos campamentos.

16 Todos los sobrevivientes de las naciones que atacaron a Jerusalén vendrán todos los años para adorar al Rey, al Señor de los ejércitos, y para celebrar la fiesta de las enramadas.[c]

17 Y sucederá que a las familias de la tierra que no hayan acudido a Jerusalén para adorar al Rey, el Señor de los ejércitos, no les caerá nada de lluvia.

18 Y si los egipcios no acuden a Jerusalén, tampoco sobre ellos caerá lluvia; al contrario, les vendrá la plaga con que el Señor castigará a las naciones que no acudan a celebrar la fiesta de las enramadas.

19 Éste será el castigo por el pecado de Egipto, y por el pecado de todas las naciones que no acudan a celebrar la fiesta de las enramadas.

20 Cuando llegue ese día, las campanillas de los caballos llevarán grabada esta leyenda: «Consagrado al Señor». Las ollas de la casa del Señor serán semejantes a los tazones del altar.

21 Y toda olla en Jerusalén y Judá estará consagrada al Señor de los ejércitos, y todos los que se presenten a ofrecer sacrificios las tomarán para cocer en ellas la carne.

Cuando llegue ese día, no habrá más mercaderes en la casa del Señor de los ejércitos.

[a] **14.8:** Ez 47.1; Jon 7.38; Ap 22.1. [b] **14.11:** Ap 22.3. [c] **14.16:** Lv 23.39-43.

MALAQUÍAS

Autor: **Malaquías**
Temas: **El amor, la corrección y el futuro**
Fecha en que se escribió: **c. 430-420 a.C.**

CANSADOS DE ADORAR

El nombre de Malaquías encaja bien con su labor de profeta. En el idioma hebreo, su nombre significa "mi mensajero". Malaquías vivió durante el mismo período que Nehemías, quien regresó a Jerusalén para reconstruir el muro de la ciudad. Malaquías era un sacerdote además de ser profeta. Cuando escribió este libro, los israelitas se sentían desanimados. Aunque habían regresado a su patria y reconstruido el templo, la idea de adorar a Dios no les entusiasmaba. Habían esperado mucho tiempo para que se cumplieran las profecías de Hageo y Zacarías, de modo que les costaba creer que Dios seguía amándolos. Ya no querían obedecerlo. Malaquías instó a los sacerdotes y al pueblo a dejar de dudar y abandonar su adoración falsa antes que Dios los castigara.

LO QUE ENCONTRARÁS EN EL LIBRO

(1) Dios habló de su amor por Israel (1:2-5)

(2) Malaquías regañó a los sacerdotes por haber sido infieles (1:6-2:9).

(3) Luego Malaquías regañó al pueblo por quebrantar el acuerdo que Dios había establecido con sus ancestros (2:10-16).

(4) Dios dijo que castigaría a Israel por haber quebrantado su acuerdo con Él (2:17-3:5).

(5) Malaquías retó al pueblo a reconocer su pecado y obedecer a Dios. Si lo hacían, Dios los volvería a bendecir (3:7-12).

(6) Un "Libro de actas" que registraba los que seguían siendo fieles a Dios (3:13-18). Malaquías concluye con una advertencia y una promesa acerca del "día del Señor" venidero (4:1-6).

¿SABÍAS QUE...?

- Malaquías es un libro de preguntas y respuestas. Incluye 26 preguntas entre Dios y su pueblo.
- Fue escrito por el último profeta del Antiguo Testamento. No hubo ninguna predicación profética en Israel durante 400 años. Este silencio llegó a su fin cuando empezó a predicar Juan el Bautista (Mateo 3).
- Jesús cita la profecía de Malaquías acerca de "He aquí, yo envío a mi mensajero, el cual me preparará el camino" (3:1), refiriéndose a Juan el Bautista (Mateo 11:10).

El amor del Señor por Jacob

Palabra profética del Señor contra Israel, proclamada por medio de Malaquías.

2 El Señor ha dicho: «Yo los amo.»

Ustedes objetan: «¿Cómo puedes decir que nos amas?»

Y el Señor ha dicho:

«¿Acaso no es Esaú el hermano de Jacob? Sin embargo, a Jacob lo he amado,

3 pero a Esaú lo he aborrecido,[a] pues he convertido sus montes en lugares desolados y su territorio en guarida de los chacales del desierto.

4 Y aunque Edom[b] diga: "Nos hemos quedado pobres, pero volveremos a levantar lo derruido", yo, el Señor de los ejércitos, declaro: "Yo volveré a destruir lo que ellos edifiquen." Edom será conocido como un territorio de impiedad y como un pueblo contra el cual el Señor está siempre indignado.

5 Ustedes mismos lo verán, y dirán entonces: "La grandeza del Señor rebasa los límites de Israel."

El Señor reprende a los sacerdotes

6 »El hijo honra al padre, y el siervo respeta a su señor. Pues, si soy padre, ¿dónde está la honra que merezco? Y si soy señor, ¿dónde está el respeto que se me debe?

»Yo, el Señor de los ejércitos, les hablo a ustedes, los sacerdotes, que menosprecian mi nombre, y que incluso dicen: "¿Y cómo puedes decir que menospreciamos tu nombre?"

7 ¡Pues porque ofrecen pan impuro sobre mi altar! Y aun añaden: "¿En qué te hemos deshonrado?" ¡Pues en que piensan que mi mesa es despreciable!

8 ¿Acaso no está mal que me ofrezcan en sacrificio[c] animales ciegos? ¿O que me ofrezcan animales cojos, o enfermos? ¡Presenten esos animales a sus gobernantes! Yo, el Señor de los ejércitos, les digo: ¿Acaso piensan que ellos los aceptarán, y que quedarán complacidos con ustedes?»

9 Busquemos, pues, ganarnos el favor de Dios, para que se compadezca de nosotros. Porque el Señor de los ejércitos dice:

«¿Cómo pueden agradarme, con acciones como éstas?

10 ¿Quién de ustedes cierra las puertas o alumbra mi altar sin cobrar nada? Lo que ustedes hacen no me agrada, y no voy a aceptar ninguna ofrenda que me presenten. Lo digo yo, el Señor de los ejércitos.

11 »Desde la salida del sol hasta su ocaso, grande es mi nombre entre las naciones; en todo lugar se ofrece a mi nombre incienso y ofrenda limpia, porque grande es mi nombre entre las naciones. Lo digo yo, el Señor de los ejércitos.

12 »Pero ustedes profanan mi nombre cuando dicen que mi mesa está impura, y cuando desprecian los alimentos que allí se ofrecen.

---

[a] **1.2-3:** Ro 9.13. [b] **1.2-5:** Is 34.5-17; 63.1-6; Jer 49.7-22; Ez 25.12-14; 35.1-15; Am 1.11-12; Abd 1-14. [c] **1.8:** Dt 15.21.

PODER PARA VIVIR

¿LO MÁXIMO O LO MÍNIMO? *(Malaquías 1.6-8)*
Malaquías dijo que los sacrificios que ofrecían los sacerdotes en Jerusalén mostraban que no respetaban a Dios. En la Ley de Moisés, Dios mandó a los sacerdotes a ofrecer sólo los mejores animales como sacrificios por el pecado (Levítico 22:22). Pero los sacerdotes en la época de Malaquías ofrecían animales lisiados o enfermos. Hubiera sido mejor no ofrecer ningún sacrificio que ofrecer un sacrificio deficiente (Malaquías 1:10). Hoy día, a veces las personas le ofrecen a Dios las sobras de su vida. En vez de ofrecerle lo mejor de su vida, le ofrecen lo mínimo. ¿Estás tú dispuesto a darle a Dios lo mejor de tu día, de tus talentos y de tus actividades?

PROMESAS PODEROSAS

MALAQUÍAS 1.11
Desde la salida del sol hasta su ocaso, grande es mi nombre entre las naciones; en todo lugar se ofrece a mi nombre incienso y ofrenda limpia, porque grande es mi nombre entre las naciones. Lo digo yo, el Señor de los ejércitos.

Malaquías predijo un tiempo en que personas de todo el mundo adorarían a Dios como el único Dios verdadero. En el Nuevo Testamento, el apóstol Pablo dijo algo similar acerca de Jesús: "Para que en el nombre de Jesús se doble toda rodilla de los que están en los cielos, y en la tierra, y debajo de la tierra; y toda lengua confiese que Jesucristo es el Señor" (Filipenses 2:10-11). La profecía de Malaquías y las palabras de Jesús cobran vida en una visión que tuvo el apóstol Juan (Apocalipsis 7:9-11). Para los NIÑOS PODEROSOS es un honor adorar a Jesús.

13 Además, ustedes han dicho: "¡Cuán fas-
tidioso es todo esto!", y me desprecian y me
traen como ofrenda animales robados, cojos
o enfermos. ¿Acaso voy a aceptar que me pre-
senten eso? Lo digo yo, el Señor de los ejércitos.
14 »¡Malditos sean los que engañan y los
que, teniendo machos en su rebaño, pro-
meten ofrecérmelos y luego me presentan
animales dañados! Yo soy el Gran Rey, y mi
nombre es reverenciado entre las naciones.
Lo digo yo, el Señor de los ejércitos.

Reprensión de la infidelidad de Israel

2 »Para ustedes, sacerdotes, es este
mandamiento.
2 Si no prestan atención ni se pro-
ponen de corazón dar gloria a mi nombre,
convertiré en maldición sus bendiciones. Sí,
las convertiré en maldición porque ustedes
no se han propuesto de corazón honrarme.
Lo digo yo, el Señor de los ejércitos.
3 »Voy a reprender a sus descendientes, y
a ustedes les arrojaré estiércol en la cara, el
mismo estiércol de los animales que ustedes
ofrecen en sacrificio, y ustedes serán arroja-
dos juntamente con el estiércol.
4 Así sabrán que yo les envié este manda-
miento, para mantener mi pacto con Leví.[a]
Lo digo yo, el Señor de los ejércitos.
5 »Mi pacto con Leví fue un pacto de vida
y paz,[b] y lo hice para que me honrara; y él
me honró y se humilló delante de mí.
6 En sus labios estuvo la ley verdadera, y
nunca pronunció nada inicuo; anduvo con-
migo en paz y en justicia, e hizo que muchos
se apartaran de la maldad. Mt 7.21-23
7 Y es que los labios del sacerdote son de-
positarios de la sabiduría; el pueblo espera
hallar la ley en sus palabras, porque él es
mensajero del Señor de los ejércitos.
8 »Pero ustedes se han apartado del cami-
no; han hecho tropezar a muchos en la ley;
han corrompido el pacto de Leví. Lo digo
yo, el Señor de los ejércitos.
9 »Por eso yo también he hecho que el
pueblo los considere gente vil y desprecia-
ble, pues ustedes no se han mantenido en
mis caminos y hacen acepción de personas
al aplicar la ley.»
10 ¿Acaso no tenemos todos un mismo
padre? ¿Y acaso no nos ha creado un mismo
Dios? Si esto es así, ¿por qué somos desleales
el uno contra el otro y profanamos el pacto
de nuestros padres?
11 Judá ha pecado al casarse con la hija de
un dios extraño, y con eso ha profanado el
santuario que el Señor ama, y en Israel y en
Jerusalén se han cometido cosas abomina-
bles.
12 ¡Pues que el Señor extirpe de las tien-
das de Jacob a quienes han cometido tales
cosas, lo mismo al que vela que al que res-

[a] **2.4:** Nm 3.11-13. [b] **2.5:** Nm 25.12.

ponde, o al que presenta ofrendas al Señor
de los ejércitos!
13 Una y otra vez cubren de lágrimas el al-
tar del Señor. Lloran y gritan, pero el Señor
no volverá la mirada para ver sus ofrendas,
ni las aceptará con gusto.
14 ¿Y se preguntan por qué? Pues porque
el Señor ha visto que has sido desleal con
la mujer de tu juventud, con tu compañera,
con la que hiciste un pacto.
15 ¿Acaso Dios no los hizo un solo ser, en
el que abundaba el espíritu? ¿Y por qué un
solo ser? Pues porque buscaba obtener una
descendencia para Dios. Así que tengan cui-
dado con su propio espíritu, y no sean des-
leales con la mujer de su juventud.
16 Porque el Señor y Dios de Israel, el Señor
de los ejércitos, claramente ha dicho que
aborrece el divorcio y a quienes encubren
su iniquidad. Tengan, pues, cuidado con su
propio espíritu, y no sean desleales.

El día del juicio se acerca

17 Ustedes han cansado al Señor con sus
acciones. Y todavía se atreven a decir:

«¿En qué lo hemos cansado?»

Pues en que dicen:

«Todo el que actúa mal agrada al Señor.
Sí, el Señor se complace en ellos. De otra
manera, ¿dónde está el Dios de justicia?»

3 El Señor de los ejércitos ha dicho:
«He aquí, yo envío a mi mensaje-
ro, el cual me[a] preparará el camino.»
El Señor, a quien ustedes buscan, vendrá
de manera repentina, lo mismo que el ángel
del pacto, en quien ustedes se complacen. Sí,
ya viene. El Señor de los ejércitos lo ha dicho.
2 ¿Pero quién podrá resistir cuando él se
presente? ¿Quién podrá mantenerse de pie
cuando él se manifieste?[b] Él es como un fue-
go purificador, como el jabón de lavanderos.
3 Se sentará para refinar y limpiar la pla-
ta, es decir, limpiará y refinará a los hijos de
Leví como se refinan el oro y la plata, para
que ellos le presenten al Señor las ofrendas
justas.
4 Entonces las ofrendas de Judá y de Jeru-
salén volverán a ser gratas al Señor, como lo
fueron en el pasado, en los años antiguos.
5 El Señor de los ejércitos ha dicho:

«Yo vendré a ustedes para someterlos a
juicio, y me dispondré a actuar como testi-
go contra los hechiceros y adúlteros, contra
los perjuros y los explotadores, contra los
que defraudan en su salario al jornalero, a
la viuda y al huérfano, y contra los que no
les hacen justicia a los extranjeros ni tienen
temor de mí.

El pago de los diezmos

6 »Hijos de Jacob, yo soy el Señor, y no
cambio. Por eso ustedes no han sido con-
sumidos.
7 Desde los días de sus antepasados no se
han sometido a mis leyes, sino que se han
apartado de ellas. Pero si se vuelven a mí,
yo me volveré a ustedes. Yo, el Señor de los
ejércitos, lo he dicho.»

Pero ustedes dicen:

«¿Qué quieres decir con que debemos
volvernos a ti?»
8 «¿Habrá quien pueda robarle a Dios?
¡Pues ustedes me han robado! Y sin embar-
go, dicen: "¿Qué quieres decir con que te he-
mos robado?" ¡Pues me han robado en sus
diezmos y ofrendas!
9 Malditos sean todos ustedes, porque
como nación me han robado.
10 Entreguen completos los diezmos en mi
tesorería,[c] y habrá alimento en mi templo.
Con esto pueden ponerme a prueba: verán
si no les abro las ventanas de los cielos y de-
rramo sobre ustedes abundantes bendicio-
nes. Lo digo yo, el Señor de los ejércitos.
11 »Además, reprenderé a esos insectos que
todo lo devoran, para que no destruyan los
productos de la tierra, ni dejen sin uvas sus
viñedos. Lo digo yo, el Señor de los ejércitos.
12 »Todas las naciones dirán que ustedes
son bienaventurados, porque serán una na-
ción envidiable. Lo digo yo, el Señor de los
ejércitos.»

[a]**3.1:** Mt 11.10; Mr 1.2; Lc 1.76; 7.27. [b]**3.2:** Ap 6.17. [c]**3.10:** Lv 27.30; Nm 18.21-24; Dt 12.5-7; 14.22-29; Neh 13.12.

LECCIONES **ROBAR A DIOS**
(Malaquías 3.8)

¿Es posible robar a Dios? Sí, lo es. El pueblo robaba a Dios al negarse a darle sus diezmos. Un diezmo era diez por ciento de sus cosechas o de su dinero. Dios les había dado a Moisés y al pueblo de Israel una regla acerca de dar diezmos. (Puedes leer al respecto en Levítico 27:30-33.) Dios les dijo que dieran diezmos para honrarlo y para ayudar a los sacerdotes. Hoy día, Dios sigue diciéndonos en su Palabra que le demos nuestro diezmo. Él quiere que demos y que demos con alegría: "Cada uno debe dar según se lo haya propuesto en su corazón, y no debe dar con tristeza, ni por necesidad, porque Dios ama a quien da con alegría" (2 Corintios 9:7). ¿Qué darás tú?

Diferencia entre justos e injustos

13 El Señor ha dicho:

«Las palabras de ustedes contra mí han sido violentas.»

Pero ustedes dicen:

«¿Qué es lo que hemos dicho contra ti?»

14 Pues han dicho:

«Servir a Dios no nos sirve de nada. ¿Qué ganamos con cumplir su ley y con que andemos afligidos en presencia del Señor de los ejércitos?»

15 ¡Ahora resulta que tenemos que llamar bienaventurados a los soberbios! ¡Los malvados no sólo prosperan, sino que ponen a Dios a prueba y salen bien librados!

16 Entonces los que temen al Señor hablaron el uno con el otro, y el Señor los escuchó atentamente. Luego, en su presencia se escribió un libro de actas para los que le temen y piensan en su nombre.

17 Dijo entonces el Señor:

«Ellos serán para mí un tesoro muy especial. Cuando llegue el día en que yo actúe, los perdonaré, como perdona un padre al hijo que le sirve.

PALABRAS CON PODER **OTRO ELÍAS**
(Malaquías 4.5)

Malaquías dijo que Elías vendría antes del día del Señor, el momento en que los pecados serían juzgados y castigados. Malaquías quiso decir con esto que alguien como Elías vendría y exhortaría al pueblo a volverse a Dios. Más adelante, Juan el Bautista fue el cumplimiento de esta profecía. En Mateo 11:10, Jesús citó este versículo en Malaquías cuando habló acerca de Juan el Bautista. Tanto Elías como Juan el Bautista predicaron por medio del gran poder de Dios.

18 Entonces ustedes se volverán a mí, y sabrán distinguir entre los justos y los malvados, entre los que sirven a Dios y los que no le sirven.»

La llegada del día del Señor

4 «¡Ya viene el día, candente como un horno! En ese día, todos los soberbios y todos los malhechores serán como estopa, y serán consumidos hasta las raíces. ¡No quedará de ellos ni una rama! Lo digo yo, el Señor de los ejércitos.

2 »Pero para ustedes, los que temen mi nombre, brillará un sol de justicia que les traerá salvación. Entonces ustedes saltarán de alegría, como los becerros cuando se apartan de la manada.

3 El día que yo actúe, ustedes aplastarán a los malvados hasta convertirlos en ceniza debajo de sus pies. Lo digo yo, el Señor de los ejércitos.

Mt 16.27-28

4 «Acuérdense de la ley de mi siervo Moisés, a quien en Horeb le di ordenanzas y leyes para todo Israel.

5 »Tomen en cuenta que, antes de que llegue el día grande y terrible del Señor, yo les enviaré al profeta Elías.[a]

6 Y él hará que el corazón de los padres se vuelva hacia los hijos, y que el corazón de los hijos se vuelva hacia los padres, para que yo no venga a destruir la tierra por completo.»

[a] **4.5:** Mt 11.14; 17.10-13; Mr 9.11-13; Lc 1.17; Jon 1.21.

NUEVO TESTAMENTO

MATEO

Autor: **Mateo**
Tema: **Jesús, el Salvador prometido**
Fecha en que se escribió: **c. 60 d.C.**

¡BUENAS NOTICIAS!

La palabra evangelio significa "buenas noticias". El libro de Mateo, el primer Evangelio del Nuevo Testamento, tiene buenas noticias. Por fin había venido el Salvador prometido por Dios hace mucho tiempo. Mateo, un cobrador de impuestos, dejó su trabajo para convertirse en uno de los doce discípulos de Jesús. Porque él fue testigo de muchas de las maravillas que hizo Jesús, fue una persona indicada para que escribiera acerca de Cristo. Él escribió su Evangelio para ayudar al pueblo de Israel para que creyeran en Jesús.

LO QUE ENCONTRARÁS EN EL LIBRO

Mateo presenta a Jesús como el Mesías de las profecías del Antiguo Testamento. Los profetas escribieron acerca de su nacimiento y su lugar de nacimiento (1:22-23; 2:5-6); su hogar en Nazaret (2:23); su poder para sanar (8:17); sus parábolas (13:34-35); su entrada triunfal en Jerusalén (21:4-5); y muchos otros acontecimientos de su vida.

Los capítulos del 5 al 25 registran cinco de las principales enseñanzas de Jesús: (1) el Sermón del Monte (capítulos del 5–7); (2) el reino de los cielos (capítulo 10); (3) parábolas acerca del reino de los cielos (capítulo 13); (4) cómo deben ser los verdaderos discípulos (capítulo 18); y (5) los acontecimientos del fin de los tiempos (capítulos 24–25).

Los capítulos del 5 al 25 muestran también las obras de Jesús. (1) Hizo milagros para anunciar el reino de Dios (capítulos 8–9; y 14–15). (2) Se enfrentó a los problemas que surgieron, incluso la duda y el rechazo (capítulos 11–12). (3) Él predicó acerca del reino de los cielos (capítulos 14–18). (4) Pasó su última semana en Jerusalén (19:1–26:46). (5) Fue arrestado, crucificado, y resucitó de entre los muertos (26:47–28:20). Los últimos tres versículos del Evangelio registran la "Gran Comisión" de Jesús a sus seguidores. Él les mandó que anunciaran las buenas noticias de la salvación a todas las naciones.

¿SABÍAS QUE MATEO...?

- Contiene el mejor registro del ministerio de sanidad de Jesús.
- Era el libro favorito de la iglesia primitiva para enseñar a los nuevos creyentes acerca de Jesús.
- Es el mejor registro de cómo Jesús vino y cumplió las profecías del Antiguo Testamento.
- Menciona el reino de los cielos y el reino de Dios más que cualquier otro Evangelio.
- Es el único Evangelio que menciona a la Iglesia en relación con Jesús (16:18; 18:17).

Genealogía de Jesucristo

(Lc 3.23-38)

Libro de la genealogía de Jesucristo, hijo de David, hijo de Abrahán.

2 Abrahán engendró a Isaac, Isaac a Jacob, y Jacob a Judá y a sus hermanos.

3 Judá engendró con Tamar a Fares y a Zeraj, Fares a Esrón, y Esrón a Aram.

4 Aram engendró a Aminadab, Aminadab a Nasón, y Nasón a Salmón.

5 Salmón engendró con Rajab a Booz, Booz engendró con Rut a Obed, y Obed a Yesé.

6 Yesé engendró al rey David, y con la que fue mujer de Urías el rey David engendró a Salomón.

7 Salomón engendró a Roboán, Roboán a Abías, y Abías a Asa.

8 Asa engendró a Josafat, Josafat a Jorán, y Jorán a Uzías.

9 Uzías engendró a Yotán, Yotán a Ajaz, y Ajaz a Ezequías.

10 Ezequías engendró a Manasés, Manasés a Amón, y Amón a Josías.

11 En el tiempo de la deportación a Babilonia,[a] Josías engendró a Jeconías y a sus hermanos.

12 Después de la deportación a Babilonia, Jeconías engendró a Salatiel, y Salatiel a Zorobabel.

13 Zorobabel engendró a Abiud, Abiud a Eliaquín, y Eliaquín a Azor.

14 Azor engendró a Sadoc, Sadoc a Aquín, y Aquín a Eliud.

15 Eliud engendró a Eleazar, Eleazar a Matán, Matán a Jacob;

16 y Jacob engendró a José, marido de María, de la cual nació Jesús, llamado el Cristo.

17 De manera que todas las generaciones, desde Abrahán hasta David, son catorce; desde David hasta la deportación a Babilonia, catorce; y desde la deportación a Babilonia hasta Cristo, catorce.

Nacimiento de Jesucristo

(Lc 2.1-7)

18 El nacimiento de Jesucristo fue así: María, la madre de Jesús, estaba comprometida con José,[b] pero antes de unirse como esposos se encontró que ella había concebido del Espíritu Santo.

19 José, su marido, era un hombre justo y quiso dejarla secretamente, pues no quería denigrarla.

20 Mientras José reflexionaba al respecto, un ángel del Señor se le apareció en sueños y le dijo: «José, hijo de David, no temas reci-

PALABRAS CON PODER — CRISTO

(Mateo 1.1)

Cristo es un título de Jesús. La palabra *Cristo* es la versión griega de la palabra hebrea *Mesías*. Significa "el ungido" o "Salvador". Jesús era el Mesías prometido, que tendría tres funciones. (1) Sería un ***profeta*** que exhortaría a la gente a que volviera a Dios y comprendiera sus verdades (Deuteronomio 18:15). (2) Sería un ***sacerdote*** que sacrificaría su propia vida para pagar el precio por el pecado (Hebreos 4:14-16). (3) Sería un ***Rey*** que establecería el reino de Dios en la tierra y que gobernaría a su pueblo con justicia (Zacarías 9:9). Haz un acróstico usando las letras del nombre C-R-I-S-T-O para que recuerdes lo que Jesús ha hecho por ti.

LECCIONES — EL NACIMIENTO DE JESÚS

(Mateo 1.23)

Mateo citó una profecía del libro de Isaías. El nacimiento del Salvador sería diferente a cualquier otro en la historia. Una joven virgen daría a luz un hijo. Ese niño milagroso –Jesús– nacería por el poder del Espíritu Santo, y no de un padre humano. Sería completamente Dios y completamente hombre. A diferencia de todos los demás seres humanos, nacería sin pecado. Por lo tanto, sería el sacrificio perfecto por el pecado.

[a]**1.11:** 2 R 24.14-15; 2 Cr 36.10; Jer 27.20. [b]**1.18:** Lc 1.27. [c]**1.21:** Lc 1.31.

bir a María, tu mujer, porque su hijo ha sido
concebido por el Espíritu Santo.
21 María tendrá un hijo, a quien pondrás
por nombre[c] JESÚS,[1] porque él salvará a su
pueblo de sus pecados.»[d]
22 Todo esto sucedió para que se cumpliera
lo que el Señor dijo por medio del profeta:

23 «Una virgen concebirá y dará a luz
un hijo,
y le pondrás por nombre Emanuel,[e]
que significa: "Dios está con nosotros."»

24 Cuando José despertó del sueño, hizo lo
que el ángel del Señor le había mandado y
recibió a su mujer,
25 pero no la conoció hasta que dio a luz a su
hijo primogénito. Y le puso por nombre JESÚS.[f]

Lc 1.76-79

La visita de los sabios

2 Jesús nació en Belén de Judea en los
tiempos del rey Herodes. En aquel
tiempo, unos sabios que venían des-
de el oriente llegaron a Jerusalén
2 y preguntaron: «¿Dónde está el rey de los
judíos, que ha nacido? Porque hemos visto su
estrella en el oriente, y venimos a adorarlo.»
3 Cuando el rey Herodes oyó esto, se tur-
bó, y toda Jerusalén con él.
4 Convocó entonces a todos los principa-
les sacerdotes y a los escribas del pueblo, y
les preguntó dónde había de nacer el Cristo.
5 Ellos le dijeron: «En Belén de Judea; por-
que así está escrito por el profeta:

6 "Y tú, Belén, de la tierra de Judá,
no eres la más pequeña entre los prín-
cipes de Judá;
porque de ti saldrá un guía
que apacentará[2] a mi pueblo Israel."»[a]

7 Luego, Herodes llamó en secreto a los
sabios para saber de ellos el tiempo preciso
en que había aparecido la estrella.
8 Los envió a Belén, y les dijo: «Vayan y ave-
rigüen con sumo cuidado acerca del niño, y
cuando lo encuentren, avísenme, para que
yo también vaya a adorarlo.»
9 Después de escuchar al rey, los sabios
se fueron. La estrella que habían visto en
el oriente iba delante de ellos, hasta que se
detuvo sobre el lugar donde estaba el niño.
10 Al ver la estrella, se regocijaron mucho.
11 Cuando entraron en la casa, vieron al
niño con su madre María y, postrándose
ante él, lo adoraron. Luego, abrieron sus te-
soros y le ofrecieron oro, incienso y mirra.
12 Pero como en sueños se les advirtió que
no volvieran a donde estaba Herodes, regre-
saron a su tierra por otro camino.

Matanza de los niños

13 Después de que los sabios partieron, un
ángel del Señor se apareció en sueños a José
y le dijo: «Levántate, toma al niño y a su ma-
dre, y huye a Egipto. Quédate allá hasta que
yo te diga, porque Herodes buscará al niño
para matarlo.»
14 Cuando él despertó, tomó de noche al
niño y a su madre, y se fue a Egipto,
15 y se quedó allá hasta la muerte de He-
rodes. Esto sucedió para que se cumpliera
lo que dijo el Señor por medio del profeta:
«De Egipto llamé a mi Hijo.»[b]

[1] **1.21** Es decir, ***Salvador.*** [d] **1.21:** Sal 130.8. [e] **1.23:** Is 7.14. [f] **1.25:** Lc 2.21. [2] **2.6** O, ***regirá.*** [a] **2.6:** Miq 5.2. [b] **2.15:** Os 11.1.

LA PROTECCIÓN DE DIOS *(Mateo 2.13)*
Jesús era un niñito cuando Herodes, rey de Judea, trató de matarlo. Herodes promulgó una ley para matar a todos los niños judíos en Belén menores de dos años. Pero Dios protegió a su Hijo de esta gran tragedia. Él mandó a que José, María y el niño Jesús fueran a Egipto para que vivieran allí por un tiempo. Esto nos muestra que Dios puede permitir que tengamos problemas en nuestra vida que son difíciles de comprender. Pero aun así Él nos cuida.

16 Cuando Herodes vio que los sabios lo ha-
bían engañado, se enojó mucho y, calculan-
do el tiempo indicado por los sabios, mandó
matar a todos los niños menores de dos años
que vivían en Belén y en sus alrededores.
17 Se cumplió así lo dicho por el profeta
Jeremías:

18 «Se oye una voz en Ramá;
gran llanto y gemido:
es Raquel, que llora a sus hijos,
y no quiere ser consolada, porque ya
no existen.»[c]

19 Después de que murió Herodes, un án-
gel del Señor se apareció en sueños a José en
Egipto,
20 y le dijo: «Levántate, toma al niño y a
su madre, y regresa a Israel, porque los que
querían matar al niño han muerto ya.»
21 Entonces José se levantó y llevó al niño y
a su madre de regreso a Israel.
22 Cuando supo que Arquelao reinaba en
Judea en lugar de su padre Herodes, tuvo te-
mor de ir allá, pero en sueños fue advertido
y se dirigió a la región de Galilea.
23 Allí se estableció en una ciudad llamada
Nazaret,[d] para que se cumpliera lo que fue
dicho por los profetas, que el niño habría de
ser llamado nazareno.[e]

Predicación de Juan el Bautista

(Mr 1.1-8; Lc 3.1-9,15-17; Jn 1.19-28)

3 En aquellos días Juan el Bautista se
presentó predicando en el desierto
de Judea,
2 y decía: «Arrepiéntanse, porque el reino
de los cielos[a] se ha acercado.[b]
3 Éste es aquel de quien el profeta Isaías
dijo:

"Una voz clama en el desierto:
Preparen el camino del Señor;
enderecen sus sendas."»[c]

4 Juan usaba un vestido de pelo de came-
llo, llevaba un cinto de cuero alrededor de
la cintura,[d] y se alimentaba de langostas y
miel silvestre.
5 A él acudía la gente de Jerusalén y de
toda Judea, y de toda la provincia cercana
al río Jordán,
6 y allí en el Jordán la gente confesaba sus
pecados y Juan los bautizaba.
7 Cuando él vio que muchos de los fari-
seos y de los saduceos venían a su bautismo,
les decía: «¡Generación de víboras![e] ¿Quién
les enseñó a huir de la ira venidera?
8 Produzcan frutos dignos de arrepenti-
miento,
9 y no crean que pueden decir: "Tenemos
a Abrahán por padre",[f] porque yo les digo
que aun de estas piedras Dios puede levan-
tar hijos a Abrahán.
10 El hacha ya está lista para derribar de
raíz a los árboles; por tanto, todo árbol que
no dé buen fruto será cortado y echado en
el fuego.[g]
11 »A decir verdad, yo los bautizo en agua
en señal de arrepentimiento, pero el que
viene después de mí, de quien no soy digno
de llevar su calzado, es más poderoso que
yo. Él los bautizará en Espíritu Santo y fuego. Mr 1.7-8

PALABRAS CON PODER

LOS FARISEOS Y LOS SADUCEOS
(Mateo 3.7)

Los fariseos y los saduceos eran los líderes religiosos del tiempo de Jesús. El nombre "fariseo" significa "separado". Los fariseos se enorgullecían de guardar la Ley de Moisés. Pero añadieron muchas reglas que no formaban parte de la Ley de Dios. Muchos fariseos no apreciaban a Jesús y su mensaje. El nombre saduceo significa "justo". Estos hombres ayudaban a gobernar al pueblo. Ellos rechazaban las enseñanzas de la resurrección, de los ángeles, de los milagros, y del juicio venidero. También rechazaban a Jesús. ¡Sé agradecido por los líderes de la iglesia que te ayudan a aprender acerca de Jesús!

[c]**2.18:** Jer 31.15. [d]**2.23:** Lc 2.39. [e]**2.23:** Is 11.1. [a]**3.2:** Dn 2.44. [b]**3.2:** Mt 4.17; Mr 1.15. [c]**3.3:** Is 40.3. [d]**3.4:** 2 R 1.8. [e]**3.7:** Mt 12.34; 23.33. [f]**3.9:** Jn 8.33. [g]**3.10:** Mt 7.19.

12 Ya tiene el bieldo en la mano, de modo
que limpiará su era, recogerá su trigo en el
granero, y quemará la paja en un fuego que
nunca se apagará.»

El bautismo de Jesús

(Mr 1.9-11; Lc 3.21-22)

13 Jesús fue de Galilea al Jordán, donde estaba Juan, para ser bautizado por él.

14 Pero Juan se le oponía, diciendo: «Yo necesito ser bautizado por ti, ¿y tú vienes a mí?»

15 Jesús le respondió: «Por ahora, déjalo
así, porque conviene que cumplamos toda
justicia.» Entonces Juan aceptó.

16 Después de ser bautizado, Jesús salió del
agua. Entonces los cielos se abrieron y él vio
al Espíritu de Dios, que descendía como paloma y se posaba sobre él.

17 Desde los cielos se oyó entonces una
voz, que decía: «Éste es mi Hijo amado, en
quien me complazco.»[h]

Tentación de Jesús

(Mr 1.12-13; Lc 4.1-13)

4 Luego Jesús fue llevado por el Espíritu al
desierto, para ser tentado por el diablo.[a]
2 Después de haber ayunado cuarenta días y cuarenta noches, tuvo hambre.

3 El tentador se le acercó, y le dijo: «Si eres
Hijo de Dios, di que estas piedras se conviertan en pan.»

4 Jesús respondió: «Escrito está: "No sólo
de pan vive el hombre, sino de toda palabra
que sale de la boca de Dios."»[b]

5 Entonces el diablo lo llevó a la santa ciudad,
lo puso sobre la parte más alta del templo,

6 y le dijo: «Si eres Hijo de Dios, lánzate
hacia abajo; porque escrito está:

»"A sus ángeles mandará alrededor de ti",[c]
y también:
"En sus manos te sostendrán,
Para que no tropieces con piedra
alguna."»[d]

7 Jesús le dijo: «También está escrito: "No
tentarás al Señor tu Dios".»[e]

8 De nuevo el diablo lo llevó a un monte
muy alto. Allí le mostró todos los reinos del
mundo y sus riquezas,

9 y le dijo: «Todo esto te daré, si te arrodillas delante de mí y me adoras.»

10 Entonces Jesús le dijo: «Vete, Satanás,
porque escrito está: "Al Señor tu Dios adorarás, y a él sólo servirás".»[f]

11 Entonces el diablo lo dejó, y unos ángeles vinieron y lo servían.

Mt 8.28-33

Jesús principia su ministerio

(Mr 1.14-20; Lc 4.14-15; 5.1-11; 6.17-19)

12 Cuando Jesús se enteró de que Juan estaba preso,[g] volvió a Galilea,

13 pero se retiró de Nazaret y se estableció
en Cafarnaún,[h] ciudad marítima en la región
de Zabulón y de Neftalí,

14 para que se cumpliera lo dicho por el
profeta Isaías:

15 «Tierra de Zabulón y tierra de Neftalí,
Camino del mar, al otro lado del Jordán,
Galilea de los gentiles;

[h]**3.17:** Is 42.1; Mt 12.18; 17.5; Mr 9.7; Lc 9.35. [a]**4.1:** Heb 2.18; 4.15. [b]**4.4:** Dt 8.3. [c]**4.6:** Sal 91.11. [d]**4.6:** Sal 91.12. [e]**4.7:** Dt 6.16. [f]**4.10:** Dt 6.13. [g]**4.12:** Mt 14.3; Mr 6.17; Lc 3.19-20. [h]**4.13:** Jn 2.12.

LA TENTACIÓN DE JESÚS *(Mateo 4.1-11)*

¿Puedes recordar un momento en el que fuiste tentado a hacer algo malo? ¿Fue difícil para ti resistir la tentación? ¡Aun Jesús fue tentado! Satanás vino a Él cuando estaba débil por el hambre después de que hubo ayunado durante cuarenta días. Satanás quería que Jesús desobedeciera el plan de Dios. Pero Jesús usó la Palabra de Dios para resistir todas las tentaciones que Satanás le presentó. Jesús se enfrentó a la tentación para que tú sepas lo que debes hacer cuando seas tentado. El poder del Espíritu Santo y la Palabra de Dios son tus armas secretas contra cualquier tentación.

16 El pueblo asentado en tinieblas vio
gran luz;
a los que vivían en región de sombra
de muerte,
les resplandeció la luz.»[i]

17 Desde entonces Jesús comenzó a predicar, y decía: «Arrepiéntanse, porque el reino de los cielos[j] se ha acercado.»[k]

18 Mientras Jesús caminaba junto al lago de Galilea, vio a dos hermanos, Simón, llamado Pedro, y Andrés, que estaban echando la red al agua, pues eran pescadores.

19 Jesús les dijo: «Síganme, y yo haré de ustedes pescadores de hombres.»

20 Ellos entonces, dejando al instante las redes, lo siguieron.

21 Un poco más adelante, Jesús vio a otros dos hermanos, Jacobo y Juan, hijos de Zebedeo, quienes estaban en la barca, junto a su padre, y remendaban sus redes. Jesús los llamó,

22 y ellos, dejando al instante la barca y a su padre, lo siguieron.

23 Jesús recorría toda Galilea. Enseñaba en las sinagogas de ellos, predicaba el evangelio del reino, y sanaba toda enfermedad y toda dolencia en el pueblo.[l]

24 Su fama se difundió por toda Siria, así que le llevaron a todos los que tenían dolencias, a los que sufrían de diversas enfermedades y tormentos, y a los endemoniados, lunáticos y paralíticos; y él los sanó.

Mt 8.16-17

25 Y lo seguía mucha gente de Galilea, de Decápolis, de Jerusalén, de Judea y del otro lado del Jordán.

El Sermón del monte: Las bienaventuranzas

(Lc 6.20-23)

5 Cuando Jesús vio a la multitud, subió al monte y se sentó. Entonces sus discípulos se le acercaron,

2 y él comenzó a enseñarles diciendo:

3 «Bienaventurados los pobres en espíritu, porque de ellos es el reino de los cielos.

4 »Bienaventurados los que lloran,[a] porque ellos recibirán consolación.

5 »Bienaventurados los mansos,[b] porque ellos heredarán la tierra.

6 »Bienaventurados los que tienen hambre y sed[c] de justicia, porque ellos serán saciados.

7 »Bienaventurados los misericordiosos, porque ellos serán tratados con misericordia.

8 »Bienaventurados los de limpio corazón,[d] porque ellos verán a Dios.

9 »Bienaventurados los pacificadores, porque ellos serán llamados hijos de Dios.

10 »Bienaventurados los que padecen persecución por causa de la justicia,[e] porque de ellos es el reino de los cielos.

11 »Bienaventurados serán ustedes cuando por mi causa los insulten y persigan, y mientan y digan contra ustedes toda clase de mal.[f]

12 Gócense y alégrense, porque en los cielos ya tienen ustedes un gran galardón; pues así persiguieron a los profetas[g] que vivieron antes que ustedes.

La sal de la tierra

13 »Ustedes son la sal de la tierra, pero si la sal pierde su sabor, ¿cómo volverá a ser salada? Ya no servirá para nada, sino para ser arrojada a la calle y pisoteada por la gente.[h]

La luz del mundo

14 »Ustedes son la luz del mundo.[i] Una ciudad asentada sobre un monte no se puede esconder.

15 Tampoco se enciende una lámpara y se pone debajo de un cajón, sino sobre el candelero,[j] para que alumbre a todos los que están en casa.

16 De la misma manera, que la luz de ustedes alumbre delante de todos, para que todos vean sus buenas obras y glorifiquen a su Padre, que está en los cielos.[k]

Mt 6.19-24

[i] **4.15-16:** Is 9.1-2. [j] **4.17:** Dn 2.44. [k] **4.17:** Mt 3.2. [l] **4.23:** Mt 9.35; Mr 1.39. [a] **5.4:** Is 61.2. [b] **5.5:** Sal 37.11. [c] **5.6:** Is 55.1-2. [d] **5.8:** Sal 24.4. [e] **5.10:** 1 P 3.14. [f] **5.11:** 1 P 4.14. [g] **5.12:** 2 Cr 36.16; Hch 7.52. [h] **5.13:** Mr 9.50; Lc 14.34-35. [i] **5.14:** Jn 8.12; 9.5. [j] **5.15:** Mr 4.21; Lc 8.16; 11.33. [k] **5.16:** 1 P 2.12.

Jesús y la ley

17 »No piensen ustedes que he venido para abolir la ley o los profetas; no he venido para abolir, sino para cumplir.

18 Porque de cierto les digo que, mientras existan el cielo y la tierra, no pasará ni una jota ni una tilde de la ley, hasta que todo se haya cumplido.[l]

19 De manera que, cualquiera que quebrante uno de estos mandamientos muy pequeños, y así enseñe a los demás, será considerado muy pequeño en el reino de los cielos; pero cualquiera que los practique y los enseñe, será considerado grande en el reino de los cielos.

20 Yo les digo que, si la justicia de ustedes no es mayor que la de los escribas y los fariseos, ustedes no entrarán en el reino de los cielos.

Jesús y la ira

(Lc 12.57-59)

21 »Ustedes han oído que se dijo a los antiguos: "No matarás",[m] y que cualquiera que mate será culpable de juicio.

22 Pero yo les digo que cualquiera que se enoje contra su hermano, será culpable de juicio, y cualquiera que a su hermano le diga "necio", será culpable ante el concilio, y cualquiera que le diga "fatuo", quedará expuesto al infierno de fuego.

23 Por tanto, si traes tu ofrenda al altar, y allí te acuerdas de que tu hermano tiene algo contra ti,

24 deja allí tu ofrenda delante del altar, y ve y reconcíliate primero con tu hermano, y después de eso vuelve y presenta tu ofrenda.

25 Ponte de acuerdo pronto con tu adversario, mientras estás con él en el camino, no sea que el adversario te entregue al juez, y el juez al alguacil, y seas echado en la cárcel.

26 De cierto te digo que no saldrás de allí, hasta que hayas pagado el último centavo.

Jesús y el adulterio

27 »Ustedes han oído que fue dicho: "No cometerás adulterio".[n]

28 Pero yo les digo que cualquiera que mira con deseos a una mujer, ya adulteró con ella en su corazón.

29 Por tanto, si tu ojo derecho te hace caer en pecado, sácatelo y deshazte de él; es mejor que se pierda uno de tus miembros, y no que todo tu cuerpo sea echado al infierno.[o]

30 Y si tu mano derecha te hace caer en pecado, córtatela y deshazte de ella; es mejor que se pierda uno de tus miembros, y no que todo tu cuerpo sea echado al infierno.[p]

Jesús y el divorcio

31 »También fue dicho: "Cualquiera que se divorcia de su mujer, debe darle un certificado de divorcio."[q]

32 Pero yo les digo que el que se divorcia de su mujer, a no ser por causa de fornicación, hace que ella adultere, y el que se casa con la divorciada, comete adulterio.[r]

Jesús y los juramentos

33 »Ustedes han oído también que se dijo a los antiguos: "No perjurarás,[s] sino que cumplirás tus juramentos al Señor."[t]

34 Pero yo les digo: No juren en ninguna manera;[u] ni por el cielo, porque es el trono de Dios,[v]

35 ni por la tierra, porque es el estrado de sus pies,[w] ni por Jerusalén, porque es la ciudad del gran Rey.[x]

36 No jurarás ni por tu cabeza, porque no puedes hacer blanco o negro un solo cabello tuyo.

37 Cuando ustedes digan algo, que sea "sí, sí", o "no, no"; porque lo que es más de esto, proviene del mal.

El amor hacia los enemigos

(Lc 6.27-36)

38 »Ustedes han oído que fue dicho: "Ojo por ojo, y diente por diente."[y]

39 Pero yo les digo: No resistan al que es malo, sino que a cualquiera que te hiera en la mejilla derecha, preséntale también la otra;

---

[l] **5.18:** Lc 16.17. [m] **5.21:** Éx 20.13; Dt 5.17. [n] **5.27:** Éx 20.14; Dt 5.18. [o] **5.29:** Mt 18.9; Mr 9.47. [p] **5.30:** Mt 18.8; Mr 9.43. [q] **5.31:** Dt 24.1-4; Mt 19.7; Mr 10.4. [r] **5.32:** Mt 19.9; Mr 10.11-12; Lc 16.18; 1 Co 7.10-11. [s] **5.33:** Lv 19.12. [t] **5.33:** Nm 30.2; Dt 23.21. [u] **5.34:** Stg 5.12. [v] **5.34:** Is 66.1; Mt 23.22. [w] **5.35:** Is 66.1. [x] **5.35:** Sal 48.2. [y] **5.38:** Éx 21.24; Lv 24.20; Dt 19.21.

40 al que quiera provocarte a pleito para quitarte la túnica, déjale también la capa;

41 y a cualquiera que te obligue a llevar carga por una milla, ve con él dos.

42 Al que te pida, dale, y al que quiera tomar de ti prestado, no se lo rehúses.

43 »Ustedes han oído que fue dicho: "Amarás a tu prójimo,[z] y odiarás a tu enemigo."

44 Pero yo les digo: Amen a sus enemigos, bendigan a los que los maldicen, hagan bien a los que los odian, y oren por quienes los persiguen,

45 para que sean ustedes hijos de su Padre que está en los cielos, que hace salir su sol sobre malos y buenos, y que hace llover sobre justos e injustos.

46 Porque si ustedes aman solamente a quienes los aman, ¿qué recompensa tendrán? ¿Acaso no hacen lo mismo los cobradores de impuestos?

47 Y si ustedes saludan solamente a sus hermanos, ¿qué hacen de más? ¿Acaso no hacen lo mismo los paganos?

48 Por lo tanto, sean ustedes perfectos, como su Padre que está en los cielos es perfecto.[a]

Jesús y la limosna

6 »Cuidado con hacer sus obras de justicia sólo para que la gente los vea.[a] Si lo hacen así, su Padre que está en los cielos no les dará ninguna recompensa.

2 »Cuando tú des limosna, no toques trompeta delante de ti, como hacen los hipócritas en las sinagogas y en las calles, para que la gente los alabe. De cierto les digo que con eso ya se han ganado su recompensa.

3 Pero cuando tú des limosna, asegúrate de que tu mano izquierda no sepa lo que hace la derecha;

4 así tu limosna será en secreto, y tu Padre que ve en lo secreto te recompensará en público.

Jesús y la oración

(Lc 11.2-4)

5 »Cuando ores, no seas como los hipócritas, porque a ellos les encanta orar en pie en las sinagogas y en las esquinas de las calles, para que la gente los vea;[b] de cierto les digo que con eso ya se han ganado su recompensa.

6 Pero tú, cuando ores, entra en tu aposento, y con la puerta cerrada[c] ora a tu Padre que está en secreto, y tu Padre que ve en lo secreto te recompensará en público.

7 »Cuando ustedes oren, no sean repetitivos, como los paganos, que piensan que por hablar mucho serán escuchados.

8 No sean como ellos, porque su Padre ya sabe de lo que ustedes tienen necesidad, antes de que ustedes le pidan.

9 Por eso, ustedes deben orar así:

"Padre nuestro, que estás en los cielos,
santificado sea tu nombre.
10 Venga tu reino.
Hágase tu voluntad,
en la tierra como en el cielo.
11 El pan nuestro de cada día, dánoslo hoy.
12 Perdónanos nuestras deudas,
como también nosotros perdonamos
a nuestros deudores.

PALABRAS CON PODER

EL SERMÓN DEL MONTE
(Mateo 5–7)

En los capítulos del 5–7 se encuentra el Sermón del Monte. ¿Por qué se le dio ese nombre? Es porque Jesús predicó ese sermón a la ladera de un monte. Este uno de los sermones más conocidos de todos los tiempos. En su sermón, Jesús enseñó a una multitud lo que realmente significaba ser parte del reino de Dios. Jesús dijo que debemos hablar con Dios, amar a nuestros enemigos, y dejar de preocuparnos. Él dijo que estas cosas forman un carácter piadoso.

[z] **5.43:** Lv 19.18. [a] **5.48:** Dt 18.13. [a] **6.1:** Mt 23.5. [b] **6.5:** Lc 18.10-14. [c] **6.6:** Is 26.20.

13 No nos metas en tentación,
sino líbranos del mal."
[Porque tuyo es el reino,
el poder, y la gloria,[d]
por todos los siglos. Amén.][3]

14 »Si ustedes perdonan a los otros sus ofensas, también su Padre celestial los perdonará a ustedes.

15 Pero si ustedes no perdonan a los otros sus ofensas, tampoco el Padre de ustedes les perdonará sus ofensas.[e]

Jesús y el ayuno

16 »Cuando ustedes ayunen, no se muestren afligidos, como los hipócritas, porque ellos demudan su rostro para mostrar a la gente que están ayunando; de cierto les digo que ya se han ganado su recompensa.

17 Pero tú, cuando ayunes, perfúmate la cabeza y lávate la cara,

18 para no mostrar a los demás que estás ayunando, sino a tu Padre que está en secreto, y tu Padre que ve en lo secreto te recompensará en público.

Tesoros en el cielo
(Lc 12.32-34)

19 »No acumulen ustedes tesoros en la tierra, donde la polilla y el óxido corroen,[f] y donde los ladrones minan y hurtan.

20 Por el contrario, acumulen tesoros en el cielo, donde ni la polilla ni el óxido corroen, y donde los ladrones no minan ni hurtan.

21 Pues donde esté tu tesoro, allí estará también tu corazón.

La lámpara del cuerpo
(Lc 11.33-36)

22 »La lámpara del cuerpo es el ojo; así que, si tu ojo es bueno, todo tu cuerpo estará lleno de luz;

23 pero si tu ojo es malo, todo tu cuerpo estará a oscuras. Y si la luz que hay en ti es oscuridad, ¡cuán oscura no será la misma oscuridad!

Dios y las riquezas
(Lc 16.13)

24 »Nadie puede servir a dos amos, pues odiará a uno y amará al otro, o estimará a uno y menospreciará al otro. Ustedes no pueden servir a Dios y a las riquezas.[4] Jn 15.18-20

El afán y la ansiedad
(Lc 12.22-31)

25 »Por lo tanto les digo: No se preocupen por su vida, ni por qué comerán o qué beberán; ni con qué cubrirán su cuerpo. ¿Acaso no vale más la vida que el alimento, y el cuerpo más que el vestido?

26 Miren las aves del cielo, que no siembran, ni cosechan, ni recogen en graneros, y el Padre celestial las alimenta. ¿Acaso no valen ustedes mucho más que ellas?

27 ¿Y quién de ustedes, por mucho que lo intente, puede añadir medio metro a su estatura?

28 ¿Y por qué se preocupan por el vestido? Observen cómo crecen los lirios del campo: no trabajan ni hilan,

29 y aun así ni el mismo Salomón, con toda su gloria,[g] se vistió como uno de ellos.

30 Pues si Dios viste así a la hierba, que hoy está en el campo y mañana se echa en el horno, ¿no hará mucho más por ustedes, hombres de poca fe?

31 Por lo tanto, no se preocupen ni se pregunten: "¿Qué comeremos, o qué beberemos, o qué vestiremos?"

32 Porque la gente anda tras todo esto, pero su Padre celestial sabe que ustedes tienen necesidad de todas estas cosas.

33 Por lo tanto, busquen primeramente el reino de Dios y su justicia, y todas estas cosas les serán añadidas.

34 »Así que, no se preocupen por el día de mañana, porque el día de mañana traerá sus propias preocupaciones. ¡Ya bastante tiene cada día con su propio mal!

---

[d] **6.13:** 1 Cr 29.11. [3] **6.13** La frase *Porque tuyo... siglos. Amén.* se halla sólo en mss. tardíos. [e] **6.14-15:** Mr 11.25-26. [f] **6.19:** Stg 5.2-3. [4] **6.24** Gr. ***Mamón.*** [g] **6.29:** 1 R 10.4-7; 2 Cr 9.3-6.

El juzgar a los demás
(Lc 6.37-38,41-42)

7 »No juzguen, para que no sean juz-
gados.
2 Porque con el juicio con que us-
tedes juzgan, serán juzgados; y con la medi-
da con que miden, serán medidos.[a]
3 ¿Por qué miras la paja que está en el ojo
de tu hermano, y no miras la viga que está
en tu propio ojo?
4 ¿Cómo dirás a tu hermano: "Déjame sa-
car la paja de tu ojo", cuando tienes una viga
en el tuyo?
5 ¡Hipócrita! Saca primero la viga de tu
propio ojo, y entonces verás bien para sacar
la paja del ojo de tu hermano.
6 »No den ustedes lo santo a los perros, ni
echen sus perlas delante de los cerdos, no
sea que las pisoteen, y se vuelvan contra us-
tedes y los despedacen.

La oración, y la regla de oro
(Lc 11.9-13; 6.31)

7 »Pidan, y se les dará, busquen, y encon-
trarán, llamen, y se les abrirá.
8 Porque todo aquel que pide, recibe, y el
que busca, encuentra, y al que llama, se le abre.
9 ¿Quién de ustedes, si su hijo le pide pan,
le da una piedra?
10 ¿O si le pide un pescado, le da una ser-
piente?
11 Pues si ustedes, que son malos, saben
dar cosas buenas a sus hijos, ¡cuánto más su
Padre que está en los cielos dará buenas co-
sas a los que le pidan!
12 Así que, todo lo que quieran que la gen-
te haga con ustedes, eso mismo hagan uste-
des con ellos, porque en esto se resumen la
ley y los profetas.

La puerta estrecha
(Lc 13.24)

13 »Entren por la puerta estrecha, porque
ancha es la puerta y espacioso el camino
que lleva a la perdición, y muchos son los
que entran por ella.
14 Pero estrecha es la puerta y angosto el
camino que lleva a la vida, y pocos son los
que la encuentran.

Según el árbol es el fruto
(Lc 6.43-44)

15 »Cuídense de los falsos profetas, que
vienen a ustedes disfrazados de ovejas, pero
por dentro son lobos rapaces.
16 Ustedes los conocerán por sus frutos,
pues no se recogen uvas de los espinos, ni
higos de los abrojos.
17 Del mismo modo, todo buen árbol da
buenos frutos, pero el árbol malo da frutos
malos.
18 El buen árbol no puede dar frutos ma-
los, ni el árbol malo dar frutos buenos.
19 Todo árbol que no da buen fruto, es
cortado y echado en el fuego.[b]
20 Así que ustedes los conocerán por sus
frutos.[c]

Mt 12.33

Jesús conoce a los suyos
(Lc 13.25-27)

21 »No todo el que me dice: "Señor, Se-
ñor", entrará en el reino de los cielos, sino el
que hace la voluntad de mi Padre que está
en los cielos.

LECCIONES
CÓMO HABLAR CON DIOS
(Mateo 6.9)

Por medio de la oración hablamos con Dios. Gracias a Jesús, podemos hablar con Dios en cualquier momento. La oración es más que darle a Dios una lista de nuestras necesidades. Jesús enseñó a sus discípulos a orar de manera que honren a Dios. Nosotros llamamos "Padrenuestro" a esa oración. Jesús inicio esta oración con alabanza a Dios. Él dijo que el nombre de Dios debe ser "santificado". Cuando empezamos nuestra oración de esta manera, recordamos con quién estamos hablando: el todopoderoso y santo Dios del universo.

[a] **7.2:** Mr 4.24. [b] **7.19:** Mt 3.10; Lc 3.9. [c] **7.20:** Mt 12.33.

22 En aquel día, muchos me dirán: "Señor, Señor, ¿no profetizamos en tu nombre, y en tu nombre echamos fuera demonios, y en tu nombre hicimos muchos milagros?"

23 Pero yo les diré claramente: "Nunca los conocí. ¡Apártense de mí, obreros de la maldad!"[d]

Mt 19.16-26

Los dos cimientos

(Lc 6.46-49)

24 »A cualquiera que me oye estas palabras, y las pone en práctica, lo compararé a un hombre prudente, que edificó su casa sobre la roca.

25 Cayó la lluvia, vinieron los ríos, y soplaron los vientos, y azotaron aquella casa, pero ésta no se vino abajo, porque estaba fundada sobre la roca.

26 Por otro lado, a cualquiera que me oye estas palabras y no las pone en práctica, lo compararé a un hombre insensato, que edificó su casa sobre la arena.

27 Cayó la lluvia, vinieron los ríos, y soplaron los vientos, y azotaron aquella casa, y ésta se vino abajo, y su ruina fue estrepitosa.»

28 Cuando Jesús terminó de hablar, la gente se admiraba de su enseñanza,

29 porque les enseñaba como quien tiene autoridad, y no como sus escribas.[e]

Jesús sana a un leproso

(Mr 1.40-45; Lc 5.12-16)

8 Al descender Jesús del monte, lo seguía mucha gente.

2 Un leproso se le acercó, se arrodilló ante él y le dijo: «Señor, si quieres, puedes limpiarme.»

3 Jesús extendió la mano, lo tocó y le dijo: «Quiero. Ya has quedado limpio.» Y al instante su lepra desapareció.

4 Entonces Jesús le dijo: «Ten cuidado de no decirle nada a nadie. Más bien, ve y preséntate ante el sacerdote, y ofrece por tu purificación lo que Moisés mandó,[a] para que les sirva de testimonio.»

LECCIONES — BUSCA EL REINO DE DIOS

(Mateo 6.33)

Jesús dijo a sus discípulos que buscaran el reino de Dios. ¿Por qué? Él quería que el reino de Dios fuera prioridad en sus vidas. Una prioridad es cualquier cosa que es importante para ti. A menudo las personas se esfuerzan en hacer las cosas que tienen prioridad. ¿Cuáles son las prioridades para los creen en Dios? Dos de estas prioridades son que hablemos de Jesús a otros y que crezcamos para llegar a ser como Él. Cuando pones a Dios en primer lugar quiere decir que buscas el reino de Dios. ¡Qué Él sea lo principal en tu vida!

Jesús sana al siervo de un centurión

(Lc 7.1-10)

5 Al entrar Jesús en Cafarnaún, se le acercó un centurión, y le rogó:

6 «Señor, mi criado yace en casa, paralítico y con muchos sufrimientos.»

7 Jesús le dijo: «Iré a sanarlo.»

8 El centurión le respondió: «Señor, yo no soy digno de que entres a mi casa. Pero una sola palabra tuya bastará para que mi criado sane.

9 Porque yo también estoy bajo autoridad, y tengo soldados bajo mis órdenes. Si a uno le digo que vaya, va; y si a otro le digo que venga, viene; y si le digo a mi siervo: "Haz esto", lo hace.»

10 Al oír esto Jesús, se quedó admirado y dijo a los que lo seguían: «De cierto les digo, que ni aun en Israel he hallado tanta fe.

Mt 9.2

11 Yo les digo que muchos vendrán del oriente y del occidente, y se sentarán con Abrahán, Isaac y Jacob en el reino de los cielos;[b]

12 pero los hijos del reino serán arrojados a las tinieblas de afuera. Allí habrá llanto y rechinar de dientes.»[c]

13 Luego dijo Jesús al centurión: «Ve, y que se haga contigo tal y como has creído.» Y en ese mismo momento el criado del centurión quedó sano.

[d] **7.23:** Sal 6.8. [e] **7.28-29:** Mr 1.22; Lc 4.32. [a] **8.4:** Lv 14.1-32. [b] **8.11:** Lc 13.29. [c] **8.12:** Mt 22.13; 25.30; Lc 13.28.

Jesús sana a la suegra de Pedro

(Mr 1.29-34; Lc 4.38-41)

14 Jesús fue a la casa de Pedro, y encontró
a la suegra de éste postrada en cama y con
fiebre.
15 Cuando Jesús le tocó la mano, la fiebre se
le quitó. Entonces ella se levantó y los atendió.
16 Al caer la noche, le llevaron muchos en-
demoniados, y él, con su sola palabra, expulsó
a los demonios y sanó a todos los enfermos.
17 Esto, para que se cumpliera lo dicho por
Mt 10.1 el profeta Isaías: «Él mismo tomó nuestras
enfermedades, y llevó nuestras dolencias.»[d]

Los que querían seguir a Jesús

(Lc 9.57-62)

18 Al verse Jesús rodeado de tanta gente,
dio órdenes de cruzar el lago.
19 Entonces se le acercó un escriba, y le
dijo: «Maestro, yo te seguiré adondequiera
que vayas.»
20 Jesús le dijo: «Las zorras tienen guaridas, y
las aves del cielo tienen nidos, pero el Hijo del
Hombre no tiene dónde recostar su cabeza.»
21 Otro de sus discípulos le dijo: «Señor,
permíteme ir primero a enterrar a mi padre.»
22 Jesús le dijo: «Sígueme, y deja que los
muertos entierren a sus muertos.»

Jesús calma la tempestad

(Mr 4.35-41; Lc 8.22-25)

23 Luego subió a la barca, y sus discípulos
lo siguieron.
24 En esto se levantó en el lago una tem-
pestad tan grande que las olas cubrían la
barca, pero él dormía.
25 Sus discípulos lo despertaron y le di-
jeron: «¡Señor, sálvanos, que estamos por
naufragar!»
26 Él les dijo: «¿Por qué tienen miedo,
hombres de poca fe?» Entonces se levantó,
reprendió al viento y a las aguas, y sobrevino
una calma impresionante.
27 Y esos hombres se quedaron asombra-
dos, y decían: «¿Qué clase de hombre es éste,
que hasta el viento y las aguas lo obedecen?»

Los endemoniados gadarenos

(Mr 5.1-20; Lc 8.26-39)

28 Cuando llegó a la otra orilla, que era la
tierra de los gadarenos, dos endemoniados
salieron de entre los sepulcros y se le acerca-
ron. Eran tan feroces que nadie se atrevía a
pasar por aquel camino.
29 Y entre gritos le dijeron: «Hijo de Dios,
¿qué tienes que ver con nosotros? ¿Has veni-
do a atormentarnos antes de tiempo?»
30 Lejos de ellos había un hato de muchos
cerdos, que pacían.
31 Y los demonios le rogaron: «Si nos ex-
pulsas, permítenos ir a aquel hato de cer-
dos.»
32 Él les dijo: «Vayan.» Ellos salieron, y se
fueron a los cerdos, y todo el hato se lanzó
al lago por un despeñadero, y perecieron
ahogados.

[d] **8.17:** Is 53.4.

NO JUZGUES *(Mateo 7.1)*

Hay ciertas actitudes que Dios quiere que su pueblo evite. El juzgar a los demás es una de ellas. Al juzgar a alguien le encuentras defectos sin tener en cuenta tus propios errores. El hábito de juzgar, revela nuestra necesidad de una transformación interior. El Espíritu Santo nos ayuda a reconocer cuándo estamos criticando en lugar de ayudar. Él nos muestra las actitudes que necesitamos cambiar. La próxima vez que comiences a fijarte en los errores de los demás, detente y pregúntate si eso es lo que Dios quiere que hagas.

Mt 17.14-18

[33] Los que cuidaban de los cerdos huyeron y fueron corriendo a la ciudad, y allí contaron todas estas cosas, incluso lo que había pasado con los endemoniados.

[34] Y todos en la ciudad fueron a ver a Jesús y, cuando lo encontraron, le rogaron que se fuera de sus contornos.

Jesús sana a un paralítico

(Mr 2.1-12; Lc 5.17-26)

9 Después de esto, Jesús subió a la barca, cruzó a la otra orilla y fue a su ciudad.

Mt 9.29-30

[2] Allí le llevaron un paralítico, tendido sobre una camilla. Cuando Jesús vio la fe de ellos, le dijo al paralítico: «Ten ánimo, hijo; los pecados te son perdonados.»

[3] Algunos de los escribas se decían a sí mismos: «Éste blasfema.»

[4] Pero Jesús, que conocía los pensamientos de ellos, dijo: «¿Por qué piensan mal dentro de ustedes mismos?

[5] ¿Qué es más fácil? ¿Que le diga "los pecados te son perdonados", o que le diga "levántate y anda"?

[6] Pues para que ustedes sepan que el Hijo del Hombre tiene autoridad en la tierra para perdonar pecados, "Levántate (dijo éste al paralítico), toma tu camilla, y vete a tu casa."»

[7] Entonces el paralítico se levantó y se fue a su casa.

Mt 21.15-16

[8] Al ver esto, la gente se quedó asombrada y glorificó a Dios, que había dado tal poder a los hombres.

Llamamiento de Mateo

(Mr 2.13-17; Lc 5.27-32)

[9] Al continuar su camino, Jesús vio a un hombre llamado Mateo, que estaba sentado donde se cobraban los impuestos, y le dijo: «Sígueme.» Y Mateo se levantó y lo siguió.

[10] Estando Jesús en la casa, sentado a la mesa, muchos cobradores de impuestos y pecadores que habían venido se sentaron también a la mesa, con Jesús y sus discípulos.

PROMESAS PODEROSAS

MATEO 9.6

Pues para que ustedes sepan que el Hijo del Hombre tiene autoridad en la tierra para perdonar pecados, entonces éste le dice al paralítico: "Levántate, toma tu camilla, y vete a tu casa."

Jesús mostró que tenía poder para perdonar los pecados y para sanar. Solo Dios podía hacer ambas cosas. Los maestros de la ley que dudaban de Él, así que Jesús quería mostrar que Él era el Salvador enviado por Dios. Jesús perdonará tus pecados si se lo pides. Él te sanará si se lo pides. ¿Lo crees?

[11] Cuando los fariseos vieron esto, dijeron a los discípulos: «¿Por qué come su Maestro con cobradores de impuestos y con pecadores?»[a]

[12] Al oír esto, Jesús les dijo: «No son los sanos los que necesitan de un médico, sino los enfermos.

[13] Vayan y aprendan lo que significa:[b] "Misericordia quiero, y no sacrificio".[c] Porque no he venido a llamar a los justos al arrepentimiento, sino a los pecadores.»

La pregunta sobre el ayuno

(Mr 2.18-22; Lc 5.33-39)

[14] Los discípulos de Juan se le acercaron entonces, y le preguntaron: «¿Por qué nosotros y los fariseos ayunamos muchas veces, y tus discípulos no?»

[15] Jesús les respondió: «¿Acaso los invitados a una boda pueden estar de luto mientras el esposo está con ellos? ¡Claro que no! Pero vendrán días, cuando el esposo les será quitado. Entonces ayunarán.

[16] Nadie remienda un vestido viejo con un paño de tela nueva, porque la tela nueva estira la tela vieja, y la rotura se hace peor.

[a] **9.10-11:** Lc 15.1-2. [b] **9.13:** Mt 12.7. [c] **9.13:** Os 6.6.

NUESTRO MÉDICO DIVINO

En Éxodo 15:26, Dios prometió que su pueblo sería más saludable si permanecieran fieles a Él. Pero el pueblo de Dios no siempre fue fiel. Sin embargo, Dios los sanó cuando se alejaron del pecado y le pidieron su ayuda (lee 2 Reyes 20:5).

Como se produce la sanidad

En Éxodo 15:26, Dios prometió que su pueblo sería más saludable si permanecieran fieles a Él. Pero el pueblo de Dios no siempre fue fiel. Sin embargo, Dios los sanó cuando se alejaron del pecado y le pidieron su ayuda (lee 2 Reyes 20:5). En el Nuevo Testamento, Jesús mostró a través de muchos milagros que Dios quiere sanar a los que están oprimidos por el diablo. Él también envió a los doce discípulos, y más tarde a los setenta, para que sanaran a los enfermos. Él les enseñó que la sanidad es parte importante de mostrar a otros de amor de Dios (Lucas 9–10). Después que Jesús regresó al cielo y envió al Espíritu Santo, la iglesia continuó orando por los enfermos para que sean sanados por el poder del Espíritu Santo.

¿Por qué no recibimos sanidad?

Hay muchas razones por las cuales algunas personas no son sanadas.

(1) No están dispuestas a perdonar a los demás y confesar sus pecados (Santiago 5:16).
(2) Viven bajo el dominio de los demonios (Lucas 13:10-13).
(3) Los líderes espirituales no oran por ellos para ser sanados (Marcos 11:22-24).
(4) No creen que Dios puede sanarlos (Marcos 6:3-6).
(5) Tienen un comportamiento centrado en sí mismos (1 Corintios 11:29-30).

El hecho es que no sabemos por qué la gente buena no se sana. A veces, Dios escoge a alguien para que a través de la enfermedad llegue a ser más como Él. Otras veces, Él sana a la persona después que lo lleva al cielo (2 Reyes 13:14).

Pasos para recibir la sanidad

¿Quieres que Dios te sane?

(1) Confiesa tus pecados a Dios. Perdona a los que te han herido. Si ofendiste a alguien, pídele perdón.
(2) Mantente cerca de Dios mediante la lectura de la Biblia y la oración (Romanos 12:3).
(3) Si tú no has sido sanado, sigue confiando en Dios de todos modos. Trata de acercarte a Él en estos tiempos difíciles.
(4) Pide a tus padres y a un líder de la iglesia que oren por ti. Los líderes tal vez te unjan con aceite como símbolo de la presencia y el poder del Espíritu de Dios en tu vida.
(5) Espera un milagro. Confía en el poder de Jesús. Él puede hacer cualquier cosa que le pidas si está de acuerdo con el plan divino que tiene para tu vida.
(6) No pienses que Dios te está diciendo que "no" solo porque no has recibido respuesta a la oración. Su forma de sanarnos y el momento de hacerlo no son siempre como esperamos.
(7) Recuerda que Dios nunca te dejará ni te desamparará. Él te ama mucho.

Si le pedimos a Dios que nos sane, ¿significa que no debemos ir al médico? No. La Biblia reconoce el uso adecuado de la atención médica. Dios da a los médicos y las enfermeras maravillosas habilidades. Él puede usar a los médicos para sanarnos, y también las medicinas, así como puede sanar nuestro cuerpo a través de un milagro.

17 Ni tampoco se echa vino nuevo en odres viejos, porque el vino nuevo revienta los odres, y entonces el vino se derrama y los odres se echan a perder. Más bien, el vino nuevo debe echarse en odres nuevos, y tanto lo uno como lo otro se conserva juntamente.»

La hija de Jairo, y la mujer que tocó el manto de Jesús

(Mr 5.21-43; Lc 8.40-56)

18 Mientras él les decía estas cosas, un magistrado vino y se arrodilló ante él, y le dijo: «Mi hija acaba de morir; pero ven y pon tu mano sobre ella, y ella volverá a la vida.»

19 Jesús se levantó y lo siguió con sus discípulos.

20 En eso, una mujer que desde hacía doce años padecía de hemorragias, se le acercó por detrás y tocó el borde de su manto,

21 pues pensaba: «Si alcanzo a tocar tan sólo su manto, me sanaré.»

22 Pero Jesús se volvió a mirarla y le dijo: «Ten ánimo, hija; tu fe te ha salvado.» Y a partir de ese momento la mujer quedó sana.

23 Cuando Jesús entró en la casa del magistrado, vio a los que tocaban flautas y a la gente que hacía alboroto,

24 y les dijo: «Váyanse, porque la niña no está muerta, sino dormida.» Ellos se burlaron de él.

25 Pero luego de despedir a la gente, él entró y tomó de la mano a la niña, y ella se levantó.

26 Esta noticia se difundió por toda aquella región.

Dos ciegos reciben la vista

27 Cuando Jesús salió de allí, dos ciegos lo siguieron, y a gritos le decían: «¡Ten misericordia de nosotros, Hijo de David!»

28 Cuando Jesús llegó a la casa, los ciegos se le acercaron y él les preguntó: «¿Creen que puedo hacer esto?» Ellos dijeron: «Sí, Señor.»

LECCIONES — **DIOS SIEMPRE DIRÁ QUE SÍ**

(Mateo 9.38)

Hay una oración que Dios siempre contesta con un sí. ¿Cuál es esta oración? Cuando pides a Dios que envíe gente para que hable a otros acerca de Jesús, Él siempre contestará con un "sí". Podemos pedir al Señor que envíe obreros para que anuncien las buenas noticias de la salvación. Y nosotros podemos hacer lo mismo. ¿Estás dispuesto a hablar a otros acerca de Jesús? ¿Qué les dirás?

29 Entonces les tocó los ojos, y les dijo: «Que se haga con ustedes conforme a su fe.»

30 Y los ojos de ellos fueron abiertos. Pero Jesús les encargó con mucha firmeza: «Asegúrense de que nadie sepa esto.»

Mt 17.20

31 Sin embargo, en cuanto ellos salieron, divulgaron la fama de él por toda aquella región.

Un mudo habla

32 En el momento en que salían, le trajeron a Jesús un mudo que estaba endemoniado.

33 En cuanto el demonio fue expulsado, el mudo comenzó a hablar. Y la gente se asombraba y decía: «¡Nunca se ha visto nada igual en Israel!»

34 Pero los fariseos decían: «Éste expulsa a los demonios por el poder del príncipe de los demonios.»[d]

La mies es mucha

35 Jesús recorría todas las ciudades y las aldeas, y enseñaba en las sinagogas de ellos, predicaba el evangelio del reino y sanaba toda enfermedad y toda dolencia del pueblo.[e]

36 Al ver las multitudes, Jesús tuvo compasión de ellas porque estaban desamparadas y dispersas, como ovejas que no tienen pastor.[f]

37 Entonces dijo a sus discípulos: «Ciertamente, es mucha la mies, pero son pocos los segadores.

[d] **9.34:** Mt 10.25; 12.24; Mr 3.22; Lc 11.15. [e] **9.35:** Mt 4.23; Mr 1.39; Lc 4.44. [f] **9.36:** 1 R 22.17; 2 Cr 18.16; Zac 10.2; Mr 6.34.
[g] **9.37-38:** Lc 10.2.

38 Por tanto, pidan al Señor de la mies que
envíe segadores a cosechar la mies.»[g]

Elección de los doce apóstoles

(Mr 3.13-19; Lc 6.12-16)

Mt 12.22

10 Jesús reunió a sus doce discí-
pulos, y les dio poder para ex-
pulsar a los espíritus impuros y
para sanar toda enfermedad y toda dolencia.
2 Éstos son los nombres de los doce após-
toles: primero Simón, llamado Pedro, y An-
drés su hermano; luego Jacobo y su herma-
no Juan, hijos de Zebedeo;
3 Felipe, Bartolomé, Tomás, Mateo el co-
brador de impuestos, Jacobo hijo de Alfeo,
Tadeo,
4 Simón el cananista, y Judas Iscariote, que
después lo traicionó.

Misión de los doce

(Mr 6.7-13; Lc 9.1-6)

5 Jesús envió a estos doce, con las siguien-
tes instrucciones: «No vayan por camino de
paganos, ni entren en ciudad de samaritanos,
6 sino vayan más bien a las ovejas perdidas
de la casa de Israel.
7 Vayan y prediquen: "El reino de los cielos
se ha acercado."
8 Sanen enfermos, limpien leprosos, resu-
citen muertos y expulsen demonios. Den
gratuitamente lo que gratuitamente reci-
bieron.

[a]**10.7-15:** Lc 10.4-12. [b]**10.10:** 1 Co 9.14; 1 Ti 5.18. [c]**10.14:** Hch 13.51.

HOMBRES PODEROSOS DE DIOS

MATEO

Antes de que conociera a Jesús, Mateo era uno de los hombres más temidos y odiados en Cafarnaún. ¿Por qué? Él era cobrador de impuestos. Muchas personas consideraban a los cobradores de impuestos como traidores porque cobraban impuestos para los romanos. Pero un día, junto al lago, donde cobraban los impuestos, la vida de Mateo cambió por completo. Jesús se detuvo donde Mateo cobraba los impuestos.

Una palabra fue clave para cambiar la vida de Mateo: "Sígueme". Eso fue lo que Jesús le dijo. Sin duda, Mateo había oído hablar de las maravillas que hacía Jesús. Él y los demás judíos habían esperado mucho tiempo a que Dios enviara al Mesías. Gracias al Espíritu Santo, Mateo tuvo la fe necesaria para reconocer que Jesús era el Mesías.

Jesús invitó a Mateo a que lo siguiera, y Mateo aceptó. Dejó su trabajo y llegó a ser uno de los doce discípulos de Jesús. Esto sorprendió a los fariseos, los líderes religiosos. A su juicio, un cobrador de impuestos como Mateo era espiritualmente impuro. Se suponía que alguien como Jesús, que se decía ser maestro de la ley, un rabino, no debía juntarse con alguien como Mateo. Pero Jesús no estaba de acuerdo con ellos. Cristo amaba a gente como Mateo.

Por eso, Mateo se quedó con Jesús y lo siguió en las buenas y en las malas. Vio a Jesús hacer grandes maravillas, como la alimentación de cinco mil hombres, más las mujeres y los niños. También vio a Jesús ser arrestado, juzgado y crucificado. Pero lo mejor de todo, es que vio a Jesús después que hubo resucitado.

Mateo sabía que Jesús era un amigo y Salvador en quien podía contar. Él escribió el libro de Mateo para que el pueblo judío pudiera aceptar a Cristo como el Mesías y Rey que había venido a morir por ellos.

Puedes leer acerca de Mateo en Mateo 9.9-13, y también mediante el Evangelio según Mateo.

9 No lleven consigo oro ni plata ni cobre,[a]

10 ni mochila para el camino, ni dos túnicas, ni calzado, ni bastón; porque el obrero es digno de su alimento.[b]

11 En cualquier ciudad o aldea a la que lleguen, busquen a alguien que sea digno, y quédense allí hasta que salgan.

12 Al entrar en la casa, saluden.

13 Si la casa es digna, recibirá la paz que ustedes le deseen; pero si no es digna, ese deseo de paz se volverá a ustedes.

14 Si alguien no los recibe, ni oye sus palabras, salgan de aquella casa o ciudad, y sacúdanse el polvo de los pies.[c]

15 De cierto les digo que, en el día del juicio, el castigo para la tierra de Sodoma y de Gomorra,[d] será más tolerable que para aquella ciudad.[e]

Persecuciones venideras

16 »Tengan ustedes en cuenta que los estoy enviando como a ovejas en medio de lobos;[f] así que sean prudentes como serpientes y sencillos como palomas.

17 Cuídense de la gente, porque los entregarán a los tribunales, y los azotarán en las sinagogas;

18 y por causa de mí, incluso los harán comparecer ante gobernadores y reyes, para que den testimonio ante ellos y ante las naciones.

19 Pero cuando ustedes sean entregados, no se preocupen por lo que han de decir, ni por cómo habrán de decirlo, porque en ese momento se les dará lo que tienen que decir.

20 Porque no serán ustedes los que hablen, sino que el Espíritu de su Padre hablará por ustedes.

Mt 24.14

21 El hermano entregará a la muerte al hermano, y el padre al hijo. Los hijos se levantarán contra los padres, y los harán morir.[g]

22 Por causa de mi nombre todo el mundo los odiará,[h] pero el que resista hasta el fin será salvado.[i]

PALABRAS CON PODER

INFIERNO

(Mateo 10.28)

La palabra *infierno* viene del nombre de un valle: Jinón. En el Antiguo Testamento se menciona ese valle como el lugar donde los malvados sacrificaban a sus hijos al dios falso Moloc. Jesús usó ese mismo nombre para hablar acerca del lugar de castigo eterno, o el infierno. Es lo mismo que el "lago de fuego" en Apocalipsis 20:11-15. El infierno es un lugar aterrador. Está reservado para Satanás y sus seguidores, los que rechazan a Dios. Tristemente, Jesús enseña que quienes rechazan a Dios pasarán la eternidad en ese lugar, separados de Él. Algunos se preguntan cómo es posible que un Dios bueno pueda mandar a la gente al infierno. La verdad es que Dios no manda a nadie allí. La gente escoge ir al infierno al rechazarlo.

23 Cuando los persigan en una ciudad, huyan a otra; porque de cierto les digo que no terminarán de recorrer todas las ciudades de Israel, antes que venga el Hijo del Hombre.

24 El discípulo no es más que su maestro,[j] ni el siervo más que su señor.[k]

25 Al discípulo debe bastarle con ser como su maestro, y al siervo como su señor. Si al dueño de la casa lo han llamado Beelzebú,[l] ¿cuánto más a los de su familia?

A quién se debe temer

(Lc 12.2-9)

26 »Así que, no los teman, porque no hay nada encubierto que no haya de ser manifestado, ni nada oculto que no haya de saberse.[m]

27 Lo que les digo en las tinieblas, díganlo en la luz; y lo que oyen al oído, proclámenlo desde las azoteas.

[d] **10.15:** Gn 19.24-28. [e] **10.15:** Mt 11.23-24. [f] **10.16:** Lc 10.3. [g] **10.17-21:** Mr 13.9-12; Lc 12.11-12; 21.12-16. [h] **10.22:** Mt 24.9; Mr 13.13; Lc 21.17. [i] **10.22:** Mt 24.13; Mr 13.13. [j] **10.24:** Lc 6.40. [k] **10.24:** Jn 13.16; 15.20. [l] **10.25:** Mt 9.34; 12.24; Mr 3.22; Lc 11.15. [m] **10.26:** Mr 4.22; Lc 8.17.

28 No teman a los que matan el cuerpo, pero no pueden matar el alma. Más bien, teman a aquel que puede destruir alma y cuerpo en el infierno.

29 ¿Acaso no se venden dos pajarillos por unas cuantas monedas? Aun así, ni uno de ellos cae a tierra sin que el Padre de ustedes lo permita,

30 pues aun los cabellos de ustedes están todos contados.

31 Así que no teman, pues ustedes valen más que muchos pajarillos.

32 A cualquiera que me confiese delante de los hombres, yo también lo confesaré delante de mi Padre que está en los cielos.

33 Y a cualquiera que me niegue delante de los hombres, yo también lo negaré delante de mi Padre que está en los cielos.[n]

Jesús, causa de división

(Lc 12.49-53; 14.26-27)

34 »No piensen que he venido para traer paz a la tierra; no he venido para traer paz, sino espada.

35 He venido para poner al hijo contra su padre, a la hija contra su madre, y a la nuera contra su suegra.

36 Los enemigos del hombre serán los de su casa.[o]

37 El que ama a su padre o a su madre más que a mí, no es digno de mí. El que ama a su hijo o hija más que a mí, no es digno de mí.

38 El que no toma su cruz y me sigue, no es digno de mí.[p]

39 El que halla su vida, la perderá; y el que pierde su vida por causa de mí, la hallará.[q]

Recompensas

(Mr 9.41)

40 »El que los recibe a ustedes, me recibe a mí;[r] y el que me recibe a mí, recibe al que me envió.[s]

41 El que recibe a un profeta porque es profeta, recibirá igual recompensa que el profeta; y el que recibe a un justo porque es justo, recibirá igual recompensa que el justo.

PROMESAS PODEROSAS

MATEO 10.32

A cualquiera que me confiese delante de los hombres, yo también lo confesaré delante de mi Padre que está en los cielos.

"Confesar" a Jesús delante de los hombres significa hablarles a otros acerca de Él. Si admitimos que lo conocemos, entonces Él admitirá que nos conoce. Si no te avergüenzas de conocer a Jesús, ¿por qué no le cuentas a alguien acerca de Él?

42 De cierto les digo que cualquiera que dé a uno de estos pequeñitos aunque sea un vaso de agua fría, por tratarse de un discípulo, no perderá su recompensa.»

Los mensajeros de Juan el Bautista

(Lc 7.18-35)

11 Cuando Jesús terminó de dar instrucciones a sus doce discípulos, se fue de allí a enseñar y a predicar en otras ciudades.

2 Juan, que estaba en la cárcel, se enteró de los hechos de Cristo y envió a dos de sus discípulos

3 para que le preguntaran: «¿Eres tú aquel que había de venir, o esperaremos a otro?»

4 Jesús les respondió: «Vuelvan y cuéntenle a Juan las cosas que han visto y oído.

5 Los ciegos ven, los cojos andan, los leprosos son limpiados, los sordos oyen,[a] los muertos son resucitados, y a los pobres se les anuncian las buenas noticias.[b]

6 Bienaventurado el que no tropieza por causa de mí.»

7 Mientras ellos se iban, Jesús comenzó a decir a la gente acerca de Juan: «¿Qué fueron ustedes a ver al desierto? ¿Una caña sacudida por el viento?

[n] **10.33:** 2 Ti 2.12. [o] **10.35-36:** Miq 7.6. [p] **10.38:** Mt 16.24; Mr 8.34; Lc 9.23. [q] **10.39:** Mt 16.25; Mr 8.35; Lc 9.24; 17.33; Jn 12.25. [r] **10.40:** Lc 10.16; Jn 13.20. [s] **10.40:** Mr 9.37; Lc 9.48. [a] **11.5:** Is 35.5-6. [b] **11.5:** Is 61.1.

8 ¿Qué fueron a ver? ¿A un hombre vesti-
do con ropa elegante? Los que se visten con
ropa elegante se encuentran en los palacios.
9 Pero ¿qué es lo que ustedes fueron a ver?
¿A un profeta? Yo les digo que sí, ¡y a alguien
mayor que un profeta!
10 Porque éste es de quien está escrito:
"Yo envío mi mensajero delante de ti,
El cual preparará tu camino."[c]
11 »De cierto les digo que, entre los que
nacen de mujer, no ha surgido nadie mayor
que Juan el Bautista. Aun así, el más peque-
ño en el reino de los cielos es mayor que él.
12 Desde los días de Juan el Bautista hasta
ahora, el reino de los cielos sufre violencia, y
los violentos lo arrebatan.
13 Y todos los profetas y la ley profetizaron
hasta Juan.[d]
14 Si quieren recibirlo, él es Elías, el que ha-
bía de venir.[e]
15 El que tenga oídos para oír, que oiga.
16 Pero ¿con qué compararé a esta gene-
ración? Se parece a los niños que se sientan
en las plazas y les gritan a sus compañeros:
17 "Tocamos la flauta, y ustedes no baila-
ron; entonamos cantos fúnebres, y ustedes
no lloraron."
18 Porque vino Juan, que ni comía ni bebía,
y dicen que tiene un demonio;
19 luego vino el Hijo del Hombre, que
come y bebe, y lo califican de glotón y bo-
rracho, y de ser amigo de cobradores de im-
puestos y de pecadores. Pero a la sabiduría
la reivindican sus hijos.»

Ayes sobre las ciudades impenitentes

(Lc 10.13-16)

20 Jesús comenzó entonces a reprender a
las ciudades donde había hecho muchos de
sus milagros, porque no se habían arrepen-
tido. Les decía:
21 «¡Ay de ti, Corazín! ¡Ay de ti, Betsaida!
Porque si en Tiro y en Sidón[f] se hubieran
hecho los milagros que se han hecho en

PROMESAS PODEROSAS

MATEO 11.28

Vengan a mí todos ustedes, los agotados de tanto trabajar, que yo los haré descansar.

Cuando estás pasando por un día en que las cosas no te salen bien, piensa en esta promesa. Jesús promete darnos descanso. Eso significa que Él traerá paz a nuestro corazón y nos ayudará con nuestros problemas. Eso significa que tienes a alguien con quien hablar cuando te sientas triste y preocupado. Dios puede hacerse cargo de cualquier problema que tengas.

ustedes, hace tiempo que en cilicio y cu-
biertas de ceniza ellas habrían mostrado su
arrepentimiento.
22 Por tanto les digo que, en el día del jui-
cio, el castigo para Tiro y para Sidón será
más tolerable que para ustedes.
23 Y tú, Cafarnaún, que te elevas hasta el
cielo, hasta el Hades[5] caerás abatida.[g] Porque
si en Sodoma[h] se hubieran hecho los mila-
gros que se han hecho en ti, hasta el día de
hoy habría permanecido.
24 Por tanto les digo que, en el día del jui-
cio, el castigo para Sodoma[i] será más tolera-
ble que para ti.»

Vengan a mí y descansen

(Lc 10.21-22)

25 En ese momento, Jesús dijo: «Te alabo,
Padre, Señor del cielo y de la tierra, porque
estas cosas las escondiste de los sabios y de
los entendidos, y las revelaste a los niños.
26 Sí, Padre, porque así te agradó.
27 El Padre me ha entregado todas las co-
sas,[j] y nadie conoce al Hijo, sino el Padre, ni
nadie conoce al Padre, sino el Hijo,[k] y aquel
a quien el Hijo lo quiera revelar.

[c] **11.10:** Mal 3.1. [d] **11.12-13:** Lc 16.16. [e] **11.14:** Mal 4.5; Mt 17.10-13; Mr 9.11-13. [f] **11.21:** Is 23.1-18; Ez 26.1—28.26; Jl 3.4-8; Am 1.9-10; Zac 9.2-4. [5] **11.23** Nombre griego del lugar de los muertos. [g] **11.23:** Is 14.13-15. [h] **11.23:** Gn 19.24-28. [i] **11.24:** Mt 10.15; Lc 10.12. [j] **11.27:** Jn 3.35. [k] **11.27:** Jn 10.15.

28 Vengan a mí todos ustedes, los agotados
de tanto trabajar, que yo los haré descansar.
29 Lleven mi yugo sobre ustedes, y apren-
dan de mí, que soy manso y humilde de
corazón, y hallarán descanso para su alma;[l]
30 porque mi yugo es fácil, y mi carga es
liviana.»

Los discípulos recogen espigas en el día de reposo

(Mr 2.23-28; Lc 6.1-5)

12 En aquel tiempo, al pasar Jesús
por los sembrados en un día de
reposo, sus discípulos tuvieron
hambre y comenzaron a arrancar espigas[a] y
a comerlas.
2 Cuando los fariseos vieron esto, le dije-
ron: «¡Fíjate! Tus discípulos hacen lo que no
está permitido hacer en el día de reposo.»
3 Pero él les dijo: «¿No han leído ustedes
lo que hizo David, cuando él y sus acompa-
ñantes tuvieron hambre?
4 ¡Pues entró en la casa de Dios y comió
los panes de la proposición![b] Panes que ni a
él ni a sus acompañantes les estaba permiti-
do comer, sino solamente a los sacerdotes.[c]
5 ¿O no han leído ustedes en la ley que, en
el día de reposo, los sacerdotes que están en
el templo profanan el día de reposo, y no se
les culpa de nada?[d]
6 Pues yo les digo que aquí está uno ma-
yor que el templo.
7 Si ustedes supieran lo que significa:[e] "Mi-
sericordia quiero, y no sacrificio",[f] no conde-
narían a los inocentes;
8 porque el Hijo del Hombre es Señor del
día de reposo.»

El hombre de la mano atrofiada

(Mr 3.1-6; Lc 6.6-11)

9 Al salir de allí, Jesús fue a la sinagoga del lugar.
10 Allí había un hombre que tenía atro-
fiada una mano. Para poder acusar a Jesús,
algunos le preguntaron: «¿Está permitido
sanar en el día de reposo?»
11 Él les respondió: «¿Quién de ustedes, si
tiene una oveja, y ésta se cae en un hoyo en
día de reposo, no va y la saca?[g]
12 ¡Y un hombre vale mucho más que una
oveja! Por consiguiente, está permitido ha-
cer el bien en los días de reposo.»
13 Entonces le dijo a aquel hombre: «Ex-
tiende tu mano.» El hombre la extendió, y
su mano le quedó tan sana como la otra.
14 Pero los fariseos, en cuanto se fueron,
conspiraron para matar a Jesús.

El siervo escogido

15 Cuando Jesús supo esto, se alejó de allí. Pero
mucha gente lo siguió, y él los sanó a todos,
16 aunque les encargaba con firmeza que
no lo descubrieran,
17 para que se cumpliera lo dicho por el
profeta Isaías:
18 «Éste es mi siervo, a quien he escogido;
mi Amado, en quien se complace mi
alma.
Pondré mi Espíritu sobre él,
y a las naciones anunciará juicio.

PALABRAS CON PODER

SÁBADO

(Mateo 12.1)

Algunos líderes judíos se enojaron con Jesús porque Él dejó que sus discípulos hambrientos arrancaran espigas en un día de reposo. La palabra ***día de reposo*** significaba "descanso". Dios declaró que el séptimo día de la semana debe ser un día de descanso y adoración (Éxodo 20:8-11). Los fariseos dispusieron sus propias reglas para el día de reposo, de modo que ellos fueran considerados más santos. Pero Jesús se denominó a sí mismo el "Señor del día de reposo" (12:8). Esto indica que Jesús tenía derecho a ignorar las reglas de los fariseos. Hoy, el día de reposo es el domingo. ¿Cómo honras a Dios en este día?

---

[l] **11.29:** Jer 6.16. [a] **12.1:** Dt 23.25. [b] **12.3-4:** 1 S 21.1-6. [c] **12.4:** Lv 24.9. [d] **12.5:** Nm 28.9-10. [e] **12.7:** Mt 9.13. [f] **12.7:** Os 6.6. [g] **12.11:** Lc 14.5. [h] **12.18-21:** Is 42.1-4.

19 No disputará, ni gritará,
ni nadie oirá su voz en las calles.
20 No quebrará la caña cascada,
ni apagará la mecha humeante,
hasta que haga triunfar la justicia.
21 En su nombre esperarán las naciones.»[h]

La blasfemia contra el Espíritu Santo

(Mr 3.20-30; Lc 11.14-23)

Mt 15.22-31

22 Un día le llevaron un endemoniado ciego y mudo, y él lo sanó, así que el ciego y mudo podía ver y hablar.

23 Toda la gente estaba atónita, y decía: «¿Será éste el Hijo de David?»

24 Los fariseos, al oírlo, decían: «Éste expulsa los demonios por el poder de Beelzebú, príncipe de los demonios.»[i]

25 Pero Jesús, que sabía lo que ellos pensaban, les dijo: «Todo reino dividido internamente acaba en la ruina. No hay casa o ciudad que permanezca, si internamente está dividida.

26 Así que, si Satanás expulsa a Satanás, se estará dividiendo a sí mismo; y así, ¿cómo podrá permanecer su reino?

27 Si yo expulso a los demonios por el poder de Beelzebú, ¿por el poder de quién los expulsan los hijos de ustedes? Por lo tanto, ellos serán los jueces de ustedes.

28 Pero si yo expulso a los demonios por el poder del Espíritu de Dios, eso significa que el reino de Dios ha llegado a ustedes.

29 Porque ¿cómo va a entrar alguien en la casa de un hombre fuerte, y cómo va a saquear sus bienes, si antes no lo ata? Sólo así podrá saquear su casa.

30 El que no está conmigo, está contra mí;[j] y el que no recoge conmigo, desparrama.

31 Por tanto, les digo: A ustedes se les perdonará todo pecado y blasfemia, excepto la blasfemia contra el Espíritu.

32 Cualquiera que hable mal del Hijo del Hombre, será perdonado; pero el que hable contra el Espíritu Santo no será perdonado, ni en este tiempo ni en el venidero.[k]

LECCIONES: LA BLASFEMIA CONTRA EL ESPÍRITU SANTO

(Mateo 12.31)

La "blasfemia" significa falta de respeto a Dios mediante palabras o hechos. Los líderes blasfemaron cuando atribuyeron a Satanás, y no al Espíritu Santo, los milagros que hizo Jesús (lee Mateo 12:24). Cuando alguien blasfema contra el Espíritu Santo, también rechaza el consejo y la obra del Espíritu Santo. Esto se llama "entristecer" al Espíritu Santo (Efesios 4:30). Como Jesús explicó, la blasfemia contra el Espíritu Santo no puede ser perdonada. Tú no debes preocuparte de haber cometido, sin querer, el "pecado imperdonable". Cualquiera que comete blasfemia no quiere ser perdonado y ni quiere volver a Dios.

33 Si el árbol es bueno, también su fruto es bueno; pero si el árbol es malo, también su fruto es malo. Al árbol se le conoce por sus frutos.[l]

Lc 6.43-44

34 ¡Generación de víboras![m] ¿Cómo pueden decir cosas buenas, si son malos? Porque de la abundancia del corazón habla la boca.[n]

35 El hombre bueno saca cosas buenas del buen tesoro de su corazón; el hombre malo saca cosas malas de su mal tesoro.

36 Pero yo les digo que, en el día del juicio, cada uno de ustedes dará cuenta de cada palabra ociosa que haya pronunciado.

37 Porque por tus palabras serás reivindicado, y por tus palabras serás condenado.»

La generación perversa demanda señal

(Lc 11.29-32)

38 Entonces algunos de los escribas y de los fariseos le dijeron: «Maestro, deseamos ver una señal tuya.»[o]

39 Pero él les dijo: «La generación mala y adúltera demanda una señal,[p] pero no tendrán más señal que la del profeta Jonás.

[i] **12.24:** Mt 9.34; 10.25. [j] **12.30:** Mr 9.40. [k] **12.32:** Lc 12.10. [l] **12.33:** Mt 7.20; Lc 6.44. [m] **12.34:** Mt 3.7; 23.33; Lc 3.7. [n] **12.34:** Mt 15.18; Lc 6.45. [o] **12.38:** Mt 16.1; Mr 8.11; Lc 11.16. [p] **12.39:** Mt 16.4; Mr 8.12.

40 Porque así como Jonás estuvo tres días y tres noches en el vientre del gran pez,[q] así también el Hijo del Hombre estará tres días y tres noches en el corazón de la tierra.

41 En el juicio, los habitantes de Nínive se levantarán contra esta generación y la condenarán, porque ellos se arrepintieron por la predicación de Jonás,[r] y aquí hay alguien que es más grande que Jonás.

42 En el juicio, la reina del Sur se levantará contra esta generación y la condenará, porque ella vino desde los confines de la tierra para escuchar la sabiduría de Salomón,[s] y aquí hay alguien que es más grande que Salomón.

El espíritu inmundo que vuelve

(Lc 11.24-26)

43 »Cuando el espíritu impuro sale del hombre, anda por lugares áridos en busca de reposo, y no lo halla.

44 Entonces dice: "Volveré a mi casa, de donde salí." Y cuando llega, la halla desocupada, barrida y adornada.

45 Entonces va y trae otros siete espíritus peores que él, y entran y allí se quedan a vivir. ¡Y el estado final de aquel hombre resulta ser peor que el primero! Así también le pasará a esta generación malvada.»

La madre y los hermanos de Jesús

(Mr 3.31-35; Lc 8.19-21)

46 Mientras Jesús hablaba con la gente, su madre y sus hermanos estaban afuera, y querían hablar con él.

47 Alguien le dijo: «Tu madre y tus hermanos están afuera, y te quieren hablar.»

48 Él respondió al que le dijo esto: «¿Quién es mi madre, y quiénes son mis hermanos?»

49 Y extendiendo la mano hacia sus discípulos, dijo: «Mi madre y mis hermanos están aquí.

50 Porque todos los que hacen la voluntad de mi Padre que está en los cielos son mis hermanos, mis hermanas, y mi madre.»

Parábola del sembrador

(Mr 4.1-9; Lc 8.4-8)

13 Aquel día, Jesús salió de la casa y se sentó a la orilla del lago.

2 Como mucha gente se le acercó, él se subió a una barca y se sentó,[a] mientras que la gente se quedó en la playa.

3 Entonces por parábolas les habló de muchas cosas. Les dijo: «El sembrador salió a sembrar.

4 Al sembrar, una parte de las semillas cayó junto al camino, y vinieron las aves y se la comieron.

5 Otra parte cayó entre las piedras, donde no había mucha tierra, y pronto brotó, porque la tierra no era profunda;

6 pero en cuanto salió el sol, se quemó y se secó, porque no tenía raíz.

7 Otra parte cayó entre espinos, pero los espinos crecieron y la ahogaron.

8 Pero una parte cayó en buena tierra, y rindió una cosecha de cien, sesenta, y hasta treinta semillas por una.

9 El que tenga oídos para oír, que oiga.»

PALABRAS CON PODER

PARÁBOLAS DEL REINO

(Mateo 13.3)

Jesús enseñó a la gente por medio de parábolas. Una parábola es una pequeña historia que nos enseña una gran lección. Jesús enseñó parábolas acerca del reino de los cielos, lo que es y cómo se portan sus ciudadanos. Jesús usó las parábolas para revelar verdades a quienes estaban realmente interesados, y al mismo tiempo, ocultaba esas cosas de los que no tenían interés. Las historias que contaba Jesús por lo general terminaban con el enfoque en una decisión que la gente debía tomar para seguir a Dios. Escoge una parábola en Mateo 13 y cuéntasela a tus amigos. Fíjate si ellos entienden lo que significa.

[q] **12.40:** Jn 1.17. [r] **12.41:** Jn 3.5. [s] **12.42:** 1 R 10.1-10; 2 Cr 9.1-12. [a] **13.2:** Lc 5.1-3.

Propósito de las parábolas

(Mr 4.10-12; Lc 8.9-10)

10 Los discípulos se acercaron y le preguntaron: «¿Por qué les hablas por parábolas?»

11 Él les respondió: «Porque a ustedes se les concede entender el misterio del reino de los cielos, pero a ellos no.

12 Porque a cualquiera que tiene, se le dará, y tendrá más; pero al que no tiene, aun lo poco que tiene se le quitará.[b]

13 Por eso les hablo por parábolas: porque viendo no ven, y oyendo no oyen, ni entienden.

14 De manera que en ellos se cumple la profecía de Isaías, que dijo:

"Ustedes oirán con sus oídos, pero no
entenderán;
y verán con sus ojos, pero no percibirán.
15 Porque el corazón de este pueblo se
ha endurecido;
con dificultad oyen con los oídos,
y han cerrado sus ojos;
no sea que con sus ojos vean,
y con sus oídos oigan,
y con su corazón entiendan
Y se vuelvan a mí,
Y yo los sane."[c]

16 Pero dichosos los ojos de ustedes, porque ven; y los oídos de ustedes, porque oyen.

17 Porque de cierto les digo, que muchos profetas y hombres justos desearon ver lo que ustedes ven, y no lo vieron; y oír lo que ustedes oyen, y no lo oyeron.[d]

Jesús explica la parábola del sembrador

(Mr 4.13-20; Lc 8.11-15)

18 »Escuchen ahora lo que significa la parábola del sembrador:

19 Cuando alguien oye la palabra del reino, y no la entiende, viene el maligno y le arrebata lo que fue sembrado en su corazón. Ésta es la semilla sembrada junto al camino.

20 El que oye la palabra es la semilla sembrada entre las piedras, que en ese momento la recibe con gozo,

21 pero su gozo dura poco por tener poca raíz; al venir la aflicción o la persecución por causa de la palabra, se malogra.

22 La semilla sembrada entre espinos es el que oye la palabra, pero las preocupaciones de este mundo y el engaño de las riquezas ahogan la palabra, por lo que ésta no llega a dar fruto.

23 Pero la semilla sembrada en buena tierra es el que oye la palabra y la entiende, y da fruto, y produce cien, sesenta, y treinta semillas por cada semilla sembrada.»

Parábola del trigo y la cizaña

24 Jesús les contó otra parábola: «El reino de los cielos es semejante a un hombre que sembró buena semilla en su campo;

25 pero, mientras dormían los trabajadores, vino su enemigo y sembró cizaña entre el trigo, y se fue.

26 Cuando el trigo brotó y dio fruto, apareció también la cizaña.

27 Entonces, los siervos fueron a preguntarle al dueño del terreno: "Señor, ¿acaso no sembraste buena semilla en tu campo? ¿De dónde salió la cizaña?"

28 El dueño les dijo: "Esto lo ha hecho un enemigo." Los siervos le preguntaron: "¿Quieres que vayamos y la arranquemos?"

29 Y él les respondió: "No, porque al arrancar la cizaña podrían también arrancar el trigo.

30 Dejen que crezcan lo uno y lo otro hasta la cosecha. Cuando llegue el momento de cosechar, yo les diré a los segadores que recojan primero la cizaña y la aten en manojos, para quemarla, y que después guarden el trigo en mi granero."»

Parábola de la semilla de mostaza

(Mr 4.30-32; Lc 13.18-19)

31 Jesús les contó otra parábola: «El reino de los cielos es semejante a un grano de mostaza, que un hombre sembró en su campo.

32 Sin duda, ésta es la más pequeña de todas las semillas; pero, cuando crece, es la

[b] **13.12:** Mt 25.29; Mr 4.25; Lc 8.18; 19.26. [c] **13.14-15:** Is 6.9-10. [d] **13.16-17:** Lc 10.23-24.

más grande de las plantas; se hace árbol, y hasta las aves del cielo vienen y hacen nidos en sus ramas.»

Parábola de la levadura

(Lc 13.20-21)

33 Jesús les contó otra parábola: «El reino de los cielos es semejante a la levadura que una mujer tomó y mezcló con tres medidas de harina, hasta que toda la harina fermentó.»

El uso que Jesús hace de las parábolas

(Mr 4.33-34)

34 De todo esto habló Jesús con la gente por parábolas, y no les hablaba de otra manera,

35 para que se cumpliera lo dicho por el profeta:

«Abriré mi boca y en parábolas
hablaré de cosas escondidas
desde la fundación del mundo.»[e]

Jesús explica la parábola de la cizaña

36 Luego de despedir a la gente, Jesús entró en la casa. Sus discípulos se le acercaron y le dijeron: «Explícanos la parábola de la cizaña en el campo.»

37 Él les dijo: «El que siembra la buena semilla es el Hijo del Hombre.

38 El campo es el mundo, la buena semilla son los hijos del reino, y la cizaña son los hijos del maligno.

39 El enemigo que la sembró es el diablo, la cosecha es el fin del mundo, y los segadores son los ángeles.

40 Y así como se arranca la cizaña y se quema en el fuego, así también será en el fin de este mundo.

41 El Hijo del Hombre enviará a sus ángeles, y ellos recogerán de su reino a todos los que sirven de tropiezo y a los que hacen lo malo,

42 y los echarán en el horno de fuego; allí habrá llanto y rechinar de dientes.

43 Entonces, en el reino de su Padre los justos resplandecerán como el sol. El que tenga oídos, que oiga.

El tesoro escondido

44 »Además, el reino de los cielos es semejante a un tesoro escondido en un campo. Cuando alguien encuentra el tesoro, lo esconde de nuevo y, muy feliz, va y vende todo lo que tiene, y compra ese campo.

La perla de gran precio

45 »También el reino de los cielos es semejante a un comerciante que busca buenas perlas,

46 y que cuando encuentra una perla preciosa, va y vende todo lo que tiene, y compra la perla.

La red

47 »Asimismo, el reino de los cielos es semejante a una red que, lanzada al agua, recoge toda clase de peces.

48 Una vez que se llena, la sacan a la orilla, y los pescadores se sientan a echar el buen pescado en cestas, y desechan el pescado malo.

49 Así será al fin del mundo: los ángeles saldrán y apartarán de los hombres justos a la gente malvada,

50 y a esta gente la echarán en el horno de fuego. Allí habrá llanto y rechinar de dientes.»

Tesoros nuevos y viejos

51 Jesús les preguntó: «¿Han comprendido todo esto?» Ellos respondieron: «Sí, Señor.»

52 Él les dijo: «Por eso todo escriba que ha sido instruido en el reino de los cielos es semejante al dueño de una casa, que de su tesoro saca cosas nuevas y cosas viejas.»

Jesús en Nazaret

(Mr 6.1-6; Lc 4.16-30)

53 Cuando Jesús terminó de exponer estas parábolas, se fue de allí.

54 Al llegar a su tierra, les enseñaba en la sinagoga del lugar. La gente se asombraba y decía: «¿De dónde le viene a éste la sabiduría? ¿Cómo es que hace estos milagros?

[e] **13.35:** Sal 78.2.

55 ¿Acaso no es éste el hijo del carpintero? ¿No se llama su madre María, y sus hermanos son Jacobo, José, Simón y Judas?

56 ¿No están todas sus hermanas con nosotros? ¿De dónde, pues, le viene todo esto?»

57 Y les era muy difícil entenderlo. Pero Jesús les dijo: «No hay profeta sin honra, sino en su propia tierra y en su propia familia.»[f]

58 Y por la incredulidad de ellos no hizo allí muchos milagros.

Muerte de Juan el Bautista

(Mr 6.14-29; Lc 9.7-9)

14 Por esos días Herodes el tetrarca se enteró de la fama de Jesús,

2 y les dijo a sus criados: «Éste es Juan el Bautista, que ha resucitado de los muertos. Por eso operan en él estos poderes.»

3 Y es que Herodes había aprehendido a Juan, y lo había encadenado y metido en la cárcel. Lo había hecho por causa de Herodías, la mujer de Felipe su hermano,

4 pues Juan le decía: «No te es lícito tenerla.»[a,b]

5 Herodes quería matarlo, pero tenía miedo porque la gente veía a Juan como un profeta.

6 En el cumpleaños de Herodes, la hija de Herodías danzó delante de todos, y tanto agradó esto a Herodes

7 que bajo juramento prometió darle todo lo que ella le pidiera.

8 Ella, instigada por su madre, le dijo: «Entrégame aquí, en un plato, la cabeza de Juan el Bautista.»

9 Esto entristeció mucho al rey, pero a causa del juramento y de los que estaban con él a la mesa, mandó que se le concediera su deseo

10 y ordenó decapitar a Juan en la cárcel.

11 Llevaron entonces la cabeza de Juan en un plato, y se la dieron a la muchacha; y ella se la entregó a su madre.

12 Más tarde, los discípulos de Juan fueron y tomaron el cuerpo, lo enterraron y fueron a darle las noticias a Jesús.

Alimentación de los cinco mil

(Mr 6.30-44; Lc 9.10-17; Jn 6.1-14)

13 Cuando Jesús se enteró, se fue de allí en una barca, a un lugar apartado. Cuando la gente lo supo, lo siguió a pie desde las ciudades.

14 Cuando Jesús salió de la barca y vio a tanta gente, tuvo compasión de ellos y sanó a los que estaban enfermos.

15 Ya anochecía cuando sus discípulos se acercaron a él y le dijeron: «Ya es muy tarde, y en este lugar no hay nada. Despide a toda esta gente, para que vayan a las aldeas y compren de comer.»

16 Jesús les dijo: «No tienen por qué irse. Denles ustedes de comer.»

17 Ellos le dijeron: «Aquí tenemos sólo cinco panes y dos pescados.»

18 Él les dijo: «Tráiganmelos acá.»

19 Mandó entonces a la gente que se recostara sobre la hierba. Tomó los cinco panes y los dos pescados, y levantando los ojos al cielo los bendijo, los partió, y dio los panes a los discípulos, y los discípulos a la multitud.

20 Todos comieron, y quedaron satisfechos; y de lo que sobró se recogieron doce cestas llenas.

21 Los que comieron fueron como cinco mil hombres, sin contar a las mujeres y los niños.

Jesús camina sobre las aguas

(Mr 6.45-52; Jn 6.15-21)

22 Enseguida, Jesús hizo que sus discípulos entraran en la barca y que se adelantaran a la otra orilla, mientras él despedía a la multitud.

23 Luego de despedir a la gente, subió al monte a orar aparte. Cuando llegó la noche, Jesús estaba allí solo.

24 La barca ya estaba a la mitad del lago, azotada por las olas, porque tenían el viento en contra.

[f] **13.57:** Jn 4.44. [a] **14.4:** Lv 18.16; 20.21. [b] **14.3-4:** Lc 3.19-20.

25 Pero ya cerca del amanecer Jesús fue ha-
cia ellos caminando sobre las aguas.
26 Cuando los discípulos lo vieron cami-
nar sobre las aguas, se asustaron y, llenos de
miedo, gritaron: «¡Un fantasma!»
27 Pero enseguida Jesús les dijo: «¡Ánimo!
¡Soy yo! ¡No tengan miedo!»
28 Pedro le dijo: «Señor, si eres tú, manda
que yo vaya hacia ti sobre las aguas.»
29 Y él le dijo: «Ven.» Entonces Pedro salió
de la barca y comenzó a caminar sobre las
aguas en dirección a Jesús.
30 Pero al sentir la fuerza del viento, tuvo
miedo y comenzó a hundirse. Entonces gri-
tó: «¡Señor, sálvame!»
31 Al momento, Jesús extendió la mano y,
mientras lo sostenía, le dijo: «¡Hombre de
poca fe! ¿Por qué dudaste?»
32 Cuando ellos subieron a la barca, el vien-
to se calmó.
33 Entonces los que estaban en la barca se
acercaron y lo adoraron, diciendo: «Verda-
deramente, tú eres Hijo de Dios.»

Jesús sana a los enfermos en Genesaret

(Mr 6.53-56)

34 Terminada la travesía, fueron a la tierra
de Genesaret,
35 y cuando la gente de aquel lugar lo re-
conoció, lo hizo saber por toda aquella tie-
rra. Entonces le llevaron todos los enfermos
36 y le rogaban que los dejara tocar al me-
nos el borde de su manto. ¡Y todos los que
lo tocaban quedaban sanos!

La verdadera contaminación

(Mr 7.1-23)

15 Ciertos escribas y fariseos de Je-
rusalén se acercaron entonces a
Jesús, y le preguntaron:
2 «¿Por qué tus discípulos quebrantan la
tradición de los ancianos? ¡No se lavan las
manos cuando comen pan!»
3 Él les respondió: «¿Por qué también us-
tedes quebrantan el mandamiento de Dios
por causa de su tradición?
4 Porque Dios dijo: "Honra a tu padre y a
tu madre";[a] también: "El que maldiga al pa-
dre o a la madre, morirá irremisiblemente."[b]
5 Pero ustedes dicen: "Cualquiera que diga
a su padre o a su madre: 'Todo aquello con
lo que podría ayudarte es mi ofrenda a Dios',
6 ya no tiene que honrar a su padre o a
su madre." Y así, por la tradición de ustedes,
invalidan el mandamiento de Dios.
7 ¡Hipócritas! Bien profetizó de ustedes
Isaías, cuando dijo:
8 "Este pueblo me honra con los labios,
pero su corazón está lejos de mí.
9 No tiene sentido que me honren,
si sus enseñanzas son mandamientos
humanos."»[c]
10 Luego, Jesús convocó a la multitud y les
dijo: «Escúchenme, y entiendan:
11 Lo que contamina al hombre no es lo
que entra por su boca. Por el contrario, lo
que contamina al hombre es lo que sale de
su boca.»
12 Entonces sus discípulos se le acercaron
y le preguntaron: «¿Sabes que los fariseos se
ofendieron cuando oyeron estas palabras?»
13 Él les respondió: «Toda planta que mi
Padre celestial no ha plantado, será arranca-
da de raíz.
14 Déjenlos, pues son ciegos que guían a
otros ciegos; y si un ciego guía a otro ciego,
ambos caerán en el hoyo.»[d]
15 Pedro le dijo: «Explícanos esta parábola.»
16 Jesús les dijo: «¿Tampoco ustedes han
podido entender?
17 ¿No entienden que todo lo que entra
por la boca se va al vientre, y luego se echa
en la letrina?
18 Pero lo que sale de la boca, sale del cora-
zón;[e] y esto es lo que contamina al hombre.
19 Porque del corazón salen los malos de-
seos, los homicidios, los adulterios, las for-
nicaciones, los robos, los falsos testimonios,
las blasfemias.
20 Estas cosas son las que contaminan al
hombre. El comer sin lavarse las manos no
contamina a nadie.»

[a] **15.4:** Éx 20.12; Dt 5.16. [b] **15.4:** Éx 21.17; Lv 20.9. [c] **15.8-9:** Is 29.13. [d] **15.14:** Lc 6.39. [e] **15.18:** Mt 12.34.

La fe de la mujer cananea

(Mr 7.24-30)

21 Cuando Jesús salió de allí, se fue a la re-
gión de Tiro y de Sidón.

22 De pronto salió una mujer cananea de
aquella región, y a gritos le decía: «¡Señor,
Hijo de David, ten misericordia de mí! ¡A mi
hija la atormenta un demonio!»

23 Pero Jesús no le dijo una sola palabra.
Entonces sus discípulos se acercaron a él y
le rogaron: «Despídela, pues viene gritando
detrás de nosotros.»

24 Él respondió: «Yo no fui enviado sino a
las ovejas perdidas de la casa de Israel.»

25 Entonces ella vino, se postró ante él, y le
dijo: «¡Señor, ayúdame!»

26 Él le dijo: «No está bien tomar el pan
que es de los hijos, y echarlo a los perritos.»

27 Ella respondió: «Cierto, Señor. Pero aun
los perritos comen de las migajas que caen
de la mesa de sus amos.»

28 Entonces, Jesús le dijo: «¡Ah, mujer, tie-
nes mucha fe! ¡Que se haga contigo tal y
como quieres!» Y desde ese mismo instante
su hija quedó sana.

Jesús sana a muchos

29 Jesús se fue de allí y llegó a la orilla del
lago de Galilea. Luego, subió al monte y se
sentó allí.

30 Mucha gente se le acercó. Llevaban co-
jos, ciegos, mudos, mancos, y muchos otros
enfermos, y los pusieron a los pies de Jesús,
y él los sanó.

31 La multitud se quedaba asombrada, y
al ver que los mudos hablaban, los mancos
eran sanados, los cojos andaban y los ciegos
veían, glorificaban al Dios de Israel.

Mr 2.3-12

Alimentación de los cuatro mil

(Mr 8.1-10)

32 Jesús llamó a sus discípulos y les dijo:
«Esta gente me parte el corazón. Hace ya tres
días que están conmigo, y no tienen qué co-
mer. Y no quisiera enviarlos en ayunas, pues
se pueden desmayar en el camino.»

33 Entonces sus discípulos le dijeron: «Y en
este lugar tan apartado, ¿de dónde vamos
a sacar pan para saciar a una multitud tan
grande?»

34 Jesús les preguntó: «¿Cuántos panes tie-
nen ustedes?» Ellos le respondieron: «Siete,
y unos cuantos pescaditos.»

35 Entonces mandó que la multitud se re-
costara en el suelo,

36 luego tomó los siete panes y los pesca-
dos, dio gracias, y los partió y dio a sus discí-
pulos, y ellos a la multitud.

37 Todos comieron hasta quedar satisfe-
chos, y de lo que sobró se recogieron siete
canastas llenas.

38 Y los que comieron eran cuatro mil
hombres, sin contar a las mujeres y los ni-
ños.

39 Luego de despedir a la gente, Jesús entró
en la barca y se fue a la región de Magdala.

La demanda de una señal

(Mr 8.11-13; Lc 12.54-56)

16 Los fariseos y los saduceos se
acercaron a Jesús para ponerlo
a prueba, y le pidieron que les
mostrara una señal[a] del cielo.

2 Pero él les dijo: «Al llegar la noche, uste-
des dicen: "Va a hacer buen tiempo, porque
el cielo está rojizo."

3 Por la mañana, ustedes dicen: "Hoy ha-
brá tempestad, porque el cielo está rojizo
y nublado." ¡Bien que saben distinguir el as-
pecto del cielo, pero no pueden distinguir
las señales de los tiempos!

4 La generación mala y adúltera demanda
una señal,[b] pero no recibirá más señal que la
del profeta Jonás.»[c] Y los dejó y se fue.

La levadura de los fariseos

(Mr 8.14-21)

5 Los discípulos llegaron al otro lado, pero
se olvidaron de llevar pan.

6 En eso, Jesús les dijo: «Abran los ojos y
cuídense de la levadura de los fariseos[d] y de
los saduceos.»

[a] **16.1:** Mt 12.38; Lc 11.16. [b] **16.4:** Mt 12.39; Lc 11.29. [c] **16.4:** Jn 3.4-5.

PALABRAS CON PODER **PEDRO (ROCA)** *(Mateo 16.18)*

¿Has subido a una roca grande? Si lo has hecho, sabes cuan sólida y fuerte puede ser. Simón, discípulo de Jesús, tenía un sobrenombre: Pedro. Ese nombre significa "roca". Jesús dijo que edificaría su iglesia sobre la "roca". Eso no quiere decir que edificaría la Iglesia sobre Pedro, sino en la declaración de Pedro de que Jesús era el Hijo de Dios y el Salvador del mundo. Las verdades acerca de Dios son la base sólida de una vida santa. Los NIÑOS DE PODER construyen su vida sobre esas "rocas".

7 Ellos comentaban entre sí: «Dice esto
porque no trajimos pan.»
8 Pero Jesús se dio cuenta y les dijo: «Hom-
bres de poca fe. ¿Por qué discuten entre us-
tedes que no tienen pan?
9 ¿Todavía no entienden, ni se acuerdan de
los cinco panes entre cinco mil hombres,[e] y
cuántas cestas recogieron?
10 ¿Ni de los siete panes entre cuatro mil,[f] y
cuántas canastas recogieron?
11 ¿Cómo es que no entienden? Si les dije
que se cuidaran de la levadura de los fari-
seos y de los saduceos, no fue por el pan.»
12 Entonces ellos entendieron que no les
había dicho que se cuidaran de la levadura
del pan, sino de las enseñanzas de los fari-
seos y de los saduceos.

La confesión de Pedro

(Mr 8.27-30; Lc 9.18-21)

13 Al llegar a la región de Cesarea de Fili-
po, Jesús preguntó a sus discípulos: «¿Quién
dice la gente que es el Hijo del Hombre?»
14 Ellos dijeron: «Unos dicen que es Juan el
Bautista; otros, que es Elías; y otros, que es
Jeremías o alguno de los profetas.»[g]
15 Él les preguntó: «Y ustedes, ¿quién dicen
que soy yo?»
16 Simón Pedro respondió: «¡Tú eres el
Cristo, el Hijo del Dios viviente!»[h]
17 Entonces Jesús le dijo: «Bienaventurado
eres, Simón, hijo de Jonás, porque no te lo
reveló ningún mortal, sino mi Padre que
está en los cielos.
18 Y yo te digo que tú eres Pedro,[6] y sobre
esta roca[7] edificaré mi iglesia, y las puertas
del Hades no podrán vencerla.
19 A ti te daré las llaves del reino de los cie-
los. Todo lo que ates en la tierra será atado
en los cielos, y todo lo que desates en la tie-
rra será desatado en los cielos.»[i]
20 Entonces mandó a sus discípulos que
no dijeran a nadie que él era Jesús, el Cristo.

Jesús anuncia su muerte

(Mr 8.31—9.1; Lc 9.22-27)

21 Desde entonces Jesús comenzó a ex-
plicar a sus discípulos que él debía ir a Je-
rusalén y padecer mucho a manos de los
ancianos, de los principales sacerdotes y de
los escribas, y morir, y resucitar al tercer día.
22 Pedro lo llevó aparte y comenzó a re-
convenirlo: «Señor, ¡ten compasión de ti
mismo! ¡Que esto jamás te suceda!»
23 Pero él se volvió y le dijo a Pedro: «¡Alé-
jate de mi vista, Satanás! ¡Me eres un tropie-
zo! ¡Tú no piensas en las cosas de Dios, sino
en cuestiones humanas!»
24 A sus discípulos Jesús les dijo: «Si alguno
quiere seguirme, niéguese a sí mismo, tome
su cruz, y sígame.[j]
25 Porque todo el que quiera salvar su vida,
la perderá; y todo el que pierda su vida por
causa de mí, la hallará.[k]
26 Porque ¿de qué le sirve a uno ganarse
todo el mundo, si pierde su alma? ¿O qué
puede dar uno a cambio de su alma?
27 Porque el Hijo del Hombre vendrá en la
gloria de su Padre con sus ángeles,[l] y enton-
ces pagará a cada uno conforme a sus obras.[m]

[d] **16.6:** Lc 12.1. [e] **16.9:** Mt 14.17-21. [f] **16.10:** Mt 15.34-38. [g] **16.14:** Mt 14.1-2; Mr 6.14-15; Lc 9.7-8. [h] **16.16:** Jn 6.68-69. [6] **16.18** Gr. ***Petros.*** [7] **16.18** Gr. ***petra.*** [i] **16.19:** Mt 18.18; Jn 20.23. [j] **16.24:** Mt 10.38; Lc 14.27. [k] **16.25:** Mt 10.39; Lc 17.33; Jn 12.25. [l] **16.27:** Mt 25.31. [m] **16.27:** Sal 62.12.

Mt 24.15-51

28 De cierto les digo que algunos de los
que están aquí no morirán hasta que hayan
visto al Hijo del Hombre venir en su reino.»

La transfiguración

(Mr 9.2-13; Lc 9.28-36)

17 Seis días después Jesús se llevó
aparte a Pedro, a Jacobo y a su
hermano Juan. Los llevó a un
monte alto,
2 y allí se transfiguró delante de ellos.[a] Su
rostro resplandecía como el sol, y sus vesti-
dos se hicieron blancos como la luz.
3 De pronto se les aparecieron Moisés y
Elías, y hablaban con él.
4 Pedro dijo entonces a Jesús: «Señor, ¡qué
bueno es para nosotros estar aquí! Si quie-
res, podemos hacer tres cobertizos: uno
para ti, otro para Moisés, y otro para Elías.»
5 Todavía estaba hablando cuando una
nube de luz los cubrió, y desde la nube se oyó
una voz que decía: «Éste es mi Hijo amado,
en quien me complazco.[b] ¡Escúchenlo!»
6 Al oír esto los discípulos, se postraron
sobre sus rostros, llenos de miedo;
7 pero Jesús se acercó a ellos, los tocó y les
dijo: «Levántense; no tengan miedo.»
8 Y cuando ellos alzaron la vista, no vieron
a nadie más que a Jesús.
9 Cuando descendieron del monte, Jesús
les mandó: «No digan nada a nadie de esta
visión, hasta que el Hijo del Hombre resuci-
te de los muertos.»
10 Entonces sus discípulos le preguntaron:
«¿Por qué dicen los escribas que es necesa-
rio que Elías venga primero?»[c]
11 Jesús les respondió: «A decir verdad,
Elías vendrá primero y restaurará todas las
cosas.
12 Pero yo les digo que Elías ya vino,[d] y no
lo reconocieron, sino que hicieron con él
todo lo que quisieron. Así también el Hijo
del Hombre padecerá a manos de ellos.»
13 Al escuchar esto, los discípulos com-
prendieron que les estaba hablando de Juan
el Bautista.

Mt 21.21-22

PROMESAS PODEROSAS

MATEO 16.25

Porque todo el que quiera salvar su vida, la perderá; y todo el que pierda su vida por causa de mí, la hallará.

¿Crees que es posible salvar tu vida si la pierdes? Esto parece que no tiene sentido. Pero Jesús estaba hablando de la vida eterna. Cuando recibes a Jesús como tu Salvador, recibes la vida eterna, la vida que dura por siempre. Pierdes tu vida si entregas el control de ella a Jesús. Si decides rechazar a Jesús y vivir según tus propias reglas, tendrás el control de tu vida, pero pierdes la vida eterna.

Jesús sana a un muchacho lunático

(Mr 9.14-29; Lc 9.37-43)

14 Cuando llegaron a donde estaba la mul-
titud, un hombre se le acercó, se arrodilló
delante de él, y le dijo:
15 «¡Señor, ten compasión de mi hijo! Es
lunático, y padece muchísimo. Muchas ve-
ces se cae en el fuego, y muchas otras en
el agua.
16 Lo he llevado a tus discípulos, pero no
lo han podido sanar.»
17 Jesús dijo: «¡Ay, gente incrédula y per-
versa! ¿Hasta cuándo tendré que estar con
ustedes? ¿Hasta cuándo tendré que sopor-
tarlos? ¡Tráiganmelo acá!»
18 Jesús reprendió entonces al demo-
nio, y éste salió del muchacho, y desde
aquel mismo instante el muchacho que-
dó sano.
19 Después los discípulos hablaron con Je-
sús aparte, y le preguntaron: «¿Por qué no-
sotros no pudimos expulsarlo?»
20 Jesús les dijo: «Porque ustedes tienen
muy poca fe. De cierto les digo, que si tuvie-
ran fe como un grano de mostaza, le dirían

Mr 1.23-28

[a] **17.1-5:** 2 P 1.17-18. [b] **17.5:** Is 42.1; Mt 3.17; 12.18; Mr 1.11; Lc 3.22. [c] **17.10:** Mal 4.5. [d] **17.12:** Mt 11.14.

Mt 21.21-22

a este monte: "Quítate de allí y vete a otro lugar", y el monte les obedecería.[e] ¡Nada sería imposible para ustedes!»

21 [Pero este género no sale sino con oración y ayuno.][8]

Jesús anuncia otra vez su muerte

(Mr 9.30-32; Lc 9.43-45)

22 Cuando ellos estaban en Galilea, Jesús les dijo: «El Hijo del Hombre será entregado a los poderes de este mundo,

23 y lo matarán, pero al tercer día resucitará.» Al oír esto, ellos se entristecieron mucho.

Pago del impuesto del templo

24 Cuando llegaron a Cafarnaún, los que cobraban las dos dracmas se acercaron a Pedro[f] y le dijeron: «¿Su Maestro no paga las dos dracmas?»

25 Él les respondió que sí. Pero cuando Pedro entró en la casa, Jesús le habló primero y le dijo: «¿Qué te parece, Simón? Los reyes de la tierra, ¿de quiénes cobran los tributos o los impuestos? ¿De sus hijos, o de los extraños?»

26 Pedro le respondió: «De los extraños». Jesús le dijo: «Por lo tanto, los hijos quedan exentos de pagarlos.

27 Sin embargo, para no ofenderlos, ve al lago, echa el anzuelo, y toma el primer pez que saques. Al abrirle la boca, hallarás una moneda. Tómala, y dásela a ellos por ti y por mí.»

¿Quién es el mayor?

(Mr 9.33-37; Lc 9.46-48)

18 En ese momento los discípulos se acercaron a Jesús, y le preguntaron: «¿Quién es el mayor en el reino de los cielos?»[a]

2 Jesús llamó a un niño, lo puso en medio de ellos,

3 y dijo: «De cierto les digo, que si ustedes no cambian y se vuelven como niños, no entrarán en el reino de los cielos.[b]

4 Así que, cualquiera que se humilla como este niño es el mayor en el reino de los cielos;

5 y cualquiera que recibe en mi nombre a un niño como éste, me recibe a mí.

Ocasiones de caer

(Mr 9.42-48; Lc 17.1-2)

6 »A cualquiera que haga tropezar a alguno de estos pequeños que creen en mí, más le valdría que le colgaran al cuello una piedra de molino, y que lo hundieran en el fondo del mar.

7 »¡Ay del mundo por los tropiezos! Es necesario que vengan tropiezos, pero ¡ay de aquél por quien viene el tropiezo!

8 Por tanto, si tu mano o tu pie te llevan a pecar, córtatelos y deséchalos. Es mejor que entres en la vida cojo o manco, y no que tengas las dos manos o los dos pies y seas echado en el fuego eterno.[c]

9 Y si tu ojo te hace pecar, sácatelo y deséchalo. Es mejor que entres en la vida con

[e]**17.20:** Mt 21.21; Mr 11.23; 1 Co 13.2. [8]**17.21** La frase entre corchetes se halla sólo en mss. tardíos. [f]**17.24:** Éx 30.13; 38.26. [a]**18.1:** Lc 22.24. [b]**18.3:** Mr 10.15; Lc 18.17. [c]**18.8:** Mt 5.30. [d]**18.9:** Mt 5.29.

¿TIENES FE? *(Mateo 17.20)*

PODER PARA VIVIR

¿Tienes fe que puede mover montes? Esa es la fe a la que Jesús se refería. Eso no significa que tienes fe en el poder y la fuerza de tu propia fe; sino que tienes fe en el poder y la fuerza de Dios. Después de todo, Él es el único que podría mover una montaña, si quisiera hacerlo. Nuestra fe en Dios hace que Él obre de maneras asombrosas. Siempre que Dios nos ayuda y responde a nuestras oraciones, nuestra fe crece y se fortalece (2 Pedro 3:18).

un solo ojo, y no que tengas los dos ojos y seas echado en el infierno de fuego.[d]

Parábola de la oveja perdida
(Lc 15.3-7)

10 »Tengan cuidado de no menospreciar a uno de estos pequeños, porque yo les digo que sus ángeles en los cielos ven siempre el rostro de mi Padre que está en los cielos.

11 Porque el Hijo del Hombre ha venido a salvar lo que se había perdido.[e]

12 ¿Qué les parece? Si un hombre tiene cien ovejas, y una de ellas se pierde, ¿no deja las otras noventa y nueve y va por los montes a buscar la que se ha perdido?

13 Si llega a encontrarla, de cierto les digo que se regocijará más por aquélla, que por las noventa y nueve que no se perdieron.

14 Del mismo modo, el Padre de ustedes, que está en los cielos, no quiere que se pierda ninguno de estos pequeños.

Cómo se debe perdonar al hermano

15 »Por tanto, si tu hermano peca contra ti, ve y repréndelo cuando él y tú estén solos. Si te hace caso, habrás ganado a tu hermano.[f]

16 Pero si no te hace caso, haz que te acompañen uno o dos más, para que todo lo que se diga conste en labios de dos o tres testigos.[g]

17 Si tampoco a ellos les hace caso, hazlo saber a la iglesia; y si tampoco a la iglesia le hace caso, ténganlo entonces por gentil y cobrador de impuestos.

18 De cierto les digo que todo lo que aten en la tierra, será atado en el cielo; y todo lo que desaten en la tierra, será desatado en el cielo.[h]

19 Una vez más les digo, que si en este mundo dos de ustedes se ponen de acuerdo en lo que piden, mi Padre, que está en los cielos, se lo concederá.

20 Porque donde dos o tres se reúnen en mi nombre, allí estoy yo, en medio de ellos.»

21 Entonces se le acercó Pedro y le dijo: «Señor, si mi hermano peca contra mí, ¿cuántas veces debo perdonarlo? ¿Hasta siete veces?»

22 Jesús le dijo: «No te digo que hasta siete veces, sino hasta setenta veces siete.[i]

Los dos deudores

23 »Por eso, el reino de los cielos es semejante a un rey que quiso hacer cuentas con sus siervos.

24 Cuando comenzó a hacer cuentas, le llevaron a uno que le debía plata por millones.

25 Como éste no podía pagar, su señor ordenó que lo vendieran, junto con su mujer y sus hijos, y con todo lo que tenía, para que la deuda quedara pagada.

26 Pero aquel siervo se postró ante él, y le suplicó: "Señor, ten paciencia conmigo, y yo te lo pagaré todo."

27 El rey de aquel siervo se compadeció de él, lo dejó libre y le perdonó la deuda.

28 Cuando aquel siervo salió, se encontró con uno de sus consiervos, que le debía cien días de salario, y agarrándolo por el cuello le dijo: "Págame lo que me debes."

29 Su consiervo se puso de rodillas y le rogó: "Ten paciencia conmigo, y yo te lo pagaré todo."

30 Pero aquél no quiso, sino que lo mandó a la cárcel hasta que pagara la deuda.

31 Cuando sus consiervos vieron lo que pasaba, se pusieron muy tristes y fueron a contarle al rey todo lo que había pasado.

32 Entonces el rey le ordenó presentarse ante él, y le dijo: "Siervo malvado, yo te perdoné toda aquella gran deuda, porque me rogaste.

33 ¿No debías tú tener misericordia de tu consiervo, como yo la tuve de ti?"

34 Y muy enojado, el rey lo entregó a los verdugos hasta que pagara todo lo que le debía.

35 Así también mi Padre celestial hará con ustedes, si no perdonan de todo corazón a sus hermanos.»

[e] **18.11:** Lc 19.10. [f] **18.15:** Lc 17.3. [g] **18.16:** Dt 17.6; 19.15. [h] **18.18:** Mt 16.19; Jn 20.23. [i] **18.21-22:** Lc 17.3-4.

Jesús enseña sobre el divorcio

(Mr 10.1-12; Lc 16.18)

19 Cuando Jesús terminó de decir esto, se alejó de Galilea y fue a las regiones de Judea, al otro lado del Jordán.

2 Grandes multitudes lo siguieron, y él los sanó allí.

3 Entonces se le acercaron los fariseos, y para ponerlo a prueba le dijeron: «¿Es lícito que un hombre se divorcie de su mujer por cualquier causa?»

4 Él les respondió: «¿Acaso no han leído que al principio el Creador "hombre y mujer los creó"?[a]

5 Y agregó: "Por esto el hombre dejará a su padre y a su madre, y se unirá a su mujer, y los dos serán un solo ser."[b]

6 Así que ya no son dos, sino un solo ser. Por tanto, lo que Dios ha unido, que no lo separe nadie.»

7 Le preguntaron: «Entonces, ¿por qué Moisés mandó darle a la esposa un certificado de divorcio y despedirla»?[c]

8 Él les respondió: «Moisés les permitió hacerlo porque ustedes tienen muy duro el corazón, pero al principio no fue así.

9 Y yo les digo que, salvo por causa de fornicación, cualquiera que se divorcia de su mujer y se casa con otra, comete adulterio. Y el que se casa con la divorciada, también comete adulterio.»[d]

10 Sus discípulos le dijeron: «Si tal es la condición del hombre con su mujer, no conviene casarse.»

11 Y él les respondió: «No todos pueden comprender esto, sino sólo quienes tienen este don.

12 Porque hay eunucos que así nacieron del vientre de su madre, hay otros a quienes los hombres han hecho eunucos, y aun hay otros que a sí mismos se hacen eunucos por causa del reino de los cielos. El que sea capaz de comprender esto, que lo comprenda.»

Jesús bendice a los niños

(Mr 10.13-16; Lc 18.15-17)

13 Entonces le llevaron unos niños, para que pusiera las manos sobre ellos y orara, pero los discípulos los reprendieron.

14 Entonces Jesús dijo: «Dejen que los niños se acerquen a mí. No se lo impidan, porque el reino de los cielos es de los que son como ellos.»

15 Y luego de poner las manos sobre ellos, se fue de allí.

El joven rico

(Mr 10.17-31; Lc 18.18-30)

16 De pronto vino uno y le dijo: «Maestro, ¿qué de bueno debo hacer para obtener la vida eterna?»

17 Él le dijo: «¿Por qué me preguntas acerca de lo "bueno"? Uno solo es bueno. Pero si quieres entrar en la vida, practica los mandamientos.»

18 Aquél preguntó: «¿Cuáles?» Y Jesús respondió: «No matarás.[e] No adulterarás.[f] No hurtarás.[g] No dirás falso testimonio.[h]

19 Honra a tu padre y a tu madre.[i] Amarás a tu prójimo como a ti mismo.»[j]

20 El joven le dijo: «Todo esto lo he cumplido desde mi juventud. ¿Qué más me falta?»

21 Jesús le dijo: «Si quieres ser perfecto, anda, vende lo que tienes y dáselo a los pobres, y tendrás un tesoro en el cielo. Después de eso, ven y sígueme.»

22 Cuando el joven oyó estas palabras, se fue triste, porque tenía muchas posesiones.

23 Entonces Jesús dijo a sus discípulos: «De cierto les digo que difícilmente entrará un rico en el reino de los cielos.

24 Una vez más les digo, que es más fácil que pase un camello por el ojo de una aguja, a que un rico entre en el reino de Dios.»

25 Cuando sus discípulos oyeron esto, se quedaron muy sorprendidos y dijeron: «Entonces, ¿quién podrá salvarse?»

26 Jesús los miró y les dijo: «Para los hombres, esto es imposible; pero para Dios todo es posible.»

Mr 9.42-48

[a] **19.4:** Gn 1.27; 5.2. [b] **19.5:** Gn 2.24. [c] **19.7:** Dt 24.1-4; Mt 5.31. [d] **19.9:** Mt 5.32; 1 Co 7.10-11. [e] **19.18:** Éx 20.13; Dt 5.17. [f] **19.18:** Éx 20.14; Dt 5.18. [g] **19.18:** Éx 20.15; Dt 5.19. [h] **19.18:** Éx 20.16; Dt 5.20. [i] **19.19:** Éx 20.12; Dt 5.16. [j] **19.19:** Lv 19.18.

27 Entonces Pedro le dijo: «Nosotros lo hemos dejado todo, y te hemos seguido. ¿Qué ganaremos con eso?»

28 Jesús les dijo: «De cierto les digo que cuando todo sea hecho nuevo[k] y el Hijo del Hombre ocupe el trono de su gloria,[l] también ustedes, los que me han seguido, ocuparán doce tronos para juzgar a las doce tribus de Israel.[m]

29 Cualquiera que, por causa de mi nombre, haya dejado casas, hermanos, hermanas, padre, madre, mujer, hijos, o tierras, recibirá cien veces más, y también heredará la vida eterna.

30 Muchos de los que ahora son los primeros, serán los últimos; y los que ahora son los últimos serán los primeros.[n]

LECCIONES **¡VENDE TODO!**

(Mateo 19.21)

Si Dios te dijera que regales todo lo que tienes, ¿lo harías? Jesús sabía que el joven rico confiaba más en el dinero y las riquezas que en Dios. Jesús quería que el joven renunciara a cualquier cosa que le impedía confiar plenamente en Dios. El joven pensó que podría ganar el camino al cielo y seguir manteniendo sus riquezas. Pero se fue triste. No es malo tener dinero, pero lo malo es cuando el dinero o cualquier otra cosa son más importantes para nosotros que Dios. Él quiere ser siempre el primero en nuestra vida.

La viña y los viñadores

20 »El reino de los cielos es semejante al dueño de una finca, que salió por la mañana a contratar trabajadores para su viña.

2 Convino con ellos en que les pagaría el salario de un día, y los envió a su viña.

3 Como a las nueve de la mañana, salió y vio en la plaza a otros que estaban desocupados,

4 y les dijo: "Vayan también ustedes a mi viña, y les pagaré lo que sea justo." Y ellos fueron.

5 Cerca del mediodía volvió a salir, y lo mismo hizo a las tres de la tarde,

6 y cuando salió cerca de las cinco de la tarde halló a otros que estaban desocupados, y les dijo: "¿Por qué se han pasado todo el día aquí, sin hacer nada?"

7 Le respondieron: "Es que nadie nos ha contratado." Él les dijo: "Vayan también ustedes a la viña."

8 Cuando llegó la noche, el dueño de la viña dijo a su mayordomo: "Llama a los trabajadores y págales su jornal.[a] Comienza por los últimos y termina por los primeros."

9 Los que habían llegado cerca de las cinco de la tarde pasaron y cada uno recibió el salario de un día de trabajo.

10 Cuando pasaron los primeros, pensaron que recibirían más, pero cada uno de ellos recibió también el salario de un día de trabajo.

11 Al recibirlo, comenzaron a murmurar contra el dueño de la finca.

12 Decían: "Estos últimos han trabajado una sola hora, y les has pagado lo mismo que a nosotros, que hemos soportado el cansancio y el calor del día."

13 El dueño le dijo a uno de ellos: "Amigo mío, no te estoy tratando injustamente. ¿Acaso no te arreglaste conmigo por el salario de un día?

14 Ésa es tu paga. Tómala y vete. Si yo quiero darle a este último lo mismo que te doy a ti,

15 ¿no tengo el derecho de hacer lo que quiera con lo que es mío? ¿O acaso tienes envidia, porque yo soy bueno?"

16 Así que los primeros serán los últimos, y los últimos serán los primeros.»[b]

Nuevamente Jesús anuncia su muerte

(Mr 10.32-34; Lc 18.31-34)

17 Mientras Jesús subía a Jerusalén, en el camino llevó aparte a sus doce discípulos, y les dijo:

[k]**19.28:** 2 Co 5.17. [l]**19.28:** Mt 25.31. [m]**19.28:** Lc 22.30. [n]**19.30:** Mt 20.16; Lc 13.30. [a]**20.8:** Lv 19.13; Dt 24.15. [b]**20.16:** Mt 19.30; Mr 10.31; Lc 13.30.

18 «Como pueden ver, ahora vamos camino a Jerusalén, y el Hijo del Hombre será entregado a los principales sacerdotes y a los escribas, y lo condenarán a muerte.

19 Lo entregarán a los no judíos, para que se burlen de él y lo azoten, y lo crucifiquen; pero al tercer día resucitará.»

Petición de Santiago y de Juan

(Mr 10.35-45)

20 En ese momento la madre de los hijos de Zebedeo se acercó con sus hijos a Jesús, y se postró ante él para pedirle algo.

21 Él le dijo: «¿Qué es lo que quieres?» Ella le respondió: «Manda que en tu reino mis dos hijos se sienten, uno a tu derecha y el otro a tu izquierda.»

22 Jesús le respondió: «Ustedes no saben lo que piden. ¿Acaso pueden beber del mismo vaso del que yo he de beber?» Y ellos le dijeron: «Sí podemos.»

23 Él les dijo: «A decir verdad, beberán de mi vaso; pero el sentarse a mi derecha y a mi izquierda no me corresponde concederlo, pues ya es de aquellos para quienes mi Padre lo ha preparado.»

24 Cuando los otros diez oyeron esto, se enojaron contra los dos hermanos.

25 Entonces Jesús los llamó y les dijo: «Como ustedes saben, los gobernantes de las naciones las dominan, y los poderosos les imponen su autoridad.

26 Pero entre ustedes no debe ser así.[c] Más bien, aquel de ustedes que quiera hacerse grande será su servidor;

27 y aquel de ustedes que quiera ser el primero, será su esclavo.[d]

28 Imiten al Hijo del Hombre, que no vino para ser servido, sino para servir y para dar su vida en rescate por muchos.»

Dos ciegos reciben la vista

(Mr 10.46-52; Lc 18.35-43)

29 Cuando ellos salieron de Jericó, una gran multitud seguía a Jesús.

30 Junto al camino estaban sentados dos ciegos que, al oír que Jesús pasaba, gritaron: «¡Señor, Hijo de David, ten misericordia de nosotros!»

31 La gente los reprendía para que se callaran, pero ellos gritaban aún más: «¡Señor, Hijo de David, ten misericordia de nosotros!»

32 Entonces Jesús se detuvo, llamó a los ciegos y les preguntó: «¿Qué quieren que les haga?»

33 Ellos le dijeron: «Señor, ¡que se abran nuestros ojos!»

34 Jesús se compadeció de ellos y les tocó los ojos, y en ese mismo instante ellos recibieron la vista y lo siguieron.

La entrada triunfal en Jerusalén

(Mr 11.1-11; Lc 19.28-40; Jn 12.12-19)

21 Cuando se acercaban a Jerusalén, y llegaron a Betfagué, al monte de los Olivos, Jesús envió a dos de sus discípulos,

2 y les dijo: «Vayan a la aldea que tienen ante ustedes. Allí encontrarán una burra atada, junto con un burrito; desátenla y tráiganmelos.

3 Si alguien les dice algo, respóndanle: "El Señor los necesita. Luego los devolverá."»

4 Esto sucedió para que se cumpliera lo dicho por el profeta:

5 «Digan a la hija de Sión:
Tu Rey viene a ti,
Manso, y sentado sobre una burra,
Sobre un burrito, hijo de animal de
carga.»[a]

6 Los discípulos fueron, e hicieron tal y como Jesús les mandó:

7 trajeron la burra y el burrito, pusieron sobre ellos sus mantos, y él se sentó encima.

8 La multitud, que era muy numerosa, tendía sus mantos en el camino, y otros cortaban ramas de los árboles y las tendían en el camino.

9 Tanto los que iban delante como los que iban detrás lo aclamaban y decían: «¡Hosanna[b] al Hijo de David! ¡Bendito el que viene

[c] **20.25-26:** Lc 22.25-26. [d] **20.26-27:** Mt 23.11; Mr 9.35; Lc 22.26. [a] **21.5:** Zac 9.9. [b] **21.9:** Sal 118.25. [c] **21.9:** Sal 118.26.

en el nombre del Señor![c] ¡Hosanna en las alturas!»

10 Cuando Jesús entró en Jerusalén, todos en la ciudad se conmocionaron, y decían: «¿Quién es éste?»

11 La multitud decía: «Éste es Jesús, el profeta de Nazaret de Galilea.»

Purificación del templo

(Mr 11.15-19; Lc 19.45-48; Jn 2.13-22)

12 Al entrar Jesús en el templo de Dios, expulsó de allí a todos los que vendían y compraban en el templo, y volcó las mesas de los cambistas y las sillas de los que vendían palomas;

13 y les dijo: «Está escrito: "Mi casa será llamada casa de oración",[d] pero ustedes han hecho de ella una cueva de ladrones.»[e]

14 Mientras Jesús estaba en el templo, algunos ciegos y cojos se acercaron, y él los sanó.

15 Pero al ver las cosas maravillosas que hacía, y que los muchachos lo aclamaban en el templo y decían: «¡Hosanna al Hijo de David!», los principales sacerdotes y los escribas se indignaron

16 y le dijeron: «¿Oyes lo que éstos dicen?» Y Jesús les dijo: «Lo oigo. ¿Acaso ustedes nunca leyeron:

"De la boca de los niños y de los que maman
Perfeccionaste la alabanza"?»[f]

Lc 1.42-47

17 Y dejándolos, se fue de la ciudad a Betania, donde pasó la noche.

La higuera estéril

(Mr 11.12-14,20-26)

18 Cuando Jesús volvió a la ciudad por la mañana, tuvo hambre.

19 En eso, vio una higuera cerca del camino y se acercó a ella; pero al no hallar en ella nada más que hojas, le dijo: «¡Nunca más vuelvas a dar fruto!» Y al instante, la higuera se secó.

20 Cuando los discípulos vieron ésto, decían asombrados: «¿Cómo es que la higuera se secó tan pronto?»

21 Jesús les respondió: «De cierto les digo, que si ustedes tuvieran fe y no dudaran, no sólo harían esto a la higuera, sino que a este monte le dirían: "¡Quítate de ahí y échate en el mar!", y así se haría.[g]

22 Si ustedes creen, todo lo que pidan en oración lo recibirán.»

Mr 4.40

La autoridad de Jesús

(Mr 11.27-33; Lc 20.1-8)

23 Cuando Jesús llegó al templo, los principales sacerdotes y los ancianos del pueblo se acercaron a él mientras enseñaba, y le preguntaron: «¿Con qué autoridad haces esto? ¿Quién te dio esta autoridad?»

24 Jesús les respondió: «Yo también les haré una pregunta. Si me la contestan, también yo les diré con qué autoridad hago esto.

25 El bautismo de Juan, ¿de dónde era? ¿Del cielo, o de los hombres?» Ellos discutían entre sí, y decían: «Si decimos que era del cielo, él nos dirá: "Entonces, ¿por qué no le creyeron?"

26 Y si decimos que era de los hombres, tenemos miedo de la gente, porque todos consideran que Juan era un profeta.»

27 Por lo tanto, respondieron a Jesús: «No lo sabemos.» Y él también les dijo: «Pues yo tampoco voy a decirles con qué autoridad hago todo esto.»

Parábola de los dos hijos

28 Jesús les preguntó: «¿Qué les parece? Un hombre tenía dos hijos, y se acercó al primero y le pidió: "Hijo, ve hoy a trabajar en mi viña."

29 El primero le respondió: "No quiero"; pero después se arrepintió y fue.

30 Luego, se acercó al otro hijo, y le pidió lo mismo. Éste le respondió: "Sí, señor, ya voy"; pero no fue.

31 ¿Cuál de los dos hijos hizo la voluntad de su padre?» Ellos respondieron: «El primero». Entonces Jesús les dijo: «De cierto les digo, que los cobradores de impuestos y las

[d] **21.13:** Is 56.7. [e] **21.13:** Jer 7.11. [f] **21.16:** Sal 8.2. [g] **21.21:** Mt 17.20; 1 Co 13.2.

rameras les llevan la delantera hacia el reino de Dios.

32 Porque Juan se acercó a ustedes para encaminarlos en la justicia, y no le creyeron; mientras que los cobradores de impuestos y las rameras sí le creyeron.[h] Pero ustedes, aunque vieron esto, no se arrepintieron ni le creyeron.»

Los labradores malvados

(Mr 12.1-12; Lc 20.9-19)

33 Escuchen esta otra parábola: «El dueño de una finca plantó una viña;[i] le puso una cerca, cavó en ella un lagar, levantó una torre, y la arrendó a unos labradores. Luego se fue lejos.

34 Cuando llegó el tiempo de la vendimia, envió a sus siervos para que les entregaran la cosecha.

35 Pero los labradores agarraron a los siervos y a uno lo golpearon, a otro lo mataron, y a otro más lo apedrearon.

36 El dueño envió de nuevo a otros siervos, más que los primeros, y los labradores hicieron lo mismo con ellos.

37 Finalmente, les envió a su hijo, pues decía: "A mi hijo lo respetarán."

38 Pero cuando los labradores vieron al hijo, dijeron entre sí: "Éste es el heredero. Vamos a matarlo, y así nos quedaremos con su herencia."

39 Entonces, lo sacaron de la viña y lo mataron.

40 Así que, cuando el señor de la viña venga, ¿qué hará con esos labradores?»

41 Le respondieron: «Destruirá sin misericordia a esos malvados, y arrendará su viña a otros labradores que le entreguen el fruto a su tiempo.»

42 Jesús les dijo: «¿Nunca leyeron en las Escrituras:

"La piedra que desecharon los constructores,
ha venido a ser la piedra angular.
Esto lo ha hecho el Señor,
y a nuestros ojos es una maravilla"?[j]

43 Por tanto les digo, que el reino de Dios les será quitado a ustedes, para dárselo a gente que produzca los frutos que debe dar.

44 El que caiga sobre esta piedra será quebrantado, y aquel sobre quien ella caiga quedará desmenuzado.»

45 Cuando los principales sacerdotes y los fariseos oyeron sus parábolas, entendieron que hablaba de ellos.

46 Entonces quisieron aprehender a Jesús, pero tuvieron miedo, porque la gente lo consideraba un profeta.

Parábola de la fiesta de bodas

22 Jesús volvió a hablarles en parábolas, y les dijo:
2 «El reino de los cielos es semejante a un rey que hizo una fiesta de bodas para su hijo.

3 Y envió el rey a sus siervos para convocar a los invitados a la fiesta de bodas, pero éstos no quisieron asistir.

4 Volvió el rey a enviar otros siervos, y les dijo: "Díganles a los invitados que ya he preparado el banquete; que he matado mis toros y animales engordados, y que todo está dispuesto. Que vengan a la fiesta."

5 Pero los invitados no hicieron caso. Uno de ellos se fue a su labranza, otro a sus negocios,

6 y otros más agarraron a los siervos, los maltrataron y los mataron.

7 Cuando el rey supo esto, se enojó; así que envió a sus ejércitos, destruyó a aquellos homicidas, y quemó su ciudad.

8 Entonces dijo a sus siervos: "La fiesta de bodas ya está preparada, pero los que fueron invitados no eran dignos de asistir.

9 Por tanto, vayan a las encrucijadas de los caminos, e inviten a la fiesta de bodas a todos los que encuentren."

10 Los siervos salieron por los caminos y juntaron a todos los que encontraron, lo mismo malos que buenos, y la fiesta de bodas se llenó de invitados.

[h] **21.32:** Lc 3.12; 7.29-30. [i] **21.33:** Is 5.1-2. [j] **21.42:** Sal 118.22-23.

11 »Cuando el rey entró para ver a los invitados y se encontró con uno que no estaba vestido para la boda,

12 le dijo: "Amigo, ¿cómo fue que entraste aquí, sin estar vestido para la boda?" Y aquél enmudeció.

13 Entonces el rey dijo a los que servían: "Aten a éste de pies y manos, y échenlo de aquí, a las tinieblas de afuera. ¡Allí habrá llanto y rechinar de dientes!"[a]

14 Porque son muchos los llamados, pero pocos los escogidos.»

La cuestión del tributo

(Mr 12.13-17; Lc 20.20-26)

15 Entonces los fariseos se fueron para pensar en cómo atrapar a Jesús en sus propias palabras.

16 Enviaron a sus discípulos, junto con los herodianos, a decirle: «Maestro, sabemos que eres amante de la verdad, y que enseñas con verdad el camino de Dios; sabemos también que no permites que nadie influya en ti ni te dejas llevar por las apariencias humanas.

17 Por tanto, dinos tu parecer. ¿Es lícito pagar tributo al César, o no?»

18 Pero Jesús, que conocía la malicia de ellos, les dijo: «¡Hipócritas! ¿Por qué me tienden trampas?

19 Muéstrenme la moneda del tributo.» Y ellos le mostraron un denario.[g]

20 Entonces él les preguntó: «¿De quién es esta imagen, y esta inscripción?»

21 Le respondieron: «Del César.» Y él les dijo: «Pues bien, den al César lo que es del César, y a Dios lo que es de Dios.»

22 Al oír esto, se quedaron asombrados y se alejaron de él.

La pregunta sobre la resurrección

(Mr 12.18-27; Lc 20.27-40)

23 Ese mismo día se le acercaron los saduceos, que dicen que no hay resurrección,[b] y le preguntaron:

24 «Maestro, Moisés dijo que si alguno muere sin tener hijos, su hermano debe casarse con la viuda, para que su hermano tenga descendencia.[c]

25 Ahora bien, entre nosotros se dio el caso de siete hermanos. El primero de ellos se casó y, como murió sin dejar descendencia, dejó su mujer al hermano que le seguía.

26 Lo mismo sucedió con el segundo, y el tercero, hasta el séptimo.

27 Al final, todos murieron, y también la mujer.

28 Así que en la resurrección, ¿esposa de cuál de los siete será esta mujer, puesto que todos estuvieron casados con ella?»

29 Jesús les respondió: «El error de ustedes es que no conocen las Escrituras ni el poder de Dios;

30 porque en la resurrección, ni se casarán ni se darán en casamiento, sino que serán como los ángeles de Dios en el cielo.

31 Pero en cuanto a la resurrección de los muertos, ¿acaso no han leído ustedes lo que Dios les dijo? Porque él dijo:

---

[a]**22.13:** Mt 8.12; 25.30; Lc 13.28. [g]**22.19** Denario: moneda equivalente al salario de un día de trabajo. [b]**22.23:** Hch 23.8. [c]**22.24:** Dt 25.5. [d]**22.32:** Éx 3.6.

AMA AL PRÓJIMO *(Mateo 22.39)*

Cuando alguien le preguntó a Jesús cuál era el mandamiento más importante, Él respondió con la palabra ***amor***. Ama a Dios. "Ama a tu prójimo" es uno de los mandamientos de la Ley de Moisés (Levítico 19:18). Tu ***prójimo*** comprende más a las personas que viven contigo, que tus vecinos. Tú prójimo podría ser cualquiera con quien te encuentras en un día. Dios quiere que amemos a todos, incluso a nuestros enemigos (Mateo 5:44). Los NIÑOS DE PODER siempre muestren amor por todos.

32 "Yo soy el Dios de Abrahán, el Dios de Isaac y el Dios de Jacob."[d] Así que Dios no es un Dios de muertos, sino de los que viven.»

33 Cuando la gente escuchaba esto, se admiraba de su enseñanza.

El gran mandamiento

(Mr 12.28-34)

34 Al enterarse los fariseos de que Jesús había hecho callar a los saduceos, se reunieron alrededor de él;

35 y uno de ellos, que era intérprete de la ley, para ponerlo a prueba le preguntó:[e]

36 «Maestro, ¿cuál es el gran mandamiento en la ley?»

37 Jesús le respondió: «"Amarás al Señor tu Dios con todo tu corazón, y con toda tu alma, y con toda tu mente."[f]

38 Éste es el primero y más importante mandamiento.

39 Y el segundo es semejante al primero: "Amarás a tu prójimo como a ti mismo."[g]

40 De estos dos mandamientos dependen toda la ley y los profetas.»

¿De quién es hijo el Cristo?

(Mr 12.35-37; Lc 20.41-44)

41 Mientras los fariseos estaban reunidos, Jesús les preguntó:

42 «¿Qué piensan ustedes del Cristo? ¿De quién es hijo?» Y le respondieron: «De David.»

43 Entonces él les dijo: «¿Y cómo es que, en el Espíritu, David lo llama Señor? Pues dijo:

44 "El Señor le dijo a mi señor:
Siéntate a mi derecha,
hasta que ponga a tus enemigos
por estrado de tus pies."[h]

45 ¿Cómo, entonces, puede ser su hijo, si David lo llama señor?»

46 Nadie podía responderle nada, y desde aquel día nadie se atrevió a hacerle más preguntas.

Jesús acusa a escribas y fariseos

(Mr 12.38-40; Lc 11.37-54; 20.45-47)

23 Después de esto, Jesús dijo a la gente y a sus discípulos:

2 «Los escribas y los fariseos se apoyan en la cátedra de Moisés.

3 Así que ustedes deben obedecer y hacer todo lo que ellos les digan, pero no sigan su ejemplo, porque dicen una cosa y hacen otra.

4 Imponen sobre la gente cargas pesadas y difíciles de llevar, pero ellos no mueven ni un dedo para levantarlas.

5 Al contrario, todo lo que hacen es para que la gente los vea.[a] Ensanchan sus filacterias[b] y extienden los flecos[c] de sus mantos,

6 y les encanta ocupar los mejores asientos en las cenas y sentarse en las primeras sillas de las sinagogas,

7 y que la gente los salude en las plazas y los llame: "¡Rabí, Rabí!"

8 Pero ustedes no busquen que los llamen "Rabí", porque sólo uno es el Maestro de ustedes, y ése es el Cristo; y todos ustedes son hermanos.

9 Ni llamen "padre" a nadie en la tierra, porque sólo uno es el Padre de ustedes, y él está en los cielos.

10 Tampoco se hagan llamar "maestros", porque sólo uno es su Maestro, y es el Cristo.

11 El que sea más importante entre ustedes, sea siervo de todos.[d]

12 Porque el que se enaltece será humillado, y el que se humilla será enaltecido.[e]

13 »Pero ¡ay de ustedes, escribas y fariseos, hipócritas! Porque le niegan a la gente la entrada al reino de los cielos, y ni ustedes entran, ni tampoco dejan entrar a los que quieren hacerlo.

14 [¡Ay de ustedes, escribas y fariseos, hipócritas! Porque devoran las casas de las viudas, y como pretexto hacen largas oraciones. Por esto, mayor será su condenación.][10]

---

[e]**22.35-40:** Lc 10.25-28. [f]**22.37:** Dt 6.5. [g]**22.39:** Lv 19.18. [h]**22.44:** Sal 110.1. [a]**23.5:** Mt 6.1. [b]**23.5:** Dt 6.8. [c]**23.5:** Nm 15.38. [d]**23.11:** Mt 20.26-27; Mr 9.35; 10.43-44; Lc 22.26. [e]**23.12:** Lc 14.11; 18.14. [10]**23.14** La frase *¡Ay de ustedes,... mayor será su condenación* se halla sólo en mss. tardíos.

[15] ¡Ay de ustedes, escribas y fariseos, hipócritas! Porque recorren mar y tierra en busca de seguidores, y una vez que los consiguen, los hacen dos veces más hijos del infierno que ustedes.

[16] »¡Ay de ustedes, guías ciegos! Pues dicen: "Si alguno jura por el templo, no es nada; pero si alguno jura por el oro del templo, debe cumplir el juramento."

[17] ¡Insensatos y ciegos! ¿Qué es más importante? ¿El oro, o el templo que santifica el oro?

[18] También dicen: "Si alguno jura por el altar, no es nada; pero si alguno jura por la ofrenda que está sobre el altar, debe cumplir el juramento."

[19] ¡Necios y ciegos! ¿Qué es más importante? ¿La ofrenda, o el altar que santifica la ofrenda?

[20] Porque el que jura por el altar, jura por el altar y por todo lo que está sobre el altar.

[21] Y el que jura por el templo, jura por el templo y por el que lo habita.

[22] Y el que jura por el cielo, jura por el trono de Dios[f] y por aquel que está sentado en él.

[23] »¡Ay de ustedes, escribas y fariseos, hipócritas! Porque pagan el diezmo de la menta, del eneldo y del comino,[g] y soslayan lo más importante de la ley, que es la justicia, la misericordia y la fe. Es necesario que hagan esto, pero sin dejar de hacer aquello.

[24] ¡Guías ciegos, que cuelan el mosquito, pero se tragan el camello!

[25] »¡Ay de ustedes, escribas y fariseos, hipócritas! Porque limpian por fuera el vaso y el plato, pero por dentro están llenos de robo y de injusticia.

[26] ¡Fariseo ciego! Limpia primero el vaso y el plato por dentro, para que también que de limpio por fuera.

[27] »¡Ay de ustedes, escribas y fariseos, hipócritas! Porque son como los sepulcros blanqueados,[h] que por fuera se ven hermosos pero por dentro están llenos de carroña y de total impureza.

[28] Así también ustedes, por fuera se presentan ante todos como hombres justos, pero por dentro están llenos de hipocresía y de maldad.

[29] »¡Ay de ustedes, escribas y fariseos, hipócritas! Porque edifican los sepulcros de los profetas y adornan los monumentos de los justos,

[30] y dicen: "Si hubiéramos vivido en los días de nuestros padres, no hubiéramos sido sus cómplices en la muerte de los profetas."

[31] Con esto dan testimonio contra ustedes mismos, de que son hijos de aquellos que mataron a los profetas.

[32] ¡Terminen de hacer lo que sus padres comenzaron!

[33] ¡Serpientes, generación de víboras![i] ¿Cómo escaparán de la condenación del infierno?

[34] Por eso, yo les enviaré profetas, sabios y escribas. De ellos, ustedes matarán y crucificarán a algunos, y a otros los azotarán en sus sinagogas, y los perseguirán de ciudad en ciudad,

[35] para que recaiga sobre ustedes toda la sangre inocente que se ha derramado sobre la tierra, desde la sangre de Abel[j] el justo hasta la sangre de Zacarías[k] hijo de Berequías, a quien ustedes mataron entre el templo y el altar.

[36] De cierto les digo que todo esto vendrá sobre esta generación.

Lamento de Jesús sobre Jerusalén

(Lc 13.34-35)

[37] »¡Jerusalén, Jerusalén, que matas a los profetas y apedreas a los que son enviados a ti! ¡Cuántas veces quise juntar a tus hijos, como junta la gallina a sus polluelos debajo de sus alas, y no quisiste!

[38] ¡Miren cuán desolada se queda la casa de ustedes!

[39] Porque yo les digo que no volverán a verme, hasta que digan: "Bendito el que viene en el nombre del Señor."»[l]

[f] **23.22:** Is 66.1; Mt 5.34. [g] **23.23:** Lv 27.30. [h] **23.27:** Hch 23.3. [i] **23.33:** Mt 3.7; 12.34; Lc 3.7. [j] **23.35:** Gn 4.8. [k] **23.35:** 2 Cr 24.20-21. [l] **23.39:** Sal 118.26.

Jesús predice la destrucción del templo

(Mr 13.1-2; Lc 21.5-6)

24 Jesús salió del templo, y ya se iba cuando sus discípulos se acercaron para mostrarle los edificios del templo.

2 Él les dijo: «¿Ven todo esto? De cierto les digo, que no quedará aquí piedra sobre piedra. Todo será derribado.»

Señales antes del fin

(Mr 13.3-23; Lc 21.7-24)

3 Mientras Jesús estaba sentado en el monte de los Olivos, los discípulos se le acercaron por separado, y le dijeron: «Dinos, ¿cuándo sucederá todo esto, y cuál será la señal de tu venida y del fin del mundo?»

4 Jesús les respondió: «Cuídense de que nadie los engañe.

5 Porque muchos vendrán en mi nombre, y dirán: "Yo soy el Cristo", y engañarán a muchos.

6 Ustedes oirán hablar de guerras y de rumores de guerras; pero no se angustien, porque es necesario que todo esto suceda; pero aún no será el fin.

7 Porque se levantará nación contra nación, y reino contra reino, y habrá hambre y terremotos en distintos lugares.

8 Todo esto será sólo el comienzo de los dolores.

9 »Entonces los entregarán a ustedes para ser torturados, y los matarán, y todos los odiarán por causa de mi nombre.[a]

10 En aquel tiempo muchos tropezarán, y unos a otros se traicionarán y odiarán.

11 Muchos falsos profetas se levantarán, y engañarán a muchos;

12 y tanto aumentará la maldad que el amor de muchos se enfriará.

13 Pero el que resista hasta el fin, será salvo.[b]

14 Y este evangelio del reino será predicado en todo el mundo para testimonio a todas las naciones, y entonces vendrá el fin.

Mt 28.18-20

15 »Por tanto, cuando en el lugar santo vean la abominación desoladora, de la que habló el profeta Daniel[c] (el que lee, que entienda),

16 los que estén en Judea, huyan a los montes;

17 el que esté en la azotea, no baje para llevarse algo de su casa;

18 y el que esté en el campo, no vuelva atrás a tomar su capa.[d]

19 Pero ¡ay de las que en esos días estén embarazadas o amamantando!

20 Pídanle a Dios que no tengan que huir en invierno ni en día de reposo,

21 porque entonces habrá una gran tribulación,[e] como no la ha habido desde el principio del mundo hasta ahora, ni la habrá jamás.

22 Si aquellos días no fueran acortados, nadie sería salvo, pero serán acortados por causa de los escogidos.

23 Así que, si alguien les dice: "Miren, aquí está el Cristo", o "Miren, allí está", no lo crean.

24 Porque surgirán falsos cristos y falsos profetas, y harán grandes señales y prodigios, de tal manera que, de ser posible, engañarán incluso a los elegidos.

25 Ya los he prevenido de todo.

26 Así que, si les dicen: "Miren, está en el desierto", no vayan; o si les dicen: "Miren, está en los aposentos", no lo crean.

27 Porque la venida del Hijo del Hombre será como el relámpago que sale del oriente y puede verse hasta el occidente.[f]

28 Porque los buitres se juntan donde está el cadáver.[g]

La venida del Hijo del Hombre

(Mr 13.24-37; Lc 21.25-36; 17.25-36; 12.41-48)

29 »Inmediatamente después de la aflicción de aquellos días, el sol se oscurecerá y la luna dejará de brillar, las estrellas caerán del cielo,[h] y los poderes celestiales se estremecerán.

30 Entonces aparecerá en el cielo la señal del Hijo del Hombre, y todas las tribus de la tierra se lamentarán, y verán al Hijo del Hombre venir sobre las nubes del cielo,[i] con gran poder y gloria.

[a] **24.9:** Mt 10.22. [b] **24.13:** Mt 10.22. [c] **24.15:** Dn 9.27; 11.31; 12.11. [d] **24.17-18:** Lc 17.31. [e] **24.21:** Dn 12.1; Ap 7.14. [f] **24.26-27:** Lc 17.23-24.

[31] Y enviará a sus ángeles con gran voz de trompeta, y de los cuatro vientos, desde un extremo al otro del cielo, ellos juntarán a sus elegidos.

[32] »De la higuera deben aprender esta parábola: Cuando sus ramas se ponen tiernas, y le brotan las hojas, ustedes saben que el verano ya está cerca.

[33] De la misma manera, cuando ustedes vean todas estas cosas, sepan que la hora ya está cerca, y que está a la puerta.

[34] De cierto les digo, que todo esto sucederá antes de que pase esta generación.

[35] El cielo y la tierra pasarán, pero mis palabras no pasarán.

[36] »En cuanto al día y la hora, nadie lo sabe, ni siquiera los ángeles de los cielos. Sólo mi Padre lo sabe.

[37] La venida del Hijo del Hombre será como en los días de Noé;[j]

[38] pues así como en los días antes del diluvio la gente comía y bebía, y se casaba y daba en casamiento, hasta el día en que Noé entró en el arca,

[39] y no entendieron hasta que vino el diluvio y se los llevó a todos,[k] así será también la venida del Hijo del Hombre.

[40] Entonces, estarán dos en el campo, y uno de ellos será tomado, y el otro será dejado.

[41] Dos mujeres estarán en el molino, y una de ellas será tomada, y la otra será dejada.

[42] Por tanto, estén atentos, porque no saben a qué hora va a venir su Señor.

[43] Pero sepan esto, que si el dueño de la casa supiera a qué hora va a venir el ladrón, se quedaría despierto y no dejaría que robaran su casa.

[44] Por tanto, también ustedes estén preparados, porque el Hijo del Hombre vendrá a la hora que menos lo esperen.[l]

[45] »¿Quién es el siervo fiel y prudente, al cual su señor deja encargado de los de su casa para que los alimente a su tiempo?

[46] Bien por el siervo que, cuando su señor venga, lo encuentre haciendo así.

PROMESAS PODEROSAS

MATEO 24.35

El cielo y la tierra pasarán, pero mis palabras no pasarán.

¿Conoces a alguien que puede hacer una promesa que dure para siempre? Eso es posible solo con las promesas de Dios. Jesús nos asegura que sus promesas durarán por siempre. Un día, Dios *creará* un cielo nuevo y una tierra nueva (Apocalipsis 21:1). Y las promesas hechas por Jesús seguirán siendo ciertas.

[47] De cierto les digo que lo pondrá a cargo de todos sus bienes.

[48] Pero si aquel siervo malo dice en su corazón: "Mi señor tarda en venir",

[49] y comienza a golpear a sus consiervos, y aun a comer y a beber con los borrachos,

[50] el señor de aquel siervo vendrá en el día menos pensado, y a una hora que nadie sabe,

[51] y lo castigará duramente, y le hará correr la misma suerte de los hipócritas. Allí habrá llanto y rechinar de dientes.

Mt 25.31-46

Parábola de las diez vírgenes

25 »En aquel tiempo, el reino de los cielos será semejante a diez vírgenes que tomaron sus lámparas,[a] y salieron a recibir al novio.

[2] Cinco de ellas eran prudentes y cinco insensatas.

[3] Las insensatas, tomaron sus lámparas, pero no llevaron aceite;

[4] en cambio, las prudentes llevaron sus lámparas y también vasijas con aceite.

[5] Como el esposo se demoró, todas cabecearon y se durmieron.

[6] A la medianoche se oyó gritar: "¡Aquí viene el novio! ¡Salgan a recibirlo!"

[g]**24.28:** Lc 17.37. [h]**24.29:** Is 13.10; Ez 32.7; Jl 2.31; Ap 6.12-13. [i]**24.30:** Dn 7.13; Ap 1.7. [j]**24.37:** Gn 6.5-8. [k]**24.39:** Gn 7.6-24. [l]**24.43-44:** Lc 12.39-40. [a]**25.1:** Lc 12.35.

7 Todas aquellas vírgenes se levantaron, y arreglaron sus lámparas.

8 Entonces las insensatas dijeron a las prudentes: "Dennos un poco de su aceite, porque nuestras lámparas se están apagando."

9 Pero las prudentes les respondieron: "A fin de que no nos falte a nosotras ni a ustedes, vayan a los que venden, y compren para ustedes mismas."

10 Pero mientras ellas fueron a comprar, llegó el novio, y las que estaban preparadas entraron con él a las bodas, y se cerró la puerta.

11 Después llegaron también las otras vírgenes, y decían: "¡Señor, señor, ábrenos!"

12 Pero él les respondió: "De cierto les digo, que no las conozco."[b]

13 Estén atentos, porque ustedes no saben el día ni la hora en que el Hijo del Hombre vendrá.

Parábola del siervo negligente

14 »Porque el reino de los cielos es como un hombre que, al irse de viaje, llamó a sus siervos y les entregó sus bienes.

15 A uno le dio cinco mil monedas de plata; a otro, dos mil; y a otro, mil, a cada uno conforme a su capacidad; y luego se marchó.

16 El que había recibido cinco mil monedas negoció con ellas, y ganó otras cinco mil.

17 Asimismo, el que había recibido dos mil, ganó también otras dos mil.

18 Pero el que había recibido mil hizo un hoyo en la tierra y allí escondió el dinero de su señor.

19 Mucho tiempo después, el señor de aquellos siervos volvió y arregló cuentas con ellos.

20 El que había recibido las cinco mil monedas se presentó, le entregó otras cinco mil, y dijo: "Señor, tú me entregaste cinco mil monedas, y con ellas he ganado otras cinco mil; aquí las tienes."

21 Y su señor le dijo: "Bien, buen siervo y fiel; sobre poco has sido fiel, sobre mucho te pondré. Entra en el gozo de tu señor."

22 El que había recibido las dos mil monedas dijo: "Señor, tú me entregaste dos mil monedas, y con ellas he ganado otras dos mil; aquí las tienes."

23 Su señor le dijo: "Bien, buen siervo y fiel, sobre poco has sido fiel, sobre mucho te pondré. Entra en el gozo de tu señor."

24 Pero el que había recibido mil monedas llegó y dijo: "Señor, yo sabía que tú eres un hombre duro, que siegas donde no sembraste y recoges lo que no esparciste.

25 Así que tuve miedo y escondí tu dinero en la tierra. Aquí tienes lo que es tuyo."

26 Su señor le respondió: "Siervo malo y negligente, si sabías que yo siego donde no sembré, y que recojo donde no esparcí,

27 debías haber dado mi dinero a los banqueros y, al venir yo, hubiera recibido lo que es mío más los intereses.

28 Así que, ¡quítenle esas mil monedas y dénselas al que tiene diez mil!"

29 Porque al que tiene se le dará, y tendrá más; pero al que no tiene, aun lo poco que tiene se le quitará.[c]

30 En cuanto al siervo inútil, ¡échenlo en las tinieblas de afuera! Allí habrá llanto y rechinar de dientes.[d],[e]

El juicio de las naciones

31 »Cuando el Hijo del Hombre venga en su gloria, y todos los santos ángeles con él,[f] se sentará en su trono de gloria,[g]

32 y todas las naciones serán reunidas ante él. Entonces él apartará a los unos de los otros, como aparta el pastor a las ovejas de los cabritos.

33 Pondrá las ovejas a su derecha, y los cabritos a su izquierda,

34 y entonces el Rey dirá a los de su derecha: "Vengan, benditos de mi Padre, y hereden el reino preparado para ustedes desde la fundación del mundo.

[b]**25.11-12:** Lc 13.25. [c]**25.29:** Mt 13.12; Mr 4.25; Lc 8.18. [d]**25.14-30:** Lc 19.11-27. [e]**25.30:** Mt 8.12; 22.13; Lc 13.28. [f]**25.31:** Mt 16.27. [g]**25.31:** Mt 19.28.

35 Porque tuve hambre, y ustedes me dieron de comer; tuve sed, y me dieron de beber; fui forastero, y me recibieron;

36 estuve desnudo, y me cubrieron; estuve enfermo, y me visitaron; estuve en la cárcel, y vinieron a visitarme."

37 Entonces los justos le preguntarán: "Señor, ¿cuándo te vimos con hambre, y te dimos de comer; o con sed, y te dimos de beber?

38 ¿Y cuándo te vimos forastero, y te recibimos; o desnudo, y te cubrimos?

39 ¿Cuándo te vimos enfermo, o en la cárcel, y te visitamos?"

40 Y el Rey les responderá: "De cierto les digo que todo lo que hicieron por uno de mis hermanos más pequeños, por mí lo hicieron."

41 Entonces dirá también a los de la izquierda: "¡Apártense de mí, malditos! ¡Vayan al fuego eterno, preparado para el diablo y sus ángeles!

42 Porque tuve hambre, y no me dieron de comer; tuve sed, y no me dieron de beber;

43 fui forastero, y no me recibieron; estuve desnudo, y no me cubrieron; estuve enfermo, y en la cárcel, y no me visitaron."

44 Ellos, a su vez, le preguntarán: "Señor, ¿cuándo te vimos con hambre, o con sed, o forastero, desnudo, enfermo, o en la cárcel, y no te servimos?"

45 Y él les responderá: "De cierto les digo que todo lo que no hicieron por uno de estos más pequeños, tampoco por mí lo hicieron."

Mt 26.64

46 Entonces éstos irán al castigo eterno, y los justos irán a la vida eterna.»[h]

El complot para prender a Jesús

(Mr 14.1-2; Lc 22.1-2; Jn 11.45-53)

26 Cuando Jesús terminó de decir todo esto, dijo a sus discípulos:

2 «Como ustedes saben, dentro de dos días se celebra la pascua,[a] y el Hijo del Hombre será entregado para ser crucificado.»

3 Entonces los principales sacerdotes, los escribas, y los ancianos del pueblo se reunieron en el patio de Caifás, el sumo sacerdote,

4 y se confabularon para aprehender con engaños a Jesús, y matarlo.

5 Pero decían: «Que no sea durante la fiesta, para que no se alborote el pueblo.»

Jesús es ungido en Betania

(Mr 14.3-9; Jn 12.1-8)

6 Mientras Jesús estaba en Betania, en casa de Simón el leproso,

7 se le acercó una mujer. Llevaba un vaso de alabastro con un perfume muy caro, que derramó sobre la cabeza de Jesús mientras él estaba sentado a la mesa.[b]

8 Al ver esto, los discípulos se enojaron y dijeron: «¿Pero qué desperdicio es éste?

9 ¡Pudo haberse vendido esto por mucho dinero, y ser dado a los pobres!»

10 Jesús se dio cuenta de esto, y les dijo: «¿Por qué molestan a esta mujer? Lo que ha hecho conmigo es una buena obra.

11 Porque ustedes siempre tendrán a los pobres,[c] pero a mí no siempre me tendrán.

12 Lo que ha hecho ella al derramar sobre mí este perfume, es prepararme para la sepultura.

13 De cierto les digo que en cualquier parte del mundo donde este evangelio sea proclamado, también se contará lo que esta mujer ha hecho, y así será recordada.»

Judas ofrece entregar a Jesús

(Mr 14.10-11; Lc 22.3-6)

14 Entonces Judas Iscariote, que era uno de los doce, fue a ver a los principales sacerdotes,

15 y les dijo: «¿Cuánto me darían, si yo les entrego a Jesús?» Y ellos le asignaron treinta piezas de plata.

16 Desde entonces Judas buscaba el mejor momento de entregar a Jesús.

Institución de la Cena del Señor

(Mr 14.12-25; Lc 22.7-23; Jn 13.21-30; 1 Co 11.23-26)

17 El primer día de la fiesta de los panes sin levadura, los discípulos se acercaron a Jesús

[h]**25.46:** Dn 12.2. [a]**26.2:** Éx 12.1-27. [b]**26.7:** Lc 7.37-38. [c]**26.11:** Dt 15.11.

y le preguntaron: «¿Dónde quieres que te preparemos la comida de la pascua?»

18 Él les indicó ir a la ciudad, a la casa de cierto hombre, y decirle: «El Maestro dice: "Mi tiempo está cerca. Celebraré la pascua con mis discípulos en tu casa."»

19 Los discípulos hicieron lo que Jesús les mandó, y prepararon la pascua.

20 Cuando llegó la noche, Jesús se sentó a la mesa con los doce,

21 y mientras comían dijo: «De cierto les digo, que uno de ustedes me va a traicionar.»

22 Ellos se pusieron muy tristes, y cada uno comenzó a preguntarle: «¿Soy yo, Señor?»

23 Él les respondió: «El que mete la mano conmigo en el plato, es el que me va a entregar.

24 A decir verdad, el Hijo del Hombre sigue su camino, como está escrito acerca de él,[d] ¡pero ay de aquel que lo traiciona! ¡Más le valdría no haber nacido!»

25 Entonces Judas, el que lo iba a traicionar, le preguntó: «¿Soy yo, Maestro?» Y Jesús le respondió: «Tú lo has dicho.»

26 Mientras comían, Jesús tomó el pan y lo bendijo; luego lo partió y se lo dio a sus discípulos, y les dijo: «Tomen, coman; esto es mi cuerpo.»

27 Después tomó la copa, y luego de dar gracias, la entregó a sus discípulos y les dijo: «Beban de ella todos,

28 porque esto es mi sangre[e] del nuevo pacto,[f] que es derramada por muchos, para perdón de los pecados.

29 Yo les digo que, desde ahora, no volveré a beber de este fruto de la vid, hasta el día en que beba con ustedes el vino nuevo en el reino de mi Padre.»

Jesús anuncia la negación de Pedro

(Mr 14.26-31; Lc 22.31-34; Jn 13.36-38)

30 Luego de cantar el himno, fueron al monte de los Olivos.

31 Allí Jesús les dijo: «Todos ustedes se escandalizarán de mí esta noche, porque está escrito: "Heriré al pastor, y las ovejas del rebaño serán dispersadas."[g]

32 Pero después de que yo haya resucitado, iré delante de ustedes a Galilea.»[h]

33 Pedro le dijo: «Aunque todos se escandalicen de ti, yo nunca me escandalizaré.»

34 Jesús le dijo: «De cierto te digo que esta noche, antes que el gallo cante, me negarás tres veces.»

35 Pedro le dijo: «Aun cuando tenga yo que morir contigo, jamás te negaré.» Y todos los discípulos dijeron lo mismo.

Jesús ora en Getsemaní

(Mr 14.32-42; Lc 22.39-46)

36 Entonces Jesús fue con ellos a un lugar que se llama Getsemaní, y dijo a sus discípulos: «Siéntense aquí, mientras yo voy a orar en aquel lugar.»

[d] **26.24:** Sal 41.9. [e] **26.28:** Éx 24.6-8. [f] **26.28:** Jer 31.31-34. [g] **26.31:** Zac 13.7. [h] **26.32:** Mt 28.16.

EL PERDÓN DE DIOS *(Mateo 26.28)*

En la Última Cena, Jesús dijo a sus discípulos que Él tenía que morir por nuestros pecados para que podamos ser perdonados. Cuando pecamos, quebrantamos una de las leyes de Dios. *Todo* pecado lleva un castigo: la muerte. (Ver Romanos 6:23.) Por eso en los tiempos bíblicos se sacrificaban animales. Pero Dios ha provisto una mejor solución: su Hijo, Jesús, murió para pagar, de una vez y por todas, el precio por los pecados. Ya no es necesario sacrificar animales. Dios ofrece perdón a todos los que aceptan el sacrificio de Jesús. Perdonar es borrar la maldad que alguien ha cometido. Para obtener el perdón, debemos confesar nuestros pecados.

37 Jesús llevó consigo a Pedro y a los dos hijos de Zebedeo, y comenzó a ponerse triste y muy angustiado.

38 Entonces les dijo: «Quédense aquí, y velen conmigo, porque siento en el alma una tristeza de muerte.»

39 Unos pasos más adelante, se inclinó sobre su rostro y comenzó a orar. Y decía: «Padre mío, si es posible, haz que pase de mí esta copa. Pero que no sea como yo lo quiero, sino como lo quieres tú.»

40 Luego volvió con sus discípulos, y como los encontró durmiendo, le dijo a Pedro: «¿Así que no han podido mantenerse despiertos conmigo ni una hora?

41 Manténganse despiertos, y oren, para que no caigan en tentación. A decir verdad, el espíritu está dispuesto, pero la carne es débil.»

42 Otra vez fue y oró por segunda vez, y dijo: «Padre mío, si esta copa no puede pasar de mí sin que yo la beba, que se haga tu voluntad.»

43 Una vez más fue y los halló durmiendo, porque los ojos se les caían de sueño.

44 Entonces los dejó y volvió a irse, y por tercera vez oró con las mismas palabras.

45 Luego volvió con sus discípulos y les dijo: «Sigan durmiendo y descansando. Miren que ha llegado la hora, y el Hijo del Hombre es entregado en manos de pecadores.

46 ¡Vamos, levántense, que ya se acerca el que me traiciona!»

Arresto de Jesús

(Mr 14.43-50; Lc 22.47-53; Jn 18.2-11)

47 Todavía estaba hablando Jesús cuando llegó Judas, que era uno de los doce. Con él venía mucha gente armada con espadas y palos, de parte de los principales sacerdotes y de los ancianos del pueblo.

48 El que lo estaba traicionando les había dado esta contraseña: «Al que yo le dé un beso, ése es; arréstenlo.»

49 Enseguida se acercó a Jesús, y le dijo: «¡Hola, Maestro!» Y le dio un beso.

LECCIONES — PASE DE MÍ ESTA COPA

(Mateo 26.39)

A menudo, en la Biblia la palabra ***copa*** se usa de manera figurada para significar una acción. La copa a la que Jesús se refería era la angustia de separarse de Dios el Padre. El pecado siempre separa a Dios de su pueblo. Para morir por los pecados del mundo, Jesús tendría que cargar con el pecado sobre sí mismo en la cruz. Dios tendría que alejarse de Jesús por el pecado que iba a cargar sobre sí mismo. Alégrate porque Dios le dijo que "no" a la oración de Jesús, y que Él estuvo dispuesto a aceptar la respuesta de su Padre. En efecto, porque Jesús tomó nuestros pecados en la cruz, nunca tendremos que separarnos de Dios nuestro Padre.

50 Jesús le dijo: «Amigo, ¿a qué vienes?» Entonces aquellos hombres se acercaron, le echaron mano y lo arrestaron.

51 Pero uno de los que estaban con Jesús extendió su mano, sacó su espada, e hirió a un siervo del sumo sacerdote, y le cortó una oreja.

52 Entonces Jesús le dijo: «Vuelve tu espada a su lugar. Quien esgrime la espada, muere por la espada.

53 ¿No te parece que yo puedo orar a mi Padre, y que él puede mandarme ahora mismo más de doce legiones de ángeles?

54 Pero entonces ¿cómo se cumplirían las Escrituras? Porque es necesario que así suceda.»

55 En ese momento, Jesús dijo a la gente: «¿Han venido a arrestarme con espadas y palos, como si fuera yo un ladrón? ¡Todos los días me sentaba a enseñarles en el templo,[i] y ustedes no me aprehendieron!

56 Pero todo esto sucede, para que se cumpla lo escrito por los profetas.» Entonces todos los discípulos lo abandonaron y huyeron.

[i] **26.55:** Lc 19.47; 21.37.

Jesús ante el concilio

(Mr 14.53-65; Lc 22.54,63-71; Jn 18.12-14,19-24)

57 Los que aprehendieron a Jesús lo lleva-
ron ante el sumo sacerdote Caifás, donde
estaban reunidos los escribas y los ancianos.
58 Pero Pedro lo siguió de lejos hasta el pa-
tio del sumo sacerdote, y entró y se sentó
con los alguaciles, para ver cómo terminaba
aquello.
59 Los principales sacerdotes, y los ancia-
nos y todo el concilio, buscaban algún falso
testimonio contra Jesús, para condenarlo a
muerte;
60 pero no lo hallaron, aunque se presen-
taron muchos testigos falsos. Finalmente,
llegaron dos testigos falsos
61 y dijeron: «Éste dijo: "Puedo derribar el
templo de Dios, y reedificarlo en tres días."»[j]
62 El sumo sacerdote se levantó y le pre-
guntó: «¿No vas a responder? ¡Mira lo que
éstos dicen contra ti!»
63 Pero Jesús guardó silencio. Entonces el
sumo sacerdote le dijo: «Te ordeno en el
nombre del Dios viviente, que nos digas si
tú eres el Cristo, el Hijo de Dios.»
64 Jesús le respondió: «Tú lo has dicho. Y
además les digo que, desde ahora, verán al
Hijo del Hombre sentado a la diestra del Po-
deroso, y venir en las nubes del cielo.»[k]

Mr 13.1-37

65 El sumo sacerdote se rasgó entonces las
vestiduras y dijo: «¡Ha blasfemado! ¿Qué ne-
cesidad tenemos de más testigos? ¡Ustedes
acaban de oír su blasfemia!
66 ¿Qué les parece?» Y ellos respondieron:
«¡Que merece la muerte!»[l]
67 Entonces unos lo escupieron en el ros-
tro, y le dieron puñetazos; y otros lo abofe-
teaban[m]
68 y decían: «¡Profetízanos, Cristo; dinos
quién te golpeó!»

Pedro niega a Jesús

(Mr 14.66-72; Lc 22.55-62; Jn 18.15-18,25-27)

69 Mientras Pedro estaba sentado afuera,
en el patio, se le acercó una criada y le dijo:
«También tú estabas con Jesús el galileo.»
70 Pero él lo negó delante de todos, y dijo:
«No sé de qué hablas.»
71 Y se fue a la puerta. Pero otra criada lo
vio, y dijo a los que estaban allí: «También
éste estaba con Jesús el nazareno.»
72 Pero él lo negó otra vez, y hasta juró:
«No conozco a ese hombre.»
73 Un poco después, los que estaban por
allí se acercaron a Pedro y le dijeron: «Sin
lugar a dudas, tú también eres uno de ellos,
porque hasta tu manera de hablar te delata.»
74 Entonces él comenzó a maldecir, y a ju-
rar: «No conozco a ese hombre.» Y enseguida
cantó el gallo.
75 Entonces Pedro se acordó de que Jesús
le había dicho: «Antes de que cante el gallo,
me negarás tres veces.» Y saliendo de allí,
lloró amargamente.

> **PROMESAS PODEROSAS**
>
> **MATEO 26.64**
>
> ***Jesús le respondió: "Tú lo has dicho. Y además les digo que, desde ahora, verán al Hijo del Hombre sentado a la diestra del Poderoso, y venir en las nubes del cielo."***
>
> Como el profeta Ezequiel del Antiguo Testamento, Jesús fue llamado Hijo del Hombre. Él dijo al sumo sacerdote que no siempre sería como se encontraba entonces, siendo juzgado. Después de resucitar de entre los muertos y volver al cielo, Él sería el Rey y Juez de todos. Un día, ¡el sumo sacerdote será juzgado por Jesús!

Jesús ante Pilato

(Mr 15.1; Lc 23.1-2; Jn 18.28-32)

27 Cuando llegó la mañana, todos
los principales sacerdotes y los
ancianos del pueblo se con-

[j] **26.61:** Jn 2.19. [k] **26.64:** Dn 7.13. [l] **26.65-66:** Lv 24.16. [m] **26.67:** Is 50.6.

fabularon contra Jesús, para condenarlo a muerte.

2 Lo ataron y se lo llevaron para entregárselo a Poncio Pilato, el gobernador.

Muerte de Judas

3 Cuando Judas, el que lo había traicionado, vio que Jesús había sido condenado, se arrepintió y devolvió las treinta monedas de plata a los principales sacerdotes y a los ancianos.

4 Les dijo: «He pecado al entregar sangre inocente.» Pero ellos le dijeron: «¿A nosotros qué nos importa? ¡Allá tú!»

5 Entonces Judas arrojó en el templo las monedas de plata, y después de eso salió y se ahorcó.

6 Los principales sacerdotes tomaron las monedas y dijeron: «No está bien echarlas en el tesoro de las ofrendas, porque es el precio de sangre derramada.»

7 Y después de ponerse de acuerdo, compraron con ellas el campo del alfarero, para sepultar allí a los extranjeros.

8 Por eso hasta el día de hoy aquel campo se llama «Campo de sangre».[a]

9 Así se cumplió lo dicho por el profeta Jeremías: «Y tomaron las treinta monedas de plata, que es el precio estimado por los hijos de Israel,

10 y las usaron para comprar el campo del alfarero, como me ordenó el Señor.»[b]

Pilato interroga a Jesús

(Mr 15.2-5; Lc 23.3-5; Jn 18.33-38)

11 Jesús estaba en pie ante el gobernador, y éste le preguntó: «¿Eres tú el Rey de los judíos?» Jesús le respondió: «Tú lo dices.»

12 Pero ante las acusaciones de los principales sacerdotes y de los ancianos no respondió nada.

13 Entonces Pilato le preguntó: «¿No oyes de cuántas cosas te acusan?»

14 Pero Jesús no le respondió ni una palabra, de tal manera que el gobernador se quedó muy asombrado.

Jesús es sentenciado a muerte

(Mr 15.6-20; Lc 23.13-25; Jn 18.38—19.16)

15 Ahora bien, en el día de la fiesta el gobernador acostumbraba poner en libertad a un preso, el que el pueblo quisiera.

16 En aquel momento tenían un preso muy famoso, llamado Barrabás.

17 Pilato se reunió con ellos y les preguntó: «¿A quién quieren que les suelte: a Barrabás, o a Jesús, al que llaman el Cristo?»

18 Y es que Pilato sabía que ellos lo habían entregado por envidia.

19 Mientras él estaba sentado en el tribunal, su mujer mandó a decirle: «No tengas nada que ver con ese justo, pues por causa de él hoy he tenido un sueño terrible.»

20 Pero los principales sacerdotes y los ancianos persuadieron a la multitud de que pidieran a Barrabás, y que mataran a Jesús.

21 El gobernador les preguntó: «¿A cuál de los dos quieren que les suelte?» Y ellos dijeron: «¡A Barrabás!»

22 Pilato les preguntó: «¿Qué debo hacer entonces con Jesús, al que llaman el Cristo?» Y todos le dijeron: «¡Que lo crucifiquen!»

23 Y el gobernador les dijo: «Pero ¿qué mal ha hecho?» Pero ellos gritaban aún más, y decían: «¡Que lo crucifiquen!»

24 Al ver Pilato que no conseguía nada, sino que se armaba más alboroto, tomó agua, se lavó las manos[c] en presencia del pueblo, y dijo: «Allá ustedes. Yo me declaro inocente de la muerte de este justo.»

25 Y todo el pueblo respondió: «¡Que recaiga su muerte sobre nosotros y sobre nuestros hijos!»

26 Entonces les soltó a Barrabás, y luego de azotar a Jesús lo entregó para que lo crucificaran.

27 Los soldados del gobernador llevaron a Jesús al pretorio, y alrededor de él reunieron a toda la compañía;

28 luego lo desnudaron, le echaron encima un manto escarlata;

29 sobre la cabeza le pusieron una corona tejida de espinas, y en la mano derecha le

[a] **27.3-8:** Hch 1.18-19. [b] **27.9-10:** Zac 11.12-13. [c] **27.24:** Dt 21.6-9.

pusieron una caña; entonces se arrodillaron delante de él, y burlonamente le decían: «¡Salve, Rey de los judíos!»

30 Además, le escupían y con una caña le golpeaban la cabeza.

31 Después de burlarse de él, le quitaron el manto, le pusieron sus vestidos, y lo llevaron para crucificarlo.

Crucifixión y muerte de Jesús

(Mr 15.21-41; Lc 23.26-49; Jn 19.17-30)

32 Al salir de allí, se encontraron con un hombre de Cirene que se llamaba Simón, y lo obligaron a llevar la cruz.

33 Llegaron a un lugar llamado Gólgota, que significa «Lugar de la Calavera»,

34 y allí le dieron a beber vinagre mezclado con hiel; pero Jesús, después de haberlo probado, no quiso beberlo.

35 Después de que lo crucificaron, echaron suertes para repartirse sus vestidos,[d] con lo que se cumplió lo dicho por el profeta: «Se repartieron mis vestidos, y sobre mi ropa echaron suertes.»

36 Luego se sentaron a custodiarlo.

37 Sobre su cabeza pusieron su causa escrita: «ÉSTE ES JESÚS, EL REY DE LOS JUDÍOS.»

38 Junto a él crucificaron también a dos ladrones, uno a la derecha y otro a la izquierda.

39 Los que pasaban lo insultaban, y mientras meneaban la cabeza[e]

40 decían: «Tú, que derribas el templo y en tres días lo reedificas,[f] sálvate a ti mismo. Si eres Hijo de Dios, desciende de la cruz.»

41 Del mismo modo, también se burlaban de él los principales sacerdotes, los escribas, los fariseos y los ancianos. Decían:

42 «Salvó a otros, pero a sí mismo no puede salvarse. Si es el Rey de Israel, que baje ahora de la cruz, y creeremos en él.

43 Ya que él confió en Dios, pues que Dios lo libre ahora, si lo quiere.[g] Porque él ha dicho: "Soy Hijo de Dios."»

44 Y también lo insultaban los ladrones que estaban crucificados con él.

45 Desde el mediodía y hasta las tres de la tarde hubo tinieblas sobre toda la tierra.

46 Cerca de las tres de la tarde, Jesús clamó a gran voz. Decía: «Elí, Elí, ¿lema sabactani?», es decir, «Dios mío, Dios mío, ¿por qué me has desamparado?»[h]

47 Algunos de los que estaban allí, decían al oírlo: «Está llamando a Elías.»

48 Al instante, uno de ellos corrió y tomó una esponja, la empapó en vinagre y, poniéndola en una caña, le dio a beber.[i]

49 Los otros decían: «Deja, veamos si Elías viene a librarlo.»

50 Pero Jesús, después de clamar nuevamente a gran voz, entregó el espíritu.

51 En ese momento el velo[j] del templo se rasgó en dos, de arriba abajo; la tierra tembló, las rocas se partieron,

52 los sepulcros se abrieron, y muchos cuerpos de santos, que ya habían muerto, volvieron a vivir.

53 Después de la resurrección de Jesús, éstos salieron de sus sepulcros y fueron a la santa ciudad, donde se aparecieron a muchos.

54 Al ver el terremoto y las cosas que habían sucedido, el centurión y los que estaban con él custodiando a Jesús se llenaron de miedo, y dijeron: «¡En verdad, éste era Hijo de Dios!»

55 Muchas mujeres, que desde Galilea habían seguido a Jesús para servirlo, estaban allí mirando de lejos.

56 Entre ellas estaban María Magdalena, María la madre de Jacobo y de José, y la madre de los hijos de Zebedeo.[k]

Jesús es sepultado

(Mr 15.42-47; Lc 23.50-56; Jn 19.38-42)

57 Cuando llegó la noche, un hombre rico de Arimatea que se llamaba José, y que también había sido discípulo de Jesús,

58 fue a hablar con Pilato para pedirle el cuerpo de Jesús. Y Pilato ordenó que se lo entregaran.

59 José tomó el cuerpo, lo envolvió en una sábana limpia,

[d]**27.35:** Sal 22.18. [e]**27.39:** Sal 22.7; 109.25. [f]**27.40:** Mt 26.61; Jn 2.19. [g]**27.43:** Sal 22.8. [h]**27.46:** Sal 22.1. [i]**27.48:** Sal 69.21. [j]**27.51:** Éx 26.31-33. [k]**27.55-56:** Lc 8.2-3.

60 y lo puso en su sepulcro nuevo, que
había sido cavado en una peña. Después de
hacer rodar una gran piedra a la entrada del
sepulcro, se fue.
61 María Magdalena y la otra María se que-
daron sentadas delante del sepulcro.

La guardia ante la tumba

62 Al día siguiente, que es el día después de
la preparación, los principales sacerdotes y
los fariseos se reunieron ante Pilato
63 y le dijeron: «Señor, nos acordamos que,
cuando aún vivía, aquel engañador dijo:
"Después de tres días resucitaré."[1]
64 Por lo tanto, manda asegurar el sepul-
cro hasta el tercer día; no sea que sus discí-
pulos vayan de noche y se lleven el cuerpo,
y luego digan al pueblo: "¡Resucitó de entre
los muertos!" Porque entonces el último en-
gaño sería peor que el primero.»
65 Y Pilato les dijo: «Ahí tienen una guar-
dia. Vayan y aseguren el sepulcro como se-
pan hacerlo.»
66 Entonces ellos fueron y aseguraron el
sepulcro, sellando la piedra y poniendo la
guardia.

La resurrección

(Mr 16.1-8; Lc 24.1-12; Jn 20.1-10)

28 Cuando pasó el día de repo-
so, al amanecer del primer
día de la semana, María Mag-
dalena y la otra María fueron a visitar el
sepulcro.
2 De pronto, hubo un gran terremoto,
porque un ángel del Señor descendió del
cielo, removió la piedra, y se sentó sobre ella.
3 Su aspecto era el de un relámpago, y sus
vestidos eran blancos como la nieve.
4 Al verlo, los guardias temblaron de mie-
do y se quedaron como muertos.
5 Pero el ángel les dijo a las mujeres: «No
teman. Yo sé que buscan a Jesús, el que fue
crucificado.
6 No está aquí, pues ha resucitado, como
él dijo. Vengan y vean el lugar donde fue
puesto el Señor.
7 Luego, vayan pronto y digan a sus discí-
pulos que él ha resucitado de los muertos.
De hecho, va delante de ustedes a Galilea;
allí lo verán. Ya se lo he dicho.»
8 Entonces ellas salieron del sepulcro con
temor y mucha alegría, y fueron corriendo a
dar la noticia a los discípulos.
9 En eso, Jesús les salió al encuentro y les
dijo: «¡Salve!» Y ellas se acercaron y le abra-
zaron los pies, y lo adoraron.
10 Entonces Jesús les dijo: «No teman. Va-
yan y den la noticia a mis hermanos, para
que vayan a Galilea. Allí me verán.»

El informe de la guardia

11 Mientras ellas iban, algunos de la guar-
dia fueron a la ciudad y les contaron a los

[1]**27.63:** Mt 16.21; 17.23; 20.19; Mr 8.31; 9.31; 10.33-34; Lc 9.22; 18.31-33.

¡JESÚS HA RESUCITADO! *(Mateo 28.6)*
Los ángeles tenían buenas noticias para las mujeres que estaban tristes junto a la tumba. ¡Jesús estaba vivo! Jesús resucitó de entre los muertos. Esta es una de las verdades más importantes del cristianismo. Por eso celebramos la Pascua cada año. La resurrección de Cristo es prueba de que Dios tiene poder sobre la muerte. Porque Jesús volvió a la vida, un día nosotros también vamos a volver a vivir. El apóstol Pablo escribió acerca de esto en 1 Tesalonicenses 4:14. Si tú fueras un reportero que estuviera junto a la tumba vacía, ¿qué les preguntarías a las mujeres? ¿Cómo crees que responderían? Basado en esas respuestas, ¿por qué no le cuentas a alguien acerca de ese día especial?

principales sacerdotes todo lo que había
sucedido.
12 Éstos se reunieron con los ancianos y,
después de ponerse de acuerdo, dieron mu-
cho dinero a los soldados
13 y les dijeron: «Ustedes digan que sus
discípulos fueron de noche y se robaron
el cuerpo, mientras ustedes estaban dor-
midos.
14 Si el gobernador se entera de esto, no-
sotros lo convenceremos y a ustedes los
pondremos a salvo.»
15 Ellos tomaron el dinero y siguieron las
instrucciones recibidas. Y ésta es la versión
que se ha divulgado entre los judíos hasta
el día de hoy.

La gran comisión

(Mr 16.14-18; Lc 24.36-49; Jn 20.19-23)

16 Pero los once discípulos se fueron a Ga-
lilea,[a] al monte que Jesús les había señalado,
17 y cuando lo vieron, lo adoraron. Pero
algunos dudaban.
18 Jesús se acercó y les dijo: «Toda autori-
dad me ha sido dada en el cielo y en la tierra.
19 Por tanto, vayan y hagan discípulos
en todas las naciones,[b] y bautícenlos en el
nombre del Padre, y del Hijo, y del Espíritu
Santo.
20 Enséñenles a cumplir todas las cosas
que les he mandado. Y yo estaré con uste-
des todos los días, hasta el fin del mundo.»
Amén.

Mr 16.15-16

[a]**28.16:** Mt 26.32; Mr 14.28. [b]**28.19:** Hch 1.8.

HACER DISCÍPULOS *(Mateo 28.19)*
Un discípulo es un seguidor o alguien que aprende de un maestro respetado. Antes de que Jesús regresara al cielo, les dijo a sus discípulos que fueran a hacer otros discípulos. Esta orden se llama la "Gran Comisión". Es para todos los creyentes en Cristo, y no solo para los apóstoles como Pedro, Jacobo y Pablo, o para pastores y misioneros. Si eres cristiano, puedes llevar el mensaje de Jesús a gente de todo el mundo. Enumera maneras en que puedes ayudar. Por ejemplo, tu familia puede orar por un misionero, ¡o tú mismo puedes hablarle a alguien de Cristo!

MARCOS

Autor: **Marcos**
Tema: **Jesús, el Siervo sufriente y el Hijo de Dios**
Fecha en que se escribió: **c. 55-65 d.C.**

BUENAS NOTICIAS PARA TIEMPOS DIFÍCILES

Si tuvieras noticias que ayudaría a las personas que están sufriendo, ¿no darías esas nuevas? La iglesia, que comenzó a crecer después que Jesús volvió al cielo, fue perseguida por los romanos. Nerón, el emperador romano, hizo matar a muchos cristianos. Juan Marcos era uno de los líderes de la iglesia en Roma en ese tiempo. El Espíritu Santo le dio el deseo de escribir de la vida de Jesús para alentar a los cristianos que sufrían por la fe.

LO QUE ENCONTRARÁS EN EL LIBRO

Marcos describe a Jesús como un hombre dinámico, lleno de poder El poder de Jesús es mucho mayor que cualquier fuerza de un "superhéroe". Marcos presenta a Jesús como el Hijo de Dios que sanó a los enfermos, alimentó a miles, echó fuera demonios, y realizó muchos otros milagros. Estas obras eran prueba de que Él era el Siervo sufriente de Dios y Salvador del mundo. En la primera mitad del libro Marcos se concentra en los grandes milagros de Jesús y en su autoridad sobre las enfermedades y los demonios. Cuando Jesús estuvo en la región de Cesarea de Filipo, les dijo a sus discípulos que él tendría que sufrir muchas cosas y "morir y resucitar después de tres días" (8:31). Marcos escribió mucho acerca de lo que la gente suele sufrir como precio por servir a Jesús (8:34-38; 10:30 33-34, 45: 13-8,11-13). Él también dijo que cuando sufrimos por Cristo aquí en la tierra recibiremos una gran recompensa en la venida de Jesús.

¿SABÍAS QUE MARCOS...?

- Es un Evangelio de acción. Marcos cuenta lo que Jesús hizo, en lugar de lo que dijo.
- Es el Evangelio más corto, y probablemente el primero en ser escrito.
- Registra dieciocho milagros de Jesús, pero solo cuatro parábolas.
- Fue escrito a los cristianos de Roma. Marcos explica las costumbres judías a los lectores romanos, que no conocían esas costumbres.
- Es un evangelio dinámico. Marcos usa la palabra "enseguida" como veinte veces. Él pasaba rápidamente de un acontecimiento de la vida de Cristo al siguiente.

Predicación de Juan el Bautista

(Mt 3.1-12; Lc 3.1-9,15-17; Jn 1.19-28)

Principio del evangelio de Jesucristo, el Hijo de Dios.

2 Como está escrito en el profeta Isaías:

«Yo envío a mi mensajero delante de ti,
El cual preparará tu camino.[a]
3 Una voz clama en el desierto:
"Preparen el camino del Señor;
Enderecen sus sendas."»[b]

4 Juan se presentó en el desierto, y bautizaba y proclamaba el bautismo de arrepentimiento para el perdón de pecados.

5 Toda la gente de la provincia de Judea y de Jerusalén acudía a él, y allí en el río Jordán confesaban sus pecados, y Juan los bautizaba.

6 La ropa de Juan era de pelo de camello, alrededor de la cintura llevaba un cinto de cuero,[c] y se alimentaba de langostas y miel silvestre.

7 Al predicar, Juan decía: «Después de mí viene uno más poderoso que yo. ¡Yo no soy digno de inclinarme ante él para desatarle la correa de su calzado!

8 A ustedes yo los he bautizado con agua, pero él los bautizará con el Espíritu Santo.»

Lc 1.15

El bautismo de Jesús

(Mt 3.13-17; Lc 3.21-22)

9 Por esos días llegó Jesús desde Nazaret de Galilea, y fue bautizado por Juan en el Jordán.

10 En cuanto Jesús salió del agua, vio que los cielos se abrían y que el Espíritu descendía sobre él como una paloma.

11 Y desde los cielos se oyó una voz que decía: «Tú eres mi Hijo amado, en quien me complazco.»[d]

Tentación de Jesús

(Mt 4.1-11; Lc 4.1-13)

12 Enseguida, el Espíritu llevó a Jesús al desierto,

13 y allí fue puesto a prueba por Satanás durante cuarenta días. Estaba entre las fieras, y los ángeles lo servían.

PALABRAS CON PODER

LA TRINIDAD

(Marcos 1.11)

Dios es Uno, pero se revela a sí mismo en tres personas. Éstas son Dios el Padre, Dios el Hijo, y Dios el Espíritu Santo. Esto se llama ***Trinidad***. En el relato del bautismo de Jesús, se puede leer acerca de los tres miembros de la Trinidad. Jesús fue bautizado, Dios el Padre habló, y el Espíritu Santo descendió sobre Jesús "como una paloma" (versículo 10). Las tres personas de la Trinidad obran juntas para cumplir los propósitos de Dios. Aunque la palabra ***Trinidad*** no está en la Biblia, puedes leer acerca de la Trinidad en pasajes como 2 Corintios 13:14; 1 Pedro 1:2; y Judas 20-21.

Jesús principia su ministerio

(Mt 4.12-17; Lc 4.14-15)

14 Después de que Juan fue encarcelado, Jesús fue a Galilea para proclamar el evangelio del reino de Dios.

15 Decía: «El tiempo se ha cumplido, y el reino de Dios[e] se ha acercado. ¡Arrepiéntanse,[f] y crean en el evangelio!»

Jesús llama a cuatro pescadores

(Mt 4.18-22; Lc 5.1-11)

16 Mientras Jesús caminaba junto al lago de Galilea, vio a Simón y a su hermano Andrés. Estaban echando la red al agua, porque eran pescadores.

17 Jesús les dijo: «Síganme, y yo haré de ustedes pescadores de hombres.»

18 Enseguida, ellos dejaron sus redes y lo siguieron.

19 Un poco más adelante, Jesús vio a otros dos hermanos, Jacobo y Juan, hijos de Zebedeo, quienes estaban en la barca y remendaban sus redes.

20 Enseguida Jesús los llamó, y ellos dejaron a su padre Zebedeo en la barca con los jornaleros, y lo siguieron.

[a] **1.2:** Mal 3.1. [b] **1.3:** Is 40.3. [c] **1.6:** 2 R 1.8. [d] **1.11:** Is 42.1; Mt 12.18; 17.5; Mr 9.7; Lc 9.35. [e] **1.15:** Dn 2.44. [f] **1.15:** Mt 3.2.

Un hombre con un espíritu impuro

(Lc 4.31-37)

21 Llegaron a Cafarnaún, y en cuanto llegó
el día de reposo, Jesús fue a la sinagoga y se
dedicó a enseñar.
22 La gente se admiraba de sus enseñanzas,
porque enseñaba como corresponde a quien
tiene autoridad, y no como los escribas.[g]
23 De pronto, un hombre que tenía un espí-
ritu impuro comenzó a gritar en la sinagoga:
24 «Oye, Jesús de Nazaret, ¿qué tienes con-
tra nosotros? ¿Has venido a destruirnos? ¡Yo
sé quién eres tú! ¡Eres el Santo de Dios!»
25 Pero Jesús lo reprendió, y le dijo: «¡Cálla-
te, y sal de ese hombre!»
26 El espíritu impuro sacudió al hombre
con violencia y, gritando con todas sus fuer-
zas, salió de aquel hombre.
27 Todos quedaron muy asombrados, y se
preguntaban unos a otros: «¿Y esto qué es?
¿Acaso es una nueva enseñanza? ¡Con toda
autoridad manda incluso a los espíritus im-
puros, y éstos lo obedecen!»
28 Y muy pronto la fama de Jesús se difun-
dió por toda la provincia de Galilea.

Mr 3.10-15

Jesús sana a la suegra de Pedro

(Mt 8.14-15; Lc 4.38-39)

29 En cuanto salieron de la sinagoga, Jesús
fue con Jacobo y Juan a la casa de Simón y
Andrés.
30 La suegra de Simón estaba en cama
porque tenía fiebre, y enseguida le hablaron
de ella.
31 Jesús se acercó y, tomándola de la mano,
la ayudó a levantarse. Al instante la fiebre se
le fue, y ella comenzó a atenderlos.

Muchos sanados al ponerse el sol

(Mt 8.16-17; Lc 4.40-41)

32 Al anochecer, cuando el sol se puso, lle-
varon a Jesús a todos los que estaban enfer-
mos y endemoniados.
33 Toda la ciudad se agolpaba ante la puerta,
34 y Jesús sanó a muchos que sufrían de
diversas enfermedades, y también expulsó
a muchos demonios, aunque no los dejaba
hablar porque lo conocían.

Jesús predica en Galilea

(Lc 4.42-44)

35 Muy de mañana, cuando todavía estaba
muy oscuro, Jesús se levantó y se fue a un
lugar apartado para orar.
36 Simón y los que estaban con él comen-
zaron a buscarlo,
37 y cuando lo encontraron le dijeron: «To-
dos te están buscando.»
38 Él les dijo: «Vayamos a las aldeas veci-
nas, para que también allí predique, porque
para esto he venido.»
39 Y Jesús recorrió toda Galilea; predicaba
en las sinagogas y expulsaba demonios.[h]

Jesús sana a un leproso

(Mt 8.1-4; Lc 5.12-16)

40 Un leproso se acercó a Jesús, se arrodilló
ante él y le dijo: «Si quieres, puedes limpiarme.»

[g]**1.22:** Mt 7.28-29. [h]**1.39:** Mt 4.23; 9.35.

ALGO MEJOR *(Marcos 1.18)*

Simón Pedro y su hermano Andrés eran pescadores. Pero Jesús sugirió que cambiaran de profesión y que se convirtieran en sus discípulos. En lugar de pescar en el mar, irían a "pescar" gente, ayudándoles a convertirse en seguidores de Jesús. Simón y Andrés de inmediato dejaron su trabajo. Habían encontrado algo mejor que el dinero; ¡habían encontrado al Salvador! Jesús les dio poder para vivir de la manera que agrada a Dios. ¿Hay algo que dejarías inmediatamente si Jesús te pidiera que lo hagas?

41 Jesús tuvo compasión de él, así que ex-
tendió la mano, lo tocó y le dijo: «Quiero. Ya
has quedado limpio.»
42 En cuanto Jesús pronunció estas pala-
bras, la lepra desapareció y aquel hombre
quedó limpio.
43 Enseguida Jesús le pidió que se fuera,
pero antes le hizo una clara advertencia.
44 Le dijo: «Ten cuidado de no decírselo a
nadie. Más bien, ve y preséntate ante el sa-
cerdote, y ofrece por tu purificación lo que
Moisés mandó,[i] para que les sirva de testi-
monio.»
45 Pero una vez que aquel hombre se fue,
dio a conocer ampliamente lo sucedido, y
de tal manera lo divulgó que Jesús ya no po-
día entrar abiertamente en ninguna ciudad,
sino que se quedaba afuera, en lugares apar-
tados. Pero aun así, de todas partes la gente
acudía a él.

Jesús sana a un paralítico

(Mt 9.1-8; Lc 5.17-26)

2 Algunos días después, Jesús volvió a
Cafarnaún. En cuanto se supo que
estaba en la casa,

[i] **1.44:** Lv 14.1-32.

PODEROSOS HOMBRES DE DIOS

JUAN EL BAUTISTA

Desde el momento en que fue anunciado su nacimiento, cientos de años antes de que naciera, grandes cosas le esperaban a un hombre llamado Juan el Bautista.

Casi cuatro siglos después de la época del profeta Malaquías del Antiguo Testamento, un ángel rompió el silencio entre Dios y el hombre. El ángel anunció a un sacerdote llamado Zacarías que tendría un hijo, cuyo nombre sería Juan. Este hijo sería un nazareo, como Sansón (lee información acerca de los nazareos en Jueces 13 y Números 6:1-4). Un nazareo era alguien apartado por Dios para un propósito especial. Juan nunca debía beber vino. En cambio, él sería lleno del Espíritu Santo. Su deber sería predicar el mensaje de Dios, el arrepentimiento (volverse del pecado y buscar a Dios) y anunciar la llegada del Salvador. El Salvador era su propio primo, Jesús.

Juan era diferente a los otros profetas. Llevaba ropa hecha de pelo de camello y comía langostas y miel silvestre. Pasó la mayor parte de su tiempo en el desierto, donde predicaba con fervor y bautizaba a las personas. Aunque tuvo discípulos, no se molestó cuando algunos lo dejaron para seguir a Jesús. Después de todo, ¡Cristo era el Salvador!

Juan bautizó a Jesús en el río Jordán. Él se sorprendió porque Jesús le pidió que lo bautizara. Juan respondió que él no era digno de desatar la correa del calzado de Jesús (Lucas 3:16).

Aunque Juan estaba lleno del Espíritu de Dios, no era perfecto. Cuando Herodes lo arrestó y lo arrojó en la cárcel, Juan se sintió muy desanimado. Pero en lugar de dejar a Dios, envió a sus discípulos a Jesús, los cuales regresaron con un mensaje de esperanza.

Para Juan el Bautista era importante lo que Dios pensaba de él, pero no estaba interesado en lo que la gente pensaba. No tenía miedo de decir la verdad de Dios, incluso a un gobernante como Herodes, quien más tarde lo condenó a muerte. A lo largo de su vida, Juan fue obediente al Señor. ¡Él era un PODEROSO HOMBRE DE DIOS!

Puedes leer acerca de Juan el Bautista en Malaquías 4:5-6; Mateo 3; 11:1-19; 14:1-12; Marcos 1:2-11; Lucas 1:5-25, 57-80; 3:1-22; Juan 1:1-37.

LECCIONES — **LLEVAR A UN AMIGO A JESÚS**

(Marcos 2.11)

Jesús hizo lo imposible: sanó a un paralítico. Pero aún más importante es que le perdonó sus pecados. Gracias a la fe y el duro esfuerzo de cuatro amigos, la vida de este hombre fue completamente transformada. Esta historia nos muestra cómo Dios puede obrar a través de la fe y el esfuerzo de los amigos para ayudar a alguien. ¿Estarías dispuesto a trabajar duro para ayudar a un amigo? Tú puedes llevar a tus amigos a Jesús invitándolos a la iglesia. Como con el paralítico, la vida de ellos puede ser completamente transformada.

2 se juntó mucha gente, de manera que ya
no cabían ni aun a la puerta, mientras él les
predicaba la palabra.
3 Llegaron entonces cuatro hombres que
cargaban a un paralítico.
4 Como no podían acercarse a Jesús por
causa de la multitud, quitaron parte del te-
cho donde estaba Jesús, hicieron una aber-
tura, y por ahí bajaron la camilla en la que
estaba acostado el paralítico.
5 Cuando Jesús vio la fe de ellos, le dijo al pa-
ralítico: «Hijo, los pecados te son perdonados.»
6 Algunos de los escribas que estaban allí
sentados, se decían a sí mismos:
7 «¿Qué es lo que dice éste? ¡Está blasfe-
mando! ¿Quién puede perdonar pecados?
¡Nadie sino Dios!»
8 Enseguida Jesús se dio cuenta de lo que
estaban pensando, así que les preguntó:
«¿Qué es lo que cavilan en su corazón?
9 ¿Qué es más fácil? ¿Que le diga al paralíti-
co: "Tus pecados te son perdonados", o que
le diga: "Levántate, toma tu camilla y anda"?
10 Pues para que ustedes sepan que el Hijo
del Hombre tiene autoridad en la tierra para
perdonar pecados, éste le dice al paralítico:
11 "Levántate, toma tu camilla, y vete a tu
casa."»
12 Enseguida el paralítico se levantó, tomó
su camilla y salió delante de todos, que se
quedaron asombrados y glorificando a Dios,
al tiempo que decían: «¡Nunca hemos visto
nada parecido!»

Mr 5.25-34

Llamamiento de Leví

(Mt 9.9-13; Lc 5.27-32)

13 Después Jesús volvió a la orilla del lago.
Y toda la gente se le acercaba, y él les en-
señaba.
14 De paso vio a Leví hijo de Alfeo, que
estaba sentado donde se cobraban los im-
puestos, y le dijo: «Sígueme». Y Leví se le-
vantó y lo siguió.
15 Y sucedió que mientras Jesús estaba
sentado a la mesa, en la casa de Leví, tam-
bién muchos cobradores de impuestos y
pecadores se sentaron a la mesa con Jesús y
sus discípulos, pues ya eran muchos los que
lo seguían.
16 Cuando los escribas y los fariseos lo vie-
ron comer con cobradores de impuestos y
con pecadores, les preguntaron a los discí-
pulos: «¿Cómo? ¿Éste come y bebe con co-
bradores de impuestos y con pecadores?»
17 Jesús los oyó, y les dijo: «No son los sa-
nos los que necesitan de un médico, sino los
enfermos. Y yo no he venido a llamar a los
justos, sino a los pecadores.»

La pregunta sobre el ayuno

(Mt 9.14-17; Lc 5.33-39)

18 Los discípulos de Juan y los fariseos
estaban ayunando, así que algunos fueron
a preguntarle: «¿Por qué los discípulos de
Juan y de los fariseos ayunan, y tus discí-
pulos no?»
19 Jesús les dijo: «¿Acaso pueden ayunar
los invitados a una boda, mientras el novio
está con ellos? ¡Claro que no, mientras el no-
vio esté presente!
20 Pero vendrá el día en que el novio les
será quitado, y entonces sí, ese día ayunarán.
21 Nadie remienda un vestido viejo con un
paño de tela nueva, porque la tela nueva es-
tira la tela vieja y la rotura se hace peor.

22 Ni tampoco se echa vino nuevo en odres viejos, porque el vino nuevo revienta los odres, y entonces el vino se derrama y los odres se echan a perder. Más bien, el vino nuevo debe echarse en odres nuevos.»

Los discípulos espigan en el día de reposo

(Mt 12.1-8; Lc 6.1-5)

23 Un día de reposo, mientras Jesús pasaba por los sembrados, sus discípulos comenzaron a arrancar espigas a su paso.[a]

24 Entonces los fariseos le dijeron: «¡Fíjate! ¿Por qué hacen éstos en el día de reposo lo que no está permitido hacer?»

25 Jesús les respondió: «¿Nunca leyeron lo que hizo David con sus acompañantes, en aquella ocasión en que tuvieron hambre?

26 Pues entró en la casa de Dios y comió los panes de la proposición, que sólo a los sacerdotes les es permitido comer,[b] ¡y hasta los compartió con sus acompañantes![c] En aquel tiempo Abiatar era el sumo sacerdote.»

27 También les dijo: «El día de reposo se hizo por causa del género humano, y no el género humano por causa del día de reposo.

28 De modo que el Hijo del Hombre es también Señor del día de reposo.»

El hombre de la mano atrofiada

(Mt 12.9-14; Lc 6.6-11)

3 Jesús volvió a visitar la sinagoga, y allí se encontró con un hombre que tenía una mano atrofiada.

2 Algunos lo vigilaban, para ver si sanaba al hombre en el día de reposo y así poder acusarlo.

3 Jesús le dijo al hombre con la mano atrofiada: «Levántate, y ponte en medio.»

4 A los demás les preguntó: «¿Qué está permitido hacer en los días de reposo? ¿El bien, o el mal? ¿Salvar una vida, o quitar la vida?» Ellos guardaron silencio.

5 Jesús los miró con enojo y tristeza, al ver la dureza de sus corazones. Entonces dijo al hombre: «Extiende la mano.» El hombre la extendió, y su mano quedó sana.

6 Tan pronto como los fariseos salieron, empezaron a conspirar con los herodianos para matar a Jesús.

La multitud a la orilla del lago

7 Jesús se retiró al lago con sus discípulos, y mucha gente de Galilea y de Judea lo siguió

8 al enterarse de todo lo que hacía. También acudieron a él muchos de Jerusalén, de Idumea y del otro lado del Jordán, así como de los alrededores de Tiro y de Sidón.

9 Por causa del gentío, y para evitar que lo apretujaran, Jesús pidió a sus discípulos tener siempre lista una barca;

10 y es que, como había sanado a muchos, todos los que tenían plagas querían tocarlo y se lanzaban sobre él.[a]

11 Cuando los espíritus impuros lo veían, se arrodillaban delante de él y a gritos le decían: «¡Tú eres el Hijo de Dios!»

12 Pero él les exigía con toda firmeza que no revelaran quién era él.

Elección de los doce apóstoles

(Mt 10.1-4; Lc 6.12-16)

13 Después Jesús subió a un monte y llamó a los que él quiso, y ellos se reunieron con él.

14 A doce de ellos los designó para que estuvieran con él, para enviarlos a predicar,

15 y para que tuvieran el poder de expulsar demonios. Mr 3.20-27

16 Estos doce eran: Simón, a quien puso por nombre «Pedro»;

17 Jacobo y su hermano Juan, hijos de Zebedeo, a quienes les puso por nombre «Boanerges», que significa: «Hijos del trueno»;

18 Andrés, Felipe, Bartolomé, Mateo, Tomás, Jacobo hijo de Alfeo, Tadeo, Simón el cananista,

19 y Judas Iscariote, que fue quien lo traicionó.

---

[a] **2.23:** Dt 23.25. [b] **2.26:** Lv 24.9. [c] **2.25-26:** 1 S 21.1-6. [a] **3.9-10:** Mr 4.1; Lc 5.1-3.

La blasfemia contra el Espíritu Santo

(Mt 12.22-32; Lc 11.14-23)

20 Jesús entró en una casa, y de nuevo se
juntó tanta gente, que ni siquiera podían co-
mer él y sus discípulos.
21 Cuando sus familiares lo supieron, fue-
ron para llevárselo, porque pensaban que
estaba fuera de sí.
22 Pero los escribas que habían venido de
Jerusalén decían: «A éste lo domina Beelze-
bú. Y expulsa a los demonios por el poder
del príncipe de los demonios.»[b]
23 Entonces Jesús los llamó, y en parábolas
les dijo: «¿Y cómo puede Satanás expulsar
a Satanás?
24 Si un reino se divide contra sí mismo, no
puede permanecer.
25 Si una casa se divide contra sí misma,
tampoco puede permanecer.
26 Y si Satanás se subleva contra sí mismo,
y se divide, tampoco puede permanecer. Su
fin habrá llegado.
27 Nadie puede entrar en la casa de un hom-
bre fuerte y robarle sus pertenencias, si antes
no lo ata. Entonces sí podrá saquear su casa.

Mr 5.1-16

28 »De cierto les digo que a todos ustedes se
les perdonará todo pecado y toda blasfemia,
29 pero el que blasfeme contra el Espíritu
Santo jamás será perdonado,[c] sino que será
culpable de un pecado eterno.»
30 Y es que ellos habían dicho: «Éste tiene
un espíritu impuro.»

La madre y los hermanos de Jesús

(Mt 12.46-50; Lc 8.19-21)

31 Llegaron entonces la madre y los her-
manos de Jesús, pero se quedaron afuera y
mandaron a llamarlo.
32 La muchedumbre sentada a su alrede-
dor le dijo: «Tu madre, tus hermanos y tus
hermanas están allí afuera, y te buscan.»
33 Jesús les respondió: «¿Y quién es mi ma-
dre, y mis hermanos?»
34 Miró entonces a los que estaban senta-
dos a su alrededor, y dijo: «Mi madre y mis
hermanos están aquí.

LECCIONES — LOS DISCÍPULOS DE JESÚS

(Marcos 3.14)

Los discípulos por lo general llegan a ser como su maestro. Están de acuerdo con las creencias del maestro. A veces hasta se comportan como el maestro. Jesús escogió a doce hombres para que sean sus discípulos o alumnos. El deber de ellos era que aprendieran de Él, para que luego se comporten como Él. Por medio del Espíritu Santo tendrían poder para predicar y expulsar demonios (versículo 15). Pero antes de que pudieran hacer esto, necesitaban estar cerca de Jesús. Aunque Jesucristo está en el cielo, puedes ser su discípulo. Jesús te ha dado el Espíritu Santo, la Biblia, y personas adultas de confianza para que te ayuden a aprender acerca de Él.

35 Porque todo el que hace la voluntad
de Dios es mi hermano, y mi hermana, y mi
madre.»

Parábola del sembrador

(Mt 13.1-23; Lc 8.4-15)

4 Jesús comenzó a enseñar una vez
más a la orilla del lago, y fue tanta
la gente que se reunió alrededor de
él, que se subió a una barca que estaba en el
lago y se sentó allí,[a] mientras que la gente se
quedó en la orilla.
2 Muchas cosas les enseñó por medio de
parábolas, y en sus enseñanzas les decía:
3 «Presten atención. Resulta que un sem-
brador salió a sembrar.
4 Al sembrar, una parte de las semillas
cayó junto al camino, y vinieron las aves del
cielo y se la comieron.
5 Otra parte cayó entre las piedras, donde
no había mucha tierra, y enseguida brotó,
porque la tierra no era profunda,
6 pero en cuanto salió el sol, se quemó y se
secó, porque no tenía raíz.

[b] **3.22:** Mt 9.34; 10.25. [c] **3.29:** Lc 12.10. [a] **4.1:** Lc 5.1-3.

7 Otra parte cayó entre espinos, pero los
espinos crecieron y la ahogaron, de modo
que no dio fruto.
8 Pero otra parte cayó en buena tierra, y
brotó y creció y dio fruto, y rindió una co-
secha de treinta y sesenta, y hasta de ciento
por uno.»
9 Entonces les dijo: «El que tenga oídos
para oír, que oiga.»
10 Cuando se quedó solo, los que estaban
cerca de él junto con los doce le pregunta-
ron qué quería decir la parábola.
11 Él les respondió: «A ustedes se les con-
cede entender el misterio del reino de Dios;
pero a los que están afuera todo se les dice
por parábolas,
12 para que "viendo, vean y no entiendan;
y oyendo, oigan y no comprendan; no sea
que se conviertan y sus pecados les sean
perdonados".»[b]
13 También les dijo: «Si no entienden uste-
des esta parábola, ¿cómo podrán entender
todas las demás?
14 El sembrador es el que siembra la pa-
labra.
15 Algunos son como lo sembrado junto al
camino. En ellos se siembra la palabra, pero
enseguida, después de oírla, viene Satanás y
les arrebata la palabra sembrada en su co-
razón.
16 Otros son como lo sembrado entre las
piedras. Al oír la palabra, enseguida la reci-
ben con gozo;
17 pero, como no tienen raíz, su vida es
muy corta, y al venir las aflicciones o la per-
secución por causa de la palabra, enseguida
tropiezan.
18 Otros son como los que fueron sembra-
dos entre espinos. Éstos son los que oyen la
palabra,
19 pero las preocupaciones de este mun-
do, el engaño de las riquezas, y la codicia
por otras cosas, entran en ellos y ahogan la
palabra, por lo que ésta no llega a dar fruto.
20 Pero hay otros, que son como lo sem-
brado en buena tierra. Son los que oyen
la palabra y la reciben, y rinden fruto; ¡dan
treinta, sesenta y hasta cien semillas por
cada semilla sembrada!»

Nada oculto queda sin manifestarse

(Lc 8.16-18)

21 También les dijo: «¿Acaso la luz se en-
ciende para ponerla debajo de un cajón, o
debajo de la cama? Al contrario, ¡se encien-
de para ponerla en el candelero![c]
22 Porque no hay nada oculto que no lle-
gue a manifestarse, ni hay nada escondido
que no salga a la luz.[d]
23 Si alguno tiene oídos para oír, que oiga.»
24 También les dijo: «Fíjense bien en lo que

PROMESAS PODEROSAS

MARCOS 3.35

Porque todo el que hace la voluntad de Dios es mi hermano, y mi hermana, y mi madre.

A Jesús le importaba su familia terrenal, también le importaba su otra familia, la espiritual. Cuando recibes a Jesús como tu Salvador, llegas a ser parte de la familia espiritual de Dios (lee Juan 1:12). Recibes hermanos y hermanas, los otros "hijos de Dios". Los hermanos y las hermanas en la familia de Dios deciden obedecer a su Padre.

PALABRAS CON PODER

LA PARÁBOLA DEL SEMBRADOR

(Marcos 4:2)

Jesús contó historias (parábolas) porque con historias es fácil recordar lecciones importantes. A veces Jesús ocultó el significado de una parábola. Aun sus discípulos no comprendieron el significado de la parábola del sembrador. Así que Jesús les explicó la parábola. ¿Cuál es tu parábola favorita?

[b]**4.12:** Is 6.9-10. [c]**4.21:** Mt 5.15; Lc 11.33. [d]**4.22:** Mt 10.26; Lc 12.2.

PODER SOBRE SATANÁS Y LOS DEMONIOS

Jesús vino al mundo para establecer el reino de Dios y liberarnos del poder de Satanás (Lucas 13:16). Lo hizo mediante su muerte en la cruz y su resurrección. Marcos, el escritor del Evangelio según Marcos, describe al reino de Dios en guerra con Satanás y los demonios. Puesto que los creyentes y las fuerzas de Satanás han estado en guerra desde hace siglos, es mejor que sepas quiénes son tus enemigos.

¿Quién es Satanás?

Satanás era un ángel hermoso que sirvió alrededor del trono de Dios en el cielo. Sin embargo, antes de la creación del mundo, se llenó de orgullo y se rebeló contra Dios. Como resultado, se convirtió en enemigo de Dios y en enemigo de todos los que sirven a Dios (Ezequiel 28:12-15). Él es quien tentó a Eva en el Huerto del Edén (Génesis 3).

Satanás no es igual a Dios. Es un ser creado cuyo poder tiene que sucumbir ante el poder superior de Dios. El Señor es omnipotente y omnisciente. Satanás no tiene esos poderes, así que la mayoría de sus actividades las delega a los demonios.

¿Quiénes son los demonios?

Cuando Satanás se rebeló contra Dios, llevó consigo un gran número de ángeles que también se rebelaron. Satanás y los ángeles caídos fueron expulsados del cielo (Apocalipsis 12:7-8). Estos ángeles caídos ahora son llamados demonios o espíritus malignos. Después que se rebelaron fueron exiliados a la tierra.

Dado que los demonios son espíritus, no tienen cuerpo propio. A veces habitan en los cuerpos de personas que no aman a Dios (Marcos 5:15). Los espíritus malos esclavizan a esas personas. Los demonios pueden causar enfermedades en los seres humanos (Mateo 9:32-33). Esto no significa, sin embargo, que todas las enfermedades son causadas por ellos.

Los demonios son el poder que influye en la adoración de ídolos en las religiones falsas. Esto significa que la adoración de dioses falsos es lo mismo que servir a los demonios, una cosa que es muy peligrosa que no debemos hacer.

El poder de Jesús sobre los demonios

En el Nuevo Testamento hay varias historias de personas que sufrieron debido a que los malos espíritus vivían en su cuerpo. En cada una de estas historias, vemos que Jesús expulsó a los espíritus malos. Cuando Jesús "echó fuera" a los demonios, utilizó su poder para obligarlos a que dejaran el control de la gente (lee Marcos 5:1-20).

La derrota total de Satanás y del mal vino a través de la muerte y resurrección de Jesús (Juan 12:31), cuando Él pagó el precio por nuestros pecados. Esta victoria aniquiló el poder del reino de Satanás y restauró el poder del reino de Dios en la vida de las personas.

Los creyentes y los demonios

La Palabra de Dios enseña que como el Espíritu Santo mora en cada creyente, el cristiano no puede ser poseído por el demonio. Los demonios pueden, sin embargo, influir en los pensamientos, en las emociones, y en las acciones de los creyentes en Cristo que no se dejan guiar por el Espíritu Santo (2 Corintios 11:3,14).

Gracias a Jesús, los creyentes tienen autoridad sobre el poder de Satanás y los demonios. Efesios 6:10-18 nos recuerda que tenemos un arma principal en la lucha contra Satanás y sus fuerzas, que es la Palabra de Dios. Jesús usó las Escrituras cuando Satanás trató de tentarlo a pecar (Mateo 4:1-11).

oyen, porque con la medida con que ustedes midan a otros, serán medidos,[e] y hasta más se les añadirá.

25 Porque al que tiene, se le dará; y al que no tiene, hasta lo poco que tiene se le arrebatará.»[f]

Parábola del crecimiento de la semilla

26 Jesús dijo también: «El reino de Dios es como cuando un hombre arroja semilla sobre la tierra:

27 ya sea que él duerma o esté despierto, de día y de noche la semilla brota y crece, sin que él sepa cómo.

28 Y es que la tierra da fruto por sí misma: primero sale una hierba, luego la espiga, y después el grano se llena en la espiga;

29 y cuando el grano madura, enseguida se mete la hoz, porque ya es tiempo de cosechar.»

Parábola de la semilla de mostaza

(Mt 13.31-32; Lc 13.18-19)

30 También dijo: «¿Con qué vamos a comparar el reino de Dios? ¿Qué parábola nos sirve de comparación?

31 Puede compararse con el grano de mostaza, que al sembrarlo en la tierra es la más pequeña de todas las semillas,

32 pero que después de sembrada crece hasta convertirse en la más grande de todas las plantas, y echa ramas tan grandes que aun las aves pueden poner su nido bajo su sombra.»

Aplicación de las parábolas

(Mt 13.34-35)

33 Con muchas parábolas como éstas Jesús les hablaba de la palabra, hasta donde podían entender,

34 y sin parábolas no les hablaba, aunque a sus discípulos les explicaba todo en privado.

Jesús calma la tempestad

(Mt 8.23-27; Lc 8.22-25)

35 Ese mismo día, al caer la noche, Jesús les dijo a sus discípulos: «Pasemos al otro lado.»

36 Despidió a la multitud, y partieron con él en la barca donde estaba. También otras barcas lo acompañaron.

37 Pero se levantó una gran tempestad con vientos, y de tal manera las olas azotaban la barca, que ésta estaba por inundarse.

38 Jesús estaba en la popa, y dormía sobre una almohada. Lo despertaron y le dijeron: «¡Maestro! ¿Acaso no te importa que estamos por naufragar?»

39 Jesús se levantó y reprendió al viento, y dijo a las aguas: «¡Silencio! ¡A callar!» Y el viento se calmó, y todo quedó en completa calma.

---

[e] **4.24:** Mt 7.2; Lc 6.38. [f] **4.25:** Mt 13.12; 25.29; Lc 19.26.

SEMILLAS *(Marcos 4.15-17)*

Jesús contó una historia acerca de la siembra de semillas para explicar cómo las personas escuchan la palabra de Dios y creen en Él. Las semillas que cayeron "junto al camino" (v. 4) y las que cayeron "entre las piedras, donde no había mucha tierra" (v. 5) representan a las personas que oyen la palabra de Dios, pero deciden no ser cristianos. ¿Por qué? (1) Pueden ser distraídos por Satanás. (2) Los problemas pueden impedirles a que acepten a Jesús como su Salvador. Como no dejan que el Espíritu Santo transforme sus vidas, no crecen hasta ser suficientemente fuertes como para soportar los tiempos difíciles. Son como semillas que caen a la tierra, pero que no te convierten en una planta fuerte. ¿Has permitido que crezcan fuertes en tu vida las verdades de la Palabra de Dios?

Mr 9.23-24

40 A sus discípulos les dijo: «¿Por qué tienen tanto miedo? ¿Cómo es que no tienen fe?»

41 Ellos estaban muy asustados, y se decían unos a otros: «¿Quién es éste, que hasta el viento y las aguas lo obedecen?»

El endemoniado geraseno

(Mt 8.28-34; Lc 8.26-39)

5 Llegaron al otro lado del lago, a la región de los gerasenos,

2 y en cuanto Jesús salió de la barca, se le acercó un hombre que tenía un espíritu impuro.

3 Este hombre vivía entre los sepulcros, y nadie lo podía sujetar, ni siquiera con cadenas.

4 Muchas veces había sido sujetado con grilletes y cadenas, pero él rompía las cadenas y despedazaba los grilletes, de manera que nadie podía dominarlo.

5 Este hombre andaba de día y de noche por los montes y los sepulcros, gritando y lastimándose con las piedras,

6 pero al ver a Jesús de lejos, corrió para arrodillarse delante de él,

7 y a voz en cuello le dijo: «Jesús, Hijo del Dios altísimo, ¿qué tienes que ver conmigo? ¡Yo te ruego por Dios que no me atormentes!»

8 Y es que Jesús le había dicho: «Espíritu impuro, ¡deja a este hombre!»

9 Jesús le preguntó: «¿Cómo te llamas?», y él respondió: «Me llamo Legión, porque somos muchos.»

10 Y el hombre le rogaba e insistía que no los mandara lejos de aquella región.

11 Cerca del monte pacía un gran hato de cerdos,

12 y todos los demonios le rogaron: «¡Envíanos a los cerdos! ¡Déjanos entrar en ellos!»

13 Jesús se lo permitió. Y en cuanto los espíritus impuros salieron del hombre, entraron en los cerdos, que eran como dos mil, y el hato se lanzó al lago por un despeñadero, y allí se ahogaron.

14 Los que cuidaban de los cerdos huyeron, y fueron a contar todo esto a la ciudad y por los campos. La gente salió a ver qué era lo que había sucedido,

15 y cuando llegaron a donde estaba Jesús, y vieron que el que había estado atormentado por la legión de demonios estaba sentado, vestido y en su sano juicio, tuvieron miedo.

16 Luego, los que habían visto lo sucedido con el endemoniado y con los cerdos, se lo contaron a los demás, Lc 4.2-13

17 y comenzaron a rogarle a Jesús que se fuera de sus contornos.

18 Cuando Jesús abordó la barca, el que había estado endemoniado le rogó que lo dejara estar con él;

19 pero Jesús, en vez de permitírselo, le dijo: «Vete a tu casa, con tu familia, y cuéntales las grandes cosas que el Señor ha hecho contigo. Cuéntales cómo ha tenido misericordia de ti.»

20 El hombre se fue, y en Decápolis comenzó a contar las grandes cosas que Jesús había hecho con él. Y todos se quedaban asombrados.

La hija de Jairo, y la mujer que tocó el manto de Jesús

(Mt 9.18-26; Lc 8.40-56)

21 Jesús regresó en una barca a la otra orilla, y como una gran multitud se reunió alrededor de él, decidió quedarse en la orilla del lago.

22 Entonces vino Jairo, que era uno de los jefes de la sinagoga, y cuando lo vio, se arrojó a sus pies

23 y le rogó con mucha insistencia: «¡Ven que mi hija está agonizando! Pon tus manos sobre ella, para que sane y siga con vida.»

24 Jesús se fue con él, y una gran multitud lo seguía y lo apretujaba.

25 Allí estaba una mujer que desde hacía doce años padecía de hemorragias

26 y había sufrido mucho a manos de muchos médicos, pero que lejos de mejorar había gastado todo lo que tenía, sin ningún resultado.

[27] Cuando oyó hablar de Jesús, se le
acercó por detrás, entre la gente, y le tocó
el manto.
[28] Y es que decía: «Si alcanzo a tocar aun-
que sea su manto, me sanaré.»
[29] Y tan pronto como tocó el manto de
Jesús, su hemorragia se detuvo, por lo que
sintió en su cuerpo que había quedado sana
de esa enfermedad.
[30] Jesús se dio cuenta enseguida de que
de él había salido poder. Pero se volvió a la
multitud y preguntó: «¿Quién ha tocado
mis vestidos?»
[31] Sus discípulos le dijeron: «Estás viendo
que la multitud te apretuja, y preguntas:
"¿Quién me ha tocado?"»
[32] Pero Jesús seguía mirando a su alrede-
dor, para ver quién había hecho eso.
[33] Entonces la mujer, que sabía lo que en
ella había ocurrido, con temor y temblor se
acercó y, arrodillándose delante de él, le dijo
toda la verdad.
[34] Jesús le dijo: «Hija, por tu fe has sido
Mr 6.13 sanada. Ve en paz, y queda sana de tu en-
fermedad.»
[35] Todavía estaba él hablando cuando de
la casa del jefe de la sinagoga vinieron a de-
cirle: «Ya no molestes al Maestro. Tu hija ha
muerto.»
[36] Pero Jesús, que oyó lo que decían, le dijo
al jefe de la sinagoga: «No temas. Sólo debes
creer.»
[37] Y con la excepción de Pedro, Jacobo
y Juan, el hermano de Jacobo, no permitió
que nadie más lo acompañara.
[38] Cuando llegó a la casa del jefe de la si-
nagoga, vio mucho alboroto, y gente que
lloraba y lamentaba.
[39] Al entrar, les dijo: «¿A qué viene tanto
llanto y alboroto? La niña no está muerta,
sino dormida.»
[40] La gente se burlaba de él, pero él or-
denó que todos salieran. Tomó luego al
padre y a la madre de la niña, y a los que
estaban con él, y entró adonde estaba la
niña.
[41] Jesús la tomó de la mano, y le dijo: «¡Ta-
lita cumi!», es decir, «A ti, niña, te digo: ¡le-
vántate!»
[42] Enseguida la niña, que tenía doce años,
se levantó y comenzó a caminar. Y la gente
se quedó llena de asombro.
[43] Pero Jesús les insistió mucho que no
dijeran a nadie lo que había ocurrido, y les
mandó que dieran de comer a la niña.

Jesús en Nazaret

(Mt 13.53-58; Lc 4.16-30)

6 De allí, Jesús se fue a su tierra, y sus
discípulos lo siguieron.
[2] Cuando llegó el día de reposo,
comenzó a enseñar en la sinagoga. Al escu-
char a Jesús, muchos se preguntaban ad-
mirados: «¿De dónde sabe éste todo esto?
¿Qué clase de sabiduría ha recibido? ¿Cómo
es que con sus manos puede hacer estos
milagros?
[3] ¿Acaso no es éste el carpintero, hijo de
María y hermano de Jacobo, José, Judas y
Simón? ¿Acaso no están sus hermanas aquí,
entre nosotros?» Y les resultaba muy difícil
entenderlo.

PODER PARA VIVIR

SOLO CREE *(Marcos 5.36)*

Jairo, el jefe de la sinagoga, fue a ver a Jesús. Él esperaba que Jesús sanara a su hija enferma, a punto de morir. Jesús fue con Jairo, pero antes de que Él llegara a la niña, ella murió. ¿Sería la hora de renunciar a toda esperanza? Jesús dijo al padre afligido cinco palabras que cambiaron su vida: "No temas. Solo debes creer." Jesús no dudaba que tenía el poder de hacer lo imposible. ¿Qué haces cuando tienes un problema imposible? Recuerda las palabras de Jesús a Jairo: "Solo debes creer".

4 Pero Jesús les dijo: «No hay profeta sin honra, excepto en su propia tierra,[a] entre sus parientes, y en su familia.»

5 Y Jesús no pudo realizar allí ningún milagro, a no ser sanar a unos pocos enfermos y poner sobre ellos las manos;

6 y aunque se quedó asombrado de la incredulidad de ellos, siguió recorriendo las aldeas de alrededor para seguir enseñando.

Misión de los doce discípulos

(Mt 10.5-15; Lc 9.1-6)

7 Jesús llamó a los doce y comenzó a enviarlos de dos en dos. Les dio autoridad sobre los espíritus impuros,

8 y les mandó[b] que no llevaran nada para el camino. Aparte de un bastón, no debían llevar mochila, ni pan, ni dinero en el cinto.

9 También podían llevar sandalias, pero no dos mudas de ropa.

10 Les dijo: «Cuando ustedes lleguen a una casa, quédense allí hasta que salgan de ese lugar.

11 Si en algún lugar no los reciben ni los escuchan, salgan de allí y sacúdanse el polvo de los pies, como un testimonio contra ellos.»[c] [De cierto les digo que, en el día del juicio, el castigo para los de Sodoma y Gomorra será más tolerable que para aquella ciudad.][1]

12 Los doce salieron e iban predicando a la gente que se arrepintiera.

Mr 7.32-37

13 También expulsaban muchos demonios, y ungían con aceite a muchos enfermos y los sanaban.[d]

Muerte de Juan el Bautista

(Mt 14.1-12; Lc 9.7-9)

14 Como la fama de Jesús había llegado a ser muy notoria, el rey Herodes supo acerca de él y dijo: «¡Juan el Bautista ha resucitado de los muertos! ¡Por eso operan en él estos poderes!»

15 Algunos decían: «Es Elías.» Pero otros más afirmaban: «Es un profeta, o alguno de ellos.»[e]

Palabras con poder

EL PROFETA

(Marcos 6.4)

El pueblo rechazó a los profetas del Antiguo Testamento. La gente de la ciudad donde Jesús se había criado lo rechazó. Jesús era como los profetas también en otros aspectos. Los profetas recibieron el Espíritu Santo, y conocían profundas verdades de la Palabra de Dios (lee Lucas 4:18-19). Al igual que ellos, Jesús amonestó al pueblo a volverse a Dios. También dio mensajes proféticos acerca del futuro. Algunos de estos mensajes ya se han cumplido y otros no (Mateo 24; Lucas 19:43-44). Algunos piensan que Jesús era un buen profeta, pero Él era más que eso. Jesús era Dios en forma humana.

16 Cuando Herodes oyó esto, dijo: «Éste es Juan, al que yo mandé que le cortaran la cabeza. ¡Ahora ha resucitado de los muertos!»

17 Y es que por causa de Herodías, la mujer de su hermano Felipe, que Herodes había tomado por mujer, Herodes mismo había mandado que aprehendieran a Juan y lo encadenaran en la cárcel.

18 Juan le había dicho a Herodes: «No te es lícito tener a la mujer de tu hermano.»[f]

19 Por eso Herodías le guardaba rencor, y deseaba matarlo; pero no podía

20 porque Herodes temía a Juan, pues sabía que era un hombre justo y santo. Y aunque lo que Juan le decía lo dejaba confundido, lo escuchaba de buena gana y lo protegía.

21 Pero llegó la oportunidad. En la fiesta de su cumpleaños, Herodes ofreció una cena a sus príncipes y tribunos, y a la gente importante de Galilea.

22 Entonces la hija de Herodías se presentó en la fiesta y bailó, y tanto agradó esto a Herodes y a los que estaban con él a la mesa, que el rey le dijo a la muchacha: «Pídeme lo que quieras, y yo te lo daré.»

---

[a]**6.4:** Jon 4.44. [b]**6.8-13:** Lc 10.4-11. [c]**6.11:** Hch 13.51. [1]**6.11** El texto que aparece entre corchetes se halla sólo en mss. tardíos. [d]**6.13:** Stg 5.14. [e]**6.14-15:** Mt 16.14; Mr 8.28; Lc 9.19. [f]**6.17-18:** Lc 3.19-20.

23 Y bajo juramento le dijo: «Yo te daré todo lo que me pidas, ¡aun si me pides la mitad de mi reino!»

24 Ella salió y le preguntó a su madre: «¿Qué debo pedirle?» Y su madre le respondió: «¡Pídele la cabeza de Juan el Bautista!»

25 Enseguida ella entró corriendo y le dijo al rey: «Quiero que me des ahora mismo, en un plato, la cabeza de Juan el Bautista.»

26 Esto entristeció mucho al rey, pero por causa del juramento y de los que estaban con él a la mesa, no quiso desairarla.

27 Enseguida, el rey ordenó a un soldado de la guardia que le trajeran la cabeza de Juan.

28 El soldado fue a la cárcel y lo decapitó, y llevó su cabeza en un plato, se la entregó a la muchacha, y ésta se la entregó a su madre.

29 Cuando los discípulos de Juan supieron esto, fueron a reclamar el cuerpo para darle sepultura.

Alimentación de los cinco mil

(Mt 14.13-21; Lc 9.10-17; Jon 6.1-14)

30 Los apóstoles se reunieron con Jesús y le contaron todo lo que habían hecho y enseñado.

31 Jesús les dijo: «Vengan conmigo ustedes solos, a un lugar apartado, y descansen un poco.» Y es que tanta gente iba y venía, que ellos no tenían tiempo ni para comer.

32 Así que se fueron solos en una barca a un lugar apartado.

33 Pero muchos que los vieron partir los reconocieron y los siguieron a pie desde las ciudades. Llegaron antes que ellos, y se reunieron con él.

34 Cuando Jesús salió de la barca y vio a tanta gente, tuvo compasión de ellos, porque parecían ovejas sin pastor,[g] y comenzó entonces a enseñarles muchas cosas.

35 El tiempo pasó y se hizo tarde, así que sus discípulos se acercaron a él y le dijeron: «Ya es muy tarde, y en este lugar no hay nada.

36 Despide a esta gente, para que vayan a los campos y aldeas cercanas, y compren algo de comer.»

37 Jesús les respondió: «Denles ustedes de comer.» Pero ellos le dijeron: «¿Quieres que vayamos a comprar pan y les demos de comer? ¡Eso costaría como doscientos días de sueldo!»

38 Jesús les dijo: «Vayan a ver cuántos panes tienen ustedes.» Cuando lo averiguaron, le dijeron: «Tenemos cinco panes y dos pescados.»

39 Jesús les mandó entonces que hicieran que la gente se recostara por grupos sobre la hierba verde,

40 y ellos así lo hicieron, formando grupos de cien y de cincuenta personas.

41 Jesús tomó entonces los cinco panes y los dos pescados, y levantando los ojos al cielo los bendijo. Luego partió los panes y se los dio a sus discípulos para que los repartieran entre la gente, y también repartió entre todos los dos pescados.

42 Todos comieron y quedaron satisfechos,

43 y con lo que sobró del pan y los pescados llenaron doce cestas.

44 Los que comieron fueron como cinco mil hombres.

Jesús camina sobre las aguas

(Mt 14.22-27; Jon 6.15-21)

45 Enseguida, hizo que sus discípulos subieran a la barca y que se adelantaran a la otra orilla, a Betsaida, mientras que él despedía a la multitud,

46 pero después de despedirlos se fue al monte a orar.

47 Cuando llegó la noche, la barca ya estaba a la mitad del lago, y Jesús estaba en tierra solo;

48 pero cerca del amanecer fue hacia ellos caminando sobre las aguas, pues los vio remar con mucha dificultad porque tenían el viento en contra. Hizo el intento de pasar de largo,

49 pero ellos, al verlo caminar sobre las aguas, pensaron que era un fantasma y comenzaron a gritar,

[g] **6.34:** 1 R 22.17; 2 Cr 18.16; Zac 10.2; Mt 9.36.

50 pues todos lo vieron y se asustaron.
Pero él enseguida habló con ellos y les dijo:
«¡Ánimo! ¡Soy yo! ¡No tengan miedo!»
51 Al subir a la barca con ellos, el viento se
calmó. Y ellos estaban muy asombrados.
52 Más bien, su corazón estaba endure-
cido, y aún no habían entendido lo de los
panes.

Jesús sana a los enfermos en Genesaret

(Mt 14.34-36)

53 Terminada la travesía, llegaron a la orilla
y tocaron tierra en Genesaret.
54 Tan pronto como bajaron de la barca, la
gente reconoció a Jesús,
55 y a medida que recorrían todos los al-
rededores, en cuanto sabían dónde estaba
Jesús comenzaban a llevar de todas partes
enfermos en sus lechos.
56 Dondequiera que él entraba, ya fueran
aldeas, ciudades o campos, ponían en las ca-
lles a los que estaban enfermos, y le rogaban
que les permitiera tocar siquiera el borde de
su manto. ¡Y todos los que lo tocaban que-
daban sanos!

Lo que contamina al hombre

(Mt 15.1-20)

7 Los fariseos y algunos de los escri-
bas, que habían venido de Jerusalén,
se acercaron a Jesús
2 y vieron que algunos de sus discípulos
comían pan con manos impuras, es decir,
sin habérselas lavado.
3 (Los fariseos, y todos los judíos, viven
aferrados a la tradición de los ancianos, de
modo que, si no se lavan las manos muchas
veces, no comen.
4 Cuando vuelven del mercado, no comen
si antes no se lavan. Y conservan también
muchas otras tradiciones, como el lavar los
vasos en que beben, los jarros, los utensilios
de metal, y las camas.)
5 Entonces los fariseos y los escribas le pre-
guntaron a Jesús: «¿Por qué tus discípulos
no siguen la tradición de los ancianos, sino
que comen pan con manos impuras?»
6 Jesús les respondió: «¡Hipócritas! Bien
profetizó de ustedes Isaías, cuando escribió:

»"Este pueblo me honra con los labios,
pero su corazón está lejos de mí.
7 No tiene sentido que me honren,
si sus enseñanzas son mandamientos
humanos."[a]

8 Porque ustedes dejan de lado el manda-
miento de Dios, y se aferran a la tradición de
los hombres.» [Es decir, al lavamiento de ja-
rros y de vasos para beber, y a muchas otras
cosas semejantes.][2]
9 También les dijo: «¡Qué bien invalidan
ustedes el mandamiento de Dios, para man-
tener su propia tradición!
10 Porque Moisés dijo: "Honra a tu padre y
a tu madre",[b] y también: "El que maldiga al
padre o a la madre, morirá irremisiblemen-
te."[c]
11 Pero ustedes dicen: "Basta que alguien
diga al padre o a la madre: 'Todo aquello con
que podría ayudarte es Corbán' (es decir, mi
ofrenda a Dios)",
12 y con eso ustedes ya no permiten que
nadie ayude más a su padre o a su madre.
13 Es así como ustedes invalidan la palabra
de Dios con la tradición que se han trans-
mitido, además de que hacen muchas otras
cosas parecidas.»
14 Jesús volvió a llamar a toda la gente, y les
dijo: «Escúchenme todos, y entiendan:
15 Nada que venga de afuera puede conta-
minar a nadie. Lo que contamina a la perso-
na es lo que sale de ella.»
16 [Si alguno tiene oídos para oír, que
oiga.][3]
17 Cuando entró en la casa, luego de ale-
jarse de la multitud, sus discípulos le pre-
guntaron acerca de la parábola.
18 Jesús les dijo: «¿Tampoco ustedes pue-
den entender esto? ¿Acaso no entienden
que nada que venga de afuera y entre en
alguien puede contaminarlo?

[a] **7.6-7:** Is 29.13. [2] **7.8** El texto que aparece entre corchetes se halla sólo en mss. tardíos. [b] **7.10:** Éx 20.12; Dt 5.16. [c] **7.10:** Éx 21.17; Lv 20.9. [3] **7.16** El texto que aparece entre corchetes se halla sólo en mss. tardíos.

19 Porque eso no entra en su corazón, sino en su vientre, y al final va a parar en la letrina.» Con esto Jesús estaba diciendo que todos los alimentos son limpios,

20 aunque también decía que lo que contamina es lo que sale de la persona.

21 Porque de adentro del corazón humano salen los malos pensamientos, la inmoralidad sexual, los robos, los homicidios,

22 los adulterios, las avaricias, las maldades, el engaño, la lujuria, la envidia, la calumnia, la soberbia y la insensatez.

23 Todos estos males vienen de adentro y contaminan a la persona.

La fe de la mujer sirofenicia

(Mt 15.21-28)

24 De allí Jesús se fue a la región de Tiro y de Sidón. Llegó a una casa y trató de que nadie lo supiera, pero no pudo esconderse

25 porque, tan pronto como una mujer, cuya hija tenía un espíritu impuro, supo que él había llegado, fue a su encuentro y se arrojó a sus pies.

26 Esa mujer era griega, de nacionalidad sirofenicia, y le rogaba que expulsara de su hija al demonio;

27 pero Jesús le dijo: «Primero deja que los hijos queden satisfechos, porque no está bien quitarles a los hijos su pan y echárselo a los perritos.»

28 La mujer le respondió: «Es verdad, Señor. Pero hasta los perritos comen debajo de la mesa las migajas que dejan caer los hijos.»

29 Entonces Jesús le dijo: «Por esto que has dicho, puedes irte tranquila; el demonio ya ha salido de tu hija.»

30 Cuando la mujer llegó a su casa, encontró a su hija acostada en la cama, y el demonio ya había salido de ella.

Jesús sana a un sordo

31 Jesús volvió a salir de la región de Tiro, y fue por Sidón al lago de Galilea, pasando por la región de Decápolis.

32 Le llevaron allí a un sordo y tartamudo, y le rogaban que pusiera la mano sobre él.

33 Jesús lo apartó de la gente, le metió los dedos en las orejas y, con su saliva, le tocó la lengua;

34 luego levantó los ojos al cielo, y lanzando un suspiro le dijo: «¡Efata!», es decir, «¡Ábrete!»

35 Al instante se le abrieron los oídos y se le destrabó la lengua, de modo que comenzó a hablar bien.

36 Jesús les mandó que no contaran esto a nadie, pero mientras más se lo prohibía, ellos más y más lo divulgaban.

37 La gente estaba muy asombrada, y decía: «Todo lo hace bien. Hasta puede hacer que los sordos oigan y que los mudos hablen.»

Lc 6.17-19

Alimentación de los cuatro mil

(Mt 15.32-39)

8 Por esos días volvió a reunirse una gran multitud. Como no tenían qué comer, Jesús llamó a sus discípulos y les dijo:

2 «Esta gente me parte el corazón. Hace ya tres días que están conmigo, y no tienen qué comer.

3 Si los mando a sus casas en ayunas, podrían desmayarse en el camino, pues algunos de ellos han venido de muy lejos.»

LECCIONES **NO SEAS FALSO**

(Marcos 7.6)

Jesús habló en contra de los fariseos y de otros líderes. ¿Por qué? Ellos obedecían leyes y reglas, pero no amaban a Dios ni al prójimo. Jesús sabía que eran falsos. Ellos decían que honraban a Dios, pero en realidad no lo amaban. Solo se ocupaban de sus reglas y de su orgullo. Por eso Jesús les citó Isaías 29:13. Isaías había dicho esas palabras al pueblo de Judá, que había cometido el mismo error. Dios siempre conoce el corazón de las personas. Si tú eres un HIJO DE DIOS, sabes que el amor es el primer paso para servir a Dios.

4 Sus discípulos le respondieron: «¿Y dónde vamos a conseguirles pan suficiente en un lugar tan apartado como éste?»

5 Jesús les preguntó: «¿Cuántos panes tienen ustedes?» Y ellos respondieron: «Siete.»

6 Entonces Jesús mandó a la multitud que se recostara en el suelo, luego tomó los siete panes, y después de dar gracias los partió y se los dio a sus discípulos, para que ellos los repartieran entre la multitud. Ellos así lo hicieron.

7 Tenían también unos cuantos pescaditos, así que Jesús los bendijo y mandó también que los repartieran.

8 Toda la gente comió hasta quedar satisfecha y, cuando recogieron lo que sobró, llenaron siete canastas.

9 Los que comieron eran como cuatro mil. Luego Jesús los despidió

10 y enseguida entró en la barca con sus discípulos para irse a la región de Dalmanuta.

La demanda de una señal

(Mt 16.1-4; Lc 12.54-56)

11 Los fariseos llegaron y comenzaron a discutir con él, y para ponerlo a prueba le pidieron que hiciera una señal del cielo.[a]

12 Lanzando un profundo suspiro, Jesús dijo: «¿Por qué pide esta gente una señal?[b] De cierto les digo que ninguna señal se le concederá.»

13 Los dejó entonces, y volvió a entrar en la barca para irse a la otra orilla.

La levadura de los fariseos

(Mt 16.5-12)

14 Los discípulos se habían olvidado de llevar comida, así que en la barca sólo tenían un pan.

15 Jesús les mandó: «Abran los ojos y cuídense de la levadura de los fariseos,[c] y también de la levadura de Herodes.»

16 Ellos se decían entre sí: «Lo dice porque no trajimos pan.»

17 Pero Jesús se dio cuenta y les dijo: «¿Por qué discuten de que no tienen pan? ¿Todavía no entienden ni se dan cuenta? ¿Todavía tienen cerrada la mente?

18 ¿Tienen ojos, pero no ven? ¿Tienen oídos, pero no oyen?[d] ¿Acaso ya no se acuerdan?

19 Cuando repartí los cinco panes entre los cinco mil, ¿cuántas cestas llenas del pan que sobró recogieron?» Y ellos dijeron: «Doce.»

20 «Y cuando repartí los siete panes entre los cuatro mil, ¿cuántas canastas llenas del pan que sobró recogieron?» Ellos respondieron: «Siete.»

21 Entonces les dijo: «¿Y cómo es que todavía no entienden?»

Un ciego sanado en Betsaida

22 Cuando fueron a Betsaida, le llevaron un ciego y le rogaron que lo tocara.

23 Jesús tomó la mano del ciego y lo llevó fuera de la aldea. Allí escupió en los ojos del ciego, y luego le puso las manos encima y le preguntó: «¿Puedes ver algo?»

24 El ciego levantó los ojos y dijo: «Veo gente. Parecen árboles que caminan.»

25 Jesús le puso otra vez las manos sobre los ojos, y el ciego recobró la vista y pudo ver a todos de lejos y con claridad.

26 Jesús lo envió a su casa, y le dijo: «No vayas ahora a la aldea.»

La confesión de Pedro

(Mt 16.13-20; Lc 9.18-21)

27 Jesús y sus discípulos fueron entonces a las aldeas de Cesarea de Filipo. En el camino, Jesús les preguntó: «¿Quién dice la gente que soy yo?»

28 Ellos respondieron: «Unos dicen que eres Juan el Bautista; otros, que Elías; y otros más, que alguno de los profetas.»[e]

29 Entonces él les preguntó: «Y ustedes, ¿quién dicen que soy?» Pedro le respondió: «Tú eres el Cristo.»[f]

30 Pero él les mandó que no dijeran nada a nadie acerca de él.

---

[a] **8.11:** Mt 12.38; Lc 11.16. [b] **8.12:** Mt 12.39; Lc 11.29. [c] **8.15:** Lc 12.1. [d] **8.18:** Is 6.9-10; Jer 5.21; Ez 12.2. [e] **8.28:** Mr 6.14-15; Lc 9.7-8.

Jesús anuncia su muerte

(Mt 16.21-28; Lc 9.22-27)

31 Jesús comenzó entonces a enseñarles
que era necesario que el Hijo del Hombre
sufriera mucho y fuera desechado por los
ancianos, los principales sacerdotes y los
escribas, y que tenía que morir y resucitar
después de tres días.
32 Esto se lo dijo con toda franqueza. Pero
Pedro lo llevó aparte y comenzó a reconvenirlo.
33 Entonces Jesús se volvió a ver a los discí-
pulos, y reprendió a Pedro. Le dijo: «¡Aléjate
de mi vista, Satanás! ¡Tú no piensas en las
cosas de Dios sino en cuestiones humanas!»
34 Luego llamó a la gente y a sus discípulos,
y les dijo: «Si alguno quiere seguirme, nié-
guese a sí mismo, tome su cruz, y sígame.[g]
35 Porque todo el que quiera salvar su vida,
la perderá, y todo el que pierda su vida por
causa de mí y del evangelio, la salvará.[h]
36 Porque ¿de qué le sirve a uno ganarse
todo el mundo, si pierde su alma?
37 ¿O qué puede dar uno a cambio de su
alma?
38 »Si en esta generación adúltera y peca-
dora alguien se avergüenza de mí y de mis
palabras, también el Hijo del Hombre se
avergonzará de él, cuando venga en la gloria
de su Padre con los santos ángeles.»

9 Jesús les dijo: «De cierto les digo
que algunos de los que están aquí
no morirán hasta que vean llegar el
reino de Dios con poder.»

La transfiguración

(Mt 17.1-13; Lc 9.28-36)

2 Seis días después, Jesús se llevó aparte a
Pedro, Jacobo y Juan. Los llevó a un monte
alto, y allí se transfiguró delante de ellos.[a]
3 Sus vestidos se volvieron resplandecien-
tes y muy blancos, como la nieve. ¡Nadie en
este mundo que los lavara podría dejarlos
tan blancos!
4 Y se les aparecieron Elías y Moisés, y ha-
blaban con Jesús.

PALABRAS CON PODER

LEVADURA

(Marcos 8.15)

Mezclamos la levadura con harina y agua para hacer el pan. Un poco de levadura hace grandes cambios en la masa, que se llena de aire y se convierte en suave y esponjosa. Jesús dijo a sus discípulos que se cuiden de las malas actitudes de los fariseos y de Herodes Antipas, gobernador de Galilea. ¿Por qué? Los fariseos dejaban de cumplir las leyes de Dios con el fin de preservar sus propias leyes. Herodes era un líder corrupto que se resistía a Dios porque buscaba el poder. Sus malos caminos podrían provocar grandes cambios en el corazón de los discípulos, tal como la levadura puede causar grandes cambios en la masa. ¿Quieres producir un cambio bueno o malo?

5 Pedro le dijo entonces a Jesús: «Maes-
tro, ¡qué bueno es para nosotros estar aquí!
Vamos a hacer tres cobertizos; uno para ti,
otro para Moisés, y otro para Elías.»
6 Y es que no sabía qué decir, pues todos
estaban espantados.
7 En eso, vino una nube y les hizo sombra.
Y desde la nube se oyó una voz que decía:
«Éste es mi Hijo amado.[b] ¡Escúchenlo!»
8 Miraron a su alrededor, pero no vieron a
nadie; sólo Jesús estaba con ellos.
9 Mientras bajaban del monte, Jesús les
mandó que no dijeran a nadie nada de lo
que habían visto, hasta que el Hijo del Hom-
bre hubiera resucitado de los muertos.
10 Por eso ellos guardaron el secreto entre
sí, aunque se preguntaban qué querría decir
aquello de «resucitar de los muertos».
11 Entonces le preguntaron: «¿Por qué di-
cen los escribas que es necesario que Elías
venga primero?»[c]
12 Él les respondió: «A decir verdad, Elías
vendrá primero y restaurará todas las cosas.

[f] **8.29:** Jn 6.68-69. [g] **8.34:** Mt 10.38; Lc 14.27. [h] **8.35:** Mt 10.39; Lc 17.33; Jn 12.25. [a] **9.2-7:** 2 P 1.17-18. [b] **9.7:** Mt 3.17; Mr 1.11; Lc 3.22. [c] **9.11:** Mal 4.5; Mt 11.14.

¿Y cómo, entonces, dice la Escritura que el
Hijo del Hombre tiene que padecer mucho
y ser despreciado?
13 Pues yo les digo que Elías ya vino, y que
hicieron con él todo lo que quisieron, tal y
como está escrito acerca de él.»

Jesús y el joven endemoniado

(Mt 17.14-21; Lc 9.37-43)

14 Cuando llegaron adonde estaban los
otros discípulos, los encontraron rodeados
de una gran multitud. Algunos escribas dis-
cutían con ellos.
15 En cuanto la gente vio a Jesús, se quedó
asombrada y corrió a saludarlo.
16 Jesús les preguntó: «¿Qué es lo que dis-
cuten con ellos?»
17 De entre la multitud, uno le respondió:
«Maestro, te he traído a mi hijo. Tiene un
espíritu que lo ha dejado mudo.
18 Cada vez que se posesiona de él, lo
sacude; entonces mi hijo echa espuma
por la boca, rechina los dientes, y se que-
da rígido. Les pedí a tus discípulos que
expulsaran a ese espíritu, pero no pudie-
ron.»
19 Jesús dijo: «¡Ay, gente incrédula! ¿Hasta
cuándo tendré que estar con ustedes? ¿Has-
ta cuándo tendré que soportarlos? ¡Tráigan-
me al muchacho!»
20 Cuando se lo llevaron, tan pronto
como el espíritu vio a Jesús, sacudió al mu-
chacho con violencia, y éste cayó al suelo
revolcándose y echando espuma por la
boca.
21 Jesús le preguntó al padre: «¿Desde
cuándo le sucede esto?» Y el padre respon-
dió: «Desde que era niño.
22 Muchas veces lo arroja al fuego, o al
agua, con la intención de matarlo. Si pue-
des hacer algo, ¡ten compasión de nosotros
y ayúdanos!»
23 Jesús le dijo: «¿Cómo que "si puedes"?
Para quien cree, todo es posible.»
24 Al instante, el padre del muchacho excla-
mó: «¡Creo! ¡Ayúdame en mi incredulidad!» Mr 10.52
25 Cuando Jesús vio que la multitud se
agolpaba, reprendió al espíritu impuro y le
dijo: «Espíritu sordo y mudo, ¡yo te ordeno
que salgas de este muchacho, y que nunca
vuelvas a entrar en él!»
26 El espíritu salió gritando y sacudiendo
con violencia al muchacho, el cual se quedó
como muerto. En efecto, muchos decían:
«Está muerto.»
27 Pero Jesús lo tomó de la mano, lo ende-
rezó, y el muchacho se puso de pie.
28 Cuando Jesús entró en la casa, sus dis-
cípulos le preguntaron a solas: «¿Por qué
nosotros no pudimos expulsarlo?»
29 Jesús les respondió: «Estos demonios no
salen sino con oración.»

Jesús anuncia otra vez su muerte

(Mt 17.22-23; Lc 9.43-45)

30 Cuando se fueron de allí, pasaron por Ga-
lilea. Pero Jesús no quería que nadie lo supiera,
31 porque estaba enseñando a sus discí-
pulos. Les decía: «El Hijo del Hombre será
entregado a los poderes de este mundo, y lo

TOMA TU CRUZ *(Marcos 8.34)*

Jesús dio un consejo a sus seguidores, a que se negaran a sí mismos y a que tomaran su cruz. Cuando nos negamos a nosotros mismos, dejamos nuestros deseos y planes para obedecer a Dios, cueste lo que cueste. Cuando Jesús fue a la cruz, dejó todo para obedecer al Padre. Aunque esto era muy duro para Él, sabía que era necesario. "Tomar la cruz" no significa que debes llevar una pesada cruz de madera. Esto significa que Jesús quiere que estés dispuesto a obedecerle aunque sea difícil. No podemos hacer esto solos, pero tenemos la ayuda del Espíritu Santo.

matarán. Pero, después de muerto, al tercer día resucitará.»

32 Ellos no entendieron lo que Jesús quiso decir con esto, pero tuvieron miedo de preguntárselo.

¿Quién es el mayor?

(Mt 18.1-5; Lc 9.46-48)

33 Llegaron a Cafarnaún, y cuando ya estaban en la casa, Jesús les preguntó: «¿Qué tanto discutían ustedes en el camino?»

34 Ellos se quedaron callados, porque en el camino habían estado discutiendo quién de ellos era el más importante.[d]

35 Jesús se sentó, llamó a los doce, y les dijo: «Si alguno quiere ser el primero, deberá ser el último de todos, y el servidor de todos.»[e]

36 Luego puso a un niño en medio de ellos, y tomándolo en sus brazos les dijo:

37 «El que recibe en mi nombre a un niño como éste, me recibe a mí, y el que me recibe a mí, no me recibe a mí sino al que me envió.»[f]

Quién está a favor de Jesús

(Lc 9.49-50)

38 Juan le dijo: «Maestro, hemos visto a uno que expulsaba demonios en tu nombre, pero se lo prohibimos, porque no es de los nuestros.»

39 Pero Jesús les dijo: «No se lo prohíban, porque nadie puede hacer un milagro en mi nombre, y luego hablar mal de mí.

40 El que no está contra nosotros, está a favor de nosotros.[g]

41 De cierto les digo que cualquiera que les dé un vaso de agua en mi nombre, por ser ustedes de Cristo, no perderá su recompensa.[h]

Ocasiones de pecar

(Mt 18.6-9; Lc 17.1-2)

42 »A cualquiera que haga tropezar a uno de estos pequeñitos que creen en mí, más le valdría que le colgaran al cuello una piedra de molino, y que lo arrojaran al mar.

43 Si tu mano te lleva a pecar, córtatela. Es mejor que entres en la vida manco, y no que entres con las dos manos y que vayas al infierno, al fuego que nunca se apaga.[i]

44 [Allí, los gusanos no mueren, y el fuego nunca se apaga.][4]

45 Si tu pie te lleva a pecar, córtatelo. Es mejor que entres en la vida cojo, y no que tengas los dos pies y que vayas al infierno, [al fuego que no puede ser apagado,

46 donde los gusanos no mueren, y el fuego nunca se apaga.][5]

47 Si tu ojo te lleva a pecar, sácatelo. Es mejor que entres en el reino de Dios con un solo ojo, y no que tengas los dos ojos y seas arrojado al infierno,[j]

48 donde los gusanos no mueren, y el fuego nunca se apaga.[k]

Lc 6.46-49

49 Porque todos serán sazonados con fuego.

50 La sal es buena. Pero si la sal se hace insípida, ¿con qué le devolverán su sabor?[l] Tengan sal en ustedes mismos, y vivan en paz unos con otros.»

Jesús enseña sobre el divorcio

(Mt 19.1-12; Lc 16.18)

10 Jesús salió de allí y se fue a la región de Judea y al otro lado del Jordán. El pueblo volvió a reunirse en torno suyo, y él volvió a enseñarles, como era su costumbre.

2 Unos fariseos se le acercaron y, para ponerlo a prueba, le preguntaron si le estaba permitido al esposo divorciarse de su esposa.

3 Jesús les respondió: «¿Qué les mandó Moisés?»

4 Ellos dijeron: «Moisés permitió el divorciarse de la esposa mediante un certificado de divorcio.»[a]

5 Jesús les dijo: «Ese mandamiento les escribió Moisés por lo obstinado que es el corazón de ustedes.

---

[d] **9.34:** Lc 22.24. [e] **9.35:** Mt 20.26-27; 23.11; Mr 10.43-44; Lc 22.26. [f] **9.37:** Mt 10.40; Lc 10.16; Jn 13.20. [g] **9.40:** Mt 12.30; Lc 11.23. [h] **9.41:** Mt 10.42. [i] **9.43:** Mt 5.30. [4] **9.44** El texto que aparece entre corchetes se halla sólo en mss. tardíos. [5] **9.45-46** El texto que aparece entre corchetes se halla sólo en mss. tardíos. [j] **9.47:** Mt 5.29. [k] **9.48:** Is 66.24. [l] **9.50:** Mt 5.13; Lc 14.34-35. [a] **10.4:** Dt 24.1-4; Mt 5.31.

6 Pero, al principio de la creación, Dios los hizo hombre y mujer.[b]

7 Por esto el hombre dejará a su padre y a su madre, y se unirá a su mujer,

8 y los dos serán un solo ser, así que ya no son dos, sino uno solo.[c]

9 Por tanto, lo que Dios ha unido, que no lo separe nadie.»

10 Ya en la casa, los discípulos volvieron a preguntarle acerca de lo mismo,

11 y Jesús les dijo: «Quien se divorcia de su mujer y se casa con otra, comete adulterio contra la primera.

12 Y si la mujer se divorcia de su marido y se casa con otro, también comete adulterio.»[d]

Jesús bendice a los niños

(Mt 19.13-15; Lc 18.15-17)

13 Llevaron unos niños a Jesús para que los tocara, pero los discípulos reprendieron a quienes los habían llevado.

14 Al ver esto, Jesús se indignó y les dijo: «Dejen que los niños se acerquen a mí. No se lo impidan, porque el reino de Dios es de los que son como ellos.

15 De cierto les digo que el que no reciba el reino de Dios como un niño, no entrará en él.»[e]

16 Entonces Jesús tomó a los niños en sus brazos, puso sus manos sobre ellos, y los bendijo.

El joven rico

(Mt 19.16-30; Lc 18.18-30)

17 Jesús salía ya para seguir su camino, cuando un hombre llegó corriendo, se arrodilló delante de él, y le preguntó: «Maestro bueno, ¿qué debo hacer para heredar la vida eterna?»

18 Jesús le dijo: «¿Por qué me llamas bueno? No hay nadie que sea bueno, sino sólo Dios.

19 Ya conoces los mandamientos: No mates.[g] No cometas adulterio.[f] No robes.[h] No des falso testimonio.[i] No defraudes. Honra a tu padre y a tu madre.[j]»

PROMESAS PODEROSAS

MARCOS 9.37

El que recibe en mi nombre a un niño como éste, me recibe a mí, y el que me recibe a mí, no me recibe a mí sino al que me envió.

Jesús amaba a los niños y los bendijo. Él usó a un niño para enseñar a los discípulos una lección de humildad. Jesús dijo que quienes son humildes y aceptan a un niño también lo reciben a él. Cualquiera que recibe a un niño, recibe a Jesús. ¿Qué puedes hacer para hablarles a tus amigos acerca de Jesús?

20 Aquel hombre le respondió: «Maestro, todo esto lo he cumplido desde mi juventud.»

21 Jesús lo miró y, con mucho amor, le dijo: «Una cosa te falta: anda y vende todo lo que tienes, y dáselo a los pobres. Así tendrás un tesoro en el cielo. Después de eso, ven y sígueme.»

22 Cuando aquel hombre oyó eso, se afligió y se fue triste, porque tenía muchas posesiones.

23 Jesús miró a su alrededor, y les dijo a sus discípulos: «¡Qué difícil es para los ricos entrar en el reino de Dios!»

24 Los discípulos se asombraron de sus palabras, pero Jesús volvió a decirles: «Hijos, ¡qué difícil es entrar en el reino de Dios!

25 Es más fácil que un camello pase por el ojo de una aguja, a que un rico entre en el reino de Dios».

26 Ellos se asombraron aún más, y se preguntaban unos a otros: «Entonces, ¿quién podrá salvarse?»

27 Jesús los miró fijamente y les dijo: «Esto es imposible para los hombres, pero no para Dios. Porque para Dios todo es posible.»

[b] **10.6:** Gn 1.27; 5.2. [c] **10.7-8:** Gn 2.24. [d] **10.11-12:** Mt 5.32; 1 Co 7.10-11. [e] **10.15:** Mt 18.3. [g] **10.19:** Éx 20.13; Dt 5.17. [f] **10.19:** Éx 20.14; Dt 5.18. [h] **10.19:** Éx 20.15; Dt 5.19. [i] **10.19:** Éx 20.16; Dt 5.20. [j] **10.19:** Éx 20.12; Dt 5.16.

28 Pedro comenzó entonces a decirle: «Como sabes, nosotros lo hemos dejado todo, y te hemos seguido.»

29 Jesús respondió: «De cierto les digo: No hay nadie que por causa de mí y del evangelio haya dejado casa, hermanos, hermanas, madre, padre, hijos, o tierras,

30 que ahora en este tiempo no reciba, aunque con persecuciones, cien veces más casas, hermanos, hermanas, madres, hijos, y tierras, y en el tiempo venidero la vida eterna.

31 Muchos de los que ahora son los primeros, serán los últimos; y los que ahora son los últimos, serán los primeros.[k]»

Jesús vuelve a anunciar su muerte

(Mt 20.17-19; Lc 18.31-34)

32 Iban por el camino, subiendo a Jerusalén, y Jesús iba al frente de los discípulos, los cuales estaban asombrados y lo seguían con miedo. Volvió entonces a llevar aparte a los doce, y comenzó a decirles lo que le iba a suceder.

33 «Como pueden ver, ahora vamos camino a Jerusalén, y el Hijo del Hombre será entregado a los principales sacerdotes y a los escribas, los cuales lo condenarán a muerte y lo entregarán a los no judíos.

34 Y se burlarán de él y lo escupirán, lo azotarán y lo matarán. Pero al tercer día resucitará.»

Petición de Santiago y de Juan

(Mt 20.20-28)

35 Jacobo y Juan, los hijos de Zebedeo, se acercaron a él y le dijeron: «Maestro, queremos que nos concedas lo que vamos a pedirte.»

36 Jesús les preguntó: «¿Qué quieren que haga por ustedes?»

37 Ellos le respondieron: «Concédenos que, en tu gloria, uno de nosotros se siente a tu derecha y el otro a tu izquierda.»

38 Jesús les dijo: «Ustedes no saben lo que piden. ¿Acaso pueden beber del mismo vaso del que yo bebo, o ser bautizados con el mismo bautismo que voy a recibir?»[l]

PROMESAS PODEROSAS

MARCOS 10.45

Porque ni siquiera el Hijo del Hombre vino para ser servido, sino para servir y para dar su vida en rescate por muchos.

Jesús dijo estas palabras para poner fin a una discusión acerca de quién era el más grande. Un rescate es el pago hecho por una persona para sacarla de deudas. Jesús, el Siervo de Dios, fue enviado a morir para pagar por los pecados de los demás (lee Isaías 53). Jesús dijo que lo más grandioso que alguien puede hacer es dar su vida por sus amigos (Juan 15:13). ¡Eso es exactamente lo que Él hizo!

39 Ellos dijeron: «Sí podemos.» Entonces Jesús les dijo: «A decir verdad, beberán del vaso del que yo bebo, y recibirán el mismo bautismo que voy a recibir,

40 pero no me corresponde concederles que se sienten a mi derecha o a mi izquierda, pues ya es de aquellos para quienes está preparado.»

41 Cuando los otros diez oyeron esto, se enojaron contra Jacobo y Juan.

42 Pero Jesús los llamó y les dijo: «Como ustedes saben, los gobernantes de las naciones las dominan, y los poderosos les imponen su autoridad.

43 Pero entre ustedes no debe ser así.[m] Más bien, aquel de ustedes que quiera hacerse grande será su servidor,

44 y aquel de ustedes que quiera ser el primero, será su esclavo.[n]

45 Porque ni siquiera el Hijo del Hombre vino para ser servido, sino para servir y para dar su vida en rescate por muchos.»

Bartimeo recibe la vista

(Mt 20.29-34; Lc 18.35-43)

46 Llegaron a Jericó, y al salir de la ciudad Jesús iba seguido de sus discípulos y de una

[k]**10.31:** Mt 20.16; Lc 13.30. [l]**10.38:** Lc 12.50. [m]**10.42-43:** Lc 22.25-26. [n]**10.43-44:** Mt 23.11; Mr 9.35; Lc 22.26.

gran multitud. Junto al camino estaba sentado un mendigo llamado Bartimeo hijo de Timeo, que era ciego.

47 Cuando éste supo que quien venía era Jesús de Nazaret, comenzó a gritar y a decir: «Jesús, Hijo de David, ¡ten misericordia de mí!»

48 Muchos lo reprendían para que callara, pero él gritaba con más fuerza: «Hijo de David, ¡ten misericordia de mí!»

49 Jesús se detuvo y mandó que lo llamaran. Los que llamaron al ciego le dijeron: «¡Mucho ánimo! ¡Levántate, que Jesús te llama!»

50 Arrojando su capa, el ciego dio un salto y se acercó a Jesús,

51 y Jesús le preguntó: «¿Qué quieres que haga por ti?» El ciego le respondió: «Maestro, quiero recobrar la vista.»

Mr 11.22-24

52 Jesús le dijo: «Vete, tu fe te ha salvado.» Y enseguida el ciego recobró la vista, y siguió a Jesús en el camino.

La entrada triunfal en Jerusalén

(Mt 21.1-11; Lc 19.28-40; Jon 12.12-19)

11 Cuando ya estaban cerca de Jerusalén, Betfagué y Betania, y frente al monte de los Olivos, Jesús envió a dos de sus discípulos

2 y les dijo: «Vayan a la aldea que tienen ante ustedes. Al entrar en ella, van a encontrar atado un burrito, sobre el cual nadie se ha montado. Desátenlo y tráiganlo acá.

3 Si alguien les pregunta: "¿Por qué hacen esto?", respondan que el Señor lo necesita, y que muy pronto lo devolverá.»

4 Los discípulos fueron, y en la calle, junto a una puerta, encontraron el burrito atado. Lo desataron.

5 Algunos de los que estaban allí les preguntaron: «¿Qué hacen? ¿Por qué están desatando el burrito?»

6 Ellos les respondieron lo que Jesús les había dicho, y los dejaron desatarlo.

7 Ellos llevaron a Jesús el burrito, sobre el que echaron sus mantos, y luego Jesús se montó sobre él.

8 Por el camino, muchos tendían también sus mantos, mientras que otros tendían ramas que habían cortado en el campo.

9 Tanto los que iban delante como los que iban detrás gritaban: «¡Hosanna![a] ¡Bendito el que viene en el nombre del Señor![b]

10 ¡Bendito el reino venidero de nuestro padre David! ¡Hosanna en las alturas!»

11 Jesús entró en Jerusalén y se dirigió al templo. Después de mirar todo a su alrededor, se fue a Betania con los doce, pues ya estaba anocheciendo.

Maldición de la higuera estéril

(Mt 21.18-19)

12 Al día siguiente, cuando salieron de Betania, Jesús tuvo hambre.

13 Al ver de lejos una higuera con hojas, fue a ver si hallaba en ella algún higo; pero al llegar no encontró en ella más que hojas, pues no era el tiempo de los higos.

14 Entonces Jesús le dijo a la higuera: «¡Que nadie vuelva a comer fruto de ti!» Y sus discípulos lo oyeron.

Purificación del templo

(Mt 21.12-17; Lc 19.45-48; Jon 2.13-22)

15 Llegaron a Jerusalén. Y al entrar Jesús en el templo comenzó a echar de allí a los que vendían y compraban en su interior. Volcó las mesas de los cambistas y las sillas de los que vendían palomas,

16 y no permitía que nadie atravesara el templo llevando algún utensilio;

17 más bien, les enseñaba y les decía: «¿Acaso no está escrito: "Mi casa será llamada casa de oración para todas las naciones"?[c] ¡Pero ustedes han hecho de ella una cueva de ladrones!»[d]

18 Cuando los escribas y los principales sacerdotes lo oyeron, comenzaron a buscar la manera de matarlo. Y es que le tenían miedo, pues toda la gente estaba admirada de sus enseñanzas.

19 Pero al llegar la noche, Jesús salió de la ciudad.

[a] **11.9:** Sal 118.25. [b] **11.9:** Sal 118.26. [c] **11.17:** Is 56.7. [d] **11.17:** Jer 7.11.

La higuera maldecida se seca

(Mt 21.19-22)

20 A la mañana siguiente, cuando pasaron
cerca de la higuera, vieron que ésta se había
secado de raíz.
21 Pedro se acordó y le dijo: «¡Mira, Maes-
tro! ¡La higuera que maldijiste se ha secado!»
22 Jesús les dijo: «Tengan fe en Dios.
23 Porque de cierto les digo que cualquie-
ra que diga a este monte: "¡Quítate de ahí
y échate en el mar!", su orden se cumplirá,
siempre y cuando no dude en su corazón,
sino que crea que se cumplirá.[e]
24 Por tanto, les digo: Todo lo que pidan
en oración, crean que lo recibirán, y se les
concederá. Lc 7.50
25 Y cuando oren, si tienen algo contra
alguien, perdónenlo, para que también su
Padre que está en los cielos les perdone a
ustedes sus ofensas.
26 Porque si ustedes no perdonan, tampo-
co su Padre que está en los cielos les perdo-
nará a ustedes sus ofensas.»[f]

La autoridad de Jesús

(Mt 21.23-27; Lc 20.1-8)

27 Volvieron a Jerusalén. Y mientras Jesús an-
daba por el templo, los principales sacerdotes,
los escribas y los ancianos se le acercaron
28 y le preguntaron: «¿Con qué autoridad
haces todo esto? ¿Quién te dio autoridad
para hacerlo?»
29 Jesús les dijo: «Yo también voy a hacer-
les una pregunta. Si me la responden, en-
tonces les diré con qué autoridad hago esto.
30 Díganme: el bautismo de Juan, ¿era del
cielo, o de los hombres?»
31 Ellos comenzaron a discutir entre sí: «Si
decimos que era del cielo, él nos dirá: "En-
tonces, ¿por qué no le creyeron?"
32 Y si decimos que era de los hombres...»
Y es que tenían miedo de la gente, pues to-
dos consideraban que Juan era un verdade-
ro profeta.
33 Entonces le respondieron a Jesús: «No
lo sabemos.» Y Jesús les dijo: «Pues yo tam-
poco voy a decirles con qué autoridad hago
todo esto.»

Los labradores malvados

(Mt 21.33-46; Lc 20.9-19)

12 Jesús comenzó a hablarles por
medio de parábolas: «Un hom-
bre plantó una viña;[a] le puso una
cerca, le cavó un lagar, levantó una torre, y la
arrendó a unos labradores. Luego se fue lejos.
2 A su debido tiempo, envió un siervo a
los labradores para que le entregaran la par-
te de lo que la viña había producido.
3 Pero los labradores lo agarraron y lo gol-
pearon, y lo mandaron con las manos vacías.
4 Volvió a enviarles otro siervo, pero a éste
lo descalabraron y lo insultaron.
5 Volvió a enviar otro más, y a éste lo ma-
taron. Después mandó a muchos otros pero
a unos los golpearon y a otros los mataron.
6 Todavía le quedaba uno a quien enviar,
que era su hijo amado, y finalmente lo envió
a ellos, pues pensó: "A mi hijo lo respetarán."
7 Pero aquellos labradores se dijeron unos
a otros: "Éste es el heredero. Vamos a matar-
lo, y la herencia será nuestra."
8 Y lo agarraron y lo mataron, y luego arro-
jaron su cuerpo fuera de la viña.
9 ¿Qué hará entonces el dueño de la viña? ¡Pues
irá y matará a los labradores, y dará su viña a otros!
10 ¿Ni siquiera han leído la escritura que dice:
»"La piedra que desecharon los cons-
tructores
ha venido a ser la piedra angular.
11 ¡Esto lo ha hecho el Señor,
y a nuestros ojos es una maravilla!"»?[b]
12 Al darse cuenta de que Jesús había con-
tado esta parábola por causa de ellos, qui-
sieron aprehenderlo; pero como temían a la
multitud lo dejaron y se fueron.

La cuestión del tributo

(Mt 22.15-22; Lc 20.20-26)

13 Luego mandaron gente de los fariseos
y de los herodianos, para atrapar a Jesús en
sus propias palabras.

[e] **11.23:** Mt 17.20; 1 Co 13.2. [f] **11.25-26:** Mt 6.14-15. [a] **12.1:** Is 5.1-2. [b] **12.10-11:** Sal 118.22-23.

LECCIONES **UNA PIEDRA DESECHADA**
(Marcos 12.10)

La piedra angular es una piedra de grandes dimensiones que se utiliza para apoyar la esquina de una pared. Es la piedra más importante del cimiento. Al contar una parábola, Jesús citó el Salmo 118:22-23. Él usó la piedra angular como una figura del Mesías (Salvador). Jesús vino a ser la "piedra" sobre la cual los creyentes construyen un cimiento de fe. Él sabía que el pueblo de Israel lo rechazaba y que quería verlo muerto. Pero su muerte fue parte del plan de Dios. ¿Estás construyendo el cimiento de tu amor por Dios en su Palabra?

14 Cuando aquéllos llegaron, le dijeron:
«Maestro, sabemos que hablas con la verdad, y que no permites que nadie influya en ti ni te dejas llevar por las apariencias humanas, sino que enseñas con verdad el camino de Dios. ¿Es lícito entonces pagar tributo al César, o no? ¿Debemos pagarlo, o no?»
15 Pero Jesús percibió la hipocresía de ellos,
así que les dijo: «¿Por qué me tienden trampas? Tráiganme una moneda, para que la vea.»
16 Cuando se la llevaron, él les dijo: «¿De
quién es esta imagen, y esta inscripción?» Ellos respondieron: «Del César.»
17 Entonces Jesús les dijo: «Pues den al Cé-
sar lo que es del César, y a Dios lo que es de Dios.» Y se quedaron admirados de él.

La pregunta acerca de la resurrección

(Mt 22.23-33; Lc 20.27-40)

18 Se le acercaron entonces los saduceos,
que dicen que no hay resurrección,[c] y le preguntaron:
19 «Maestro, Moisés nos escribió[d] que, si el
hermano de alguien muere y deja a su esposa sin hijos, algún hermano suyo debe casarse con la viuda para darle descendencia a su hermano muerto.
20 Se dio el caso de siete hermanos. El
primero de ellos se casó, y murió sin dejar descendencia.
21 El segundo se casó con la viuda, y murió
y tampoco dejó descendencia. Lo mismo pasó con el tercero,
22 y con los siete; y ninguno de ellos dejó
descendencia. Al final, todos murieron, y también la mujer.
23 En la resurrección, cuando todos resu-
citen, ¿esposa de cuál de ellos será esta mujer, puesto que los siete estuvieron casados con ella?»
24 Jesús les respondió: «El error de ustedes
es que no conocen las Escrituras ni el poder de Dios.
25 Porque cuando los muertos resuciten,
no se casarán ni se darán en casamiento, sino que serán como los ángeles que están en los cielos.
26 Pero en cuanto a la resurrección de los
muertos, ¿acaso no han leído en el libro de Moisés? Allí dice que Dios le habló en la zarza y le dijo: "Yo soy el Dios de Abrahán, el Dios de Isaac y el Dios de Jacob."[e]
27 Así que ustedes están muy equivoca-
dos, porque Dios no es un Dios de muertos, sino el Dios de los que viven.»

El gran mandamiento

(Mt 22.34-40)

28 Uno de los escribas, que había estado
presente en la discusión y que vio lo bien que Jesús les había respondido, le preguntó:[f] «De todos los mandamientos, ¿cuál es el más importante?»
29 Jesús le respondió: «El más importante
es: "Oye, Israel: el Señor, nuestro Dios, el Señor es uno."
30 Y "amarás al Señor tu Dios con todo tu
corazón, y con toda tu alma, y con toda tu mente y con todas tus fuerzas."[g]
31 El segundo en importancia es: "Amarás
a tu prójimo como a ti mismo."[h] No hay otro mandamiento más importante que éstos.»

[c] **12.18:** Hch 23.8. [d] **12.19:** Dt 25.5. [e] **12.26:** Éx 3.6. [f] **12.28-34:** Lc 10.25-28. [g] **12.29-30:** Dt 6.4-5. [h] **12.31:** Lv 19.18. [i] **12.32:** Dt 4.35.

32 El escriba le dijo: «Bien, Maestro; hablas
con la verdad cuando dices que Dios es uno,
y que no hay otro Dios fuera de él,[j]
33 y que amarlo con todo el corazón, con
todo el entendimiento y con todas las fuer-
zas, y amar al prójimo como a uno mismo,
es más importante que todos los holocaus-
tos y sacrificios.»
34 Al verlo Jesús responder de manera tan sa-
bia, le dijo: «No estás lejos del reino de Dios.» Y
nadie se atrevía ya a preguntarle nada.

¿De quién es hijo el Cristo?

(Mt 22.41-46; Lc 20.41-44)

35 Al enseñar Jesús en el templo, decía:
«¿Cómo es que los escribas dicen que el Cris-
to es hijo de David?
36 David mismo dijo, por el Espíritu Santo:

»"El Señor le dijo a mi señor:
Siéntate a mi derecha,
hasta que ponga a tus enemigos
por estrado de tus pies."[k]

37 Y si David mismo lo llama Señor, ¿cómo,
entonces, puede ser su hijo?» Y una gran
multitud lo escuchaba de buena gana.

Jesús acusa a los escribas

(Mt 23.1-36; Lc 11.37-54; 20.45-47)

38 En su enseñanza también les decía:
«Cuídense de los escribas. Porque les gusta
pasearse con ropas largas, y les encanta que
los saluden en las plazas,
39 y sentarse en las primeras sillas de las si-
nagogas, y ocupar los mejores asientos en las
cenas.
40 Además, se apoderan de los bienes
de las viudas, y luego fingen hacer largas
oraciones. ¡Pero peor será su condena-
ción!»

La ofrenda de la viuda

(Lc 21.1-4)

41 Jesús estaba sentado frente al arca de
las ofrendas, y miraba cómo la gente echaba
sus monedas en el arca. Muchos ricos echa-
ban mucho,
42 pero una viuda pobre llegó y echó dos
moneditas de muy poco valor.
43 Entonces Jesús llamó a sus discípulos
y les dijo: «De cierto les digo que esta viu-
da pobre echó más que todos los que han
echado en el arca,
44 porque todos han echado de lo que les
sobra, pero ésta, de su pobreza echó todo lo
que tenía, ¡todo su sustento!»

Jesús predice la destrucción del templo

(Mt 24.1-2; Lc 21.5-6)

13 Jesús salía del templo cuando
uno de sus discípulos le dijo:
«Maestro, ¡mira qué piedras!
¡Qué edificios!»
2 Jesús le dijo: «¿Ves estos grandes edifi-
cios? Pues no va a quedar piedra sobre pie-
dra. Todo será derribado.»

Señales antes del fin

(Mt 24.3-28; Lc 21.7-24; 17.22-24)

3 Estaba Jesús sentado en el monte de los
Olivos, frente al templo, cuando Pedro, Jacobo,
Juan y Andrés le preguntaron por separado:
4 «Dinos, ¿cuándo sucederá todo esto? ¿Y
cuál será la señal de que todas estas cosas
están por cumplirse?»

[j]**12.33:** Os 6.6. [k]**12.36:** Sal 110.1.

ÁMALO TOTALMENTE *(Marcos 12.30)*
¿A quién amas? Jesús nos enseñó a amar a Dios con todo nuestro ser: nuestro corazón, nuestra mente, y nuestra alma. Esto significa que nos esforzamos lo más posible en servir a Dios y somos leales en todo. Este es el mandamiento más importante, que también se encuentra en Deuteronomio 6:4-5. Al amar a Dios "con todo tu corazón", lo honrarás. Así aman los NIÑOS que tienen el PODER DE DIOS en su vida.

5 Jesús les respondió: «Cuídense de que nadie los engañe.

6 Porque muchos vendrán en mi nombre, y dirán: "Yo soy el Cristo," y a muchos los engañarán.

7 Cuando oigan hablar de guerras y de rumores de guerras, no se angustien, porque así es necesario que suceda, pero aún no será el fin.

8 Se levantará nación contra nación, y reino contra reino, y habrá terremotos en muchos lugares, y habrá también hambre. Esto será el principio de los dolores.

9 »Pero ustedes tengan cuidado; porque los entregarán a los tribunales, y los azotarán en las sinagogas; por causa de mí los harán comparecer ante gobernadores y reyes, para dar testimonio ante ellos.

10 Pero antes tendrá que proclamarse el evangelio a todas las naciones.

11 Cuando los arresten y los hagan comparecer, no se preocupen por lo que deben decir, sino sólo digan lo que en ese momento les sea dado decir. Porque no serán ustedes los que hablen, sino el Espíritu Santo.[a]

12 El hermano entregará a la muerte al hermano, y el padre al hijo; y los hijos se rebelarán contra los padres, y los matarán.

13 Por causa de mi nombre todo el mundo los odiará a ustedes, pero el que resista hasta el fin, se salvará.[b]

14 »Ahora bien, cuando vean que la abominación desoladora,[c] de la que habló el profeta Daniel, se encuentra donde no debiera estar (el que lee, que entienda), entonces los que estén en Judea huyan a los montes;

15 el que esté en la azotea, no baje a su casa ni entre en ella para tomar algo;

16 y el que esté en el campo, no vuelva atrás para tomar su capa.[d]

17 ¡Ay de las que en esos días estén embarazadas o amamantando!

PROMESAS PODEROSAS

MARCOS 13.26

Entonces verán al Hijo del Hombre venir en las nubes con gran poder y gloria.

Jesús prometió regresar un día a la tierra. Todavía esperamos que se cumpla esta promesa. Como Jesús ha cumplido las otras promesas, ¡puedes estar seguro de que ésta también se cumplirá!

18 ¡Pídanle a Dios que esto no suceda en el invierno!

19 Porque esos días serán de gran aflicción,[e] como no los hubo desde el principio de la creación que Dios hizo, ni los habrá jamás.

20 Si el Señor no hubiera acortado esos días, no habría quien se salvara; pero los ha acortado por causa de sus elegidos.

21 Así que si alguien les dice: "¡Miren, aquí está el Cristo!"; o "¡Miren, allí está!", no le crean.

22 Porque surgirán falsos cristos y falsos profetas, y harán señales y prodigios para engañar, de ser posible, incluso a los elegidos.

23 Pero ustedes, tengan cuidado. Ya los he prevenido de todo.

La venida del Hijo del Hombre

(Mt 24.29-35,42-44; Lc 21.25-36)

24 »En aquellos días, después de esa gran aflicción, sucederá que el sol se oscurecerá y la luna dejará de brillar;

25 las estrellas caerán del cielo[f] y los poderes celestiales se estremecerán.

26 Entonces verán al Hijo del Hombre venir en las nubes[g] con gran poder y gloria,

27 y él enviará a sus ángeles para reunir a sus elegidos de los cuatro vientos, desde los extremos de la tierra hasta los extremos del cielo.

[a] **13.9-11:** Mt 10.17-20; Lc 12.11-12. [b] **13.13:** Mt 10.22. [c] **13.14:** Dn 9.27; 11.31; 12.11. [d] **13.15-16:** Lc 17.31. [e] **13.19:** Dn 12.1; Ap 7.14. [f] **13.24-25:** Is 13.10; Ez 32.7; Jl 2.31; Ap 6.12-13. [g] **13.26:** Dn 7.13; Ap 1.7.

28 »De la higuera deben aprender esta parábola: Cuando sus ramas se ponen tiernas, y le brotan las hojas, ustedes saben que el verano ya está cerca.

29 De la misma manera, cuando ustedes vean que todo esto sucede, sepan que la hora ya está cerca, y que está a la puerta.

30 De cierto les digo que todo esto sucederá antes de que pase esta generación.

31 El cielo y la tierra pasarán, pero mis palabras no pasarán.

32 »En cuanto al día y la hora, nadie lo sabe, ni siquiera los ángeles en el cielo, ni el Hijo. Sólo el Padre lo sabe.[h]

33 Pero ustedes, presten atención y manténganse atentos, porque no saben cuándo llegará el momento.

34 Es como cuando alguien deja su casa y se va lejos, y delega autoridad en sus siervos y deja a cada uno una tarea, y ordena al portero mantenerse despierto.[i]

35 Así que ustedes deben mantenerse despiertos, porque no saben cuándo vendrá el señor de la casa, si al caer la tarde, o a la medianoche, o cuando cante el gallo, o al amanecer;

36 no sea que venga cuando menos lo esperen, y los encuentre dormidos.

37 Esto que les digo a ustedes, se lo digo a todos: ¡Manténganse despiertos!»

Lc 17.22-37

El complot para aprehender a Jesús

(Mt 26.1-5; Lc 22.1-2; Jon 11.45-53)

14 Faltaban dos días para la pascua[a] y para la fiesta de los panes sin levadura. Por medio de engaños, los principales sacerdotes y los escribas buscaban la manera de arrestar a Jesús para matarlo.

2 Pero decían: «No lo haremos durante la fiesta, para que no se alborote el pueblo.»

Jesús es ungido en Betania

(Mt 26.6-13; Jon 12.1-8)

3 Mientras Jesús estaba en Betania, sentado a la mesa en la casa de Simón el leproso, llegó una mujer. Llevaba ésta un vaso de alabastro con perfume de nardo puro, que era muy costoso. Rompió el vaso de alabastro, y derramó el perfume sobre la cabeza de Jesús.[b]

4 Algunos de los que allí estaban se enojaron internamente, y dijeron: «¿Por qué se ha desperdiciado así este perfume?

5 ¡Podría haberse vendido por más de trescientos días de sueldo, y ese dinero habérselo dado a los pobres!» Y se enojaron mucho contra ella.

6 Pero Jesús dijo: «Déjenla tranquila. ¿Por qué la molestan? Ella ha efectuado en mí una buena obra.

7 A los pobres siempre los tendrán entre ustedes,[c] y cuando quieran podrán hacer por ellos algo bueno. Pero a mí no siempre me tendrán.

8 Esta mujer ha hecho lo que pudo. Se ha anticipado a ungir mi cuerpo para la sepultura.

9 De cierto les digo que en cualquier parte del mundo donde este evangelio sea proclamado, también se contará lo que esta mujer ha hecho, y así será recordada.»

PALABRAS CON PODER

EL EVANGELIO

(Marcos 14.9)

La palabra ***evangelio*** significa "buenas noticias". Entonces, ¿cuál es la buena noticia? Gracias al sacrificio de Jesús en la cruz podemos ser amigos de Dios. Leemos en 14:3-9 de una mujer que derramó perfume sobre Jesús. Esto demostró lo mucho que ella lo amaba y honraba. ¿Cómo puedes mostrar tu amor por Jesús?

Judas ofrece entregar a Jesús

(Mt 26.14-16; Lc 22.3-6)

10 Judas Iscariote, que era uno de los doce, fue a hablar con los principales sacerdotes para entregarles a Jesús.

[h] **13.32:** Mt 24.36. [i] **13.34:** Lc 12.36-38. [a] **14.1:** Éx 12.1-27. [b] **14.3:** Lc 7.37-38. [c] **14.7:** Dt 15.11.

11 Cuando ellos lo oyeron, se alegraron y prometieron darle dinero. Y Judas comenzó a buscar el mejor momento de entregarlo.

Institución de la Cena del Señor

(Mt 26.17-29; Lc 22.7-23; Jon 13.21-30; 1 Co 11.23-26)

12 El primer día de la fiesta de los panes sin levadura, que es cuando se sacrifica el cordero de la pascua, sus discípulos le preguntaron: «¿Dónde quieres que hagamos los preparativos para que comas la pascua?»

13 Jesús envió a dos de sus discípulos. Les dijo: «Vayan a la ciudad, y les saldrá al encuentro un hombre que lleva un cántaro de agua. Síganlo,

14 y díganle al dueño de la casa donde entre: "El Maestro pregunta: '¿Dónde está el aposento en el que comeré la pascua con mis discípulos?'"

15 El dueño les mostrará entonces un gran aposento alto, ya dispuesto. Hagan allí los preparativos para nosotros.»

16 Los discípulos partieron, y al entrar en la ciudad encontraron todo tal y como Jesús se lo había dicho, y prepararon la pascua.

17 Al caer la noche, llegó Jesús con los doce.

18 Ya sentados a la mesa, y mientras comían, Jesús dijo: «De cierto les digo que uno de ustedes me va a traicionar. Ahora está comiendo conmigo.»

19 Ellos se pusieron muy tristes, y uno por uno comenzaron a preguntarle: «¿Seré yo?»

20 Jesús les respondió: «Es uno de los doce, el que está mojando el pan en el plato conmigo.

21 A decir verdad, el Hijo del Hombre sigue su camino, como está escrito acerca de él,[d] ¡pero ay de aquel que lo traiciona! ¡Más le valdría no haber nacido!»

22 Mientras comían, Jesús tomó el pan y lo bendijo; luego lo partió y se lo dio, al tiempo que decía: «Tomen, esto es mi cuerpo.»

23 Después tomó la copa, y luego de dar gracias, se la dio, y todos bebieron de ella.

24 Les dijo entonces: «Esto es mi sangre[e] del pacto,[f] que por muchos es derramada.

LECCIONES **UN NUEVO PACTO**

(Marcos 14.24)

En la Última Cena, Cristo hizo un nuevo pacto entre Dios y todos los que reciben a Jesús como su Salvador. Este pacto sería posible gracias a la muerte de Jesús en la cruz. Los que reconocen que han pecado y aceptan el perdón de Dios, "nacen de nuevo" (Juan 3:6-8). Llegan a ser hechos hijos de Dios. Reciben el don del Espíritu Santo y pueden hablar con Dios en cualquier momento y recibir su ayuda. Al tomar la Santa Cena, recuerda lo que Jesús hizo por ti.

25 De cierto les digo que no volveré a beber del fruto de la vid, hasta el día en que beba el vino nuevo en el reino de Dios.»

Jesús anuncia la negación de Pedro

(Mt 26.30-35; Lc 22.31-34; Jon 13.36-38)

26 Luego de cantar el himno, fueron al monte de los Olivos.

27 Allí Jesús les dijo: «Todos ustedes se escandalizarán de mí. Está escrito: "Heriré al pastor, y las ovejas serán dispersadas."[g]

28 Pero después de que yo haya resucitado, iré delante de ustedes a Galilea.[h]»

29 Entonces Pedro le dijo: «Aunque todos se escandalicen, yo no lo haré.»

30 Jesús le dijo: «De cierto te digo que esta misma noche, antes de que el gallo cante dos veces, tú me habrás negado tres veces.»

31 Pero Pedro insistía: «Aun si tuviera que morir contigo, no te negaré.» Y todos decían lo mismo.

Jesús ora en Getsemaní

(Mt 26.36-46; Lc 22.39-46)

32 Al llegar a un lugar llamado Getsemaní, Jesús les dijo a sus discípulos: «Siéntense aquí, mientras yo voy a orar.»

33 Se llevó consigo a Pedro, Jacobo y Juan, y comenzó a entristecerse y angustiarse.

---

[d]**14.21:** Sal 41.9. [e]**14.24:** Éx 24.6-8. [f]**14.24:** Jer 31.31-34. [g]**14.27:** Zac 13.7. [h]**14.28:** Mt 28.16.

34 Les dijo: «Siento en el alma una tristeza
de muerte. Quédense aquí, y manténganse
despiertos.»
35 Se fue un poco más adelante y, postrán-
dose en tierra, oró que, de ser posible, no
tuviera que pasar por ese momento.
36 Decía: «¡Abba, Padre! Para ti, todo es
posible. ¡Aparta de mí esta copa! Pero que
no sea lo que yo quiero, sino lo que quieres
tú.»
37 Volvió luego a donde estaban sus dis-
cípulos, y los encontró dormidos. Entonces
le dijo a Pedro: «¿Duermes, Simón? ¿No has
podido mantenerte despierto ni una hora?
38 Manténganse despiertos, y oren, para
que no caigan en tentación. A decir verdad,
el espíritu está dispuesto, pero la carne es
débil.»
39 Una vez más se retiró para orar, y repitió
la misma oración.
40 Cuando volvió, otra vez los encontró dor-
midos, porque los ojos de ellos se les cerraban
de sueño, y no sabían qué responderle.
41 Cuando volvió la tercera vez, les dijo:
«Sigan durmiendo y descansando. ¡Ya basta!
La hora ha llegado. ¡Miren al Hijo del Hom-
bre, que es entregado en manos de los pe-
cadores!
42 ¡Vamos, levántense, que ya se acerca el
que me traiciona!»

Arresto de Jesús

(Mt 26.47-56; Lc 22.47-53; Jon 18.2-11)

43 De pronto, mientras Jesús estaba ha-
blando, llegó Judas, que era uno de los doce.
Con él venía mucha gente armada con es-
padas y palos, y enviada por los principales
sacerdotes, los escribas y los ancianos.
44 El que lo estaba traicionando les había
dado esta contraseña: «Al que yo le dé un
beso, ése es. ¡Arréstenlo, y llévenselo bien
asegurado!»
45 Cuando Judas llegó, se acercó a Jesús y le
dijo: «¡Maestro!» Y le dio un beso.
46 Aquellos hombres le echaron mano y lo
arrestaron.
47 Pero uno de los que estaban allí sacó la
espada e hirió al siervo del sumo sacerdote,
cortándole la oreja.
48 Jesús les dijo: «¿Han venido a arrestar-
me con espadas y palos, como si fuera yo
un ladrón?
49 Todos los días estuve con ustedes ense-
ñando en el templo,[i] y no me aprehendie-
ron. Pero esto sucede para que se cumplan
las Escrituras.»
50 Y todos los discípulos lo abandonaron
y huyeron.

El joven que huyó

51 Cierto joven seguía a Jesús, cubierto con
sólo una sábana. Cuando lo aprehendieron,
52 el joven dejó la sábana y huyó desnudo.

Jesús ante el concilio

(Mt 26.57-68; Lc 22.54-55,63-71; Jon 18.12-14,19-24)

53 Llevaron a Jesús ante el sumo sacerdote,
y se reunieron todos los principales sacerdo-
tes, los ancianos y los escribas.
54 Pedro lo siguió de lejos hasta el interior
del patio del sumo sacerdote. Allí se quedó,
sentado con los alguaciles y calentándose
junto al fuego.
55 Los principales sacerdotes y todo el tri-
bunal buscaban alguna prueba contra Jesús,
para poder condenarlo a muerte, pero no la
encontraban.
56 Muchos presentaban falsos testimonios
contra él, pero sus testimonios no concor-
daban.
57 Entonces algunos se levantaron y presen-
taron un falso testimonio contra él. Dijeron:
58 «Nosotros le hemos oído decir: "Yo de-
rribaré este templo hecho por la mano del
hombre, y en tres días levantaré otro sin la
intervención humana."»[j]
59 Pero ni aun así se ponían de acuerdo en
sus testimonios.
60 El sumo sacerdote se paró en medio del
tribunal y le preguntó a Jesús: «¿No vas a res-
ponder? ¡Mira lo que éstos dicen contra ti!»

---

[i] **14.49:** Lc 19.47; 21.37. [j] **14.58:** Jon 2.19.

61 Pero Jesús guardó silencio, y no contestó nada, así que el sumo sacerdote le volvió a preguntar: «¿Eres tú el Cristo, el Hijo del Bendito?»

62 Jesús le respondió: «Yo soy. Y ustedes verán al Hijo del Hombre sentado a la derecha del Poderoso, y venir en las nubes del cielo.»[k]

63 El sumo sacerdote se rasgó entonces sus vestiduras, y dijo: «¿Qué necesidad tenemos de más testigos?

64 ¡Ustedes han oído la blasfemia! ¿Qué les parece?» Y todos ellos lo condenaron y declararon que merecía la muerte.[l]

65 Algunos comenzaron a escupirlo, y mientras le cubrían el rostro y le daban de puñetazos, le decían: «¡Profetiza!» Y también los alguaciles le daban de bofetadas.

Pedro niega a Jesús

(Mt 26.69-75; Lc 22.55-62; Jon 18.15-18,25-27)

66 Mientras Pedro estaba abajo, en el patio, llegó una de las criadas del sumo sacerdote

67 y, al ver a Pedro calentándose junto al fuego, le dijo: «¡También tú estabas con Jesús el nazareno!»

68 Pero Pedro lo negó, y dijo: «No lo conozco, ni sé de qué hablas.» Y se dirigió a la entrada. En ese momento cantó el gallo.

69 Pero la criada volvió a verlo, y comenzó a decir a los que estaban allí: «¡Éste es uno de ellos!»

70 Pedro volvió a negarlo. Pero poco después los que estaban allí volvieron a decirle: «La verdad es que eres uno de ellos, pues eres galileo.»

71 Pedro comenzó entonces a maldecir y a jurar: «¡Yo no conozco a ese hombre, del que ustedes hablan!»

72 En ese mismo instante el gallo cantó por segunda vez. Entonces Pedro se acordó de lo que Jesús le había dicho: «Antes de que el gallo cante dos veces, tú me habrás negado tres veces.» Y al pensar en esto, se echó a llorar.

Jesús ante Pilato

(Mt 27.1-2,11-14; Lc 23.1-5; Jon 18.28-38)

15 En cuanto amaneció, y luego de reunirse los principales sacerdotes, los ancianos, los escribas y todo el tribunal para ponerse de acuerdo, ataron a Jesús y se lo llevaron a Pilato.

2 Éste le preguntó: «¿Eres tú el Rey de los judíos?» Y Jesús le respondió: «Tú lo dices.»

3 Los principales sacerdotes lo acusaban de muchas cosas,

4 así que Pilato volvió a preguntarle: «¿No vas a responder? ¡Mira de cuántas cosas te acusan!»

5 Pero Jesús ni aun así respondió, lo que sorprendió mucho a Pilato.

Jesús sentenciado a muerte

(Mt 27.15-31; Lc 23.13-25; Jon 18.38—19.16)

6 En el día de la fiesta Pilato acostumbraba poner en libertad a un preso, el que la gente quisiera.

[k]**14.62:** Dn 7.13. [l]**14.64:** Lv 24.16.

HUYERON *(Marcos 14.50)*

Todos los discípulos de Jesús huyeron cuando Él fue arrestado. Ellos tenían miedo de que también fueran arrestados y asesinados. Es fácil culparlos y decir que fueron desleales. Pero ellos aún no sabían lo que comprobaron tres días más tarde: que Jesús resucitaría. Después de la llegada del Espíritu Santo, estos mismos hombres predicaron valientemente las buenas noticias acerca de Jesús. ¿Alguna vez te sientes como los discípulos? ¿Tienes temor de hablarles a otros acerca de Jesús? Si es así, el Espíritu Santo puede ayudarte a ser valiente y leal, así como ayudó a los discípulos.

7 Había uno que se llamaba Barrabás, que
estaba preso con sus compañeros de motín
porque en una revuelta habían cometido un
homicidio.
8 Cuando la multitud se aproximó, comenzó a pedirle a Pilato que hiciera lo que
acostumbraba hacer.
9 Pilato les preguntó: «¿Quieren que ponga en libertad al Rey de los judíos?»
10 Y es que Pilato sabía que los principales
sacerdotes lo habían entregado por envidia.
11 Pero los principales sacerdotes incitaron
a la multitud para que Pilato soltara más
bien a Barrabás.
12 Pilato les preguntó: «¿Y qué quieren que
haga con el que ustedes llaman Rey de los
judíos?»
13 Y ellos volvieron a gritar: «¡Crucifícalo!»
14 Pilato les decía: «¿Pues qué crimen ha
cometido?» Pero ellos gritaban más todavía:
«¡Crucifícalo!»
15 Pilato optó por complacer al pueblo y
puso en libertad a Barrabás; luego mandó
que azotaran a Jesús, y lo entregó para que
lo crucificaran.
16 Los soldados lo llevaron al interior del
atrio, es decir, al pretorio, y llamaron a toda
la compañía.
17 Lo vistieron de púrpura, le colocaron
una corona tejida de espinas,
18 y comenzaron a saludarlo: «¡Salve, Rey
de los judíos!»
19 Lo golpeaban en la cabeza con una
caña, y lo escupían, y doblaban las rodillas
para hacerle reverencias.
20 Después de burlarse de él, le quitaron la
ropa de púrpura, lo vistieron con sus propios
vestidos, y lo sacaron de allí para crucificarlo.

Crucifixión y muerte de Jesús

(Mt 27.32-56; Lc 23.26-49; Jon 19.17-30)

21 A uno que volvía del campo y que pasaba por allí lo obligaron a llevar la cruz. Ese
hombre se llamaba Simón de Cirene, y era
padre de Alejandro y de Rufo.[a]
22 Llevaron a Jesús a un lugar llamado Gólgota, que significa «Lugar de la Calavera».
23 Le dieron a beber vino mezclado con
mirra, pero él no lo tomó.
24 Después de crucificarlo, se repartieron
sus vestidos y los sortearon[b] para ver qué le
tocaría a cada uno de ellos.
25 Cuando lo crucificaron eran las nueve
de la mañana.
26 Como razón de su condena pusieron
este epígrafe: «EL REY DE LOS JUDÍOS».
27 Con él crucificaron también a dos ladrones, uno a su derecha y el otro a su izquierda.
28 [Así se cumplió la Escritura que dice: «Y
será contado con los pecadores.»][c],[6]
29 Los que pasaban lo insultaban, y mientras meneaban la cabeza[d] decían: «Oye, tú,
que derribas el templo de Dios y en tres días
lo reedificas,[e]
30 ¡sálvate a ti mismo y desciende de la cruz!»
31 Así también se burlaban de él los principales sacerdotes, y se sumaban a los escribas
para decir: «¡Salvó a otros, pero a sí mismo
no puede salvarse!
32 ¡Que baje ahora de la cruz el Cristo,
el Rey de Israel, para que podamos ver y
creer!» Y también le hacían burla los que
estaban crucificados con él.
33 Desde el mediodía y hasta las tres de la
tarde hubo tinieblas sobre toda la tierra,
34 y a las tres de la tarde Jesús clamó a gran voz:
«Eloi, Eloi, ¿lama sabactani?», que significa «Dios
mío, Dios mío, ¿por qué me has desamparado?»[f]
35 Al oírlo, algunos de los que estaban allí
decían: «Escuchen, está llamando a Elías.»
36 Uno de ellos corrió a empapar en vinagre una esponja, la puso en una caña, y le
dio a beber,[g] al tiempo que decía: «Déjenlo,
veamos si Elías viene a bajarlo.»
37 Pero Jesús lanzó un fuerte grito y murió.
38 En ese momento el velo[h] del templo se
rasgó en dos, de arriba abajo,
39 y el centurión que estaba frente a él, al
verlo morir así, dijo: «En verdad, este hombre era Hijo de Dios.»

[a]**15.21:** Ro 16.13. [b]**15.24:** Sal 22.18. [c]**15.28:** Is 53.12. [6]**15.28** El texto que aparece entre corchetes se halla sólo en mss. tardíos. [d]**15.29:** Sal 22.7; 109.25. [e]**15.29:** Mr 14.58; Jon 2.19. [f]**15.34:** Sal 22.1. [g]**15.36:** Sal 69.21. [h]**15.38:** Éx 26.31-33.

[40] Algunas mujeres estaban allí, mirando
de lejos. Entre ellas estaban María Magdalena, María, la que era madre de Jacobo el menor y de José, y Salomé.
[41] Ellas habían seguido y atendido a Jesús
cuando él estaba en Galilea.[i] Pero había también otras muchas mujeres, que habían ido con él a Jerusalén.

Jesús es sepultado

(Mt 27.57-61; Lc 23.50-56; Jon 19.38-42)

[42] Al caer la tarde del día de la preparación, es decir, la víspera del día de reposo,
[43] José de Arimatea fue y con mucha osadía se presentó ante Pilato para pedirle el cuerpo de Jesús. Este José era un miembro importante del tribunal, y también esperaba el reino de Dios.
[44] Pilato se sorprendió al saber que Jesús
ya había muerto, así que mandó llamar al centurión y le preguntó si, en efecto, Jesús ya había muerto.
[45] Luego de que el centurión le confirmó la
noticia, Pilato entregó a José el cuerpo de Jesús.
[46] José fue y bajó de la cruz el cuerpo de
Jesús, lo envolvió en una sábana que había

[i] **15.40-41:** Lc 8.2-3.

MARCOS

Marcos era misionero, líder de la iglesia, y escritor de un Evangelio. Antes de esto, fue conocido como desertor. La primera vez que leemos acerca de Marcos, él era un joven que huyó asustado. Cuando Jesús fue arrestado en el huerto de Getsemaní, Marcos huyó lleno de miedo (Marcos 14:50-51). Después dejó al grupo misionero de Pablo (Hechos 13:13). ¿Cómo cambió Marcos de haber sido un desertor a ser un discípulo fuerte en Cristo? Veamos cómo.

Marcos era primo de Bernabé, el misionero que viajaba con Pablo. Los cristianos de Jerusalén a menudo se reunían en la casa de su madre. Es posible que Jesús haya celebrado allí la Última Cena con sus discípulos. Pedro fue a la casa de ella después que un ángel lo sacó de la cárcel (Hechos 12,12). Así que Marcos vio muchos de los acontecimientos en la vida de Jesús.

Marcos viajó como misionero con predicadores valientes como Pablo, Bernabé y Pedro. Era un trabajo peligroso. En esos tiempos, los jefes del gobierno azotaban a los cristianos e incluso los mataban por su fe en Cristo. Una vez Marcos regresó a casa en lugar de viajar con Pablo. Esto provocó un desacuerdo entre Pablo y Bernabé. Bernabé quería darle al joven una segunda oportunidad de viajar con ellos. Pero Pablo consideraba que no se podía confiar en Marcos, y dijo que no.

Muchos años más tarde, Pablo cambió de opinión acerca de Marcos. En la carta a los Colosenses, saluda a los creyentes por parte de Marcos. Y en su última carta, Pablo le dice a Timoteo que traiga a Marcos para que lo visite. Parece que Marcos finalmente aprendió a ser fuerte en Cristo.

Marcos escribió el Evangelio que lleva su nombre. Mucha de la información en ese Evangelio proviene de Pedro. El Espíritu Santo transformó a Marcos de haber sido un joven asustado a un poderoso líder de la iglesia. No tenía miedo de aprender de sus errores. ¿Quieres tú ser fuerte en Cristo?

Puedes leer acerca de Marcos en Marcos 14:51-52; Hechos 12:25; 13:13; 15:36-39; Colosenses 4:10; 2 Timoteo 4:11; 1 Pedro 5:13.

comprado, y lo puso en un sepulcro que estaba cavado en una peña. Luego, hizo rodar una piedra para sellar la entrada del sepulcro.

47 Mientras tanto, María Magdalena y María la madre de José miraban dónde ponían el cuerpo.

La resurrección

(Mt 28.1-10; Lc 24.1-12; Jn 20.1-10)

16 Cuando pasó el día de reposo, María Magdalena, María la madre de Jacobo, y Salomé, compraron especias aromáticas para ir a ungir el cuerpo de Jesús.

2 El primer día de la semana muy temprano, en cuanto salió el sol, fueron al sepulcro.

3 Y unas a otras se decían: «¿Quién nos quitará la piedra para entrar al sepulcro?»

4 Pero, al llegar, vieron que la piedra ya había sido removida, a pesar de que era muy grande.

5 Cuando entraron en el sepulcro, vieron que en el lado derecho estaba sentado un joven, vestido con una túnica blanca. Ellas se asustaron,

6 pero el joven les dijo: «No se asusten. Ustedes buscan a Jesús el nazareno, el que fue crucificado. No está aquí. Ha resucitado. Miren el lugar donde lo pusieron.

7 Pero vayan ahora y digan a sus discípulos, y a Pedro: "Él va delante de ustedes a Galilea."[a] Allí lo verán, tal y como él les dijo.»

8 Ellas se espantaron, y temblando de miedo salieron corriendo del sepulcro. Y era tanto el miedo que tenían, que no le dijeron nada a nadie.

Jesús se aparece a María Magdalena

(Jn 20.11-18)

9 El primer día de la semana por la mañana, después de que Jesús resucitó, se le apareció primero a María Magdalena, de quien había echado siete demonios.

PROMESAS PODEROSAS

MARCOS 16.6

Pero el joven les dijo: "No se asusten. Ustedes buscan a Jesús el nazareno, el que fue crucificado. No está aquí. Ha resucitado. Miren el lugar donde lo pusieron."

Un ángel se apareció en la tumba con la noticia más importante de todos los tiempos: Jesús no estaba en la tumba. ¡Él estaba vivo! El ángel les dijo a las mujeres que miraran en la tumba y vieran por sí mismas. Éste es un buen recordatorio para nosotros hoy. Cuando les hables a tus amigos de Jesús, tal vez no te crean. Entonces invítalos a que lean la Palabra de Dios por sí mismos.

10 Ella fue y se lo dijo a los que habían estado con él, los cuales estaban tristes y llorando.

11 Al oír ellos que Jesús vivía y que ella lo había visto, no lo creyeron.

Jesús se aparece a dos de sus discípulos

(Lc 24.13-35)

12 Pero después Jesús se apareció, en otra forma, a dos de ellos que iban de camino al campo.

13 Ellos fueron y se lo contaron a los otros; y ni aun a ellos les creyeron.

Jesús comisiona a los apóstoles

(Mt 28.16-20; Lc 24.36-49; Jn 20.19-23)

14 Finalmente se apareció a los once mismos, mientras ellos estaban sentados a la mesa, y les reprochó su incredulidad y obstinación, porque no habían creído a los que lo habían visto resucitado.

15 Y les dijo: «Vayan por todo el mundo y prediquen el evangelio a toda criatura.[b]

[a] **16.7:** Mt 26.32; Mr 14.28. [b] **16.15:** Hch 1.8. [c] **16.19:** Hch 1.9-11.

Lc 24.47-48
16 El que crea y sea bautizado, se salvará;
pero el que no crea, será condenado.
17 Y estas señales acompañarán a los que
crean: En mi nombre expulsarán demonios,
hablarán nuevas lenguas,
18 tomarán en sus manos serpientes, y
si beben algo venenoso, no les hará daño.
Hch 6.8
Además, pondrán sus manos sobre los enfermos, y éstos sanarán.»

La ascensión

(Lc 24.50-53)

19 Después de que el Señor Jesús habló
con ellos, fue recibido en el alto cielo[c] y se
sentó a la derecha de Dios.
20 Ellos salieron entonces y predicaron por
todas partes, y el Señor los ayudaba confirmando la palabra con las señales que la acompañaban. Amén.][7]

[7] **16.9-20** El texto que aparece entre corchetes, con distintas variantes, se halla sólo en mss. tardíos.

LUCAS

Autor: **Lucas**
Tema: **Jesús, el Dios Salvador**
Fecha en que se escribió: **c. 60-63 d.C.**

POR QUÉ JESÚS VINO

El Evangelio según Lucas es el primero de dos libros (el otro es Hechos) dirigidos a un hombre llamado Teófilo (Lucas 1:3; Hechos 1:1). Teófilo puede haber sido un oficial romano. Lucas no era judío, y escribió este Evangelio para ayudar a los que como él no eran judíos, con el fin de que entendieran quién era Jesús y por qué había venido al mundo. Lucas traza la historia de la familia de Jesús hasta Adán, el primer hombre (3:23-38), y no solo hasta Abrahán, como hizo Mateo (Mateo 1:1-17). Lucas quería mostrar que Jesús era Dios y hombre, el Salvador que vino a salvar a gente de todo el mundo.

LO QUE ENCONTRARÁS EN EL LIBRO

El Evangelio según Lucas comienza con la historia de dos nacimientos: de Juan el Bautista y de Jesús (1:5–2:40). Lucas es el único Evangelio que habla de la niñez de Jesús (2:41-52). Lucas divide el ministerio de Jesús en tres partes: (1) la obra que hizo en Galilea y alrededores (4:14–9:50); (2) la obra que hizo durante su último viaje a Jerusalén (9:51–19:27); y (3) su última semana en Jerusalén (19:28–24:43).

Mientras que los milagros de Jesús son el enfoque de su ministerio en Galilea, el tema principal de este libro son sus enseñanzas y parábolas dadas cuando iba camino a Jerusalén (9:51-19:27).

¿SABÍAS QUE LUCAS...?

- Es el registro más completo de la Biblia acerca de la vida de Jesús.
- Es el libro más largo del Nuevo Testamento.
- Es el único libro de la Biblia escrito por alguien que no era judío.
- Explica que Jesús vino a salvar a todos los que están perdidos en pecado.
- Muestra que Jesús se preocupa por las mujeres, los niños, y los pobres.
- Es un libro acerca de la oración. Se centra en las oraciones de Jesús y sus enseñanzas acerca de la oración.
- Explica la importancia del Espíritu Santo en la vida de Jesús y de sus seguidores.

Dedicatoria a Teófilo

Excelentísimo Teófilo: Muchos han tratado ya de relatar en forma ordenada la historia de los sucesos que ciertamente se han cumplido entre nosotros,

2 tal y como nos los enseñaron quienes desde el principio fueron testigos presenciales y ministros de la palabra.

3 Después de haber investigado todo con sumo cuidado desde su origen, me ha parecido una buena idea escribírtelo por orden,

4 para que llegues a conocer bien la verdad de lo que se te ha enseñado.

Anuncio del nacimiento de Juan

5 En los días de Herodes, rey de Judea, había un sacerdote llamado Zacarías, de la clase de Abías,[a] cuya esposa, Elisabet, era descendiente de Aarón.

6 Ambos eran íntegros delante de Dios y obedecían de manera irreprensible todos los mandamientos y ordenanzas del Señor.

7 Pero no tenían hijos, porque Elisabet era estéril y los dos eran ya muy ancianos.

8 Un día en que Zacarías oficiaba como sacerdote delante de Dios, pues le había llegado el turno a su grupo,

9 le tocó en suerte entrar en el santuario del Señor para ofrecer incienso, conforme a la costumbre del sacerdocio.

10 Mientras se quemaba el incienso, todo el pueblo estaba orando afuera.

11 En eso, un ángel del Señor se le apareció a Zacarías. Estaba parado a la derecha del altar del incienso.

12 Cuando Zacarías lo vio, se desconcertó y le sobrevino un gran temor;

13 pero el ángel le dijo: «Zacarías, no tengas miedo, porque tu oración ha sido escuchada. Tu esposa Elisabet te dará un hijo, y tú le pondrás por nombre Juan.

14 Tendrás gozo y alegría, y muchos se regocijarán de su nacimiento,

15 pues ante Dios será un hombre muy importante. No beberá vino ni licor,[b] y tendrá la plenitud del Espíritu Santo desde antes de nacer.

Lc 1.41

16 Él hará que muchos de los hijos de Israel se vuelvan al Señor su Dios,

17 y lo precederá con el espíritu y el poder de Elías, para hacer que los padres se reconcilien con sus hijos,[c] y para llevar a los desobedientes a obtener la sabiduría de los justos. Así preparará bien al pueblo para recibir al Señor.»

18 Zacarías le preguntó al ángel: «¿Y cómo voy a saber que esto será así? ¡Yo estoy ya muy viejo, y mi esposa es de edad avanzada!»

19 El ángel le respondió: «Yo soy Gabriel,[d] y estoy en presencia de Dios. He sido enviado a hablar contigo para comunicarte estas buenas noticias.

20 Pero como no has creído mis palabras, las cuales se cumplirán a su debido tiempo, ahora vas a quedarte mudo, y no podrás hablar hasta el día en que esto suceda.»

21 Mientras tanto, el pueblo esperaba a que saliera Zacarías, extrañados de que se tardara tanto en el santuario.

22 Pero cuando salió y no les podía hablar, comprendieron que habría tenido una visión en el santuario, pues les hablaba por señas y seguía mudo.

23 Cuando terminaron los días de su ministerio, Zacarías se fue a su casa.

24 Días después, su esposa Elisabet quedó encinta y se recluyó en su casa durante cinco meses, pues decía:

25 «El Señor ha actuado así conmigo para que ya no tenga nada de qué avergonzarme ante nadie.»

Anuncio del nacimiento de Jesús

26 Seis meses después, Dios envió al ángel Gabriel a la ciudad galilea de Nazaret

27 para ver a María,[e] una virgen que estaba comprometida con José, un hombre que era descendiente de David.

28 El ángel entró en donde ella estaba y le dijo: «¡Salve, muy favorecida! El Señor está contigo.»

[a]**1.5:** 1 Cr 24.10. [b]**1.15:** Nm 6.3. [c]**1.17:** Mal 4.5-6. [d]**1.19:** Dn 8.16; 9.21. [e]**1.27:** Mt 1.18.

29 Cuando ella escuchó estas palabras, se
sorprendió y se preguntaba qué clase de saludo era ése.
30 El ángel le dijo: «María, no temas. Dios
te ha concedido su gracia.
31 Vas a quedar encinta, y darás a luz un
hijo, y le pondrás por nombre JESÚS.[f]
32 Éste será un gran hombre, y lo llamarán
Hijo del Altísimo. Dios, el Señor, le dará el
trono de David, su padre,
33 y reinará sobre la casa de Jacob para
siempre, y su reino no tendrá fin.»[g]
34 Pero María le dijo al ángel: «¿Y esto
cómo va a suceder? ¡Nunca he estado con
un hombre!»
35 El ángel le respondió: «El Espíritu Santo
vendrá sobre ti, y el poder del Altísimo te
cubrirá con su sombra. Por eso el Santo Ser
que nacerá será llamado Hijo de Dios.
36 También tu parienta Elisabet, la que llamaban estéril, ha concebido un hijo en su
vejez, y ya está en su sexto mes de embarazo.
37 ¡Para Dios no hay nada imposible!»[h]
38 María dijo entonces: «Yo soy la sierva
del Señor. ¡Cúmplase en mí lo que has dicho!» Y el ángel se fue de su presencia.

María visita a Elisabet

39 Por esos mismos días, María fue de prisa a
una ciudad de Judá que estaba en las montañas.

[f] **1.31:** Mt 1.21. [g] **1.32-33:** Is 9.7. [h] **1.37:** Gn 18.14.

LUCAS

Lucas era un médico pagano (no judío) que se convirtió en seguidor de Jesucristo. Se lo conoce mayormente por los libros del Nuevo Testamento que escribió: el Evangelio según Lucas y los Hechos. Lucas era de Antioquia, pero más tarde vivió en la colonia romana de Filipos.

No sabemos cómo Lucas se convirtió al cristianismo, pero sabemos que trabajó como misionero y que viajaba con Pablo para predicar el evangelio de Cristo. Muchos capítulos en el libro de los Hechos son como un diario de los viajes de Lucas. Siempre que veas el pronombre nosotros en los Hechos, sabes que Lucas estaba con Pablo.

Lucas debe haber sido muy apreciado y servicial, ya que Pablo lo llama "el médico amado" (Colosenses 4:14). Durante el segundo viaje misionero de Pablo, Lucas se quedó en Filipos para ayudar a la iglesia que Pablo había comenzado allí.

Sobre la base de los escritos de Lucas, sabemos que él era un hombre bien educado y que era un experto escritor. Mientras que Mateo escribió su Evangelio a los judíos, Lucas escribió para que los paganos (los que como él no eran judíos) aprendieran acerca de Jesús. Por esta razón, Lucas fue muy cuidadoso en registrar debidamente los hechos. Probablemente hizo investigación en Palestina, mientras que Pablo estaba encarcelado en Cesárea. Lo más probable es que terminó de escribir su Evangelio al final de ese tiempo, o poco después de llegar a Roma con Pablo (Hechos 28). Lucas fue la única compañía de Pablo al final de su vida.

La historia de Lucas nos muestra que Jesús llama a todo tipo de personas para que sean sus siervos; a médicos, a maestros, y a cobradores de impuestos. La curiosidad, la lealtad, y la destreza como médico ayudó a Lucas en la obra de Dios. Piensa en tus talentos. ¿Cómo puedes usarlos para servir a Dios?

Puedes leer acerca de Lucas en el libro de los Hechos; Colosenses 4:14; 2 Timoteo 4:11; Filemón versículo 24.

40 Al entrar en la casa de Zacarías, saludó a Elisabet.

Lc 1.67 41 Y sucedió que, al oír Elisabet el saludo de María, la criatura saltó en su vientre y Elisabet recibió la plenitud del Espíritu Santo.

42 Entonces ella exclamó a voz en cuello: «¡Bendita eres tú entre las mujeres, y bendito es el fruto de tu vientre!

43 ¿Cómo pudo sucederme que la madre de mi Señor venga a visitarme?

44 ¡Tan pronto como escuché tu saludo, la criatura saltó de alegría en mi vientre!

45 ¡Dichosa tú, que has creído, porque se cumplirá lo que el Señor te ha anunciado!»

46 Entonces María dijo:[i]

«Mi alma glorifica al Señor,
Lc 2.13-14 47 y mi espíritu se regocija en Dios mi Salvador.
48 Pues se ha dignado mirar a su humilde sierva,
Y desde ahora me llamarán dichosa
por todas las generaciones.
49 Grandes cosas ha hecho en mí el Poderoso;
¡Santo es su nombre!
50 La misericordia de Dios es eterna
para aquellos que le temen.
51 Con su brazo hizo grandes proezas,
y deshizo los planes de los soberbios.
52 Derrocó del trono a los poderosos,
Y puso en alto a los humildes.
53 A los hambrientos los colmó de bienes,
y a los ricos los dejó con las manos vacías.
54 Socorrió a su siervo Israel,
y se acordó de su misericordia,
55 de la cual habló con nuestros padres,
con Abrahán[j] y con su descendencia para siempre.»

56 María se quedó con Elisabet como tres meses, y después volvió a su casa.

Nacimiento de Juan el Bautista

57 Cuando se cumplió el tiempo, Elisabet dio a luz un hijo.

> **PROMESAS PODEROSAS**
>
> **LUCAS 1.37**
>
> ***¡Para Dios no hay nada imposible!***
>
> El ángel le dio a María un mensaje similar al que dio a Abrahán (lee Génesis 18:14). "¿Acaso hay para Dios algo que sea difícil?" Esta promesa es para ti también. Si tienes un problema imposible, llévalo a Dios. ¡Nada es imposible para Él!

58 Y cuando sus vecinos y parientes supieron que Dios le había mostrado su gran misericordia, se alegraron con ella.

59 Al octavo día fueron para circuncidar al niño,[k] y querían ponerle el nombre de su padre, Zacarías.

60 Pero su madre dijo: «No, va a llamarse Juan.»

61 Le preguntaron: «¿Por qué? ¡No hay nadie en tu familia que se llame así!»

62 Luego le preguntaron a su padre, por señas, qué nombre quería ponerle.

63 Zacarías pidió una tablilla y escribió: «Su nombre es Juan.» Y todos se quedaron asombrados.

64 En ese mismo instante, a Zacarías se le destrabó la lengua y comenzó a hablar y a bendecir a Dios.

65 Todos sus vecinos se llenaron de temor, y todo esto se divulgó por todas las montañas de Judea.

66 Todos los que oían esto se ponían a pensar, y se preguntaban: «¿Qué va a ser de este niño?» Y es que la mano del Señor estaba con él.

Profecía de Zacarías

67 Lleno del Espíritu Santo, Zacarías, su padre, profetizó: Lc 3.16

68 «Bendito sea el Señor, Dios de Israel,
porque ha venido a redimir a su pueblo.

[i] **1.46-55:** 1 S 2.1-10. [j] **1.55:** Gn 17.7. [k] **1.59:** Lv 12.3.

69 Nos ha levantado un poderoso
Salvador
en la casa de David, su siervo,
70 tal y como lo anunció en el pasado
por medio de sus santos profetas:
71 "Salvación de nuestros enemigos,
y del poder de los que nos odian."
72 Mostró su misericordia a nuestros
padres,
y se acordó de su santo pacto,
73 de su juramento a nuestro padre
Abrahán:
Prometió que nos concedería
74 ser liberados de nuestros enemigos,
para poder servirle sin temor,
75 en santidad y en justicia
todos nuestros días delante de él.
76 Y a ti, niño, te llamarán "Profeta del
Altísimo",
porque irás precediendo al Señor
para preparar sus caminos.[l]
77 Darás a conocer a su pueblo la
salvación
y el perdón de sus pecados,
78 por la entrañable misericordia de
nuestro Dios.
La aurora nos visitó desde lo alto,
79 para alumbrar a los que viven en
tinieblas[m]
y en medio de sombras de muerte;
para encaminarnos por la senda de la
paz.»

Lc 19.10

80 El niño fue creciendo y fortaleciéndose
en espíritu, y vivió en lugares apartados has-
ta el día en que se presentó públicamente
a Israel.

Nacimiento de Jesús

(Mt 1.18-25)

2 Por esos días, Augusto César pro-
mulgó un edicto en el que ordenaba
levantar un censo de todo el mundo.
2 Este primer censo se llevó a cabo cuando
Quirino era gobernador de Siria,
3 por lo que todos debían ir a su propio
pueblo para inscribirse.
4 Como José era descendiente de David y
vivía en Nazaret, que era una ciudad de Ga-
lilea, tuvo que ir a Belén, la ciudad de David,
que estaba en Judea,
5 para inscribirse junto con María, que es-
taba desposada con él y se hallaba encinta.
6 Y mientras ellos se encontraban allí, se
cumplió el tiempo de que ella diera a luz,
7 y allí tuvo a su hijo primogénito; y lo en-
volvió en pañales, y lo acostó en un pesebre,
porque no había lugar para ellos en ese al-
bergue.

Los ángeles y los pastores

8 En esa misma región había pastores que
pasaban la noche en el campo cuidando a
sus rebaños.
9 Allí un ángel del Señor se les apareció, y
el resplandor de la gloria del Señor los envol-
vió. Ellos se llenaron de temor,
10 pero el ángel les dijo: «No teman, que
les traigo una buena noticia, que será para
todo el pueblo motivo de mucha alegría.
11 Hoy, en la ciudad de David, les ha naci-
do un Salvador, que es Cristo el Señor.
12 Esto les servirá de señal: Hallarán al niño
envuelto en pañales y acostado en un pe-
sebre.»
13 En ese momento apareció, junto con el
ángel, una multitud de las huestes celestia-
les, que alababan a Dios y decían:
14 «¡Gloria a Dios en las alturas!
¡Paz en la tierra a todos los que gozan
de su favor!»

Lc 2.20

15 Cuando los ángeles volvieron al cielo, los
pastores se dijeron unos a otros: «Vayamos
a Belén, y veamos esto que ha sucedido, y
que el Señor nos ha dado a conocer.»
16 Así que fueron de prisa, y hallaron a Ma-
ría y a José, y el niño estaba acostado en el
pesebre.
17 Al ver al niño, contaron lo que se les ha-
bía dicho acerca de él.
18 Todos los que estaban escuchando
quedaron asombrados de lo que decían los
pastores,

[l] **1.76:** Mal 3.1. [m] **1.79:** Is 9.2.

19 pero María guardaba todo esto en su corazón, y meditaba acerca de ello.

Lc 18.43 20 Al volver los pastores, iban alabando y glorificando a Dios por todo lo que habían visto y oído, pues todo había sucedido tal y como se les había dicho.

Presentación de Jesús en el templo

21 Cuando se cumplieron los ocho días para que el niño fuera circuncidado,[a] le pusieron por nombre JESÚS, que era el nombre que el ángel[b] le había puesto antes de que fuera concebido.

22 Y cuando se cumplieron los días para que, según la ley de Moisés, ellos fueran purificados, llevaron al niño a Jerusalén para presentarlo ante el Señor

23 y cumplir con lo que está escrito en la ley del Señor: «Todo primer hijo varón será consagrado al Señor»,[c]

24 y para ofrecer un sacrificio en cumplimiento de la ley del Señor, que pide «un par de tórtolas, o dos palominos».[d]

25 En Jerusalén vivía un hombre justo y piadoso, llamado Simeón, que esperaba la salvación de Israel. El Espíritu Santo reposaba en él

26 y le había revelado que no moriría antes de que viera al Ungido del Señor.

27 Simón fue al templo, guiado por el Espíritu. Y cuando los padres del niño Jesús lo llevaron al templo para cumplir con lo establecido por la ley,

28 él tomó al niño en sus brazos y bendijo a Dios con estas palabras:

29 «Señor, ahora despides a este siervo
tuyo,
y lo despides en paz, de acuerdo a tu
palabra.
30 Mis ojos han visto ya tu salvación,
31 que has preparado a la vista de todos
los pueblos:
32 luz reveladora para las naciones,[e]
y gloria para tu pueblo Israel.»

33 José y la madre del niño estaban asombrados de todo lo que de él se decía.

PROMESAS PODEROSAS

LUCAS 2.10-11

Pero el ángel les dijo: "No teman, que les traigo una buena noticia, que será para todo el pueblo motivo de mucha alegría. Hoy, en la ciudad de David, les ha nacido un Salvador, que es Cristo el Señor."

Esta promesa del nacimiento del Salvador era la mejor noticia que los pastores jamás habían oído. Y no eran buenas noticias solo para ellos. Eran buenas noticias para todo el mundo, ¡aun para los que no habían nacido! Jesús vino a redimir a la gente del pecado. ¡Dile hoy esta buena noticia a alguien!

PALABRAS CON PODER

EL SALVADOR
(*Lucas 2.11*)

En su nacimiento, a Jesús se le llamó el Salvador. Eso es lo que significa la palabra Cristo. El título Salvador incluye muchas cosas. Jesús nos rescata del pecado y de sus consecuencias, la separación eterna de Dios. Jesús nos ayuda a resistir la tentación. Él nos libera del miedo. Él nos guía y nos ayuda a hacer lo correcto. Jesús, el Salvador, quiere ser el jefe de tu vida. ¿Dejarás que lo sea?

34 Simeón los bendijo, y a María, la madre del niño, le dijo: «Tu hijo ha venido para que muchos en Israel caigan o se levanten. Será una señal que muchos rechazarán

35 y que pondrá de manifiesto el pensamiento de muchos corazones, aunque a ti te traspasará el alma como una espada.»

36 También estaba allí Ana, hija de Fanuel, de la tribu de Aser. Ana era una profetisa de edad muy avanzada. Desde su virginidad, había vivido siete años de matrimonio,

[a] **2.21:** Lv 12.3. [b] **2.21:** Lc 1.31. [c] **2.23:** Éx 13.2, 12. [d] **2.22-24:** Lv 12.6-8. [e] **2.32:** Is 42.6; 49.6.

37 y ahora era una viuda de ochenta y cuatro años. Nunca se apartaba del templo, sino que de día y de noche rendía culto a Dios con ayunos y oraciones.

38 En ese mismo instante Ana se presentó, y dio gracias a Dios y habló del niño a todos los que esperaban la redención de Jerusalén.

El regreso a Nazaret

39 Después de cumplir con todo lo prescrito en la ley del Señor, volvieron a Nazaret, que era su ciudad en Galilea.[f]

40 El niño crecía y se fortalecía, y se llenaba de sabiduría, y la gracia de Dios reposaba en él.

El niño Jesús en el templo

41 Todos los años, los padres de Jesús iban a Jerusalén durante la fiesta de la pascua,[g]

42 y siguiendo su costumbre, cuando Jesús cumplió doce años fueron a Jerusalén para la fiesta.

43 Cuando la fiesta terminó y emprendieron el regreso, sucedió que el niño Jesús se quedó en Jerusalén sin que sus padres lo notaran.

44 Como ellos pensaban que el niño estaba entre los otros viajeros, hicieron un día de camino y, mientras tanto, lo buscaban entre los parientes y conocidos.

45 Como no lo hallaron, volvieron a Jerusalén para buscarlo allí.

46 Tres días después lo hallaron en el templo, sentado en medio de los doctores de la ley, a quienes escuchaba y les hacía preguntas.

47 Todos los que lo oían se asombraban de su inteligencia y de sus respuestas.

48 Cuando sus padres lo encontraron, se sorprendieron; y su madre le dijo: «Hijo, ¿por qué nos has hecho esto? ¡Con qué angustia tu padre y yo te hemos estado buscando!»

49 Él les respondió: «¿Y por qué me buscaban? ¿Acaso no sabían que es necesario que me ocupe de los negocios de mi Padre?»

50 Ellos no comprendieron lo que Jesús les dijo,

51 aunque se fue con ellos a Nazaret y vivió sujeto a ellos. Por su parte, su madre guardaba todo esto en su corazón.

52 Y Jesús siguió creciendo en sabiduría y en estatura, y en gracia para con Dios y con los hombres.[h]

Predicación de Juan el Bautista

(Mt 3.1-12; Mr 1.1-8; Jn 1.19-28)

3 Era el año decimoquinto del imperio de Tiberio César. Poncio Pilato era entonces gobernador de Judea, Herodes era tetrarca de Galilea, su hermano Felipe era tetrarca de Iturea y de la provincia de Traconite, y Lisanias era tetrarca de Abilinia.

2 Anás y Caifás eran sumos sacerdotes. En esos días Dios le habló a Juan hijo de Zacarías en el desierto.

3 Juan fue entonces por toda la región cercana al Jordán, y predicaba el bautismo de arrepentimiento para el perdón de pecados,

4 tal y como está escrito en el libro del profeta Isaías:

«Una voz clama en el desierto:
Preparen el camino del Señor
y enderecen sus sendas.
5 Todo valle será rellenado,
y todo monte y colina será nivelado.
Los caminos torcidos serán enderezados,
las sendas dispares serán allanadas,
6 y todos verán la salvación de Dios.»[a]

7 A las multitudes que acudían para ser bautizadas, Juan les decía: «¡Generación de víboras![b] ¿Quién les enseñó a huir de la ira venidera?

8 Produzcan frutos dignos de arrepentimiento, y no comiencen a decirse: "Tenemos a Abrahán por padre",[c] porque yo les digo que aun de estas piedras Dios puede levantar hijos a Abrahán.

9 El hacha ya está lista para derribar de raíz a los árboles; por tanto, todo árbol que no

[f] **2.39:** Mt 2.23. [g] **2.41:** Éx 12.1-27; Dt 16.1-8. [h] **2.52:** 1 S 2.26; Pr 3.4. [a] **3.4-6:** Is 40.3-5. [b] **3.7:** Mt 12.34; 23.33. [c] **3.8:** Jn 8.33.

dé buen fruto será cortado y echado en el fuego.»[d]

10 La gente le preguntaba: «Entonces, ¿qué debemos hacer?»

11 Y Juan les respondía: «El que tenga dos túnicas, comparta una con el que no tiene ninguna, y el que tenga comida, haga lo mismo.»

12 También unos cobradores de impuestos llegaron para ser bautizados,[e] y le preguntaron: «Maestro, ¿qué debemos hacer nosotros?»

13 Él les dijo: «No cobren más de lo que deban cobrar.»

14 Unos soldados también le preguntaron: «Y nosotros, ¿qué debemos hacer?» Y Juan les respondió: «No extorsionen ni calumnien a nadie, y confórmense con su salario.»

15 Como el pueblo estaba expectante y todos se preguntaban si acaso Juan sería el Cristo,

16 Juan les dijo a todos: «A decir verdad, yo los bautizo en agua, pero después de mí viene uno que es más poderoso que yo, y de quien no soy digno de desatar la correa de su calzado. Él los bautizará en Espíritu Santo y fuego. (Lc 4.1)

17 Ya tiene el bieldo en la mano, de modo que limpiará su era; recogerá su trigo en el granero, y quemará la paja en un fuego que nunca se apagará.»

18 Con exhortaciones como éstas, y con muchas otras, anunciaba al pueblo estas buenas noticias.

19 Además, Juan reprendió al tetrarca Herodes por causa de Herodías, que era mujer de su hermano Felipe. Pero a todas las maldades que Herodes había cometido,

20 añadió esta otra: encerró a Juan en la cárcel.[f]

El bautismo de Jesús

(Mt 3.13-17; Mr 1.9-11)

21 Un día en que todo el pueblo estaba siendo bautizado, también fue bautizado Jesús. Y mientras Jesús oraba, el cielo se abrió

22 y el Espíritu Santo descendió sobre él en forma de paloma. Entonces vino una voz del cielo, que decía: «Tú eres mi Hijo amado, en quien me complazco.»[g]

Genealogía de Jesús

(Mt 1.1-17)

23 Cuando Jesús comenzó su ministerio, tenía unos treinta años. Según se creía, era hijo de José, que fue hijo de Elí,

24 que fue hijo de Matat, que fue hijo de Leví, que fue hijo de Melqui, que fue hijo de Janaí, que fue hijo de José,

25 que fue hijo de Matatías, que fue hijo de Amós, que fue hijo de Nahúm, que fue hijo de Esli, que fue hijo de Nagay,

26 que fue hijo de Mat, que fue hijo de Matatías, que fue hijo de Semei, que fue hijo de José, que fue hijo de Yodá,

27 que fue hijo de Joaná, que fue hijo de Resa, que fue hijo de Zorobabel, que fue hijo de Salatiel, que fue hijo de Nerí,

28 que fue hijo de Melqui, que fue hijo de Adi, que fue hijo de Cosán, que fue hijo de Elmodam, que fue hijo de Er,

29 que fue hijo de Josué, que fue hijo de Eliezer, que fue hijo de Jorín, que fue hijo de Matat,

LECCIONES — **CRECER EN SABIDURÍA**

(Lucas 2.52)

Por cada año que pasa creces en estatura y aprendes más y más cosas. Pero hay otra manera de crecer, y es en sabiduría. Aunque la Biblia no dice mucho acerca de la niñez de Jesús, este versículo dice que crecía en sabiduría. Al ser niño, Jesús era Dios, pero también era un ser humano que crecía y aprendía como cualquier otro niño. Así que, ¿Cómo crecía en sabiduría? Él oraba a su Padre celestial y leía las leyes de Dios y las obedecía. Si quieres crecer en sabiduría, debes hacer lo mismo.

[d] **3.9:** Mt 7.19. [e] **3.12:** Lc 7.29. [f] **3.19-20:** Mt 14.3-4; Mr 6.17-18. [g] **3.22:** Is 42.1; Mt 12.18; 17.5; Mr 9.7; Lc 9.35.

[30] que fue hijo de Leví, que fue hijo de Simeón, que fue hijo de Judá, que fue hijo de José, que fue hijo de Jonán, que fue hijo de Eliaquín,
[31] que fue hijo de Melea, que fue hijo de Mainán, que fue hijo de Matata, que fue hijo de Natán,
[32] que fue hijo de David, que fue hijo de Yesé, que fue hijo de Obed, que fue hijo de Booz, que fue hijo de Salmón, que fue hijo de Nasón,
[33] que fue hijo de Aminadab, que fue hijo de Aram, que fue hijo de Esrón, que fue hijo de Fares, que fue hijo de Judá,
[34] que fue hijo de Jacob, que fue hijo de Isaac, que fue hijo de Abrahán, que fue hijo de Téraj, que fue hijo de Najor,
[35] que fue hijo de Serug, que fue hijo de Ragau, que fue hijo de Peleg, que fue hijo de Éber, que fue hijo de Sala,
[36] que fue hijo de Cainán, que fue hijo de Arfaxad, que fue hijo de Sem, que fue hijo de Noé, que fue hijo de Lamec,
[37] que fue hijo de Matusalén, que fue hijo de Enoc, que fue hijo de Yared, que fue hijo de Malalel, que fue hijo de Cainán,
[38] que fue hijo de Enós, que fue hijo de Set, que fue hijo de Adán, que fue creado por Dios.

Tentación de Jesús

(Mt 4.1-11; Mr 1.12-13)

Lc 24.49

4 Jesús volvió del Jordán lleno del Espíritu Santo, y fue llevado por el Espíritu al desierto.
[2] Allí estuvo cuarenta días, y el diablo lo estuvo poniendo a prueba. Como durante esos días no comió nada, pasado ese tiempo tuvo hambre.
[3] Entonces el diablo le dijo: «Si eres Hijo de Dios, di que esta piedra se convierta en pan.»
[4] Jesús le respondió: «Escrito está: "No sólo de pan vive el hombre."»[a]
[5] Entonces el diablo lo llevó a un lugar alto, y en un instante le mostró todos los reinos del mundo,
[6] y le dijo: «Yo te daré poder sobre todos estos reinos y sobre sus riquezas, porque a mí han sido entregados, y yo puedo dárselos a quien yo quiera.
[7] Si te arrodillas delante de mí, todos serán tuyos.»
[8] Jesús le respondió: «Escrito está: "Al Señor tu Dios adorarás, y a él sólo servirás."»[b]
[9] Entonces el diablo lo llevó a Jerusalén, lo puso sobre la parte más alta del templo, y le dijo: «Si eres Hijo de Dios, lánzate hacia abajo.
[10] Porque está escrito:

»"A sus ángeles mandará alrededor de ti, para que te protejan";[c]

[11] y también:

"En sus manos te sostendrán,
Para que no tropieces con piedra alguna."»[d]

[12] Jesús le respondió: «También está dicho: "No tentarás al Señor tu Dios."»[e]
[13] Cuando el diablo agotó sus intentos de ponerlo a prueba, se apartó de él por algún tiempo.

Lc 4.33-36

PROMESAS PODEROSAS

LUCAS 3.16

Juan les dijo a todos: "A decir verdad, yo los bautizo en agua, pero después de mí viene uno que es más poderoso que yo, y de quien no soy digno de desatar la correa de su calzado. Él los bautizará en Espíritu Santo y fuego."

Juan el Bautista dijo que Jesús enviaría al Espíritu Santo para bautizar a los que lo reciben como su Salvador. Esta promesa se cumplió el día de Pentecostés después de que Jesús había regresado al cielo (Hechos 2). Cuando los que creen en Jesús son bautizados en agua, son sumergidos en agua, es decir, totalmente cubiertos con agua. Y cuando las mismas personas son bautizadas con el Espíritu Santo, sus vidas se llenan completamente con el Espíritu de Dios.

[a]**4.4:** Dt 8.3. [b]**4.8:** Dt 6.13. [c]**4.10:** Sal 91.11. [d]**4.11:** Sal 91.12. [e]**4.12:** Dt 6.16.

Jesús principia su ministerio

(Mt 4.12-17; Mr 1.14-15)

14 Con el poder del Espíritu, Jesús volvió a
Galilea; y su fama se difundió por todos los
lugares vecinos.
15 Enseñaba en las sinagogas de ellos, y to-
dos lo glorificaban.

Jesús en Nazaret

(Mt 13.53-58; Mr 6.1-6)

16 Jesús fue a Nazaret, donde se había cria-
do, y en el día de reposo entró en la sinago-
ga, como era su costumbre, y se levantó a
leer las Escrituras.
17 Se le dio el libro del profeta Isaías, y al
abrirlo encontró el texto que dice:

18 «El Espíritu del Señor está sobre mí.
Me ha ungido para proclamar buenas
noticias a los pobres;
me ha enviado a proclamar libertad a
los cautivos,
a dar vista a los ciegos,
a poner en libertad a los oprimidos
19 y a proclamar el año de la buena
voluntad del Señor.»[f]

20 Enrolló luego el libro, se lo dio al asisten-
te, y se sentó. Todos en la sinagoga lo mira-
ban fijamente.
21 Entonces él comenzó a decirles: «Hoy
se ha cumplido esta Escritura delante de
ustedes.»
22 Todos hablaban bien de él y se que-
daban asombrados de las palabras de
gracia que emanaban de sus labios, y se
preguntaban: «¿Acaso no es éste el hijo
de José?»
23 Jesús les dijo: «Sin duda ustedes me re-
cordarán el refrán que dice: "Médico, cúrate
a ti mismo", y también: "Haz aquí en tu tie-
rra todo lo que hemos oído que hiciste en
Cafarnaún."»
24 Y añadió: «De cierto les digo que nin-
gún profeta es bien recibido en su propia
tierra.[g]
25 A decir verdad, en los días de Elías,
cuando durante tres años y medio el cielo
se cerró y hubo mucha hambre en toda la
tierra, había muchas viudas en Israel;[h]
26 pero Elías no fue enviado a ninguna de
ellas, sino a una viuda en Sarepta de Sidón.[i]
27 Y en los días del profeta Eliseo había
también muchos leprosos en Israel, pero
ninguno de ellos fue limpiado sino Namán
el sirio.»[j]
28 Al oír esto, todos en la sinagoga se eno-
jaron mucho.
29 Se levantaron, lo echaron fuera de la
ciudad, y lo llevaron hasta la cumbre del
monte sobre el que estaba edificada la ciu-
dad, para despeñarlo.
30 Pero él pasó por en medio de ellos, y
se fue.

Un hombre que tenía un espíritu impuro

(Mr 1.21-28)

31 Jesús fue a Cafarnaún, ciudad de Ga-
lilea, y allí enseñaba a la gente en los días
de reposo.
32 Y la gente se admiraba de sus enseñan-
zas, porque les hablaba con autoridad.[k]
33 Había en la sinagoga un hombre que
tenía el espíritu de un demonio impuro, el
cual gritó con gran fuerza:
34 «¿Qué tienes contra nosotros, Jesús
de Nazaret? ¿Has venido a destruirnos?

LECCIONES VIVE DE LA PALABRA

(Lucas 4.4)

¿Qué es necesario para vivir? ¿Buena comida? ¿Agua? ¿Dormir ciertas horas? ¿Juegos en video? Cuando Jesús fue tentado, dijo que lo que se necesita para vivir es la Palabra de Dios. La Palabra de Dios era la única arma que Jesús usó en contra de las tentaciones de Satanás. "La palabra de Dios es viva y eficaz, y más cortante que las espadas de dos filos" (Hebreos 4:12). También es alimento para el alma. ¡No trates de vivir sin ella!

[f] **4.18-19:** Is 61.1-2. [g] **4.24:** Jn 4.44. [h] **4.25:** 1 R 17.1. [i] **4.26:** 1 R 17.8-16. [j] **4.27:** 2 R 5.1-14. [k] **4.32:** Mt 7.28-29.

¡Yo te conozco, y sé que eres el Santo de Dios!»

35 Pero Jesús lo reprendió y le dijo: «¡Cállate, y sal de ese hombre!» Entonces el demonio derribó al hombre en medio de ellos, y salió de él sin hacerle ningún daño.

36 Todos estaban asustados, y se preguntaban unos a otros: «¿Qué clase de palabra es ésta? ¡Con autoridad y poder da órdenes a los espíritus impuros, y éstos salen!»

Lc 10.17-19

37 Y su fama se iba extendiendo por todos los lugares vecinos.

Jesús sana a la suegra de Pedro

(Mt 8.14-15; Mr 1.29-31)

38 Jesús salió de la sinagoga y se dirigió a la casa de Simón. La suegra de Simón tenía una fiebre muy alta, así que le rogaron a Jesús por ella.

39 Él se inclinó hacia ella y reprendió a la fiebre, y la fiebre se le quitó. Al instante, ella se levantó y comenzó a atenderlos.

Muchos sanados al caer la tarde

(Mt 8.16-17; Mr 1.32-34)

40 Al ponerse el sol, todos los que tenían enfermos de diversas enfermedades se los llevaban, y él ponía sus manos sobre cada uno de ellos y los sanaba.

41 También de muchos salían demonios, los cuales gritaban: «¡Tú eres el Hijo de Dios!» Pero Jesús los reprendía y no los dejaba hablar, porque sabían que él era el Cristo.

Jesús predica en Galilea

(Mr 1.35-39)

42 Al llegar el día, Jesús salió y se fue a un lugar apartado. La gente lo buscaba, y cuando lo encontraron intentaron retenerlo para que no se alejara de ellos;

43 pero él les dijo: «También es necesario que yo anuncie en otras ciudades las buenas noticias del reino de Dios, porque para esto he sido enviado.»

44 Y siguió predicando en las sinagogas de esa región.

La pesca milagrosa

(Mt 4.18-22; Mr 1.16-20)

5 En cierta ocasión, Jesús estaba junto al lago de Genesaret y el gentío se agolpaba sobre él para oír la palabra de Dios.

2 Jesús vio que cerca de la orilla del lago estaban dos barcas, y que los pescadores habían bajado de ellas para lavar sus redes.

3 Jesús entró en una de aquellas barcas, la cual era de Simón, y le pidió que la apartara un poco de la orilla; luego se sentó en la barca, y desde allí enseñaba a la multitud.[a]

4 Cuando terminó de hablar, le dijo a Simón: «Lleva la barca hacia la parte honda del lago, y echen allí sus redes para pescar.»

5 Simón le dijo: «Maestro, toda la noche hemos estado trabajando, y no hemos pescado nada;[b] pero ya que tú me lo pides, echaré la red.»

6 Así lo hicieron, y fue tal la cantidad de peces que atraparon,[c] que la red se rompía.

7 Entonces hicieron señas a los compañeros que estaban en la otra barca, para que vinieran a ayudarlos. Cuando aquellos llegaron, llenaron ambas barcas de tal manera, que poco faltaba para que se hundieran.

8 Cuando Simón Pedro vio esto, cayó de rodillas ante Jesús y le dijo: «Señor, ¡apártate de mí, porque soy un pecador!»

9 Y es que tanto él como todos sus compañeros estaban pasmados por la pesca que habían hecho.

10 También estaban sorprendidos Jacobo y Juan, los hijos de Zebedeo, que eran compañeros de Simón. Pero Jesús le dijo a Simón: «No temas, que desde ahora serás pescador de hombres.»

11 Llevaron entonces las barcas a tierra, y lo dejaron todo para seguir a Jesús.

Jesús sana a un leproso

(Mt 8.1-4; Mr 1.40-45)

12 En otra ocasión, mientras Jesús estaba en una de las ciudades, se presentó un hombre lleno de lepra, quien al ver a Jesús se ar-

[a] **5.1-3:** Mt 13.1-2; Mr 3.9-10; 4.1. [b] **5.5:** Jn 21.3. [c] **5.6:** Jn 21.6.

rodilló y, rostro en tierra, le rogaba: «Señor, si quieres, puedes limpiarme.»

13 Entonces Jesús extendió la mano, lo tocó y le dijo: «Quiero. Ya has quedado limpio.» Y al instante se le quitó la lepra.

14 Jesús le ordenó: «No se lo cuentes a nadie. Sólo ve y preséntate ante el sacerdote, y ofrece por tu purificación lo que ordenó Moisés,[d] para que les sirva de testimonio.»

15 Pero su fama seguía extendiéndose, y mucha gente se reunía para escucharlo y para que los sanara de sus enfermedades;

16 pero Jesús se retiraba a lugares apartados para orar.

Jesús sana a un paralítico

(Mt 9.1-8; Mr 2.1-12)

17 Un día, mientras Jesús enseñaba, estaban sentados los fariseos y doctores de la ley que habían venido de todas las aldeas de Galilea, y de Judea y Jerusalén. El poder del Señor estaba con Jesús para sanar.

18 En ese momento llegaron unos hombres que traían en una camilla a un paralítico. Querían llevarlo adentro y ponerlo delante de Jesús,

19 pero como a causa de la multitud no hallaron la manera de hacerlo, se subieron a la azotea y, por el tejado, bajaron al paralítico en la camilla, hasta ponerlo en medio de la gente y delante de Jesús.

20 Al ver Jesús la fe de ellos, le dijo al paralítico: «Buen hombre, tus pecados te son perdonados.»

21 Los escribas y los fariseos comenzaron a murmurar, y decían: «¿Quién es éste, que profiere blasfemias? ¿Quién puede perdonar pecados? ¡Nadie sino Dios!»

22 Jesús, que conocía sus pensamientos, les dijo: «¿Por qué cavilan en su corazón?

23 ¿Qué es más fácil? ¿Que le diga al paralítico: "Tus pecados te son perdonados", o que le diga: "Levántate y anda"?

24 Pues para que ustedes sepan que el Hijo del Hombre tiene autoridad en la tierra para perdonar pecados, "Levántate (dijo éste al paralítico), toma tu camilla, y vete a tu casa."»

25 Al instante, aquel hombre se levantó en presencia de ellos, tomó la camilla en la que había estado acostado, y se fue a su casa alabando a Dios.

26 Todos estaban admirados y alababan a Dios, y llenos de temor decían: «¡Hoy hemos visto maravillas!»

Llamamiento de Leví

(Mt 9.9-13; Mr 2.13-17)

27 Después de esto, Jesús salió y vio a un cobrador de impuestos llamado Leví, que estaba sentado donde se cobraban los impuestos. Le dijo: «Sígueme.»

28 Leví se levantó y, dejándolo todo, lo siguió.

29 Más tarde, Leví ofreció un gran banquete en su casa, en honor de Jesús. Sentados a la mesa con ellos estaban muchos cobradores de impuestos y otras personas.

30 Pero los escribas y los fariseos murmuraban contra los discípulos de Jesús, y les dijeron: «¿Por qué ustedes comen y beben con cobradores de impuestos y pecadores?»[e]

31 Jesús les respondió: «Los que están sanos no necesitan de un médico, sino los enfermos.

32 Yo no he venido a llamar al arrepentimiento a los justos, sino a los pecadores.»

La pregunta sobre el ayuno

(Mt 9.14-17; Mr 2.18-22)

33 Entonces ellos le dijeron: «¿Por qué los discípulos de Juan y de los fariseos ayunan muchas veces, y hacen oraciones, mientras que los tuyos comen y beben?»

34 Jesús les dijo: «¿Acaso ustedes pueden hacer que ayunen los invitados a una boda, mientras el novio está con ellos?

35 Llegará el día en que el novio ya no estará con ellos. Entonces sí, ese día, ayunarán.»

36 También les contó una parábola: «Nadie corta un retazo de un vestido nuevo para remendar un vestido viejo. Si lo hace, no solamente arruinará el vestido nuevo,

[d] **5.14:** Lv 14.1-32. [e] **5.30:** Lc 15.1-2.

LECCIONES **LA COSTUMBRE DE ORAR**

(Lucas 5.16)

Jesús tenía la costumbre de orar. En su bautismo en el Jordán, Él oró (3:21). Jesús pasó la noche en oración antes de escoger a los doce discípulos (6:12). Después de dedicar tiempo a orar, Jesús hizo una pregunta importante a sus discípulos (9:18). Una vez cuando Jesús acabó de orar, sus discípulos le pidieron que les enseñara a orar (11:1). Jesús hablaba todos los días con su Padre celestial. Y tú ¿oras cada día?

sino que el remiendo no quedará bien en el
vestido viejo.
37 Ni tampoco se echa vino nuevo en
odres viejos, porque el vino nuevo hará que
se revienten los odres; entonces el vino se
derramará, y los odres se echarán a perder.
38 El vino nuevo debe echarse en odres
nuevos. Así, tanto el vino como los odres se
conservan.
39 Y nadie que haya bebido el vino añejo,
quiere beber el nuevo, porque dice: "El vino
añejo es mejor."»

Los discípulos espigan en el día de reposo

(Mt 12.1-8; Mr 2.23-28)

6 En cierto día de reposo, al pasar Jesús
por los sembrados, sus discípulos
iban arrancando espigas y desgra-
nándolas con las manos, para comerse el
grano.[a]
2 Algunos de los fariseos les dijeron: «¿Por
qué hacen lo que no está permitido hacer
en los días de reposo?»
3 Jesús les respondió: «¿Ni siquiera han leí-
do lo que hizo David, cuando él y sus acom-
pañantes tuvieron hambre?
4 Pues entró en la casa de Dios y tomó los
panes de la proposición, que sólo a los sacer-
dotes les es permitido comer. Y comió David,
y los compartió con sus acompañantes.»[c]
5 Y añadió: «El Hijo del Hombre es tam-
bién Señor del día de reposo.»

El hombre de la mano atrofiada

(Mt 12.9-14; Mr 3.1-6)

6 Otro día de reposo, Jesús entró en la si-
nagoga y comenzó a enseñar. Había allí un
hombre que tenía la mano derecha atrofiada,
7 y los escribas y los fariseos, que buscaban
un motivo para acusar a Jesús, lo observa-
ban para ver si en el día de reposo sanaba a
aquel hombre.
8 Pero Jesús, que sabía lo que pensaban,
dijo al hombre que tenía la mano atrofiada:
«Levántate, y ponte en medio.» El hombre
se puso de pie,
9 y Jesús dijo: «Voy a preguntarles algo.
¿Qué está permitido hacer en los días de
reposo? ¿El bien, o el mal? ¿Salvar una vida,
o quitar la vida?»
10 Miró entonces a todos los que estaban
alrededor, y dijo al hombre: «Extiende tu

[a]**6.1:** Dt 23.25. [c]**6.3-4:** 1 S 21.1-6.

LO VIEJO ES MEJOR *(Lucas 5.39)*

¿Qué es mejor: lo nuevo o lo viejo? Jesús predicó sobre el vino nuevo y el viejo. Dijo que el "vino nuevo" era las buenas noticias de la salvación (el perdón de Dios por medio de Jesús). El "vino añejo" era las antiguas tradiciones religiosas. Muchos judíos y sus líderes consideraban que las viejas tradiciones eran mejores que las buenas noticias de la salvación. Se olvidaron que nadie puede cumplir todas las reglas de la Ley de Dios. Todos necesitamos el perdón por medio de Jesús. ¡Esa es la nueva y buena noticia!

mano.» Aquel hombre lo hizo así, y su mano quedó sana.

11 Los escribas y los fariseos se pusieron furiosos y comenzaron a discutir qué podrían hacer contra Jesús.

Elección de los doce apóstoles

(Mt 10.1-4; Mr 3.13-19)

12 Por esos días Jesús fue al monte a orar, y pasó la noche orando a Dios.

13 Al llegar el día, llamó a sus discípulos y escogió a doce de ellos, a los cuales también llamó apóstoles, a saber:

14 Simón, a quien llamó Pedro; su hermano Andrés, Jacobo, Juan, Felipe, Bartolomé,

15 Mateo, Tomás, Jacobo hijo de Alfeo, Simón, conocido como el Zelote,

16 Judas hijo de Jacobo, y Judas Iscariote, que llegó a ser el traidor.

Jesús atiende a una multitud

(Mt 4.23-25)

17 Jesús descendió con ellos y se detuvo en un llano, en compañía de sus discípulos y de una gran multitud de toda Judea, de Jerusalén y de la costa de Tiro y Sidón. Habían venido a escucharlo y a ser sanados de sus enfermedades.

18 También eran sanados los que eran atormentados por espíritus impuros.

19 Toda la gente procuraba tocarlo, porque de él salía un poder que sanaba a todos.

Lc 9.1-6

Bienaventuranzas y ayes

(Mt 5.1-12)

20 Jesús miró a sus discípulos y les dijo: «Bienaventurados ustedes los pobres, porque el reino de Dios les pertenece.

21 »Bienaventurados ustedes los que ahora tienen hambre, porque serán saciados. Bienaventurados ustedes los que ahora lloran, porque reirán.

22 »Bienaventurados serán ustedes cuando, por causa del Hijo del Hombre,[d] la gente los odie, los segregue, los vitupere, y menosprecie su nombre como algo malo.

23 Cuando llegue ese día, alégrense y llénense de gozo, porque grande será el galardón que recibirán en los cielos. ¡Eso mismo hicieron con los profetas[e] los antepasados de esta gente!

24 »Pero ¡ay de ustedes los ricos!, porque ya han recibido su consuelo.

25 »¡Ay de ustedes, los que ahora están satisfechos!, porque habrán de pasar hambre.

»¡Ay de ustedes, los que ahora ríen!, porque habrán de llorar y de lamentarse.

26 »¡Ay de ustedes, cuando todos los alaben!, porque lo mismo hacían con los falsos profetas los antepasados de esta gente.

El amor hacia los enemigos

(Mt 5.38-48)

27 »A ustedes, los que me escuchan, les digo: Amen a sus enemigos, hagan bien a quienes los odian,

28 bendigan a quienes los maldicen, y oren por quienes los calumnian.

29 Si alguno te golpea en una mejilla, preséntale también la otra. Si alguien te quita la capa, deja que se lleve también la túnica.

30 A todo el que te pida, dale; y a quien se lleve lo que es tuyo, no le pidas que te lo devuelva.

La regla de oro

(Mt 7.12)

31 »Traten a los demás como ustedes quieran ser tratados.

32 Porque si ustedes aman sólo a quienes los aman, ¿qué mérito tienen? ¡Hasta los pecadores aman a quienes los aman!

33 Y si ustedes tratan bien sólo a quienes los tratan bien a ustedes, ¿qué mérito tienen? ¡Hasta los pecadores hacen lo mismo!

34 Si prestan algo a aquellos de quienes ustedes esperan recibir algo, ¿qué mérito tienen? ¡Hasta los pecadores se prestan unos a otros para recibir otro tanto!

35 Ustedes deben amar a sus enemigos, hacer el bien y dar prestado, sin esperar nada a cambio. Grande será entonces el ga-

[d] **6.22:** 1 P 4.14. [e] **6.23:** 2 Cr 36.16; Hch 7.52.

PROMESAS PODEROSAS

LUCAS 6.35

Ustedes deben amar a sus enemigos, hacer el bien y dar prestado, sin esperar nada a cambio. Grande será entonces el galardón que recibirán, y serán hijos del Altísimo. Porque él es benigno con los ingratos y con los malvados.

¿Cómo tratas a tu enemigo? Dios nos manda a que amemos a nuestros enemigos y que les hagamos el bien. Esto puede ser difícil de hacer, pero es la forma de mostrar el amor y la misericordia de Dios a los demás.

lardón que recibirán, y serán hijos del Altísi-
mo. Porque él es benigno con los ingratos y
con los malvados.
36 Por lo tanto, sean compasivos, como
también su Padre es compasivo.

El juzgar a los demás

(Mt 7.1-5)

37 »No juzguen, y no serán juzgados. No
condenen, y no serán condenados. Perdo-
nen, y serán perdonados.
38 Den, y se les dará una medida buena,
incluso apretada, remecida y desbordante.
Porque con la misma medida con que uste-
des midan, serán medidos.»
39 Les dijo también una parábola: «¿Acaso
un ciego puede guiar a otro ciego? ¿Acaso
no se caerán los dos en algún hoyo?[f]
40 El discípulo no es superior a su maestro,[g]
pero el que complete su aprendizaje será
como su maestro.
41 ¿Por qué miras la paja que está en el ojo
de tu hermano, y no miras la viga que está
en tu propio ojo?
42 ¿Cómo puedes decirle a tu hermano:
"Hermano, déjame sacarte la paja que tie-
nes en tu ojo", si no ves la viga que tienes
en tu propio ojo? ¡Hipócrita! Saca primero
la viga de tu propio ojo, y entonces podrás
ver bien para sacar la paja que está en el ojo
de tu hermano.

Por sus frutos serán conocidos

(Mt 7.15-20)

43 »Ningún árbol bueno produce frutos
malos, ni tampoco un árbol malo produce
frutos buenos.
44 Porque cada árbol se conoce por su
fruto.[h] No se cortan higos de los espinos, ni
se vendimian uvas de las zarzas.
45 El hombre bueno, saca lo bueno del buen
tesoro de su corazón. El hombre malo, saca lo
malo del mal tesoro de su corazón; porque de
la abundancia del corazón habla la boca.[i] Jn 15.1-8

Los dos cimientos

(Mt 7.24-27)

46 »¿Por qué me llaman ustedes "Señor,
Señor", y no hacen lo que les mando hacer?
47 Les voy a decir como quién es el que
viene a mí, y oye mis palabras y las pone en
práctica:
48 Es como quien, al construir una casa,
cava hondo y pone los cimientos sobre la
roca. En caso de una inundación, si el río
golpea con ímpetu la casa, no logra sacudir-
la porque está asentada sobre la roca.
49 Pero el que oye mis palabras y no las
pone en práctica, es como quien construye
su casa sobre el suelo y no le pone cimien-
tos. Si el río golpea con ímpetu la casa, la
derrumba y la deja completamente en rui-
nas.» Lc 10.25-37

Jesús sana al siervo de un centurión

(Mt 8.5-13)

7 Jesús terminó de hablar con el pue-
blo y entró en Cafarnaún.
2 Allí había un centurión que tenía
un siervo al que amaba mucho, el cual esta-
ba a punto de morir.
3 Cuando el centurión oyó hablar de Jesús,
envió a unos ancianos de los judíos para que
le rogaran que fuera a sanar a su siervo.

[f] **6.39:** Mt 15.14. [g] **6.40:** Mt 10.24-25; Jn 13.16; 15.20. [h] **6.44:** Mt 12.33. [i] **6.45:** Mt 12.34.

4 Ellos fueron a hablar con Jesús, y con mucha insistencia le rogaron: «Este hombre merece que le concedas lo que pide,

5 pues ama a nuestra nación y nos ha construido una sinagoga.»

6 Jesús se fue con ellos, y ya estaban cerca de la casa cuando el centurión envió a unos amigos suyos, para que le dijeran: «Señor, no te molestes. Yo no soy digno de que entres en mi casa.

7 Ni siquiera me consideré digno de presentarme ante ti. Pero con una sola palabra tuya mi siervo sanará.

8 Yo mismo sé lo que es estar bajo autoridad, y lo que es tener soldados bajo mis órdenes. Si a uno le digo "Ve allá", él va; y si a otro le digo "Ven acá", él viene; y si a mi siervo le digo: "Haz esto", lo hace.»

9 Cuando Jesús oyó esto, se quedó admirado del centurión. Se volvió entonces a la gente que lo seguía, y dijo: «Quiero decirles que ni siquiera en Israel he hallado tanta fe.»

10 Los que habían sido enviados regresaron entonces a la casa, y se encontraron con que el siervo ya estaba sano.

Jesús resucita al hijo de la viuda de Naín

11 Después Jesús se dirigió a una ciudad llamada Naín. Lo acompañaron muchos de sus discípulos, y una gran multitud.

12 Cuando se acercó a la puerta de la ciudad, vio que llevaban a enterrar al hijo único de una viuda. Mucha gente de la ciudad acompañaba a la madre.

13 Cuando el Señor la vio, se compadeció de ella y le dijo: «No llores.»

14 Luego se acercó al féretro y lo tocó, y los que lo llevaban se detuvieron. Entonces Jesús dijo: «Joven, a ti te digo, ¡levántate!»

15 En ese momento, el que estaba muerto se incorporó y comenzó a hablar, y Jesús se lo entregó a su madre.

16 El miedo se apoderó de todos, y unos alababan a Dios y decían: «Un gran profeta se ha levantado entre nosotros», y otros más decían «Dios ha venido a ayudar a su pueblo.»

17 Y la fama de Jesús se difundió por toda Judea y por toda la región vecina.

Los mensajeros de Juan el Bautista

(Mt 11.2-19)

18 Los discípulos de Juan fueron a contarle todas estas cosas. Entonces Juan llamó a dos de sus discípulos,

19 y los envió a Jesús para que le preguntaran: «¿Eres tú aquel que había de venir, o esperaremos a otro?»

20 Aquellos fueron a ver a Jesús, y le dijeron: «Juan el Bautista nos ha enviado para que te preguntemos si eres tú el que ha de venir, o debemos esperar a otro.»

21 En ese mismo momento, Jesús sanó a muchos que tenían enfermedades, plagas y espíritus malignos, y a muchos ciegos les dio la vista.

22 Entonces Jesús les respondió: «Vuelvan y cuéntenle a Juan lo que han visto y oído: Los ciegos ven, los cojos andan, los leprosos

LA FE QUE ADMIRÓ A JESÚS *(Lucas 7.9)*

¿Has pensado en que Dios se puede admirar de algo? Jesús quedó admirado de la fe del centurión romano. El centurión no solo se preocupaba por su siervo, sino que también reconoció el poder y la autoridad de Jesús. El pueblo de Israel no había mostrado esta clase de fe. Jesús recompensó la fe del centurión al sanar a su siervo. Si quieres agradar a Dios, fíjate lo que dice Hebreos 11:6: "Sin fe es imposible agradar a Dios, porque es necesario que el que se acerca a Dios crea que él existe, y que sabe recompensar a quienes lo buscan."

son limpiados, los sordos oyen,[a] los muertos son resucitados, y a los pobres se les anuncian las buenas noticias.[b]

23 ¡Bienaventurado el que no tropieza por causa de mí!»

24 Cuando los mensajeros de Juan se fueron, Jesús comenzó a decir a la gente acerca de Juan: «¿Qué fueron ustedes a ver al desierto? ¿Querían ver una caña sacudida por el viento?

25 ¿O qué fueron a ver? ¿A un hombre vestido con ropa elegante? Los que se visten con ropa elegante y disfrutan de grandes lujos, están en los palacios de los reyes.

26 Entonces, ¿qué es lo que ustedes fueron a ver? ¿A un profeta? Pues yo les digo que sí, ¡y a alguien mayor que un profeta!

27 Porque éste es de quien está escrito:

»"Yo envío mi mensajero delante de ti,
para que te prepare el camino."[c]

28 Yo les digo que, entre los que nacen de mujer, no hay nadie mayor que Juan el Bautista. Aun así, el más pequeño en el reino de Dios es mayor que él.»

29 Al oír esto, todo el pueblo y los cobradores de impuestos reconocieron la justicia de Dios y se bautizaron con el bautismo de Juan.

30 Pero los fariseos y los intérpretes de la ley rechazaron el propósito de Dios respecto de sí mismos, y no fueron bautizados por Juan.[d]

31 El Señor agregó: «¿Con qué compararé a la gente de esta generación? ¿A qué puedo compararlos?

32 Son como los niños que se sientan en la plaza y se gritan unos a otros: "Tocamos la flauta, y ustedes no bailaron; entonamos cantos fúnebres, y ustedes no lloraron."

33 Porque vino Juan el Bautista, que no comía pan ni bebía vino, y ustedes decían: "Tiene un demonio."

34 Luego vino el Hijo del Hombre, que come y bebe, y ustedes dicen: "Este hombre es un glotón y un borracho, amigo de cobradores de impuestos y de pecadores."

35 Pero a la sabiduría la reivindican sus hijos.»

Jesús en la casa de Simón el fariseo

36 Uno de los fariseos invitó a Jesús a comer, así que Jesús fue a la casa del fariseo y se sentó a la mesa.

37 Cuando una mujer de la ciudad, que era pecadora, se enteró de que Jesús estaba a la mesa, en la casa del fariseo, llegó con un frasco de alabastro lleno de perfume.

38 Llorando, se arrojó a los pies de Jesús y comenzó a bañarlos con lágrimas y a secarlos con sus cabellos; también se los besaba, y los ungía con el perfume.[e]

39 Cuando el fariseo que lo había convidado vio esto, pensó: «Si éste fuera profeta, sabría que la mujer que lo está tocando es una pecadora.»

40 Entonces Jesús le dijo: «Simón, tengo que decirte algo.» Simón dijo: «Dime, Maestro.»

41 «Un acreedor tenía dos deudores: uno le debía quinientos días de sueldo, y el otro cincuenta.

42 Como ninguno de los dos podía pagarle, les perdonó la deuda a los dos. Ahora, dime: ¿cuál de ellos lo amará más?»

43 Simón le respondió: «Me parece que aquel a quien le perdonó más.» Y Jesús le dijo: «Tu juicio es correcto.»

44 Entonces se volvió a la mujer y le dijo a Simón: «Mira a esta mujer. Cuando llegué a tu casa, no me diste agua para lavarme los pies, pero ésta los ha bañado con sus lágrimas y los ha secado con sus cabellos.

45 No me diste un beso, pero ésta no ha dejado de besarme los pies desde que entré.

46 No ungiste mi cabeza con aceite, pero ésta ha ungido mis pies con perfume.

47 Por eso te digo que sus muchos pecados le son perdonados, porque amó mucho. Pero a quien poco se le perdona, poco ama.»

48 Y a ella le dijo: «Tus pecados te son perdonados.»

[a]**7.22:** Is 35.5-6. [b]**7.22:** Is 61.1. [c]**7.27:** Mal 3.1. [d]**7.29-30:** Mt 21.32; Lc 3.12. [e]**7.37-38:** Mt 26.7; Mr 14.3; Jn 12.3.

[49] Los que estaban sentados a la mesa con
él, comenzaron a decir entre sí: «¿Quién es
éste, que también perdona pecados?»
[50] Pero Jesús le dijo a la mujer: «Tu fe te ha
salvado. Ve en paz.»

Lc 8.48

Mujeres que servían a Jesús

8 Después de esto, Jesús andaba por
todas las ciudades y aldeas, y allí
proclamaba y anunciaba las buenas
noticias del reino de Dios. Lo acompañaban
los doce,
[2] y también algunas mujeres que habían
sido sanadas de espíritus malignos y de en-
fermedades: María, a la que llamaban Mag-
dalena, y de la que habían sido expulsados
siete demonios;
[3] Juana, la mujer de Chuza, el intendente
de Herodes; Susana, y muchas otras que los
atendían con sus propios recursos.[a]

Parábola del sembrador

(Mt 13.1-15,18-23; Mr 4.1-20)

[4] De cada ciudad acudía gente para ver a
Jesús. Al reunirse una gran multitud, Jesús
les relató esta parábola:
[5] «El sembrador salió a sembrar su semilla.
Mientras sembraba, parte de ella cayó junto
al camino, y fue pisoteada y las aves del cielo
se la comieron.
[6] Otra parte cayó sobre las piedras, pero al
brotar se secó por falta de humedad.
[7] Otra parte cayó entre los espinos, pero la
ahogaron los espinos que brotaron con ella.
[8] Otra parte cayó en buena tierra; y brotó
y produjo una cosecha del ciento por uno.»
Y levantando la voz, dijo: «El que tenga
oídos para oír, que oiga.»
[9] Sus discípulos le preguntaron: «¿Qué sig-
nifica esta parábola?»
[10] Y él les respondió: «A ustedes se les con-
cede conocer los misterios del reino de Dios,
pero a los otros se les habla en parábolas, para
que viendo no vean, y oyendo no entiendan.[b]
[11] La parábola significa lo siguiente: La se-
milla es la palabra de Dios.

PROMESAS PODEROSAS

LUCAS 8.15

Pero la semilla que cayó en buena tierra representa a los que con corazón bueno y recto retienen la palabra oída, y dan una buena cosecha porque permanecen firmes.

Jesús prometió que los que aceptan a Cristo como su Salvador y viven para agradarle llevarán fruto. Esto significa que con la ayuda del Espíritu Santo se portarán de la manera correcta (lee acerca del fruto del Espíritu en Gálatas 5:22-23). Los NIÑOS PODEROSOS llevan fruto y tienen un corazón noble.

[12] Las semillas junto al camino son los que
oyen, pero que luego viene el diablo y les
quita del corazón la palabra, para que no
crean y se salven.
[13] Las que cayeron sobre las piedras son
los que, al oír la palabra, la reciben con gozo,
pero como no tienen raíces, creen por algún
tiempo, pero al llegar la prueba se apartan.
[14] Las que cayeron entre los espinos son
los que oyen, pero se alejan y son ahogados
por las preocupaciones, las riquezas y los
placeres de la vida, y no dan fruto.
[15] Pero la semilla que cayó en buena tier-
ra representa a los que con corazón bueno
y recto retienen la palabra oída, y dan una
buena cosecha porque permanecen firmes.

Nada hay oculto que no se manifieste

(Mr 4.21-25)

[16] »Nadie que enciende una luz la cubre
con un cajón, ni la coloca debajo de la cama.
Más bien, la pone en un candelero[c] para que
los que entren vean la luz.
[17] Porque no hay nada oculto que no lle-
gue a manifestarse, ni hay nada escondido
que no haya de ser conocido y de salir a
la luz.[d]

---

[a] **8.2-3:** Mt 27.55-56; Mr 15.40-41; Lc 23.49. [b] **8.10:** Is 6.9-10. [c] **8.16:** Mt 5.15; Lc 11.33. [d] **8.17:** Mt 10.26; Lc 12.2.

18 Escúchenme bien: a todo el que tiene, se le dará; y al que no tiene, hasta lo que cree tener se le quitará.»[e]

La madre y los hermanos de Jesús

(Mt 12.46-50; Mr 3.31-35)

19 La madre y los hermanos de Jesús fueron a donde él estaba, pero no podían acercarse a él por causa de la multitud.

20 Alguien le dijo: «Tu madre y tus hermanos están allí afuera, y quieren verte.»

21 Pero él respondió: «Mi madre y mis hermanos son los que oyen la palabra de Dios y la ponen en práctica.»

Jesús calma la tempestad

(Mt 8.23-27; Mr 4.35-41)

22 Un día, Jesús abordó una barca con sus discípulos, y les dijo: «Pasemos al otro lado del lago.» Y así lo hicieron.

23 Mientras navegaban, Jesús se quedó dormido. Pero se desencadenó en el lago una tempestad con viento, de tal manera que la barca se inundó y corrían el peligro de naufragar.

24 Los discípulos despertaron a Jesús y le dijeron: «¡Maestro, Maestro, estamos por naufragar!» Entonces Jesús despertó, reprendió al viento y a las olas, y éstas se sosegaron, y todo quedó en calma.

25 Jesús les dijo: «¿Dónde está la fe de ustedes?» Pero ellos, temerosos y asombrados, se decían unos a otros: «¿Quién es éste, que hasta a los vientos y a las aguas les da órdenes, y lo obedecen?»

El endemoniado gerasen o

(Mt 8.28-34; Mr 5.1-20)

26 Después arribaron a la tierra de los gerasenos, que está en la ribera opuesta a Galilea.

27 Cuando él llegó a tierra, vino a su encuentro un hombre de la ciudad que estaba endemoniado. Hacía mucho tiempo que no se vestía ni vivía en una casa, sino en los sepulcros.

28 Cuando el endemoniado vio a Jesús, se arrodilló delante de él, lanzó un fuerte grito, y le dijo: «Jesús, Hijo del Dios altísimo, ¿qué tienes que ver conmigo? ¡Te ruego que no me atormentes!»

29 (Y es que Jesús le ordenaba al espíritu impuro que saliera del hombre porque hacía mucho tiempo que se había apoderado de él. Aunque lo ataban con cadenas y grilletes, él rompía las cadenas y el demonio lo llevaba a lugares apartados.)

30 Jesús le preguntó: «¿Cómo te llamas?» Y él respondió: «Legión.» Porque eran muchos los demonios que habían entrado en él,

31 y le rogaban a Jesús que no los mandara al abismo.

32 Como allí había un gran hato de cerdos que pacían en el monte, los demonios le rogaron a Jesús que los dejara entrar en ellos; y él les dio permiso.

33 Una vez fuera del hombre, los demonios entraron en los cerdos, y éstos se lanzaron al lago por un despeñadero, y allí se ahogaron.

34 Cuando los que apacentaban los cerdos vieron lo sucedido, huyeron y fueron a contar todo esto en la ciudad y por los campos.

35 La gente salió a ver lo que había sucedido. Cuando llegaron a donde estaba Jesús, se encontraron con que el hombre, de quien habían salido los demonios, estaba sentado a los pies de Jesús, vestido y en su cabal juicio. Y tuvieron miedo.

36 Los que habían visto todo esto, les contaron cómo había sido salvado el endemoniado.

37 Entonces toda la gente de la región de los gerasenos le rogó a Jesús que se alejara de ellos, pues tenían mucho miedo. Así que Jesús entró en la barca y se fue.

38 El hombre de quien habían salido los demonios le rogaba que lo dejara estar con él, pero Jesús lo despidió y le dijo:

39 «Vuelve a tu casa, y cuenta allí todo lo que Dios ha hecho contigo.» Entonces el hombre se fue y contó por toda la ciudad lo que Jesús había hecho con él.

[e] **8.18:** Mt 25.29; Lc 19.26.

La hija de Jairo, y la mujer que tocó el manto de Jesús

(Mt 9.18-26; Mr 5.21-43)

40 Cuando Jesús regresó, la multitud lo recibió
con alegría, pues todos lo estaban esperando.
41 Llegó entonces un hombre llamado Jai-
ro, que era jefe de la sinagoga. Este hombre
se arrojó a los pies de Jesús y le rogó que
fuera a su casa,
42 pues su única hija, que tenía como doce
años, se estaba muriendo.
Mientras Jesús se dirigía a la casa de Jairo,
la multitud lo apretujaba.
43 Una mujer, que hacía doce años padecía
de hemorragias y había gastado en médicos
todo lo que tenía, sin que ninguno hubiera
podido curarla,
44 se le acercó por detrás y le tocó el borde del
manto. Al instante, su hemorragia se detuvo.
45 Entonces Jesús dijo: «¿Quién me ha to-
cado?» Todos negaban haberlo tocado, así
que Pedro y los que estaban con él le dije-
ron: «Maestro, son muchos los que te aprie-
tan y te oprimen.»
46 Pero Jesús dijo: «Alguien me ha tocado.
Yo sé bien que de mí ha salido poder.»
47 Cuando la mujer se vio descubierta, se
acercó temblorosa y se arrojó a los pies de
Jesús, y delante de todo el pueblo le contó
por qué lo había tocado, y cómo al instante
había sido sanada.
48 Entonces Jesús le dijo: «Hija, tu fe te ha
sanado. Ve en paz.»

Lc 12.28

49 Mientras Jesús hablaba, alguien de la casa
del jefe de la sinagoga llegó a decirle: «Tu hija
ha muerto. No molestes más al Maestro.»
50 Cuando Jesús oyó ésto, le dijo: «No te-
mas. Sólo debes creer, y tu hija será sanada.»
51 Jesús entró en la casa y no dejó que na-
die entrara con él, excepto Pedro, Jacobo y
Juan, y los padres de la niña.
52 Todos estaban llorando y se lamenta-
ban por ella. Pero él les dijo: «No lloren, que
no está muerta, sino dormida.»
53 La gente se burlaba de él, pues sabían
que la niña estaba muerta;
54 pero él la tomó de la mano, y con fuerte
voz le dijo: «Niña, ¡levántate!»
55 La niña volvió a la vida, y enseguida se le-
vantó, y Jesús mandó que le dieran de comer.
56 Sus padres estaban atónitos, pero Jesús
les mandó que no dijeran a nadie lo que ha-
bía sucedido.

Misión de los doce discípulos

(Mt 10.5-15; Mr 6.7-13)

9 Jesús reunió a sus doce discípulos y,
después de darles poder y autoridad
para expulsar a todos los demonios,
y para sanar enfermedades,
2 los envió a predicar el reino de Dios y a
sanar a los enfermos.
3 Les dijo:[a] «No lleven nada para el cami-
no. Ni bastón, ni mochila, ni pan, ni dinero,
ni dos túnicas.
4 En cualquier casa donde entren, qué-
dense allí hasta que salgan.
5 Si en alguna ciudad no los reciben bien,
salgan de allí y sacúdanse el polvo de los
pies, como un testimonio contra ellos.»[b]
6 Los discípulos salieron y fueron por to-
das las aldeas, y por todas partes anuncia-
ban las buenas noticias y sanaban enfermos.

Lc 10.9

Muerte de Juan el Bautista

(Mt 14.1-12; Mr 6.14-29)

7 Herodes el tetrarca se enteró de todo lo que
hacía Jesús, y estaba perplejo, pues algunos de-
cían que Juan había resucitado de los muertos;
8 otros decían que Elías se había apareci-
do; y aún otros, que alguno de los antiguos
profetas había resucitado.[c]
9 Pero Herodes dijo: «¡Yo mandé decapi-
tar a Juan! Entonces, ¿quién es éste, de quien
oigo decir tales cosas?» Y trataba de verlo.

Alimentación de los cinco mil

(Mt 14.13-21; Mr 6.30-44; Jn 6.1-14)

10 Cuando los apóstoles regresaron, le
contaron a Jesús todo lo que habían hecho.
Entonces él los llevó a un lugar apartado de
la ciudad llamada Betsaida.

[a] **9.3-5:** Lc 10.4-11. [b] **9.5:** Hch 13.51. [c] **9.7-8:** Mt 16.14; Mr 8.28; Lc 9.19.

11 Pero la gente lo supo y lo siguió, y él los
recibió y les hablaba del reino de Dios, y sa-
naba a los que necesitaban ser sanados.
12 Cuando el día comenzó a declinar, los
discípulos se acercaron a Jesús y le dijeron:
«Despide a la gente, para que vayan a las al-
deas y campos vecinos, y busquen comida y
alojamiento, porque aquí no hay nada.»
13 Jesús les dijo: «Denles ustedes de co-
mer.» Pero ellos respondieron: «No tene-
mos más que cinco panes y dos pescados,
a no ser que vayamos a comprar alimentos
para toda esta multitud.»
14 Allí había como cinco mil personas. Y
Jesús dijo a sus discípulos: «Hagan que la
gente se siente en grupos de cincuenta per-
sonas.»
15 Los discípulos lo hicieron así, y todos se
sentaron.
16 Jesús tomó entonces los cinco panes y
los dos pescados y, levantando los ojos al
cielo, los bendijo, los partió, y se los dio a
sus discípulos para que ellos los repartieran
entre la gente.
17 Y todos comieron y quedaron satisfe-
chos; y de lo que sobró recogieron doce
cestas.

La confesión de Pedro

(Mt 16.13-20; Mr 8.27-30)

18 Un día, mientras Jesús se apartó para
orar, les preguntó a los discípulos que es-
taban con él: «¿Quién dice la gente que
soy yo?»
19 Ellos respondieron: «Unos dicen que
eres Juan el Bautista; otros, que Elías; y otros
más, que eres alguno de los antiguos profe-
tas que ha resucitado.[d]»
20 Entonces les preguntó: «¿Y ustedes,
quién dicen que soy?» Y Pedro le respondió:
«Tú eres el Cristo de Dios.»[e]

Jesús anuncia su muerte

(Mt 16.21-28; Mr 8.31—9.1)

21 Jesús les mandó que de ninguna manera
se lo dijeran a nadie.
22 También les dijo: «Es necesario que el
Hijo del Hombre padezca muchas cosas,
que sea desechado por los ancianos, por los
principales sacerdotes y por los escribas, y
que muera y resucite al tercer día.»
23 Y a todos les decía: «Si alguno quiere
seguirme, niéguese a sí mismo, tome su cruz
cada día, y sígame.[f]
24 Porque todo el que quiera salvar su vida,
la perderá, y todo el que pierda su vida por
causa de mí, la salvará.[g]
25 Porque ¿de qué le sirve a uno ganarse
todo el mundo, si se destruye o se pierde a
sí mismo?
26 Porque si alguno se avergüenza de
mí y de mis palabras, el Hijo del Hombre
se avergonzará de él cuando venga en su
gloria, y en la gloria del Padre y de los san-
tos ángeles.
27 Pero en verdad les digo, que algunos
de los que están aquí no morirán hasta que
vean el reino de Dios.»

[d] **9.19:** Mt 14.1-2; Mr 6.14-15; Lc 9.7-8. [e] **9.20:** Jn 6.68-69. [f] **9.23:** Mt 10.38; Lc 14.27. [g] **9.24:** Mt 10.39; Lc 17.33; Jn 12.25.

PODER PARA VIVIR

NIÉGATE A TI MISMO *(Lucas 9.23)*

No tienes que pagar dinero para aceptar a Cristo como tu Salvador, pero pudieras tener que pagar un precio por servirle. El "precio" es que te niegues a ti mismo y tomes tu cruz. ¿Qué quiere decir eso? Significa que estás dispuesto a renunciar a tus planes y seguir a Dios. Puede ser que tengas que sufrir, si esto es parte del plan de Dios para tu vida. Todos los días tenemos que escoger si seguiremos nuestros propios caminos o si seguiremos el camino de Dios. ¿Estás dispuesto a pagar el precio de seguir a Jesús?

La transfiguración

(Mt 17.1-8; Mr 9.2-8)

28 Como ocho días después de que Jesús
dijo esto, subió al monte a orar,[h] y se llevó
con él a Pedro, Juan y Jacobo.
29 Y mientras oraba, cambió la apariencia
de su rostro, y su vestido se hizo blanco y
resplandeciente.
30 Aparecieron entonces dos hombres, y
conversaban con él. Eran Moisés y Elías,
31 que rodeados de gloria hablaban de la
partida de Jesús, la cual se iba a cumplir en
Jerusalén.
32 Pedro y los que estaban con él tenían
mucho sueño pero, como se quedaron des-
piertos, vieron la gloria de Jesús y a los dos
hombres que estaban con él.
33 Mientras éstos se alejaban de Jesús, Pe-
dro dijo: «Maestro, ¡qué bueno es para no-
sotros estar aquí! Vamos a hacer tres cober-
tizos; uno para ti, otro para Moisés, y otro
para Elías.» Pero no sabía lo que decía.
34 Y mientras decía esto, una nube los
cubrió, y tuvieron miedo de entrar en la
nube.
35 Entonces, desde la nube se oyó una voz
que decía: «Éste es mi Hijo amado.[i] ¡Escú-
chenlo!»
36 Cuando la voz cesó, Jesús se encontraba
solo. Pero ellos mantuvieron esto en secreto
y, durante aquellos días, no le dijeron a nadie
lo que habían visto.

Jesús sana a un muchacho endemoniado

(Mt 17.14-21; Mr 9.14-29)

37 Al día siguiente, cuando bajaron del
monte, una gran multitud les salió al en-
cuentro,
38 y con fuerte voz un hombre de la multi-
tud le dijo: «Maestro, te ruego que veas a mi
hijo. ¡Es el único hijo que tengo!
39 Sucede que un espíritu se apodera de
él, y de repente lo sacude con violencia, y
lo hace gritar y echar espuma por la boca.
Cuando lo atormenta, a duras penas lo deja
tranquilo.

PALABRAS CON PODER — **LA TRANSFIGURACIÓN** *(Lucas 9.29)*

A veces nuestros amigos cambian la forma de actuar de un día para otro debido a las cosas buenas o malas que les suceden. Jesús cambió de manera asombrosa antes los ojos perplejos de los discípulos más cercanos: Pedro, Jacobo y Juan. Ellos lo vieron tal como era; como Dios. Llamamos transfiguración a este acontecimiento. Transfigurar es transformar o cambiar. Jesús se transformó, y los discípulos tuvieron una vislumbre de la gloria de Dios.

40 Yo les pedí a tus discípulos que expulsa-
ran al espíritu, pero no pudieron.»
41 Jesús dijo entonces: «¡Ay, gente incrédula y
perversa! ¿Hasta cuándo tendré que estar con
ustedes y soportarlos? ¡Trae acá a tu hijo!»
42 Mientras el muchacho se acercaba, el de-
monio lo derribó y lo sacudió con violencia,
pero Jesús reprendió al espíritu impuro, sanó
al muchacho, y se lo entregó a su padre.
43 Y todos se admiraban de la grandeza de
Dios.

Jesús anuncia otra vez su muerte

(Mt 17.22-23; Mr 9.30-32)

Entre el asombro que causaba todo lo
que Jesús hacía, dijo él a sus discípulos:
44 «Pongan mucha atención a estas pala-
bras: El Hijo del Hombre será entregado a
los poderes de este mundo.»
45 Pero ellos no las entendieron, pues les es-
taban veladas para que no las entendieran, y
tenían miedo de preguntarle qué querían decir.

¿Quién es el mayor?

(Mt 18.1-5; Mr 9.33-37)

46 En cierta ocasión, los discípulos comen-
zaron a discutir acerca de quién de ellos era
el más importante.[j]

---

[h] **9.28-35:** 2 P 1.17-18. [i] **9.35:** Is 42.1; Mt 3.17; 12.18; Mr 1.11; Lc 3.22.

47 Cuando Jesús se dio cuenta de lo que estaban pensando, tomó a un niño y, poniéndolo junto a él,

48 les dijo: «Cualquiera que reciba a un niño así en mi nombre, me recibe a mí; y cualquiera que me recibe a mí, recibe al que me envió.[k] Porque el más insignificante entre todos ustedes, es el más grande de ustedes.»

El que no está contra nosotros, está a favor de nosotros

(Mr 9.38-40)

49 Entonces Juan le dijo: «Maestro, hemos visto a uno que expulsaba demonios en tu nombre, pero se lo prohibimos, porque no anda con nosotros.»

50 Jesús le dijo: «No se lo prohíban, porque el que no está contra nosotros, está a favor de nosotros.»

Jesús reprende a Jacobo y a Juan

51 Se acercaba el tiempo en que Jesús había de ser recibido arriba, así que resolvió con firmeza dirigirse a Jerusalén.

52 Envió mensajeros delante de él, y ellos se fueron y entraron en una aldea samaritana para prepararle todo;

53 pero los de allí no lo recibieron porque se dieron cuenta de que su intención era ir a Jerusalén.

54 Al ver esto, sus discípulos Jacobo y Juan dijeron: «Señor, ¿quieres que mandemos que caiga fuego del cielo, como hizo Elías, para que los destruya?»[l]

55 Pero Jesús se volvió y los reprendió. [Y les dijo: «Ustedes no saben de qué espíritu son.

56 Porque el Hijo del Hombre no ha venido a quitarle la vida a nadie, sino a salvársela.»][1] Y se fueron a otra aldea.

Los que querían seguir a Jesús

(Mt 8.18-22)

57 Mientras seguían su camino, alguien le dijo: «Señor, yo te seguiré adondequiera que vayas.»

58 Jesús le dijo: «Las zorras tienen guaridas, y las aves de los cielos tienen nidos, pero el Hijo del Hombre no tiene dónde recostar su cabeza.»

59 Y a otro le dijo: «Sígueme.» Aquél le respondió: «Señor, permíteme ir primero a enterrar a mi padre.»

60 Pero Jesús le dijo: «Deja que los muertos entierren a sus muertos. Tú, ve y anuncia el reino de Dios.»

61 Otro también le dijo: «Señor, yo te seguiré; pero antes déjame despedirme de los que están en mi casa.»[m]

62 Jesús le dijo: «Nadie que mire hacia atrás, después de poner la mano en el arado, es apto para el reino de Dios.»

Misión de los setenta y dos

10 Después de esto, el Señor eligió a otros setenta y dos, y de dos en dos los envió delante de él a todas las ciudades y lugares adonde él tenía que ir.

2 Les dijo: «Ciertamente, es mucha la mies, pero son pocos los segadores. Por tanto, pidan al Señor de la mies que envíe segadores a cosechar la mies.[a]

3 Y ustedes, pónganse en camino. Pero tengan en cuenta que yo los envío como a corderos en medio de lobos.[b]

4 No lleven bolsa, ni alforja, ni calzado; ni se detengan en el camino a saludar a nadie.

5 En cualquier casa adonde entren, antes que nada digan: "Paz a esta casa."

6 Si allí hay gente de paz, la paz de ustedes reposará sobre esa gente; de lo contrario, la paz volverá a ustedes.

7 Quédense en esa misma casa, y coman y beban lo que les den, porque el obrero es digno de su salario.[c] No vayan de casa en casa.

8 En cualquier ciudad donde entren, y los reciban, coman lo que les ofrezcan.

9 Sanen a los enfermos que allí haya, y díganles: "El reino de Dios se ha acercado a ustedes." Lc 13.10-17

10 Pero si llegan a alguna ciudad y no los reciben, salgan a la calle y digan:

---

[k]**9.46:** Lc 22.24. [k]**9.48:** Mt 10.40; Lc 10.16; Jn 13.20. [l]**9.54:** 2 R 1.9-16. [1]**9.55-56** El texto que aparece entre corchetes se halla sólo en mss. tardíos. [m]**9.61:** 1 R 19.20. [a]**10.2:** Mt 9.37-38. [b]**10.3:** Mt 10.16. [c]**10.7:** 1 Co 9.14; 1 Ti 5.18.

11 "Hasta el polvo de su ciudad, que se ha pegado a nuestros pies, lo sacudimos contra ustedes.[d] Pero sepan que el reino de Dios se ha acercado a ustedes."[e]

12 Yo les digo que, en aquel día, el castigo para Sodoma será más tolerable[f] que para aquella ciudad.[g]

Ayes sobre las ciudades impenitentes

(Mt 11.20-24)

13 »¡Ay de ti, Corazín! ¡Y ay de ti, Betsaida! Porque si en Tiro y en Sidón[h] se hubieran hecho los milagros que se han hecho en ustedes, ya hace tiempo que, sentadas en cilicio y cubiertas de ceniza, habrían mostrado su arrepentimiento.

14 Por tanto, en el día del juicio, el castigo para Tiro y para Sidón será más tolerable que para ustedes.

15 Y tú, Cafarnaún, que te elevas hasta los cielos, ¡hasta el Hades caerás abatida![i]

16 »El que los escucha a ustedes, me escucha a mí.[j] El que los rechaza a ustedes, me rechaza a mí; y el que me rechaza a mí, rechaza al que me envió.»

Regreso de los setenta y dos

17 Cuando los setenta y dos volvieron, estaban muy contentos y decían: «Señor, en tu nombre, ¡hasta los demonios se nos sujetan!»

18 Jesús les dijo: «Yo veía a Satanás caer del cielo como un rayo.

19 Miren que yo les he dado a ustedes poder para aplastar serpientes y escorpiones,[k] y para vencer a todo el poder del enemigo, sin que nada los dañe.

Lc 11.20-26

20 Pero no se alegren de que los espíritus se les sujetan, sino de que los nombres de ustedes ya están escritos en los cielos.»

Jesús se regocija

(Mt 11.25-27; 13.16-17)

21 En ese momento Jesús se regocijó en el Espíritu Santo, y dijo: «Te alabo, Padre, Señor del cielo y de la tierra, porque estas cosas las escondiste de los sabios y entendidos, y las revelaste a los niños. ¡Sí, Padre, porque así te agradó!

22 Mi Padre me ha entregado todas las cosas,[l] y nadie conoce al Hijo, sino el Padre; ni nadie conoce al Padre, sino el Hijo,[m] y aquel a quien el Hijo lo quiera revelar.»

23 Jesús se volvió a los discípulos, y aparte les dijo: «Dichosos los ojos que ven lo que ustedes ven.

24 Porque les digo que muchos profetas y reyes desearon ver lo que ustedes ven, pero no lo vieron; y oír lo que ustedes oyen, pero no lo oyeron.»

El buen samaritano

25 En ese momento, un intérprete de la ley se levantó y, para poner a prueba a Jesús, dijo:[n] «Maestro, ¿qué debo hacer para heredar la vida eterna?»

26 Jesús le dijo: «¿Qué está escrito en la ley? ¿Qué lees allí?»

27 El intérprete de la ley respondió: «Amarás al Señor tu Dios con todo tu corazón, con toda tu alma, con todas tus fuerzas y con toda tu mente,[o] y a tu prójimo como a ti mismo.»[p]

28 Jesús le dijo: «Has contestado correctamente. Haz esto, y vivirás.»[q]

29 Pero aquél, queriendo justificarse a sí mismo, le preguntó a Jesús: «¿Y quién es mi prójimo?»

30 Jesús le respondió: «Un hombre descendía de Jerusalén a Jericó, y cayó en manos de unos ladrones, que le robaron todo lo que tenía y lo hirieron, dejándolo casi muerto.

31 Por el camino descendía un sacerdote, y aunque lo vio, siguió de largo.

32 Cerca de aquel lugar pasó también un levita, y aunque lo vio, siguió de largo.

33 Pero un samaritano, que iba de camino, se acercó al hombre y, al verlo, se compadeció de él

[d] **10.10-11:** Hch 13.51. [e] **10.4-11:** Mt 10.7-14; Mr 6.8-11; Lc 9.3-5. [f] **10.12:** Gn 19.24-28; Mt 11.24. [g] **10.12:** Mt 10.15. [h] **10.13:** Is 23.1-18; Ez 26.1—28.26; Jl 3.4-8; Am 1.9-10; Zac 9.2-4. [i] **10.15:** Is 14.13-15. [j] **10.16:** Mt 10.40; Mr 9.37; Lc 9.48; Jn 13.20. [k] **10.19:** Sal 91.13. [l] **10.22:** Jn 3.35. [m] **10.22:** Jn 10.15. [n] **10.25-28:** Mt 22.35-40; Mr 12.28-34. [o] **10.27:** Dt 6.5. [p] **10.27:** Lv 19.18. [q] **10.28:** Lv 18.5.

LECCIONES **EL MEJOR PRÓJIMO**
(Lucas 10.29)

Un maestro le preguntó a Jesús: "¿Quién es mi prójimo?" Jesús dio su respuesta en la parábola del buen samaritano. A través de esta parábola, Él mostró que un buen próximo actúa con bondad y misericordia. Tu prójimo no es solo tu vecino sino cualquier persona con que te encuentres que tiene alguna necesidad. ¡Los NIÑOS PODEROSOS son buenos prójimos que hacen buenas obras!

34 y le curó las heridas con aceite y vino, y
se las vendó; luego lo puso sobre su cabalga-
dura y lo llevó a una posada, y cuidó de él.
35 Al otro día, antes de partir, sacó dos mo-
nedas, se las dio al dueño de la posada, y le
dijo: "Cuídalo. Cuando yo regrese, te pagaré
todo lo que hayas gastado de más."
36 De estos tres, ¿cuál crees que fue el
prójimo del que cayó en manos de los la-
drones?»
37 Aquél respondió: «El que tuvo compa-
sión de él.» Entonces Jesús le dijo: «Pues ve
y haz tú lo mismo.»

Lc 12.42-48

Jesús visita a Marta y a María

38 Mientras Jesús iba de camino, entró en
una aldea, y una mujer llamada Marta, lo
hospedó en su casa.
39 Marta tenía una hermana que se llama-
ba María,[r] la cual se sentó a los pies de Jesús
para escuchar lo que él decía.
40 Pero Marta, que estaba ocupada con
muchos quehaceres, se acercó a Jesús y le
dijo: «Señor, ¿no te importa que mi herma-
na me deje trabajar sola? ¡Dile que me ayu-
de!»
41 Jesús le respondió: «Marta, Marta, estás
preocupada y aturdida con muchas cosas.
42 Pero una sola cosa es necesaria. María
ha escogido la mejor parte, y nadie se la qui-
tará.»

PALABRAS CON PODER **EL PAN DE CADA DÍA**
(Lucas 11.3)

El pan era muy importante para la gente de los tiempos bíblicos. Muchos días, el pan era el único alimento que tenían. Cuando Jesús enseñó a sus discípulos a orar, les dijo que pidieran el "pan de cada día". Les enseñó a pedir a Dios por sus necesidades diarias. Tú puedes hacer lo mismo. ¿Qué necesitas hoy? Dios quiere que le hables acerca de eso.

Jesús y la oración

(Mt 6.9-15; 7.7-11)

11 En cierta ocasión, Jesús estaba
orando en un lugar y, cuando
terminó, uno de sus discípulos
le dijo: «Señor, enséñanos a orar, así como
Juan enseñó a sus discípulos.»
2 Jesús les dijo: «Cuando ustedes oren,
digan: "Padre, santificado sea tu nombre.
Venga tu reino.
3 El pan nuestro de cada día, dánoslo hoy.
4 Perdónanos nuestros pecados, porque
también nosotros perdonamos a todos los
que nos deben. Y no nos metas en tenta-
ción."»
5 También les dijo: «¿Quién de ustedes,
que tenga un amigo, va a verlo a mediano-
che y le dice: "Amigo, préstame tres panes,
6 porque un amigo mío ha venido a visi-
tarme, y no tengo nada que ofrecerle"?
7 Aquél responderá desde adentro y le
dirá: "No me molestes. La puerta ya está
cerrada, y mis niños están en la cama con-
migo. No puedo levantarme para dártelos."
8 Yo les digo que, aunque no se levante a
dárselos por ser su amigo, sí se levantará por
su insistencia, y le dará todo lo que necesite.
9 Así que pidan, y se les dará. Busquen, y
encontrarán. Llamen, y se les abrirá.
10 Porque todo aquel que pide, recibe; y el
que busca, encuentra; y al que llama, se le abre.

[r]**10.38-39:** Jn 11.1.

11 ¿Quién de ustedes, si su hijo le pide pan, le da una piedra? ¿O si le pide un pescado, en lugar del pescado le da una serpiente?

12 ¿O si le pide un huevo, le da un escorpión?

13 Pues si ustedes, que son malos, saben dar cosas buenas a sus hijos, ¡cuánto más el Padre celestial dará el Espíritu Santo a quienes se lo pidan!»

Una casa dividida contra sí misma

(Mt 12.22-30; Mr 3.20-27)

14 Jesús estaba expulsando un demonio que había dejado mudo a un hombre, y cuando el demonio salió, el mudo comenzó a hablar y la gente quedó asombrada.

15 Pero algunos dijeron: «Éste expulsa a los demonios por el poder de Beelzebú, príncipe de los demonios.»[a]

16 Otros, para ponerlo a prueba, le pedían alguna señal del cielo.[b]

17 Pero él, que sabía lo que ellos pensaban, les dijo: «Todo reino dividido contra sí mismo queda devastado. No hay casa que permanezca, si internamente está dividida.

18 Ya que ustedes dicen que yo expulso a los demonios por el poder de Beelzebú, ¿cómo podrá permanecer el reino de Satanás, si él está dividido contra sí mismo?

19 Porque, si yo expulso a los demonios por el poder de Beelzebú, ¿por el poder de quién los expulsan los hijos de ustedes? Por tanto, ellos mismos serán los jueces de ustedes.

20 Pero si yo expulso a los demonios por el poder de Dios, ciertamente el reino de Dios ha llegado a ustedes.

21 Cuando un hombre fuerte está bien armado y protege su palacio, lo que posee no corre peligro.

22 Pero cuando otro más fuerte que él viene y lo derrota, le quita todas las armas en las que confiaba, y reparte el botín.

23 El que no está conmigo, está contra mí;[c] y el que conmigo no recoge, desparrama.

El espíritu impuro que vuelve

(Mt 12.43-45)

24 »Cuando el espíritu impuro sale del hombre, anda por lugares áridos en busca de reposo, pero al no encontrarlo dice: "Volveré a mi casa, de donde salí."

25 Y cuando llega y la encuentra barrida y adornada,

26 va y trae otros siete espíritus peores que él, y todos entran y allí se quedan a vivir. ¡Y el estado final de aquel hombre resulta peor que el primero!» Hch 5.3-5

Los que en verdad son dichosos

27 Mientras Jesús decía esto, una mujer de entre la multitud levantó la voz y le dijo: «¡Dichoso el vientre que te dio a luz, y los senos que te amamantaron!»

28 Jesús respondió: «Más bien, dichosos los que escuchan la palabra de Dios, y la obedecen.»

La gente perversa demanda señal

(Mt 12.38-42)

29 Como la multitud que lo rodeaba iba en aumento, Jesús comenzó a decir: «¡Qué malvada es esta generación! Demanda una señal,[d] pero no tendrán más señal que la del profeta Jonás.

30 Porque así como Jonás fue una señal para los ninivitas,[e] también el Hijo del Hombre será una señal para esta generación.

31 En el día del juicio, la reina del Sur se levantará con la gente de esta generación, y la condenará; porque ella vino desde los confines de la tierra para escuchar la sabiduría de Salomón,[f] y aquí hay alguien que es más grande que Salomón.

32 En el día del juicio, los habitantes de Nínive se levantarán con esta generación, y la condenarán; porque al oír la predicación de Jonás se arrepintieron,[g] y aquí hay alguien que es más grande que Jonás.

[a] **11.15:** Mt 9.34; 10.25. [b] **11.16:** Mt 12.38; 16.1; Mr 8.11. [c] **11.23:** Mr 9.40. [d] **11.29:** Mt 16.4; Mr 8.12. [e] **11.30:** Jon 3.4. [f] **11.31:** 1 R 10.1-10; 2 Cr 9.1-12. [g] **11.32:** Jon 3.5.

La lámpara del cuerpo

(Mt 6.22-23)

33 »Nadie esconde la luz que se enciende, ni la pone debajo de un cajón, sino en el candelero,[h] para que los que entran vean la luz.

34 La lámpara del cuerpo es el ojo. Cuando tu ojo es bueno, también todo tu cuerpo está lleno de luz; pero cuando tu ojo es malo, también tu cuerpo estará a oscuras.

35 Ten cuidado, no sea que la luz que hay en ti resulte ser oscuridad.

36 Así que, si todo tu cuerpo está lleno de luz, y no participa de la oscuridad, será todo luminoso, como cuando una lámpara te alumbra con su resplandor.»

Jesús acusa a fariseos y a intérpretes de la ley

(Mt 23.1-36; Mr 12.38-40; Lc 20.45-47)

37 Después de que Jesús terminó de hablar, un fariseo lo invitó a que comiera con él. Jesús entró en la casa y se sentó a la mesa.

38 Al fariseo le extrañó ver que Jesús no se hubiera lavado antes de comer,

39 pero el Señor le dijo: «Ustedes los fariseos limpian por fuera el vaso y el plato, pero por dentro están llenos de robo y de maldad.

40 ¡Necios! ¿Acaso el que hizo lo de afuera, no hizo también lo de adentro?

41 Den limosna de lo que está adentro, y así todo quedará limpio para ustedes.

42 »¡Ay de ustedes, fariseos!, que dan el diezmo de la menta y de la ruda, y de toda clase de hortalizas,[i] pero pasan por alto la justicia y el amor de Dios. Esto es necesario que lo hagan, sin dejar de hacer aquello.

43 ¡Ay de ustedes, fariseos!, que aman los primeros lugares en las sinagogas, y los saludos en las plazas.

44 ¡Ay de ustedes, escribas y fariseos, hipócritas! Son ustedes como sepulcros que no se ven, y los que pasan por encima no lo saben.»

45 Uno de los intérpretes de la ley, le dijo: «Maestro, cuando dices esto, nos insultas también a nosotros.»

[h]**11.33:** Mt 5.15; Mr 4.21; Lc 8.16. [i]**11.42:** Lv 27.30.

MUJERES PODEROSAS

MARÍA Y MARTA

María y Marta eran dos hermanas que vivían con su hermano Lázaro en Betania. Esta ciudad estaba a unos tres kilómetros de Jerusalén. Ellos eran buenos amigos de Jesús, que a menudo los visitaba.

María y Marta eran dos hermanas muy diferentes. En Lucas 10, vemos que a Marta le gustaba cocinar y servir a Jesús cuando los visitaba. A María le gustaba sentarse a escuchar lo que Jesús enseñaba.

Ambas estuvieron presentes en momentos especiales del ministerio de Jesús. María derramó un perfume costoso a los pies de Jesús, y los secó con sus cabellos. Hizo esto para mostrar su gran amor y devoción por Él. Marta mostró su gran fe en Jesús cuando Lázaro murió. Aunque ella estaba triste porque Jesús no había impedido la muerte de su hermano, ella creía que Jesús podía traerlo de vuelta a la vida. Ella creía firmemente que Jesús era el Mesías.

Marta y María se ganaron un lugar en la Biblia por su amor a Jesús. Cada hermana lo sirvió poderosamente en su propia manera única. ¿Tienes hermanos? ¿Cómo eres diferente a ellos? Si te sientes tentado a compararte con uno de ellos, ¡no lo hagas! En cambio, piensa en cómo eres una persona especial que puede hacer grandes cosas por Dios.

Puedes leer acerca de María y Marta en Lucas 10:38-42; Juan 11:1—12:8.

[46] Y Jesús dijo: «¡Ay de ustedes también,
intérpretes de la ley! Porque imponen a los
otros cargas muy difíciles de llevar, pero us-
tedes ni siquiera con un dedo las tocan.
[47] ¡Ay de ustedes, los que erigen los sepul-
cros de los profetas que mataron los ante-
pasados de ustedes!
[48] Con ello, no sólo son ustedes testigos
sino cómplices de lo que hicieron sus ante-
pasados, pues ellos los mataron y ustedes
les erigen sus sepulcros.
[49] Por eso, Dios en su sabiduría dijo: "Les
enviaré profetas y apóstoles. De ellos, a unos
matarán y a otros perseguirán."
[50] Por lo tanto, a la gente de esta genera-
ción se le demandará la sangre de todos los
profetas, que desde la fundación del mundo
ha sido derramada,
[51] desde la sangre de Abel[j] hasta la sangre
de Zacarías,[k] que murió entre el altar y el
templo. Sí, les aseguro que será demandada
de esta generación.
[52] ¡Ay de ustedes, intérpretes de la ley! Por-
que se han apoderado de la llave del cono-
cimiento, ¡y ni ustedes entraron, y a los que
sí querían entrar se lo impidieron!»
[53] Como Jesús les decía todo esto, los es-
cribas y los fariseos comenzaron a hostigar-
lo en gran manera, y a provocarlo para que
hablara de muchas cosas,
[54] y le tendían trampas para atraparlo en
sus propias palabras.

La levadura de los fariseos

12 Mientras tanto, la gente se ha-
bía reunido por millares. Era tal
la multitud que se atropellaban
unos contra otros. Jesús comenzó entonces
a hablar, y en primer término les dijo a sus
discípulos: «Cuídense de la levadura de los
fariseos,[a] que es la hipocresía.
[2] Porque no hay nada encubierto que no
haya de ser manifestado, ni nada oculto que
no haya de saberse.[b]
[3] Por tanto, todo lo que ustedes digan en
la oscuridad, se oirá a plena luz, y lo que us-
tedes musiten en la alcoba, se dará a cono-
cer desde las azoteas.

> **PALABRAS CON PODER**
>
> **HIPOCRESÍA**
>
> *(Lucas 12.1)*
>
> La hipocresía es fingir ser lo que no somos. Jesús habló acerca de la hipocresía de los fariseos. Estos líderes judíos se portaban como si amaban a Dios, pero Jesús sabía que estaban fingiendo. Dios no se deja engañar por personas que fingen seguir sus caminos. Él quiere que lo amemos y le sirvamos con corazón sincero.

A quién se debe temer

(Mt 10.26-31)

[4] »Amigos míos, yo les digo a ustedes que
no deben temer a los que matan el cuerpo,
pero más de eso no pueden hacer después.
[5] Yo les voy a enseñar a quién deben te-
mer: Teman a aquel que, después de quitar
la vida, tiene el poder de arrojarlos en el in-
fierno. Sí, a él ténganle miedo.
[6] ¿Acaso no se venden cinco pajarillos por
un par de monedas? Sin embargo, Dios no
se olvida de ninguno de ellos.
[7] Lo mismo pasa con ustedes, pues hasta
los cabellos de su cabeza están todos conta-
dos. Así que no teman, pues ustedes valen
más que muchos pajarillos.

Confesión de fe en Jesús

[8] »Yo les digo que a todo aquel que me
confiese delante de los hombres, también el
Hijo del Hombre lo confesará delante de los
ángeles de Dios.
[9] Pero al que me niegue delante de los
hombres, se le negará delante de los ángeles
de Dios.
[10] Toda palabra que se diga en contra del
Hijo del Hombre, será perdonada; pero toda
blasfemia en contra del Espíritu Santo no
será perdonada.[c]

[j] **11.51:** Gn 4.8. [k] **11.51:** 2 Cr 24.20-21. [a] **12.1:** Mt 16.6; Mr 8.15. [b] **12.2:** Mr 4.22; Lc 8.17. [c] **12.10:** Mt 12.32; Mr 3.29.

PROMESAS PODEROSAS

LUCAS 12.7

Hasta los cabellos de su cabeza están todos contados. Así que no teman, pues ustedes valen más que muchos pajarillos.

¿Sabes cuántos cabellos hay en tu cabeza? Dios lo sabe. ¿Te imaginas que el Dios que creó el universo sabe exactamente cuántos cabellos tienes? ¡Él cuida de ti!

11 Cuando ustedes sean llevados a las sinagogas, y presentados ante magistrados y autoridades, no se preocupen de cómo o qué responder, o qué decir,

12 porque en ese mismo instante el Espíritu Santo les enseñará lo que deban decir.»[d]

El rico insensato

13 Uno de la multitud le dijo: «Maestro, dile a mi hermano que comparta conmigo la herencia.»

14 Pero Jesús le dijo: «Hombre, ¿quién me ha puesto como juez o mediador entre ustedes?»

15 También les dijo: «Manténganse atentos y cuídense de toda avaricia, porque la vida del hombre no depende de los muchos bienes que posea.»

16 Además, les contó una parábola: «Un hombre rico tenía un terreno que le produjo una buena cosecha.

17 Y este hombre se puso a pensar: "¿Qué voy a hacer? ¡No tengo dónde guardar mi cosecha!"

18 Entonces dijo: "¡Ya sé lo que haré! Derribaré mis graneros, construiré otros más grandes, y allí guardaré todos mis frutos y mis bienes.

19 Y me diré a mí mismo: 'Ya puede descansar mi alma, pues ahora tengo guardados muchos bienes para muchos años. Ahora, pues, ¡a comer, a beber y a disfrutar!'"

20 Pero Dios le dijo: "Necio, esta noche vienen a quitarte la vida; ¿y para quién será lo que has guardado?"

21 Eso le sucede a quien acumula riquezas para sí mismo, pero no es rico para con Dios.»

El afán y la ansiedad

(Mt 6.25-34)

22 Después, Jesús dijo a sus discípulos: «Por eso les digo que no se preocupen por su vida ni por lo que han de comer, ni por su cuerpo ni por lo que han de vestir.

23 La vida es más que la comida, y el cuerpo es más que el vestido.

24 Fíjense en los cuervos: no siembran, ni siegan; no tienen almacenes ni bodegas, y no obstante Dios los alimenta. ¿Acaso no valen ustedes mucho más que las aves?

25 ¿Quién de ustedes, por mucho que lo intente, puede añadir medio metro a su estatura?

26 Pues si ustedes no pueden hacer ni lo más pequeño, ¿por qué se preocupan por lo demás?

27 Fíjense en los lirios, cómo crecen, y no trabajan ni hilan; pero yo les digo que ni Salomón, con todas sus riquezas,[e] llegó a vestirse como uno de ellos.

28 Y si Dios viste así a la hierba, que hoy está en el campo y mañana es echada al horno, ¡cuánto más hará por ustedes, hombres de poca fe!

Lc 17.5-6

29 Así que no se preocupen ni se angustien por lo que han de comer, ni por lo que han de beber.

30 Todo esto lo busca la gente de este mundo, pero el Padre sabe que ustedes tienen necesidad de estas cosas.

31 Busquen ustedes el reino de Dios, y todas estas cosas les serán añadidas.

Tesoro en el cielo

(Mt 6.19-21)

32 »Ustedes son un rebaño pequeño. Pero no tengan miedo, porque su Padre ha decidido darles el reino.

[d]**12.11-12:** Mt 10.19-20; Mr 13.11; Lc 21.14-15. [e]**12.27:** 1 R 10.4-7; 2 Cr 9.3-6.

33 Vendan lo que ahora tienen, y denlo como limosna. Consíganse bolsas que no se hagan viejas, y háganse en los cielos un tesoro que no se agote. Allí no entran los ladrones, ni carcome la polilla.

34 Porque donde ustedes tengan su tesoro, allí también estará su corazón.

El siervo vigilante

35 »Manténganse listos, con la ropa puesta y con su lámpara encendida.[f]

36 Sean como los siervos que están pendientes de que su señor regrese[g] de una fiesta de bodas: en cuanto su señor llega y llama, ellos le abren enseguida.

37 ¡Dichosos los siervos a los que su señor encuentra pendientes de su regreso! De cierto les digo que se ajustará la ropa, los hará sentarse a la mesa, y él mismo vendrá a servirles.

38 Dichosos los siervos a los que su señor encuentre así, aunque llegue a la medianoche o en la madrugada.

39 Pero esto deben saber: si el dueño de la casa supiera a qué hora va a llegar el ladrón, estaría pendiente y no permitiría que robaran su casa.

40 También ustedes deben estar preparados, porque el Hijo del Hombre vendrá cuando ustedes menos lo esperen.»[h]

El siervo infiel

(Mt 24.45-51)

41 Entonces Pedro le dijo: «Señor, ¿esta parábola es para nosotros, o para todos?»

42 El Señor le respondió: «¿Quién es el mayordomo fiel y prudente, al cual su señor deja a cargo de los de su casa para que los alimente a su debido tiempo?

43 Dichoso el siervo al que, cuando su señor venga, lo encuentre haciendo así.

44 De cierto les digo que lo pondrá a cargo de todos sus bienes.

45 Pero si aquel siervo cree que su señor va a tardar, y comienza a golpear a los criados y a las criadas, y a comer y beber y embriagarse,

46 el señor de aquel siervo vendrá cuando éste menos lo espere, y a una hora que no sabe, y lo castigará duramente, y lo echará con los incrédulos.

47 El siervo que, a pesar de conocer la voluntad de su señor, no se prepara para cumplirla, se hace acreedor de muchos azotes.

48 Pero el que se hace acreedor a recibir azotes sin conocer la voluntad de su señor, será azotado poco. Porque al que se le da mucho, también se le exigirá mucho; y al que se le confía mucho, se le pedirá más todavía.

Jn 8.31

Jesús, causa de división

(Mt 10.34-36)

49 »Yo he venido a lanzar fuego sobre la tierra. ¡Y cómo quisiera que ya estuviera en llamas!

50 Hay un bautismo que debo recibir,[i] ¡y cómo me angustio esperando que se cumpla!

51 ¿Creen ustedes que he venido a la tierra para traer paz? Pues les digo que no, sino más bien división.

52 Porque de ahora en adelante una familia de cinco estará dividida en tres contra dos, y en dos contra tres.

[f] **12.35:** Mt 25.1-13. [g] **12.36:** Mr 13.34-36. [h] **12.39-40:** Mt 24.43-44. [i] **12.50:** Mr 10.38.

PODER PARA VIVIR

TUS TESOROS *(Lucas 12.34)*
Un tesoro es algo muy importante para nosotros. ¿Qué tesoros tienes? Jesús enseñó a sus discípulos a que se hagan tesoros en el cielo, no en la tierra. ¿Por qué? Él quería que la obra de Dios fuera la cosa más importante en la vida de ellos. Al orar y leer la Biblia nos hacemos tesoros en el cielo. Cuando hablamos a otros acerca de Jesús, nos hacemos tesoros en el cielo. Este es el mejor lugar para guardar nuestros tesoros.

JESÚS Y EL ESPÍRITU SANTO

Jesús es Dios, y el Espíritu Santo es Dios. Entonces, ¿cómo se relacionan entre sí? ¿Cómo obraba el Espíritu Santo en la vida de Jesús aquí en la tierra?

Las profecías del Antiguo Testamento
Muchas profecías del Antiguo Testamento acerca de la venida del Mesías anunciaban que el Espíritu Santo lo guiaría y le daría poder (Isaías 61:1-3; Mateo 3:16). Después de leer Isaías 61:1-2 en la sinagoga de Nazaret, Jesús dijo: "Hoy se ha cumplido esta Escritura delante de ustedes" (Lucas 4:21).

El nacimiento de Jesús
Los escritores de los Evangelios de Mateo y Lucas dicen que Jesús vino a este mundo por un milagro del Espíritu Santo (Mateo 1:18,23; Lucas 1:27). Él nació de una madre humana y un Padre divino. También vino al mundo sin pecado, a diferencia de toda la raza humana. Esto hizo que Jesús fuera el perfecto sacrificio que Dios requería por el pecado. Por la muerte de Jesús en la cruz, tenemos el perdón de Dios por nuestros pecados.

El bautismo de Jesús
Cuando Juan el Bautista bautizó a Jesús en el río Jordán, el Espíritu descendió sobre Jesús en forma de paloma. El Espíritu Santo le dio un gran poder para hacer la obra de Dios. Cuando Jesús se fue al desierto después de ser bautizado en agua, estaba "llenó del Espíritu Santo" (Lucas 4:1). Más tarde, Jesús bautizó a sus seguidores con el Espíritu (Lucas 3:16), lo cual aún hace hoy. (Lee Hechos 1:8.)

Jesús tentado por Satanás
Inmediatamente después del bautismo, Jesús se fue al desierto, donde el diablo lo puso a prueba durante cuarenta días (Lucas 4:1-2). Porque estaba lleno del Espíritu Santo, Jesús, como ser humano, pudo resistir esas tentaciones. Dios nos da la misma capacidad para resistir la tentación por medio del poder del Espíritu Santo y mediante su Palabra.

La obra de Jesús
Aunque era Dios, Jesús también era humano. Como ser humano, confiaba en la ayuda y el poder del Espíritu, tal como nosotros hacemos para cumplir la obra de Dios.

Jesús promete enviar al Espíritu Santo
En Lucas 11:13, Jesús prometió enviar al Espíritu Santo a todos los que lo pidan. Esta promesa se cumplió el día de Pentecostés, después que Jesús había vuelto al cielo (Hechos 2:4). La promesa es la misma hoy para todos los que siguen a Jesús y que le piden el bautismo con el Espíritu Santo.

La resurrección de Jesús
Por el poder del Espíritu Santo, Jesús resucitó de entre los muertos. Esta era una señal de que Jesús era el verdadero Mesías. Así como Jesucristo dependía del Espíritu Santo para su resurrección, sus seguidores deben depender del Espíritu para tener poder en su vida. Un día seremos resucitados de la muerte y viviremos eternamente con Jesús (Romanos 8:10-11).

53 El padre se enfrentará con el hijo, y el hijo con el padre. La madre estará en contra de la hija, y la hija en contra de la madre. La suegra estará en contra de su nuera, y la nuera en contra de su suegra.»[j]

¿Cómo no reconocen este tiempo?

(Mt 16.1-4; Mr 8.11-13)

54 Jesús decía también a la multitud: «Cuando ustedes ven que se levanta una nube en el poniente, dicen: "Va a llover"; y así sucede.

55 Cuando sopla el viento del sur, dicen: "Va a hacer calor"; y así sucede.

56 ¡Hipócritas! Si saben discernir el aspecto del cielo y de la tierra, ¿cómo es que no saben discernir el tiempo en que viven?

Arréglate con tu adversario

(Mt 5.25-26)

57 »¿Por qué no juzgan ustedes mismos lo que es justo?

58 Cuando comparezcas con tu adversario ante el magistrado, procura arreglarte con él mientras vas de camino; no sea que te lleve ante el juez, y el juez te entregue al alguacil, y el alguacil te meta en la cárcel.

59 Te digo que no saldrás de allí hasta que hayas pagado la última moneda.»

Arrepiéntanse o perecerán

13 En ese momento estaban allí algunos que le contaron a Jesús el caso de los galileos cuya sangre Pilato había mezclado con los sacrificios que ellos ofrecían.

2 Jesús les dijo: «¿Y creen ustedes que esos galileos eran más pecadores que el resto de los galileos, sólo porque padecieron así?

3 ¡Pues yo les digo que no! Y si ustedes no se arrepienten, también morirán como ellos.

4 Y en el caso de los dieciocho, que murieron aplastados al derrumbarse la torre de Siloé, ¿creen ustedes que ellos eran más culpables que el resto de los habitantes de Jerusalén?

5 ¡Pues yo les digo que no! Y si ustedes no se arrepienten, también morirán como ellos.»

Parábola de la higuera estéril

6 También les dijo esta parábola: «Un hombre había plantado una higuera en su viña, y cuando fue a buscar higos en ella no encontró ninguno.

7 Entonces le dijo al viñador: "Hace tres años que vengo a buscar higos en esta higuera, y nunca encuentro uno solo. ¡Córtala, para que no se desaproveche también la tierra!"

8 Pero el viñador le dijo: "Señor, déjala todavía un año más, hasta que yo le afloje la tierra y la abone.

9 Si da fruto, qué bueno. Y si no, córtala entonces."»

Jesús sana a una mujer en el día de reposo

10 Un día de reposo, Jesús estaba enseñando en una sinagoga,

11 y allí estaba una mujer que hacía ya dieciocho años sufría de un espíritu de enfermedad. Andaba encorvada, y de ninguna manera podía enderezarse.

12 Cuando Jesús la vio, la llamó y le dijo: «Mujer, quedas libre de tu enfermedad.»

13 Y en el mismo instante en que Jesús puso las manos sobre ella, la mujer se enderezó y comenzó a glorificar a Dios.

14 Pero el jefe de la sinagoga se enojó porque Jesús la había sanado en el día de reposo, así que le dijo a la gente: «Hay seis días en los que se puede trabajar. Para ser sanados, vengan en esos días; pero no en el día de reposo.»[a]

15 Entonces el Señor le dijo: «Hipócrita, ¿acaso cualquiera de ustedes no desata su buey, o su asno, del pesebre y lo lleva a beber, aun cuando sea día de reposo?

16 Y a esta hija de Abrahán, que Satanás había tenido atada durante dieciocho años, ¿no se le habría de liberar, aunque hoy sea día de reposo?»

---

[j] **12.53:** Miq 7.6. [a] **13.14:** Éx 20.9-10; Dt 5.13-14.

PALABRAS CON PODER

LEVADURA
(Lucas 13.21)

Cuando mezclas harina y agua con levadura para hacer una masa de pan, la levadura levanta la masa. Jesús dijo que las personas que creen en Él para la salvación son como la levadura. Como la levadura hace levantar la masa de pan, las personas que creen en Jesús pueden ayudar a los demás para ayudarlos a hacer lo que es debido. Dios quiere usar a los NIÑOS PODEROSOS para que ayuden a otros a hacer el bien.

Lc 17.12-19

[17] Ante estos razonamientos de Jesús, todos sus adversarios quedaron avergonzados, pero todo el pueblo se alegraba de las muchas maravillas que él realizaba.

Parábola de la semilla de mostaza

(Mt 13.31-32; Mr 4.30-32)

[18] Jesús dijo también: «¿Semejante a qué es el reino de Dios? ¿Con qué lo compararé?

[19] Pues es semejante al grano de mostaza que alguien toma y siembra en su huerto, y ese grano crece hasta convertirse en un gran árbol, en cuyas ramas ponen su nido las aves del cielo.»

Parábola de la levadura

(Mt 13.33)

[20] Y volvió a decir: «¿Con qué compararé el reino de Dios?

[21] Pues es semejante a la levadura que una mujer toma y guarda en tres medidas de harina, hasta que toda la masa fermenta.»

La puerta estrecha

(Mt 7.13-14,21-23)

[22] En su camino a Jerusalén, Jesús iba enseñando por ciudades y aldeas.

[23] Alguien le preguntó: «Señor, ¿son pocos los que se salvan?» Y él respondió:

[24] «Hagan todo lo posible para entrar por la puerta angosta, porque yo les digo que muchos tratarán de entrar y no podrán hacerlo.

[25] En cuanto el padre de familia se levante y cierre la puerta, y ustedes desde afuera comiencen a golpear la puerta y a gritar: "¡Señor, Señor; ábrenos!", él les responderá: "No sé de dónde salieron ustedes."

[26] Entonces ustedes comenzarán a decir: "Hemos comido y bebido en tu compañía, y tú has enseñado en nuestras plazas."

[27] Pero él les responderá: "No sé de dónde salieron ustedes. ¡Apártense de mí todos ustedes, hacedores de injusticia!"[b]

[28] Allí habrá entonces llanto y rechinar de dientes,[c] cuando vean a Abrahán, Isaac y Jacob, y a todos los profetas, en el reino de Dios, mientras que ustedes son expulsados.

[29] Porque habrá quienes vengan del oriente y del occidente, del norte y del sur, para sentarse a la mesa en el reino de Dios.[d]

[30] Pero habrá algunos últimos que serán primeros, y algunos primeros que serán últimos.»[e]

Lamento de Jesús sobre Jerusalén

(Mt 23.37-39)

[31] En ese preciso momento llegaron algunos fariseos, y le dijeron: «Vete de aquí, porque Herodes te quiere matar.»

[32] Jesús les dijo: «Vayan y díganle a ese zorro: "Mira, hoy y mañana voy a expulsar demonios y a sanar enfermos, y al tercer día terminaré mi obra."

[33] Pero es necesario que hoy, mañana, y pasado mañana, siga mi camino, porque no puede ser que un profeta muera fuera de Jerusalén.

[34] ¡Jerusalén, Jerusalén, que matas a los profetas y apedreas a los que son enviados a ti! ¡Cuántas veces quise juntar a tus hijos, como junta la gallina a sus polluelos debajo de sus alas, y no quisiste!

[35] Pues bien, la casa de ustedes va a quedar desolada; y les digo que ustedes no volverán a verme hasta el día en que digan: "¡Bendito el que viene en el nombre del Señor!"»[f]

---

[b] **13.27:** Sal 6.8. [c] **13.28:** Mt 22.13; 25.30. [d] **13.28-29:** Mt 8.11-12. [e] **13.30:** Mt 19.30; 20.16; Mr 10.31. [f] **13.35:** Sal 118.26.

Jesús sana a un enfermo

14 En cierta ocasión, Jesús fue a comer a la casa de un fariseo muy importante. Era un día de reposo, y ellos estaban acechándolo.

2 Delante de Jesús estaba un hombre enfermo de hidropesía,

3 y Jesús les preguntó a los intérpretes de la ley y a los fariseos: «¿Está permitido sanar en el día de reposo?»

4 Pero ellos no respondieron. Entonces Jesús tomó al hombre de la mano, lo sanó y lo despidió;

5 luego se dirigió a ellos, y les dijo: «¿Quién de ustedes, si su asno o su buey se cae en un pozo, no lo saca enseguida, aunque sea en día de reposo?»[a]

6 Y nadie podía responderle.

Los convidados a las bodas

7 Cuando Jesús vio que los invitados a la mesa escogían los mejores lugares, les contó una parábola:

8 «Cuando te inviten a una boda, no vayas a sentarte en el mejor lugar, no sea que otro de los invitados sea más importante que tú,

9 y cuando venga el anfitrión te diga: "Dale tu lugar a este otro"; porque entonces, con toda vergüenza, tendrás que ir a ocupar el último lugar.

10 Así que, cuando seas invitado, ve más bien a sentarte en el último lugar, para que cuando venga el anfitrión te diga: "Amigo mío, ven y siéntate más adelante". Así serás honrado delante de los otros invitados a la mesa.[b]

11 Porque todo el que se enaltece, será humillado; y el que se humilla, será enaltecido.»[c]

12 También le dijo a su anfitrión: «Cuando ofrezcas una comida o una cena, no invites a tus amigos ni a tus hermanos, ni a tus parientes y vecinos ricos, no sea que ellos también te vuelvan a invitar, y quedes así compensado.

13 Al contrario, cuando ofrezcas un banquete, invita a los pobres y a los mancos, a los cojos y a los ciegos,

14 y así serás dichoso. Porque aunque ellos no te puedan devolver la invitación, tu recompensa la recibirás en la resurrección de los justos.»

Parábola de la gran cena

15 Uno de los que estaban sentados con él a la mesa oyó esto, y le dijo: «Dichoso el que participe del banquete en el reino de Dios.»

16 Entonces Jesús le dijo: «Un hombre ofreció un gran banquete, e invitó a muchos.

17 A la hora del banquete envió a su siervo a decir a los invitados: "Vengan, que la mesa ya está servida."

18 Pero todos ellos comenzaron a disculparse. El primero dijo: "Acabo de comprar un terreno, y tengo que ir a verlo. Por favor, discúlpame."

19 Otro dijo: "Acabo de comprar cinco yuntas de bueyes, y voy a probarlas. Por favor, discúlpame."

20 Y otro más dijo: "Acabo de casarme, así que no puedo asistir."

21 Cuando el siervo regresó, le comunicó todo esto a su señor. Entonces el dueño de la casa se enojó, y le dijo a su siervo: "Ve enseguida por las plazas y por las calles de la ciudad, y trae acá a los pobres, a los mancos, a los cojos y a los ciegos."

22 Cuando el siervo le dijo: "Señor, se ha hecho lo que mandaste hacer, y todavía hay lugar",

23 el señor dijo al siervo: "Ve entonces por los caminos y por los atajos, y hazlos entrar por la fuerza. ¡Quiero que se llene mi casa!

24 Quiero decirles que ninguno de los que fueron invitados disfrutará de mi cena."»

Lo que cuesta seguir a Cristo

25 Como grandes multitudes lo seguían, Jesús se volvió a ellos y les dijo:

26 «Si alguno viene a mí, y no renuncia a su padre y a su madre, ni a su mujer y sus hijos, ni a sus hermanos y hermanas, y ni siquiera a su propia vida, no puede ser mi discípulo.[d]

[a] **14.5:** Mt 12.11. [b] **14.8-10:** Pr 25.6-7. [c] **14.11:** Mt 23.12; Lc 18.14. [d] **14.26:** Mt 10.37. [e] **14.27:** Mt 10.38; 16.24; Mr 8.34; Lc 9.23.

27 Y el que no toma su cruz y me sigue, no puede ser mi discípulo.[e]

28 Porque ¿quién de ustedes que quiera levantar una torre, no se sienta primero a calcular los costos, para ver si tiene todo lo que necesita para terminarla?

29 No sea que después de haber puesto los cimientos, se dé cuenta de que no puede terminarla, y todos los que lo sepan comiencen a burlarse de él

30 y digan: "Este hombre comenzó a construir, y no pudo terminar."

31 ¿O qué rey que marche a la guerra contra otro rey, no se sienta primero a calcular si puede hacerle frente con diez mil soldados al que viene a atacarlo con veinte mil?

32 Si no puede hacerle frente, envía una embajada al otro rey cuando éste todavía está lejos, y le propone condiciones de paz.

33 Así también, cualquiera de ustedes que no renuncia a todo lo que tiene, no puede ser mi discípulo.

Cuando la sal pierde su sabor

(Mt 5.13; Mr 9.50)

34 »La sal es buena, pero si se vuelve insípida, ¿con qué puede recuperar su sabor?

35 No sirve ni para la tierra ni para el montón de abono, y hay que tirarla. El que tenga oídos para oír, que oiga.»

Parábola de la oveja perdida

(Mt 18.10-14)

15 Todos los cobradores de impuestos y pecadores se acercaban a Jesús para escucharlo.

2 Los fariseos y los escribas comenzaron a murmurar, y decían: «Éste recibe a los pecadores, y come con ellos.»[a]

3 Entonces Jesús les contó esta parábola:

4 «¿Quién de ustedes, si tiene cien ovejas y pierde una de ellas, no deja las noventa y nueve en el desierto, y va tras la que se perdió, hasta encontrarla?

5 Y cuando la encuentra, gozoso la pone sobre sus hombros,

LECCIONES — **LA OVEJA PERDIDA**

(Lucas 15.4)

Jesús contó una historia o parábola acerca de una oveja perdida, pero en realidad estaba hablando de gente perdida. En la Biblia, la oveja es una figura de personas o pueblos. Cualquiera que no ha recibido a Jesucristo como su Salvador está perdido. Dios envió a Jesús a "buscar" a los perdidos y ofrecerles el perdón de los pecados. ¿Conoces a gente que no cree en Jesús? ¿Qué puedes hacer para ayudarles a conocer a Cristo y creer en Él?

6 y al llegar a su casa reúne a sus amigos y vecinos, y les dice: "¡Alégrense conmigo, porque he encontrado la oveja que se me había perdido!"

7 Les digo que así también será en el cielo: habrá más gozo por un pecador que se arrepiente, que por noventa y nueve justos que no necesitan arrepentirse.

Parábola de la moneda perdida

8 »¿O qué mujer, si tiene diez monedas y pierde una de ellas, no enciende la lámpara, y barre la casa, y busca con cuidado la moneda, hasta encontrarla?

9 Y cuando la encuentra, reúne a sus amigas y vecinas, y les dice: "¡Alégrense conmigo, porque he encontrado la moneda que se me había perdido!"

10 Yo les digo a ustedes que el mismo gozo hay delante de los ángeles de Dios por un pecador que se arrepiente.»

Parábola del hijo perdido

11 Jesús dijo también: «Un hombre tenía dos hijos,

12 y el menor de ellos le dijo a su padre: "Padre, dame la parte de los bienes que me corresponde." Entonces el padre les repartió los bienes.

13 Unos días después, el hijo menor juntó todas sus cosas y se fue lejos, a una provin-

[a] **15.1-2:** Lc 5.29-30.

cia apartada, y allí dilapidó sus bienes llevan-
do una vida disipada.
14 Cuando ya lo había malgastado todo,
sobrevino una gran hambruna en aquella
provincia, y comenzó a pasar necesidad.
15 Se acercó entonces a uno de los ciuda-
danos de aquella tierra, quien lo mandó a
sus campos para cuidar de los cerdos.
16 Y aunque deseaba llenarse el estómago
con las algarrobas que comían los cerdos,
nadie se las daba.
17 Finalmente, recapacitó y dijo: "¡Cuántos
jornaleros en la casa de mi padre tienen pan
en abundancia, y yo aquí me estoy murien-
do de hambre!
18 Pero voy a levantarme, e iré con mi pa-
dre, y le diré: 'Padre, he pecado contra el cie-
lo y contra ti,
19 y no soy digno ya de ser llamado tu hijo;
¡hazme como a uno de tus jornaleros!'"
20 Y así, se levantó y regresó con su padre.
Todavía estaba lejos cuando su padre lo vio
y tuvo compasión de él. Corrió entonces, se
echó sobre su cuello, y lo besó.
21 Y el hijo le dijo: "Padre, he pecado con-
tra el cielo y contra ti, y no soy digno ya de
ser llamado tu hijo."
22 Pero el padre les dijo a sus siervos: "Trai-
gan la mejor ropa, y vístanlo. Pónganle tam-
bién un anillo en su mano, y calzado en sus
pies.
23 Vayan luego a buscar el becerro gordo, y
mátenlo; y comamos y hagamos fiesta,
24 porque este hijo mío estaba muerto, y
ha revivido; se había perdido, y lo hemos
hallado." Y comenzaron a regocijarse.
25 »El hijo mayor estaba en el campo, y
cuando regresó y llegó cerca de la casa, oyó
la música y las danzas.
26 Entonces llamó a uno de los criados, y le
preguntó qué estaba pasando.
27 El criado le respondió: "Tu hermano ha
vuelto, y tu padre ha ordenado matar el becer-
ro gordo, porque lo ha recibido sano y salvo."
28 Cuando el hermano mayor escuchó
esto, se enojó tanto que no quería entrar.
Así que su padre salió a rogarle que entrara.
29 Pero el hijo mayor le dijo a su padre:
"Aunque llevo tantos años de servirte, y
nunca te he desobedecido, tú nunca me
has dado siquiera un cabrito para disfrutar
con mis amigos.
30 Pero ahora viene este hijo tuyo, que ha
malgastado tus bienes con rameras, ¡y has
ordenado matar el becerro gordo para él!"
31 El padre le dijo: "Hijo mío, tú siempre
estás conmigo, y todo lo que tengo es tuyo.
32 Pero era necesario hacer una fiesta y
regocijarnos, porque tu hermano estaba
muerto, y ha revivido; se había perdido, y lo
hemos hallado."»

Parábola del mayordomo infiel

16 Jesús también les dijo a sus dis-
cípulos: «Había un hombre rico,
que tenía un mayordomo, el

LA COMPASIÓN DE UN PADRE *(Lucas 15.20)*
Una de las parábolas más conocidas es la que Jesús contó acerca de un hijo pródigo o rebelde. El hijo decidió tomar el dinero de su padre y gastarlo en cosas pecaminosas en una ciudad distante. Cuando se le acabó el dinero, el hijo tuvo que comer con los cerdos. Finalmente, decidió regresar a la casa de su padre. A su regreso, el padre lo perdonó. Esta historia muestra la bondad y la misericordia de Dios hacia todos los que necesitan el perdón. El padre en la parábola se puso triste cuando su hijo se fue de casa. Dios se aflige cuando la gente prefiere seguir su propio camino y lo rechazan. Cuando alguien que ha pecado quiere volver a Dios, nuestro Padre celestial lo recibe con brazos abiertos.

cual fue acusado de malgastar los bienes de su amo.

2 Ese hombre llamó al mayordomo, y le dijo: "¿Qué es esto que me dicen de ti? Ríndeme cuentas de tu mayordomía, porque no puedes seguir siendo mi mayordomo."

3 Entonces el mayordomo se puso a pensar: "¿Qué voy a hacer si mi amo me quita la mayordomía? ¿Cavar la tierra? ¡No soy capaz! ¿Pedir limosna? ¡Qué vergüenza!

4 ¡Ya sé lo que haré! Así, cuando se me quite la mayordomía, seré bien recibido en cualquier casa."

5 Llamó entonces a cada uno de los deudores de su amo, y al primero le dijo: "¿Cuánto le debes a mi amo?"

6 Aquél respondió: "Cien barriles de aceite." El mayordomo le dijo: "Toma tu cuenta y, enseguida, siéntate y anota cincuenta."

7 A otro le dijo: "Y tú, ¿cuánto debes?" Y aquél respondió: "Cien sacos de trigo." El mayordomo le dijo: "Toma tu cuenta, y anota ochenta."

8 Y el amo elogió al mal mayordomo por haber actuado con tanta sagacidad, pues en el trato con sus semejantes los hijos de este mundo son más sagaces que los hijos de la luz.

9 »Por tanto, les digo: Háganse de amigos por medio de las riquezas injustas, para que cuando éstas falten, sean ustedes recibidos en las mansiones eternas.

10 »El que es confiable en lo poco, también lo es en lo mucho; y el que no es confiable en lo poco, tampoco lo es en lo mucho.

11 Porque si en el manejo de las riquezas injustas ustedes no son confiables, ¿quién podrá confiarles lo verdadero?

12 Y si con lo ajeno no resultan confiables, ¿quién les dará lo que les pertenece?

13 Ningún siervo puede servir a dos señores, porque a uno lo odiará y al otro lo amará. O bien, estimará a uno y menospreciará al otro. Así que ustedes no pueden servir a Dios[a] y a las riquezas.»[2]

14 Los fariseos, que eran avaros, también escuchaban estas cosas, y se burlaban de él.

15 Entonces Jesús les dijo: «Ustedes se justifican a ustedes mismos delante de la gente, pero Dios conoce su corazón; pues lo que la gente considera sublime, ante Dios resulta repugnante.

La ley y el reino de Dios

16 »La ley y los profetas llegan hasta Juan. Desde entonces se anuncian las buenas noticias del reino de Dios, y todos se esfuerzan por entrar en él.[b]

17 Pero más fácilmente pasarán el cielo y la tierra, a que deje de cumplirse una sola letra de la ley.[c]

Jesús enseña sobre el divorcio

(Mt 19.1-12; Mr 10.1-12)

18 »Todo el que se divorcia de su mujer, y se casa con otra, comete adulterio; y el que se casa con la divorciada, también comete adulterio.[d]

El rico y Lázaro

19 »Había un hombre rico, que se vestía de púrpura y de lino fino, y cada día celebraba espléndidos banquetes.

20 Había también un mendigo llamado Lázaro, que lleno de llagas pasaba el tiempo echado a la puerta de aquél,

21 ansioso de saciarse con las migajas que caían de la mesa del rico, y hasta los perros venían y le lamían las llagas.

22 Llegó el día en que el mendigo murió, y los ángeles se lo llevaron al lado de Abrahán. Después murió también el rico, y fue sepultado.

23 Cuando el rico estaba en el Hades, en medio de tormentos, alzó sus ojos y, a lo lejos, vio a Abrahán, y a Lázaro junto a él.

24 Entonces gritó: "Padre Abrahán, ¡ten compasión de mí! ¡Envía a Lázaro para que moje la punta de su dedo en agua, y me refresque la lengua, porque estas llamas me atormentan!"

25 Pero Abrahán le dijo: "Hijo mío, acuérdate de que, mientras vivías, tú recibiste

[a]**16.13:** Mt 6.24. [2]**16.13** Gr. ***Mamón.*** [b]**16.16:** Mt 11.12-13. [c]**16.17:** Mt 5.18. [d]**16.18:** Mt 5.32; Mr 10.11-12; 1 Co 7.10-11.

tus bienes y Lázaro recibió sus males. Pero
ahora, aquí él recibe consuelo y tú recibes
tormentos.
26 Pero, además, hay un gran abismo entre
ustedes y nosotros, de manera que los que
quieran pasar de aquí a donde están uste-
des, no pueden hacerlo; ni tampoco pue-
den pasar de allá para acá."
27 Aquél respondió: "Padre, entonces te rue-
go que envíes a Lázaro a la casa de mi padre,
28 donde tengo cinco hermanos, para que
les advierta, a fin de que no vengan ellos
también a este lugar de tormento."
29 Pero Abrahán le respondió: "Pero ellos
tienen a Moisés y a los profetas. ¡Que los
escuchen!"
30 Y aquél contestó: "No lo harán, padre
Abrahán. Pero si alguien de entre los muer-
tos va a ellos, sí se arrepentirán."
31 Abrahán le dijo: "Si no han escuchado
a Moisés y a los profetas, tampoco se van a
convencer si alguien se levanta de entre los
muertos."»

LECCIONES — EL HOMBRE RICO Y LÁZARO

(Lucas 16.19-31)

Jesús contó la historia de un hombre rico que tenía todo lo que quería en la vida, pero sufrió por la eternidad (versículos 22-23). Otro hombre, Lázaro, era pobre. Pero se alegró eternamente porque después de la muerte fue al cielo. (El paraíso y "al lado de Abrahán" se refiere a un lugar de descanso y deleite espiritual donde los creyentes que mueren esperan el día de la resurrección. El Hades es el lugar donde los pecadores muertos serán esperan el juicio final.) Nuestra decisión de aceptar a Cristo (Juan 3:16) o de negarlo determinará si vamos al cielo o al infierno. ¿Has aceptado a Jesucristo?

Ocasiones de caer

(Mt 18.6-7,21-22; Mr 9.42)

17 Jesús dijo a sus discípulos: «Es
imposible que no vengan tro-
piezos, pero ¡ay de aquel por
quien vengan!
2 Más le valdría que le colgaran al cuello
una piedra de molino, y que lo arrojaran al
mar, que servir de tropiezo a uno solo de
estos pequeñitos.
3 Así que, ¡tengan cuidado! Si tu hermano
peca contra ti, repréndelo; y si se arrepiente,
perdónalo.[a]
4 Si en un solo día peca siete veces contra
ti, y siete veces vuelve a ti el mismo día y te
dice: "Me arrepiento", perdónalo.»

Auméntanos la fe

5 Los apóstoles le dijeron al Señor: «Au-
méntanos la fe.»
6 Entonces el Señor les dijo: «Si ustedes tu-
vieran fe del tamaño de un grano de mosta-
za, podrían decirle a este sicómoro: "Desar-
ráigate, y plántate en el mar", y el sicómoro Jn 14.12
los obedecería.

El deber del siervo

7 »Si alguno de ustedes tiene un siervo
que ara o apacienta el ganado, ¿acaso cuan-
do él vuelve del campo le dice: "Pasa y sién-
tate a la mesa"?
8 ¡No! Más bien, le dice: "Prepárame la
cena, y arréglate la ropa para servirme mien-
tras yo como y bebo. Después podrás co-
mer y beber tú."
9 ¿Y acaso se le agradece al siervo el hacer
lo que se le ordena?
10 Así también ustedes, cuando hayan he-
cho todo lo que se les ha ordenado, digan:
"Somos siervos inútiles, no hemos hecho
más que cumplir con nuestro deber."»

Diez leprosos son limpiados

11 En su camino a Jerusalén, Jesús pasó en-
tre Samaria y Galilea.
12 Al entrar en una aldea, le salieron al en-
cuentro diez leprosos, los cuales se queda-
ron a cierta distancia de él,

[a] **17.3:** Mt 18.15.

13 y levantando la voz le dijeron: «¡Jesús, Maestro, ten compasión de nosotros!»

14 Cuando él los vio, les dijo: «Vayan y preséntense ante los sacerdotes.»[b] Y sucedió que, mientras ellos iban de camino, quedaron limpios.

15 Entonces uno de ellos, al ver que había sido sanado, volvió alabando a Dios a voz en cuello,

16 y rostro en tierra se arrojó a los pies de Jesús y le dio las gracias. Este hombre era samaritano.

17 Jesús dijo: «¿No eran diez los que fueron limpiados? ¿Dónde están los otros nueve?

18 ¿No hubo quien volviera y alabara a Dios sino este extranjero?»

19 Y al samaritano le dijo: «Levántate y vete. Tu fe te ha salvado.»

Jn 4.46-53

La venida del Reino

(Mt 24.23-28,36-41)

20 Cuando los fariseos le preguntaron cuándo había de venir el reino de Dios, él les respondió: «El reino de Dios no vendrá con advertencia,

21 ni se dirá: "Aquí está", o "Allí está";[c] porque el reino de Dios está entre ustedes.»

22 A sus discípulos les dijo: «Llegará el tiempo cuando ustedes querrán ver siquiera uno de los días del Hijo del Hombre, y no lo verán.

23 Les dirán: "Está aquí", o "está allí", pero no vayan ni los sigan.

24 Porque como el relámpago que al fulgurar resplandece de un extremo del cielo hasta el otro, así también será el día del Hijo del Hombre.

25 Pero primero es necesario que padezca mucho, y que sea desechado por esta generación.

26 Tal y como sucedió en los días de Noé,[d] así también sucederá en los días del Hijo del Hombre.

27 La gente comía y bebía, y se casaba y se daba en casamiento, hasta el día en que Noé entró en el arca; entonces vino el diluvio y los destruyó a todos.[e]

28 Lo mismo sucedió en los días de Lot:[f] la gente comía y bebía, compraba y vendía, plantaba y edificaba casas;

29 pero cuando Lot salió de Sodoma, llovió del cielo fuego y azufre, y los destruyó a todos.

30 Así será el día en que el Hijo del Hombre se manifieste.

31 En aquel día, el que esté en la azotea y tenga sus bienes en su casa, que no baje a tomarlos; y el que esté en el campo, que no regrese a su casa.[g]

32 ¡Acuérdense de la mujer de Lot![h]

33 Todo el que procure salvar su vida, la perderá; y todo el que la pierda, la salvará.[i]

34 Yo les digo que esa noche, si dos están en una cama, uno de ellos será tomado, y el otro será dejado.

35 Si dos mujeres están moliendo juntas, una de ellas será tomada, y la otra será dejada.

36 Si dos están en el campo, uno de ellos será tomado, y el otro será dejado.»

37 Entonces le preguntaron: «Y eso, Señor, ¿dónde ocurrirá?» Y Jesús les respondió: «Donde está el cadáver, allí se juntan los buitres.»

Jn 14.3

Parábola de la viuda y el juez injusto

18 Además, Jesús les contó una parábola en cuanto a la necesidad de orar siempre y de no desanimarse.

2 Les dijo: «En cierta ciudad había un juez que no temía a Dios ni respetaba a nadie.

3 En esa misma ciudad había también una viuda, la cual acudía a ese juez y le pedía: "Hazme justicia contra mi adversario."

4 Pasó algún tiempo, y el juez no quiso atenderla, pero después se puso a pensar: "Aunque no temo a Dios ni respeto a nadie,

5 esta viuda me molesta tanto que voy a hacerle justicia, no sea que siga viniendo y me agote la paciencia."»

[b] **17.14:** Lv 14.1-32. [c] **17.20-21:** Mr 13.21-22. [d] **17.26:** Gn 6.5-8. [e] **17.27:** Gn 7.6-24. [f] **17.28-29:** Gn 18.20—19.25. [g] **17.31:** Mt 24.17-18; Mr 13.15-16. [h] **17.32:** Gn 19.26. [i] **17.33:** Mt 10.39; 16.25; Mr 8.35; Lc 9.24; Jn 12.25.

6 Dijo entonces el Señor: «Presten aten-
ción a lo que dijo el juez injusto.
7 ¿Acaso Dios no les hará justicia a sus
elegidos, que día y noche claman a él? ¿Se
tardará en responderles?
8 Yo les digo que sin tardanza les hará jus-
ticia. Pero cuando venga el Hijo del Hombre,
¿hallará fe en la tierra?»

Parábola del fariseo y el cobrador de impuestos

9 A unos que a sí mismos se consideraban
justos y menospreciaban a los demás, Jesús
les dijo esta parábola:
10 «Dos hombres fueron al templo a orar:
uno de ellos era fariseo, y el otro era cobra-
dor de impuestos.
11 Puesto de pie, el fariseo oraba consigo
mismo de esta manera: "Dios mío, te doy
gracias porque no soy como los demás,
que son ladrones, injustos y adúlteros. ¡Ni
siquiera soy como este cobrador de im-
puestos!
12 Ayuno dos veces a la semana, y doy la
décima parte de todo lo que gano."
13 Pero el cobrador de impuestos, desde
lejos, no se atrevía siquiera a levantar los
ojos al cielo, sino que se golpeaba el pecho
y decía: "Dios mío, ten misericordia de mí,
porque soy un pecador."
14 Yo les digo que éste volvió a su casa
justificado, y no el otro. Porque cualquiera
que se enaltece, será humillado; y el que se
humilla será enaltecido.»[a]

Jesús bendice a los niños

(Mt 19.13-15; Mr 10.13-16)

15 La gente llevaba los niños a Jesús, para
que él los tocara. Cuando los discípulos vie-
ron esto, los reprendieron;
16 pero Jesús los llamó y les dijo: «Dejen
que los niños se acerquen a mí. No se lo im-
pidan, porque el reino de los cielos es de los
que son como ellos.
17 De cierto les digo: el que no recibe el rei-
no de Dios como un niño, no entrará en él.»

El joven rico

(Mt 19.16-30; Mr 10.17-31)

18 Un hombre importante le preguntó:
«Maestro bueno, ¿qué debo hacer para he-
redar la vida eterna?»
19 Jesús le dijo: «¿Por qué me llamas bueno?
No hay nadie que sea bueno, sino sólo Dios.
20 Conoces los mandamientos: No adul-
terarás,[b] no matarás,[c] no hurtarás,[d] no dirás
falso testimonio,[e] honra a tu padre y a tu
madre.»[f]
21 Aquél le dijo: «Todo esto lo he cumpli-
do desde mi juventud.»
22 Al oír esto, Jesús le dijo: «Aún te falta
una cosa: vende todo lo que tienes, y dáselo
a los pobres; así tendrás un tesoro en el cie-
lo. Después de eso, ven y sígueme.»
23 Cuando aquel hombre oyó esto, se
puso muy triste, porque era muy rico.
24 Y al ver Jesús que se había entristecido
mucho, dijo: «¡Qué difícil es para los ricos
entrar en el reino de Dios!

[a]**18.14:** Mt 23.12; Lc 14.11. [b]**18.20:** Éx 20.14; Dt 5.18. [c]**18.20:** Éx 20.13; Dt 5.17. [d]**18.20:** Éx 20.15; Dt 5.19. [e]**18.20:** Éx 20.16; Dt 5.20. [f]**18.20:** Éx 20.12; Dt 5.16.

PODER PARA VIVIR

NO TE OLVIDES DE ORAR *(Lucas 18.1)*

Jesús les enseñó a los discípulos sobre la necesidad de orar siempre. ¿Significa eso que debemos orar cada minuto del día? No. Él quería que oraran todos los días y por todo lo que necesitaran. Quería que siguieran orando, aunque fueran tentados a darse por vencidos. Tal vez tú has orado por algo durante mucho tiempo, y sin embargo, tu oración no ha sido contestada. ¡Sigue orando! Como un buen Padre, Dios sabe qué dar a sus hijos y cuándo hacerlo.

PROMESAS PODEROSAS

LUCAS 18.16

Pero Jesús los llamó y les dijo: "Dejen que los niños se acerquen a mí. No se lo impidan, porque el reino de los cielos es de los que son como ellos."

Los discípulos trataron de impedir que los niños se acercaran a Jesús, pero Él los invitó a venir a Él. El reino de Dios está formado de los hijos de Dios. ¿Eres tú uno de ellos?

25 Le es más fácil a un camello pasar por el
ojo de una aguja, que a un rico entrar en el
reino de Dios.»
26 Los que oyeron esto dijeron: «Entonces,
¿quién podrá salvarse?»
27 Y Jesús les respondió: «Lo que es im-
posible para los hombres, es posible para
Dios.»
28 Pedro dijo entonces: «Nosotros hemos
dejado nuestras posesiones, y te hemos se-
guido.»
29 Y Jesús les dijo: «De cierto les digo, que
cualquiera que haya dejado casa, padres,
hermanos, mujer, o hijos, por el reino de
Dios,
30 recibirá mucho más en este tiempo, y en
el tiempo venidero recibirá la vida eterna.»

Nuevamente Jesús anuncia su muerte

(Mt 20.17-19; Mr 10.32-34)

31 Jesús llamó aparte a los doce, y les dijo:
«Como pueden ver, ahora vamos camino
a Jerusalén. Allí se cumplirá todo lo que
los profetas escribieron acerca del Hijo del
Hombre.
32 Éste será entregado a los no judíos, los
cuales se burlarán de él, lo insultarán y le es-
cupirán,
33 y después de azotarlo, lo matarán. Pero
al tercer día resucitará.»
34 Ellos no entendieron nada de esto, pues
el mensaje no les resultaba claro ni podían
comprenderlo.

Un ciego de Jericó recibe la vista

(Mt 20.29-34; Mr 10.46-52)

35 Cuando Jesús estuvo cerca de Jericó,
junto al camino estaba sentado un mendi-
go ciego.
36 Al oír éste a la multitud que pasaba,
preguntó qué era lo que sucedía,
37 y cuando le dijeron que Jesús de Naza-
ret estaba pasando por allí,
38 comenzó a gritar: «¡Jesús, Hijo de David,
ten misericordia de mí!»
39 Los que iban al frente lo reprendían
para que se callara; pero él gritaba más aún:
«¡Hijo de David, ten misericordia de mí!»
40 Entonces Jesús se detuvo y mandó que
lo llevaran a su presencia. Cuando el ciego
llegó, Jesús le preguntó:
41 «¿Qué quieres que haga por ti?» Y el cie-
go respondió: «Señor, quiero recibir la vista.»
42 Jesús le dijo: «Ya la has recibido. Tu fe te
ha sanado.»
43 Al instante, el ciego pudo ver y comen-
zó a seguir a Jesús, mientras glorificaba a
Dios. Y al ver todo el pueblo lo sucedido,
también alababa a Dios.

Lc 19.36-40

Jesús y Zaqueo

19 Jesús entró en Jericó, y comenzó
a cruzar la ciudad.
2 Mientras caminaba, un hom-
bre rico llamado Zaqueo, que era jefe de los
cobradores de impuestos,
3 trataba de ver quién era Jesús, pero por
causa de la multitud no podía hacerlo, pues
era de baja estatura.
4 Pero rápidamente se adelantó y, para
verlo, se trepó a un árbol, pues Jesús iba a
pasar por allí.
5 Cuando Jesús llegó a ese lugar, levantó
la vista y le dijo: «Zaqueo, apúrate y baja de
allí, porque hoy tengo que pasar la noche en
tu casa.»
6 Zaqueo bajó de prisa, y con mucho gus-
to recibió a Jesús.
7 Todos, al ver esto, murmuraban, pues
decían que Jesús había entrado en la casa
de un pecador.

8 Pero Zaqueo se puso de pie y le dijo al Señor: «Señor, voy a dar ahora mismo la mitad de mis bienes a los pobres. Y si en algo he defraudado a alguien, le devolveré cuatro veces más lo defraudado.»

9 Jesús le dijo: «Hoy ha llegado la salvación a esta casa, pues este hombre también es hijo de Abrahán.

Jn 1.12 10 Porque el Hijo del Hombre vino a buscar y a salvar lo que se había perdido.»[a]

Parábola de los siervos

11 Al escuchar la gente estas cosas, Jesús les contó una parábola, pues ya estaba cerca de Jerusalén y la gente pensaba que el reino de Dios estaba por manifestarse.

12 Jesús les dijo: «Un hombre de alto rango se fue a un país lejano, para recibir un reino y luego volver.

13 Antes de partir, llamó a diez de sus siervos, les dio una buena cantidad de dinero,[3] y les dijo: "Hagan negocio con este dinero, hasta que yo vuelva."

14 Pero sus conciudadanos lo odiaban, y enviaron tras él unos representantes para que dijeran: "No queremos que éste reine sobre nosotros."

15 Cuando ese hombre volvió, después de recibir el reino, hizo comparecer ante él a los siervos a quienes había dado el dinero, para saber qué negocios había hecho cada uno.

16 Cuando llegó el primero, dijo: "Señor, tu dinero ha producido diez veces más".

17 Aquel hombre dijo: "¡Bien hecho! Eres un buen siervo. Puesto que en lo poco has sido fiel, vas a gobernar diez ciudades."

18 Otro más llegó y le dijo: "Señor, tu dinero ha producido cinco veces más."

19 Y también a éste le dijo: "Tú vas a gobernar cinco ciudades."

20 Llegó otro más, y le dijo: "Señor, aquí tienes tu dinero. Lo he tenido envuelto en un pañuelo,

21 pues tuve miedo de ti, porque sé que eres un hombre duro, que tomas lo que no pusiste, y recoges lo que no sembraste."

PALABRAS CON PODER

ZAQUEO

(Lucas 19.1-10)

Zaqueo era un cobrador de impuestos, igual que Mateo, el discípulo de Jesús. En realidad, Zaqueo era el jefe de los cobradores de impuestos. Así que tenía mucho dinero. Muchos judíos odiaban a los cobradores de impuestos porque eran ambiciosos y trabajaban para los romanos. Pero Jesús no odiaba a Zaqueo. Él lo trató con amabilidad. Como resultado, Zaqueo decidió seguir a Jesús y dar su dinero a los pobres. ¿Cómo las cosas que haces muestran que amas a Jesús?

22 Entonces aquel hombre le dijo: "¡Mal siervo! Por tus propias palabras voy a juzgarte. Si sabías que soy un hombre duro, que tomo lo que no puse, y que recojo lo que no sembré,

23 ¿por qué no pusiste mi dinero en el banco? Así, ¡a mi regreso lo habría recibido con los intereses!"

24 Y dijo entonces a los que estaban presentes: "¡Quítenle el dinero, y dénselo al que ganó diez veces más!"

25 Pero ellos objetaron: "Señor, ése ya tiene mucho dinero."

26 Y aquel hombre dijo: "Pues al que tiene, se le da más; pero al que no tiene, aun lo poco que tiene se le quita.[b]

27 Y en cuanto a mis enemigos, los que no querían que yo fuera su rey, ¡tráiganlos y decapítenlos delante de mí!"»[c]

La entrada triunfal en Jerusalén

(Mt 21.1-11; Mr 11.1-11; Jn 12.12-19)

28 Después de decir esto, Jesús siguió su camino en dirección a Jerusalén.

29 Cuando ya estaba cerca de Betfagué y de Betania, junto al monte que se llama de los Olivos, les dijo a dos de sus discípulos:

[a]**19.10:** Mt 18.11. [3]**19.13** Lit. ***diez minas.*** [b]**19.26:** Mt 13.12; Mr 4.25; Lc 8.18. [c]**19.11-27:** Mt 25.14-30.

30 «Vayan a la aldea que está ante ustedes. Al entrar en ella, van a encontrar atado un burrito, sobre el cual nadie se ha montado. Desátenlo y tráiganlo aquí.

31 Si alguien les pregunta: "¿Por qué lo desatan?", respondan: "Porque el Señor lo necesita."»

32 Los discípulos se fueron y encontraron todo tal y como él les había dicho.

33 Mientras desataban el burrito, sus dueños les dijeron: «¿Por qué lo desatan?»

34 Y ellos contestaron: «Porque el Señor lo necesita.»

35 Luego se lo llevaron a Jesús, echaron sus mantos sobre el burrito, e hicieron montar a Jesús.

36 Conforme Jesús avanzaba, la multitud tendía sus mantos por el camino.

37 Cuando se acercó a la bajada del monte de los Olivos, todo el conjunto de sus discípulos comenzó a gritar de alegría y a alabar a Dios por todas las maravillas que habían visto;

38 y decían: «¡Bendito el rey que viene en el nombre del Señor![d] ¡Paz en el cielo, y gloria en las alturas!»

39 Algunos de los fariseos que iban entre la multitud le dijeron: «Maestro, ¡reprende a tus discípulos!»

40 Pero Jesús les dijo: «Si éstos callaran, las piedras clamarían.»

41 Ya cerca de la ciudad, Jesús lloró al verla,

42 y dijo: «¡Ah, si por lo menos hoy pudieras saber lo que te puede traer paz! Pero eso ahora está oculto a tus ojos.

43 Porque van a venir sobre ti días, cuando tus enemigos levantarán un cerco a tu alrededor, y te sitiarán.

44 Y te destruirán por completo, a ti y a tus hijos dentro de ti, y no dejarán en ti piedra sobre piedra, por cuanto no te diste cuenta del momento en que Dios vino a visitarte.»

Purificación del templo

(Mt 21.12-17; Mr 11.15-19; Jn 2.13-22)

45 Después Jesús entró en el templo, y comenzó a echar de allí a todos los que vendían y compraban.

46 Les decía: «Escrito está: "Mi casa es casa de oración."[e] ¡Pero ustedes han hecho de ella una cueva de ladrones!»[f]

47 Todos los días Jesús enseñaba en el templo,[g] pero los principales sacerdotes, los escribas y los principales del pueblo procuraban matarlo.

48 Sin embargo, no hallaban la manera de hacerlo, pues todo el pueblo estaba pendiente de lo que él decía.

La autoridad de Jesús

(Mt 21.23-27; Mr 11.27-33)

20 Un día, mientras Jesús estaba en el templo enseñando al pueblo y anunciándoles las buenas noticias, llegaron los principales sacerdotes y los escribas, junto con los ancianos,

2 y le preguntaron: «¿Con qué autoridad haces todo esto? ¿Quién te ha dado esta autoridad?»

3 Jesús les dijo: «Yo también voy a hacerles una pregunta. Díganme:

4 El bautismo de Juan, ¿era del cielo, o de este mundo?»

5 Ellos empezaron a discutir entre sí: «Si decimos que era del cielo, nos dirá: "Entonces, ¿por qué no le creyeron?"

6 Y si decimos que era de los hombres, todo el pueblo nos matará a pedradas, pues están convencidos de que Juan era un profeta.»

7 Y respondieron que no sabían de dónde era.

8 Entonces Jesús les dijo: «Pues yo tampoco les diré con qué autoridad hago estas cosas.»

Los labradores malvados

(Mt 21.33-44; Mr 12.1-11)

9 Luego comenzó a contarle a la gente esta parábola: «Un hombre plantó una viña,[a] se la arrendó a unos labradores, y se ausentó por mucho tiempo.

10 A su debido tiempo, envió a uno de sus siervos para que los labradores le entregaran

[d] **19.38:** Sal 118.26. [e] **19.46:** Is 56.7. [f] **19.46:** Jer 7.11. [g] **19.47:** Lc 21.37. [a] **20.9:** Is 5.1-2.

la parte de lo que la viña había producido; pero los labradores lo golpearon y lo mandaron con las manos vacías.

11 Volvió a enviar a otro siervo; pero ellos golpearon y humillaron también a éste, y lo enviaron con las manos vacías.

12 Envió entonces a un tercer siervo, pero también a éste lo hirieron y lo echaron de allí.

13 Entonces el dueño de la viña dijo: "¿Qué haré? Voy a enviar a mi hijo amado. Tal vez, cuando lo vean, le tendrán respeto."

14 Pero cuando los labradores lo vieron, se dijeron unos a otros: "Éste es el heredero. Vamos a matarlo, para quedarnos con la herencia."

15 Así que lo expulsaron de la viña, y lo mataron. ¿Qué creen ustedes que el dueño de la viña hará con ellos?

16 Pues irá y matará a esos labradores, y dará su viña a otros.»

Al oír esto, la gente exclamó: «¡Dios nos libre!»

17 Pero Jesús los miró fijamente y les dijo: «¿Qué significa esta escritura que dice:

»"La piedra que desecharon los constructores
ha venido a ser la piedra angular?"[b]

18 Todo el que caiga sobre esa piedra, se hará pedazos; y si ella cae sobre alguien, lo aplastará por completo.»

La cuestión del tributo

(Mt 21.45-46; 22.15-22; Mr 12.12-17)

19 En ese mismo instante los principales sacerdotes y los escribas trataron de echarle mano, pues comprendieron que, al contar esa parábola, Jesús se refería a ellos. Pero tenían miedo de la gente;

20 entonces enviaron espías que parecían gente buena, para que lo acecharan y atraparan a Jesús en sus propias palabras, y así poder ponerlo bajo el poder y la autoridad del gobernador.

21 Los espías le preguntaron: «Maestro, sabemos que dices y enseñas con rectitud, y que no discriminas a nadie, sino que en verdad enseñas el camino de Dios.

22 ¿Nos está permitido pagar tributo al César, o no?»

23 Pero Jesús se dio cuenta de sus malas intenciones, y les dijo:

24 «Muéstrenme una moneda. ¿De quién son la imagen y la inscripción?» Ellos respondieron: «Del César.»

25 Entonces Jesús les dijo: «Pues den al César lo que es del César, y a Dios lo que es de Dios.»

26 Así que no pudieron sorprenderlo ante el pueblo en ninguna palabra; y admirados de su respuesta, no dijeron más.

La pregunta sobre la resurrección

(Mt 22.23-33; Mr 12.18-27)

27 Algunos de los saduceos, que decían que no hay resurrección,[c] le preguntaron:

28 «Maestro, Moisés nos escribió: "Si el hermano de alguien tiene esposa y muere sin tener hijos, el hermano del difunto debe casarse con la viuda y darle descendencia a su hermano muerto."[d]

29 Pues bien, se dio el caso de siete hermanos, y el primero de ellos se casó, y murió sin tener hijos.

30 El segundo se casó con la viuda, pero también murió sin tener hijos.

31 El tercero también se casó con ella, y así los siete restantes, y todos ellos murieron sin dejar descendencia.

32 Finalmente, murió también la mujer.

33 Así que, en la resurrección, ¿esposa de cuál de ellos será la viuda, ya que los siete estuvieron casados con ella?»

34 Entonces Jesús les dijo: «La gente de este mundo se casa, y se da en casamiento,

35 pero los que sean considerados dignos de alcanzar el mundo venidero y la resurrección de entre los muertos, no se casarán ni se darán en casamiento,

36 porque ya no podrán morir, sino que serán semejantes a los ángeles, y son hijos de Dios por ser hijos de la resurrección.

[b]**20.17:** Sal 118.22. [c]**20.27:** Hch 23.8. [d]**20.28:** Dt 25.5.

37 Pero en cuanto a que los muertos han
de resucitar, aun Moisés lo enseñó en el
pasaje de la zarza, pues llama al Señor,
"Dios de Abrahán, Dios de Isaac y Dios de
Jacob".[e]
38 Porque Dios no es Dios de muertos,
sino de vivos, pues para él todos viven.»
39 Algunos de los escribas le respondieron:
«Maestro, has dicho bien.»
40 Y no se atrevieron a preguntarle nada más.

Hch 2.46-47

¿De quién es hijo el Cristo?

(Mt 22.41-46; Mr 12.35-37)

41 Entonces él les dijo: «¿Cómo pueden
decir que el Cristo es hijo de David?
42 David mismo dice, en el libro de los Salmos:

»"El Señor le dijo a mi señor:
'Siéntate a mi derecha,
43 hasta que ponga a tus enemigos
por estrado de tus pies.'"[f]

44 »Y si David lo llama Señor, ¿cómo entonces puede ser su hijo?»

Jesús acusa a los escribas

(Mt 23.1-36; Mr 12.38-40; Lc 11.37-54)

45 Como todo el pueblo lo estaba escuchando, Jesús les dijo a sus discípulos:
46 «Cuídense de los escribas, porque les
gusta pasearse con ropas largas, y que los
saluden en las plazas, y sentarse en las primeras sillas de las sinagogas, y en los lugares
más importantes de los banquetes.
47 Se adueñan de los bienes de las viudas,
y para disimular todo esto hacen largas oraciones. ¡Pero ellos recibirán una mayor condenación!»

La ofrenda de la viuda

(Mr 12.41-44)

21 Jesús estaba observando a
los ricos que depositaban sus
ofrendas en el arca del templo,
2 y vio que una viuda muy pobre depositaba allí dos moneditas de poco valor.
3 Entonces dijo: «En verdad les digo, que
esta viuda pobre ha echado más que todos.
4 Porque todos aquellos ofrendaron a Dios
de lo que les sobra, pero ella puso, en su pobreza, todo lo que tenía para su sustento.»

Jesús predice la destrucción del templo

(Mt 24.1-2; Mr 13.1-2)

5 Algunos hablaban de las hermosas piedras con las que el templo estaba adornado,
y de las ofrendas dedicadas a Dios, así que
Jesús les dijo:
6 «En cuanto a lo que ustedes ven, vienen
días en que no quedará piedra sobre piedra.
Todo será destruido.»

Señales antes del fin

(Mt 24.3-28; Mr 13.3-23)

7 Entonces le preguntaron: «Y esto, Maestro, ¿cuándo sucederá? ¿Y qué señal habrá
cuando esto ya esté por suceder?»
8 Jesús les respondió: «Cuídense de no ser
engañados. Porque muchos vendrán en mi
nombre, y dirán: "Yo soy", y también: "El tiempo está cerca." Pero ustedes no los sigan.
9 Y cuando oigan hablar de guerras y de
levantamientos, no se alarmen, porque es

[e]**20.37:** Éx 3.6. [f]**20.42-43:** Sal 110.1.

LA OFRENDA DE LA VIUDA *(Lucas 21.1-4)*

Una viuda pobre dio todo lo que tenía en una ofrenda en el templo. Cómo era pobre, no podía dar mucho. Pero Jesús dijo que su ofrenda valía más que las grandes ofrendas, porque ella dio todo lo que tenía. Su pequeña ofrenda fue un GRAN sacrificio. Su ofrenda le costó todo. ¿Quieres darle a Dios lo menos posible o lo más que puedas?

necesario que esto suceda primero, pero el fin no llegará de manera repentina.»

10 También les dijo: «Se levantará nación contra nación, y reino contra reino.

11 Habrá impresionantes terremotos, y hambre y pestilencias en diferentes lugares; también sucederán cosas espantosas y habrá grandes señales del cielo.

12 Pero antes de que todo esto suceda, a ustedes les echarán mano, los perseguirán, y los entregarán a las sinagogas y a las cárceles, y por causa de mi nombre los harán comparecer ante reyes y gobernantes.

13 Pero esto les servirá para dar testimonio.

14 Propónganse en su interior no ponerse a pensar cómo responder en su defensa,

15 porque yo les daré las palabras y la sabiduría, las cuales no podrán resistir ni contradecir todos sus oponentes.[a]

16 Ustedes serán entregados incluso por sus padres, hermanos, parientes y amigos, y a algunos de ustedes los matarán.

17 Por causa de mi nombre, todo el mundo los odiará,

18 pero ustedes no perderán ni un solo cabello de su cabeza.

19 Tengan paciencia, que así ganarán sus almas.

20 »Pero cuando vean a Jerusalén rodeada de ejércitos, sepan que su destrucción ha llegado.

21 Entonces, los que estén en Judea, huyan a los montes; y los que estén en la ciudad, salgan de allí. Los que estén en los campos, no entren en la ciudad.

22 Porque esos días serán de retribución,[b] para que se cumplan todas las cosas que están escritas.

23 Pero ¡ay de las que en esos días estén embarazadas, o amamantando! Porque vendrá sobre la tierra una gran calamidad, y sobre este pueblo vendrá la ira.

24 Y caerán a filo de espada, y serán llevados cautivos a todas las naciones; y Jerusalén será pisoteada por los paganos, hasta que se cumplan los tiempos que a ellos les esperan.

La venida del Hijo del Hombre

(Mt 24.29-35,42-44; Mr 13.24-37)

25 »Habrá entonces señales en el sol, en la luna y en las estrellas.[c] En la tierra, la gente se angustiará y quedará confundida por causa del bramido del mar y de las olas.

26 El miedo y la expectación de las cosas que sobrevendrán en la tierra hará que los hombres desfallezcan, y los poderes celestiales se estremecerán.

27 Entonces verán al Hijo del Hombre venir en una nube, con poder y gran gloria.[d]

28 Cuando esto comience a suceder, anímense y levanten la cabeza, porque su redención estará cerca.»

29 También les contó una parábola: «Fíjense en la higuera y en todos los árboles.

30 Cuando ustedes ven que brotan sus hojas, pueden saber que ya se acerca el verano.

31 De la misma manera, cuando ustedes vean que todo esto sucede, podrán saber que ya se acerca el reino de Dios.

32 De cierto les digo, que todo esto sucederá antes de que pase esta generación.

33 El cielo y la tierra pasarán, pero mis palabras no pasarán.

34 »Pero tengan cuidado de que su corazón no se recargue de glotonería y embriaguez, ni de las preocupaciones de esta vida, para que aquel día no les sobrevenga de repente.

35 Porque caerá como un lazo sobre todos los que habitan la faz de la tierra.

36 Por lo tanto, manténganse siempre atentos, y oren para que sean considerados dignos de escapar de todo lo que habrá de suceder, y de presentarse ante el Hijo del Hombre.»

37 De día, Jesús enseñaba en el templo;[e] de noche, se quedaba en el monte llamado de los Olivos.

38 Y toda la gente acudía a él por la mañana, para escucharlo en el templo.

[a] **21.14-15:** Lc 12.11-12. [b] **21.22:** Os 9.7. [c] **21.25:** Is 13.10; Ez 32.7; Jl 2.31; Ap 6.12-13. [d] **21.27:** Dn 7.13; Ap 1.7. [e] **21.37:** Lc 19.47.

El complot para matar a Jesús

(Mt 26.1-5,14-16; Mr 14.1-2,10-11; Jn 11.45-53)

22 Se acercaba la fiesta de los pa-
nes sin levadura, que se llama
la pascua.[a]
2 Los principales sacerdotes y los escribas
buscaban la manera de matar a Jesús, pero
le tenían miedo al pueblo.
3 Entonces Satanás entró en Judas, uno de
los doce, al que llamaban Iscariote,
4 y éste fue a hablar con los principales sa-
cerdotes y con los jefes de la guardia, para
acordar con ellos cómo les entregaría a Jesús.
5 Ellos se alegraron, y acordaron darle di-
nero.
6 Judas aceptó y comenzó a buscar el me-
jor momento de entregarles a Jesús sin que
el pueblo lo supiera.

Institución de la Cena del Señor

(Mt 26.17-29; Mr 14.12-25; Jn 13.21-30; 1 Co 11.23-26)

7 Llegó el día de los panes sin levadura,
cuando es necesario sacrificar el cordero de
la pascua.
8 Jesús envió a Pedro y a Juan con estas
instrucciones: «Vayan a preparar todo para
que comamos la pascua.»
9 Ellos le preguntaron: «¿Dónde quieres
que hagamos los preparativos?»
10 Jesús les dijo: «Al entrar en la ciudad,
verán ustedes a un hombre que lleva un
cántaro de agua; síganlo hasta la casa donde
entre,
11 y díganle al dueño de la casa: "El Maes-
tro pregunta dónde está el aposento en
donde comerá la pascua con sus discípulos."
12 Entonces él les mostrará un gran apo-
sento alto, ya dispuesto. Hagan allí los pre-
parativos.»
13 Los discípulos partieron, y encontraron
todo tal y como Jesús se lo había dicho, y
prepararon la pascua.
14 Cuando llegó la hora, Jesús se sentó a
la mesa, y los apóstoles se sentaron con él.
15 Entonces les dijo: «¡Cómo he deseado
comer con ustedes esta pascua, antes de
que padezca!
16 Porque yo les digo que no volveré a co-
merla hasta su cumplimiento en el reino de
Dios.»
17 Y Jesús tomó la copa, dio gracias y dijo:
«Tomen esto, y repártanlo entre ustedes;
18 porque yo les digo que no volveré a be-
ber del fruto de la vid hasta que venga el
reino de Dios.»
19 Luego tomó el pan, lo partió, dio gracias
y les dio, al tiempo que decía: «Esto es mi
cuerpo, que por ustedes es entregado; ha-
gan esto en memoria de mí.»
20 De igual manera, después de haber ce-
nado tomó la copa y les dijo: «Esta copa es
el nuevo pacto[b] en mi sangre,[c] que por uste-
des va a ser derramada.
21 Pero sepan que la mano del que me va
a traicionar está sobre esta mesa, conmigo.
22 A decir verdad, el Hijo del Hombre va,
según lo que está determinado;[d] pero ¡ay de
aquel que lo va a traicionar!»
23 Ellos comenzaron a preguntarse unos
a otros, quién de ellos sería capaz de hacer
esto.

La grandeza en el servicio

24 Además, los discípulos tuvieron una
discusión en cuanto a quién de ellos sería
el mayor.[e]
25 Pero Jesús les dijo: «Los reyes de las nacio-
nes se enseñorean de ellas, y los que tienen au-
toridad sobre ellas son llamados benefactores;
26 pero entre ustedes no debe ser así,[f] sino
que el mayor entre ustedes tiene que hacer-
se como el menor; y el que manda tiene que
actuar como el que sirve.[g]
27 Porque, ¿quién es mayor? ¿El que se sien-
ta a la mesa, o el que sirve? ¿Acaso no es el
que se sienta a la mesa? Sin embargo, yo es-
toy entre ustedes como el que sirve.[h]
28 »Pero son ustedes los que han perma-
necido conmigo en mis pruebas.

[a] **22.1:** Éx 12.1-27. [b] **22.20:** Jer 31.31-34. [c] **22.20:** Éx 24.6-8. [d] **22.22:** Sal 41.9. [e] **22.24:** Mt 18.1; Mr 9.34; Lc 9.46. [f] **22.25-26:** Mt 20.25-27; Mr 10.42-44. [g] **22.26:** Mt 23.11; Mr 9.35. [h] **22.27:** Jn 13.12-15.

[29] Por tanto, yo les asigno un reino, así como mi Padre me lo asignó a mí,

[30] para que en mi reino coman y beban a mi mesa, y se sienten en tronos para juzgar a las doce tribus de Israel.»[j]

Jesús anuncia la negación de Pedro

(Mt 26.31-35; Mr 14.27-31; Jn 13.36-38)

[31] El Señor dijo también: «Simón, Simón, Satanás ha pedido sacudirlos a ustedes como si fueran trigo;

[32] pero yo he rogado por ti, para que no te falte la fe. Y tú, cuando hayas vuelto, deberás confirmar a tus hermanos.»

[33] Pedro le dijo: «Señor, no sólo estoy dispuesto a ir contigo a la cárcel, sino también a la muerte.»

[34] Y Jesús le dijo: «Pedro, te aseguro que el gallo no cantará hoy antes de que tú hayas negado tres veces que me conoces.»

Bolsa, alforja y espada

[35] Luego Jesús les preguntó: «Cuando los envié sin bolsa, sin alforja y sin calzado,[j] ¿les faltó algo?» Ellos respondieron: «Nada.»

[36] Entonces Jesús les dijo: «Pues ahora, el que tenga bolsa, que la tome, junto con la alforja. Y el que no tenga espada, que venda su capa y se compre una.

[37] Porque yo les digo que todavía se tiene que cumplir en mí aquello que está escrito: "Y fue contado entre los pecadores".[k] Porque lo que está escrito acerca de mí, tiene que cumplirse.»

[38] Ellos le dijeron: «Señor, ¡aquí hay dos espadas!» Y Jesús respondió: «¡Basta!»

Jesús ora en Getsemaní

(Mt 26.36-46; Mr 14.32-42)

[39] Jesús salió y, conforme a su costumbre, se fue al monte de los Olivos. Sus discípulos lo siguieron.

[40] Cuando llegó a ese lugar, Jesús les dijo: «Oren para que no caigan en tentación.»

[41] Luego, se apartó de ellos a una distancia como de un tiro de piedra, y allí se arrodilló y oró.

[42] Y decía: «Padre, si quieres, haz que pase de mí esta copa; pero que no se haga mi voluntad, sino la tuya.»

[43] [Se le apareció entonces un ángel del cielo, para fortalecerlo.

[44] Lleno de angustia, oraba con más intensidad. Y era su sudor como grandes gotas de sangre que caían hasta la tierra.][4]

[45] Cuando Jesús se levantó después de orar, fue a donde estaban sus discípulos, y a causa de la tristeza los halló durmiendo.

[46] Les dijo: «¿Por qué duermen? ¡Levántense y oren para que no caigan en tentación!»

Arresto de Jesús

(Mt 26.47-56; Mr 14.43-50; Jn 18.2-11)

[47] Mientras Jesús estaba hablando, se hizo presente una turba, al frente de la cual iba Judas, que era uno de los doce y que se acercó a Jesús para besarlo.

[48] Jesús le dijo: «Judas, ¿con un beso entregas al Hijo del Hombre?»

[49] Cuando los que estaban con él se dieron cuenta de lo que pasaba, le dijeron: «Señor, ¿echamos mano a la espada?»

> **PROMESAS PODEROSAS**
>
> **LUCAS 22.20**
>
> ***De igual manera, después de haber cenado tomó la copa y les dijo: "Esta copa es el nuevo pacto en mi sangre, que por ustedes va a ser derramada."***
>
> En la Última Cena, Jesús dijo a sus discípulos que iba a morir en la cruz. La sangre que correría por sus heridas sería la señal de un nuevo pacto entre Dios y su pueblo. La muerte de Jesús fue el sacrificio final por el pecado. Ahora cualquiera que así lo quiere puede llegar a ser un hijo de Dios (Juan 1:12).

[j] **22.30:** Mt 19.28. [j] **22.35:** Mt 10.9-10; Mr 6.8-9; Lc 9.3; 10.4. [k] **22.37:** Is 53.12. [4] **22.43-44** El texto que aparece entre corchetes se halla sólo en mss. tardíos.

50 Uno de ellos hirió a un siervo del sumo
sacerdote, y le cortó la oreja derecha.
51 Pero Jesús les dijo: «¡Basta! ¡Déjenlos!» Tocó
entonces la oreja de aquel hombre, y lo sanó.
52 Luego, Jesús les dijo a los principales sa-
cerdotes, a los jefes de la guardia del templo
y a los ancianos, que habían venido contra
él: «¿Han venido con espadas y palos, como
si fuera yo un ladrón?
53 Todos los días he estado con ustedes en
el templo, y no me pusieron las manos enci-
ma. Pero ésta es la hora de ustedes, la hora
del poder de las tinieblas.»

Pedro niega a Jesús

(Mt 26.57-58,69-75; Mr 14.53-54,66-72; Jn 18.12-18,25-27)

54 Aquellos arrestaron a Jesús y lo llevaron
a la casa del sumo sacerdote. Pedro lo seguía
de lejos.
55 En medio del patio encendieron una
fogata, y se sentaron alrededor de ella. Tam-
bién Pedro se sentó entre ellos.
56 Pero una criada que lo vio sentado fren-
te al fuego, se fijó en él y dijo: «Éste también
estaba con él.»
57 Pedro lo negó, y dijo: «Mujer, yo no lo
conozco.»
58 Un poco después, otro lo vio y le dijo:
«Tú también eres de ellos.» Pero Pedro le
dijo: «¡Hombre, no lo soy!»
59 Como una hora después, otro afirmó:
«No hay duda. Éste también estaba con él,
porque es galileo.»

LECCIONES — **EL ARREPENTIMIENTO DE PEDRO** *(Lucas 22.62)*

Si te enfrentaras a una multitud furiosa que podría matarte si dijeras que conoces a Jesús, ¿qué harías? Cuando esto le pasó a Pedro, sintió tanto miedo que dijo que no conocía a Jesús. Más tarde, Pedro lloró amargamente por lo que había hecho. Más tarde, cuando Pedro recibió el bautismo con el Espíritu Santo, se convirtió en un valiente predicador de la salvación (Hechos 2,4). Si tú tiene miedo de hablarles a otros acerca de Jesús, confiesa a Dios tu temor. Pídele que te haga un testigo valiente como Pedro.

60 Pedro le dijo: «¡Hombre, no sé de qué
hablas!» Y en ese momento, mientras Pedro
aún hablaba, el gallo cantó.
61 En ese mismo instante el Señor se volvió
a ver a Pedro, y entonces Pedro se acordó
de las palabras del Señor, cuando le dijo:
«Antes de que el gallo cante, me negarás
tres veces.»
62 Enseguida, Pedro salió de allí y lloró
amargamente.

Jesús escarnecido y azotado

(Mt 26.67-68; Mr 14.65)

63 Los hombres que custodiaban a Jesús se
burlaban de él y lo golpeaban.

PODER PARA VIVIR

VERDADERA GRANDEZA *(Lucas 22.24-30)*

¿Alguna vez has discutido con tus amigos sobre quién es el mejor o el más inteligente del grupo? Los discípulos discutieron sobre quién de ellos sería el mayor. Jesús les enseñó su concepto de la grandeza. Él dijo que el que sirve es el más importante. Esa es una descripción de Jesús. Él era Dios, y sin embargo, vino del cielo para morir en la cruz (Filipenses 2:6-11). Hoy leemos acerca de atletas y actores que hablan acerca de lo importantes que son. Ellos se consideran importantes porque practican deportes o porque actúan bien. Pero Dios mide el éxito por la forma en que nos parecemos a su Hijo.

64 También le vendaron los ojos, le golpearon el rostro, y le decían: «Profetiza, ¿quién es el que te golpeó?»

65 Y lo insultaban y le decían muchas otras cosas.

Jesús ante el tribunal

(Mt 26.59-66; Mr 14.55-64; Jn 18.19-24)

66 Cuando se hizo de día, se juntaron los ancianos del pueblo, los principales sacerdotes y los escribas, y llevaron a Jesús ante el tribunal y le preguntaron:

67 «¿Eres tú el Cristo? ¡Responde!» Él les dijo: «Si les dijera que sí, no me lo creerían.

68 Y si les hiciera preguntas, no me responderían ni me soltarían.

69 Pero a partir de este momento el Hijo del Hombre se sentará a la derecha del poder de Dios.»

70 Todos dijeron: «¿Así que tú eres el Hijo de Dios?» Él les respondió: «Ustedes dicen que lo soy.»

71 Entonces ellos dijeron: «¿Qué más pruebas necesitamos? ¡Nosotros mismos las hemos oído de sus propios labios!»

Jesús ante Pilato

(Mt 27.1-2,11-14; Mr 15.1-5; Jn 18.28-38)

23 Entonces todos ellos se levantaron, y llevaron a Jesús ante Pilato.

2 Allí comenzaron a acusarlo. Decían: «Hemos encontrado que éste subvierte a la nación, que prohíbe pagar tributo al César, y que dice que él mismo es el Cristo, es decir, un rey.»

3 Pilato le preguntó: «¿Eres tú el Rey de los judíos?». Jesús le respondió: «Tú lo dices.»

4 Pilato dijo entonces a los principales sacerdotes, y a la gente: «Yo no encuentro delito alguno en este hombre.»

5 Pero ellos seguían insistiendo: «Éste alborota al pueblo con lo que enseña por toda Judea, desde Galilea hasta este lugar.»

Jesús ante Herodes

6 Cuando Pilato escuchó esto, preguntó si él era galileo.

7 Y al saber que era de la jurisdicción de Herodes, se lo envió a éste, que en aquellos días también estaba en Jerusalén.

8 Herodes se alegró mucho al ver a Jesús, pues hacía tiempo que deseaba verlo, ya que había oído hablar mucho acerca de él, y esperaba verlo hacer alguna señal.

9 Pero aunque Herodes le hacía muchas preguntas, Jesús no respondía nada.

10 También estaban allí los principales sacerdotes y los escribas, los cuales lo acusaban con extremado apasionamiento.

11 Entonces Herodes y sus soldados lo humillaron y se burlaron de él, y lo vistieron con una ropa muy lujosa, después de lo cual Herodes lo envío de vuelta a Pilato.

12 Antes de ese día, Pilato y Herodes estaban enemistados entre sí, pero ese día se hicieron amigos.

Jesús es sentenciado a muerte

(Mt 27.15-26; Mr 15.6-15; Jn 18.38—19.16)

13 Pilato convocó a los principales sacerdotes, y a los gobernantes y al pueblo,

14 y les dijo: «Ustedes me han presentado a este hombre como a un perturbador del pueblo, pero lo he interrogado delante de ustedes, y no lo he hallado culpable de ninguno de los delitos de los que ustedes lo acusan.

15 Se lo envié a Herodes, y tampoco él lo ha hallado culpable. Por tanto, este hombre no ha hecho nada que merezca la muerte.

16 Voy a castigarlo, y después de eso lo dejaré libre.»

17 [Y en cada fiesta él tenía que poner en libertad a un preso.][5]

18 Pero toda la multitud gritaba al unísono: «¡Fuera con éste! ¡Déjanos libre a Barrabás!»

19 Barrabás había sido encarcelado por un levantamiento en la ciudad, y también por homicidio.

20 Como Pilato quería soltar a Jesús, volvió a dirigirse al pueblo;

21 pero ellos seguían gritando: «¡Crucifícalo, crucifícalo!»

[5] **23.17** El texto que aparece entre corchetes se halla sólo en mss. tardíos.

22 Por tercera vez Pilato les dijo: «¿Pues qué crimen ha cometido éste? ¡Yo no he hallado en él ningún delito que merezca la muerte! Voy a castigarlo, y luego lo dejaré libre.»

23 Pero ellos seguían gritando, e insistían en que Jesús fuera crucificado. Al final, prevalecieron las voces de ellos y de los principales sacerdotes.

24 La sentencia de Pilato fue que se hiciera lo que ellos pedían;

25 puso en libertad a quien habían pedido, que había sido encarcelado por rebelión y homicidio, y puso a Jesús a la disposición de ellos.

Crucifixión y muerte de Jesús

(Mt 27.32-56; Mr 15.21-41; Jn 19.17-30)

26 Cuando llevaban a Jesús, echaron mano de un tal Simón de Cirene, que volvía del campo, y le pusieron la cruz encima, para que la llevara detrás de Jesús.

27 Detrás de Jesús iba una gran multitud del pueblo, y mujeres que lloraban y se lamentaban por él.

28 Pero Jesús se volvió hacia ellas y les dijo: «Mujeres de Jerusalén, no lloren por mí, sino por ustedes mismas y por sus hijos.

29 Porque vienen días en que se dirá: "Dichosas las estériles, y los vientres que no concibieron, y los pechos que no amamantaron."

30 Entonces comenzarán a pedir a los montes: "¡Caigan sobre nosotros!" Y dirán a las colinas: "¡Cúbrannos por completo!"[a]

31 Porque, si esto hacen con el árbol verde, ¡qué no harán con el árbol seco!»

32 Con Jesús llevaban también a otros dos, que eran malhechores, para ser ejecutados.

33 Cuando llegaron al lugar llamado de la Calavera, lo crucificaron allí, lo mismo que a los malhechores, uno a la derecha de Jesús y otro a su izquierda.

34 [Jesús decía: «Padre, perdónalos, porque no saben lo que hacen.»][6] Y los soldados echaron suertes para repartirse entre ellos sus vestidos.[b]

LECCIONES **LA CRUCIFIXIÓN DE JESÚS**

(Lucas 23.33)

La muerte de Jesús en la cruz pagó el precio por todo pecado confesado. Él fue el sacrificio perfecto. Todos los que se arrepienten de sus pecados, aceptan su muerte, y se convierten a Dios, reciben el perdón y la vida eterna con Él. La muerte de Jesús fue un acontecimiento triste. Pero lo celebramos porque nos trajo buenas noticias: la resurrección de Jesús y nuestra salvación. Dibuja una cruz en el papel. Escribe en la cruz las palabras: ***deuda pagada***.

35 Mientras el pueblo observaba, los gobernantes se burlaban de él y decían: «Ya que salvó a otros, que se salve a sí mismo, si en verdad es el Cristo, el escogido de Dios.»

36 También los soldados se burlaban de él; hasta se acercaron y le ofrecieron vinagre,

37 mientras decían: «Si eres el Rey de los judíos, ¡sálvate a ti mismo!»

38 Había sobre él un epígrafe que en letras griegas, latinas y hebreas decía: «ÉSTE ES EL REY DE LOS JUDÍOS.»

39 Uno de los malhechores que estaban allí colgados lo insultaba y le decía: «Si tú eres el Cristo, ¡sálvate a ti mismo y sálvanos a nosotros!»

40 Pero el otro lo reprendió y le dijo: «¿Ni siquiera ahora, que sufres la misma condena, temes a Dios?

41 Lo que nosotros ahora padecemos es justo, porque estamos recibiendo lo que merecían nuestros hechos, pero éste no cometió ningún crimen.»

42 Y a Jesús le dijo: «Acuérdate de mí cuando llegues a tu reino.»

43 Jesús le dijo: «De cierto te digo que hoy estarás conmigo en el paraíso.»

44 Desde el mediodía y hasta las tres de la tarde hubo tinieblas sobre toda la tierra.

[a]**23.30:** Os 10.8; Ap 6.16. [6]**23.34**El texto que aparece entre corchetes se halla sólo en mss. tardíos. [b]**23.34:** Sal 22.18.

[45] El sol se oscureció, y el velo[c] del templo se rasgó por la mitad.

[46] En ese momento Jesús clamó a gran voz, y dijo: «Padre, en tus manos encomiendo mi espíritu.»[d] Y después de haber dicho esto, expiró.

[47] Cuando el centurión vio lo sucedido, alabó a Dios y dijo: «Realmente, este hombre era justo.»

[48] Al ver lo sucedido, toda la multitud que presenciaba este espectáculo se golpeaba el pecho y se fue alejando de allí.

[49] Pero todos los conocidos de Jesús, y las mujeres[e] que lo habían seguido desde Galilea, seguían observando a cierta distancia lo que sucedía.

Jesús es sepultado

(Mt 27.57-61; Mr 15.42-47; Jn 19.38-42)

[50] Un hombre bueno y justo, llamado José, que era miembro del tribunal,

[51] no había estado de acuerdo con lo que los del tribunal planearon, ni con lo que hicieron. Este José era de Arimatea, una ciudad de Judea, y también esperaba el reino de Dios,

[52] así que fue a ver a Pilato y le pidió el cuerpo de Jesús.

[53] Después de bajarlo de la cruz, envolvió el cuerpo en una sábana y lo puso en un sepulcro abierto en una peña, en donde aún no se había sepultado a nadie.

[54] Era el día de la preparación, y estaba por comenzar el día de reposo.

[55] Acompañaron a José las mujeres que habían venido con Jesús desde Galilea, y vieron el sepulcro y cómo fue colocado el cuerpo.

[56] Después regresaron a su casa para preparar especias aromáticas y ungüentos, y descansaron en el día de reposo, conforme al mandamiento.[f]

La resurrección

(Mt 28.1-10; Mr 16.1-8; Jn 20.1-10)

24 Pero el primer día de la semana, muy temprano, las mujeres regresaron al sepulcro. Llevaban las especias aromáticas que habían preparado.

[2] Como se encontraron con que la piedra del sepulcro había sido quitada,

[3] entraron; pero no hallaron el cuerpo del Señor Jesús.

[4] Mientras ellas se preguntaban qué podría haber pasado, dos hombres con vestiduras resplandecientes se pararon junto a ellas.

[5] Llenas de miedo, se inclinaron ocultando su rostro; pero ellos les dijeron: «¿Por qué buscan entre los muertos al que vive?

[6] No está aquí. ¡Ha resucitado! Acuérdense de lo que les dijo cuando aún estaba en Galilea:

[7] "Es necesario que el Hijo del Hombre sea entregado en manos de hombres pecadores, y que sea crucificado. Pero al tercer día resucitará."»[a]

[8] Ellas se acordaron de sus palabras,

[9] y cuando volvieron del sepulcro les contaron todo esto a los once, y a todos los demás.

[10] Las que contaron esto a los apóstoles eran María Magdalena, Juana, María la madre de Jacobo, y las otras mujeres.

[11] El relato de las mujeres les pareció a los apóstoles una locura, así que no les creyeron;

[12] pero Pedro se fue corriendo al sepulcro y, cuando miró hacia dentro y vio los lienzos allí dejados, volvió a su casa pasmado de lo que había sucedido.

En el camino a Emaús

(Mr 16.12-13)

[13] Ese mismo día, dos de ellos iban de camino a una aldea llamada Emaús, que distaba de Jerusalén unos diez kilómetros.

[14] Iban hablando de todo lo que había sucedido,

[15] y mientras hablaban y discutían entre sí, Jesús mismo se acercó y los iba acompañando.

---

[c] **23.45:** Éx 26.31-33. [d] **23.46:** Sal 31.5. [e] **23.49:** Lc 8.2-3. [f] **23.56:** Éx 20.10; Dt 5.14. [a] **24.6-7:** Mt 16.21; 17.22-23; 20.18-19; Mr 8.31; 9.31; 10.33-34; Lc 9.22; 18.31-33.

PALABRAS CON PODER

¡ÉL VIVE!
(Lucas 24.6)

Resucitar a alguien significa traerlo de vuelta a la vida. Antes de morir, Jesús prometió a sus discípulos que Él volvería a vivir (18:33). ¡Y cumplió su promesa! La tumba vacía y el testimonio de muchos que vieron a Jesús después que hubo resucitado son evidencia de que Él resucitó de la muerte. ¡Buenas noticias para ti! Dile a alguien hoy que Jesús está vivo.

16 Pero ellos no lo reconocieron, y es que parecían tener vendados los ojos.

17 Se veían tan tristes que Jesús les preguntó: «¿De qué tanto hablan ustedes?»

18 Uno de ellos, que se llamaba Cleofas, le respondió: «¿Eres tú el único forastero en Jerusalén que no sabe lo que ha sucedido en estos días?»

19 «¿Y qué ha sucedido?», preguntó Jesús. Y ellos le respondieron: «Lo de Jesús de Nazaret, que ante Dios y ante todo el pueblo era un profeta poderoso en hechos y en palabra.

20 Pero los principales sacerdotes y nuestros gobernantes lo entregaron para que lo condenaran a muerte, y lo crucificaron.

21 Nosotros teníamos la esperanza de que él habría de redimir a Israel. Sin embargo, ya van tres días de que todo esto pasó.

22 Aunque también nos han dejado asombrados algunas mujeres de entre nosotros, que fueron al sepulcro antes de que amaneciera.

23 Como no hallaron el cuerpo, han venido a decirnos que tuvieron una visión, en la que unos ángeles les dijeron que él vive.

24 Algunos de los nuestros fueron al sepulcro, y encontraron todo tal y como las mujeres lo dijeron, pero a él no lo vieron.»

25 Entonces Jesús les dijo: «¡Ay, insensatos! ¡Cómo es lento su corazón para creer todo lo que los profetas han dicho!

26 ¿Acaso no era necesario que el Cristo padeciera estas cosas, antes de entrar en su gloria?»

27 Y partiendo de Moisés, y siguiendo por todos los profetas, comenzó a explicarles todos los pasajes de las Escrituras que hablaban de él.

28 Cuando llegaron a la aldea adonde iban, Jesús hizo como que iba a seguir adelante,

29 pero ellos lo obligaron a quedarse. Le dijeron: «Quédate con nosotros, porque ya es tarde, y es casi de noche.» Y Jesús entró y se quedó con ellos.

30 Mientras estaba sentado a la mesa con ellos, tomó el pan y lo bendijo; luego lo partió y les dio a ellos.

31 En ese momento se les abrieron los ojos, y lo reconocieron; pero él desapareció de su vista.

32 Y se decían el uno al otro: «¿Acaso no ardía nuestro corazón mientras nos hablaba en el camino y nos explicaba las Escrituras?»

33 En ese mismo instante se levantaron y volvieron a Jerusalén. Allí encontraron reunidos a los once y a los que estaban con ellos,

34 los cuales decían: «¡En verdad el Señor ha resucitado, y se le ha aparecido a Simón!»

35 Los dos, por su parte, les contaron lo que les había sucedido en el camino, y cómo lo habían reconocido al partir el pan.

Jesús se aparece a los discípulos

(Mt 28.16-20; Mr 16.14-18; Jn 20.19-23)

36 Todavía estaban ellos hablando de estas cosas, cuando Jesús se puso en medio de ellos y les dijo: «¡La paz sea con ustedes!»

37 Ellos se espantaron y se atemorizaron, pues creían estar viendo un espíritu;

38 pero Jesús les dijo: «¿Por qué se asustan? ¿Por qué dan cabida a esos pensamientos en su corazón?

39 ¡Miren mis manos y mis pies! ¡Soy yo! Tóquenme y véanme: un espíritu no tiene carne ni huesos, como pueden ver que los tengo yo.»

40 Y al decir esto, les mostró las manos y los pies.

41 Y como ellos, por el gozo y la sorpresa que tenían, no le creían, Jesús les dijo: «¿Tienen aquí algo de comer?»

42 Entonces ellos le dieron parte de un
pescado asado,
43 y él lo tomó y se lo comió delante de
ellos.
44 Luego les dijo: «Lo que ha pasado con-
migo es lo mismo que les anuncié cuando
aún estaba con ustedes: que era necesario
que se cumpliera todo lo que está escrito
acerca de mí en la ley de Moisés, en los pro-
fetas y en los salmos.»
45 Entonces les abrió el entendimiento
para que pudieran comprender las Escritu-
ras,
46 y les dijo: «Así está escrito, y así era ne-
cesario, que el Cristo padeciera[b] y resucitara
de los muertos al tercer día,[c]
47 y que en su nombre se predicara el ar-
repentimiento y el perdón de pecados en
todas las naciones, comenzando por Jeru-
salén.
48 De esto, ustedes son testigos.
49 Yo voy a enviar sobre ustedes la prome-
sa de mi Padre;[d] pero ustedes, quédense en
la ciudad de Jerusalén hasta que desde lo
alto sean investidos de poder.»

Jn 1.7

Jn 1.32-33

Palabras con poder

LA BENDICIÓN DE JESÚS

(Lucas 24.50)

Antes de que Jesús regresara al cielo, bendijo a sus seguidores y les pidió que cuenten a otros las buenas noticias de la salvación. Una bendición es un regalo de Dios que hace prosperar a alguien en su trabajo (Deuteronomio 28:12). Dios da libremente las bendiciones que de su fuerza, su poder, y su ayuda (Efesios 3:16; Colosenses 1:11). La bendición de Dios no es lo mismo que la prosperidad según las normas del mundo, como el dinero y la buena salud. Antes de que hagas cualquier cosa en servicio a Dios, ¿por qué no le pides que te bendiga y ayude?

La ascensión

(Mr 16.19-20)

50 Luego los llevó de allí a Betania, y levan-
tando sus manos los bendijo.
51 Pero sucedió que, mientras los bende-
cía, se apartó de ellos y fue llevado a las al-
turas del cielo.[e]
52 Ellos lo adoraron, y después volvieron
muy felices a Jerusalén;
53 y siempre estaban en el templo, alaban-
do y bendiciendo a Dios. Amén.

[b] **24.46:** Is 53.1-12. [c] **24.46:** Os 6.2. [d] **24.49:** Hch 1.4. [e] **24.50-51:** Hch 1.9-11.

JUAN

Autor: **Juan**
Tema: **Jesús, el Hijo de Dios y el Salvador del mundo**
Fecha en que se escribió: **c. 80-95 d.C.**

POR QUÉ JUAN ESCRIBIÓ

Si pudieras escribir un libro acerca de tu mejor amigo, ¿qué dirías? Juan escribió todo un libro acerca de su mejor amigo, Jesús. Lo llamamos el Evangelio según Juan. Este libro es un poco diferente de los otros tres Evangelios (Mateo, Marcos y Lucas). Es el único que registra ciertos datos acerca de la obra de Jesús en Judea y en Jerusalén. También nos dice más acerca de Jesús como Dios y como hombre. En 20:31, se encuentra el propósito del Evangelio según Juan: "Pero éstas se han escrito para que ustedes crean que Jesús es el Cristo, el Hijo de Dios, y para que al creer, tengan vida en su nombre."

LO QUE ENCONTRARÁS EN EL LIBRO

Juan quería que su libro mostrara que Jesús era el Mesías de Israel y el Hijo de Dios, el Creador hecho hombre. Su Evangelio tiene dos divisiones principales. (1) Los capítulos 1–12 describen cómo Dios vino a la tierra como un ser humano. Hablan del ministerio público de Jesús. Lamentablemente, su propio pueblo lo rechazó como el Mesías. (2) En los capítulos 13–21, después de que fue rechazado, Jesús pasó la mayor parte del tiempo en la formación de sus discípulos. Estos capítulos incluyen la Última Cena de Jesús con ellos (capítulos

13), sus enseñanzas a ellos (capítulos 14–16), y su oración final por ellos y por sus futuros seguidores (capítulo 17). El libro concluye mostrando cómo el nuevo pacto de Dios para todos los pueblos se estableció a través de la muerte (capítulos 18 y 19) y resurrección de Jesús (capítulos 20 y 21).

¿SABÍAS QUE JUAN...?

- Es el mejor libro para aprender que Jesús era Dios en la tierra, y no solo otro hombre.
- Es un libro que habla de cómo creer en Jesús. La palabra "creer" y sus derivados aparecen casi cien veces.
- Es el único Evangelio que menciona el primer milagro que hizo Jesús: la transformación del agua en vino.
- El número siete es importante en este libro. John enumeró siete pruebas de que Jesús es el Salvador (2:1-11; 4:46-54; 5:2-18; 6:1-15; 6:16-21; 9:1-41; 11:1-46); siete de sus principales enseñanzas (3:1-21; 4:4-42; 5:19-47; 6:22-59; 7:37-44; 8:12-30; 10:1-21); y los siete "Yo soy" que dijo Jesús (6:35; 8:12; 10:7; 10:11; 11:25; 14:6; 1:15).
- Es un libro acerca de la vida eterna. Juan se refiere no solo a que viviremos con Dios por siempre, sino también a una vida cambiada por completo en el presente.

La Palabra hecha carne

En el principio ya existía la Palabra.
La Palabra estaba con Dios,
y Dios mismo era la Palabra.[1]
2 En el principio, la Palabra estaba con
Dios.
3 Por ella fueron hechas todas las cosas.
Sin ella nada fue hecho
de lo que ha sido hecho.
4 En ella estaba la vida,
y la vida era la luz de la humanidad.
5 La luz resplandece en las tinieblas,
y las tinieblas no prevalecieron contra ella.
6 Hubo un hombre enviado de Dios, el
cual se llamaba Juan.[a]
7 Éste vino por testimonio, para dar testi-
monio de la luz, a fin de que todos creyeran
por él. (Jn 4.7-30)
8 Él no era la luz, sino que vino para dar
testimonio de la luz.
9 La Palabra, la luz verdadera,
la que alumbra a toda la humanidad,
venía a este mundo.
10 En el mundo estaba,
y el mundo fue hecho por ella,
pero el mundo no la conoció.
11 La Palabra vino a lo suyo,
pero los suyos no la recibieron.
12 Pero a todos los que la recibieron,
a los que creen en su nombre,
les dio la potestad de ser hechos hijos
de Dios; (Jn 3.14-17)
13 los cuales no son engendrados de
sangre,
ni de voluntad de carne,
ni de voluntad de varón,
sino de Dios.
14 Y la Palabra se hizo carne,
y habitó entre nosotros, y vimos su
gloria

PALABRAS CON PODER

LA PALABRA

(Juan 1.1)

Juan escribió que Jesús es "la Palabra". Esto corresponde a la palabra griega ***logos***. Jesús es el mensaje de Dios al mundo. Juan enseña que Dios creó todas las cosas por medio de Jesús, la Palabra. Jesús es como la imagen del Padre; nos muestra exactamente cómo es el Padre (1:3-5, 14, 18). Jesús es "la Palabra" que revela el corazón y la mente de Dios (14:9).

PROMESAS PODEROSAS

JUAN 1.14

Y la Palabra se hizo carne, y habitó entre nosotros, y vimos su gloria (la gloria que corresponde al unigénito del Padre), llena de gracia y de verdad.

"La Palabra" es otro nombre de Jesús. Aunque es Dios, se hizo un ser humano. Al convertirse en uno de nosotros, podía dar su vida por nosotros. Con su muerte, pagó el precio por nuestro pecado. Ahora Dios nos puede perdonar si se lo pedimos. Si quieres decirles una buena palabra a tus amigos, háblales de Jesús.

[1] **1.1 existía... estaba... era:** El verbo griego permite y demanda estos tres equivalentes. [a] **1.6:** Mt 3.1; Mr 1.4; Lc 3.1-2.

PODER PARA VIVIR

UNA NUEVA FAMILIA *(Juan 1.12)*

Al nacer, llegas a ser miembro de tu familia. También puedes nacer en otra familia, la familia de Dios. Al confesar que Jesús murió en la cruz por tus pecados y aceptarlo como tu Salvador, llegas a ser hijo de Dios. Eso significa que has nacido de nuevo, nacido en la familia de Dios. ¿Has decidido ser parte de la familia del Señor?

(la gloria que corresponde al unigénito
del Padre),
llena de gracia y de verdad.
15 Juan dio testimonio de ella, y clamó di-
ciendo: «De ella es de quien yo decía: "Viene
después de mí, pero es anterior a mí; porque
ya existía antes que yo."»
16 Ciertamente de su plenitud toma-
mos todos,
y gracia sobre gracia.
17 La ley fue dada por medio de Moisés,
pero la gracia y la verdad vinieron
por medio de Jesucristo.
18 A Dios nadie lo vio jamás;
quien lo ha dado a conocer es el Hijo
unigénito,
que está en el seno del Padre.

Testimonio de Juan el Bautista

(Mt 3.11-12; Mr 1.7-8; Lc 3.15-17)

19 Éste es el testimonio de Juan. Cuando
los judíos enviaron desde Jerusalén sacerdo-
tes y levitas para que le preguntaran: «Tú,
¿quién eres?»,
20 Juan confesó, y no negó, sino que confe-
só: «Yo no soy el Cristo.»
21 Y le preguntaron: «Entonces, ¿qué? ¿Eres
Elías?»[b] Dijo: «No lo soy.» «¿Entonces eres el
profeta?»[c] Y él respondió: «No.»
22 Le dijeron: «¿Quién eres, entonces? Para
que demos respuesta a los que nos envia-
ron, ¿qué dices de ti mismo?»
23 Juan dijo: «Yo soy la voz que clama en el
desierto: "Enderecen el camino del Señor",
como dijo el profeta Isaías.»[d]
24 Los que habían sido enviados eran de
los fariseos,
25 y le preguntaron: «Entonces, si tú no
eres el Cristo, ni Elías, ni el profeta, ¿por qué
bautizas?»
26 Juan les respondió: «Yo bautizo con
agua; pero en medio de ustedes está uno, a
quien ustedes no conocen.
27 Éste viene después de mí, del cual no
soy digno de desatar la correa de su calza-
do.»
28 Estas cosas sucedieron en Betábara,
al otro lado del Jordán, donde Juan estaba
bautizando.

El Cordero de Dios

29 El siguiente día Juan vio que Jesús venía
hacia él, y dijo: «Éste es el Cordero de Dios,
que quita el pecado del mundo.
30 Él es de quien yo dije: "Después de mí
viene un varón, el cual es antes de mí; por-
que era primero que yo."
31 Yo no lo conocía; pero vine bautizando
con agua para esto: para que él fuera mani-
festado a Israel.»
32 Juan también dio testimonio y dijo: «Vi
al Espíritu descender del cielo como palo-
ma, y permanecer sobre él.
33 Yo no lo conocía; pero el que me envió
a bautizar con agua me dijo: "Aquél sobre
quien veas que el Espíritu desciende, y que
permanece sobre él, es el que bautiza con el
Espíritu Santo." Jn 7.38-39
34 Y yo lo he visto, y he dado testimonio
de que éste es el Hijo de Dios.»

Los primeros discípulos

35 Al día siguiente, Juan estaba de nuevo
allí con dos de sus discípulos.
36 Al ver a Jesús, que andaba por allí, dijo:
«Éste es el Cordero de Dios.»
37 Los dos discípulos lo oyeron hablar, y
siguieron a Jesús.
38 Jesús se volvió y, al ver que lo seguían, les
dijo: «¿Qué buscan?» Ellos le dijeron: «Rabí
(que traducido significa "Maestro"), ¿dónde
vives?»
39 Les dijo: «Vengan y vean.» Ellos fueron,
y vieron donde vivía, y se quedaron con él
aquel día, porque ya eran como las cuatro
de la tarde.
40 Andrés, el hermano de Simón Pedro,
era uno de los dos que habían oído a Juan y
habían seguido a Jesús.
41 Éste halló primero a Simón, su hermano,
y le dijo: «Hemos hallado al Mesías (que tra-
ducido significa "el Cristo").»

---

[b] **1.21:** Mal 4.5. [c] **1.21:** Dt 18.15,18. [d] **1.23:** Is 40.3.

42 Entonces lo llevó a Jesús, quien al verlo
dijo: «Tú eres Simón, el hijo de Jonás; tú serás
llamado Cefas[2] (que quiere decir, Pedro[3]).»

Jesús llama a Felipe y a Natanael

43 Al día siguiente, Jesús quiso ir a Galilea, y
halló a Felipe y le dijo: «Sígueme.»
44 Felipe era de Betsaida, la ciudad de An-
drés y Pedro.
45 Y Felipe halló a Natanael y le dijo: «He-
mos hallado a aquél de quien escribió Moi-
sés en la ley, y también los profetas: a Jesús,
el hijo de José, de Nazaret.»
46 Natanael le dijo: «¿Y de Nazaret puede
salir algo bueno?» Y le dijo Felipe: «Ven a
ver.»
47 Cuando Jesús vio que Natanael se le
acercaba, dijo de él: «Aquí tienen a un ver-
dadero israelita, en quien no hay engaño.»
48 Natanael le dijo: «¿Y de dónde me co-
noces?» Jesús le respondió: «Te vi antes de
que Felipe te llamara, cuando estabas deba-
jo de la higuera.»
49 Natanael le dijo: «Rabí, ¡tú eres el Hijo de
Dios!; ¡tú eres el Rey de Israel!»
50 Jesús le respondió: «¿Crees sólo porque
te dije que te vi debajo de la higuera? ¡Pues
cosas mayores que éstas verás!»

[2]**1.42** De la palabra ***piedra*** en arameo. [3]**1.42** De la palabra ***piedra*** en griego.

EL APÓSTOL JUAN

Juan es uno de los dos hijos de Zebedeo que llegó a ser discípulo de Jesús (Jacobo es el otro). En el Evangelio según Juan, se conoce a Juan como el "discípulo a quien Jesús amaba", porque así él se refiere a sí mismo.

Juan era pescador cuando conoció a Jesús. Él dejó todo, incluso a su antiguo maestro Juan el Bautista, cuando Jesús lo llamó para que sea su discípulo. Llegó a ser uno de los tres discípulos más cercanos a Jesús. Juntamente con Jacobo y Pedro, Juan fue testigo de algunos hechos asombrosos de la vida de Cristo, que los otros discípulos no presenciaron. Dos de ellos fueron la transfiguración de Jesús y la resurrección de la hija de Jairo.

Juan tenía un carácter fuerte y audaz. Jesús llamó a Juan y a su hermano Jacobo "hijos del trueno", porque ellos preguntaron a Jesús si podían pedir fuego del cielo para destruir a una aldea que los había rechazado (Lucas 9:54). Jesús les respondió que no.

Juan es el discípulo que se recostó al lado de Jesús en la Última Cena (Juan 13:25). Aunque entonces él estaba cerca del Salvador, al igual que los otros discípulos, Juan abandonó a Jesús cuando Él fue arrestado. Pero Juan volvió para estar cerca de la cruz donde murió su amigo. Cuando Jesús estuvo en la cruz, le pidió a Juan que cuidara de su madre, María.

Después de la muerte de Jesús, Juan volvió al único trabajo que conocía, a la pesca. Pero cuando Jesús resucitó, le dio a Juan una nueva misión. Le dijo a Juan que llevara el mensaje de la salvación en Jesús a todo el mundo. Y eso es lo que hizo Juan por el resto de su vida. También escribió cinco libros que tenemos en la Biblia: el Evangelio según Juan, Apocalipsis, y tres cartas que llevan su nombre.

Al igual que los otros discípulos, Juan fue perseguido por su fe en Jesús. Cuando ya era anciano, fue exiliado a la isla de Patmos. Pero aun en medio de dificultades, Juan sabía que Jesús lo amaba. ¿Tú también?

Puedes leer acerca de Juan en el Evangelio según Juan y los otros Evangelios, y también en 1, 2 y 3 de Juan y en el libro de Apocalipsis.

51 También le dijo: «De cierto, de cierto les
digo, que de aquí en adelante verán el cielo
abierto, y a los ángeles de Dios subir y bajar[e]
sobre el Hijo del Hombre.»

Las bodas de Caná

2 Al tercer día se celebraron unas bo-
das en Caná de Galilea; y allí estaba
la madre de Jesús.
2 También Jesús y sus discípulos fueron in-
vitados a la boda.
3 Cuando se terminó el vino, la madre de
Jesús le dijo: «Ya no tienen vino.»
4 Jesús le dijo: «¿Qué tienes conmigo, mu-
jer? Mi hora aún no ha llegado.»
5 Su madre dijo a los que servían: «Hagan
todo lo que él les diga.»[a]
6 En ese lugar había seis tinajas de piedra
para agua, como las que usan los judíos para
el rito de la purificación, cada una con capa-
cidad de más de cincuenta litros.
7 Jesús les dijo: «Llenen de agua estas tina-
jas.» Y las llenaron hasta arriba.
8 Entonces les dijo: «Ahora saquen lo que
está allí, y llévenselo al catador.» Y se lo lle-
varon.
9 El catador probó el agua hecha vino, sin
que él supiera de dónde era, aunque sí lo
sabían los sirvientes que habían sacado el
agua. Entonces llamó al esposo,
10 y le dijo: «Todo el mundo sirve primero
el buen vino, y cuando ya han bebido mu-
cho, entonces sirve el menos bueno; ¡pero
tú has reservado el buen vino hasta ahora!»
11 Este principio de señales hizo Jesús en
Caná de Galilea, y manifestó su gloria; y sus
discípulos creyeron en él.
12 Después de esto él, su madre, sus herma-
nos y sus discípulos descendieron a Cafarnaún,[b]
pero no estuvieron allí por muchos días.

Jesús purifica el templo

(Mt 21.12-13; Mr 11.15-18; Lc 19.45-46)

13 Estaba cerca la pascua[c] de los judíos; y
Jesús subió a Jerusalén,
14 y halló en el templo a los que vendían
bueyes, ovejas y palomas, y a los cambistas
allí sentados.
15 Entonces hizo un azote de cuerdas y
expulsó del templo a todos, y a las ovejas y
bueyes; esparció las monedas de los cambis-
tas y volcó las mesas,
16 y dijo a los que vendían palomas: «Sa-
quen esto de aquí, y no conviertan la casa
de mi Padre en un mercado.»
17 Entonces sus discípulos se acordaron
de que está escrito: «El celo de tu casa me
consume.»[d]
18 Y los judíos preguntaron: «Ya que haces
esto, ¿qué señal nos das?»
19 Jesús les respondió: «Destruyan este
templo, y en tres días lo levantaré.»[e]
20 Entonces los judíos le dijeron: «Este
templo fue edificado en cuarenta y seis
años, ¿y tú en tres días lo levantarás?»
21 Pero él hablaba del templo de su cuer-
po.
22 Por tanto, cuando resucitó de entre los
muertos, sus discípulos se acordaron de que
había dicho esto, y creyeron en la Escritura y
en la palabra que Jesús había dicho.

Jesús conoce a todos los hombres

23 Mientras Jesús estaba en Jerusalén du-
rante la fiesta de la pascua, muchos, al ver
las señales que hacía, creyeron en su nom-
bre.
24 Pero Jesús mismo no se fiaba de ellos,
porque los conocía a todos
25 y no tenía necesidad de que nadie le di
jera nada acerca del hombre, pues él sabía lo
que en el hombre había.

Jesús y Nicodemo

3 Entre los fariseos había un hombre
que, entre los judíos, era muy impor-
tante. Se llamaba Nicodemo.
2 Éste vino de noche a ver a Jesús, y le dijo:
«Rabí, sabemos que has venido de parte de
Dios como maestro, porque nadie podría
hacer estas señales que tú haces si Dios no
estuviera con él.»

---

[e] **1.51:** Gn 28.12. [a] **2.5:** Gn 41.55. [b] **2.12:** Mt 4.13. [c] **2.13:** Éx 12.1-27. [d] **2.17:** Sal 69.9. [e] **2.19:** Mt 26.61; 27.40; Mr 14.58; 15.29.

3 Jesús le respondió: «De cierto, de cierto te digo, que el que no nace de nuevo, no puede ver el reino de Dios.»

4 Nicodemo le dijo: «¿Y cómo puede un hombre nacer, siendo ya viejo? ¿Acaso puede entrar en el vientre de su madre, y volver a nacer?»

5 Jesús le respondió: «De cierto, de cierto te digo, que el que no nace de agua y del Espíritu, no puede entrar en el reino de Dios.

6 Lo que nace de la carne, carne es; y lo que nace del Espíritu,[4] espíritu es.

7 No te maravilles de que te dije que es necesario que ustedes nazcan de nuevo.

8 El viento [5] sopla de donde quiere, y lo puedes oír; pero no sabes de dónde viene, ni a dónde va. Así es todo aquel que nace del Espíritu.»

9 Nicodemo le preguntó: «¿Y cómo es posible que esto suceda?»

10 Jesús le respondió: «¿Y tú eres maestro de Israel, y no lo sabes?

11 De cierto, de cierto te digo, que hablamos de lo que sabemos y damos testimonio de lo que hemos visto; pero ustedes no aceptan nuestro testimonio.

12 Si les he hablado de cosas terrenales, y no creen, ¿cómo creerán si les hablo de las cosas celestiales?

13 Nadie subió al cielo, sino el que descendió del cielo, que es el Hijo del Hombre.

14 Y así como Moisés levantó la serpiente en el desierto,[a] así también es necesario que el Hijo del Hombre sea levantado,

15 para que todo aquel que en él cree no se pierda, sino que tenga vida eterna.

De tal manera amó Dios al mundo

16 »Porque de tal manera amó Dios al mundo, que ha dado a su Hijo unigénito, para que todo aquel que en él cree no se pierda, sino que tenga vida eterna.

17 Porque Dios no envió a su Hijo al mundo para condenar al mundo, sino para que el mundo sea salvo por él. Jn 11.25-26

18 El que en él cree, no es condenado; pero el que no cree, ya ha sido condenado, porque no ha creído en el nombre del unigénito Hijo de Dios.

19 Y ésta es la condenación: que la luz vino al mundo, pero los hombres amaron más las tinieblas que la luz, porque sus obras eran malas.

20 Porque todo aquel que hace lo malo, aborrece la luz y no se acerca a la luz, para que sus obras no sean reprendidas.

21 Pero el que practica la verdad viene a la luz, para que sea evidente que sus obras son hechas en Dios.»

El amigo del esposo

22 Después de esto, Jesús fue con sus discípulos a la tierra de Judea, y estuvo allí con ellos, y bautizaba.

23 También Juan bautizaba en Enón, junto a Salín, porque allí había muchas aguas; y la gente acudía y era bautizada,

24 porque Juan aún no había sido encarcelado.[b]

---

[4] **3.6** La misma palabra griega significa tanto ***viento*** como ***espíritu.*** [5] **3.8** La misma palabra griega significa tanto ***viento*** como ***espíritu.*** [a] **3.14:** Nm 21.9. [b] **3.24:** Mt 14.3; Mr 6.17; Lc 3.19-20.

DIOS AMA AL MUNDO (*Juan 3.16*)

"De tal manera amó Dios al mundo" es el mensaje más importante de la Biblia. Nos muestra el corazón amoroso de Dios. El amor de Dios es profundo y tan grande que incluye a todos. Él dio a su Hijo como sacrificio para pagar el precio por los pecados de todo el mundo. ¿Por qué no le hablas de su amor a tu familia? En pequeñas notas, dibuja un corazón y escribe allí: "*Dios te ama*". Pon las notas en distintos lugares de tu casa para recordar a todos que Dios los ama.

25 Hubo entonces una discusión entre los discípulos de Juan y los judíos acerca de la purificación.

26 Fueron entonces adonde estaba Juan, y le dijeron: «Rabí, resulta que el que estaba contigo al otro lado del Jordán, y de quien tú diste testimonio, bautiza, y todos acuden a él.»

27 Juan les respondió: «Nadie puede recibir nada, si no le es dado del cielo.

28 Ustedes mismos son mis testigos de que dije: "Yo no soy el Cristo,[c] sino que he sido enviado delante de él."

29 El que tiene la esposa, es el esposo; pero el amigo del esposo, que está a su lado y lo oye, se alegra mucho al oír la voz del esposo. Así que esta alegría mía ya se ha cumplido.

30 Es necesario que él crezca, y que yo decrezca.»

El que viene de arriba

31 El que viene de arriba, está por encima de todos; el que es de la tierra, es terrenal, y habla cosas terrenales; el que viene del cielo, está por encima de todos

32 y da testimonio de lo que vio y oyó, pero nadie recibe su testimonio.

33 El que acepta su testimonio, confirma que Dios es veraz.

34 Porque el enviado de Dios habla las palabras de Dios; pues Dios no da el Espíritu por medida.

35 El Padre ama al Hijo, y ha puesto en sus manos todas las cosas.[d]

36 El que cree en el Hijo tiene vida eterna, pero el que se niega a creer en el Hijo no verá la vida, sino que la ira de Dios recae sobre él.

Jesús y la mujer samaritana

4 Cuando el Señor supo que los fariseos habían oído decir: «Jesús hace y bautiza más discípulos que Juan»

2 (aunque en realidad Jesús no bautizaba, sino sus discípulos),

3 salió de Judea, y se fue otra vez a Galilea.

4 Le era necesario pasar por Samaria,

5 así que fue a una ciudad llamada Sicar, la cual está junto a la heredad que Jacob le dio a su hijo José.[a]

6 Allí estaba el pozo de Jacob, y como Jesús estaba cansado del camino, se sentó allí, junto al pozo. Eran casi las doce del día.

7 Una mujer de Samaria vino a sacar agua, y Jesús le dijo: «Dame de beber.»

8 Y es que sus discípulos habían ido a la ciudad para comprar de comer.

9 La samaritana le dijo: «¿Y cómo es que tú, que eres judío, me pides de beber a mí, que soy samaritana?» Y es que los judíos y los samaritanos no se tratan entre sí.[b]

10 Jesús le respondió: «Si conocieras el don de Dios, y quién es el que te dice: "Dame de beber"; tú le pedirías a él, y él te daría agua viva.»

11 La mujer le dijo: «Señor, no tienes con qué sacar agua, y el pozo es hondo. Así que, ¿de dónde tienes el agua viva?

12 ¿Acaso eres tú mayor que nuestro padre Jacob, que nos dio este pozo, del cual bebieron él, sus hijos y sus ganados?»

13 Jesús le respondió: «Todo el que beba de esta agua, volverá a tener sed;

14 pero el que beba del agua que yo le daré, no tendrá sed jamás. Más bien, el agua que yo le daré será en él una fuente de agua que fluya para vida eterna.»

15 La mujer le dijo: «Señor, dame de esa agua, para que yo no tenga sed ni venga aquí a sacarla.»

16 Jesús le dijo: «Ve a llamar a tu marido, y luego vuelve acá.»

17 La mujer le dijo: «No tengo marido.» Jesús le dijo: «Haces bien en decir que no tienes marido,

18 porque ya has tenido cinco maridos, y el que ahora tienes no es tu marido. Esto que has dicho es verdad.»

19 La mujer le dijo: «Señor, me parece que tú eres profeta.

20 Nuestros padres adoraron en este monte, y ustedes dicen que el lugar donde se debe adorar es Jerusalén.»

[c] **3.28:** Jn 1.20. [d] **3.35:** Mt 11.27; Lc 10.22. [a] **4.5:** Gn 33.19; Jos 24.32. [b] **4.9:** Esd 4.1-5; Neh 4.1-2.

21 Jesús le dijo: «Créeme, mujer, que viene la hora cuando ni en este monte ni en Jerusalén adorarán ustedes al Padre.

22 Ustedes adoran lo que no saben; nosotros adoramos lo que sabemos; porque la salvación viene de los judíos.

23 Pero viene la hora, y ya llegó, cuando los verdaderos adoradores adorarán al Padre en espíritu y en verdad; porque también el Padre busca que lo adoren tales adoradores.

24 Dios es Espíritu; y es necesario que los que lo adoran, lo adoren en espíritu y en verdad.»

25 Le dijo la mujer: «Yo sé que el Mesías, llamado el Cristo, ha de venir; y que cuando él venga nos explicará todas las cosas.»

26 Jesús le dijo: «Yo soy, el que habla contigo.»

27 En esto vinieron sus discípulos, y se asombraron de que hablaba con una mujer; sin embargo, ninguno le dijo: «¿Qué pretendes? ¿O de qué hablas con ella?»

28 La mujer dejó entonces su cántaro y fue a la ciudad, y les dijo a los hombres:

29 «Vengan a ver a un hombre que me ha dicho todo cuanto he hecho. ¿No será éste el Cristo?»

Jn 15.26-27

30 Entonces ellos salieron de la ciudad, y fueron a donde estaba Jesús.

31 Mientras tanto, con ruegos los discípulos le decían: «Rabí, come.»

32 Pero él les dijo: «Para comer, yo tengo una comida que ustedes no conocen.»

33 Los discípulos se decían unos a otros: «¿Alguien le habrá traído algo para comer?»

34 Jesús les dijo: «Mi comida es hacer la voluntad del que me envió, y llevar a cabo su obra.

35 ¿Acaso no dicen ustedes: "Aún faltan cuatro meses para el tiempo de la siega"? Pues yo les digo: Alcen los ojos, y miren los campos, porque ya están blancos para la siega.

36 Y el que siega recibe su salario y recoge fruto para vida eterna, para que se alegren por igual el que siembra y el que siega.

37 Porque en este caso es verdad lo que dice el dicho: "Uno es el que siembra, y otro es el que siega."

38 Yo los he enviado a segar lo que ustedes no cultivaron; otros cultivaron, y ustedes se han beneficiado de sus trabajos.»

39 Muchos de los samaritanos de aquella ciudad creyeron en él por la palabra de la mujer, que en su testimonio decía: «Él me dijo todo lo que he hecho.»

40 Entonces los samaritanos fueron adonde él estaba, y le rogaron que se quedara con ellos; y él se quedó allí dos días.

41 Y muchos más creyeron por la palabra de él,

42 y decían a la mujer: «Ya no creemos solamente por lo que has dicho, pues nosotros mismos hemos oído, y sabemos, que éste es verdaderamente el Salvador del mundo.»

Jesús sana al hijo de un noble

43 Dos días después, Jesús salió de allí y fue a Galilea;

44 y es que Jesús mismo hizo constar que el profeta no tiene honra en su propia tierra.[c]

45 Cuando llegó a Galilea, los galileos lo recibieron, pues habían visto todo lo que él había hecho durante la fiesta en Jerusalén;[d] pues también ellos habían ido a la fiesta.

46 Jesús fue otra vez a Caná de Galilea, donde había convertido el agua en vino.[e] En Cafarnaún había un oficial del rey, cuyo hijo estaba enfermo.

47 Cuando éste supo que Jesús había llegado de Judea a Galilea, fue a verlo y le rogó que bajara y sanara a su hijo, que estaba a punto de morir.

48 Jesús le dijo: «Si ustedes no ven señales y prodigios, no creen.»

49 El oficial del rey le dijo: «Señor, ven a mi casa antes de que mi hijo muera.»

50 Jesús le dijo: «Vuelve a tu casa, que tu hijo vive.» Y ese hombre creyó en lo que Jesús le dijo, y se fue.

51 Cuando volvía a su casa, sus siervos salieron a recibirlo y le dieron la noticia: «¡Tu hijo vive!»

[c] **4.44:** Mt 13.57; Mr 6.4; Lc 4.24. [d] **4.45:** Jn 2.23. [e] **4.46:** Jn 2.1-11.

52 Él les preguntó a qué hora había comenzado a estar mejor. Y le dijeron: «Ayer, a la una de la tarde, lo dejó la fiebre.»

53 El padre entendió entonces que aquélla era la hora en que Jesús le había dicho «Tu hijo vive», y creyó, lo mismo que toda su familia.

54 Esta segunda señal la hizo Jesús cuando fue de Judea a Galilea.

El paralítico de Betesda

5 Después de estas cosas había una fiesta de los judíos, y Jesús subió a Jerusalén.

2 En Jerusalén, cerca de la Puerta de las Ovejas, hay un estanque, llamado en hebreo Betesda, el cual tiene cinco pórticos.

3 En ellos yacían muchos enfermos, ciegos, cojos y paralíticos [que esperaban el movimiento del agua,

4 porque un ángel descendía al estanque de vez en cuando, y agitaba el agua; y el primero que descendía al estanque después del movimiento del agua, quedaba sano de cualquier enfermedad que tuviera.][b]

Jn 5.5-15

5 Allí había un hombre que hacía treinta y ocho años que estaba enfermo.

6 Cuando Jesús lo vio acostado, y se enteró de que llevaba ya mucho tiempo así, le dijo: «¿Quieres ser sano?»

7 El enfermo le respondió: «Señor, no tengo a nadie que me meta en el estanque cuando el agua se agita; y en lo que llego, otro baja antes que yo.»

8 Jesús le dijo: «Levántate, toma tu lecho, y vete.»

9 Y al instante aquel hombre fue sanado, y tomó su lecho y se fue. Pero aquel día era día de reposo,

10 así que los judíos le dijeron a aquel que había sido sanado: «Hoy es día de reposo; no te está permitido llevar tu lecho.»[a]

11 Pero él les respondió: «El mismo que me sanó fue el que me dijo: "Toma tu lecho y anda".»

12 Entonces le preguntaron: «¿Y quién fue el que te dijo: "Toma tu lecho y anda"?»

13 Pero el que había sido sanado no sabía quién lo había sanado, pues Jesús se había apartado de la gente que estaba en aquel lugar.

14 Después Jesús lo encontró en el templo, y le dijo: «Como puedes ver, has sido sanado; así que no peques más, para que no te sobrevenga algo peor.»

Jn 9.1-12

15 Aquel hombre se fue, y les hizo saber a los judíos que el que lo había sanado era Jesús,

16 y por eso los judíos lo perseguían y procuraban matarlo, porque hacía esto en el día de reposo.

17 Pero Jesús les respondió: «Hasta ahora mi Padre trabaja, y yo también trabajo.»

18 Por esto los judíos con más ganas procuraban matarlo, porque no sólo quebrantaba el día de reposo sino que, además, decía que Dios mismo era su Padre, con lo cual se hacía igual a Dios.

La autoridad del Hijo

19 Entonces Jesús les dijo: «De cierto, de cierto les digo: El Hijo no puede hacer nada por sí mismo, sino lo que ve que el Padre hace; porque todo lo que el Padre hace, eso mismo lo hace el Hijo.

20 Y es que el Padre ama al Hijo, y le muestra todo lo que él hace; y mayores obras que éstas le mostrará, para el asombro de ustedes.

21 Porque así como el Padre levanta a los muertos, y les da vida, así también el Hijo da vida a los que él quiere.

22 Pues el Padre no juzga a nadie, sino que todo el juicio se lo ha dado al Hijo,

23 para que todos honren al Hijo tal y como honran al Padre. El que no honra al Hijo, no honra al Padre que lo envió.

24 De cierto, de cierto les digo: El que oye mi palabra, y cree al que me envió, tiene vida eterna; y no será condenado, sino que ha pasado de muerte a vida.

---

[b] **5.3-4** El texto de la parte final del v. 3, y del v. 4, que aparece entre corchetes, se halla sólo en mss. tardíos. [a] **5.10:** Neh 13.19; Jer 17.21.

ENSEÑANZA DINÁMICA

EL ESPÍRITU SANTO: QUIÉN ES Y QUÉ HACE

Si tuvieras que ser rescatado y alguien se presentara para ayudarte, ¿no quisieras saber todo acerca de esa persona? Muchos creyentes en Cristo saben que Jesús los rescata del pecado; pero no entienden cómo el Espíritu Santo los ayuda en esa operación de rescate. Algunos no están seguros de quién es el Espíritu Santo. Hablemos sobre quien es y lo que hace.

¿Quién es el Espíritu Santo?

La Biblia habla del Espíritu Santo como una persona; no es una "fuerza" sin personalidad (2 Corintios 3:17-18). Él es plenamente Dios, tal como el Padre y el Hijo. Él piensa, siente, y tiene la capacidad de amar y disfrutar de compañerismo. Como es Dios, el Espíritu Santo está en todas partes, lo sabe todo, y tiene poder ilimitado.

¿Qué hace el Espíritu Santo?

El Espíritu Santo tiene cuatro tareas principales:

(1) El Espíritu Santo guía a la gente a Jesús. En primer lugar, nos ayuda a comprender nuestra necesidad de perdón. También revela la verdad acerca de Jesús (Juan 14:16, 26). El Espíritu Santo hace que los que creen en Jesús "nazcan de nuevo" (Juan 3:3-6). El Espíritu Santo viene a morar en todos los que reciben a Cristo como su Salvador.

(2) El Espíritu Santo ayuda a los creyentes a ser más como Dios y a vivir de acuerdo con sus leyes. Cuando las personas ganan conocimiento de Dios, es por el poder del Espíritu. El Espíritu Santo también revela que el pecado que nos afecta a nosotros y a los demás. Por ejemplo, en Hechos 5, Pedro sabía que Ananías y su esposa Safira habían mentido, porque el Espíritu Santo le reveló ese pecado.

El Espíritu Santo nos recuerda que somos hijos de Dios y que Él nos ama (Romanos 8:16). Él nos ayuda a adorar y honrar a Dios (Hechos 10:46). Cuando oramos, el Espíritu Santo nos ayuda a orar, y hasta ora por nosotros cuando tenemos problemas tan grandes que no sabemos qué pedir (Romanos 8:26-27). Él nos recuerda las verdades que hemos leído en la Palabra de Dios. También nos da alegría, consuelo y paz (Juan 14:16, 27; 1 Tesalonicenses 1:6).

(3) El Espíritu Santo ayuda a los creyentes a anunciar las buenas noticias de la salvación en Jesucristo. Este poder viene mediante el bautismo con el Espíritu. (Para obtener más información acerca del bautismo con el Espíritu Santo, consulta "El bautismo con el Espíritu Santo", p. 1435).

(4) El Espíritu Santo es la persona que une a todo el pueblo de Dios, la Iglesia. Él dirige la misión de la Iglesia (Hechos 13:2- 4); asigna los obreros de la Iglesia (Hechos 20:28); da dones y capacidades especiales a la Iglesia (1 Corintios 12:1-11); y da poder a las personas para que enseñen a la Iglesia (Hechos 2:4; 1 Corintios 2:4).

Las numerosas actividades del Espíritu Santo obran en conjunto para cumplir con los propósitos de Jesucristo y así glorificar a Dios (Juan 16:12-14).

25 De cierto, de cierto les digo: La hora
viene, y ya llegó, cuando los muertos oirán
la voz del Hijo de Dios; y los que la oigan
vivirán.
26 Porque así como el Padre tiene vida en
sí mismo, así también le ha dado al Hijo el
tener vida en sí mismo;
27 y también le dio autoridad de hacer jui-
cio, por cuanto es el Hijo del Hombre.
28 No se asombren de esto: Vendrá el
tiempo cuando todos los que están en los
sepulcros oirán su voz;
29 y los que hicieron lo bueno, saldrán a
resurrección de vida; pero los que hicieron
lo malo, a resurrección de condenación.[b]

PROMESAS PODEROSAS

JUAN 5.26

Porque así como el Padre tiene vida en sí mismo, así también le ha dado al Hijo el tener vida en sí mismo.

Solo Dios puede dar y quitarla. Así que cuando Jesús dijo que tenía vida, dijo que Él era Dios. Él ofrece la vida eterna (lee 4:14) a los que lo reciben como su Salvador. Además, promete una vida abundante (10:10), una vida feliz.

Testigos de Cristo

30 »Yo no puedo hacer nada por mí mis-
mo. Yo juzgo según lo que oigo; y mi juicio
es justo, porque no busco hacer mi volun-
tad, sino hacer la voluntad del que me envió.
31 Si yo doy testimonio acerca de mí mis-
mo, mi testimonio no es verdadero;
32 pero el que da testimonio acerca de mí
es otro, y yo sé que el testimonio que de mí
da es verdadero.
33 Ustedes enviaron mensajeros a Juan, y él
dio testimonio de la verdad.[c]
34 Yo no recibo el testimonio de ningún
hombre, sino que digo esto para que uste-
des sean salvos.
35 Juan era una antorcha que ardía y alum-
braba, y por algún tiempo ustedes quisieron
regocijarse en su luz.
36 Pero yo cuento con un testimonio
mayor que el de Juan, y son las obras que
el Padre me dio para que las llevara a cabo.
Las obras mismas que yo hago son las que
dan testimonio de mí, y de que el Padre me
ha enviado.
37 También el Padre, que me envió, ha
dado testimonio de mí.[d] Ustedes nunca han
oído su voz, ni han visto su aspecto,
38 ni tienen su palabra permanentemente
en ustedes, porque a quien él envió ustedes
no le creen.
39 Ustedes escudriñan las Escrituras, por-
que les parece que en ellas tienen la vida
eterna; ¡y son ellas las que dan testimonio
de mí!
40 Pero ustedes no quieren venir a mí para
que tengan vida.
41 Yo no recibo gloria de parte de los hom-
bres.
42 Pero yo los conozco a ustedes, y sé que
el amor de Dios no habita en ustedes.
43 Yo he venido en nombre de mi Padre, y
ustedes no me reciben; pero si otro viniera
en su propio nombre, a ése sí lo recibirían.
44 ¿Y cómo pueden ustedes creer, si se
honran los unos a los otros, pero no buscan
la honra que viene del Dios único?
45 No piensen que yo voy a acusarlos de-
lante del Padre. Hay alguien que sí los acusa,
y es Moisés, en quien ustedes tienen puesta
su esperanza.
46 Si ustedes le creyeran a Moisés, me cree-
rían a mí, porque él escribió acerca de mí.
47 Pero si no creen a sus escritos, ¿cómo
van a creer a mis palabras?»

Alimentación de los cinco mil

(Mt 14.13-21; Mr 6.30-44; Lc 9.10-17)

6 Después de esto, Jesús se dirigió al
otro lado del lago de Galilea, el lago
de Tiberias.

[b]**5.29:** Dn 12.2. [c]**5.33:** Jn 1.19-27; 3.27-30. [d]**5.37:** Mt 3.17; Mr 1.11; Lc 3.22.

2 Y una gran multitud lo seguía, porque veía las señales que hacía en los enfermos.

3 Entonces Jesús subió a un monte, y se sentó allí con sus discípulos.

4 Ya estaba cerca la pascua, la fiesta de los judíos.

5 Cuando Jesús alzó la vista y vio que una gran multitud se acercaba a él, le dijo a Felipe: «¿Dónde compraremos pan, para que éstos coman?»

6 Pero decía esto para ponerlo a prueba, pues él ya sabía lo que estaba por hacer.

7 Felipe le respondió: «Ni doscientos días de sueldo bastarían para que cada uno de ellos recibiera un poco de pan.»

8 Andrés, que era hermano de Simón Pedro y uno de sus discípulos, le dijo:

9 «Aquí está un niño, que tiene cinco panes de cebada y dos pescados pequeños; pero ¿qué es esto para tanta gente?»

10 Entonces Jesús dijo: «Hagan que la gente se recueste.» Había mucha hierba en aquel lugar, y se recostaron como cinco mil hombres.

11 Jesús tomó aquellos panes, y luego de dar gracias los repartió entre los discípulos, y los discípulos entre los que estaban recostados. Esto mismo hizo con los pescados, y les dio cuanto querían.

12 Cuando quedaron saciados, les dijo a sus discípulos: «Recojan los pedazos que sobraron, para que no se pierda nada.»

13 Entonces ellos recogieron los pedazos que de los cinco panes de cebada les sobraron a los que habían comido, y con ellos llenaron doce cestas.

14 Al ver aquellos hombres la señal que Jesús había hecho, dijeron: «Verdaderamente, éste es el profeta que había de venir al mundo.»

15 Cuando Jesús se dio cuenta de que iban a venir para apoderarse de él y hacerlo rey, volvió a retirarse al monte él solo.

Jesús camina sobre el agua

(Mt 14.22-27; Mr 6.45-52)

16 Al anochecer sus discípulos bajaron al lago,

17 y en una barca comenzaron a cruzar el lago hacia Cafarnaún. Ya estaba oscuro, y Jesús no había venido a reunirse con ellos.

18 Y el lago se agitaba con un gran viento que soplaba.

19 Habrían remado unos cinco kilómetros cuando vieron a Jesús caminar sobre el lago y acercarse a la barca. Y tuvieron miedo.

20 Pero él les dijo: «Yo soy; no teman.»

21 Entonces ellos gustosamente lo recibieron en la barca, y ésta llegó enseguida a la tierra adonde iban.

La gente busca a Jesús

22 Al día siguiente, la gente que estaba al otro lado del lago vio que allí no había habido más que una sola barca, y que Jesús no había entrado en ella con sus discípulos, sino que éstos se habían ido solos.

23 Pero otras barcas habían arribado de Tiberias, cerca del lugar donde habían comido el pan después de haber dado gracias al Señor.

24 Cuando la gente vio que ni Jesús ni sus discípulos estaban allí, entraron en las barcas y fueron a Cafarnaún, para buscar a Jesús.

Jesús, el pan de vida

25 Cuando lo hallaron al otro lado del lago, le dijeron: «Rabí, ¿cuándo llegaste acá?»

PALABRAS CON PODER

MILAGROS

(Juan 6.2)

Los milagros que Jesús hizo fueron prueba de que Él era el Salvador enviado por Dios. Solo Dios tiene el poder para sanar a los enfermos, resucitar a los muertos, y alimentar a miles con solo cinco panes y dos pescados de un niño. La Palabra de Dios enseña que los milagros seguirán ocurriendo por medio del pueblo de Dios. Jesús dijo que los que creen en Él pueden hacer las obras que Él hizo, y "aún mayores" (14:12). Para que hagamos estas obras, el Espíritu Santo nos da poder que excede "a lo que pedimos o entendemos" (Efesios 3:20).

26 Jesús les respondió: «De cierto, de cierto les digo que ustedes no me buscan por haber visto señales, sino porque comieron el pan y quedaron satisfechos.

27 Trabajen, pero no por la comida que perece, sino por la comida que permanece para vida eterna, la cual el Hijo del Hombre les dará; porque a éste señaló Dios el Padre.»

28 Entonces le dijeron: «¿Y qué debemos hacer para poner en práctica las obras de Dios?»

29 Jesús les respondió: «Ésta es la obra de Dios: que crean en aquel que él ha enviado.»

30 Le dijeron entonces: «Pero ¿qué señal haces tú, para que veamos y te creamos? ¿Qué es lo que haces?

31 Nuestros padres comieron el maná en el desierto,[a] tal y como está escrito: "Pan del cielo les dio a comer."»[b]

32 Y Jesús les dijo: «De cierto, de cierto les digo, que no fue Moisés quien les dio el pan del cielo, sino que es mi Padre quien les da el verdadero pan del cielo.

33 Y el pan de Dios es aquel que descendió del cielo y da vida al mundo.»

34 Le dijeron: «Señor, danos siempre este pan.»

35 Jesús les dijo: «Yo soy el pan de vida. El que a mí viene, nunca tendrá hambre; y el que en mí cree, no tendrá sed jamás.

36 Pero yo les he dicho que, aunque me han visto, no creen.

37 Todo lo que el Padre me da, vendrá a mí; y al que a mí viene, no lo echo fuera.

38 Porque no he descendido del cielo para hacer mi voluntad, sino la voluntad del que me envió.

39 Y ésta es la voluntad del que me envió: Que de todo lo que él me dio, yo no pierda nada, sino que lo resucite en el día final.

40 Y ésta es la voluntad de mi Padre: Que todo aquel que ve al Hijo, y cree en él, tenga vida eterna; y yo lo resucitaré en el día final.»

41 Los judíos murmuraban acerca de él, porque había dicho: «Yo soy el pan que descendió del cielo.»

42 Y decían: «¿Acaso no es éste Jesús, el hijo de José, cuyo padre y madre nosotros conocemos? Entonces ¿cómo puede decir: "Del cielo he descendido"?»

43 Jesús les respondió: «No estén murmurando entre ustedes.

44 Ninguno puede venir a mí, si el Padre que me envió no lo trae. Y yo lo resucitaré en el día final.

45 En los profetas está escrito: "Y todos serán enseñados por Dios."[c] Así que, todo aquel que ha oído al Padre, y ha aprendido de él, viene a mí.

46 No es que alguno haya visto al Padre, sino el que vino de Dios; éste sí ha visto al Padre.

47 De cierto, de cierto les digo: El que cree en mí, tiene vida eterna.

48 Yo soy el pan de vida.

49 Los padres de ustedes comieron el maná en el desierto, y murieron.

50 Éste es el pan que desciende del cielo, para que el que coma de él, no muera.

51 Yo soy el pan vivo que descendió del cielo. Si alguno come de este pan, vivirá para siempre; y el pan que yo daré es mi carne, la cual daré por la vida del mundo.»

52 Los judíos discutían entre sí, y decían: «¿Y cómo puede éste darnos a comer su carne?»

53 Jesús les dijo: «De cierto, de cierto les digo: Si no comen la carne del Hijo del Hombre, y beben su sangre, no tienen vida en ustedes.

54 El que come mi carne y bebe mi sangre, tiene vida eterna; y yo lo resucitaré en el día final.

55 Porque mi carne es verdadera comida, y mi sangre es verdadera bebida.

56 El que come mi carne y bebe mi sangre, permanece en mí, y yo en él.

57 Así como el Padre viviente me envió, y yo vivo por el Padre, así también el que me come vivirá por mí.

58 Éste es el pan que descendió del cielo. No es como el pan que comieron los padres

[a]**6.31:** Éx 16.4, 15. [b]**6.31:** Sal 78.24. [c]**6.45:** Is 54.13.

de ustedes, y murieron; el que come de este
pan, vivirá eternamente.»
59 Jesús dijo estas cosas en la sinagoga,
cuando enseñaba en Cafarnaún.

Palabras de vida eterna

60 Al oír esto, muchos de sus discípulos
dijeron: «Dura es esta palabra; ¿quién puede
escucharla?»
61 Jesús, al darse cuenta de que sus discí-
pulos murmuraban acerca de esto, les dijo:
«¿Esto les resulta escandaloso?
62 ¿Pues qué pasaría si vieran al Hijo del
Hombre ascender adonde antes estaba?
63 El espíritu es el que da vida; la carne para
nada aprovecha. Las palabras que yo les he
hablado son espíritu y son vida.
64 Pero hay algunos de ustedes que no
creen.» Y es que Jesús sabía desde el princi-
pio quiénes eran los que no creían, y quién
lo entregaría,
65 así que dijo: «Por eso les he dicho que
ninguno puede venir a mí, si el Padre no se
lo concede.»
66 A partir de entonces muchos de sus dis-
cípulos dejaron de seguirlo, y ya no andaban
con él.
67 Entonces, Jesús dijo a los doce: «¿Tam-
bién ustedes quieren irse?»
68 Simón Pedro le respondió: «Señor, ¿a
quién iremos? Tú tienes palabras de vida
eterna.
69 Y nosotros hemos creído, y sabe-
mos, que tú eres el Cristo, el Hijo del Dios
viviente.»[d]
70 Jesús les respondió: «¿Y acaso no los he
escogido yo a ustedes doce, y uno de uste-
des es un diablo?»
71 Y se refería Jesús a Judas Iscariote, hijo
de Simón, porque éste era uno de los doce,
y era el que lo iba a entregar.

Incredulidad de los hermanos de Jesús

7 Después de estas cosas, Jesús andaba
en Galilea; no quería andar en Judea
porque los judíos procuraban matarlo.

LECCIONES — **LA VOLUNTAD DE DIOS** *(Juan 6.40)*

Cuando Jesús habló acerca de la voluntad de Dios, Él se refería a los deseos y los planes de Dios. Los planes de Dios siempre se basan en sus propósitos y en su carácter santo. La buena noticia es que Dios quiere que todos crean en su Hijo, para que vivan con Él por siempre. Dios no obliga a nadie a creer en Jesús sino que deja que cada uno tome la decisión. ¿Cuál es tu decisión?

2 Como ya estaba cerca la fiesta de los ju-
díos, la de las enramadas,[a]
3 sus hermanos le dijeron: «Sal de aquí y
vete a Judea, para que también tus discípu-
los vean las obras que haces.
4 Porque ninguno que procura darse a
conocer hace algo en secreto. Ya que haces
estas cosas, manifiéstate al mundo.»
5 Y es que ni siquiera sus hermanos creían en él.
6 Entonces Jesús les dijo: «Para mí, el mo-
mento aún no ha llegado; para ustedes,
cualquier momento es siempre bueno.
7 El mundo no puede odiarlos a ustedes;
pero a mí me odia, porque yo hago constar
que sus obras son malas.
8 Vayan ustedes a la fiesta; yo no iré toda-
vía a esa fiesta, porque el momento para mí
aún no ha llegado.»
9 Después de decirles esto, se quedó en
Galilea.

Jesús en la fiesta de las enramadas

10 Pero después de que sus hermanos se
fueron, también él fue a la fiesta, aunque no
abiertamente, sino como en secreto.
11 Los judíos lo buscaban en la fiesta, y de-
cían: «¿Y dónde está ése?»
12 También la multitud murmuraba mu-
cho acerca de él. Algunos decían: «Él es una
buena persona», pero otros decían: «No lo
es, sino que engaña a la gente»,

[d] **6.68-69:** Mt 16.16; Mr 8.29; Lc 9.20. [a] **7.2:** Lv 23.34; Dt 16.13.

13 aunque por miedo a los judíos ninguno hablaba abiertamente de él.

14 A la mitad de la fiesta, Jesús fue al templo y comenzó a enseñar.

15 Y los judíos se asombraban, y decían: «¿Cómo es que éste sabe de letras, sin haber estudiado?»

16 Jesús les respondió: «Esta enseñanza no es mía, sino de aquel que me envió.

17 El que quiera hacer la voluntad de Dios, sabrá si la enseñanza es de Dios, o si yo hablo por mi propia cuenta.

18 El que habla por su propia cuenta, busca su propia gloria; pero el que busca la gloria del que lo envió, éste es verdadero, y en él no hay injusticia.

19 ¿Acaso no les dio Moisés la ley, y ninguno de ustedes la cumple? ¿Por qué procuran matarme?»

20 La multitud le respondió: «Tienes un demonio. ¿Quién procura matarte?»

21 Jesús les respondió: «Hice una obra, ¡y todos se quedan asombrados!

22 Por cierto, Moisés les dio la circuncisión[b] (no porque sea de Moisés, sino de los padres[c]), ¡y en el día de reposo ustedes circuncidan al hombre!

23 Si para no quebrantar la ley de Moisés, el hombre es circuncidado en el día de reposo, ¿por qué ustedes se enojan conmigo por sanar completamente a un hombre en el día de reposo?[d]

24 Sean justos en sus juicios, y no juzguen según las apariencias.»

¿Es éste el Cristo?

25 Algunos de Jerusalén decían: «¿Qué, no es éste al que buscan para matarlo?

26 Pero véanlo hablar tranquilamente, y nadie le dice nada. ¿Será que en verdad las autoridades han reconocido que éste es el Cristo?

27 Bien sabemos de dónde viene éste, pero cuando venga el Cristo nadie sabrá de dónde viene.»

28 Mientras Jesús enseñaba en el templo, exclamó: «A mí me conocen, y saben de dónde soy, y que no he venido por mi cuenta; pero el que me envió, a quien ustedes no conocen, es verdadero.

29 Yo sí lo conozco, porque de él procedo, y él fue quien me envió.»

30 Y aunque procuraban aprehenderlo, ninguno le puso la mano encima, porque su hora aún no había llegado.

31 Pero muchos de la multitud creyeron en él, y decían: «El Cristo, cuando venga, ¿hará más señales que las que éste hace?»

Los fariseos envían alguaciles para arrestar a Jesús

32 Los fariseos oyeron que la gente murmuraba estas cosas acerca de él; entonces los principales sacerdotes y los fariseos enviaron guardias para que lo arrestaran.

33 Pero Jesús dijo: «Voy a estar con ustedes un poco más de tiempo, y luego volveré al que me envió.

34 Ustedes me buscarán, pero no me hallarán; a donde yo voy a estar, ustedes no podrán venir.»

35 Los judíos dijeron entre sí: «¿Y a dónde se irá éste, que no podremos hallarlo? ¿Acaso se irá a los que andan dispersos entre los griegos, para enseñar a los griegos?

36 ¿Qué significa esto de que: "Me buscarán, pero no me hallarán"; y de que: "A donde yo voy a estar, ustedes no podrán venir"?»

Ríos de agua viva

37 En el último y gran día de la fiesta,[e] Jesús se puso en pie y en voz alta dijo: «Si alguno tiene sed, venga a mí y beba.

38 Del interior del que cree en mí, correrán ríos de agua viva, como dice la Escritura.»[f]

39 Jesús se refería al Espíritu que recibirían los que creyeran en él. El Espíritu aún no había venido, porque Jesús aún no había sido glorificado.

Hch 1.4-5

División entre la gente

40 Algunos de la multitud, al oír estas palabras, decían: «En verdad, éste es el profeta.»

[b]**7.22:** Lv 12.3. [c]**7.22:** Gn 17.10. [d]**7.23:** Jn 5.9. [e]**7.37:** Lv 23.36. [f]**7.38:** Ez 47.1; Zac 14.8.

41 Otros decían: «Éste es el Cristo.» Pero
algunos otros decían: «¿Y de Galilea habría
de venir el Cristo?
42 ¿Acaso no dice la Escritura que el Cristo
será descendiente de David, y que vendrá
de la aldea de Belén,[g] de donde era David?»
43 Y por causa de él hubo disensión entre
la gente.
44 Algunos de ellos querían aprehenderlo;
pero ninguno le puso la mano encima.

¡Nunca nadie ha hablado así!

45 Los guardias fueron adonde estaban los
principales sacerdotes y los fariseos, y éstos
les dijeron: «¿Por qué no lo han traído?»
46 Los guardias respondieron: «¡Nunca an-
tes alguien ha hablado como este hombre!»
47 Pero los fariseos les respondieron:
«¿También ustedes han sido engañados?
48 ¿Acaso ha creído en él alguno de los go-
bernantes, o de los fariseos?
49 Pero esta gente, que no conoce la ley,
está bajo maldición.»
50 Nicodemo, que había ido a hablar con
Jesús de noche[h] y era uno de ellos, les dijo:
51 «¿Acaso nuestra ley juzga a un hombre
sin antes oírlo y sin saber lo que ha hecho?»
52 Los fariseos le respondieron: «¿Qué, tam-
bién tú eres galileo? Escudriña y verás que de
Galilea nunca ha surgido un profeta.»

La mujer adúltera

53 Cada uno se fue a su casa,
8 y Jesús se fue al monte de los Olivos.
2 Por la mañana Jesús volvió al
templo, y todo el pueblo se le acer-
có; y él se sentó y les enseñaba.
3 Entonces los escribas y los fariseos le lle-
varon a una mujer que había sido sorpren-
dida cometiendo adulterio. La pusieron en
medio,
4 y le dijeron: «Maestro, esta mujer ha sido
sorprendida en el acto mismo de adulterio.
5 En la ley, Moisés nos ordenó apedrear a
mujeres como ésta.[a] ¿Y tú, qué dices?»
6 Ellos decían esto para ponerle una tram-
pa, y así poder acusarlo. Pero Jesús se inclinó
y, con el dedo, escribía en el suelo.
7 Como ellos insistían en sus preguntas,
él se enderezó y les dijo: «Aquel de ustedes
que esté sin pecado, que le arroje la primera
piedra.»
8 Y Jesús volvió a inclinarse, y siguió escri-
biendo en el suelo.
9 Ellos, al oír esto, se fueron retirando uno
a uno, comenzando por los más viejos y si-
guiendo por los más jóvenes. Sólo se quedó
Jesús, y la mujer permanecía en medio.
10 Entonces Jesús se enderezó y le dijo:
«Y, mujer, ¿dónde están todos? ¿Ya nadie te
condena?»
11 Ella dijo: «Nadie, Señor.» Entonces Jesús
le dijo: «Tampoco yo te condeno. Vete, y no
peques más.»][7]

Jesús, la luz del mundo

12 En otra ocasión, Jesús dijo: «Yo soy la luz
del mundo;[b] el que me sigue, no andará en
tinieblas, sino que tendrá la luz de la vida.»
13 Entonces los fariseos le dijeron: «Tú das
testimonio acerca de ti mismo; tu testimo-
nio no es verdadero.»[c]
14 Jesús les respondió: «Aunque yo doy
testimonio acerca de mí mismo, mi testi-
monio es verdadero, porque sé de dónde
he venido y a dónde voy; pero ustedes no
saben de dónde vengo ni a dónde voy.
15 Ustedes juzgan según criterios huma-
nos; yo no juzgo a nadie.
16 Y si acaso juzgo, mi juicio es verdadero;
porque no soy sólo yo, sino el Padre, que me
envió, y yo.
17 En la ley de ustedes está escrito que el
testimonio de dos hombres es verdadero.
18 Yo soy quien da testimonio de mí mis-
mo, y el Padre, que me envió, da testimonio
de mí.»
19 Ellos le dijeron: «¿Y dónde está tu Pa-
dre?» Jesús respondió: «Ustedes no me
conocen a mí, ni tampoco conocen a mi

[g] **7.42:** Miq 5.2. [h] **7.50:** Jn 3.1-2. [a] **8.5:** Lv 20.10; Dt 22.22-24. [7] **8.11** El texto entre corchetes sólo se halla en mss. tardíos.
[b] **8.12:** Mt 5.14; Jn 9.5. [c] **8.13:** Jn 5.31.

Padre. Si me conocieran a mí, también co-
nocerían a mi Padre.»
20 Jesús pronunció estas palabras en el lu-
gar de las ofrendas, cuando enseñaba en el
templo; y nadie lo aprehendió, porque aún
no había llegado su hora.

A donde yo voy, ustedes no pueden venir

21 Una vez más, Jesús les dijo: «Yo me voy,
y ustedes me buscarán; pero en su pecado
morirán. A donde yo voy, ustedes no pue-
den venir.»
22 Los judíos decían: «¿Acaso se matará a sí
mismo? Pues dice: "A donde yo voy, ustedes
no pueden venir."»
23 Él les dijo: «Ustedes son de aquí abajo;
yo soy de allá arriba. Ustedes son de este
mundo; yo no soy de este mundo.
24 Por eso les dije que morirán en sus pe-
cados; porque si ustedes no creen que yo
soy, en sus pecados morirán.»
25 Ellos le dijeron: «¿Y quién eres tú?» Jesús
les respondió: «Lo que desde el principio les
he dicho.
26 Mucho es lo que tengo que decir y juzgar
de ustedes. Pero el que me envió es verda-
dero; y yo le digo al mundo lo que de él sé.»
27 Pero ellos no entendieron que les habla-
ba del Padre.
28 Entonces Jesús les dijo: «Cuando uste-
des hayan levantado al Hijo del Hombre, sa-
brán entonces que yo soy, y que nada hago
por mí mismo, sino que hablo según lo que
el Padre me enseñó.
29 Porque el que me envió está conmigo, y
no me ha dejado solo, porque yo hago siem-
pre lo que a él le agrada.»
30 Luego de que él dijo estas cosas, mu-
chos creyeron en él.

La verdad los hará libres

Jn 14.21-24
31 Entonces Jesús dijo a los judíos que ha-
bían creído en él: «Si ustedes permanecen
en mi palabra, serán verdaderamente mis
discípulos;
32 y conocerán la verdad, y la verdad los
hará libres.»
33 Le respondieron: «Nosotros somos
descendientes de Abrahán,[d] y jamás hemos
sido esclavos de nadie. ¿Cómo puedes decir:
"Ustedes serán libres"?»
34 Jesús les respondió: «De cierto, de cierto
les digo, que todo aquel que comete peca-
do, esclavo es del pecado.
35 Y el esclavo no se queda en la casa para
siempre; el hijo sí se queda para siempre.
36 Así que, si el Hijo los liberta, serán verda-
deramente libres.
37 Yo sé que ustedes son descendientes de
Abrahán; pero intentan matarme porque
mi palabra no halla cabida en ustedes.
38 Yo hablo de lo que he visto con el Padre,
pero ustedes hacen lo que han oído de par-
te de su padre.»
39 Ellos le respondieron: «Nuestro padre es
Abrahán.» Jesús les dijo: «Si fueran hijos de
Abrahán, harían las obras de Abrahán.
40 Pero ahora intentan matarme; a mí, que
les he dicho la verdad, la cual he escuchado
de Dios. Esto no lo hizo Abrahán.
41 Ustedes hacen las obras de su padre.»
Entonces le dijeron: «Nosotros no hemos
nacido de un acto de inmoralidad. Tenemos
un padre, que es Dios.»
42 Y Jesús les dijo: «Si su padre fuera Dios,
ciertamente me amarían; porque yo he sali-
do y he venido de Dios. No he venido por
mi propia cuenta, sino que él me envió.
43 ¿Por qué no entienden mi lenguaje? Pues
porque no pueden escuchar mi palabra.
44 Ustedes son de su padre el diablo, y
quieren cumplir con los deseos de su padre,
quien desde el principio ha sido un homi-
cida. No se mantiene en la verdad, porque
no hay verdad en él. Cuando habla mentira,
habla de lo que le es propio; porque es men-
tiroso y padre de la mentira.
45 Pero a mí, que digo la verdad, no me creen.
46 ¿Quién de ustedes puede acusarme de
haber pecado? Y si digo la verdad, ¿por qué
no me creen?

[d] **8.33:** Mt 3.9; Lc 3.8.

47 El que es de Dios, escucha las palabras
de Dios; pero ustedes no las escuchan, por-
que no son de Dios.»

La preexistencia de Cristo

48 Los judíos le respondieron: «¿Acaso no
tenemos razón al decir que tú eres samari-
tano, y que tienes un demonio?»
49 Respondió Jesús: «Demonio no tengo.
Yo lo que hago es honrar a mi Padre, pero
ustedes me deshonran.
50 Y yo no busco mi gloria. Pero hay uno
que la busca, y que juzga.
51 De cierto, de cierto les digo que, el que
obedece mi palabra, nunca verá la muerte.»
52 Entonces los judíos le dijeron: «Ahora
estamos seguros de que tienes un demonio.
Abrahán murió, lo mismo que los profetas;
¿y tú dices: "El que guarda mi palabra, nunca
verá la muerte"?
53 ¿Acaso eres tú mayor que nuestro padre
Abrahán, el cual murió? ¡Y también los pro-
fetas murieron! ¿Quién te crees tú?»
54 Jesús respondió: «Si yo me glorifico a mí
mismo, mi gloria nada es; pero el que me
glorifica es mi Padre, el que ustedes dicen
que es su Dios.
55 Ustedes no lo conocen, pero yo sí lo
conozco. Y si yo dijera que no lo conozco,
sería un mentiroso como ustedes. Pero lo
conozco, y obedezco su palabra.
56 Abrahán, el padre de ustedes, se alegró
al saber que vería mi día. Y lo vio, y se ale-
gró.»
57 Los judíos le dijeron: «Ni siquiera tienes
cincuenta años, ¿y has visto a Abrahán?»
58 Jesús les dijo: «De cierto, de cierto les
digo: Antes de que Abrahán fuera, yo soy.»
59 Entonces tomaron piedras para arro-
járselas; pero Jesús se escondió y salió del
templo.

Jesús sana a un ciego de nacimiento

9 Al pasar, Jesús vio a un hombre que
era ciego de nacimiento.
2 Sus discípulos le preguntaron:

PROMESAS PODEROSAS

JUAN 8.31-32

Entonces Jesús dijo a los judíos que habían creído en él: "Si ustedes permanecen en mi palabra, serán verdaderamente mis discípulos; y conocerán la verdad, y la verdad los hará libres."

Algunos creen que no hay verdad en el mundo. Pero la Palabra de Dios nos enseña acerca de la verdad de Dios. Y esta promesa dice que podemos ***conocer*** la verdad. Solo hay una verdad que libera a las personas de la culpa del pecado, y es el hecho de que Jesús murió para pagar por el pecado. Jesús es "el camino, y la verdad, y la vida" (14:6). ¡Es la pura verdad!

«Rabí, ¿quién pecó, para que éste haya na-
cido ciego? ¿Él, o sus padres?»
3 Jesús respondió: «No pecó él, ni tam-
poco sus padres. Más bien, fue para que las
obras de Dios se manifiesten en él.
4 Mientras sea de día, nos es necesario
hacer las obras del que me envió; viene la
noche, cuando nadie puede trabajar.
5 Mientras que estoy en el mundo, soy la
luz del mundo.»[a]
6 Dicho esto, escupió en tierra, hizo lodo con
la saliva, y untó el lodo en los ojos del ciego;
7 entonces le dijo: «Ve a lavarte en el es-
tanque de Siloé (que significa "Enviado").» El
ciego fue, se lavó, y al volver ya veía.
8 Entonces los vecinos, y los que antes ha-
bían visto que era ciego, decían: «¿No es éste
el que se sentaba a mendigar?»
9 Unos decían: «Sí, es él»; otros decían: «Se
le parece»; pero él decía: «Yo soy».
10 Y le dijeron: «¿Y cómo es que se te han
abierto los ojos?»
11 Él les respondió: «Aquel hombre que se
llama Jesús hizo lodo, me lo untó en los ojos,

[a] **9.5:** Mt 5.14; Jn 8.12.

Hch 3.1-10

y me dijo: "Ve a Siloé, y lávate." Y yo fui, me lavé, y recibí la vista.»

12 Ellos le dijeron: «¿Y dónde está él?» Él dijo: «No lo sé.»

Los fariseos interrogan al ciego sanado

13 El que había sido ciego fue llevado ante los fariseos.

14 Cuando Jesús hizo lodo y le abrió los ojos al ciego era día de reposo.

15 También los fariseos volvieron a preguntarle cómo había recibido la vista. Y él les dijo: «Me puso lodo en los ojos, y yo me lavé, y ahora veo.»

16 Algunos de los fariseos decían: «Ese hombre no procede de Dios, porque no guarda el día de reposo.» Y otros decían: «¿Cómo puede un pecador hacer estas señales?» Y había disensión entre ellos.

17 Entonces volvieron a preguntarle al ciego: «¿Tú qué opinas del que te abrió los ojos?» Y él respondió: «Creo que es un profeta.»

18 Pero los judíos no creían que aquel hombre había sido ciego y que había recibido la vista, hasta que llamaron a los padres del que había recibido la vista

19 y les preguntaron: «¿Es éste el hijo de ustedes, de quien ustedes dicen que nació ciego? ¿Cómo es que ahora ve?»

20 Sus padres les respondieron: «Sabemos que éste es nuestro hijo, y que nació ciego;

21 lo que no sabemos es cómo es que ahora ve, y tampoco sabemos quién le abrió los ojos. Pero pregúntenle a él, que ya es mayor de edad y puede hablar por sí mismo.»

22 Sus padres dijeron esto porque tenían miedo de los judíos, pues éstos ya habían acordado expulsar de la sinagoga a quien confesara que Jesús era el Mesías.

23 Por eso dijeron sus padres: «Ya es mayor de edad; pregúntenle a él.»

24 Entonces volvieron a llamar al que había sido ciego, y le dijeron: «Da gloria a Dios. Nosotros sabemos que ese hombre es pecador.»

25 Pero él respondió: «Si es pecador, no lo sé; lo que sí sé, es que yo era ciego y ahora veo.»

26 Volvieron a decirle: «¿Pero qué te hizo? ¿Cómo te abrió los ojos?»

27 Él les respondió: «Ya se lo he dicho, y ustedes no escuchan. ¿Por qué quieren oírlo otra vez? ¿También ustedes quieren hacerse discípulos suyos?»

28 Ellos lo insultaron, y le dijeron: «¡Discípulo suyo lo serás tú! ¡Nosotros somos discípulos de Moisés!

29 Nosotros sabemos que Dios le habló a Moisés; pero de ése, no sabemos ni de dónde es.»

30 El hombre les dijo: «Pues esto es lo asombroso, que ustedes no sepan de dónde es, pero a mí me abrió los ojos.

31 Y sabemos que Dios no escucha a los pecadores, pero que si alguno es temeroso de Dios y hace su voluntad, a ése sí lo escucha.

32 Nunca se ha oído decir que alguien le abriera los ojos a un ciego de nacimiento.

33 Si éste no viniera de Dios, nada podría hacer.»

34 Ellos le dijeron: «Tú naciste del todo en pecado, ¿y nos vas a enseñar?» Y lo expulsaron de allí.

Ceguera espiritual

35 Jesús supo que lo habían expulsado, así que cuando lo halló le dijo: «¿Crees tú en el Hijo de Dios?»

36 Él le respondió: «Señor, ¿y quién es, para que crea en él?»

37 Jesús le dijo: «Pues ya lo has visto, y es el que habla contigo.»

38 Y él dijo: «Creo, Señor.» Y lo adoró.

39 Jesús dijo: «Yo he venido a este mundo para juicio; para que vean los que no ven, y para que los que ven se queden ciegos.»

40 Al oír esto, algunos de los fariseos que estaban con él le preguntaron: «¿Acaso también nosotros somos ciegos?»

41 Jesús les respondió: «Si ustedes fueran ciegos, no tendrían pecado; pero ahora, como dicen que ven, su pecado permanece.»

Parábola del redil

10 «De cierto, de cierto les digo: El ladrón y el salteador es el que no entra por la puerta del redil de las ovejas, sino que trepa por otra parte.

2 Pero el que entra por la puerta, es el pastor de las ovejas.

3 A éste el portero le abre, y las ovejas oyen su voz; y él llama a las ovejas por su nombre, y las saca.

4 Y una vez que ha sacado a todas sus ovejas, va delante de ellas; y las ovejas lo siguen, porque conocen su voz.

5 Pero a un extraño no lo siguen, sino que huyen de él, porque no conocen la voz de gente extraña.»

6 Jesús les dijo esta alegoría; pero ellos no entendieron qué les quiso decir.

Jesús, el buen pastor

7 Una vez más Jesús les dijo: «De cierto, de cierto les digo: Yo soy la puerta de las ovejas.

8 Todos los que vinieron antes de mí, son ladrones y salteadores; pero las ovejas no los oyeron.

9 Yo soy la puerta; el que por mí entra, será salvo; y entrará y saldrá, y hallará pastos.

10 El ladrón no viene sino para hurtar, matar y destruir; yo he venido para que tengan vida, y para que la tengan en abundancia.

11 Yo soy el buen pastor;[a] el buen pastor da su vida por las ovejas.

12 Pero el asalariado, el que no es el pastor ni el dueño de las ovejas, huye y abandona las ovejas cuando ve venir al lobo, y el lobo las arrebata y las dispersa.

13 Al que es asalariado, no le importan las ovejas.

14 Yo soy el buen pastor. Yo conozco a mis ovejas, y ellas me conocen a mí,

15 así como el Padre me conoce a mí, y yo conozco al Padre;[b] y yo pongo mi vida por las ovejas.

16 También tengo otras ovejas, que no son de este redil; también a aquéllas debo traer, y oirán mi voz, y habrá un rebaño y un pastor.

LECCIONES — EL BUEN PASTOR

(Juan 10.11)

Jesús se refirió a sí mismo como "el buen pastor". Esta era su manera de decir que se preocupa por sus seguidores. Como el buen pastor que cuida del rebaño, Jesús cuida con amor de sus seguidores cada minuto del día. Jesús aun estuvo dispuesto a dar la vida por sus ovejas. Haz un dibujo de un pastor y una oveja. Escribe tu nombre en la oveja. Piense en cómo Jesús te cuida.

17 Por eso el Padre me ama, porque yo pongo mi vida para volver a tomarla.

18 Nadie me la quita, sino que yo la doy por mi propia cuenta. Tengo poder para ponerla, y tengo poder para volver a tomarla. Este mandamiento lo recibí de mi Padre.»

19 Y volvió a haber disensión entre los judíos por causa de estas palabras.

20 Muchos de ellos decían: «Tiene un demonio, y ha perdido el juicio. ¿Por qué hacerle caso?»

21 Otros decían: «Estas palabras no son de un endemoniado. ¿Acaso un demonio puede abrir los ojos de los ciegos?»

Los judíos rechazan a Jesús

22 Era invierno, y en Jerusalén se estaba celebrando la fiesta de la dedicación.

23 Jesús andaba en el templo, por el pórtico de Salomón.

24 Entonces los judíos lo rodearon y le dijeron: «¿Hasta cuándo vas a perturbarnos el alma? Si tú eres el Cristo, dínoslo abiertamente.»

25 Jesús les respondió: «Ya se lo he dicho, y ustedes no creen; pero las obras que yo hago en nombre de mi Padre son las que dan testimonio de mí.

26 Si ustedes no creen, es porque no son de mis ovejas.

27 Las que son mis ovejas, oyen mi voz; y yo las conozco, y ellas me siguen.

[a]**10.11-13:** Ez 34.11-12. [b]**10.15:** Mt 11.27; Lc 10.22.

28 Y yo les doy vida eterna; y no perecerán jamás, ni nadie las arrebatará de mi mano.

29 Mi Padre, que me las dio, es mayor que todos, y nadie las puede arrebatar de la mano de mi Padre.

30 El Padre y yo somos uno.»

31 Entonces los judíos volvieron a tomar piedras para apedrearlo,

32 pero Jesús les respondió: «Yo les he mostrado de mi Padre muchas buenas obras; ¿por cuál de ellas me apedrean?»

33 Los judíos le respondieron: «No te apedreamos por ninguna buena obra, sino por la blasfemia;[c] porque tú eres hombre, pero te haces Dios.»

34 Jesús les respondió: «¿Y no está escrito en la ley de ustedes: "Yo dije, ustedes son dioses"?[d]

35 Si se llamó dioses a aquellos a quienes vino la palabra de Dios (y la Escritura no puede ser quebrantada),

36 ¿ustedes dicen "Tú blasfemas" a quien el Padre santificó y envió al mundo, sólo porque dije: "Hijo de Dios soy"?

37 Si no hago las obras de mi Padre, no me crean.

38 Pero si las hago, crean a las obras, aunque no me crean a mí, para que sepan y crean que el Padre está en mí, y que yo estoy en el Padre.»

39 Una vez más procuraron aprehenderlo, pero él se escapó de sus manos.

40 Y volvió al otro lado del Jordán, al lugar donde antes había estado bautizando Juan,[e] y allí se quedó.

41 Y muchos se acercaban a él, y decían: «A decir verdad, Juan no hizo ninguna señal; pero todo lo que dijo de éste, era verdad.»

42 Y muchos allí creyeron en él.

Muerte de Lázaro

11 Había un hombre enfermo, que se llamaba Lázaro y era de Betania, la aldea de María y de Marta, sus hermanas.[a]

2 (María, cuyo hermano Lázaro estaba enfermo, fue la que ungió al Señor con perfume, y quien le enjugó los pies con sus cabellos.[b])

3 Las hermanas mandaron a decir a Jesús: «Señor, el que amas está enfermo.»

4 Cuando Jesús lo oyó, dijo: «Esta enfermedad no es de muerte, sino que es para la gloria de Dios y para que el Hijo de Dios sea glorificado por ella.»

5 Jesús amaba a Marta, a su hermana y a Lázaro.

6 Y cuando Jesús se enteró de que estaba enfermo, se quedó dos días más en el lugar donde estaba.

7 Luego les dijo a los discípulos: «Vamos otra vez a Judea.»

8 Los discípulos le dijeron: «Rabí, hace poco los judíos intentaron apedrearte, ¿y de nuevo vas allá?»

9 Jesús respondió: «¿Acaso no tiene el día doce horas? El que anda de día no tropieza, porque ve la luz de este mundo;

10 pero el que anda de noche tropieza, porque no hay luz en él.»

11 Dicho esto, agregó: «Nuestro amigo Lázaro duerme, pero voy para despertarlo.»

12 Entonces, sus discípulos dijeron: «Señor, si duerme, sanará.»

13 Pero Jesús decía esto de la muerte de Lázaro, aunque ellos pensaron que hablaba del reposo del sueño.

14 Entonces Jesús les dijo abiertamente: «Lázaro ha muerto;

15 y me alegro por ustedes de no haber estado allí, para que crean. Vayamos a verlo.»

16 Tomás, a quien llamaban Dídimo, dijo a sus condiscípulos: «Vamos también nosotros, para que muramos con él.»

Jesús, la resurrección y la vida

17 Cuando Jesús llegó, se encontró con que hacía ya cuatro días que Lázaro estaba en el sepulcro.

18 Betania estaba cerca de Jerusalén, como unos dos y medio kilómetros,

19 y muchos de los judíos se habían acercado a Marta y a María, para consolarlas por su hermano.

[c]**10.33:** Lv 24.16. [d]**10.34:** Sal 82.6. [e]**10.40:** Jn 1.28. [a]**11.1:** Lc 10.38-39. [b]**11.2:** Jn 12.3.

PROMESAS PODEROSAS

JUAN 11.25-26

Jesús le dijo: "Yo soy la resurrección y la vida; el que cree en mí, aunque esté muerto, vivirá. Y todo aquel que vive y cree en mí, no morirá eternamente. ¿Crees esto?"

Cuando Lázaro murió, Jesús le dijo a Marta que Él es la resurrección. Esto significa que Él tiene poder sobre la muerte. Por eso pudo traer a Lázaro de vuelta a la vida. Aunque todos moriremos un día, vamos a volver a la vida, al igual que Jesús. Para los que han recibido a Jesús como su Salvador, la muerte no es una tragedia. Sabemos que vamos a tener una gran vida con Dios por la eternidad.

LECCIONES **LA COMPASIÓN DE JESÚS**

(Juan 11.33)

Si tú sientes compasión por alguien, sientes la angustia de esa persona. Jesús sintió compasión al ver cuán tristes estaban María y Marta por la muerte de su hermano Lázaro. Cuando nuestra vida pertenece a Dios, nos damos cuenta del sufrimiento de los demás. Les mostramos que compartimos su dolor. ¿Cómo puedes mostrar compasión a alguien que está triste o herido?

20 Cuando Marta oyó que Jesús venía, salió a su encuentro; pero María se quedó en casa.

21 Y Marta le dijo a Jesús: «Señor, si hubieras estado aquí, mi hermano no habría muerto.

22 Pero también sé ahora que todo lo que le pidas a Dios, Dios te lo concederá.»

23 Jesús le dijo: «Tu hermano resucitará.»

24 Marta le dijo: «Yo sé que resucitará en la resurrección, en el día final.»

† Jn 20.31 25 Jesús le dijo: «Yo soy la resurrección y la vida; el que cree en mí, aunque esté muerto, vivirá.

26 Y todo aquel que vive y cree en mí, no morirá eternamente. ¿Crees esto?»

27 Le dijo: «Sí, Señor; yo he creído que tú eres el Cristo, el Hijo de Dios, que has venido al mundo.»

Jesús llora ante la tumba de Lázaro

28 Dicho esto, Marta fue y llamó a María, su hermana, y en secreto le dijo: «El Maestro está aquí, y te llama.»

29 Al oír esto, ella se levantó de prisa y fue a su encuentro.

30 Jesús todavía no había entrado en la aldea, sino que estaba en el lugar donde Marta lo había encontrado.

31 Cuando los judíos que estaban en casa con María, y la consolaban, vieron que ella se había levantado de prisa y había salido, la siguieron. Decían: «Va al sepulcro, a llorar allí.»

32 Y cuando María llegó a donde estaba Jesús, y lo vio, se arrojó a sus pies y le dijo: «Señor, si hubieras estado aquí, mi hermano no habría muerto.»

33 Entonces Jesús, al ver llorar a María y a los judíos que la acompañaban, se conmovió profundamente y, con su espíritu turbado,

34 dijo: «¿Dónde lo pusieron?» Le dijeron: «Señor, ven a verlo.»

35 Y Jesús lloró.

36 Los judíos dijeron entonces: «Miren cuánto lo amaba.»

37 Pero algunos de ellos dijeron: «Y éste, que le abrió los ojos al ciego, ¿no podría haber evitado que Lázaro muriera?»

Resurrección de Lázaro

38 Una vez más profundamente conmovido, Jesús fue al sepulcro, que era una cueva y tenía una piedra puesta encima.

39 Jesús dijo: «Quiten la piedra.» Marta, la hermana del que había muerto, le dijo: «Señor, ya huele mal, pues ha estado allí cuatro días.»

40 Jesús le dijo: «¿No te he dicho que, si crees, verás la gloria de Dios?»

41 Entonces quitaron la piedra. Y Jesús, levantando los ojos a lo alto, dijo: «Padre, te doy gracias por haberme escuchado.

42 Yo sabía que siempre me escuchas; pero lo dije por causa de la multitud que está alrededor, para que crean que tú me has enviado.»

43 Y habiendo dicho esto, clamó a gran voz: «¡Lázaro, ven fuera!»

44 Y el que había muerto salió, con las manos y los pies envueltos en vendas, y el rostro envuelto en un sudario. Entonces Jesús les dijo: «Quítenle las vendas, y déjenlo ir.»

El complot para matar a Jesús

(Mt 26.1-5; Mr 14.1-2; Lc 22.1-2)

45 Muchos de los judíos que habían venido para acompañar a María, y que vieron lo que hizo Jesús, creyeron en él.

46 Pero algunos de ellos fueron a los fariseos y les contaron lo que Jesús había hecho.

47 Entonces los principales sacerdotes y los fariseos reunieron al concilio, y dijeron: «¿Qué haremos? ¡Este hombre está haciendo muchas señales!

48 Si lo dejamos así, todos creerán en él. Entonces vendrán los romanos, y destruirán nuestro lugar santo y nuestra nación.»

49 Uno de ellos, Caifás, que ese año era sumo sacerdote, les dijo: «Ustedes no saben nada,

50 ni se dan cuenta de que nos conviene que un hombre muera por el pueblo, y no que toda la nación perezca.»

51 Pero esto no lo dijo por cuenta propia sino que, como aquel año era el sumo sacerdote, profetizó que Jesús moriría por la nación;

52 y no solamente por la nación, sino también para congregar en un solo pueblo a los hijos de Dios que estaban dispersos.

53 Así que desde aquel día acordaron matarlo.

54 Por eso Jesús ya no andaba abiertamente entre los judíos, sino que se alejó de allí y se fue a la región contigua al desierto, a una ciudad llamada Efraín; y allí se quedó con sus discípulos.

55 Como estaba próxima la pascua de los judíos, muchos de aquella región fueron a Jerusalén antes de la pascua, para purificarse.

56 Buscaban a Jesús, y mientras estaban en el templo, se preguntaban unos a otros: «¿Ustedes qué creen? ¿Vendrá él a la fiesta?»

57 Por su parte, los principales sacerdotes y los fariseos habían dado orden de que, si alguien sabía dónde estaba, lo dijera, para que lo arrestaran.

Jesús es ungido en Betania

(Mt 26.6-13; Mr 14.3-9)

12 Seis días antes de la pascua, Jesús fue a Betania, donde vivía Lázaro, el que había estado muerto y a quien Jesús había resucitado de los muertos.

2 Allí le ofrecieron una cena, y Marta servía, y Lázaro era uno de los que estaban sentados con él a la mesa.

3 Entonces María tomó unos trescientos gramos de perfume de nardo puro, que era muy caro, y con él ungió los pies de Jesús, y con sus cabellos los enjugó.[a] Y la casa se llenó con el olor del perfume.

4 Y dijo Judas Iscariote hijo de Simón, que era uno de sus discípulos y el que más tarde lo entregaría:

5 «¿Por qué no se vendió este perfume por trescientos días de sueldo, y ese dinero se les dio a los pobres?»

6 Pero no dijo esto porque se preocupara por los pobres, sino porque era un ladrón y, como tenía la bolsa, sustraía de lo que se echaba en ella.

7 Entonces Jesús le dijo: «Déjala tranquila, que ha guardado esto para el día de mi sepultura.

8 A los pobres siempre los tendrán entre ustedes,[b] pero a mí no siempre me tendrán.»

El complot contra Lázaro

9 Una gran multitud de los judíos se enteró de que él estaba allí, así que vinieron, no

[a]**12.3:** Lc 7.37-38. [b]**12.8:** Dt 15.11.

solamente por causa de Jesús, sino también
para ver a Lázaro, pues sabían que él lo había
resucitado de los muertos.
10 Pero los principales sacerdotes acorda-
ron matar también a Lázaro,
11 pues por causa de él muchos de los ju-
díos se apartaban y creían en Jesús.

La entrada triunfal en Jerusalén

(Mt 21.1-11; Mr 11.1-11; Lc 19.28-40)

12 Al día siguiente, al oír que Jesús venía a
Jerusalén, grandes multitudes que habían
venido a la fiesta
13 tomaron ramas de palmera y salieron a re-
cibirlo. Y clamaban: «¡Hosanna![c] ¡Bendito el que
viene en el nombre del Señor,[d] el Rey de Israel!»
14 Y Jesús halló un asno, y montó sobre él,
como está escrito:
15 «No temas, hija de Sión;
Aquí viene tu Rey,
Montado sobre un pollino de asna.»[e]
16 Al principio, sus discípulos no compren-
dieron estas cosas; pero cuando Jesús fue
glorificado, entonces se acordaron de que
estas cosas estaban escritas acerca de él, y
de que así le habían sucedido.
17 Y la gente que estaba con él daba tes-
timonio de cómo ordenó a Lázaro salir del
sepulcro y lo resucitó de los muertos.
18 Por eso también la gente había venido a
recibirlo, pues sabía que él había hecho esta
señal.
19 Pero los fariseos dijeron entre sí: «Como
pueden ver, así no conseguiremos nada.
¡Todo el mundo se va tras él!»

Unos griegos buscan a Jesús

20 Entre los que habían ido a la fiesta para
adorar había algunos griegos.
21 Éstos se acercaron a Felipe, que era de
Betsaida de Galilea, y entre ruegos le dijeron:
«Señor, quisiéramos ver a Jesús.»
22 Felipe fue y se lo dijo a Andrés, y Andrés
y Felipe se lo dijeron a Jesús.
23 Jesús les dijo: «Ha llegado la hora de que
el Hijo del Hombre sea glorificado.

LECCIONES — UN REGALO CARO

(Juan 12.3)

¿Cuál es el regalo más caro que alguien te ha dado? María dio a Jesús un regalo caro cuando derramó un perfume costoso sobre sus pies. El perfume era valioso, pero el amor de María al ofrecer el regalo era aún más precioso para Jesús. María mostró humildad al ofrecer este regalo. A otros les podía parecer extraño que ella vertiera una botella de perfume, pero no le importaba lo que otros pensaban de ella. Tú no puedes darle a Jesús un perfume caro, pero puedes darle un regalo valioso. ¡Puede ofrecerle tu vida!

24 De cierto, de cierto les digo que, si el
grano de trigo no cae en la tierra y muere,
se queda solo; pero si muere, lleva mucho
fruto.
25 El que ama su vida, la perderá; pero
el que aborrece su vida en este mundo, la
guardará para vida eterna.[f]
26 Si alguno me sirve, sígame; donde yo
esté, allí también estará mi servidor. Si algu-
no me sirve, mi Padre lo honrará.

Jesús anuncia su muerte

27 »Ahora mi alma está turbada. ¿Y acaso
diré: "Padre, sálvame de esta hora"? ¡Si para
esto he venido!
28 Padre, ¡glorifica tu nombre!» En ese mo-
mento vino una voz del cielo: «Lo he glorifi-
cado, y volveré a glorificarlo.»
29 La multitud que estaba allí, y que había
oído la voz, decía que había sido un trueno.
Pero otros decían: «Le ha hablado un ángel.»
30 Jesús les dijo: «Esta voz no ha venido
por mí, sino por ustedes.
31 Ahora es el juicio de este mundo; ahora
será expulsado el príncipe de este mundo.
32 Y cuando yo sea levantado de la tierra,
atraeré a todos a mí mismo.»

[c] **12.13:** Sal 118.25. [d] **12.13:** Sal 118.26. [e] **12.15:** Zac 9.9. [f] **12.25:** Mt 10.39; 16.25; Mr 8.35; Lc 9.24; 17.33.

[33] Con esto Jesús daba a entender de qué muerte iba a morir.

[34] Pero la gente le respondió: «Nosotros hemos oído que, según la ley, el Cristo permanece para siempre.[g] Entonces, ¿cómo puedes decir que es necesario que el Hijo del Hombre sea levantado? ¿Quién es este Hijo del Hombre?»

[35] Jesús les dijo: «Por un poco más de tiempo la luz está entre ustedes; mientras tengan luz, caminen, para que no los sorprendan las tinieblas; porque el que anda en tinieblas no sabe por dónde va.

[36] Mientras tengan la luz, crean en la luz, para que sean hijos de la luz.»

Incredulidad de los judíos

Dicho esto, Jesús se fue y se ocultó de ellos.

[37] Y a pesar de que había hecho tantas señales ante ellos, no creían en él;

[38] para que se cumpliera la palabra del profeta Isaías, que dijo:

«Señor, ¿quién ha creído a nuestro
anuncio?
¿Y a quién se ha revelado el brazo del
Señor?»[h]

[39] Por esto no podían creer, pues Isaías también dijo:

[40] «Cegó los ojos de ellos, y endureció
su corazón;
Para que no vean con los ojos, y entiendan con el corazón,
Y se conviertan, y yo los sane.»[i]

[41] Isaías dijo esto cuando vio su gloria y habló acerca de él.

[42] Con todo eso, muchos creyeron en él, incluso algunos de los gobernantes; pero por causa de los fariseos no lo confesaban, para no ser expulsados de la sinagoga.

[43] Y es que amaban más la gloria de los hombres que la gloria de Dios.

Las palabras de Jesús juzgarán a los hombres

[44] Jesús clamó y dijo: «El que cree en mí, no cree en mí sino en el que me envió;

[45] y el que me ve, ve al que me envió.

[46] Yo soy la luz, y he venido al mundo para que todo aquel que cree en mí no permanezca en tinieblas.

[47] Al que oye mis palabras, y no las obedece, no lo juzgo; porque no he venido a juzgar al mundo, sino a salvar al mundo.

[48] El que me rechaza, y no recibe mis palabras, tiene quien lo juzgue, y es la palabra que he hablado; ella lo juzgará en el día final.

[49] Porque yo no he hablado por mi propia cuenta; el Padre, que me envió, me dio también el mandamiento de lo que debo decir y de lo que debo hablar.

[50] Y sé que su mandamiento es vida eterna. Por lo tanto, lo que yo hablo, lo hablo como el Padre me lo ha dicho.»

Jesús lava los pies de sus discípulos

13 Antes de la fiesta de la pascua, Jesús sabía que su hora había llegado para pasar de este mundo y volver al Padre. A los suyos que estaban en el mundo los había amado siempre, y los amó hasta el fin.

[2] El diablo ya había puesto en el corazón de Judas Iscariote, hijo de Simón, que entregara a Jesús, así que mientras cenaban

[3] Jesús, que sabía que el Padre había puesto en sus manos todas las cosas, y que había salido de Dios, y que a Dios volvía,

[4] se levantó de la cena, se quitó su manto y, tomando una toalla, se la sujetó a la cintura;

[5] luego puso agua en un recipiente y comenzó a lavar los pies de los discípulos, para luego secárselos con la toalla que llevaba en la cintura.

[6] Cuando llegó a Simón Pedro, éste le dijo: «Señor, ¿tú me lavas los pies?»

[7] Respondió Jesús y le dijo: «Lo que yo hago, no lo entiendes ahora; pero lo entenderás después.»

[8] Pedro le dijo: «¡Jamás me lavarás los pies!» Y Jesús le respondió: «Si no te los lavo, no tendrás parte conmigo.»

[g] **12.34:** Sal 110.4; Is 9.7; Ez 37.25; Dn 7.14. [h] **12.38:** Is 53.1. [i] **12.40:** Is 6.10.

PROMESAS PODEROSAS

JUAN 12.46

Yo soy la luz, y he venido al mundo para que todo aquel que cree en mí no permanezca en tinieblas.

¿Qué haces cuando se va la luz en tu casa? ¿Enciendes una vela o una linterna? Cuando esto sucede, seguramente piensas en lo bueno que es tener luz. La luz te ayuda a encontrar el camino en la oscuridad. Jesús dijo que Él es la "luz del mundo" (8:12). Él quiso decir que ofrece verdad y esperanza a todos los que viven en la oscuridad del pecado. Jesús vino para sacarnos de las tinieblas del pecado y llevarnos a la luz de la salvación.

9 Simón Pedro le dijo: «Entonces, Señor, lávame no solamente los pies, sino también las manos y la cabeza.»

10 Jesús le dijo: «El que está lavado, no necesita más que lavarse los pies, pues está todo limpio. Y ustedes están limpios, aunque no todos.»

11 Y es que él sabía quién lo entregaría; por eso dijo: «No todos están limpios.»

12 Después de lavarles los pies, Jesús tomó su manto, volvió a la mesa, y les dijo: «¿Saben lo que he hecho con ustedes?

13 Ustedes me llaman Maestro, y Señor; y dicen bien, porque lo soy.

14 Pues si yo, el Señor y el Maestro, les he lavado los pies, también ustedes deben lavarse los pies unos a otros.

15 Porque les he puesto el ejemplo, para que lo mismo que yo he hecho con ustedes, también ustedes lo hagan.[a]

16 De cierto, de cierto les digo: El siervo no es mayor que su señor,[b] ni el enviado es mayor que el que lo envió.

17 Si saben estas cosas, y las hacen, serán bienaventurados.

18 No hablo de todos ustedes; yo sé a quiénes he elegido. Pero es para que se cumpla la Escritura: "El que come pan conmigo, levantó contra mí el talón."[c]

19 Les digo esto desde ahora, y antes de que suceda, para que cuando suceda crean que yo soy.

20 De cierto, de cierto les digo: El que recibe al que yo envío, me recibe a mí; y el que me recibe a mí, recibe al que me envió.»[d]

Jesús anuncia la traición de Judas

(Mt 26.20-25; Mr 14.17-21; Lc 22.21-23)

21 Dicho esto, Jesús se conmovió en espíritu, y declaró: «De cierto, de cierto les digo, que uno de ustedes me va a entregar.»

22 Los discípulos se miraban unos a otros, dudando de quién hablaba.

23 Uno de sus discípulos, al cual Jesús amaba, estaba recostado al lado de Jesús.

24 A éste, Simón Pedro le hizo señas, para que preguntara quién era aquel de quien Jesús hablaba.

25 Entonces el que estaba recostado cerca del pecho de Jesús, le dijo: «Señor, ¿quién es?»

26 Respondió Jesús: «Es aquel a quien yo le dé el pan mojado.» Enseguida, Jesús mojó el pan y se lo dio a Judas Iscariote, hijo de Simón.

27 Después del bocado, Satanás entró en él. Entonces Jesús le dijo: «Lo que vas a hacer, hazlo pronto.»

28 Pero ninguno de los que estaban a la mesa entendió por qué le dijo esto.

29 Y es que, como Judas tenía la bolsa, algunos pensaban que Jesús le decía que comprara lo necesario para la fiesta, o que diera algo a los pobres.

30 En cuanto Judas tomó el bocado de pan, salió. Era ya de noche.

El nuevo mandamiento

31 Después de que Judas salió, Jesús dijo: «Ahora el Hijo del Hombre es glorificado, y Dios es glorificado en él.

[a]**13.12-15:** Lc 22.27. [b]**13.16:** Mt 10.24; Lc 6.40; Jn 15.20. [c]**13.18:** Sal 41.9. [d]**13.20:** Mt 10.40; Mr 9.37; Lc 9.48; 10.16.

32 Si Dios es glorificado en él, Dios también lo glorificará en sí mismo, y lo glorificará sin tardanza.

33 Hijitos, aún estaré con ustedes un poco. Y me buscarán. Pero lo que les dije a los judíos, les digo a ustedes ahora: A donde yo voy, ustedes no pueden ir.[e]

34 Un mandamiento nuevo les doy: Que se amen unos a otros.[f] Así como yo los he amado, ámense también ustedes unos a otros.

35 En esto conocerán todos que ustedes son mis discípulos, si se aman unos a otros.»

Jesús anuncia la negación de Pedro

(Mt 26.31-35; Mr 14.27-31; Lc 22.31-34)

36 Simón Pedro le dijo: «Señor, ¿a dónde vas?» Jesús le respondió: «A donde yo voy, no me puedes seguir ahora; pero me seguirás después.»

37 Pedro le dijo: «Señor, ¿por qué no te puedo seguir ahora? ¡Por ti daré mi vida!»

38 Jesús le respondió: «¿Tú darás tu vida por mí? De cierto, de cierto te digo, que no cantará el gallo sin que me hayas negado tres veces.»

Jesús, el camino al Padre

14 «No se turbe su corazón. Ustedes creen en Dios; crean también en mí.

2 En la casa de mi Padre hay muchos aposentos. Si así no fuera, ya les hubiera dicho. Así que voy a preparar lugar para ustedes.

3 Y si me voy y les preparo lugar, vendré otra vez, y los llevaré conmigo, para que donde yo esté, también ustedes estén. Hch 1.11

4 Y ustedes saben a dónde voy, y saben el camino.»

5 Tomás le dijo: «Señor, no sabemos a dónde vas; ¿cómo podemos saber el camino?»

6 Jesús le dijo: «Yo soy el camino, y la verdad, y la vida; nadie viene al Padre, sino por mí.

7 Si me conocieran, también conocerían a mi Padre; y desde ahora lo conocen, y lo han visto.»

8 Felipe le dijo: «Señor, muéstranos el Padre. Con eso nos basta.»

9 Jesús le dijo: «Hace ya tanto tiempo que estoy con ustedes, ¿y tú, Felipe, no me has conocido? El que me ha visto a mí, ha visto al Padre; ¿cómo entonces dices: "Muéstranos al Padre"?

10 ¿No crees que yo estoy en el Padre, y que el Padre está en mí? Las palabras que yo les hablo, no las hablo por mi propia cuenta, sino que el Padre, que vive en mí, es quien hace las obras.

11 Créanme que yo estoy en el Padre, y que el Padre está en mí; de otra manera, créanme por las obras mismas.

12 »De cierto, de cierto les digo: El que cree en mí, hará también las obras que yo hago; y aun mayores obras hará, porque yo voy al Padre. Hch 3.16

13 Y todo lo que pidan al Padre en mi nombre, lo haré, para que el Padre sea glorificado en el Hijo.

14 Si algo piden en mi nombre, yo lo haré.

La promesa del Espíritu Santo

15 »Si me aman, obedezcan mis mandamientos.

[e] **13.33:** Jn 7.34. [f] **13.34:** Jn 15.12, 17; 1 Jn 3.23; 2 Jn 5.

AMA A TODOS *(Juan 13.34)*

Jesús dio a sus discípulos un nuevo mandamiento, de que se amaran unos a otros así como Él los amaba. Les enseñó que la gente iba a saber que seguían a Jesús por el amor que mostraban a los demás. Esto incluía el amor a los enemigos (Mateo 5:44). Jesús recibió con amor a las personas que eran maltratadas por otros en la sociedad (niños, cobradores de impuestos, y mujeres). Algunos pensaban que no debía perder el tiempo con esas personas despreciadas. Pero el amor de Jesús era radical. ¿Amas a los demás con un amor radical?

PROMESAS PODEROSAS

JUAN 14.2-3

En la casa de mi Padre hay muchos aposentos. Si así no fuera, ya les hubiera dicho. Así que voy a preparar lugar para ustedes. Y si me voy y les preparo lugar, vendré otra vez, y los llevaré conmigo, para que donde yo esté, también ustedes estén.

Jesús prometió preparar un lugar para sus seguidores en la casa de su Padre. El hogar eterno de Dios tiene muchos "aposentos" (las moradas eternas). Los miembros de la familia de Dios en la tierra algún día vivirán con Él en su hogar celestial. Tan seguro como que Jesús se fue al cielo, volverá para llevar a sus seguidores a un lugar preparado para ellos. ¿Tienes la esperanza de ir a ese lugar?

PALABRAS CON PODER

EL CONSOLADOR

(Juan 14.16)

Jesús llamó "otro Consolador" al Espíritu Santo. Uno de los significados de la palabra ***consolador*** es ***ayudador***. Este título proviene de un término griego, ***parakletos***, que significa "uno llamado al lado para ayudar". Por eso a menudo al Espíritu Santo se lo llama Paracleto. Dios envió al Espíritu Santo para ayudar a los seguidores de Jesús y para enseñarles la verdad. Jesús prometió que el Espíritu Santo estaría con el pueblo de Dios por siempre. Cuando tengas problemas, pide a Dios que te ayude por medio del Espíritu Santo.

16 Y yo rogaré al Padre, y él les dará otro
Consolador, para que esté con ustedes para
siempre:
17 es decir, el Espíritu de verdad, al cual el
mundo no puede recibir porque no lo ve, ni
lo conoce; pero ustedes lo conocen, porque
permanece con ustedes, y estará en ustedes.
18 »No los dejaré huérfanos; vendré a ustedes.
19 Dentro de poco, el mundo no me verá
más; pero ustedes me verán; y porque yo
vivo, ustedes también vivirán.
20 En aquel día ustedes sabrán que yo es-
toy en mi Padre, y que ustedes están en mí,
y que yo estoy en ustedes.
21 El que tiene mis mandamientos, y los
obedece, ése es el que me ama; y el que
me ama, será amado por mi Padre, y yo lo
amaré, y me manifestaré a él.»
22 Judas (pero no el Iscariote) le dijo: «Señor,
¿cómo es que te manifestarás a nosotros, y
no al mundo?»
23 Jesús le respondió: «El que me ama, obe-
decerá mi palabra; y mi Padre lo amará, y ven-
dremos a él, y con él nos quedaremos a vivir.
24 El que no me ama, no obedece mis pa-
labras; y la palabra que han oído no es mía,
sino del Padre que me envió.

Hch 10.34-35

[a] **15.12:** Jn 13.34; 15.17; 1 Jn 3.23; 2 Jn 5. [b] **15.20:** Mt 10.24; Lc 6.40; Jn 13.16.

PODER PARA VIVIR

ÉL ES EL CAMINO *(Juan 14.6)*

¿Has utilizado un mapa o un GPS (sistema de posicionamiento global) para encontrar un lugar en tu ciudad? Jesús dijo que es el mapa que ayuda a las personas a encontrar el camino hacia el perdón de Dios y el cielo. Algunos dicen que hay muchas formas de encontrar el perdón de Dios. Pero la Palabra de Dios dice que creer en Jesús como tu Salvador es el único camino. La próxima vez que veas un mapa o un GPS, piensa en Jesús, "el camino, y la verdad, y la vida".

25 »Les he dicho estas cosas mientras estoy con ustedes.

26 Pero el Espíritu Santo, a quien el Padre enviará en mi nombre, los consolará y les enseñará todas las cosas, y les recordará todo lo que yo les he dicho.

27 »La paz les dejo, mi paz les doy; yo no la doy como el mundo la da. No dejen que su corazón se turbe y tenga miedo.

28 Ya me han oído decir que me voy, pero que vuelvo a ustedes. Si ustedes me amaran, se habrían regocijado de que voy al Padre, porque el Padre es mayor que yo.

29 Y les he dicho esto ahora, antes de que suceda, para que cuando suceda, ustedes crean.

30 Ya no hablaré mucho con ustedes, pues viene el príncipe de este mundo, que ningún poder tiene sobre mí.

31 Pero para que el mundo sepa que amo al Padre, hago todo tal y como el Padre me lo ordenó. Levántense, vámonos de aquí.

Jesús, la vid verdadera

15 »Yo soy la vid verdadera, y mi Padre es el labrador.

2 Todo pámpano que en mí no lleva fruto, lo quitará; y todo aquel que lleva fruto, lo limpiará, para que lleve más fruto.

3 Ustedes ya están limpios, por la palabra que les he hablado.

4 Permanezcan en mí, y yo en ustedes. Así como el pámpano no puede llevar fruto por sí mismo, si no permanece en la vid, así tampoco ustedes, si no permanecen en mí.

5 Yo soy la vid y ustedes los pámpanos; el que permanece en mí, y yo en él, éste lleva mucho fruto; porque separados de mí ustedes nada pueden hacer.

6 El que no permanece en mí, será desechado como pámpano, y se secará, y será recogido y arrojado al fuego, y allí arderá.

7 Si permanecen en mí, y mis palabras permanecen en ustedes, pidan todo lo que quieran, y se les concederá.

8 En esto es glorificado mi Padre: en que lleven mucho fruto, y sean así mis discípulos. Hch 13.52

9 Así como el Padre me ha amado, así también yo los he amado a ustedes; permanezcan en mi amor.

10 Si obedecen mis mandamientos, permanecerán en mi amor; así como yo he obedecido los mandamientos de mi Padre, y permanezco en su amor.

11 Estas cosas les he hablado, para que mi gozo esté en ustedes, y su gozo sea completo.

12 »Éste es mi mandamiento: Que se amen unos a otros,[a] como yo los he amado.

13 Nadie tiene mayor amor que éste, que es el poner su vida por sus amigos.

14 Ustedes son mis amigos, si hacen lo que yo les mando.

15 Ya no los llamaré siervos, porque el siervo no sabe lo que hace su señor; yo los he llamado amigos, porque todas las cosas que oí de mi Padre, se las he dado a conocer a ustedes.

16 »Ustedes no me eligieron a mí. Más bien, yo los elegí a ustedes, y los he puesto para que vayan y lleven fruto, y su fruto permanezca; para que todo lo que pidan al Padre en mi nombre, él se lo conceda.

DOS CLASES DE RAMAS *(Juan 15.2)*

Las ramas de una vid o de un árbol producen fruto. En este versículo, Jesús habla de dos clases de ramas o pámpanos: las que producen frutos, y las que no lo producen. Él usa las ramas como una figura de los cristianos: los que viven cada día más cerca de Jesús y producen el fruto del Espíritu (Gálatas 5:22-23) y los que ya no tienen mucha fe en Cristo. Los que no tienen fe en Jesús no dan fruto; no tienen las características que agradan a Dios. El Señor se preocupa por ambas clases de ramas. Él quiere que todas las personas a crezcan y lleven fruto. ¿Estás produciendo fruto?

17 Éste es mi mandamiento para ustedes: Que se amen unos a otros.

El mundo los aborrecerá

18 »Si el mundo los aborrece, sepan que a mí me ha aborrecido antes que a ustedes.

19 Si ustedes fueran del mundo, el mundo amaría lo suyo; pero el mundo los aborrece porque ustedes no son del mundo, aun cuando yo los elegí del mundo.

20 »Acuérdense de la palabra que les he dicho: El siervo no es mayor que su señor.[b] Si a mí me han perseguido, también a ustedes los perseguirán; si han obedecido mi palabra, también obedecerán la de ustedes.

Jn 16.33

21 Pero todo esto les harán por causa de mi nombre, porque no conocen al que me ha enviado.

22 Si yo no hubiera venido, ni les hubiera hablado, no tendrían pecado; pero ahora no tienen excusa por su pecado.

23 El que me aborrece a mí, también aborrece a mi Padre.

24 Si yo no hubiera hecho entre ellos las obras que ningún otro ha hecho, no tendrían pecado; pero ahora las han visto, y nos han aborrecido tanto a mí como a mi Padre.

25 Pero esto es para que se cumpla la palabra que está escrita en su ley: "Me aborrecieron sin motivo."[c]

26 Pero cuando venga el Consolador, el Espíritu de verdad, el cual procede del Padre y a quien yo les enviaré de parte del Padre, él dará testimonio acerca de mí.

27 Y ustedes también darán testimonio, porque han estado conmigo desde el principio.

Hch 1.8

16 »Les he dicho estas cosas, para que no tengan tropiezos.

2 Ustedes serán expulsados de las sinagogas, y llegará el momento en que cualquiera que los mate, pensará que rinde un servicio a Dios.

3 Y esto lo harán porque no conocen al Padre ni a mí.

4 Pero les he dicho estas cosas para que, cuando llegue ese momento, se acuerden de que ya se lo había dicho.

PALABRAS CON PODER — **CONVENCER AL MUNDO** *(Juan 16.8)*

La tarea principal del Espíritu Santo es "convencer al mundo". Convencer significa mostrar algo o hablar de algo. El Espíritu Santo muestra a las personas cuando lo que están haciendo no agrada a Dios. Él insta a las personas a que pidan perdón al Señor. Cada persona tiene que decidirse a buscar el perdón de Dios. El Espíritu Santo también les revela que Jesús es el Hijo de Dios. Cuando le hables a alguien acerca de Jesús, recuerda que es el Espíritu Santo que le ayuda a esa persona a creer.

La obra del Espíritu Santo

»No les dije esto al principio, porque yo estaba con ustedes.

5 Pero ahora vuelvo al que me envió; y ninguno de ustedes me pregunta: "¿A dónde vas?"

6 Al contrario, por esto que les he dicho, su corazón se ha llenado de tristeza.

7 Pero les digo la verdad: les conviene que yo me vaya; porque si no me voy, el Consolador no vendrá a ustedes; pero si me voy, yo se lo enviaré.

8 Y cuando él venga, convencerá al mundo de pecado, de justicia y de juicio.

9 De pecado, por cuanto no creen en mí;

10 de justicia, por cuanto voy al Padre, y no me verán más;

11 y de juicio, por cuanto el príncipe de este mundo ya ha sido juzgado.

12 »Aún tengo muchas cosas que decirles, pero ahora no las pueden sobrellevar.

13 Pero cuando venga el Espíritu de verdad, él los guiará a toda la verdad; porque no hablará por su propia cuenta, sino que

[c] **15.25:** Sal 35.19; 69.4.

hablará todo lo que oiga, y les hará saber las
cosas que habrán de venir.
14 Él me glorificará, porque tomará de lo
mío y se lo hará saber.
15 Todo lo que tiene el Padre es mío; por
eso dije que tomará de lo mío, y se lo dará a
conocer a ustedes.
16 Todavía un poco, y no me verán; y de
nuevo un poco, y me verán.»

La tristeza se convertirá en gozo

17 Entonces algunos de sus discípulos se
dijeron unos a otros: «¿Qué es esto que nos
dice: "Todavía un poco y no me verán; y
de nuevo un poco, y me verán"; y también:
"Porque yo voy al Padre"?»
18 Así que decían: «¿Qué es esto de "Toda-
vía un poco"? ¡No sabemos de qué habla!»
19 Jesús se dio cuenta de que querían pre-
guntarle, así que les dijo: «¿Se preguntan uste-
des acerca de que dije: "Todavía un poco, y no
me verán; y de nuevo un poco, y me verán"?
20 De cierto, de cierto les digo, que uste-
des llorarán y lamentarán, mientras que el
mundo se alegrará; pero aunque ustedes es-
tén tristes, su tristeza se convertirá en gozo.
21 Cuando la mujer da a luz, siente dolor
porque ha llegado su hora; pero después de
que ha dado a luz al niño, ni se acuerda de
la angustia, por la alegría de que haya nacido
un hombre en el mundo.
22 También ustedes ahora están tristes;
pero yo los volveré a ver, y su corazón se ale-
grará, y nadie les arrebatará su alegría.
23 En aquel día ya no me preguntarán
nada. De cierto, de cierto les digo, que todo
lo que pidan al Padre, en mi nombre, él se
lo concederá.
24 Hasta ahora nada han pedido en mi
nombre; pidan y recibirán, para que su ale-
gría se vea cumplida.

Yo he vencido al mundo

25 »Les he hablado de esto en alegorías,
pero viene la hora en que ya no les hablaré
por alegorías, sino que claramente les anun-
ciaré acerca del Padre.

PROMESAS PODEROSAS

JUAN 16.33

Estas cosas les he hablado para que en mí tengan paz. En el mundo tendrán aflicción; pero confíen, yo he vencido al mundo.

Este versículo tiene buenas y malas noticias. La mala noticia es que aquí en la tierra siempre tendremos problemas. La buena noticia es que Jesús es más poderoso que cualquier problema que puedas tener. Cuando recibas una mala noticia, recuerda la buena nueva, que Jesús te ayudará por el gran poder del Espíritu Santo.

26 En aquel día ustedes pedirán en mi
nombre; y no les digo que yo rogaré al Padre
por ustedes,
27 pues el Padre mismo los ama, porque
ustedes me han amado y han creído que yo
salí de Dios.
28 Salí del Padre, y he venido al mundo;
otra vez dejo el mundo, y voy al Padre.»
29 Sus discípulos le dijeron: «Ahora hablas
claramente, y ya no dices ninguna alegoría.
30 Ahora entendemos que sabes todas las
cosas, y no necesitas que nadie te pregunte;
por esto creemos que has salido de Dios.»
31 Jesús les respondió: «¿Ahora creen?
32 La hora viene, y ya ha llegado, en que
ustedes serán esparcidos, cada uno por su
lado; y me dejarán solo. Pero no estoy solo,
porque el Padre está conmigo.
33 Estas cosas les he hablado para que en mí
tengan paz. En el mundo tendrán aflicción;
pero confíen, yo he vencido al mundo.»

Jn 17.14-18

Jesús ora por sus discípulos

17 Jesús habló de estas cosas, y le-
vantando los ojos al cielo, dijo:
«Padre, la hora ha llegado; glo-
rifica a tu Hijo, para que también tu Hijo te
glorifique a ti;

2 como le has dado potestad sobre toda la humanidad, para que dé vida eterna a todos los que le diste.

3 Y ésta es la vida eterna: que te conozcan a ti, el único Dios verdadero, y a Jesucristo, a quien has enviado.

4 Yo te he glorificado en la tierra; he acabado la obra que me diste que hiciera.

5 Ahora pues, Padre, glorifícame tú al lado tuyo, con aquella gloria que tuve contigo antes de que el mundo existiera.

6 »He manifestado tu nombre a aquellos que del mundo me diste; tuyos eran, y tú me los diste, y han obedecido tu palabra.

7 Ahora han comprendido que todas las cosas que me has dado, proceden de ti.

8 Yo les he dado las palabras que me diste, y ellos las recibieron; y han comprendido en verdad que salí de ti, y han creído que tú me enviaste.

9 Yo ruego por ellos. No ruego por el mundo, sino por los que me diste, porque son tuyos.

10 Y todo lo mío es tuyo, y lo tuyo es mío; y he sido glorificado en ellos.

11 Y ya no estoy en el mundo; pero ellos sí están en el mundo, y yo voy a ti. Padre santo, a los que me has dado, cuídalos en tu nombre, para que sean uno, como nosotros.

12 Cuando estaba con ellos en el mundo, yo los cuidaba en tu nombre; a los que me diste, yo los cuidé, y ninguno de ellos se perdió, sino el hijo de perdición, para que la Escritura se cumpliera.[a]

13 Pero ahora voy a ti; y hablo de esto en el mundo, para que mi gozo se cumpla en ellos mismos.

Jn 18.36-37

14 Yo les he dado tu palabra, y el mundo los aborreció porque no son del mundo, como tampoco yo soy del mundo.

15 No ruego que los quites del mundo, sino que los protejas del mal.

16 Ellos no son del mundo, como tampoco yo soy del mundo.

17 Santifícalos en tu verdad; tu palabra es verdad.

18 Tal como tú me enviaste al mundo, así yo los he enviado al mundo.

19 Y por ellos yo me santifico a mí mismo, para que también ellos sean santificados en la verdad.

20 »Pero no ruego solamente por éstos, sino también por los que han de creer en mí por la palabra de ellos,

21 para que todos sean uno; como tú, oh Padre, en mí, y yo en ti, que también ellos sean uno en nosotros; para que el mundo crea que tú me enviaste.

22 Yo les he dado la gloria que me diste, para que sean uno, así como nosotros somos uno.

23 Yo en ellos, y tú en mí, para que sean perfectos en unidad, para que el mundo crea que tú me enviaste, y que los has amado a ellos como también a mí me has amado.

24 »Padre, quiero que donde yo estoy también estén conmigo aquellos que me has dado, para que vean mi gloria, la cual me has dado; porque me has amado desde antes de la fundación del mundo.

25 Padre justo, el mundo no te ha conocido, pero yo te he conocido, y éstos han reconocido que tú me enviaste.

LECCIONES LA ORACIÓN DE JESÚS

(Juan 17.1)

Si estuvieras triste o asustado, y solo tuvieras unos minutos para orar, ¿qué le dirías a Dios? Antes de su arresto, Jesús oró por sus seguidores. En el momento más triste de su vida, Jesús pensó en los demás, y en personas que aún no habían nacido (fíjate en los versículos 20-26). Cristo sabía que sus seguidores se sentirían perdidos y asustados sin Él, así que oró por la protección de ellos. A veces lo mejor que puedes hacer cuando te sientes preocupado es orar por alguien más. ¿Por qué no sigues el ejemplo de Jesús y oras por alguien más en este momento?

[a] **17.12:** Sal 41.9.

26 Y les he dado a conocer tu nombre, y aún lo daré a conocer, para que el amor con que me has amado esté en ellos, y yo en ellos.»

Arresto de Jesús

(Mt 26.47-56; Mr 14.43-50; Lc 22.47-53)

18 Luego de haber dicho estas cosas, Jesús salió con sus discípulos hacia el otro lado del torrente de Cedrón, donde había un huerto, y entró en él con sus discípulos.

2 También Judas, el que lo entregaba, conocía aquel lugar, porque muchas veces Jesús se había reunido allí con sus discípulos.

3 Así que Judas tomó una compañía de soldados, y algunos alguaciles de los principales sacerdotes y de los fariseos, y fue allí con linternas, antorchas y armas.

4 Pero Jesús, que sabía todas las cosas que le habían de sobrevenir, se adelantó y les preguntó: «¿A quién buscan?»

5 Le respondieron: «A Jesús nazareno.» Jesús les dijo: «Yo soy.» Y con ellos estaba también Judas, el que lo entregaba.

6 Cuando les dijo: «Yo soy», ellos retrocedieron y cayeron por tierra.

7 Él volvió a preguntarles: «¿A quién buscan?» Y ellos dijeron: «A Jesús nazareno.»

8 Respondió Jesús: «Ya les he dicho que yo soy. Si es a mí a quien buscan, dejen que éstos se vayan.»

9 Esto, para que se cumpliera lo que había dicho: «De los que me diste, no perdí a ninguno.»

10 Simón Pedro, que tenía una espada, la desenvainó e hirió con ella al siervo del sumo sacerdote, que se llamaba Malco, y le cortó la oreja derecha.

11 Pero Jesús le dijo a Pedro: «Regresa la espada a su vaina. ¿Acaso no he de beber la copa[a] que el Padre me ha dado?»

Jesús ante el sumo sacerdote

(Mt 26.57-58; Mr 14.53-54; Lc 22.54)

12 Entonces la compañía de soldados, el tribuno y los alguaciles de los judíos aprehendieron a Jesús. Lo ataron

13 y lo llevaron primeramente a Anás, que era suegro de Caifás, porque ese año era sumo sacerdote.

14 Caifás era el que había aconsejado a los judíos que era conveniente que un solo hombre muriera por el pueblo.[b]

Pedro en el patio de Anás

(Mt 26.69-70; Mr 14.66-68; Lc 22.55-57)

15 Simón Pedro y otro discípulo seguían a Jesús. Como el otro discípulo era conocido del sumo sacerdote, entró con Jesús al patio del sumo sacerdote;

16 mientras que Pedro se quedó afuera, a la entrada. Pero salió el discípulo que era conocido del sumo sacerdote, le habló a la portera, e hizo que Pedro entrara.

17 Entonces la portera le dijo a Pedro: «¿Acaso no eres tú también uno de los discípulos de este hombre?» Y él dijo: «No lo soy.»

18 Los siervos y los alguaciles, que habían encendido un fuego porque hacía frío y se calentaban, estaban de pie; y también de pie, calentándose con ellos, estaba Pedro.

Anás interroga a Jesús

(Mt 26.59-66; Mr 14.55-64; Lc 22.66-71)

19 El sumo sacerdote preguntó a Jesús acerca de sus discípulos y de su enseñanza.

20 Jesús le respondió: «Yo he hablado al mundo abiertamente. Siempre he enseñado en la sinagoga y en el templo, donde se reúnen todos los judíos. Nunca he dicho nada en secreto.

21 ¿Por qué me preguntas a mí? Pregúntales a los que han oído, de qué les he hablado. Ellos saben lo que he dicho.»

22 Al decir esto Jesús, uno de los alguaciles, que estaba allí, le dio una bofetada y le dijo: «¿Y así le respondes al sumo sacerdote?»

23 Jesús le dijo: «Si he hablado mal, señálame el mal; pero si he hablado bien, ¿por qué me golpeas?»

[a]**18.11:** Mt 26.39; Mr 14.36; Lc 22.42. [b]**18.14:** Jn 11.49-50.

24 Entonces Anás lo envió atado a Caifás, el sumo sacerdote.

Pedro niega a Jesús

(Mt 26.71-75; Mr 14.69-72; Lc 22.58-62)

25 Pedro estaba allí de pie, calentándose, y le dijeron: «¿Acaso no eres tú uno de sus discípulos?» Él lo negó, y dijo: «No lo soy.»

26 Uno de los siervos del sumo sacerdote, que era pariente de aquel a quien Pedro le había cortado la oreja, le dijo: «¿Qué, no te vi yo en el huerto con él?»

27 Pedro lo negó otra vez; y enseguida cantó el gallo.

Jesús ante Pilato

(Mt 27.1-2,11-31; Mr 15.1-20; Lc 23.1-5,13-25)

28 Llevaron a Jesús de la casa de Caifás al pretorio. Era de mañana, y ellos no entraron en el pretorio, para no contaminarse y así poder comer la pascua.

29 Entonces Pilato salió a preguntarles: «¿De qué acusan a este hombre?»

30 Ellos le dijeron: «Si éste no fuera un malhechor, no te lo habríamos entregado.»

31 Pero Pilato les dijo: «Llévenselo ustedes, y júzguenlo de acuerdo con su ley.» Y los judíos le dijeron: «A nosotros no se nos permite dar muerte a nadie.»

32 Esto, para que se cumpliera la palabra que Jesús había dicho, y en la que daba a entender de qué muerte iba a morir.[c]

33 Pilato volvió a entrar en el pretorio; llamó entonces a Jesús, y le preguntó: «¿Eres tú el Rey de los judíos?»

34 Jesús le respondió: «¿Dices tú esto por ti mismo, o te lo han dicho otros de mí?»

35 Pilato le respondió: «¿Soy yo acaso judío? Tu nación, y los principales sacerdotes, te han puesto en mis manos. ¿Qué has hecho?»

36 Respondió Jesús: «Mi reino no es de este mundo. Si mi reino fuera de este mundo, mis servidores lucharían para que yo no fuera entregado a los judíos. Pero mi reino no es de aquí.»

PALABRAS CON PODER

EL REINO DE JESÚS

(Juan 18.36)

El reino de Jesús es diferente de todos los reinos del mundo. Su reino no comenzó aquí en la tierra, sino con Dios. El reino de Jesús, que es el reino de Dios, consiste en su poder, su autoridad, y sus planes para la vida de sus seguidores. En el futuro, Jesús reinará sobre el cielo nuevo y la tierra nueva, después de que vuelva a la tierra. ¡Los NIÑOS PODEROSOS son ciudadanos del reino de Jesús!

37 Le dijo entonces Pilato: «¿Así que tú eres rey?» Respondió Jesús: «Tú dices que yo soy rey. Yo para esto he nacido, y para esto he venido al mundo: para dar testimonio de la verdad. Todo aquel que es de la verdad, oye mi voz.» 12.1-2

38 Le dijo Pilato: «¿Y qué es la verdad?»

Y dicho esto, salió otra vez a decirles a los judíos: «Yo no hallo en él ningún delito.

39 Pero ustedes tienen la costumbre de que les suelte un preso en la pascua. ¿Quieren que les suelte al Rey de los judíos?»

40 Todos ellos gritaron de nuevo, y dijeron: «¡No sueltes a éste! ¡Suelta a Barrabás!» Y Barrabás era un ladrón.

19

Entonces Pilato tomó a Jesús y lo azotó.

2 Y los soldados tejieron una corona de espinas, se la pusieron sobre la cabeza, y lo vistieron con un manto de púrpura;

3 y le decían: «¡Salve, Rey de los judíos!», y le daban de bofetadas.

4 Pilato salió otra vez, y les dijo: «Miren, lo he traído aquí afuera, ante ustedes, para que entiendan que no hallo en él ningún delito.»

5 Jesús salió, portando la corona de espinas y el manto de púrpura. Y Pilato les dijo: «¡Aquí está el hombre!»

6 Cuando los principales sacerdotes y los alguaciles lo vieron, a gritos dijeron: «¡Cru-

[c] **18.32:** Jn 3.14; 12.32.

cifícalo! ¡Crucifícalo!» Pero Pilato les dijo:
«Pues llévenselo, y crucifíquenlo ustedes;
porque yo no hallo en él ningún delito.»
7 Los judíos le respondieron: «Nosotros
tenemos una ley y, según nuestra ley, éste
debe morir porque a sí mismo se hizo Hijo
de Dios.»
8 Cuando Pilato oyó decir esto, tuvo más
miedo.
9 Y entró otra vez en el pretorio, y le dijo
a Jesús: «¿De dónde eres tú?» Pero Jesús no
le respondió.
10 Entonces le dijo Pilato: «¿A mí no me
respondes? ¿Acaso no sabes que tengo au-
toridad para dejarte en libertad, y que tam-
bién tengo autoridad para crucificarte?»
11 Jesús le respondió: «No tendrías sobre
mí ninguna autoridad, si no te fuera dada de
arriba. Por eso, mayor pecado ha cometido
el que me ha entregado a ti.»
12 A partir de entonces Pilato procuraba
ponerlo en libertad; pero los judíos gritaban
y decían: «Si dejas libre a éste, no eres amigo
del César. Todo el que a sí mismo se hace
rey, se opone al César.»
13 Al oír esto, Pilato llevó a Jesús afuera y
se sentó en el tribunal, en el lugar conoci-
do como «el Enlosado», que en hebreo es
«Gabata».
14 Eran casi las doce del día de la prepa-
ración de la pascua. Allí les dijo a los judíos:
«¡Aquí está el Rey de ustedes!»
15 Pero ellos gritaron: «¡Fuera, fuera! ¡Cruci-
fícalo!» Pilato les dijo: «¿Y he de crucificar al
Rey de ustedes?» Pero los principales sacer-
dotes respondieron: «No tenemos más rey
que el César.»
16 Entonces Pilato se lo entregó a ellos,
para que lo crucificaran. Y ellos tomaron a
Jesús y se lo llevaron.

Crucifixión y muerte de Jesús

(Mt 27.32-50; Mr 15.21-37; Lc 23.26-49)

17 Con su cruz a cuestas, Jesús salió al lla-
mado «Lugar de la Calavera», que en he-
breo es «Gólgota»,
18 y allí lo crucificaron. Con él estaban
otros dos, uno a cada lado suyo, y Jesús en
medio de ellos.
19 Además, Pilato escribió también un tí-
tulo, que puso sobre la cruz, el cual decía:
JESÚS NAZARENO, REY DE LOS JUDÍOS.
20 Y muchos de los judíos leyeron este tí-
tulo, porque el lugar donde Jesús fue cruci-
ficado estaba cerca de la ciudad. Este título
estaba escrito en hebreo, griego y latín.
21 Los principales sacerdotes de los judíos
le dijeron a Pilato: «No escribas "Rey de los
judíos"; sino que él dijo: "Soy Rey de los ju-
díos".»
22 Pero Pilato les respondió: «Lo que he
escrito, escrito queda.»
23 Cuando los soldados crucificaron a
Jesús, tomaron sus vestidos y los partieron
en cuatro, una parte para cada soldado. To-
maron también su túnica, la cual no tenía
ninguna costura, y de arriba abajo era de un
solo tejido.
24 Y dijeron entre sí: «No la partamos. Más
bien, echemos suertes, a ver quién se queda
con ella.» Esto fue así para que se cumpliera
la Escritura, que dice:

«Repartieron entre sí mis vestidos,
Y sobre mi ropa echaron suertes.»[a]

Y así lo hicieron los soldados.
25 Junto a la cruz de Jesús estaban su ma-
dre, y la hermana de su madre, María mujer
de Cleofas, y María Magdalena.
26 Cuando Jesús vio a su madre, y vio tam-
bién presente al discípulo a quien él amaba,
le dijo a su madre: «Mujer, ahí tienes a tu
hijo.»
27 Y al discípulo le dijo: «Ahí tienes a tu
madre.» Y a partir de ese momento el discí-
pulo la recibió en su casa.
28 Después de esto, y como Jesús sabía
que ya todo estaba consumado, dijo «Ten-
go sed», para que la Escritura se cumpliera.[b]
29 Había allí una vasija llena de vinagre;
entonces ellos empaparon una esponja en
el vinagre, la pusieron en un hisopo, y se la
acercaron a la boca.

[a] **19.24:** Sal 22.18. [b] **19.28:** Sal 69.21.

PALABRAS CON PODER **CONSUMADO ES** *(Juan 19.30)*

Al morir en la cruz, Jesús parecía un hombre derrotado. Pero el grito de: "Consumado es", fue un grito de victoria. Su muerte en la cruz derrotó para siempre el poder del pecado y trajo el perdón y la vida eterna a todos los que creen en Él. ¿Por qué no escribes una nota de agradecimiento a Jesús por su gran victoria?

30 Cuando Jesús probó el vinagre, dijo:
«Consumado es»; luego inclinó la cabeza y
entregó el espíritu.

El costado de Jesús traspasado

31 Como era la preparación de la pascua, y
a fin de que los cuerpos no se quedaran en la
cruz durante el día de reposo (ya que aquel
día de reposo era de gran solemnidad), los ju-
díos le rogaron a Pilato que se les quebraran
las piernas y fueran quitados de allí.
32 Entonces los soldados fueron y le que-
braron las piernas al primero, lo mismo que
al otro que había sido crucificado con él.
33 Cuando llegaron a Jesús, como lo vieron
ya muerto, no le quebraron las piernas.
34 Pero uno de los soldados le abrió el cos-
tado con una lanza, y al instante le brotó
sangre y agua.
35 El que vio esto da testimonio, y su tes-
timonio es verdadero; y él sabe que dice la
verdad, para que ustedes también crean.
36 Porque estas cosas sucedieron para que
se cumpliera la Escritura: «No será quebra-
do ningún hueso suyo.»[c]
37 Además, hay también otra Escritura
que dice: «Mirarán al que traspasaron.»[d]

Jesús es sepultado

(Mt 27.57-61; Mr 15.42-47; Lc 23.50-56)

38 José de Arimatea era discípulo de Jesús,
aunque por miedo a los judíos lo mante-
nía en secreto. Después de todo esto, José
le rogó a Pilato que le permitiera llevarse el
cuerpo de Jesús, y Pilato se lo permitió. En-
tonces José fue y se llevó el cuerpo de Jesús.
39 También Nicodemo, el que antes ha-
bía visitado a Jesús de noche,[e] llegó con un
compuesto de mirra y de áloes, como de
treinta kilos.
40 Tomaron el cuerpo de Jesús y lo envolvie-
ron en lienzos con especias aromáticas, como
acostumbran los judíos sepultar a sus muertos.
41 En el lugar donde Jesús fue crucificado,
había un huerto, y en el huerto había un
sepulcro nuevo, en el que aún no habían
puesto a nadie.
42 Y por causa de la preparación de la pas-
cua de los judíos, y porque aquel sepulcro
estaba cerca, pusieron allí a Jesús.

La resurrección

(Mt 28.1-10; Mr 16.1-8; Lc 24.1-12)

20 El primer día de la semana,
muy temprano, cuando toda-
vía estaba oscuro, María Mag-
dalena fue al sepulcro y vio que la piedra del
sepulcro había sido quitada.
2 Entonces fue corriendo a ver a Simón
Pedro y al otro discípulo, aquel al que Jesús
amaba, y les dijo: «¡Se han llevado del sepul-
cro al Señor, y no sabemos dónde lo han
puesto!»
3 Pedro y el otro discípulo salieron y fue-
ron al sepulcro.
4 Corrían los dos juntos, aunque el otro
discípulo corrió más aprisa que Pedro, y lle-
gó primero al sepulcro.
5 Cuando se acercó para mirar, vio los lien-
zos puestos allí, pero no entró.
6 Tras él llegó Simón Pedro, y entró en el
sepulcro, y vio los lienzos puestos allí;
7 pero el sudario, que había estado sobre
la cabeza de Jesús, no estaba puesto con los
lienzos, sino enrollado en un lugar aparte.
8 Entonces entró también el otro discípu-
lo, el que había llegado primero al sepulcro;
y al ver todo eso, creyó.

[c] **19.36:** Éx 12.46; Nm 9.12; Sal 34.20. [d] **19.37:** Zac 12.10; Ap 1.7. [e] **19.39:** Jn 3.1-2.

9 Y es que aún no habían entendido la Escritura, que dice que era necesario que él resucitara de los muertos.

10 Y los discípulos volvieron a sus casas.

Jesús se aparece a María Magdalena

(Mr 16.9-11)

11 Pero María estaba afuera, llorando junto al sepulcro. Mientras lloraba, se inclinó para mirar dentro del sepulcro,

12 y vio a dos ángeles con vestiduras blancas, que estaban sentados donde el cuerpo de Jesús había sido puesto; uno estaba a la cabecera, y el otro a los pies.

13 Y le dijeron: «Mujer, ¿por qué lloras?» Les dijo: «Porque se han llevado a mi Señor, y no sé dónde lo han puesto.»

14 Tan pronto dijo esto, María se dio vuelta y vio a Jesús, que estaba allí; pero no se dio cuenta de que era Jesús.

15 Jesús le dijo: «Mujer, ¿por qué lloras? ¿A quién buscas?» Ella, pensando que era el hortelano, le dijo: «Señor, si tú te lo has llevado, dime dónde lo has puesto, y yo me lo llevaré.»

16 Jesús le dijo: «¡María!» Entonces ella se volvió y le dijo en hebreo: «¡Raboni!» (que quiere decir, «Maestro»).

17 Jesús le dijo: «No me toques, porque aún no he subido a donde está mi Padre; pero ve a donde están mis hermanos, y diles de mi parte que subo a mi Padre y Padre de ustedes, a mi Dios y Dios de ustedes.»

18 Entonces María Magdalena fue a dar las nuevas a los discípulos, de que había visto al Señor, y de que él le había dicho estas cosas.

Jesús se aparece a los discípulos

(Mt 28.16-20; Mr 16.14-18; Lc 24.36-49)

19 La noche de ese mismo día, el primero de la semana, los discípulos estaban reunidos a puerta cerrada en un lugar, por miedo a los judíos. En eso llegó Jesús, se puso en medio y les dijo: «La paz sea con ustedes.»

20 Y mientras les decía esto, les mostró sus manos y su costado. Y los discípulos se regocijaron al ver al Señor.

LECCIONES — **MARÍA VE A JESÚS**

(Juan 20.16)

María fue la primera persona en ver a Jesús después de su resurrección. Ese fue un honor increíble. Pero Jesús siempre mostró amor por los que eran despreciados. Estas personas despreciadas incluían a niños, a mujeres, y a enfermos. Si te parece que alguien no te trata bien, recuerda que eres importante para Jesús.

21 Entonces Jesús les dijo una vez más: «La paz sea con ustedes. Así como el Padre me envió, también yo los envío a ustedes.»

22 Y habiendo dicho esto, sopló y les dijo: «Reciban el Espíritu Santo.

23 A quienes ustedes perdonen los pecados, les serán perdonados; y a quienes no se los perdonen, no les serán perdonados.»[a]

Incredulidad de Tomás

24 Pero Tomás, uno de los doce, conocido como el Dídimo, no estaba con ellos cuando Jesús vino.

25 Entonces los otros discípulos le dijeron: «Hemos visto al Señor.» Y él les dijo: «Si yo no veo en sus manos la señal de los clavos, ni meto mi dedo en el lugar de los clavos, y mi mano en su costado, no creeré.»

26 Ocho días después, sus discípulos estaban otra vez a puerta cerrada, y Tomás estaba con ellos. Estando las puertas cerradas, Jesús llegó, se puso en medio de ellos y les dijo: «La paz sea con ustedes.»

27 Luego le dijo a Tomás: «Pon aquí tu dedo, y mira mis manos, y acerca tu mano, y métela en mi costado; y no seas incrédulo, sino creyente.»

28 Entonces Tomás respondió y le dijo: «¡Señor mío, y Dios mío!»

29 Jesús le dijo: «Tomás, has creído porque me has visto. Bienaventurados los que no vieron y creyeron.»

[a] **20.23:** Mt 16.19; 18.18.

El propósito del libro

30 Jesús hizo muchas otras señales en presencia de sus discípulos, las cuales no están escritas en este libro.

31 Pero éstas se han escrito para que ustedes crean que Jesús es el Cristo, el Hijo de Dios, y para que al creer, tengan vida en su nombre.

Hch 4.12

Jesús se aparece a siete de sus discípulos

21 Después de esto, Jesús se manifestó otra vez a sus discípulos, junto al lago de Tiberias; y lo hizo de esta manera:

2 Estaban juntos Simón Pedro, Tomás, conocido como el Dídimo, Natanael, el de Caná de Galilea, los hijos de Zebedeo, y otros dos de sus discípulos.

3 Simón Pedro les dijo: «Voy a pescar.» Ellos le dijeron: «También nosotros vamos contigo.» Fueron, y entraron en una barca; pero aquella noche no pescaron nada.[a]

4 Cuando ya estaba amaneciendo, Jesús se presentó en la playa; pero los discípulos no se dieron cuenta de que era Jesús.

5 Y él les dijo: «Hijitos, ¿tienen algo de comer?» Le respondieron: «No».

6 Él les dijo: «Echen la red a la derecha de la barca, y hallarán.» Ellos echaron la red, y eran tantos los pescados que ya no la podían sacar.[b]

7 Entonces el discípulo a quien Jesús amaba le dijo a Pedro: «¡Es el Señor!» Y cuando Simón Pedro oyó que era el Señor, se puso la ropa (porque se había despojado de ella) y se echó al mar.

8 Los otros discípulos vinieron con la barca, arrastrando la red llena de pescados, pues estaban como a noventa metros de la orilla.

9 Al descender a tierra, vieron brasas puestas, un pescado encima de ellas, y pan.

10 Jesús les dijo: «Traigan algunos de los pescados que acaban de pescar.»

11 Simón Pedro salió del agua y sacó la red a tierra, llena de grandes pescados. Eran ciento cincuenta y tres, y a pesar de ser tantos la red no se rompió.

12 Jesús les dijo: «Vengan a comer.» Y ninguno de los discípulos se atrevía a preguntarle: «¿Tú, quién eres?», pues sabían que era el Señor.

13 Entonces, Jesús tomó el pan y les dio de él, lo mismo que del pescado.

14 Ésta era la tercera vez que Jesús se manifestaba a sus discípulos, después de haber resucitado de los muertos.

Apacienta mis ovejas

15 Cuando terminaron de comer, Jesús le dijo a Simón Pedro: «Simón, hijo de Jonás, ¿me amas más que éstos?» Le respondió: «Sí, Señor; tú sabes que te quiero.» Él le dijo: «Apacienta mis corderos.»

16 Volvió a decirle por segunda vez: «Simón, hijo de Jonás, ¿me amas?» Pedro le respondió: «Sí, Señor; tú sabes que te quiero.» Le dijo: «Pastorea mis ovejas.»

17 Y la tercera vez le dijo: «Simón, hijo de

[a]**21.3:** Lc 5.5. [b]**21.6:** Lc 5.6.

¿ME AMAS? *(Juan 21.15)*
Antes de la muerte de Jesús, Pedro mintió tres veces diciendo que no lo conocía (Juan 18:17, 25-27). Después de su resurrección, Jesús le hizo a Pedro la misma pregunta tres veces: "¿Me amas?" ¿Por qué Jesús hizo la pregunta tres veces? Tal vez quería darle a Pedro tres oportunidades para que confiese la verdad después de haber dicho que no lo conocía. Todos los seguidores de Cristo tienen que responder a la misma pregunta: ¿Amas a Jesús más que cualquiera? ¿Cuál es tu respuesta?

Jonás, ¿me quieres?» Pedro se entristeció de
que la tercera vez le dijera «¿Me quieres?», y
le respondió: «Señor, tú lo sabes todo; tú sa-
bes que te quiero.» Jesús le dijo: «Apacienta
mis ovejas.

18 De cierto, de cierto te digo: Cuando eras
más joven, te vestías e ibas a donde querías;
pero cuando ya seas viejo, extenderás tus
manos y te vestirá otro, y te llevará a donde
no quieras.»

19 Jesús dijo esto, para dar a entender con
qué muerte glorificaría a Dios. Y dicho esto,
añadió: «Sígueme».

El discípulo amado

20 Al volverse Pedro, vio que los seguía el
discípulo a quien Jesús amaba, el mismo que
en la cena se había recostado al lado de él, y
que le había dicho: «Señor, ¿quién es el que
te entregará?»[c]

21 Cuando Pedro lo vio, le dijo a Jesús:
«Señor, ¿y éste, qué?»

22 Jesús le dijo: «Si yo quiero que él se quede
hasta que yo venga, ¿a ti qué? Tú sígueme.»

23 De allí surgió la idea entre los herma-
nos de que aquel discípulo no moriría. Pero
Jesús no le dijo que no moriría. Sólo le dijo:
«Si yo quiero que él se quede hasta que yo
venga, ¿a ti qué?»

24 Éste es el discípulo que da testimonio
de estas cosas, y que las ha escrito. Y sabe-
mos que su testimonio es verdadero.

25 Jesús también hizo muchas otras co-
sas, las cuales, si se escribieran una por una,
pienso que ni aun en el mundo cabrían los
libros que se habrían de escribir. Amén.

---

[c] **21.20:** Jn 13.25.

HECHOS

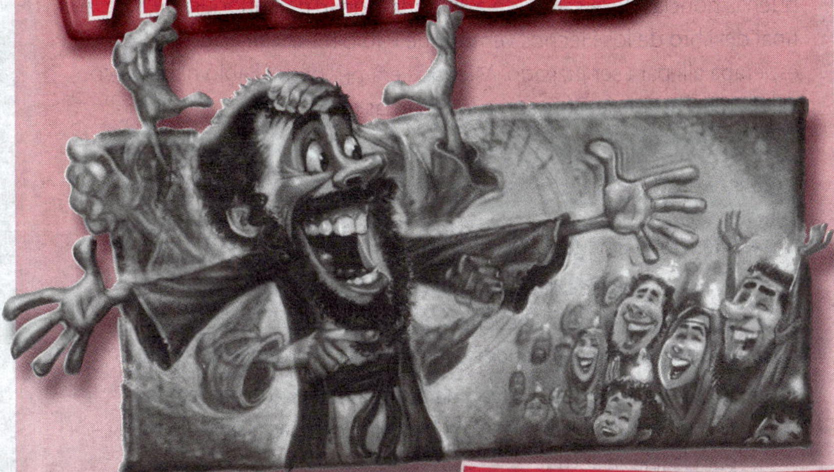

Autor: **Lucas**
Tema: **La difusión triunfante del evangelio mediante el poder del Espíritu Santo**
Fecha en que se escribió: **c. 63 d.C**

NACE LA IGLESIA

Los acontecimientos del libro de Hechos siguen a los del Evangelio según Lucas acerca de la vida de Jesús. En este libro, Lucas habla acerca del origen de la fe cristiana y de la iglesia. Algo importante de los cual escribe es la obra del Espíritu Santo. Jesús sabía que no podía quedarse con sus seguidores. Así que prometió que enviaría al Espíritu Santo para que los llene de poder. Esto les ayudaría a difundir las buenas noticias de la salvación por todo el mundo. Estas buenas noticias se expandieron primeramente de los creyentes judíos a los paganos (no judíos), y de la ciudad de Jerusalén a la mayor parte del Imperio Romano.

LO QUE ENCONTRARÁS EN EL LIBRO

Hechos de los Apóstoles describe cómo los seguidores de Cristo viajaron lejos para anunciar a los demás cómo podían creer en Jesús como su Salvador. Lo hicieron por el poder del Espíritu Santo.

En los capítulos 1 al 12, la mayoría de los seguidores de Jesús estaban en Jerusalén. Pedro era el dirigente principal de la iglesia, y se esforzaba en decir a los demás lo que Jesús le había enseñado. También enseñaba a los creyentes en Cristo a adorar juntos como iglesia. En los capítulos 13 al 28, leemos que Pablo se convirtió en un importante mensajero de Cristo. Él llevó las buenas noticias de la salvación a la lejana ciudad de Antioquía de Siria. Al final del libro de los Hechos vemos que Pablo fue encarcelado en Roma. Él esperaba allí para ser juzgado. Mientras era prisionero, Pablo hablaba con valentía del amor de Dios aun a los guardas de la cárcel.

¿SABÍAS QUE HECHOS...?

- Menciona cincuenta veces al Espíritu Santo.
- Es un libro acerca del bautismo con el Espíritu Santo. Esta experiencia dio a los creyentes poder, audacia y sabiduría para difundir las buenas noticias de la salvación alrededor del mundo.
- Es un manual para la iglesia de hoy. Las cosas que pasaron a la iglesia en Hechos no son solo historia del pasado sino que son para la iglesia actual.
- Es un libro acerca de personas y lugares. Menciona treinta y dos países, cincuenta y cuatro ciudades, nueve islas del Mediterráneo, y noventa y cinco diferentes personas.
- Es un libro acerca de los asombrosos milagros.
- Menciona que las mujeres participaron de forma especial en anunciar acerca de Cristo.

La promesa del Espíritu Santo

Estimado Teófilo, en mi primer tratado[a] hablé acerca de todo lo que Jesús comenzó a hacer y a enseñar,

2 hasta el día en que fue recibido en el cielo, después de que por medio del Espíritu Santo, les dio mandamientos a los apóstoles que había escogido.

3 Después de su muerte, se les presentó vivo y, con muchas pruebas que no admiten duda, se les apareció durante cuarenta días y les habló acerca del reino de Dios.

4 Mientras estaban juntos, les mandó que no se fueran de Jerusalén, sino que les dijo: «Esperen la promesa del Padre,[b] la cual ustedes oyeron de mí.

5 Como saben, Juan bautizó con agua, pero dentro de algunos días ustedes serán bautizados con el Espíritu Santo.»[c]

Hch 2.4-13

La ascensión

6 Entonces los que estaban reunidos con él le preguntaron: «Señor, ¿vas a devolverle a Israel el reino en este tiempo?»

7 Y él les respondió: «No les toca a ustedes saber el tiempo ni el momento, que son del dominio del Padre.

8 Pero cuando venga sobre ustedes el Espíritu Santo recibirán poder, y serán mis testigos en Jerusalén, en Judea, en Samaria, y hasta lo último de la tierra.»[d]

Hch 2.32

9 Después de haber dicho esto, ellos lo vieron elevarse y ser recibido por una nube, que lo ocultó de sus ojos.[e]

10 Mientras miraban al cielo y veían cómo él se alejaba, dos varones vestidos de blanco se pusieron junto a ellos

11 y les dijeron: «Varones galileos, ¿por qué están mirando al cielo? Este mismo Jesús, que ustedes han visto irse al cielo, vendrá de la misma manera que lo vieron desaparecer.»

1 Co 4.5

Elección del sucesor de Judas

12 Entonces los apóstoles volvieron a Jerusalén desde el monte del Olivar, que dista de Jerusalén poco más de un kilómetro.[1]

13 Cuando llegaron a Jerusalén, subieron al aposento alto, donde se hallaban Pedro, Jacobo, Juan, Andrés, Felipe, Tomás, Bartolomé, Mateo, Jacobo hijo de Alfeo, Simón el Zelote y Judas, el hermano de Jacobo.[f]

14 Todos ellos oraban y rogaban a Dios continuamente, en unión de las mujeres, de María la madre de Jesús, y de sus hermanos.

15 Uno de esos días Pedro se puso de pie, en medio de los hermanos (que estaban reunidos y eran como ciento veinte), y dijo:

16 «Hermanos míos, tenía que cumplirse la Escritura, donde por boca de David se dice que el Espíritu Santo habló acerca de Judas, el que guió a los que prendieron a Jesús.

17 Nosotros lo considerábamos como uno de los nuestros, porque era parte de este ministerio.

18 Con lo que le pagaron por su iniquidad, Judas compró un campo; pero se cayó de cabeza y su cuerpo se reventó por la mitad, y todas sus entrañas se derramaron.

[a] **1.1:** Lc 1.1-4. [b] **1.4:** Lc 24.49. [c] **1.5:** Mt 3.11; Mr 1.8; Lc 3.16; Jn 1.33. [d] **1.8:** Mt 28.19; Mr 16.15; Lc 24.47-48. [e] **1.9:** Mr 16.19; Lc 24.50-51. [1] **1.12** Lit. Camino de un día de reposo. [f] **1.13:** Mt 10.2-4; Mr 3.16-19; Lc 6.14-16.

PODER PARA LA VIDA *(Hechos 1.8)*
Esta es la promesa más importante en el libro de los Hechos, de que el Espíritu Santo daría poder a los creyentes para que difundieran las buenas noticias de la salvación en Cristo. El Espíritu Santo llena a los creyentes con su presencia y les da las palabras exactas que deben decir. Los que son bautizados en el Espíritu Santo tienen un profundo deseo de agradar a Dios en todo lo que hacen. ¿Quieres tener el poder de Dios en tu vida? ¡Pídele que te bautice en el Espíritu Santo!

19 Como esto lo supieron todos los habi-
tantes de Jerusalén, aquel campo se llama
Acéldama, que en su lengua quiere decir
"Campo de sangre".[g]
20 En el libro de los Salmos está escrito:

»Que su habitación quede desierta;
que nadie viva allí,[h]
y que otro tome su oficio.[i]

21 »Se hace necesario que, de aquellos que
nos acompañaron todo el tiempo en que el
Señor Jesús estuvo entre nosotros,
22 desde que Juan bautizaba[j] hasta el
día en que el Señor subió al cielo,[k] uno de
ellos se nos una para ser testigo de su re-
surrección.»
23 Entonces señalaron a José, llamado Bar-
sabás, que tenía por sobrenombre «el Jus-
to», y a Matías.
24 Y en su oración dijeron: «Señor, tú co-
noces todos los corazones. Muéstranos a
cuál de los dos has escogido,
25 para que tome la parte de este ministe-
rio y apostolado, de la que Judas cayó por
su transgresión para irse a donde le corres-
pondía.»
26 Y lo echaron a la suerte, y ésta recayó en
Matías. Y a partir de entonces fue contado
entre los once apóstoles.

La llegada del Espíritu Santo

2 Cuando llegó el día de Pentecostés,[a]
todos ellos estaban juntos y en el
mismo lugar.
2 De repente, un estruendo como de un
fuerte viento vino del cielo, y sopló y llenó
toda la casa donde se encontraban.
3 Entonces aparecieron unas lenguas
como de fuego, que se repartieron y fueron
a posarse sobre cada uno de ellos.
4 Todos ellos fueron llenos del Espíritu San-
to, y comenzaron a hablar en otras lenguas,
según el Espíritu los llevaba a expresarse.
5 En aquel tiempo vivían en Jerusalén ju-
díos piadosos, que venían de todas las na-
ciones conocidas.

PALABRAS CON PODER

PENTECOSTÉS
(Hechos 2.1)

El Pentecostés era la segunda gran fiesta en el calendario hebreo. También se llamaba la Fiesta de las Semanas, y se llevaba a cabo siete sábados después de la Fiesta de las Primicias. Durante esta celebración, el pueblo ofrendaba a Dios los primeros cultivos. Esta fiesta marcaba el comienzo de un nuevo ciclo de siembra y cosecha. Del mismo modo, el día de Pentecostés fue un nuevo comienzo para la iglesia. El Espíritu Santo vino en Pentecostés. Vino a morar en todos los creyentes, no solo en algunos profetas, como en el Antiguo Testamento.

6 Al escucharse aquel estruendo, la multi-
tud se juntó, y se veían confundidos porque
los oían hablar en su propia lengua.
7 Estaban atónitos y maravillados, y de-
cían: «Fíjense: ¿acaso no son galileos todos
estos que están hablando?
8 ¿Cómo es que los oímos hablar en nues-
tra lengua materna?
9 Aquí hay partos, medos, elamitas, y los
que habitamos en Mesopotamia, Judea, Ca-
padocia, el Ponto y Asia.
10 Están los de Frigia y Panfilia, los de Egipto
y los de las regiones de África que están más
allá de Cirene. También están los romanos
que viven aquí, tanto judíos como prosélitos,
11 y cretenses y árabes, ¡y todos los escu-
chamos hablar en nuestra lengua acerca de
las maravillas de Dios!»
12 Todos ellos estaban atónitos y perplejos, y
se decían unos a otros: «¿Y esto qué significa?»
13 Pero otros se burlaban, y decían: «¡Están
borrachos!»

Hch 2.38-39

Primer discurso de Pedro

14 Entonces Pedro se puso de pie, junto
con los otros once, y con potente voz dijo:

[g] **1.18-19:** Mt 27.3-8. [h] **1.20:** Sal 69.25. [i] **1.20:** Sal 109.8. [j] **1.22:** Mt 3.16; Mr 1.9; Lc 3.21. [k] **1.22:** Mr 16.19; Lc 24.51. [a] **2.1:** Lv 23.15-21; Dt 16.9-11.

EL BAUTISMO CON EL ESPÍRITU SANTO

Antes de dejar la tierra, Jesús prometió a sus discípulos que serían bautizados en el Espíritu, cuando viniera el Espíritu Santo (Hechos 1:4-5). Esta promesa es también para los creyentes de hoy. Los niños también pueden ser bautizados en el Espíritu. Primero, veamos lo que significa "bautismo en el Espíritu Santo".

¿Qué significa el bautismo con el Espíritu Santo?

El bautismo con el Espíritu Santo ayuda a los creyentes a ser valientes y más poderosos para servir a Dios. El bautismo con el Espíritu Santo significa ser "lleno del Espíritu Santo". La palabra ***bautizar*** significa sumergir algo, generalmente en agua. El bautismo con el Espíritu significa que eres inmerso en el Espíritu Santo o que te desbordas del Espíritu. Piensa en un depósito lleno de agua dulce. Como el depósito, la persona llena del Espíritu ya no está vacía, sino que tiene al Espíritu Santo que mora en su interior. El bautismo con el Espíritu Santo es como echar más agua dulce en el depósito, hasta que desborde. La persona que es bautizada en el Espíritu Santo se desborda de la presencia de Dios a tal grado que los demás lo notan. Pedro y los demás discípulos tuvieron esta experiencia en Pentecostés (Hechos 2:1-4).

En el libro de los Hechos, la prueba de que un creyente había sido bautizado con el Espíritu era que hablaba un idioma distinto de su lengua materna. A esto llamamos "hablar en lenguas". Al hablar en lenguas la persona habla en un idioma que no ha aprendido. Esa persona puede hablar un idioma que se habla en algún lugar del mundo (por ejemplo, griego, francés o arameo), o en una lengua celestial.

Después de la llegada del Espíritu Santo, Pedro y los otros discípulos comenzaron a hablar en diferentes idiomas. Muchos de los allí presentes los acusaron de que estaban borrachos. Pero no era así. Ellos estaban llenos del Espíritu Santo (Hechos 2:13-21)

Cómo recibir este don

El don del Espíritu Santo es dado a los que han recibido a Jesús como su Salvador. A continuación hay algunas cosas que debes tener en cuenta al prepararte para recibir este don:

(1) ***Habla con tus padres o algún otro adulto de confianza acerca de tu decisión.*** No tengas miedo de hacer preguntas o de hablar sobre cualquier inquietud que tengas.

(2) ***Arregla tus cuentas con Dios.*** Confiesa cualquier pecado que hayas cometido y pide perdón al Señor.

(3) ***Pide con fe.*** Ora y confía que Dios cumplirá su promesa de bautizarte en el Espíritu Santo.

(4) ***Prepárate.*** Durante esta experiencia puede haber algunas manifestaciones físicas, como una sensación extraña en los labios, lágrimas, y temblor. No temas cuando esto suceda.

(5) ***Confía que recibirás lo que pides.*** Dios promete dar el don del Espíritu Santo a los que lo desean con todo su corazón (fíjate lo que dice en Lucas 11:9-13). ¡La promesa es para ti!

«Varones judíos, y ustedes, habitantes to-
dos de Jerusalén, sepan esto, y entiendan
bien mis palabras.
15 Contra lo que ustedes suponen, estos
hombres no están borrachos, pues apenas
son las nueve de la mañana.
16 Más bien, esto es lo que dijo el profeta Joel:

17 »Dios ha dicho:
En los últimos días derramaré de mi
Espíritu
sobre toda la humanidad.
Los hijos y las hijas de ustedes profetizarán;
sus jóvenes tendrán visiones
y sus ancianos tendrán sueños.
18 En esos días derramaré de mi Espíritu
sobre mis siervos y mis siervas,
y también profetizarán.
19 Haré prodigios en el cielo,
y en la tierra se verán señales de sangre,
de fuego y de vapor de humo.
20 El sol se oscurecerá,
la luna se pondrá roja como sangre,
antes de que llegue el día del Señor
y se muestre en toda su grandeza.
21 Y todo el que invoque el nombre del
Señor será salvo.[b]

22 »Varones israelitas, escuchen mis pala-
bras: Jesús nazareno, que fue el varón que
Dios aprobó entre ustedes por las maravi-
llas, prodigios y señales que hizo por medio
de él, como ustedes mismos lo saben,
23 fue entregado conforme al plan determi-
nado y el conocimiento anticipado de Dios,
y ustedes lo aprehendieron y lo mataron por
medio de hombres inicuos, crucificándolo.[c]
24 Pero Dios lo levantó,[d] liberándolo de los
lazos de la muerte, porque era imposible
que la muerte lo venciera.
25 De él dice David:

Siempre veía al Señor ante mí.
Él está a mi derecha, y nada me per-
turbará.
26 Por eso mi corazón se alegró,
y mi lengua cantó llena de gozo.
Mi cuerpo descansará en la esperanza,
27 porque no dejarás mi alma en el
Hades,
ni permitirás que tu Santo se corrompa.
28 Me hiciste conocer los caminos de
la vida,
y me llenarás de gozo con tu
presencia.[e]

29 »Varones hermanos, podemos afirmar,
sin temor a equivocarnos, que nuestro pa-
triarca David murió y fue sepultado, y que
hoy sabemos dónde está su sepulcro entre
nosotros.
30 David era profeta, y sabía que Dios le
había jurado que de su linaje humano sal-
dría el Cristo, que se sentaría en su trono.[f]
31 Esto lo vio antes de que sucediera, y ha-
bló de la resurrección de Cristo y de que su
alma no se quedaría en el Hades, ni su cuer-
po se corrompería.
32 Pues a este Jesús Dios lo resucitó, y de
eso todos nosotros somos testigos.
33 Y como él fue exaltado por la diestra de
Dios, recibió del Padre la promesa del Espí-

Hch 4.20

PALABRAS CON PODER

LOS ÚLTIMOS DÍAS
(Hechos 2.17)

En el Antiguo Testamento, los "últimos días" se consideraba el momento en que Dios iba a juzgar el mal y salvar a su pueblo (Joel 1–3; Amós 8:9-11; 9:9-12). El Nuevo Testamento revela que los "últimos días" comenzaron con la primera venida de Cristo (su nacimiento) y la llegada del Espíritu Santo. Los "últimos días" terminarán con la segunda venida de Cristo. Mientras esperamos su regreso, tenemos acceso al poder del Espíritu Santo para hacer la obra del reino de Dios.

[b]**2.17-21:** Jl 2.28-32. [c]**2.23:** Mt 27.35; Mr 15.24; Lc 23.33; Jn 19.18. [d]**2.24:** Mt 28.5-6; Mr 16.6; Lc 24.5. [e]**2.25-28:** Sal 16.8-11. [f]**2.30:** Sal 89.3-4; 132.11.

ritu Santo, y ha derramado esto que ahora están viendo y oyendo.

34 David mismo no subió a los cielos, pero sí dice:

»Dijo el Señor a mi señor:
Siéntate a mi derecha,
35 hasta que yo ponga a tus enemigos
por estrado de tus pies.[g]

36 »Sépalo bien todo el pueblo de Israel, que a este Jesús, a quien ustedes crucificaron, Dios lo ha hecho Señor y Cristo.»

37 Al oír esto, todos sintieron un profundo remordimiento en su corazón, y les dijeron a Pedro y a los otros apóstoles: «Hermanos, ¿qué debemos hacer?»

38 Y Pedro les dijo: «Arrepiéntanse, y bautícense todos ustedes en el nombre de Jesucristo, para que sus pecados les sean perdonados. Entonces recibirán el don del Espíritu Santo.

39 Porque la promesa es para ustedes y para sus hijos, para todos los que están lejos, y para todos aquellos a quienes el Señor nuestro Dios llame.» Hch 4.8

40 Y con muchas otras palabras les hablaba y los animaba. Les decía: «Pónganse a salvo de esta generación perversa.»

41 Fue así como los que recibieron su palabra fueron bautizados, y ese día se añadieron como tres mil personas,

42 las cuales se mantenían fieles a las enseñanzas de los apóstoles y en el mutuo compañerismo, en el partimiento del pan y en las oraciones.

La vida de los primeros cristianos

43 Al ver las muchas maravillas y señales que los apóstoles hacían, todos se llenaban de temor,

44 y todos los que habían creído se mantenían unidos y lo compartían todo;[h]

45 vendían sus propiedades y posesiones, y todo lo compartían entre todos, según las necesidades de cada uno.[i]

46 Todos los días se reunían en el templo, y partían el pan en las casas, y comían juntos con alegría y sencillez de corazón,

47 mientras alababan a Dios y brindaban ayuda a todo el pueblo. Y cada día el Señor añadía a la iglesia a los que habían de ser salvos. Ro 15.5-11

Curación de un cojo

3 Un día, Pedro y Juan subían juntos al templo. Eran las tres de la tarde, es decir, el momento de la oración,

2 y vieron allí a un hombre cojo de nacimiento. Todos los días era puesto a la entrada del templo, en la puerta llamada «la Hermosa», para pedirles limosna a los que entraban en el templo.

3 Cuando el cojo vio que Pedro y Juan estaban por entrar, les rogó que le dieran limosna.

4 Entonces Pedro, que estaba con Juan, fijó la mirada en el cojo y le dijo: «¡Míranos!»

5 El cojo se les quedó mirando, porque esperaba que ellos le dieran algo,

6 pero Pedro le dijo: «No tengo oro ni plata, pero de lo que tengo te doy. En el nombre de Jesucristo de Nazaret, ¡levántate y anda!»

[g]2.34-35: Sal 110.1. [h]2.44: Hch 4.32-35. [i]2.45: Mt 19.21; Mr 10.21; Lc 12.33; 18.22.

CÓMO SER SALVO *(Hechos 2.38)*

¿Alguna vez alguien te ha preguntado cómo ser salvo? Cuando las personas hicieron esta pregunta a Pedro, él les dijo que se arrepintieran. Arrepentirse significa reconocer que hemos hecho lo malo y declarar que queremos recibir el perdón de Dios. Pedro también dio otro consejo, de ser bautizados y recibir el Espíritu Santo. Cuando somos bautizados en agua declaramos a todos que creemos en Jesús.

7 Y tomándolo de la mano derecha, lo levantó, ¡y al momento se le afirmaron los pies y los tobillos!

8 El cojo se puso en pie de un salto, y se echó a andar; luego entró con ellos en el templo, mientras saltaba y alababa a Dios.

9 Todo el pueblo lo vio andar y alabar a Dios,

10 y lo reconocían como el cojo que se sentaba a pedir limosna a la entrada del templo, en la puerta «la Hermosa», y se quedaban admirados y asombrados por lo que le había sucedido al cojo.

Hch 5.15-16

Discurso de Pedro en el pórtico de Salomón

11 Mientras el cojo que había sido sanado no soltaba a Pedro ni a Juan, todo el pueblo fue al pórtico llamado «de Salomón», y sin salir de su asombro se acercó a ellos.

12 Cuando Pedro los vio, les dijo: «Varones israelitas, ¿qué es lo que les asombra? ¿Por qué nos ven como si por nuestro poder o piedad hubiéramos hecho que este hombre camine?

13 El Dios de Abrahán, de Isaac y de Jacob, que es el Dios de nuestros antepasados, ha glorificado a su Hijo Jesús, a quien ustedes entregaron y negaron delante de Pilato, cuando éste ya había resuelto ponerlo en libertad.

14 Pero ustedes negaron al Santo y Justo, y pidieron que se les entregara un homicida.[a]

15 Fue así como mataron al Autor de la vida, a quien Dios resucitó de los muertos. De eso nosotros somos testigos,

16 y por la fe en su nombre, a este hombre que ustedes ven y conocen, Dios lo ha restablecido; por la fe en Jesús, Dios lo ha sanado completamente en presencia de ustedes.

Hch 6.5

17 »Hermanos, yo sé que tanto ustedes como sus gobernantes lo negaron por ignorancia,

18 pero Dios cumplió de esta manera lo que ya había anunciado por medio de todos sus profetas, es decir, que su Cristo tenía que padecer.

19 Por lo tanto, arrepiéntanse y vuélvanse a Dios, para que sus pecados les sean perdonados

20 y Dios haga venir sobre ustedes tiempos de alivio y les envíe a Cristo Jesús, que ya les fue anunciado.

21 Es necesario que el cielo reciba a Jesús hasta el momento en que todas las cosas sean restauradas, lo cual Dios ya ha anunciado desde los tiempos antiguos por medio de sus santos profetas.

22 Porque Moisés dijo: "El Señor su Dios les levantará un profeta de entre sus hermanos, como me levantó a mí. Ustedes deben atender a todo lo que él les diga.[b]

23 Todo aquel que no escuche a ese profeta, será eliminado del pueblo."[c]

24 Porque todos los profetas, a partir de Samuel, han hablado de estos días y los han anunciado.

25 Ustedes son los descendientes de los profetas; son herederos del pacto que Dios hizo con nuestros antepasados, cuando le prometió a Abrahán: "En tu simiente serán bendecidas todas las naciones de la tierra."[d]

26 Cuando Dios resucitó a su Hijo, en primer lugar lo envió a ustedes para bendecirlos, y para que cada uno de ustedes se convierta de su maldad.»

Pedro y Juan ante el concilio

4 Mientras hablaban así con el pueblo, se les vinieron encima los sacerdotes, el jefe de la guardia del templo, y los saduceos.

2 Estaban resentidos porque enseñaban y anunciaban la resurrección de entre los muertos en Jesús,

3 así que los aprehendieron y los echaron en la cárcel hasta el día siguiente, porque ya era tarde.

4 Pero muchos de los que habían oído sus palabras, creyeron; y contados solamente los varones eran como cinco mil.

5 Al día siguiente se reunieron en Jerusalén los gobernantes, los ancianos, los escribas,

---

[a] **3.14:** Mt 27.15-23; Mr 15.6-14; Lc 23.13-23; Jn 19.12-15. [b] **3.22:** Dt 18.15-16. [c] **3.23:** Dt 18.19. [d] **3.25:** Gn 22.18.

6 el sumo sacerdote Anás, Caifás, Juan y
Alejandro, y todos los familiares de los su-
mos sacerdotes.
7 Pusieron en medio de ellos a Pedro y
Juan, y les preguntaron: «¿Con qué autori-
dad, o en nombre de quién hacen ustedes
esto?»
Hch 4.31 8 Entonces Pedro, lleno del Espíritu Santo,
les dijo: «Gobernantes y ancianos del pueblo:
9 Ya que hoy se nos interroga acerca del
beneficio otorgado a un hombre enfermo, y
de cómo fue sanado,
10 sepan todos ustedes, y todo el pueblo
de Israel, que este hombre está sano en pre-
sencia de ustedes gracias al nombre de Jesu-
cristo de Nazaret, a quien ustedes crucifica-
ron y a quien Dios resucitó de los muertos.
11 Este Jesús es la piedra que ustedes, los
edificadores, rechazaron, y que no obstante
ha llegado a ser la piedra angular.[a]
Hch 13.38-39 12 En ningún otro hay salvación, porque
no se ha dado a la humanidad ningún otro
nombre bajo el cielo mediante el cual poda-
mos alcanzar la salvación.»
13 Al ver el valor de Pedro y de Juan, y como
sabían que ellos eran gente del pueblo y sin
mucha preparación, se maravillaban y les re-
conocían que habían estado con Jesús.
14 Y al ver junto a ellos al hombre que ha-
bía sido sanado, no pudieron decir nada en
su contra,
15 pero les ordenaron que salieran del con-
cilio para poder dialogar entre sí.
16 Y se preguntaban: «¿Qué vamos a hacer
con estos hombres? Tenemos que admitir
que lo que han hecho es una señal inne-
gable. Esto es evidente para todos los que
viven en Jerusalén, y no lo podemos negar.
17 Sin embargo, para que esto no se divul-
gue más entre el pueblo, vamos a amena-
zarlos para que, desde hoy, no le hablen a
nadie acerca de este nombre.»
18 Entonces los llamaron y les advirtieron
que no debían volver a hablar ni enseñar
acerca del nombre de Jesús.
19 Pero Pedro y Juan les respondieron:
«Juzguen ustedes: ¿Es justo delante de Dios
obedecerlos a ustedes antes que a él?
20 Porque nosotros no podemos dejar de
hablar acerca de lo que hemos visto y oído.» Hch 4.33
21 Entonces ellos los dejaron en libertad,
no sin antes amenazarlos, pues no hallaron
ningún modo de castigarlos. Y es que te-
mían al pueblo, porque todos glorificaban a
Dios por lo sucedido.
22 Y el hombre que había sido sanado mi-
lagrosamente tenía más de cuarenta años.

Los creyentes piden confianza y valor

23 Una vez que fueron puestos en libertad,
ellos se fueron con los suyos y les contaron
todo lo que los principales sacerdotes y los
ancianos les habían dicho.
24 Al oírlos, todos juntos elevaron sus vo-
ces a Dios y dijeron: «Soberano Señor, tú
creaste el cielo y la tierra, y el mar y todo lo
que hay en ellos;[b]
25 tú, Padre nuestro, por medio del Espíri-
tu Santo dijiste en labios de tu siervo David:

»¿Por qué se amotinan las gentes,
y los pueblos piensan cosas vanas?

[a] **4.11:** Sal 118.22. [b] **4.24:** Éx 20.11; Sal 146.6.

UN SOLO CAMINO AL CIELO *(Hechos 4.12)*
Algunos piensan que hay más de un camino al cielo. Pero los discípulos predicaban que hay solo un camino, que es creer en Jesús. Su vida santa y perfecta fue el perfecto sacrificio para pagar la culpa del pecado de una vez y para siempre (lee 1 Pedro 3:18). Si alguien te pregunta cómo puede conocer a Dios e ir al cielo, solo hay un nombre que debes mencionar: ¡Jesús!

26 Los reyes de la tierra se reunieron,
y los príncipes se confabularon,
contra el Señor, y contra su Cristo.[c]

27 »Es un hecho que Herodes[d] y Poncio Pilato,[e] junto con los no judíos y el pueblo de Israel, se reunieron en esta ciudad en contra de tu santo Hijo y ungido, Jesús,

28 para hacer todo lo que, por tu poder y voluntad, ya habías determinado que sucediera.

29 Ahora, Señor, mira sus amenazas, y concede a estos siervos tuyos proclamar tu palabra sin ningún temor.

30 Extiende también tu mano, y permite que se hagan sanidades y señales y prodigios en el nombre de tu santo Hijo Jesús.»

31 Cuando terminaron de orar, el lugar donde estaban congregados se sacudió, y todos fueron llenos del Espíritu Santo y proclamaban la palabra de Dios sin ningún temor. Hch 6.3

La vida comunitaria

32 Todos los que habían creído eran de un mismo sentir y de un mismo pensar. Ninguno reclamaba como suyo nada de lo que poseía, sino que todas las cosas las tenían en común.[f]

33 Y los apóstoles daban un testimonio poderoso de la resurrección del Señor Jesús, y la gracia de Dios sobreabundaba en todos ellos. Hch 5.32

34 Y no había entre ellos ningún necesitado, porque todos los que poseían terrenos o casas, los vendían, y el dinero de lo vendido lo llevaban

35 y lo ponían en manos de los apóstoles, y éste era repartido según las necesidades de cada uno.[g]

36 Fue así como José, un levita de Chipre, a quien los apóstoles apodaban Bernabé (que significa, Hijo de consolación),

37 vendió un terreno de su propiedad y entregó a los apóstoles el dinero de la venta.

Ananías y Safira

5 Pero un hombre que se llamaba Ananías, junto con Safira, su mujer, vendió un terreno

2 y, con el consentimiento de ella, sustrajo algo del dinero que recibió; así que llevó sólo una parte y la entregó a los apóstoles.

3 Entonces Pedro le dijo: «Ananías, ¿por qué le permitiste a Satanás que entrara en ti para mentirle al Espíritu Santo y sustraer parte de tu dinero?

4 ¿Acaso el terreno no era tuyo? Y, si lo vendías, ¿acaso no era tuyo el dinero? ¿Por qué decidiste hacer esto? No les has mentido a los hombres, sino a Dios.»

5 Al oír Ananías estas palabras, cayó muerto. Y a todos los que se enteraron les entró mucho miedo. Hch 16.16-18

6 Entonces los jóvenes se levantaron, lo envolvieron, lo sacaron y lo sepultaron.

7 Como tres horas más tarde, entró su mujer sin saber lo que había sucedido.

8 Y Pedro le dijo: «Dime: ¿vendieron ustedes el terreno en ese precio?» Y ella respondió: «Sí, en ese precio.»

9 Pedro le dijo entonces: «¿Por qué se pusieron de acuerdo para poner a prueba

[c] **4.25-26:** Sal 2.1-2. [d] **4.27:** Lc 23.7-11. [e] **4.27:** Mt 27.1-2; Mr 15.1; Lc 23.1; Jn 18.28-29. [f] **4.32:** Hch 2.44-45. [g] **4.34-35:** Mt 19.21; Mr 10.21; Lc 12.33; 18.22.

PODER PARA VIVIR

TODOS FUERON LLENOS *(Hechos 4.31)*
Después que los creyentes oraron, fueron llenos del Espíritu Santo, o bautizados con el Espíritu Santo. Esto les dio poder para difundir con valentía el mensaje de Jesucristo. Una persona que es bautizada en el Espíritu desborda de alegría y del poder de Dios. Piensa en ello como un vaso vacío que se llena con agua fresca. El bautismo con el Espíritu Santo es como verter más agua en el vaso hasta que desborde (fíjate lo que dice en Juan 7:38-39).

al Espíritu del Señor? ¡Mira!, aquí vienen los
que fueron a sepultar a tu marido, y ellos te
sacarán también a ti.»
10 Al instante, ella cayó muerta a los pies
de Pedro, y cuando entraron los jóvenes y la
hallaron muerta, la sacaron y la sepultaron
junto a su marido.
11 Esto hizo que toda la iglesia y todos los
que supieron esto se llenaran de mucho
miedo.

Señales y maravillas en abundancia

12 Dios hacía muchas señales y prodigios
entre el pueblo por medio de los apóstoles,
y todos ellos se reunían sin falta en el pórti-
co de Salomón.
13 Ninguno del pueblo se atrevía a juntar-
se con ellos, aunque el pueblo los elogiaba
mucho.
14 Los hombres y mujeres que creían en el
Señor iban aumentando en número,
15 y en sus camas y lechos sacaban a los
enfermos a la calle, para que al pasar Pedro
por lo menos su sombra cayera sobre algu-
no de ellos.
16 Aun de las ciudades vecinas venían mu-
chos a Jerusalén, y traían a sus enfermos y a
los atormentados por espíritus inmundos, y
todos eran sanados.

Hch 8.6-7

Pedro y Juan son perseguidos

17 El sumo sacerdote y todos los que esta-
ban de su parte, es decir, los de la secta de
los saduceos, reaccionaron llenos de celos
18 y aprehendieron a los apóstoles y los
echaron a la cárcel del pueblo.
19 Pero en la noche un ángel del Señor lle-
gó y abrió las puertas de la cárcel. Cuando
ellos salieron, el ángel les dijo:
20 «Vayan al templo y anuncien al pueblo
todas las enseñanzas acerca de esta vida.»
21 Luego de oír esto, entraron en el templo
por la mañana y se pusieron a enseñar.
Mientras tanto, el sumo sacerdote y los
que estaban de su parte se reunieron para
convocar al concilio y a todos los ancianos

LECCIONES — MENTIR AL ESPÍRITU SANTO

(Hechos 5.3)

Ananías y su esposa Safira mintieron a Pedro y, al mismo tiempo, al Espíritu Santo. Mintieron acerca del dinero porque querían aparecer generosos. Su muerte repentina demostró la gravedad de su pecado. A veces tenemos la tentación de mentir para que lo gente piense que somos buenos. Pero Dios detesta la mentira.

del pueblo de Israel, y al mismo tiempo
mandaron traer de la cárcel a los apóstoles;
22 pero como al llegar los alguaciles no los
encontraron, regresaron y dijeron:
23 «Cuando llegamos a la cárcel, ésta tenía to-
dos los candados puestos y los guardias estaban
afuera, frente a las puertas; pero al abrir la cárcel,
vimos que allí adentro no había nadie.»
24 Al oír esto, el sumo sacerdote, el jefe de
la guardia del templo y los principales sacer-
dotes no lograban entender en qué acabaría
todo esto.
25 Pero llegó otro y les dijo: «Escuchen: los
hombres que ustedes metieron a la cárcel,
están ahora en el templo, impartiendo en-
señanzas al pueblo.»
26 Entonces el jefe de la guardia se fue con
los alguaciles y los aprehendió, aunque sin
violencia, porque temían que el pueblo los
apedreara.
27 Cuando los llevaron y los presentaron
ante el concilio, el sumo sacerdote les dijo:
28 «¿Acaso no les dimos órdenes estrictas
de no enseñar en ese nombre? Ahora han
llenado a Jerusalén de su doctrina, y quieren
culparnos de la muerte de ese hombre.»[a]
29 Pedro y los apóstoles respondieron: «Es
necesario obedecer a Dios antes que a los
hombres.
30 El Dios de nuestros antepasados resuci-
tó a Jesús, el mismo al que ustedes mataron
y colgaron de un madero.

[a] **5.28:** Mt 27.25.

31 Pero Dios, por su poder, lo ha exaltado y sentado a su derecha como Príncipe y Salvador, dando a Israel la oportunidad de arrepentirse y de que sean perdonados sus pecados.

32 De esto somos testigos nosotros, y también el Espíritu Santo, que Dios ha dado a quienes lo obedecen.» (Hch 8.4)

33 Al oír esto, ellos se enfurecieron tanto cubrir con cor..

34 Entonces Gamaliel, un fariseo que era doctor de la ley y a quien todo el pueblo respetaba, se levantó ante el concilio y ordenó que sacaran por un momento a los apóstoles;

35 luego dijo: «Varones israelitas, piensen bien en lo que van a hacer con estos hombres.

36 Hace ya algún tiempo, se levantó Teudas, quien se jactaba de ser alguien, y logró que se le uniera un grupo como de cuatrocientos hombres; pero lo mataron, y todos los que lo seguían fueron dispersados y exterminados.

37 Después, cuando se hizo el censo, se levantó Judas el galileo y logró que muchos del pueblo lo siguieran. Pero también lo mataron, y todos los que lo seguían fueron dispersados.

38 Por eso les digo ahora: Olvídense de estos hombres. Déjenlos. Porque si esto que hacen es de carácter humano, se desvanecerá;

39 pero si es de Dios, no lo podrán destruir. ¡No vaya a ser que ustedes se encuentren luchando contra Dios!»

Todos estuvieron de acuerdo con él,

40 así que llamaron a los apóstoles y, después de azotarlos, les advirtieron que no siguieran hablando en el nombre de Jesús y los pusieron en libertad.

41 Los apóstoles salieron del concilio felices de haber sido dignos de sufrir por causa del Nombre.

42 Y todos los días, no dejaban de enseñar y de anunciar en el templo y por las casas las buenas noticias acerca de Cristo Jesús.

Elección de siete diáconos

6 En aquellos días el número de los discípulos iba en aumento, pero también comenzaron las murmuraciones de los griegos en contra de los hebreos, pues se quejaban de que en la distribución diaria de ayuda las viudas de los griegos no eran bien atendidas.

2 Entonces los doce convocaron a todos los discípulos y les dijeron: «No está bien que desatendamos la proclamación de la palabra de Dios por atender a las mesas.

3 Así que, hermanos, busquen entre todos ustedes a siete varones de buen testimonio, que estén llenos del Espíritu Santo y de sabiduría, para que se encarguen de este trabajo. (Hch 7.55)

4 Así nosotros podremos continuar orando y proclamando la palabra.»

5 Esta propuesta fue del agrado de todos los creyentes, y eligieron a Esteban, que era un varón lleno de fe y del Espíritu Santo, y a Felipe, Prócoro, Nicanor, Timón, Parmenas y Nicolás, un prosélito de Antioquía. (Hch 14.9-10)

6 Luego los llevaron ante los apóstoles, y oraron por ellos y les impusieron las manos.

7 Conforme crecía el conocimiento de la palabra del Señor, se multiplicaba también el número de los discípulos en Jerusalén, y aun muchos de los sacerdotes llegaron a creer.

Arresto de Esteban

8 Como Esteban estaba lleno de la gracia y del poder de Dios, realizaba grandes prodigios y señales entre el pueblo. (Hch 11.27-28)

9 Pero unos que eran de la sinagoga llamada «de los libertos», y otros que eran de Cirene, Alejandría, Cilicia y Asia, se pusieron a discutir con Esteban;

10 pero como no pudieron superar la sabiduría y el Espíritu que Dios le daba,

11 sobornaron a otros para que dijeran que habían oído a Esteban blasfemar contra Moisés y contra Dios.

12 De esa manera soliviantaron al pueblo, a los ancianos y a los escribas, los cuales se lanzaron contra él y, con lujo de violencia, lo llevaron ante el concilio.

13 Los testigos falsos que presentaron, dijeron: «Este hombre no deja de blasfemar contra este lugar santo y contra la ley.

14 Le hemos oído decir que ese Jesús de Nazaret destruirá este lugar, y que cambiará las costumbres que nos dio Moisés.»

15 Entonces todos los que estaban sentados en el concilio se fijaron bien en Esteban, y vieron que su rostro parecía el de un ángel.

Defensa y muerte de Esteban

7 El sumo sacerdote le preguntó: «¿Es verdad lo que se dice?»

2 Y Esteban respondió:

«Escúchenme, padres y hermanos: El Dios de la gloria se le apareció a nuestro padre Abrahán mucho tiempo antes de que éste viviera en Jarán, cuando aún estaba en Mesopotamia,

3 y le dijo: "Deja tu tierra y tu parentela, y ven a la tierra que te voy a mostrar."[a]

4 Entonces Abrahán dejó la tierra de los caldeos y se fue a vivir en Jarán;[b] y cuando murió su padre, Dios lo trajo a esta tierra, donde ustedes viven ahora.[c]

5 Y aunque no le dio siquiera un poco de terreno donde poner el pie, le prometió que esa tierra se la daría a su descendencia,[d] a pesar de que él no tenía ningún hijo.

6 También le dijo Dios que sus descendientes vivirían cuatrocientos años en otras tierras, como extranjeros, y que allí los esclavizarían y los tratarían muy mal.

7 Pero añadió: "Yo juzgaré a la nación que los hará esclavos, y después de eso saldrán y me servirán en este lugar."[e]

8 Luego le dio el pacto de la circuncisión.[f] Y Abrahán fue padre de Isaac,[g] y lo circuncidó al octavo día. El hijo de Isaac fue Jacob;[h] y Jacob fue el padre de los doce patriarcas.[i]

9 Pero ellos, por envidia,[j] vendieron a José, y él fue llevado a Egipto.[k] Pero Dios estaba con él,[l]

10 así que lo libró de todos sus sufrimientos y le dio sabiduría para congraciarse ante el faraón, rey de Egipto, quien lo nombró gobernador de su país y de su casa.[m]

11 En ese tiempo se desató una hambruna en toda la tierra de Egipto y de Canaán, que trajo un gran sufrimiento. Y nuestros padres tampoco tenían qué comer.[n]

12 Pero cuando Jacob supo que en Egipto había trigo, mandó por primera vez a nuestros padres a comprarlo.[o]

13 La segunda vez, José les reveló a sus hermanos quién era él,[p] y el faraón llegó a saber de dónde provenía José.[q]

14 Luego, José mandó que llevaran a Egipto a su padre Jacob[r] y a toda su familia, que eran setenta y cinco personas.[s]

15 Así fue como Jacob llegó a Egipto,[t] donde murió.[u] Allí también murieron nuestros padres,

16 pero luego sus restos fueron trasladados a Siquén y puestos en el sepulcro que Abrahán había comprado a los hijos de Jamor.[v]

17 »Cuando se fue acercando el tiempo de la promesa que Dios le hizo a Abrahán, el pueblo creció y se multiplicó en Egipto,

18 hasta que subió al trono otro rey, que no había conocido a José.[w]

19 Este rey fue astuto y cruel con nuestro pueblo; maltrató a nuestros padres[x] para que murieran sus niños y no se propagaran.[y]

20 Por ese tiempo nació Moisés, niño que agradó a Dios. Durante tres meses lo criaron sus padres,[z]

21 pero cuando estaba en peligro de morir, la hija del faraón lo recogió y lo crió como a su propio hijo;[a]

22 lo educó en la sabiduría de los egipcios, y él llegó a tener poder por sus conocimientos y por lo que hacía.

23 »Cuando Moisés cumplió cuarenta años, sintió deseos de visitar a sus hermanos israelitas.

[a] **7.2-3:** Gn 12.1. [b] **7.4:** Gn 11.31. [c] **7.4:** Gn 12.4. [d] **7.5:** Gn 12.7; 13.15; 15.18; 17.8. [e] **7.6-7:** Gn 15.13-14. [f] **7.8:** Gn 17.10-14. [g] **7.8:** Gn 21.2-4. [h] **7.8:** Gn 25.26. [i] **7.8:** Gn 29.31—35.18. [j] **7.9:** Gn 37.11. [k] **7.9:** Gn 37.28. [l] **7.9:** Gn 39.2, 21. [m] **7.10:** Gn 41.39-41. [n] **7.11:** Gn 41.54-57. [o] **7.12:** Gn 42.1-2. [p] **7.13:** Gn 45.1. [q] **7.13:** Gn 45.16. [r] **7.14:** Gn 45.9-10, 17-18. [s] **7.14:** Gn 46.27. [t] **7.15:** Gn 46.1-7. [u] **7.15:** Gn 49.33. [v] **7.16:** Gn 23.3-16; 33.19; 50.7-13; Jos 24.32. [w] **7.17-18:** Éx 1.7-8. [x] **7.19:** Éx 1.10-11. [y] **7.19:** Éx 1.22. [z] **7.20:** Éx 2.2. [a] **7.21:** Éx 2.3-10.

24 Así lo hizo. Pero al ver que un egipcio maltrataba a uno de ellos, hirió al egipcio para vengar el maltrato a su hermano.

25 Moisés creía que los israelitas sabían que Dios los liberaría por medio de él; pero ellos no lo entendieron así.

26 Al día siguiente, vio que unos de ellos reñían, y queriendo ponerlos en paz les dijo: "Ustedes son hermanos; ¿por qué se maltratan?"

27 Pero uno de ellos le dijo: "¿Y quién te ha nombrado nuestro gobernador y juez?

28 ¿Acaso quieres matarme, como lo hiciste ayer con el egipcio?"

29 Al oír esto, Moisés huyó a la tierra de Madián, y allí vivió como extranjero,[b] y se casó y tuvo dos hijos.[c]

30 »Después de cuarenta años, un ángel se le apareció en el desierto del monte Sinaí, entre las llamas de una zarza que ardía.

31 Moisés se quedó maravillado de esa visión, y se acercó para observar bien. Entonces oyó la voz del Señor, que le decía:

32 "Yo soy el Dios de tus padres. Soy el Dios de Abrahán, de Isaac y de Jacob." Moisés temblaba de miedo y no se atrevía a mirar.

33 Pero el Señor añadió: "Descálzate los pies, porque estás pisando un lugar sagrado.

34 He estado viendo la aflicción que sufre mi pueblo en Egipto, y sé cómo gime. Por eso he venido a librarlos. Prepárate, porque voy a enviarte a Egipto."[d]

35 »A este Moisés, a quien los israelitas rechazaron al preguntarle: "¿Quién te ha nombrado nuestro gobernador y juez?", fue a quien Dios mismo envió como gobernador y libertador por medio del ángel que se le apareció en la zarza.

36 Y Moisés liberó a los israelitas al realizar, durante cuarenta años, prodigios y señales en Egipto,[e] en el Mar Rojo[f] y en el desierto.[g]

37 Fue este mismo Moisés quien dijo a los israelitas: "Dios hará que surja entre los hermanos de ustedes un profeta, como me hizo surgir a mí."[h]

38 Éste es el mismo Moisés que estuvo en el desierto con todo el pueblo y con nuestros padres, y que en el monte Sinaí les comunicaba lo que el ángel le decía.[i] Fue él quien recibió las palabras de vida que debía comunicarnos.

39 Pero nuestros padres no quisieron obedecerlo. Al contrario, lo rechazaron porque en su corazón querían volver a Egipto.

40 Por eso le dijeron a Aarón: "Haz unos dioses que nos guíen, porque no sabemos qué le sucedió a Moisés, el que nos sacó de Egipto."[j]

41 Fue así como se hicieron un ídolo con forma de becerro, y a la hechura de sus manos le ofrecieron sacrificios y le hicieron fiesta.[k]

42 Entonces Dios se apartó de ellos, y los entregó a rendir culto a los astros que veían en el cielo. Así está escrito en el libro de los profetas:

»"Israelitas, ¿acaso en el desierto
me ofrecieron ofrendas y sacrificios
durante cuarenta años?
43 "Lejos de eso, llevaron el tabernáculo
de Moloc
y la estrella de su dios Refán.
¡Ésas fueron las imágenes que se hicieron para adorarlas!
Por eso los llevaré más allá de
Babilonia."[l]

44 »Nuestros padres tuvieron en el desierto el tabernáculo del testimonio, que Dios mismo ordenó cuando le dijo a Moisés que lo hiciera conforme al modelo que le había mostrado.[m]

45 Y ellos lo recibieron y lo introdujeron con Josué[n] cuando tomaron posesión de la tierra de las naciones, a las que Dios arrojó de la presencia de nuestros padres. Y el tabernáculo estuvo con ellos hasta los días de David.

---

[b] **7.23-29:** Éx 2.11-15. [c] **7.29:** Éx 18.3-4. [d] **7.30-34:** Éx 3.1-10. [e] **7.36:** Éx 7.3. [f] **7.36:** Éx 14.21. [g] **7.36:** Nm 14.33. [h] **7.37:** Dt 18.15, 18. [i] **7.38:** Éx 19.1—20.17; Dt 5.1-33. [j] **7.40:** Éx 32.1. [k] **7.41:** Éx 32.2-6. [l] **7.42-43:** Am 5.25-27. [m] **7.44:** Éx 25.9, 40. [n] **7.45:** Jos 3.14-17.

46 David fue del agrado del Señor y quiso edificarle un tabernáculo al Dios de Jacob,[o]

47 pero fue Salomón quien lo edificó,[p]

48 aunque es verdad que el Altísimo no habita en templos hechos por manos humanas. Porque el profeta dice:

49 »"Así dice el Señor:
El cielo es mi trono,
y la tierra es el estrado de mis pies.
¿Qué casa pueden edificarme?
¿En qué lugar pueden hacerme descansar?
50 ¿Acaso no soy yo quien hizo todo esto?"[q]

51 »¡Pero ustedes son duros de cabeza, de corazón y de oídos! ¡Siempre se oponen al Espíritu Santo! ¡Son iguales que sus padres![r]

52 ¿A qué profeta no persiguieron? Mataron a los que antes habían anunciado la venida del Justo, el mismo a quien ustedes entregaron y mataron.

53 Ustedes, que recibieron la ley por medio de ángeles, no la obedecieron.»

54 Cuando ellos oyeron a Esteban decir esto, se enfurecieron tanto que hasta les rechinaban los dientes.

Hch 8.14-1

55 Pero Esteban, lleno del Espíritu Santo, levantó los ojos al cielo y vio la gloria de Dios, y a Jesús a su derecha.

56 Dijo entonces: «Veo los cielos abiertos, y que el Hijo del Hombre está a la derecha de Dios.»

57 Pero ellos, lanzando un fuerte grito, se taparon los oídos y arremetieron contra Esteban,

58 y lo sacaron de la ciudad y lo apedrearon. Los testigos falsos pusieron sus ropas a los pies de un joven que se llamaba Saulo,

59 y mientras lo apedreaban, Esteban rogaba: «Señor Jesús, recibe mi espíritu.»

60 Luego cayó de rodillas y clamó con fuerte voz: «Señor, no les tomes en cuenta este pecado.» Y dicho esto, murió.

Saulo persigue a la iglesia

8 Saulo estuvo de acuerdo con la muerte de Esteban, y ese día se desató una gran persecución contra la iglesia que estaba en Jerusalén, y muchos se dispersaron por las tierras de Judea y de Samaria, menos los apóstoles.

2 Y mientras que unos hombres piadosos levantaron a Esteban y lo enterraron y lloraron mucho por él,

3 Saulo hacía destrozos en la iglesia: entraba a las casas, y arrastraba a hombres y mujeres y los llevaba a la cárcel.[a]

Predicación del evangelio en Samaria

Hch 8.26-40

4 Mientras tanto, los que se habían dispersado iban por todas partes anunciando el evangelio.

5 Fue así como Felipe llegó a la ciudad de Samaria, y allí les predicaba a Cristo.

Hch 19.11-12

6 Toda la gente escuchaba con atención lo que les decía Felipe, y oían y veían los milagros que hacía.

7 Muchos de los que tenían espíritus malignos eran sanados, y los espíritus salían de ellos lanzando fuertes gritos; también muchos de los cojos y paralíticos quedaban sanos,

8 y había una gran alegría en toda la ciudad.

9 Había en Samaria un hombre llamado Simón, que antes había practicado la magia, y con ella engañaba a la gente, pues les hacía creer que era muy poderoso.

10 Todos, desde el más pequeño hasta el más grande, lo escuchaban con mucha atención y decían que era el gran poder de Dios,

11 pues con sus artes mágicas había captado su atención y por mucho tiempo los había engañado;

12 pero muchos hombres y mujeres se bautizaron cuando creyeron las buenas noticias que Felipe les anunciaba del reino de Dios y del nombre de Jesucristo.

13 Incluso el mismo Simón creyó y se bautizó, y siempre andaba con Felipe; y lleno de

[o] **7.46:** 2 S 7.1-16; 1 Cr 17.1-14. [p] **7.47:** 1 R 6.1-38; 2 Cr 3.1-17. [q] **7.49-50:** Is 66.1-2. [r] **7.51:** Is 63.10. [a] **8.1-3:** Hch 22.4-5; 26.9-11.

asombro veía las señales y los grandes mila-
gros que Felipe hacía.
14 Los apóstoles que estaban en Jerusalén
se enteraron de que en Samaria se había re-
cibido la palabra de Dios, y enviaron a Pedro
y a Juan.
15 Cuando éstos llegaron, oraron por ellos
para que recibieran el Espíritu Santo,
16 porque el Espíritu aún no había descen-
dido sobre ninguno de ellos, ya que sólo ha-
bían sido bautizados en el nombre de Jesús.
Hch 9.17 17 En cuanto les impusieron las manos, re-
cibieron el Espíritu Santo.
18 Y al ver Simón que el Espíritu Santo se
recibía por la imposición de manos de los
apóstoles, les ofreció dinero
19 y les dijo: «Denme también a mí este
poder, para que cuando yo imponga las ma-
nos sobre cualquier persona, ésta reciba el
Espíritu Santo.»
20 Al oír esto, Pedro le dijo: «Que tu dinero
perezca contigo, si crees que el don de Dios
puede comprarse.
21 Tú no tienes nada que ver en este asun-
to, porque en tu interior no eres recto con
Dios.[b]
22 Arrepiéntete de tu maldad, y ruega a
Dios. Tal vez te perdone por ese mal pen-
samiento.
23 Por lo que veo, estás en manos de la
amargura y la maldad.»
24 Simón respondió: «Rueguen por mí al
Señor, para que no me sobrevenga nada de
lo que han dicho.»
25 Después de haber testificado y procla-
mado la palabra de Dios, ellos volvieron a
Jerusalén, y en muchas poblaciones de los
samaritanos anunciaron el evangelio.

Felipe y el etíope

26 Un ángel del Señor le habló a Felipe, y
le dijo: «Prepárate para ir al desierto del sur,
por el camino que va de Jerusalén a Gaza.»
27 Felipe obedeció y fue. En el camino vio a
un etíope eunuco, funcionario de la Canda-
ce, reina de Etiopía. Era el administrador de
todos sus tesoros, y había venido a Jerusalén
para adorar;
28 y ahora iba de regreso en su carro,
leyendo al profeta Isaías.
29 El Espíritu le dijo a Felipe: «Acércate y
júntate a ese carro.»
30 Cuando Felipe se acercó y lo oyó leer
al profeta Isaías, le preguntó: «¿Entiendes lo
que lees?»
31 El etíope le respondió: «¿Y cómo voy
a entender, si nadie me enseña?» Y le rogó
a Felipe que subiera al carro y se sentara
con él.
32 El pasaje de la Escritura que leía era éste:
«Como oveja fue llevado a la muerte,
como cordero delante de sus trasqui-
ladores
se callará y no abrirá su boca.
33 Sufrirá la cárcel, el juicio y la muerte;
¿y quién entonces contará su historia,
si él será arrancado por completo
de este mundo de los vivientes?»[c]
34 El eunuco le preguntó a Felipe: «Te rue-
go que me digas: ¿De quién habla el profeta?
¿Habla de sí mismo, o de algún otro?»

LECCIONES **EL BAUTISMO DÍAS DESPUÉS**

(Hechos 8.12)

Los samaritanos creyeron las buenas noticias que Felipe les predicó y fueron bautizados en agua. De esta manera mostraron que creían en Jesús como su Salvador. Debido a esa fe "nacieron de nuevo" (como dice en Juan 3:3-6) y tenían al Espíritu Santo morando en ellos. Varios días después fueron bautizados en el Espíritu Santo (Hechos 8:17). Ahora tenían el poder para que ellos mismos difundieran las buenas noticias. Cuando una persona es salvada, el Espíritu Santo empieza a vivir en esa persona. Pero quizá no sea bautizada en el Espíritu Santo o sea completamente llena del poder del Espíritu Santo hasta un tiempo después.

[b]**8.21:** Sal 78.37. [c]**8.32-33:** Is 53.7-8.

35 Entonces Felipe le empezó a explicar a
partir de la escritura que leía, y le habló tam-
bién de las buenas noticias de Jesús.
36 En el camino encontraron agua, y el eu-
nuco dijo: «Aquí hay agua; ¿hay algo que me
impida ser bautizado?»
[37 Felipe le dijo: «Si crees de todo cora-
zón, puedes ser bautizado.» Y el eunuco
respondió: «Creo que Jesucristo es el Hijo
de Dios.»][2]
38 Y el eunuco mandó detener el carro, y
ambos descendieron al agua y Felipe lo bau-
tizó.
39 Cuando salieron del agua, el Espíritu del
Señor se llevó a Felipe y el eunuco no volvió
a verlo, pero siguió su camino lleno de gozo.
40 Mientras tanto, Felipe se encontró en
Azoto, y allí anunció el evangelio en todas
las ciudades, hasta que llegó a Cesarea.

Hch 16.29.32

Conversión de Saulo

(Hch 22.6-16; 26.12-18)

9 Saulo aún lanzaba amenazas de muer-
te contra los discípulos del Señor
cuando fue a ver al sumo sacerdote.
2 Allí le pidió cartas para las sinagogas de
Damasco para que, en caso de hallar a hom-
bres o mujeres de este Camino, los pudiera
llevar presos a Jerusalén.
3 Pero sucedió que de pronto en el cami-
no, ya cerca de Damasco, lo rodeó un pode-
roso haz de luz que venía del cielo
4 y que lo hizo rodar por tierra, mientras
oía una voz que le decía: «Saulo, Saulo, ¿por
qué me persigues?»
5 Y él contestó: «¿Quién eres, Señor?» Y la
voz le dijo: «Yo soy Jesús, a quien tú persigues.
[Dura cosa te es dar de coces contra el aguijón.
6 Él, temblando de temor, dijo: "Señor,
¿qué quieres que yo haga?" Y el Señor le
dijo:][3] Levántate y entra en la ciudad. Allí se
te dirá lo que debes hacer.»
7 Los acompañantes de Saulo se quedaron
atónitos, porque oían la voz pero no veían
a nadie.
8 Saulo se levantó y, cuando abrió los ojos,
ya no podía ver, así que de la mano lo lleva-
ron a Damasco,
9 y allí estuvo tres días sin poder ver, y
tampoco comió ni bebió nada.
10 En Damasco había un discípulo llama-
do Ananías, que había tenido una visión en
la que el Señor lo llamaba por su nombre.
Ananías había respondido: «Aquí me tienes,
Señor.»
11 El Señor le dijo: «Levántate y ve a la calle
llamada "Derecha"; allí, en la casa de Judas,
busca a un hombre llamado Saulo, que es
de Tarso y está orando.
12 Saulo ha tenido una visión, en la que vio
que un varón llamado Ananías entraba y le
imponía las manos, con lo que le hacía reco-
brar la vista.»
13 Ananías respondió: «Pero, Señor, he sa-
bido que este hombre ha tratado muy mal
a tus santos en Jerusalén.
14 También sé que los principales sa-
cerdotes le han dado autoridad para
aprehender a todos los que invocan tu
nombre.»
15 Y el Señor le dijo: «Ve allá, porque él es
para mí un instrumento escogido. Él va a lle-
var mi nombre a las naciones, a los reyes y a
los hijos de Israel.
16 Yo le voy a mostrar todo lo que tiene
que sufrir por causa de mi nombre.»

PALABRAS CON PODER

LOS SANTOS

(Hechos 9.13)

En el Nuevo Testamento, a los seguidores de Cristo se los llamaba "santos". Los santos son personas "separadas para Dios". Todos los que han recibido a Jesús como su Salvador confían en que el Espíritu Santo los guíe. Pero eso no significa que sean perfectos y que nunca hagan nada malo. La fe en Jesús te hace santo, ¡pero no un super ser humano!

[2] **8.37** El texto que aparece entre corchetes se halla sólo en mss. tardíos. [3] **9.5-6** El texto que aparece entre corchetes se halla sólo en mss. tardíos.

Hch 10.44-47

17 Ananías fue y, una vez dentro de la casa, le impuso las manos y le dijo: «Hermano Saulo, el Señor Jesús, que se te apareció en el camino por donde venías, me ha enviado para que recobres la vista y seas lleno del Espíritu Santo.»

18 Al momento, de los ojos de Saulo cayó algo que parecían escamas, y éste recibió la vista. Luego que se levantó, fue bautizado;

19 y después de comer recobró las fuerzas y durante algunos días se quedó con los discípulos que estaban en Damasco.

Saulo predica en Damasco

20 Enseguida Pablo comenzó a predicar en las sinagogas, donde afirmaba que Jesús era el Hijo de Dios.

21 Todos los que lo oían predicar se quedaban atónitos, y decían: «¿Acaso no es éste el que exterminaba en Jerusalén a los que invocaban el nombre de Jesús? ¿No es verdad que vino acá para aprehenderlos y llevarlos ante los principales sacerdotes?»

22 Pero Saulo iba cobrando más fuerza, y confundía a los judíos que vivían en Damasco al demostrarles que Jesús era el Cristo.

Saulo escapa de los judíos

23 Después de algún tiempo los judíos se reunieron en consejo y resolvieron matarlo,

24 así que día y noche hacían guardia a la entrada de la ciudad para matarlo. Pero Pablo se enteró de sus planes,

25 y una noche los discípulos lo pusieron dentro de una canasta y lo bajaron por la muralla de la ciudad.[a]

Saulo en Jerusalén

26 Cuando Saulo llegó a Jerusalén, tuvo la intención de reunirse con los discípulos; pero todos le tenían miedo porque no creían que fuera uno de ellos.

27 Entonces Bernabé se encargó de llevar a Saulo ante los apóstoles, y allí les contó cómo Saulo había visto al Señor en el camino, cómo había hablado con él, y con qué valor había predicado en Damasco en el nombre de Jesús.

28 Desde entonces Pablo pudo quedarse en Jerusalén con los apóstoles, y entraba y salía de la ciudad,

29 y hablaba con los griegos y debatía con ellos, pero éstos trataban de matarlo.

30 Cuando los hermanos supieron esto, lo llevaron hasta Cesarea y lo enviaron a Tarso.

31 Mientras tanto, las iglesias en toda Judea, Galilea y Samaria vivían en paz y eran edificadas en el temor del Señor, y su número iba en aumento por la fuerza del Espíritu Santo.

Curación de Eneas

32 Pedro visitaba a todos los hermanos, así que también visitó a los santos que vivían en Lida.

33 Allí había un hombre llamado Eneas, que tenía ocho años de estar en cama, pues era paralítico.

34 Cuando Pedro lo vio, le dijo: «Eneas, Jesucristo te ha sanado. Levántate y arréglate.» Y Eneas se levantó enseguida.

35 Al ver esto, los habitantes de Lida y de Sarón se convirtieron al Señor.

Resurrección de Dorcas

36 En Jope había una discípula llamada Tabitá, es decir, Dorcas.[4] Tabitá siempre hacía muchas buenas obras y ayudaba mucho a la gente pobre.

37 Pero sucedió que en esos días se enfermó y murió. Entonces lavaron su cadáver, y luego lo pusieron en una sala.

38 Como Lida estaba cerca de Jope, los discípulos supieron que Pedro estaba allí; entonces enviaron a dos hombres para pedirle que fuera a Jope urgentemente.

39 Pedro se levantó y se fue con ellos. Cuando llegó, lo llevaron a la sala. Allí, todas las viudas lo rodearon y, mientras lloraban, le mostraron las túnicas y los vestidos que Dorcas había hecho cuando vivía.

40 Entonces Pedro pidió que salieran todos; luego se puso de rodillas y, dirigiéndose

[a]**9.23-25:** 2 Co 11.32-33. [4]**9.36** Tanto el nombre arameo ***Tabitá*** como su equivalente griego ***Dorcas*** significan ***gacela.***

al cuerpo, oró y dijo: «Tabitá, ¡levántate!»
Ella abrió los ojos y, cuando vio a Pedro, se
puso de pie.
41 Pedro le dio la mano y la levantó; luego
llamó a los santos y a las viudas, y les entregó
viva a Tabitá.
42 Esto llegó a saberse en toda Jope, y mu-
chos creyeron en el Señor.
43 Durante muchos días Pedro se quedó
en Jope, en la casa de un curtidor llamado
Simón.

Pedro y Cornelio

10 En Cesarea vivía un hombre
llamado Cornelio; que era cen-
turión del regimiento conoci-
do como «Italiano».
2 Cornelio era un hombre piadoso y teme-
roso de Dios, lo mismo que toda su familia,
pues ayudaba mucho a la gente con dinero
y siempre oraba a Dios.
3 Un día, como a las tres de la tarde, Cor-
nelio tuvo una visión, en la que claramente
vio que un ángel de Dios entraba en donde
él estaba y le hablaba por su nombre.
4 Cornelio miró fijamente al ángel y, con
mucho temor, le preguntó: «Señor, ¿qué se
te ofrece?» Y el ángel le respondió: «Dios
ha escuchado tus oraciones, y la ayuda que
has dado a otros la ha recibido como una
ofrenda.
5 Envía a tus hombres a Jope, y haz que
venga Simón, al que también se le conoce
como Pedro,
6 que está hospedándose en casa de Si-
món el curtidor, quien vive junto al mar.»

HOMBRES PODEROSOS DE DIOS

SAULO DE TARSO (PABLO)

Saulo de Tarso fue siempre un hombre sincero, aun cuando estaba sinceramente equivocado.

Cuando la iglesia cristiana comenzó a crecer en los años después de que Jesús volviera al cielo, Saulo quería destruirla. Él no creía en Cristo y pensaba que los creyentes estaban equivocados en sus creencias. Saulo era un importante miembro del consejo judío, por lo tanto tenía la autoridad para arrestar a los cristianos, e incluso matarlos. En realidad, estuvo presente en la muerte del primer mártir de la iglesia cristiana que se conoce, de Esteban.

Pero un día, mientras viajaba por el camino a Damasco, Jesús se le apareció a Saulo en una visión, y Saulo creyó en Él. Ahora Saulo tenía una nueva misión, la de llevar las buenas noticias de Jesús a los pueblos paganos, los no judíos. Era un trabajo muy difícil.

Para entonces, Saulo recibió un nuevo nombre: Pablo. Viajó como misionero durante muchos años, predicando acerca de Jesús en muchos países. Bernabé, Timoteo y Silas fueron algunos de los que viajaron con Pablo.

Pablo era un predicador talentoso. Sufrió muchas penurias en su trabajo como misionero. Fue azotado, apedreado casi hasta la muerte, sufrió naufragio, y fue encarcelado. Durante su encarcelamiento en Roma, escribió varias de las cartas que componen el Nuevo Testamento. Escribió esas cartas para consolar y animar a los creyentes de las iglesias que fundó. Pablo murió como mártir en Roma.

Por su gran amor a Dios, Pablo siguió fiel aun en los momentos difíciles. Fue un gran hombre de Dios, lleno del Espíritu Santo.

Puedes leer acerca de Pablo en Hechos 9 al 28 y en las cartas que escribió: Romanos a Filemón.

7 En cuanto se fue el ángel que había hablado con Cornelio, éste llamó a dos de sus criados y a uno de sus asistentes, que era un soldado piadoso,

8 y luego de contarles lo sucedido los envió a Jope.

9 Al día siguiente, como al mediodía, mientras ellos iban acercándose a la ciudad, Pedro subió a la azotea para orar.

10 De pronto le dio mucha hambre, y pidió de comer. Mientras le preparaban algo, cayó en éxtasis

11 y vio que el cielo se abría, y que de él descendía algo semejante a un gran lienzo, atado por las cuatro puntas.

12 Dentro del lienzo había toda clase de cuadrúpedos, reptiles y aves.

13 Entonces oyó una voz que le decía: «Pedro: levántate, mata y come.»

14 Pedro respondió: «No, Señor, porque nunca he comido nada que sea común o impuro.»

15 Por segunda vez la voz le dijo: «Lo que Dios ha limpiado, no lo llames común.»

16 Esto se repitió tres veces. Después el lienzo fue recogido y llevado inmediatamente al cielo.

17 Mientras Pedro no lograba entender el significado de la visión que había tenido, los hombres que Cornelio había enviado, y que preguntaban por la casa de Simón, llegaron a la puerta.

18 Llamaron y preguntaron si allí se estaba hospedando Simón, al que también se le conocía como Pedro.

19 Y mientras Pedro meditaba en la visión, el Espíritu le dijo: «Tres hombres te buscan.

20 Así que baja a verlos, y no dudes en ir con ellos, porque yo los he enviado.»

21 Pedro bajó entonces a donde estaban los hombres enviados por Cornelio, y les dijo: «Yo soy el que ustedes buscan. ¿Por qué han venido?»

22 Ellos le dijeron: «Cornelio, el centurión, es un hombre justo y temeroso de Dios. Todos los judíos hablan bien de él. Un ángel le dio instrucciones de que vayas a su casa, para que él escuche tus palabras.»

23 Entonces Pedro los hizo pasar y los hospedó, y al día siguiente se fue con ellos y con algunos de los hermanos de Jope.

24 Cuando llegaron a Cesarea, Cornelio ya los estaba esperando y había llamado a sus parientes y amigos más íntimos.

25 En cuanto Pedro entró, Cornelio salió a recibirlo y, arrodillándose delante él, le rindió honor.

26 Pero Pedro le dijo: «Levántate. Yo mismo soy un hombre, como tú.»

27 Mientras hablaba con él, Pedro entró y se encontró con que ya se habían reunido muchas personas.

28 Entonces les dijo: «Como ustedes saben, para un judío es muy repugnante juntarse o acercarse a un extranjero, pero Dios me ha hecho ver que no puedo llamar a nadie gente común o impura.

29 Por eso, cuando me llamaron vine sin replicar. Pero ahora les pregunto: ¿Para qué me han hecho venir?»

30 Cornelio le dijo: «Hace cuatro días, como a esta hora, es decir, a las tres de la tarde, yo estaba orando en mi casa. De pronto, vi que delante de mí estaba un varón vestido con ropas resplandecientes.

31 Ese varón me dijo: "Cornelio, Dios ha escuchado tus oraciones, y la ayuda que has dado a otros la ha recibido como una ofrenda.

32 Envía a tus hombres a Jope, y haz que venga Simón, al que también se le conoce como Pedro. Está hospedado en casa de Simón el curtidor, junto al mar."

33 Así que los mandé por ti; y has hecho bien en venir. Como puedes ver, aquí estamos en la presencia de Dios para oír todo lo que Dios te ha mandado decirnos.»

34 Entonces Pedro empezó a hablar, y dijo: «En verdad comprendo ahora que Dios no hace acepción de personas,[a]

35 sino que a él le agrada todo aquel que le teme y hace justicia, sea de la nación que sea.

Ro 6.1-14

[a]**10.34:** Dt 10.17.

36 Dios envió un mensaje a los hijos de Is-
rael, y en él les anunciaba las buenas noticias
de la paz por medio de Jesucristo, que es el
Señor de todos.
37 Ustedes bien saben que, después del
bautismo que predicó Juan, este mensaje se
divulgó por toda Judea, a partir de Galilea.
38 Ese mensaje dice que Dios ungió a Jesús
de Nazaret con el Espíritu Santo y con po-
der, y que él anduvo haciendo el bien y sa-
nando a todos los que estaban oprimidos
por el diablo, porque Dios estaba con él.
39 Nosotros somos testigos de todo lo que
Jesús hizo en Judea y en Jerusalén. Pero lo
mataron, colgándolo de un madero.
40 Sin embargo, Dios lo resucitó al tercer
día, y permitió que muchos lo vieran.
41 Pero no lo vio todo el pueblo, sino sólo
aquellos testigos que Dios había elegido de
antemano, es decir, nosotros, los que comi-
mos y bebimos con él después de que él
resucitó de entre los muertos.
42 Él mismo nos mandó a predicar al pue-
blo, y a dar testimonio de que Dios lo ha
nombrado Juez de los vivos y de los muertos.
43 Acerca de él dicen los profetas que to-
dos los que crean en su nombre recibirán el
perdón de sus pecados.»
44 Mientras Pedro les hablaba así, el Espí-
ritu Santo cayó sobre todos los que lo es-
cuchaban.
45 Los judíos circuncidados que habían
acompañado a Pedro estaban atónitos de
que también los no judíos recibieran el don
del Espíritu Santo,
46 pues los oían hablar en lenguas y mag-
nificar a Dios.

PROMESAS PODEROSAS

HECHOS 10.35

Sino que a él le agrada todo aquel que le teme y hace justicia, sea de la nación que sea.

Dios no tiene favoritos de personas o naciones. Él acepta a todos los que creen en Él, sin distinción de raza o color. Los NIÑOS PODEROSOS también aceptan a personas de cualquier nación y las respetan.

47 Entonces Pedro dijo: «¿Hay algún im-
pedimento para que no sean bautizadas en
agua estas personas, que también han reci-
bido el Espíritu Santo, como nosotros?» Hch 11.15-17
48 Y mandó bautizarlos en el nombre del
Señor Jesús. Entonces le rogaron que se que-
dara con ellos algunos días más.

Informe de Pedro a la iglesia de Jerusalén

11 Los apóstoles y los hermanos
que estaban en Judea supieron
que también los no judíos ha-
bían recibido la palabra de Dios,
2 así que cuando Pedro subió a Jerusalén,
los que practicaban la circuncisión comen-
zaron a discutir con él.
3 Le dijeron: «¿Por qué entraste en la casa
de gente no judía, y comiste allí?»
4 Pedro comenzó entonces a contarles
detalladamente lo que había sucedido. Les
dijo:

PEDRO ACOSTUMBRABA ORAR *(Hechos 10.9)*

La Biblia registra la costumbre de orar de muchas personas. Daniel acostumbraba orar en un lugar y tiempo determinados (verifícalo en Daniel 6:10). Jesús a menudo se retiraba solo a orar (Marcos 1:35). Aquí vemos la costumbre de Pedro de orar a medio día. La Palabra de Dios exhorta a los creyentes en Cristo a que sean constantes en la oración (Romanos 12:12). ¡Suceden cosas buenas cuando oramos! Los NIÑOS PODEROSOS tienen la costumbre de orar.

5 «Mientras yo estaba orando en Jope, entré en éxtasis y tuve una visión. Vi que del cielo bajaba hacia mí un gran lienzo, atado por las cuatro puntas.

6 Me fijé bien, y vi que allí había cuadrúpedos, fieras, reptiles y aves.

7 Oí además una voz que me decía: "Pedro, levántate, mata y come."

8 Yo respondí: "No, Señor, porque nunca he comido nada que sea común o impuro."

9 Pero desde el cielo la voz me dijo la segunda vez: "Lo que Dios ha limpiado, no lo llames tú impuro."

10 Esto se repitió tres veces, después de lo cual el lienzo fue llevado de nuevo al cielo.

11 En ese momento llegaron a la casa donde yo estaba, tres hombres que desde Cesarea habían venido por mí.

12 El Espíritu me dijo que no dudara y los acompañara, así que estos seis hermanos fueron conmigo, y entramos en casa de un varón

13 que nos contó que en su casa había visto un ángel, que le dijo: "Envía algunos de tus hombres a Jope, y haz que venga Simón, al que también se le conoce como Pedro.

14 Él te dirá cómo tú y todos los de tu casa pueden ser salvados."

15 Apenas había comenzado a hablar cuando el Espíritu Santo se manifestó sobre ellos, como al principio se manifestó en nosotros.

16 Entonces me acordé de las palabras del Señor, cuando dijo: "Ciertamente, Juan bautizó con agua; pero ustedes serán bautizados con el Espíritu Santo."[a]

Hch 13.9

17 Pues si Dios les concedió a ellos el mismo don que a nosotros, que hemos creído en el Señor Jesucristo, ¿quién soy yo para oponerme a Dios?»

18 Al oír esto, ellos se callaron y glorificaron a Dios. Decían: «¡Así que Dios también les ha concedido a los no judíos la oportunidad de arrepentirse para que tengan vida!»

La iglesia en Antioquía

19 Mientras tanto, los que habían sido dispersados por la persecución que se desató por causa de Esteban,[b] llegaron hasta Fenicia, Chipre y Antioquía, y hablaban de las buenas noticias solamente a los judíos.

20 Pero había allí unos varones de Chipre y de Cirene, que al entrar en Antioquía habían hablado también a los griegos acerca de las buenas noticias del Señor Jesús.

21 Y con la ayuda del Señor un gran número de personas creyó y se convirtió al Señor.

22 Como esto llegó a oídos de la iglesia en Jerusalén, enviaron a Bernabé hasta Antioquía.

23 Y cuando él llegó y constató la bondad de Dios, se alegró mucho y exhortó a todos a permanecer fieles al Señor, con todo el fervor de su corazón.

24 Bernabé era un hombre bueno, lleno de fe y del Espíritu Santo, así que una gran multitud se agregó para seguir al Señor.

25 Después de eso, Bernabé se fue a Tarso para buscar a Saulo, y cuando lo encontró lo llevó a Antioquía.

26 Durante todo un año se congregaron con la iglesia y enseñaron a mucha gente.

PROMESAS PODEROSAS

HECHOS 11.16

Entonces me acordé de las palabras del Señor, cuando dijo: "Ciertamente, Juan bautizó con agua; pero ustedes serán bautizados con el Espíritu Santo."

Hay dos clases de bautismo para las personas que aceptan a Jesús como su Salvador: el bautismo en agua y el bautismo con el Espíritu Santo. Jesús quiere que los creyentes sean bautizados en agua y con el Espíritu Santo. El bautismo con el Espíritu Santo significa ser lleno con el poder del Espíritu y hablar en un idioma celestial. ¿Has sido bautizado con el Espíritu Santo?

[a]**11.16:** Hch 1.5. [b]**11.19:** Hch 8.1-4. [c]**11.28:** Hch 21.10.

PALABRAS CON PODER — EL NOMBRE CRISTIANO

(Hechos 11.26)

A los discípulos se los llamó cristianos por primera vez en Antioquía, la ciudad más grande del Imperio Romano. Hasta ese momento, a los seguidores de Cristo se los llamaba "creyentes", "discípulos", "los del Camino", "santos", y "la iglesia". No fue hasta que el mensaje de Cristo llegó hasta Antioquía que se los llamó "cristianos". El término puede haber sido un insulto; pero para los creyentes fue un nombre un honor porque los identificaba con Jesús. ¿Te siente honrado de llevar un nombre que te identifica con Jesús?

Y fue allí en Antioquía en donde a los dis-
cípulos de Jesús se les llamó cristianos por
primera vez.
27 Por aquellos días, unos profetas salieron
de Jerusalén para visitar Antioquía.
28 Uno de ellos, llamado Agabo,[c] se levan-
tó para anunciar la hambruna que estaba
por llegar a toda la tierra, y que el Espíritu le
Hch 14.3 había dado a saber. Esto sucedió en los días
del emperador Claudio.
29 Entonces los discípulos acordaron so-
correr a los hermanos que vivían en Judea,
según lo que cada uno tuviera,
30 y por medio de Bernabé y de Saulo en-
viaron ayuda a los ancianos.

Muerte de Jacobo; encarcelamiento de Pedro

12 Por esos mismos días el rey
Herodes mandó aprehender a
algunos miembros de la iglesia
para maltratarlos.
2 A Jacobo, hermano de Juan, lo mató a
filo de espada.
3 Y al ver que esto agradó a los judíos,
mandó aprehender también a Pedro, en la
fiesta de los panes sin levadura.

LECCIONES — LA IGLESIA

(Hechos 12.5)

En el capítulo 12 de los Hechos, se hace referencia a los cristianos como "la iglesia". Mientras que Pedro estaba en la cárcel, la iglesia oraba por él. Este versículo muestra la unidad de la iglesia. El Espíritu Santo es la Persona que une a todos los creyentes en Cristo. Cuando los creyentes se reúnen, adoran a Dios y comparten su Palabra con los que aún no creen. A través del servicio de amor de la iglesia, la gente ve el amor de Cristo y creen en Él como su Salvador. ¿Los miembros de tu iglesia colaboran para compartir la Palabra de Dios?

4 Luego lo encarceló y lo entregó a cuatro
grupos de soldados, para que lo vigilaran. Cada
grupo estaba compuesto de cuatro soldados,
y Herodes tenía la intención de presentarlo
ante el pueblo después de la pascua.[a]
5 Mientras que Pedro era bien vigilado en
la cárcel, en la iglesia se oraba constante-
mente a Dios por él.

Pedro es librado de la cárcel

6 La noche en que Herodes lo iba a sacar,
Pedro estaba durmiendo entre dos soldados,
sujeto con dos cadenas, y frente a la puerta
había también guardias que vigilaban la cárcel.
7 De pronto una luz iluminó la cárcel y
apareció un ángel del Señor, el cual tocó a
Pedro en el costado para despertarlo, y le
dijo: «¡De prisa, levántate!» Y al instante las
cadenas se le cayeron de las manos.
8 Entonces el ángel le dijo: «Recoge tu
ropa y átate las sandalias; envuélvete en tu
manto y sígueme.» Y Pedro obedeció.
9 Salieron de la celda y Pedro lo siguió, aunque
creía que lo que el ángel hacía era una visión.
10 Pasaron la primera y la segunda guardia,
y al llegar a la puerta de hierro que daba a la
ciudad, ¡ésta se abrió por sí misma! Una vez
afuera, cruzaron una calle y luego el ángel
desapareció.

[a] **12.4:** Éx 12.1-27.

11 Entonces Pedro volvió en sí, y dijo: «Ahora me doy cuenta de que en verdad el Señor envió su ángel para librarme de Herodes y de todo lo que el pueblo judío esperaba hacer.»

12 Mientras pensaba así, llegó a casa de María, la madre de Juan, a quien todos conocían como Marcos. Muchos hermanos se habían reunido allí para orar.

13 Cuando Pedro llamó a la puerta del patio, una muchacha llamada Rode salió a ver quien llamaba,

14 y al reconocer la voz de Pedro se puso tan alegre que no abrió, sino que corrió a decir que Pedro estaba a la puerta.

15 Ellos le dijeron que estaba loca. Pero ante su insistencia, ellos dijeron: «¡Ha de ser su ángel!»

16 Mientras tanto, Pedro seguía llamando; así que cuando abrieron y lo vieron, se quedaron atónitos.

17 Pero Pedro les hizo señas con la mano para que callaran, y entonces les contó cómo el Señor lo había sacado de la cárcel. Y añadió: «Digan esto a Jacobo y a los hermanos.» Luego salió, y se fue a otro lugar.

18 Cuando amaneció, hubo mucho alboroto entre los soldados, pues no sabían qué había pasado con Pedro.

19 Herodes lo buscó y, como no lo halló, hizo interrogar a los guardias y luego ordenó que los mataran. Pedro, por su parte, salió de Judea y se fue a Cesarea, donde se quedó.

Muerte de Herodes

20 Herodes estaba muy enojado con los habitantes de Tiro y de Sidón, pero ellos se pusieron de acuerdo y sobornaron al camarero mayor del rey, un hombre llamado Blasto, para que los llevara ante él; y es que querían llegar a un arreglo amistoso, pues sus abastos los recibían a través del territorio del rey.

21 El día convenido, Herodes llegó vestido con sus ropas reales y se sentó en el trono para dirigirles un discurso formal.

22 El pueblo estaba muy emocionado y lo aclamaba a grandes gritos: «¡Queremos voz de Dios, y no voz de un hombre!»

23 En ese momento, un ángel del Señor lo hirió porque no le dio la gloria a Dios, y Herodes murió agusanado.

24 Mientras tanto, la palabra del Señor seguía extendiéndose y multiplicándose.

25 Cuando Bernabé y Saulo cumplieron su servicio, volvieron de Jerusalén y se llevaron con ellos a Juan, también conocido como Marcos.

Bernabé y Saulo comienzan su primer viaje misionero

13 En la iglesia de Antioquía eran profetas y maestros Bernabé y Simón, al que llamaban Niger; Lucio de Cirene; Manaén, que se había criado con el tetrarca Herodes, y Saulo.

2 Como ellos servían al Señor y ayunaban siempre, el Espíritu Santo dijo: «Apártenme a Bernabé y a Saulo, porque los he llamado para un importante trabajo.»

3 Y así, después de que todos ayunaron y oraron, les impusieron las manos y los despidieron.

Los apóstoles predican en Chipre

4 Bernabé y Saulo fueron llevados por el Espíritu Santo a Seleucia, y de allí navegaron a Chipre.

5 Al llegar a Salamina, comenzaron a predicar la palabra de Dios en las sinagogas de los judíos. Juan iba con ellos y les ayudaba.

6 Luego atravesaron toda la isla, hasta llegar a Pafos, donde había un mago y falso profeta judío, llamado Bar Jesús,

7 que estaba con el procónsul Sergio Paulo, quien era un varón muy prudente. Sergio Paulo mandó llamar a Bernabé y a Saulo, porque deseaba oír la palabra de Dios.

8 Pero el mago Elimas (que así se traduce su nombre), se lo impedía y procuraba apartar de la fe al procónsul.

9 Como Saulo, o sea, Pablo, estaba lleno del Espíritu Santo, fijó la mirada en el mago

Hch 15.8

LECCIONES **LA OBRA DE DIOS**

(Hechos 13.2)

El Espíritu Santo escogió a Pablo y a Bernabé para una obra especial, la der ser misioneros. El trabajo del misionero es llevar las buenas noticias de la salvación de Dios en Jesucristo a personas de otras ciudades y países. La iglesia en Antioquía oró por Pablo y Bernabé y los envió en su viaje misionero. Como el Espíritu Santo los escogió, también les dio poder para hacer la obra de Dios. Si Dios te elige para una obra especial, te dará todo lo necesario para que cumplas la misión.

10 y dijo: «¡Eres un hijo del diablo! ¡Estás lleno de mentira y de maldad, y eres enemigo de la justicia! ¿Cuándo dejarás de trastornar los caminos rectos del Señor?

11 Pon atención, porque la mano del Señor está en tu contra y vas a quedarte ciego; no podrás ver el sol por algún tiempo.» Y al instante quedó completamente ciego; y caminaba en círculos, buscando alguien que lo llevara de la mano.

12 Cuando el procónsul vio lo que había sucedido, quedó maravillado de la enseñanza del Señor y creyó.

Pablo y Bernabé en Antioquía de Pisidia

13 Después de que zarparon de Pafos, Pablo y sus compañeros arribaron a Perge de Panfilia; allí Juan se apartó de ellos y volvió a Jerusalén.

14 De Perge, siguieron a Antioquía de Pisidia; y un día de reposo entraron en la sinagoga del lugar y se sentaron.

15 Después de la lectura de la ley y de los profetas, los principales de la sinagoga les dijeron: «Hermanos, si tienen alguna enseñanza o exhortación para el pueblo, los escuchamos.»

16 Entonces Pablo se levantó y, luego de hacerles una señal para que guardaran silencio, dijo:

«Escúchenme ustedes, varones israelitas, y todos los que temen a Dios:

17 El Dios de Israel eligió a nuestros padres y enalteció a su pueblo, y aunque ellos vivieron en Egipto como extranjeros,[a] Dios los sacó de allí con gran despliegue de poder.[b]

18 Durante unos cuarenta años los toleró en el desierto;[c]

19 y después de destruir a siete naciones en Canaán,[d] les dio esas tierras por herencia.[e]

20 Cuatrocientos cincuenta años después, fueron gobernados por jueces[f] hasta que llegó el profeta Samuel.[g]

21 Más tarde pidieron un rey,[h] y Dios les dio a Saúl hijo de Cis, de la tribu de Benjamín,[i] quien los gobernó durante cuarenta años.

22 Cuando Dios le quitó el trono a Saúl,[j] puso como rey a David, de quien dijo: "Me agrada David, el hijo de Yesé, porque sé que él cumplirá los planes que yo tengo."[k]

23 De acuerdo con su promesa, Dios levantó de la descendencia de David un salvador para Israel, que es Jesús.

24 Antes de que Jesús viniera, Juan predicó el bautismo de arrepentimiento[l] a todo el pueblo de Israel.

25 Cuando Juan estaba por terminar su obra, preguntó: "¿Quién creen ustedes que soy yo? No soy el que esperan.[m] Pero después de mí viene uno, del que no soy digno de desatar las correas de su calzado."[n]

26 »Sepan ustedes, hermanos descendientes de Abrahán, y todos ustedes, los que honran a Dios, que este mensaje de salvación ha sido enviado a nosotros.

27 Los habitantes de Jerusalén y sus gobernantes no reconocieron a Jesús ni lo que dijeron los profetas, lo cual se lee en los días de reposo, pero dieron cumplimiento a esas palabras al condenar a Jesús.

[a]**13.17:** Éx 1.7. [b]**13.17:** Éx 12.51. [c]**13.18:** Nm 14.34; Dt 1.31. [d]**13.19:** Dt 7.1. [e]**13.19:** Jos 14.1. [f]**13.20:** Jue 2.16. [g]**13.20:** 1 S 3.20. [h]**13.21:** 1 S 8.5. [i]**13.21:** 1 S 10.21. [j]**13.22:** 1 S 13.14. [k]**13.22:** 1 S 16.12; Sal 89.20. [l]**13.24:** Mr 1.4; Lc 3.3. [m]**13.25:** Jn 1.20. [n]**13.25:** Mt 3.11; Mr 1.7; Lc 3.16; Jn 1.27. [o]**13.28:** Mt 27.22-23; Mr 15.13-14; Lc 23.21-23; Jn 19.15.

PALABRAS CON PODER

SUS TESTIGOS

(Hechos 13.31)

Un testigo es alguien que testifica de la verdad por medio de hechos o palabras. Los testigos de quienes habló Pablo eran los que proclamaban la verdad acerca de Jesús. Antes de que volviera al cielo, Jesús dijo a sus discípulos que serían sus testigos (1:8). La misión de ser testigos es para todos los que creen en Jesús. Si eres uno de los NIÑOS PODEROSOS de Dios, puedes ser su testigo. El Espíritu Santo obrará a través de ti para decirle a la gente cuánto necesitan a Jesús como su Salvador.

28 Y aunque no encontraron en él nada
que mereciera su muerte, le pidieron a Pilato que lo matara.[o]
29 Cuando se cumplió todo lo que estaba
escrito acerca de él, lo bajaron del madero y lo sepultaron.[p]
30 Pero Dios lo resucitó de los muertos,
31 y durante muchos días Jesús se apareció
a los que lo habían acompañado desde Galilea hasta Jerusalén.[q] Y ellos son ahora sus testigos ante el pueblo.
32 Nosotros también les anunciamos a us-
tedes las buenas noticias de la promesa que Dios hizo a nuestros padres:
33 Dios la ha cumplido en sus hijos, es de-
cir, en nosotros, al resucitar a Jesús. Así está escrito en el salmo segundo, que dice: "Tú eres mi hijo. Hoy te he engendrado."[r]
34 En cuanto a levantarlo de entre los
muertos, para que su cuerpo no llegara a corromperse, se dijo así: "Yo les cumpliré fielmente a ustedes las santas promesas que le hice a David."[s]
35 Y también se dice en otro salmo: "No
permitirás que el cuerpo de tu escogido se corrompa."[t]
36 Es un hecho que, por la voluntad de
Dios, David sirvió a su generación y, cuando murió, se fue a reunir con sus padres; pero su cuerpo se corrompió.
37 Sin embargo, el cuerpo de Jesús no se
corrompió, porque Dios lo resucitó.
38 Hermanos, quiero que sepan que les
estamos anunciando el perdón de sus pecados por medio de Jesús.
39 La ley de Moisés no pudo justificarles
Ro 1.16 todos esos pecados, pero en Jesús queda justificado todo aquel que cree en él.
40 Tengan, pues, cuidado de que no les
sobrevenga lo que anunciaron los profetas:

41 "Ustedes, que todo lo desprecian,
¡asómbrense y desaparezcan!
En los días de ustedes haré algo tan
grande
que no podrán creerlo,
aunque alguien se lo explique."»[u]

42 Cuando ellos salieron de la sinagoga, les
rogaron que el siguiente día de reposo volvieran a hablarles de estas cosas.
43 Luego se despidió a la congregación, y
muchos judíos y conversos piadosos siguieron a Pablo y a Bernabé, y ellos siguieron hablándoles y animándolos a mantenerse en la gracia de Dios.
44 El siguiente día de reposo casi todos los
habitantes de la ciudad se reunieron para oír la palabra de Dios,
45 pero cuando los judíos vieron tanta
gente, se llenaron de celos y rebatían lo que Pablo decía, y lo contradecían y lo maldecían.
46 Entonces Pablo y Bernabé les dijeron
con toda franqueza: «Estamos seguros de que era necesario que ustedes fueran los primeros en escuchar la palabra de Dios. Pero como ustedes la rechazan y no se consideran dignos de recibir la vida eterna, ahora vamos a predicarles a los que no son judíos.
47 Ésa es la orden que el Señor nos dio,
cuando dijo:

[p]**13.29:** Mt 27.57-61; Mr 15.42-47; Lc 23.50-56; Jn 19.38-42. [q]**13.31:** Hch 1.3. [r]**13.33:** Sal 2.7. [s]**13.34:** Is 55.3. [t]**13.35:** Sal 16.10. [u]**13.41:** Hab 1.5. [v]**13.47:** Is 42.6; 49.6.

»"Te he puesto como luz para las
naciones,
para que lleves salvación hasta los
confines de la tierra."»[v]

48 Cuando los que no eran judíos oyeron esto, se alegraron y glorificaron la palabra del Señor, y todos los que estaban destinados a recibir la vida eterna creyeron.

49 Y la palabra del Señor se difundía por toda aquella provincia.

50 Pero los judíos instigaron a las mujeres piadosas y distinguidas, y a los principales de la ciudad, para que iniciaran una persecución en contra de Pablo y Bernabé; así que los expulsaron de su territorio.

51 Ellos, por su parte, al salir de la ciudad se sacudieron el polvo de los pies en señal de protesta,[w] y se fueron a Iconio.

52 Y los discípulos estaban gozosos y llenos del Espíritu Santo.

Ro 5.5

Pablo y Bernabé en Iconio

14 Cuando llegaron a Iconio, siguiendo su costumbre entraron en la sinagoga de los judíos; y era tal la convicción con que hablaban que una gran multitud de judíos y de griegos creyó.

2 Pero los judíos que no quisieron creer, dañaron el ánimo de los que no eran judíos y los azuzaron contra los hermanos.

3 A pesar de eso, Bernabé y Pablo se quedaron allí mucho tiempo, y hablaban sin ningún temor y confiados en el Señor, que por su bondad y misericordia les concedió hacer milagros prodigiosos.

Hch 15.32

4 La gente de la ciudad estaba dividida, porque unos apoyaban a los judíos y otros a los apóstoles.

5 Entonces judíos y no judíos, y sus gobernantes, se juntaron con la intención de hacerles daño a los apóstoles y apedrearlos;

6 pero ellos se dieron cuenta y huyeron a Listra y Derbe, ciudades de Licaonia, y de allí fueron a todas las regiones cercanas,

7 donde predicaban el evangelio.

PALABRAS CON PODER

APÓSTOL

(Hechos 14.4)

La palabra *apóstol* viene de una palabra griega que significa "mensajero" o "enviado". Los que recibían una misión directamente de Jesús tenían ese título. Los apóstoles del Nuevo Testamento incluyeron a los once discípulos de Jesús después de la muerte de Judas, y a Matías que tomó el lugar de Judas. Cuando Jesús llamó a los discípulos, los llamó apóstoles (Mateo 10:2). Pablo también fue reconocido como apóstol debido a su encuentro con Jesús (Hechos 9). En este pasaje, a Pablo y Bernabé se los llama apóstoles porque el Espíritu Santo los escogió para que predicaran el evangelio en otros países (lee Hechos 13:2).

Pablo es apedreado en Listra

8 En Listra había un hombre lisiado de nacimiento; no podía mover los pies ni había caminado jamás. Estaba sentado,

9 escuchando a Pablo; y cuando Pablo lo vio a los ojos, comprendió que tenía fe para ser sanado.

10 Entonces Pablo levantó la voz y le dijo: «Levántate, y apóyate sobre tus pies.» Y aquel hombre dio un salto y comenzó a caminar.

Hch 27.25

11 Al ver la gente lo que Pablo había hecho, comenzó a gritar en lengua licaónica: «Los dioses han bajado en forma de hombres, y nos están visitando.»

12 A Bernabé lo llamaron Júpiter, y como Pablo era el que hablaba, a él lo llamaron Mercurio.

13 El sacerdote de Júpiter, que oficiaba en el templo que estaba frente a la ciudad, llevó hasta las puertas toros y guirnaldas, y les quería ofrecer sacrificios junto con la muchedumbre.

14 Cuando Bernabé y Pablo se enteraron de esto, se rasgaron la ropa y corrieron entre la multitud, y a gritos dijeron:

[w] **13.51:** Mt 10.14; Mr 6.11; Lc 9.5; 10.11.

15 «Amigos, ¿por qué hacen esto? Nosotros somos unos simples mortales, lo mismo que ustedes. Hemos venido a decirles que se vuelvan al Dios de la vida, al creador del cielo, la tierra y el mar, y de todo lo que hay en ellos, y que se aparten de todo esto, que para nada sirve.

16 En el pasado, Dios permitió que la gente anduviera por sus propios caminos,

17 aunque no dejó de manifestar su poder al enviarnos toda clase de bienes, pues del cielo nos viene la lluvia, que hace fructificar la tierra para nuestro sustento y alegría.»

18 Cuando ellos dijeron esto, casi les fue imposible impedir que la multitud les ofreciera sacrificio.

19 En ese momento llegaron de Antioquía y de Iconio unos judíos que persuadieron a la multitud para que apedreara a Pablo; después de eso lo arrastraron y lo llevaron fuera de la ciudad, pues creían que estaba muerto.

20 Pero los discípulos lo protegieron, y Pablo se levantó y entró en la ciudad, y al día siguiente salió con Bernabé para Derbe.

21 Después de anunciar el evangelio en aquella ciudad y de hacer muchos discípulos, los dos regresaron a Listra, a Iconio y a Antioquía,

22 y allí infundían ánimo a los discípulos y los alentaban a mantener la fe. Les decían: «Para entrar en el reino de Dios nos es necesario pasar por muchas tribulaciones.»

23 También nombraron ancianos en cada iglesia, y luego de orar y ayunar los encomendaron al Señor, en quien habían creído.

El regreso a Antioquía de Siria

24 Luego de pasar por Pisidia, llegaron a Panfilia;

25 después predicaron el evangelio en Perge, y se fueron a Atalia;

26 de allí navegaron hasta Antioquía, en donde los habían encomendado a Dios para que hicieran la obra que ya habían cumplido.

27 Cuando llegaron, reunieron a la iglesia y narraron las grandes cosas que Dios había hecho con ellos, y cómo había abierto la puerta de la fe para que los no judíos entraran por ella.

28 Y allí se quedaron mucho tiempo con los discípulos.

El concilio en Jerusalén

15 De Judea llegaron algunos que enseñaban a los hermanos que, si no se circuncidaban según el rito de Moisés,[a] no podían ser salvos.

2 Como Pablo y Bernabé tuvieron una fuerte discusión con ellos, se acordó que los dos y algunos otros fueran a Jerusalén para tratar esta cuestión con los apóstoles y los ancianos.

3 Como habían sido enviados por la iglesia, pasaron por Fenicia y Samaria, y allí hablaron de la conversión de los no judíos, lo cual hizo que todos los hermanos se alegraran mucho.

4 Cuando llegaron a Jerusalén, fueron recibidos por la iglesia, los apóstoles y los ancianos, y allí contaron todo lo que Dios había hecho con ellos.

5 Pero algunos creyentes de la secta de los fariseos, que estaban allí, se opusieron a ellos y dijeron: «Es necesario circuncidarlos, y mandarles que cumplan con la ley de Moisés.»

6 Los apóstoles y los ancianos se reunieron para tratar este asunto,

7 y luego de mucho discutir, Pedro se levantó y les dijo: «Queridos hermanos, ustedes saben que hace algún tiempo Dios determinó que yo mismo proclamara a los no judíos el mensaje del evangelio, para que creyeran.[b]

8 Y Dios, que conoce los corazones, los confirmó y les dio el Espíritu Santo,[c] lo mismo que a nosotros.[d] Hch 19.1-7

9 Dios no hizo ninguna diferencia entre ellos y nosotros, sino que por la fe purificó sus corazones.

10 Entonces, ¿por qué ponen a prueba a Dios, al imponer sobre los discípulos una

[a]15.1: Lv 12.3. [b]15.7: Hch 10.1-43. [c]15.8: Hch 10.44. [d]15.8: Hch 2.4.

carga que ni nuestros padres ni nosotros
hemos podido llevar?
11 Lo que creemos es que, por la bondad
del Señor Jesús, seremos salvos lo mismo
que ellos.»
12 Al oír que Bernabé y Pablo contaban las
grandes señales y maravillas que Dios había
realizado por medio de ellos entre los no ju-
díos, toda la multitud guardó silencio;
13 y cuando terminaron de hablar, Jacobo
respondió y dijo: «Hermanos, escúchenme.
14 Simón nos ha contado cómo Dios visitó
a los no judíos por primera vez, para añadir-
los al pueblo que cree en su nombre.
15 Las palabras de los profetas concuerdan
en esto, pues está escrito:

16 »"Después de esto volveré,
y reedificaré el caído tabernáculo de
David;
repararé sus ruinas
y lo volveré a levantar,
17 para que el resto de la humanidad
busque al Señor,
y también todas las naciones que
invocan mi nombre."

18 »Esto lo dice el Señor. Lo ha dado a co-
nocer desde los tiempos antiguos.[e]
19 »Mi consejo es que no inquieten a los
no judíos que se convierten a Dios,
20 sino que los instruyan para que se apar-
ten de la idolatría,[f] del libertinaje sexual,[g] del
comer carne de animales ahogados, y de
comer sangre.[h]
21 A Moisés no le falta quien lo predique
en las sinagogas, cada día de reposo, en cada
ciudad y desde los tiempos antiguos.»
22 A los apóstoles, a los ancianos y a toda
la iglesia, les pareció buena idea elegir de
entre ellos a algunos hermanos, y eligieron
a Judas, también conocido como Barsabás,
y a Silas, pues sobresalían entre los demás
hermanos, y los enviaron a Antioquía con
Pablo y Bernabé.
23 Por conducto de ellos enviaron un es-
crito: «Los apóstoles y los ancianos, a nues-
tros hermanos no judíos en Antioquía, Siria
y Cilicia. Reciban nuestros saludos.
24 Hemos sabido que algunos hermanos
que estaban con nosotros, a quienes no les
dimos ninguna orden, los han perturbado e
inquietado a ustedes con sus enseñanzas.
25 Hemos llegado al acuerdo, que nos
parece bien, de elegir a algunos hermanos
y enviarlos a ustedes con nuestros amados
hermanos Bernabé y Pablo.
26 Ellos han expuesto su vida por causa del
nombre de nuestro Señor Jesucristo.
27 Así que con ellos van Judas y Silas, quienes
en sus propias palabras les dirán esto mismo.
28 Al Espíritu Santo y a nosotros nos ha
parecido bien no imponerles ninguna otra
carga, sino sólo esto que necesitan saber:
29 que deben abstenerse de comer lo que
se ha sacrificado a los ídolos, de comer san-
gre o la carne de animales ahogados, y del
libertinaje sexual. Harán bien en evitar estas
cosas. Que estén muy bien.»
30 Cuando los hermanos que fueron en-
viados llegaron a Antioquía, reunieron a la
congregación y entregaron la carta.
31 Cuando los hermanos terminaron de
leerla, se alegraron por el consuelo recibido.
32 Como Judas y Silas también eran profe-
tas, con mucho afecto fraternal consolaron Hch 21.9-12
y confirmaron en la fe a los hermanos,
33 y después de haber pasado un tiempo
con ellos, los hermanos los despidieron en
paz, para que regresaran con quienes los ha-
bían enviado.
34 Silas prefirió quedarse allí,
35 así que Pablo y Bernabé continuaron en-
señando la palabra del Señor en Antioquía, y
anunciando el evangelio a muchos más.

Pablo se separa de Bernabé y comienza su segundo viaje misionero

36 Algunos días después, Pablo le dijo a
Bernabé: «Volvamos a visitar a los hermanos
en las ciudades donde hemos anunciado la
palabra del Señor, para ver cómo están.»

[e] **15.16-18:** Am 9.11-12. [f] **15.20:** Éx 34.15-17. [g] **15.20:** Lv 18.6-23. [h] **15.20:** Lv 17.10-16.

37 Bernabé quería que los acompañara
Juan, que también era conocido como Mar-
cos,
38 pero Pablo no estuvo de acuerdo por-
que Juan se había separado de ellos en Pan-
filia[i] y no había trabajado con ellos.
39 Tan grande fue el desacuerdo entre
ellos, que terminaron por separarse: Berna-
bé tomó a Marcos y se embarcó a Chipre,
40 pero Pablo escogió a Silas. Los herma-
nos lo encomendaron a la bendición del
Señor,
41 y a su paso por Siria y Cilicia fue confir-
mando a las iglesias.

Timoteo acompaña a Pablo y a Silas

16 Después, Pablo llegó a Derbe y
a Listra. Allí había un discípulo
llamado Timoteo, que era hijo
de una judía cristiana y de padre griego.
2 Los hermanos que estaban en Listra y en
Iconio hablaban muy bien de él,
3 así que Pablo quiso que Timoteo lo
acompañara. Para evitar problemas con los
judíos que había en aquellos lugares, Pablo
hizo que Timoteo se circuncidara, pues to-
dos sabían que su padre era griego.
4 Cuando ellos pasaban por las ciudades,
entregaban las reglas que los apóstoles y los
ancianos en Jerusalén habían acordado que
se pusieran en práctica.
5 Y así las iglesias eran confirmadas en la
fe, y su número aumentaba cada día.

La visión del varón macedonio

6 Como el Espíritu Santo no les permitió
proclamar la palabra en Asia, ellos se limita-
ron a atravesar Frigia y la provincia de Galacia.
7 Cuando llegaron a Misia, intentaron ir a Bi-
tinia, pero el Espíritu tampoco se lo permitió.
8 Entonces dejaron de lado a Misia y lle-
garon a Troas.
9 Allí, una noche Pablo tuvo una visión, en
la que veía ante él a un varón macedonio,
que suplicante le decía: «Pasa a Macedonia,
y ayúdanos.»
10 Después de que Pablo tuvo la visión, en-
seguida nos dispusimos a partir hacia Ma-
cedonia, pues estábamos seguros de que
Dios nos estaba llamando a anunciarles el
evangelio.

En la cárcel de Filipos

11 Nos embarcamos en Troas, y fuimos
directamente a Samotracia; al día siguiente
proseguimos a Neápolis,
12 y de allí fuimos a Filipos, que es una co-
lonia y la ciudad principal de la provincia de
Macedonia; en esa ciudad estuvimos algu-
nos días.
13 Un día de reposo salimos de la ciudad y
llegamos al río, donde se hacía la oración; allí
nos sentamos y trabamos conversación con
las mujeres allí reunidas.
14 Entre las que nos oían estaba una mujer
llamada Lidia, que vendía telas de púrpura
en la ciudad de Tiatira. Lidia adoraba a Dios,
y el Señor tocó su corazón para que diera
cabida a lo que Pablo decía.
15 Cuando ella y su familia fueron bautiza-
das, suplicante nos dijo: «Si ustedes consi-
deran que soy fiel al Señor, vengan a mi casa
y hospédense allí.» Y nos sentimos obliga-
dos a quedarnos allí.
16 Pero sucedió que, mientras nos dirigía-
mos al lugar de oración, una joven adivina
salió a nuestro encuentro; por su capacidad
de adivinación, ella era para sus amos una
fuente de muchas ganancias.
17 La joven venía tras nosotros, y a voz en
cuello gritaba: «Estos hombres son siervos
del Dios altísimo, y les anuncian el camino
de salvación.»
18 Esto lo repitió durante muchos días; pero
Pablo se molestó mucho y, finalmente, se dio
vuelta y le dijo a ese espíritu: «¡En el nombre
de Jesucristo, te ordeno que salgas de ella!» Y
al instante el espíritu la abandonó. Hch 19.13-20
19 Pero al ver sus amos que iban a perder
sus ganancias, aprehendieron a Pablo y a Si-
las, y los presentaron ante las autoridades,
en la plaza pública.

[i] **15.38:** Hch 13.13.

20 Allí, ante los magistrados, dijeron: «Estos
judíos andan alborotando a nuestra ciudad,
21 y enseñan costumbres que nosotros,
como romanos, no podemos aceptar ni
practicar.»
22 La gente se agolpó contra ellos; los ma-
gistrados les rasgaron las ropas, y ordenaron
que se les azotara con varas.
23 Después de darles muchos azotes, los
arrojaron en la cárcel y le ordenaron al car-
celero que los mantuviera constantemente
vigilados.
24 Al recibir esta orden, el carcelero los me-
tió en el último calabozo, y les sujetó los pies
en el cepo.
25 A la medianoche, Pablo y Silas oraban y
cantaban himnos a Dios, mientras los pre-
sos los escuchaban.
26 De pronto hubo un terremoto, tan vio-
lento que los cimientos de la cárcel se estre-
mecieron. Al instante se abrieron todas las
puertas, y las cadenas de todos se soltaron.
27 El carcelero despertó, y cuando vio
abiertas las puertas de la cárcel, sacó su es-
pada y quiso matarse, pues pensaba que los
presos habían huido.
28 Pero con fuerte voz Pablo le dijo: «¡No
te hagas ningún daño, que todos estamos
aquí!»
29 Entonces el carcelero pidió una luz y,
temblando de miedo, corrió hacia dentro y
se echó a los pies de Pablo y de Silas;
30 luego los sacó y les preguntó: «Señores,
¿qué debo hacer para salvarme?»
31 Ellos le dijeron: «Cree en el Señor Jesu-
cristo, y se salvarán tú y tu familia.»
32 Y les hablaron de la palabra del Señor a
él y a toda su familia.

Hch 18.9-10

33 A esas horas de la noche el carcelero los
tomó y les lavó las heridas, y luego él y toda
su familia fueron bautizados;
34 después los llevó a su casa y les sirvió
de comer, y él y toda su casa se alegraron
mucho de haber creído en Dios.
35 Al día siguiente, los magistrados envia-
ron unos alguaciles a decirle: «Suelta a esos
hombres.»

PROMESAS PODEROSAS

HECHOS 16.31

Ellos le dijeron: "Cree en el Señor Jesucristo, y se salvarán tú y tu familia."

¿Cuál es la pregunta más importante que cualquiera puede hacer? Es: "¿Qué debo hacer para ser salvo?" Este versículo responde a esta pregunta. Creer en Jesús significa que tienes fe en que Él murió por ti en la cruz. También significa que quieres llevar una vida que lo agrade. Cuando aceptas a Jesús como tu Salvador, el Espíritu Santo entra en tu corazón para ayudarte a hacer precisamente eso.

36 El carcelero le dijo a Pablo: «Los magis-
trados mandan a decir que los deje libres; así
que salgan y váyanse tranquilos.»
37 Pero Pablo dijo: «Después de que nos
azotaron públicamente, nos echaron en la
cárcel sin una sentencia judicial, ¿ahora nos
van a liberar en secreto? ¡De ninguna mane-
ra! Nosotros somos ciudadanos romanos.
¡Que vengan ellos mismos a sacarnos!»
38 Los alguaciles fueron a decir a los magis-
trados lo que Pablo había dicho; y éstos se
asustaron al enterarse de que eran ciudada-
nos romanos.
39 Entonces fueron a la cárcel, y con rue-
gos les pidieron que salieran y se fueran de
la ciudad.
40 Al salir de la cárcel, se dirigieron a la casa
de Lidia y, luego de ver a los hermanos, los
consolaron y se fueron.

El alboroto en Tesalónica

17 Después de pasar por Anfípolis
y Apolonia, llegaron a Tesalóni-
ca, donde había una sinagoga
judía.
2 Pablo fue entonces a la sinagoga, como
era su costumbre, y durante tres días de

reposo debatió con ellos. Con base en las Escrituras,

3 les aclaró y explicó que era necesario que Cristo padeciera y resucitara de los muertos. Les decía: «Jesús, a quien yo les anuncio, es el Cristo.»

4 Algunos de ellos creyeron y se unieron a Pablo y a Silas, lo mismo que muchos griegos piadosos y numerosas mujeres nobles.

5 Pero los judíos que no creyeron se llenaron de envidia, así que lograron reunir a una turba de vagos y maleantes, y comenzaron a alborotar la ciudad, y en su búsqueda de Pablo y Silas irrumpieron en la casa de Jasón, pues querían expulsarlos del pueblo.

6 Como no los hallaron, llevaron a Jasón y a algunos hermanos ante las autoridades de la ciudad, mientras gritaban: «¡Esos que están trastornando el mundo entero, ya han llegado acá!

7 Jasón los ha recibido, y todos sus seguidores desobedecen los decretos de César. Dicen que hay otro rey, y que se llama Jesús.»

8 Al oír esto, el pueblo y las autoridades de la ciudad se alborotaron;

9 pero Jasón respondió por ellos, y los dejaron en libertad.

Pablo y Silas en Berea

10 Esa misma noche, los hermanos enviaron a Pablo y Silas hasta Berea. Y cuando éstos llegaron allá, entraron en la sinagoga de los judíos.

11 Éstos eran más nobles que los de Tesalónica, pues recibieron la palabra con mucha atención, y todos los días examinaban las Escrituras para ver si era cierto lo que se les anunciaba.

12 Entre los que creyeron, había distinguidas mujeres griegas y un buen número de hombres.

13 Cuando los judíos de Tesalónica supieron que también en Berea Pablo anunciaba la palabra de Dios, fueron allá para alborotar a las multitudes.

14 Pero de inmediato los hermanos enviaron a Pablo al mar, mientras Silas y Timoteo se quedaban allí.

15 Los encargados de trasladar a Pablo lo llevaron a Atenas; y a Silas y a Timoteo les ordenaron que se reunieran con él tan pronto como pudieran, y así lo hicieron.

Pablo en Atenas

16 Mientras Pablo los esperaba en Atenas, su espíritu se enardeció al ver que la ciudad estaba entregada a la idolatría.

17 Por eso en la sinagoga discutía con los judíos y con hombres piadosos, y también con todos los que a diario acudían a la plaza.

18 Algunos filósofos de los epicúreos y de los estoicos discutían con él. Unos preguntaban: «¿De qué habla este parlanchín?» Y otros decían: «Es alguien que habla de dioses extranjeros.» Y es que les hablaba del evangelio de Jesús, y de la resurrección.

19 Entonces lo tomaron, lo llevaron al Areópago y le dijeron: «¿Nos puedes explicar qué es esta nueva enseñanza de la que hablas?

20 Porque esto suena extraño en nuestros oídos. Nos gustaría saber qué significa todo esto.»

21 (Y es que a todos los atenienses y extranjeros que allí vivían, no les interesaba nada que no fuera decir o escuchar cosas novedosas.)

22 Pablo se puso entonces en medio del Areópago, y dijo: «Varones atenienses, he observado que ustedes son muy religiosos.

23 Porque al pasar y observar sus santuarios, hallé un altar con esta inscripción: «Al Dios no conocido». Pues al Dios que ustedes adoran sin conocerlo, es el Dios que yo les anuncio.

24 El Dios que hizo el mundo y todo lo que en él hay, es el Señor del cielo y de la tierra. No vive en templos hechos por manos humanas,

25 ni necesita que nadie le sirva, porque a él no le hace falta nada, pues él es quien da vida y aliento a todos y a todo.[a]

[a] **17.24-25:** Is 42.5.

26 De un solo hombre hizo a todo el género humano, para que habiten sobre la faz de la tierra, y les ha prefijado sus tiempos precisos y sus límites para vivir,

27 a fin de que busquen a Dios, y puedan encontrarlo, aunque sea a tientas. Pero lo cierto es que él no está lejos de cada uno de nosotros,

28 porque en él vivimos, y nos movemos, y somos. Ya algunos poetas entre ustedes lo han dicho: "Porque somos linaje suyo."

29 Puesto que somos linaje de Dios, no podemos pensar que la Divinidad se asemeje al oro o a la plata, o a la piedra o a esculturas artísticas, ni que proceda de la imaginación humana.

30 Dios, que ha pasado por alto esos tiempos de ignorancia, ahora quiere que todos, en todas partes, se arrepientan.

31 Porque él ha establecido un día en que, por medio de aquel varón que escogió y que resucitó de los muertos, juzgará al mundo con justicia.»

32 Cuando los allí presentes oyeron hablar de la resurrección de los muertos, unos se burlaban, y otros decían: «Ya te oiremos hablar de esto en otra ocasión.»

33 Entonces Pablo se retiró de en medio de ellos;

34 pero algunos le creyeron y se unieron a él. Entre ellos estaba Dionisio, que era miembro del areópago, una mujer llamada Dámaris, y otros más.

Pablo en Corinto

18 Después de esto, Pablo salió de Atenas y se fue a Corinto.

2 Allí se encontró con un judío que se llamaba Aquila, nacido en el Ponto, y que había llegado recientemente de Italia junto con Priscila, su mujer, porque Claudio había ordenado que todos los judíos salieran de Roma. Pablo fue a verlos

3 y se quedó con ellos para que trabajaran juntos, pues tanto ellos como él fabricaban tiendas de campaña;

PROMESAS PODEROSAS

HECHOS 17.27

A fin de que busquen a Dios, y puedan encontrarlo, aunque sea a tientas. Pero lo cierto es que él no está lejos de cada uno de nosotros.

¿Alguna vez te ha parecido como que Dios está muy lejos? No está lejos. Dios siempre está cerca y siempre está dispuesto a escuchar y responder a tus oraciones.

4 y todos los días de reposo debatía en la sinagoga y lograba persuadir a judíos y a griegos.

5 Cuando Silas y Timoteo llegaron de Macedonia, Pablo estaba totalmente dedicado a la predicación de la palabra, y les probaba a los judíos que Jesús era el Cristo.

6 Pero como ellos se oponían y blasfemaban, Pablo se molestó mucho y les dijo: «Que su propia sangre recaiga sobre ustedes. Yo no tengo nada de qué avergonzarme. Desde ahora, me voy a predicar a los no judíos.»

7 Al salir de allí, se fue a la casa de Ticio Justo, un hombre que honraba a Dios y que vivía junto a la sinagoga.

8 Crispo, que era el jefe de la sinagoga, creyó en el Señor junto con toda su familia; y muchos de los corintios que oían a Pablo también creyeron y fueron bautizados.

9 Una noche, mientras Pablo dormía, el Señor le dijo en una visión: «No temas. Habla y no calles,

10 porque yo estoy contigo. Nadie podrá hacerte daño, porque en esta ciudad cuento con mucho pueblo.»

Hch 20.20-21

11 Pablo se quedó allí un año y seis meses, y les enseñaba la palabra de Dios.

12 Cuando Galión era procónsul de Acaya, los judíos que estaban en contra de Pablo se pusieron de acuerdo y lo llevaron ante el tribunal.

13 Allí dijeron: «Este hombre persuade al pueblo a que honre a Dios, aun en contra de nuestra ley.»

14 Cuando Pablo comenzó a hablar, Galión les dijo: «Si ustedes los judíos acusaran a este hombre de algún agravio o de un crimen muy grave, yo les aseguro que atendería el caso, como corresponde.

15 Pero como esto es cuestión de palabras y nombres, y de su propia ley, véanlo ustedes mismos. Yo no quiero meterme en sus cosas.»

16 Y los echó del tribunal.

17 Entonces se lanzaron sobre Sóstenes, que era el jefe de la sinagoga, y lo golpearon delante del tribunal, pero eso a Galión no le importó nada.

18 Pablo se quedó allí muchos días, pero después se despidió de los hermanos y se embarcó a Siria. Con él se fueron Priscila y Aquila. En Cencrea, Pablo se rapó la cabeza debido a un voto que había hecho.[a]

19 Cuando llegaron a Éfeso, Pablo los dejó y entró luego a la sinagoga, donde empezó a debatir con los judíos.

20 Éstos le rogaban que se quedara con ellos más tiempo, pero él no aceptó.

21 Al despedirse, les dijo: «Si es la voluntad de Dios, volveré a ustedes.» Y zarpó de Éfeso.

Pablo regresa a Antioquía. Comienza su tercer viaje misionero

22 Cuando desembarcó en Cesarea, fue a saludar a la iglesia; después de eso regresó a Antioquía

23 y estuvo allí algún tiempo, pero luego se fue y recorrió la región de Galacia, y luego la de Frigia, para confirmar a todos los discípulos.

Apolos predica en Éfeso

24 Por esos días llegó a Éfeso un judío de Alejandría, que se llamaba Apolos. Era muy elocuente, y tenía un sólido conocimiento de las Escrituras;

25 además, había sido instruido en el camino del Señor, y con espíritu fervoroso hablaba y enseñaba con precisión todo lo concerniente al Señor. Pero sólo conocía el bautismo de Juan.

26 Apolos comenzó a hablar en la sinagoga sin ningún temor, pero cuando Priscila y Aquila lo oyeron, lo llamaron aparte y le expusieron con todo detalle el camino de Dios.

27 Apolos quería ir a Acaya, y los hermanos lo animaron; escribieron a los discípulos de allá para que lo recibieran y, cuando él llegó, fue de mucho provecho para los que, por la gracia de Dios, habían creído,

28 pues con mucha vehemencia refutaba en público a los judíos, y con las Escrituras les demostraba que Jesús era el Cristo.

Pablo en Éfeso

19 Mientras Apolos estaba en Corinto, Pablo estuvo recorriendo las regiones altas. Y sucedió que, cuando llegó a Éfeso, se encontró con algunos discípulos

2 y les preguntó: «¿Ustedes recibieron el

[a]**18.18:** Nm 6.18.

"NO TEMAS" *(Hechos 18.9)*

A lo largo de la Biblia, vemos que Dios habló para ayudar a las personas que tenían miedo. A veces enviaba a un ángel para que diera el mensaje. Josué (Josué 1:9); José, el prometido de María (Mateo 1:20); y ahora Pablo, tuvieron situaciones que les dieron temor. Por su trabajo como misionero, Pablo a veces tenía dudas y temor. Pero la promesa de la presencia y la protección de Dios (Hechos 18:10) le ayudó a superar esos temores. ¿Tienes miedo? Lucha contra el miedo con las promesas de la Palabra de Dios. Hoy también Dios nos habla y dice: "No temas".

Espíritu Santo cuando creyeron en el Señor Jesús?» Y ellos respondieron: «No, ¡ni siquiera habíamos oído hablar del Espíritu Santo!»

[3] Pablo les preguntó entonces: «¿Pues qué enseñanza recibieron al ser bautizados?» Y ellos respondieron: «La del bautismo de Juan.»

[4] Pablo les dijo: «El bautismo de Juan enseñaba el arrepentimiento. Le decía al pueblo que tenía que creer en el que vendría después de él, es decir, en Jesús.»[a]

[5] Al oír esto, pidieron ser bautizados en el nombre del Señor Jesús.

[6] Cuando Pablo les impuso las manos sobre la cabeza, el Espíritu Santo vino sobre ellos, y empezaron a hablar en lenguas y a profetizar.

Ef 5.18 [7] Eran doce hombres en total.

[8] Durante tres meses Pablo estuvo yendo a la sinagoga, y allí predicaba sin ningún temor, y trataba de convencer a sus oyentes acerca del reino de Dios.

[9] Pero algunos de ellos no creyeron, y delante de toda la gente hablaron mal del Camino. Entonces Pablo juntó a unos discípulos y se apartó de ellos; pero todos los días debatía en la escuela de Tiranno.

[10] Esto se prolongó durante dos años, así que muchos de los judíos y griegos que vivían en la provincia de Asia llegaron a oír la palabra del Señor.

[11] Dios, por medio de Pablo, hacía milagros tan extraordinarios

Hch 28.8-9 [12] que muchos le llevaban los paños o delantales de los enfermos, y las enfermedades desaparecían y la gente quedaba libre de espíritus malignos.

[13] Andaban por ahí algunos judíos exorcistas, que intentaban invocar el nombre del Señor Jesús sobre los que tenían espíritus malignos. Les decían: «En el nombre de Jesús, a quien Pablo predica, les ordenamos salir.»

[14] Los que hacían esto eran los siete hijos de un judío llamado Esceva, que era jefe de los sacerdotes;

[15] pero el espíritu maligno les respondió: «Yo sé quién es Jesús, y sé también quién es Pablo; pero ustedes, ¿quiénes son?»

[16] Dicho esto, el hombre que tenía el espíritu malo se arrojó sobre ellos; y los derribó con tanta fuerza que los hizo huir desnudos y heridos.

[17] Esto lo supieron todos los habitantes de Éfeso, tanto judíos como griegos, y les entró mucho temor, pero magnificaban el nombre del Señor Jesús.

[18] Muchos de los que habían creído venían y confesaban sus malas prácticas.

[19] De igual manera, muchos de los que practicaban la magia llevaron sus libros y los quemaron delante de todos. ¡Y el precio de esos libros era de cincuenta mil monedas de plata!

[20] Y fue así como la palabra del Señor fue extendiéndose y difundiéndose con mucha fuerza. Ro 8.38-39

[21] Cuando Pablo vio esto, le pareció que luego de visitar Macedonia y Acaya debía ir a Jerusalén. Decía: «Después de estar allí, tengo que ir a Roma y ver qué pasa allá.»

[22] Envió entonces a Macedonia a Timoteo y Erasto, que eran dos de sus ayudantes, pero él se quedó por algún tiempo en Asia.

El alboroto en Éfeso

[23] Por esos días hubo un gran disturbio por causa de las enseñanzas del Camino.

[24] Resulta que un platero llamado Demetrio hacía réplicas en plata del templo de la diosa Diana, con lo cual ganaban mucho dinero los artífices.

[25] Demetrio reunió a los obreros y les dijo: «Amigos míos, ustedes saben que este oficio es para nosotros una buena fuente de ingresos.

[26] Pero como han visto y sabido, Pablo ha persuadido a mucha gente de que no son dioses los que hacemos con nuestras manos. De esto ha convencido a mucha gente, no sólo en Éfeso sino en casi toda Asia.

[27] Esto no sólo desacredita y pone en peligro nuestro negocio, sino también al templo de la

[a] **19.4:** Mt 3.11; Mr 1.4, 7-8; Lc 3.4, 16; Jn 1.26-27.

gran diosa Diana, que es venerada en toda la provincia de Asia y en el mundo entero. ¡Esto la despoja de su divinidad y majestad!»

28 Cuando los artesanos oyeron esto, se llenaron de ira y gritaron: «¡Grande es Diana de los efesios!»

29 La ciudad entera se llenó de confusión, así que todos se fueron al teatro y se llevaron a rastras a Gayo y Aristarco, los compañeros macedonios de Pablo.

30 Pablo intentó enfrentarse al pueblo, pero los discípulos no lo dejaron.

31 También algunas de las autoridades de Asia, que eran sus amigos, le enviaron un mensaje, en el que le rogaban que no se presentara en el teatro.

32 Era tal la confusión entre la concurrencia que unos gritaban una cosa, y otros, otra; aunque la mayoría no sabía para qué se habían reunido.

33 De entre la multitud, los judíos sacaron a empujones a un tal Alejandro, que a señas pidió silencio, pues quería presentar su defensa ante el pueblo;

34 pero cuando supieron que era judío, todos a una voz gritaron durante casi dos horas: «¡Grande es Diana de los efesios!»

35 Una vez que la multitud se apaciguó, el escribano dijo: «Varones efesios, ¿quién no sabe que la ciudad de Éfeso es guardiana del templo de la gran diosa Diana, y de la imagen que cayó del cielo?

36 Esto nadie lo puede contradecir. Lo que ustedes deben hacer es calmarse y no actuar con precipitación.

37 Han traído ustedes a estos hombres, que no han profanado ni ofendido a nuestra diosa.

38 Si Demetrio y sus artífices tienen motivo de queja contra alguno, tenemos tribunales, y también procónsules. Ante ellos pueden presentar su acusación.

39 Y si tienen alguna otra demanda, eso puede resolverse en una asamblea legalmente constituida.

40 Por sucesos como el de hoy, corremos el riesgo de que se nos acuse de sedición, ya que nada justifica una reunión como ésta.»

41 Dicho esto, el escribano disolvió la asamblea.

Viaje de Pablo a Macedonia y a Grecia

20 Una vez que se calmó el alboroto, Pablo llamó a los discípulos y, luego de animarlos y abrazarlos, se despidió de ellos y se fue a Macedonia.

2 Después de recorrer aquellas regiones y de animar a los hermanos con largos discursos, se dirigió a Grecia,

3 donde estuvo tres meses. Pero como los judíos le tendieron una emboscada cuando él estaba por embarcarse rumbo a Siria, decidió regresar por Macedonia.

4 Lo acompañaron Sópater de Berea, Aristarco y Segundo, de Tesalónica; Gayo, de Derbe; Timoteo, y Tíquico y Trófimo, de Asia.

5 Pero ellos se adelantaron y nos esperaron en Troas.

6 Nosotros salimos de Filipos en barco, después de la fiesta de los panes sin levadura, y cinco días después nos reunimos con ellos en Troas. Allí nos quedamos siete días.

Visita de despedida de Pablo en Troas

7 El primer día de la semana los discípulos se reunieron para partir el pan, y Pablo estuvo enseñándoles. Pero como tenía que salir al día siguiente, alargó su discurso hasta la medianoche.

8 En el aposento alto donde se habían reunido había muchas lámparas.

9 Un joven que se llamaba Eutico estaba sentado en la ventana del tercer piso. Como Pablo se extendió demasiado en su predicación, a Eutico lo venció el sueño y se cayó, así que cuando lo levantaron estaba muerto.

10 Entonces Pablo bajó y se echó sobre él, lo abrazó y dijo: «No se alarmen. Está vivo.»

11 Después volvió a subir, y partió el pan y comió; luego siguió hablando hasta que amaneció, y entonces se fue.

12 Para consuelo de todos, al joven se lo llevaron vivo.

LECCIONES **¡ADVERTENCIA!**

(Hechos 20.31)

Antes de despedirse de los líderes de la iglesia en Efesios, Pablo les advirtió acerca de los falsos maestros. Los falsos maestros decían que enseñaban acerca de Jesús, pero no enseñaban la verdad acerca de Cristo. Pablo quería que la iglesia se cuidara de esos falsos maestros. Sabemos que alguien es un falso maestro si no enseña las verdades de la Palabra de Dios. Dedica tiempo a orar por los líderes de tu iglesia. Pídale a Dios que les dé valor para defender la verdad.

Viaje de Troas a Mileto

13 Nosotros nos embarcamos antes, y navegamos hasta Asón, donde teníamos que recoger a Pablo, pues él había decidido ir allá por tierra.

14 Cuando se reunió con nosotros en Asón, subió a bordo y nos fuimos a Mitilene.

15 Partimos de allí, y al día siguiente estábamos frente a Quío. Al otro día tocamos puerto en Samos, y un día después llegamos a Mileto.

16 Pablo se apresuraba porque, de ser posible, quería estar en Jerusalén el día de Pentecostés, así que había decidido pasar de largo a Éfeso y no detenerse en Asia.

Discurso de despedida de Pablo en Mileto

17 Desde Mileto Pablo envió un mensaje a los ancianos de la iglesia de Éfeso, para que se reunieran con él.

18 Cuando los ancianos llegaron, les dijo:

«Ustedes saben cómo me he comportado todo el tiempo, desde el primer día que entré en Asia.

19 Saben que he servido al Señor con toda humildad y con muchas lágrimas, y que he sido puesto a prueba por las intrigas de los judíos.

20 También saben que no me he negado a serles útil, y que en público y en las casas he anunciado y enseñado

21 a los judíos y a los no judíos que deben volverse a Dios, y tener fe en nuestro Señor Jesucristo. Hch 26.16-27

22 Ahora voy a Jerusalén, llevado por el Espíritu, pero no sé lo que allá me espera,

23 a no ser lo que el Espíritu Santo me ha confirmado en todas las ciudades, de que me esperan cárceles y tribulaciones.

24 Pero eso a mí no me preocupa, pues no considero mi vida de mucho valor, con tal de que pueda terminar con gozo mi carrera[a] y el ministerio que el Señor Jesús me encomendó, de hablar del evangelio y de la gracia de Dios.

25 Yo sé que no me volverá a ver ninguno de ustedes, entre quienes he estado proclamando el reino de Dios;

26 por lo tanto, puedo asegurarles que estoy limpio de la sangre de todos,

27 pues no me he negado a anunciarles el plan de Dios.

28 Yo les ruego que piensen en ustedes mismos, y que velen por el rebaño sobre el cual el Espíritu Santo los ha puesto como obispos, para que cuiden de la iglesia del Señor, que él ganó por su propia sangre.

29 Yo sé bien que después de mi partida vendrán lobos rapaces, que no perdonarán al rebaño.

30 Aun entre ustedes mismos, algunos se levantarán y con sus mentiras arrastrarán tras de sí a los discípulos.

31 Por lo tanto, manténganse atentos y recuerden que noche y día, durante tres años, con lágrimas en los ojos siempre he aconsejado a cada uno de ustedes.

32 Ahora los encomiendo a Dios y a su palabra de bondad, la cual puede edificarlos y darles la herencia prometida con todos los que han sido santificados.

33 Nunca he codiciado la plata ni el oro ni el vestido de nadie.

34 Bien saben ustedes que mis manos me han servido para ganar lo que nos faltaba a mí y a los que están conmigo.

[a] **20.24:** 2 Ti 4.7.

35 Siempre les enseñé, y ustedes lo aprendieron, que a los necesitados se les ayuda trabajando como he trabajado yo, y recordando las palabras del Señor Jesús, que dijo: "Hay más bendición en dar que en recibir."»

36 Dicho esto, Pablo se puso de rodillas y oró con ellos.

37 Todos comenzaron a llorar y, echándose al cuello de Pablo, lo besaron,

38 pues les dolió mucho el que dijera que no lo volverían a ver. Después de eso, lo acompañaron hasta el barco.

Viaje de Pablo a Jerusalén

21 Después de despedirnos de ellos, zarpamos y nos fuimos directamente a Cos, y al día siguiente a Rodas, y de allí continuamos a Pátara.

2 Allí dimos con un barco que se dirigía a Fenicia, así que nos embarcamos en él y zarpamos.

3 Del lado izquierdo pudimos ver Chipre, pero seguimos navegando hacia Siria y arribamos a Tiro, porque el barco tenía que descargar allí.

4 Como allí encontramos a los discípulos, nos quedamos con ellos siete días. Ellos, por medio del Espíritu, le decían a Pablo que no fuera a Jerusalén.

5 Cumplidos los siete días, salimos de la ciudad, y todos nos acompañaron con sus mujeres y sus hijos. En la playa nos pusimos de rodillas y oramos,

6 luego nos abrazamos unos a otros, y subimos al barco. Ellos, por su parte, volvieron a sus casas.

7 Nosotros seguimos navegando. Salimos de Tiro y arribamos a Tolemaida; allí saludamos a los hermanos y nos quedamos con ellos un día.

8 Al día siguiente, salimos y nos dirigimos a Cesarea; allí nos hospedamos en casa de Felipe[a] el evangelista, que era uno de los siete

9 y que tenía cuatro hijas doncellas que profetizaban.

PROMESAS PODEROSAS

HECHOS 20.35

Hay más bendición en dar que en recibir.

Dios quiere que seamos amables y generosos con los demás. Es una manera de mostrar el amor a los demás. Ayudar a los necesitados sin esperar nada a cambio da gran satisfacción.

10 Durante los días que allí permanecimos, un profeta llamado Agabo[b] llegó de Judea,

11 pues venía a vernos. Agabo tomó el cinto de Pablo, se ató con él las manos y los pies, y dijo: «El Espíritu Santo ha dicho: "Así atarán los judíos en Jerusalén al dueño de este cinto, y lo entregarán a los no judíos."»

12 Al oír esto, nosotros y los de Cesarea le rogamos a Pablo que no fuera a Jerusalén. Ro 1.11

13 Pero Pablo respondió: «¿Por qué lloran? ¡Se me parte el corazón! Por el nombre del Señor Jesús, yo estoy dispuesto no sólo a que me aten, sino a que me maten en Jerusalén.»

14 Como no pudimos convencerlo, dejamos de insistir y le dijimos: «¡Que se haga la voluntad del Señor!»

15 Días después hicimos los preparativos y subimos a Jerusalén.

16 Algunos de los discípulos de Cesarea nos acompañaron; consigo llevaron a Mnasón, un antiguo discípulo de Chipre, en cuya casa nos hospedaríamos.

Arresto de Pablo en el templo

17 Cuando llegamos a Jerusalén, los hermanos nos recibieron con mucho gozo.

18 Al día siguiente entramos con Pablo en casa de Jacobo. Allí estaban reunidos todos los ancianos.

19 Después de saludarlos, Pablo les habló de su ministerio, y con mucho detalle les

[a]**21.8:** Hch 6.5; 8.5. [b]**21.10:** Hch 11.28.

contó lo que Dios había hecho entre los no
judíos.
20 Cuando ellos lo oyeron, glorificaron a
Dios y le dijeron: «Hermano Pablo, ya he-
mos visto cuántos miles de judíos han creí-
do, todos ellos celosos de la ley.
21 Lo que aquí se ha sabido es que a los
judíos que están entre los no judíos les en-
señas a renegar de las enseñanzas de Moi-
sés, y que les dices que no circunciden a sus
hijos ni observen nuestras costumbres.
22 ¿Qué dices a esto? Seguramente ya se
sabe que has venido,
23 así que te recomendamos hacer lo si-
guiente: Hay entre nosotros cuatro hom-
bres que están obligados a cumplir un voto.
24 Ve y purifícate con ellos, y paga para
que les rasuren la cabeza.[c] Así todos com-
prenderán que no es cierto lo que supieron
acerca de ti, y que también tú obedeces la
ley.
25 En cuanto a los creyentes no judíos, no-
sotros ya les hemos escrito y les recomen-
damos que no observen nada de esto, sino
que se abstengan solamente de comer lo
que se sacrifica a los ídolos, que no coman
sangre ni animales ahogados, ni incurran en
libertinaje sexual.»[d]
26 Pablo tomó consigo a aquellos hom-
bres, y al día siguiente se purificó con ellos
y entró en el templo para dar a conocer los
días cuando se cumpliría la purificación y se
presentaría la ofrenda por cada uno de ellos.
27 Cuando estaban por cumplirse los siete
días, unos judíos de la provincia de Asia lo
vieron en el templo, así que alborotaron a
toda la multitud y lo aprehendieron,
28 al tiempo que gritaban: «¡Varones israe-
litas, vengan a ayudarnos! Éste es el hombre
que por todas partes anda esparciendo sus
enseñanzas en contra del pueblo, de la ley
y de este lugar. Y no sólo eso, sino que ha
metido a unos griegos en el templo, con lo
que ha profanado este santo lugar.»
29 Y es que en la ciudad ya habían visto a
Pablo con Trófimo,[e] el de Éfeso, y pensaban
que Pablo lo había metido en el templo.
30 Así que había mucha inquietud en toda
la ciudad; la gente se agolpó y se apoderó de
Pablo, y entre todos lo sacaron del templo
a rastras, y enseguida cerraron las puertas,
31 pues querían matarlo. Pero se dio aviso
al tribuno de la compañía, de que había mu-
cho alboroto en la ciudad de Jerusalén,
32 y éste tomó soldados y centuriones, y se
fue tras ellos. Cuando la gente vio al tribuno
y a los soldados, dejó de golpear a Pablo.
33 Entonces llegó el tribuno y lo aprehen-
dió, y ordenó que lo encadenaran; luego le
preguntó quién era y qué había hecho.
34 Entre la multitud, unos gritaban una
cosa, y otros, otra; y como a causa del albo-
roto el tribuno no podía entender nada con
claridad, mandó que lo llevaran a la fortaleza.
35 Al llegar a las gradas, los soldados tu-
vieron que llevarlo en vilo, pues la multitud
estaba muy violenta,
36 y todo el pueblo que venía detrás grita-
ba: «¡Mátenlo!»

Defensa de Pablo ante el pueblo

37 Cuando estaban por meter a Pablo en
la fortaleza, éste le dijo al tribuno: «¿Me per-
mites decirte algo?» Y el tribuno respondió:
«¿Sabes griego?
38 ¿Acaso no eres tú aquel egipcio sedi-
cioso, que hace poco se sublevó y llevó al
desierto a cuatro mil sicarios?»
39 Pablo le dijo: «No. Soy judío, y nací en
Tarso de Cilicia, que no es una ciudad insig-
nificante. Te ruego que me permitas hablar
al pueblo.»
40 El tribuno se lo permitió. Entonces Pa-
blo, de pie en las gradas, hizo una señal con
la mano al pueblo, para que se callaran. En
cuanto hubo silencio, les dijo en arameo:
22 «Padres y hermanos míos,
escuchen ahora lo que tengo
que decir en mi defensa.»
2 Al oír que les hablaba en lengua aramea,
todos guardaron silencio. Pablo siguió di-
ciendo:

[c] **21.23-24:** Nm 6.13-20. [d] **21.25:** Hch 15.29. [e] **21.29:** Hch 20.4.

3 «Yo soy judío. Nací en Tarso de Cilicia,
pero me criaron en esta ciudad, donde
Gamaliel me instruyó[a] con total apego a
la ley de nuestros antepasados. El celo por
Dios que ustedes sienten hoy, también lo
sentí yo,
4 pues perseguí a muerte a los de este Ca-
mino. Yo aprehendía y llevaba a las cárceles
a hombres y mujeres;
5 el sumo sacerdote y todos los ancianos
me dieron cartas para apresar a los her-
manos; ellos son testigos de que fui a Da-
masco para aprehender a los creyentes que
estuvieran allí, y llevarlos a Jerusalén para
castigarlos.[b]

Pablo relata su conversión

(Hch 9.1-19; 26.12-18)

6 »Pero sucedió que en el camino, ya cerca
de Damasco y como a mediodía, de repente
me rodeó una intensa luz del cielo.
7 Caí al suelo, y entonces oí una voz que
me decía: "Saulo, Saulo, ¿por qué me persi-
gues?"
8 Yo respondí: "¿Quién eres, Señor?" Y la
voz me contestó: "Yo soy Jesús de Nazaret, a
quien tú persigues."
9 Los que me acompañaban vieron la luz,
y se espantaron; pero no escucharon la voz
del que me hablaba.
10 Entonces dije: "Señor, ¿qué debo ha-
cer?" Y el Señor me dijo: "Levántate, y ve a
Damasco; allí se te dirá todo lo que se ha
determinado que hagas."
11 Como yo no podía ver por causa de esa
luz tan potente, los que me acompañaban
me llevaron de la mano, y así llegué a Da-
masco.
12 »Allí vivía Ananías, un hombre piadoso
y apegado a la ley, de quien todos los judíos
que allí vivían hablaban bien.
13 Ananías vino, se me acercó y me dijo:
"Hermano Saulo, ¡recibe la vista!" Y en ese
mismo instante recobré la vista y pude verlo.
14 Y él me dijo: "El Dios de nuestros padres
te ha escogido para que conozcas su volun-
tad, y veas al Justo y escuches de sus propios
labios su palabra,
15 pues tú serás su testigo ante todo el
mundo de esto que has visto y oído.
16 ¿Qué esperas, entonces? ¡Levántate
y bautízate, e invoca su nombre, para que
quedes limpio de tus pecados!"

LECCIONES — BAUTISMO

(Hechos 22.16)

Pablo contó su testimonio de cuando llegó a creer en Jesús como su Salvador. También recordó que fue bautizado en agua. El bautismo en agua es una manera de mostrar ante otros que la persona es un seguidor de Cristo. Cuando alguien acepta ser sumergido en agua, y luego es levantado, es como si se imitara la muerte, sepultura y resurrección de Jesús. El bautismo en agua es un paso importante para cada creyente. ¿Has sido bautizado en agua? ¿Qué significó para ti esa experiencia?

Pablo es enviado a los no judíos

17 »Cuando volví a Jerusalén, mientras
oraba yo en el templo, entré en éxtasis.
18 Vi entonces al Señor, y escuché que me
decía: "Date prisa, y sal pronto de Jerusalén,
porque no van a creer lo que les digas de
mí."
19 Yo le respondí: "Señor, ellos saben que
yo andaba por todas las sinagogas encarce-
lando y azotando a los que creían en ti.
20 Cuando corría la sangre de Esteban, tu
testigo, yo estaba allí, aprobando su muer-
te con mi presencia y cuidando la ropa de
quienes lo mataron."[c]
21 Pero el Señor me dijo: "Anda, que voy a
enviarte lejos, a los que no son judíos."»

Pablo en manos del tribuno

22 Hasta aquí lo escucharon. Entonces al-
zaron la voz y gritaron: «¡Mátalo! ¡Bórralo de
este mundo! ¡Gente así no merece vivir!»

[a]**22.3:** Hch 5.34-39. [b]**22.4-5:** Hch 8.3; 26.9-11. [c]**22.20:** Hch 7.58.

23 Y se rasgaban la ropa y lanzaban polvo al aire, y no dejaban de gritar.

24 Entonces el tribuno mandó que llevaran a Pablo a la fortaleza, con órdenes de que lo interrogaran y lo azotaran para saber por qué protestaban contra él.

25 Cuando lo estaban atando con correas, Pablo le preguntó al centurión allí presente: «¿Acaso está permitido azotar a un ciudadano romano sin que antes se le juzgue?»

26 Cuando el centurión oyó esto, fue con el tribuno y le dijo: «¿Y ahora qué vas a hacer? ¡Este hombre es ciudadano romano!»

27 Fue entonces el tribuno y le preguntó: «Dime, ¿en verdad eres ciudadano romano?» Y como Pablo respondió que sí,

28 el tribuno se jactó: «¡A mí me costó mucho dinero adquirir la ciudadanía!» Pero Pablo le respondió: «Yo soy romano de nacimiento.»

29 Al saber que Pablo era ciudadano romano, los que iban a interrogarlo se apartaron de él, y el tribuno hizo lo mismo, pues tuvo miedo de haber ordenado que lo interrogaran.

Pablo ante el concilio

30 Al día siguiente, el tribuno quiso saber por qué realmente lo acusaban los judíos, así que ordenó que le quitaran las cadenas, y también que se presentaran los principales sacerdotes y el concilio. Luego sacó a Pablo, y lo hizo comparecer ante ellos.

23 Pablo fijó la mirada en el concilio, y dijo: «Hermanos, toda mi vida he vivido delante de Dios sin tener nada de qué avergonzarme.»

2 Entonces Ananías, que era el sumo sacerdote, ordenó a los que estaban junto a él que lo golpearan en la boca;

3 pero Pablo le dijo: «¡Así te golpeará Dios a ti, muro blanqueado![a] Tú estás sentado allí para juzgarme conforme a la ley; ¿por qué violas la ley al mandar que me golpeen?»

4 Los que estaban allí le dijeron: «¡Estás insultando al sumo sacerdote de Dios!»

PALABRAS CON PODER

LA CONCIENCIA

(Hechos 23.1)

¿Has hecho algo malo, y después te has sentido mal por ello? Ese sentimiento es tu conciencia que te dice que lo que has hecho no está bien. La conciencia es una advertencia de Dios en tu mente sobre lo correcto y lo incorrecto. Una "buena conciencia" significa que sabes en tu mente que has hecho lo correcto y no has ofendido a Dios. La "mala conciencia" muestra que sabes que has actuado mal. Pablo dijo que tenía buena conciencia, de que no tenía nada de qué avergonzarse. Antes de convertirse al evangelio, él pensaba que Dios quería que persiguiera a los seguidores de Cristo. Él era sincero, ¡pero estaba sinceramente equivocado! La determinación de Pablo de agradar a Dios, antes y después de que recibiera a Jesús, es prueba de una buena conciencia.

5 Entonces Pablo respondió: «Hermanos, yo no sabía que era el sumo sacerdote. Pero sé que está escrito: "No maldecirás a un príncipe de tu pueblo."»[b]

6 Cuando Pablo se dio cuenta de que una parte del concilio era de saduceos y otra de fariseos, alzó la voz y dijo: «Hermanos, yo soy fariseo,[c] y soy hijo de un fariseo. Se me está juzgando porque espero la resurrección de los muertos.»

7 En cuanto dijo esto, se suscitó una discusión entre los fariseos y los saduceos, y la asamblea se dividió.

8 Y es que los saduceos dicen que no hay resurrección,[d] ni ángeles, ni espíritus; pero los fariseos sí creen en todo esto.

9 Se levantó entonces una gritería, y los escribas que apoyaban a los fariseos se levantaron a protestar: «No vemos que este hombre haya cometido ningún crimen. ¡Puede haberle hablado un espíritu o un ángel!

[a] **23.3:** Mt 23.27-28; Lc 11.44. [b] **23.5:** Éx 22.28. [c] **23.6:** Hch 26.5; Flp 3.5. [d] **23.8:** Mt 22.23; Mr 12.18; Lc 20.27.

10 Y como la discusión iba en aumento, el tribuno temía que fueran a despedazar a Pablo, así que mandó que los soldados bajaran y lo quitaran de en medio, y se lo llevaran a la fortaleza.

11 A la noche siguiente, el Señor se le presentó y le dijo: «Pablo, ten ánimo, pues necesito que des testimonio de mí en Roma, así como lo has hecho en Jerusalén.»

Complot contra Pablo

12 Al amanecer, los judíos se reunieron para conspirar, y bajo maldición se comprometieron a no comer ni beber hasta darle muerte a Pablo.

13 Los que hicieron este juramento eran más de cuarenta;

14 fueron ante los principales sacerdotes y los ancianos, y les dijeron: «Nosotros hemos jurado, bajo maldición, que no comeremos nada hasta que hayamos matado a Pablo.

15 Les sugerimos a ustedes y al concilio, pedirle al tribuno la comparecencia de Pablo para mañana, porque ustedes quieren averiguar algunas cosas acerca de él. Nosotros estaremos listos para matarlo antes de que se presente.

16 Pero el hijo de la hermana de Pablo se enteró de la emboscada, y fue a la fortaleza y entró para darle aviso a Pablo.

17 Éste llamó entonces a uno de los centuriones, y le dijo: «Lleva a este joven ante el tribuno, porque tiene algo que informarle.»

18 El centurión llevó al joven ante el tribuno, y a éste le dijo: «El preso Pablo me llamó y me pidió que trajera a este joven a tu presencia, porque tiene algo de qué hablarte.»

19 El tribuno lo tomó de la mano y, llevándolo aparte, le preguntó: «¿Qué es lo que tienes que decirme?»

20 El joven le dijo: «Los judíos han acordado pedirte que lleves mañana a Pablo ante el concilio, porque le quieren preguntar algunas cosas.

21 Pero no les creas, porque más de cuarenta de sus hombres lo esperan para matarlo. Han jurado, bajo maldición, que no comerán ni beberán nada hasta haberlo matado. Están dispuestos a hacerlo, y sólo esperan que hagas venir a Pablo.»

22 El tribuno despidió al joven y le mandó que no dijera nada a nadie del aviso que le había dado.

Pablo es enviado a Félix el gobernador

23 El tribuno llamó a dos centuriones y les mandó que para las nueve de esa noche prepararan a doscientos soldados, setenta jinetes y doscientos lanceros, pues irían hasta Cesarea;

24 ordenó también que prepararan cabalgaduras para Pablo, y que lo llevaran sano y salvo ante el gobernador Félix.

25 Le escribió una carta en estos términos:

26 «Saludos de Claudio Lisias al excelentísimo gobernador Félix.

27 Este hombre fue aprehendido por los judíos y lo iban a matar; yo acudí con la tropa y lo puse a salvo, pues me enteré de que era ciudadano romano.

28 Quise saber de qué lo acusaban, y lo llevé ante su concilio.

29 Allí me di cuenta de que lo acusaban por cuestiones de su ley, pero que no había cometido ningún delito que mereciera la muerte o la cárcel.

30 Luego me avisaron de que los judíos le habían preparado una emboscada, y por eso ahora te lo envío. Les he exigido a sus acusadores que traten en tu presencia lo que tengan en su contra.»

31 Siguiendo la orden que habían recibido, los soldados tomaron a Pablo y lo llevaron de noche a Antípatris.

32 Al día siguiente, los soldados dejaron a los jinetes con él, y regresaron a la fortaleza.

33 Cuando los jinetes llegaron a Cesarea, le dieron la carta al gobernador y le presentaron a Pablo.

34 El gobernador leyó la carta y le preguntó de qué provincia era, y cuando supo que era de Cilicia,

35 le dijo: «Te oiré cuando vengan tus acusadores.» Y mandó que lo custodiaran en el pretorio de Herodes.

Defensa de Pablo ante Félix

24 Cinco días después llegó el sumo sacerdote Ananías con algunos de los ancianos y un orador llamado Tértulo, y se presentaron ante el gobernador para acusar a Pablo.

2 Cuando llamaron a Pablo, Tértulo comenzó su acusación de la siguiente manera:

«Excelentísimo Félix, gracias a ti gozamos de paz, y por tu prudencia y buen gobierno el pueblo tiene muchas cosas buenas.

3 Esto lo percibimos en muchos lugares, y estamos muy agradecidos.

4 Como no queremos molestarte más, te ruego que nos oigas un momento, y que juzgues conforme a tu equidad.

5 Nos hemos dado cuenta de que este hombre es una plaga; por dondequiera que va promueve la sedición entre los judíos, y además encabeza la secta de los nazarenos.

6 ¡Lo más grave es que intentó profanar nuestro templo! Por eso lo aprehendimos, para juzgarlo conforme a nuestra ley,

7 pero intervino el tribuno Lisias, y con lujo de violencia nos lo arrebató de las manos.

8 Como nosotros somos la parte acusadora, nos mandó comparecer ante ti. Cuando lo juzgues, tú mismo podrás darte cuenta de que nuestras acusaciones son ciertas.»

9 Los judíos confirmaron esto al afirmar la veracidad de las acusaciones.

10 El gobernador hizo entonces a Pablo una señal para que hablara, y éste dijo:

«Yo sé que llevas muchos años impartiendo justicia en esta nación, así que con mucho gusto me defenderé.

11 Como podrás comprobar, no hace más de doce días que fui a adorar a Jerusalén.

12 Nadie me vio discutir con ninguno, ni sublevar a la multitud en el templo, ni en las sinagogas ni en la ciudad.

13 Las cosas por las que me acusan no te las pueden probar.

14 Sin embargo, una cosa debo confesar, y es que sirvo al Dios de mis padres de acuerdo con el Camino que ellos llaman herejía. Yo creo en todo lo que está escrito en la ley y en los profetas,

15 y tengo, como ellos, la misma esperanza en Dios de que habrán de resucitar los justos y los injustos.

16 Yo siempre me esfuerzo por mantener una conciencia limpia que no ofenda a Dios ni a los hombres.

17 Después de algunos años fui a mi pueblo para llevar limosnas y presentar ofrendas.

18 Yo me estaba purificando en el templo cuando me encontraron allí, pero ni había mucha gente ni yo estaba alborotando a nadie.[a]

19 Los que me vieron eran unos judíos de la provincia de Asia. De haber tenido ellos algo contra mí, debieron haber venido a verte personalmente para acusarme.

20 De lo contrario, que digan los aquí presentes si cuando me presenté en el concilio me vieron cometer algún delito.

21 Lo que yo dije en su presencia, y lo dije a voz en cuello, fue: "Ustedes me están juzgando por causa de la resurrección de los muertos."»[b]

22 Como Félix estaba bien informado de este Camino, cuando oyó esto aplazó el jui-

PROMESAS PODEROSAS

HECHOS 24.15

Y tengo, como ellos, la misma esperanza en Dios de que habrán de resucitar los justos y los injustos.

Un día, Dios traerá de vuelta a la vida a todos los que han muerto; a los que recibieron a Jesús como su Salvador, y los que no creyeron. Si crees en Jesús, tendrás un nuevo cuerpo, al igual que Cristo cuando fue resucitado. ¡Vivirás con Dios para siempre! Los que no creen en el Señor serán juzgados por Él, y serán apartados de Él para siempre.

[a]**24.17-18:** Hch 21.17-28. [b]**24.21:** Hch 23.6.

cio, y dijo: «Cuando venga el tribuno Lisias, me gustaría conocer más de este asunto.»

23 Luego, mandó al centurión que custodiara a Pablo, pero que le diera cierta libertad y permitiera que los suyos le sirvieran.

24 Unos días después, Félix llegó con Drusila, su mujer, que era judía. Mandó llamar a Pablo, y quiso oír acerca de la fe en Jesucristo.

25 Pero cuando Pablo le habló acerca de la justicia, del dominio propio y del juicio venidero, Félix se espantó y le dijo: «Por ahora, puedes retirarte. En su momento volveré a llamarte.»

26 Y es que, además, Félix esperaba que Pablo le ofreciera dinero para soltarlo; por eso muchas veces lo llamaba para hablar con él.

27 Dos años después, Porcio Festo llegó para suceder a Félix, y como quería quedar bien con los judíos, dejó preso a Pablo.

Pablo apela a César

25 Tres días después de que Festo llegó a la provincia, fue de Cesarea a Jerusalén.

2 Los principales sacerdotes y los judíos más influyentes se presentaron ante él, y hablaron en contra de Pablo.

3 Como un favor especial, le pidieron que ordenara trasladar a Pablo a Jerusalén. Y es que ellos ya habían planeado tenderle una emboscada y matarlo en el camino.

4 Festo les dijo que Pablo estaba custodiado en Cesarea, adonde él mismo partiría en breve.

5 Les dijo: «Si algunos de ustedes pueden acompañarme, háganlo. Y si este hombre ha cometido algún crimen, acúsenlo allí.»

6 Festo se detuvo en Jerusalén unos ocho o diez días; luego fue a Cesarea, y al día siguiente se sentó en el tribunal y mandó traer a Pablo.

7 Cuando Pablo llegó, lo rodearon los judíos que habían ido desde Jerusalén. Presentaron en su contra muchas y graves acusaciones, pero no pudieron probar ninguna.

8 Pablo, en su defensa, dijo: «Yo no he cometido ningún delito. Ni contra la ley de los judíos, ni contra el templo, ni contra el emperador.»

9 Pero Festo, que se quería congraciar con los judíos, le preguntó: «¿Prefieres ir a Jerusalén, para que seas juzgado de todo esto delante de mí?»

10 Y Pablo respondió: «Yo estoy ante el tribunal del emperador, y es en este tribunal donde debo ser juzgado. Como tú bien sabes, en nada he agraviado a los judíos.

11 Si he cometido algo que merezca la pena de muerte, no me rehúso a morir. Pero si las acusaciones que se me hacen no tienen sustento, nadie puede entregarme a ellos. ¡Yo apelo al emperador!»

12 Entonces Festo habló con el consejo y, después de consultar con ellos, respondió: «Puesto que has apelado al emperador, ante el emperador comparecerás.»

Pablo ante Agripa y Berenice

13 Algunos días después, el rey Agripa y su hermana Berenice fueron a Cesarea para saludar a Festo.

14 Allí pasaron muchos días, así que Festo le expuso al rey el caso de Pablo. Le dijo: «Félix dejó preso a cierto hombre,

15 contra el cual los principales sacerdotes y los ancianos de los judíos presentaron acusaciones. Cuando fui a Jerusalén, éstos se presentaron y me exigieron que lo condenara.

16 Yo les respondí que los romanos no acostumbran condenar a muerte a nadie, si quienes lo acusan no están presentes. Es decir, para que el acusado pueda defenderse.

17 Entonces todos ellos se presentaron, y yo actué sin tardanza. Al día siguiente ocupé mi lugar en el tribunal, y mandé traer a ese hombre.

18 Sus acusadores, aunque estaban presentes, no presentaron ninguno de los cargos que yo pensaba que harían;

19 lo que tenían contra él eran, más bien, algunas cuestiones acerca de su religión y de un tal Jesús, ya muerto, del que Pablo afirma que está vivo.

20 Como yo tenía mis dudas acerca de
estas cuestiones, le pregunté si prefería ir a
Jerusalén y ser juzgado allá;
21 pero Pablo pidió ser retenido y apelar a
que el emperador mismo conociera su caso.
Entonces di órdenes de que lo custodiaran
mientras lo remitía al emperador.»
22 Agripa dijo entonces a Festo: «También
yo quiero oír a ese hombre.» Y Festo le res-
pondió: «Pues mañana mismo lo oirás.»
23 Al día siguiente, Agripa y Berenice se
presentaron en medio de gran ostentación,
y entraron en la audiencia con los tribunos y
los principales hombres de la ciudad. Festo
mandó entonces que llevaran a Pablo,
24 y dijo: «Rey Agripa, y señores que nos
acompañan: Fíjense en este hombre. Aquí y
en Jerusalén un gran número de judíos me
ha pedido a gritos que lo condene a muerte.
25 Yo no he hallado en él nada que merezca
la pena de muerte. Y como él mismo ha ape-
lado al emperador, he decidido remitirlo a él.
26 Como no tengo nada concreto que pueda
escribir a mi señor, lo he traído ante ustedes, y
principalmente ante ti, rey Agripa, para que lo
examines, y así tenga yo algo qué escribir.
27 Ciertamente no me parece razonable enviar
a un preso, y no informar de qué se le acusa.»

Defensa de Pablo ante Agripa

26 Entonces Agripa le dijo a Pablo:
«Puedes hablar en tu defensa.»
Pablo hizo un ademán con la
mano, e inició su defensa:
2 «Rey Agripa, con mucho gusto presen-
taré ante ti mi defensa de las acusaciones
que me hacen los judíos,
3 especialmente porque tú conoces las
costumbres y las cuestiones que se debaten
entre los judíos. Yo te ruego que me escu-
ches con paciencia.

Vida anterior de Pablo

4 »Todos los judíos saben cómo he vivido
desde mi niñez y juventud, lo mismo en Je-
rusalén que entre mi pueblo.
5 Ellos saben también, y lo pueden atesti-
guar, que desde el principio he vivido según
las normas de los fariseos, que es el grupo
más riguroso de nuestra religión.[a]
6 ¡Y ahora me juzgan por mi esperanza en la
promesa que Dios les hizo a nuestros padres!
7 Se trata de la promesa cuyo cumpli-
miento nuestras doce tribus esperan alcan-
zar; por eso día y noche sirven constante-
mente a Dios. ¡Y es por tener esta esperanza,
rey Agripa, por lo que me acusan los judíos!
8 ¿Acaso a ustedes les resulta increíble que
Dios resucite a los muertos?

Pablo el perseguidor

9 »Reconozco haber creído que era mi
deber hacer cualquier cosa en contra del
nombre de Jesús de Nazaret.
10 Y eso mismo hice en Jerusalén: con la
autoridad que me dieron los principales sa-
cerdotes, puse en la cárcel a muchos de esos
santos, y hasta llegué a aprobar su muerte.
11 En las sinagogas, muchas veces los cas-
tigué y los forcé a blasfemar. Tan furioso es-
taba yo contra ellos, que los perseguí aun en
las ciudades extranjeras.[b]

Pablo relata su conversión

(Hch 9.1-19; 22.6-16)

12 »Con amplios poderes en mi mano, y
comisionado por los principales sacerdotes,
iba yo una vez hacia Damasco;
13 y de pronto, rey Agripa, a eso del me-
diodía, una luz del cielo, más brillante que el
resplandor del sol, nos rodeó en el camino a
mí y a mis acompañantes.
14 Todos rodamos por tierra. Y entonces oí
una voz que me hablaba en arameo, y me de-
cía: "Saulo, Saulo, ¿por qué me persigues? Dura
cosa te es dar de coces contra el aguijón."
15 Yo pregunté: "¿Quién eres, Señor?" Y el
Señor me dijo: "Yo soy Jesús, a quien tú per-
sigues.
16 Ponte de pie, que me he aparecido a ti
porque tú vas a ser ministro y testigo de lo que
has visto, y de lo que aún te voy a mostrar.

[a] **26.5:** Hch 23.6; Flp 3.5. [b] **26.9-11:** Hch 8.3; 22.4-5.

17 Yo te libraré de tu pueblo y de los no judíos, y quiero que vayas a ellos

18 para que les abras los ojos y se conviertan de las tinieblas a la luz, y del poder de Satanás al poder de Dios; para que por la fe en mí, reciban el perdón de sus pecados y la herencia de los que han sido santificados."

Pablo obedece a la visión

19 »Por eso, rey Agripa, no desobedecí esa visión celestial,

20 sino que comenzando por los que viven en Damasco[c] y en Jerusalén,[d] y siguiendo por los que viven en Judea, sin pasar por alto a los no judíos, les anuncié que debían arrepentirse y volverse a Dios, y demostrar con sus hechos que realmente se habían arrepentido.

21 ¡Y por esto los judíos me aprehendieron en el templo y trataron de matarme!

22 Pero Dios vino en mi ayuda. Por eso hasta hoy no dejo de dar mi testimonio a grandes y pequeños. Y no digo nada que no hayan dicho ya los profetas y Moisés.

23 Por ejemplo, que el Cristo tenía que padecer, y que sería el primero en resucitar de los muertos, para anunciar la luz al pueblo de Israel y a las naciones.»[e]

Pablo insta a Agripa a que crea

24 Esto decía Pablo en su defensa, cuando Festo gritó a voz en cuello: «¡Estás loco, Pablo! ¡Las muchas letras te han vuelto loco!»

25 Pero Pablo respondió: «No estoy loco, excelentísimo Festo. Lo que estoy diciendo es la verdad, y tiene sentido.

26 El rey también lo sabe, y por eso hablo con él de esto sin ningún temor. Estoy seguro de que él no ignora nada de esto, porque no lo hemos discutido en un rincón.

27 Tú, rey Agripa, ¿crees en lo que dicen los profetas? ¡Yo sé que sí lo crees!» Ef 6.19

28 Agripa le respondió: «¿Con tan poco pretendes hacerme cristiano?»

29 Y Pablo dijo: «Pues Dios quiera que, con poco o con mucho, no sólo tú sino también todos los que hoy me escuchan lleguen a ser como yo, ¡pero sin estas cadenas!»

30 El rey se puso de pie, lo mismo que el gobernador y Berenice y los que estaban sentados con ellos,

31 y todos ellos se retiraron aparte y comentaron entre ellos: «Este hombre no ha hecho nada que merezca la prisión ni la pena de muerte.»

32 Por su parte, Agripa le dijo a Festo: «Se le podría poner en libertad, si no hubiera apelado al emperador.»

Pablo es enviado a Roma

27 Cuando se decidió que debíamos ir por barco a Italia, Pablo y otros prisioneros fueron entregados a un centurión llamado Julio, de la compañía Augusta.

2 Nos embarcaron en una nave de Adramitio que tocaría los puertos de la provincia

[c]**26.20:** Hch 9.20. [d]**26.20:** Hch 9.28-29. [e]**26.23:** Is 42.6; 49.6.

LA MISIÓN DE PABLO (*Hechos 26.18*)

PODER PARA VIVIR

Si vieras a alguien tropezando en la oscuridad, ¿qué harías? Si pudieras, ¿le darías alguna luz a esa persona? Eso es lo que hizo Pablo. Su misión era predicar el evangelio a los que no conocían a Jesús. "Abrir" los ojos de alguien significa decirle a esa persona la verdad sobre su vida. Como dijo Jesús, la verdad nos hace libres (Juan 8:32). Cuando convertimos a alguien "de las tinieblas a la luz", le damos la verdad de Dios (luz) a quien está perdido (en la oscuridad). La misión que tuvo Pablo es para todos los que creen en Jesús. ¿Estás dispuesto a llevar la luz de la verdad de Dios a personas con quienes te encuentras?

de Asia. Al zarpar, iba con nosotros Aristarco, un macedonio de Tesalónica.

3 Un día después llegamos a Sidón. Julio trataba a Pablo con mucha deferencia, y le permitía visitar a sus amigos, para que lo atendieran.

4 De allí desplegamos velas, y navegamos a sotavento de Chipre, porque teníamos el viento en contra.

5 Después de cruzar el mar frente a Cilicia y Panfilia, arribamos a Mira, una ciudad de Licia.

6 Allí el centurión dio con una nave alejandrina que zarpaba para Italia, y nos embarcó en ella.

7 Nuestra navegación fue muy lenta durante varios días, y a duras penas llegamos frente a Gnido, porque el fuerte viento nos lo impedía. Navegamos entonces a sotavento de Creta, frente a Salmón.

8 Logramos costear con dificultad, y llegamos a un lugar llamado Buenos Puertos, cerca de la ciudad de Lasea.

9 Pasaron muchos días, incluso el día del Perdón, así que era muy arriesgado continuar con la navegación. Entonces Pablo les hizo una observación.

10 Les dijo: «Amigos, si seguimos navegando, creo que sufriremos perjuicios y pérdidas, no sólo del cargamento y de la nave sino también de nosotros.»

11 Pero el centurión no le hizo caso, pues le creía más al piloto y al capitán de la nave que a Pablo.

12 Como el puerto era incómodo para invernar, casi todos acordaron zarpar de allí. Creían poder arribar a Fenice, un puerto de Creta que mira al noroeste y al suroeste, e invernar allí.

La tempestad en el mar

13 Como empezó a soplar una brisa del sur, les pareció que el viento era adecuado; entonces levaron anclas y se fueron siguiendo la costa de Creta.

14 Pero al poco tiempo un viento huracanado, conocido como Euroclidón, dio contra la nave

15 y la arrastró. Como no fue posible poner proa al viento, simplemente nos dejamos llevar por el viento.

16 Luego de deslizarnos a sotavento de la isla llamada Cauda, con muchas dificultades pudimos recoger la lancha salvavidas,

17 la cual fue subida a bordo y atada a la nave. Por temor a quedar varados en la arena, se arriaron las velas y la nave quedó a la deriva.

18 Como éramos azotados por una furiosa tempestad, al siguiente día se comenzó a aligerar la nave de su carga,

19 y al tercer día se arrojaron los aparejos de la nave.

20 Durante muchos días no pudieron verse el sol ni las estrellas, y la fuerte tempestad nos seguía azotando, así que ya habíamos perdido toda esperanza de salvarnos.

21 Como hacía mucho que no comíamos, Pablo se puso de pie y dijo: «Amigos, ustedes debieron haberme hecho caso, y no haber zarpado de Creta. Así se habría evitado este perjuicio y esta pérdida.

22 Pero yo les pido que no pierdan el ánimo, pues ninguno de ustedes perderá la vida. Solamente se perderá la nave.

23 Lo sé porque esta noche ha estado conmigo el ángel del Dios, a quien sirvo y pertenezco,

24 y me ha dicho: "Pablo, no tengas miedo. Es necesario que comparezcas ante el emperador. Dios te ha concedido que todos los que navegan contigo salgan ilesos."

25 Así que, ¡anímense, amigos míos!, que Ro 4.19-21
Dios hará todo tal y como me lo ha dicho.

26 Sin embargo, necesitamos llegar a alguna isla.»

27 Catorce noches después de navegar a la deriva por el mar Adriático, a eso de la medianoche los marineros intuyeron que estaban cerca de tierra,

28 así que echaron la sonda y ésta marcaba una profundidad de treinta y seis metros; un poco más adelante volvieron a echarla, y ya marcaba veintisiete.

29 Ante el temor de dar con algunos escollos, se echaron cuatro anclas por la popa, esperando con ansias que amaneciera.

30 Algunos marineros trataron de huir de la nave y, aparentando que querían soltar

las anclas de proa, echaron al mar la lancha salvavidas;

[31] pero Pablo les dijo al centurión y a los soldados: «Si éstos no se quedan en la nave, ustedes no se podrán salvar.»

[32] Entonces los soldados cortaron las amarras de la lancha y dejaron que ésta se perdiera.

[33] Comenzaba a amanecer cuando Pablo los animó a comer. Les dijo: «Ya van catorce días que ustedes están en ayunas y en compás de espera. ¡No han comido nada!

[34] Yo les ruego que coman algo para mantenerse sanos. Tengan la seguridad de que no van a perder ni un cabello de su cabeza.»

[35] Dicho esto, Pablo tomó el pan y dio gracias a Dios en presencia de todos; luego lo partió y comenzó a comer.

[36] Entonces todos se animaron y también comieron.

[37] Los que estábamos en la nave éramos un total de doscientas setenta y seis personas.

[38] Ya satisfechos, se arrojó el trigo al mar y se aligeró la nave.

El naufragio

[39] Al llegar el día, no reconocieron el lugar, pero vieron una ensenada que tenía playa, y acordaron hacer el intento de encallar allí.

[40] Soltaron las anclas y las dejaron en el mar; soltaron también las amarras del timón, izaron al viento la vela de proa, y se enfilaron hacia la playa.

[41] Como encontraron un lugar de dos corrientes, hicieron encallar la nave; allí la proa quedó inmóvil y enclavada en la arena, pero la violencia del mar hizo pedazos la popa.

[42] Entonces los soldados acordaron matar a los presos, para que ninguno tratara de fugarse nadando,

[43] pero el centurión quería salvar a Pablo, así que les impidió su intento y ordenó que los que supieran nadar fueran los primeros en echarse al mar para llegar a tierra,

[44] y que los demás usaran tablas, o algunos restos de la nave. Fue así como todos pudimos llegar a tierra y salvarnos.

Pablo en la isla de Malta

28 Una vez a salvo, supimos que la isla se llamaba Malta.

[2] Allí los habitantes nos trataron con mucha amabilidad. Como estaba lloviendo y hacía mucho frío, nos recibieron a todos con una fogata que hicieron.

[3] Pablo fue entonces a recoger algunas ramas secas para echarlas al fuego, pero una víbora que huía del calor se le prendió de la mano.

[4] Cuando los lugareños vieron que la víbora pendía de su mano, se dijeron unos a otros: «Con toda seguridad este hombre es un homicida, pues logró escapar del mar, pero la justicia lo ha alcanzado y no lo dejará vivir.»

[5] Pero Pablo se sacudió la víbora y ésta cayó en el fuego, sin que Pablo sufriera ningún daño.

[6] La gente esperaba que Pablo se hinchara o cayera muerto; pero como después de mucho esperar vieron que no le pasaba nada, cambiaron de parecer y lo consideraban un dios.

[7] En aquella isla las propiedades eran de un hombre importante llamado Publio, quien nos recibió y amablemente nos hospedó durante tres días.

[8] Y resultó que el padre de Publio estaba enfermo. Tenía fiebre y disentería, y estaba en cama. Pero Pablo fue a verlo y, luego de orar por él, le impuso las manos y lo sanó.

[9] Cuando se supo lo que Pablo había hecho, otros de la isla con distintas enfermedades vinieron a él, y también fueron sanados.

Stg 5.14-16

[10] En agradecimiento, nos trataron con mucha amabilidad, y cuando zarpamos nos llenaron de todas las provisiones necesarias.

Pablo llega a Roma

[11] Después de haber estado tres meses en la isla, nos hicimos a la mar en una nave alejandrina que había pasado el invierno allí, y que tenía por insignia a los dioses Cástor y Pólux.

[12] Llegamos a Siracusa, y allí nos quedamos tres días.

13 Luego seguimos la costa y llegamos a
Regio; un día después tuvimos viento del
sur, y al segundo día llegamos a Puteoli,
14 donde hallamos algunos hermanos, los
cuales nos pidieron quedarnos con ellos sie-
te días; luego fuimos a Roma.
15 Cuando los hermanos supieron de no-
sotros, salieron a recibirnos hasta el Foro de
Apio y las Tres Tabernas. Al verlos, Pablo dio
gracias a Dios y recuperó el ánimo.
16 Al llegar a Roma, el centurión entregó
los presos al prefecto militar, pero a Pablo se
le permitió vivir aparte, bajo la vigilancia de
un soldado.

Pablo predica en Roma

17 Tres días después, Pablo convocó a los ju-
díos más importantes, y cuando todos estu-
vieron reunidos, les dijo: «Hermanos míos, yo
no he cometido ningún mal contra el pueblo
ni contra las costumbres de nuestros padres;
sin embargo, me aprehendieron en Jerusalén
y me entregaron al poder de los romanos.
18 Éstos examinaron mi caso y quisieron
ponerme en libertad, pues no hallaron nin-
guna razón para condenarme a muerte.
19 Pero como los judíos se opusieron, me vi
obligado a apelar al emperador,[a] aun cuan-
do no tengo nada en contra de mi pueblo.
20 Por esta razón los he llamado, pues que-
ría verlos y hablar con ustedes. ¡Me encuen-
tro encadenado por creer en la esperanza
de Israel!
21 Ellos le dijeron: «Nosotros no hemos reci-
bido de Judea ninguna carta en relación con-
tigo, ni ha venido ninguno de los hermanos a
denunciarte o a decir algo malo acerca de ti.
22 Pero nos gustaría que nos dijeras lo que
piensas, pues sabemos que por todas partes
se habla en contra de esta secta.»
23 Pablo les señaló un día para reunirse, y
muchos acudieron al lugar donde se hospe-
daba, y desde la mañana hasta la tarde les
habló del reino de Dios, citando tanto la ley
de Moisés como a los profetas para conven-
cerlos acerca de Jesús.
24 Algunos concordaban con lo que Pablo
decía, pero otros no creían.
25 Y como no se pusieron de acuerdo, al
retirarse Pablo les dijo: «Bien habló el Espí-
ritu Santo a nuestros padres por medio del
profeta Isaías, cuando dijo:

26 »"Ve a este pueblo, y dile:
Ustedes oirán, pero no entenderán;
Verán, pero no percibirán.
27 Porque su corazón se ha endurecido,
Y sus oídos son incapaces de oír.
Han cerrado sus ojos, para no ver
ni oír, ni entender bien;
para que no se conviertan
y yo los sane."[b]

28 »Por lo tanto, deben saber que a los no
judíos se les envía esta salvación de Dios, y
ellos sí oirán.»
29 Al oír esto los judíos, se fueron luego de
discutir largamente entre ellos.
30 Pablo permaneció dos años enteros en
una casa alquilada, y allí recibía a todos los
que iban a verlo;
31 y sin ningún temor ni impedimento les
predicaba acerca del reino de Dios y les en-
señaba acerca del Señor Jesucristo.

LECCIONES

UN MODELO PARA LA IGLESIA

(Hechos 28.31)

Al final del libro de los Hechos, vemos a Pablo predicando acerca del reino de Dios. No hay cierre "formal" para el libro. Esto es apropiado, porque la misión de Jesús a la iglesia no se ha completado todavía. Dios quiere que los hechos del Espíritu Santo y la predicación del mensaje de Jesús continúen hasta que Él vuelva. Lucas, el autor de este libro, revela el modelo de Dios para lo que la iglesia debe hacer: ser fiel a Dios y predicar el mensaje de Jesucristo. Si eres un NIÑO PODEROSO, ¡estos son los planes de Dios también para ti!

[a] **28.19:** Hch 25.11. [b] **28.26-27:** Is 6.9-10.

ROMANOS

Autor: **Pablo**
Tema: **El don de la justicia de Dios por medio de Jesús**
Fecha en que se escribió: **c. 57 d.C.**

EL DON DE DIOS PARA SU PUEBLO

Pablo era un hombre con muchos títulos y oficios: fariseo, misionero, fabricante de tiendas, y escritor de cartas. Este hombre increíble escribió la mayor parte de las cartas del Nuevo Testamento.

Pablo escribió la carta a los Romanos al final de su tercer viaje misionero, mientras estaba en la ciudad de Corinto. Tenía dos propósitos al escribirla: (1) Pablo quería ayudar a los cristianos de Roma a entender la verdad acerca de Dios; (2) también quería hablar de los problemas en la iglesia romana que se debía a actitudes erróneas entre los judíos y los paganos. También esperaba allanar el camino para su viaje a España.

LO QUE ENCONTRARÁS EN EL LIBRO

El concepto más importante de Romanos se encuentra en Romanos 1:16-17. Pablo explicó que solo Jesús puede salvar a la gente y traerlos de vuelta a Dios. El don de la justificación: la debida relación con Dios y el poder de hacer lo justo, viene del Señor gracias a la muerte de Jesús en la cruz. Porque nuestros pecados nos separan de Dios, tenemos que volver a Él (1:18–3:20). Para agradar a Dios, debemos aceptar el don de la justificación (3:21–4:25).

Cuando aceptamos este regalo de Dios, experimentamos la paz y el gozo del perdón (capítulo 5). Al someter nuestra vida a Jesucristo, quien murió por nuestros pecados, tenemos también su poder para resistir la tentación. Como resultado, podemos hacer las cosas bien (capítulos 6 y 7). Esto nos permite seguir el plan de Dios, aun en tiempos difíciles (capítulo 8). Con Dios de nuestro lado, somos "más que vencedores por medio de aquel que nos amó" (8:37). Dios sigue poniendo en obra sus planes, aun cuando la gente rechaza a Jesús (capítulos 9–11).

Los que creen en Jesús deben comportarse como Él y pensar como Él (capítulos 12–14). Pablo concluye su carta dando honra a Dios por lo que ha provisto por medio de Jesucristo (capítulo 16).

¿SABÍAS QUE ROMANOS...?

- Es la carta más larga de Pablo.
- Es la carta más intelectual del Nuevo Testamento.
- Tiene escrituras del Antiguo Testamento que Pablo usó para probar la verdad de la salvación en Cristo Jesús.
- Es un libro acerca del pecado y cómo ser salvo del pecado.
- Es un libro acerca del Espíritu Santo. Romanos 8 es el capítulo de la Biblia que mejor explica la función del Espíritu Santo en la vida de los seguidores de Jesús.
- Es un libro acerca del plan de Dios para Israel.

Saludo

Yo, Pablo, siervo de Jesucristo, llama-
do a ser apóstol y apartado para el
evangelio de Dios,
2 que él ya había prometido por medio de
sus profetas en las santas Escrituras,
3 les escribo acerca de su Hijo, nuestro
Señor Jesucristo, que conforme a los hom-
bres descendía de David,
4 pero que conforme al Espíritu de santi-
dad fue declarado Hijo de Dios con poder,
por su resurrección de entre los muertos.
5 Por medio de Jesucristo recibimos la gracia
del apostolado, para que por su nombre lle-
vemos a todas las naciones a obedecer a la fe.
6 Entre esas naciones están también uste-
des, llamados a ser de Jesucristo.
7 A todos ustedes que están en Roma, los
amados de Dios que fueron llamados a ser
santos: Que la gracia y la paz de Dios nues-
tro Padre y del Señor Jesucristo sean con
ustedes.

Deseo de Pablo de visitar Roma

8 En primer lugar, por medio de Jesucristo
doy gracias a mi Dios por todos ustedes y
porque su fe se difunde por todo el mundo.
9 Dios, a quien sirvo con todo mi cora-
zón predicando el evangelio de su Hijo, es
testigo de que los recuerdo siempre en mis
oraciones,
10 y de que en ellas le ruego que, si es su
voluntad, me conceda que por fin pueda ir
a visitarlos.
Ro 12.6-8
11 Porque deseo verlos para impartirles
algún don espiritual, a fin de que sean for-
talecidos;
12 es decir, para que nos fortalezcamos
unos a otros con esta fe que ustedes y yo
compartimos.
13 Pero quiero que sepan, hermanos, que
muchas veces me propuse ir a visitarlo-
s[a] para tener también entre ustedes algún
fruto, como entre los otros hermanos no
judíos, pero hasta ahora he encontrado
obstáculos.
14 Estoy en deuda con todos, sean griegos
o no griegos, sabios o no sabios.
15 Así que, por mi parte, estoy dispuesto a
anunciarles el evangelio también a ustedes,
los que están en Roma.

El poder del evangelio

16 No me avergüenzo del evangelio, por-
que es poder de Dios para la salvación de
todo aquel que cree: en primer lugar, para
los judíos, y también para los que no lo son. Ro 3.21-26
17 Porque en el evangelio se revela la justi-
cia de Dios, que de principio a fin es por me-
dio de la fe, tal como está escrito: «El justo
por la fe vivirá.»[b]

La culpabilidad del hombre

18 La ira de Dios se revela desde el cielo
contra toda impiedad y maldad de quienes
injustamente retienen la verdad.
19 Para ellos, lo que de Dios se puede co-
nocer es evidente, pues Dios se lo reveló;
20 porque lo invisible de Dios, es decir, su
eterno poder y su naturaleza divina, se hacen
claramente visibles desde la creación del mun-
do, y pueden comprenderse por medio de las
cosas hechas, de modo que no tienen excusa.

LECCIONES — EL PODER DEL EVANGELIO
(Romanos 1.16)

Un mensaje poderoso es aquel que transforma por completo la vida de una persona. Pablo sabía que el mensaje del evangelio tiene el poder de cambiar vidas; el mensaje de que Jesús murió para que podamos recibir el perdón de nuestros pecados. Por eso no se avergonzaba de proclamar ese mensaje. Tal vez hoy sientas vergüenza o miedo de decirle a alguien este mensaje. Pero los NIÑOS PODEROSOS saben que las buenas noticias de la salvación son un mensaje de esperanza para todos. ¡Ese es un mensaje que vale la pena proclamar!

[a] **1.13:** Hch 19.21. [b] **1.17:** Hab 2.4.

21 Pues a pesar de haber conocido a Dios, no lo glorificaron como a Dios, ni le dieron gracias, sino que se envanecieron en sus razonamientos, y su necio corazón se llenó de oscuridad.

22 Aunque afirmaban que eran sabios, se hicieron necios,

23 y cambiaron la gloria del Dios inmortal por imágenes de hombres mortales, de aves, de cuadrúpedos y de reptiles.

24 Por eso Dios los entregó a los malos deseos de su corazón y a la impureza, de modo que degradaron entre sí sus propios cuerpos.

25 Cambiaron la verdad de Dios por la mentira, y honraron y dieron culto a las criaturas antes que al Creador, el cual es bendito por los siglos. Amén.

26 Por esto Dios los entregó a pasiones vergonzosas. Hasta sus mujeres cambiaron las relaciones naturales por las que van en contra de la naturaleza.

27 De la misma manera, los hombres dejaron las relaciones naturales con las mujeres y se encendieron en su lascivia unos con otros. Cometieron hechos vergonzosos hombres con hombres, y recibieron en sí mismos la retribución que merecía su perversión.

28 Y como ellos no quisieron tener en cuenta a Dios, Dios los entregó a una mente depravada, para hacer cosas que no convienen.

29 Están atiborrados de toda clase de injusticia, inmoralidad sexual, perversidad, avaricia, maldad; llenos de envidia, homicidios, contiendas, engaños y malignidades.

30 Son murmuradores, detractores, aborrecedores de Dios, injuriosos, soberbios, altivos, inventores de males, desobedientes a los padres,

31 necios, desleales, insensibles, implacables, inmisericordes.

32 Y aunque saben bien el juicio de Dios, en cuanto a que los que practican tales cosas son dignos de muerte, no sólo las hacen, sino que también se regodean con los que las practican.

El justo juicio de Dios

2 Por tanto tú, que juzgas a otros, no tienes excusa, no importa quién seas, pues al juzgar a otros te condenas a ti mismo,[a] porque haces las mismas cosas que hacen ellos.

2 Todos sabemos que el juicio de Dios contra los que practican tales cosas se ciñe a la verdad.

3 Y tú, que juzgas a los demás pero practicas las mismas cosas que ellos, ¿piensas que escaparás del juicio de Dios?

4 ¿No te das cuenta de que menosprecias la benignidad, la tolerancia y la paciencia de Dios, y que ignoras que su benignidad busca llevarte al arrepentimiento?

5 Pero por la obstinación y dureza de tu corazón, vas acumulando ira contra ti mismo para el día de la ira, cuando Dios revelará su justo juicio,

6 en el cual pagará a cada uno conforme a sus obras.[b]

7 Dios dará vida eterna a los que, perseverando en hacer el bien, buscan gloria, honra e inmortalidad;

8 pero castigará con ira a los que por egoísmo se rebelan y no obedecen a la verdad, sino a la injusticia.

9 Habrá sufrimiento y angustia para todos los que hacen lo malo, en primer lugar para los judíos, pero también para los que no lo son.

10 En cambio, habrá gloria, honra y paz para todos los que hacen lo bueno, en primer lugar para los judíos, pero también para los que no lo son;

11 porque ante Dios todas las personas son iguales.[c]

12 Así que todos los que han pecado sin haber tenido la ley, perecerán sin la ley, y todos los que han pecado bajo la ley, serán juzgados por la ley.

13 Porque Dios no considera justos a los que simplemente oyen la ley sino a los que la obedecen.

[a]**2.1:** Mt 7.1; Lc 6.37. [b]**2.6:** Sal 62.12. [c]**2.11:** Dt 10.17.

14 Porque cuando los paganos, que no tienen ley, hacen por naturaleza lo que la ley demanda, son ley para sí mismos, aunque no tengan la ley;

15 y de esa manera demuestran que llevan la ley escrita en su corazón, pues su propia conciencia da testimonio, y sus propios razonamientos los acusarán o defenderán

16 en el día en que Dios juzgará por medio de Jesucristo los secretos de los hombres, conforme a mi evangelio.

Los judíos y la ley

17 Ahora bien, tú te llamas judío, confías en la ley, y te enorgulleces de tu Dios.

18 Conoces la voluntad de Dios y juzgas lo que es mejor porque la ley así te lo ha enseñado.

19 Estás convencido de que eres guía de los ciegos y luz de los que están en tinieblas,

20 instructor de los ignorantes y maestro de niños, y que tienes en la ley la clave del conocimiento y de la verdad.

21 Pues bien, tú que enseñas a otros, ¿no te enseñas a ti mismo? Tú que predicas que no se debe robar, ¿robas?

22 Tú que dices que no se debe cometer adulterio, ¿adulteras? Tú que detestas a los ídolos, ¿robas en los templos?

23 Tú que te sientes orgulloso de la ley, ¿deshonras a Dios quebrantando la ley?

24 Porque, como está escrito: «Por causa de ustedes el nombre de Dios es blasfemado entre los paganos.»[d]

25 Es verdad que, si obedeces a la ley, la circuncisión es provechosa, pero si la desobedeces, será como si no estuvieras circuncidado.

26 Por lo tanto, si el que no está circuncidado obedece lo que la ley ordena, ¿no se lo considerará como si estuviera circuncidado?

27 Y el que no está físicamente circuncidado, pero obedece la ley, te condenará a ti, que desobedeces la ley a pesar de que tienes la ley y estás circuncidado.

28 Porque lo exterior no hace judío a nadie, y estar circuncidado no es una señal externa solamente.

29 El verdadero judío lo es en su interior, y la circuncisión no es la literal sino la espiritual, la del corazón. El que es judío de esta manera es aprobado, no por los hombres, sino por Dios.

3 Entonces, ¿qué ventaja tiene el judío? ¿De qué sirve la circuncisión?

2 De mucho, y por muchas razones. En primer lugar, a los judíos se les confió la palabra de Dios.

3 Pero entonces, si algunos de ellos no fueron fieles, ¿su falta de fe anulará la fidelidad de Dios?

4 ¡De ninguna manera! Dios es siempre veraz aunque todo hombre sea mentiroso. Como está escrito:

«Para que seas justificado en tus
palabras,
Y salgas airoso cuando seas juzgado.»[a]

5 Entonces, ¿qué diremos si nuestra injusticia hace resaltar la justicia de Dios? ¿Que Dios es injusto cuando nos castiga? (Hablo como hombre.)

6 ¡De ninguna manera! Pues si Dios fuera injusto, ¿cómo juzgaría al mundo?

7 Pero si mi mentira sirve para que la verdad de Dios abunde para su gloria, ¿por qué todavía soy juzgado como pecador?

8 ¿Y por qué no decir: «Hagamos males para que vengan bienes»? Así nos calumnian algunos que afirman que eso es lo que enseñamos. ¡Estas personas se tienen bien merecida la condenación!

No hay justo

9 ¿Entonces, qué? ¿Somos nosotros mejores que ellos? ¡De ninguna manera! Porque ya hemos demostrado que todos, judíos y no judíos, están bajo el pecado.

10 Como está escrito:

«¡No hay ni uno solo que sea justo!
11 No hay quien entienda;
no hay quien busque a Dios.

[d] **2.24:** Is 52.5. [a] **3.4:** Sal 51.4.

12 Todos se desviaron, a una se han
corrompido.
No hay quien haga lo bueno, ¡no hay ni
siquiera uno![b]
13 Su garganta es un sepulcro abierto,
y con su lengua engañan.[c]
¡En sus labios hay veneno de serpientes![d]
14 Su boca está llena de maldición y de
amargura.[e]
15 Sus pies son veloces para derramar
sangre.
16 Destrucción y desgracia hay en sus
caminos,
17 Y no conocen el camino de la paz.[f]
18 No hay temor de Dios delante de sus
ojos.»[g]
19 Pero sabemos que todo lo que dice la ley,
se lo dice a los que están bajo la ley, para que
todos callen y caigan bajo el juicio de Dios,
20 ya que nadie será justificado delante de
Dios por hacer las cosas que la ley exige,[h]
pues la ley sirve para reconocer el pecado.

La justicia viene por medio de la fe

21 Pero ahora, aparte de la ley, se ha ma-
nifestado la justicia de Dios, y de ello dan
testimonio la ley y los profetas.
22 La justicia de Dios, por medio de la fe en
Jesucristo,[i] es para todos los que creen en él.
Pues no hay diferencia alguna,
23 por cuanto todos pecaron y están des-
tituidos de la gloria de Dios;
24 pero son justificados gratuitamente por
su gracia, mediante la redención que pro-
veyó Cristo Jesús,
25 a quien Dios puso como sacrificio de
expiación por medio de la fe en su sangre.
Esto lo hizo Dios para manifestar su justicia,
pues en su paciencia ha pasado por alto los
pecados pasados,
26 para manifestar su justicia en este tiempo,
a fin de que él sea el justo y, al mismo tiempo,
el que justifica al que tiene fe en Jesús.

Ro 10.4-13

27 Entonces, ¿dónde está la jactancia?
Queda excluida. ¿Por cuál ley? ¿Por la de las
obras? No, sino por la ley de la fe.
28 Por lo tanto, llegamos a la conclusión de
que el hombre es justificado por la fe, sin las
obras de la ley.
29 ¿Acaso Dios es solamente Dios de los
judíos? ¿No es también Dios de los no ju-
díos? Ciertamente, también es Dios de los
no judíos.
30 Porque Dios es uno, y él justificará por la
fe a los que están circuncidados, y por me-
dio de la fe a los que no lo están.
31 Entonces, ¿por la fe invalidamos la ley?
¡De ninguna manera! Más bien confirma-
mos la ley.

El ejemplo de Abrahán

4 Entonces, ¿qué fue lo que obtuvo
nuestro antepasado Abrahán?
2 Porque si Abrahán hubiera sido

[b]**3.10-12:** Sal 14.1-3; 53.1-3. [c]**3.13:** Sal 5.9. [d]**3.13:** Sal 140.3. [e]**3.14:** Sal 10.7. [f]**3.15-17:** Is 59.7-8. [g]**3.18:** Sal 36.1. [h]**3.20:** Sal 143.2; Gá 2.16. [i]**3.22:** Gá 2.16.

PODER PARA VIVIR

LA SANGRE DE JESÚS *(Romanos 3.25)*

Según la Ley de Dios tenemos que pagar por cada delito. En los tiempos bíblicos, con la sangre de los animales se pagaba el precio por los pecados o las malas acciones. Pero la gente tenía que seguir sacrificando animales para recibir el perdón de Dios. Pablo explicó que la muerte de Jesús hizo la paz entre Dios y las personas. Él fue el sacrificio máximo y perfecto, el que pagó el precio exacto por el pecado. Si queremos que la sangre de Jesús pague por nuestros pecados, solo tenemos que pedirle que lo haga. ¿Por qué no escribes una nota agradeciendo a Jesús porque pagó por tus pecados?

justificado por las obras, tendría de qué jactarse, pero no delante de Dios.

3 Pues ¿qué es lo que dice la Escritura? Que Abrahán le creyó a Dios, y esto se le tomó en cuenta como justicia.[a]

4 Ahora bien, para el que trabaja, su salario no es un regalo sino algo que tiene merecido;

5 pero al que no trabaja, sino que cree en aquel que justifica al pecador, su fe se le toma en cuenta como justicia.

6 David también se refiere a la felicidad del hombre a quien Dios atribuye justicia sin obras,

7 cuando dice:

«¡Dichoso aquel cuyas iniquidades son
perdonadas,
Y cuyos pecados son cubiertos!
8 ¡Dichoso aquél a quien el Señor no
culpa de pecado!»[b]

9 ¿Acaso esta dicha es solamente para los que están circuncidados, o es también para los que no lo están? Porque decimos que la fe de Abrahán se le tomó en cuenta como justicia.

10 ¿Cuándo se le tomó en cuenta? ¿Antes de ser circuncidado, o después? Antes, y no después.

11 Entonces Abrahán fue circuncidado[c] como señal, como sello de la justicia por la fe que tuvo antes de ser circuncidado. De esa manera, Abrahán es padre de todos los creyentes que no están circuncidados, a fin de que también a ellos la fe se les tome en cuenta como justicia.

12 Y también es padre de aquellos que, además de estar circuncidados, siguen las pisadas de la fe que tuvo nuestro padre Abrahán antes de ser circuncidado.

La promesa realizada mediante la fe

13 Porque la promesa dada a Abrahán y a su descendencia en cuanto a que recibiría el mundo como herencia,[d] no le fue dada por la ley sino por la justicia que se basa en la fe.

14 Pues si los que van a recibir la herencia se basan en la ley, la fe resulta vana y la promesa queda anulada.[e]

15 Porque la ley produce castigo, pero donde no hay ley, tampoco hay transgresión.

16 Por tanto, la promesa se recibe por fe, para que sea por gracia, a fin de que la promesa sea firme para toda su descendencia, tanto para los que son de la ley como para los que son de la fe de Abrahán, el cual es padre de todos nosotros.[f]

17 Como está escrito: «Te he puesto por padre de muchas naciones.»[g] Y lo es delante de Dios, a quien creyó, el cual da vida a los muertos, y llama las cosas que no existen, como si existieran.

18 Contra toda esperanza, Abrahán creyó para llegar a ser padre de muchas naciones, conforme a lo que se le había dicho: «Así será tu descendencia.»[h]

19 Además, su fe no flaqueó al considerar su cuerpo, que estaba ya como muerto (pues ya tenía casi cien años[i]), o la esterilidad de la matriz de Sara.

20 Tampoco dudó, por incredulidad, de la promesa de Dios, sino que se fortaleció en la fe y dio gloria a Dios,

21 plenamente convencido de que Dios era también poderoso para hacer todo lo que había prometido.

22 Por eso su fe se le tomó en cuenta como justicia. 1 Co 13.2

23 Y no solamente con respecto a él se escribió que se le tomó en cuenta,

24 sino también con respecto a nosotros, pues Dios tomará en cuenta nuestra fe, si creemos en el que levantó de los muertos a Jesús, nuestro Señor,

25 el cual fue entregado por nuestros pecados, y resucitó para nuestra justificación.

Resultados de la justificación

5 Así, pues, justificados por la fe tenemos paz con Dios por medio de nuestro Señor Jesucristo,

[a]**4.3:** Gn 15.6; Gá 3.6. [b]**4.7-8:** Sal 32.1-2. [c]**4.11:** Gn 17.10. [d]**4.13:** Gá 3.29. [e]**4.14:** Gá 3.18. [f]**4.16:** Gá 3.7. [g]**4.17:** Gn 17.5. [h]**4.18:** Gn 15.5. [i]**4.19:** Gn 17.17.

2 por quien tenemos también, por la fe, acceso a esta gracia en la cual estamos firmes, y nos regocijamos en la esperanza de la gloria de Dios.

3 Y no sólo esto, sino que también nos regocijamos en los sufrimientos, porque sabemos que los sufrimientos producen resistencia,

4 la resistencia produce un carácter aprobado, y el carácter aprobado produce esperanza.

Ro 8.6 5 Y esta esperanza no nos defrauda, porque Dios ha derramado su amor en nuestro corazón por el Espíritu Santo que nos ha dado.

6 Porque a su debido tiempo, cuando aún éramos débiles, Cristo murió por los pecadores.

7 Es difícil que alguien muera por un justo, aunque tal vez haya quien se atreva a morir por una persona buena.

8 Pero Dios muestra su amor por nosotros en que, cuando aún éramos pecadores, Cristo murió por nosotros.

9 Con mucha más razón, ahora que ya hemos sido justificados en su sangre, seremos salvados del castigo por medio de él.

10 Porque, si cuando éramos enemigos de Dios fuimos reconciliados con él mediante la muerte de su Hijo, mucho más ahora, que estamos reconciliados, seremos salvados por su vida.

11 Y no sólo esto, sino que también nos regocijamos en Dios por nuestro Señor Jesucristo, por quien ahora hemos recibido la reconciliación.

Adán y Cristo

12 Por tanto, como el pecado entró en el mundo por un solo hombre, y por medio del pecado entró la muerte,[a] así la muerte pasó a todos los hombres, por cuanto todos pecaron.

13 Antes de la ley ya había pecado en el mundo, aunque el pecado no se toma en cuenta cuando no hay ley.

14 No obstante, la muerte reinó desde Adán hasta Moisés, aun para aquellos que no pecaron del mismo modo que Adán, el cual es figura de aquel que había de venir.

15 Pero el pecado de Adán no puede compararse con el don de Dios. Pues si por el pecado de un solo hombre muchos murieron, la gracia y el don que Dios nos dio por medio de un solo hombre, Jesucristo, abundaron para el bien de muchos.

16 El don de Dios no puede compararse con el pecado de Adán, porque por un solo pecado vino la condenación, pero el don de Dios vino por muchas transgresiones para justificación.

17 Pues si por la transgresión de uno solo reinó la muerte, mucho más reinarán en vida los que reciben la abundancia de la gracia y del don de la justicia mediante un solo hombre, Jesucristo.

18 Así que, como por la transgresión de uno solo vino la condenación a todos los hombres, de la misma manera por la justicia de uno solo vino la justificación de vida a todos los hombres.

19 Porque así como por la desobediencia de un solo hombre muchos fueron constituidos pecadores, así también por la obe-

PALABRAS CON PODER

ESPERANZA

(Romanos 5.5)

¿Qué significa para ti la *esperanza*? La palabra que aquí se traduce como "esperanza" tiene un significado diferente al que generalmente le damos. La esperanza por lo general significa que esperamos algo que pudiera suceder, dependiendo de ciertos factores. Pero la "esperanza" en la Biblia significa tener la confianza de que Dios cumplirá sus promesas. Esta esperanza no es solo un deseo, sino que es una seguridad basada en la Palabra de Dios. Porque el Señor es "el Dios de la esperanza" (15:13), nuestra esperanza depende de Él.

[a] **5.12:** Gn 3.6.

diencia de uno solo muchos serán constituidos justos.

20 La ley se introdujo para que abundara el pecado; pero cuando el pecado abundó, sobreabundó la gracia;

21 para que así como el pecado reinó para traer muerte, también la gracia reine por la justicia para darnos vida eterna mediante Jesucristo, nuestro Señor.

Muertos al pecado

6 Entonces, ¿qué diremos? ¿Seguiremos pecando, para que la gracia abunde?

2 ¡De ninguna manera! Porque los que hemos muerto al pecado, ¿cómo podemos seguir viviendo en él?

3 ¿No saben ustedes que todos los que fuimos bautizados en Cristo Jesús, fuimos bautizados en su muerte?

4 Porque por el bautismo fuimos sepultados con él en su muerte, para que así como Cristo resucitó de los muertos por la gloria del Padre, así también nosotros vivamos una vida nueva.[a]

5 Porque si nos hemos unido a Cristo en su muerte, así también nos uniremos a él en su resurrección.

6 Sabemos que nuestro antiguo yo fue crucificado juntamente con él, para que el cuerpo del pecado sea destruido, a fin de que no sirvamos más al pecado.

7 Porque el que ha muerto, ha sido liberado del pecado.

8 Así que, si morimos con Cristo, creemos que también viviremos con él.

9 Sabemos que Cristo resucitó y que no volverá a morir, pues la muerte ya no tiene poder sobre él.

10 Porque en cuanto a su muerte, murió al pecado de una vez y para siempre; pero en cuanto a su vida, vive para Dios.

11 Así también ustedes, considérense muertos al pecado pero vivos para Dios en Cristo Jesús, nuestro Señor.

12 Por lo tanto, no permitan ustedes que el pecado reine en su cuerpo mortal, ni lo obedezcan en sus malos deseos.

Palabras con poder

PECADO
(Romanos 6.2)

Hay muchas palabras para el ***pecado***. Por ejemplo, transgresión, delito, ofensa, maldad. No importa cómo lo llames, el pecado es un comportamiento egoísta. Hacemos lo que queremos en lugar de cumplir los mandamientos de Dios. Estas obras conducen a actos de crueldad contra los demás y rebelión contra el Señor. El deseo de pecar nos lleva a buscar placer en las malas acciones de los demás. El pecado entró en la raza humana mediante el primer hombre y la primera mujer, Adán y Eva (lee la historia en Génesis 3). La única manera de romper el poder del pecado en nuestra vida es por la fe en Jesucristo.

13 Tampoco presenten sus miembros al pecado como instrumentos de iniquidad, sino preséntense ustedes mismos a Dios como vivos de entre los muertos, y presenten sus miembros a Dios como instrumentos de justicia.

14 El pecado ya no tendrá poder sobre ustedes, pues ya no están bajo la ley sino bajo la gracia.

Ro 8.1-5

Siervos de la justicia

15 ¿Entonces, qué? ¿Pecaremos porque no estamos bajo la ley sino bajo la gracia? ¡De ninguna manera!

16 ¿Acaso no saben ustedes que, si se someten a alguien para obedecerlo como esclavos, se hacen esclavos de aquel a quien obedecen, ya sea del pecado que lleva a la muerte, o de la obediencia que lleva a la justicia?

17 Pero gracias a Dios que, aunque ustedes eran esclavos del pecado, han obedecido de corazón al modelo de enseñanza que han recibido,

[a] **6.4:** Col 2.12.

LECCIONES **MUERTOS AL PECADO** (*Romanos 6.11*)

¿Sabías que puedes estar vivo y muerto al mismo tiempo? Pablo habló acerca de ser muertos al pecado. La muerte de Jesús en la cruz pagó el precio por el pecado. Si crees que Jesús murió por ti, es como si también murieras en la cruz. Pero recibes nueva vida por el poder del Espíritu Santo. Como resultado, tienes el poder de Dios para resistir el pecado. Estar "muerto al pecado" significa que puedes elegir hacer el bien, no el mal.

PROMESAS PODEROSAS

ROMANOS 6.23

Porque la paga del pecado es muerte, pero la dádiva de Dios es vida eterna en Cristo Jesús, nuestro Señor.

La Ley de Dios requiere que se pague un precio por cada pecado. La "paga" o el precio del pecado es la muerte. Pero la muerte de Jesús en la cruz provee el "pago" por el pecado. Aceptar este pago nos da la vida eterna.

18 y una vez liberados del pecado llegaron
a ser siervos de la justicia.
19 Hablo en términos humanos, por la debilidad de su naturaleza humana. Así como para practicar la iniquidad presentaron sus miembros para servir a la impureza y la maldad, ahora, para practicar la santidad, presenten sus miembros para servir a la justicia.
20 Cuando ustedes eran esclavos del pecado, eran libres en cuanto a la justicia.
21 ¿Pero qué provecho sacaron de eso? Ahora ustedes se avergüenzan de aquellas cosas, pues conducen a la muerte;
22 pero como ya han sido liberados del pecado y hechos siervos de Dios, el provecho que obtienen es la santificación, cuya meta final es la vida eterna.
23 Porque la paga del pecado es muerte, pero la dádiva de Dios es vida eterna en Cristo Jesús, nuestro Señor.

Analogía tomada del matrimonio

7 Puesto que hablo con quienes conocen la ley, les pregunto: ¿Acaso ignoran, hermanos, que la ley ejerce poder sobre alguien mientras esa persona vive?
2 Por ejemplo, por la ley una mujer casada está sujeta a su marido mientras éste vive; pero si el marido muere, ella queda libre de la ley que la sujetaba a él.
3 Así que, si ella se une a otro hombre mientras su marido vive, comete adulterio, pero si su marido muere, ella queda libre de esa ley; de modo que, si se une a otro hombre, no comete adulterio.
4 Así también ustedes, hermanos míos, por medio del cuerpo de Cristo han muerto a la ley, para pertenecer a otro, al que resucitó de los muertos, a fin de que demos fruto para Dios.
5 Porque mientras vivíamos en la carne, las pasiones pecaminosas estimuladas por la ley actuaban en nuestros miembros y producían frutos que llevan a la muerte.
6 Pero ahora que hemos muerto a su dominio, estamos libres de la ley, y de ese modo podemos servir en la vida nueva del Espíritu y no bajo el viejo régimen de la letra.

El pecado que mora en mí

7 ¿Concluiremos entonces que la ley es pecado? ¡De ninguna manera! Sin embargo, de no haber sido por la ley, yo no hubiera conocido el pecado; porque si la ley no dijera: «No codiciarás»,[a] tampoco yo habría sabido lo que es codiciar.
8 Pero el pecado se aprovechó del mandamiento y despertó en mí toda clase de codicia, porque sin la ley el pecado está muerto.
9 En un tiempo, yo vivía sin la ley, pero cuando vino el mandamiento, el pecado cobró vida y yo morí.

[a] **7.7:** Éx 20.17; Dt 5.21.

10 Entonces me di cuenta de que el mismo mandamiento que debía darme vida, me llevó a la muerte,

11 porque el pecado se aprovechó del mandamiento y me engañó, y por medio de él me mató.

12 Podemos decir, entonces, que la ley es santa, y que el mandamiento es santo, justo y bueno.

13 Pero entonces, ¿lo que es bueno, se convirtió en muerte para mí? ¡De ninguna manera! Más bien el pecado, para demostrar que es pecado, produjo en mí la muerte por medio de lo que es bueno, a fin de que por medio del mandamiento llegara a ser extremadamente pecaminoso.

14 Sabemos que la ley es espiritual. Pero yo soy un simple ser carnal, que ha sido vendido como esclavo al pecado.

15 No entiendo qué me pasa, pues no hago lo que quiero, sino lo que aborrezco.[b]

16 Y si hago lo que no quiero hacer, compruebo entonces que la ley es buena.

17 De modo que no soy yo quien hace aquello, sino el pecado que habita en mí.

18 Yo sé que en mí, esto es, en mi naturaleza humana, no habita el bien; porque el desear el bien está en mí, pero no el hacerlo.

19 Porque no hago el bien que quiero, sino el mal que no quiero.

20 Y si hago lo que no quiero, ya no soy yo quien lo hace, sino el pecado que habita en mí.

21 Entonces, aunque quiero hacer el bien, descubro esta ley: que el mal está en mí.

22 Porque, según el hombre interior, me deleito en la ley de Dios;

23 pero encuentro que hay otra ley en mis miembros, la cual se rebela contra la ley de mi mente y me mantiene sujeto a la ley del pecado que está en mis miembros.

24 ¡Miserable de mí! ¿Quién me librará de este cuerpo de muerte?

25 Doy gracias a Dios, por medio de nuestro Señor Jesucristo. Así que yo mismo, con la mente, sirvo a la ley de Dios, pero con la naturaleza humana sirvo a la ley del pecado.

Viviendo en el Espíritu

8 Por tanto, no hay ninguna condenación para los que están unidos a Cristo Jesús, los que no andan conforme a la carne, sino conforme al Espíritu,

2 porque la ley del Espíritu de vida en Cristo Jesús me ha librado de la ley del pecado y de la muerte.

3 Porque Dios ha hecho lo que para la ley era imposible hacer, debido a que era débil por su naturaleza pecaminosa: por causa del pecado envió a su Hijo en una condición semejante a la del hombre pecador, y de esa manera condenó al pecado en la carne,

4 para que la justicia de la ley se cumpliera en nosotros, que no seguimos los pasos de nuestra carne, sino los del Espíritu.

5 Porque los que siguen los pasos de la carne fijan su atención en lo que es de la carne, pero los que son del Espíritu, la fijan en lo que es del Espíritu. Ro 13.12-14

6 Porque el ocuparse de la carne es muerte, pero el ocuparse del Espíritu es vida y paz. Ro 14.17

7 Las intenciones de la carne llevan a la enemistad contra Dios; porque no se sujetan a la ley de Dios, ni tampoco pueden;

8 además, los que viven según la carne no pueden agradar a Dios.

9 Pero ustedes no viven según las intenciones de la carne, sino según el Espíritu, si es que el Espíritu de Dios habita en ustedes. Y si alguno no tiene el Espíritu de Cristo, no es de él.

10 Pero si Cristo está en ustedes, el cuerpo está en verdad muerto a causa del pecado, pero el espíritu vive a causa de la justicia.

11 Y si el Espíritu de aquel que levantó de los muertos a Jesús vive en ustedes, el que levantó de los muertos a Cristo Jesús también dará vida a sus cuerpos mortales por medio de su Espíritu que vive en ustedes.

12 Así que, hermanos, tenemos una deuda pendiente, pero no es la de vivir en conformidad con la carne,

[b] **7.15:** Gá 5.17.

[13] porque si ustedes viven en conformidad con la carne, morirán; pero si dan muerte a las obras de la carne por medio del Espíritu, entonces vivirán.

[14] Porque los hijos de Dios son todos aquellos que son guiados por el Espíritu de Dios.

[15] Pues ustedes no han recibido un espíritu que los esclavice nuevamente al miedo, sino que han recibido el espíritu de adopción, por el cual clamamos: ¡Abba, Padre!

[16] El Espíritu mismo da testimonio a nuestro espíritu, de que somos hijos de Dios.

[17] Y si somos hijos, somos también herederos;[a] herederos de Dios y coherederos con Cristo, si es que padecemos juntamente con él, para que juntamente con él seamos glorificados.

[18] Pues no tengo dudas de que las aflicciones del tiempo presente en nada se comparan con la gloria venidera que habrá de revelarse en nosotros.

[19] Porque la creación aguarda con gran impaciencia la manifestación de los hijos de Dios.

[20] Porque la creación fue sujetada a vanidad, no por su propia voluntad, sino porque así lo dispuso Dios, pero todavía tiene esperanza,

[21] pues también la creación misma será liberada de la esclavitud de corrupción, para así alcanzar la libertad gloriosa de los hijos de Dios.

[22] Porque sabemos que toda la creación hasta ahora gime a una, y sufre como si tuviera dolores de parto.

[23] Y no sólo ella, sino también nosotros, que tenemos las primicias del Espíritu, gemimos dentro de nosotros mismos mientras esperamos la adopción, la redención de nuestro cuerpo.

[24] Porque con esa esperanza fuimos salvados. Pero la esperanza que se ve, ya no es esperanza, porque ¿quién espera lo que ya está viendo?

[25] Pero si lo que esperamos es algo que todavía no vemos, tenemos que esperarlo con paciencia.

LECCIONES **TODO PARA BIEN**
(Romanos 8.28)

A nadie le gusta pasar por momentos difíciles. Generalmente pensamos que son la peor parte de la vida. Pero Dios dispone todas las cosas para el bien de sus hijos, aun las dificultades. Una manera en que dispone para bien una situación difícil es al usarla para hacer que los creyentes sean más como Jesús. Dios también puede usar nuestros fracasos y "disponer todas las cosas para el bien".

[26] De igual manera, el Espíritu nos ayuda en nuestra debilidad, pues no sabemos qué nos conviene pedir, pero el Espíritu mismo intercede por nosotros con gemidos indecibles.

[27] Pero el que examina los corazones sabe cuál es la intención del Espíritu, porque intercede por los santos conforme a la voluntad de Dios.

Más que vencedores

[28] Ahora bien, sabemos que Dios dispone todas las cosas para el bien de los que lo aman, es decir, de los que él ha llamado de acuerdo a su propósito.

[29] Porque a los que antes conoció, también los predestinó para que sean hechos conforme a la imagen de su Hijo, para que él sea el primogénito entre muchos hermanos.

[30] Y a los que predestinó, también los llamó; y a los que llamó, también los justificó; y a los que justificó, también los glorificó.

[31] ¿Qué más podemos decir? Que si Dios está a nuestro favor, nadie podrá estar en contra de nosotros.

[32] El que no escatimó ni a su propio Hijo, sino que lo entregó por todos nosotros, ¿cómo no nos dará también con él todas las cosas?

[33] ¿Quién acusará a los escogidos de Dios? Dios es el que justifica.

[34] ¿Quién es el que condenará? Cristo es el que murió; más aún, el que también resuci-

[a] **8.15-17:** Gá 4.5-7.

HABLAR EN LENGUAS

Para los cristianos del Nuevo Testamento el hablar en lenguas era la señal de que el creyente había sido bautizado con el Espíritu Santo (Hechos 2:4). Ésta sigue siendo la señal para los creyentes de hoy, del bautismo con el Espíritu Santo.

Qué significa hablar en lenguas

El hablar en lenguas es una forma de hablar, orar o alabar a Dios por el poder del Espíritu Santo (Hechos 2:4; 1 Corintios 14:14-15). Cuando alguien habla en lenguas, puede hablar en un idioma humano existente (Hechos 2:6), o en un lenguaje celestial (1 Corintios 13:1).

Cuando los creyentes hablan en lenguas, el Espíritu Santo les ayuda a orar o transmitir mensajes que honran a Dios. Cuando esto sucede durante un culto, el mensaje puede inspirar la adoración o animar a otros creyentes (1 Corintios 14:5-6; 13-17). Los hermanos entenderán el mensaje en lenguas, porque Dios le dará a alguien el significado de ese mensaje celestial, para decirlo a todos.

Es bueno que los creyentes hablen en lenguas a menudo, porque eso los fortalece (1 Corintios 14:4). Cuando oramos en el Espíritu (hablamos en lenguas) durante nuestro tiempo de oración, nuestras oraciones son más eficaces. Cuando no sabemos cómo decirle a Dios lo que está en nuestro corazón, el Espíritu Santo puede orar a través de nosotros en un lenguaje celestial (Romanos 8:26-27). Cuando el Espíritu Santo ora a través de nuestros labios, nuestra oración expresa los pensamientos de nuestro corazón y concuerda perfectamente con la voluntad de Dios. Aunque no podamos entender lo que pedimos, podemos confiar que el Espíritu Santo dice las palabras exactas a través de nuestros labios.

El hablar en lenguas, ¿es cierto o falso?

A veces las personas piensan que están hablando en lenguas, pero están inventando palabras. Cuando alguien realmente habla en lenguas, las palabras pronunciadas son solo por el poder del Espíritu Santo. La Biblia nos advierte que no debemos tratar de imitar esta experiencia y que estemos seguros de que la fuente es el Espíritu Santo (lee 1 Juan 4:1).

Las personas que hablan en lenguas no pierden el control de sus pensamientos ni hablan sin sentido. sus palabras son controladas por el Espíritu Santo, que es un Dios de orden (1 Corintios 14:40). Como dice la Biblia, el Espíritu Santo da a cada uno las palabras que debe expresar (Hechos 2:4). No es algo que se puede aprender a hacer. Esto sucede solo por obra de Dios.

tó, el que además está a la derecha de Dios
e intercede por nosotros.
35 ¿Qué podrá separarnos del amor de
Cristo? ¿Tribulación, angustia, persecución,
hambre, desnudez, peligro, espada?
36 Como está escrito:

«Por causa de ti siempre nos llevan a
la muerte,
Somos contados como ovejas de
matadero.»[b]

37 Sin embargo, en todo esto somos más
que vencedores por medio de aquel que
nos amó.
38 Por lo cual estoy seguro de que ni la
muerte, ni la vida, ni los ángeles, ni los prin-
cipados, ni las potestades, ni lo presente, ni
lo por venir,
39 ni lo alto, ni lo profundo, ni ninguna
otra cosa creada nos podrá separar del
amor que Dios nos ha mostrado en Cristo
Jesús nuestro Señor.

2 Co 11.12-15

La elección de Israel

9 Digo la verdad en Cristo, no miento.
Mi conciencia me da testimonio en
el Espíritu Santo:
2 tengo una gran tristeza y un continuo
dolor en mi corazón.
3 Porque desearía ser yo mismo malde-
cido y separado de Cristo, por amor a mis
hermanos, por los de mi propia raza,
4 que son israelitas. De ellos son la adop-
ción, la gloria, el pacto, la promulgación de
la ley, el culto y las promesas.
5 De ellos son los patriarcas, y de ellos, des-
de el punto de vista humano, vino Cristo, el
cual es Dios sobre todas las cosas. ¡Bendito
sea por siempre! Amén.
6 Ahora bien, no estoy diciendo que la pa-
labra de Dios haya fallado, porque no todos
los que descienden de Israel son israelitas;
7 ni todos los descendientes de Abrahán
son verdaderamente sus hijos, pues dice: «Tu
descendencia vendrá por medio de Isaac.»[a]
8 Esto significa que los hijos de Dios no
son los descendientes naturales, sino aque-
llos que son considerados descendientes
según la promesa.
9 La promesa dice así: «Por este tiempo
vendré, y Sara tendrá un hijo.»[b]
10 Y no sólo esto. También sucedió cuan-
do Rebeca concibió de un solo hombre, de
nuestro antepasado Isaac,
11 aunque sus hijos todavía no habían na-
cido ni habían hecho algo bueno o malo;
y para confirmar que el propósito de Dios
no está basado en las obras sino en el que
llama,
12 se le dijo: «El mayor servirá al menor.»[c]
13 Como está escrito: «A Jacob amé, pero
a Esaú aborrecí.»[d]
14 Entonces, ¿qué diremos? ¿Que Dios es
injusto? ¡De ninguna manera!
15 Porque Dios dijo a Moisés: «Tendré mi-
sericordia del que yo quiera, y me compade-
ceré del que yo quiera.»[e]
16 Así pues, no depende de que el hombre
quiera o se esfuerce, sino de que Dios tenga
misericordia.
17 Porque la Escritura le dice al faraón: «Te
he levantado precisamente para mostrar en
ti mi poder, y para que mi nombre sea anun-
ciado por toda la tierra.»[f]

PROMESAS PODEROSAS

ROMANOS 8.38-39

Por lo cual estoy seguro de que ni la muerte, ni la vida, ni los ángeles, ni los principados, ni las potestades, ni lo presente, ni lo por venir, ni lo alto, ni lo profundo, ni ninguna otra cosa creada nos podrá separar del amor que Dios nos ha mostrado en Cristo Jesús nuestro Señor.

Puede haber momentos en los que no "sientes" el amor y la presencia de Dios. Pero la Palabra de Dios promete que nada nos separará del amor de Dios. Su amor nos rodea sea o no que lo sintamos.

[b]**8.36:** Sal 44.22. [a]**9.7:** Gn 21.12. [b]**9.9:** Gn 18.10. [c]**9.12:** Gn 25.23. [d]**9.13:** Mal 1.2-3. [e]**9.15:** Éx 33.19. [f]**9.17:** Éx 9.16.

18 De manera que Dios tiene misericordia de quien él quiere tenerla y endurece a quien él quiere endurecer.

19 Entonces me dirás: ¿Por qué Dios todavía nos echa la culpa? ¿Quién puede oponerse a su voluntad?

20 Pero tú, hombre, ¿quién eres para discutir con Dios? ¿Acaso el vaso de barro le dirá al que lo formó por qué lo hizo así?[g]

21 ¿Qué, no tiene derecho el alfarero de hacer del mismo barro un vaso para honra y otro para deshonra?

22 ¿Y qué si Dios, queriendo mostrar su ira y dar a conocer su poder, soportó con mucha paciencia los vasos de ira que estaban preparados para destrucción?

23 ¿Y qué si, para dar a conocer las riquezas de su gloria, se las mostró a los vasos de misericordia que él de antemano preparó para esa gloria?

24 Esos somos nosotros, a quienes Dios llamó, no sólo de entre los judíos, sino también de entre los no judíos.

25 Como también se dice en Oseas:

> «Llamaré "pueblo mío" al que no era
> mi pueblo,
> Y llamaré "amada mía" a la que no era
> mi amada.[h]
> 26 Y en el lugar donde se les dijo: "Ustedes no son mi pueblo",
> Allí serán llamados "hijos del Dios
> viviente".»[i]

27 También Isaías clama, en referencia a Israel: «Aunque los descendientes de Israel sean tan numerosos como la arena del mar, tan sólo el remanente será salvo;

28 porque el Señor ejecutará su sentencia sobre la tierra con justicia y prontitud.»[j]

29 Y como antes dijo Isaías:

> «Si el Señor de los ejércitos no nos
> hubiera dejado descendencia,
> Ya seríamos como Sodoma, y nos
> pareceríamos a Gomorra.»[k]

La justicia que es por fe

30 Entonces, ¿qué diremos? Que los no judíos, que no buscaban la justicia, la han alcanzado; es decir, la justicia que viene por medio de la fe.

31 Pero Israel, que buscaba una ley de justicia, no la alcanzó.

32 ¿Por qué? Porque no la buscaba a partir de la fe, sino a partir de las obras de la ley; y tropezaron en la piedra de tropiezo,

33 como está escrito:

> «Yo pongo en Sión una piedra de
> tropiezo y una roca de caída;
> pero el que crea en él, no será
> avergonzado.»[l]

10 Hermanos, ciertamente lo que mi corazón anhela, y lo que pido a Dios en oración es la salvación de Israel.

2 Me consta que ustedes tienen celo por Dios, pero su celo no se basa en el conocimiento.

3 Pues al ignorar la justicia de Dios y procurar establecer su propia justicia, no se sujetaron a la justicia de Dios;

4 porque el cumplimiento de la ley es Cristo, para la justicia de todo aquel que cree.

5 Moisés describe así a la justicia que se basa en la ley: «Quien practique estas cosas, vivirá por ellas.»[a]

6 Pero la justicia que se basa en la fe dice así: «No digas en tu corazón: ¿Quién subirá al cielo? (Es decir, para hacer que Cristo baje.)

7 ¿O quién bajará al abismo? (Es decir, para hacer subir a Cristo de entre los muertos.)»

8 Lo que dice es: «La palabra está cerca de ti, en tu boca y en tu corazón.»[b] Ésta es la palabra de fe que predicamos:

9 «Si confiesas con tu boca que Jesús es el Señor, y crees en tu corazón que Dios lo levantó de los muertos, serás salvo.»

10 Porque con el corazón se cree para alcanzar la justicia, pero con la boca se confiesa para alcanzar la salvación.

[g] **9.20:** Is 45.9. [h] **9.25:** Os 2.23. [i] **9.26:** Os 1.10. [j] **9.27-28:** Is 10.22-23. [k] **9.29:** Is 1.9. [l] **9.33:** Is 28.16. [a] **10.5:** Lv 18.5. [b] **10.6-8:** Dt 30.12-14.

PROMESAS PODEROSAS

ROMANOS 10.9

Si confiesas con tu boca que Jesús es el Señor, y crees en tu corazón que Dios lo levantó de los muertos, serás salvo.

Dios quiere que expresemos con palabras nuestra fe. Confesar que "Jesús es el Señor" es decir que Él es igual a Dios y que merece nuestra adoración, nuestra confianza, nuestra obediencia, y nuestras oraciones. También significa que admites que Él controla tu vida. Los NIÑOS PODEROSOS sirven a un líder, que es Jesús el Señor.

[11] Pues la Escritura dice: «Todo aquel que
cree en él, no será defraudado.»[c]
[12] Porque no hay diferencia entre el que es
judío y el que no lo es, pues el mismo que es
Señor de todos, es rico para con todos los
que lo invocan,
[13] porque todo el que invoque el nombre
del Señor será salvo.[d]

1 Co 15.1-8

[14] Ahora bien, ¿cómo invocarán a aquel en
el cual no han creído? ¿Y cómo creerán en
aquel de quien no han oído? ¿Y cómo oirán
si no hay quien les predique?
[15] ¿Y cómo predicarán si no son enviados?
Como está escrito: «¡Cuán hermosa es la lle-
gada de los que anuncian la paz, de los que
anuncian buenas nuevas!»[e]
[16] Pero no todos obedecieron al evangelio;
pues Isaías dice: «Señor, ¿quién ha creído a
nuestro anuncio?»[f]
[17] Así que la fe proviene del oír, y el oír pro-
viene de la palabra de Dios.
[18] Pero yo pregunto: ¿En verdad no han
oído? ¡Por supuesto que sí!
«Por toda la tierra ha salido la voz de ellos,
Y sus palabras han llegado hasta los
confines de la tierra.»[g]
[19] Y vuelvo a preguntar: ¿En verdad Israel
no ha comprendido esto? En primer lugar,
Moisés dice:
«Yo haré que ustedes sientan celos de
un pueblo que no es pueblo;
Y haré que ustedes se enojen con un
pueblo insensato.»[h]
[20] También Isaías dice resueltamente:
«Los que no me buscaban, me encon-
traron;
me manifesté a los que no pregunta-
ban por mí.»[i]
[21] Pero acerca de Israel dice: «Todo el día
extendí mis manos a un pueblo rebelde y
contestatario.»[j]

El remanente de Israel

11 Por lo tanto, pregunto: ¿Acaso
Dios desechó a su pueblo? ¡De
ninguna manera! Porque tam-
bién yo soy israelita, descendiente de Abra-
hán y de la tribu de Benjamín.[a]
[2] Dios no desechó a su pueblo, al cual cono-
ció desde un principio. ¿No saben ustedes lo
que dice la Escritura acerca de Elías, de cómo
invocó a Dios contra Israel, cuando dijo:
[3] «Señor, han dado muerte a tus profetas,
y han derribado tus altares. Sólo yo he que-
dado, y procuran matarme»?[b]
[4] ¿Y cuál fue la respuesta divina? «Me he
reservado siete mil hombres, que no han
doblado la rodilla delante de Baal.»[c]
[5] De la misma manera, aun en este tiem-
po ha quedado un remanente escogido
por gracia.
[6] Y si es por gracia, ya no es por obras; de
otra manera la gracia ya no sería gracia. Y si
fuera por obras, ya no sería gracia; de otra
manera la obra ya no es obra.
[7] ¿Entonces, qué? Israel no ha alcanzado
lo que buscaba, pero los escogidos sí lo han
alcanzado, y los demás fueron endurecidos.
[8] Como está escrito: «Dios les dio un espíritu
de estupor, y así son hasta el día de hoy. Tienen
ojos que no ven y oídos que no oyen.»[d]

[c] **10.11:** Is 28.16. [d] **10.13:** Jl 2.32. [e] **10.15:** Is 52.7. [f] **10.16:** Is 53.1. [g] **10.18:** Sal 19.4. [h] **10.19:** Dt 32.21. [i] **10.20:** Is 65.1. [j] **10.21:** Is 65.2. [a] **11.1:** Flp 3.5. [b] **11.3:** 1 R 19.10, 14. [c] **11.4:** 1 R 19.18. [d] **11.8:** Dt 29.4; Is 29.10.

9 Y David dice:
«Que sus banquetes se conviertan en trampa y en red,
En tropezadero y en retribución;
10 Que sus ojos se nublen para que no vean,
Y sus espaldas se encorven para siempre.»[e]

La salvación de los no judíos

11 Pregunto entonces: «¿Será que los de Israel tropezaron para caer?» ¡De ninguna manera! Más bien, su transgresión redundó en la salvación de los no judíos, para que los israelitas se pongan celosos.

12 Pues si su transgresión ha enriquecido al mundo, y su fracaso ha enriquecido a los no judíos, ¡mucho más será lo que logre su plena restauración!

13 Ahora les hablo a ustedes, a los que no son judíos. Por cuanto yo soy el apóstol de ustedes, honro mi ministerio.

14 Yo quisiera poner celosos a los de mi sangre, y de esa manera salvar a algunos de ellos.

15 Porque si su exclusión trajo como resultado la reconciliación del mundo, ¿qué resultará de su admisión, sino vida de entre los muertos?

16 Si la primera parte de la masa es santa, también lo es la masa restante; y si la raíz es santa, también lo son las ramas.

17 Si algunas de las ramas fueron cortadas, y tú, que eras un olivo silvestre, fuiste injertado en su lugar y has venido a participar de la raíz y de la rica savia del olivo,

18 no te jactes contra las ramas; y si te jactas, conviene que sepas que no eres tú el que sustenta a la raíz, sino que es la raíz la que te sustenta a ti.

19 Tal vez digas: «Las ramas fueron cortadas para que yo fuera injertado.»

20 De acuerdo. Pero ellas fueron cortadas por su incredulidad, y tú te mantienes firme por la fe. Por lo tanto, no seas soberbio, sino temeroso.

21 Porque si Dios no perdonó a las ramas naturales, tampoco a ti te perdonará.

22 Por lo tanto, toma en cuenta la bondad y la severidad de Dios; severidad para con los que cayeron, pero bondad para contigo, si permaneces en esa bondad, pues de otra manera también tú serás cortado.

23 Y aun ellos pueden ser injertados, si no permanecen en su incredulidad, pues Dios es poderoso para volver a injertarlos.

24 Porque si tú, que por naturaleza eras un olivo silvestre, contra la naturaleza fuiste cortado e injertado en el buen olivo, ¡con más razón éstos, que son las ramas naturales, serán injertados en su propio olivo!

La restauración de Israel

25 Hermanos, no quiero que ignoren este misterio, para que no se vuelvan arrogantes. Parte de Israel se ha endurecido, y esto será así hasta que se haya incorporado la totalidad de los no judíos;

26 y después de eso todo Israel será salvo. Como está escrito:
«El Libertador vendrá de Sión,
y apartará de Jacob la impiedad.[f]
27 Y éste será mi pacto con ellos,
cuando yo quite sus pecados.»[g]

28 Así que, en cuanto al evangelio, son enemigos por causa de ustedes; pero en cuanto a la elección, son amados por causa de sus antepasados.

29 Porque los dones y el llamamiento de Dios son irrevocables.

30 Así como en otro tiempo ustedes eran desobedientes a Dios, pero ahora han alcanzado misericordia por la desobediencia de ellos,

31 así también éstos han sido desobedientes ahora, para que por la misericordia concedida a ustedes también ellos alcancen misericordia.

32 Porque Dios sujetó a todos a la desobediencia, para tener misericordia de todos.

33 ¡Qué profundas son las riquezas de la sabiduría y del conocimiento de Dios! ¡Cuán incomprensibles son sus juicios, e inescrutables sus caminos!

[e] **11.9-10:** Sal 69.22-23. [f] **11.26:** Is 59.20. [g] **11.27:** Jer 31.33-34.

[34] Porque ¿quién ha entendido la mente del Señor? ¿O quién ha sido su consejero?[h]

[35] ¿O quién le dio a él primero, para que él tenga que devolverlo?[i]

[36] Ciertamente, todas las cosas son de él, y por él, y para él. ¡A él sea la gloria por siempre! Amén.

Deberes cristianos

12 Así que, hermanos, yo les ruego, por las misericordias de Dios, que se presenten ustedes mismos como un sacrificio vivo, santo y agradable a Dios. ¡Así es como se debe adorar a Dios!

[2] Y no adopten las costumbres de este mundo, sino transfórmense por medio de la renovación de su mente, para que comprueben cuál es la voluntad de Dios, lo que es bueno, agradable y perfecto.

1 Co 2.6-16

[3] Por la gracia que me es dada, digo a cada uno de ustedes que no tenga más alto concepto de sí que el que debe tener, sino que piense de sí con sensatez, según la medida de fe que Dios repartió a cada uno.

[4] Porque así como en un cuerpo hay muchos miembros, y no todos los miembros tienen la misma función,

[5] así también nosotros, aunque somos muchos, formamos un solo cuerpo en Cristo,[a] y cada miembro está unido a los demás.

[6] Ya que tenemos diferentes dones, según la gracia que nos ha sido dada,[b] si tenemos el don de profecía, usémoslo conforme a la medida de la fe.

[7] Si tenemos el don de servicio, sirvamos; si tenemos el don de la enseñanza, enseñemos;

[8] si tenemos el don de exhortación, exhortemos; si debemos repartir, hagámoslo con generosidad; si nos toca presidir, hagámoslo con solicitud; si debemos brindar ayuda, hagámoslo con alegría.

Ro 15.19

[9] Nuestro amor debe ser sincero. Aborrezcamos lo malo y sigamos lo bueno.

[10] Amémonos unos a otros con amor fraternal; respetemos y mostremos deferencia hacia los demás.

[11] Si algo demanda diligencia, no seamos perezosos; sirvamos al Señor con espíritu ferviente.

[12] Gocémonos en la esperanza, soportemos el sufrimiento, seamos constantes en la oración.

[13] Ayudemos a los hermanos necesitados. Practiquemos la hospitalidad.

[14] Bendigamos a los que nos persiguen;[c] bendigamos y no maldigamos.

[15] Gocémonos con los que se gozan y lloremos con los que lloran.

[16] Vivamos como si fuéramos uno solo. No seamos altivos, sino juntémonos con los humildes. No debemos creernos más sabios que los demás.[d]

[17] No paguemos a nadie mal por mal. Procuremos hacer lo bueno a los ojos de todo el mundo.

[18] Si es posible, y en cuanto dependa de nosotros, vivamos en paz con todos.

[h] **11.34:** Is 40.13. [i] **11.35:** Job 41.11. [a] **12.4-5:** 1 Co 12.12. [b] **12.6-8:** 1 Co 12.4-11. [c] **12.14:** Lc 6.28. [d] **12.16:** Pr 3.7.

UN SACRIFICIO VIVO *(Romanos 12.1)*
Un sacrificio es algo que das a Dios, y que te cuesta mucho. Por ejemplo, una viuda pobre dio todo lo que tenía en el arca de la ofrenda del templo (Marcos 12:41-44). Fue un gran sacrificio para ella. Pablo exhortó a los creyentes en Cristo a que se ofrecieran como sacrificio vivo a Dios. ¿Cómo se hace esto? Elegimos honrar a Dios por nuestra forma de vivir. Decidimos complacer a Dios con lo que decimos y lo que hacemos. Los NIÑOS PODEROSOS deciden honrar a Dios en todas las cosas. Son un sacrificio vivo.

19 No busquemos vengarnos, amados
míos. Mejor dejemos que actúe la ira de
Dios, porque está escrito: «Mía es la ven-
ganza, yo pagaré, dice el Señor.»[e]
20 Por lo tanto, si nuestro enemigo tiene
hambre, démosle de comer; si tiene sed, dé-
mosle de beber. Si así lo hacemos, haremos
que éste se avergüence de su conducta.[f]
21 No permitamos que nos venza el mal.
Es mejor vencer al mal con el bien.

13 Todos debemos someternos
a las autoridades, pues no hay
autoridad que no venga de
Dios. Las autoridades que hay han sido es-
tablecidas por Dios.
2 Por lo tanto, aquel que se opone a la au-
toridad, en realidad se opone a lo estableci-
do por Dios, y los que se oponen acarrean
condenación sobre ellos mismos.
3 Porque los gobernantes no están para infun-
dir temor a los que hacen lo bueno, sino a los que
hacen lo malo. ¿Quieres vivir sin miedo a la au-
toridad? Haz lo bueno, y tendrás su aprobación,
4 pues la autoridad está al servicio de Dios
para tu bien. Pero si haces lo malo, entonces
sí debes temer, porque no lleva la espada en
vano, sino que está al servicio de Dios para
darle su merecido al que hace lo malo.
5 Por lo tanto, es necesario que nos sujete-
mos a la autoridad, no sólo por causa del cas-
tigo, sino también por motivos de conciencia.
6 Por eso mismo ustedes pagan los im-
puestos, porque los gobernantes están al
servicio de Dios y se dedican a gobernar.
7 Paguen a todos lo que deban pagar, ya
sea que deban pagar tributo, impuesto, res-
peto u honra.[a]
8 No tengan deudas con nadie, aparte de
la deuda de amarse unos a otros; porque el
que ama al prójimo, ha cumplido la ley.
9 Los mandamientos: «No adulterarás»,[b]
«no matarás»,[c] «no hurtarás»,[d] «no dirás
falso testimonio»,[e] «no codiciarás»,[f] y cual-
quier otro mandamiento, se resume en esta
sentencia: «Amarás a tu prójimo como a ti
mismo.»[g]
10 El amor no hace daño a nadie. De modo
que el amor es el cumplimiento de la ley.
11 Hagan todo esto, conscientes del tiem-
po en que vivimos y de que ya es hora de
que despertemos del sueño. Porque nuestra
salvación está más cerca de nosotros ahora
que cuando creímos.
12 La noche ha avanzado, y se acerca el día.
Por tanto, desechemos las obras de las tinie-
blas, y revistámonos de las armas de la luz.
13 Vivamos con honestidad, como a la luz
del día, y no andemos en glotonerías ni en
borracheras, ni en lujurias y lascivias, ni en
contiendas y envidias.
14 Más bien, revistámonos del Señor Jesu-
cristo, y no busquemos satisfacer los deseos
de la carne. Gá 5.13-18

Los débiles en la fe

14 Reciban al que es débil en la fe,
pero no para entrar en discu-
siones.

[e]**12.19:** Dt 32.35. [f]**12.20:** Pr 25.21-22. [a]**13.6-7:** Mt 22.21; Mr 12.17; Lc 20.25. [b]**13.9:** Éx 20.14; Dt 5.18. [c]**13.9:** Éx 20.13; Dt 5.17. [d]**13.9:** Éx 20.15; Dt 5.19. [e]**13.9:** Éx 20.16; Dt 5.20. [f]**13.9:** Éx 20.17; Dt 5.21. [g]**13.9:** Lv 19.18.

PODER PARA VIVIR

AMA A TU PRÓJIMO *(Romanos 13.10)*
Jesús enseñó a sus discípulos a amar al prójimo (Mateo 22:39). Este era uno de los mandamientos de la ley de Moisés (Levítico 19:18), uno que Pablo repitió (Romanos 13:9). El prójimo puede ser cualquier persona que conozcas, y no solo tus vecinos. Pablo explicó que las personas que muestran amor no hacen daño a otros. En cambio, tratan bien a los demás. En 1 Corintios 13, Pablo tuvo mucho más que decir sobre el amor. Haz una lista de las formas en que puedes mostrar amor a los demás.

2 Algunos creen que está permitido comer de todo, pero hay otros, que son débiles y que sólo comen legumbres.

3 El que come de todo, no debe menospreciar al que no come ciertas cosas, y el que no come de todo, no debe juzgar al que come, porque Dios lo ha aceptado.

4 ¿Quién eres tú, para juzgar al criado ajeno? Si éste se mantiene firme o cae, es un asunto de su propio amo. Pero se mantendrá firme, porque el Señor es poderoso para mantenerlo así.

5 Algunos creen que ciertos días son más importantes que otros. Otros consideran que todos los días son iguales. Cada uno está plenamente convencido de su propio pensamiento.

6 El que da importancia a ciertos días, lo hace para el Señor; y el que no les da importancia, también lo hace para el Señor. El que come, para el Señor come, porque da gracias a Dios; y el que deja de comer, lo hace para el Señor, y también da gracias a Dios.[a]

7 Y es que nadie vive para sí, ni nadie muere para sí,

8 pues si vivimos, para el Señor vivimos, y si morimos, para el Señor morimos. Así que, ya sea que vivamos, o que muramos, somos del Señor.

9 Porque para esto mismo Cristo murió y resucitó: para ser Señor de los vivos y de los muertos.

10 Así que tú, ¿por qué juzgas a tu hermano? O tú también, ¿por qué menosprecias a tu hermano? ¡Todos tendremos que comparecer ante el tribunal de Cristo![b]

11 Escrito está:

«Vivo yo, dice el Señor, que ante mí se
doblará toda rodilla,
Y toda lengua confesará a Dios.»[c]

12 Así que cada uno de nosotros tendrá que rendir cuentas a Dios de sí mismo.

13 Por tanto, no sigamos juzgándonos unos a otros. Más bien, propongámonos no poner tropiezo al hermano, ni hacerlo caer.

14 Yo sé, y confío en el Señor Jesús, que nada es impuro en sí mismo; pero si alguien piensa que algo es impuro, lo es para él.

15 Pero si tu hermano se siente agraviado por causa de lo que comes, entonces tu conducta ya no refleja el amor. No hagas que por causa de tu comida se pierda aquel por quien Cristo murió.

16 No permitan que se hable mal del bien que ustedes hacen,

17 porque el reino de Dios no es cuestión de comida ni de bebida, sino de justicia, paz y gozo en el Espíritu Santo. Ro 15.30

18 El que de esta manera sirve a Cristo, agrada a Dios, y es aprobado por los hombres.

19 Así que, sigamos lo que contribuye a la paz y a la mutua edificación.

20 No destruyas la obra de Dios por causa de la comida. Todas las cosas son limpias; lo malo es hacer tropezar a otros por lo que comemos.

21 Lo mejor es no comer carne, ni beber vino, ni hacer nada que haga que tu hermano tropiece, o se ofenda, o se debilite.

22 ¿Tú tienes fe? Tenla para contigo delante de Dios. Dichoso aquel, a quien su conciencia no lo acusa por lo que hace.

23 Pero el que duda acerca de lo que come, ya se ha condenado, porque no lo hace por convicción; y todo lo que no se hace por convicción es pecado.

15 Así que, los que somos fuertes debemos soportar las flaquezas de los débiles, en vez de hacer lo que nos agrada.

2 Cada uno de nosotros debe agradar a su prójimo en lo que es bueno, con el fin de edificarlo.

3 Porque ni aun Cristo se agradó a sí mismo sino que, como está escrito: «Las ofensas de los que te insultaban cayeron sobre mí.»[a]

4 Las cosas que se escribieron antes, se escribieron para nuestra enseñanza, a fin de que tengamos esperanza por medio de la paciencia y la consolación de las Escrituras.

[a] **14.1-6:** Col 2.16. [b] **14.10:** 2 Co 5.10. [c] **14.11:** Is 45.23. [a] **15.3:** Sal 69.9.

5 Que el Dios de la paciencia y de la consolación les conceda a ustedes un mismo sentir, según Cristo Jesús,

6 para que todos juntos y a una sola voz glorifiquen al Dios y Padre de nuestro Señor Jesucristo.

El evangelio a los no judíos

7 Por tanto, recíbanse unos a otros, como también Cristo nos recibió, para la gloria de Dios.

8 Pues les digo que Cristo Jesús vino a ser siervo de los judíos para mostrar la verdad de Dios, para confirmar las promesas hechas a nuestros antepasados,

9 y para que los que no son judíos glorifiquen a Dios por su misericordia, como está escrito:

«Por tanto, yo te confesaré entre las
naciones,
Y cantaré salmos a tu nombre.»[b]

10 Y en otra parte dice:

«Alégrense, naciones, con su pueblo.»[c]

11 Y también dice:

Ef 1.3-6 «Alaben al Señor todas las naciones,
Y exáltenlo todos los pueblos.»[d]

12 Y otra vez dice Isaías:

«Se alzará la raíz de Yesé;
se levantará a gobernar a las naciones,
las cuales pondrán en él su
esperanza.»[e]

13 ¡Que el Dios de la esperanza los llene de todo gozo y paz en la fe, para que rebosen de esperanza por el poder del Espíritu Santo!

14 Estoy seguro, hermanos míos, de que ustedes mismos están llenos de bondad y de todo conocimiento, de tal manera que pueden amonestarse unos a otros.

15 Pero les he escrito con toda franqueza, como para hacerles recordar, por la gracia que Dios me ha dado,

16 para ser ministro de Jesucristo a los no judíos y ministrarles el evangelio de Dios, para que ellos sean una ofrenda agradable a Dios, santificada por el Espíritu Santo.

17 Tengo, pues, de qué gloriarme en Cristo Jesús en lo que a Dios se refiere.

18 Porque no me atrevería a contar sino lo que, de palabra y obra, Cristo ha hecho por medio de mí para la obediencia de los no judíos;

19 y esto mediante poderosas señales y prodigios, en el poder del Espíritu de Dios, de tal manera que desde Jerusalén y por los alrededores hasta Ilírico, todo lo he llenado del evangelio de Cristo. 1 Co 1.7

20 Fue así como me esforcé a predicar el evangelio, no donde Cristo ya hubiera sido anunciado, para no edificar sobre fundamento ajeno,

21 sino, como está escrito:

«Aquellos a quienes nunca les fue
anunciado acerca de él, verán;
Y los que nunca han oído de él,
entenderán.»[f]

Pablo se propone ir a Roma

22 Por esto muchas veces no me ha sido posible ir a visitarlos;[g]

23 pero como no me queda más tarea pendiente en estas regiones, y como desde hace muchos años deseo ir a verlos,

24 iré a visitarlos ahora que vaya a España. Espero verlos cuando pase por allá, y que me ayuden a continuar con mi viaje, luego de haber disfrutado de su compañía.

25 Pero ahora voy a Jerusalén para servir a los santos.

26 Macedonia y Acaya tuvieron a bien hacer una ofrenda para los pobres que hay entre los santos que están en Jerusalén,[h]

27 pues les pareció que era lo correcto, y se sienten en deuda con ellos. Porque si los que no son judíos han sido hechos partícipes de las bendiciones espirituales, deben también compartir las bendiciones materiales.[i]

28 Así que, cuando esto haya concluido y yo les haya entregado este fruto, pasaré a visitarlos de camino a España,

29 y sé que, cuando los visite, llegaré con la abundante bendición del evangelio de Cristo.

---

[b] **15.9:** 2 S 22.50; Sal 18.49. [c] **15.10:** Dt 32.43. [d] **15.11:** Sal 117.1. [e] **15.12:** Is 11.10. [f] **15.21:** Is 52.15. [g] **15.22:** Ro 1.13. [h] **15.25-26:** 1 Co 16.1-4. [i] **15.27:** 1 Co 9.11.

Gá 5.22-23

30 Pero les ruego, hermanos, por nuestro Señor Jesucristo y por el amor del Espíritu, que me ayuden con sus oraciones a Dios por mí,

31 para que sea yo librado de los rebeldes que están en Judea, y que la ofrenda de mi servicio a los santos en Jerusalén sea agradable,

32 para que, por la voluntad de Dios, llegue a ustedes gozoso y pueda descansar entre ustedes.

33 Que el Dios de paz sea con todos ustedes. Amén.

Saludos personales

16 Les recomiendo a nuestra hermana Febe, diaconisa de la iglesia en Cencrea.

2 Les pido que la reciban en el Señor, como merecen ser recibidos los santos, y que la ayuden en cualquier cosa que necesite de ustedes, porque ha ayudado a muchos, y también a mí mismo.

3 Saluden a Priscila y a Aquila,[a] mis colaboradores en Cristo Jesús,

4 que arriesgaron su vida por mí. Tanto yo como todas las iglesias de los no judíos les estamos muy agradecidos.

5 Saluden también a la iglesia de su casa. Saluden a mi amado hermano Epeneto, que fue el primer convertido a Cristo en Acaya.

6 Saluden a María, que tanto ha trabajado entre ustedes.

7 Saluden a Andrónico y a Junias, mis parientes y compañeros de prisiones; ellos son muy estimados entre los apóstoles, y se convirtieron a Cristo antes que yo.

8 Saluden a Amplias, a quien amo en el Señor.

9 Saluden a Urbano, nuestro colaborador en Cristo Jesús, y a mi amado hermano Estaquis.

10 Saluden a Apeles, un auténtico cristiano. Saluden a los de la casa de Aristóbulo.

11 Saluden a Herodión, mi pariente, y a los de la casa de Narciso, quienes están en el Señor.

12 Saluden a Trifena y a Trifosa, las cuales trabajan en el Señor. Saluden a la amada Pérsida, la cual ha trabajado mucho en el Señor.

13 Saluden a Rufo,[b] escogido en el Señor, y a su madre, que es también la mía.

14 Saluden a Asíncrito, Flegonte, Hermas, Patrobas, Hermes y los hermanos que están con ellos.

15 Saluden a Filólogo y Julia, a Nereo y a su hermana, a Olimpas y a todos los santos que están con ellos.

16 Salúdense unos a otros con un beso santo. Todas las iglesias en Cristo los saludan.

17 Pero les ruego, hermanos, que se cuiden de los que causan divisiones y tropiezos en contra de la enseñanza que ustedes han recibido, y que se aparten de ellos.

18 Porque tales personas no sirven a nuestro Señor Jesucristo, sino a su propio vientre, y con palabras suaves y lisonjeras engañan al corazón de los ingenuos.

19 La obediencia de ustedes ha llegado a ser bien conocida por todos, lo que me llena de alegría por ustedes; pero quiero que sean sabios para el bien, e ingenuos para el mal.

PALABRAS CON PODER

SABIOS E INGENUOS

(Romanos 16.19)

Ser ingenuo significa ser inocente como un niño. Pablo termina su carta a los Romanos con este consejo, de que seamos sabios e ingenuos. Una persona sabia hace lo justo. Una persona ingenua lleva una vida pura y evita el mal comportamiento. Jesús dio a sus discípulos un consejo similar: "Sean prudentes como serpientes y sencillos como palomas" (Mateo 10:16). Este consejo no significa de debes evadir la realidad e ignorar las cosas malas que suceden. Más bien, gracias al poder del Espíritu Santo, puedes apartarte del mal y hacer aquello que agrada a Dios.

[a] **16.3:** Hch 18.2. [b] **16.13:** Mr 15.21. [c] **16.21:** Hch 16.1. [d] **16.23:** Hch 19.29; 1 Co 1.14. [e] **16.23:** 2 Ti 4.20.

20 Muy pronto el Dios de paz aplastará a Satanás bajo los pies de ustedes. Que la gracia de nuestro Señor Jesucristo sea con ustedes.
21 Reciban saludos de mi colaborador Timoteo[c] y de Lucio, Jasón y Sosípater, mis parientes.
22 Yo, Tercio, que escribí la carta, los saludo en el Señor.
23 Los saluda Gayo,[d] que nos ha hospedado a mí y a toda la iglesia. Los saluda Erasto,[e] el tesorero de la ciudad, y el hermano Cuarto.
24 Que la gracia de nuestro Señor Jesucristo sea con todos ustedes. Amén.

Doxología final

25 Y al que puede fortalecerlos conforme a mi evangelio y a la predicación de Jesucristo, según la revelación del misterio que se ha mantenido oculto desde tiempos eternos,
26 pero que ahora ha sido revelado por medio de las Escrituras de los profetas, y que de acuerdo al mandamiento del Dios eterno se ha dado a conocer a todas las naciones para que obedezcan a la fe,
27 al único y sabio Dios, sea la gloria mediante Jesucristo para siempre. Amén.

1 CORINTIOS

Autor: **Pablo**

Temas: **Problemas en la iglesia y las soluciones**

Fecha en que se escribió: **c. 55/56 d.C.**

PROBLEMAS Y RESPUESTAS

Corinto, de la antigua Grecia, era como la ciudad de Nueva York de la época de Pablo, ¡una ciudad principal! Pablo estaba en Éfeso cuando escribió esta primera carta a la iglesia de Corinto (Hechos 18:23–21:16). Él había oído acerca de los problemas que tenía la iglesia (1 Corintios 1:11) y escribió esta carta para ofrecer soluciones y también para aconsejar sobre otros asuntos.

LO QUE ENCONTRARÁS EN EL LIBRO

Esta carta enfoca los problemas que tienen las iglesias cuando los miembros se portan como hacían antes de que fueran cristianos (3:1-3). A veces los creyentes de Corinto actuaban como si no conocieran a Cristo (2 Corintios 6:17). Tenían problemas de personalidad y de clases sociales (1:10-13; 11:17-22). Algunos problemas tenían que ver con juicios entre los creyentes (6:1-11), y conflictos por "la libertad cristiana" y el mal comportamiento (capítulos 8 y 10). Pablo también instruyó a los corintios acerca de los casados y los solteros (capítulo 7). Por último, dio instrucciones acerca de la Cena del Señor y sobre los dones espirituales (capítulos 11-14). Habló también de una ofrenda para los creyentes necesitados en Jerusalén (16:1-4).

Pablo enseñó que el propósito de Dios para la iglesia incluye varios medios que usa el Espíritu Santo para obrar por medio de los creyentes en Cristo (12:4-10), que reciben dones designados por Dios para obras específicas (12:28-30). Pablo usó el cuerpo humano como figura para mostrar cómo los miembros de la iglesia deben colaborar en la obra de Cristo (12:12-27). Toda la iglesia se beneficia cuando los dones del Espíritu (capítulo 12) se usan con amor y respeto por los demás (capítulos 13-14).

¿SABÍAS QUE 1 CORINTIOS...?

- Es la mejor guía de la Biblia acerca de los dones espirituales (capítulo 12).
- Incluye uno de los escritos más famosos de la historia acerca del amor (capítulo 13).
- Es una guía acerca de cómo comportarse en la iglesia.
- Es la mejor guía en la Biblia para los casados y los solteros.
- Tiene una de las mejores exposiciones de la Biblia acerca de la resurrección de los creyentes (capítulo 15).

Saludo

Yo, Pablo, llamado a ser apóstol de Jesucristo por la voluntad de Dios, y el hermano Sóstenes,

2 saludamos a la iglesia de Dios que está en Corinto,[a] a los que han sido santificados en Cristo Jesús y llamados a ser santos, junto con todos los que en todas partes invocan el nombre del Señor Jesucristo, Señor suyo y nuestro.

3 Que la gracia y la paz de Dios nuestro Padre y del Señor Jesucristo sean con ustedes.

Acción de gracias por los dones espirituales

4 Siempre doy gracias a mi Dios por ustedes y por la gracia que él les ha dado en Cristo Jesús.

5 Porque en él ustedes fueron enriquecidos en todas las cosas, tanto en palabra como en conocimiento.

6 Así se ha confirmado en ustedes el testimonio acerca de Cristo,

1 Co 12.1-31

7 de tal manera que nada les falta en ningún don, mientras esperan la manifestación de nuestro Señor Jesucristo,

8 el cual también los confirmará hasta el fin, para que sean irreprensibles en el día de nuestro Señor Jesucristo.

9 Fiel es Dios, quien los ha llamado a tener comunión con su Hijo Jesucristo, nuestro Señor.

¿Está dividido Cristo?

10 Hermanos, les ruego por el nombre de nuestro Señor Jesucristo, que se pongan de acuerdo y que no haya divisiones entre ustedes, sino que estén perfectamente unidos en un mismo sentir y en un mismo parecer.

11 Digo esto, hermanos míos, porque los de Cloé me han informado que entre ustedes hay contiendas.

12 Quiero decir, que algunos de ustedes dicen: «Yo soy de Pablo»; otros, «yo soy de Apolos»;[b] otros, «yo soy de Cefas»; y aun otros, «yo soy de Cristo».

PROMESAS PODEROSAS

1 CORINTIOS 1.7-8

Nuestro Señor Jesucristo... el cual también los confirmará hasta el fin, para que sean irreprensibles en el día de nuestro Señor Jesucristo.

El Espíritu Santo nos ayuda a servir a Dios hasta que Jesús regrese a la tierra. Ser irreprensible significa ser libre de culpa. El Espíritu Santo nos ayuda a resistir las tentaciones para que podamos servir a Dios sin pecado. Gracias a esta ayuda del Espíritu Santo, ¡cuando Jesús vuelva dirá que le pertenecemos!

13 ¿Acaso Cristo está dividido? ¿Acaso Pablo fue crucificado por ustedes? ¿O fueron ustedes bautizados en el nombre de Pablo?

14 Doy gracias a Dios de que no he bautizado a ninguno de ustedes, excepto a Crispo,[c] y a Gayo,[d]

15 para que ninguno de ustedes diga que fueron bautizados en mi nombre.

16 También bauticé a la familia de Estéfanas.[e] Pero no sé si he bautizado a algún otro,

17 pues Cristo no me envió a bautizar, sino a predicar el evangelio, y esto, no con palabras elocuentes, para que la cruz de Cristo no perdiera su valor.

Cristo, poder y sabiduría de Dios

18 El mensaje de la cruz es ciertamente una locura para los que se pierden, pero para los que se salvan, es decir, para nosotros, es poder de Dios.

19 Pues está escrito:

«Destruiré la sabiduría de los sabios,
y desecharé la inteligencia de los
inteligentes.»[f]

20 ¿Dónde está el sabio? ¿Dónde está el escriba? ¿Dónde está el que escudriña estos tiempos? ¿Acaso no ha hecho Dios que enloquezca la sabiduría de este mundo?[g]

[a] **1.2:** Hch 18.1. [b] **1.12:** Hch 18.24. [c] **1.14:** Hch 18.8. [d] **1.14:** Hch 19.29; Ro 16.23. [e] **1.16:** 1 Co 16.15. [f] **1.19:** Is 29.14. [g] **1.20:** Is 44.25.

21 Porque Dios no permitió que el mundo
lo conociera mediante la sabiduría, sino que
dispuso salvar a los creyentes por la locura
de la predicación.
22 Los judíos piden señales, y los griegos
van tras la sabiduría,
23 pero nosotros predicamos a Cristo cru-
cificado, que para los judíos es ciertamente
un tropezadero, y para los no judíos una
locura,
24 pero para los llamados, tanto judíos
como griegos, Cristo es poder de Dios, y sa-
biduría de Dios.
25 Porque lo insensato de Dios es más sa-
bio que los hombres, y lo débil de Dios es
más fuerte que los hombres.
26 Consideren, hermanos, su llamamiento:
No muchos de ustedes son sabios, según los
criterios humanos, ni son muchos los pode-
rosos, ni muchos los nobles;
27 sino que Dios eligió lo necio del mundo,
para avergonzar a los sabios; y lo débil del
mundo, para avergonzar a lo fuerte.
28 También Dios escogió lo vil del mundo
y lo menospreciado, y lo que no es, para
deshacer lo que es,
29 a fin de que nadie pueda jactarse en su
presencia.
30 Pero gracias a Dios ustedes ahora son
de Cristo Jesús, a quien Dios ha constituido
como nuestra sabiduría, nuestra justifica-
ción, nuestra santificación y nuestra reden-
ción,
31 para que se cumpla lo que está escrito:
«El que se gloría, que se gloríe en el Señor.»[h]

Proclamación de Cristo crucificado

2 Así que, hermanos, cuando fui a us-
tedes para anunciarles el testimonio
de Dios, no lo hice con palabras elo-
cuentes ni sabias.
2 Más bien, al estar entre ustedes me pro-
puse no saber de ninguna otra cosa, sino de
Jesucristo, y de éste crucificado.
3 Estuve entre ustedes con tanta debili-
dad, que temblaba yo de miedo.[a]

PROMESAS PODEROSAS

1 CORINTIOS 2.9

Las cosas que ningún ojo vio, ni ningún oído escuchó, ni han penetrado en el corazón del hombre, son las que Dios ha preparado para los que lo aman.

Pablo citó este versículo de Isaías 64:4. Él dijo que Dios revela sus promesas a los que le aman. ¿Cómo? Lo hace mediante su Palabra y por el poder del Espíritu Santo. Los que rechazan a Dios rechazan también la verdad. Pero la verdad de Dios está al alcance de los que desean encontrarla.

4 Ni mi palabra ni mi predicación se ba-
saron en palabras persuasivas de sabiduría
humana, sino en la demostración del Espí-
ritu y del poder,
5 para que la fe de ustedes no esté funda-
da en la sabiduría de los hombres, sino en el
poder de Dios.

La revelación por el Espíritu de Dios

6 Sin embargo, entre los que han alcanza-
do la madurez sí hablamos con sabiduría,
pero no con la sabiduría de este mundo ni
la de sus gobernantes, los cuales perecen.
7 Más bien hablamos de la sabiduría ocul-
ta y misteriosa de Dios, que desde hace mu-
cho tiempo Dios había predestinado para
nuestra gloria,
8 sabiduría que ninguno de los gobernan-
tes de este mundo conoció, porque si la hu-
bieran conocido, nunca habrían crucificado
al Señor de la gloria.
9 Como está escrito:

«Las cosas que ningún ojo vio, ni nin-
gún oído escuchó,
Ni han penetrado en el corazón del
hombre,
Son las que Dios ha preparado para los
que lo aman.»[b]

[h] **1.31:** Jer 9.24. [a] **2.3:** Hch 18.9. [b] **2.9:** Is 64.4.

10 Pero Dios nos las reveló a nosotros por medio del Espíritu, porque el Espíritu lo examina todo, aun las profundidades de Dios.

11 Porque ¿quién de entre los hombres puede saber las cosas del hombre, sino el espíritu del hombre que está en él? Así mismo, nadie conoce las cosas de Dios, sino el Espíritu de Dios.

12 Y nosotros no hemos recibido el espíritu del mundo, sino el Espíritu que proviene de Dios, para que entendamos lo que Dios nos ha dado,

13 de lo cual también hablamos, pero no con palabras aprendidas de la sabiduría humana, sino con las que enseña el Espíritu, que explican las cosas espirituales con términos espirituales.

14 Pero el hombre natural no percibe las cosas que son del Espíritu de Dios, porque para él son una locura; y tampoco las puede entender, porque tienen que discernirse espiritualmente.

15 En cambio, el hombre espiritual juzga todas las cosas, pero él no está sujeto al juicio de nadie.

16 Porque ¿quién conoció la mente del Señor? ¿O quién podrá instruirlo?[c] Pero nosotros tenemos la mente de Cristo.

2 Co 6.14–7.1

Colaboradores de Dios

3 Hermanos, yo no pude hablarles como a personas espirituales sino como a gente carnal, como a niños en Cristo.

2 Les di a beber leche, pues no eran capaces de asimilar alimento sólido, ni lo son todavía,

3 porque aún son gente carnal. Pues mientras haya entre ustedes celos, contiendas y divisiones, serán gente carnal y vivirán según criterios humanos.

4 Y es que cuando alguien dice: «Yo ciertamente soy de Pablo»; y el otro: «Yo soy de Apolos»,[b] ¿acaso no son gente carnal?

5 Después de todo, ¿quién es Pablo, y quién es Apolos? Sólo servidores por medio

LECCIONES **LA MENTE DE CRISTO**

(1 Corintios 2.16)

¿Sabías que puedes tener dos mentes? Si el Espíritu Santo vive en ti, tienes tu propia mente y "la mente de Cristo". Tener la mente de Cristo significa que puedes entender quién es Él y lo que Él quiere. Eso significa que amas lo que Jesús ama (a las personas) y odias lo que Él odia (el pecado). También significa que eres humilde y quieres poner a los demás por encima de ti mismo. Eso es lo que hizo Jesús al dar su vida para salvarnos. Los NIÑOS PODEROSOS tienen la mente de Cristo.

de los cuales ustedes han creído, según lo que a cada uno le concedió el Señor.

6 Yo sembré,[c] y Apolos regó,[d] pero el crecimiento lo ha dado Dios.

7 Así que ni el que siembra ni el que riega son algo, sino Dios, que da el crecimiento.

8 Y tanto el que siembra como el que riega son iguales, aunque cada uno recibirá su recompensa conforme a su labor.

9 Porque nosotros somos colaboradores de Dios, y ustedes son el campo de cultivo de Dios, son el edificio de Dios.

10 Según la gracia que Dios me ha dado, yo, como perito arquitecto, puse el fundamento, mientras que otro sigue construyendo encima, pero cada uno debe tener cuidado de cómo sobreedifica.

11 Porque nadie puede poner otro fundamento que el que está puesto, el cual es Jesucristo.

12 Y si alguno edifica sobre este fundamento, y pone oro, plata, piedras preciosas, madera, heno, u hojarasca,

13 su obra podrá verse claramente; el día la pondrá al descubierto, y la obra de cada uno, sea la que sea, será revelada y probada por el fuego.

14 Si lo que alguno sobreedificó permanece, ése recibirá su recompensa.

[c] **2.16:** Is 40.13. [b] **3.4:** 1 Co 1.12. [c] **3.6:** Hch 18.4-11. [d] **3.6:** Hch 18.24-28.

15 Si lo que alguno sobreedificó se quema, ése sufrirá una pérdida, si bien él mismo se salvará, aunque como quien escapa del fuego.

16 ¿No saben que ustedes son templo de Dios, y que el Espíritu de Dios habita en ustedes?[e]

17 Si alguno destruye el templo de Dios, Dios lo destruirá a él, porque el templo de Dios es santo, y ustedes son ese templo.

18 Que nadie se engañe. Si alguno de ustedes se cree sabio según la sabiduría de este mundo, hágase ignorante, para que llegue a ser sabio.

19 Porque para Dios la sabiduría de este mundo es insensatez; pues escrito está: «Él atrapa a los sabios en sus propias trampas».[f]

20 Y en otra parte dice: «El Señor conoce los pensamientos de los sabios, y éstos son inútiles».[g]

21 Así que nadie debe vanagloriarse de los hombres, porque todo es de ustedes:

22 sea Pablo, Apolos, Cefas, el mundo, la vida, la muerte, lo presente o lo por venir, todo es de ustedes,

23 y ustedes son de Cristo, y Cristo es de Dios.

El ministerio de los apóstoles

4 Todos deben considerarnos servidores de Cristo y administradores de los misterios de Dios.

2 Ahora bien, de los administradores se espera que demuestren ser dignos de confianza.

3 Por mi parte, no me preocupa mucho ser juzgado por ustedes o por algún tribunal humano; es más, ni siquiera yo mismo me juzgo.

4 Y aunque mi conciencia no me acusa de nada, no por eso quedo justificado; quien me juzga es el Señor.

5 Así que no juzguen ustedes nada antes de tiempo, hasta que venga el Señor, el cual sacará a la luz lo que esté escondido y pondrá al descubierto las intenciones de los corazones. Entonces Dios le dará a cada uno la alabanza que merezca.

1 Co 15.23

6 Pero esto, hermanos, lo digo para su propio bien, y pongo como ejemplo a Apolos y a mí, para que de nuestro ejemplo aprendan a no pensar más allá de lo que está escrito, no sea que se envanezcan por favorecer a uno en perjuicio del otro.

7 Porque ¿quién te hace superior? ¿O qué tienes que no hayas recibido? Y si lo recibiste, ¿por qué te jactas como si no te lo hubieran dado?

8 Ustedes ya están satisfechos. Ya son ricos, y aun sin nosotros reinan. ¡Pues cómo quisiera yo que reinaran, para que también nosotros reináramos juntamente con ustedes!

9 Lo que creo es que Dios nos ha exhibido a nosotros los apóstoles como si fuéramos lo último, ¡como si estuviéramos sentenciados a muerte! Hemos llegado a ser el hazmerreír del mundo, de los ángeles y de los hombres.

[e] **3.16:** 1 Co 6.19; 2 Co 6.16. [f] **3.19:** Job 5.13. [g] **3.20:** Sal 94.11.

UN PROPÓSITO (*1 Corintios 3.8*)

Un creyente en Cristo puede ser la primera persona en hablarle a alguien acerca de Jesucristo. Más tarde, otro creyente puede ayudar a esa persona a entender mejor la verdad de Dios. En algunos casos, hay creyentes que oran por muchos años por un miembro de la familia que no conoce a Cristo. Entonces alguien más viene y guía a esa persona a Cristo. Todos esos esfuerzos, de diferentes personas, tienen el mismo propósito, que es ayudar a las personas a creer en Jesús como su Salvador. Cuando le hables de Jesús a alguien y no acepte lo que le digas, no te desanimes. Ora que Dios mande a otra persona que también le habla acerca de Cristo.

10 Por amor a Cristo, nosotros somos los insensatos, y ustedes los prudentes en Cristo; nosotros somos los débiles, y ustedes los fuertes; ustedes son respetados, y a nosotros se nos desprecia.

11 Hasta el momento pasamos hambre, tenemos sed, andamos desnudos, nos abofetean, y no tenemos dónde vivir.

12 Trabajamos hasta el cansancio con nuestras propias manos;[a] nos maldicen, y bendecimos; nos persiguen, y soportamos la persecución;

13 nos difaman, y no nos ofendemos. Hemos llegado a ser como la escoria del mundo, como el desecho de todos.

14 No escribo esto para avergonzarlos, sino para amonestarlos como a mis hijos amados.

15 Porque aunque ustedes tengan diez mil instructores en Cristo, no tienen muchos padres, pues en Cristo Jesús yo los engendré por medio del evangelio.

16 Por tanto, les ruego que me imiten.[b]

17 Por eso les he enviado a Timoteo, que es mi hijo amado y fiel en el Señor, el cual les recordará mi modo de ser en Cristo, tal y como enseño en todas partes y en todas las iglesias.

18 Pero algunos se creen muy importantes, y creen que yo nunca iré a visitarlos.

19 Pero, si el Señor así lo quiere, pronto iré a verlos, y entonces sabré cuánto pueden hacer esos engreídos, y no cuánto pueden hablar.

20 Porque el reino de Dios no es cuestión de palabras, sino de poder.

21 ¿Qué prefieren ustedes? ¿Que los visite con una vara, o con amor y con un espíritu apacible?

Un caso de inmoralidad sexual

5 Se ha sabido de un caso de inmoralidad sexual entre ustedes, que ni siquiera los paganos tolerarían, y es que uno de ustedes tiene como mujer a la esposa de su padre.[a]

2 Ustedes están engreídos. ¿No deberían, más bien, lamentar lo sucedido y expulsar de entre ustedes al que cometió tal acción?

3 Yo, por mi parte, aunque físicamente no estoy entre ustedes, sí lo estoy en espíritu y, como si hubiera estado presente, he juzgado al que hizo tal cosa.

4 Cuando ustedes se reúnan, y en espíritu yo esté con ustedes, en el nombre de nuestro Señor Jesucristo, y con su poder,

5 entreguen a ese hombre a Satanás para que lo destruya, a fin de que su espíritu sea salvado en el día del Señor Jesús.

6 No está bien que ustedes se jacten. ¿No saben que un poco de levadura hace fermentar toda la masa?[b]

7 Límpiense de la vieja levadura, para que sean una nueva masa, sin levadura, como en realidad lo son. Nuestra pascua,[c] que es Cristo, ya ha sido sacrificada por nosotros.

8 Así que celebremos la fiesta, pero no con la vieja levadura, ni con la levadura de malicia y de maldad, sino con panes sin levadura,[d] de sinceridad y de verdad.

9 Por carta ya les he dicho que no se junten con esos libertinos.

10 Y no me refiero a que se aparten del todo de los libertinos mundanos, o de los avaros, o de los ladrones, o de los idólatras, pues en ese caso tendrían que salirse de este mundo.

11 Más bien les escribí que no se junten con los que se dicen hermanos pero son libertinos, avaros, idólatras, insolentes, borrachos y ladrones. Con esa gente, ni siquiera coman juntos.

12 ¿Con qué derecho podría yo juzgar a los de afuera, si ustedes no juzgan a los de adentro?

13 A los de afuera, ya Dios los juzgará. Así que, ¡saquen de entre ustedes a ese perverso!

Litigios en presencia de los incrédulos

6 Si alguno de ustedes tiene un pleito con otro, ¿por qué presenta el caso ante los impíos, y no ante los santos?

[a]**4.12:** Hch 18.3. [b]**4.16:** 1 Co 11.1; Flp 3.17. [a]**5.1:** Dt 22.30. [b]**5.6:** Gá 5.9. [c]**5.7:** Éx 12.5. [d]**5.8:** Éx 13.7; Dt 16.3.

2 ¿Acaso no saben ustedes que los santos juzgarán al mundo? Y si son ustedes quienes han de juzgar al mundo, ¿acaso les es poca cosa juzgar casos muy pequeños?

3 ¿No saben ustedes que nosotros juzgaremos a los ángeles? ¡Pues con más razón los asuntos de esta vida!

4 Si ustedes pueden emitir juicios en cuanto a los asuntos de esta vida, ¿cómo entonces ponen como jueces a gente de poca estima en la iglesia?

5 Les digo esto para avergonzarlos. ¿Acaso no hay entre ustedes siquiera uno que sea sabio y que pueda servir de juez entre sus hermanos?

6 ¡Y es que no sólo se pelean entre hermanos, sino que lo hacen en presencia de los incrédulos!

7 Sin duda, ya es bastante grave que haya pleitos entre ustedes. ¿No sería mejor pasar por alto la ofensa? ¿No sería mejor dejar que los defrauden?

8 ¡Pero el caso es que son ustedes los que cometen el agravio, y los que defraudan, y lo hacen contra los hermanos!

9 ¿Acaso no saben que los injustos no heredarán el reino de Dios? No se equivoquen: ni los fornicarios, ni los idólatras, ni los adúlteros, ni los afeminados, ni los que se acuestan con hombres,

10 ni los ladrones, ni los avaros, ni los borrachos, ni los malhablados, ni los estafadores, heredarán el reino de Dios.

11 Y eso eran algunos de ustedes, pero ya han sido lavados, ya han sido santificados, ya han sido justificados en el nombre del Señor Jesús, y por el Espíritu de nuestro Dios.

Glorifiquen a Dios en su cuerpo

12 Todo me está permitido, pero no todo me conviene.[a] Todo me está permitido, pero no permitiré que nada me domine.

13 Los alimentos son para el estómago, y el estómago es para los alimentos, pero Dios destruirá tanto al uno como a los otros. Y el cuerpo no es para la inmoralidad sexual, sino para el Señor, y el Señor es para el cuerpo.

14 Y así como Dios levantó al Señor, también nos levantará a nosotros con su poder.

15 ¿Acaso no saben ustedes que sus cuerpos son miembros de Cristo? ¿Voy entonces a tomar los miembros de Cristo para hacerlos miembros de una prostituta? ¡De ninguna manera!

16 ¿Acaso no saben que el que se une con una prostituta se hace un solo cuerpo con ella? La Escritura dice: «Los dos serán un solo ser».[b]

17 Pero el que se une al Señor, es un espíritu con él.

18 Huyan de la inmoralidad sexual. Cualquier otro pecado que el hombre cometa, ocurre fuera del cuerpo; pero el que comete inmoralidad sexual peca contra su propio cuerpo.

19 ¿Acaso ignoran que el cuerpo de ustedes es templo del Espíritu Santo, que está en ustedes,[c] y que recibieron de parte de Dios, y que ustedes no son dueños de sí mismos?

20 Porque ustedes han sido comprados; el precio de ustedes ya ha sido pagado. Por lo tanto, den gloria a Dios en su cuerpo y en su espíritu, los cuales son de Dios.

Problemas matrimoniales

7 En cuanto a los temas de los cuales ustedes me escribieron, lo mejor para hombres y mujeres sería no tener relaciones sexuales,

2 pero por causa de la inmoralidad sexual, cada hombre debe tener su propia esposa y cada mujer su propio esposo.

3 El marido debe cumplir el deber conyugal con su esposa, lo mismo que la mujer con su esposo.

4 La esposa ya no tiene poder sobre su propio cuerpo, sino su esposo; y tampoco el esposo tiene poder sobre su propio cuerpo, sino su esposa.

5 No se nieguen el uno al otro, a no ser por algún tiempo de mutuo consentimien-

[a] **6.12:** 1 Co 10.23. [b] **6.16:** Gn 2.24. [c] **6.19:** 1 Co 3.16; 2 Co 6.16.

to, para dedicarse a la oración. Pero vuelvan
luego a juntarse, no sea que Satanás los tiente por no poder dominarse.
6 Aunque esto lo digo más como concesión que como mandamiento.
7 En realidad, quisiera que todos los hombres fueran como yo; pero Dios le ha dado a cada uno su propio don, a algunos de alguna manera y a otros, de otra.
8 A los solteros y a las viudas les digo que sería bueno que se quedaran como yo;
9 pero si no pueden dominarse, que se casen; pues es mejor casarse que arder de pasión.
10 Pero a los que están unidos en matrimonio les doy este mandato (que en realidad no es mío sino del Señor): Que la esposa no se separe del esposo;
11 pero en caso de separarse, que no se vuelva a casar, o que se reconcilie con su esposo. De la misma manera, que el esposo no abandone a su mujer.[a]
12 A los demás, les digo yo (y no el Señor): Si la esposa de algún hermano no es creyente, pero ella consiente en vivir con él, éste no debe abandonarla.
13 Y si el esposo de alguna hermana no es creyente, pero él consiente en vivir con ella, tampoco ésta debe abandonarlo.
14 Porque el esposo no creyente es santificado en su esposa, y la esposa no creyente es santificada en su esposo. Si así no fuera, los hijos de ustedes serían impuros, mientras que ahora son santos.
15 Pero si el no creyente quiere separarse, que lo haga; en ese caso, el hermano o la hermana no están obligados a mantener esa relación, pues Dios nos llamó a vivir en paz.
16 Porque ¿cómo sabes tú, mujer, si acaso salvarás a tu esposo? ¿O cómo sabes tú, hombre, si acaso salvarás a tu esposa?
17 De todas maneras, cada uno debe comportarse de acuerdo a la condición que el Señor le asignó y a la cual lo llamó. Esto es lo que mando en todas las iglesias.
18 ¿Fue alguno llamado cuando ya estaba circuncidado? Que se quede circuncidado.
¿Fue alguno llamado sin haber sido circuncidado? Que no se circuncide.
19 Lo que importa es obedecer los mandamientos de Dios, y no el estar o no circuncidado.
20 Cada uno debe permanecer en la condición en que estaba cuando fue llamado.
21 ¿Fuiste llamado cuando aún eras esclavo? No te preocupes. Aunque, si tienes la oportunidad de liberarte, debes aprovecharla.
22 Porque el que era esclavo cuando el Señor lo llamó, es libre en el Señor. Del mismo modo, el que era libre cuando el Señor lo llamó, es esclavo de Cristo.
23 Ustedes han sido comprados por un precio; por lo tanto, no se hagan esclavos de los hombres.
24 Hermanos, cada uno de ustedes debe permanecer ante Dios en la condición en que estaba cuando él lo llamó.
25 En cuanto a los solteros y las solteras, no tengo un mandamiento del Señor; simplemente doy mi opinión como alguien que, por la misericordia del Señor, es digno de confianza.
26 Ante la situación apremiante, soy del parecer de que es mejor que cada uno se quede como está.

LECCIONES

TU CUERPO, EL TEMPLO DE DIOS

(1 Corintios 6.19)

Cuando Salomón construyó el templo en Jerusalén, Dios vino a morar en él. Pero ese templo fue destruido. Sin embargo, Dios aún vive en un templo en la tierra. Si crees en Jesús, ese templo eres *tú*. El Espíritu Santo vive en cada creyente. Pablo dice que como los creyentes somos el templo de Dios, no debemos hacer cosas malas que lo deshonren. Dios quiere que mantengamos nuestro templo (corazón, mente y cuerpo) limpio para complacer al Señor (versículo 20).

[a] **7.10-11:** Mt 5.32; 19.9; Mr 10.11-12; Lc 16.18.

27 ¿Estás casado? No trates de separarte.
¿Eres soltero? No busques casarte.
28 Aunque, si te casas, no pecas; y si alguna
joven soltera se casa, tampoco peca. Sin em-
bargo, los que se casan tendrán que enfrentar
sufrimientos, y yo quisiera evitárselos.
29 Pero quiero decirles, hermanos, que el
tiempo se acorta; por lo tanto, el que tiene
esposa debe vivir como si no la tuviera;
30 el que llora, como si no llorara; el que se
alegra, como si no se alegrara; el que com-
pra, como si no tuviera nada;
31 y el que disfruta de este mundo, como
si no lo disfrutara; porque el mundo que co-
nocemos está por desaparecer.
32 Yo quisiera verlos libres de preocupacio-
nes. El soltero se preocupa de servir al Señor,
y de cómo agradarlo.
33 Pero el casado se preocupa de las cosas
del mundo, y de cómo agradar a su esposa.
34 También hay diferencia entre la mujer
casada y la joven soltera. La joven soltera se
preocupa de servir al Señor y de ser santa,
tanto en cuerpo como en espíritu. Pero la
mujer casada se preocupa de las cosas del
mundo, y de cómo agradar a su esposo.
35 Esto lo digo para el provecho de uste-
des; no para ponerles trabas sino para que
vivan en honestidad y decencia, y para que
se acerquen al Señor sin ningún impedi-
mento.
36 Pero si alguno piensa que es impropio
que su hija continúe siendo soltera después
de cierta edad, que haga lo que quiera. Con
eso no peca. Que se case.
37 El que está plenamente convencido, y
no se siente obligado y es dueño de su pro-
pia voluntad, y decide que su hija no se case,
hace bien.
38 De manera que quien permite que su
hija se case, hace bien; y quien prefiere que
no se case, hace mejor.
39 De acuerdo con la ley, la mujer casada
está ligada a su esposo mientras éste vive;
pero si su esposo muere, queda en libertad
de casarse con quien quiera, con tal de que
sea en el Señor.
40 Pero, en mi opinión, ella sería más di-
chosa si se quedara como está; y creo que
yo también tengo el Espíritu de Dios.

Las ofrendas a los ídolos

8 En cuanto a lo que se ofrece a los
ídolos, es cierto que todos sabemos
algo de eso. El conocimiento enva-
nece, pero el amor edifica.
2 Si alguno cree saber algo, todavía no lo
sabe como se debe saber;
3 pero si alguno ama a Dios, es porque
Dios ya lo conoce.
4 En cuanto a los alimentos que se ofrecen
a los ídolos, sabemos que un ídolo no tiene
valor alguno en este mundo, y que solamen-
te hay un Dios.
5 Y aunque haya algunos que se llamen dio-
ses, ya sea en el cielo o en la tierra (así como
hay muchos dioses y muchos señores),
6 para nosotros hay un solo Dios, el Padre,
de quien proceden todas las cosas, y a quien
nosotros pertenecemos; y un solo Señor, Je-
sucristo, por medio de quien existen todas
las cosas, incluso nosotros mismos.
7 Pero no todos tienen este conocimiento.
Algunos, que todavía están acostumbrados
a los ídolos, comen de lo que se ofrece a los
ídolos, y su conciencia, que es débil, se con-
tamina.
8 Es verdad que los alimentos no nos acer-
can más a Dios, pues no somos mejores por
comer ni peores por no comer;
9 pero tengan cuidado de que esa liber-
tad que ustedes tienen no se convierta en
motivo de tropiezo para los que son débiles.
10 Porque si a ti, que tienes conocimiento,
te ve sentado a la mesa, en un lugar de ído-
los, alguien cuya conciencia es débil, ¿acaso
no se sentirá estimulado a comer de lo que
se ofrece a los ídolos?
11 En tal caso, ese hermano débil, por
quien Cristo murió, se perderá por causa de
tu conocimiento.
12 Y así, al pecar ustedes contra los herma-
nos y herir su débil conciencia, pecan contra
Cristo.

13 Por lo tanto, si la comida es motivo de que mi hermano caiga, jamás comeré carne, para no poner a mi hermano en peligro de caer.

Los derechos de un apóstol

9 ¿Qué, no soy apóstol? ¿Y acaso no soy libre? ¿Acaso no he visto a Jesús, nuestro Señor? ¿Y no son ustedes el fruto de mi trabajo en el Señor?

2 Tal vez otros no me consideren apóstol, pero para ustedes sí lo soy, porque ustedes son el sello de mi apostolado en el Señor.

3 Mi defensa contra los que me acusan es la siguiente:

4 ¿Acaso nosotros no tenemos derecho a comer y beber?

5 ¿Y acaso no tenemos derecho a traer con nosotros una esposa creyente, como lo hacen los otros apóstoles, y Cefas y los hermanos del Señor?

6 ¿O es que sólo Bernabé y yo estamos obligados a trabajar?

7 ¿Qué soldado presta servicio a expensas de sus propios recursos? ¿Quién planta una viña y no come de sus uvas? ¿O quién pastorea el rebaño y no bebe de la leche que ordeña?

8 Esto lo digo, no sólo de acuerdo con el punto de vista humano, sino también de acuerdo con la ley.

9 Porque en la ley de Moisés está escrito: «No pondrás bozal al buey que trilla».[a] ¿Quiere decir esto que Dios se preocupa de los bueyes,

10 o más bien lo dice por todos nosotros? En realidad, esto se escribió por nosotros; porque tanto el que ara como el que trilla deben hacerlo con la esperanza de recibir su parte de la cosecha.

11 Si nosotros sembramos entre ustedes lo espiritual, ¿será mucho pedir que cosechemos de ustedes lo material?[b]

12 Si otros participan de este derecho sobre ustedes, ¡con mayor razón nosotros!

Sin embargo, no hemos hecho uso de este derecho, sino que lo toleramos todo, a fin de no presentar ningún obstáculo al evangelio de Cristo.

13 ¿Acaso no saben ustedes que los que trabajan en el templo, comen del templo; y que los que sirven al altar, participan del altar?[c]

14 Así también el Señor ordenó a los que anuncian el evangelio, que vivan del evangelio.[d]

15 Pero yo no me he aprovechado de nada de esto, ni tampoco he escrito esto para que se haga así conmigo; porque prefiero morir antes que alguien me despoje de este motivo de orgullo.

16 Pues si anuncio el evangelio, no tengo por qué jactarme, porque ésa es mi misión insoslayable. ¡Ay de mí si no predico el evangelio!

17 Así que, si lo hago de buena voluntad, recibiré mi recompensa; pero si lo hago de mala voluntad, no hago más que cumplir con la misión que me ha sido encomendada.

18 ¿Cuál es, pues, mi recompensa? La de predicar el evangelio de Cristo de manera gratuita, para no abusar de mi derecho en el evangelio.

19 Porque, aunque soy libre y no dependo de nadie, me he hecho esclavo de todos para ganar al mayor número posible.

20 Entre los judíos me comporto como judío, para ganar a los judíos; y, aunque no estoy sujeto a la ley, entre los que están sujetos a la ley me comporto como si estuviera sujeto a la ley, para ganar a los que están sujetos a la ley.

21 Entre los que no tienen ley, me comporto como si no tuviera ley, para ganar a los que no tienen ley (aun cuando no estoy libre de la ley de Dios, sino bajo la ley de Cristo).

22 Entre los débiles me comporto como débil, para ganar a los débiles; me comporto como todos ante todos, para que de todos pueda yo salvar a algunos.

23 Y esto lo hago por causa del evangelio, para ser copartícipe de él.

[a] **9.9:** Dt 25.4. [b] **9.11:** Ro 15.27. [c] **9.13:** Dt 18.1. [d] **9.14:** Mt 10.10; Lc 10.7.

24 ¿Acaso no saben ustedes que, aunque todos corren en el estadio, solamente uno se lleva el premio? Corran, pues, de tal manera que lo obtengan.

25 Todos los que luchan, se abstienen de todo. Ellos lo hacen para recibir una corona corruptible; pero nosotros, para recibir una corona incorruptible.

26 Así que yo corro y lucho, pero no sin una meta definida; no lo hago como si estuviera golpeando el viento;

27 más bien, golpeo mi cuerpo y lo someto a servidumbre, no sea que después de haber predicado a otros yo mismo quede eliminado.

Amonestaciones contra la idolatría

10 Hermanos, no quiero que ignoren que todos nuestros antepasados estuvieron bajo la nube,[a] y que todos cruzaron el mar.[b]

2 Todos ellos, en unión con Moisés, fueron bautizados en la nube y en el mar.

3 También todos ellos comieron el mismo alimento espiritual,[c]

4 y todos bebieron la misma bebida espiritual,[d] porque bebían de la roca espiritual que los seguía, la cual era Cristo.

5 Pero la mayoría de ellos no agradó a Dios, y por eso quedaron tendidos en el desierto.[e]

6 Pero todo esto sucedió como un ejemplo para nosotros, a fin de que no codiciemos cosas malas, como ellos lo hicieron.[f]

7 No sean idólatras, como lo fueron algunos de ellos, según está escrito: «El pueblo se sentó a comer y a beber, y luego se levantó a divertirse.»[g]

8 No caigamos en la inmoralidad sexual, como lo hicieron algunos de ellos, y por lo cual en un solo día murieron veintitrés mil.[h]

9 Tampoco pongamos a prueba a Cristo, como también algunos de ellos lo hicieron, y murieron por causa de las serpientes.[i]

10 Ni murmuren, como algunos de ellos lo hicieron, y perecieron a manos del destructor.[j]

PALABRAS CON PODER

EL PREMIO

(1 Corintios 9.24)

En tiempos antiguos, los grandes eventos deportivos eran los Juegos del Istmo (llevados a cabo cada dos años en Corinto) y los Juegos Olímpicos. El premio para el ganador era una corona hecha de ramas de olivo. Esa "corona" no duraba porque estaba hecha de hojas. Por eso Pablo escribió que los creyentes en Cristo que corren la "carrera" espiritual ganan una corona incorruptible, que dura para siempre (versículo 25). Entonces, ¿cuál es la carrera? ¿Cuál es el premio? La "carrera" es la vida cristiana. El premio es la vida eterna, la vida con Dios por siempre jamás. Pablo escribió para animar a los cristianos de Corinto a que siguieran haciendo cada día lo que agrada a Dios.

11 Todo esto les sucedió como ejemplo, y quedó escrito como advertencia para nosotros, los que vivimos en los últimos tiempos.

12 Así que, el que crea estar firme, tenga cuidado de no caer.

13 A ustedes no les ha sobrevenido ninguna tentación que no sea humana; pero Dios es fiel y no permitirá que ustedes sean sometidos a una prueba más allá de lo que puedan resistir, sino que junto con la prueba les dará la salida, para que puedan sobrellevarla.

14 Por tanto, amados míos, huyan de la idolatría.

15 Les hablo como a personas sensatas; juzguen ustedes mismos lo que digo.

16 La copa de bendición por la cual damos gracias, ¿no es la comunión de la sangre de Cristo? Y el pan que partimos, ¿no es la comunión del cuerpo de Cristo?[k]

17 Hay un solo pan, del cual todos participamos; por eso, aunque somos muchos, conformamos un solo cuerpo.

---

[a] **10.1:** Éx 13.21-22. [b] **10.1:** Éx 14.22-29. [c] **10.3:** Éx 16.35. [d] **10.4:** Éx 17.6; Nm 20.11. [e] **10.5:** Nm 14.29-30. [f] **10.6:** Nm 11.4. [g] **10.7:** Éx 32.6. [h] **10.8:** Nm 25.1-18. [i] **10.9:** Nm 21.5-6. [j] **10.10:** Nm 16.41-49. [k] **10.16:** Mt 26.26-28; Mr 14.22-24; Lc 22.19-20.

18 Fíjense en el pueblo de Israel; los que
comen de los animales que se ofrendan, son
partícipes del altar.[l]
19 ¿Qué quiero decir con esto? ¿Que el
ídolo o los animales que se ofrendan a los
ídolos son algo?
20 Lo que quiero decir es que los animales
que ofrecen los no judíos, se ofrecen a los
demonios, y no a Dios;[m] y yo no quiero que
ustedes tengan algo que ver con los demo-
nios.
21 Ustedes no pueden beber de la copa
del Señor, y también de la copa de los de-
monios; no pueden participar de la mesa
del Señor, y también de la mesa de los de-
monios.
22 ¿O vamos a provocar a celos al Señor?[n]
¿Acaso somos más fuertes que él?

Todo sea para la gloria de Dios

23 Todo me está permitido, pero no todo es
provechoso;[o] todo me está permitido, pero no
todo edifica.
24 Ninguno debe buscar su propio bien,
sino el bien del otro.
25 Ustedes coman de todo lo que se ven-
de en la carnicería, y no pregunten nada por
motivos de conciencia,
26 porque del Señor es la tierra y su plenitud.[p]
27 Si algún incrédulo los invita, y ustedes
aceptan la invitación, vayan y coman de
todo lo que se les ofrezca, y no pregunten
nada por motivos de conciencia.
28 Pero si alguien les dice: «Esto fue sacri-
ficado a los ídolos», no lo coman, por causa
de aquel que lo dijo y por motivos de con-
ciencia.
29 Claro que me refiero a la conciencia del
otro, no a la tuya. Pues ¿por qué se habría de
juzgar mi libertad por la conciencia de otro?
30 Y si yo participo de la comida y doy
gracias a Dios, ¿por qué he de ser censurado
por aquello por lo cual doy gracias?
31 Así que, si ustedes comen o beben, o
hacen alguna otra cosa, háganlo todo para
la gloria de Dios.
32 No sean motivo de tropiezo para los
judíos ni para los no judíos, ni para la iglesia
de Dios.
33 Hagan lo que yo, que procuro agradar a
todos en todo, y no busco mi propio benefi-
cio sino el de muchos, para que sean salvos.

11 Imítenme a mí,[a] así como yo
imito a Cristo.

Atavío de las mujeres

2 Ustedes merecen que los felicite por-
que se acuerdan de mí en todo, y porque
retienen las instrucciones tal como se las
entregué.
3 Pero quiero que sepan que Cristo es la
cabeza de todo hombre, y que el hombre es
la cabeza de la mujer, y que Dios es la cabeza
de Cristo.
4 Todo el que ora o profetiza con la cabeza
cubierta, deshonra su cabeza.
5 Pero toda mujer que ora o profetiza con
la cabeza descubierta, deshonra su cabeza;
es como si se hubiera rapado.

[l]**10.18:** Lv 7.6. [m]**10.20:** Dt 32.17. [n]**10.22:** Dt 32.21. [o]**10.23:** 1 Co 6.12. [p]**10.26:** Sal 24.1. [a]**11.1:** 1 Co 4.16; Flp 3.17.

UNA PROMESA ACERCA DE LA TENTACIÓN *(1 Corintios 10.13)*
Tarde o temprano, todos tenemos alguna tentación. La tentación no es pecado. Después de todo, Jesús fue tentado. Pero caer en la tentación es pecado. Por eso esta promesa es la mejor noticia acerca de la tentación. El Espíritu Santo promete darte fuerza y valor para que puedas vencer las tentaciones. Además, nunca dejará que seas tentado más de lo que puedas soportar con su ayuda. Tú harás tu parte en huir del pecado, y Él hará su parte en ayudarte.

6 Si la mujer no se cubre, que se corte también el cabello; pero si le es vergonzoso cortarse el pelo o raparse, entonces que se cubra.

7 El hombre no debe cubrirse la cabeza porque él es la imagen y la gloria de Dios;[b] pero la mujer es la gloria del hombre.

8 Porque el hombre no procede de la mujer, sino que la mujer procede del hombre.

9 Y tampoco fue creado el hombre por causa de la mujer, sino que la mujer fue creada por causa del hombre.[c]

10 Por esta razón, y por causa de los ángeles, la mujer debe llevar sobre su cabeza una señal de autoridad.

11 Pero en el Señor, ni el hombre existe sin la mujer, ni la mujer existe sin el hombre;

12 porque así como la mujer procede del hombre, también el hombre nace de la mujer, y todo procede de Dios.

13 Juzguen ustedes mismos: ¿Está bien que la mujer ore a Dios sin cubrirse la cabeza?

14 ¿Acaso la naturaleza misma no les enseña que al hombre le es deshonroso dejarse crecer el cabello?

15 Por el contrario, para la mujer es motivo de honra dejarse crecer el cabello; porque en lugar de velo le fue dado el cabello.

16 Pero si alguno quiere discutir acerca de esto, yo digo que nosotros no tenemos otra costumbre, ni las iglesias de Dios.

Abusos en la Cena del Señor

17 Pero mi felicitación no se extiende a lo que sigue, porque ustedes no se congregan para buscar lo mejor, sino lo peor.

18 Pues en primer lugar oigo decir que, cuando se reúnen como iglesia, hay divisiones entre ustedes; y en parte lo creo.

19 Porque es preciso que haya disensiones entre ustedes, para que se vea claramente quiénes de ustedes son los que están aprobados.

20 Y es que, cuando ustedes se reúnen, en realidad ya no lo hacen para participar en la cena del Señor,

21 sino que cada uno se adelanta a comer su propia cena; y mientras que unos se quedan con hambre, otros se emborrachan.

22 ¿Acaso no tienen casas, donde pueden comer y beber? ¿O es que menosprecian a la iglesia de Dios, y quieren poner en vergüenza a los que no tienen nada? ¿Qué debo decirles? ¿Que los felicito? ¡No puedo felicitarlos por esto!

Institución de la Cena del Señor

(Mt 26.26-29; Mr 14.22-25; Lc 22.14-20)

23 Yo recibí del Señor lo mismo que les he enseñado a ustedes: Que la noche que fue entregado, el Señor Jesús tomó pan,

24 y que luego de dar gracias, lo partió y dijo: «Tomen y coman. Esto es mi cuerpo, que por ustedes es partido; hagan esto en mi memoria.»

25 Asimismo, después de cenar tomó la copa y dijo: «Esta copa es el nuevo pacto[d] en mi sangre;[e] hagan esto, cada vez que la beban, en mi memoria.»

26 Por lo tanto, siempre que coman este pan, y beban esta copa, proclaman la muerte del Señor, hasta que él venga.

[b] **11.7:** Gn 1.26. [c] **11.8-9:** Gn 2.18-23. [d] **11.25:** Jer 31.31-34. [e] **11.25:** Éx 24.6-8.

SIGUE AL LÍDER *(1 Corintios 11.1)*

Si alguna vez has jugado "Sigue al líder", sabes que todos en el juego tienen que imitar lo que hace el líder. En este versículo, Pablo invita a los cristianos a seguir al líder. El líder es Jesús. En cierto modo, Pablo dice: "Haz lo que Jesús hace. Eso es lo que yo hago." Jesús era bondadoso, generoso, y siempre lleno de amor. Haz una lista de cómo seguirás el ejemplo de Cristo esta semana.

Participación indigna en la Cena

27 Así que cualquiera que coma este pan o beba esta copa del Señor de manera indigna, será culpado del cuerpo y de la sangre del Señor.

28 Por tanto, cada uno de ustedes debe examinarse a sí mismo antes de comer el pan y de beber de la copa.

29 Porque el que come y bebe de manera indigna, y sin discernir el cuerpo del Señor, come y bebe para su propio castigo.

30 Por eso hay entre ustedes muchos enfermos y debilitados, y muchos han muerto.

31 Si nos examináramos a nosotros mismos, no seríamos juzgados;

32 pero si somos juzgados por el Señor, somos disciplinados por él, para que no seamos condenados con el mundo.

33 Así que, hermanos míos, cuando se reúnan a comer, espérense unos a otros.

34 Si alguno tiene hambre, que coma en su casa, para que sus reuniones no se hagan acreedoras al castigo. Lo demás lo pondré en orden cuando vaya a verlos.

Dones espirituales

12 Hermanos, no quiero que ignoren lo relacionado con los dones espirituales.

2 Ustedes saben que, cuando no eran creyentes, eran arrastrados hacia los ídolos mudos.

3 Por tanto, quiero que sepan que nadie que hable por el Espíritu de Dios puede maldecir a Jesús; y que nadie puede llamar «Señor» a Jesús, si no es por el Espíritu Santo.

4 Ahora bien, hay diversidad de dones, pero el Espíritu es el mismo.

5 Hay diversidad de ministerios, pero el Señor es el mismo.

6 Hay diversidad de actividades, pero Dios, que hace todo en todos, es el mismo.

7 Pero la manifestación del Espíritu le es dada a cada uno para provecho.

8 A uno el Espíritu le da palabra de sabiduría; a otro, el mismo Espíritu le da palabra de ciencia;

PALABRAS CON PODER

LA SANTA CENA

(1 Corintios 11.20)

Lo que Pablo llama la Cena del Señor, generalmente llamamos la Santa Cena. En la Pascua, antes de que fuera crucificado, Jesús tuvo una cena especial con sus discípulos. Fue su última cena con ellos (lee Mateo 26:26-29; Marcos 14:22-25; Lucas 22:15-20). Jesús quería que sus discípulos recordaran lo que Él iba a hacer, que fuera a morir por ellos en la cruz. Pero en este versículo, Pablo reprochó lo que hacían algunos de los corintios. En lugar de mostrar respeto por Jesús al tomar la Santa Cena, estaban pendientes de la comida, y ni dejaban suficiente para todos. Para ellos la comida, no Jesús, era el enfoque de la Santa Cena.

9 a otro, el mismo Espíritu le da fe; y a otro, dones de sanidades;

10 a otro más, el don de hacer milagros; a otro, el don de profecía; a otro, el don de discernir los espíritus; a otro, el don de diversos géneros de lenguas; y a otro, el don de interpretar lenguas;

11 pero todo esto lo hace uno y el mismo Espíritu, que reparte a cada uno en particular, según su voluntad.[a]

12 Porque así como el cuerpo es uno solo, y tiene muchos miembros, pero todos ellos, siendo muchos, conforman un solo cuerpo, así también Cristo es uno solo.[b]

13 Por un solo Espíritu todos fuimos bautizados en un solo cuerpo, tanto los judíos como los no judíos, lo mismo los esclavos que los libres, y a todos se nos dio a beber de un mismo Espíritu.

14 Además, el cuerpo no está constituido por un solo miembro, sino por muchos.

15 Aun cuando el pie diga: «Yo no soy mano, así que no soy del cuerpo», no dejará de ser parte del cuerpo.

[a] **12.4-11:** Ro 12.6-8. [b] **12.12:** Ro 12.4-5.

16 Y aun cuando la oreja diga: «Yo no soy ojo, así que no soy del cuerpo», tampoco dejará de ser parte del cuerpo.

17 Si todo el cuerpo fuera ojo, ¿dónde estaría el oído? Y si todo fuera oído, ¿dónde estaría el olfato?

18 Pero Dios ha colocado a cada miembro del cuerpo donde mejor le pareció.

19 Porque, si todos fueran un solo miembro, ¿dónde estaría el cuerpo?

20 Lo cierto es que son muchos los miembros, pero el cuerpo es uno solo.

21 Ni el ojo puede decir a la mano: «No te necesito», ni tampoco puede la cabeza decir a los pies: «No los necesito».

22 En realidad, los miembros del cuerpo que parecen ser los más débiles, son los más necesarios,

23 y a los que nos parecen menos dignos, los vestimos con mayor dignidad; y a los que nos parecen menos decorosos, los tratamos con más decoro.

24 Eso no les hace falta a los que nos parecen más decorosos. Pero Dios ordenó el cuerpo de tal manera, que dio mayor honor al que le faltaba,

25 para que no haya divisiones en el cuerpo, sino que todos los miembros se preocupen los unos por los otros.

26 De manera que, si uno de los miembros padece, todos los miembros se conduelen, y si uno de los miembros recibe honores, todos los miembros se regocijan con él.

27 Ahora bien, ustedes son el cuerpo de Cristo, y cada uno de ustedes es un miembro con una función particular.

28 En la iglesia Dios ha puesto, en primer lugar, apóstoles, luego profetas, y en tercer lugar, maestros;[c] luego están los que hacen milagros, después los que sanan, los que ayudan, los que administran, y los que tienen don de lenguas.

29 ¿Son todos apóstoles? ¿Son todos profetas? ¿Son todos maestros? ¿Hacen todos milagros?

30 ¿Tienen todos dones de sanidad? ¿Hablan todos lenguas? ¿Interpretan todos?

PALABRAS CON PODER **LOS DONES ESPIRITUALES**

(1 Corintios 12.1-6)

En tu cumpleaños, recibes regalos. Cuando "naces de nuevo", también recibes regalos. Estos regalos son dones espirituales. Estos dones son talentos y habilidades especiales que el Espíritu Santo usa para ayudar a otros creyentes. Estos dones, como profecía, palabras de sabiduría, y el hablar en lenguas, edifican a la iglesia, el cuerpo de Cristo. El Espíritu Santo decide quién recibe cada don. Pablo nos recuerda que ningún don es más importante que el otro. ¿Sabes cuál es tu don espiritual? Puedes pedirles a tus padres o a tu pastor que te ayuden a descubrirlo.

31 Como no es así, ustedes deben procurar los mejores dones. Pero yo les muestro un camino aun más excelente. 1 Co 14.1-40

La preeminencia del amor

13 Si yo hablara lenguas humanas y angélicas, y no tengo amor, vengo a ser como metal resonante, o címbalo retumbante.

2 Y si tuviera el don de profecía, y entendiera todos los misterios, y tuviera todo el conocimiento, y si tuviera toda la fe, de tal manera que trasladara los montes,[a] y no tengo amor, nada soy. 1 Ts 3.7

3 Y si repartiera todos mis bienes para dar de comer a los pobres, y entregara mi cuerpo para ser quemado, y no tengo amor, de nada me sirve.

4 El amor es paciente y bondadoso; no es envidioso ni jactancioso, no se envanece;

5 no hace nada impropio; no es egoísta ni se irrita; no es rencoroso;

6 no se alegra de la injusticia, sino que se une a la alegría de la verdad.

7 Todo lo sufre, todo lo cree, todo lo espera, todo lo soporta.

[c] **12.28:** Ef 4.11. [a] **13.2:** Mt 17.20; 21.21; Mr 11.23.

LOS DONES ESPIRITUALES

En tu cumpleaños o en Navidad, tal vez hayas recibido hermosos regalos de familiares y amigos. Dios también da regalos (dones), pero no del tipo que cabe en una caja.

¿Qué son los dones espirituales?
Los dones espirituales son habilidades que Dios da a los creyentes para mantener a la iglesia, el cuerpo de Cristo, en buena salud espiritual. Los creyentes usan esos dones para alentarse unos a otros a crecer en comunión más cercana con Dios. El Espíritu Santo asigna estos dones a los creyentes y nos ayuda a saber cómo usarlos. Algunos tienen más de un don.

Diversidad de dones
En 1 Corintios 12:8-10, el apóstol Pablo enumera algunos de los dones que el Espíritu da a los creyentes.

(1) Palabra de sabiduría. El propósito de este don es expresar la sabiduría del Espíritu Santo sobre una situación o un problema específico. Esteban, un poderoso predicador del primer siglo, tenía este don (Hechos 6:10).

(2) Palabra de ciencia. Cuando alguien tiene este don, el Espíritu Santo le revela un conocimiento especial sobre personas o situaciones. Este conocimiento viene solo de Dios, lo cual ayuda a las personas a tomar buenas decisiones, y a entender mejor cómo llevar una vida santa.

(3) La fe. Esta es una fe especial y firme. Las personas que tienen este don creen que Dios hará milagros. Por lo general se combina con otros dones espirituales, como sanidades y milagros (lee Mateo 17:20).

(4) Sanidades. Dios usa a las personas que tienen este don para orar por la sanidad de los enfermos. Dios trae sanidad por medio de sus oraciones.

(5) Poder de hacer milagros. Estas obras de poder sobrenatural cambian el curso normal de la naturaleza. Muestran el poder del reino de Dios para derrotar a Satanás y los espíritus malignos (lee Juan 6:2).

(6) Profecía. La profecía es un don especial que permite al creyente dar un mensaje que viene directamente de Dios, por la guía del Espíritu Santo (1 Corintios 14:24-25; 29-31). Estos mensajes ofrecen ayuda y el aliento de parte de Dios a todos los que lo escuchan.

(7) Discernir los espíritus. Esta es una habilidad especial para saber si un mensaje o don espiritual es verdaderamente del Espíritu Santo.

(8) Hablar en lenguas. Este don nos permite hablar en un idioma que no sabemos. El Espíritu Santo usa este don para ayudar al creyente a orar de acuerdo con los propósitos y los deseos de Dios. (Para obtener más información acerca del hablar en lenguas, consulta el artículo "El hablar en lenguas", p. 1492).

(9) La interpretación de lenguas. Esta es una capacidad dada por el Espíritu para entender y explicar el significado del mensaje hablado en lenguas. Cuando un mensaje en lenguas se interpreta, guía e inspira a todos los que lo oyen. El don de interpretación puede ser dado a alguien que habla en lenguas o a otra persona.

¿Cuál es tu don espiritual? Pide a Dios que te ayude a usar tu don para ayudar a otros miembros de la iglesia.

[8] El amor jamás dejará de existir. En cambio, las profecías se acabarán, las lenguas dejarán de hablarse, y el conocimiento llegará a su fin.

[9] Y es que sólo conocemos y profetizamos de manera imperfecta,

[10] pero cuando venga lo perfecto, lo que es imperfecto se acabará.

[11] Cuando yo era niño, mi manera de hablar y de pensar y razonar era la de un niño; pero cuando llegué a ser hombre, dejé atrás las cuestiones típicas de un niño.

[12] Ahora vemos con opacidad, como a través de un espejo, pero en aquel día veremos cara a cara; ahora conozco en parte, pero en aquel día conoceré tal y como soy conocido.

[13] Y ahora permanecen la fe, la esperanza y el amor. Pero el más importante de todos es el amor.

El hablar en lenguas

14 Ustedes vayan en pos del amor, y procuren alcanzar los dones espirituales, sobre todo el de profecía,

[2] pues el que habla en lenguas extrañas le habla a Dios, pero no a los hombres; y nadie le entiende porque, en el Espíritu, habla de manera misteriosa.

[3] Pero el que profetiza les habla a los demás para edificarlos, exhortarlos y consolarlos.

[4] El que habla en lengua extraña, se edifica a sí mismo; en cambio, el que profetiza, edifica a la iglesia.

[5] Así que, yo quisiera que todos ustedes hablaran en lenguas, pero más quisiera que profetizaran; porque profetizar es más importante que hablar en lenguas, a menos que el que las hable también las interprete, para que la iglesia sea edificada.

[6] Hermanos, ¿de qué les serviría a ustedes que yo fuera a visitarlos y les hablara en lenguas, a menos que les comunicara alguna revelación, o conocimiento, o profecía, o enseñanza?

[7] Si los instrumentos musicales, como la flauta o la cítara, no tuvieran un sonido claramente distinto, ¿cómo podríamos distinguir entre la música de flauta y la música de cítara?

[8] Y si el toque de trompeta resulta incierto, ¿quién se alistará para el combate?

[9] Lo mismo pasa con ustedes: si no usan la lengua para comunicar un mensaje claro y comprensible, ¿cómo se va a entender lo que dicen? Es como si hablaran al aire.

[10] No hay duda de que en el mundo hay muchos idiomas, y que ninguno de ellos carece de significado.

[11] Pero si yo no sé lo que significan las palabras, seré como un extranjero para el que habla, y el que habla será como un extranjero para mí.

[12] Lo mismo pasa con ustedes. Puesto que anhelan tener los dones espirituales, procuren abundar en ellos para la edificación de la iglesia.

[13] Por lo tanto, el que hable en una lengua extraña, pida en oración poder interpretarla.

[14] Porque, si yo oro en una lengua extraña, es mi espíritu el que ora, pero mi entendimiento no se beneficia.

[15] Entonces, ¿qué debo hacer? Pues orar con el espíritu, pero también con el entendimiento; cantar con el espíritu, pero también con el entendimiento.

[16] Porque si tú alabas a Dios sólo con el espíritu, ¿qué hará el que solamente está escuchando? ¿Cómo dirá «Amén» a tu acción de gracias, si no sabe lo que has dicho?

[17] Tu acción de gracias puede ser muy buena, pero el otro no será edificado.

[18] Doy gracias a Dios de que hablo en lenguas más que todos ustedes,

[19] pero en la iglesia prefiero hablar cinco palabras con mi entendimiento, para poder enseñar a los demás, que diez mil palabras en una lengua extraña.

[20] Hermanos, no sean como niños en su modo de razonar. Sean como niños en cuanto a la malicia, pero en su modo de razonar actúen como gente madura.

[21] En la ley está escrito:

«Yo hablaré con este pueblo
en otras lenguas y con otros labios,

LECCIONES: EL MÁS IMPORTANTE ES EL AMOR
(1 Corintios 13.13)

Cuando alguien le preguntó a Jesús cuál era el mandamiento más importante, Él respondió que era amar a Dios y al prójimo (Mateo 22:37-40). Pablo escribió un capítulo entero en 1 Corintios acerca de lo que es y no es el amor. El amor es más importante que la fe y la esperanza. El amor se comporta de manera que agrada a Dios. La gente, ¿ve el amor de Dios en tu vida? ¿Muestra tu comportamiento cómo es el amor de Dios?

> pero ni así me obedecerán,
> dice el Señor.»[a]

22 Las lenguas son una señal para los incrédulos, pero no para los creyentes; en cambio, la profecía no es una señal para los incrédulos, sino para los creyentes.

23 Imagínense a toda la iglesia reunida en un solo lugar, y que llegue alguien que sepa poco de la fe cristiana, o que sea incrédulo, y oiga a todos hablar en lenguas extrañas. ¿Acaso no pensará que ustedes están locos?

24 Pero si todos ustedes profetizan, y entra algún incrédulo o alguien que sepa poco de la fe cristiana, esa persona podrá ser reprendida y juzgada por todos ustedes;

25 así los secretos de su corazón quedarán al descubierto, y esa persona se postrará ante Dios y lo adorará, y reconocerá que Dios está realmente entre ustedes.

26 Por lo tanto, hermanos, cuando ustedes se reúnan, tal vez cada uno tenga un salmo, una enseñanza, una revelación, un mensaje en lengua extraña, o una interpretación; pero todo deben hacerlo para la edificación.

27 Si se habla en una lengua extraña, que hablen dos, y hasta tres, pero que lo hagan por turnos, y que uno de ellos interprete lo que se diga.

28 Pero si no hay quien interprete, esa persona debe guardar silencio en la iglesia, y hablar para sí misma y para Dios.

29 De la misma manera, que hablen dos y hasta tres profetas, y que los demás juzguen lo dicho.

30 Si alguien que está sentado recibe una revelación, el primero debe dejar de hablar;

31 así todos podrán profetizar por turno, a fin de que todos aprendan y sean exhortados.

32 El don de profecía debe estar bajo el control de los profetas,

33 pues Dios no es Dios de confusión, sino de paz.

Como en todas las iglesias de los santos,

34 en la congregación las esposas deben guardar silencio, porque no les está permitido hablar, sino que estén sujetas, como también la ley lo dice.

35 Si la esposa quiere aprender algo, que le pregunte a su esposo en su casa, porque no es apropiado que una mujer hable en la congregación.

36 La palabra de Dios, ¿se originó entre ustedes, o más bien solamente llegó a ustedes?

37 Si alguno se cree profeta, o espiritual, reconozca que lo que les escribo son mandamientos del Señor;

38 pero si alguien no quiere reconocerlo, que no lo reconozca.

39 Así que, hermanos, procuren profetizar, y no impidan que se hable en lenguas extrañas,

40 siempre y cuando todo se haga decentemente y con orden. Gá 3.5

La resurrección de los muertos

15 Además, hermanos, les anuncio el evangelio que les prediqué, que es el mismo que ustedes recibieron y en el cual siguen firmes.

2 Por medio de este evangelio serán salvados, siempre y cuando retengan la palabra que les he predicado. De no ser así, habrán creído en vano.

[a] **14.21:** Is 28.11-12.

3 En primer lugar, les he enseñado lo mismo que yo recibí: Que, conforme a las Escrituras, Cristo murió por nuestros pecados;[a]

4 que también, conforme a las Escrituras, fue sepultado y resucitó al tercer día;[b]

5 y que se apareció a Cefas,[c] y luego a los doce.[d]

6 Después se apareció a más de quinientos hermanos a la vez, de los cuales muchos aún viven, y otros ya han muerto.

7 Luego se apareció a Jacobo, después a todos los apóstoles;

8 y por último se me apareció a mí, que soy como un niño nacido fuera de tiempo.[e]

2 Co 5.17–6.1

9 A decir verdad, yo soy el más pequeño de los apóstoles, y no soy digno de ser llamado apóstol porque perseguí a la iglesia de Dios.[f]

10 Pero por la gracia de Dios soy lo que soy, y su gracia para conmigo no ha sido en vano, pues he trabajado más que todos ellos, aunque no lo he hecho yo, sino la gracia de Dios que está conmigo.

11 Pero ya sea que lo haga yo, o que lo hagan ellos, esto es lo que predicamos y esto es lo que ustedes han creído.

12 Pero, si se predica que Cristo ha resucitado de entre los muertos, ¿cómo es que algunos de ustedes dicen que los muertos no resucitan?

13 Porque, si los muertos no resucitan, tampoco Cristo resucitó.

14 Y si Cristo no resucitó, nuestra predicación no tiene sentido, y tampoco tiene sentido la fe de ustedes.

15 Entonces resultaríamos testigos falsos de Dios por haber testificado que Dios resucitó a Cristo, lo cual no habría sucedido... ¡si es que en verdad los muertos no resucitan!

16 Porque, si los muertos no resucitan, tampoco Cristo resucitó;

17 y si Cristo no resucitó, la fe de ustedes no tiene sentido, y ustedes todavía están en sus pecados.

18 En tal caso, también los que murieron en Cristo están perdidos.

PROMESAS PODEROSAS

1 CORINTIOS 14.33

Pues Dios no es Dios de confusión, sino de paz. Como en todas las iglesias de los santos.

Dios no causa confusión. Su presencia siempre trae la paz. Si obedecemos la Palabra de Dios, Él nos ayudará a estar en paz con todos, sin confusión o conflictos.

19 Si nuestra esperanza en Cristo fuera únicamente para esta vida, seríamos los más desdichados de todos los hombres;

20 pero el hecho es que Cristo ha resucitado de entre los muertos, como primicias de los que murieron;

21 porque así como la muerte vino por medio de un solo hombre, también por medio de un solo hombre vino la resurrección de los muertos.

22 Pues así como en Adán todos mueren, también en Cristo todos serán vivificados.

23 Pero cada uno en su debido orden: en primer lugar, Cristo; y después, cuando Cristo venga, los que son de él.

Fp 3.20-21

24 Entonces vendrá el fin, cuando él entregue el reino al Dios y Padre, y haya puesto fin a todo dominio, autoridad y poder.

25 Porque es necesario que él reine hasta que haya puesto a todos sus enemigos debajo de sus pies,[g]

26 y el último enemigo que será destruido es la muerte.

27 Porque Dios sujetó todas las cosas debajo de sus pies.[h] Y cuando dice que todas las cosas quedaron sujetas a él, es evidente que esto no incluye a aquel que puso todas las cosas debajo de sus pies.

28 Pero una vez que todas las cosas queden sujetas a él, entonces el Hijo mismo quedará sujeto al que puso todas las cosas

[a] **15.3:** Is 53.5-12. [b] **15.4:** Sal 16.8-10; Os 6.2. [c] **15.5:** Lc 24.34. [d] **15.5:** Mt 28.16-17; Mr 16.14; Lc 24.36; Jn 20.19. [e] **15.8:** Hch 9.3-6. [f] **15.9:** Hch 8.3. [g] **15.25:** Sal 110.1. [h] **15.27:** Sal 8.6.

debajo de sus pies, para que Dios sea el todo en todos.

29 Si en verdad los muertos no resucitan, ¿qué ganan los que se bautizan por los muertos? ¿Para qué bautizarse por ellos?

30 ¿Y por qué nosotros estamos a cada momento en peligro de muerte?

31 Hermanos, por el motivo de orgullo que tengo por ustedes en nuestro Señor Jesucristo, yo les aseguro que muero a cada instante.

32 Pero ¿de qué me serviría, desde el punto de vista humano, haber luchado en Éfeso contra fieras? Si los muertos no resucitan, ¡entonces «comamos y bebamos, que mañana moriremos»![i]

33 No se dejen engañar: las malas compañías corrompen las buenas costumbres;

34 así que vuelvan en sí y vivan con rectitud, y no pequen, porque algunos de ustedes no conocen a Dios. Y esto lo digo para que sientan vergüenza.

35 Tal vez alguien pregunte: ¿Y cómo resucitarán los muertos? ¿Con qué cuerpo vendrán?

36 No preguntes tonterías. Lo que tú siembras no cobra vida, si antes no muere.

37 Y lo que siembras no es lo que luego saldrá, sino el grano desnudo, ya sea de trigo o de algún otro grano;

38 pero Dios le da el cuerpo que quiso darle, y a cada semilla le da su propio cuerpo.

39 No todos los cuerpos son iguales, sino que uno es el cuerpo de los hombres, y otro muy distinto el de los animales, otro el de los peces, y otro el de las aves.

40 También hay cuerpos celestiales, y cuerpos terrenales; pero la gloria de los celestiales es una, y la de los terrenales es otra.

41 Uno es el esplendor del sol, otro el de la luna, y otro el de las estrellas, pues una estrella es diferente de otra en su magnificencia.

42 Así será también en la resurrección de los muertos: Lo que se siembra en corrupción, resucitará en incorrupción;

43 lo que se siembra en deshonra, resucitará en gloria; lo que se siembra en debilidad, resucitará en poder.

44 Se siembra un cuerpo animal, y resucitará un cuerpo espiritual. Porque así como hay un cuerpo animal, hay también un cuerpo espiritual.

45 Así también está escrito: «El primer hombre, Adán, se convirtió en un ser con vida»;[j] y el postrer Adán, un espíritu que da vida.

46 Pero lo espiritual no vino primero, sino lo animal; y luego lo espiritual.

47 El primer hombre es terrenal, de la tierra; el segundo hombre, que es el Señor, es del cielo.

48 Semejantes al terrenal, serán también los terrenales; y semejantes al celestial, serán también los celestiales.

49 Y así como hemos llevado la imagen del hombre terrenal, así también llevaremos la imagen del celestial.

50 Pero una cosa les digo, hermanos: ni la carne ni la sangre pueden heredar el reino de Dios, y tampoco la corrupción puede heredar la incorrupción.

51 Presten atención, que les voy a contar un misterio: No todos moriremos, pero todos seremos transformados

52 en un instante, en un abrir y cerrar de ojos, cuando suene la trompeta final. Pues la trompeta sonará, y los muertos serán resucitados incorruptibles, y nosotros seremos transformados.[k]

53 Porque es necesario que lo corruptible se vista de incorrupción, y lo mortal se vista de inmortalidad.

54 Y cuando esto, que es corruptible, se haya vestido de incorrupción, y esto, que es mortal, se haya vestido de inmortalidad, entonces se cumplirá la palabra escrita: «Devorada será la muerte por la victoria».[l]

55 ¿Dónde está, oh muerte, tu aguijón? ¿Dónde, oh sepulcro, tu victoria?[m]

56 Porque el pecado es el aguijón de la muerte, y la ley es la que da poder al pecado.

57 ¡Pero gracias sean dadas a Dios, de que nos da la victoria por medio de nuestro Señor Jesucristo!

[i] **15.32:** Is 22.13. [j] **15.45:** Gn 2.7. [k] **15.51-52:** 1 Ts 4.15-17. [l] **15.54:** Is 25.8. [m] **15.55:** Os 13.14.

58 Así que, amados hermanos míos, manténganse firmes y constantes, y siempre creciendo en la obra del Señor, seguros de que el trabajo de ustedes en el Señor no carece de sentido.

La ofrenda para los santos

16 En cuanto a la ofrenda para los
santos,[a] hagan lo que les ordené
a las iglesias de Galacia.
2 Cada primer día de la semana, cada uno de
ustedes ponga algo aparte, según lo que haya
ganado, y guárdelo, para que no se tengan que
recoger las ofrendas cuando yo esté allá.
3 Y cuando llegue, enviaré a aquellos que
ustedes hayan designado por carta, para que
lleven la ofrenda de ustedes a Jerusalén.
4 Si acaso es conveniente que yo también
vaya, ellos irán conmigo.

Planes de Pablo

5 Tengo que pasar por Macedonia. Así
que luego de pasar por allí[b] iré a visitarlos
6 y tal vez me quede algún tiempo con ustedes, o pase allí el invierno, para que me ayuden
a seguir mi camino, cualquiera que éste sea.
7 Porque esta vez no quiero verlos solamente de paso, sino que espero quedarme
con ustedes por algún tiempo, si el Señor
así lo permite.
8 Pero me quedaré en Éfeso hasta Pentecostés;[c]
9 porque, aunque hay muchos que están
en contra de mí,[d] se me ha presentado una
gran oportunidad para el trabajo.
10 Si llega Timoteo,[e] asegúrense de que
se sienta cómodo entre ustedes, porque él
hace la obra del Señor lo mismo que yo.
11 Por tanto, que nadie lo menosprecie; al
contrario, ayúdenlo a seguir su camino en
paz, para que se reúna conmigo, pues estoy
esperándolo junto con los hermanos.
12 En cuanto al hermano Apolos, le insistí
mucho que fuera a visitarlos junto con otros
hermanos, pero esta vez no hubo manera
de convencerlo; sin embargo, lo hará cuando tenga oportunidad.

PROMESAS PODEROSAS

1 CORINTIOS 15.57

¡Pero gracias sean dadas a Dios, de que nos da la victoria por medio de nuestro Señor Jesucristo!

Desde que Jesús volvió a la vida después de la muerte, Él tiene poder sobre ella. Cuando decidimos tener fe en Él, tendremos la misma victoria sobre la muerte. Aunque moriremos en la tierra un día, viviremos eternamente con Dios.

Salutaciones finales

13 Manténganse atentos y firmes en la fe;
sean fuertes y valientes.
14 Háganlo todo con amor.
15 Hermanos, ustedes ya saben que la familia de Estéfanas[f] fue el primer fruto de
Acaya, y que ellos se han dedicado a servir
a los santos.
16 Les ruego que se sometan a personas
como ellos, y a todos los que ayudan y trabajan.
17 Me alegré mucho de que hayan venido
Estéfanas, Fortunato y Acaico, pues ellos
han suplido la ausencia de ustedes,
18 ya que han fortalecido mi espíritu y el de ustedes. Lleven en cuenta a personas como ellos.
19 Reciban los saludos de las iglesias de
Asia. Reciban también muchos saludos en
el Señor de parte de Aquila y Priscila,[g] y de la
iglesia que está en su casa.
20 Reciban saludos de todos los hermanos;
y ustedes, salúdense unos a los otros con un
beso santo.
21 Yo, Pablo, les escribo este saludo de mi
puño y letra.
22 Si alguno no ama al Señor, quede bajo
maldición. ¡El Señor viene![i]
23 Que la gracia del Señor Jesucristo sea
con ustedes,
24 lo mismo que mi amor por ustedes en
Cristo Jesús. Amén.

[a] **16.1:** Ro 15.25-26. [b] **16.5:** Hch 19.21. [c] **16.8:** Lv 23.15-21; Dt 16.9-11. [d] **16.8-9:** Hch 19.8-10. [e] **16.10:** 1 Co 4.17. [f] **16.15:** 1 Co 1.16. [g] **16.19:** Hch 18.2. [i] **16.22** Gr. del arameo, ***Maran-ata.***

2 CORINTIOS

Autor: **Pablo**
Tema: **Gloria mediante el sufrimiento**
Fecha en que se escribió: **c. 55/56 d.C.**

PABLO DEFIENDE SU MINISTERIO

Pablo escribió esta carta a la iglesia en Corinto, una ciudad romana, mientras estaba en Macedonia. La escribió para tratar con tres clases de personas en la iglesia. (1) Escribió a los fieles. Quería animar a los que aún lo respetaban como el fundador de la iglesia y como la persona que los llevó a la fe en Cristo. (2) Escribió los falsos maestros. Él quería exponer a los falsos líderes que hablaban en contra de él y que trataban de cambiar su mensaje. (3) Escribió a los creyentes que creían en los falsos maestros. Un pequeño grupo de la iglesia creía en las mentiras de los falsos maestros. Pablo quería que entendieran la verdad.

LO QUE ENCONTRARÁS EN EL LIBRO

Segunda a los Corintios tiene tres secciones. (1) En la primera sección (capítulos 1-7), Pablo alaba a Dios por su ayuda en tiempos difíciles. Luego explica la razón de su visita. Después describe la verdadera naturaleza del ministerio cristiano (3:1—6:10). También subraya la importancia de llevar una vida santa (6:11–7:1). En el capítulo 7, Pablo menciona a Tito, un joven ministro. Más tarde, Pablo escribió una carta a Tito, que llegó a ser uno de los libros del Nuevo Testamento.

(2) En los capítulos 8 y 9, Pablo anima a los corintios a que sigan el ejemplo de la generosidad de los cristianos macedonios, que habían contribuido con una ofrenda para los cristianos pobres en Jerusalén.

(3) En los capítulos 10 al 13, Pablo defiende la autoridad que Dios le ha dado para predicar el mensaje del evangelio. Pablo concluye 2 Corintios con el único saludo de bendición final en el Nuevo Testamento que menciona las tres personas de la Trinidad: Dios el Padre, Jesús el Hijo, y el Espíritu Santo.

¿SABÍAS QUE 2 CORINTIOS...?

- Es una pequeña autobiografía de la vida de Pablo.
- Es una carta de amor de Pablo a sus queridos hijos espirituales.
- Es una guía del sufrimiento cristiano. Pablo cuenta lo de su "aguijón en el cuerpo" (cap. 12).
- Es un manual sobre generosidad cristiana.
- Habla sobre la dramática experiencia de Pablo al visitar el cielo en espíritu (12.1-4).

Saludo

Yo, Pablo, apóstol de Jesucristo por la voluntad de Dios, y el hermano Timoteo, saludamos a la iglesia de Dios que está en Corinto,[a] con todos los santos que están en toda Acaya.

2 Que la gracia y la paz de Dios nuestro Padre, y del Señor Jesucristo, sean con todos ustedes.

Aflicciones de Pablo

3 Bendito sea el Dios y Padre de nuestro Señor Jesucristo, Padre de misericordias y Dios de toda consolación,

4 quien nos consuela en todas nuestras tribulaciones, para que también nosotros podamos consolar a los que están sufriendo, por medio de la consolación con que nosotros somos consolados por Dios.

5 Porque así como abundan en nosotros las aflicciones de Cristo, así también por el mismo Cristo abunda nuestra consolación.

6 Si nosotros sufrimos, es para que ustedes reciban consolación y salvación; si somos consolados, es para que ustedes reciban consuelo y puedan soportar como nosotros cuando pasen por los mismos sufrimientos.

7 Firme es nuestra esperanza respecto a ustedes, pues sabemos que así como participan en nuestras aflicciones, también participan en nuestra consolación.

8 Hermanos, no queremos que ustedes ignoren nada acerca de los sufrimientos que padecimos en Asia;[b] porque fuimos abrumados de manera extraordinaria y más allá de nuestras fuerzas, de tal modo que hasta perdimos la esperanza de seguir con vida.

9 Pero la sentencia de muerte que pendía sobre nosotros fue para que no confiáramos en nosotros mismos, sino en Dios que resucita a los muertos;

10 y él nos libró, y nos libra, y aún tenemos la esperanza de que él seguirá librándonos de tal peligro de muerte,

11 si ustedes nos apoyan con sus oraciones por nosotros. Si muchos oran por nosotros, también serán muchos los que den gracias a Dios por el don concedido a nosotros por tantas oraciones.

PALABRAS CON PODER

CONSUELO EN EL SUFRIMIENTO

(2 Corintios 1.4)

Cuando consolamos a alguien, lo animamos en momentos difíciles. El Espíritu Santo es el Consolador, porque consuela a los creyentes que sufren. También da su poder a los que lo necesitan. A veces Dios permite los problemas para que aprendamos a depender de Él y a consolar a otros en sus problemas. ¿Conoces a alguien que necesite que le levantes el ánimo? Piensa en cómo podrías consolarlo con la Palabra de Dios.

Pablo pospone su visita a Corinto

12 Nuestro motivo de orgullo es el testimonio de nuestra conciencia ante Dios, que nos dice que en este mundo, y especialmente con ustedes, nos hemos comportado no con sabiduría humana, sino con la sencillez y la sinceridad que proviene de Dios.

13 Porque no les escribimos nada que no pudieran leer y entender, y espero que al final puedan comprenderlo todo,

14 así como ya en parte han entendido que pueden estar orgullosos de nosotros, y que nosotros estaremos orgullosos de ustedes en el día del Señor Jesús.

15 Seguro de esto, quise antes que nada ir a visitarlos, para que tuvieran una doble bendición;

16 es decir, quise visitarlos de camino a Macedonia,[c] y visitarlos nuevamente a mi regreso, para que me ayudaran a continuar mi viaje a Judea.

17 Cuando quise hacer esto, ¿fue acaso algo decidido a la ligera? ¿Acaso lo que pienso hacer, lo pienso como toda la gente, que está lista para decir «Sí» y «No» al mismo tiempo?

[a] **1.1:** Hch 18.1. [b] **1.8:** 1 Co 15.32. [c] **1.16:** Hch 19.21.

18 Dios es testigo fiel de que nosotros no les decimos a ustedes «Sí» y «No» al mismo tiempo.

19 Porque Jesucristo, el Hijo de Dios, que Silvano, Timoteo y yo les hemos predicado,[d] no ha sido «Sí» y «No»; sino que siempre ha sido «Sí» en él.

20 Porque todas las promesas de Dios en él son «Sí». Por eso, por medio de él también nosotros decimos «Amén», para la gloria de Dios.

21 Y es Dios el que nos confirma con ustedes en Cristo, y es Dios el que nos ha ungido, 22 y es Dios el que también nos ha marcado con su sello, y el que, como garantía, ha puesto al Espíritu en nuestros corazones.

23 Así que pongo a Dios por testigo de que, si aún no he pasado por Corinto, ha sido por consideración a ustedes.

24 No es nuestra intención dirigir la fe de ustedes, sino colaborar con ustedes para que tengan gozo, pues por la fe se mantienen firmes.

2 Por esto decidí no hacerles otra visita que les causara tristeza.

2 Porque si yo los entristezco, ¿quién podrá alegrarme, sino aquel a quien yo entristecí?

3 Por eso les escribí como lo hice, para que ustedes no me pongan triste cuando yo llegue, cuando en realidad debieran alegrarme, pues yo estaba convencido de que todos ustedes harían suya mi alegría.

4 Era tanto el dolor y la angustia de mi corazón que, al escribirles, lo hice con muchas lágrimas. Pero no lo hice para entristecerlos, sino para que comprendieran el gran amor que les tengo.

Pablo perdona al ofensor

5 Pero si alguno me ha causado tristeza, no me la ha causado sólo a mí sino, en cierto modo, a todos ustedes (y espero no exagerar).

6 El castigo que muchos de ustedes le impusieron a esa persona, es suficiente.

7 Ahora deben perdonarlo y consolarlo, pues de lo contrario podría consumirlo la tristeza.

8 Por tanto, les ruego que confirmen su amor hacia él.

9 También les escribí para comprobar la obediencia de ustedes en todo.

10 Así que a quien ustedes perdonen, yo también lo perdono. Y se lo perdono, si es que hay algo que perdonar, por consideración a ustedes en la presencia de Cristo; 11 no vaya a ser que Satanás se aproveche de nosotros, pues conocemos sus malignas intenciones.

Ansiedad de Pablo en Troas

12 Aunque el Señor me había provisto una buena oportunidad para trabajar en Troas, cuando llegué a ese lugar para predicar el evangelio de Cristo

13 estaba yo muy intranquilo por no haber encontrado allí a mi hermano Tito. Por eso, me despedí de ellos y me fui a Macedonia.[a]

Triunfantes en Cristo

14 Pero gracias a Dios, que en Cristo Jesús siempre nos hace salir triunfantes, y que por medio de nosotros manifiesta en todas partes el aroma de su conocimiento.

15 Ciertamente, para Dios somos el fragante aroma de Cristo, tanto en los que se salvan como en los que se pierden.

16 Para éstos somos olor de muerte, que lleva a la muerte, y para aquéllos somos olor de vida que lleva a la vida. ¿Quién está calificado para una tarea tan importante?

17 Nosotros no somos como muchos, que negocian con la palabra de Dios, sino que hablamos de Cristo con sinceridad, como enviados por Dios, y en la presencia de Dios.

Ministros del nuevo pacto

3 ¿Comenzamos otra vez a recomendarnos a nosotros mismos? ¿O tenemos acaso que presentarles a ustedes,

[d]**1.19:** Hch 18.5. [a]**2.12-13:** Hch 20.1.

o pedir de ustedes, cartas de recomendación, como hacen algunos?

2 Nuestras cartas son ustedes mismos, y fueron escritas en nuestro corazón, y son conocidas y leídas por todos.

3 Es evidente que ustedes son una carta escrita por Cristo y expedida por nosotros; carta que no fue escrita con tinta sino con el Espíritu del Dios vivo, y no en tablas de piedra[a] sino en las tablas de corazones que sienten.

4 Ésta es la confianza que tenemos ante Dios por medio de Cristo.

5 Y no es que nos creamos competentes por nosotros mismos, como si esta competencia nuestra surgiera de nuestra propia capacidad. Nuestra competencia proviene de Dios,

6 pues él nos hizo ministros competentes de un nuevo pacto,[b] no de la letra, sino del Espíritu; porque la letra mata, pero el Espíritu vivifica.

7 Si el ministerio que llevaba a la muerte, y cuya letra estaba grabada en piedra, fue tan glorioso que los hijos de Israel no podían ni mirar el rostro de Moisés debido al resplandor que su rostro reflejaba,[c] aunque era un resplandor efímero,

8 ¿no será más glorioso aún el ministerio del Espíritu?

9 A decir verdad, si el ministerio de la condenación fue glorioso, más glorioso aún será el ministerio de la justificación,

10 pues incluso lo que fue glorioso en su momento, ya no lo es tanto si se compara con la gloria más excelsa.

11 Y si lo perecedero era glorioso, mucho más glorioso será lo permanente.

12 Por lo tanto, como nosotros tenemos tal esperanza, actuamos con plena libertad.

13 No actuamos como Moisés, que se cubría el rostro con un velo[d] para que los hijos de Israel no se fijaran en el fin de lo perecedero.

14 Pero la mente de ellos se endureció, y hasta el día de hoy, cuando leen el antiguo pacto, llevan puesto el mismo velo, que solamente por medio de Cristo puede ser quitado.

PALABRAS CON PODER

LIBERTAD

(2 Corintios 3.17)

En muchos países se celebra el Día de la Independencia como un recordatorio de la libertad ganada por valientes soldados. Pero Pablo habla de otra clase de libertad; la libertad de la culpa y el pecado. La muerte de Jesús nos dio esta libertad. Cualquiera que acepta a Jesús como Salvador recibe esa libertad. No es una libertad para hacer lo que queremos, sino la libertad del pecado. Los NIÑOS PODEROSOS están agradecidos por la libertad que tienen en Cristo.

15 Y aun hasta el día de hoy, cuando leen a Moisés, el velo les cubre el corazón;

16 pero ese velo les será quitado cuando se conviertan al Señor.

17 Porque el Señor es el Espíritu; y donde está el Espíritu del Señor, allí hay libertad.

18 Por lo tanto, todos nosotros, que miramos la gloria del Señor a cara descubierta, como en un espejo, somos transformados de gloria en gloria en la misma imagen, como por el Espíritu del Señor.

4 Por lo tanto, puesto que por la misericordia de Dios hemos recibido este ministerio, no nos desanimamos;

2 por el contrario, renunciamos a lo oculto y vergonzoso, y no andamos con engaños, ni falseamos la palabra de Dios, sino que por medio de la manifestación de la verdad nos recomendamos a toda conciencia humana delante de Dios.

3 Pero si nuestro evangelio está aún encubierto, lo está entre los que se pierden;

4 pues como ellos no creen, el dios de este siglo les ha cegado el entendimiento para que no resplandezca en ellos la luz del evangelio de la gloria de Cristo, el cual es la imagen de Dios.

5 Nosotros no nos predicamos a nosotros mismos, sino que proclamamos a Jesucristo

[a]**3.3:** Éx 24.12. [b]**3.6:** Jer 31.31-34. [c]**3.7:** Éx 34.29. [d]**3.13:** Éx 34.33.

como Señor, y nos declaramos siervos de ustedes por amor a Jesús.

6 Porque Dios, que mandó que de las tinieblas surgiera la luz,[a] es quien brilló en nuestros corazones para que se revelara el conocimiento de la gloria de Dios en el rostro de Jesucristo.

Vivimos por la fe

7 Pero tenemos este tesoro en vasos de barro, para que se vea que la excelencia del poder es de Dios, y no de nosotros,

8 que estamos atribulados en todo, pero no angustiados; en apuros, pero no desesperados;

9 perseguidos, pero no desamparados; derribados, pero no destruidos;

10 siempre llevamos en el cuerpo, y por todas partes, la muerte de Jesús, para que también la vida de Jesús se manifieste en nosotros.

11 Porque nosotros, los que vivimos, siempre estamos entregados a la muerte por amor a Jesús, para que también la vida de Jesús se manifieste en nuestro cuerpo mortal.

12 De manera que en nosotros actúa la muerte, y en ustedes la vida.

13 Pero en ese mismo espíritu de fe, y de acuerdo a lo que está escrito: «Creí, y por lo tanto hablé»,[b] nosotros también creemos, y por lo tanto también hablamos.

14 Sabemos que el que resucitó al Señor Jesús también a nosotros nos resucitará con él, y nos llevará a su presencia juntamente con ustedes.

15 Pues nosotros padecemos todas estas cosas por amor a ustedes, para que al multiplicarse la gracia por medio de muchos, más se multipliquen los que den gracias, para la gloria de Dios.

16 Por lo tanto, no nos desanimamos. Y aunque por fuera nos vamos desgastando, por dentro nos vamos renovando de día en día.

17 Porque estos sufrimientos insignificantes y momentáneos producen en nosotros una gloria cada vez más excelsa y eterna.

18 Por eso, no nos fijamos en las cosas que se ven, sino en las que no se ven; porque las cosas que se ven son temporales, pero las que no se ven son eternas.

5 Bien sabemos que si se deshace nuestra casa terrenal, es decir, esta tienda que es nuestro cuerpo, en los cielos tenemos de Dios un edificio, una casa eterna, la cual no fue hecha por manos humanas.

2 Y por esto también suspiramos y anhelamos ser revestidos de nuestra casa celestial;

3 ya que así se nos encontrará vestidos y no desnudos.

4 Los que estamos en esta tienda, que es nuestro cuerpo, gemimos con angustia; porque no quisiéramos ser desvestidos, sino revestidos, para que lo mortal sea absorbido por la vida.

5 Pero Dios es quien nos hizo para este fin, y quien nos dio su Espíritu en garantía de lo que habremos de recibir.

6 Por eso vivimos siempre confiados, pues sabemos que mientras estemos en el cuerpo, estamos ausentes del Señor

7 (porque vivimos por la fe, no por la vista).

8 Pero confiamos, y quisiéramos más bien ausentarnos del cuerpo y presentarnos ante el Señor.

PROMESAS PODEROSAS

2 CORINTIOS 4.8

Estamos atribulados en todo, pero no angustiados; en apuros, pero no desesperados.

¿Alguna vez te has sentido abrumado por un problema difícil? Pablo nos recuerda que si tenemos el poder y los recursos de Dios, no nos veremos derrotados por los problemas. A pesar de que había sido azotado y encarcelado, y de que había sufrido naufragio, Pablo continuó haciendo la obra de Dios. ¡Eso es lo que hacen los NIÑOS PODEROSOS!

[a]**4.6:** Gn 1.3. [b]**4.13:** Sal 116.10.

9 Pero ya sea que estemos ausentes o
presentes, siempre procuramos agradar
a Dios.
10 Porque es necesario que todos nosotros
comparezcamos ante el tribunal de Cristo,[a]
para que cada uno reciba según lo bueno o
lo malo que haya hecho mientras estaba en
el cuerpo.

El ministerio de la reconciliación

11 Así que, puesto que conocemos el te-
mor del Señor, procuramos convencer a
todos. Para Dios es evidente lo que somos;
y espero que también lo sea para la concien-
cia de ustedes.
12 No estamos recomendándonos otra
vez a ustedes, sino que les damos la oportu-
nidad de estar orgullosos de nosotros, para
que tengan con qué responder a los que
presumen de las apariencias y no de lo que
hay en el corazón.
13 Si estamos locos, lo estamos para Dios;
y si estamos cuerdos, lo estamos para us-
tedes.
14 El amor de Cristo nos lleva a actuar así,
al pensar que si uno murió por todos, en-
tonces todos murieron;
15 y él murió por todos, para que los que
viven ya no vivan para sí, sino para aquel que
murió y resucitó por ellos.
16 Así que, de aquí en adelante, nosotros
ya no conocemos a nadie desde el punto de
vista humano; y aun si a Cristo lo conocimos
desde el punto de vista humano, ya no lo
conocemos así.
17 De modo que si alguno está en Cristo,
ya es una nueva creación; atrás ha quedado
lo viejo: ¡ahora ya todo es nuevo!
18 Y todo esto proviene de Dios, quien nos
reconcilió consigo mismo a través de Cristo
y nos dio el ministerio de la reconciliación.
19 Esto quiere decir que, en Cristo, Dios
estaba reconciliando al mundo consigo mis-
mo, sin tomarles en cuenta sus pecados, y
que a nosotros nos encargó el mensaje de
la reconciliación.
20 Así que somos embajadores en nombre
de Cristo, y como si Dios les rogara a ustedes
por medio de nosotros, en nombre de Cristo
les rogamos: «Reconcíliense con Dios».
21 Al que no cometió ningún pecado, por
nosotros Dios lo hizo pecado, para que en él
nosotros fuéramos hechos justicia de Dios.

6 Por lo tanto, nosotros, como colabo-
radores de Dios, les rogamos a uste-
des que no reciban su gracia en vano. Gá 2.16
2 Porque él dice:

«En el momento oportuno te escuché;
en el día de salvación te ayudé».[a]

Y éste es el momento oportuno; éste es el
día de salvación. 3 No somos motivo de tro-
piezo para nadie, para que tampoco nadie
hable mal de nuestro ministerio.
4 Más bien, siempre damos muestras de
que somos ministros de Dios, con mucha
paciencia en las tribulaciones, en las necesi-
dades, en las angustias;
5 en los azotes, en las cárceles,[b] en los tu-
multos, en los trabajos, en los desvelos, en
los ayunos;

[a]**5.10:** Ro 14.10. [a]**6.2:** Is 49.8. [b]**6.5:** Hch 16.23.

UNA NUEVA CREACIÓN *(2 Corintios 5.17)*

En Juan 3, Jesús le dijo a Nicodemo que para entrar en el reino de Dios tenía que "nacer de nuevo". Aquí Pablo habla acerca del nuevo nacimiento utilizando otra forma de expresión. Al decir "nueva creación" no estaba diciendo que la persona que cree en Jesús tendrá una nueva personalidad, o un nuevo cuerpo. Cuando recibes a Jesús como tu Salvador llegas a ser nuevo en el interior, gracias al Espíritu Santo. Llegas a estar mejor preparado para servir a Dios y estarás listo para un día vivir eternamente con Él.

6 en la pureza, en el conocimiento, en la tolerancia, en la bondad, en el Espíritu Santo, en el amor sincero,

7 en la palabra de verdad, en el poder de Dios, con las armas justas, tanto para el ataque como para la defensa;

8 recibiendo honra y deshonra, mala fama y buena fama; se nos considera mentirosos, pero somos veraces;

9 desconocidos para unos, somos bien conocidos para otros; parecemos estar moribundos, pero seguimos con vida; se nos ve castigados, pero no muertos;

10 parecemos estar tristes, pero siempre estamos gozosos; parecemos pobres, pero enriquecemos a muchos; parecemos no tener nada, pero somos dueños de todo.

11 ¡Ay, corintios! Les hemos hablado con toda franqueza; les hemos abierto nuestro corazón.

12 No les hemos cerrado nuestro corazón, aunque ustedes sí nos han cerrado el suyo.

13 Por tanto les pido, como de un padre a sus hijos, correspondan del mismo modo y ábrannos su corazón.

Somos templo del Dios viviente

14 No se unan con los incrédulos en un yugo desigual. Pues ¿qué tiene en común la justicia con la injusticia? ¿O qué relación puede haber entre la luz y las tinieblas?

15 ¿Y qué concordia tiene Cristo con Belial? ¿O qué tiene en común el creyente con el incrédulo?

16 ¿Y qué acuerdo puede haber entre el templo de Dios y los ídolos? ¡Ustedes son el templo del Dios viviente![c] Ya Dios lo ha dicho:

«Habitaré y andaré entre ellos,
y yo seré su Dios
y ellos serán mi pueblo.»[d]

17 Por lo tanto, el Señor dice:

«Salgan de en medio de ellos, y apártense;
y no toquen lo inmundo;
y yo los recibiré.[e]

18 Y seré un Padre para ustedes,
y ustedes serán mis hijos y mis hijas.»
Lo ha dicho el Señor Todopoderoso.[f]

7 Amados míos, puesto que tenemos tales promesas, limpiémonos de toda contaminación de carne y de espíritu, y perfeccionémonos en la santidad y en el temor de Dios.

Gá 6.14

Regocijo de Pablo ante el arrepentimiento de los corintios

2 Ábrannos su corazón, pues a nadie hemos agraviado, a nadie hemos corrompido, a nadie hemos engañado.

3 No digo esto para condenarlos, pues ya antes les he dicho que están en nuestro corazón. ¡Juntos en la muerte, y juntos en la vida!

4 Soy demasiado franco con ustedes, pero mi orgullo por ustedes también es demasiado. En medio de todas nuestras tribulaciones, me siento muy estimulado y estoy rebosando de alegría.

5 Cuando llegamos de Macedonia,[a] no tuvimos ningún descanso, sino que enfrentamos tribulaciones de todas partes: desde afuera, conflictos; desde adentro, temores.

6 Pero Dios, que consuela a los humildes, nos consoló con la llegada de Tito;

7 y no sólo con su llegada, sino también con el consuelo que él había recibido de parte de ustedes, pues nos habló del gran afecto que recibió por parte de ustedes, así como de su profunda tristeza y de su preocupación por mí, lo cual me hizo alegrarme aún más.

8 Ciertamente, mi carta fue para ustedes motivo de tristeza, y entonces lamenté haberla escrito porque vi que por algún tiempo ella los entristeció; pero ahora no lo lamento

9 sino que me alegro. Y no porque ustedes se hayan entristecido, sino porque esa tristeza los llevó al arrepentimiento. Ustedes fueron entristecidos conforme a la voluntad de Dios, de modo que en nada fueron perjudicados por parte de nosotros.

[c] **6.16:** 1 Co 3.16; 6.19. [d] **6.16:** Lv 26.12; Ez 37.27. [e] **6.17:** Is 52.11. [f] **6.18:** 2 S 7.14; 1 Cr 17.13. [a] **7.5:** 2 Co 2.13.

[10] La tristeza que proviene de Dios produce arrepentimiento para salvación, y de ésta no hay que arrepentirse, pero la tristeza que proviene del mundo produce muerte.

[11] ¡Fíjense! Esta tristeza que provino de Dios, ¡produjo en ustedes preocupación, el deseo de disculparse, indignación, temor, vehemencia, celo, y deseos de hacer justicia! Es evidente que en este asunto ustedes no tuvieron la culpa.

[12] Y aunque yo les escribí, no lo hice por el que cometió el agravio, ni por el que lo padeció, sino para que se hiciera evidente la preocupación que tenemos por ustedes delante de Dios.

[13] Por eso el consuelo de ustedes ha sido nuestro propio consuelo. Pero más nos alegró el ver a Tito tan feliz porque su espíritu fue confortado por todos ustedes.

[14] Yo me había jactado de ustedes con él, y no he quedado mal. Y así como en todo les hemos hablado con la verdad, también resultaron ciertos los elogios que hice ante Tito acerca de ustedes.

[15] Y el cariño que él les tiene es aun mayor cuando se acuerda de la obediencia de todos ustedes, y del temor y temblor con que ustedes lo recibieron.

[16] Me alegra poder confiar plenamente en ustedes.

La ofrenda para los santos

8 Hermanos, también queremos contarles acerca de la gracia que Dios ha derramado sobre las iglesias de Macedonia,

[2] cuya generosidad se desbordó en gozo y en ricas ofrendas, a pesar de su profunda pobreza y de las grandes aflicciones por las que han estado pasando.

[3] Yo soy testigo de que ellos han ofrendado con espontaneidad, y de que lo han hecho en la medida de sus posibilidades, e incluso más allá de éstas.

[4] Insistentemente nos rogaron que les concediéramos el privilegio de participar en este servicio para los santos,[a]

PROMESAS PODEROSAS

2 CORINTIOS 7.1

Amados míos, puesto que tenemos tales promesas, limpiémonos de toda contaminación de carne y de espíritu, y perfeccionémonos en la santidad y en el temor de Dios.

Dios promete a andar en medio de sus hijos. Pero esta promesa es para sus hijos e hijas que viven en santidad. Esta es la vida que agrada a Dios. Como creyentes en Cristo, tenemos que dejar cualquier mal comportamiento. El Espíritu Santo obra en nosotros para ayudarnos a vivir en santidad.

[5] e hicieron más de lo que esperábamos, pues primeramente se entregaron al Señor, y luego a nosotros, por la voluntad de Dios.

[6] Por eso le rogamos a Tito completar la obra de gracia que ya había comenzado entre ustedes.

[7] Por lo tanto, ya que ustedes sobresalen en todo, es decir, en fe, en palabra, en conocimiento, en todo esmero, y en su amor por nosotros, sobresalgan también en este acto de amor.

[8] No es que les esté dando órdenes, sino que quiero ponderar la sinceridad del amor de ustedes en comparación con la dedicación de otros,

[9] pues ustedes ya conocen la gracia de nuestro Señor Jesucristo que, por amor a ustedes, siendo rico se hizo pobre, para que con su pobreza ustedes fueran enriquecidos.

[10] Y ahora, por el bien de ustedes, les doy mi opinión sobre este asunto. Desde el año pasado, ustedes no sólo fueron los primeros en hacer algo sino que deseaban hacerlo;

[11] así que ahora, dentro de sus posibilidades, lleven a cabo lo que ya estaban dispuestos a hacer.

[12] Porque si hay buena disposición, lo que se da es bien recibido, según lo que uno tiene y no según lo que no tiene.

[a] **8.1-4:** Ro 15.26.

[13] No digo esto para que otros tengan
demasiado mientras ustedes sufren de es-
casez,
[14] sino para que en este tiempo la abun-
dancia de ustedes supla, con igualdad, la es-
casez de ellos, y para que la abundancia de
ellos supla la necesidad de ustedes. De este
modo habrá igualdad,
[15] como está escrito: «El que recogió mu-
cho, no tuvo más, y el que recogió poco, no
tuvo menos.»[b]
[16] Gracias a Dios, que puso en el corazón
de Tito la misma preocupación por ustedes;
[17] pues, a decir verdad, aceptó nuestra ex-
hortación, pero estaba más que listo para ir
a verlos, y por su propia voluntad.
[18] Junto con él, enviamos al hermano a
quien todas las iglesias elogian por su traba-
jo en el evangelio;
[19] y no sólo esto, sino que también fue de-
signado por las iglesias como compañero de
nuestra peregrinación para llevar este dona-
tivo, que es administrado por nosotros para
la gloria del Señor mismo, y para demostrar
la buena voluntad de ustedes;
[20] así evitamos que se nos censure en
cuanto a esta abundante ofrenda que ad-
ministramos,
[21] pues procuramos hacerlo todo con
honradez, no sólo ante el Señor sino tam-
bién ante los hombres.[c]
[22] Con ellos enviamos también a nuestro
hermano, cuya diligencia hemos comproba-
do repetidas veces en muchas cosas, y que
ahora muestra más diligencia por la gran
confianza que tiene en ustedes.
[23] En cuanto a Tito, él es mi compañero y
colaborador para con ustedes; en cuanto a
nuestros hermanos, ellos son mensajeros de
las iglesias, y son una honra para Cristo.
[24] Por lo tanto, ante las iglesias, demues-
tren a estos hermanos su amor por ellos, y
por qué nos sentimos orgullosos de ustedes.
9 En cuanto a la ayuda para los santos,
no es necesario que yo les escriba;
[2] pues conozco la buena predispo-

LECCIONES **LA GENEROSIDAD**

(2 Corintios 8.2)

¿En qué sobresales? ¿En los deportes? ¿En la música? Pablo tiene una sugerencia para ti, que sobresalgas en generosidad. Dado que todo lo que tenemos es un don de Dios, podemos sobresalir en generosidad hacia los demás. Los creyentes de Corinto dieron ofrendas generosas para los pobres en Jerusalén. Dieron con amor, y no por obligación. Ayudar a los necesitados es como dar ofrendas a Dios (Mateo 25:40).

sición de ustedes, de la cual he hablado con
orgullo entre los de Macedonia, pues les he
dicho que los de Acaya estaban preparados
desde el año pasado, y el entusiasmo de us-
tedes ha estimulado a la mayoría.
[3] Pero he enviado a los hermanos, para
que nuestro orgullo por ustedes no sea en
vano, y para que ustedes estén preparados,
como ya lo había dicho;
[4] no sea que, si algunos macedonios vie-
nen conmigo y los encuentran despreve-
nidos, tengamos que avergonzarnos de la
confianza que depositamos en ustedes, y
ustedes mismos queden avergonzados.
[5] Por tanto, me pareció necesario rogar a
los hermanos que vayan primero a visitarlos
y preparen de antemano lo que ustedes ya
habían prometido, para que lo tengan listo
como un donativo generoso y no como una
exigencia nuestra.
[6] Pero recuerden esto: El que poco siem-
bra, poco cosecha; y el que mucho siembra,
mucho cosecha.
[7] Cada uno debe dar según se lo haya pro-
puesto en su corazón, y no debe dar con
tristeza, ni por necesidad, porque Dios ama
a quien da con alegría.
[8] Y Dios es poderoso como para que abun-
de en ustedes toda gracia, para que siempre
y en toda circunstancia tengan todo lo nece-
sario, y abunde en ustedes toda buena obra;

[b] **8.15:** Éx 16.18. [c] **8.21:** Pr 3.4.

9 como está escrito:
«Repartió, dio a los pobres,
y su justicia permanece para siempre.»[a]
10 Y aquel que da semilla al que siembra, y
pan al que come,[b] proveerá los recursos de
ustedes y los multiplicará, aumentándoles
así sus frutos de justicia,
11 para que sean ustedes enriquecidos en
todo, para toda generosidad, que por me-
dio de nosotros produce acción de gracias
a Dios.
12 Porque la contribución de este servicio
suple no solamente lo que les falta a los san-
tos, sino que también abunda en muchas
acciones de gracias a Dios;
13 pues al experimentar este servicio glori-
fican a Dios por la obediencia de ustedes al
evangelio de Cristo, y por su generosa con-
tribución para ellos y para todos.
14 Además, ellos orarán por ustedes, pues
los aman por la superabundante gracia de
Dios en ustedes.
15 ¡Demos gracias a Dios por su don inefa-
ble!

Pablo defiende su ministerio

10 Yo, Pablo, que cuando estoy
entre ustedes soy ciertamente
humilde, pero atrevido cuan-
do estoy lejos de ustedes, les ruego esto por
la bondad y dulzura de Cristo:
2 les ruego que, cuando esté entre uste-
des, no tenga yo que actuar con la osadía
que estoy resuelto a utilizar contra los que
creen que actuamos según los criterios hu-
manos.
3 Es verdad que aún somos seres huma-
nos, pero no luchamos como los seres hu-
manos.
4 Las armas con las que luchamos no son
las de este mundo, sino las poderosas armas
de Dios, capaces de destruir fortalezas
5 y de desbaratar argumentos y toda alti-
vez que se levanta contra el conocimiento
de Dios, y de llevar cautivo todo pensa-
miento a la obediencia a Cristo.
6 Estamos listos para castigar toda des-
obediencia, una vez que la obediencia de
ustedes llegue a la perfección.
7 Ustedes se fijan sólo en la apariencia de
las cosas. Pero si alguno está convencido de
que es de Cristo, piense bien en esto que le
digo: que así como él es de Cristo, también
nosotros somos de Cristo.
8 No me avergüenza el jactarme una vez
más de nuestra autoridad, la cual el Señor
nos dio para la edificación de ustedes, y no
para su destrucción.
9 No quiero dar la impresión de querer
asustarlos por carta.
10 Hay quienes dicen que mis cartas son
duras y fuertes, pero que mi presencia física
es débil y que mis palabras no valen nada.
11 Quienes eso dicen deben tener en
cuenta que, así como somos con palabras
y por carta, cuando estamos lejos, así tam-

[a] **9.9:** Sal 112.9. [b] **9.10:** Is 55.10.

¡LLEVA CAUTIVO ESOS PENSAMIENTOS! *(2 Corintios 10.5)*
¿Te das cuenta de que estás en guerra? El campo de batalla es tu mente. Algunos pensamientos vienen de tus propios deseos y de tu imaginación. Otros provienen de las actitudes de otras personas o directamente de las fuerzas del mal que tratan de influir en tu mente. Cualquiera que sea el origen, los malos pensamientos y las tentaciones "se levantan contra el conocimiento de Dios". Pero según el apóstol Pablo, puedes controlar cada pensamiento. Cuando venga a tu mente un pensamiento o una tentación, compáralo con las leyes de la Palabra de Dios. Si Satanás te está tentando con malos pensamientos, resístelo con el poder de Dios.

bién lo seremos en los hechos, cuando estemos entre ustedes.

12 Nosotros no nos atrevemos a igualarnos ni a compararnos con quienes se alaban a sí mismos; cuando ellos se miden con sus propias medidas y se comparan unos con otros, no demuestran buen juicio.

13 Nosotros no vamos a jactarnos de manera exagerada, sino que nos ceñiremos a los límites establecidos por Dios, que llegan también hasta ustedes.

14 Si antes no hubiéramos llegado hasta ustedes, podría decirse que nos hemos extralimitado; pero fuimos los primeros en llegar hasta ustedes con el evangelio de Cristo.

15 No nos jactamos desmedidamente en trabajos ajenos, sino que, a medida que crezca la fe de ustedes, esperamos ser engrandecidos entre ustedes, siempre dentro de nuestros límites.

16 También anunciaremos el evangelio en lugares más allá de donde están ustedes, pero sin incursionar en la obra de otro, para no jactarnos en los trabajos ajenos.

17 Pero si alguno quiere jactarse, que lo haga en el Señor;[a]

18 porque no es aprobado el que se alaba a sí mismo, sino aquel a quien Dios alaba.

11 ¡Cómo quisiera yo que me toleraran un poco de locura! ¡Sí, tolérenmela!

2 El celo que muestro por ustedes proviene de Dios; ustedes son como una doncella pura, a la que he comprometido en matrimonio con un solo esposo, que es Cristo.

3 Pero me temo que, así como la serpiente engañó a Eva con su astucia,[a] así también los sentidos de ustedes sean de alguna manera apartados de la sincera fidelidad a Cristo;

4 porque si alguno llega predicando a un Jesús diferente del que les hemos predicado, o si ustedes reciben a otro espíritu diferente del que han recibido, u otro evangelio diferente del que han aceptado, ustedes lo toleran bien.

5 Pero yo considero que en nada he sido inferior a esos grandes apóstoles.

6 Tal vez sea yo torpe al hablar, pero no lo soy en cuanto al conocimiento; de esto les hemos dado muestra en todo y por todo.

7 ¿Acaso cometí un pecado al humillarme a mí mismo y al predicarles el evangelio de Dios gratuitamente, para que ustedes fueran enaltecidos?

8 He despojado a otras iglesias, al recibir un salario para servirles a ustedes.

9 Y cuando estaba entre ustedes y tuve necesidad, no fui una carga para nadie, pues lo que me faltaba lo suplieron los hermanos que vinieron de Macedonia.[b] Procuré entonces no ser una carga para ustedes, y seguiré haciéndolo así.

10 Por la verdad de Cristo que está en mí, no se me impedirá tener este motivo de orgullo en las regiones de Acaya.

11 ¿Y por qué? ¿Acaso porque no los amo? ¡Dios sabe que sí!

12 Pero seguiré haciendo lo que hago, para que los que quieren vanagloriarse no tengan ningún pretexto para hacerse semejantes a nosotros.

13 Porque ellos son falsos apóstoles, obreros fraudulentos que se disfrazan de apóstoles de Cristo.

14 Y esto no debe sorprendernos, porque hasta Satanás mismo se disfraza de ángel de luz.

15 Así que, tampoco es una sorpresa que sus ministros se disfracen de administradores de justicia, pero como sus obras será su fin.

2 Co 12.7-10

Sufrimientos de Pablo como apóstol

16 Vuelvo a decirlo: Que nadie crea que estoy loco, pero si es así, recíbanme entonces como a un loco, para que yo también me vanaglorie un poco.

17 Al decir esto, no lo digo en conformidad con el Señor, sino como una locura mía, confiado en mi vanagloria.

18 Puesto que muchos se vanaglorian según los criterios humanos, también yo puedo vanagloriarme.

19 Ustedes, aunque cuerdos, toleran de buena gana a los necios.

[a]**10.17:** Jer 9.24. [a]**11.3:** Gn 3.1-5, 13. [b]**11.9:** Flp 4.15-18.

20 Toleran a quienes los esclavizan, a quie-
nes los devoran, a quienes les quitan lo suyo,
a quienes se sienten importantes, a quienes
les dan de bofetadas.
21 Lo digo para vergüenza mía: ¡para eso
fuimos demasiado débiles!
Pero si otros tienen el descaro de vana-
gloriarse (hablo como un loco), también yo
puedo hacerlo.
22 ¿Son hebreos? Yo también. ¿Son israe-
litas? Yo también. ¿Son descendientes de
Abrahán? Yo también.
23 ¿Son ministros de Cristo? (Hablo como si
estuviera loco.) Yo lo soy más. Mis trabajos son
más abundantes; mis azotes, innumerables;
mis encarcelamientos,[c] muchos más; muchas
veces he estado en peligro de muerte.
24 Cinco veces he recibido de los judíos
treinta y nueve azotes;[d]
25 Tres veces he sido azotado con varas;[e]
una vez he sido apedreado;[f] tres veces he
padecido naufragio; una noche y un día he
estado como náufrago en alta mar.
26 Son muchas las veces que he estado de
viaje corriendo peligros de ríos, peligros de
ladrones, peligros de mi propia gente,[g] peli-
gros de los no judíos,[h] peligros en la ciudad,
peligros en el desierto, peligros en el mar,
peligros entre falsos hermanos.
27 He pasado por muchos trabajos y fatigas;
muchas veces me he quedado sin dormir; he
sufrido de hambre y de sed; muchas veces no
he comido, y he pasado frío y desnudez.
28 Además de todo esto, lo que cada día
pesa sobre mí es la preocupación por todas
las iglesias.
29 ¿Quién enferma, y yo no enfermo? ¿A
quién se le hace tropezar, y yo no me indigno?
30 Si es necesario vanagloriarse, lo haré en
aquello que demuestre mi debilidad.
31 El Dios y Padre de nuestro Señor Jesucristo,
¡bendito sea por siempre!, sabe que no miento.
32 En Damasco, el gobernador de la pro-
vincia del rey Aretas vigilaba la ciudad de los
damascenos para arrestarme,
33 pero fui descolgado en un canasto por
una ventana de la muralla, y así me libré de
caer en sus manos.[i]

El aguijón en el cuerpo

12 En realidad, nada gano con va-
nagloriarme. Sin embargo, aho-
ra voy a hablar de las visiones y
de las revelaciones del Señor.
2 Sé de un hombre en Cristo, que hace
catorce años fue arrebatado hasta el tercer
cielo (sólo Dios sabe si esto ocurrió física-
mente o no),
3 y sé que ese hombre (sólo Dios sabe si
esto ocurrió físicamente o no),
4 fue arrebatado al paraíso, donde oyó pa-
labras inefables que a ningún hombre se le
permite pronunciar.
5 De ese hombre puedo jactarme; pero de
mí mismo, sólo me jactaré de mis debilidades.
6 Sin embargo, no sería insensato de mi
parte el querer jactarme, porque estaría di-
ciendo la verdad; pero prefiero no hacerlo,
para que nadie piense de mí más de lo que
ve u oye de mí.
7 Y para que no me exaltara demasiado
por la grandeza de las revelaciones, se me
clavó un aguijón en el cuerpo, un mensajero
de Satanás, para que me abofetee y no deje
que yo me enaltezca.
8 Tres veces le he rogado al Señor que me
lo quite,
9 pero él me ha dicho: «Con mi gracia tie-
nes más que suficiente, porque mi poder se
perfecciona en la debilidad.» Por eso, con
mucho gusto habré de jactarme en mis de-
bilidades, para que el poder de Cristo repose
en mí.
10 Por eso, por amor a Cristo me gozo en
las debilidades, en las afrentas, en las necesi-
dades, en las persecuciones y en las angus-
tias; porque mi debilidad es mi fuerza. Ef 6.10-18
11 Al jactarme, me he portado como un
necio; pero ustedes me han obligado a
hacerlo así. Aunque no soy nadie, yo de-

[c]**11.23:** Hch 16.23. [d]**11.24:** Dt 25.3. [e]**11.25:** Hch 16.22. [f]**11.25:** Hch 14.19. [g]**11.26:** Hch 9.23. [h]**11.26:** Hch 14.5. [i]**11.32-33:** Hch 9.23-25.

bía haber sido alabado por ustedes, ya que en nada he sido menos que esos grandes apóstoles.
12 Con todo, las señales de apóstol se han realizado entre ustedes con toda paciencia, por medio de señales, prodigios y milagros.
13 ¿En qué han sido ustedes menos que las otras iglesias, sino en que yo mismo nunca les he sido una carga? ¡Perdónenme este agravio!

Pablo anuncia su tercera visita

14 Ya estoy dispuesto a visitarlos por tercera vez, y tampoco esta vez les seré una carga, porque no ando tras lo que es de ustedes, sino tras de ustedes mismos. No son los hijos los que deben juntar tesoros para los padres; son los padres los que deben juntar tesoros para los hijos.
15 Por amor a ustedes, yo con gran placer gastaré lo mío, y aun yo mismo me gastaré del todo, aun si mientras más los ame, menos amado sea yo.
16 Pero admitamos esto: yo no he sido una carga para ustedes, sino que como soy astuto, los atrapé con engaños.
17 ¿Acaso los engañé mediante alguno de los que he enviado a ustedes?
18 Rogué a Tito que los visitara, y con él envié al hermano. ¿Acaso Tito los engañó? ¿Qué, no hemos actuado con el mismo espíritu y de la misma manera?
19 ¿Todavía creen que nos estamos disculpando con ustedes? Cuando hablamos, lo hacemos delante de Dios en Cristo; y todo esto, amados míos, para la edificación de ustedes.
20 Mucho me temo que, cuando llegue, no los encuentre como quisiera encontrarlos, y que tampoco ustedes me encuentren así. Me temo que entre ustedes hay pleitos, envidias, enojos, divisiones, calumnias, chismes, insolencias y desórdenes.
21 También me temo que, cuando vuelva, Dios me humille ante ustedes, y que tal vez tenga que llorar por muchos de los que antes han pecado y no se han arrepentido de la inmundicia, ni de la inmoralidad sexual y el libertinaje a que se han entregado.

LECCIONES **LA GRACIA DE DIOS**

(2 Corintios 12.9)

Pablo pidió a Dios que le quitara su problema, pero el Señor dijo que no. Dios tenía una razón para permitir que continuara el problema. Él dijo que su gracia era suficiente para que Pablo lo soportara. La gracia significa tener el amor, la ayuda, la presencia, y el poder de Dios. El Señor quería que Pablo confiara en su fortaleza para soportar el sufrimiento. Tú también puedes confiar en la fortaleza de Dios. Si te siente débil y sin esperanza, recuerda las palabras de Pablo: "Por eso, con mucho gusto habré de jactarme en mis debilidades, para que el poder de Cristo repose en mí… porque mi debilidad es mi fuerza" (versículos 9-10).

13 Ésta será la tercera vez que los visite. Todo asunto se resolverá por el testimonio de dos o tres testigos.[a]
2 Ya lo he dicho antes y, como si estuviera presente, vuelvo a decirlo: aunque ahora me encuentre lejos, les digo a los que antes pecaron, y a todos los demás, que en caso de volver, esta vez no seré indulgente.
3 Ustedes buscan una prueba de que Cristo, quien no es débil para con ustedes, sino que es poderoso en ustedes, actúa por medio de mí.
4 Él, aunque fue crucificado en debilidad, vive por el poder de Dios. Y nosotros, aunque también somos débiles en él, viviremos con él por el poder de Dios para el bien de ustedes.
5 Examínense ustedes mismos y vean si permanecen en la fe; pónganse a prueba ustedes mismos. ¿O acaso ustedes mismos no se conocen? ¿Acaso no saben que Jesucristo está en ustedes? ¡A menos que no hayan pasado la prueba!

[a] **13.1:** Dt 17.6; 19.15.

6 Yo espero que ustedes se den cuenta de
que nosotros sí pasamos la prueba;
7 y si pedimos a Dios que ustedes no hagan nada malo, no es para demostrar que nosotros pasamos la prueba, sino para que ustedes hagan lo bueno, aun cuando parezca que nosotros no pasamos la prueba.
8 Nosotros nada podemos hacer contra la verdad, sino a favor de la verdad.
9 Por eso nos alegramos de que nosotros seamos débiles y ustedes fuertes, y hasta oramos para que ustedes sean perfectos.
10 Por eso les escribo ahora que estoy lejos, para no ser severo cuando esté entre ustedes, ciñéndome a la autoridad que el Señor me ha dado, que es para edificar y no para destruir.

Saludos y doxología final

11 Por lo demás, hermanos, regocíjense, perfecciónense, consuélense; sean de un mismo sentir, y vivan en paz. Y el Dios de la paz y del amor estará con ustedes.
12 Salúdense unos a otros con un beso santo.
13 Todos los santos les mandan saludos.
14 Que la gracia del Señor Jesucristo, el amor de Dios, y la comunión del Espíritu Santo sean con todos ustedes. Amén.

GÁLATAS

Autor: **Pablo**
Tema: **La salvación por gracia mediante la fe**
Fecha en que se escribió: **c. 49 d.C.**

LA LIBERTAD, UN DON DE LA GRACIA

Pablo escribió esta carta a los cristianos que vivían en el norte de Galacia. Se cree que el territorio de Galacia estaba en el norte de Asia Menor. Pablo oyó hablar de los falsos maestros que predican mensajes que confundían a los nuevos conversos de Galacia. Estos falsos maestros enseñaban que todos tenían que obedecer las reglas de la Ley de Moisés para ser salvos. Pablo decidió escribir una carta a estos cristianos. (1) Él quería explicar que la ley no tenía nada que ver con el don de la gracia de la salvación por la fe en Jesucristo. (2) Él también aclaró que los creyentes reciben el Espíritu Santo por medio de la fe en Jesús, y no por seguir las reglas de la Ley de Dios.

LO QUE ENCONTRARÁS EN EL LIBRO

Los falsos maestros de Galacia declaraban tres cosas. (1) Decían que como Pablo no era uno de los doce discípulos de Jesús, no tenía autoridad espiritual (1:1, 7, 12; 2:8-9). (2) Decían que su mensaje no estaba de acuerdo con lo que se predicaba en Jerusalén (1:9; 2:2-10). (3) También decían que su mensaje de la gracia resultaría en una vida descuidada (5:1, 13, 16, 19-21).

Pablo respondió directamente a las tres declaraciones. (1) Él defendió su autoridad como apóstol, que venía de Jesús y tenían el apoyo de Santiago (el hermano de Jesús), y de Pedro y Juan (dos de los discípulos originales de Cristo, capítulos 1-2).

(2) Pablo también defendió la salvación y la libertad como un don de Dios que se recibe por la fe en Cristo (capítulos 3-4). (3) Por último, Pablo explicó que el perdón y la nueva vida en Cristo trae libertad de las antiguas leyes judías. También ofrece libertad de las obras rebeldes de la naturaleza humana pecaminosa. El poder del Espíritu Santo trae esta libertad (capítulos 5-6).

¿SABÍAS QUE GÁLATAS...?

- Es una urgente defensa de las buenas noticias de la salvación.
- Es un manual acerca del fruto del Espíritu (5:22-23).
- Es una autobiografía de la vida de Pablo.
- Es la única carta de Pablo claramente dirigida a más de una iglesia.

Saludo

Yo, Pablo, apóstol (y no de los hom-
bres ni por medio de los hombres,
sino por Jesucristo y por Dios el Pa-
dre que lo resucitó de los muertos),
2 y todos los hermanos que están conmi-
go, deseamos a las iglesias de Galacia
3 que tengan gracia y paz de Dios el Padre
y de nuestro Señor Jesucristo,
4 el cual se dio a sí mismo por nuestros pe-
cados para librarnos del presente siglo malo,
conforme a la voluntad de nuestro Dios y
Padre,
5 a quien sea dada la gloria por los siglos
de los siglos. Amén.

No hay otro evangelio

6 Me asombra que tan pronto se hayan
alejado ustedes del que los llamó por la
gracia de Cristo, para seguir un evangelio
diferente.
7 No que haya otro evangelio, sino que
hay algunos que los perturban y quieren
pervertir el evangelio de Cristo.
8 Pero si aun nosotros, o un ángel del cielo,
les anuncia otro evangelio diferente del que
les hemos anunciado, quede bajo maldición.
9 Como antes lo hemos dicho, también
ahora lo repito: Si alguno les predica un
evangelio diferente del que han recibido,
quede bajo maldición.
10 ¿Busco acaso el favor de la gente, o el
favor de Dios? ¿O trato acaso de agradar a
la gente? ¡Si todavía buscara yo agradar a la
gente, no sería siervo de Cristo!

El ministerio de Pablo

11 Pero les hago saber, hermanos, que el
evangelio anunciado por mí no sigue crite
rios humanos,
12 pues yo no lo recibí ni lo aprendí de na-
die, sino que Jesucristo me lo reveló.
13 Porque ya han oído ustedes hablar de
cuál era mi conducta antes, en el judaísmo,
cuando perseguía y asolaba sobremanera a
la iglesia de Dios.[a]
14 En el judaísmo, yo aventajaba en mi na-
ción a muchos de mis contemporáneos, y
era mucho más celoso de las tradiciones de
mis padres.[b]
15 Pero Dios me apartó desde el vientre de
mi madre y me llamó por su gracia, y cuan-
do a él le agradó
16 revelar a su Hijo en mí[c] para que yo lo
anunciara entre los no judíos, no me apre-
suré a consultar a nadie,
17 ni subí a Jerusalén para hablar con los
que eran apóstoles antes que yo; sino que
fui a Arabia, y volví de nuevo a Damasco.
18 Después, pasados tres años, subí a Jeru-
salén[d] para ver a Pedro, y permanecí con él
quince días;
19 pero no vi a ningún otro apóstol, sino a
Jacobo el hermano del Señor.
20 En esto que les escribo, pueden ver de-
lante de Dios que no miento.
21 Después fui a las regiones de Siria y de
Cilicia,
22 y las iglesias de Judea, que eran en Cris-
to, no me conocían ni me habían visto;
23 solamente habían oído decir: «Aquel
que antes nos perseguía, ahora predica la fe
que en otro tiempo buscaba destruir.»
24 Y glorificaban a Dios en mí.

2 Después de catorce años, subí otra
vez a Jerusalén[a] con Bernabé, y tam-
bién llevé conmigo a Tito.
2 Pero subí en obediencia a una revelación.
Y para no correr, o para no haber corrido en
vano, el evangelio que predico entre los no
judíos lo expuse en privado a los que tenían
cierta reputación.
3 Pero ni siquiera Tito, que estaba conmi-
go, fue obligado a circuncidarse, aunque era
griego;
4 y esto a pesar de los falsos hermanos in-
troducidos a escondidas, que entraban para
espiar la libertad que tenemos en Cristo
Jesús y para reducirnos a esclavitud,
5 a los cuales ni por un momento accedi-
mos a someternos, para que la verdad del
evangelio permaneciera con ustedes.

[a] **1.13:** Hch 8.3; 22.4-5; 26.9-11. [b] **1.14:** Hch 22.3. [c] **1.15-16:** Hch 9.3-6; 22.6-10; 26.13-18. [d] **1.18:** Hch 9.26-30. [a] **2.1:** Hch 11.30; 15.2.

6 Los que tenían fama y reputación de ser algo (lo que hayan sido en otro tiempo nada me importa; Dios no hace acepción de personas[b]), no me comunicaron nada nuevo.

7 Por el contrario, como vieron que me había sido encomendado el evangelio de la incircuncisión, como a Pedro el de la circuncisión

8 (pues el que actuó en Pedro para el apostolado de los judíos, actuó también en mí para con los no judíos),

9 y como reconocieron la gracia que me había sido dada, Jacobo, Cefas y Juan, que eran considerados como columnas, nos dieron a mí y a Bernabé la diestra en señal de compañerismo, para que nosotros fuéramos a los no judíos, y ellos a los judíos.

10 Solamente nos pidieron que nos acordáramos de los pobres; lo cual también procuré hacer con diligencia.

Pablo reprende a Pedro en Antioquía

11 Pero cuando Pedro vino a Antioquía, me enfrenté a él cara a cara, porque lo que hacía era reprochable.

12 Pues antes de que vinieran algunos de parte de Jacobo, comía con los no judíos; pero después que vinieron, se retraía y se apartaba, porque tenía miedo de los judíos.

13 Y en su simulación participaban también los otros judíos, de modo que hasta Bernabé fue arrastrado también por la hipocresía de ellos.

14 Pero cuando vi que no andaban rectamente y conforme a la verdad del evangelio, dije a Pedro delante de todos: «Si tú, que eres judío, no vives como los judíos sino como los no judíos, ¿por qué obligas a los no judíos a hacerse judíos?»

15 Nosotros somos judíos de nacimiento, y no pecadores salidos de los no judíos.

16 Sabemos que el hombre no es justificado por las obras de la ley[c] sino por la fe de Jesucristo,[d] y también hemos creído en Jesucristo, para ser justificados por la fe de Cristo y no por las obras de la ley, ya que por las obras de la ley nadie será justificado. Ef 2.4-9

17 Y si al buscar ser justificados en Cristo, también nosotros somos hallados pecadores, ¿será por eso Cristo ministro de pecado? ¡De ninguna manera!

18 Porque si las mismas cosas que destruí, las vuelvo a edificar, me hago transgresor.

19 Porque yo, por la ley, soy muerto para la ley, a fin de vivir para Dios.

20 Pero con Cristo estoy juntamente crucificado, y ya no vivo yo, sino que Cristo vive en mí; y lo que ahora vivo en la carne, lo vivo en la fe del Hijo de Dios, el cual me amó y se entregó a sí mismo por mí.

21 No desecho la gracia de Dios; pues si la justicia dependiera de la ley, entonces por demás habría muerto Cristo.

El Espíritu se recibe por la fe

3 ¡Oh, gálatas insensatos! ¿Quién los fascinó para no obedecer a la verdad, si ante los ojos de ustedes Jesucristo ya fue presentado claramente como crucificado?

[b]**2.6:** Dt 10.17. [c]**2.16:** Sal 143.2; Ro 3.20. [d]**2.16:** Ro 3.22.

CRUCIFICADO CON JESÚS (*Gálatas 2.20*)
Pablo consideraba que estaba crucificado lo mismo que Jesús. Con eso quería decir que su antigua vida, su vida rebelde, murió cuando Jesús tomó los pecados de él sobre sí mismo en la cruz. De ahí que el deseo de pecar ya no más controlaba a Pablo. Si crees en Jesús, puedes considerarte "muerto" al pecado, al igual que Pablo. Gracias a Jesús, tienes una nueva vida que te permite vivir para agradar a Dios.

2 Sólo esto quiero que me digan: ¿Recibieron el Espíritu por las obras de la ley, o por el oír con fe?

3 ¿Tan necios son? ¿Comenzaron por el Espíritu, y ahora van a acabar por la carne?

4 ¿Tantas cosas han padecido en vano? ¡Si es que realmente fue en vano!

Ef 4.7-12 5 Aquel que les suministra el Espíritu y hace maravillas entre ustedes, ¿lo hace por las obras de la ley, o por el oír con fe?

El pacto de Dios con Abrahán

6 Así Abrahán creyó a Dios, y le fue contado por justicia.[a]

7 Sepan, por tanto, que los que son de la fe son hijos de Abrahán.[b]

8 Y la Escritura, al prever que Dios habría de justificar por la fe a los no judíos, dio de antemano la buena nueva a Abrahán, cuando dijo: «En ti serán benditas todas las naciones.»[c]

9 De modo que los de la fe son bendecidos con el creyente Abrahán.

10 Porque todos los que dependen de las obras de la ley están bajo maldición, pues está escrito: «Maldito sea todo aquel que no se mantenga firme en todas las cosas escritas en el libro de la ley, y las haga.»[d]

11 Y es evidente que por la ley ninguno se justifica para con Dios, porque «El justo por la fe vivirá»;[e]

12 y la ley no es de fe, sino que dice: «El que haga estas cosas vivirá por ellas.»[f]

13 Cristo nos redimió de la maldición de la ley, y por nosotros se hizo maldición (porque está escrito: «Maldito todo el que es colgado en un madero»[g]),

14 para que en Cristo Jesús la bendición de Abrahán alcanzara a los no judíos, a fin de que por la fe recibiéramos la promesa del Espíritu.

15 Hermanos, hablo en términos humanos: Un pacto nadie puede invalidarlo, ni tampoco se le puede añadir nada, aunque sea un pacto humano.

16 Ahora bien, las promesas fueron hechas a Abrahán y a su simiente. No dice: «Y a las simientes», como si hablara de muchos, sino: «Y a tu simiente», como de uno,[h] que es Cristo.

17 Digo, pues, que el pacto previamente ratificado por Dios no puede ser anulado por la ley, que vino cuatrocientos treinta años después,[i] pues invalidaría la promesa.

18 Porque si la herencia es por la ley, ya no es por la promesa;[j] pero Dios la concedió a Abrahán mediante la promesa.

El propósito de la ley

19 Entonces, ¿para qué sirve la ley? Pues fue añadida por causa de las transgresiones, hasta que viniera la simiente, a quien fue hecha la promesa; y fue ordenada por medio de ángeles en manos de un mediador.

20 Y el mediador no lo es de uno solo; pero Dios sí es uno.

21 ¿Contradice la ley a las promesas de Dios? ¡De ninguna manera! Porque, si la ley dada pudiera dar vida, la justicia sería verdaderamente por la ley.

22 Pero la Escritura lo encerró todo bajo

PALABRAS CON PODER

GRACIA
(Gálatas 2.21)

La *gracia* significa que recibimos favor y cosas buenas que no merecemos. La *justicia* significa que recibimos lo que merecemos. Porque todos pecamos, merecemos el castigo del pecado, la muerte y separación eterna de Dios (lee Romanos 6:23). Esta es la justicia. Pero Dios permitió que Jesús muriera por nuestros pecados. Este es la obra de la gracia, algo que no merecemos. Como Pablo escribió en Efesios: "Ciertamente la gracia de Dios los ha salvado por medio de la fe. Ésta no nació de ustedes, sino que es un don de Dios" (Efesios 2:8). ¿Ha dado gracias a Dios por este regalo?

[a]**3.6:** Gn 15.6; Ro 4.3. [b]**3.7:** Ro 4.16. [c]**3.8:** Gn 12.3. [d]**3.10:** Dt 27.26. [e]**3.11:** Hab 2.4. [f]**3.12:** Lv 18.5. [g]**3.13:** Dt 21.23. [h]**3.16:** Gn 12.7. [i]**3.17:** Éx 12.40. [j]**3.18:** Ro 4.14.

pecado, para que la promesa que es por la
fe en Jesucristo fuera dada a los creyentes.
23 Pero antes de que viniera la fe, estába-
mos confinados bajo la ley, encerrados para
aquella fe que iba a ser revelada.
24 De manera que la ley ha sido nuestro
tutor, para llevarnos a Cristo, a fin de que
fuéramos justificados por la fe.
25 Pero al venir la fe, no estamos ya al cui-
dado de un tutor,
26 pues todos ustedes son hijos de Dios
por la fe en Cristo Jesús.
27 Porque todos ustedes, los que han sido
bautizados en Cristo, están revestidos de Cristo.
28 Ya no hay judío ni griego; no hay esclavo
ni libre; no hay varón ni mujer, sino que to-
dos ustedes son uno en Cristo Jesús.
29 Y si ustedes son de Cristo, ciertamente
son linaje de Abrahán y, según la promesa,
herederos.[k]

4 Pero digo también: Mientras el he-
redero es niño, en nada difiere del
esclavo, aunque es señor de todo,
2 sólo que está bajo tutores y guardianes
hasta el tiempo señalado por el padre.
3 Así también nosotros, cuando éramos
niños, vivíamos en esclavitud y sujetos a los
principios básicos del mundo.
4 Pero cuando se cumplió el tiempo seña-
lado, Dios envió a su Hijo, que nació de una
mujer y sujeto a la ley,
5 para que redimiera a los que estaban
sujetos a la ley, a fin de que recibiéramos la
adopción de hijos.
6 Y por cuanto ustedes son hijos, Dios en-
vió a sus corazones el Espíritu de su Hijo, el
cual clama: «¡Abba, Padre!»
7 Así que ya no eres esclavo, sino hijo; y si
eres hijo, también eres heredero de Dios por
medio de Cristo.[a]

Exhortación contra el volver a la esclavitud

8 Ciertamente, en otro tiempo, cuando
ustedes no conocían a Dios, servían a los
que por naturaleza no son dioses;

PROMESAS PODEROSAS

GÁLATAS 3.28

Ya no hay judío ni griego; no hay esclavo ni libre; no hay varón ni mujer, sino que todos ustedes son uno en Cristo Jesús.

Para Dios, todos somos iguales. Esto incluye a judíos, a griegos (no-judíos /paganos), a varones, a mujeres, a esclavos, y a libres. Esto significa que Dios no tiene preferencias. Cualquiera puede tener relación con Dios. Y tú, ¿tienes una relación con Dios?

9 pero ahora que conocen a Dios, o más
bien, que Dios los conoce a ustedes, ¿cómo
es que han vuelto de nuevo a los débiles y
pobres rudimentos, a los cuales quieren vol-
ver a esclavizarse?
10 Ustedes guardan los días, los meses, los
tiempos y los años.
11 ¡Me temo que, con ustedes, yo he tra-
bajado en vano!
12 Les ruego, hermanos, que se hagan como
yo, porque yo también me he hecho como
ustedes. Ningún agravio me han hecho.
13 Bien saben ustedes que, debido a una
enfermedad del cuerpo, les anuncié el evan-
gelio al principio,
14 y ustedes no me despreciaron ni dese-
charon por la prueba que tenía en el cuerpo,
sino que me recibieron como a un ángel de
Dios, como a Cristo Jesús.
15 ¿Dónde, pues, está esa satisfacción que
experimentaban? Yo doy testimonio de que,
de haber podido, ustedes se habrían sacado
sus propios ojos, para dármelos.
16 ¿Acaso me he vuelto enemigo de uste-
des, por decirles la verdad?
17 Algunos muestran mucho interés por
ustedes, pero no para bien, sino que quie-
ren apartarlos de nosotros para que ustedes
muestren interés por ellos.

[k]**3.29:** Ro 4.13. [a]**4.5-7:** Ro 8.15-17.

LECCIONES **TU *ABBA* CELESTIAL**
(Gálatas 4.6)
¿Cómo lo llamas a tu padre? ¿Papito? ¿Papá? ¿Padre? La palabra aramea *Abba* significa "papá" en español. Así era como Jesús llamaba a Dios (Marcos 14:36). Esto muestra la relación cercana que tenía con su padre. Los que han recibido a Jesús como su Salvador tienen a Dios como su "papá" en el cielo. ¿No es maravilloso saber que Dios te considera su hijo muy amado? ¿Y no es maravilloso saber que puedes llamarlo tu amado Padre celestial?

18 Qué bien que muestren interés en lo bueno siempre, y no sólo cuando estoy presente con ustedes.

19 Hijitos míos, por quienes vuelvo a sufrir dolores de parto, hasta que Cristo sea formado en ustedes,

20 quisiera estar con ustedes ahora mismo y cambiar de tono, pues ustedes me tienen perplejo.

Alegoría de Sara y Agar

21 Díganme, ustedes que quieren estar sujetos a la ley: ¿no han oído lo que dice la ley?

22 Porque está escrito que Abrahán tuvo dos hijos; uno de la esclava,[b] y el otro de la libre.[c]

23 El hijo de la esclava nació conforme a una decisión humana; pero el hijo de la libre nació conforme a la promesa.

24 Lo cual es una alegoría, pues estas mujeres son los dos pactos; el uno proviene del monte Sinaí, el cual da hijos para esclavitud; éste es Agar.

25 Porque Agar es el monte Sinaí en Arabia, y corresponde a la Jerusalén actual, y ésta, junto con sus hijos, está en esclavitud.

26 Pero la Jerusalén de arriba, la cual es madre de todos nosotros, es libre.

27 Porque está escrito:

«Regocíjate, oh estéril,
tú que no das a luz;
prorrumpe en júbilo y clama,
tú que no tienes dolores de parto;
porque más son los hijos de la desolada
que los de la que tiene marido.»[d]

28 Así que, hermanos, nosotros, como Isaac, somos hijos de la promesa.

29 Pero como entonces el que había nacido según la carne perseguía al que había nacido según el Espíritu,[e] así también sucede ahora.

30 Pero ¿qué dice la Escritura? «Echa fuera a la esclava y a su hijo, porque el hijo de la esclava no heredará con el hijo de la libre.»[f]

31 De modo, hermanos, que no somos hijos de la esclava, sino de la libre.

Firmes en la libertad

5 Manténganse, pues, firmes en la libertad con que Cristo nos hizo libres, y no se sometan otra vez al yugo de la esclavitud.

2 Miren que yo, Pablo, les digo que si se circuncidan, de nada les aprovechará Cristo.

3 Y otra vez testifico a todo hombre que se circuncida, que está obligado a cumplir toda la ley.

4 Ustedes, los que por la ley se justifican, se han desligado de Cristo; han caído de la gracia.

5 Pues nosotros por el Espíritu aguardamos, por fe, la esperanza de la justicia.

6 Porque en Cristo Jesús nada valen la circuncisión ni la incircuncisión, sino la fe que obra por el amor.

7 Ustedes corrían bien; ¿quién les impidió el no obedecer a la verdad?

8 Esta persuasión no procede de aquel que los llama.

9 Un poco de levadura fermenta toda la masa.[a]

10 Yo confío respecto de ustedes, en el Señor, que no pensarán de otro modo; pero el que los perturba, quienquiera que sea, llevará la sentencia.

11 Y yo, hermanos, si aún predicara la circuncisión, ¿por qué habría de padecer toda-

[b]**4.22:** Gn 16.15. [c]**4.22:** Gn 21.2. [d]**4.27:** Is 54.1. [e]**4.29:** Gn 21.9. [f]**4.30:** Gn 21.10. [a]**5.9:** 1 Co 5.6.

vía persecución? En tal caso, se habría quitado el tropiezo de la cruz.

12 ¡Cómo quisiera yo que se mutilaran quienes los perturban!

13 Hermanos, ustedes han sido llamados a la libertad, sólo que no usen la libertad como pretexto para pecar; más bien, sírvanse los unos a los otros por amor.

14 Porque toda la ley se cumple en esta sola palabra: «Amarás a tu prójimo como a ti mismo.»[b]

15 Pero si ustedes se muerden y se devoran los unos a los otros, tengan cuidado de no consumirse también los unos a los otros.

Las obras de la carne y el fruto del Espíritu

16 Digo, pues: Vivan según el Espíritu, y no satisfagan los deseos de la carne.

17 Porque el deseo de la carne se opone al Espíritu, y el del Espíritu se opone a la carne; y éstos se oponen entre sí para que ustedes no hagan lo que quisieran hacer.[c]

Ef 2.10

18 Pero si ustedes son guiados por el Espíritu, no están ya sujetos a la ley.

19 Las obras de la carne se manifiestan en adulterio, fornicación, inmundicia, lascivia,

20 idolatría, hechicerías, enemistades, pleitos, celos, iras, contiendas, disensiones, herejías,

21 envidias, homicidios, borracheras, orgías, y cosas semejantes a éstas. Acerca de ellas les advierto, como ya antes les he dicho, que los que practican tales cosas no heredarán el reino de Dios.

22 Pero el fruto del Espíritu es amor, gozo, paz, paciencia, benignidad, bondad, fe,

23 mansedumbre, templanza. Contra tales cosas no hay ley.

Ef 3.17-21

24 Y los que son de Cristo han crucificado la carne con sus pasiones y deseos.

25 Si vivimos por el Espíritu, vivamos también según el Espíritu.

26 No nos hagamos vanidosos, ni nos irritemos unos a otros, ni sintamos envidia entre nosotros.

PROMESAS PODEROSAS

GÁLATAS 5.22-23

Pero el fruto del Espíritu es amor, gozo, paz, paciencia, benignidad, bondad, fe, mansedumbre, templanza. Contra tales cosas no hay ley.

El fruto del Espíritu es una buena manera de hacer las cosas que el Espíritu Santo produce en la vida de los que han recibido a Jesús como su Salvador y permanecen unidos a Él (lee Juan 15). Estos comportamientos incluyen la bondad y la mansedumbre. Son muy diferentes de las cosas que hacen las personas que no creen en Jesús (versículos 19-21). Enumera los frutos que has notado en tu vida últimamente.

6 Hermanos, si alguno es sorprendido en alguna falta, ustedes, que son espirituales, restáurenlo con espíritu de mansedumbre. Piensa en ti mismo, no sea que también tú seas tentado.

2 Sobrelleven los unos las cargas de los otros, y cumplan así la ley de Cristo.

3 Porque el que se cree ser algo, y no es nada, a sí mismo se engaña.

4 Así que, cada uno ponga a prueba su propia obra, y entonces tendrá motivo de jactarse, pero sólo respecto de sí mismo y no por otro;

5 porque cada uno llevará su propia carga.

6 El que recibe enseñanza en la palabra, haga partícipe de toda cosa buena al que le enseña.

7 No se engañen. Dios no puede ser burlado. Todo lo que el hombre siembre, eso también cosechará.

8 El que siembra para sí mismo, de sí mismo cosechará corrupción; pero el que siembra para el Espíritu, del Espíritu cosechará vida eterna.

[b]**5.14:** Lv 19.18. [c]**5.17:** Ro 7.15-23.

9 No nos cansemos, pues, de hacer el bien;
porque a su tiempo cosecharemos, si no
nos desanimamos.
10 Así que, según tengamos oportunidad,
hagamos bien a todos, y mayormente a los
de la familia de la fe.

Pablo se gloría en la cruz de Cristo

11 Miren con cuán grandes letras les escri-
bo de mi propia mano.
12 Todos los que quieren agradar a los de-
más los obligan a que se circunciden, sola-
mente para no ser perseguidos por causa de
la cruz de Cristo.
13 Porque ni siquiera los mismos que se
circuncidan cumplen la ley, aunque quieren
que ustedes se circunciden para tener de qué
jactarse.
14 Pero lejos esté de mí el jactarme, a no
ser en la cruz de nuestro Señor Jesucristo, 2 Ti 3.1-5
por quien el mundo me es crucificado a mí,
y yo al mundo.
15 Porque en Cristo Jesús nada valen la cir-
cuncisión ni la incircuncisión, sino una nue-
va creación.
16 Y a todos los que anden conforme a
esta regla, que la paz y la misericordia sean
con ellos, y con el Israel de Dios.
17 De aquí en adelante nadie me cause
molestias, que yo llevo en mi cuerpo las
marcas del Señor Jesús.

Bendición final

18 Hermanos, que la gracia de nues-
tro Señor Jesucristo sea con su espíritu.
Amén.

EFESIOS

Autor: **Pablo**
Tema: **El plan de Dios para la Iglesia**
Fecha en que se escribió: **c. 62 d.C.**

¡GRANDES RIQUEZAS EN CRISTO!

Éfeso era la ciudad más importante en el oeste de Asia Menor (la actual Turquía). Esta ciudad tenía una de las siete maravillas del mundo antiguo: el templo de una diosa llamada Diana. Pablo fundó la iglesia allí. Más tarde, escribió esta carta a los creyentes en Éfeso durante su encarcelamiento en Roma (lee Hechos 19). Él quería que los efesios supieran acerca de las ricas bendiciones que tenían en Dios. Los animó a que aprendieran más acerca de lo que el Señor había hecho por ellos por medio de su Hijo, Jesucristo. El apóstol quería que ellos entendieran el propósito de Dios para ellos, y que lo honraran con sus vidas. Pablo lo hizo mediante datos que les dio sobre el propósito eterno de Dios, la salvación.

LO QUE ENCONTRARÁS EN EL LIBRO

Los capítulos 1 al 3 tratan cómo Dios ejecutó su plan de salvación. Su Hijo, Jesús, murió en la cruz por los pecados del mundo. Su sacrificio hizo posible el perdón de Dios (1:7-12). Cuando la gente decide creer en Jesús, el Espíritu Santo viene a vivir en sus corazones. El Espíritu Santo permanece con los creyentes en Cristo como una garantía de la vida eterna (1:13-14). Los que reciben a Jesús como su Salvador tienen una relación cercana con Dios (2:1-10). Todos los creyentes se convierten así en parte de un cuerpo, la Iglesia (2:11-22).

En los capítulos 4 al 6, aprenderás maneras de vivir para agradar a Dios. El Señor llama a los creyentes a vivir como Jesús en todos los aspectos de su vida (5:22–6:9).

¿SABÍAS QUE EFESIOS...?

- Es un libro de oraciones. Encontrarás allí dos de las oraciones más poderosas del Nuevo Testamento (1:15-23 y 3:14-21).
- Es un libro acerca de la vida "en Cristo". Pablo usa esta frase 15 veces en este libro.
- Es un libro acerca del Espíritu Santo. Pablo habla acerca de cómo el Espíritu Santo ayuda a los creyentes.
- Es un libro para los soldados de Jesucristo. Lee en el capítulo 6 acerca de la armadura de Dios.
- Es el libro "gemelo" de Colosenses. Estos libros son muy similares y fueron escritos por la misma época.

Saludo

Yo, Pablo, apóstol de Jesucristo por
la voluntad de Dios, saludo a los
santos y fieles en Cristo Jesús que
están en Éfeso.[a]
2 Que la gracia y la paz de nuestro Dios y
Padre, y del Señor Jesucristo, sean con todos
ustedes.

Bendiciones espirituales en Cristo

3 Bendito sea el Dios y Padre de nuestro
Señor Jesucristo, que en Cristo nos ha ben-
decido con toda bendición espiritual en los
lugares celestiales.
4 En él, Dios nos escogió antes de la fun-
dación del mundo, para que en su presencia
seamos santos e intachables. Por amor
5 nos predestinó para que por medio de
Jesucristo fuéramos adoptados como hijos
suyos, según el beneplácito de su voluntad,
6 para alabanza de la gloria de su gracia,
con la cual nos hizo aceptos en el Amado.

Ef 5.19-20

7 En él tenemos la redención por medio
de su sangre, el perdón de los pecados[b] se-
gún las riquezas de su gracia,
8 la cual desbordó sobre nosotros en toda
sabiduría y entendimiento,

PALABRAS CON PODER

REDENCIÓN
(Efesios 1.7)

La *redención* significa "rescatar o recuperar a pago de un precio". Para redimir a alguien, hay que pagar un precio para liberarlo. En los tiempos bíblicos, muchas personas necesitaban ser redimidas de la esclavitud. Al morir en la cruz, Jesús redimió a todo el mundo de la esclavitud del pecado. Mediante su obra de redención, su muerte en la cruz, recibimos vida nueva, esperanza, y victoria contra las fuerzas del mal. En una hoja de papel, escribe *REDIMIDO POR JESÚS*. Tenlo en tu mesita de noche o en tu escritorio para recordar que Jesús murió por ti.

9 y nos dio a conocer el misterio de su
voluntad, según su beneplácito, el cual se
había propuesto en sí mismo,
10 para que cuando llegara el tiempo seña-
lado reuniera todas las cosas en Cristo, tan-
to las que están en los cielos, como las que
están en la tierra.
11 En él asimismo participamos de la he-
rencia, pues fuimos predestinados confor-
me a los planes del que todo lo hace según
el designio de su voluntad,
12 a fin de que nosotros, los primeros en
esperar en Cristo, alabemos su gloria.
13 También ustedes, luego de haber oído
la palabra de verdad, que es el evangelio
que los lleva a la salvación, y luego de haber
creído en él, fueron sellados con el Espíritu
Santo de la promesa,
14 que es la garantía de nuestra herencia
hasta la redención de la posesión adquirida,
para alabanza de su gloria.

El espíritu de sabiduría y de revelación

15 Por esta causa también yo, desde que
supe de la fe de ustedes en el Señor Jesús y
del amor que ustedes tienen para con todos
los santos,
16 no ceso de dar gracias por ustedes al
recordarlos en mis oraciones,
17 para que el Dios de nuestro Señor Jesucris-
to, el Padre de gloria, les dé espíritu de sabidu-
ría y de revelación en el conocimiento de él.
18 Pido también que Dios les dé la luz ne-
cesaria para que sepan cuál es la esperanza a
la cual los ha llamado, cuáles son las riquezas
de la gloria de su herencia en los santos,
19 y cuál la supereminente grandeza de su
poder para con nosotros, los que creemos,
según la acción de su fuerza poderosa,
20 la cual operó en Cristo, y lo resucitó de
entre los muertos y lo sentó a su derecha[c]
en los lugares celestiales,
21 muy por encima de todo principado,
autoridad, poder y señorío, y por encima
de todo nombre que se nombra, no sólo en
este tiempo, sino también en el venidero.

[a] **1.1:** Hch 18.19-21; 19.1. [b] **1.7:** Col 1.14. [c] **1.20:** Sal 110.1.

[22] Dios sometió todas las cosas bajo sus
pies,[d] y lo dio a la iglesia, como cabeza de
todo,
[23] pues la iglesia es su cuerpo,[e] la plenitud
de Aquel que todo lo llena a plenitud.

Salvados por su gracia

2 A ustedes, él les dio vida cuando
aún estaban muertos en sus delitos
y pecados,
[2] los cuales en otro tiempo practicaron,
pues vivían de acuerdo a la corriente de este
mundo y en conformidad con el príncipe
del poder del aire, que es el espíritu que
ahora opera en los hijos de desobediencia.
[3] Entre ellos todos nosotros también vivi-
mos en otro tiempo. Seguíamos los deseos
de nuestra naturaleza humana y hacíamos
lo que nuestra naturaleza y nuestros pen-
samientos nos llevaban a hacer. Éramos por
naturaleza objetos de ira, como los demás.
† [4] Pero Dios, cuya misericordia es abun-
dante, por el gran amor con que nos amó,
[5] nos dio vida junto con Cristo[a], aun cuan-
do estábamos muertos en nuestros peca-
dos (la gracia de Dios los ha salvado),
[6] y también junto con él nos resucitó, y
asimismo nos sentó al lado de Cristo Jesús
en los lugares celestiales,
[7] para mostrar en los tiempos venideros
las abundantes riquezas de su gracia y su
bondad para con nosotros en Cristo Jesús.
[8] Ciertamente la gracia de Dios los ha sal-
vado por medio de la fe. Ésta no nació de
ustedes, sino que es un don de Dios;
[9] ni es resultado de las obras, para que na- 1 Ts 5.8-10
die se vanaglorie.
[10] Nosotros somos hechura suya; hemos
sido creados en Cristo Jesús para realizar bue-
nas obras, las cuales Dios preparó de antema- Ef 5.1-15
no para que vivamos de acuerdo con ellas.

Reconciliación por medio de la cruz

[11] Por lo tanto ustedes, que por nacimien-
to no son judíos, y que son llamados «incir-
cuncisos» por los que desde su nacimiento
han sido físicamente circuncidados, deben
recordar esto:
[12] En aquel tiempo ustedes estaban sin
Cristo, vivían alejados de la ciudadanía de
Israel y eran ajenos a los pactos de la pro-
mesa; vivían en este mundo sin Dios y sin
esperanza.
[13] Pero ahora, en Cristo Jesús, ustedes, que
en otro tiempo estaban lejos, han sido acer-
cados por la sangre de Cristo.
[14] Porque él es nuestra paz. De dos pue-
blos hizo uno solo, al derribar la pared inter-
media de separación
[15] y al abolir en su propio cuerpo las ene-
mistades. Él puso fin a la ley de los manda-
mientos expresados en ordenanzas,[b] para
crear en sí mismo, de los dos pueblos, una
nueva humanidad, haciendo la paz,
[16] y para reconciliar con Dios a los dos en
un solo cuerpo mediante la cruz,[c] sobre la
cual puso fin a las enemistades.
[17] Él vino y a ustedes, que estaban lejos, les
anunció las buenas nuevas de paz, lo mismo
que a los que estaban cerca.[d]

[d] **1.22:** Sal 8.6. [e] **1.22-23:** Col 1.18. [a] **2.1-5:** Col 2.13. [b] **2.15:** Col 2.14. [c] **2.16:** Col 1.20. [d] **2.17:** Is 57.19.

PODER PARA VIVIR

SALVO POR GRACIA *(Efesios 2.9)*
¿Puedes ganarte la entrada al cielo? ¡La respuesta es un gran no! Pablo escribió que somos salvos "por gracia". Esto quiere decir que la muerte de Jesús en la cruz fue una gran obra de bondad y amor por parte de Dios. Fue un regalo que no se puede ganar con buen comportamiento. Recibimos este regalo al creer en Jesús como nuestro Salvador. No podemos jactarnos por lo que hemos hecho para ser salvos. ¡Jesús lo ha hecho todo!

[18] Por medio de él, unos y otros tenemos
acceso al Padre en un mismo Espíritu.
[19] Por lo tanto, ustedes ya no son extran-
jeros ni advenedizos, sino conciudadanos de
los santos y miembros de la familia de Dios,
[20] y están edificados sobre el fundamento
de los apóstoles y profetas, cuya principal
piedra angular es Jesucristo mismo.
[21] En Cristo, todo el edificio, bien coordi-
nado, va creciendo para llegar a ser un tem-
plo santo en el Señor;
[22] en Cristo, también ustedes son edifi-
cados en unión con él, para que allí habite
Dios en el Espíritu.

Ministerio de Pablo a los no judíos

3 Por eso yo, Pablo, estoy preso por
causa de Cristo Jesús para bien de
ustedes, los no judíos.
[2] Sin duda ustedes se habrán enterado
del plan que Dios, en su bondad, me asignó
para el bien de ustedes;
[3] me refiero al misterio que me declaró
por revelación, como ya les había escrito
brevemente.
[4] Al leerlo, podrán darse cuenta de que
conozco el misterio de Cristo,
[5] misterio que en otras generaciones no se
dio a conocer a la humanidad tal y como
ahora se ha revelado a sus santos apóstoles
y profetas por el Espíritu.
[6] Ahora sabemos que, por medio del
evangelio, los no judíos son coherederos y
miembros del mismo cuerpo, y copartícipes
de la promesa en Cristo Jesús.[a]
[7] Por el don de la gracia de Dios, que me
ha sido dado conforme a su gran poder, yo
fui designado ministro de este evangelio.
[8] Yo, que soy menor que el más pequeño
de todos los santos, he recibido el privilegio
de anunciar entre los no judíos el evangelio
de las insondables riquezas de Cristo,
[9] y de hacer entender a todos cuál es el
plan del misterio que Dios, el creador de
todas las cosas, mantuvo en secreto desde
tiempos remotos

PROMESAS PODEROSAS

EFESIOS 3.20

Y a Aquel que es poderoso para hacer que todas las cosas excedan a lo que pedimos o entendemos, según el poder que actúa en nosotros.

Dios puede hacer mucho más de lo que jamás podamos pedir o desear que Él haga. ¡Su poder es ilimitado! Pero el Espíritu Santo muchas veces obra en nosotros para llevar a cabo el plan de Dios. Piensa en esto: ¡Dios, que tiene todo poder, sabe quién eres y lo que necesitas!

[10] para dar a conocer ahora, por medio de
la iglesia, su multiforme sabiduría a los prin-
cipados y poderes en los lugares celestiales,
[11] conforme al propósito eterno que llevó
a cabo por medio de Cristo Jesús nuestro
Señor,
[12] en quien tenemos seguridad y confiado
acceso por medio de la fe en él.
[13] Por lo tanto, les pido que no se desani-
men a causa de mis sufrimientos por uste-
des. Al contrario, considérenlos un motivo
de orgullo.

El sublime amor de Cristo

[14] Por eso yo me arrodillo delante del Pa-
dre de nuestro Señor Jesucristo,
[15] de quien recibe su nombre toda familia
en los cielos y en la tierra,
[16] para que por su Espíritu, y conforme a
las riquezas de su gloria, los fortalezca inte-
riormente con poder;
[17] para que por la fe Cristo habite en sus
corazones, y para que, arraigados y cimen-
tados en amor,
[18] sean ustedes plenamente capaces de
comprender, con todos los santos, cuál es
la anchura, la longitud, la profundidad y la
altura del amor de Cristo;

[a] **3.4-6:** Col 1.26-27.

19 en fin, que conozcan ese amor, que excede a todo conocimiento, para que sean llenos de toda la plenitud de Dios.

20 Y a Aquel que es poderoso para hacer que todas las cosas excedan a lo que pedimos o entendemos, según el poder que actúa en nosotros,

Col 1.6-8

21 a él sea dada la gloria en la iglesia en Cristo Jesús por todas las generaciones, por los siglos de los siglos. Amén.

La unidad del Espíritu

4 Yo, que estoy preso por causa del Señor, les ruego que vivan como es digno del llamamiento que han recibido,

2 y que sean humildes y mansos, y tolerantes y pacientes unos con otros, en amor.[a]

3 Procuren mantener la unidad del Espíritu en el vínculo de la paz.

4 Así como ustedes fueron llamados a una sola esperanza, hay también un cuerpo y un Espíritu,

5 un Señor, una fe, un bautismo,

6 y un Dios y Padre de todos, el cual está por encima de todos, actúa por medio de todos, y está en todos.

7 Pero a cada uno de nosotros se nos ha dado la gracia conforme a la medida del don de Cristo.

8 Por esto dice:

«Subiendo a lo alto, llevó consigo a los cautivos,
Y dio dones a los hombres.»[b]

9 Y al decir «subiendo», ¿qué quiere decir, sino que también primero había descendido a lo más profundo de la tierra?

10 El que descendió, es el mismo que también ascendió por encima de todos los cielos, para llenarlo todo.

11 Y él mismo constituyó a unos, apóstoles; a otros, profetas; a otros, evangelistas; a otros, pastores y maestros,

1 Ti 4.14

12 a fin de perfeccionar a los santos para la obra del ministerio, para la edificación del cuerpo de Cristo,

PALABRAS CON PODER

UN SEÑOR
(Efesios 4.5)

Esta declaración de fe ha animado a los creyentes en Cristo durante muchos siglos. Jesús es el centro de todo. Él es el Salvador, el único que hace posible la relación con Dios. Él es el Señor, el que tiene toda autoridad (Filipenses 2:10-11). El bautismo en agua es la señal pública de que una persona cree en Jesús. Este es el "bautismo" que Pablo menciona. La "fe" es la esperanza de pasar la eternidad con Jesucristo. Memoriza este versículo y dilo a alguien que no conoce a Jesús.

13 hasta que todos lleguemos a estar unidos por la fe y el conocimiento del Hijo de Dios; hasta que lleguemos a ser un hombre perfecto, a la medida de la estatura de la plenitud de Cristo;

14 para que ya no seamos niños fluctuantes, arrastrados para todos lados por todo viento de doctrina, por los engaños de aquellos que emplean con astucia artimañas engañosas,

15 sino para que profesemos la verdad en amor y crezcamos en todo en Cristo, que es la cabeza,

16 de quien todo el cuerpo, bien concertado y unido entre sí por todas las coyunturas que se ayudan mutuamente, según la actividad propia de cada miembro, recibe su crecimiento para ir edificándose en amor.[c]

La nueva vida en Cristo

17 Pero esto quiero decirles en el nombre del Señor, y en esto quiero insistir: no vivan ya como la gente sin Dios, que vive de acuerdo a su mente vacía.

18 Esa gente tiene el entendimiento entenebrecido; por causa de la ignorancia que hay en ellos, y por la dureza de su corazón, viven ajenos de la vida que proviene de Dios.

[a]**4.2:** Col 3.12-13. [b]**4.8:** Sal 68.18. [c]**4.16:** Col 2.19.

19 Después de que perdieron toda sensibilidad, se entregaron al libertinaje para cometer con avidez toda clase de impureza.

20 Pero eso no lo aprendieron ustedes de Cristo,

21 si es que en verdad oyeron su mensaje y fueron enseñados por él, de acuerdo con la verdad que está en Jesús.

22 En cuanto a su pasada manera de vivir, despójense de su vieja naturaleza,[d] la cual está corrompida por los deseos engañosos;

23 renuévense en el espíritu de su mente,

24 y revístanse de la nueva naturaleza,[e] creada en conformidad con Dios[f] en la justicia y santidad de la verdad.

25 Por eso cada uno de ustedes debe desechar la mentira y hablar la verdad con su prójimo;[g] porque somos miembros los unos de los otros.

26 Enójense, pero no pequen;[h] reconcíliense antes de que el sol se ponga,

27 y no den lugar al diablo.

28 El que antes robaba, que no vuelva a robar; al contrario, que trabaje y use sus manos para el bien, a fin de que pueda compartir algo con quien tenga alguna necesidad.

29 No pronuncien ustedes ninguna palabra obscena, sino sólo aquellas que contribuyan a la necesaria edificación y que sean de bendición para los oyentes.

30 No entristezcan al Espíritu Santo de Dios, con el cual ustedes fueron sellados para el día de la redención.

31 Desechen todo lo que sea amargura, enojo, ira, gritería, calumnias, y todo tipo de maldad.

32 En vez de eso, sean bondadosos y misericordiosos, y perdónense unos a otros, así como también Dios los perdonó a ustedes en Cristo.[i]

Pórtense como hijos de luz

5 Por tanto, imiten a Dios, como hijos amados.

2 Vivan en amor, como también Cristo nos amó y se entregó a sí mismo por nosotros, como ofrenda y sacrificio a Dios, de aroma fragante.[a]

3 Entre ustedes ni siquiera deben hablar de inmoralidad sexual, ni de avaricia, ni de ninguna otra clase de depravación, pues ustedes son santos.

4 Tampoco digan obscenidades, ni tonterías ni palabras groseras. Eso no es conveniente. En vez de eso, den gracias a Dios.

5 Ustedes bien saben que ninguno que sea libertino, inmundo, o avaro (es decir, ningún idólatra), tendrá parte en el reino de Cristo y de Dios.

6 Que nadie los engañe con palabras vanas, porque por estas cosas viene la ira de Dios sobre aquellos que no lo obedecen.

7 Por tanto, no se junten con esa clase de gente.

8 En otro tiempo, ustedes eran oscuridad; pero ahora son luz en el Señor. Por tanto, vivan como hijos de luz

9 (porque el fruto del Espíritu se manifiesta en toda bondad, justicia y verdad),

10 y comprueben lo que es agradable al Señor.

11 No tengan nada que ver con las obras infructuosas de las tinieblas; al contrario, denúncienlas.

12 ¡Hasta vergüenza da hablar de lo que ellos hacen en secreto!

13 Pero cuando todas las cosas son expuestas a la luz, quedan de manifiesto; porque la luz lo manifiesta todo.

14 Por eso dice:

«Despiértate, tú que duermes.
Levántate de entre los muertos,
y te alumbrará Cristo.»

15 Por tanto, ¡cuidado con su manera de vivir! No vivan ya como necios, sino como sabios. Fp 2.12-16

16 Aprovechen bien el tiempo,[b] porque los días son malos.

17 No sean, pues, insensatos; procuren entender cuál es la voluntad del Señor.

18 No se emborrachen con vino, lo cual lleva al desenfreno; más bien, llénense del Espíritu. Fim

[d]**4.22:** Col 3.9. [e]**4.24:** Col 3.10. [f]**4.24:** Gn 1.26. [g]**4.25:** Zac 8.16. [h]**4.26:** Sal 4.4. [i]**4.32:** Col 3.13. [a]**5.2:** Éx 29.18. [b]**5.16:** Col 4.5.

Col 3.16-17

19 Hablen entre ustedes con salmos, him-
nos y cánticos espirituales; canten y alaben
al Señor con el corazón,
20 y den siempre gracias por todo al Dios
y Padre, en el nombre de nuestro Señor
Jesucristo.[c]

La mutua sumisión

21 Cultiven entre ustedes la mutua sumi-
sión, en el temor de Dios.
22 Ustedes, las casadas, honren a sus pro-
pios esposos,[d] como honran al Señor;
23 porque el esposo es cabeza de la mu-
jer, así como Cristo es cabeza de la iglesia, la
cual es su cuerpo, y él es su Salvador.
24 Así como la iglesia honra a Cristo, así
también las casadas deben honrar a sus es-
posos en todo.
25 Esposos, amen a sus esposas,[e] así como
Cristo amó a la iglesia, y se entregó a sí mis-
mo por ella,
26 para santificarla. Él la purificó en el lava-
miento del agua por la palabra,
27 a fin de presentársela a sí mismo como
una iglesia gloriosa, santa e intachable, sin
mancha ni arruga ni nada semejante.
28 Así también los esposos deben amar a
sus esposas como a su propio cuerpo. El que
ama a su esposa, se ama a sí mismo.
29 Nadie ha odiado jamás a su propio cuer-
po, sino que lo sustenta y lo cuida, como lo
hace Cristo con la iglesia,
30 porque somos miembros de su cuerpo,
de su carne y de sus huesos.
31 Por eso el hombre dejará a su padre y
a su madre, y se unirá a su mujer, y los dos
serán un solo ser.[f]
32 Grande es este misterio; pero yo digo
esto respecto de Cristo y de la iglesia.
33 Por lo demás, cada uno de ustedes ame
también a su esposa como a sí mismo; y us-
tedes, las esposas, honren a sus esposos.

6 Hijos, obedezcan a sus padres en el
nombre del Señor, porque esto es
justo.[a]
2 Honra a tu padre y a tu madre, que es el
primer mandamiento con promesa;
3 para que te vaya bien, y tengas una larga
vida sobre la tierra.[b]
4 Ustedes, los padres, no exasperen a sus
hijos,[c] sino edúquenlos en la disciplina y la
instrucción del Señor.
5 Ustedes, los siervos, obedezcan a sus
amos terrenales con temor y temblor, y
con sencillez de corazón, como obedecen
a Cristo.
6 No actúen así sólo cuando los estén mi-
rando, como los que quieren agradar a la
gente, sino como siervos de Cristo que de
corazón hacen la voluntad de Dios.
7 Cuando sirvan, háganlo de buena
gana, como quien sirve al Señor y no a los
hombres,
8 sabiendo que cada uno de nosotros, sea
siervo o libre, recibirá del Señor según lo que
haya hecho.[d]
9 Ustedes, los amos, hagan lo mismo con
sus siervos. Ya no los amenacen. Como sa-

[c] **5.19-20:** Col 3.16-17. [d] **5.22:** Col 3.18; 1 P 3.1. [e] **5.25:** Col 3.19; 1 P 3.7. [f] **5.31:** Gn 2.24. [a] **6.1:** Col 3.20. [b] **6.2-3:** Éx 20.12; Dt 5.16. [c] **6.4:** Col 3.21. [d] **6.5-8:** Col 3.22-25.

SUMISIÓN (*Efesios 5.21*)
Someterse significa renunciar a los deseos y derechos en virtud de la voluntad y la autoridad de otra persona. Cuando te sometes no exiges que las cosas se hagan a tu manera. El objetivo es hacer lo mejor para los demás y también mostrar respeto. Esto requiere humildad. El Espíritu Santo puede ayudarte a que te sometas a otros. Al obedecer a tus padres o respetas a un líder, renuncias a tus derechos de hacer lo que te plazca. También sigues en los pasos de Jesús, quien renunció a sus derechos al venir a la tierra a morir por nuestros pecados (lee Filipenses 2).

ben, el Señor de ellos y de ustedes está en los cielos,[e] y él no hace acepción de personas.[f]

La armadura de Dios

[10] Por lo demás, hermanos míos, manténganse firmes en el Señor y en el poder de su fuerza.

[11] Revístanse de toda la armadura de Dios, para que puedan hacer frente a las asechanzas del diablo.

[12] La batalla que libramos no es contra gente de carne y hueso, sino contra principados y potestades, contra los que gobiernan las tinieblas de este mundo, ¡contra huestes espirituales de maldad en las regiones celestes!

[13] Por lo tanto, echen mano de toda la armadura de Dios para que, cuando llegue el día malo, puedan resistir hasta el fin y permanecer firmes.

[14] Por tanto, manténganse firmes y fajados con el cinturón de la verdad,[g] revestidos con la coraza de justicia,[h]

[15] y con los pies calzados con la disposición de predicar el evangelio de la paz.[i]

[16] Además de todo esto, protéjanse con el escudo de la fe, para que puedan apagar todas las flechas incendiarias del maligno.

[17] Cúbranse con el casco de la salvación,[j] y esgriman la espada del Espíritu, que es la palabra de Dios.

[18] Oren en todo tiempo con toda oración y súplica en el Espíritu, y manténganse atentos, siempre orando por todos los santos.

[19] Oren también por mí, para que cuando hable me sea dado el don de la palabra y dé a conocer sin temor el misterio del evangelio,

Stg 4.7

LECCIONES

¡PONTE LA ARMADURA!

(Efesios 6.13)

Los soldados de la antigüedad usaban armaduras para proteger su cuerpo en las guerras. Los seguidores de Cristo también están en guerra, una guerra espiritual contra Satanás y su ejército invisible. Esta es una batalla que no podemos ganar sin la protección de Dios. Pablo dijo que en esta guerra los creyentes deben ponerse la armadura de Dios. Puedes leer acerca de esta armadura en los versículos 14-17. También lee acerca de la espada del Espíritu, la Palabra de Dios (versículo 17). Jesús usó esta arma al ser tentado por Satanás (Mateo 4:1-11). Los NIÑOS PODEROSOS están protegidos por la armadura de Dios y la espada del Espíritu.

[20] del cual soy embajador en cadenas. Oren para que lo proclame sin ningún temor, que es como debo hacerlo.

1 Ts 1.5

Salutaciones finales

[21] Nuestro querido hermano Tíquico,[k] que es un fiel ministro en el Señor, habrá de comentarles todo acerca de mis actividades, para que también ustedes estén al tanto de todo.

[22] Lo envío a ustedes precisamente para que sepan todo lo referente a nosotros, y para que de esa manera sus corazones reciban consuelo.[l]

[23] Que Dios el Padre y el Señor Jesucristo concedan a los hermanos paz, amor y fe.

[24] Que la gracia sea con todos los que, con amor inalterable, aman a nuestro Señor Jesucristo. Amén.

[e]**6.9:** Col 4.1. [f]**6.9:** Dt 10.17; Col 3.25. [g]**6.14:** Is 11.5. [h]**6.14:** Is 59.17. [i]**6.15:** Is 52.7. [j]**6.17:** Is 59.17. [k]**6.21:** Hch 20.4; 2 Ti 4.12. [l]**6.21-22:** Col 4.7-8.

FILIPENSES

Autor: **Pablo**
Tema: **El gozo de vivir para Jesús**
Fecha en que se escribió: **c. 62/63 d.C.**

UNA CARTA DE GOZO

La ciudad de Filipos, en Macedonia oriental, llevaba ese nombre por el rey Felipe II de Macedonia. Él era el padre de Alejandro Magno. En los días de Pablo, Filipos era una honorable ciudad romana y un puesto militar. Pablo, Silas, Timoteo, y Lucas fundaron la iglesia allí.

Mientras estaba en la cárcel (lo más probable en Roma), Pablo escribió a los cristianos de Filipos para agradecerles por la generosa ofrenda que Epafrodito le había traído. Epafrodito era uno de los miembros de la iglesia (2:25-30; 4:14-19). Pablo quería que los filipenses tuvieran la certeza de que Dios estaba cumpliendo sus planes, a pesar de que él estaba en la cárcel (1:12-30). El apóstol animó a los filipenses a mantenerse firmes en su relación con Cristo y a crecer en unidad, alegría y paz.

LO QUE ENCONTRARÁS EN EL LIBRO

A diferencia de sus otras cartas, Pablo no escribió a los filipenses para tratar problemas de la iglesia. En cambio, es un saludo amistoso de amor y gratitud por los creyentes de Filipos. Desde el saludo (1:1) hasta el cierre (4:23), la carta se centra en Jesús como el propósito de la vida, la fuente de el gozo, y la esperanza de la vida eterna.

Pablo sí mencionó tres pequeños problemas en Filipos. (1) Algunos se desanimaron porque Pablo tuvo que pasar tanto tiempo en la cárcel (1:12-26). (2) Dos mujeres que habían luchado con Pablo en el evangelio no se llevaban bien (4:2). (3) La iglesia tenía la constante amenaza de los falsos maestros.

Cuando trató estos tres problemas, Pablo nos dejó preciosas enseñanzas acerca del (1) gozo en medio de los problemas de la vida (1:4; 12; 2:17-18; 4:4; 11-13). También escribió acerca de (2) la humildad y el servicio en la vida cristiana (2:1-18), y (3) el supremo valor de conocer a Cristo (capítulo 3).

¿SABÍAS QUE FILIPENSES...?

- Se le conoce como la "carta de gozo."
- Es una carta de amor y amistad. Pablo la escribió como un saludo personal a sus amigos cercanos en Filipos.
- Es un libro centrado en Cristo (1:21; 2:5-11; 3:7-14).
- Es un libro de normas para la vida cristiana. Éstas incluyen los esfuerzos por alcanzar la meta que es Cristo (3:13-14) y regocijarse en el Señor siempre (4:4).

Saludo

Pablo y Timoteo, siervos de Jesucristo, a todos los santos en Cristo Jesús que están en Filipos,[a] junto con los obispos y diáconos:

2 Gracia y paz reciban ustedes de Dios nuestro Padre y del Señor Jesucristo.

Oración de Pablo por los creyentes

3 Doy gracias a mi Dios cada vez que me acuerdo de ustedes.

4 En todas mis oraciones siempre ruego con gozo por todos ustedes,

5 por su comunión en el evangelio, desde el primer día hasta ahora.

6 Estoy persuadido de que el que comenzó en ustedes la buena obra, la perfeccionará hasta el día de Jesucristo.

7 Es justo que yo sienta esto por todos ustedes, porque los llevo en el corazón. Tanto en mis prisiones como en la defensa y confirmación del evangelio, todos ustedes participan conmigo de la gracia.

8 Porque Dios me es testigo de cuánto los amo a todos ustedes con el entrañable amor de Jesucristo.

9 Y esto le pido en oración: que el amor de ustedes abunde aún más y más en ciencia y en todo conocimiento,

10 para que aprueben lo mejor, a fin de que sean sinceros e irreprensibles para el día de Cristo,

11 llenos de los frutos de justicia que vienen por medio de Jesucristo, para gloria y alabanza de Dios.

Para mí el vivir es Cristo

12 Quiero que sepan, hermanos, que lo que me ha sucedido más bien ha servido para el avance del evangelio,

13 de tal modo que mis encarcelamientos[b] por Cristo se han hecho evidentes en todo el pretorio, y a todos los demás.

14 Con mis encarcelamientos, la mayoría de los hermanos ha cobrado ánimo en el Señor, y más y más se atreven a hablar la palabra sin temor.

15 A decir verdad, algunos predican a Cristo por envidia y por pelear; pero otros lo hacen de buena voluntad.

16 Unos anuncian a Cristo por pelear, y no con sinceridad, pues creen que así añaden aflicción a mis prisiones;

17 pero otros lo hacen por amor, y saben que estoy aquí para defender al evangelio.

18 ¿Qué diré, entonces? Pues que a pesar de todo, y de todas maneras, sea por pretexto o por verdad, Cristo es anunciado. Y en esto me gozo, y me gozaré aún.

19 Yo sé que por la oración de ustedes, y con el apoyo del Espíritu de Jesucristo, esto redundará en mi liberación,

20 conforme a mi anhelo y esperanza de que en nada seré avergonzado, sino que con toda confianza, y como siempre, también ahora Cristo será magnificado en mi cuerpo, ya sea por vida o por muerte.

21 Porque para mí el vivir es Cristo, y el morir es ganancia.

22 Pero si el vivir en la carne resulta para mí en beneficio de la obra, no sé entonces qué escoger.

23 Por ambas cosas me encuentro en un

PALABRAS CON PODER

GOZO
(Filipenses 1.4)

Algunos piensan que el gozo y la felicidad son lo mismo, pero no lo son. Eres feliz cuando todo marcha bien, pero no cuando estás sufriendo, ¿no es cierto? Sin embargo, podemos tener gozo aun en tiempos difíciles. El gozo es una parte importante de la carta de Pablo a los cristianos de Filipos. Aunque era prisionero, Pablo no obstante sentía el gozo del Señor. El gozo es fruto del Espíritu (Gálatas 5:22). El gozo crece cuando el Espíritu Santo nos recuerda que Dios nos ha bendecido con su presencia y con personas que nos aman.

[a]**1.1:** Hch 16.12. [b]**1.13:** Hch 28.30.

dilema, pues tengo el deseo de partir y estar con Cristo, lo cual es muchísimo mejor;

24 pero quedarme en la carne es más necesario por causa de ustedes.

25 Y confío en esto, y sé que me quedaré, que aún permaneceré con todos ustedes, para su provecho y gozo de la fe,

26 para que abunde su vanagloria por mí en Cristo Jesús, por mi presencia otra vez entre ustedes.

27 Sólo compórtense ustedes como es digno del evangelio de Cristo, para que ya sea que vaya a verlos, o que me encuentre ausente, sepa yo que ustedes siguen firmes, en un mismo espíritu y luchando unánimes por la fe del evangelio,

28 sin que en nada los intimiden los que se oponen. Para ellos, ciertamente, es indicio de perdición, pero para ustedes lo es de salvación; y esto de parte de Dios.

29 Porque, por causa de Cristo, a ustedes les es concedido no sólo creer en él, sino también padecer por él

30 y tener el mismo conflicto que han visto en mí,[c] y que ahora saben que hay en mí.

Humillación y exaltación de Cristo

2 Por tanto, si hay alguna consolación en Cristo, si algún consuelo de amor, si alguna comunión del Espíritu, si algún afecto entrañable, si alguna misericordia,

2 completen mi gozo sintiendo lo mismo, teniendo el mismo amor, unánimes, sintiendo una misma cosa.

3 No hagan nada por contienda o por vanagloria. Al contrario, háganlo con humildad y considerando cada uno a los demás como superiores a sí mismo.

4 No busque cada uno su propio interés, sino cada cual también el de los demás.

5 Que haya en ustedes el mismo sentir que hubo en Cristo Jesús,

6 quien, siendo en forma de Dios, no estimó el ser igual a Dios como cosa a que aferrarse,

7 sino que se despojó a sí mismo y tomó forma de siervo, y se hizo semejante a los hombres;

8 y estando en la condición de hombre, se humilló a sí mismo y se hizo obediente hasta la muerte, y muerte de cruz.

9 Por lo cual Dios también lo exaltó hasta lo sumo, y le dio un nombre que es sobre todo nombre,

10 para que en el nombre de Jesús se doble toda rodilla de los que están en los cielos, y en la tierra, y debajo de la tierra;

11 y toda lengua confiese[a] que Jesucristo es el Señor, para gloria de Dios el Padre.

Luminares en el mundo

12 Por tanto, amados míos, ya que siempre han obedecido, no sólo en mi presencia, sino mucho más ahora en mi ausencia, ocúpense en su salvación con temor y temblor,

13 porque Dios es el que produce en ustedes lo mismo el querer como el hacer, por su buena voluntad.

14 Háganlo todo sin murmuraciones ni peleas,

15 para que sean irreprensibles y sencillos, e intachables hijos de Dios en medio de una generación maligna y perversa,[b] en medio de la cual ustedes resplandecen como luminares en el mundo,

16 aferrados a la palabra de vida, para que en el día de Cristo yo pueda gloriarme de que no he corrido ni trabajado en vano.

Col 3.5-14

17 Y aunque mi vida sea derramada en libación sobre el sacrificio y servicio de la fe de ustedes, me gozo y regocijo con todos ustedes.

18 Y asimismo, también ustedes gócense y regocíjense conmigo.

Timoteo y Epafrodito

19 Espero en el Señor Jesús enviarles pronto a Timoteo, para que yo también pueda regocijarme al saber cómo se encuentran ustedes;

20 pues no tengo a nadie con ese mismo ánimo, y que con tanta sinceridad se interese por ustedes.

[c] **1.30:** Hch 16.19-40. [a] **2.10-11:** Is 45.23. [b] **2.15:** Dt 32.5.

[21] Porque todos buscan su propio interés, y no lo que es de Cristo Jesús.

[22] Pero ya conocen los méritos de él, que ha servido conmigo en el evangelio como sirve un hijo a su padre.

[23] Así que espero enviarlo a ustedes tan pronto vea yo cómo van mis asuntos,

[24] y confío en el Señor que yo también iré pronto a ustedes.

[25] Pero consideré necesario enviarles a Epafrodito, mi hermano y colaborador y compañero de lucha, y además mensajero de ustedes y proveedor de mis necesidades,

[26] porque él tenía grandes deseos de verlos a todos ustedes, y se angustió mucho al saber que ustedes se enteraron de su enfermedad.

[27] A decir verdad, sí estuvo enfermo y a punto de morir; pero Dios tuvo misericordia de él, y no solamente de él, sino también de mí, para que yo no añadiera más tristeza a mis tristezas.

[28] Así que lo he enviado con la mayor urgencia para que, al verlo de nuevo, ustedes puedan alegrarse y yo tener menos tristeza.

[29] Recíbanlo en el Señor con todo gozo, y tengan en alta estima a los que son como él;

[30] porque por la obra de Cristo estuvo a punto de morir, y hasta arriesgó su vida por mí, para suplir el servicio que de ustedes me faltaba.

Prosigo al blanco

3 Por lo demás, hermanos, gócense en el Señor. A mí no me molesta escribirles las mismas cosas, y para ustedes es mejor.

[2] Tengan cuidado de los perros, cuídense de los malos obreros y de los que mutilan el cuerpo.

[3] Porque nosotros somos la circuncisión; somos los que servimos a Dios en el Espíritu, los que nos gloriamos en Cristo Jesús y no ponemos nuestra confianza en la carne.

[4] Aunque también yo tengo de qué confiar en la carne. Si alguno piensa que tiene de qué confiar en la carne, yo más:

[5] fui circuncidado al octavo día, y soy del linaje de Israel, de la tribu de Benjamín;[a] soy hebreo de hebreos y, en cuanto a la ley, fariseo;[b]

[6] en cuanto a celo, perseguidor de la iglesia;[c] en cuanto a la justicia que se basa en la ley, irreprensible.

[7] Pero todo lo que para mí era ganancia, lo he estimado como pérdida, por amor de Cristo.

[8] Y a decir verdad, incluso estimo todo como pérdida por la excelencia del conocimiento de Cristo Jesús, mi Señor. Por su amor lo he perdido todo, y lo veo como basura, para ganar a Cristo

[9] y ser hallado en él, no por tener mi propia justicia, que viene por la ley, sino por tener la justicia que es de Dios y que viene por la fe, la fe en Cristo;

[10] a fin de conocer a Cristo y el poder de su resurrección, y de participar de sus padecimientos, para llegar a ser semejante a él en su muerte,

[a] **3.5:** Ro 11.1. [b] **3.5:** Hch 23.6; 26.5. [c] **3.6:** Hch 8.3; 22.4; 26.9-11.

OCUPARSE EN LA SALVACIÓN *(Filipenses 2.12)*
En Efesios, Pablo dice que no podemos ganar nuestra salvación, que es un regalo de Dios. Entonces, ¿por qué escribió en Filipenses que debemos ocuparnos en nuestra salvación? Quería decir que vivimos nuestra salvación en Cristo todos los días. A medida que continuamos haciendo lo justo, crecemos en la fe. Hablamos con Dios y escuchamos al Espíritu Santo. Resistimos la tentación. Llevar la vida cristiana es como participar en una carrera o como el entrenamiento para un deporte. Requiere de mucho trabajo completar la carrera o ser un buen atleta. También se requiere de un gran esfuerzo diario para vivir como cristiano.

LECCIONES

LO QUE IMPORTABA A PABLO

(Filipenses 3.8-11)

Mucha gente se siente orgullosa de su dinero, de su buena apariencia, y de su popularidad. Se preguntan qué pasaría si perdieran estas cosas. ¡Pablo, no! Antes de convertirse en cristiano, Pablo tenía una buena reputación en la sociedad. Él era un fariseo, un jefe de su pueblo. Tenía buena educación y seguía las leyes del Antiguo Testamento. Pero después de su encuentro con Jesús, a Pablo ya no le importaba su reputación. Lo único que le interesaba era lo que ganó: ¡una relación con Jesús! Lo que a Pablo más le importaba era ser como Jesús. ¿Es eso lo que a ti te importa?

11 si es que de alguna manera llego a la resurrección de entre los muertos.
12 No es que ya lo haya alcanzado, ni que ya sea perfecto, sino que sigo adelante, por ver si logro alcanzar aquello para lo cual fui también alcanzado por Cristo Jesús.
13 Hermanos, yo mismo no pretendo haberlo alcanzado ya; pero una cosa sí hago: me olvido ciertamente de lo que ha quedado atrás, y me extiendo hacia lo que está adelante;
14 ¡prosigo a la meta, al premio del supremo llamamiento de Dios en Cristo Jesús!
15 Así que, todos los que somos perfectos, sintamos esto mismo; y si ustedes sienten otra cosa, también esto se lo revelará Dios.
16 Pero en aquello a que hemos llegado, sigamos una misma regla y sintamos una misma cosa.
17 Hermanos, sean ustedes imitadores de mí,[d] y fíjense en los que así se conducen, según el ejemplo que ustedes tienen de nosotros.
18 Porque por ahí andan muchos, de los cuales muchas veces les dije, y llorando vuelvo a decirlo, que son enemigos de la cruz de Cristo.
19 Ellos sólo piensan en lo terrenal. Su dios es el vientre, su orgullo es su vergüenza, y su fin será la perdición.
20 Pero nuestra ciudadanía está en los cielos, de donde también esperamos al Salvador, al Señor Jesucristo;
21 él transformará el cuerpo de nuestra humillación, para que sea semejante al cuerpo de su gloria, por el poder con el que puede también sujetar a sí mismo todas las cosas.

1 Ts 1.10

Regocíjense en el Señor siempre

4 Así que, hermanos míos, amados y deseados, gozo y corona mía, ¡manténganse firmes en el Señor, amados!
2 Ruego a Evodia y a Síntique, que se pongan de acuerdo en el Señor.
3 También a ti, mi compañero fiel, te ruego que ayudes a éstas que lucharon conmigo en el evangelio, junto con Clemente y mis otros colaboradores, cuyos nombres están en el libro de la vida.
4 Regocíjense en el Señor siempre. Y otra vez les digo, ¡regocíjense!
5 Que la gentileza de ustedes sea conocida de todos los hombres. El Señor está cerca.
6 No se preocupen por nada. Que sus peticiones sean conocidas delante de Dios en toda oración y ruego, con acción de gracias,
7 y que la paz de Dios, que sobrepasa todo entendimiento, guarde sus corazones y sus pensamientos en Cristo Jesús.

Piensen en todo esto

8 Por lo demás, hermanos, piensen en todo lo que es verdadero, en todo lo honesto, en todo lo justo, en todo lo puro, en todo lo amable, en todo lo que es digno de alabanza; si hay en ello alguna virtud, si hay algo que admirar, piensen en ello.
9 Lo que ustedes aprendieron y recibieron de mí; lo que de mí vieron y oyeron, pónganlo por obra, y el Dios de paz estará con ustedes.

[d] **3.17:** 1 Co 4.16; 11.1.

Dádivas de los filipenses

10 Grande ha sido mi gozo en el Señor de que al fin han reanudado ustedes su cuidado por mí. Claro, la disposición la tenían, pero les faltaba la oportunidad.

11 No lo digo porque tenga escasez, pues he aprendido a estar contento en cualquier situación.

12 Sé vivir con limitaciones, y también sé tener abundancia; en todo y por todo estoy enseñado, tanto para estar satisfecho como para tener hambre, lo mismo para tener abundancia que para sufrir necesidad;

13 ¡todo lo puedo en Cristo que me fortalece!

14 Sin embargo, hicieron bien en participar conmigo en mi tribulación.

15 Y bien saben ustedes, hermanos filipenses, que al principio de la predicación del evangelio, cuando partí de Macedonia, ninguna iglesia participó conmigo en cuestiones de dar y recibir, sino sólo ustedes.

16 Incluso a Tesalónica[a] una y otra vez ustedes me enviaron para cubrir mis necesidades.[b]

17 No es que yo busque dádivas. Lo que busco es que abunde fruto en la cuenta de ustedes.

18 Pero todo lo he recibido, y tengo abundancia. Estoy lleno, y he recibido de Epafrodito lo que ustedes me enviaron: sacrificio aceptable, de olor fragante[c] y agradable a Dios.

19 Así que mi Dios suplirá todo lo que les falte, conforme a sus riquezas en gloria en Cristo Jesús.

20 A nuestro Dios y Padre sea la gloria, por los siglos de los siglos. Amén.

Salutaciones finales

21 Saluden a todos los santos en Cristo Jesús. Los hermanos que están conmigo les mandan saludos.

22 Todos los santos los saludan, y especialmente los de la casa de César.

23 La gracia de nuestro Señor Jesucristo sea con todos ustedes. Amén.

[a]**4.16:** Hch 17.1. [b]**4.15-16:** 2 Co 11.9. [c]**4.18:** Éx 29.18.

PROMESAS PODEROSAS

FILIPENSES 4.13

¡Todo lo puedo en Cristo que me fortalece!

¿Quieres sentirte supercargado del poder de Dios? Cree esta promesa. No significa que vas a volar por el cielo o saltar al otro lado de un río. Quiere decir que podrás soportar y hacer todas las cosas mediante el poder de Jesucristo. Si eres un NIÑO PODEROSO que ama al Señor, ¡este versículo es tu lema!

NO SE PREOCUPEN *(Filipenses 4.6)*

Pablo nos dio la cura definitiva para la preocupación: ¡oren! Para la mayoría de nosotros es fácil preocuparnos. En realidad, a veces es casi imposible que no nos preocupemos. Por eso Pablo dijo que oremos por las cosas que nos preocupan. Al hacerlo, cambiamos la preocupación por la paz. Como dijo Jesús: "Vengan a mí todos ustedes, los agotados de tanto trabajar, que yo los haré descansar" (Mateo 11:28). Haz una lista de las cosas que te preocupan, y luego habla con Dios acerca de lo que has escrito. ¡Despídete de la preocupación y dile "hola" a la paz!

COLOSENSES

Autor: **Pablo**
Tema: **Jesús es supremo**
Fecha en que se escribió: **c. 62 d.C.**

SÉ FIEL A LA VERDAD

Colosas era una ciudad en el suroeste de Asia Menor. Cuando Pablo estaba en Éfeso, le habló de Cristo a un joven de Colosas, llamado Epafras. Él recibió a Jesús como su Salvador. Creemos que Epafras y Timoteo (otro joven cristiano) comenzaron la iglesia en Colosas (1:7; 4:12). Más tarde, cuando Epafras oyó hablar de las falsas enseñanzas en las que creían algunos creyentes en Colosas, fue a consultar esto con Pablo. Mientras estaba preso en Roma, Pablo escribió esta carta para denunciar las falsas enseñanzas y recordarles a los creyentes de Colosas cómo debían agradar a Dios.

LO QUE ENCONTRARÁS EN EL LIBRO

Esta carta trae buenas ideas para edificar una fe cristiana firme (la doctrina: 1:13–2:23). También está llena de formas prácticas para llevar la vida cristiana (3:1–14:6).

Pablo empezó su carta hablando acerca de Jesús (1:15-22). Él quería hacer recordar a los creyentes de Colosas que Jesús es la fuente de la salvación, el único sacrificio que puede derrotar el poder del pecado. Pablo hizo un contraste entre la verdad de Jesús (potente) con las falsas enseñanzas en que creían algunos de los

Colosenses (impotente: 2:8, 18, 23). Luego Pablo desafió a los colosenses a que sean fieles a Dios en todos los aspectos de la vida (3:1 al 4:1).

¿SABÍAS QUE COLOSENSES...?

- Es un libro acerca de la gloria de Jesús.
- Es un manual acerca de cómo vivir en Cristo.
- Indica que aunque Pablo nunca visitó Colosas personalmente, tuvo contacto con los creyentes de allí por medio de Epafras.

Saludo

Yo, Pablo, apóstol de Jesucristo por
la voluntad de Dios, y el hermano
Timoteo,
2 a los santos y fieles hermanos en Cristo
que están en Colosas: Que la gracia y la paz
de Dios nuestro Padre y del Señor Jesucristo
sean con ustedes.

Pablo pide sabiduría espiritual para los colosenses

3 Siempre que oramos por ustedes, da-
mos gracias a Dios, el Padre de nuestro Se-
ñor Jesucristo,
4 pues hemos recibido noticias de la fe de
ustedes en Cristo Jesús, y del amor que tie-
nen por todos los santos,
5 a causa de la esperanza que en los cielos les
está reservada. Ustedes ya han sabido de esto
por el evangelio, que es la palabra de verdad,
6 y que ha llegado hasta ustedes, así como
a todo el mundo, y que desde el día que
ustedes la escucharon y la comprendieron
claramente, y conocieron la gracia de Dios,
crece en ustedes y produce fruto.
7 Esto lo aprendieron por medio de Epa-
fras,[a] nuestro consiervo amado, que es un
fiel ministro de Cristo para ustedes,
8 quien también nos ha hablado del amor
que ustedes tienen en el Espíritu.

1 Ts 1.6

9 Por eso nosotros, desde el día que lo su-
pimos, no cesamos de orar por ustedes y de
pedir que Dios los llene del conocimiento
de su voluntad en toda sabiduría e inteli-
gencia espiritual,
10 para que vivan como es digno del Señor,
es decir, siempre haciendo todo lo que a él le
agrada, produciendo los frutos de toda buena
obra, y creciendo en el conocimiento de Dios;
11 todo esto, fortalecidos con todo poder,
conforme al dominio de su gloria, para que
puedan soportarlo todo con mucha pacien-
cia. Así, con gran gozo,
12 darán las gracias al Padre, que nos hizo
aptos para participar de la herencia de los
santos en luz;

PROMESAS PODEROSAS

COLOSENSES 1.15-16

Él es la imagen del Dios invisible, el primogénito de toda la creación. En él fue creado todo lo que hay en los cielos y en la tierra, todo lo visible y lo invisible; tronos, poderes, principados, o autoridades, todo fue creado por medio de él y para él.

Una fotografía muestra la imagen exacta de una persona o un paisaje. Jesús es como una "fotografía" de Dios, una copia exacta del carácter divino. Él fue el único ser humano perfecto que jamás haya vivido. Pero Él existió antes de nacer en la tierra. Como Creador, hizo todas las cosas y tiene autoridad también sobre todas las cosas.

13 y que también nos ha librado del poder
de la oscuridad y nos ha trasladado al reino
de su amado Hijo,
14 en quien tenemos redención por su
sangre, el perdón de los pecados.[b]

Reconciliación por medio de la muerte de Cristo

15 Él es la imagen del Dios invisible, el pri-
mogénito de toda la creación.
16 En él fue creado todo lo que hay en los
cielos y en la tierra, todo lo visible y lo invi-
sible; tronos, poderes, principados, o auto-
ridades, todo fue creado por medio de él y
para él.
17 Él existía antes de todas las cosas, y por
él se mantiene todo en orden.
18 Él es la cabeza del cuerpo, que es la igle-
sia.[c] Él es el principio, el primogénito de en-
tre los muertos, para tener la preeminencia
en todo,
19 porque al Padre le agradó que en él ha-
bitara toda plenitud,

[a] **1.7:** Col 4.12; Flm 23. [b] **1.14:** Ef 1.7. [c] **1.18:** Ef 1.22-23.

20 y por medio de él reconciliar consigo todas las cosas, tanto las que están en la tierra como las que están en los cielos, haciendo la paz mediante la sangre de su cruz.[d]

21 Y también a ustedes, que en otro tiempo eran extranjeros y enemigos, tanto en sus pensamientos como en sus acciones, ahora los ha reconciliado completamente

22 en su cuerpo físico, por medio de la muerte, para presentárselos a sí mismo santos, sin mancha e irreprensibles,

23 siempre y cuando en verdad permanezcan cimentados y firmes en la fe, inamovibles en la esperanza del evangelio que han recibido, el cual se predica en toda la creación debajo del cielo; del cual yo, Pablo, he llegado a ser ministro.

Ministerio de Pablo a los no judíos

24 Ahora me alegro de lo que sufro por ustedes, y completo en mi cuerpo lo que falta de los sufrimientos de Cristo por la iglesia, que es su cuerpo;

25 de la cual llegué a ser ministro, según el plan que Dios me encomendó para el bien de ustedes, de anunciar cabalmente la palabra de Dios,

26 el misterio que había estado oculto desde los tiempos antiguos, pero que ahora ha sido manifestado a sus santos,

27 a quienes Dios quiso dar a conocer las riquezas de la gloria de este misterio entre los no judíos, y que es Cristo en ustedes, la esperanza de gloria.

28 Nosotros anunciamos a Cristo, y amonestamos y enseñamos a todo el mundo en toda sabiduría, a fin de presentar perfecta en Cristo Jesús a toda la humanidad.

29 Con este fin, trabajo y lucho con todas mis fuerzas y con el poder que actúa en mí.

2 Quiero que sepan que es grande la lucha que sostengo por ustedes y por los que están en Laodicea, lo mismo que por todos los que nunca me han visto personalmente,

2 para que su corazón se anime y para que permanezcan unidos en amor, hasta que alcancen todas las riquezas que provienen de la convicción y el entendimiento, para que conozcan el misterio de Dios el Padre y de Cristo,

3 en quien se hallan escondidos todos los tesoros de la sabiduría y del conocimiento.

4 Les digo esto para que nadie los engañe con palabras persuasivas,

5 porque aunque físicamente estoy lejos de ustedes, en el espíritu estoy entre ustedes, y me alegra ver su buen orden y la firmeza de su fe en Cristo.

6 Por tanto, vivan en el Señor Jesucristo de la manera que lo recibieron:

7 arraigados y sobreedificados en él, confirmados en la fe y rebosantes de acciones de gracias, que es como fueron enseñados.

Plenitud de vida en Cristo

8 Cuídense de que nadie los engañe mediante filosofías y huecas sutilezas, que siguen tradiciones humanas y principios de este mundo, pero que no van de acuerdo con Cristo.

9 Porque en él habita corporalmente toda la plenitud de la Deidad,

10 y en él, que es la cabeza de toda autoridad y poder, ustedes reciben esa plenitud.

11 En él ustedes fueron también circuncidados. Pero no me refiero a la circuncisión física, sino a la circuncisión que nos hace Cristo, y que consiste en despojarnos de la naturaleza pecaminosa.

12 Cuando ustedes fueron bautizados, fueron también sepultados con él, pero al mismo tiempo resucitaron con él, por la fe en el poder de Dios, que lo levantó de los muertos.[a]

13 Antes, ustedes estaban muertos en sus pecados; aún no se habían despojado de su naturaleza pecaminosa. Pero ahora, Dios les ha dado vida juntamente con él,[b] y les ha perdonado todos sus pecados.

14 Ha anulado el acta de los decretos que había contra nosotros y que nos era adversa; la quitó de en medio y la clavó en la cruz.[c]

[d]**1.20:** Ef 2.16. [a]**2.12:** Ro 6.4. [b]**2.13:** Ef 2.1-5. [c]**2.14:** Ef 2.15.

15 Desarmó además a los poderes y las potestades, y los exhibió públicamente al triunfar sobre ellos en la cruz.

16 No permitan, pues, que nadie los juzgue por lo que comen o beben, o en relación con los días de fiesta, la luna nueva o los días de reposo.[d]

17 Todo esto no es más que una sombra de lo que está por venir; pero lo real y verdadero es Cristo.

18 No permitan que los condenen esos que se ufanan de humildad pero rinden culto a los ángeles. Los tales se meten en cosas que no han visto y están envanecidos por su razonamiento humano;

19 no están unidos a la Cabeza, que es quien nutre y une todo el cuerpo mediante las coyunturas y ligamentos, y lo hace crecer con el crecimiento que da Dios.[e]

20 Si con Cristo ustedes han muerto a los principios de este mundo, ¿por qué, como si vivieran en el mundo, se someten a sus preceptos?

21 Les dicen: «No tomes eso en tus manos, no pruebes aquello, y ni siquiera lo toques.»

22 Esos preceptos se ciñen a mandamientos y doctrinas humanas, y todas ellas son cosas que se destruyen con el uso.

23 Sin duda, tales cosas pueden parecer sabias en cuanto a la religiosidad sumisa y el duro trato del cuerpo, pero no tienen ningún valor contra los apetitos humanos.

3 Puesto que ustedes ya han resucitado con Cristo, busquen las cosas de arriba, donde está Cristo sentado a la derecha de Dios.[a]

2 Pongan la mira en las cosas del cielo, y no en las de la tierra.

3 Porque ustedes ya han muerto, y su vida está escondida con Cristo en Dios.

4 Cuando Cristo, que es la vida de ustedes, se manifieste, entonces también ustedes serán manifestados con él en gloria.

La vida antigua y la nueva

5 Por lo tanto, hagan morir en ustedes todo lo que sea terrenal: inmoralidad sexual, impureza, pasiones desordenadas, malos deseos y avaricia. Eso es idolatría.

6 Por cosas como éstas les sobreviene la ira de Dios a los desobedientes.

7 También ustedes practicaron estas cosas en otro tiempo, cuando vivían en ellas.

8 Pero ahora deben abandonar también la ira, el enojo, la malicia, la blasfemia y las conversaciones obscenas.

9 No se mientan los unos a los otros,[b] pues ya ustedes se han despojado de la vieja naturaleza y de sus hechos,

10 y se han revestido de la nueva naturaleza,[c] la naturaleza del nuevo hombre, que se va renovando a imagen del que lo creó[d] hasta el pleno conocimiento,

11 donde ya no importa el ser griego o judío, estar circuncidado o no estarlo, ser extranjero o inculto, siervo o libre, sino que Cristo es todo, y está en todos.

12 Por lo tanto, como escogidos de Dios, santos y amados, revístanse de entrañable misericordia, de benignidad, de humildad, de mansedumbre y de paciencia.

13 Sean mutuamente tolerantes. Si alguno tiene una queja contra otro, perdónense[e] de la misma manera que Cristo los perdonó.[f]

14 Y sobre todo, revístanse de amor, que es el vínculo perfecto. 1 Ts 4.1-7

15 Que en el corazón de ustedes gobierne la paz de Cristo, a la cual fueron llamados en un solo cuerpo. Y sean agradecidos.

LECCIONES — PENSAMIENTOS CELESTIALES

(Colosenses 3.2)

¿Qué es lo que más piensas? A veces nos preocupamos por los problemas o tenemos pensamientos de temor. Pero, como escribió Pablo, podemos utilizar nuestra mente para pensar en otras cosas, como en Jesús y el cielo. Pensamos en las cosas que son importantes para nosotros. ¿Quieres pensar en las cosas del cielo o en las de la tierra?

[d]**2.16:** Ro 14.1-6. [e]**2.19:** Ef 4.16. [a]**3.1:** Sal 110.1. [b]**3.9:** Ef 4.22. [c]**3.10:** Ef 4.24. [d]**3.10:** Gn 1.26. [e]**3.12-13:** Ef 4.2. [f]**3.13:** Ef 4.32.

16 La palabra de Cristo habite ricamente
en ustedes. Instrúyanse y exhórtense unos
a otros con toda sabiduría; canten al Señor
salmos, himnos y cánticos espirituales, con
gratitud de corazón.
17 Y todo lo que hagan, ya sea de palabra
o de hecho, háganlo en el nombre del Se-
ñor Jesús, dando gracias a Dios el Padre por
medio de él.[g]

Heb 13.15

Deberes sociales de la nueva vida

18 Ustedes las esposas, respeten a sus es-
posos,[h] como conviene en el Señor.
19 Ustedes los esposos, amen a sus espo-
sas,[i] y no las traten con dureza.
20 Ustedes los hijos, obedezcan a sus pa-
dres en todo, porque esto agrada al Señor.[j]
21 Ustedes los padres, no exasperen a sus
hijos,[k] para que no se desalienten.
22 Ustedes los siervos, obedezcan en todo
a sus amos terrenales, no sólo cuando los
ven, como si quisieran agradar a sus seme-
jantes, sino con sinceridad de corazón, por
temor a Dios.
23 Y todo lo que hagan, háganlo de corazón,
como para el Señor y no como para la gente,
24 porque ya saben que el Señor les dará
la herencia como recompensa, pues ustedes
sirven a Cristo el Señor.
25 Pero el que hace lo malo, recibirá el
pago del mal que haya hecho,[l] porque ante
Dios no hay favoritismos.[m]

4 Ustedes los amos, sean rectos y jus-
tos con sus siervos, pues ya saben
que tienen un Amo en los cielos.[a]
2 Dedíquense a la oración, y sean constan-
tes en sus acciones de gracias.
3 Oren también por nosotros, para que el
Señor nos abra las puertas y prediquemos la
palabra, para que demos a conocer el mis-
terio de Cristo, por el cual también estoy
preso.
4 Oren para que pueda proclamarlo como
debo hacerlo.
5 Compórtense sabiamente con los no
creyentes, y aprovechen bien el tiempo.[b]
6 Procuren que su conversación siempre
sea agradable y de buen gusto, para que den
a cada uno la respuesta debida.

Salutaciones finales

7 Nuestro querido hermano Tíquico,[c] fiel
ministro y consiervo en el Señor, les llevará
noticias mías.
8 Lo envío a ustedes para que les cuente
cómo estamos y reanime su corazón.[d]
9 Lo acompaña Onésimo,[e] querido y fiel
hermano, que es uno de ustedes. Ellos les
contarán todo lo que sucede aquí.
10 Los saluda Aristarco,[f] mi compañero de
prisión, lo mismo que Marcos,[g] el sobrino
de Bernabé, acerca del cual ya han recibido
instrucciones. Si Marcos va a visitarlos, recí-
banlo bien.
11 También los saluda Jesús, llamado el Jus-
to. Éstos son los únicos judíos que me ayu-
dan en el reino de Dios, y para mí han sido
un gran consuelo.
12 Los saluda Epafras,[h] que es uno de uste-
des. En sus oraciones, este siervo de Cristo

[g]**3.16-17:** Ef 5.19-20. [h]**3.18:** Ef 5.22; 1 P 3.1. [i]**3.19:** Ef 5.25; 1 P 3.7. [j]**3.20:** Ef 6.1. [k]**3.21:** Ef 6.4. [l]**3.22-25:** Ef 6.5-8. [m]**3.25:** Dt 10.17; Ef 6.9. [a]**4.1:** Ef 6.9. [b]**4.5:** Ef 5.16. [c]**4.7:** Hch 20.4; 2 Ti 4.12. [d]**4.7-8:** Ef 6.21-22. [e]**4.9:** Flm 10-12. [f]**4.10:** Hch 19.29; 27.2; Flm 24. [g]**4.10:** Hch 12.12, 25; 13.13; 15.37-39. [h]**4.12:** Col 1.7; Flm 23.

HAZ LO QUE JESÚS HARÍA *(Colosenses 3.17)*

"¡No me hagas pasar vergüenza!" ¿Alguna vez tus padres te han dicho así? Eso significa que otros pueden juzgar mal a tus padres si te portas mal. Honras a tus padres con tu buen comportamiento. Tus acciones también pueden honrar a Dios. Como Pablo sugiere aquí, en todo lo que hagas, trata de honrar al Señor. Piensa: ¿Qué haría Jesús? Después pide al Espíritu Santo que te ayude a hacer lo que Jesús haría.

PALABRAS CON PODER **DEDICARSE A LA ORACIÓN**
(Colosenses 4.2)

"Dedicarse" a la oración significa "continuar" o "perseverar" en la oración. Las personas que se dedican a la oración están decididas a orar en todo caso. Para hacerlo, tenemos que prestar atención a lo que puede distraernos de orar; cosas como las mentiras de Satanás, nuestro deseo de divertirnos, y los pensamientos acerca del pecado o los problemas. Hay que disciplinarse para perseverar en la oración. Considera el ejemplo de los nuevos creyentes en Hechos 2:42, que "se mantenían fieles" en la oración. Una forma de hacer esto es con un diario de oración. Haz una lista de tus peticiones y anota las respuestas que recibas. Los NIÑOS PODEROSOS se dedican a la oración.

empre está rogando por ustedes con gran
reocupación, para que ustedes se manten-
an firmes y sean completamente perfectos
n todo lo que Dios quiere.
13 Yo soy testigo de que él se preocupa
nucho por ustedes, y por los que están en
aodicea y Hierápolis.
14 Los saluda Lucas,[i] el médico amado, y
Demas.[j]
15 Saluden a los hermanos que están en
aodicea, y a Ninfas y a la iglesia que se reú-
e en su casa.
16 Una vez que esta carta haya sido leída
ntre ustedes, asegúrense de que se lea
ambién en la iglesia de los laodicenses, y
ue la carta de Laodicea la lean también
stedes.
17 Díganle a Arquipo[k] que no deje de cum-
lir con el ministerio que recibió del Señor.
18 Yo, Pablo, escribo este saludo de mi
uño y letra. Recuerden que estoy preso.
Que la gracia sea con ustedes. Amén.

[i] **4.14:** 2 Ti 4.11; Flm 24. [j] **4.14:** 2 Ti 4.10; Flm 24. [k] **4.17:** Flm 2.

1 TESALONICENSES

Autor: **Pablo**
Temas: **La vida recta; el regreso de Jesús**
Fecha en que se escribió: **c. 51 d.C.**

CÓMO SER FIEL HASTA QUE JESÚS REGRESE

Tesalónica era un puerto y la ciudad capital de la provincia romana de Macedonia. Después que Pablo fundó la iglesia allí, algunos judíos le causaron problemas y lo obligaron a irse (lee Hechos 17:1-9). Porque Pablo tuvo que irse tan de repente, las personas a quienes había guiado a Cristo se quedaron con poca instrucción sobre la vida cristiana. Cuando Pablo se enteró por medio de Timoteo acerca de las dudas que tenían, les escribió esta carta para expresar su alegría por la fe fuerte de ellos, a pesar de los tiempos difíciles. También les escribió para enseñarles acerca de cómo vivir con rectitud y para explicarles lo que sucede a los cristianos que mueren antes de que Jesús regrese.

LO QUE ENCONTRARÁS EN EL LIBRO

Después de saludar a la iglesia (1:1), Pablo felicita a los tesalonicenses por su fe firme en medio de problemas (1:2-10; 2:13-16). Pablo responde a las críticas y recuerda a la iglesia que cuidó de ellos (2:1-8; 17-20; 3:1-10) y que pueden confiar en él.

Pablo dijo que es importante que los seguidores de Cristo vivan en santidad (apartados para Dios) y que agraden a Dios (3:13; 4:1-8; 5:23-24). Pablo aconseja a los tesalonicenses a utilizar la sabiduría del Espíritu Santo. También los desafió a que no rechazaran las manifestaciones en la iglesia de los dones del Espíritu Santo (el don de profecía; 5:20).

Un tema principal de esta carta es que Jesús regresará por sus seguidores (1:10; 4:13-18; 5:1-11). Como algunos creyentes habían muerto, los miembros de la iglesia se preguntaban qué pasaría con ellos al momento del regreso de Jesús. Así que Pablo les explicó que los que seguían vivos tenía que estar preparados para el regreso de Cristo (5:1-11). El apóstol concluyó la carta con una oración de que Dios siga obrando en la vida de ellos hasta el regreso de Jesús (5:23-24).

¿SABÍAS QUE 1 TESALONICENSES...?

- Es uno de los primeros libros del Nuevo Testamento que se escribió.
- Es un libro acerca del regreso de Cristo. Los cinco capítulos presentan alguna clase de referencia al retorno de Jesús y lo que significa para sus seguidores (1:10; 2:19; 3:13; 4:13-18, 5:1-11, 23).
- Explica lo que ocurrirá con los muertos cuando Cristo regrese.

Saludo

Pablo, Silvano y Timoteo, nos dirigimos a la iglesia de los tesalonicenses en Dios el Padre y en el Señor Jesucristo.[a] Reciban ustedes gracia y paz.

Ejemplo de los tesalonicenses

2 Siempre damos gracias a Dios por todos ustedes, y los tenemos presentes en nuestras oraciones.

3 Constantemente los recordamos delante de nuestro Dios y Padre por sus actos de fe; por su trabajo, que es fruto de su amor, y por su sufrida esperanza en nuestro Señor Jesucristo.

4 Hermanos amados de Dios, sabemos que él los ha escogido,

5 pues nuestro evangelio no llegó a ustedes solamente en palabras, sino también en poder, en el Espíritu Santo y con plena convicción. Ustedes bien saben que, cuando estuvimos entre ustedes, siempre buscamos su propio bien.

2 Ti 1.8

6 Ustedes recibieron la palabra con gozo del Espíritu Santo, aun en medio de muchos sufrimientos,[b] y llegaron a ser imitadores de nosotros y del Señor,

Heb 12.11

7 con lo que llegaron a ser un ejemplo para todos los creyentes de Macedonia y de Acaya.

8 Con ustedes como punto de partida, la palabra del Señor ha sido divulgada, y no sólo en Macedonia y Acaya, sino también en muchos otros lugares donde se sabe de la fe que ustedes tienen en Dios. Ya no es necesario que nosotros digamos nada,

9 porque ellos mismos hablan de lo bien que ustedes nos recibieron, y cómo se apartaron de los ídolos y se volvieron al Dios vivo y verdadero, para servirlo

10 y esperar de los cielos a Jesús, su Hijo, a quien Dios resucitó de los muertos, y que es quien nos libra de la ira venidera.

1 Ts 4.15–5.3

Ministerio de Pablo en Tesalónica

2 Hermanos míos, ustedes mismos saben que nuestra visita a ustedes no fue en vano.

2 También saben que, a pesar de haber sufrido y de ser maltratados en Filipos,[a] Dios nos dio el valor necesario para anunciarles su evangelio, aun en medio de grandes peligros.[b]

3 Porque nuestra exhortación no se basa en el error ni en malas intenciones, ni tampoco tratamos de engañar a nadie,

4 sino que hablamos porque Dios nos aprobó y nos confió el evangelio. No buscamos agradar a los hombres, sino a Dios, que es quien examina nuestro corazón.

5 Como ustedes bien saben, nosotros nunca usamos palabras lisonjeras, ni hay en nosotros avaricia encubierta. Dios es nuestro testigo.

6 Tampoco hemos buscado recibir honores de ustedes, ni de otros ni de nadie, aun cuando como apóstoles de Cristo podríamos haberles pedido que nos ayudaran.

7 En vez de eso, los hemos tratado con ternura, con el mismo cuidado de una madre por sus hijos.

8 Tan grande es nuestro cariño por ustedes, que hubiéramos querido entregarles no

[a]**1.1:** Hch 17.1. [b]**1.6:** Hch 17.5-9. [a]**2.2:** Hch 16.19-24. [b]**2.2:** Hch 17.1-9.

PODER PARA VIVIR

NO AGRADAR A LOS HOMBRES (*1 Tesalonicenses 2.4*)
Pablo no era un adulador, alguien que trata de ganarse la aprobación de los demás. Él se preocupaba solo por complacer al Señor. Pablo no tenía miedo de decir la verdad de la Palabra de Dios, aun cuando sabía que no sería aceptada. ¿Alguna vez dejas de hablar de Jesús a la gente por temor a disgustarlos? Considera el ejemplo de Pablo y agrada a Dios, en lugar de agradar a los demás.

sólo el evangelio de Dios sino también nuestra propia vida. ¡A tal grado hemos llegado a amarlos!

9 Hermanos, ustedes se acordarán de nuestros trabajos y fatigas, y de cómo noche y día nos dedicamos a predicarles el evangelio de Dios, sin ser una carga para nadie.

10 Ustedes son testigos, y Dios también, de que nos hemos comportado con ustedes los creyentes de manera santa, justa e intachable.

11 Ustedes saben, además, que los hemos exhortado y consolado, como lo hace un padre con sus hijos,

12 y les hemos recomendado vivir con dignidad ante Dios, que los llamó a su reino y gloria.

13 Por eso también nosotros siempre damos gracias a Dios de que, cuando ustedes recibieron la palabra de Dios que nosotros les predicamos, no la recibieron como mera palabra humana sino como lo que es, como la palabra de Dios, la cual actúa en ustedes los creyentes.

14 Porque ustedes, hermanos, llegaron a ser imitadores de las iglesias de Dios en Cristo Jesús que están en Judea, ya que de parte de sus compatriotas sufrieron[c] las mismas cosas que ellas padecieron de los judíos,

15 los cuales mataron al Señor Jesús y a sus propios profetas, y a nosotros nos expulsaron.[d] Ellos no agradan a Dios, se oponen a todo el mundo,

16 y a nosotros nos impiden predicar a los no judíos para que se salven. Con esto llegan al colmo de sus pecados, y se hacen acreedores a la ira más extrema.

Ausencia de Pablo de la iglesia

17 Pero nosotros, hermanos, aunque estuvimos separados de ustedes por algún tiempo (físicamente, pero no en el corazón), hicimos todo lo posible para ir a verlos.

18 Por lo tanto, quisimos ir a verlos, y yo mismo lo intenté varias veces, pero Satanás nos lo impidió.

19 Porque ¿cuál es nuestra esperanza o gozo delante de nuestro Señor Jesucristo? ¿De qué corona puedo vanagloriarme cuando él venga, si no es de ustedes?

20 Porque son ustedes el motivo de nuestro orgullo y de nuestro gozo.

3 Por lo tanto, cuando ya no pudimos soportarlo más, decidimos quedarnos solos en Atenas,[a]

2 y enviar a ustedes a nuestro hermano Timoteo, que es un servidor de Dios y colaborador de nosotros en el evangelio de Cristo, con el fin de afianzarlos y animarlos en su fe,

3 para que nadie se inquiete por estas dificultades. Como ustedes bien saben, a esto se nos ha destinado.

4 Cuando todavía estábamos con ustedes, les advertimos que tendríamos dificultades; y, como ustedes saben, así sucedió.

5 Por eso, cuando ya no pude esperar más, mandé a preguntar acerca de su fe, pues el tentador podría haberlos tentado, y entonces nuestro trabajo habría sido en vano.

6 Pero ahora Timoteo ha vuelto a nosotros, luego de haber estado con ustedes,[b] y nos ha dado las buenas noticias de la fe y el amor que ustedes tienen. Nos ha contado, además, que ustedes siempre nos recuerdan con cariño, y que desean vernos. También nosotros deseamos verlos a ustedes.

7 Por eso, hermanos, en medio de todas nuestras necesidades y aflicciones, ustedes nos han consolado por medio de su fe; 2 Ts 1.3

8 ¡el saber que ustedes están firmes en el Señor nos ha devuelto la vida!

9 ¿Cómo podríamos dar gracias a Dios por ustedes, y por todo el gozo que ustedes nos hacen disfrutar delante de nuestro Dios?

10 De día y de noche, no hay un solo momento en que no oremos para que podamos volver a verlos, y así podamos completar lo que falte a la fe de ustedes.

11 Que nuestro Dios y Padre, y nuestro Señor Jesucristo, dirijan nuestro camino hacia ustedes,

[c]**2.14:** Hch 17.5. [d]**2.15:** Hch 9.23, 29; 13.45, 50; 14.2, 5, 19; 17.5, 13; 18.12. [a]**3.1:** Hch 17.15. [b]**3.6:** Hch 18.5.

LECCIONES FRENTE A LA TENTACIÓN

(1 Tesalonicenses 3.5)

Pablo temía que Satanás tentara a los creyentes de Tesalónica a que dejaran de creer en Jesús. Después de todo, Satanás tentó a Jesús al comienzo de su ministerio (Mateo 4). Satanás por lo general viene cuando el creyente se siente solo y débil. Jesús sabía que el enemigo tentaría a sus seguidores, por eso oró por ellos (Juan 17:15). Aquí, Pablo envió a Timoteo, un joven pastor, para que informara acerca de los creyentes en Tesalónica. Los ejemplos de Jesús y Pablo son un recordatorio de que Satanás continuamente tienta a los creyentes. Por eso el apóstol advirtió a los creyentes a que se pusieran la armadura de Dios (Efesios 6:11-18) e hicieran frente a la tentación.

12 y que el Señor los haga crecer y aumente el
amor entre ustedes y hacia los demás, así como
también nosotros los amamos a ustedes,
13 para que se fortalezca su corazón y sean
ustedes santos e irreprensibles delante de
nuestro Dios y Padre, cuando venga nuestro
Señor Jesucristo con todos sus santos.

La vida agradable a Dios

4 Por lo demás, hermanos, les rogamos y animamos en el Señor Jesús
a que cada día su comportamiento sea más y más agradable a Dios, que es
como debe ser, de acuerdo con lo que han
aprendido de nosotros.
2 Ustedes ya conocen las instrucciones
que les dimos de parte del Señor Jesús.
3 La voluntad de Dios es que ustedes sean
santificados, que se aparten de toda inmoralidad sexual,
4 que cada uno de ustedes sepa tener su
propio cuerpo en santidad y honor,
5 y no en pasiones desordenadas, como la
gente que no conoce a Dios.
6 Ninguno debe agraviar ni engañar en
nada a su hermano; porque el Señor toma
en cuenta todo esto, como ya les hemos dicho y declarado.
7 Pues Dios no nos ha llamado a vivir en la
inmundicia, sino a vivir en santidad. Heb 10.23-26
8 El que desecha esto, no desecha a un
hombre, sino a Dios, que también nos dio
su Espíritu Santo.
9 En cuanto al amor fraternal, no es necesario que les escriba, porque Dios mismo les
ha enseñado que ustedes deben amarse los
unos a los otros,
10 y eso es lo que ustedes hacen con todos
los hermanos que viven por toda Macedonia. Sin embargo, hermanos, les rogamos
que su amor abunde más y más,
11 y que procuren vivir en paz, y ocuparse
de sus negocios y trabajar con sus propias
manos, tal y como les hemos ordenado,
12 a fin de que se conduzcan honradamente con los de afuera, y no tengan necesidad de nada.

La venida del Señor

13 Hermanos, no queremos que ustedes
se queden sin saber lo que pasará con los
que ya han muerto, ni que se pongan tristes,
como los que no tienen esperanza.
14 Así como creemos que Jesús murió y resucitó, así también Dios levantará con Jesús
a los que murieron en él.
15 Les decimos esto como una enseñanza
del Señor: Nosotros, los que vivimos, los
que habremos quedado hasta que el Señor venga, no nos adelantaremos a los que
murieron,
16 sino que el Señor mismo descenderá del
cielo con voz de mando, con voz de arcángel y con trompeta de Dios, y los muertos
en Cristo resucitarán primero.
17 Luego nosotros, los que aún vivamos
y hayamos quedado, seremos arrebatados
juntamente con ellos en las nubes, para recibir en el aire al Señor, y así estaremos con
el Señor siempre.[a]

[a] **4.15-17:** 1 Co 15.51-52.

[18] Por lo tanto, anímense unos a otros con
estas palabras.

5 En cuanto a los tiempos y las ocasio-
nes, no hace falta, hermanos míos,
que yo les escriba.
[2] Ustedes saben perfectamente que el
día del Señor llegará como ladrón en la
noche.[a]
[3] De repente, cuando la gente diga: «Paz y
seguridad», les sobrevendrá la destrucción,
como le llegan a la mujer encinta los dolo-
res, y no escaparán.
[4] Pero ustedes, hermanos, no viven en ti-
nieblas, como para que ese día los sorpren-
da como un ladrón,
[5] sino que todos ustedes son hijos de la
luz e hijos del día. No somos de la noche ni
de la oscuridad,
[6] así que no durmamos como los demás,
sino mantengámonos atentos y sobrios.
[7] Los que duermen, de noche duermen;
los que se embriagan, de noche se em-
briagan;
[8] pero nosotros, los que somos del día,
debemos ser sobrios, ya que nos hemos
revestido de la coraza de la fe y del amor,
y tenemos como casco la esperanza de la
salvación.[b]
[9] Dios no nos ha puesto para sufrir el cas-
tigo, sino para alcanzar la salvación por me-
dio de nuestro Señor Jesucristo,
[10] quien murió por nosotros para que,
despiertos o dormidos, vivamos unidos a él.
[11] Por lo tanto, anímense y edifíquense
unos a otros, como en efecto ya lo hacen.

2 Ts 1.7–2.8

2 Ts 2.13

Pablo exhorta a los hermanos

[12] Hermanos, les rogamos que sean consi-
derados con los que trabajan entre ustedes,
y que los instruyen y dirigen en el Señor.
[13] Ténganlos en alta estima y ámenlos por
causa de su obra. Y ustedes, vivan en paz.
[14] También les rogamos, hermanos, que
les llamen la atención a los ociosos, que ani-
men a los de poco ánimo, que apoyen a los
débiles, y que sean pacientes con todos.
[15] Tengan cuidado de que nadie pague a
otro mal por mal; más bien, procuren siem-
pre hacer el bien, tanto entre ustedes como
con los demás.
[16] Estén siempre gozosos.
[17] Oren sin cesar.
[18] Den gracias a Dios en todo, porque ésta
es su voluntad para ustedes en Cristo Jesús.
[19] No apaguen el Espíritu.
[20] No menosprecien las profecías.

PROMESAS PODEROSAS

1 TESALONICENSES 5.24

Aquel que los llama es fiel, y cumplirá todo esto.

Algunos se preguntan si pueden permanecer fieles a Cristo hasta que Él venga. Pablo nos asegura que el Espíritu Santo está siempre dispuesto a ayudar a los creyentes en Cristo a ser fieles. Él nos da poder para que vivamos cada día de tal manera que agrademos a Dios. Cuando necesites poder ser fiel, pide a Dios que te ayude con el poder del Espíritu Santo.

PALABRAS CON PODER

SED SOBRIOS

(1 Tesalonicenses 5.6)

En nuestros días, ser "sobrio" generalmente significa que no se bebe cerveza ni otras bebidas alcohólicas. Pero cuando Pablo escribió acerca de estar "atentos y sobrios" significaba "estar vigilantes". En otras palabras, estar preparados para escapar del día de la ira, el día del juicio y el castigo de Dios. Podemos hacerlo al vivir para agradar a Dios mediante la oración, el estudio de la Biblia, y la difusión del evangelio. El Espíritu Santo nos ayudará a permanecer fieles hasta que Jesús regrese. Los fieles siervos de Dios serán protegidos de su ira. Así que, ¡mantente atento y sobrio!

[a] **5.2:** Mt 24.43; Lc 12.39; 2 P 3.10. [b] **5.8:** Is 59.17.

¿QUÉ ES EL RAPTO?

Tal vez has oído hablar del rapto, o arrebatamiento, y te has preguntado qué significa. Este acontecimiento, que se describe en 1 Tesalonicenses 4:15-17 y 1 Corintios 15, se refiere al día en que Cristo volverá para llevar a sus seguidores, la Iglesia, de la tierra para el encuentro con él en el aire. Estaremos con Él en el cielo por siempre jamás.

Poco antes del rapto, cuando Jesús descienda del cielo para llevar a su iglesia, los creyentes en Cristo que han muerto volverán a la vida (1 Tesalonicenses 4:16). Al mismo tiempo, los creyentes que estén vivos en la tierra serán transformados y recibirán un cuerpo perfecto que nunca morirá (1 Corintios 15:51, 53). Esto sucederá en un instante, "en un abrir y cerrar de ojos" (1 Corintios 15:52).

Los creyentes resucitados y los que recibieron nuevos cuerpos se encontrarán con Cristo en el aire. Él llevará a todos al cielo, donde se encontrarán con sus seres queridos (1 Tesalonicenses 4:13-18). Nunca más sufrirán o estarán tristes (2 Corintios 5:2, 4; Filipenses 3:21). El rapto, que llevará a los seguidores de Cristo de la tierra al cielo, es también una manera de rescatarlos de las cosas terribles que sucederán ("la ira venidera", 1 Tesalonicenses 1:10). Este tiempo se llama la Gran Tribulación. Serán días de terror y sufrimiento, y mucha angustia en toda la tierra (Daniel 12:1).

Durante este tiempo de tribulación, algunas de las personas que hayan quedan en la tierra recibirán a Cristo como su Salvador (Apocalipsis 7:9-17). Pero tendrán que pasar por la tribulación, que durará siete años. Durante ese tiempo, un líder mundial llamado el anticristo llegará al poder. Él gobernará a todo el mundo (lee Daniel 9:25-27; Apocalipsis 13:5-7).

Después del Rapto vendrá el "día del Señor", un tiempo de angustia y castigo para los malvados (1 Tesalonicenses 5:2-10). Después de esto, Jesús volverá a la tierra para derrotar a las fuerzas del anticristo y destruir a los malvados. Luego Jesús reinará sobre la tierra por mil años (Apocalipsis 19 y 20).

Todas estas cosas pueden infundir miedo, pero los que creen en Jesús como Salvador no tienen que temer sino que pueden esperar el Rapto (1 Tesalonicenses 4:17-18). Será un tiempo triste para los que no creen en Jesús, porque serán dejados para sufrir en la tierra (Mateo 24:40-41).

[21] Examínenlo todo; retengan lo bueno.
[22] Absténganse de toda especie de mal.
[23] Que el mismo Dios de paz los santifique por completo; y que guarde irreprensible todo su ser, espíritu, alma y cuerpo, para la venida de nuestro Señor Jesucristo.
[24] Aquel que los llama es fiel, y cumplirá todo esto.

Salutaciones y bendición final

[25] Hermanos, oren por nosotros.
[26] Saluden a todos los hermanos con un beso santo.
[27] Les encargo en el nombre del Señor que esta carta sea leída a todos los santos hermanos.
[28] Que la gracia de nuestro Señor Jesucristo sea con ustedes. Amén.

2 TESALONICENSES

Autor: **Pablo**
Temas: **Amar la verdad; estar preparados para la venida de Cristo**
Fecha en que se escribió: **c. 51 a 52 d.C.**

¡PREPÁRATE PARA EL REGRESO DE JESÚS!

Pablo escribió esta carta tan solo unos meses después del envío de 1 Tesalonicenses. Él seguía trabajando en Corinto, con Silas y Timoteo (1:1; Hechos 18:5). Pablo escribió esta segunda carta (1) para animar a los creyentes de Tesalónica cuando eran perseguidos. (2) Los desafió a vivir en forma disciplinada y a trabajar para el sustento diario. (3) Escribió también para corregir algunos errores acerca de los acontecimientos de los últimos tiempos (2:2).

LO QUE ENCONTRARÁS EN EL LIBRO

¿Alguna vez te han reprendido por algo malo que hiciste? Eso es lo que hizo Pablo en esta carta (3:7-12). Él tuvo que reprender a los tesalonicenses; pero también los felicitó por su fe firme. Les animó a permanecer fieles a Dios, aun cuando tuvieran que sufrir por su fe (1:3-7).

La sección principal de la carta trata con el "día del Señor" (2:1-12), el tiempo final de la historia en que Dios juzgará a los malvados. Algunos de los creyentes en Tesalónica habían oído el rumor de que el día del Señor ya había llegado. Pablo corrigió esta falsa noticia con la explicación de las tres grandes señales del día del Señor (2:2). (1) Muchos rechazarán a Dios y se apartarán de la fe (2:3). (2) Dios ya no más ha de contener el mal (2:6-7). (3) Será revelado el "hombre de perdición", el Anticristo (2:3-4, 8-12). El apóstol también reprendió a los miembros de la iglesia que habían dejado de trabajar porque pensaba que Jesús iba a regresar en cualquier momento. Finalmente, Pablo desafió a los creyentes a que vivieran de manera agradable a Dios (3,6-14).

¿SABÍAS QUE 2 TESALONICENSES...?

- Es un libro apocalíptico. La descripción de lo que sucederá en los últimos tiempos es similar a la que se encuentra en Apocalipsis (1:6-10; 2:8).
- Usa términos para el anticristo que no se encuentran en ningún otro lugar de la Biblia (2:3, 8).
- Proporciona la información más detallada en la Biblia sobre el mal que vendrá en los últimos tiempos.

Saludo

Pablo, Silvano y Timoteo, nos dirigimos a la iglesia de los tesalonicenses[a] en Dios nuestro Padre y en el Señor Jesucristo:

[2] Que Dios nuestro Padre y el Señor Jesucristo les concedan gracia y paz.

El juicio de Dios al volver Cristo

Heb 11.29-35

[3] Hermanos, siempre debemos dar gracias a Dios por ustedes. Así debe ser, ya que la fe de ustedes va creciendo, y todos y cada uno de ustedes abunda en amor para con los demás.

[4] Nosotros mismos nos sentimos muy orgullosos de ustedes en las iglesias de Dios, al ver la paciencia y la fe de ustedes para soportar las persecuciones y sufrimientos.

[5] Esto es evidencia del justo juicio de Dios, de que ustedes son considerados dignos de su reino, por el cual sufren.

[6] Delante de Dios es justo también que se haga sufrir a quienes los hacen sufrir a ustedes,

PROMESAS PODEROSAS

2 TESALONICENSES 1.5-6

Esto es evidencia del justo juicio de Dios, de que ustedes son considerados dignos de su reino, por el cual sufren. Delante de Dios es justo también que se haga sufrir a quienes los hacen sufrir a ustedes.

Cuando pasas por tiempos difíciles, ¿piensas a veces que a Dios no le importa? Pablo escribió que el sufrimiento es parte de la vida como cristiano o de ser ciudadano del cielo. Jesús sufrió en la tierra y dijo a sus seguidores que esperaran lo mismo (lee Juan 16:33). Si tú sufres por ser cristiano, Dios te ayudará a ser fuerte. Él juzgará a los que persiguen a sus hijos.

[7] y al mismo tiempo darles un descanso a ustedes, los que sufren, lo mismo que a nosotros, cuando el Señor Jesús se manifieste desde el cielo con sus poderosos ángeles,

[8] entre llamas de fuego, para darles su merecido a los que no conocieron a Dios ni obedecen al evangelio de nuestro Señor Jesucristo.

[9] Éstos sufrirán el castigo de la destrucción eterna, y serán excluidos de la presencia del Señor y de la gloria de su poder,

[10] el día que venga para ser glorificado en sus santos y admirado por todos los que creyeron. Y ustedes han creído a nuestro testimonio.

[11] Por eso siempre oramos por ustedes, para que nuestro Dios los considere dignos de su llamamiento, y cumpla con su poder todo propósito de bondad y toda obra de fe,

[12] para que, por la gracia de nuestro Dios y del Señor Jesucristo, el nombre de nuestro Señor Jesucristo sea glorificado en ustedes, y ustedes en él.

Manifestación del hombre de pecado

2 Hermanos, con respecto a la venida de nuestro Señor Jesucristo y nuestra reunión con él,[a] les rogamos

[2] que no cambien fácilmente de manera de pensar. No se dejen asustar por nadie, ni siquiera por un espíritu, una palabra, o una carta que pretenda aparecer como nuestra, en el sentido de que el día del Señor está cerca.

[3] De ninguna manera se dejen engañar. Porque ese día no vendrá sin que antes venga la apostasía, y se manifieste el hombre de pecado, es decir, el hijo de perdición,

[4] el cual se opone y se enfrenta a todo lo que se llama Dios o es objeto de culto.[b] Llega al grado de sentarse en el templo de Dios y de ocupar su lugar, haciéndose pasar por Dios.

[5] ¿No se acuerdan de que, cuando yo estaba todavía con ustedes, les advertía esto?

[a] **1.1:** Hch 17.1. [a] **2.1:** 1 Ts 4.15-17. [b] **2.4:** Dn 11.36.

LECCIONES **EL REGRESO DE JESÚS**
(*2 Tesalonicenses 2.3*)
Antes de morir, Jesús prometió que un día regresaría a la tierra (Mateo 24). Pero no regresará antes de que el anticristo (el "hombre de pecado" que trabajará con Satanás) haya sido revelado. A medida que nos acercamos al fin del tiempo Dios permitirá que sucedan más y más cosas malas. Conforme el mal se haga más fuerte, la gente se rebelará cada vez más en contra de Dios. No tenemos que preocuparnos por esto. La buena noticia es que Jesús ha prometido que volverá para sacar a su pueblo de este mundo, antes de que las cosas se vuelvan demasiado malas. Si eres uno de los NIÑOS PODEROSOS, ¡recuerda que Jesús va a regresar por ti!

6 Y ahora ustedes saben bien qué es lo
que lo detiene, a fin de que a su debido
tiempo se manifieste.
7 Porque el misterio de la iniquidad ya está
en acción, sólo que en este momento hay
quien lo detiene, hasta que él a su vez sea
quitado de en medio.
8 Entonces se manifestará ese malvado,
a quien el Señor matará con el espíritu de
su boca[c] y destruirá con el resplandor de su
venida. 1 Ti 6.14-15
9 La llegada de este malvado, que es obra
de Satanás, vendrá acompañada de gran
poder y de señales y prodigios engañosos,[d]
10 y con toda falsedad e iniquidad para los
que se pierden, por no haber querido recibir
el amor de la verdad para ser salvados.
11 Por eso Dios les envía un poder engaño-
so, para que crean a la mentira,
12 a fin de que sean condenados todos los
que, lejos de creer a la verdad, se deleitaron
en la injusticia.

Escogidos para salvación

13 Pero nosotros siempre debemos dar
gracias a Dios por ustedes, hermanos ama-
dos por el Señor, de que desde el principio
Dios los haya escogido para salvación, me-
diante la santificación por el Espíritu y la fe
en la verdad. 1 Ti 1.15-16
14 A esto los llamó por medio de nuestro
evangelio, para que alcanzaran la gloria de
nuestro Señor Jesucristo.
15 Por lo tanto, hermanos, manténganse
firmes y retengan la doctrina que personal-
mente y por carta les hemos enseñado.
16 Que nuestro Señor Jesucristo mismo,
y nuestro Dios y Padre, que nos amó y nos
dio consuelo eterno y buena esperanza por
gracia,
17 les infunda ánimo en el corazón y los
confirme en toda buena palabra y obra.

Que la palabra de Dios sea glorificada

3 Por lo demás, hermanos, oren por no-
sotros, para que la palabra del Señor
corra y sea glorificada, tal como suce-
dió entre ustedes,
2 y para que seamos librados de los hom-
bres perversos y malvados; porque no todos
tienen fe.

[c]**2.8:** Is 11.4. [d]**2.9:** Mt 24.24.

AMA LA VERDAD (*2 Tesalonicenses 2.10*)
¿Has tenido problemas por no obedecer las reglas? La decisión de obedecer las leyes de Dios o de rechazarlas es una que cada persona debe tomar. Pablo enseñó que debemos amar la verdad. Esto significa que debemos decidir que obedeceremos al Señor. Las personas que aman la verdad creen lo que Dios dice. En consecuencia, rechazan todo lo que no está conforme a la verdad de la Palabra de Dios. ¿Amas la verdad de Dios? ¿Quieres obedecer sus leyes?

3 Pero el Señor es fiel, y él los fortalecerá y guardará del mal.

4 Nosotros confiamos en el Señor que ustedes hacen y seguirán haciendo lo que les hemos ordenado.

5 Que el Señor encamine el corazón de ustedes al amor de Dios y a la paciencia de Cristo.

Trabajar es un deber

6 Hermanos, en el nombre de nuestro Señor Jesucristo les ordenamos que se aparten de todo hermano que viva desordenadamente y no siga las enseñanzas que ustedes recibieron de nosotros.

7 Ustedes mismos saben cómo seguir nuestro ejemplo. Porque nosotros no vivimos entre ustedes de manera desordenada,

8 ni comimos el pan de nadie sin pagarlo, sino que día y noche trabajamos muy duro y sin descanso, para no ser una carga a ninguno de ustedes.

9 Y no es que no tuviéramos derecho de hacerlo, sino que quisimos darles un buen ejemplo a seguir.

10 Cuando estábamos con ustedes, también les ordenamos esto: «Si alguno no quiere trabajar, que tampoco coma.»

11 Y es que nos hemos enterado de que algunos de ustedes viven desordenadamente, y no trabajan en nada, y se entrometen en lo ajeno.

12 A tales personas les ordenamos y exhortamos, por nuestro Señor Jesucristo, que simplemente se pongan a trabajar y se ganen su propio pan.

PALABRAS CON PODER

SIGUE ORANDO

(2 Tesalonicenses 3.1)

Pablo hacía mucho trabajo para Cristo. ¿Cómo le era posible hacer todo el trabajo? Una respuesta es que había muchos que oraban por él. Pablo sabía que su trabajo dependía del poder de Dios y las fieles oraciones del pueblo de Dios. Necesitamos de las oraciones de otros creyentes en Cristo, y ellos necesitan nuestras oraciones. El Espíritu Santo obra a través de las oraciones del pueblo de Dios. Por eso Jacobo, el hermano de Jesús, escribió: "La oración del justo es muy poderosa y efectiva" (Santiago 5:16). ¿Estás orando hoy por alguien? Alguien puede estar orando por ti.

13 Y ustedes, hermanos, no se cansen de hacer el bien.

14 Si alguien no obedece a lo que en esta carta decimos, señálenlo y no se junten con él, para que se avergüence.

15 Pero no lo traten como enemigo, sino aconséjenlo como a un hermano.

Bendición final

16 Que el Señor de paz mismo les dé paz siempre y en toda circunstancia. Que el Señor esté con todos ustedes.

17 Yo, Pablo, escribo este saludo de mi puño y letra. Ésa es la marca distintiva de todas mis cartas. Así escribo.

18 Que la gracia de nuestro Señor Jesucristo sea con todos ustedes. Amén.

1 TIMOTEO

Autor: **Pablo**
Temas: **El gobierno de la iglesia, la buena enseñanza, y un carácter santo**
Fecha en que se escribió: **c. 65 d.C.**

CARTA A UN LÍDER

Juntamente con Tito, los libros de 1 y 2 Timoteo se denominan "cartas pastorales". Pablo escribió estas cartas a Timoteo (en Éfeso) y a Tito (en Creta) para ayudarles a ser buenos pastores.

Pablo escribió 1 Timoteo después de los acontecimientos registrados en el último capítulo del libro de los Hechos. Después de que Pablo salió de la cárcel (Hechos 28), Timoteo lo acompañó en un cuarto viaje misionero. El apóstol escribió esta carta por tres razones: (1) Quería enseñarle a Timoteo acerca de su ministerio y su vida personal. (2) También quería exhortarle a que defendiera el verdadero mensaje de Dios contra las mentiras de los falsos maestros. (3) Finalmente, Pablo quería dar instrucciones a Timoteo acerca de cómo ser pastor y tratar algunos problemas que había en la iglesia de Éfeso.

LO QUE ENCONTRARÁS EN EL LIBRO

Pablo advirtió a Timoteo, su joven ayudante, a que defendiera la fe cristiana contra las falsas enseñanzas (1:3-7; 4:1-8; 6:3-5; 20-21). Pablo también instruyó a Timoteo acerca de las características que deben tener los líderes de la iglesia.

Pablo enseñó a Timoteo cómo conducirse con distintas personas en la iglesia, como las mujeres (2:9-15; 5:2), las viudas (5:3-16), los ancianos y los jóvenes (2:8; 5:1), los ancianos dirigentes de la iglesia (5:17-25), los esclavos (6:1-2), los falsos maestros (6:3-10), y los ricos (6:17-19). El apóstol dio a Timoteo cinco reglas claras para que diera ejemplo sobre lo que enseñaba (1:18-20; 3:14-16; 4:11-16; 5:21-25; 6:20-21). En esta carta, Pablo expresa su amor a Timoteo como su "verdadero hijo en la fe" (1:2). Esa es una de las razones de que Pablo establece una alta norma de carácter para la vida de Timoteo y para la iglesia.

¿SABÍAS QUE 1 TIMOTEO...?

- Es una carta personal de un maestro (Pablo) a su alumno (Timoteo).
- Es un manual para líderes de la iglesia. Proporciona la información más clara en la Biblia acerca de cómo un líder de la iglesia puede trabajar bien con todos los miembros.
- Es un reto para los líderes de la iglesia a que mantengan las verdades de Dios, puras y libre de errores.

Saludo

Yo, Pablo, apóstol de Jesucristo por
mandato de Dios nuestro Salvador,
y del Señor Jesucristo, que es nues-
tra esperanza,
2 a Timoteo,[a] verdadero hijo en la fe: Reci-
be gracia, misericordia y paz de Dios nues-
tro Padre, y de Cristo Jesús nuestro Señor.

Advertencia contra falsas doctrinas

3 Cuando fui a Macedonia, te rogué que
te quedaras en Éfeso para que mandaras a
algunos que no enseñaran una doctrina di-
ferente,
4 ni prestaran atención a fábulas y genea-
logías interminables, que acarrean disputas
más que la edificación de Dios que es por la
fe. Y ahora te encargo lo mismo.
5 Pues el propósito de este mandamiento
es el amor que nace de un corazón limpio,
de una buena conciencia y de una fe sincera.
6 De estas cosas se han desviado algunos
y se han apartado a palabrerías sin sentido;
7 pretenden ser doctores de la ley, aunque
no entienden lo que dicen ni lo que afirman.
8 Pero sabemos que la ley es buena, cuan-
do se usa de manera legítima;
9 también sabemos que la ley no fue dada
para el justo, sino para los transgresores y
desobedientes, para los impíos y pecadores,
para los irreverentes y profanos, para los pa-
rricidas y matricidas, para los homicidas,
10 para los fornicarios, para los sodomitas,
para los secuestradores, para los mentirosos
y perjuros, y para todo lo que se oponga a la
sana doctrina,

[a] **1.2:** Hch 16.1.

HOMBRES PODEROSOS

TIMOTEO

Timoteo era un joven pastor en Listra (en la actual Turquía). Su padre era griego, y su madre, Eunice, era judía convertida al cristianismo. Su abuela, Loida, también era cristiana. Desde que era niño, su madre y su abuela le enseñaron a Timoteo el Antiguo Testamento. Pero Timoteo probablemente aprendió de Pablo acera de Jesús. Tal vez sea por eso que Pablo lo llamó "verdadero hijo en la fe" (1 Timoteo 1:2).

Sin duda, Pablo vio un gran potencial en este joven. Durante su segunda visita a Listra, Pablo invitó a Timoteo a que lo acompañara en su viaje misionero. Timoteo ayudó a Pablo a llevar el mensaje de Cristo por toda Macedonia. Timoteo continuó viajando con Pablo, tal vez todo el camino hasta Jerusalén. De allí, Pablo fue a Roma, donde fue encarcelado por el emperador Nerón. Timoteo estuvo con Pablo en Roma durante el primer encarcelamiento del apóstol.

Cuando Pablo tuvo que salir de Éfeso y dejar la iglesia, le pidió a Timoteo que fuera el pastor. Él sabía que podía contar con este joven. Pero también le escribió dos cartas con instrucciones, para ayudar a Timoteo a ser un buen líder de la iglesia.

Timoteo es un buen ejemplo de lo que un fiel creyente puede hacer por Dios. Pablo admiraba mucho a Timoteo, que es mencionado como coescritor de seis cartas de Pablo: 2 Corintios, Filipenses, Colosenses, 1 y 2 Tesalonicenses, y Filemón. ¿Cómo puedes tú, tal cual Timoteo, ser "ejemplo de los creyentes" (1 Timoteo 4:12)?

Puedes leer acerca de Timoteo en Hechos 17:14-15; 18:5; 19:22; 20:1-6; Filipenses 1:1; 2:19-23; Colosenses 1:1; Filemón 1, y en las cartas de 1 y 2 Timoteo.

11 según el glorioso evangelio del Dios bendito, que a mí se me ha encomendado.

El ministerio de Pablo

12 Doy gracias a Cristo Jesús nuestro Señor, que me fortaleció, porque me consideró fiel al ponerme en el ministerio,

13 aun cuando antes yo había sido blasfemo, perseguidor[b] e injuriador; pero fui tratado con misericordia porque lo hice por ignorancia, en incredulidad.

14 Pero la gracia de nuestro Señor fue más abundante con la fe y el amor que es en Cristo Jesús.

15 Esta palabra es fiel y digna de ser recibida por todos: Cristo Jesús vino al mundo para salvar a los pecadores, de los cuales yo soy el primero.

16 Pero por esto fui tratado con misericordia, para que en mí, el primer pecador, Jesucristo mostrara toda su clemencia, para ejemplo de los que habrían de creer en él para vida eterna.

1 Ti 2.3-6

17 Por tanto, al Rey de los siglos, al inmortal e invisible, al único y sabio Dios, sean el honor y la gloria por los siglos de los siglos. Amén.

18 Timoteo, hijo mío, te encargo este mandamiento para que, conforme a las profecías que antes se hicieron acerca de ti, presentes por ellas la buena batalla

19 y mantengas la fe y la buena conciencia, que por desecharlas algunos naufragaron en cuanto a la fe,

20 entre ellos Himeneo y Alejandro, a quienes entregué a Satanás para que aprendan a no blasfemar.

Instrucciones sobre la oración

2 Ante todo, exhorto a que se hagan rogativas, oraciones, peticiones y acciones de gracias por todos los hombres;

2 por los reyes y por todos los que ocupan altos puestos, para que vivamos con tranquilidad y reposo, y en toda piedad y honestidad.

3 Porque esto es bueno y agradable delante de Dios nuestro Salvador,

4 el cual quiere que todos los hombres sean salvos y lleguen a conocer la verdad.

5 Porque hay un solo Dios, y un solo mediador entre Dios y los hombres, que es Jesucristo hombre,

6 el cual se dio a sí mismo en rescate por todos, de lo cual se dio testimonio a su debido tiempo.

2 Ti 3.15

7 Para esto fui constituido predicador y apóstol (digo la verdad en Cristo, no miento), y maestro de los no judíos en la fe y la verdad.[a]

8 Por tanto, quiero que los hombres oren en todas partes, y levanten manos santas, sin ira ni contienda.

9 Quiero también que las mujeres se vistan con ropa decorosa, con pudor y modestia, y no con peinados ostentosos, ni con oro, ni perlas, ni vestidos costosos,[b]

10 sino con buenas obras, como corresponde a las mujeres que profesan la piedad.

11 Que la mujer aprenda en silencio y con toda sujeción,

12 pues no permito que la mujer enseñe ni ejerza dominio sobre el hombre, sino que guarde silencio.

13 Porque primero fue formado Adán,[c] y después Eva;[d]

14 y el engañado no fue Adán, sino que la mujer, al ser engañada, incurrió en transgresión.[e]

15 Pero se salvará al engendrar hijos, si es que con modestia permanece en la fe, el amor y la santificación.

Requisitos de los obispos

3 Ésta es palabra fiel: Si alguno anhela ser obispo, desea una buena obra.

2 Pero es necesario que el obispo sea irreprensible y que tenga una sola esposa; que sea sobrio, prudente, decoroso, hospedador, apto para enseñar;

3 no afecto al vino, ni pendenciero, ni codicioso de ganancias deshonestas, sino amable, apacible, no avaro;

[b]**1.13:** Hch 8.3; 9.4-5. [a]**2.7:** 2 Ti 1.11. [b]**2.9:** 1 P 3.3. [c]**2.13:** Gn 2.7. [d]**2.13:** Gn 2.21-22. [e]**2.14:** Gn 3.1-6.

PALABRAS CON PODER

MODESTIA
(1 Timoteo 2.9)

¿Pensaste alguna vez que encontrarías consejos de moda en la Biblia? Eso es lo que Pablo da aquí. Él exhorta a las mujeres cristianas a que se vistan con modestia. Una mujer que se viste modestamente, usa ropa que honra a Dios y refleja la pureza y la humildad. El origen de la modestia es el corazón o el carácter. En otras palabras, antes de vestirnos, debemos comprobar cómo está nuestro corazón. ¿Nos vestimos para atraer la atención sobre nosotros mismos? ¿O mostramos respeto a Dios con nuestra manera de vestir? La modestia no es solo para las mujeres; es para todos. Puedes ser modesto, es decir humilde y puro, en lo que haces y en lo que vistes.

4 que gobierne bien su casa, que tenga a sus hijos en sujeción y con toda honestidad

5 (pues el que no sabe gobernar su propia casa, ¿cómo podrá cuidar de la iglesia de Dios?);

6 no debe ser un neófito, no sea que se envanezca y caiga en la condenación del diablo.

7 También es necesario que tenga buen testimonio de los de afuera, para que no caiga en descrédito y en los lazos del diablo.[a]

Requisitos de los diáconos

8 De igual manera, los diáconos deben ser honestos y sin doblez, no demasiado afectos al vino ni codiciosos de ganancias deshonestas;

9 y deben guardar el misterio de la fe con limpia conciencia.

10 Además, éstos primero deben ser puestos a prueba y, si son irreprensibles, entonces podrán ejercer el diaconado.

11 Las mujeres, por su parte, deben ser honestas, y no calumniadoras, sino sobrias y fieles en todo.

12 Los diáconos deben tener una sola esposa, y gobernar bien a sus hijos y sus casas,

13 pues los que ejercen bien el diaconado ganan para sí mismos un grado honroso y mucha confianza en la fe que es en Cristo Jesús.

El misterio de la piedad

14 Aunque tengo la esperanza de ir pronto a visitarte, te escribo esto

15 para que, si me tardo, sepas cómo conducirte en la casa de Dios, que es la iglesia del Dios viviente, columna y baluarte de la verdad.

16 Indiscutiblemente, el misterio de la piedad es grande:

Dios fue manifestado en carne,
Justificado en el Espíritu,
Visto de los ángeles,
Predicado a las naciones,
Creído en el mundo,
Recibido arriba en gloria.

Predicción de la apostasía

4 Pero el Espíritu dice claramente que, en los últimos tiempos, algunos apostatarán de la fe y escucharán a espíritus engañadores y a doctrinas de demonios,

2 y que por la hipocresía de los mentirosos que tienen cauterizada la conciencia,

3 prohibirán casarse y mandarán abstenerse de los alimentos que Dios creó, para que los creyentes y los que han conocido la verdad participaran de ellos con acción de gracias.

4 Porque todo lo que Dios creó es bueno, y nada es desechable, si se toma con acción de gracias,

5 pues por la palabra de Dios y por la oración es santificado.

Un buen ministro de Jesucristo

6 Si enseñas esto a los hermanos, serás un buen ministro de Jesucristo, nutrido con las palabras de la fe y de la buena doctrina que has seguido.

[a] **3.2-7:** Tit 1.6-9.

7 Desecha las fábulas profanas y de viejas. Ejercítate para la piedad;

8 porque el ejercicio corporal es poco provechoso, pero la piedad es provechosa para todo, pues cuenta con promesa para esta vida presente, y para la venidera.

9 Esta palabra es fiel, y digna de ser recibida por todos.

10 Y por esto mismo trabajamos y sufrimos oprobios, porque hemos puesto nuestra esperanza en el Dios vivo, que es el Salvador de todos los hombres, y mayormente de los que creen.

11 Esto manda y enseña.

12 Ninguno tenga en poco tu juventud, sino sé ejemplo de los creyentes en palabra, conducta, amor, espíritu, fe y pureza.

13 Mientras llego, ocúpate en la lectura, la exhortación y la enseñanza.

2 Ti 1.6

14 No descuides el don que hay en ti, y que recibiste mediante profecía, cuando se te impusieron las manos del presbiterio.

15 Ocúpate en estas cosas, y permanece en ellas, para que tu aprovechamiento sea evidente a todos.

16 Ten cuidado de ti mismo y de la doctrina; persiste en ello. Si haces esto, te salvarás a ti mismo y a los que te escuchen.

Deberes hacia los demás

5 No reprendas al anciano, sino exhórtalo como a un padre; a los más jóvenes, como a hermanos;

2 a las ancianas, como a madres; a las jovencitas, con toda pureza, como a hermanas.

3 Honra a las viudas que en verdad son viudas.

4 Pero si alguna viuda tiene hijos, o nietos, éstos deben aprender primero a ser piadosos para con su propia familia, y a recompensar a sus padres; porque ante Dios esto es bueno y agradable.

5 La viuda que en verdad es viuda, y que se ha quedado sola, espera en Dios y noche y día persevera en súplicas y oraciones;

6 pero la que se entrega a los placeres, está muerta en vida.

LECCIONES — SER UN EJEMPLO

(1 Timoteo 4.12)

Timoteo era un joven pastor a cargo de personas de diferentes edades. Algunas eran mucho mayores que él. Así que Pablo le recordó que no pensara que porque era joven no podía ser un buen líder. A lo largo de la Biblia, vemos a jóvenes que hicieron grandes cosas por Dios: José (Génesis 39–45); Samuel (1 Samuel 3); David y Jonatán (1 Samuel 13–14; 17), la joven cautiva que trabajaban en casa de Namán (2 Reyes 5); y María (Mateo 1; Lucas 1–2). Sigue el consejo de Pablo: "Ninguno tenga en poco tu juventud, sino sé ejemplo de los creyentes."

7 Manda también estas cosas, para que sean irreprensibles;

8 porque si alguno no provee para los suyos, y especialmente para los de su casa, niega la fe y es peor que un incrédulo.

9 En la lista deben figurar sólo las viudas mayores de sesenta años, y que hayan tenido un solo marido;

10 que cuenten con un testimonio de buenas obras, como haber criado hijos, practicado la hospitalidad, lavado los pies de los santos, socorrido a los afligidos, y practicado toda buena obra.

11 Pero no admitas viudas más jóvenes, porque luego se rebelan contra Cristo y, llevadas por sus deseos, quieren casarse,

12 con lo que incurren en condenación por quebrantar su primera fe.

13 Además, aprenden a ser ociosas y a andar de casa en casa; y no solamente se vuelven ociosas sino también chismosas y entrometidas, y hablan de lo que no deben.

14 Por eso quiero que las viudas jóvenes se casen y críen hijos; que gobiernen su casa y no den al adversario ninguna ocasión de maledicencia.

15 Porque ya algunas se han apartado por seguir a Satanás.

16 Si algún creyente o alguna creyente tiene viudas, que las mantenga, para no gravar a la iglesia; así habrá lo suficiente para las viudas que en verdad lo son.

17 Los ancianos que gobiernan bien deben considerarse dignos de doble honor, mayormente los que se dedican a predicar y enseñar.

18 Pues la Escritura dice: «No pondrás bozal al buey que trilla»,[a] y: «Digno es el obrero de su salario.»[b]

19 No admitas ninguna acusación contra un anciano, a menos que haya dos o tres testigos.[c]

20 A los que persisten en pecar, repréndelos delante de todos, para que los demás también teman.

21 Te encarezco delante de Dios y del Señor Jesucristo, y de sus ángeles escogidos, que guardes estas cosas sin prejuicios y sin actuar con parcialidad.

22 No impongas a nadie las manos con ligereza, ni participes en pecados ajenos. Consérvate puro.

23 Por causa de tu estómago y de tus frecuentes enfermedades ya no bebas agua, sino toma un poco de vino.

24 Los pecados de algunos hombres se hacen evidentes antes de que ellos sean llevados a juicio, aunque a otros se les descubren después.

25 De igual manera, las buenas obras se hacen evidentes; y aun las que son diferentes, tampoco pueden permanecer ocultas.

6 Todos los que están sujetos a esclavitud, consideren a sus amos dignos de todo honor, para que no sea blasfemado el nombre de Dios ni la doctrina.

2 Y los que tienen amos creyentes, no deben considerarlos menos por ser hermanos. Al contrario, deben servirles mejor, ya que los que se benefician de su buen servicio son creyentes y amados. Esto debes enseñar y exhortar.

Piedad y contentamiento

3 Si alguno enseña otra cosa, y no se aviene a las sanas palabras de nuestro Señor Jesucristo y a la doctrina que corresponde a la piedad,

4 está envanecido, no sabe nada, y delira acerca de cuestiones y contiendas de palabras, de las cuales nacen las envidias, los pleitos, las blasfemias, las malas sospechas

5 y las disputas necias de hombres de entendimiento corrupto y privados de la verdad, que hacen de la piedad una fuente de ganancia. De gente así, apártate.

6 Pero la piedad es una gran ganancia, cuando va acompañada de contentamiento;

7 porque nada hemos traído a este mundo, y sin duda nada podremos sacar.

8 Así que, si tenemos sustento y abrigo, contentémonos con eso.

9 Los que quieren enriquecerse caen en la trampa de la tentación, y en muchas codicias necias y nocivas, que hunden a los hombres en la destrucción y la perdición;

10 porque la raíz de todos los males es el amor al dinero, el cual algunos, por codiciarlo, se extraviaron de la fe y acabaron por experimentar muchos dolores.

La buena batalla de la fe

11 Pero tú, hombre de Dios, huye de estas cosas y sigue la justicia, la piedad, la fe, el amor, la paciencia y la mansedumbre.

12 Presenta la buena batalla de la fe, aférrate a la vida eterna, a la cual también fuiste llamado cuando hiciste la buena profesión delante de muchos testigos.

13 Delante de Dios, que da vida a todas las cosas, y de Jesucristo, que dio testimonio de la buena profesión delante de Poncio Pilato,[a] te mando

14 que mantengas el mandamiento inmaculado e irreprensible hasta la aparición de nuestro Señor Jesucristo,

[a]**5.18:** Dt 25.4. [b]**5.18:** Mt 10.10; Lc 10.7. [c]**5.19:** Dt 17.6; 19.15. [a]**6.13:** Jn 18.37.

PROMESAS PODEROSAS

1 TIMOTEO 6.12

Presenta la buena batalla de la fe, aférrate a la vida eterna, a la cual también fuiste llamado cuando hiciste la buena profesión delante de muchos testigos.

La palabra ***presenta*** (***pelea*** en otras versiones) viene de una palabra griega que significa "agonizar". Cuando agonizamos sobre algo, lidiamos con el dolor y sufrimiento. La vida cristiana es una lucha que requiere determinación y lealtad a Jesús. Parte de la lucha consiste en una batalla contra las fuerzas del mal (Efesios 6:10-13) y en contra de las personas que difunden mentiras acerca de Jesús. Pablo le dijo a Timoteo que podía ganar esta lucha, o esta "buena batalla de la fe", con el poder del Espíritu Santo. Los NIÑOS PODEROSOS pelean la buena batalla de la fe en nombre de Jesús.

15 la cual a su debido tiempo mostrará el
bienaventurado y solo Soberano, Rey de re- 2 Ti 4.8
yes, y Señor de señores,
16 el único que es inmortal y que habita en
luz inaccesible, a quien ningún hombre ha
visto ni puede ver, al cual sea la honra y el
imperio sempiterno. Amén.
17 A los ricos de este siglo mándales que
no sean altivos, ni pongan su esperanza en
las riquezas, las cuales son inciertas, sino en
el Dios vivo, que nos da todas las cosas en
abundancia para que las disfrutemos.
18 Mándales que hagan el bien, y que
sean ricos en buenas obras, dadivosos y
generosos;
19 que atesoren para sí mismos un buen
fundamento para el futuro, que se aferren a
la vida eterna.

Encargo final de Pablo a Timoteo

20 Timoteo, guarda lo que se te ha enco-
mendado. Evita las pláticas profanas acerca
de cosas vanas, y los argumentos de la falsa-
mente llamada ciencia,
21 la cual algunos profesaron y se desvia-
ron de la fe. Que la gracia sea con ustedes.
Amén.

¡PUEDES SER RICO! *(1 Timoteo 6.18)*

La idea de ser rico, ¿te hace sonreír? Muchos desean ser ricos, porque creen que el dinero va a resolver todos los problemas. Otros quieren tener dinero porque creen que les dará poder. Pablo habló de otra clase de riqueza, de ser "ricos en buenas obras". Las buenas obras son cosas como orar por los demás, hablarle de Jesús a alguien, o ser amable. Éstas son maneras de acumular tesoros en el cielo (Mateo 6:19-21). Los NIÑOS PODEROSOS son ricos en buenas obras. A ellos les interesa más hacerse tesoros en el cielo que acumular dinero o riquezas en la tierra.

2 TIMOTEO

Autor: **Pablo**
Temas: **Fidelidad y persistencia**
Fecha en que se escribió: **C. 67 d.C.**

PERSISTIR HASTA EL FIN

Imagina recibir una carta de alguien que va a morir pronto. Cuando Pablo escribió esta epístola, estaba en la prisión de Nerón en Roma. Sabía que pronto sería ejecutado por su fe. Sabía que Timoteo necesitaba ayuda para liderar la iglesia. Falsos maestros aún intentaban engañar a la iglesia. Además, Nerón perseguía a los fieles porque no quería que el cristianismo creciera. Pablo advirtió a Timoteo a guardar la verdad de la Palabra de Dios, a estar firme en las dificultades y permanecer fiel como ministro.

LO QUE ENCONTRARÁS EN EL LIBRO

En el capítulo 1, Pablo le asegura a Timoteo su oración y cuidado. Pablo lo aconseja a permanecer fiel a Jesús. Además, lo reta a defender la verdad y seguir su ejemplo.

El capítulo 2 está lleno de consejos. Pablo le dice a Timoteo que transmita la verdad de Dios a personas confiables que enseñen a los demás (2.2). Él, entonces, dice al joven pastor que siga como buen soldado (2.3) y que sirva fielmente a Dios (2.15). Pablo dice a Timoteo que permanezca puro y preparado para los propósitos divinos (2.20-22).

En el capítulo 3, Pablo comparte más noticias: las personas llegarían a ser más y más rebeldes contra Dios (3.1-9). No importando lo que pudiera suceder, Pablo quería que Timoteo continuara fiel a Dios y a su obra en la iglesia (3.10-17).

En el capítulo 4, Pablo convoca a Timoteo a predicar la Palabra de Dios y trabajar como ministro (4.1-5). Al fin, Pablo reflexiona sobre el fin de su vida terrenal y le pide a Timoteo que lo visite pronto (4.6-22).

¿SABÍAS QUE 2 TIMOTEO...?

- Esta es la última carta de Pablo. Contiene las últimas palabras registradas del apóstol antes de ser ejecutado por Nerón.
- Es una guía sobre la inspiración de la Biblia. Presenta una de las afirmaciones más claras sobre la inspiración y propósito de las Escrituras.
- Es un ejemplo vivo de esperanza y coraje ante la certeza de la muerte.

Saludo

Yo, Pablo, apóstol de Jesucristo por la
voluntad de Dios y según la prome-
sa de la vida que es en Cristo Jesús,
[2] a Timoteo,[a] amado hijo: Que tengas gra-
cia, misericordia y paz, de Dios el Padre y de
Jesucristo nuestro Señor.

Testificando de Cristo

[3] Doy gracias a Dios, a quien, como mis
antepasados, sirvo con limpia conciencia, de
que siempre, día y noche, me acuerdo de ti
en mis oraciones.
[4] Al acordarme de tus lágrimas siento de-
seos de verte, para llenarme de gozo;
[5] pues me viene a la memoria la fe sincera
que hay en ti, la cual habitó primero en tu
abuela Loida, y en tu madre[b] Eunice, y estoy
seguro de que habita en ti también.
[6] Por eso te aconsejo que avives el fuego
del don de Dios, que por la imposición de
mis manos está en ti.
Heb 2.4
[7] Porque no nos ha dado Dios un espíri-
tu de cobardía, sino de poder, de amor y de
dominio propio.
[8] Por tanto, no te avergüences de dar tes-
timonio de nuestro Señor, ni tampoco de
mí, preso suyo. Al contrario, participa de las
aflicciones por el evangelio según el poder
de Dios,
1 P 3.15
[9] quien nos salvó y nos llamó con lla-
mamiento santo, no conforme a nuestras
obras, sino según el propósito suyo y la gra-
cia que nos fue dada en Cristo Jesús antes
de los tiempos de los siglos,
[10] pero que ahora ha sido manifestada por
la aparición de nuestro Salvador Jesucristo,
quien quitó la muerte y sacó a la luz la vida
y la inmortalidad por medio del evangelio,
[11] del cual yo fui constituido predicador,
apóstol y maestro de los no judíos.[c]
[12] Por eso mismo padezco esto. Pero no
me avergüenzo, porque yo sé a quién he
creído, y estoy seguro de que él es poderoso
para guardar mi depósito para aquel día.
[13] Retén la forma de las sanas palabras que
oíste de mí, en la fe y en el amor que es en
Cristo Jesús.
[14] Guarda el buen depósito por el Espíritu
Santo que habita en nosotros.
[15] Ya sabes que me abandonaron todos
los que están en Asia, dos de los cuales son
Figelo y Hermógenes.
[16] Que el Señor tenga misericordia de la
casa de Onesíforo, porque muchas veces
me reanimó, y no se avergonzó de mis ca-
denas,
[17] sino que cuando estuvo en Roma, me
buscó afanosamente y me halló.
[18] Que en aquel día el Señor le conceda
hallar misericordia cerca del Señor. Tú mejor
que nadie sabes cuánto nos ayudó en Éfeso.

PALABRAS CON PODER

SUFRIMIENTO
(2 Timoteo 1.15)

Éste fue quizás el tiempo más triste en la vida de Pablo. Estaba en prisión en Roma, sin esperanza de libertad (4:6-7). También se sentía triste porque muchos de sus amigos ya no lo visitaban, ni parecían darle importancia. No obstante, en medio del sufrimiento, Pablo permaneció fiel a Dios. Muchos cristianos hoy en día sufren por la causa de Cristo. Son encarcelados, y sus familiares y amigos se alejan de ellos. Jesús advirtió que como sus seguidores tendríamos problemas en este mundo (Juan 16:33). Pero prometió que estará con nosotros en el sufrimiento, especialmente si somos perseguidos. ¡Cuenta con esa promesa!

Un buen soldado de Jesucristo

2 Tú, hijo mío, esfuérzate en la gracia
que tenemos en Cristo Jesús.
[2] Lo que has oído de mí ante mu-
chos testigos, encárgaselo a hombres fieles
que sean idóneos para enseñar también a
otros.
[3] Tú, por tu parte, sufre penalidades como
buen soldado de Jesucristo.

[a]**1.2:** Hch 16.1. [b]**1.5:** Hch 16.1. [c]**1.11:** 1 Ti 2.7.

4 Ninguno que milita se enreda en los negocios de la vida, a fin de agradar a aquel que lo tomó por soldado.

5 Y tampoco el que lucha como atleta es coronado, si no lucha legítimamente.

6 El labrador, para participar de los frutos, debe trabajar primero.

7 Considera lo que digo, y el Señor te dé entendimiento en todo.

8 Acuérdate de Jesucristo, del linaje de David, que resucitó de los muertos conforme a mi evangelio,

9 en el cual sufro penalidades, y hasta encarcelamientos, como si fuera yo un malhechor; pero la palabra de Dios no está presa.

10 Por eso todo lo soporto por causa de los escogidos, para que ellos también obtengan la salvación que es en Cristo Jesús con gloria eterna.

11 Esta palabra es fiel:

Si morimos con él, también viviremos
con él;
12 Si sufrimos, también reinaremos con él;
Si lo negamos, también él nos negará.[a]
13 Si somos infieles, él permanece fiel;
Él no puede negarse a sí mismo.

Un obrero aprobado

14 Recuérdales esto, y exhórtalos ante el Señor a no contender acerca de palabras, que para nada aprovecha y que sólo lleva a la perdición de los que escuchan.

15 Procura con diligencia presentarte ante Dios aprobado, como obrero que no tiene de qué avergonzarse y que usa bien la palabra de verdad.

16 Pero evita las palabrerías vanas y profanas, porque más y más conducen a la impiedad

17 y su palabra carcome como gangrena; entre esa gente están Himeneo y Fileto,

18 que se desviaron de la verdad al decir que la resurrección ya se efectuó, con lo que trastornan la fe de algunos.

19 Pero el fundamento de Dios está firme, y tiene este sello: «El Señor conoce a los que son suyos»; y: «Que se aparte de la iniquidad todo aquel que invoca el nombre de Cristo.»

20 En una casa grande hay no sólo utensilios de oro y de plata, sino también de madera y de barro; y unos son para usos honrosos, y otros para usos viles.

21 Así que, quien se limpia de estas cosas será un instrumento para honra, santificado, útil al Señor, y dispuesto para toda buena obra.

22 Huye también de las pasiones juveniles, y sigue la justicia, la fe, el amor y la paz, junto con aquellos que con un corazón limpio invocan al Señor.

23 Pero desecha las cuestiones necias e insensatas; tú sabes que generan contiendas.

24 Y el siervo del Señor no debe ser contencioso, sino amable para con todos, apto para enseñar, sufrido;

25 que corrija con mansedumbre a los que se oponen, por si acaso Dios les concede arrepentirse para que conozcan la verdad

26 y escapen del lazo del diablo, en el cual se hallan cautivos y sujetos a su voluntad.

Carácter de los hombres en los postreros días

3 También debes saber que en los últimos días vendrán tiempos peligrosos,

2 y que habrá hombres amantes de sí mismos, avaros, vanagloriosos, soberbios, blasfemos, desobedientes a los padres, ingratos, impíos,

3 sin afecto natural, implacables, calumniadores, intemperantes, crueles, aborrecedores de lo bueno,

4 traidores, impetuosos, envanecidos, que amarán los deleites más que a Dios,

5 que parecerán muy piadosos, pero negarán la eficacia de la piedad; evítalos. Tit 2.11-12

6 Porque son éstos los que se meten en las casas y cautivan a mujeres débiles y cargadas de pecados, que se dejan llevar por sus malos deseos,

[a] **2.12:** Mt 10.33; Lc 12.9.

7 que siempre están aprendiendo y nun-
ca pueden llegar al conocimiento de la
verdad.
8 Y así como Janes y Jambres se opusie-
ron a Moisés,[a] también estos hombres se
oponen a la verdad; su entendimiento está
corrompido, y en cuanto a la fe están des-
calificados.
9 Pero no podrán seguir avanzando, por-
que su insensatez se hará evidente a todos,
como también lo fue la de aquéllos.
10 Pero tú has seguido mi doctrina, con-
ducta, propósito, fe, longanimidad, amor,
paciencia,
11 persecuciones y padecimientos, como
los que me sobrevinieron en Antioquía,[b]
en Iconio[c] y en Listra;[d] persecuciones que
he sufrido, y de las cuales me ha librado el
Señor.
12 También todos los que quieren vivir
piadosamente en Cristo Jesús padecerán
persecución;
13 pero los hombres malvados y los en-
gañadores irán de mal en peor: engañarán y
serán engañados.
14 Tú, por tu parte, persiste en lo que has
aprendido y en lo que te persuadiste, pues
sabes de quién has aprendido;
15 tú desde la niñez has conocido las Sa-
gradas Escrituras, las cuales te pueden hacer
sabio para la salvación por la fe que es en
Cristo Jesús.
Tit 3.3-7
16 Toda la Escritura es inspirada por Dios,
y útil para enseñar, para redargüir, para cor-
regir, para instruir en justicia,
17 a fin de que el hombre de Dios sea perfecto,
enteramente preparado para toda buena obra.

Predica la palabra

4 Te encargo delante de Dios y del
Señor Jesucristo, quien juzgará a los
vivos y a los muertos en su manifes-
tación y en su reino,
2 que prediques la palabra; que instes a
tiempo y fuera de tiempo; redarguye, repren-
de, exhorta con toda paciencia y doctrina.
3 Porque vendrá un tiempo en que no so-
portarán la sana doctrina, sino que aun tenien-
do comezón de oír se amontonarán maestros
conforme a sus propios malos deseos,
4 y apartarán de la verdad sus oídos y se
volverán a las fábulas.
5 Pero tú sé sobrio en todo, soporta las
aflicciones, haz obra de evangelista, cumple
tu ministerio.
6 Yo estoy ya a punto de ser sacrificado, y
el tiempo de mi partida está cercano.
7 He peleado la buena batalla, he acabado
la carrera, he guardado la fe.
8 Por lo demás, me está reservada la co-
rona de justicia, que en aquel día me dará
el Señor, el juez justo; y no sólo a mí, sino
también a todos los que aman su venida.
Tit 2.13

Instrucciones personales

9 Procura venir pronto a verme,
10 porque Demas[a] me ha desamparado.
Prefirió este mundo, y se fue a Tesalónica.
Crescente se fue a Galacia, y Tito[b] a Dal-
macia.

[a]**3.8:** Éx 7.11. [b]**3.11:** Hch 13.14-52. [c]**3.11:** Hch 14.1-7. [d]**3.11:** Hch 14.8-20. [a]**4.10:** Col 4.14; Flm 24. [b]**4.10:** 2 Co 8.23; Gá 2.3; Tit 1.4.

¡HUYE! *(2 Timoteo 2.22)*

A veces, para ser un seguidor de Cristo, ¡hay que tener un buen calzado para correr! No cualquier calzado, sino uno espiritual. No te servirán para una carrera, sino te ayudarán a escapar del pecado y la tentación. Pablo advirtió a Timoteo a que ***huyera de*** las personas, los lugares, y las cosas pecaminosas que pudieran causarle a desobedecer a Dios. Pablo también le dijo que ***corriera a*** la gente buena y de corazón puro. Este es un buen consejo para ti. Usa tu calzado "espiritual" para huir del mal y correr hacia la bondad y pureza.

¿PUEDO CONFIAR EN LA BIBLIA?

¿Se puede confiar en lo que está escrito en la Biblia? Como ha sido escrita por hombres, ¿no tendrá algunos errores? Muchos hacen estas preguntas acerca de la Biblia. Tal vez tú también tienes preguntas. A continuación hay algunas razones por las que puedes confiar en la Biblia, la Palabra de Dios.

Escrita por hombres pero inspirada por Dios

Para escribir la Biblia, el Espíritu Santo usó a muchas personas con talentos y habilidades especiales. Esa es una razón de que la Biblia sea tan interesante. Mientras escribían, Dios guió a estas personas en lo que debían escribir y cómo debían hacerlo. Esto quiere decir que la Biblia no tiene errores en lo que dice acerca de cualquier tema, incluso acerca de la historia y el universo.

Aunque Dios usó a personas para escribir la Biblia, Pablo dijo que "toda la Escritura es inspirada por Dios" (2 Timoteo 3:16). Esto significa que el Señor dio a cada escritor las ideas y las palabras para escribir. El Espíritu Santo guió a los escritores para que escribieran exactamente lo que Dios quería que se escriba. Jesús también dijo que la Biblia es la Palabra inspirada de Dios, hasta el más mínimo detalle (Mateo 5:18). Todo lo que Jesús dijo lo recibió del Padre, y cada detalle es la verdad (Juan 5:19).

El mensaje de Dios a su pueblo

Los escritores de la Biblia sabían que lo que escribían era la Palabra de Dios, un mensaje directamente de Él a ellos (lee Deuteronomio 18:18). Una y otra vez los profetas, como Isaías y Jeremías, comenzaron sus escritos con estas palabras: "Así dice el Señor".

La Biblia es el registro de la sabiduría y el carácter de Dios. Presenta sus reglas para la vida y habla de su amor por su pueblo. Él explica su plan para salvar al mundo de sus pecados por medio de Jesucristo. No hay libro en todo el mundo que sea como la Biblia. Está lleno de la verdad de Dios sobre todas las cosas de este mundo.

¿Cómo podemos entender la Biblia? El Espíritu Santo abre nuestra mente para que entendamos lo que dice. Nos ayuda a entender que la Biblia realmente proviene de Dios y que tiene poder de ayudarnos y guiarnos (lee 1 Corintios 2:12). El Espíritu Santo nos enseña cómo la Biblia puede ayudarnos a ganar victoria sobre el pecado, Satanás, y la maldad en el mundo. Jesús también nos enseñó a hacer esto. Él usó la Palabra de Dios para permanecer firme cuando Satanás lo tentó en el desierto (Mateo 4:4; Efesios 6:12, 17).

Es importante saber que la Biblia vino a nosotros de parte de Dios y que no tiene errores. Esto significa que podemos depender de ella para que nos guíe en nuestro andar cristiano. Puesto que Dios no cambia, podemos tener la certeza de que su Palabra no cambia. Es una guía fiel de parte de nuestro Dios fiel.

PROMESAS PODEROSAS

2 TIMOTEO 3.16-17

Toda la Escritura es inspirada por Dios, y útil para enseñar, para redargüir, para corregir, para instruir en justicia, a fin de que el hombre de Dios sea perfecto, enteramente preparado para toda buena obra.

Aunque Dios escogió a hombres para que escribieran la Biblia, el Espíritu Santo los guió en los que escribían. Les dio las palabras adecuadas para usar, palabras que cambiarían vidas. La Palabra de Dios te ayuda a ser el NIÑO PODEROSO que Dios quiere que seas.

LECCIONES

LA BUENA BATALLA

(2 Timoteo 4.7)

Pablo sabía que pronto sería condenado a muerte por Nerón (versículo 6). Cuando pensaba en su vida como cristiano, dijo que había "peleado la buena batalla". La "buena batalla" es la vida cristiana y sus luchas espirituales. Pablo luchó contra Satanás (Efesios 6:12), la rebelión en contra de Dios (2 Timoteo 3:1-5), los falsos maestros (2 Timoteo 4:3-5), y toda clase de pecados (Romanos 6). Al final de su vida, Pablo pudo gozarse de haber permanecido fiel a Jesús. Haz una lista de lo que puedes hacer hoy para seguir fiel a Cristo.

11 Sólo Lucas[c] está conmigo. Toma a Mar-
cos[d] y tráelo contigo, porque me es útil para
el ministerio.
12 A Tíquico[e] lo envié a Éfeso.
13 Cuando vengas, tráeme el capote que
dejé en Troas,[f] en casa de Carpo, y también
los libros, especialmente los pergaminos.
14 Alejandro,[g] el calderero, me ha causado
mucho daño; que el Señor le pague confor-
me a sus hechos.
15 Cuídate también tú de él, pues se ha
opuesto mucho a nuestras palabras.
16 En mi primera defensa nadie estuvo a
mi lado; todos me desampararon. Espero
que no les sea tomado en cuenta.
17 Pero el Señor sí estuvo a mi lado, y me
dio fuerzas, para que por mí se cumpliera la
predicación y todas las naciones la oyeran.
Así fui librado de la boca del león.
18 Y el Señor me librará de toda obra mala,
y me preservará para su reino celestial. A
él sea la gloria por los siglos de los siglos.
Amén.

Saludos y bendición final

19 Saluda a Prisca y a Aquila,[h] y a la casa de
Onesíforo.[i]
20 Erasto[j] se quedó en Corinto, y a Trófi-
mo[k] lo dejé en Mileto, pues estaba enfermo.
21 Procura venir antes del invierno. Eubulo
te saluda, lo mismo que Pudente, Lino, Clau-
dia y todos los hermanos.
22 Que el Señor Jesucristo esté con tu es-
píritu. Que la gracia sea con ustedes. Amén.

[c]**4.11:** Col 4.14; Flm 24. [d]**4.11:** Hch 12.12, 25; 13.13; 15.37-39; Col 4.10; Flm 24. [e]**4.12:** Hch 20.4; Ef 6.21-22; Col 4.7-8. [f]**4.13:** Hch 20.6. [g]**4.14:** 1 Ti 1.20. [h]**4.19:** Hch 18.2. [i]**4.19:** 2 Ti 1.16-17. [j]**4.20:** Hch 19.22; Ro 16.23. [k]**4.20:** Hch 20.4; 21.29.

TITO

Autor: **Pablo**
Temas: **La sana doctrina y las buenas obras**
Fecha en que se escribió: **c. 65 d.C.**

CARTA A UN LÍDER

Como 1 y 2 Timoteo, este libro es una carta personal de Pablo a Tito, uno de sus ayudantes. Se la denomina una "carta pastoral", porque asesorar a los pastores sobre cómo gobernar bien la iglesia. Tito era un no judío de la isla de Creta. Pablo le enseñó a creer en Jesús como su Salvador. Tito se convirtió en ayudante de Pablo en sus viajes misioneros. Más tarde, Pablo escogió a Tito para que organizara las iglesias entre los cretenses (1:5).

En los tiempos del Nuevo Testamento, muchos decían que los cretenses eran mentirosos y ociosos (1:12-13). Así Pablo quería enseñar a Tito cómo elegir buenos líderes para las iglesias de Creta. Él quería que estas iglesias se hicieran fuertes y que combatieran a los falsos maestros (1.11).

LO QUE ENCONTRARÁS EN EL LIBRO

En esta carta, Pablo enseñó a Tito cómo elegir a un pastor. Un buen líder de la iglesia sabe hacerse respetar en su casa (1:5-9). Pablo también quería que Tito enseñara la verdad de la Palabra de Dios y se pusiera firme en contra de los falsos maestros (1:10 a 2:1). A continuación, Pablo estableció las funciones en la iglesia propias de los ancianos (2:1-2), las ancianas (2:3-4), las mujeres más jóvenes (2:4-5), los jóvenes (2:6-8), y los siervos (2:9-10). Por último, Pablo enfatizó que las buenas obras y el cumplimiento de las normas de Dios son el resultado de la fe en el Señor (1:16; 2:7, 14; 3:1, 8, 14).

¿SABÍAS QUE TITO...?

- Tiene una frase de Epiménides, un poeta griego famoso, que Pablo cita en el primer capítulo: "Los cretenses son siempre mentirosos, malas bestias y glotones ociosos."
- Es un manual para escoger los líderes de la iglesia.
- Da uno de los mejores resúmenes de la salvación en Jesucristo.

Saludo

Yo, Pablo, siervo de Dios y apóstol de Jesucristo, según la fe de los escogidos de Dios y el conocimiento de la verdad que corresponde a la piedad,

2 en la esperanza de la vida eterna, la cual Dios, que no miente, prometió desde antes del principio de los siglos,

3 y a su debido tiempo manifestó su palabra por medio de la predicación que me fue encomendada por mandato de Dios nuestro Salvador,

4 a Tito,[a] verdadero hijo en nuestra fe común: Recibe gracia, misericordia y paz, de Dios el Padre y del Señor Jesucristo, nuestro Salvador.

Requisitos de ancianos y obispos

5 Por esto te dejé en Creta, para que corrigieras lo deficiente y establecieras ancianos en cada ciudad, tal y como yo te mandé:

6 ancianos irreprensibles, maridos de una sola mujer y con hijos creyentes, que no estén acusados de disolución ni de rebeldía.

7 Porque es necesario que el obispo, como administrador de Dios, sea irreprensible, no soberbio ni iracundo, ni afecto al vino, ni pendenciero, ni codicioso de ganancias deshonestas,

8 sino hospitalario, amante de lo bueno, sobrio, justo, santo, dueño de sí mismo,

9 apegado a la palabra fiel, tal y como ha sido enseñada, para que también pueda exhortar con sana enseñanza y convencer a los que contradicen.[b]

10 Porque aún hay muchos rebeldes, que hablan de vanidades y de engaños, especialmente los de la circuncisión,

11 a los cuales es preciso tapar la boca. Éstos trastornan casas enteras, y a cambio de ganancias deshonestas enseñan lo que no conviene.

12 Uno de ellos, que es su propio profeta, dijo: «Los cretenses son siempre mentirosos, malas bestias y glotones ociosos.»

13 Éste es un testimonio verdadero; así que repréndelos duramente, para que sean sanos en la fe

14 y no atiendan a fábulas judaicas, ni a mandamientos de hombres que se apartan de la verdad.

15 Para los puros, todas las cosas son puras; pero para los corruptos e incrédulos nada es puro, pues hasta su mente y su conciencia están corrompidas;

16 dicen conocer a Dios, pero con los hechos lo niegan, pues son odiosos y rebeldes, reprobables en cuanto a toda buena obra.

Enseñanza de la sana doctrina

2 Pero tú habla de lo que vaya de acuerdo con la sana doctrina.

2 Que los ancianos sean sobrios, serios, prudentes, sanos en la fe, en el amor y en la paciencia.

3 Asimismo, las ancianas deben ser reverentes en su porte y maestras del bien, no calumniadoras ni esclavas del vino;

4 deben enseñar a las mujeres más jóvenes a amar a sus maridos y a sus hijos,

5 a ser prudentes, castas, cuidadosas de su casa, buenas y sujetas a sus maridos, para que la palabra de Dios no sea blasfemada.

6 Exhorta asimismo a los jóvenes a que sean prudentes;

7 preséntate tú mismo en todo como ejemplo de buenas obras y muestra en la enseñanza integridad y seriedad,

8 con palabras sanas e irreprochables, de modo que el adversario se avergüence y no tenga nada malo que decir de ustedes.

9 Exhorta a los siervos a que se sujeten a sus amos y a que les agraden en todo; que no sean respondones

10 ni los defrauden, sino que se muestren fieles en todo, para que en todo engalanen la doctrina de Dios, nuestro Salvador.

11 Porque la gracia de Dios se ha manifestado para la salvación de todos los hombres,

12 y nos enseña que debemos renunciar a la impiedad y a los deseos mundanos, y vivir en esta época de manera sobria, justa y piadosa,

Heb 11.13-16

[a]**1.4:** 2 Co 8.23; Gá 2.3; 2 Ti 4.10. [b]**1.6-9:** 1 Ti 3.2-7.

Heb 9.28 [13] mientras aguardamos la bendita espe-
ranza y la gloriosa manifestación de nuestro
gran Dios y Salvador Jesucristo,
[14] quien se dio a sí mismo por nosotros para
redimirnos de toda iniquidad[a] y purificar para
sí un pueblo propio,[b] celoso de buenas obras.
[15] Habla de estas cosas, y exhorta y re-
prende con toda autoridad. Que nadie te
menosprecie.

Justificados por gracia

3 Recuérdales que se sujeten a los go-
bernantes y a las autoridades; que
obedezcan y que estén dispuestos a
toda buena obra.
[2] Que no difamen a nadie ni sean pen-
dencieros, sino amables; que muestren toda
mansedumbre para con todos los hombres.
[3] Porque en otro tiempo nosotros también
éramos insensatos, rebeldes, extraviados, escla-
vos de los malos deseos y de diversos deleites;
vivíamos en malicia y envidia, nos aborrecían y
nos aborrecíamos unos a otros.
[4] Pero cuando se manifestó la bondad de
Dios, nuestro Salvador, y su amor para con
los hombres,
[5] nos salvó, y no por obras de justicia que
nosotros hubiéramos hecho, sino por su mi-
sericordia, por el lavamiento de la regenera-
ción y por la renovación en el Espíritu Santo,
[6] el cual derramó en nosotros abundante-
mente por Jesucristo, nuestro Salvador,
[7] para que al ser justificados por su gracia
viniéramos a ser herederos conforme a la es-
Heb 2.3 peranza de la vida eterna.

PALABRAS CON PODER

ESPERANZA *(Tito 2.13)*

Muchos niños tienen esperanza para su vida. Tienen la esperanza de tener muchos amigos, o de recibir un nuevo juego de video, o de hacer un viaje de diversión. La "bendita esperanza" en este versículo se refiere a una esperanza mucho más importante. Es el día en que Jesús regresará a la tierra y llevará a sus seguidores para que vivan con Él por siempre (Juan 14:3). Los creyentes en Cristo han esperado que esto ocurra desde que Jesús regresó al cielo. Según Pablo, este es el deseo más importante que puede tener un cristiano. ¿Esperas tú el regreso de Jesús? ¿Es para ti una esperanza importante?

[8] Ésta es palabra fiel, y en esto quiero que
insistas con firmeza, para que los que creen
en Dios procuren ocuparse en las buenas
obras. Estas cosas son buenas y útiles a los
hombres.
[9] Pero evita las cuestiones necias, las ge-
nealogías, las contenciones y las discusiones
acerca de la ley, porque son vanas y no son
de provecho.
[10] Al que cause divisiones, deséchalo des-
pués de una y otra amonestación,
[11] pues sabrás que tal persona se ha per-
vertido, y peca y su propio juicio lo con-
dena.

[a]**2.14:** Sal 130.8. [b]**2.14:** Éx 19.5; Dt 4.20; 7.6; 14.2; 26.18; 1 P 2.9.

LA GRACIA DE DIOS *(Tito 2.11)*

Un regalo es algo que recibimos, y no algo por lo cual trabajamos. La gracia es un regalo. Es un don que Dios da gratuitamente. Él permitió que su Hijo muriera por los pecados del mundo entero. Esta fue una obra de gracia. Pablo quería que Tito enseñara acerca de la gracia de Dios y la esperanza que trae a la vida. Este don nos da poder para vivir de la manera que agrada a Dios. ¿A quién le contarás acerca del don de la gracia de Dios?

Instrucciones personales

12 Cuando te envíe a Artemas o a Tíquico,[a] apresúrate a reunirte conmigo en Nicópolis, porque he decidido pasar allí el invierno.

13 Apresúrate también a poner en camino a Zenas, el intérprete de la ley, y a Apolos,[b] y ayúdalos para que nada les falte.

14 Y que aprendan también los nuestros a ocuparse en las buenas obras para los casos de necesidad, para que no se queden sin dar fruto.

Salutaciones y bendición final

15 Todos los que están conmigo te saludan. Saluda a los que nos aman en la fe.

Que la gracia sea con todos ustedes. Amén.

LECCIONES — EL LAVAMIENTO DE LA REGENERACIÓN

(Tito 3.5)

Regenerar algo es hacerlo como nuevo. Por ejemplo, la estrella de mar puede regenerar sus extremidades. Si se corta una de ellas, otra crecerá en su lugar. Pablo dijo que Dios nos ha salvado por "el lavamiento de la regeneración". Esta frase se refiere al nuevo nacimiento de los que reciben a Jesús como su Salvador. Estas personas "nacen de nuevo" (Juan 3:3-7) por el poder del Espíritu Santo y son bautizadas en agua como señal del cambio de vida (lee Hechos 22:16). El bautismo es un símbolo de que tu vida ha sido "lavada" y hecha nueva o que ha sido regenerada.

---

[a]**3.12:** Hch 20.4; Ef 6.21-22; Col 4.7-8; 2 Ti 4.12. [b]**3.13:** Hch 18.24; 1 Co 16.12.

FILEMÓN

Autor: **Pablo**
Tema: **Solicitud de restauración**
Fecha en que se escribió: **c. 62 d.C.**

PERDÓN PARA UN FUGITIVO

Esta carta tiene que ver con dos hombres. Uno de ellos es Filemón, dueño de esclavos y miembro de la iglesia en Colosas. El otro es Onésimo, un esclavo que se había escapado de la casa de Filemón a Roma. Pablo pudo haber llevado a Filemón a la fe en Cristo (versículo 19). Cuando su esclavo Onésimo huyó a Roma, conoció allí a Pablo, quien lo guió a conocer a Jesucristo. Pablo sabía que Onésimo tenía a volver a la casa de su amo. El apóstol también sabía que, de acuerdo con la ley romana, Filemón podía condenar a muerte a Onésimo. Pablo escribió esta carta para pedirle a Filemón que recibiera a Onésimo como un amigo cristiano. También le pidió que tratara a Onésimo con el mismo amor que le mostraría a Pablo.

LO QUE ENCONTRARÁS EN EL LIBRO

Pablo escribió esta carta en un estilo persuasivo greco-romano. El objetivo era producir un entendimiento (versículos 4.10), persuadir a la mente (versículos 11-19), y conmover las emociones (versículos 20-21). Pablo quiso persuadir a Filemón a que recibiera a Onésimo nuevamente, no como esclavo sino como un hermano en Cristo (versículos 15-16). Pablo sugirió que Onésimo (cuyo nombre significa "útil") antes era "inútil", pero que ahora era realmente "útil" para Pablo y Filemón (versículos 10-12).

Pablo quería que Onésimo se quedarse con él para que lo ayudara mientras estaba preso en Roma; pero sabía que el esclavo tenía que volver a su amo (versículos 13-14). El apóstol se ofreció a pagar cualquier cantidad de dinero que Filemón había perdido por la ausencia de Onésimo. A la vez le recordó a Filemón que éste estaba espiritualmente en deuda con Pablo (versículos 17-19). El apóstol concluyó la carta con saludos de sus colaboradores en Roma (versículos 23-24).

¿SABÍAS QUE FILEMÓN...?

- Es la más breve de las cartas de Pablo.
- Era un manual para los creyentes en Cristo en el mundo romano, que eran dueños de esclavos.

Saludo

Yo, Pablo, prisionero de Jesucristo, y el hermano Timoteo, al amado Filemón, colaborador nuestro,

2 a la amada hermana Apia, a Arquipo,[a] nuestro compañero de milicia, y a la iglesia que está en tu casa:

3 Reciban ustedes gracia y paz de Dios nuestro Padre, y del Señor Jesucristo.

El amor y la fe de Filemón

4 Doy gracias a mi Dios siempre que me acuerdo de ti en mis oraciones,

5 porque me he enterado del amor y de la fe que tienes hacia el Señor Jesús, y para con todos los santos;

6 y pido que la participación de tu fe sea eficaz en el conocimiento de todo el bien que está en ustedes por Cristo Jesús.

7 Hermano, tenemos gran gozo y consolación en tu amor, porque por ti han sido reconfortados los corazones de los santos.

Pablo intercede por Onésimo

8 Por eso, y aunque tengo mucha libertad en Cristo para mandarte lo que conviene,

9 más bien te ruego por amor. Yo, Pablo, que ya soy anciano, y además prisionero de Jesucristo,

10 te ruego por mi hijo Onésimo,[1],[b] que es el fruto de mis prisiones.

11 En otro tiempo, él te resultaba inútil, pero ahora nos es útil a ti y a mí.

12 Ahora vuelvo a enviártelo, y te pido recibirlo como si me recibieras a mí mismo.

13 Yo quisiera retenerlo conmigo, para que me sirviera en mis prisiones por el evangelio, en lugar tuyo;

14 pero no he querido hacer nada sin tu consentimiento, para que tu favor no te resulte una imposición, sino que sea un acto voluntario.

15 Tal vez para esto se apartó de ti por algún tiempo; para que lo recibieras para siempre,

16 no ya como a un esclavo, sino como a alguien más que un esclavo, como a un hermano amado, de manera especial para mí, pero más aún para ti, tanto en la carne como en el Señor.

17 Así que, si me consideras tu compañero, recíbelo como si fuera yo mismo.

18 Y si algún daño te causó, o si te debe algo, ponlo a mi cuenta.

19 Yo, Pablo, escribo esto de mi puño y letra; yo te lo pagaré; por no decir que tú mismo estás en deuda conmigo.

20 Así es, hermano; permíteme sacar algún provecho de ti en el Señor; reconforta mi corazón en el Señor.

21 Te he escrito porque confío en tu obediencia, y porque sé que harás aun más de lo que te pido.

22 Prepárame también alojamiento, pues espero que por las oraciones de ustedes se les concederá verme.

Salutaciones y bendición final

23 Te saludan Epafras,[c] que es mi compañero de prisiones por Cristo Jesús,

24 y mis colaboradores Marcos,[d] Aristarco,[e] Demas[f] y Lucas.[g]

25 Que la gracia de nuestro Señor Jesucristo sea con su espíritu. Amén.

---

[a] **2:** Col 4.17. [1] **1.10** Este nombre significa ***útil*** (v. 11) o ***provechoso*** (v. 20). [b] **10:** Col 4.9. [c] **23:** Col 1.7; 4.12. [d] **24:** Hch 12.12, 25; 13.13; 15.37-39; Col 4.10. [e] **24:** Hch 19.29; 27.2; Col 4.10. [f] **24:** Col 4.14; 2 Ti 4.10. [g] **24:** Col 4.14; 2 Ti 4.11.

HABLA DE TU FE EN CRISTO *(Filemón 6)*

¿Quién te habló acerca de Cristo? La persona que te habló del Señor hizo lo que Pablo sugiere aquí, que hablemos de nuestra fe en Cristo. Los que expresan su fe, tanto en palabras como en hechos, cumplen las enseñanzas de Jesús de llevar las buenas noticias de la salvación a todo el mundo (Mateo 28:19-20). Produce gran alegría hablar a otros de Jesús y ayudarles a confiar en Él como su Salvador. ¿Has experimentado esa satisfacción? Si no, piensa en alguien a quien le pudieras hablar de tu fe en Cristo.

HEBREOS

Autor: **Desconocido**
Temas: **Un mejor pacto; Jesús, nuestro Sumo Sacerdote**
Fecha en que se escribió: **c. 67-69 d.C. (aproximadamente)**

FIRME HASTA EL FINAL

¿Quién escribió la carta a los Hebreos? Nadie sabe a ciencia cierta. El autor no revela su nombre en el título, o en el texto de la carta, pero al parecer era una persona bien conocida por los lectores (13:18-24). Los posibles autores incluyen a Pablo, Felipe (Hechos 8), Bernabé, Priscila y Aquila, y Apolos (Hechos 18).

La carta a los Hebreos fue escrita para los creyentes en Cristo judíos que eran perseguidos. El autor deseaba fortalecer la fe de ellos en Jesús al enseñarles acerca de Él. Jesús es el centro y propósito del cristianismo, la única fuente del perdón de Dios. El autor exhorta a sus lectores a que permanezcan firmes en la fe y que crezcan como los creyentes en Cristo.

LO QUE ENCONTRARÁS EN EL LIBRO

Hay tres secciones en la carta a los Hebreos. (1) La primera parte es en todo acerca de Jesús, el poderoso Hijo de Dios. Él es superior a los profetas (1:1-3); a los ángeles (1:4–2:18); a Moisés, el legislador (3:1-6); y a Josué, el conquistador (4:1-10). Gracias a Jesús tenemos un mejor pacto (convenio de vida) con Dios. El Señor ofrece perdón a todos los que reciben a Jesús como su Salvador. (2) La segunda parte muestra a Jesús como Sumo Sacerdote, superior a los sacerdotes del Antiguo Testamento (4:14—5:10; 6:19—7:25; 7:26-28; 8:1–10:18). En los tiempos del Antiguo Testamento, el pueblo sacrificaba una y otra vez para pagar por sus pecados. Pero Jesús fue el sacrificio perfecto, que nunca se repetirá (10:1-18). (3) La última parte (10:19–13:17) motiva a los creyentes en Cristo a ser fuertes, aun en el sufrimiento, y a que siempre vivan en santidad.

¿SABÍAS QUE HEBREOS...?

- Es uno de los libros mejores escritos de la Biblia.
- Usa más de veinte nombres para Jesucristo.
- Es más conocido por su famosa "galería de los héroes de la fe" (capítulo 11). Esta es una lista de los creyentes más fuertes de todos los tiempos.
- Es el único libro del Nuevo Testamento que habla de Jesús como nuestro Sumo Sacerdote.
- Es un libro de advertencias. Más que cualquier otro libro del Nuevo Testamento advierte acerca de los peligros de renunciar a la fe en Cristo.

Dios ha hablado por su Hijo

Dios, que muchas veces y de distintas maneras habló en otros tiempos a nuestros padres por medio de los profetas,

2 en estos días finales nos ha hablado por medio del Hijo, a quien constituyó heredero de todo, y mediante el cual hizo el universo.

3 Él es el resplandor de la gloria de Dios. Es la imagen misma de lo que Dios es. Él es quien sustenta todas las cosas con la palabra de su poder. Después de llevar a cabo la purificación de nuestros pecados por medio de sí mismo, se sentó a la derecha de la Majestad, en las alturas,

4 y ha llegado a ser superior a los ángeles, pues ha recibido un nombre más sublime que el de ellos.

PALABRAS CON PODER

IMAGEN PERFECTA DE DIOS
(Hebreos 1.3)

La expresión "imagen perfecta" se refiere a la marca que deja un sello cuando se presiona sobre un documento. También se refiere al molde que se usa para hacer monedas. La marca en los sellos y en las monedas muestra la imagen exacta de lo que está en el molde. El Hijo de Dios, Jesús, es como el sello y las monedas. Él nos muestra la gloria exacta de Dios. Él tiene la naturaleza del Padre. Si tú crees en Jesús, el Espíritu Santo ha sellado o marcado tu corazón con la imagen de Dios. Él te ayuda a ser como Jesús.

El Hijo es superior a los ángeles

5 Porque jamás dijo Dios a ninguno de sus ángeles:

«Tú eres mi Hijo.
Yo te he engendrado hoy.»[a]

Ni tampoco:

«Yo seré su Padre,
y él será mi hijo.»[b]

6 Además, cuando Dios introduce al Primogénito en el mundo, dice:

«Que lo adoren todos los ángeles de Dios.»[c]

7 Acerca de los ángeles, dice:

«Él hace que sus ángeles sean como vientos,
y sus ministros como llamas de fuego.»[d]

8 Pero del Hijo dice:

«Tu trono, oh Dios, es eterno y para siempre;
el cetro de tu reino es un cetro de justicia.
9 Amas la justicia, y odias la maldad.
Por eso te ungió Dios, tu Dios,
con óleo de alegría más que a tus compañeros.»[e]

10 Y también dice:

«Señor, tú fundaste la tierra en el principio,
Y los cielos son obra de tus manos.
11 Ellos perecerán, pero tú permaneces para siempre.
Todos ellos se desgastarán como un vestido;
12 los enrollarás como un manto, y quedarán cambiados;
pero tú eres el mismo,
Y tus años no tendrán fin.»[f]

13 Dios jamás le dijo a ninguno de los ángeles:

«Siéntate a mi derecha
hasta que ponga a tus enemigos
por estrado de tus pies.»[g]

14 ¿Y acaso no son todos ellos espíritus ministradores, enviados para servir a quienes serán los herederos de la salvación?

Una salvación tan grande

2 Por tanto, es necesario que prestemos más atención a lo que hemos oído, no sea que nos extraviemos.

2 Porque si el mensaje anunciado por medio de los ángeles fue firme, y toda transgresión y desobediencia recibió su justo castigo,

[a] **1.5:** Sal 2.7. [b] **1.5:** 2 S 7.14; 1 Cr 17.13. [c] **1.6:** Dt 32.43 (Gr.). [d] **1.7:** Sal 104.4. [e] **1.8-9:** Sal 45.6-7. [f] **1.10-12:** Sal 102.25-27. [g] **1.13:** Sal 110.1.

1 P 4.10-11 · Heb 5.9

3 ¿cómo escaparemos nosotros, si descuidamos una salvación tan grande? Esta salvación fue anunciada primeramente por el Señor, y los que la oyeron nos la confirmaron.
4 Además, Dios la ha confirmado con señales y prodigios, y con diversos milagros y repartimientos del Espíritu Santo, según su voluntad.

El autor de la salvación

5 Dios no puso el mundo venidero, del cual estamos hablando, bajo la autoridad de los ángeles.
6 Como alguien testificó en cierto lugar:
«¿Qué es el hombre, para que te acuerdes de él,
o el hijo del hombre, para que lo tengas en cuenta?
7 Lo hiciste un poco menor que los ángeles;
lo coronaste de gloria y de honra,
y lo pusiste sobre las obras de tus manos;
8 todo lo sujetaste debajo de sus pies.»[a]
Así que, si Dios puso todas las cosas debajo de sus pies, entonces no dejó nada que no esté sujeto a él. Sin embargo, todavía no vemos que todas las cosas le estén sujetas.
9 Lo que sí vemos es que Jesús, que fue hecho un poco menor que los ángeles, está coronado de gloria y de honra, a causa de la muerte que sufrió. Dios, en su bondad, quiso que Jesús experimentara la muerte para el bien de todos.
10 Porque convenía que Dios, por quien todas las cosas existen y subsisten, perfeccionara mediante el sufrimiento al autor de la salvación de ellos, a fin de llevar muchos hijos a la gloria.
11 Porque el mismo origen tienen el que santifica y los que son santificados. Por eso no se avergüenza de llamarlos hermanos
12 cuando dice:
«Anunciaré tu nombre a mis hermanos,
Y en medio de la congregación te alabaré.»[b]
13 Y en otra parte:
«Yo confiaré en él.»[c]
Y una vez más:
«Aquí estoy, con los hijos que Dios me dio.»[d]
14 Así como los hijos eran de carne y hueso, también él era de carne y hueso, para que por medio de la muerte destruyera al que tenía el dominio sobre la muerte, es decir, al diablo,
15 y de esa manera librara a todos los que, por temor a la muerte, toda su vida habían estado sometidos a esclavitud.
16 Ciertamente él no vino para ayudar a los ángeles, sino a los descendientes de Abrahán.
17 Por eso le era necesario ser semejante a sus hermanos en todo: para que llegara a ser un sumo sacerdote misericordioso y fiel en lo que a Dios se refiere, y expiara los pecados del pueblo.
18 Puesto que él mismo sufrió la tentación, es poderoso para ayudar a los que son tentados.

LECCIONES ¡NO TE EXTRAVÍES!

(Hebreos 2.1-3)

¿Alguna vez tuviste un amigo que quiso estar contigo, pero que de repente empezó a ignorarte? Duele cuando alguien ya no quiere ser nuestro amigo. A veces nos alejamos de Dios; dejamos que las preocupaciones, las dudas, y los temores nos extravíen de su camino. El autor de Hebreos nos recuerda cuán grande es Jesús, para que no nos alejemos de Él. El término griego para "extraviar" describe una nave que se aleja del refugio seguro del puerto para luego naufragar entre las rocas. Para evitar ese triste resultado, ten cuidado de no alejarte de Dios.

Jesús, superior a Moisés

3 Por lo tanto, hermanos santos, que tienen parte del llamamiento celestial, consideren a Cristo Jesús, el

[a]**2.6-8:** Sal 8.4-6. [b]**2.12:** Sal 22.22. [c]**2.13:** Is 8.17. [d]**2.13:** Is 8.18. [a]**3.2:** Nm 12.7. [b]**3.7-11:** Sal 95.7-11. [c]**3.15:** Sal 95.7-8. [d]**3.16-18:** Nm 14.1-35.

apóstol y sumo sacerdote de la fe que pro-
fesamos.
2 Él es fiel al que lo constituyó, como lo fue
también Moisés en toda la casa de Dios.[a]
3 Pero a Jesús se le ha concedido más
honor que a Moisés, así como al que hace
una casa se le rinde más honor que a la casa
misma.
4 Porque toda casa es hecha por alguien,
pero el que hizo todas las cosas es Dios.
5 Como siervo, Moisés fue fiel en toda la
casa de Dios, para dar testimonio de lo que
se iba a decir.
6 Cristo, en cambio, como hijo es fiel so-
bre su casa, que somos nosotros, si mante-
nemos la confianza firme hasta el fin y nos
gloriamos en la esperanza.

El reposo del pueblo de Dios

7 Por eso, como dice el Espíritu Santo:
«Si ustedes oyen hoy su voz,
8 no endurezcan su corazón,
como lo hicieron en el desierto,
en el día de la tentación,
cuando me provocaron.
9 Allí los antepasados de ustedes
me tentaron, me pusieron a prueba,
aun cuando durante cuarenta años
habían visto mis obras.
10 Por eso me disgusté contra ellos,
y dije: "Su corazón siempre divaga;
no han reconocido mis caminos."
11 Por eso, en mi furor juré:
"No entrarán en mi reposo."»[b]
12 Hermanos, cuiden de que no haya entre
ustedes ningún corazón pecaminoso e incré-
dulo, que los lleve a apartarse del Dios vivo.
13 Más bien, anímense unos a otros día
tras día, mientras se diga «Hoy», para que
el engaño del pecado no endurezca a nadie.
14 Nosotros hemos llegado a participar de
Cristo, siempre y cuando retengamos firme
hasta el fin la confianza que tuvimos al prin-
cipio.
15 Como ya se ha dicho:
«Si ustedes oyen hoy su voz,
No endurezcan su corazón,
como cuando me provocaron.»[c]
16 ¿Y quiénes fueron los que lo provoca-
ron, aun después de haberlo oído? ¿No fue-
ron acaso todos los que salieron de Egipto
por mediación de Moisés?
17 ¿Y con quiénes estuvo él disgustado
durante cuarenta años? ¿No fue acaso con
los que pecaron, cuyos cadáveres quedaron
tendidos en el desierto?
18 ¿Y a quiénes les juró que no entrarían en su
reposo, sino a aquellos que desobedecieron?[d]
19 Como podemos ver, no pudieron entrar
por causa de su incredulidad.

4 Por eso, temamos a Dios mientras
tengamos todavía la promesa de en-
trar en su reposo, no sea que alguno
de ustedes parezca haberse quedado atrás.
2 Porque la buena nueva se nos ha anun-
ciado a nosotros lo mismo que a ellos; pero
de nada les sirvió a ellos el oír esta palabra
porque, cuando la oyeron, no la acompaña-
ron con fe.
3 Pero los que creímos hemos entrado en
el reposo, conforme a lo que él dijo:
«Por eso, en mi furor juré:
"No entrarán en mi reposo"»,[a]
aun cuando sus obras estaban acabadas
desde la creación del mundo. 4 En cierto lu-
gar se dice así del séptimo día: «Dios reposó
de todas sus obras en el séptimo día.»[b]
5 Y una vez más dice: «No entrarán en mi
reposo».[c]
6 Por lo tanto, y puesto que aún falta que al-
gunos entren en el reposo, y como aquellos a
quienes primero se les anunció la buena nueva
no entraron por causa de su desobediencia,
7 vuelve a determinarse un día, «Hoy», al
decir después de tanto tiempo, por medio
de David:
«Si ustedes oyen hoy su voz,
no endurezcan su corazón».[d]
8 Si Josué les hubiera dado el reposo,[e] no
habría hablado después de otro día.
9 De modo que aún queda un reposo para
el pueblo de Dios.

[a]**4.3:** Sal 95.11. [b]**4.4:** Gn 2.2. [c]**4.5:** Sal 95.11. [d]**4.7:** Sal 95.7-8. [e]**4.8:** Dt 31.7; Jos 22.4.

10 Porque el que entra en su reposo, reposa también de sus obras, como Dios reposó de las suyas.[f]

11 Procuremos, pues, entrar en ese reposo, para que nadie siga el ejemplo de los que desobedecieron.

12 La palabra de Dios es viva y eficaz, y más cortante que las espadas de dos filos, pues penetra hasta partir el alma y el espíritu, las coyunturas y los tuétanos, y discierne los pensamientos y las intenciones del corazón.

13 Nada de lo que Dios creó puede esconderse de él, sino que todas las cosas quedan al desnudo y descubiertas a los ojos de aquel a quien tenemos que rendir cuentas.

Jesús el gran sumo sacerdote

14 Por lo tanto, y ya que en Jesús, el Hijo de Dios, tenemos un gran sumo sacerdote que traspasó los cielos, retengamos nuestra profesión de fe.

15 Porque no tenemos un sumo sacerdote que no pueda compadecerse de nuestras debilidades, sino uno que fue tentado en todo de la misma manera que nosotros, aunque sin pecado.

16 Por tanto, acerquémonos confiadamente al trono de la gracia, para alcanzar misericordia y hallar gracia para cuando necesitemos ayuda.

5 Todo sumo sacerdote es elegido entre los hombres, y constituido a favor de los hombres ante la presencia de Dios, para presentar ofrendas y sacrificios por los pecados

2 y para mostrarse paciente con los ignorantes y extraviados, ya que él mismo adolece de la debilidad humana.

3 Por eso mismo debe presentar una ofrenda por sus propios pecados, así como por los del pueblo.[a]

4 Pero nadie puede tomar este honor por cuenta propia, sino sólo el que es llamado por Dios, como en el caso de Aarón.[b]

5 Tampoco Cristo se glorificó a sí mismo haciéndose sumo sacerdote, sino que ese honor se lo dio el que le dijo:

LECCIONES **LA PALABRA DE DIOS** *(Hebreos 4.12)*

Las palabras de Dios expresan su carácter, sus deseos, y sus propósitos. La Biblia es la palabra de Dios en forma escrita. Es como una espada afilada que puede "partir" nuestro corazón para revelar cualquier motivo o actitud, sea bueno o malo. Dios usa su Palabra para transformar nuestros corazones. Su Palabra es también como el bisturí de un cirujano. Corta las cosas malas para traer sanidad. Puedes usar la espada aguda de la Palabra de Dios para luchar contra la tentación.

«Tú eres mi Hijo,
Yo te he engendrado hoy»,[c]

6 y que en otro lugar también dice:
«Tú eres sacerdote para siempre,
según el orden de Melquisedec».[d]

7 Cuando Cristo vivía en este mundo, con gran clamor y lágrimas ofreció ruegos y súplicas al que lo podía librar de la muerte,[e] y fue escuchado por su temor reverente.

8 Aunque era Hijo, aprendió a obedecer mediante el sufrimiento;

9 y una vez que alcanzó la perfección, llegó a ser el autor de la salvación eterna para todos los que le obedecen, Heb 7.25

10 y Dios lo declaró sumo sacerdote, según el orden de Melquisedec.

Advertencia contra la apostasía

11 Acerca de esto tenemos mucho que decir, aunque no es fácil explicarlo porque ustedes son lentos para entender.

12 Aunque después de tanto tiempo ya debieran ser maestros, todavía es necesario que se les vuelva a enseñar lo más elemental de las palabras de Dios. Esto es tan así que lo que necesitan es leche, y no alimento sólido.

13 Pero todos los que se alimentan de leche son inexpertos en la palabra de justicia, porque son como niños.[f]

[f] **4.10:** Gn 2.2. [a] **5.3:** Lv 9.7. [b] **5.4:** Éx 28.1. [c] **5.5:** Sal 2.7. [d] **5.6:** Sal 110.4. [e] **5.7:** Mt 26.36-46; Mr 14.32-42; Lc 22.39-46. [f] **5.12-13:** 1 Co 3.2.

PROMESAS PODEROSAS

HEBREOS 4.16

Por tanto, acerquémonos confiadamente al trono de la gracia, para alcanzar misericordia y hallar gracia para cuando necesitemos ayuda.

A veces es difícil admitir que hemos hecho algo malo. Pero si sabemos que la persona a quien hemos hecho daño nos ama, es fácil hablar con ella. Dios nos invita a que nos acerquemos a Él cada vez que necesitemos perdón. Gracias a la muerte de Jesús en la cruz, podemos acercarnos a Dios con confianza y sin temor.

14 El alimento sólido es para los que ya han
alcanzado la madurez, para los que pueden
discernir entre el bien y el mal, y han ejerci-
tado su capacidad de tomar decisiones.

6 Por lo tanto, dejemos a un lado las
enseñanzas elementales acerca de
Cristo, y avancemos hacia la per-
fección. No volvamos a cuestiones básicas,
tales como el arrepentirnos de las acciones
que nos llevan a la muerte, o la fe en Dios,
2 o las enseñanzas acerca del bautismo, o
la imposición de manos, o la resurrección de
los muertos y el juicio eterno.
3 Todo esto lo haremos, si Dios nos lo
permite.
4 No es posible que los que alguna vez fue-
ron iluminados y saborearon el don celestial,
y tuvieron parte en el Espíritu Santo,
5 y saborearon además la buena palabra
de Dios y los poderes del mundo venidero,
6 pero volvieron a caer, vuelvan también a
ser renovados para arrepentimiento. ¡Eso se-
ría volver a crucificar al Hijo de Dios para ellos
mismos, y exponerlo a la vergüenza pública!
7 Cuando la tierra absorbe la lluvia que le
cae con frecuencia, y produce plantas útiles
para quienes la cultivan, recibe la bendición
de Dios;
8 pero cuando produce espinos y abro-
jos, no vale nada; poco le falta para ser
maldecida,[a] y acaba por ser quemada.
9 Queridos hermanos, aunque hablamos
así, con respecto a ustedes estamos conven-
cidos de cosas mejores, que tienen que ver
con la salvación.
10 Porque Dios es justo, y no olvidará el
trabajo de ustedes y el amor que han mos-
trado hacia él mediante el servicio a los san-
tos, como hasta ahora lo hacen.
11 Pero deseamos que cada uno de uste-
des muestre el mismo entusiasmo hasta el
fin, para la plena realización de su esperanza
12 y para que no se hagan perezosos, sino
que sigan el ejemplo de quienes por medio
de la fe y la paciencia heredan las promesas.
13 Cuando Dios hizo la promesa a Abra-
hán, juró por sí mismo, porque no había na-
die superior a él por quien jurar,
14 y dijo: «Ciertamente te bendeciré con
abundancia y multiplicaré tu descendencia».[b]
15 Y Abrahán esperó con paciencia, y reci-
bió lo que Dios le había prometido.
16 Cuando alguien jura, lo hace por alguien
superior a sí mismo. De esa manera confirma
lo que ha dicho y pone fin a toda discusión.
17 Por eso Dios, queriendo demostrar clara-
mente a los herederos de la promesa que sus
propósitos no cambian, les hizo un juramento,
18 para que por estas dos cosas que no
cambian, y en las que Dios no puede mentir,
tengamos un sólido consuelo los que bus-
camos refugio y nos aferramos a la esperan-
za que se nos ha propuesto.
19 Esta esperanza mantiene nuestra alma
firme y segura, como un ancla, y penetra
hasta detrás del velo,[c]
20 donde Jesús, nuestro precursor, entró por
nosotros y llegó a ser sumo sacerdote para
siempre, según el orden de Melquisedec.[d]

El sacerdocio de Melquisedec

7 Este Melquisedec, que era rey de
Salén y sacerdote del Dios altísimo,
salió al encuentro de Abrahán cuan-

[a]**6.8:** Gn 3.17-18. [b]**6.14:** Gn 22.16-17. [c]**6.19:** Lv 16.2. [d]**6.20:** Sal 110.4.

do éste volvía de derrotar a los reyes, y lo
bendijo.

2 Entonces Abrahán le dio los diezmos
de todo.[a] Melquisedec significa, en primer
lugar, «Rey de justicia», y también «Rey de
Salén», que significa «Rey de paz».

3 Nada se sabe de su padre ni de su madre,
ni de sus antepasados, ni si tuvo principio ni
fin; pero, a semejanza del Hijo de Dios, per-
manece como sacerdote eterno.

4 Ustedes pueden ver, entonces, su gran-
deza, pues el mismo patriarca Abrahán le
dio los diezmos del botín.

5 Ahora bien, según la ley,[b] los descendien-
tes de Leví, que reciben el sacerdocio, tienen
el derecho de tomar los diezmos del pue-
blo, es decir, de sus propios hermanos, aun
cuando éstos sean también descendientes
de Abrahán.

6 Pero Melquisedec, aunque no era des-
cendiente de Leví, tomó de Abrahán los
diezmos, y bendijo al que tenía las prome-
sas;

7 ¡y nadie puede negar que el que bendice
es superior al que recibe la bendición!

8 En este caso, los que reciben los diezmos
son simples hombres; pero en aquél, los re-
cibe Melquisedec, de quien se da testimo-
nio de que vive.

9 Y hasta podría decirse que Leví, que aho-
ra recibe los diezmos, en aquel tiempo los
pagó por medio de Abrahán,

10 pues Leví ya estaba presente en su an-
tepasado Abrahán cuando Melquisedec le
salió al encuentro.

11 Si la perfección se alcanzara mediante el
sacerdocio levítico (ya que bajo éste el pue-
blo recibió la ley), ¿qué necesidad habría de
que aún se levantara otro sacerdote, según
el orden de Melquisedec y no según el de
Aarón?

12 Porque al cambiar el sacerdocio, tam-
bién se tiene que cambiar la ley.

13 Pero nuestro Señor, de quien la Escri-
tura dice esto, era de otra tribu, de la cual
nadie sirvió al altar.

14 Es bien sabido que nuestro Señor pro-
cedía de la tribu de Judá, acerca de la cual
Moisés no dijo nada en relación con el sa-
cerdocio.

15 Esto resulta más evidente si el nuevo sa-
cerdote que se levanta es alguien semejante
a Melquisedec,

16 quien no llegó a ser sacerdote por ceñir-
se a una ley meramente humana, sino por el
poder de una vida indestructible.

17 Pues de él se hace constar:

«Tú eres sacerdote para siempre,
Según el orden de Melquisedec».[c]

18 De modo que el mandamiento anterior
queda anulado por resultar endeble e inútil,

19 ya que la ley no perfeccionó nada, y en
su lugar tenemos una esperanza mejor, por
la cual nos acercamos a Dios.

20 Además, esto no se hizo sin un jura-
mento.

21 Los otros sacerdotes fueron nombrados
sin juramento, pero éste fue nombrado por
el juramento de aquel que le dijo:

«El Señor lo ha jurado, y no se arre-
pentirá:
"Tú eres sacerdote para siempre,
según el orden de Melquisedec"».[d]

22 Por lo tanto, es Jesús quien garantiza un
pacto mejor.

23 Ahora bien, los otros sacerdotes fueron
muchos porque la muerte les impedía con-
tinuar;

24 pero Jesús tiene un sacerdocio inmuta-
ble porque permanece para siempre.

25 Por eso, también puede salvar para
siempre a los que por medio de él se acer- 1 Jn 5.11-12
can a Dios, ya que vive siempre para interce-
der por ellos.

26 Jesús es el sumo sacerdote que necesi-
tábamos tener: santo, inocente, sin mancha,
apartado de los pecadores, y exaltado por
encima de los cielos.

27 No es como los otros sumos sacerdotes,
que diariamente tienen que ofrecer sacrifi-
cios, primero por sus propios pecados y lue-
go por los del pueblo.[e] Jesús hizo esto una

[a]**7.1-2:** Gn 14.17-20. [b]**7.5:** Nm 18.21. [c]**7.17:** Sal 110.4. [d]**7.21:** Sal 110.4. [e]**7.27:** Lv 9.7.

sola vez y para siempre, cuando se ofreció a sí mismo.

28 La ley nombra sumos sacerdotes a hombres débiles; pero el juramento, que es posterior a la ley, nombra sumo sacerdote al Hijo, quien ha sido hecho perfecto para siempre.

El mediador de un nuevo pacto

8 Ahora bien, el punto principal de lo que venimos diciendo es que el sumo sacerdote que tenemos es tal que se sentó a la derecha del trono de la Majestad en los cielos.[a]

2 Él es ministro del santuario, de ese tabernáculo verdadero, levantado por el Señor y no por los hombres.

3 Todo sumo sacerdote es designado para presentar ofrendas y sacrificios, y por eso es necesario que también tenga algo que ofrecer.

4 Si estuviera sobre la tierra, ni siquiera sería sacerdote, porque aquí ya hay sacerdotes que presentan las ofrendas de acuerdo con la ley.

5 Estos sacerdotes sirven a lo que no es más que modelo y sombra de las cosas celestiales, tal y como se le advirtió a Moisés cuando iba a levantar el tabernáculo: «Ten cuidado de hacer todas las cosas según el modelo que se te ha mostrado en el monte.»[b]

6 Pero nuestro Sumo Sacerdote ha recibido un ministerio mucho mejor, pues es mediador de un pacto mejor, establecido sobre mejores promesas.

7 Si el primer pacto hubiera sido perfecto, no habría sido necesario un segundo pacto.

8 Pero Dios, al reprocharles sus defectos, dice:

«Vienen días (dice el Señor)
en que estableceré un nuevo pacto
con la casa de Israel y la casa de Judá.
9 Ese pacto no será semejante
al que hice con sus antepasados
el día en que los tomé de la mano
para sacarlos de la tierra de Egipto,
pues ellos no fueron fieles a mi pacto,
y por eso los abandoné (dice el Señor).
10 Éste es el pacto que haré
con la casa de Israel:
Después de aquellos días (dice el
Señor)
pondré mis leyes en su mente,
y las escribiré sobre su corazón.
Yo seré su Dios,
y ellos serán mi pueblo.
11 Ya nadie enseñará a su prójimo,
ni le dirá a su hermano: "Conoce al
Señor",
porque todos me conocerán,
desde el más pequeño hasta el más
grande.
12 Seré misericordioso con sus injusticias,
y nunca más me acordaré de sus pecados
ni de sus iniquidades.»[c]

13 Al decir «nuevo pacto», se ha dado por viejo al primero; y lo que es viejo y anticuado está en vías de desaparecer.

9 Ahora bien, incluso el primer pacto tenía reglas para el culto, y un santuario terrenal.

2 En efecto, el tabernáculo[a] estaba dispuesto así: en la primera parte, llamada el Lugar Santo, estaban el candelabro,[b] la mesa y los panes de la proposición.[c]

3 Tras el segundo velo estaba la parte del tabernáculo llamada el Lugar Santísimo,[d]

4 el cual tenía un incensario de oro[e] y el arca del pacto, totalmente recubierta de oro;[f] en el arca había una urna de oro que contenía el maná,[g] la vara de Aarón que reverdeció,[h] y las tablas del pacto.[i]

5 Por encima del arca estaban los querubines de la gloria, los cuales cubrían el propiciatorio.[j] Pero de esto no se puede hablar ahora en detalle.

6 Con todo esto dispuesto así, los sacerdotes entran continuamente en la primera parte del tabernáculo para celebrar los oficios del culto;[k]

[a] **8.1:** Sal 110.1. [b] **8.5:** Éx 25.40. [c] **8.8-12:** Jer 31.31-34. [a] **9.2:** Éx 26.1-30. [b] **9.2:** Éx 25.31-40. [c] **9.2:** Éx 25.23-30. [d] **9.3:** Éx 26.31-33. [e] **9.4:** Éx 30.1-6. [f] **9.4:** Éx 25.10-16. [g] **9.4:** Éx 16.33. [h] **9.4:** Nm 17.8-10. [i] **9.4:** Éx 25.16; Dt 10.3-5. [j] **9.5:** Éx 25.18-22. [k] **9.6:** Nm 18.2-6.

7 pero en la segunda parte entra únicamente el sumo sacerdote, y esto sólo una vez al año, y siempre llevando sangre, la cual ofrece por sí mismo y por los pecados involuntarios que el pueblo comete.[l]

8 Con esto el Espíritu Santo nos da a entender que, mientras la primera parte del tabernáculo siga en pie, el camino que lleva al Lugar Santísimo aún no estará abierto.

9 Todo esto es un símbolo para el tiempo presente, de que las ofrendas y sacrificios que allí se presentan no pueden perfeccionar la conciencia de los que adoran así,

10 ya que tienen que ver sólo con comidas y bebidas, y con diversas ceremonias de purificación y ordenanzas externas, cuyo valor tiene vigencia hasta que llegue el tiempo de reformarlo todo.

11 Pero Cristo vino ya, y es el sumo sacerdote de los bienes venideros, a través del tabernáculo más amplio y más perfecto, el cual no ha sido hecho por los hombres, es decir, que no es de esta creación,

12 y no por medio de la sangre de machos cabríos ni de becerros, sino por medio de su propia sangre. Entró una sola vez y para siempre en el Lugar Santísimo, y así obtuvo para nosotros la redención eterna.

13 Si la sangre de los toros y de los machos cabríos,[m] y las cenizas de la becerra[n] rociadas sobre los impuros, santifican para la purificación de la carne,

14 ¡cuánto más la sangre de Cristo, que por medio del Espíritu eterno se ofreció a sí mismo sin mancha a Dios, limpiará de obras muertas nuestra conciencia, para que sirvamos al Dios vivo!

15 Por eso Cristo es mediador de un nuevo pacto,[1] para que los llamados reciban la promesa de la herencia eterna, pues con su muerte libera a los hombres de los pecados cometidos bajo el primer pacto.

16 Porque cuando hay un testamento,[2] es necesario que haya constancia de la muerte del que lo hizo,

17 ya que un testamento no tiene ningún valor mientras el que lo hizo siga con vida.

18 Por eso, ni siquiera el primer pacto se estableció sin sangre,

19 porque después de que Moisés anunció todos los mandamientos de la ley a todo el pueblo, tomó la sangre de los becerros y de

PALABRAS CON PODER **NUESTRO SUMO SACERDOTE** *(Hebreos 8.1)*

En tiempos bíblicos, el sumo sacerdote ofrecía sacrificios por el pueblo y por él mismo. Era así que Dios perdonaba los pecados. Pero el sumo sacerdote tenía que seguir ofreciendo sacrificios. Jesús es nuestro Sumo Sacerdote, un sumo sacerdote mucho mejor que los sacerdotes de los tiempos bíblicos. ¿Por qué? Porque Jesús se ofreció a sí mismo como el sacrificio perfecto, una vez por todas. Jesús continuamente ora por los que creen en Él. También nos da el Espíritu Santo, que llena, guía, y da poder a los que le sirven.

[l]**9.7:** Lv 16.2-34. [m]**9.13:** Lv 16.15-16. [n]**9.13:** Nm 19.9, 17-19. [1]**9.15** La misma palabra griega significa tanto ***pacto*** como ***testamento.*** [2]**9.16** La misma palabra griega significa tanto ***pacto*** como ***testamento.***

JESÚS, EL INTERCESOR *(Hebreos 7.25)*

Un intercesor es alguien que ora por los demás. Antes de que Jesús fuera a la cruz, oró por sus discípulos y por los cristianos que aún no habían nacido (Juan 17). Como explica este versículo, Jesús aún ora por los cristianos. Porque lo que hace, podemos experimentar el amor, el perdón, y la gracia de Dios. Sin las continuas oraciones de Jesús, podríamos dejar de confiar en Dios y ceder a la tentación. Las oraciones de Jesús dan a los NIÑOS PODEROSOS poder para la vida.

los machos cabríos junto con agua, lana escarlata y una rama de hisopo, y roció el libro de la ley y a todo el pueblo.

20 Entonces le dijo al pueblo: «Ésta es la sangre del pacto que Dios les ha mandado.»[o]

21 Además de esto, con la sangre roció también el tabernáculo y todos los vasos del ministerio.[p]

22 Según la ley, casi todo es purificado con sangre; pues sin derramamiento de sangre no hay perdón.[q]

El sacrificio de Cristo quita el pecado

23 Por lo tanto, era absolutamente necesario que las réplicas de las cosas celestiales fueran purificadas así; pero las cosas celestiales mismas necesitan mejores sacrificios que éstos,

24 porque Cristo no entró en el santuario hecho por los hombres, el cual era un mero reflejo del verdadero, sino que entró en el cielo mismo para presentarse ahora ante Dios en favor de nosotros.

25 Y no entró para ofrecerse muchas veces, como el sumo sacerdote, que cada año entra en el Lugar Santísimo con sangre ajena.

26 Si así fuera, Cristo habría tenido que morir muchas veces desde la creación del mundo; pero ahora, al final de los tiempos, se presentó una sola vez y para siempre, y se ofreció a sí mismo como sacrificio para quitar el pecado.

27 Y así como está establecido que los hombres mueran una sola vez, y después venga el juicio,

28 así también Cristo fue ofrecido una sola vez para llevar los pecados de muchos; pero aparecerá por segunda vez, ya sin relación con el pecado, para salvar a los que lo esperan.

1 P 5.4

10 La ley es apenas el contorno de los bienes venideros, y no su imagen real. Por eso jamás podrá hacer perfectos a los que cada año se acercan a Dios para ofrecer los mismos sacrificios.

2 Si en realidad pudiera, entonces los que rinden este culto, una vez limpios, dejarían de ofrecerlos, pues ya no tendrían más conciencia de pecado.

3 Pero con estos sacrificios, cada año se hace memoria de los pecados,

4 porque la sangre de los toros y de los machos cabríos no puede quitar los pecados.

5 Por eso, al entrar en el mundo, Cristo dijo:

«No quieres sacrificio y ofrenda,
pero me has dado un cuerpo.
6 No te agradan los holocaustos
ni las expiaciones por el pecado.
7 Entonces dije: "Mi Dios,
aquí estoy para hacer tu voluntad,
como está escrito de mí en el libro."»[a]

8 Al decir primero: «No quieres ni te agradan sacrificios ni ofrendas, ni holocaustos ni expiaciones por el pecado» (cosas que se ofrecen según la ley),

9 y luego añadir: «Aquí estoy, para hacer tu voluntad», quita lo primero para establecer esto último.

10 Por esa voluntad somos santificados, mediante la ofrenda del cuerpo de Jesucristo, hecha una sola vez y para siempre.

11 Todo sacerdote ministra día tras día, y una y otra vez ofrece los mismos sacrificios, los cuales nunca pueden quitar los pecados.[b]

12 Pero Cristo, después de ofrecer una sola vez un solo sacrificio por los pecados, para siempre se sentó a la derecha de Dios,

13 y de ahí en adelante está en espera de que sus enemigos sean puestos por estrado de sus pies.[c]

14 Él, por medio de una sola ofrenda, hizo perfectos para siempre a los santificados.

15 De esto nos da testimonio el Espíritu Santo, pues primero dice:

16 «El Señor ha dicho:
Éste es el pacto que haré con ellos
después de aquellos días:
Pondré mis leyes en su corazón,
y las escribiré en su mente.»[d]

[o] **9.19-20:** Éx 24.6-8. [p] **9.21:** Lv 8.15. [q] **9.22:** Lv 17.11. [a] **10.5-7:** Sal 40.6-8. [b] **10.11:** Éx 29.38. [c] **10.12-13:** Sal 110.1. [d] **10.16:** Jer 31.33.

17 Y luego añade:

«Y nunca más me acordaré de sus
pecados y transgresiones.»[e]

18 Cuando los pecados ya han sido perdonados, no hay más necesidad de presentar ofrendas por el pecado.

19 Hermanos, puesto que con toda libertad podemos entrar en el Lugar Santísimo por la sangre de Jesucristo,

20 por el camino nuevo y vivo que él nos abrió a través del velo, es decir, de su propio cuerpo,

21 y puesto que tenemos un gran sacerdote al frente de la casa de Dios,

22 acerquémonos con un corazón sincero, y con la plena seguridad de la fe, con el corazón[f] purificado de una mala conciencia, y con el cuerpo lavado en agua pura.[g]

23 Mantengamos firme y sin fluctuar la esperanza que profesamos, porque fiel es el que prometió.

24 Tengámonos en cuenta unos a otros, a fin de estimularnos al amor y a las buenas obras.

25 No dejemos de congregarnos, como es la costumbre de algunos, sino animémonos unos a otros; y con más razón ahora que vemos que aquel día se acerca.

Heb 12.1

Advertencia a los pecadores deliberados

26 Si con toda intención pecamos después de haber recibido el conocimiento de la verdad, ya no queda más sacrificio por los pecados

27 sino una terrible expectativa del juicio y del fuego ardiente que devorará a los enemigos de Dios.[h]

28 Cualquiera que desobedece la ley de Moisés, muere sin falta, siempre y cuando haya dos o tres testigos que declaren en su contra.[i]

29 ¿Y qué mayor castigo piensan ustedes que merece el que pisotea al Hijo de Dios y considera impura la sangre del pacto,[j] en la cual fue santificado, e insulta al Espíritu de la gracia?

30 Bien sabemos que el Señor ha dicho: «Mía es la venganza, yo pagaré»,[k] y también: «El Señor juzgará a su pueblo».[l]

31 ¡Horrenda cosa es caer en las manos del Dios vivo!

32 Pero recuerden ustedes los tiempos pasados, cuando después de haber sido iluminados soportaron ustedes los sufrimientos de una gran lucha.

33 Algunas veces fueron expuestos públicamente a las burlas y las aflicciones, y otras veces llegaron a ser compañeros de los que enfrentaban una situación semejante.

34 Además, ustedes también se compadecieron de los presos, y gozosos soportaron el despojo de sus propios bienes, sabedores de que en los cielos tienen una herencia mejor y permanente.

35 Por lo tanto, no pierdan la confianza, que lleva consigo una gran recompensa.

36 Lo que ustedes necesitan es tener paciencia; para que, una vez que hayan hecho la voluntad de Dios, reciban lo que él ha prometido darnos.

37 «Porque dentro de muy poco
tiempo
el que ha de venir, vendrá y no tardará.
38 Pero el justo vivirá por la fe;
y si se vuelve atrás, no será de mi
agrado.»[m]

39 Pero nosotros no somos de los que se vuelven atrás y se pierden, sino de los que tienen fe y salvan su alma.

La fe

11 Ahora bien, tener fe es estar seguro de lo que se espera; es estar convencido de lo que no se ve.

2 Gracias a ella, nuestros antepasados fueron reconocidos y aprobados.

3 Por la fe entendemos que Dios creó el universo por medio de su palabra,[a] de modo que lo que ahora vemos fue hecho de lo que no se veía.

[e] **10.17:** Jer 31.34. [f] **10.22:** Lv 8.30. [g] **10.22:** Lv 8.6. [h] **10.27:** Is 26.11. [i] **10.28:** Dt 17.6; 19.15. [j] **10.29:** Éx 24.8. [k] **10.30:** Dt 32.35. [l] **10.30:** Dt 32.36. [m] **10.37-38:** Hab 2.3-4. [a] **11.3:** Gn 1.1.

4 Por la fe, Abel ofreció a Dios un sacrificio más aceptable que el de Caín, y por eso fue reconocido como un hombre justo, y Dios aceptó con agrado sus ofrendas. Y aunque Abel está muerto, todavía habla por medio de su fe.[b]

5 Por la fe, Enoc traspuso sin morir el umbral de la muerte, y nunca más se supo de él, porque Dios le hizo cruzar ese umbral; pero antes de cruzarlo, todos reconocieron que él era del agrado de Dios.[c]

6 Sin fe es imposible agradar a Dios, porque es necesario que el que se acerca a Dios crea que él existe, y que sabe recompensar a quienes lo buscan.

7 Por la fe, con mucho temor Noé construyó el arca para salvar a su familia, cuando Dios le advirtió acerca de cosas que aún no se veían.[d] Fue su fe la que condenó al mundo, y por ella fue hecho heredero de la justicia que viene por medio de la fe.

8 Por la fe, Abrahán obedeció cuando fue llamado, y salió sin saber a dónde iba, y se dirigió al lugar que iba a recibir como herencia.[e]

9 Por la fe, habitó en la tierra prometida como un extraño en tierra extraña, y vivió en tiendas con Isaac y Jacob, quienes eran coherederos de la misma promesa;[f]

10 porque esperaba llegar a la ciudad que tiene fundamentos, cuyo arquitecto y constructor es Dios.

11 Por la fe, Sara misma recibió fuerzas para concebir, aunque era estéril, y dio a luz, aun cuando por su edad se le había pasado el tiempo,[g] porque creyó que era fiel quien le había hecho la promesa.

12 Por eso también, de un solo hombre, que ya estaba casi muerto, llegó a tener una multitud de descendientes, tan numerosos como las estrellas del cielo[h] y tan incontables como la arena que está a la orilla del mar.[i]

13 Por la fe, todos ellos murieron sin haber recibido lo que se les había prometido, y sólo llegaron a ver esto a lo lejos; pero lo creyeron y lo saludaron, pues reconocieron que eran extranjeros y peregrinos en esta tierra.[j]

14 Porque los que dicen esto, claramente dan a entender que buscan una patria;

15 pues si hubieran estado pensando en la patria de donde salieron, tiempo tenían para volver.

16 Pero ellos anhelaban una patria mejor, es decir, la patria celestial. Por eso Dios no se avergüenza de llamarse su Dios; al contrario, les ha preparado una ciudad. Stg 1.7

17 Por la fe, cuando Abrahán fue puesto a prueba, ofreció a Isaac; y el que había recibido las promesas ofrecía a su único hijo,[k]

18 a pesar de que Dios le había dicho: «Por medio de Isaac te vendrá descendencia».[l]

19 Y es que Abrahán sabía que Dios tiene poder incluso para levantar a los muertos; y en sentido figurado, de entre los muertos lo volvió a recibir.

20 Por la fe, Isaac bendijo a Jacob y a Esaú acerca de las cosas venideras.[m]

21 Por la fe, cuando Jacob murió, bendijo a cada uno de los hijos de José, y adoró apoyado en la punta de su bastón.[n]

22 Por la fe, cuando José murió, anunció la salida de los hijos de Israel y dio instrucciones en cuanto a qué hacer con sus restos mortales.[o]

23 Por la fe, cuando Moisés nació, sus padres lo escondieron durante tres meses,[p] pues al ver que era un niño muy hermoso no tuvieron miedo del decreto del rey.[q]

24 Por la fe, cuando Moisés ya era adulto, rehusó llamarse hijo de la hija del faraón,[r]

25 y prefirió ser maltratado junto con el pueblo de Dios, antes que gozar de los deleites temporales del pecado,

26 pues consideró que sufrir el oprobio de Cristo era una riqueza mayor que los tesoros de los egipcios. Y es que su mirada estaba fija en la recompensa.

[b]**11.4:** Gn 4.3-10. [c]**11.5:** Gn 5.21-24. [d]**11.7:** Gn 6.13-22. [e]**11.8:** Gn 12.1-5. [f]**11.9:** Gn 35.27. [g]**11.11:** Gn 18.11-14; 21.2. [h]**11.12:** Gn 15.5. [i]**11.12:** Gn 22.17. [j]**11.13:** Gn 23.4. [k]**11.17:** Gn 22.1-14. [l]**11.18:** Gn 21.12. [m]**11.20:** Gn 27.27-29, 39-40. [n]**11.21:** Gn 47.31—48.20. [o]**11.22:** Gn 50.24-25; Éx 13.19. [p]**11.23:** Éx 2.2. [q]**11.23:** Éx 1.22. [r]**11.24:** Éx 2.10-12.

27 Por la fe salió de Egipto,[s] sin temor a la ira del rey, y se mantuvo firme, como si estuviera viendo al Invisible.
28 Por la fe, celebró la pascua y el rociamiento de la sangre, para que el que destruía a los primogénitos no llegara a tocarlos.[t]
29 Por la fe, pasaron por el Mar Rojo como si pisaran tierra seca; y cuando los egipcios intentaron hacer lo mismo, murieron ahogados.[u]
30 Por la fe, cayeron las murallas de Jericó después de rodearlas siete días.[v]
31 Por la fe, la ramera Rajab no murió junto con los desobedientes,[w] pues había recibido en paz a los espías.[x]
32 ¿Y qué más puedo decir? Tiempo me faltaría para hablar de Gedeón,[y] de Barac,[z] de Sansón,[a] de Jefté,[b] de David,[c] así como de Samuel[d] y de los profetas,
33 que por la fe conquistaron reinos, impartieron justicia, alcanzaron promesas, taparon bocas de leones,[e]
34 apagaron fuegos impetuosos,[f] escaparon del filo de la espada, sacaron fuerzas de flaqueza, llegaron a ser poderosos en batallas y pusieron en fuga a ejércitos extranjeros.
35 Hubo mujeres que por medio de la resurrección recuperaron a sus muertos.[g] Pero otros fueron atormentados, y no aceptaron ser liberados porque esperaban obtener una mejor resurrección.

Flm

36 Otros sufrieron burlas y azotes, y hasta cadenas y cárceles.[h]
37 Fueron apedreados,[i] aserrados, puestos a prueba, muertos a filo de espada; anduvieron de un lado a otro cubiertos de pieles de oveja y de cabra, pobres, angustiados y maltratados.
38 Estos hombres, de los que el mundo no era digno, anduvieron errantes por los desiertos, por los montes, por las cuevas y por las cavernas de la tierra.
39 Y aunque por medio de la fe todos ellos fueron reconocidos y aprobados, no recibieron lo prometido.

LECCIONES **¿QUÉ ES LA FE?**
(Hebreos 11.1)

El capítulo 11 nos dice lo que es la fe, a través de hechos y palabras. Tener fe significa que crees lo que dice Dios y confías en sus promesas. Muchos de los personajes bíblicos dependían en Dios. La fe no es garantía de una vida libre de problemas. Lee las historias de Hebreos 11:5-40 y verás por qué. Pero la fe en Jesús nos da victoria sobre el pecado. Después de todo, ¡Jesús murió para conseguir esa victoria! Dios no espera que siempre estés "lleno" de fe. A veces puedes sentir miedo o dudas. Recuerda que la fe te mantiene en contacto con Dios, que puede ayudarte a lidiar con el temor y las dudas.

40 Todo esto sucedió para que ellos no fueran perfeccionados aparte de nosotros, pues Dios había preparado algo mejor para nosotros.

Con la mirada fija en Jesús

12 Por lo tanto, también nosotros, que tenemos tan grande nube de testigos a nuestro alrededor, liberémonos de todo peso y del pecado que nos asedia, y corramos con paciencia la carrera que tenemos por delante.

Stg 2.14-26

2 Fijemos la mirada en Jesús, el autor y consumador de la fe, quien por el gozo que le esperaba sufrió la cruz y menospreció el oprobio, y se sentó a la derecha del trono de Dios.
3 Por lo tanto, consideren a aquel que sufrió tanta contradicción de parte de los pecadores, para que no se cansen ni se desanimen.
4 En la lucha que ustedes libran contra el pecado, todavía no han tenido que resistir hasta derramar su sangre;

[s]**11.27:** Éx 2.15. [t]**11.28:** Éx 12.21-30. [u]**11.29:** Éx 14.21-31. [v]**11.30:** Jos 6.12-21. [w]**11.31:** Jos 6.22-25. [x]**11.31:** Jos 2.1-21. [y]**11.32:** Jue 6.11—8.32. [z]**11.32:** Jue 4.6—5.31. [a]**11.32:** Jue 13.2—16.31. [b]**11.32:** Jue 11.1—12.7. [c]**11.32:** 1 S 16.1—1 R 2.11. [d]**11.32:** 1 S 1.1—25.1. [e]**11.33:** Dn 6.1-27. [f]**11.34:** Dn 3.1-30. [g]**11.35:** 1 R 17.17-24; 2 R 4.25-37. [h]**11.36:** 1 R 22.26-27; 2 Cr 18.25-26; Jer 20.2; 37.15; 38.6. [i]**11.37:** 2 Cr 24.21.

5 y ya han olvidado la exhortación que como a hijos se les dirige:

> «Hijo mío, no menosprecies la disciplina del Señor,
> ni te desanimes cuando te reprenda;
> 6 porque el Señor disciplina al que ama,
> y azota a todo el que recibe como hijo.»[a]

7 Si ustedes soportan la disciplina, Dios los trata como a hijos. ¿Acaso hay algún hijo a quien su padre no discipline?

8 Pero si a ustedes se les deja sin la disciplina que todo el mundo recibe, entonces ya no son hijos legítimos, sino ilegítimos.

9 Por otra parte, tuvimos padres terrenales, los cuales nos disciplinaban, y los respetábamos. ¿Por qué no mejor obedecer al Padre de los espíritus, y así vivir?

10 La verdad es que nuestros padres terrenales nos disciplinaban por poco tiempo, y como mejor les parecía, pero Dios lo hace para nuestro beneficio y para que participemos de su santidad.

Stg 3.17-18

11 Claro que ninguna disciplina nos pone alegres al momento de recibirla, sino más bien tristes; pero después de ser ejercitados en ella, nos produce un fruto apacible de justicia.

Los que rechazan la gracia de Dios

12 Levanten, pues, las manos caídas y las rodillas entumecidas;[b]

13 enderecen las sendas por donde van,[c] para que no se desvíen los cojos, sino que sean sanados.

14 Procuren vivir en paz con todos, y en santidad, sin la cual nadie verá al Señor.

15 Tengan cuidado. No vayan a perderse la gracia de Dios; no dejen brotar ninguna raíz de amargura,[d] pues podría estorbarles y hacer que muchos se contaminen con ella.

16 Que no haya entre ustedes ningún libertino ni profano, como Esaú, que por una sola comida vendió su primogenitura.[e]

17 Ya ustedes saben que después, aunque deseaba heredar la bendición, fue rechazado y no tuvo ya la oportunidad de arrepentirse, aun cuando con lágrimas buscó la bendición.[f]

18 Ustedes no se han acercado a aquel monte que se podía tocar y que ardía en llamas, ni tampoco a la oscuridad, a las tinieblas y a la tempestad,

19 ni al sonido de la trompeta, ni a la voz que hablaba, y que quienes la oyeron rogaban que no les hablara más[g]

20 porque no podían sobrellevar lo que se les ordenaba: «Incluso si una bestia toca el monte, será apedreada o atravesada con una lanza».[h]

21 Lo que se veía era tan terrible, que Moisés dijo: «Estoy temblando de miedo».[i]

22 Ustedes, por el contrario, se han acercado al monte Sión, a la celestial Jerusalén, ciudad del Dios vivo, y a una incontable muchedumbre de ángeles,

23 a la congregación de los primogénitos que están inscritos en los cielos, a Dios, el Juez de todos, a los espíritus de los justos que han sido hechos perfectos,

---

[a] **12.5-6:** Job 5.17; Pr 3.11-12. [b] **12.12:** Is 35.3. [c] **12.13:** Pr 4.26. [d] **12.15:** Dt 29.18. [e] **12.16:** Gn 25.29-34. [f] **12.17:** Gn 27.30-40. [g] **12.18-19:** Éx 19.16-22; 20.18-21; Dt 4.11-12; 5.22-27. [h] **12.20:** Éx 19.12-13. [i] **12.21:** Dt 9.19.

CORRE LA CARRERA *(Hebreos 12.1-2)*
Los corredores necesitan saber por dónde empezar una carrera, dónde terminar, y los obstáculos que deben evitar. La vida cristiana es como una carrera. Para terminar la carrera, el autor de Hebreos sugiere que nos "libremos" de los obstáculos, como la preocupación, los temores y el pecado, que nos impiden correr bien. El mayor peligro es la tentación de rendirse y caer en el pecado. Las preocupaciones y temores, ¿te impiden confiar en Dios? Pide al Espíritu Santo que te ayude a librarte de éstos para que puedas correr bien.

24 a Jesús, el Mediador del nuevo pacto, y a la sangre rociada que habla mejor que la de Abel.[j]

25 Tengan cuidado de no desechar al que habla. Si no escaparon los que desecharon al que los amonestaba en la tierra,[k] mucho menos escaparemos nosotros si desechamos al que amonesta desde los cielos.

26 En aquella ocasión, la voz de Dios sacudió la tierra, pero ahora ha prometido: «Una vez más sacudiré no sólo la tierra, sino también el cielo.»[l]

27 Y esta frase, «Una vez más», significa que las cosas movibles, es decir, las cosas hechas, serán removidas para que permanezcan las inconmovibles.

28 Así que nosotros, que hemos recibido un reino inconmovible, debemos ser agradecidos y, con esa misma gratitud, servir a Dios y agradarle con temor y reverencia.

29 Porque nuestro Dios es un fuego que todo lo consume.[m]

Deberes cristianos

13 Que el amor fraternal permanezca en ustedes.

2 Y no se olviden de practicar la hospitalidad, pues gracias a ella algunos, sin saberlo, hospedaron ángeles.[a]

3 Acuérdense de los presos, como si ustedes mismos estuvieran presos con ellos, y también de los que son maltratados, como si ustedes mismos fueran los que sufren.

4 Todos ustedes deben honrar su matrimonio, y ser fieles a sus cónyuges; pero a los libertinos y a los adúlteros los juzgará Dios.

5 Vivan sin ambicionar el dinero. Más bien, confórmense con lo que ahora tienen, porque Dios ha dicho: «No te desampararé, ni te abandonaré».[b]

6 Así que podemos decir con toda confianza:

> «El Señor es quien me ayuda;
> no temeré lo que pueda hacerme el
> hombre.»[c]

PROMESAS PODEROSAS

HEBREOS 13.8

Jesucristo es el mismo ayer, hoy, y por los siglos.

¿Conoces a alguien que es siempre el mismo? No hay nadie así. Todos crecemos, llegamos a ser adultos, y después envejecemos. Pero desde el momento que se levantó de entre los muertos hasta ahora, Jesús no ha cambiado. Él sigue siendo el mismo. Siempre es amoroso, misericordioso, y puro. Tú puedes contar con Él por siempre.

7 Acuérdense de sus pastores, que les dieron a conocer la palabra de Dios. Piensen en los resultados de su conducta, e imiten su fe.

8 Jesucristo es el mismo ayer, hoy, y por los siglos.

9 No se dejen llevar por doctrinas diversas y extrañas. Es mejor afirmar el corazón con la gracia, y no con alimentos, los cuales nunca fueron de provecho para los que se ocuparon de ellos.

10 Nosotros tenemos un altar, del cual no tienen derecho de comer los que sirven en el tabernáculo.

11 Los cuerpos de los animales cuya sangre introduce el sumo sacerdote en el santuario a causa del pecado, se queman fuera del campamento.[d]

12 De igual manera, Jesús sufrió fuera de la puerta, para santificar así al pueblo mediante su propia sangre.

13 Así que salgamos con él fuera del campamento, y llevemos su deshonra,

14 pues no tenemos aquí una ciudad permanente, sino que vamos en pos de la ciudad que está por venir.

15 Por lo tanto, ofrezcamos siempre a Dios, por medio de Jesús, un sacrificio de alabanza, es decir, el fruto de labios que confiesen su nombre. 1 P 2.9

[j]**12.24:** Gn 4.10. [k]**12.25:** Éx 20.19. [l]**12.26:** Hag 2.6. [m]**12.29:** Dt 4.24. [a]**13.2:** Gn 18.1-8; 19.1-3. [b]**13.5:** Dt 31.6, 8; Jos 1.5. [c]**13.6:** Sal 118.6. [d]**13.11:** Lv 16.27.

[16] No se olviden de hacer bien ni de la ayu-
da mutua, porque éstos son los sacrificios
que agradan a Dios.
[17] Obedezcan a sus pastores, y respétenlos.
Ellos cuidan de ustedes porque saben que tie-
nen que rendir cuentas a Dios. Así ellos cuida-
rán de ustedes con alegría, y sin quejarse; de
lo contrario, no será provechoso para ustedes.
[18] Oren por nosotros, pues estamos segu-
ros de tener la conciencia tranquila y desea-
mos portarnos bien en todo.
[19] Pido especialmente sus oraciones, para
que pronto pueda volver a estar con ustedes.

Bendición y saludos finales

[20] Que el Dios de paz, que resucitó de los
muertos a nuestro Señor Jesucristo, el gran
pastor de las ovejas, por la sangre del pacto
eterno,
[21] los capacite para toda buena obra, para
que hagan su voluntad, y haga en ustedes lo
que a él le agrada, por medio de Jesucristo.
A él sea la gloria por los siglos de los siglos.
Amén.
[22] Hermanos, les ruego que reciban con
paciencia estas palabras que les he escrito,
como una breve exhortación.
[23] Quiero que sepan que nuestro her-
mano Timoteo ya está en libertad; si llega
pronto, iré con él a verlos.
[24] Saluden a todos sus pastores y a todos
los santos. Los de Italia les mandan saludos.
[25] Que la gracia sea con todos ustedes.
Amén.

EL SACRIFICIO DE ALABANZA *(Hebreos 13.15)*
Un sacrificio es algo que tiene un precio elevado, ya sea tiempo, dinero o esfuerzo. La alabanza a Dios puede ser un sacrificio que le ofrecemos. No es decir un apresurado "Oye, Dios, gracias", o cantar un himno rápidamente los domingos, sino palabras sinceras de agradecimiento a Dios. Cuando todo lo que haces es para honrar a Dios, estás ofreciendo un sacrificio de alabanza con tu vida.

SANTIAGO

Autor: **Santiago**
Tema: **La fe en acción**
Fecha en que se escribió: **c. 45-49 d.C.**

DEMOSTRACIÓN DE LA FE

Santiago, el medio hermano de Jesús, escribió esta carta por tres razones. (1) Quería alentar a los judíos creyentes en Cristo que eran perseguidos por su fe. (2) Quería corregir los conceptos erróneos acerca de la fe en Jesús. (3) Quería enseñar a los creyentes a mostrar su fe por medio de sus hechos.

LO QUE ENCONTRARÁS EN EL LIBRO

Esta carta es como una columna de consejos de un periódico; está lleno de consejos prácticos sobre la vida cristiana. ¿Estás sufriendo por tu fe (1:2-18)? ¿Quieres obtener sabiduría (1:5-8; 3:13-18)? ¿Tienes problemas en controlar tu lengua (3:1-12; 4:11-12)? ¿No estás seguro de cómo se combinan la fe y las buenas obras (1:21-27), o cómo la oración puede cambiar las cosas (5:15-16)? Santiago respondió a estas preguntas y otras más. Él advirtió acerca de la conducta egoísta (4:1-10), el orgullo (4:13-17), y la avaricia (5:1-6). Santiago terminó la carta con reflexiones sobre la paciencia, la oración, y cómo ayudar a otros a fortalecer su fe en Cristo (5:7-20).

¿SABÍAS QUE SANTIAGO...?

- Es probablemente el primer libro del Nuevo Testamento que fue escrito.
- En más de la mitad de los 108 versículos, contiene mandamientos.
- Es el "Proverbios" del Nuevo Testamento, lleno de buenas ideas para llevar una vida santa.
- Pone de relieve la relación entre la fe y las obras, más que cualquier otro libro del Nuevo Testamento.
- A veces se considera el Amós del Nuevo Testamento (un profeta del Antiguo Testamento), por haber escrito acerca de la injusticia social.

Saludo

Yo, Santiago,[a] siervo de Dios y del Señor Jesucristo, saludo a las doce tribus que están en la dispersión.

La sabiduría que viene de Dios

2 Hermanos míos, considérense muy dichosos cuando estén pasando por diversas pruebas.

3 Bien saben que, cuando su fe es puesta a prueba, produce paciencia.

4 Pero procuren que la paciencia complete su obra, para que sean perfectos y cabales, sin que les falte nada.

5 Si alguno de ustedes requiere de sabiduría, pídasela a Dios, y él se la dará, pues Dios se la da a todos en abundancia y sin hacer ningún reproche.

6 Pero tiene que pedir con fe y sin dudar nada, porque el que duda es como las olas del mar, que el viento agita y lleva de un lado a otro.

7 Quien sea así, no piense que recibirá del Señor cosa alguna,

8 pues quienes titubean son inconstantes en todo lo que hacen.

9 El hermano pobre debe sentirse orgulloso cuando sea exaltado;

> **PROMESAS PODEROSAS**
>
> **SANTIAGO 1.5**
>
> ***Si alguno de ustedes requiere de sabiduría, pídasela a Dios, y él se la dará, pues Dios se la da a todos en abundancia y sin hacer ningún reproche.***
> La sabiduría viene de Dios. Es la sabiduría para tomar buenas decisiones y hacer lo correcto conforme a las normas divinas. Desarrollamos la sabiduría que viene de Dios cuando basamos nuestra vida en la Palabra de Dios y los consejos del Espíritu Santo. El Señor nos da la sabiduría cuando pedimos con fe.

> **PALABRAS CON PODER**
>
> **LAS PRUEBAS**
> *(Santiago 1.2)*
>
> ¿Podrías creer que un problema sea algo bueno? Dios puede usar los tiempos difíciles para fortalecer nuestra fe y ayudarnos a permanecer firmes en Cristo. Las dificultades también pueden servir para acercarnos más al Señor Jesús para que lleguemos a ser "perfectos y cabales", sin que nos falte nada (versículo 4). La próxima vez que tengas un problema, piensa en todo lo bueno que puede traer a tu vida. Luego, pídele a Dios que te dé la victoria.

10 el rico debe sentirse igual cuando sea humillado, porque las riquezas pasan como las flores del campo:

11 en cuanto sale el sol, quemándolo todo con su calor, la hierba se marchita[b] y su flor se cae, con lo que su hermosa apariencia se desvanece. Así también se desvanecerá el rico en todas sus empresas.

Enfrentando las pruebas

12 Dichoso el que hace frente a la tentación; porque, pasada la prueba, se hace acreedor a la corona de vida, la cual Dios ha prometido dar a quienes lo aman.

13 Cuando alguien sea tentado, no diga que ha sido tentado por Dios, porque Dios no tienta a nadie, ni tampoco el mal puede tentar a Dios.

14 Al contrario, cada uno es tentado cuando se deja llevar y seducir por sus propios malos deseos.

15 El fruto de estos malos deseos, una vez concebidos, es el pecado; y el fruto del pecado, una vez cometido, es la muerte.

16 Queridos hermanos míos, no se equivoquen.

17 Toda buena dádiva y todo don perfecto descienden de lo alto, del Padre de las luces, en quien no hay cambio ni sombra de variación.

[a] **1.1:** Mt 13.55; Mr 6.3; Hch 15.13; Gá 1.19. [b] **1.10-11:** Is 40.6-7.

18 Él, por su propia voluntad, nos hizo nacer por medio de la palabra de verdad, para que seamos los primeros frutos de su creación.

Poniendo en práctica la palabra

19 Por eso, amados hermanos míos, todos ustedes deben estar dispuestos a oír, pero ser lentos para hablar y para enojarse,

20 porque quien se enoja no promueve la justicia de Dios.

21 Así que despójense de toda impureza y de tanta maldad, y reciban con mansedumbre la palabra sembrada, que tiene el poder de salvarlos.

22 Pero pongan en práctica la palabra, y no se limiten sólo a oírla, pues se estarán engañando ustedes mismos.

23 El que oye la palabra pero no la pone en práctica es como el que se mira a sí mismo en un espejo:

24 se ve a sí mismo, pero en cuanto se va, se olvida de cómo es.

25 En cambio, el que fija la mirada en la ley perfecta, que es la ley de la libertad, y no se aparta de ella ni se contenta sólo con oírla y olvidarla, sino que la practica, será dichoso en todo lo que haga.

26 Si alguno de ustedes cree ser religioso, pero no refrena su lengua, se engaña a sí mismo y su religión no vale nada.

Stg 4.4-6

27 Delante de Dios, la religión pura y sin mancha consiste en ayudar a los huérfanos y a las viudas en sus aflicciones, y en mantenerse limpio de la maldad de este mundo.

Amonestación contra la discriminación

2 Hermanos míos, ustedes que tienen fe en nuestro glorioso Señor Jesucristo, no deben hacer diferencias entre las personas.

2 Puede darse el caso de que al lugar donde ustedes se reúnen llegue alguien vestido con ropa elegante y con anillos de oro, y llegue también un pobre vestido con ropa andrajosa.

3 Si ustedes reciben gustosos al que viste la ropa elegante, y le dicen: «Venga usted, siéntese aquí, que es un buen lugar», pero al pobre le dicen: «Tú, quédate allá de pie, o siéntate en el suelo»,

4 ¿acaso no están discriminando entre ustedes y haciendo juicios malintencionados?

5 Amados hermanos míos, escuchen esto: ¿Acaso no ha escogido Dios a los pobres de este mundo para que sean ricos en fe y herederos del reino que él ha prometido a los que lo aman?

6 ¡Pero ustedes han despreciado a los pobres! ¿Acaso no son los ricos quienes los explotan a ustedes, y quienes los llevan ante los tribunales?

7 ¿Acaso no son ellos los que blasfeman contra el precioso nombre que fue invocado sobre ustedes?

8 Bien harán ustedes en cumplir la ley suprema de la Escritura: «Amarás a tu prójimo como a ti mismo»;[a]

9 pero si ustedes hacen diferencia entre una persona y otra, cometen un pecado y son culpables ante la ley.

10 Porque cualquiera que cumpla toda la ley, pero que falle en un solo mandato, ya es culpable de haber fallado en todos.

11 Porque el que dijo: «No cometerás adulterio»[b] también dijo: «No matarás».[c] Es decir, que alguien puede no cometer adulterio, pero si mata, ya ha violado la ley.

12 Hablen y vivan como quienes van a ser juzgados por la ley que nos da libertad,

13 pues a los que no tienen compasión de otros, tampoco se les tendrá compasión cuando sean juzgados, porque la compasión prevalece sobre el juicio.

La fe sin obras es muerta

14 Hermanos míos, ¿de qué sirve decir que se tiene fe, si no se tienen obras? ¿Acaso esa fe puede salvar?

15 Si un hermano o una hermana están desnudos, y no tienen el alimento necesario para cada día,

[a] **2.8:** Lv 19.18. [b] **2.11:** Éx 20.14; Dt 5.18. [c] **2.11:** Éx 20.13; Dt 5.17.

16 y alguno de ustedes les dice: «Vayan
tranquilos; abríguense y coman hasta que-
dar satisfechos», pero no les da lo necesa-
rio para el cuerpo, ¿de qué sirve eso?
17 Lo mismo sucede con la fe: si no tiene
obras, está muerta.
18 Pero alguien podría decir: «Tú tienes fe,
y yo tengo obras. Muéstrame tu fe sin obras,
y yo te mostraré mi fe por mis obras.»
19 Tú crees que Dios es uno, y haces bien.
¡Pues también los demonios lo creen, y
tiemblan!
20 ¡No seas tonto! ¿Quieres pruebas de que
la fe sin obras es muerta?
21 ¿Acaso nuestro padre Abrahán no fue
justificado por las obras cuando ofreció a su
hijo Isaac sobre el altar?[d]
22 ¿No ves que la fe de Abrahán actuó jun-
tamente con sus obras, y que su fe se per-
feccionó por las obras?
23 Y se cumplió la Escritura que dice:
«Abrahán creyó a Dios, y eso le fue contado
por justicia»,[e] por lo que fue llamado «ami-
go de Dios».[f]
24 Como pueden ver, podemos ser justifi-
cados por las obras, y no solamente por la
fe.
25 Lo mismo sucedió con Rajab, la prosti-
tuta. ¿Acaso no fue justificada por las obras,
cuando hospedó a los mensajeros y los ayu-
dó a escapar por otro camino?[g]
26 Pues así como el cuerpo está muerto si
no tiene espíritu, también la fe está muerta
si no tiene obras.

1 P 1.13-16

LECCIONES LA FE SIN OBRAS

(Santiago 2.14)

¿Puedes ganar el perdón de Dios y la vida eterna por medio de las buenas obras? La respuesta es que no. Recibimos estos dones de Dios cuando aceptamos a Cristo como nuestro Salvador. No tenemos que hacer buenas obras para ganar la vida eterna, pero podemos hacer buenas obras para mostrar que creemos en Jesús. Por ejemplo, cuando hablas de Cristo a alguien o cuando oras por alguien, esas son "buenas obras" que muestran tu fe. Los NIÑOS PODEROSOS son NIÑOS DE ACCIÓN, que muestran su fe en Cristo mediante sus buenas obras.

La lengua

3 Hermanos míos, no se convierta la
mayoría de ustedes en maestros.
Bien saben que el juicio que recibire-
mos será mayor.
2 Todos cometemos muchos errores.
Quien no comete errores en lo que dice, es
una persona perfecta, y además capaz de
dominar todo su cuerpo.
3 A los caballos les ponemos un freno
en la boca, para que nos obedezcan, y así
podemos controlar todo su cuerpo.
4 Y fíjense en los barcos: Aunque son muy
grandes e impulsados por fuertes vientos,
son dirigidos por un timón muy pequeño, y
el piloto los lleva por donde quiere.
5 Así es la lengua. Aunque es un miembro
muy pequeño, se jacta de grandes cosas.
¡Vean qué bosque tan grande puede incen-
diarse con un fuego tan pequeño!
6 Y la lengua es fuego; es un mundo de
maldad. La lengua ocupa un lugar entre
nuestros miembros, pero es capaz de con-
taminar todo el cuerpo; si el infierno la
prende, puede inflamar nuestra existencia
entera.
7 La gente puede domesticar y, en efecto,
ha domesticado, toda clase de bestias, aves,
serpientes y animales marinos,
8 pero nadie puede domesticar a la len-
gua. Ésta es un mal indómito, que rebosa de
veneno mortal.
9 Con la lengua bendecimos al Dios y Pa-
dre, y con ella maldecimos a los seres hu-
manos, que han sido creados a imagen de
Dios.[a]
10 De la misma boca salen bendiciones y
maldiciones. Hermanos míos, ¡esto no pue-
de seguir así!

[d]**2.21:** Gn 22.1-14. [e]**2.23:** Gn 15.6. [f]**2.23:** 2 Cr 20.7; Is 41.8. [g]**2.25:** Jos 2.1-21. [a]**3.9:** Gn 1.26.

PALABRAS CON PODER

LA LENGUA
(Santiago 3.6,9)

Cuando Santiago escribió acerca de la lengua, se refería a las cosas que la gente dice. Si somos sinceros, admitiremos que a veces quedamos muy mal con Dios y con la gente por las cosas que decimos. Por eso Santiago describe la lengua como un "fuego". Lo que dice la gente puede destruir vidas, así como el fuego quema y destruye. Las palabras pecaminosas incluyen mentiras, calumnias, chismes, chistes sucios, y jactancia. El Espíritu Santo ayuda a los creyentes en Cristo a controlar lo que dicen. Santiago también desafía a todos a estar "dispuestos a oír, pero ser lentos para hablar y para enojarse" (1:19). ¡LOS NIÑOS PODEROSOS son cuidadosos con lo que dicen!

11 ¿Acaso de una misma fuente puede
brotar agua dulce y agua amarga?
12 No es posible, hermanos míos, que la
higuera dé aceitunas, o que la vid dé higos.
Ni tampoco puede ninguna fuente dar agua
salada y agua dulce.

La sabiduría de lo alto

13 ¿Quién de ustedes es sabio y entendido?
Demuéstrelo con su buena conducta, y por
medio de actos realizados con la humildad
propia de la sabiduría.
14 Pero si ustedes abrigan en su corazón
amargura, envidia y rivalidad, no tienen
de qué presumir y están falseando la ver-
dad.
15 Esta clase de sabiduría no es la que des-
ciende de lo alto, sino que es terrenal, estric-
tamente humana, y diabólica.
16 Pues donde hay envidias y rivalidades,
allí hay confusión y toda clase de mal.
17 Pero la sabiduría que viene de lo alto es,
ante todo, pura, y además pacífica, amable,

HOMBRES PODEROSOS

SANTIAGO

¿Cómo te sentirías si escucharas decir que tu hermano mayor es Dios? ¿Lo creerías, aunque otros tuvieran pruebas de que así era?

Santiago era el hijo de José y María. Al ir creciendo, probablemente oyó hablar de su medio hermano Jesús. Cuando era joven, Santiago no creía que Jesús era el Mesías prometido. Al igual que sus otros hermanos y hermanas, se opuso a Jesús.

Después que Cristo resucitó de la muerte, todo cambió. Santiago se convirtió al cristianismo después de ver al Cristo resucitado. Llegó a creer que Jesús verdaderamente es Dios y hombre. Santiago y su madre y hermanos estuvieron entre los que esperaban en el aposento alto la promesa del Espíritu Santo, que vino el día de Pentecostés. Más tarde, Santiago llegó a ser en un gran líder de la iglesia en Jerusalén.

Según los registros históricos, Santiago fue asesinado por su fe cristiana en Jerusalén, el año 62 d.C. Él cambió de ser un joven que se burlaba de su medio hermano Jesús a un hombre que murió por su fe en Cristo. Santiago confió en que su hermano era también su Salvador. ¿Tienes la fe en Cristo que tenía Santiago? ¿Estarías dispuesto a dar tu vida por Jesús si fuera necesario?

Puedes leer acerca de Santiago en Mateo 12:46; Juan 7:3-5, 10; Hechos 1:14; 12:17; 15:13-21; 1 Corintios 7:15; Gálatas 1:19; 2:9 y en la carta de Santiago.

benigna, llena de compasión y de buenos frutos, ecuánime y genuina.

18 Y el fruto de la justicia se siembra en paz para los que trabajan por la paz.

Fin

La amistad con el mundo

4 ¿De dónde vienen las guerras y las peleas entre ustedes? ¿Acaso no vienen de sus pasiones, las cuales luchan dentro de ustedes mismos?

2 Si ustedes desean algo, y no lo obtienen, entonces matan. Si arden de envidia y no consiguen lo que desean, entonces discuten y luchan. Pero no obtienen lo que desean, porque no piden;

3 y cuando piden algo, no lo reciben porque lo piden con malas intenciones, para gastarlo en sus propios placeres.

4 ¡Ay, gente adúltera! ¿No saben que la amistad con el mundo es enemistad con Dios? Todo aquel que quiera ser amigo del mundo, se declara enemigo de Dios.

5 No crean que la Escritura dice en vano: «Ardientemente nos desea el Espíritu que él ha hecho habitar en nosotros.»

6 Pero la gracia que él nos da es mayor. Por eso dice: «Dios se opone a los soberbios, y da gracia a los humildes.»[a]

1 P 2.11-12

7 Por lo tanto, sométanse a Dios; opongan resistencia al diablo, y él huirá de ustedes.

1 P 5.8-9

8 Acérquense a Dios, y él se acercará a ustedes. ¡Límpiense las manos, pecadores! Y ustedes, los pusilánimes, ¡purifiquen su corazón!

9 ¡Lloren, aflíjanse, hagan lamentos! ¡Conviertan su risa en llanto, y su alegría en tristeza!

10 ¡Humíllense ante el Señor, y él los exaltará!

No juzguen a los hermanos

11 Hermanos, no hablen mal los unos de los otros. El que habla mal del hermano y lo juzga, habla mal de la ley y juzga a la ley. Y si tú juzgas a la ley, te eriges en juez de la ley, y no en alguien que debe cumplirla.

12 La ley la ha dado Uno solo, el cual tiene poder para salvar y destruir. Pero tú, ¿quién eres para juzgar a tu prójimo?

Nada sabemos del mañana

13 Ahora escuchen con cuidado, ustedes los que dicen: «Hoy o mañana iremos a tal o cual ciudad, y estaremos allá un año, y haremos negocios, y ganaremos dinero.»

14 ¡Si ni siquiera saben cómo será el día de mañana![b] ¿Y qué es la vida de ustedes? Es como la neblina, que en un momento aparece, y luego se evapora.

15 Lo que deben decir es: «Si el Señor quiere, viviremos y haremos esto o aquello.»

16 Pero ustedes se jactan con arrogancia, y toda jactancia de este tipo es mala.

17 El que sabe hacer lo bueno, y no lo hace, comete pecado.

Contra los ricos opresores

5 Ahora, ustedes los ricos, escuchen con cuidado. ¡Lloren a voz en cuello por las calamidades que les sobrevendrán!

2 Sus riquezas están podridas, y sus ropas están carcomidas por la polilla.

[a]**4.6:** Pr 3.34. [b]**4.13-14:** Pr 27.1.

SOMÉTETE A DIOS *(Santiago 4.7)*
Cuando nos sometemos a Dios, lo obedecemos. Esto implica varias cosas. (1) Abandonamos toda mala actitud y pecado. (2) Le pedimos a Dios ayuda, fortaleza, y guía. (3) Renunciamos a los hábitos o las actividades que pueden llevarnos por mal camino. (4) Diariamente estudiamos la Palabra de Dios y oramos. (5) Nos presentamos con humildad ante Dios. (6) Hacemos lo que honra a Dios. (7) Damos gracias a Dios por ayudarnos a resistir y vencer a Satanás. (8) Siempre confiamos en el poder de Dios para vivir por Él cada día.

[3] Su oro y su plata están llenos de moho,
y ese mismo moho los acusará, y los con-
sumirá como el fuego. Ustedes acumulan
riquezas, ¡hasta en los últimos tiempos![a]
[4] Pero claman contra ustedes los sueldos
que, con engaños, no han pagado a los que
trabajaron levantando sus cosechas. ¡Y el
clamor de esos trabajadores ha llegado a los
oídos del Señor de los ejércitos![b]
[5] Aquí en la tierra, ustedes han vivido ro-
deados de placeres, y lo único que han lo-
grado es engordar para el día de la matanza.
[6] A la gente honrada la han condenado a
morir, sin que ésta pudiera defenderse.

Oración y paciencia

[7] Pero ustedes, hermanos, tengan pacien-
cia hasta la venida del Señor. Fíjense en el la-
brador, cómo espera el preciado fruto de la
tierra, y cómo aguarda con paciencia a que
lleguen las lluvias tempranas y tardías.
[8] También ustedes, tengan paciencia y
manténganse firmes, que ya está cerca la
venida del Señor.
[9] Hermanos, no se quejen unos de otros,
para que no sean condenados. ¡Vean que el
juez ya está a la puerta!
[10] Hermanos míos, tomen como ejemplo
de sufrimiento y de paciencia a los profetas
que hablaron en el nombre del Señor.
[11] Recuerden que nosotros considera-
mos dichosos a los que pacientemente su-
fren. Ustedes ya han sabido de la paciencia
de Job,[c] y saben también cómo lo trató el
Señor al final, porque él es todo compasión
y misericordia.[d]
[12] Pero sobre todo, hermanos míos, no
juren ni por el cielo, ni por la tierra, ni por
ninguna otra cosa. Cuando digan «sí», que
sea «sí»; y cuando digan «no», que sea «no».
De lo contrario, caerán en condenación.[e]
[13] ¿Hay alguien entre ustedes, que esté afli-
gido? Que ore a Dios. ¿Alguno de ustedes

PROMESAS PODEROSAS

SANTIAGO 5.16

Confiesen sus pecados unos a otros, y oren unos por otros, para que sean sanados. La oración del justo es muy poderosa y efectiva.

Tenemos que estar dispuestos a confesar nuestras faltas a creyentes de confianza para que podamos orar unos por otros. Jesús nos enseñó a confesar nuestros pecados antes de la oración (Mateo 6:12). Las oraciones del pueblo de Dios son poderosas si confesamos nuestros pecados. Cuando tenemos un corazón limpio, Dios escucha y contesta la oración.

está de buen humor? Que cante alabanzas.
[14] ¿Hay entre ustedes algún enfermo? Que
se llame a los ancianos de la iglesia, para que
oren por él y lo unjan con aceite[f] en el nom-
bre del Señor.
[15] La oración de fe sanará al enfermo, y el
Señor lo levantará de su lecho. Si acaso ha
pecado, sus pecados le serán perdonados.
[16] Confiesen sus pecados unos a otros, y
oren unos por otros, para que sean sana-
dos. La oración del justo es muy poderosa 1 P 2.24
y efectiva.
[17] Elías era un hombre con limitaciones se-
mejantes a las nuestras. Pero oró con fervor
para que no lloviera, y durante tres años y
seis meses no llovió sobre la tierra.[g]
[18] Después volvió a orar, y el cielo dejó
caer su lluvia, y la tierra dio sus frutos.[h]
[19] Hermanos, si alguno de ustedes se ha
apartado de la verdad, y otro lo hace volver
a ella,
[20] sepan que el que haga volver al pecador
de su mal camino, lo salvará de la muerte y
cubrirá una gran cantidad de pecados.[i]

[a] **5.2-3:** Mt 6.19. [b] **5.4:** Dt 24.14-15. [c] **5.11:** Job 1.21-22; 2.10. [d] **5.11:** Sal 103.8. [e] **5.12:** Mt 5.34-37. [f] **5.14:** Mr 6.13. [g] **5.17:** 1 R 17.1; 18.1. [h] **5.18:** 1 R 18.42-45. [i] **5.20:** Pr 10.12.

1 PEDRO

Autor: **Pedro**
Tema: **Sufrir por Cristo**
Fecha en que se escribió: **c. 60-63 d.C.**

CONSEJOS PARA LOS QUE SUFREN

Pedro era uno de los discípulos más cercanos de Jesús. Durante tres años, viajó con Jesús, comió con Él, y fue testigo de sus milagros. Pero en vez de escribir un libro acerca de su amigo y Salvador, Pedro escribió dos cartas. Como líder de la iglesia en Jerusalén, quiso ayudar a los muchos creyentes en Cristo que sufrían persecución. En esta primera carta, Pedro les explica el propósito eterno de Dios para la vida en la tierra. Al sufrir por hacer el bien, su recompensa sería el favor de Dios.

LO QUE ENCONTRARÁS EN EL LIBRO

Primera de Pedro comienza con un recordatorio a los creyentes de varias cosas. (1) Tienen una herencia en el cielo debido a su relación con Jesucristo (1:2-5). (2) Aunque su fe sea probada en diversas aflicciones, serán honrados cuando Jesús regrese (1:6-9). (3) Los profetas del Antiguo Testamento hablaron del don de la salvación de Dios (1:10-12). (4) Los creyentes en Cristo deben vivir de manera diferente de los que creen en Jesús (1:13-21). Deben seguir el ejemplo de Cristo (2:18-23; 3:9—5:11).

¿SABÍAS QUE 1 PEDRO...?

- Es un libro acerca del sufrimiento por Jesús. Ayuda a los creyentes a entender cómo deben conducirse ante el sufrimiento y la persecución.
- Compara la Palabra de Dios con leche y carne.
- Presenta uno de los pasajes más difíciles de entender de la Biblia (3:19-20).

Saludo

Yo, Pedro, apóstol de Jesucristo, saludo a los que se hallan expatriados y dispersos en el Ponto, Galacia, Capadocia, Asia y Bitinia, y que fueron elegidos,

2 según el propósito de Dios Padre y mediante la santificación del Espíritu, para obedecer a Jesucristo y ser limpiados con su sangre. Que la gracia y la paz les sean multiplicadas.

Una esperanza viva

3 Bendito sea el Dios y Padre de nuestro Señor Jesucristo, que por su gran misericordia y mediante la resurreción de Jesucristo nos ha hecho nacer de nuevo a una esperanza viva,

4 para que recibamos una herencia incorruptible, incontaminada e imperecedera. Esta herencia les está reservada en los cielos

5 a ustedes, que por medio de la fe son protegidos por el poder de Dios, para que alcancen la salvación, lista ya para manifestarse cuando llegue el momento final.

6 Esto les causa gran regocijo, aun cuando les sea necesario soportar por algún tiempo diversas pruebas y aflicciones;

7 pero cuando la fe de ustedes sea puesta a prueba, como el oro, habrá de manifestarse en alabanza, gloria y honra el día que Jesucristo se revele. El oro es perecedero y, sin embargo, se prueba en el fuego; ¡y la fe de ustedes es mucho más preciosa que el oro!

8 Ustedes aman a Jesucristo sin haberlo visto, y creen en él aunque ahora no lo ven, y se alegran con gozo inefable y glorioso,

9 porque están alcanzando la meta de su fe, que es la salvación.

10 Los profetas que hablaron de la gracia destinada a ustedes, estudiaron e investigaron con detalle todo acerca de esta salvación.

11 Ellos querían determinar a quién y a qué momento se refería el Espíritu de Cristo que estaba en ellos, cuando anunciaba de antemano los sufrimientos de Cristo y las glorias que les seguirían.

12 Dios les hizo saber que su tarea no era para ellos mismos, sino para nosotros, y que sólo administraban lo que a ustedes ahora les anuncian aquellos que les han predicado el evangelio por el Espíritu Santo enviado del cielo. Éstas son cosas que aun los ángeles quisieran contemplar.

Llamamiento a una vida santa

13 Por lo tanto, preparen su mente para la acción, estén atentos y pongan toda su esperanza en la gracia que recibirán cuando Jesucristo sea manifestado.

14 Pórtense como hijos obedientes, y no sigan los dictados de sus anteriores malos deseos, de cuando vivían en la ignorancia.

15 Al contrario, vivan una vida completamente santa, porque santo es aquel que los ha llamado.

16 Escrito está: «Sean santos, porque yo soy santo.»[a]

2 P 1.3-11

17 Si ustedes llaman «Padre» a aquel que al juzgar se fija en lo que se ha hecho, y no en quién lo hizo, vivan el resto de sus vidas en el temor de Dios.

18 Ustedes saben que fueron rescatados de una vida sin sentido, la cual heredaron de sus padres; y que ese rescate no se pagó con cosas corruptibles, como el oro y la plata,

19 sino con la sangre preciosa de Cristo, sin mancha y sin contaminación, como la de un cordero,

20 que ya había sido destinado desde antes de que Dios creara el mundo, pero que se manifestó en estos últimos tiempos por amor a ustedes.

21 Por él ustedes creen en Dios, que fue quien lo resucitó de los muertos y lo ha glorificado, para que ustedes tengan puesta su fe y su esperanza en Dios.

22 Y ahora, ya que se han purificado mediante su obediencia a la verdad, para amar sinceramente a sus hermanos, ámense los unos a los otros de todo corazón,

23 pues ustedes han nacido de nuevo, y no de una simiente perecedera, sino de una si-

[a] **1.16:** Lv 11.44-45; 19.2.

PROMESAS PODEROSAS

1 PEDRO 1.25

"Pero la palabra del Señor permanece para siempre." Y éstas son las buenas noticias que se les han anunciado.

Todo lo que ves, los rascacielos y los monumentos, los aviones, las montañas y los árboles centenarios, son cosas temporales. Con el tiempo, todas estas cosas, e incluso la tierra misma, pasarán. Pero la Palabra de Dios va a durar por siempre jamás. Por eso a los NIÑOS PODEROSOS les encanta leer y estudiar la Biblia diariamente.

miente imperecedera, por la palabra de Dios
que vive y permanece para siempre.
24 Porque:
«Todo hombre es como la hierba,
Y toda su gloria es como una flor.
La hierba se seca, y la flor se marchita,
25 pero la palabra del Señor permanece
para siempre.»[b]
Y éstas son las buenas noticias que se les
han anunciado.

2 Por lo tanto, desechen toda clase de
maldad, todo engaño e hipocresía,
envidias y toda clase de calumnia.
2 Busquen, como los niños recién nacidos,
la leche espiritual no adulterada, para que
por medio de ella crezcan y sean salvos,
3 si es que han probado ya la bondad del
Señor.[a]

La piedra viva

4 Acérquense a él, a la piedra viva que los
hombres desecharon, pero que para Dios es
una piedra escogida y preciosa.
5 Y ustedes también, como piedras vivas, sean edificados como casa espiritual
y sacerdocio santo, para ofrecer sacrificios
espirituales que Dios acepte por medio de
Jesucristo.
6 Por eso dice la Escritura:
«¡Miren! Yo pongo en Sión
la principal piedra angular, escogida y
preciosa;
y el que crea en ella no será
avergonzado.»[b]
7 Para ustedes, los que creen, él es de gran
valor; pero para los que no creen:
«La piedra que desecharon los edificadores
ha llegado a ser la piedra angular»,[c]
8 y también:
«Una piedra de tropiezo,
y una roca que hace tropezar.»[d]
Porque al ser desobedientes, ellos tropiezan en la palabra, para lo cual estaban ya
destinados.

El pueblo de Dios

9 Pero ustedes son linaje escogido, real
sacerdocio, nación santa,[e] pueblo adquirido por Dios,[f] para que anuncien los hechos
maravillosos de aquel que los llamó de las Ap 5.9-14
tinieblas a su luz admirable.

PALABRAS CON PODER

SACERDOCIO SANTO

(1 Pedro 2.5)

La Ley de Moisés dice que solo los hombres del linaje de la familia de Moisés y Aarón, de la tribu de Leví, podían ser sacerdotes. La tarea del sacerdote era hablar con Dios y ofrecer sacrificios por el pueblo. Solo el sacerdote podía presentarse ante Dios en el tabernáculo o en el templo. Pero en este versículo Pedro dice que cada creyente es un "sacerdote". Esto no quiere decir que trabajamos en una iglesia. Significa que, gracias a Jesús, como los sacerdotes del Antiguo Testamento, podemos venir ante la presencia de Dios y hablar con Él en cualquier momento. ¿De qué cosas quisieras hablar con Dios?

[b]**1.24-25:** Is 40.6-9. [a]**2.3:** Sal 34.8.

10 Antes, ustedes no eran un pueblo; ¡pero ahora son el pueblo de Dios![f]; antes no habían sido compadecidos, pero ahora ya han sido compadecidos.[g]

Vivan como siervos de Dios

11 Amados hermanos, como si ustedes fueran extranjeros y peregrinos, les ruego que se aparten de los deseos pecaminosos que batallan contra el alma.

12 Mantengan una buena conducta entre los no creyentes para que, aunque los acusen de malhechores, al ver las buenas obras de ustedes glorifiquen a Dios el día que él nos visite.

1 Jn 2.15-17

13 Por causa del Señor, muéstrense respetuosos de toda institución humana, se trate del rey, porque es el que gobierna,

14 o de sus gobernadores, porque el rey los ha enviado para castigar a los malhechores y para elogiar a los que hacen el bien.

15 La voluntad de Dios es que ustedes practiquen el bien, para que así hagan callar la ignorancia de la gente insensata.

16 Hagan uso de su libertad, pero no la usen como pretexto para hacer lo malo, sino para servir a Dios.

17 Respeten a todos. Amen a los hermanos. Teman a Dios y respeten al rey.

18 Ustedes los criados, muéstrense respetuosos con sus amos; no sólo con los que son buenos e indulgentes, sino también con los que son difíciles de sobrellevar.

19 El soportar sufrimientos injustos es digno de elogio, si quien los soporta lo hace por motivos de conciencia delante de Dios.

20 Porque ¿qué mérito hay en soportar malos tratos por hacer algo malo? Pero cuando se sufre por hacer el bien y se aguanta el castigo, entonces sí es meritorio ante Dios.

21 Y ustedes fueron llamados para esto. Porque también Cristo sufrió por nosotros, con lo que nos dio un ejemplo para que sigamos sus pasos.

22 Cristo no cometió ningún pecado, ni hubo engaño en su boca.[h]

23 Cuando lo maldecían, no respondía con maldición; cuando sufría, no amenazaba, sino que remitía su causa al que juzga con justicia.

24 Él mismo llevó en su cuerpo nuestros pecados al madero, para que nosotros, muertos ya al pecado, vivamos para la justicia. Por sus heridas fueron ustedes sanados.[i]

Fin

25 Porque ustedes eran como ovejas descarriadas,[j] pero ahora se han vuelto al Pastor que cuida de sus vidas.

Deberes conyugales

3 Así también ustedes, las esposas, respeten a sus esposos,[a] a fin de que los que no creen a la palabra, puedan ser ganados más por la conducta de ustedes que por sus palabras,

2 cuando ellos vean su conducta casta y respetuosa.

3 Que la belleza de ustedes no dependa de lo externo, es decir, de peinados ostentosos, adornos de oro o vestidos lujosos,[b]

4 sino de lo interno, del corazón, de la belleza incorruptible de un espíritu cariñoso y sereno, pues este tipo de belleza es muy valorada por Dios.

5 Porque así era la belleza de aquellas santas mujeres que en los tiempos antiguos esperaban en Dios y mostraban respeto por sus esposos.

6 Por ejemplo, Sara obedecía a Abrahán y lo llamaba señor.[c] Y ustedes son sus hijas, si hacen el bien y viven libres de temor.

7 De la misma manera, ustedes, los esposos, sean comprensivos con ellas en su vida matrimonial.[d] Hónrenlas, pues como mujeres son más delicadas, y además, son coherederas con ustedes del don de la vida. Así las oraciones de ustedes no encontrarán ningún estorbo.

Una buena conciencia

8 En fin, únanse todos en un mismo sentir; sean compasivos, misericordiosos y amigables; ámense fraternalmente

[b]**2.6:** Is 28.16. [c]**2.7:** Sal 118.22. [d]**2.8:** Is 8.14-15. [e]**2.9:** Éx 19.5-6. [f]**2.9:** Dt 4.20; 7.6; 14.2; 26.18; Tit 2.14. [g]**2.10:** Os 2.23. [h]**2.22:** Is 53.9. [i]**2.24:** Is 53.5. [j]**2.25:** Is 53.6. [a]**3.1:** Ef 5.22; Col 3.18. [b]**3.3:** 1 Ti 2.9. [c]**3.6:** Gn 18.12. [d]**3.7:** Ef 5.25; Col 3.19.

9 y no devuelvan mal por mal, ni maldi-
ción por maldición. Al contrario, bendigan,
pues ustedes fueron llamados para recibir
bendición.
10 Porque:

«El que quiera amar la vida
y llegar a ver días buenos,
debe refrenar su lengua del mal,
y sus labios no deben mentir.
11 Debe apartarse del mal y hacer el
bien,
buscar la paz, y seguirla.
12 Porque los ojos del Señor están sobre
los justos,
y sus oídos están atentos a sus oracio-
nes;
pero el rostro del Señor está en contra
de los que hacen el mal.»[e]

13 ¿Quién podrá hacerles daño, si ustedes
siguen el bien?
14 ¡Dichosos ustedes, si sufren por causa
de la justicia![f] Así que no les tengan miedo,
ni se asusten.
15 Al contrario, honren en su corazón a
Cristo, como Señor,[g] y manténganse siem-
pre listos para defenderse, con mansedum-
bre y respeto, ante aquellos que les pidan
explicarles la esperanza que hay en ustedes. 1 Jn 1.2
16 Tengan una buena conciencia, para
que sean avergonzados aquellos que mur-
muran y dicen que ustedes son malhecho-
res, y los calumnian por su buena conducta
en Cristo.
17 Es mejor que ustedes sufran por hacer
el bien, si Dios así lo quiere, que por hacer
el mal.
18 Porque también Cristo padeció una sola
vez por los pecados, el justo por los injustos,
para llevarnos a Dios. En el cuerpo, sufrió la
muerte; pero en el espíritu fue vivificado;
19 en el espíritu también, fue y predicó a
los espíritus encarcelados,
20 a los que en otro tiempo desobedecie-
ron, en los días de Noé, cuando Dios espe-
raba con paciencia mientras se preparaba
el arca, en la que unas cuantas personas,
ocho en total, fueron salvadas por medio
del agua.[h]
21 Todo esto es símbolo del bautismo (el
cual no consiste en lavar las impurezas del
cuerpo sino en el compromiso ante Dios de
tener una buena conciencia) que ahora nos
salva por la resurrección de Jesucristo,
22 quien subió al cielo y está a la derecha
de Dios, y a quien están sujetos los ángeles,
las autoridades y las potestades.

Buenos administradores de la gracia de Dios

4 Puesto que Cristo sufrió por noso-
tros en su cuerpo, también ustedes
deben adoptar esa misma actitud,
porque quien sufre en su cuerpo pone fin
al pecado,
2 para que el tiempo que le queda de vida
en este mundo lo viva conforme a la vo-

[e] **3.10-12:** Sal 34.12-16. [f] **3.14:** Mt 5.10. [g] **3.14-15:** Is 8.12-13. [h] **3.20:** Gn 6.1—7.24.

PREPÁRATE *(1 Pedro 3.15)*

¿Hay algo que estás siempre dispuesto a hacer? Tal vez estés siempre listo para reír o cantar. ¡O comer un caramelo o un chocolate! Pedro dijo que debemos estar siempre dispuestos a hablar de nuestra fe en Cristo. Siempre debes estar preparado para hablar de tu esperanza en Cristo, porque nunca sabes cuándo puedes encontrarte con alguien en necesidad de esperanza. Si vives, te comportas, y hablas de una manera que demuestra tu fe, las personas querrán preguntarte al respecto. ¿Estás preparado para responderles? Si no, pide a tus padres o maestros de escuela bíblica que te ayuden.

luntad de Dios y no conforme a los deseos humanos.

3 Baste el tiempo pasado para haber hecho lo que agrada a los no creyentes, que viven entregados al libertinaje y las pasiones, a las borracheras, orgías, disipaciones y detestables idolatrías.

4 Para ellos resulta extraño que ustedes ya no los acompañen en ese mismo desenfreno y libertinaje, y por eso los ultrajan;

5 pero tendrán que dar cuenta de ello al que está preparado para juzgar a los vivos y a los muertos.

6 Por esto también a los muertos se les predicó el evangelio, para que sean juzgados en su cuerpo según los criterios humanos, pero vivan en el espíritu según Dios.

7 El fin de todo se acerca. Por lo tanto, pórtense juiciosamente y no dejen de orar.

8 Por sobre todas las cosas, ámense intensamente los unos a los otros, porque el amor cubre infinidad de pecados.[a]

9 Bríndense mutuo hospedaje, pero no lo hagan a regañadientes.

10 Ponga cada uno al servicio de los demás el don que haya recibido, y sea un buen administrador de la gracia de Dios en sus diferentes manifestaciones.

11 Cuando hable alguno, hágalo ciñéndose a las palabras de Dios; cuando alguno sirva, hágalo según el poder que Dios le haya dado, para que Dios sea glorificado en todo por medio de Jesucristo, de quien son la gloria y el poder por los siglos de los siglos. Amén.

Fin

La vida cristiana y el sufrimiento

12 Amados hermanos, no se sorprendan de la prueba de fuego a que se ven sometidos, como si les estuviera sucediendo algo extraño.

13 Al contrario, alégrense de ser partícipes de los sufrimientos de Cristo, para que también se alegren grandemente cuando la gloria de Cristo se revele.

14 ¡Bienaventurados ustedes, cuando sean insultados por causa del nombre de Cristo! ¡Sobre ustedes reposa el glorioso Espíritu de Dios![1]

15 Que ninguno de ustedes sufra por ser homicida, ladrón o malhechor, ni por meterse en asuntos ajenos.

16 Pero tampoco tenga ninguno vergüenza si sufre por ser cristiano. Al contrario, glorifique a Dios por llevar ese nombre.

17 Ya es tiempo de que el juicio comience por la casa de Dios; y si comienza primero por nosotros, ¿cómo será el fin de los que no obedecen al evangelio de Dios?

18 Además:

«Si el justo con dificultad se salva,
¿En dónde quedarán el impío y el
pecador?»[b]

19 Así que aquellos que sufren por cumplir la voluntad de Dios, encomienden su alma al fiel Creador, y hagan el bien.

Cuidando de la grey de Dios

5 Yo, que he sido testigo de los sufrimientos de Cristo y que he participado de la gloria que será revelada, como anciano que soy les ruego a los ancianos que están entre ustedes:

2 Cuiden de la grey de Dios,[a] que está bajo su cuidado. Pero háganlo de manera voluntaria y con el deseo de servir, y no por obligación ni por el mero afán de lucro.

3 No traten a la grey como si ustedes fueran sus amos. Al contrario, sírvanle de ejemplo.

4 Así, cuando se manifieste el Príncipe de los pastores, ustedes recibirán la corona incorruptible de gloria.

2 P 3.8-14

5 También ustedes, los jóvenes, muestren respeto ante los ancianos, y todos ustedes, practiquen el mutuo respeto. Revístanse de humildad, porque:

«Dios resiste a los soberbios,
pero se muestra favorable a los
humildes.»[b]

---

[a]**4.8:** Pr 10.12. [1]**4.14** Algunos mss. tardíos añaden la frase *Ciertamente, por parte de ellos él es blasfemado, pero por parte de ustedes es glorificado.* [b]**4.18:** Pr 11.31. [a]**5.2:** Jn 21.15-17. [b]**5.5:** Pr 3.34.

6 Por lo tanto, muestren humildad bajo la poderosa mano de Dios, para que él los exalte a su debido tiempo.[c]

7 Descarguen en él todas sus angustias, porque él tiene cuidado de ustedes.

8 Sean prudentes y manténganse atentos, porque su enemigo es el diablo, y él anda como un león rugiente, buscando a quien devorar.

9 Pero ustedes, manténganse firmes y háganle frente. Sepan que en todo el mundo sus hermanos están enfrentando los mismos sufrimientos,

1 Jn 3.8

10 pero el Dios de toda gracia, que en Cristo nos llamó a su gloria eterna, los perfeccionará, afirmará, fortalecerá y establecerá después de un breve sufrimiento.

11 A él sea dado el poder por los siglos de los siglos. Amén.

LECCIONES

DIOS CUIDA DE TI

(1 Pedro 5.7)

¿A quién pedirías un favor? ¿A un amigo o a un enemigo? Confiarías en un amigo, porque sabes que tú le importas a esa persona. Pedro sabía que podía confiar en Jesús. Después de todo, Jesús dijo: "Vengan a mí todos ustedes, los agotados de tanto trabajar, que yo los haré descansar" (Mateo 11:28). Por eso Pedro nos aconseja que descarguemos todas nuestras angustias en Dios. Cuando lo hacemos, hablamos con Él sobre cualquier preocupación, temor o problema que tengamos. No creas que Él se enoje contigo, o que esté demasiado ocupado para ayudarte. ¡Dios quiere que le digas lo que te angustia!

Saludos finales

12 Les he escrito brevemente por medio de Silvano,[d] a quien considero un hermano fiel, para darles ánimo y asegurarles que ya están en la verdadera gracia de Dios, que es ésta.

13 La iglesia que está en Babilonia, y que fue elegida juntamente con ustedes, les manda saludos, lo mismo que mi hijo Marcos.[e]

14 Salúdense unos a otros con un beso de amor fraternal. Que la paz sea con todos ustedes, los que están en Cristo. Amén.

[c] **5.6:** Mt 23.12; Lc 14.11; 18.14. [d] **5.12:** Hch 15.22, 40. [e] **5.13:** Hch 12.12, 25; 13.13; 15.37-39; Col 4.10; Flm 24.

2 PEDRO

Autor: **Pedro**
Temas: **Los verdaderos creyentes y los falsos maestros**
Fecha en que se escribió: **c. 66-67 d.C.**

PALABRAS FINALES

Casi todos los doce discípulos de Jesús (excepto Judas) dieron su vida por su fe en Cristo. Incluso los que no murieron como mártires (el apóstol Juan) sufrieron persecución. Se cree que Pedro escribió esta carta poco antes de que lo mataran en Roma (1:13-15). En lugar de estar enojado por lo que iba a pasar con él, Pedro aconsejó a los creyentes de Asia Menor. Escribió esta carta para exhortarlos a que vivieran rectamente. También quería advertirles acerca de las mentiras de los falsos profetas y maestros.

LO QUE ENCONTRARÁS EN EL LIBRO

La santa manera de vivir de la que Pedro escribió en el capítulo uno es similar al fruto del Espíritu, explicado por Pablo en Gálatas 5:22-23.

En el capítulo 2, Pedro advierte sobre los falsos profetas y maestros. Él quería proteger a los verdaderos creyentes de las mentiras y los engaños de otros.

En el capítulo 3, Pedro refuta las mentiras enseñadas acerca del regreso de Jesús. Pedro compara las creencias de los falsos maestros con la gente de los días de Noé, que dudaba de que pudiera suceder el diluvio (3:3-6). Pero tal como el juicio de Dios vino con el diluvio, Jesús volverá a la tierra y juzgará la maldad (3:7-12). Después de eso, Dios hará un cielo nuevo y una tierra nueva como un hogar para su pueblo (3:13). Mientras esperamos el regreso de Jesús, debemos vivir una vida santa y dedicada a Dios (3:11, 14).

¿SABÍAS QUE 2 PEDRO...?

- Tiene una de las declaraciones más fuertes que se han escrito acerca de la inspiración y la autoridad de la Biblia (1:19-21).
- El capítulo 2 y la carta de Judas se asemejan en la forma de describir a los falsos maestros. Ambos autores probablemente compartieron información acerca de este problema.
- Es un libro acerca de la segunda venida de Jesús. El capítulo 3 es uno de los mejores en la Biblia acerca del regreso de Cristo.

Saludo

Yo, Simón Pedro, siervo y apóstol de Jesucristo, envío un saludo a ustedes, que por la justicia de nuestro Dios y Salvador Jesucristo han alcanzado una fe tan preciosa como la nuestra.

2 Que la gracia y la paz les sea multiplicada por medio del conocimiento de Dios y de nuestro Señor Jesús.

Partícipes de la naturaleza divina

3 Todas las cosas que pertenecen a la vida y a la piedad nos han sido dadas por su divino poder, mediante el conocimiento de aquel que nos llamó por su gloria y excelencia.

4 Por medio de ellas nos ha dado preciosas y grandísimas promesas, para que por ellas ustedes lleguen a ser partícipes de la naturaleza divina, puesto que han huido de la corrupción que hay en el mundo por causa de los malos deseos.

5 Por eso, ustedes deben esforzarse por añadir virtud a su fe, conocimiento a la virtud,

6 dominio propio al conocimiento; paciencia al dominio propio, piedad a la paciencia,

7 afecto fraternal a la piedad, y amor al afecto fraternal.

8 Si todo esto abunda en ustedes, serán muy útiles y productivos en el conocimiento de nuestro Señor Jesucristo.

9 Quien no tiene todo esto es corto de vista, o ciego, y ha olvidado que sus antiguos pecados fueron limpiados.

10 Por eso, hermanos, procuren fortalecer su llamado y elección. Si hacen esto, jamás caerán.

11 De esta manera se les abrirán de par en par las puertas del reino eterno de nuestro Señor y Salvador Jesucristo. 1 Jn 2.3-6

12 Por esta razón siempre habré de recordarles estas cosas, aun cuando ya las sepan y estén firmemente afianzados en la verdad que han recibido.

13 Mientras yo tenga vida, es mi obligación animarlos y recordarles todo esto,

14 pues sé que pronto tendré que abandonar este cuerpo, tal y como nuestro Señor Jesucristo me lo ha hecho saber.

15 También debo esforzarme para que después de mi partida ustedes puedan tener siempre presentes todas estas cosas.

Testigos presenciales de la gloria de Cristo

16 Porque, cuando les hicimos saber que nuestro Señor Jesucristo vendrá con todo su poder, no lo hicimos siguiendo fábulas artificiosas, sino como quienes han visto su majestad con sus propios ojos.

17 Pues cuando él recibió de Dios Padre la honra y la gloria, desde la magnífica gloria le fue enviada una voz que decía: «Éste es mi Hijo amado, en quien me complazco.»

18 Y nosotros oímos esa voz que venía del cielo, mientras estábamos con él en el monte santo.[a]

19 Además, contamos con la muy confiable palabra profética, a la cual ustedes hacen

[a] **1.17-18:** Mt 17.1-5; Mr 9.2-7; Lc 9.28-35.

AÑADE ÉSTO *(2 Pedro 1.5)*

Así como añades nueva ropa a tu vestuario, puedes añadir "ropa espiritual" a tu vida. La "ropa espiritual" son características que desarrolla el cristiano cuando aprende acerca de Jesús y trata de vivir como Él. La palabra "esforzarse" explica que los creyentes deben poner empeño en crecer espiritualmente. No es algo que ocurre sin que nos dediquemos a ello. El Espíritu Santo nos ayuda a crecer espiritualmente para producir "fruto" en nuestra vida (lee Gálatas 5:22-23). ¿Has hecho algo recientemente que muestra que estás llegando a ser más como Jesús?

bien en atender, que es como una antorcha que alumbra en la oscuridad, hasta que aclare el día y el lucero de la mañana salga en el corazón de ustedes.

20 Pero antes que nada deben entender esto: Ninguna profecía de la Escritura es de interpretación privada,

21 porque la profecía nunca estuvo bajo el control de la voluntad humana, sino que los santos hombres de Dios hablaron bajo el control del Espíritu Santo.

Falsos profetas y falsos maestros

(Jud 1.3-13)

2 Entre el pueblo hubo también falsos profetas, como también habrá entre ustedes falsos maestros que con disimulo introducirán herejías destructivas, y hasta llegarán a negar al Señor que los rescató, con lo que atraerán sobre sí mismos súbita destrucción.

2 Muchos imitarán su conducta indecente, y por causa de ellos se hablará mal del camino de la verdad.

3 Por su rapacidad, estos falsos maestros harán negocio con ustedes. Pero la condenación los espera desde hace mucho tiempo, y su perdición ya está en camino.

4 Es un hecho que Dios no perdonó a los ángeles que pecaron, sino que los arrojó al infierno y los lanzó a oscuras prisiones, donde se les vigila para llevarlos a juicio.

5 Y tampoco perdonó al mundo antiguo, sino que protegió a Noé, quien proclamó la justicia, y a otras siete personas, y luego envió el diluvio sobre el mundo de los impíos.[a]

6 Dios también condenó a la destrucción a las ciudades de Sodoma y de Gomorra, y las redujo a cenizas,[b] para que sirvieran de escarmiento a los futuros impíos,

7 pero puso a salvo al justo Lot, que vivía abrumado por la desenfrenada conducta de los malvados.[c]

8 (Porque para este hombre justo, que vivía entre ellos, cada día era un tormento al ver y oír lo que esos malvados hacían.)

LECCIONES — LA PALABRA INSPIRADA POR EL ESPÍRITU

(2 Pedro 1.21)

¿De dónde vino la Biblia? Muchos se han hecho esta pregunta. Pedro explica aquí que el Espíritu Santo ayudó a las personas a escribir los libros de la Biblia. El apóstol quería que los que leyeran su carta la vieran como la Palabra de Dios, como la verdad, en lugar de aceptar las mentiras de los falsos maestros. En la Biblia no hay mentiras o falsas enseñanzas. ¡La Biblia es del todo cierta! El Espíritu Santo ayudó a los hombres que escribieron la Biblia, por eso es "viva y eficaz" (Hebreos 4:12). Los NIÑOS PODEROSOS dedican tiempo cada día a leer este libro lleno de poder.

9 El Señor sabe librar de la tentación a los piadosos, y sabe también reservar a los injustos para que sean castigados en el día del juicio,

10 sobre todo a los que se dejan llevar por la depravada naturaleza humana, y andan en deseos impuros y en la inmundicia, con lo que desprecian la autoridad divina.

Son atrevidos y arrogantes, y no tienen miedo de insultar a los poderes superiores.

11 Los ángeles, en cambio, aunque son mayores en fuerza y en poder, no se atreven a insultarlos ni a condenarlos delante del Señor.

12 Pero éstos hablan mal de cosas que no entienden; son como animales irracionales, que nacieron para ser presa de la destrucción. Por eso, su propia destrucción los destruirá,

13 y recibirán el castigo que merece su injusticia. Creen que el placer consiste en gozar de los deleites a plena luz del día. Son una vergüenza y una deshonra, pues mientras comen con ustedes se solazan en sus propios placeres.

14 Su mirada está cargada de adulterio, no se cansan de pecar, seducen a los pusiláni-

[a] **2.5:** Gn 6.1—7.24. [b] **2.6:** Gn 19.24. [c] **2.7:** Gn 19.1-16.

mes, su corazón está habituado a la codicia; ¡son hijos de maldición!

15 Se han apartado del camino recto, se han extraviado por seguir el camino de Balaam hijo de Beor, que tanto amó el premio de la maldad

16 que fue reprendido por su iniquidad; ¡una bestia de carga, que no podía hablar, habló con voz humana y puso un alto a la locura del profeta![d]

17 Éstos son fuentes sin agua, nubes que arrastra la tormenta, y para siempre les espera la más densa oscuridad.

18 Cuando hablan, lo hacen con palabras arrogantes y vanas; mediante las pasiones humanas y el libertinaje seducen a los que habían comenzado a apartarse de los que viven en el error.

19 Les prometen libertad, pero ellos mismos son esclavos de la corrupción, pues todo aquel que es vencido, se vuelve esclavo del que lo venció.

20 Gracias al conocimiento de nuestro Señor y Salvador Jesucristo, habían logrado escapar de las contaminaciones del mundo, pero volvieron a enredarse en ellas y fueron vencidos, con lo que su estado final fue peor que el primero.

21 Les hubiera sido mejor no haber conocido el camino de la justicia, que volverse atrás después de haber conocido y recibido el santo mandamiento.

22 Pero en ellos se ha cumplido la verdad proverbial: «El perro vuelve a su vómito»,[e] y «la puerca recién lavada vuelve a revolcarse en el lodo.»

El día del Señor se acerca

3 Amados hermanos, ésta es la segunda carta que les escribo, y en ambas los he animado a tener presentes, con su mente pura,

2 las palabras que antes pronunciaron los santos profetas, así como el mandamiento que el Señor y Salvador nos ha dado por medio de los apóstoles. Recuérdenlo.

3 Pero antes deben saber que en los días finales vendrá gente blasfema, que andará según sus propios malos deseos[a]

4 y que dirá: «¿Qué pasó con la promesa de su venida? Desde el día en que nuestros padres murieron, todas las cosas siguen tal y como eran desde el principio de la creación.»

5 Pero con toda intención se olvidan de que, desde la antigüedad, fueron creados los cielos por la palabra de Dios, lo mismo que la tierra, la cual proviene del agua y subsiste por medio del agua.[b]

6 Por eso el mundo de entonces fue destruido por una inundación.[c]

7 Pero esa misma palabra ha reservado los cielos y la tierra que ahora existen; los ha guardado para el fuego en el día del juicio y de la destrucción de los hombres perversos.

8 Pero no olviden, amados hermanos, que para el Señor un día es como mil años, y mil años como un día.[d]

9 El Señor no se tarda para cumplir su promesa, como algunos piensan, sino que nos tiene paciencia y no quiere que ninguno se pierda, sino que todos se vuelvan a él.

10 Pero el día del Señor llegará como un ladrón en la noche.[e] Ese día los cielos desaparecerán en medio de un gran estruendo, y los elementos arderán y serán reducidos a cenizas, y la tierra y todo lo que en ella se ha hecho será quemado.

11 Puesto que todo será deshecho, ustedes deben vivir una vida santa y dedicada a Dios,

12 y esperar con ansias la venida del día de Dios. Ese día los cielos serán deshechos por el fuego, y los elementos se fundirán por el calor de las llamas.

13 Pero, según sus promesas, nosotros esperamos un cielo nuevo y una tierra nueva, donde reinará la justicia.[f]

14 Por eso, amados hermanos, mientras esperan que esto suceda, hagan todo lo posible para que Dios los encuentre en paz, intachables e irreprensibles. 1 Jn 3.2

[d]**2.15-16:** Nm 22.4-35. [e]**2.22:** Pr 26.11. [a]**3.3:** Jud 18. [b]**3.5:** Gn 1.6-8. [c]**3.6:** Gn 7.11. [d]**3.8:** Sal 90.4. [e]**3.10:** Mt 24.43; Lc 12.39; 1 Ts 5.2; Ap 16.15. [f]**3.13:** Is 65.17; 66.22; Ap 21.1.

PROMESAS PODEROSAS

2 PEDRO 3.8

Pero no olviden, amados hermanos, que para el Señor un día es como mil años, y mil años como un día.

Cuando estás en la escuela, o cuando te sientes aburrido, ¿te parece que el día pasa en cámara lenta? Si es así, puedes entender que un día puede parecer "mil años". Pero esta promesa no tiene que ver con que Dios se aburre. Más bien, muestra la perspectiva que Dios tiene del tiempo. Como Dios siempre ha existido, para Él "mil años" es como un día. Dios puede hacer en un día lo que podríamos pensar que llevaría mil años. La verdad es que servimos a un Dios poderoso que conoce todas las cosas. Puedes estar confiado en que Él hace lo debido en el momento adecuado.

[15] Tengan en cuenta que la paciencia
de nuestro Señor es para salvación, tal y
como nuestro amado hermano Pablo, se-
gún la sabiduría que le ha sido dada, les
ha escrito
[16] en casi todas sus cartas, donde habla
de estas cosas, aun cuando entre ellas hay
algunas que son difíciles de entender y que
los ignorantes e inconstantes tuercen, como
hacen también con las otras Escrituras, para
su propia perdición.
[17] Pero ustedes, amados hermanos, que ya
saben todo esto, cuídense de no ser arras-
trados por el error de esos malvados, para
que no caigan de su firme postura.
[18] Más bien, crezcan en la gracia y el cono-
cimiento de nuestro Señor y Salvador Jesu-
cristo, a quien sea dada la gloria ahora y hasta
el día de la eternidad. Amén.

PALABRAS CON PODER

LO QUE REALMENTE IMPORTA

(2 Pedro 3.11)

Muchas personas ponen su esperanza en las cosas de este mundo porque piensan que durarán por siempre. Pedro dice que las cosas de este mundo no son eternas. Cuando llegue el "día de Dios" (en que el Señor juzgará las obras de cada uno), los cielos y la tierra serán destruidos (versículo 12). Dios creará un cielo nuevo y una tierra nueva (Apocalipsis 21:1). Mientras tanto, Pedro quería que sus lectores dieran prioridad a vivir una vida santa, según la voluntad de Dios. ¿Es tu prioridad vivir una vida santa?

1 JUAN

Autor: **Juan**
Temas: **Conocer la verdad, vivir en amor**
Fecha en que se escribió: **c. 85-95 d.C.**

LA VERDAD Y EL AMOR

Juan era uno de los doce hombres que Jesús escogió como discípulos. Él escribió cinco libros del Nuevo Testamento: el Evangelio según Juan, tres cartas, y el libro de Apocalipsis. Juan ya era anciano, y vivía en Éfeso, cuando escribió la carta de 1 Juan. Como uno de los líderes de la iglesia quería ayudar a crecer en la fe en Cristo a los que leyeran su carta.

Juan tenía dos objetivos al escribir sus cartas. (1) Exponer los errores de los falsos maestros. (2) Desafiar a los cristianos a que vivieran de la manera que Dios quiere. Según Juan, la fe en Jesús como el Hijo de Dios (4:15, 5:3-5, 12) y la presencia del Espíritu Santo (2:20; 4:4, 13) nos ayudan a estar seguros del amor de Dios (4:4).

LO QUE ENCONTRARÁS EN EL LIBRO

¿Qué sabes acerca de Dios? ¿Cómo puedes saber que tienes vida eterna? Primera de Juan describe el verdadero conocimiento de Dios (1:3–2:2). También se destacan las cinco pruebas que te ayudarán a saber si tienes vida eterna: (1) Dios te ayuda a creer en la verdad (1:1-3; 2:21-23; 4:2-3, 15; 5:1; 5, 10, 13, 20); (2) obedeces los mandamientos de Jesús (2:3-11; 5:3-4); (3) buscas vivir para agradar a Dios (1:6-9; 2:15-17, 29; 3:1-10; 5:2-3); (4) amas a Dios y a otros creyentes (2:9-11; 3:10-18; 4:7-21), y (5) el Espíritu Santo te recuerda la verdad (2:20, 27; 4:13; 5:7-12).

¿SABÍAS QUE 1 JUAN ...?

- Es un libro de imágenes contrastantes. Para expresarse, Juan usa términos como la luz y las tinieblas, la verdad y la mentira, la verdad y el error, la justicia y el pecado.
- Es un libro acerca del amor. En su Evangelio, Juan habla de sí mismo como el discípulo "al cual Jesús amaba" (Juan 13:23). En 1 Juan escribió acerca del amor de Dios y el deber del cristiano de amar a Dios y al prójimo.
- No hay referencias a las escrituras del Antiguo Testamento.

La palabra de vida

Lo que era desde el principio,[a] lo que hemos oído, lo que hemos visto con nuestros ojos, lo que hemos contemplado, y palparon nuestras manos referente al Verbo de vida,

Ap 1.9

[2] la vida que se ha manifestado, y que nosotros hemos visto[b] y de la que damos testimonio, es la que nosotros les anunciamos a ustedes: la vida eterna, la cual estaba con el Padre, y se nos ha manifestado.

[3] Así que, lo que hemos visto y oído es lo que les anunciamos a ustedes, para que también ustedes tengan comunión con nosotros. Porque nuestra comunión es con el Padre y con su Hijo Jesucristo.

[4] Les escribimos estas cosas, para que el gozo de ustedes sea completo.

PROMESAS PODEROSAS

1 JUAN 1.9

Si confesamos nuestros pecados, él es fiel y justo para perdonar nuestros pecados y limpiarnos de toda maldad.

Esta promesa nos dice que podemos estar seguros de que Dios perdonará nuestros pecados. Todo lo que tenemos que hacer es admitir que hemos hecho lo malo. Porque Jesús murió por nuestros pecados, Dios quiere perdonar los pecados que cometemos. Esta promesa nos muestra lo mucho que Dios se preocupa por cada uno de sus hijos.

Dios es luz

[5] Éste es el mensaje que hemos oído de él, y que les anunciamos a ustedes: Dios es luz, y en él no hay tiniebla alguna.

[6] Si decimos que tenemos comunión con él, y vivimos en tinieblas, estamos mintiendo y no practicamos la verdad.

[7] Pero si vivimos en la luz, así como él está en la luz, tenemos comunión unos con otros, y la sangre de Jesús, su Hijo, nos limpia de todo pecado.

PALABRAS CON PODER

VIVIR EN LA LUZ

(1 Juan 1.7)

Al andar en una calle iluminada, o al utilizar una linterna en un camino oscuro, puedes ver con claridad por donde andas. Jesús habló de sí mismo como "la luz del mundo" (Juan 8:12). Juan utiliza la palabra luz para describir a Dios o la verdad de Dios. Cuando "vivimos en la luz" creemos la verdad de Dios y con su ayuda andamos en la luz. La verdad de Dios es una luz que nos ayuda cuando los temores y las dudas echan sombras en nuestro camino.

[8] Si decimos que no tenemos pecado, nos engañamos a nosotros mismos, y la verdad no está en nosotros.

[9] Si confesamos nuestros pecados, él es fiel y justo para perdonar nuestros pecados y limpiarnos de toda maldad.

[10] Si decimos que no hemos pecado, lo hacemos a él mentiroso, y su palabra no está en nosotros.

Cristo, nuestro abogado

2 Hijitos míos, les escribo estas cosas para que no pequen. Si alguno ha pecado, tenemos un abogado ante el Padre, a Jesucristo el justo.

[2] Y él es la propiciación por nuestros pecados; y no solamente por los nuestros, sino también por los de todo el mundo.

[3] Con esto podemos saber que lo conocemos: si obedecemos sus mandamientos.

[4] El que dice: «Yo lo conozco», y no obedece sus mandamientos, es un mentiroso, y no hay verdad en él.

[5] El amor de Dios se ha perfeccionado verdaderamente en el que obedece su palabra, y por esto sabemos que estamos en él.

[a] **1.1:** Jn 1.1. [b] **1.2:** Jn 1.14.

¿CÓMO PUEDO SABER QUE SOY SALVO?

¿Cómo puedo tener la seguridad de que soy salvo? ¿Te has hecho esa pregunta o te has preguntado si la promesa de Dios de vida eterna te incluye a ti? ¡No eres el único! Muchos hacen estas mismas preguntas. Sin embargo, todos podemos tener la seguridad de que somos salvos y tenemos vida eterna, si…

(1) Creemos que Dios nos ha dado vida eterna por medio de Jesús. "Y éste es el testimonio: que Dios nos ha dado vida eterna, y esta vida está en su Hijo. El que tiene al Hijo, tiene la vida, el que no tiene al Hijo de Dios no tiene la vida" (1 Juan 5:11-12). Porque Jesús murió para pagar la culpa de nuestro pecado, vamos a vivir por siempre con Dios.

(2) Nos sometemos a Jesús y vivimos conforme a sus mandamientos. "Con esto podemos saber que lo conocemos: si obedecemos sus mandamientos. El que dice: 'Yo lo conozco', y no obedece sus mandamientos, es un mentiroso, y no hay verdad en él. El amor de Dios se ha perfeccionado verdaderamente en el que obedece su palabra, y por esto sabemos que estamos en él" (1 Juan 2:3-5).

(3) Amamos a Dios y no al mundo. "No amen al mundo, ni las cosas que están en el mundo. Si alguno ama al mundo, el amor del Padre no está en él" (1 Juan 2:15). Cuando la gente "ama al mundo" cree cosas contrarias a la Palabra de Dios y se comporta de formas que no agradan a Dios. Siguen a los pecadores y no al Señor.

(4) Hacemos lo que es justo. "Si saben que él es justo, sepan también que todo el que hace justicia ha nacido de él" (1 Juan 2:29). Cuando hacemos lo recto y justo, sabemos que pertenecemos a Dios.

(5) Mostramos verdadero amor al prójimo. "En esto sabemos que hemos pasado de la muerte a la vida: en que amamos a los hermanos. El que no ama a su hermano, permanece en la muerte" (1 Juan 3:14).

(6) El Espíritu Santo vive en nosotros. "El que obedece sus mandamientos, permanece en Dios, y Dios en él. En esto sabemos que él permanece en nosotros: por el Espíritu que él nos ha dado" (1 Juan 3:24). El Espíritu Santo no da la seguridad en nuestro corazón que pertenecemos a Dios.

(7) Seguimos el ejemplo de Jesús. "El que dice que permanece en él, debe andar como él anduvo" (1 Juan 2:6).

(8) Estamos a la espera del regreso de Cristo. "Amados, ahora somos hijos de Dios, y aún no se ha manifestado lo que hemos de ser. Pero sabemos que, cuando él se manifieste, seremos semejantes a él porque lo veremos tal como él es" (1 Juan 3:2).

1 Jn 3.9-18

6 El que dice que permanece en él, debe
andar como él anduvo.

El nuevo mandamiento

7 Hermanos, no les escribo un manda-
miento nuevo,[a] sino el mandamiento anti-
guo que ustedes han tenido desde el princi-
pio; este mandamiento antiguo es la palabra
que han oído desde el principio.
8 Sin embargo, les escribo un mandamien-
to nuevo, que es verdadero en él y en uste-
des, porque las tinieblas se van desvanecien-
do, y la luz verdadera ya alumbra.
9 El que dice que está en la luz, y aborrece
a su hermano, está todavía en tinieblas.
10 El que ama a su hermano, permanece
en la luz, y en él no hay tropiezo.
11 Pero el que aborrece a su hermano está en
tinieblas, y anda en tinieblas, y no sabe a dónde
va, porque las tinieblas le han cegado los ojos.
12 Les escribo a ustedes, hijitos, porque sus pe-
cados les han sido perdonados por su nombre.
13 Les escribo a ustedes, padres, porque
han conocido al que es desde el principio.
Les escribo a ustedes, jóvenes, porque han
vencido al maligno. Les escribo a ustedes,
hijitos, porque han conocido al Padre.
14 Les he escrito a ustedes, padres, porque
han conocido al que es desde el principio.
Les he escrito a ustedes, jóvenes, porque
son fuertes, y la palabra de Dios permanece
en ustedes, y han vencido al maligno.
15 No amen al mundo, ni las cosas que es-
tán en el mundo. Si alguno ama al mundo,
el amor del Padre no está en él.
16 Porque todo lo que hay en el mundo, es
decir, los deseos de la carne, los deseos de
los ojos, y la vanagloria de la vida, no provie-
ne del Padre, sino del mundo.
17 El mundo y sus deseos pasan; pero el
que hace la voluntad de Dios permanece
para siempre.

1 Jn 5.4-5

El anticristo

18 Hijitos, han llegado los últimos tiempos;
y así como ustedes oyeron que el anticristo
viene, ahora han surgido muchos anticris-
tos; por esto sabemos que han llegado los
últimos tiempos.
19 Ellos salieron de nosotros, pero no eran
de nosotros. Si hubieran sido de nosotros,
habrían permanecido con nosotros. Pero
salieron para que fuera evidente que no to-
dos son de nosotros.
20 Pero ustedes tienen la unción del Santo,
y conocen todas las cosas.
21 No les he escrito porque no conozcan
la verdad, sino porque la conocen, y porque
ninguna mentira procede de la verdad.
22 ¿Quién es el mentiroso, sino el que nie-
ga que Jesús es el Cristo? Éste es el anticristo,
el que niega al Padre y al Hijo.
23 Todo aquel que niega al Hijo, tampoco
tiene al Padre. El que confiesa al Hijo, tiene
también al Padre.
24 Que permanezca en ustedes lo que han
oído desde el principio. Si lo que han oído
desde el principio permanece en ustedes,
también ustedes permanecerán en el Hijo
y en el Padre.
25 Y ésta es la promesa que él nos hizo, la
vida eterna.
26 Les he escrito esto acerca de quienes los
engañan.
27 La unción que ustedes recibieron de él
permanece en ustedes, y no tienen necesi-
dad de que nadie les enseñe. Así como la
unción misma les enseña todas las cosas, y
es verdadera y no falsa, permanezcan en él,
tal y como él les ha enseñado.
28 Y ahora, hijitos, permanezcan en él para
que, cuando se manifieste, tengamos con-
fianza, y cuando venga no nos alejemos de
él avergonzados.
29 Si saben que él es justo, sepan también
que todo el que hace justicia ha nacido de él.

Hijos de Dios

3 Miren cuánto nos ama el Padre, que
nos ha concedido ser llamados hijos
de Dios. Y lo somos.[a] El mundo no
nos conoce, porque no lo conoció a él.

[a]**2.7:** Jn 13.34. [a]**3.1:** Jn 1.12.

Jd 14-15

2 Amados, ahora somos hijos de Dios, y aún no se ha manifestado lo que hemos de ser. Pero sabemos que, cuando él se manifieste, seremos semejantes a él porque lo veremos tal como él es.

3 Y todo aquel que tiene esta esperanza en él, se purifica a sí mismo, así como él es puro.

4 Todo aquel que comete pecado, quebranta también la ley, pues el pecado es quebrantamiento de la ley.

5 Y ustedes saben que él apareció para quitar nuestros pecados,[b] y en él no hay pecado.

6 Todo aquel que permanece en él, no peca; todo aquel que peca, no lo ha visto, ni lo ha conocido.

7 Hijitos, que nadie los engañe, el que hace justicia es justo, así como él es justo.

Jd 9

8 El que practica el pecado es del diablo, porque el diablo peca desde el principio. Para esto se ha manifestado el Hijo de Dios: para deshacer las obras del diablo.

9 Todo aquel que ha nacido de Dios no practica el pecado, porque la simiente de Dios permanece en él, y no puede pecar, porque ha nacido de Dios.

10 En esto se manifiestan los hijos de Dios, y los hijos del diablo: todo aquel que no hace justicia, ni ama a su hermano, tampoco es de Dios.

11 Éste es el mensaje que ustedes han oído desde el principio: Que nos amemos unos a otros.[c]

12 No como Caín, que era del maligno y mató a su hermano.[d] ¿Y por qué lo mató? Porque sus obras eran malas, y las de su hermano eran justas.

13 Hermanos míos, no se extrañen si el mundo los odia.

14 En esto sabemos que hemos pasado de la muerte a la vida:[e] en que amamos a los hermanos. El que no ama a su hermano, permanece en la muerte.

15 Todo aquel que odia a su hermano es homicida, y ustedes saben que ningún homicida tiene vida eterna permanente en él.

16 En esto hemos conocido el amor: en que él dio su vida por nosotros. Así también nosotros debemos dar nuestra vida por los hermanos.

Ap 3.1-4

17 Pero ¿cómo puede habitar el amor de Dios en aquel que tiene bienes de este mundo y ve a su hermano pasar necesidad, y le cierra su corazón?

18 Hijitos míos, no amemos de palabra ni de lengua, sino de hecho y en verdad.

19 Y en esto sabemos que somos de la verdad, y aseguraremos nuestro corazón delante de él,

20 pues si nuestro corazón nos reprende, Dios es mayor que nuestro corazón, y él sabe todas las cosas.

21 Amados, si nuestro corazón no nos reprende, confianza tenemos en Dios,

22 y recibiremos de él todo lo que le pidamos, porque obedecemos sus mandamientos, y hacemos las cosas que le son agradables.

23 Éste es su mandamiento: Que creamos en el nombre de su Hijo Jesucristo, y nos amemos unos a otros como Dios nos lo ha mandado.[f]

24 El que obedece sus mandamientos, permanece en Dios, y Dios en él. En esto sabemos que él permanece en nosotros: por el Espíritu que él nos ha dado.

LECCIONES **HIJOS DE DIOS**

(1 Juan 3.1)

¿Has leído un cuento de hadas y querías ser el príncipe o la princesa de la historia? La buena noticia es que si has recibido a Jesús como tu Salvador eres un príncipe o una princesa. Dios es el Rey del universo. Cuando decidimos creer en Él, llegamos a ser sus hijos. Él nos adopta y nos hace realeza. Los hijos de la realeza de Dios tienen el deseo de ser más como Jesús cada día. ¡Por eso son NIÑOS PODEROSOS!

[b]**3.5:** Jn 1.29. [c]**3.11:** Jn 13.34. [d]**3.12:** Gn 4.8. [e]**3.14:** Jn 5.24. [f]**3.23:** Jn 13.34; 15.12, 17.

El Espíritu de Dios y el espíritu del anticristo

4 Amados, no crean a todo espíritu, sino pongan a prueba los espíritus, para ver si son de Dios. Porque muchos falsos profetas han salido por el mundo.

2 Pero ésta es la mejor manera de reconocer el Espíritu de Dios: Todo espíritu que confiesa que Jesucristo ha venido en carne, es de Dios;

3 y todo espíritu que no confiesa a Jesús, no es de Dios. Éste es el espíritu del anticristo, el cual ustedes han oído que viene, y que ya está en el mundo.

4 Hijitos, ustedes son de Dios, y han vencido a esos falsos profetas, porque mayor es el que está en ustedes que el que está en el mundo.

5 Ellos son del mundo. Por eso hablan del mundo, y el mundo los oye.

6 Nosotros somos de Dios. El que conoce a Dios, nos oye; el que no es de Dios, no nos oye. Por esto sabemos cuál es el espíritu de la verdad, y cuál es el espíritu del error.

Dios es amor

7 Amados, amémonos unos a otros, porque el amor es de Dios. Todo aquel que ama, ha nacido de Dios y conoce a Dios.

8 El que no ama, no ha conocido a Dios, porque Dios es amor.

9 En esto se mostró el amor de Dios para con nosotros: en que Dios envió al mundo a su Hijo unigénito, para que vivamos por él.

10 En esto consiste el amor: no en que nosotros hayamos amado a Dios, sino en que él nos amó a nosotros, y envió a su Hijo en propiciación por nuestros pecados.

11 Amados, si Dios nos ha amado así, nosotros también debemos amarnos unos a otros.

12 Nadie ha visto jamás a Dios.[a] Si nos amamos unos a otros, Dios permanece en nosotros, y su amor se perfecciona en nosotros.

13 En esto sabemos que permanecemos en él, y él en nosotros: en que él nos ha dado de su Espíritu.

14 Nosotros hemos visto y damos testimonio de que el Padre ha enviado al Hijo, el Salvador del mundo.

15 Todo aquel que confiese que Jesús es el Hijo de Dios, permanece en Dios, y Dios en él.

16 Y nosotros hemos conocido y creído el amor que Dios tiene para con nosotros. Dios es amor; y el que permanece en amor, permanece en Dios, y Dios en él.

17 En esto se perfecciona el amor en nosotros: para que tengamos confianza en el día del juicio, pues como él es, así somos nosotros en este mundo.

18 En el amor no hay temor, sino que el perfecto amor echa fuera el temor, porque el temor lleva en sí castigo. Por lo tanto, el que teme, no ha sido perfeccionado en el amor.

19 Nosotros lo amamos a él, porque él nos amó primero.

20 Si alguno dice: «Yo amo a Dios», pero odia a su hermano, es un mentiroso. Pues el que no ama a su hermano a quien ha visto, ¿cómo puede amar a Dios, a quien no ha visto?

21 Nosotros recibimos de él este mandamiento: El que ama a Dios, ame también a su hermano.

[a] **4.12:** Jn 1.18.

EL AMOR A DIOS Y AL PRÓJIMO *(1 Juan 4.7)*
Los que han "nacido de nuevo" (lee Juan 3:3-21) aman a Dios y al prójimo. Según Jesús, este es el primero y más importante mandamiento (Mateo 22:37-40). El amor es también el primer elemento que aparece en la lista del fruto del Espíritu (Gálatas 5:22). El amor es más que un sentimiento cálido. También implica obras de caridad en que ayudamos a los necesitados. Porque Jesús nos ama y murió para salvarnos, podemos amar a nuestro prójimo mediante el poder del Espíritu Santo.

La fe que vence al mundo

5 Todo aquel que cree que Jesús es
el Cristo, ha nacido de Dios. Todo
aquel que ama al que engendró, ama
también al que ha sido engendrado por él.
2 En esto sabemos que amamos a los hijos
de Dios: en que amamos a Dios y obedece-
mos sus mandamientos.
3 Pues éste es el amor a Dios: que obedez-
camos sus mandamientos.[a] Y sus manda-
mientos no son difíciles de cumplir.
4 Porque todo el que ha nacido de Dios
vence al mundo. Y ésta es la victoria que ha
vencido al mundo: nuestra fe.
5 ¿Quién es el que vence al mundo, sino el
Ap 2.7 que cree que Jesús es el Hijo de Dios?

El testimonio del Espíritu

6 Éste es Jesucristo, que vino mediante agua
y sangre; no mediante agua solamente, sino
mediante agua y sangre. Y el Espíritu es el que
da testimonio, porque el Espíritu es la verdad.
7 Porque tres son los que dan testimonio
[en el cielo: el Padre, el Verbo y el Espíritu
Santo; y estos tres son uno.
8 Y tres son los que dan testimonio en la
tierra]:[1] el Espíritu, el agua y la sangre; y estos
tres concuerdan.
9 Si aceptamos el testimonio de los hom-
bres, mayor es el testimonio de Dios; por-
que éste es el testimonio que Dios ha pre-
sentado acerca de su Hijo.
10 El que cree en el Hijo de Dios, tiene el
testimonio en sí mismo; el que no cree a
Dios, lo ha hecho mentiroso, porque no ha
creído en el testimonio que Dios ha presen-
tado acerca de su Hijo.
11 Y éste es el testimonio: que Dios nos ha
dado vida eterna, y esta vida está en su Hijo.[b]
12 El que tiene al Hijo, tiene la vida, el que
Ap 3.20 no tiene al Hijo de Dios no tiene la vida.

El conocimiento de la vida eterna

13 Les he escrito estas cosas a ustedes, los
que creen en el nombre del Hijo de Dios,
para que sepan que tienen vida eterna.

PROMESAS PODEROSAS

1 JUAN 5.14

Y ésta es la confianza que tenemos en él: si pedimos algo según su voluntad, él nos oye.

Con toda confianza podemos pedir cualquier cosa a Dios. Esto no significa que Él contestará que "sí" a todo lo que pidamos. Dios no hace nada que no esté de acuerdo con su Palabra o sus planes. Cuando le pedimos algo, debemos hacerlo conforme a su voluntad. Él responderá con "sí", "no", o "espera". Podemos confiar en su respuesta, porque el Señor siempre nos trata con amor.

14 Y ésta es la confianza que tenemos en él:
si pedimos algo según su voluntad, él nos oye.
15 Y si sabemos que él nos oye en cualquiera
cosa que pidamos, también sabemos que te-
nemos las peticiones que le hayamos hecho.
16 Si alguno ve que su hermano está co-
metiendo un pecado, que no sea de muer-
te, debe pedir por él, y Dios le dará vida. Esto
vale para los que cometen un pecado que
no sea de muerte. Hay pecados de muerte,
y yo no digo que se pida por ellos.
17 Toda injusticia es pecado, pero hay pe-
cado que no es de muerte.
18 Sabemos que todo aquel que ha nacido
de Dios, no practica el pecado, pues Aquel
que fue engendrado por Dios lo protege, y
el maligno no lo toca.
19 Sabemos que somos de Dios, y que el
mundo entero está bajo el maligno.
20 Pero también sabemos que el Hijo de
Dios ha venido y nos ha dado entendimien-
to para conocer al que es verdadero; y esta-
mos en el verdadero, en su Hijo Jesucristo.
Éste es el verdadero Dios, y la vida eterna.
21 Hijitos, manténganse apartados de los
ídolos. Amén.

[a] **5.3:** Jn 14.15. [1] **5.7-8** El texto entre corchetes se halla sólo en mss. tardíos. [b] **5.11:** Jn 3.36. [a] **5:** Jn 13.34; 15.12,17.

2 JUAN

Autor: **Juan**
Temas: **Amor y sentido común**
Fecha en que se escribió: **c. 85-95 d.C.**

SÉ AMOROSO Y SABIO

En esta carta, Juan habla de sí mismo como el "anciano" (versículo 1). Tal vez lo dijo porque ya era anciano de edad. O puede ser que haya sido "anciano" o líder en la iglesia de Éfeso. En ese momento, era el único de los primeros apóstoles que aún estaba vivo.

Después de que Jesús volvió al cielo, la gente llegaba a conocer las buenas noticias de la salvación por medio de hombres que viajaban de un lugar a otro ("mensajeros de las buenas noticias"). Los creyentes hospedaban a estos maestros itinerantes en sus casas y les daban dinero para su obra. El problema era que los falsos maestros también dependían de esta costumbre. Por eso Juan escribió esta carta para advertir a la iglesia a que tuviera cuidado con los maestros itinerantes. Juan advirtió a los creyentes para que se cuidaran de no ayudar a los maestros que enseñaban en contra del evangelio de Jesucristo.

LO QUE ENCONTRARÁS EN EL LIBRO

Juan felicitó a la "señora elegida", y a sus hijos porque eran fieles a la verdad de Cristo (versículo 4). Él puede haberse referido a todos los miembros de la iglesia o a una viuda en la iglesia. Juan alertó a los lectores a que mostraran su amor a Dios obedeciendo los mandamientos de Jesús y amándose unos a otros (versículo 6). Juan también dijo que el amor cristiano debe tomar decisiones acertadas acerca de los verdaderos y los falsos maestros (vv. 7-11). La carta era breve porque Juan tenía previsto visitar pronto a la iglesia (v. 12).

¿SABÍAS QUE 2 JUAN...?

- Es el libro más corto del Nuevo Testamento.
- Es un manual en contra de los falsos maestros.

Salutación

El anciano, a la señora elegida y a sus hijos, a quienes amo en la verdad; y no sólo yo, sino también todos los que han conocido la verdad,

2 a causa de la verdad que permanece en nosotros, y que estará para siempre con nosotros:

3 Que la gracia, la misericordia y la paz de Dios Padre, y del Señor Jesucristo, Hijo del Padre, sean con ustedes en verdad y en amor.

Permanezcan en la doctrina de Cristo

4 Gran regocijo me ha causado el hallar a algunos de tus hijos andando en la verdad y conforme al mandamiento que recibimos del Padre.

5 Ahora, señora, te ruego que nos amemos unos a otros. Pero no como si te escribiera un nuevo mandamiento, sino el que hemos tenido desde el principio.[a]

6 Éste es el amor: que andemos según sus mandamientos. Y éste es el mandamiento: que ustedes anden en amor, como desde el principio lo han oído.

7 Porque muchos engañadores han salido por el mundo, los cuales no confiesan que Jesucristo ha venido en carne. Éstos son engañadores, son el anticristo.

8 Tengan cuidado de no perder el fruto de su trabajo, a fin de que reciban el galardón completo.

9 Cualquiera que se extravía, y que no persevera en la enseñanza de Cristo, no tiene a Dios, pero el que persevera en la enseñanza de Cristo sí tiene al Padre y al Hijo.

10 Si alguno se les acerca, y no trae esta doctrina, no lo reciban en su casa, y ni siquiera le deseen que tenga paz.

11 Porque quien le desea la paz participa en sus malas obras.

Espero ir a ustedes

12 Tengo muchas otras cosas que escribirles, pero no he querido hacerlo por medio de papel y tinta, pues espero ir a verlos y hablarles cara a cara, para que nuestro gozo sea completo.

13 Los hijos de tu hermana, la elegida, te saludan. Amén.

[a] **5:** Jn 13.34; 15.12,17.

NO RECIBAN A LOS FALSOS MAESTROS *(2 Juan 10)*
En los días de Juan había maestros que viajaban de pueblo en pueblo y enseñaban a la gente acerca de Dios. Ellos se alojaban en las casas y comían con la familia que los hospedaba. Algunos de estos maestros enseñaban verdades acerca de Dios, y otros enseñaban mentiras. Juan advirtió a los creyentes a que no recibieran a los falsos maestros en sus hogares. Juan no les decía que fueran irrespetuosos con ellos. Les instruyó más bien a que no escucharan a los falsos maestros ni les dieran dinero. Nosotros también tenemos que tener cuidado con lo que la gente dice acerca de Dios. Sabemos que lo que oímos es cierto si está de acuerdo con lo que dice la Biblia.

3 JUAN

Autor: **Juan**
Tema: **Viviendo para Dios**
Fecha en que se escribió: **c. 85-95 d.C.**

COMIENZOS

Cuando Juan escribió este libro, era un hombre anciano. En ese tiempo, los maestros religiosos viajaban de ciudad en ciudad. Algunos se hospedaban en las casas de los creyentes. Los hermanos creyentes también les daban dinero para ayudarles en su obra (versículos 5-8). Gayo era un cristiano en Asia Menor (hoy es Turquía), que hospedaba a los maestros en su casa (versículos 1-8). Otro cristiano, llamado Diótrefes, se resistía a la autoridad de Juan y no recibía a los maestros enviados por él. Juan escribió para elogiar a Gayo por su bondad y para alertar sobre la mala conducta de Diótrefes.

LO QUE ENCONTRARÁS EN EL LIBRO

En su tercera carta, Juan escribió acerca de tres hombres. (1) Felicitó a Gayo por ser fiel a Dios y por amar la verdad (versículos 3-4), y también porque era amable con los buenos mensajeros (versículos 5-8). (2) Juan advirtió a Diótrefes, un líder egoísta, por su orgullo. Él había rechazado una carta anterior de Juan (versículo 9). También hablaba mal de Juan y no quería ayudar a los hermanos, mensajeros de parte de Juan. Diótrefes decía que iba a expulsar de la iglesia a los que recibieran a esos mensajeros (versículo 10). (3) Juan elogió a Demetrio por su fidelidad a Dios y a la verdad (versículo 12). Demetrio puede haber sido el que entregó la carta, o tal vez era pastor de una comunidad vecina.

¿SABÍAS QUE 3 JUAN ...?

- Es un libro de historia acerca de la vida en la temprana iglesia cristiana.
- Da buenos consejo acerca de cómo tratar los pastores itinerantes.

Saludo

El anciano a Gayo,[a] el amado, a quien
amo en la verdad.
2 Amado, deseo que seas prospera-
do en todo, y que tengas salud, a la vez que
tu alma prospera.
3 Pues yo me regocijé mucho cuando
los hermanos vinieron y dieron testimo-
nio de tu fidelidad, y de cómo andas en
la verdad.
4 No tengo mayor gozo que oír que mis
hijos andan en la verdad.

Elogio de la hospitalidad de Gayo

5 Amado, procedes fielmente cuando pres-
tas algún servicio a los hermanos, especial-
mente a los desconocidos,
6 los cuales han dado testimonio de tu
amor, ante la iglesia. Bien harás en encami-
narlos para que continúen su viaje, como lo
merece su servicio a Dios.
7 Porque por amor al Nombre ellos se pu-
sieron en camino, sin aceptar nada de los
paganos.
8 Nosotros, pues, debemos acoger a tales
personas, para que seamos colaboradores
con la verdad.

LECCIONES

ORAR POR PROSPERIDAD
(3 Juan 2)

¿Por qué Juan oró que Gayo prosperara? Juan no estaba pidiendo a Dios que Gayo tuviera muchas riquezas. Juan pedía que Dios ayudara a Gayo (y otros creyentes) a seguir la verdad de Dios (versículos 3-4) y a tener una abundante vida espiritual (Juan 10:10). Dios quiere que todo nos vaya bien, porque es su voluntad. Él suple nuestras necesidades con sus bendiciones. Tal vez quieras orar por alguien para que prospere. Si lo haces, le pides a Dios que ayude a esa persona a que sea un cristiano más fuerte.

PROMESAS PODEROSAS

3 JUAN 11

Amado, no imites lo malo, sino lo bueno. El que hace lo bueno es de Dios, pero el que hace lo malo, no ha visto a Dios.

En la Última Cena, Jesús dijo a sus discípulos: "Porque les he puesto el ejemplo, para que lo mismo que yo he hecho con ustedes, también ustedes lo hagan" (Juan 13:15). Jesús quería que ellos cuidaran el uno del otro así como Él había hecho. Juan dijo que si somos de Dios, haremos lo que Jesús haría. No haremos cosas malas, sino buenas. Haz una lista de lo que Dios quiere que hagas y otra lista de lo que Dios no quiere que hagas. ¡Los NIÑOS PODEROSOS deciden hacer lo bueno!

[a] **1:** Hch 19.29; Ro 16.23; 1 Co 1.14.

PODER PARA VIVIR

AGRADAR A DIOS *(3 Juan 6)*

¿Qué significa vivir "de una manera que agrada a Dios"? Juan explicó esto cuando agradeció a Gayo por haber sido amable con los maestros itinerantes. Gayo recibió a los maestros en su casa y les dio dinero. Cuando somos amables y generosos con los siervos de Dios, somos amables y generosos con el Señor mismo. Cuando vivimos "de una manera que agrada a Dios", hacemos todo de la mejor manera posible y en el poder del Espíritu Santo. Somos amables y considerados con los demás. Hacemos lo que el Señor haría.

La oposición de Diótrefes

9 Yo le he escrito a la iglesia; pero Diótrefes, a quien le gusta tener el primer lugar entre ellos, no nos recibe.

10 Por esta causa, cuando yo vaya, haré mención de lo que hace, pues anda hablando mal de nosotros. Y no contento con esto, no recibe a los hermanos, y a los que quieren recibirlos les prohíbe hacerlo y los expulsa de la iglesia.

Buen testimonio acerca de Demetrio

11 Amado, no imites lo malo, sino lo bueno. El que hace lo bueno es de Dios, pero el que hace lo malo, no ha visto a Dios.

12 Todos dan buen testimonio de Demetrio, incluso la verdad misma. También nosotros damos ese testimonio, y ustedes saben que nuestro testimonio es verdadero.

Saludos finales

13 Yo tenía muchas otras cosas que escribirte, pero no quiero escribírtelas con tinta y pluma,

14 pues espero verte pronto y hablaremos cara a cara.

15 Que la paz sea contigo. Los amigos te saludan. Saluda tú a los amigos, a cada uno en particular.

JUDAS

Autor: **Judas**
Tema: **La lucha por la fe**
Fecha en que se escribió: **c. 70-80 d.C.**

¡LUCHA POR LA FE!

¿Estás dispuesto a defender lo que crees? Judas, el hermano de Jesús, estuvo muy dispuesto a hacerlo. Como el apóstol Juan, Judas escribió su carta para advertir a los creyentes acerca de los falsos maestros y de su mala influencia. También quería que los creyentes a lucharan por su fe y que la defendieran.

LO QUE ENCONTRARÁS EN EL LIBRO

Después de los saludos (versículos 1-2), Judas explicó que cambió de idea sobre qué escribir. Tenía la intención de escribir acerca de cómo una persona puede ser salva (v. 3). Pero los falsos maestros estaban causando disturbios en la iglesia. Estos maestros decían que estaba bien cometer pecado. Así que Judas decidió advertir a los creyentes acerca de estos maestros y sus mentiras (versículos 4-19). Más tarde, Dios juzgaría a estas personas y a cualquiera que cometiera los mismos pecados (versículos 5-11). Judas desafió a los creyentes a que no creyeran en las falsas enseñanzas, sino que sean amables con los que tenían dudas sobre su fe (vv. 20-23). Judas concluye la carta con un canto de alabanza a Dios (versículos 24-25).

¿SABÍAS QUE JUDAS ...?

- Presenta el más audaz reproche contra los falsos maestros que hay en el Nuevo Testamento.
- Hace referencia a citas del Antiguo Testamento, a las tradiciones judías, y a 2 Pedro.
- Contiene la más hermosa bendición del Nuevo Testamento (versículos 24 y 25).

Saludo

Yo, Judas,[a] que soy siervo de Jesucris-
to y hermano de Jacobo, saludo a
los llamados, amados por Dios Pa-
dre y resguardados por Jesucristo.
2 Que la misericordia, la paz y el amor
abunden en ustedes.

Falsas doctrinas y falsos maestros

(2 P 2.1-17)
3 Amados hermanos, yo he tenido un
gran deseo de escribirles acerca de la sal-
vación que tenemos en común, pero ahora
me encuentro en la necesidad de escribirles
para rogarles que luchen ardientemente por
la fe que una vez fue dada a los santos,
4 pues por medio de engaños se han infil-
trado entre ustedes algunos malvados. És-
tos, que desde antes habían sido destinados
a la condenación, convierten la gracia de
nuestro Dios en libertinaje y niegan a Jesu-
cristo, nuestro único Soberano y Señor.
5 Aunque ustedes ya lo saben, quiero recor-
darles que cuando el Señor salvó al pueblo y lo
sacó de Egipto,[b] destruyó a los que no creyeron.[c]
6 Incluso a los ángeles que no cuidaron su
dignidad, sino que abandonaron su propia
mansión, los ha retenido para siempre en
prisiones oscuras, para el juicio del gran día.
7 También Sodoma y Gomorra, y las ciu-
dades vecinas, que lo mismo que aquéllos
practicaron la inmoralidad sexual y los vi-
cios contra la naturaleza, fueron puestas
como ejemplo y sufrieron el castigo del fue-
go eterno.[d]
8 Así mismo, también estos hombres, en
sus sueños, contaminan su cuerpo, recha-
zan la autoridad y blasfeman de los poderes
superiores.
9 Pero ni siquiera el arcángel Miguel,[e]
cuando luchaba con el diablo y le disputa-
ba el cuerpo de Moisés,[f] se atrevió a profe-
rir contra él juicio de maldición, sino que le
dijo: «Que el Señor te reprenda.»[g]

Ap 12.7-11

10 Pero éstos blasfeman de las cosas que
no conocen; y en las que por instinto co-
nocen se corrompen como animales irra-
cionales.
11 ¡Lástima de ellos!, porque han seguido el
camino de Caín.[h] Por amor al dinero caye-
ron en el error de Balaam[i] y murieron en la
rebelión de Coré.[j]
12 Éstos empañan los ágapes que ustedes
celebran, pues sin vergüenza alguna comen

PROMESAS PODEROSAS

JUDAS 24

Y a aquel que es poderoso para cuidar de que no caigan, y presentarlos intachables delante de su gloria con gran alegría.

Muchas iglesias citan esta bendición al final de los cultos. Es un recordatorio de que Dios es poderoso para mantenernos fieles hasta que Jesús regrese. El Espíritu Santo nos ayuda a evitar el pecado y ser obedientes a la Palabra de Dios. ¡No puedes ser un NIÑO PODEROSO sin el poder de Dios!

PALABRAS CON PODER

LUCHA POR LA FE
(Judas 3)

Judas quería que los seguidores de Jesús creyeran con tanta fuerza en Él, que lucharan en contra de cualquiera que difundiera mentiras acerca de Cristo. No era que Judas quería que golpearan a estas personas, sino que debían luchar con palabras. Hoy en día también hay personas que dicen mentiras acerca de Dios y su Palabra. Como los creyentes en Cristo de los días de Judas, tenemos que estar dispuestos a luchar por la fe con palabras fuertes. Para ello necesitamos la guía y el poder del Espíritu Santo.

[a]1: Mt 13.55; Mc 6.3. [b]5: Éx 12.51. [c]5: Nm 14.29-30. [d]7: Gn 19.1-24. [e]9: Dn 10.13, 21; 12.1; Ap 12.7. [f]9: Dt 34.6. [g]9: Zac 3.2. [h]11: Gn 4.3-8. [i]11: Nm 22.1-35. [j]11: Nm 16.1-35.

pensando sólo en sí mismos. Son nubes sin agua, que el viento arrastra de un lado a otro; árboles otoñales que no dan fruto; carentes de raíces, se han secado y vuelto a secar.

13 Son indómitas olas del mar, cuya espuma es su propia vergüenza; estrellas errantes, cuyo eterno destino serán las más densas tinieblas.

14 Acerca de ellos profetizó también Enoc,[k] el séptimo en orden a partir de Adán, y dijo: «¡Miren! El Señor viene con sus miríadas de santos.

15 Viene para juzgar a todos, y condenará a todos los impíos por todas las malas obras que en su impiedad han cometido, y por todas las insolencias que los pecadores e impíos han lanzado contra él.»

Ap 1.7

16 Éstos critican y se quejan de todo, y sólo buscan satisfacer sus propios deseos. Son arrogantes al hablar, aunque también lisonjean a los otros para sacar provecho.

Amonestaciones y exhortaciones

17 Pero ustedes, amados hermanos, recuerden lo que antes les comunicaron los apóstoles de nuestro Señor Jesucristo.

18 Ellos les advirtieron: «En los últimos días habrá gente blasfema, que vivirá de acuerdo con sus bajos deseos.»[l]

19 Son éstos los que causan divisiones, pues son carnales y no tienen al Espíritu.

20 Pero ustedes, amados hermanos, sigan edificándose sobre la base de su santísima fe, oren en el Espíritu Santo,

21 manténganse en el amor de Dios, mientras esperan la misericordia de nuestro Señor Jesucristo para vida eterna.

22 Sean comprensivos con los que dudan.

23 A otros, arrebátenlos del fuego y pónganlos a salvo; y a otros más, ténganles compasión, pero ¡cuidado!, desechen aun la ropa que su cuerpo haya contaminado.

Doxología

24 Y a aquel que es poderoso para cuidar de que no caigan, y presentarlos intachables delante de su gloria con gran alegría,

25 al único Dios, nuestro Salvador por medio de Jesucristo, sean dadas la gloria y la majestad, y el dominio y el poder, desde antes de todos los siglos y siempre. Amén.

[k] **14:** Gn 5.21-24. [l] **18:** 2 P 3.3.

EDIFICA TU FE *(Judas 20)*

En la antigüedad, las ciudades tenían sus planes de cómo defenderse en caso de guerra. Judas sabía que los creyentes de su tiempo necesitaban defenderse contra un tipo diferente de guerra, la espiritual. Él quería que edificaran su fe para que pudieran combatir contra las mentiras de los falsos maestros. Ahora bien, ¿cómo puedes tú edificar tu fe? Puedes estudiar la Biblia, orar, y asistir a los cultos de la iglesia. Pide al Espíritu Santo que te ayude a entender las verdades que lees y oyes.

APOCALIPSIS

Autor: **Juan**

Temas: **La victoria de Jesús: El fin de la historia**

Fecha en que se escribió: **c. 90-96 d.C.**

EL FINAL ESTÁ CERCA

Apocalipsis es el último libro del Nuevo Testamento. El apóstol Juan tuvo tres propósitos al escribirlo. (1) Quería advertir a los miembros de la iglesia que no tomaban en serio su fe en Cristo a que volvieran a fortalecerse en la fe. (2) Quería animar a los creyentes perseguidos a que fueran fieles a Cristo. (3) Quería explicar el plan de Dios para el final de la historia. Dios le permitió a Juan ver escenas en su mente de lo que sucedería en un futuro muy lejano. Las escenas que vio Juan se llaman visiones. Las visiones de Juan esclarecen los hechos durante los últimos siete años antes de la segunda venida de Cristo.

LO QUE ENCONTRARÁS EN EL LIBRO

El Apocalipsis contiene siete cartas a las siete iglesias y una serie de explicaciones acerca de los acontecimientos de los últimos tiempos. Una de las principales imágenes es la de Jesús como el Cordero (capítulos 5-19). A lo largo de la Biblia, se identifica a Jesús como el "Cordero de Dios", porque murió, o fue sacrificado, por el pecado tal como los corderos de los sacrificios en el Antiguo Testamento. Pero en el Apocalipsis, Jesús es el Cordero que triunfa sobre el mal. Otras imágenes son del dragón (Satanás, capítulo 12), la bestia del mar (el Anticristo, capítulo

13), la bestia de la tierra (el falso profeta, capítulo 13), y la Gran Babilonia (la rebelión humana y el corrupto sistema del mundo, capítulo 18).

Hay tres secciones en el libro. En la primera sección (1:9—3:22), Juan tuvo una visión de Jesús que estaba entre los siete candeleros de oro. Los candeleros representan a las siete iglesias.

En la segunda sección (4:1—11:19), Juan tuvo visiones de cosas en el cielo y en la tierra acerca del Cordero, y su función al fin de la historia humana.

En la tercera sección (12:1—22:5), Juan describe la batalla final entre Dios y su enemigo, Satanás. La derrota final del diablo vendrá después del reinado de Jesús en la tierra con su pueblo (20:4, 7-10, 14-15; 21:8). Las últimas bellas imágenes de la Nueva Jerusalén, el futuro hogar de los fieles a Dios (21:1—22:5).

¿SABÍAS QUE APOCALIPSIS ...?

- Es el único libro del Nuevo Testamento que es profético y apocalíptico. Un libro apocalíptico es uno que presenta figuras que describen los acontecimientos futuros.
- Es un libro de números. Leemos de los siete candeleros, de 144 000 siervos de Dios, y la marca de la bestia (666). El número más utilizado es el siete, que aparece 54 veces.
- Es un libro de misterio. Los acontecimientos futuros se describen en figuras y símbolos.
- Es un libro dramático, lleno de ángeles, demonios, y de nuestro Señor Jesucristo exaltado.

La revelación de Jesucristo

Esta revelación Dios se la dio a Jesucristo para que mostrara a sus siervos lo que pronto tiene que suceder. Jesucristo envió a su ángel y se la dio a conocer a su siervo Juan,

2 y éste da fe de todo lo que ha visto, y de la palabra de Dios y del testimonio de Jesucristo.

3 Bienaventurado el que lee, y los que oyen las palabras de esta profecía, y observan lo que en ella está escrito, porque el tiempo está cerca.

Saludos a las siete iglesias

4 Yo, Juan, me dirijo a las siete iglesias que están en Asia. Que la gracia y la paz estén con ustedes, de parte del que es, el que era, y el que ha de venir,[a] y de los siete espíritus que están ante su trono,[b]

5 y de Jesucristo, el testigo fiel, primogénito de entre los muertos y soberano de los reyes de la tierra.[c] Él nos amó; con su sangre nos lavó de nuestros pecados,

6 y nos hizo reyes y sacerdotes para Dios, su Padre.[d] Por eso, a él sea dada la gloria y el poder por los siglos de los siglos. Amén.

Ap 16.15

7 ¡Miren! ¡Ya viene en las nubes![e] Y todos lo verán, aun los que lo traspasaron;[f] y todas las naciones de la tierra harán lamentación por él.[g] Sí, amén.

8 Dios el Señor dice: «Yo soy el Alfa y la Omega,[h] [el principio y el fin,][1] el que es, el que era, y el que ha de venir.[i] Soy el Todopoderoso.»

Una visión del Hijo del Hombre

Ap 11.3

9 Yo, Juan, soy hermano de ustedes y participo con ustedes en la tribulación, en el reino y en la paciencia de Jesucristo. Por causa de la palabra de Dios y del testimonio de Jesucristo estaba yo en la isla de Patmos.

10 En el día del Señor quedé bajo el poder del Espíritu, y detrás de mí oí una fuerte voz, parecida al sonido de una trompeta,

PALABRAS CON PODER

REVELACIÓN
(Apocalipsis 1.1)

Una "revelación" es la información dada a alguien. Por lo general, consiste en la respuesta de un misterio o de algo que la gente no sabe. Las profecías son revelaciones de Dios. El libro de Apocalipsis contiene información acerca de los últimos tiempos, que Jesús reveló al apóstol Juan en una visión. Toda la Biblia es una revelación de Dios a la gente. Ella revela la verdad acerca de Dios y de su amor por nosotros.

11 que decía: «Escribe en un libro lo que ves, y envíalo a estas siete iglesias: Éfeso, Esmirna, Pérgamo, Tiatira, Sardis, Filadelfia y Laodicea.»

12 Yo volví la mirada para ver de quién era la voz que hablaba conmigo, y al volverme vi siete candeleros de oro;

13 en medio de los siete candeleros vi a alguien, semejante al Hijo del Hombre,[j] que vestía un ropaje que le llegaba hasta los pies, y que llevaba un cinto de oro a la altura del pecho.[k]

14 Su cabeza y sus cabellos eran blancos como lana. Parecían de nieve.[l] Sus ojos chispeaban como una llama de fuego.

15 Sus pies eran semejantes al bronce pulido,[m] y brillaban como en un horno; su voz resonaba como el estruendo de un poderoso caudal de agua;[n]

16 en su mano derecha llevaba siete estrellas, y de su boca salía una aguda espada de doble filo; su rostro era radiante, como el sol en todo su esplendor.

17 Cuando lo vi, caí a sus pies como muerto. Pero él puso su mano derecha sobre mí, y me dijo: «No temas. Yo soy el primero y el último,[o]

18 y el que vive. Estuve muerto, pero ahora vivo para siempre. Amén. Yo tengo las llaves de la muerte y del infierno.

[a] **1.4:** Éx 3.14. [b] **1.4:** Ap 4.5. [c] **1.5:** Sal 89.27. [d] **1.6:** Éx 19.6; Ap 5.10. [e] **1.7:** Dn 7.13; Mt 24.30; Mr 13.26; Lc 21.27; 1 Ts 4.17. [f] **1.7:** Zac 12.10; Jn 19.34, 37. [g] **1.7:** Zac 12.10-14; Mt 24.30. [h] **1.8:** Ap 22.13. [1] **1.8** El texto entre corchetes se halla sólo en mss. tardíos. [i] **1.8:** Éx 3.14. [j] **1.13:** Dn 7.13. [k] **1.13:** Dn 10.5. [l] **1.14:** Dn 7.9. [m] **1.14-15:** Dn 10.6. [n] **1.15:** Ez 1.24. [o] **1.17:** Is 44.6; 48.12; Ap 2.8; 22.13.

19 Escribe esto que has visto, y lo que ahora sucede, y lo que va a suceder después de esto.

20 Éste es el significado de las siete estrellas que has visto en mi mano derecha, y de los siete candeleros de oro: las siete estrellas son los ángeles de las siete iglesias, y los siete candeleros que has visto, son las siete iglesias.

Mensaje a la iglesia de Éfeso

2 »Escribe al ángel de la iglesia en Éfeso. Así dice el que lleva siete estrellas en su mano derecha y anda en medio de los siete candeleros de oro:

2 "Yo conozco tus obras, tu arduo trabajo y tu paciencia. Sé que no soportas a los malvados, que has puesto a prueba a los que dicen ser apóstoles y no lo son, y que has descubierto que son unos mentirosos.

3 Por causa de mi nombre has resistido, sufrido y trabajado arduamente, sin rendirte.

4 Pero tengo contra ti que has abandonado tu primer amor.

5 Así que ponte a pensar en qué has fallado, y arrepiéntete, y vuelve a actuar como al principio. De lo contrario, vendré a ti y, si no te arrepientes, quitaré tu candelero de su lugar.

6 Pero tienes algo a tu favor: que no soportas las obras de los nicolaítas, las cuales tampoco yo soporto.

Ap 2.12-17

7 El que tenga oídos, que oiga lo que el Espíritu dice a las iglesias. Al que salga vencedor, le permitiré comer del árbol de la vida,[a] el cual está en medio del paraíso de Dios."

Mensaje a la iglesia de Esmirna

8 »Escribe al ángel de la iglesia en Esmirna. Así dice el primero y el último,[b] el que estuvo muerto y ha vuelto a vivir:

9 "Yo conozco tus obras, tus sufrimientos, y tu pobreza (aunque en realidad eres rico). Sé cómo te calumnian los que dicen ser judíos, pero que en realidad no son sino una sinagoga de Satanás.

10 No tengas miedo de lo que vas a sufrir, pues el diablo pondrá a prueba a algunos de ustedes y los echará en la cárcel, y allí tendrán que sufrir durante diez días. Tú sé fiel hasta la muerte, y yo te daré la corona de la vida.

11 El que tenga oídos, que oiga lo que el Espíritu dice a las iglesias: El que salga vencedor, no sufrirá el daño de la segunda muerte."[c]

Mensaje a la iglesia de Pérgamo

12 »Escribe al ángel de la iglesia en Pérgamo. Así dice el que tiene la espada aguda de doble filo:

13 "Yo sé dónde vives, y dónde está el trono de Satanás. Sin embargo, te mantienes fiel a mi nombre, y no has negado mi fe, ni siquiera cuando a Antipas, mi testigo fiel, lo mataron en esa ciudad, donde vive Satanás.

14 Pero tengo algunas cosas contra ti. Tienes contigo a los que se aferran a la doctrina de Balaam, el que enseñó a Balac a poner tropiezos a los hijos de Israel, a hacerlos comer de lo sacrificado

[a] **2.7:** Gn 2.9; Ap 22.2. [b] **2.8:** Is 44.6; 48.12; Ap 1.17; 22.13. [c] **2.11:** Ap 20.14; 21.8.

AMOR Y SERVICIO *(Apocalipsis 2.4)*

¿Qué es más fácil de hacer: (1) alguna cosa por alguien a quien amas o (2) alguna cosa por alguien a quien no conoces muy bien? La mayoría diríamos que es la primera opción. Uno de los siete candeleros de Apocalipsis representa a la iglesia de Éfeso. Estos creyentes servían a Dios, pero no lo amaban en verdad. Servían a Dios porque pensaban que era su deber. Dios quiere que su pueblo le sirva ***por amor***. ¿Obedeces a Jesús porque lo amas o porque piensas que es lo que ***debes*** hacer?

a los ídolos, y a caer en inmoralidades
sexuales.[d]
15 También tienes contigo a los que se
aferran a la doctrina de los nicolaítas.
16 Así que, ¡arrepiéntete! De lo contrario,
pronto vendré a ti, y con la espada de mi
boca pelearé contra ellos.
17 El que tenga oídos, que oiga lo que el
Espíritu dice a las iglesias: Al que salga ven-
cedor, le daré a comer del maná escondido,[e]
y le daré también una piedrecita blanca; en
ella está escrito un nombre nuevo, que na-
die conoce sino el que lo recibe."

Ap 3.21-22

Mensaje a la iglesia de Tiatira

18 »Escribe al ángel de la iglesia en Tiati-
ra. Así dice el Hijo de Dios, cuyos ojos son
como una llama de fuego, y cuyos pies se
asemejan al bronce pulido:
19 "Yo conozco tus obras, tu amor, y tu fe;
tu servicio y tu paciencia. También sé que
tus últimas obras son mejores que las pri-
meras.
20 Pero tengo algunas cosas contra ti: Tú
toleras a Jezabel,[f] esa mujer que se llama
profetisa, pero que seduce a mis siervos y
los lleva a incurrir en inmoralidad sexual y a
comer lo sacrificado a los ídolos.
21 Le he dado tiempo para que se arre-
pienta, pero no quiere renunciar a su inmo-
ralidad sexual.
22 Por tanto, a ella y a los que con ella adul-
teran los haré caer en cama; y si no se arre-
pienten de sus malas obras, los haré sufrir en
gran manera.
23 Y heriré de muerte a sus hijos, y to-
das las iglesias sabrán que yo soy el que
escudriña la mente y el corazón;[g] y a cada
uno de ustedes le daré según lo que haya
hecho.[h]
24 Pero a ustedes y a los demás que están
en Tiatira, y que no siguen esa doctrina ni
han conocido lo que ellos llaman 'las pro-
fundidades de Satanás', yo les digo que no
les impondré ninguna carga más;
25 pero deben conservar lo que tienen
hasta que yo venga.
26 Al que salga vencedor y cumpla hasta el
final con lo que yo mando, le daré autoridad
sobre las naciones,
27 la misma que he recibido de mi Padre.
Y gobernará a las naciones con cetro de
hierro, y las despedazará como a un vaso de
alfarero.[i]
28 Además, le daré la estrella de la mañana.
29 El que tenga oídos, que oiga lo que el
Espíritu dice a las iglesias."

Mensaje a la iglesia de Sardis

3 »Escribe al ángel de la iglesia en Sar-
dis. Así dice el que tiene los siete
espíritus de Dios, y las siete estrellas:
"Yo sé todo lo que haces, y sé que estás
muerto, aunque parezcas estar vivo.
2 Manténte vigilante y afirma todo aque-
llo que está a punto de morir, pues he en-
contrado que tus obras no son perfectas
ante mi Dios.
3 Haz memoria de lo que has recibido y
oído, y ponlo en práctica y arrepiéntete. Si
no te mantienes vigilante, cuando menos lo
esperes vendré sobre ti como un ladrón.[a]
4 Pero cuentas en Sardis con unos cuantos
que no han manchado sus vestiduras; ellos
son dignos de andar conmigo vestidos de
blanco.

Ap 21.8

5 El que salga vencedor será vestido de
blanco, y jamás borraré su nombre del libro
de la vida,[b] sino que lo reconoceré delante
de mi Padre y de sus ángeles.[c]
6 El que tenga oídos, que oiga lo que el Es-
píritu dice a las iglesias."

Mensaje a la iglesia de Filadelfia

7 »Escribe al ángel de la iglesia en Filadel-
fia. Así dice el Santo y Verdadero, el que
tiene la llave de David, el que abre y nadie
puede cerrar, y cierra y nadie puede abrir:[d]
8 "Yo sé todo lo que haces. Delante de ti
he puesto una puerta abierta, la cual nadie

[d] **2.14:** Nm 25.1-3; 31.16. [e] **2.17:** Éx 16.14-15. [f] **2.20:** 1 R 16.31; 2 R 9.22, 30. [g] **2.23:** Sal 7.9; Jer 17.10. [h] **2.23:** Sal 62.12. [i] **2.26-27:** Sal 2.8-9. [a] **3.3:** Mt 24.43-44; Lc 12.39-40; Ap 16.15. [b] **3.5:** Éx 32.32-33; Sal 69.28; Ap 20.12. [c] **3.5:** Mt 10.32; Lc 12.8. [d] **3.7:** Is 22.22.

puede cerrar. Aunque son pocas tus fuerzas, has obedecido mi palabra y no has negado mi nombre.

[9] Yo haré que esos que en la sinagoga de Satanás dicen ser judíos y no lo son, sino que mienten, vayan y se arrodillen ante ti,[e] y reconozcan que yo te he amado.

[10] Por cuanto has obedecido mi mandamiento de ser perseverante, yo también te protegeré a la hora de la prueba, la cual vendrá sobre el mundo entero para poner a prueba a cuantos habitan en la tierra.

[11] Ya pronto vengo. Lo que tienes, no lo sueltes, y nadie te quitará tu corona.

[12] Al que salga vencedor lo convertiré en columna del templo de mi Dios, y nunca más saldrá de allí. Sobre él escribiré el nombre de mi Dios y el de su ciudad, es decir, de la nueva Jerusalén que desciende del cielo[f] de mi Dios, y también mi nuevo nombre.

[13] El que tenga oídos, que oiga lo que el Espíritu dice a las iglesias."

Mensaje a la iglesia de Laodicea

[14] »Escribe al ángel de la iglesia en Laodicea. Así dice el Amén, el testigo fiel y verdadero, el principio de la creación de Dios:[g]

[15] "Yo sé todo lo que haces, y sé que no eres frío ni caliente. ¡Cómo quisiera que fueras frío o caliente!

[16] Pero como eres tibio, y no frío ni caliente, te vomitaré de mi boca.

[17] Tú dices: 'Yo soy rico; he llegado a tener muchas riquezas. No carezco de nada.' Pero no sabes que eres un desventurado, un miserable, y que estás pobre, ciego y desnudo.

[18] Para que seas realmente rico, yo te aconsejo que compres de mí oro refinado en el fuego, y vestiduras blancas, para que te vistas y no se descubra la vergüenza de tu desnudez. Unge tus ojos con colirio, y podrás ver.

[19] A todos los que amo, yo los reprendo y los castigo;[h] así que muestra tu fervor y arrepiéntete.

LECCIONES

TIBIO

(Apocalipsis 3.15-16)

¿Prefieres beber algo caliente o frío, o solo tibio, que no es ni frío ni caliente? Jesús describió a los creyentes de la iglesia en Laodicea como tibios. No eran "calientes" espiritualmente, dispuestos a obedecer al Espíritu Santo por un profundo amor a Dios. Tampoco eran "fríos", completamente sin fe. Pero eran tibios, o espiritualmente perezosos. A Jesús no le agradaba su comportamiento mediocre. Él quería que ellos cambien. ¿Eres caliente, frío o tibio? El poder del Espíritu Santo mantiene a los NIÑOS PODEROSOS ardientes en su fe en Dios.

[20] ¡Mira! Ya estoy a la puerta, y llamo. Si alguno oye mi voz y abre la puerta, yo entraré en su casa, y cenaré con él, y él cenará conmigo.

[21] Al que salga vencedor, le concederé el derecho de sentarse a mi lado en mi trono, así como yo he vencido y me he sentado al lado de mi Padre en su trono.

[22] El que tenga oídos, que oiga lo que el Espíritu dice a las iglesias."»

Fin — Ap 21.7

La adoración celestial

4 Después de esto, miré y vi que en el cielo había una puerta abierta. Entonces la voz que antes había escuchado, y que era como el sonido de una trompeta, me dijo: «Sube acá y te mostraré lo que va a suceder después de esto.»

[2] Al instante quedé bajo el poder del Espíritu y vi que en el cielo había un trono, y que alguien estaba sentado en él.

[3] El que estaba sentado en el trono tenía el aspecto de una piedra de jaspe y de cornalina. Alrededor del trono había un arco iris, semejante a la esmeralda.[a]

[4] Alrededor del trono había veinticuatro tronos, y en ellos estaban sentados veinticuatro ancianos, vestidos de ropas blancas y con sendas coronas de oro en la cabeza.

[e]**3.9:** Is 60.14. [f]**3.12:** Ap 21.2. [g]**3.14:** Pr 8.22. [h]**3.19:** Pr 3.12. [a]**4.2-3:** Ez 1.26-28; 10.1.

PROMESAS PODEROSAS

APOCALIPSIS 3.20

¡Mira! Ya estoy a la puerta, y llamo. Si alguno oye mi voz y abre la puerta, yo entraré en su casa, y cenaré con él, y él cenará conmigo.

Jesús invita a que todos lo dejen entrar en su vida. Él invita a los que lo conocen y a los que no lo conocen. Los que lo conocen pueden conocerlo mejor. Los que no lo conocen reciben la invitación a iniciar una relación con Él. Invitamos a Jesús a nuestra vida al creer en Él como nuestro Salvador. El Espíritu Santo entonces viene a morar en nuestro corazón. ¿Cómo vas a responder a la invitación de Jesús?

PALABRAS CON PODER

SANTO

(Apocalipsis 4.8)

La palabra griega ***hagios*** significa “santo”. Los cuatro seres vivientes no cesaban de adorar a Dios por su santidad. La adoración en este versículo es similar a la que oyó el profeta Isaías (Isaías 6:3). Ser santo significa ser puro y completamente apartado de todo mal. El hecho de que la palabra se repite significa que la santidad es una de las cualidades primarias de Dios. Él es totalmente puro y perfecto. Porque Dios es santo, no soporta el pecado. Cuando hacemos lo malo, nos sentimos sucios y tristes. Necesitamos a un Dios santo que nos purifique.

5 Del trono salían voces, relámpagos y
truenos;[b] y delante del trono ardían siete antorchas de fuego,[c] que son los siete espíritus
de Dios.[d]
6 Delante del trono había algo que parecía un mar de vidrio semejante al cristal,[e] y en el centro, alrededor del trono, había cuatro seres vivientes que tenían ojos por delante y por detrás.
7 El primer ser viviente parecía un león, el segundo parecía un becerro, el rostro del tercero era semejante al de un hombre, y el cuarto parecía un águila en vuelo.[f]
8 Cada uno de los cuatro seres vivientes tenía seis alas, y estaba lleno de ojos por fuera y por dentro.[g] Día y noche no cesaban de decir: «Santo, santo, santo es el Señor Dios Todopoderoso,[h] el que era, el que es, y el que ha de venir.»
9 Cada vez que aquellos seres vivientes daban gloria, honra y acción de gracias al que estaba sentado en el trono y que vive por los siglos de los siglos,
10 los veinticuatro ancianos se postraban delante de él y lo adoraban, y mientras ponían sus coronas delante del trono del que vive por los siglos de los siglos, decían:
11 «Digno eres, Señor, de recibir la gloria, la honra y el poder; porque tú creaste todas las cosas, y por tu voluntad existen y fueron creadas.»

El rollo y el Cordero

5 Vi entonces que el que estaba sentado en el trono tenía en la mano derecha un libro, el cual estaba escrito por dentro y por fuera.[a] El libro estaba sellado con siete sellos.
2 Vi también a un ángel poderoso, que a gran voz proclamaba: «¿Quién es digno de abrir el libro y de quitarle los sellos?»
3 Pero no había nadie en el cielo, ni en la tierra ni debajo de la tierra, que pudiera abrir el libro, y ni siquiera mirarlo.
4 Yo lloraba mucho al ver que no había nadie digno de abrir el libro, ni de leerlo, ni de mirarlo.
5 Y uno de los ancianos me dijo: «No llores, pues el León de la tribu de Judá,[b] la raíz de David,[c] ha vencido y puede abrir el libro y quitarle sus siete sellos.»

[b]**4.5:** Éx 19.16; Ap 8.5; 11.19; 16.18. [c]**4.5:** Ez 1.13. [d]**4.5:** Ap 1.4. [e]**4.6:** Ez 1.22. [f]**4.6-7:** Ez 1.5-10; 10.14. [g]**4.8:** Ez 1.18; 10.12. [h]**4.8:** Is 6.2-3. [a]**5.1:** Ez 2.9-10. [b]**5.5:** Gn 49.9-10. [c]**5.5:** Is 11.1. [d]**5.6:** Is 53.7.

6 En ese momento vi un Cordero en medio del trono y de los cuatro seres vivientes, y en medio de los ancianos. Estaba de pie, y parecía haber sido inmolado.[d] Tenía siete cuernos, y siete ojos,[e] que son los siete espíritus que Dios ha enviado por toda la tierra.

7 El Cordero se acercó al que estaba sentado en el trono, y de su mano derecha tomó el libro.

8 Tan pronto como lo tomó, los cuatro seres vivientes y los veinticuatro ancianos se arrodillaron ante el Cordero. Todos llevaban arpas, y también copas de oro llenas de incienso, que son las oraciones de los santos,[f]

Ap 7.9-12

9 y entonaban un cántico nuevo, que decía:

«Digno eres de tomar el libro
y de abrir sus sellos,
porque fuiste inmolado.
Con tu sangre redimiste para Dios
gente de toda raza, lengua, pueblo y
nación,
10 y para nuestro Dios los hiciste
reyes y sacerdotes,[g] y reinarán sobre la
tierra.»

11 Miré entonces, y alrededor del trono oí la voz de muchos ángeles, y de los seres vivientes y de los ancianos. Eran una multitud incontable; ¡miríadas y miríadas de ellos![h]

12 A grandes voces decían:

«Digno es el Cordero inmolado
de recibir el poder y las riquezas,
la sabiduría y la fortaleza,
la honra, la gloria y la alabanza.»

13 Entonces oí que todo lo creado en el cielo, y en la tierra, y debajo de la tierra y en el mar, y todo lo que hay en ellos, decían:

«Al que está sentado en el trono,
y al Cordero,
sean dadas la alabanza, la honra,
la gloria y el poder,
por los siglos de los siglos.»

14 Los cuatro seres vivientes decían: «Amén.» Y los veinticuatro ancianos se inclinaron y adoraron.

Los sellos

6 Entonces vi que el Cordero rompió uno de los sellos, y oí que uno de los cuatro seres vivientes me decía con voz de trueno: «¡Ven!»

2 Yo miré, y vi un caballo blanco.[a] El que lo montaba tenía un arco, y le fue dada una corona, y salió para vencer y seguir venciendo.

3 Abrió entonces el segundo sello, y oí al segundo ser viviente decirme: «¡Ven!»

4 Salió entonces otro caballo, éste de color rojo,[b] y al que lo montaba se le dio una gran espada, junto con el poder de adueñarse de la paz de la tierra y de hacer que los hombres se mataran unos a otros.

5 El Cordero rompió el tercer sello, y entonces oí que el tercer ser viviente me decía: «¡Ven!» Vi entonces aparecer un caballo negro,[c] y el que lo montaba llevaba en la mano una balanza.

6 En medio de los cuatro seres vivientes, oí una voz que decía: «¡Un kilo de trigo, o tres kilos de cebada, por el salario de un día! ¡Pero no seas injusto con el aceite ni con el vino!»

7 Al abrir el Cordero el cuarto sello, oí la voz del cuarto ser viviente, que me decía: «¡Ven!»

8 Yo miré, y vi aparecer un caballo descolorido, y el que lo montaba se llamaba Muerte. Tras él venía el Infierno. Recibió poder sobre la cuarta parte de la tierra, para matar con guerras, hambre y mortandad, y con las fieras de la tierra.[d]

9 Al abrir el Cordero el quinto sello, debajo del altar vi a las almas de los que habían muerto por causa de la palabra de Dios y de su testimonio.

10 A gran voz decían: «Señor santo y verdadero, ¿hasta cuándo seguirás sin juzgar a los habitantes de la tierra y sin vengar nuestra sangre?

11 Entonces se les dieron vestiduras blancas, y se les dijo que descansaran todavía

[e] **5.6:** Zac 4.10. [f] **5.8:** Sal 141.2. [g] **5.10:** Éx 19.6; Ap 1.6. [h] **5.11:** Dn 7.10. [a] **6.2:** Zac 1.8; 6.3. [b] **6.4:** Zac 1.8; 6.2. [c] **6.5:** Zac 6.2, 6. [d] **6.8:** Jer 15.3; Ez 5.12, 17; 14.21.

un poco más de tiempo, hasta que se completara el número de sus consiervos y hermanos, que también sufrirían la muerte como ellos.

12 Yo vi cuando el Cordero abrió el sexto sello, y entonces se produjo un gran terremoto.[e] El sol se cubrió de oscuridad, como con un vestido de luto, y la luna entera se puso roja como la sangre;

13 las estrellas del cielo cayeron sobre la tierra,[f] como caen los higos cuando un fuerte viento sacude la higuera.

14 El cielo se esfumó, como si fuera un pergamino que se enrolla,[g] y todos los montes y las islas fueron removidos de su lugar.[h]

15 Todos se escondieron en las cuevas y entre las grietas de los montes:[i] lo mismo los reyes de la tierra que los príncipes, los ricos, los capitanes y los poderosos; lo mismo los esclavos que los libres;

16 y decían a los montes y a las peñas: «¡Caigan sobre nosotros! ¡No dejen que nos mire[j] el que está sentado sobre el trono! ¡Escóndannos de la ira del Cordero!

17 El gran día de su ira ha llegado; ¿y quién podrá mantenerse en pie?»[k]

LECCIONES **LA IRA DE DIOS** *(Apocalipsis 6.16)*

¿Has visto un dibujo de una dinamita que explota? La ira de Dios es como esa dinamita. Puedes ver los juicios de Dios en los capítulos 6–19 del Apocalipsis. Un Dios poderoso fácilmente puede destruir al mundo. Recuerdas el diluvio (Génesis 6–9)? Por esto "el Señor es compasivo y lleno de ternura; lento para la ira y grande en misericordia" (Salmo 145:8). Cuando Jesús murió en la cruz para pagar por la culpa del pecado, aceptó la ira de Dios por todos los que lo reciben como su Salvador. Los que son fieles a Jesucristo no sufrirán la ira de Dios (1 Tesalonicenses 5:9).

Los 144 mil sellados

7 Después de esto vi a cuatro ángeles que estaban de pie sobre los cuatro extremos de la tierra. Estos ángeles impedían que los cuatro vientos[a] de la tierra soplaran sobre la tierra o sobre el mar, o sobre todo árbol.

2 También vi que otro ángel venía por donde sale el sol. Tenía el sello del Dios vivo, y con grandes voces llamaba a los cuatro ángeles, los cuales habían recibido el poder de dañar la tierra y el mar.

3 Les dijo: «No dañen la tierra, ni el mar ni los árboles, hasta que a los siervos de nuestro Dios les hayamos puesto un sello en la frente.»[b]

4 Pude oír que el número de los que fueron sellados era de ciento cuarenta y cuatro mil, tomados de entre todas las tribus de los hijos de Israel:

5 Doce mil de la tribu de Judá,
doce mil de la tribu de Rubén,
doce mil de la tribu de Gad,
6 doce mil de la tribu de Aser,
doce mil de la tribu de Neftalí,
doce mil de la tribu de Manasés,
7 doce mil de la tribu de Simeón,
doce mil de la tribu de Leví,
doce mil de la tribu de Isacar,
8 doce mil de la tribu de Zabulón,
doce mil de la tribu de José,
doce mil de la tribu de Benjamín.

La multitud vestida de ropas blancas

9 Después de esto vi aparecer una gran multitud compuesta de todas las naciones, tribus, pueblos y lenguas. Era imposible saber su número. Estaban de pie ante el trono, en presencia del Cordero, y vestían ropas blancas; en sus manos llevaban ramas de palma,

10 y a grandes voces gritaban: «La salvación proviene de nuestro Dios, que está sentado en el trono, y del Cordero.»

11 Todos los ángeles estaban de pie, alrededor del trono y de los ancianos y de los

[e]**6.12:** Ap 11.13; 16.18. [f]**6.12-13:** Is 13.10; Ez 32.7; Jl 2.31; Mt 24.29; Mr 13.24-25; Lc 21.25. [g]**6.13-14:** Is 34.4. [h]**6.14:** Ap 16.20. [i]**6.15:** Is 2.10. [j]**6.16:** Os 10.8; Lc 23.30. [k]**6.17:** Jl 2.11; Mal 3.2. [a]**7.1:** Zac 6.5. [b]**7.3:** Ez 9.4.

cuatro seres vivientes, y delante del trono inclinaron el rostro y adoraron a Dios.

Ap 19.1-6

[12] Decían: «¡Amén! A nuestro Dios sean dadas la bendición y la gloria, la sabiduría y la acción de gracias, y la honra, el poder y la fortaleza, por los siglos de los siglos. ¡Amén!»

[13] Entonces uno de los ancianos me dijo: «Y estos que están vestidos de ropas blancas, ¿quiénes son? ¿De dónde vienen?»

[14] Yo le respondí: «Señor, tú lo sabes.» Entonces él me dijo: «Éstos han salido de la gran tribulación.[c] Son los que han lavado y emblanquecido sus ropas en la sangre del Cordero.

[15] Por eso están delante del trono de Dios, y le rinden culto en su templo de día y de noche; y el que está sentado en el trono los protege con su presencia.

[16] No volverán a tener hambre ni sed, ni les hará daño el sol ni el calor los molestará,[d]

[17] porque el Cordero que está en medio del trono los pastoreará[e] y los llevará a fuentes de agua de vida,[f] y Dios mismo secará de sus ojos toda lágrima.»[g]

El séptimo sello

8 Cuando el Cordero abrió el séptimo sello, hubo silencio en el cielo durante una media hora.

[2] Vi entonces que a los siete ángeles que estaban de pie ante Dios se les dieron siete trompetas,

[3] y otro ángel vino con un incensario de oro, y se detuvo ante el altar.[a] A ese ángel se le dio mucho incienso para que lo añadiera a las oraciones de todos los santos, y lo ofreciera sobre el altar de oro que estaba delante del trono.

[4] De la mano del ángel subió el humo del incienso a la presencia de Dios, junto con las oraciones de los santos.

[5] El ángel tomó el incensario, lo llenó con fuego del altar,[b] y ese fuego lo arrojó a la tierra.[c] Hubo entonces truenos, voces, relámpagos y un terremoto.[d]

PROMESAS PODEROSAS

APOCALIPSIS 7.12

Decían: "¡Amén! A nuestro Dios sean dadas la bendición y la gloria, la sabiduría y la acción de gracias, y la honra, el poder y la fortaleza, por los siglos de los siglos. ¡Amén!"

Los ángeles y la multitud a grandes voces gritaban alabanzas a Dios. Las palabras que aparecen aquí (***bendición, gloria, sabiduría, acción de gracias, honra, poder, fortaleza***) son pruebas de una adoración profunda y gozosa. ¿Qué palabras incluirías en un canto de alabanza a Dios?

Las trompetas

[6] Los siete ángeles se dispusieron a tocar las siete trompetas que tenían.

[7] Cuando el primer ángel tocó su trompeta, cayeron sobre la tierra granizo y fuego[e] mezclados con sangre, con lo que se quemó la tercera parte de la tierra, la tercera parte de los árboles y toda la hierba verde.

[8] Cuando el segundo ángel tocó su trompeta, cayó sobre el mar algo parecido a una gran montaña en llamas, y la tercera parte del mar se convirtió en sangre,

[9] con lo que murió la tercera parte de todo lo que vivía en el mar y fue destruida la tercera parte de las embarcaciones.

[10] Cuando el tercer ángel tocó su trompeta, del cielo cayó una gran estrella,[f] la cual ardía como una antorcha. Cayó sobre la tercera parte de los ríos, y sobre los manantiales de agua.

[11] El nombre de esa estrella es Amargura, así que la tercera parte de las aguas se volvió amarga, y mucha gente murió por causa de esas aguas amargas.

[12] Cuando el cuarto ángel tocó su trompeta, fue tal el daño que sufrieron el sol, la luna y las estrellas, que perdieron una terce-

[c]**7.14:** Dn 12.1; Mt 24.21; Mr 13.19. [d]**7.16:** Is 49.10. [e]**7.17:** Sal 23.1; Ez 34.23. [f]**7.17:** Sal 23.2; Is 49.10. [g]**7.17:** Is 25.8. [a]**8.3:** Éx 30.1. [b]**8.5:** Lv 16.12. [c]**8.5:** Ez 10.2. [d]**8.5:** Ap 11.19; 16.18. [e]**8.7:** Éx 9.23-25. [f]**8.10:** Is 14.12.

ra parte de su brillo,[g] y también se oscureció una tercera parte del día, lo mismo que una tercera parte de la noche.

13 Miré entonces, y oí que un águila revoloteaba en medio del cielo y a grandes voces gritaba: «¡Ay, ay, ay! ¡Pobres de los habitantes de la tierra cuando suenen las trompetas que están a punto de tocar los otros tres ángeles!»

9 Cuando el quinto ángel tocó su trompeta, vi que una estrella cayó del cielo a la tierra, y que se le dio la llave del profundo abismo.

2 El ángel abrió las profundidades del abismo, y de allí salió humo, como de un horno enorme, y ese humo hizo que el sol y el aire se oscurecieran.

3 Del humo salieron también langostas, que infestaron la tierra;[a] y se les dio el mismo poder que tienen los escorpiones de la tierra,

4 pero con la orden de no dañar la hierba ni los árboles, ni nada que tuviera verdor, sino sólo a quienes no tuvieran en la frente el sello de Dios.[b]

5 No se les permitió matar a nadie, sino sólo hacer sufrir a la gente durante cinco meses con el mismo dolor de una picadura de escorpión.

6 Durante ese tiempo la gente intentará morir, pero no lo conseguirá; deseará la muerte, pero ésta huirá de ellos.[c]

7 Las langostas tenían el aspecto de caballos preparados para la guerra;[d] en la cabeza llevaban algo parecido a una corona de oro, y sus caras eran semejantes a los rostros humanos.

8 Sus crines parecían cabelleras de mujer, y sus dientes eran como los colmillos de los leones.[e]

9 Su caparazón parecía una coraza de hierro, y con sus alas producían un estruendo semejante al de muchos carros[f] y caballos que corren a la batalla.

10 Sus colas y aguijones eran como de escorpiones, y con su cola podían dañar a la gente durante cinco meses.

11 El rey que las gobierna es el ángel del abismo, cuyo nombre en hebreo es Abadón, y en griego, Apolión.[2]

12 El primer ay pasó, pero aún faltan dos ayes más.

13 Cuando el sexto ángel tocó su trompeta, oí una voz que salía de entre los cuatro cuernos del altar de oro[g] que estaba delante de Dios.

14 Esa voz le decía al sexto ángel que tenía la trompeta: «Desata a los cuatro ángeles que están atados junto al gran río Éufrates.»

15 Y fueron desatados los cuatro ángeles, los cuales estaban preparados para matar en esa hora y ese día, de ese mes y año, a la tercera parte de la gente.

16 Y oí que el número de las tropas de a caballo era de doscientos millones.

17 Ésta es la visión que tuve de los caballos y sus jinetes: Sus corazas eran rojas como el fuego, azules como el zafiro y amarillas como el azufre. Las cabezas de los caballos parecían cabezas de león, y por el hocico lanzaban fuego, humo y azufre.

18 La tercera parte de la gente murió por causa de estas tres plagas, es decir, por el

[g]**8.12:** Is 13.10; Ez 32.7; Jl 2.10. [a]**9.3:** Éx 10.12-15. [b]**9.4:** Ez 9.4. [c]**9.6:** Job 3.21. [d]**9.7:** Jl 2.4. [e]**9.8:** Jl 1.6. [f]**9.9:** Jl 2.5. [2]**9.11** O, *destructor.* [g]**9.13:** Éx 30.1-3.

LAS ORACIONES DE LOS SANTOS *(Apocalipsis 8.3)*
Un ángel ofreció incienso con las oraciones de los santos. ¿Por qué? Dios quiere mostrarnos que las oraciones de su pueblo son importantes para Él. Las oraciones son una hermosa ofrenda a Dios. Él usa estas oraciones para cumplir sus propósitos en la tierra. A veces Dios espera el momento apropiado para responder a nuestras oraciones. ¿Quisieras mantener un diario de oración? Anota en un cuaderno tus oraciones y también las respuestas de Dios.

fuego, por el humo y por el azufre que lan-
zaban por el hocico.
19 Y es que los caballos tenían poder en el
hocico y en la cola, pues su cola parecía ser-
piente, y el daño lo causaban con la cabeza.
20 El resto de la gente, los que no murieron
por estas plagas, ni aun así se arrepintieron
de su maldad, ni dejaron de adorar a los de-
monios ni a las imágenes de oro, plata, bron-
ce, piedra y madera, las cuales no pueden
ver ni oír ni caminar.[h]
21 Tampoco se arrepintieron de sus asesi-
natos ni de sus hechicerías, ni de su inmora-
lidad sexual ni de sus robos.

El ángel con el librito

10 Entonces vi descender del cielo
a otro ángel poderoso. Venía
envuelto en una nube y con el
arco iris sobre su cabeza. Su rostro era seme-
jante al sol, y sus piernas parecían dos colum-
nas de fuego.
2 En su mano tenía un librito abierto, y se
quedó con el pie derecho sobre el mar y con
el izquierdo sobre la tierra;
3 en ese momento lanzó un grito tan fuer-
te como el rugido de un león, y se oyó la
estruendosa voz de siete truenos.
4 Después de que hablaron los siete true-
nos, me dispuse a escribir, pero desde el cielo
oí una voz que me decía: «No reveles lo que
han dicho los siete truenos. No lo escribas.»
5 Entonces el ángel que vi que estaba so-
bre el mar y sobre la tierra levantó su mano
derecha al cielo
6 y jurando por el que vive por los siglos
de los siglos, por el mismo que creó el cielo,
la tierra y el mar, y todo lo que hay en ellos,
dijo: «¡Se acabó el tiempo!
7 Cuando llegue el momento de que el
séptimo ángel comience a tocar la trompe-
ta, se cumplirá el misterio de Dios, que él ya
había anunciado a sus siervos los profetas.»[a]
8 La voz que oí del cielo volvió a hablarme,
y me dijo: «Ve y toma el librito abierto que
tiene en la mano el ángel que está de pie
sobre el mar y la tierra.»
9 Yo me dirigí al ángel y le pedí que me
diera el librito. Y él me dijo: «Aquí lo tienes.
Cómetelo. Te amargará el estómago, pero
en tus labios será dulce como la miel.»
10 Yo tomé el librito de la mano del ángel,
y me lo comí. En mis labios era dulce como
la miel, pero una vez que lo comí, me amar-
gó el estómago.[b]
11 Y se me dijo: «Debes profetizar otra vez
acerca de muchos pueblos, naciones, len-
guas y reyes.»

Los dos testigos

11 Entonces se me dio una caña,
parecida a una vara de medir, y
se me dijo: «Levántate y mide el
templo de Dios[a] y el altar, y cuenta a los que
adoran en él.
2 Pero no midas el patio que está fuera del
templo; déjalo sin medir, porque ha sido entre-
gado a los no creyentes, y ellos van a pisotear
la ciudad santa[b] durante cuarenta y dos meses.
3 Yo enviaré a dos testigos míos, vestidos
de cilicio, a que profeticen durante mil dos-
cientos sesenta días.»
4 Estos testigos son los dos olivos y los dos
candeleros que permanecen delante del
Señor de la tierra.[c]
5 Si alguien quiere dañarlos, de su boca
sale un fuego que consume a sus enemigos;
cualquiera que quiera hacerles daño morirá
de esa manera.
6 Ellos tienen poder para cerrar el cielo e
impedir que llueva durante los días de su
profecía;[d] tienen también poder para con-
vertir el agua en sangre,[e] y para azotar la tier-
ra con toda clase de plagas, todas las veces
que quieran.
7 Cuando terminen de dar su testimonio,
la bestia que sube del abismo[f] luchará con-
tra ellos y los vencerá,[g] y les dará muerte.
8 Sus cadáveres quedarán tendidos en las
calles de la gran ciudad, la que en sentido es-

[h]**9.20:** Sal 115.4-7; 135.15-17; Dn 5.4. [a]**10.5-7:** Dn 12.7. [b]**10.8-10:** Ez 2.8—3.3. [a]**11.1:** Ez 40.3. [b]**11.2:** Lc 21.24. [c]**11.4:** Zac 4.3, 11-14. [d]**11.6:** 1 R 17.1. [e]**11.6:** Éx 7.17-19. [f]**11.7:** Dn 7.3; Ap 13.5-7; 17.8. [g]**11.7:** Dn 7.21.

piritual se llama Sodoma,[h] y también Egipto,
donde el Señor de ellos fue crucificado.
[9] Y durante tres días y medio gente de
distintos pueblos, tribus, lenguas y naciones
verá sus cadáveres, y no permitirá que sean
sepultados.
[10] Los habitantes de la tierra se alegra-
rán de la muerte de estos dos profetas; la
celebrarán y hasta se harán regalos unos a
otros, porque estos dos los habían estado
atormentando.
[11] Después de tres días y medio, entró en
ellos el espíritu de vida enviado por Dios, y
se pusieron de pie,[i] y todos los que los vie-
ron se llenaron de temor.
[12] Entonces los dos testigos oyeron una
fuerte voz del cielo, que les decía: «Suban
acá.» Y ellos subieron al cielo en una nube,[j]
y sus enemigos los vieron.
[13] En ese momento hubo un gran terremoto,[k]
y a causa del terremoto se derrumbó la décima
parte de la ciudad y murieron siete mil perso-
nas. Los demás se llenaron de terror y dieron
gloria al Dios del cielo.
[14] El segundo ay pasó, pero el tercer ay vie-
ne pronto.

La séptima trompeta

[15] Cuando el séptimo ángel tocó su trom-
peta, se oyeron fuertes voces en el cielo, que
decían: «Los reinos del mundo han llegado
a ser de nuestro Señor y de su Cristo; y él
reinará por los siglos de los siglos.»[l]
[16] Entonces los veinticuatro ancianos que
estaban sentados en sus tronos delante de
Dios, inclinaron su rostro y adoraron a Dios.
[17] Decían:
«Te damos gracias, Señor Dios Todo-
poderoso,
el que eres, y el que eras,
porque has tomado tu gran poder
y has comenzado a reinar.
[18] Las naciones se han enfurecido,
pero ha llegado tu ira,
el tiempo de juzgar a los muertos

PROMESAS PODEROSAS

APOCALIPSIS 11.17

Te damos gracias, Señor Dios Todopoderoso, el que eres, y el que eras, porque has tomado tu gran poder y has comenzado a reinar.

Los ancianos o líderes cantaban alabanzas a Jesús, cuyo reinado había comenzado. Esto ofrece gran esperanza a todos los que esperan el regreso de Jesús. En su visión del cielo, Juan pudo ver cumplida esta promesa. ¿Cuál es tu gran expectativa para el reino de Jesús?

y de recompensar a tus siervos los
profetas,
a los santos y a los que temen tu
nombre,
lo mismo grandes que pequeños,[m]
y de destruir a los que destruyen la tierra.»
[19] En ese momento el templo de Dios se
abrió en el cielo, y en él se veía el arca de
su pacto. Hubo entonces relámpagos, vo-
ces, truenos, un terremoto[n] y una granizada
impresionante.[o]

La mujer y el dragón

12 Pudo entonces verse una gran
señal en el cielo: Apareció una
mujer cuyo vestido era el sol. La
luna estaba debajo de sus pies, y en su cabeza
llevaba una corona con doce estrellas.[a]
[2] Estaba encinta, y gritaba por los dolores de
parto y por la angustia del alumbramiento.[b]
[3] También pudo verse en el cielo otra
señal: Apareció un gran dragón rojo, con
siete cabezas y diez cuernos,[c] y con una dia-
dema en cada cabeza.
[4] Con su cola arrastró a la tercera parte
de las estrellas del cielo, y las arrojó sobre la
tierra.[d] Luego el dragón se colocó frente a la

[h]**11.8:** Is 1.9-10. [i]**11.11:** Ez 37.10. [j]**11.12:** 2 R 2.11. [k]**11.13:** Ap 6.12; 16.18. [l]**11.15:** Dn 7.14, 27. [m]**11.18:** Sal 115.13. [n]**11.19:** Ap 8.5; 16.18. [o]**11.19:** Ap 16.21. [a]**12.1:** Gn 37.9. [b]**12.2:** Miq 4.10. [c]**12.3:** Dn 7.7. [d]**12.4:** Dn 8.10.

mujer que iba a dar a luz, para devorar a su
hijo en cuanto naciera.
5 La mujer dio a luz un hijo varón,[e] el cual
gobernará a todas las naciones con cetro de
hierro.[f] Pero su hijo le fue arrebatado para
Dios y su trono.
6 La mujer huyó entonces al desierto, a un
lugar que Dios le había preparado, para que
allí la alimentaran durante mil doscientos
sesenta días.
7 Después hubo una batalla en el cielo: Mi-
guel[g] y sus ángeles lucharon contra el dragón,
y el dragón y sus ángeles también lucharon,
8 pero no pudieron vencer, y ya no hubo
lugar para ellos en el cielo.
9 Así fue expulsado el gran dragón, que es
la serpiente antigua[h] que se llama Diablo y
Satanás, y que engaña a todo el mundo. Él y
sus ángeles fueron arrojados a la tierra.[i]
10 Entonces oí una fuerte voz en el cielo,
que decía:

«¡Aquí están ya la salvación y el poder
y el reino de nuestro Dios,
y la autoridad de su Cristo!
¡Ya ha sido expulsado el que día y
noche
acusaba a nuestros hermanos[j]
delante de nuestro Dios!
11 Ellos lo vencieron por la sangre del
Cordero
y por la palabra que ellos proclamaron;
siempre estuvieron preparados
a entregar sus vidas y morir.
12 ¡Alégrense por eso, ustedes los cielos!
¡Alégrense ustedes, que los habitan!
¡Pero ay de ustedes,
los que habitan la tierra y el mar!
El diablo ha llegado a ustedes lleno
de ira,
porque sabe que le queda poco tiempo.»

Ap 20.2-3

13 Cuando el dragón se dio cuenta de que
había sido arrojado a la tierra, persiguió a la
mujer que había dado a luz al hijo varón.

LECCIONES **EL DRAGÓN ROJO**

(Apocalipsis 12.3)

¿Te gusta leer acerca de dragones? Uno de los primeros libros que habla de dragones es el Apocalipsis. Aquí, el dragón representa a Satanás. Él es la serpiente antigua que se describe en Génesis 3. El dragón es el poder malvado detrás del gobierno del anticristo y de la bestia del mar, en los tiempos del fin (13:1-2). Un día Jesús derrotará a este "dragón" (19–20). Pero hasta que llegue ese día, debemos estar alerta ante sus intentos malignos de hacernos pecar. Lee Efesios 6:11-12 y 1 Pedro 5:8-9 para ver cómo puedes estar vigilante.

14 Pero a la mujer se le dieron las dos alas
de la gran águila para que volara a su lugar
en el desierto, donde es alimentada por un
tiempo, y tiempos, y la mitad de un tiempo,[k]
para estar a salvo de la serpiente.
15 Entonces la serpiente arrojó mucha
agua por la boca, para que la mujer fuera
arrastrada como por un río.
16 Pero la tierra vino en su ayuda, pues
abrió su boca y se tragó el río que el dragón
había arrojado por su boca.
17 Entonces el dragón se llenó de ira con-
tra la mujer y se fue a luchar contra el resto
de sus descendientes, es decir, contra los
que obedecen los mandamientos de Dios y
tienen el testimonio de Jesucristo.

Las dos bestias

13 Y el dragón se detuvo a la ori-
lla del mar. Entonces vi que del
mar subía una bestia[a] que tenía
siete cabezas y diez cuernos. En cada cuerno
llevaba una diadema, y en cada cabeza tenía
un nombre blasfemo.[b]
2 La bestia que vi parecía un leopardo; sus
patas parecían las de un oso, y sus fauces

[e] **12.5:** Is 66.7. [f] **12.5:** Sal 2.9. [g] **12.7:** Dn 10.13, 21; 12.1; Jud 9. [h] **12.9:** Gn 3.1. [i] **12.9:** Lc 10.18. [j] **12.10:** Job 1.9-11; Zac 3.1.
[k] **12.14:** Dn 7.25; 12.7. [a] **13.1:** Dn 7.3. [b] **13.1:** Ap 17.3, 7-12.

eran como de león.[c] El dragón cedió a la bestia su poder y su trono, y gran autoridad.

3 Una de sus cabezas parecía tener una herida mortal, pero su herida fue sanada. Toda la gente se llenó de asombro y siguió a la bestia,

4 y adoraron al dragón que había dado autoridad a la bestia, y también a la bestia. Decían: «¿Quién puede compararse a la bestia? ¿Quién podrá luchar contra ella?»

5 También se le permitió fanfarronear y proferir blasfemias, y se le dio autoridad para hacer y deshacer durante cuarenta y dos meses.

6 La bestia comenzó a blasfemar contra Dios[d] y contra su nombre y su tabernáculo, y contra los que viven en el cielo.

7 Se le permitió combatir contra los santos, y vencerlos;[e] y también se le dio autoridad sobre toda raza, pueblo, lengua y nación.

8 Y adoraron a la bestia todos los habitantes de la tierra, todos los que no tienen su nombre inscrito en el libro de la vida[f] del Cordero que fue inmolado desde el principio del mundo.

9 El que tenga oídos, que oiga.

10 El que deba ir al cautiverio,
al cautiverio irá;[g]
y el que deba morir por la espada,
por la espada morirá.
Aquí se verá la paciencia y la fe de los
santos.

11 Después vi subir de la tierra otra bestia. Tenía dos cuernos como de cordero, pero hablaba como un dragón.

12 Cuando estaba en presencia de la primera bestia, cuya herida mortal fue sanada, ejercía toda la autoridad de ésta, y hacía que la tierra y sus habitantes la adoraran.

13 También hacía grandes prodigios, al grado de que a la vista de todos hacía que cayera fuego del cielo a la tierra.

14 Por medio de las señales que se le permitía hacer en presencia de la primera bestia, engañó a los habitantes de la tierra y les mandó que hicieran una imagen de la bestia, que vivió a pesar de tener una herida de espada.

15 También se le permitió infundir aliento a la imagen de la bestia, para que ésta hablara y mandara matar a todo aquel que no la adorara.

16 Además, hizo que a todos, grandes y pequeños, ricos y pobres, libres y esclavos, se les pusiera una marca en la mano derecha o en la frente,

17 y que nadie pudiera comprar ni vender si no tenía la marca o el nombre de la bestia, o el número de su nombre.

18 Aquí hay sabiduría. El que tenga entendimiento, que calcule el número de la bestia, pues es el número de un ser humano, y es el seiscientos sesenta y seis.

El cántico de los 144 000

14 Miré, y vi que el Cordero estaba de pie sobre el monte Sión, y que con él había ciento cuarenta y cuatro mil personas, las cuales tenían inscritos en la frente el nombre de él y el de su Padre.[a]

2 Entonces oí una voz que venía del cielo, semejante al estruendo de un poderoso caudal de agua, y al sonido de un fuerte trueno. La voz que oí parecía ser la de arpistas que tocaban sus arpas.

3 Estaban ante el trono, delante de los cuatro seres vivientes y de los ancianos, y cantaban un cántico nuevo, que nadie más podía aprender sino los ciento cuarenta y cuatro mil que habían sido redimidos de la tierra.

4 Éstos son los que jamás tuvieron contacto con mujeres, pues son vírgenes, y son los que siguen al Cordero por dondequiera que va. Fueron redimidos de entre toda la gente como los primeros frutos para Dios y para el Cordero.

5 No se halló en sus labios mentira alguna,[b] pues son irreprochables.

El mensaje de los tres ángeles

6 Luego vi otro ángel, el cual volaba en medio del cielo. Tenía el evangelio eterno, para

[c] **13.2:** Dn 7.4-6. [d] **13.5-6:** Dn 7.8, 25; 11.36. [e] **13.7:** Dn 7.21. [f] **13.8:** Sal 69.28. [g] **13.10:** Jer 15.2. [a] **14.1:** Ez 9.4; Ap 7.3. [b] **14.5:** Sof 3.13.

predicarlo a los habitantes de la tierra, es decir, a toda nación, raza, lengua y pueblo.

7 Ese ángel decía con fuerte voz: «Teman a Dios, y denle gloria, porque la hora de su juicio ha llegado. Adoren al que hizo el cielo y la tierra, el mar y los manantiales de agua.»

8 A ese ángel lo siguió otro, que decía: «¡Ya cayó Babilonia![c] ¡Ya cayó esa gran ciudad! Cayó porque embriagó a todas las naciones con el ardiente vino de su inmoralidad sexual.»

9 A los dos ángeles los siguió un tercero, que a grandes voces decía: «El que adore a la bestia y a su imagen, y acepte llevar su marca en la frente o en la mano,

10 también beberá del vino de la ira de Dios, que ha sido vaciado puro en la copa de su ira,[d] y será atormentado con fuego y azufre[e] delante de los santos ángeles y del Cordero.

11 El humo de su tormento subirá por los siglos de los siglos,[f] pues ni de día ni de noche tendrán reposo los que adoren a la bestia y a su imagen, ni nadie que acepte llevar la marca de su nombre.»

12 Aquí se verá la paciencia de los santos, de los que obedecen los mandamientos de Dios y mantienen la fe en Jesús.

13 Entonces oí una voz que venía del cielo, la cual me decía: «Escribe: De aquí en adelante, bienaventurados sean los que mueren en el Señor.» Y el Espíritu dice: «Sí, porque así descansarán de sus trabajos, pues sus obras los acompañan.»

La tierra es segada

14 Miré, y vi aparecer una nube blanca. Sobre esa nube estaba sentado alguien que parecía ser el Hijo del Hombre.[g] Llevaba en la cabeza una corona de oro, y en la mano tenía una hoz afilada.

15 En ese momento, otro ángel salió del templo; y con fuerte voz le gritó al que estaba sentado sobre la nube: «¡Usa tu hoz, y levanta la cosecha! ¡Ha llegado la hora de cosechar, pues la cosecha de la tierra ya está madura!»[h]

16 El que estaba sentado sobre la nube lanzó su hoz sobre la tierra, y la cosecha de la tierra fue levantada.

17 En ese momento, del templo que está en el cielo salió otro ángel. También llevaba una hoz afilada.

18 Y un ángel más salió del altar, el cual tenía poder sobre el fuego. Con fuerte voz llamó al ángel que tenía la hoz afilada, y le dijo: «Usa tu afilada hoz, y vendimia los racimos de la tierra, porque sus uvas ya están maduras.»

19 El ángel lanzó su hoz sobre la tierra y vendimió su viña, y luego echó las uvas en el gran lagar de la ira de Dios.

20 Y se exprimieron las uvas en el lagar,[i] fuera de la ciudad, y la sangre que salió del lagar les llegó a los caballos hasta los frenos, a una distancia de doscientos ochenta y ocho mil metros.[3]

Las siete últimas plagas

15 En el cielo vi otra señal, grande y asombrosa: Eran siete ángeles, que tenían las siete últimas plagas, con las cuales la ira de Dios quedaba satisfecha.

2 Vi también lo que parecía ser un mar de cristal mezclado con fuego; allí, sobre el mar de cristal, y con las arpas que Dios les había dado, estaban los que habían logrado vencer a la bestia y a su imagen, y a su marca y el número de su nombre.

3 Entonaban el cántico de Moisés,[a] el siervo de Dios, y también el cántico del Cordero. Decían:

«¡Grandes y maravillosas son tus obras,
Señor Dios Todopoderoso!
¡Justos y verdaderos son tus caminos,
Rey de las naciones!
4 ¿Quién no te temerá, Señor?
¿Quién no glorificará tu nombre?[b]
¡Sólo tú eres santo!

[c] 14.8: Is 21.9; Ap 18.2. [d] 14.10: Is 51.17. [e] 14.10: Gn 19.24. [f] 14.11: Is 34.10. [g] 14.14: Dn 7.13. [h] 14.15: Jl 3.13. [i] 14.20: Is 63.3; Ap 19.15. [3] 14.20 Lit. mil seiscientos estadios. [a] 15.3: Éx 15.1. [b] 15.4: Jer 10.7.

Por eso todas las naciones
vendrán y te adorarán,[c]
porque tus juicios se han manifestado.»
5 Después de esto miré, y vi que en el cielo
se abrió el templo donde está el tabernácu-
lo del testimonio.[d]
6 Del templo salieron los siete ángeles en
posesión de las siete plagas. Estaban vesti-
dos de un lino limpio y resplandeciente, y
alrededor del pecho llevaban cintos de oro.
7 Uno de los cuatro seres vivientes entre-
gó a los siete ángeles sendas copas de oro,
llenas de la ira de Dios, que vive por los si-
glos de los siglos.
8 El templo se llenó de humo[e] por causa
de la gloria de Dios y de su poder; y nadie
podía entrar en el templo hasta que se cum-
plieran las siete plagas de los siete ángeles.

Las copas de ira

16 Luego oí que del templo salía
una fuerte voz, que les decía a
los siete ángeles: «¡Vayan y der-
ramen sobre la tierra las siete copas de la ira
de Dios!»
2 El primer ángel fue y derramó su copa
sobre la tierra, y a todos los que tenían la
marca de la bestia y adoraban su imagen les
salió una úlcera maligna y pestilente.[a]
3 El segundo ángel derramó su copa sobre
el mar, y el mar se convirtió en sangre, como
de la sangre de un muerto; y murieron to-
dos los seres vivos que había en el mar.
4 El tercer ángel derramó su copa sobre
ríos y manantiales, y sus aguas se convirtie-
ron en sangre.[b]
5 Y oí que el ángel de las aguas decía:
«Justo eres tú, Señor,
el que eres, y el que eras;
el Santo que ha juzgado estas cosas.
6 Tú les has dado a beber sangre,
pues ellos se lo merecen
porque derramaron la sangre
de los santos y de los profetas.»
7 Oí también que otro decía desde el altar:
«Ciertamente, Señor y Dios Todopo-
deroso,
tus juicios son justos y verdaderos.»
8 El cuarto ángel derramó su copa sobre
el sol, con lo que se le permitió quemar con
fuego al género humano.
9 Y hombres y mujeres se quemaron con
ese gran calor, pero en vez de arrepentirse y
dar gloria al nombre de Dios, que tiene poder
sobre estas plagas, blasfemaron contra él.
10 El quinto ángel derramó su copa sobre
el trono de la bestia, y su reino se cubrió
de tinieblas.[c] La gente se mordía la lengua
de dolor,
11 y por causa de sus dolores y sus úlceras
blasfemaron contra el Dios del cielo, pero
no se arrepintieron de sus obras.
12 El sexto ángel derramó su copa sobre el
gran río Éufrates; y el agua del río se secó,
para preparar el camino a los reyes que ve-
nían del oriente.[d]
13 De la boca del dragón, de la boca de la
bestia, y de la boca del falso profeta, vi salir
tres espíritus impuros con aspecto de ranas.
14 Éstos son espíritus de demonios que
hacen señales milagrosas, y que salieron por
todo el mundo para reunir a los reyes de la
tierra, para la batalla del gran día del Dios
Todopoderoso.
15 «Miren, yo vengo como un ladrón.[e]
Bienaventurados los que se mantengan des-
piertos y conserven sus ropas, no sea que se
queden desnudos y se vea la vergüenza de
su desnudez.»
Ap 19.11-16
16 Y los reunió en el lugar que en hebreo se
llama «Armagedón».[f]
17 El séptimo ángel derramó su copa en el
aire, y desde el trono en el templo salió una
fuerte voz que decía: «Todo está hecho».
18 Entonces hubo relámpagos, voces y
truenos, y un gran temblor de tierra. ¡Nunca
antes, desde que la humanidad existe, había
habido un terremoto[g] tan grande!
19 La gran ciudad se partió en tres, y las
ciudades de las naciones se vinieron abajo;

[c] **15.4:** Sal 86.9. [d] **15.5:** Éx 40.34. [e] **15.8:** 1 R 8.10-11; 2 Cr 5.13-14; Is 6.4. [a] **16.2:** Éx 9.10. [b] **16.4:** Éx 7.17-21. [c] **16.10:** Éx 10.21. [d] **16.12:** Is 11.15-16. [e] **16.15:** Mt 24.43-44; Lc 12.39-40; Ap 3.3. [f] **16.16:** 2 R 23.29; 2 Cr 35.22. [g] **16.18:** Ap 8.5; 11.13, 19.

entonces Dios se acordó de la gran Babilo-
nia y le dio a beber de la copa que tenía el
ardiente vino de su ira,[h]
20 y todas las islas y los montes desapare-
cieron.[i]
21 Del cielo cayó sobre la gente una enor-
me granizada,[j] con granizos que pesaban
más de veinte kilos; y fue tan grande la pla-
ga de granizo que toda la gente blasfemó
contra Dios.

Condenación de la gran ramera

17 Uno de los siete ángeles que te-
nían las siete copas, vino y me
dijo: «Ven acá, y te mostraré el
castigo para la gran ramera, la que está senta-
da sobre muchas aguas.[a]
2 Con ella han adulterado los reyes de la tier-
ra, y los habitantes de la tierra se han embria-
gado con el vino de su inmoralidad sexual.»[b]
3 Después el ángel me llevó en el Espíri-
tu al desierto, y allí vi a una mujer sentada
sobre una bestia escarlata, que tenía siete
cabezas y diez cuernos,[c] y estaba llena de
nombres blasfemos.
4 La mujer estaba vestida de púrpura y es-
carlata, y portaba adornos de oro, piedras
preciosas y perlas. En la mano tenía una
copa de oro,[d] la cual rebosaba de cosas de-
testables y de la inmundicia de su inmorali-
dad sexual.
5 Inscrito en la frente ostentaba un nom-
bre, cuyo sentido era un misterio: «La gran
Babilonia, madre de las rameras y de las abo-
minaciones de la tierra.»
6 Vi que la mujer estaba ebria de la sangre
de los santos, y de la sangre de los testigos
de Jesús. Al verla, quedé muy asombrado.
7 Pero el ángel me dijo: «¿Por qué te asom-
bras? Yo te voy a decir cuál es el misterio de
la mujer, y de la bestia en que viene, la bestia
de siete cabezas y diez cuernos.
8 La bestia que has visto, era pero ya no
es; y está a punto de subir del abismo[e] para

PALABRAS CON PODER

ARMAGEDÓN
(Apocalipsis 16.16)

La trama de muchos libros de ficción tiene que ver con una batalla final entre el bien y el mal. La batalla del Armagedón es la última que se llevará a cabo, y no es ficticia. Armagedón significa "el monte de Meguido". Este monte puede estar en el centro-norte de Palestina. Es allí donde el ejército de Jesús luchará contra el ejército de Satanás (versículo 14). El libro de Apocalipsis describe a Jesús como el ganador (19:11-21). Pero el Armagedón no es el único lugar para la batalla entre el bien y el mal. Todos los días tenemos esta lucha cuando somos tentados a pecar. El Salvador que va a ganar en el Armagedón puede ayudarnos a ganar las batallas contra el pecado.

[h] **16.19:** Is 51.17. [i] **16.20:** Ap 6.14. [j] **16.21:** Éx 9.23; Ap 11.19. [a] **17.1:** Jer 51.13. [b] **17.2:** Jer 51.7. [c] **17.3:** Ap 13.1. [d] **17.4:** Jer 51.7. [e] **17.8:** Dn 7.3; Ap 11.7.

LOS JUICIOS DE DIOS *(Apocalipsis 16.7)*

Decir que Dios es justo significa que Él es siempre imparcial y perfecto en su carácter y sus obras. Él juzga perfectamente. Como Dios odia el pecado, requiere que el mal sea castigado. Él no puede pasar por alto los pecados de la gente. Por lo tanto, a pesar de las terribles cosas que se ven en el capítulo 16, el apóstol Juan sabía que los juicios de Dios eran justos y verdaderos. Estos juicios son la respuesta de Dios a los terribles crímenes de los que deciden rebelarse contra Él. Los que reciben a Jesús como su Salvador no tienen que temer la ira de Dios.

ir a la perdición. Los habitantes de la tierra,
cuyos nombres no están inscritos en el libro
de la vida[f] desde la fundación del mundo, se
asombrarán al ver que la bestia era y ya no es,
pero que reaparecerá.
9 Aquí se verá la mente que tenga sabidu-
ría: Las siete cabezas son siete montes, sobre
los cuales se sienta la mujer,
10 y son también siete reyes. Cinco de ellos
ya no reinan; uno está reinando, y el otro
aún no ha llegado; pero cuando venga, es
preciso que reine algún tiempo.
11 La bestia que era y ya no es, es también
el octavo rey; y es uno de los siete, y va ca-
mino a la perdición.
12 Los diez cuernos que has visto, son diez
reyes[g] que aún no han empezado a reinar;
pero recibirán autoridad para reinar toda
una hora, junto con la bestia.
13 El propósito de estos reyes es el mismo,
que es el de entregar a la bestia su poder y
autoridad.
14 Pelearán contra el Cordero, pero el
Cordero los vencerá, porque él es Señor de
señores y Rey de reyes; y a los que están con
él se les llama "elegidos" y "fieles".»
15 El ángel también me dijo: «Las aguas que
has visto, donde está sentada la ramera, son
multitud de pueblos, naciones y lenguas.
16 Y los diez cuernos y la bestia que viste
aborrecerán a la ramera y la dejarán aban-
donada y desnuda; devorarán sus carnes, y
la quemarán con fuego.
17 Dios ha puesto en el corazón de ellos el eje-
cutar lo que él se ha propuesto hacer: se pon-
drán de acuerdo, y entregarán su reino a la bes-
tia, hasta que se cumplan las palabras de Dios.
18 La mujer que has visto es la gran ciudad
que reina sobre los reyes de la tierra.»

La caída de Babilonia

18 Después de esto vi que otro
ángel bajaba del cielo; el poder
que tenía era muy grande, y su
gloria iluminaba la tierra.
2 El ángel gritó con fuerte voz: «¡Ya ha caí-
do! ¡Ya ha caído la gran Babilonia![a] Se ha con-
vertido en refugio de demonios, en guarida
de todo espíritu impuro; ¡está habitada de
toda clase de aves inmundas y aborrecibles![b]
3 Todas las naciones han bebido del ar-
diente vino de su inmoralidad sexual.[c] Los
reyes de la tierra han tenido relaciones se-
xuales con ella, y los comerciantes de la tier-
ra se han enriquecido gracias a su impresio-
nante prosperidad.»
4 Oí entonces otra voz del cielo, que de-
cía: «Ustedes, los de mi pueblo, salgan de
esa ciudad[d] para que no participen de sus
pecados ni reciban parte de sus plagas;
5 pues son tantos sus pecados que llegan
hasta el cielo,[e] y Dios ha tomado en cuenta
sus injusticias.
6 ¡Páguenle ustedes con la misma moneda![f]
¡Denle a beber en la misma copa el doble de
la bebida que ella preparó!
7 ¡Páguenle con tantos tormentos y llanto
como el esplendor y las riquezas en que ha
vivido! Porque en su corazón dice: "Estoy en
mi trono de reina; no soy viuda, y jamás ex-
perimentaré el sufrimiento."
8 Por eso, en un mismo día le sobreven-
drán estas tres plagas:[g] la muerte, el llanto y el
hambre. Y será consumida por el fuego, por-
que Dios, el Señor, que la juzga, es poderoso.»
9 Entonces los reyes de la tierra, los que
con ella adulteraron y vivieron en deleites,
llorarán y harán lamentación cuando vean
el humo de su incendio.
10 Sentirán miedo al ver su tormento, y
desde lejos dirán: «¡Ay de ti, la grande y po-
derosa ciudad de Babilonia! ¡Ay de ti, porque
en el preciso momento llegó tu castigo!»[h]
11 Y los comerciantes de la tierra llorarán y
harán lamentación por ella, porque ya nadie
le comprará sus mercaderías
12 ni sus cargamentos de oro, plata, pie-
dras preciosas, perlas, telas de lino fino y
seda, de color púrpura y rojo, y toda clase
de madera aromática, toda clase de objetos

[f] **17.8:** Sal 69.28. [g] **17.12:** Dn 7.24. [a] **18.2:** Is 21.9. [b] **18.2:** Is 13.21; Jer 50.39. [c] **18.3:** Jer 51.7. [d] **18.4:** Is 48.20; Jer 50.8. [e] **18.5:** Jer 51.9. [f] **18.6:** Sal 137.8; Jer 50.29. [g] **18.7-8:** Is 47.8-9. [h] **18.9-10:** Ez 26.16-18.

de marfil, y maderas preciosas, cobre, hierro y mármol;

13 canela, especias aromáticas, incienso, mirra, perfumes, vino, aceite, flor de harina, trigo, bestias, ovejas, caballos y carros, y aun esclavos, que son vidas humanas.

14 «Los frutos que tanto deseabas se han alejado de ti. Has perdido todas las cosas exquisitas y espléndidas, y jamás las recuperarás.»

15 Eso dirán los que comerciaban con todo esto, y que se enriquecieron a costa de ella. A la distancia, por temor a su tormento, llorarán y harán lamentación,

16 y dirán: «¡Ay de ti, ay de ti, la gran ciudad, que te vestías de lino fino, de púrpura y de escarlata, y que te adornabas con oro, piedras preciosas y perlas!

17 ¡En una sola hora han sido consumidas tantas riquezas!» Todos los capitanes de barco, y los que viajan en naves, y los marineros, y los que trabajan en el mar, se quedaron a la distancia

18 y, al ver el humo de su incendio, exclamaron: «¿Qué otra ciudad podía compararse a esta gran ciudad?»

19 Y se echaron polvo sobre la cabeza, y entre llanto y lamentos exclamaron: «¡Ay de ti, la gran ciudad! ¡Ay de ti, donde todos los que tenían naves en el mar se hicieron ricos con su riqueza! ¡En el momento preciso has sido asolada![i]

20 ¡Alégrate de ella, cielo![j] ¡Y alégrense ustedes, santos, apóstoles y profetas, porque en ella Dios les ha hecho justicia!»

21 Entonces un ángel poderoso levantó una piedra, tan grande como una piedra de molino, y mientras la arrojaba al mar decía: «Con este mismo ímpetu serás derribada, gran ciudad de Babilonia,[k] y nunca más se sabrá de ti.[l]

22 Nunca más volverá a oírse en ti la música del arpa, de la flauta y de la trompeta;[m] nunca más habrá en ti artífices de ningún oficio, ni volverá a oírse en ti el ruido de la piedra del molino.

23 No volverá a alumbrar en ti ninguna lámpara, ni volverá a oírse la voz del esposo o de la esposa.[n] Tus comerciantes eran los grandes personajes de la tierra, y con tus hechicerías engañaste a todas las naciones.

24 Fue en ti donde se halló la sangre de los profetas y de los santos, y de todos los que han sido asesinados en la tierra.»[o]

Alabanzas en el cielo

19 Después de esto, oí en el cielo la potente voz de una gran multitud que decía: «¡Aleluya! La salvación, la honra, la gloria y el poder son de nuestro Dios,

2 porque sus juicios son justos y verdaderos. Ha condenado a la gran ramera, que con su inmoralidad sexual ha corrompido a la tierra, y ha vengado la sangre de sus siervos, que fue derramada por ella.»[a]

3 Y una vez más dijeron: «¡Aleluya! El humo de ella sube por los siglos de los siglos.»[b]

4 Los veinticuatro ancianos y los cuatro seres vivientes se inclinaron y adoraron a Dios, que estaba sentado en el trono, mientras decían: «¡Amén! ¡Aleluya!»

5 Del trono salió entonces una voz, que decía: «¡Alaben a nuestro Dios todos sus siervos, los que le temen, los grandes y los pequeños!»[c]

6 También oí una voz que parecía el rumor de una gran multitud, o el estruendo de muchas aguas,[d] o el resonar de poderosos truenos, y decía: «¡Aleluya! ¡Reina ya el Señor, nuestro Dios Todopoderoso!

7 ¡Regocijémonos y alegrémonos y démosle gloria! ¡Ha llegado el momento de las bodas del Cordero! Ya su esposa se ha preparado,

8 y se le ha concedido vestirse de lino fino, limpio y refulgente.» Y es que el lino fino simboliza las acciones justas de los santos.

La cena de las bodas del Cordero

9 Entonces el ángel me dijo: «Escribe: "Bienaventurados los que han sido invitados a la

[i] **18.11-19:** Ez 27.25-36. [j] **18.20:** Jer 51.48. [k] **18.21:** Jer 51.63-64. [l] **18.21:** Ez 26.21. [m] **18.22:** Ez 26.13. [n] **18.22-23:** Jer 25.10. [o] **18.24:** Jer 51.49. [a] **19.2:** Dt 32.43. [b] **19.3:** Is 34.10. [c] **19.5:** Sal 115.13. [d] **19.6:** Ez 1.24. [e] **19.9:** Mt 22.2-3.

cena de las bodas[e] del Cordero."» Y también me dijo: «Éstas son palabras verdaderas de Dios.»

10 Yo me postré a sus pies para adorarlo, pero él me dijo: «¡No hagas eso! Yo soy consiervo tuyo, y de tus hermanos que retienen el testimonio de Jesús. Adora a Dios. Pues el testimonio de Jesús es el espíritu de la profecía.

El jinete del caballo blanco

11 Entonces vi que el cielo se había abierto,[f] y que allí aparecía un caballo blanco. El nombre del que lo montaba es Fiel y Verdadero, el que juzga y pelea con justicia.

12 Sus ojos parecían dos llamas de fuego,[g] y en su cabeza había muchas diademas, y tenía inscrito un nombre que sólo él conocía.

13 La ropa que vestía estaba teñida de sangre, y su nombre es: «El verbo de Dios.»

14 Iba seguido de los ejércitos celestiales, que montaban caballos blancos y vestían lino finísimo, blanco y limpio.

15 De su boca salía una espada afilada, para herir con ella a las naciones. Él las gobernará con cetro de hierro;[h] y pisará el lagar del ardiente vino de la ira del Dios Todopoderoso.[i]

16 En su manto y en su muslo lleva inscrito este nombre: «Rey de reyes y Señor de señores.»

Ap 22.12

17 Vi entonces que un ángel estaba de pie en el sol, y que con voz potente les decía a todas las aves que surcan los cielos: «Vengan ya; júntense para la gran cena de Dios,

18 para que devoren los cadáveres de reyes, capitanes y poderosos; los cadáveres de caballos y de jinetes, ¡los cadáveres de todos, libres y esclavos, pequeños y grandes!»[j]

19 Vi entonces que la bestia y los reyes de la tierra y sus ejércitos se reunían para luchar contra el que montaba el caballo, y contra su ejército.

20 Pero la bestia fue apresada, y también el falso profeta que había hecho señales milagrosas delante de ella, con las que había engañado a los que recibieron la marca de la bestia y habían adorado su imagen.[k] Estos dos fueron lanzados vivos a un lago de fuego que arde con azufre.

21 Los demás fueron muertos con la espada que salía de la boca del que montaba el caballo, y todas las aves se saciaron devorando sus cadáveres.

Los mil años

20 Vi entonces que un ángel descendía del cielo. Llevaba en su mano la llave del abismo y una gran cadena.

2 Apresó al dragón, que es la serpiente antigua,[a] y que es también el Diablo y Satanás, y lo ató durante mil años;

3 luego lo arrojó al abismo y lo encerró, y selló la puerta, para que no volviera a engañar a las naciones hasta el cabo de los mil años. Después de esto es necesario que se le suelte por un poco de tiempo.

Ap 20.7-10

4 Vi entonces unos tronos, y sobre ellos estaban sentados los que recibieron la autoridad para juzgar.[b] También vi las almas de los que fueron decapitados por causa del testimonio de Jesús y por la palabra de Dios. Ellos son los que nunca adoraron a la bestia ni a su imagen, ni aceptaron jamás llevar su marca en la frente ni en las manos; y éstos volvieron a vivir y reinaron con Cristo durante mil años.

5 Ésta es la primera resurrección. Pero los otros muertos no volvieron a vivir hasta que se cumplieron los mil años.

6 Bienaventurados y santos son los que tienen parte en la primera resurrección, pues la segunda muerte no tiene poder sobre ellos; al contrario, serán sacerdotes de Dios y de Cristo, y reinarán con él durante mil años.

7 Al cabo de los mil años, Satanás fue puesto en libertad de su prisión,

8 y salió a engañar a las naciones que están en los cuatro extremos de la tierra, y a Gog y a Magog,[c] a fin de reunirlos para la batalla.

[f] **19.11:** Ez 1.1. [g] **19.12:** Dn 10.6. [h] **19.15:** Sal 2.9. [i] **19.15:** Is 63.3; Jl 3.13; Ap 14.20. [j] **19.17-18:** Ez 39.17-20. [k] **19.20:** Ap 13.1-18. [a] **20.2:** Gn 3.1. [b] **20.4:** Dn 7.9, 22. [c] **20.8:** Ez 38.1-16.

¡Su número era incontable, como la arena del mar!

9 Y subieron por todo lo ancho de la tierra, y rodearon el campamento de los santos y la ciudad amada. Pero del cielo cayó fuego y los consumió.

10 El diablo, que los había engañado, fue lanzado al lago de fuego y azufre, donde estaban la bestia y el falso profeta. Y allí serán atormentados día y noche por los siglos de los siglos.

El juicio ante el gran trono blanco

11 Vi también un gran trono blanco, y al que estaba sentado en él. De su presencia huyeron la tierra y el cielo, y no se volvió a hallar su lugar.

12 Vi entonces de pie, ante Dios, a los muertos, grandes y pequeños. Unos libros fueron abiertos, y después otro más, que es el libro de la vida. Los muertos fueron juzgados conforme a sus obras y conforme a lo que estaba anotado en los libros.[d]

13 El mar entregó los muertos que yacían en él; también la muerte y el Hades entregaron los muertos que yacían con ellos, y cada uno fue juzgado conforme a sus obras.

14 Luego la muerte y el Hades fueron lanzados al lago de fuego. Ésta es la muerte segunda.

15 Todos los que no tenían su nombre registrado en el libro de la vida fueron lanzados al lago de fuego.

LECCIONES

EL LAGO DE FUEGO
(Apocalipsis 20.14)

La Biblia nos da una imagen terrible, pero real, de lo que va a pasar con los que rechazan a Dios. Su fin será el lago de fuego. Es un lugar aterrador, de sufrimiento y castigo eterno. Es triste pensar en que alguien tenga que ir a ese lugar. Por eso tenemos que decirles a todos cómo ir al cielo en vez del lago de fuego.

Cielo nuevo y tierra nueva

21 Vi entonces un cielo nuevo y una tierra nueva,[a] porque el primer cielo y la primera tierra habían dejado de existir, y el mar tampoco existía ya.

2 Vi también que la ciudad santa,[b] la nueva Jerusalén, descendía del cielo, de Dios,[c] ataviada como una novia que se adorna para su esposo.[d]

3 Entonces oí que desde el trono salía una potente voz, la cual decía: «Aquí está el tabernáculo de Dios con los hombres. Él vivirá con ellos, y ellos serán su pueblo,[e] y Dios mismo estará con ellos y será su Dios.

4 Dios enjugará las lágrimas de los ojos de ellos, y ya no habrá muerte,[f] ni más llanto, ni lamento ni dolor;[g] porque las primeras cosas habrán dejado de existir.

[d]**20.11-12:** Dn 7.9-10. [a]**21.1:** Is 65.17; 66.22; 2 P 3.13. [b]**21.2:** Is 52.1. [c]**21.2:** Ap 3.12. [d]**21.2:** Is 61.10. [e]**21.3:** Ez 37.27. [f]**21.4:** Is 25.8. [g]**21.4:** Is 65.19.

EL REINO DE MIL AÑOS *(Apocalipsis 20.4)*

A lo largo de la Biblia, Dios escogió como líderes a las personas menos pensadas. Las personas en los tronos, que menciona este versículo, eran cristianos que dieron su vida por su fe en Jesús. Es posible que no hayan sido las personas más ricas y poderosas de la tierra. Pero eran ricas espiritualmente debido a su relación con Jesús. Un día, volverán con Jesús para luchar contra los ejércitos del anticristo. Entre estos gobernantes se encuentran los primeros discípulos de Jesús. Durante mil años, reinarán con Cristo. ¡Este reino será mejor que cualquier cuento de hadas que puedas imaginar!

5 El que estaba sentado en el trono dijo: «Mira, yo hago nuevas todas las cosas.» Y me dijo: «Escribe, porque estas palabras son fieles y verdaderas.»

6 También me dijo: «Ya está hecho. Yo soy el Alfa y la Omega, el principio y el fin. Al que tenga sed, yo le daré a beber gratuitamente[h] de la fuente del agua de la vida.

7 El que salga vencedor heredará todas las cosas, y yo seré su Dios y él será mi hijo.[i]

8 Pero los cobardes, los incrédulos, los abominables, los homicidas, los que incurren en inmoralidad sexual, los hechiceros, los idólatras y todos los mentirosos tendrán su parte en el lago que arde con fuego y azufre, que es la muerte segunda.

La nueva Jerusalén

9 Entonces se me acercó uno de los siete ángeles que tenían las siete copas llenas de las siete plagas finales, y me dijo: «Ven acá, voy a mostrarte a la novia, la esposa del Cordero.»

10 Y en el Espíritu me llevó a un monte de gran altura, y me mostró la gran ciudad santa de Jerusalén,[j] la cual descendía del cielo, de Dios.

11 Tenía la gloria de Dios y brillaba como una piedra preciosa, semejante a una piedra de jaspe, transparente como el cristal.

12 Tenía una muralla grande y elevada, y doce puertas; en cada puerta había un ángel, e inscripciones que correspondían a los nombres de las doce tribus de Israel.

13 Tres puertas daban al oriente, tres puertas al norte, tres puertas al sur, y tres puertas al occidente.[k]

14 La muralla de la ciudad tenía doce cimientos, y en ellos estaban los nombres de los doce apóstoles del Cordero.

15 El que hablaba conmigo tenía una caña de oro para medir la ciudad, sus puertas y su muralla.[l]

16 La ciudad era cuadrada, pues medía lo mismo de ancho que de largo. Él midió la ciudad con la caña, y de largo y de ancho medía dos mil doscientos kilómetros.[4]

17 También midió la muralla, y medía sesenta y cinco metros, según las medidas empleadas por la gente y que el ángel estaba usando.

18 La muralla estaba hecha de jaspe, pero la ciudad era de oro puro, diáfana como el cristal.

19 Los cimientos de la muralla de la ciudad estaban adornados con toda clase de piedras preciosas. El primer cimiento era de jaspe; el segundo, de zafiro; el tercero, de ágata; el cuarto, de esmeralda;

20 el quinto, de ónice; el sexto, de cornalina; el séptimo, de crisólito; el octavo, de berilo; el noveno, de topacio; el décimo, de crisoprasa; el undécimo, de jacinto, y el duodécimo, de amatista.

21 Las doce puertas eran doce perlas,[m] es decir, que cada una de las puertas era una perla, y la calle de la ciudad era de oro puro y transparente como el vidrio.

22 No vi en ella ningún templo, porque su templo son el Señor y Dios Todopoderoso, y el Cordero.

23 La ciudad no tiene necesidad de que el sol y la luna brillen en ella, porque la ilumina la gloria de Dios[n] y el Cordero es su lumbrera.

24 Las naciones caminarán a la luz de ella, y los reyes de la tierra traerán a ella sus riquezas y su honra.

25 Sus puertas jamás serán cerradas de día, y en ella no habrá noche.

26 A ella serán llevadas las riquezas y la honra de las naciones,[o]

27 y no entrará en ella nada que sea impuro,[p] o detestable, o falso, sino solamente los que están inscritos en el libro de la vida del Cordero.

22 Después me mostró un río límpido, de agua de vida.[a] Era resplandeciente como el cristal, y salía del trono de Dios y del Cordero.

[h]**21.6:** Is 55.1. [i]**21.7:** 2 S 7.14; 1 Cr 17.13. [j]**21.10:** Ez 40.2. [k]**21.12-13:** Ez 48.30-34. [l]**21.15:** Ez 40.3. [4]**21.16** Lit. doce mil estadios. [m]**21.18-21:** Is 54.11-12. [n]**21.23:** Is 60.19. [o]**21.25-26:** Is 60.11. [p]**21.27:** Is 52.1. [a]**22.1:** Ez 47.1; Zac 14.8.

PALABRAS CON PODER

LA NUEVA JERUSALÉN
(Apocalipsis 21.1-4)

¿Cuál es la ciudad más bonita que has visto? Según la descripción de Juan es la Nueva Jerusalén, esta ciudad probablemente será la más hermosa de todas. Ya existe en el cielo. Un día vendrá a la tierra como la ciudad de Dios. Es la ciudad que el Señor ha creado. La tierra nueva será la morada de Dios y la Nueva Jerusalén será la ciudad capital. Allí, Él estará con su pueblo por siempre jamás. ¿Te imaginas cómo será vivir con Dios por siempre en esa hermosa ciudad? Ese es el futuro que Dios ha planeado para sus NIÑOS PODEROSOS.

2 En medio de la calle de la ciudad, y a cada lado del río, estaba el árbol de la vida,[b] el cual produce doce frutos y da su fruto cada mes; las hojas del árbol eran para la sanidad de las naciones.

3 Allí no habrá maldición.[c] El trono de Dios y del Cordero estará en medio de ella, y sus siervos lo adorarán

4 y verán su rostro, y llevarán su nombre en la frente.

5 Allí no volverá a haber noche; no hará falta la luz de ninguna lámpara ni la luz del sol, porque Dios el Señor los iluminará.[d] Y reinarán por los siglos de los siglos.[e]

La inminente venida de Cristo

6 Y me dijo: «Estas palabras son fieles y verdaderas. El Señor, el Dios de los espíritus de los profetas, ya ha enviado a su ángel para que les muestre a sus siervos lo que pronto tiene que suceder.»

7 «¡Vengo pronto! ¡Dichoso el que obedece las palabras proféticas de este libro!»

8 Yo, Juan, soy quien vio y oyó estas cosas. Después de verlas y oírlas, me postré a los pies del ángel que me mostraba estas cosas, para adorarlo,

9 pero él me dijo: «¡No lo hagas! Yo soy consiervo tuyo y de tus hermanos los profetas, y de los que obedecen las palabras de este libro. ¡Tú, adora a Dios!»

10 Y me dijo también: «No selles las palabras proféticas de este libro, porque el tiempo está cerca.

11 Deja que quien sea injusto, siga siendo injusto; que quien sea impuro, siga siendo impuro; que quien sea justo, siga practicando la justicia; y que quien sea santo, siga santificándose.»[f]

12 «¡Miren! ¡Ya pronto vengo! Y traigo conmigo mi galardón,[g] para recompensar a cada uno conforme a sus acciones.[h] Ap 22.20

13 Yo soy el Alfa y la Omega,[i] el principio y el fin, el primero y el último.»[j]

14 Bienaventurados los que lavan sus ropas, para tener derecho al árbol de la vida[k] y para entrar por las puertas en la ciudad.

15 Pero afuera se quedarán los pervertidos, los hechiceros, los que han caído en la inmoralidad sexual, los homicidas, los idólatras, y todo aquel que ama y practica la mentira.

16 «Yo, Jesús, he enviado a mi ángel para que les dé a ustedes testimonio acerca de estas cosas, que tratan de las iglesias. Yo soy la raíz y el linaje de David,[l] la estrella resplandeciente de la mañana.»

PROMESAS PODEROSAS

APOCALIPSIS 22.20

El que da testimonio de estas cosas dice: "Ciertamente, vengo pronto." Amén. ¡Ven, Señor Jesús!

La Biblia termina con la promesa de que Jesús volverá a la tierra. Juan respondió diciendo: "¡Ven, Señor Jesús!" ¿Sientes lo mismo que Juan? ¿Por qué no escribes algunas razones por las que esperas la venida Jesús?

---

[b] **22.2:** Gn 2.9. [c] **22.3:** Zac 14.11. [d] **22.5:** Is 60.19. [e] **22.5:** Dn 7.18. [f] **22.11:** Dn 12.10. [g] **22.12:** Is 40.10; 62.11. [h] **22.12:** Sal 28.4. [i] **22.13:** Ap 1.8. [j] **22.13:** Is 44.6; 48.12; Ap 1.17; 2.8. [k] **22.14:** Gn 2.9; 3.22. [l] **22.16:** Is 11.1.

[17] Y el Espíritu y la Esposa dicen: «¡Ven!» Y el que oiga, que diga: «¡Ven!» Y el que tenga sed, que venga; y el que quiera, que tome gratuitamente del agua de la vida.[m]

[18] Yo le advierto a todo aquel que oiga las palabras proféticas de este libro, que a quien añada algo a estas cosas, Dios le añadirá las plagas que están descritas en este libro.

[19] Y a quien quite algo de las palabras de este libro profético,[n] Dios le quitará su parte del árbol de la vida, y de la santa ciudad y de lo que está descrito en este libro.

[20] El que da testimonio de estas cosas dice: «Ciertamente, vengo pronto.» Amén. ¡Ven, Señor Jesús!

Fin

[21] Que la gracia del Señor Jesucristo sea con todos. Amén.

---

[m] **22.17:** Is 55.1. [n] **22.18-19:** Dt 4.2; 12.32.

TABLA DE PESOS Y MEDIDAS

UNIDAD BÍBLICA	EQUIVALENTE AMERICANO APROXIMADO	EQUIVALENTE MÉTRICO APROXIMADO
	MEDIDAS DE PESO	
Talento (60 minas)	75 libras	34 kilos
Minas (50 siclos)	1/1/4 libras	0,6 kilos
Siclo (2 becas)	2/5 onza	11.5 gramos
Pym (2/3 siclos)	1/3 onza	7.6 gramos
Beka (10 geras)	1/5 onza	5.5 gramos
Gera (1/20 siclo)	1/50 onza	0.6 gramos
	MEDIDAS LINEALES	
Codo	18 pulgadas	0,5 metros
Palmo	9 pulgadas	23 centímetros
Palmo menor	3 pulgadas	8 centímetros
	MEDIDAS DE CAPACIDAD	
Homer (10 efas)	6 celemines	220 litros
Lethek (5 efas)	3 celemines	110 litros
Efa (10 homer)	3/5 de celemín	23 litros
La medida (1/3 efa)	7 cuartos	7.3 litros
Homer (1/10 efa)	2 cuartos	2 litros
Cab (1/18 efa)	1 cuarto	1 litro
	MEDIDAS LÍQUIDAS	
Bato (1 efa)	6 galones	22 litros
Hin (1/6 batos)	4 cuartos	4 litros
Log (1/72 batos)	1/3 cuarto	0,3 litros

En la tabla, un siclo equivale a 11,5 gramos, un codo equivale a 0,5 metros, y una efa, a 22 litros. El cuarto como medida seca es un poco más de un litro, y la medida líquida es un poco menos de un litro, ambas medidas se utilizan en el texto bíblico. La tonelada que se menciona en las notas de pie de la Biblia es americana para 1 kilo.

Esta tabla se basa en la mejor información disponible, pero no es totalmente exacta. Las medidas en las notas de pie en la Biblia, proporcionan cantidades y distancias aproximadas.

VERSÍCULOS ÚTILES EN TIEMPOS DE NECESIDAD

Cuando...

tienes miedo

Mi socorro viene del Señor, creador del cielo y de la tierra. El Señor no dejará que resbales; el que te cuida jamás duerme. (Salmo 121:2-3).

La paz les dejo, mi paz les doy; yo no la doy como el mundo la da. No dejen que su corazón se turbe y tenga miedo. (Juan 14:27).

te sientes solo

Esfuércense y cobren ánimo; no teman, ni tengan miedo de ellos, porque contigo marcha el Señor tu Dios, y él no te dejará ni te desamparará. (Dt. 31:6).

Por lo tanto, anímense y edifíquense unos a otros, como en efecto ya lo hacen. (1 Tesalonicenses 5:11).

estás preocupado

Jesús dijo: No se turbe su corazón. Ustedes creen en Dios; crean también en mí. (Juan 14:1).

Tú guardas en completa paz a quien siempre piensa en ti y pone en ti su confianza. (Isaías 26:3).

estás triste

Ustedes, los hombres justos, ¡alégrense y regocíjense en el Señor! Y ustedes, los de recto corazón, ¡canten todos llenos de alegría! (Salmo 32.11).

Estas cosas les he hablado para que en mí tengan paz. En el mundo tendrán aflicción; pero confíen, yo he vencido al mundo. (Juan 16:33).

te sientes acusado

Si confesamos nuestros pecados, él es fiel y justo para perdonar nuestros pecados y limpiarnos de toda maldad. (1 Juan 1:9).

Tan lejos como está el oriente del occidente, alejó de nosotros nuestras rebeliones. (Salmo 103:12).

estás enfermo

¿Hay entre ustedes algún enfermo? Que se llame a los ancianos de la iglesia, para que oren por él y lo unjan con aceite en el nombre del Señor. La oración de fe sanará al enfermo, y el Señor lo levantará de su lecho. Si acaso ha pecado, sus pecados le serán perdonados. (Santiago 5:14-15).

Pero él será herido por nuestros pecados; ¡molido por nuestras rebeliones! Sobre él vendrá el castigo de nuestra paz, y por su llaga seremos sanados. (Isaías 53:5).

eres tentado

En mi corazón he atesorado tus palabras, para no pecar contra ti. (Salmo 119:11).

A ustedes no les ha sobrevenido ninguna tentación que no sea humana; pero Dios es fiel y no permitirá que ustedes sean sometidos a una prueba más allá de lo que puedan resistir, sino que junto con la prueba les dará la salida, para que puedan sobrellevarla. (1 Corintios 10:13).

estás enojado

Señor, pon un vigilante en mi boca; ¡ponle un sello a mis labios! (Salmo 141:3).

Desechen todo lo que sea amargura, enojo, ira, gritería, calumnias, y todo tipo de maldad. En vez de eso, sean bondadosos y misericordiosos, y perdónense unos a otros, así como también Dios los perdonó a ustedes en Cristo. (Efesios 4.31-32).

necesitas un milagro

Así que mi Dios suplirá todo lo que les falte, conforme a sus riquezas en gloria en Cristo Jesús. (Filipenses 4:19).

...recibiremos de él todo lo que le pidamos, porque obedecemos sus mandamientos, y hacemos las cosas que le son agradables. (1 Juan 3:22).

necesites sabiduría

Si alguno de ustedes requiere de sabiduría, pídasela a Dios, y él se la dará, pues Dios se la da a todos en abundancia y sin hacer ningún reproche. (Santiago 1:5).

...tú desde la niñez has conocido las Sagradas Escrituras, las cuales te pueden hacer sabio para la salvación por la fe que es en Cristo Jesús. (2 Timoteo 3:15).

te sientas orgulloso/a

También ustedes, los jóvenes, muestren respeto ante los ancianos, y todos ustedes, practiquen el mutuo respeto. Revístanse de humildad, porque: "Dios resiste a los soberbios, pero se muestra favorable a los humildes." (1 Pedro 5:5).

El amor es paciente y bondadoso; no es envidioso ni jactancioso, no se envanece; (1 Corintios 13:4).

alguien te trata mal

Pero yo les digo: Amen a sus enemigos, bendigan a los que los maldicen, hagan bien a los que los odian, y oren por quienes los persiguen, (Mateo 5:44).

Amados, amémonos unos a otros, porque el amor es de Dios. Todo aquel que ama, ha nacido de Dios y conoce a Dios. (1 Jn 4:7).

tienes preguntas

Dichosos los que cumplen sus testimonios, y lo buscan de todo corazón. (Salmo 119:2).

Estoy persuadido de que el que comenzó en ustedes la buena obra, la perfeccionará hasta el día de Jesucristo. (Filipenses 1:6).

necesitas valor

Ustedes, los que esperan en el Señor, ¡esfuércense, y cobren ánimo! (Salmo 31:24).

El nombre del Señor es una fortaleza a la que el justo acude en busca de ayuda. (Proverbios 18:10).

necesitas ayuda

¡Tú eres mi refugio! ¡Tú me libras de la angustia! ¡Tú me rodeas con cánticos de libertad! (Salmo 32:7).

Porque de tal manera amó Dios al mundo, que ha dado a su Hijo unigénito, para que todo aquel que en él cree no se pierda, sino que tenga vida eterna. (Juan 3:16).

te sientes inferior

Te alabo porque tus obras son formidables, porque todo lo que haces es maravilloso. ¡De esto estoy plenamente convencido! (Salmo 139:14).

Tú, con tus propias manos me formaste; dame la capacidad de comprender tus mandamientos. (Salmo 119:73).

necesitas un amigo

Ustedes son mis amigos, si hacen lo que yo les mando. (Juan 15:14).

Hay amigos que no son amigos, y hay amigos que son más que hermanos. (Proverbios 18:24).

necesitas orientación

Sostén mis pasos en tus sendas para que mis pies no resbalen. (Salmo 17:5).

Muéstrame tu misericordia por la mañana, porque en ti he puesto mi confianza. Muéstrame el camino que debo seguir, porque en tus manos he puesto mi vida. (Salmo 143:8).

necesitas protección

Mi Señor y Dios, tú eres mi roca, mi defensor, ¡mi libertador! Tú eres mi fuerza y mi escudo, mi poderosa salvación, mi alto refugio. ¡En ti confío! (Salmo 18:2).

El Señor mandará sus ángeles a ti, para que te cuiden en todos tus caminos. (Salmo 91:11).

te sientes débil

pero los que confían en el Señor recobran las fuerzas y levantan el vuelo, como las águilas; corren, y no se cansan; caminan, y no se fatigan. (Isaías 40:31).

¡Espera en el Señor! ¡Infunde a tu corazón ánimo y aliento! ¡Sí, espera en el Señor! (Salmo 27:14).

quieres adorar a Dios

Te alabo, Señor, porque me escuchas, y porque me das tu salvación. (Salmo 118:21).

¡Alabemos al Señor, porque él es bueno! ¡Su misericordia permanece para siempre! (Salmo 136:1).

GLOSARIO DE TÉRMINOS

¿Te preguntas acerca del significado de palabras y frases como ungido o dones espirituales? ¡Aquí encontrarás respuestas! En este glosario hemos tratado de explicar algunos de los términos que encontrarás al leer esta Biblia. Estas explicaciones te ayudarán a entender las profundas verdades contenidas en cada versículo. Las referencias bíblicas que aparecen entre paréntesis te ayudarán a encontrar notas o más información acerca de la palabra o frase.

Alabanza: dar honra o agradecimiento a Dios por sus obras de amor, y por su poder y Su grandeza.

Anciano: un pastor de una iglesia local.

Anticristo: (actitud) ser hostil hacia Dios y todo lo que Él ha provisto por medio de Jesús; (persona) gobernante mundial del fin de los tiempos, que recibirá poder de Satanás para engañar a la gente. Esta persona va a pelear contra Jesús y sus seguidores.

Antiguo Pacto, el: la "alianza de vida" que Dios hizo con los hijos de Israel, sobre la base de sus leyes y sus promesas a ellos, una alianza que dependía de la obediencia del pueblo hacia Él. Ésta fue la alianza entre Dios y su pueblo antes de que Jesús viniera a la tierra.

Apóstol: persona enviada para llevar el mensaje de Jesús con su autoridad, y para establecer iglesias (Hechos 14:4). Pablo y los discípulos de Jesús eran apóstoles.

Arrebatamiento: lee la definición de "Rapto".

Arrepentirse/arrepentimiento: cambiar la actitud hacia Dios, reconocer el propio pecado, apartarse de su propio camino, y seguir el camino de Dios (Mateo 3:2).

Ayuno: la decisión de no consumir alimentos durante un tiempo definido para orar.

Bautismo/bautizado: ser sumergido bajo el agua como señal pública de aceptar y seguir a Jesús. Esta es una forma de identificarse con la muerte, sepultura y resurrección de Cristo (Hechos 22:16; Romanos 6:4).

Bautizado en/con el Espíritu Santo: lee "El bautismo con el Espíritu Santo", en la página 1435.

Caída, la: pérdida de la perfección y la amistad con Dios, que se produjo cuando los primeros seres humanos lo desobedecieron (Génesis 3; Romanos 5:12).

Confesar: admitir que has hecho algo malo; proclamar tu fe en Jesús.

Consagrar: poner aparte, preparar, o dedicar a alguien o algo para Dios; nombrar como santo (lee la definición de "santo").

Converso/convertido: alguien que pasa de una vida de pecado y rebelión a aceptar a Jesús y vivir para Él,

Convertirse: elegir otra creencia, por ejemplo, convertirse en cristiano.

Creer en Jesús: aceptar que Jesús murió por tus pecados (busca la definición de "pecado") y que te ofrece el perdón de Dios. Creer en Jesús también significa que confías en Él como el jefe de tu vida (Juan 1:12).

Cristiano/a: (persona) un seguidor de Cristo.

Crucificar/crucifixión: matar a una persona clavándola en una cruz de madera; así es como murió Jesús (Mateo 27:35).

Deidad/divino: lo que es Dios; de Dios o como Dios.

Derramamiento (del Espíritu Santo): cuando Dios generosamente envió su Espíritu para vivir en sus seguidores y darles poder (Hechos 2:18).

Día de Dios: un período de tiempo en que Dios juzgará a las personas por sus pecados y derrotará a sus enemigos. El "día de Dios" del fin de los tiempos comienza con el rapto (lee la definición de "Rapto") de la Iglesia y termina con el regreso de Jesús a la tierra para derrotar al anticristo (lee la definición de "Anticristo") (1 Tesalonicenses 5:2).

Diáconos: personas elegidas por Dios para ayudar a los miembros de la iglesia y a los pastores con los asuntos de la iglesia (1 Timoteo 3:8).

Diezmo: la décima parte de nuestros ingresos o de los cultivos; la primera y mejor parte dada en ofrenda a Dios.

Discipular: adiestrar a alguien para que crezca en una relación con Jesús y cumpla sus propósitos

Discípulo: un seguidor de Jesús, cuya meta es ser como Cristo.

Doctrina: enseñanza; principios básicos; creencias fundamentales.

Dones espirituales: habilidades dadas por Dios con el fin de honrar a Jesús y ayudar a los hermanos en la iglesia. (Lee el artículo: "Los dones espirituales", en la página 1518.)

Embajador: alguien que habla o actúa en nombre de un país o una persona; un cristiano que habla en nombre de Jesús y difunde su mensaje (2 Corintios 5:20).

Encarnación: Dios en forma humana; nacimiento del Hijo de Dios, Jesús (Juan 1:14).

Escritura: la Biblia; escritos del Antiguo Testamento y del Nuevo Testamento.

Espíritu Santo: el Espíritu de Dios, el tercer miembro de la Trinidad. (Busca la definición de "Trinidad"; lee también el artículo: "El Espíritu Santo: Quién es y qué hace", en la página 1401).

Evangelio, el: "buenas noticias"; el mensaje del perdón, la salvación (busca la definición), y la vida eterna (lee la definición de "salvación") mediante la fe en Jesús (Marcos 14:9).

Evangelios: los primeros cuatro libros del Nuevo Testamento que describen la vida de Jesús: Mateo, Marcos, Lucas, Juan. Los Evangelios contienen la "buena noticia" del perdón de Dios mediante la muerte y resurrección de Jesús.

Evangelismo: decir a otros la verdad acerca de Jesús, en obediencia a su mandato (Mateo 28:19-20).

Exiliados: personas que han sido capturadas, sacadas de su tierra natal, y obligadas a vivir en otro país o región (lee también la siguiente definición).

Exilio, el: la época en que Israel fue conquistado por los asirios y los babilonios y el pueblo de Dios fue llevado a vivir en Babilonia (alrededor de 605-586 a.C.). El exilio duró setenta años.

Éxodo, el: un grupo grande de gente que sale de un país al mismo tiempo. En los días de Moisés, Dios hizo que el faraón de Egipto liberara al pueblo de Israel de la esclavitud. Todo el pueblo de Israel salió de Egipto y anduvo en el desierto (Éxodo 13-15).

Expiar/expiación: proporcionar una cubierta por el pecado a través de un pago o rescate. El

Día de la Expiación (Yom Kippur) es de significado especial en el calendario judío. Ese día, el sumo sacerdote entraba en el lugar santísimo del tabernáculo o el templo para hacer sacrificio por sus pecados y los de Israel. En la cruz, Jesús hizo expiación por los pecados de todos.

Expiatorio: el acto de cubrir el pecado; un acto que ofrece el perdón.

Expulsar a demonios: con la autoridad de Jesús, ordenar a los poderes demoníacos que salgan del cuerpo de una persona. (Lee el artículo: "Poder sobre Satanás y los demonios", en la página 1309).

Fe: confiar nuestra vida a Dios; creer en Dios y en su Palabra (Hebreos 11:1).

Fruto del Espíritu: rasgos de carácter que el Espíritu Santo desarrolla en la vida de un cristiano (Gálatas 5:22-23).

Gentiles: los no judíos de todas las naciones.

Gloria: esplendor y santidad de Dios (lee la definición de "santidad"); la presencia visible de Dios entre su pueblo.

Gracia: el favor inmerecido que Dios da por medio del sacrificio de Jesús y la presencia del Espíritu Santo; su amor y ayuda, éstos también inmerecidos.

Hablar en lenguas: una expresión sobrenatural del Espíritu de Dios que hace que un cristiano hable en un idioma que nunca ha aprendido (Hechos 2:4; 1 Corintios 14:14-15). Es una señal del bautismo en el Espíritu Santo. (Lee el artículo: "El bautismo en el Espíritu Santo", en la página 1435.)

Hades: el lugar de sufrimiento y castigo donde van los impíos entre la muerte y la resurrección, en espera del juicio final (lee la definición de "infierno", Apocalipsis 20:12).

Hipócrita/hipocresía: una persona que actúa de un modo falso (Lucas 12:1).

Idolatría: adoración de dioses falsos u otras cosas en lugar del único y verdadero Dios; dar prioridad a todo lo que no sea Dios.

Iglesia, la: un grupo de seguidores de Jesús que se reúnen para adorar y honrar a Dios. La "iglesia" puede referirse a un grupo local de cristianos (Hechos 15:4) o a la comunidad mundial de cristianos (Mateo 16:18; Hechos 20:28).

Infierno: un lugar de castigo para Satanás, los demonios y los que rechazan a Dios (Mateo 10:28).

Inmoralidad: otra palabra para pecado o maldad.

Inspirado/inspiración: guiado y dado por el poder del Espíritu Santo; (refiriéndose a la Palabra escrita de Dios) dirección que Dios da a través de personas que son guiados por el Espíritu Santo.

Interceder: suplicar por otras personas mediante la oración.

Intercesión: oración por las necesidades y preocupaciones de los demás (Lee el artículo: "La intercesión: el orar por otros", en la página 1149).

Ira (de Dios): su ira justificada, su juicio y castigo por la rebelión contra Dios y resistencia hacia Él.

Judaísmo: religión judía basada en los libros del Antiguo Testamento; prácticas religiosas, costumbres y cultura judías como una forma de vida.

Justicia: el estado de estar en una debida relación con Dios por creer en Jesús y obedecer la Palabra de Dios (Romanos 4:5, 22).

Justicia: recibir lo que uno se merece, sea recompensa o castigo.

Justificado: ser perdonado por Dios; declarado "no culpable" espiritualmente.

Justo: estar en buena relación con Dios; tener las debidas actitudes y acciones conforme a las normas de Dios.

Lago de fuego, el: un lugar de castigo eterno para los impíos (Apocalipsis 20:14)

Lamento: un poema que expresa tristeza o remordimiento.

Legalismo: seguir los detalles de las leyes de Dios sin un verdadero amor a Dios. Jesús reprendió a los fariseos por su legalismo (Marcos 7:6).

Levita: un líder de alabanza o asistente de los sacerdotes de los descendientes de la familia de Leví.

Ley mosaica: la Ley de Moisés. Dios dio a Moisés sus mandamientos y normas para el culto y la vida, que escribió los primeros cinco libros del Antiguo Testamento (lee también la definición de "Pentateuco").

Ley, la: los mandamientos y las promesas de Dios del Antiguo Testamento; los reglamentos que Dios dio por medio de Moisés en los primeros cinco libros de la Biblia, incluso los Diez Mandamientos (Éxodo 20:1-17).

Liberado: rescatado, salvado, puesto en libertad.

Llamado: obra escogida por Dios para una persona. El Espíritu Santo le da el poder de cumplir el llamado de Dios (1 Corintios 1:1).

Mediador: alguien que trata de resolver un conflicto entre dos personas. Jesús es el mediador entre Dios y los hombres (1 Timoteo 2:5; lee también la definición de "sacerdote").

Mesías: un título que significa "Ungido", "Escogido", o "Salvador". Jesús es el Mesías. Los profetas del Antiguo Testamento predijeron que vendría a la tierra.

Misericordia: compasión; la misericordia de Dios nos libra del castigo y el juicio que merecemos por nuestros pecados.

Misionero/a: una persona que lleva el mensaje de Jesucristo a las personas en otro país o culturas y trata de conducirlas a una relación con Dios.

Monarquía: un sistema político en que una sola persona, como un rey o una reina, rige el estado o la nación.

Mundo, el: el planeta Tierra; personas que no creen en Dios ni lo obedecen.

Nacido de nuevo: la forma en que una persona llega a ser hijo de Dios. El Espíritu Santo crea vida nueva en las personas cuando confían en Jesús como su Salvador.

Nuevo pacto, el: la "alianza de vida" que Dios hace con todas las personas. Este es el regalo de la salvación (busca la definición de "salvación") hecho posible gracias al sacrificio de su Hijo, Jesús.

Ocultismo: brujería, el culto a Satanás, o actividades que tratan de despertar las fuerzas demoníacas para ganar poder sobre situaciones o personas. Las Escrituras condenan estas prácticas (Levítico 19:31; 20:6; Deuteronomio 18:10-12; Isaías 8:19).

Orar/oración: hablar con Dios en alta voz o simplemente en el corazón.

Pacto: una "alianza de vida" en el que las personas se comprometen entre sí bajo ciertas condiciones. Dios hizo varios pactos con distintos personajes bíblicos. En un pacto con David, Dios prometió que un linaje de la familia de David sería rey por siempre (2 Samuel 7:12-13).

Pagano: (adjetivo) impío; sin conocimiento de Dios ni respeto por Él; (persona) alguien que no cree en Dios o que lo sigue; aquel que adora dioses falsos. En el texto bíblico se refiere a los ni judíos, también llamados gentiles.

Parábola: una breve historia que utiliza figuras o actividades conocidas para enseñar una lección espiritual.

Pascua: una fiesta judía que celebra el día en que el ángel de la muerte "pasó por alto" las casas de los hebreos porque ellos obedecieron las instrucciones de Dios (Éxodo 12). Este acontecimiento fue un símbolo de la muerte de Jesús por nuestros pecados (Mateo 26:2).

Pecado: un deseo natural de hacer cosas malas; cualquier cosa que infringe una de las leyes de Dios. Debido a que los primeros seres humanos desobedecieron a Dios, todas las personas nacen con el deseo de hacer cosas malas (Romanos 6:2).

Pentateuco: los primeros cinco libros del Antiguo Testamento que Moisés escribió (Génesis, Éxodo, Levítico, Números, Deuteronomio).

Pentecostal: (persona) una persona que ha recibido el bautismo en el Espíritu Santo con la evidencia de hablar en lenguas (lee el artículo: "El bautismo en el Espíritu Santo", en la página 1435); (adjetivo) basado en la creencia de que los cristianos de hoy pueden experimentar el poder del Espíritu Santo de Dios, de la misma manera que los seguidores de Jesús en la iglesia del primer siglo.

Pentecostés: fiesta de la cosecha de los judíos que se celebra cincuenta días después de la Pascua (busca la definición de "Pascua"). En este día, Dios envió al Espíritu Santo para que llene los corazones de los seguidores de Jesús en Jerusalén. Esto les dio poder para difundir el evangelio (Hechos 1:4-2:4).

Perdón: perdón o liberación de una deuda (el pecado).

Perseverancia: paciencia, determinación, y resistencia por mucho tiempo, por lo general en medio de dificultades o contratiempos.

Poseído por demonios: una persona controlada por un espíritu maligno. (Lee el artículo: "Poder sobre Satanás y los demonios", en la página 1309).

Profecía: un mensaje de Dios dado por una persona guiada por el Espíritu Santo. Una profecía proclama la voluntad y los planes de Dios sobre la base de su carácter. El don de profecía es un don especial que permite a una persona dar un mensaje directamente de Dios. (Lee el artículo: "Los dones espirituales", en la página 1519)

Profeta: una persona llamada (busca la definición de "llamado") por Dios y que ha recibido poder por el Espíritu Santo para dar un mensaje de Dios.

Profético: tiene relación con el futuro; señala hacia el cumplimiento de los planes y propósitos de Dios.

Profetizar: utilizar la voz bajo inspiración (busca la definición de "inspiración") del Espíritu Santo, para desafiar, animar, confortar o advertir al pueblo de Dios para que haga lo que correcto y sea fiel a Dios.

Proverbio: un dicho sabio que tiene el objeto de enseñar una lección práctica acerca de las actitudes, el comportamiento o la vida (lee la "Introducción a Proverbios").

Providencia: cuidado amoroso de Dios, su sabiduría, disposición, orientación y protección.

Pruebas: dificultades o tiempos problemáticos en la vida que Dios usa para edificar nuestra fe y desarrollar perseverancia (busca la definición de "perseverancia") y un carácter perfecto y cabal ante Dios (Santiago 1:2).

Rapto: acontecimiento en que los seguidores de Jesús que han muerto, y los que siguen vivos, serán de repente llevados de la tierra para encontrarse con Jesús en el aire. (Lee el artículo: "¿Qué es el Rapto?", en la página 1578.)

Reconciliar/reconciliación: restaurar o ser restaurados a la debida relación con Dios; unir o reunir (2 Corintios 5:18).

Redentor: el Salvador (Jesús) quien, por su muerte y resurrección, liberta a las personas del pecado y las restaura a una debida relación con Dios.

Redimir/redimido/redención: rescatar a alguien o salvarlo mediante el pago de un precio; una persona puesta en libertad o restaurada a una debida relación con Dios. La muerte de Jesús hace posible la redención para todas las personas.

Reino de Dios: el poder y la autoridad de Dios sobre todas las cosas.

Reino mesiánico: el tiempo en que Cristo reinará en paz durante mil años. Esto será antes de la derrota final de Satanás y de todos los enemigos de Dios.

Remanente: la porción de los judíos que permanecieron fieles a Dios a través de diversas dificultades, rebeliones, y tiempos de persecución a lo largo de la historia; los que heredarán las bendiciones espirituales prometidas a todos los seguidores de Dios.

Sacerdote: una persona que representa al pueblo de Dios y lleva a cabo los actos de culto y sacrificio a Dios (lee también la definición de "mediador"). Entre los israelitas, los sacerdotes eran descendientes de Aarón, hermano de Moisés, que provenía de la familia de Leví.

Salmista: escritor de salmos.

Salmo: una canción o un poema de alabanza, adoración u oración (lee la "Introducción a los Salmos").

Salvación: aceptar la oferta de perdón por la gracia de Dios y el don de la vida eterna por medio de la fe en Jesús (lee también la siguiente definición).

Salvado: perdonado y liberado del castigo del pecado (busca la definición de "pecado") a través de la fe en Jesús. La persona salvada pasará la eternidad con Jesús.

Santa Cena: también llamada la Cena del Señor o Santa Cena. Esta es una ceremonia en que los cristianos comen pan y beben jugo de uvas como símbolos del cuerpo y la sangre de Jesús. Esta es una manera de honrar su muerte (Mateo 26:26-29; 1 Corintios 11:24-29).

Santo/santidad (Dios): pureza, perfección, separación del mal. (Lee el artículo: "¿Cómo es Dios?", en la página 743).

Santo/santidad (el pueblo de Dios): pureza, integridad, apartarse del mal, y permanecer cerca de Dios y sus propósitos (Hebreos 12:14; 1 Pedro 1:13-16).

Santos: el pueblo de Dios (cristianos); los que están en la debida relación con Dios y cuyo estilo de vida lo honra.

Señales y prodigios: milagros y otras obras asombrosas que muestran la presencia de Dios, su poder y su autoridad. Estas obras también llaman la atención hacia Jesús y confirman la verdad de su mensaje (Juan 6:2; Hechos 4:30). Lee también el artículo: "Nuestro Médico divino", en la página1263).

Señor: el nombre utilizado por Dios para darse a conocer a la gente. En hebreo, Señor es YHWH o Jehová. En el Nuevo Testamento, Señor es un título usado para representar la autoridad y la realeza de Jesús (Génesis 2:4; 1 Corintios 1:8).

Sión: Otro nombre para Jerusalén (Isaías 62:1-12).

Soberano: el poder y la autoridad de Dios para hacer lo que Él quiere, sin depender de nadie. (Lee el artículo: "¿Cómo es Dios?", en la página 743).

Tabernáculo: la tienda de campaña portátil para el culto a Dios, construida conforme a las instrucciones de Dios (Éxodo 25:9). Era el lugar de culto de los israelitas desde que anduvieron vagando por el desierto después del éxodo de Egipto (busca la definición de "éxodo") hasta que fue construido el templo en Jerusalén (1 Reyes 6).

Temor de Dios: admiración y respeto por Dios.

Templo: lugar construido para adorar a Dios; lugar donde moraba la gloria de Dios. El rey Salomón construyó el primer templo en Jerusalén (1 Reyes 6).

Testificar/testimonio: (verbo) hablar acerca de nuestra fe en Dios; (sustantivo) la historia personal de nuestra fe en Dios y de nuestra amistad con Dios (lee también la definición de "testigo").

Testigo: (persona) que da testimonio de la verdad; un cristiano que proclama la obra salvadora de Jesús con palabras y obras; (acción) hablar de lo que uno ha visto, oído y experimentado; comunicar el mensaje de Jesús con palabras, obras, y estilo de vida (Hechos 13:31).

Transgresión: acción que traspasa un límite o una frontera; delito u ofensa contra Dios (lee Isaías 53:5; Romanos 6:2; busca también la definición de "pecado").

Tribulación, la: el tiempo en que Dios derramará sobre el mundo sus severos juicios del tiempo del fin. Durante este tiempo, el anticristo (busca la definición de "anticristo") se elevará a potencia mundial.

Trinidad, la: Dios en tres personas: el Padre, el Hijo y el Espíritu Santo. Cada uno es plenamente Dios con todas las características de Dios (Mateo 28:19).

Ungido: elegido o apartado para un servicio especial. Los reyes, los sacerdotes y los profetas fueron ungidos para servir a Dios. Por lo general derramaban aceite sobre la cabeza de la persona para mostrar el poder del Espíritu Santo en sus vidas.

Vida eterna: la vida que no tiene fin. Dios promete vida eterna a todos los que confían en Jesús como su Salvador (Juan 4:13,14).

Voluntad (de Dios): sus deseos, su dirección, sus planes, y sus intenciones sobre la base de su carácter perfecto.

ÍNDICE TEMÁTICO

Este índice temático es una lista de versículos acerca de temas importantes. El índice temático muestra dónde encontrar los pasajes más importantes.

Bautizado en / Llenura del Espíritu Santo

Los dones del Espíritu Santo

Fruto del Espíritu

Sanidad

La fe que mueve montañas

Dando testimonio

Salvación

Segunda Venida

Apocalipsis 16:15
Apocalipsis 19:11-16
Apocalipsis 22:12
Apocalipsis 22:20

La victoria sobre Satanás y los demonios

Génesis 3:15
Éxodo 7:10-12
Jueces 6:25-32
Jueces 16:23-30
1 Samuel 16:22-23
1 Reyes 18:21-39
Job 1:6-22
Salmo 91:1-13
Isaías 14:12-20
Isaías 24:21-23
Daniel 10:11
Mateo 4:1-11
Mateo 8:28-33
Mateo 17:14-18
Marcos 1:23-28
Marcos 3:10-15
Marcos 3:20-27
Marcos 5:1-16
Lucas 4:2-13
Lucas 4:33-36
Lucas 10:17-19
Lucas 11:20-26
Hechos 5:3-5
Hechos 16:16-18
Hechos 19:13-20
Romanos 8:38-39
2 Corintios 11:12-15
2 Corintios 12:7-10
Efesios 6:10-18
Santiago 4:7
1 Pedro 5:8-9
1 Juan 3:8
Judas 9
Apocalipsis 12:7-11
Apocalipsis 20:2-3
Apocalipsis 20:7-10

Venciendo al mundo

Génesis 19:15-26
Éxodo 23:23-24
Levítico 11:44-45
Levítico 18:1-5
Deuteronomio 7:1-6
Josué 23:11-13
1 Reyes 19:18
2 Crónicas 30:6-9
Esdras 4:1-5
Nehemías 2:18-20
Salmo 2
Salmo 18:37-40
Salmo 37:1-6
Salmo 49:13-15
Salmo 144
Proverbios 16:7
Isaías 44:24-25
Jeremías 1:18-19
Ezequiel 4:9
Daniel 1:8-20
Mateo 5:3-16
Mateo 6:19-24
Juan 15:18-20
Juan 16:33
Juan 17:14-18
Juan 18:36-37
Romanos 12:1-2
1 Corintios 2:6-16
2 Corintios 6:14-7:1
Gálatas 6:14
2 Timoteo 3:1-5
Tito 2:11-12
Hebreos 11:13-16
Santiago 1:27
Santiago 4:4-6
1 Pedro 2:11-12
1 Juan 2:15-17
1 Juan 5:4-5
Apocalipsis 2:7
Apocalipsis 2:12-17
Apocalipsis 3:21-22
Apocalipsis 21:7

Adoración

Éxodo 15:1-21
Deuteronomio 8:10
Jueces 5:1-2
2 Samuel 22:47-50
1 Crónicas 16:7-43
1 Crónicas 29:20
Esdras 3:10-13
Salmo 9:1-2
Salmo 34:1-3
Salmo 92:1-4
Salmo 100
Salmo 113
Salmo 135:1-4
Salmo 146
Salmo 150
Isaías 12:4-6
Isaías 26:1-4
Isaías 42:10-12
Jeremías 20:13
Jeremías 31:7
Daniel 2:20-23
Joel 2:23-27
Habacuc 3:3
Sofonías 3:19-20
Mateo 8:9
Mateo 21:15-16
Lucas 1:42-47
Lucas 2:13-14
Lucas 2:20
Lucas 18:43
Lucas 19:36-40

El caminar en obediencia y justicia

NOTAS

EL PLAN DE SALVACIÓN

El plan de Dios: Fuiste creado para conocerlo

Desde el principio, Dios quiso que las personas que él creó lo conocieran (lee Génesis 1-3). ¡Esto te incluye a ti! Dios te ama y quiere que tengas la mejor vida posible.

Y Dios creó al hombre a su imagen. Lo creó a imagen de Dios. Hombre y mujer los creó. (Génesis 1:27).

El ladrón no viene sino para hurtar, matar y destruir; yo he venido para que tengan vida, y para que la tengan en abundancia. (Juan 10:10).

El problema: El pecado

En el Jardín del Edén, Adán y Eva desobedecieron a Dios (Génesis 3). Por lo tanto, todos nacemos con el deseo de hacer las cosas mal. Estos errores, también conocidos como pecados, nos impiden tener una relación con Dios. De hecho, la consecuencia del pecado es la muerte y la separación eterna de Dios.

TPor cuanto todos pecaron y están destituidos de la gloria de Dios (Romanos 3:23).

Porque la paga del pecado es muerte, pero la dádiva de Dios es vida eterna en Cristo Jesús, nuestro Señor. (Romanos 6:23).

La solución de Dios: Jesús

Todos tenemos que estar bien con Dios. Incluso aún si nos esforzamos mucho, ninguno de nosotros puede tener una vida perfecta. Nuestros mejores esfuerzos nunca obtendrán el perdón de Dios ni pagarán el precio por el pecado. Porque Dios nos ama, decidió enviar a su Hijo, Jesús, a morir en la cruz en nuestro lugar. Sólo Jesús vivió una vida perfecta y cumplió con todas las leyes de Dios. Él murió en la cruz como el sacrificio final por nuestros pecados. Cuando elegimos creer en Jesús, conseguimos una íntima relación con Dios y alcanzamos la vida eterna con Él.

Porque de tal manera amó Dios al mundo, que ha dado a su Hijo unigénito, para que todo aquel que en él cree no se pierda, sino que tenga vida eterna. (Juan 3:16).

Jesús le dijo: «Yo soy el camino, y la verdad, y la vida; nadie viene al Padre, sino por mí. (Juan 14:6).

¿Qué debes hacer? Aceptar el regalo de Dios

¿Qué haces cuando alguien te da un regalo? Lo aceptas, ¿verdad? La mejor respuesta ante el don del perdón de Dios es aceptar lo que Jesús hizo. Tu puedes hacer esto al admitir que te has equivocado y que necesitas el perdón de Dios. Cuando lo hagas, Dios envía su Espíritu Santo para vivir dentro de tu corazón.

Si confiesas con tu boca que Jesús es el Señor, y crees en tu corazón que Dios lo levantó de los muertos, serás salvo (Romanos 10:9).

Si confesamos nuestros pecados, él es fiel y justo para perdonar nuestros pecados y limpiarnos de toda maldad. (1 Juan 1:9).

Si estás dispuesto a creer en Jesús, ora así:

Señor Jesús, he pecado contra ti. Ten misericordia de mí y perdona mis pecados. Creo que moriste en mi lugar, y que resucitaste, para que yo pueda ser un hijo/a de Dios. Gracias por morir en la cruz por mí. En tu nombre, amen.

¿Y ahora?

- **Dile a alguien.** Dile a tus padres, amigos y a todos los que puedas. Fíjate si notas un cambio en su vida.
- **Comienza a orar.** Tu puedes hablar con Dios en cualquier momento. Él es tu mejor amigo.
- **Lea la Biblia.** Esta Biblia es el mensaje de Dios para ti. Cuanto más la leas, más conocerás a Dios.
- **Sirve a Dios.** Busca maneras para servirle con tus talentos y recursos.

MILAGROS PRINCIPALES DEL ANTIGUO TESTAMENTO

Milagro	Propósito	¿Dónde está en la Biblia?
Creación	Establecer el mundo	Génesis 1
Confusión de lenguas	Interrumpir la rebelión de los pecadores	Génesis 11:7-9
Sodomitas cegados	Sancionar la iniquidad	Génesis 19:11
La destrucción de Sodoma y Gomorra	Sancionar el gran pecado	Génesis 19.24-25
La mujer de Lot se convierte sal	Sancionar la desobediencia	Génesis 19:26
Sara concibió Isaac	Cumplir con la promesa de Dios	Génesis 21
La zarza ardiente	Moisés es llamado a dirigir	Éxodo 2 y 3
El vara se torna en una culebra	Confirmar la fe de Moisés	Éxodo 4.2-5
La mano de Moisés queda leprosa y luego se sana	Confirmar la fe de Moisés	Éxodo 4:6-7
La vara de Aarón se torna en una culebra	Mostrar al faraón que Moisés fue enviado por Dios	Éxodo 7:10-12
Diez plagas	Forzar a Faraón para liberar a los israelitas	Éxodo 7:12
Nubes durante el día y fuego durante la noche	Guiar a los israelitas	Éxodo 13:20-21
La apertura y el cierre del Mar Rojo	Ayudar a la huida de los israelitas	Éxodo 02,14
Las aguas amargas de Mara se hacen dulces	Suministrar agua a los israelitas	Éxodo 15.24-25
El envío diario de codornices y el maná	El suministro de alimentos a los hijos de Israel	Éxodo 16.13-35
Sale agua de la roca	Suministrar agua a los israelitas	Éxodo 17:5-7
La victoria sobre los amalecitas	Protección para los israelíes	Éxodo 17:8-16

Milagro	Propósito	¿Dónde está en la Biblia?
El sacrificio consumido por el fuego	Demostrar la autoridad divina de Dios	Levítico 9:24, Jueces 6:21, 13:19, 20; 1 Reyes 8:38, 2 Crónicas 7:1
Los hijos de Aarón murieron por el fuego	El castigo por los pecados	Levítico 10:1-2
Miriam se vuelve leprosa y luego se cura	Responde a la oración de Moisés	Números 12.10-15
Coré y Rubén son muertos	El castigo por la rebelión	Números 16.31-35
Algunos israelíes son muertos por una plaga	El castigo por la rebelión	Números 16.41-50
La vara de Aarón florece	Demostrar el poder de Dios	Números 17:1-8
Mordeduras de serpientes y la cura	El castigo por la rebelión	Números 21.7-9
El asno de Balaam habla	Reprende Balaam	Números 22.28-31
La partimiento del río Jordán	Abrir un camino para que los israelitas	Josué 3:14-17, 2 Reyes 2,8, 14
La caída de los muros de Jericó	La victoria de Israel	Josué 6:6-21
El sol se detiene	La victoria de Israel	Josué 10:12, 13
Samson bebe agua en Lehi	Agua para su sed	Jueces 15:19
El ídolo Dagón cae dos veces; a la gente de Asdod le salen tumores	Obligar a los filisteos a devolver el Arca	1 Samuel 5
La gente de Bet Semes muere	Castigo por su irreverencia	1 Samuel 6:19
Truenos y lluvia	Para que vean el poder de Dios	1 Samuel 12:18
La muerte de Uzías	Castigo por la irreverencia	2 Samuel 6:6-7
Mueren los descendientes de Jeroboán	El castigo por oponerse a Dios	1 Reyes 14
Multiplicación del aceite y la harina	El suministro de alimentos para la viuda y su hijo	1 Reyes 17:10-16
Fuego mata al capitán y los soldados	El castigo por oposición al profeta de Dios	2 Reyes 1:9-12
Elías es llevado al cielo en un carro	Sello de aprobación de Dios por su trabajo	2 Reyes 2:11
Sanidad de las aguas de Jericó	Respuesta a la oración	2 Reyes 2:19-22

Milagro	Propósito	¿Dónde está en la Biblia?
Valle lleno de agua	El suministro de agua a Israel	2 Reyes 3.16-20
Vasijas llenas de aceite	Proporcionar apoyo a la viuda	2 Reyes 4:1-7
Un niño vuelve a vivir	Bendición por cuidar del profeta de Dios	2 Reyes 4:32-36
Sopa mortal es purificada	Protección a los profetas	2 Reyes 4:40-41
100 hombres alimentados con 20 panes	Suministro de alimentos	2 Reyes 4:42-44
Naamán se cura de la lepra	Respuesta a la oración	2 Reyes 5:10-14
Giezi queda leproso	Giezi queda leproso	2 Reyes 5:24-27
El hacha flota	Respuesta a la oración de los profetas	2 Reyes 6:5-6
Los enemigos son heridos con ceguera	Victoria y salvación para Israel	2 Reyes 6:18-22
Arameos "oyen" carros	La victoria de Israel	2 Reyes 7:6-7
Cadáver toca los huesos de Eliseo y vuelve a la vida	Revelar el poder de Dios	2 Reyes 13:20-21
La destrucción del ejército de Senaquerib	Victoria de Jerusalén	2 Reyes 19:35
Ezequías recibe otros 15 años de vida	Respuesta a su oración	2 Reyes 20.1-7
La sombra del sol retrocede 10 grados	Señal para Ezequías	2 Reyes 20:8-11
Uzías queda leproso	El castigo por la desobediencia	2 Crónicas 26:19-21
Tres hebreos son librados del horno	Protección de Dios	Daniel 3:19-27
Guardado Daniel de los leones	Protección de Dios	Daniel 6:16-23
Jonás es tragado por el gran pez	La disciplina de Dios	Jonás 1:17
Jonás es liberado del pez	Respuesta a la oración de Jonás	Jonás 2
Una planta crece y se come el gusano	Señal para Jonás	Jonás 4:5-10

LOS MILAGROS DE JESÚS

	Mateo	Marcos	Lucas	Juan
Los milagros de sanidad				
Hombre con lepra	8:2-4	1:40-42	5:12-14	
Siervo del centurión romano	8:5-13		7:1-10	
La madre de Pedro	8:14-15	1:30-31	4:38-39	
Dos hombres de Gadara	8:28-34	5:1-15	8:26-35	
Paralítico	9:2-8	2:3-12	5:18-25	
La mujer con el flujo de sangre	9:20-22	5:25-29	8:43-48	
Dos ciegos	9:27-31			
Mudo poseído por demonios	9:32-34			
Hombre con la mano seca	12:10-13	3:1-5	6:6-10	
Ciego y mudo poseído por demonios	12:22		11:14	
La hija de la mujer cananea	15:21-28	7:24-30		

	Mateo	Marcos	Lucas	Juan
Muchacho endemoniado	17.14-18	9:17-29	9:38-43	
Dos hombres ciegos (como Bartimeo)	20:29-34	10:46-52	18:45-43	
Sordos y mudos		7:31-37		
Endemoniado en la sinagoga		1:23-26	4:33-37	
Ciego de Betsaida		8:22-26		
La mujer encorvada			13:11-17	
El hombre con hidropesía			14:1-4	
Diez leprosos			17:11-19	
El sumo sacerdote siervo			22:50-51	
El oficial del rey y su hijo enfermo Cafarnaúm				4:46-54
El paralítico del estanque de Betesda				5:1-9
Ciego de nacimiento				9:1-7
Los milagros que demuestran el poder de Dios sobre la naturaleza				
La tormenta se calma	8:23-27	4:37-41	8:22-25	
Caminar sobre el agua	14:25-33	6:48-51		6:19-21
Alimentación de los 5000	14:15-21	6:35-44	9:12-17	6:5-13
Alimentación de los 4000	15:32-38	8:1-9		
La moneda en el pescado	17:24-27			
La higuera se seca	21:18-22	11:12-14, 20-24		
La gran pesca			5:4-11	
El agua se torna en vino				2:1-11
Otra gran pesca				21:1-11
Milagros de resurrección				
La hija de Jairo	9:18-19, 23-25	5:22-24, 38-42	8:41-42, 49-56	
El hijo de la viuda de Naín			7:11-15	
Lázaro				11:1-44